SÆCULUM XI.

BURCHARDI

VORMATIENSIS EPISCOPI

OPERA OMNIA,

JUXTA EDITIONEM PARISIENSEM ANNI 1549 AD PRELUM REVOCATA ET CURA QUA PAR
ERAT EMENDATA.

PRÆCEDUNT

SANCTI HENRICI

IMPERATORIS AUGUSTI

CONSTITUTIONES ET DIPLOMATA ECCLESIASTICA.

Intermiscentur

ADELBOLDI TRAJECTENSIS EPISCOPI, THANGMARI PRESBYTERI HILDESHEI-
MENSIS, ALPERTI S. SYMPHORIANI METENSIS MONACHI, S. ROMUALDI
ORDINIS CAMALDULENSIS INSTITUTORIS,

SCRIPTA VEL SCRIPTORUM FRAGMENTA QUÆ SUPERSUNT.

ACCURANTE J.-P. MIGNE,

BIBLIOTHECÆ CLERI UNIVERSÆ,

SIVE

CURSUUM COMPLETORUM IN SINGULOS SCIENTIÆ ECCLESIASTICÆ RAMOS EDITORE.

TOMUS UNICUS.

VENIT 7 FRANCIS GALLICIS.

EXCUDEBATUR ET VENIT APUD J.-P. MIGNE EDITOREM,
IN VIA DICTA *D'AMBOISE*, PROPE PORTAM LUTETIÆ PARISIORUM VULGO *D'ENFER* NOMINATAM,
SEU PETIT MONTROUGE.

1853

ELENCHUS

AUCTORUM ET OPERUM QUI IN HOC TOMO CXL CONTINENTUR.

SANCTUS HENRICUS IMPERATOR.

Leges et Constitutiones. *Col.*	233
Diplomata ecclesiastica.	237

THANGMARUS PRESBYTER HILDESHEIMENSIS.

Vita sancti Bernwardi.	385

ALPERTUS S. SYMPHORIANI METENSIS MONACHUS.

Libellus de episcopis Metensibus.	445
De diversitate temporum libri duo.	453

BURCHARDUS VORMATIENSIS ECCLESIÆ EPISCOPUS

Epistola ad Alpertum.	535
Decretorum liber.	537

ADELBOLDUS TRAJECTENSIS EPISCOPUS.

Vita S. Henrici imperatoris.	1091
Vita sanctæ Walpurgis.	1097
Libellus de crassitudine sphæræ	1103
Charta de vassis ecclesiæ Trajectensis.	1107
Musica.	1109

SANCTUS ROMUALDUS ABBAS, ORDINIS CAMALDULENSIS INSTITUTOR.

Fragmentum expositionis psalmi LXVIII.	1126

Imprimerie MIGNE, au Petit-Montrouge.

PATROLOGIÆ
CURSUS COMPLETUS

SIVE

BIBLIOTHECA UNIVERSALIS, INTEGRA, UNIFORMIS, COMMODA, OECONOMICA,

OMNIUM SS. PATRUM, DOCTORUM SCRIPTORUMQUE ECCLESIASTICORUM

QUI

AB ÆVO APOSTOLICO AD INNOCENTII III TEMPORA

FLORUERUNT;

RECUSIO CHRONOLOGICA

OMNIUM QUÆ EXSTITERE MONUMENTORUM CATHOLICÆ TRADITIONIS PER DUODECIM PRIORA
ECCLESIÆ SÆCULA,

JUXTA EDITIONES ACCURATISSIMAS, INTER SE CUMQUE NONNULLIS CODICIBUS MANUSCRIPTIS COLLATAS,
PERQUAM DILIGENTER CASTIGATA;
DISSERTATIONIBUS, COMMENTARIIS LECTIONIBUSQUE VARIANTIBUS CONTINENTER ILLUSTRATA;
OMNIBUS OPERIBUS POST AMPLISSIMAS EDITIONES QUÆ TRIBUS NOVISSIMIS SÆCULIS DEBENTUR ABSOLUTAS
DETECTIS, AUCTA;
INDICIBUS PARTICULARIBUS ANALYTICIS, SINGULOS SIVE TOMOS, SIVE AUCTORES ALICUJUS MOMENTI
SUBSEQUENTIBUS, DONATA;
CAPITULIS INTRA IPSUM TEXTUM RITE DISPOSITIS, NECNON ET TITULIS SINGULARUM PAGINARUM MARGINEM
SUPERIOREM DISTINGUENTIBUS SUBJECTAMQUE MATERIAM SIGNIFICANTIBUS, ADORNATA;
OPERIBUS CUM DUBIIS TUM APOCRYPHIS, ALIQUA VERO AUCTORITATE IN ORDINE AD TRADITIONEM
ECCLESIASTICAM POLLENTIBUS, AMPLIFICATA;
DUOBUS INDICIBUS GENERALIBUS LOCUPLETATA : ALTERO SCILICET RERUM, QUO CONSULTO, QUIDQUID
UNUSQUISQUE PATRUM IN QUODLIBET THEMA SCRIPSERIT UNO INTUITU CONSPICIATUR; ALTERO
SCRIPTURÆ SACRÆ, EX QUO LECTORI COMPERIRE SIT OBVIUM QUINAM PATRES
ET IN QUIBUS OPERUM SUORUM LOCIS SINGULOS SINGULORUM LIBRORUM
SCRIPTURÆ TEXTUS COMMENTATI SINT.
EDITIO ACCURATISSIMA, CÆTERISQUE OMNIBUS FACILE ANTEPONENDA, SI PERPENDANTUR : CHARACTERUM NITIDITAS
CHARTÆ QUALITAS, INTEGRITAS TEXTUS, PERFECTIO CORRECTIONIS, OPERUM RECUSORUM TUM VARIETAS
TUM NUMERUS, FORMA VOLUMINUM PERQUAM COMMODA SIBIQUE IN TOTO OPERIS DECURSU CONSTANTER
SIMILIS, PRETII EXIGUITAS, PRÆSERTIMQUE ISTA COLLECTIO, UNA, METHODICA ET CHRONOLOGICA,
SEXCENTORUM FRAGMENTORUM OPUSCULORUMQUE HACTENUS HIC ILLIC SPARSORUM,
PRIMUM AUTEM IN NOSTRA BIBLIOTHECA, EX OPERIBUS AD OMNES ÆTATES,
LOCOS, LINGUAS FORMASQUE PERTINENTIBUS, COADUNATORUM.

SERIES SECUNDA,

IN QUA PRODEUNT PATRES, DOCTORES SCRIPTORESQUE ECCLESIÆ LATINÆ
A GREGORIO MAGNO AD INNOCENTIUM III.

Accurante J.-P. Migne,

BIBLIOTHECÆ CLERI UNIVERSÆ,

SIVE

CURSUUM COMPLETORUM IN SINGULOS SCIENTIÆ ECCLESIASTICÆ RAMOS EDITORE.

PATROLOGIA BINA EDITIONE TYPIS MANDATA EST, ALIA NEMPE LATINA, ALIA GRÆCO-LATINA.
VENEUNT MILLE FRANCIS DUCENTA VOLUMINA EDITIONIS LATINÆ; OCTINGENTIS ET
MILLE TRECENTA GRÆCO-LATINÆ. — MERE LATINA UNIVERSOS AUCTORES TUM OCCIDENTALES, TUM
ORIENTALES EQUIDEM AMPLECTITUR ; HI AUTEM, IN EA, SOLA VERSIONE LATINA DONANTUR.

PATROLOGIÆ TOMUS CXL.

S. HENRICUS IMPERATOR, THANGMARUS PRESBYTER HILDESHEIMENSIS, ALPERTUS MO-
NACHUS S. SYMPHORIANI METENSIS, BURCHARDUS VORMATIENSIS EPISCOPUS, ADELBOLDUS
TRAJECTENSIS EPISCOPUS, SANCTUS ROMUALDUS ORDINIS CAMALDULENSIS INSTITUTOR.

TOMUS UNICUS.

EXCUDEBATUR ET VENIT APUD J.-P. MIGNE EDITOREM,
IN VIA DICTA *D'AMBOISE*, PROPE PORTAM LUTETIÆ PARISIORUM VULGO *D'ENFER* NOMINATAM,
SEU PETIT-MONTROUGE.

1853

ANNO DOMINI MXXIV

SANCTUS HENRICUS

IMPERATOR AUGUSTUS.

DE S. HENRICO IMPERATORE

BAMBERGÆ IN GERMANIA

COMMENTARIUS PRÆVIUS.

(Apud Bolland., Julii tom. III, die 14.)

§ 1. *Sancti genus, nomen et agnomina.*

1. Episcopatus Bambergensis elogia paucis sed non ineleganter delibavit Gaspar Bruschius; urbs ipsa non semel in Actis nostris descripta est, patrono et fundatore Ecclesiæ suæ gaudens S. Henrico, quem, Cæsarum suorum decus et gloriam, hoc vel potius præcedenti die, cœlo transmisit Germania, ejus nominis Regem ordine secundum, Imperatorem vero primum, quem tamen communiori acceptione Henricum II appellabimus, virum insigni prorsus sanctimonia clarum, virginitate in conjugio servata illustrem, beneficentia in Ecclesiam nulli secundum; ut de perpetuis ejus etiam intestinis bellis hic non agamus, quibus toto regni et imperii sui tempore etiam a proximis et sibi obstrictissimis exagitatus fuit: Germaniæ interiora adversus rebelles egregie tutatus, externos vero hostes Slavos, Bohemos, Polonos aliosque invictis armis insecutus; quique in oppositas maxime Europæ partes Apuliam et Flandriam victricia signa circumtulit. Ea, inquam, hic ex professo eruderanda non suscepimus, iis potissimum intenti quæ ad singulares ejus virtutes, Christiano et vere sancto principe dignas, miracula et cultum, tota Catholica Ecclesia merito propagatum, pertinere censebimus; eos præcipue scriptores audituri, qui ejus pro fide et religione fortiter gesta, munificentiam in exstruendis restaurandisque ecclesiis, cæteraque intemeratæ sanctitatis argumenta prosecuti sunt. Atque hæc præcipua erunt tractationis hujus præviæ argumenta, sic tamen a nobis hoc loco ordinanda, ut nihil omissuri simus quo totus vitæ cursus illustrari possit, id quod a nemine hactenus præstitum esse, utut mirati sint multi, nemo certe implexam rerum silvam complanare ausus est. Sed hic prius exsequenda sunt quæ in titulo proposuimus.

2. Hæc inter primum occurrit Sancti ipsius genus, stirps, origo seu familia, de qua dubium mihi nullum subortum fuisset, post lecta tam varia scriptorum coævorum testimonia, nisi noster Matthæus Raderus in sua *Bavaria sancta*, tom. I, pagina 103, ad rem paulo accuratius examinandam compulisset. Refellere istic conatur Raderus receptiorem S. Henrici progeniem, qua ex communi cum Ottone I stipite, nempe Henrico Aucupe, descenderit, gradu tertio consanguinitatis per duos Henricos, alterum Ottonis magni fratrem, alterum Ottonis II fratruelem, Ottoni III decessori suo conjunctus, cujus proinde arbor genealogica primo statim intuitu perspectissima sit. Lineam aliam ibi Raderus sequenti pag. 104 substituit, ex Hofmanno acceptam, quasi ex ea probetur S. Henricus, non Saxo, sed Boius genere fuisse, quod tamen negat Hofmannus ipse in nupera Ludiwigi editione, col. 56, hisce verbis tabulæ suæ præmissis: « Eo (S. Henrico) sine virili stirpe absumpto, imperatoria dignitas de gente Saxonica Henrici Aucupis excidit, et ad Francos Orientales transiit. » Qualiscumque igitur sit obscurior illa Hofmanni tabula, a Raderi opinione ipsum recedere manifestum est: clariorem agnoscere oportet, quam ipse frustra impugnat, inutili æque conatu varia insignia adducens, ex quibus id demum conficitur, quod in controversiam non venit S. Henricum Bavariæ ducem fuisse.

3. Prædictam tabulam, ab Hofmanno istic propositam, et a Radero descriptam, operosius discutere nec studii nec operæ pret'um est; satis erit superque ea veterum testimonia proferre in medium, ex quibus evidenter pateat S. Henrici cum Ottone III consanguinitas tam propinqua, ut et ipsum ex Ottonis magni genere fuisse oporteat, cujus rei testis synchronus, et omni exceptione major est Adelbol-

dus Ultrajectensis episcopus de rebus gestis S. Henrici apud Gretserum, pag. 432, nobis infra in nova editione, num. 5. Ubi, præmisso de Ottonis III prænatura morte luctu, sic subjungit : « Dolor esset etiam insanabilis, nisi superstes ei exstitisset Henricus dux gloriosus, et vir ad regnum suscipiendum strenuus. Is tunc temporis ducatum in Bavariensi regno tenebat, populum pacifice regebat, pacem amplificabat, ecclesiarum facultates augebat, leges et religiones magnificabat. Tandem sic in ducatu vixit, quod omnibus placuit, ut de ducatu transduceretur ad regnum, de vexillo extolleretur in solium hereditarium. Hereditarium dicimus, quia, ut ab his qui genealogias computare noverant audivimus, a Carolo magno ex parte patris decimam septimam, ex parte matris decimam sextam lineam propagationis tenebat. Insuper tertius Otto [forte, tertii Ottonis] post obitum in regem eligebatur, et IPSI TERTIO AD INVICEM CONSANGUINITATIS GRADUM TENEBANT. » Hæc ibi.

4. Rursus in eamdem sententiam loquitur Adelboldus paulo post pag. 434, ubi, recensitis S. Henrici æmulis, inter quos erat Theodoricus Lothariensis, de eo ait quod, « Henricum ducem in regno esse sciens heredem, noluit incipere quod non posset finire. » Mitto hic quæ Hofmannus et alii asserunt, de reducta ab Ottone III ad septem electores imperii, regis Germaniæ (uti tunc loquebantur) electione, cum satis certum videatur, ad S. Henricum usque hereditariam successionem locum habuisse; Sanctum vero eo jure regnum adipisci non potuisse, nisi ex Ottoniano genere prognatus fuerit, quod clarissime semel et iterum hic pronuntiat Adelboldus. Neque obscure consentit Ditmarus, dum S. Henricum in libri sui quinti prologo, *natum de stemmate regum* affirmat; idemque, libri istius quinti initio, apud Leibnitium, pag. 365, jus hereditarium plane agnoscit, maxima procerum multitudine una voce respondente : « Henricum Christi adjutorio, et jure hæreditario regnaturum. » Adde Sigebertum Gemblacensem, cujus hæc sunt verba ad annum 1002 : « Fuit quippe (S. Henricus) filius Heinrici ducis, qui fuit genitus de Heinrico, fratre primi Ottonis Imperatoris. » Unde restituendus Mabillonii lapsus in Annalibus Benedictinis, pag. 159, num. 25, dum S. Henricum scribit, « filium Henrici ducis, Ottonis magni fratris, » ex dictis enim liquido patet legendum : *Ottonis Magni ex fratre nepotis.* Huc revoca Chronographi Saxonis ad dictum annum 1002, satis expressos terminos : « Præfatus dux Henricus nepos regalis in regnum eligitur. »

5. Plura huc non congeram testimonia, quæ apud eumdem Chronographum an. 983, et alibi recurrunt, cum jam adducta abunde sufficere videantur ad eam, quam hic dare prætendimus, veram et exactam Henricianæ stirpis notitiam, quidquid adversus eam pugnet Raderus aut alii, ex variis insignibus sive Bambergæ sive alibi exstantibus. Salleri nostri syntagma de stirpe S. Henrici non vidi, neque alios in ea disceptatione citari solitos, quorum omnium auctoritas ad Adelboldum, Ditmarum, Sigebertum et Chronographum Saxonem comparanda non est, saltem apud eos qui veritatis historicæ momenta probe norint expendere : nam de Hezilonis cognomento Henrico Bavaro S. Henrici parenti adjecto (quem verius Rixosum, sed et pium dixeris, quidquid adversus Ottonem II molitus sit, ut habes in Vita S. Godehardi, IV maii num 7, pag. 504) : de Hezilonis, inquam, appellatione, unde Raderus varia colligere nititur, nulla mihi altercatio ; apud veteres deest omnino afflictus character, atque ex adductis scriptoribus indubitatum omnino est, dicendum ipsum Ottonis magni ex fratre nepotem, adeoque S. Henricum ejusdem Ottonis in eadem linea pronepotem; quo spectat Ottonis II diploma, apud Gretserum pag. 13, in quo Henricum Bavarorum ducem, hujus, quo de agimus, patrem, *carum nepotem* appellat, intellige patruelem, ut bene explicat Gretserus pag. 84, ubi genealogiam hanc nostram egregie confirmat. Ne diutius de re explorata disseram, consule Vitam B. Mathildis XIV Martii cap. 5, pag. 366, S. Henrici jussu scriptam ipsique dicatam, et dilucidam invenies Sancti nostri genealogiam, ac de imperio ejus vaticinium ; quæ omnia dubitare non sinunt quin S. Henricus ab Henrico Aucupe per synonymos patrem et avum originem traxerit.

6. Pluribus igitur hic supersedeo, neque ea omnia operosius adducere aut refellere lubet, quæ a variis excogitata sunt, nationali potius spiritu quam studio veritatis. Raderus ipse, post tam multa in Bavarorum gratiam ex insignibus gentilitiis et aliunde collecta, tomo demum quarto Bavariæ suæ sanctæ, pag. 34, rei evidentiæ postliminio cedens, hæc verba inserere non dubitavit : « Henricum enim sanctum Saxonem origine jam volumus, ut ex Ditmaro liquet, » atque etiam ex aliis, quos jam abunde dedimus. Qui ambas sententias, nescio an serio, componere nituntur, aut nihil agunt, aut mere in vocibus ludunt, et ad inanes verborum commutationes omnia revocant. Non hic de patria pugnamus, ut pro Homero Græciæ civitates, nam S. Henricum in Bavaria et Abudia i natum, ultro et libenter concedimus; ast avito sanguine, aut ex prioribus illis Bajoariorum dynastis aut ducibus originem duxisse, æque negamus atque certum est Caroli V Cæsaris progeniem, in Augustissimo Imperatore nostro Carolo VI superstitem, non Hispanam genere, sed Austriacam et Germanicam agnoscendam esse. Hinc ad reliqua in paragraphi titulo præfixa tuto procedimus.

7. Nominis Henrici etymon, ut ex Aventino recte notavit Gretserus, pag. 80, Germanicum est ab *Dain* vel *Daim*, quod est *domi*, et *Reich*, *dives*, et *regnum* atque *imperium* : inde *Dainreich*, *Daimreich*, etc. Veteres *Honoricum* dixere ; ast in usu est *Henricus*, Hungari (pergit ex Aventino Gretserus) *Hæmericum*, et, absque aspiratione, *Æmericum* vocant. Fuit filius S. Stephani regis Hungarorum et

Giselæ sororis S. Henrici Imperatoris. Significatur hoc nomine prudens et bonus pater familias, et qui colit regnum et imperium. Sub Henrici nomine noti sunt reges Germaniæ seu Imperatores septem; Franciæ reges quatuor, limata nomenclatura in *Henri;* Angliæ reges octo : atque in Hispaniam usque transiit, habuitque synonymos reges quatuor sub *Henrique* nomine, quod Itali *Errico* pronuntiant. Notat præterea Gretserus cognomenta habuisse Henricum imperatorem, *sancti* a sanctitate, *pii* a pietate, *claudi* a luxato femore. Frequentes vero fuisse hujusmodi appellationes regibus et Imperatoribus adjectas, vulgo notum est. Hinc *Anceps* ille, Henrici sancti proavus, quod aucupio delectaretur, et *Humilis* etiam dictus, quod coronam Imperialem detrectasset. Ottoni II *Rufi* cognomen adhæsit, Ottoni III *Pueri*, quod puer regnare cœpisset : Henricus III *Niger* dictus est, Conradus ejus pater *Salicus*. Nec in Francia defuere indita facillime cognomenta, ut habes in Carolis *Calvo*, *Crasso*, *Simplice*, *Saviente*, etc., ut ad Græcos non accedamus, quibus non minor fuit libertas Imperatores suos agnominandi.

8. Et de *pii* quidem et *sancti* cognomentis S. Henrico tributis, res in comperto est, potissima imo sola quæstio vertitur de *claudi* appellatione, quam miris modis ei inditam narrant scriptores, quos inter is qui Sancti aliqualem vitam scripsit monachus, opinor ; sed huc usque anonymus in fragmento Bambergensi, addendo capiti 22, longam historiam memorat, quam ut sugillare prorsus nolim, potiori tamen auctoritatis pondere præditam vellem, et majori veterum consensu firmatam, tradentibus aliis apud laudatum Gretserum, S. Henricum, in bello Longobardico contra Arduinum seu Hardwigum, « captum, cum, deceptis custodibus elapsus, de muro se præcipitasset, luxato fractove crure, postea claudicasse, unde CLAUDI cognomentum habuerit. » Illis adde, si lubet, quæ in eamdem rem congessit Hofmannus, in citatis suis Annalibus, col. 38 et 39, et novissime Burchardus Struvius in Syntagmate historiæ suæ Germanicæ, parte I, pag. 372. Neque prætereundus est audatus etiam supra Caspar Bruschius, tomo de Monasteriis Germaniæ, ubi, pag. 87, Montem Monachorum, de quo nos abunde locuti sumus ad Acta S. Ottonis die secunda Julii, describens, alia obtrudit, minus etiam credibilia, ut diversissima illa ejusdem rei diversimode narratæ adjuncta, invitum etiam quemlibet de veritate ancipitem hærere compellant.

9. Claudicationem equidem admitto, at, ut verum fatear, in nullam adductarum a scriptoribus illis causarum multum inclinor; magis placent ea quæ habet Browerus noster in Antiquitatibus Fuldensibus, lib. III, cap. 15, pag. 255, his verbis : « Hic idem Henricus (sanctus) cur Claudi cognomen tulerit, inquiri video. Nauclerus fama exceptum perhibet, ex objecto Regi cœlitus viso id evenisse, cum Romæ in ecclesia D. Mariæ Majoris Christum Jesum, summum sacerdotem, Matre Sanctorumque stipatum choro, rem divinam patrare conspicatus, simul ab Evangelio recitato, angeli manu librum ad se ferri vidit; osculo de more libandum; atque eo in ostento exiisse de mentis potestate, sensibus alienatis : cumque quid secum ageretur ille quidem nesciret, angelum, collaudata ejus pudicitia, et castimoniæ studio, tetigisse nervum femoris, atque inde claudicare cœpisse. At comperior equidem in ecclesiæ Fuldensis membranis iis quibus munificentia ejus regia describitur; primis regnandi exordiis, cum se exerceret venatu, graviter a fera saucium, nomen inde populari jactatione *Duffchols* (grallator *seu* ligno saliens), id est claudi tulisse. Quamobrem ex hoc fere incursu claudicasse potius, cum majoribus credere liceat, [quam] ex angeli contactu, si illi viso sua fides, testificationem retulisse conjugalis abstinentiæ pudicitiæque. » Clara hæc, plana et sana sunt : neque vero prodigiis opus fuit ut, quod inter mortales adeo obvium est, $. Henricus ex recte gradiente claudus redderetur. Hinc ad Sancti ætatem, obitum et cultum progredimur.

§ II. *Sancti ætas, annus et dies obitus, cultus, elogia.*

10. Ætatem S. Henrici nec ab Adelboldo nec a Ditmaro repeti posse perspicuum est; prioris enim imperfectum est opus, desinens in anno 1004, alter autem Sancto non supervixit, præmature e vivis ereptus anno 1018. Monachus anonymus, quem Vitæ qualiscumque auctorem supponimus, cap. 30 sic ait: « Defuncto itaque beatissimo Dei famulo anno regni sui XXIV, vitæ LII, imperii vero IX, » etc. Ast hic in primo charactere erat, cum Sancti exordium antea innexuerit anno 1001 ; verum ab VIII Idus seu VI Junii 1002 ad diem obitus XIII seu XIV Julii non potest reperiri nisi annus XXIII inchoatus; quocirca ab aliis rotundo numero solum regnasse dicitur annis XXII, ut Imperator vero annis X ; quæ omnia facile intelliguntur : non item quod mortuus sit anno MXXII, uti plures scripsere quos hic recitare non vacat, nedum refutare, non magis quam alios regni initia figentes anno millesimo. Omnium instar hic sit auctor Vitæ S. Meinwerci in nostra editione, ad diem V Junii, cap. 13, num. 101, ubi dicitur : « S. Henricus cum totius Christianitatis inæstimabili mœrore anno vitæ suæ LII, regni XXII, imperii X, Dominicæ Incarnationis MXXIV defunctus ; » quod plane confirmat Chronographus Saxo ad dictum annum 1024, et terminis paulo expressioribus Annales Hildesemenses, quorum hi sunt characteres :

11. « MXXIV, Indict. VII, Heinrichus Imperator Nativitatem Christi Babenberg, Pascha Parthenopoli, Pentecosten vero Goslare honorifice celebravit. Qui postea Gruna venit, et ibi languore correptus decubuit ; et cum totius regni mœrore ah! ah! III Idus Julii hominem deposuit : sed XXII annis, hebdomadis V et uno die regnavit. Anima ejus requiesceat in pace. Det requiem animæ qui cuncta gubernat ubique. » Rectus est calculus, exclusis die VI Junii, quo rex declaratus, et XIII Julii, quo vita functus est; supersunt enim dies XXXVI, qui per septem di-

visi pleno numero reddunt hebdomadas quinque et diem unum. Atque hæc quidem satis pervia et obvia sunt, habeturque tota vitæ periodus ad annum ætatis quinquagesimum secundum producta, et retrogrado ordine numerando figendus omnino est annus nativitatis ante mensem Junium DCCCCLXXII. Sic igitur rectissime in annotatis ad Vitæ prædictæ cap. 30 computavit Gretserus in hunc modum : « Moritur Imperator Henricus anno MXXIV, III Idus Julii. Natus est anno DCCCCLXXII Ratisbonæ » (locum alium non procul inde dissitum, Abudiacum, notavit Raderus loco supra citato) « pridie Nonas Maii, ut ex Ditmaro notat Fabricius in Originibus Saxonicis. » Frustra hic pluribus discutias quod in dubium non revocatur.

12. De die obitus quæstionem movere possent auctaria Usuardina et recentiora Martyrologia in quorum aliquibus signatur S. Henricus III Idus, in aliis pridie Idus, quo expressissime refertur in hodierno Romano : « Bambergæ, sancti Henrici primi Imperatoris, qui cum uxore sua Chunegunde perpetuam virginitatem servavit, et sanctum Stephanum Hungarorum regem cum universo fere ejus regno ad fidem Christi suscipiendam perduxit, cujus festivitas die sequenti celebratur, » ut proinde eo die mortalitatem exuisse plane censeatur. At pro Gretsero, præter antiquos scriptores jam supra laudatos, aliosque, quos recensere superfluum judico , facit eadem S. Meinwerci Vita, loco citato hoc epitaphium referens :

Henric Augustus virtutum germine justus,
Hæc servat cujus viscera putris humus;
Splendor erat legum, speculum, lux, gemmaque [regum,
Ad cœlos abiit, non moriens obiit.
Idibus in ternis vexantem pondera carnis
Julius æthereo sumpserat imperio.

13. Hæc litem omnem prorsus dirimere videntur, quidquid in variis locis cultus fortasse fuerit S. Henricus XIV Julii, quem recentiores passim omnes unanimi consensu eo die annuntiant, et nos alibi ad hunc ipsum vel ad sequentem XV omnia ad Sanctum spectantia remisimus , secundum citatum modo Martyrologium Romanum, in quo hodie, ob solemnius S. Bonaventuræ festum, Officium sancti Imperatoris dilatum est ad prædictam XV, quod proprio die reponi commode non potuisset, cum S. Anacleti festivitate impediatur. Qui acciderit ut in Sancti natali consignando variaverint Martyrologia, compertum equidem non habeo, at, nisi multum fallor, modum omnem in ea difficultate occurrentem satis apposite dissolvit qui S. Henricum obiisse scripsit ipsa nocte inter XIII et XIV Julii intercurrente, sic ut ansa inde facillime accepta sit diversos ejus transitui dies assignandi ; nisi forte solemnitas canonizationis, aut aliqua alia ratio intervenerit. Utcumque vero id factum fuerit, tametsi hodierna Sancti solemnitas ab Ecclesia, uti diximus, die sequenti, seu XV, hoc tempore constanter recolatur, Acta ejus

hac receptiori celebritate illustranda censuimus, ea quæ ad ejus gesta et cultum pertinent hic prosecuturi, præmissis Usuardi nonnullis auctariis in quibus et XIII et XIV Julii collocatum invenimus, nam apud antiquiores nulla exstare potuit memoria Sancti, quem scimus undecimo primum sæculo ad Superos evolasse.

14. De cætero satis certum est inclytam adeo fuisse, et per totum orbem catholicum percrebuisse S. Henrici virtutum, pietatis et miraculorum famam. ut non diu post obitum pro Sancto haberi cœperit colique a fidelibus, præsertim a Bambergensibus, quos continuo instituisse existimo, ut fundator suus in cœlitum album referretur, quamvis, ut fit, ob varia incidentia, res in proxime sequens sæculum dilata fuerit : quo intermedio tempore in usu esse patuerint, quas olim descripsit noster Janningus, « Missæ speciales » pro sanctis virginibus conjugibus celebrari solitæ, quarum hæ sunt orationes : « Propitiare, quæsumus, Domine, animæ famuli tui Henrici, et præsta ut, qui de tuis donis in hoc loco pervigili cura nomini tuo quotidiana præparavit obsequia, perpetua cum Sanctis perfrui mereatur lætitia. Per Dom. » Secreta : « Hanc oblationem, quæsumus, Domine, ut ei ad salutem proveniat, cujus in hoc loco stipendiis nostra tibi servitus vegetata ministrat. » Postcommunio, etc., eumdem spectant. Oratio de sancta Cunegunde ita habet : « Præsta, quæsumus, omnipotens Deus, ut anima famulæ tuæ Chunegundæ, omnium peccatorum suorum nexibus absoluta, cum omnibus Sanctis tuis perpetua perfrui mereatur lætitia, » etc. Ex quibus certe patet abstinuisse per id tempus pios clientes a Sanctorum honoribus ipsis deferendis. Neque verosimile est, ante canonizationem S. Henrici nomen in sacros Fastos relatum fuisse, et primo quidem XIII Julii, deinde XIV, ut palam facient exempla hic subnectenda.

15. Inter codices nostros is qui de « sancto Henrico XIII » Julii primus meminit, est Hagenoyensis in Germania scriptus, his verbis : « In Babenberg, sancti Henrici Imperatoris confessoris. » Brevius Matricula Carthusiæ Ultrajectinæ : « Henrici Imperatoris. » Elogium concinnavit Editio Lubeco-Coloniensis : « In civitate Babenbergensi, depositio sancti Henrici Imperatoris Christianissimi, qui regnavit XXII annis, sub anno Domini millesimo. Cui desponsata fuit sancta Cunegundis, filia Palatini comitis Rheni, virgo devotissima. Qui pariter virginitates suas Deo voventes, occulte virgines usque ad finem vitæ permanserunt. » Paulo aliter Grevenus, in anno obitus exerrans : « Civitate Babenbergensi, sancti Henrici Imperatoris Christianissimi, hujus nominis primi quoad Imperatores, benedictionem imperialem seu coronam assecutos. Cujus uxor Cunegundis virgo sanctissima, juvenculaque pulcherrima, ad hoc virum suum induxit ut communi voto inter se perpetuam virginitatem servarent : in quo statu S. Henricus Christo serviens, anno Do-

mini MXXI beato fine quievit, miraculis clarens. » Hoc idem elogium ampliavit Canisius; neque in auctariis suis prætermisit Molanus, brevius tamen omnia complexus : « Apud Bamberge, sancti Henrici Imperatoris et confessoris. » Atque hæc hactenus recte ad XIII Julii; quibus addi posset longior oratio Florarii Sanctorum, sic ut mirum sit adeo postmodum invaluisse diem sequentem XIV.

16. Pro hac inter codices nostros Usuardinos solum recurrunt Bruxellensis brevi hac phrasi : « Sancti Henrici, Romani Imperatoris et confessoris : » et Molanus, eum hoc die repetens : « Eodem die, sancti Henrici secundi, Romanorum Imperatoris et confessoris : qui obiit anno MXXI. » Lege, ut supra, anno MXXIV. Transiit anachronismus in Maurolycum, qui hoc ipso die sic scribit : « Bambergæ, sancti Henrici secundi Imperatoris sanctissimi, qui cum uxore sua Cunegunde virginitatem servavit : a quibus Bambergensis ecclesia fundata et dotata fuit, obiitque anno salutis MXXI. » Iisdem prope terminis signatur etiam a Felicio; sed, quod hic novum plane et mirum, a Galesinio prætermissus est, tum hoc tum præcedenti die. Qui versibus Sanctorum elogia intexuit, Brautius Satsinensis episcopus de Sancto hoc die cecinit : « Henricus primus, rex regum totius orbis, conjugis ornavit virginitate torum : » quod vero subjungit de conversa per S. Henricum Hungaria, explicatione indiget, quam infra suo loco dabimus : « Hungariæ regnum, Stephano cum rege fideli, Henricus Christi subdit obsequio. » Alios recentiores prætereo, uti et Bucelinum cum longo suo elogio, cui antiquiora et veriora substituere malui.

17. Hæc inter vetustius nullum aut magis autenticum suggeri potest, quam quod libro suo quinto præfixit Ditmarus versibus hexametris in hæc verba, non semper ad metrum exacta :
Henricus scandit, postquam puerilia vicit,
Ardua virtutum, natus de stemmate regum.
Huic pater Henricus dux, et genitrix erat ejus
Gisla suis meritis æquans vestigia regis,
Conradi patris Burgundiæ [Burgundica] regna tenentis.
Nutrit præclarum Wolfgangus præsul alumnum,
Qui sequitur Dominum toto conamine Christum.
Post necem [mortem] patris ductor successit herilis,
Ejus et imperium longe spectat quoque clavum.
Maxima pars regni Slavo vastata crudeli [feroci]
Multum lætatur quod ab hujus pace potitur.
Sedibus optatis, justeque rapacibus armis
Procul depulsis, ac diva lege sedatis,
Inflatos omnes contra se deprimit hostes,
Demulcens socios jocundo famine cunctos.
Si quo deliquit modicum, statim resipiscit,
Fructibus ac dignis curabat vulnera carnis.
Utilis Ecclesiæ, cunctis miseratur ubique.
Merspurg, si scires hujus pia vota, sitires
Adventum tanti rectoris, et inclyta Christi
Munera laudares, condignaque præmia ferres.

18. S. Henrici virtutes et res gestas per varios annos et capita prosequitur Chronographus Saxo, ex quo satis erit paucula decerpere ad annum MIV. « Igitur rex Henricus, cultor æquitatis inclytus, et religionis divinæ præcipuus, quæcumque regni negotia a decessore suo, tamquam puero, et ipso intempestivo obitu præoccupato, relicta fuissent minus caute ordinata, ipse secundum Domini timorem restaurare justeque disponere studuit. » Videantur ibi quæ ad restitutionem episcopatus Merseburgensis pie et religiose contulit Rex sanctissimus. En modicum fragmentum : « Postquam igitur Rex beati desiderii sui explevit votum, reversus Magdeburch, ne quod ex hac institutione archiepiscopo incusaretur intulisse damnum, quoddam sui juris eidem legali testamento tradidit prædium cum omnibus pertinentiis suis, in Zeudici provincia situm. Nam ipse in Domino magnæ devotionis Rex, de capella sua sumens non modicam partem reliquiarum beati Mauritii, hieme tunc forte redivivo frigore sæviente, terramque glaciali asperitate et nive cooperiente, a monte S. Joannis Baptistæ, ubi servabantur, nudis pedibus, ut fertur, calore pietatis illum animante, tricesimo die depositionis Gisilharii archiepiscopi, in civitatem detulit, cunctis festivo ritu, ut par erat, eas suscipientibus, quas et sancto altari cum prædictis donariis obtulit, ipsumque diem in honore præfati Martyris ejus ecclesiæ celebrare, quemadmodum adhuc habetur, instituit. »

19. Haud multum dissimile sancto Imperatori encomium, sed brevius, concinnavit auctor Chronici Laureshamensis apud Freherum, pag. 72 : « Ottone tertio Imperatore Romæ defuncto, et per Heribertum Coloniensem archiepiscopum atque Godefridum ducem Aquisgrani sepulto, Henricus dux Bavariorum imperii fascibus arreptis rex eligitur, et Moguntiæ solenniter ordinatur. Cujus quanta fuerint justitiæ et pietatis insignia, testatur illa nobilis, quam condidit et in qua conditus est, Babenbergensis ecclesia. Siquidem tanto religionis amore ducebatur, ut monachorum pater appellaretur. Et sane, » inquit Mabillonius in Act. Bened. sæc. VI, parte 1, pag. 454, « vere eorum patrem fuisse et patronum probant vetera passim instrumenta in annum gratiam data, » quæ vide ibi, cum elencho Sanctorum quos pius Imperator vivens coluerit, imo totum elogium, quod hic inseri mereretur, nisi fixum esset sola vetustiora colligere, quale etiam illud quod habet auctor Vitæ sancti Meinwerci apud nos cap. 2, num. 9, pag. 515 : « Henricus dux Bajoaricus, secundum sæculi dignitatem locupletissimus, et litterarum studiis non tenuiter instructus, et quod his majus est, vir in omni perfectione ecclesiastica præcipuus. » Pluribus supersedeo, quæ apud scriptores præsertim in Vita S. Meinwerci satis obvia sunt, cum nullus de sancto Imperatore sine merita laude meminerit. Reliqua ad sancti Imperatoris cultum spectantia dabit sequen..

§ III. *Canonizatio, elevatio sacri corporis, et translationes.*

20. Utrum ad S. Henrici merita ostentanda aut gloriam ei conciliandam multum conferat visio quam ejus Vitæ inseruit anonymus monachus, cap. 28, aliis examinandum relinquam ; illustriora posteris argumenta præbuit gloriosus in Sanctis suis Omnipotens, dum ipsum pluribus egregiis miraculis inclarescere voluit, quibus demum motus Egilbertus Bambergensis episcopus, ordine nonus , eo rem perduxit ut sacri cœlitum honores sancto Imperatori decernerentur. Id quo anno acciderit, primum expediam; deinde cætera prosequar. Ex Egilberti ætate pendet totius rei decisio, quandoquidem eo potissimum urgente procurata sit prædicta canonizatio, et ad ipsummet directum Eugenii PP. III diploma, brevi producendum. Porro Episcoporum Catalogus novissime editus, et, ni fallor, ex Hofmanno contractus, episcopatus non nisi « quinquennium » Egilberto tribuit, quo ei « ecclesiæ præfuerit sollicitudine vere paterna, dignus vita longiore. Obiit « autem, « MCXLVI, sepultusque est in æde imperiali; » eique successit Eberardus Bavarus, eodem ipso anno, electus. Cum igitur ad prædictum Egilbertum, pertineat tota istius causæ procuratio, ad ipsum autem destinetur Eugenii rescriptum, non potest ultra ejus tempora differri S. Henrici canonizatio, unde manifeste consequitur deserendum a nobis Baronii calculum, quem mirum est ad annum 1152 prædictam canonizationem distulisse, qui Eugenii litteras ex nescio quo chronico Bambergensi præ oculis habuit.

21. Ita scribit ad dictum annum 1152, num. 5, ex Ottone Frisingensi in Friderico, lib. I cap. 63 : « quod autem idem Otto meminit hic de Henrico Imperatore inter Sanctos relato, exstant de ea re in Chronico Bambergensi Eugenii PP. litteræ. » Eas ibi subjicit Baronius, et nos infra dabimus : ast ipsum fefellit, opinor, Frisingensis, dum ad annum istum 1152, Conradi III supremum, occasione ejus sepulturæ, sic habet loco citato : « Juxta tumbam Imperatoris Henrici, ejus loci fundatoris, qui nuper auctoritate Romanæ Ecclesiæ in loca sancta levatus, pro sancto habetur, regio cultu eum sepelivit : » nempe ecclesia Bambergensis, quæ Conradi corpus alio transferri passa non fuerat. Nimis scrupulose particulam « nuper » accepit laudatus Baronius, quam ad annos aliquot extendendam esse docet aperte rerum series, adeo ut superstite Egilberto canonizationem Romæ decretam oporteat (verosimillime anno 1145), solennius deinde celebratam cum elevatione et translatione sacri corporis ab Eberardo successore anno 1147, quod plane evincitur ex demonstrato superius Egilberti obitu; cui sane jam vita functo Eugenii diploma inscribi non potuit ; audiatur Hofmannus, id disertius asserens, in Annalibus Bambergensibus, col. 121.

22. « Sequenti anno (1145) Babebergæ lux ingens sanctitatis eluxit; quippe S. Henricus Imperator sanctitatem suam, multis miraculis ad sepulcrum editis, confirmavit, et se ad cœleste illud Dei atque Sanctorum consortium receptum esse comprobavit; ut Egilbertus episcopus hac de re legationem Romam mittendam, et Eugenium Pontificem de omnibus diligenter edocendum putarit. Quibus rebus cognitis, et legatorum relatione audita, Pontifex religione perfusus ipsum S. Henricum confessorem, hoc ipso anno, nempe post obitum ejus centesimo vigesimo primo, in Sanctorum numerum consecratione sua redegit ; atque hac de re litteras Roma II Idus Martias ad Egilbertum episcopum et cæteros ecclesiæ proceres dedit. Narrat Nunnesius monachus Johannem quemdam Cardinalem, canonizationis S. Henrici acriter obnitentem atque reluctantem , luminibus privatum , atque intolerabili membrorum dolore correptum, severissimas temeritatis suæ dedisse pœnas. Demum vero eumdem, invocato ipsius confessoris nomine, sanitati pristinæ fuisse restitutum. » Narratur ea punitio apud Gretserum cap. 39, estque inter miracula inferius ordine nonum, num. 9.

23. Diploma ipsum canonizationis non producit Hofmannus (sed 1145), neque mihi notum fateor citatum a Baronio Chronicum Hofmanni, sed vices supplevit Gretserus, ex aliquo anonymi apographo Bambergensi, unde bullam hic subnectimus : « Eugenius episcopus servus servorum Dei, venerabili fratri Egilberto episcopo, et dilectis filiis canonicis Bambergensis Ecclesiæ, salutem et apostolicam benedictionem. Sicut per litteras et nuntios vestros vobis mandasse meminimus, venerabiles fratres nostros N. S. Rufinæ episcopum, et N. presbyterum Cardinalem pro diversis negotiis ad partes illas de nostro latere delegavimus, eisque viva voce injunximus ut ad ecclesiam vestram accederent, atque de vita et miraculis Henrici regis rei veritatem diligenter inquirerent, et litteris suis nobis significarent. Nunc autem eorumdem fratrum nostrorum et multorum religiosorum et discretorum virorum attestatione, de castitate ipsius, de fundatione Bambergensis ecclesiæ et multarum aliarum, quarumdam quoque episcopalium sedium reparatione, et multiplici eleemosynarum largitione , de conversione regis Stephani et totius Hungariæ, Domino cooperante, per eum facta ; de glorioso etiam ipsius obitu, pluribusque miraculis, post ejus obitum, ad ipsius corporis præsentiam divinitus ostensis, multa cognovimus.

24. « Inter quæ præcipuum et memorabile plurimum attendentes quod, cum diadema sceptrumque imperii suscepisset, non imperialiter sed spiritualiter vixit. In toro etiam legitimo positus (quod paucorum fuisse legimus) integritatem castimoniæ usque ad finem vitæ conservavit. Quæ quidem nos omnia simul perpendentes, atque devotionem vestram et ecclesiæ Bambergensis, quæ sanctæ Romanæ Ecclesiæ soli subesse dignoscitur, diligenter considerantes, tametsi ejusmodi petitio, nisi in generalibus,

conciliis admitti non soleat, auctoritate tamen S. R. E. quæ omnium conciliorum firmamentum est, petitionibus vestris acquiescimus, atque ejusdem memorabilis viri, cujus exaltationem requiritis, fratrum nostrorum archiepiscoporum et episcoporum, qui præsentes aderant, communicato consilio, memoriam inter Sanctos de cætero fieri censemus, et anniversarium ipsius diem solemniter celebrari constituimus. Vestra itaque interest sic in S. R. E. obedientia et fidelitate persistere, et sic ei dignæ devotionis obsequiis respondere, ut ampliori beati Petri et nostra gratia digni inveniamini. Datum trans Tiberim pridie Idus Martii : » nullo alio charactere apposito quo in certum annum deveniatur; unde facilius excusari possit Baronii lapsus, qui ad episcoporum Bambergensium seriem oculos non intenderit.

25. Solemnem illam Henrici in Sanctorum numerum cooptationem secuta est, ut nuperrime dicebam, sacri corporis elevatio, et in decentiorem locum translatio, de quibus breviter laudatus Hofmannus ad an. 1147, col. 125 : « Per eosdem dies ossa S. Henrici Imperatoris solenni cæremonia translata sunt. Et vero res facta est in hunc modum : Eberhardus episcopus, advocato Eberhardo archiepiscopo Salisburgensi, et Hermanno episcopo Brixiensi, atque una cum abbatibus, religiosis, et ipsis proceribus civitatis, accessit ad locum ubi conditum corpus fuerat, atque, egesta terra, sacra ossa inde levavit, et in tumbam marmoream transtulit, eamque clavis obfirmavit. » Eadem paulo contractius habes in elogiis episcoporum pag. 6. « Eberhardus II, dux Bavariæ eligitur MCXLVI, Pontifice Eugenio III, Conrado itidem III. S. Henrici ossa magna solemnitate ad honoratiorem tumulum transtulit, et marmoreo, quod hodiedum videre est, monumento condecoravit. » Quousque extendatur istud « hodiedum, » necdum satis clare perspicio; colligendum id erit ex schedis nostri P. Joannis Gamansii, toties in Actis nostris laudati, qui eas describi curavit ex Ms. Catalogo Episcoporum Bambergensium S. Michaelis Bambergæ ; quas hic adducere operæ pretium existimavi, cum ea suppleant quæ in Hofmanno desiderantur.

26. Scriptor iste, qui nonnisi ad annum 1440 Annales suos perduxit, ubi anno 1579 civium Bambergensium seditiones adversus Lambertum XXX episcopum paucis memoravit, ita subdit : « Quibus verbis Lambertus in magnum timorem adactus, ad divinam implorandam opem confugit, et sequenti anno, clero ac populo advocato, tumulum S. Henrici aperuit, et reliquias ejus sacras protulit : » ex quibus quid tum gestum sit, vix, aut ne vix quidem intelligas. Hæc paulo uberius citata Gamansii scheda, quam in ejus fide produco. « Sub isto reverendissimo in Christo patre ac Domino D. Lamberto, anno Dom. MCCCLXXX, Indict. III, die VIII mensis Julii, qua festum agitur sanctorum martyrum Kyliani ac sociorum ejus, regiminis sui sexto, præsentibus honorabilibus viris ac dominis, canonicis ecclesiæ Babenbergensis D. Bertholdo de Hennberg, filio comitis Henrici de Hennberg, D. Udalrico de Thunfelt Scholastico, et D. Friderico Zotner de Halberg, matura et discreta deliberatione dominorum de capitulo ecclesiæ Babenbergensis, et propter fidem certiorem saniorem que notitiam sanctarum reliquiarum sancti patris et fundatoris ecclesiæ Babenbergensis D. Henrici Imperatoris, apertus est sarcophagus jam dicti confessoris, ab antea bene reclusus et seratus sigillatus que sigillo majori bon. mem. D. Eberh. episcopi IX (alias X) Babenbergensis ecclesiæ. »

27. In quo quidem sarcophago inventæ sunt reliquiæ, quasi totius ejusdem corporis sacri ossa veneranda, præter caput, quod in alia theca deaurata reconditum veneratur. Ipsi vero de sano consilio, diligenti adhibita custodia, tantum mandibulam, brachium et duas costas cum parvis aliis ossibus prædictarum reliquiarum, foris honorabiliter recondendas, bonæque custodiæ mancipandas reservarunt, non tamen sine rationabili causa speciali que devotione. Tandem ipsas reliquias S. Henrici in eodem sarcophago diligentissime iterato recluserunt ; sigillantes sigillo capituli prædicti, quo ipsi domini utuntur ad causas. Inventæ fuerunt pro tunc per eosdem dominos canonicos prædictos duæ veteres schedulæ, interiori thecæ affixæ, quarum una hæc scripta continuit : D. Eberhardus primus hujus Babenbergensis ecclesiæ episcopus præscriptum S. Henricum Imperatorem tumulavit : Egilbertus nonus Babenbergensis episcopus canonizavit ipsum S. Henricum (nempe per Eugenium III Papam) et Eberhardus Dux Bavariæ, decimus episcopus Babenb. transtulit præfatum patrem et fundatorem ecclesiæ S. Henricum sanctisque locis venerandum commendavit anno Dom. MCXLVII, die XIII Julii, præsentibus ibidem venerabilibus principibus ac dominis D. Eberhardo Salzburgensi archiepiscopo et Hartmanno Brixiensi episcopo, cum multis aliis religiosis fidelibus ac Deo devotis.

28. Apertura sarcophagi requirenda est in posteriori capite sub tergo imaginis beatæ Mariæ Virginis, ubi scripta sunt hæc verba : AUREA PORTA COELI, LOCATIO RELIQUIARUM IN FESTO S. HENRICI AD SARCOPHAGUM SUUM. Pergit deinde scriptor Catalogi enumerare insignes aliquot Bambergenses reliquias, eo ordine quo ibidem in templo cathedrali dispositæ sunt. « Caput, inquit, S. Henrici in medio locatur ante sarcophagum, ad altare sanctæ Crucis, versus Orientem : a dextris exeundo e choro S. Petri, caput sanctæ Cunegundis, et imago beatæ Mariæ Virginis. A sinistris S. Margaretæ et caput S. Kiliani : a dextris exeundo a choro S. Petri, caput S. Theodori et sancti Dionysii ; et versus Orientem caput argenteum. A sinistris cap. sanctorum Cosmæ et Damiani, et caput argenteum : versus chorum S. Petri, caput S. Ottonis, et caput S. Pii papæ et martyris. » Sequitur in charta Gamansiana miracu-

lum de restitutione in integrum imaginis Crucifixi eburneæ, qui e longinquis terris a S. Henrico Bambergam comportatus, et fulminis ictu in frusta minutissima collisus et contritus fuisse dicitur die x Maii 1513 (annum 1516 notat continuatio Hofmanni apud Ludwig.). Utcumque id factum fuerit, ad rem nostram propius spectant quæ de hac proprie dicta sacrarum reliquiarum translatione subjungit citata charta in hunc modum :

29. « Anno Domini MDXIII, Indict. 1, die 11 Septembris, sarcophagi antiqui sanctorum Henrici et Cunegundis fundatorum aperti sunt in corpore ecclesiæ, retro altare S. Cunegundis, per reverendissimum nostrum dominum prænominatum de Lymburg, propter novam sepulturam præfatis sanctis patronis ex marmore sculptam : in quo sarcophago antiquo reperta fuit vetusta capsa unica in qua erant pulveres de corpore S. Henrici, pars una de scapula seu spatula ejusdem, cum quibusdam de corio et serico, in quibus involutum fuit corpus S. Henrici. In sarcophago S. Cunegundis inventa est capsella ænea in qua inclusæ fuerunt reliquiæ de corpore S. Cunegundis, duæ costæ cum quibusdam aliis reliquiis ejusdem. In utroque sarcophago collecti sunt pulveres de corporibus amborum; quæ reliquiæ cum honore et reverentia in capsis suis ad magnam sacristiam sunt deportatæ per præfatum D. Georgium episcopum, D. Casparum suffraganeum ejusdem, et D. Joannem abbatem cœnobii S. Michaelis Montis monachorum. Expost prædictæ reliquiæ in quatuor novas capsas sunt divisæ, die IX mensis Septembris, die videlicet translationis S. Cunegundis, non sine dispositione divina, ad novum sunt sarcophagum deportatæ atque reverenter impositæ et inclusæ per D. Georgium episcopum et D. Casparum suffraganeum, præsentibus ibidem D. Joanne abbate de Bantz; D. Georgio Stiber, decano eccl. Cath., D. Wilhelmo Schengk Barone de Limburg, cantor; D. Leonardo de Eglofstein doctore, Scholastico; D. Sebastiano de Kungsperg, cellerario, et aliis canonicis capitularibus dictæ Babenbergensis ecclesiæ, astante clero et populo, quantum basilica cathedralis capere poterat. »

30. Atque hæc penultima est sacrarum S. Henrici reliquiarum solennis translatio; nunc cætera subjicio quæ in eadem Gamansiana charta colliguntur. « Scriptura hæc in pergamenea schedula reposita est ad plumbeam capsulam. In isto sarcophago lapideo, cum sua tectura lapidea olim supra terram elevato, fuit reconditum quondam corpus S. Cunegundis virginis et Imperatricis, ante translationem ejus. Nunc, propter structuram et erectionem novi sarcophagi, ut hodie cernitur, fuit hic sarcophagus sub terra reconditus S. Henrici confessoris et Imperatoris, ac hujus ecclesiæ fundatoris. » Est quod ad claritatem hic desideres. « Porro altare S. Cunegundis quod nudius demolitum et confractum est, innovatum et erectum fuit, et per D. Casparum suffraganeum, die eodem post reliquiarum imposi-

tionem, consecratum fuit, præsentibus adhuc omnibus jam supra nominatis. Atrium ante ecclesiam Babenbergensem, a porta Adæ et Evæ usque ad portam gratiæ, eodem anno jam supra, lapideo pavimento stratum, ac muro pectorali cavatis lapidibus artificio magistrali per gyrum ac formam coronæ circumdatum fuit, ne effunderetur ibi sanguis innoxius labente aliquo. » Hactenus charta, pro coronide adjungens quæ habes apud Hofmanni continuatorem, col. 242. Alia religiosi cultus argumenta prosequamur.

§ IV. *Reliquiæ Bambergenses, sacra cimelia, mausoleum Henricianum, Officia ecclesiastica, et antiqua Missa.*

31. De reliquiis et sacris Bambergensibus monumentis ac cimeliis, cum, præter ea quæ ex Hofmanno et schedis Gamansianis jam proxime data sunt, nihil ad manum esset, ad fontem ipsum recurrendum censui, unde certius et securius quam ex iis quæ Ludwigius vulgaverat, edoceri possem. Nec sane concepta spe frustratus sum, nam ope et præsidio R. P. Nicolai Pottu, Collegii nostri istic Rectoris, multa erudite suggessere nobilis, clarissimus ac consultissimus dominus Joannes Franciscus Xaverius Eppenauer, eminentissimi Electoris Moguntini et Episcopi Bambergensis archivarius, ut vocant; ac Adm. R. P. Dom. Otto Schugentes, Ordinis S. Benedicti ad Montem S. Michaelis, antiqua sua benevolentia, collatisque ad Acta S. Ottonis illustranda pluribus olim suppetiis, notus et amicus, quorum subsidiariis manibus adjutus, nonnulla hic parato jam commentario inserere licuit, quæ alias omnino prætereunda fuissent. Accessere a munificis sanctissimi patroni ac fundatoris clientibus necessaria ea auxilia, quibus istic delineata, hic vero in æs incisa sint varia, quæ proinde omnium oculis et piæ curiositati exponi potuere.

32. Ut ordine singula digerantur, ab iis incipio quæ sacras reliquias propius spectant, easque primum partes quæ aut in ipsa cathedrali ecclesia, aut in aliis Bambergensibus templis religiose asservantur. Jam proxime notavimus, in prima sacri corporis elevatione et exaltatione, sejunctum a reliquo corpore honorandum verticem, piorum cultorum venerationi exponendum, ut præcedenti paragrapho etiam indicatum est. Sic ipsum describit Clar. Eppenauer, ut secundum decentem proportionem capiat coronam imperialem argenteam deauratam, gravem, gemmis orientalibus multis magnisque exornatam, aureisque hinc inde cimeliis circumdatam, cujus linea diametralis sit octo pollicum unius pedis, altitudo propemodum sex, unde facile colligatur magnitudo capitis, quod eo modo coronatum detineri ait, in pomo imperiali dextræ imaginis argenteæ humanam staturam umbilico tenus adæquantis : Quam Romanæ, infra exhibendæ, non multum absimilem concipio, nisi quod in illa brachia exprimantur. Ex delineata corona de ejus pretio et elegantia statues, videbisque cum Bambergensi,

binas illas ex S. Michaelis a Ludwigio sic exhibitas, ut alteram in solemnibus, alteram in quotidianis usitatam comminiscatur, cujus rei nec umbram subesse mihi testatus est Schugentius. Sola hujus nostræ delineatio ad me missa est, quam satis feliciter excusam repræsento.

33. Reliquias alias his ferme verbis descripsit Eppenauer: Mandibula cum dentibus, inclusa thecæ ex deaurato argento, decorata est octo pretiosis lapidibus; nonus in vertice est sapphyrus magnitudine adæquans duos pollices. Guttur similiter ita inclusum asserit crystallo diaphana, sed absque lapidibus pretiosis. Est in monasterio S. Michaelis, in quodam reliquiario ligneo, parva aliqua particula ossea de S. Henrici corpore. In monasterio Bambergensi S. Annæ RR. PP. Minorum Ordinis S. Francisci Seraphici, in ambobus lateribus tabernaculi summi altaris, asservantur duo maxima ac integra ossa duorum pedum S. Henrici, quorum singula in longitudine adæquant unum pedem et decem ferme pollices; manifestum indicium, inquit, magnæ, ut supra dictum, staturæ, ita ut ea proxime accedat ad pedes omnino septem. Hæc Eppenauer, ex quo discere non licuit quo tempore ossa illa bina e tumulo extracta sint; infra patebit inde acceptas esse Romanas reliquias, de quibus brevi agemus. Nihil hic de « brachio et duabus costis cum parvis aliis ossibus, quæ foris honorabiliter recondenda » desumpsit Lambertus episcopus anno 1380; ast inde fortasse reliquiæ istæ processerint, de quibus agemus paragrapho sequenti.

34. Neque vero prætereunda sunt sacra alia cimelia sanctissimi Bambergensium patroni, ibidem religiosissime custodita. Præcipua duo sunt, nempe

B crux celeberrima, quam vidisse se testatur Henschenius ad Acta S. Cunegundis, quæque in Monte monachorum seu ad S. Michaelis recondita est; item mantum, ut ibi appellant, seu pallium, mirabili artificio elaboratum, in sacrario ecclesiæ cathedralis depositum: quæ in appendice post Acta, singulari explicatione, qua poterit diligentia, illustrabuntur. Porro Henriciana alia quatuor manta seu pallia serica cærulei coloris, quorum unum per totum magna cruce exornatum est, refert Eppenauer; atque item « ensem S. Henrici proprium, bissecantem, sine vagina tamen, ad initium sæculi proxime elapsi, noviter consecrato domino episcopo Bambergensi Joanni Godefrido ab Aschausen Augustæ a domino episcopo Augustano liberaliter datum, habentem C manubrium ellypsiforme ex crispato ligno buxino, longum tribus fere pedibus, latum sesquipollice. » Habe et reliqua ejusdem Clar. Archivarii verbis:

35. « Est, inquit, cuspis ferrea bissecans, tamquam pertinens superstes sui (S. Henrici) militaris vexilli, longa duobus pedibus cum dimidio, lata pollicibus duobus. Cuspis item similis vexillaris minor, longa uno pede, lataque ultra unum pollicem, quæ ex traditione a S. Georgio, ipsi S. Henrico, ad devincendos paganos, miraculose obvenisse dicitur. Exstat denique ensis quidam brevis cum vagina vili, cinguloque appensi, una solum acie, manubrio angulari eburneo, circumcincto parvo annulo argen-

teo ensem versus, cui nitido graphio insculpta sunt quatuor signa Evangelistarum. Pie creditur nunc ensem instrumentum esse martyrii S. Adriani, quod longum in totum uno pede cum septem pollicibus, latum autem pollice uno et quarta parte. » Hactenus relatio, in qua id postremum notatur : asservari ea omnia in tholo quodam ecclesiæ cathedralis, « quæ venerationi publicæ plurima ex parte diebus festivis ad altare S. Chunigundæ, tumulo proximum, exponi solent. » Sunt et libri sacri, ut Missales, Graduales, et id genus alii, pretiosissime cooperti, picturisque suis ornati, qui a sanctissimo patrono, ecclesiæ a se fundatæ, relicti dicuntur, cum ipsa Cruce postmodum exhibendi. At jam tumulus ipse, utpote patentissimum utriusque sanctissimi conjugis cultus argumentum, paulo attentius inspiciendus est, ipsiusque laudati jam toties Clar. Viri calamo describendus.

36. Repetenda hic paucis, saltem in memoriam revocanda, quæ paragrapho præcedenti ex chartis Gamansianis fusius dicta sunt de primo « marmoreo qualicumque monumento » per Eberhardum II episcopum Sancto tamquam populari erecto; tum vero de « nova sepultura » anno 1513 « ex marmore sculpta, » ad quæ non satis adverterunt qui, ex nescio qua traditione, persuasum habuere idem hodie monumentum Henricianum exstare quod olim Sancto erexisse dicitur Eberhardus II, quodque antea in medio navis ecclesiæ cancellis ferreis circumseptum fuit, tandem in choro S. Georgii aliquot gradibus exaltatum. Hæc præpostere circumferri satis observaveram, certius vero me docuit laudatus R. P. Rector, ex inscriptione Germanica, in archivo reperta et sic latine versa : « Sciendum est quod marmoreus tumulus, qui in ecclesia cathedrali supra sepulcrum S. Henrici et S. Cunegundis visitur, constructus et clathris ferreis munitus fuerit anno MDXVIII, qui annorum numerus infra in pede tumuli expressus est. » Eam notam modo abesse nil mirum est, cum basi novæ impositus sit tumulus hodie restauratus. Scripturam autem Germanicam pro anno 1513 perperam expressisse annum 1518 probat jam citata Gamansii charta, cui similem, recentissime repertam, submisit sedulus Collaborator, dum hæc prælo subjiciebantur. Diversitates inter utramque schedam tanti non sunt ut notari mereantur; nec vero, typis jam compositis, notari potuere.

37. Præclarissimo novo operi immortuus est munificus hodiernæ sepulturæ restaurator, Melchior Otto episcopus, e vivis ereptus anno 1653, sed prius destinatis ad rem totam consummandam necessariis subsidiis, quæ proinde soli ipsi adscribitur, ut ex inscriptionibus mox referendis apertissime datur intelligi. Postremam igitur illam sacrarum utriusque sanctissimi conjugis, in amotum e media templi navi restitutumque in choro S. Georgii marmoreum tumulum, reliquiarum translationem seu transpositionem solemnissime demum et festivissime peregit ejus successor Philippus Valentinus Voit a Reinech, IX Septembris 1658, invitatis ad insignem celebritatem suffraganeo Herbipolensi, abbatibus quatuor Bambergensibus, ac parochis circumquaque ad quatuor milliaria dissitis; quibus præsentibus sacras reliquias imposuit ac inclusit, die festivo per totam diœcesim indicto, quem dictus suffraganeus pia non minus quam eleganti ad confertissimum populum dictione panegyrica in laudem SS. Henrici et Cunigundæ directa honoravit, sub themate : « David et omnis domus Israel ducebant arcam testamenti Domini in jubilo et clangore buccinæ, II Reg. VI vers. 15. » Exstat de hac re transmissa ad me ex archivo Bambergensi inscriptio litteris majusculis expressa, quam hic reddo. «Anno D. MDCXLIX, 2 Septembris, jussu Reverendissimi et Illustrissimi principis ac D. D. Melchioris Ottonis, SS. Henrici et Cunegundis sepulcrum marmoreum e media navi ecclesiæ ad chorum D. Georgii, velut locum magis conspicuum, fuit translatum : sacræ vero reliquiæ, quatuor ligneis arculis occlusæ, in sacristia tantisper servatæ, donec Reverendissimus et Illustrissimus princeps ac D. D. Philippus Valentinus easdem, huic tumbæ honorifice insertas, cura sumptuque magnifico, assistentibus D. D. Francisco Conrado a Stadion præposito, Georgio Henrico a Kunsberg decano, Joanne Philippo ab Egglofstein decanatus coadjutore, Martino a Seckendorff seniore, nec non Suffraganeo Herbipolensi, quinque abbatibus ac cæteris capitularibus, clero populoque universis, summa cum religione, instituta ad hoc per urbem processione solemni, curaverit transferri, et hocce renovato marmore recondi MDCLVIII, die Septembris nona. »

38. His de ultima illa sacrarum exuviarum translatione præmissis, tumulum ipsum sic divisum exhibeo ut partes singulæ oculis pateant, adjectis dimensionibus ab Eppenauero mecum communicatis, quas ejus verbis, quemadmodum et cætera eo spectantia, describo. « Longus est, inquit, septem pedibus ac undecim pollicibus (unius pedis Norimbergensis in duodecim pollices divisi), latus tribus pedibus et 2 pollicibus ; altus vero quatuor pedibus ac 5 pollicibus. Continet exterius historias quinque, quas superne concludit tegumentum cum delineatione num. I, præ se ferente sanctos Heinricum et Chunigundam, justæ staturæ humanæ, artificiosa sane manu statuarii illo sæculo. » Quærimus qui certo statuat utrum sæculo XII, an potius XVI elaboratæ sint. « Amborum Sanctorum pedibus ibidem substrati jacent duo leones gentilitii, quorum prior in dextera S. Chunigundæ, præter rhombos habet duos coronatos parvos leones, sinister vero præter rhombos, ducatum Bavariæ involventes, duas bicipites aquilas, non coronatas, quæ duo insignia optime æri incisa exhibet P. Raderus in sua Bavaria sancta, volumine 1, fol. 103 verso. » Utique ; at quæ inde se confecisse existimabat Raderus, melius alibi revocanda censuit ; ut ex appositis istic insignibus nihil concludi posse fateri compellamur.

39. Neque inter historias istas anaglyphice ibi emgnatas, desunt quæ exactæ veritatis limam subire refugiant. Earum prima sub num. 11, in facie anteriori, navim ecclesiæ cathedralis respiciente, refert obitum S. Henrici, relictam virginem indigitantis, quam et paulo elegantius expressit Raderus, nosque ab obtrectatorum calumniis suo loco vindicavimus. Non ita placet, quæ in facie laterali bilancem repræsentat, præponderantemque calicem, de qua historia candide pronuntiat Eppenauer, « ævi sui simplicitate potius gaudere quam acribia theologica, » uti et nos alibi satis explicuimus. Proxima, in eodem tumuli latere, satis rudi minerva exhibet liberationem miraculosam a calculo, ope S. Benedicti in monte Casino, de cujus adjunctis suo loco etiam actum est. In altero tumuli latere, sub num. III, vomeres ignitos illæsa calcat S. Cunegundis, cujus etiam rei vividior imago est apud laudatum Raderum. Ultima demum in eo versatur ut memoriam renovet miraculosæ distributionis mercedis diurnæ pro mercenariis incumbentibus fabricæ S. Stephani, e scutella, in qua pecuniam S. Imperatrix pro solutione exponere consueverat, de qua videndus Henschenius ad III Martii, Commentarii sui § 4, n. 25. Reliquum verbis Eppenaueri absolvo.

40. « Finit dictas quinque historias tumuli inscriptio D. Episcopi Bambergensis Melchioris Ottonis, in facie ultima sub num. III orichalceis inclusa cimeliis, vel potius tabulis, quæ summum altare chori S. Georgii martyris respicit, his verbis :

In facie A   GLORIA HÆC EST
          OMNIBUS SANCTIS EJUS.
In facie B   D. O. M.
          HUMANI GENERIS
    REDEMPTORI JESU CHRISTO ;
        HUJUS ECCLESIÆ
FUNDATORIB., TUTORIB., PATRONIS,
   DIVIS HENRICO ET KUNEGUNDÆ
  CÆSAREIS ET VIRGINEIS CONJUGIBUS
    ARAM, TROPHÆUM, MONUMENTUM
       SACRAVIT, EREXIT, POSUIT
            M. O. E.

Suntque meræ literæ majusculæ quarum tres ultimæ designant Melchiorem Ottonem Episcopum. » Superest ut de Officiis ecclesiasticis paucula subjungamus.

41. Variis diebus variisque Officiis, pro recepto particularium ecclesiarum ritu, S. Henrici festivitatem olim celebratam fuisse supra indicavimus ; neque singula recensere modo juverit, dum in Romano Breviario pro tota Ecclesia hodie præscriptum est, relatumque Sancti nomen in Martyrologium XIV Julii, atque ob dilatum prædictum Officium, sequenti die XV denuo signatum, tametsi neutro die ipsum obiisse supra ostenderimus. Quæ sanctis conjugibus, ad exemplum SS. Apostolorum Petri et Pauli, communia sunt, jam olim explicuit Henschenius in Comment. prævio ad Acta S. Cunegundis, num. 9, nonnulla istic adducens ex Vita, Bruxellis an. 1484 excusa, quæ hic repetere, quid aliud esset quam actum agere? Inter schedas nostras exstant Mss. Officia Passavii et alibi recitari solita ; ast ea auctoritatis non magnæ, utpote erroribus infecta, quibus nec omnino vacuum est hodiernum Romanum, ex S. Michaelis Bambergensis, ni fallor, acceptum, in quo ad accommodum sensum reducenda sunt hæc postrema primæ lectionis verba : « Benedictum VIII, a quo imperii coronam acceperat, profugum excepit, suæque Sedi restituit : » uti et illa in lect. 2 : « Pannoniam adhuc infidelem, tradita Stephano regi sorore sua in uxorem, eoque baptizato, ad Christi fidem perduxit. »

42. Etenim vel in hypothesi quod Benedictum VIII profugum susceperit S. Henricus, quod mihi necdum verosimile est ; in ea, inquam, hypothesi proprie dici non potest suscepisse ipsum profugum « a quo coronam acceperat ; » supponitur enim fugisse Benedictus an. 1012, ubi Sanctus coronam primum accepit an. 1014. Stephanum porro a S. Henrico ad fidem perductum paulo latiori acceptione intelligendum est, cum is, Geiza parente jam Christiano natus, infans baptizatus sit. Et sane jam pro fide Christiana non semel decertaverat, priusquam Giselam uxorem duceret. Ad regni Hungarici conversionem non parum profuisse contractam inter sanctos affinitatem, id quidem minime dubium est, at nos hic periodos, ut jacent, expendimus. Est et Officium S. Henrici proprium in Breviario Bambergensi, Dillingæ excuso an. 1575 ; ast in eo nihil magnopere novi occurrit, quandoquidem lectiones desumptæ sint ex Anonymi Legenda, antiphonæ autem, responsoria et id genus alia, aut communia ferme sint, aut eumdem fontem satis redoleant. Ponitur hæc oratio propria : « Deus, qui beatum Henricum, post terrenum imperium insignitum, æthereis sedibus collocasti ; tribue, quæsumus, ut quem signis miraculorum clarere cernimus, eumdem intercessorem in angustiis sentiamus : » quæ accepta est ex vetusto Missali Bambergensi, unde Missam propriam ad me misit laudatus R. P. Rector Nicolaus Pottu, hic a me paucis describendam.

43. Est ea de communi Conf. non Pont., cujus Introitus Os justi. Sequitur jam dicta oratio, cui individuæ subjuncta est propria de S. Cunegunde. Epist. Justus cor suum tradit. » Graduali peculiaris hic versus connexus : O « [forte hoc]! totius monarchiæ sceptrum regens solidum, nactus es, Heinrice, die cœli culmen fulgidum. Te rogamus in hoc die, strati flexo poplite, ut ad regnum hierarchiæ ducas nos, Rex inclyte. » Deinde hæc sequentia : « Laudet omnis spiritus Christum, qui divinitus coronavit gloria gloriosum confessorem, quem patronum et auctorem hæc colit ecclesia. Homo vetus in peccatis primam stolam novitatis recepit cum annulo : Quisque mente puriore plaudit manu, psallit ore, digne Dei famulo. Post sex legens, dubitat Rex quem

sensum teneat oratio truncata. Sextus annus volvitur, et problema solvitur, corona duplicata. Purgatura criminis notam, virgo Virginis vindicat pudorem. Purgat adulterium, ignitorum vomerum non sentiens calorem. In Cassino monte curam Benedicti post pressuram longam sentit calculi : quem, dum nusquam sit contactum corpus, tamen inde tractum admirantur singuli. Angelus fortis militat in castris, victor victorem gloria coronans, hoste fugato. Precibus crebris instat, alienis curis vacuus, Deo vacans sæpius, orbe pacato. Dum migraret ex hac vita, finem rei eremita didicit ex dæmone : Nil inventum morte dignum, neque fœnum neque lignum, nil hominis in homine. Talis Christo deservivit, talis Christo vivens vivit in æterna patria servus tuus et amicus ; tua, Deus, nos Heinricus, consoletur gratia. »

44. Quæ hic ad historicam veritatem satis exacta non sunt, suis locis discussa invenies. Evangelium ponitur ; « Homo quidam nobilis. » Offertorium : « Posuisti, Domine. » Secreta : « Præsentia munera, quæsumus Domine, ita serena pietate intuere, ut sancti Spiritus perfundantur benedictione, et in nostris cordibus eam dilectionem validam infundant per quam S. Heinricus, confessor tuus, omnia corporis impedimenta devicit. » Communio eadem est est cum Offertorio, « Posuisti, Domine. » Completa seu Postcommunio : « Plebs tua, Domine, S. Heinrici confessoris tui se glorificatione magnificet, et, codem semper precante, te mereatur habere rectorem. Per Dominum. » Alia de Sancto oratio : « Adsto supplicationibus nostris omnipotens Deus, et, quibus fiduciam sperandæ pietatis, » etc. Ex prædictis Missalis folio, ad me directo, patet, majoribus Teutonicis litteris satis eleganter excusum esse, cum variis rubricis apte intermixtis, ad cujus calcem, ex temporis istius more, hujusmodi epigraphe adjungitur : « Anno Incarnationis Dominicæ MCCCCXCIX, quarto Kal. Junii, liber Missalis, in laudem et gloriam sanctæ ac individuæ Trinitatis, intemeratæ Virginisque Mariæ, in civitate Babenbergensi, per magistrum Joannem Pfeyl, præfatæ civitatis incolam, quam diligentissime impressus, finit feliciter. » Hæc de monumentis, Officiis, veterique Missa Bambergensibus dicta sufficient ; nunc sacras reliquias, alio translatas, investigemus.

§ V. *Reliquiæ alio translatæ, præsertim Romam, ad templum domus Professæ Societatis Jesu.*

45. Ex jam deductis satis manifestum est præcipuas sacras exuvias utriusque sanctissimi conjugis Henrici et Cunegundis in ipso Bambergensi mausoleo hodiedum asservari, quanquam partes nonnullæ alio ad venerationem translatæ sint, quas mihi promptum non sit sigillatim enumerare. Suggerit charta Gamansiana, superius citata, anno Domini 1504, Indict. I (voluit dicere IV) die XVIII Julii factam inter Gabrielem Eystettensem episcopum et Vitum Bambergensem piam sacrorum pignorum commutationem, sic ut ille Bambergensibus donaverit « De brachio sancti Willibaldi episcopi et confessoris, ac S. Walpurgis, ipso die consecrationis ipsius Viti : » quando « e converso idem D. Vitus de consensu dominorum capituli sui, dono dedit eidem Gabrieli episcopo de reliquiis S. Henrici petiam, » seu partem « unam ; » atque « item de gutture ejusdem : item de S. Cunegunde, præsentibus ibidem venerabilibus egregiis dominis Carolo de Seckendorff decano, Georgio de Schwinburg, et Friderico de Quedwiz senioribus capitularibus et canonicis, ad hæc capitulariter deputatis. » Non est inverisimile pias hujusmodi commutationes factas esse cum aliis Germanicis ecclesiis, unde ad ipsas pervenerint S. Henrici reliquiæ, tametsi de iis nihil publicis tabulis consignatum comperiam.

46. Nihil pronius esset quam de Herbipolensibus id suspicari, nisi aliunde constaret S. Kiliani sacra lipsana Bambergæ exstitisse, quin et Sanctum istum patroni loco habitum ante S. Henrici tempora, ut fidem faciunt diplomata, in quibus S. Kilianus, ipsamet S. Henrici ætate, cum S. Georgio conjungitur. Cæterum prædictis commutationibus longe antiquiorem esse oportet notabilis haud dubie sacri corporis partis translationem in Merseburg, de qua tam diserte agit Anonymus apud Gretserum, cap. 41, apud nos inter miracula num. 11, quam non diu post celebratam Sancti canonizationem accidisse qui dixerit, haud multum a vero aberraverit, cum eo ferme ordine a dicto scriptore referatur : « Tempore illo quo venerabilis abbas Merseburgensis ecclesiæ Volcmarus reliquias B. Henrici confessoris Saxonicæ terræ invexit. » In Poloniam usque transiisse intelliges ex miraculis infra, num. 18. An et quo pacto perierint jam dictæ reliquiæ Merseburgenses, haud equidem scio ; verum, ex instrumento quod ad me misit laudatus supra Clar. Eppenauer, liquido patebit reliquias alias eodem destinatas fuisse, procul dubio ut amissis prioribus substituerentur.

47. Litteræ sunt Adolfi Merseburgensis episcopi, Anhaldiæ principis, ad Georgium a Limburg episcopum Bambergensem, datæ « die veneris infra festum S. Martini » nempe XIII Novembris anno 1517, quæ latine versæ sic sonant : « Nostra amicabilia officia prævia ; Venerabilis in Deo Pater ; imprimis dilecte domine et amice. Cum dilectio vestra, ad rogatoriam nostram petitionem, quasdam S. Heinrici Imperatoris sacras reliquias concesserit, easdem a dilectione vestra submissas, cum veneratione, grato benevoloque animo accepimus. Et quamquam pro tam æstimabili dono, quod temporali nulli pretio æquiparandum est, nobis et ecclesiæ nostræ concesso, dilectioni vestræ obstrictos nos esse profiteamur, cui tamen obligationi satisfacere in nostra potestate nullatenus est ; nihilominus in ecclesiæ nostræ sanctis patronis et præcipue dilecto S. Heinrico Imperatore confidimus, eos, optatam in hac temporali, et apud Deum imprimis in vita æterna felicitatem exorando, idipsum dilectioni vestræ centuplum compensaturos. » Quamdiu thesaurus iste, a signata

fatali Lutheranæ apostasiæ epocha, istic in pretio et debita veneratione fuerit, haud ita promptum est investigare.

48. Persuasum habeo et alias ecclesias pretiosarum exuviarum participes fuisse, quamvis ad manum non sint instrumenta quibus de iis certiores reddamur. In ipsam Hispaniam penetrasse testes sunt collegæ nostri Pinius et Cuperus, quibus bibliothecam S. Laurentii Escorialensem lustrantibus apertus est insignis thesaurus reliquiarum eo congestarum a Philippo II rege, magnificentissimi istius palatii, cœnobii et templi conditore, ea occasione quam notissimam existimo. In eo sacrario repererunt ternas sacrarum S. Henrici exuviarum particulas, minores duas aliis conjunctas, partem porro majorem ejus pellis, ad digitos quatuor in longum, duos in largum extensam; quæ unde eo accesserint, in ipso Lipsanologio, seu reliquiarum catalogo, traditum non est. Monuit me etiam laudatus Eppenauer, sub regimine Reverendissimi et Celsissimi principis Petri Philippi a Dernbach episcopi Bambergensis, intra annum 1672 et 1683, ad petitionem magni ducis Etruriæ, quasdam S. Henrici reliquias Florentiam destinatas esse, ast ubi eæ modo expositæ sint, aut quo in honore habeantur, compertum non habeo.

49. Longiorem de aliis quaquaversum transmissis sacris pignoribus disquisitionem hic non instituam; at præteriri non potest Societatis nostræ in sanctissimum Imperatorem propensissima veneratio, qua impulsi Patres Assistentiæ Germanicæ, quemadmodum Patres Galli sacra S. Ludovici regis lipsana impetraverant, post vias varias primum tentatas, tandem Serenissimi Electoris Bavariæ Maximiliani, summi ejusdem Societatis fautoris et patroni, studio et auctoritate, votorum compotes facti sunt. Rem omnem promovisse et ad felicem exitum perduxisse videtur R. P. Gualterus Mundbrott, per id tempus Romæ pro Germania apud. Adm. R. P. N. Mutium Vitellescum Assistentis munere fungens, qui, ut apud Serenissimum Electorem gratia et favore valebat, sic eum induxerit, ut, interpositis officiis suis, a Reverendissimo et Celsissimo Francisco Bambergensi et Herbipolensi episcopo S. Henrici reliquias postulaverit, easdemque demum optato successu consecutus sit. Serenissimi et nunquam satis nobis laudandi Maximiliani Electoris litteras nancisci non potui, verum ex ipsius Francisci episcopi responsoriis, concessi pretiosissimi thesauri testibus, porrectarum precum substantia facile colligitur : habent, ex Germanico Latine versæ :

50. « Serenissime Princeps. Nuperis Serenitatis vestræ, quibus sibi aliquid de reliquiis S. Henrici, ecclesiæ nieæ Bambergensis patroni et fundatoris, communicari cupiebat, obedivissem quantocius, si præfatæ meæ cathedralis reliquiæ ad manum fuissent. Quæ cum, ante primam hostium irruptionem, ut servarentur, necessario Villacum in Carinthia transferri debuerint, neque hactenus ob inquietam secu-ritatem reportari potuerint, nihilominus sedulo inquisivi num forte aliquid illius Sancti in aliis ecclesiis reperiretur; ac deprehendi tandem hic apud Patres Franciscanos fragmentum de osse femoris prædicti sancti Patroni mei, ab aliquot centenis annis summa cum veneratione in eorum ecclesia asservatum, cujus partem bonam mihi petenti donarunt, quam Patri Provinciali Capucinorum, aliis de causis eo abeunti, Serenitati vestræ offerendam tradidi : atque amice rogo Serenitatem Vestram, eam boni ut consulat, meque et ambas meas ecclesias cathedrales quavis occasione commendatas habere dignetur. Bambergæ, in Novembris MDCXLI. Vestræ Serenitatis officiosissimus et obsequentissimus, Franciscus episcopus Bambergensis et Herbipolensis. »

51. Has ipsas reliquias ex dono Serenissimi Electoris, misit eodem anno 1641, die V Decembris, R. P. Rector collegii nostri Monachiensis Georgius Spadser Romam ad prædictum R. P. Gualterum Mundbrott, ut ex ipsiusmet epistolæ tum datæ verbis clarius intelligitur. Sic scribit. « Reverende in Christo Pater : Utor occasione postæ Electoralis, per quam mitto R. V. particulam de osse femoris S. Henrici Imperatoris. Addo litteras Illustrissimi et Reverendissimi Episcopi Herbipolensis ad Serenissimum Electorem nostrum, quibus redditur testimonium omni exceptione majus, de iisdem reliquiis. Serenissimus Elector gratiose salutat Rev. V. eique prædictas reliquias, haud exigua sollicitudine ac labore conquisitas, per me transmittit, jubetque Rev. V. hunc suum conatum boni consulere; sperasse se quidem aliquid majus ab Episcopo, maxime post amplissima et identidem repetita promissa, sed his pro hoc tempore debere se contentum esse, et vicissim rogare ut et Rev. V. tenuitatem hujus munusculi non aspernetur. »

52. Minime vero aspernatus est pretiossimum donum P. Mundbrottius, verum ipsas illas reliquias anno insequenti, mense Septembri, præsentavit Illustrissimo D. Joan. Bapt. de Alteriis episcopo Camerinensi, Eminentissimi Cardinalis Urbis Vicarii vices gerenti (qui postea summus Pontifex fuit Clemens X) approbandas, quod ille, omnibus rite examinatis, benigne præstitit, die VII mensis prædicti, tenore sequentium litterarum : « Universis in singulis præsentes litteras inspecturis fidem facimus et attestamur qualiter hodie coram nobis allata fuit, ab adm. R. P. Gualtero Mundbrott Societatis Jesu pro Germania Assistente, quædam pars de osse femoris S. Henrici Imperatoris, pro cujus veritate et validitate ostendit nobis sufficientes attestationes : cumque nos ipsam sacram reliquiam ut veram supradicti Sancti comprobaverimus, eidem adm. R. P. Gualtero eam aliis donandi, ac in ecclesiam collocandi, ut a piis fidelibus venerari possit, licentiam et facultatem in Domino concedimus et impertimur. In quorum fidem, etc. Datum Romæ, hac die VII Septembris MDCXLII. J. B. episcopus Camerinensis V. gerens. »

Lipsanotheca de qua num. 53 seq

53. Obtenta ea facultate, haud diu cessatum est quin præfatæ S. Henrici reliquiæ in domus Professæ Romanæ templo, Jesu Servatori sacro, debita veneratione et cultu honorarentur. Curata mox est, aut antea fortasse jam præparata insignis lipsanotheca argentea, qualem hic descriptam cernis, altitudine pedes circiter sex, latitudine quatuor ferme adæquantem, affabre factam a peritissimo illius temporis artifice, cui an parem modo Roma habeat, merito ambigit R. P. Franciscus Wenzel Assistentiæ Germanicæ hodie Substitutus, cujus curæ et benevolentiæ acceptas refero plerasque omnes deductas hic notitias, cum ipsa delineatione, ex qua eadem in æs incisa exhibetur, ad sancti Imperatoris gloriam, probandumque Societatis erga eum cultum et reverentiam. Ne vero existimes minori pietate quam pretio S. Henrici memoriam istic recoli, solet quotannis lipsanotheca, recurrente anniversaria Sancti festivitate, in magnifica S. P. N. Ignatii, ardentibus plus solito cereis, ara exponi, gravioribus quibusque domus nostræ Patribus rem sacram eo die ad eam facientibus. Aliis porro per annum festivitatibus, in ara principe cum Ludoviciana collocatur, restaurata quodammodo in Urbe mundi capite utriusque sanctissimi Principis veneranda recordatione. His de cultu hactenus abunde expeditis, ad Sancti gesta eorumque scriptores gradum facimus.

§ VI. *Scriptores Vitæ, aliique de S. Henrico agentes.*

54. S. Henrici Legendam ex sæculi sui, nempe XII vel XIII, more scripsit Anonymus, qui monachus fuisse videtur; idem ille, opinor, a quo postmodum S. Cunegundis gesta memoriæ commendata sunt, ad III Martii ab Henschenio illustrata: more, inquam, istorum temporum, nam particulares potissimum virtutes, munificentiam in exstruendis restaurandisque ecclesiis, miracula, et id genus alia percensuit, nullo servato rerum aut temporum ordine; alia etiam admiscens, quæ ad Sancti vitam nonnisi valde remote referuntur. Vixisse ipsum sæculo XII, post celebratam S. Henrici canonizationem, atque adeo opus ipsum Adelboldo Ultrajectensi episcopo, ex monacho seu clerico Laubiensi primum consiliario et cancellario, deinde ad episcopatum evecto, et triennio post Sanctum defuncto, adscribi omnino non posse, plane evincit Gretserus in notationibus, pag. 80, utpote cum plura commemoret quæ toto sæculo S. Henrici obitu posteriora sunt. De miraculis loquitur ut de re veteri quam a majoribus acceperit, quod Adelboldo quadrare nequaquam potest. Adde quod scribat de rebus quæ diu post mortem S. Adelboldi, ut de diplomate Henrici III regis, de Bullis Clementis II et Leonis IX, de quarto et sexto episcopo Bambergensi; ut dubium minime sit quin toto sæculo et amplius compilationem istam præcesserit Adelboldus

55. Prædictam Vitam primus in lucem eduxit vir clarus et sæpe nobis laudandus Henricus Canisius, tomo VI Antiquæ Lect., a pag. 385, ex codice Ms. cœnobii Windbergensis, sed non adeo plenam, ut ait Gretserus, atque ipse postmodum alteram reperit in monasterio Rebdorffensi, quam 1611 inter Sanctos Bambergenses edidit, collatam cum apographo Bambergensi, ex quo nonnulla auxit et emendavit, ut pluribus explicat in suis jam citatis notationibus, a pag. 79. Eadem Gretseri Legenda exstat in posthuma Surii editione, omissis tamen frequentibus illis capitum titulis, quos et ad normam nostram contrahendos censuimus. Ejusdem Rebdorffiani codicis exemplar nacti sunt Majores nostri, ex quo et ex Surio Legendam integram infra dabimus, lacunas seu hiatus ex Gretseri editione supplendo; iis in hunc Commentarium vel in appendicem rejectis, quæ ad historiæ filum minus spectare videbuntur, ut sunt capita 16, 17, 18 et 19, quibus non S. Henrici gesta, sed ecclesiæ Bambergensis privilegia enumerantur. Totum Gretseri opus nova forma recensuit, et volumini suo de Scriptoribus Germaniæ, quo potissimum continentur quæ ad episcopatum Bambergensem pertinent, non ita pridem, nempe anno 1718, vulgato inseruit Joannes Petrus Ludewig, notationes singulas capitibus suis subjiciens: cujus opera uti visum non est, fonte ipso nobis aperto, ex quo purius omnia hauriri potuere.

56. Atque hæc S. Henrici Legenda, ut ut imperfecta, vulgatissima hodie et notissima est, a qua proinde recedendum non fuit; quamvis et aliam repererim a sciolo aliquo non valde antiquo scriptore cum Vita S. Cunegundis conjunctam, de qua Henschenius quoque citato superius loco meminit, ad quarum calcem adjecta est sequens epigraphe : « Ad laudem et gloriam omnipotentis Dei, gloriosæ Virginis Mariæ et omnium Sanctorum, finiunt feliciter Legendæ sanctorum Henrici Imperatoris et Kunegundis Imperatricis virginum et conjugum, summa cum diligentia impressæ in famosa civitate Bruxellensi per Fratres communis vitæ in Nazareth; anno Domini MCCCCLXXXIV. » Totam legi et evolvi non semel, rudi stylo, confuse et inconcinne per capita quatuordecim digestam, cujus quis auctor fuerit ex nullis indiciis colligi potuit. Ab Henschenio notatum inveni, Nonnosium, Mompergensis cœnobii custodem, Germanicam aliquam Legendam composuisse, quæ eadem ipsa hæc sit Latine versa. Verum si recte Hofmannus et alii censeant, non hujus sed alterius Germanicæ Legendæ scriptor fuit prædictus Nonnosius, cujus fragmenta aliqua, ad me missa, reliqui operis sitim facile exstinxerunt. Ceterum Legendam istam Bruxellensem, ex Germanico versam esse, nullo prorsus argumento, imo nec indicio evinci potest.

57. De ejus pretio sic statuas : eam esse, ut dicere cœperam, inconditam collectionem recentioris scriptoris, utpote qui Vincentium Bellovacensem in Speculo historiali appellet, tamquam veterem aliquem gestorum S. Henrici testem, quem floruisse et scripsisse novimus medio sæculo XIII, ut proinde sæculum verosimilime sapiat quo typis excusa est,

nempe xv. Scriptorem oppido verbosum esse, vel inde intelligas, quod in prologis consuendis paginas quatuordecim impleat, dubia et falsa multa veris admiscens. Et in ipso quidem Vitæ principio labitur, dum S. Henricum concorditer a principibus electum asserit anno 1003, regnasse autem annis viginti duobus et quinque mensibus, quæ et sexcenta hujusmodi, aut falsa aut perperam adornata, citatione digna non censui, nedum restitutione. Tuto dixerim, in tota ea farragine et subjunctis Officii lectionibus nihil reperiri, quod non paulo melius in vulgata Legenda explicetur, in qua eruderandæ tot difficultates occurrunt, ut novæ aliunde accersendæ non sint. Difficultates intelligo in eo præcipue consistentes, quod, cum hujusmodi Legendæ debita luce historica careant, in eo nobis maxime laborandum sit, ut singula distinctis suis temporibus innectantur, in quibus, quoad fieri poterit, ordinate componendis, et in reliqua vitæ serie dirigenda omnis conatus noster potissimum desudabit.

58. Eo nos onere liberasset Adelboldi egregia lucubratio, nisi maximam ejus partem nobis invidisset temporum iniquitas, qua male periisse censenda est, cum solum fragmentum ad nos pervenerit a Gretsero etiam inter dictos Sanctos Bambergenses vulgatum, quod unde acceperit, monet pag. 428, ubi de auctore hæc ex Trithemio descripsit : « Adelboldus episcopus Trajectensis, ex monacho Ordinis divi patris Benedicti etc., vir in divinis Scripturis studiosus et eruditus, atque in sæcularibus litteris egregie doctus, ingenio subtilis, eloquio disertus, vita et conversatione præcipuus, et ob eas virtutes in curia S. Henrici Imperatoris magno in pretio habitus ; scripsit nonnulla haud contemnendæ lectionis opuscula, quibus nomen suum posteris notificavit. E quibus exstat Vita et gesta ejusdem sancti Imperatoris Henrici, liber unus. De laudibus S. Crucis lib. 1. De laudibus quoque S. Mariæ lib. 1. Varios etiam sermones de laude Sanctorum edidit, et alia tam metro quam prosa, quæ ad notitiam meam non venerunt. Moritur sub Conrado Imp. II, anno Domini MXXVII, Indict. x, episcopatus sui anno XXII, v Kalendas Decembris. » Hæc Trithemius, inquit Gretserus, addens quod sive hæc Vita sit quam Adelboldus scripsit, sive non, optandum plane ut mutila non esset, quod et nos pridem optavimus, et vehementissime optare pergimus.

59. Adelboldi episcopatus initia clarius nobis expressere Annales Hildesemenses apud Leibnitium de Scriptoribus Brunswicensibus, tomo I, pag. 722, ubi ad annum MX sic habent : « Ansfeldus Trajectensis ecclesiæ antistes obiit, cujus loco Adelboldus successit ; » ex quo initio plane intelligitur quod tradit Trithemius, eum episcopatus anno XVIII e vivis ereptum, cum vitam protraxerit ad v Kal. Decembris MXXVII. Porro ex laudati Trithemii verbis haud obscure colligi videtur, exstitisse ejus tempore, eique notum fuisse Adelboldi opus, cujus apographa omnia duorum duntaxat sæculorum decursu intercidisse haud facile mihi persuadeo. Quod si acciderit, irreparabilis est insignium Actorum jactura, eaque majus nobis sui relinquunt desiderium, quod ex solo fragmento clare perspicietur, accuratissimam esse oportere totius Vitæ Henricianæ seriem, si eodem ordine, methodo et diligentia ad exitum usque perducta est, ab oculato rerum omnium gestarum teste, eoque integerrimo antistite, de cujus regimine, ædificiis exstructis, virtutibus et scriptis videndi Joannes a Beka, pag. 37, et Wilhelmus Heda, p. 107 ; potius quam Vossius, qui Anonymi opus, a Canisio editum, cum Adelbodiano perperam confudit. Frustra, ut semel dicam, a Majoribus nostris, frustra a nobis quæsita est hactenus desideratissima historia, quam si quis alicunde refodere valeat, et nos et hagiophilos universos immortaliter sibi obstringet.

60. Quod habuit fragmentum Gretserus, primus in lucem protraxit, ex quo ipsum Scriptoribus suis Brunswicensibus accensuit Leibnitius, tomo I, a pag. 430, in Introductione submonens, « quæ Adelboldo desunt, bonam partem ex Ditmaro suppleri posse, et, ubi is finit, ex variis historicis, etsi minoris ponderis, spicilegium instituendum esse, messe amissa. » Recte id quidem ab eruditissimo viro suggeritur, at non æque pronum vel ex Ditmaro ipso centonem adornare, quem ad exactos chronologiæ calculos revoces, ut pote in quibus et manuscripta et edita ejus operis exemplaria nonnunquam manifeste aberrant. Ex variis autem aliis historicis spicilegium instituere magis etiam arduum erit, cum S. Henrici res gestas vix ipsi delibent, contenti generalioribus terminis, et confusa plerumque rerum et temporum congerie, unde non facile quis feliciter emerserit. Consulat lector eruditus proximorum sæculorum scriptores Ottonem Frisingensem, Hermannum contractum, Lambertum Schafnaburgensem, Abbatem Urspergensem, Marianum Scotum et quosvis alios, fallor ni id experiatur quod nobis evenit, nempe distractas illas lacinias difficillime ad rectam S. Henrici historiam exigendas ; quibus nihil subsidii afferent Vincentius aut alii ; neque Vitus ille Arnpekhius in Chronico Bajoariorum, quem novissimo Anecdotorum suorum Thesauro inseruit vir eruditissimus Bernardus Pezius, tom. III, part. 3, a col. 157, dum in ipso principio, cap. 12, ad an. 1014, revocat quæ toto citius decennio contigisse necesse est, ut cætera taceam in quibus verbosius ludit quam verius.

61. Quocumque te verteris, paria et obscuriora offendes, quæ Adelboldi desiderium magis magisque accendunt. Neque vero instituti nostri est ejusmodi historias contexere, qui monumenta, uti ad nos pervenerunt, excutere soliti sumus, eaque integra reddere, debita luce illustrata. Hunc igitur in finem satis nobis hic erit, ex laudato Ditmaro, Chronico Saxonico, et Hildesemensi, aliisque scriptoribus, temporum seriem ad chronologicos calculos, pro more nostro ita reducere, ut quibus ad scribendum

otium et ardor accesserint, ad rem historice exsequendam conatus noster praeluceat. Id praecipue difficultatis in Chronicis illis Germanicis occurrit, quod uno saepius, imo et pluribus annis ab invicem deflectant, ut in Adelboldo, Ditmaro, Chronographo Saxone, Annalibus Hildesemensibus et aliis evidenter patet. De ea re periculum facere plane obvium est, si Adelboldum, Chronographum Saxonem et dictos Annales cum Ditmaro contuleris: illi enim primam S. Henrici in Italiam expeditionem disertis terminis anno 1004 innectunt, quam Ditmarus, non minus expressis verbis anno sequenti 1005, cum plerisque aliis scriptoribus, quos moderni passim cum Baronio sequuntur, consignat, in qua tamen parte Ditmarum omnino deserendum existimamus, quemadmodum infra paulo fusius et clarius demonstrabitur.

62. Ut autem intelligas quam imperfectus hodiedum maneat Ditmarus, etiam prout a Leibnitio non ita pridem editus est, et Ditmari restituti appellatione ad splendorem donatus, ex iis patet quae noster Janningus paucis indicavit tomo VI Junii pag. 58, quibus haud pauca alia similia observata annotataque reliquit; quae omnia tametsi ab editore Leibnitio emendata fuissent, neque sic tamen facilis pateret aditus ut ex Ditmaro continuaretur recta S. Henrici historia, nisi quis prius in eo sedulam operam ponat, ad Chronicon istud in capita sua, paragraphos et numeros dividendum, eamque operosiori diligentia lucem affundendam, quo singulorem annorum periodi inter se recte et apposite distingantur; sicque a multis confusionibus, et hinc inde erroribus opus, caetera aestimatissimum, studiose vindicetur. Id mihi quidem post longum operis examen ita necessarium visum est, ut, nisi innumeris aliis distraherer, ab ea provincia suscipienda minime abhorrerem. Confido, aliis plus otii fore ut rempublicam litterariam tam digno munere exornent, vocarique adeo jure possit egregium Chronicon « Ditmarus restitutus et illustratus. » Sed haec obiter dicta sunto; supersunt difficultates in Anonymo explanandae, quarum nonnullas jam supra attigi, nempe circa Sancti genus, nomen, agnomen, aetatem, annum et diem obitus: paucas hic alias expediam, reliquas ad sequentes paragraphos remissurus.

63. Jam insinuavi non semel, multa in eo Anonymi monachi opere reperiri, quae rectius historice ordinata, et seclusis parergis accuratius digesta cuperem. Ne singula, quae sparsim satis indicata sunt et porro indicabuntur, hic ordine prosequar, non placet claudicationis causa tam longe petita, de qua superius disputavimus: neque satis verosimilia sunt quae de visione daemonum et calicis ansa memorantur, pio ferme somnio, quam sincerae veritati propinquiora, ut Bambergenses ipsi hodie non diffitebuntur, quidquid in laudato sanctissimorum conjugum monumenta expressa retulerimus. De Nonnosio item obiter dictum est: quid ipse singulare ad Sancti gloriam contulerit, proprius explorare non licuit, defectu ipsius operis, quod sollicite custodiri intelligo: at, cum vixerit saeculo XVI, mortuus, ut ad me scriptum est, mense Februario anni 1529, facile colligitur quam in sua de sanctis Henrico et Cunegunde Germanica historia, anno, ut aiunt, 1511 edita, fidem promereri possit, in iis praesertim quae Anonymo nostro superaddenda putaverit. Alios non novimus qui de S. Henrici vita et gestis ex professo tractaverint; neque variorum fragmenta aut elogia congerere lubet, ne importunis earumdem rerum repetitionibus taedium lectori potius quam voluptatem afferamus, ad paulo utiliora festinantes.

§ VII. *Vita S. Henrici Dilingae vulgata* MDCXLVIII.

64. Quae hic disputata sunt hactenus et porro disputantur toto hoc de gestis S. Henrici praevio, uti vocamus, commentario, jam dudum praelo parata erant, quando in notitiam venit Vita anonyma sancti Imperatoris, Dilingae ab aliquo Societatis nostrae sacerdote typis edita, an. 1648, formis academicis. Eam ut tempestive nanciscerer, nullum non lapidem movi, scriptis in Germaniam ad amicos litteris, quibus id effectum est ut, favente semper R. P. Nicolao Pottu, collegii nostri Bambergensis Rectore, saepe mihi et merito ob navatam sedulam et constantem operam laudando, exemplar obtinuerim, de cujus auctore pauca primum subjiciam, tum de ejus institu.o totiusque opusculi pretio; demum ea percurram quae ad illustranda Sancti gesta hinc inde observatu digna existimavero, ibi praesertim ubi eadem tractata sunt quae ab Adelboldo vel Anonymo nostro, quos illustrandos suscepimus, commemorantur. Ut idea operis sub ipsum principium pateat, en ejus titulum: « S. Henricus Imperator Augustus, Bavariae dux XXXI, religionis, prudentiae, fortitudinis, castimoniae, clementiae aliisque heroicis exemplis praeclarus, admirationi et imitationi recens propositus a quodam Societatis Jesu sacerdote. Dilingae, formis academicis, anno MDCXLVIII. »

65. Anonymum scriptorem appellant Bambergenses et alii passim, nempe quod nomen in fronte expressum non sit; nam digito eum commonstrare tam facile est ut, vix lectis duabus paginis, mox deprehenderim lucubrationem esse nostri Melchioris Inchofer, origine Viennensis, in Societatem Romae admissi an. 1607, a « multiplici doctrina » in Bibliotheca scriptorum commendati; viri, ut aliunde notum est, paulo acrioris ingenii, multi laboris ac scriptionis, at styli, ex nimia concisione, et acuminatis saepiuscule periodis nimium involuti, adeoque obscurioris, ut saltem in eo, quo de agimus, opere prima fronte satis perspicuum est. Ab ipso autem Vitam praedictam compositam fuisse, omnino liquet ex frequentibus suimet citationibus, praesertim Annalium ecclesiasticorum Hungariae, a nobis alibi citatorum, quorum volumen primum et unicum edidit Romae 1644, quo eodem anno, ad relationem amici sui Leonis Allatii, facultatem obtinuit ab Adm. R. P. Hyacintho Serrono, socii Reverendissimi Magistri

sac. P. A. S. Henrici Vitam edendi; quod cur Romæ factum non fuerit, divinare non lubet: pluribus vero quærere ad rem quam præ manibus habemus, operæ pretium non esse, facile quivis intelligit.

66. Neque id explorare licuit, miseritne ipse in Germaniam ms. autographum, suppresso suo nomine, excudendum, an aliunde editores acceperint, nullaque, seu casu seu studio, facta scriptoris mentione, dedicarint ipsi nomine collegii Dilingani Illustrissimo ac reverendissimo Melchiori Ottoni, imperialis ecclesiæ Bambergensis episcopo S. R. I. principi, cui vere libellus inscribitur. Utcumque id acciderit, eodem illo anno 1648, Mediolani vivere auctor desiit die xxvii Septembris. Id miror, inter tot alia ejus opera, quæ vel sub alienis nominibus prodiere, vel ab eo prælo parata dicuntur, hoc de S. Henrico in Bibliotheca nostra prætermissum esse: an quod id ignoraverint Allegambe et Sothuellus, an quod opellam tanti non fecerint, aliis disquirendum relinquo. Equidem in toto eo opusculo nihil reperi prorsus, quod me a jam expensis, discussis, et qua potui verisimilitudine definitis tantillum recedere compelleret. Dissentire in aliquibus haud diffiteor, ast ejus assertis nihil tribuendum censui, nisi quousque antiquorum scriptorum auctoritate nitantur. Cum igitur ex iis solis nostra deprompserimus, non video quid ejus placita ad dirimendas hinc inde controversias magnopere conducant. Ex opusculi totius instituto, quid Inchoferus voluerit, pronum erit perspicere.

67. Id præ oculis habuisse videtur, non ut historicum et chronologicum vitæ et gestorum contextum proponeret, sed meram Legendam, cujusmodi multas postremis hisce sæculis adornatas videmus, quas non incongrue dixeris ad sanctitatem Christianam paræneses, quibus nempe virginum exempla virginibus, conjugatorum conjugatis, viduarum viduis, atque ita singulorum ordinum hominibus apposita incitamenta exhibentur; id, inquam, præ oculis habuisse videtur, ut principibus Catholicis in tam illustri speculo eximiarum virtutum urgentes stimulos floridiori penicillo depingeret, id quod satis diserte in ipso suo titulo exprimit, dum S. Henricum, ut « religionis, prudentiæ, fortitudinis, castimoniæ, clementiæ, aliisque heroicis exemplis præclarum, admirationi et imitationi proponit. » De cætero Anonymum in eo longe superavit Inchofer, quod Sancti gesta in aliquem saltem ordinem digesserit, quæ ab altero plane confusa sunt. Præterea vero ad exactiorem crisim expenderit, quæ ille nonnunquam nimis credulus a popularibus traditionibus non satis apte discrevit, quemadmodum a nobis non in uno loco observatum invenies. Id ab Inchofer desidero, quod, licet scriptores nonnullos citari solitus sit, multa tamen asserat quæ, an satis certa fide nitantur, non immerito dubites. Ex operis totius in capita sua divisione, nostrisque ad ea, ubi opus erit, annotationibus, clariorem ejus ideam faxo concipias.

68. De titulo, dedicatione et approbatione Romana jam satis diximus; adjiciuntur et aliæ facultates, nempe Adm. R. P. N. Mutii Vitellescii Præpositi Generalis, data Romæ xii Septembris an 1644, tum R. P. Laurentii Keppler superioris Germaniæ Provincialis, data Monachi xviii Februarii 1648. En modo capitum ordinem. Primo itaque exponitur « S. Henrici patria, ortus et educatio. » Hæc ad nos non special; de aliis dictum est satis. Singulare notat Inchofer, quod natus sit Sanctus an. cmlxxii, die vi Maii, « feria secunda. » Satis minutatim, et satis exacte; etenim anno 972, currente littera Dominicali F, sexta dies Maii incidit in « feriam secundam. » Verum de scrupulis istis nobis litigandum non est: eo vel alio die natus fuerit, ad intentum nostrum parum refert, qui Anonymo illustrando maxime insistimus, in quo atque in Adelboldo Legenda Henriciana non a vitæ sed a regni primordiis sumit exordium; unde nec ad nos pertinent sequentia capita, quorum titulos hic exponere satis fuerit. « Cap. ii. Henricus, a patre regimini admotus, mira prudentia et pietate rem administrat. Cap. iii. Henricus, ex voto parentum se conjugio astringens, virginitatem servat. » De hac suo loco abunde. « Cap. iv. Sancti Wolfgangi et deinde Henrici senioris obitus, juniorisque successio, et pacis studium. »

69. Capitis quinti partes binas facit, alteram quod « Henricus a S. Benedicto reprehensus sit, » de qua re Anonymus nusquam meminit; neque hic noster auctorem citat, unde acceperit, quasi satis nota sit historia ex Leonis Ostiensis Chronico, lib. ii, cap. 45. In altera recte dissentit Inchofer ab Anonymo, qui celebre sancti Wolfgangi vaticinium « post sex S. Henrico » jam regi intimatum scribit, atque adeo diserte applicat Romanæ in Imperatorem coronationi, ut proinde rem accidisse oporteat anno circiter 1007 vel 1008, uti etiam suo loco diximus, haud obscure indicantes non multum placere oraculum Anonymi modo expositum. Censet igitur, et longe rectius, Inchofer, « S. Henrico in Italiam ituro cum Ottone, anno cmxcvi regnum mirabiliter a S. Wolfgango prædictum. » Audiamus ejus verba pag. 22: « Qui id, inquit, post adeptum regnum ad imperium referunt, non considerant, nihil opus fuisse conjectare; quid enim præter spem magni, coronato jam Regi et Cæsari, tam involute imperium portendere? Ipse diem sumpsisset qui inauguraret: sed enim nulla propinqua spe, rege Ottone adhuc vita, ætate et fortuna florente, et qui propediem in urbe Imperator dicendus erat, regnum Henrico prædicere, nisi ejus nutu, qui tempora in manibus describit, Wolfangus non potuit. »

70. Quæ capite vi memorat de Electorum determinatis suffragiis a Gregorio PP. V et Ottone III cerca lege circumscriptis, saltem in S. Henrici electione adhibitis, fatemur nos pro eo tempore admittere non posse, ut contra Hofmannum aliosque satis explicuimus, ostendentes Sanctum hæreditario successionis jure imperii culmen consecutum. De septemvirorum electorum origine mentem suam nostramque

exposuit Henschenius in Commentario ad S. Heribertum, xvi Martii, num. 7. Capita vii et viii ad nos etiam non spectant; quibus, ut iterum dicamus, soli Adelboldus et Anonymus illustrandi sunt; ab illo autem accurate describuntur quæcumque habet Inchofer capp. 9, 10, 11, 12 et 13, ut iis hic enumerandis supersedeamus. Est et pars cap. 14 ex Adeboldo desumpta, cui adjungit « ecclesiarum in Germania reformationem, » item « Polonicum et Flandricum bellum, » quæ nos temporibus suis ex Ditmaro et aliis innectere conati sumus. Cap. 15 monasteria et templa fundata vel ornata, ac Bambergensem civitatem in episcopatum evectam prosequitur; et de hac quidem erectione satis apposite disputat: neque negaverim parthenonibus Neoburgensi, et Nunburgensi apud Salisburgum multa a Sancto collata, quamvis hic a temporum serie scriptor exorbitet: verum quod, pag. 65, anecdotum miraculum tradit de S. Erendrudis cinere annulo concluso et collo suspenso, ut ut negandum non censeam, mirari certe liceat nihil huic rei affine occurrere in ipsis Sanctæ Actis, tomo V Junii illustratis, a pag. 580; certe fidem liberare debuit Inchofer, præstito assertæ rei vadimonio.

71. Non magis ad temporum rationem attendit, dum capiti 16 hunc titulum præfixit : « Henricus Cunigundem reginam adulterii insimulans, innocentiæ miraculo corrigitur. » Res ipsa ab inimicorum obloquiis satis vindicata est; at quo potissimum tempore contigerit, fateor me necdum certo deprehendere potuisse. In ejusdem fide relinquo quidquid cap. 27 de Gunthero ejusque cum S. Henrico gestis collegit. Multa connectuntur cap. 28, quæ a nobis paulo ordinatius distincta sunt. Minus etiam placet caput 19, ubi Benedictum VIII in Germaniam deducit, ut Henricum adversus seditiosos invitet, et nescio quod exortum schisma componat, de quibus quid sentiamus habet § 12, num. 128. Capite 20 agitur de prensato monachatu Cluniaci et Virduni, quæ ut ab Henrici sanctitate aliena non sint, nobis sufficiunt ea quæ ab Alberico narrata retulimus. Cap. 21, inter alia mentem suam aperit Inchofer circa « prodigiosam victoriam S. Henrici auspiciis a quibusdam attributam, » unde non parum elucidari possunt quæ nos suo loco conjectavimus occasione famosæ istius pugnæ ab Anonymo commemoratæ cap. 4 quam, studiose a Ditmaro præteritam, necdum nobis suaderi patimur. Ex cap. 22 notanda præcipue Popponis abbatis Stabulensis monitio, qua S. Henricum a spectandis histrionicis et gladiatoris ludis averterit, dum iis Neomagi curiosius spectandis attenderet. Et hoc et id genus facta alia scriptorum auctoritate corroborari merebantur.

72. Sequitur, cap. xxiii, adventus Benedicti VIII in Germaniam, qui tanto majori scriptorum veterum fide nititur, quanto debiliori subsistit incerta ejusdem Papæ prior in imperium peregrinatio, dicam an fuga supplex ad S. Henrici auxilium. Cap. 24 explicatur reconciliatio cum S. Heriberto Coloniensi, ejusque (cap. 25) prædictio de obitu S. Henrici, aliaque ad ipsos spectantia, quæ in S. Meinwerci Actis fusius commemorantur, non item vaticinium ipsum, quod retulit Rupertus Tuitiensis in Heriberti Vita, cap. 8, num. 31, ad xiv Martii, pag. 488, his verbis : « Noveris enim quia, post obitum meum, trium non peraget annorum curriculum : » atque vixit S. Henricus usque ad xiii Julii anni 1024, obiit S. Heribertus xvi Martii 1021 : nodum vidit Inchofer; quem ut solvat, cogitur S. Heriberti obitum, contra historicam veritatem reducere ad annum 1022; in quo eum plane falli credimus : utrum vero vaticinium recte istic expressum sit, non est nostrum dirimere; abest certe ab Actis quæ hic illustramus. Capp. 26, 27, 28 et 29, multus est in commemorandis adjunctis ultimi belli Italici, quæ non magis ad nos pertinent, aut certe in serie nostra chronologica abunde relata sunt; uti et congressus cum Roberto rege Franciæ, quem describit cap. 30. De gestis vero (cap. 31) inter SS. Henricum et Meinwercum, videnda in hujus Actis assignata alibi sunt.

73. Subjungitur piissimus sancti Imperatoris obitus, cap. 32; at mire res et verba torquet Inchofer, ut in definiendis diversis vitæ Henricianæ periodis calculos subducat, aberrans in plerisque. Demus ejus verba : « Vixit ante regnum annis triginta; regno duodecim et menses quinque; imperio decem, totidemque dies supra menses quatuor; Deo et sibi annos, si tres cum diebus viginti menses demas, tres supra quinquaginta; mortuus anno undecimi sæculi vigesimo quarto, feria secunda. » Primo et ultimo calculo lubens assentior : cetera vere et clare expressisset, dicendo, « vixisse » sanctum « regno » a vi Junii 1002 usque ad xiv Februarii 1014, quo intervallo fluxere anni non plus undecim, menses octo et totidem dies. « Imperio » seu Imperatoris titulo gavisus est a xiv Februarii 1014 usque ad xiii Julii 1024; unde exsurgunt anni omnino decem, menses quinque, minus unico die : ad tres autem supra quinquaginta vitæ annos, cur solum, « menses tres cum diebus viginti » nobis demi velit Inchofer, prorsus non capio; meminerit nativitatis epocham a se superius fixam esse anno 972 « die vi Maii feria secunda, » inde digitos consulendo numerandoque, inveniet completissimos vitæ annos duos supra quinquaginta excurrentesque menses duos cum diebus septem, ut ferme menses decem demendi sint. Sed de his satis dictum superius § 2.

74. Supersunt capita quinque, nempe 33, ubi, nisi vehementer fallor, fabulis accenset Inchofer « occursum dæmonium ad exsequias, » sive ad extremam Sancti morientis luctam, « et accusationem apud tribunal Dei; » quibus adde præponderationem calicis S. Laurentii, et similia, quæ in loco diximus, pio boni vel simplicis eremitæ somnio quam veritati historicæ magis affinia, nec ulla vetustiori auctoritate suffulta; quæque fortasse, poetica libertate a pictoribus sive sculptoribus symbolice adumbrata, qualium nimis quam obvia sunt, veram subinde, pro

sæculorum istorum captu, inducerint historiæ faciem, dignam quæ in ipso sanctorum Henrici et Cunegundis mausolæo repræsentaretur. Cap. 54, recitantur « publica » nonnulla « pietatis et religionis monumenta posita, aliaque pia opera ab Henrico gesta; » quæ omnia, uti « et illustria miracula post mortem » a Sancto « patrata, » ejusdem factæ « apparitiones, » canonizationis diploma ab Eugenio PP. III. concessum, cæteraque tribus ultimis capitibus collecta, paulo uberius a nobis propriis suis locis relata et explicata sunt. Atque hæc de Inchoferi opere dicta sufficiant, nos exorsum deductumque pridem Commentarii nostri filum sequentibus paragraphis ordine exhibebimus, ubi ea præmiserimus quæ ad præcipuam Sancti laureolam vindicandam paulo accuratius examinari et nervosius confirmari mereantur.

§ VIII. *S. Henrici cum sancta virgine Cunegunde, servata in conjugio castimonia.*

75. Quamquam superius dixerim multa esse quæ in Anonymo « Vitæ S. Henrici » scriptore non omnino admittenda censeam, illud certe suggillari non patior, quod habet cap. 21 et 27, unde præcipua sanctissimis conjugibus « Henrico et Cunegundi, » eaque constantissima fuit a tot sæculis gloria, quod intemeratam illibatamque virginitatem tumulis ambo et cœlo intulerint. Priscas nænias et veteres heterodoxorum satyras adversus continentiæ miraculum spareas hic nec appellandas nec refutandas suscipio; non calumniis aut dicteriis sed argumentis certandum est, recentiores aggredior. Eam historiæ partem immerito vellicavit Leibnitius, Introductionis suæ ad Scriptores Brunswicenses § 30, his verbis : « Magnum virum fuisse (S. Henricum) et probum, dubitare nos gesta non sinunt, virginitatem voluntariam in matrimonio cum Cunegunde conjuge coluisse posteriores tradiderunt, cœtanei nec minimum hujus opinionis vestigium exhibent, ut adeo magnopere ei fidi non possit. « Laudat Leibnitium Struvius eique subscribit, pag. 588; utrumque convenio. Et quidem manifeste liquet rem illam satis perfunctorie a Leibnitio delibatam, ut qui S. Henrici canonizationem perperam tribuit Innocentio III, ut forte ea ratione pontificium de servata virginitate testimonium ad sæculum XIII removeat, verum jam supra ostensum est, totis fere sexaginta annis citius, nimirum anno 1145 cœlitum honores consecutum sanctum Imperatorem.

76. At « cœtanei nec minimum hujus opinionis vestigium exhibent. » Quæro, quos cœtaneos hic appellare possit Leibnitius? Adelboldum forte? Ast istius operis solum fragmentum superest. Ditmarum? Scivit vir eruditissimus totis sex annis Henrico præmortuum esse, neque adeo rem, quoad Sanctus vixit, ignoratam, in ejus notitiam pervenire potuisse, quam sub extremum vitæ articulum primum patefecit. Alios cœtaneos scriptores non facile quis produxerit. Si ad proxime sequentes chronographos Ottonem, Hermannum, aliosque alibi nominatos provocet, facit Sancto injuriam, quod iis arbitris res Henricianas definitas velit, quas illi vix primis, ut est in proverbio, labris degustarunt. At enim de ea re tacet Chronographus Saxo, tacent Annales Hildesemenses. Utique : sed scriptorum istorum aliorumque sæculi XII silentio opponitur positiva assertio ejusdem sæculi scriptoris, nempe Gotfridi Viterbiensis, apud Pistorium, tomo II, col. 484, cujus versus ad calcem tractatus hujus invenies. Opponitur positivissima ejusdem temporis declaratio Pontificia, in relata nuper canonizationis bulla expressis terminis testata, « in toro etiam legitimo nostrum S. Henricum integritatem castimoniæ usque ad finem vitæ conservasse : » quod certe minime declarasset Pontifex, nisi id a Bambergensibus legitime probatum accepisset. Nihil igitur obesse potest chronographi istius et decem id genus aliorum silentium, dum istud vetustiori et probatiori assertione eliditur.

77. Si Pontificio diplomati minus fidat Leibnitius, habeo, quod recusare non possit, Leonis Marsicani, alias Cardinalis episcopi Ostiensis, in Chronico Casinensi disertum testimonium, citato diplomate multo antiquius, imo sancti ipsius Henrici ætati proximum, ut pote scriptoris sæculi XI, qui, te—te Angelo de Nuce, novissimo Chronici editore, « rem orsus a condito monasterio, eam adusque illud tempus perduxit, quo dedicatum inauguratumque ab Alexandro II templum fuit : » id quod anno 1071 accidisse narrant; ut plane perspicias quam parum a Sancto abfuerit is, cujus loquentem auctoritatem omnium istius ac sequenti sæculi scriptorum silentio longe potiorem existimamus. Audi Leonis verba, lib. II, cap. 46 : « Super cæteras autem bonitates seu virtutes quas idem imperator habuisse narratur a Deo, fertur vixisse castissimus, ut, ad mortis articulum veniens, coram præsentibus episcopis atque abbatibus Cunibundæ [Cunegundæ] conjugis suæ propinquis, eaque illis tradita, fertur (dixisse feratur :) Recipite quam michi tradidistis virginem vestram. » Laudat ipse Leibnitius auctorem Vitæ sancti Meinwerci. « Vita Meinwerci, inquit, etsi sæculo deinum sequente (adeoque XII) scripta, multa tamen habet utilia ad res Episcopo contemporaneas, Cæsarumque et principum acta cognoscenda, cum nec synodos prætereat aliasque res ecclesiarum. »

78. Si in iis omnibus fidem meretur scriptor diligentissimus, quæ ad « Cæsarum et principum acta cognoscenda » pertinent, non opinor ea parte rejiciendum, quod de castissimo sanctorum Henrici et Cunegundis conjugio dissertissimis verbis testimonium dicat, rebus istis omnibus, a se narratis, æque propinquus. En igitur clarissimum opinionis a Leibnitio repudiatæ non « vestigium » solum, sed novum testimonium fideliter « exhibitum. » Sic loquitur in nostra editione, cap. 2, num. 9, apud ipsum Leibnitium num. 12, pag. 521 : « Eodem anno (nempe XII) novo rege nativitatem Laurentii in civitate Patherbrunnensi celebrante, domna Chunigunda, ipsius, ut putabatur uxor, re autem vera castitatis æmulatione soror, a prædicto Willigiso Magontiensi archiepi-

scopo, inibi regiæ consecrationis dominium adinvenit. » Clarissima hæc, nisi vehementer fallar, et peremptoria sunt, non a « posterioribus tradita, » ut aiebat Leibnitius, sed ab æqualibus et subæqualibus « exhibita » argumenta, quibus nec hilum officere posset coætaneorum (si qui forte alicubi superessent) scriptorum silentium; ut proinde frigida Leibnitii locutio, « posteriores tradiderunt, » quasi indicare velit, postremis hisce sæculis natam primum piam istam credulitatem, abunde enervetur et convellatur.

79. Pluribus hic supersedeo, cum jam allegata omnino sufficiant ad refellenda quæ leviter, ut mitissime dicam, ab illustri erudito viro, nobisque, dum viveret, amico prolata sunt, melius eo loco prætereunda; quæ sane omitti absque scrupulo poterant, ut pote importune intrusa ad ostentandam quodammodo eruditionem, quandoquidem in eo, de quo ibi agitur, opere, nempe Adelboldi episcopi Ultrajectensis, supra a nobis descripto, nec verbum de « virginitate voluntaria » a S. Henrico « in matrimonio cum Cunegunde conjuge culta, » usquam reperiatur. Optandum sane esset ut sacra omnis ecclesiastica historia tam firmis fundamentis consolidata stabiliretur, ad odiosorum criticorum obloquia præcludenda et penitus exstinguenda. Jam a tanto tempore experti sunt eruditi acatholici, in hoc nostro de Actis Sanctorum opere veritates historicas tam accurate discerni ab iis quæ levi populari traditione, nimia subinde facilitate admissa sunt, ut nostræ sinceritati fidere tuto possint, nos non temere admissuros quæ solidis historicis fundamentis stabilita non sint. Maneat igitur in sua possessione sancta mater Catholica Ecclesia, et rarum continentiæ virginalis tot inter illecebras exemplum, seu potius divinæ gratiæ miraculum quale eodem sæculo exhibuit in Anglia S. Eduardus, fidelibus suis filiis exaltare ac prædicare non desinat.

80. His ita adversus illustrissimum et clarissimum, nobisque æstimatissimum virum modeste ac sine ullius offensione discussis, probatisque; ignosci mihi postulo, si pari moderatione non excipiam « otia, » rectius dixeris, somnia « Gundlingiana, » quæ germanice procusa audio anno 1706, quorumque compendium, ab amico acceptum, non absque stomacho legere potui, tantam inverecundiam execratus, miratusque, in ipsa Saxonia a professore Saxone, de augustissimo Saxonico principe, contra apertissimam fidem historicam, constantissimis tot sæculorum testimoniis firmatam, tam immodesta scommata vulgi oculis lingua vernacula exposita fuisse, quæ vel ipsis, saltem cordatis, Lutheranis, exosa crediderim, utpote putida figmenta, non nisi Vulcano digna. Audet vir, ut audio, non illitteratus, « otio » suo abuti, ut in cœlestes Augustos, calamo non satis castigato, calumnias evomat, eorumque castissimum conjugium, spurcis nonnullis sarcasmis commaculet, sanctissimum Imperatorem describens « ut hominem morbidum, impotentem, etc., virum bonum et simplicem, omnia conjugis ambitiosæ et callidæ precibus probrosa facilitate concedentem. Sanctam vero Cunegundem variis conviciis proscindit, et satis aperte adulteram proponit, damnabili quorumdam episcoporum familiaritate, absente in expeditionibus bellicis marito, usam, » etc.

81. Mirare, obsecro, « otia Gundlingiana, » otia mera, jocos scurriles, aniles satyras, vocemus nugas et gerras Siculis inaniores; quales certe fatebuntur eruditi omnes, quibus hæc scribimus, etiam acatholici, apud quos id genus cantiunculas commiseratione potius quam plausu digna existimamus, æque ac novissimam alterius Lutherani thesim historicam, imo fabellam ineptissimam, videlicet; « Conjugium S. Henrici Imperatoris cum sancta Cunegunde, non omni tempore fuisse virgineum. » Quid est delirare, si hoc non est? Ast, inquit ille, documenta reperiuntur, ex quibus constet, publicas preces indictas ad impetrandam toro Henriciano fœcunditatem. Quid tum postea? Quid, si id ultro admittant fateanturque Bambergenses? Cur id magis S. Henrici, quam alio tempore vetitum? An uspiam legit ipse, castissimorum conjugum continentiam vulgo notam fuisse, quod sanctus ipse Henricus, jam morti proximus, id primum patefecit, uxorem virginem propinquis restituens? Impostura alia aliam trudit : eruit ille nimirum documenta authentica, quibus demonstrari possit, ex SS. Henrico et Cunegunda filiam natam fuisse. Novum portentum, imo lepidum ferculum, non mihi sed « otioso Gundlingio » probe masticandum, ut id saltem ex contribule suo discat, impotentem non fuisse sanctissimum Imperatorem, qualem ipse procaciter effingit.

82. Illustri isti in paucis servatæ in conjugio virginitatis prodigio affine est illud quod habet Anonymus cap. 21, de S. Henrici zelotypia, probataque a sancta uxore per candentes vomeres innocentia, quod pari ferme, ut superius, prætenso argumento a malevolis arrodi posset ex scriptorum coætaneorum silentio. Verum enimvero pridem istud satis vindicarunt laudatus sæpe Hofmannus in Annalibus Bambergensibus, col. 52 et 53, atque Henschenius, die III Martii, in Commentario prævio ad S. Cunegundis Acta § 2, ad quos, ne actum agam, lectores, et præ cæteris Gundlingium, castissimæ Imperatricis ferum mastygem, remitto. Id unicum in ea historia a morosioribus desiderari posset, quod certum tempus designari nequeat, uti nec locus in quo res ea contigerit. Hofmannus triumphi palæstram designat Bambergam ipsam, Sancti utriusque delicium; annum vero 1017, quod eum suspicor ex monumentis Bambergensibus alicunde eruisse. An præfato anno, omnia aptissime congruant, ex deducendo proxime vitæ S. Henrici chronologico ordine colligi utcumque poterit; nobis sufficit rem ipsam in controversiam non adeo facile revocandam, cujus tam authentica monumenta, teste Hofmanno, in hunc usque diem supersunt, quæ cum tantopere impugnari non

deam, satis sit Legendæ fidem in hac etiam parte vindicasse.

83. Non ita acquiescendum censui superiori capitali concertationi, de intemerata utriusque sanctissimi conjugis servata in matrimonio continentia; quam cum speciosis Kœlerianis cavillis aliquousque impeti, saltem suggillari posse adverterem, seu veris seu prætensis illis precibus pro conjugii fœcunditate, tum vero regia aliqua, si superis placet! prole alicubi insinuata, nihil prætermittendum putavi ad obturanda non solum heterodoxorum sed et audaciorum Catholicorum obloquentium ora, nec prius destiti quam fontem omnino detexissem ex quo tam varia, tam diversa, tam parum connexa profluxisse, liquido demum deprehenderem. Quem in finem tabularia omnia, regesta, necrologia, libros chorales Bambergensis ecclesiæ excuti curavi, exploraturus sicubi tam enormi calumniæ in antiquioribus scriptis ansa præberetur. Atque hic denuo, pro insigni suo in S. Henricum studio, operam gnaviter contulit toties laudatus R. P. Rector Nicolaus Pottu, ex cujus litteris, hoc anno 1723 ad me datis, rem patentissime explanatam saxo intelligas, atque luce meridiana clarius perspicias, merum figmentum de precibus pro fœcunditate circumferri; ‹ prolem › vero ‹ regiam › tunc non magis quam modo exstitisse in rerum natura. Rem ego omnem, prout gesta est, ipsiusmet Pottuvii verbis nude et candide proponam.

84. Ubi ex litteris meis objectas calumnias percepisset, in hæc ipsa verba respondit: « Acceptis penultimis Rev. V., prima mea cura fuit, inquirere in orationem quam quidam malevoli compositam et præscriptam fingunt, ipsius S. Henrici jussu, ad implorandam et impetrandam conjugii sui fœcunditatem, ut scilicet hac ratione impugnare possint ejus et sanctæ conjugis perpetuam castimoniam. Inveni in custodia ecclesiæ Imperialis librum perantiquum, utique scriptum, ut omnia signa ostendunt, vivente adhuc sancto imperatore. Formam libri exhibet charta acclusa. Extima tegumenti pars anterior repræsentat effigiem sancti Petri Apostoli; posterior sancti Pauli; paginæ sunt ex pergameno. Titulus libri est, LIBELLUS GRADUALIS. Deinde ponuntur Gradualia incipiendo ab Adventu. Quando devenitur ad Pascha, ponuntur Litaniæ eadem forma et figura litterarum descriptæ, quam charta acclusa exhibet. In illis Litaniis postquam facta fuisset invocatio pro summo Pontifice, Imperatore Henrico, Chunigunde regina, fit etiam pro nobilissima prole regali. Sed manifestum est quod ex hac invocatione calumnia nullum habeat præsidium: » quod mox paulo uberius, ad male garrientium ora comprimenda demonstrabitur. Pergit epistola:

85. « Nullam aliam orationem pro impetranda fœcunditate conjugii sanctissimi Imperatoris reperire potui, etiamsi secundam partem Gradualis, varia Missalia et Breviaria, tempore S. Henrici scripta, et aliqua post ipsius felicem transitum, diligenter una cum Reverendo D. custode perlustraverim; neque D. Eppenauer in Monte S. Michaelis quidquam reperire potuit. » En igitur refectam undequaque unicam tot fictionum scaturiginem, nullo negotio expurgandam. Majori candore ac sinceritate res tota referri nequit; quam ex epistolis familiaribus ultro citroque scriptis, quarum verba exponimus. Vix equidem induci possum ut ad ipsius sancti Henrici ætatem citatum codicem pertinere existimem, quamvis facile admittam ex antiquiori aliquo descriptum, imo precum formulas, prædictis Litaniis in quibus rei cardo vertitur, insertas, Sancto ipso longe vetustiores esse credam; et in Germanicis ecclesiis, tum præcedenti, cum sequentibus sæculis usitatas, ut modo preces aliæ sunt ab universali Romana et ab aliis ecclesiis receptæ. Rectissime autem advertit Pottuvius nullum in iis formulis præsidium vulgatæ calumniæ superesse, quantumvis inde argutari videantur Henricianæ castimoniæ impugnatores, quibus hic ultro suggerimus, nullo dissimulato apice, quidquid vel remotissime spargendis exornandisque calumniis fomentum præbuit: quocirca Litanias ipsas, quousque typis nostris id fieri potuit, hic expandimus, sequenti paragrapho explicandas.

LETAN. AD MISS. IN DIE SCO PASCHE.

86. XPC VINCIT, XPC REGNAT.

Xpc imperat.

Exaudi xpe. Summo pontifici et universali papæ uita.

Salvator mundi.	Tu illum adiuua.
Sce Petre	Tu illum adiuua.
Sce Paule.	Tu illum adiuua.
Sce Andrea.	Tu illum adiuua.
Exaudi xpe.	Heinrico a do coronato magno et pacifico imperatori vita et victoria.
Redemptor mundi.	Tu illum adiuua.
Sce MICHAEL.	Tu illum adiuua.
Sce Gabrihel.	Tu illum adiuua.
Sce Raphahel.	Tu illum adiuua.
Sce Johannes.	Tu illum adiuua.
Sce Stephane.	Tu illum adiuua.
Exaudi xpe.	Chunigundæ reginæ salus et uita.
Sca Maria.	Tu illam adiuua.
Sca Radagundis.	Tu illam adiuua.
Sca Gerdrudis.	Tu illam adiuua.
Exaudi xpe.	Nobilissimæ proli regali salus et uita.
Sce Clemens.	Tu ill adiuua.
Sce Uite.	Tu ill adiuua.
Sce Pantaleon.	Tu ill adiuua.
Exaudi xpe.	N. ductori pacifico salus et uita.
Sce Maurici.	Tu illum adiuua.
Sce LANDBERTE.	Tu illum adiuua.
Sce Gereon.	Tu illum adiuua.
Exaudi xpe.	N. epo et cunctæ congregationi N. salus et uita.
Sce Siluester.	Tu illum adiuua.

Sce Martine. Tu illum adiuua.
Exau li xpe. omnibus iudicibus et cuncto exercitui xpianorum uita et uictoria.
Sce Georgii. Tu illos adiuua.
Sce Emmeramme. Tu illos adiuua.
Sce Sebastiane. Tu illos adiuua.
XPC VINCIT, XPC REGNAT, XPC IMPER.
Rex regum. Xpc uincit. xpc regnat.
Gloria nostra. Xpc uinc. xpc. reg.
Misericordia nostra. Xpc uinc. xpc. reg.
Spes nostra. Xpc uinc. xpc. reg.
Auxilium nostrum. Xpc uinc. xpc. reg.
Victoria nostra. Xpc uinc. xpc. reg.
Lux, uia, ueritas et uita nostra. Xpc. uinc.
Fortitudo et iustitia nostra. Xpc. uinc.
Prudentia et temperantia nostra Xpc. uinc.
Liberatio et redemptio nostra. Xpc. uinc.
Arma nostra inuictissima. Xpc. uinc.
Murus fir inexpugnabilis. Xpc. uinc.
Defensio et exaltatio nostra. Xpc. uinc.
Ipsi soli imperium gloria et potestas per immortalia scla sclorum am.
Ipsi soli laus, honor et iubilatio per infinita scla seculorum amen.
Ipsi soli uirtus, fortitudo et victoria per omnia scla sclorum amen.
XPE AVDI NOS. TER.
KYRIE ELEYSON.

§ IX. *Ex Litaniis Bambergensibus incassum suggillata.*

87. Habes modo orbi expositum et revelatum praetensum iniquitatis mysterium, quod in Litaniis Bambergensibus latere frustra sibi persuaserunt continentiae Henricianae non minus quam omnis castimoniae, in Romana Ecclesia tantopere aestimatae, osores malevoli. Redditi sunt characteres omnes, saltem quoad fieri potuit, post exclusas e typographia abbrevationes, quas in aes incidere operae pretium visum non est, cum ex iis controversiae caput minime pendeat. Libellus iste gradualis oblongus est, angustioris formae, tantillum superantis columnas hic compositas, quibus verba omnia secundum syllabas et lineas adhibita sunt, nullo apice neglecto aut transposito. Tres ferme pagellas implet tota ea Litania, tot suppositionum et calumniarum materia; quam nobis ad libelli norman dividere non licuit, satis fuit totam fideliter repraesentasse. Rubricis capitalibus, ut vulgo loquuntur, in prima facie nitide depictus est praedictus titulus, LIBELLUS GRADUALIS, litteris hodiernae formae non multum absimilibus praeter E, G, A et D. Titulus interior rubris etiam majusculis, utcumque typis nostris exprimitur. Sic litterae initiales omnes miniatae sunt, uti et X, quotiescumque recurrit Christi Servatoris nomen, cujus monogramma satis notum esse putamus. Fidem nos integre liberasse, testari poterunt quicumque autographum ipsum Bambergae inspicere et cum hac editione conferre dignabuntur.

88. Porro schema ad me transmissum, atque hic a typis excusum, tam rigide per singula excussi, ut nihil intactum reliquerim quin id continuo Bambergensibus objicerem. Imprimis Litaniae istae, licet Bambergae hodiedum asservatae, pro istiusmet ecclesiae usu scriptae non videntur, ubi, procul dubio, additae essent appellationes fundatoris et fundatricis. Praeterea non recte signatur Sanctus, « imperator a Deo coronatus, » dum interim Cunegundi simplex reginae titulus apponitur, quandoquidem constet ambos eodem die a Benedicto PP. VIII, anno 1014, Romae Caesareo diademate imposito inauguratos. At vero Koeleri palmare argumentum pro existentia « nobilissimae prolis regalis, » acrius intorquere non destiti, hoc ferme ratiocinio, ad hominem, ut aiunt, adversus Bambergenses concludens : . Non minus certum est, in iis Litaniis Deum invocari pro « salute et vita nobilissimae prolis regalis, » quam certum sit invocari pro vita et victoria S. Henrici, pro salute et vita S. Chunigundae; atque hoc secundum apud vos indubitatum est, quidni igitur et primum? Preces pro conjugibus ut vivis ibidem ad Deum funduntur, vivere itaque etiam oportuit « nobilissimam prolem regalem, » et quae inde Koeleri consectaria sunt. Haec exercitii gratia, uti loquimur, a me proposita, erudite enodavit et dissolvit Pottuvius, tribus responsionibus sic omnia elucidans, ut habeat Koelerus quibus acquiescat. Verba ejus fideliter etiam reddo.

89. « Si Koelerus ex verbis Litaniarum quae reperiuntur in Graduali manuscripto, NOBILISSIMAE PROLI REGALI SALUS ET VITA, vult inferre, ex matrimonio sanctorum Henrici ac Cunegundis saltem filiam fuisse genitam, non recte infert. » En responsionem primam : « Quia verosimiliter Litaniae istae jam ante tempora S. Henrici fuerunt in usu in ecclesiis Germaniae, tamquam formulae communes supplicandi pro Pontifice, Imperatore, Imperatrice etc. Non quidem diffitemur, illas aetate S. Henrici descriptas sive exaratas fuisse ; id enim tam figura characterum illo tempore usitata, quam expressio nominum Henrici et Cunegundis, pro quibus tamquam vivis supplicatur, nobis persuadet ; sed solum dicimus illas post erectionem ecclesiae Bambergensis, ex alio exemplari descriptas seu transumptas fuisse, additis tunc nominibus Henrici et Cunegundis, tamquam actu regnantium. Neque gratis id dicimus; quia totus Libellus gradualis (cujus duae sunt partes, una hiemalis, altera aestiva) est descriptus ex exemplaribus in ecclesiis adhiberi solitis. Merito igitur asserimus, etiam Litanias, quae sunt pars Gradualis, fuisse tunc aliis ecclesiis communes, et ex illarum exemplaribus desumptas. Igitur ex illis non recte infertur, ex matrimonio sanctorum Henrici et Cunegundis progenitam esse saltem filiam, quia sunt formula solummodo communis. »

90. Apposite urget Pottuvius et magis etiam instat hoc modo : « Quod si contendas Litanias istas non esse desumptas ex aliis exemplaribus, sed pro ipsa ecclesia Bambergensi primo fuisse compositas, de-

mus id ita esse, quod tamen non probas; sed sic ex ipsis Litaniis ostendo sanctos conjuges, tunc, quando Litaniæ scriptæ fuerunt, non habuisse prolem. Quia si habuissent, in Litaniis vel expressum fuisset nomen prolis, sicut expresse fuit nomen Henrici et Cunegundis, vel saltem indicatus fuisset sexus, an sit filius vel filia. Nam, sicut in formula supplicationis pro sancto Henrico dicitur: « Tu illum adjuva, » in supplicatione pro sancta Cunegunde: « Tu illam adjuva, » ita, si tunc exstitisset filia regalis, debuisset dici: « Tu illam adjuva. » Cum solum ponatur per abbreviationem: « Tu ill. adjuva, » quod « ill. » nec illum nec illam significat, sed est indifferens ad utrumque; signum est quod tunc non exstiterit filia, neque etiam filius. Manet ergo quod sit formula communis, quæ masculo æque ac feminæ convenire possit. Confirmatur id ex sequentibus formulis earumdem Litaniarum, ubi ponitur N. quæ sunt formulæ communes supplicandi pro quibuscumque ducibus, episcopis, » etc.

91. « Deinde, » pergit eodem tenore Pottuvius, « etiamsi supplicatio pro NOBILISSIMA PROLE REGALI in Litaniis habeatur, unde probas quod, prole non existente, supplicatio illa fuerit decantata, et non potius in isto casu omissa? Certe, quamvis in istis Litaniis formula supplicationis pro Imperatrice habeatur, si tamen Imperator nondum esset conjugatus, aut evaderet viduus, formula supplicationis pro Imperatrice haud dubie in utroque casu omitteretur. Ita, etiamsi formula pro nobilissima prole regali in Litaniis ponatur, prole tamen deficiente, videtur formula illa in decantatione Litaniarum fuisse omissa. Nisi forte fuisset aliqua conjectura aut indicium fœcunditatis conjugii: tunc enim fideles subditi optare, Deoque supplicare solent, ut fructus in arbore et gemma in concha maturescat. Potuerunt autem Bambergenses id sperare et merito apprecari tam insignibus conjugibus, quorum votum continentiæ ignorabant. » Addere liceat quod proxime formula : « N. ductori pacifico salus et vita » haud dubie prætereunda sit, Cæsare ipso exercitibus imperante. Sic alteram pro loci Episcopo et primam pro Romano Pontifice, nemo decantatas somniaverit alterutra sede vacante. Hodiernam, et jam tot sæculi constantem Ecclesiæ praxim consulat Kœlerus, et quæ hic dicta sunt verissima esse perspiciet.

92. Non hic hæret Pottuvius; sed altera responsione seu argumento instat in hunc modum: « Sine nota sanctissimi ac prudentissimi Imperatoris » (hæc prædicata cum Gundlingio non negabit Kœlerus) « asseri non potest quod ex suo conjugio genuerit saltem filiam. Vel enim illam genuit ante fundationem episcopatus Bambergensis, vel post illam : neutrum sine nota Imperatoris asseri potest. Imprimis non potest dici quod genuerit ante fundationem, quæ contigit anno vi vel vii post millesimum. Colligitur id ex allocutione S. Henrici, quam in conventu Francofurtensi habuit ad S. Willigisum archiepiscopo Moguntinum et cæteros archiepiscopos et epi-scopos præsentes, uti refert Ditmarus episcopus Merseburgensis, historicus synchronus, libro vii, pag. 67: « Ob recompensationem futuram, inquiebat sanctus Imperator, Christum hæredem elegi; quia in sobole acquirenda nulla spes remanet mihi. » Quod si S. Henricus ante fundationem episcopatus genuit filiam, quomodo cum veritate dicere potuit, sibi in acquirenda sobole nullam remanere spem? Nonne conventus Patrum poterat illi opponere: « Quomodo nulla spes acquirendæ sobolis in præsenti matrimonio tibi superest, qui paucis hisce annis, quibus in matrimonio vixisti, filiam genuisti? » Male igitur dignitati sancti Imperatoris consulit, qui procreationem sobolis ante fundationem episcopatus illi affingit.

93. « Deinde absque ejusdem Sancti prostitutione etiam asseri non potest, genitam ipsi fuisse filiam post fundationem episcopatus. Ille claris et expressis verbis, coram celeberrimo conventu præsulum, asseverat, sibi in acquirenda sobole nullam superesse spem : quis ergo sine nota tam sapientis et circumspecti Imperatoris dicet illum nihilominus, post asseverationem adeo solemnem, procreasse filiam? Nisi igitur valida ratio afferatur, qualis non affertur, exigit dignitas tanti Imperatoris ut credamus illum verum dixisse, dum solemni contestatione asseveravit nullam in acquirenda sobole sibi remanere spem. Quis autem illi spem omnem ademit? Quis nisi ille ipsemet voluntario voto continentiæ, in honorem Dei emisso, et a castissima conjuge ratihabito? Poterat dicere cum Jephte (*Jud.* II, 35) : « Aperui enim os meum ad Dominum, et aliud facere non potero, » quam perpetuam servare continentiam. Quid aliud innuunt verba immediate sequentia, ab Imperatore in conventu prolata : « Et quod præcipuum habui, ac meipsum cum modo acquisitis seu acquirendis, in sacrificium Patri ingenito jam dudum secreto mentis obtuli : » quid, inquam, aliud innuunt verba illa, quam votum castitatis, quo sanctissimus Imperator, juxta consilium Salvatoris (*Matth.* xix, 12), « se ipsum castravit propter regnum cœlorum, » et inclinationem relinquendi sibi similem post se, Deo in sacrificium obtulit, magno Abrahamo in eo comparandus, quod iste paratus fuerit, Isaacum filium, sibi pridem natum, immolare, hic vero spem filii et hæredis sibi nascituri, intima mentis devotione, Altissimo sacrificaverit? »

94. Hasce quæstiones, satis concisas ac stringentes, ad Kœlerum universas remittimus, ut in proximis thesibus suis historicis apta responsa suppeditet. Neque tamen hic desinit Pottuvius, cujus hæc tertia responsio est. « Si S. Henricus genuit filiam, et curavit pro ea publicas in ecclesia Bambergensi institui preces, uti Kœlerus ex Litaniis citatis probare velle videtur; moraliter impossibile est potuisse in mundo, et imprimis Bambergæ, persuasionem universalem invalescere, sicut reipsa invaluit, quod sancti Henricus et Cunegundis in suo matrimonio virginalem continentiam perpetuo servaverint. Si

enim Kœlerus tam sagax est ut post septingentos annos ex illis Litaniis odoretur sobolem regiam, quomodo Bambergenses, qui Litanias illas tempore sancti Henrici decantarunt, et annis insequentibus usque ad hæc tempora, in Libello graduali descriptas, penes se retinuerunt, sæpius inspexerunt, et aliis inspiciendas exhibuerunt; quomodo, inquam, illi omnes nihil unquam de tali filia cogitarunt, aut exinde collegerunt? Fueruntne omnes per septem sæcula adeo stupidi, ut nullus caperet mysterium, in Litaniis reconditum, quod nunc tandem Kœlerus mundo revelat? Et si Bambergenses, tempore S. Henrici, filiam ejus noverunt, et pro ea publice in Litaniis precati sunt, quomodo et quando potuerunt delabi in eam persuasionem, ut crederent SS. Henricum et Cunegundem in suo conjugio pari consensu perpetuam servasse continentiam? »

95. Importunus quæsitor est Pottuvius. « Quomodo, inquit, ad idem sentiendum totum imperium, et totus late Christianus orbis induci potuit? Quomodo celeberrimus ordo D. Benedicti S. Cunegundem, post obitum S. Henrici, ad cœnobium Confugiense suscepit ut virginem, ac deinceps ipsam constanter ut talem habuit et coluit, si scivit, quod nescire non potuit, illam in suo conjugio fuisse matrem filiæ regalis? Quo sæculo, et circa quem annum memoria filiæ istius oblitterata fuit, et ejus loco exorta persuasio de virginali continentia SS. conjugum? Ex rescripto Eugenii III constat sæculo XII id jam fuisse creditum, et legitimis testimoniis confirmatum, S Henricum, in toro etiam legitimo positum, integritatem castimoniæ usque ad finem vitæ conservasse: si sæculo immediate præcedente S. Henricus in suo conjugio filiam genuit, et pro ea in Litaniis publice supplicatum fuit, quis sibi persuadeat, potuisse tam brevi tempore memoriam nobilissimæ prolis regalis apud omnes perire, et fecundos conjuges haberi pro virginibus? Etiamsi in aliquo conjugio nulla unquam appareat soboles, homines tamen difficulter inducuntur ad credendum, quod tales conjuges prole careant ex virtute perpetuæ continentiæ; sed id adscribunt sterilitati naturæ, aut aliis impedimentis naturalibus. Multo minus homines propinqui ætati SS. conjugum sivissent se induci ad credendam perpetuam eorum continentiam, si illi in suo conjugio suscepissent filiam, quod utique homines, ætati isti adeo vicinos latere non potuisset.

96. « Necesse est igitur fateri, legatos apostolicos ab Eugenio III, ad inquirendam rei veritatem sæculo XII Bambergam missos, uti et multos religiosos ac discretos viros non potuisse induci ad credendam et attestandam integritatem castimoniæ S. Henrici usque in finem vitæ, si vel in matrimonio suo genuisset filiam, vel de illa integritate castimoniæ non habuissent indicia, testimonia et argumenta certa ac minime suspecta, in quibus pietas Christiana posset merito conquiescere, et memoria tam illustris exempli cum solatio frui. Sed cum humani generis hostis indignissime ferat in Ecclesia adeo illustres continentiæ imagines ad cultum et imitationem palam proponi, actus rabie et invidia, nititur easdem tetris coloribus obscurare, sicut olim per iconoclastas Christi et Sanctorum imagines ex hominum oculis tollere conatus fuit, ne isti, ex earum aspectu, ad imitanda egregia Sanctorum illorum facta excitarentur. » Os durum! mi Kœlere, sed quod tu in medium temere projecisti, cæteris argumentis jam abunde superius dilutis. Te unum hæc jacula feriunt, teque adeo petunt quæcumque hoc toto paragrapho disputata sunt: tute hoc intristi, tibi omne exedendum est; nobis supersunt præcipua sanctissimi Imperatoris gesta chronologice, pro nostro instituto, digerenda.

§ X. *Præcipua S. Henrici gesta ad temporum ordinem revocata, a regni principio ad fundatam ecclesiam Bambergensem.*

97. Quæ ante susceptas regni habenas sanctissimo Imperatore gesta sunt, cum nec Vitæ scriptores nec Ditmarus aut alii memoraverint, frustra a nobis eorum ordo requiratur; ab Ottonis III obitu series nostra deducitur. Neque vero singula scrupulose discutimus, sed præcipua seu illustriora et ad sanctitatem cæterasque res totius regni et imperii tempore gestas spectantia, quæque a notissimæ Vitæ seu potius elogii compilatore Anonymo ex parte memorata quidem sunt, ast ita commixta ut nusquam appareat quo anno affigenda sint, auctore ad hæc tam parum attento, ut, ubi annum exprimit, plerumque a recta chronologia deflectat. Exemplum sit in ipsomet jam dictæ Vitæ principio, quam in hunc modum orditur: « Anno ab incarnatione Domini MI, ab Urbe condita MDCCLII, Ottone puero Romæ defuncto, vacante regni solio, cum de principe subrogando ageretur, omnium vota, nutu divino, ad eum inclinantur, qui tunc in regno habebatur potissimus. » Aberrant hic characteres prope omnes: neque enim anno 1001 mortuus est Otto III, sed 1002; neque erat annus Urbis conditæ 1752, sed vero similius 1754; neque Romæ mortuus Otto iste, sed Paternæ seu Paterni, castro Campaniæ Romanæ, in ditione Ecclesiæ atque in maritimo tractu, in ora maris Tyrrheni, ubi alias villa Plinii junioris, teste Holstenio, quidquid alii a situ tantillum deflectant.

98. A tali exordio quid in ordine ad digerendam rerum seriem sperari possit, facile intelligitur: id nobis potissimum curæ erit ut salvam rerum veritatem in rectum, quoad fieri poterit, ordinem chronologicum redigamus, adjectis nonnumquam et ad proprios etiam hinc inde annos revocatis largissimi in ecclesias et monasteria Imperatoris donationibus et privilegiis, quorum cum jam scriptores plures meminerint, nobis ea obiter attigisse suffecerit. Cæsareæ isti profusæ ferme liberalitati a regni principio intendisse invenies apud Mabillonium in Annalibus Benedictinis ad annum 1002, pag. 159. num. 26, dum aream quamdam intra muros urbis Ratisbonensis Altahensi monasterio dedit; et plura alia majora beneficia eidem monasterio præstitit annis

sequentibus, quorum diplomata exhibet Gretserus ad calcem vulgatissimæ Vitæ, -a pag. 65. Nec desunt Henricianæ munificentiæ argumenta apud Hundium in sua Metropoli Salisburgensi, ut vide, pag. 140 et alibi : Quæ ad Westphaliæ seu Saxoniæ partes reducuntur S. Henrici privilegia et donationes, in annos quosque suos uberius et diligentius distribuit et accurate explicuit noster Nicolaus Schaten in Annalibus Paderbornensibus, lib. IV, a pag. 362, quod hic indicasse satis est : Vita S. Meinwerci dona potius ipsa quam instrumenta enumerat. Alia rursus habet laudatus Mabillonius, pag. 161 ; nos præfixam seriem exordiamur.

99. Ad tres primos regni S. Henrici annos quod attinet, in iis tantopere laborandum non erit, cum res eo tempore gestas satis apposite distinxerit et ordinaverit laudatus supra Ultrajectensis episcopus Adelboldus, rerum prope omnium testis oculatus; ut hic audiendum omnino non putem Al'erici Chronicon, dum in ipso solo, tacentibus vetustioribus, mira fingi potius quam vere narrari videntur ad annum 1005 de Windis seu Winidis populis idololatris a S. Henrico per id tempus subjugatis, quorum regibus hujusmodi anecdotum applicat : « Hos populos Henricus tributarios fecit, ita ut in omnibus solemnitatibus quibus coronabatur, quatuor reges eorum lebetem, quo carnes condiebantur, in humeris suis, duobus vectibus, per annulos quatuor inductis, ad coquinam vectitarent. » Fides sit penes auctorem. Saniora longe sunt quæ Adelboldus diligenter commemorat, res omnes sancti Imperatoris accurate complexus ab obitu decessoris Ottonis III usque ad bellum Slavonicum, post primam in Italiam expeditionem S. Henrici Acta percensens, quæ utinam ad finem usque vitæ, eadem methodo et fide perducta, ad nos transmissa fuissent! Vel hoc dolendum est, quod in apparatu ad prædictum bellum fragmentum nostrum deficiat.

100. Non cum fontem consuluit Hofmannus, dum in Annalibus suis Bambergensibus a col. 35 plurima commiscuit a veritate et recta chronologia prorsus aliena, quæ ex sola collatione cum Adelboldi dictis penitus convelluntur; æque ac fictitia S. Henrici electio a septem Imperii Electoribus, eo tempore et multis etiam post annis in Germania necdum cognitis, quæ nos hic aliis discutienda et refutanda relinquimus. Paulo accuratior est in iis recensendis quæ ad munificentissimam ecclesiæ Bambergensis fundationem a col. 40 retulit, ut infra pluribus expendemus. Ad Adelboldum regredimur, in cujus narratione præcipue observandum quod trium annorum spatio, nempe annis 1002, 1003 et 1004 contrahat quæ alii cum Ditmaro, ab amanuensibus, nisi vehementer fallor, corrupto, ad quatuor, id est usque ad annum 1005 extendunt; apud quos prima illa expeditio Italica, a S. Henrico suscepta, dum misera Papia in favillas prope redacta est, anno 1005 perperam innectitur, quæ ab Adelboldo, Chronographo Saxone et Annalibus Hildesemensibus dissertissime anno 1004 consignatur, ut ex clarissimis eorum textibus evidenter demonstratur, probantque etiam ad oculum solemnitates festorum toto primo regni S. Henrici triennio celebratorum, quæ vel ex ipso Ditmaro pariter eruuntur.

101. Interim ipse sic librum suum sextum orditur : « Post salutiferum intemeratæ Virginis partum, consummata millenarii linea numeri et in quinto cardinalis ordinis loco, ac in ejusdem quartæ initio hebdomadæ in Februario mense, qui purgatorius dicitur, clarum mane illuxit sæculo, et Henricus divina gratia rex, antecessorum suorum nævum cupiens emundare, sibique veniam promerere æternam, dispositis secundum suimet placitum ad hoc pertinentibus cunctis, perrexit ad domum suam, ubi se corporaliter semper solebat reficere, et ubi desiderato diu alimento paululum reficeretur in mente; convocansque ad se omnes regni primates, dedit episcopatum sanctæ Merseburgensis ecclesiæ capellano suimet Wigberto. » Pergit ea indicare Ditmarus quæ cap. 3 et 4 memorat Anonymus, nulli ordini affixus, ex cujus sensu præmittenda est S. Henrici reportata de Slavis victoria restitutioni ecclesiæ Merseburgensis, ut pote quæ ex celeberrimo voto facta sit, ante eam victoriam concepto, de quo mirum est Ditmarum clarius non meminisse, quamquam ad illud alludere videatur tribus ultimis elogii superius dati versiculis. Itaque ipso illo anno 1004, aut forte præcedenti, ut alii statuunt, obtenta est prædicta victoria, quam instauratio ista Merseburgensis ecclesiæ subsecuta sit. Sic ad dictum annum 1004 loquitur Hermannus Contractus : « Henricus rex Italiam petens, sibi eam subjicit : Papiam ipsa die qua coronatus est, irrumpens, gladio et igne perdomuit : unde in Saxoniam rediens, Bohemiam et Bolezlaum ducem Slavorum cum tota gente subjugavit. »

102. Non dissimulaverim, totam illam cap. 4 adornatam Anonymi narrationem, tot miris portentis palliatam, numquam mihi placuisse, eo præsertim, urgentissimo in his adjunctis argumento, quod Ditmarus, rerum omnium tum gestarum oculatus testis et scriptor, Merseburgensis ecclesiæ suæ ruinam, bonorum ejus alienationem, ac demum per S. Henricum restaurationem tam sollicite et accurate memorans, de tot miraculis, ibi a Vitæ scriptore conglobatis, non meminerit, nusquam solitus ea silentio involvere quæ ad tam eximii benefactoris sui gloriam conducere posse existimavit; ut prodigio simile dicendum sit tam illustrem victoriam, si sic parta est, ab eo præteritam fuisse. Ut candide dicam quod sentio : suspicor Anonymum, virum bonum, nonnulla ad S. Henricum transtulisse, quæ forte ad alios pertinent; aut certis temporibus aptasse, quæ ipsis non conveniunt. Certe mihi numquam suaserit historiunculam, de Sancti meritis in trutina expensis, quam habet cap. 28 : neque magis placet alia de claudicatione narratio, ex apographo Bambergensi cap. 24 : quæ omnia, ut mitis

sime dicam, censeo non tam facile a viris cordatis et eruditis admittenda.

103. Redeo ad Ditmarum in quo post jam dicta sequitur brevis hiemalis expeditio in inquietum Boleslaum, admissio in gratiam Henrici rebellis, et fratris Brunonis fuga ad S. Stephanum regem Hungariæ sororium, cujus intercessione in gratiam demum admissus est. Hisce connectit quæ ad Clusas, et in reliqua Longobardia a Sancto gesta sunt, eumque per Alemanniam et Alsatiam in Saxoniam reducit, Boleslao infestum, quem tunc haud dubie bello aggressus est, non eo tamen de quo jam diximus meminisse Anonymum cap. 4. Melius longe et fusius expeditionem enarrat laudatus Ditmarus a pag. 378. Atque hæc omnia rectissime ab Adelboldo aliisque citatis anno 1004 gesta referuntur, ut proinde in Ditmaro agnoscendus sit error, quidquid Baronius et recentiores passim ei in hac parte adhæreant; quo pacto tollitur inextricabilis difficultas in iis apte distinguendis quæ duobus istis annis 1004 et 1005 a S. Henrico peracta sunt; nam Chronographus Saxo ad annum 1005 nihil habet præter invasionem Poloniæ in quo « proh dolor! multos perdiderit, cum exercitu secum deferens corpora ducum mortuorum inde reversus. » Chronicon Hildesemense eo anno 1005 narrat, Regem « in partibus Saxoniæ ad tempus Quadragesimæ habitasse, » Pascha vero Aquisgrani celebrasse, quibus adde quæ tradit Vita S. Meinwerci, cap. 2, num. 11, pag. 515, et Schatenus a pag. 372. Quidquid vero præterea anno 1005 a S. Henrico gestum fuerit, id certum videtur, principium citati libri sexti plane corruptum esse, ut ex ipsomet Ditmaro infra evincere conabimur.

104. Præmittunt Annales seu Chronicon Hildesemense ad annum MIV: « Et Bruno frater regis (S. Henrici) obtentu domnæ Gislæ matris ejus acquisivit gratiam, » quo plane modo etiam loquitur laudata S. Meinwerci Vita loco citato. Recte hæc, opinor, isto anno collocantur, at contra Adelboldi, et aliorum sententiam, « obtentu Gislæ matris, » quod ipsi potius « Giselæ sorori » tribuunt, nuptiæ S. Stephano regi Hungariæ, cujus desponsationis determinatum annum frustra apud synchronos scriptores quæsivi hactenus. Consulendi itaque fuere Annales ecclesiastici istius regni a nostro Melchiore Inchofer, superius laudato, concinnati, sed quibus acquiescere non licuit, cum ibi scriptor asserat matrimonium contractum fuisse anno 1005, regni Stephani vicesimo, quæ cum Adelboldi aliorumque narratione convenire nequaquam possunt, ut potius dicendum sit Giselam istam, Sancti sororem, ut minimum anno 1004 S. Stephani thalamum subiisse. Magis placent quæ adducit laudatus Inchofer ad emolliendas duriores nonnihil enuntiationes scriptorum Germanorum, identidem inculcantium prædictam Giselam non aliis pactis et conditionibus regi Hungariæ concessam, quam si is repudiato paganismo Christiana sacra et baptismum susciperet, unde S. Henricus Hungarorum Apostoli nomen promeritus sit. En verba Inchoferi:

105. « Alii quoque minus considerate scripserunt; Gyselæ pulchritudine per nuntios et pictores accepta, captum Stephanum, ejus connubium expetiisse. Quæ tamen aspernata sit, nisi abjecto idolorum cultu, Christo nomen dedisset. Accepisse conditionem Hungarorum regem, dum venustissima puella potiretur, mox cum toto regno ad Christi sacra accedentem, Stephani nomen tulisse: Henricum vero, quod tradita sorore conversionis gentis operam navarit, Hungarorum apostolum dictum esse. Cui fabulæ inter alios assensi videntur Sigebertus, Albertus Krantzius, Joannes Cuspinianus; non animadvertentes, ex Christianis pridem parentibus, et divino monitu appellatum Stephanum, id genus pactionem procul habuisse, et Henricum ultro, adamata ejus virtute, favisse tam opportuno matrimonio, quod ad religionis in gente jam conversa incrementum haud parum faceret. Quamquam dubium non sit, ad plures nondum Christo devotos traducendos, Gyselæ fratrisque Henrici pietatem et zelum, ingens momentum adjecisse, ut hoc propter, et hic apostoli Hungarorum, et illa adjutricis fidelissimæ nomen tueri queat. Ex hoc, ut obiter notem, aliisque ejusdem historiæ locis refellenda sunt, quæ Albericus ad annum 1010 reginæ huic Giselæ turpia et infanda affricare ausus est.

106. Ut de prædictis annis duobus 1004 et 1005 postremum dicam, vellem ea vera esse quæ non ita pridem Struvius in laudato supra Syntagmate, ad solvendum, cui se imparem videbat, nodum ita copulavit, tomo I, pag. 379: « Hinc compositis in Germania rebus, anno MIV ab Italis evocatus illorum terram intravit, et licet aditus probe custodiret Harduinus, Veronam venit; inde Brixiam usque et Papiam progrediens, ubi ab omni populo benevole susceptus et anno MV communi consensu in regem Italiæ est coronatus. Hinc sedato et Papiensium contra Germanos commoto tumultu, in Germaniam fuit reversus. » Diceres, totum fere biennium tenuisse primam illam a S. Henrico susceptam expeditionem, quæ tamen, testibus Adelboldo et Ditmaro, brevissima fuit: nam sanctus Imperator majorem hebdomadam usque ad Pascha ad Clusas transegit, ac rebus celeri cursu confectis, post coronationem et turbas Papienses, « Pentecoste sancta pia animi devotione celebrata..... injuriam a Boleslao sibi illatam tenens mente repositam, repatriare festinat..... et in vigilia S. Joannis (Baptistæ) colloquium cum Alsatiensibus habuit...... Post hæc rex Moguntiam venit; ibique solito pietatis affectu, Apostolorum solennia celebriter peregit; » inde in Saxoniam adversus Boleslaum profectus, ut ex tota rerum serie clarissime detur intelligi, primam illam in Longobardiam excursionem a discessu ex Bavaria vix totis tribus mensibus tenuisse.

107. Minus displicet quod ait idem Struvius ex Sigeberto ad annum 1005, « mortuo Ottone duce, ducatum Lotharingiæ comiti Godefrido, filio Godefridi Ardennensis » commissum; in quo scriptores alii satis conveniunt. At quod, eodem Sigeberto præeunte, refert, anno 1010, gentem Ungarorum, hactenus idololatriæ deditam, cum suo rege baptismo tunc primum initiatam, quod tot alii cum Hofmanno perperam secuti sunt, ad superius dictorum sensum omnino explicandum est. De episcopatu Bambergensi ad duos proxime sequentes annos paulo accuratior disquisitio instituetur. Huc proprie pertinet synodus Tremoniensis, de qua Ditmarus pag. 380 (ex principio cætera ferme colliges:) « Posita est etiam in loco, qui Throsmunini dicitur, magna synodus, ubi rex coepiscopis, præsentibusque cunctis, plurima questus est sanctæ Ecclesiæ convenientia, et communi eorumdem consilio hæc statuit deinceps prohiberi, et optimo novæ institutionis decreto, gravem peccatorum suimet sarcinam relevari, anno Dominicæ Incarnationis MIV, anno autem Domini Henrici II regnantis quarto, in die Non. Julii. » Nomina episcoporum, et quæ ibi ordinata sunt ex nostro codice ms. supplevit Leibnitius, aut potius amanuensium ejus aliquis, cujus inadvertentia factum ut relicta sit prioris editionis notula, « deest decretum synodi Tremoniensis, » ubi decreta ipsa omnia immediate præmissa sunt. Sit hæc prima Vitæ S. Henrici periodus.

§ XI. *Episcopatus Bambergensis a sanctis Henrico et Cunegunde fundatus.*

108. Hic nobis occurrit sanctissimi juxta ac munificentissimi Imperatoris monumentum longe præstantissimum, novæ ecclesiæ cathedralis a fundamentis erectio et locupletissima dotatio, Sancto ipsi fundatori non minima curarum, molestiarum, quin et bellorum materia; dum a proximis episcopis Herbipolensi et Eystettensi, ad novæ diœcesis fines determinandos, graves subortæ sunt difficultates, tum vero a sanctissimæ conjugis germanis fratribus odia, invidiæ, insidiæ, bella etiam commota sunt, quod opulentissimum patrimonium, imo et dos ipsa sorori Cunegundi assignata, quam ad se redituram speraverant, prodige, ut ipsi loquebantur, ditandis canonicorum monachorumque congregationibus dilapidaretur: quæ quousque invaluerint, suis infra locis insinuare non prætermittemus. At enim hæc omnia superavit S. Henrici castissima religio, inconcussa pietas, et explorata animi fortitudo, quibus armatus virtutibus et diœcesim ecclesiæ suæ Bambergensi vindicavit, et ingratorum affinium conatus, si non merita ultione, saltem Christiana tolerantia compescuit. Fundationem ipsam, ut præcipuum operis sui argumentum, multis capitibus complectitur Vitæ scriptor anonymus, sed ex quo, ut supra abunde exposui, ad chronologicam seriem nihil magnopere elicias, ut adeo hæc aliunde eruenda et componenda sit.

109. Ordo rerum apud Ditmarum exigit ut post synodum Tremoniensem, de qua jam satis diximus paragrapho præcedenti, reliquum anni impensum intelligatur bellicis adversus Boleslaum conatibus, quos inter intellectis Balduini Flandriæ comitis molitionibus, quas describit Ditmarus pag. 383, arma sequenti proxime anno 1006, ut testatur Sigebertus, in eum verterit, ubi quæ duobus annis 1006 et 1007 gesta sunt, simul istic connectit Ditmarus, eadem pagina denuo resumens quæ ad annum jam dictum 1006 pertinent. Jacobus Meyerus, in Annalibus Flandriæ, diligenter et accurate descripsit quæ in bello isto Flandrico, non eodem semper rerum successu, a S. Henrico adversus comitem nostrum Balduinum tentata sunt, explicata ejus occasione et adjunctis aliis pluribus satis curiosis, quæ alibi non adeo distincte enucleata reperiuntur: ipsum videsis annis 1005, 1006 et 1007; nobis satis est singula ad proprios calculos revocasse, ad quod nos hic juvat Mabillonius pag. 185, dum ex diplomate anni 1006 ostendit habitum eo ipso anno inter S. Henricum et regem Franciæ Rotbertum colloquium, quo labefactata nonnihil amicitia redintegrata est. Videatur idem Mabillonius pag. 188, num. 88 et 89, placitum regis memorans pro Italicis monasteriis.

110. Ditmarum denuo sequimur, apud quem, « pacificatis tunc partibus his, generale concilium in Francfort a Rege ponitur, » in quo episcopus Bambergensis diu ante meditata institutio et variæ difficultates in eo concilio agitatæ cuique satis obviæ sunt: id hic quæritur potissimum, gestane ea omnia sint anno 1006, an 1007, in quo auctores æque ac in primo Sancti bello Italico maxime dissidentes invenio. Ditmaro res suas non satis chronologice distinguente, Baronius sic annum 1006 incipit: « Anno Christi Redemptoris millesimo sexto, Indict. IV, celebratur in Germania synodus Francofordiensis, in qua inter alia ibi tractatum est de ecclesia Bambergensi erigenda in cathedram episcopalem. Agit de ea pluribus Ditmarus, » etc. His opponit Pagius ad eumdem annum litteras Joannis Papæ tomo IX Conciliorum recitatas, in quarum fine legitur: « Scriptum per manus Petri notarii et scriniarii S. R. E., in mense Junio, Indict. V: id est, inquit, anno Christi MVII. Quod privilegium magnus Episcoporum numerus in synodo Franconofurt habita unanimiter laudarunt, et suis subscriptionibus corroborarunt, ut in fine laudati rescripti apostolici legere est. Quare subdit, concilium illud non hoc anno, ut Baronius putavit, sed sequenti congregatum, » etc.

111. Non male pro aliqua parte Baronium correxit Pagius, in alia non minus ipse corrigendus. Quoniam ambo ad omnia, occasione episcopatus istius longiori tempore tractata, non satis attendisse videntur; sumpta, nisi vehementer fallor, ex Ditmaro prima perturbationis ansa, qui in annum quodammodo unum eumdemque confudit, quæ in duos diversos certissime distrahenda sunt. Syno-

dum Francofurtensem aliquam anno 1006 recte consignavit laudatus Baronius, utpote quam illo anno satis accurate describit. Ditmarus, admirandam illam sancti Henrici erga Patres concilii demissionem merito extollens, ut qui se ad eorum pedes prostraverit, aliaque pari humilitate præstiterit; quæ ibi lectori obvia diximus : in eo defecit Baronius quod alteram synodum prætermiserit, ad quam prior quasi præparatoria dici potest. Pagius vicissim, ex allegato Joannis PP. diplomate, non male pugnavit pro synodo anni 1007, sed Baronium perperam arguit; quasi omnia eodem anno composita sint, quæ ad prædicti episcopatus erectionem explananda occurrerunt. Valeat hic, ut usquam, parœmia ; distingue tempora, et concordabis scripturas, quas citato tomo IX Conciliorum nobis exhibet Labbeus : sola rerum exacta distinctio controversiam totam elucidabit et forte dirimet.

112. Tria istic instrumenta referuntur hoc ordine : « Primo loco Concilium Francofordiense de ecclesia Bambergensi in cathedram episcopalem erigenda, celebratum anno Domini MVI, tempore Joannis PP. XVII, » quod totum acceptum est ex Ditmaro. Alterum instrumentum loco non suo reponitur, nec verum titulum præfert : « Acta ejusdem Francofordiensis Concilii ex tabulario ecclesiæ Bambergensis. » Quod subsequitur « diploma Joannis PP. XVI, » ad justam rerum seriem videtur secundo loco reponendum fuisse, ex quibus hic rectus ordo conficeretur. Speraverat S. Henricus emolliendum a se Henricum Wirceburgensem episcopum, ut commutatione aliqua facta, a diœcesi sua partem avelli sineret, quæ Bambergensi tribueretur : verum iste alias conditiones apposuerat Sancto minime gratas, et, ne ad indictam synodum venire cogeretur, alio, Coloniam opinor, ad S. Heribertum profugerat, sic ut eo absente gesta sint omnia quæ Ditmarus ibi commemorat, et ex quibus manifeste datur intelligi, in eo primo concilio id præcipue actum, ut nihil obstante Henrici Wiriburgensis tergiversatione, ecclesia Bambergensis in cathedralem erigeretur, cujus « cura pastoralis Eberardo tunc Cancellario a Rege committeretur, » id quod a Concilio obtinuit, præeunte Tagmone, « et cunctis præsentibus ejus sermonem tunc affirmantibus et subscribentibus : » sic tamen ut Eberardi ordinatio, quæ ibi a Ditmaro subjungitur, ad sequentem annum differenda sit.

113. Audiatur sancti ipsius Imperatoris oratio : « Ob hoc serenissimam vestram (Patrum totius synodi) interpello pietatem, ne absentia ejus (Henrici Wirceburgensis), qui per me voluit obtinere quod mihi non licuit huic concedere, propositum voluntatis meæ queat impedire : cum in baculo ejus mutuæ confirmationis signo clarescat, hunc non propter Dominum, sed ob dignitatis nullatenus adipiscendæ dolorem fugisse. Moveat omnium corda præsentium, quod per ambitionem suam sanctæ matris Ecclesiæ augmentum annullare cum nugerula legatione præsumpsit...... Si quando autem episcopus venire et promissa dignatur suscipere, paratum me ad omne quod vobis bonum videtur, procul dubio inveniet. » Sequitur protestatio Henrici episcopi nomine facta : « Finitis talibus alloquiis, Bernigerus, antistitis Henrici Wirciburgensis capellanus surrexit : propter timorem regis seniorem suum huc non venisse, et detrimentum ecclesiæ sibi a Deo commissæ, in aliquo fieri nunquam laudasse testatur, et obsecrat cunctos præsentes per Christi amorem, ne talia fieri, absente eo, futurum sibi exemplum paterentur. Privilegia ejusdem ibi alta voce recitantur. » Sed hæc nihil obfuisse jam diximus, quo minus rex sanctus votis suis potiretur : unde postmodum « Henricus antistes, auxilio confratris sui Heriberti, regi gratiam et impletionem sibi placitam acquisivit. »

114. Hæc omnia vel anno 1006 exeunte, vel sub principium anni 1007 transacta esse oportet; quando « gloriosissimus rex Henricus, voti compos effectus,..... duos e capellanis suis, Albericum videlicet et Ludovicum, adjunctis Henrici Wirciburgensis episcopi litteris, Romam usque direxit, quatenus hic bene inœpta, in melius proficerent auctoritate Romana. » Narrant hæc Anonymus in Vita pluribus, cap. 10, et instrumentum Bambergense, quod proprie rei adimpletæ relatio dici potest; in qua potius vera actorum substantia quam temporum series exposita est, ipsam in hunc modum concipi oportere existimo. Compositis inter S. Henricum et antistitem Wirceburgensem controversiis, legati jam dicti Romam missi sunt, ut testatur Pontifex : « Pro qua ratione Henricus II gloriosissimus rex nuntios suos ad nos direxit, qui nobis hæc omnia dicerent, et nos pro hac sede confirmanda interpellarent. » Legatur Bullæ Pontificiæ reliquum, ex qua patet benigne auditos fuisse, remque omnem Joannis PP. auctoritate corroboratam; diploma vero expeditum « per manus Petri notarii et scriniarii S. R. E. in mense Junio Indict. v, » atque adeo anno 1007, quo demum haberi debuit synodus illa Francofurtensis, de qua instrumentum Bambergense meminisse diximus :

115. « Anno Dominicæ Incarnationis MVII, Indict. v, Kal. Novembris, regnante piissimo ac serenissimo Henrico secundo, anno regni sui VI, pro statu et augmento sanctæ matris Ecclesiæ, in loco, Franconofurt dicto, magna synodus habita est et celebrata » non jam, ut innuere videtur scripti auctor, ad agendum de episcopatus Bambergensis erectione, sed, quod præpostere observavit Anonymus, cap. 12, ut « debita cum veneratione privilegium hoc Sedis Apostolicæ susciperetur. » Sic habet clausula apud Labbeum : « Quod videlicet privilegium venerabiles Patres in supradicta synodo Franconofurt habita, generali concilio consistentes, summa veneratione legendo suscipientes, et Apostolicæ auctoritati obedientes, devotis mentibus

subscribendo laudaverunt, communiterque corroboraverunt.) Sequuntur nomina episcoporum quinque et triginta, quos inter omissum suspicor Henricum Wirciburgensem, qui tricesimum sextum numerum compleret, quot ei concilio episcopos interfuisse pronuntiat Legenda, citato cap. 12. Atque eo ordine ad justos calculos revocata existimo quæ ad fundationem et confirmationem sedis Bambergensis gesta et transacta sunt, quæque, si a Pagio juniore observata fuissent, in Breviario Pontificum Romanorum, tom. II, pag. 285, falsi arguendum non erat Bambergense instrumentum, de quo jam satis diximus: et ex quo Anonymi caput 10 acceptum videtur, aut vice versa.

116. Sic conciliari posse existimo, quæ alias implexissima sunt, Anonymo in chronologicis semper titubante. Agnoscit hic quidem geminas synodos; at, dum primam vult esse de qua agit instrumentum Bambergense, necesse est synodum præparatoriam, in qua S. Henricus litem suam adversus episcopum Wirciburgensem evicit, habitam eodem anno 1007, circa Kalendas Novembris, quo jam supponitur a mense Junio obtenta a Joanne PP. episcopatus ipsius confirmatio, quæ quo pacto combinari queant, prorsus non video. Fuse de hac re, ferme ad normam nostram, agit Hofmannus a col. 40, sed nodum hunc intactum nescio an studiose prætereit: anno 1007 ordinationem Eberardi recte consignans, quidquid Ditmarus uno tractu connectat inseratque omnia synodo anni 1006, qua ratione res supra ab eo confusas diximus: nam hujusmodi consecrationem præviam episcopatus ipsius a Pontifice confirmationem exigere, in confesso esse plane arbitror: facile interim patiar, distinctiorem ab alio solutionem adduci. Porro quæ ad opulentam dotationem et splendorem dictæ toties Bambergensis ecclesiæ a Sancto collata sunt, non incuriose recenset Hofmannus, col. 43; cujus fidei reliqua committo, quæ de ejusdem officialibus atque imperii electoribus operose extra rem nostram congessit.

§ XII. *Prosecutio a constabilita ecclesia Bambergensi ad susceptam Romæ imperii coronam a Benedicto PP. VIII.*

117. Hunc paragraphum ordior a solutione alterius intricatissimi nodi, ex quo nuper dixi, Ditmariani Chronici apographa, tum mss. tum edita, aperti erroris revincenda, in attacto istic capitali puncto, quod gesta S. Henrici ab Adelboldo, Chronographo Saxone, Annalibus Hildesemensibus, antiquisque aliis anno 1004 rectissime innexa, a Ditmaro istic sub libri sexti principium ad posteriorem annum 1005 longiori quidem phrasi sed disertissimis terminis revocentur: id qua ratione ex ipsomet Ditmari Chronico demonstretur, vel unicum exemplum, ut cætera hic non expendam, perspicue evincet. Laudatus Chronographus Saxo cum antiquis aliis et recentioribus passim, nullo, quod sciam, refragante, obitum Wigberti Merseburgensis episcopi, et Ditmari ipsius successionem refert ad annum 1009. Verba ejus sunt: « Wipertus Merseburgensis episcopus obiit, cui Thietmarus successit. » Ditmarus vero ipse pag. 385 sic habet: « Hic vir venerabilis (Wigbertus, seu Wichertus) quinque annos in episcopatu et sex hebdomadas et dies quinque sedit; flebiliter sæpe peracta confessione, et ab episcopis Wigone et Henrico, in extremis eum visitantibus, percepta remissione, ix Kal. Aprilis, feria tertia, in Merseburg de hac luce ad Christum, ut spero, felix migravit. »

118. Cum his confer quæ ex ipso recitavimus paragrapho 10, num. 101, ubi expresse asserit « quartæ initio hebdomadæ in Februario (S. Henricum) dedisse episcopatum sanctæ Merseburgensis ecclesiæ capellano suimet Wigberto, » et ultro conficies, non potuisse Wigbertum cathedram illam conscendisse anno 1005, si totis quinque annis, sex hebdomadibus, et diebus quinque eam tenuerit, adeoque initia ejus omnino retrahenda esse ad mensem Februarium prioris anni 1004. Ne vero dubium hic ne superesse possit, rem apertissime denuo evincit Ditmarus ipse pag. 429, sub finem, his verbis: « Iste annus quo hunc attitulavi librum (titulavit autem anno 1018) nativitatis meæ quadragesimus vel paulo amplius; in mense vero Aprili et v Kal. Maii, decimus ordinationis meæ introivit annus; » adeoque completus erat nonus, ipso illo mense Aprili inchoatus, postquam nono Kalendas Aprilis seu xxiii Martii ex hac vita novennio ante migrasset prædictus Wigbertus, ex quo, per idem successionis filum ascendendo, iterum aperte consequitur, Wigbertum obiisse anno 1009, ordinatumque fuisse toto ante quinquennio, an. 1004; et quod demum inde concluditur, librum sextum Ditmari, male, ut ejus termino utar, anno illo MV « attitulatum » esse. His ita positis, præfixam nobis temporum seriem prosequamur.

119. Ad annum 1007 vel 1008 passim refertur « visio S. Henrico Ratisbonæ ad sepulcrum sancti Wolfgangi oblata, » de qua Anonymus cap. 2, quæ suus olim in moribus institutor adstare visus est, et hujusmodi verbis compellare: « Intuere diligenter litteras in muro, qui est juxta tumulum meum, scriptas. Erat autem ibi, ut videbatur, scriptum solummodo POST SEX. » Non diffitemur, eo anno 1007, teste Chronographo Saxone, et Ditmaro ipso, si consequenter loquatur, Dominicam resurrectionem in ea civitate celebrasse S. Henricum, quo tempore celebre vaticinium potuerit intelligere: at sua perperam hic disposuit bonus Anonymus, qui melius ad ipsum regnum, quam ad imperii coronam respexisset; nam hanc suscipere liberum Henrico fuit, dum voluit. Cæterum, utcumque vaticinium accipias, in ipsa Vita satis expositum est, et pro rei exigentia probatum, ut hic usui venire nequeat argumentum mere negativum quo Leibnitius aliique perpetuam utriusque conjugis S. Henrici et Cunegundis servatam in matrimonio

virginitatem impugnare ausi sunt, quod Ditmarus aut alii coætanei non satis expresse ejus rei meminerint : sed eam jam satis vindicatam existimamus. Prædictam visionem ignorasse Ditmarum, nihil mirum est, ipsam alias minime taciturum, qui similem alibi contigisse narrat, nec ab hujusmodi revelationibus ullatenus abhorret, ut ex sola pag. 387 abunde perspicies.

120. Ad annum 1008 spectat bellum Metense seu Trevirense, de quo ita ad hunc annum Chronographus Saxo : « Adalberto clericus reginæ frater, regi factus adversarius, abominationes multas concitavit contra omne jus et fas; Trevirim sibimet cum suis sequacibus mancipavit, sicque discessit. Quod, cum rex comperisset, suas illico copias colligens advenit, Lotharingos sibi resistentes Palatio obsedit, sedecim hebdomadas ibidem faciens. » Belli causam memorat Ditmarus, pag. 384 : « Rex autem ut hoc audivit, prioris non immemor, in germano ejusdem Thiedrico non præmeditatæ constitutionis, uxorem dilectam, cæterosque suimet familiares, de episcopatu eodem impetrando sollicitos, sprevit, et Meingardo, Willigisi archipræsulis camerario... eumdem dedit. Propter hoc subdolæ generationis furor accenditur; » ubi hic Ditmarus et alibi sæpius insinuat ingratorum S. Cunegundis fratrum in S. Henricum odium, quod in ecclesias, et maxime Bambergensem profusus videretur; ea nimis religiose dispergens, quibus ipsi avide inhiabant, adeo ut Henrico, fratri alteri, ducatus Bajoariæ abrogandus fuerit, quem tamen postmodum cum sancti regis gratia recepit. Adnecti hic potest, quod ad istum annum notavit Albericus, « Jopiliam juxta Leodium » dedisse Henrico Virdunensi episcopo sanctum imperatorem, in ecclesias semper et ubique munificum.

121. Neque vero præteriri hic potest Montis monachorum prope Bambergam celeberrimum cœnobium, de quo pluribus in Vita S. Ottonis locuti sumus, hoc eodem anno a sancto imperatore, « ejusque conthorali S. Chunigunde Palatinissa et imperatrice, in honorem S. Michaelis Archangeli fundatum, una cum ipso fere episcopatu Bambergensi, » inquit Bruschius de Monasteriis pag. 87; addens « fundationis rationem, » quod sancto, « in secretiori quodam sacello devotius aliquando oranti, apparuerit Michael archangelus, qui, femur regis tangens (unde claudus factus esse legitur, qui rectus prius incesserat), Evangelicumque codicem osculandum ei porrigens, in hæc verba eum consolatus sit : « Ne timeas, electe Dei, velociter surge, atque hoc signum pacis divinitus tibi transmissum suscipe, Deique cultum strenue propagare perge. Postea ex Apulia in Germaniam (feliciter ibi confecto bello) redeunti, et apud Cassinense monasterium ex calculo decumbenti, » etc. Sudabit affatim qui Bruschiana hæc omnia apte componat cum signatis modo cœnobii istius exordiis. De claudicatione S. Henrici, ejusque verosimiliori causa jam satis dictum est : id sane controverti nequit, prædiis multis ac latifundiis carum sibi cœnobium locupletasse liberalissimum imperatorem, quæ omnia luculento diplomate confirmavit an. 1015, ut vide apud eumdem Bruschium citata pagina versa.

122. « MIX. Rex Nativitatem Christi Salzburg, Pascha vero Augustburg peregit, » verba sunt Annalium Hildesemensium. Chronographus Saxo totus est in describendis anni istius calamitatibus; insolita nempe aquarum refusione, sanguinis guttis, quæ Dominica Palmarum vestimentis hominum instillaverint; de obscurato sole, et incendiis insolitis, quæ omnia pestilentia et mortalitas graves secutæ sint. De cætero iis præteritis quæ ad S. Henricum spectant, Ditmari in episcopatum Merseburgensem successionem, de qua nuperrime diximus, accurate notat, cui et Paderbornensem S. Meinwerci institutionem adjungere poterat, quæ in dictis Annalibus Hildesemensibus et in ejus Vita satis describitur, in qua et illa pro hoc anno habes, quæ a S. Henrico præclare et largitate regia gesta sunt. Ditmarus, pag. 388, tradit « regem varias occidentalium mentes probasse, et, ne solito commoverentur, sedare tentasse, » ut pote cujus perpetuam curam fuisse ostendit, subditis omnibus cujuscunque sexus et ordinis benefacere, et « ad indeficientis coronam honoris sublato timore properare, ad quam capiendam in itineribus et aliis necessitatibus maxime laborans, amicos fecit sibi inimicos, juste eosdem exosus : » quod est dicere, persecutiones passum propter administratam justitiam. Alias hujus anni donationes vide apud Gretserum, pag. 69 et 71, quibus alias adjungit Chronicon anonymi cœnobitæ Schutterani ab abbate Joanne Friderico Schannat, in Vindemiæ suæ litterariæ collectione prima, recens vulgata, quod in eo opere, ordine quartum recensetur.

123. Annum 1010 sic describit Chronographus Saxo : « Heinricus rex, in expeditionem suas contrahens copias, Bolizlavum Poloniæ quæsiturus, sed quo velle ducebat minime perventurus, gravi ingruente ægritudine, media revertitur via.... Theodoricus Metensium episcopus, dotem et patrimonium reginæ Cunigundis, quæ soror erat sua, Bavenbergensi Ecclesiæ dolens delegari a rege, contra ipsum rebellat. » Hæc ipsa paulo lamentabilius deducit Ditmarus, pag. 388, nonnulla miscens et transponens, quæ vellem paulo accuratius distincta; nam nisi multum fallar, bellum adversus Bolezlaum, quod sequenti pag. 389 prosequitur, alteri Mosellanæ expeditioni, quæ ad annum usque 1011 tenuit, istic præmittendum erat; de qua ad dictum annum MXI sic loquitur Chronographus Saxo : « Rex Metensem urbem, prædictumque Theodoricum episcopum tandiu obsedit, quousque, mediante justitia, pax inter eos convenit. » Neque tamen diffiteor, resumi potuisse non semel varias illas excursiones; etenim sub totius narrationis finem, pag. 390, sic habet Ditmarus : « Rex iterum occidentales invisit regiones, et fluctivagos habitatorum animos sapientiæ freno edomans, natale Domini festiva jucunditate in Palith

celebravit, » quæ omnia an. 1010 fieri omnino non potuerunt, sed ut minimum signant finem anni 1011, quem mox subsequitur dedicatio ecclesiæ Bambergensis. Ad annum 1010 revoca instaurationem monasterii S. Mariæ Ratisbonæ, de qua agit Mabillonius pag. 218, num. 52.

124. Porro celeberrimam eam dedicationem non an. 1011, ut cum Baronio plures signant, sed an. 1012 accidisse probant Chronographus Saxo, Annales Hildesemenses, et veteres alii cum Hofmanno, quidquid hic repugnet breve Chronicon Wirzburgense apud Baluzium. Notanda vero Struvii in rebus nostris imperitia, qui, postquam pag. 384 episcopatus Bambergensis fundationem perperam firmatam ait a Joanne PP. XXII, paulo post ineptius subdit : « Iste etiam episcopatus præsente Benedicto VIII Papa, peracta templi majoris constructione, anno MXII demum fuit consecratus. » Melius doceri poterat, si ad Ditmari verba quæ recitat, tantillum attendisset. Ita loquitur dicta jam pag. 390 : « Peracta in civitate Bavenbergensi ecclesia majore, cum natalitius Regis dies esset, et XXXV jam inciperet, II Nonas Maii omnis primatus ad dedicationem istius aulæ ibidem congregatur, et sponsa hæc Christi per manus Joannis patriarchæ de Aquileia et aliorum plusquam XXX episcoporum dedicatur. » Addit Chronographus, « XXXVI episcoporum ministerio consecratam, » quibus consentiunt Annales Hildemenses : in his vero omnibus nec verbum unde quis colligat, Benedictum papam ei dedicationi interfuisse, qui verosimilius necdum electus erat dum ea cæremonia perageretur : utrum vero in Germaniam isto anno venerit, infra explorare conabimur.

125. Subjungit Ditmarus : « Post hæc synodus hic fit magna, in qua Gevehardus Ratisbonensis ecclesiæ præsul ab archiepiscopo suimet arguitur, et Metensis ecclesiæ præsul Thiedricus a rege increpatur, eo quod epistola suimet hunc injuste apud Papam accusaret : sed hæc omnia et multa alia consilio prudenti sunt finita... Completis omnibus in orientali Francia utilitatibus, Rex Merseburgensem revisit civitatem ac ibi sanctam Pentecostes solemnitatem celebrat, et in primo mane Dominicæ diei, qua sanctus Apostolos replevit Spiritus, Tagmo archiepiscopus infirmari cœpit, qui paulo post v Idus Junii non obiit, » inquit idem Ditmarus, « sed ad Christum, quem semper amavit, lætus abiit. » Hæc omnia hic sub unum conspectum exposita volui, ut manifestius pateat dedicationem ecclesiæ Bambergensis asserto a nobis an. 1012 contigisse, quo certum est Tagmonem obiisse, testibus iterum Chronographo Saxone et Annalibus Hildesemensibus ; quod maxime observandum est, ut ostendatur alius Ditmari error, qui jam proxime aiebat, « Natale Domini in Palthi » seu Palithi celebrasse S. Henricum immediate ante consecrationem ecclesiæ Bambergensis, cum distinctius memorent citati Annales, duos alios Natales Domini intermedios celebrasse Sanctum, a quibus annus inchoatur, nempe « an. MXI in Frankenavord, » et « MXII in Thornburg, » quo prædicta dedicatio vere ibidem consignatur.

126. Ex his denuo patet, quod supra non semel dixi, in ordinandis temporibus Ditmari chronico cautissime utendum. De cetero reliquos sancti imperatoris labores in componendis rebus imperii, cujus partes omnes quotannis lustrando ignorare non poterat ; et pace cum Slavis, aliisque hostibus concilianda sollicite impensos, fusius memorat laudatus toties Ditmarus toto reliquo libro sexto, ubi pag. 397 ingreditur an. 1013, quo Epiphaniam Alstidi celebravit Henricus, Purificationem sanctæ Dei Genitricis in Magdeburg, « Paschale vero festum cum Meinwerco, sibi admodum familiari, in Pathebrun digna veneratione peregit, Pentecosten autem nobiscum, » nempe in Merseburg : in cujus vigilia Bolezlavus, cum securitate obsidum apud se relictorum venit et optime suscipitur ; sic uttuta ex ea parte omnia reddere voluerit Henricus priusquam meditatum iter Italicum ingrederetur, ad quod per id tempus res disponebantur. Non fuit annus iste Fuldensibus multum propitius, quippe quo « Bronnag abbas deponitur, et tunc hoc monasterium, confratribus late discedentibus, a priori statu mutatur : » quæ paulo durius, jam dicto an. 1013, a Chronographo Saxone exprimuntur, his verbis : « Rex stultorum depravatus consilio, Fuldensis monasterii bona mirabiliter diripuit, » etc. Sed hæc mitius explicata videantur a Mabillonio pag. 252 an. 88.

127. Pergit Ditmarus : « Rex autem ad occidentales pergens regiones, iter suum in Longobardiam disposuit, et iterum ad nos repedavit ; et inde XI Kal. Octobris discedens, per Bavariorum fines atque Suevorum, usque ad locum qui dicitur... properavit. Huc exercitus undique confluit, et hinc usque Romam Rex sine omni scrupulo, regina comitante, venit. » Sequuntur nova Boleslai scelera, et occulta adversus S. Henricum machinationes, quæ tamen minime impedivere quo minus rebelles sibi Longobardos in ordinem reduceret ac demum in urbe imperiali corona insigniretur. Sed his præmittenda sunt, si quoquam pertinent, quæ sub finem libri sexti, plane aliud agens interserit Ditmarus pag. 399 de adventu, ut aliqui intelligunt, Benedicti VIII in Germaniam, propter intrusionem, ut putant, cujusdam Gregorii. Audi ipsum : « Namque Papa Benedictus Gregorio cuidam in electione prævaluit. Ob hoc iste (*quæritur quis?*) ad Nativitatem Dominicam in Palithi venit cum omni apparatu apostolico, expulsionem suam omnibus lamentando innotescens. » Ex his collegit Baronius ad annum 1012, Benedictum, Roma a Gregorio expulsum, fugisse in Germaniam ad S. Henricum, opem ejus imploraturum ; in quo ipsum recentiores omnes sequuntur cum Francisco Pagio recentissime in suo Breviario Pontificum tomo II, pag. 291, tametsi recte advertat, neminem unum veterum Germanum

rum scriptorum de ea Benedicti expulsione, aut schismate ea causa orto meminisse.

128. Neque id mirum sane, nam nisi ego vehementissime fallor, eminentissimus annalista Ditmari sensum haud recte assecutus est; ut jam taceam rem omnem de qualicunque post Sergii PP. IV obitum schismate, perperam an. 1012 innexam esse, quæ referenda videtur ad sequentem 1013, cujus initium (a Natali Domini inchoando) in Palithi celebravit S. Henricus. Notabis igitur eo loco alia prorsus omnia a Ditmaro tractari, ad ecclesiam suam spectantia, ibique plane obiter rem istam insinuari, quæ profecto aliter explicari merebatur, si Benedictus ipse Papa legitimus in Germaniam profectus fuisset; quod haud dubie non tacuissent Chronographus Saxo, Ditmari in multis contractor, et Annales Hildesemenses, nec alii æquales aut proxime secuti. Ut mentem ædisseram, verte Ditmari verba quamdiu et quo modo volueris, evolve cætera omnia, sive præcedentia sive subsequentia, ut vel verbum extundas, quo innuat, sanctum imperatorem Benedicti partes suscipere debuisse, aut ipsi ulla in re patrocinari vel opitulari; aut postea Romam perrexisse, ut ipsum quocumque modo in sedem restitueret. Utut obscurius locutum censeas Ditmarum, aut nihil dixit, aut satis indicavit, per *iste*, non Benedictum, sed Gregorium fuisse fugitivum *istum*, « cui Benedictus prævaluit, » utpote qui « præ cæteris antecessoribus maxime dominabatur. » Et vero Tusculanorum comitum notissima per id tempus potentia facillime etiam armis prævalere potuit, adversus minoris notæ hominem Gregorium, qui, externa auxilia implorare compulsus, verum a Sancto exauditus non sit.

129. Verbo dicam, non de electione pontificis aut de schismate ea causa exorto ibi agit Ditmarus, sed ea expendit potissimum quæ Romani Pontifices et S. Henricus in Ecclesiæ augmentum et splendorem certatim contulerunt; en ultima verba quibus librum sextum concludit : « Henricus etenim rex ecclesiam adauxit nostram multis utilitatibus, inprimis divino apparatu, et de omnibus curtis quas in Turingia et Saxonia habuit, duas nobis tradidit familias. Evangelium auro et tabula ornatum eburnea, et calicem aureum atque gemmatum cum patina et fistula ; item cruces duas et capulas ex argento factas, et magnum calicem ex eodem metallo, cum patina simul et fistula dedit. Quidquid in prædiis ab intercessoribus meis neglectum erat, præcepto renovarat ; » ut ita et hujus ecclesiæ non solum restaurator, sed et fundator appellari mereatur, quemadmodum et Paderbornensis, quam hoc eodem an. 1013 opulento prædio præter alia donatam, dum Werlis decumberet, pluribus aliis beneficiis cumulavit; et S. Bernwardo Hildesiensi episcopo comitatum integrum solita sibi largitate contulit, quarum donationum instrumenta refert Schatenus noster a pag. 402. Diceres sanctum imperatorem tot piis largitionibus prosperum iter Italicum a Deo impetrare voluisse. Nos hinc alteram vitæ periocham, imo imperii ejus epocham inchoabimus.

§ XIII. *S. Henrici Romæ coronatio, et quæ eam secuta sunt, usque ad adventum Benedicti PP. VIII in Germaniam.*

130. Librum suum septimum sic exorditur Ditmarus : « Decursis a Dominica incarnatione post millenarii plenitudinem numeri annis tredecim, et in subsequentis anni secundo mense ac hebdomada tertia, anno autem regni ejus tertio decimo, ci die Dominica, ac vi Kal. (*lege* xvi Kal. *sub litt.* Dom. C) Martii, Henricus Dei gratia rex inclytus, a senatoribus duodecim vallatus, quorum sex rasi barba, alii prolixa mystice incedebant cum baculis, cum dilecta suimet conjuge Cunegunda ad ecclesiam sancti Petri, Papa exspectante, venit, et antequam introduceretur, ab eodem interrogatus, si fidelis vellet Romanæ patronus esse et defensor Ecclesiæ, sibi autem suisque successoribus per omnia fidelis, devota professione respondit; et tunc ab eodem inunctionem et coronam cum contectali sua suscepit. Priorem autem coronam super altare Principis Apostolorum suspendi præcepit. Eodem die Papa eis cœnam ad Lateranum fecit copiosam. » Quæ porro turbæ octavo abhinc die Romæ et a quibus excitatæ, non est hujus loci describere : compendio sua inde accepit Chronographus Saxo, Imperatorem Papiam reducens ad resurrectionem Domini, cui Chronicon Casinense lib. II, c. 31, ipsam Romanam coronationem affigit, quod jam alibi a nobis refutatum est. Papiæ igitur confirmatis utcunque Longobardorum animis, in Saxoniam remeavit : tum de monachis Corbeiensibus ea adjiciuntur, quæ, ut et Fuldensium cum Sancto controversias, malo apud Mabillonium in Annalibus Benedictinorum legi, quam hic a me operosius recitari.

131. Huc propius spectat quod narrat Glaber Rodulphus, Historiæ suæ lib. I, cap. 5, de pomo seu globo aureo, pretiosis gemmis circumdato, et cruce aurea supereminente ornato, quod tamquam mundanæ potentiæ symbolum S. Henrico obtulerit Benedictus PP., ipse vero « protinus miserit ad Cluniacense monasterium Galliarum, quod etiam tunc temporis habebatur religiosissimum cæterorum, cui et alia dona plurima contulerat ornamentorum, » inquit ibidem laudatus Glaber. At si vera sunt quæ Legenda tradit cap. 26, non opus fuit ea missione, cum, ut in Vita videbitur, Cluniacum perrexerit sanctus ipse imperator, et non solum globum, sed coronam auream obtulerit; imo et alia plura de quibus meminere ambæ S. Odilonis Vitæ a majoribus nostris editæ 1 Januarii : et prima quidem pag. 18 et 26, posterior vero num. 6 ac 21. De ea peregrinatione nihil memorant Ditmarus, Chronographus Saxo aut æquales alii, verum ex Vita S. Meinwerci id non incongrue collegit Mabillonius, Annalium lib. LV, pag. 241, ubi non video cur ad annum 1015 revocet quæ verosimiliter, si per id tempus facta sunt, ad annum 1014 pertinent, dum nempe per Burgundiam in Alsatiam, et inde per Leodium et Trevirim, transitum fecerit, ut habet citato capite Anonymus.

152. Referri merentur quæ ibi tradit Mabillonius : « Anonymus auctor, qui librum scripsit de rebus gestis beati Meinwerci Paderbornensis, haud obscure significat Henricum imperatorem in reditu ex urbe Roma post suam coronationem, cum domno Meinwerco episcopo paucisque familiaribus ad Cluniacense monasterium, pro suæ religionis fervore et situ loci maxime nominatum, divertisse, deducente forsan Odilone abbate, qui ipsum in illo itinere comitatus fuerat; visuque ea comprobasse quæ, fama referente, de sacro illo cœnobio acceperat : tumque coronam auream pretiosissimam ad Missam, quæ de Cathedra S. Petri appellatur, obtulisse, et, fraternitate monachorum humiliter petita et accepta, omnium fratrum precibus se commendasse. » Hæc et plura, de aliis beneficiis eidem cœnobio a Sancto collatis, abductisque inde monachis pro condendo monasterio Abdinghoffensi vide ad diem v Junii cap. 4, n. 26, pag. 521; hæc nos paulo longius abduxere ab iis quæ post coronationem Romanæ ipsi Ecclesiæ indulsit recens inauguratus Augustus, quæque in Pagii Breviario explicata habes a pag. 293 : quibus adde alia liberalissimi Cæsaris placita apud laudatum Mabillonium pag. 237 et 239; atque ea demum quæ pro dilecta ecclesia Bambergensi enumerat Hofmannus col. 49.

153. Neque vero prætereunda sunt quæ habet Ditmarus, ad quem iterum redeo, de instituto per S. Henricum episcopatu Bobiensi priusquam Italia excederet. « In his partibus, inquit, Cæsar episcopatum, quod erat tertium devoti operis sui ornamentum, in Bobia civitate, ubi Christicolæ sancti et confessoris inclyti Columbanus et Attala corporaliter requiescunt, communi consilio et licentia comprovincialium episcoporum construxit ; quia summa necessitas, et, quæ eam præcellit, Christi charitas ad hoc instigavit. Hic cum maxima prosperitate et gloria Alpinas superat difficultates, ac nostræ regionis adiit serenitates, quia aeris et habitatorum qualitates nostris non concordant partibus. » Mitto quæ hic odiosius in Longobardos aliosque torquet Ditmarus; satis sit, hunc annum 1014 cum ipso absolvere et alterum inchoare, his verbis : « Imperator autem transcensis Alpibus, ceterisque adjacentibus provinciis regendo decursis, Natale Domini celebravit in Palithi, et post hæc ad Merseburg veniens, Boleslavi fidem et auxilium suis innotuit fidelibus, et ut ab eis ad excusationem, aut indictæ rei emendationem, is vocaretur, unanimes poscit. » Atque hæc eo pacto recte disposita sunt et annis suis apte innexa, quæ ab aliquibus non parum turbantur, cum aliis confusa et commixta.

154. In eorum numero collocandus est hic auctor Vitæ S. Meinwerci, qui cap. 4, num. 22, memorans « S. Henricum, subjectis omnibus et in deditionem redactis, quæ rebellare tentaverant urbibus, proxi-

mum Natale Domini Papiæ celebrasse, » inde ipsum in Apuliam deducit; cui subactæ Ismaelem præfecerat : tum ad Montem Casinum, ubi a calculo liberatus fuerit; ac demum, num. 23, « Romam cum domina Chunigunda, cum triumpho magno intrasse ait, ubi a beato Benedicto Papa benigne et honorifice susceptus....., solemni benedictione, cum universi populi inæstimabili exsultatione in Cæsarem et imperatorem consecratus sit. » Nimirum confusæ hic sunt binæ expeditiones Italicæ S. Henrici, nempe hæc qua sola coronatio brevi tempore peracta est, cum alia paulo fusius infra explicanda : quod facile advertisset scriptor, si coronationis diem, nempe xiv Februarii, expressius signasset; quis enim facile concipiat S. Henricum Natale Domini Papiæ celebrasse, inde subjugasse Apuliam, atque in Monte Casino ægrum decubuisse, Romam interim satis tempestive attigisse ut dicto die xiv Februarii imperatoriam inaugurationem susciperet. Non satis apte temporibus suis isthæc divisa sunt, quæ etiam omnia huc falso revocavit Hofmannus col. 50 cujus ea facilius admisero, quæ ibidem refert num. 79 ; tum vero sequenti de compositis per hæc tempora cum Gundecaro Eystettensi de finibus Bambergensis ec lesiæ controversiis.

155. Post citata proxime Ditmari verba, alia interseruntur, quæ temporum seriem nonnihil turbare possent, nisi ex distincto charactere posito pag. 402 constaret sanctum imperatorem Pascha celebrasse in Merseburg an. 1015, quo vigilia Resurrectionis incidit in v Idus Aprilis, ab ipso expresse signatum; Paschate incidente in iv Idus seu diem x ejusdem mensis : « in Cœna autem Domini, » ait Ditmarus, se « chrisma in ejus præsentia indignum benedixisse. » Sic pro eo anno Chronographus Saxo « Henricus imperator in Walbike diem Palmarum agens, nuntios de Italia sibi in sacramenta constrinxit, et inde digressus, Merseburg Paschale festum peregit, ubi Bolizlavo omnia munera, quæ illi miserat, simul cum gratia perdit, dum illum legatione superba infestum reddidit. » Hæc viam sternunt ad repetitas excursiones et bella rarius interrupta cum Boleslao tunc acriter gesta, in quibus vario marte pugnatum est, ut istic et apud Ditmarum fusius legi potest; cum ad nostrum institutum non magis pertineant quam recurrentes denuo deplorandæ cum Corbeiensibus monachis contentiones apud Ditmarum pag. 403, ad quas excitandas nonnullam partem habuisse S. Meinwercum, Paderbornensem episcopum, paulo distinctius exploravit Mabillonius in citatis Annalibus ad hunc annum pag. 242, quo lectores remittimus.

156. Sequentem annum 1016 inchoat Chronographus : « Imperator Natalem Domini in Pathelbrunnem festivis peregit gaudiis : posthæc Popponem Luitpoldi Marchionis filium, et Bavenbergensis ecclesiæ præpositum, Trevirensi præfecerat urbi. Et cum is ab Erchenbaldo Mogontiensi archiepiscopo jussu Cæsaris et licentia Virdunensis episcopi (qui

primus horum in ordine confratrum) consecrari debuisset; a Thiederico Metensi antistite, eo quod a se justius hæc ordinatio fieri deberet, assidua acclamatione, humilique petitione id incassum prohibebatur : nam imperator hunc, scripta demonstrantem, et banno id interdicentem, non exaudivit, et unctionem fecit compleri. » Adde his varias principum particularium discordias, aut armis aut amica compositione sopitas, et perpetuas inimici semper Boleslai incursiones, de quibus Ditmarus usque ad pag. 406, Eidem præterea anno affigenda sunt quæ ibidem subjungit, de « proxima Palmarum jucunditate » ab imperatore « cum Henrico, venerabili Wirciburgensi episcopo completa, ac cœna Domini et passione, cum Paschali tripudio honorabiliter in Bavenberg peractis, » etc. Lege quæ ibidem attexuntur de Rudolpho Burgundiæ rege, Sancti avunculo, regnum suum per donationem ei tradente, quod biennio post, accedente procerum consensu, fuit confirmatum ; item eventus alios etiam Anglicanos, quos enumerare non vacat. Ad S. Henricum redit Ditmarus pag. 412, ita scribens :

137. « Anno Dominicæ Incarnationis [MXVII Kal. Januarii] imperator a Palithi, ubi celebravit Natale Domini, exiens, in Alstidi Epiphaniam Domini solemniter peregit. » Paulo inferius : « Nuntii de Italia, huc venientes gratulabundi ad sua redeunt ; » ii fortasse qui a Benedicto PP. VIII attulerint « aurei capitalis ornamenti, invicem gemmati, » reginæ Saracenorum, Romæ capite plexæ, « partem, quæ mille libris computabatur, » ut præcedenti pag. 411 idem Ditmarus memoraverat. « Gratulabundi » autem « redierent nuntii, » quod postulata adversus Saracenos et Græcos auxilia addixisset Cæsar, quæ tamen quinto demum post anno suppeditari potuere. « Iter imperatoris ad occidentem dispositum, ob viæ asperitatem est dilatum. Imperator hoc quod ex parte Bolislavi rogatus, laudat ; convenisse ad eum principes suos, et si quid boni vellet sibi exhibere, cum eorum consilio libenter acciperet : mittuntur invicem nuntii, et induciæ ponuntur. » Interim « Imperator Purificationem sanctæ Dei Genitricis nobiscum celebrat. Posthæc episcopi et comites ob contemptum Bolislavi, se fallentis, tristes adveniebant, et imperatoris mentem apertis legationibus incendunt. Ibi tunc de futura expeditione tractatur. » Videantur tota illa pag. 413 plura S. Henrici in varias ecclesias beneficia, a quibus nimirum cessare non noverat.

138. « Palmas Rex celebrat in Magontia, et in Ingelheim Pascha, et in his partibus magis honorifice ac potestative nunquam fuit. Et quia ob tantam solemnitatem maxima ibidem finiri non poterant, ad Aquisgrani ponitur conventus, et tunc illic cum consilio Heriberti archipræsulis, Thiedericum Metensem episcopum et Henricum fratrem placavit. Regina autem Cunegundis, a Francoforde a Cæsare discedens, cum ad locum, qui Capungun dicitur, venire, infirmatur, et ibi tunc Domino promisit se ad laudem ejus unum facturum monasterium. » Pag. 414 : « Imperator autem audiens, contectalem suam levius habere, et votum fecisse Domino, grates Christo persolvit ex animo. » Paulo infra : « Cæsar vero ad orientem tendens, imperatricem ad se in loco, qui Patherbrunnum dicitur, venire jubet. Inde ambo usque ad Magdeburg profecti. » Ad alia deinde loca simul profecti sunt, donec, « regressa imperatrice, cæterisque compluribus, ipse, » imperator, « turmatim processit; » nempe cum ingenti exercitu Boleslao imminens, quem toto fere reliquo anno insecutus est. Hæc paulo uberius deducta hic volui ut manifestius pateat, quam non satis congrue ad hunc annum 1017 referendam censuerit Hofmannus celeberrimam illam S. Cunegundis per vomeres candentes probationem, quæ alteri melius convenire potuisse videtur. Cætera vide superius et ad III Martii.

139. Ut nullum annum vitæ suæ largitionibus Cæsare dignis vacuum esse voluit S. Henricus; sic et hunc in quo versamur illustrem reddidit, teste Ditmaro pag. 316. Verba ejus recito : « Insequenti Dominica die, id est III Nonas Novembris Cæsar quoddam prædium, Bogalici vocatum, quod tum ab Hatholdo milite sibi placito acquisivit concambio, confratribus nostris in Merseburg Christo famulantibus dedit, et locum quemdam ab Hagero, prædicti senioris germano, decem talentis argenti comparatum, eorumdem utilitatibus accommodavit, præceptisque suimet firmari præcepit. Tres quoque ecclesias in Lipzi et in Olscinzi, ac in Gusna positas nihil concessit. In hoc vernali tempore idem aureum altare ad decus ecclesiæ fabricari jusserat nostræ, ad quod ego ex antiqui altaris nostri sumptu auri sex libras dedi. » Circa medium Decembrem Bambergam primum pervenit Imperator, ubi « Henricum, quondam Bavariorum ducem, et tunc octo annos et pene tot menses, sua depositum culpa, pristinis restituit honoribus die Dominica ; » quo tempore nemo dixerit, Henrici istius sororem Cunigundem ad probationem vocari potuisse. Ut cum Ditmaro « conclusionem anni faciam ; » verbo adjiciam confirmationem a Sancto monasterii Kemnadensis, prædia ecclesiæ Paderbornensi donata, aliaque istiusmodi quorum instrumenta exhibet Schatenus a pag. 422.

140. Ad annum 1018 ingressum præbet Ditmarus dum pag. 418 ait Imperatorem, post brevissimam moram, « ab Bavenberg discedentem, ad Wirciburg primo, denique ad Francofordi venisse, ibidemque nativitatem Dominicam festivis peregisse gaudiis. » Inde ad librum octavum et vitæ æque ac Chronici sui ultimum transiens, orditur in hunc modum : « Anno Dominicæ Incarnationis millesimo XXII, Indict. 11, anno autem Domini Henrici Imp. Aug. XVI, imperii autem IV, Circumcisio Dominica et Theophania in prædicta civitate ab eodem venerabiliter colebatur, posteaque jussu suo et assidua Bolislavi ducis supplicatione, in quadam

urbe, Budissin dicta, a Gerone et Arnulpho episcopis..... pax sacramentis firmata est III Kal. Februarii, non ut decuit, sed ut tunc fieri potuit, electisque obsidibus acceptis, praedicti seniores reversi sunt. » Hujusmodi iteratae saepius cum Boleslao transactiones constantem pacem imperio non reddidere, ut demonstrat deinceps pluribus, quae huc non pertinent, uti nec gentilium abominandae superstitiones, ad quas « Caesar graviter suspirasse » dicitur pag. 420, qua demum ea subjungit quae nuper attigimus. « Jam, inquit Ditmarus, declinam ab his, et loquar Imperatoris nostri prosperitatem nuper sibi exortam. Avunculus namque suus, Burgundionum rex Rudolphus, coronam et suimet sceptrum cum uxore sua et privignis ac optimatibus universis sibi concessit, reiteraturque sacramenti confirmatio, actumque est illud Mogontiae..... et XVII Kal. Aprilis magna fit in Nuimagen synodus. » Cetera in fonte legenda sunt.

141. Ad finem operis vergens Ditmarus, gratissimum erga Caesarem animum testari non desinit; pag. 422 insignia alia in ecclesiam suam collata ab eo beneficia enumerans. « Oportet autem tuam scire pietatem regis nostri et Imperatoris Henrici multiformem benevolentiam ecclesiae exhibitam nostrae, de qua partem quamdam superius comprehendi, majorem vero quia indiscussam reliqui, nunc scribere tibi optimum duxi. Vide ut assidua recordatione tui sit renovator, et indeficiens auxiliator nostri, ut temporibus illis, in quibus deest spes miseris, et ecclesiae Merseburgensi..... Et quia tempus non est singulariter enarrare quae praeceptis ejusdem confirmata poteris videre, haec sola assigno quae, auctoritate carentia, imposterum forsitan peritura timeo : Sanctae victoriosissimae crucis partem cum ceteris Sanctorum reliquiis, et altare aureum, gemmis honorifice distinctum, et pixidem auream lapidibus pretiosis ornatam, collectariumque cum impensis propriis, et etiam nostris decoratum cum duobus thuribulis ac argenteo bicareo, larga manu Caesar nostrae dedit ecclesiae.... Sed quia de melliflua ejusdem pietate satis dicere nequaquam sufficio, de sua conversatione, sicut proposui, ordinatim explicare studiosius anhelo. » Quae utinam ab ipso explicari potuissent, qui finem vitae eo anno fecit : sub exitum, opinor, nam ultra Septembrem Chronicon suum perduxit.

142. Ut reliqua, ad hunc annum spectantia paucis decurram, pag. 423 ait, « Imperatorem, post longam inhabitationem in Neumagen, » ubi nonnulla praeclare statuta sunt, « descendentem, solennes Rogationum dies in Aquisgrani studiose celebrasse..... Pentecosten in Ingelheim, » unde « in Burgundiam properavit; » Imperatrix vero, ordinata in Capunga vita monastica, fratrem suum ducem Henricum, de quo supra non semel, « Ratisponae inthronizavit. » Pluribus hinc intermixtis, etiam iis quae a Boleslao patrata sunt, haec demum de Sancto subjungit : « De Imperatore nostro mihi nunc sermo oriatur, qui de invisa expeditione, (opinor Burgundica), reversus, nil de promissis percepit, sed parum sibi renitentibus nocuit. » Habe verba ultima : « Imperator noster cum de his omnibus, non multum faventibus, efficeretur certus, unum in Suevia regione colloquium de republica habuit, et mox per Rhenum solicitus descendit. Namque cooperatores ejus et regni suimet columnae, maxima parte, proh dolor, cecidere, sibique grave pondus occultum, fidei simulatores occultis resistere insidiis per extraneos nituntur, ut non liceat ei libertate congruenti imperare, eorumque injustam temeritatem in aliquo minorare. » Atque is Chronici finis est, quo et hanc Vitae S. Henrici periodum concludimus, alibi quaesituri quae ad reliquos vitae annos ordinandos conducent : in quo id molestum maxime quod Chronographus Saxo duos hic annos in unum conflasse videatur ; unde turbatio de qua proxime agendum erit. Ad indeficientem Sancti liberalitatem pertinent tabulae apud Schatenum a pag. 438.

§ XIV. *Reliquum vitae S. Henrici usque ad felicem exitum MXXIV.*

143. Deficiente hic prorsus Ditmaro, steriliora erunt quae de ultima vitae S. Henrici periocha ordinari poterunt; idque dolendum imprimis, Chronographum Saxonem sub ipsum principium toto anno a vera chronologia deflectere, dum ea quae Ditmarus recte et certo anno 1018 consignavit, ad sequentem 1019 perperam reduxit; ut ex primis et ultimis ejus verbis jam saxo intelligas. « Caesar, inquit, a Bavenberg pergens, per Wirciburg venit Franckenvorde, ubi Natalem Domini regio more peregit. » Ita ille exerrans, nam Circumcisionem etiam Domini et Theophaniam, non anno 1019 sed 1018 Francofurti celebrasse sanctum Imperatorem, ex ordine et fluxu rerum atque expressissimis Ditmari terminis paragrapho praecedenti ostendimus; et rursus, saepe laudatum Ditmarum et vivendi et scribendi finem fecisse, ut apud scriptores passim omnes in confesso est, contra quam idem Chronographus Saxo, ad dictum ipsi annum 1019 in fine subdat : « Piae memoriae Thietmarus episcopus Merseburgensis migravit ad Christum. » At enim res tota salva persistit, si sola fiat transmutatio annorum, forte amanuensium socordia perperam signatorum, quod ex confuso praecedenti canone, de quo proxime meminimus, profluxisse existimandum est.

144. Ast ibi error non sistit, eodem enim passu procedendo, quae ad verum annum 1019 spectant, sub sequentis anni 1020 titulo collocata sunt, ipse nimirum Benedicti PP. VIII Bambergam ad Caesarem adventus, quem certissime constat anno 1019 contigisse, ut habent Annales Hildesemenses, breve Chronicon Wirciburgense, Hermannus Contractus, Lambertus Schafnaburgensis, Marianus Scotus, Vita S. Meinwerci in Actis V Junii pag. 538, nem.

82, et veteres passim cum Hofmanno, quos recte sæcutus est Baronius, contra Sigebertum, Albericum et pauciores alios, sequacibus tamen suis non carentes. Interim quæ ante augustissimum congressum a Cæsare eo anno gesta sunt adversus Bernardum Saxoniæ ducem exponit Shatenus noster ex Vita S. Meinwerci, cap. 11, num. 81, ubi denuo imo per totam eam Legendam observari potest propensissima Imperatricis in ecclesiam Paderbornensem beneficentia, a laudato Schateno ex diplomatibus commonstrata. Ceterum extra controversiam ponimus, Papam Benedictum Bambergæ a S. Henrico exceptum anno sæpe dicto 1019, cujus ingressum et solenniter acta describit Legenda cap. 23, chronologice iterum infelix, quod ultimam Sancti in Italiam excursionem adventui Benedicti PP. in Germaniam præmittat, cum toto ferme triennio præcesserit, ut ex sequentibus manifeste patebit. Quæ autem in ea Vita memorantur hic a nobis describenda non sunt; nonnulla hinc inde apud Hofmannum col. 54 explicata invenies.

145. Sic paucis Chronographus Saxo: « Dominus Papa Benedictus cum Henrico Imperatore cœnam Dominicam, ipsumque Paschale festum in Bavenberg decenti fertur excoluisse ministerio, ibique Imperatoris ac principum debito obsequiorum ritu, honorifice ac multiplici opum copia donatus, dominam mundi Romam locuples ac sospes revisit. » Quamdiu Bambergæ commoratus sit, aut quo præcise tempore ad propria remeaverit Pontifex exploratum non habeo; reducem fuisse oportet ante mensem Novembrem, cum Baronius diploma eo mense expeditum exhibeat. Quid porro egerit Henricus toto reliquo isto anno, innumeris monstris apud Chronographum nobilitato, collige ex adjecta Sigeberti Chronico ad eum annum « secunda incursione hostili exercitus regis Henrici in Gandavum Nonis Augusti, » quæ sunt ipsissima Alberici verba, cum pluribus de Rudolpho Burgundiæ rege ex Sigeberto descriptis, quæ tamen ab aliis refutantur. Ad incursionem Gandensem quod attinet, eam ita explicat Meyerus in Annalibus: « Henricus Cæsar iterum Gandavum usque hostilem in Flandros fecit excursionem mense Augusto, in qua Epponem et Canonem nepotes Imperatoris occubuisse lego. » An hæc de S. Henrici nepotibus satis certa sint fateor me plurimum dubitare, neque ubi hæc legerit Meyerus integrum est explorare.

146. Postremum hujus anni articulum impleat, quod Albericus eidem, nescio quo fundamento, innectit: « De Henrico Imperatore narratur, et scriptum reperitur, quod abbati Richardo Virdunensi professionem fecerit, et ejus consilio se totum commiserit, volens apud S. Vitonem monachus fieri, sed sanctus abbas Richardus virtute obedientiæ ei injunxit, ne imperium dimitteret quandiu viveret, et ita eum ad imperium remisit. » Simile quid legitur in epitome Vitæ ex Menardo et Wasseburgio ad xi Junii, pag. 1005, num. 6, de quo tamen non meminit auctor Vitæ primo loco datus. Rem adoptare videtur Mabillonius pag. 301, ubi ex citata epitome inducitur S. Henricus, tanquam qui monasterium ingressus hunc Psalmistæ versiculum protulerit: « Hæc requies mea in sæculum sæculi, hic habitabo, quoniam elegi eam. » At professionem emisisse istic non dicitur; sed solum desiderium ostendisse monasticum habitum suscipiendi, cui reposuerit sanctus Abbas: volumus ergo et præcipimus, ut ad gubernandum tibi a Deo commissum imperium redeas. Quod ex obedientia præstitit Imperator, deinceps in S. Benedictum ejusque Ordinem amplius solito affectus. Rem non impugno, etsi eam ab aliis rejectam noverim: id dici potest, annum aut tempus quo ea contigerit hactenus incertum esse.

147. Anno sequenti 1020 recte affiguntur quæ narrat auctor Vitæ S. Meinwerci cap. 12, pag. 539: « Sequenti anno post Natale Domini, Imperator, commoto exercitu, comitem quemdam Ottonem, sæculi dignitate non minimum præpollentem, in castro quod dicitur Hamerstein, situm supra Rheni littus, obsedit, » propter ejus varia facinora in episcopum Moguntinum et alios perpetrata, ut ibi fusius deductum invenies. Ad id bellum vocatus S. Heribertus Coloniensis, cum se ob molestam febrim cum qua conflictabatur excusasset, ea omnia suborta sunt, quæ videri possunt et loco citato, et in ipsa S. Heriberti Vita ad XVI Martii pagg. 472 et 485, ut de his nihil hic dicendum supersit. Addit Hofmannus hoc anno (Annales Hildesemenses sequentem notant) vehementi terræ motu concussam Bavariam, et præcipua clade ecclesiam Basileensem admodum labefactatam: quod « detrimentum resarcire cupiens Henricus, sequenti anno MXXI Basileam venit, et totius ecclesiæ molem ad XIV passus a Rheni ripa transtulit, et fortissimo muro ruenti aggeri opposito, eam in formam multo venustiorem et firmiorem restituit, et novis, Munstero teste, ditionibus, populis et castris cumulatissime instruxit. » Eadem munificentia Bambergensi ecclesiæ tunc etiam prospexisse ibidem memorat idem Hofmannus; quemadmodum et Schatenus productis instrumentis comprobat, quæ in Vita S. Meinwerci vix credibilia viderentur.

148. Redit ad justos calculos Chronographus Saxo, nonnullis hic locis mutilus, cujus rei primum specimen est, quod annum, quem jam ingressi sumus 1021 sic inceptet: « Imperator pro concessa sibi divinitus victoria, Deum deorum Dominum collaudans, Saxoniam properat, solemnitatem Palmarum Wilbeke peracturus, gaudiaque Paschalia Merseburg debita celebraturus devotione. Hoc itinere venerabilem Heribertum archiepiscopum migrasse felici cursu cognovit, celeri intimante legato..... Emensa vero Imperator Augustus inchoata via, cunctis, ut ita dicam, Europæ primis ad eum confluentibus, diversarumque gentium missaticis ad imperiale ejus obsequium undique properantibus. sacrosanctum Do-

minicæ resurrectionis gaudium, toto jam conridente mundo, eximia celebravit gloria. His igitur omnibus convenienter expletis, Imperator, Parthenopolim profectus, sacros dies Pentecostes apud famosissimum ejusdem civitatis archiepiscopum Geronem, non inferiori gaudiorum dignæque venerationis studio gloriosissime peregit. Inde curtem regiam, Alstidi dictam, repetens, habitoque inibi colloquio cum totius senatus plebisque concursu, pios lenitate permulcendo prædulci, severa districtione reos terrendo, totaque industria patriam muniendo, intra hujus provinciæ civitates totum illum annum feliciter perduxit. » Hic sistitur, nullo addito verbo de præparatione exercitus ad celeberrimam expeditionem Italicam adversus Græcos, quorum in medio Sanctum constituit anno sequenti, ut mox dicemus.

149. « Sequitur, inquit Baronius, annus Redemptoris MXXII Indict. v, quo Henricus Imperator, legationibus, ut vidimus Northmannorum, atque ab ipso Romano Pontifice cohortatus, in Italiam se contulit adversus Græcos, sua jam potentia Ecclesiæ Romanæ pavendos, tremendus ipse hostibus potenti exercitu, quem ducebat, » ut vide istic fusius narratum, intermixto, cum S. Rumualdo colloquio aliisque tum ad bellum, tum ad Casinensem S. Henrici commemorationem spectantibus, ex Glabro Rudolpho et Leone Marsicano : brevius nos ex Chronographo, qui ad eumdem annum denuo mutilus sic de Cæsare loqui incipit : « Imperator de loco in locum proficiscendo, primum urbi munitissimæ, Trojæ videlicet » (obsidionem accuratius describit Glaber lib. III, cap. 1) « cujus mœnibus indigenas, provincialium legatione, ditioni regiæ cognoverat rebelles, bellicosam invexit aciem. Quam licet obsidione longa suorumque sudore.... devincens, incolasque hujusce aut neci tradens aut captos colligari præcipiens, quos antea contumaci animo sibi ingemuerat renitentes, suo postmodum dominio, Deo cooperante, gaudebat subjugatos. » Ad componendam, quod hic intendimus, temporum seriem, id non oscitanter observari velim, prædictam Trojæ obsidionem, totis tribus et amplius mensibus, teste Glabro, tenuisse; ut non satis promptum sit omnia combinare quæ eo anno gesta scriptores commemorant. Demus reliqua ex Chronographo.

150. « Sed his prosperitatibus non elatus, verum Dei misericordia præditus, hujusmodi victoriam, non suis sed Domini virtutibus adscribens, Romanæ Sedis apicem acceleravit : ubi aliquamdiu moratus, regni illius optimatibus pace gratiaque sui redimitis, nivosa Alpium cacumina veloci transgreditur cursu, tanta mortalitate subsecuta, quæ vix aut nullatenus vocum nutibus, vel etiam officiis styli valeat enucleari. Quam videlicet cladem Imperator Augustus evadens cælitus obumbratus, sed raro milite comitatus, exceptis his quos sibi mater Europa occurrendo admiserat, Germanicas pervenit ad oras, magnumque synodale colloquium, confluentibus undique diversarum regionum episcopis in partibus habuit occidentalibus. » Non potest hic indicari concilium aliud præter istud quod notavit Baronius, nempe Seligenstadiense, cui si interfuit S. Henricus, necesse est eum in Germaniam rediisse ante mensem Augustum, sub cujus principium habitum est, ut vide in collectione Labbeana, col. 844. Quid SS. Aureo et Justinæ eo anno contulerit Sanctus, vide tomo III Junii, pag. 78. Ut prædicta omnia ad justos calculos reducas, necesse est dicere, Cæsarianas copias sub finem anni præcedentis in Italiam præmissas, ducibus Poppone Trevirensi et Peligrino Coloniensi episcopis, quos sanctus Imperator, natali Domini in Thorneburch celebrato, ut notant Annales Hildesemenses, sub anni hujus principium subsecutus sit.

151. Falli hic igitur existimo Schatenum nostrum dum in Annalibus suis Paderbornensibus ad hunc annum ita scribit : « Memorabilis hoc anno expeditio Italica, urgente Benedicto Pontifice per legatos. Quam in rem synodum Aquisgranensem ab Imperatore convocatam tradunt ex Sigeberto, convenientibus ex tota Germania episcopis. Sed ea expeditio non nisi sub exitum anni suscepta, magno armorum apparatu. » De ea synodo quid statuendum sit necdum audeo definire; mihi certum videtur non potuisse Cæsarem Aquisgrani hærere hoc anno, quem expeditio Italica tot mensibus occupavit; quemque Beneventi, ex diplomate ibi dato fuisse scimus x Martii 1022. Magis id pugnat adversus Schatenum, qui anno 1023, in quem expeditionem dilatam cupit, Cæsarem nobis exhibet quaternas donationum tabulas Paderbornæ subscribentem mensibus Januario et Februario, ut adeo Italiam pervenire commode non potuerit, saltem in Apuliam, nisi sub finem Martii aut principium Aprilis; qui si tribus et amplius mensibus in sola Trojæ obsidione occupatus fuerit, porro in Monte Casino decubuerit, Romæ deinde « aliquandiu moratus, » concipi omnino non potest, tot res gessisse Cæsarem, et mense Julio in Germaniam reducem fuisse, nisi miracula quis fingat, quæ huc accersere, necesse non existimo. Aliter sentiendum videtur de sanatione calculi ibidem ope S. Benedicti impetrata, quam etsi impugnare prorsus nolim, vellem certe a scriptoribus unanimi magis consensu referri.

152. Anonymi cap. 22, apud nos num. 26, S. Benedictus medicinali ferro, quod manu tenebat, partem illam corporis, ubi calculus jacebat, aperuit, et, evulso molliter calculo, hiatum vulneris subita sanitate redintegravit. Sed alia plane est Leonis Marsicani narratio ; sic tamen ut utraque conveniat, in vindicanda hoc ipso miraculo corporis S. Benedicti in eo archicœnobio præsentia. Potissima igitur controversia Leonem inter lib. II, cap. 43 ac 44, et Gallos aliosque scriptores, non tam circa sanationem ipsam cujus perpetuum monumentum adventantibus quibusque exhiberi solitum, oculis ipsi nostris olim spectavimus; quam circa adjuncta vertitur, quæ a variis varie exornata, eo pacto nonnullis redduntur dubia. Ast ego hic arbitrum non ago ; quibus hæc

noscere animus est, videant Mabillonium in Annalibus pag. 288, num. 15, et Acta Sanctorum Ordinis tomo VI, parte I a pag. 452; mihi satis est hæc verosimillime contigisse anno jam dicto 1022. De donis pretiosissimis aliisque insignibus beneficiis a sancto Imperatore cœnobio Casinensi ea occasione larga manu collatis, vide laudatum Leonem Marsicanum locis proxime citatis : quo etiam spectat cœnobium Beneventanum, si unquam a S. Henrico fundatum aut dotatum fuit, ut aliqui volunt, nam ex diplomate apud Ughellum tom. VIII, col. 115, solum constat confirmasse Sanctum fundos et bona omnia S. Sophiæ monasterio antea concessa : atque hoc est, quod datum diximus VI Idus Martii MXXII. Quid in itu vel reditu cum S. Romualdo transegerit S. Henricus, tradunt Joannes Damianus et Hieronymus Pragensis relati ad VII Februarii.

153. Hinc ad Chronographum revertimur, cum quo incipimus annum 1023 : « Henricus Imperator Albas festaque Paschalia, principibus turmatim undique concurrentibus, Merseburg rite peragens, quod rarum, vel penitus inauditum videtur, terna unius ejusdemque templi dedicatione gratificatur. » Id qua ratione accipiendum sit, neque explicat scriptor, neque ego pluribus quærendum censeo. Memorabilem anni istius occursum suggerit Chronicon Sigeberti : « Henricus Imperator et Rothertus rex Francorum super Charum flavium apud Evosium conveniunt, de statu Ecclesiæ, regni et imperii tractaturi : et condicto ut super his confirmandis etiam Papam Romanum simul ambo Papiæ opportune convenirent. Imperator Regem et suos, multos etiam qui tantum ad demirandam imperatoriam majestatem convenerant, tanta liberalitate donavit, ut opibus regum Persarum et Arabum posset comparari Imperatoris munificentia. » Quæ omnia paulo fusius describit Glaber Rudolphus lib. III, cap. 2, ex quibus sua desumpsit Baronius, quem etiam vide quæ in concilio (tomo IX, collect. Labb., col. 854) acta memorantur. De constanti et perpetua sancti Imperatoris in Christi famulos beneficentia, ex quaternis hoc anno expeditis donationum tabulis, quas refert Schatenus, jam supra meminimus : præter quas aliam mihi suggessit laudatus supra Schannatus, diplomate dato Babenbergæ Kal. Aug. an. 1023, quo in gratiam « confessoris » sui « Theobaldi abbatis SS. Udalrici et Afræ, » ei cœnobio favit, quam mirificentissime. Ad postremum Vitæ Sancti annum chronotaxis nostra perducitur.

154. Quæ anno 1024 gesta sunt sic paucis complexus est Chronographus : « Imperator natalem Domini Bavenberg peregit. Ibi turba convenerat pastoribus destituta, quia omnes suspensi manebant, cujus providentiæ cura imperiali potestate committerentur... Cæsar diversis doloribus vexatus eodem loco crebra infirmitate diuturnas protraxit moras, resumptisque demum viribus, citato cursu Parthenopolim ire proposuit. Tandem post longam deliberationem laboriosi itineris, diem Palmarum in loco, qui dicitur Alstede, festive celebravit. Die vero reconciliationis, exigente infirmitatis gravedine, remota a se quæ convenerat multitudine, paucis comitantibus, Nieuburg cœnam Dominicam peregit; in sancto vero Sabbato, contracto totius senatûs conventu, contectali sua Cunigunda comitante, Parthenopolim venit, ubi cum grandi honore susceptus est; Dominicæ quoque resurrectionis gaudia celebri honore transegit; deinde ab antistite ejusdem loci auri sericorumque varietate plurimum donatus, Halverstade adiit. Inde nihilominus Goslariam profectus est, ubi diebus decem peractis, ad locum quemdam Grona dictum, properat, ibique forti ægritudine depressus, et amaræ mortis poculo debriatus, vitalem emisit spiritum. » Quæ ibidem sequuntur de molitionibus Brunonis episcopi Augustani habes in Vita cap. 32, hic primo loco inter miracula, infra ex Anonymo describenda; nos chronotaxi Henricianæ coronidem imponimus.

ADELBOLDI EPISCOPI ULTRAJECTENSIS

FRAGMENTUM

DE REBUS GESTIS S. HENRICI IMPERATORIS

EX EDITIONE JACOBI GRETSERI.

Fragmentum appelamus quod vix binos integros regnantis seu imperantis S. Henrici annos comp'ectatur, et tale istud, ex quo scriptoris fidem, rei historicæ versandæ peritiam, et accuratam diligentiam ita perspicias, ut reliqui operis jacturam satis deplorare non possis. Frustranea fuit omnis nostra investigatio ad pretiosum thesaurum alicunde refodiendum, ut superius § 6 satis dictum est, ubi de auctore plura invenies. Hic paucis indicatum volui, qua potissimum ratione prædictum fragmentum partiti simus; nimirum non in capita, sed potius in annos, secundum quos opus suum distinxisse videtur auctor ipse, ut ex superstite contextu manifeste patebit. Hanc vere partem Anonymi compilationi præmitto, tum quod vere historica sit, tum quod cum Commentario nostro longe aptius concordet; adeo ut ferme dubitaverim utrum non expediret ab ea chronologicam Vitæ S. Henrici seriem inchoare : ceterum a Majorum institutis et placitis satius visum fuit non recedere. Hinc porro principium facere cuivis licebit, qui gestorum ordini potius quam Legendistæ confusioni adhærendum censuerit. Ex solo Adelboldi prologo, de ejus scribendi peritia et eruditione statuere et pronum et promptum est.

AUCTORIS PROOEMIUM.

1. In gestis scribendis duo sunt videnda: ut et scriptor veritatem in prolatione teneat; et lector fructum in lectione capiat. Sed scriptor veritatem tenere nequit, nisi hæc quatuor aut potenter devitaverit, aut aliquatenus a mente deposuerit: odium, et carnalem dilectionem, invidiam, et infernalem adulationem. Odium enim, et invidiam bene gesta aut omnino tacent, aut dicendo transcurrunt, aut calumniose transmutant. E contra male gesta dicunt, dilatant et amplificant. Carnalis autem dilectio et infernalis adulatio, quæ male gesta sunt, scientes ignorant, et ignorantiam simulantes, veritatem occultant; bene gesta autem placere quærentes, spatiose dicunt, et plus justo magnificant. Sc per hæc quatuor, aut in bene gestis, aut in male gestis veritas evanescit, falsitas superducto colore nitescit. Spiritualis autem dilectio veritatis amica, nec male gesta celat, nec bene gesta pompose dilatat; sciens quia et gesta sæpe prosunt ad correctionem; et bene gesta frequenter obsunt, dum ducuntur in elationem. Melius est enim adversitate mentem refrænare, quam prosperitate contumaciter inflari. Lector autem fructum capere non poterit, nisi aut diligenter attenderit, aut penitus intellexerit, cur bona bonis, mala malis; bona malis, mala bonis eveniant.

2. Cur bona bonis concedantur, dupliciter intelligi potest; aut enim, sic boni sunt, ut per tentationes hujus sæculi nec probatione nec purgatione indigeant; aut eo modo boni, ut, si per tentationes pulsarentur, fortassis pro modulo simplicitatis suæ deteriorarentur. Taliter (1) ergo nec in luto hujus mundi conversatione fœdantur, ut per ea, quæ patiuntur, aut ad correctionem invitentur; aut, si resipiscere nolunt, intelligant; quia et hic, et in futurum mala sustinendo damnari debeant. Mala autem bonis aliquando (2) non ut mereantur, sed ut per tormentum augeatur eis meritum, per meritum amplificetur præmium: Aliquando vero levis culpa subest, pro qua hic leviter castigantur, ne in futuro deterius crucientur. Bona vero malis conceduntur, ut aut sic pietatem Dei recognoscant, et a perversitate sua resipiscant; aut reservetur eis in improperium, quod recognoscere noluerunt largitorem bonorum.

3. Hæc, quæ præscripsimus, in omnibus gestis et scriptori et lectori non inutilia esse putamus. Scimus insuper, et sæpissime audimus, quia in omnibus scriptis antiquitas delitiose veneratur; novitas fastidiose repudiatur. Sed quæ recipiuntur ut antiqua, nisi primus essent nova, non essent antiqua. Quare præcedit novitas, ut sequatur antiquitas. Stultum est ergo quod præcedit, spernere; et quod sequitur, quodque a præcedenti habet ut sit, non recipere. Raro enim a sitiente rivus quæritur, dum fons habetur. Dicimus hæc, non ut abjiciatur antiquitas, sed ut recipiatur novitas. In omnibus quippe scripturis, si est veritas, et utilitas, æque valet novitas et antiquitas. Fortassis est qui dicat: Quæ utilitas in gestis legendis esse valeat? Huic respondemus, quia quisquis alterius gesta legit, si bona sunt, invenit quod sequatur, si mala, habet unde exterreatur. Gesta namque alterius legere, in speculum (3) est respicere. Si quid in eo vides, quod tibi displiceat, in te corrige; si quid, quod placeat, imitare. Cesset prælocutio; prælocutionis causa sequatur.

ANNUS CHRISTI MII, S. HENRICI IMPERANTIS I.

4. Millesimo secundo anno ab Incarnatione Domini, Indictione duodecima (4), Otto tertius imperator Augustus, Paternæ, quod est castellum Romaniæ, moritur. Vir dum juxta corporis speciositate floridus, morum probitate modestus, ætate quidem juvenis, sed ingenua capacitate senilis, benignitate mirabilis. In cujus gestis scribendis satis avidus essem, si aut memoriter tenerem, aut relatorem certum haberem. Hoc tantum scio, quia, quamvis in primæva ætate plurima pueriliter egisset, in supremis irreprehensibiliter vivebat. Deum amabat, amando timebat, omnibus placebat, nemini displicebat, nisi forte infidelibus: quia innatum est bonis, malis displicere, et bonis placere. Tandem qualis ejus anteacta vita fuisset, in morte ipsius, qui affuerunt, videre potuerunt. Quicumque enim interfuit, in devotione ejus intelligere potuit, quia non obiit, sed ad desiderium suum singulare migravit. Ad creatorem creatura fidelis ex voto redire properavit. Cujus non obitus, sed transitus omnium, qui sanæ mentis erant, luctus mirabilis, planctus erat incredibilis.

5. Dolor esset etiam insanabilis, nisi superstes ei exstitisset Heinricus dux gloriosus, et vir ad regnum suscipiendum strenuus. Is tunc temporis ducatum in Bavariensi regno tenebat, populum pacifice regebat, pacem amplificabat, ecclesiarum facultates augebat, leges et religiones magnificabat. Tandem sic in ducatu vixit, quod omnibus placuit, ut de ducatu transduceretur ad regnum, de vexillo extolleretur in solium hereditarium. Hereditarium dicimus; quia, ut ab his, qui genealogias computare noverant, audivimus, a Karolo magno ex parte patris decimam septimam; ex parte matris, deci-

---

(1) Legendum haud dubie *tales*, cum sit rectus verbi *fœdantur*.
(2) Deest verbum *obveniunt* vel *accidunt*.
(3) Alludit ad Terentii Adelphos act. III, scena IV, ỹ. 53.

(4) Voluit dicere decima quinta; fortasse amanuensis aliquis per xv descripserit quod alter mutaverit in XII, ut clarius patebit in anno sequenti qui signatur Indictione I.

mam sextam lineam propagationis tenebat. Insuper tertius Otto (5) post obitum in Regem eligebatur, et ipsi tertium ad invicem consanguinitatis gradum tenebant. Mater autem sua Conradi regis (6) fuit filia.

6. Ilis antecessoribus exortus successor ingenuus eligitur, et ut Rex fiat, ab omnibus desideratur. Sed qualiter ad regnum ab his, qui sanae mentis erant, invitatus fuerit; qualiter etiam invidia virorum bonorum comitatrix per suos satellites [id] impedire tentaverit, nec mihi fastidiosum est dicere, nec ceteris superfluum audire. Invidiam bonorum comitatricem me dixisse ne mireris : quia ubi abundant strenue gesta, abundat et invidia. Unde quidam Philosophus interrogatus a discipulo suo qualiter vivere posset, ut invidiorum corrosiones devitare valeret, respondit : Nil bene, nil strenue, nil prudenter agas, et ita te posse detractiones invidorum declinare scias. Aut igitur stultus esto, et invidiam declinato; aut prudenter agito, et invidiam sustineto.

7. Ottone ergo gloriosissimo Imperatore defuncto, Cisalpini, qui cum eo erant, archiepiscopus Coloniensis, episcopi Leodicensis, Augustensis et Constantiensis, Otto filius Caroli, Henricus et Juncmannus Comites, et ceteri quamplures fideliter agentes, cum maxima difficultate et periculis pluribus per Veronam, per Bavariam, cadaver ipsius reportabant. Quibus Dux nobilissimus cum Bavaricis Episcopis et Comitibus obviam venit, corpus senioris (7) et consanguinei sui, qua decuit, veneratione suscepit, totum exercitum, qua debuit liberalitate recepit (8), per terram suam, qua oportuit commoditate conduxit. Tandem Muneborg perveniens, ipse suis humeris corpus Imperatoris in civitatem subvexit, pietatis exemplum et humanitatis exhibens debitum, exercitum diurnare fecit, ut et ipsi de utilitate, et consolatione regni colloquerentur, et equi itineris longitudine fessi recrearentur. Ibi quibusque melioribus regia dona faciens, junxit sibi per amicitiam quos postmodum suscepturus erat in militiam.

8. Deinde cum corpore usque Augustam veniens in basilica S. Afrae, juxta sepulcrum S. Udalrici decentissime sepeliri Imperatoris interiora fecit, et pro anima ejus eidem ecclesiae centum mansos ex propria hereditate concessit. Ibi valedicens ceteris, ipse ad propria remeavit. Corpus vero Imperatoris, Aquisgrani transvectum honorifice, ut adhuc videri potest, in medio ecclesiae S. Mariae sepultum est. Quam ecclesiam idem benignissimus Imperator et unice dilexit, et plurima facultate ditavit.

9. Tunc temporis post Heinricum Ducem magni-

(5) Locum hunc corruptum esse, recte advertit Gretserus; verum satis patet, legendum post *Ottonis tertii obitum.*
(6) Nempe Burgund*æ.*
(7) *Senior* pro domino, quod hic, apud Ditmarum et alios frequentissimum est, unde Gallicum *seigneur.*
(8) *Forte refecit,* inquit Gretserus, quamvis etiam

ficum, majores erant in regno, Benno Dux in Saxonia, Herimannus Dux in Alemannia, Theodoricus in Lothariensi regno, Ekehardus marchio in Toringia. Benno, ut sapiens, non animabatur ad regnum, sciens Heinricum vigere prae ceteris ad obtinendum. Sapientis enim est spernere in his appetitionem in quibus scit fieri non posse consecutionem. Theodoricus quoque Heinricum Ducem in regno esse sciens heredem, noluit incipere quod non posset finire. Herimannus vero homo potens, et in ceteris prudens; in hoc tamen non sapiens; se posse credidit quod postmodum se non posse probavit. Ekehardus autem nescio an in adipiscendo regno spem tenens, an rebellionem meditans, in regia curte, quae Poleda (9) dicitur, per noctem ab inimicis suis egreditur, viriliter pugnans interficitur. Remansit contentio inter Heinricum Ducem glorisissimum et Herimannum virum potentissimum, sed brevis et cito finem habitura. Erat namque alter alteri dissimilis nobilitate et sapientia, facultate et corporis elegantia.

10. Intrante igitur Junio Dux Heinricus, Rex cito futurus, de Bavaria et Orientali Francia collecta multitudine non modica, super Rhenum Wormatiae venit, cupiens ibi transire, et Moguntiam ad regalem benedictionem percipiendam venire. Sed Dux Herimannus, adunatis Alemannis et quibusdam Francis, et Alsatientibus, Wormatiam ad contradicendum transitum festinavit, ibique transire nec unum permisit. Et facile resistere poterat, qui Rhenum adjutorem habebat. Erant autem cum Duce Heinrico viri illustres et sapientissimi; Archiepiscopus Moguntinus, archiepiscopus Salzburgensis, Episcopus Brixiensis, Episcopus Wirzeburgensis, Episcopus Regenesburgensis, Episcopus Strasburgensis, Episcopus Bataviensis, Episcopus Frisiensis, Abbas Fuldensis, ceteri Abbates et Comites plurimi.

11. Cum his Dux, habito consilio, reditum in Bavariam simulavit, et quasi transitum desperans, Loresheim venit. Inde Moguntiam festinans, sine impedimento transivit. Ibi octava Idus Junii in Regem eligitur, acclamatur, benedicitur, coronatur. Ibi Franci et Musellenses (10) conveniunt, Regis efficiuntur, et majestatem ejus ex debito venerantur. Celebratis igitur diebus ordinationis suae, et quibusque venientibus in militiam susceptis, Rex Rhenum iterum transiit, cum maxima multitudine per Orientalem Franciam in Alemanniam ire properavit, ut Herimannus, audita devastatione terrae suae, a coepta rebellione desisteret, et caput, ut ceteri, regiae majestati subderet. In Alemannis igitur Rex pluribus

intelligi possit, exercitum liberalitate conciliatum, adeoque receptum fuisse.
(9) Celebre fuit per id tempus palatium a S. *Henrico* saepe frequentatum, ut lege apud Ditmarum et in Annalibus Hildesemensibus.
(10) Intellige *Mosellanos*, seu eos qui ad Mosellam fluvium incolunt.

diebus moratur, nolens et volens terram depopulatur.

12. At Hermannus (11) duræ mentis, et protervæ cervicis, iratus super Episcopum Strasburgensem, eo quod sapienter egerit, et partem meliorem elegerit, juncto sibi Cunone genero suo, Argentinam adivit, et militibus Episcopi non fideliter resistentibus muros civitatis fregit, spolia non modica cepit, ecclesiam violenter intravit, et impie violavit. Interea Rex, qui erat in Alemannia, Augiæ nativitatem S. Joannis celebrabat, et neminem timens, se potenter habebat : cum nunciatum esset ei quod Herimannus obvius venire vellet, et pugnæ termino litem finire; sententia hæc Regi placuit; ab Augia discessit; in quædam prata amplissima et ad decertandum opportuna pervenit. Ibi adventum Ducis expectans et pugnæ judicio (12) subire non refutans, solennitatem Apostolorum celebravit. Sed Herimannus, salubri consilio usus, occurrere Regi renuit, et sibi suisque salubrius esse ut latitaret, quam obviam veniret, credidit.

13. Regi ergo sic præstolanti, quidam non providæ mentis dabant consilium, ut Constantiam iret, et ibi Herimanno, quod in Argentina commeruerat, recompensaret. Episcopi enim Curiensis et Constantiensis, cum Herimanno erant, non tantum illum ex corde ad regnum eligentes, quantum vicinitatem ejus timentes, et de termino litigii dubitantes. Sed Rex, ut erat providus, et de dominio ejusdem civitatis securus, illis leniter et blande respondit : Absit, ut pro Herimanni insania in illum retorqueatur vindicta, a quo mihi regni est concessa corona. Fortassis etsi pro Argentina Constantiam vastarem, non mihi damnum minuerem, sed duplicarem. Insuper male comparat regnum, qui in ejus adeptione animæ postponit detrimentum. Coronavit me Deus non ad violationes Ecclesiarum, sed ad puniendos violatores earum. Diu igitur in pratis exspectans et ad ultimum, sciens non venturum, inde discessit, et per Alemanniam, curtes (13) Ducis ubique vastando ire cœpit.

14. Tandem pauperum clamor nimius excrevit, et usque ad regis aures pervenit. Quem rex diu ferre non potuit, sciens eos nihil in duritia Ducis deliquisse, et ob hoc plus justo passos fuisse. Quapropter pietate motus ab Alemannia recessit, et in Franciam (14) terram unice sibi dilectam venit, certus de Duce quia, vellet nollet, cervicem flectere, et, jugum pati quandoque deberet.

15. Prætereundum non existimo, quod antequam rex ab Alemannia exiret, Hezelo, Bertholdi filius, A quem tempore ducatus sui ultra omnes comites regni hujus ditaverat, legatos quos in ipso exercitu meliores eligere poterat, ad ipsum transmisit [et] ut Bavariensem ducatum sibi concederet, inconsulte rogavit. Sed inconsultæ quæstioni consulta paratur responsio, et festinanti petitioni, ponderata monstratur deliberatio. Patienter enim audita legatione ait : Quos semper præcipuos inter omnes gentes habui, quosque semper toto mentis affectu amavi, hos adepta benedictione regali, in lege sua nec deteriorare volo, nec deteriorari patiar, duo vixero. Legem habent, et ducem eligendi potestatem ex lege tenent (15) : hanc ne dum ego frangam; quicumque frangere tentaverit me inimicum habebit. In hac etiam expeditione male [ni] promeruerunt, B ut cuilibet eos, absque eorumdem electione, concedam. Adhuc mecum sub ancipiti fine militant et ego eos nolentes cuilibet mortalium traderem? Exspectet ut in Bavariam redeam ; ibi, si illum elegerint, eligo et laudo ; si renuerint, renuo. Nec etiam existimo illum esse tantæ insipientiæ, ut ex meo dedecore honorem suum quærat amplificare. Hezelo, accepto hujusmodi responso, fomitem rebellionis concepit, quem post annum monstrando in dolorem sui peperit.

16. Rex igitur, non multis diebus in Francia moratus, in Turingiam ivit. Ibi absque mora Guilhelmus princeps Toringorum cum exteris occurrens, regis efficitur. Inde rex procedens in Saxoniam, pervenit Merseburg (16). Benno dux Saxonum, Buzlaus Dux Sclavorum, Liebzo archiepiscopus Bremensis. Benno episcopus Hildenensis (17), Ratherius C episcopus Paderbonensis, Arnulphus Halberstetensis, ceteri episcopi de Saxonia, et comites plurimi in festivitate S. Jacobi Regi occurrunt, acclamatum suscipiunt, collaudant, collaudato manus singuli per ordinem reddunt, redditis manibus fidem suam per sacramenta promittunt, fide promissa, regem coronant, coronatum in solio regio locant, locatum debita congratulatione venerantur.

17. His strenue peractis, Bulizlaus inde discedens, ab ipsa die qua fidem promiserat et promissam sacramento firmaverat, perversa meditari, et meditata, prout potuit, cœpit machinari. Ipse enim et D Hezelo collocutione in invicem habita, alter alterius venenatis consiliis tactus, uterque cœpit quod utrumque male finisse puduit. Interea regi a Saxonia in regnum Lothariense properanti Gruonæ occurrit uxor sua Domina Cunigunda nomine jam extans, sed re cito regina futura. Inde enim Paderbornam veniens, in festo S. Laurentii, acclamatur, varos plenum electionis jus habuisse verosimile non est : quin et Sanctus ipse Henricus, S. Cunegundis fratrem, is ducem dedit, atque eumdem pro suo arbitrio deposuit et restituit, ut habes in Comment. prævio.

(16) Alias et melius *Merseburch.*
(17) Quis hic sit *Benno Hildenensis episcopus,* nescio: puto indicari S. Bernwardum antistitem *Hildesemensem,* S. Henrico fidum et charum.

---

(11) Scribitur promiscue *Herimannus* seu *Hermannus.*
(12) Gretserus restituit *judicium : lege, pugnæ aleam subire non renuens.*
(13) *Curtis* pro palatio sumitur, ut jam de *Poledæ* seu *Politki* diximus, Gall. *cour*, Belg. *hof* : hic pro bonis, fundis seu possessionibus accipi videtur.
(14) Nempe *Franciam orientalem,* seu *Franconiam.*
(15) Hæc accommode intelligenda sunt : nam Ba-

benedicitur, coronatur, et fit Kunigun la Kuninga (18), quod Latine interpretari potest, regina, regina.

18. Sed ut numquam serenitas, quam non sequatur nubilositas; sic raro jocunditas, quam non comitetur adversitas. Nam in benedictione reginæ cunctis exsultantibus, Bavarii (quorum mos est in aliena terra velle quod in sua volunt [19]), circa civitatem fruges colligere, et agricolas sua defendere volentes, irrationabiliter cœperunt tractare. Quæ res indigenas commovit, et ad resistendum etiam fortiter, animavit. Domestici igitur regis, et indigenæ, invalescente contentione, confluunt, concurrunt, conveniunt. Pugna gravis oritur, ex domesticis regis juvenis unus interficitur, frater scilicet Domini Filberti, qui tunc temporis erat Cancellarius, postmodum vero Frisiensis factus est episcopus. Hujus interfectione omnes regis fideles commoti graviter, cives cœperunt persequi, et eos persequendo, insatiabiliter grassari. Et, nisi regia potestate retinerentur, omnes usque ad interniciem (20) persequerentur.

19. Cum plurima igitur difficultate sedato tumultu, castigatisque illis, quorum stultitia causa seditionis extitit : inde rex Dinsberg properat, illic Lothariensium adventum exspectat. Occurrunt primi Leodicensis, et Cameracensis episcopi, nil de regis prudentia dubitantes, nil de fide ejus hæsitantes. Occurrit etiam Coloniensis archiepiscopus, sed quanto ditior, tanto morosius. Erat insuper causa dilationis, Moguntiæ accepta corona benedictionis. Hi simul regis efficiuntur, fidem promittunt, promissam sacramento concludunt. Cum his rex Aquasgrani perveniens, ceteris Lothariensibus convenientibus in nativitate, post partum Virginis eligitur, collaudatur, in regiam sedem extollitur, glorificatur. Sed sub ea glorificatione quidam palmas, quidam lacrymas fundebant. Lacrymantes namque Ottonem dolebant amissum, Heinricum non cognoscebant susceptum.

20. Sic igitur rex in regnis singulis antecessoris sui, præter Italiam et Alemanniam, receptus, et ab omnibus unanimiter collaudatus, in Franciam revertitur, ut ibi hiemis asperitate transacta, vere amœnitatem reducente, in Alemanniam exercitum duceret, et Herimannum, qui consiliis prudentium uti nolebat, diversis vastationibus afflictum, pati jugum doceret. Sed Herimannus, qui consilia juvenum sequendo, et spem vacuam tenendo extra se positus erat, se in semetipsum recollegit, et in solennitate S. Remigii Brusellæ (21) regi obviam venit, sciens melius esse ante damnum non fecisse [f., quam] pœnitere. Nudis igitur pedibus cum fidis intercessoribus regi se repræsentat, pro male commissis veniam petit, bonis suis per regium donum possidendis gratiam

A quærit, pro his impetrandis, humo tenus genua flectit.

21. Illico benigne recipitur, et ei, quod quærebat cum omni humilitate, conceditur. Tantum cujusdam conditionis internectitur ratio, quæ, quamvis ad præsens gravis, in futuro tamen, ei erat salubris. Eo enim tenore in gratiam recipitur, ut Argentinensis ecclesia ad pristinum statum ex detrimentis suis per illum reformetur. Quod ille non renuit, sed jussu et consultu regis, dictæ ecclesiæ abbatiam S. Stephani, in recompensationem detrimenti a se illati, tradidit. Hac conditione firmata per manus et sacramenta, regis efficitur, et sic se contentionem male cœptam finisse lætatur. His expletis, in Bavariam, nativam terram suam, rex redire decrevit, B nolens novos sic frequentare fideles, ut postponendo demembraret veteres.

22. Regensborg igitur S. Martini solennia celebrans, Blademario cuidam Sclavo ducatum Boemicensem largitur, et ut ceteris acceptabilior existat, illum plus justo verbis et rebus honorat. Pluribus igitur diebus in Bavaria moratur, quærentibus legem justitiam faciens, et visitandi gratia venientibus, honorem, prout quisque dignus erat, exhibens.

23. Eodem tempore quidam episcopicida, Harduinus nomine, non regnabat, sed vitiis in se regnantibus subserviebat in Italia. Audita enim morte imperatoris Ottonis, Longobardi surdi et cæci, et de futuro non providi, hunc elegerunt, et ad pœnitentiam festinantes, in regem sibi coronaverunt. Is tunc, ut dixi, subserviens dominabatur, et adventum C regis Heinrici semper exspectans, introitus Longobardiæ, quos Clusas indigenæ vocant, cum cautela satis provida tuebatur. Quod etiam verum Dei erat judicium : Episcopos, qui in electione illius præ ceteris omnibus æstuantes et sitientes fuerunt, honorabat ut bulbucos, tractabat ut subulcos. Quadam namque die episcopum Brixiensem ad se venientem, et nescio quid ratiocinari volentem, ut cœpit ei ratiocinatio displicere, per capillos arripuit, et humo tenus quasi bubulcum vilissimum dejecit. Cum majoribus nihil tractabat, cum juvenibus omnia disponebat. Quod etiam erat gravissimum, sub D eo prævaricatores, violatores, depopulatores dominabantur ; legum amatores, Dei cultores deprimebantur. Cupiditas in eo erat consiliaria ; avaritia cameraria ; pecunia, domina et regina. His pedissequis adulterina sceptra tenebat.

24. Quapropter quidam pro coronatione illius, pœnitentia ducti, regi Heinrico, alii legatos, alii literas transmittunt, ut terræ, oneri gravissimo subjacenti subveniat, humillima prece deposcunt. Mandant etiam, ut si ipse idem in aliquibus occupatus teneretur, saltem eis suorum Principem ali-

(18) Alludit auctor ad nomen *hunig*, quod Germa-Rex est, *regina hunige*.
(19) Malim legero *nolunt*, nam neque Bavari neque alii in *terra sua* prædando assuescunt.

(20) Satis patet voluisse scribere *internecionem*.
(21) In ditione episcopi Spirensis, alias *Brucksalia*. Reliquus sensus melius intelligitur quam explicari possit.

quem cum paucis transmitteret. In voluntate hujusmodi aliqui manifesti, aliqui erant occulti. Tieboldus namque marchio, et archiepiscopus Ravennas, et episcopus Mutinensis, Veronensis, et Vercellensis, aperte in regis Heinrici fidelitate manebant. Archiepiscopus autem Mediolanensis, et episcopi Cremonensis, Placentinus, Papiensis, Brixiensis, Comensis, quod volebant, manifestabant. Omnes tamen in commune regem Heinricum desiderabant, precibus per legatos et litteras invitabant.

25. Tandem a rege Otto dux Carentanorum, qui etiam Veronensem comitatum tenebat, ad petitionem Longobardorum explendam eligitur, et cum paucis, propter fiduciam superius nominatorum, in Italiam dirigitur. Cui etiam Otto filius Heriberti cum Ernesto filio Tietboldi marchionis adjungitur. His, inter montana quæ Bavariam et Carinthiam ab Italia sejungunt, super aquam, quæ Brenta vocatur, convenientibus, Carentani et Foro-Julienses, cum paucis occurrunt, veluti de promissis Italicorum fiduciam habentes, et de pugna nil cogitantes. Interea archiepiscopus Ravennas, et Tieboldus marchio cum ceteris manifestis fidelibus Heinrici regis suos congregaverant, volentes occurrere Theutonicis, et eos in Italiam cum securitate recipere. Hæc Harduinus præsciens, Veronam cum maxima multitudine venire festinavit, ut et ibi Italicis, in adjutorium Theutonicorum festinantibus, viam interciperet, et Clusas, quæ ab episcopo Veronensi servabantur, expugnaret: quod et fecit.

26. Clusis igitur expugnatis, audiens Theutonicos in Tridentensem planitiem convenisse, illo cum omnibus suis festinavit. Sed ibi Theutonicis non inventis, se in campaniam Veronensem reduxit, ibique in quodam Castellulo Nativitatem Domini celebravit. Sed ab hujusmodi homine celebratio rectius celebrationis dicetur abusio. Interim Theutonici juxta montem quemdam, qui Ungarius (nescio qua de causa) vocatur, prævenientes, et Harduinum jam Clusas occupasse scientes, ipsi Harduini legatos suos transmittunt, et ut aut eis cedat, donec transeant, aut sibi cedentibus veniat, rogant. Harduinus, audita legatione, sese in fraudem deceptionis convertens, ait: Nobiscum nocte maneatis, crastina die cum nostris fidelibus inito consilio, vobis respondere poterimus.

27. Legatis igitur insidias non intelligentibus, ipse per totam noctem castra suorum circuit, ut in crastino parati sint ad congrediendum Theutonicis, monet. Die lucente, legati venientes ad accipiendum responsum, Longobardos omnes loricatos et ad prælium paratos vident; quid hoc significet, Harduinum interrogant. Ille consilium iniquitatis, evomens, ait: Fortassis unius temporis erit renuntiatio vestra. Inde promovens exercitum media die ad Ungaricum montem pervenit. Exercitus autem ille existimabatur MXV esse virorum. De Theutonicis vero vix erant quingenti; et hi partim per fodrum (22) divisi; partim ad vias custodiendas transmissi. Qui, Harduini adventum percipientes, repente armantur, et, prout possunt, ad resistendum parantur; virtutis eligentes famam, et postponentes vitam.

28. Interea Harduinus cum Longobardis supervenit. Otto cum Theutonicis obviam venit. Fit congressio, fit pugna, fit cædes ex utraque parte gravissima; et pene Theutonicorum, quamvis paucissimorum, esset victoria, si non impediret Ottonis, fratris Regensburgensis episcopi, fuga. Illo enim fugiente, Theutonicorum acies minuitur, et iterum a multis congressa, devincitur. Longobardorum tandem extitit victoria, sed plurima suorum cæde comparata. Revertuntur Theutonici, et sic tunc confusi quandoque tamen talionem reddituri. Interea Rex a Bavaria in Franciam reversus, Frankenfort Nativitatem Domini celebrat, multorum legationes suscipit, legatos cum muneribus et responsis dignis remittit. Herimannus et am, jam ante jugum pati nescius, eidem celebrationi interfuit, et, ut oportuit, per omnia regiæ majestati obediens fuit.

ANNUS CHRISTI MIII, HENRICI IMPERANTIS II.

29. Anno ab Incarnat. Dom. MIII, Indictione prima, Rex Heinricus in Mosellensem pagum, in quem nondum intraverat, ire decrevit, sciens quod terra quam Rex non frequentat, sæpissime pauperum clamoribus et gemitibus abundat. Theodonis-Villam igitur venit, et ibi cum omnibus Mosellensibus generale colloquium tenuit. In quo colloquio duces Herimannus et Theodoricus, qui defensores et coadjutores legum esse debebant, conscii sibi ipsi, impugnatores erant, et expugnatores esse volebant. Sed Rex ut hoc cognovit, quanto eos adversus justitiam pertinaciores vidit, tanto ardentius institit, et quibusque, super ipsos etiam duces clamantibus, legem faciendo sategit. Tandem inter diversos clamores castellum unum ducis, quod Mulsberg vocabatur, in detrimentum pagensium esse comperiens, diruere jubet, ut non restruatur communitione potentissima monet.

30. Colloquio potenter habito, Aquasgrani ire decrevit, ut ibi et anniversarium Imperatoris debita devotione recoleret; et Lotharienses ad se confluentes ad fidelitatem sui et utilitatem regni corroborat. Interim infirmitate gravissima tangitur, et Rex cum sit, homo esse monetur. Iter tamen cœptum finivit, et Aquas usque pervenit. Ibi commemoratione consanguinei, et Senioris sui (23) devotissime habita, plurima de sanctitate S. Servatii audiens, Traj. cum ivit, ut et Sanctorum ibi quiescentium sibi intercessiones imploraret, et ad servitium Dei locum et vitam canonicorum ordinaret. Ibi primum de bello

---

(2) *Pabulatum missi erant*, nam *fodrum* sumitur pro pabulo vel annona, hominibus æque ac jumentis necessaria, de qua voce plura vide in glossariis.

(23) Otionis III, quem etiam supra *seniorem* vocavit seu *dominum*.

inter Italicos et Theutonicos habito audivit; et quod sapientis est, aequanimiter tulit: sciens nec coelum semper posse serenari, nec res humanas sine intermissione prosperari.

31. Inde S. Lamberti merita non parvipendens, Leodium venit. Ibi cholicam infirmitatem, ab antecessoribus suis ingenitam, gravissime patitur: et, qui per regalem potentiam usu humanae fragilitatis extollitur, per corporalem molestiam paterna castigatione reprimitur. Aquasgrani iterum revertitur, Purificationem S. Dei Genitricis celeberrima devotione veneratur. Lothariensibus, data licentia, inde discessis, Noviomagum venit. Ibi pluribus diebus Quadragesimae moratur, Deo, quae Dei sunt, reddens, et hominibus, quae sua sunt, faciens. Interea Bladeimarius dux Boemensis moritur, et Bulizlaus infidelitatis venenum, ex propriae iniquitatis fonte potatum, in contrarietatem Regis evomere nititur. Nam Pragam, quae caput est Boemiae, per pecuniae deceptiones, per falsas promissiones, per astutissimas fraudes invadit. Milzaviam quoque Saxoniae et Poloniae interjacentem marchiam, insidiis, quibus doctus erat, suae infelicitati subjicit.

32. Quod cum Regi nuntiatum esset, non inflammabatur, non stomachabatur, non ad vindictam repentinis motibus animabatur; sciens quia ira et festinatio semper inimicae sunt consilio. Sed notitiam dictae invasionis dissimulans, mandavit ei per legatos sapientes et eloquentes, ut terram suam, quae Principe noviter erat viduata, non invaderet, quam, si vellet, cum gratia sua et dono voluntario acquirere posset. Hujusmodi legationem Bulizlaus audiens infelix mandata sprevit dulcia, amara quandoque passurus verbera. Erat enim Hezelo, cum eo puteum fodiens rebellionis, de quo infidae bibiturus erat aquam confusionis; laqueos quoque connectens, casurus in ipsos. Quadragesima finita, Rex, qui Theleborg (24) Pascha celebrat, et Bulizlai violentiam, ut sapiens, scienter ignorat: Ottonem quoque, et Ernestionem tunc sibi obviam ab Italico praelio venientes, pro vulnerum susceptione, pro necessariae fugae confusione, donis regiis honorat, et debita consolatione relevat . . . . . . quoque tunc usque Saxonibus infestos, ultro venientes (25) suscipit, et sub benignitatis discretione sibi fidelissimos reddidit.

33. Post haec in diebus Rogationum Meresberg (26) moratur, ibique ei de Bulizlai et Hezelonis contumacia renunciatur. Ipse, credere dissimulans, inde discessit, et ad celebrandam Pentecosten Halberstete venit. Deinde in Bavariam tendit, scire volens an quae de Hezelone dicebantur vera essent. Quo cum pervenisset, et Hezelonis furorem circa loca sibi finitima irrationabiliter accensum comperisset, ac Bulizlai adjutorio illum fretum esse novisset, Bulizlao

talionem in futura reservans, a sinu regni sui insitae pestis radicem primum exstirpare decrevit, ut interioribus quieti et paci restitutis, exteriores inquietationes facilius postmodum extingueret; non ignorans, quoniam insipientis est in vulnere repente cutem sanare, et contusionem carnis sub sanatione cutis occultare. Vulneris enim curatio, si ab interioribus ad exteriora deducitur, firmior in superficie concluditur.

34. Interea et Ernesto (27) eidem rebellioni adjungitur, nulla laesione coactus, sed, vel juventutis fervore, vel per eum commoda sua amplificare quaerentium suggestione seductus. Dominus Bruno etiam frater Regis Heinrici et episcopus associatur, aetate juvenis, et per juventutem ad seducendum facilis. Et hoc infidelium erat gloriatio, quod in partibus suis fratrem Regis habebant. Haec ergo conspiratio, quanto juniores et insipientiores colligit, tanto turpius et enervius defecit. Dicitur enim: Insipientium glomeratio consilii est dissipatio: et consilii dissipatio actum est enervatio.

35. Rex igitur quosdam Lotharienses et Francos ac Bavarios colligens, intrante Augusto, in Franciam exercitum super Hezelonem duxit; bona ejus devastavit, ipsum cum domino et Brunone et Ernestone per silvas latitare coegit. Tandem se ad castellorum munimenta contulit, quae capi posse, nec Hezelo timebat, nec aliorum quisquam credebat. In primo igitur impetu Mertula diruitur, et Hezelonis milites in ea capti, per intercessionem Principum, sani et salvi permittuntur abire. Sclavi autem [a] Bulizlao in adjutorium missi, in servitutem exercitui distribuuntur.

36. Post haec Rex Crucinam (28) obsedit, ubi uxor Hezelonis ac filii erant; et quaeque illi chariora esse poterant. In qua obsessione in primis post annonam incaute exeuntes, ab Hezelone, ceterisque suis coadjutoribus vulnerabantur, capiebantur, occidebantur. Rex, hoc cognito, quotidie quadringintos custodes exeuntibus adhibuit, ut hos custodirent, et insidias insidiantibus pararent. Hoc Hezelo cum sociis audiens, se in vallem quamdam recepit, in quam nulli, nisi per semitam unam patebat introitus: ibi tentoria fixit: ibi noctibus, nescio, an tribus aut duabus, quasi tutus de rapina pauperum vixit. Hoc custodes per rusticum unum comperientes, circa horam sextam, in qua illi se, pro aestu diei, remissius habebant, in vallem latenter descenderant, loca plurima circumfeuntes, et diligenter Heinrici castra quaerentes.

37. Tandem unus eorum tentoria videns, nimis festinus ad invitandum socios, Kyrie eleison coepit clamare, et hoc, ut citius veniant, frequenter iterare. Haec Hezelo percipiens, relictis tentoriis, armis

---

(24) Intellige *Quidlingburg*, vel, ut legunt Annales Hildesemenses *Quidelingaburg*, loco aeque ac *Palithi* eo tempore notissimo.

(25) Hic aliquem Sclavorum populum ab Adelboldo indicatum fuisse, non male observat Leibnitius.

(26) Lege ut supra *Merseburg*.

(27) *Ernesto*, *Ernestio* et *Ernestus* pro eodem accipiuntur.

(28) Monet Leibnitius, legendum *Crozsen*, forte *Creusen* in superiori Palatinatu Bavariae.

etiam, fugam inivit, et a manibus supervenientium se vix liberavit. Dominus Bruno quoque parvula non bene relicta, qua extra se positus utebatur, hos, quibus imperare posset, si cum fratre maneret, turpiter fugit, et fit risus, qui honor esse debebat et decus. Sed hæc juventutis erant. Dicitur enim: Qui sine fræno scientiæa juventute ducitur, in dedecoris angustias sæpe præcipitatur. Et hæc juventutis fuisse ætas postmodum monstravit adulta; quæ illum reddidit et utiliorem sibi ipsi, et fideliorem fratri. Ernesto capitur et ante Regis præsentiam ducitur.

38. Quidam illico Regi suggerebant, ut hunc capitali sententia feriri juberet: quatenus per eum posteri castigarentur, ne Regis offensam incurrere sine causa niterentur. Sed Moguntinus archiepiscopus, qui summum locum impetrandi quælibet apud Regem tenebat, intercessor accessit, et juvenem legi surripuit, mortique subtraxit. Tandem a Rege Crusina capitur, diruitur, incenditur. Uxor Hezelonis cum suis abire permittitur, et hoc ei per intercessionem fratris sui Ottonis conceditur. Hezelo captam esse Crusinam audiens, ad quamdam suam munitionem, quæ Erana vocabatur, fugiendo pervenit; et ibi Sigefridum quemdam Saxonem, perversæ conspirationis participem obvium habuit.

39. Sed nec illi spem resistendi regiæ iræ habens, eamdem munitionem idem ipse succendit, et miseriam suam celare nesciens, quantæ desperationis esset monstravit. Hæc Sigefridus Saxo perspiciens, a spe cœptæ rebellionis cecidit; et qui per alienam fiduciam contra regiam majestatem tutumuit, alienæ confusionis acredine tactus crepuit. Illuc igitur eum venisse puduit, et quanto citius potuit, ad propria remeavit. Hezelo vero cum domino Brunone ad Bulizlaum, quasi refugium unicum, fugit; et, quod cuique est gravissimum, quasi mendicus alieno pane vivere discit. Interea Rex Eranam perveniens, causam sui adventus per manus vivere hostis invenit expletam. Venit enim, ut destrueret; sed hos destruxit, ne ipse destruendum inveniret.

40. Hezelone igitur fugato, castellis ejus dirutis, Rex Baveberg locum unice sibi dilectum redit, ibique exercitui data licencia, nativitatem S. Dei Genitricis celebravit. Inde in silvam Speicheshart (29), quæ Bavariam a Francia dividit, veniens, post laborem expeditionis, delectationem exercuit venationis. Ibi autumnavit; ibi ad recreationem sibi, suisque jocunditatem plenam exhibuit. Inde per Franciam morose transiens, in Saxoniam venit, et Toringis ac Saxonibus in Milzaviam, expeditionem futuram indixit. Exinde Poledæ Nativitatem Domini celebravit.

ANNUS CHRISTI MIV, HENRICI IMPERANTIS III.

41. Anno ab Incarnatione Domini millesimo quarto, Indictione secunda, ab Archiepiscopo Magdeburgensi, Giselario nomine, qui pluribus annis paralysi tactus a metropolitana civitate exire non poterat, Rex invitatur. Ductus pietatis affectu obediens exstat, et ad visitandum Archiepiscopum Magdeborg tendit. Quo cum pervenisset, Archiepiscopus jam viam universæ carnis iniit; et, qui Regem exspectabat, ad Regis Regum præcepta migravit. In cujus successionem Tagano (30) Regis capellanus illico eligitur, et in sedem episcopalem clero et populo collaudante, extollitur. Inde Rex Merseborg progreditur, et ibi Purificationem S. Dei Genitricis debita reverentia veneratur. Ibi etiam Tagenio Archiepiscopus a suis suffraganeis consecratur.

42. Posthæc, collectis Toringis et Saxonibus, Rex in Milzaviam intrat, munitiones, quas Bulizlaus occuparat, expugnare volens: sed hujusmodi dispositum hiemis asperitas intercepit, et effectum, qui expleri leviter in æstate posset, regiæ voluntati denegavit. Omissis igitur munitionibus, terram devastat, hanc incolis deputans culpam, quod pecunia corrupti, ex fide Bulizlao non restiterint. Inde Meresborg revertitur, juxta decursum Albis marchiones statuens, qui et Saxoniam, et Bulizlai incursum latrocinandi custodiant, et ipsi Bulizlao assiduæ inquietationis molestias inferant.

43. Interea Hezelonem cœpti pœnitet; et sub alieno pane diutius vivere pudet, sol vagum etiam inter alienos exulare tædet. Eligit ergo potius periculum mortis inire, quam sic vitam ducere. Tandem revertitur, et fidis quæsitis intercessoribus, Meresborg se majestati regiæ reddit. Sic contra stimulum calcitrans, bis aculeum sensit, quia et sua perdidit, et semetipsum alienæ potestati tradidit. Dominus Bruno autem apud Bulizlaum consolationem non inveniens, ad sororem suam Ungaricam reginam confugit: et etiam semetipsum recognoscens, intercessionem ejus imploravit (31).

44. Rex interea injuriæ, quam Theutonicis Itali intulerant, non immemor, a Saxonia discedens in Bavariam venit. Ibi Heinrico fratri Reginæ in festivitate S. Benedicti ducatum Bavariensem concessit. Tandem illi Augustam venienti, quæ in confiniis Bavariæ et Alemanniæ sita est, Lotharienses, Franci et Alemanni obviam veniunt; ad ulciscendam injuriam Theutonicis illatam voluntarii, et regio honori per omnia deservire parati. Cum his inde progrediens, ut congregaretur exercitus, in loco, qui dicitur Omuga (32), substitit. Ibi ei dominus Bruno cum legatis Ungaricis Regis, qui ad intercedendum pro eo veniebant, ad se reversus, obviam

---

(29) Alias *Speteshart*, inquit Leibnitius, hodie *Spessart*, mons silvosus, et transitu satis difficilis; qui inter ditionem Moguntinam et ulteriorem Franconiam situs est, ut ferme error hic in textum irrepsisse videatur, nisi Bavariam in Sueviam usque tunc extenderint.

(30) Alias *Tagino* vel *Tagmo*, de quo plura Ditmarus locis variis.

(31) Hæc anno 1004 composita ostendunt Giselam ante annum 1005 matrimonio conjunctam fuisse, ut diximus in Comment. prævio.

(32) Putat *Ottingam* indicari Leibnitius.

venit, et veniam pro commissis humiliter postulans, fratris viscera movit, et celeriter ad ignoscendum inflexit. Nam in proverbio dicitur : Cuique modesto fratris lacryma cito movit viscera : et proximi calamitas, propria fit anxietas. Qua decuit ergo pietate recepit; et receptum, qua debuit, familiaritate sibi colligavit. Inde promovens exercitum per loca sterilia, per montana aspera, per silvas spatiosas, per vias lubricas, ad Tridentinam civitatem pervenit. Ibi, in die Palmarum, qua oportuit celebritate, suos diuturnare fecit. Hujus adventum Harduinus rex adulterinus, praesentiens, ad Clusas, quos sibi fidelissimos existimabat, custodes transmisit, et quantumcumque potuit, exercitum coadunare festinavit.

45. Deinde in planitiem Veronensem venit, eventui primo similem in futuris exitum sperans. Hæc Henricus Rex percipiens ad alias vias se contulit; non ut declinaret prælium, sed ut faciliorem sibi quæreret introitum. Erat enim impossibile per Clusas, juxta Athesin, quas Harduinus, plurima multitudine tuebatur, transire. Interea capellanum quemdam suum, Hemlgerum [Helingerum] nomine, ad Carentanos praemittit; ut Clusas longe a via recta sepositas, quae ab Harduino minus caute tuebantur, praeoccuparet, mandat. Non enim quisquam credere poterat, ut regalis exercitus per vias tam difficiles et angustas transire vel vellet, vel posset. Carentani regiis mandatis obediunt, et, Helingero suadente, in duas turmas dividuntur. Una ante lucis ortum, omissis equis, latenter Clusis superpositum [montem] occupat; altera, lucescente jam die, signo ab his, qui in monte erant, audito, ad Clusas expugnandas, festinant. Custodes nihil de his, qui montem occupaverant, scientes, ad resistendum Clusas impugnantibus accedunt. Repente in monte latentes exsiliunt, Clusasque defendentibus a dorso infeste superveniunt. Custodes, se deceptos esse percipientes, alii se in fugam miserunt; alii in praecipitium; alii in Brentam aquam subcurrentem. Hac expugnatione Carentani Clusas tenentes Regem exspectant.

46. Hæc Rex per capellanum suum, quem praemiserat, resciens, festinavit ad Clusas : et impedimenta relinquens, ac secum ad pugnam expeditos sumens, cum maxima difficultate transivit. Deinde in planitiem veniens, super aquam Brentam tentoria figere jussit; ut ibi dies solemnes majoris hebdomadae digna devotione veneraretur. Non enim ei bonum esse videbatur, ut in illis diebus, in quibus conditor pro conditis, creator pro creatis, Dominus pro servis, capi, flagellari, crucifigi, sepeliri, in agnitionem suae charitatis voluit, indiceretur aliqua congressio, ex qua violenta Christiani sanguinis fieret effusio. Ibi ergo ab Archiepiscopo Coloniensi chrismatis fit consecratio, illis partibus tunc valde necessaria. In duodecim enim episcopatibus circa introitum Italiae, illo die pro confusione praesenti, nec Episcopus erat, nec chrisma sacratum. Ibi a toto exercitu Coena Domini devotissime ad memo-

riam reducitur, ibi Parasceve, ibi Sabbatum sanctum piis affectibus colitur. Insuper Pascha Domini et digna veneratione celebratur, et pia celebratione veneratur.

47. Post hæc Rex Palatino Comiti praecepit ut per bannum regale exercitui toti fuga interminaretur : adderet etiam, ut, si quis fugere praesumeret, plectendum se capitali sententia sciret. Hujusmodi banno per exercitum audito, Rex aquam in tertia feria Paschalis hebdomadae transivit, ibique tentoria iterum figere jussit, exspectans nuncios, quos ad explorandum locum, in quo Harduinus cum suis hospitabatur, praemiserat. Interea, qua ratione nescio, Longobardorum unanimitas sejungitur; et ad resistendum discordes, omnes ad propria redire festinant. Sive hoc timor egisset, sive amor Regis Henrici, seu Harduini exsecratio; illorum, qui interfuerunt; scientiae relinquo. Hoc tantum scio; quia illius providentia non abfuit, cujus benevolentia et cuique; quod vult, sine lite concedit, et quod vult, occultis judicii causis, per pugnam discerni consentit.

48. Patet igitur Henrico regi introitus; qui per laborem sperabatur, per quietem a vera quiete concessus. Venit ergo Veronam, recipitur a civibus, acclamatur, collaudatur, coronatur. Occurrit ei obviam Tietboldus marchio, occurrunt et ceteri plures, a faucibus erepti furoris, et spei redditi libertatis. Inde Brixiam progreditur, et ab Episcopo civibusque cum omni alacritate recipitur. Ibi archiepiscopus Ravennas, cum suis et sibi finitimis ei obviam venit, et manus nondum dominio adulterino pollutas, seniori diu exspectato reddit. Inde Rex Bergomum venit; et Mediolanensem Archiepiscopum per manus et sacramenta recepit. Inde Papiam. Ibi a multitudine maxima nobilium Longobardorum, qui ad suscipiendum eum congregati erant, per dignos applausus recipitur, et cum exsultatione totius civitatis ad S. Michael's ecclesiam ducitur. Ibi clerus, ibi nobilium coetus, ibi plebs utriusque sexus omnes unanimes, uno ore Henricum Regem acclamant, collaudant, collaudatum per manuum elationem designant.

49. Collaudatus igitur coronatur, coronatus ex debito ab omnibus honoratur. Ad palatium deinde cum omni jocunditate reducitur. Tandem, declinante jam die, diabolus pacis invidus, concordiae inimicus, discordiae seminator fervidus; quo, post mysterium corporis et sanguinis Dominici, Judas ad perpetrandum nefas inauditissimum suscepto intimuit, eodemque suadente, in supplicium perpetuitatis crepuit; is et cives post manuum redditionem, post fidei promissionem, post sacramenti securitatem; nulla, quae in rationem digne deduci posset, laesione coactos, adversus regiam majestatem (veneno ebrietatis immisso) commovit. Hoc itaque suasore, armantur; hoc stimulatore, incitantur; hoc ductore, ad palatium properant; hoc ordinatore, moenia cingunt. Quidam etiam inter-

rant instigatores, qui per propriam conscientiam turbidi, sub Harduino ma'ebant per illicitas rapinas vagari, quam sub Heinrico fræno justitiæ ac legis adstringi. Fit strepitus, exsurgit sonitus; in palatio statim auditur. Sed quia nemo talia, post fidem eodem die promissam, credere poterat, non cito intelligitur. Rex tamen, quid sit, explorari jubet. Renunciatur civitatis furor, renunciatur plebeiæ animositatis insania. Hanc Coloniensis Archiepiscopus, qui cum Rege erat, compescere se posse sperans, per fenestram suspexit, causasque tanti furoris inquirere cœpit. Sed lapidibus et sagittis supervenientibus vix eum cœptum finire sermonem licuit. Animositas enim Longobardorum nimium fervebat, et ex eventu bellico contra Ottonem Ducem, adhuc contumaciæ vires habebat.

50. Instant ergo palatium perrumpere Longobardi: resistunt Regis domestici, quamvis pauci. Erant enim Theutonici partim cum equis, partim per hospitia, partim per castella illi comitatui finitima. Rex illico per indignationem in iram efferbuit, et cum his, quos secum habebat, armatus exire voluit, numerum militum suorum spe supernæ gratiæ supplens. At Coloniensis Archiepiscopus toto, quo poterat, nisu cum his, qui sanæ mentis erant, Regem retinebat; sciens, quia capite perdito, nulla spes evasionis superesset in membris. Interea, invalescente clamore, Theutonici congregantur, complicibus junctis, ad palatium tendunt, Longobardos ob effrænato furore paulisper compescunt. Tandem noctis densantur tenebræ, et lapidum ac sagittarum jacula Theutonicis fiunt infestissima. Necessitas rapit consilium, et ad providenda jacula, citissime facit incendium. Cum multo igitur sudore Theutonici muros civitatis impugnant: cum multo timore Longobardi pro vita repugnant.

51. Tunc juvenis quidam frater Reginæ, Gislebertus nomine, a Longobardis vulneratur. Pro cujus lethali vulnere Theutonici irritantur, et præ furore contra jacula cæci, muros civitatis expugnant, ac irrumpentes, sanguine juvenis, stimulum scilicet furoris, vindicare festinant. Quorum quidam animo ceteris ardentior, Voleramus nomine, se injecit in media Longobardorum agmina, et gladium, quo accinctus erat, extractum, uni eorum, præ ceteris insanienti, ab acumine galeæ usque in jugulum viriliter infixit, ac dicto citius, inter suos se illæsum recepit. Per totam igitur noctem pugna gravis habetur, et ancipiti termino suspensa, modo hos, modo illos, sub victoriæ spe audaciores et expeditiores reddit. Aliquando etiam Theutonici, testudine ex clipeis composita, eorum irrumpebant agmina, et quosdam vivos ex eis captos Regi repræsentabant.

52. Interea palatium, quod Theutonicis aliquando fessis, unicum erat refugium, accenditur et incenditur, cæsumque minatur. Sed spe sublata refugii, magis animus eorum accenditur, et ad congrediendum iterum Italis ferventius incitatur. Clara itaque jam die, Alamannis, qui tardius hujusmodi negotia resciverant, longe a palatio muros civitatis frangentibus, Lotharienses et Franci Longobardos iterum ante palatium graviter persequi cœperunt, et eos fugere usque in mœnia propria compulerunt. Sed jaculorum a tectis venientium densitatem diutius sustinere non valentes, ignem coacti domibus immittunt; et ferro et flamma stragem civium miserabilem faciunt. Tandem Theutonicorum ira facile expleri nescia, satiatur cæde plurima; et postmodum, nullo jam resistente, se confert ad spolia. Sed jam incendio nimium invalescente, rex a rigiditate mentis suæ flectitur, suisque ut a cœpto desistant, pietate motus imperat. Quos vix compescens, diutiusque concremationis fœtorem ferre non valens, ad munitiunculam quamdam, quæ sancti Petri Cella aurea vocatur, se contulit. Cives autem vix respirantes regem sequuntur, et ut indulgeat ebrietati, obnixe precantur. Fit eis remissio, fit eis indulgentia. Sed facilis est indulgentia, postquam culpam excedit pœna. Sic igitur quos bellum adversus Ottonem effecit turgidos, noviter induta humilitas supplices reddidit atque subjectos.

53. Domita ergo Papia, tota concutitur Italia, ac indigenæ omnes ad Regem non invitati confluunt, et per omnia præceptis ejus obediunt. Civitates etiam, ad quas Rex nondum venerat, obsides ultro transmittunt, fidemque debitam per sacramenta promittunt. His expletis Rex in quemdam locum, qui Pons longus vocatur, venit; ibique Longobardorum innumerabilis multitudo accessit, seseque ad obsequendum per omnia regiæ majestati subjecit. Ibi habito colloquio, regnique depositis (33) negotiis, amore S. Ambrosii ductus, Mediolanum divertit, cujus linguæ libertatem, et morum eximietatem amabat. Hujus, cæterorumque quiescentium intercessione implorata, in prata Pontis longi revertitur, ibique Longobardos de repentino discessu ejus conquerentes, festini reditus solatur promissione. Inde Chromo (34) perveniens Pentecosten sanctam pia animi devotione celebravit. Inde discedenti Tusci ei occurrunt, et manus per ordinem singuli reddunt.

54. Post hæc Rex injuriam a Bulizlao sibi illatam tenens mente repositam, repatriare festinat; et per Montem celerem (35) in Alamanniam properat; sciens quia terra puerili subjecta regimini laxis persæpe habenis utitur, et ex proprii arbitrii tumultuaria diversitate, per diversa præcipitia rapitur. Jam enim Dux Herimannus obierat, et filius suus ducatui a Rege substitutus erat: qui, nimiæ juventutis adhuc, nec semetipsum regere sciebat. In loco ergo, qui Turegum (36) dicitur, Rex colloquium tenuit; in *Alemanniam properasse* dicatur: quid si ergo legamus, *per montes celeriter ?*

(33) Satis patet, legendum *dipositis*.
(34) Forte legendum *Cremam*, inquit Gretserus.
(35) *Montem celerem* nemo explicat; per *Cenisium* in Sabaudia non penetrasse satis certum est, cum
(36) Non est inverisimile hic indicari *Zurch* seu *Zurich* in Helvetia: quo posito dici fortasse pos-

omnesque pro pace tuenda, pro latrociniis non consentiendis a minimo usque ad maximum jurare compulit. Sic tota Alamannia sub pacis quiete statuta, in Alsatiam venit, et in Argentina civitate, dum in vigilia S. Joannis colloquium cum Alsatiensibus haberet, domus, in qua ad legem et justitiam faciendam sedebat, repente corruit, unique presbytero, qui cum Domina una anathematizata manere solitus erat, cruris ossa confregit. Ille solus obiit ; alii nihil, præter timorem, passi sunt : sed in illius interitu didicerunt, quod sæpe per Psalmistam audierunt : Cum electo electus eris, et cum perverso perverteris.

55. Post hæc Rex Moguntiam venit, ibique solito pietatis affectu, apostolorum solemnia celebriter peregit. Tum per Orientalem Franciam transiens, in Saxoniam festinat, cor suum indignationis pondere gravatum super Bulizlaum, vindicta potenti relevare disponens. Indicitur Saxonibus, Bavaris, Francis Orientalibus expeditio, in medio Augusto terminus datur promotionis, ut frugibus inde præcollectis, abundantia comes exercitui esset. Mediante igitur Augusto Meresborg Saxonum fit congregatio. Rex autem nemini suorum familiarium fateri volebat, sive in Poloniam sive in Boemiam vellet, cognoscens Bulizlai flexuosas versutias, quibus per quosdam sibi occultos amicos etiam secreta regia rescire solebat. Sed naves a Magdeborg usque Citizam congregari jubens, quasi in Poloniam velit, transitum futurum simulat. Id omnibus sperantibus, repente in Boemiam exercitum ducit, quærens inprimis propria recipere ; deinde, pro vindicta, aliena invadere, non tamen penitus aliena, quæ regni sui pati juga debebant.

56. Interserere libet quiddam, quo audito, datur intelligi raro esse culpam, quam non sequatur vindicta, nisi præmunierit eam pœnitentia. Mortuo Bulizlao seniore, Boemiensi scilicet duce, et istius Bulizlai, de quo nunc agitur, avunculo, tres filii superstites ei remanserunt. Quorum primogenitus Bulizlaus nomine, adepto post patrem ducatu, crudelius cœpit vivere; quam terra illa pati vel vellet, vel posset. Indigenis igitur illum pro nimia crudelitate execrantibus, timere cœpit ne a fratrum suorum aliquo, Pragensibus id instigantibus, extruderetur. Ex mala ergo conscientia concepta suspicio, instigavit eum ad scelus nefandissimum, perduxit etiam ad facinus execrandum. Nam fratrum suorum unum eunuchizavit, alterum in thermis suffocare tentavit. At illi, unus eunuchus, alter semivivus in Bavariam, a paterna hereditate exclusi, fugerunt.

57. Rex Heinricus hac impietate commotus, Blademario, de quo jam diximus, ducatum Boemiensem dedit. Illo mortuo, Bulizlavus, Bulizlavi filius, Bulizlavo Meseconis filio in societatem conspirationis adscito, ducatum contra Regis voluntatem tenere tentabat. Inter illos ergo duos Bulizlavos fit amicitia ficta, fit societas subdola. Sæpe alter ab altero invitatur, sæpe alterius sumptibus jocunde convivantur, latente tamen igne sub cinere. Tandem Bulizlavus, Meseconis filius, jocunditatem Pragæ, et amœnitatem Boemiæ, promissæ præponit amicitiæ ; et, ut nepote suo, qualibet ratione, ejectio, tantæ terræ principatu potiri possit, fraudum suarum intima scrutatur. Invitat eum ad convivia, et diversa præbet ciborum genera, amara demum propinaturus pocula. Satiatum enim illum militibus suis comminisit, et, ut eductus excæcaretur, oculorum nutibus ad similia edoctis, innuit.

58. Implentur impietatis jussa, et committuntur iniquitatis opera. Sic, qui fratrem eunuchizavit, a consanguineo et socio suo deductus periit : quique fratrem in consortio principatus parem habere noluit, per supplicium passionis factus est suppar et inutilior. Hoc ergo excæcato, Bulizlavus Meseconis filius, ut superius dixi, per fraudes flexuosas, per versutias sibi semper pedissequas, per promissiones infinitas, Pragam et totam Boemiam invadit ; ac dominio taliter adepto, turgidus per loca, regio exercitui pervia, castella firmissima munit.

59. Interea Rex cum Saxonibus veniens per montem quemdam, in quo jam Bulizlavus munitionem quamdam ad contradicendum introitum firmaverat, præmissis in nocte marchionibus, cum maxima difficultate in Boemiam intrat. Cujus introitum, ut Boemienses senserunt, quidam pavore regiæ præsentiæ examinati, castellum unum cum semetipsis Regi reddiderunt. Illud illico Rex Larameri (37) eunucho, fratri cæci Bulizlavi, quem secum nativam in terram pro pietate reducebat, cum summa benevolentia concessit. Deinde, iter suum protelando, per terram illam progreditur, exspectans Bavarios, quibus non idem, qui et Saxonibus in Boemiam erat introitus.

60. Sed cum illi adventum suum protraherent, Rex ad quamdam civitatem, quæ Satiza (38) vocatur ; cum Saxonibus tantum pervenit. Cujus potentia visa, cives non mediocriter turbantur, et statim de pace quærenda ac Regis gratia impetranda meditantur : portas illico civitatis aperiunt, et conditione adipiscendæ gratiæ intersita. Polonos, quos Bulizlavus eis ad tuitionem ejusdem loci adjecerat ejiciunt et ejiciendo quosdam membrorum abscissione deturpant ; quosdam ab locis altissimis præcipitant ; quosdam etiam interimunt, ut et injurias ab eis sibi illatas ulciscantur, et honori regio per omnia satisfaciant. Tandem hujus crudelitatis fervor Regis animum perculit, et ad contradicendas ejusmodi insanias insita pietas inclinavit. Jam vivi ducuntur, et Regi repræsentati in Ecclesia. Post hæc civitas tota se Regi reddidit. Et qua debuit, fidei promissione per sacramenta, per obsides obligavit. Interea fama volitat, Bulizlavum a Pragensibus conspirationis vinculo colligatis interemptum, et quamvis mendax, fideles tamen Bulizlavi exterritat.

---

set, *montem celerem* accipi, pro monte quem hodie S. Gotardi appellant.

(37) *Jaremiro.*
38) Hodie *Saaz* Leibnitio.

AD SEQUENTEM VITAM PRÆMONITIO.

Quod jam non semel in Commentario observatum est, id hic denuo lectorum oculis subjiciendum, videlicet, non Vitam ab anonymo hic dari, seu historicam S. Henrici gestorum narrationem, sed meram rerum variarum ad ejus sanctitatem et in ecclesias munificentiam spectantium compilationem, quam parum admodum ordinatam dicere merito possis, cum varia locis non suis corradat, immisceatque diplomata, diu post Sancti obitum a Pontificibus Clemente II ac Leone IX et ab Henrico III Cæsare Bambergensibus concessa, quæ apud Gretserum capita 16, 17, 18 et 19 occupant, a nobis vero, ut supra etiam monuimus, in Appendicem rejecta sunt, utpote rerum qualemcumque seriem turbantia. Nec minus inepte capitibus 24 et 25 intrusæ sunt Benedicti P. VIII litteræ, tum ad Sanctum de episcopatus confirmatione, tum ad Eberardum, primum istius ecclesiæ antistitem, quorum saltem primas ut minimum post caput 15 collocatas oportuit. Ne igitur et ea instrumenta lectorem remorari possint, ipsa primo loco in dicta appendice referemus, cætera vero intacta trademus. Sequatur itaque

S. HENRICI VITA

AUCTORE ANONYMO

Edita in Surio, ex Jacobi Gretseri DIVIS BAMBERGENSIBUS.

CAPUT PRIMUM.

S. Henrici in imperium successio, Wolfgandi apparitio, munificentia in ecclesias, victoria de Sclavis, et restauratio episcopatus Merseburgensis.

1. Anno ab Incarnatione Domini millesimo primo (59) ab Urbe autem condita millesimo septingentesimo quinquagesimo secundo : Ottone puero Romæ defuncto, vacante regni solio, cum de principe subrogando ageretur ; omnium vota, nutu divino, ad eum inclinantur, qui tunc in regno habebatur potissimus. Fuit namque per idem tempus Dux Bavariorum Henricus, tam bonitate quam nobilitate regia conspicuus, et universa morum honestate præclarus. Hic initium sapientiæ timorem Domini pleniter secutus est : qui erat omni litterarum studio principaliter imbutus, totus sane fide et actu Catholicus. Hic ergo ab omnibus pari voto (40) et communi consensu accersitur, divina utique disponente clementia : ut per temporalis regni fastigium, ad culmen cælestis regni pertingeret. Terrena enim bona omnia, sicut usu malo alios a salute præpediunt, ita alios usu bono ad salutem promovent.

2. Cui necdum Cæsaris vel imperatoris dignitatem obtinenti apparuit Ratisbonæ Wolffgangus in somnis visione tali (41). Visum namque est ei, quod manens in sancti Emmerammi ecclesia, accederet orandi gratia ad beati Wolffgangi sepulcrum, in eadem ecclesia situm : cumque ibidem dominum sanctumque Wolffgangi precibus intimis conaretur exorare, subito videbatur ei ipse Sanctus adstare et hujusmodi verbis ipsum appellare : Intuere diligenter litteras in muro, qui est juxta tumulum meum, scriptas. Erat autem ibi, sicut videbatur, scriptum solummodo : Post sex. Evigilans vero Rex Henricus tractatione diuturna secum revolvit, paucissima hujus visionis scripta. Inprimis ergo arbitratus, quod post sex dies esset moriturus, multa dispensat pauperibus. Cum autem sex dierum numerus præteriret et nihil in se corporali molestiæ sentiret, putavit ad sex menses pertinere. Transacto vero et hujus numeri spatio, nihilque in se infirmitatis passus, arbitratus fuisse numerum ad sex annos pertinere : ideoque et quæ supra, cœpit timere. Cumque sex annorum numerus integer pertransisset, et septimi anni dies revolutus venisset, ipso die Cæsaris dignitatem per Apostolicam susceperit obsecrationem. Tunc tandem sentiens, qualis esset sua visio, gratias agit Deo sanctoque Wolffgango, qui sibi talem revelare dignatus est sublimitatem.

3. Unctus igitur in regem beatissimus Dei famulus, temporalis regni non contentus angustiis, pro adipiscenda immortalitatis corona, summo Regi (cui servire regnare est) militare disposuit, summam etiam diligentiam in amplificando cultu religionis adhibuit : ecclesias ditare possessionibus, et immensis ornatibus augere cœpit. Sedes autem episcopales, Hildensheim (ubi a puero nutritus et litteras edoctus fuit), Magdeburg, Argentinam, Misenam et Merseburch (quæ barbarica immanitate adjacentium Sclavorum vastatæ fuerant) (42) restauravit. Et tam ipsius, quam aliis episcopatibus per gna S. Henrici institutorem fuisse, auctor est Ditmarus : *Nutrit præclarum Wolffgangus præsul alumnum,* etc. Reliqua huc spectantia in Commentario dicta sunt.

(42) Hæc explicata oportebat, si quid dicere voluit confusus scriptor, omittens Paderbornam in quam præcipua contulit Sanctus.

---

(39) Errat in principio, ut supra satis notatum est, eidemque errori insistit, dum inferius num. 12, S. Henrici annum VII connectit cum 1007, III Kal. Novembris.

(40) Quam fuerint patria vota Principum imperii melius docet Adelboldus.

(41) Hæc accepta sunt ex Vita S. Wolffgangi apud Surium 31 Octobris num. 39. Porro S. Wolffgan-

universum regnum, in possessionibus et ornatibus, innumerabilia contulit. Hildesheimensibus vero sanctum Gotehardum (43) divina edoctus revelatione praefecit. Quid autem Merseburgensi ecclesiae prae aliis specialius contulerit futurorum charitati volumus ex parte notificare. Haec enim ecclesia tempore Magni Ottonis, illius, inquam, qui ad Lycum fluvium sub sancto Uldarico confessore Ungaros (44) prostravit, et reges eorum, Laelium videlicet et Assur Ratisbonae, principibus hoc fieri adjudicantibus, in patibulo suspendit, assiduis incursionibus et hostili vastatione Sclavorum, ad nihilum redacta est.

4. Et quia violentiis vicinarum nationum non poterat resistere : in possessionibus, in religione et in omnibus, quae ad pontificalem dignitatem pertinebant, penitus coepit deficere. Accidit autem ut eodem tempore Magdeburgensis ecclesiae Archiepiscopus viam universae carnis ingrederetur, et Merseburgensis praesul, propter sapientiam a Deo sibi collatam, et propter multas virtutes, quibus adornatus erat, ob quas etiam Ottoni magno gratissimus extitit : in cathedram Magdeburgensem, praedicto Rege id efficiente, praeponeretur (45). Factum est autem, ut Merseburgensis episcopatus penitus destrueretur, et quae potiora erant illius ecclesiae in praediis, in ministerialibus, in ornamentis, in ditionem Magdeburgensis ecclesiae transferrentur, et de quibus reliquiis possessionum, quae Merseburg remanserant, abbatia inibi construeretur. Quod factum usque ad tempus pii confessoris Henrici immutatum permansit. Cum autem convocatis idem Rex Principibus regni sui Quendelburg curiam celebrasset ; universis in id ipsum consentientibus, Poloniam et Boemiam, caeterasque Sclavorum adjacentes regiones, quae fines regni sui vastabant, debellare disposuit.

5. Congregato itaque exercitu, contra praedictas nationes aciem direxit. Et faciens transitum per locum, qui Walbech (46) dicitur, gladium sancti Adriani martyris, qui pro reliquiis multo tempore ibi servabatur, accepit. Quo accinctus, ex toto corde suo clamavit et dixit : Judica Domine nocentes me, expugna impugnantes me, apprehende arma, et scutum, et exurge in adjutorium mihi. Inde progressus castra metatus est in campo, ubi Merseburgensis ecclesia sita est, et videns locum desolatum, et in nihilum redactum, ingemuit et ait : Beate Laurenti martyr Christi, si tuo interventu has barbaras nationes, ad quas pergo, Romano Imperio, et Christianae religioni subjugavero, hunc locum desolatum tuo nomini consecratum, divina favente gratia, in pristinae dignitatis statum reformabo. Ut vero principes Poloniae et Boemiae, ceterarumque Sclavicarum gentium primates Romanum Imperatorem cum exercitu ad debellandos eos advenire cognoverunt : innumerabili multitudine collecta, in bellum ei obviam processerunt. Quod Regi pio per speculatores suos cito innotuit, et sicut in omnibus angustiis suis solebat, ad orationis arma confugit. Invocatoque super se nomine Domini, beato Laurentio, sancto Georgio, et beato Adriano martyribus, se suumque exercitum protegendum cum summa devotione commisit.

6. Et cum omnes perceptione corporis et sanguinis Domini confortati fuissent, ad locum certaminis venerunt. Ubi cum Rex beatus verbis exhortatoriis ad viriliter agendum singulorum animos erexisset, videns innumerabilem adversariorum multitudinem, clamavit ad Dominum, et ait : Deus qui conteris bella ab initio, eleva brachium tuum super gentes qui cogitant servis tuis mala. Disperge illos in virtute tua : et destrue eos, protector meus. Pone illos ut rotam, et sicut stipulam ante faciem venti. Haec dicens aperti sunt oculi ejus et vidit gloriosos martyres, Georgium videlicet, Laurentium, Adrianum, cum angelo percutiente, exercitum suum praecedentes, et hostium cuneos ad fugam propellentes. Et sicut exercitus Sennacherib ab angelo percutiente contritus est, et periit ; ita et omnis barbarorum ista multitudo per virtutem Dei conterrita, projectis armis sine effusione sanguinis Christianorum, fugae praesidium quaesivit. Quo viso Rex sanctus, elevatis oculis et manibus in caelum, benedixit Deo caeli et ait : Benedico te, Rex caeli et terrae, qui superbis resistis et humilibus das gratiam : qui custodis diligentes te et glorificatus es in gentibus, propter datam nobis de caelo victoriam. Victis ergo barbaris et quae ad futuram pacem prodesse poterant firmissima pactione stabilitis, vir Beatus cum suis in sua redierunt cum pace, glorificantes et laudantes Deum, qui salvat sperantes in se.

7. Cumque Christianissimus rex Poloniam, Boemiam, Moraviam tributarias fecisset : ob reverentiam S. Laurentii martyris, conculcationem et destructionem Merseburgensis ecclesiae, coepit pio intuitu misericordiae et pietatis respicere, et ad nihilum redactam in aedificiis, in ministerialibus, in saecularibus possessionibus, in ecclesiasticis ornamentis, in pristinum gradum pontificalis dignitatis, sicut Deo et sancto Laurentio voverat, studuit restaurare. Nec prius ab operibus misericordiae destitit, quoadusque eam ad antiquum statum dignitatis, et pristinum honorem religionis ex integro perduceret.

---

(43) Vide in Actis 4 Maii pag. 508, num. 18.
(44) Describitur victoria in Vita S. Udalrici 4 Julii pag. 110, a num. 46.
(45) Quae hic narrantur de translatis Magdeburgum episcopatus Merseburgensis possessionibus, non Ottoni primo, sed secundo adscribenda sunt, unde ipsum secuta est punitio de qua in Vita S. Adalberti ad 23 Aprilis cap. 190. Vide citatum istic in Annotatis Ditmarum, qui pluribus aliis locis agit de restitutione ejusdem episcopatus per S. Henricum.
(46) De Walbeck et S. Adriani gladio plura notavit Gretserus, quae apud ipsum videri possunt.

8. Denique Episcopatum Babenbergensem ex integro in suo domate (47) fundavit, terminis videlicet ab adjacentibus episcopatibus legitimo concambio commutatis. Fundatum vero episcopatum principibus Apostolorum Petro et Paulo, et pretiosissimo martyri Georgio attitulatum speciali jure sanctæ Rom. Ecclesiæ contradidit, ut et primæ Sedi debitum dignitatis impenderet honorem, et suam plantationem tanto patrocinio firmius communiret. In meridiana quoque parte civitatis monasterium in honore S. Stephani Protomartyris sub ordine canonico construens; ex altera vero, hoc est aquilonari, aliud monasterium sub monachali regula in honore S. Michaelis Archangeli (48), sanctique Benedicti abbatis constituens, sibi, suæque civitati supra Petram Apostolicæ firmitatis fundatæ, muroque et propugnaculis meritorum S. Georgii ceterorumque sanctorum munitæ ac exornatæ contra incentivos vitiorum jactatus, turrim fortitudinis in Stephano, et contra refrigerantes flatus illius, qui in aquilone, unde malum omne panditur, sedem ponere disposuit, refugium certum in angelico præparavit præsidio : ut a dextris et a sinistris justitiæ armis vallatæ in nullo sufficiat insidiator prævalere.

9. His tribus ecclesiis postea per Guntherum ejusdem Babenbergensis sedis quartum præsulem, et per Reginoldum quemdam, virum nobilem, addita est quarta ecclesia (49) in honore sanctæ Mariæ matris Domini : et sancti Gangolfi martyris extra urbem versus Orientem in loco Teuverstat, sub ordine et possessione canonica. Denique sextus ejusdem sedis Episcopus Herimannus contra urbem versus occidentem in honore S. Jacobi Apostoli et filii Zebedæi, ecclesiam sub ordine canonico initiavit. Hanc Otto, humilis amator pauperum Christi, octavus ejusdem sedis episcopus, cooperante Eberhardo præposito, consummavit et dedicavit, ac stirpem ordinemque illic Deo servientium decenter disposuit. Sic locus Babenbergensis ecclesiis in patrociniis Sanctorum in modo Crucis undique munitus, Christo Jesu crucifixo quotidianum, et sedulum celebrat officium et servitium pro primo suo fundatore Heinrico secundo, Imperatore piissimo, ejusque cooperatoribus et successoribus vel augmentatoribus omnibus : Et ut inibi militantibus Domino major tranquillitas, et securitas, et reverentia ad supplicandum Deo perseveret, prædictæ quinque ecclesiæ sic sunt locatæ, ut fere ab omni strepitu et tumultu forensi ac populari sint decentissime segregatæ.

10. Ut autem cunctis liquidius enitescat qua vigilantia vir beatissimus novellæ suæ ecclesiæ bona pacis et tranquillitatis etiam per succedentia tempora providerit, aliquas hic tam Episcoporum quam Regum inserimus confirmationis epistolas : ut, quia duo sunt, quibus hic mundus principaliter regitur, pontificalis auctoritas, et regalis potestas, ex utroque horum suffulta a dexteris et sinistris, ab omnium molestia infestationum secure monstretur in perpetuum defensa. Dicente enim Domino Salvatore, duos Ecclesiæ gladios sufficere, quorum unus ad defensionem animæ ac spiritus penetrat; alter inflexibilia et dura corda rigore suo domat et premit: quidquid eorumdem gladiorum jure hinc inde munitur, constat profecto, quod nullius mali incursione ab statu sui rectitudine labefactetur. Prius tamen hic chartam Ottonis tertii (50) Imperatoris præscribimus, ut scire volentibus, qualiter ipse locus Babenbergensis in ditionem sancti Regis obvenerit, ex eadem conscriptionis pagina colligatur.

11. In nomine sanctæ et individuæ Trinitatis : Otto divina providentia Imperator Augustus. Noverint omnes nostri fideles, præsentes scilicet et futuri, qualiter nos ob interventum dilectissimæ genitricis nostræ Adelheidæ, caro nepoti nostro Bavariorum Duci Heinrico quoddam juris nostri prædium, civitatem videlicet Babenberg nominatam, cum omnibus ad hanc respicientibus et Nemkin Uraha in comitatu Bertholdi Comitis Volckfelt nuncupato, sita, nostra Imperiali potentia in perpetuæ usum proprietatis concessimus, firmiterque donavimus, cum utriusque sexus mancipiis, ædificiis, ecclesiis, terris cultis et incultis, et cum omnibus jure, legaliterque ad hæc jam dicta prædia pertinentibus, eo tenore, ut libero ipse deinceps perfruatur arbitrio, hæc tenendi, commutandi, dandi, posteris relinquendi, seu quidquid sibi libuerit inde faciendi; et ut præceptum stabilius firmiusque permaneat, hanc chartam inscribi jussimus, annuloque sigillatam propria manu nostra roboravimus. Data v Kalend. Julii Indict. I, anno regni Domini Ottonis xiv, Imperii autem vii.

CAPUT II.

Fundatio ecclesiæ Bambergensis, synodi ad eam spectantes, ejusque a summo Pontifice approbatio.

12. Anno igitur ab Incarnatione Domini mvii (51) Indict. v, iii Kalend. Novembris magna synodus Episcoporum, aliorumque Patrum habita est et celebrata in villa regia Franchenfurt mediante Rege magno et pacifico Heinrico, anno regni sui vii. Nam dum idem Deo devotus Rex alta mentis consideratione secum volveret, in quo potissimum opere Dei misericordiam sibi facilius conciliaret, et ex divini instinctu consilii inspiratus disposuit, ut Deum sibi heredem eligeret, et conscriberet, et episcopatum Babenbergensem, ut præscriptum est, ex rebus hereditariis construeret, ut et paganismus Sclavo-

---

(47) Varia *domatis* significata habes in glossariis, hic sumitur pro ditione seu possessione.

(48) De hoc cœnobio actum est ad Acta S. Ottonis 2 Julii.

(49) Hæc omnia ad Vitam S. Henrici nullo modo pertinent.

(50) Pluribus ostendit Gretserus, diploma esse Ottonis II, de quo et nos in Commentario egimus, ubi etiam de titulo *nepotis* dictum est, quem Otto Imperator tribuit patrueli suo Henrico duci Bavariæ, patri S. Henrici.

(51) Errat imperitus scriptor, et res confundit, quas

rum ibi destrueretur, et Christiani nominis memoria perpetualiter inibi celebris haberetur. Sed cum parochiam ad eamdem sedem respicientem non haberet, et sanctam Pentecosten in eodem anno regni sui Moguntiæ celebraret, partem Wirzeburgensis diœceseos, comitatum videlicet Raterzgewe (52) dictum, et pagi Wolcvelt dicti, inter fluvios Vraha et Ratenza sita, ab Heinrico Wirzeburgensi Episcopo firma ac legali traditione acquisivit, tradens e contra Wirzeburgensi ecclesiæ CL (53) mansos in vico Memmigun dicto, et in proxime adjacentibus locis, consentientibus, et concurrentibus in hæc vota illius Heinrico Wirzeburgensi, et Willigiso Moguntiæ metropolis archiepiscopo, multisque, qui præsentes fuerunt (54), Archiepiscopis et Episcopis, legitimum hoc concambium attestatione sua, et subscriptione roborantibus. Gloriosissimus vero Rex compos voti effectus, pari supradictorum Patrum consultu, duos ex capellanis suis Albericum et Ludovicum adjunctis Wirzeburgensis Episcopi litteris, Romam usque direxit, quatenus hæc bene cœpta in melius proficerent auctoritate Apostolica. At Romanus Pontifex, et universalis Papa Joannes piissimi Regis devotioni congaudens, habita in sancti Petri Basilica synodo, pro confirmando episcopatu Babenbergensi, privilegium fecit conscribi, et Apostolica auctoritate firmari, universis Galliæ et Germaniæ Episcopis rescribens, ut et ipsi pari communique auctoritate, prædictum episcopatum roborarent, cujus videlicet privilegii exemplar in hunc modum se habet:

13. « Joannes Episcopus servus servorum Dei. Officii nostri est omnium sanctarum Dei ecclesiarum commoda generaliter considerare, et maxime earum, quæ specialiter sub jure ac dominio nostræ Romanæ Ecclesiæ consistunt; si quod est incommodum, abolere, ne pro gravi incommoditate sua neglectæ vilescant; vel qualibet nacta occasione, debita solemnitate careant. Propterea omnibus sanctæ Dei Ecclesiæ fidelibus, præsentibus scilicet et futuris, notum esse volumus: quia dilectus et spiritualis noster filius Heinricus gloriosissimus atque invictissimus Rex, divina inspirante clementia, de propriis hæreditariis rebus, pro sua suorumque parentum anima, episcopatum in loco qui dicitur Babenberc, perfectæ fidei et charitatis devotione, in honorem beatissimi Petri Apostolorum Principis esse constituit, commutatione facta jure, et legaliter cum Heinrico Wirzenburgensi Episcopo de aliqua parte parochiæ sui episcopatus. Unde etiam prædictus Episcopus nobis suas litteras misit, ut suo consensu, privilegio nostræ Apostolicæ aucto-

ritatis episcopatus noviter factus fundaretur. Pro qua ratione Heinricus Secundus gloriosissimus Rex nuntios suos ad nos direxit, qui nobis hæc omnia dicerent, et nos pro hac sede confirmanda interpellarent. Cujus sanctissimam imitationem, paterna et præcordiali dilectione intuentes, omnes res, quas beato Petro Apostolorum Principi, in loco prænominato, legitima ratione collectas contulit, nostræ auctoritatis privilegio confirmare decernimus, ea videlicet ratione, ut Episcopus ejus loci, et qui in perpetuum sui fuerint successores, ea, secura tranquillitate possideant, et liberam habeant potestatem res et proprietates ejusdem ecclesiæ ordinare, atque componere, vel etiam augmentare: dissipare vero, atque confundere, nullam habeant potestatem.

14. « Nostra quoque auctoritate sancimus, uti in terminis, et in rebus ejusdem ecclesiæ nulla sit infestatio tyrannorum, vel aliorum quorumlibet pravorum hominum, sive sint in civitate ipsa Babenberc, sive in castellis et villis, servis et ancillis, tributariis, decimis, forestibus, silvis, piscationibus, venationibus, molendinis, campis, pratis, pascuis, terris cultis et incultis, et quidquid modo illuc pertinet, vel in futurum acquiri possit, per nostræ auctoritatis privilegium corroboratum, in secura quiete permaneat. Nullus ibi Comes aut Judex legem facere præsumat, nisi quam per concessionem gloriosissimi Regis Heinrici vel successorum ejus Episcopus loci ejusdem deligeret. Nulla aliena potestas ibi per violentiam irruat. Sic ille episcopatus liber, et ab omni potestate extranea securus, Romano tantummodo mundiburdio (55) subditus: quatenus Episcopus eo melius cum canonicis suis servitio Dei possit insistere, et primi constructoris ejusdem loci, et recuperatoris jugiter memoriam habere. Sit tamen idem suo metropolitano subjectus atque obediens. Quicumque hæc præcepta servaverit, divinam remunerationem et Apostolicam benedictionem accipiat. Qui autem contemptor et violator exstiterit, perpetui anathematis damnationi subjaceat, nisi resipiscens ad satisfactionem perveniat. Scriptum per manus Petri notarii et scriniarii sanctæ Romanæ Ecclesiæ in mense Junio, Indict. v. »

15. Habito igitur rursum generali concilio in Franchenfurt, cui præsedit venerabilis Archiepiscopus Willigisus Moguntinus, universi Archiepiscopi et Episcopi, qui interfuerunt, numero XXXVI, debita cum veneratione privilegium hoc Sedis Apostolicæ suscipientes, unanimiter devotis mentibus laudaverunt, et scribendum roboraverunt. De su-

---

in Commentario restituere conati sumus: quod autem annum 1007 connectat cum anno 7 regni Henrici, sequitur ex primo errore quem supra notavimus.

(52) Ex codice Viennensi scribit Gretserus *Ratenzgenui*, et paulo post *volcfelt* quæ loca aliaque hic accuratius modo quærere, operæ pretium non est.

(53) Variantes lectiones affert Gretserus, sed quæ

rei substantiam non magnopere emendant.

(54) Ex codice Viennensi nomina aliqua refert Gretserus; at distinguenda sunt et tempora et concilia, ut vide in Commentario prævio fusius deductum, ubi omnia explicata sunt quæ hic annotari possent.

(55) *Mundiburgium* etiam dicitur, estque tuitio, defensio aut tutela.

prædictis vero parochiæ terminis ab Ecclesia Wirzeburgensi commutatis, ne qua fieret in posterum querela, vel dubitatio, subjectam conscribi paginam fecerunt: cui subscripsit primo quidem ipse Heinricus Wirzeburgensis Episcopus, deinde ejusdem ecclesiæ præpositi, sive presbyteri numero novem.

16. « Omnium sanctæ Dei Ecclesiæ fidelium tam præsentium quam futurorum notitiam non latere desideramus, qualiter gloriosissimus Rex Heinricus, divinæ, ut credimus, admonitionis stimulo compunctus, de prædiis, quæ Dei gratia, hereditarioque jure parentum, in suæ possessionis dominium pervenerant, Dei servitium augere, episcopatum constituendo, desiderans; quo id legitime rationabiliterque fieri potuisset, Heinricum venerabilem Wirzeburgensis ecclesiæ provisorem, quatenus quemdam locum Babenberg nuncupatum cum pago Raczengevum dictum, qui ad suæ diœceseos statum pertinere videbatur, de suo jure in suum jus ad id perficiendum transfunderet, studiose cœpit flagitare. Quæ, quoniam justæ et rationabiles causæ videbantur, ejusdem augustissimi et invictissimi Regis petitionibus acquiescens, cum communi cleri sui atque militum, nec non totius populi consilio et consensu, præfatum locum cum prædicto pago, tribus parochianis ecclesiis exceptis, cum suis adjacentiis, quarum hæc sunt nomina, Wachenrode, Lonerstal, Mulebusen, omni postmodum remota contradictione, suæ potestati tradidit. Alterius autem pagi, qui Volcfeld vocatur, in quo præfatus locus situs est, partem eidem Regi concessit, quantum est de Babenberch ad flumen Vraha, de Vraha in Ratenzam flumen, et sic juxta decursum ejusdem fluminis in Moin, et inde ad rivulum Wichibach, deinde ad caput ejusdem rivuli; sicque qua citissime, et proxime pervenire potest ad Vraha. Actum in civitate Wirzeburgensi, præsente serenissimo Imperatore Heinrico, ea conditione, ut decimam in novalibus jam incisis, et ad mansum mensuratis cum veteri decima non commutata, Wirzenburgensis ecclesia retineat. In novalibus vero post hinc excolendis decimam Babenbergensis ecclesia possideat cum termino commutato. »

17. Sed et Joannes Aquileiensis Patriarcha opus tam laudabile Regis excellentissimi, et piam erga Christum devotionem toto affectu amplectens, Heinrico Episcopo Wirzeburgensi gratulationis plenam scripsit epistolam. « Beatissimo Domino et sincera charitate diligendo Heinrico sanctæ Wirzeburgensis ecclesiæ Episcopo venerabili, Joannes Aquileiensis ecclesiæ patriarcha, cum omnibus suæ diœceseos Episcopis, fraternam dilectionem in eo, qui prior dilexit nos, et tradidit semetipsum pro nobis, Jesu Christo Domino nostro. Licet, Reverende frater, fraternæ dilectionis cura nos admoneat, ut in omnibus operibus bonis quæ conditor humani generis misericorditer ad salutem quotidie disponit, immensas gratiarum actiones ipsi agere debeamus; quandocumque tamen vel ubicumque ex provectu sanctæ Ecclesiæ, vel ejus exaltatione, locatione, nos aliquid magnifici operis audire contigerit, immensæ devotionis affectu, et spiritualis exultationis effectu illum laudare, benedicere et prædicare debemus, cujus hæc dona sunt, et a quo bona cuncta ineffabiliter procedunt. Qui inter innumerabilia sempiternæ dignationis sacramenta, ea et in suorum cordibus Principum dictat, quæ ad multorum exemplum, et salutem profutura procurat.

18. « In quibus unum est, quod nuper divinitus factum, maximam mentibus nostris lætitiam generavit. Audivimus quod Dominus noster Heinricus gloriosissimus et invictissimus Rex, divina sibi inspirante gratia, ex suis prædiis, et paterna hereditate, in loco, qui dicitur Babenberc episcopatum in honore beatissimi Petri Apostolorum principis constituerit, et commutatione facta, digne et legaliter cum ecclesia vestra, partem quamdam ex ejus diœcesi acquisivit: atque hoc concambium Apostolicæ sedis privilegium corroboravit. Quod quidem eximium et laudabile opus, et ejus dignissimam liberalitatem, et vestram charitatem satis egregie prædicabilem commendat; cum et suum est per operationem, et vestrum sit per dilectionem. In quo omnipotenti Deo immensas gratias referimus, ad cujus inæstimabilem gloriam spectat, quod per Regem nostrum Heinricum, bonum et fidelem ministrum suum, fundatissimam pacem omnibus ecclesiis præstat, et insuper novam format ecclesiam, per quam et de inimico humani generis in vicinas Sclavorum gentes, Deo opitulante, triumphabit, et innumerabilem familiam per lavacrum regenerationis sibi multiplicabit. Nos autem cum omnibus nostræ diœceseos Episcopis hoc divinum opus in commune laudamus, atque in eo juste consentientes et subter conscribentes in perpetuum valere confirmamus. »

19. « Heinricus divina præordinante clementia Rex, omnibus Ecclesiæ filiis tam futuris quam præsentibus. Saluberrimis sacri eloquii institutionibus erudimur, et præmonemur, ut temporalia relinquentes bona, et terrena postponentes commoda, æterna et sine fine mansura in cælis studeamus adipisci consistoria. Gloria enim præsens fugitiva est et vana, dum possidetur, nisi in ea aliquid de cælesti æternitate cogitetur. Sed Dei miseratio humano generi providit remedium, quando partem cælestis patriæ, terrenæ substantiæ fecit esse pretium: Hujus ergo nos clementiæ non immemores, nec ignorantes nos gratuito divinæ miserationis respectu, regali dignitate sublimatos, congruum esse ducimus non solum ecclesias ab antecessoribus nostris constructas ampliare, sed ad majorem gloriam Dei novas ædificare, easque devotionis nostræ donis gratissimis exaltare. Quapropter Dominicis non surdum auditum præbentes præceptis, et deificis obtemperando intendentes suasionibus, thesauros divinæ largitatis munificentia nobis collatos,

in cælo desideramus reponere, ubi neque fures effodiunt, nec furantur, neque ærugo, vel tinea demolitur, ubi et dum omnia nunc congesta recolimus, cor nostrum desiderio et amore sæpius versetur.

20. « Proinde patere volumus omnium fidelium universitati, quod quemdam paternæ hereditatis nostræ locum Babenberc dictum, et in sedem et culmen episcopatus proveximus, et Romanæ sedis auctoritate firmatum, atque venerabilis Heinrici Wirzeburgensis Episcopi consensu, et dilectæ conjugis nostræ Chunegundæ voluntate, ac pari communique omnium nostri fidelium tam Archiepiscoporum, quam Episcoporum, Abbatum, nec non et Ducum, et Comitum consulto, decretoque, ac totius regni nostri, Principumque concordi devotione laudatum, ad honorem omnipotentis Dei, et beatæ Mariæ semper Virginis, et sanctorum Apostolorum Petri et Pauli, nec non sanctorum Kiliani et Georgii, fundavimus, stabilivimus et corroboravimus, ut ibi nostrum, parentumque nostrorum, et Ottonis tertii Imperatoris, videlicet antecessoris nostri, celebre habeatur memoriale, et jugis pro omnibus orthodoxis mactetur hostia salutaris. Oblatis igitur Deo in eadem dilecta nobis ecclesia ad honorem et decorem domus Dei, ex metallis lapidibusque pretiosis in varios usus sanctuarii, vasis seu vestibus, aliisque ornamentis ecclesiasticis, contulimus præterea ad supra dictam sedem episcopalem prædia, ecclesias, vicos, villas cum omnibus suis pertinentiis sive adhærentiis, videlicet utriusque sexus manciipiis, arcis, ædificiis, terris cultis, viis et inviis, exitibus, reditibus, quæsitis et inquirendis, silvis, sagenis (56) venationibus, pratis, pascuis, campis, forestis, forestariis, cellariis, censibus, aquis, aquarumve decursibus, molendinis, mobilibus, et immobilibus, et ceteris omnibus, quæ rite scribi aut appellari possunt, quomodolibet utilitatibus, præsenti nostræ auctoritatis edicto statuentes, ut in Deo nobis dilectus sæpe dictæ sedis Episcopus Eberhardus, suique successores liberam dehinc habeant potestatem, eadem præscripta bona cum omnibus appendiciis suis tenendi, possidendi, seu in quoslibet usus episcopatus convertendi; fratribus autem canonicis Deo ibidem famulantibus ad quotidiana temporalis vitæ subsidia, possessiones, quas tradidimus, nostra imperiali auctoritate proprietateve possidenda confirmamus.

21. « Ea videlicet ratione : ut præfati canonici, et eorum per successionem Præpositi, liberam dehinc cum ipsorum canonicorum consensu, et consilio potestatem habeant in meliores usus commutandi, augmentandi, et ad utilitatem suam quoquomodo redigendi; quatenus et ipsi, nostri benigne memores apud Deum, ac dilectissimæ conjugis nostræ, atque consortis regni Cunegundæ parentumque nostrorum, versa vice, beneficiis nostris pia atque assidua intercessione respondeant Si quis autem, quod absit, hujus nostræ munificentiam donationis, atque institutum Apostolicæ Sedis, et tot venerabilium Patrum auctoritate firmatum destruere seu violare tentaverit, in die judicii coram oculis Dei tormento inextinguibili æternaliter luat. Quod ne eveniat : sed hæc traditæ atque decretum ab omnibus perpetualiter inviolabilis permaneat, hanc chartam inde conscriptam manu propria roborantes, sigilli nostri impressione insigniri jussimus. Nec vero solummodo in vita superstite adhuc Rege gloriosissimo, sed magæ etiam post transitum ejus de morte ad vitam, felix ipsius plantatio, Babenbergensis videlicet ecclesia, divinæ gratiæ imbribus irrigata de die in diem accipit incrementum, sæpenumero a sancta specialique matre sua Romana Ecclesia uberibus piæ consolationis potata ac satiata, regum quoque succedentium auctoritate, vel privilegiis nobiliter, ac firmiter in perpetuum sublimata (57). » Ea privilegia in Appendicem rejicienda, jam diximus in præmonitione.

CAPUT III.

Brunonis in sanctum fratrem odium, S. Cunegundis innocentia; sanatio calculi in monte Cassino, et causa claudicationis S. Henrici.

22. Hæc nos de fundatione vel confirmatione sanctæ Babenbergensis ecclesiæ, accepta occasione, dixisse sufficiat, nunc ad cœptam narrationem de gestis beati Viri animum stylumque vertamus. Regis autem frater erat Bruno (58) Augustensis sedis Episcopus, qui felicibus fratris actibus invidens, multas ei adversitatum injurias, in quantum potuit, inferebat : et ubi per se non poterat, inferentibus se adjungebat, vel alios ad inferendas exhortando stimulos eis pravæ incitationis subdebat. Cui frater non solum talionem non reddidit, verum etiam instructus fraterna dilectione, omnia dissimulando et patienter sustinendo, illum in bono vincere satagebat.

23. Quanta ejus munificentia, quanta erga Deum liberalitas extiterit, tam in illa Babenbergensi ecclesia, quam in aliis compluribus locis, manifestis operum declaratur indiciis. Solum quippe Deum sibi elegit heredem, quatenus et ipse in consortium æternæ hereditatis eum assumere dignaretur. Liberos etenim secundum carnem nec habebat, nec exspectabat, quandoquidem eam, quam pro conjuge habere videbatur, Chunegundam, numquam cognovisse comprobatum est. Qualiter autem innotuerit, ad communem ædificationem, prætereundum non est, ut et castimoniæ erudiamur exemplis, et divinorum secretorum admiratione moveamur; intelligentes quemadmodum diligentibus Deum omnia diximus.

(58) De Brunone paulo distinctius Adelboldus : correctionem vide infra miraculo primo.

---

(56) Alias *Senegis*, et *Saginis*; non video aliud indicari, quam jus piscationis. Consule glossaria.
(57) Neque hæc ad Vitam S. *Henrici* quidquam pertinent; unde in appendicem reponenda jam supra

cooperarentur in bonum. Tantis namque ac talibus bonis tentatio deesse non potuit. Invidus enim omnium bonorum diabolus, ubi torum immaculatum sauciare non potuit, zelotypiæ livore fœdare cogitavit, et ejus saltem famam lædere, cui vulnus corruptionis infligere non potuit. Facta est igitur, auctore diabolo, suspecta criminis ea quæ non noverat maculam corruptionis. Sed quia crudelis est, qui famam negligit, expurgationis gratia, ad vomeres candentes illud sibi judicium delegit, quod propter duritiam hominum institutum esse cognoscitur. Cumque dilecta Deo ad illud judicium, velut ovis ad occisionem duceretur, ingemuit, et ait; Domine Deus, creator cœli et terræ, qui probas renes et corda, judica judicium meum, et eripe me. Te enim testem et judicem hodie invoco, quia nec hunc præsentem Heinricum nec alterum quemquam virum carnali commistione umquam cognovi. Hoc dicto, stupentibus ac flentibus universis, qui aderant, vomeres candentes nudo vestigio calcavit, et sine adustionis molestia secura pertransiit. Ita Deus omnipotens vinculum castæ dilectionis servavit, innocentiam comprobavit, et integritati custodiam humilitatis adhibuit.

24. Inter hæc beatissimi Principis gloria magis ac magis proficiebat, et gratia Dei erat cum ipso. Non declinavit clypeus a bello, et hasta ejus non est aversa. Apuliam a Græcis diu possessam, Romano Imperio recuperavit, et eidem provinciæ Ismaelem ducem præfecit. Qui postea in Babenbergensi loco mortuus, et in capitulo majoris monasterii sepultus requiescit in Domino. Beneventanum monasterium condidit, et omni ornatus decore locupletavit. Cumque civitates Apuliæ pertransiret, et quæ ad utilitatem et honorem regni pertinebant in eis prudentissime disposuisset, cœpit infirmitate calculi laborare. Cujus morbi molestiam vir sanctus tanta patientia sustinuit, ut passiones carnis ad custodiam humilitatis a Deo sibi collatas assereret, et flagellum correptionis certissimum signum dilectionis esse affirmaret. Fomenta tamen curationis fecit sibi adhiberi, sed nulla medicorum subtilitate ad integrum potuit liberari. Ingravescente autem dolore, ascendit montem Cassinum, petiturus, ut per intercessionem B. Benedicti et sanctæ Scholasticæ sanitatis ei a Deo præstaretur remedium.

25. Veniens autem ad locum ubi Sanctorum reliquiæ fuerant reconditæ, effudit animam suam in conspectu Altissimi, et per sanctorum suffragia, Benedicti videlicet et S. Scholasticæ, precibus et lacrymis postulavit a Deo salutem corporis et animæ sibi præstari. Impletumque est quod per Prophetam dicitur : Exquisivi Dominum, et exaudivit me, et ex omnibus tribulationibus meis eripuit me. Nam petiit, et exauditus est : pulsavit ad ostium perseveranter miserantis potentiæ, et intromissus est. Interea Rex cœpit cogitare, quæ de translatione S. Benedicti audierat; et quia reliquiæ ejus dicebantur furtim sublatæ et in alium locum translatæ, ideo vir sanctus de corporali ejus præsentia dubitabat. Completa itaque oratione, homo Dei ad hospitium se contulit, et lassatus ac debilitatus in lectulo se collocavit. In quo obdormiens vidit S. Benedictum sibi assistere, et ferrum sectorium ad medicinales sectiones aptum manu tenere. Qui dixit ei : Quia sperasti in Deo et in Sanctis ejus, ecce missus sum a Deo, ut per meam medicinam ab infirmitate tua liberaris. Ecce ego, cujus ossa furtim sublata esse putabas, præsentiam meam tibi exhibeo, et in argumentum veritatis passiones tuas curabo (59). Hæc dicens, partem illam corporis, ubi calculus jacebat, medicinali ferro, quod manu tenebat, aperuit et, evulso molliter calculo, hiatum vulneris subita sanitate redintegravit, calculumque quem tulerat in manu Regis dormientis reposuit.

26. Quo facto, Christianissimus Imperator evigilavit, et pertractans secum quæ circa ipsum per Confessorem Christi gesta fuerant, vidensque calculum quem manu tenebat, vocavit satellites, qui regio more sibi semper assistebant, dixitque ad eos : Pontifices regnique nostri Principes vocate ad me; ut cognoscant et videant mirabilia Dei, quæ ineffabilis misericordia et inenarrabilis potentia ejus fecerunt in me. At illi mandata Regis celeri cursu perferentes ad Principes, perduxerunt eos ad Regem. Quos Rex salutans, resalutatusque ab eis, sic alloquutus eos est : Fratres et commilitones mei, magnificate Dominum mecum, et exaltemus nomen ejus in idipsum, quia ipse est magnus Dominus, et laudabilis nimis, et magnitudinis ejus non est finis. Ipse percutit, et medetur : flagellat peccatores, et pœnitentibus miseretur. Hunc humiliat, et hunc exaltat : quia calix in manu Domini vini meri plenus misto. En ego, qui heri morti proximus fui, per misericordiam Dei hodie vobis appareo sanus : et aculeum mortis, quem heri gestavi inclusum corpori meo, hodie oculis vestris visibiliter ostendo.

27. Hæc dicens, ostendit calculum, quem manu tenebat, et ostendens cicatricem vulneris, omnia, quæ per sanctum Benedictum circa ipsum gesta erant, cunctis audientibus, ex ordine referebat. At illi videntes et audientes mirabilia Dei, et plus quam credi potest, admirati sunt; et benedicentes Deo, diuque in laudem ejus acclamantes de incolumitate Regis gavisi sunt. Rursumque Rex ad eos : Quas, inquit, gratiarum actiones, aut quæ munera tantis beneficiis condigna medico nostro Benedicto possumus rependere? At illi omnes judicaverunt cum regia munificentia dignum esse. Rex ergo consilio Principum suorum ingentia munera in prædiis, in auro, in argento, in ornamentis plurimis ecclesiæ S. Benedicti contulit. Et valefaciens fratribus, qui eidem ecclesiæ præsidebant, a Cassino monte hilaris et

---

(59) De hac et adjunctis et aliis historiis in Commentario disceptatum est.

sanus discessit. Ab eo autem tempore, et deinceps, quadam speciali dilectione et veneratione S. Benedicto, et omnibus monasticæ religionis cultoribus studuit deservire, et in amplificandis ac protegendis rebus ecclesiasticis benignus ac devotus Pater existere. Hæc in Cassino monte scripta inveniuntur, ut et moderni magnalia Dei in memoria habeant, et apud posteros per antiquitatem temporis in oblivionem non veniant. Et, si quis scire desiderat quare gloriosissimus imperator Heinricus claudicaverit, cum primum corpore toto sanus fuerit, hanc causam noverit.

28. Cum ipse quodam tempore venisset in Apuliam, pro disponendis reipublicæ negotiis, pervenit in montem Garganum, in cujus crepidine sita est lævitas, et in latere mortis in rupe concava, est basilica non ab hominibus fabricata; neque per hominem dedicata, sed operatione divina vel virtute exstructa : mirabiliter etenim divina benedictione venerabiliter consecrata est. Hujus basilicæ exstat patronus Michael Archangelus. In hac etenim ecclesia, qualibet hebdomada cantus angelicus, ab his qui digna sunt, audiri perhibetur. Hanc itaque basilicam, orationis causa, cum ceteris Christi fidelibus vir Deo devotus est ingressus. Cumque laudes divinas inibi celebrassent, et vota precum suarum cum multa devotione Deo reddidissent: tempus jam aderat, quo cælestis exercitus ad laudes Deo persolvendas, templum hoc sacrum fuerat ingressus. Itaque cum omnes egrederentur, et qui moram facerent, expellerentur exire; vir sanctus postulabat ut ei intus remanendi facultas concederetur. Igitur omnibus egressis, solus ipse, sperans in misericordia Dei, inibi manere præsumpsit, et preces precibus continuavit; et genuum flexiones iteravit : in quo multis lacrymis divinæ se commisit clementiæ, et animam suam beato Michaeli Archangelo cum multa supplicatione studuit commendare.

29. Cumque pii regis incensum (60) ascenderet ram Domino, Deus Israel, qui in Sanctis suis semper est mirabilis, mirabilem ei dignatus est ostendere visionem. Vidit enim angelorum multitudinem copiosam, adinstar solis splendidam, templum sanctum ingredientem; ex quibus duo principale solenniter adornabant altare. Deinde vidit alias cælestium Virtutum cohortes innumeras, in similitudinem fulguris coruscantis fulgentes, et quasi primatem suum cum gloria maxima deducentes : nec dubium hunc fuisse cælestis militiæ signiferum. Novissime vero meruit videre ipsum Regem angelorum venientem cum potestate magna et virtute. In cujus obsequio cælestis exercitus innumerabilis, et splendor ejus incomparabilis : cujus etenim nutu reguntur omnia cælestia et terrestria. Denique chorus novæ Hierusalem in prædicta collectus basilica divinum solenniter celebravit obsequium. Quo tandem completo, unus ex

(60) Intellige orationum, quas ad Deum fundebat.
(61) Tota hæc claudicationis historia adjecta est ex

A præcipuis angelis, sacrum Evangelii textum cum maxima reverentia d......... detulit personæ; quo illum deosculante : innuit angelo, ut eumdem deosculandum deferret Imperatori, in angulo......... Angelo vero jussu sibi complente, prædictus Christi famulus ad insolitam tantæ majestatis et gloriæ visionem cœpit animo pavescere, et omnibus membris contremiscere; tamquam diceret cum Propheta : Contritum est cor meum in medio mei, contremuerunt omnia ossa mea.

30. Hæc angelus ille videns; modeste femur ejus tetigit, inquiens : Ne timeas, electe Dei, surge velociter, signum pacis divinitus sibi transmissum suscipiens alacriter; extemplo et statim femur ejus emarcuit; et exinde omni tempore vitæ suæ claudicavit. Similis per omnia eventus de beato Jacob legitur, cujus femur ad tactum angeli secum luctantis emarcuit. Hæc quidem, ut verum fatear, in scripturis non inveni, sed relatu veracium et venerabilium virorum, hæc vera esse, in veritate comperi. Equidem præpotens Cancellarius episcopi Herbipolensis, Conradus nomine, qui persecutionem passus est propter justitiam; hæc, quæ dicta sunt, se legisse, constanter affirmavit, et in Ecclesia Babenbergensi positus, multis audientibus enarravit; ex quibus unus mihi familiaris, et ipse plane vir veridicus, mihi fideliter intimavit, et volente me silentio supprimere, obnixe rogavit, ut scriberem : tandem ego petentis instantia, et sedulitate monentis inductus, fideliter conscripsi, quatenus in progenie altera hæc enarrentur. Mallem somno modo quiescere, quam ficta vel frivola de Sanctis Dei scribere, præsertim dum opus non habent falsis laudibus exaltari; qui signis et prodigiis meruere decorari. Hæc de tam glorioso miraculo dicta sufficiant. Et in evidens hujus signi testimonium ipsius S. Heinrici imago ante januam monasterii ad dextrum latus penes chorum S. Georgii ex......... pillo uno supposito, ex opposito imaginum Adæ et Evæ lucidæ apparet (61).

CAPUT IV.

Adventus Benedicti PP. VIII in Germaniam, sancti peregrinatio Cluniacum; ejus pro Ecclesia et imperio gesta, felicissimus obitus et de eodem mira visio.

31. Inde iter faciens Romam pervenit, ubi a Benedicto Papa benigne et honorifice susceptus, quantas miserationes et beneficia per S. Benedictum ei Dominus contulerit, indicavit. Benedictus vero Papa gratias egit Deo pro omnibus beneficiis suis, et pro salute Regis, et totius populi Catholici obtulit sacrificium laudis. Eodem tempore, sicut supra dictum est, Rex sanctus Babenbergensem fundum cum omnibus pertinentiis suis beato Petro contradidit, et Apostolico Præsuli ex tunc et semper defendendum commendavit, et in commemorationem hujus pactionis,

notis Gretseri, ubi et ipse alia adjungit, de quibus satis diximus in Commentario.

singulis annis album ambulatorem (62) cum phaleris Romano Præsuli dari constituit. Hoc quoque humilitate et devotione apud Dominum Papam obtinuit, ut ad Alemanniam accederet, et Babenberg fundum, novam plantationem visitaret. Quod et ita factum est. Nam in proximo Aprili Alemanniam intravit, omnibusque civitatibus illius regionis peragratis, tempore, quo condixerat, Babenberg locum adire disposuit. Venit ergo v feria Majoris Hebdomadæ, hora sexta, sacris Pontificalibus vestimentis indutus, sicut jam ad peragenda mysteria Dei, ac solenne illius diei officium processurus erat : et suscipitur gloriosissime ab Imperatore, atque universis, qui aderant, Principibus, omnique clero, et populo, inæstimabili exultationis tripudio.

32. Ut autem in adventu tam insoliti, tamque exoptati hospitis Deo nostro jucunda decoraque laudatio exhiberetur, prudentissimus regum quatuor in occursum ejus choros psallentium decenter ordinavit. Primum in fluminis ripa, alium, in citeriori, tertium, ante portam civitatis : quartum, in atrio ecclesiæ; ubi primus omnium Rex ipse, data manu, Papam in domum Domini introducens, divinis hinc inde hymnis canora suavitate resonantibus, in episcopali cathedra locavit. Debitum hujus sacratissimæ diei officium cum duodenis Episcopis cooperatoribus Apostolicus Pontifex similiter et aliorum dierum sequentium summa devotione celebravit. In sancta autem Dominica Paschæ cum in matutinali officio Aquileiensis Patriarcha lectionem primam, Archiepiscopus autem Ravennas secundam; ipseque Apostolicus recitaret tertiam; omni denique ornatu et elegantia processionis solennia agerentur, veluti condecuit Apostolicam dignitatem, Imperialem magnificentiam in solennitate solennitatum , quis non judicet tam religiosam, nostrisque inusitatam in regionibus celebritatem, merito in notitia omnium Babenbergensis ecclesiæ filiorum perpetuo haberi, et memoriale ejus in sæculum non derelinqui? Sub eisdem diebus basilicam in honore S. Stephani (63) viii Kalend. Maii idem venerabilis Papa consecrans, pretiosis muneribus, quæ adhuc ibi servantur, adornavit : ubi inter Missarum solennia , cooperatione lxxii Episcoporum, et unanimi consensu Principum, episcopatum ab omni sæculari potestate liberum esse constituit, et cuncta , quæ pontificali dignitati et utilitati congruerent, præsentiæ suæ auctoritate, et privilegii sui attestatione, banniqué firmitate roboravit. Cujus privilegii confirmatio talis est : *primo loco in appendice reperienda.*

33. Ut autem ad superiora redeamus unde paulisper digressi sumus, postquam vir sanctus Romæ positus, omnia, quæ petebat, a Domino Papa impetravit, confirmatus Apostolica benedictione, Alpes Apenninas transcendit, et dimisso exercitu in terram suam, Cluniacum (64), eo quod multa de religione et statu loci illius audiret, orationis causa cum paucis familiaribus perrexit. Ubi cum plurima signa religionis et sanctitatis vidisset, sancti Spiritus igne succensus, coronam auream pretiosissimis gemmis adornatam, ad Missam, quæ de cathedra sancti Petri celebrabatur, obtulit, et fraternitatem monachorum suscipiens, cum maxima humilitate et contritione cordis, orationibus eorum se commendavit, et in supplementum necessariarum rerum, in Alsatia optima prædia eidem congregationi contradidit. Inde iter faciens per Leodium et Treverim transitum fecit, et congregationes ibi Deo famulantes plurimis largitionibus et prædiis ditavit.

34. Et mirum quod homo Dei, qui circa ecclesiasticas utilitates tanto studio ob salutem animæ suæ flagrabat, in nullo profectum regni negligebat : quin imo sine effusione sanguinis, pietate et sapientia terminos regni sui dilatavit, et imperialem dignitatem gloria et honore amplificavit et ornavit. Boemiam vicit et subjugavit : Burgundiam in deditionem recepit : Pannoniam quoque Catholicæ fidei, et Romano Imperio coadunavit : victor autem aliarum nationum, Apostolus fit Ungarorum. Cum enim omnes adhuc infideles essent, Heinricus Imperator ad fidei confessionem illos attraxit. Quod ut facilius fieret, sororem suam Giselam Stephano Regi matrimonio copulavit, secundum Apostolum dicentem : Sanctificatur vir infidelis per mulierem fidelem ; et sanctificatur mulier infidelis per virum fidelem. Stephano itaque Rege baptizato (65), universa Pannonia verbum vitæ suscepit, et mira rerum novitate per Reges apostolos sanctæ Catholicæ Ecclesiæ incorporata est. Quam præclara tanti apostolatus societas; quam colenda et veneranda utriusque sanctitas, per quos tot salvati et sanctificati sunt. Præfatus autem Rex Ungarorum, religiosus Deoque devotus, postea in executione bonorum operum permansit; quod divina pietas post mortem ejus evidentibus indiciis ad sepulcrum factis signorum miraculis demonstravit.

35. Burgundiorum quoque non humana sed divina fuit victoria, qui cum armis et omnibus belli copiis essent instructi, viri ad bella doctissimi, armis positis, non hominis metu, sed Dei nutu, rogantes ea, quæ pacis sunt, dextras dederunt. Quemadmodum ad celebranda beati Martini confessoris merita

(62) Nempe equum album, de quo plura Hofmannus in Annalibus, notans etiam addendas fuisse centenas marcas argenti; sed eam pensionem a Leone PP. IX per commutationem remissam. In tempore adventus Papæ in Germaniam, solita allucinatio.

(63) Recte hic Anonymus contra Leonem Ostiensem, qui velut templum in honorem S. Georgii a Benedicto Papa consecratum, cum id pridem dedicatum esset, ut ex commentario plenius intelliges.

(64) Cluniacum aliquando ivisse S. Henricum non videtur negari posse, sed quam parum apte et hæc et alia disposuerit scriptor noster, satis alibi diximus, ut plura hic observanda non supersint.

(65) Hæc etiam ad commodum sensum in Commentario reducta sunt.

Dominus pacificum belli dedit exitum : ita et nunc servi sui meritis consimilem virtutem ostendere dignatus est. Similem ergo illum fecit gloriæ Sanctorum. Et sicut Moyses precibus magis quam armis triumphavit, ita gloriosissimus Princeps per arma justitiæ omnia bella feliciter consummavit, ac minime funestam et incruentam victoriam semper habuit. Denique consummatis gloriosissime hujus vitæ laboribus, postquam bonæ opinionis odorem longe lateque redolere fecerat, locumque sibi dilectum cum ceteris monasteriis ditando, et ornando, et excolendo ad perfectum adduxerat, ad percipiendam imarcescibilem coronam ab ergastulo carnis a Domino est vocatus. Qui cum cerneret imminere sibi mortis diem, citatis ad se parentibus et cognatis beatissimæ Imperatricis Chunegundæ, nonnullis etiam regni primoribus, manu eam apprehensam illis commendavit hujusmodi verbis memoria dignis : Hanc ecce, inquit, mihi a vobis, imo per Christum consignatam, ipso Christo Domino nostro, et vobis reconsigno virginem vestram.

36. In ejus vero transitu, terra plorante, cælum exultavit, sicut Dominus per suam misericordiam revelare dignatus est. Sub ipsa etenim hora exitus illius cuidam servo Dei in solitudine commoranti, diabolus sub humana specie traditur apparuisse (65*). Quem vir Dei per spiritum protinus agnovit, et ait : Quo vadis? Cui ille : Ad exequias, inquit, Principis pergo. At ille respondit : Vade, inquit, et comple negotium tuum, in quantum tibi a Domino permittitur. Verumtamen consummato officio tuo, adjuratus per Deum vivum, ad me revertere, ut per te rei exitum cognoscam. Post modicum vero reversus coram servo Dei gemebundus adstitit, et voce querula, et ingenti ululatu dixit : Heu heu! delusi sumus, in vanum laboravimus, quin etiam ab angelis Dei confusi discessimus. Assistentibus enim hinc et inde nobis, et spiritibus angelicis, merita animæ juste in statera appensa sunt; et fasciculis peccatorum deprimentibus, jam pene pars nostra præponderaverat.

37. Tunc subito adustus quidam superveniens cum catino aureo, partis dextræ lancem oneravit, mirumque in modum parti nostræ adeo præponderavit, ut et ipso catino ad terram collapso, ruina collisionis signum impresserit. Itaque victores angeli animam nobis ereptam gaudentes in suum consortium abduxerunt. Hæc vero tametsi corporaliter gesta referantur, necesse tamen est ut virtute spirituali completa intelligantur. Res etenim spirituales per corporales exprimuntur Imagines : cumque aliud foris agitur aut dicitur, intus aliud geri significatur. Præmemoratus et sæpe rememorandus Dei famulus calicem aureum in honorem Dei et commemorationem S. Laurentii martyris ecclesiæ Mersburgensi contulerat, cujus speciali patrocinio coram Deo adjutus, et in ipsa sui exitus hora creditur liberatus. Omni vero veneratione et admiratione dignum esse perpenditur, quod eadem hora calix in certa custodia clausus habebatur, nec minus tamen prædictæ collisionis materiale signum excepit.

38. De eodem vero calice, quid religiosorum virorum relatione in veritate audierimus, futurorum memoriis intimare operæ pretium dignum duximus. Cum enim prædictus Christi confessor Heinricus, pro disponendis regni negotiis Marsipolim venisset, accidit, ut quadam die ad altare S. Laurentii attentissime Missam audiret. Qua completa, sicut semper facere consueverat, ablutionem calicis sumere volebat, sed interveniente magno negotio regni, quod vir sanctus proposuit, tunc temporis fieri non potuit. Vocato itaque custode ecclesiæ, rogavi eum, ut calicem cum ablutione in mundo loco reponeret, et cum omni diligentia servaret : quoadusque ipso exoccupatus aptum tempus et locum ad sumendam illam inveniret. Excrescentibus autem causis et placitis, tota die illa turbatus, non potuit se expedire. Postera vero die, post matutinas, cum paucis secretariis suis, clanculo monasterium introivit, et diutius flexis genibus et profusis lacrymis Deum exoravit ; accersitoque custode, calicem cum ablutione sibi afferri præcepit. Cumque allatus fuisset et discoopertus, invenerunt ablutionem illam in formam veri sanguinis transmutatam. Quod factum mirabile mox universis, qui aderant, innotuit, et nunc et semper in laudem Dei, et gloriam confessoris sui omnis Ecclesia successoribus suis enarrabit.

39. Discite ergo divites hujus sæculi facere vobis amicos de mammona iniquitatis, ut, cum defeceritis, ipsi vos in æterna recipiant tabernacula. Hujus vero gloriosissimi ac beatissimi Patris præconia linguam carnis reticere non convenit, in cujus transitu angelis triumphantibus cælum exultavit. Defuncto itaque beatissimo Dei famulo anno regni sui XXIV, vitæ quinquagesimo secundo, Imperii vero undecimo, corpus ejus in ecclesia beatorum Apostolorum Petri et Pauli Babenbergæ honorifice sepultum est, ac postmodum multis miraculorum virtutibus a Domino glorificatum est.

AD LIBRUM MIRACULORUM OBSERVATIO PRÆVIA.

Notavit Gretserus pag. 81, in apographo Bambergensi Vitæ S. Henrici hunc se titulum reperisse : « Incipit liber primus de vita et gestis S. Henrici Imperatoris confessoris », in eodem apographo nusquam apparere, « aut finem primi aut exordium libri secundi; » nisi forte, inquit, id sumendum sit a commemoratione miraculorum, quæ Deus per sanctum Imperatorem, jam vita functum patravit. Ita prorsus censendum putamus; cum caput 50 dicatur parænesis et epilogus; sequens vero 51 a miraculis incipiat, nempe ab ea visione, qua Bruno Augustanus antistes, Sancti frater, ab evertendo episcopatu

---

(65*) De hac qualicumque visione consulendus Gretserus a p g. 94 ; nos reliqua quæ ad Sancti felicissimum exitum pertinent, suo loco exposuimus.

Bambergensi absterritus est. Extenduntur porro miracula a dicto cap. 51 ad 54, ut numero xxiv, *quorum prima* x *ante canonizationem contigisse videntur; nam capiti* 41 *præfigitur hic titulus :* « *Prœmium in miracula quæ in translatione S. Henrici Imp. patrata sunt ;* » *translatas autem ejus reliquias nemo dixerit, antequam sacrum corpus è terra levatum fuerit, quod supra § 3 accidisse ostendimus anno* 1147. *Non ignoro translationem* S. Henrici *etiam accipi posse, ut miracula quis facta putet eo tempore quo sacrum ejus corpus ex loco ubi mortem obierat, Bambergam referretur : verum circumstantiæ ita loquuntur, ut restringenda videantur ad translationem aliquam reliquiarum factam post Sancti canonizationem. Visum proinde est totam miraculorum historiam, ad normam nostram, ita dividere, ut decem illa priora constituant partem primam ,: reliqua partem alteram : eaque ex Surio describere omissis Gretserianis capitum divisionibus. Sit itaque.*

MIRACULORUM S. HENRICI PARS PRIMA.

1. Anno Dominicæ incarnationis mxxv, ab Urbe condita millesimo septingentesimo septuagesimo sexto Chunradus ex regni primoribus unus, sed regno antea per rebellionem adversus, Principibus pro ejus electione discordantibus, Aribone autem Moguntino Archiepiscopo, et Eberhardo Babenbergensi Præsule sibi faventibus, octogesimo quinto loco ab Augusto regnum suscepit et annis xv regnavit. Sublimatus autem in regni sede, consilio Brunonis Augustensis Episcopi, fratris Henrici imperatoris, qui semper, ut supra dictum est, felicibus ejus invidebat actibus, Babenbergensem episcopatum meditabatur destruere. Quia idem Bruno Episcopus promisit reginæ Gisilæ, omnia prædia hereditario jure ad se pertinentia, filio ejus Henrico contradere. Locus igitur et tempus conventui statuitur, ubi hæc res ad exitum perducatur. Nocte vero, quæ diem præcesserat, in qua hæc ventilanda erant, Eberhardus episcopus ad tentorium prædicti Brunonis clam accessit, lectoque ejus assidens, multa super hac re monendo, obsecrando, memoriam fratris animo inculcando cum eodem solicitus egit. Quia vero jam multa noctis hora transacta recesserat, et Episcopum pro auditis sollicitatum somnus oppresserat, visus est ei frater suus Imperator Henricus lecto suo adstare, faciemque suam barba ex una parte depilata turpatam objectare. Cum super hac re stupido et admiranti, ac quis tam temerarios ausus in eum præsumeret, interroganti : Tu, ait, hæc fecisti : qui me, et sanctos Dei, quos rebus mihi a Deo concessis dotavi, despoliare disposuisti. Cave jam ulterius super hac temeritate, ne incepta tuas magna infelicitate. Ad hæc ille expergefactus, ac de visione non parum perterritus, membrorum quoque horrore ac timore non leviter est attactus. Mane autem facto, cum diu exspectatus ad conventum procerum non veniret, regina pro filio solicita, nuntiis missis, obnixe rogabat, ut adveniens promissa perficeret. Ille vero affirmabat se tanta infirmitate gravari, ut nec de lecto surgere, nec pedem posset quoquam movere. Cum rogaretur ut se in lecto ad conventum deportari putaret, quo vel sic promissio perficeretur, omnino abdicavit, seque in Deum et Sanctos ejus peccasse, libera tandem voce proclamavit. Sic itaque divina pietas per merita famuli sui, ne spe quam in se posuit fraudaretur, omnia illa pravæ conspirationis machinamenta repressit : idque, quod ab eo bene cœptum est, confirmando, semper exinde ad meliora provexit.

2. Sed jam nunc ad miracula, quæ post felicem illius transitum Dominus, ad declaranda meritorum illius insignia, circa gloriosi corporis ejus sepulturam operatus est, veniamus : pauca ex his ad posterorum notitiam transferentes; quæ aut veraci aut indubitata majorum relatione ad nos delata sunt, aut ipsi modernis temporibus gesta probavimus, et vidimus. Mulier quædam contracta in ipsa civitate manebat, adeo incurvata, ut ad gradiendum erigi nullatenus potuisset, sed reptaret potius manibus quam pedibus ambularet. Huic orationibus frequenter incumbenti divinitus inspiratum est, ut ad memoriam beatissimi viri accederet, atque omnipotentis Dei misericordiam obnixius imploraret. Accidit autem ut dies anniversarius præfati Patris Domini nostri congrua observatione celebrari deberet. Populo ergo, more solito, ad ecclesiam confluente, et clero vigilias vespertinas celebrante, mulier quoque illa incurvata et contracta advenit, et plena fide ac devotione usque ad locum sepulcri accessit, dicens cum Propheta : Vota mea Domino reddam in conspectu omnis populi ejus, in atriis domus Domini. Ibidem ergo pernoctans in oratione, universum quod habebat, id est cor contritum et humiliatum Domino obtulit, et in fide Christi lacrymis rigavit pedes ejus, et capillis capitis sui tergebat, et unguento ungebat. Et quoniam multum valet deprecatio justi assidua, cum indefessa usque in diem talibus sacrificiis insisteret; circa horam diei tertiam inter ipsa Missarum solemnia, dum in secunda Missa Alleluia canitur, Laus Dei in hominibus, ipso operis effectu adimpletur. Subito enim, cernentibus cunctis qui aderant, mulier quasi in ecstasi facta est, ac deinde sensim nervi, qui diriguerant, dissolvi, et universa corporis membra concrepantia cœperunt extendi; ac sic ordine suo tota incurvati corporis deformitas in suam pulchritudinem reformata est, ut mulier erecta, et usum ambulandi, et reliqua membrorum officia cum omni integritate reciperet. Id autem certissima fide cognitum est, referentibus boni testimonii fratribus, qui præsentes huic miraculo se interfuisse et vidisse testati sunt.

3. Neque hoc negligendum aut silentio prætereundum videtur, quod antiquitas tradidit, et veridica relatione multorum memoriæ commendavit.

Quidam æditueus in ordine laico ad custodiam ecclesiæ deputatus, furtis cœpit consuescere, et in ipsa ecclesia, quæcumque poterat, clanculo decrustabat. Sed quemadmodum bonis Dei male utendo, mali ipsa bona Dei, quantum in se est, quodammodo convertunt imo pervertunt in malum; ita e contrario summus artifex mala malorum quandoque etiam in bonum convertit ipsorum. Ut enim ad propositum redeamus, ille prædictus ecclesiasticæ custodiæ deputatus, cum jam inolita vitiorum consuetudine ipsam consuetudinem peccandi sibi quasi legem fecisset, misericorditer a Domino visitatus atque correptus est, juxta illud : Si justitias meas profanaverint, et mandata mea non custodierint, visitabo in virga iniquitates eorum, et in verberibus peccata eorum. Nocte igitur quadam, dum in ipsa ecclesia somnum caperet, servus Dei aspectu terribilis illi apparuit, qui et aspere invectus in eum dixit : Species decipit te, et concupiscentia subvertit cor tuum. Quare hoc et hoc fecisti? Scito quia rem iniquam operatus es. Hoc dicto, illum de stratu suo protraxit, et multis verberibus cæsum, cruentatum dereliquit. Hæc quidem somnians pertulit, sed expergefactus signa plagarum evidentia demonstravit, et verba verberum argumentis comprobavit. Taliter ab immani præcipitio retractus, idem ipse postmodum in suo ministerio usque ad provectiorem ætatem in ecclesia permansit, et in ejus correctione multi correcti sunt, glorificantes Deum, qui per servum suum jam coronatum in cœlis talia operatur adhuc in terris.

4. Quadam vice incerto casu cuidam accidit, ut dissociatis ab invicem naturalibus instrumentis, mandibula loco suo dimota, et oris impediret officium, et naturalem humani decoris compositionem deformaret. Doloris, et deformitatis accedebat molestia, quam perpendere in alio commode valebimus, si ad nostri corporis infirmitatem animo recurramus. Talibus circumventus incommodis clamavit ad Dominum, et divinæ pietatis obnoxius imploravit auxilium. Ut ergo opera Dei manifestarentur in illo, multis assistentibus et videntibus, ad tumbam Beati accessit, et capite superimposito, tam diu precibus institit, quoadusque per merita servi Dei sanitatem, quam desiderabat, accepit. Quid enim? Necessarium enim est ut, qui Domino universæ creaturæ obediunt, illis creatura omnis certis legibus rationis per omnipotentis Dei virtutem obediat.

5. Item in alio tempore contigisse in veritate audivimus, ut quidam a paralysi usque adeo vexaretur, ut exinde usum brachii perdidisset : nutu divino admonitus est ut ad sepulturam Sancti corporis accederet, et prostratus in oratione, Dei omnipotentis misericordiam per beatissimi viri ibidem requiescentis merita invocaret. Toto itaque corpore prostratus orationibus incubuit. Quid ergo? Christus Filius Dei, qui super terram gradiens manum aridam habentem sanavit; idem nunc sedens ad dexteram Patris, eodem invocato miraculo, per merita dilecti sui, supplicem istum liberavit. Sanus equidem ab oratione surrexit, et Deum propitiatorem in commemoratione Sancti sui glorificavit. Clamor ad cælum attollitur et cum debita gratiarum actione hymnus gloriæ omnipotenti Deo ab universis assistentibus decantatur.

6. Hoc quoque successoribus nostris indicare curavimus, quod in diebus Rogationum ad sepulcrum prædicti Confessoris contigisse veraciter cognovimus. Quidam enim sacerdos cum populo suæ procurationi commisso in diebus Rogationum crucem cum hymnis et canticis ad monasterium scilicet sancti Petri et S. Georgii deferebat : cum quodam cæcus, alterius manu ductus, veniebat. Is cum ad sepulcrum Confessoris Christi venisset, ex toto corde suo rogavit sanctum Heinricum, ut per ejus interventum, restitueretur ei lumen oculorum. Cumque diu precibus et lacrymis pulsaret ad ostium pii Confessoris, cunctis videntibus et in laudem Dei acclamantibus, redditus est ei visus per gratiam Omnipotentis. Et mirum in modum, qui alterius manu ductus crucem Domini secutus fuerat cæcus, modo propriis manibus crucem ferens cum laudibus Christi, populo domum redeunti ductum præluit illuminatus.

7. Aliud quoque divinæ virtutis miraculum celebri commemoratione et certa fide cognitum est. Erat quidam languidus ipsa in civitate omnibus cognitus, cujus inferiora omnia in lumbis et infra omnino præmortua fuerunt, adeo ut nec pedibus solo niti valeret, sed instrumento cuidam rotali quatuor coaptato pendulus inhærebat, suique corporis molem manibus propriis pro possibilitate artificis volutabat. Idem loculum sanctissimi corporis frequentius visitare solebat : et per Dei misericordiam, ad celebranda servi sui merita, tantam gratiam est consecutus, ut membra præmortua vivificarentur, ac deinde baculis utroque humero suppositis, pedibus terram tangeret et erectus incederet.

8. Modernis etiam temporibus quidam contractus, quia adhuc in carne superest, in eodem loco sanatus est, et naturalem usum ambulandi recepit. Præter hæc multa alia sanctitatis argumenta et experimenta frequenter in eodem loco visa sunt : debiles curati, cæci illuminati ; dæmones ex obsessis corporibus visibiliter fugati : multi ex diversis infirmitatibus ibidem frequentissime liberati sunt, Domino testificante, quanta Sanctorum gloria in cælis sit, quos tantis miraculorum virtutibus in terris coruscare concedit : ne apud homines loco humili teneantur, qui apud Deum meritis excelsi esse comprobantur.

9. Cum etenim miraculorum attestationibus sanctitatem Confessoris sui Dominus declararet, Babenbergensis Ecclesiæ Prælati, crebrescentibus signis, cum mandatis et litteris Chunradi Regis ac Principum Romam abierunt, et quam magna mira-

bilia Deus per Confessorem suum operetur, Domino Papæ Eugenio, et Romanæ curiæ nuntiaverunt. At illi gaudentes, et pro tantæ famæ dulcedine Deum glorificantes, de canonizatione sancti Regis Henrici cœperunt sollicite ac diligenter ad invicem conferre, quatenus in Catalogo conscriberetur Sanctorum, qui virtutibus et signis probaretur assumptus esse in regnum cælorum. Cui canonizationi quidam Cardinalis, Joannes nomine, cœpit vehementer obsistere, et projecto timore Dei, in quibuscumque potuit, non verecundatus est prædicto Confessori detrahere. Sed divina ultio detrahentem cælesti verbere repente coercuit, et dum famam beati viri laceraret, potestas Dei lumine oculorum eum privavit. At ille adeo percussus et humiliatus cæcitatis molestia et reatus sui conscientia cœpit torqueri; et quomodo hanc plagam in Confessorem Christi peccando meruisset, publica voce confiteri, et mirum in modum, quem prius dentibus detractionis lacerabat, hunc modo laudibus et præconiis usque ad sidera extollebat. Conversus itaque ad pœnitentiam, celerem consecutus est indulgentiam, et per intercessionem Confessoris Christi denuo est illuminatus, ob cujus ultionem justo judicio Dei fuerat excæcatus.

10. Simili modo cum in loco Babenbergensi, ubi prædictus Confessor tumulatus fuerat, de canonizatione ejus celebris fama haberetur, vir quidam religiosus de signis, quæ per eum fiebant, cœpit dubitare, et de permutatione exequiarum, quæ in anniversario ejus celebriter fiebant, intra semetipsum dolere : qui mox oculorum caligine adeo est plagatus, ut postea per Confessorem Christi sanatus, quantum sanctitas ejus apud Deum posset, in curatione ipsius experiretur. Et mirandum est valde, quod de sanctitate tanti viri aliquis dubitare potuerit, cum conversationis sanctitatem, castitatis integritatem, eleemosynarum largitatem, humilitatis custodiam, et omnia opera justitiæ usque in finem vitæ suæ cum devotione summa servaverit. Sed, sicut scriptum est : Nemo propheta acceptus est in patria sua. Vir ergo prædictus, defectu luminis gravatus, confugit ad patrocinia Sanctorum, deprecans ut per eorum suffragia sanitas sibi restituatur oculorum. Et cum ex dolore et labore assidua venarum incurvatione fatigatus fuisset, lassatum corpus somno reparavit. Cui dormienti S. Wolffgangus, eo quod cum familiarem in orationibus suis habuerit, apparuit, et ait ei : Ora Confessorem Christi Heinricum, et liberabit te, quia, quod ejus sanctitati derogasti, idcirco hæc plaga cæcitatis venit super te. Post hanc visionem expergefactus ex conscientia delicti sui contremuit, et ad tumbam Christi Confessoris concito gradu et devota mente properavit. Et procumbens terræ, a Confessore Christi lacrymis et precibus, suis excessibus veniam postulavit. Qui statim exauditus, et pristinæ sanitati restitutus, gratiarum actiones Deo et sancto Heinrico retulit ; et magnalia Dei, quæ circa ipsum Deus fecerat, religiosis viris, qui nobis retulere, ipse narravit. Caveant igitur habitatores sæculi domesticis Dei et civibus Sanctorum detrahere ; quia necesse est eos hic et in æternum perire, qui Sanctorum bonis operibus solent obloqui et invidere. Quamvis ergo nunc tempora miraculorum non sint, signa enim debentur non fidelibus, sed infidelibus : tamen cum aliqua nobis præter solitum cursum ordinemque naturæ eveniunt, omni veneratione amplectenda sunt : quatenus et ipse, qui in Sanctis suis mirabilis est, honoretur, et tarditas nostra ad meliora quæque tantis virtutibus accendatur ; præstante Domino nostro Jesu Christo, qui cum Patre et Spiritu sancto vivit et regnat Deus per omnia sæcula sæculorum. Amen.

PARS ALTERA.

11. Tempore illo, quo venerabilis abbas Merseburgensis Ecclesiæ Volcmarus, reliquias beati Heinrici Confessoris Saxonicæ terræ invexit, sexus utriusque turba, fama divulgata, obviam venit : ex quibus quosdam recuperandæ sospitatis causa, quosdam vero fervens studium, quod ab antiquo circa ejusdem Regis nomen habuerant, attraxit : eo quod terræ suæ statum frequenti paganorum incursu quassatum, illum reformasse, priorum relatione didicerant. Sed meritorum ejus præconia cœperunt in ipso itineris processu evidentibus miraculorum indiciis declarari : in quo diversis morborum generibus oppressi, saluti pristinæ [quot] fuerint restituti, referre per singula, tædium scribenti et fastidium forsitan generaret legenti. Tamen hoc non silendum, quod in plerisque curationum locis, in testimonium divinitus ostensæ virtutis, cumuli haud grandes, vulgi studio, congesti excrevere: ut his visis posteritas illi reverentiam exhiberet, cujus meritis tot genti suæ beneficia collata videret. Verumtamen his interim omissis, ea referenda sunt, quæ in memoria hodieque tenentur a multis.

12. Inter ægros, quorum multitudo salutem petens comitabatur, adolescens quidam irrefragabili membrorum contractu globatus, a parentibus portabatur [sella] gestatoria. Qui, nil in via consecutus, ad ecclesiæ limen usque perducitur. Procedit obviam reliquiis digno cultu chorus monachorum ac clericorum, non tam ejus loci quam ex aliis ecclesiis confluentium. Deinde, ut moris est, concentu vulgi et cleri mixtim concrepante, regreditur. Missarum quoque solennitas ritu festiviore de ipso beato Heinrico inchoatur. At claudus ille inter agmina constipantium vix ecclesiæ illatus, juxta altare, ubi reliquiæ fuerant collocatæ, deponitur. Videres in eo illud Isaiæ compleri Saliet sicut cervus claudus, et clara erit in

gua mutorum. Cœperunt enim nervorum ejus vincula solvi, pedes, cruraque extendi; illeque in oculis omnium prosiliens, quanto potuit vocis conamine, virtutem in se factam protestari. Sicque officium gressus, quod usus ab ipso nativitatis ejus exordio negaverat, gratia Christi per merita beati Heinrici reparabat. Vox in laude Dei utrjusque sexus attollitur in altum; sanatus ante altare communicaturus sistitur; sicque ad propria cum parentibus regreditur.

13. Dæmoniaci tres, unus masculus et duæ feminæ in eodem loco curati sunt : qui nomen Heinrici blasphemando ingeminantes frequenter, tandem cum stridore horrifico, sedes, quas tenuerant, reliquerunt. Unus eorum pertinacior ceteris, diu sancti nominis invocationi renitens, cum ad se reliquias deferri cognosceret; modo, cum per se Heinricus venit, non subsistam, inquit : statimque cum clamore magno hominem possessum deseruit. Hæc ipsa die adventus reliquiarum infra Missam gesta sunt.

14. Erat in territorio Merseburgensi mulier diu cæca, quæ, familiaribus gressus suos regentibus, in occursum reliquiis ultra possibilitatem, spe recuperandi visus, properabat, nihilque salutis in via se recepisse, peccatorum suorum obstaculo adscribens, triduo pervigil et indefessa prece, Christi misericordiæ januam pulsavit ; tandemque lucis optatæ suffragium per merita beati Heinrici obtinuit. Hæc in eadem, qua prius, villa, diu vixit : tamque clarens omni terræ illi ejusmodi miraculum fuit, ut nulli fere, maxime horum, qui tunc temporis fuere, incognitum esse possit.

15. Item inter occursantes a remotioribus terræ illius partibus, mulier quædam non solum incessu privata, sed et totius corporis miserabili specie deformis et distorta a conviatibus vehiculo [l. viæ sociis] trahebatur. Quæ, de beati Heinrici patrocinio confidens, propter ubique jam vulgata virtutum ejus insignia, nomen illius assidua invocatione, cum oculorum manuumque extensione memorabat. Ideoque quod totis animi votis quæsivit, in itinere adhuc invenire meruit. Laxatis siquidem fibris, ac gibbi modo reflexo, totoque corpore in habilem redintegrato formam, vocem in se virtutis ostensæ præconam fudit; versisque in stuporem commeantibus, vehiculum deserit, et lætantes de Dei magnalibus, lætior ipsa præcedens ad ecclesiam venit : ac vota [quæ] pro recipienda sospitate factura venerat, jam ea potita, triduo illic morata solvebat.

16. In civitate Hallensi, quæ duobus a Merseburgensi loco milliaribus distat, fuit matrona quædam non ignobilis; quæ, jugi fere dentium dolore vexabatur, adeo ut paulatim robore dentium absumpto, spem salutis assiduitas negaret doloris. Cumque noctis cujusdam initio vehementius acerbitate morbi stimularetur, cum gravi suspirio hanc prorupit in vocem : O beate Heinrice, qui omnium te quærentium necessitati succurris, me peccatricem plena fide te invocantem, ne despice ; sed fac, ut vel unius noctis per tuum patrocinium perfruar quiete. His dictis, præ tædio, caput ad modicum reclinanti somnus obrepsit : statimque omnis, quo diu laboraverat, dolor funditus abscessit.

17. In Monasterio beati Petri, quod Merseburgensi civitati contiguum est, res talis accidit, cujus fere omnis congregatio meminit ; ipseque frater, de quo sermo est, adhuc superstes inquisitus, cum gemitu referre consuevit. Cum festum beati Heinrici, pari voto, longe lateque, omnes terræ illius ecclesiæ, ritu festiviore colendum exciperent; eadem, quanto vicinior, tanto in laude illius prompta, pro suo posse, cœpit esse ornatior. Sed quia impossibile est ut, in prosperis quis, quamvis justus, quamvis sanctus, livorem effugiat, frater quidam, invidiæ stimulis actus, ejus sanctitati non timuit derogare, et modis omnibus, ejus, quantum in ipso fuit, reniti gloriæ, in tantum, ut ea die cultiora quæque (quia tunc custodis officio fungebatur), occultaret, et signorum grandium consonantiam præpediret. Sed non diu frater ille impune Dei, et beati Heinrici tulit offensam. Nam cœpit subito toto corpore fere quinque sensuum officio privari : deinde animi rigore laxato, palam omnibus Dei judicium in se protestari, sicque necdum ad perfectum sanatus, aliquantulum in melius reparari.

18. Hoc, quod subjungam, ipso, de quo dicturus sum, Episcopo referente, Deo teste, cognovi. Cum Polonia jugum imperii, utpote gens rebellis et effera, et magis saltuum et paludum inviis quam virium robore confisa, de cervice sua niteretur excutere : ad reprimendam ejus contumaciam gloriosus imperator Fridericus animum intendit. Cumque indicta generali expeditione, copiosus a diversis regni partibus contractus esset exercitus; Principes terræ illius, et omnis populus timore correpti, quippe qui regni vires contra se moveri ; se autem impares et inexpertos peritiæ belli videbant, ad placandam regis iram legatos mittentes, iterata subjectione prioris dissidii errorem corrigere omnimodis promittebant. Ad hoc ergo reverendæ personæ, miræque prudentiæ episcopum Plocensis ecclesiæ Wernherum elegerunt, cumque cum donis regiam magnificentiam decentibus, ad Imperatorem Aquisgrani morantem, et ossa Caroli Magni levata in thecis auro gemmisque confectis recondentem direxerunt. A quo diu repulsus, tandem interventu Principum in gratiam admissus, legatione ad votum peracta, cum reliquiis S. Henrici, aliisque donis ab Imperatore perceptis redit : et in nemore quod Xurbiæ ac Poloniæ terminis interjacet, mediante jam die, tentoria figi præcepit. Cumque post refectionem fessos ex itinere artus quieti dedisset, quidam in somno, regia veste circumamictus, et dextra sceptrum gerens illi adstitit, hisque verbis eum allocutus ait : Quid in hac vasta solitudine somno deprimeris? Quæ tecum nesciens geris? Et dum ille perterritus, quisnam esset interrogaret : Ego sum, ait, Heinricus, Babenbergensis ecclesiæ fundator

qui in temporalis vitæ cursu, immortalitatis compendium a Domino promerui. In eo ergo, quo jaces, loco, ecclesiam nomini meo, prout tempus permittit, construe, sciens, procul dubio, processu temporis, divinum in eo servitium augmentari. Surgit igitur Episcopus, statimque per famulantium ei manus certatim ruentibus lignis, in modum habilem fecit ecclesiam; sed de lapidum penuria, qui ibidem audiri, non videri consueverant, dum anxius circuiret Episcopus, casu baculum, quem ferebat, in aggestum terræ cumulum figens, lapidum copiam in similitudinum quadratorum reperit ; sicque altare, componens, Dei et beati Heinrici, sanctique Sigismundi Regis nomini dedicavit. Ubi nunc, multis adstipulantibus, major ecclesia construitur, ac monachicæ professionis Ordo inchoatur; quodque ille prædixerat, jam impleri videtur. Hac igitur occasione nomen beati Heinrici apud illas nationes in veneratione cœpit haberi.

19. Quodam tempore cum non modica multitudo pauperum, variis languoribus oppressa, in ecclesia Merseburgensi non solum sanitatem corporis, sed et stipem importune petens confluxisset, populus, qui orationis causa advenerat, prout facultas permittebat, unicuique misericordiæ manum porrigebat. Ubi rusticus quidam e proxima villa, cupiditate sordens, nervorum contractionem simulavit, et recurvato pede in medio languentium consedit. Quem, dum rei domesticæ cura regredi compulisset, jamque, baculo innisus, ficto gressu extra limen ecclesiæ processisset, locum quærit opportunum ; ut, pede reflexo, expeditius, quo tendebat, perveniret. Sed Deo et beato Heinrico dignam ejus meritis pœnam ingerente, miseriam quam ante simulaverat, jam dolore irrefragabili pede nati cohærente, sentiebat. Quid ageret? Pudor dolorque conflictu pari in ejus mente decertabant. Pudor propalare rem gestam prohibebat; dolor confiteri cogebat. Vicit tamen timor. Et omnes, hæc audientes, grandis apprehendit timor. Hoc itaque indicio cunctis claruit Dei famulum non solum votis pie quærentium adesse, verum etiam talia præsumentibus districtum obesse; sicque deinceps perfidorum præsumptio talis cessavit.

20. Est ecclesia parochialis ecclesiæ B. Petri in veteri Castro contigua, juxta quam residens cæcus quidam, audivit concentum popularium in reparatione cujusdam ægri devotissime congratulantium. Erat autem hic de terra et de gente Sclavorum : quibus simplicitas vel irrationabilitas, pravitate quadam ingenii, naturalis est adeo, ut vix vel tenuem fidei videantur habere scintillam: Quærit ergo causam talis concentus. Cui, cum pro sanatione languentis hæc fieri indicatum esset, ait : Iste Heinricus Teutonicus cum sit, solis Teutonicis gratiæ suæ præstat subsidium : mihi vero gentisque meæ hominibus nihil unquam beneficii contulit. In risum ergo, qui aderant, excitantur. Quidam vero sanioris animi, ut ecclesiam petat pro salute sua rogaturus, adhortantur. Ductus itaque, ubi reliquiæ beati Confessoris servabantur, humi prosternitur : et paulo post pietatem Teutonici, Sclavus ipse, quam negari sibi querebatur, experitur. Cœperunt enim ab oculis ejus albedines in modum squamarum avelli, optatumque lucis suffragium in eo redintegrari. Unde gens illa, quæ, ut dixi, rustica simplicitate et fidei pusillanimitate se sperni arbitrabatur, hoc beneficio fiducia speque resumpta, ultra omnes beatum Heinricum studio devotiori veneratur.

21. Hujus rei, quam dicturus sum, tot fere testes habentur, quot fratres, qui tunc temporis fuere, apud præfatam B. Petri ecclesiam inveniuntur ; qui eam tanto fidelius, quanto verius agnovisse contigit, attestantur. In quadam eorum villa, civitati proxima, rusticus quidam, gravi tactus infirmitate, officium pedis unius amiserat, adeoque arentibus nervis ac carne præmortua emarcuerat, ut humana solertia vel studio in eo recuperari sanitatem, tam ipsi quam omnibus eum intuentibus, impossibile videretur. Unde, quod ab homine fieri desperabat, ab eo cui nihil est difficile sed solus restaurat universa, per beati Heinrici patrocinium, fide firma, spe solida, quærens, ejus misericordiæ januam fletibus assiduis, jejuniis crebris pulsavit, et tandem in formam pristini gressus restitui meruit.

22. In pago quodam, milliari uno a Merseburgensi castro distante, mulier surda et muta ab exordio nativitatis suæ, a propinquis et civibus, misericordiæ sinu fovebatur. A quibus, ad ecclesiam perducta, nutibus et signis, quibus erga eam uti possibile fuit, ante beati Confessoris reliquias prona sterni jubebatur. Sed illa, jumento insipienti similis, pro se nil rogare noverat; vel quod essent reliquiæ, aut quid gereretur, penitus nesciebat : cui tamen fidelium pro salute ejus in commune supplicantium oratio fidesque subveniebat ; et per beati Heinrici suffragia, ut ipsa postea testabatur, in utroque corporis officio reformari meruit ex integro.

23. Cum excubiæ sacræ a fidelibus circa thesaurum incomparabilem sine intermissione fierent, ita ut, aliis recedentibus, aliis venientibus, die noctuque fores ecclesiæ non clauderentur, custos ecclesiæ, inter oves lupos sub vellere ovium latentes non facile agnosci consideraret, auferri furtim reliquias metuebat. Ad quod præcavendum, ex quadris lapidibus facto satis habili reconditorio, eas in illo locavit. Cui etiam ostiolum ex pino, quod causa poscente claudi et aperiri posset, imposuit. Nocte ergo quadam, infra cursum matutinum lumen incautius eidem apponens, chorum, quem studiosius aliis frequentabat, ingreditur : sed paulo post fumum sentiens, et quid acciderit, animo præsago concipiens, ad locum festinus revertitur : invenitque ostiolum a flamma tangi et fumum dare, sed non lædi. Cujus hæc meritis, nisi ejus cujus illic reliquiæ servabantur, possunt adscribi? Poterant quidem, absque ligni et lapidis repositione, a raptu alieno, ipso mediante, servari : sed pius confessor

Dei, laborem et studium devote sibi obsequentium, noluit incassum deperire, ne vel in parvo detrimento januæ viderentur contristari, ideoque in ligno, foci usui apto, vim virtutis suæ ignem a Deo obtinuit oblivisci.

24. Mulier arreptitia de restibus connexa manus coram prædicto reconditorio, licet multum renitens, sistitur. Quæ, dæmone mugitum in aera dante seque ab Heinrico torqueri vociferante, satis ipsa torta liberatur. Visum est illi, ut præsentibus referebat, quemdam capite cano, barba prolixa, veste amictum regia, ex eodem loco processisse, et a se spiritum nequam pugnis, et minis extorsisse. Verum si cuncta sigillatim, quæ diebus singulis facta sunt, miracula persequi voluero, tempus me prius quam materia deseret : præsertim cum numero possibilitatem excedente, custos ipse ecclesiæ, qui omnibus fere intererat, pauca de multis memoriæ tradere se potuisse perhibebat. Hoc solum hic omittendum non est, quod de calice aureo, de quo supra dictum est, quem ob speciale devotionis suæ indicium idem Imperator beato Laurentio confici jusserat, febricitantes aquæ, vel alterius liquoris haustu curantur : præstante Domino nostro Jesu Christo, qui cum Deo Patre et Spiritu sancto vivit et regnat Deus per infinita sæcula sæculorum. Amen.

APPENDIX

Eorum quæ ad superiorem Vitam, ab Anonymo scriptam, ad S. Henrici recentiora beneficia, mantum, crucem, aliaque sacra cimelia; ad hodiernam solemnitatem, ad renovata pietatis Officia, ad templa et sacella erecta potissimum spectant.

CAPUT PRIMUM.

De diplomatibus ex data Vita huc rejectis.

1. Huc rejecimus diplomata Vitæ S. Henrici non satis apte innexa variis capitibus de quibus supra locuti sumus. Primum locum hic occupant, quæ temporum ordine præcedunt, geminæ Benedicti PP. VIII litteræ ad S. Henricum, necdum Romæ coronatum, et ad Eberhardum Bambergensem episcopum primum de ejus ecclesiæ confirmatione datæ, quarum priores scriptæ dicuntur in mense Junio Indict. xi, datæ vero « xii Kal. Februarii, pontificatus anno primo. » Non est satis pervium reperire finem pontificatus Sergii IV, aut initium Benedicti VIII, ut recte expendit Baronius ad annum 1012, quamvis ipse eo anno jam dicti Sergii obitum collocet, atque adeo Benedicti in Pontificiam Sedem ingressum. Etenim si hoc diplomate recte signata sunt omnia, non potuit Petri cathedram conscendere Benedictus ante annum 1013 Indict. xi, qui istius anni character est : cum vero et scriptum et datum sit diploma anno primo ejus pontificatus, necesse est ipsum adhuc fluxisse mense Januario, seu xii Kalend. Februarii anni sequentis 1014, de qua re hujus loci non est plura investigare.

2. Inde fortasse non inepte quis colligat, diploma istud, præcedenti anno 1013 scriptum, a Papa Benedicto studiose servatum videri, ut id Imperatori ipsi, jam coronato seu coronando, sub principium anni 1014 offerretur in ipsa urbe Roma, quamquam solum Regis titulum præferat. Conjectura est, quam redargui facile patiar. Id obiter observo, quod sub finem summius Pontifex, non jam ad S. Henricum, sed ad solum « dilectissimum fratrem, » adeoque ad solum episcopum Eberhardum sermonem convertat : sed neque hæc scrupulosius hic examinanda suscipimus. Diploma alterum, soli Eberhardo inscriptum, nullam temporis notam signat ; at recte advertit Gretserus, ex iis quæ asserit Benedictus se præsente Bambergæ facta fuisse, datum esse posteaquam Bambergam ipse venerat, nempe anno 1019, dum basilicam S. Stephani viii Kal. Maii consecraverat, ut est cap. 23, apud nos num. 32; fortasse in ipsa urbe Bambergensi, priusquam in Italiam remearet. De tribus aliis posterioribus diplomatibus Clementis II, Leonis IX et Henrici III Cæsaris, nihil est quod hic magnopere explicem.

3. Unum superest, dum de diplomatibus aginus, hac opportunitate indicandum, variam non nihil esse formam quam S. Henrici sigilla exhibent. Huc me adduxit diploma Henricianum, in maximo folio expanso, ad autographi normam exaratum, atque inter schedas nostras repertum, « datum vi Nonas Aprilis, anno Dominicæ Incarnationis miii, Indict. i, anno secundo Domni Henrici Regis I. Actum Quidilingaburc, » quod hic integrum et quidem in æs incisum referrem, si id operæ pretium esset : nota enim hæc pridem sunt, et totum pridem exhibuit laudatus supra Schatenus in Annalibus suis Paderbornensibus ad dictum annum 1003, pag. 367.

Neque de monogrammate hic mihi quæstio est, neque characterem examino cum de his alibi abunde dictum sit: in sigillis ea occurrit diversitas, quæ curiosorum id genus cimeliorum oculos subire mereatur. Eam observavi, prædicti apographi sigillum conferendo cum altero Bambergensi, pridem ad nos transmisso, quorum ectypa hic subjiciam. Sic exprimitur S. Henricus in diplomate Quidlingburgensi; cujus sigillum revulsum jam hic exhibitum atque alteri applicatum pridem notavit Papebrochius, tom. III Junii pag. 79, quod ex nostro producimus.

4. Ab hac forma non parum discrepat sigillum alterum quod anno 1699 nobis delineavit supra laudatus Joannes Franciscus Xaverius Eppenauer, archivi Bambergensis tum substitutus reg:strator juratus, uti manu propria subscripsit et testatum voluit xvIII Maii ejusdem anni, hisce verbis: « Ego infrascriptus testor manu propria, quod sigillum præsentis formæ secundum originale (manu propria Imperatoris S. Heinrici, et sigillo isthoc cereo roboratum, Calendis Novembris Frankofurti anno Dominicæ Incarnationis MVII, vigore cujus, ut formalia latina sonant, suæ paternæ hereditatis locum, Babenberc dictum, consentiente atque rogante dilectissima conjuge sua Chunigunda regina, in sedem et culmen episcopatus sublimando provexit) fideliter delineaverim. » Est autem sigillum S. Henrici forma nonnihil a priori diversa, in hunc modum effigiatum:

5. De alterutrius majori aut minori sinceritate ex his duobus duntaxat exemplaribus nihil tuto decerni posse video; sufficiat mihi utrumque, ne hic subinde pereat, exhibuisse, ut quibus plura ad manum sunt, accuratiorem disquisitionem instituant. Habe modo promissa diplomata, ex anonymi opere huc remissa, quæ satis erit integre reddidisse ut ab Anonymo edita sunt; cum sola duo prima ad S. Henrici tempora spectent, abunde jam explicata, præter pensionem annuam Romano Pontifici pendi solitam, de cujus permutatione cum territorio Beneventano vide Annales Baronii ad annum 1053, numero 1, ut hæc facile præteriri hic possint.

Confirmatio privilegiorum ecclesiæ Bambergensis a Benedicto VIII summo Pontifice. Legendæ caput 24.

6-9. Benedictus servus servorum Dei, dilectissimo sibi in Christo semper Domino, et serenissimo Regi Heinrico a Deo coronato, suoque spirituali filio, Eberhardo quoque confratri et episcopo suo, sanctæ videlicet Babenbergensis ecclesiæ venerabili episcopo æternam in Domino salutem, et Apostolicam benedictionem. Inter omnia.... *Reliqua vide apud nos in Benedicto VIII.* EDIT. PATROL.

Litteræ Benedicti Papæ ad Eberhardum primum ecclesiæ Bambergensis episcopum. Legendæ caput 25.

10-12. Eberhardo primo quoque Babenbergensis ecclesiæ episcopo idem Papa Benedictus scripsit epistolam de confirmatione ejusdem episcopii, in hunc modum. « Benedictus Episcopus servus servorum Dei, dilectissimo in Domino Jesu Christo filio Eberhardo, sanctæ Babenbergensis ecclesiæ venerabili episcopo perpetuam salutem. Quandocumque nostræ apostolicæ corroborationis pie exposcitur suffragium, » etc. *Vide ubi supra.*

Litteræ quibus Clemens II Papa ecclesiæ Bambergensis privilegia et immunitates confirmavit. Legendæ cap. 16.

13-17. Clemens episcopus servus servorum Dei, sacratissimæ nostræ Babenbergensi ecclesiæ in filiis et filiabus ejus, clero videlicet ac populo, perpetuam in Domino salutem. Dispensatio sæculorum... *Vide Patrologiam in Clemente II.*

Leonis IX diploma de privilegiis ecclesiæ Bambergensis, præsertim de Pallio, et quoties eo uti possit Episcopus. Legendæ cap. 17.

18-20. Post hujus, piæ memoriæ, Clementis felicem excessum, cum Damasus Papa, qui et Poppo Brixiensis prius Episcopus, sedisset triginta tantum dies, Leo IX, qui et Bruno, a supra dicto Heinrico tertio Imperatore electus, et centesimus quinquagesimus secundus Papa constitutus, in signum benignitatis quam erga Babenbergensem locum habuit, Hartwico III Episcopo Pallium direxit ab Apostolica Sede, scribens ei epistolam in hæc verba: « Leo Episcopus servus servorum Dei Hartwico Babenbergensis ecclesiæ venerabili episcopo, perpetuam in Domino Jesu Christo salutem. Si pastores ovium, » etc. *Vide apud nos in Leone IX.*

Adventus Leonis IX in Germaniam. Confirmantur ab eodem ecclesiæ Bambergensis privilegia. Legendæ cap. 18.

21-26. Idem quoque Præsul Apostolicus, invitante Heinrico Imperatore, Theutonicas partes adiens Ratisponam venit, sanctumque Wolfgangum ejusdem urbis Episcopum de tumulo levavit, inde Babenberc cum ipso Imperatore populoque pronuntiari mandavit, et sua auctoritate illa confirmavit. Cujus nimirum confirmationis descriptio in hunc modum se habet. « Leo Episcopus servus servorum Dei Hartwico Babenbergensi Episcopo, sibique canonice in sede episcopatus successori in perpetuum, æternam in Domino salutem. Cum exigente cura pastorali, » etc. *Vide ubi supra.*

Henrici Imperatoris II, Regis III constitutio, qua ecclesiæ Bambergensis privilegia confirmantur. Legendæ cap. 19.

27. Nec minus ipse Rex præfatus Heinricus III, Chunradi Imperatoris filius, dudum, Patre vivente, Rex constitutus, ordinationis suæ anno XII, regni autem primo, ad confirmandum Babenbergense episcopium, privilegium quod subjunctum est scribi jussit, superstite adhuc Eberhardo primo ejusdem sedis Episcopo. « Heinricus, Dei favente clementia, Rex. In examine Dei cuncta conspicientis æquale meritum credimus fore dantis et corroborantis. Credimus etiam ad regalem nostram majestatem pertinere totius regni curas, præcipueque omnium sanctarum Dei ecclesiarum commoda considerare, et omnia eis adversantia sub omni festinatione abolere, ne vel gravi incommoditate vilescant, vel qualibet, pro nostra culpa, orta occasione, a pristino cultu et religione recedant: quatenus, dum hæc pro amore pariterque timore Dei fideliter peragimus, illorum qui hæc pio affectu Deo contulerunt, meritis et gloriæ communicemus. Proinde omnibus in Christo fidelibus, scilicet tam futuris quam præsentibus, notum esse volumus qualiter ob hanc spem, per interventum dilectissimæ matris nostræ Gisilæ Imperatricis Augustæ, pro amore etiam dilecti fidelisque nostri Eberhardi, primi sanctæ Babenbergensis Ecclesiæ episcopi, eumdem locum a divo Imperatore Heinrico secundo, pro sua suorumque anima in episcopatum, divina inspirante clementia, perfectæ fidei charitatisque devotione, in honore Principis apostolorum Petri et S. Georgii martyris sublimatum, consensu fidelium nostrorum sancimus, et, omni contradictione remota, regalis nostræ majestatis auctoritate corroboramus; omnes etiam res mobiles et immobiles ejusdem sanctæ Dei ecclesiæ, quas ipse divus Imperator pro ardore cœlestis patriæ ibidem larga manu contulit, ea ratione confirmamus, ut fidelis noster Eberhardus ejusdem loci primus Episcopus, ejusque in perpetuum successores secura eas tranquillitate possideant, et liberam potestatem habeant, et res, et proprietates ejusdem ecclesiæ cum consensu cleri et populi ordinare, componere, et augmentare.

28. « Nostra quoque auctoritate sancimus ut, in abbatiis, monasteriis, comitatibus, foris, mercatibus, monetis, naulis, teloniis, castellis, villis, vicis, areis, servis, ancillis, tributariis, decimis, forestibus, silvis, venationibus, piscationibus, molendinis, aquis, aquarumve decursibus, campis, pratis, piscinis, terris cultis et incultis, libris, argento et auro, gemmis, vasis, ornamentis, vel aliquibus utensilibus in cultum et religionem Dei ibidem collatis, et in omnibus terminis rebusque ejusdem ecclesiæ, aut quidquid ad præsens illud pertinet vel ex his amplificari potest, nulla sit infestatio tyrannorum, nulla potestas irruat ibi per violentiam, nullus ibi comes aut judex legem facere præsumat, præter Episcopum ejusdem loci, omnisque possessio Deo famulantium ibi pro immunitate habeatur. Sit ille Episcopatus liber, et ab omni extranea et iniqua securus potestate: quatenus, ibidem Deo famulantes, et primi constructoris memoriam digne celebrare, nosque fautores et corroboratores possint et velint Deo precibus suis commendare. Et, ut hæc nostræ auctoritatis traditio firma et inconvulsa permaneat, hoc privilegium inde conscriptum manu propria corroborantes, sigillii nostri impressione jussimus insigniri. »

CAPUT II.
De recentiori per S. Henricum Ecclesiæ Bambergensis patrocinio.

29. Præmissis antiquioribus sancti Imperatoris miraculis hanc appendicem subjungo, quam totam accurate collegit digessitque laudatus supra toties R. P. Nicolaus Pottu, collegii nostri Bambergensis dignissimus Rector, in sanctissimorum Conjugum, ecclesiæ Bambergensis fundatorum, gloriam, ac duorum insignissimorum Præsulum, ipsorum clientium, meritam commendationem. Virum interrogaveram, nullamne Bambergenses miraculorum postremis hisce sæculis per Sanctos patratorum rationem habuissent, quorum elenchus hic etiam adnecti posset? Voce muta, ut ita loquar, respondit, prædictam appendicem seu tractatum submittendo, quem, licet arbitrio meo plane reliquerit, intactum ego et integrum reddendum censui, ut pote ex iis monumentis concinnatum quibus nec addendum quidquam nec demendum existimaverim: et quamvis Henriciani favores, seorsim a cæteris, in pauciora contrahi potuissent, tam præclara nihilominus visa sunt virtutum exempla, a binis Bambergensis ecclesiæ Episcopis, S. Henrico potissimum opitulante, orbi Catholico exhibita, ut hic locum habere mereantur. Ex ipsa narratione, a Pottuvio recte concinnata, intelligitur totius rei œconomia, cui hic titulus præfixus est.

Favores a S. Henrico cœlitus præstiti duobus Episcopis Bambergensibus.

30. « Postremis hisce sæculis, quibus hæreses in Germania grassatæ sunt atque etiam Franconiam magna ex parte infecerunt, S. Henricus cum virginea sua conjuge specialem ecclesiæ Bambergensis a se olim fundatæ curam gerere visus est; dum aliquot Episcopos Bambergenses, duos præsertim, sibi singulariter devotos, nimirum Nythardum episcopum XLVI, et Joannem Godefridum episcopum XLVIII extraordinariis quibusdam favoribus prosecutus est, atque eadem opera ecclesiam Bambergensem, mediante zelo horum duorum Præsulum, ab infelicissima hæreseos et flagitiorum servitute vindicavit. Quæ hic narrantur desumpta sunt potissimum ex Friderico Fornero, scriptore Episcopis illis coævo et

familiari : cujus viri aliqualem notitiam præbet inscriptio sepulchri ejus Bambergæ in templo parochiali S. Martini, quæ talis est : « Reverendissimus « in Christo Pater ac Dominus Fridericus Fornerus « sac. Theologiæ Doctor, episcopus Hebronensis, « suffraganeus Bambergensis, ac ibidem in spiritua-« libus Vicarius Generalis, sacræ Cæsareæ Majesta-« ti, ac Serenissimo Bavariæ Duci a consiliis, inte-« gritate vitæ, zelo religionis, legationibus obitis, « consilii prudentia, ac vivo verbi Dei eloquio libris-«que editis orbi notus, pie in Domino obiit anno « MDCXXX, v Decemb. »

31. « Huic elogio consonat historia manuscripta collegii Soc. Jesu Bambergæ eodem anno MDCXXX, ubi inter cætera de illo dicitur : « Vir erat boni « communis amans, et a virtute litterisque pluri-« mum commendatus.... sub infula vitam duxit «religiosam. » Hic igitur Suffraganeus edidit opusculum cui titulum fecit : *Duo specula Principis ecclesiastici*, e duorum laudatissimorum Præsulum ac Principum , Joannis Godefridi anno MDCXXII , XXIX Decemb., et Nythardi anno MDXCVIII, XXVI Decemb. piissime defunctorum rebus præclare gestis heroicisque virtutibus potissimum conflata atque concinnata, et quatuor concionibus funebribus ad eorumque sepulturas et exsequias, in ecclesia cathedrali Bambergensi, lingua vernacula habitis, latine scriptis, publicæ luci et imitationi data et evulgata a Friderico Fernero, etc. Ingolstadii, typis Gregorii Hœnlin, anno Christi MDCXXIII. Ex hoc auctore pleraque, quæ hic adducuntur, deprompta sunt. Quæ ex aliis fontibus hausta fuerunt, suis locis indicantur. Ordimur a Nythardo, qui ætate prior est.

32. « Nythardus, ex nobili Franconiæ prosapia de Thungen, cum in ecclesia cathedrali Herbipoli jam fuisset perfunctus officio decani, et modo ageret ejusdem ecclesiæ Præpositum, divino consilio, intercedentibus utique SS. Henrico et Cunegunde, quibus erat specialiter addictus, amplissimæ præpositiuræ suæ residentia in postremis habita et valedicta, translato domicilio, Bambergam commigravit, ibique primam junioris instar canonici residentiam auspicatus, uno propemodum eodemque anno, decurso residentiæ, quod vocant, tirocinio, capitulo annumeratus, cathedralis ecclesiæ decanus electus, vita functo Ernesto Præsule, unanimi concapitularium dominorum consensu, sine scrutinio, per Spiritus S. inspirationem, omni populo a summo usque ad minimum jubilante, episcopus electus fuit XIV Novemb. anno MDXCI.

33. « Et, quod mirum visu atque auditu, ad hoc summum animarum regimen ut se rite disponeret, quamprimum Bambergam accessit, mutato veteri canonicorum minus decente habitu, et omni pristina conversatione penitus abdicata, sic a se ipso distare cœpit, ut, omnium censura et judicio, in alium hominem, qui secundum Deum creatus, translatus esse, ideoque cœlestium donorum, quæ de- scendunt a Patre luminum, capacissimus effectus esse crederetur. Rara hæc mutatio in vestibus, in moribus, in famulitiis, in domestico splendore, in quotidiana conversatione, in omni negotiorum tractatione, omnibus qui eum pridem noverant prodigio similis habebatur. Exinde innotuit efficacia patrocinii SS. Henrici et Cunegundis, quorum cultui et imitationi totum se dabat. Vitas ipsorum non solum assidue lectitabat, sed etiam ambas ex antiquo codice ms. ipsemet, apographi functus officio, manu sua descripsit.

34. « Horum patronorum exemplis incitatus, et divino fretus auxilio, opus prorsus arduum, et in istis rerum temporumque circumstantiis, ut summi etiam viri judicabant, factu impossibile aggressus fuit, scilicet reformationem ecclesiæ Bambergensis, quam hæresis ferme totam occupaverat et fœde contaminaverat. Nam in primis in ipsa urbe Bambergensi totus senatus civicus, exceptis duobus, Lutheranam sectam non solum pertinacissime tuebatur, sed et præcipui ditiorum optimatum totius communitatis civium, numero circiter quinquaginta, conjuraverant, velle se potius cum bonis omnibus domicilium alio transferre, quam manus dare. In aliis plerisque diœceseos civitatibus et oppidis ne unicus quidem Catholicus civis reperiebatur. Nihilominus ut Imperialem hanc ecclesiam, sanctorum Henrici et Cunegundis nobilem filiam, e luporum faucibus eriperet, pastor hic non minus prudens quam fortis nihil intentatum reliquit.

35. « Re prius communicata cum Matthia Romanorum Imperatore, cum Wilhelmo Duce Bavariæ, et cum nonnullis aliis orthodoxis Principibus, ac suo cathedrali capitulo, primo omnium ministros Prædicantes, qui, nescio quorum conniventia, complures Bambergensis ditionis parochias occupaverant, ejecit. Deinde potestatem exercuit contra ludimoderatores, qui uti in plerisque civitatibus et oppidis hæresi erant infecti, ita et hæreses pueris instillabant, qua Lutheri catechismum illis inculcando, qua cantiunculis ab ecclesia Catholica rejectis eos depravando, et aliis mille modis perversa dogmata inserendo. Hos igitur tanquam exitiales floridæ juventutis corruptores amovit, iisque Catholicos subrogavit. Ulterius deinde progressus, præfectos omnes, quæstores omnes, judices locorum omnes, scultetos omnes, consules et civicos senatores omnes, qui Catholicæ religioni manus dare et eam profiteri abnuerent, loco movit, et alios eorum vice substituit.

36. « Hoc veluti præludio totius dramatis præmisso, conversionem ipsam subditorum provide auspicatus fuit, et, inter innumeras libertinorum querelas, contradictiones, turbas, seditiones, acatholicorum principum comminationes et persecutiones, per plures annos fortiter prosecutus fuit. Et cum ad grande hoc molimen magni sumptus requirerentur, ne nervus rei bene gerendæ deesset, impensæ circa suam personam, raro exemplo, ubicumque

poterat, constrinxit. Aulicorum famulorum numerum ad tantam redegit paucitatem, ut vix Imperii Principis dignitatem tueri videretur. Fastum omnem et pompam respuebat, et victitabat tanta frugalitate, privatim præcipue cum pranderet aut cœnaret, ut, tribus ad summum ferculis vulgaribus contentus, religiosum potius in claustro, quam Episcopum et Principem in palatio repræsentaret.

37. « Econtra ubi divinus cultus, aut animarum reductio agebatur, nullis parcebat impensis. Sic ad excitandum et promovendum in juventute ardorem addiscendæ doctrinæ Christianæ, in sola munuscula catechetica, scilicet catechismum Canisii, et ejusdem libellos de præparatione ad confessionem et communionem, precationum formulas, rosaria, imagines et alia ejusmodi coemenda ingentem pecuniæ vim ex proprio peculio profudit. Sum oculatus testis, imo et cooperator exstiti, quando una vice tria florenorum millia in hunc finem Augustam destinavit, ut aliud nihil quam sacra ejusmodi amuleta, et excitatoria puerorum apophoreta compararentur. Quæ cum appulissent, omnia, intra unius hebdomadæ spatium, per omnes hujus ecclesiæ parochias, admonitoriis adjunctis litteris, liberalissime dispersit.

38. « Non deerant e pecuniæ fœneratoribus, qui oggannirent, immodicas nimium expensas in reformationem diœceseos erogari, quando, cum tempore magis opportuno, omnia minore sumptu perficienda venirent ; quibus ille dedit responsum Principe ecclesiastico dignum : « Ecclesiæ meæ bona temporalia, inquiebat, utilius numquam dispensabuntur, quam si ad ampliandam Dei gloriam, et animarum salutem promovendam atque propagandam insumantur. Quem enim alium in finem S. Henricus ecclesiam suam tantopere locupletavit ? » Pastorali hac vigilantia et liberalitate, nec non laborum et contradictionum invicta tolerantia, laudatissimus hic Præsul tantum effecit, ut intra septennium, hæretica lues ex tota ferme diœcesi fuerit profligata, et orthodoxa fides in eam reducta; et sic multa millia hominum non solum tunc viventium, sed etiam posterorum, ab interitu vindicata sint.

39. « Qui Præsulis zelus quam acceptus fuerit S. Heinrico, et quanti apud Deum meriti, colligi ex eo potest quod cœlestis Paterfamilias fidelem hunc in vinea Domini operarium, sub vitæ vesperam, per ipsummet S. Imperatorem, ejusque sanctissimam conjugem, ad mercedem æternam tam egregii laboris recipiendam, favore extraordinario vocare dignatus fuerit. Rem istam memorabilem Fornerus pag. 110, verbis sequentibus refert : Rem prorsus stupendam, inquit, virissimam tamen vobis referam ; unde liquebit quis ei imminentem ex hac vita transitum vaticinando significarit. Anno MDXCVIII, qui ei fatalis fuit, cum, in festivitate S. Heinrici Imperatoris, mane pontificali ritu sacris operatus esset, a prandio vitam ejusdem Sancti, sedens in oratorio suo, lectitabat, fenestras e regione cathedralem ecclesiam spectantes, auræ captandæ causa, apertas habens. Contigit inter legendum ut adversum campanile, ubi grandiores S. Heinrici et S. Cunegundis campanæ pendent, perspiceret, ibique, superioribus e fenestris, S. Heinrici et S. Cunegundis imperiali habitu atque corona, uti pinguntur, simulacra immensa luce coruscantia, et sanctum quidem Heinricum manu sibi annuentem cerneret.

40. « Visio ista horrorem primo incussit maximum ; quem tamen, ubi se paululum collegisset et sanctis illis Patronis obnixius commendasset, superveniens interius mentis affusa consolatio sine mora expulit et abstersit. Ut autem rei veritatem penitus indagaret ac certius cognosceret, una cum ædituo cubicularium unum, post alterum eo submisit, ut quisnam in turri esset et ipsi cognoscerent. At illi quidem neminem penitus ibi se vidisse renuntiarunt, cum omnia perlustrassent ; visio tamen illa permansit, illis præsentibus, tametsi nihil uspiam præter horrorem quemdam insolitum persentiscerent, nec quid sibi episcopus vellet, intelligerent. Et cum se tertio ostendisset eadem apparitio, tandem omnino disparuit. Contigit vesperi ut cum ipso, de more, per hortum ambulando, matutinas cum laudibus preces ante cœnam persolverem ; quibus ad finem decursis, verbis hisce me allocutus est : Quæstio est ad te, doctor Fornere : si Sancti cuipiam appareant, et manibus quasi annuendo ad se vocent, quid significare existimas ? Optimum omen, inquiebam, esse duco ; signum est Sanctos eum, quem vocant, in suum consortium brevi adoptaturos. Et id colligere est ex variis apparitionibus Sanctorum, quas refert S. Gregorius Magnus in libris Dialogorum. Sic Ursino presbytero apparuerunt SS. Apostoli Petrus et Paulus, et eum ad cœlestia evocarunt.

41. « Sic Probo episcopo Reatino S. Juvenalis et S. Eleutherius Martyres obitus diem prænuntiarunt. Sic Arnulpho Suessionensi episcopo S. Michael Archangelus obitus diem prædixit. Sic Aredium, referente S. Gregorio Turonensi, S. Martinus et alii apparentes ad gaudia Beatorum invitarunt. Hæ tunc temporis historiæ mihi occurrebant. Ad quæ ille : Recte judicasti. Dicam tibi quid ante aliquot horas, hodierno etiamnum die, mihi contigerit : Et rem omnem, uti jam recensuimus, per ordinem exponebat. Et interpretatione visionis de instanti morte sua luculenter explicata, tandem ipsemet subjungebat : Audio similem visionem oblatam antecessori quondam meo, Wigando Redwitio (fuit is Episcopus Bambergensis quadragesimus, eo tempore quo hæreses totam Germaniam populabantur ; qui Luthero et ejus asseclis, si quis alius, strenuissime restitit, et ejus paradoxa ab ecclesiæ hujus ovili, quibuscumque poterat, remediis profligavit), Is porro eodem anno e vivis esse desiit. Videbis, inquiebat, idem et mihi eventurum. Nam in hujus anni fidem non ero supervicturus. Dixit, et verbo respondit eventus paulo ante finem ejusdem anni MDXCIII.

42. « Interea temporis summa et unica ejus cura fuit se sanctorum Patronorum consortio, ad quod ab ipsismet gratiosissime invitatus fuerat, dignum reddere. Restabant tunc temporis aliquot adhuc oppida, ut Hochstadiense, Hertzogenauracense, Oberscheinteldense, Burckunstadiense cum nonnullis pagis, in quibus reformatio quidem, et errantium ad Ecclesiæ unitatem reductio jam inchoata, necdum tamen ad optatum finem perducta erat. Arbitratus igitur se sanctis Fundatoribus acceptissimum venturum, si ecclesiam ab ipsis fundatam, sine macula hæresis præsentare illorum conspectui posset, tota virium contentione in id perficiendum incubuit : et quod in votis habebat, est assecutus, Domino fidelissimi sui servi conatibus favente, et evidentibus gratiæ divinæ subsidiis cooperante. »

43. « Præterea, cum sibi a S. Heinrico e turri manu annuente, denuntiari crederet illud Regum 4, cap. 20 : «Præcipue domui tuæ; morieris enim tu et non vives, » cœpit omnia rite ordinare, tam quoad temporalia quam quoad statum animæ suæ. Peccata sua eleemosynis redimere cupiens, in omnia templa et monasteria pauperum religiosorum, in hospitalia et nosocomia largissimas eleemosynas destinavit : aliis quoque Christi pauperibus pecunias sine numero dispertiri curavit. Et postquam Herbipoli (quo propter negotia tanquam Præpositus illius ecclesiæ concesserat) in morbum incidisset, tam mihi, quam aliis toto morbi tempore ipsi adstantibus, liberam de omnibus bonis suis, in horreis, in penuariis, in ære præsenti, quascumque vellemus, eleemosynas ad libitum nostrum pro anima sua, pauperibus et locis piis dispertiendi facultatem concessit, hæc sæpe iterans verba : Quidquid pro anima mea eleemosynarum erogaveritis, ego ratum habebo. »

44. « Idque præsentibus etiam ecclesiæ imperialis Bambergensis duobus Prælatis, qui Herbipolim ideo descenderant, ut eum in morbo suo inviserent et consolarentur, pluries iteravit, addens non semel : Peccata mea gravissima sunt, et numero propemodum infinita : multis proinde et magnis eleemosynis diluenda. Ultimam suam voluntatem exposuit, ut sequitur : Omnia mea bona, inquit, de quibus ut peculio proprio, majori ex parte hereditario, disponere possum, in tres partes dividi volo. Prima detur Ecclesiæ ; altera pauperum usibus impendatur; tertia cognatis meis cedat, quos inter præcipuos esse volo eos, qui in studiis adhuc versantur; et fratris filios minorennes, ut in Catholica religione valeant educari. Nollem autem, de bonis Ecclesiæ, mihi sanguine junctis quidquam elargiri, nisi ex patrimonio meo suppeteret, ut eis benefacere possem : scio enim ecclesiastica bona illis non deberi. Addidit in fine, sepeliri se velle in ecclesia cathedrali Bambergensi, sine pompa, et quam minimo fieri posset sumptu. »

45. « Ceterum quam exacte se ad beatam mortem præparaverit, et quam pie illam oppetierit, Fornerus pluribus paginis exsequitur. Demum concludit : Candide fateor, et quod res est, edico. Plurimis, qui pie admodum ex hac vita emigrare credebantur, adfui in extremis : sed neminem adhuc vidi in hodiernam diem, imo et vix audivi similem hominis jam morituri pietatem, qua ille diem suum clausit extremum. Tantum momenti et efficaciæ ad bene moriendum habuit patrocinium SS. Heinrici et Cunegundis, et eorumdem gratiosa apparitio, devotum sibi clientem ad beatam æternitatem invitantium. Videtur etiam hoc loco commemoranda alia visio Præsuli huic aliquot ante mortem horis oblata, qua certior factus fuit de futuro quondam successore suo, qui ea quæ ipse pro bono ecclesiæ Bambergensis recte cœperat, strenue erat prosecuturus. Refert vaticinium illud sæpius laudatus Fridericus Fornerus in citato tractatu, *Duo specula Pr.ncipis ecclesiastici*, et in concione secunda funebri de Joanne Godefrido ab Aschausen, pap. 60, ubi sic scribit :

46. « Cum Illustrissimus et Reverendissimus Bambergensis episcopus Nythardus, laudatissimæ memoriæ, anno MDXCVIII in ipsa S. Stephani festivitate, qua in vivis esse desiit, mane sacrificio interfuisset, ego, qui ei semper aderam, nostrum Joannem Godefridum, qui nudiustertius ex Galliis domum redierat, ad eum in lecto decumbentem, multis præsentibus, introduxi : quem cum ingredientem conspexisset, ad me conversus : Qualemnam, inquiens, episcopum mihi adducis? Ego illi : Illustrissime Domine, est juvenis Canonicus Joannes Godefridus ab Aschausen, paucos ante dies ex Gallia domum redux. Ejus itaque manu apprehensa : Iste, inquit, post paucos annos condecorabit sedem episcopalem S. Ottonis. Et post hæc verba conticuit meditabundus aliquantisper : ac demum de reditu ei est congratulatus. Recordabatur ejusmodi verborum non raro Illustrissimus noster Joannes Godefridus, piæ memoriæ; vetabat tamen aliis evulgari. »

47. « Hucusque verba Forneri pag. 60, qui supra pag. 11 retulerat, piissimam ejus matrem Brigittam de Zobel, dum filiolus ejus adhuc in cunis vagiret, nocte quadam, cum pridie sacram Eucharistiam sumpsisset, et filium suum Christo et Matri ejus devotius commendasset, mitra et habitu pontificali ornatum, ac miro fulgore coruscum ante se stantem conspexisse. Erat laudatus juvenis, qui tunc agebat annum ætatis vigesimum quartum, S. Heinrico specialiter devotus; et eidem Sancto, ut merito creditur, apprime charus, non solum ob devotionis teneritudinem, sed vel maxime ob similitudinem castimoniæ, qua juvenis supra communem modum effulgebat; et non ita pridem Herbipoli, ubi studiis vacabat, ejusce virtutis specimen dederat immortali memoria dignum. Fornerus in concione prima funebri pag. 26, illud ita refert :

48. « Rem admirandam, verissimam tamen, vobis memorabo. Joannes Godefridus ab Aschausen in adolescentia sua, ut nemo non novit, formosissimus

erat et venustissimus; pereleganti quoque corporis constitutione : qua occasione humani generis hostis hæreditarius arrepta, ejus virgineæ puritati hoc stratagemate insidias struxit, et pedicas objecit. Feminæ quædam ex gynæceo magni nominis et illustris conditionis, instigante cacodæmone, insigni ejus forma et pulchritudine captæ, honoris specie ad convivium invitarunt : ubi, cum eum qui curam ex officio gerere debebat, nil mali suspicantem ex industria inebriassent, cubitumque ductari jussissent, ea nocte adolescentem quoque apud se retinere voluerunt, quia, nec ipse mali quidpiam subesse ratus, cum dormitum jam concessisset, libidinosa illa diaboli organa clam taciteque lectum ejus accesserunt, et verbis pariter lascivis, et quibuscumque poterant titillationibus ad res nefarias eum sollicitare cœperunt. Quid pudicissimus adolescens? Horrendum vociferans, e lecto, ut erat, lineis caligis et indusio vestitus prosiliit, e manibus illarum erupit, ostium domus festinanter petiit, et, relictis omnibus post se vestimentis, ad domum cujusdam amici venit, ibique quod reliquum erat noctis, Deo gratias agens pro obtenta castitatis palma, quiete pergit....,

49. « Clericus tandem initiatus, majore solertia corporis et mentis castimoniæ sibi invigilandum existimavit; idque tanto diligentius, quanto majores tum temporis corruptelæ passim vigebant....... Vix ævo nostro inventus est similis illi, qui tanto virgineæ puritatis zelo conservaret legem Excelsi. Hujus igitur castimoniæ aliarumque, quibus illa stipari solet, virtutum fragrantia delectatus S. Heinricus videtur Joannem Godefridum selegisse, et a Deo obtinuisse pro sua Ecclesia episcopum, seu instrumentum maxime idoneum ad restituendum pudorem, qui non tantum in populo, sed etiam in clero, miserandum in modum collapsus fuerat. Unde cum, anno MDCIX, XLVII episcopus in extremis ageret, virginei conjuges S. Heinricus et Cunegundis in turri ecclesiæ cathedralis denuo se conspiciendos et pro eligendo novo præsule sollicitos exhibuerunt.

50. « Id quod in opusculo, cui titulus : Luctus publicus Franconiæ ob immaturum e vita abitum Joannis Godefridi, edito a collegio Societatis Jesu Herbipoli anno MDCXXIII, pag. 5, hisce verbis refertur ; SS. Heinricus et Cunegundis paulo ante ejus electionem visi urbem e turri circumspicere. Quam apparitionem poeta sic exprimit :

Quem patriæ Pater
  E censu Superum gravi
Heinricus, lateri virgine conjuge
  Adfixa, venerabiles
Acquisisse viros inter, episcopum
  Fama diditur integra :
Urbem dum propriam, turrigera e domo,
  Circumfundere lumina
Visus, quando abitum fata superstitis
  Urgebant fera præsulis.

51. « Nemini tunc in mentem veniebat, in electione episcopali ex urna proditurum Joannem Godefridum, tum quia is erat ex junioribus capitularibus, tum quia suffragia collimabant in Joannem Christophorum Neustetter dictum Sturmer, ecclesiæ imperialis decanum. Sed suffragium S. Heinrici pro cliente suo Joanne Godefrido apud Deum demum prævaluit. Hinc, etiamsi memoratus decanus primo statim scrutinio in episcopum electus fuisset, noluit tamen dignitatem admittere. Et, licet a toto capitulo instanter rogaretur et urgeretur ad consentiendum, non tantum secundo et tertio, sed etiam quarto recusavit. Cumque hæc lucta diu teneret, demum, ipsomet decano præeunte, ex inspiratione Spiritus sancti et unanimi consensu dominorum capitularium Joannes Godefridus ad Aschausen salutatus fuit episcopus Bambergensis XXI Julii, anno MDCIX. Electionem hanc, speciali Numinis providentia, in bonum Ecclesiæ Bambergensis, opis admodum indigæ, dispositam ac ordinatam fuisse, communis erat peritorum persuasio.

52. « Eminentissimus cardinalis Bellarminus in prima epistola ad Joannem Godefridum episcopum Bambergensem nuper electum, data IV Novemb. MDCIX, ita scribit : Illustrissime ac reverendissime domine, a Domino factum est istud; et est mirabile in oculis nostris. Nuntius de electione illustrissimæ et reverendissimæ Dom. vestræ lætificat universam civitatem Dei. Dolebamus oppressionem nobilis Ecclesiæ Bambergensis ; et cum non succurreret aptum remedium, a Domino auxilium precabamur. Sed pius dominus fecit superabundantius quam petere aut intelligere poteramus. Superest nunc ut, qui cœpit in vobis opus bonum, ipse perficiat, et per vos Ecclesia Bambergensis gloriam suam in præsenti recipiat, ut et vos in die Domini immortalem gloriæ coronam a Principe pastorum recipiatis.

53. « Idem cardinalis, eodem die et anno scribens serenissimo Bavariæ duci Maximiliano, inter alia hæc habet : De electo vero Bambergensi quid dicam? Sensi profecto incredibilem animi voluptatem, et tam manifestæ gratiæ Dei humillimas gratias egi. Ita ille. Historia inscripta collegii Soc. Jesu Herbipoli, illo ipso anno MDCIX, de episcopo Bambergensi recens electo ita loquitur : Ex partheniorum sodalium numero Ecclesiæ Bambergensi præsul divinitus datus est Joannes Godefridus ab Aschausen, homo philosophiam et leges humanas divinasque doctus, in quo nihil fastus aut fuci ; mores ad humanitatem compositi ; ætas florens, et, quod mireris, adolescentiæ vicinior ; priscæ probitatis et sanctitatis severioris imago, etc.

54. « Quemadmodum autem præclarus adeo episcopus Ecclesiæ Bambergensi, tempore periculosissimo, satagente S. Heinrico donatus fuit, ita idem episcopus, eodem sancto imperatore patrocinante, simul ac pastoralem curam suscepit, res magnas pro Deo et Ecclesia, tam in restituendo cultu divi

no quam in emendandis cleri et populi moribus, aggressus fuit; atque ipsa magnitudine operum quæ peregit, palam omnibus fecit, se non tam hominum quam cœlitus suffragiis ad episcopatum, pro bono Ecclesiæ assumptum. Quæ egregia facta cum Romam latere non possent, eminentissimus Bellarminus denuo ad Joannem Godefridum anno MDCX ita scribit: Quod egi in causa.... quamvis magna voluntate egerim, non tanti momenti fuit, ut opus esset fatigari in scribendo tantum episcopum et in rebus gravioribus occupatum. Quia tamen scribere libuit, mihi quoque respondere jucundissimum est ei viro, quem quasi de cœlo missum suspicio. Non novi de facie episcopum et principem Bambergensem Godefridum, sed ex operibus egregiis notissimum vehementer diligo et veneror; et precor assiduo Deum ut, quem, tam opportuno tempore, labenti Ecclesiæ Bambergensi præficere dignatus est, eum longo tempore incolumem servare, dirigere et protegere, et tandem etiam plenum dierum et meritorum gloriose coronare dignetur.

55. « Idem cardinalis anno MDCXII, XII Februarii, ad Fridericum Fornerum suffraganeum Bambergensem scribens, addit sequentia: Sed his omissis, gratias ingentes habeo pro iis quæ ad me scripsisti de insigni progressu optimi principis et episcopi vestri, quem non hominum vota aut studia, sed Deus ipse, pro sua infinita pietate, Ecclesiæ suæ donavit. Ego certe ita illi germana charitate afficior, ut, si pennas columbæ assumere possem, nihil me detineret quin statim ad ejus complexum volarem. Utinam multos ei similes non solum in Germania, sed etiam in Italia et in reliquo orbe Christiano haberemus! Videremus enim continuo vineam Domini tam bonis agricolis commissam mirifice reflorescere. Precor illi ex corde longitudinem dierum, quanta necessaria est ad Ecclesiæ reformationem, etc.

56. « Plura ejusmodi in epistolis suis habet laudatus cardinalis, signanter extollens magnitudinem beneficii quod divina bonitas præstitit labenti Ecclesiæ Bambergensi, illi providendo de episcopo, « qui in vita sua suffulsit domum, et in diebus suis corroboravit templum : qui curavit gentem suam et liberavit eam a perditione (*Eccli.* L). » Quod meritis et intercessioni SS. Heinrici et Cunegundis in acceptis ferendum esse probat pervigil eorum studium circa electionem hujus episcopi exhibitum, ut supra relatum fuit, nec non singularis episcopi devotio et fiducia erga sanctos fundatores ; cujus devotionis ac fiduciæ specimen aliquod hic subjungitur :

57. « Ut primum Joannes Godefridus onus episcopale suscepit, colluctatio illi fuit non tantum adversus spiritualia nequitiæ in cœlestibus, videlicet adversus hæresim, magiam, veneficia, dæmoniacam idolomaniam, fœdissimas carnis corruptiones, et innumera flagitiorum monstra, sed etiam contra formidabiles principum hæreticorum exercitus; Franconiæ perpetuo imminentes. Contra quos cœlesti præsidio sibi opus esse intelligens, ad S. Heinrici patrocinium confugit. Et ut haberet adjutorii ipsius arrham, obtinuit ab Eberhardo Augustano episcopo, consecratore suo, gladium quo sanctus imperator quondam in præliis ad edomandos Ecclesiæ hostes usus fuerat: quem sanctum gladium accepit tanquam munus a Deo missum, cujus virtute arceret adversarios populi sui, qui erant multi et potentes. Imprimis Fridericus V, comes palatinus Rheni, invasor coronæ Bohemicæ; Mansfeldius; marchio Durlacensis, dux Anhaltinus, Christianus Brunswicensis seu Halberstadiensis, eorumque socii, qui diœcesim Bambergensem, uti et Herbipolensem, foliis palam impressis, sibi in prædam destinaverant, et spe jam devoraverant.

58. « Quamvis autem in utramque diœcesim pluries irruptionem tentaverint, Joannes Godefridus tamen (qui interea etiam Herbipolensis episcopus creatus fuerat) hostiles conatus partim elusit consilio, partim fregit fortitudine, opponendo hostibus copias suas, quas conscripserat, una cum copiis auxiliaribus serenissimi ducis Bavariæ. Et dum milites pugnarent in patriæ confiniis, ipse interdiu noctuque, projecta in terram facie, velut alter Moyses, pro populo suo orationes ad Deum fundebat. Et quod de die interdum ob legatorum, ac militiæ præfectorum, euntium ac redeuntium interpellationes, præstare non poterat, media surgens nocte, somno antelucanis excubiis majorem in modum coarctato, integris horis cum Deo colloquendo compensabat. Hisce armis devotus S. Heinrici cliens Ecclesiam suam, toto regiminis sui tempore, ab hostium irruptionibus, deprædationibus et incendiis (quin et a peste, quæ antea singulis annis Bambergæ sæviebat) servavit immunem.

59. « Supremum a S. Heinrico favorem Joannes Godefridus expertus fuit ante mortem suam, quam ei sanctus imperator una cum virginea conjuge apparens pronuntiavit, ut refertur in Vita manuscripta hujus principis. Ab eo tempore non omisit se quam accuratissime ad felicem ex hac vita transitum comparare. Tota quidem vita ejus, præsertim quam in episcopatu duxit, fuit perpetua ad beatam mortem præparatio : habito tamen cœlesti de ea indicio, curas suas ad supremum illud negotium magis intendit. Cum, illo ipso anno quo obiit, ex præscripto medicorum, in arce Waldaschacensi, instaurandæ valetudini vacaret, toto eo tempore, sive publice sive privatim, pranderet aut cœnaret, ejus jussu semper aliquis e cubiculariis libellum Jeremiæ Drexelii S. J. de æternitate prælegebat, quem tempore illo totum tertio percurrit. Interea vero, dum aut balneis uteretur aut sudoribus eliciendis vacaret, aliis piis libellis, potissimum historiis de rebus gestis sanctorum legendis, animum relaxabat.

60. « Memini fuisse qui in mea præsentia ei suaderet res potius jucundas quam tetricas et melancholicas de morte, de inferno, de æternis damnatorum pœnis, illi tempori convenire quo valetudo curatur: respondit: Scio me brevi moriturum. Sto

ante januam æternitatis, etc. Illo ipso tempore sæpius de morte sua, quam vicinam aliquoties dictitabat, et de dispositione ultimæ voluntatis mecum agebat. Similia et pronuper, Lanckhemium ad benedictionem domini abbatis eundo, et redeundo, soli secum in curru sedenti, ultro insinuabat, certum asserens non diu se victurum ; et, ni maturandum esset iter Ratisbonense, nihil aliud diebus aliquot factitaturum quam domui suæ dispositurum, tanquam brevi moriturum. Vesperi ante abitum Ratisbonam versus, quo eum ad comitia Cæsaris obedientia, et singularis amor atque observantia vocabat, summo mane itineri se daturus, mihi valedicens dicebat : Videbimus nos mutuo ; si non hic, Deo tamen dante, in cœlis.

61. « Ex his colligi potest Joannem Godefridum de imminente sua morte bis fuisse cœlitus admonitum : semel ante susceptum iter Ratisbonense, quando solum intellexit mortem suam esse vicinam absque certa temporis determinatione : altera vice Ratisbonæ, ubi insuper cognovit se moriturum ante novi anni initium : id quod multis ante diebus apud diversos sæpius affirmavit ; jussitque proterea testamentum suum Bamberga Ratisbonam afferri.

62. « Porro hanc denuntiationem illi factam esse Ratisbonæ a SS. Heinrico et Cunigunde, habetur in Vita ipsius manuscripta. Neque mirum cuiquam videri debet quod Sancti hi Patroni tam exquisitam curam gesserint de clientis sui felici ex hac vita transitu ; quia ille specialem illorum favorem speciali studio virginalis castimoniæ, tantopere ab illis adamatæ, promeritus fuit. Hanc enim non solum in sua adolescentia, ut supra relatum fuit, sed etiam in totius vitæ suæ decursu contra quasvis carnis et satanæ tentationes invicte tutatus est. Quin et illustribus castissimæ vitæ suæ exemplis, quibusdam e Lutheri secta persuasit fide dignum esse quod SS. Heinricus et Cunegundis in conjugio pari consensu virginalem continentiam servaverint, id quod homines ultra carnem nil sapientes tanquam fabulosum rejiciebant, adscribentes naturæ sterilitati et impotentiæ quod virtuti et gratiæ tribuendum erat. Jactabant insuper, ne quidem sacerdotes, multo minus conjuges posse esse continentes.

63. « In hanc rem memorabile quid refert Joannes Seller Soc. Jesu concionator cathedralis Ratisbonæ, in concione funebri quam ibidem habuit de Joanne Godefrido, tempore comitiorum, xii Januar., anno mdcxxiii. Cum Princeps quidam acatholicus cerneret quod Johannes Godefridus abominabilem clericorum concubinatum, libidinosæque vitæ licentiam in sua diœcesi implacabiliter insectaretur, et incorrigibiles parochiis et beneficiis privaret, et e diœcesi dimitteret, in familiari cum Episcopo congressu contendebat sacerdotibus permittendum esse conjugium, eo quod illis impossibile esset servare continentiam. Episcopus econtra firmis rationibus ostendebat, cum divina gratia id esse possibile. Sed cum princeps acatholicus nullo id sibi argumento persuaderi sinc-

ret, dicebat Episcopus : non soleo quidem dicta mea juramento firmare ; hac tamen vice, sacerdotali mea fide et dignitate assevero possibile esse, per Dei gratiam, caste vivere : quippe ipsemet ego, per omnem vitam meam, nunquam feminam attigi ; neque ad id stimulum sensi. Princeps acatholicus percontans aiebat : An vere ita se habet quod dilectio vestra de se affirmat ? Vere ita se habet, reposuit Episcopus ; idque denuo mea episcopali fide sancte assevero. Commotus intime hoc sermone princeps acatholicus, Joannis Godefridi virgineas manus reverenter deosculatus fuit, una contestans hasce manus dignas esse quæ sacrificium offerant.

64. « Demum virginalem castimoniam, quam Joannes Godefridus sub clientela SS. Heinrici et Cunegundis, in adolescentiæ et reliquæ vitæ periculis, velut in medio fornacis Babylonicæ, illæsam ac sine ignis odore conservavit, eamdem, sub eorumdem Sanctorum patrocinio, feliciter æternitati intulit. Vos ipsos, inquit Fornerus in concione funebri Bambergæ habita, quotquot hic adestis, testes invoco, an non omnis ejus vita eximium castitatis sacerdotalis speculum possit appellari ? Non dubitate eumdem hunc castissimum Præsulem illibatum virginitatis florem, id quod mihi in ultimo adhuc itinere, quod cum ipso peregi, ut alias sæpius, concredidit, secum ex hac vita in alteram illam ad Christi æterni judicis tribunal haud dubie asportasse... Pugnavit animose nobilis Christi athleta et heros Joannes Godefridus, et gloriose triumphavit, et virginitatis aureolam, integra carne et membris, ut loquitur S. Hieronymus, reportavit.

65. « Obiit laudatissimus Princeps Ratisbonæ xxix Decemb. anno mdcxxii, qui, uti a SS. imperatoribus Heinrico et Cunegunde extraordinariis favoribus, in vita et morte ornatus fuit ita veneratione, tempore vitæ, sanctis patronis exhibita non contentus, voluit etiam funus suum exstare suæ erga illos reverentiæ monumentum. Nam humillimus Princeps æstimans se indignum communi cum Sanctis illis sepultura, jussit quidem corpus suum humari in cathedrali Bambergensi, non tamen in ipsa ecclesia, ubi Sancti quiescebant, sed subtus eam, in obscura crypta quæ est sub choro S. Georgii martyris, ad quem deinde, anno mdclviii, Sanctorum illorum ossa translata fuerunt. Sed Deus humilem servum suum vicissim in exanimi ejus corpore honorare dignatus est.

66. « Nam cum illud xv diebus post mortem, nimirum xii Januarii anni mdcxxiii (quo die solennes illius exsequiæ, in præsentia procerum Imperii, Ratisbonæ in capella Cæsarea celebratæ sunt) habitu episcopali indutum, in tumba elevata, omnium conspectui exponeretur, facies ejus tota vivida et rubicunda apparuit, non secus ac si adhuc tum viveret. Ita testatur protocollum historicum urbis Ratisbonensis de anno mdcxxii et mdcxxiii. Et cum deinde sex alii dies insumerentur corpori ejus Bambergam devehendo, ubi demum die xix Januarii, terræ man-

datum fuit, retinuit eamdem gratiam, uti Fridericus Fornerus, oculatus testis, pag. LIX asseverat dicens: Non mortuo similis, sed dormienti, jucundam semper et vivacissimam faciem post tot dierum itinera retinens usque ad horam sepulturæ.

67. « Talem venustatem contulit Deus corpori exanimi Joannis Godefridi, quod ille in vivis, tot asperitatibus, tot vigiliis, tot jejuniis in pane et aqua etiam inter principales epulas, tot flagellis, ciliciis, genuflexionibus, humicubationibus castigaverat: et insuper post obitum, ad majorem sui contemptum, et ad majorem sanctorum Heinrici et Cunegundis exaltationem, in profunda et obscura crypta, quo pauci homines intrare solent, tumulari jussit! Sed ut ille se suaque contempserit et occultaverit, splendor tamen virtutum ejus ita tegi non potuit quin multi cognoscerent et æstimarent. Litteræ annuæ collegii Societatis Jesu Ratisbonæ anno MDCXXII referunt, Ferdinandum II Romanorum Imperatorem mortem hujus Episcopi graviter tulisse, atque inter cætera dixisse: Fidum nos amicum, uterque episcopatus bonum Pastorem, subditi Patrem in hoc Principe amiserunt.

68. « Illustrissimus Dominus Carolus Caraffa episcopus Aversanus, Nuntius Apostolicus, Ratisbonæ tunc præsens, in libro cui titulum fecit: *Germania sacra restaurata* (ubi inter reliqua describit quid fuerit actum Ratisbonæ in conventu Electorum et Principum Imperii, a Ferdinando II Ratisbonæ celebrato anno MDCXXIII, ubi disceptabatur de Maximiliano Bavaro substituendo rebelli Friderico V Electori Palatino) de nostro Joanne Godefrido hæc habet: Hujus aliquando mentis fuerat Joannes Godefridus Princeps et Episcopus Herbipolensis, quo magis Dei zelo percitum Principem non vidit Germania. Is militum pater, sacerdotum exemplum, Principum decus, Catholicorum tutor, sui ipsius contemptor, Ecclesiæ Romanæ, ac Cæsareæ majestatis cultor acerrimus et prudentissimus, nihil nisi ad Electorem Catholicum suspirabat; inter quæ suspiria, summo nostro omnium dolore ex hac vita discessit.

69. « Concludimus hanc narrationem elogio, quod Joanni Godefrido tribuit orator e Societate Jesu, præses, ut videtur, sodalitatis Marianæ, in oratione funebri habita in templo Patrum Societatis Jesu Bambergæ XVIII Jan. anno MDCXXIII, ubi circa finem sic loquitur: Nihil præclarum animo fingi potest, cujus non eximia aliqua portio Joanni Godefrido nostro divinitus obtigerit. Exemplar virtutum fuit, in quod Episcopi omnes, Antistites omnes, Principes omnes intueri possint. Exemplar perfectionis, ad quod, tamquam ad relucens et tersissimum speculum, mores suos, vitamque componere ecclesiastici viri debeant. Exemplar numeris omnibus absolutum ostendere mundo Deus voluit, quid exacta virtus, in uno eodemque Episcopo ac Duce, cum maximo honore ac dignitate conjuncta possit….. Felicitatem tuam tibi gratulor. Scio, te non in Franconia tantum tua, sed toto universitatis hujus ambitu, gentium omnium linguis ac litteris celebrandum. Intuebuntur in te omnia sæcula; repetet te omnis memoria; omnis posteritas venerabitur, etc.

70. « Quæ de præclaris gestis et virtutibus duorum Episcoporum Bambergensium hactenus allata sunt, non tantum ad illorum laudem, sed et ad quam maximam SS. Heinrici et Cunegundis gloriam pertinent. Inde siquidem clarius nobis innotescit quanti illorum intercessio apud Deum sit ponderis, et quanta sit eorum erga ecclesiam Bambergensem solicitudo, charitas et beneficentia. Quod enim duo isti Viri, periculosissimo tempore, mirabili Dei providentia ad episcopatum assumpti fuerint; quod induti virtute ex alto, posthabito omni terreno emolumento, contemptisque omnibus difficultatibus, tam magna pro Deo et subditis operati sint, et quod patriam Bambergensem, quæ ferme tota in hæresim et flagitia fœde prolapsa fuerat, tanta fortitudine simul ac prudentia ab interitu vindicaverint et ad viam salutis reduxerint, id Sanctorum istorum favore, patrocinio et auxilio effectum est, uti hos extraordinaria illorum erga hos duos Episcopos vigilantia et sollicitudo non sinit ambigere. Multum quidem debet Bamberga suis Sanctis, quod illorum pietate ac munificentia, sede episcopali et ecclesia Imperiali fuerit decorata, plus tamen se iisdem debere certissime sibi persuadeat, quod, postquam patria ferme tota hæresis jugo se improvide subdidisset, in infelicissimo illo statu non fuerit derelicta (uti multis aliis diœcesibus in vicina nobis Saxonia, et aliis terris septemtrionalibus contigit), sed SS. Heinrici et Cunegundis sollicitudine, patrocinio ac protectione, a perniciosissimo hæresis malo, inter innumeras licet difficultates, hostiliumque copiarum insidias et impugnationes, fuerit liberata, ac deinceps in Ecclesiæ Catholicæ gremio conservata. »

CAPUT III.
De S. Henrici Manto, ut vocant, Bambergæ in ecclesia Imperiali asservato.

71. Præter sacra cimelia de quibus supra in Commentario § 4 actum est, superesse diximus monumenta id genus alia, sed præcipua duo, Crucem nempe pretiosissimam in celebri cœnobio Benedictino Montis S. Michaelis, de quo ad Acta S. Ottonis locuti sumus, certis solemnioribus festis adhiberi solitam, et Mantele seu Mantum, ut vocant Bambergenses, puta togam vel pallium latissimum, uti hic vides, ad modum vetustioris casulæ, lateralibus aperturis carentis, in thesauro Imperialis ecclesiæ reconditum, quod ab Ismaele, de quo Anonymi Legenda meminit, confectum volunt, sancto Imperatori datum, ab eoque Cæsarei instar paludamenti in celebrioribus cæremoniis adhibitum, pluribus signis pretiosis per Phrygio intextis ornatum, variisque inscriptionibus satis mirabili sacrorum profanorumque commixtione distinctum; quibus in rectum sensum ordinandis aut explicandis curiosa ingenia incassum hactenus desudasse dicuntur. Quod certe experiri mihi licuit in eruditissimi Viri observationibus, infra

dandis, quas probare hactenus non potui. Mysteriosum, si ita loqui licet, videtur utrumque monumentum, quorum primum, Crux videlicet, cum jam excusum sit, omniumque oculis pateat, apud citatum alibi Ludwigium, criticis excutiendum relinqui poterat,

A sed a nobis etiam dabitur. Hic prius Mantum exhibemus, cum Clar. Eppenaueri nonnullis expositionibus, quibus cuique liberum erit pro captu et eruditione alias substituere.

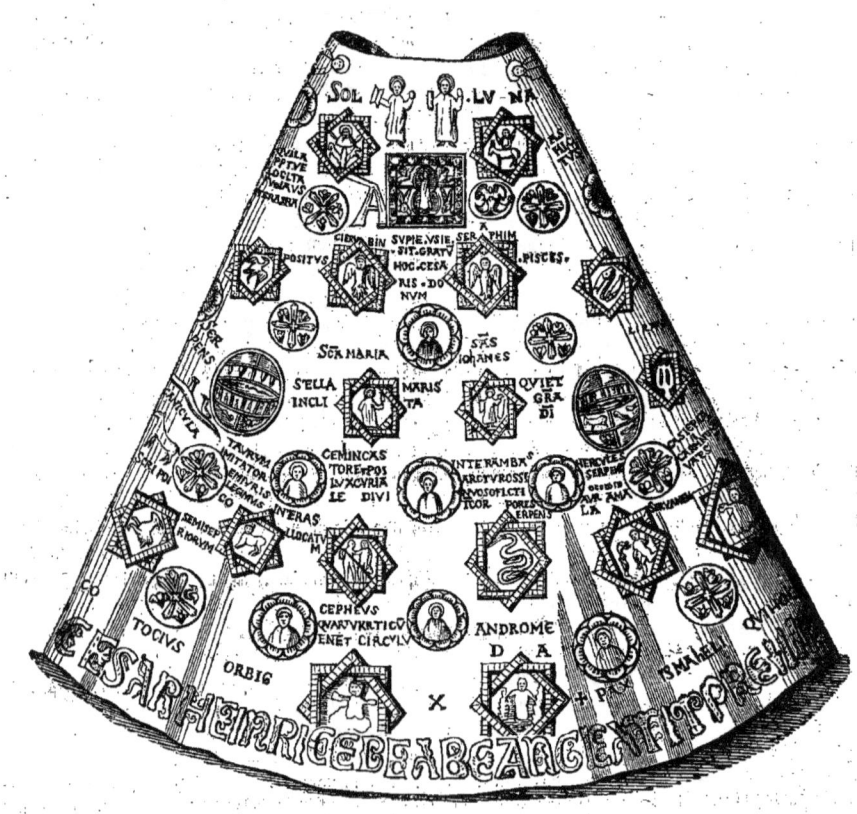

72. Lubens fateor, post non levem nec perfunctoriam totius operis, ut, me rogante, delineatum fuit, contemplationem ac singularum partium considerationem, nullo me pacto assequi posse quid demum indicare, quid tam disparatorum compositione significare voluerit Mantelis, Manti seu togæ istius inventor aut artifex, nisi fortasse rei ad profanos usus primum destinatæ sacra aliqua postmodum adjecerit, quo facilius sanctissimi Imperatoris aut saltem

B ecclesiasticis usibus transcriberetur. Conjecturis equidem supersedeo, viri Clar. descriptione contentus. Ait ipse Mantum sericum esse, coloris cærulei, cujus minutissimi characteres, seu veri seu vitiosi, ad prototypi formam fideliter sint expressi. « Longum est, *inquit*, pedibus quatuor cum dimidio et duobus pollicibus, quod ordinavit Ismael, S. Heinrici affinis, Bambergæ sepultus, qui fuit nepos ejus ex sorore in ducem Apuliæ quondam per S. Heinricum elevaus, uti ex litteris Mantelis infra, immediate supra ambriam ex serico rubro, filo aureo intertexto, ceu A gratiarum actione Henriciana patet; videlicet PAX ISMAHELI QUI HOC ORDINAVIT. » Ecquis in formula ista,

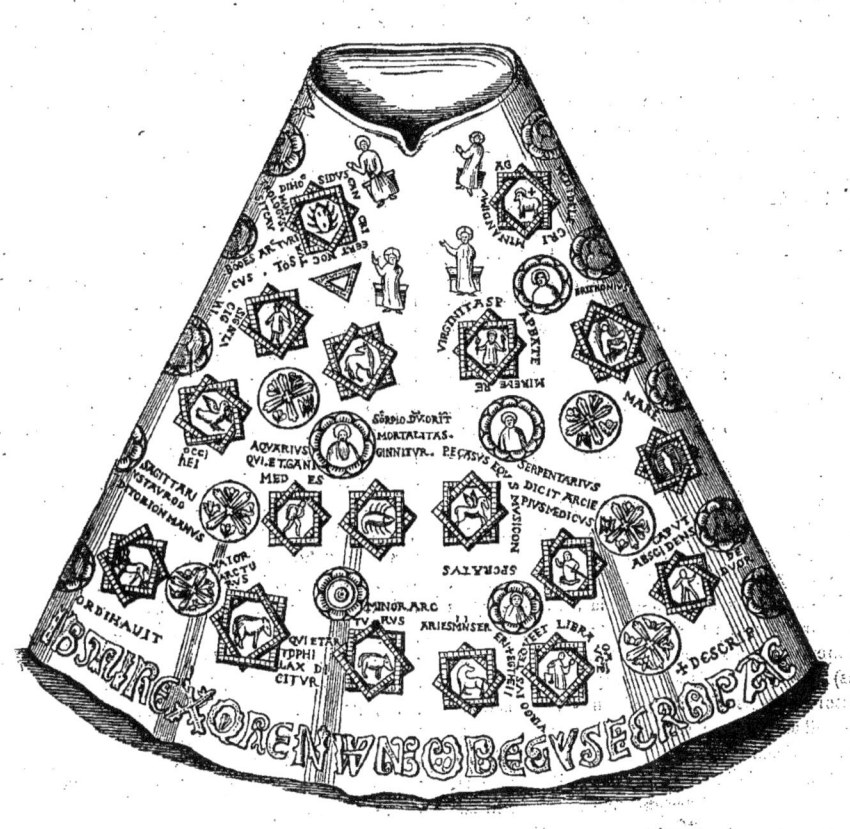

Pax Ismaheli Judaici aliquid in artifice subodoretur? Potius studiose aliqua involvisse, atque, affectata seu vera ignorantia, ænigmaticis locutionibus implicuisse videtur.

73. Quid sibi velint statunculi inter voces *Sol* et *Luna*, quid alii in lamella altera, nemo satis divinaverit. Subjectum soli et lunæ quadratum repræsentat, ni fallor, quatuor Evangelistarum symbola, circumdata icunculæ cui aptatur epigraphe, *Superne usie sit gratum hoc Cesaris donum.* Ecquid religiosus posuisset Sempiternæ ac individuæ Trinitati, aut saltem æterno Verbo incarnato? Quid enim est οὐσία nisi suprema essentia metaphysico conceptu expressa? Cur *sancta Maria stella maris inclita*, non appellatur *Mater Dei*? Quem S. *Joannem* indicat, *qui sit et gratia Dei*? Pergimus cum ductore nostro, qui figuras omnes mere aureas asserit, opere Phrygio contextas. Satis patent signa Zodiaci et constellationes aliæ, ad modum, ut ipse existimat, istius temporis. « Constat enim, inquit, proximum S. Heinrici in imperio antecessorem Ottonem III simile Mantum, quo tegebatur coronatus, cum inscripta Apocalypsi habuisse. Probabiliter fuit hoc Mantele illud, quo in ipsa coronatione imperatoria fuit vestitus S. Heinricus. » Ignoscat vir amicus si tam prompte assentiri renuam: non incongrue pallio Ottonis appingi potuere signa apocalyptica; at S. Henricum paludamento de quo agimus in coronatione indutum fuisse, necdum ut credam induci hactenus patior. En paucas alias litterarum utcumque redditarum, laudati viri explicatione.

74. OEdipum certe hic agere oportet in eruendo

contorto sensu AQVILA PPTVE IOCITAE VOIATVS IER
ASTRA; quem sic reddit: Aquila perpetuo per volatus
suos se locans in astra, ob cosstellationem aquilæ
expansis alis volantis. Ismael enim, ait, astrologiæ
addictus fuisse videtur, quia ejus ordinatione prope
Mantelis humerum dextrum hæc leguntur verba;
Astrologus hic sit cautus. Est et alia in altera Manti
parte, ubi sic legitur: VIRGINITASP APBATE MIREME RE.
Sonant hæc ipsi: *Virginitas approbate miremur terræ*; sublata autem vitiosa metathesi, videtur esse
allusio Ismaelis ad castimoniam S. Heinrici; in hunc
forte sensum: *Virginitatem in terris approbatam miremur*. Cupio plane eruditiss. Viro subscribere; verum si eo Manto, ut nuperrime dicebat, S. Heinricum in coronatione Romana usum sibi persuadeat,
necesse est, fateatur, cognitam ante id tempus fuisse
Ismaeli isti sanctissimorum Conjugum virginalem
continentiam, quam ut supra vindicandam susceperim, at nemini ante extremum Sancti morbum inno-
tuisse existimo esse certissimum. De cætero, an
manus Orionis rodat Taurum; an is *imitator juris
fuerit, an Serpentarius Æsculapius medicus* dicatur;
an his asseratur *Pegasus equus musicæ esse sacratus*,
atque id genus alia; ab obscuriori isto vel forte
poetastro artifice repetenda non censeo: nodus præcipuus superest, utrum infimæ inscriptionis confusos
characteres eruditus interpres felicius combinaverit.
Verba ejus ad apicem describam:

75. « Fimbria vero hujus Mantelis condecorata est
litteris singulari artificis diligentia (litteris singulis
particulariter sive seorsim aurato filo confectis, ac
dein mediante filo serico, in destinato suo loco fir-
matis) affabre confectis opere phrygio, cum permul-
tis intortis aureis cimeliis, obscuritatem lectionis
inducentibus; suntque eæ litteræ magnæ longitudi-
nis: ita invicem appositæ, ut lector maxime dubius
hæreat, ubi lectio in circulari chaos sit inchoanda.
Insuper, omni carent interpunctione, hincque in hodiernum usque diem, multis lectionem frustra ten-
tantibus, uti inaudio, (præsertim propter plures alias
parvas obfuscatasque inscriptiones) incognitæ man-
serunt. » Pergit deinde ad explicationem, quam nemo
hactenus propius assecutus est. « Verba fimbriæ ad
litteram hæc sunt cum metathesi vitiosa

O Decus Eeropae Cesar Heinrice beare
Angeat impreium ibmi Rexque rena bene.

Peripheria hæc Manti infima adæquat longitudinem
sedecim pedum et duorum pollicum.

76. « Ubi notandum quod Ismael per litteram X in
verbo Rex singulare quid significare voluerit, quia
hæc una et sola inter omnes magnitudine artificiali
eminet, et nonnihil a litteris E ante et Q post
est separata; hinc non immerito concludo eum, ut,
propter verborum excurrentem copiam, ligatam orationem salvaret, gratulationem hanc pro S. Heinrico
ordinare in hunc sensum quasi voluisse: Rexque
millies ibi regna bene; quia X Græcis, ut constat,
est numerus millenarius: salvo tamen, ut dixi, per
omnia alterum judicio meliori, acumina enim hæc

antiquis erant frequentia. Monet deinde notandum
quod in carminibus fimbriæ Mantelis desint: apud
verbum REGNA littera G (nam littera A est abscondita in N; quia N, ut ibi efformatum est, denotat litteram N et A simul apud antiquos), et littera E apud
verbum WENE sive BENE. E contra post verbum Imperium est supervacanea littera M, forte loco litteræ M
sive N in animo substituenda, aut plane omittenda
illo tempore; apud quam tres IBI spectant post litteram Q. Item in verbo ANGEAT, littera V est inversa,
hinc ut N appareat. »

77. Hactenus Clar. amicus, qui subdit quatuor
alia serica Manta, cærulei item coloris, ibidem a-
servari, de quorum usibus hic disserere nihil attinet:
datam jam prioris explicationem tantisper expenda-
mus. Quatuor prima vocabula distincte in fimbria
expressa conspicio, *O decus Eëropae Cesar Heinrice*; non tam facile est invenire τὸ BEARE, cum pro R
legatur B: neque ANGEAT educi potest, quandoquidem littera ultima non sit T sed potius Y. *Impreium*
integre non reperitur; quod ultima littera videatur
duplex, sitque E et A Græcum; in quo non satis
aperte argui posse videtur; quod post *Imperium* supervacanea sit littera M; ubi ego fateri cogor nec
supervacaneum M, imo nec necessarium reperiri,
quo τὸ Imperium vel Impreium efformari queat. Neque tres IBI usque adeo clare apparent; nec est
unde colligatur N inversum esse; unde exsurgere
verosimiliter possit AUGEAT. IBMI nullum sensum
reddit. REXQUE vel REX QUI habetur; sed reliqua
plusquam Œdipo indigent, neque ex iis perfectam
constructionem quis facile extuderit. Hæc eo solum
dicta sint, ut intelligat lector nihil a nobis neglectum, et amicissimus adjutor observet, ænigma iis
litteris involutum, necdum ex omni parte solutum
esse. Melius, inquies, aliquid substituas: malim
vero candide fateri ignorantiam, quam iis disqui-
rendis oleum et operam perdere: non gravabor tamen, nullo meo periculo, viri alterius eruditissimi
cogitationes in medium proferre, prout mecum com-
municatæ sunt.

78. Abest is, ut primum dicam, a Bambergensium
opinione, quod præfatum Mantum ad S. Heinrici
tempora revocari possit, negatque Sancti istius
ætate in usu fuisse Cæsaris appellationem. Putat
itaque opus esse sæculi XIV, implexisque illis vocabulis indicari Henricum, istius nominis Imperatorem VII Luxemburgicum, qui post necem Alberti
Austriaci Romanorum regis, anno 1308 patratam,
vi Januarii 1309 Aquisgrani coronatus est; atque ad
hunc dirigi contendit fimbriæ allocutionem, cujus
ordinem exorditur a CESAR HENRICE, ei connectens
BEA: B vero sequens et E sumit pro Bambergensis
Ecclesiæ; ex litteris proximis faciens. ANGELV, u si-
gnato: tum sic pergit, ex litteris verba ferme reddens,
IMPerium REgere Injuste Volens, EA (lambda græco
pro L latino) unde ELectus Invitis, vel Inimicis Bambergensibus, Miserabiliter Interiit REX QUI; demum
ex RE et contractis aliis conficit REGNAVIT, atque ex

charactere sequente, non mat ANTE TE, O DECUS EER gio accensere, dum tam i vocabula, ut in diversa ra Feriet, opinor. Bamberg tam procul accersita expo formatio vocis ANGELU pro n ima non sit L sed A u ha vero Y potius vel frustra hic frontem fricam gatoribus ulterius explora ac de S. Henrico ejusque r ntendimus, nihil præteriis

CAPU
De celeberrima Cruce, c Bambergenses
79. De Henriciana hac p locutus est Henschenius, d diem III Martii illustravit ad Papebrochium misit a Risse, collegii nostri Ban ctor; postmodum vero alia Joannes Petrus Ludewig, in Scriptoribus rerum episcop sum hoc exemplar postqu tione contulissem facile a ferre, ut neutra imago sati deret : quocirca Bamberg defectus in iis occurrentes apte corrigerentur. Novam itaque delineationem de integro aggressus est laudatus mihi sæpe Otto Schugentius, expressis etiam tum pretiosorum lapidum, tum cæterorum ornamentorum coloribus; sic ut in ea nihil desiderari testati sint oculatissimi inspectores, toties etiam allegati Clar. Eppenauer et R. P. Nicolaus Pottu, de cujus meritis satis dici non potest. Porro colores, quoadusque ars ejus tulit, sculptor referre conatus est. Qui Ludewigianam imaginem cum nostro ectypo conferent, non unam diversitatem facile observabunt. Itaque iconismum prædictæ Crucis hic primum exhibendum censui, cui cimelia alia adjecta sunt, suo etiam ordine recensenda.

80. Henschenii verba hic præmittenda sunt, quibus sacra S. Cunegundis monumenta, a se coram spectata, enumerans, ita loquitur Commentarii sui § 4, num. 25 : Addere placet, inquit, quæ ipsi Bambergæ vidimus in monte S. Michaelis, in templo abbatiali, scilicet dotem seu morghengabam a S. Henrico Cunegundi datam; crucem auream operis Græci antiquissimi, uti ex inscriptionibus atque imaginibus erat cognoscere. Hæc nimirum est receptissima apud Bambergenses traditio, celeberrimam Crucem, multis aureorum millibus æstimatam, donum istud fuisse quod sponsæ, Sanctæ, sanctus et ipse, Sponsus dederit postridie nuptiarum, inde apud Germanos appellatur MORGHENGABAM, quod latine reddendum est donum matutinum (de quo in glossariis Spelmanni, Cangii et aliorum plura invenies), ipsa vero sanctissima Imperatrix cœnobio, a se cum piissimo conjuge condito,

inus hieroglyphico for E. Ita ille, cui alios fu lexa sunt et signa et t spectatores singulos. es omnes æque ac me o, in quam argui potest gehum, cum littera pe nti in Ces At et be A : quam U signatum. At satis sit, curiosis inda materiam sugessisse; umentis, quod maxime

IV.
que S. Henrici apud ris cimeliis.
iosissima Cruce cursim Acta S. Cunegundis ad Ejusdem delineationem o 1695 R. P. Joannes rgensis eo tempore Re in æs incisam vulgavit ruitque volumini suo de s Bambergensis. Excu cum Rissiana delinea rti tantum inter se dif xacte prototypon red recurrendum fuit, ut

reliquerit, perpetuum munificentiæ suæ monumentum, usque hodie in festis solemnioribus quandoque circumferri solitum, in argento obducto manubrio ad quinque pedes Noribergenses extenso, quod in imagine apparere voluimus. A Græco vel saltem græcizante elaboratam primum fuisse Crucem ipsam, satis opinor apparet; ac circumductam postmodum censuerim inscriptionem latinam, in qua cur verbum in futuro inflexum sit, candide fateor me divinare non posse, nisi, ipso vivo, fidei commissum fuerit.

81. Multa alia istic contemplaris in quibus claritatem merito desideres, multa artificis ingenio et arbitrio figurata, alia quasi studiose involuta, quæ nemo hactenus explicare noverit, usque adeo ut me nonnunquam cogitatio subierit monumentum quantumvis præclarum prætermittere, potius quam partes ejus aliquas intactas et inobservatas relinquere. Viros doctissimos consului, quorum alii graviori censura, alii paulo mitiori ipsum perstrinxerunt, sic tamen ut nullus ea recte solverit quæ mihi displicere vel ipsis Bambergensibus rotunde professus sum. Repositum est non exigi ab historico ut in antiquis hujusmodi monumentis, quæ recenset, possit singula minutatim exponere, aut determinare quod sigillatim significent; videri namque sufficere si, ut philosophi loquuntur, determinet an res sit, non item semper quid qualisve sit, præsertim ubi nonnulla quasi ænigmatice intricata videntur. Rem existere, certissimum est; ætatem ejus, artificem, fabricandi causam et intentum, adjunctaque cætera enucleare, hoc opus hic labor, hæ sunt difficultates, quas a nemine hactenus tactas, nedum solutas inveni. Citatus jam Ludewig satis habuit et Crucem et nonnulla alia excusa referre, quorum explicationem aliis investigandam commisit. Tentare aliquid juverit, eo saltem operæ pretio, ut id genus monumentorum peritiores conatum nostrum promoveant.

82. De crucibus antiquis tum nudis, ut ita loquar, tum humanam Christi effigiem affixam repræsentantibus, fuse disputavit noster Janningus p. m., de Basilica Vaticana tractans, tomo VII Junii a pag. 141, unam inter alias referens nostræ huic satis conformem, saltem quod crucem ipsam Christique imaginis efformationem attinet, cui pares alias assignat; eidemque non multum absimiles habet Lambecius in Bibliotheca Cæsarea Vindobonensi, lib. 2, pag. 482 et alibi, ut necesse non sit de ea re hic pluribus disceptare. Ætatem potissimum quærimus qua Henriciana hæc nostra fabricata censeri possit, id quod saltem sæculo X factum oportet, si eam sanctus Imperator in morghengabam sanctæ Conjugi obtulit, sub ipsum sæculi insequentis principium, qua sola ratione cum Henricianæ vitæ serie componi potest Bambergensis traditio, quidquid eruditi critici adversentur, contendantque litterarum græcarum latinarumque mixturam istam posteriora sæcula sapere, additamentis solidis, nummis et aliis, recentioris ævi esse passim censeantur, quemadmodum et versus

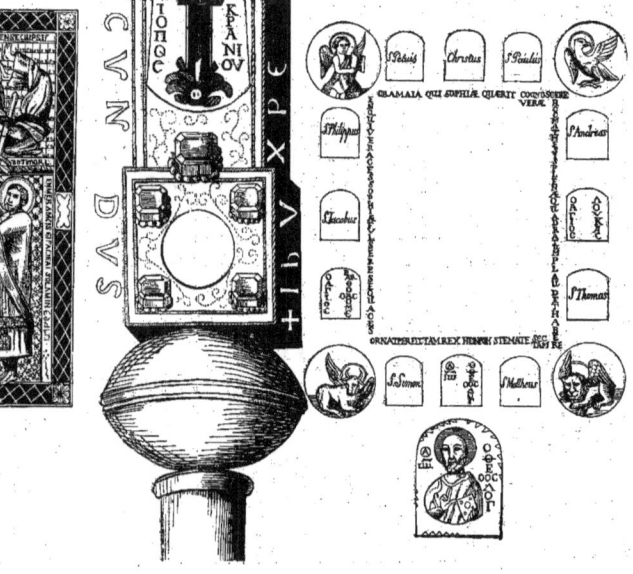

TRACTANDO IUSTUM DISCERNITE SEMPER HONESTV
VTILE CONVENIAT CONSVL TIBI LOCIS VT OETAT.

QVOD DABIT HEINRICUS
CIPE DONUM
CESAR
PIVS
SE
BONVM
CRVCI AC
CLEMENS

IC XC
NIKA

IACO LOCI — IAOVHMP
COY — COY

Solvimus ecce tibi rex censum iure per anni.
Clemens esto tuis. nos redbimus ista quot annis.

Lecnini, quos sæculo x in usu fuisse, aliunde demonstrari postulant.

83. Liceat mihi hic opinionem meam seu conjecturam candide proferre. Nihil tantopere video quod credere nos vetet Crucem ipsam, quousque tota græca est, ad sæculum x referre, sive ea in veteri Græcia, sive in Magna Italia seu Apulia, sive a Græcis artificibus in ipsa Germania fabricata fuerit, quæ in S. Henrici manus pervenerit, tamquam sacrum pretiosumque cimelium, antequam ad thronum eveheretur : dederit istud ipse sanctissimæ Conjugi; hæc vero, vel testamento vel alia donatione, apud monachos suos Michaelitas servari voluerit; Græcam eatenus, nec forte sacris adhuc usibus deputatam. Fuerit subinde abbas aliquis qui pretiosissimum monumentum ritu Catholico in processionibus circumferri posse censuerit, aptaveritque proinde manubrium seu perticam argenteam cui id imponeretur, atque ad renovandam identidem sanctissimorum fundatorum memoriam, latinos istos versus circumduxerit : « Jesu Christe bonum clemens Crucis accipe donum, quod dabit Heinricus pius Cæsar atque secundus, » in quibus id solum displicet, quod pro *dabit*, potius non scripserit *dedit*, uti certe dicere debuit, si id tum scribi jussit dum Crucem acceperat. Hoc pacto evitantur difficultates, quas tamen aliter etiam solvere se posse Bambergenses existimant.

84. Neque vero usque adeo abhorrendum est ab ea græcarum latinarumque litterarum commixtione, cum vel eo usque pruritus ille græcizandi obscuris sæculis invaluerit, ut recepta a Latinis nomina litteris istis exprimere, nescio quid eruditionis præ se ferre videretur, ut habes in segmento sub littera D, quo repræsentatur operculum, compactura seu theca extima prægrandis voluminis membranacei continentis scripta Evangelia, per totum annum, uti loquimur, currentia; cujus thecæ ornatus non minus admirandus est quam pretiosus, et quod rei caput est, nicque maxime quæritur, ornatui totius Crucis persimilis, ubi græca et latina commixta intueris, quasi si sanctorum Apostolorum nomina latinis litteris efferre, piaculum censeri posset. Quadrum in medio eburneum est, in quo mysteria Christi sepulti et resurgentis eleganter excisa visuntur. Porro ornatus reliquus in limbis latioribus, quadro circumdatis, et materia et artificio ipsi quadro ad amussim respondet. Limbi ipsi auro seu lamellis aureis, encaustico et musivo opere elaboratis constant, insertis istic etiam pretiosis lapidibus. Effigies omnes, e quibus unam solam reddimus, sive materiam, sive formam, sive characteres spectes, iis simillimæ sunt quæ in Cruce referuntur, ut eumdem seu ætate proximum artificem omnino sapere videantur. Porro librum istum Evangeliorum S. Henrici tempore exstitisse, haud obscure evincunt versus in prima facie aureo charactere majori (qualis est ΓΡΑΜΜΑΤΑ ΟΥΙ ΣΟΦΙΜΑΕ) in hunc modum descripti :

Rex Heinricus ovans, fidei splendore coruscans,
Maximus imperio fruitur quo prosper avito ;
Inter opum varias prono de pectore gazas,
Obtulit hunc librum divina lege refertum :
Plenus amore Dei, pius in donaria templi,
Ut sit perpetuum decus illic omne per ævum
Princeps Ecclesiæ, cœlestis claviger aulæ,
O Petre, cum Paulo gentis doctore benigno,
Hunc tibi devotum prece fac super astra beatum,
Cum Cunigunda sibi conregnante serena.
Hoc Pater, hoc Natus, necnon et Spiritus almus
Annuat æternis semper Deus omnibus unus.

85. Expende hos versus quantum libuerit, nihil ex ipsis extundi posse videtur quod non S. Henricum viventem adhuc et superstitem redoleat; ut inde satis recte arguant Bambergenses nihil esse in Cruce græca, quo ad posterius sæculum retrahi compellatur, quando paria omnia in theca Evangeliorum reperiuntur. Ad id autem quod critici clamitant, nomen *Cæsaris* ac additamentum *secundi* aut *pii* Henriciano sæculo non obtinuisse in nummis, aut saltem nummos tales non inveniri : respondent Crucis vindices, et recte sufficere quod eæ appellationes in diplomatibus diserte exprimantur, ut artifici vel additori vitio vertendum non sit, quod iis titulis S. Henricum ornaverit, tametsi non proprie secundus istius nominis Imperator sed primus dici debuerit. Sic et Pii agnomen S. Imperatoris vivo inditum probat Clar. Eppenaver ex diplomatibus seu privilegiis eo tempore concessis, in quorum uno anni 1017 expressos eos terminos recitat, *sub patrimonio piissimi Imperatoris Henrici*, etc. Et hæc quidem ad superabundantiam : cum tota græcæ Crucis vetustas salvetur, tametsi latina inscriptio adjectitia esse supponatur. De adversa Crucis parte id monere sufficiat, repræsentari istic sub Agno Dei, cui insistit statua sub littera F, S. Henricum stantem cum titulo *Imperatoris Augusti* inter symbola quatuor Evangelistarum : quæ posterius superaddita esse, Bambergenses ipsi, nisi vehementer fallor, facile concesserint.

86. Suspicatur non nemo Crucis istius artificem et imperitum fuisse in græcis recte exprimendis, dum pro ΥΙΟC, scribit ΥΟC, pro ΝΙΚΟΛΑΟC, ponit ΝΙΚΟΛΛΟC, et forte non satis Christianum, qui sub speciosa religionis larva, non nihil impii involvere voluerit, Sanctorum effigies referens absque prævia tritissima formula ὁ ΑΓ, quod Græcis Christianis insolitum esse contendit. Magis ei displicet icuncula in dextro Crucis latere, cujus inscriptio accurate redditur in Schugentiana delineatione Ο ΘC ΛΙΓΟC, (expresso L pro Γ et ferme υ pro c) quod explicatu difficillimum est, sive θεῶ conjungas cum ΛΙΓΟC, sive diversas voces efformandas censeas. Si conjunxeris, nihil significabit ; si diviseris, poterit ΛΙΓΟC accipi pro ΛΟΓΟC, quæ pronuntiatione conveniunt, tumque insignem blasphemiam involvet, quam hic exponere supersedeo, cum in artificis mentem numquam incidisse existimem : malim ipsum imperitiæ quam enormis malitiæ arguere. Quidni istic agnoscatur, S. Joannes Evangelista θεῶ ΛΟΓΟC, jam senex, ta-

metsi ut junior in medio repraesentetur? Certe verosimile id reddit icuncula similis ejusdem Sancti ex theca Evangeliorum, ubi eadem ferme habetur epigraphe, quemadmodum hic satis clare perspicis in grandioris imaginis assumento sub littera E. Demus aliquid, obsecro, saeculi istius ruditati, fateamurque orthographiam graecam non adeo calluisse artificem, ut non hinc inde aut excessu aut defectu cespitaverit; ut habes in ipsa jam citata icuncula, in qua difficile est syllabas recte connectere. Caeterum utrobique eumdem Sanctum, eumque radiato capite exhiberi; si non omnino certum, saltem verosimillimum est.

87. Icuncula in alia Crucis seu sinistra extremitate collocata, neque in delineatione Rissii, neque apud Ludewig vere redditur, nec appositae litterae seu potius abbreviationes recte effigiatae sunt per OAP et HI, sed ea felicius restituit Schugentius, angelum exhibens, expansas alas sursum protendentem, quasi in signum admirationis, ob Filium Dei pro genere humano in Cruce patientem, cui adscriptae litterae indicent per OAP archangelum, per MI Michaelem, militiae coelestis architrategum, Ecclesiaeque defensorem. Graeca reliqua, licet et ipsa parum exacta, satis manifesta existimo, cum appositi ad utrumque imaginis Christi latus statunculi beatissimae Virginis et S. Joannis Evangelistae, abunde insinuent verba ad utrumque referri: *Ecce filius tuus, ecce mater tua.* Cur autem inferius cranii locus tam expresse istic indicetur, explicabunt ii qui plura id genus monumenta alibi repererint; similia alia longe accersere, mihi nec lubet nec vacat. Neque hic ventilanda quaestio de Servatoris corpore tribus vel quatuor clavis affixo, de quibus alibi saepe disputatum est: consulantur Angelus Rocca, Cornelius Curtius et Responsiones Papebrochii ad Exhibitionem praetensorum errorum, ad articulum xx, a num. 2.

88. Si quis interim ex me quaerat quid demum tali rerum collectione et connexione proprie intenderit artifex, fatebor lubens id me ignorare, non aegre laturus, si aliunde edoceri possim, cur in summitate S. Nicolaus potius quam quilibet alius Sanctus effictus sit; cur in extremis orbibus S. Evangelista Joannes, aut forte alius, et S. Michael archangelus; quid magis ad rem spectaverit loculus infimus, hodie vacuus, qui in Rissii delineatione repletus apparet. Haec dubia omnia fateor; at nil me terret enorme pretium ipsius Crucis ex auro, uti volunt, puro, quidquid arguant critici, aurum Henrici saeculo rarissimum fuisse. Respondebunt enim Bambergenses non adeo rara fuisse istius et praegressorum saeculorum pretiosa donaria Dei ecclesiis facta, eoque adducent Imperatoris Constantini crucem auream librarum centum quinginta, innumeraque hujusmodi alia quibus plena est Anastasii Bibliothecarii de Romanis Pontificibus historia, in qua soli articuli ad laudatum Constantinum et Carolum magnum spectantes curiosis facient satis. Quidni igitur istius temporis sanctus juxta ac munificus Imperator Crucem istam comparare potuerit, ubi tot alia pretiosissima dona, quorum non pauca oculis subjecimus, in ecclesia sua Bambergensi, ut alias plurimas praetereamus, Deo consecrata recondidit.

89. Quae hic praeterea exhibentur sacrorum cimeliorum imagines sub litteris A, B et C, adductae sunt in similium aliorum specimina, quae in Bambergensi sacrario, ad sanctissimi Patroni ac Fundatoris memoriam, pie non minus quam solicite asservantur, sive ipsa vivo adhuc Sancto, sive paulo post, ex relictis in eum finem necessariis subsidiis efformata volueris, ut sunt plures alii libri sacri, arte, vetustate et pretio aestimatissimi. Segmenta duo superiora, sub litteris A et B, uno eodemque folio expansa sunt, atque in dicto libro Evangeliorum citatis supra versibus subjunguntur. Superior pars A satis aperte aequissimi Imperatoris justitiam denotat, in qua administranda quantum excelluerit, notius est quam ut hic denuo explicare oporteat. Pars inferior, seu B, per se loquitur, dum universa Bambergensis ditio optimo Principi subdita se profitetur: quibus nihil video magnopere objici posse, cum picturae istiusmodi, vel justitiae et aequitatis symbola non videantur repugnare S. Heinrici adhuc viventis modestiae. In alia vero sub segmento C, ubi SS. Udalricus et Emmeramnus hastam et glaudium S. Henrico quodammodo porrigunt, sic aliqua exornantur, ut ad sanctitatis indicia proxime accedant. Haec autem, Sancto adhuc superstite, effigiata fuisse, erunt fortasse qui non tam facile sint admissuri: sic tamen ut talia fraudi esse non possint iis, quae de antiquitate Crucis et thecae librique Evangeliorum disputata sunt.

90. Segmentum praedictum C, ex Missali, etiam pretiosissimo, acceptum, longa expositione non indiget, cum versus omnes, quantumvis rudes, commode per se intelligantur: unus est, qui lectores morari possit, nempe supremus ad sinistram, quo ad Sancti ensem alluditur, quique, si recte verba discrimino, ita legendus videtur: « Aptat et hic ensem, qui (pro cuivis seu cuicumque) praesignando timorem. » Bini versus sub Sancti brachiis, ad cruculam inferiorem juxta pedem dextrum inchoandi sunt: « Ecce coronatur divinitus atque beatur, Rex pius Henricus proavorum stirpe polosus. » Alludit, opinor, ad proaviam Mathildem reginam aliosque familiae ejus, tum viros tum feminas, sanctitate illustres, quos nimirum polosos seu beatos appellat; de quibus videsis Acta nostra ad xiv Martii, tomo II, pag. 356. Reliqua curiosis dispicienda expendendaque relinquimus, finem hic posituri ambiguae disquisitioni, qua Bambergensium desiderio factum satis, sperare audemus: a nobis id semper desiderabitur, ut rei totius anima, Acta nempe ab Adelboldo scripta, alicunde tandem in lucem producantur, quae in totius mensis appendice seu Supplemento vulgari possint et de integro illustrari.

CAPUT V.

De S. Henrici hodierna gloria in annua Bambergensi solennitate, per totum octiduum, Catholico more, festive producti solita; in Officio pietatis, templisque et sacellis Sancto erectis.

91. Quam indefesso zelo, qua cura et solicitudine laboraverit toties laudatus R. P. Rector Bambergensis Nicolaus Pottu, ne quid præteriretur quod ad S. Henrici gloriam conducere existimaret, puto ex antè dictis esse quam testatissimum. Coronidem hanc idem ipse imposuit, ea accuratissime colligendo quæ ad modernam sanctissimi Patroni festivitatem potissimum pertinent, quibusque hic etiam locum dare visum est, tum ad meritam Bambergensium laudem, tum ad Catholicæ religionis incrementum, tum vero ad exemplum quod ceteræ ecclesiæ imitentur in celebrandis Sanctorum suorum solennitatibus. Eam vetustissimam, opinor perpetuam, Bambergæ fuisse, demonstrat antiquior anni 1579 celebritatis et processionis annuæ descriptio, quam etiam nuper adjunxit strenuissimus collaborator. Verum ne hic eadem aut saltem consimilia, non sine lectorum fastidio, repetenda sint, satis erit hodiernam, quam diximus, ob oculos ponere, cui accedet novissimus cumulus, studiosa ejusdem Pottuvii pietate hoc anno superadditus, ac demum Officium de Sancto proprium eadem occasione recusum, templa denique in ejus honorem condita. En igitur Bambergensium in Tutelarem suum illustris venerationis argumenta, ipsis Pottuvii verbis in hunc modum delineata.

§ I. *Prævius ad festivitatem apparatus.*

92. « Propridie ara, sepulcro sanctorum Henrici et Cunegundis superimposita, cultu et ornatu solennissimo instruitur, ac præsertim reliquiis insignibus sane, et copiosis, quæ, cum pretiosissimæ sint, et quod res est, potissima ex parte ab ipso S. Henrico, cura solicita, et Imperatoria auctoritate comparatæ, ac ecclesiæ, a se recens fundatæ, liberaliter donatæ; non incongrue hoc loco distinctius, una cum ornatu altaris reliquo, describi mererentur; præcipue cum facta de iis mentione in Vita S. Cunegundis ad tertium Martii in Commentario prævio, descriptio accuratior hunc in locum rejiciatur, ut ibi videri potest.

93. « Ara itaque memorata, quæ per modum mausolei cujusdam veluti in pyramidem desinentia, supra sepulcrum ipsum erigitur; ita ut per illius medium, excavato fornice, conspicuus pateat e loco sublimiori marmoreus Sanctorum tumulus; ara hæc, inquam, tum ipsa, tum ejus latera, pretiosa trecentarum ulnarum tela Damascena rubra investiuntur. In aræ supremo vertice posita conspicitur, sex circiter pedum adæquans altitudinem, crux pretiosissima, ex argento puro affabre elaborata, ornataque gemmis et unionibus minime parcis; in qua inclusa, et per crystallum lucidam anterius conspicua, servatur insignis et præclara, spithamam ferme excedens, sacræ salvificæque Crucis particula; de cujus veritate extat in archivio cathedrali Bulla authentica Benedicti II A Pont. M. in qua perhibetur, et dicta S. particula una cum genuino clavo ferreo sancti Crucifixi (de quo infra) S. Henrico a duce Burgundiæ et rege Rudolpho dono data fuisse; atque Pontificio suffragio pro vera agnoscitur et declaratur.

94. « Infra hanc directe collocata apparet statua S. Georgii, Patroni secundarii ecclesiæ, equo insidentis, statura hominis ordinaria aliquanto minore, ex argento itidem artificiose fabrefacta. Paulo inferius visuntur hinc atque hinc, ex utroque latere positæ statuæ duæ insignes, ex argento item inaurato, humani corporis partem dimidiam repræsentantes; altera quidem S. Cunegundis, ignitum manu vomerem præseferentis; altera vero S. Henrici, magnitudine et materia pari: apposita, ex utraque parte, sua cuique statuæ corona Imperatoria, illa ipsa, qua Sancti olim conjuges in terris fuerant coronati. Hanc inter utramque memoratam statuam eminet in medio magnitudinis ejusdem, dimidiato itidem corpore, et ex argento inaurato, eleganter elaborata statua B. Virginis, divinum ulnis Infantem complexæ. Illustrantur hæ statuæ compluribus interpositis candelabris argenteis, cereisque ardentibus.

95. « Sequuntur dein positæ circa partem aræ mediam diversæ Sanctorum diversorum reliquiæ: scilicet duo hinc atque hinc cusini, quorum unus partem cranii S. Dionysii Areopagitæ, alter caput D. Margaritæ integrum sustentat. Locum deinde parte ex utraque obtinent sarcula sive sarcophagi minores aut capsæ inauratæ numero octo, continentes corpora Sanctorum aut partem eorum præcipuam: scilicet primo corpus S. Joannis M. 2, S. Isaaci Mon. 3, SS. Dulcissimi et Charissimi discipulorum S. Petri. 4, SS. Caji et Pii Rom. Pont. 5, S. Hermetis Mart. 6, SS. Herculeani Episcop. et Mart. et Remacli Episc. 7, S. Theodori Mart. 8, S. Briccii Conf.

96. « Assurgunt inter hæc pyramides quatuor insignes argenteæ, reliquiis sane pretiosis et præcipuorum Sanctorum ditatæ, nimirum reliquiis aut ossibus S. Joannis Baptistæ, SS. Pauli et Bartholomæi Apostolorum, SS. Stephani Protomart. S. Laurentii Mart. S. Pantaleonis Mart. S. Achatii Mart. etc. S. Mariæ Magdalenæ. S. Cæciliæ Virg. et Mart. etc. Exponitur ibidem inter cetera altare (ut vocant) portatile, quo usus dicitur militiæ S. Henricus, ad instruendam aram pro sacrificio Missæ: inclusum est hoc portatile thecæ pretiosæ, gemmis et unionibus insignitæ, quæ præter particulam S. Crucis continet reliquias SS. Georgii et Stephani Protomart. Christophori, Pancratii, Sebastiani, Laurentii, et de craticula ejus.

97. « Prostant præterea conspicui, ex utraque parte, libri Evangeliorum quatuor, codices pretiosi, in thecis sericis auro gemmisque liberaliter distincti compacti, et sua se antiquitate commendantes, utpote ab ipso S. Henrico ecclesiæ cathedrali in donum, tanto tamque pio condignum Imperatore oblatum. Tam magnifico desuper ornatu veluti coronatus, in ipso aræ medio per excavatum, ut dictum

est, fornicem apparet marmoreus sanctorum Conjugum tumulus, tapete nigro serico, unionibus copiosissimis, auroque, opere Phrygio, intertextis pretiosissimo instratus : qui ardentibus per circuitum ex cera virgine candelis omnino quadraginta, magnifice illustratur; cui lucem adjiciunt ex utroque fornicis latere lampades ex argento deaurato sedecim, una cum candelabris pensilibus argenteis quatuor, quæ binis singula collucent cereis, et simul omnia ad illustrandam Sanctorum gloriam egregie conferunt.

98. « Accedunt his in parte aræ infima, reliquiæ aliæ supra recensitis haud inferiores : scilicet clavus ferreus, quo Christus Salvator manibus cruci hæsit affixus, de cujus veritate bulla authentica supra allegata : item, spina de corona ejusdem Salvatoris N., crux insuper argentea inaurata, continens particulam S. crucis et digitum S. Gertrudis : qua cruce fertur S. Henricus virgineam sibi sponsam Cunegundam subarrhasse. Ornant præterea et illustrant hanc aræ partem Candelabra sex argentea, cum intermedio crucifixo argenteo : collocatis ad pedem altaris candelabris aliis argenteis duobus, altitudinis pedum 7. Atque hæc de sepulcri et aræ ornatu magnifico. Quæ sequuntur, Festi ipsius, et Octavæ subsequentis solennitatem concernunt. »

§ II. *Ejusdem institutio et continuatio.*

99. « Pridie in ipso pervigilio Festi, hora prima pulsatur ad primas Vesperas, magnarum (de quibus supra) compulsatione solenni campanarum. Festum dicitur episcopale et Pallii, in quo Officians est Episcopus. Vesperæ inchoantur hora tertia, ritu solennissimo, juxta cæremoniale Romanum, et (uti etiam per totam Octavam Officium divinum reliquum) non in choro ordinario, sed in navi ecclesiæ ante sepulcrum SS. Henrici et Cunegundis celebrantur, quibus finitis succedit Completorium : intersunt canonici trium ecclesiarum collegiatarum.

100. « Mane altero diei sequentis divinum Officium incipit hora sexta, prævia rursus campanarum compulsatione. Decantatis solenniter Matutino, Laudibus et Prima, sequitur hora octava concio panegyrica de Sancto, qua absoluta, decantantur horæ Nona, Tertia et Sexta. Quando ecclesiam ingreditur Episcopus excipitur a quodam ex dominis canonicis cathedralibus, præstolante cum cruce quasi archiepiscopali (in signum prærogativæ episcopatus Bambergensis gaudentis Pallio, et Romano immediate Pontifici subjecti). Tum ad sacristiam deductus Episcopus, pontificalibus pro summo Sacro celebrando paramentis ibidem induitur; et Sexta subinde finita, e sacristia progreditur ordine sequenti.

101. « 1° Præcedit ædituus in superpelliceo, sceptrum præferens argenteum. 2° Sequuntur hunc acolythi quatuor cum thuribulis duobus et naviculis totidem. 3° Acolythi quatuor alii candelabra deferentes cum cereis accensis, unaque deducentes in medio canonicum cathedralem, pluviali indutum, crucemque præferentem. Succedunt canonici duo

ecclesiæ cathedralis in habitu diaconali, Episcopo assistentes; post quos procedit subdiaconus cantaturus Epistolam; tum diaconus, uterque ex dominis canonicis cathed. quorum ultimus incedit ad sinistram presbyteri assistentis et pluviali induti. Sequitur Episcopus in pontificalibus cum Pallio et baculo pastorali, subsequitur cum aliis sacellanis aulicis cæremoniarius; quem excipiunt canonici duo ex collegiatis, induti pluvialibus ad mitram et baculum pastoralem inservientes.

102. « Finito hac ratione Officio divino antemeridiano, hora post meridiem prima sodalitas juniorum opificum, sub titulo B. Virginis sine macula conceptæ, solenni processione ex oratorio suo ad ecclesiam cathedralem deducitur; ubi habita denuo de Sancti meritis concione panegyrica, incipiunt hora tertia Vesperæ. His una cum Completorio finitis, decantato ad extremum hymno Ambr. Te Deum, etc., et data cum venerabili Sacramento benedictione solenni, ejus diei festivitas concluditur. Die postera aliisque per totam Octavam subsequentibus, summum Sacrum tum a Reverendissimo D. suffraganeo tum a canonicis cathedralibus, cum decanis ecclesiarum collegiat. solenniter celebratur.

103. « Pridie diei octavæ, dato, ut supra, ad horam primam campanis majoribus signo, hora tertia Vesperæ a Reverendissimo D. decano ecclesiæ cathedralis, præsente Episcopo et Reverendissimo capitulo cathedrali universo, juxta ritum Romanum cum solennitate præscripta celebrantur, subsequente Completorio : post quod hora sexta vespertina, eodem Reverendissimo D. decano officiatore, Matutinum cum Laudibus anticipatur. Mane altero, medio sextæ, decantantur horæ reliquæ usque ad Nonam inclusive :. hora sexta concio panegyrica : hora prima ordinatur processio per urbem solennissima, cujus hic sibi locum descriptio videtur vendicare : est autem hujusmodi :

104. « Initium dat unus e summi templi ædituis, superpelliceo indutus, sceptrum præferens argenteum. Sequuntur vexilla quatuor : inter quæ indutus pluviali sacerdos incedit, dans aspersorium. Post hunc bini et bini procedunt summi templi scholares: item duæ tribus mechanicæ lanionum et piscatorum, cum cereis magnis, quos excipit chorus vocalis musicorum cantantium. Succedunt Ordines religiosi, suis distincti crucibus; et primi quidem PP. Cappucini, tum PP. Carmelitæ, deinde PP. Franciscani, post PP. Dominicani, ultimo PP. Benedictini de monte S. Michaelis, quibus, in signum imperatoriæ a S. Henrico factæ fundationis, sceptrum præfertur argenteum cum crucibus duabus argenteis.

105. « Sequitur hos denuo ædituus ecclesiæ cathedralis in superpelliceo cum sceptro argenteo; deinde vexilla duo candida, post quæ cruces duæ argenteæ, deportatæ a duobus canonicis domicellaribus, primo residentibus in cappis : tum duodecim in palliis ceruleis fratres, ut vocantur, sedium, et quatuor fratres equitum (laici sunt præbendis laicalibus gaudentes)

hos excipiunt DD. vicarii ecclesiæ cathed. nec non canonici trium ecclesiarum collegiatarum : scilicet ad S. Jacobum, ad S. Gangolphum, ad S. Stephanum. Succedit Reverendissimum capitulum cathedrale. Sequuntur statuæ in feretris deportatæ a diversorum Ordinum Religiosis in Dalmaticis; primo crux pretiosa, de qua supra, a quatuor ex Ordine PP. Cappuc. 2. Statua S. Gregorii a quatuor ex Ordine PP. Carmelit. 3. Statua S. Cunegundis a quatuor ex Ordine PP. Francisc. 4. Statua S. Henrici a quatuor ex Ordine PP. Prædicator. 5. Statua B. Virginis a quatuor ex Ord. PP. Benedict. Intercedit chorus musicalis instrumentalis, tum chorus alius juvenum scenice vestitorum, referentium angelos cum cymbalis.

106. « Sequuntur deinde duo presbyteri in pluvialibus, portantes librum Evangeliorum et stolam pro cantandis in designatis stationibus Evangeliis : tum acolythi duo portantes candelabra cum cereis accensis. Succedunt quatuor in dalmaticis, cum naviculis et thuribulis, Sanctissimum continuo incensantes. Post quos subdiaconus et diaconus, ac tandem sub baldachino Reverendissimus ecclesiæ cathedralis decanus portans Venerabile Sacramentum, cujus utrimque latus stipant Episcopus et Præpositus ejusdem ecclesiæ cathed., candidis facibus instructi. Cingunt baldachinum octoni juvenes, faces itidem præferentes, nec non tribus machanica pistorum cum suis candelis majoribus. Sequuntur deinde domini status sæcularis, nobilitas aulica, tum DD. consiliarii Celsissimi, et reliqui ex diversis dicasteriis suo ordine officiales, populo ac plebe cetera agmen claudente.

107. « Subsistit processio in stationibus quatuor, quarum prima habetur prope ecclesiam PP. Cappucinorum, altera in ecclesia parochiali S. Martini, tertia in foro prope ecclesiam PP. Societatis, ubi cives in armis comparentes, atque in cohortes quatuor distinctas partiti, processionem excipiunt, quæ ad ecclesiam cathedralem revertens, stationem quartam et ultimam agit in area patente ante aulam Principis, ubi denuo duæ cohortes civium aliæ consistunt, cum quibus sese quatuor illæ conjungunt, ut postea festiva bombardarum explosione, ad Evangelium et elevationem repetita, summi Sacri, augeant solennitatem ; quod idem Reverendissimus D. decanus celebrat; et data sub finem benedictione solenni cum Venerabili, festivitatem antemeridianam concludit. »

§ III. *Incrementum anni hujus* MDCCXXIII.

108. Hactenus stabilita et constantissima in sanctissimum Patronum Ordinum omnium Bambergensium, utpote pientissimorum clientum, veneratio, cui cumulum novum hoc ipso anno accessisse intelliges ex adjunctis Pottuvii litteris, quas hic etiam describo. Sic habet : « Hic cultus S. Henrici hactenus usitatus et ordinarius fuit. Hoc anno MDCCXXIII Congregationes, quæ in Academia Bambergensi, sub directione Patrum Societatis Jesu institutæ sunt, accensæ desiderio venerationem sancti imperatoris, de hac patria adeo præclare meriti, aliquatenus augendi; et potentem intercessionem hujus Sancti, cujus sacratissimum corpus penes se habent, speciali aliqua devotione promerendi, delegerunt sibi aliquot dies infra Octavam, quibus sacrum sepulcrum, ritu supplicantium adirent, et Sancti patrocinium, junctis animis ac vocibus implorarent. Die une prodiit sodalitas Angelica, quæ tres Grammaticæ classes complectitur. Altero sodalitas Media, quam Poetæ et Rhetores constituunt. Tertio Major, quæ et Academica dicitur, in qua Philosophi et Theologi locum habent.

109. « Quolibet ex his die constituto, sine lectionum dispendio, tempore ordinariæ suæ Missæ, processit e gymnasio, ac ordine composito, secuta suum vexillum, inter devotum litaniarum concentum, ad ecclesiam cathedralem progressa fuit : ubi compulsatione campanarum, et ad introitum portæ, aspersione aquæ lustralis, ab admodum reverendo domino subcustode excepta fuit. Inde ad aram et sacram Tumbam prostrati, accepta benedictione sanctissimi Sacramenti, audiverunt Missam; sub qua Officium de S. Henrico, alternis versibus, præeunte præside, alta voce recitarunt. Post consecrationem, perantiquum ac devotum hymnum de eodem Sancto : Laudet omnis spiritus Christum, qui divinitus, etc., intersonante organo, decantarunt, ac demum devotionem suam, iterata Christi eucharistici sibi bene precantis adoratione concluserunt.

110. « Parentes hac liberorum, erga Sanctum Imperatorem, pietate delectati, egerunt, ut sodalitas civica simile venerationis obsequium memorato sancto Patrono exhiberet; quo et insigniter præstitit Dominica infra Octavam, numerosissimo dominorum ac civium comitatu. Excellentissimus dominus decanus, perspecta hac Bambergensium in cultum S. Henrici propensione, sapienter illa usus fuit, ad festivitatem Octavæ sancti Imperatoris etiam post meridiem ea, qua par est, devotione celebrandam atque optimo fine concludendam. Consueverant hactenus Bambergenses, post exantlatos mane in adornanda et peragenda processione labores, tempus pomeridianum dare animorum relaxationi, invisendo amicos, vel exspatiando in hortos et viridaria.

111. « Ne igitur particula hujus bonæ diei absque spirituali fructu, et publica veneratione sancti Patroni præteriret, laudatus Excellentissimus operam dedit, ut laus Sancti nostri a juventute, ex omnibus catechismis et scholis trivialibus totius urbis collecta, demum perficeretur. Itaque, prævia invitatione, numerosissima juventus, una cum scholarum præsidibus, a meridie congregata fuit in templo Patrum Societatis Jesu, ibique adornata processio, quæ longa serie, pulchroque ordine, inter pios cantus pervenit ad ecclesiam cathedralem sub finem Vesperarum. Et quia jussu ejusdem excellentissimi Domini, e cathedra promulgatum fuerat, post Vesperas non solum illuc ducendam processionem parvulorum, sed etiam

ibidem habendam concionem panegyricam de S. Henrico ecclesia jam erat hominibus ex omni statu graduque ita referta, ut processio locum ibi non reperiret.

112. « Apertus tamen fuit illi transitus coram sacra Tumba, ut quivis parvulus, saltem devota reverentia, sanctum suum Patronum venerari potuerit. Dicta subinde fuit panegyri, in qua ecclesiastes, et occasione plurium supplicationum, quas Bambergenses, per hujus Octavae decursum, ad sepulcrum sancti Heinrici instituerunt, et nunc pueri ultimo compleverunt, gratiose adduxit processionem illam memorabilem, in qua itidem pueri olim in Apulia, ex urbe Troja arctissime obsessa, supplicabundi progressi sunt ad castra irati Imperatoris, eumque ad misericordiam, ut urbi jam ad extrema deductae parceret, inflexerunt etc. Tota festivitas decantatione hymni Ambrosiani et solenni benedictione sanctissimi Sacramenti conclusa fuit cum magna consolatione totius urbis, exultantis ob notabile incrementum cultus sui sancti Patroni.»

§ IV. *Innovatum de S. Henrico pietatis Officium, pro honore et amore sancti Henrici Romanorum Imperatoris, Hungarorum Apostoli, Imperialis episcopatus Bambergensis Fundatoris et Patroni, anno* MDCLXXIII *permissu Superiorum Bambergae editum: nunc ad renovandam devotionem ad eumdem Sanctum, ibidem recusum. Typis Georgii Andreae Gertner, Reverendissimi Capituli Typographi.* MDCCXXIII.

AD MATUTINUM.

Pater noster, Ave Maria.
℣ Domine, labia mea aperies,
℟ Et os meum annuntiabit laudem tuam.
℣ Deus in adjutorium meum intende;
℟ Domine ad adjuvandum me festina.
Gloria Patri et Filio et Spiritui sancto: Sicut erat in principio, et nunc et semper, et in saecula saeculorum. Amen.

Hymnus.

113. Virum, canamus, gloria.
Recteque factis inclytum,
Bellique pacisque artibus,
In sanctitate deditum.

    Henricus es, virtutibus
Mundi revellens cardines,
Augustiorque siderum
Premens superbos ordines.

    Tibi senatus caelitum
Decernit orbis purpuram,
Tantam a Beatis mentibus
Princeps inisti gratiam.

    Te saepe Regem nuncupat
Praeceptor, et reconditis,
Wolffgangus idem syllabis,
(Post Sex) futurum nuntiat.

Antiph. Praevenisti eum in benedictionibus dulcedinis, posuisti in capite ejus coronam de lapide pretioso. *Psalm.* xx.

esiderium cordis ejus tribuisti ei:

℟ Et voluntate labiorum ejus non fraudasti eum, *Psalm.* xx.

ORATIO.

Deus, integritatis amator, qui ad commendandam omni hominum generi castimoniae amabilitatem, illam etiam in Augusto B. Henrici conjugio eminere spectabilem voluisti: praesta quaesumus; ita nos ejus precibus caelestium deliciarum antidoto praemuniri: ut omnia prorsus terrenae corruptionis vulnera nesciamus. Per Dominum nostrum Jesum Christum filium tuum, qui tecum vivit et regnat in unitate Spiritus sancti Deus per omnia saecula saeculorum. Amen.

AD LAUDES.

℣ Deus in adjutorium, etc., *ut supra.*

Hymnus.

114. Suprema curarum, Tibi,
Virtutis ardor, Imperi
Frenum capessenti fuit:
Henrici, Bojorum decus.

    Agnata, Te, devotio
Ad vota finxit caelitum,
Virum secundum cor Dei,
Ejusque factum nutibus.

    Hoc nomen indeptum Pii:
Hoc templa mille condita:
Hoc ipse signis militans
Testatur, aether, sub tuis.

    Nostras protervas Numini
Subesse mentes impetra.
Devotionis vinculis
Tuos clientes mancipa.

Antiph. Quasi sol refulgens, sic ille effulsit in domo Dei, et quasi flos rosarum in diebus vernis, et quasi lilia, quae sunt in transitu aquae, et quasi thus redolens in diebus aestatis. *Eccli.* L.

℣ Inveni David filium Jesse, virum secundum cor meum.
℟ Qui faciat omnes voluntates meas. *Act.* II.
ORATIO, *ut supra.*

AD PRIMAM.

℣ Deus in adjutorium, etc.

Hymnus.

115. Firmare progressus thronum,
Jubere cum primis Tibi,
Et imperare gestiens,
Clementiam ducem legis.

    O Christianum principem!
Cujus sitivit hostium
Nunquam cruorem sobria,
Rectique servans purpura.

    Vicias manus infantiae
Patrum precanti noxias,
Promptusque mites, cladibus
Dare aemulorum, lacrymas.

    Te deprecamur; obtine
Nobis potentem vindicis
Flammae, suique compotem
Iraeque mansuetudinem.

Antiph. In fide et lenitate ipsius sanctum fecit illum, et elegit eum ex omni carne. *Eccli.* XLV.

℣ Memento, Domine, David,

℟ Et omnis mansuetudinis ejus. *Psal.* CXXXI.

ORATIO, *ut supra.*

AD TERTIAM.

℣ Deus in adjutorium, etc.

Hymnus.

116. Pium perinde pauperes,
Reique, natum, publicæ
Plebs sensit imbecillior :
Sibique de cælo datum.
    Orbæ patronum dictitant,
Patrem pupilli : te duce
Se cæcus ire clamitat,
Claudusque Te niti pede.
    Oliva nullis dexteris
Non carpta, non large ferens
Opem fuisti; ditior,
Cum pauper aufert omnia.
    Quanto poli, beatior,
Jam gaudiis perfunderis.
Tanto tuis profusior
Indulgeas Te subditis.

Antiph. Oculus fui cæco et pes claudo, pater eram pauperum : causam, quam nesciebam, diligentissime investigabam. *Job* XXIX.

℣ Stabilita sunt bona illius in Domino,

℟ Et eleemosynas illius enarrabit omnis Ecclesia Sanctorum. *Eccli.* XXXI.

ORATIO, *ut supra.*

AD SEXTAM.

℣ Deus in adjutorium, etc.

Hymnus.

117. Augustus esse non minus,
Henrice, quam vis dicier :
Clerus coronam gloriæ,
Civisque nectit hanc tibi.
    Dum Conjugem das Hungaro
Regi, sororem Gisclam,
Regni nova propagine
Matrem, beas, Ecclesiam.
    Augustus atque Apostolus,
Quam rara jungis nomina :
Fasces et Evangelion,
Virtutis altæ stemmata.
    Adaugeat nostris fidem,
Ut Christus author, cordibus,
Et infideles Pannonum
Propulset, ora, finibus.

Antiph. Beatus iste Sanctus, qui confisus est in Domino; prædicavit præceptum Domini, constitutus est in monte sancto ejus.

℣ Quam speciosi pedes Evangelizantium pacem.

℟ Evangelizantium bona. *Rom.* X.

ORATIO, *ut supra.*

AD NONAM.

℣ Deus in adjutorium, etc.

Hymnus.

118. Jam Te caducis eminens
Commendat astris Spiritus :
Liberque, ferre compedes
Opum profanas nescius.
    Nam census omnes imperi
In Numinis profunditur,
Divumque cultum vertitur,
Christique cedit usibus.
    Hic unus heres scribitur
Ex asse : cœlo conditur,
Ubi voluntas figitur,
Omnis facultas regia.
    Quo transtulisti munera,
Henrice, nos potissimæ,
Tuos clientes, subsequi
Bonis, roga, substantiæ.

Antiph. Hic vir despiciens mundum, et terrena triumphans, divitias cælo condidit ore, manu.

℣ Justum deduxit Dominus per vias rectas.

℟ Et ostendit illi regnum Dei. *Sap.* X.

ORATIO, *ut supra.*

AD VESPERAS.

℣ Deus in adjutorium, etc.

Hymnus

119. Quid, quod litatis omnibus
Rebus, polo, fluentibus,
Luctatur ipsis egredi,
Mens alta, terræ finibus ?
    Calcare fastum sæculi
Henricus ardet, jam satur
Luxisse, lumen condere
Lucerna Christi quæritat.
    Mutare pannis purpuram,
Claustrisque sacris curiam :
Ni sidus orbi subtrahi
Vetet Creator sideris.
    Hos mentis altæ Spiritus
Tentare da præcordia,
Deusque mentem gratiæ
Vigore in astra subleva.

Antiph. Existimo omnia detrimentum esse propter eminentem scientiam Jesu Christi Domini mei : propter quem omnia detrimentum feci, et arbitror ut stercora, ut Christum lucrifaciam. *Philipp.* III.

℣ Iste est qui contempsit vitam mundi,

℟ Et pervenit ad gaudia regni.

ORATIO, *ut supra.*

COMPLETORIUM.

℣ Converte nos Deus salutaris noster.

℟ Et averte iram tuam a nobis.

℣ Deus in adjutorium, etc.

Hymnus.

120. Mirare tandem Cæsaris,
Ad usque lethi limina
(Quod integrarum mentium
Cæli, obstupescant, agmina).
    In vase carnis fictili

Intaminatum spiritum
A conjugali vinculo
Corruptionis nescium.
Raro fidem miraculo
Suprema vox ægri facit :
Habete vobis Virginem,
Quam mi dedistis Conjugem.
Virtutis exempli, Deus,
Tantæ trahi fragrantis
Jungique, præsta, liliis
In sempiterna gloria.

Antiph. Hic est, qui nescivit thorum in delicto, habebit fructum in respectione animarum sanctarum. *Sap.* III.

℣ Justus germinabit, sicut lilium.
℟ Et florebit in æternum ante Dominum.

ORATIO, *ut supra.*

COMMENDATIO.

121. Supremo regnorum Parens,
Per quem potentes imperant,
Da, quod precamur subditi
Sui per acta Principis.
  Ut quas in illo cælicæ
Virtutis excellentias
Verentur, addant tangere,
Vel æmulando fimbrias.
  Cum flamma nos cupidinis
Telo sagittat igneo;
Cum noxiæ libidinis
Videbis œstro percitos;
  Ubi pudici Principis
Sonare nomen audies
Pie vocatum, mentibus
Exesse flammas imperes.
  Sit sæculorum gloria
Tibi Pater cum Filio,
Et Spiritu, qui virginum
Est castus hospes mentium.

Hic notulæ inseruntur ad explicanda nonnulla quæ in præcedentibus obscuriora videri possent : at nos eas prætermisimus, cum omnia superius satis explanata sint. Sequuntur libelli reliqua ad S. Henricum spectantia.

HYMNUS-ANTIQUUS
DE S. HENRICO.
Ex Missali Bambergensi

122. Laudet omnis spiritus
Christum, qui divinitus
  Coronavit gloria
Gloriosum Confessorem
Quem Patronum et Auctorem
  Hæc colit Ecclesia.
Homo vetus in peccatis
Primam stolam novitatis
  Recipit cum annulo,
Quisquis mente puriore
Plaudit manu, psallit ore
  Digne Dei famulo.
Post Sex) legens dubitat
Rex, quem sensum teneat

Oratio truncata :
Sextus annus volvitur,
Et problema solvitur
  Corona duplicata.
Purgatura criminis
Notam, Virgo Virginis
  Vendicat pudorem :
Purgat adulterium,
Ignitorum vomerum
  Non sentiens calorem.
In Cassino monte curam
Benedicti, post pressuram
  Longam sentit calculi,
Quem, dum nusquam sit contactum
Corpus, tamen inde tractum
  Admirantur singuli.
Angelus fortis militat in castris
Victor victorem gloria coronans,
  Hoste fugato.
Precibus crebris instat alienis
Curis vacuus, Deo vacans sæpius
  Orbe pacato.
Dum migraret ex hac vita ;
Finem rei eremita
  Didicit ex dæmone :
Nil inventum morte dignum,
Neque fœnum, neque lignum
  Nihil hominis in homine.
Talis Christo deservivit,
Talis Christo vivens vivit,
  In æterna patria.
Servus tuus et Amicus
Tua, Deus, nos Henricus
  Consoletur gratia.

℣ Ora pro nobis, sancte Henrice,
℟ Ut digni efficiamur promissionibus Christi.

OREMUS.
Ex Breviario Romano.

Deus qui hodierna die beatum Henricum, etc.

ORATIO.
Ex proprio Bambergensi.

123. Deus qui beatum Henricum post terrenum imperium insignitum æthereis sedibus collocasti : tribue, quæsumus, ut quem signis miraculorum clarere cernimus, eumdem intercessorem in angustiis sentiamus. Per Dominum, etc.

DE SANCTO HENRICO.
Ex Annalibus Bambergensibus apud Gretserum,
pag. 426.

124. Eia germen Saxonum ; culmen Bavarorum, Palatinorum Rheni honor ; decus Germaniæ ; Imperii gloria ; Ecclesiæ singulare ornamentum ; et totius orbis stupendum miraculum : Sacratissime Imperator Heinrice ; te diligentes intuere ; et fac tuis meritis et precibus ; ut tui cultores fieri mereantur virtutum tuarum pro posse imitatores : quatenus vestigiis tuis inhærentes, gaudeamus hic tuo semper patrocinio, et tandem beato in cælestibus tuo consortio. Amen.

VERSUS GODEFRIDI VITERIENSIS

DE S. HENRICO, DICTO CLAUDO.

125. Henrici Claudi meritum solenniter audi,
Cui decet applaudi, cujus metra porrigo laudi :
 Sumptus ab arce soli, regnat in arce poli
Conjuge Virginea Virgo permansit et ille
Catholicas dedit ecclesias numero quasi mille;
 Pauperibus, viduis, spes, via, vita fuit,
Nunc et in altari sua cernimus ossa sacrari,
 More salutari solennia digna parari ;
 Corpora debilium plurima sana dari.

126. *De hoc Viterbiensis metrico encomio, præcipuas S. Henrici virtutes complexo, meminimus supra in Commentario prævio num. 76, ubi de S. Heinrici virginali castitate in matrimonio servata egimus, huc lectorem remittentes ad ipsa auctoris verba, quibus etiam singulare istud sanctissimi Imperatoris decus vindicavimus. Suggesta quidem fuere nonnulla spectantia ad ostensionem reliquiarum Bambergensium, quot septenniis celebrari solitam ; verum cum hæc alibi satis communia sint, nec magis ad sanctos Conjuges, quam ad alios Sanctos pertinere videantur, non fuit operæ pretium de ea re pluribus disserere : malui toti tractationi coronidem imponere, paucis enumerando templa et sacella, in sanctissimorum Conjugum honorem erecta, quæ Pottuvius in hunc modum recensuit.*

§ V. *Templa et sacella in honorem S. Henrici et S. Cunegundis erecta, præter illud de quo superius num. 18 inter miracula.*

127. « Pragæ visitur insignis ecclesia S. Henrici, quam in honorem hujus Sancti Carolus IV Imperator et Bohemorum Rex anno MCCCXXXIII, cum adhuc esset marchio Moraviæ, et Bohemiæ gubernator, ædificavit, et in parochialem erexit, quæ hodiedum est ex primariis Neo-Pragæ basilicis curatis, compluribus instructa fundationibus, præsertim pro alendis musicis servitio templi deputatis.

128. « Ecclesia parochialis Burckunstadii, quæ est urbs diœcesis Bambergensis, jam ante aliquot sæcula est dedicata S. Henrico Imperatori, cujus patrocinium quotannis solenniter celebratur.

129. « Bambergæ anno MDCLIV ecclesia Reverendorum Patrum Cappucinorum ædificata est in honorem SS. Henrici et Cunegundis, quam eodem anno Reverendissimus Dominus Joannes Melchior episcopus Domitiopolitanus et suffraganeus Herbipolensis, XXVIII Junii, solenni ritu, sub eorumdem Sanctorum patrocinio dedicavit.

130. « Bottensteinium, quæ est urbs diœcesis Bambergensis, sita in montanis versus Voitlandiam, habet extra muros sacellum S. Cunegundi virgini, ejusque sancto Conjugi dicatum ; in quo, ut constans sermo a majoribus acceptus testatur, contigit res memorabilis, hic non reticenda. Cum enim Hussitæ anno MCDXXX, vastata Voitlandia, captis quoque et incensis Culmbachio et Barutho, in montanam diœcesis Bambergensis regionem, partitis agminibus, se infunderent, et inobservati Bottensteinio imminerent, subito in sacello SS. Cunegundis et Henrici editur insuetus campanarum sonitus, quo exciti incolæ ad sacellum convolant ; fores clausas, nullumque vestigium hominis ullius, qui campanas compulsare potuisset, reperiunt. At simul hostilem turmam prope adventantem conspiciunt : moram perbrevem quidem, sed admodum opportunam prospiciendi rebus suis nacti, propere se tam in urbe, quam in adsito fortalitio, ad vim hostilem propulsandam comparant : atque ita funestum excidium, quo complures finitimæ urbes, oppida et pagi misere tunc perierunt, ope suorum Patronorum tutelarium feliciter evaserunt. In cujus beneficii perennem gratamque memoriam, quotannis, e templo parochiali ad dictum sacellum supplicatio instituitur.

131. « In Stiria ad radices Piri montis visitur sacellum in honorem S. Henrici Imperatoris, a Friderico ab Huffses episcopo Bambergensi constructum circa annum MCCCCXXXVI. »

132. *Reddo fideliter accepta, quibus quod modo addam, nil superest : confidere ausim, ex dictis perspicua esse omnia quæ faciunt ad sanctissimi Imperatoris ejusque pientissimorum clientum commendationem. Videatur Vita Dilingana cap.* XXXIV, *pag. 161.*

AD ACTA SANCTI HENRICI

ADDITAMENTUM.

(*Monumenta Germaniæ historica,* Script. tom. IV, pag. 816. — « Aliam de S. Henrico ejusque conjuge Cunegunde historiam Vitæ sancti imperatoris subjectam, a nescio quo sæculi XIII incipientis satis luculenter scriptam, sed fabulis plenam, tanquam librum III exhibet codex bibliothecæ senatus Lipsiensis num. 194, memb., sæc. XIII, a viro cl. Naumann, bibliothecæ præfecto, summa diligentia in usus nostros exscriptus, » inquit G. Waitz, in præfatione ad S. Henricum.)

1. Secretum regis celare bonum esse, opera vero Dei enarrare honorificum esse, Psalmista nos ammonet, dicens : *Laudate Dominum in sanctis ejus* (Psal. CL, 1.). Igitur ea que de glorioso imperatore confessore Christi Heinrico, vel laudabili et gloriosa ejus conjuge sed virgine luce clarius cognovimus, ad gloriam Dei qui operatur in sanctis suis, licet inculto, vero tamen sermone propalare proponimus ; quod in eorum legenda deesse videtur, hic plenius inveniatur. Si quis scire desiderat, cum beatus

Christi confessor et beata Cunegundis, antequam conveniret, votum continentie virginalis Deo in odorem suavitatis optulissent, quare postmodum conjugale matrimonium contraxerint, hanc sciant esse causam. Cum fama incliti principis ubique divulgaretur, et hostes fidei per eum jugo Christi subderentur, ecclesie nove construerentur et primitus destructe reedificarentur, atque sicut imber temporaneus terram solet irrigare, sic iste imperator gloriosus victoriosus rem publicam augeret et exaltaret, universitas principum ejus glorie congaudebat, habundantia pacis, qua per eum fruebantur, applaudebant. Proinde, si possibile foret, jugiter eum regnare volebant. Sed quia id humana conditio non patitur, sollertia principum rei publice in posterum prospiciens inclito imperatori suggerere studebat, ut ad propagandam sobolem uxorem duceret, ut, virtuoso imperatore viam universe carnis ingresso, virtuosa nichilominus proles hereditario jure gubernacula regni susciperet et paternam emulans virtutem virtuose gubernaret. Sed et Christi confessor, voti sui non immemor et castitatis amator, principibus uxorem ducere sibi suadentibus non facile poterat acquiescere. Illis autem oportune importune suggerentibus et suggerendo monentibus, et, si non consentiret, eum regno privare volentibus, licet egre, coactus est consentire, sed Deum, apud quem nichil est impossibile, gemitibus inenarrabilibus exoravit, ut sic ordinare dignaretur, ut et voluntati principum satisfaceret et tamen continentie votum inviolabile conservaret. Itaque propicius Deus, qui piis supplicationibus semper presto est, desiderium anime ejus ei est dignatus tribuere. Rex vero sperans in Domino tale responsum dedit principibus: *Vestre quidem voluntati paratus sum obtemperare, sed nullam non regie majestati condignam in matrimonio mihi volo consociare;* sed et hoc ipsum illorum commisit providentie. Hoc promisso pii regis gratanter accepto, vehementer gavisi sunt principes universi; multa satagebant deliberare diligentia, quam ei matrimonio copularent, nec tamen aliam reperire poterant, nisi quam ante tempora seculara divina preordinaverat prescientia. Erat autem apud Renum palatinus Sifridus nomine, habens conjugem Hedewih vocatam, ambo quidem clarissimo genere spectabiles, utpote de nobilissima descendentes augustorum prosapia, multis etiam divitiis insignes, et quod laudabilius est, virtutibus operam dantes. His in primeva etate nata fuit filia, que fulsit velut gemma auro superaddita, dum preclarior preclaris hec accessit attavis. Erat enim venusta facie et optimis ornata moribus, precipue vero in ea primatum tenuit pudicitia. Nam, ut superius dictum est, virginalem continentiam Deo devota devoverat. Proinde cum esset tam genere quam moribus nobilis, nec alia inveniretur ei similis, inclitis placuit principibus, ut hanc potissimum imperatori glorioso legitimo conjungerent conubio. Igitur missis honorabilibus legatis ad ipsam vel ad propinquos vel ad amicos ejus — nam utroque jam fuerat orbata parente —, de nuptiis secum ceperunt tractare. Enimvero pudicissima, cui longe mens erat alia, audiens de nuptiis secum fractari, cepit inestimabiliter contristari et toto nisu reluctari, atque pre tristitia exitus aquarum deduxerunt oculi ejus, quia, que regem angelorum jam sibi sponsum elegerat, regi Romanorum licet inclito nubere recusabat. Propinqui vero ejus arbitrantes, ad gloriam et magnum decorem suo provenire generi, si sua consanguinea Romano conregnaret imperatori, conturbatam eam blandiciis deliniebant, et ut imperatori tam glorioso nubere non recusaret, immo gratanter id faceret, interdum consulebant et consulentes attentius obsecrabant. Inter hec virginis animus variis cogitationum fluctuabat motibus ad instar navis, que in salo posita validis circumfertur flatibus ventorum; sed tandem anchoram spei sue in divino figens auxilio, salutem suam sedulis precibus commendabat Domino, sperans indubitanter, quod ipse, cui subest cum voluerit posse, etiam in conjugio sibi posite florem pudicicie sue, ne marcesceret, posset conservare. Hac spe fiduciata virgo prudentissima, propinquorum suorum voluntati, licet non animo volenti, se tradidit. Igitur principum legati super his letati novam sponsam cum maximo tripudio suo deferebant domino, quam propinquis et amicis prosequentibus, in comitatu ejus facta est non modica turba. Universis itaque principibus facta est inestimabilis exultatio de regis et regine conjugio; sed frustra. Non enim, sicut speraverunt, more carnalium nupserunt, sed virgines permanserunt. Cum autem episcoporum benedictionibus firmati secreta thalami recepissent, sponsus pudicissimus cum sponsa nichilominus pudicissima non sine verecundia exorsus est tractare de pudicicia. *Ex habundantia enim cordis os loquitur.* Itaque prorupit in hec verba: *Sponsa mea carissima, notum tibi sit, quod amorem, quo carnales conjuges maxime delectantur et mutuo sibi consociantur, nunquam expertus sum, sed nec experiri volo, quia celibem vitam elegi et hoc voto Domino Deo me jam dudum obligavi.* His auditis, regina gloriosa virgo beata inestimabiliter est exhilarata, et ardenter cepit amare sponsum, cui etiam tale dedit responsum: *Verbum tuum, domine, mi rex, in corde meo dulce est super mel et favum, et propositum castitatis beneplacitum est spiritui meo, et si michi detur optio, multis prefero regnis. Nam et ego votum virginitatis mee Domino Deo quasi munus gratissimum me fateor optulisse, quam si quis michi subripere presumeret, quod absit, iram superni judicis incurreret et eternam dampnationem incideret.* Rex vero letatus in his que dicta sibi sunt, et quia consimilem res omnis amat, virgo virginem, castus castissimam casto cepit amore complecti et manum ipsius candidam sue imponens manui, his verbis est eam allocutus: *O amica mea, sponsa mea, immaculata mea, revera Dominus est in medio nostri, qui nos unius voluntatis et propositi in suo nomine fecit convenire, qui est refugium nostrum et virtus. Unanimi consensu jam ipsi* nos ipsos offeramus pollicentes, quod propter ejus amorem omnibus diebus vite nostre celibem vitam ducamus: et hoc tibi polliceor sub testimonio Christi, quod te ut imperatricem gloriosam semper honorabo et ut proprium corpus amabo, fedus conjugale tecum firmiter servabo, et licet amore carnali te numquam contingam, nichil tamen tue caritati de amore conjugali vel honore tue caritati congruo minuam, sed te pre omnibus, ut justum est, amabo et in omnibus honorabo. Cum hec et his similia inter eos perdulcia vicissim haberentur colloquia, factus est ignis exestuans in cordibus eorum ipsorum mutuo se vehementer amantium; nam unus spiritus et idem fervor caritatis erat in eis. Enimvero superfluum estimo, describendis regalibus nuptiis diu detineri, presertim cum quilibet facile possit conicere, quod eedem nuptie cum magna liberalitate, prout regiam decuit excellentiam, sunt sollempniter celebrate, episcopis honorabilibus et totius regni principibus cum multa devotione concurrentibus, innumeris etiam personis utriusque sexus et diverse dignitatis ad regales nuptias invitatis. Licet autem in libris sacris non legerimus, audenter tamen affirmamus, quod inter ceteros hospites honorabiliores invitatos hospes unus prestantior omnibus invitatus sit, scilicet Virginis Filius, qui primitus ad nuptias aque liquorem in vinigatissimum converterat saporem. Et quidem ipse licet visibiliter in propria non affuit persona, in menbris tamen suis licet ultimis eisdem intererat nuptiis, in quibus etiam optimis dapibus est optime refectus. Ipse enim dicturus est: *Quod uni ex minimis meis fecistis* (Matth. xxv, 40) et cetera. Enimvero imperator gloriosus inclitam imperatricem regni sui vel thalami consortem in omnibus, ut debuit, honoravit, et ad ipsius nutum universa regni disponebantur molimina, et ipsa nobilissimus flos matronarum et omnium mulierum speculum clarissimum varia virtute decorata ad instar sideris radiabat. Ut autem beati conjuges isti facilius in conspectu hominum simularent se habere conjugium, secundum morem carnalium in uno pausare thalamo solebant, et tamen incontaminatam conservabant continentiam. Res mira et nostris temporibus inaudita. Et quidem quam plures in utroque sexu sunt virgines, sed ut sigillum virginitatis valeant intemeratum servare, seorsum mares et seorsum feminas expedit habitare. Quis enim ignem abscondit in sinu suo, et vestimentum ejus non comburetur? Apud homines impossibile est, sed non apud Deum. Unde isti, de quibus loquimur, in protectione Dei celi pre ceteris mortalibus familiarius commorantes, interdum commanebant, et tamen virgines incontaminati permanebant; et cum preter sanguinis effusionem duo sint genera martirum, scilicet castitas in juventute et abstinentia in habundantia, beatos conjuges, quorum preconia non tacemus, gemina martirii corona coronatos esse confidimus, qui et castitatem omni vite sue tempore et abstinentiam summopere studebant conservare.

2. *Qualiter ceperit claudicare.* Si (66) quis vero scire desiderat, quare gloriosus iste imperator claudicaverit, cum primum toto corpore sanus fuerit, hanc causam esse noverit. Cum tempore quodam venisset in Apuliam pro disponendis rei publice negociis, pervenit in montem Garganum, in cujus crepidine sita est civitas et in latere montis in rupe concava extat basilica non ab hominibus fabricata, neque per hominem dedicata, sed operatione divina vel virtute mirabiliter extructa, divina etiam benedictione venerabiliter consecrata. Hujus basilice patronus extat Michael archangelus. In hac etiam ecclesia qualibet ebdomada cantus angelicus ab his qui digni sunt audiri perhibetur. Hanc itaque basilicam orationis causa cum ceteris Christi fidelibus vir Deo devotus est ingressus. Cumque laudes divinas inibi celebrassent, et vota precum suarum cum multa devotione Deo reddidissent, tempus jam aderat, quo celestis exercitus ad laudes Deo persolvendas templum hoc sacrum fuerat ingressurus. Itaque cum omnes egrederentur, et si qui moram facerent, exire compellerentur, vir sanctus postulabat ut ei facultas intus remanendi concederetur. Igitur omnibus egressis, solus ipse, sperans in misericordia Dei, inibi remanere presumpsit, et preces precibus continuavit et genuum flexiones iteravit, et modo multis lacrimis divine se commisit clementie, modo animam suam beato Michaeli archangelo cum multa supplicatione studuit commendare. Cum pura pii regis oratio sicut incensum ascenderet coram Domino, Deus Israel, qui in sanctis suis semper est mirabilis, mirabilem ei dignatus est ostendere visionem. Vidit enim angelorum multitudinem copiosam ad instar solis splendidam templum sanctum ingredientem, ex quibus duo principale sollempniter adornabant altare. Deinde vidit alias celestium virtutum cohortes innumeras in similitudinem fulguris coruscantis fulgentes et quasi primatem suum cum gloria maxime deducentes; nec dubium, hunc fuisse archangelum celestis militie signiferum. Novissime vero videre meruit ipsum regem angelorum, Dominum venientem cum potestate magna et virtute; in cujus obsequio fuit celestis exercitus innumerabilis et splendor ejus incomparabilis, cujus etiam nutu reguntur omnia celestia terrestria. Denique chorus nove Jerusalem in predicta collectus basilica divinum sollempniter celebravit obsequium. Quo tandem completo, unus ex presentibus angelis sacrum Evangelii textum cum maxima reverentia Dominice detulit persone, que illo deosculato innuit angelo, ut eundem deosculandum deferret imperatori in angulo latitanti. Angelo vero jussa sibi complente, predictus Christi famulus ad insolitam tante majestatis et glorie visionem cepit animo pavescere et omnibus menbris contremiscere, tamquam diceret cum propheta (Jer. xxiii, 9) : *Contritum est*

---

(66) Hoc caput in apographo cod. Bamberg. quod habuit Gretser post Vitæ c. 24 insertum fuit, verbis quibusdam mutatis.

cor meum in medio mei, contremuerunt omnia ossa mea. Hoc angelus ille videns, modeste femur ejus tetigit et inquit : *Ne timeas, electe Dei, surge velociter, signum pacis divinitus tibi transmissum suscipiens alacriter*. Extemplo femur ejus emarcuit, et exinde omni tempore vite claudicavit. Similis per omnia eventus de beato Jacob legitur, cujus femur ad tactum angeli secum luctantis emarcuit (*Gen.* xxxii, 32). Hec quidem, ut verum fatear, in Scripturis non inveni, sed relatu veracium et venerabilium virorum, hec vera esse, in veritate comperi. Equidem prepotens cancellarius et episcopus Herbipolensis Cunradus nomine, qui persecutionem passus est propter justiciam, hec que dicta sunt se legisse constanter affirmavit, et in ecclesia Babenbergensi positus multis audientibus enerravit, ex quibus unus mihi familiaris et ipse vir plane veridicus mihi fideliter intimavit, et volente me silentio supprimere, obnixe rogavit ut scriberem. Tandem ego petentis instantia et sedulitate monentis inductus, fideliter conscripsi, quatenus hec enarrentur in progenie altera. Mallem sompno meo requiescere, quam ficta vel frivola de sanctis Dei conscribere, presertim cum opus non habeant falsis laudibus exaltari, qui signis et prodigiis divinitus meruere decorari. Hec (67) omittamus et ad historiam redeamus.

3. Predicti et sepe dicendi fideles Christi unanimes habitabant in regno, quibus *erat cor unum et anima una*, et erant duo non tam in carne una quam in uno spiritu. Erat etiam eisdem idem velle et idem nolle, adeo ut quicquid alteruter inchoasset, alter hoc ipsum sagaciter consummare satageret; par enim voluntas erat eis ad omne quod erat virtutis, quod pietatis, quod religionis. Quicquid acturus erat imperator, dilecte sue consilio committebat, et quicquid egerat, ejus conniventia confirmabat. Itaque cum se tam tenere mutuo diligerent et tamen virginalem continentiam conservarent, spiritalis eorum dilectio soli Deo cognita, sed hominibus pene incognita erat. Enimvero invidus omnium bonorum diabolus eorum castimoniam considerans, invidit et tabescebat, et sicut faber ferrarius prunas operi suo necessarias magis et magis solet succendere, sic ad libidinem eorum casta pectora sua suggestione Satanas satagebat inflammare. Cum autem hac arte nichil proficeret ille milleartifex, quos ad peccandum impellere non poterat, alia calliditate conabatur supplantare. Itaque permittente Deo, qui suos permittit probari temptationibus, non reprobari, beatos conjuges, sed virgines, hac arte molitus est infamare. Quadam die in ortu surgentis aurore, cum beata Cunegundis de thoro surgeret immaculato, ille callidissimus assumpta forma militis de cubiculo regine visus est exire; quem presentes imperatricis vernule cernentes ei eum cum beata Cunegunde cubasse suspicantes, mirabantur, quia nunquam hujusmodi sermo de ea fuerat auditus; et omnes invicem super hoc facto musitabant, quibusdam super hac infamia condolentibus, aliis autem eam maligne rodentibus. Ille vero milleartifex non contentus hac sola vice, sequenti die, sed et tertia die, multo pluribus quam prima die cernentibus, de thalamo matrone pudicissime se simulabat exire, et miro modo presentibus videbatur quod eum agnoscerent, cum tamen quis esset ignorarent.

Extemplo patulas populi pervenit ad aures
Velox fama, malum qua non velocius ullum.
Vinc, Æn. iv, 174, 175.

Exinde viri cum mulieribus, senes cum junioribus, pusilli cum majoribus imperatrici gloriose detrahebant; et facta est fabula omnibus, quibusdam quidem pro ea vehementer dolentibus propter varias virtutes ejus, quibusdam vero maligne detrahentibus; et a multis obprobrium sustinuit et contumeliam, quibus nunquam ipsa intulerat molestiam. Erat autem cor ejus habens in Domino fiduciam, quia suam sciebat innocentiam. Previdit tamen sibi gravamen et laborem imminere, et licet haberet thesaurum bone conscientie, tamen a lacrimis se non poterat abstinere; cui boni quique, ut dictum est, condolere, malivoli vero et maxime nefarie muliercule, quasi suas nequitias per eam obtectare, detrahebant ei dicentes : *Ecce, quanta calliditate hactenus hac specie sanctimonie suam turpitudinem palliavit*. His et hujusmodi contumeliis innocenti detrahentibus, aura sinistri rumoris aures imperatoris procul positi percellit, cujus etiam cor in ipso contremuit; et tristis nimium inquit : *Absit, inquam, absit hec iniquitas a conjuge mea dilectissima;* siquidem nichil sinistrum de dilecta sibi suspicabatur, quia tam sobriam et tam pudicam feminam se nunquam cognovisse fatebatur. Tandem aliis atque aliis eundem sermonem confirmantibus, ipse nimirum credulus, tactus est dolore cordis intrinsecus, et statuit in corde suo ut, quoadusque viveret, nunquam ulterius eam videret. Interea negociis, pro quibus exierat, imperator bene dispositis, Babenberg est reversus in mente lugubri, et conjugem olim sibi dilectam more solito salutare neglexit. Itaque prudens imperatrix patienter intellexit, apud aures illius sese diffamatam esse; quapropter anima ejus turbata est valde, et vulnerata caritate dilectum suum, quamvis sine causa sibi offensum, ardenti desiderio videre desiderabat. Igitur captata opportunitate, accessit ad eum plena caritate et dilectione, quem etiam benignissime suscepit et affectuosissime salutavit. Ille vero eam non resalutare dignabatur, nec saltem respicere. At illa mitissima offensum sibi placare cupiens, dixit voce lacrimabili : *Domine mi desiderantissime, cur mihi non loqueris? ut quid avertis faciem tuam a me?* Ille demisso vultu respondit : *Non oportet me super hac re respondere tibi; recurre ad conscientiam tuam,*

---

(67) Hæc de tam glorioso miraculo dicta sufficiant. Et in evidens hujus signi testimonium ipsius sancti Henrici imago ante januam monasterii ad dextrum latus penes chorum sancti Georgii ex......... pillo uno supposito ex opposito imaginum Adæ et Evæ lucide apparet. GRETS.

et invenies offensionis mee causam. At illa fiducialiter respondens ait : *Conscientia mea munda est, et conscius meus in excelso, quia plane est testis mihi, quia facinus hoc pessimum, quod objicitur mihi, numquam perpetravi. Obsecro te, Domine mi rex, ut viriliter agere et patientiam in me digneris habere. Honor quidem totius imperii per me videtur imminutus, sed volente Deo quantocius per me reformabitur; quod qualiter fieri possit, si sit cum beneplacito vestro, breviter insinuo.* His auditis, imperator aliquantulum mitigatus, tunc demum precepit eam residere et qualiter hec fieri possent edicere. Ad hec illa : *Majestas,* inquit, *vestra, domine, principes universos tam episcopos quam laicos ad curtem regiam convenire jubeat, et presentibus omnibus causa de qua agitur ordine judiciario ventiletur, et quidquid ipsi suggesserint, salvo honore vestro fieri poterit. Spero autem de divina misericordia, quod eripiat nos luto fecis hujus et miseria.* Cum hec verba prudentis imperatricis optime placerent in conspectu principis, ad ipsius imperium principes convenerunt in unum. Quibus cum imperatore sedentibus in judicio, intravit imperatrix imperterrita, et secus pedes olim dilecti sui resedit, nigra et formosa filia Jerusalem, nigra per infamiam, formosa per innocentiam, et per hoc revera filia Jerusalem, que semet ipsam, sed et causam suam, divine commendavit providentie. Tunc proloquens rex voce lacrimabili dixit principibus universis : *O dilecti mei principes gloriosi, estimo plane, nequaquam nobilitatem vestram latere, quod per dies aliquot sustinui obprobrium, et operuit confusio faciem meam, propter quod potissimum vos convenire volui, quatinus ab imminentibus incommodis vestre prudentie consilio valeam absolvi. Nunc itaque a vestra dilectione requiro, cuinam sententie matrona debeat subjacere, que contempto conjuge legitimo alium ei superducere presumpserit. Obsecro ergo et obsecrando precipio, ut leges et decreta majorum recolentes, prout justitia dictaverit, sententiam proferatis.* His auditis, tam principes quam omnis illa advocatio lacrimas fundebant uberrimas, imperatrici penam ut putabant passure compatientes, quam unimoda virtute preditam esse noverant; et ideo detrectantes in eam ferre sententiam, variis colloquiis tempus redimebant. Quod ille prudenter animadvertens et femineo pectori virilem inserens animum, surgens et stans in medio, prestitoque sibi silentio, sed et omnibus ei reverenter auscultantibus, eleganter allegabat dicens : *O principes omni honore digni et mihi dilecti, jam dudum vobis complacuit universis, et dominum vel conjugem meum dilectum imperatoria dignitate sublimastis et me participem regni ejus esse voluistis, et tam Dei gratia quam vestra constitutione ceteris hominibus prestantiores esse videbamur. Quia igitur inter feminas prestantior esse videor, sed jam nunc de pessimo crimine incusor, necesse est ut per judicium durissimum, scilicet duodecim candentes vomeres, ab hac infamia me vobis presentibus expurgem. Sed enim*

serenitati vestre immensas refero gratias, quia mihi parcendo gravem in me ferre sententiam noluit vestra mansuetudo. His dictis, resedit. Porro presentes omnes, his auditis, ad invicem conferebant dicentes : *Quod si perpetrati sceleris conscientia nostram stimularet dominam, nequaquam sibimet gravissimum hoc examen proponeret, immo etiam ab aliis propositum repulsaret.* Interea vomeres vehementer igniti in unam delati sunt basilicam, in qua beata Cunegundis a duobus episcopis dignioribus sicut ovis ad victimam ducebatur, quam Christi confessor e vestigio sequebatur. Qui videns vomeres scintillas ignis vaporantes, in ira misericordie memor, memor etiam pristini amoris, dixit ad eam : *Quiesce, domina mi amantissima, quiesce mihi desiderantissima, parce, queso, tibimet ipsi, et ne intres in judicium hoc, horribile etiam ad audiendum; credo enim te immunem esse ab omni crimine.* Illa sereno vultu respondit ei : *Quod si vobis mihi parcentibus ad presens evasero judicium, sed non evadam, quod hactenus innocens sustinui convicium. Quapropter necesse est, ut hoc examine, licet sit terribile, me accelerem expurgare, ut his, qui hactenus mihi detrahebant, jam detur alia de Cunegunde loquendi materia.* His dictis, fiducialiter accessit, et elevatis oculis in celum, dixit : *Domine, adjutor et protector meus, ne derelinquas me; festina, Domine, ne tardaveris, sed in presenti tribulatione subveni ancille tue. Te, Domine, cujus oculis nuda et aperta sunt omnia, te, inquam, Domine, testem hodie invoco, quia nec hunc presentem Heinricum, nec quemquam virum alium carnali commercio cognovi.* Quo audito, rex infremuit, et secretum suum celari cupiens, et ideo loquentis os oppilare satagens, atrociter compressit, ex quo linea copiosi sanguinis effluxit; quo viso, imperator subitanea ductus penitentia, flevit amare, et doluit super eam, sicut doleri solet in morte primogeniti. Erat enim fasciculus mirre dilecta sua sibi. Igitur ipse retrocedens exitum rei gemebundus expectavit.

In Domino vero posuit spem sancta virago
Atque genu flexit repetensque precem pia dixit :
Rex, opifex mundi, fer opem misere Cunegundi.
Et cum presentes tremerent nimis, aspicientes
Candentes vomeres, calcavit eos quasi flores.
Undenis ipsa peragratis, nil quoque lesa,
Stans super extremum vomerem veneranda, su-
[premum
Regem laudavit, per quem Satanam superavit.

Itaque cum imperatrix inclita de objecto sibi crimine satis evidenter esset expurgata, imperator animum ejus blandiciis delinire gestiens, ipsius sacris pedibus provolutus, ait : *Placare, domina mi, esto michi placabilis, et ne repellas me a gratia vel dilectione tua. Equidem, fateor, peccavi et insipienter egi in eo quod molestus fui tibi, nunc jam ago penitentiam. Adhereat lingua mea faucibus meis, si non tibi de cetero ego satisfecero, quoadusque vixero.* At illa columbine simplicitatis et mire patientie, immemor injurie, memor clementie, dilecto suo ait :

Domine meus, non mea tibi sed Dei potius est optanda gratia: quam ut pleniter adipisci merearis, Deum time et mandata ejus observa; mea vero erga te vigere devotio nec desiit nec desinet aliquando. Enimvero visis virtutibus et signis his que fiebant ibi, collecta concio gaudens gaudebat in Domino. Siquidem tristicia imperatrici condolentium versa est in gaudium, et qui cum flente fleverant, jam gaudenti congaudebant. Igitur omnes voce unanimi gratiarum actiones omnium persolvebant dominatori, qui facit mirabiles res, qui pia dispensatione suos permittit temptari electos, ut quemadmodum aromata, quanto subtilius trita fuerint, tanto majorem reddunt fragrantiam, ita et electi tribulationibus probati Christi bonus odor sint Deo in omni loco. Revera vera est sententia, quam Dominus ait: *Non potest civitas abscondi super montem posita, neque accendunt lucernam* (*Matth.* v, 14), et cetera.

Sub modio posita fuit ardens illa lucerna.
Hanc etenim nuptam prius omnes esse putabant,
Denique corruptam per adulterium reputabant;
Sed que virgineum florem servavit in evum,
Judicio teste satis enituit manifeste.
Quod pius Heinricus fuerit, quod virgo pudicus,
Est manifestatum, licet haud fuerit sibi gratum.
Pessima figmenta Satane sunt adnichilata.
Femina dum fragilis Satana temptante probatur,
Omnibus odibilis zabulus per eam reprobatur.

VITA SANCTÆ CUNEGUNDIS

IMPERATRICIS ET VIRGINIS.

OBSERVATIONES PRÆVIÆ UBI DE SANCTO HENRICO IMPERATORE, EJUS CONJUGE.

(Apud Mabill., *Acta SS. ordinis S. Benedicti*, Sæculi VI, parte II, pag. 451.

---

1. Par illustre conjugum simul et virginum, Henricum scilicet imperatorem et Cunegundem Augustam, ejus uxorem, merito sibi vindicat ordo Benedictinus: quorum ille, obedientia quam regulæ voverat astrictus, in sæculo remanens; altera vero post viri obitum, suscepto monastico habitu, ac in sancta conversatione in monasterio Confugiensi, quod ipsa a fundamentis erexerat, vitam finiens, inter sancti Patris Benedicti alumnos merito computari debent.

2. Porro animus non est hic de utriusque majoribus ac familiarum antiquitate aut nobilitate disserere; nec etiam res ipsorum in reipublicæ administratione egregie gestas fusius exponere vacat. Hoc nempe ad eos qui Romani imperii annalibus describendis incumbunt pertinet, quod jam a multis abunde præstitum est. Nobis itaque satis erit commemorare ea quibus noster ordo piis illis principibus astrictus est, præclara scilicet et immensa beneficia quæ ordini Benedictino contulerunt; aut egregia facta piaque opera quibus eumdem illustraverunt. Hinc beati Henrici Vitam proferre huc integram visum non est operæ pretium, quod multa contineat a nostro instituto prorsus aliena. Sanctæ vero ipsius conjugis Vitam, qualiter a Gretsero et Bollando ad diem 3 Martii edita est, ad nonnullos codices manuscriptos collatam infra dabimus, utpote complectentem ea fere solummodo quæ egit in monasterio Confugiensi, ubi post peractum in vitæ religiosæ exercitiis aliquot annorum curriculum, vivendi finem habuit.

3. Henricus itaque e Bavariæ duce, post Ottonis III imperatoris obitum Cæsar anno 1002 creatus, nihil antiquius habuit quam ut Ecclesiam virosque Dei obsequio mancipatos non modo sua auctoritate et protectione foveret, sed etiam ut bonis omnibus affluenter dotaret; qua in re Cunegundem, nedum adjutricem, sed et incitatricem habebat, utpote quæ non minori studio ac ipsius conjux ad ea quæ Deum spectabant, ferretur. Hinc episcopatus aut de novo erecti, aut restituti, aut certe novis possessionibus ab illis adaucti passim memorantur. Nullum ferme fuit his temporibus in imperio Romano monasterium quod eorum beneficentia aut restauratum non fuerit, aut in suis possessionibus confirmatum et novis cumulatum. Enituit sane inter præclara eorum opera Bambenbergensis episcopatus erectio, pro qua re nec sumptibus pepercerunt, nec laboribus, qui sane multi fuerunt, tum a Wirceburgensi episcopo, qui ægre ferebat, diœcesis suæ partem ab Ecclesia sibi commissa divelli, tum ab ipsis suis consanguineis et principibus, qui ea specie, quod familiæ suæ bona eo pacto dissiparentur, adversus sanctum imperatorem rebellarunt. Sed hæc omnia Henricus et insigni magnanimitate et incredibili patientia vicit et superavit.

4. Verum ne novæ sedis clero deesset ordo monasticus, in monte juxta urbem ad aquilonarem partem posito, qui exinde Mons Monachorum dictus est, insigne monasterium sub sancti Michaelis cæterorumque angelorum patrocinio erexerunt, quod multis possessionibus ac prædiis dotatum, ab omni externa potestate liberum, regulæ Benedictinæ addixerunt. Ipsius dedicationem anno 1021 consignat Trithemius in nova editione Hirsaugiensis Chronici, quam ab Eberhardo primo Bambenbergensis Ecclesiæ episcopo *cum summa devotione* factam fuisse com-

memorat. Servantur etiam nunc in istius monasterii thesauro pretiosa cimelia, quæ ipsi a Cunegunde collata sunt, inter quæ a Bollandianis recensentur in prolegomenis ad ipsius Vitam, num. 23: Crux aurea operis Græci antiquissimi, uti ex inscriptionibus et figuris colligere licet; cingulum ipsius beatæ Cunegundis, cum ejusdem coronis duabus ex gemmis. Floruisse etiam eo in loco complures doctrina et sanctitate viros illustres idem auctor observat. « Multi, inquit, ad annum 1007, successu temporis clarissimi viri, sub monastico schemate in eodem cœnobio floruerunt, eruditione et vitæ merito sanctam illustrantes Ecclesiam. » Sæculo sequenti cum eo in loco regularis observatio paululum tepuisset, eam, restauratis in primum splendorem ædificiis, postliminio revocavit sanctus Otto Bambenbergensis antistes, usus hoc in negotio Hirsaugiensium monachorum opera, qui tunc temporis Benedictinum ordinem per universam Germaniam et sanctitate morum et accurata regulæ praxi illustrabant. Cæterum insigne Montis sancti Michaelis cœnobium huc usque perseverat, cujus abbatum catalogum exhibet noster Bucelinus in Germania sacra.

5. Henricus in Italiam profectus vindicandæ adversus Græcos Ecclesiæ causa, « Beneventanum monasterium condidit, » quod, ut refert ipsius Vitæ auctor, cap. 22, « omni ornatus decore locupletavit. » Ex Chronico Dithmari libro VII, discimus ab eodem principe episcopatum fuisse institutum in Bobia civitate, ubi Christicolæ et sancti confessores inclyti Columbanus et Attala corporaliter requiescunt idque communi consilio et licentia comprovincialium episcoporum. » Addit Trithemius in Chronico Hirsaugiensi ad annum 1007 novam hanc sedem ab eodem imperatore dotatam fuisse: *locumque ecclesiæ cathedralis alium non fuisse a cœnobio quod beatus Columbanus construxerat*, a *multitudine monachorum Deo servientium* inhabitato, *quos ideo monachos electores constituit esse pontificis*. Hæc ille. Porro mutata postmodum fuit hæc a beato viro constituta rerum dispositio, cum ecclesia cathedralis a monasterio fuit sejuncta, atque utrique loco suus datus est præfectus. Quæ res magnas lites inter episcopos et abbates Bobienses commoverunt, vix tandem summorum pontificum auctoritate compressas.

6. Hic vero omittere non licet insigne miraculum quod in hac Italica expeditione factum est meritis beati Patris Benedicti, qui imperatorem ordini suo addictissimum calculi morbo dirissime vexatum, in ipso Casinensi monasterio, quo sese pius princeps deportari jusserat, sanitati restituit. Res est auctoris ipsius Vitæ verbis referenda, qui cap. 22 eam sic evenisse narrat: « Cum Henricus civitates Apuliæ pertransiret, et quæ ad utilitatem et honorem regni pertinebant, in eis prudentissime disposuisset, cœpit in infirmitate calculi laborare. Cujus morbi molestiam vir sanctus tanta patientia sustinuit, ut passiones carnis ad custodiam humilitatis a Deo sibi collatas assereret, et flagellum correptionis certissimum signum dilectionis esse affirmaret. Fomenta tamen curationum sibi fecit adhiberi, sed nulla medicorum subtilitate ad integrum potuit liberari. Ingravescente autem dolore, ascendit montem Casinum . . . . ibique per intercessionem beati Benedicti et sanctæ Scholasticæ precibus et lacrymis postulavit a Deo salutem corporis et animæ sibi præstari. Impletumque est quod per Prophetam dicitur: *Exquisivi Dominum et exaudivit me, et ex omnibus tribulationibus meis eripuit me* (Psal. XXXIII). Nam petiit et exauditus est; pulsavit ad ostium perseveranter miserantis potentiæ, et intromissus est. Interea rex cœpit cogitare quæ de translatione sancti Benedicti audierat, et quia reliquiæ ejus dicebantur furtim sublatæ et in alium locum translatæ, ideo vir sanctus de corporali ejus præsentia dubitabat. Completa itaque oratione homo Dei ad hospitium se contulit, et lassatus ac debilitatus in lectulo se collocavit. In quo obdormiens, vidit sanctum Benedictum sibi assistere, et ferrum sectorium ad medicinales sectiones aptum manu tenere, qui dixit ei: *Quia sperasti in Deo et in sanctis ejus, ecce missus sum a Deo, ut per meam medicinam ab infirmitate tua libereris. Ecce ego, cujus ossa furtim sublata esse putabas, præsentiam meam tibi exhibeo, et in argumentum veritatis passiones tuas curabo.* Hæc dicens partem illam corporis ubi calculus jacebat, medicinali ferro, quod manu tenebat, aperuit; et evulso molliter calculo, hiatum vulneris subita sanitate redintegravit, calculumque quem tulerat in manu regis dormientis reposuit. Quo facto Christianissimus imperator evigilavit, et pertractans secum quæ circa ipsum per confessorem Christi gesta fuerant, vidensque calculum quem manu tenebat, vocavit satellites, qui regio more sibi semper assistebant, dixitque ad eos: *Pontifices regnique nostri principes vocate ad me, ut cognoscant et videant mirabilia Dei, quæ ineffabilis misericordia et inenarrabilis potentia ejus fecerunt in me*. At illi mandata regis celeri cursu perferentes ad principes, perduxerunt eos ad regem. Quos rex salutans, resalutatusque ab eis, sic allocutus eos est: *Fratres et commilitones mei, magnificate Dominum mecum et exaltemus nomen ejus in idipsum, quia ipse est magnus Dominus et laudabilis nimis, et magnitudinis ejus non est finis. Ipse percutit et medetur; flagellat peccatores et pænitentibus miseretur. Hunc humiliat et hunc exaltat, quia calix in manu Domini vini meri plenus mixto. En ego, qui heri morti proximus fui, per misericordiam Dei hodie vobis appareo sanus, et aculeum mortis, quem heri gestavi inclusum corpori meo, hodie oculis vestris visibiliter ostendo.* Hæc dicens ostendit calculum quem manu tenebat, et ostendens cicatricem vulneris, omnia quæ per sanctum Benedictum circa ipsum gesta erant, cunctis audientibus ex ordine referebat.

7. « At illi videntes et audientes mirabilia Dei, et plusquam credi potest admirati sunt, et benedicentes Deo, diuque in laudem ejus acclamantes, de inco-

humilitate regis gavisi sunt. Rursumque rex ad eos: *Quas*, inquit, *gratiarum actiones, aut quæ munera tantis beneficiis condigna medico nostro Benedicto possumus rependere?* At illi omnes judicaverunt cum regia munificentia dignum esse. Rex ergo ex consilio principum suorum ingentia munera in prædiis, in auro, in argento, in ornamentis plurimis ecclesiæ sancti Benedicti contulit. Et valefaciens fratribus qui eidem ecclesiæ præsidebant, a Casino monte hilaris et sanus discessit. Ab eo autem tempore et deinceps, quadam speciali dilectione et veneratione sancto Benedicto et omnibus monasticæ religionis cultoribus studuit deservire, et in amplificandis ac protegendis rebus ecclesiasticis benignus ac devotus Pater existere. Hæc in Casino monte scripta inveniuntur, ut et moderni magnalia Dei in memoria habeant, et apud posteros per antiquitatem temporis in oblivionem non veniant. » Henricus statim Romam venit, uti narrat idem Vitæ auctor, ac Benedictum papam de sanitate recepta fecit certiorem.

8. Scripta quæ hic Vitæ sancti Henrici auctor laudat in Casinensi monasterio asservata, alia non fuisse a Leonis Marsicani Chronico mihi facile persuaderem, nisi miraculum a sancto Patre Benedicto patratum, quod in illis scriptis eo modo ac ipse auctor narravit descriptum procul dubio erat, aliter a Leone referretur; qui scilicet istud miraculum sic narravit, ut esset validissimum ad asserendam Casinensibus sancti Patris corporis possessionem argumentum. Scribit enim libro II, cap. 42 et sequentibus, Henricum imperatorem simul cum Benedicto VIII summo pontifice monasterium Casinense adiisse, in quorum præsentia Theobaldus abbas Casinensis electus, ab ipso pontifice consecratus fuit. Tunc temporis, uti prosequitur, Henricus acutissimo illi dolore vexabatur, cui nec plene dormienti, nec prorsus vigilanti apparuit beatus Benedictus, eique de vera in sacro monte corporis sui existentia dubitanti hæc dixit: *Scio quoniam tu me hactenus hic dubitasti quiescere; sed ne super hoc amplius aliquatenus dubites, meumque in loco isto certissime quiescere credas corpusculum, hoc tibi signum erit. Cum primum hodie surrexeris, in egestione urinæ tuæ tres lapillos non parvos mingere habebis, et ex tunc dolore isto et amplius non laborabis.* Protinus itaque evigilans Henricus surrexit, atque eo modo quo prædixerat sanctus Pater, sanitatem recepit; ac mane facto in capitulum veniens cunctis fratribus rem gestam retulit, et alia multa quæ fuse prosequitur ille auctor, totus in eo ut ex hoc miraculo evincat beati Patris reliquias nunquam in Galliam allatas fuisse: quod sane ex Vita sancti Henrici facile non colligitur.

9. Non itaque in dubium revocari velim tam illustre miraculum. Potuit enim sanctus Pater, etsi ipsius ossa in Galliis jacuissent, sese imperatori dormienti visibilem in monte Casino præbere, ut alias fecisse dicitur in locis quibusdam, quos nec vivus nec mortuus unquam sui corporis præsentia illustraverat. Cujus rei exemplum ipse Leo nobis suppeditat capite 45, ubi refert eumdem sanctum Benedictum olim minitabundo vultu Henrico, priusquam ad imperium fuisset evectus, apparuisse, quod in cujusdam monasterii claustro equos suos pernoctare passus fuisset: « Nocte, inquit, eadem Benedictus Pater eidem duci, torvo ac terribili valde intuitu apparens, eique multa quod ita domum suam tractaret comminitans, virga, quam manu gestabat, illius latus percussit, et ex tunc dolore illi torqueri vehementissime cœpit. » Certe hoc ipsum sanati apud montem Cassinum Henrici miraculum narrat auctor Vitæ sancti Meinwerci; sed non habet ea quæ sanctus Pater de sui corporis præsentia dicit apud Leonem, quæ proinde ab ipso Leone excogitata fuisse conjicimus.

10. Enumerat idem Leo, cap. 45, pretiosa munera quæ Henricus ob recuperatam sanitatem tunc temporis beato Benedicto obtulit: « Textum, scilicet, Evangelii, deforis quidem ex uno latere adopertum auro purissimo ac gemmis pretiosissimis, ab intus vero uncialibus, ut aiunt, litteris atque figuris aureis mirifice decoratum; calicem aureum cum patena sua gemmis et margaritis ac smaltis optimis adornatum; planetam diapistin listis aureis adornatam, stolam quoque et manipulum [mappulam] atque cingulum singulas intextam auro. Pluvial etiam diasprum cum listis auro textis, necnon et tunicam ejusdem subtegminis aureis operibus exornatam, simul et cum mappula diapistin auro nihilominus decorata; situlam quoque et coppam argenteam quantitatis non modicæ, cum qua videlicet fratres in præcipuis festivitatibus biberent. Recollegit præterea a Judæis vestem unam de altario sancti Benedicti, quæ quondam fuerat Caroli regis, quam iidem Judæi retinebant in pignore pro quingentis aureis, necnon et calicem argenteum Saxonicum majorem cum patena sua, quem Theodoricus Saxonum rex beato Benedicto olim transmiserat. Quæ omnia pariter in fratrum præsentia super altare beati Benedicti ponens obtulit; prædictumque papam suæ auctoritatis scriptionem de ipsis omnibus in hoc loco facere rogavit, apostolici anathematis innodatione eidem scriptioni apposita, ne quis unquam vel hæc quæ diximus, vel alia quæ in antea idem imperator huic monasterio concesserit, auferre præsumat. »

11. Quin et Benedictus pontifex et Piligrinus Coloniensium antistes, sua pariter munera obtulerunt, quæ Leo recenset eodem loco: « Idem quoque apostolicus, imperatoris saluti valde congratulans, obtulit et ipse beato Benedicto eodem die planetam optimam veneti coloris, listis nihilominus aureis decenter ornatam, et stolam unam optimam auro brustam cum manipulo suo. Sed et Belgrimus archiepiscopus, ob gratiam imperatoriæ sanitatis, similiter obtulit beato Benedicto planetam purpuream optimam, aureis listis mensium duodecim signa habentibus in circuitu adornatam, et stolam cum

auro, et pluviale unum. Post hæc idem Christianissimus imperator, adhuc parum quid existimans se præ nimia hujus loci dilectione fecisse, admonitus ab eodem Piligrino, et Theodorico cancellario suo, altera die fecit præceptum concessionis in hoc loco de Rocca, quæ dicitur Vantra, cujus possessores, ac si latrunculi quidam, hoc monasterium frequentissime infestabant; ac propter ea illam de eorum manibus ereptam, ad usus servorum Dei hujus loci in perpetuum habendam et retinendam contradidit. Fecit et aliud præceptum de universis ubique terrarum hujus loci possessionibus, juxta tenorem videlicet imperatorum antecessorum suorum, per quod etiam præceptum, monasterium sanctæ Mariæ in Canneto in finibus Termulensis imperiali auctoritate in hoc monasterio confirmavit. Sicque commendans se plurimum Patri Benedicto et omnibus fratribus, cum illorum benedictione reversus ad propria est. Et ne tanti benefactoris sui beneficium oblivisci aliquatenus videretur, mox ut domum rediit, planetam optimam diarodinam, aureis listis pulcherrime decoratam, una cum alba et cingulo, stola atque manipulo, qualia imperatorem mittere deceret, huc ad beatum Benedictum cum maximis gratiarum actionibus transmittere studuit; tantæque de cætero circa hunc sanctum locum devotionis exstitit, ut si aliquanto diutius viveret, relicto imperii fastigio, Deo se sub sanctæ professionis habitu hic serviturum sponderet. »

12. Tanta autem erat Henrici in nostros propensio, ut vulgo, teste auctore Chronici Laresheimensis ad annum 1000, *Monachorum Pater* appellaretur. Et sane vere eorum Patrem fuisse et patronum probant vetera passim instrumenta, in eorum gratiam data. Novem ex iis profert Gretserus in libro De divis Bambergensibus, quorum octo pro Altahensi monasterio, nonum pro Tegernseensi sunt, omnia fere promovente et excitante sancta Cunegunde concessa. Quinque alia exhibet Bullarium Casinense tomo II, pro variis Italiæ monasteriis. Alia plerumque in aliis libris habentur, quæ singillatim recensere non vacat. Præter Bambergense monasterium, de quo supra diximus, et Confugiense, quod potissimum a Cunegunde dotatum fuit, monasterium Schutterense in Argentoratensi diœcesi, pene omnino destructum, a fundamentis renovavit, ampliavit, multisque possessionibus ditavit, ut testatur Trithemius in Chronico Hirsaugiensi ad annum 1007. Virdunense sancti Vitoni ejusdem sumptibus restauratum est. Nec prætereundum nobile sacrarum virginum cœnobium, quod simul cum Cunegunde apud Neoburgum Bavariæ urbem in ipsa Danubii ripa idem imperator condidit. Hoc in loco opibus et religione celeberrimo perseveravit ordo Benedictinus usque ad sæculi proxime elapsi finem, quo tempore Lutheranismo invalescente, post Magdalenæ Hundtin de Lauterbach abbatissæ obitum, nova electione interdicta, fas postmodum non fuit virgines ad professionem monasticam admittere, imo iis quæ residuæ erant nubendi permissa licentia est; sed eam omnes constanti animo respuerunt. *Omnes*, inquit Bucelinus in Germania sacra, *pane tribulationis ad obitum usque sustentatæ, Numini sese in adversis egregie probaverunt et commendaverunt*. Rebus postea pacatis, sed virgines ibi nullæ restitutæ sunt, sed incidit monasterium in manus Patrum societatis Jesu. Abbatissarum catalogum exhibet idem Bucelinus loco laudato.

13. Porro non minus ac loca sacra viros virtute et sanctitate illustres colebat Henricus, quorum ope ac consiliis in sua suorumque subditorum salute procuranda assidue utebatur. Tales fuere Wolfgangus episcopus Ratisponensis, qui ejus in prima ætate institutor fuisse dicitur, Godehardus primum Altahensis abbas, postea episcopus Hildesheimensis, Heribertus Coloniensis, Poppo Stabulensis abbas, Richardus Virdunensis, Odilo Cluniacensis, Willelmus Divionensis, Pandulfus Agaunensis, et alii complures, qui tunc temporis monasticum ordinem illustrabant. Certe auctor est Petrus Damiani sanctum Romualdum die quadam ad Henricum tunc temporis in Italia agentem accessisse, cui, inquit, *non pauca locutus est de restituendo jure ecclesiarum, de violentia potentum, de oppressione pauperum*, etc. Quod iniquo animo non tulit imperator, imo viri sanctitatem reveritus, et monasterium sancti Amiati, in quo tepuerat observantia regularis, suæ ipsius congregationi subdendum tradidit. Etenim deliciæ ejus erant cum viris religiosis conversari. Hinc ex Italia in Germaniam rediens, dimisso exercitu, Cluniacum cum paucis e suis familiaribus perrexit, « ubi, inquit Vitæ ejus auctor cap. 26, cum plurima signa religionis et sanctitatis vidisset, sancti Spiritus igne succensus, coronam auream pretiosissimis gemmis adornatam, ad missam quæ de cathedra sancti Petri celebrabatur, obtulit, et fraternitatem monachorum suscipiens, cum maxima humilitate et contritione cordis orationibus eorum se commendavit, et in supplementum necessariarum rerum in Alsatia optima prædia eidem congregationi contradidit. Inde iter faciens, per Leodium et Trevirim transitum fecit, et congregationes inibi Deo famulantes plurimis largitionibus et prædiis ditavit. »

14. Narrat auctor Vitæ beati Richardi Henricum aliquando Virdunum accessisse, ut beatum Richardum, quo sæpe familiarius utebatur, inviseret. Cumque monasterii sancti Vitoni, cui ille abbas præerat, ædificia perlustraret, claustrum ingressus, statim hunc psalmi versiculum dixit : *Hæc requies mea in sæculum sæculi : hic habitabo quoniam elegi eam*. Qua de re turbatus Heymo Virdunensis episcopus, qui præsens aderat, clam Richardum monuit ne Henricum, quod hoc sine incredibili imperii damno fieri nequiret, monachum fieri apud se sineret. Postridie itaque Henrico coram omnibus in capitulo astanti petiit Richardus num vellet fieri monachus,

ipsique tanquam proprio abbati in omnibus penitus obedire secundum regulæ præceptum. Quod cum spopondisset imperator, atque ut monachus susceptus fuisset, dixit abbas : « Volumus ergo et præcipimus ut ad gubernandum vobis a Deo delegatum imperium redeatis. » Sicque pius imperator, regulæ astrictus, reliquum vitæ tempus in virtutum exercitiis transegit, beatumque Benedictum vere ut Patrem coluit. Simile huic factum contigit in monasterio Gellonensi sæculo duodecimo, ubi Berengarius de Mayrosio obedientiam pari modo vovit Richardo Gellonensi abbati, ut patet ex ejus professionis cedula quam ex ms. codice ejusdem monasterii huc referre visum est : *Anno ab incarnatione Domini 1162, in nomine domini, ego Berengarius de Mayrsio, volens renuntiare terrenis et inhiare cœlestibus, trado in manu Domini Richardi abbatis sancti Guillelmi me ipsum ad monachicum habitum suscipiendum, quando abbati domino placuerit. Sed et in præsentiarum promitto et obedientiam secundum Dei et beati Benedicti regulam.* Porro hanc in beatum Benedictum Henrici propensionem probat lamina aurea quæ, ut ex variis auctoribus refert Angelus de Nuce in notis ad lib. II Chronici Casinensis, cap. 43, in Basiliensi majori ecclesia, quam Henricus restauraverat, visebatur; ubi quatuor angeli cum sancto Benedicto depicti erant, atque in eorum medio Christus Dominus repræsentabatur, ad cujus pedes Henricus cum Cunegunde uxore sua advolvebatur. Obiit Henricus Julii 14 anno 1024, atque in Bambergensi ecclesia sepultus est; qui postea ab Eugenio III summo pontifice in sanctorum catalogum ascriptus, publice in tota Ecclesia celebrari cœpit.

15. Cunegundis viri obitu plane libera fuit, ut quemque mallet vitæ statum posset amplecti. Placuit ei præ cæteris Confugiense monasterium, in quod sese recepit, eo modo quo in ejus Vita describitur; quam cum integram proferamus, fusius de ipsius gestis hic loqui inutile foret. Porro Vitam ejus a Nonnosio quodam monacho scriptam fuisse auctor est Hofmannus in Annalibus Bambergensibus; sed quoniam ille tempore floruerit, aut utrum hæc ipsa sit quæ ad nos usque pervenit, incertum est. Certe auctorem Vitæ, quisquis ille fuerit, in aliquo loco per beatam Cunegundem dotato vixisse, certum videtur. Is enim num. 5 ait indignum fore, ut ipse illi subtrahat officium oris, cujus providentia quotidie alimenta percipiebat corporis. Ætatem suam non adeo evidenter prodit; indicat tamen num. 5 se post sancti Henrici canonizationem, quæ anno 1152 per Eugenium tertium facta est, scripsisse, cum ait scripta de beato imperatore ab Ecclesia recepta fuisse. Quin et cum ea occasione sibi venisse in mentem dicat, ut de beata Cunegunde scriberet, hoc ipso tempore quo de beato imperatore in sanctorum numerum publice accensendo agebatur, eum vixisse conjici potest; quanquam nonnisi sub sæculi duodecimi finem scripsisse fatendum est, nisi miracula quæ post Vitam habentur, ab altero quopiam auctore descripta fuisse dicamus. Cæterum præter ea miracula, quæ inferius a nobis edita sunt, habetur in apographo Bambergensi item alius miraculorum liber, sed quem omisimus, quod nihil fere contineat præter ea quæ protulimus. Si quis tamen illum legere cupiat, adire potest Grétserum in libro De divis Bambergensibus, aut Bollandum ad diem 3 Martii, ubi integer exhibetur.

16. Porro monasterium Confugiense, quod Capungum Dithmarus libro VII appellat, vulgoque *Kauffungen* dicitur, haud longe a Cassellio Hassiæ oppido celebri, usque ad sæculum proxime elapsum in regulari observantia perseveravit. Sed tunc temporis tota regione ad Lutherani partes accedente, tandem anno circiter 1531 sub lantgravio Philippo sanctimoniales proscriptæ, et religio catholica penitus ibi abolita fuit. De hoc monasterio plura observat noster Adolphus Overham in nota ad num. 86 Vitæ beati Meinwerci episcopi Paderbornensis.

17. Cunegundis memoriam non fasti solum Benedictini, sed et pleraque Germaniæ et Belgii peculiaria Martyrologia cum Romano commemorant, in quibus variis diebus, pro varia ratione, ejus festivitas celebratur. Præcipua est die 3 Martii, quo eam e vivis excessisse certum est, idque anno 1040 aut sequenti, si annos quindecim post unum viduitatis annum in monasterio transegerit, ut asserit ipsius Vitæ scriptor; quanquam Lambertus Scafnaburgensis mortem ipsius anno 1030, et Trithemius, post Marianum Scotum, anno 1038 consignarint.

INCIPIT VITA SANCTÆ CUNEGUNDIS.

1. *Cunegundis imperatrix nupta.* — Ex præclaro parentum sanguine et Augustæ nobilitatis gradu, duo immarcescibilis gloriæ flores mundo enituerunt, sanctus videlicet Henricus, cognomento Pius, gloriosissimum Romani imperii decus, ejusque dignissima contectalis (68), piæ memoriæ Cunegundis Augusta et imperatrix. Eadem vero beata et Deo dilecta Cunegundis terreno imperatori corporaliter (69), non carnaliter conjuncta, cœlesti Regi suam virginitatem consecravit, quam usque in finem, casti conjugis consensu, Deo teste, conservavit. Quod postmodum Divinitatis testimonium, ne lumen in tenebris lateret, ostendit, dum eam ad confundendum virginitatis hostem, et obstruendum os riis diplomatibus.

(68) Aliquot mss., *collectalis*; sed melior nostra lectio, quod eodem tecto, non autem lecto uterentur. Et quidem eadem voce utitur ipse Henricus in va-

(69) Gretserus cum ms. 1, *copulariter*.

mendacia contra virginem Christi loquentium, super ignitos vomeres incedere et illæsam procedere dedit.

2. *Virginitatem miraculo probat*. — Qualiter autem id factum sit ad communem ædificationem prætereundum non est, ut et castimoniæ erudiamur exemplis, et divinorum secretorum admiratione moveamur, intelligentes quemadmodum diligentibus Deum omnia cooperantur in bonum. Tantis namque ac talibus bonis tentatio deesse non potuit. Invidus enim omnium bonorum diabolus, ubi thorum immaculatum sauciare non potuit, zelotypiæ livore fœdare cogitavit et ejus saltem famam lædere, cui vulnus corruptionis infligere non valuit. Facta est igitur, auctore diabolo, suspecta criminis, quæ non noverat maculam corruptionis. Sed quia crudelis est qui famam suam negligit, expurgationis gratia ad vomeres candentes illud sibi judicium elegit, quod propter duritiam hominum institutum esse cognoscitur. Cumque dilecta Deo ad illud judicium, velut ovis ad occisionem, duceretur, ingemuit, et ait: « Domine Deus, creator cœli et terræ, qui probas renes et corda, judica judicium meum et eripe me. Te enim testem et judicem hodie invoco, quia nec hunc præsentem Henricum, nec aliquem virum carnali commistione unquam cognovi. » Hoc dicto, stupentibus et flentibus universis qui aderant, vomeres candentes nudo vestigio calcavit, et sine adustionis molestia secura pertransiit. Ita Deus omnipotens vinculum castæ dilectionis servavit, innocentiam comprobavit, integritati custodiam humilitatis adhibuit.

3. *Loca sacra condit et dotat*. — In fascibus itaque constituta, continentiæ suæ gloriam sub terreni chlamyde imperii satagebat abscondere, ut tanto propensius, quanto efficacius poterat, promoveret quæ, Deo inspirante necnon adjuvante, ad ipsius laudem cogitabat perficere. Denique post novellam fecundissimæ plantationis suæ ecclesiam Babenberg, quam cum illo studiosissimo suo cooperatore Henrico in loco Babenbergensi, venustissime, sicut hactenus cernitur, fabricavit sub patrocinio principis apostolorum Petri atque sancti Georgii martyris, monasterium sub regula sancti Benedicti ad aquilonarem plagam, in honore sancti Michaelis archangeli exstruxit, non minori studio prædiorum ac diversorum donariis ornamentorum; tertiam demum versus meridiem sub ordine canonicorum, sub titulo sancti Stephani protomartyris, parvo quidem schemate, sed majori opera de suo patrimonio ecclesiastico fundavit. Ad quam dedicandam Benedictum (70) papam, quem præfatus Deo dignus Henricus imperator ad confirmandum Babenbergensem pontificatum advocaverat, venire rogavit. Ipsa autem illud Psalmographi secum decantans: *Domine, dilexi decorem domus tuæ* (*Psal.* xxv, 8), diversa eidem ecclesiæ juxta imperialem munificentiam munera contulit in diversis ecclesiæ ornamentis: quæ omnia ipse dominus apostolicus, ut semper memoria ipsius fundatricis illic floreat, ne quando per fraudem, aut violentiam, vel furto inde subtrahantur, dura banni sui innodatione, septuaginta quoque duorum (71) episcoporum, qui ibi aderant, auctoritate ipso die confirmavit. Item monasterium in honore sancti Salvatoris, et ejus victoriosissimæ crucis, in loco qui Confugia dicitur, magnificentissime construxit, et ancillarum Dei ibidem Deo secundum regulam sancti Benedicti servientium, congregationem decentissime ordinavit. Porro, cooperante ei in omnibus imperiali majestate, idem monasterium omni ornatu decoravit. Ante principale altare Iconem ex auro et lapide pretiosissimo statuit; calices aureos et argenteos, catinos, urceos, pallas, casulas, vela, cortinas, cappas auro et gemmis pretiosis intextas, et cætera utensilia sive vasa ministerii tanto studio et tam sumptuosis impensis eidem ecclesiæ contulit, ut quicunque ea intuentur regiam magnificentiam et miram utriusque, imperatoris videlicet ac imperatricis, in Deum devotionem magnopere mirari non cessent.

4. *Collapsa restaurat*. — Præter has principales suæ fundationis et primarias ecclesias, quæ conventualis ecclesia, quæ monasteria illorum donativo non gloriantur, aut in prædiis dilatata, aut decorata ornamentis? Alias enim antiquitate collapsas reædificaverunt, quasdam etiam destructas et ad nihilum redactas in pristinum vel in meliorem statum restauraverunt; et sicuti prudentes virgines oleum suæ misericordiæ in diversos effuderunt, ut merito dicere possint: *Christi bonus odor sumus in omni loco* (II *Cor.* II, 15). O conjugium non voluptate, sed bona voluntate copulatum! O sanctum matrimonium, ubi una fides inviolatæ castitatis, ubi unus spiritus misericordiæ ac veritatis, ubi idem velle in virtutibus idemque nolle in vitiis! ubi nec primus nec alter discerni potuit; dum alter, quod primus, voluit; ubi par animus in multifariis operum effectibus pares in duobus ostendit affectus! Quales has nuptias dixerim nescio. Unum scio, quia nescit nostra modo regio tales, dum illi propter regnum cœlorum se castrantes, nec prolem terrenæ fecunditatis exspectantes, cœlibem a Deo generationem receperunt, a quorum ore laus Dei nunquam deficiet. Hæc est generatio quærentium Dominum, quærentium faciem Dei Jacob: qui viventes in Christo, membra sua mortificantes propter Christum, super terram morientes, modo regnantes cum Christo bona Domini sui vident in regione viventium.

5. *Auctor aggreditur vitam sanctæ Cunegundis*. — Quoniam de vita et virtutibus pii et sancti Henrici Christianissimi imperatoris, et miserationibus variis quas fecit in domo Domini, de signis quoque et miraculis quæ post transitum ipsius per eum fecit Deus, satis ac digne scripta sancta recepit Ecclesia;

---

(70) Benedictus VIII, qui Sergio IV successit anno 1012.

(71) Codex Bodecensis habet *quadraginta*.

nunc animum pungit, ac in mentem venit, vitam memorandæ virginis nostræ Cunegundis breviter explicare, et memoriæ scripto commendare; ut ad exemplum ejus intuentes, quæcunque virgines, quæcunque vere viduæ, perfectæ vitæ normam arbitrentur conversationem illius. Indignum enim nobis, sed magis operæ pretium duximus, ut illi officium non subtrahamus oris, cujus providentia quotidie alimenta percipimus corporis.

6. *Defuncto marito, piis operibus insistit sancta Cunegundis. Ejus epistola.* — Henrico itaque suo snæ castitatis patientissimo semper custode, ubi eam suis virginem, uti traduxerat in Christo, in ultimo spiritu constitutus resignavit, ad cœlestia, quæ jugiter suspirabat, gaudia translato, illa se ad Dominum, ut semper, totam contulit; illum suæ castitati, necessitati, saluti adesse, illum suis ecclesiis; illum filiis, quos ei in Christo aggregaverat, præsentem adfore, advocare vigiliis, orationibus instare, die practicam cum Martha, noctu contemplativam cum Maria vitam agere non cessabat. Quanta vero eleemosynarum largitate, quanta orationis instantia, pro beati conjugis defuncti anima desudaverit, in subscripta pagina, quam ipsa per se (nam litterarum, sicut et aliarum artium, distinguere auro gemmisque sacras vestes fuit peritissima) composuit et conscripsit, quicunque scire voluerit cognoscere poterit. « Cune« gundis, divina dispensatione solo nomine impera« trix, specialiter dilectæ congregationi in Confugia, « quidquid justæ convenit dilectioni. Propriæ adver« sitatis sarcinam, veluti æstimo, facilius tolerarem, « si vestras res salvas incolumesque existere vide« rem. Quamvis enim mens procellosis curarum « fluctibus undique quatiatur, vestræ tamen recor« dationis anchora a cordis profunditate non evelli« tur. Et licet longe remotæ ab oculis sitis, ab animo « tamen nusquam recediitis. Quis nos separabit a « charitate Christi? casus doloris, an longinquitas « remotionis? Quin etiam si amissæ facultatis usus « concederetur, voluntas hæc operis exhibitione « comprobaretur. Ipsum tamen modicum, quod « adhuc, Deo volente, reliquum tenemus, vestræ « commonitioni alienum esse nolumus, ut participa« tione parvitatis releveatur magnitudo devotionis. « Mater namque si parum habuerit, parum filiis tri« buit. Ecce hæc modici sumptus munuscula ad « refectionem vobis mittuntur carnis, ut animam « senioris Patris vestri continua orationis alimonia « reficiatis; quoniam tot justorum preces unanimi« ter continuatæ apud Deum multum possunt profi« cere, Jacobo attestante : *Multum valet deprecatio « justi assidua* (*Jac.* v, 16). Ille etiam atque etiam « justus Dominus, qui justitias dilexit, æquitatem « supplicationis exaudire non respuit : sed vobis « indefessis intercessoribus supradicti chari memo« riam facientibus salutis dabit præmium, quod ipse « promisit dicens : *Qui perseveraverit usque in finem,* « *hic salvus erit* (*Matth.* x, 22). Atque bonus in « conspectu etiam Dei placitum esse cernitis, si non « solum pro illis qui in hac vita positi multa vobis « bona, sed pro illis etiam qui nulla fecerunt, ora« veritis. Obsecro ergo ut eum a cordibus vestris « nunquam abjiciatis, qui vos tanquam proprias « amavit, atque hunc locum vestra servitute florere « voluit. Estote quoque meæ necessitatis memores, « semper in hilaritate cordis misericordes; secun« dum illud Apostoli : *Dilectio sine simulatione* « (*Rom.* xii, 9). Necnon vestræ mentes in quamdam « mutuæ charitatis soliditatem magis ac magis con« crescant, quatenus in die tribulationis clamorem « vestrum ipsius aures exaudiant, qui dicit : *Ubi* « *duo vel tres congregati fuerint in nomine meo, in* « *medio eorum sum* (*Matth.* xi, 20). Quod vos omni « modo promereri hortor, eodem præstante, qui « cum Patre et Spiritu sancto vivit et regnat per « omnia sæcula sæculorum. Amen. »

7. *Monasticam vestem induit. Pia ejus exercitia.*— Denique Conrado sibi succedente in regno (72), ipsa curis sæcularibus, sicut jam diu desideraverat, exonerata, in ipso anniversario die transitus sancti Henrici archiepiscopos cum episcopis ad dedicationem Confugiensis ecclesiæ convocat : ubi inter missarum solemnia, imperiali decentissime omni cultu ornata, ante principale altare virgo Deo devota processit, ibique thesaurum incomparabilem, ligni Dominici crucem, parvam quidem in materia, sed maximam in virtute, Deo obtulit. At ubi lectio evangelii, in qua supra arborem crucis ascendens suspicientem se Jesum suscipere, et ab eo benedictionem pusillus meruit accipere, lecta fuit, regalem purpuram exuens, tunicam fusciorem, quam ipsa sibi suis manibus operata fuerat, vestem religionis, data sacerdotali benedictione, induit. Et, multis pro se quidem flentibus, pro illa autem gaudentibus, quæ jam sæculum damnasset in vestibus, capillis, qui huc usque in eodem monasterio pro ipsius servantur honore, præcisis, imposito sibi ab episcopis velo, annulo fidei subarrhata, gratulabunda succinuit : *Posuit signum in faciem meam, et annulo suo subarrhavit me Dominus meus Jesus Christus.* Ita Christo sponso ipsa sponsa consecrata, dum filiarum suarum se sanctissimo contubernio applicuisset, non ut mater filiabus se præferebat, sed in omnibus serviliis servilem se personam ostendebat; ita tamen ut, cum omnia faceret, ostentationem fugeret singulorum, ne in præsenti sæculo reciperet mercedem suam. Operabatur manibus suis (nulli enim in distinguendis auro gemmisque vestibus plurimum, aut in stolis aut in cingulis æstimabatur inferior), sciens scriptum esse : *Qui non operatur, non manducet* (*II Thess.* iii, 10). Sponso aut orans loquebatur aut psallens. Ad ecclesiæ limina pene invisa properabat. Nihil severitate illius jucundius, nihil jucunditate severius. Tristis in risu, in tristitia suavis. Breve vitæ spatium æterna memoria compensabat. Idem

(72) Anno ipso 1024, quo fuerat defunctus Henricus.

illi locus orationis et quietis fuit, idem semper habitus, incultum corpus : dum sciret rejiciendas delicias corporis, quod paulo post vermibus exarandum sit : semper eam legere, aut legentem audire videres. Multa illi circa contubernales devotio, frequens decubantium visitatio, sollicita pauperum consolatio. Præterea plura eam miracula fecisse credimus, sed, quod gratiam hominum et oleum adulationis semper fugeret, esse suppressa : quod tamen incuriæ scriptorum, seu revolutioni temporum, non defectui deputandum est virtutum. Pauca tamen quæ in scriptis reperimus, aut veridica sanctimonialium, ubi illa Christo militabat, relatione cognovimus, hic inserere dignum duximus.

8. *Miraculis claret. Incendium exstinguit.* — Cum post orationis frequentiam inter lectionis lassitudinem ancilla Christi in lecto, non plumis exstructo, sed cilicio strato, membra sopore gravata remisisset, puella sacrata quæ de more illi assidebat, sacros codices legens, cum fere ad medium noctis lectionem extenderet, caligantes oculos clausit, lumenque e manibus illius prolapsum paleas corripiens, sui fragore circumjacentes sorores excitavit. Clamore ex concursu facto, virgo Christi de somno excussa, dum colluctantes inter se et concrepantes flammas circa se aspexit, ad orationis arma se convertit, et signo crucis adustionem illam absque omni suarum læsione vestium avertit. Tua sunt hæc, Christe, opera, qui olim Babylonium regem in suo furore confudisti, et Chaldaicos ignes, ut pueri tui liberarentur illæsi, tua virtute exstinxisti.

9. *De Jutta ejus nepte, abbatissa.* — Aliud miraculum tam stupendum quam mirandum hic placuit subscribere, in quo animi illius constantiam et rigoris severitatem discere poteris. Habuit secum sororis suæ filiam, Juttam (73) nomine. Hanc a primis annis educatam, omni disciplina, sæcularium quoque litterarum scientia instruxerat. Hæc materteram non minus religionis quam dilectionis amore secuta et consecrata fuit. Quam in omnibus plene instructam, ubi ejus in orationibus vigilant'am, in jejuniis perseverantiam, et ad omnia patientiam perspexit, omnium assensu et rogatu, primam in ipso cœnobio eam abbatissam præfecit. Tum virgo mater filiam suscipiens, juxta commonitionem sanctam dudum habitam, præcedentium illi Patrum repetens alloquia, monet ob salutis affectum utilia ac Deo placita sæpe dicere, frequenter audire, solitas religiosi itineris vias non deserere, magis magisque errorum devia et diabolica calcare figmenta ; nullam luci ac tenebris, veritati atque mendacio, turpitudini atque honestati apud Dei servos docet esse communionem ; sollicite cavendum ne vana sectando desineret esse templum Dei, et habitatio dæmonum fieret, et dæ-

monis monumentum : lumina sua in Dei figere aspectum, primam quæ doceret facere, ut fructum doctrinæ suæ ipsa in cœlis, Deo adjuvante, possit invenire. Hæc et ejusmodi iterum et iterum materno studio ei inculcans, quasi in omnibus jam perfectam et ipsa magistram venerari cœpit. Illa, ubi immatura libertate potita est, paulatim a rigore suo desiicere, molliorem cultum, lautiorem cibum, quæ vitiorum alimenta sunt, desiderare : ultima in choro, prima in convivio, puellarum fabulis interesse, ac in omnibus laxius agere cœpit. Pro hujusmodi levitatibus dum eam frequenter sancta Dei inter se privatim, publice coram omnibus secundum Apostoli præcepta, sæpius argueret, obsecraret, increparet, nec illa materteræ velut patrocinio aut familiaritate vane confisa ullo modo emendaretur ; quadam die dum ipsa cum conventu crucem, nam dies Dominicus erat, sequitur, abbatissa defuit (74). Quam illa inquirens, et epulantem cum coævis in conclavi reperiens, zelo pietatis armata, cum verbo correptionis dexteram maxillam ejus percussit ; quæ quasi sigillum quoddam formam digitorum ejus accepit, qua omni tempore vitæ suæ non caruit. De quo nimirum facto constat, quia non tantum pro se, sed et pro aliorum emendatione hoc pertulit, ut hujus visio aliis proficeret, et ad melioris vitæ statum a vitiis suis retorqueret.

10. *Chirotecham ejus radius solis sustinet.* — Forte et istud detractoribus fabulosum et infidelibus incredibile putabitur, quod sanctitatem illius, quam humilitatis gratia ipsa homines latere voluit, muta elementa loquuntur. Denique cum post lectionem evangelii, suo solemni more sacrificatura accederet ad altare, dexteræ manus suæ chirothecam detrahens, cum nullus qui reciperet adesset, a se rejecit ; quam radius solis per fenestræ rimulas intrans suscepit, et tandiu quasi famulando sustinuit, donec illa, post sacrificium rediens, eam reciperet. Tale etiam quid in beati viri Goaris veste aliquando divina virtute ostensum fuisse legitur (75) ; qui dum a sede Rustici Trevirensis pontificis despicitur, a summa majestate per majoris luminaris honoratur famulatum. Omnium itaque capax erat meritorum, qui judicem cunctarum meruit habere virtutum.

11. *Morbus ejus extremus. Respuit regales exsequias. Obit.* — Quindecim in sancto proposito supervixit annos, tam humilitatis gratia quam religionis reverentia omnibus admiranda. Tandem pro nimia ciborum abstinentia, orationis et vigiliarum incredibili perseverantia, cœpit corpore languescere, et ingravescente morbo paulatim deficere. Sed dum membra dolore contraherentur exterius, spiritu tamen, nam laus Dei semper in ore ejus fuit, confortabatur interius. Vocabat sanctos angelos, quorum

---

(73) Variant codices in hujus nomine scribendo. Editi veteres habent *Vitham* ; mss. 2, *Vtham* ; Hofmannus, *Juditham*. Juitham, Cunegundis sororem, Wolfo nuptam, et Jutam seu Mutam ipsius neptem comitis Limburgensis uxorem memorat Miræus in Notitia ecclesiarum Belgii, pag. 148.

(74) Id est processioni quæ etiam nunc ante majus sacrum in cœnobiis diebus Dominicis fieri solet, non interfuit.

(75) Beati Goaris Vitam, ubi hoc miraculum describitur, habes Sæculo II Benedictino ad annum circiter 649 (*Patrologiæ* CXXI, in WANDALBERTO).

hic vita, illic jam consortio fruitur; apostolos et confessores, quorum fidem et confessionem semper tenuit, interpellabat : virginum Christi in suo exitu invitabat chorum, quarum æmulatione, in carne, dum præter c rnem viveret, immaculatum Christo conservaverat thorum, omnium Deo famulantium sibi adesse, sibi occurrere orabat auxilium. Vere quod est scriptum : *Timentibus Deum omnia cooperantur in bonum* (*Rom.* VIII, 28), in obitu tantæ virginis vidimus comprobatum. Necdum spiritum exhalaverat, necdum Christo debitam reddiderat animam, et jam fama volans tanti prænuntia luctus, non tantum sacratas virgines aut diversi ordinis viros, verum etiam totius urbis populos ad exsequias unius congregabat. Sonabant psalmi, et totam domum, ubi sanctum corpusculum in medio super illo suo nobili cilicio compositum jacebat, in sublime resonans letania pro exeunte anima quatiebat. Interim ex more regales tanquam imperatrici, non ut paupercula debentur sorori, parantur exsequiæ, aurea feretro obtendenda proferuntur velamina. Tum illa pallentes vultus, quos ante, ad se sponso venienti lætos exhibuerat, videres ad os retorquere, manu abnuere : « Amictus iste, ait, non est meus ; auferte hinc, ornatus hic alienus est. His terreno sponso, istis cœlesti copulata sum ; nuda de utero matris meæ egressa, nuda regrediar illuc : his vilem miseræ carnis materiam involvite, et corpusculum meum juxta tumulum fratris mei ac domini Henrici imperatoris, quem me jam vocantem video, in proprio locello reponite. » His dictis in manus Domini spiritum suum commendans, ad suum animæ revolavit auctorem, et in antiquam possessionem diu peregrinata conscendit : terris matrem communem se amisisse flentibus, cœlis autem concivem in suum consortium se suscepisse gaudentibus.

12. *Bambergæ sepelitur.* — Ita demum sacro illo corpore feretro superposito, longo nobilium ordine præeunte, multis hinc inde confluentibus, cum illo sibi semper familiarissimo paupere in contubernio, ad locum Babenberg sepulturæ suæ prædestinatum felices exsequiæ usque delatæ sunt. Tum vero relictas urbes, vacua rura, desolatas civitates, undique concurrere populos videres; matres parvulos suos in brachiis gestantes, infirmos in grabatis jacentes sanitatis gratiam sperare, felicem se credere, si cui aut feretro jungi, vel ab ipso contigisset obumbrari. Tandem in ecclesiam beati Petri apostoli corpus non sine labore deportatum, triduanas ibi meritis suis ac beneficiis condignas habuit exsequias; filii quos ipsa illic in Christo adunaverat, de matris pace jam securi, pro se autem solliciti incessanter psallebant, dum eam sibi ad horam subtractam sine timore amissionis, in spe perpetuæ intercessionis recepisse plaudebant : mater de cœlo filiorum prospectans affectum gaudebat. Ita velatum sacrum corpus, sacris vestibus, diademate Christi capiti superpo-

(76) Multa hic interseruntur in Bruxellensi editione, de voce scilicet audita cœlitus in tumuli

sito, suo loculo in dextro latere, sicut hactenus veneratur, repositum est (76). O felix Babenbergensis ecclesia ! recepisti thesaurum quem amiseras. Procax et malefica lingua detractorum, oculorum testimonio confutata est, dum virginitas ejus rebus approbata, sanctitas clarescentibus signis videtur testificata.

13. *Miracula post obitum.* — Christianæ religioni proficiens Ecclesia fidelis (quæ in Evangelio, voce Domini testante (*Matth.* XII), Dei mater et filia per gratiam nominatur : mater quia sanctæ operationis exemplo filios Domino generat ; filia, quia Virginis Filio pro salute mundi incarnato, eruditione sanctorum Patrum quotidie generatur) salutem missam a Domino, cœlestis archiatri effectibus medicinæ plenam, tam mentis quam corporis auribus animadvertat. Mundanæ machinæ conditor humano generi per inobedientiam lapso condolens, ut æternæ vitæ fructus facientem novam plantationem, scilicet primitivam Ecclesiam insereret, patriarchas et prophetas in mundum mittere dignatus est : qui creditum sibi officium quinque corporis sensibus, sextoque, qui est spiritus prophetiæ, mysterium incarnationis Christi, et omnia quæ de ipso annuntianda erant prædicantes, alii asperitate vitæ; alii diversis pœnarum mortibus, ipsi quem prophetabant, famulatum suum fideliter impleverunt. Horum limes Christus æterni Patris consilio, pro liberandis hominibus de intemeratæ Virginis utero processit, ut jam inchoatæ plantationi, missis per orbem apostolis, atque de suo corpore fuso cruore fabricatam, novellam superædificaret Ecclesiam, quæ sanctæ Trinitatis fide imbuta, et mundata baptismi gratia, martyres, confessores, et infirmi sexus virgines animo tamen constantes, primitias obtulit. Inter quas beata Cunegundis, flos Babenbergensis Ecclesiæ, cum sancto Henrico, qui Romanorum imperium tenuit, sub conjugii specie, immortali sponso castæ virginitatis honore deservit. Unde jam ejus sanctitatis merita per orbem manifesta declaratione apparent : quia in loco ubi sanctum ejus corpus quiescit, infirmi quacunque laborantes ægritudine sanitatem recipiunt. Ut autem ad omnia testes cautissimi simus, veritatis amatoribus ætati nostræ succedentibus, de his quæ scribimus curiose indagantibus, scilicet quo tempore opera curationum præfatæ imperatricis initium habuerint, largiente Domino prout possumus, volumus explicare.

14. *Energumenus liberatur. Et alii ab aliis morbis.* Anno Dominicæ incarnationis 1189, indictione II, Tiemone tertio decimo Babenbergensis Ecclesiæ episcopo, quarto pontificatus sui anno, ad Vincula sancti Petri, ne de sanctitate præmemoratæ virginis ambigeremus, signorum experientia certificati sumus. Nam dum solito more populus ad prædictum locum orationum et vigiliarum causa convenisset, adfuit quidam dæmoniacus de villa quæ dicitur apertione, qua Henrico præcipiebatur ut locum cederet Cunegundi.

Dierrut (77), qui nec pietatem agnoscens, nec scelus abhorrens, filium suum igne cremaverat. Hic duris funibus astrictus ad sepulcrum sanctæ Cunegundis ita mansuescere cœpit, ut furiali morbo absolutus Deum omnipotentem laudaret; eique cujus patrocinantibus meritis hæc sibi accidisse cognovit, cum caterva, quæ præsens astiterat, debitas acclamabat laudes. Igitur dum hæc tam cleri quam populi solemni devotione agerentur, tres contracti, unus in suburbio de hospitali sancti Ægidii (78), qui magis reptando quam scabellis volvebatur; alter de domo Chunradi majoris ecclesiæ præpositi; tertius item de domo Ottonis in eadem ecclesia canonici, super sepulcrum beatæ virginis positi, ab unius dolore passionis una erecti sunt manu divinæ curationis. Mulier paralytica, et altera sanctimonialis (79) femina uno pede claudicans, et claudus de castro quod dicitur Gict, post momentaneam orationem vix completam, in ipsa nocte curati sunt. Puer cui tanta membrorum mollities inerat, ut pene ossibus carere putaretur; alter de Lincendorf, macie deformi consumptus, gressum et loquendi officium, quibus omnino caruere, receperunt. Puella sciatica de Gisenuelt [al., Gisfeld], necdum tumbæ ingesta sacræ propter turbam : puer ex contractione nervorum carens officio pedum; puella de Nuornberc (80) planta pedis sursum recurva, geniculo contracto; item de eodem pago puella manum aridam habens, inter orationes et vigilias curati sunt.

15. Quidam pro equo furtim sublato apud Werram fluvium, in vico qui dicitur Wasegen, suspendio addictus est. Qui in tormento positus, voce qua poterat, beatæ Cunegundis virginis aures appellavit, cujus etiam festinatam opem sibi adesse præsensit. Divina enim virtute, ubi populus abscesserat, vincula manuum dissoluta sunt, et ipse sibi laqueum deponens, in civitatem reversus, cunctis ereptionem sui, dans gloriam Deo et suæ salvatrici exposuit. Quorum fideli testimonio ad nos usque delatus, ad censum quinque denariorum a suis parentibus, ut pridem dum damnaretur, pro ipso devoverant, inscriptus est. Apud nos quoque non huic dissimile de servulo quodam, dum illaqueatus ab omnibus mortuus putaretur, signum apparuit. Nam post ejectam urinam, quod signum mortis in talibus tormentis est, cunctis astantium inspiratæ saluti ac vitæ restitutus est. Tali modo apud Rottenburc, imperiale castrum, duo absoluti multorum attestatione usque ad nos pervenerunt.

16. *Puer mortuus resuscitatus.* — Mira, at nil Deo impossibile, et forsan nostræ ætati incredibilia dicturus sum, sed tota Bambergensium civitas hujus facti expers non fuit. Mulier de proxima villa Elrin vagientem suum, infra quadraginta dies sine baptismo defunctum, supra tumbam beatæ virginis non sine spe resurrectionis posuit. Testor eum, qui est primogenitus mortuorum, qui mortuos suscitat, ubi miserabilis omnibus mater exstincti, sanctæ virginis nomen Cunegundis ingeminando multos fletus effudit; quem exanimem posuerat, de sepulcro vivum levavit. Quis se a lacrymis, quis a laudibus contineret? Una vox omnium, ut frequens turba Sabbato confluxerat. Qualis est hæc? quam sancta, quam Deo chara! quæ claudos currere, cæcos videre, mutos loqui, exstincta quoque membra reviviscere facit! Beatus venter qui hanc portavit; benedicta a Domino ubera quæ hanc lactaverunt; de benedictione jam sæculo pereunti tanta gratiarum munera effluxerunt.

17. *Item suffocatus.* — Aliud non huic dissimile signum, alio vero eventu in trienni puero, in vico Grunberc celebratum est, qui a mane usque ad vesperam in limoso lacu suffocatus jacuit, ubi a mulieribus sub lini fasciculis repertus et sublevatus, multo ejulantium comitatu domum usque delatus est. Illic per noctem lugubres parentibus exsequias celebrantibus, ubi mane sacerdos debitum humanitatis complere astitit, populus qui aderat, qui jam multa de signis beatæ Cunegundis viderat et audierat, præsentiam illius sibi adesse in multa spe exauditionis rogitabat. Mirum in modum puer annularem digitum movere cœpit, et, stupentibus omnibus, post spatium unius horæ sanus surrexit. Hujus facti primum ipse sacerdos sub stola, deinde milites octo sub sacramento, ipso puero in medium locato, cum omni frequentia suæ plebis, testes ad nos venerunt.

18. *Item puella.* — Puella septennis in parochia Liuberstat, dum ad fontem incaute hauriret, infelici casu submersa est. Quam cum ad sua a crucibus homines fuissent reversi, nam dies Rogationum instabant, de fonte exstinctam levantes, post votum ad memoriam beatæ Cunegundis factum, quam dudum lamentabantur mortuam, non sine laudibus divinis viventem admirabantur. In hac trium resuscitatione mortuorum, cum et alia duo corpora ad invocationem sanctæ imperatricis ejusdem vitæ reddita, verissima testium approbatione ac ipsorum puerorum præsentatione cognoverimus, quis nisi sancta Trinitas operata videtur, quæ secundum signa quæ ipsa facit, hæc et his majora facere postmodum suis promisit?

19. *Mutus vocem recipit.* — Illud quoque clarissimum, clarissimis regni primoribus coram astantibus, celebre super muto factum sub oculis omnium, memoriæ hominum tradere non indignum duximus. Nam rem gestam ita per famulam suam Christus clare operari voluit, quod pene nullum latere potuit.

---

(77) Editio Lovaniensis *Beyrent.* Aliis *Beyrrent.*
(78) Conditum fuit ad pedes Montis Monachorum a beato Ottone Bambergensi episcopo, ut narratur in ipsius Vitæ lib. I, cap. 27, cui monasterio subditum fuit ex cap. sequenti.

(79) In apographo Bambergensi non dicitur sanctimonialis, sed, *quæ secularem habitum veste lugubri mutaverat.*
(80) Apog. Bamb., *Nuremberg.*

Philippus (81) rex propter sui confirmationem, interim vero, quod magis favorem sibi praestare credebat, propter translationem beatae virginis comitia indixerat : mutus quidam servulus in comitatu probabilium virorum de Pogen convenerat, quorum vasa, quia et ipsi poenitentes erant, portabat. Regina ad ecclesiam processura, cum de more solemniter a clero suscipitur, confusus interim populorum clamor exoritur, non frustra morituro denique homini, sed laudes cum Christo suo jam viventi conclamantium. Testor Christum et ejus apostolos, iste qui prius nullam, utpote mutus, linguam noverat, singulis ad interrogata propria lingua disertus respondebat.

20. *Lupus mitis.* — Quid referam de bruto animali, cujus innata sibi rapacitatis ingluvies, dum praedam rapuit, quasi nomen Cunegundis contra se invocatum sensisset, a suo furore quievit? Nam lupus dum circa caulas ovium vespertinus naturae suae ingenio versatur, parvulum ante fores incaute relictum lustris suis intulit. Aliorum autem, qui territi fuerant per lupum, mater pueri clamore excitata, omnes cives suos manibus complosis pectora tundens, multis ejulatibus in dolorem commovit. Omnibus bestiam insequi, quia nox instabat, incassum judicantibus, mater ad ecclesiam confugiens, signis velut mortuo tertio compulsatis, pro conservatione filii aures virginis illic pernox appellare non desinebat. Mane facto, nutritius ille silva erumpens, parvulum quem rapuerat, illaesum reportat, et in sulco ubi boves pridie araverant, in pellicula sua diligenter involutum collocat; ipse propter sedens custodias observat. Ubi vero ruricolas et vomeres jam appropinquare sibi videt, quasi de parvuli quiete securus, mansuetus discedit. Quem illi, ut mos est, clamore persequentes, servus qui boves stimulabat, pelles aspiciens : « Ecce, ait, tegumenta pueri quem lupus rapuit. » Accurrentes dormientem parvulum intactum, vultu splendidum reperiunt, et non sine multa admiratione haec considerantes, civibus et matri nuntiant. Illa advolans, et prae gaudio in lacrymas prorumpens, ubi et quomodo fuisset, inquirit. Ille juxta aetatem simpliciter : « Canis, ait, ille qui me asportavit, blande me perlingens in sinu suo compositum tota nocte dormire fecit. »

21. *Miracula omissa.* — Ista quae modo succincte miracula diximus, et alia plura quae vitio prolixitatis transimus, ne more hirudinis lectorem, quem huc usque studiosum tenuimus, effluendo fastidiosum occidamus, signum in servulo quasi annorum sedecim divina operatione factum exponamus. Qui caeteris membris secundum ordinem naturae bene dispositis, in principali, quod est caput, tanta passione agitabatur, ut sine intermissione parieti, si proximus esset, allideretur : pectus mento tunderet, scapulas tempore verberaret, nunquam in eodem statu,

(81) Is Friderico Aenobardo natus Henrico fratri suo successit, electus anno 1198, refragantibus non

vel verba fundens, cibum aut potum vix aliquando sumens, permaneret. Si quando illi dormire contigisset, solo collapsus modo caput terram, modo coelum pulsare videres ; et quod miserabile dictu, dum ab omnibus, propterea quod horribilis visu foret, fugeretur, a singulis videri optabatur. Iste ante fama quam aspectu notus, dum ad nos pervenisset, stipem inter domos accipiens, aliquandiu sustentatus est. Hunc archisynagogus videns: « Si vestra Cunegundis, ad Christianos ait, istum curaverit, me Christo ac fidei vestrae applicare poterit. » Sed, quod dicit Apostolus, (*I Cor.* 1, 22) : *Judaei signa quaerunt*, in hoc Judaeo ostensum est. Nam patiens tertia Dominicae resurrectionis feria, dum super sepulcro salutiferae virginis salubri premeretur sopore, manu invisibili quadam tactus, inde sanatus, cum summa omnium admiratione ac laude abscessit. Judaeus vero infelix a perfidia sua aeternos passurus ignes non recessit.

22. *A papa approbantur.* — Illud autem in ultimo, quod tamen signorum illius non ultimum fuit, subnectam. Quoniam terra circa sepulcrum ejus a fidelibus collecta, in speciem lucidissimi thuris, aut etiam mundissimi grani fuit frequenter redacta. Super hoc Innocentius papa in sermone ad populum in Lateranensi palatio habito, vitae illius merita et miraculorum insignia commemorando subintulit : « Recte, fratres charissimi, pulvis ille, quo gleba hujus sanctissimae virginis debito humanitatis sepulta tegitur, in thus atque granum redigitur, quae se sub sexu fragili, dum viveret, a licitis continens, ab illicitis abstinens, illibatum Domino holocaustum obtulit ; et dives Christo, pauper sibi, pauperes Christi sub diversi ordinis atque sexus professione quotidie pascit. Merito ergo in catalogo sanctorum erit ascribenda, quae vitam sanctorum semper studuit imitari. Collectam itaque a nobis conscriptam, cum officio totius missae huic nostro sermoni apposuimus, et apostolica auctoritate omnibus ecclesiis in honore tantae virginis decantari direximus. »

23. *Auctoris epilogus.* — Haec paucissima de virtutibus et signis Cunegundis sanctissimae virginis, prudentissimae charitati vestrae inter innumerabilia dixisse sufficiat ; quae si quis evolute perstringeret, prius ipsa pagina quam materia deficeret. O beatam, o praedicandam, quae regnum mundi et omnem ornatum saeculi pro coelesti ornatu despexit ! Christum sibi sponsum regio sponso legaliter non carnaliter copulata delegit ! quae virginitatem suam inter regales thalamos probando, ut infamiae malum sibi ab invidis objectum expurgaret, ignes calcavit ! quae dum prolem morituram non exspectavit, ejus casta generatio nunquam passura successionis detrimentum durat ; quando Ecclesia in filiis suis per eleemosynas ipsius divinae laudis semper accipit incrementum: quam cum Christo suo, quem amavit, in

nullis qui Ottonem elegerunt. Philippo anno 1209 occiso, regnum penes Ottonem remansit.

quo credidit, quem dilexit, etiam post mortem vivere signa crebra loquuntur. Ad memoriam ejusdem cæci visum, exstincti vitam, muti loquelam, aures obstructæ recipiunt auditum.

24. Quanta igitur illa fuisse credimus, quæ vivens nullo teste, dum jactantiam vitat, sola exercuit, cum tanta illam post mortem signa fecisse, sub oculis omnium viderimus? Ad nos ergo signa ista, quæ foris miramur, intus transferamus, vitam nostram et mores corrigamus, ut si virginis consortium non meremur, post declivia vitiorum sit nobis præmium per virginem tantum supplicium evasisse peccatorum.

Virginis iste docet Cunegundis gesta libellus.
Plura tamen dicenda tacet, dum flumine mergi,
Cymba timet, moritur quæ tangit bestia montem.
Sed quæ lingua silet, pro virgine signa loquuntur,
Quæ famam laudis ejus tam crebra loquuntur,
Dum cæcis, mutis, claudis, optata salutis
Cura venit; dum languor abit, febrisque recedit,
Vita redit, recipitque cutis conspersa colorem.

Hoc potuit qui cuncta potest dare virginitati,
Qui montes transferre valet credulitati.
Nupta viro sub lege viri vult virgo latere,
Sponsa subarrhata, sponso tamen inviolata,
Et Christum sub corde virum sibi legit habere.
Servat virgo fidem, res claruit igne probata.
Discite conjugium cœlebs, ubi nulla voluptas:
Qui sine mistura servant legalia jura,
Cuncta nihil pensant quæ mox fuerint ruitura,
Hic in spe fructus mittentes semina luctus.
Gaudia longa metent, Agnumque sequentur in albis.

Oramus te, virgo sanctissima, imperatrix gloriosissima, quæ terras misericordiarum tuarum operibus, cœlos respersisti virtutum floribus, fluctuantibus in mundo tuis assiste, procellas turbinosas adversantium tuis orationibus propelle, cunctos tibi devotos, vitiis propulsis, perpetuo tuis fac gaudere beneficiis et meritis, et omnes scribentes sive fidelium legentes hujus textum lectionis, fructu non priventur suæ parte devotionis. Amen.

Bulla Innocentii III de canonizatione sanctæ Cunegundis.

Innocentius episcopus, servus servorum Dei, venerabili fratri Theumoni (82) episcopo, et dilectis filiis capitulo Babenbergensi salutem et apostolicam benedictionem. Cum secundum evangelicam veritatem (*Matth.* v, 15) nemo accendat lucernam et ponat illam sub modio, sed super candelabrum, ut omnes qui in domo sunt videant; pium pariter et justum est, ut quos Deus merito sanctitatis coronat et honorat in cœlis, nos venerationis officio laudemus et glorificemus in terris: cum ipse potius laudetur et glorificetur in illis, qui est laudabilis et gloriosus in sanctis. Pietas enim promissionem habet vitæ quæ nunc est, et futuræ, dicente Domino per Prophetam: *Dabo vos cunctis populis in laudem, gloriam et honorem* (*Deut.* xxvi, 19); et per se pollicente: *Fulgebunt justi sicut sol in regno Patris eorum* (*Matth.* xiii, 43). Nam ut suæ virtutis potentiam mirabiliter manifestet, et nostræ salutis causam misericorditer operetur, fideles suos, quos semper coronat in cœlo, frequenter etiam honorat in mundo, ad eorum memorias signa faciens et prodigia, per quæ pravitas confundatur hæretica, et fides catholica confirmetur. Nos ergo, charissimi, quantas possumus, etsi non quantas debemus, omnipotenti Deo gratiarum referimus actiones, qui in diebus nostris, ad confirmationem fidei catholicæ et confusionem hæreticæ pravitatis evidenter innovat signa, et miracula potenter immutat, faciens eos coruscare miraculis, qui fidem catholicam tam corde quam ore, necnon et opere tenuerint.

Inter quos beatæ memoriæ Cunegundis, Romanorum imperatrix Augusta, quæ degens olim in mundo magnis meritis præpollebat, nunc vivens in cœlo multis coruscat miraculis, ut ejus sanctitas certis indiciis comprobetur. Licet enim ad hoc ut aliquis sanctus sit apud Deum in Ecclesia triumphante, sola sufficiat finalis perseverantia, testante Veritate, quæ dicit: *Quoniam qui perseveraverit usque in finem hic salvus erit* (*Matth.* x, 22); et iterum: *Esto fidelis usque ad mortem, et dabo tibi coronam vitæ* (*Apoc.* ii, 10); ad hoc tamen ut ipse sanctus apud homines habeatur in Ecclesia militante, duo sunt necessaria, virtus morum, et virtus signorum, videlicet merita et miracula, ut et hæc et illa sibi invicem contestentur. Non enim aut merita sine miraculis, aut miracula sine meritis plene sufficiunt ad perhibendum inter homines testimonium sanctitati; cum interdum angelus Satanæ transfiguret se in angelum lucis, et quidam opera sua faciant ut ab hominibus videantur. Sed et magi Pharaonis olim signa fecerunt, et Antichristus tandem prodigia operabitur, ut, si fieri posset, in errores etiam inducantur electi. Verum cum et merita sana præcedunt, et clara succedunt miracula, certum præbent indicium sanctitatis, ut nos ad ipsius venerationem inducant, quem Deus et meritis præcedentibus, et miraculis subsequentibus exhibet venerandum. Quæ duo ex verbis evangelistæ plenius colliguntur, qui de apostolis loquens aiebat: *Illi autem profecti prædicaverunt ubique, Domino cooperante, et sermonem confirmante, sequentibus signis* (*Marc.* xvi, 20).

Sane cum ad audientiam bonæ memoriæ Cœlestini papæ (83), prædecessoris mei, merita et miracula præfatæ imperatricis, vobis referentibus pervenissent, ut ipse de illis notitiam conciperet, certiorem, inquisitionem eorum venerabilibus fratribus

---

(82) Thiemo anno 1192 Popponi seu Pottoni successit, sedemque reliquit anno 1201.
(83) Is est Cœlestinus III, creatus die 14 Aprilis anno 1191; obiit die 8 Januarii anno 1198, cui statim Innocentius III fuit substitutus.

nostris Augustensi et Eisletensi et bonæ memoriæ Wirtzburgensi episcopis, et dilectis filiis Eboracensi, Lancheimensi, et Hailsbrunensi (84) abbatibus per apostolica scripta commisit: post cujus obitum usque adeo manifestari cœperunt et multiplicari miracula, ut ex evidentia pariter et frequentia, sanctitas ejus ab omnibus quasi notoria prædicetur, sicut ex multis testimonialibus litteris episcoporum, abbatum, præpositorum et principum, necnon et aliorum multorum nuper nostro exstitit apostolatui reseratum.

Venientes igitur ad apostolicam sedem ex parte vestra dilecti filii D. abbas Michelveldensis (85), Gundelus decanus, Cunradus custos, Marcus archidiaconus, Hermanus subdiaconus majoris ecclesiæ vestræ, Lupoldus diaconus sancti Stephani, Burchardus diaconus sanctæ Mariæ, Henricus presbyter sancti Michaelis, Henricus subdiaconus sanctæ Mariæ, nobis et fratribus nostris humiliter supplicarunt, ut ex plenitudine potestatis quam Jesus Christus beatissimo Petro concessit, prænominatam imperatricem sanctorum catalogo dignaremur ascribere, decernentes ejus memoriam inter sanctos ab universis fidelibus de cætero celebrandam: cum hoc sublime judicium ad eum tantum pertineat qui est beati Petri successor et vicarius Jesu Christi. Nos itaque cognoscentes, quod hoc revera judicium sublimius est inter cætera judicia judicandum, in ipsius examinatione plenariam volumus habere cautelam. Et ideo prænominatos jurisjurandi religione constrinximus, ut puram nobis super hoc dicerent veritatem. Qui jurati dixerunt quod, sicut ex celebri fama et solemni scriptura noverunt, beata Cunegundis sancto Henrico imperatori fuit matrimonialiter copulata, sed ab eo non exstitit carnaliter cognita. Unde cum dominus imperator ageret in extremis, principibus et parentibus inquit de illa: « Qualem mihi eam assignastis, talem vobis eam resigno. Virginem eam dedistis, et virginem reddo. » Suam ergo virginitatem Domino consecravit et servavit intactam: ita quod cum aliquando, instigante humani generis inimico, suspicio quædam contra ipsam fuisset exorta, ipsa, ut suam innocentiam demonstraret, super ignitos vomeres nudis plantis incessit, et processit illæsa. Item sanctus imperator Henricus et hæc imperatrix egregia Cunegundis de propriis facultatibus Bambenbergensem fundaverunt ecclesiam et dotaverunt; quam cum suis omnibus pertinentiis ex fervore devotionis quam ad apostolicam sedem habebant, beato Petro apostolorum principi obtulerunt, annuum ei censum, ad indicium quod juris sit Ecclesiæ Romanæ, solventes: sed et alia plurima beneficia piis locis et venerabilibus ecclesiis contulerunt, Christum sibi facientes hæredem. Hæc et alia retulere de meritis: de miraculis asserentes, quod eis præsentibus et videntibus ad memoriam huius virginis cæci visum, claudi gressum, muti verbum, et surdi recuperaverunt auditum, aliisque languoribus impetiti frequenter et evidenter plenam consecuti sunt sanitatem; et, quod est mirabilis novitatis et novi miraculi, pulvis de tumulo ejus assumptus sæpe conversus est in frumentum. Nos ergo de meritis et miraculis ejus multis et magnis non solum testimoniis, sed et testibus certiores effecti, cum secundum Prophetam laudandus sit Deus in sanctis suis; de fratrum nostrorum consilio, et pontificum multorum apud sedem apostolicam existentium, ipsam beatam virginem Cunegundem catalogo sanctorum ascripsimus, ejusque memoriam inter sanctos decrevimus celebrandam. Quapropter universitatem vestram monemus et hortamur in Domino, per apostolica scripta mandantes, quatenus quod nos solemniter et caute statuimus, vos humiliter et devote servetis, ut meritis ejus et precibus apud misericordissimum judicem indulgentiam consequamur. Collectam autem et alias orationes in commemoratione ejus dicendas edidimus, quas in hac pagina duximus subscribendas:

ORATIO.

Omnipotens et misericors Deus, qui a gloria tua nullum excipis sexum, nullamque conditionem excludis, te suppliciter exoramus, ut sicut beatæ Cunegundi virgini tuæ, post terreni culmen imperii, cœlestis regni solium contulisti, ita meritis ejus et precibus, nobis quoque famulis tuis æternæ felicitatis præmia largiaris. Per Dominum.

SECRETA.

Sacrificium laudis tuæ tibi, Domine Deus noster, offerimus, tuam clementiam implorantes, ut per hujus sacramenti virtutem, intercedente beata Cunegunde virgine tua, nos et a peccatis expedias, et a periculis tuearis. Per Dominum.

COMPLENDA.

Sacramentum redemptionis humanæ, quod in honore beatæ Cunegundis obtulimus, tibi nos, Domine, reddat acceptos, ut per hoc quod et accepimus ipsi de tuo, et suscepisti de nostro, in tui semper unione vivamus: qui cum Patre.

Datum Laterani III Nonas Aprilis, pontificatus nostri anno tertio.

---

(84) Eboracum vulgo *Ebrach*, nobilissimum Franconiæ monasterium ordinis Cisterciensis, in diœcesi Herbipolensi situm. Ejusdem ordinis est *Lanckheimb*, sed in ipsa diœcesi Bambergensi. Conditum fuit a beato Ottone episcopo Bambergensi, sicut et sequens *Heilbrunnem*, item ordinis Cisterciensis.

(85) Alias Michaelis Campus, illustre ordinis nostri cœnobium ab eodem sancto Ottone conditum, cujus abbatum catalogum exhibet Bucelinus in Germania sacra, ex quo patet tunc temporis Adalbertum ejus loci abbatem fuisse. Hinc littera D forte hic *dominum* significat.

AD VITAM SANCTÆ CUNEGUNDIS
ADDITAMENTUM.

Monumenta Germaniæ historica, Script. tom. IV, pag. 791. — « In codice Monacensi inter Ranshofenses n. 40, membr., sæc. XIII, sequentia de Cunegunde, quæ Ranshofen prædium possederat, ejusque familia, leguntur, quæ a viro cl. Föringer exscripta, multa continent nova et notatu valde digna. » — Hæc D. G. Waitz in prolegomenis ad S. Heinricum.

A XVI Kal. Martii ordinatio Heinrici imperatoris et Chunigundis imperatricis.

XV Kal. Martii Gisila imperatrix, mater sancti Heinrici imperatoris, obiit.

VI Kal. Martii adventus sanctæ crucis in Confungen.

III Kal. Martii Heinricus dux, frater Chunigundis imperatricis, obiit.

Anno Dominicæ incarnationis 1033, indictione tertia, v Non. Martii, domina Chunigunda imperatrix Augusta dignæ memoriæ obiit.

VI Nonas Maii Theodericus Metensis episcopus, frater Chunigundis imperatricis, obiit.

VI Nonas Maii Ermindrut abbatissa, soror ejus, obiit.

XV Kal. Junii Gisilbertus, frater Chunigundis imperatricis, Papiæ occisus obiit.

II Nonas Julii Chuonradus imperator Augustus, pater Heinrici imperatoris, obiit.

III Idus Maii Liukart comitissa, soror Chunigundis imperatricis, obiit.

Anno Dominicæ incarnationis 1024, indictione septima, III Idus Julii, transitus ad translationem sancti Heinrici imperatoris. Eodem die dedicatio Confungensis ecclesiæ, quando velata est domina Chunigundis imperatrix Augusta.

IV Kal. Aprilis Dietmarus, pater abbatissæ Uotæ, obiit.

XIII Kal. Octobris abbatissa Uota, filia sororis Chunigundis imperatricis, obiit.

II Idus Octobris Heinricus, filius fratris Chunigundis imperatricis, obiit.

V Kal. Novembris Sigefridus Kunuz comes, pater Chunigundis imperatricis, obiit.

B Idus Decembris domina Hedwich comitissa, mater Chunigundis imperatricis, obiit.

Eodem die Agnes imperatrix, ejus consanguinea, obiit.

SANCTI HEINRICI
IMPERATORIS AUGUSTI
LEGES ET CONSTITUTIONES

(Pertz, *Monum. Germ. hist. Leg.* tom. II.)

Codicum Ambrosiani, Londinensis, Florentini, Vindobonensis, Veronensis et Estensis apud Muratorium ope Heinrici II leges recognovimus. De anno cui ascribendæ essent dubitabatur; nos 1019 prætulimus auctoritate codicis Ambrosiani indictionem tertiam indicantis, et altero qui in calculum venire poterat, anno 1023, expeditionem Italicam annorum 1021 et 1022 propius subsequente.

C Heinricus [1] Dei gratia miserationis [2] Romanorum imperator Augustus. Omnibus nostris fidelibus præsentibus etiam et futuris notum fieri volumus, quod semper rei publicæ providentes, quæ digna sunt, probabilium [3] personarum nostri imperii fidelium acceptione [4] disponimus. Cum tempore auctumni [5] in parte Elisantiæ [6], nostri regni pro utilitate multimoda, moraremur [7] in civitate Argentina, quæ vulgari nomine Strasburge [8] vocatur, multorum perlatum [9] est ad nos relatione, quod plurimi tunc erant, qui sub occasione his periculis laborabant. Unde etiam digna provisione omnibus succurrentes, adtestatione laudis quam plurium nobis adstantium fidelium, archiepiscoporum Mediolanensis videlicet et Ravennensis [10], episcoporum [11] quoque Strasburgensis [12], Placentini, Cumani, Vercellensis, Par-

VARIÆ LECTIONES.

[1] *Versus in L. V. Vn. E. Regis Heinrici lætantur lege mariti. Præfatio tota deest in Fl.* [2] *deest L. gratiæ miserationeV. Vn: E.* [3] *probabiliumque L.* [4] *al.* actione *L.* [5] *optumni in marg. hoc est indic Ill. Amb.* [6] *hærisantiæ Vn.* erisantiæ *E.* [7] *demoraremur L.* [8] *straburge A. transburgiæ L. transburg V. Vn. E.* [9] *prolatum A. perlatu ad nos relatum est L.* [10] *trauerensis A. rauenensis V. Vn.* [11] *e. q. t. p. c. vercellensis in marg. suppl. Vn.* [12] *tranburgensis A. transburgensis L. V. Vn. E.*

mensis, Aquensis, Januensis [13], Lunensis, Vulte- aut matrem aut fratrem aut sororem vel nepotem,
rensis [14], marchionum quoque et comitum Italien- vel aliquem suum [23] propinquum, per se aut per
sium, nobilium vero multorum, vassallorum [15], sa- alium interfecerit, hereditas interfecti ad alios suos
pientium et judicum, inter multa quæ rei publicæ legitimos heredes perveniat. Interfectoris vero he-
congruebant, tria capitula inseruimus; quæ ut [16] reditas in fisco redigatur. Ipse vero ordinante epi-
ab omnibus [17] nostro subjectis imperio [18] obser- scopo publica pœnitentia subdetur [24]. Quod si ille
ventur stabilique observatione teneantur, amodo et qui crimine arguitur, negare voluerit, per se pu-
deinceps statuimus, jubemus [19] et firmiter præci- gnam faciat; nec liceat ei campionem [25] pro se dare,
pimus. Hæc sunt quæ inviolabiliter observari ju- nisi decrepita ætas aut juvenilis, aut infirmitas,
bemus. pugnare prohibuerit (86).

Cap. 1. Quicumque ex quacumque natione legiti- 3. Qui vero [26] infra treuvam vel [27] datum pacis
mam uxorem accepit [20], vel acceperit [21], si eam osculum aliquem hominem interfecerit et negare
mori contigerit sine filiis [22] eorum amborum, vir voluerit, pugnam per se faciat; nec campionem
suæ uxori succedat et omnia bona ejus perci- pro se dabit, nisi sit [28] ut dictum est supra [29]. Si
piat. vero convictus fuerit, manum qua homicidium fecit

2. Quicumque propter cupiditatem rerum patrem amittat (87).

S. HENRICI LEGES PAPIENSES.

(An. 1022, Aug. 1.)

Exstant in actis synodi Papiensis a Benedicto VIII habitæ, a Cossarto ex codice in fine corroso tomo IX collectionis conciliorum Parisiensis an. 1671 insertis.

ORATIO PAPÆ.

Communis honor, communis dolor, etc.... Autore igitur Deo et principibus nostris Petro et Paulo, florente gloriosissimo filio nostro H. semper augusto, approbantibus fratribus nostris et omnibus consacer- dotibus, hunc ita de mundo tollamus errorem, et ita hanc intelligentiam omnibus sæculis, omni dubietate fugata, infundamus, ut nullis umquam temporibus hæc pestis repullulet, nec umquam in talibus sine causa secutura posteritas dubitet. Et ut firmum post hæc quod sancimus permaneat, et in fines or-

VARIÆ LECTIONES.

[3] *vocem recepi ex* L. [14] *deest* E. [15] nas.. sorum *corr.* nasuassorum A. [16] et A. [17] hominibus Vn. [18] nostri imperii A. V. Vn. E. [19] *deest* L. [20] acceperunt A. V. Vn. accepit vel *in cod. Lond. secunda manu insertum.* [21] acceperint. V. Vn. [22] filiis, filiabus A. [23] vel alium p. L. [24] publicam agat pœnitentiam L. [25] camphionem L. V. Vn. hic et infra. [26] *deest* A. [27] v. post d. L. [28] *deest* V. Vn. sicut E. nisicut *corr.* nisi ut A. [29] superius L.

NOTÆ.

(86) Apud Muratorium capiti 2 subjiciuntur for- mulæ veteres quas hic repræsentare operæ pretium duximus : — « Petre, te appellat Martinus, qui est advocatus de parte publica, quod tu occidisti Mar- quardum tuum patrem per cupiditatem, aut inter- fici fecisti. Non placet Deo. Vis ei adardire? Volo. Vadiate pugnam. Quæ vadimonia debent esse cum fidejussoribus tacita pœna. Cujus placiti sacramenta ita esse debent. Advocatus juret : De hoc unde te appellavi; me sciente de torto te non appellavi. Ap- pellatus ita : De hoc, unde tu me appellasti, de torto me appellasti. Et hæc responsio debet esse tantum, dum advocatus adardiat ei bellum. Si vero advo- catus non vult ei adardire, tunc appellatus jureju- rando secundum suam legem se defendat, ita ut advocatus antea non juret. Et hoc per usum. Et hoc debet esse in omnibus appellationibus. Ibi utraque esse possunt. Si vero tantum sacramenta esse de- bent, tunc appellatus juret secundum suam legem absque sacramento advocati. Petre, te appellat Mar- tinus, quod occidisti Marculphum suum patrem et tuum per cupiditatem, aut interfici fecisti. De torto me appellasti. Vis ei adardire? Volo. Et tu vis te defendere? Volo. Vadiate pugnam. Si vero appel- lator is noluerit adardire, tunc juret, ut supra di- ctum est. Et appellatus similiter, ut supra. Sacra- mentales vero jurent. Hoc, quod appellatus juravit, verum juravit : Si Deus. Pœna vero imminet utris- que talis : advocato victo ut manum perdat, aut redimat, et propinquo similiter; appellato, ut non habeat hæreditatem interfecti; suam quidem perdat, bannum solvat, manum amittat aut redimat, id est, ut widrigild tribuat, et ordinante episcopo publicæ pœnitentiæ subdetur. Si vero lis per sacramenta ab utrisque finiatur, nulla pœna eis immineat. Si vero advocatus, vel parens, juraverint, et reus se purifi- care ausus non fuerit, tunc supradictam pœnam substineat præter widrigild. »

(87) *Formulæ veteres :* — Petre, te appellat Mar- tinus, quod tu occidisti Donatum suum patrem infra treuvam, vel infra datum osculum pacis. De torto me appellasti. Vis ei adardire? Volo. Et tu vis te defendere? Volo. Vadiate pugnam. Cujus placiti sacramenta ita sunt. Appellator juret : De hoc, unde te appellavi, quod tu occidisti patrem meum Dona- tum infra treuvam, vel infra datum osculum pacis, me sciente de torto te non appellavi : Si Deus. Ap- pellatus ita : De hoc, unde tu me appellasti, quod ego occidissem patrem tuum infra treuvam, de torto me appellasti : Si Deus. Si vero appellator noluerit adardire, tunc lis finiatur per sacramenta, ut superius diximus. Pœna vero utrisque imminet. Appellatori vero, si victus fuerit, ut manum per- dat, aut redimat. Appellato, ut bannum solvat, manum perdat, et homicidium secundum legem emendet.

his terræ conservandum perveniat, totius hujus summa sententiæ hac nostri forma decreti, fratribus et coepiscopis nostris subscribentibus, confirmabitur.

1. *Ut nullus in clero mulierem attingat.* Nullus presbyter, nullus diaconus, nullus subdiaconus, nullus in clero, uxorem aut concubinam admittat, cum nulli quoque laicorum scire liceat mulierem præter uxorem. Quod si fecerit, secundum ecclesiasticam regulam deponatur. Sed neque secundum humanas leges ex longo factas et receptas, ullus admirationis [30] locum in plebe habeat.

2. *Ut episcopus nullam feminam habeat, neque cum aliqua habitet.* Episcopus sicut nullam habebit, ita cum nulla penitus habitabit. Quod si fecerit, et nostris regulis et mundanis legibus concordantibus, honore, quo se ipse fecit indignum, abjicietur.

3. *Ut filii clericorum, servorum ecclesiæ, servi sint ecclesiæ cum omnibus adquisitis.* Filii et filiæ omnium clericorum omniumque graduum de familia ecclesiæ, ex quacumque libera muliere, quocumque modo sibi conjuncta fuerit, geniti, cum omnibus bonis per cujuscumque manus adquisitis, servi proprii suæ erunt ecclesiæ, nec unquam ab ecclesiæ servitute exibunt.

4. *Ut filiis clericorum, servorum ecclesiæ, nullus judex libertatem promittat.* Quicumque filios clericorum, servorum ecclesiæ, de quacumque libera procreatos, liberos esse judicaverit, anathema sit, et habeat in judicio quod fecit, quia ecclesiæ tulit quod non dedit.

5. *Ut servi ecclesiarum per manus liberi nihil adquirant.* Nulli servorum ecclesiæ, sive in clericatu sive in laicatu, de quibus nostrum est et fratrum nostrorum judicare, liceat comparare aut ullo modo adquirere per manus aut nomen alicujus liberi hominis. Quod qui fecerit [in] evasibiliter cæsus, tamdiu carceratus habebitur, quamdiu omnes [31] ecclesia recipiat scriptiones.

6. *Ut ille qui chartam per suas manus accipit finem ecclesiæ faciat.* Ille autem male liber, qui factus est diaboli servus, per cujus manus latrocinantes servus ecclesiæ, quicquid illud fuerit, adquisivit, aut ecclesiæ totam faciat securitatem, aut maledictus inter fures ecclesiæ et sacrilegos habeatur.

7. *Ut nullus judex aut tabellio chartas scribant, quas servi ecclesiæ per manus liberi adquirunt.* Judex vero aut tabellio, qui tam inlicitas chartas scripserint, et res pretio servorum ecclesiæ comparatas, aut aliqua liberalitate conlatas, nomini alicujus liberi titulari præsumpserint, anathemate ferientur. Sed neque honorabitur in palatio, qui ecclesiam, palatii matrem, non erubuit impugnare.

Hoc autem ecclesiæ Dei testamentum, contra malignantes, Deo autore, autoramentum, dilectissimi filii nostri H. augusti edicti lege firmari, corroborari, et humanis inseri et inscribi legibus volumus, et per omnem imperii sui latitudinem, ut suscipiatur, teneatur, et publica autoritate omni tempore judicetur, omnes in commune oramus et obsecramus. Erit enim Deo volente in æternum valiturum, si, quod ecclesiastica gravitas prohibet, publico fuerit vigore exterminatum. Nec factiosi hujus decreti scientiam dissimulabunt, quæ, omnium libris inscripta, per ora omnium evolabit; nec impune putabunt audendum, quod publica damnatum severitate cognoverint.

Ego B. (88) papa æternæ Urbis huic constituto synodali subscripsi.

Ego A. (89) sanctæ Mediolanensis ecclesiæ archiepiscopus subscripsi.

Ego R. (90) Ticinensis ecclesiæ episcopus subscripsi.

Ego A. (91) Cumanus episcopus subscripsi.

Ego L. (92) Taurinensis ecclesiæ episcopus subscripsi.

Ego P. (93) Terdonensis ecclesiæ episcopus subscripsi.

Ego Leo Eusebianæ (94) ecclesiæ catholicus episcopus subscripsi.

Actum Papiæ, Kal. Augusti, imperante domno H. gloriosissimo augusto, per manus fratris Vercellensis episcopi.

RESPONSIO IMPERATORIS.

Nihil tibi, sanctissime papa B., possum negare, cui per Deum omnia debeo, præsertim cum justa petas, honesta cum justis fratribus suggeras, et me in consortium sanctæ solicitudinis ideo advoces, ut sicut laboris, ita participes simus et gaudii. Gratias itaque sancto episcopatui tuo jure habeo uberes, qui et salubriter componit Ecclesiam, et a clericorum incontinentia, unde omne malum velut ab aquilone super terram emersit, correctionis vigilanter fecit principium. Omnia quidem, quæ pro Ecclesiæ necessaria reparatione synodaliter instituit et reformavit paternitas tua, ut filius laudo, confirmo, et approbo; et ut omnes sint paratiores, eam me inviolabiliter servaturum adjuvante Deo promitto. Et in æternum mansura, et inter publica jura semper recipienda, et humanis legibus solemniter inscribenda, hac nostra

VARIÆ LECTIONES.

[30] ullius administrationis? COSSARD. — [31] omnis *ed.*

NOTÆ.

(88) Benedictus VIII.
(89) Aribertus.
(90) Raynaldus.
(91) Albericus.
(92) Landulfus.

(93) Petrus.
(94) Id est Vercellensis sancti Eusebii ecclesiæ; idem Leo in placito ejusdem anni et alias subscripsit: *Leo servus Eusebii*, apud Murator. SS. I. II, p. 498.

autoritate vivente Ecclesia per Dei gratiam victura, cum senatoribus terræ, cum domesticis palatii, et amicis reipublicæ, coram Deo et Ecclesia ita corroboramus.

CAPITULA.

1. *Ut nullus in clero mulierem contingat.* Nullus in omni gradu ecclesiæ uxorem vel concubinam habere præsumat, nec in una domo cum muliere audeat habitare. Quod si fecerit, servata Justiniani Augusti æquitate (*Novell.* 123, c. 14), curiæ civitatis tradatur cujus est clericus. Jure etenim manebit miser in curia, quem ecclesiæ regula depositum ejecit ab ecclesia.

2. *Ut nullus episcopus mulierem habeat, aut cum ea habitet.* Episcopus cum nulla umquam muliere habeat lectum, cum nulla habeat lectum. Quod si fecerit, servato antiquo et moderno ecclesiæ judicio, deponatur. Eritque tanto casus gravior quanto gradus altior.

3. *Ut filii clericorum, servorum ecclesiæ, servi sint suæ ecclesiæ cum omnibus adquisitis.* Filii autem omnium clericorum omniumque graduum servorum ecclesiæ, de quacumque muliere, quocumque modo sibi conjuncta, fuerint nati, servi suæ erunt ecclesiæ, cum omnibus bonis adquisitis; et quia servi sunt et erunt, numquam de servitio ecclesiæ exire debebunt. Et omnia quæ ipsi per manus et per scriptiones alicujus liberi adquisierint, ecclesiæ sicut sua propria reddimus. Suo etenim juri totum ecclesia ut proprium vendicabit, quidquid ullo ingenio ecclesiæ servus contraxit; nec ulli secundum phantasmaticos dabit adulterium libertatem, quod corpus in infamiam, et in servitutem trajicit animam.

4. *Ut nullus filiis clericorum, servorum ecclesiæ, libertatem audeat judicare.* Quicumque ergo posthac eos esse liberos judicaverit, et pro eis contra ecclesiam dederit sententiam, et hoc capitulum auctoritate sanctæ Ecclesiæ statutum non receperit [32], et in suis libris non scripserit, et secundum hoc capitulum, filios clericorum de familia ecclesiæ proprios servos esse, suæ ecclesiæ usu semper valituro, non judicaverit, facultatum publicatione nudatus, perpetuo damnetur exilio. Ubi sicut nulla umquam illi lex judicandi, nulla ita erit spes remeandi. Neque enim mirum, sed justissimum nimirum, si is amisso officio corpore exulabit, quem ecclesia, quia Deum amisit, anathemate fulminavit. Matres vero eorum libertatem adulterio vendentes, prius in foro castigatæ fiant exemplum, et postea judicio ecclesiæ et nostro exulent. Quia si fuerint in vicinia, vix aut numquam eorum cessabit malitia.

5. *Ut servi ecclesiæ per manus liberi hominis nihil adquirant.* Servis ecclesiæ, ut nostris, adquirere licet juste, et licuit; sed per manus alicujus liberi scriptiones ullas contrahere, nullo umquam tempore licebit. Quod si fecerit, ecclesiæ judicio ut suus coercebitur. Si enim ad nostrum spectaret judicium, ut fugitivus addiceretur.

6. *Ut judex aut tabellio chartas non scribant* [33], *quas servi ecclesiæ per manus liberi adquirunt.* Judicibus vero et tabellionibus, quorum nostra interest, si posthac tales fecerint scriptiones, manum amputamus dexteram, quæ scripsit contra ecclesiam. Ut qui noluit integer verum judicare in palatio, in foro mancus, corrigat alios a mendacio.

7. *Ut ille per cujus manus servus ecclesiæ chartas accepit, finem et securitatem ecclesiæ faciat.* Ille autem Deo et hominibus exsecrandus, per cujus manus invalidas et nomen vacuum fraudulenter ecclesiæ servus scriptiones accepit, sub sacramento eisdem redditis scriptionibus, ut omnium litium jacula sopiantur, omnem ecclesiæ prout constiterit, coactus faciet finem. Moxque eum insequetur stylus proscriptionis, quem mater et magistra nostra ecclesia vulneravit gladio maledictionis.

Subscriptio. Ego H. gratia Dei imperator augustus, hanc constitutionem legis perpetuæ per consilium domni papæ B. suggerente plurimo cœtu episcoporum, Deo autore, statui, firmavi, et semper valere decrevi, et optavi, meosque imperii primores firmare rogavi.

Ego O. marchio interfui, et hanc legem mundo pernecessariam, et oculos ecclesiis sublatos reddentem, firmavi et laudavi.

Ego R. marchio interfui et laudavi.

Ego O. comes palatii interfui et laudavi (95).

S. HENRICI CONSTITUTIO ARIMINENSIS.

(*Dat. die 4 mensis April.*)

(Apud Mansi *Concil.* tom. XIX, col. 357.)

Quoniam legibus cautum est ut nemo clericus jurare præsumat, alibi vero reperitur scriptum ut omnes principales personæ in primo litis exordio subeant juramentum calumniæ, nonnullis legum peritis res venit in dubium utrum clerici jusjurandum præstare debeant, aut alii personæ hoc officium liceat delegare; quia illud constitutionis edictum, ubi clerici jurare prohibentur a Marco [Marciano] Aug. Constantino p. p. de Constantinopolitanis clericis promulgatum fuisse videtur, iccirco ad alios clericos

VARIÆ LECTIONES.

[32] ita *Cossardus* conjecit; nostræ ceperit *codd.*   [33] ita corr. *Coss.* inscribant *cod.*

NOTÆ.

(95) Reliqua nomina perierunt.

pertinere non creditur. Ut ergo ista dubietas ab omnibus penitus auferatur, nos illam divi Marci [Marciani] constitutionem ita interpretari decrevimus, ut ad omnium Ecclesiarum clericos generaliter pertinere judicetur. Nam cum divus Justinianus jure decrevit ut canones Patrum vim legum habere oporteat, et in nonnullis Patrum canonibus reperiatur ut clerici jurare non audeant, dignum est ut totus clericalis ordo a præstando jurejurando immunis esse procul dubio censeatur. Quapropter nos, utriusque, videlicet divinæ et humanæ, legis intentione servata, decernimus ut non episcopus, non abbas, non presbyter, non cujuscunque ordinis clericus, non aliquis monachus vel sanctimonialis, in quacunque controversia, sive criminali, sive civili, jusjurandum compellatur qualibet ratione subire, sed suis idoneis advocatis hoc officium liceat delegare.

Dubia.

S. HEINRICI SENTENTIA DE CONJUGIO CLERICORUM.

(Anno 1019, Mart.)

Proferimus eam ex codice bibl. ducalis Guelferbytanæ inter Helmstadienses n. 52 in fol. mbr., cui manu sæculi xi inscripta habetur, unde et Maderus eam in Antiqq., Brunsvicensibus vulgavit. Cum tamen non pro charta justa forma insigni, sed pro memoria tantum rei gestæ, defuncto jam Heinrico conscripta, habenda sit, eam hoc potissimum loco referre constituimus. Anno in charta indicato 1025, obitus Bernwardi anterior adversatur, ita ut rem in conventu Papiensi tractatam, anno 1019, quo Heinricus mense Martio Gos ariæ moratus est, assignandam duxerimus. Subjicere licet ex eodem codice Bernwardi constitutionem anni 1020 manu sæculi xi exaratam (96).

Architecti catholicæ doctrinæ, quæ sectanda forent fidei quasi fundamenta locantes, hoc evidenter noscuntur probasse, sive gregatim seu separatim, ut gloriemur in laude Christi. Ergo anno 1025, in consistorio regali Goslare præminenti, in æcclesia scilicet australi lateri eodem adhærente, collecta fidelium coadunatione, propositum est tractandum quodque utilitatis salutare. Cujus conventus primatui Henricus qui tunc temporis rei publicæ monarchiam strennue gubernabat assederat, et constipatione episcoporum, Geronis videlicet Parthenopolitani archiepiscopi, et Unowani Bremensis archiepiscopi, Arnolfi quoque Halverstedensis, et Bennonis Slavensis (97), Thioderici Mindensis (98), et Thioderici Mimigardivordensis (99), et Ekkihardi Sleswigensis episcopi, circumfultus undique, fasque nefasque æqua trutinationis lance pensabat. E quibus vero inter questiones citra ultraque habitas Bernwardus sanctæ Hildinishemensis æcclesiæ piæ memoriæ antistes quem tanti negotii principatus attinebat, cujus cotidiana servitus domi forisque indicitur, unde nobis quoque debita victualium compendia procurentur. Sunt præterea nonnulli clericorum sanctimonialiumque regulari conversatione insigniti, quos singulos in publicum gregatim prodire, et provida imbecillioris vitæ consideratio, et legittima cœnobialis propositi dissuadet districtio, nedum foris quasi ex hujuscemodi statuto pervagantur, ab usitato animi rigore proclivius deviare cogantur, quin potius solito Deitatis servitio insudare nitantur. Quibus etiam sollicita circumspectione præmoniti, in commune persuademus, uti in definitis diebus unusquisque pro diversitate sexus et ætatis, sacris orationum oblationumque sese studeant mancipare officiis, illud quam maxime summæ divinitati cum tota spiritus contritione supplicantes, quatinus ipse conventui nostro adesse dignetur, qui duobus quippe aut tribus in nomine suo congregatis se medium pollicetur; ejusque condonante gratia tale quid ex nostro consultu emergatur, quod et præsentium saluti proficuum, et futurorum imitationi esse queat idoneum, insuperque res publica bene strennueque regatur, sancta quoque eclesia beatæ gloriosæque Dei genitricis huc usque tuitioni munita adaugeatur, ipsa eademque ab infestatione inimici ministrantiumque sibi, paganorum scilicet seu malorum christianorum, incursione usque quaque defendatur.

(96) In nomine sanctæ Trinitatis. Bernwardus sanctæ Hildinishemensis eclesiæ humilis antistes, omnibus bonæ cooperationis fratribus patribusque reverendis, gaudia salutis et pacis. Legumlatores sanxerunt, per synodum et publica concilia status sanctæ eclesiæ quæque ordiri utilia, perindeque jus fasque probare, æque salubriter cuncta disponi. Hinc igitur anno 1020, vi Idus Octobris (a), saniori ut remur utentes consilio, ubique locorum nos videlicet respicientium adinventionis nostræ subsignare dignum duximus memoriale, ut in invicem pie condescendentes, in timore Christi nosmet ipsos supportemus unanimes. Nam in præsentiar m bene commeritis proh dolor exigentibus culpis, nihil pensi neque moderati habet, quantis malis magis magisque in dies periclitans mundus succumbat. Unde ergo ut pro posse criminum nostrorum aliquantulum oneri parcamus, publice privatimque constituimus, ut quatuor anni temporibus legalia synodi scita decernenda condictis, ab omnibus nostræ scilicet diocesis septis congyratis in consensum participatumque tanti operis undique conveniatur, quibus id negotii jure debetur. Salubrius enim fortiusque hujusmodi decretum dinoscitur, cum astipulatione plurimorum depromitur. Non tamen omnes in unum singillatim conrogare decernimus, dum multimodis præpedientibus causis nullatenus hoc fieri posse non ignoremus; præsertim cum humana fragilitas necessario exigat, ut suæ utilitatis artibus quisque diatim inserviet, velut scilicet rusticani, quibus per varia laborum exercitia

(97) i. e. Aldemburgensis.
(98) sedit inde ab a. 1018-1022. Febr. 19.
(99) Obiit a. 1022, d. 23. Januar.

(a) M. XX. VI. ID. OCTB. *co.le.x.*

dam ambiguitatis indaginem investigabat, quippe: Cum quilibet episcopus vel cujusvis dignitatis quisquam, proprietatis suæ aliquem ad sacerdotalem provehens gradum, suæ potestatis juxta collibitum esse permiserit, insuperque sui juris seu alieni sibi æclesiam clementi benignitate adquisierit, sed is, succedentibus prosperis, altioris meriti elatione sese super verticem extulerit, donumque divinitus collatum in turpe converterit emolumentum, adeo ut, nobilitate generis succensus, quandam in matrimonium usurpaverit liberam, eo tenore ut prolem ex eadem derivatam quoquo modo abalienet servitio ejus cujus ipse suberat dominio; quid potissimum exinde concors illorum fieri decrevisset assensio? His ita prælibatis, procerum unusquisque pro, industriæ suæ estimatione, hujus rei proposito longa alternabat deliberatione. Sed tandem hujus hæsitationis amfractus imperatore anticipante, omnis illius concionis consessus in suffragium hujusmodi assurgit, acclamantque cuncti: legitime oportere, tam ipsam quam ejus posteritatem eodem quo et ipse servitutis jugo succumbere. Addunt nihilominus præsentis compactionis decretum, Romani imperii majestate sancitum, nullo penitus in perpetuo jure solvendum, maxime cum, in bene placito universalis papæ, prospectum vegetet sanctæ æclesiæ.

S. HENRICI PACTUM CUM BENEDICTO VIII.

(An. 1020, April.)

Authenticum ejus quod in archivo olim Vaticano asservatum fuisse dicitur, haud amplius exstat, sed primum constitutionis exemplar in collectione canonum cardinalis Deusdedit habetur; quare transumptum authentici, quod credebatur, in concilio Lugdunensi confectum, et a Borgia in libro *Breve Istoria del dominio temporale della sede apostolica*, append., pag. 40-43, iterum expressum, repetere juvat. Charta pactum Ottonianum presso pede sequitur; ita ut præcipue una sententia in codice Vaticano 1984 descripta (100) ab illo recedat; unde idem de utroque judicium ferendum est. Nota temporis in charta tanti momenti omitti minime poterat, ideoque authenticum ad concilium Lugdunense provenisse haud credendum est. Cæterum cum in charta de commutatione prædiorum Anthesna, Wieneringa et Wilinbach sermo sit, quam d. 8 Febr. a. 1018 locum habuisse constat, chartam conventui potissimum imperatoris et papæ Babenbergensi, mense Aprilis a. 1020, assignandam credideris; cui suffragatur, quod ex testibus Macelinus sive Meginhardus d. 2 Dec. a. 1018 in episcopum Wirciburgensem promotus est, et Heribertus Coloniensis archiepiscopus xvii Kal. Aprilis a. 1021 supremum diem clausit.

In nomine Domin. Dei omnipotentis Patris, et Filii, et Spiritus sancti. Ego Heinricus Dei gratia imperator augustus spondeo atque promitto, per hoc pactum confirmationis nostre, tibi beato Petro principi apostolorum et clavigero regni celorum, et per te vicario tuo domno Benedicto summo pontifici et universali pape, sicut a predecessoribus vestris usque nunc in potestate vestra ac ditione tenuistis et disposuistis, civitatem Romanam cum ducatu suo, et suburbanis, atque viculis omnibus, et territoriis ejus, montanis ac maritimis, litoribus et portubus, seu cunctis civitatibus, castellis, oppidis, ac viculis Tu-[b] scie partibus, idest Portum, Centumcellas, Ceram, Pledam, Marturiani, Sutriam, Nepem, Castellum, Gallisem, Ortem, Polimartium, Ameliam, Tudam, Perusiam cum tribus insulis suis, idest majore, et minore, Pulvensim [a], et lacu, Narniam, et Utriculam cum omnibus finibus et territoriis ad supradictas civitates pertinentibus, nec non et exarchatum Ravennatum sub integritate cum urbibus, civitatibus, oppidis, et castellis, que pie recordationis domnus Pipinus, et domnus Karolus et domnus Lodovicus, et Otto, et itidem Otto filius ejus, predecessores videlicet nostri, beato Petro apostolo et predecesso-

VARIÆ LECTIONES.

[a] Pulverisim *Borgia.*

NOTÆ.

(100) *Codex ita habet:* Super hoc confirmamus tibi beate Petre apostole et per te vicario suo domno Benedicto, summo pontifici et universali papæ, Fuldensem monasterium, et abbatis ejus consecrationem, atque omnia monasteria, curtes et villas, quas in ultramontanis partibus sanctus Petrus abere dinoscitur, absque Anthesna, Guinneringa, sive Wilinbach, que a sancti Petri ecclesia per commutationis paginam episcopo Babenbergensi coniate sunt. Pro quibus jamdictæ æcclesiæ beati Petri concedimus et confirmamus omnem illam terram, quam inter Narniam, Terramnem vel Spoletum abuimus, preterea sub tuitionem beati Petri, et vestram, vestrorum successorum, Pretaxatum episcopatum Babenberguensem offerimus. Unde sub pensione equum unum album faleratum ex ejusdem loci episcopo vos annualiter suscepturos sancimus, *et infra*: In electione vero Romani pontificis neque liber neque servus ad hec venire presumat, ut illis Romanis quos abhanc electionem, per constitutionem sanctorum patrum antiqua admisit consuetudo, aliquid faciat impedimentum, quod si quis contra hanc nostram constitutionem presumpserit, exilio tradatur. Insuper etiam ut nullus missorum nostrorum cujuscumque impeditionis aucmentum obponere in prefata electione audeat, omnibus modis proibemus. Nam et hoc omnimodis instituere placuit, ut qui semel sub speciali defensione dompni apostolici, sive nostra fuerint suscepti, impetrata juste utantur defensione. Quod si quis in quemquam illorum qui hoc promeruerint, violare presumpserint sciat se periculum vitæ suæ incursurum. Et subscripsit Heinricus imperator, et episcopi 13 et abbates 4, et duces 3, comites 9, optimates 9.

ribus vestris jam dudum per donationis paginam contulerunt, hoc est civitatem Ravennam, et Emiliam, Bobium, Cesenam, Forumpopuli, Forumlivii, Faventiam, Imolam, Bononiam, Ferrariam, Comaclum, Adrianis, atque Gabellum, cum omnibus finibus, territoriis atque insulis terra marique ad supradictas civitates pertinentibus, simul et Pentapolim, videlicet Ariminum, Pensaurum, Fanum, Senogalliam, Anconam, Ausimum, Humanam, Hesim, Forumsimpronii, Montemfeltri, Urbanum, et territorium Balvensem, Callis [35], Luciolis, et Eugubium, cum omnibus finibus ac territoriis ad easdem civitates pertinentibus. Eodem modo territorium Sabinense, sicut a predictis imperatoribus antecessoribus nostris beato Petro apostolo per donationis scriptum concessum est sub integritate, id est [36] in partibus Tuscie Langobardorum castellum Felicitatis, Urbemveterem, Balneum Regis, Ferenti, Viterbium, Ortem, Martam [37], Pledam, Tuscanam, Suanam, Populonium, Roselles, cum suburbanis atque viculis, et omnibus territoriis ac maritimis oppidis, seu finibus omnibus. Itemque a Lunis cum insula Corsica, in Suriano, deinde in monte Bardonis, deinde in Berceto, exinde in Parma, deinde in Regiam, exinde in Mantua, atque in Monte Silicis, atque provincia Venetiarum, Istria, nec non et cunctum Spoletanum ducatum, seu Beneventanum una cum ecclesia sancte Christine posita prope Papiam juxta Padum quarto miliario. Item in partibus Campanie Sora, Arces, Aquinum, Arpinum, Teanum, Capuam, nec non et patrimonium ad potestatem et ditionem vestram pertinentia, sicut est patrimonium Beneventanum et Neapolitanum, atque patrimonia Calabrie superioris et inferioris; de civitate autem Neapolitana cum castellis, et territoriis, ac finibus, et insulis sibi pertinentibus sicut ad easdem aspicere videntur, nec non patrimonium Sicilie, si Deus nostris illud tradiderit manibus. Simili modo civitatem Gaietam, et Fundum, cum omnibus earum pertinentiis. Super hoc confirmamus vobis Fuldense monasterium, et abbatis ejus consecrationem, atque omnia monasteria, cortes, et villas, quas in ultramontanis partibus sanctus Petrus habere dinoscitur absque Antesna Winiheringa [38] sive Willinbach, que a sancti Petri ecclesia per commutationis paginam episcopo nostro Bambergensi collate sunt, pro quibus sepedicte ecclesie sancti Petri transcribimus, concedimus et firmamus omnem illam terram, quam inter Narniam, Terannem, vel Spoletum ex regni nostri parte habuimus. Sub tuitione preterea sancti Petri, et vestra, vestrorumque successorum, pretaxatum episcopium Bambergense offerimus. Unde sub pensionis nomine equum unum album faleratum ex ejusdem loci episcopo vos annualiter suscepturos sancimus. Offerimus insuper, firmamus, et corroboramus tibi beato Petro, ac vicario tuo domno Benedicto, et successoribus ejus, prout bone memorie pape Johanni suisque successoribus a predecessoribus nostris Ottonibus factum est, civitates et oppida cum piscariis suis Reatem, Amiternam, Furconem, Nursiam, Balvam, et Marsiam, et alibi civitatem Terannem cum pertinentiis suis. Has omnes supradictas provincias, urbes et civitates, oppida atque castella, vicules ac territoria, simulque patrimonia pro statu regni nostri cunctoque christianorum populo conservando jam dicte ecclesie tue, beate Petre, vicarioque tuo Benedicto, ac successoribus ejus usque in finem seculi eo modo confirmamus, ut in suo detineant jure, principatu, atque ditione. Simili modo per hoc nostre delegationis pactum confirmamus donationes, quas pie recordationis Pipinus rex, et postea domnus Karolus excellentissimus imperator, ac deinceps Ottones piissimi beato Petro Christi apostolo spontanea voluntate contulerunt, nec non et censum, et pensionem, seu ceteras dationes, que annuatim in palatium regis Langobardorum inferri solebant, sive de Tuscia, sive de ducatu Spoletano, sicut in supradictis donationibus continetur, et inter sancte memorie Adrianum papam et domnum Karolum imperatorem convenit, quando idem pontifex eidem de supradictis ducatibus, idest Tuscano et Spoletano, sue auctoritatis preceptum confirmavit, eo scilicet modo ut annis singulis predictus census ad partem ecclesie sancti Petri persolvatur; salva super eosdem ducatus nostra in omnibus dominatione, et illorum ad nostram partem subjectione. Ceterum, sicut diximus, omnia suprascripta nomina ita ad nostram partem per hoc nostre confirmationis pactum corroboravimus, ut in vestro permaneant jure, principatu atque ditione, et neque a nobis neque a successoribus nostris per quodlibet argumentum sive machinationem in quacumque parte vestra potestas imminuatur, aut a vobis inde aliquid subtrahatur, de suprascriptis videlicet provinciis, urbibus, civitatibus, oppidis, castris, viculis, territoriis ac patrimoniis, nec non et pensionibus, atque censibus, ita ut neque nos facturi simus, neque a quibuslibet ea facere volentibus consentiamus, sed potius omnia que superius leguntur, id est provincie, civitates, urbes, castella, oppida, terr. s, patrimonia, atque insule, censusque, pensiones ad partem ecclesie beati Petri apostoli atque pontificum in sacratissima sede illius residentium nos in quantum possumus defensores esse testamur, ad hoc ut eam illis ditionem ad utendum atque disponendum firmiter valeant optineri; salva in omnibus potestate nostra posterorumque nostrorum, secundum quod in pacto, et constitutione, ac promissionis firmitate Eugenii pontificis successorumque illius continetur, ut omnis clerus et universi populi Romani nobilitas propter diversas necessitates et pontificum irrationabiles erga populum sibi subjectum asperitates retundendas sacramento se obliget, quatinus futura pontificum

VARIÆ LECTIONES.

[35] Collis *Borgia*. [36] et *Borgia*. [37] Martani *B*. [38] Vurniteringa s. Viullmbach *B*.

electio, quantum unuscujusque intellectus fuerit, deferant, et ipse unum e duobus eligat, aut statim per eosdem missos fiant necessitates emendate, aut, misso nostro nobis renuntiante, per nostros missos a nobis directos emendentur. Hoc ut ab omnibus fidelibus sanctæ Dei ecclesiæ et vestris firmum esse credatur, proprie manus signaculo subscriptionibus hoc pactum confirmationis nostre roboravimus, et sigilli nostri impressione assignari jussimus. † Signum domni Henrici gloriosissimi Romanorum imperatoris augusti. Signum Erchandildi [39] Maguntinensis archiepiscopi. Signum Heriberti Coloniensis archiepiscopi. Signum Bobonis Treverensis archiepiscopi. Signum Thiedirici Metensis episcopi. Ego Eberhardus Babembergensis ecclesie episcopus Romane sedis subditus subscripsi. Ego Mazelinus Wirzburgensis episcopus subscripsi. Ego Walterus Spirensis episcopus subscripsi. Ego Ruodardus Constantiensis episcopus subscripsi. Ego Uodalricus [40] Curiensis episcopus subscripsi. Ego Adalbertus Basiliensis episcopus subscripsi. Ego Heimmo Werdunensis episcopus subscripsi. Ego Valterus Heihsteidensis episcopus subscripsi. Signum Richardi Fuldensis abbatis. Signum Arnoldi Herfendensis abbatis. Signum Bruchardi abbatis. Signum Gotifredi ducis. Signum Beringardi ducis. Signum Thiederici ducis. Signum Welphonis comitis. Signum Cunonis comitis. Signum Cunradi comitis. Signum Ottonis comitis. Signum Adilbrahtis comitis. Bobonis comitis. Signum Frederici comitis. Signum Bezelini comitis. Signum Ezonis comitis Palatini. Signum Frederici camerarii. Signum Ezonis [41] infertoris. Signum Heuzonis [42] pincernarii. Signum Huzis. Alimun. Herenger [43]. Adilman. Adhilbero. Ego Wicilinus Astrazburgensis episcopus. Signum Ryodhois Fluvanensis [44] abbatis.

canonice et juste fiat, et ut ille qui ad hoc sanctum apostolicum regimen eligetur, nemine consentiente consecratus fiat pontifex, priusquam talem in presentia missorum nostrorum seu universe generalitatis faciat promissionem pro omnium satisfactione atque futura conservatione, qualem domnus et venerandus spiritualis pater noster Leo sponte fecisse dinoscitur. Preterea alia minora huic operi inserenda prævidimus, videlicet ut in electione pontificum neque liber neque servus ad hoc venire presumat, ut illis Romanis, quos ad hanc electionem per constitutionem sanctorum patrum antiqua admisit consuetudo, aliquod faciat impedimentum; quod si quis contra hanc nostram constitutionem ire presumpserit, exilio tradatur. Insuper etiam, ut nullus missorum nostrorum cujuscumque impeditionis argumentum componere audeat in prefatam electionem, prohibemus; nam et hoc omnimodo instituere placuit ut qui semel sub speciali defensione domni apostolici sive nostra fuerint suscepti, impetrata juste utantur defensione. Quod si quis in quemquam illorum qui hoc promeruerunt violare presumpserit, sciat se periculum vite sue esse incursurum. Illud etiam confirmamus, ut domno apostolico justam in omnibus servent obedientiam, seu ducibus et judicibus suis ad faciendam justitiam. Huic enim institutioni hoc necessario annectendum esse perspeximus, ut missi domni apostolici seu nostri semper sint constituti, qui annuatim nobis renuntiare valeant, qualiter singuli duces et judices populo justitiam faciant, hanc imperialem constitutionem quomodo observent; qui missi decernimus ut primum cunctos clamores qui per negligentiam ducum vel judicum fuerint inventi, ad notitiam domni apostolici

VARIÆ LECTIONES.

[39] E-chanbaldi. [40] Zodalricus *Borgia*. [41] Mezonis *B*. [42] Heimzonis *Cenni*. [43] Huzi, Salomon, Berenger? [44] Eluanensis *Cenni*; *lege* Elwangensis.

SANCTI HENRICI

IMPERATORIS AUGUSTI

DIPLOMATA ECCLESIASTICA.

I.

Præceptum Henrici Germaniæ regis cœnobitis Remigianis concessum.

(Anno 1002.)

[Marlot, Metropol. Rem. II, 58.]

In nomine sanctæ et individuæ Trinitatis, HENRICUS divina favente clementia, rex.

Quoniam regiæ dignitatis officium esse constat ut monasteria Deo et sanctis ejus dicata, ob conservandum sanctæ religionis statum, novis semper privilegiis contra omnes infestantium incursiones muniantur; idcirco nos, interventu dilectæ conjugis nostræ, reginæ videlicet Cunegundis, fidelis etiam nostri episcopi Notheri, regiæ nostræ auctoritatis scriptum sive præceptum monachis Deo sanctoque Remigio eximio Francorum doctori sub regulari disciplina in suburbio Remorum militantibus, a magno Ottone concessum, regii etiam nominis auctoritate a Deo nobis collata roborare decrevimus. Unde volumus et firmiter jubemus ut curtem Coslam vocatam cum omnibus appenditiis suis ad jus et proprietatem ejusdem beati Remigii pertinentem, infra regni nostri terminos constitutam, quam omnibus retro temporibus sub antecessoribus nostris beneficiariam, pro statu et incolumitate regni vel imperii sui, idem magnus Otto ad usum prædicti cœnobii sicut et nos modo remisit, et absolvit, monachi ibidem Deo sanctoque Remigio famulantes absque ullius contradictione teneant et possideant, et quidquid utilitatis exinde provenerit, suis et ut libuerit usibus adjungant. Nullus etiam judex vel advocatus hinc aliquid exigendi habeat potestatem, nisi quantum abbas aut monachi ejusdem cœnobii dederint vel permiserint. Et ut hoc nostræ auctoritatis præceptum firmum et stabile permaneat, hanc chartam conscribi et annuli nostri impressione signari jussimus quam et propria manu subter firmamus.

Signum domni Henrici invictissimi regis.

Egilbertus cancellarius vice Willigisi archicancellarii recognovi.

Data v Idus Septemb., anno Dominicæ incarnationis 1002, indictione i, anno vero Domini Henrici regis primo. Actum Aquisgrani.

II.

Rex Henricus II donat Godehardo abbati Niederaltacensi aream Ratisbonæ sitam.

(Anno 1002, 13 Jul.)

[Ried, *Cod. diplom.*, I, 115.]

In nomine sanctæ et individuæ Trinitatis, HEINRICUS divina favente clementia rex.

Notum sit omnibus nostris fidelibus, præsentibus scilicet et futuris, qualiter nos, piam Godehardi abbatis intendentes petitionem, quia nobis fideliter servivit, et dignus quem beneficiaremur, fuit, quandam nostri juris aream infra muros urbis Radesponensis sitam (101), habentem in latitudine pedes xl et in longitudine lxxx, quæ ex una parte plateæ quæ ducit ad flumen, ex altera vero parte areæ cujusdam hominis nomine Ruozi collimitat, monasterio sancti Mauritii martyris, cui idem venerabilis abbas in loco qui dicitur Altaha, præesse dinoscitur, jure perpetuo retinendam per hoc regale præceptum contulimus cum terminis suis, exitibus quoque et reditibus, sive cæteris, quæ quolibet modo vocari juste et legaliter possunt, appendiciis, ea ratione quatinus prælatus abbas Godehardus sive successores ejus liberam deinceps de eadem area habeant potestatem possidendi, vel quidquid pro utilitatibus monasterii illis libeat potestative faciendi. Et ut hæc nostræ traditionis auctoritas stabilis et inconvulsa permaneat, manu propria eam roborantes sigillari nostra imagine jussimus.

Signum domni Heinrici regis invictissimi. (*Monogramma.*)

Engilbertus cancellarius vice Willegisi archicapellani recognovi.

Data iii Idus Julii, anno Dominicæ incarnationis 1002, indictione xv, anno vero domini Heinrici regis 1.

Actum Babenberc in Dei nomine feliciter. Amen.

Cum sigillo majestat. illæso, intus impresso.

III.

Rex Henricus II donat monasterio Tegernseensi aream Ratisbonæ sitam.

(Anno 1002, 12 Nov.)

[Ried, *ubi supra*, p. 116, *ex Mon. Boic.* VI, 156.]

In nomine sanctæ et individuæ Trinitatis, HEINRICUS cœlica imperante clementia rex electus.

Dum cunctis mortalibus a Deo concessum sit, secundum proprium arbitrium uniuscujusque, pro felicitate et spe mansura sibi præcavenda posse thesaurizare futura bona, idcirco notum volumus esse cunctis fidelibus, præsentibus et futuris, quod, ad prosperitatem regni nostri et vitam perennem promerendam, impetrante venerabili viro Ebarhardo abbate, ad monasterium sancti Quirini dedimus unum curtile in Ratisponensi civitate, situm juxta mercatum, vicinum loco qui dicitur Ahachircha, in comitatu Ruodperti. Et ut hæc nostra regalis traditio absque ulla contradictione ad idem monasterium firmiter permaneat jure perpetuo, propria manu in hac charta subnotavimus signum, et sigilli nostri impressione jussimus imaginari.

Signum domni Heinrici regis invictissimi. (*Monogramma.*)

Egilbertus cancellarius vice Willigisi archicapellani recognovi.

Data ii Idus Nov., anno Dominicæ incarnationis 1002, indictione i, anno vero domni Heinrici regis primo. Actum in urbe Radesbona.

IV.

Rex Heinricus donat regiæ capellæ Veteri a se restauratæ villam sui juris Duveninga cum ejusdem pertinentiis.

(Anno 1002, 16 Nov.)

[Ried, *ubi supra*, pag. 116.]

C. In nomine sanctæ et individuæ Trinitatis, HEINRICUS divina favente clementia rex.

Si collapsa vetustate aut negligentia sanctorum loca reparamus, et ibi divino cultui mancipatis aliqua vivendi solatia devoti conferimus, et in hac et in æterna vita nobis hoc profuturum esse minime dubitamus. Proinde notum sit omnibus Christi nostrisque fidelibus, præsentibus scilicet et futuris, qualiter nos una cum dilecta conjuge nostra, Cunigunda videlicet regina, intus in urbe Radesponensi in curte regia quamdam capellam, quam olim Veterem vocabant, in honore sanctæ Dei genitricis Mariæ, a fundamentis in matrem ecclesiam erexaimus, dataque ei per præceptum libertate regali, institutæ ibi in Dei servitio canonicorum congregationi sub abbate vel præposito nomine Tagini, pro stipendiis

---

(101) Hæc area a cœnobio Niederaltacensi vendita fuit anno 1485 monasterio superiori.

inter cætera dono contulimus, et per hoc regiæ majestatis insigne confirmavimus quandam nostri juris villam, nomine Dweninga in Kelesgowe et in comitatu Magenes sitam, cum omnibus ejusdem villæ legalibus pertinentiis, mobilibus et immobilibus, servis et ancillis, areis, ædificiis, terris cultis et incultis, pratis, pascuis sive compascuis, silvis, venationibus, aquis aquarumque decursibus, piscationibus, molendinis, viis et inviis, exitibus et reditibus, quæsitis et inquirendis, ac cæteris quæ quolibet modo rite vocari possunt, utensilibus et appendiciis, eo tenore quatinus præfati loci congregatio liberam de eodem prædio deinceps habeat potestatem quidquid sibi decreto communi pro suis et præfatæ matris ecclesiæ necessitatibus libeat faciendi. Et ut hæc nostra traditio stabilis et inconvulsa permaneat, hanc nostri præcepti paginam manu propria roborantes, sigillo nostro imprimi jussimus.

Signum domni Heinrici regis invictissimi. (*Monogramma.*)

Egilbertus cancellarius vice Willigisi archicapellani recognovi.

Data xvi Kal. Decembr, anno incarnationis Dom. 1002, indict. 1, anno vero domini Heinrici reg. 1.

Actum in ipsa urbe Radespona.

Sigillum intus impressum integrum exstat.

V.
Rex Henricus II donat episcopo Brixinensi aream Ratisbonæ sitam.

(Anno 1002, 16 Nov.)

[Ried, *ubi supra*, ex Reschii *Annalibus Ecclesiæ Sabion. III*, 701.]

C. In nomine sanctæ et individuæ Trinitatis, HEINRICUS divina favente gratia rex.

Notum esse volumus omnibus nostris fidelibus, præsentibus et futuris, qualiter nos, ob interventum devotumque obsequium fidelis nostri Sabionensis venerabilis episcopi Albwini, ad ecclesiam sancti Ingenuwini curtiferum unum in provincia Bajoariorum in civitate Radespona, in comitatu Ruotperti situm, possessum a tribus viris ita vocitatis Azo, Lanzo, Gotti, habens in longitudine perticas xi et demidiam, et in latitudine vi, in proprium dedimus, cum exitibus et reditibus omnibusque rebus jure legitimeque ad idem curtiferum pertinentibus, eo scilicet tenore ut idem prætitulatus antistes omnesque sui successores ex eodem curtifero ad usum prælibatæ ecclesiæ potestatem habeant sine omni malivolorum contradictione habendi, commutandi, et quidquid sibi libuerit, exinde faciendi. Et ut hæc traditio nostræ auctoritatis, quæ in Dei voluntate et ob remedium animæ nostræ facta est, firmior, stabilior diuturniorque fiat, hanc paginam nostra manu propria corroborantes sigillari jussimus.

Signum domni Heinrici regis invictissimi. (*Monogramma.*)

Egilbertus cancellarius vice Willigisi archicapellani recognovi.

Data xvi Kalendas Decembris, anno incarnationis Dominicæ 1002, indictione 1, anno vero domni Heinrici regnantis 1. Actum in urbe Radespona.

Cum sigillo majestat. integro.

VI.
Mundiburdium regis Henrici II monasterio inferiori concessum.

(Anno 1002, 20 Nov.)

[Ried, *ubi supra*, p. 118.]

In nomine sanctæ et individuæ Trinitatis, HEINRICUS divina favente clementia rex.

Justa regum et religiosa cogitatio debet ecclesiis Dei, ubicunque facultas suppetit, aliquid accommodare, ut inde proclivius mercedis æternæ præmia consequantur. Proinde notum sit omnibus fidelibus nostris, præsentibus scilicet et futuris, qualiter venerabilis abbatissa Ouda, per interventum dilectæ conjugis nostræ, Cunigundæ videlicet reginæ, nostram adiit majestatem, suppliciter rogitans ut monasterium sanctimonialium, cui ipsa tunc temporis intra Radesponensem civitatem præsidere videtur, quod divæ memoriæ avia nostra Juditha olim in honore sanctæ Dei genitricis Mariæ a fundamentis in abbatiam erexit, et donis prædiorum inter alia pro loco ditavit, in nostrum mundiburdium et regiæ immunitatis tuitionem reciperemus cum omnibus pertinentiis ejus. Nos ergo, ob divinum amorem piæ ejus annuentes petitioni, per hoc nostræ majestatis insigne, præfatum monasterium nostræ nostrorumque post nos successorum regiæ et imperiali perpetuo defensioni subjicimus, et insuper optima ea libertate donamus, qua cætera monasteria regalia ubicunque terrarum nostri regni perfrui videbuntur, quatinus ibi sanctimoniales monasticæ vitæ sub regula sancti Benedicti mancipatæ, liberius et devotius illam, quam aggressæ sunt, vitam absque inquietudine regalium exactorum et subintroeuntium personarum dehinc conservare valeant. Regio igitur verbo et præcepto jubemus et firmiter interdicimus ut nullus dux, marchio, comes, vicecomes, episcopus, vel aliquis sub episcopo, aut judex publicus sive regius exactor, seu quælibet judiciaria persona major aut minor deinceps in prædicto monasterio intus vel foris, et in locis aut hominibus, vel omnibus ibi pertinentibus aliquam publici juris exerceat potestatem, aut quicquam de rebus monacharum sibi ipsi vel nobis aut successoribus nostris usurpare præsumat sine advocato, quem præsens abbatissa, et quæ ei succedant, in hunc usum elegerint et constituerint, qui etiam in ipso monasterio et in locis ejus aliud sibi non imponat potestatis officium aut exigat servitium, nisi quod abbatissa cum sacris sororibus illi præscripserit.

Confirmamus etiam eidem monasterio quidquid ibi unquam per reges et imperatores præceptoria lege, sive per duces vel alios Christi fideles in quocunque pago vel comitatu aliqua traditum vel concessum est oblatione, cum curtibus et curtilibus, ædificiis, mancipiis, molendinis, aquimolis in utraque parte fluminis Danubii urbem praecurrentis, pariter cum omnibus utensilibus et appendiciis locorum ibi pertinentium, quorum haec pro parte sunt nomina: Schirelinga, Lirundorf, Roggingun, Biberhahe, Linthart, Heroldeslinthart cum omnibus appenditiis illorum, Hardkiricha cum decimis suis undecunque villarum conferendis, Salla cum Foresto, aqua, molendinis et caeteris pertinentiis, in Sinzingun omnem illam, quae ibi praescripto monasterio pertinet, utilitatem, Deggindorf cum decimis et usibus suis, Berge, quod situm est juxta flumen Philisa, et Budelshuson cum aquis, aquimolis, molendinis et areis in fluviis Isara et Walecheneshah cum pontibus suis vel totis eorum adjacentiis. Habeant etiam monachae potestatem liberam per decessiones inter se eligendi abbatissam, quam probabilis vitae et morum regula Deo propitio compsuerit, omnium potestatum vel personarum contradictione remota. Et ut haec nostra traditio, confirmatio sive libertas stabilis et inconcussa permaneat, hanc nostri praecepti paginam manu propria roborantes sigillo nostro imprimi jussimus.

Signum domni Heinrici, regis invictissimi. (Monogramma.)

Egilbertus cancellarius vice Willigisi archicapellani recognovit.

Data xii Kalend. Decembris, anno incarnationis Dominicae 1002, indictione i, anno vero domni Heinrici regnantis i. Actum in ipsa urbe Radesponensi.

Cum sigillo majestat. illaeso.

VII.

Rex Henricus donat collegiatae ad Veterem capellam Ratisbonae villam Walching in pago Nordgowe sitam.

(Anno 1003, 20 Nov.)

[Ried, *ubi supra*, p. 120.]

In nomine sanctae et individuae Trinitatis, HEINRICUS divina favente clementia rex. Si collapsa vetustate aut negligentia sanctorum loca reparamus, et ibi divino cultui mancipatis aliqua vivendi solatia devoti conferimus, et in hac et in aeterna vita nobis hoc profuturum esse minime dubitamus. Proinde notum sit omnibus Xpi nostrisque fidelibus, praesentibus scilicet et futuris, qualiter nos una cum dilecta conjuge nostra, Cunigunda videlicet regina, intus in urbe Ratesponensi, in curte videlicet regia, quandam capellam, quam olim Veterem vocabant, in honore sanctae Dei genitricis Mariae a fundamentis in matrem ecclesiam creximus, dataque ei per praeceptum regali libertate, institutae ibi in Dei servitio canonicorum congregationi sub abbate vel praeposito nomine Tagini, pro stipendiis inter caetera dona contulimus et per hoc regiae majestatis insigne confirmavimus unam nostri juris villam Walehinga, in pago Nordgowe, in comitatu Heinrici sitam, cum omnibus ejusdem legalibus pertinentiis, mobilibus et immobilibus, servis et ancillis, areis, aedificiis, terris cultis et incultis, pratis, pascuis sive conpascuis, silvis, venationibus, aquis, aquarumque decursibus, piscationibus, molendinis, viis et inviis, exitibus et reditibus, quaesitis et inquirendis, ac caeteris, quae quolibet modo rite vocari possunt, utensilibus et appendiciis, eo tenore quatinus praefati loci congregatio liberam de eodem praedio deinceps habeat potestatem, quidquid sibi communi decreto pro suis et praedictae matris ecclesiae necessitatibus libeat, faciendi. Et ut haec nostra traditio stabilis et inconvulsa permaneat, hanc nostri praecepti paginam manu propria roborantes, sigillo nostro imprimi jussimus.

Signum domni Heinrici regis invictissimi. (Monogramma.)

Egilbertus cancellarius vice Willigisi archicapellani recognovit.

Data xii Kal. Decembris, anno incarnationis Dominicae 1002, indictione i, anno vero domni Heinrici regn. i. Actum in ipsa urbe Radesponensi.

Sigillum majest. intus impressum integrum exstat.

VIII.

Rex Heinricus II donat episcopo Brixinensi villam Teign prope Ratisbonam.

(Anno 1002, 24 nov.)

[Ried, pag. 121, ex Reschii *Annal. Ecclesiae Sabion III*, 704.]

In nomine sanctae et individuae Trinitatis, HEINRICUS divina favente clementia rex.

Notum sit omnibus nostris fidelibus, praesentibus scilicet et futuris, qualiter nos, per interventum dilectae conjugis nostrae, Chunigundae videlicet reginae, fideli nostro Albuvino Sabiniensis Ecclesiae episcopo quoddam nostri juris praedium, id est quidquid in villa Tiginga pro nostra parte hactenus visi sumus possidere, cum omnibus ad id legaliter pertinentibus, mobilibus et immobilibus, servis et ancillis, ecclesia, decimis, areis, aedificiis, terris cultis et incultis, pratis, pascuis sive conpascuis, silvis, aquis aquarumve decursibus, viis et inviis, exitibus et reditibus, quaesitis et inquirendis, et, quae quolibet modo rite vocari possunt, appendiciis et utensilibus tradidimus, eo tenore quatenus praefatus venerabilis episcopus Albuvinus suique successores praedictum praedium deinceps li era potestate teneant atque in perpetuos Ecclesiae suae usus absque omnium personarum sive potestatum contradictione convertant atque possideant, habentes inde licentiam commutandi, et quidquid sibi libeat faciendi. Et ut haec nostra traditio stabilis et inconvulsa permaneat, hanc praecepti nostri paginam manu propria roborantes sigillari praecepimus.

Signum domni Heinrici regis invictissimi. (Monogramma.)

Egilbertus cancellarius vice Willigisi archicapellani recognovit.

Data viii Kalendas Decembris, anno Dominicae incarnationis 1002, indictione i, anno vero domni Heinrici regnantis i. Actum Radasponae.

Cum sigillo majestat. intus impresso.

IX.

Henrici II regis præceptum per quod Burchardo Wormatiensi episcopo attribuit omne prædium quod Otto dux in ipsa civitate obtinebat.

(Anno 1002.)

[Schannat, *Episcopatus Wormat.*, p. 35.]

In nomine sanctæ et individuæ Trinitatis, Heinricus divina favente clementia rex.

Si ecclesias Dei ex aliquibus divino nutu nobis concessis rebus ditamus, non solum ad regni nostri feliciorem stabilioremque statum nobis prodesse sapimus, verum etiam ad æterna paradisi gaudia capienda multum nos inde juvari minime dubitamus. Quapropter noverint omnes nostri fideles, præsentes scilicet et futuri, qualiter nos, pro remedio animæ dilectissimi senioris nostri bonæ memoriæ Ottonis videlicet imperatoris Augusti, et etiam pro Wormatiensi Ecclesia, per interventum Cunigundæ, dilectæ conjugis nostræ, et per ejusdem Ecclesiæ venerabilis episcopi, scilicet Burchardi, dignas postulationes, totum prædium, omniumque proprietatem, quam nos per dilecti consanguinei nostri Ottonis quoque ducis firmam traditionem in proprium jus accepimus, sicut ipse visus est habere infra eamdem civitatem, hoc est Wormatiam, prædictæ ecclesiæ in honore sancti Petri consecratæ, et venerabili prænominatæ Ecclesiæ episcopo, ejusque successoribus per hoc regium præceptum in proprium jus tradidimus cum omnibus ad eamdem proprietatem juste et legaliter pertinentibus, id est arcis, ædificiis, viis et inviis, exitibus et reditibus, aquis aquarumque decursibus, piscationibus, molendinis, mancipiis utriusque sexus, exceptis tribus supradicti ducis Ottonis servientibus videlicet : Syggelone, Ebone, Hezilino, cum uxoribus et filiis filiabusque eorum, eo videlicet tenore ut idem prænominatus episcopus Burkardus suique successores de his supra scriptis rebus ad utilitatem Ecclesiæ liberam potestatem habeant faciendi quod velint. Et ut hæc nostræ traditionis auctoritas stabilis et inconvulsa permaneat, hanc præcepti paginam inde conscriptam manu propria roborantes, sigilli nostri impressione signari jussimus.

Egilbertus cancellarius, vice Willigisi archicapellani recognovi.

Data v Non. Octobris, anno Dominicæ incarnationis 1002, indict. 1 ; anno vero domini Heinrici regis primo.

Actum Bruochsale.

X.

Henrici II regis præceptum per quod regium bannum concedit Wormatiensi Ecclesiæ in silva Forehahi.

(Anno 1002.)

[Schannat *ubi supra*, p. 34.]

In nomine sanctæ et individuæ Trinitatis, HENRICUS divina favente clementia rex.

Quidquid pro divino amore Ecclesiis Dei concedimus et donamus, id procul dubio ad præsentem et futuram vitam nobis profuturum fore credimus ;

A quapropter omnium fidelium nostrorum, tam præsentium quam et futurorum, sciat industria qualiter nos, ob interventum Willigisi Moguntinæ sedis venerandi archipræsulis, et Heinrici Wirchiburgensis Ecclesiæ illustris antistitis, nec non et per petitionem dilecti nepotis nostri Ottonis ducis, fideli nostro Burchardo Wormatiensis Ecclesiæ venerabili episcopo, pro eo quod nobis devoto animo sæpius servivit, concessimus regium bannum in foresta Forchahi nuncupato : a villa, Elmeresbach nominata, juxta Rhenum sita, inde usque Heriveldon; hinc etiam ad Bibiloz ; inde per rectam plateam ad Otterestat; illinc rectam plateam ad Ecclesiam, quæ est in Bezeingun sita; hinc rectam montanam plateam ad Herbestat; ab Herbestat, per rectam montanam plateam ad Bosinesheim; inde per totam montanam plateam ad Winenheim; ab Winenheim per rectam montanam plateam ad Sericzesheim in Lobotunaha ; hinc deorsum usque in fluvium Neccarum, a fluvio Neccaro usque ad Rhenum; inde per universa Rheni littora deorsum usque ad Elmersbach; omnia hæc loca ab Elmersbach usque ad Winenheim, sunt in Rinecgovve sita, in comitatu Gerungi comitis; rel qua vero loca jacent in Lobotungovve in comitatu Mezingozi comitis; hunc præfatum Forestum cum tota integritate et universis utilitatibus ad se pertinentibus concedimus nostra regia potestate ad sanctum Petrum Wormatiensis Ecclesiæ, ut nulla de eo foresta persona parva sive magna aliquam feram vel bestiam ibi venari vel capere aut insequi præsumat, sine licentia superius jam dicti episcopi Burchardi, sive successorum ejus; et si hoc agere, quod absit ! præsumpserit, quem regio fisco solvere debuit regium bannum et pacem, adhuc in carne viventi episcopo suisque successoribus invitus persolvat, et bannus et pax, sicut aliis forestibus a regibus vel imperatoribus jam concessum est, sub perpetuo jure Ecclesiæ Wormatiensis et episcoporum ei præsidentium consistat. Et ut hæc nostræ concessionis donatio per futura temporum curricula firma permaneat, hujus præceptionis tenorem inde conscriptum sigillo nostro signare jussimus, manuque propria, ut infra videtur, corroboravimus.

Signum domni Henrici regis invictissimi.

Egilbertus concellarius vice Willigisi archiepiscopi recognovit.

Data anno incarn. Dominicæ 1002, indict. xv, IV Idus Junii, anno vero domini Heinrici regis primo.

Actum Wormatiæ feliciter.

XI.

S. Henrici privilegium domnæ Godesdihui Herisurdensis monasterii abbatissæ concessum.

(Anno 1002.)

[Dronke, *Cod. diplom. Fuld.*, p. 57.]

C. In nomine sanctæ et individuæ Trinitatis, HEINRICUS divina favente clementia rex.

Si Ecclesias Dei nostra regali potentia sublimare

conamur, hoc procul dubio et ad præsentis nostri regni statum et æternæ beatitudinis præmium nobis profuturum esse credimus. Quapropter omnibus fidelibus nostris, præsentibus scilicet atque futuris, notum esse volumus quomodo nos, per interventum dilectæ conjugis nostræ et reginæ Cunigundæ, una cum consilio Willigisi Mogontiacensis Æcclesiæ archiepiscopi honorandi, ac Berenhardi ducis, aliorumque fidelium nostrorum, vota et petitiones domnæ Godesdhivi Herifurdensis monasterii venerabilis abbatissæ cunctæque congregationis sanctæ Mariæ sibi commissæ sequentes, nostra regia auctoritate tres Ecclesias in pagis Bursibant et Scopingon nominatis, in villis quoque Hreini, Wadiringas et Stochheim constructas, cum omnibus rebus et decimationibus suis a Hludowico imperatore ob remedium animæ suæ ad præfatum Herifurtense monasterium traditis, eidem monasterio more antecessorum nostrorum confirmamus, eo tenore ut jam dicta domna Godesdhu abbatissa omnesque in eodem honore sibi succedentes cum prædictis ecclesiasticis rebus aliisque omnibus a regibus et imperatoribus per præcepti paginam illuc traditis liberam dehinc potestatem habeant cum suis ministris ecclesiastico ordine disponere atque gubernare, remota omnium hominum contradictione. Insuper sub eadem corroboratione concludimus quidquid a religiosis et Deum timentibus personis ad sæpe jam dictum monasterium Herifurtense in præsenti traditum est vel in futuro tradendum erit. Et ut hæc nostræ regiæ donationis corroboratio ab hac hora in antea firma et inconvulsa permaneat, hanc nostræ donationis confirmationem inde conscriptam sigilli nostri impressione signare jussimus manuque propria, ut infra videtur, corroboravimus.

Signum domni *Heinrici* (L. M.) *regis invictissimi.*

Egilbertus cancellarius vice Willigisi archicapellani recog.

Data II Id. Aug., anno Dominicæ incarnationis 1002, indict. xv, anno vero domni Heinrici regis I. Actum Aruitdi.

XII.

S. Henrici privilegium pro Nova Corbeia.
(Anno 1002.)
[Dronke, *ubi supra*, p. 58.]

C. In nomine sanctæ et individuæ Trinitatis, HEINRICUS divina favente clementia rex.

Notum sit omnibus fidelibus nostris, præsentibus scilicet et futuris, qualiter venerabilis abbas nomine Ilosat nostram adiit excellentiam, suppliciter orans ut nostra magnifica munificentia prospiceremus monasterio cui presidere videretur, quod est constructum super fluvium Vuisera in loco qui dicitur Nova Corbeia in honorem Dei et sancti protomartyris Stephani, ubi et sancti Viti martyris pretiosa pignora servari noscuntur. Cujus petitioni rationabili propter divinum amorem et venerationem beatorum martyrum assensum prebentes, hos apices serenitatis nostræ circa ipsum monasterium fieri jussimus, per quos decernimus atque jubemus ut nullus judex publicus vel quilibet ex judiciaria potestate, nisi solus illius loci provisor et advocatus prædicti monasterii, in Ecclesias aut loca vel agros seu reliquas possessiones prefati monasterii, quas moderno tempore juste et rationabiliter possidere videtur, in quibuslibet episcopiis, pagis vel territoriis, vel quidquid ibidem propter divinum amorem et illius sancti loci venerationem collatum fuerit, ad causas audiendas vel freda exigenda aut mansiones vel paratas faciendas aut fidejussores tollendos, aut ullas reddibitiones vel illicitas occasiones requirendas, aut homines ipsius monasterii tam ingenuos quam et servos vel latos injuste distringendos, ullo unquam tempore ingredi audeat, vel ea quæ supra memorata sunt penitus exigere aut exactitare presumat ; sed liceat ibidem Deo famulantibus, sub nostræ immunitatis tuitione quieto ordine vivere ac residere, quatinus melius illos delectet omni tempore pro nobis et conjuge nostra atque stabilitate totius regni a Deo nobis collati, Domini misericordiam attentius exorare. Insuper etiam decimas vel decimales ecclesias in quibusque episcopiis ita teneant atque disponant, sicut sub antecessoribus nostris regibus videlicet et imperatoribus tenere per precepta visi sunt atque disponere. Episcopis vero quibus servitium et mansionatica debent tempore circuitus sui, secundum scripta sua, singulis annis persolvant. Et ut hæc auctoritas concessionis atque confirmationis nostræ firmior habeatur, et per futura tempora a cunctis fidelibus sanctæ Dei Ecclesiæ nostrisque præsentibus et futuris melius credatur atque diligentius conservetur, manu propria subter cum firmavimus et sigilli nostri impressione assignari jussimus.

Signum domni *Heinrici* (L. M.) *regis invictissimi.*

Egilbertus cancellarius vice Willigisi archicapellani recogn.

Data VIII Kal. Sept., anno Dominicæ incarnationis 1002, indictione xv, anno vero domni Heinrici regis I. Actum Noviomago.

XIII.

S. Henrici privilegium pro ecclesia Paderbornensi.
(Anno 1002.)
[Dronke, *ibid.*]

C. In nomine sanctæ et individuæ Trinitatis, HEINRICUS divina favente clementia rex.

Notum sit omnibus fidelibus nostris, præsentibus scilicet et futuris, qualiter nos, incendio Paderburnensis ecclesiæ miserabili condolentes, petitionique nostri fidelis Retharii venerabilis episcopi, qui eidem sedi modo præesse videtur, ut oportuit, annuentes, in supplementum jam dictæ ecclesiæ in jus concedimus, et per hoc regale preceptum corroboramus forestum quod incipit de Luthera flumine et tendit per Osnig et Sinidi usque in viam quæ ducit ad Horohusen, et de hominibus predicti episcopi tam liberis quam et servis nulla judiciaria potestate constringendis, nisi coram advocato quem ipse episcopus elegerit, nostra omniumque nostrorum successorum et omninium mortalium contradictione remota. Et ut hæc confirmatio stabilior cunctis permaneat temporibus, hanc paginam manu propria corroboravimus et sigilli nostri impressione insigniri precepimus.

Signum domni Heinrici (L. M.) *regis invictissimi.*

Egilbertus cancellarius vice Willigisi archicapellani recognovi.

Data XVII Kal. Octobr., anno incarnationis Dominicæ 1002, indictione I, anno vero domni H. regnantis I. Actum Boebhardon.

XIV.
S. Henrici privilegium pro eadem ecclesia.
(Anno 1003.)

[Apud Dronke, *Codex diplomaticus Fuld.*, p. 59.]

C. In nomine sanctæ et individuæ Trinitatis, HEINRICUS superna favente clementia rex. Si locum divino cultui mancipatum igneque subitaneo cum ornatu et corroborationum paginis concrematum restaurare, ornare et iterum sublimare videbimur, scimus et certi sumus id non solum laude humana prædicandum, verum etiam divina mercede remunerandum. Cunctis igitur Ecclesiæ Dei fidelibus nostrisque astantibus et succedentibus compertum fore volumus quod, de incendio Paterbrunnensis æcclesiæ nimium condolentes, præcepta antecessorum nostrorum et oblationes fidelium memoratæ sedi hac præceptali pagina renovamus iterumque confirmamus, de quibus unum est de episcopatus statu, dehinc de tuitione atque mundiburdio ejusdem æcclesiæ, et de omni proprietate ad eamdem æcclesiam pertinenti, et de ejus hominibus tam liberis quam et servis nulla judiciaria persona constringendis, nisi coram advocato, quem ipse episcopus elegerit. Insuper renovamus et confirmamus jam habitæ sedi comitatus super pagos Paterga, Aga, Threveresga, Auga, Sorehtfeld, datos pro decimis novæ Corbeiæ ad monasterium pertinentibus, et de proprietate clericorum, si quis sine hærede illorum abierit, eidem æcclesiæ concessa, et de tribus mansis in Tuisburcg et in Trutmannia, et de foresto quod incipit de Dellina flumine et tendit per Ardennam et Sinedi usque in viam quæ ducit ad Herisi. Hæc igitur omnia quæ supra scripta habentur, et quæ illa die tenere et possidere videbatur quando combusta fuit, sæpe nominatæ sedi Paterbrunnensi in jus proprietarium donamus et firmissima traditione restauramus, ea scilicet serie ut domnus Retharius memoratæ sedis venerabilis antistes omnesque sui successores universa quæ ad episcopium aliqua legali datione pertinent, securiter obtineant, nostra omniumque nostrorum successorum et omnium mortalium contradictione remota. Et ut hæc renovatio et confirmatio stabilior cunctis permaneat temporibus, hanc paginam manu propria roboramus et sigilli nostri impressione insigniri precepimus.

Signum domni Heinrici (L. N.) *regis invictissimi.*

Egilbertus cancellarius vice Willigisi archicapellani recog.

Data III Non. April., anno Dominicæ incarnationis 1003, indictione I, anno vero domni Heinrici regis I. Actum Quidlingaburc.

XV.
S. Henricus Sigifredo episcopo Parmensi abbatiam Nonantulanam largitur.
(Anno 1003.)

[Ughelli, *Italia sacra*, II, 161.]

In nomine sanctæ et individuæ Trinitatis, HENRICUS divina favente clementia rex.

Omnibus fidelibus notum fieri volumus quod Sigifredus venerabilis S. Parmensis Ecclesiæ episcopus fidelis noster, et per interventum nostri fidelis Theobaldi marchionis adiit nostram clementiam jam dictus Sigifredus episcopus S. Parmensis Ecclesiæ, quatenus firmatus in fide acriter deserviret nobis, et ab æterno remuneratore, qui omnibus abundat bonis, retributionem æternæ remunerationis. . . ut nos abbatiam monasterii, quod dicitur Nonantula, in honorem S. Sylvestri confessoris Dei atque pontificis, sibi suæque ecclesiæ Parmensi jure proprietario cum omnibus adjacentiis et pertinentiis ejus in integrum perpetuis temporibus concederemus, præter illam terram quam concessimus Huberto episcopo nostro fideli, et illa terra sita est juxta Athesim flumen. Cujus precibus benignitatis nostræ aures accommodantes, ejusque erga nos devotissimam fidelitatem intendentes, jussimus ei, suæque Parmensi ecclesiæ in honorem S. Mariæ Dei genitricis dedicatæ, hoc imperialis nostræ auctoritatis conscribi præceptum, per quod concedimus ei, donamus atque largimur prælibatam abbatiam, quæ dicitur Nonantula S. Sylvestri confessoris atque pontificis, cum omnibus adjacentiis et pertinentiis, curtibus, capellis atque ædificiis earum, terris, campis, pratis, vineis, silvis, servis et ancillis utriusque sexus, mobilibus et immobilibus, cum integritate eorum et universis, quæ dici et nominari possunt, ad prædictam abbatiam pertinentibus nostra imperiali concessione, ut habeat, teneat et fruatur perenniter, tam ille quam et successores ejus, ad partem sæpe nominatæ suæ ecclesiæ, faciantque exinde quidquid secundum æternum arbitrium melius eis prævisum fuerit. Quicunque vero contra hanc nostram donationem, etc.

Signum D. Henrici invictissimi regis.

Aubertus cancellarius Videchi archiepiscopi recognovi.

Data II Martii, anno incarnationis Dominicæ 1003, indict. 1, anno vero D. Henrici regis I. Actum Noviomagi.

XVI.
S. Henrici privilegium pro Ecclesia Hamburgensi.
(Anno 1003, Maii 25.)

[Lappenberg, *Hamburgische Urkundenbuch*, p. 62.]

In nomine sanctæ et individuæ Trinitatis HEINRIcus, divina favente clementia rex.

Si pias petitiones sacerdotum prona devotione ad effectum duxerimus, id procul dubio ad statum præsentis vitæ et æternæ beatitudinis præmia capescenda nobis profuturum credimus. Quapropter omnium fidelium nostrorum præsentium et futurorum noverit industria, qualiter vir venerabilis Liebizo, sanctæ Hammaburgensis Ecclesiæ archiepiscopus, nostris obtutibus præsentari fecit præceptum beatæ memoriæ senioris et antecessoris nostri, Ottonis tertii, imperatoris Augusti, in quibus continebatur quomodo ipse, pro divino amore, monasteriis in ejus episcopio consistentibus imperiali auctoritate libertatem et tuitionem concessisset, rogavitque celsitudinem nostram ut nos denuo nostra præceptione eadem monasteria et omnia illuc aspicientia confirmaremus. Nos vero ejus justæ et rationabili petitioni assensum prebentes, interveniente dilecta conjuge nostra et regnorum consorte Cunigunda, ad honorem sanctæ Dei genitricis Mariæ cui locus ille Hammaburg est consecratus, idem loco supradicto concedimus omnes concessiones quas concesserant piæ memoriæ imperatores, avus scilicet et genitor noster, cæterisque monasteriis ad hanc diœcesim pertinentibus, id est Bremun, Bukkiun, Ramaslaun, Birchisinun, Hasalinge, Ripesholt, ea videlicet conditione ut semper sub tuitione nostra sint perpetualiter, et quidquid modo habeant, vel deinceps aliquo modo adquirere possint, eis eorumque episcopo libere serviant, omni judiciaria potestate remota.

Concedimus insuper præfato archiepiscopo ejusque successoribus licentiam construendi mercatum in loco Bremun nuncupato, bannum et theloneum, nec non monetam publici ponderis et puri argenti, totumque . . . potestatem eligendi inter se, sive aliunde, si necessitas exposcat, episcopum, æquo tamen regis consensu. Et ut hoc. . . roboratam sigilli nostri impressione insigniri jussimus.

Signum domni Heinrici (M.) *regis invictissimi.*

Egilbertus cancellarius vice Willigisi archicapellani recognovit.

Data VIII Kalendas Junii, anno Dominicæ incarnationis 1003, indictione I, anno vero domni Heinrici regis I.

Actum Gebehildehuson.

XVII.

Diploma S. Henrici regis Romanorum pro parthenone Mulenbechano, quo privilegia eidem ab Arnulfo et Ottone II imperatoribus concessa confirmat, liberam eligendæ abbatissæ potestatem tribuit, etc.

(Anno 1003.)

[Martene, *Ampl. Collect.* I, 363.]

In nomine sanctæ et individuæ Trinitatis, Henricus divina favente clementia rex.

Si loca divino cultui dicata nostro studuerimus amplificare subsidio, æterni regni portionem nos ob hoc adepturos esse liquido confidimus. Quapropter noverit omnium fidelium nostrorum, præsentium scilicet atque futurorum, industria, qualiter quædam venerabilis abbatissa, nomine Bertheid, quædam imperialia nostris obtutibus repræsentavit præcepta, per nostros antecessores Arnulfum et Ottonem se-

cundum pro immunitate suo collata monasterio, a quibusdam nobilibus personis Hildiburga et presbytero Folcharto a fundamentis olim in loco Mulinbeche constructo, nostramque suppliciter precata est clementiam, ut et nos ipsum locum cum suis pertinentiis in nostrum mundiburium et defensionem, pro redemptione animæ nostræ susciperemus, et eam, quæ in suis scriptis inventa est, convenientiam et oblationem nostræ auctoritatis scripto corroboraremus. Nos itaque, intervenientibus Bernhardo duce et episcopo (102) Thiederico, in cujus hoc monasterium puellare constructum est diœcesi, pro divinæ mercedis augmento, ipsum monasterii locum cum suis adjacentiis et omnibus pertinentiis in nostrum mundiburdum suscepimus, et ad ordinem priorum præceptorum in omnibus confirmavimus, hoc regio insigni roboravimus. Hoc firmiter sancientes, ut sanctimoniales ibi Deo devote per decessionis tempora quam meliorem noverint, inter se eligant licenter, et sibi præponant abbatissam, communicato episcopi sui consensu. Insuper etiam in nostri memoriam nominis concessimus, ut ab hominibus prædictæ ecclesiæ usibus et servituti ancillarum Dei subditis regalis vel imperialis census, qui inde solebat persolvi, a nullo comite, vel judiciali, sive regiæ exactionis persona deinceps exigatur; et ut nullus comes, vel judex publicus, aut aliqua potens persona homines præfatæ ecclesiæ in suo judicio, bannum eis imponendo, aut justitiam ab eis nullam aliquatenus exigendo, audeat inquietare, excepta solummodo lege illa quam advocatus episcopi qui præsidet eidem ecclesiæ, solito more ab eis debet reposcere, et illa juris sanctione, si quid necessario propter capitale crimen in præsentia ducis opus habet finiri judicialiter et determinari. Et ut hæc nostræ concessionis auctoritas firmior habeatur, hoc nostræ dominationis præceptum manu propria roboratum, nostræ imaginis signo jussimus insigniri.

Signum domni Henrici regis in Christo invictissimi.

Egilbertus cancellarius vice Willigisi archicapellani notavi.

Locus sigilli quod est integerrimum.

Data III Idus Martii anno incarnationis Domini 1003, indictione I, anno vero domni Henrici regnantis adhuc primo

Actum Mindæ.

XVIII.

S. Henricus imperator confirmat possessiones monasterii S. Bavonis Gandensis, ordinis S. Benedicti.

(Anno 1003.)

[Miræus, *Opp. diplom.*, I, 347.]

Henricus divina favente clementia rex.

Si ea quæ fideles nostri... Idcirco noverit omnium fidelium sanctæ Dei Ecclesiæ, nostrorumque, præsentium scilicet et futurorum industria, quod vir vene-

---

(102) Mindensi, ut patet ex diplomate Ottonis secundi.

rabilis Eremboldus abba, ex monasterio Gandensi, quod est situm ubi Scaldis fluvius Legiæ fluvio jungitur, constructum a B. Amando pontifice in honore S. Petri principis apostolorum, ubi etiam insignis Bavo confessor Christi quiescit, obtulit nobis auctoritatem immunitatis domni antecessoris nostri, scilicet Ottonis invictissimi imperatoris.

In qua continebatur insertum qualiter ipse, ob amorem Dei et præmium æternæ retributionis, proprietates rerum, quorumdam tyrannica invasione injuste præreptas, eidem monasterio restituerit, hocque suæ confirmationis scripto roboraverit, et quod gratiam fraternæ societatis in eodem monasterio sibi concessam habuerit, vel qualiter omnium exactiones teloneorum indulserit.

Pro firmitatis namque studio rogavit nos prædictus Eremboldus abba eam renovari, scilicet ut, tantæ firmitatis gratia, nostram quoque superadderemus auctoritatem. Cujus petitioni libenter assensum annuentes, decrevimus regiæ dignitatis præceptum fieri, videlicet ut idem monasterium res suas quiete possideat, quarum hæc sunt vocabula:

Hoc est in pago Baagbatensi villam Suolmam (103) cum ecclesiis duabus et omnibus adjacentiis suis, et villam Holthem (104) cum ecclesia ac silva, et Mereshem, et Fliethersele (105) cum ecclesiis et omnibus appendiciis eorum, et in eodem pago villas his nominibus dictas, Merem et Lietheka et Setteka et Cranihom, et in Rien Boholt (106). Cum ecclesiis singulis, silvis et omnibus appendiciis propriis; quas quidem villas cum aliis rebus, quorumdam hostili prædatione injuste abreptas, dominus antecessor noster gloriosus imperator jure ac pie redonavit.

Et in Rien villam Frunethe, cum ecclesia et omnibus appenditiis propriis. Et nemus Summi Gerotha et in Wilrika ecclesiam cum appenditiis. In pago quoque Scaldis possessionem vocabulo Erika, et Papingolant cum ecclesia et omnibus appenditiis propriis, et super Odrorstiet terram, in qua possunt ali oves quingentæ, et quidquid ex ditione S. Bavonis in Bevelanda (107) et in Walacra, et in Bruinscla contineri dignoscitur, et in Essperia terram in qua possunt pasci verveces cccc, et in alio loco cc et in Holfcols super fluvium Lora cccc.

Hoc ergo, cum omni rerum ad se pertinentium summa integritate, confirmamus perenniter usibus fratrum præfati cœnobii, sub perpetua immunitatis defensione, ac nostræ celsitudinis facto testamento. Per quod jubemus atque præcepimus ut nullus comes aut judex publicus, vicarius, advocatus, seu quilibet ex judiciaria potestate in ecclesias, aut loca vel agros, seu reliquas possessiones præfati monasterii, quas moderno tempore in quibuslibet plagis ac territoriis, infra ditionem imperii nostri, juste ac legaliter possidet, vel quæ deinceps in jure ipsius sancti loci voluerit divina pietas augeri, ad causas audiendas, vel freda exigenda, aut mansiones vel paratas faciendas, aut fidejussores tollendos, aut homines illius loci, tam ingenuos quam servos, super terram ipsius commanentes distringendos, nec ullas redhibitiones aut illicitas occasiones requirendas, nostris ac futuris temporibus ingredi audeat, vel ea quæ supra memorata sunt penitus exigere præsumat.

Sed et memorato monasterio, spe beatitudinis æternæ, ut ad salutem animæ meæ in æterna quiete proveniat, cum cessis fredis, omnium teloniorum exactiones indultas esse volumus ac remissas, sicut in præcepto antecessoris mei continetur: ita ut quoties pro utilitate monasterii ac fratrum aliquas dirigi contigerit, per diversa loca imperii nostri euntibus et revertentibus, absque ulla sollicitationis inquietudine, negotium suum liceat exercere, quatenus ipsos servos Dei ibidem famulantes, pro me atque statu regni a Deo mihi concessi, jugiter misericordiam Dei exorare delectet. Ut autem hujus renovationis ac confirmationis auctoritas majorem in Dei nomine obtineat vigorem, manu propria subter confirmavi, annulique impressione assignari jussi.

Signum Domini Henrici regis invictissimi

Egilbertus cancellarius, vice Willigisi archicapellani, recognovit.

Data Nonis Februarii, anno Dominicæ incarnationis millesimo tertio, indictione prima, anno secundo domni Henrici regis II.

Actum in Aquisgrano palatio feliciter.

XIX.

Diploma regis Henrici II, concedentis Adalberoni comiti bannum super agrestes feras.

(Anno 1003, 30 Jun.)

[Ried, *ubi supra*, p. 122.]

In nomine sanctæ et individuæ Trinitatis, Heinricus divina favente clementia rex.

Notum sit omnibus nostris fidelibus, præsentibus scilicet et futuris, qualiter nos, fidele per omnia servitium dilecti nobis comitis videlicet Adalberonis intuentes, atque ipsius supplicationem per interventum venerandi præsulis Gotescalchi attendentes, sibi, prout ipse postulaverat, quia legaliter potuimus, regalis potentiæ bannum super agrestes feras concessimus inter duos fluvios Ysara et Linbasa tam super propriam ipsius, qui præfatus est, Adalberonis terram, quam super domorum pontificalium vel monasteriorum in abbaciis, quæ ibi nobis pertinent, terras, sive omnium illorum hominum terras, qui in presenti vel in futuro hujusmodi rem cum eo collauda-

---

(103) Suolmam, hodie *Muninex Swolm*, vicus prope Soltegemium.

(104) Holtem, vulgo *Hanthem*, vicus tertio milliario Gandavo, in cujus basilica parochiali olim sepultum fuit corpus S. Livini episcopi et Gandensium patroni, videturque etiamnum tumulus ibidem ingentis molis, cum cavea subterranea : ut in Fastis Belgicis 12 Nov. fusius explicui.

(105) Fliethersele, hodie *Vliedersele* seu vulgo *Vlierzeels*, secundo lapide ab Alosto.

(106) Bocholt, *Bouchout*, pagus agri Riensis prope Liram de quo supra, p. 29.

(107) Bevelanda et Walacra, insulæ Zelandiæ, *Beverlant* et *Vulcheren*.

bunt in comitatu Friderici, qui judicat in Hachingun, in pago Sundergowe : primum ab hostio prædictorum fluviorum, Ysaram sursum versus usque ad Hohenberg ; inde ad Huggenberg, ad Cumizdorf; inde ad Carphse et Winidowe, secundum vero decursum fluminis Liubase (*Loisach*) usque ad Wolveradeshusun. Nostra igitur regali, ut præscriptum est, auctoritate, inter prænominatos fluvios et terminos bannum agrestium ferarum ei tradidimus et per hoc præceptum largiti sumus, regio verbo omnimode interdicentes quatenus, hoc ambitu, sine sua ipsius licentia, feras illas, quæ in aliis dominicalibus forestis in banno sunt positæ, nullus aliquo ingenio vel genere venandi audeat deinceps captare. Et ut hæc nostræ concessionis auctoritas stabilis et inconvulsa permaneat, hanc præcepti nostri paginam manu propria roborantes, signo nostræ imaginis imprimi jussimus.

Signum domni Henrici regis invictissimi. (*Monogramma.*)

Egilbertus cancellarius vice Willigisi archicapellani recognovi.

Data ii Kal. Julii, anno Dominicæ incarnationis 1003, indict. 1, anno vero domni Heinrici secundi regn. secundo. Actum Radespone.

Cum sigillo maxima ex parte fracto.

XX.

S. Heinrici privilegium Frederunæ abbatissæ concessum.

(Anno 1004.)

[Dronke, *ubi supra*, p. 60.]

C. In nomine sanctæ et individuæ Trinitatis, HEINRICUS divina favente clementia rex.

Omnium sanctæ Dei Ecclesiæ nostrorumque fidelium præsentium ac futurorum comperiat universitas, qualiter domna Frederuna venerabilis abbatissa ejusque soror Imma comitissa, Gerone comite adjuvante, construxerunt quoddam monasterium ad honorem sanctæ Dei genitricis et perpetuæ virginis Mariæ dedicatum, ad quod omnem hæreditatem, hoc est Keminetan, Hægen, Barigi, Tundiriun, Othere, hæc sunt in Tilithi, Varstan in Auga, Rothe in Wikanavelde, Bardenwic, Hotmannessun, Witthorp, Britlingi, Biangibudiburg, Addunesthorp, Hatherbiki, Bodanhuson, Sutherburg, in Bardanga, Claniki, in Drevani, Wigmannesburstal, Bennedestorp, in Mosidi, Widila, Waldersidi, Kokerbiki, in Heilanga, Holana, Aun, Setila, in Hogtrunga, Hepstidi, Sinigas, cunctaque earum hic prememorata predia gratissima voluntate tradiderunt, quæ vero sita sunt in comitatu Bernhardi ducis, unde, nostram regalem aggressæ majestatem, supplices rogaverunt ut ipsum monasterium in nostri mundiburdio susciperemus, talisque libertatis ac legis primatum concederemus, qualem Gandesheim, Quitilinburg, Heriwurti tenere

(108) Istud monasterium successu temporis in præposituram Corbeiæ novæ conversum ; faventibus

A videntur. Quod nos petitione Theodrici Mimidonensis episcopi fecisse, omnium noscat universitas fidelium, Ad hæc statuimus ut in prefatæ abbatissæ suæque sororis comitissæ potestate predictum monasterium et abbatia nostro persistat concessu diebus vitæ earum; post obitum vero utrarumque earum ad nostrum publicum eadem abbatia jus in perpetuum pertineat. Insuper autem volumus ut nulla major sive minor regni nostri persona in eadem abbatia placitum facere aut aliquam sibi molestiam inferre vel publicam funccionem exercere, nisi advocatus abbatissæ sanctarumque monialium. Hoc etiam nostra regali auctoritate eidem concedimus abbatiæ, ut sanctæ moniales ejusdem monasterii, abbatissa defuncta, licentiam habeant eligendi aliam ad hoc B idoneam. Et ut hujus nostræ auctoritatis præceptum firmius omni tempore perseveret, hanc paginam manu propria roborantes, sigillo nostro jussimus insigniri.

Signum domni Heinrici (L. M.) *regis invictissimi.*

Egilbertus cancellarius vice Willigisi archicapellani notavi.

Data iiii. Non. Novembr., anno Dominicæ incarnationis 1004, indictione ii, anno vero domni Heinrici II regis iii. Actum Magadeburc.

XXI.

Diploma S. Henrici Keminadensi virginum monasterio concessum

(Anno 1004.)

C *Monasterium sub sua protectione suscipit, et monialibus potestatem eligendæ abbatissæ concedit.*

[Martene, *Ampl. Collect.* I, 365.]

In nomine sanctæ et individuæ Trinitatis, HENRICUS divina favente clementia rex.

Omnium sanctæ Dei Ecclesiæ nostrorumque fidelium, præsentium ac futurorum, comperiat universitas qualiter domna Frideruna necnon abbatissa, ejusque soror Imma comitissa, Gerone comite adjuvante, construxerunt quoddam (108) monasterium in honorem sanctæ Dei genitricis et perpetuæ virginis Mariæ dedicatum, ad quod omnem hæreditatem, hoc est Keminadam, Hogen, Barigi, Tundivium, Othere; hæc sunt in Tilichi Warstan, in Auga Rohten, in Wakenafalde Bardewik, Hottmannessum, Wintorp, Britlingi, Biangi, D Budiburg, Addunestorp, Hatlerbiki, Bodenhusen, Suterburg, in Gardanga Clomkey ; in Drevan, Wigmannesburgscal, Bennestorp; in Mosidi Widila, Waldersidi, Kokerbiki; in Heilanga Holana, Aunsetila ; in Hostrunga Hepenstidi, Sungad, cunctaque eorum hic præmemorata prædia gratissima voluntate tradiderunt. Quæ vero sita sunt in comitatu Bevardi ducis, unde, nostram regalem aggressi majestatem, supplices rogaverunt, ut ipsum monasterium in nostro mundiburgio susciperemus, talisque libertatis ac legis primatum concederemus, qua-

Conrado II imperatore et Eugenio papa III, tandem ad Brunswicenses duces transiit.

lem (109) Gandersheim (110), Guintilibürg, Gernivisti tenere viderunt. Quod nos petitione Theoderici Mindonensis episcopi fecisse omnino noscat universitas fidelium. Ad hoc statuimus ut præfatæ abbatissæ suæque sororis comitissæ prædictum monasterium et abbatia nostro persistat consensu diebus vitæ eorum; post obitum vero utrarumque earum ad nostrum publicum eadem abbatia jus in perpetuum pertineat. Insuper autem volumus ut nulla major aut minor regni nostri persona in eadem abbatia placitum facere, aut aliquam sibi molestiam inferre, vel publicam functionem exigere [*suppl.*, præsumat], nisi advocatus abbatissæ cunctarumque monialium. Hoc etiam nostra regali auctoritate ad hoc concedimus abbatiæ, ut sanctimoniales ejusdem monasterii, abbatissa nostro defuncta, licentiam habeant eligendi aliam ad hoc idoneam. Et ut nostræ auctoritatis præceptum firmius omni tempore perseveret, hanc paginam manu propria roborantes signo nostro jussimus insigniri.

Signum domni Henrici regis invictissimi.

Egibertus cancellarius vice Willigisi archicapellani notavi.

Data iv Nonas Novembris, anno Dominicæ incarnationis 1004, indictione ii, anno vero domni Henrici regis....

Actum Magadeburg.

XXII.

S. Henricus Ecclesiæ Comensis privilegia confirmat et possessiones auget.

(Anno 1004.)

[Ughelli, *Italia sacra*, V, 280.]

In nomine sanctæ et individuæ Trinitatis, HENRICUS Francorum pariterque Longobardorum divina favente clementia rex.

Notum sit omnibus nostris fidelibus quia, interventu Everardi Cumani episcopi divino respectu, et remedio gloriosissimorum antecessorum nostrorum imperatorum, et propagatione regni nostri, dedimus in integrum ac in perpetuum S. Abundio omnem illam partem de castro Berinzona, quæ ad nostram publicam pertinuit tam intus quam foris, cum omnibus appendiciis et pertinentiis suis, cum mercatis, theloneis, cum omnibus publicis reditibus et functionibus, cum ipsa quoque porta, quæ publico usui hactenus deservivit, ut libere, secure, quiete, pacifice cum omni potestate; et idem Everardus episcopus Cumanus, pro integritate suæ fidei et puritate servitii, et omnes sui successores habeant et teneant, et quidquid eorum voluntas decreverit, ad cultum divinum faciant; quia prædictum castrum Birinzona, cum omnibus quæ ad illud intus aut foris pertinuerunt, a nostro jure et dominio, et ab omni publica repetitione, in jus et dominium S. Abundii omnino transfundimus, dedimus, donavimus, ut, absque ullo respectu et sine omni publica inquietudine, omnia supradicta pertinentia cum servis et ancillis ita teneant, judicent, ordinent, sicut cætera loca, quæ ante centum annos ecclesia S. Abundii acquisivit, et tenuit. Decet enim et regno nostro est incrementum de iis quæ Deus dedit, donare, et ei honorem retribuere qui gratis honorat, et a quo omnis honor procedit. Honoremus ergo sanctos, ditemus loca sanctorum, et ipsos apud Deum adjutores habeamus et intercessores. Per hoc enim prædecessores nostri multum Deo placuerunt, per hoc et nos speramus et vitæ salutem et regni augmentum, et pacis prosperitatisque honorem. Jubemus igitur, ut nullus dux, marchio, comes, vicecomes, nullus Latinus, nullus Theutonicus, nulla regni nostri magna vel parva persona deinceps de prædicto castro Birinzona, aut de aliqua ejus pertinentia, aut intus, aut foris ullo in tempore per aliquod ingenium se intromittere audeat, nec unquam ecclesiam S. Abundii inde disvestire præsumat, aut Everardum nostrum fidelissimum episcopum Cumanum, aut ejus ullum successorem inde inquietare, molestare, aut per illum placitum fatigare contendat. Si quis autem fecerit, mille libras probatissimi auri componat, medietatem nobis, et S. Abundio alteram; et hoc præceptum temporibus omnibus in sua maneat firmitate. Quod ut verius credatur, et diligentius observetur, hoc præceptum scribi jussimus, manu nostra firmavimus, et nostro sigillo insigniri præcepimus.

Signum D. Henrici invictissimi regis.

Egilbertus cancellarius ad vicem Villigisii archicapellani recognovit.

Dat. ii Id. Junii, anno Dominicæ incarnationis millesimo quarto, indictione secunda, anno vero D. Henrici II regis tertio. Actum in Lacunavara in Dei nomine feliciter. Amen.

XXIII.

S. Henrici diploma per quod prædium Pipinesdorff Ecclesiæ Wormatiensi liberaliter confert.

(Anno 1004.)

[Schannat, *Episcopatus Wormat.*, II, 36.]

In nomine sanctæ et individuæ Trinitatis, HEINRICUS divina favente clementia rex.

Si loca sanctorum munificentiæ regalis largitate sublimamus, hoc nobis tam in præsentis vitæ decursu quam in futuræ gloriæ statu prodesse liquido profitemur. Proinde noverit omnium sanctæ Dei Ecclesiæ nostrorumque fidelium industria, qualiter Burchardus sanctæ Wormatiensis Ecclesiæ venerabilis præsul, nostram regiam adiit humiliter obsecrans excellentiam, ut prædium quod habere in villa

---

(109) Gandersheim nobilissimum virginum Benedictinarum monasterium in ducatu Brunswicensi a Liutolpho Saxonum duce et Oda ejus conjuge fundatum fuit circa annum 852.

(110) Istud monasterium condidit Mathildis regina, Henrici Aucupis regis Germanorum conjux, in eoque sub sæculari habitu religiosam vitam duxit. Situm est autem in diœcesi Haberstatensi et in eo una cum Henrico rege quiescit.

nuncupante Pipinesdorff videmur, suo episcopio ac sanctæ Wormatiensi Ecclesiæ in honorem sancti Petri apostolorum principis dedicatæ, largiri, nostræ pro remedio animæ, dignaremur. Cujus itaque petitioni, per interventum Cunigundæ nostræ dilectæ conjugis videlicet reginæ, ac pro futuræ remunerationis augmento, assensum præbentes, præfatum prædium, quod est situm in villa Pipinesdorff, in pago Mulselgowe in comitatu vero . . . . . integre cum cunctis suis pertinentiis, hoc est areis, ædificiis, servis et ancillis, terris cultis et incultis, pratis, pascuis, silvis, venationibus, etc., jam præmemoratæ ecclesiæ sancti Petri, ejusque rectoribus, qui pro tempore ibi ordinati fuerint, regali et præceptali hac pagina concesssimus, et de nostro jure in ejus jus . . . . . . ut hæc auctoritas nostra inviolabilem in Dei nomine obtineat stabilitatem, manu nostra roborantes, eam sigillo nostro subter jussimus insigniri.

Signum domni Heinrici invictissimi regis.

Egilbertus cancellarius vice Willigisi archicapellani recognovit.

Dat. v Kalend. Januarii, anno Dominicæ incarnat. 1004, indict. ii, anno vero domni Heinrici secundi regni iii.

Actum Dhoreburg in Dei nomine feliciter, amen.

XXIV.
Super emunitate.
(Anno 1004.)
[Apud Ludewig, Script. rer. Germ. I, 330.]

In nomine sanctæ et individuæ Trinitatis, HEINRIcus divina favente clementia, rex.

Quia si piis Dei famulantium flagitationibus accommodamus benignum auditum, summæ salutis inde provenire nobis incunctanter credimus remedium : idcirco omnium sanctæ Dei Ecclesiæ fidelium noverit religiositas, quoniam, tam animæ nostræ consulentes, quam etiam dilecti nostri Godehardi abbatis petitionibus obtemperantes, venerabilem Mauritii martyris abbatiam Altaha nuncupatam, sub nostræ defensionis mundiburdium ac tuitionem, cum omnibus eidem præfatæ abbatiæ aliquo modo adhærentibus, villis vero Iserahoff, Suartzaha, Cœlla, Gunzia, Munichdorff, Puechoff, Oberanhaus, Usterlingen, Gotzzolting, Otilingen, Richerisdorff, Boltheringa nuncupatis, seu etiam cæteris cujuslibet utilitatis commoditatibus, familiis, tributis, tributariis, rebus mobilibus et immobilibus, viis, inviis, silvis, saginis, aquis, piscationibus, molis, molendinis, pascuis, compascuis, sive apium pascuis, quæsitis et inquirendis, nec non justa acquisitione eidem præfatæ abbatiæ pertinentiis. Præcipientes igitur regali summitate edicimus ut nullus dux, marchio, comes, vicecomes, schuldasio, scapio, seu aliqua magna vel parva persona, eumdem jam dictum abbatem suosque successores præscriptis rebus inquietare, molestare, vel disvestire præsumat. Si quis vero hujus præscripti nostri, quod absit! violator exstiterit, sciat se compositurum auri optimi libras cen-

tum. Quod ut verius credatur, diligentiusque ab omnibus observetur, hanc chartam inde conscriptam manu propria roborantes sigilloque nostri impressione jussimus insigniri.

Datum vi Kal. Febr., ind. ii, anno Dominicæ incarnationis 1004; anno vero domni Henrici II regis iii. Actum Altisteri, in Dei nomine feliciter. Amen.

XXV.
Rex Henricus donat veteri capellæ quoddam sui juris prædium in Nortgowe, et quidquid in duabus villis Durnin et Mantalahi possidebat.

(Anno 1004.)
[Ried, *ubi supra* p. 123.]

In nomine sanctæ et individuæ Trinitatis, HEINRICUS divina favente clementia rex.

Notum sit omnibus fidelibus nostris, præsentibus scilicet et futuris, qualiter nos ad regiam capellam intus in civitate Radesponensi in honorem sacratissimæ Virginis, Dei genitricis Mariæ, a nobis reparatam quoddam nostri juris prædium in Nortgowe et in comitatu Oadalscalchi comitis situm, item quidquid in duabus villis nomine Durnin et Mantalahi possidere visi sumus, interveniente Taginone Magedeburgensis Æcclesiæ archiepiscopo, quondam ejusdem capellæ præposito, per hoc regale præceptum perpetua lege tradidimus cum omnibus pertinentiis et utilitatibus suis, hoc est areis, ædificiis, servis et ancillis, agris, campis, terris cultis et incultis, pratis, pascuis sive compascuis, silvis, venationibus, aquis, aquarumque decursibus, molendinis, piscationibus, viis et inviis, exitibus et reditibus, quæsitis et inquirendis, seu cæteris quibuscunque pertinentiis in perpetuos æcclesiæ et congregationis ibidem Deo canonice militantis usus. Et ut hæc nostra traditio stabilis et inconvulsa permaneat, hanc cartam manu propria roboratam, sigillo nostro imprimi jussimus.

Signum domni Heinrici regis invictissimi. (Monogramma.)

Egilbertus cancellarius vice Willigisi archicapellani recognovi.

Data vi Id. Febr. anno incarnat. Domin. 1004, indict. i, anno vero domni Heinrici secundi regn. ii. Actum in Vuarim.

Sigillum illæsum, intus impressum.

XXVI.
Rex Henricus II donat monasterio inferiori prædium in curtibus Ratisbon. id est in Regensburger Burgfrieden.

(Anno 1005.)
[Ried, *ibid.*, p. 124.]

In nomine sanctæ et individuæ Trinitatis, HEINRICUS divina favente clementia rex.

Si piis Dei famulantium petitionibus præbemus assensum, æternæ remunerationis procul dubio inde oboriri nobis speramus remedium. Idcirco omnium sanctæ Dei Ecclesiæ fidelium, præsentium scilicet et futurorum, noverit industria qualiter nos, tam pro animæ nostræ consultu quam etiam pro dilectissimæ contectalis nostræ, Cunigundæ videlicet reginæ, dulci appetitu, nec non venerabilis Radesponensis abbatissæ, Ontæ videlicet nuncupatæ, sedulo interventu, quoddam nostri juris prædium, quod Macelinus clericus vivens in curtibus Radesponens. Eknulla condicta et in comitatu Roudberti comitis visus est investitura potestatis possidere, Radesponensi sanctæ Mariæ monasterio, quod differenter inferius dicitur, tradentes in proprium donavimus atque in augmentum victus monialium inibi degentium sub regula sancti Benedicti firmissima donatione proprietavimus cum omnibus ejusdem prædii utensilibus et appendiciis, rebus scilicet mobilibus et immobilibus, familiis utriusque sexus, areis, ædificiis, terris cultis et incultis, pratis, pascuis sive compascuis, viis, inviis, exitibus et reditibus, quæsitis et inquirendis, aquis aquarumve decursibus, seu cum omnibus, quæ rite dici vel scribi possunt quolibet modo, utilitatibus, eo videlicet donantes tenore quatinus jam dicta abbatissa ejusque successrices liberam dehinc habeant potestatem possidendi, commutandi, colendi, precariandi, seu quicquid sibi libeat omnibus modis de eodem prædio ad utilitatem Sanctimonialium faciendi. Et ut hæc traditionis auctoritas stabilis et inconvulsa in æternum permaneat, hanc cartam inde conscriptam manu propria roborantes sigilli nostri impressione insigniri jussimus.

Signum domni Heinrici regis invictissimi. (*Monogramma.*)

Eberhardus cancellarius vice Willigisi archicapellani recognovi.

Data iv Idus Junii, indict. iii, anno Dominicæ incarnat. 1003, anno v domni Heinrici II regnantis. Actum Puozinesheim feliciter. Amen.

Cum sigillo majestat.

XXVII.

Monasterium Steinense, ex Duellio translatum, ab Heinrico II R. R. dotatur, et Ecclesiæ Bambergensi subjicitur.

(Anno 1005, 1 Octob.)

(111) Stein, municipium reipublicæ Turicensis ad dextram ripam Rheni supra Scafhusium. Ponte jungitur Turgoviæ.
(112) Duellum, Duellium, *Dwiel*, *Hohendwiel*, arx montana in Hegovia, serenissimo duci Wirtembergiæ subjecta. Judice Goldstado nomen a *bello* accepit. Vetus enim glossarium habet : « Duellum , *bellum*, *quasi dubellum*. Duellium , locus in quo bellatur; et ubi milites perseverantes durant in bello, a *duo* et *bellum* componitur, quasi *dubellium*, quia intus et foris geritur bellum. »
(113) Hujus fundationis, aut potius restaurationis meminit anonymus Petershusanus in Chronico ap. P. Ussermann Germ. sac. prodrom. tom. I, p. 519, et Ekkehardus jun. De cas. S. Galli c. 10, ap. Goldast.
(114) Successit Warinherius, al. Werinharius, seu Wernherus *Augiæ Divitis* abbas Alawico ann. 1000; hic vero Wideroldo *Argentinensi* episcopo, in Italia defuncto. Herm. Contr. ad h. a. Cf. Gallia christ. T. V, p. 986.
(115) Hermannus II. ducatum Alemanniæ suscepit a. 997.

[Newgart, *Cod. diplom. Alemanniæ*, ex originali archivi reipublicæ Turicensis].

In nomine sanctæ et individuæ Trinitatis, Heinricus divina favente clementia rex.

Quoniam principem ac defensorem æcclesiarum nos fecit Dominus, ne ejus gratiæ ingrati esse videamur, servicium ipsius augmentare, æcclesias multiplicare, bene et opportune structas defendere, destructas vero nos oportet restaurare. Unde moderno tempore constructionem non ignobilis monasterii in istis Alemanniæ partibus juxta ripam Rheni loco Steine (111) dicto disposuimus fieri, in honore videlicet Sanctæ Mariæ et Storum martyrum Georgii et Cyrilli. Ipsorum enim reliquiæ illuc noscuntur translatæ de monte Duello (112), antiquioris scilicet monasterii loco. Prius quidem illic, patratu ducis Purchardi ejusque conjugis Hadewigæ, satis honorifica monachorum habitacula sed non multæ commoditatis erant constructa (113). At postquam res eorum nostræ dominationi cessere, habita cum episcopis et regni principibus deliberatione, visum est nobis oportunius locum monasterii transmutare, secundum quod ipsius loci cœnobitas et accolas montis perardui difficultatem culpando audivimus desiderare. Nunc igitur ut commemoratio et honor priorum ejusdem loci dominorum, nostri scilicet fidelium et cognatorum stabiliatur, placuit serenitati nostræ opera religionis ipsorum regia nostri auctoritate taliter adjuvare, ut famuli Dei per nostram dispositionem optati loci oportunioris adipiscantur tranquillitatem. Notum sit ergo omnibus Ecclesiæ Dei quia, præsentaneo nostrorum episcoporum videlicet et abbatum favore, sed præcipue Augiensi abbate Warinherio (114) et duce Herimanno (115) adnitente aliisque Sueviæ principibus, ad idem monasterium Steine nuncupatum nostræ hæreditatis prædia contradimus quæ in diversis pagis et comitatibus sita sunt ac locis Arola (116), Ezzewilare (117), Hillesinga (118), Nagelta (119), Epfendorf (120), Phisgina (121) cum fonte salis, Vfeninga (122), Affraninga (123), Rahtfelda (124), Sindelstetta (125), Hoenstetta (126) Rieden (127),

(116) Arlen, ad Acham fl. inter Stein et Duellum.
(117) Ezweil, in Alpegovia Nigra-Silvana ad Albam fl. versus Rhenum.
(118) Hiltisen, prope Arlam memoratam.
(119) Nagolt, oppidum in Wurtembergiæ ducatu, ad flavium cognominem.
(120) Epfendorf, infra Rotwilam.
(121) Fischingen, infra oppidum Sulz, ubi hodie salina.
(122) Hod. *Avingen*, in præfectura Munsingana Wirtembergiæ.
(123) Effringen, prope Wildberg.
(124) Rotfelden, inter Nagolt et Wildberg oppida.
(125) Locus mihi ignotus; nisi sit *Zindelstein*, arx diruta prope oppidum *Fehrenbach*, in silva Nigra, dit. Fürstembergi, vel *Sænstetten* in præfectura Heidenheimensi Wirtembergiæ.
(126) Honstetten, inter Dutlingen et Stockach, in Hegovia.
(127) Riethen, quo nomine plura patent loca in nostra diœcesi.

Suaninga (128), Purch (129), nominatis cum ecclesiis et decimis, villis et censualibus, hominibus ac mancipiis utriusque sexus, cum terris cultis et incultis, pascuis, pratis, silvis, cum quæsitis et inquirendis, mobilibus et immobilibus, cum vassallis ministerialibus omnibusque ipsorum possessionibus. Ista igitur cum omnibus appendiciis suis, et quæcunque adhuc nominari possunt, concedimus et legitime confirmamus ad reliquias sanctorum Steinensis ecclesiæ, ut per successuras etates ille abbas illis dominetur qui ad ejusdem ecclesiæ regimen et curam promoveatur, et cum suis monachis pro nobis et antecessoribus nostris divinam pietatem assidue implorare non pigritetur. Ad hæc quoque omnium hominum fidelitati volumus notificare quia castrum Babinberch dictum, in Austrifranciæ parte situm, jam molimur in sedem episcopatus sublimare, quare necesse est nos prediorum donationibus et rerum copiis undecunque provenientibus ditando amplificare. Decrevimus ergo et certum animo posuimus ea predia illuc contradere quæ nobis hereditario jure contigerunt in istis partibus Alemanniæ post mortem Hadewige Purchardi ducis viduæ. Ipsum quoque monasterium Steine, de cujus statu et modificatione jam egimus, Babinbergensis sedis episcopis subjicere volumus. Eo siquidem pacto et ratione ut nullus vel ipsorum episcoporum aut aliorum potentum præsumat alicujus iniquæ exactionis vel constructionis gravamina vel damna ipsi loco aut ejus abbatibus vel procuratoribus seu rebus inferre, et nec censum exigere nec quicquam eorum usibus detrahere. Tantummodo enim concedimus, ut, defuncto ipsius congregationis abbate, quicunque a monachis vel inter se vel de alio quoque noto monasterio canonice successurus eligatur, huic per prædictæ sedis episcopum cura monasterii commendetur. Cui etiam ad bene vivendum ac regulariter suos regendum ac perinde omnia disponendum idem deinceps obediat, a quo et metum habeat, ne res ecclesiæ suæ dissipare, vel liberis aut quibuslibet alienis hominibus beneficia ex possessionibus imprudenter concedere præsumat. Præterea audivimus plerosque eorum qui ecclesiarum constituuntur advocati debita potestate multum abuti, ut, qui deberent esse modesti defensores, impudenter effecti sint rapaces et injuriosi exactores. Idcirco nostræ placuit providentiæ in abbatis illius et fratrum suorum hoc perpetualiter ponere potestate, ut, sapientum usi consiliis, ex eis quos inter potentes sæculi noverint esse æquitatis et modestiæ amantiores eligant suis competenter locis advocatos et defensores. Nec aliter quisquam omnium sibi hanc potestatem presumat vindicare vel quasi hereditarium invadere, nisi ex abbatis constitutione. Ministerialibus quoque vassallis quos tradidimus eidem ecclesiæ, liceat, cum his quos ad episcopatum prædictum dare decrevimus, consueto honestæ societatis more vitam agere, mutuo filias suas in conjugium dare secundum communem libitum, et accipere; sobolesque earum apud alterutros stabiliter in illius ecclesiæ permaneant proprietate, ad cujus partes ipsæ per matrimonii dantur copulationem. Hæc igitur decreta nostræ traditionis, et corroboratio nostræ autoritatis, ut firmior in succedentibus habeatur annis et diligentius observetur, propria manu eam confirmavimus, et sigillo nostro sigillari jussimus.

Signum domini Henrici imperatoris secundi.

Sigefridus (150) cancellarius in vice Brunonis (151) archicancellarii recogn. Data Kal. Oct. indict. III (132), anno Dnicæ incarn. IV (153), anno domni regis Heinrici IV. Actum est Ulma feliciter.

XXVIII.

S. Henricus imperator confirmat fundationem collegii canonicorum in ecclesia Sanctæ Crucis Leodii, facta per Notgerum episcopum Leodiensem.

(Anno 1005.)

[Miræus, Opp. diplom., II, 808.]

In nomine sanctæ et individuæ Trinitatis, HENRICUS divina disponente clementia a Deo coronatus, et ab omni plebe in regnum gloriose exaltatus.

Quicunque catholicorum......

Quapropter notum esse cupimus..... qualiter vir magnæ sanctitatis et satis dignæ reverentiæ, domnus Notgerus episcopus Ecclesiæ S. Mariæ, sanctique Lamberti martyris provisor et custos, studio divini amoris succensus, ecclesiam quamdam in urbe Leodio (134) a fundamentis extruxit, in memoriam videlicet et laudem ligni S. Crucis, et canonicorum cœnobium ibidem instituit, et, pro promerenda æterna vita, ex sumptibus suis in eodem loco Deo militantibus struendam decenter ornavit; ut, sanctorum Patrum instituta sequentes, die noctuque serviant pro pace regni nostri, et incolumitate nostra et dilectissimæ conjugis nostræ, et pro unanimitate Christianæ fidei, ad Deum indesinenter preces fundant, una cibum capiant, pariter dormiant, totosque se divino cultui mancipent.

Quare idem præfatus antistes adiit præsentiam dignitatis nostræ, humiliter supplicans ut id quod industria pontificalis sagaciter disposuerat, regalis manus firmitate inconvulsum et indissolubile permaneat.

Assignavimus autem eidem Ecclesiæ per interventum ejusdem præsulis loca quædam congregationi

---

(128) Swaningen, in Alpegovia Nigra-Silvana, an Sweningen in veteri Bertholdesbara intelligatur, non facile dixerim.

(129) Burg, cujus nominis vetus castrum in Hegovia; vicus in Brisgovia; aliusque ejus nominis in Bertholdesbara exstant.

(130) Sigefridus, ep. Monasteriensis.

(131) Bruno, successor Sigefridi in episcopatu Au-

gustano, frater Heinrici regis. Tam Sigefridus quam Bruno in numero cancellariorum et archicancellariorum ap. Malinkrotium desiderantur.

(132) Indictio III convenit anno 1005.

(133) I. e. 1005. Nam I cum linea transversa in vertice, quam autographum exorimit numerum millenarium indicat.

(134) Leodiensis ecclesia collegiata S. Crucis

pro opportunitate administranda, videlicet in pago Arduennæ Berthoniam villam, etc......

Et ut hæc collatio Divinæ servituti addicta secundum præfatam definitionem inviolabilis et indissolubilis jure permaneat, edicto banni nostri confirmari jussimus, et hos apices majestatis nostræ inde fieri præcepimus, per quos decernimus atque jubemus ne quis in posterum, aliquo stimulo malitiæ tactus, huic præcepti nostri traditioni audeat contraire.

Sed sicut a præfato præsule secundum Dei placitum est ordinatum, sic in omni succedente posteritate indiscussum et immutilatum, decreto firmitatis nostræ irrevocabilem in Dei nomine obtineat stabilitatem, dextera regali consignavimus, et sigilli nostri impressione jussimus insigniri.

Data Nonis Aprilis, anno Dominicæ incarnationis millesimo quinto, indictione tertia, anno domni Henrici secundi regis tertio.

Actum Aquisgrani in Dei nomine feliciter. Amen.

XXIX.

S. Henricus prædia quædam donat monasterio Altahensi, petente Godehardo abbate.

(Anno 1005.)

[Apud Ludewig, *Script. rer. Germ.* III, 331.]

In nomine sanctæ et individuæ Trinitatis, HEINRICUS divina favente clementia rex.

Regalis enim excellentiæ decet majestatem rationabilibus sibi a Domino supplicationibus misericorditer concedere perpetrationem, quatenus eorum assiduis precibus et seculariter tranquilliterque et æternaliter cœlestis bravii diademate coronetur. Quocirca universalis fidelium nostrorum, præsentium scilicet et futurorum, noverit industria, qualiter quidam venerabilis Godehardus abbas, provisor vero Altahensis monasterii, celsitudinem potentiæ nobis a Deo concessæ subiit, humiliter implorans ut nos quamdam villam, Flinspach dictam, in pago Sweinichgouln sitam et in comitatu Tiemonis comitis, olim prædicto monasterio suo pertinentem, dolore non parvo tactus perdere quod juste visus est habere debere, eo restituere dignaremur. Cujus nos condignæ petitioni assentiendum fore existimantes, eamdem jam dictam villam nostra regali traditione atque pagina, ad ante dictum S. Mauritii monasterium in Altaha constructum concedentes restituimus, restauravimus, donavimus, atque firmissime subscribentes, eo consolidavimus ad ædificandum, restaurandum, maceriandumque præfatum monasterium, cum aliis ecclesiis cœnobiumque

sumptibus Notgeri Leodiensis episcopi ædificata fuit, qui eam consecravit anno 979, die 25 Octobris, in eaque instituit et fundavit quindecim canonicos. Horum numero postea ann. 1044 auxit Wazo Leodiensis episcopus usque ad viginti quinque; qui tandem ad triginta ascendit, cum præposito et decano, quorum ille e gremio canonicorum ecclesiæ cathedralis S. Lamberti eligendus est. Unam e præbendis possidet abbas Belliredius or-

fratrum, quia ob hoc prædictus abbas requisivit, quoniam terra arenosa est maceriæque utilis. Tradentes igitur in proprium S. Mauritii subscriptoque abbati nec non et suis successoribus, quidquid inter Winter et Hoffkirchen videtur jacere, vel etiam ad ante scriptum monasterium inibi respicere, cum omnibus rebus mobilibus et immobilibus, terris cultis vel incultis, vineis, vinetis, molendinis, viis, inviis, ædificiis, exitibus et reditibus, sylvis, venationibus, pratis pascuis, compascuis, sive apium pascuis, aquis, aquarumque decursibus, piscationibus, familiis utriusque sexus, quæsitis et inquirendis, seu omnibus, quæ dici vel scribi intrinsecus seu extrinsecus possint, pertinentiis et utilitatibus. Et ut hæc nostræ traditionis auctoritas stabilis et inconvulsa permaneat, hanc chartam inde conscriptam manu propria roborantes sigilliique nostri impressione insigniri jussimus.

Data Nonis Novembris, indict. I, anno Dominicæ incarnationis 1005, anno vero domini Henrici secundi regis IV. Actum Werdæ in Dei nomine feliciter.

XXX.

S. Henricus II imperator innovat prædecessorum immunitates et privilegia, monasterio S. Maximini concessa.

(Anno 1005, 9 April.)

[Hontheim, *Hist. Trevir. diplom.* I, 350.]

In nomine sanctæ et individuæ Trinitatis, HEINRICUS divina favente clementia rex.

Quoniam regalis antecessorum nostrorum providentia et sollicitudo in construendis constructivæ stabiliendis Dei ecclesiis pie jugiter invigilavit, idcirco Christi benignissima miseratione, in cujus manu regum corda vel jura consistunt, regni illorum diuturnitas pacificata viguit et effloruit. Unde nos pie salubriterque de nostri statu regni tractantes, devotamque illorum sollicitudinem imitari cupientes, privilegia antecessorum nostrorum regum sive imperatorum cœnobio S. Maximini, qui in suburbio Trevirorum requiescit, concessa vel attributa, ob interventum dilectissimæ conjugis nostræ, Cunigundæ videlicet reginæ, nostra etiam auctoritate roborare decrevimus, ut et antecessorum nostrorum benevola pietas non a nobis neglecta debilitetur, et monachorum inibi Deo servientium tranquillitas ab aliqua subintroducenda persona non inquietetur; ea siquidem ratione ut idem cœnobium, ubi prænotatus sanctus pontifex requiescit, cui venerandus (135) abbas Ofderath nunc præesse videtur, sicut sub antecessorum nostrorum, sic sub nostro quoque jure, mundiburdio et defensione consistat, nec alicui sedi

dinis Præmonstratiensis Leodii, aliam habent PP. Jesuitæ pro onere docendi humaniora.

Porro hoc templum in illo urbis editissimo loco Notgerus ædificari curavit, ut præpediret exstructionem arcis, quam quidam potens in armis meditabatur ibidem exstruere, qua urbs impugnari poterat, et ab illius habitatoribus clerus et populus opprimi.

(135) *Abbas Ofderath nunc præesse videtur.* Ofdera-

aut ecclesiæ, excepto nostræ regali potestate (sic), successorumque nostrorum, famulum, aut appendex, vel beneficiarium subjaceat. Concedimus etiam eis liberum arbitrium inter se eligendi abbatem tali honore dignum, et ad id officium idoneum, ut eo securius divinum ab illis impleatur ministerium, summæque propensius majestatis pro nobis implorent auxilium. Insuper etiam concedimus ut idem abbas sibique commissa congregatio eorumque successores potestatem habeant advocatias monasterii sui, cui velint, dandi, cuique velint, tollendi. Et ut nulla cujuslibet judiciariæ dignitatis persona in curtibus eorum placidum habere præsumat, telonium a navibus eorum nullus exigat, familiaque eorum bannum et frædæ nulli nisi abbati persolvat, nulliusque nisi abbatis vel ab eo constitutorum placidum attendat, et in singulis civitatibus regalibus vel præfectoriis liberam potestatem habeant intrandi et exeundi, vendendi et emendi, pascendi et adaquandi, eique opera regalia vel comitialia funditus perdonamus. Et ut hoc auctoritatis nostrum præceptum firmum et stabile permaneat, manu propria corroborantes, sigilli nostri impressione signiri jussimus (136).

Signum domini Heinrici regis invictissimi.

Egilbertus cancellarius, vice Willigisi archicapellani, recognovi. Data v Id. April., anno Dominicæ Incarnationis 1005, indictione III, anno vero domini Heinrici secundi regis III. Actum Aquisgrani in Dei nomine feliciter. Amen.

XXXI.

S. *Henricus Ecclesiæ Comensis privilegia confirmat et possessiones auget.*

(Anno 1006.)

[Ughelli, *Italia sacra*, V, 281.]

In nomine sanctæ et individuæ Trinitatis, HENRICUS divina favente clementia rex. Cum nostrorum fidelium petitionibus ad augmentum nostræ fidelitatis pietatis nostræ aures accommodamus, multo melius esse inducimus si Dei ecclesiis aliquid ex nostris libentius donaverimus, quarum juvamine majus nobis incrementum præstatur, nostrique regni celsitudo solidatur. Noscat itaque omnium fidelium præsens et futura collectio, nos pro remedio animæ nostræ nostræque conjugis, ac regni nostri stabilitate, interventu Egilberti Frisingensis episcopi, donasse Eberardo Cumano episcopo, suisque successoribus ad partem S. Mariæ S. Abundii omnem medietatem vicecomitatus de Vallefellina, et omnino transfudisse quidquid ad illam medietatem pertinet, aut citra lacum Cumanum, aut Belasium ab omni nostre publico, et dedisse ad proprietatem supradicto episcopo, et successoribus ejus tam in districto, quam in precantia et erimarias, atque in omni pertinentia,

A quæ nunc ad nos pertinere videtur, transfundimus et largimur Eberardo Cumano episcopo, suisque successoribus a nostra parte ad partem S. Mariæ et S. Abundii. Præcipientes ergo deliberamus ut nullus nostræ potestati subjectus, aut subjiciendus, scilicet dux, marchio, episcopus, comes, vicecomes, nullaque maxima vel parva persona audeant inquietare vel molestare aut disvestire præfatum episcopum vel ejus successores. Si quis vero facere præsumpserit, sciat se compositurum auri purissimi libr. 100, medietatem nostræ parti, et medietatem supradicto præsuli, suisque successoribus. Quod ut verius credatur, manu propria corroborantes, nostri sigilli impressione signari præcipimus hanc paginam.

Signum domini Henrici † regis invictissimi.

Anno Dominicæ incarnationis 1006.

XXXII.

S. *Henrici II præceptum, per quod universas Ecclesiæ Wormatiensis possessiones eidem confirmat aliasque superaddit.*

(Anno 1006.)

[Schannat, *Episcopatus Wormat*.; II, 36.]

In nomine sanctæ et individuæ Trinitatis, HEINRICUS divina favente clementia rex.

Nihil commodius ad nostræ sublimitatis honorem, nostrique regiminis corroborationem posse facere credimus, quam si, sanctarum Dei Ecclesiarum habentes sollicitudinem, earum dotes inconvulsas servare studuerimus. Ob hoc omnium sanctæ Dei Ecclesiæ fidelium noverit industria, præsentium scilicet et futurorum, quatenus divinæ recompensationis emolumento, nec non [ad] beatis simi apostolorum principis Petri venerationem, in cujus honorem Vuormatiensis episcopatus fundatus esse dignoscitur, sive ad monitionem et petitionem Burchardi, ejusdem sedis devotissimi præsulis, præmemoratæ Ecclesiæ per hujus nostræ concessionis paginam confirmamus omnia quæ reges et imperatores nostri quoque antecessores, sive nos, eidem Ecclesiæ contulerunt; ea videlicet ratione ut præfatus episcopus suique successores universa suæ Ecclesiæ, ut diximus, collata habeant, teneant, firmiterque possideant, omnium hominum molestatione et contradictione remota, quod ut verus credatur, diligentiusque ab omnibus observetur, hanc cartam inde conscriptam, manu propria roborantes, sigillique nostri impressione, ut subtus videtur, insigniri jussimus, et ex proprio Ecclesiam sitam in suburbio, alteram uno ab urbe milliario . . . . . ad usum præbendæ fratrum contradimus.

Signum domini Heinrici regis invictissimi.

Eberhardus cancellarius vice Vuilligii archicapellani recognovi.

Illius abbas nullo deinceps veteri monumento inscriptus legitur. Vitæ ejus diem ultimum (nam de eo nihil habetur compertum) ita fasti Maximiniani edunt: XVI *Kal. Jul. Ostradus abbas nostræ congregationis. Eum excepit Vinrichus, Nonis Martiis, quoquo demum anno, inauguratus.*

(136) *Sigilli nostri impressione.* Sigillum præsentis diplomatis, a Zyllesio non editum, in eo singulare est, quod imperatoris dextera, non ut alias sceptrum, sed crucem protendat, sinistra globum nulla cruce insignitum teneat.

Data II Non. Martii, indict. III, anno Dom. incarnat. 1006, anno vero domini Heinrici secundi regnantis v.

Actum Laudenburc feliciter. Amen.

XXXIII.

S. Henricus II imp. B. Notgero Leodiensi episcopo ejusque successoribus confirmat abbatias et ecclesias collegiatas, Lobiensem, S. Huberti, Broniensem, Gemblacensem, Fossensem, Maloniensem, Namurcensem, Dionantensem, Eichensem, Mechliniensem, Tungrensem, Huiensem et Trajectensem.

(Anno 1006.)

[Miræus, *Opp. diplom.* III, 11.]

In nomine sanctæ et individuæ Trinitatis, HENRIcus divina favente clementia rex.

Nobis profuturum et ad vitam præsentem transigendam, et ad futuram feliciter obtinendam, credimus et scimus, si, secundum fidelium nostrorum justas petitiones, ecclesiasticas facultates, et cujusque potestatis judiciaria jurisdictione liberaverimus, et liberatas augmentaverimus, et augmentatas regali præcepti munimine tuendas esse firmaverimus.

Quapropter notum esse volumus omnibus nostris fidelibus, tam futuris quam præsentibus, quia vir venerabilis Notkerus Tungrensis seu Leodiensis episcopus, quoddam præceptum nostris obtulit obtutibus, quod erat secundi Ottonis, imperatoris et consanguinei nostri, et manu firmatum, et sigillo signatum; in quo dicebatur quod non solum ipse et pater suus, primus videlicet Otto imperator virtute et nomine, sed antecessores eorum, reges scilicet Francorum, Pipinus, Carolus, Ludovicus, Lotharius et item Carolus, et etiam cæteri reges antecessores et successores eorum, eidem Ecclesiæ sanctæ Mariæ et sancti Lamberti, cui auctore Deo idem episcopus præest, per auctoritatis suæ præcepta contulerant, ut et ipsa et suæ appendiciæ, quæ sunt videlicet: Lobiis (137), et in loco qui dicitur ad Sanctum Hubertum (138), Bronio (139), Gembluos (140), Fossis (141), in Malonia (142), Namurco (143), Dionanto (144); Ceumaco (145), Edla (146), Tungris (147), Hoyo (148), Trajecto (149), Malinas (150), vel in cæteris locis, cum omnibus rebus vel hominibus ad se pertinentibus, libere per se consisterent, et ab omni inquietudine judiciariæ potestatis defensæ et securæ manerent.

Hujus securitatis auctoritatem, sic ab antecessoribus nostris promulgatam, ut, ob amorem Dei et reverentiam ejusdem ecclesiæ, assensus nostri adjectione firmaremus, petiit prædictus venerabilis episcopus.

Cujus justæ et rationabili petitioni aurem libenter accommodavimus, et hoc nostræ auctoritatis præceptum; erga ipsam Ecclesiam tuitionis gratia, pro divini cultus amore, et animæ nostræ salute, fieri decrevimus, per quod firmissime jubemus ut deinceps nullus comes, nullus judex, nisi cui episcopus commiserit, in prædicta loca, vel eorum territoria, quæ in quibuslibet pagis infra regni nostri ditionem, et nunc habent, et in futuro habenda sunt, ad causas audiendas, vel ad freda, aut banna, aut tributa, aut de statione navium, vel de qualibet alia re, telonia exigenda, aut aliqua districtionis negotia super homines, tam ingenuos quam servos in eis manentes, exercenda, nostris et futuris temporibus ingredi audeat, vel quidquam in eis contra voluntatem episcopi successorumque ejus attentare audeat.

Sed ipsi præsuli successoribusque suis et nunc et semper liceat res prædictæ Ecclesiæ, et illi subditarum, sub tuitionis atque immunitatis nostræ defensione, remota totius judiciariæ potestatis inquietudine, quietas possidere, et nostro imperio parere, atque pro incolumitate nostri et nostræ conjugis, et pro statu ac diuturnitate regni nostri, una cum clero et populo sibi subjecto, clementiam Dei jugiter exorare, et quidquid de præfatis rebus Ecclesiarum, jus fisci exigere poterat, prædictæ ecclesiæ esset, ut deinceps ad peragendum Dei servitium augmentum et supplementum fiat.

Hujus itaque præcepti auctoritatem, ut nomine

---

(137) Lobiis, Gallice *Lobbes*, potens abbatia Benedictinorum ad Lobim fluvium, cujus abbas est administrator in pontificalibus episcopatus Leodiensis sede vacante. Diplomata plurima ad hanc abbatiam spectantia vide apud Miræum.

(138) S. Hubertus, olim *Andainum*, potens abbatia Benedictinorum in Sylvis Arduennis, in diœcesi Leodiensi, clara miraculosis sanationibus quæ fiunt in virtute reliquiarum S. Huberti episcopi.

(139) Bronium, alias S. *Gerardi*, abbatia Benedict. in comitatu ac diœcesi Namurcensi, unita mensæ episcopali Namurcensi.

(140) Gembluos, alias *Gemblacum*, abbatia Bened. in Gallo-Brabantia ac diœcesi Namurcensi, cujus abbas est primum comes, primusque in comitiis nobilium Brabantiæ.

(141) Fossis, capitulum canonicorum S. Folliano sacrum, haud procul Namurco.

(142) Malonia, abbatia canonicorum regularium prope Namurcum.

(143) Namurco, urbs episcopalis, primaria comitatus Namurcensis. Est illic capit. cathedrale S. Albini, et collegiata canonicorum B. Mariæ; item fuit olim capitulum S. Petri in Castro.

(144) Dionanto, oppidum ad Mosam, ubi collegiata ecclesia B. Mariæ sacra.

(145) Ceumacum, alias *Cinacum*, capitulum canonicorum B. Mariæ Virgini dicatum.

(146) Edla alias *Cyka*, vulgo Maseyck, oppidum in diœcesi ac Campinia Leodiensi, ubi ecclesia collegiata SS. virginibus Harlindi ac Renildi sacra.

(147) Tungris, urbs antiquissima diœcesis Leodiensis, quondam sedes regum Tungrensium, ac primorum episcoporum. Est illuc ecclesia collegiata B. M. V.

(148) Hoyo, vulgo *Huy*, civitas ad Mosam fluvium; cum ecclesia collegiata B. M. V.

(149) Trajecto, ad Mosam fluvium, vulgo *Maestrich*, urbs munitissima, hodie sub dominio Statuum Fœderatorum Belgii. Sunt illic duæ ecclesiæ collegiatæ canonicorum, una S. Servatio, altera B. M. V. sacra.

(150) Malinas, urbs archiepiscopalis in provincia Belgica. Est illic metropolitana divo Rumoldo sacra, in qua capitulum canonicorum fundatum fuit ab anno 996 a S. Notgero Leodiensium episcopo. Aliqui primam ejus fundationem referunt ad ipsum S. Rumoldum episcopum et martyrem, qui obiit circa annum 774.

ipsius, qui nobis præcipiendi concessit potestatem, pleniorem obtineat vigorem, et a fidelibus sanctæ Dei Ecclesiæ, ac nostris diligentius conservetur, et manu propria firmavimus, et sigilli nostri impressione, signari jussimus.

† *Sigillum domini Henrici regis invictissimi.*

XXXIV.
Henricus II, Germaniæ et Italiæ rex, sub suo mundiburdio suscipit Landulphum Cremonensem episcopum.

(Anno 1007.)

[Muratori, *Antiq. Ital.* I, 991.]

In nomine sanctæ et individuæ Trinitatis, HENRICUS divinæ dignationis providentia rex.

Regalis dignitatis providentiam semper oportet Ecclesiarum Dei, etc. Noverit universitas quod nos, comperientes in Italia Ecclesiarum facultates defuncto earum Præsule deprædari, sanctamque Cremonensem Ecclesiam hoc quoque noviter passam defuncto Pastore, sub nostri mundiburdi defensionem recepimus domnum Landulfum venerabilem præsulem ejusdem sanctæ Cremonensis Ecclesiæ, nostrumque dilectissimum capellanum, cum omnibus clericis suis ac familiis. Præcipientes insimul ut nulla nostri regni magna parvaque persona post, obitum ejus suorumque successorum, prædictam Ecclesiam, clericos et famulos inquietare vel molestare audeat. Si quis vero, quod non credimus, hujus nostri mundiburdi violator exstiterit, si miles ipsius Ecclesiæ fuerit, omni beneficio quod ex parte ipsius ecclesiæ tenuerit, ipse et ejus hæredes in æternum priventur, et centum libras puri argenti, medietatem nostræ reipublicæ, et medietatem prænominatæ ecclesiæ se compositurum procul dubio cognoscat. Si vero civis aut suburbanus, sciat se perditurum omnia prædia et possessiones suas, medietatem a parte publica, et medietatem prædictæ Ecclesiæ. Si vero aliqua regni persona contra fecerit, centum libras optimi auri, medietatem nobis et medietatem præfatæ ecclesiæ procul dubio componat. Quod ut verius credatur, etc.

Non adest monogramma Henrici.

Everardus cancellarius vicem Villigisi Archicapellani recognovi.

. . . . . Anno Dominicæ incarnationis 1007, indictione v, anno regni domni Henrici regis secundi regnantis vi. Actum Polede feliciter. Amen.

XXXV.
S. Henricus II imp. monasterio Steinensi donat locum Kircheim.

(Anno 1007, 1 Novemb.)

[Newgart, *Cod. diplom. Alem.*, ex originali archivi reipublicæ Turicensis.]

In nomine sanctæ et individuæ Trinitatis, HEINRICUS divina favente clementia rex.

Salutaribus sacri eloquii instructionibus erudimur et admonemur ut, temporalia parvipendentes com-

(151) *Kirchen, Kircheim* ad Rhenum infra Basileam.
(152) Episcopus Bambergensis.
(153) Currebat adhuc annus ii Heinrici regis in Lon-

moda, æterna et semper mansura in cœlis studeamus adipisci consistoria. Quapropter nos Dominicis non surdum auditum præbentes præceptis, locum quendam nostræ hæreditatis Babinberch dictum in sedem episcopatus sublimando provehimus prædiisque et variis rerum donationibus magnifice sublimavimus. Injunximus quoque prædictæ sedis pontifici gubernationem et moderamina quorumdam monasteriorum, inter quæ unum quoddam in Alemannia, juxta ripam Rheni situm, Steine vocitatum, nostra dispositione constructum et moderatum, ejus commendationi volumus subjectum. Hujus igitur monasterii procuratores et prælati serenitatis nostræ præsentiam adiere, et, de prædicti loci inopia ac possessionum illuc pertinentium parvitate conquerentes, aliquod sublementum et auctionem prædiorum illuc concedi et superaddi suppliciter postulavere. Ipsorum quoque obnixe petitioni cum fidelium nostrorum episcoporum videlicet et abbatum ducum et comitum favor et suadela accessisset, nos vota illorum benigne suscepimus et petitioni eorum ob divinæ mercedis augmentum adimpleri decrevimus. Proinde noverit omnium nostri fidelium, præsentium scilicet ac futurorum industria, quia nos quendam nostri juris ac proprietatis locum Chilichheim (151) dictum, in pago Prisichgowe et in comitatu Adelberonis comitis situm, tradimus ad supradictum monasterium, quod est consecratum honori S. Dei Genetricis ac SS. Georgii et Cyrilli martyrum, cum omnibus ejus pertinentiis, videlicet ecclesiis, villis, servis, ancillis, areis, ædificiis, cum hominibus terrisque censualibus, cum tributis et teloniis de navibus per Rhenum discurrentibus vel undecumque noster fiscus circumquaque illuc aliquod jus exigere aut sperare deberet. Hæc igitur, cum omnibus cæteris appendiciis quæ adhuc dici possent, perpetua firmitate ad idem monasterium contradimus et transfundimus, ut quilibet abbas ibidem successurus absque contradictione habeat ea in sua potestate, nec ipsi liceat cuiquam libero homini potenti aliquam exinde partem pro beneficio concedere, vel ullo modo ab usu fratrum Deo illuc servientium alienare. Et ut hæc auctoritas nostræ largitio firmior habeatur et ab omnibus fidelibus nostris verius credatur et diligentius conservetur, manu propria nostra subter eam confirmavimus, et sigillo nostro sigillari jussimus. Si quis dictæ, quod absit! huic nostræ sanctioni contrarius exstiterit, et quæ donavimus abstulerit, vel fraude aliqua detraxerit, Judæ proditoris consors, nisi resipiscat, igne inextinguibili perpetualiter ardeat.

Signum domni Heinrici regis invictissimi.

Eberhardus (152) cancell. vice Willegisi recognovi.

Data Kl. Nov., indict. v, anno Dnicæ incarn. 1007, anno ii (153) domni HEINRICI.

XXXVI.
Diploma S. Henrici II imperatoris, quo Ecclesiæ

gobardia, numeratus ab anno vulgari 1004, quo 14 Maii coronatus est Papiæ.

metropolitanæ Cameracensi ac Herluino episcopo ejusque successoribus donat comitatum Cameracensem.

(Anno 1007.)
[*Gall. Christ.* III, *instrum.*, p. 1.]

HEINRICUS divina clementia favente rex.

Omnibus fidelibus notum fieri volumus qualiter nos, tam animæ nostræ consultu quam venerabilis Heriberti archiepiscopi Coloniensis interventu, Cameracensi Ecclesiæ, in honore S. Mariæ constructæ, comitatum Cameracensem hac nostræ auctoritatis præceptali pagina in proprium donavimus : præcipientes ut prælibatæ sedis Erluinus episcopus, suique successores liberam dehinc habeant potestatem, eumdem comitatum in usum Ecclesiæ supradictæ tenendi, comitem eligendi, bannos habendi, seu quidquid sibi libeat, modis omnibus inde faciendi.

Signum domini Henrici regis invictissimi.

Eberhardus cancellarius, vice Willegisi archicapellani, recognovit.

Data xi Kalendas Novembris, indictione v, anno 1007, domini Henrici secundi regni vi. Actum Aquisgranensi palatio.

XXXVII.

Litteræ S. Henrici de erecto ab se episcopatu Bambergensi.

(Anno 1007.)
[Ludewig, *Script. rer. Germ.*, 282.]

HENRICUS divina præordinante clementia rex, omnibus Ecclesiæ filiis tam futuris quam præsentibus.

Saluberrimis sacri eloquii institutionibus erudimur et præmonemur ut, temporalia relinquentes, bona et terrena postponentes commoda, æterna et sine fine mansura in cœlis studeamus adipisci consistoria. Gloria enim præsens fugitiva est et vana, dum possidetur, nisi in ea aliquid de cœlesti æternitate cogitetur. Sed Dei miseratio humano generi providit remedium, quando partem cœlestis patriæ, terrenæ substantiæ fecit esse pretium. Hujus ergo nos clementiæ non immemores, nec ignorantes nos gratuito divinæ miserationis respectu regali dignitate sublimatos, congruum esse ducimus non solum ecclesias ab antecessoribus nostris constructas ampliare, sed ad majorem gloriam Dei novas ædificare, easque devotionis nostræ donis gratissimis exaltare.

Quapropter Dominicis non surdum auditum præbentes præceptis, et deificis obtemperando intendentes suasionibus, thesauros divinæ largitatis munificentia nobis collatos in cœlo desideramus reponere, ubi neque fures effodiunt nec furantur, neque ærugo vel tinea demolitur, ubi et dum omnia nunc congesta recolimus, cor nostrum desiderio et amore sæpius versetur.

Proinde patere volumus omnium fidelium universitati, quod quemdam paternæ hæreditatis nostræ locum, Babenberc dictum, in sedem et culmen episcopatus proveximus, et Romanæ sedis auctoritate firmatum, atque venerabilis Henrici Wirzburgensis episcopi consensu, et dilectæ conjugis nostræ Chunegundæ voluntate, ac pari communique omnium nostri fidelium, tam archiepiscoporum quam episcoporum, abbatum, nec non et ducum et comitum consulto decretoque, ac totius regni nostri principumque concordi devotione laudatum, ad honorem omnipotentis Dei, et beatæ Mariæ semper virginis, et sanctorum apostolorum Petri et Pauli, nec non sanctorum Kiliani et Georgii, fundavimus, stabilivimus, et corroboravimus, ut inibi nostrum, parentumque nostrorum, et Ottonis tertii imperatoris, videlicet antecessoris nostri, celebre habeatur memoriale, et jugis pro omnibus orthodoxis mactetur hostia salutaris.

Oblatis igitur Deo in eadem dilecta nobis Ecclesia, ad honorem et decorem domus Dei, ex metallis lapidibusque pretiosis, in varios usus sanctuarii, vasis seu vestibus aliisque ornamentis ecclesiasticis, contulimus præterea ad supra dictam sedem episcopalem prædia, ecclesias, vicos, villas, cum omnibus suis pertinentiis sive adhærentibus, videlicet utriusque sexus mancipiis, areis, ædificiis, terris cultis et incultis, viis et inviis, exitibus et reditibus, quæsitis et inquirendis, silvis, sagenis, venationibus, pratis, pascuis, campis, forestis, (præstariis) forestariis, cellariis, censibus, aquis, aquarumve decursibus, molendinis, mobilibus et immobilibus et cæteris omnibus, quam rite scribi aut appellari possunt, quomodolibet utilitatibus, præsenti nostræ authoritatis edicto statuentes ut in Deo nobis dilectus sæpe dictæ sedis episcopus, Eberhardus, suique successores liberam dehinc habeant potestatem, eadem præscripta bona, cum omnibus appendiciis suis tenendi, possidendi, seu in quoslibet usus episcopatus convertendi; fratribus autem canonicis Deo ibidem famulantibus, ad quotidiana temporalis vitæ subsidia, possessiones, quas tradidimus, nostra imperiali auctoritate proprietative possidenda confirmamus, ea videlicet ratione ut præfati canonici, et eorum per successionem præpositi, liberam dehinc, cum ipsorum canonicorum consensu et consilio, potestatem habeant in meliores usus commutandi, augmentandi, et ad utilitatem suam quoquomodo redigendi; quatenus et ipsi, nostri benigne memores apud Deum, ac dilectissimæ conjugis nostræ atque consortis regni, Chunegundæ, parentumque nostrorum, versa vice beneficiis nostris pia atque assidua intercessione respondeant.

Si quis autem, quod absit ! hujus nostræ munificentiam donationis atque institutum, apostolicæ sedis, et tot venerabilium Patrum auctoritate firmatum, destruere seu violare tentaverit, in die judicii coram oculis Dei tormento inextinguibili æternaliter luat. Quod ne eveniat, sed hæc traditio atque decretum ab omnibus perpetualiter inviolabilis permaneat, hanc chartam inde conscriptam manu propria roborantes, sigilli nostri impressione insigniri jussimus.

XXXVIII.
S. Henricus II imperator benefacit Thorensi virginum nobilium canonicarum collegio ad Mosam, petente Notgero Leodicensi episcopo.

(Anno 1007.)

[Miræus, Opp. diplom. I, 507.]

In nomine sanctæ et individuæ Trinitatis, HENRIcus divina favente clementia rex.

Nobis profuturum et ad vitam præsentem transigendam, et ad futuram feliciter obtinendam credimus et scimus, si, secundum fidelium nostrorum justas petitiones, ecclesiasticas facultates augmentatas et augmentandas, regalis præcepti munimine tuendas esse firmaverimus.

Quapropter notum esse volumus omnibus nostris fidelibus, tam futuris quam præsentibus, quod per intercessionem venerabilis viri Notgeri, Tungrensis seu Leodicensis episcopi, Thornensi monasterio, ejusdem episcopi episcopatui subjecto, mercatum ejusdem loci, teaonium et districtum concessimus.

Insuper Ecclesias de *Britte* et *Chamaritte* et *Avesote*, quasque idem episcopus, in amplificationem ecclesiasticæ facultatis et aggregationem remunerationis supernæ, eidem monasterio concessit, per interventum ejusdem venerabilis episcopi, ad pertinentiam dicti monasterii auctoritate nostri consensus assignavimus; et hujus præcepti auctoritatem, ut in nomine ipsius qui nobis præcipiendi concessit potestatem, pleniorem obtineat vigorem, et a fidelibus sanctæ Dei Ecclesiæ ac nostris conservetur, more antecessorum nostrorum, et manu propria firmavimus, et sigilli nostri impressione signari jussimus.

Signum domini Henrici regis invictissimi.

Heribertus cancellarius, vice Villigisi archicapellani, recognovi.

Data XI. Nonas Junii, indictione v, anno Dominicæ incarnationis millesimo septimo, anno vero domini Henrici II regnorum quinto (154).

Actum Moguntiæ feliciter. Amen.

XXXIX.
Henricus II imperator donat abbatiam Kitzingensem archiepiscopatui Bambergensi.

(Anno 1007.)

[Ludewig, Script. rer. Germ., p. 1112.]

In nomine sanctæ et individuæ Trinitatis, HEINRIcus divina favente clementia rex.

Saluberrimis igitur sacri eloquii institutionibus erudimur et admonemur ut, temporalia relinquentes bona, et terrena postponentes commoda, æterna sine fine mansura in cœlis studeamus adipisci consistoria. Quapropter nos dominicis non surdum auditum præbentes præceptis, et deificis obtemperando intendentes suasionibus, quemdam nostræ paternæ hæreditatis locum, *Babenberg* dictum, in sedem et culmen

---

(154) Ex characteribus anni hujus diplomatis videtur colligi posse, Notgerum episcopum Leodicensem

---

episcopatus sublimando perveximus, et Romana auctoritate atque venerabilis Henrici Wurciburgensis episcopi, ac puro communique omnium nostri fidelium, tam archiepiscoporum quam episcoporum abbatumque, nec non ducum et comitum consultu decretoque, in honore sanctæ Dei genitricis Mariæ sanctorumque apostolorum Petri et Pauli, nec non martyrum Kiliani et Georgii, stabilivimus atque corroboravimus, ut et inibi nostrum parentumque nostrorum, [et] Ottonis senioris nostri, celebre haberetur memoriale, et jugis pro omnibus orthodoxis hostia mactaretur salutaris. Proinde noverit omnium nostri fidelium tam præsens ætas quam et successura posteritas, quia nos nostri quondam juris abbatiam, Kitzingum dictam, in pago Gotzfeld sitam, ad eamdem supra dictam episcopalem sedem, cum omnibus ejus pertinentiis sive adhærentiis, videlicet ecclesiis, decimationibus, silvis, venationibus, seu omnibus, quæ quolibet modo dici vel scribi possunt, utilitatibus, hac nostræ auctoritatis præceptali pagina, prout firmius possumus, donamus atque proprietamus, omnium contradictione remota. Præcipientes igitur ut in Domino dilectus sæpe dictæ sedis Eberhardus episcopus liberam dehinc habeat potestatem eamdem abbatiam cum omnibus ejus appendiciis tenendi, possidendi, seu quidquid sibi libeat modis omnibus inde faciendi, ac sui successores. Si quis igitur, quod absit! hujus nostræ donationis munificentiam destruere sive violare præsumat, in novissimo die tormento inextinguibili coram oculis Dei luat. Quod ne fiat, sed hæc traditio nostra ab omnibus incorrupta permaneat, hanc chartam inde conscriptam manu propria roborantes sigilli nostri impressione insigniri jussimus.

Data Kalend. Novemb., ind. v, anno Dominicæ incarnat. 1007, anno vero domini Henrici II regis VI. Actum Frankenfurt feliciter. Amen.

XL.
Fundatio Henrici sancti imperatoris super Furth, Francofurti in comitiis.

(Kal. Nov. 1007.)

[Ludewig, Scrip. rer. Germ., 1281-82.]

In nomine sanctæ et individuæ Trinitatis, HENRIcus divina favente clementia rex.

Saluberrimis igitur sacri eloquii institutionibus erudimur et admonemur ut, temporalia relinquentes commoda, æterna et sine fine mansura in cœlis studeamus adipisci consistoria. Quapropter nos, Dominicis non surdum auditum præbentes præceptis, et deificis obtemperando intendentes suasionibus, quemdam nostræ paternæ hæreditatis locum, *Babenberg* dictum, in sedem et culmen episcopatus sublimando proveximus, et Romana auctoritate, atque venerabilis Henrici Wurtburgensis episcopi consensu, ac pari communique omnium nostri fidelium, tam archiepiscoporum quam episcoporum abbatumque,

---

anno demum 1008 obiisse, non autem 1007, ut Bucherius et alii supputant.

nec non ducum et comitum consultu decretoque, in honorem sanctæ Dei genitricis Mariæ, sanctorumque apostolorum Petri et Pauli, necnon martyrum Kiliani atque Georgii, stabilivimus et corroboravimus, ut et inibi nostrum parentumque nostrorum, et Ottonis tertii videlicet, imperatoris antecessoris et senioris nostri, celebre haberet memoriale et jugis pro omnibus orthodoxis hostia mactaretur salutaris. Proinde noverit omnium nostrorum fidelium tam præsens ætas, quam etiam successura posteritas, quod nos nostræ quondam proprietatis locum, *Furth* dictum, in pago Nordgoau, in comitatu Berengeri comitis situm, ad stipendium canonicorum in eadem supradicta episcopali sede cœnobice Deo servientium, una cum omnibus ejus pertinentiis sive adhærentiis, videlicet vicis, villis, ecclesiis, servis et ancillis, areis, terris, cultis et incultis, viis, inviis, exitibus et reditibus, quæsitis et inquirendis, sylvis, forestibus, saginis, venationibus, aquis, piscationibus, molis, molendinis, rebus mobilibus et immobilibus, et cæteris omnibus, quæ rite scribi aut appellari possunt, quolibet modo, utilitatibus, ac nostra auctoritatis pagina præceptali, prout firmiter possumus, donamus atque proprietamus, omnium contradictione remota. Præcipientes igitur ut dulcissimi in Christo *Babergenses* fratres nostri, ex nostro jure liberam dehinc habeant potestatem eumdem locum, *Furth* nuncupatum, cum omnibus appenditiis possidendi, vel etiam sibi commodum *advocatum* ipsi loco supradicto super eligendi, seu quidquid illis libeat, modis omnibus in usum cœnobitatæ fraternitatis faciendi. Si quis igitur, quod absit! hujus nostræ donationis munificentiam destruere sive violare præsumat, in die judicii coram oculis Dei tormento inextinguibili æternaliter luat. Quod ne eveniat, sed hæc traditio nostra ab omnibus perpetualiter inviolabilis permaneat, hanc cartam inde conscriptam manu propria roborantes, sigilli nostri impressione insigniri jussimus.

XLI.

Rex Henricus II quendam suæ proprietatis locum, Pferingun dictum, in pago Chelesgouve, et in comitatu Berengeri comitis situm, ad stipendium canonicorum in epli sede Babenbergensi a se erecta Deo servientium, una cum omnibus ejus pertinentiis sive adhærentiis, videlicet vicis, villis, Ecclesiis, servis et ancillis, areis, ædificiis, terris cultis et incultis, viis, inviis, exitibus et reditibus, quæsitis vel inquirendis, silvis, forestibus, saginis, venationibus, aquis, piscationibus, molis, molendinis, rebus mobilibus et immobilibus, ac cæteris omnibus, quæ rite scribi aut appellari possunt quovis modo, utilitatibus donat atque proprietat, omnium contradictione remota, ea ratione ut prædicti canonici liberam dehinc habeant potestatem, eumdem locum Pferingun cum omnibus appenditiis suis tenendi, possidendi, vel etiam sibi commodum advocatum super loco dicto eligendi, seu quidquid illis libeat inde faciendi.

(Anno 1007.)
[Ried, *ibid*. p. 125.]

Ut hæc traditio nostra ab omnibus perpetualiter inviolabilis permaneat, hanc chartam inde conscriptam manu propria roborantes sigilli nostri impressione jussimus insigniri. Insuper Ratisponæ tres areas infra urbem juxta Danubium, duas Brunnolaite, duas Reginhusen dedimus et confirmamus in usum fratrum (canonicorum Bamberg.).

Signum domni Heinrici regis invictissimi. (Monogramma.)

Eberhardus cancellarius vice Willigisi archicapellani recognovi.

Data Kal. Nov., indictione v, anno Dominicæ incarnationis 1007, anno vero domni Heinrici secundi regnantis sexto. Actum Frankonofurt feliciter. Amen.

XLII.

Rex Henricus abbatiam sui juris seu veterem capellam in proprium dat. Ecclesiæ Babenbergensi a se erectæ.

(Anno 1008.)
[Ried, *ibid*. p. 126.]

C. In nomine sanctæ et individuæ Trinitatis, HEINRICUS divina favente clementia rex.

Divinis et salutaribus sacrarum Scripturarum admonemur documentis et erudimur ut ecclesias Dei cum larga benivolentia ditemus, et summa devotione amplificare non cessemus. Proinde noverit omnium Christi nostrique fidelium industria, quia nos per interventum nostræ dilectissimæ conjugis Chunigundæ quandam nostri juris capellam sive abbatiam, infra urbem Radesponam in pago Tuonoegowe, et in comitatu Ruodperti comitis sitam, sanctæ Babenbergensi ecclesiæ in honorem beati Petri principis apostolorum et sancti Georgii martyris consecratæ, cum omnibus appenditiis, scilicet exitibus et reditibus, terris cultis et incultis, et cum omnibus utilitatibus quæ ullo modo aut scribi aut nominari possunt, summa et liberali devotione in proprium donamus, ea videlicet conditione quatenus ejusdem supradictæ ecclesiæ Babenbergensis venerabilis episcopus Eberhardus, suique successores, deinceps liberam exinde habeant potestatem tenendi, possidendi, et quidquid ad usum prædictæ ecclesiæ pertineat faciendi, omnium contradictione remota. Et ut hujus nostræ donationis auctoritas stabilis et inconvulsa permaneat, præceptum istud inde conscriptum propria manu corroborantes, sigilli nostri impressione jussimus insigniri.

Signum domni Heinrici regis invictissimi. (Monogramma.)

Guntherus cancellarius ad vicem Willigisi archicapellani recognovi.

Data Kal. Junii, indict. vi, anno Dominicæ incarnat. 1008, anno vero domni Heinrici secundi regn. vii. Actum Merseburg feliciter.

Sigillum intus impressum.

XLIII.

S. Henrici præceptum, per quod Ecclesiæ Wormatiensi attribuit quidquid Becelinus comes in beneficium possedit.

(Anno 1008.)
[Schannat, *Episcopatus Wormat.* II, 37.]

In nomine sanctæ et individuæ Trinitatis, Heinricus divina favente clementia rex.

Si Ecclesiarum Dei loca alicujus commoditatis incremento meliorare studuerimus, nobis hoc proficere minime diffidimus. Quapropter omnium Christi fidelium, præsentium scilicet et futurorum, noverit universitas qualiter nos, ob remedium animæ tertii Ottonis imperatoris nec non nostræ parentumque nostrorum, seu Cunigundæ, dilectissimæ contectalis nostræ ejusdemque interventu, atque petitione Burchardi venerabilis episcopi, Wormaciensi episcopio et Ecclesiæ, in honorem sancti Petri apostolorum principis constructæ ac dedicatæ, quidquid Becelinus comes in beneficium nostri ex parte hactenus habuit et tenuit, cum omnibus ejus pertinentiis sive appendiciis vel, quæ quolibet modo dici aut scribi possunt, utilitatibus, situm in pago Laginahi, in comitatu vero Gerlai comitis, hac nostra præceptali pagina integre concedimus atque largimur, ac de nostro jure in ejus jus et dominium omnino transfundimus : ea videlicet ratione ut præscriptus Burchardus, sanctæ Wormaciensis sedis antistes, de prænominato prædio ejusque pertinentiis, ipse suique successores dehinc liberam habeant potestatem habendi, possidendi, vel quidquid eis libitum fuerit faciendi, omni omnium contradictione remota. Et ut hanc nostræ donationis auctoritas stabilis et inconvulsa omni permaneat tempore, hoc præceptum inde conscriptum manu propria corroborantes, sigilli nostri impressione insigniri jussimus.

Signum domni Heinrici regis invictissimi.

Eberhardus cancellarius vice Wuilligisi archicapellani recognovi.

Data v Idus Maii, anno Dominicæ incarnationis millesimo VIII, indict. v, anno vero domni Heinrici regni vi.

Actum Triburi feliciter. Amen.

XLIV.

Diploma Henrici II imp., quo Ecclesiæ Wirceburgensi tradit Meiningen et Walldorf pro aliis bonis in pago Ratenzgau novo Bambergensi episcopatui permissis.

Anno 1008, Maii 7.)

[Ussermann, *Germania sacra* III, *Preuves*, p. 16.]

In nomine sanctæ et individuæ Trinitatis, Heinricus divina favente clemencia rex.

Omnibus Christi fidelibus, præsentibus scilicet atque futuris, notum esse volumus quia nos, ob divinæ remuneracionis spem Dominum nobis instituentes hæredem, et ex nostris rebus hæreditarium quendam nostri juris locum Babenperc dictum in culmen et caput episcopatus, honore sancti Petri principis apostolorum insigniti, erigentes et sublimantes, quandam Wirzeburgensis dioceseos partem, comitatum videlicet Ratenzgouin dictum, exceptis tribus ecclesiis Wahenrod et Mulinhusen ac Lonerstat cum capellis ad easdem ecclesias respicientibus, et quandam partem pagi Volckfelt dicti, videlicet a loco, ubi flumen Vraha dictum influit Ratenzam,

et per descensum Ratenzæ usque in fluvium Moin, et per descensum Moin usque in locum Fiheriet dictum, et per ascensum rivuli, qui eandem villam dividendo præterfluit, usque in ejusdem rivuli caput et ortum, et a capite illius rivuli secundum quod rectius et vicinius potest veniri in supra dictum flumen Vraha, ab Heinrico ejusdem ecclesiæ episcopo, consentiente et collaudante clero et populo, firma ac legali commutacione acquisivimus. Tradentes e contra eidem Hainrico episcopo suæque ecclesiæ jure proprietatis loca in pago Grapfeld, in comitatu vero Ottonis comitis sita, Maynunga, et Maynungero marcha et Walahdorf dicta, cum omnibus eorum pertinenciis, villis, scilicet et utriusque sexus mancipiis, ecclesiis, decimacionibus, silvis, venationibus, aquis aquarumve decursibus, piscacionibus, molendinis, pratis, pascuis, terris cultis vel incultis, quæsitis vel inquirendis, viis et inviis, existentibus [exitibus] et reditibus, et cum omnibus, quæ dici aut nominari possunt, utilitatibus, jure nostro in jus prædictæ ecclesiæ transfundendo, ea videlicet racione ut, præfatus episcopus Hainricus suique successores de prænominatis locis dehinc liberam habeant potestatem possidendi, commutandi, vel quicquid eis inde libitum sit faciendi, omni omnium contradictione remota. Et ut hæc nostræ commutacionis sive donacionis auctoritas stabilis et inconvulsa permaneat [omni] tempore, hoc præceptum inde conscriptum manu propria corroborantes, sigilli nostri impressione insigniri jussimus.

Signum domni Hainrici regis invictissimi.

Eberhardus episcopus et cancellarius vice Willigisi archicapellani recognovi. Data Nonis Maii, anno Dominicæ incarnationis millesimo VIII, indictione v, anno vero domni Hainrici secundi regni sexto. Actum Wirzeburge feliciter. Amen.

XLV.

S. Henrici privilegium pro Ecclesia Vicentina.

(Anno 1008.)

[Ughelli, *Italia Sacra*, V, 1 40.]

In nomine sanctæ et individuæ Trinitatis, Henricus divina favente clementia rex.

Si Ecclesiarum Dei curam gerimus, easque dilatare studuerimus, nostri regni statum augmentari minime dubitamus. Quo circa omnium S. Dei Ecclesiæ, præsentium scilicet et futurorum, noscat universitas qualiter Hieronymus S. Vicentinæ Ecclesiæ episcopus noster familiaris nostram adiit clemenciam postulans ut, pro Dei amore animæque nostræ remedio, castella sui episcopii Vicent. qui fodri detrimento usque modo vastabantur et conculcabantur, nostræ regiæ auctoritatis largitione perdonaremus et concederemus. Cujus petitionibus annuentes, prout juste et legaliter possumus, jam dicto Hieronymo episcopo suisque successoribus, sicut sibi concessum est et perdonatum a bon. me. D. Othone Cæsare Augusto, perdonamus ut de omnibus castellis ad suum jam dictum Episcopatum pertinentibus, scilicet Barbarano, Salvatiano,

Nosceta, Albeline, Aureliano, Custodia, Grancona, Grumodo, Vincentia-Brendulis, Altavilla, Montedigno, Corvedo, et de Valle Coturnica, Cucullo, Vello, Arserio, et omnibus famulis super terram jam dicti episcopatus habitantibus, vel residentibus, non alicui homini tam ducibus quam marchionibus, comitibus, seu alicui magnæ parvæque personæ fodrum persolvatur, vel concedatur; sed liceat per hoc præceptum jam dicto Hieronymo episcopo suisque successoribus, sicut superius scriptum habetur, quiete et pacifice omnia prænominata castella, eorumque habitatores ad jam dictum episcopatum pertinentes, vel super terram ejus residentes, de omnibus fodris defendere, et protegere, omni contradictione remota. Si vero contigerit ut nos in eas partes veniamus, ipse jam dictus Hieronymus episcopus, vel sui successores per se vel eorum missos fideles fodrum colligant, nobisque servitia secundum posse præparent, eo videlicet ordine ut nullus dux, patriarcha, marchio, comes, vicecomes, sculdasius, gastaldio, nullaque nostri regni magna parvaque persona prædictum Hieronymum episcopum suosque successores de perdonatione et concessione fodrum subscriptorum castrorum inquietare, molestare, fatigare audeat vel præsumat. Si vero, quod non credimus, hoc nostrum præceptum infringere tentaverit, sciat se compositurum auri purissimi libras quingentas, medietatem cameræ nostræ, et medietatem prædicto Hieronymo (155) episcopo suisque successoribus. Quod ut verius habeatur, manu propria hanc paginam roborantes sigillo nostro jussimus insigniri.

Signum D Henrici † regis invictissimi.
Eberardus archicapellanus recognovit.
Datum xxx. . . Anno Dominicæ incarnationis millesimo VIII, indict. vi, anno quinto [vero] D. Henrici regni [regis] vi. Actum Mulind. . . feliciter. Amen.

XLVI.
S. Henricus Imperator Baldrico episcopo Leodicensi, et Baldrico comiti dat bannum bestiarum in silvis quas possidebant.

(Anno 1008.)
[Miræus, Opp. diplom., II, 53.]

(155) Idem Hieronymus ab eodem Henrico imp. tanquam perjurus et apostata exauctoratus est, ejusque bona publicata. Ea quæ in Papiensi comitatu possidebat, Comensi Ecclesiæ fuerunt concessa; de qua re in diplomate Conradi II, Henrici successoris, eidem Comensi Ecclesiæ concesso an. 1026 mentio exstat.

(156) S. Heribertus Coloniensis archiepiscopus anno 1021, die 16 Martii, ad meliorem vitam transiit, ex opposito urbis Coloniensis in monasterio Tuitiensi a se condito sepultus. Vitæ ejus historiam scripsit Rupertus abbas Tuitiensis, a Surio editam.

(157) Baldricus Leodiensis episcopus, fundator abbatiæ S. Jacobi, in urbe Leodiensi, anno 1017 vivere desiit, etc.

(158) Baldricus comes Leodicensis fuit, ut suspicor. Olim pleræque civitates episcopales, ut Cameracensis, Atrebatensis, Ambianensis, et aliæ suos comites habuerunt.

In nomine sanctæ et individuæ Trinitatis, Henricus divina favente clementia rex.

Notum sit omnibus nostris fidelibus, præsentibus scilicet et futuris qualiter nos, interventu atque petitione Heriberti (156) Coloniensis archiepiscopi, bannum nostrum bestiarum Baldrico (157) sanctæ Leodicensis Ecclesiæ præsuli, nec non Baldrico (158) comiti, super eorum proprias silvas, quæ sunt, inter illa duo flumina, quæ ambo Nithe (159) vocantur, et tertium quod Thila (160) nominatur, sitæ, et quæ pertinent ad illas villas Heiste (161) et Heisten, ac Badfride, nec non Maclines (162), nominatas, quod tamen totum Waverwald appellatur, in comitatu vero Gozilonis comitis, qui Antewerf (163) dicitur, situm, per hanc nostram præceptalem paginam concedimus atque largimur, et de nostro jure in eorum jus ac dominium transfundimus : ea videlicet ratione ut, præscripti Baldrici de prænominato banno ejusque utilitate dehinc liberam habeant, quidquid sibi placuerit, potestatem faciendi, omnium hominum contradictione remota.

Et ut hæc donationis nostræ auctoritas stabilis et inconvulsa omni permaneat tempore, hoc præceptum inde conscriptum, manu propria corroborantes, sigillo nostro insigniri jussimus.

Signum domini Henrici regis invictissimi.
Eberhardus (164) cancellarius, vice Willigisi archicapellani, recognovit. Datum pridie Idus Septembris, indictione sexta, anno Dominicæ incarnationis millesimo octavo, anno vero domini Henrici secundi regnantis septimo. Actum Treviris feliciter. Amen.

XLVII.
Rex Henricus II donat monasterio Niederaltacensi ecclesiam parochialem in Mundraching cum decimis, et mansum ibidem, tres mansos in Siffenkofen, et molendinum in Mangolting.

(Anno 1009, 6 April.)
[Ried, Cod. episc. Ratisbon., ex Mon. Boic. XI, 137.]

In nomine sanctæ et individuæ Trinitatis, Henricus divina favente clementia rex.

Si Ecclesias Dei alicujus doni incremento ditare vel sublimare studuerimus, nobis id profuturum esse minime dubitamus. Quapropter noverit omnium Christi fidelium nostrorumque industria qualiter, ob re-

(159) Ambo Nithe. Duo hic flumina notantur, quæ Nithe seu Nette nomen hodieque gerunt, in Campania Brabantica, et in oppido Lirane confluunt, videlicet Nethe major et Nethe minor.

(160) Thila, seu Thilia, *Thy* Gallis, *Dilia, Dyle* Teutonibus, flumen prope Genapiam in Gallo-Brabantiæ ortum, Villariense ord. Cisterciensis monasterium alluit, exinde Fura rivo Lovanii auctum, in Demeram, ac denique in Scaldim influit.

(161) Heiste municipium agri Riensis, hodieque notum *Heist op den bergh*.

(162) Villa Maclines. Forte Quoet Mechelen, *villa* medii ævi scriptoribus, idem quod Gallis hodie *vil lage*.

(163) Antwerf, in *comitatu Gozilonis comitis*. Note hic lector comitatum seu marcam Antverpiensem.

(164) Eberhardus, anno 1006, constitutus fuit primus episcopus Ecclesiæ Bambergensis, fundatæ a S. Henrico Cæs.

medium animæ nostræ et interventum dilecti abba- tis nostri Godehardi, suum juge devotumque servitium inspicientes, monasterio suo Altaha dicto, ad servitium et ad usum fratrum Deo ibidem servientium, in villa Mundrichinga dicta unam Ecclesiam cum dotali manso et duabus partibus decimationis ad eandem Ecclesiam pertinentibus, et in villa eadem alium mansum cum mancipiis Frudun et uxore ipsius et filiis eorum. In Siffinchoven autem tres mansos cum mancipiis in his habitantibus, in Mangoltingen vero superius molendinarium cum molendino, in pago Duonagouue, in comitatu vero Ruotberti comitis sitis, cum omnibus appendiciis sive utilitatibus quæ dici aut nominari possunt, per hanc nostri præcepti paginam concedimus atque largimur, et de nostro jure ac dominio in eorum jus ac dominium omnino transfundimus, ea quippe ratione ut, prædictus abbas suique successores una cum fratribus inibi Deo famulantibus de prænominato bono et ejus utensibilibus dehinc liberam potestatem ad communem usum fratrum, quicquid eis placuerit, faciendi, omnium hominum contradictione remota. Et ut hæc nostræ donationis auctoritas stabilis et inconvulsa permaneat omni tempore, hoc præceptum inde conscriptum manu propria roborantes sigilli nostri impressione insigniri jussimus.

Signum domni Heinrici, regis invictissimi. (*Monogramma.*)

Guntherus cancellarius vice Willigisi archicapellani recognovi.

Data VIII Idus Aprilis, indictione VIII, anno ab incarnatione Domini 1009, anno vero domni Heinrici secundi regnantis octavo.

Actum Reganesburg feliciter. Amen.

XLVIII.

Rex Henricus II donat monasterio Prül prope Ratisbonam mansum regalem in villa Genstall.

(Anno 1009, 20 Maii.)

[Ried, *ubi supra*, pag. 128.]

In nomine sanctæ et individuæ Trinitatis, HEINRIcus divina favente clementia rex.

Si Ecclesiarum Dei loca alicujus doni incremento sublimare studuerimus, nobis nostrique regni statui id proficere minime diffidimus. Quapropter omnium Christi fidelium, præsentium scilicet ac futurorum, noverit universitas qualiter nos, divini amoris instinctu, pro remedio animæ nostræ, ob interventum et petitionem Bonifacii, Prulensis abbatis, sibi suoque monasterio in honorem sancti Bartholomæi apostoli constructo atque dedicato unum regalem mansum, quem antea Waltrico concessum habuimus, in villa Genstall dicta, in pago Tunahgouue, in comitatu Ruperti situm, cum omnibus ejus appendiciis, viis et inviis, cultis et incultis, exitibus et reditibus, quæsitis sive inquirendis, seu cum omnibus utilitatibus quæ quolibet modo dici aut scribi p ssunt, per hanc nostram regalem paginam concedimus atque largimur, et de nostro jure et dominio in ejus jus et dominium omnino transfundimus, ea videlicet ratione ut, si quis Ratisponen. Ecclesiæ episcopus, quod absit! idem monasterium destruere vel monachicam vitam inibi violare præsumpserit, præscriptus mansus iterum ad regales redeat manus; si autem firmum et inviolatum præscriptum monasterium permanserit, jam dictus abbas Bonifacius suique successores liberam potestatem habeant, exinde, quidquid eis placuerit, faciendi ad eorum utilitatem Ecclesiæ, omni videlicet hominum contradictione remota. Et ut hæc nostræ donationis auctoritas stabilis et inconvulsa ita permaneat, hoc præceptum inde conscriptum manu propria corroboravimus et sigillo nostro insigniri jussimus.

Signum domni Heinrici regis invictissimi. (*Monogramma.*)

Guntherus cancellarius vice Willigisi archicapellani recognovi.

Data XIII Kal. Junii, indict. VII, anno Dominicæ incarnationis 1009, anno vero domni Heinrici regis secundi regnantis septimo.

Actum Ratisponæ feliciter. Amen.

XLIX.

Rex Henricus II donat Ecclesiæ Bambergensi locum Lichtowa in pago Nordgov. situm.

(Anno 1009, 2 Julii.)

[Ried, *Codex episcop. Ratisb.* I, 129.]

In nomine sanctæ et individuæ Trinitatis, HEINRICUS divina favente clementia rex.

Dominicis non surdum præbentes auditum præceptis et deificis obtemperando suasionibus, quendam nostræ paternæ hæreditatis locum Babenberc dictum in sedem et culmen episcopatus proveximus, et romana auctoritate in honore sanctæ Dei genitricis Mariæ, sanctorumque apostolorum Petri et Pauli stabilivimus et corroboravimus, ut inibi nostrum nostrorumque parentum, et Ottonis tercii, videlicet imperatoris et antecessoris nostri, celebre nomen haberetur, et jugis pro omnibus orthodoxis hostia mactaretur. Proinde noverit omnium nostrorum fidelium tam præsens ætas, quam et futura posteritas, qualiter nos quendam nostræ proprietatis locum Lihtowa dictum, in pago Nortgowe et in comitatu Heinrici comitis situm, ad eandem supradictam episcopalem sedem, una cum omnibus ejus appendiciis sive adhærentibus, videlicet rebus mobilibus et immobilibus, ac cæteris omnibus, quæ scribi aut appellari possunt quolibet modo, utilitatibus, hac nostra præceptali pagina, prout firmius possumus, donamus atque proprietamus, omnium contradictione remota. Et ut hæc nostræ auctoritatis traditio firma et inconvulsa permaneat, hanc paginam inde conscriptam sigilli nostri impressione manu propria roborantes jussimus insigniri.

Signum domni Heinrici secundi regis invictissimi. (*Monogramma.*)

Guntherus cancellarius vice Erchanbaldi archicancellarii recognovi.

Data VI Non. Julii, indictione VIII, anno Domi-

L.

S. Henrici præceptum pro Ecclesia Cremonensi.

(Anno 1009.)

[Ughelli, *Italia sacra*, IV, 594.]

In nomine sanctæ et individuæ Trinitatis, HENRICUS divina favente misericordia Francorum et Longobardorum rex.

Si sacrarum Dei Ecclesiarum miseriis et oppressionibus studuerimus subvenire, et nostræ majestatis sublevamen laboraverimus impendere, procul dubio regni nostri statum stabiliri, et æternæ remunerationis præmium nobis rependi non ambigimus. Quapropter notum sit omnibus nostris fidelibus, tam præsentibus quam futuris, quod vir venerabilis Landulphus S. Cremonensis Ecclesiæ episcopus, et per omnia noster fidelissimus, modestiæ nostræ retulit quod quædam abbatia suo episcopatui subdita, et in honore S. Laurentii dedicata, et juxta civitatem suam sita, a quodam abbate Lamperto nomine diminueretur in beneficium dando, et malas inscriptiones faciendo, et hac occasione victualia fratrum subtrahebantur, et sic orationes et eleemosynæ, quæ pro anima illius qui eam construxit, et pro animabus omnium Christianorum, fieri debebant, diminui videbantur. Cujus rei causa, dolore cordis tacti intrinsecus, quid inde fieret cogitare cœpimus. Divina namque gratia inspirante, et dilectissimæ conjugis nostræ Chunicundæ consilio saluberrimo interveniente, nostræ regalis auctoritatis præceptum, quod inviolabile perpetualiter teneatur, fieri percepimus, ea videlicet ratione ut, tam præsens abbas quam futuri nullam potestatem deinceps habeant de rebus ad prædictam Abbatiam pertinentibus diminuere, neque in beneficium dando, nec commutationes, seu precarias, atque libellarias faciendo sine licentia præsentis episcopi, et successorum ejus, qui pro tempore fuerint. Si quis vero abbas contra hanc nostram auctoritatem et præceptionem deinceps facere præsumpserit, scripta et investitura quæ fecerit, irrita et vacua et sine robore permaneant, et abbas proprio honore et dignitate privetur, et illi qui investituram aut aliquid scriptum suscipere præsumpserint, sciant se composituros ab optimi libras centum, medietatem cameræ nostræ, et medietatem abbatiæ, cui damnum et diminutionem inferre tentavit. Quod ut verius credatur, diligentiusque ab omnibus observetur, manu propria roborantes sigilli nostri impressione jussimus insigniri.

Signum. . . domini Henrici gloriosissimi et invictissimi regis.

Egilbertus cancellarius ad vicem Wilibisi episcopi et archicancellarii recognovi.

Datum VII Id. Octob., anno ab incarnatione Domini 1009, anno vero Henrici I regis VII.

Actum Maideburgh feliciter. Amen.

nicæ incarnationis 1009, anno vero domni Heinrici regn. IX. Actum Hingelenheim feliciter.

Sigillum majestat. intus impressum exstat.

LI.

Præceptum Henrici II regis pro abbatia Classensi sancti Apollinaris.

(Anno 1009, VII Kal. Maii.)

[*Annal. Camaldul.* I, 190, ex autographo Classensi.]

In nomine sanctæ et individuæ Trinitatis, HENRICUS divina favente clementia rex.

Si nostrorum fidelium petitionibus aures nostræ serenitatis accommodaverimus, promptiores ac devotiores eos in nostro obsequio fore nullatenus titubamus. Omnium sanctæ Dei igitur Ecclesiæ nostrorumque fidelium, præsentium scilicet ac futurorum, noverit sollertia, Bonum presbyterum et monachum atque abbatem Rayennatem monasterii sancti Apollinaris, quod asserunt fundatum dudum in civitate cognominata Classis, nostrumque devotissimum fidelem, nostram in omnibus exorasse celsitudinem, quatenus pro Dei amore, animæque nostræ perpetua salute, corroboraremus atque firmaremus et ex nostra benignissima largitione conderemus et deliberaremus in perpetuum confirmandam per hæc nostri præcepti atque pragmatici scripti inviolabilem paginam omnes res et possessiones quascunque præfata Ecclesia prælibati monasterii quibuscunque cautionibus vel deliberationibus visum est possidere in integrum. Cujus sacris petitionibus justisque desideriis devote et libenter annuentes et assensum præbentes corroboramus atque confirmamus, et ex nostro jure et dominio in ejus jus et dominium transfundimus, videlicet quæcunque conjacent monasterii tam in monarchia quamque per singula loca nostri regni. In comitatu Fonensi et Pensauriani seu Ariminensi, villam quæ dicitur Sala cum suis appendiciis in integrum, et titulum Ecclesiæ ipsius monasterii in latere parietis situm in honore sanctæ Feliculæ et sanctorum martyrum Marci et Marcelliani, et Ecclesiam sanctæ Mariæ Dei genitricis in prædicta villa et cortecella Salæ, et ecclesiam sancti Martini, quæ nominatur Aqualonga. Hæc omnia in integrum cum omnibus suis pertinentiis et cohærentiis atque sub jacentiis cui prætaxatæ Salæ cohærentes undique sunt, a primo latere fluvius, qui dicitur Pisciatellus, secundo lateri Vedrita et Paverianus, tertio lateri limes, qui dicitur Arzer, percurrens a Paveriano usque in stratellam, et rivus qui vocatur de Fabrica desinens et derivans usque in mare, et ipsum littus maris quantumcunque mihi pertinere videtur in integrum. Concedimus etiam Salam novam in integrum cum omnibus appendiciis suis, et quidquid regale est in Castaneto et Bulgaria et Branchisi. Iterum concedimus ut liceat sibi, in civitate facere, quæ dicitur Phono, posterulam in publico muro in loco illo ubi propriam terram infra et extra habeant, et juxta murum qui vocatur Dapenna, ecclesiam ædificare. Concedimus etiam præcipientesque statuimus ut nullus dux aut archiepiscopus, marchio, comes, vicecomes, sculdasius, gastaldio, aut aliquis publicus exactor in aliquibus prædiis et possessionibus per quæcunque nostri regni loca conjacentibus et residentibus, aut hominibus supra sedentibus vel inhabitantibus theloneum, aut aliquam publicam functionem per alicujus tituli districtionem audeat exigere vel exquirere, nec aliquam invasionem, vel diminorationem, aut temerariam præsumptionem quoquomodo agere vel inferre præsumendo pertentet. Si quis igitur hanc nostræ semper et ubique inviolandæ cautionis, definitionis, deliberationis, et concessionis, et voluntariæ distributionis paginam, quod absit! quoquomodo temerario ausu infringere conatus fuerit, sciat se compositurum centum libras auri aut mille [argenti], medietatem cameræ nostræ, et medietatem præibato monasterio sancti Apollinaris. Quod ut melius credatur, diligentiusque ab omnibus observetur, manu propria præsentem paginam roborantes nostri sigilli impressione inferius insigniri jussimus.

Signum domni Heinrici regis invictissimi.

Eberhardus cancellarius vice Willigisi archicapellani recognovi.

Data vii Kalendas Maii, indictione septima, anno Dominicæ incarnationis millesimo nono, anno vero domni Henrici secundi regnantis vii.

Actum Niven.... feliciter. Amen.

LII.

S. Henrici privilegium Godehardo abbati concessum.
(Anno 1009.)
[Ludewig, *Script. rer. Germ.*, 333-34.]

In nomine sanctæ et individuæ Trinitatis, Heinricus divina favente clementia rex.

Si Ecclesias Dei alicujus doni incremento ditare vel sublimare studuerimus, nobis id profuturum esse minime dubitamus. Quapropter noverit omnium Christi fidelium nostrorumque industria qualiter, ob remedium animæ nostræ et interventum dilecti abbatis nostri Godehardi, suum juge devotumque servitium inspicientes, monasterio suo, Altaha dicto, ad servitium et ad usum fratrum Deo ibidem famulantium, in villa Mundrichinga dicta unam ecclesiam, cum dotali manso et duabus partibus decimationis ad eamdem ecclesiam pertinentibus, et in villa eadem alium mansum, cum mancipiis Frundun et uxore ipsius et filiis eorum; in Siffenchoven autem tres mansos cum mancipiis in his habitantibus; in Mangoltingen vero superius molendinarium cum molendino, in pago Wonaulgowe, in comitatu vero Ruotberti comitis sitis, cum omnibus appenditiis, sive utilitatibus quæ dici aut nominari possunt, per hanc nostri præcepti paginam concedimus atque largimur. Et de nostro jure ac dominio in eorum jus ac dominium omnium transfundimus, ea quippe ratione ut, prædictus abbas suique successores, una cum fratribus inibi Deo famulantibus, de prænominato bono ejusque utensilibus dehinc liberam habeant potestatem, ad communem usum fratrum, quidquid eis libuerit faciendi, omnium hominum contradictione remota. Et ut hæc auctoritas nostræ donationis stabilis et inconvulsa permaneat omni tempore, hoc præceptum inde conscriptum manu propria roborantes sigilli nostri impressione insigniri jussimus.

Data octavo Idus Aprilis, indict. vii, anno ab incarnatione Domini 1009, anno vero domini Heinrici secundi regnantis viii. Actum Regenspurg. Amen.

LIII.

S. Henrici privilegium pro eodem.
(Anno eodem.)
[Ludewig, *ubi supra*.]

In nomine sanctæ et individuæ Trinitatis, Heinricus divina favente clementia rex.

Si quid nos Ecclesias Dei, vel in eisdem servientes, de nostris ditare studuerimus, procul dubio immarcescibile præmium in futuro capessere credimus. Qua de re cunctis fidelibus nostris, præsentibus scilicet et futuris, notum esse volumus qualiter nos, æternæ vitæ desiderio inflammati, tam pro remedio animæ nostræ quam parentum nostrorum, nec non et interventu dilectæ (uxoris) contectalis nostræ Chunigundæ, et pro dilectissimi Altahensis abbatis Godehardi gratissimo obsequio, eidem Ecclesiæ cui ipse præesse videtur, in usum monachorum inibi Deo famulantium, in comitatu Thiemonis præsidis, prope monasterium, in villa Helnigerimperk dicta, mercatum habenti; telonium tam viantium quam navigantium exigendi jus perpetuum per hoc regale præceptum contulimus atque concessimus. Quod si qua persona eidem loco abstulerit, in futuro judicio examinanda erit. Et ut hac nostræ traditionis auctoritas stabilis et inconvulsa permaneat, manu propria eam roborantes sigillari nostra imagine jussimus.

Data vii Idus Junii, indictione vii, anno Dominicæ incarnationis 1009, anno vero domini Heinrici regis secundi regnantis viii.

Actum Merseburg feliciter. Amen.

LIV.

Ecclesiæ Northwald, (sitæ in eremo,) multa prædia confert.
(Anno 1009.)
[Ludewig, *ubi supra*, p. 331-32.]

In nomine sanctæ et individuæ Trinitatis, Heinricus divina favente gratia rex.

Plantationis cujusque surculus trunco viridi imputatus, quanto sæpius saquis circumfusis irrigatur, tanto citius, crescentibus [ramis] in arborem erigitur. Ecclesias igitur Dei comparationi eidem nos recompensantes, ubicunque locorum noviter plantatas, si bonis nostris aliquanto benighius adhibitis sublevamus, tanto eas citius in divina laude feliciter excrescere, tantoque nos firmius imperii nostri culmen stabilire fideliter confidimus.

Quapropter omnium Dei nostrique fidelium universitati notum volumus qualiter nos, ob interventum ac petitionem dilectæ conjugis nostræ Chunigundæ imperatricis augustæ, et Brunonis Augustensis Ecclesiæ præsulis, et cæterorum fidelium nostrorum, Eberhardi Ratisponensis, Bennonis Pataviensis episcoporum, ad Ecclesiam sitam in eremo, quæ voca-

tur Nortwald, a Guntherio monacho, et inibi primitus eremeticam vitam ducente, constructam, in honore victoriosissimæ crucis sanctæque Dei genitricis Mariæ, nec non B. Joannis Baptistæ, in usum fratrum ibi Deo sub regula S. Benedicti servientium; quidquid habuimus, a fonte aquæ quæ vocatur Leipßiusa, usque ad locum qui vocatur Swartawinchill, et inde usque ad montem qui vocatur Ekkirischbuch, et ita usque ad aquam quæ vocatur Forchenbach, et inde ad Holerenberch, usque dum venias Plecentenstein, et inde ad Grachenbach, et sic ad fontem ipsius aquæ, et ita per aquam quæ dicitur Flinsbach, et hinc, ut subterminatum est, ad flumen Regin, et per descensum Regin fluminis usque in villam illam Piberach, quæ duarum Piberach media interfluit, et sic sursum per eamdem Piberach, usque ad locum qui est in monte Hanawich, et inde per decursum aquæ quæ vocatur Sebach, et sic inde, ut modo terminatum est, usque ad locum ubi Kelbirbach cadit in album Regin, usque in Aflaltresbach, et inde ad magnum lapidem qui ex orientali plaga prope stratam jacet quæ Bavariam tendit, et sic per stratam usque ad nigrum Regin, et sursum per eumdem fluvium, ad locum ubi interfluit aqua Fladinz, et inde ad fontem ejusdem aquæ, et ita usque ad Nauffinna, cum omnibus utensilibus, cum areis, ædificiis, agris, terris, cultis et incultis, pratis, pascuis, sylvis, venationibus, aquis, aquarumve decursibus, piscationibus, molis, molendinis, viis et inviis, exitibus et reditibus, quæsitis et inquirendis, seu cum omni utilitate quæ ullo modo inde provenire poterit, per hoc nostrum præceptum, in proprium donavimus atque confirmavimus, ea videlicet ratione ut nemo ulterius, absque ejusdem cellæ provisoris suorumque successorum licentia, potestatem habeat novalia faciendi, piscandi, aut nullo ingenio feras decipiendi, aut quamlibet potestatem, infra præscriptum terminum exercendi. Et ut hæc donationis nostræ auctoritas stabilis atque inconvulsa omni permaneat ævo, hanc chartam, inde conscriptam, subtusque manu propria roboratam, sigilli nostri [jussimus] impressione insigniri.

Data VII Idus Junii, indict. VII, anno Domini 1009, anno vero domini Heinrici secundi VII.

Actum Merseburg in Dei nomine feliciter.

LV.

Rex Henricus II donat parthenoni Obermunster per ipsum a fundamento perfecto et in præsentia sua 17 Apr. consecrato quamdam sui juris curtem Salach.

(Anno 1010, April. 17.)

[Ried, *Cod. episcop. Ratisb.* I, 130.]

In nomine sanctæ et individuæ Trinitatis, HEINRICUS divina favente clementia rex.

Si Ecclesiarum Dei loca alicujus doni incremento sublimare vel meliorare studuerimus, nobis nostrique regni statui id proficere minime diffidimus. Quapropter omnium Christi fidelium, præsentium scilicet ac futurorum, agnoscat industria qualiter nos, divini amoris instinctu, pro remedio animæ nostræ, ac senioris nostri, videlicet Ottonis imperatoris, dilectæque conjugis nostræ Chunigundæ reginæ, seu parentum nostrorum, nec non et pro regni nostri, statu monasterio Ratisponensi, quod ibi vocatur Oberenmunester, in honore sanctæ Dei Genitricis semperque Virginis Mariæ dedicato, ipsa die qua illud, per nos a fundamento perfectum, in præsentia nostri XV Kal. Maii consecrari fecimus, quandam nostri juris curtem nomine Salaht, in comitatu Ruotperti comitis, in pago Duonochgowe cum omnibus suis pertinentiis seu appendiciis, villis, vicis, cum familiis utriusque sexus, areis, ædificiis, campis, pratis, pascuis, silvis, venationibus, aquis aquarumve decursibus, piscationibus, molendinis, exitibus et reditibus, viis et inviis, quæsitis sive inquirendis, cum omnibus quæ quolibet modo dici aut nominari possunt utilitatibus, per hanc nostram regalem paginam eidem monasterio ad usum et stipendia sanctimonialium inibi Deo famulantium integre concessimus atque tradidimus, et de nostro jure ac dominio in ejus jus et dominium omnino transfundimus, ea quippe ratione ut abbatissa Wicpurg, quæ nunc præfato monasterio præesse videtur, eique succedentes abbatissæ de eadem proprietate, ad usum tamen monasterii et sanctimonialium ibidem Deo servientium, dehinc liberam habeant potestatem, quicquid eis placuerit faciendi, omnium hominum contradictione sive inquietudine remota. Et ut hæc nostræ donationis seu confirmationis auctoritas stabilis et inconvulsa omni permaneat tempore, hoc præceptum inde conscriptum manu propria corroborantes atque confirmantes, sigilli nostri impressione insigniri jussimus.

Signum domni Heinrici regis invictissimi. (*Monogramma.*)

Guntherius cancellarius vice Willigisi archicapellani notavi.

Data XV Kal. Maii, indict. VIII, anno Dominicæ nativitatis 1010, anno vero domini secundi Henrici regnantis VIII. Actum Regenesburg feliciter. Amen.

Sigillum majest. intus impressum magna ex parte fractum.

LVI.

Henricus II rex prædium Tharissa Ecclesiæ Bambergensi donat.

(Anno 1010, 1 Junii.)

[Ussermann, *Germania sacra*, III, *Preuves*, p. 16.]

In nomine sanctæ et individuæ Trinitatis, HEINRICUS divina ordinante providentia rex.

Notum sit omnibus Christi fidelibus, præsentibus scilicet ac futuris, quia, postquam nos, divina inspirante gratia et Romana auctorante potentia omniumque nostri fidelium in medium consulente concordi sententia, nostræ proprietatis locum Bavenberc dictum in sedem et culmen episcopatus proveximus, consensu et petitione nobis dilectissimæ conjugis Cunigundæ videlicet reginæ quoddam prædium, quod a modernis Tareisa, ab antiquioribus vero Sintherishusun est nuncupatum, in pago Volefelt et in comitatu Tietmari comitis situm, ad eandem supradictam episcopalem sedem Bavenberc cum omnibus eorum appertinentiis, videlicet villis, vicis, ecclesiis, capellis, servis et ancillis, areis, ædificiis, terris cultis et incultis, viis, inviis, exitibus et reditibus, quæsitis vel inquirendis, silvis, saginis, venationibus, aquis, piscationibus, molis, molendinis, rebus mobilibus et immobilibus ac cæteris omnibus, quæ rite scribi aut appellari possunt quolibet modo, utilitatibus hac nostræ auctoritatis præceptali pagina prout firmius possumus, donamus, atque omnium contradictione remota proprietamus, præcipientes ut in Deo dilectus nobis sæpe dictæ sedis Eberhardus primus episcopus liberam dehinc habeat potestatem suique successores, idem supradictum prædium cum omnibus suis appendiciis tenendi, possidendi, seu quidquid sibi libeat modis omnibus in usum episcopatus inde faciendi. Si quis igitur, quod absit! hujus nostræ donationis munificentiam destruere seu violare præsumit; in die judicii coram oculis Dei tormento inextinguibili luat. Quod ne fiat, sed hæc nostra traditio perpetualiter inviolabilis permaneat, hanc chartam inde conscriptam manu propria roborantes sigilli nostri impressione insigniri jussimus.

Signum domini secundi Heinrici regis invictissimi.

Guntherius cancellarius vice Willigisi archicappellani (165) notavi.

Data Kl. Junii indictione VIII. anno Dominicæ incarnationis millesimo X, anno vero domni secundi Heinrici regnantis VIII.

Actum Mogontiæ feliciter. Amen.

LVII.

S. Henrici privilegium pro ecclesia Altahensi
(Anno 1011.)

[Ludewig, Script. rer. Germ., 1, 335-36.]

In nomine sanctæ et individuæ Trinitatis, Henricus divina favente clementia rex.

Si quid nos Ecclesias Dei, vel in eisdem servientes, de nostris ditare studuerimus, procul dubio immarcessibile præmium in futuro capessere credimus. Qua de re cunctis fidelibus nostris, præsentibus scilicet atque futuris, notum esse volumus qualiter nos, æternæ vitæ desiderio inflammati, tam pro remedio animæ nostræ quam parentum nostrorum, nec non et interventu dilectæ contectalis nostræ Chunegundæ, et pro dilecti Altahensis Godehardi gratissimo obsequio, eidem Ecclesiæ cui ipse præesse videtur, in usum monachorum inibi Deo famulantium, in marcha et comitatu Heinrici marchionis, decem regales mansos, inter hos terminos suos, item in orientali plaga de illo vallo et duabus arboribus, vulgo Felévun dictis, subtus villam Abbatorf dictam, usque fluvium Danubii, et inde rursum in latitudine, usque in occidentalem plagam, ad terminum ministerii Sigimares Weride, in longitudine vero, de Danubio usque ad Wagreim ad aquilonem terminantur, per hanc nostram præcepti paginam concedimus atque largimur, cum omnibus appendiciis ad eosdem pertinentiis, areis, ædificiis, terris cultis et incultis, pratis, pascuis, aquarumve decursibus, molendinis, piscationibus, venationibus, sylvis extirpatis, vel adhuc extirpandis, seu cum omnibus, quæ dici aut nominari possunt, utensilibus, et de nostro jure ac dominio in ejus jus ac dominium omnino transfundimus. Ea quippe ratione ut prædictus abbas suique successores exinde liberam habeant potestatem tenendi, commutandi, vel quidquid eis in usum prædictorum fratrum agere libuerit. Et ut hæc nostræ donationis auctoritas, omnium hominum contradictione remota, stabilis et firma constet, hanc chartam ex nostra jussione conscriptam ac signatam, propria manu subtus firmavimus.

Data VII Kalend. Julii, indict. IX, anno Dominicæ incarnationis 1011, anno vero domini Heinrici secundi regnantis X. Actum Regenspurg.

LVIII.

S. Henrici imp. diploma datum pro monasterio Tegernseensi.
(Anno 1011.)

[Pez, Cod. diplom. hist. epist., ex bibl. Tegerns.]

In nomine sanctæ et individuæ Trinitatis, Henricus Divina favente clementia rex.

Cunctis nostris fidelibus notum esse volumus. præsentibus scilicet atque futuris, qualiter nos, ob animæ nostræ nostrorumque parentum remedium, æternæque vitæ desiderium, interventu quoque dilecti nostri Godehardi, abbatis Altachensis, prædia quædam cujusdam artificis Perengarii, quæ ad monasterium S. Quirini M. ad Tegernsee pertinebant, eo quod idem servus ejusdem esset Ecclesiæ, ab Imperatore Ottone, nostro antecessore in Francia et in Turingia sibi concessa in nostrum jus cambiendo recipimus: econtra vero ultra fluvium Ainzim in comitatu Henrici marchionis in opportuno loco juxta prædium ejusdem Ecclesiæ, Creberbach dictum, in meridiana plaga interjacentis stratæ publicæ, quæ Hochenstrassa vulgo nuncupatur, partem silvæ, Enisiwalt dictæ, hobas regales sexaginta ad supradictum cœnobium Tegernsee in usum monachorum inibi Deo famulantium, per hanc nostri præcepti paginam concedimus, et de nostro jure in jus ac dominium eorum, cum omnibus utensilibus quæ ibi inveniri vel aptari possunt, prorsus transfundimus, et si ibi in integrum inventæ non fuerint, in proximo loco nostro suppleantur, eo videlicet tenore ut illius loci abbates exinde liberam habeant potestatem in usum eorundem monachorum, quicquid eis inde faciendi placuerit, omnium hominum contradictione remota.

Et ut hæc nostræ donationis auctoritas firma et stabilis constet, hanc chartam ex nostra jussione scriptam et signatam manu propria firmavimus.

---

(165) Non ergo jam 23 Febr. hoc anno mortuus erat, ut quidam volunt.

Guntherius cancellarius vice Erchambaldi archicapellani recognovi.

Data xiv Kal. Julii, indict. ix, anno Dominicæ incarnationis 1011, anno vero domini Henrici II regnantis x. Actum Randesburæ.

LIX.
S. Henrici diploma per quod integrum comitatum in pago Lobedengouve reliquis Ecclesiæ Wormatiensis ditionibus adjicit.

(Anno 1011.)

[Schannat, *episcopatus Wormat.*, II, p. 38.]

In nomine sanctæ et individuæ Trinitatis, Heinricus divina ordinante providentia rex.

Omnium itaque sanctæ Dei Ecclesiæ utriusque sexus fidelium sub regni nostri ditione degentium, nosse volumus solertiam qualiter Burchardus, venerabilis episcopus sanctæ ecclesiæ Wormatiensis, nobis in omnibus fidelissimus, dominationem nostram adiens rogavit ut fidelitatis varlique laboris semper pro nostra dilectione impensi recordaremur. Cujus vero petitioni nos assensum præbentes, fideique sibi promissæ memoriam tenentes, interventu scilicet ac petitione dilectæ conjugis nostræ Cunigundæ reginæ, comitatum in pago Lobedengouve situm, cum omnibus sibi pertinentibus, per hanc nostram regalem paginam cessimus, et de nostro jure ac dominio in suæ ditionis manum transmisimus, eo videlicet rationis tenore ut jam dictus episcopus de prædicto comitatu et ejus utilitatibus dehinc habeat potestatem fruendi, habendi, vel quidquid sibi placuerit faciendi, omnium hominum contradictione remota. Quod ut verius credatur, diligentiusque observetur ab omnibus, propriis manibus roborantes, sigillo nostro insigniri jussimus.

Signum domni Heinrici regis invictissimi.

Guntherus cancellarius, ad vicem Erkambaldi archicapellani, notavi.

Data vii Idus Maii, indict. viii, anno Dominicæ incarnat. millesimo XI, anno vero domni secundi Henrici x.

Actum Bavenberc feliciter. Amen.

LX.
S. Henrici privilegium pro Ecclesia Paderbornensi.

(Anno 1011.)

[*Codex diplomaticus Hist. Westph.*, p. 61.]

C. In nomine sanctæ et individuæ Trinitatis, Heinricus divina ordinante providentia rex.

Divinæ pietatis clementia, quæ nos ad culmen regiæ majestatis perduxit, ad hoc voluit regnare ut ecclesiarum ordini firmando atque corroborando subveniamus; his autem maxime locis, quæ ab antecessoribus nostris regibus imperatoribus fundata, sed jam peccatis exigentibus pene videbantur annullata. Quapropter omnium fidelium nostrorum præsentium scilicet ac futurorum industriæ notum esse volumus qualiter, nos divini amoris instinctu, pro remedio animæ nostræ seu parentum nostrorum, nec non et tertii Ottonis bonæ memoriæ imperatoris, dilectæque conjugis nostræ Cunigundæ reginæ interventu, atque Meginwere sanctæ Podrebronnensis Ecclesiæ venerabilis episcopi rogatu, sibi sanctæque suæ Ecclesiæ a Karolo magno imperatore olim fundatæ, nostris vero temporibus incendium passæ, in honore enim sanctæ Dei genitricis semperque virginis Mariæ et sancti Kiliani martiris Liboriique confessoris dedicatæ, comitatum quem Hahold comes dum vixit tenuit, situm scilicet in locis Haverga, Limga, Thiatmalli, Aga, Pathcrga, Treveresga, Langaneka, Erpesfeld, Silbiki, Matfeld, Nihterga, Sinatfeld, Ballevan prope Spriada, Lambiki, Lession, Sewardeshusun, cum omni legalitate in proprium concedimus atque largimur per hanc nostram regalem paginam, eo videlicet rationis tenore ut præfatus episcopus Meginwerc suique successores præscriptæ ecclesiæ præsidentes dehinc liberam habeant potestatem, de eodem comitatu ejusque utilitatibus quidquid eis placuerit faciendi, ad eorum tamen utilitatem ecclesiæ, omni videlicet inquietudine remota. Et ut hæc nostræ traditionis seu confirmationis auctoritas stabilis et inconvulsa omni habeatur tempore, hoc præceptum inde conscriptum manu propria firmare curavimus, et sigillo nostro insigniri jussimus.

Signum domni Heinrici (L. M.) regis invictissimi.

Guntherius cancellarius ad vicem Erkambaldi archicapellani recognovi.

Datum iv Idus April., indictione ix, anno Dominicæ incarnationis millesimo XI^{mo}. Anno vero domni secundi Henrici regnantis ix.

Actum Triburaregia villa feliciter. Amen.

LXI.
Traditio Henrici regis.

(Anno 1012.)

[Dronke, *Cod. Diplom. Fuld.* p. 343.]

In nomine sanctæ et individuæ Trinitatis, Heinricus divina favente clementia Romanorum rex.

Constat nos divina disponente gratia cæteris supereminere mortalibus, ideoque convenit ut, cujus præcellimus munere, ejus voluntati parere in omnibus studeamus; ideoque omnibus Christianæ fidei cultoribus nostrisque fidelibus, tam præsentibus quam futuris, cupimus esse notum qualiter venerabilis abba Branthoh de monasterio sancti Bonefacii quod Fultha vocatur una cum monachis suis supplicavit celsitudini nostræ ut homines Romano quondam imperio attinentes, qui super terras monasterii eorum commanent, quos olim divæ memoriæ domnus Lodewicus rex itemque domnus Ottho imperator, hujus nominis primus, contulerunt et confirmaverunt scholasticis monasterii Fuldensis et eorum successoribus pro pueris nutriendis et disciplinis scholasticis imbuendis ad cultum divinum uberius augmentandum ; nos quoque ipsis ac monasterio eorum tradere et confirmare auctoritate regia dignaremur una cum provincia Sarowe dicta et quadam villa sita in Thuringia Holzhus nuncupata, quæ eis quidam comes de Boemenia nomine Thacholf in testamento contulit, aput ipsos eligens sepulturam: insuper alia bona quæ eis nostri antecessores imperatores reges principes ac alii fideles infra Romanum imperium devotionis intuitu optulerunt. Nos igitur ob divinum amorem et ipsius sancti loci reverentiam omnia bona tam mobilia quam immobilia cum abbatiis, comiciis, centis, judiciis, theloneis, monetis, bannis, districtibus, wiltbannis, jurisdicionibus quibuscunque, quæ idem Fulthense monasterium possidet infra regnum divinitus nobis datum, vel quæ in futurum adipisci poterit Domino concedente, una cum hominibus imperii antedictis et cum omnibus super terras ipsorum residentibus, qui pro condicione sua ad fiscum regium censum solvere deberent, nec non et prædicti Thacholfi comitis testamentum ipsi abbati Branthoo ejusque successoribus et monasterio Fulthensi per hos apices serenitatis nostræ tradimus et auctoritate regia in perpetuum confirmamus. Præterea districtissime prohibemus ne missi nostri vel ballivi imperii aliquid tollant, rapiant vel invadant de suppellectili aut rebus abbatum decedentium, sed successori omnia reserventur; nec pro investitura, quæ per sceptrum regium fieri debet, ab abbate de novo creato aliquid expetatur; sed sic omnia pro libertate ejusdem sancti loci taliter ordinentur ut ibidem cultus Domini perpetuo stare possit. Et ne quisquam hominum futuris temporibus contra hanc nostram traditionem seu confirmationem venire audeat, hos apices inde conscriptos manu propria roborantes sigillo nostro fecimus insigniri.

Signum domni Heinrici (M) regis invictissimi.

Erkanbaldus archicapellanus recognovi.

Data xvii Kal. Januar. indictione xi, anno vero domni millesimo xii. Item anno domni Heinrici secundi regnantis xi. Actum Fultha monasterio in nomine Domini feliciter. Amen.

LXII.

Traditio Heinrici regis de foresti Zunderenhart.

(1012, 29 decemb.)

[Dronke, *ubi supra.*]

In nomine sanctæ et individuæ Trinitatis, Heinricus divina favente clementia rex.

Si ecclesiarum Dei loca alicujus doni incremento sublimare vel meliorare studuerimus, nobis nostrique regni statui id proficere minime dubitamus. Quapropter omnium fidelium nostrorum, præsentium scilicet ac futurorum, industriæ notum esse volumus qualiter nos divini amoris instinctu, interventu quoque ac peticione Branthoy abbatis, quandam juris nostri regni forestim infra istos fines adjacentem hisque terminis præcinctam: de Biberaho scilicet usque ad Wolfesbart, ac inde recte transcurrendo Rodenmannun et Byochineberge usque ad Calbaho et Fliedenu; hinc autem ad Langenaho et Widenaho; hinc vero in Guncenaho et in Mosebrunnen, et inde sic recte transiendo loca Ufecreginfelt, Warmuntessneida, Iliwineshusun et Heribrahteshusun, necnon Slierefa deorsum in Slidesa, et sic per deorsum usque in Fuldam, sibi suæque sanctæ ecclesiæ in honore Dei genitricis sanctique Bonifacii archiepiscopi et martyris consecratæ ac constructæ,

cum banno et cum suis omnibus pertinentiis, per hanc nostram regalem paginam in proprium concedimus atque largimur, et de nostro jure ac dominio in ejus jus et dominium omnino transfundimus, ea scilicet ratione ut prædictus abbas Brantho suique successores de prædicta foresti et ejus pertinentiis liberam dehinc potestatem habeant quicquid sibi inde placuerit faciendi, ad usum tamen ecclesiæ, omnium hominum contradictione remota. Et ut hæc nostræ traditionis auctoritas stabilis et inconvulsa per futura permaneat tempora, hoc præceptum inde conscriptum manu propria corroborantes sigillo nostro insigniri jussimus.

Signum domni Heinrici (M) regis invictissimi.

Guntherius cancellarius vice Erchambaldi archicapellani recognovi. (S)

Data iv Kal. Januarii, indictione x, anno Dominicæ incarnationis millesimo XIII. Anno vero domni secundi Heinrici regnantis xi.

Actum Polida feliciter. Amen.

LXIII.

Traditio Heinrici II regis de Lupence marca.

(Anno 1012? 30 dec.)

[Dronke, *ubi supra.*]

In nomine sanctæ et individuæ Trinitatis, Heinricus, divina favente clementia Romanorum imperator augustus, omnibus fidelibus nostris præsentibus scilicet et futuris gratiam et salutem in Christo.

Notum esse volumus omnium catholicæ fidei memoriæ qualiter, interventu ac peticione Chunigundæ imperatricis augustæ nostræ dilectæ conjugis, per hanc nostri imperialis præcepti paginam concedimus sanctæ Fuldensi ecclesiæ et domno Bopponi abbati ejusque successoribus in perpetuum bannum nostrum super diversi generis feras inter fines et terminos Lupencemarcha quaquaversum eadem Lupencemarcha extenditur, ex consensu et voluntate Erkenbaldi Mogontinensis archiepiscopi necnon et Arnoldi abbatis Herfeldensis et Willehelmi comitis et fratris ejus Bopponis. Sigimari quoque advocati et omnium circa habitantium qui ibi juxta prædia habere noscuntur, eo vicelicet tenore quatenus eadem prænominata, sancta scilicet Fuldensis ecclesia, nosterque fidelis Boppo ejusdem ecclesiæ venerabilis abbas, omnesque qui in præsenti Fuldensi ecclesia sibi pro futuris temporibus successuri sunt, infra præfatos fines forestandos hac nostra imperiali traditione talem pacem et securitatem amodo et deinceps de cæteris comprovincialibus et circum sedentibus obtineant, qualem hæc eadem cæteræque ecclesiæ hactenus habere visæ sunt, quæ nostra sive prædecessorum nostrorum imperatorum videlicet et regum de hujusmodi forestibus forestandis præcepta susceperunt. Et ut hæc banni nostri concessio stabilis semperet inconvulsa permaneat, hoc præceptum inde conscriptum manu propria corroborantes sigilli nostri impressione jussimus insigniri et nominis nostri caractere confirmari.

Signum Heinrici gloriosissimi imperatoris augusti. Ego Guntherius cancellarius recognovi.

Datum iii Kal. Januar.

Actum Fulde feliciter.

Notum sit omnibus fidelibus qualiter nos, cum ecclesia Fuldensi concambium facientes, dedimus sancto Bonifacio locum proprietatis nostrae in Lupence marcha, et recepimus alia loca, hoc est Wazerlosen et Eibingen.

Hi sunt autem fines et termini Lupence marcha: Truchenebach inde ad Steinenbrunnen, inde ad Birkinen solen, inde ad Holcbiberen, inde ad alterum Biberen, inde ad Hattenbach, inde ad Leingruben, inde ad Cumbelum, inde ad Lyopbergun, inde ad Horsuerzum, inde ad Brestinesbrunnen, inde ad Hohen eihcholcen, inde ad Merenlinden, inde ad Habechental, inde Steininen strazen, inde ad Weidenbrunnen et Nazaha inferius ad Steinenbrunnen, inde ad Widinen solen, inde ad Marcsteinen, inde ad Neptale sursum et Neptale infra, inde ad Setensteten per capellam, de capella ad Hurselen, inde ad Ottereswag, inde ad Horwiden, inde ad Lachweige, inde Kabenbuhele, inde ad Wartbergen in fontem, inde ad Zugenturnen, inde ad Madungen, inde ad Gerwinessteinen, inde ad Alviges sol., inde ad Suarzbach, inde ad Alinde, et Alinde inferius ad Merrith, inde ad Liggenboug, inde ad Drinhougen, inde ad Rotensolen, inde ad Gotdedah, inde ad Ahorne, inde ad Kubach, et de Kubach infra in Werraha, et de Werra inferius in praedictum Truckenebach.

LXIV.

Heinrici regis praeceptum, per quod Wormaticensem Ecclesiam [inter] et coenobium Laurishemense controversiam, ratione Forestis Odenwalt dirimit.

(Anno 1012.)

[Schannat, *Episcopatus Wormat.*, II, 38.]

In nomine sanctae et individuae Trinitatis, HEINRICUS, divina ordinante clementia, rex.

Omni itaque sanctae Dei Ecclesiae fidelium in regno nostro degentium nosse volumus sollertiam quomodo vir venerabilis, et nobis in omnibus fidelis, Burchardus, Wormatiensis ecclesiae episcopus, dominationem nostram adiit sese reclamando, ob frequentem contentionem habitam inter suam Ecclesiam, et Laureshamensis ecclesiae abbatem, de quibusdam utilitatibus quae sunt in pago Lobedungowe, eo quod praefatus abbas Wormatiensis Ecclesiae omne silvaticum in silva Odenwalt potestativa manu vellet abdicare, suaeque per integrum vendicare. Ob hanc igitur altercationem nostrae excellentiae porrexit praeceptum Dagoberti famosissimi regis Francorum relegendum, in quo scriptum habetur qualiter ipse Dagobertus rex ad basilicam sancti Petri apostoli Wormatiae constructam tradidit castellum Ladinburg in pago Lobedungowe situm cum omnibus utensilibus illuc pertinentibus et omni silvatico in silva Odenwalt; ad hoc etiam nostris visibus obtulit praecepta successorum illius, videlicet Pipini, Karoli, Ludowici; Ottonis primi, clarissimorum scilicet regum vel imperatorum Francorum, in quibus scriptum invenitur quomodo ipsi traditionem et confirmationem praescripti regis suis praeceptionibus a novo confirmarunt; sed pro rei firmitate precatus est nostram clementiam ut frequenti litigio finem statueremus. Cujus petitionibus, ob Dei amorem, ejusque fidele servitium libenter annuentes, Bopponem supradicti pagi comitem a culmine nostri imperii ad destruendam litem vetustam misimus, et ut Sigebodo Wormaticensis miles, et Wernerus Laureshamensis miles, nec non scabinei praenominati comitis, cum juramento marcam Lobedunburgeusem, pro qua contenderunt, a marca quae respicit ad Epfenheim distinguerent, praecepimus. Isti sunt qui pro eadem marca juraverunt: Sibodo, Siguin, Wazzo, Auduom, Reolfreging, item Siguin. Hartmann, Hetzel, Eskrih. Et istis terminis supradictas marcas distinxerunt. Hegisurum usque in Flichenbach, et sic usque in possessam Homathoni, et sic sursum possessam usque ad Enthelen Wichelstein, inde ad orientalem bornen, inde ad spumosum stagnum, et sic in Ulmenam; et inde usque ad intonen Egkam; inde a dunen Wichental, inde in orientalem Ulmenam, et sic usque ad Richeresvindam. Inde in Nevarum et sic Nevarum deorsum usque in Niwenheim, et in ea nihil speciale dixerunt, excepto Colegenberg et Forestem quae Eugizunforste nominatur. Quapropter hoc nostrae auctoritatis praeceptum eidem Ecclesiae fieri decrevimus, per quod jubemus ut praefato episcopo Burchardo, aut successoribus suis, nullum impedimentum praedictis Ecclesiae facultatibus ab aliqua persona occurrat; et hoc adjicimus: si qui superbiendo istud pactum vel praeceptum violaverit, tres libras auri ad cameram nostram vel successoris nostri tribuat, et quod inceperit irritum habeatur. Et, ut haec auctoritas nostrae confirmationis firma stabilisque permaneat, annuli nostri impressione eam insigniri jussimus, manuque propria subtus annotavimus.

Guntherus cancellarius, ad vicem Erkanbaldi archicapellani recognovi.

Data xv Kalend. Septemb., anno incarnat. Dom. millesimo duodecimo, indictione decima, anno vero domini Heinrici secundi decimo.

Actum Nerstein feliciter. Amen.

LXV.

Abbatia Florinensis, quae est Benedictinorum in dioecesi Leodiensi, a Gerardo I Cameracensi et Atrebatensi episcopo fundata, confirmatur diplomate S. Henrici.

(Anno 1012.)

[Mirœus, *Opp. diplom.*, I, 675.]

(*Initium deest.*) Quapropter innotescimus omnibus Christifidelibus, et nostris, tam futuris quam praesentibus, quia Gerardus vir venerabilis in primis, noster capellanus, postea vero, Dei gratia annuente, et me dante, Cameracensis episcopus effectus, et fratres sui Godefridus, et Arnulfus, abbatiam quamdam in pago Lomacensi sitam pro salute animarum suarum, et suorum parentum Florines (166) construxerunt.

Quorum interventu ipsam abbatiam cum omnibus bonis ad eamdem pertinentibus, futuris et præsentibus, in nostro mundiburnio et tuitione perpetuo conservandam suscepimus.

Communi igitur fratrum assensu, hujus constructæ ab eis abbatiæ, Godefrido cessit advocatio.

Et ne aliqua inter ipsam et abbatiam suscitaretur altercatio, idem Godefridus jus advocationis, quod retinuit, in nostra præsentia sic exposuit. De singulis foris.....

Si quis autem posterorum hujus advocationis ultra hæc adversus ecclesiam quidquam molestum arroganter intulerit, Baldrico Leodicensium episcopo nunc nobis assistenti, et successoribus ejus, ut nostra vigeat concessio, loco nostri ut judices et vindices arctius appareant, auctoritate potiore.....
Jubemus ergo publice, et in pleno colloquio, quatenus impensius labor non periret, sed securum et defensum maneret monasterium in honore beati Joannis Baptistæ constructum; et ibi habitantes pro incolumitate nostra, et conjugis nostræ, et pro statu imperii nostri Dei clementiam jugiter exorarent, hoc nostræ auctoritatis præceptum fieri decrevimus.

Hæc sunt autem ingenuorum testium nomina :
Burchardus Wormaciæ episcopus.
Heribertus Coloniensis archiepiscopus.
Deodoricus Metensis episcopus, frater Cunegundis imperatricis.
Adelboldus Ultrajectensis episcopus.
Godefridus dux, etc.
Frater ejus Ethelo.
Otto dux Lotharingiæ.
Albero dux Mosellanorum

Data decima septima Maii, anno Dominicæ incarnationis millesimo duodecimo, indictione decima, concurrente secundo, epacta vicesima quarta, anno autem Henrici imperatoris undecimo.

Actum Leodici feliciter. Amen.

LXVI.

Imperator Henricus donat Ecclesiæ Bambergensi locum Irnsing in pago Kelesgowe et in comitatu Ottonis de Wittelspach situm.

(Anno 1012, 1 Nov.)

[Ried, *Cod. episc. Ratisb.*, I, 130.]

C. In nomine sanctæ et individuæ Trinitatis, HEINRICUS, divina favente clementia, Romanorum imperator Augustus.

Omnium Xpi nostrique fidelium noverit industria qualiter nos, ob remedium animæ et per interventum nostræ dilectissimæ conjugis Chunigundæ imperatricis Augustæ, quendam nostri juris locum Eringesin-

(166) Florina, vulgo *Florenne*, episcopatus Leodiensis oppidulum inter Sabim et Mosam situm, sexquimiliari a Philippopoli Hannoniæ oppido, et quinque a Mariæ-Montio milliaribus : Olim satis lautum, sed sæpius a Gallis eversum
Est illic abbatia Benedictinorum, de qua vide plura inter Origines Benedictinas; item capitulum

gun (Irnsing) dictum, in pago Kelesgowe et in comitatu Ottonis comitis situm, sanctæ Babenbergensi ecclesiæ in honorem beati Petri principis apostolorum et sancti Georgii martyris constructæ et consecratæ, cum omnibus appendiciis scilicet terris cultis et incultis, villis, vineis, agris, pratis, pascuis, aquis aquarumque decursibus, molendinis, areis, ædificiis, utriusque sexus mancipiis, exitibus et reditibus, et cum omnibus utilitatibus quæ vel scribi vel nominari possunt, summo et liberali devotionis studio in proprium concedimus et donamus; ea videlicet condicione quatenus ejusdem supradictæ sanctæ Babenbergensis ecclesiæ venerabilis episcopus Eberhardus suique successores deinceps liberam exinde habeant potestatem tenendi, possidendi, et quicquid ad usum prædictæ ecclesiæ pertineat faciendi, omnium remoto contradictionis obstaculo. Si quis, quod absit ! hujus nostræ donationis munificentiam destruere præsumat, inextinguibili tormento in die judicii luat; id ne fiat, sed ut hujus nostræ donationis auctoritas stabilis et inconvulsa permaneat, hoc præceptum inde conscriptum propria manu corroborantes, sigilli nostri impressione jussimus insigniri.

Signum domni *Heinrici* invictissimi *Romanorum imperatoris Augusti.* (*Monogramma.*)

Guntherius cancellarius vice Erchanbaldi archicapellani recognovi.

Data Kal. Novembris, indict. III, anno Dominicæ incarnationis 1012, anno vero domni Heinrici secundi regnantis XII, imperii autem I.

Actum Merseburc feliciter. Amen.

Cum sigillo majestat.

LXVII.

S. Henrici privilegium pro monasterio S. Benedicti Montis Casini.

(Anno 1013.)

[Tosti, *Storia della badia Casini*, I, 249.]

In nomine sanctæ et individuæ Trinitatis, HEINRICUS, divina favente clementia, Romanorum imperator Augustus.

Oportet imperiali magnitudine prælatis Deo famulantium preces obaudire, et quod petierint, amore sanctorum quorum veneratione loca dicata sunt, ubi greges Dei, divina militatione, et exequi procurant, libenter obtemperare, quæque munera erga eadem loca, ad percipiendam divinam retributionem, conferre. Quanto studiosius hoc quis procurare contendit, tanto, ejus misericordia fultus, et præsentia facilius transilire, et æternam beatitudinem facilius capessere promerebitur. Igitur cunctorum fidelium sanctæ Dei Ecclesiæ nostrorumque, præsentium videlicet ac futurorum, cognoscat sollertia, qualiter nos interventu ac petitione venerabilis abbatis Athenulphi monasterii S. Benedicti, coenobii

decem canonicorum, fundatum in honorem S. Gengulphi martyris, a quodam abbate Florinensi, qui sibi suisque successoribus titulum præpositi cum jure conferendi præbendas reservavit, ac jus archidiaconale in oppidum Florinense eiusque districtum acquisivit.

tertia quia vir venerabilis abbas Atinulfus, eruditus regularibus disciplinis, et rector cœnobii Sancti
Benedicti, qui est situm in castro Casino, ubi ipse
sui corporis sepulturæ locum veneratione dicavit,
cum cuncta congregatione quam in eodem loco sub
regula almifici confessoris omnipotenti Deo Benedicti
veraciter deservire cognovimus, per quos ipse venerabilis abbas pecientes (sic) celsitudinem nostram,
ut ob honorem Dei et reverentiam ejusdem sancti
loci, animæque nostræ augmentum, nec non stabilitatem nostri regni, secundum prædecessorum nostrorum imperatorum præcepta, augustorum scilicet Caroli, Lotharii, Ottonis, per hoc nostræ auctoritatis imo confirmationis præceptum circa ipsum
venerabilem locum ea quæ subter scripta decernunt
confirmare et corroborare dignaremur; omnes res
et possessiones et mancipias et aldianas, cartulatos,
vel offertos servos et ancillas, cum terris et vineis,
silvis, montibus, planis, planitiebus, aquis aquarumque decursibus, atque piscariis posita infra
fines Pandulphi principatus Capuano et Pandulphi
Beneventano principi, cum universis pertinenciis
quæ esse videntur infra hos fines quæ inferius de-
claramus, et quod antiquis temporibus possessus
est. Incipiente a prima fine ab ipso Carnello et
quomodo salit per ipsa contra usque in rivo
sicco..... (seguono i nomi di terre, chiese ed altre
suggette alla badia)..... in integrum, quibuscunque nostri regni finibus positi sunt, et quæ ad eumdem venerabile monasterium beati Benedicti Christi confessoris pervenerunt et possessæ fuerunt,
vel quolibet modo tenuerunt, per hanc nostræ confirmationis auctoritatem nostris futurisque temporibus abbates ipsius monasterii ipsius sancti Benedicti firmiter inviolabiliter teneat et possideat, ut
facultas vel utilitas ipsius venerabilis monasterii
exigerit; ita ut nullus judex, publice quislibet ex
judiciali potestate in cellas et villas; aut agros,
seu loca, sive reliquas possessiones supra scripti
cœnobii Sancti Benedicti quas moderno ipse in
quibuscunque pagis et territoriis infra nostri regni ditione juste et legaliter possidet; vel quicquid et deinceps divina pietas ipsi sancto loco
voluerit augere, ad causas audiendas vel fredi
aut tributa exigendi, vel mansiones aut paratas faciendas, vel servos, seu cartulatos vel offertos, et qui super terram ipsius monasterii resident nullatenus distringendos, nec ullas redhibitiones aut illicitas occasiones requirendas; nostris
futurisque temporibus ingredi audeat, nec ea quæ
superius memorata sunt penitus exigere præsumat,
sed liceat præsentem Altinulfus venerabilis abbas
ejusque successores, una cum congregatione, ibidem Deo famulantem sub nostræ munitatis defensionis quietos ordine vivere et residere, et Deum pro
nostra anima supplicare : et quidquid fiscus ex jure
jam præfati monasterii pars publica sperare poterat, pro animæ nostræ mercede luminaribus ipsi
sanctissimo monasterio nostra maneat auctoritate
concessum. Nec non etiam a nobis adiit, atque confirmari placuit, ut ex omnibus rebus vel mancipiis
ex ipso sancto monasterio pertinentibus cartulatis
vel offertis, liberis atque servis ubi pars ipsius monasterii sancti citius valeat suam justitiam consequi :
ita post facta inquisitione rem quem clamaverint
per prædictos veraces homines jam prædicto pertinere sancto monasterio in palatio quorumcunque
taliter respondere, aut de sacramento compellantur.
Si vero de servis aut ancillis, vel de quibuslibet
rebus orta contentio fuerit, liceat monachis eidem
sancti monasterii ipsos retinere quousque in nostram seu eorumdem successorum nostrorum præsentiam veniant, et ibidem coram nobis positis deli-
berentur. Quicunque (contra) hanc nostram imperialem institutionem ire tentaverit, aut ea quæ supra
memorata incomprehensa sun' minime observare,
quin fortasse violare aut dirumpere tentaverit, sciat
se pœna persolviturum auri optimi libras mille, medietatem cameræ nostræ, et medietatem domno
Atenulfo venerabili abbati, vel suisque successoribus, vel ecclesiæ sancti Benedicti. Præcipimus
etiam, ubicunque repertus fuerit ex rebus ipsius
sancti monasterii, vel cellis illicitas atque damno-
sas seu inutiles quas scriptiones vel contumatio-
nes, evacuentur, vel ad ejus potestatem sancti Benedicti restituantur. Ut autem hæc nostra imperialis præceptio per futurum temporum firmiorem obtineat vigorem, manus nostras subter firmavimus,
et annulo nostro sigillari jussimus (fortasse insigniri).

Signum domni Heinrici serenissimi et invictissimi
imperatoris Augusti.

Heinricus cancellarius vice Everardi episcopi et
archicapellani recognovi.

Datum anno Dominicæ incarnationis millesimo
XIII, indictione XII, anno vero domni Heinrici imperatoris Augusti regnantis duodecimo, imperii eius
primo.

Actum Romæ feliciter. Amen.

LXVIII.

S. *Henricus Ecclesiæ Bergomensis, a Reginfredo
episcopo male habitæ, possessiones et privilegia
confirmat.*

(Anno 1013.)

[Ughelli, *Italia sacra*, IV, 438.]

In nomine sanctæ et individuæ Trinitatis, Henricus, divina favente clementia, rex.

Congruit excellentiæ nostræ venerabilia sanctorum
loca intuitu pietatis respicere, atque ne inibi Deo
servientes aliquam injuriam patiantur, solicita consideratione providere. Quocirca omnium sanctæ Dei
Ecclesiæ, nostrorumque fidelium, præsentium scilicet ac futurorum, volumus pateat industriæ qualiter
Theoderulfus archidiaconus [pro] se, et pro cæteris
omnibus eidem Ecclesiæ servientibus præsentiam
nostram tristissimi adierunt, et nunciantes nobis
adversa quæ de territoriis rebus canonicæ suæ
a Reginfredo episcopo aliisque malis hominibus

passi fuerant, misericordiam nostram supplices oraverunt ut, propter remedium et salutem animæ nostræ, universa prædia et res canonicæ facultatis beatorum martyrum Alexandri atque Vincentii, duo scilicet mercata ab Adelberto reverendissimo pastore collata, et quæcunque alia sunt ab ipso donata : nec non et omnia, quæ ab Azone venerando pontifice, seu cæteris viris Deum timentibus sunt concessa, secundum voluntatem donatorum, per auctoritatem nostræ defensionis et præcepti nostri paginam eis liceat obtinere. Quorum petitionibus, ut justum est, misericorditer annuentes, per hanc nostri præcepti paginam confirmamus et corroboramus eis, salvo honore episcopi, omnes res et facultates prædictæ canonicæ, sicut superius comprehensæ sunt; eo videlicet ordine ut amodo in antea, ad usum et utilitatem sanctæ Ecclesiæ servientium, tam ipsi quam et successores eorum habeant, teneant firmiterque possideant, omnium hominum contradictione et repetitione remota. Præcipientes itaque sancimus ut nullus dux, archiepiscopus, episcopus, marchio, comes, vicecomes, gastaldio, nec ullus reipublicæ exactor, seu aliqua regni nostri magna parvaque persona prædictos canonicos, vel successores eorum, qui pro tempore ad præfata venerabilium sanctorum loca Deo servituri sunt, de suprascriptis rebus disvestire, molestare, vel inquietare præsumat. Si quis vero, quod futurum non credimus, hujus nostræ præceptionis violator extiterit, sciat se compositurum libras centum auri optimi, medietatem scilicet cameræ nostræ, et memoralis canonicis vel eorum successoribus alteram. Quod ut verius credatur, diligentiusque ab omnibus observetur, hoc præceptum inde conscriptum, manu propria confirmantes, sigilli nostri impressione jussimus insigniri.

Signum D. Henrici regis invictissimi.

Henricus vice Everardi episcopi et archicapellani recognovit.

Actum anno incarnationis Dominicæ 1013, indictione undecima, anno vero domini Henrici regis secundi, regnantis XI.

Actum Magedeburch feliciter. Amen.

LXIX.

S. Henricus Ecclesiæ Paderbornensi curtem Berneshuson concedit.

(Anno 1013.)

[*Cod. diplom. Hist. Westph.*, p. 62.]

C. In nomine sanctæ et individuæ Trinitatis, HEINRICUS, divina favente clementia, rex.

Quoniam divinæ dispositionis providentia nos ad summum reipublicæ culmen regendum provexit et universitati multorum, quamvis merito inferiores, tamen eminentiore quadam nominis prærogativa præesse disposuit, ejus, cujus misericordia sumus sublimati, in omnibus oportet obedire præceptis, ut, utilitati subditorum providentes, quanto plus præ cæteris sub specie honoris ascendisse cernimur, tanto magis interius humiliati, his qui sub umbra regiminis deserviunt, debitum retributionis exhibendo, familiari compassione condescendamus. Nam si, qualitates servientium nobis piæ discrecionis intuitu examinantes, unicuique pro qualitate meritorum recompensare studuerimus, debitum persolvendo Dominicum præceptum implemus, et excellentiam regiæ dignitatis.

Studere vidimus, quandam cortem nostræ proprietatis Berneshuson dictam, in pago Lisga, in comitatu Udonis sitam, quam ab Unewano Bremonense archiepiscopo donante per advocatum suum Udonem absque omni contradictione legitima traditione accepimus, sanctæ Paderbrunnensi ecclesiæ in honore sanctæ Dei genitricis Mariæ sanctorumque Kiliani martiris et Liborii confessoris consecratæ, pro remedio animarum divæ memoriæ Ottonis imperatoris tercii senioris scilicet nostri, omniumque parentum nostrorum, simul ac dilectissimæ conjugis nostræ, et stabilitate regni, proprietario jure concedimus cum omnibus appertinentiis, rebus, territoriis, villis, mancipiis utriusque sexus, silvis, venationibus, aquis aquarumve decursibus, molendinis, piscationibus, viis et inviis, exitibus et reditibus, pratis et pascuis, et cum omnibus acquisitis vel inquirendis ; ea ratione ut prenominatus episcopus ejusque successores liberam potestatem in ejusdem ecclesiæ utilitatem vertendi habeant. Si quis autem in posterum, quod absit! prefatam ecclesiam inquietare contendat de eisdem prediis, perpetuo anathemate condemnetur. Insuper c libras auri optimi componat, dimidietatem regiæ cameræ, et reliquam partem eidem ecclesiæ quam inquietare presumpsit. Et, ut hæc nostræ tradicionis auctoritas stabilis permaneat, hanc regalis precepti paginam conscribi ac, manu propria confirmantes, sigillo nostro jussimus insigniri.

Signum domini Heinrici secundi regis (L. M.) *invictissimi.*

Guntherius cancellarius vice Ercambaldi archicappellani...

LXX.

S. Henricus Ecclesiæ Paderbornensis privilegia et possessiones confirmat.

(Anno 1014.)

[*Cod. diplom. Hist. Westph.*, pag 63.]

D. In nomine sanctæ et individuæ Trinitatis, HEINRICUS, divina favente clementia, Romanorum imperator Augustus.

Quoniam divinæ dipositionis providentia nos ad regendum tocius reipublicæ monarchiam apostolica benedictione provexit, ante omnia autem hoc laborare debemus ut, qui coronam terreni imperii concessit, post emensum hujus vitæ spacium ea etiam coronari permittat quæ non auferatur in æternum. Quod potissimum fieri decernimus, si loca ecclesiasticis obsequiis deputata nostra auctoritate corroborentur, ut omni exteriori inquietudine remota in tranquilitate permaneant, quatinus eorum precibus adjuvemur qui ibi die noctuque orationibus in Dei servicio vacare debentur, et quod per nos, utputo consciencia trepidi, querere non præsumimus, sanctæ Dei Ecclesiæ servientium pia intercessione impetremus. Quapropter universitati fidelium nostrorum patere volumus qualiter Megenuvercus, Paterbrunnensis Ecclesiæ venerabilis episcopus, pro ecclesiastica utilitate arduum laborem aggressus, nobiscum limina beatorum apostolorum Petri et Pauli pia intentione quæsivit, devote supplicaturus ut Ecclesia cui ipse pastorali cura præsidet, in primis apostolica, deinde nostra imperiali auctoritate corroboretur, pro eo maxime quia, quando ecclesia fuit concremata, omnia ejusdem ecclesiæ præcepta atque privilegia incendio perierunt. Cujus peticioni, quia rationabilis videtur, gratuito adsentientes, quidquid eadem ecclesia per justiciam obtinere debet antecessorum nostrorum vel nostra oblatione, cæterisque fidelibus ibi collatum in rebus, territoriis, vel in comitatibus ac districtu; vel quibuscumque utensilibus, ac quicquid ipse episcopus prædictus Megenuvercus de sua hæreditate ibi contulit, vel aliunde per commutationem aut precariam legaliter adquisivit, denuo stabili dono concedimus et imperiali auctoritate confirmamus. Si quis autem nostræ confirmationis edictum ulterius aliqua presumptione infringere temptaverit, centum librarum auri ad nostrum pondus compositione multetur, ac dimidium cameræ nostræ persolvat, reliquum vero eidem ecclesiæ, quam temerarie inquietare præsumpsit. Et, ut hæc confirmatio per successiones temporum stabilis et inconvulsa permaneat, hanc imperialis præcepti paginam inde conscribi ac manu propria confirmantes sigillo nostro jussimus insigniri.

Signum domni Heinrici serenissimi et invictissimi imperatoris (L. M.).

Gunterius cancellarius vice Ercanbaldi archicapellani recognovi.

Data indictione xi, anno Dominicæ incarnationis 1014, anno vero domni Heinrici secundi regnantis xii, imperii vero i.

Actum Papiæ feliciter. Amen.

LXXI.

Sanctus Henricus, Petro episcopo et abbati S. Michaelis in Porcariana, bona sua et jura confirmat, anno 1013, post profligatum Arduinum Italiæ regni invasorem; vel certe anno 1014, ante Pascha, quo die acceptis a Romano pontifice imperii insignibus cœpit esse imperator.

[Apud Acherium, Spicileg., III, 386, e veteri membrana archivi ecclesiæ Bisuntinæ].

In nomine sanctæ et individuæ Trinitatis, HENRICUS, divina favente clementia, rex.

Dum uniuscujusque regimen oportet rectitudinis moderari habenis, regalis culmen honoris tanto liberalius atque prolixius operam suæ desudationis justitiæ impendere debet, et maxime in statu catholicæ Ecclesiæ, quanto se videt a Domino divinitus sublimari. Proinde omnium sanctæ Dei Ecclesiæ nostrorumque præsentium ac futurorum fidelium comperiat solertia domnum Petrum, religiosum episcopum, et abbatem monasterii sancti Michaelis, in loco Porcariana dicto constructi, nostræ pietatis clementiam et misericorditer adiisse, quatenus, ob æternæ remunerationis præmium, nostræque animæ remedium, jam dictum monasterium in cacumine montis situm nostra præceptali auctoritate et stabilitate corroboraremus et confirmaremus. Cujusque sacris precibus, spe futuri emolumenti prospicientes atque faventes, propositum cœnobium cum Alpibus et omnibus silvis, campis, ædificiis, cæterisque appendiciis per tria milliaria in circuitu ipsius ex omni parte positis, seu cum castello et corte de Clavasce, quam Ugo marchio ad eumdem sanctum et venerabilem locum pro suæ animæ remedio dedit et tradidit cum omnibus suis pertinentiis charta propriæ donationis, atque Castaneto, Gacia, Breteneso; Villarez quæ dicitur Castello, Curtes, Maliasco, Sablonem, cæterisque rebus quas Arduinus marchio filius Otonis dedit ad monasterium jam præfatum, cum cellulis, et ecclesiis, et universis aliis rebus mobilibus et immobilibus, quæ nunc habere videntur, et in sequenti ibidem Deus augere voluerit, præfato abbati et sanctæ congregationi in eodem loco Deo famulanti, suisque successoribus nostra præceptali corroboratione confirmamus atque (prout juste et legaliter possumus) stabilimus et corroboramus; eo videlicet ordine quo ipse abbas et congregatio sibi commissa, suorumque successores monasterium cum omni integritate intrinsecus et extrinsecus habeant, teneant firmiterque possideant; nostra nostrorumque successorum, et omnium hominum semota inquietudine, et contradictione, seu diminoratione.

Concedimus insuper et largimur ipsius sancti loci congregationi habendi licentiam eligendi abbatem moribus probatum, præceptis Christi et regula sancti Benedicti adornatum. Præcipientes igitur jubemus, et hac nostra præceptali auctoritate sancimus ut nullus dux, archiepiscopus, episcopus, marchio, comes, vicecomes, sculdascius, gastaldio, nullaque nostri regni magna parvaque persona prædictum monasterium, aut abbates, seu congregationem inquietare, molestare, divestire, aut fodrum tollere, seu legem facere, aut placitum tenere, nisi abbas ejusdem loci aut suis missis præsumat. Si quis autem hujus nostræ corroborationis paginæ violator exstiterit, sciat se compositurum auri optimi libras mille, medietatem cameræ nostræ, et medietatem abbati suisque successoribus. Quod ut verius credatur, et nunc, et in posteris ab omnibus . . . . et manu propria roborantes, sigilli nostri impressione jussimus iasigniri.

LXXII.

Henrici II imperatoris diploma pro monasterio S. Salvatoris Fontanæ Taonis.

(Anno 1014.)

[Zaccaria, bibliothecæ Estensi præfectus, *Anecdota medii ævi*, pars III, pag. 218, ex archivo P. P. Vallumbrosanorum Pistoriensium.]

In nomine sanctæ et individuæ Trinitatis, HENnicus, divina largiente clementia, Romanorum imperator Augustus.

Justum et rationabile nobis videtur in venerabilia sanctorum Dei loca quæ ab a bonis hominibus intuitu pietatis et spe alternæ remunerationis conferuntur atque nostro juri et dominio traduntur, nostra auctoritate fieri jussimus. Quocirca omnium sanctæ Dei Ecclesiæ nostrorumque fidelium, præsentium scilicet et futurorum, volumus universitati pateat qualiter nos recepisse monasterium Sancti Salvatoris, quod est situm in Fontana Tanoni, quod Bonifacius marchio pro remedio animæ suæ sibi prædia, quod vocatur Cafadia Bonifaciuga, proprietario jure eidem concessit, et villam quæ vocatur Stazano cum omnibus suis pertinentiis, et in badio omnia quæ habuit, et sibi similiter condonavit, sub nostri mundi burdii tuitione recepimus hæc et alia quæ in antea Deo auxiliante acquirere potuerit, volumus ut sub nostra defensione quiete ac pacifice perpetuo permaneat sine molestatione alicujus. Quod vero præcipimus, et ab hac hora in antea nullus dux, marchio, episcopus, comes, vicecomes, gastaldio, sculdascio, decano seu aliqua nostri imperii magna parvaque persona audeat Joannem monachum abbatem qui ibi Deo servit, atque alios monachos, qui modo sunt aut pro tempore inibi Deo famulentur, disvestire, molestare aut inquietare præsumat sine legati judicio. Si quis igitur hujus nostri mundi burdii violator exstiterit, sciat se compositurum auri optimi libras centum, medietatem cameræ nostræ, et medietatem præfatum Joannem abbatem, atque fratribus, atque suis successoribus. Quod ut verius credatur diligentiusque ab omnibus observetur, sigillo nostro jussimus insigniri.

Heinricus cancellarius vice Everadi episcopi et archicancellarii recognovit.

Locus sigilli.

Datum anno Dominicæ incarnationis 1014, indict. XII, anno domini Heinrici imperatoris Augusti regni XII, (167) imperii ejus I.

Actum in Papiano feliciter. Amen.

LXXIII.
Henricus II Germaniæ rex Arimannis Mantuanis privilegia confirmat.

(Anno 1014.)

[Muratori, *Antiq. Ital.*, IV, 13.]

In nomine sanctæ et individuæ Trinitatis, HENRICUS, divina favente clementia, rex.

Omnium sanctorum Dei nostrorumque fidelium, præsentium scilicet ac futurorum, noverit sagacitatis industria qualiter nos, pro Dei amore, animæque nostræ remedio, cunctos Arimannos in civitate Mantuæ, sive in castro qui dicitur Portus, sive in vicoras quæ nominantur Sancto Georgio, Cepada, Formigosa, seu et in comitatu Mantuano habitantes, cum omni eorum hæreditate, paterno vel materno jure, proprietate, communaliis, sive omnibus rebus quæ ab eorum parentibus possessa fuerunt, et eorum acquisita sive acquirenda, nominative silva Armanore, Carpeneta, Succa, Septingenti, sive per cætera loca in comitatu Mantuanense rejacentibus, piscationibus, fluminibus et paludibus, sine aliquo scriptionis titulo, quod juste et legaliter eis pertinente, cum familiis utriusque sexus, servis et ancillis, libellariis, precariis, et cum omnibus rebus eorum mobilibus et immobilibus, per hujus nostri præcepti paginam, prout juste et legaliter possumus, concessimus et corroboramus, scilicet utrasque ripas fluminis Tartari, deinde sursum usque ad flumen Olei; de alia parte Fossa alta; de tertia parte ecclesia Sancti Faustini in caput Variana, et inde seorsum usque in Agricia majore; ea videlicet ratione concedimus eis omnem teloneum et ripaticum, quod pro negotio exercent in Garda, et in Lasese, et in summo Lacu, vel in Brixiana, et in Ferraria, vel in Comaclu, et in Ravenna, ipsi, suisque filiis, ac hominibus qui illorum causam laborantes negotiantur, licentiam habeant potestative negotiandi per jam dictum Lacum absque omnium hominum contradictione, vel publica functione, vel alicujus telonei vel ripatici reddita. Præcipientes itaque jubemus ut nullus dux, episcopus, marchio, comes, vicemomes, gastaldio, sculdascio, decanus, vel aliqua nostri regni magna parvaque persona de hinc præfatos Arimannos de suis personis, sive etiam de omnibus prædictis rebus inquietare, disvestire, molestare, nullusque in eorum mansionibus eis invitis hospitium facere, vel ad aliquam publicam functionem, nisi ad eam quam sui antecessores secundum legem fecerunt, cogere, sine legali judicio facere præsumat. Si quis autem, quod futurum non credimus, contra hoc nostrum præceptum insurgerit, aut illud infringere tentaverit, sciat se compositurum auri optimi libras mille, medietatem cameræ nostræ, et medietatem prædictis Arimannis, in jam dicta Mantua civitate, sive in castro Portu, vel in comitatu Mantuano residentibus habitantibus. Quod ut verius credatur, et diligentius ab omnibus observetur, nostri sigilli impressione subter insigniri jussimus.

Signum domini Henrici regis invictissimi.

Henricus cancellarius vice Everardi episcopi et archicapellani recognovi.

Datum anno Dominicæ incarnationis 1014, indictione XII, anno vero domni Henrici regis secundi regnantis XII.

Actum Ravennæ feliciter. Amen.

---

(167) Nisi malis mendum in annorum supputationem irrepsisse, scriptumque: regni XII, pro XIII; die diploma datum ante Kal. Martias an. 1014. Tum belle omnia fluent. Nam (quod ad hunc annum demonstratur a Muratorio contra Pagium aliosque) circa Martium an. 1014, Henricus II Italicum regnum arripuit.

LXXIV.
S. Henricus Ecclesiæ Hamburgensis privilegia confirmat et auget.
(Anno 1014.)
[Apud Lappenberg, *Hamburgische Urkund.*, p. 64.]

In nomine sanctæ et individuæ Trinitatis, HEINRIcus, divina favente clementia, Romanorum imperator Augustus.

Si petitiones sacerdotum pias prona devotione ad effectum duxerimus, id procul dubio ad statum præsentis vitæ et æternæ beatitudinis præmia capessenda nobis profuturum credimus. Quapropter omnium fidelium nostrorum præsentium et futurorum noverit industria qualiter vir venerabilis Unaco, Hammaburgensis Ecclesiæ archipræsul, quem nos eidem præfecimus, nostris obtutibus præsentari fecit præcepta beatæ memoriæ senioris et antecessoris Ottonis tertii, imperatoris Augusti, in quibus continebatur quomodo ipse, pro Dei amore, monasteriis in ejus episcopio consistentibus imperiali auctoritate libertatem et tuitionem concessisset, rogavitque celsitudinem nostram ut nos denuo nostra præceptione eadem monasteria et omnia illuc pertinentia confirmaremus. Nos vero, ejus justæ et rationabili petitioni assensum præbentes, dilectæ contectalis nostræ, Chunigundæ videlicet imperatricis Augustæ, interventione, ad honorem sanctæ Dei genitricis Mariæ, cui locus ille Hammaburg est consecratus, eidem loco Hammaburgensi concedimus, cæterisque monasteriis ad hanc diœcesim pertinentibus, id est Bremun, Buckiun, Ramaslaun, Birchsinun, Hæslinga, Ripesholt, quidquid senior et antecessor meus, suique antecessores, reges videlicet et imperatores, eisdem monasteriis donando aut roborando concesserant; ea videlicet conditione ut semper sub tuitione nostra sint perpetualiter, cum omnibus pertinentiis suis, quæsitis vel inquirendis. Concedimus insuper præfato archiepiscopo ejusque successoribus licentiam construendi mercatum in loco Bremun nuncupato, in quo nunc archiepiscopatus consistit, cum banno et teloneo atque moneta publici ponderis et puri argenti, totumque quod inde ad fiscum nostrum pertinere dignoscitur, prælibatæ Bremensi conferimus sedi. Quin etiam negotiatores, ejusdem incolas loci, nostræ tuitionis patrocinio condonamus, præcipientes hoc imperialis auctoritatis præcepto, quo in omnibus tali tutela et jure potiantur, quali majorum videlicet civitatum institores per nostrum regnum potiri noscuntur, nemoque inibi aliquam sibi vindicet potestatem, nisi præfatæ sedis archiepiscopus, et advocatus quem ipse elegerit. Ad hæc imperiali edicto jubemus ut nullus dux, neque marchio vel comes, aut alia quælibet judiciaria potestas in supradictorum monasteriorum hominibus, Hammaburg, Bremun, Buckiun, Ramaslaun, Birchsinun, Hæslinga, Ripesholt, vel in cæteris pertinentiis eorumdem aliquam potestatem sibi usurpet, seu in litis, colonis atque jamundlingis, vel eos aliquis capitis banno ob capitis furtum vel alio aliquo banno constringat, aut aliquam justitiam cogat facere, nisi advocati archiepiscopi prænominati, quos ipse velit, et constituat advocatos. Ipsi vero advocati homines præfatos banno nostro constringant ad omnem justitiam faciendam. Et ut hæc nostra donatio a Dei nostrique fidelibus verior esse credatur ac per successura tempora inconvulsa diligentius observetur, hanc chartam conscribi manuque nostra corroboratam sigilli nostri impressione insigniri jussimus.

Signum domni Heinrici secundi (M.) *gloriosissimi imperatoris Augusti.*

Guntherius cancellarius vice Gumbaldi archicapellani recognovi. (S.)

Data XII Kalendas Decembris, indictione XII, anno Dominicæ incarnationis 1014, anno autem domni Heinrici secundi regnantis XIII, imperii vero I.

Alstedi actum feliciter.

LXXV.
S. Henricus Tarvisinæ Ecclesiæ privilegia confirmat.
(Anno 1014.)
[Ughelli, *Italia sacra*, V, 508.]

In nomine sanctæ et individuæ Trinitatis, HEINRIcus, divina favente clementia, imperator Augustus.

Si, Ecclesiis devote famulantes, eis quæ petierint contulerimus æternæ recompensationis præmium procul dubio accipere non ambigimus. Quapropter omnium sanctæ Dei Ecclesiæ fidelium nostrorumque, præsentium scilicet ac futurorum, agnoscat multitudo, Arnaldum sanctæ Tarvisiensis venerabilem episcopum, interventu et petitione Egilberti Frisingensis Ecclesiæ antistitis, nostram imperialem implorasse celsitudinem quatenus, pro Dei amore nostræque animæ remedio, sibi suæque Ecclesiæ confirmare dignaremur per hoc nostrum præceptum cuncta præcepta a nostris prædecessoribus constituta atque confirmata. Cujus dignis postulationibus assensum præbentes, et nostrorum antecessorum præcepta observantes, confirmamus et corroboramus sibi suæque ecclesiæ omnia prædecessorum nostrorumque regum vel imperatorum præcepta et ea quæ in illis continentur, scilicet duas partes telonei et mercati de Tarvisiensi portu cum districtu et legali querela ceu et duas portiones publicæ monetæ nec non et teloneum prædictæ civitatis interius et exterius sicut hactenus nostræ pervenit ditioni, tam de Christianis quamque et Judæis qui ibidem negotia exercere studuerint, in integrum præfatæ Tarvisiensi ecclesiæ confirmamus; etiam Sanctam Mariam cum castello Asylo et omnibus suis pertinentibus, ac monasterium Crespulinum seu abbatiam sancti Hilarii cum ecclesiastico districtu, nec non et decimas de bladino et ceresaria, et omnia alia quæ per instrumenta chartarum a Deum timentibus præfatæ sanctæ ecclesiæ donata et concessa esse noscuntur, etiam si imminente incendii periculo vel aliquo infortunio jam dicta ecclesia chartas vel aliquas scriptiones per negligentiam perdidit, confirmamus atque corroboramus illi per hoc nostræ auctoritatis præceptum, ut ipsas res pontifex ipsius Ecclesiæ teneat, ordinet atque disponat cum omnibus suis rebus mobilibus et immobilibus remota omnium hominum contradictione vel molestatione. Si quis igitur nostræ confirmationis præceptum nefario ausu infringere tentaverit, sciat se compositurum auri optimi libras centum, medietatem cameræ nostræ, et medietatem prælibatæ ecclesiæ suisque rectoribus. Quod ut verius credatur diligentiusque observetur, manu propria roboratum sigillo nostro jussimus insigniri.

Signum domini Heinrici invictissimi imperatoris Augusti.

Gumherius cancellarius vice Harconbaldi archicapp. notavi.

. . . . . . Dominicæ incarnationis 1014, ind. XI, anno domini Heinrici serenissimi imperatoris regni XII, imperii vero I.

Actum in villa Dulceri . . . . .
Locus sigilli.

LXXVI.
S. Henricus Petro episcopo Novariensi jura Ecclesiæ suæ restituit, ab Arduino marchione ablata.
(Anno 1014.)
[Ughelli, *Italia sacra*, IV, 700.]

In nomine sanctæ et individuæ Trinitatis, Henricus, divina ordinante clementia, Romanorum imperator Augustus.

Dum fidelium petitionibus nostræ imperialis celsitudinis assensum præbuerimus, eos nostro servitio promptiores ac devotiores esse minime dubitamus. Quapropter cunctorum Ecclesiæ catholicæ fidelium, nostrorumque tam præsentium quam futurorum solertia recognoscat Petrum, venerab. virum, sanctæ Novariensis Ecclesiæ episcopum, nostrorumque fidelem, qui nostræ fidelitatis causa multa sustinuit, famem videlicet, sitim, æstus et frigus, et insuper glaciosas rupes collesque satis asperos, nudis pedibus, persequentibus inimicis, fugiendo superavit, qui etiam nunc præsentialiter multa damna, Arduino devastante, recepit (nam ecclesiæ illius sunt deprædatæ, castra disrupta, domus eversæ, vineæ incisæ, arbores decorticatæ, insuper plebes ipsius et curtes ab Arduino pro beneficio suisque inimicis datæ sunt), nostram imperialem adisse excellentiam, quatenus pro sui laboris compensatione, et suorum damnorum restauratione, quemdam comitatulum, qui in valle Ausula infra ipsius episcopatus parochiam adjacere dignoscitur, prædictæ ecclesiæ Novariensi, cum omnibus functionibus quæ de ipso comitatulo publicæ parti pertinent, concederemus. Nec non etiam deprecatus est nos ut quamdam plebem sui episcopatus, quam olim malo ordine et injusta ratione sua perdidit ecclesia, quæ sita est in villa quæ nominatur Trecate, non adeo procul a civitate, curtem quoque quæ Gravalona dicitur, quondam ipsius episcopi continentem, sed quæ nunc injuste pervasa esse dignoscitur, suæ Ecclesiæ restitueremus. Itaque dignum est ut sui laboris prænominatus præsul retributionem a nobis suscipiat. Et quoniam justum est ut supra nominata plebs atque chors jam dicta suo restituatur episcopatui, et ut alii nostri fideles, hoc cognoscentes, nostræ fidelitati amplius stabiliantur; ejus precibus annuentes, jam dictum comitatulum a nostro jure in ejus ecclesiæ potestatem omnino transfundimus et perdonamus, et præfatam plebem atque chortem per hoc nostræ auctoritatis præceptum jam supradictæ Novariensi ecclesiæ reddimus et concedimus cum omni districtu, et teloneis ac piscationibus quæ in flumine Toxo sunt, in illis scilicet locis ubi ipsa Ecclesia ex utraque fluminis tenet parte, et cum venationibus, seu omnibus rebus quæ ad publicam partem ex eodem comitatulo exigi possunt, cum capellis, domo, curtili, massaritiis, oasis, sediminibus, campis, pratis, vineis, pascuis, silvis, stalariis, saletis, paludibus, aquis, aquarum decursibus, molendinis, piscationibus, cultis et incultis, divisis et indivisis, terminis concessionis, piscariis, campariciis aliisque universis redhibitionibus, cum servis et ancillis, aldianibus et aldianis utriusque sexus, cum omnibus, quæ dici aut vocari possunt, ad jam dictam plebem vel chortem pertinentibus, vel respicientibus; nec non et portum de Bestamo eidem plebi pertinentem, quem gloriosissimus avunculus noster Otho Major supradictæ sedi per præceptum concessit: ita ut nullus marchio, comes, vicecomes, sculdatius ejus, seu quælibet magna parvaque persona, homines jam dicti comitatus seu plebis vel chortis audeat distringere, aut infra ipsum comitatum aliquid præsumat exigere, vel paratas facere, nec ullas redhibitiones acquirere; sed liceat memorato præsuli suisque successoribus, jam sæpedictum comitatum cum supradicta plebe vel chorte tenere, et omnes homines ipsius comitatus sive ipsius plebis vel chortis per se vel suum legatum distringere, sicut per nos, vel nostrum missum distringendi essent, et omnia quæ de ipso comitatu ad publicam partem pertinent vel inde exigi possunt, et prætaxatam plebem de Trecate, atque chortem de Gravalona cum omnibus suis appendiciis vel pertinentiis habeat, teneat firmiterque possideat tam ipse quam successores illius, qui, Deo favente, dispositionem ipsius sedis et cathedram suscepturi sunt, omni nostra nostrorumque successorum regum et imperatorum, omni hominum contradictione vel diminutione remota. Si quis igitur hoc nostræ concessionis et confirmationis præceptum nefarie ausu temerario violare præsumpserit, centum libras auri optimi componere cogatur, medietatem palatio nostro, et medietatem Novariensi ecclesiæ ejusque rectori qui pro tempore inibi habetur. Et ut hoc verius credatur diligentiusque ab omnibus observetur, manu propria subter confirmantes, sigilli nostri impressione jussimus insigniri.

Signum D. Henrici serenissimi et invictissimi imperatoris Augusti.

Dat. anno incarnationis Dominicæ 1014, indict. XII, anno vero regni D. Henrici imperatoris Aug. XIII, imperii primo.

Actum Trucuianæ feliciter. Amen.

LXXVII.
S. Henricus Ecclesiæ Savonensis possessiones confirmat et auget.
(Anno 1014.)
[Ughelli, *Italia sacra*, IV, 752.]

In nomine sanctæ et individuæ Trinitatis, Henricus, divina favente clementia, Romanorum imperator semper Augustus.

Ad hoc nos divinæ pietatis provisio ad imperiale decus provexit, et tantæ potestatis culmine decoravit, ut erga divinum cultum sollicite, et circa Ecclesiæ Christi munimen et custodiam atque auctoritatem simus semper pervigiles intenti. Idcirco omnium fidelium sanctæ Dei Ecclesiæ nostrorumque præsentium scilicet et futurorum noverit industria qualiter Ardemanus, Savonensis episcopus, imperialibus nostris obtutibus præceptum scilicet ac mundiburdium antecessorum nostrorum Othonum nobilissimorum imperatorum obtulit, quomodo ipsi præfatæ Ecclesiæ Savonæ res, ac prædia immunitates contulerunt. Unde nos eorum confirmationes præceptum scilicet ac mundiburdium considerantes, pro Dei amore nostræque animæ remedio, confirmamus, et firmiter in perpetuum corroboramus per hoc nostrum imperiale præceptum, domum cum turri et curte et mansionibus, porta ripa ipsius castelli Savonensis, insuper lacum rotundum Cardeto, Manduculo de Callo, Cairo, Casale grasso, Eremana, Aqua Marcia, et terra de Ponte quanta ad sanctum Eugenium pertinent, Monte Curro valla in Aste, tunicella una, plebem sancti Donati, plebem Melosinæ, plebem sanctæ Mariæ in Gugada, et plebem Manarate, Sale, Monte Bar, Cario, Corgenio, Leone, Scrunito, Lavaniola quæ dicitur Gausa sicca, Saliceto, Camariana, sanctæ Julæ, Viniale, Cinglo, Cruce ferie, Boile, Cairo, Deco, Salsole, Plana, et Bruvio, atque easdem curtes, plebes, proprietates cum decimationibus, et capellis, vineis, famulis utriusque sexus, terris, pratis, campis, pascuis, silvis, et cum omnibus curtis propriis vel decimationibus, redditibus, Aldemanio, Savonensi episcopo, et ejus successoribus omnino confirmamus. Præcipientes itaque jubemus ut nullus dux, marchio, comes, seu aliqua imperii nostri magna parvaque persona prædictam sedem Savonensem de præfatis rebus disvestire aut molestare præsumat. Si quis hoc hoc fecerit, centum libras auri componat, medietatem cameræ nostræ, et medietatem prædicto Aldemano episcopo et successoribus. Quod ut verius credatur, hanc paginam manu propria corroborantes sigillari præcepimus.

Signum domini Henrici serenissimi et invictissimi imperat. Augusti.

Henricus canc. vice Everardi episcopi et archicapellani recognovit.

Datum anno incarnationis Dominicæ millesimo decimo quarto, indict. XII, anno vero domini Henrici imperatoris Augusti regnantis v.

Actum Papiæ feliciter. Amen.

LXXVIII.
Henricus, intuitu Ardemani episcopi, Savonensium possessiones confirmat.
(Anno 1014.)
[Ughelli, *Italia sacra*, IV, 734.]

In nomine sanctæ et individuæ Trinitatis, Henricus, divina favente clementia, Romanorum imperator Augustus.

Omnibus nostris fidelibus tam præsentibus quam futuris notum esse volumus qualiter, interventu Ardemani, episcopi Savonensis, nostri dilecti fidelis, concedimus et confirmamus ex nostra præceptali auctoritate, corroboramus omnibus hominibus majoribus habitantibus in marchium Savonensi in castello omnes res et proprietates a Jugo Maris quam extra, et villas libellarias, piscationes, venationes quæ habere soliti sunt. Insuper etiam jubemus ut in his præscriptis confinibus castella non ædificentur, neque aliqua superimposita a marchionibus, vel a suis comitibus, vel vicecomitibus prædictis hominibus fiat, scilicet de fodro, de apprehensione hominum vel saltu domorum; qua propter commendamus et firmiter in perpetuum stabilimus ut nullus dux, marchio, episcopus, comes, vicecomes, gastaldio, venator, seu quælibet nostri imperii magna parvaque persona prædictos homines habitantes in castello Savonæ de præscriptis rebus inquietare vel molestare præsumat. Si quis igitur hoc nostrum imperiale præceptum violare seu frangere tentaverit, sciat se compositurum mille libras auri optimi, medietatem cameræ nostræ, medietatem nobilioribus hominibus præscriptis habitantibus in castello Savonensi. Quod ut verius credatur et diligentius ab omnibus observetur, manu propria corroboravimus, nostro sigillo imperiali jussimus insigniri.

Signum domini Henrici serenissimi et invictissimi imp. Augusti.

Henricus cancell. vice Everardi episcopi et nostri capellani recognovit.

Datum anno Dominicæ incarnationis 1014, ind. XII, anno v domini Henrici imp. Aug. regnantis XII, imperii ejus primo.

Actum in palatio Papiæ feliciter.

LXXIX.
S. Henrici privilegium pro monasterio SS. Petri, Laurentii et Columbani, « quod vocatur Bromiades. »
(Anno 1014.)
[Ughelli, *Italia sacra*, 983.]

In nomine sanctæ et individuæ Trinitatis, Henricus, divina favente clementia, Romanorum imp. Augustus.

Si ad petitionem servorum Dei ecclesiasticas necessitates nostro relevamus juvamine atque imperiali tuemur munimine, id nobis et ad mortalem vitam temporaliter transigendam et ad æternam feliciter obtinendam pro futuro fideliter credimus. Igitur notum sit omnibus fidelibus nostris, præsentibus scilicet et futuris, qualiter vir venerabilis Constantius abbas monasterii sanctorum Petri, Laurentii et Columbani, quod vocatur Bromiades, adiit serenitatem culminis nostri, deprecans ut res ejusdem monasterii cum hominibus sibi subjectis sub immunitate nostræ defensionis consistere, et ab omni publica functione, et judiciaria exactione immune liberamque reddidissemus, cujus petitione, ob amorem dicti, et reverentiam B. Petri apostoli, Laurentii et Columbani, libenter assensum præbuimus, ac per hanc nostræ auctoritatis paginam secundum præcepta prædecessorum nostrorum regum videlicet et imperatorum, id est Caroli, Ludovici, Lotharii, Ugonis et trium Othonorum, decernimus ut omnes res præfati monasterii, cum cellulis, et hominibus sibi subjectis, sub nostræ defensionis munimine modis omnibus consistant. Denique confirmamus et corroboramus jam dicto monasterio omnes res, chortes, villas, ecclesias, cellas, massaritias, et familias utriusque sexus, nec non primitias et decimationes cunctorum hominum terram ipsius abbatiæ laborantium, sicut per privilegia Romanorum pontificum, seu per præcepta regum et imperatorum ibidem concessa et confirmata sunt, una cum terra quam habet in comitatu Mutinensi in loco et fundo qui vocatur Plagassano, cum capella S. Columbani inibi constructa, seu et emolumenta habet, atque in salsina. Et in comitatu Parmensi loco qui vocatur Caselle, et in Bencseto, et in Farigari, et Galemano, atque in Solignano. In comitatu quoque Volaterensi, chorticellam unam quæ vocatur Frigesimum, cum omnibus suis pertinentiis sive in aliis quibuscumque comitatibus vel locis, simul cum casis, sediminibus, campis, vineis, pratis, pascuis, silvis ac stallariis, aquis, aquarumque decursibus, molendinis, piscationibus, venationibus, montibus, vallibus, alpibus, planitiebus, rupis, rupinis, servis et ancillis, aldionibus, aldianis, mercatis, teloneis, cunctisque rebus ad præfatam abbatiam pertinentibus tam ea quæ nunc habere videtur quamque ea quæ deinceps divina pietas voluerit addere vel amplificare, sicut prædecessores nostri hoc idem monasterium semper tutaverunt, ita et nostra nos imperiali tuitione defensum atque munitum ab omnibus inimicis et invasoribus alienantium esse præcipimus. Statuentes ergo jubemus atque præcipimus ut nullus judex publicus, aut quilibet superioris ordinis reipublicæ procurator ad causas judiciario more audiendas in ecclesias, aut villas, seu reliquas possessiones, quas moderno tempore in quibuslibet provinciis aut territoriis imperii nostri juste et legaliter tenet, ingredi præsumat, nec feuda nec tributa, aut mansiones, aut teloneum, aut fidejussores tollere, aut homines tam ingenuos quam servos super terram ipsius monasterii commanentes distringere, nec ullas publicas functiones aut redhibitiones vel illicitas occasiones inquirere audeat; sed, remota omnium hominum contradictione et inquietudine, liceat memorato abbati suisque successoribus res prædicti monasterii, et hominibus ad se pertinentibus sub tuitionis nostræ defensione quieto ordine possidere, aut pro incolumitate nostra, seu statu imperii nostri una cum clero et monachis sibi commissis Domini immensam clementiam jugiter exorare. Et ut hæc auctoritas nostra futuris temporibus inviolabilem atque inconvulsam obtineat firmitatem, manu propria subter firmavimus, et annuli nostri impressione insigniri jussimus. Quam si quis violare præsumpserit, sciat se compositurum auri optimi libras centum, medietatem prædicto monasterio, cui violentiam intulit, et medietatem cameræ nostræ, hac nostra inscriptione inconvulsa manente.

Signum † domini Henrici serenissimi et invictissimi imp. Augusti.

Henricus cancellarius vice Luitardi episcopi et archicancellarii recognovit.

Datum Nonas Maii, anno Dominicæ incarnationis 1014, indict. XII, anno vero domini Henrici imp. Augusti regnantis XII, imperii autem ejus I.

Actum Papiæ in palatio Ticinense feliciter, in Dei nomine. Amen.

LXXX.
S. Henrici præceptum per quod Wormatiensem Ecclesiam adversus iniquas comitum provincialium impetitiones tuetur.

(Anno 1014.)

[Schannat, *Episcopatus Wormat.*, II, 40.

In nomine sanctæ et individuæ Trinitatis, HENRICUS, divina præordinante clementia, imperator Augustus.

Si petionibus sacerdotum Dei, quod ad nostram notitiam de necessitatibus Ecclesiarum sibi commissarum pertulerint, ad effectum perducimus, hoc nobis incunctanter, et ad temporalis regni statum, et ad æternæ beatitudinis incrementum proficere confidimus. Ideoque omnium Dei nostrique fidelium, præsentium scilicet et futurorum, noverit industria quomodo venerabilis vir Burchardus, sanctæ Wormatiensis Ecclesiæ episcopus, communi lamentatione pontificum et abbatum ejusdem provinciæ, celsitudinem nostram adiit sese reclamando ob frequentem injuriam ac legem injustam, a comitibus nostris, familiæ suæ Ecclesiæ toti, præsumptione impositam, ut quisquis ex eadem familia in furto, vel pugna, aut aliqua criminali causa culpabilis inventus fuisset, seu magna vel parva res esset, 60 solidos comiti semper componere debuisset; inter hæc, etiam præcepta immunitatis, quæ Christianissimus Francorum rex Dagobertus Deo sanctisque suis apostolis Petro et Paulo primitus condonavit, visibus nostris relegenda præsentavit, in quibus scriptum est quomodo ipse Dagobertus constituit ut nullus comes aliquam in causis audiendis super eamdem familiam potestatem haberet; insuper confirmationes successorum illius; videlicet Pippini, Caroli, Ludovici, Arnolfi, Henrici, trium Ottonum, clarissimorum regum vel imperatorum, antecessorum nostrorum, nobis nostrisque fidelibus demonstravit, in quibus reperimus quod ipsi constitutionem prædicti regis Dagoberti suis præceptionibus a novo confirmaverunt, et ne hæc lex injusta ulterius procederet, precatus est clementiam nostram ut insultantem comitum praesumptionem nostra dominatione coerceremus, remque suae ecclesiae nostra auctoritate denuo confirmaremus.

Cujus petitionibus ob divini cultus amorem, ejusque voluntariam servitutem, acquiescentes, hoc nostri culminis praeceptum eidem ecclesiae fieri decrevimus, per quod jubemus ut praefatus antistes Burchardus, ejusque successores, sicut a praenominatis regibus vel imperatoribus constitutum est et confirmatum, omnem rem suae ecclesiae quiete possideant, et comites nostri nullam familiae suae ecclesiae injuriam vel injustitiam poshac inferre praesumant. Praeterea, ob aeternae beatitudinis remunerationem, et beatorum Petri et Pauli venerationem, istud imperiale praeceptum constituimus, hocque in sempiternum stabile firmumque praecipimus: ut, si quis deinceps ex familia Wormatiensis ecclesiae furtum vel pugnam aut ullam aliam criminalem causam in eadem familia perpetraverit, ad manus episcopi suo advocato componat; si autem extra familiam cum extraneo aliquo rixam habuerit, advocatus suus comiti pro eo justitiam faciat, et si alicui libero homini ullam injustitiam fecerit, vel cum eo pugnaverit, vel si extra familiam raptum aliquem peregerit, advocatus suus similiter pro eo justitiam faciat; si autem infra septa cujuslibet furtum aliquod commiserit, reddat quod abstulit, restituat, et insuper v solidos persolvat; si extra, iterum quod abstulit restituat, et insuper unam unciam tantummodo componat, et nunquam majus vadimonium promereatur quam v solidos. Comites autem nullam penitus habeant potestatem super familiam praedictae Ecclesiae, nisi in legali placito, cum judicio scabinorum et juramento liberorum hominum, aliquis in ea fur esse convincatur; et si palam in furto deprehendatur, in compede comitis interea reservetur, donec scabinionum judicio, in suo placito juste dijudicetur: illos vero 60 solidos, quos usque nunc injusta et irrationabili lege receperant, omnino interdicimus, nisi in publicis civitatibus. Et si quis hujus confirmationis praecepta violaverit, vel nostrae constitutionis transgressor exstiterit, si liber est, III lib. auri ad nostram cameram persolvat, sin autem servus, corium et capillos amittat. Sed ut haec auctoritas firma stabilisque in perpetuum maneat, manu propria subtus annotavimus, nostrique sigilli impressione consignare praecepimus.

Data v. Kal. Augusti, indict. xii, anno Dom. incarnationis 1014, anno vero domni Heinrici secundi regni xiii, imperii autem i.

Actum Mersfelt in Dei nomine feliciter.

LXXXI.

Litterae S. Henrici quibus abbatiam de Schwarzach tradit possidendam Werenhario episcopo Argentinensi et successoribus ejus.

(Anno 1014.)

[Gall. Christ., V, Instrum., 469.]

In nomine sanctae et individuae Trinitatis, Henricus, divina favente clementia, rex. Cum ex rationabili ordine omnipotentis Dei corporis humani forma eo modo sit condita ut quaelibet minora membra capiti sint subjecta, et ab eo veluti sub quodam duce regantur, non incongruum putavimus ad hanc imitationem, quasdam minores ecclesias in regno nostro subdere majoribus, et id voluntati regis regum nihil obstare arbitrati sumus, qui coelestes atque terrenos principatus miro ordine novit distinguere. Proinde nos etiam, qui ad tempus sub aeterno Rege electi sumus regnare, in primis pro amore Dei, ejusque genitricis, nec non pro assiduis petitionibus dilectae conjugis nostrae Cunegundae, atque fidis persuasionibus Hereberti Coloniensis archiepiscopi, et fratris sui Becelonis episcopi Wurceburgensis, et simul fratris nostri Brunonis Augustensis consiliis, caeterorumque fidelium nostrorum rogatu et assensione, quin vero propter juge servitium Werenharii Argentinensis episcopi, quamdam abbatiam monachorum, quae dicitur *Suazaha*, sanctae Argentinensis ecclesiae in honore Dei Genitricis fundatae, in nostram nostrorumque successorum memoriam tradidimus perpetualiter possidendam, cum omnibus ad eamdem abbatiam legaliter pertinentibus, in quibuscunque provinciis, mobilibus et immobilibus, areis, aedificiis, servis, ancillis, terris cultis et incultis, agris, campis, pascuis sive compascuis, vineis vel vinetis, silvis, forestis, venationibus, aquis aquarumque decursibus, molendinis, piscationibus, viis et inviis, exitibus et reditibus, caeterisque utensilibus eo tenore quatenus praefatus episcopus Verenharius suique successores liberam de eadem abbatia deinceps habeant potestatem absque omni personarum contradictione et molestatione possidendi, et in usus ecclesiae quidquid inde sibi libeat omnibus modis faciendi. Et ut haec nostrae traditionis auctoritas stabilis et inconvulsa permaneat, hanc praecepti nostri paginam regio more . . . . . et post conscriptam manu propria roborantes, sigilli nostri impressione insigniri jussimus.

Signum domini Henrici regis invictissimi.

Suncelinus cancellarius vice archicapellani Erchanboldi recognovi.

Data xvi Kal. Februarii, feria iii, luna iv, anno ab incarnatione Dominica 1014, indict. xii, anno vero domini Henrici regis xii.

Actum Papiae.

LXXXII.

S. Henrici sententia contra comites et marchiones Estenses, ipsius imperio obtemperare recusantes.

(Anno 1014.)

[Lunig, Cod. diplom., I, 1523.]

In nomine sanctae et individuae Trinitatis, Henricus, favente divina clementia, Romanorum imperator Augustus.

Notum esse volumus universis sanctae Dei Ecclesiae fidelibus Ubertum comitem, filium Hildeprandi, Olbertum marchionem et filium ejus, et Albertum nepotem illius, postquam nos in regem et imperatorem elegerunt, et post manus nobis datas et sacramenta nobis facta, cum Dei nostroque inimico Arduino regnum nostrum invasisse; rapinas, praedas, devastationes ubique fecisse; et, quod sine luctu non est dicendum, territoria et pertinentias omnium ecclesiarum miserabiliter bonis omnibus exspoliasse. Magnus dolor, nimius luctus, inaudita intus et foris desolatio! Si ergo ita destructis ecclesiis subvenitur, quod Deo placebit, nulli bonorum displicendum erit. Consilio ergo cum amicis Dei habito, scrutata et inventa est lex Longobardorum, quae ita jubet: « Si quis contra animam regis cogitaverit, aut consiliatus fuerit animae suae, incurrat periculum et res illius infiscentur. » Secundum igitur legem eorum, nostra propria sunt omnia bona ipsorum, quia manifestum est ipsos contra nos non solum cogitasse aut consiliatos fuisse, sed etiam ausus nefarios et conatus impuros opere exercuisse, et publice bella contra nos praeparasse.

Quia ergo legibus eorum nostra sunt bona ipsorum, ecclesiae Sancti Cyri episcopi Ticinensis, quam ipsi in suis pertinentiis igne et rapinis vehementer devastaverunt, de praediis eorum partem dare volumus, ut sic vel in aliquo recompensatione facta tolerabilius illata valeat sustinere dispendia, donec Deo donante commoda sibi succrescant majora. Juste igitur et legaliter damus sibi de rebus Uberti filii Hildeprandi castellum de Cerreto et Vulparia, cum omnibus eorum adjacentiis ad jugera millia cum suo toto districtu; de rebus Uberti [lege Oberti] et illiorum ejus, et Alberti nepotis ipsorum marchionis, quidquid habuisse visi sunt in Scadrampo prope castrum de Balbiano et in territorio sancti Martini in Strata et in Casale ad jugera quingenta: quatenus ecclesia beatissimi confessoris Domini Cyri, et pastor qui per tempora ibi fuerit, omnia quae supra nominata sunt, cum suis pertinentiis, aquis scilicet aquarumve decursibus, ripis, molendinis, piscationibus, terris cultis et incultis, silvis, cursibus, vadis, venationibus, stallareis, servis et ancillis, capellis, montibus et vallibus, rupibus et pratis, mercatis et districtibus, et cum omnibus quae nominari possunt, in aeternum jure proprietario habeat atque disponat, nostra, nostrorumque successorum et omnium hominum contradictione et molestatione et diminoratione remota. Concedimus insuper Sancto Cyro patrono nostro districtum de Secema ad milliaria octo in omni parte in circuitu, sicut ad nostram partem pertinere videtur, pro pace et quiete ipsius Ecclesiae, remedio et salute animae nostrae, nostrorumque successorum regum et imperatorum. Si quis igitur contra hoc nostrum praeceptum, in aeternum Deo propitio valiturum, ire tentaverit, et ecclesiam beati Cyri vel pastorem suum disvestire vel in aliquo molestare de praedictis rebus praesumpserit, componat mille libras auri purissimi, medietatem sanctae Ticinensi Ecclesiae, et camerae nostrae alteram medietatem. Quod ut verius credatur, et ab omnibus inviolabiliter conservetur, hoc praeceptum manu nostra firmavimus et nostro sigillo insigniri praecepimus.

Signum domini Henrici invictissimi imperatoris Augusti.

Henricus cancellarius vice Evrardi episcopi et archicapellani recognovit.

Factum anno incarnationis Dominicae 1013, indictione XII, anno vero domini Henrici imperatoris Augusti, regni XIII, imperii vero primo.

Actum Soleya.

LXXXIII.

S. Henricus imperator donat abbatiae S. Michaelis praedia quaedam extra urbem Bambergensem sita.

(Anno 1015.)

[Ludewig *Script. rer. Germ.*, 1418.]

In nomine sanctae et individuae Trinitatis, HENRIcus, divina favente clementia, secundus, Romanorum imperator Augustus.

Nosse volumus industriam Christifidelium, tam futurorum quam praesentium, quod imperiali sancimus edicto ut in praediis quae, divinae intuitu pietatis, ecclesiae S. Michaelis Bambergensis una cum dilecta conjuge nostra Cunegunda, pro nostrarum, eorumque quorum debitores sumus, remedio animarum, imperiali contulimus munificentia, tredecim videlicet principalis curtes, Ratelsdorf, Ezelkirchen, Rodeheim, Belbenhusen, Werde, Wofurte, Dorffling, Ebelsfeld, Leitterbach, Elsendorff, et circa Wederedam, Scheistein, Husen et Budensheim, cum omnibus villis attinentibus in praediis etiam ubicumque conquisitis vel conquirendis, dictae procuratores ecclesiae locandi, instituendi, destituendi, ac in melius commutandi, mansos, feuda, areas, prata, vineas, silvas, caeteraque mobilia et immobilia, ad placitum sui abbatis ac praeceptoris, liberam habeant potestatem: quibus etiam placationes offensarum, satisfactionum vel emendas excessuum, vel inviarum in omnibus causis civilibus, tam in tribus placitis Maii, Autumni et Februarii, quam in omnibus plane negotiis, ab universis ecclesiae colonis volumus exhiberi. Caeterum si coloni in litibus causarum decidendis inter se dissentiunt, ad proximam curti marchiam eos pro sententiis ferendis statuimus habere recursum, si vero casus perplexus fuerit ac difficilis, ad caput claustri, id est abbatis praesentiam recurrant. Sicque abbas, majoribus et melioribus suae familiae convocatis, ipsorum consilio quod justum est ordinet ac disponat. Debita officia aratrorum tribus vicibus in anno, ovorum in Pascha, caseorum in Pentecosten, pullorum in carnis privio, et hebdomadalia servitia dictae nostrae ecclesiae, ab omnibus, ut condecet, impendantur. Censum autem ultimum, per quem utique omissa vel neglecta supplentur servitia, jus videlicet capitale, a viris descendentibus optimum equum, vel, si equo carent, optimum caput pecoris, et a feminis induvias et exuvias transmitti ad ecclesiam ordinamus, ut cum famulis ecclesiae in divinis servitiis communionem plenariam consequantur. Hujus instituti auctoritas ut omni aevo stabilis inconvulsa permaneat, et inviolabiliter ab omnibus observetur, hanc chartam inde conscriptam, sicut inferius apparet, sigilli nostri impressione jussimus insigniri.

Data Nonis Februariis, indictione XII, anno Dominicæ incarnationis 1015, anno domini Henrici secundi regnantis decimo sexto, imperii autem quarto. Actum Francofordiæ feliciter. Amen.

LXXXIV.
S. Henricus abbatiæ S. Vitoni possessiones confirmat.
(Anno 1015.)

[D. Calmet, *Histoire de Lorraine*, *Preuves*, p. 398.]

In nomine sanctæ et individuæ Trinitatis, HENRICUS, divina disponente clementia, imperator Augustus.

Celebre est, etc. Quare noverint omnes consecretales palatii cæterique fideles nostri qualiter, per interventum Heymonis fidelis nostri, sanctæ Virdunensis Ecclesiæ episcopi, expetiti sumus ut res ecclesiæ suæ, antea per apostolicum privilegium, et per divæ memoriæ antecessoris nostri Ottonis præceptum, ecclesiæ et monasterio beati Petri collatas, ubi Berengarius beatæ recordationis episcopus regulam beati Benedicti abbatis sacra devotione incœptam, pro posse monachali, ordine decoravit, suisque successoribus perdonandam reliquit, per præceptum confirmationis, uti imperatoribus et regibus decessoribus nostris moris fuerat; insuper, quæ ipsi monasterio condonaverat, offerremus, nostraque stipulatione corroboraremus. Quod devote expostulatum est, et regali auctoritate concessum. Damus ergo et in jus Ecclesiæ jam dictæ conferimus abbatiam ipsam quæ S. Vitoni dicitur, cum omnibus ad se pertinentibus, etc. Dono Gerardi comitis ad S. Julianum mansum cum dimidio, et vineam, etc. Noster vero fidelis comes Godefridus quasdam res ad præfatum locum subnotatas dedit in villa quæ Borbat nuncupatur, mansa XX cum ecclesia, etc. Hermannus quoque venerabilis comes in comitatu Brachantinense in prædio quod Haslud vocatur, XXX eidem contulit mansa, etc. Comes etiam Lutardus in eodem monasterio monachus factus, dedit in pago Vaprensi in comitatu Decasteri prædium Balliodium, ecclesiam scilicet cum dote, et mansum indominicatum cum aliis XL, etc. Nos autem prædictæ Ecclesiæ pro remedio animæ nostræ, et dilectissimæ conjugis nostræ Cunegundæ, et pro commemoratione omnium parentum, quorum memoriæ debitores existimus, dimidiam partem telonei, monetæ, et totius debiti quod inde ad nostrum jus respicit in loco qui dicitur Mosomum, in proprium damus. Hæc per interventum Hermanni comitis, cujus beneficium antea fuit, tradimus ac imperiali auctoritate corroboramus, etc.

Signum domini Henrici invictissimi imperatoris Augusti.

Gontherius cancellarius vice Herimbaldi archicancellarii recognovi.

Data anno Dominicæ incarnationis 1015, anno vero domini Henrici II, regni XIV, imperii autem II. Actum Noviomago.

LXXXV.
Confirmatio jurium ac privilegiorum asceterii sacrarum virginum Lucensium S. Salvatoris, facta Alpergæ abbatissæ ab S. Henrico inter Augustos primo.
(Anno 1015.)

[Muratori, *Antiquit. Italic.* tom. I, 1007.]

In nomine sanctæ et individuæ Trinitatis, HEINRICUS, divina favente clementia, Romanorum imperator Augustus.

Quidquid locis divino cultui mancipatis nostræ liberalitatis munere conferimus, id nobis ad æternæ retributionis remunerationem prodesse minime diffidimus. Cognoscat igitur omnium fidelium sanctæ Dei Ecclesiæ, seu nostrorum, præsentium scilicet futurorumque, solertia qualiter nos, interventu ac petitione Cunegundæ imperatricis, nostræque dilectæ conjugis, per hanc nostri præcepti paginam, prout juste et legaliter possumus, confirmamus et corroboramus monasterium Sancti Salvatoris, quod est infra muros urbis Lucæ constructum, una cum abbatissa nomine Alperga, cum omnibus sanctæmoniales ibi Deo famulantibus, quomodo sunt, aut pro tempore Deo inibi famulantibus, cum omnibus eorum rebus et proprietatibus, scilicet et terris, vineis, pratis, pascuis, silvis, pascentes pascuationibus, ac omnia substantia quæ idem locus meretur habere, confirmamus per nostræ augustalis potentiæ [præceptum], per quod monasterium illud, res habitas et adhuc in jure ipsius monasterii juste manentes, possint in futurum contineri. Statuimus ergo, ac per hoc nostræ confirmationis præceptum, ut ab hinc et in futurum præfatum monasterium, una cum rebus vel familiis inibi juste pertinentibus, vel quæcunque in antea per dationem religiosorum virorum seu devotarum feminarum collatum exstiterit, sub nostri præcepti confirmationem permaneat, et nullus quislibet de prædictis rebus, quas tunc tenere quiete ac legaliter videbantur, aliquam inquietudinem ullo unquam in tempore facere præsumat; sed per hanc nostram auctoritatem omnes res ipsius monasterii sint defensatæ sub nostri præcepti confirmationem. Volumus etiam ut sub nostra immunitatem idem prædictum monasterium nostris et futuris temporibus existat una cum omnibus rebus ac familiis ad eum juste pertinentibus. Et si quando abbatissa obierit, de suis ipsis eligant, quam bonæ conversationis invenerint meliorem abbatissam. Præcipientes quoque jubemus et jubendo præcipimus, ut nullus judex publicus, aut aliquis ex judiciaria potestate infra ipsum monasterium, seu ecclesias aut villas, aut agros, etc. Quod ut verius credatur, etc.

Signum domni Heinrici serenissimi invictissimi imperatoris Augusti.

Heinricus cancellarius vice Everardi episcopi et archicancellarii recognovit.

Datum anno Dominicæ incarnationis 1015, indictione XII, anno domni Heinrici imperatoris Augusti regnantis XII, imperii ejus primo.

Actum in comitatu Pisano, in villa quæ nuncupatur Fasiano, feliciter. Amen.

Pendebat bulla, quæ modo desideratur.

LXXXVI.

S. Henrici præceptum, quo Ecclesiæ S. Alexandri Bergamensi restituit comitatum Alamanni, cujus Atto comes ecclesiam illam hæredem instituerat.

(Anno 1015.)

[Ughelli, *Italia sacra*, IV, 439.]

In nomine sanctæ et individuæ Trinitatis, HENRICUS, divina favente clementia, Romanorum imperator Augustus.

Si ecclesiarum Dei aliquid supplementum tribuimus, inde nobis meritum fore non dubitamus. Quocirca sanctæ Dei Ecclesiæ nostrorumque fidelium, præsentium scilicet ac futurorum, volumus universitati pateat quatenus, amore Dei et beati Alexandri martyris accensi, cujus adminiculo credimus bene valere perpetuo, auctoritatis nostræ præceptum imperiale, prout juste et legaliter possumus, illi competenter concessimus et corroboramus, sicut olim credidimus per regalem investituram videlicet curtem Lemen, cum omnibus castellis sibi pertinentibus, videlicet Brivio et Lavello, sicut Atto comes et Ferlinda sua conjux episcopatui præfati Alexandri martyris per paginam testamenti tradidit, scilicet cum terris sibi pertinentibus, cum vineis, pratis, pascuis, silvis, molendinis, piscationibus, aquis aquarumque decursibus, nec non cum servis, et ancillis, aldiis, et aldianis. Statuimus ergo per hoc nostræ confirmationis præceptum, sicut statuit præfatus comes et ejus conjux, ut abhinc et in futurum episcopatum beati Alexandri martyris, qui Pergamum vocatur, habeat, teneat, firmiterque possideat absque omnium hominum contradictione remota. Quapropter præcipimus ut nullus dux, marchio, comes, archiepiscopus, episcopus, vicecomes, gastaldio, decano, aut aliqua nostri imperii magna parvaque persona prænominatum episcopatum beati Alexandri martyris, seu episcopum qui nunc est, aut alios qui ibidem pro tempore fuerint, audeat molestare, aut inquietare præsumat sine legali judicio. Si quis vero hujus nostri præcepti quandoque, quod non credimus, violator exstiterit, sciat se compositurum auri optimi libras mille, medietatem cameræ nostræ, et medietatem prædicto episcopatui. Quod ut verius credatur, et diligentius ab omnibus observetur, manu propria roborantes, sigilli nostri impressione jussimus insigniri.

Signum. D. Henrici serenissimi et invictissimi imp. Augusti.

Dat. an. Dom. incarnat. 1015, an. D. Henrici imp. Aug. regnantis XII, imperii ejus primo.

Actum in comitatu Pisano, in villa quæ dicitur Fasiona feliciter. Amen.

LXXXVII.

S. Henricus Bernardo comiti Parmensi curtis Neronianæ possessionem asserit.

(Anno 1015.)

[Ughelli, *Italia sacra*, II, 161.]

In nomine sanctæ et individuæ Trinitatis, HENRIcus, divina favente clementia, Romanorum imperator Augustus.

Quia divinæ, etc. Quocirca fidelium nostrorum, præsentium scilicet et futurorum, universitati pateat quoniam; senioris nostri Othonis prædecessoris imperatoris cognoscentes hujus remunerationis fautricem gratiam, Bernardo Parmensi comiti fidelissimo nostro curtem Neironem, cum capellis, castris domnicatis, massaritiis, villis, et terris, omnibusque ad eandem pertinentiis; curtem Rotham etiam et castrum de valle Visenerina cum omnibus ibi pertinentiis vel adjacentiis, et quod dici vel nominari possit, et sicut quondam Hugo Tusciæ marchio per omnia tenuit, in integrum, per interventum et petitionem Conigundæ imperatricis Augustæ conjugis nostræ donamus, concedimus atque largimur. Quoniam senior noster Otho imperator eam, quam præfati sumus, prædicto Bernardo comiti pro digno ejus servitio donavit, concessit, suoque imperiali jure in proprietarium jus et dominium tribuit et largitus est, nos quoque pro futuris temporibus amodo et deinceps donatione et concessione tribuimus et confirmamus, atque perpetua stabilitate corroboramus in integrum, sicut superius legitur, cum servis et ancillis, aldionibus, aldianis, montanis, planiciebus, montibus et collibus, rupibus, pascuis, silvis, aquis, piscationibus, cum usibus, aquarumque decursibus, molendinis, omnibusque ejusdem curtis utilitatibus : ea videlicet ratione ut ab hac hora in antea prædictus Bernardus comes omnia supradicta ejusdem curtis habeat, teneat, firmiterque possideat ex nostra donatione, concessione, atque corroboratione; habeatque liberam facultatem per hujus nostri præcepti paginam tam ipse Bernardus comes omnia superius deprehensa ejusdem curtis Neironis, quam sui hæredes et prohæredes, vel cui dederit vel habenda statuerit, tenendi, possidendi, donandi, aut commutandi, sive quod animus ejus de ea decreverit faciendum [sic], omnium hominum regni imperiique nostri contradictione vel molestatione remota. Præcipientes itaque jubemus, ut nullus rex, marchio, episcopus, comes, vicecomes, seu quælibet nostri imperii et regni magna parvaque persona, prædictum Bernardum comitem, ejusque hæredes ac prohæredes de supradictis rebus ejusdem curtis molestare, inquietare, vel disvestire præsumat. Si quis vero hujus nostræ donationis, etc.

Sign. D. Henrici gloriosissimi atque invictiss. imp. Augusti.

Henricus episcopus et cancellarius vice Everardi episcopi et archicancellarii recognovit.

Anno Dom. incarn. 1015, indict. XIV, anno D. Henrici imperatoris Augusti regni XIV, imperii vero ejus II.

Actum Maresbuch feliciter. Amen

LXXXVIII.
S. Henricus ecclesiæ Paderbornensi curtem Honstede donat.

Anno 1015.

[*Cod. diplom. Hist. Westph.*, pag. 64.]

C. In nomine sanctæ et individuæ Trinitatis, HEINRICUS, divina favente clementia, Romanorum imperator Augustus.

Necesse est ut cum res bona agitur, prius ejus... in corde vincatur. Ne, si a radice miseræ intentionisprodeat, amaros nequiciæ fructus producat. Ea propter non surdi auditores evangelicæ Marthæ, cujus more Meinwercus episcopus nobis frequenti ministerio satagit deservire, ob interventum Cunegundæ imperatricis augustæ, contectalis videlicet nostræ, nec non Everhardi sanctæ Babenbergensis sedis episcopi, sed Egilberti Frisingensis ecclesiæ pontificis, sacrosanctæ Patherbrunnensi ecclesiæ in honore S. Mariæ mundi dominæ, sanctique Kyliani martyris atque Lyborii confessoris Domini consecratæ, curtem Honstede dictam cum omnibus pertinentiis, terris videlicet cultis et incultis, mancipiis utriusque sexus, molendinis, piscationibus, aquis aquarumve decursibus, quibus scilicet archiepiscopus Onwan eam possedit nobisque legaliter tradidit, in pago Rittiga, in comitatu Bernhardi comitis, perpetuo jure possidendam tradidimus. Et ut hæc nostræ imperialis traditionis auctoritas firma et inconvulsa permaneat, sigilli nostri impressione hanc paginam manu propria corroborando supter ballari jussimus.

Signum domini Heinrici (L. M.) imperatoris invictissimi.

Gunterius cancellarius vice Erchanbaldi archicapellani notavi.

Data XVIII Kal. Febr., anno Dominicæ incarnationis mill. XV, indictione XIII, anno autem domni Heinrici secundi regnantis XIII, imperii vero primo.

Actum Mulinhusen feliciter. Amen.

LXXXIX.
Concambium Heinrici II imperatoris cum Bobbone abbate.

(Anno 1015, 11 Mai.)

[Dronke, *Cod. diplom. Fuld.*, p. 346.]

In nomine sanctæ et individuæ Trinitatis, HEINRICUS, divina favente clementia, Romanorum imperator Augustus.

Omnium fidelium nostrorum, præsentium scilicet ac futurorum, universitati pateat qualiter nobis quoddam concambium cum Bobbone Vultensi abbate, consensu ac collaudatione Bernhardi advocati sui, nec non monachorum, militum servorumque suorum facere placuit: accipientes ab eo in proprium duas cortes, Ratolfesdorf et Ezelenkyricha, cum cunctis earum pertinentiis, villis, utriusque sexus mancipiis, agris, campis, pratis, pascuis, silvis, venationibus, aquis aquarumque decursibus, molendinis, piscationibus, viis vel inviis, exitibus et reditibus, cultis et incultis, quæsitis seu inquirendis, sive cum omnibus quæ quolibet modo dici aut nominari possunt utilitatibus. Econtra prædicto abbati suæque abbatiæ in honorem sancti Bonifatii constructæ duas nostræ proprietatis cortes, quarum una Waraha altera vero Bereskycz nuncupatur, cum cunctis earum pertinentiis, additis simul IV ministerialibus meis, Alwino et Rodolfo dapiferis, Folcoldo et Erkengero marescalcis meis, cæterisque utriusque sexus mancipiis, agris, campis, pratis, pascuis, silvis, venationibus, aquis aquarumque decursibus, molendinis, piscationibus, viis et inviis, exitibus et reditibus, cultis vel incultis, quæsitis seu inquirendis, sive cum omnibus quæ quolibet modo dici aut nominari possunt utilitatibus, per hanc nostram imperialem paginam in proprium concedimus atque largimur, et de nostro jure ac dominio in ejus jus et dominium omnino transfundimus: ea videlicet ratione ut prædictus abbas Bobbo suique successores ad præscriptæ ecclesiæ utilitatem de jam dictis cortibus earumque pertinentiis dehinc liberam habeant potestatem quicquid eis placuerit faciendi, omnium hominum contradictione remota. Et, ut hæc nostri concambii sive donationis auctoritas stabilis et inconvulsa omni permaneat tempore, hoc imperiale præceptum inde conscriptum manu propria corroborantes sigilli nostri impressione insigniri jussimus.

Signum domni Heinrici serenissimi (M) et invictissimi imperatoris Augusti (S).

Guntherius cancellarius vice Erchanbaldi archicapellani recognovi.

Data V Idus Maias, anno Dominicæ incarnationis millesimo XV, indictione XII, anno vero domni Heinrici secundi regnantis XIII, imperii autem II.

Actum Chofunga feliciter. Amen.

XC.
Imperator Henricus donat Ecclesiæ Bamberg. duo loca Schwarzenfeld et Weilendorf in pago Nordgos.

(Anno 1015, 17 April.)

[Ried, *Cod. episcop. Ratisbon.*, I, 152.]

C. In nomine sanctæ et individuæ Trinitatis, HEINRICUS, divina favente clementia, Romanorum imperator Augustus.

Si venerabilia Ecclesiarum Dei loca alicujus doni commodo ditare sive meliorare studuerimus, nobis id regnique nostri statui proficere minime dubitamus. Quapropter omnium Xpi nostrorumque fidelium noverit universitas qualiter nos, pro remedio animæ nostræ parentumque nostrorum, Babenbergensi Ecclesiæ, quam in episcopatus sedem sub honore beatæ Dei genitricis Mariæ sanctique Petri apostolorum principis ex nostra hæreditate sublimando proveximus, interventu et peticione Eberhardi ejusdem Ecclesiæ venerandi præsulis, quædam nostræ proprietatis loca, nomine Swarzinvelt et Weilindorf in pago Nordgowa, et in comitatu Heinrici comitis cum omnibus pertinentiis eorum, terris cultis et incultis, mancipiis utriusque sexus, ædificiis, areis, silvis, venationibus, aquis aquarumve decursibus, molendinis, piscationibus, pascuis, pratis, exitibus et reditibus, quæsitis et inquirendis, cæterisque omnibus, quæ quolibet modo nominari possunt, utilitatibus Swarzinvelt pertinentibus per hanc nostram imperialem paginam concedimus atque largimur, et de nostro jure ac dominio in ejus jus atque dominium transfundimus : ea videlicet ratione ut idem jam dictus Eberhardus episcopus suique successores liberam dehinc habeant potestatem, ad usum ecclesiæ Babinperc, quicquid eis libuerit faciendi, omnium hominum regni nostri contradictione remota. Et, ut hæc nostræ traditionis auctoritas per futuras successiones temporum stabilis et inconvulsa permaneat, hanc nostri præcepti paginam manu propria corroborantes, sigilli nostri impressione jussimus insigniri.

Signum domni Heinrici serenissimi atque invictissimi Romanorum imperatoris Augusti. (*Monogramma*.)

Guntherius cancell. ad vicem Erchanbaldi archicapellani recognovi.

Data xv Kal. Maii, anno Dominicæ incarnationis 1015, indictione xiv, anno vero domni Heinrici secundi regnantis xiv, imperii autem ipsius ii

Actum Merseburg feliciter.

Cum sigillo majest.

XCI.

S. Henricus Alberico episcopo Comensi curtem seu villam Barzanorum, olim Berengarii et Ugonis, Sigifredi comitis filiorum, et Cæsareæ majestati rebellium largitur.

(Anno 1015.)

[Ughelli, *Italia sacra*, V, 282.]

In nomine Domini Dei, et Salvatoris nostri Jesu Christi, HENRICUS superna clementia Romanorum imperator Augustus.

Si petitionibus nostrorum fidelium nobisque debite famulantium aures nostræ pietatis inclinaverimus, promptiores eos fore in nostro servitio non dubitamus. Universitatem igitur omnium nobis obsequentium, præsentium scilicet et futurorum, nequaquam latere volumus quod Albericus S. Cumanæ Ecclesiæ venerabilis et noster dilectus episcopus nostræ pietatis celsitudinem adiit suppliciter postulans, et pro sempiterni retributoris amore, et salute animæ nostræ, ejusque collato et conferendo servitio, nostroque imperio sublimando, eidem S. matrici ecclesiæ ad honorem Dei Genitricis et Virginis Mariæ dicatæ quandam curtem, cum omnibus suis pertinentiis, quæ dicitur villa Branzanorum, quæ fuit hæreditas et proprietas filiorum comitis Sigifredi, Berengarii, Ugonis, concedere et donare dignaremur; quorum, quoniam in nos nimis offendentes contra nostrum imperium male tractaverunt, et perjuri atque rei in nostram majestatem publice exstiterunt, jure ac legaliter non solum hæc, sed et omnia quæ habuerunt, ad nostrum publicum devenerunt, unde sua omnia merito perdunt, qui se ipsos gratis perdiderunt, dum, fidei debitæ obliviscentes, in nostra fidelitate minime duraverunt, et nostro inimico jurantes adhæserunt. Hanc ergo postulationem dignam et ratam prospicientes, et ullo [*sic*] modo negare volentes ipsius precibus libenter acquievimus. Concedentes atque confirmantes eidem Cumano venerabili et dilecto episcopo, omnibusque suis successoribus supradictam curtem Berzanorum nominatam, cum omnibus suis appendiciis, cum omnibus redditibus et exhibitionibus, et impensionibus, et functionibus, cum servis et ancillis, aldiis et aldiabus tam in montibus quam quæ in planitie, terris cultis et incultis, vineis, campis, pascuis, silvis, mansis, massaritiis, aquis, aquarum decursibus, molendinis, casis, rebus omnibus mobilibus et immobilibus, et cum omnibus, quæ adhuc dici vel nominari possunt, ad eamdem curtem pertinentibus, atque omnino in integrum largimur, et a nostro jure, et dominio, in jus et dominium, et proprietatem prædictæ sanctæ ecclesiæ transfundimus et delegamus : ut qui nunc præsens episcopus, omnesque sui successores potestatem habeant, jam dictam curtem, cum omnibus quæ ad eam pertinent, tenere, possidere, commutare, sicut hactenus prælibatis perjuris visa sunt pertinere, et ipsi hæreditates possederunt; et facient iidem episcopi de eadem curte, et omnibus quæ deinde solvi possunt, quidquid sibi placuerit ad laudem et honorem Dei et S. Mariæ ex nostra plenissima auctoritate. Jubentes ergo sancimus ut nostris vel futuris temporibus nullus dux, marchio, comes, vicecomes, nullaque magna vel parva persona, cujusque dignitatis aut ordinis, supra memoratum Albericum episcopum suosque successores de prædicta curte, cum omni sua pertinentia, disvestire, inquietare, molestare, vel in aliquo minorare præsumat; sed liceat illis quiete et pacifice tenere, possidere firmiterque habere, remota omni contradictione. Si vero, quod minime creditur, contra hujus nostri præcepti statuta aliquis violator extiterit, sciat se certissime compositurum auri libras mille, unam partem cameræ nostræ, alteram prænotato episcopo, suisque successoribus. Et ut hoc verius credatur, firmiusque ac inconvulsum ab omnibus observetur, manu propria confirmantes nostri nominis inscripto caractere..... nostri sigilli impressione.

Signum dom. Henrici † gloriosissimi imperatoris semper Augusti.

Henricus Parmensis episcopus et cancellarius vice Everardi episcopi et archicancellarii recognovit.

Dat. iv Non. Octobr., an. Dominicæ incarnationis 1015, ind. xiii, regni vero D. Henrici imperatoris Augusti xiv, imperii autem ejus ii.

Actum Meresburg feliciter. Amen.

XCII.

Si Henricus Ecclesiæ Paderbornensi prædia quædam donat.

(Anno 1016.)

[*Cod. diplom. Hist. Westph.*, p. 7.]

C. In nomine sanctæ et individuæ Trinitatis, HEINRICUS Dei gratia Romanorum imperator Augustus.

Si ecclesiarum Dei sublimationibus omni studio

inservimus, æternæ retributionis præmia nobis affutura esse speramus. Quapropter omnium fidelium Christi, præsentium scilicet ac futurorum, noverit universitas qualiter Meinuverccus, sanctæ Paterbrunnensis ecclesiæ venerabilis episcopus, omnia prædia quæ hæreditario jure possederat matri suæ Adalæ contradidit. Dehinc ipsa cum manu mariti et advocati sui Balderici comitis, consensu etiam hæredum, eadem prædia potestative nobis donavit. At nos perpetuæ beatitudinis spe, ac pia præfati episcopi dilectique nepotis nostri, qui se omniaque sua divino servicio mancipare gaudet, prece et devotione commoniti, prædia eadem legitime nobis tradita, inter quæ principales cortes sunt istæ, Immidesbusun, Walmonthem, Havurlon, Hukilhem, Mandelbiki, Golthbiki, Doddonhusun, Hokinneslevo, Wakereslevo, cum appertinentibus villis, mancipiis utrinsque sexus, silvis, viis et inviis, exitibus et reditibus, molendinis, piscationibus, pascuis, venationibus, quæsitis et inquirendis, omnibusque utensilibus quæ quolibet modo dici vel nominari possunt, sanctæ Paterbrunnensi ecclesiæ in honorem sanctæ Dei genitricis Mariæ sanctique Kiliani martiris ac beati Liborii confessoris constructæ, per hanc imperialem paginam largimur, omnium hominum contradictione remota. Insuper etiam, imperiali auctoritate præcipimus ut nulla major minorve persona aliqua judiciaria potestate in eisdem prædiis se intromittat, nisi advocatus quem ejusdem ecclesiæ episcopus sibi eligat. Si quis autem, quod absit! hoc nostræ donacionis præceptum infringere ausus fuerit, centum libras auri persolvat, L eidem ecclesiæ, et L nostræ cameræ. Et ut hæc nostræ largicionis auctoritas firma et inconvulsa permaneat, hoc præceptum inde conscriptum manu propria corroborantes sigillo nostro jussimus insigniri.

Signum Heinrici Romanorum invictissimi (L. M.) imperatoris.

Guntherius cancellarius vice Ercambaldi archicapellani recognovit.

Data IV Idus Jan., indictione XIII, anno Dominicæ incarnationis 1016, anno vero domni Heinrici secundi regnantis XIV, imperii autem II.

Actum Drodmannia feliciter. Amen.

XCIII.
S. Henricus Ecclesiæ Paderbornensi curtem Moronga largitur.
(Anno 1016.)
[*Cod. diplom. Hist. Westph.*, p. 72.]

In nomine sanctæ et individuæ Trinitatis, HEINRICUS divina favente clementia Romanorum imperator Augustus.

Ecclesias Christi ampliare servorumque ejus necessitatibus pie ac clementer subvenire imperialis promotionis ordo deposcit. Proinde fidelium Christi noverit industria qualiter, divino instinctu ammoniti, et interventu dilectissimæ conjugis nostræ Cunigundæ imperatricis Augustæ, in id ipsum fraterna caritate collaborantibus Heriberto Coloniensi archiepiscopo, Theoderico Mimegardevordensi, Adelbaldo Trajeciensi, Theoderico Metensi, Wiggero Verdensi, Thietmaro Ossenbrugensi, Erico Havelbergensi, sanctæ Patherburnensi ecclesiæ in honorem sanctæ Dei genitricis Mariæ sanctique Kiliani martyris et sancti Liborii confessoris constructæ, cui etiam Meinuverchus venerabilis episcopus præsidet, quandam nostram curtem Moronga dictam, in pago Morongano in comitatu Bennonis comitis sitam, quam nobis Unowanus Bremonensis archiepiscopus cum manu advocati sui Udonis tradidit, omnium hominum contradictione remota, pro remedio animæ senioris nostri tercii Ottonis divæ scilicet memoriæ imperatoris Augusti, et incolumitate vitæ nostræ præsentis ac spe futuræ, per hanc imperialem paginam concedimus atque largimur, cum omnibus appendiciis, areis, villis, pascuis, aquis aquarumve decursibus, piscationibus, molendinis, silvis, venationibus, cunctisque qualicu:;que modo nominari possint utensilibus, ea videlicet ratione ut prædictus Meinuverchus episcopus eandem curtem, quamdiu vivat, in usus proprios potestative possideat, post finem vero vitæ suæ ad vestitum canonicorum in eadem Deo sanctæque genitrici ejus Mariæ nec non beatis Kiliano ac Liborio servientium annuatim meliorandum pertineat. Si quis vero hanc nostram donationem infringere præsumpserit, centum libras auri persolvat, L eidem ecclesiæ, L vero nostræ cameræ. Et ut hæc nostræ liberalitatis auctoritas stabilis et inconvulsa permaneat, hanc cartam inde conscriptam manu propria roborantes, sigillo nostro jussimus insigniri.

Signum domni Heinrici imperatoris invictissimi.
(L. M.)

Guntherius cancellarius vice Erchambaldi archicapellani recognovi.

Data IV Id. Januar., indictione XIII, anno Dominicæ incarnationis 1016, anno vero domni Heinrici secundi regnantis XIV, imperii autem II.

Actum Drodmannia feliciter. Amen.

XCIV.
Item curtem Berneshusen.
(Anno eodem.)
[*Ibid.*]

In nomine sanctæ et individuæ Trinitatis, HEINricus divina favente clementia Romanorum imperator Augustus.

Tribunal animæ dilatamus, si ecclesias Christi cum sibi subjectis ampliamus. Qua de re fidelium Dei universitati pateat quod hac intentione, interventu dilectissimæ contectalis nostræ Cunigundæ imperatricis Augustæ, nec non et Heriberti archiepiscopi Coloniensis, Adalbaldi Trajectensis, Theoderici Mimigardevurdensis, Theoderici Metensis, Wiggeri Verdensis, Thietmari Osenburgensis, Erici Havelbergensis, sanctæ Paderburnensi ecclesiæ, in honore sanctæ Dei genitricis Mariæ sanctique Kyliani martyris et sancti Liborii consecratæ, cui etiam Meinuvercus venerandus episcopus præsidet, quandam curtem nostræ proprietatis Berneshusen dictam, in pago Lisga in comitatu Udonis sitam, quam ab Unwano Bremonense archiepiscopo donante, et per advocatum suum Udonem legitima traditione accepimus, pro remedio animarum divæ memoriæ Ottonis imperatoris tercii, senioris scilicet nostri, et incolomitate vitæ nostræ utriusque præsentis videlicet ac futuræ, conjugisque nostræ dilectissimæ, nec minus pro stabilitate regni, proprietario jure concedimus, cum omnibus appertinenciis, rebus territoriis, villis, mancipiis utriusque sexus, silvis, venationibus, aquis aquarumve decursibus, molendinis, piscationibus, viis et inviis, exitibus et reditibus, pratis et pascuis, et cum omnibus acquisitis vel inquirendis; ea ratione ut prænominatus episcopus ejusque successores liberam potestatem in ejusdem ecclesiæ utilitatem vertendi habeant. Si quis autem in posterum, quod absit! præfatam ecclesiam inquietare contendat de eisdem prædiis, perpetuo anathemate condempnetur. Insuper c libras auri optimi componat, dimidietatem regiæ cameræ, et reliquam partem eidem ecclesiæ quam inquietare præsumpsit. Et ut hæc nostræ traditionis auctoritas stabilis et inconvulsa permaneat, hanc cartam inde conscriptam manu propria roborantes, sigillo nostro jussimus insigniri.

Signum domni Heinrici imperatoris Augusti (L. M.).

Guntherius cancellarius vice Erkenbaldi archicapellani recognovit.

Data xvi Kal. Febr. Indictione xiii, anno Domin. incarn. 1016, anno vero domni Heinrici secundi regnantis xiv, imperii autem secundo. Actum Drodmanniæ.

XCV.
Item possessiones Haholdi comitis defuncti.
(Anno eodem.)
[*Ibid.*, p. 73.]

In nomine sanctæ et individuæ Trinitatis, Heinricus Dei gracia Romanorum imperator Augustus.

Divinæ pietatis clemencia, quæ nos ad culmen imperialis majestatis perduxit, ad hoc voluit regnare, ut ecclesiarum ordini firmando atque corroborando subveniamus, hiis autem maxime locis, quæ ab antecessoribus nostris regibus vel imperatoribus fundata, sed jam peccatis exigentibus pene videbantur annullata. Quapropter omnium fidelium nostrorum præsentium scilicet ac futurorum industriæ notum esse volumus qualiter nos, divini amoris instinctu, pro remedio animæ nostræ seu parentum nostrorum, nec non et tercii Ottonis bonæ memoriæ imperatoris, dilectæque conjugis nostræ Cunigundæ imperatricis Augustæ interventu, atque Meginuvere sanctæ Padrebronnensis ecclesiæ venerabilis episcopi rogatu, sibi sanctæque suæ ecclesiæ a Karolo magno imperatore olim fundatæ, nostris vero temporibus incendium passæ, in honore enim sanctæ Dei genitricis semperque virginis Mariæ et sancti Kiliani martiris Liboriique confessoris dedicatæ, comitatum quem Hahold comes dum vixit tenuit, situm scilicet in locis Haverga, Limga, Thiatmalli, Aga, Patherga, Treveresga, Langaneka, Erpesfeld, Silbike, Matfelt, Nihterga, Sinaifelt, Ballevan prope Spriada, Bambiki, Gession, Senvardeshuson, cum omni legalitate in proprium concedimus atque largimur per hanc nostram imperialem paginam, eo videlicet racionis tenore ut præfatus episcopus Meginuvere suique successores præscriptæ ecclesiæ præsidentes dehinc liberam habeant potestatem de eodem comitatu ejusque utilitatibus quicquid eis placuerit faciendi ad eorum tamen utilitatem ecclesiæ, omnium videlicet inquietudine remota. Et ut hæc nostræ tradicionis seu confirmacionis auctoritas stabilis et inconcussa omni habeatur tempore, hoc præceptum inde conscriptum manu propria firmare curavimus, et sigillo nostro insignire jussimus.

Signum domni Heinrici imperatoris Augusti (L. M.).

Guntherius cancellarius vice Erkinbaldi archicapellani recognovi.

Data xvix Kal. Febr., indict. xiii, anno Dominicæ incarnationis 1016, anno vero domni Heinrici secundi regnantis xiii, imperii n.

XCVI.
Item prædia nonnulla.
(Anno eodem.)
[*Ibid.*, p. 74.]

In nomine sanctæ et individuæ Trinitatis, Henricus Dei gracia Romanorum imperator Augustus.

Omnium Christifidelium industria noverit qualiter nos, divini amoris respectu, et dilectissimæ conjugis nostræ, qui duo sumus in carne una, Cunigundæ videlicet imperatricis augustæ rogatu et instinctu, sanctæ Paterbrunnensi ecclesiæ in honore sanctæ Dei genitricis Mariæ et sancti Kiliani martiris sanctique Liborii ter beati confessoris dedicatæ, tale prædium proprietavimus, quale nobis, omnium hominum contradictione remota, tradidit Helmicus, videlicet, in comitatu Herimanni comitis: in Dulmine mansum unum, in Nienhem mansum i, in Situnne mansum i, Halostron mansum i, in Berthalostron mansum i, in Lehembeke mansum i, in Horlon mansum i; in comitatu Ottonis comitis: in Elvepo mansum i, in Ricoldinchuson mansum i; cum L mancipiis utriusque sexus, arcis, villis, pascuis, aquis aquarumve decursibus, piscationibus, molendinis, silvis, venationibus et omnibus appendiciis, cunctisque, qualicumque modo nominari possint, utensilibus; ea scilicet ratione ut uterque nostrum tam vestitura quam victu stipendialem amodo ab episcopo sedis subscriptæ, nunc vero a domno Meginwerco præsule et post a successoribus ipsius, communi canonicorum consensu, cum perpetua orationum participatione, plenarie inibi sicut unus fratrum accipiat et potestative possideat. Et ut hæc traditio nostræ liberalitatis stabilis et inconcussa permaneat, hanc cartam inde conscriptam manu propria roborantes, sigillo nostro subter bullari jussimus.

Signum domni Heinrici Romanorum invictissimi imperatoris Augusti (L. M.).

Guntherius cancellarius vice Archanbaldi archicapellani recognovit.

Data iv Id. Junii, indictione xii, anno Dominicæ incarnationis 1017, anno vero domni Heinrici secundi regnantis xvi, imperii iv. Actum Patherbrunnon.

XCVII.

S. *Henricus II imp. Popponi de immunitate Ecclesiæ trevirensis cavet.*

(Anno 1016).

[Hontheim, *Hist. Trevir. diplom.*, I, 351.]

In nomine sanctæ et individuæ Trinitatis (168). HENRICUS divina favente clementia rex.

Si locis Deo dicatis quoddam beneficii juxta petitiones Dei servorum et nostræ liberalitatis munere conferimus, id nobis profuturum liquido credimus, et ad mortalem vitam temporaliter transigendam, et ad æternam feliciter obtinendam. Proinde volumus intimari nostris fidelibus, tam futuris quam præsentibus, quod vir venerabilis Poppo sanctæ Trevirensis Ecclesiæ archiepiscopus nos sæpe monuit, nostramque sublimitatem petiit, ut multitatem rerum et familiæ sancti Petri, quam nostri prædecessores, reges videlicet et imperatores, Trevericæ sedi pro divinæ contemplationis intuitu delegaverunt, suique auctoritate præcepti confirmaverunt, hanc dignaremur revocare, nostrisque stabiliendo sceptris confirmare. Cujus petitioni libenter consentientes, et hoc nostræ auctoritatis præceptum erga ipsius Ecclesiam pro Dei timore ejusque amore fieri decernentes, firmiter præcipimus et statuimus ut in facultates vel res ad ecclesiam sancti Petri Trevericæ urbis pertinentes, scilicet in monasteria, basilicas, castella, vicos, agros, vineas, silvas, homines, vel reliquas possessiones, seu omnia quæ deinceps in jure ipsius loci divina augeri voluerit clementia, nullus comes vel aliquis ex judiciali potestate ad causas audiendas vel freda aut tributa seu aliquos conjectos exigendos, aut mansiones vel paratas faciendas, aut homines ecclesiæ distringendos, aut injustas exactiones requirendas, vel theloneum exigendum, nostris temporibus et futuris ingredi audeat, nec ea quæ prædicta sunt penitus exigere præsumat; sed omnia sub jure sancti Petri Trevericæ sedis ejusque pontificis, et cui ipse commiserit, permaneant; et monetas et thelonea, quæ memoratus pontifex in vestitura suæ Ecclesiæ invenerat, aut postmodum a nostris prædecessoribus acquisierat, legaliter in perpetuum teneat. Ad hoc ut juxta nostri antecessorum præcepta, et pro nostra nostrique parentum eleemosyna omnino interdicimus, ne in villa Theodonis theloneum exigatur a bonis fratrum Treveriren. principi apostolorum servientium, vel a suis hominibus, aut ibi, aut in villa Madert manentibus, eo scilicet tenore ut gratuita nostra invigilent oratione. Hoc, et quidquid de præfatæ rebus ecclesiæ laudavimus, nostri auctoritate sceptri firmavimus; quod [ut] præsenti et futuro tempore viris credatur, nostrisque successoribus diligentius custodiatur, id manu propria confirmavimus, nostrique impressione sigilli signari jussimus.

Signum domini Henrici III regis invictissimi.

XCVIII.

Præceptum S. Henrici II imperatoris, Werenherio episcopo Argentino concessum.

(Anno 1017).

[*Gall. Christ.* V, 469 *Instrum.*]

In nomine sanctæ et individuæ Trinitatis, HENRICUS Dei gratia, Romanorum Augustus.

Notum sit omnibus Christi fidelibus quod interventu dilectæ conjugis nostræ Cunigundæ, videlicet imperatricis Augustæ, sed et Brunonis Augustensis episcopi, fratris scilicet nostri, nec non Popponis Lauresamensis venerabilis abbatis, sacræ sedis Argentinæ Werenherio venerabili episcopo, tum pro Dei genitricis Mariæ speciali amore, tunc etiam propter ejus tam spiritualiter quam carnaliter juge servitium, liberalissime nobis sæpius impensum, forestem in determinando proprietavimus: de littore Rheni contra Wizwilare ad vadum Hugonis; et de vado Hugonis ad Scerovillare; et de Scerovillare ad Dabechneinsten; et de Dabechneinsten ultra Pruscam usque ad Roraham rivum; de Rohaha ultra Sormam fluvium; deinde usque ad Matram fluvium, ad illum locum qui dicitur Phaffenhovend; deinceps per Matram deorsum usque ubi Matra intrat Rhenum; et deinde sursum per totum limitem Rheni cum insulis omnibus adjacentibus usque Wicenwilare. Jus igitur forestæ ei suisque successoribus nostrum, regum quoque et imperatorum more antecessorum per bannum nostrum imperialem firmavimus. Ita vero ut nullus ibi cervum vel cervam, ursum vel ursam, aprum vel.... capros vel capras sine licentia ipsius quoquomodo capiat. Et ut hæc nostræ donationis auctoritas stabilis et inconvulsa omni tempore permaneat, hanc paginam inde conscriptam manu propria signantes sigilli nostri impressione insigniri jussimus.

Signum domni Henrici invictissimi.

Guntherius cancellarius vice Erchanbaldi archicapellani notavit.

Data vii Idus Maii, anno Dominicæ incarnationis 1017, indict. xv, anno vero domni Henrici secundi regnantis xvi, imperii iv. Actum Franchoneford feliciter

---

(168) *Henricus divina favente clementia rex.* Hanc chartam, in antiquissimo et fide dignissimo libro copiali descriptam, data carentem, ad annum Popponis primum refero, quod eo anno imperator Treviris fuerit. Sic Gesta Trevir. cap. 48: *Megingaudo episcopo Trebericæ metropolis de medio facto, rex ipse Treberim festinato venit; erat enim in Confluentia positus; et impetrato tam cleri quam populi consensu, ipsum pontificali cathedra sublimavit.* Illud autem singulare quod Henricus, jam anno 1014 imperator coronatus, se *regem* nominet. Admittit hoc præsul Gottwicen. Chron. tom. prodr. p. 253. Confer dicenda ad bullam Benedicti PP. VIII, ann. seq.

XCVIII bis.

S. Henricus ecclesiæ Paderbornensi abbatiam Helmwardeshusen concedit.

(Anno 1017.)

[*Cod. diplom. Hist. Westph.*, p. 74.]

In nomine sanctæ et individuæ Trinitatis, HEINRICUS Dei gratia Romanorum imperator Augustus.

Canonum statuta non ore hominum sed spiritu Dei condita præcipiunt ut episcopi frequenter claustra monachorum visitent, et si qua extra regulam illic invenerint, abscidant et corrigant. Hæc vigilanter interius contemplantes, et in hujus vitæ itinere onera nostra episcopis imponendo levigantes, caritatis causa, sine qua dives pauper est, cum interventu amantissimæ conjugis nostræ Cunigundæ videlicet imperatricis Augustæ, cum archiepiscoporum Erchanbaldi Moguntinensis, Popponis Treverensis, Geronis Magedeburgensis, Unwani Bremensis, et episcoporum Arnoldi Halverstadensis, Epponis Babenbergensis, Theoderici Mettensis, Heinrici Wirceburgensis, Theoderici Mimigardevurdensis, Heinrici Parmensis, Theoderici Mindensis, Thietmonis Mersburgensis, Erici Havelbergensis, laicorum quoque, Bernhardi ducis, Sigifridi atque Ezziconis comitum, abbatiam nomine Helmwardeshusen, cum omnibus suis appendiciis mobilibus et immobilibus, sedi Paderbornensi in honore sanctæ Mariæ sanctorumque Kyliani atque Liborii constructæ, cui insignis acquisitionis præsul Meynwerchus in præsentiarum præest, in proprium dedimus, nostroque jure et dominio in jus et dominium ipsius amodo potestative et juxta regulam sancti Benedicti episcopaliter disponendam atque possidendam tradidimus. Et ut hæc nostræ traditionis pagina firma et inconvulsa permaneat, manu propria corroborantes atque confirmantes, sigilli nostri impressione subter eam sigillari jussimus.

Signum domni Heinrici invictissimi Romanorum imperatoris Augusti (L. M.).

Guntherius cancellarius vice Erchanbaldi archicapellani notavit.

Data v Idus Julii, indictione XII, anno Dominicæ incarnationis 1017, anno vero domni Heinrici secundi regnantis XVI, imperii IV. Actum Lietzo.

Hi sunt testes: Thietmer, Ekkica, Ludier, Ekkica, Rædig, Walhem, Widukin, Benna, Kiza, Amulag, Volcbal, Thietmer, Immed, Gerbraht, Wiking, Thiedric, Ibo, Æica, Heriward, Burchard, Dodica, Tiaza, Vretheric, Lefherd, Eschulf, Ova, Widula, Fronca, Heriman, Thiaza, Bova.

Episcopus Thieodericus.

Dux Bernhardus.

De abbatia Helmuwrdesh.

XCIX.

Diploma S. Henrici pro abbatia S. Petri de Piro.

(Anno 1017.)

[Ughelli, *Italia Sacra*, X, 207.]

In nomine sanctæ et individuæ Trinitatis, ... feliciter. Amen.

HENRICUS, divina favente clementia, Romanorum imperator Augustus.

Si Ecclesiarum Dei vel monachorum loca alicujus confirmationis seu defensionis dono meliorare studuerimus, id nobis profuturum esse minime dubitamus. Quapropter omnium Christi fidelium, præsentium scilicet et futurorum notum esse volumus qualiter nos, divini amoris instinctu, quoddam monasterium vel abbatiam a prædecessoribus nostris . . . . . in loco qui dicitur Pirus sitam, in comitatu Tarvisino, in honore S. Petri apostolorum principis dedicatam, cum omnibus suis pertinentiis qui olim sibi pertinuerunt ex donatione prædecessorum nostrorum, et quæ in præsentiarum præfatæ abbatiæ habet, offerimus etiam et donamus præfatæ . . . . . abbatiæ, pro remedio peccaminum nostrorum, ... et rogatu etiam dilecti fidelis nostri Joannis . . . . Aquilegiensis patriarchæ . . . . . . villam sancti Pauli cum suis pertinentiis et capellam sancti Marini cum suis appendentiis, videlicet cum mansis, domibus, terris, vineis, pratis, pascuis, silvis, venationibus, piscationibus, molendinis, viis et vi . . . . . . exitibus et redditibus quæsitis seu inquirendis, vel cum omnibus, quæ quolibet modo dici aut nominari possunt, utilitatibus, per hoc nostrum præceptum confirmamus et corroboramus. Insuper et prædictam abbatiam cum ejusdem monasterii abbate, Adalberto nomine, suisque successoribus sub nostræ tuitionis . . . defensionis mundiburgio recipimus cum cunctis prænominatis utensilibus et bonis; ea videlicet ratione ut nullus dux, comes, vicecomes, vel aliqua regni nostri magna parvaque persona, ecclesiastica vel sæcularis potestas jam dictum monasterium atque abbatem de suprascriptis bonis disvestire, inquietare, molestare, vel deinceps absque legali vel imperiali judicio audeat. Si quis autem, quod absit! hujus nostræ confirmationis et corroborationis præcepti seu defensionis mundiburgio violator exstiterit, sciat se compositurum auri optimi libras centum, medietatem cameræ nostræ, et medietatem præfato monasterio ejusque abbatibus. Et ut hujus nostræ confirmationis seu defensionis auctoritas stabilis [et] inconvulsa omni permaneat tempore hanc paginam inde conscriptam manu propria corroborantes sigillo nostro subtus insigniri jussimus.

Signum D. Henrici invictissimi et serenissimi imperatoris Aug.

Ego Joannes nunc Aquilegiensis ecclesiæ patriarcha, laudo et confirmo.

Ego Peregrinus sacri palatii cancellarius, laudo et confirmo.

Ego . . . . . brandus episcopus et invictissimi imperatoris archicancellarius, laudo et confirmo.

Anno Dominicæ incarnationis 1017, ind. prima, anno dom. Henrici secundi, regis 14, imperii anno IV . . . .

XCIX bis.

Fundatio collegiatæ ecclesiæ Prumiensis firmata auctoritate Henrici II imp.

(Anno 1017, 17 Octob.)

[Hontheim, *Hist. Trevir. diplom.*, I, 253.]

In nomine sanctæ et individuæ Trinitatis, Henricus Dei gratia imperator Romanorum. Omnibus episcopis, abbatibus, comitibus cæterisque fidelibus nostris, tam præsentibus quam futuris, notum esse volumus quia Viroldus Prumiensis abbas, (169) noster fidelis, nostra licentia et consensu quoddam monasterium a fundamentis construens, et in honore sancti Salvatoris Domini nostri Jesu Christi, sanctæque Dei genitricis semper virginis Mariæ, nec non victoriosissimæ crucis, et sancti Stephani protomartyris, inclytique martyris S. Nazarii dicari faciens, imperiali nostra tuitione defendendum commendavit; insuper etiam narravit nobis prædictus venerabilis abbas qualiter Deo annuente, nostraque gratia consentiente, præfatum monasterium canonicis voluisset locare, eisque, ex (170) proprietatibus quas ipse jure precario acquisivit, absque omni monachorum sibi subditorum detrimento, præbendam adhibere, quorum nomina hæc sunt: Wittenbach, Stadtfeld, Ludtscheim. Cujus petitioni cæterorumque nostrorum fidelium sibi comprecantium, hoc est, archiepiscopi Treviriensis Popponis, Hereberti Coloniensis, Areckenbodi Moguntinensis, Eberhardi Bambergensis, Brunonis Augustensis, Hehelini Wurtenbergensis, Burchardi Wormatiensis; comitumque Gerlaci, Gebhardi, Bebenhardi, Brunungi; nec non abbatum Popponis Fuldensis, Winnerichi Treviriensis, Luthardi Munchenbergensis, Richardi Amarbachensis, assensum præbentes, prædicta loca sub nostræ tuitionis immunitatem suscepimus, mercatum publicum cum omni jure ejusdem, annuale similiter et hebdomadale, ad stipendium fratrum indidem legitime instituimus; et per hanc imperialem chartam imperamus et præcipimus ut nullus de prædictis rebus alienandum fratribus jam dictis aliquid sibi usurpet, quatenus illos, quiete et pacifice quæ Deus dedit vel daturus erit possidentes, pro nostra incolumitate regnique nostri stabilitate Dei misericordiam exorare delectet. Et ut hæc jussionis nostræ donationisque auctoritas verius credatur et diligentius ab omnibus observetur, hanc chartam inde jussimus scribi, manusque propriæ subscriptione confirmari, et sigillo nostro insigniri.

Signum domini Henrici Romanorum imp.

Guntherus (*postea archiep. Salisburgensis*) cancellarius N et vicearchicancellarius (171), Ludu archicancellarius.

Data XVI Kalend. Novemb., indict. xv, anno Dominicæ incarnationis 1017, anno vero domini Henrici II regnante [*sic*] xv, imperii autem III.

Actum Franconefort feliciter. Amen.

C.

S. Henricus II imp. Popponi et ecclesiæ Treviriensi confert curtem Confluentiam cum omnibus pertinentiis.

(Anno 1018.)

[Hontheim, *Hist. Trevir. diplom.*, I, 354.]

In nomine sanctæ et individuæ Trinitatis, Henricus divina favente clementia Romanorum imperator Augustus.

Si venerabilia ecclesiarum Dei loca alicujus doni commodo sublimare studuerimus, nobis id regnique nostri statui profuturum esse, minime dubitamus. Quapropter noverit omnium Christi fidelium nostrorumque universitas qualiter nos, pro remedio animæ nostræ, nec non dilectissimæ conjugis nostræ, Cunigundæ videlicet imperatricis Augustæ, Treviriensi Ecclesiæ, cui venerabilis archiepiscopus Poppo præesse videtur, quamdam nostri juris curtem nomine Confluentiam et (172) abbatiam sitam in pago Trichire (173), in comitatu vero Bertholdi comitis, cum theloneo et moneta, et cum omnibus eorum pertinentiis (174), areis, ædificiis, mancipiis utriusseu *villam regiam* pertinentes recensentur. Sed et interdum curtes regiæ *palatium* principis designant. Utroque sensu Confluentia curtis regia fuit.

(173) *Abbatiam sitam in pago Trichire.* Trajectensem S. Servatii abbatiam hic minus recte intelligit Browerus, Annal. tom. I, lib. XI, n. 16, p. 507. Non enim *abbatiam Trichire* dicit imperator, sed *sitam in pago Trichire*; in quo Trichire pago Confluentia cum ipsa abbatia quærenda. Scilicet hic pagus omne illud terrarum spatium occupat, quod ab Hunnesruckio Rhenum inter et Mosellam ad ipsa usque hujus fluvii ostia interjacet. Sed, inquis, quæ intra Confluentiam abbatia? Respondeo: Ecclesia et collegium S. Floriani, quod, teste ipsomet Browero, l. cit., p. 504, n. 4, iis temporibus vocabatur *B. M. V. monasterium*, voce eo ævo cathedralibus et collegiatis ecclesiis fere communi. Nempe canonicis olim in communi viventibus præerant *abbates*, sed sæculares: de quorum officio et prærogativis Molanus De canonicis, lib. II, cap. 5. Et apud Leodienses quidem, aliosque, ejus ævi more et stylo, collegia canonicorum *abbatias* nuncupatas fuisse tradit ur a Miræo, Diplom. Belgic. lib. II, cap. 19, not. 1.

(174) *Cum theloneo et moneta et cum omnibus eorum pertinentiis*, etc. His demum imperialis præcepti

---

(169) *Viroldus Prumiensis abbas.* Numero decimus septimus. De eo Knauff in Defens. Prumien. p. 44: « Abbas Uroldus ex antiquo comitum stemmate de Duna cum conventu hic Prumiæ collegium duodecim canonicorum fundavit in qualitate perpetuorum sacellanorum abbatis et conventus. Ecclesiam magnifice ædificatam et dotatam corpore S. Nazarii ditavit, in qua sepelitur, et annua memoria recolitur. Mabillon. Annal. Benedict. tom. IV, lib. LIV, n. 42.

(170) *Proprietatibus quas ipse jure precario acquisivit.* Auxit collegii præbendam Uroldi successor Albero. Sed reditibus postea et cleri numero bellorum tempestate imminutis, demum, sub an. 1369, Boemundi II archiep et Theodorici abbatis opera, nec non Innocentii III P. M. indulto, collegii res, abolita tamen præpositura, restitutæ sunt. Canonicatus omnes confert, et decanum electum investit abbas seu administrator Prumiensis.

(171) *Ludu archicancellarius.* Quis hic, in nullo hactenus edito diplomate occurrens, archicancellarius sit, aliis investigandum relinquo.

(172) *Nostri juris curtem nomine Confluentiam.* Curtes regiæ et fisci regii appellata fuere loca ex quibus hujusmodi reditus desumebantur. Hinc pluribus diplomatibus diversi reditus ad unam *curtem*

que sexus, agris, pascuis, vineis, pratis, silvis, venationibus, aquis aquarumve decursibus, molendinis, viis et inviis, exitibus et reditibus, mobilibus et immobilibus, seu cum omni utilitate quæ ullatenus aut scribi aut notari possit, tradimus atque firmiter donamus. Et ut hæc nostræ auctoritatis pagina stabilis et inconvulsa omni permaneat ævo, eam manu propria roborantes, sigilli impressione jussimus insigniri.

Signum domini Henrici Romanorum invictissimi imperatoris Augusti.

Guntherius cancellarius vice Erchenbaldi archicapellani recognovi.

Anno incarnationis Domini nostri Jesu Christi 1018, indict. 1, anno regni domini Henrici Romanorum invictissimi imperatoris Augusti xvii, imperii autem v. Actum Boderebrunnen feliciter. Amen.

CI.

S. Henricus ecclesiæ Paderbornensi prædium quoddam donat.

(Anno 1018.)

[*Cod. diplom. Hist. Westph*, p. 73.]

C. In nomine sanctæ et individuæ Trinitatis, Heinricus divina favente clementia Romanorum imperator Augustus.

Noverit omnium Dei fidelium nostrorumque tam præsentiam quam subsequentium industria qualiter nos, interventu dilectæ conjugis nostræ, Cunigundæ videlicet imperatricis augustæ, fideliumque nostrorum, Popponis Treverensis archiepiscopi, Erkanbaldi Mogontini archiepiscopi, Eberhardi Babenbergensis episcopi, Adelbaldi Trajectensis episcopi, item Popponis abbatis Vultensis, Godefridi ducis, Bernhardi ducis, Beccelini comitis, ecclesiæ Paterbrunnensi, cui venerandus episcopus Meinwercus

verbis Confluentia archiepiscopo subjecta fuit. Imo ne nunc quidem ita ut omnis adhuc officialium imperii potestas in ea cessaret. Conf. instrumentum fundationis Arnsteinianæ, an. 1, 56, not. *a*. Equidem legitur in Gestis Trev., cap. 46, edit. Leibnit., quod *Henricus* (II imp.) *Megingaudo* (Popponis decessori) *episcopatum* (Treverensem) *confirmavit, quem usque ad finem vitæ suæ in castello.... Confluentia administravit.* Item apud Albericum ad an. 1003, p. II *Chron.*, p. 42 : *Dissensio..... diu fuit, et Megingaudus semper apud Confluentiam mansit.* Et expressius Ditmar, Chron. lib. vii, p. 406 : *Megingaudus obiit in urbe sua Cophelenci dicta.* Unde cum Browero, Annal. Trev. tom. I, l. x, n. 100, p. 502, concludit Hahn, Hist. imp. p. II, cap. 6, § 6, not. *c*., Confluentiam jam ante annum 1018 fuisse juris Treverensis. Sed i unus Ditmari locus vix efficiet. Si enim, quod *suam* dicat Confluentiam, de *civili* etiam jure intelligamus, facile est ut prolepsi usus sit episcopus Merseburgensis in Chronico, quod serius scripsit, et ad annum 1021 perduxit. Cæterum Megingaudum non sponte Confluentiam secessisse, sed Adalberonis præpositi violentiis adactum, constat. Vid. Gesta. Trev.; l. cit., Vita B. Meinwerci, § 10, in Act. SS. Antwerpien. mensis Junii, tom. I, p. 534, lit. *a*.; Alherius l. cit.; Chronographus Saxo ad an. 1008, p. 220; Ditmarus p. 384.

(175) Aquisgrani duo sunt canonicorum collegia, Marianum, et Adelbertinum. Prius Carolus Magnus imperator fundavit, et in basilica rotunda, quam in palatio suo ibidem in honorem Deiparæ construxe-

A nostræ videlicet servitutis paratissimus præsidet, sub honore agiæ Dei genitricis Mariæ sanctique martiris Kiliani nec non et beatissimi confessorum sancti Liborii episcopi constructæ atque dedicatæ, tale prædium quale Willa per manum nobis dedit et consensum conjugis et advocati sui Ottonis, in loco Siburgohusun nominato, in comitatu Udonis comitis, in pago Hammerveldun, cum omnibus pertinentiis suis, possessionibus, mancipiis utriusque sexus, agris, ædificiis, terris cultis et incultis, aquis aquarumque decursibus, pratis, pascuis sive compascuis, molendinis, piscationibus, silvis, viis et inviis, cunctisque quæsitis vel inquirendis, in proprium jure perenni tradidimus, Et ut hæc tradicio præcepti nostri firma et inconvulsa permaneat, hanc paginam B inde conscriptam manu propria roborantes sigilli nostri subterbullari jussimus impressione.

Signum domini Heinrici Romanorum (L. M.) invictissimi imperatoris Augusti.

Guntherius cancellarius vice Ercambaldi archicappellani recognovit.

Data 1 Id. Apr., indictione 1, anno Dominicæ incarnationis 1018, anno vero domni Heinrici secundi regnantis xvi, imperii autem v. Actum Noviomago.

CII.

S. Henricus, imperator, Aquisgranense canonicorum S. Adelberti collegium fundat ac dotat (175).

(Anno 1018:)

[Miræus, *Opp. diplom.*, 1, 149.]

Quoniam indubitanter scimus in conspectu Dei C placere sanctorum loca instituere et sublimare, spe divinæ remunerationis, pro remedio animæ nostræ, conjugisque nostræ dilectæ, Cunegundis videlicet imperatricis Augustæ, nec non parentum nostrorum, tunc etiam pro confirmando sub divina protectione rat, residere voluit. Dotem postea auxit Otto, primus Cæsar, ut et numerum canonicorum ampliorem fecit Notgerus Leodicensis episcopus, in qua diœcesi sitæ sunt Aquæ Grani.

Palatium porro Aquisgranense Godefridus et Sigefridus reges anno 882 incenderunt et vastarunt, ut Sigebertus in Chronico testatur. Capella autem seu basilica, a fundamentis per Carolum cum peristyliis solidissime constructa, hodieque præstat forma rotunda, columnis marmoreis, fornice concamerato, cum cancellis et portis æreis, D aliasque ornamentis, quæ Eginharus in ejusdem sui principis et heri Vita describit, ut coram aliquando, cum admiratione spectantes, observavimus.

Adelbertini templi, quondam extra, nunc intra muros Aquisgranensis in rupe siti, fundamenta Otto III Cæsar (cujus tumulus in Mariana basilica jam laudata visitur) suo ære posuit. S. Henricus ædificium perfecit, et canonicos amplis prædiis dotavit, ex quibus multa in confinibus Brabantiæ et Zelandiæ, tertio lapide ab Antwerpia, circa Batzentoren, aquis absorpta perierunt; ut et dicta turris: quæ mediis in aquis, haud procul a Lilloa velut specula eminebat, sed marinis fluctibus exesa ante paucos annos concidit. Erit tamen, ut spero, aliquando, cum ampliam istud olim terrarum spatium, alluvionibus auctum; posteritas ab Oceani fluctibus vindicabit, Aquisgranensium, Antwerpiensium, et aliorum bono.

« S. Cunegundis Augusta, S. Henrici II Cæsaris

regni nostri statu, ecclesiam in honore S. Adelberti martyris et episcopi, in monte contermino sedi nostræ Aquensi a nobis fundatam, omni libertate donamus, eidemque ecclesiæ omnem possessionem quæ est infra murum, quæ dicitur *Bruell*, cum areis, ædificiis, agris, silvis, pratis, pascuis, aquis aquarumque decursibus, exitibus, reditibus, viis et inviis, seu cum omni utilitate quæ ullatenus vel nominari vel scribi posset, tradimus. . . . .

Anno Incarnationis Domini millesimo decimo octavo, indictione prima, regni nostri decimo septimo, imperii autem quinto.

Actum Aquisgrani feliciter. Amen.

CIII.

S. *Henricus imperator possessiones abbatiæ Sancti Gisleni in Hannonia confirmat. Gerardo I, Cameracensi episcopo, et Roginero IV, Hannoniæ comite, postulantibus.*

(Anno 1018.)

[Miræus *ubi supra*, 508.]

In nomine sanctæ et individuæ Trinitatis, Henricus (176) divina favente clementia Romanorum imperator Augustus.

Ubicunque locorum ecclesias a Christi fidelibus constitutas si vel aliquid addendo vel addito juvamus confirmando, nobis id regnique nostri stabilitati prodesse non dubitamus.

Quapropter noverit omnium fidelium nostrorum universitas qualiter nos, pro remedio animæ nostræ, seniorisque et nepotis nostri, tertii videlicet Ottonis imperatoris Augusti, qui ipsum venerabilem locum, ad Dei servitium ibi confirmandum, in tuitionem suæ imperatoriæ auctoritatis suscepit: interventu etiam Reinharii comitis, ac petitione *Gerardi* Cameracensis Ecclesiæ venerandi præsulis, pauperi monasterio, in honore S. Petri apostolorum principis constructo, ubi pretiosus confessor Christi Gislenus corporaliter jacere videtur, prædia a Christi fidelibus concessa, vel adhuc concedenda, præcinctum etiam loci ipsius in gyro, a flumine videlicet Wamy usque ad viam ubi magna crux statuta est, et inde ad alterum fluviolum qui *Aneton* appellatur, et ut ipsum præcinctum in circuitu loci totum cum districto et comitatu teneat, quo usque ad flumen magnum *Haynam* perveniat.

In villa *Hornud*, quæ infra præcinctum eumdem esse dignoscitur, quam largitione Dagoberti regis beatus Gislenus perpetuo possidet, omni quarta feria mercatum esse, per hanc nostram imperialem paginam confirmamus, nec non etiam villæ Alemannis duas partes, quæ sita est in territorio Suessionico. . . . . Hanc *Alemannis* ex donatione Clephontis ejusdem loci abbatis, qui fuit propinquus Caroli regis, ab antiquo possidet hæreditario jure idem sanctus. In *Durno* ecclesiam unam, in Lismonte ecclesiam unam. . . . .

Hæc ergo omnia, more antecessorum nostrorum, in nostram tuitionem accipimus. Præcipiendo itaque præcipimus ut nullus dux, marchio, comes, sive aliqua major minorve judiciaria persona ipsum monasterium inquietare, aut aliquibus de rebus sibi pertinentibus auferre præsumat. Et ut nostra ingenuitatis auctoritas stabilis et inconvulsa omni post hinc permaneat tempore, hoc præceptum inde conscriptum manu propria confirmavimus, et sigilli nostri impressione præcipimus insigniri.

Signum domini Henrici Romanorum invictissimi imperatoris Augusti.

Guntherius cancellarius, vice Ercanboldi archicapellani, recognovi.

Data indictione prima, anno Dominicæ incarnationis millesimo decimo octavo, anno vero domini Henrici secundi regnantis XVI, imperii autem V.

Actum Noviomago feliciter. Amen, amen, amen.

CIV.

Imp. Henricus donat locum Berga, qui olim ad veterem capellam spectabat, Ecclesiæ Babenbergensi.

(Anno 1019, 10 Maii.)

[Ried, *Cod. episc. Ratisbon.*, I, 133.]

In nomine sanctæ et individuæ Trinitatis, Henricus gratia Dei Romanorum imperator Augustus.

Gloria præsens fugitiva et inanis est, dum possidetur, nisi aliquid in ea de cœlesti æternitate cogitetur. Sed Dei miseratio humano generi utile providit remedium, quando partem cœlestis patriæ terrenæ substantiæ fecit esse pretium. Hujus ergo nos clementiæ memores quendam hæreditatis nostræ locum Babenbergen dictum auctoritate apostolica firmatum, nec non dilectæ contectalis nostræ Chunigundæ, et venerabilis Heinrici Wirciburgensis episcopi, ac omnium fidelium nostrorum, episcoporum, abbatum, totiusque regni nostri principum concordi devotione collaudatum, in culmen et sedem episcopatus proveximus, ad honorem videlicet omnipotentis Dei, et beatæ Mariæ semper virginis, sanctorumque apostolorum Petri et Pauli, nec non sanctorum martyrum Kiliani atque Georgii, et omnium sanctorum pia veneratione fundavimus, ut inibi tam pro antecessoris nostri, tertii videlicet Ottonis imperatoris, quam pro omnium fidelium vivorum at-

---

conjux et virgo, anno 1040, ad meliorem vitam transiit, Bambergæ condita in Benedictinarum cœnobio a se condito. De utroque, ut de S. Adelberto in martyrologii Rom. fastis legitur: Festum S. Cunegundis colit Ecclesia die 3 Martii; S. Henrici die 15 Julii; et S. Adelberti 25 Junii.

(176) Henricus, re et cognomento sanctus, anno 972 Abudiaci (qui vicus est et castrum supra Ratisponam, millia passuum decem, ad ripam Danubii) natus est, patre Henrico Rixoso Bavariæ duce, matre Gisala Conradi Burgundiæ regis filia, avo Henrico Bavariæ itidem duce, Ottonis I imperatoris fratre, ut Hermannus contractus illorum temporum scriptor, itemque genealogiæ S. Arnulfi concinnator diserte tradunt. Quod hic notandum duxi, contra Raderum in sua Bavaria sancta aliter sentientem. Henricus porro, Ottonis I imperatoris frater, duxit Jutam seu Juditham Arnoldi Mali Bavariæ ducis filiam: ex qua natus Henricus Rixosus, qui ex Gisala jam nominata genuit S. Henricum, Brunonem episcopum Augustanum, Gisalam S. Stephani regis Hungariæ uxorem, et Brigittam abbatissam.

que defunctorum memoria jugiter hostia mactaretur salutaris. Preinde noverit omnium Dei nostrique fidelium tam præsens ætas quam successura posteritas qualiter nos, pro Dei amore nostræque salutis acquisitione, præfatæ sedi, tot venerabilium virorum attestatione fundatæ, quendam nostri juris locum Berga dictum, in pago Tuonocgowe dicto, et in comitatu Adalberti comitis situm, qui a quibusdam abbatia nuncupatur, hac imperiali et præceptali pagina, sive abbatia sive alio quolibet modo prædium sit, cum omnibus rebus ibidem pertinentibus, mobilibus vel immobilibus, cultis vel incultis, et cunctis, quæ ullo modo scribi aut nominari possunt, utilitatibus, prout firmius possumus, concedimus, donamus et proprietamus, omnium contradictione remota. Præcipimus igitur ut nobis in Deo dilectus Eberhardus, ejusdem sedis primus episcopus, ejusque successores liberam dehinc habeant potestatem de prædicta seu abbatia seu, prædio tenendi, possidendi, commutandi, seu, quicquid sibi libet, modis omnibus in usum Episcopatus faciendi. Ut autem hæc nostræ ingenuitatis traditio stabilis et inconvulsa permaneat nunc et in futurum, hanc paginam inde conscriptam manu propria roborantes, sigilli nostri impressione insigniri jussimus.

Signum domini Heinrici invictissimi imperatoris Augusti. (Monogramma.)

Guntherius cancellarius vice Erchanbaldi archicapellani recognovi.

Data vi Idus Maii, anno Dominicæ incarnationis 1019, indict. ii, anno vero domni Henrici secundi regn. xvii, imperii autem v.

Actum Altsteti feliciter.

Cum sigillo intus impresso.

CV.

S. Henrici diploma, quo monasterio Tegernseensi duos regales mansos, in Liupana seu Leuben sitos, condonat.

(Anno 1019.)

[Pez, *Codex diplom.-hist.-epist.; ex bibl. Tegerns.*]

In nomine sanctæ et individuæ Trinitatis, Hennicus Dei gratia Romanorum imperator Augustus.

Si dignis nostrorum fidelium petitionibus assensum præbere decreverimus, his scilicet qui, pro statu regni omniumque Ecclesiarum Dei et pro nostræ animæ remedio atque nostrorum parentum nostram adeuntes clementiam, deprecantur quatenus ecclesias monasteriorum Dei sublimare, exaltare atque ditare studeamus, non solum nos ab ipso retributionem accepturos speramus, sed etiam statum regni sublimari putamus.

Proinde cunctorum sanctæ Dei Ecclesiæ nostrorumque fidelium recognoscat auctoritas, qualiter per interventum ac petitionem *Chunegundæ*, nostræ dilectissimæ conjugis et imperatricis, atque *Gotehardi* nostri dilecti abbatis, monasterio *S. Quirini*, quod situm est in loco qui nominatur *Tegernsee*, duos regales mansos, sitos in loco qui dicitur *Liupana*, inter duos lapides *Watstein* et *Hollinstein*, donamus et proprio jure concedimus, cum ædificiis, cultis et incultis, pratis, pascuis, silvis, viis et inviis, exitibus et reditibus, aquis aquarumve cursibus, piscationibus, quæsitis et inquirendis: quatenus ejusdem prædicti monasterii abbas ad utilitatem ibidem Deo servientium liberam habeat potestatem commutandi atque ordinandi, omni contradictione remota.

Si quis igitur hanc nostri præcepti paginam violare vel spernere præsumpserit, sciat se redditurum rationem Omnipotenti Deo in die judicii, et nostri gratiam in præsenti sæculo nunquam consecuturum. Et ut hæc verius credantur, diligentiusque ab omnibus observentur, manu propria corroborantes, sigilli nostri impressione jussimus insigniri.

Signum domini Henrici Romanorum imperatoris Augusti invictissimi et serenissimi.

Guntherius cancellarius ad vicem Erchenbaldi archiepiscopi et archicapellani recognovi.

Datum anno Dominicæ incarnationis 1019, indict. ii, v Idus Januarii, anno vero domini Henrici regnantis xvii, imperii vero ejus v.

Actum *Chuofunge* feliciter. Amen.

CVI.

Privilegium imperatoris Heinrici pro duobus mansis sitis juxta Liupana.

(Anno 1019.)

[Ludewig, *Script. rer. Germ.*, 336]

In nomine sanctæ et individuæ Trinitatis, Heinricus Dei gratia Romanorum imperator Augustus.

Si dignis nostrorum fidelium petitionibus assensum præbere decreverimus, his scilicet qui, pro statu regni omniumque Ecclesiarum Dei et pro nostræ animæ remedio atque nostrorum parentum nostram adeuntes clementiam, deprecantur quatenus ecclesias monasteriorum Dei sublimare, exaltare atque ditare studeamus; non solum nos ab ipso retributionem accepturos speramus, sed etiam statum regni sublimari putamus. Proinde cunctorum sanctæ Dei Ecclesiæ nostrorumque fidelium recognoscat industria, qualiter, per interventum ac petitionem *Chunigundæ* nostræ dilectissimæ conjugis et imperatricis, atque *Godehardi* nostri dilecti abbatis, monasterio *sancti* Quirini, quod situm est in loco qui nominatur *Tegrinse*, duos regales mansos, sitos in loco qui dicitur *Liupana*, inter duos lapides *Watstein* et *Holinstein*, donamus et proprio jure concedimus, cum ædificiis, cultis et incultis, pratis, pascuis, silvis, viis et inviis, exitibus et reditibus, aquis aquarumve decursibus, piscationibus, quæsitis et inquirendis: quatenus ejusdem prædicti monasterii abbas ad utilitatem ibidem Deo servientium liberam habeat potestatem commutandi atque ordinandi, omni contradictione remota. Siquis igitur hanc nostri præcepti paginam violare vel spernere præsumpserit, sciat se redditurum rationem omnipotenti Deo in die judicii et nostri gratiam in præsenti sæculo nunquam consecuturum. Et ut hæc verius credantur, diligentiusque ab omnibus observentur, manu propria corroborantes, sigilli nostri impressione jussimus insigniri.

Guntherius cancellarius, ad vicem Erchanbaldi archiepiscopi et archicapellani recognovi.

Datum anno Dominicæ incarnationis 1019, indict. II, v Id. Jan., anno vero Domini Heinrici regnantis XVII, imperii vero ejus V.

Actum Chuofunge feliciter. Amen.

CVII.
S. Henrici privilegium pro Ecclesia Mimigardefordensi.

(Anno 1019.)

[*Cod. diplom. Hist. Westph.*, p. 77.]

In nomine sanctæ et individuæ Trinitatis, Heinricus divina favente clementia Romanorum imperator Augustus.

Ubi ecclesiarum venerabilia loca a nostris prædecessoribus nobiliter adaucta, ut in suo vigore persistant, nostra auctoritate sancimus, ab omnipotente Deo, quem in suis sanctis honoramus, æternæ retributionis præmium recipere fideliter et veraciter speramus. Quocirca sanctæ Dei ecclesiæ omniumque fidelium nostrorum præsentium videlicet et futurorum universitati volumus pateat qualiter Thiedericus, sanctæ Mimigardevordensis ecclesiæ venerabilis episcopus, nostræ celsitudinis adiit clementiam, petens ut suæ ecclesiæ per nostri præcepti paginam concederemus et confirmaremus unam abbatiam Liesbern nominatam, quam antea præfata Mimigardevordensis ecclesia habere videbatur etsi sine scripto, sitam in pago Dreni ac in comitatu Herimanni comitis. Cujus peticionibus ut justum est annuentes, interventu etiam ac petitione Cunigundæ imperatricis Augustæ nostræque contectalis dilectissimæ, aliorumque fidelium nostrorum qui inibi præsentes fuerunt, Everhardi Bavenbergensis et Meinwerki Podilbrunnensis, Adalboldi Trajectensis episcoporum, ducisque Godefridi; per hanc nostri præcepti paginam, prælibatæ sedi episcopali sibique suisque successoribus in perpetuum confirmamus et corroboramus, ut in præscripto loco Liesbern dicto nostra imperiali auctoritate dehinc liberam habeant facultatem servitium Dei ordinandi penes divinum amorem atque timorem. Præter hæc etiam de advocatis in prædicto loco episcopis liceat agere et ordinare secundum eorum voluntatem advocationem in ipsorum militia, juxta quod illis melius visum fuerit ad utilitatem ecclesiæ prætitulatæ. Et ut hæc nostræ præceptionis auctoritas omni tempore stabilis et inconvulsa permaneat, hanc paginam manu propria confirmantes, sigilli nostri impressione jussimus insigniri.

Signum domni Heinrici serenissimi (L. M.) et invictissimi imperatoris Augusti.

Guntarius cancellarius vice Archenbaldi archiepiscopi et archicapellani recognovit.

Datum anno Dominicæ incarnationis 1019, indictione II, anno domni Heinrici regnantis XVIII, imperii vero ejus VI, XVII Kal. Aprilis.

Actum Goslariæ feliciter.

CVIII.
S. Henricus Ecclesiæ Paderbornensi abbatiam Sceldice donat.

(Anno eodem.)

[*Idid.*, p. 78.]

C. In nomine sanctæ et individuæ Trinitatis, Heinricus Dei gratia Romanorum imperator Augustus.

Quoniam prædecessores nostros reges vel imperatores operatos esse in summo capite quod est Christus non ignoramus, quos scimus in ejus membris per fidem operatos haberi, augmentando ecclesias Deo vel sanctis sacratas, et pro ea ipsa re æternæ recompensationis præmia adeptos fore, non secus si sanctam Dei Ecclesiam ad honorem sanctorum suorum crescere et multiplicare donis vel augmentis studuerimus, perpetuæ remunerationis exsultationem nos nancisci speramus. Quapropter universali Ecclesiæ præsenti videlicet et futuræ manifestum esse optando desideramus qualiter Meginwerchus Paterbrunnensis episcopus, nostræ imperiali excellentiæ dilectissimus, sublimitatem nostram convenit, postulans ecclesiæ suæ unam abbatiam Sceldice vocatam dari, cujus continuis petitionibus non immerito faventes, interventu Chunigundæ imperatricis nostræ videlicet dilectissimæ conjugis, episcoporum quoque Geronis, Unuani, Arnoldi, Dietrici, Hiltiwardi et Erici, optimatumque nostri regni, Pernhardi ducis, Sigifridi comitis, Herimanni et Eggihardi consilii ventilatione, supradictam abbatiam sitam in pago Wessaga et in comitatu Friderici comitis sibi nec non suæ ecclesiæ Paterbrunnensi suisque successoribus omni concedimus jure deinceps possidendam. Ut vero hæc præcepti pagina stabilis et inconvulsa futuris vel præsentibus temporibus permanere valeat, propria manus cautione firmamus, et nostri sigilli impressione ratam ducentes signari jussimus.

Signum domni Heinrici serenissimi (L. M.) et invictissimi imperatoris.

Guntherius cancellarius vice Erchanbaldi archicapellani recognovit.

Datum anno Dominicæ incarnationis 1018, indictione II, anno domni Heinrici regnantis XVII, imperii vero ejus VI, XIII. Kal. Apr.

Actum ad Gosilare feliciter. Amen.

CIX.
Item quamdam nostræ proprietatis forestim.

(Anno 1019.)

[*Cod. diplom. Hist. Westph.*, p. 78.]

C. In nomine sanctæ et individuæ Trinitatis, Heinricus divina favente clementia Romanorum imperator Augustus.

Ubicunque sancta Dei loca bonis nobis a Deo donatis extollimus, non solum vitæ nostræ longanimitatem, verum etiam regni nos prosperitatem augere speramus. Quapropter noverit omnium Christi nostrorumque fidelium universitas qualiter nos, pro remedio animæ nostræ antecessorumque nostrorum, nec non pro salute dilectæ conjugis nostræ, Cunigundæ imperatricis videlicet augustæ, atque per interventum Geronis Magedeburgensis archiepiscopi, Dotichonisque comitis, quandam nostræ proprietatis forestim in comitatu ejusdem Dotichonis sitam; quæ, terminum juxta fluviolum Fulda nominatum sumens, prope Reginhereshuson et Utenhuson atque Biberbach et Rotbrehteshuson, in quoddam flumen Wisera vocatum usque protenditur; inde sursum directa, quandam villam nomine Gimundin attingit; abinde, circulum prosecuta, iterum in Fuldam, et sic sursum usque jam prædictam villam scilicet Reginhereshuson pergiratur, sanctæ Paderbrunnensi ecclesiæ, cui venerabilis et nobis dilectus præsul Meinwercus præesse videtur, ad altare et reliquias sanctæ Dei genitricis Mariæ, sanctique martyris et episcopi Kiliani et sancti Liborii confessoris, cum omni utilitate quæ ab eadem provenire ullatenus possit, firmiter et perpetuo habendam tradimus atque concedimus. Et ut hæc nostra auctoritas stabilis et inconvulsa permaneat, eam manu propria roborantes, sigilli nostri impressione jussimus insigniri.

Signum domni Heinrici Romanorum (L. M.) invictissimi imperatoris Augusti.

Guntherius cancellarius vice Erchembaldi archiepiscopi ac archicappellani recognovit.

Anno Dominicæ incarnationis 1018, indictione ii, anno vero domni Heinrici Romanorum imperatoris Augusti secundi regnantis XVIII, imperii autem VI.

Actum XVIII. Kal. Januarii Mulinhuson feliciter. Amen.

CX.

S. Henricus imperator monasterio Farfensi S. Mariæ res noviter ab ipsis monachis acquisitas, quarum nomina recensentur, suo diplomate confirmat.

(Anno 1019.)

[Muratori, *Rer. Ital. Script.* II, II, 513.]

Henricus divina clementia imperator Romanorum Augustus.

Notum sit omnibus fidelibus sanctæ Dei Ecclesiæ, et omnium nostrorum, fidelium præsentium seu futurorum, noverit universitas qualiter Hugo, monasterii quod dicitur Pharpha, venerandæ genitricis ac virginis Dei Mariæ, venerabilis abbas, nostram adiens clementiam, deprecatus est quatenus ipsius effusis precibus nostræ pietatis accomodaremus aures, scilicet ut res noviter, Deo favente, acquisitas, seu a pravorum hominum ditione excussas, nostra imperiali ac præceptali pagina confirmaremus. Nos vero quia cunctis justa poscentibus præbere debemus assensum, nostræ tuitionis præcepto nominatas et subscriptas sancto confirmamus monasterio. Res itaque, quas Ginizo filius Hildeprandi comitis contulit eidem monasterio, sicut in chartula donationis illius continetur, quæ sunt in comitatu Firmano sit (sic), simulque addidimus pro redemptione animæ nostræ ex nostra largitate eidem sancto loco districtum monasterii Spazzaai cum omnibus perti-

nentiis, et cum campo Arsicio, quod prædium Ginizo hactenus tenuit; ut, quemadmodum ille dominam nostram sanctam Mariam constituit hæredem de proprio, ita et nos facimus de nostro ministeriolo publico, ne forte, si alicui sæculari concederemus illud, ea occasione prædictas invaderent res. Et in prædicto comitatu novæ Casæ castellum, quod sibi contulit Atto filius Aderadi, cum suis pertinentiis, veluti in charta concessionis illius leguntur; et in alio loco ipsius comitatus castellum de Anganello, vel alia loca quæ ibi condonavit Alkerius comes, quatenus in sua charta referunt, vel aliæ res quæ moderno tempore in ipso comitatu acquisitæ sunt. In comitatu Sabinensi, in loco Ortella, et res quas contulit ibi Joannes presbyter cum suis consortibus. Et quas Octavianus cum Rogata conjuge sua in jam dicto comitatu sæpedicto monasterio obtulit, ut in sua concessione habetur. Et quas Leo filius Rezonis condonavit in Mojano. Insuper et imperiali præceptione jubemus sub omni contestatione, ut omnia scripta quæ Gratianus, invasor rerum ecclesiæ sanctæ Mariæ de Minione, quod pertinet ad præfatum monasterium, fecit, confringantur et annullentur, et ad ipsum monasterium redeant sine obligatione.

In comitatu quoque Balbensi ecclesias sancti Peregrini et sanctæ Mariæ, cum pertinentiis earum, in quibus comes Oderisius noviter monachos locavit, quæ antiquitus ipsius monasterii fuerunt, et modo reacquisitæ sunt, quas fideles Christi inibi contulerunt; seu quas prædictus quomodolibet recuperavit. Item in comitatu Sabinensi castellum de Tribuco, et alterum de Bucciniano cum suis pertinentiis, quemadmodum domnus Benedictus summus Romanus pontifex nosterque spiritualis pater nostro rogatu eidem monasterio restituit. Simili modo illa loca quæ prædictus papa per pontificale præceptum pro animæ suæ remedio contulit, quæ sunt in Assa de supradicto Bucciniano cum suis omnibus pertinentiis, de ecclesia quoque sanctæ Mariæ sita in fundo Massæ de Vestiario, cum prædiis illis quæ in ipso continentur præcepto. Nec non ecclesiam sancti Sebastiani in Collina de Flagiano, cum terris et vineis, sicut ipse præsul universalis aliique sanctæ Dei genitrici per chartulas concesserunt. Pari modo monasterium sancti Laurentii in finibus Campanis, ubi dicitur Mac..., quod idem venerabilis pater sub dicto loco obtulit. Et in comitatu Sabinensi terra (sic), Ortella Joannis presbyteri cum ecclesiis, olivetis atque vinetis. In comitatu Reatino terra (sic), quam Transaricus sanctæ Mariæ largitus est. In suburbanis Tiburtinæ civitatis monasterium sancti Adriani cum omnibus suis pertinentiis. In comitatu Firmano, res Ottonis filii Anderadi cum ecclesia, Domini Salvatoris, et res quas Adelmodus filius Hildemodis, et quæcunque ab aliquibus eidem sanctæ Mariæ in Pharpha data sunt. In civitate Ortana monasterium sancti Theodori cum ecclesiis et omnibus pertinentiis suis, monasterium sanctæ Mariæ de Minione cum omnibus suis pertinentiis, quod beatæ memoriæ senior noster Otto ibi restituit. In Assisio duæ ecclesiæ (sic), quæ super terram ipsius monasterii positæ sunt. In Summati ecclesia (sic) sancti Silvestri, et curtes de flumine et de monasteriolo et Porscia. In comitatu Balbensi monasterium sancti Peregrini cum omnibus suis pertinentiis. Hæc igitur omnia, et quæcunque nostri prædecessores reges vel imperatores eidem ecclesiæ beatæ Mariæ de Pharpha contulerunt, nos per hanc paginam confirmamus, etc.

Piligrinus cancellarius in vicem Eberhardi Bambergensis episcopi et archicapellani recognovi.

Data anno Dominicæ incarnationis 1019, anno domni Henrici regnantis XVII, imperii vero 6, indict. II, loco Menesburgh, v Idus Aprilis.

CXI.
S. Henricus Godehardo abbati Altahensi prædia quædam confert.

(Anno 1019.)

[Ludewig, *Script. rer. Germ.*, p. 337-58.]

In nomine sanctæ et individuæ Trinitatis, HENRIcus, divina clementia favente, Romanorum imperator Augustus.

Si quid Ecclesias Dei vel in eisdem servientes de nostris ditare studuerimus, procul dubio immarcessibilem præmium in futuro capessere credimus. Qua de re cunctis, fidelibus nostris præsentibus scilicet et futuris notum esse volumus qualiter nos, æternæ vitæ desiderio inflammati, tam pro remedio animæ nostræ quam parentum nostrorum, nec non et interventu dilectæ contectalis nostræ Chunigundæ, et pro dilecti Altahensis abbatis Godehardi gratissimo obsequio, eidem Ecclesiæ cui ipse præesse videtur, in usum monachorum inibi Deo famulantium, in marcha et comitatu Adalberti marchionis, decem regales mansos inter hos terminos sitos, ab occidentali videlicet plaga super villam quæ Abstorf nuncupatur, de medio Danubis alveo usque in rivulum qui vocatur Smidaha, longitudine ad orientalem plagam, longitudine vero contra Wagrein vergente in locis probabilibus usuique semper aptis. Insuper etiam parvulam insulam in Danubio, contra eamdem villam jacentem, per hanc nostri præcepti paginam concedimus atque largimur, cum omnibus appendiciis ad eosdem pertinentibus, arcis, ædificiis, terris cultis et incultis, pratis, pascuis et compascuis, viis et inviis, aquis, aquarumve decursibus, molendinis, piscationibus, venationibus silvis exstirpatis vel adhuc exstirpandis, seu cum omnibus quæ dici vel nominari possunt utensilibus, et de nostro imperiali jure in ejus jus ac dominium omnino transfundimus, ea quippe ratione ut prædictus abbas suique successores exinde liberam habeant potestatem tenendi, commutandi, vel quicquid eis in usum prædictorum fratrum agere libuerit. Et ut hæc nostræ donationis auctoritas omnium hominum contradictione remota, stabilis et firma constet, hanc chartam ex nostra jussione conscriptam ac signatam, manu propria subtus firmavimus.

Data VII Idus Aprilis, indict. II, anno Dominicæ incarnationis 1019, anno vero domini Henrici secundi regnantis XVII, imperii anno VI.

Actum Merseburg feliciter. Amen.

CXII.
Concessio Henrici II imperatoris de moneta et mercatu.

(Anno 1019, 1 Julii.)

[Dronke, *Cod. diplom. Fuld.*, p. 346.]

In nomine sanctæ et individuæ Trinitatis, HEINricus divina favente clementia Romanorum imperator Augustus.

Venerabilia divinæ religionis cœnobia munificentiæ nostræ donis exaltare, ac servorum dei utilitates misericorditer adtendere nobis æternæ remunerationis spe necessarium esse ducimus. Proinde omnibus Christi nostrique fidelibus notum esse volumus qualiter nos, per interventum dilectæ conjugis nostræ Chunigundæ imperatricis Augustæ, in loco qui Fulda dicitur, ubi monasterium sub regula monachica in honore sanctæ Dei genitricis Mariæ ac beati Bonefacii martiris in pago Pochonia constructum est, cui etiam venerabilem ac religiosum virum Richardum præfecimus, legitimam monetam ac publicum mercatum concedimus ac statuimus, omnibusque quibus placet vendendi et emendi facultatem et potestatem tribuimus, omnium hominum contradictione et inquietudine remota. Theloneum etiam ac districtum omniaque de eodem mercatu et moneta nos ex regali et imperiali jure respicientia prænominatæ Fuldensi ecclesiæ per hanc imperialem paginam in proprium donamus et largimur; ea scilicet ratione ut prædictus Richardus abbas suique successores liberam exinde habeant potestatem quidquid eis placuerit faciendi ad utilitatem tantummodo fratrum et Ecclesiæ ibidem sub regula sancti Benedicti Deo servientium. Et ut hæc nostræ concessionis ac donationis auctoritas stabilis et inconvulsa omni permaneat ævo, hoc præceptum inde conscriptum sigilli nostri impressione jussimus insigniri.

Signum domni Heinrici invictissimi Romanorum imperatoris et Augusti.

Guntherius cancellarius ad vicem Erkembaldi archicapellani recognovi.

Data Kal. Jul., anno Dominicæ incarnationis 1014, anno vero domni Heinrici Romanorum imper. Aug. regnantis XVIII, imperii vero VI.

Actum Coloniæ feliciter. Amen.

CXIII.
S. Heinricus Ecclesiæ Paderbornensi curtem Hammonstedi donat.

(Anno 1020.)

[*Cod. diplom. Hist. Westph.*, p. 79.]

C. In nomine sanctæ et individuæ Trinitatis, HEINRICUS, divina favente clementia, Romanorum imperator Augustus.

Saluberrimis sacri eloquii institutionibus erudinitur, exemplisque religiosorum excellentissimis A Deo donatis ditando extollimus, non solum vitæ admonemur ut, temporalia et terrena pro D. i amore donantes commoda, æterna et sine fine manentia studeamus adipisci bona. Quapropter noverint omnes Christi fideles præsentes scilicet atque futuri qualiter nos, per interventum spiritalis patris nostri domni videlicet papæ Benedicti, dilectissimæque conjugis nostræ Chunigundæ, nec non venerabilis Mogontinensis ecclesiæ archiepiscopi Erchanbaldi, dilectissimique nostri Babenbergensis episcopi Eberhardi, Frisingensis quoque episcopi Egilberti, maximeque ob juge et indefessum servicium venerandi Meginwerchi episcopi, ut ille nullius æmuli obprobriis subjaceat, quin plus omnibus nobis serviens, præmia honoresque plures a nobis accipiat, exemplisque nostri emolumenti, alios ad nostrum B fidele provocet servicium, ad Paderburnensem ecclesiam in honore sanctæ Dei genitricis Mariæ sanctique Kiliani martyris, nec non sancti Liborii confessoris constructæ, cui prædictus venerabilis Mechinwerchus episcopus præesse dinoscitur, quandam nostri juris curtem Hammonstedi dictam, in pago Rittega et in comitatu Utonis comitis sitam, una cum omnibus ejus pertinentiis sive adhærentiis, in quocunque pago vel comitatu sita sint, videlicet cum vicis, villis, ecclesiis, servis et ancillis, areis, ædificiis, terris cultis et incultis, viis, inviis, exitibus et reditibus, quæsitis et inquirendis, silvis, forestibus, venationibus, aquis, piscationibus, molis, molendinis, rebus mobilibus et immobilibus, ac cæteris omnibus quæ rite scribi vel quoquolibet C modo dici possunt utilitatibus, hac nostræ auctoritatis imperiali pagina donamus ac omnium contradictione remota proprietamus, præcipientes ut in Deo dilectus nobis sæpe dictus M. episcopus liberam dehinc habeat potestatem, suique successores, eandem curtem Hammonstedi cum omnibus appendiciis suis tenendi, possidendi, seu quicquid sibi ex libeat in usum episcopatus faciendi. Et ut hæc traditio nostra ab omnibus incorrupta permaneat, hanc chartam inde conscriptam manu propria confirmantes, sigilli nostri impressione insigniri jussimus.

Signum domni Heinrici Romanorum (L. M.) imperatoris Augusti.

Guntherius cancellarius ad vicem Erchanbaldi D archicapellani recognovi.

Data IX. Kal. Maii, in festivitate sancti Georgii martyris, indictione III, anno Dominicæ incarnationis 1020, anno vero domni Heinrici secundi regnantis XIX, imperii autem VII. Actum Babenberc.

CXIV.

Item « quamdam nostræ proprietatis forestim. »

(Anno eodem.)

[*Ibid.*, p. 80.]

C. In nomine sanctæ et individuæ Trinitatis, Heinricus divina favente clementia Romanorum imperator Augustus.

Si sanctarum Dei ecclesiarum loca bonis nobis a Deo donatis ditando extollimus, non solum vitæ nostræ longanimitatem, verum etiam regni nos prosperitatem augere speramus. Quapropter noverit omnium sanctæ Dei ecclesiæ fidelium nostrorumque universitas præsentium scilicet ac futurorum qualiter nos, pro animæ nostræ remedio nostrorumque antecessorum, nec non et pro salute dilectæ conjugis nostræ Cunigundæ imperatricis videlicet augustæ, atque per interventum Geronis Magedeburgensis archiepiscopi Dutichonisque comitis, quandam nostræ proprietatis forestim in comitatu ejusdem Dutichonis sitam, quæ inicium sumit de Rothalmiugahusun, rectoque tramite protenditur in Vuisaram fluvium, sicque ascensum ducit in fluvium Fulda dictum, inde vero continuatim servat sui ascensus B tenorem juxta eundem fluvium Fulde usque in rivum qui dicitur Grumelbichi, nec non ad oppidum quod Holthusun vocatur viam tendit, simul graditur in Othilanham et in Rechinherishusun atque ad Rothiereshusun, mox pergit ad Rikillahusun atque ad Beverbiki, sicque protenditur in viam quæ tendit ad Vulfredeskirchun, itemque in alteram viam quæ extenditur ad Gunnesburin et ad Vuicmonneshusun, sicque girando circuit quandam viam quæ pervenit usque ad prædictum oppidum Rothalmingahusun, sanctæ Paderbrunnensi ecclesiæ, cui venerabilis nobisque dilectus præsul Meinwerchus præesse videtur, ad altare et reliquias sanctæ Dei genitricis Mariæ sanctique martyris et episcopi Kiliani ac sancti Liborii confessoris, cum omni utilitate quæ ab C eadem ullatenus provenire possit, firmiter et perpetuo habendam tradimus atque concedimus, ac de nostro jure et dominio in ejusdem sanctæ Paderbrunnensis ecclesiæ jus et dominium transfundimus et delegamus; eo videlicet ordine ut nullus episcopum jam dictæ ecclesiæ ejusque successores de prædicta foresti disvestire vel inquietare præsumat. Et ut hæc nostræ auctoritatis pagina stabilis et inconvulsa permaneat, eam manu propria roborantes, sigilli nostri impressione insigniri jussimus.

Signum domni Heinrici serenissimi et invictissimi Romanorum imperatoris Augusti (L. M.).

Guntarius cancellarius vice Ercumbaldi archiepiscopi et archicancellarii recognovit.

Anno Dominicæ incarnationis 1020, indictione III, D anno vero domni Heinrici imperatoris Augusti secundi regnantis XVIII, imperii autem VII.

Actum XI. Kal. Junii Chuofunga feliciter. Amen.

CXV.

Præceptum Henrici imperatoris pro abbatia Pratalíæ.

(Anno 1020, III Kal. Decembris.)

[*Annal. Camaldul*, I.]

In nomine sanctæ et individuæ Trinitatis, Henricus, divina favente clementia, Romanorum imperator Augustus.

Si locis Domino sanctisque ejus dicatis bona nostra damus, et ab antecessoribus nostris data confirmamus, in æternum animæ nostræ profuturum non dubitamus. Quapropter notum esse volumus omnibus fidelibus nostris, praesentibus scilicet atque futuris, qualiter, interventu Theuzonis monachi nostri fidelis, pro remedio animae nostrae largimur atque concedimus, prout juste atque legaliter possumus, monasterio Sanctae Mariae et Sancti Benedicti, quod ut [est] situm Alpibus, qui dicuntur Pratalia, juxta rivum nomine Bidentem, ad radicem montis, nomine Acuti, qui dividit Thusciam et Romaniam, quosdam mansos de jure nostri regni, mansum videlicet unum, qui vulgo dicitur Nibli de Soci, et aliam quem tenet filius presbyteri Alprandi de Soci, et Leo de Soci, et piscariam et Barricule de Soci, quem Hugo marchio per libellum dederat praedicto monasterio; alterum vero mansum, qui dicitur Theuzonis Brussati, quem idem marchio similiter dedit; mansum quoque de sexta, unde marchio libellum fecit Winizoni Castaldo; item mansum de Ventrina, quem Leoni marchio per libellum dederat cum tribus mansis de Caprena, mansum etiam de Linaro, unum libellum habuit Bonizo; mansum quoque de Tejano, quem Winizo habet, per libellum, cum parte illius vineae de regni nostri jure ac dominio donamus atque transfundimus in jus atque dominium praedicti monasterii de Pratalia sanctae Mariae et sancti Benedicti, ac Bidentem, in perpetuum, cum omnibus eorum pertinentiis, quae dici vel nominari possunt, cum terris, campis, casis, vineis, pratis, pascuis, silvis, aquis aquarumque decursibus, et omnibus rebus mobilibus et immobilibus; tali tenore ut praedictus Teuzo rector ipsius monasterii suique successores abbates inde potestatem habeant ad utilitatem ipsius monasterii faciendi quidquid lex praecipiat. Praecipientes itaque jubemus ut nullus dux, marchio, comes, vicecomes, episcopus, castaldus, vel aliqua nostri regni magna vel parva persona, praedicti monasterii rectorem vel suos successores abbates, de omnibus quae supra scripta sunt, divertire seu inquietare sine legali judicio praesumat. Si quis igitur hujus nostri praecepti violator exstiterit, sciat se compositurum auri optimi libras centum, medietatem camerae nostrae, et medietatem praefato monasterio. Quod ut verius credatur, et diligentius ab omnibus in aeternum observetur, hanc nostrae donationis paginam manu propria confirmantes sigilli nostri impressione jussimus insigniri.

Signum domni Henrici Romanorum invictissimi imperatoris Augusti.

Piligrinus cancellarius vice Egerardi episcopi et archicancellarii recognovit

Data tertio Kal. Novembris, indictione tertia, anno Dominicae incarnationis 1021, anno autem domni Henrici secundi regnantis XVIII, imperii ejus VII.

Actum Amersten.

CXVI.
Praeceptum domni Henrici imperatoris Augusti, quo praedium Butenhart Hilderado abbati Prumiensis monasterii concedit.

(Anno 1020.)

[Marten., *Ampliss. Collect.* I, 380, ex chartario Prumiensi.]

In nomine sanctae et individuae Trinitatis, HENRICUS, divina favente clementia, imperator Augustus.

Si nostrae liberalitatis munere locis Deo dicatis quiddam beneficii conferimus, et necessitates ecclesiasticas nostro juvamine relevamus, id nobis et ad mortalem vitam temporaliter transigendam et ad aeternam vitam feliciter obtinendam profuturum liquido credimus. Unde pateat notitiae omnium Christi fidelium, praesentium scilicet atque futurorum, qualiter nos, pro remedio animae nostrae ac dilectae conjugis nostrae Cunegundae, et per interventum Hilderadi (177) abbatis nostri dilecti, praedium nomine *Butenhart*, in pago Hulpiae, in comitatu Hezelini comitis situm, quod post obitum Epponis viri, et legis jure et lege, ad nostras regales et imperiales manus devenit, cum utriusque sexus mancipiis et omnibus utensilibus, terris, cultis et incultis, agris, pratis, campis, pascuis, silvis, aquis aquarumve decursibus, piscationibus, molendinis, viis et inviis, exitibus et reditibus, et omnibus appertinentiis, quaesitis et inquirendis, quae dici poterunt aut nominari, ad monasterium S. Salvatoris mundi, situm in loco qui dicitur Prumea, in usus fratrum Deo inibi sub regula S. Benedicti servientium, concessimus et in proprietatem donavimus, ut per omnia succedentium temporum curricula eidem monasterio absque omnium mortalium contradictione firmum atque stabile in aeternum permaneat. Et ut haec nostrae concessionis traditio omni tempore stabilis et inconvulsa permaneat, hanc imperialis praecepti paginam inde conscribi, et, manu propria confirmantes, propria sigilli nostri impressione jussimus insigniri.

Signum domni Henrici Romanorum invictissimi imperatoris Augusti.

Witharius cancellarius vice Erchanbaldi archiepiscopi recognovi.

Data X Kalendas Octobris, indictione III, anno Dominicae incarnationis 1020, anno autem domni Henrici secundi regnantis XVIII, imperii vero ejus VII.

Actum *Hamerstein* feliciter. Amen.

CXVII.
Immunitas Heinrici II imperatoris.

(Anno 1020, 3 Maii.)

[Dronke. *Cod. diplom. Fuld*, p. 547.]

In nomine sanctae et individuae Trinitatis, HEINRICUS divina favente clementia Romanorum imperator Augustus.

Constat nos, divina dispensante gratia, caeteris supereminere mortalibus : unde oportet ut, cujus

---

(177) Hilderadum ex Burgundiae comitibus originem traxisse tradunt Prumienses, atque, Henrico imperatori in primis charum, obiisse post annos regiminis octo, anno 1026.

præcellimus munere, ejus studeamus modis omnibus parere voluntati. Quapropter comperiat industria atque utilitas omnium fidelium nostrorum, præsentium scilicet et futurorum, quia vir venerabilis Richardus abba ex monasterio quod dicitur Fulda, quod est situm in pago Grapfeld, constructum in honore sancti Bonifacii martiris Christi, ubi idem gloriosus martyr corpore quiescit, adiens excellentiam culminis nostri, obtulit nobis quandam antecessorum nostrorum, Pipini videlicet, Ludewici et Chuonradi, Heinrici, necnon et Ottonis imperatoris Augusti auctoritatem, in qua continebatur qualiter idem principes clarissimi præfatum monasterium cum monachis ibidem Deo famulantibus, et cum rebus vel hominibus ad se juste pertinentibus, sub sua constituissent defensione et munitatis tuicione. Obsecravit namque præscriptus abba ut similiter ipsum monasterium cum monachis ibidem Deo famulantibus et cum rebus et hominibus sibi legaliter pertinentibus sub nostra constitueremus defensione, et paternæ auctoritati nostram jungeremus auctoritatem. Cujus petitionem quia justam imo rationabilem esse judicavimus, libenter accommodavimus et beneficio quod postulavit assensum præbuimus. Et ideo hanc auctoritatem, propter divinum amorem et venerationem ipsius sancti loci tranquillitatemque fratrum ibidem consistentium, circa ipsum monasterium fieri decrevimus. Per quam in futurum sancimus atque jubemus ut nullus judex publicus vel quilibet ex judiciaria potestate in ecclesias, villas, loca, vel agros, possessiones, quas moderno tempore juste et rationabiliter infra regnum divinitus nobis concessum præfatum possidet monasterium, vel quæ deinceps in jus ipsius loci voluerit divina pietas augeri, ad causas judiciario more audiendas vel freda undecumque exigenda aut mansiones vel paratas faciendas aut fidejussores tollendos aut homines ipsius monasterii tam ingenuos quam et servos super terram ipsius commanentes distringendos, nec ullas redibitiones aut inlicitas occasiones requirendas, nostris futurisque temporibus ingredi audeat, vel ea quæ supra memorata sunt exigere præsumat. Sed liceat præfato abbati suisque successoribus res prædicti monasterii cum omnibus sibi subjectis sub immunitatis nostræ defensione possidere et nostro fideliter parere imperio. Et quicquid de prædictis rebus jus fisci exigere poterat, pro æterna remuneratione præfato monasterio et monachis concessimus. Et si quando divina vocatione jam fatus abba vel successores ejus de hac luce migraverint, quamdiu ipsi monachi inter se tales invenire possint qui ipsam congregationem secundum regulam pii patris Benedicti regere valeant, per hanc nostram auctoritatem consensum et licentiam habeant eligendi abbates. Hæc vero auctoritas ut pleniorem in Dei nomine optineat firmitatem, manu propria subtus eam firmavimus, sigilloque nostro insigniri jussimus.

Signum domni Heinrici Romanorum invictissimi (M) imperatoris Augusti. (S) Guntherius vice Erkanbaldi archicappellani recognovit.

Data v Non. Mai., indictione iii, anno Dominicæ incarnationis 1020, anno vero domni Heinrici secundi regnantis xix, imperii autem vii.

Actum Fulda.

CXVIII.
S. *Henricus ecclesiæ Paderbornensi prædia quædam confert.*

(Anno 1021.)
[Cod. diplom. Hist. Westph., p. 80.]

XP. In nomine sanctæ et individuæ Trinitatis, HEINRICUS divina gratia Romanorum imperator Augustus. Divinæ pietatis clementia, quæ nos ad culmen imperatoriæ majestatis perduxit, ad hoc voluit imperare, ut ecclesiarum ordini firmando atque corroborando subveniamus. Hiis autem maxime locis quæ ab antecessoribus nostris regibus et imperatoribus fundata, sed jam peccatis exigentibus pene videbantur annullata. Quapropter omnium fidelium nostrorum præsentium scilicet ac futurorum industriæ notum esse volumus qualiter nos, divini amoris instinctu, pro remedio animæ nostræ seu parentum nostrorum, nec non et tertii Ottonis bonæ memoriæ imperatoris, dilectæque conjugis nostræ Chunigundæ Augustæ interventu, atque Meginwerc sanctæ Padrebrunnensis ecclesiæ venerabilis episcopi rogatu, sibi sanctæque suæ ecclesiæ a Karolo magno imperatore olim fundatæ, nostris vero temporibus incendium passæ, in honore enim sanctæ Dei genitricis Mariæ semper virginis et sancti Kyliani martyris Liboriique confessoris dedicatæ, comitatum quem Dodico comes dum vixit tenuit, situm scilicet in locis Hessiga, Netga, Nihterga, cum omni legalitate in proprium concedimus atque largimur per hanc nostram imperialem paginam ; eo videlicet tenore rationis ut præfatus episcopus M. suique successores prescriptæ ecclesiæ præsidentes deinc liberam habeant potestatem de eodem comitatu ejusque utilitatibus quicquid eis placuerit faciendi, ad eorum tamen utilitatem ecclesiæ, omnium videlicet inquietudine remota. Et ut hæc nostræ traditionis seu confirmationis auctoritas stabilis et inconvulsa omni habeatur tempore, hoc præceptum inde conscriptum manu propria firmavimus et nostro sigillo repercusso insigniri jussimus.

Signum domni Heinrici victoriosissimi (L. M.) imperatoris Augusti.

Guntherius cancellarius ad vicem Herkembaldi Mogontini archiepiscopi et archicapellani recognovit.

Data xiv. Kal. Marcii, indictione iv, anno Dominicæ incarnationis 1021, anno vero domni Heinrici secundi regnantis xviii, imperii autem viii.

Actum Podrebrun feliciter. Amen.

CXIX.

S. Henricus confirmat monasterio Sancti Emmerami omnia bona aeneratim, ablata epo aliisaue alienandi facultate.

(Anno 1021, 3 Julii.)
[Ried, Codex diplom. Ratisb., I, 155.]

In nomine sanctæ et individuæ Trinitatis, Henricus divina favente clementia Rom. imp. Aug. Imperialem nostri nominis excellentiam hoc scimus exigere, imo ad statum regni et ad salutem animæ nostræ multum proficere, quosque divini servitii amatores, ut sine querela in Dei persistant laude, liberalitatis nostræ sustentaculo confortare, maxime autem eos quorum laboris devotio divino præ cæteris invigilat obsequio. Proinde noverit omnium Christi nostrique fidelium universitas qualiter nos, divinæ remunerationis spe incitati, interventu etiam dilectæ conjugis nostræ Cunigundæ imperatricis Augustæ et venerandi Richolfi abbatis commoniti, cuidam Ecclesiæ Dei infra civitatem Ratesponensem in honorem pretiosi Dei martyris Heimmerami constructæ, ubi venerabile corpus ejus miraculis declarantibus requiescere comprobatur, omnia, quæ ab antecessoribus nostris, regibus vel imperatoribus, omnibusque Christi fidelibus vel infra ipsam Ratesponensem civitatem, vel in suburbio ejus, vel ubicunque locorum hactenus tradita sunt et collata, per hanc imperialem paginam in perpetuum confirmamus, et absque omnium hominum contradictione in proprium largimur; ea videlicet ratione ut nec episcopus ejusdem loci, nullaque judiciaria vel ecclesiastica persona aliquam habeat potestatem prænominata bona præfatæ ecclesiæ auferre, vel usibus fratrum ibidem sub monachica institutione Deo servientium abalienare, sed prædictus Richolfus ejusdem loci abbas suique successores liberam exinde habeant potestatem quicquid eis placuerit faciendi, ad utilitatem tantummodo fratrum ibidem sub regula sancti Benedicti Deo sanctoque Heimmeramo famulantium. Et ut hæc nostræ confirmationis et largitionis auctoritas stabilis et inconvulsa omni permaneat ævo, hoc præceptum inde conscriptum propria manu corroborantes, sigilli nostri impressione jussimus insigniri.

Signum domni Henrici invictissimi Romanorum imperatoris Augusti. (Monogramma.)

Guntherius cancellarius ad vicem Erkenbaldi archicapellani recognovi.

Data v Nonas Julii, indictione III, anno Dominicæ incarnationis 1021, anno vero Domni Henrici secundi regnantis xx, imperantis viii.

Actum Coloniæ feliciter. Amen.

Sigillum majestat. integrum exstat.

CXX.

S. Henricus confirmat monasterio Sancti Emmerami traditionem curtis Ruitæ (Vogtareut) factam a comite Warmundo.

(Anno 1021, 3 Julii.)
[Ried ubi supra, p. 156.]

In nomine sanctæ et individuæ Trinitatis, Henricus divina favente clementia Rom. imp. Augustus. Imperialem nostri nominis excellentiam hoc scimus exigere, imo ad statum regni et ad salutem animæ nostræ multum proficere, quosque divini servitii amatores, ut sine querela in Dei persistant laude, liberalitatis nostræ sustentaculo confortare, maxime autem eos quorum laboris devotio divino præ cæteris invigilat obsequio. Proinde noverit omnium Christi nostrique fidelium universitas qualiter nos, divinæ remunerationis spe incitati, interventu etiam dilectæ conjugis nostræ Chunigundæ imperatricis Augustæ et venerandi Richolfi abbatis commoniti, cuidam Ecclesiæ Dei infra civitatem Ratisponen. in honorem pretiosi Dei martyris Heimmerami constructæ, ubi venerabile corpus ejus miraculis declarantibus requiescere comprobatur, quamdam nostri juris curtem Riute dictam, in pago Chymengowe, in comitatu Pabonis comitis sitam, quam quidam nobilis homo Warmundus comes eidem cœnobio contulit, cum omnibus appendiciis, villis scilicet, areis, agris, pratis, pascuis, aquis aquarumve desursibus, vadis, molendinis, piscationibus, exitibus et reditibus, viis et inviis, quæsitis et inquirendis, silvis, venationibus, familiis, etiam utriusque sexus, cæterisque, quæ quolibet modo dici aut scribi possunt, utilitatibus ad eamdem curtem jure et legaliter pertinentibus, per hanc imperialem paginam in proprium largimur, et ejusdem Warmundi comitis traditionem perpetuo jure prædictæ ecclesiæ confirmamus; ea videlicet ratione ut nec episcopus ejusdem loci, nullaque ecclesiastica vel judiciaria persona aliquam habeat potestatem, prænominatam curtem prænominatæ Ecclesiæ auferre vel usibus fratrum ibidem sub monachica institutione Deo servientium abalienare, sed prædictus Richolfus ejusdem loci abbas suique successores liberam exinde habeant potestatem quicquid eis placuerit faciendi, ad utilitatem tantummodo fratrum ibidem sub regula sancti Benedicti Deo sanctoque Heimmeramo famulantium, omnium hominum contradictione remota. Et ut hæc nostræ largitionis et confirmationis auctoritas stabilis et inconvulsa omni permaneat ævo, hoc præceptum inde conscriptum manu propria corroborantes, sigilli nostri impressione jussimus insigniri.

Signum domni Henrici invictissimi Rom. imp. Augusti. (Monogramma.)

Guntherius cancellarius ad vicem Erkenbaldi archicapellani recognovi.

Data v Nonas Julii, indict. III, anno Dominicæ incarnat. 1021, anno vero domni Henrici regnantis xx, imperantis viii, Actum Coloniæ feliciter, Amen.

Sigillum nonnihil cæsum exstat.

CXXI.

S. Henricus confirmat monasterio sancti Emmerami curtem Eiterhoven.

(Anno 1021, 3 Julii.)
[Ried, ubi supra, p. 157.]

In nomine sanctæ et individuæ Trinitatis, Henricus, etc., ut anim. præc. — quamdam nostri juris curtem, Eitterhoven dictam, in pago Tunegowe, in comitatu Adalberti marchionis sitam, quam avus noster piæ recordationis dux Henricus eidem cœnobio antea contulit, cum omnibus appendiciis, villis scilicet, areis, agris, pratis, pascuis, aquis, aquarumve decursibus, molendinis, piscationibus, exitibus et reditibus, quæsitis et inquirendis, silvis, venationibus, familiis etiam utriusque sexus, cæterisque, quæ quolibet modo dici aut scribi possunt, utilitatibus ad eamdem curtem jure et legaliter pertinentibus, per hanc imperialem paginam in proprium largimur, concedimus et perpetualiter confirmamus; ea videlicet ratione ut nec Episcopus ejusdem loci, nullaque Ecclesia vel judiciaria persona aliquam habeant potestatem, prænominatam curtem Ecclesiæ præfatæ auferre, vel usibus fratrum ibidem sub monachica institutione Deo servientium abalienare, sed prædictus Richolfus ejusdem loci abbas suique successores liberam exinde habeant potestatem quidquid eis placuerit faciendi, ad utilitatem tantummodo fratrum ibidem sub regula sancti Benedicti Deo sanctoque Heimmeramo famulantium, omnium hominum contradictione remota. Et ut hæc nostræ largitionis, concessionis et confirmationis auctoritas stabilis et inconvulsa omni permaneat ævo, hoc præceptum inde conscriptum propria manu corroborantes, sigilli nostri impressione jussimus insigniri.

Signum domni Henrici invictissimi Romanorum imp. Augusti. (Monogramma.)

Guntherius cancellarius ad vicem Erkenbaldi Archicapellani recognovi.

Data v Nonas Julii, indict. III, anno Dominicæ incarnationis 1021, anno vero domni Henrici II regnantis xx, imperantis autem VIII. Actum Coloniæ feliciter. Amen.

Sigillum majest. integrum exstat.

CXXII.

S. Henricus donat monasterio superiori duas terras (plaetze) intra et extra mœnia civitatis Ratisbonensis versus meridiem.

(Anno 1021, 12. Nov.)

[Ried, *ubi supra*, p. 158.]

In nomine sanctæ et individuæ Trinitatis, Henricus, Romanorum imperator Augustus.

Si Christianæ religionis et angelicæ conversationis amatores nostræ liberalitatis beneficio, quo securius Deo servire possint, consolari studuerimus, et æternorum præmiorum una cum illis nos participes fieri spe certa confidimus, proinde omnibus Christi nostrique fidelibus innotescat qualiter nos, per interventum Henrici ducis Bawariæ cuidam ecclesiæ in honorem sanctæ Dei genitricis semperque virginis Mariæ infra Ratisponensem civitatem constructæ, quæ vulgo Obrenmunsture dicitur, ubi venerabilis abbatissa Wichpurg virginibus sub regula monachica Deo servientibus præesse videtur, quamdam infra prædictum monasterium terram, confinalem atrio ejus, et infra publicam plateam jacentem, quæ de porta sancti Hemmerami ducit ad ecclesiam, quæ vulgariter Abachiricha dicitur, intra civitatem, in longitudine habentem perticas xx, et in latitudine x, aliam vero, foras murum proxime adjacentem, in longitudine similiter habentem perticas xx, et in latitudine VIII, in comitatu Ruodperti comitis, per hanc imperialem paginam cum omni legalitate in proprium largimur atque concedimus; ea scilicet ratione ut prædicta abbatissa et omnes quæ sibi in loco eodem ordine et dignitate succedunt, liberam exinde habeant potestatem quidquid eis libuerit faciendi ad utilitatem prænominati monasterii ac sororum ibidem monastice conversantium. Et, ut hæc nostræ auctoritatis charta stabilis et inconvulsa omni permaneat ævo, hoc præceptum inde conscriptum propria manu confirmantes, sigilli nostri impressione jussimus insigniri.

Signum domni Henrici invictissimi Romanorum imp. Aug. (Monogramma.)

Guntherius cancellarius ad vicem Aribonis archicapellani recognovi.

Data II Idus Novembris, anno Dominicæ incarnationis 1021, anno vero Domni Henrici imperatoris regnantis xxII, imperii autem VIII.

Actum Augustæ feliciter. Amen.

Sigillum majestat. media parte est deperditum.

CXXIII.

S. Henrici diploma concessum Amato II archiepiscopo Salernitano, per quod ei confirmat omnia jura.

(Anno 1022.)

[Muratori, *Antiq. Ital.*, 1, 193.]

In nomine sanctæ et individuæ Trinitatis, Henricus, divina favente clementia, Romanorum imperator Augustus.

Si justis Deoque divinis locis non solum præesse sed etiam prodesse studuerimus, præsentis vitæ suffragium et æternæ remedium invenire non titubamus; et si in pristinum gradum erigere conamur, nostri imperii culmen sublimare procul dubio credimus. Quapropter omnium fidelium sacræ Dei Ecclesiæ, nostrorumque, præsentium ac futurorum, comprehendat universitas qualiter, interventu ac petitione Theoderici nostri dilecti cancellarii, per hanc nostri præcepti præsentem paginam, prout juste et legaliter possumus, sanctæ sedis ecclesiæ in beati apostoli Matthæi sitæ honore, ubi quotidie summæ Trinitati debitæ canuntur laudes, atque inviolabiliter et perpetualiter Amato ipsius præfatæ Ecclesiæ archiepiscopo, nostroque fideli, de novo concedimus et confirmamus omnes res et proprietates ab antiquis principibus ipsius civitatis prædictæ huic concessas ecclesiæ, seu ea quæ Gisulfus Princeps cum uxore sua Gemma ibi obtulit pro suarum remedio animarum, tam ea quæ intra eamdem civitatem habere videntur quam extra, cum terris illis quæ ultra fluvium Tuscianum præfatæ ecclesiæ pertinere videntur usque ad fluvium qui dicitur Siler, seu in comitatu Capuaci et Dulicaria, et in cæteris locis jam dictæ ecclesiæ pertinentibus, quæ dici vel nominari possunt. Insuper etiam concedimus castrum Libani cum omnibus adjacentibus sibi, quemadmodum illud antiquitus ipsa ecclesia tenuit et dominata est per præcepta et quascunque scriptiones, castrum videlicet Libani, quod a Grimoaldo et Alfano germanis injuste invasum est. Concedimus denique et confirmamus eidem ecclesiæ omnes mortuorum res quæ in ipso episcopio vel in rebus suis sunt aut erunt ad futurum, omnesque res mobiles sive immobiles quæ ab antiquitus Deum timentibus hominibus oblatæ ibi sunt, ac omnes concessiones ejusdem sanctæ ecclesiæ concessas a principibus et ducibus seu regibus. Censiles namque omnes ejusdem Ecclesiæ, ut pars præfati episcopii dominetur, jubemus, nullo contradicente, sicut antiquitus fecerat. Nostra namque imperiali auctoritate ei concedimus confirmationes, ut pars ejusdem episcopi habeat potestatem ad ecclesiæ ejusdem jus ordinare infra eamdem civitatem quinque macellatores, ubi voluerit, ad carnes vendendas. Statuentes siquidem illi concedimus et confirmamus omnes illas res quæ ab ejusdem episcopi jure sine ratione et justitia, post obitum sanctæ recordationis Petri, ejusdem ecclesiæ venerabilis episcopi ablatæ sunt per Joannem episcopum, qui inordinate eamdem tenuit sedem. Ut si qua ante scriptio per manus ejusdem Joannis facta, ostensa fuerit, dijudicamus eam pro munere irritam et inanem, eo quod contra canonicam auctoritatem suam deseruit sedem, et ad aliam accessit : quod omnino fieri non potuit secundum auctoritatis canonum institutum. Statuimus ut pars præfati episcopi distringat omnes forenses presbyteros sibi pertinentes ac clericos, omnesque eorumdem familias, scilicet illos qui in diœcesi ejusdem episcopii habitant : Volumus ut judicet et distringat sine ulla partis publicæ contrarietate, et in suo servitio habeat, ut canones jubent. Omnes quippe supradictas res illi confirmamus una cum terris, vineis, campis, pratis, silvis, pascuis, montibus, vallibus, planitiebus, aquis aquarumque decursibus, ripis, molendinis, piscationibus, forestis, venationibus, servis, ancillis, aldiis, aldiabus, ancariis, censibus, pensionibus, capellis, castellis, villis, ac omnibus quæ dici aut nominari possunt, præfatæ ecclesiæ juste et legaliter pertinentibus, in integrum. Præcipientes igitur omnino jubemus ut nullus dominus, princeps, straticho, marchio, episcopus, comes, vicecomes, nullaque nostri regni magna vel parva persona præfatæ ecclesiæ res, vel episcopum inquietare, molestare, aut in aliquo sine legali judicio disvestire præsumat. Sed liceat eidem Amato archiepiscopo præfati episcopii res tenere, possidere, atque per hoc nostrum præceptum prædictas res ad utilitatem suæ ecclesiæ acquirere, omnium hominum contradictione remota. Si quis autem, quod absit! hujus nostræ auctoritatis præsumtuosus violator extiterit, sciat se compositurum auri purissimi libras mille, medietatem cameræ nostræ, et medietatem ejusdem episcopii regentibus. Quod ut verius credatur, diligenterque ab omnibus observetur, manu propria roborantes hanc paginam nostro sigillo insigniri jussimus.

Signum domni Henrici serenissimi imperatoris Augusti.

Theodoricus cancellarius vice Eberardi episcopi et archicancellarii........

Data pridie Kalendas Junii, anno incarnationis Domini M...... indictione v, anno vero Domni Henrici II regnantis......... imperii vero 9.

Actum Trojæ feliciter. Amen.

CXXIV.

S. Henricus D. Romualdo, eremitarum Camaldulensium conditori, abbatiam S. Benedicti in Alpibus ad Bifurcum sitam confirmat.

(Anno 1022.)

[Ughelli, *Italia sacra*, II, 493.]

In nomine Patris, et Filii, et Spiritus sancti, HENRICUS Romanorum imperator Augustus.

Dignum videtur nostræ imperiali clementiæ religiosorum virorum congruis petitionibus juste ac rationabiliter acquiescere. Quapropter noverit omnium Ecclesiæ sanctæ Dei nostrorumque fidelium, præsentium videlicet et futurorum, industria qualiter nos, pro remedio animæ nostræ seu parentum nostrorum, nostraque salute ac dilectissimæ conjugis nostræ Cunegundis imperatricis Augustæ, atque pro interventu religiosi viri D. Romualdi monachi et eremitæ, quamdam abbatiam ad honorem S. Benedicti super res nostri juris constructam in Alpe quæ dicitur Bifurco, tantum regibus vel imperatoribus solitam investiri, constituimus, eamque permanere in provisu et disciplina ejusdem venerabilis viri D. Romualdi suorumque successorum in ipsa eremo persistentium, vitam et religionem ejusdem servantium; modo ipsa tamen provisio et disciplina contra regulam B. Benedicti non fiat. Confirmantes ecclesiæ S. Benedicti ejusdem monasterii illas terras quas nunc tenet, quarum nomina sunt hæc: ecclesiam cum tribus molendinis et tres mansos in Domicuicrolo; in Galiano mansos duos et ecclesiam unam; in Partisidia ecclesiam unam, et mansos duos, et molendinum unum; in Casale mansos duos; in Mistriano mansum unum; in Drimano mansum unum; in Dipidano mansum unum; in monte Martino mansum unum; in Africo mansos duos; in montanis S. Gaudentii mansos quinque; et omnia quæcunque juste et legaliter nunc habet, aut in antea habiturus est, aut acquisiturus est, aut acquisivit, ut ea habeat ac teneat cum omnibus suis pertinentiis in integrum; proprietario jure possideat, eo modo ut nec isti qui nunc superest abbati, nec suis successoribus, liceat terras Ecclesiæ vendere, aut alienare, aut precarium facere absque nostra licentia, sed tantum ad usum monachorum ibidem servientium juxta regulam S. Benedicti permaneant. Insuper confirmamus omnem hæreditatem bonorum ipsius monasterii et monachorum, ut tali modo habeat quo nunc ipse habet. Constituimus igitur ut supradictum monasterium nulli marchioni, nulli comiti, nulli archiepiscopo, nulli episcopo, nullique singulari personæ subjaceat, nisi sit in imperiali et regali potestate. Volumus itaque et disponimus ut liceat D. Romualdo suisque successoribus, et abbati ipsius monasterii suisque successoribus, advocare quemcunque episcopum ad ecclesias consecrandas et ad omnem consecrationem faciendam. Volumus etiam ut per circuitum monasterii et eremi ecclesia possideat ab oriente a rivo de lacu, ab occidente a jugo Alpium, a septentrione a Ceresio, a meridie, collina de Gimellis. Inviolabiliter igitur jubemus ut non dux, non marchio, non comes, non qualiscunque magna vel parva persona hoc nostrum imperiale præceptum violare pertentet. Si vero, quod absit! aliquis illud infringere tentaverit, sciat se compositurum ducentas libras auri cotti : medietatem nobis, et medietatem dicto monasterio. Et ut hoc verius credatur, et inconvulsum servetur, manu propria subscribentes, nostro sigillo inferius insigniri præcepimus.

Sign. D. *Henrici imperatoris invictissimi Augusti.*
Theodoricus cancellarius recognovi.
Datum anno Dom. Incarn. 1022, Indict. x., anno vero D. Henrici II, regnantis 21, imperantis vero 8.
Actum pridie Kal. Januarii Ravennæ feciliter. Amen.

CXXV.
S. Henrici privilegium pro monasterio S. Saphiæ Beneventano.
(Anno 1022.)

[Ughelli, *Italia sacra*, VIII, 76.]

In nomine Sanctæ individuæque Trinitatis, HENRICUS divina favente clementia Romanorum imperator semper Augustus.

Si tanto sanctorum Dei ecclesiis omnium adnixu insitimus, ad nostri imperii profectum venire non diffidimus. Quocirca omnium fidelium sanctæ Dei Ecclesiæ nostrorumque solers agnoscet universitas præsentium et futurorum, Henricum venerabilem, Parmensis Ecclesiæ episcopum, culminis nostri sublimitatem adiisse, obnixe postulando quatenus, pro Dei amore facinorumque nostrorum solutione, coenobio in honore S. Sophiæ ecclesiæ dedicato, in civitate quæ dicitur Beneventum constructo, in quo Gregorius venerabilis abbas præesse videtur, confirmare ac omnino corroborare dignaremur omnia quæ ab antecessoribus nostris ac hominibus cæteris Dominum colentibus eidem coenobio concessa sunt atque idem monasterium tenuit, ex quo fundatum est, tam per præcepta prædecessorum nostrorum, sed etiam per precariam, et absolutiones, et oblationes, et per investituram, seu etiam per quæcunque instrumenta chartarum, sive uniuscujusque scriptionis titulum. Nos quoque grata mente petitionem considerantes animo inclinato precibus ipsius per hoc nostrum præceptum, prout juste aut legaliter possumus, confirmamus aut roboramus omnes res et proprietates ipsius monasterii, scilicet in loco qui nominatur Pentano cum suis pertinentiis, et cum capella in honore sancti Benedicti; alia vero in honore sancti Vitalis cum omnibus suis pertinentiis; altera vero in honore sancti Michaelis archangeli, quæ dicitur ad Holibola cum omnibus suis pertinentiis, et in Pallaria capella una, quæ est in honore sanctæ Mariæ; sed et ecclesiam sancti Bartholomæi in collina; et curtem de Nuriano in Petra furmina cum casis, ac silvis; et curtem de Lapiso hæreditatem; et ecclesiam S. Felicis de Burto; in Cortiano capellam in honore sancti Petri; in Cereto capellam in honore S. Martiani cum pertinentiis suis; capellam in honore sancti Silvestri de Corneto in comitatu Capuano in loco Juliano cum capella in honore sanctæ Mariæ in Bivine in Beletro flumine; in civitate capellam in honore sancti Martini; infra civitatem Asculensem ecclesias, et foris omnem hæreditatem; in finibus Cauni ecclesiam sancti Juliani; in comitatu Franensi cortem de Pazano cum olivetis suis; in comitatu Sipontino piscariam; in comitatu Lesinensi piscariom; curtem Delaniensem; curtem de Calaza; S. Roseo cum Sessa, et territoriis suis; in finibus Capuæ ad sanctum Pau'um et sanctum Stephanum cum territoriis suis; in campo Marrini, in finibus Tremonensibus ad S. Adjutorem erga flumen Vulturnum cum territoriis suis.

Sed etiam, sicut supra legitur, confirmamus eidem monasterio ecclesiam sancti Magni in castello Magno cum pertinentiis suis; ecclesiam sancti Angeli in altissimus super flumen Bi*ernum in finibus campi Morani cum eadem ecclesia : nec non ecclesiam S. Joannis cum omnibus rebus suis in casa Pollucis, hæreditatem, quæ est in longitudine duo milliaria, latitudine milliare unum; et ecclesiam sancti Petri in finibus de Laureto cum omnibus pertinentiis suis; sanctum Angelum in Palumbara, cum omnibus pertinentiis suis; sanctum Michaelem de Sessola, cum omnibus pertinentiis suis; sanctam Crucem intus in civitate Neapolitana, cum omnibus pertinentiis suis; in campo Sinarcumi terram milliaria tria in longitudine, et unum in latitudine; ecclesiam S. Trinitatis juxta fluvium Bisernum, cum omnibus suis pertinentiis; et ecclesiam sancti Marciani in castello Mosano, cum omnibus suis pertinentiis; et ecclesiam S. Joannis in monte Tabenna, cum omnibus suis pertinentiis; nec non ecclesiam sancti Bartholomæi, quæ est juxta ecclesiam sancti Joannis, cum omnibus suis pertinentiis; et cellam sancti Angeli, juxta urbem Trianensem, cum omnibus pertinentiis suis; et cellam S. Gregorii in comitatu Frigenti, cum omnibus pertinentiis; et ecclesiam S. Bitti in comitatu Vulturario; et ecclesiam S. Stephani protomartyris intus in civitate Cuceri, cum omnibus pertinentiis suis; et ecclesiam S. Donati in Leone cubantem, cum omnibus suis pertinentiis; et ecclesiam S. Crucis in Nola cum omnibus suis pertinentiis, videlicet cum omnibus in integrum terris, ædificiis sub se habentibus, vineis, pratis, campis, aquis, aquarumque decursibus, molendinis, piscationibus, casis, dominicatis, castellis, villis, et capellis, servis et ancillis, montibus, et planitiebus, basulis, frascariis, cultis et incultis, rebus mobilibus et immobilibus, aldionis et aldiebus, commeatis eorumque supellectilibus, cum omnibus adjacentiis ad hanc etiam nominatam ecclesiam S. Sophiæ vere et legitime pertinentibus vel aspicientibus, integre, tam intra Italicum regnum quam etiam in Apuliæ partibus. Præcipientes itaque jubemus ut nullus marchio, dux, princeps, archiepiscopus, episcopus, comes, seu ullus homo magnus sive parvus de omnibus quæ pertinent ad præfatum monasterium et pertinere videntur, tam res quam familiæ, se intromittere, calumniare aut molestare præsumat jam dictum Gregorium abbatem aut suos successores. Si quis vero hoc præceptum in aliquo violaverit, sciat se compositurum auri libras centum...... ex auro purissimo, medietatem cameræ nostræ, et medietatem prædicto abbati aut nostris suisque successoribus. Quod ut certum esse videatur, et ab omnibus observetur, hanc paginam manu propria corroborantes sigillari præcepimus.

Theodoricus cancellarius vice Ethardi papæ Bregiensis Ecclesiæ episcopi et archicapellani notavi. Datum VI. Id. Mart., anno 1022, Ind. XV, anno regni Domini Henrici 12, imperii vero 9.

Actum Beneventi feliciter.

CXXVI.

Scrittura di Arrigo santo indiritta a papa Benedetto a favore della badia di Monte-Casino.

(Anno 1022.)

[Tosti, *Storia della badia di Monte-Casino*, I, 253.]

In nomine sanctæ et individuæ Trinitatis, HENRICUS divina favente clementia imperator Augustus, BENEDICTO urbis Romæ sanctissimo papæ, ejusque successoribus canonice in apostolicam sedem substituendis in perpetuum.

Ad Romani imperii curam attinet per totum orbem Romanorum constitutis ecclesiis imperiali potestate defensionis auxilia ministrare, ut ejus juvamine ab hominum infidelium seu pravorum tueatur impetu. Proinde Casinensi Ecclesiæ providentes, Benedicte sedis apostolicæ pontifex, quæ specialius ad Romanum spectat imperium, et prædecessorum nostrorum camera ab ipso suæ constructionis exordio exstitit, quæque ab omnium mortalium dominatu immunis permansit et libera; eamdem Ecclesiam ditaverant imperiali munificentia; paternitati tuæ commendamus ne qua vi cujuscumque potestatis quidlibet injustum patiatur, salvo eo quod specialiter et singulariter præ cæteris aliis Ecclesiis ad Romanum imperium spectare videtur. Nam cum omnis Ecclesia ab omni conditionali seu servili nexu sit libera, specialius autem post sedis Romanæ dignitatem libera Casinensis Ecclesia, quæ per patrem Benedictum legis monasticæ principatum tenet, et quoniam omnes nostri prædecessores imperatores, videlicet Pipinus, Carolus, Ludovicus, Lotharius, Otto ac reliqui imperatores suam specialem cameram habuerunt, libertatis debet potiri insigne. Igitur præfatum cœnobium paternitati tuæ commendamus, ut illius cooperatores exsistatis, et ab omnibus infestationibus defendatis, non ut exterminetis, salvo eo quod ad nostrum imperium spectat. Concedimus etiam tibi tuisque successoribus consecrationem abbatis Casinensis, et de ejusdem loci redditibus, in eundo et redeundo Beneventum, ut unum prandium apostolicæ sedis pontifici præparent constituimus, nullamque aliam potestatem vel dominium de Casinensi cœnobio Romanum pontificem habere volumus, sed sicut semper singulariter et specialiter sub imperatoris jura a suæ constructionis mansit exordio, ita illam perenniter manere volumus. Obeunte autem Casinensi abbate, juxta tenorem regulæ et sanctorum canonum præceptum, abbas vitæ merito et doctrina scientiæ ex omnibus eligatur, et catholice, non simoniace ordinetur, moxque nobis innotescat, ipsique per pragmaticæ sanctionis edictum assensum præbeant, sicque demum Romano pontifici absque omni venalitate consecrandus exhibeatur. Quod si aliter actum fuerit, prohibeant pravorum valere consensum, et in ejusdem loci regimine imperator, qui pro tempore fuerit, cum fratribus ejusdem cœnobii dignum præficiat abbatem qualem meliorem et digniorem Romanoque imperio fidelem invenerit, absque cujuslibet inquietudine ac contradictione. Si autem quispiam huic nostræ constitutioni violare præsumpserit, sciat se compositurum auri purissimi libras mille, medietatem cameræ nostræ, et medietatem prædicto monasterio, et hæc concessio firma permaneat semper. Quod ut verius credatur, manu nostra roborare, et annuli nostri impressione subter illam insigniri decrevimus.

Signum domni Henrici serenissimi Romanorum imperatoris Augusti.

Ego Chonradus dux domni imperatoris consobrinus subscripsi. — Theodoricus cancellarius vice Edonis Papendegrensis episcopi et archicancellarii recognovit. Anno ab incarnatione Domini 1022, indictione quinta, anno vero domni Henrici excellentissimi ac invictisimi Romanorum imperatoris augusti, regni 22, imperantis autem nono.

Actum in monte Casino feliciter. Amen.

CXXVII.

S. Henricus II imp. Ecclesiæ Bambergensi donat prædium Hormunze in archidiœcesi Trevirensi, quod a Poppone archiepiscopo acceperat.

(Anno 1022, 11 Nov.)

[Hontheims, *Hist. Trevir. diplom.* I, 357.]

In nomine sanctæ et individuæ Trinitatis, HENRICUS Dei favente clementia Rom. imperator Augustus.

Quoniam, temporalium amissione bonorum, sine fine manentium debemus sperare remunerationem, notum sit omnibus fidelibus nostris qualiter et nos, pro remedio animæ nostræ nostrorumque antecessorum, nec non pro salute dilectissimæ conjugis nostræ C. scilicet imperatricis Augustæ, tale prædium quale Poppo Trevirensis archiepiscopus nobis dedit, (178) in Hormunze situm, in pago...... in comitatu...... comitis, cum areis, ædificiis, agris, vinetis, pratis, pascuis, silvis, aquis aquarumque decursibus, piscationibus, viis et inviis, exitibus et reditibus, mancipiis utriusque sexus, quæsitis et inquirendis, cumque omnibus utensilibus, quæ vel scribi vel nominari possunt, ad altare S. Petri apostolorum principis, in usum episcopi episcopalem sedem Babenbergensis Ecclesiæ possidentis, perpetualiter habendum donamus, et de nostro jure in ejus jus omnino transfundimus. Unde eadem imperiali potestate, qua cæteri ante nos reges vel imperatores hucusque sunt usi, præcipimus ne quis hanc traditionem nostram audeat violare. Et ut hæc nostra auctoritas stabilis et inconvulsa maneat, hanc paginam inde conscribi, manu propria roborantes, signo nostro imperiali jussimus insigniri.

Data III. idus Novembris indict. V. Anno Dominicæ incarnationis 1024 (*potius* 1022). Anno domini II. secundi regnantis XXI, imperii vero VIII.

Actum Augustæ feliciter. Amen.

CXXVIII.

S. Henricus II imp. monasterio Epternacensi confirmat jus monetæ

(Anno 1023 18 junii.)

[Hontheim, *Hist. Trevir. diplom.* I, 858.]

In nomine sanctæ et individuæ Trinitatis, HENRIcus divina favente clementia Romanorum imperator Augustus.

Noverit omnium Christi nostrorumque fidelium universitas qualiter nos, pro remedio animæ nostræ parentumque nostrorum, nec non per interventum (179) Henrici Boariorum ducis inclyti, monasterio Epternach dicto, monetam a seniore nepote et antecessore nostro, tertio videlicet Ottone imperatore Augusto, concessam, in qua nummi probabiles, sicut in aliis locis regiæ potestati subditis, percutiantur; ad usum Ecclesiæ et monachorum Deo sanctoque Willibrordo confessori die noctequi servientium, per hanc nostram imperialem paginam concedimus, renovamus atque confirmamus; et ut eadem moneta deinceps sub perpetuo jure Ecclesiæ supradictæ, et

(178) *In Hormunzæ situm.* Modo *Ormiz,* seu *Urmiz* dicitur, ad sinistrum Rheni littus, medio fere inter Confluentiam et Andernacum itinere, situm in pago Meginensi. Hodie adhuc Ecclesia de Urmiz cum decimis et personatu jure dominii directi ad præpositaram athedralis ecclesiæ Bambergensis pertinet, quæ nobiles à Scheben de Cronfeldt suos ibi vasallos habet.

(179) *Henrici Boiarorum ducis.* Sigefridi comitis Luxemburgensis filius natu major, primus comes Arluuensis nec non comes Ardennæ, abbatiarum S. Maximini et Epternacensis advocatus, quem Henricus S. imp. (qui ejus sororem Cunegundam uxorem duxerat) anno 1002 ducem Bavariæ fecit.

(180) *Curtes et territoria, villas et possessiones.* Tolnerus, qui hoc diploma ex Zyllesio edidit, not. *a.* censet, hic intelligi castra *Cocheim, Clotten, aliaque ad Mosellam loca.* Sed, cum hæc nunquam fuisse juris S. Maximini vel inde appareat quod in tanta regiarum et imperialium confirmationum etiam a nobis editarum, copia, in quibus notabiliora monasterii prædia et acquisitiones maxima sollicitudine enarrantur, altissimum de iis sit silentium;

A abbatis adhuc in carne viventis successorumque illius, sine beneficiario usu consistat; nullaque persona magna sive parva, clericalis aut laicalis, super eam dehinc aliquam potestatem habeat, nisi ejusdem Ecclesiæ abbas suique successores, et monachi ibi Deo et sancto Willibrordo servituri, ad Ecclesiæ ornamentum, et præbendæ suæ augmentum; ea videlicet ratione ut eos pro nostra salute et remedio animarum parentum nostrorum omniumque fidelium defunctorum Deum amplius delectet exorare.

Et ut hæc nostræ confirmationis præceptum inde conscriptum (*hic aliquid omissum*) sigilli nostri impressione signari jussimus, manuque propria, ut infra videtur, corroboravimus.

Signum domini Heinrici Romanorum invictissimi B *imperatoris augusti.*

Guntherius cancellarius vice Aribonis archicapellani recognovit.

Data XIV Kalend. Julii, indict. VI, anno Dominicæ incarnationis 1023. Anno domini Heinrici secundi regnantis XXII, imperii vero X.

Actum Nuiss. feliciter. Amen.

CXXIX.

S. Henricus II. imp. 6650 *mansos ab abbate S. Maximini in beneficium accipit, quos Ezzoni comiti palatino, et Heinrico duci, nec non Otthoni comiti beneficiavit.*

(Anno 1023, 10 Decemb.)
[*Ubi supra.*]

In nomine sanctæ et individuæ Trinitatis, HEINRIcus divina favente clementia Romanorum imperator C Augustus.

Quamvis ab ecclesiasticis institutionibus et a paternis præjudiciis nulli sit licitum deviare, nostri tamen juris est præ cæteris id solum et speciale, ut, unde fideles nostri infra regnum nostrum gravantur, aut unde Ecclesiæ Dei detrimentum magis quam commodum patiuntur, in melius debeamus commutare: Idcirco fidelium nostrorum, tam præsentium quam futurorum, solertiæ notum fieri cupimus qualiter nos ex abbatia S. Joannis evangelistæ et S. Maximini, quæ in suburbio Trevirorum sita est, ubi Haricho abbas præesse videtur, quasdam (180) curtes et territoria, villas et possessiones, scilicet (181) sex millia sexcentos

D neque alibi in instructissimo S. Maximini archivo talium possessionum vel minima notitia supersit; sic ego prædia hic intellecta, malim trans Rhenum, et circa cum sita; de quibus sermo est in chartis Ottonis M. de annis 945 et 966, Ottonis II de anno 975, nec non Ottonis III de anno 992.

(181) *Sex millia sexcentos quinquaginta sex mansos.* Diximus supra ad chartam Megingaudi, de anno 929, not. *b,* ex Cæsario Prumiensi, mansum ingenualem esse CLX jugerum. Mansus deinde invenitur apud eumdem Cæsarium habens bunnuaria XII, *bonniers* dicunt Galli. In eo communiter conveniunt omnes, manso tantum inesse terræ, quantum jugo uno boum annuo spatio possit verti, quantumque uni familiæ rusticæ aleudæ satis sit. Volunt autem rei georgicæ periti, jugum unum boum sufficere quotannis sexaginta quatuor jugeribus arandis; quam rationem si in mille sexcentos quinquaginta sex mansos, Maximinianis ademptos, subducamus, jugera quadragies octies mille nongenta octoginta quatuor efficiunt, vix credibilem terrarum quantitatem.

quinquaginta sex mansos, ut verius computari potuit, a praefato abbate in beneficium accepimus, et his fidelibus nostris, Ezzoni videlicet Palatino comiti (182), et Heinrico duci (183), nec non Otthoni comiti (184), ea conditione beneficiamus, ut, quia praefatus abbas jam senio confectus commode nobis domi militiaeque servire non poterat, ipse, et haeredes, qui haec beneficia habent, pro eodem abbate suisque successoribus curiam regalem petant et in expeditionem eant, abbas vero suique successores a curia regia et ab omni expeditione omnino sint liberi, nisi in Moguntinensem, sive Metensem, aut Coloniensem civitatem ad generale concilium sive colloquium, aliqua necessitate cogente, fuerint invitati. Et ne animae nostrae detrimentum inde patiamur, si ea quae a fidelibus Christi eidem sacratissimo loco tradita sunt aut collata, nos injuste auferre videamur, servitium (185) quod nobis et quibusdam praedecessoribus nostris in secundo semper anno de eadem abbatia traditum est, pro timore Dei et veneratione S. Joannis ac S. Maximini, et ob interventum Aribonis Moguntiacensis ac Piligrini Coloniensis, et Popponis Trevirensis venerabilium archiepiscoporum, aliorumque fidelium nostrorum, Deo sanctoque Joanni, et beato Maximino cunctisque per eos inibi abbatibus in perpetuum indulgendo ignovimus et ignoscendo indulsimus. Et ne quis successorum nostrorum regum vel imperatorum idem servitium in periculum animae nostrae ac suae inde ulterius exigat, nisi eadem bona, quae nos non tam in nostrum quam in eorum servitium, inde distraximus, ex integro reddat aut restituat, nostra imperiali auctoritate constituendo praecipimus, et praecipiendo confirmamus. Jubemus etiam atque interdicimus praefato abbati suisque successoribus in perpetuum, ne de reliquis curtibus, ecclesiis ac possessionibus, quae ad peculiarem praebendam fratrum Deo ibi famulantium a nostris praedecessoribus regibus et imperatoribus, Dagoberto videlicet, Pippino, Carolo, Ludovico, Arnolfo; item Karolo, Zientiboldo, nec non a tribus Ottonibus, in nostra usque tempora, et per nos etiam delegata sunt et concessa alicui de majoribus, sive liberis hominibus, aut alterius Ecclesiae vel alienae familiae quibuslibet servitoribus, quidquam beneficiare, vel ab eorum jure quoquo modo alienare praesumant : hoc est in his locis, Suabheim, Hesinesheim, Brizinheim, Eversheim, Weldinstein, Albucha, Gosolvesheim, Bingin, Holzhusa, Apula, Alsontia, Sceringesfelt, Hakinesheim, Bukinheim, Siemera, Mannendal, Karheim, Folemaresbach, Proverstervoth, Gracha, Decima, Vallis cum suis pertinentibus, Rateresdorff, Bikendorff, Meisbrath, Ebeno, Arnolfesbere, Licznich, Okisheim, Rivenacha, Loavia, Windingis, Lukesingis; et in pago Sallingowe, Dincriche, Juolkurt, Bisangis; et in civitate Metensi et circum circa, domos, vineas, agros et areolas; et in his locis, Diedenhown, Wilare, Besiaco, Luzelenkiricha, Tavena, Druhdilingis, et Murmiringa; Meroldivilla, Wimareskiricha, Straza, Crufta, Seranna, Markidith, Krische, Billich, Curmiringun, Brunnacha, Haniwileri; insuper etiam in pago Drachere (186) locus qui vocatur Gunthereshusun, nec non in pago Einriche locus alius, vocabulo Prichina, cum omnibus ad se juste et legaliter pertinentibus vel aspicientibus rebus. Has duas curtes ad sagimen (187), et ad femoralia, mantelas etiam, et mensalia fratrum, nec non ad infirmorum curam et debilium, et ad susceptionem hospitum, nec non ad recreationem pauperum et peregrinorum, sicut antecessores nostri constituerunt, ita et nos specialiter constituimus atque confirmamus; et ut ex his locis et ecclesiis nullus abbas, nulla alia persona, magna sive parva, alicui libero, et alieno homini, ut antea diximus, aliquid beneficiare, vel a praebenda fratrum quoquo modo abalienare praesumat, firmissime praecepimus; sed liceat inde abbati suisque successoribus luminaria ecclesiae restaurare, aedificia recuperare, et, quae necessaria tantummodo fratribus sunt, procurare. De ecclesiis vero et de omnibus per totam abbatiam salicis decimationibus, nulli omnino beneficium aliquod concedi permittimus, sed in usus hospitum, pauperum, et peregrinorum perpetualiter constituimus atque sancimus. Constituimus praeterea hoc, et hac nostra imperiali auctoritate firmamus, ut, si quis fortasse illorum, aut filii filiorum suorum, quibus bona et possessiones S. Maximini beneficiavimus, sine haerede fuerit defunctus, beneficium, vel quidquid ab eodem loco habere visus est, sub jus et dominium praefatorum sanctorum et abbatis ac fratrum ipsius monasterii redeat et transeat, et ad amplificandam congregationem, nec non ad regale servitium, quantum abbas inde sine detrimento aliarum rerum ecclesiae bene perfiсem archiepiscopum Erckenboldum, vetitos amplexus acriter castigantem, arma intulisset, metu deinde Henrici imp., et reverentia Aribonis Moguntiacensis archiepiscopi diras imprecantis, fraudibus illicitis abjectis, furere desiit. Vid. Joannis Rer. Mogunt. tom. I, pag. 464.

(182) *Ezzoni videlicet Palatino comiti.* Ezzonem seu Erenfridum, conditorem postea coenobii Browilerensis, Hermanni comitis Palatini filium censent ex Mathilde. *Conf. Tolner.* cit. pag. 22, not. *c.*
(183) *Henrico duci.* Fuisse hunc Boiorum ducem Sigifridi com. I Lucemburgensis ex Hadewiche filium, Kunegundis Augustae fratrem, et Maximinianorum advocatum satis constat.
(184) *Ottoni comiti.* Hoc nomine Tolnerus l. cit. not. *e* intelligit Ezonis S. Erenfridi Rheni palatini filium, patrisque anno 1035 in Palatinatu successorem. Alii malunt Ottonem hunc esse, Hammersteinii Trevericae arcis Rheno impositae dynastam, qui haud multo ante hunc annum, Irmingardae cujusdam concubinae amoribus flagrans, cum in Moguntiacen-

(185) *Servitium.* Certa pecuniae quantitas. Confer tamen Spener *Jur. Publ.* lib. II, cap. XI, § 6, not. *a.*
(186) *In pago Drachere.* Haud dubium est Trichoriam illam esse veterem agrum Rheno conterminum.
(187) *Ad sagimen.* Saginam, seu sagimen, veteres dicebant moderatam lautitiam, qua ascetae, perpetuo rei divinae cultu viribus attenuati, fessa subinde corpora recrearent.

cere possit, absque omni contradictione permaneat. Insuper etiam concedimus atque præcepimus ut idem abbas suique successores potestatem habeant advocatias omnes monasterii sui, cui velint, dandi, justo judicio tollendi. Et ut advocati (188) nullum post se ponere audeant, qui vocetur proadvocatus, nullumque placitum præter tria jure debita in abbatia tenere præsumant, nec cuiquam illorum liceat aliqua violentia hominem gravare, aut vi (189) paraveredos eorum, aut pecora tollere, vel quidquam super officiales aut ministros sive mansionarios seu omnia jura abbatis constituere. Et ut hoc auctoritatis nostræ præceptum inde conscriptum firmum et stabile semper permaneat, non solum hoc manu propria firmavimus, et sigilli nostri impressione insigniri jussimus, verum etiam, ut firmiori auctoritate polleret, beatissimi Patris nostri domni videlicet Benedicti, sedis apostolicæ præsulis privilegium inde conscriptum, et apostolica auctoritate roboratum, præfato cœnobio obtinere meruimus: ut, si, quod absit! aliquis successorum nostrorum regum vel imperatorum, diabolica aviditate corruptus, quidquam de his quæ præfati sæpe monasterii fratribus ad quietem illorum constituimus, imminuere tentaverit, abbas qui tunc ibi præesse videbitur, ac fratres, libere apostolicam sedem, cui idem locus sacratissimus sub antiquis temporibus Constantini imperatoris et Helenæ matris illius addictus esse dignoscitur, fiducialiter appellent, et ad eam quasi filii ad matrem confugiant, ut ab ea, sicuti dignum est, fulciti, aut ea quæ inde abstulimus bona sua recipiant, aut quod nos pro tantis bonis et possessionibus S. Joannis et S. Maximini inde ablatis ad quietudinem illorum ordinavimus atque firmavimus, apostolica auctoritate roborati, obtinere prævaleant.

Signum domni Heinrici Romanorum invictissimi imperatoris Augusti.

Guntherius cancellarius vice Aribonis archicapellani recognovi.

Data IV. Id. Decemb., indictione VI, anno Dominicæ incarnationis 1023 (190), anno vero domni secundi Heinrici regnantis XXII, imperii autem X.

Actum in Triburia, regia villa, palatio publico, in Dei nomine. Amen. Amen.

CXXX.

S. Henrici II imperatoris diploma pro abbatia Mosomagensi.

(Anno 1023.)

[*Hist. ecclésiastique et civile du diocèse de Laon*, pag. 602.]

In nomine sanctæ et individuæ Trinitatis, HENRI-

---

(188) *Advocati nullum post se ponere audeant, qui vocetur proadvocatus, nullumque placitum præter tria*, etc. Notabilem hunc locum censuit auctor Chronici Gottwicensis, pag. 235, quem vide.

(189) *Paraveredos.* Veredi jumenta sunt quæ ad celeritatem per intervalla disponuntur, a rhedis vehendis dicta.

(190) *Anno vero Domni Heinrici regnantis* MXXIII.

cus, divina favente clementia, Romanorum imperator Augustus.

Regalis excellentiæ et imperialis sublimitatis benevolentiam decet ut ecclesias per orbem terrarum longe lateque Dei honore constructas donis ingentibus amplificet, et maxime S. Benedicti norma insignitas per omnia adjuvet, ac vigore regalis potentiæ a pervasoribus impiis secundum suum posse defendat; et ideo scire volo tam præsentes quam futuros Ecclesiæ fideles quod quidam venerabilis Mosomagensis ecclesiæ abbas, nuncupatus Boso, adiit præsentiam nostræ serenitatis, humiliter rogans et petens quatenus prædia quæ in regno, Dei clementia, nostræ potestatis sita habentur, et a fidelibus Dei loco sanctæ Mariæ Mosomagensis ecclesiæ præfato fideli devotione tradita noscuntur, auctoritate nostri præcepti prohiberemus ne ab infidelibus Dei, quod absit! distraherentur, vel injuste opprimerentur. Nos vero prædecessorum nostrorum videlicet Romanorum imperatorum Augustorum morem sequentes, ejus petitionibus assensum præbuimus, et per præceptum nostræ auctoritatis quamvis parvissimæ ad præfatum sanctæ Mariæ ecclesiæ locum Dei a fidelibus in nomine Domini data confirmamus, et ut perpetualiter quiete et absque ulla repetitione ecclesia sanctæ Mariæ teneret corroboravimus; videlicet tres ecclesias in honore sancti Dionysii, sancti Martini et sanctæ Genovefæ in ejusdem monasterii villa sitas, cum terris et omnibus appendiciis suis, et medietatem mercati ejusdem loci, et districtum et bannum eorum hominum et feminarum qui in eadem villa ad ipsius loci monasterium pertinent de capite, et quatuor villas quarum hæc sunt nomina: Breveliacum cum ecclesia, Seciam cum ecclesia, Odunt cum ecclesia, Remiliacum cum silvis et omnibus appendiciis suis; in villa Allicurt mansum cum omnibus appendiciis suis. In villa Duziaco ecclesiam cum duabus capellis et duobus mansis. In Titania unum mansum; in villa Hercumbre ecclesiam cum tribus capellis; in monte S. Remigii ecclesiam, in Hermannisve ecclesiam cum capella una; in villare ecclesiam unam; in villa Sedens tres partes ecclesiæ cum terris; in Butoni curte ecclesiam cum capella; in Rudini monte dimidiam ecclesiam; in Amblini monte ecclesiam unam; in Givunna quatuor mansos et tertiam partem ecclesiæ; in Purione superiori ecclesiam unam; in Evrini monte mansum unum; in villa Hannonia alodium cum molendino, silvis et omnibus appendiciis suis, quem dedit Helgoldus; in Bertoldi curte alodium cum molendino, silvis et omnibus appendiciis suis, quem dedit Amalricus pro anima fratris Olonis; et in loco qui dicitur Villa, alodium, quem dedit jam dictus Amalricus pro matre

---

Ponitur annus MXXIII loco MXXII, quod occurrit in pluribus aliis chartis relatis in *Chron. Gottwicen.*, tom. I, p. 242. Excusari id potest, dicendo : anno 1022 superstites menses pro integro anno, alios deinde menses anni 1023 rursum pro toto anno computatos esse; quod notariis seu cancellariis haud fuisse infrequens nos jam alias monuisse meminimus.

sua; et in villa Falisia' alodium cum molendino, silvis et omnibus appendiciis suis, quem dedit Wiricus clericus; et in villa quæ dicitur Nonas, alodium cum molendino, silvis et appendiciis suis, quem dedit Jozbertus clericus; et in Eomloncare alodium cum molendinis, vineis et omnibus appendiciis suis, quem dedit Emma, uxor Dudonis; et in villa Hairicurte alodium cum dimidia ecclesia et omnibus appendiciis suis, quem dedit Hanno filius jam dicti Dudonis; in eadem villa alodium, quem dedit Dada cum quadam parte ecclesiæ, in villa quæ dicitur Bar, cum omnibus appendiciis suis. Et in villa Sommoya alodium, quem dedit Lieltherus pro filio suo Heriberto, cum omnibus appendiciis suis. Et in Gunhericurte alodium cum molendinis et silvis et omnibus appendiciis suis, quem dedit Fulcradus et Hamedeus ; et in jam dicta villa Secia unum mansum, quem dedit Hilbertus; et in villa Flaveio ecclesiam unam cum alodio, quem dedit Hamedeus et neptis ejus Molimdis cum omnibus appendiciis suis; et in villa quæ dicitur Urgan unum fiscalem mansum, quem dedit dux Fredericus pro anima Ottonis, cum omnibus appendiciis suis; et in villa nuncupata Ouvelais unum mansum; et in villa Enemente unum mansum; super fluvium Mosellæ in villa Rozerolax mansos decem; in villa quæ dicitur Castellum mansos duos. Insuper confirmavimus prædicto monasterio prædia quæ Godefridus comes et conjux sua Mathildis pro anima sui fratris constituit, et pro animæ suæ suorumque parentum remedio concessit et tradidit, scilicet in villa Madringas, quinque mansos cum manso indominicato et dimidiam ecclesiam; in Rotela mansos septem et tertiam partem molendini, cum terris cultis et incultis; et in Bretenaco mansos sexdecim et quamdam partem ecclesiæ, cum omnibus prædictarum ecclesiarum, mansorum, prædiorum, pertinenciis suis, pascuis, campis, vineis, pratis, mancipiis, silvis, piscationibus, molendinis, terris cultis et incultis, et cum omnibus quæ dici vel nominari possunt, quæ jam dicto monasterio nunc pertinent, aut in futurum, a quibuscunque, Deo favente [data pertinebunt]; suique in eodem monasterio successores omnia præscripta habeant, teneant ut secure Deo servire valeant, remota inquietatione omnium hominum. Si quis tamen, quod absit! hujus nostræ confirmationis violator exstiterit, sciat se compositurum mille libras auri, medietatem palatio, et medietatem prædicti monasterii fratribus. Quod ut verius credatur, manu propria confirmavimus, nostroque sigillo sigillari jussimus.

Signum Henrici Romanorum invictissimi imperatoris Augusti.

Guntherius cancellarius vice Aribonis archicapellani recognovit.

Data indictione vi, anno Dominicæ incarnationis millesimo vicesimo tertio. Anno vero domini Henrici II regnantis vicesimo secundo, imperantis autem undecimo.

Actum Evodii feliciter. Amen. Fiat.

CXXXI.

S. Henricus Ecclesiæ Pergamensis, petente Ambrosio episcopo, privilegia confirmat.

(Anno 1023.)

[Ughelli, *Italia sacra*, IV, 441.]

In nomine sanctæ et individuæ Trinitatis, Heinricus divina favente clementia Romanorum imperator Augustus.

Omnium sanctæ Dei Ecclesiæ nostrorumque fidelium, præsentium videlicet ac futurorum, sagacitas noverit Ambrosium, sanctæ Pergamensis Ecclesiæ venerabilem episcopum, nostræ obtulisse clementiæ præcepta atque auctoritates piissimorum Augustorum vel regum seu prædecessorum nostrorum omnium, quotquot a tempore divæ memoriæ Magni Caroli regnaverunt usque ad præsens tempus nostrum, qui omnes immunitatis suæ ac liberalitatis munimine præfatam Ecclesiam exaltarunt et corroborarunt; petiitque, ut eorumdem auctoritatibus nostram superadderemus auctoritatem. Cujus devotionis precibus libentissime assensum præbentes, hos apices inscribi jussimus, per quos decernimus ut quidquid antiqui imperatores, et reges imperatrices quoque et reginæ Romanorum, Longobardorum, seu Francorum, nec non et reliqui Deum timentes, memoratæ sanctæ Pergamensis ecclesiæ suis præceptis et testamentis contulerunt, et postmodum præcellentissimi reges atque Augusti sua auctoritate confirmaverunt, stabile atque inconvulsum nostris futurisque temporibus in ipsius jure et potestate perpetualiter maneat. Et nullus comes, vel publicæ partis judex et gastaldio, vel alia quælibet persona in monasteriis, xenodochiis, vel ecclesiis baptismalibus, aut cardinalibus, seu oraculis, vel cunctis possessionibus quas, ut prædiximus, a tempore Magni Caroli usque in præsens undecunque infra regnum Italicum sæpedicta Pergamensis ecclesia habere dignoscitur, vel quas deinceps inibi divina pietas augmentare voluerit, nemo superioris aut inferioris reipublicæ procurator ad causas judiciario more audiendas conventum facere, vel freda exigere, aut mansionaticum vel paratas requirere, parafredos aut fidejussores violenter tollere, clericos ejusdem ecclesiæ in personis vel domibus suis lædere, vel homines tam ingenuos, libellarios, quamque servos in possessionibus vel mansionibus ipsius ecclesiæ commanentes, potestative distringere, nec ullas publicas redhibitiones, vel illicitas occasiones, sive angarias superimponere audeat, vel inferre præsumat, quatenus pro nostra incolumitate statuque regni nostri altissimum Dominum jugiter quiete valeant exorare. Insuper præcipimus atque statuimus ut, undecunque a tempore præfati Magni Caroli legalem investituram habere dignoscitur jam dicta ecclesia, nullam deminorationem quislibet facere præsumat, nisi prius ante nostri præsentiam judiciario more diffiniatur. Jubemus præterea atque sancimus ut universas commutationes, quas cum parte palatii nostri, seu cum reliquis episcopiis, abbatiis, comitatibus, xenodochiis, publicis, Pergamensis Ecclesia a tempore prælibati magni imperatoris Caroli usque in præsens legaliter factas habeat, inconvulsa (*sic*) retineat, perpetualiterque possideat absque ulla in posterum contradictione, seu publica repetitione salvo inviolatoque jure ipsius ecclesiæ. Quicunque autem hujus nostri præcepti prævaricator inventus fuerit, ac comprobatus, immunitatis pœnam eidem ecclesiæ in triginta libris auri futuram concedimus persolvere simibet cogatur. Et ut hæc nostræ confirmationis seu concessionis atque immunitatis futuris temporibus illibatum obtineat robur, manu propria firmantes, sigillo nostro sigillari jussimus.

CXXXII.

Præceptum S. Henrici imperatoris Degenhario abbati Morbacensi concessum. — Monasterii privilegia et jus eligendi abbatis confirmat.

(Anno 1023.)

[Marten., *Thesaur. Anecd.* I, 143, *ex chartario Morbacensi.*]

In nomine sanctæ et individuæ Trinitatis, Henricus, divina favente clementia, Romanorum imperator Augustus.

Si loca divinis cultibus mancipata propter amorem Dei ditamus, et in eisdem locis sibi famulantibus beneficia opportuna largimur, præmium nobis apud Deum æternæ remunerationis rependi confidimus. Proinde omnium fidelium nostrorum, tam præsentium quam et futurorum, noverit industria quia vir venerabilis Degenhardus abbas ex monasterio Morbach, quod est constructum in honore sanctæ Dei genetricis semperque virginis Mariæ, sanctique Petri principis apostolorum, et sancti Leodegarii martyris et episcopi, detulit obtutibus nostris auctoritates immunitatum domni Ottonis secundi Romanorum imperatoris, in quibus continebatur insertum qualiter ipsum monasterium cum rebus et hominibus sibi juste subjectis, ob amorem Dei, tranquillitatem fratrum ibidem consistentium, sub plenissima defensione eorum et immunitatis tuitione haberetur; et pro rei totius firmitate charissima nostra contectalis Cunigunda, Argentinæ civitatis Verenhario episcopo comite, nos postulavit ut hujuscemodi nostræ auctoritatis immunitatem erga ipsum monasterium, ob reverentiam ipsius sancti loci, hac nostra renovaremus atque confirmaremus auctoritate. Nos vero petitioni, pro Dei amore et nostræ mercedis augmento, libenter annuimus, et hoc præceptum inde conscribi jussimus, per quod eis omnia loca quæ, vel tempore Eberhardi et Luidefridi, usibus eorum concessa sunt, et modo in eorum vestitura tenentur, ad suum peculiare; et quæ injuste abstracta noscuntur, nostra imperiali auctoritate omnia eis concedimus ac roboramus; eisque inter se eligendi abbatem qui eisdem rebus fratrum præesse possit, quandocunque necesse sit, liberum concedimus arbitrium. Insuper etiam imperiali sceptro sancimus ut nullus comes, aut judex, seu quælibet præpotens persona, mansiones in illis locis habere, aut paratas exquirere præsumat, sed eis liceat quieto ordine degere, et regulariter Domino militari; teloneum videlicet, juxta antiquas antecessorum nostrorum concessiones, ab eis vel eorum hominibus per omnes regni nostri fines, neque in urbe, neque in via, neque ad pontes, seu aliquæ stricturæ nullomodo accipiantur vel quærantur. Et, ut hoc nostræ confirmationis præceptum firmum stabileque permaneat, manu nostra illud subterfirmavimus, sigilloque nostri impressione insigniri præcepimus.

Signum domni Henrici Romanorum invictissimi imperatoris Augusti.

Guntherius cancellarius, vice Aribonis archicapellani, recognovit.

Data vn Kal. Octobris, indict. vi, anno Dominicæ incarnationis 1023, anno vero domni Henrici secundi, regnantis 22, imperii autem 11.

Actum Basileæ feliciter. Amen.

CXXXIII.

S. Henrici imp. præceptum, per quod gravi dissidio inter Wormatiensem Ecclesiam et Lauritheimense cœnobium suborto finem imponit.

(Anno 1025.)

[Schannat, *Episcopatus Wormat.*, II, 43.]

In nomine sanctæ et individuæ Trinitatis, Henricus, divina favente clementia imperator Augustus.

Notum sit et qualiter assidua proclamatio nostras aures inquietabat, ob inveteratas et frequentes contentiones et ob immarcidas inimicitias quæ semper erant inter Wormatiensem episcopum et Lauresheimensem abbatem, et inter familias utrarumque Ecclesiarum; quæ jam in tantum invaluerunt, ut etiam innumerabilia inter se fierent homicidia, et in hoc maximum detrimentum utraque pateretur Ecclesia. Quapropter cum consilio meorum fidelium id ordinare disposui; in primis præcepi, et ad hoc peragendum meos nuntios misi, ut omnis injustitia, quæ jam per multa tempora ex utraque parte incorrecta permanserat, ab advocatis illorum utrinque pleniter corrigeretur; et de hinc providerent ne talia apud illos sic inveterescant; et, si aliqua nova contentio, quob absit! inter illos remaneret, istud constitui decretum : si quis ex familia sancti Petri Wormatiensis aliquem ex familia sancti Nazary, vel e contrario aliquis ex familia sancti Nazary quemquam servorum sancti Petri insequatur, et ausu temerario et armata manu aliquem ad occidendum, vel ad deprædandum ejus curtem, sive ejus domum infregerit, et cum impugnaverit, et si ille effugerit vel quoquo modo ab ejus impugnatore se liberaverit; illi, qui hujus audaciæ et invasionis dux et princeps fuerit, tollantur coriarium et capilli, et insuper in utraque maxilla ferro ad hoc facto etiam candenti crateatur et comburatur; reliqui ejus sequaces cute et capillis priventur. Si autem ibi occiderit, omnes qui hujusmodi homicidii vel invasionis participes sunt, cute et capillis perditis, suprædicta combustione signentur, ac weregeldum occisi domino suo auctor homicidii persolvat, et cum proximis ejusdem A rici secundi regnantis xxi, imperii autem ix. interfecti componat, etc.

Guntherus cancellarius, vice Aribonis archicapellani recognovi.

Data iv Decemb. Jud. vi, anno Dominicæ Incarn. 1023.

Actum Triburi, regia villa, feliciter. Amen.

CXXXIV.
S. Henricus Ecclesiæ Paderbonensi prædium Steini donat.
(Anno 1023.)
[*Cod. diplom.*, *Hist. Westph.*, p. 87.]

C. In nomine sanctæ et individuæ Trinitatis, Henricus divina favente clementia Romanorum imperator Augustus.

Si venerabilia ecclesiarum Dei loca ditare ac sublimare studuerimus, nobis id animæque nostræ remedio parentumque nostrorum nec non regni nostri statui profuturum esse minime dubitamus. Quapropter noverit omnium Christi fidelium nostrarumque universitas qualiter nos, inspicientes interventum dilectissimæ conjugis nostræ Cunigundæ imperatricis Augustæ, assidue monentis atque incessabiliter nobis in memoriam reducentis quod Meinwercus Paderbrunnensis ecclesiæ venerabilis episcopus plus cæteris fidelibus nostris in servitute nostra jugi devotione sudavit, eidem Paderbrunnensi ecclesiæ, in honorem sanctæ Dei genitricis Mariæ sanctique Kiliani martiris nec non preciosi confessoris Liborii dedicatæ, cui idem nobis dilectus antistes præesse videtur, quoddam prædium nostrum Steini dictum, situm in pago Westfalon, in comitatu vero Bernhardi comitis, cum omnibus ejusdem prædii pertinentiis, terris videlicet cultis et incultis, curtificiis, areis, ædificiis, mancipiis utriusque sexus, pratis, pascuis, silvis, venationibus, aquis aquarumque decursibus, piscationibus, molendinis, viis et inviis, exitibus et reditibus, quæsitis vel inquirendis, cæterisque omnibus, quæ quomodocunque dici sive scribi aut nominari possunt, utilitatibus ad ipsum prædium pertinentibus, per hanc nostram imperialem paginam concedimus atque largimur, et de nostro jure ac dominio in ejus jus et dominium omnino transfundimus; ea videlicet ratione ut prædictus M. episcopus sibique posthinc succedentes liberam habeant de eodem prædio ejusque pertinentiis potestatem quidquid eis placuerit ad usum ecclesiæ faciendi, omnium hominum regni nostri contradictione remota. Et ut hæc nostræ ingenuitatis auctoritas stabilis et inconvulsa omni posthinc permaneat tempore, hoc imperiale præceptum inde conscriptum manu propria confirmantes, sigilli nostri impressione jussimus insigniri.

Signum domni Henrici Romanorum invictissimi (L. M.) *imperatoris Augusti.*

Guntherius cancellarius vice Aribonis archicapellani recognovit.

Data xix Kal. Febr., indictione vi, anno Dominicæ incarnationis 1023, anno vero domni Heinrici secundi regnantis xxi, imperii autem ix. Actum Poderbrunnon feliciter. Amen.

CXXXV.
S. Henrici privilegium pro eadem Ecclesia.
(Anno eodem.)
[*Ibid.*, p. 85.]

C. In nomine sanctæ et individuæ Trinitatis, Heinricus divina favente clementia Romanorum imperator Augustus.

Quoniam divinæ dignationis clementia ad regendum totius rei publicæ statum nos provexit suæ immensæ pietatis magnificentia, ante omnia ad hoc laborare debemus ut, qui corona terreni imperii gloriamur, illa inestimabilis gaudii gloria non privemur. Quod certissime posse fieri creditur, si loca ecclesiasticis obsequiis a christianis viris deputata, nostra auctoritate confirmentur et corroborentur, ut, omni exteriori inquietudine remota, divinis laudibus in eis mancipati in pace et quiete domino servire delectentur, et, qui curis et negotiis sæcularibus gravamur, eorum qui in lege ejus die ac nocte meditantur precibus a peccatorum nostrorum nexibus liberemur. Quapropter omnium fidelium Christi nostrorumque noverit universitas qualiter dilectus nobis venerabilisque Meginwercus Potherbrunnensis Ecclesiæ antistes, celsitudinem nostram adiit, suppliciter exorans ut monasterium, in occidentali parte Potherbrunnensis suburbii ab eo in honore sanctæ Dei genitricis et perpetuæ Virginis Mariæ omniumque sanctorum fundatum, nostra imperiali auctoritate confirmaretur, quatenus fratres ipsius monasterii, in divino servitio jugiter permansuri, ab omni sæculari violentia et molestia remoti et muniti, tanto expeditius mandatorum Dei currerent, quanto eis terrenæ incommoditatis impedimenta nulla obstarent. Cujus laudabilis studii intentione congaudentes, et per interventum dilectissimæ conjugis nostræ Cunigundæ videlicet imperatricis Augustæ, aliorumque fidelium nostrorum justis petitionibus gratuito assentientes, imperiali auctoritate decrevimus ut omnia a nobis vel ab ipso venerabili episcopo de sua hæreditate, vel aliunde per commutationem aut precariam, vel ab illis Dei cultoribus eidem monasterio collata, videlicet in territoriis, villis, areis, curtis, ædificiis, mancipiis utriusque sexus, terris cultis et incultis, pratis, pascuis, campis, aquis aquarumque decursibus, molis, molendinis, piscationibus, silvis, venationibus, exitibus et reditibus, viis et inviis, quæsitis et inquirendis, cum omni utilitate et integritate quæ ullo modo ex eis provenire poterit; ipsius monasterii abbas cum suis fratribus proprietario jure potestative habeat atque possideat, et cum episcopi licentia quidquid illis placuerit ad communem usum Ecclesiæ faciat. Insuper etiam firmiter et stabile perpetuo jure sancimus ut nullus dux aut comes, aut aliqua persona parva vel magna, quemlibet abbatum ipsius monasterii cum suis fratribus super eisdem bonis inquietare, molestare aut divestire, aut aliqua judiciaria potestate se intromittere præsumat, nisi advocatus ecclesiæ ab abbate et fratribus in eadem proprietate ejusque pertinentiis quidquid eis defensorem electus et ab episcopo constitutus; eo videlicet tenore ut, jure contentus ecclesiæ, cum præcepto et consilio abbatis omnia faciat atque disponat. Si quis autem hoc nostræ imperialis confirmationis edictum aliqua præsumptione infringere tentaverit, centum librarum examinati auri ad nostrum pondus compositione multetur, ut quinquaginta nostræ cameræ persolvat, quinquaginta eidem Ecclesiæ quam ausu temerario inquietare præsumpsit. Et, ut hæc confirmatio verius credatur stabilisque et inconvulsa omni tempore habeatur, hanc imperialis edicti paginam inde conscribi, et manu propria confirmantes, sigillo nostro insigniri jussimus.

Signum domni Henrici (L. M.) Romanorum invictissimi imperatoris Augusti.

Guntherius cancellarius vice Aribonis archicappellani recognovit.

Datum XVIII. Kal. Feb., indict. VI, anno Dominicæ incarnationis 1023, anno vero domni Henrici secundi regnantis XXI, imperii autem ejus IX.

Actum Paderbrunnon feliciter. Amen.

CXXXVI.
S. Heinricus Paderbornensi Ecclesiæ prædia quædam confert.

(Anno eodem.)

[*Ibid.*, p. 84.]

In nomine sanctæ et individuæ Trinitatis, Heinricus, divina favente clementia, Romanorum imperator Augustus.

Si venerabilia Ecclesiarum Dei loca ditare ac sublimare studuerimus, nobis id regnique nostri statui profuturum esse minime dubitamus. Quapropter noverit omnium Christi fidelium nostrorumque universitas qualiter nos, pro remedio animæ nostræ dilectissimæque conjugis nostræ Cunigundæ videlicet imperatricis Augustæ atque parentum nostrorum, nec non pro animabus fidelium nostrorum quorum ibi corpora requiescunt, Erphonis scilicet comitis atque Cononis, monasterio nostro Cofunga nominato, in honorem Domini Salvatoris sanctæque ejus Genitricis, nec non victoriosissimæ crucis atque beati Petri apostolorum principis constructo, ad usum sanctimonialium ibidem Deo servientium, quoddam nostri juris prædium Hardinghuson dictum, situm in pago . . . . in comitatu vero . . . . comitis, cum omnibus ejusdem prædii pertinentiis, terris videlicet cultis et incultis, curtificiis, areis, ædificiis, mancipiis utriusque sexus, pratis, pascuis, silvis, venationibus, aquis aquarumque decursibus, piscationibus, molendinis, viis et inviis, exitibus et reditibus, quæsitis vel inquirendis, cæterisque omnibus, quæ quomodocumque dici sive scribi possunt, utilitatibus ad ipsum prædium pertinentibus, per hanc nostram imperialem paginam concedimus atque largimur, et de nostro jure ac dominio in ejus jus et dominium omnino transfundimus; ea videlicet ratione ut ipsius ecclesiæ venerabilis abbatissa Ota sibique posthinc succedentes liberam habeant de eadem proprietate ejusque pertinentiis quidquid eis placuerit ad usum ecclesiæ faciendi potestatem, omnium hominum regni nostri contradictione remota. Et, ut hæc nostræ ingenuitatis auctoritas stabilis ac inconvulsa omni posthinc permaneat tempore, hoc imperiale præceptum inde conscriptum manu propria confirmantes, sigilli nostri impressione jussimus insigniri.

Signum domni Heinrici Romanorum invictissimi (L. M.) imperatoris Augusti.

Guntherius cancellarius vice Aribonis archicappellani recognovit.

Datum XIX Kal. Febr., indict. VI, anno Dominicæ incarnationis 1023; anno vero domni Henrici secundi regnantis XXI, imperii autem ejus IX.

Actum Paderbrunnon feliciter. Amen.

CXXXVII.
Decretum S. Henrici II imperatoris.

(Anno 1024, 9 Mart.)

[Dronke, *Cod. diplom. Fuld.*, p. 348.]

In nomine sanctæ et individuæ Trinitatis, Heinricus divina favente clementia Romanorum imperator Augustus.

Omnibus fidelibus, tam præsentibus quam futuris, notum fore cupimus qualiter assidua proclamatio nostras aures inquietabat ob innumeras et frequentes contentiones quæ semper erant inter Vuldensem et Herveldensem familiam, quæ in tantum convaluerunt ut etiam innumerabilia inter se fierent homicidia, et inde maximum detrimentum utraque pateretur Ecclesia. Quapropter ne talis ac tantæ præsumptionis audacia sine digna ultione inter utrasque familias diutius remaneret, cum consensu et consilio utrorumque abbatum, Richardi Vuldensis et Arnolti Herveldensis, aliorumque fidelium nostrorum, per hujus chartulæ præceptum tale constituimus decretum : ut primum omnis injustitia quæ jam per multa tempora ex utraque parte incorrecta remanserat, ab advocatis et præpositis illorum utrimque pleniter corrigatur; et deinceps, si quis ex familia utriusque ecclesiæ aliquem servorum vel sancti Bonifacii vel sancti Wigberti insequitur, et ausu temerario et armata manu ad occidendum vel ad deprædandum ejus curtem sive domum infregerit et eum impugnaverit, et si ille aut aufugerit aut si forte domi non fuerit vel quoquomodo ab ejus potestate sive impugnatione se liberaverit, illi qui hujus audaciæ et invasionis dux et princeps fuerit, tollantur corium et capilli, et insuper in utraque maxilla ferro ad hoc facto etiam candenti bene cratetur et comburatur, reliqui ejus sequaces cute et capillis priventur. Si autem ibi occiditur, omnes qui hujus homicidii seu invasionis participes sunt supradictæ pœnæ subjaceant. Et si ex una familia sunt ille qui occiditur et illi qui occidunt, omnes singulariter weregeldum occisi et omne debitum, sicut hactenus fecerunt, propriæ Ecclesiæ persolvant. Si autem illa qui occiditur ex una familia est et illi qui occidunt ex alia, auctor homicidii solus pro omnibus weregeldum persolvat. Et in quocumque loco aut ex una aut ex alia familia aliquis occiditur, nisi ille qui homicidium facit probabiles testes habeat aut per ferrum candens hoc probare valeat, quod ob aliam causam non fecisset nisi quod de impugnatione ipsius aliter vivus effugere non potuisset, suprædictæ pœnæ subjaceat. Si autem hoc probare potest, nihil patiatur nisi quod hactenus ipsa Ecclesia pro lege habuit. Istud constitutum advocatus in cujus advocatione hoc evenerit, cum scientia utrorumque abbatum, in præsentia nuntiorum illorum fideliter adimpleat. Si vero advocatus, aut mercede conductus aut misericordia motus, aliqua calliditate hoc decretum avertere voluerit, gratia nostra et advocatione careat, nisi supra sacras reliquias hoc adfirmare audeat quod homicidam seu invasorem nusquam adquirere possit, et tamen quam citissime poterit adquirat. Et si ipse in cujus advocatione hoc evenerit reum adquirere non poterit vel noluerit, fideles alterius abbatis, si possint, adquirant et ad prædictam pœnam, præsentibus nuntiis utrorumque abbatum, adpræsentent. De camerariis vero et pincernis aliisque honoratis utrorumque abbatum servitoribus hoc constituimus, ut, si quid tale aliquis illorum fecerit prædictæ pœnæ subjaceat secundum arbitrium abbatis vel x libris denariorum redimatur. Et hoc volo firmiterque præcipio ut rem semel bene ac recte diffinitam nullus iterare audeat vel renovare. Si autem prædicti abbates hoc decretum adnullare cupiunt, mihi vel meo successori ii libras auri uterque persolvat, conatum tamen suum non perficiant. Et, ut hæc constitutio stabilis et inconvulsa permaneat, sigilli nostri impressione hanc chartam insigniri jussimus.

Signum domni Heinrici Romanorum invictissimi imperatoris (M) Augusti (S)

Odalricus cancellarius vice Aribonis archicapellani recognovit.

Data est anno Dominicæ incarnationis 1024, regnante Heinricho imperatore Augusto annos XXII, imperii vero ejus anno XI, indictione VII.

Data in VII Idus Martii.

Actum feliciter Babenberc.

CXXXVIII.
738. Traditio Heinrici II imperatoris.
(Anno 1024, 26 Junii.)
[Dronke, *ubi supra*, p. 349.]

In nomine sanctæ et individuæ Trinitatis, HEINRIcus, divinæ favente gratiæ clementia, Romanorum imperator Augustus.

Quoniam nostrum est de bonis nobis divinitus collatis præcipue sanctas ditare ecclesias, eidem devotioni licet perpauca munera, pia tamen, nostra præsto est voluntas in Domino qui dat præmia pro bona voluntate. Quapropter Christi [fidelium] nostrique noverit universitas qualiter nos, pro remedio animæ nostræ, per interventum ac petitionem dilectæ conjugis nostræ Cunigundæ imperatricis Augustæ, necnon et fidelis nostri Richardi Fuldensis abbatis, comitatum Stoddenstat situm in pago Moyngowe Fuldæ ad altare sancti Bonifacii tali jure talique constitutione quali et debet, et a principio ab omnibus sibi placitis prælatis hucusque est habitus in potestate prædicti abbatis, sine alicujus contradictione donavimus; ea videlicet ratione ut ipsi suique successores, sicut de cæteris ejusdem abbatiæ bonis, dehinc liberum habeant arbitrium quoquomodo desuper præcipiendi seu quodlibet utile prædictæ ecclesiæ inde faciendi. Hoc tantum caveant abbates præfati monasterii, ne vel religio monasticæ consuetudinis suis temporibus cassetur, vel cura animarum sibi commissarum periclitetur, vel alimenta Deo ibidem servientium rarescant, ob hoc maxime quod Deo collata patrimonia et decimationes ecclesiarum laicorum manibus tradita polluuntur, illique Deo culpabiles inveniuntur qui pro nihilo habent quod peccata hominum super se oneraverunt. Illi enim qui terrena patrimonia Deo et sanctis conferunt, de peccatis suis exonerantur: illi vero qui oblationes fidelium recipiunt, et ea quæ Deo debentur et ad Dei servitium traduntur rursus ad sæcularem pompam et superbiam exercendam concedunt, oneraria peccata super se duplicant. Unde consulimus et præcipimus ut modus his ponatur et terminus. Inter hæc tamen unum medium est. Oportet ut in ecclesiis multæ sint facultates et maxime in Fuldensi, quia, cui plus committitur, plus, ab eo exigitur. Multa enim debet dare servitia et Romanæ et regali curiæ propter quod scriptum est: *Reddite quæ sunt Cæsaris Cæsari, et quæ sunt Dei Deo*. Quapropter consulant sibi et præveniant scandala antequam fiant, habeantque secum quæ Deo offeruntur, nec abjiciant incassum; quia cito veniet tempus quando mundus recipit quod Deo dedit, et monasteria quæ jam sunt in abundantia prima erunt in rapina, ut fiat quod Salvator ait: *Abundante iniquitate, refrigescet charitas multorum*. Præcipimus ergo sub districtione divini judicii ut omnes traditiones regum et decreta apostolicorum atque oblationes fidelium sub tuta custodia teneantur et fideliter observentur. Et, ut hæc traditionis et præceptionis auctoritas stabilis et inconvulsa omni tempore permaneat, hanc paginam conscribi et sigillo nostro eam jussimus insigniri.

Signum domni Heinrici invictissimi Romanorum Augusti imperatoris.

Datum VI Jul., indict. VI

Actum Goslariæ feliciter. Amen.

CXXXIX.
S. Henricus Ecclesiæ Novariensis privilegia et possessiones confirmat et auget.
(Anno 1024.)
[Apud Baronium, *Annal. eccles.* ad an. 1014.]

In nomine sanctæ et individuæ Trinitatis, HEINRIcus, divina ordinante clementia, Romanorum imperator Augustus.

Dum fidelium petitionibus nostræ imperialis celsitudinis assensum præbuerimus, eos nostro servitio promptiores ac devotiores esse minime dubitamus. Quapropter cunctorum Ecclesiæ catholicæ fidelium nostrorumque, tam præsentium quam futurorum, solertia recognoscat Petrum, venerabilem virum, sanctæ Novariensis Ecclesiæ episcopum, nostrumque fidelem, qui nostræ fidelitatis causa multa sustinuit, famem videlicet, sitim, æstus et frigus, et insuper et glaciosas rupes collesque satis asperos, nudis pedibus, persequentibus inimicis fugiendo superavit; qui etiam nunc præsentialiter multa damna, Harduico devastante recepit: nam ecclesiæ illius sunt deprædatæ, castra disrupta, domus eversæ, vineæ incisæ, arbores decorticatæ, insuper plebes ipsius et curtes ab Harduico pro beneficio suisque inimicis datæ sunt; nostram imperialem adiisse excellentiam, quatenus, pro sui laboris recompensatione et suorum damnatorum restauratione, quemdam comitatulum, qui in valle Auxula infra ipsius episcopatus parochiam adjacere dignoscitur, prædictæ ecclesiæ Novariensi, cum omnibus functionibus quæ de ipso comitatulo publicæ parti pertinent, concederemus. Nec non etiam deprecatus est nos ut quamdam plebem, quam olim malo ordine et injusta ratione sua perdidit ecclesia, quæ sita est in villa quæ nominatur Trecate, non adeo procul a civitate, curtem quoque, quæ Gravanola dicitur, quondam ipsius episcopi continentem, sed nunc injuste pervasa esse dignoscitur, suæ Ecclesiæ restitueremus.

Itaque dignum est ut sui laboris prænominatus præsul retributionem a nobis suscipiat. Et, quoniam justum est ut supra nominata plebs atque curs jam dicta suo restituatur episcopatui; et ut alii nostri fideles, hoc cognoscentes, nostræ fidelitati amplius stabiliantur: ejus precibus annuentes, jam dictum comitatulum a nostro jure in ejus ecclesiæ potestatem omnino transfundimus et perdonamus, et præfatam plebem atque curtem per hoc nostræ auctoritatis præceptum jam supradictæ Novariensi ecclesiæ reddimus et concedimus, cum omni districtu et teloneis, piscationibus, quæ in flumine Toxo, in illis scilicet locis ubi ipsa Ecclesia ex utraque fluminis tenet parte; et cum venationibus, seu omnibus rebus quæ ad publicam partem ex eodem comitatulo exigi possunt, cum capellis, domo, curtili, massaritiis, casis, sediminibus, campis, pratis vineis, pascuis, silvis, stallariis, salicetis, paludibus, aquis, aquarum decursibus, molendinis, piscationibus, cultis et incultis, divisis et indivisis, terminis, concessionibus, piscariis, compariciis aliisque universis redhibitionibus, cum servis et ancillis, et aldianibus, et aldianis utriusque sexus, cum omnibus, quæ dici aut vocari possunt, ad jam dictam plebem vel curtem pertinentibus vel respicientibus. Nec non et portum de Bestagno eidem plebi pertinentem, quem gloriosissimus avunculus noster Otto major supradictæ sedi per præceptum concessit; ita ut nullus marchio, comes, vicecomes, schuldasius ejus, seu quælibet magna parvaque persona homines jam dicti comitatus, seu plebis, vel curtis audeat distringere, aut intra ipsum comitatum aliquid præsumat exigere, vel paratos facere, nec ullas redhibitiones acquirere, sed liceat memorato præsuli suisque successoribus jam sæpe dictum comitatum cum supradicta plebe vel curte tenere, et omnes homines ipsius comitatus, sive ipsius plebis seu curtis, per se vel suum legatum distringere, sicut per nos vel nostrum missum distringendi essent, et omnia quæ de ipso comitatu ad publicam partem pertinent, vel inde exigi possunt, et prætaxatam plebem de Trecate, atque curtem de Gravalona cum omnibus suis appendiciis vel pertinentiis habeat, teneat firmiterque possideat, tam ipse quam successores illius, qui illam, Deo favente et disponente, ipsius sedis cathedram suscepturi sunt, omni nostra nostrorumque successorum regum et imperatorum et omni hominum contradictione vel diminutione remota. Si quis igitur hoc nostræ concessionis præceptum nefarie ausu temerario violare præsumpserit, centum libras auri optimi componere cogatur, medietatem palatio nostro, et medietatem Novariensi ecclesiæ, ejusque rectori, qui pro tempore inibi habebitur. Et hoc ut verius credatur, diligentiusque ab omnibus observetur, manu propria subter confirmantes, sigillique nostri impressione jussimus insigniri.

Signum Domini Henrici, serenissimi invictissimi imperatoris Augusti.

Datum anno incarnationis Dominicæ 1024, indictione duodecima, anno vero regni domini Henrici imperatoris Augusti 13, imperii anno primo.

Actum Trucutanæ faciliter. Amen.

SANCTI HENRICI

CONCIO

Habita in concilio Francfordiensi, pro constitutione episcopatus Bambergensis anno 1006 celebrato

(Mansi, *Conc.* XIX, 289.)

Domini, et Patres a mea parvitate huc asciti convenistis, et quamobrem vos ascierim, aperiam, precorque omnium clementiam ut in his quæ divina gratia mihi, ut spero, inspiravit, pro ejus amore faveatis. Nam, quia in sobole habenda nulla mihi spes superest, Christum hæredem elegi, episcopatum in Bavenberch, cum licentia episcopi mei facere hactenus concupivi, et hodie perficere statui. Ob hoc serenissimam pietatem vestram interpello, ne, ejus absentia qui apud me voluit obtinere quod mihi non licuit concedere, propositum meum valeat impediri. Ecce baculus, in quo mutuæ confirmationis signum clarescit, quod non propter Dominum, sed ob dignitatis nullatenus adipiscendæ dolorem fugerit. Moveat corda omnium præsentium quod augmentum S. Matris Ecclesiæ cum nugigerula legatione annullare præsumit. Ecce ad hæc conjugis meæ præsentis, et unici fratris mei et cohæredis larga benevolentia aspirat; meque placita sibi redditione illis restituere uterque pro certo sciat: sique episcopus venire et promissa dignatur suscipere, paratum me ad omne quod vobis placuerit invenict.

ANNO DOMINI MXXV.

THANGMARUS

PRESBYTER HILDESHEIMENSIS.

VITA SANCTI BERNWARDI

EPISCOPI HILDESHEIMENSIS

Auctore Thangmaro presbytero

(Apud D. Pertz, *Monumenta Germaniæ historica*, Script. tom. IV, pag. 754.)

MONITUM.

Thangmarus, natione Saxo (1), exeunte sæculo decimo et undecimo ineunte presbyter ecclesiæ cathedralis Hildesheimensis (2) et primicerius scholæ puerorum, et sæculo undecimo ecclesiæ decanus, Bernwardum litteris imbuendum moribusque instruendum sibi traditum tanta dilectione fovit, ut per totam deinde vitam quasi filium patri sibi devinciret (3). Bernwardo ad episcopatum Hildesheimensem provecto, ipse decanus (4), bibliothecarius et notarius (5) rebus gerendis plurimum interfuit, et in negotio Gandersheimensi anno 1000 ad Willegisum archiepiscopum (6) cum aliis legatus, eodem anno episcopum suum Romam comitatus (7) et cum eo ex Italia reversus, mense Augusto anni 1001 una cum Eggehardo synodo Francofurtanæ interfuit (8), tum solus ad Ottonem III et Silvestrum II legatus, Italiam revisit (9), in concilio Tudertino res Ecclesiæ suæ egit, ab imperatore mox morituro largissime remuneratus anno 1002 domum rediit, et per reliquum vitæ tempus Bernwardo convixit (10). Cum autem summa cum episcopo familiaritate viveret, imo confessor (11) ejus fuisse videatur, magnifica ejus gesta colligere aggressus (12), eodem ægre vix tandem consentiente compegit, et post obitum dilecti viri absolvit (13). Convenit liber in locis haud paucis cum Annalibus Hildeneshemensibus, quos ideo a nostro scriptos videri supra memoravi (14), et omnia fere quæ narrat aut ab ipso præsente visa aut ei saltem bene nota lector facile animadvertet. De veritatis studio in tali viro minime dubitaveris. Opere

NOTÆ.

(1) Cap. 1: *claro nostræ gentis sanguine.*
(2) Vocat eam *nostrum monasterium*; exempli gratia anno 1000, cap. 18; anno 1007, cap. 43.
(3) Bennonem etiam, postea Misnensem episcopum, erudiisse legitur in Chron. S. Michaelis Hildesh. Leibn. II, p. 400.
(4) Cap. 33.
(5) Prologus.
(6) Cap. 18, *per nos mandant.*
(7) Cap. 25, *presbyter*, cf. cap. 34.
(8) Cap. 55.

(9) Cap. 34-37.
(10) Prologus in fine.
(11) Quisnam nisi confessor hæc diceret: *Nec aliquid in omni studio ejus vitæ meam conscientiam* FRAUDARE POTUIT, *quin plenissime scirem.*
(12) Prolog.
(13) De Heinrico II cap. 22 ita loquitur, ut eum tunc superstitem fuisse videas; liber igitur ante annum 1024 finitus est.
(14) SS. III, p. 20 (*Patrol.* tom. CXLI in Lamberto Aschafnaburg. ad an. 1039). Thangmarus an. 1022

absoluto, haud diu vixisse videtur; saltem anno jam 1027 Tadilonem decanum memorari legimus (15). Liber magno historiae commodo in ecclesia Hildesheimensi asservatus, saeculo XII ineunte miraculis beati episcopi virtuti ascriptis auctus, et anno 1193 Coelestino III oblatus, Bernwardum in numerum sanctorum referri effecit (16); sed nostro quoque aevo lectoribus valde acceptum se reddet, quod plurima scitu digna de Ottone III, cujus Bernwardum praeceptorem et amicum fuisse discimus, et de Heinrici II regno oblivioni praeripuit. Litis quoque Gandersheimensis, cui dirimendae imperatorem et episcopos per plures annos laborasse novimus, telam ab exordio expandit. Scriptus est stylo simplici et perspicuo. Anni initium cum Annalibus Hildesheimensibus a nativitate Domini inchoat (17).

Opere, paulo postquam prodierat, usus est Wolfherius in Vita duplici Godehardi episcopi, et plurima inde decerpta scripto suo inseruit; saeculo duodecimo ineunte auctori Chronicae episcoporum Hildesheimensium, exeunte auctori Historiae translationis S. Bernwardi innotuit. Arte typographica inventa, primus excerpta codicis cujusdam Hildesheimensis dedit Surius in Actis SS. die 20 Novembris, at Browerus in Sideribus Germaniae libros De vita, obitu et translatione S. Bernwardi, et de translatione S. Epiphanii cum scholiis edidit, codice usus saeculi XV (18), sed interpolato, ordine narrationis inverso et sermone depravato. Broweri textum Mabillonius in Actis SS. O. S. B. Saec. VI, 1, p. 202, et Leibnitius in SS. Brunsw. I, 441, hic tamen adjectis paucis codicis Guelferbytani, et versionis Saxonicae, quae ad textum Browerianum accedit, lectionibus, repetiverunt. Editio nostra nititur:

1. C. regio, olim monasterii S. Michaelis Hildesheimensis, a Bernwardo conditi; qui saeculo XI exaratus in fol. auro argento diversisque coloribus pictus, et lapidibus pretiosis olim ornatus, magnaque veneratione in coenobio habitus est. Ipsa vita quinque quaternionibus absolvitur. Sextus manu saeculi XII ineuntis miracula, septimus eadem manu revelationem sancti Michaelis et lectiones nonnullas, octavus manu saeculi XII chartas Benedicii VIII, Heinrici II et Bodonis praepositi in favorem coenobii S. Michaelis datas et nonnulla posterioris aevi exhibet. Liber magnae auctoritatis et optimae simul in obitu Bernwardi scribendo finem dedisse statuendus erit; ibi in narratione dedicationis monasterii S. Michaelis alia manus orditur. Annales etiam antiquos Halberstadenses novisse videtur, quorum pars in Hildesheimensibus et Quedlinburgensibus exstat; cf. cap. 12.

(15) Vita Godehardi, cap. 52.
(16) Hist. canonizationis S. B. Leibn. 1, 469-474.
(17) Exempli gratia, cap. 56.
(18) Nam capite ultimo miraculum habet, ubi de *ducatu* Mekelenborh sermo fit, quem nonnisi anno 1348 institutum fuisse constat.
(19) En praefationem libelli: « Incipit epistola in legendam beati Bernwardi episcopi et confessoris. Reverendo patri ac domino suo Sifrido, Dei gratia

notae, ad litteram pene a me expressus est; scripturae specimen in tabula adjecta habes. Cui plurimum consentit:

2. C. regius bibl. Dresdensis mbr. in 4° duabus saeculi XI manibus exaratus, sed a Wolfherio, auctore Vitae Godehardi, iisdem haud raro sententiis quas in Vita prima offendimus interpolatus, et notitiis de Godehardo episcopo auctus, quae cum Vita ejus prima usque ad cap. 26 consentiunt. Complura econtra capita in medio libro omittuntur. Initio mancus est. Librum in usum nostrum cum editis contulit V. cl. Mauritius Haupt, in academia Lipsiensi professor, qui his verbis ea de re ad nos retulit: « Codex, anno 1832 ex tabulario regni Saxoniae secretiore in bibliothecam regiam Dresdensem translatus, folia continet viginti tria formae quadratae, modicae magnitudinis. Singulae paginae versus continent viginti quinque. Scriptus est liber a manibus duabus, quarum prima pertinet usque ad finem folii decimi noni, recti. Folio eodem averso altera manus incipit his verbis: *His ita se habentibus*, quae leguntur apud Leibnitium capite 41 (jam 44); utraq e manus saeculi undecimi est, nec multo recentior tertia quae hic illic nominum compendia supra versus explevit, et in margine saepius (*notа*), et hic illic summaria sive adnotationes ascripsit non neglectas a me in codicis collatione. Contuli autem hunc librum, et ita quidem ut praeter æ e e litterarum promiscuum usum ne orthographicas quidem minutias praeterirem, cum editione Leibnitii. Mutilus est codex Dresdensis, incipit folio 1 verso post detritas nonnullas syllabas his verbis *loci et congregationis*, quae leguntur apud Leibnitium cap. 13, versu 14, Scrip. rer. Brunsv. t. 1, p. 447 (jam c. 12). Prima hujus folii pagina agglutinata papyro obducta est. Alterum codicis apographum sua manu confectum nuperrime V. cl. Gersdorf, bibliothecae universitatis Lipsiensis praefectus, summa cum benevolentia obtulit.

Circa exitum saeculi XIII aut initium saeculi XIV Thangmari liber in usum Sifridi II episcopi Hildesheimensis iterum transcriptus est (19), sed stylo immutato, sententiis vocibusque plurimis additis, resectis vel mutatis, miraculorum quoque ad ea usque tempora continuatione adjecta. Cujus textus ab authentico valde recedentis rationem nonnisi in

NOTAE.

Hildensemiensi episcopo, omnium servorum Dei vilissimus, sanctissimi viri Bernwardi vestigiis adherere, ut valeat secum serena anima beatorum gaudia possidere. Fons sapientie Dei patris, verbum in corde cujus est genitum, ab eterno sic semper generatur; cujus natura bonitas, opus misericordia; redimens quos creavit, proprio humero imponens oviculas errabundas ad ovile angelorum usque perduxit. Qui vineam, quam de Egipto transtulit, usque ad seculi consummacionem non relinquit. Que vinea est gens Saxonica, quam longo tempore in tenebris infidelitatis excecatam et sine pastore errantem, ipse qui est bonus pastor ad fidei transvexit claritatem. In quo sue bonitati naturali non suffecit, quin prefatam vineam pre multis regionibus, quibus est circumdata, beate prolis fetu fecun-

VITA S. BERNWARDI. — MONITUM.

1. Alpertus.
Cod. regius Hannoveranus (fol. 2).

Agiliuer uice tunct cū psalmis & ymnis lenissimā orātionē usq; De castello vvigoan yadbaldico expugna
deportamet iustitiā. dīi ocibz parātū. et tauert 7 tēdu quenert. Cūq; to q de   m v n i t a
illi exponeret ē cursu pptī magnis oblationibz honorabāt 7 seq ira   Eītcognō palustri a mota flumine ducentis passibz distant. in fra
diē iniecta sēi maximi il ipsī sedē episcopalē habebāt religiose seps q d erat collis exiguus difficilis ad itum. nā nec pp altitudinē stagni
lir. hęc de beato uiro q dicere habui; ttpleni de illo orā quę   nī ipedimōe paludis neq; ad diripiendū studem nout rebz castellū

2. Vita S. Bernwardi.
Cod. regius Hannoveranus (fol. 2, 41).

puer Bernwardus claro nīr genuis sanguine
ex filia athelberonis palatini comitis. tradi
tur domno Osdago nīo epō. a suo auunculo re
ligioso diacono folcmaro. post quoq; traiec

Quędā enā puella in uico Hanouere tan
to cruciabāt oculos dolore: ut penitus
elici orbibz suis ipsi oculi putarent ui dolo
ris. aP missa q̄ oblatione ad tubā sci psulis.
ilico sospitate redeunte cqeunt uis doloris.

3. Vita Bernwardi et Godehardi.
Cod. regius Dresdensis (fol. 10, 20).

Qu d sanctus frīs de sinodo. Scm concilū
respondit sua liena æ cēta. 7 ab alus possessa
nil nutris habuit neq; canonice ibi sinodu ha
bere. aut aliquid constituere sine consensu
ppri epi ponunt nec omi modis sinodis canō
nice dici poterit. Sapientissimus papa dūt.
Ergo quo nomine puo uocari potest. Scm q
oculi respondit. Scisma cecilians discor

ciu post sefellit. Iniusta enim promotione sui. dōmini
B epm Hrapace per legatum suum contēnēr & per
falsa salutaria querimoniam sup gandesheim temp
tauit. Cu domnus epi B diuina inspiratione doctus
non eius uam loquio attendens. obligationum sua ana
thema illi rexerit. dicens sibi nil communi esse homi

iis quæ addita sunt habendam esse, liquet. Legitur in codicibus tribus, scilicet :

3. C. olim S. Michaelis, jam viri cl. Hermanni Adolfi Lüntzel, cujus supra pag. 248 mentionem fecimus, exhibet etiam narrationem de translatione S. Bernwardi, et a Browero in Sideribus Germaniæ typis est expressus. Ad quem prope accedit :

4. C. ducalis Guelferbytanus, olim Heiningensis, jam n. 333 insignis, chartaceus, sæc. xv, in folio, cujus in fine etiam miracula historiæ translationis addita, neque tamen omnia quæ in 3, habentur; et :

5. C. ducalis Guelferbytanus inter Augustenses n. 19, 26, 7, chartaceus in 4°, sæc. xv, quem anno 1470 monialibus in Frankenberg Henninghus Papetranus, Goslariensis plebanus, dono dedit. Hoc libro III. Leibnitius tom. I SS. Brunswic. in edendis Vita Bernwardi et Historia translationis ejus usus est; nos cum æque ac alterum Guelferbytanum beneficio V. cl. Schœnemann, bibliothecæ ejus præfecti, evolvimus.

Conversio textus hujus, magis etiam interpolata et dialecto Saxonica instituta, anno 1540 in 4° typis A Jaspari van Gennep prodiit, qua Leibnitius in adnotationibus suæ editionis usus est;

6. Bruxellis in bibliotheca regia n. 8950 apographum codicis Bodecensis membranacei exstat, quod Bethmanno referente nonnisi excerpta libri, omissis, exempli gratia, capp. Leibnitianis 11-42, 46-48, 50, 52-58, 60-63, 67 rel., exhibet.

Quibus subsidiis ita usus sum ut, codice regio exscripto (20), lectiones Dresdensis omnes indicarem, reliquorum nonnisi in paucis locis, ubi id commodum aliquod afferre posse videbatur, ratione habita. Divisionem operis, codicem regium secutus, numeris tantum additis, ab anterioribus diversam institui. Historiam translationis Bernwardi a Browero ex codice 3 primum adjectam alii loco reservare, Vitam brevissimam (21) a Leibnitio editam, ut multo posterioris ævi, omittere placuit.

Miracula Bernwardi in cœnobio S. Michaelis sæculo duodecimo ineunte conscripta (22), per decursum temporis aucta sunt, prout in codice 3 conspicitur.

NOTÆ.

daret; et prophetam eis de suis fratribus, beatum dico Bernwardum, suscitavit, qui solus de Saxonum populo sanctorum cathalogo est asscriptus, quod nulla regio circumposita potest de suo sanguine demonstrare. Hic vir Dei Bernwardus, a puericia cor gerens senile, omnis vite quesivit auctorem. Qui sedulum circa sancta Samuelis imitatus obsequium, et ita in castitatis desiderii sancti Danielis piissimum continuavit affectum; justicie semitas ac sanctorum vias currens, a Domini tabernaculo, id est militantis ecclesie magisterio, non discedens, et carnem spiritui et sensualitatem subjiciens racioni, factus unus cum Deo spiritus, in eum per mentis excessum pergere studuit, et sobrie compassionis studiis a caritate proximi non recessit. Hic pastor divini gregis non solum sibi gregem commissum sancte gubernavit, ymmo totam sanctam universalem ecclesiam meritis ditavit et exemplis, et raris et miris signis debilium fidem confirmavit. Nam preter opera sanctitatis ejus, quibus in carne positus redolebat, et preter multa miracula, que ipsa die translacionis contingebant, multos curavit languores corporum et animarum. Non solum in arida set et in mari desperatis omnibus, ablatis gubernaculis et instrumentis, cum lacrimis tamen ad ejus patrocinium convolantibus, plus quam semel potenter liberavit. Et quamvis ejus multa miracula per negligenciam sint sepulta, tamen quedam, videlicet quinquaginta quatuor satis pulchra, in ejus legenda refulgent. Quia vero istius veri Joseph heu beneficia corporalia et spiritualia Egiptus tenebrosa parvipendet, mater omnium viciorum, ingratitudo, que exsiccat fontem divine pietatis, in hoc sancto tanta reperiuntur, quod vix in tota Germania similia valeant inveniri. Quia, ut de parrochiis Hildensemensis ecclesie taceam, quam multe ecclesie conventuales sunt, que nec unicum verbum in suis libris omnibus de ejus sanctissima vita poterunt demonstrare, cum Deus tamen vulgo dicat : « Interroga patrem tuum, scilicet spiritualem, et indicabit tibi » etc. Heu jam villanus de suis parentibus multa signa et magnalia de beato Bernwardo per relacionem didicit, que in ejus gestis ex negligenciis quorumdam non habentur ! O si gens Ytalica [dat volck der Walen translatio Theutonica] de sua carne tunc sanctum progenitum haberet, vel altera gens Anglicana, nonne totam universalem matrem nostram ecclesiam secum ad ipsum collaudandum studiose provocaret? O si dura corda Saxonica omnia verba sancti evangelii sic servarent sicut istud : « Nemo propheta est sine honore nisi in patria sua ! » Si ergo mente revolvere diversas regiones, vix ita crudelis invenitur homo, quin magis diligat suam gentem quam alienam; unde non modicum quemlibet vere Saxonem debet conturbare, quod multi sancti in tanta reverencia habentur, et hic jam sit sublatus et non est qui id corde percipiat. Quia igitur sanctus Dei Bernwardus semper proximis suis beneficia multa impendebat in terris, et nunc in celis pro suis dilectoribus districtum judicem semper interpellat, vestra igitur reverenda paternitas, que cum naturali vigeat ingenio et moralibus polleat virtutibus et exemplis, et ecclesiam Hildensemensem cinxerit municionibus [bevestiget myt borgen un steden transl. Theut.] multis et castris [Cf. Chronicon episcoporum Hildesh. apud Leibnit. SS. Brunsw. I, 757 et 774], que nisi Dominus custodierit, frustra vigilat qui custodit eam : nunc intendat, ut sanctissimum virum Bernwardum novis laudibus provocemus, ut nos cum sua ecclesia custodiat in vita pariter et in morte. Interpretatur enim nomen suum Bernwardus quasi bene custodiens. Ut ergo secum valeamus semper vultum Dei contemplari, in ejus laudem lepidos animemus, ut nos nunc in vita a lapsu preservet et in morte suis oracionibus a malignis hostibus liberet et sua jocunda presencia nos letificet in eternum. Suscipiat igitur vestra paternitas legendam hanc, que vitam suam compendiose valde conplectitur, que et in se ipsa est valde longa, et eam cum devocione revolvatis, ut exinde ad majorem devocionem pervenire valeatis. »

(20) Diphthongum tamen in præ, sæpe, quæ, lætus, mærens, æstimo rel. nonnunquam simplici e scriptam, restitui.

(21) Hæc præter notitias spurias, Heinricum II a Bernwardo nutritum et jubente eo in ecclesia Hildesheimensi litteris sacris imbutum esse, et Ottonem II morientem Bernwardo filium, uxorem et regnum curanda reliquisse, nihil quod non in Thangmari Vita exstet continet.

(22) A quodam fratre nostro, c. 10; c. 12, abbas Conradus memoratur.

PROLOGUS THANGMARI PRESBYTERI IN VITAM SANCTI BERNWARDI EPISCOPI ET CONFESSORIS.

Divinae providentiae sapientem ammirabilemque dispositionem ratio humana nec liquide intueri, nec digne suppetit ammirari. Miris enim divinae clementiae beneficiis, cottidianis successibus sustentamur; ut gravis culpa videatur Dei laudes tacere, cum manifestissime scriptum sit: *Sacramentum regis abscondere bonum est, opera autem Dei revelare et confiteri honorificum est* (*Tob.* XII, 7). His itaque angelicis oraculis persuasus, immo compulsus, ego peccator et indignus presbiter Thangmarus, humillimus quoque sanctae nostrae ecclesiae bibliothecarius et notarius, magnifica gesta memorabilis viri, domni scilicet Bernwardi nostri episcopi, colligere aggressus sum, non vanitatis fastu provocatus, Deo teste, sed si quid imitabile Dei clementia in illis eluceret, divinae pietatis gratiam, de cujus rore fluxit, posteris praedicarem, et illos tali exemplo ad provectum virtutum incitarem. Et quia hoc ipso ignorante subire temerarium scivi, diu cunctatus haec publice cum illo confabulari, tandem oportunitate nacta, aditum temptavi. Primo itaque forti auctoritate adversabatur michi; nam in emotis jactantiam et popularem favorem ceu mortiferum venenum vitabat. Tandem cum saepius ingererem, grave peccatum esse, bona opera celare, ne alii exemplo tali proficiant, cum Dominus dicat: *Luceat lux vestra coram hominibus* (*Matth.* v, 16) et caetera, cessit meo arbitratu quae compingerem relinquens, quia a puero mecum usque ad juvenilem aetatem obversatus, quasi filius patri familiarius adhaesit et convixit, nec aliquid in omni studio ejus vitae meam conscientiam fraudare potuit, quin plenissime scirem.

INCIPIT VITA BERNWARDI EPISCOPI ET CONFESSORIS.

1. Ortus igitur egregiae indolis puer Bernwardus claro nostrae gentis sanguine (23), ex filia Athelberonis palatini comitis, traditur domno Osdago, nostro episcopo (24), a suo avunculo religioso diacono (25) Folcmaro, post quoque (26) Trajectensi episcopo; et arcborum diligentia meae parvitati, qui primicerius scolae puerorum praeeram, literis imbuendus, moribus etiam instituendus deputatur. Quem enim devotione susceptum, intellectus illius capacitatem primo divinae paginae leviore lacte temptandam aestimavi. Mox itaque, ut de sancto Daniele legitur (*Dan.* I, 20), inveni in illo decuplum in omni intelligentia super coaevos ejus. Mirum namque in modum tenera aetas caelesti irradiata lumine, subtili meditatione interiora divini sophismatis jugi studio rimabatur, nunc communi lectione cum aliis, nunc quos diligentiores in sancto meditamine cernebat, seorsim familiarius assumens, propositis quaestionibus scrupulosa quaeque ad medullam eventilabat, more prudentissimae apis singulas lectiones, quas in scolis in diversis libris exponebam, remotiori loco sedens intento auditu captabat, quas tamen postea pueris considens felici furto perfecte docebat et illorum scientiae imprimebat. Gratanti denique affectu amplectebar felici furto. lectionis puerum[1] insudare, multoque vigilantius deinde[3] institi ingenium illius ad scientiam veri sophismatis excitare. Nichilominus ergo venerabilis domnus Osdagus quodam meriti praesagio magnum quid futurum in illo praevidens, exorcistam ordinavit, diligentius me adhortatus item itemque curam illius agere. Quem etiam mecum interdum in servitium domni episcopi extra monasterium excedens ducebam, ut illius ingenium, quod in multitudine epheborum discernere et ad votum meum discutere non potui, illis remotis singulari studio subtilius diligentiusque eventilarem, mirumque in modum vario virtutum pigmentario ultra id aetatis respersum repperi. Nam saepe totum diem inter equitatum studendo attrivimus, nunc legendo non minus prolixam lectionem quam si in scolis ad hanc vacaremus, nunc poetizando per viam metro collusimus, inde ad prosaicam palaestram exercitium alternantes, interdum simplici contextu rationem contulimus, saepe syllogisticis cavillationibus desudavimus. Ipse quoque crebro me, etsi verecunde, acutis tamen et ex intimo aditu phylosophiae prolatis quaestionibus sollicitabat. Tanta ergo facilitate cupitum ejus ingenium michi applaudebat; pene enim nulla hora, nec refectionis quidem, desidiae illum arguebat. Et quamquam vivacissimo igne animi in omni liberali scientia deflagraret, nichilominus tamen in levioribus artibus quas mechanicas vocant studium impertivit. In scribendo vero adprime enituit, picturam etiam limate exercuit, fabrili quoque scientia et arte clusoria omnique structura mirifice excelluit, ut in plerisque aedificiis, quae pompatico decore composuit, post quoque claruit. In negociis vero domesticis et ad usum rei familiaris pertinentibus vivacissimus executor acsi a puero his nutritus calluit. Hujusmodi Deo gratae et hominibus acceptae indolis gratia domno episcopo,

VARIAE LECTIONES.

[1] *Tanmari* 1. [2] *deest* 1. [3] *deest* 3.

NOTAE.

(23) Patrem Theodericum comitem de Sommerschenburg vocat translatio theutonica.
(24) Annis 985-989 episcopo; igitur aut Otwinus, qui a. 954-984 sedit hoc loco intelligendus, aut, quod magis placet, puer Osdago nondum episcopo, aut a Folcmaro jam episcopo traditus est.
(25) Scil. Hildesheimensi.
(26) Annis 977-990.

apud quem versabatur, omnique congregationi dignus et familiaris efficiebatur, propinquorumque dilectioni probatissimus habebatur. Avus quippe ejus Athelhero palatinus comes, vir plurima virtutum laude insignis, qui commissæ sibi præfecturæ exactionem magis ex debito quam ex intentione gerebat, cum prole utriusque sexus felicissime habundaret, hunc præclarum adolescentem, primis auspiciis pubescentis decoris florentem, in affectum filii adoptavit. In quo quia salutaris consilii stationem saluberrimam repperit, familiarius sibi adjunxit, ut ne minimum quidem sine ejus consultu ageret.

2. Adeptus itaque a Willegiso venerabili archiepiscopo subdiaconatus gradum, aliquamdiu cum illo conversatus, cum propter morum honestatem ac vitæ probitatem religionis profectum in illo sentiret, diaconum illum ordinavit. Interjecto quoque non longo spacio, presbiterii eum honore sublimavit. Reversusque ad præfatum comitem, suum videlicet avum, affectuosissime ab illo susceptus est, plurimumque rogatus ne ab eo discederet, facile acquievit; cui tanta humilitate ac instantia famulabatur, ut, cæteris refrigerandi causa interdum remotis, ipse dies noctesque continuans, indefessus ei adhæreret, ægri senis et ævo pleni imbecillitatem patientissime moresque supportaret, inter ipsum et familiam medius incederet, salutaribus monitis cottidie illos ad agenda informans, curam illorum apud comitem vigilanti benignitate frequentans. Pro paterno quoque affectu ad filios totum se profudit, magnamque gratiam inter illos conciliabat. Et quamvis in hujusmodi familiaritate invidia facile subrepat, hanc maxima cautela in plerisque declinabat. Inter patrem quoque et filium, domnum videlicet episcopum ᵇ, internuncius sæpe discurrebat, magnamque inter illos familiaritatis gratiam conciliabat. Ipsi ergo episcopo tantum complacuit, ut Daventrensi cœnobio sua vice illum præponere vellet, fitque inter episcopum et comitem de tantæ indolis juvene religiosa concertatio, ut uterque pro morum gratia illum sibi adoptare intenderet. Sed ipse imbecillis avi infirmitatem sustentare, quam episcopales delicias appetere malebat. Cum quo usque ad diem sui exitus fideli devotione desudabat. Quo defuncto (*an.* 987), ad palatium se contulit, in servitium (27) videlicet tercii Ottonis imperatoris, qui septennis adhuc puer; cum venerabili et sapientissima matre domna Theuphanu augusta rebus præerat. A qua hic venerabilis juvenis Bernwardus benignissime suscipitur, atque in brevi summæ familiaritatis locum apud illam obtinuit, adeo ut domnum regem fidei illius literis imbuendum moribusque instituendum consensu cunctorum procerum commendaret. In quo ita excelluit, licet quorundam invidia morderetur, ut puer imperialis in discendo mirifice proficeret, et tamen ad cuncta foris obeunda liberalissimo negocio ejus ingenium feriaret. Et cum alii regi puero adulando obsequerentur, adeo ut ludicra et quæ tenera ætas poscebat illi persuaderent, imperatrix etiam, verita affectum filii sibi præripi, in ejusmodi favore in tantum emollita esset, ut ad omnia quæ puerilis ætas illum impelleret ipsa gratissimo affectu consentiret, hic solus tanta arte institit, ut a non faciendis metu illum prohiberet, et tamen plenissimo affectu ejus animum sibi colligaret.

3. Interea domna Theuphanu imperatrix apud Neomagum maximo dolore totius regni rebus excessit (*an.* 991, *Jun.* 16). Unde domnus rex utroque parente desertus, totum se regendum in stationem fidissimi magistri contulit. Hujus consilio examinabat quodcumque alii adulando persuadebant; quia, quamvis in puerilibus auspiciis ociaretur, altiori tamen industria quorundam simulationes prævidebat. Præcipua itaque familiaritate magistrum suum amplectebatur, nec ab ullo inferius tractabatur, quem universali virtutum decore respersum venerabatur.

4. Per idem tempus venerabili episcopo Gerdago decedente (*an.* 993, *Jan.* 15), hic religiosus juvenis Bernwardus votis omnium ad pontificatum eligitur. Et cum plerique nobiles clerici palatina militia diu certantes missionem optarent, consensus tamen omnium in hunc Deo electum juvenem concordabat. Communi igitur electione sanctæ Hildesheimensi æcclesiæ ordinatur episcopus a Willegiso archiepiscopo (*Ann. Hild.* an. 993), anno Dominicæ incarnationis nongentesimo nonagesimo tercio, indictione sexta, octava decima Kal. Februarii.

5. Adeptus itaque pontificatum, quanta continentia juvenile corpus ad virtutum culmen coegerit, dici non potest, modum in cunctis agendis præcipue amplectens, juxta illud viri sapientis (Ter. Andr. I, 1, 34) : *Ne quid nimis.* Morum quoque gravitate mirifice senes ipsos superabat, adeo ut subditos severitatis censura ad agenda in plerisque instituteret. Frugalitatem vero in appetendis ciborum deliciis in eo laudare vix ullus sufficit; potum tanto moderamine temperabat, ut post cœnam antequam stratum pergeret, nisi familiarium vel hospitum præsentia coactus, semel tantum biberet, sæpius quoque penitus abstineret. Stratis vero compositus, lectioni interdum circa galli cantum intendebat, sæpe somnum interrumpens, furtivæ orationi, donec clerici ad matutinos ymnos consurgerent, vacabat, ymnisque expletis, multociens psalmodiam in diurnum usque crepusculum extendebat; deinde aliquantulum pausans corpusculum recreabat, donec item diluculo canonicum cursum primæ horæ in æcclesia persolvebat. Quo expleto, quasi regulariter sub

VARIÆ LECTIONES.

ᵇ e. Folcmarum 3.

NOTÆ.

(27) « Factus est aulicus scriba doctus, Ottonis III didascalus et primiscrinius; » infra cap. 51.

disciplina constitutus, capitulum cum fratribus qui secum conversabantur adiit. Feriam quoque et lunationem, nomina quoque fratrum quorum annualis memoria instabat, cottidie recitari jubebat. Oratione vero peracta, circa horam terciam ad missarum sollempnia festiva celebratione procedens, magna animi contritione se ipsum totum Domino profudit. Inde in publicum progressus, forenses causas et oppressorum negocia breviter examinabat, quia et ingenio ac facundia adprime callebat. Sicque operiebatur clericum dispensatorem, qui elemosinæ et pauperibus præerat, quorum multitudinem, centenos videlicet vel eo amplius, diatim habundantissime victu refecit; plerosque etiam vel argento vel cæteris subsidiis, prout facultas concessit, sublevabat. Inde officinas ubi diversi usus metalla fiebant circuiens, singulorum opera librabat, donec circa nonam, rite omnibus peractis, cum timore et benedictione Domini, ad mensam, fratrum populique stipatus frequentia, consedit; non pompatice quidem, sed religioso silentio, cunctis ad lectionem honestissima disciplina intentis, quæ inter cœnandum non brevis legebatur. Infirmis quidem fratribus et senio confectis benedictionem de manu sua dirigebat hilariter, cum tamen nullum egenum in urbe vel in suburbio, quem scire posset, hujusmodi pietate privaret. Ita quippe juxta Apostolum (*I Cor.* ix, 22) omnia omnibus esse desiderabat, ut omnes in Christo lucrifaceret.

6. Arduum et difficile est cottidianum ejus studium verbis perstringere, quia Deo teste omni nisu inter diem noctemque in divinis perstabat. Nichilominus quoque cunctos sibi adhærentes ad hujusmodi negocium, ut ita dicam, ultra vires impellebat, nec aliquid artis erat, quod non attemptaret, etiam si ad unguem pertingere non valeret. Scriptoria namque non in monasterio tantum, sed in diversis locis studebat, unde et copiosam bibliothecam tam divinorum quam philosophicorum codicum comparavit (28). Picturam vero et sculpturam et fabrilem atque clusoriam artem (29), et quicquid elegantius in hujusmodi arte excogitare ⁵ poterat, numquam neglectum patiebatur, adeo ut ex transmarinis et ex Scotticis vasis, quæ regali majestati singulari dono deferebantur, quicquid rarum vel eximium reperiret, incultum transire non sineret. Ingeniosos namque pueros (30) et eximiæ indolis secum vel ad curtem ducebat vel quocumque longius commeabat, quos, quicquid dignius in ulla arte occurrebat, ad exercitium impellebat. Musivum præterea in pavimentis ornandis studium, necnon lateres ad tegulam propria industria nullo monstrante composuit. Et ut breviter perstringam, nec punctum temporis supersedebat, sed fidelis dominicæ familiæ dispensator, conservis suis necessaria subsidia fideliter subministrabat. Et cum in Christi gazophilacio quæque idonea scivit fideli devotione congereret, non minus tamen Cæsari sua juxta Evangelium persolvebat. Nam tercio Ottoni imperatori affectuosissimo animo pro scire ac posse obsequebatur. Unde et multorum invidiam in se commovebat, qui indignabantur, illum vigilantiori studio rei publicæ negocia obire.

7. (*An.* 994, 995.) Saxonia quippe magna ex parte pyratarum cæterorumque barbarorum feritate depopulata, continuis latrocinantium incursionibus sine intermissione patebat. Quam pestem rei publicæ depellere magno sui suorumque periculo semper instabat, et nunc cum aliis, interdum quoque cum suis solus super eos irruens, fortiter illos attriverat. Sed cum hujusmodi irruptiones sedari nullo modo possent, quippe cum barbari qui utrumque litus Albiæ et naves omnes sua ditione tenebant, navali evectione per omnem Saxoniam facillime se infunderent, vigilantissimus Dei pontifex curam sibi commissæ plebis agens, quomodo populum Dei de sævicia barbarorum eriperet, animo fluctuabat. Furorem namque sui impetus pene Hildenesheim usque intentabant, et ipsum sanctum locum prædam sibi promittebant. Divino itaque instinctu in extremo fere sui episcopatus, ubi flumina Alera et Ovokare confluunt, munitiunculam admodum munitam (31) extruxit, in qua copiis militum dispositis, barbarorum impetum repulit, populumque Dei ab hostili feritate liberavit. Dei namque gratia tanta securitas pacis per illum in locis illis fidelibus condonata est, ut nichil dampni vel periculi postea a barbaris paterentur. Hac industria Christi sacerdotis barbarico tumultu in illis locis eliminato, acrius in circumsita loca debachati sunt. Unde vigilantissimus divini gregis pastor typo Christi, sui domini, adversariis ecclesiæ, exultans ad currendam viam ut fortis gygas, se opposuit, et in rure Wirinholt (32) nuncupato, ubi tutissima illorum statio fuerat, liber quoque la-

VARIÆ LECTIONES.

ˢ vel ab aliquo investigare *addunt* 3. 4. 5.

NOTÆ.

(28) Ex libris jussu ejus scriptis missale a. 1014, Biblia, et tria Evangeliaria, quorum unum a. 1011 et Gunthaldum scriptorem præfert, picturis ornata in ecclesia episcopali Hildesheimensi hodieque asservantur; adest præterea « Liber mathematicalis, » quo Bernwardum in Ottone III instruendo usum fuisse dicunt. V. Kratz der Dum zu Hildesheim a. 1840, t. II, p. 104-128. Liber alchemicus sæculo xvii periit, t. III, p. 11, 12.
(29) Artem gemmas metallis includendi.
(30) Candelabrum hanc inscriptionem præfert:

Bernwardus præsul candelabrum hoc puerum suum primo hujus artis flore non auro non argento et tamen ut cernis conflare jubebat. V. Kratz t. II, p. 32.
(31) Mundburg; cf. Heinrici II confirmationem a. 1013. Origg. Guelf. IV, 435.
(32) Neque Wiringen neque Warenholz esse videtur, quum villa utraque nonnisi multo post tempore ab ecclesiis matricibus sejuncta sit. Varenholz infra Rinteln non in diœcesi Bernwardi situm erat.

trocinii excursus, quocumque suæ fraudis insidias intentarent, præsidium munitissimum instituit, fossisque aquarumque meatibus per rivum influentibus tutissimum reddidit, copias quoque militum victu et armis cæterisque necessariis instructas habundantissime collocavit. Divina itaque gratia periculosissimum locum Dei populo pacificum fecit et tranquillum, in tantum ut omni spurcicia diabolicæ ac barbaricæ fraudis eliminata, baratrum irruptionis et hostilis incursionis locum faceret orationis, et oraculum sancti Lamberti pontificis et martiris Deo consecraret, atque ab illo die summa pace æcclesiæ Christi reddita, ab omni hostili impetu Dei populus vivacissimi provisoris industria quietissime feriaret. Pro his et cæteris beneficiis, quæ devotissimo studio in rem publicam populumque fidelem exercuit, multorum et maxime principum in se invidiam et indignationem commovit. Unde et a Magontino archiepiscopo plura et miseranda, ut in sequentibus plenius dicemus, apertis inimicicijs perpessus est. Cujus animositatem patientissime ferens, divina ac regalia benignissime amministrabat.

8. Et licet plura copiosissimis impensis ad repellendam sæviciam barbaricam foris impenderet, dici tamen non potest, quanta in episcopatu ad usum suæ æcclesiæ contulit. In prædiis namque tanta congessit, ut triginta vel plures præcipuos curtiles cum litorum ac colonorum familiis, clarissimis ædificiis prænitentes, compararet, cum in aliis innumerabilibus locis decem mansos vel octo, aut plus aut minus prout causa acciderat, in possessionem suæ æcclesiæ conferret (32*). Antiqua quippe loca ab antecessoribus suis possessa, quæ ille inculta reperit, optimis ædificiis collustravit, inter quæ quædam elegantiori scemate albo ac rubro lapide intermiscens, musiva pictura varia pulcherrimum opus reddidit. Quid dicam, quo studio vel ambitu sanctum locum nostrum vel principalem æcclesiam nobilitaverit, cum se ipsum et cuncta quæ habere potuit in ejus usum impertiri maluerit. Testantur ejus opera (33), quæ futuro ævo pium illius animi votum apertis locuntur (34) indiciis. Ecclesiam namque miro studio decorare ardenter instabat. Unde exquisita ac lucida picturam tam parietes quam laquearia exornabat, ut ex veteri novam putares. Fecit et ad sollempnem processionem in præcipuis festis evangelia auro et gemmis clarissima, thimiamateria quoque precii et ponderis magnifici, calices nichilominus plures, et unum ex onichino, alterum vero cristallinum mira industria composuit. Adhuc autem unum aureum, valentem libras viginti publici ponderis, ex purissimo auro in usum ministerii conflavit. Coronam quoque argento auroque radiantem miræ magnitudinis in facie templi suspendit, et alia perplura, quæ su-

persedenda putavimus, ne fastidium prolixitate ingeramus. Sanctum quoque locum nostrum murorum ambitu vallare summa instantia aggressus, dispositis per gyrum turribus, tanta prudentia opus inchoavit, ut decore simul ac munimine, velut hodie patet, simile nil in omni Saxonia invenias. Sacellum etiam splendidum valde, foris murum in honore vivificæ crucis exstruxit. Cujus etiam aliquantam partem, largiente domno tercio Ottone augusto imperatore, ibidem clarissimis gemmis auroque purissimo inclusam condidit (35); ubi etiam divina pietas plurima suæ pietatis indicia apertis signorum miraculis per virtutem sanctæ crucis ostendit.

9. Inter quæ illud unicum, quo Dominus antistitis nostri devotionem consolari dignatus est, inserere libet. Nam venerabilis pontifex Bernwardus thecam auro gemmisque lautissimam, in qua vivificum lignum includeret, paravit, et cum ex tribus particulis sancti ligni quartam si fieri posset excidere temptaret, ut per singulas absides singulas conderet portiones, nec gracilitas vel parvitas quacumque ex causa sectionem admitteret, cum devotissimus Dei famulus animo fluctuaret: ecce subito inter manus ipsius antistitis quarta particula sacratissimi ligni angelico ut creditur ministerio delata apparuit. Mox igitur præsul lætus lignum sanctum per quatuor absides paravit. O quanti inde potantes ardorem vehementissimæ febris sæpius virtute sanctæ crucis restinguebant! Multociens obortam aeris inæqualitate pestilentiam fideles hoc vivifico ligno se suaque lustrantes sedaverunt. Nimiam etiam siccitatem, prolato in publicum hoc singulari ligno, ceu pluviis imperantes, repulimus, multaque virtute hujus sanctissimi triumphi fiunt cottidiana remedia dum quisque mœrens ibi prostratus, prompta percipit solatia.

10. Ipsum vero sacellum sanctæ crucis, vario decore perfectum, dedicavit IV Idus Septembris, anno incarnationis Dominicæ 996, indictione 9, regni vero gloriosissimi tercii Ottonis imperatoris 15, imperii primo, ordinationis autem suæ quarto; locumque quondam dumis et vepribus horridum, vicinis incolis — gloria tibi, Christe! — ex tuis datis baptismi, sepulturæ, unctionis fecit æternum solatium.

11. Pro talibus igitur aliisque piæ devotionis actibus, quibus ad æcclesiæ utilitatem omni nisu mentis et corporis insudabat, tam Deo cordi interius præsidenti, quam æcclesiæ operis effectum exterius approbanti, felicis memoriæ præsul acceptissimus erat; et ideo consequens fuit, ut vir beatus, cui, sicut de sancto Job legitur (*Job* 1, 8), tunc temporis in terra similis non fuisse putabatur, per temptationis incommoda, sicut aliarum virtutum ita etiam humilitatis et patientiæ præconio, mirabilis cunctis ostenderetur. Anno itaque ordinationis suæ octa-

NOTÆ.

(32*) Cf. Bernwardi chartam donationis pro monasterio S. Michaelis editam.

(33) Supersunt crux aurea, crux argentea, duo candelabra, columna ærea, et valvæ æreæ ecclesiæ cathedralis. Crux alia Heiningæ, patena Hannoveræ

adservatur. De aliis deperditis v. Kratz l. c., p. 38.

(34) Id est loquuntur.

(35) Crux ista hodie in ecclesia S. Magdalenæ adservatur.

vo (an. 1000), gravibus insecutionum molestiis pro territorio Gandenesheimensi ab archiepiscopo Willegiso plane contra æcclesiasticas sanctiones impetitur, sed eis minime a solitæ humilitatis et patientiæ tenaci observantia movetur. His tamen, quæ archiepiscopus non tam justæ rationis executione quam liberæ potestatis præsumptione attemptabat, auctoritatis constantia, non temeritatis audacia, sagacis ingenii vir obviabat, et secundum illud Pauli: *Quamdiu gentium apostolus sum, ministerium meum honorificabo* (Rom. xi, 13), quoadusque æcclesiæ Christi pastoris vice præfuit, episcopatus sui jura in proprii honoris statu conservari summa sollicitudine procuravit, quod et Deo annuente, laboriose licet, obtinuit. Sed ne similis controversia de ipsa Gandenesheimensi æcclesia postmodum valeat oboriri, omnem disceptationis ordinem inter Mogontiensem antistitem et venerabilem virum domnum [6] Bernwardum hic inserere commodum duxi. Necessarium autem reor ista paulo altius indagando repetere quod tamen lectori minime debet esse onerosum, quia posteris fortasse in multis erit profuturum.

12. Territorium Gandenesheimense, situm in pago Flenithi, cum adjacentibus villis ad provisionem Hildenesheimensium episcoporum, ex quo primum episcopia per Saxoniam disterminata sunt, certum est pertinere. Quod ex hoc cunctis scire cupientibus liquido apparet, quia ab ipso principio novellæ Christianitatis nostræ gentis, etiam ante constructionem præfati monasterii, ad curam nostri episcopi pertinebat. Temporibus namque domni [7] Altfridi, qui quartus nostræ æcclesiæ antistes extitit, Liudolfus dux cum religiosa contectali [8] sua Oda, magno studio in divino cultu accensi, consilio præscripti antistitis Romam perrexit, ibique a domno Sergio papa magnifice suscepti; et cum votum illorum in divinis agnovit, datis reliquiis sanctorum præsulum Anastasii et Innocentii cum benedictione a se dimisit. Ad patriam itaque Dei gratia pervenientes, consilio domni Altfridi cœnobium virginum Dei primo Brunesteshusen adunaverunt, filiam quoque suam domnam Hathumodam, duodecim annos habentem, præfato episcopo in regimen intromittendam assignaverunt, anno Dominicæ incarnationis 852 (cf. Ann. Quedl.), Rabono Mogonciæ præsidente, omnem autem provisionem prædicti loci [9] et congregationis domno Altfrido commiserunt. Unde evolutis aliquot annis, Karolo Rabano succedente, anno singularis nativitatis Christi 856, auspicatus est ipse quondam locum super fluvium Gandæ, quem a fluvio Gandenesheim [10] nominavit: ibique consentiente duce fabricam monasterii majori ambitu inchoavit, Liudberto Mogontino existente [11] episcopo, qui post Karolum subintravit. Locus namque pratorum ac nemorum amœnitate aptior, tutior quoque silvarum densitate ac palustri munitate ad habitationem Deo militantium visus est. Defuncti itaque sunt ante consummatam fabricam Gandenesheimensis [12] æcclesiæ et dux ac domna Hathumod [13], sepultique in antiqua æcclesia Brunesteshusen [14], positaque in regimen domna Gerburgis [15] prima [16], soror domnæ Hathumod [17], Altfrido venerabili episcopo mediante, Liudberto quoque [18] Mogontino archiepiscopo, qui Karolo successit. Nec multo post decessit, biennio tantum emenso, venerabilis domnus Altfridus. Consedit autem cum Mogontinis episcopis, Rabano [19], Karolo, et duodecim annos cum Liudberto. Consummata quoque cum omni decore Hildenesheimensi æcclesiæ, quam ipse a fundamentis construxerat, et Dei gratia consecrata, plenus operibus bonis decessit. Cui successit Marcwardus [20], quintus præsul [21] æcclesiæ nostræ, quatuorque [22] tantum annos sedens, trabes æcclesiæ posuit. Post hunc subintravit domnus Wicbertus, sextus episcopus. Hic fabricam consummavit, et æcclesiam nichilominus consecravit. Hic omnem religionem et disciplinam cum domna Oda et Gerburga [23] abbatissa in præfato loco inchoavit et perfecit; ejus consilio omnia disponebant et agebant. Præerat autem domna Gerburgis [24] congregationi 22 annos, positaque est in nova æcclesia, juxta domnam Hathumodam [25]. Sororem autem ejus Cristinam domnus Wigbertus in regimine intromisit et consecravit. Domna quoque Oda centesimo septimo ætatis anno, omnibus filiis præmissis, decessit, Cristina tantum superstite, positaque est juxta filias suas. Sed et ipsa Cristina sex tantum annos matri supervivens, felici decessu migravit ad Dominum. Domnus quoque Wigbertus consedit cum Mogontinis episcopis Liudberto, Sunderaldo, et Hattone. Post hunc Walbertus succedens, septimus episcopus, Rotsuitham venerabilem feminam, de ipsa congregatione electam, in regimen intromisit, consecrationes quoque in æcclesia præscripta et ancillarum Dei velationes et cætera all ministeria æcclesiastica pertinentia fecit. Post Walbertum [26] Sehardus, venerabilis vir, pastor octavus nostræ æcclesiæ ordinatur. Hic absque omni contradictione quæcumque ad æcclesiasticum ministerium pertinebant in præfato loco administravit. Nonus post Sehardum Thiethardus [27] antistes nobis præficitur, Fritherico archiepiscopo Mogontiæ [28] præsidente. Hic consecravit novam æcclesiam, ubi monachæ nunc Christo militant, et omnia episcopalia

VARIÆ LECTIONES.

[6] dominum 1. [7] domini 1. [8] *codex lacunam præfert, quam contectali explendam esse patet; recens tamen scriba* contectrice *inseruit, quod et 3. 4. 5. legunt.* [9] hac voce incipit 2. [10] gandesheim 2. [11] deest 2. [12] gandeshemensis 2. [13] hathomud 2. [14] brunisteshusum 2. [15] gerbergis 2. [16] manu 2. in marg. 2. [17] hathomod 2. [18] deest 2. [19] brabono 2. [20] marquardus 2. [21] deest 1. [22] quatuor 1. [23] gerberga 2. [24] gerbergis 2. [25] hathumodam 2. [26] uualtbertum 2. [27] thiuthardus 2. [28] mogontia 2. F. a. M. p. *manu secunda in marg.* 2.

in præfato loco rite procuravit, nullo obviante. Decimus post Thiethardum [29] domnus Otwinus præfuit. Hic domnam Gerburgam [30] secundam [31] in regimen constituit et consecravit, et omnia episcopalia fideliter providit, domno Willehelmo [32] magni Ottonis filio in nullo sibi adversante. Similiter Hatto et Rodbertus in nullo illi adversantes amicissimum habuerunt. Willegisus [33] quoque illi [34] succedens, veritus tanti viri senectutem et morum gravitatem, publice illum percoluit, occulte vero paulo mordacius quadam animi indignatione illi adbellicabat, nil tamen in regimine præfati cœnobii asperum, nec verbis nec [35] factis ostendit: Hæc itaque ideo proposui, ut cuncti intelligant [36], quanta levitate ac temeritate sit violatum, quod fere per ducentos annos tam [37] venerabilium patrum utriusque loci antistitum concordia roboratum, omni canonica auctoritate fixum atque ratum duravit.

13. Sed secundi imperatoris Ottonis filia, fomes ut pace omnium dicam hujusmodi dissensionis, dum a suo episcopo, domno videlicet Osdago, sacrum velamen accipere spernit, Willegisum appetit, indignum æstimans nisi a palligero consecrari. Quod ipse libens annuit, haut considerans quantum antiqua canonum statuta [38] temeravit. Nec fraterna caritate aditum quæsivit, sed fratri et coepiscopo diem imperavit, ut ad velationem ancillarum Dei in festivitate sancti Lucæ evangelistæ illi occurreret. Nactus itaque opportunum tempus domnus Osdagus, archiepiscopum secretius qua auctoritate id ageret requisivit; cum ille minaci vultu mordacius ad suam parrochiam pertinere respondit, et statuta die se ancillas Dei velaturum, omnemque episcopalem potestatem in illo loco se adempturum promisit. Cum itaque ad diem ventum est, restitit illi plena auctoritate domnus Osdagus, præsente rege domno tercio Ottone, cum matre imperatrice domna [39] Theuphanu [40], assidentibus quoque episcopis, Rethario [41] Patherbrunnensi episcopo, Milone Mindensi episcopo, Hildebaldo [42] Wormaciensi [43] episcopo, cum aliis principibus, qui ad sollempnitatem velandarum virginum convenerant. Cum ergo longa disceptatio esset, domnus Osdagus, simplicis animi vir, divino monitu incitatus episcopalem cathedram ad absidem altaris poni præcepit, hac tuitione locum ac regimen sibi defendens, faventibus illi fere omnibus, quia archiepiscopi animositas, etsi metu illius dissimularent, cunctis displicebat. Destitutus itaque archiepiscopus multitudinis favore, qui prius suo juri omnia promisit, vix domna Theuphanu et episcopis obtinentibus, ipso quoque ultra quam credi potest supplicante, obtinuit, ut ad principale altare misteria ipsa die ageret, ita videlicet ut domnæ Sophiæ [44] velationem simul agerent, cæterarum quoque domnus Osdagus solus prospiceret; factumque est insolitum nec ante a nobis visum, ut duo episcopi ex latere altaris pariter sederent, pontificalibus paramentis festive infulati. Ventum est itaque ad ancillarum Dei consecrationem, cum episcopus, qui antea a pontificali jure timebatur dejectus, subito Dei gratia erectus, inter missarum sollempnia primo domnum regem, si in velationem suæ sororis consentiret, humiliter requisivit, deinde cæteros mundiburdos. Quibus consensum fatentibus, primo domnam Sophiam, si ad Hildenesheimensem sedem sibi suisque successoribus subjectionem et obœdientiam profiteretur, interrogavit, deinde alias velandas. Quæ unanimi consensu religionem et subjectionem confessæ sunt, publiceque [45] denunciatum est omni clero et populo, archiepiscopum nil juris sibi in illa æcclesia vendicare [46] præter consensum et permissum Hildenesheimensis episcopi. Omnibus quoque rite peractis, summa pace et concordia discessum est; stetitque unanimitas sub domno Osdago et Gerdago, et aliquot annis [47] domni Bernwardi, adeo ut æcclesias aliquas præsente archiepiscopo ibidem consecraret, synodum etiam magnam haberet præsente domno rege tercio Ottone [48], assidente nichilominus præfato archiepiscopo, cum tamen nil sua auctoritate decerneret, præter quod assensum æque ut alii fratres domno Bernwardo, qui synodo præsidebat, præbuit. Interfuerunt Islarius [49] Magdaburgensis archiepiscopus, Liudolfus [50] Treverensis archiepiscopus, Milo Mindensis episcopus, Hildebaldus Wormaciensis [51] episcopus, Hugo Citicensis episcopus. Non tamen rata permansit hujusmodi concordia, quia in medium quædam emerserunt, quæ orientem caritatem falsitatis lolia [52] peremerunt.

14. Odiosum quippe est nostro tempore veritate aliquem notare, sicut a quodam dictum est: *Veritas odium parit*, sed scribentibus gravis culpa est vel falsa dicere aut vera intermittere. Unde pace cunctorum liceat dici, quod scelus est celari. Illa quippe præclara ancillarum Dei congregatio [53] tanto studio et devotione dominorum nostrorum patrum patriæ, ducum ac regum, per Altfridum ejusque successores instituta est, ut in principio omnibus imitabiles exemplar humilitatis ac caritatis florerent, episcopum suum a Deo [54] sibi præpositum quasi Dei nuncium ac patrem audirent, colerent et amarent, omnes adventantes, prout cuique personæ competebat, præcipua benignitate susciperent. Hic illis usus, hoc studium fuit; hoc sancto loco reverentiam et illis apud omnes gratiam exhibebat; hoc humilitatis privilegio, cum pro causis æcclesiæ

VARIÆ LECTIONES.

[29] thiothardum 2. [30] gerbergam 2. [31] *manu secunda* 2. [32] uuillihelmo 2. [33] Willigisus 2. *constanter.* [34] illis 2. [35] uel 2. [36] intellegant 2. [37] tot 2. [38] instituta 2. [39] *deest* 2. [40] theofanu 2. *constanter.* [41] hrethario 2. [42] hildibaldo 2. [43] wormacensi 2. [44] sophyæ 2. *sæpe.* [45] Publice quoque 2. [46] *deest* 1. [47] annos 2. [48] d. O. t. r. 2. [49] islarus 2. [50] liudulfus 2. [51] hildib. wormacensis 2. [52] ita 1. 2. [53] *in marg.* Gandesheim. [54] ac de eo 2.

ad palatium citabantur, habitu admodum nitido vel abjecto venientes, ut veræ Dei ancillæ ab omnibus habebantur ac venerabantur. Sed postquam luxus ac superfluitas accessit, morum insolentia subintravit, obœdientia torpuit, repulsa est episcoporum reverentia; quod cuique erat placitum, faciebat licitum. Addita est quoque ad augmentum mali diutina infirmitas domnæ Gerburgis, ejusdem cœnobii venerabillimæ [55] matris, in quam Dominus plurima virtutum insignia contulit; decessus quoque religiosarum sororum, quæ sub nutrimine antiquæ disciplinæ institutæ fuerant. Numerosa autem juventus virginum fructificaverat in tyrocinio Christi. Quæ delicatius enutritæ, metam prioris disciplinæ ac severitatis ignorantes, ut est humanum post sua vota declinabant. Sophia quoque, domna Gerburga invita multumque renitente, ad palatium factione Willegisi archiepiscopi se contulit, ibique annum vel biennium commorata, dissolubilis vitæ tramitem incedens, varium de se sparsit rumorem. Quod venerabilis Bernwardus episcopus non ferens, quippe qui illam semper summo amore et gratia percolebat, blandis illam monitis ad monasterium redire persuasit. Cumque illa exteriori auditu vix verba illius admitteret, sæpius eadem repetens ad cœnobium eam repedare familiarius admonuit [56]. Illa autem [57] ejus accessum et confabulatum primo declinavit, deinde ad archiepiscopum velut patrocinanda ab illo confugit, amarioribus verbis ejus animum exasperavit, pactum fœdus in sua velatione inanibus verbis annullavit, dicens ab illo se velatam, non ab Hildenesheimensi episcopo, ad provisionem Bernwardi episcopi se minime pertinere, ad suam diocesim cœnobium Gandenesheimense respicere, plures se invenisse qui hoc veraciter testentur. His et hujusmodi [58] verbis archiepiscopi animum adversus domnum Bernwardum graviter commovit. Post hæc Gandenesheim [59] repetit, varia de episcopo inter sorores disseminavit, nisu quo poterat illum loco expellere atque abalienare parabat.

15. (An. 1000.) Interea episcopus cognoscens talia circa se moliri, Gandenesheim venit, graviter tulit se abalienari, nec aliquid caritatis vel honoris sibi ut antecessoribus suis exhiberi, sed infra extraneos episcopos se tractari, cum tamen ab antecessoribus suis ad sanctum locum innumera bona collata sint, decimæ quoque ex sua parte plures et antiquitus et moderno tempore impensæ; et pro his beneficiis injuriam et contumeliam sibi reconpensari, tributa quæ pro decimis solvenda essent imminuta, sæpe quoque fraude negata; obœdientiam, qua nulla victima Deo gratior est, cum humilitate in ara cordis persuadet immolari, patienter se omnia posse sufferre, paveant tamen Christum, cujus vice fungitur, in se offendere, quicquid ingerant pro meritis [60] sibi suppetere, obœdientiam tamen, caritatem et reverentiam suis antecessoribus ab illarum majoribus exhibitam, non ausum sua levitate negligere. Hæc cum paterno animo perorasset, majori odio peccatis stimulantibus illas in se concitavit, Sophia utrobique ex parte archiepiscopi ac congregationis perurgente.

16. Instabat autem hora, qua domna Gerburgis æcclesiam quam construxerat consecrari deposposcerat. Unde quia ipsa, diutina infirmitate fatigata, ad obeunda tantæ festivitatis sollempnia minime suffecerat, Sophia, domina et matre consentiente, studium tanti laboris assumpserat. Et more suo proprium episcopum [61] postponunt et abjiciunt; archiepiscopus accersitur, quo ordinante cuncta ad dedicationem pertinentia disponuntur; consecrationis diem statuunt, exaltationis videlicet sanctæ crucis sollempnitatem (*Sept.* 14). Mittitur autem et legatus ex latere domnæ abbatissæ, qui domnum Bernwardum ad dedicationem invitet diemque denunciet. Sed quamquam plures illum anticipatum archiepiscopi advocatione objicerent, leni tamen animo sufferens, ad præscriptum diem se venturum promisit. Interea, incertum qua de causa, archiepiscopus statutum mutat, diem abdicit, atque eandem dedicationem in festivitatem sancti Mathei apostoli indicit (*Sept.* 21), domno quoque Bernwardo pari potestate ut olim in velatione Sophiæ venerabili domno Osdago legationem dirigit, mandans ut incunctanter illi ad dedicationem in præfata festivitate occurrat. Ipse vero suum legatum atque scripta archiepiscopo remittit, astruens imperialibus jussis obstrictum, serîis quibusdam occupari, nec posse ad dedicationem ut jussum est ipsa die illi occurrere.

17. In exaltatione tamen sanctæ crucis Gandenesheim venit, æcclesiam dedicaturus, sicut domna abbatissa in principio disposuit; nil paratum repperit, immo aliquos collectos, qui illi resisterent, et cum injuria ejicerent, si forte cum suis æcclesiam consecrare violenter appeteret. Hanc enim famam illæ disperserant, cum Deo teste nichil hujuscemodi attemptaret vel mente conciperet. Jam enim tota mente ad archiepiscopum confugerant, se atque locum ejus tuitioni devoverant. Sophia assidue illi cohærens et cohabitans, hæc interdiu noctuque ambiebat. Missarum vero [62] sollempnia domnus episcopus ipsa die ibidem celebravit, licet maxima congregationis indignatione, easdem tamen, ut oblationes [63] offerrent benedictionemque perciperent, admonuit. Plebs quoque, comperto sui episcopi adventu, quasi ad sollempnitatem convenit, mœrens et ultra quam credi posset ægre ferens, episcopum insolentia atque inobœdientia loco detrudi. Quos et omnes adventantes limato sermone consolans, lacrimabili questu publice commemorabat, se ipsa die

VARIÆ LECTIONES.

[55] ita 1. 2, et 1. *eadem manu* venerabilissimæ. [56] ammonuit 2. [57] namque 2. [58] hujuscemodi 2. [59] gandesheim 2. *constanter*. [60] m. suis s. 2. [61] *deest* 1. [62] quoque 2. [63] o. ad missam e. 2.

ad dedicationem æcclesiæ invitatum, nil illi honoris exhibitum, immo exclusum; unde consecrationem æcclesiæ, quæ ad se pertineat, omnibus sine suo consensu canonica auctoritate interdicit. Qua de re congregatio sororum indignata, igne majoris indignationis accenditur [64]. Verum cum ad oblationem ventum est, oblatas indignatione et incredibili furore projiciunt, sæva maledicta episcopo ingerunt. Quo insolito tumultu perculsus, lacrimis perfusus antistes, non suam injuriam [65], quam parvi ducebat, pensans, sed veri pastoris pro persecutoribus orantis exemplo, ignorantiam seu potius malivolentiam furentium feminarum deplorans, ad altare rediit, missam suo ordine magna animi contritione peragit, deinde populum alloquitur, benedicit et corroborat; deductusque honorifice ab illis, unde venerat repedabat. O [66] dignæ memoriæ virum, omnium ore celebrandum, cunctorum devotione intime amplectendum, apud se quidem incredibiliter humilem, sed apud Deum, cordis inspectorem, ejusque fideles vere sublimem! Quis eum crederet in tanto pontificalis dignitatis honore, generis nobilitate, ministrorum multitudine, contra irrogatas sibi contumelias patientiæ potius quam potentiæ maluisse clipeo muniri? Sed vir beatus humanæ abjectionis probra non curabat, qui totus divino amori mancipatus, illius tantum oculis quem singulariter diligebat placere summopere gestiebat. Hæc pro commendando magnæ utilitatis exemplo ad imitationem audientium inserere libuit; nunc ad ordinem redeamus.

18. Interea archiepiscopus et Sophia omnem apparatum ad novellæ æcclesiæ consecrationem necessarium diligenter præparant, inconsulto Bernwardo episcopo, quem tamen adjungere domna Gerburgis temptat, sed verita archiepiscopum, votis ejus obviare pertimescit. Præterea archiepiscopus in vigilia sancti Mathei (*Sept.* 20) ad præfatum monasterium venit cum episcopis, Rethario [67] Paderbrunnensi episcopo, et Berengero Verdensi [68] episcopo, Bernhardo [69] quoque duce, cum aliis plurimis, consecraturus sequenti die æcclesiam. Mittuntur quoque domno Bernwardo episcopo, qui illum ad sollempnitatem æcclesiæ invitent. Postera vero [70] die (*Sept.* 21) adest diluculo vice domini nostri venerabilis episcopus Eggehardus [71] cum majoribus natu nostræ congregationis et aliquibus primariis de nostro monasterio [72]. Qui, fandi licentia data, archiepiscopum cum omni honore ex nomine domini Bernwardi episcopi devote obsequio salutant [73]; imperiali illum obsequio detentum, adesse non posse; mirari tamen vehementer, in sua parrochia et æcclesia ab antecessoribus suis absque omni contradictione semper possessa, sine suo consensu æcclesiæ consecrationem indici; fraterna caritate deprecari, ut ab hujuscemodi invasione desistat, nec se intromittat nisi quantum canones concedunt; si suo juri singulari privilegio quiddam suffragari æstimet, ipsum non defuturum, quin communi consilio fratrum, ubicumque delegerit, justiciam plenissime exequatur. Archiepiscopus autem acerbiori indignatione inflammatus, mandat, ut primo mane sequentis diei, quæ tunc Dominica illucescebat (*Sept.* 22), ad consecrationem præfatæ æcclesiæ incunctanter properet; si venire tardaverit, nichilominus [74] æcclesiam dedicaturum. Hanc autem iram et indignationem archiepiscopi adversus venerandum præsulem creavit maxime præcipua familiaritas domni imperatoris, qua illum speciali devotione pietatis cæteris familiarius percoluit. Affectuosissimo namque obsequio devinxit sibi imperatorem, quia cuncta, quæ ad gratiam illius competere sciebat, vigilantissimo studio obibat; et ob hoc animositatem invidiamque [75] plurimorum in se commovebat, adprime quoque Mogontini episcopi, qui indignabatur, aliquem præter se familiaritatis locum apud imperatorem habere. Dominica itaque irradiante, adest prædictus episcopus Eggehardus [76] cum venerando fratrum nostrorum senatu [77] vice domini nostri directi, qui, canonica auctoritate et prisca sanctorum patrum consuetudine objecta, fortiter archiepiscopi cœptis restiterunt; atque sic consecratio præscripti monasterii intercepta est. Ipse vero episcopus inter missarum sollempnia facto ad populum sermone, synodum suam biduo ante sancti Andreæ natale cum banni approbatione denunciat; deinde ad altare regressus, in cathedra sedens privilegia quædam ante incognita mandat recitari, in quibus continebatur, ut nemo de jure illius æcclesiæ auferret, quicquid tunc in decimis vel prædiis vel ulla re in vestitura contineret. Hoc quoque banno roboravit, sicque discessum est. Episcopi autem [78] qui aderant ægre admodum archiepiscopi animositatem conquesti, fratri et cœpiscopo per nos mandant, pertinaciam ipsius et temerarium inceptum se cohercere non posse; id unicum suppetere, apostolicum atque imperatorem ut adeat; illius causam illorum esse communem; nec se defuturos, quin de eisdem utrisque, apostolico videlicet atque imperatori, scriberent.

19. Venerabilis itaque Pater domnus Bernwardus ultra modum sollicite ferens quantulumcumque scisma in æcclesia grassari, sciens quoque, infusum venenum nisi apostolico et imperiali antidoto comprimi non posse, quamvis gravi corporis molestia sæpius lassaretur, et tantum iter imbecilli ejus corpori omnimodis esset contrarium, tamen, ut pacem reformaret, contra vires suas subire non recusavit. Nam jam pridem ardebat miro desiderio, domnum

VARIÆ LECTIONES.

[64] 1. m. 1. a. desunt 2. [65] n. s. i. *usque* f. deplorans desunt 2. [66] *reliqua capitis desunt* 2. [67] hrethario 2. [68] berngero uardensi 2. [69] bernwardo 2. [70] namque 2. [71] Æ manu secunda eggerardo 2. [72] deest, spatio relicto 2. [73] salutavit dicens i. 3. 4. 5. [74] n. se æc. 2. [75] et individiam 2. [76] Æ. manu secunda eclieardus 2. [77] deest 1 ceto et senatu 3. [78] quoque 2.

imperatorem, quem unice amabat, videre. Paratis itaque tantoitineri necessariis, per vallem Tarenti (36), quia ea via commodior est visa, ire [79] procuravit, habens secum scripta [80] omnium cisalpinorum episcoporum. Porro anno incarnationis Domini millesimo [81], IV Nonas Novembris (*Nov.* 2) nimio mœrore totius congregationis plebis quoque a monasterio egressus, magna compunctione universorum deducitur; Dei (*an.* 1001) gratia comitatus, ad votum rebus cedentibus, secundo Nonas Januarii Romam ingressus est (*Jan.* 4). Quod humillimus ac piissimus imperator audiens, miro affectu dilectum magistrum videndi flagrans, ad suam præsentiam tamen eum fatigare nolebat, sed festinus a palatio fere duo miliaria ad sanctum Petrum illi occurrit, benignissimeque susceptum, inter amplexus familiarissime deosculatum, ad hospitium deduxit, diuque cum illo confabulans, sequenti die ad palatium illum venire rogavit, nec permisit ut quantulumcumque de suo proprio in ministerium suum impenderet, sed per sex septimanas, quibus apud illum morabatur, sufficienter in usum sui suorumque cuncta indigua largiter ministrari præcepit [82]. Mane vero domnum apostolicum convocavit in occursum carissimi hospitis (*Jan.* 5), venientem quoque foris in atrium obviam procedentes libentissime susceperunt, nec permissus est ad suum domicilium reverti, sed juxta ubi ipse domnus imperator habitabat [83], splendidissimum illi habitaculum [84] exhibebat. Vicissim quoque nunc imperatoris cubiculo, interdum episcopi considentes, et forenses causas et rei publicæ necessaria conferebant. Nam de archiepiscopo et tumultu Gandenesheim oborto ante accessum domni episcopi fama præcurrens cuncta divulgaverat; unde non opus habebat singula evolvere, sed breviter strictimque, imperatore interrogante, pauca contexuit [85].

20. Sed archiepiscopus quod mente perceperat, actu perfecerat. Quidam enim maligni illum impulerunt, Sophia nichilominus institerat. Venit itaque biduo ante sancti Andreæ festum Gandenesheim ad synodum (*an.* 1000, *Nov.* 28), ut disposuerat, habens secum venerabilem episcopum Retharium [86], aliosque complures extraneos, videlicet de Thuringis et Hassis, quorum id nichil intererat, nonnullos etiam de sua diocesi infra Saxoniam. Sed in principio actionis venerandus præsul Eggehardus [87] archiepiscopum commonet, ut a synodo desistat, nec in aliena æcclesia talia præsumat, præcipue cum domnus episcopus ad quem æcclesia pertineat absit,

A et cum domno apostolico et imperatore consistat. Ad hæc incredibili furore archiepiscopus succensus, vultu torvo ac minaci jubet ut sileat; nil ad se talium pertinere; ut propriam æcclesiam habeat, illam gubernet. Econtra Eggehardus : « Peccatis, inquit, agentibus, termini episcopatus mei barbarica sunt feritate depopulati, civitas deserta, æcclesia desolata; sedem non habeo; servum me sanctæ Mariæ et Hildenesheimensis æcclesiæ recognosco, et in cunctis quoad potero sancto loco prodesse studebo. » Archiepiscopus itaque, productis viris quos adduxerat, requisivit episcopos, si liceat illos homines banno suo ad sacramenta constringere, ad cujus diocesim illud cœnobium pertineat. Illi quamquam metum illius veriti, aiunt, legitime fieri non posse,

B absente episcopo Bernwardo. Eggehardus [88] itaque præsul et fratres nostri; populus quoque, orant instanter, sacramenta suspendi. Qua unanimitate cleri et plebis archiepiscopus commotus, Eggehardo episcopo minatur, nisi sileat quod cum injuria illum ejiciat. Super hoc multi indignati et aliquanti, quos archiepiscopus adduxerat, cum propemodum tumultus oriretur, Eggehardus præsul ab episcopis rogatus seccessit, cunctosque Gandenesheimenses et omnes ad Hildenesheimensem diocesim pertinentes ad suam synodum invitavit. Ad cujus bannum unanimiter omnes egressi, illum sicuti sunt, tantummodo cum archiepiscopo suis propriis, quos adduxerat, relictis. Cum vero de diocesi sacramentis examinati requirerentur, alii Ethrinam (37), Fridesc-

C larensem fluvium, terminum Hildenesheimensis parrochiæ affirmabant, errorem faciente nomine Edernæ fluminis, quod Gandenesheim alluit; alii, certum nil se scire nisi quantum aliorum relatu didicerint, approbant [89]; nullus aliquid vel memoria dignum asseruit. Archiepiscopus tamen, acsi veritate cuncta fixa constarent, banno, ne quis illi sacramento retentum cœnobium auferret, munivit; sicque libero errore discessum est. Populus vero, quicquid ab Hildenesheimensi senatu jubebatur, obœdienter obivit.

21. (*An.* 1001.) Interea legatus Romam super his domno episcopo dirigitur, scripta quoque domno apostolico et imperatori lacrimoso admodum stilo ferebat. Unde tam apostolicus quam imperator et

D omnes Romani graviter commoti : canonum auctoritatem, patrum nichilominus traditionem violatam; contemptum quoque maximum Romanæ sedi et apostolico, imperatori etiam, tali præsumptione irrogari; periculosum scandalum in ecclesia hac in-

VARIÆ LECTIONES.

[79] *deest* 2. [80] s. fere o. c. fratrum 2. [81] a. i. D. m. *desunt* 2. [82] *codex* 2 *addit*: naturales quoque cibos, quibus in patria illum usum noverat, pius conviva exhibebat, medum quoque et cervisam fama præcurrente in adventum amantissimi hospitis præparabat, vasa etiam, picarios ac nitidas scutellas, candelas quoque inter prandendum providit (38). [83] habitat 2. [84] cubiculum 2. [85] contex. 2. [86] *ita et* 2. [87] eggihardus 2. *sæpius*. [88] Ekkihardus 2. [89] approbabant 2.

NOTÆ.

(36) Tridenti.
(37) Eder.

(38) Sæculi undecimi mores a nostris haud multum diversos cernis.

sapientia [90] posse generari; hujusmodi virus funditus extirpandum [91].

22. Per idem tempus mansit cum imperatore unicum decus imperii domnus Heinricus, tunc dux potentissimus, in proximo quidem Dei pietate rex futurus, in quem Dominus cunctos thesauros divinæ et humanæ sapientiæ contulit. Hic graviter semper ferebat Gandensheim obortam controversiam, atque ardenter instabat æcclesiam pacificare, et sub Christi signis militantes ad caritatem et gratiam reformare. Hujus igitur suasu et cleri plebisque coadunata est synodus viginti episcoporum de Romania; aliquanti etiam affuere de Italia et Tuscia; de nostris quoque Sigefridus [92] Augustensis, Heinricus Wirciburgensis, Hugo etiam junior Citicensis; præsidente domno Gerberto apostolico cum imperatore in palare [93] (39) in æcclesia sancti Sebastiani martiris, præsente nichilominus singularis meriti viro domno Heinrico [94] duce pacatissimo et abbatibus, astantibus quoque presbiteris et diaconibus omnique Romana dignitate. In fronte itaque actionis post evangelia lecta et quædam Patrum capitula, benedictione data cum consedissent, facto silentio venerabilis episcopus Bernwardus de loco sessionis suæ modicum progressus, humiliter apostolico et imperatori et domno Heinrico duci omnique synodo causam suæ æcclesiæ elimato sermone exponit. Cunctis itaque ejus questu compunctis, sapientissimus papa interrogavit concilium, si synodus habenda vel vocanda esset, quam archiepiscopus cum suis quos adduxerat collegisset, in æcclesia ab Hildenesheimensibus episcopis [95] semper possessa, præcipue cum episcopus defuerit et ad Romanam sedem pro eisdem causis confugerit; vel quo nomine tale conventiculum vocitandum sit. Sanctum concilium secessum petit, ut secretius inter se de his conquirant. Quod [96] piissimus papa [97] annuit. Egressique sunt soli Romani episcopi, et postmodum introgressi cum iterum consedissent, sapientissimus papa dixit: «Quid sancitis fratres, de synodo?» Sanctum concilium respondit: «In aliena æcclesia et ab aliis possessa nil juris habuit; neque canonice ibi synodum habere aut aliquid constituere sine consensu proprii episcopi potuit, nec omnimodis synodus canonice dici poterit.» Sapientissimus papa dixit: «Ergo quo nomine rite vocari potest?» Sanctum concilium respondit: «Scisma conciliens discordias.» Sapientissimus papa dixit: «Abjicienda sunt quæ ibi gesta sunt?» Sanctum concilium respondit: «Canonica auctoritate et sanctorum Patrum exterminanda sunt, quæ ibi adinventa vel statuta sunt.»

A Sapientissimus papa dixit: «Apostolica potestate et sanctorum Patrum auctoritate dissipamus, effringimus et adnullamus quæ, absente fratre et coepiscopo Bernwardo, Gandensheim in sua diocesi ab archiepiscopo Willegiso et suis complicibus adinventa et sacramentis statuta sunt.» Et superadjecit: «Frater et coepiscopus [98] Bernwardus petit sibi restitui sublatam vestituram ab archiepiscopo: quid sancitis, fratres?» Sanctum concilium respondit: «Vestituram, quam archiepiscopus non potuit auferre, non est necesse illi reddere; sed quia hoc ipse petendo instat, si domno imperatori placeat, apostolatus vestri ferula vestitura illi redintegretur et roboretur.» Sapientissimus papa dixit: «Fiat juxta placitum vestri.» Et tradidit illi apostolicam ferulam,

B dicens: «Gandensheimense cœnobium cum adjacentibus villis et terminis tuo juri redintegro et corroboro, et apostolica sanctorum Petri et Pauli auctoritate interdico, ne aliquis tibi, nisi quantum canones permittunt, obsistat.» His finitis, domnus apostolicus, quid faciendum esset, concilium requisivit. Responsum est, si utrisque principibus id conveniat, scriptis archiepiscopum incusandum, quod tam audax inceptum, canonibus Patrumque regulis contrarium, vir summæ gravitatis attemptaret; simulque ut in posterum a tali controversia desistat, nec aliquid se intromittat, nisi canonice emancipet; synodum quoque episcopis per Saxoniam indici, vicarium nichilominus ex parte domni apostolici destinari, qui synodo præsideat. Complacitum est; locus Palithi habendæ synodi disponitur,

C dies XI Kalendas Julii denunciatur, Frithericus cardinalis presbiter sanctæ Romanæ æcclesiæ, post quidem Ravennæ archiepiscopus, Saxo genere, juvenis ætate sed senior morum probitate, vicarius domni apostolici eligitur atque dirigitur, apostolicis paramentis atque insigniis non minus infulatus, quam si ipse papa procedat [99].

[100] 23. Illis quippe diebus domnus imperator Tyberinam civitatem (40) arta obsidione vallavit. Machinis autem et plerisque instrumentis ad expugnationem præsidii paratis, fossis etiam miræ magnitudinis, ut aquam a meatu deducerent, cum magnam vim civibus ingererent, nec ad deditionem cogere possent, imperator invitatur. Nec mora, adest cum

D apostolico et venerabili episcopo Bernwardo. Cumque ut in talibus fit, alii augere obsidionem suaderent, alii diuturno ac grandi labore parum se profecisse dicerent, bonum videri, tantum ut cum honore fiat, obsidionem solvi; imperator Bernwardum præsulem seorsum abducens, quid agat consulit,

---

VARIÆ LECTIONES.

[90] i. scientes p. 3-5. [91] decreverunt 3-5. [92] sifridus 1. sigifridus 2. [93] in p. desunt 2. [94] H. 2. [95] deest 1. [96] deest 2. [97] p. libens a. 3-5. [98] episcopus 1. [99] i. procedat apostolicus 2. [100] sequentia usque Convenerunt capitis 28, nulla lacuna indicata, desunt 2.

NOTÆ.

(39) Aspasticῷ forte et salutatorio vel locutorio. Browen. Vulgo Parlatorium vocant, Leibniz.   (40) Tivoli.

ægre admodum ferre se, cum injuria cœpta desistere. Ad quem ille: « Non patior, ait, super his vos, anima mi, quem vita cariorem habeo, commoveri. Sed nunc præcipite artiori obsidione urbem vallari; nam etsi reditum ad patriam cupio, non ante a majestate vestra diverto, quam urbem populumque vestro juri subacta, Dei pietate, videbo. » Ad hæc imperator lætus dilecto gratatur magistro, locum artiori obsidione munit, milites ad expugnationem instruit, intrandi vel exeundi licentiam omnibus imperiali auctoritate interdicit. Aliquot diebus exactis, domnus Bernwardus et apostolicus præfatam urbem adeunt. Cives læti adventantes servos Dei honorifice excipiunt, urbi intromittunt; nec prius desistunt (41), quam omnes pacatos imperatoris ditioni Dei gratia adjuti subdunt. Postera namque die, nobili triumpho subsequente, episcopi imperatorem adeunt. Nam cuncti primarii cives præscriptæ civitatis assunt nudi, femoralibus tantum tecti, dextra gladios, læva scopas ad palatium prætendentes; imperiali juri se suaque subactos; nil pacisci, nec ipsam quidem vitam; quos dignos judicaverit, ense feriat, vel pro misericordia ad palam scopis examinari jubeat. Si muros urbis solo complanari votis ejus suppetat, promptos libenti animo cuncta exequi, nec jussis ejus majestatis dum vivant contradicturos. Imperator pacis conciliatores, papam et domnum Bernwardum episcopum, magnifice gratando extollit, atque ad illorum nutum reis veniam tribuit; placitoque habito, urbem non destrui in commune deliberant. Urbani gratia imperatoris donantur, et ut se pacifice agant, nec ab imperatore deficiant, commonentur.

24. Romani denique indigne ferentes, Tyberinos cum imperatore pacatos, urbis quoque suæ portas seris muniunt, vias obstruunt; libere intrandi vel exeundi Romam facultas negatur, vendendi et emendi mercimonium interdicitur; nonnulli quoque regis amicorum injuste perimuntur. Palatini autem a domno Bernwardo episcopo salutaribus monitis instructi, confessione nichilominus purgati, sacro quoque viatico inter missarum sollempnia muniti, econtra egredi et hostes fortiter impetere parant. Bernwardus episcopus dominicam hastam (42) subiit; se quoque atque omnes vivificæ crucis munimine signat, benedictione publice data, ac vitalibus monitis consolans et corroborans, signifer ipse cum sancta hasta in prima fronte aciei egredi parat. Sequenti autem mane imperator cum suis post missarum sollempnia a venerabili Bernwardo episcopo sacramentis cælestibus ac divinis exhortationibus consolati, adversus hostes certamen instruunt, ipso antistite cum sancta hasta in principio terribiliter fulminante (43), cordis vero instantia pacem ab auctore pacis suppliciter flagitante. Unde contigit, devoti militis sui precibus exoratam pacifici regis Christi mox adesse præsentiam, cujus et in nativitatis ortu primum pacis gaudia nunciantur, et postmodum ejusdem pacis amatores evangelica veritate filiorum Dei appellatione censentur. Ipsius itaque pietate totius discordiæ rebellione sopita, hostes pacem exposcunt, arma projiciunt, in crastinum se ad palatium venturos promittunt. Mane Dei clementia assunt, pacem petunt, sacramenta innovant, fidem se imperatori perpetuo servaturos promittunt.

25. Interim piissimus ac mitissimus imperator cum paucis turrim quandam ascendens, ad illos concionabatur dicens: « Auscultate verba patris vestri et attendite, et ea mente diligenter reponite. Vosne estis mei Romani? Propter vos quidem meam patriam, propinquos quoque reliqui. Amore vestro meos Saxones et cunctos Theotiscos, sanguinem meum projeci; vos in remotas partes nostri imperii adduxi, quo patres vestri, cum Orbem ditione premerent numquam pedem posuerunt; scilicet ut nomen vestrum et gloriam ad fines usque (44) dilatarem; vos filios adoptavi, vos cunctis prætuli. Causa vestra, dum vos omnibus proposui, universorum in me invidiam et odium commovi. Et nunc pro omnibus his patrem vestrum abjecistis, familiares meos crudeli morte interemistis, me exclusistis, cum tamen excludere non potestis; quia quos paterno animo complector, numquam ab affectu meo exulari patior. Scio equidem et nutu oculorum seditionis principes assigno; nec verentur, dum publice omnium oculis notantur; nichilominus etiam fidissimos meos, de quorum innocentia triumpho, sceleratorum admixtione commaculari, nec posse distingui, monstro simile arbitror. » Hac ratione imperatoris ad fletus usque compuncti, satisfactionem promittunt, duos corripiunt; Benilonem et alium quendam, quos crudeliter cæsos, nudos pedibus per gradus tractos, semivivos in præfata turri ante imperatorem projiciunt.

26. Hac autem seditione sedata, venerabilis Pater Bernwardus ad sanctum Paulum orationis causa accessit; apertoque sarcofago sancti Timothei, de quo in Vita sancti Silvestri legitur, astante custode quem ipse imperator ibidem posuerat, de integro brachium sancti martiris abstulit. Presbiter quoque ejus (45) non minimam partem de eisdem reliquiis ad castra asportavit.

27. Egressi itaque papa et imperator dominica *Exurge quare* (*Febr.* 16), immensis lacrimis civium, non longe ab Urbe castra ponunt. Domnus quoque Bernwardus episcopus, jam pridem antequam Urni excederent accepta licentia ad patriam redeundi, præmissis omnibus suis, simplici tantum veste imperatorem ad duas mansiones comitatus, quinta feria ejusdem septimanæ (*Febr.* 20) ab eo dimissus est: dici non potest, quanto mœrore, quantis utro-

NOTÆ.

(41) Papa et Bernwardus.
(42) v. T. III. p. 322. Liudpr. Antap. IV. 24.
(43) cf. Richeri L. 9.

(44) scil. Orbis.
(45) Thangmarus ipse; cf. c. 34

rumque lacrimis fusis, ut in publicum procedere vererentur. Piissimus imperator, quæ stilo vel legatorio intimare dubitaverat, Udo magistro in archanum mentis secretarium sapienti trutina libranda commendat. Reliquias nichilominus, integrum videlicet corpus sancti Exuperantii martiris, diaconi sancti Sabini episcopi, Goslariæ per illum direxit ibidem sua industria in celebri loco (46) reponendas. Episcopus quoque mellito affamine ut magisteriali moderamine, ut quondam puero alludebat, agenda quæque commemorabat, fugienda suadebat vicia, mores omnium æquitatis lance pensare, patientiam familiarissimam in cunctis vernaculam sibi conciliare, ante omnia, ne quid nimium pertinaciter intentet. His gestis, unanimem magistrum in hospitium ducens, exquisitis donis remunerat; deinde apostolico convocato, benedictione data carissimum magistrum inter oscula flentes Dei gratia pace dimittunt. Socios quoque viæ ex suis imperator cum illo dirigit, qui eum deducant, ad se quoque remeantes, illius salutem, itineris quoque prosperitatem exponant. Rebus itaque Dei clementia ad votum cedentibus, Papiam pervenit, ubi ejus adventum præsules ac comites totius Liguriæ expectabant. Quibus legationem imperatoris dedit, atque in placito considens, plura cum illis de rei publicæ utilitatibus contulit. Illius namque consilio cuncti parebant, quia, quantum ab imperatore diligeretur, sciebant. Leo quippe Vercellensis episcopus, vir litteris eruditus, fandi quoque copia exercitatus, ad suam civitatem maximo honore et affectu illum invitavit; vix quoque obtinuit; præveniensque collecto maximo [101] cleri populique cœtu, in laudem Dei cunctis psallentibus, campanis quoque personantibus, non minori ambitu quam si papa adveniret excepto, omniaque in ministerio ejus opulentissimo luxu quantum imperatum est impendit, donis quoque eximiis honoravit. Socios quoque cum illo misit, qui sequenti die hospitium plenis copiis providebant. Inde per diversa loca et civitates veniens, plurimorum benignitate in multis locis usus, clusas excedens, Alpibus (47) Dei pietate superatis, Octodorum (48) prætergressus, Agaunum (49) adiit, ibique a Rodulfo, rege Burgundiæ, liberalissime excipitur. Qui tradidit episcopo in proprietatem infra Papiam cum manuscripto tres curtiles, et sua subscriptione anulique impressione roboravit. Inde Dei gratia munitus divertens, prospero Dei pietate itinere Hildenesheim cum maximo cleri plebisque tripudio in sancta festivitate heroycæ cœnæ intra-

vit (April. 10). Reliquias quoque sanctorum, quas advexit, magno honore in æcclesia condidit; immensam quoque pecuniam in altaris servitium atque in usus pauperum expendit. Totum autem æstivum tempus in exstructione murorum civitatis, quam Hildenesheim inchoaverat, institit, interdum etiam gravi stomachi molestia laboravit.

28. Interea affuit, ab apostolico et imperatore vice papæ directus, cardinalis presbiter Frithericus, omnibus insigniis apostolicis acsi papa procedat infulatus, equis apostolica sella Romano more ostro instratus. Scripta quoque a papa et imperatore episcopis et cœteris principibus mittuntur, ut Romanum legatum digno honore suscipiant, ejusque legationi indubitanter omnes, quasi apostolicus præsens cernatur, obœdiant [102]. Convenerunt itaque Palithi ad synodum decimo [103] Kalendas Julii (Jun. 22), juxta decretum apostolici præscriptum [104]. Legatum ergo vario affectu excipiunt; archiepiscopus vero et qui ei favebant mira indignatione et execratione illum spernebant. Episcopus vero Bernwardus, et Lievezo [105] Hammenburgensis archipræsul aliique conplures, reverenter eum tractabant præcipuoque honore colebant. Sed postquam ad concilium ventum est, vix dici poterit, quanta seditione et tumultu agitaretur. Nam nec locus sessionis vicario apostolici idoneus conceditur, horribilis strepitus ingeminatur, jus fasque [106] contempnitur, canonica disciplina annullatur. Vicarius inter episcopos Lievizonem [107] et Bernwardum sedens, apostolici scripta et legationem ad episcopos se habere; facultatem exsequendi quæ ferat, sibi exhiberi orabat. Impetrato denique [108] silentio, primo dulci affamine episcopos de pace et caritate et concordia commonet, deinde epistolam papæ archiepiscopo specialiter directam profert, publiceque in auribus omnium recitari precatur. Quam cum archiepiscopus tangere vel videre dedignaretur [109], episcoporum judicio palam est recitata; in qua ipse episcopus aperte corripitur [110], et de fraterna concordia et obœdientia ammonetur. Vicarius autem quamvis [111] archiepiscopum irritare magno studio parceret, tamen miti affatu, quæcumque illi objiciantur, obœdienter fratrum consultu satisfacere, apostolica auctoritate commonet. Super his, etsi indignatus, consilium a fratribus et præcipue ab archiepiscopo Lievizone quærit. Ad hæc ille, bonum sibi videri, quia læsus frater dominorum nostrorum, apostolici et imperatoris, suffragia petiit, coram vicario illorum, episcoporum judicio satisfaciat. Januæ interim æcclesiæ panduntur, laici

VARIÆ LECTIONES.

[101] collectio maxima 1. [102] hic pergit 2. [103] X. die Kl. Julii 2. [104] Præscriptum quippe legatum vario affectu excipiunt archiepiscopus, et qui eum favebant 2. [105] lieuizo hammab. 2. [106] et fas 2. [107] Hauizonem 2. sæpius. [108] itaque 2. [109] indignum duceret 2. [110] carpitur 2. [111] quamquam 2.

NOTÆ.

(46) Goslaria igitur eo jam tempore, metallifodinis Ottone I. regnante detectis, celebris erat et diocesi Hildesheimensi adscripta.

(47) Monte Jovis.
(48) Martinach.
(49) S. Moritz.

intromittuntur, fit strepitus tumultusque validus, Mogontinis exultantibus [112] arma exposcunt [113], immensas minas ingerunt [114] adversus apostolici vicarium et Bernwardum episcopum. Legatus autem et episcopus Bernwardus, nec tumultu moti, nec minis territi, licet numerosiores haberent militum copias, non arma fremunt, sed seditionem compescunt. Episcopi negotium in posterum diem protelandum [115] suggerunt, in fidem suam suscipiunt, archiepiscopum adventurum justiciamque obœdienter executurum.

29. Interea archiepiscopus furore nimio succensus egreditur, quem infra coronam fratrum vicarius insequitur, et banno apostolicæ auctoritatis ad synodum in eandem æcclesiam sequenti diluculo invitat; sicque illa actio soluta [116] est. Matutino itaque crepusculo clam archiepiscopus, omnibus ignorantibus, cum suis abscessit. Vicarius autem [117] secundam actionem synodi sequenti die (*Jun.* 25) adorsus, in principio actionis archiepiscopum inquirit; quem, quia non aderat, ab omni episcopali ministerio usque ad præsentiam papæ suspendit. Cunctis vero episcopis synodum in natali Domini ad præsentiam papæ apostolica auctoritate indicit; archiepiscopo nichilominus scripta in hunc modum dirigit: *Quia synodo te subtraxisti et jussis Romani pontificis inobœdiens fuisti, auctoritate sanctorum apostolorum Petri et Pauli, et illorum vicarii papæ Silvestri* [118], *ab omni sacerdotali officio scias te usque ad præsentiam illius suspensum.* Sic [119] secunda actio terminata est.

30. Vicarius autem [120] cum domno episcopo Bernwardo aliquantum moratus, præcipuis muneribus ips et omnes sui remunerati, in pace dimissus est; perveniensque [121] ad apostolicum et imperatorem, legationis ordinem aperuit. Super quo graviter indignati [122], jubent universos Theotiscos [123] episcopos circa natale Domini ad illorum præsentiam festinare, non solum ad synodum, sed cum omni suo vassatico (50) ita [124] instructos, ut ad bellum, quocumque imperator præcipiat, possent procedere. Præfatus quoque Frithericus non multo post episcopalem cathedram Ravennæ obtinuit.

31. Præterea episcopus Bernwardus sperans Dei gratia et utrorumque principum clementia, summa pace se conversaturum, abbatiam [125] Hildewardensis (51) æcclesiæ, sibi ab imperatore traditam, et sollempni ab ipso dedicatione devotissime consecratam, et divino servitio excultam, pluribusque beneficiis ac donis ab eo ditatam, ubi etiam sua matertera [126] matris regimen agebat, in præcipua festivitate illarum [127] adire disponebat, præmisso omni apparatu ad tantam sollempnitatem confluentibus necessario. Cum jam omnia parata essent et ipse in proximo futurus esset, supervenientes nocturno tempore homines archiepiscopi cuncta invadentes dissipaverunt, aliquantos vero domesticos episcopi crudeliter cæsos dimiserunt.

32. Hac injuria exacta, venerabilis præsul Gandenesheimense cœnobium adire et quæque emendanda essent corrigere disponebat, ne qua sua culpa esset neglectum. Cui obstitit immensa multitudo non minus armis instructa, quam si ad publicum bellum cogerentur. Hos concivit [128] Sophya, cunctos videlicet quos vel de vassatico archiepiscopi vel de familia illius convocare poterat, omnes suos notos et familiares, et de propria familia manum validam; turres et munitiora loca circa æcclesiam armato complent milite, et contra unum hominem, suum videlicet episcopum, inermem, et benedictionem illis portantem, ita castellum muniunt, quasi barbarico procinctu se defendere parent [129]; ut veraciter illud Apostoli impletum in illo videatur: *Omnes qui pie volunt vivere in Christo persecutionem patientur* (*II. Tim.* III, 12). His præsul auditis, suos quid agat consulit. Cuncti periculo cedendum statuunt; diriguntur quoque qui veritatem diligenter investigent; qui omnia quæ sparserant [130] vera, et his majora renunciant.

33. His hoc modo gestis, episcopi hujusmodi controversiam in æcclesia grassari cernentes [131], superque tanti viri tam inauditis et intolerabilibus injuriis nimium dolentes, conventum Francanavord [132] post assumptionem sanctæ Mariæ expetunt. Invitantur etiam archiepiscopi Coloniensis et Treverensis. Ventum est ad diem concilii, præsidentibus archiepiscopis, Willegiso Mogontiensi, Heriberto Coloniensi, Liudolfo Treverensi, cum cæteris servis Dei, Rethario Patherbrunnensi, Rodberto Spirensi, Beringero [133] Vardensi, Eggehardo Sleswicensi [134]. Sed quia Eggehardus [135] ipse Hildenesheim hospitabatur, barbarico tumultu sua civitate et æcclesia depopulata, domnus Bernwardus [136] molestia corporis

VARIÆ LECTIONES.

[112] excitantibus 2. [113] poscunt 2. [114] ingerunt, cum tamen apud vicarium et dominum. B. esset numerosus exercitus. Sed nec tumultu moti 2. [115] protelare 2. [116] relicta *corr.* soluta 2. [117] vero 2. [118] *in marg.* qui Gerbertus 2. [119] sic et s. 2. [120] namque 2. [121] Perveniens autem ad 2. [122] commoti 2. [123] theutiscos 2. [124] *deest* 2. [125] a. hildiuuardensis æcclesiæ ab antecessoribus suis divino servicio excultam atque exercitatam, sibi quoque ab imperatore traditam, ubi 2. [126] *in marg.* Hemma sanctissima per quam Dominus multa facit miracula 2. [127] illorum 2. [128] conscivit 1. conciverat 2. [129] parant 1. parent. Mittunt tamen aliquos qui accessum non sine magno periculo temptandum referant; consulcius fore loco cedendum. Sin secus agere deliberet, nimirum maximum dampnum conciliet. His præsul auditis 2. [130] q. fama sparserat 2. [131] c. s. t. v. t. i. et i. i. n. d. *desunt* 2. [132] francanafordi 2. [133] berngero 2. [134] sliesuyicensi 2. [135] *deest* 2. [136] episcopus 2.

NOTÆ.

(50) Vassallorum cœtu.

(51) Hilwardshausen ad Wiseram, infra Mundam.

impeditus, ad conventum vice sua illum direxit, addens ei socium [137] Thangmarum [138], presbiterum et monasterii decanum, qui subcenturiatus adesset, si quid forte adversi ex parte archiepiscopi emersisset. In principio itaque primæ [139] actionis archiepiscopus mitiori relatu fratribus absentiam domni Bernwardi conqueritur, justiciam fraterno judicio, si adesset, se illi facturum asserit. Econtra non temeritate vel inobœdientia deesse refellitur, sed gravi corporis molestia impeditum: quæcumque sacer conventus divino flatu [140] illustratus deliberet, statuat, vel imperet, obœdienter se obsecuturum ac servaturum [141]. Sic quoque mutua benedictione data, ipsa die actio finita est. Sequenti die archiepiscopus, quibus impellentibus incertum, mordacior [142] ad sessionem progreditur. Aliqui namque et quidam de episcopis [143], favore illius adducti, episcopum Bernwardum publice in synodo requirendum suadent [144], Thangmarus autem presbiter domnos episcopos commonet, ut archiepiscopum a pertinaci animositate compescant. Denique Dei pietate mitior archipræsul efficitur; instantibus tamen cunctis, ut vestituram Gandenesheimensis cœnobii Bernwardus præsul possideret, nullo modo episcopus consensit, sed ut [145] neuter illorum, usque octavas pentecostes Fridislare [146] ad palatium conveniant, se [147] intromittat. Sieque concilium Dei gratia solutum est.

34. Episcopus perinde domnus Bernwardus gemina gratia Italiam ardebat adire, præcepto videlicet apostolici [148] satisfacere, et carissimum domnum regem [149] videre, quem vita preciosiorem colebat [150]. Direxit autem Thangmarum [151] presbiterum vice sua, qui et priori anno comes peregrinationis ejus apud imperatorem fuerat, qui a primæva juventute usque ad caniciem scolari studio intentus, nutriendis pueris operam dabat. Hic ad præsentiam papæ et imperatoris cum epistolis ac mandaticiis

A missus, plurimorum benivolentia per viam gratia domini sui usus, imperatorem in Spolitanis partibus repperit, a quo merito domni episcopi benignissime susceptus, apostolici adventum præstolabatur. Quibus convenientibus, legationem et scripta tradidit, imperatore clementer apud apostolicum episcopi causam prosequente. Deinde jubetur synodum expectare, quæ apud Tudertinam civitatem (52) in natale Domini futura erat, bonis omnibus ex parte utriusque principis opulentissime sustentatus [152].

35. Eodem tempore quibusdam jussis imperialibus obnitentibus, frater Bernwardi Tammo comes imperatori gratus, vir certe omni morum probitate præclarus, ad regis imperium [153] Paternum (53), munitum valde castellum, insedit; cujus sollertia atque B industria in illis locis bene tuebatur res publica.

36. Anno singularis nativitatis Domini nostri Jesu Christi millesimo secundo, indictione 15, apostolicus cum imperatore Tudertinæ natale Domini celebravit; ubi in festivitate sancti Johannis evangelistæ (Dec. 27) concilium coadunatur episcoporum per Romaniam et aliquorum de Tuscia et [154] Italia. De nostris quoque consederunt Notgerus Leodicensis, Sifridus Augustensis, Hugo Citicensis. Inter missarum itaque [155] sollempnia considentibus ad triginta patribus, præsidentibus quoque domnis principibus Urbis [156] papa atque imperatore, post [157] evangelium recitati ex decretis sanctorum Patrum aliquibus capitulis, ad præsentiam synodi per oblationarium legatus venerabilis [158] Bernwardi episcopi C statutus [159] est. Ad quem [160] apostolicus dixit : « Dic, qua causa ad nostram præsentiam veneris [161], vel quid ad synodum habeas. » Mox legatus presbiter Thangmarus toto corpore ad terram prostratus, erectusque faventium manibus, pedibus utriusque principis provolvitur; consurgensque ita [162] incipit : « Dominus meus apostolatus vestri auctoritatem,

VARIÆ LECTIONES.

[137] notarium 3. [138] T. 2. [139] pronæ 1. [140] statu 1. flatu 2. [141] servaturum. Acerbiora namque utrobique asperius gesta a fratribus ante processionem consedentibus sunt publice explanata, quæ in sinodo reticere imperant, ne forte litem generent. Sic 2. [142] i. q. i. paulo m. 2. [143] e. metu ac f. 2. [144] suadent. Directos quoque ab eo, et præcipue presbiterum, commonent, sacramento ut episcopum excusent. Ille de se nil præsumens, cum tamen sepissime sinodicis interfuerit conciliis, cum cæteris qui illum favebant archiepiscoporum cæterorumque clericos, qui in divinis peritissimi aderant, negocium perpendere orat; sacramentum, quod sibi intendunt, nunquam nisi canonum auctoritate subeat; postremo conventum nulla auctoritate subnixum, quem super apostolicam sinodum conciverint; humiliter se supplicare et obsecrare, ut domnos (a) episcopos commoneant, ut archiepiscopum a pertinacia et animositate compescant. Cum post hoc Dei pietate mitior archipræsul efficitur 2. [145] deest 1. [146] fridislari 2. [147] deest 1. [148] aplico 2. [149] deest 2. [150] colebat. Sed frequenti febre laborans tantum iter subire timebat. Direxit 2. [151] Thongmarum 2 sæpius. [152] sustentatus. Romani vero imperialibus jussis obnitentes, crebra incursione fatigantur. Copiæ imperatoris Paternum munitum valde castellum insidentes, incessanter irruptione et deprædatione et multorum sæpe internecione graviter illos vexabant. Frater quippe Bernwardi episcopi Tammo comes, imperatori gratus, cum aliquibus vassis, quos præfatus episcopus in arma imperialia destinaverat, præsidium servabant, et ad illorum nutum bellicus apparatus agebatur. Apostolicus perinde Tudertine singularem Christi nativitatem celebravit. 2. cf. cap. 35. [153] 1. de Sommerschenburg paternum in loco raso 3; correctio insipientis librarii, qui Paternum in Italia ignorans, hic de castello Tammonis paterno, quod Sommerschenburg fuisse credidit, sermonem esse putabat! [154] vel 2. [155] namque 2. [156] orbis 2. [157] ante 2. [158] venerandi 2. [159] statuitur 2. [160] q. domnus a 2. [161] venires 2. [162] Consurgens itaque 2.

NOTÆ.

(52) Todi.   (53) Paterno.

(a) diuinos 2.

imperialem quoque majestatem magnifice gratatus est [163] pro cunctis in quibus clementer pro sua ecclesia laborastis. Quid autem [164] legatus vester profecerit, aut quid ei in sua legatione occurrerit, ipse, quia praesens est, melius exponet. Post discessum autem illius episcopi, dolentes litem et controversiam diutius bachari, conventum Francanavordi statuunt. Ad quem cum meus senior venire non posset, corporis gravi infirmitate impeditus, vice illius me direxit. Tandem in commune reverendi patres decreverunt, ut neque archiepiscopus nec meus senior in Gandenesheimense coenobium se intromittat, usque post octavas pentecostes, et tunc Frideslare ad synodum pro hac ipsa causa conveniant. Et quia haec ad apostolatus vestri sedem delata, vestris scriptis multociens est [165] annullata, vestrum expetit judicium, ut vestra auctoritas jubeat, in quo foro vel sub quibus judicibus causam terminare debeat. Ad praesentiam nichilominus hujus sanctissimi conventus, gratia sancti Spiritus hic per vos aggregati [166], parvitatem meam destinavit, ut omnis senatus apostolicae aecclesiae publice cognoscat, illum devotissimo affectu domno apostolico et Romanae sedi obœdire et consentire, et vestro judicio adinventa vel decreta poscere [167] et pro posse perpetuo servare. » Ad haec domnus apostolicus obœdientiam domni episcopi et devotionem ac studium magnifice collaudat, prosequitur quoque venerabilis Ravennatis aecclesiae metropolitani Friderici [168], et quae Palithi illi atque in tota legatione sua occurrerint contexuit, archiepiscopi inobœdientiam, injuriam, contemptum etiam Romanae sedis. Econtra domni Bernwardi benignitatem, caritatem [169] exponit, et quod ab illo praecipuo honore sit habitus et affluentia omnium bonorum opulentissime refertus. Ad haec animositas archiepiscopi palam ab omnibus Romanis episcopis improbata [170], temeritas praesumptionis illius carpitur. In commune tamen cuncti deliberant Coloniensem archipraesulem caeterosque episcopos, qui proxime venturi erant, expectandos; mittuntur etiam nuncii, qui in epiphania Domini ad praesentiam utriusque principis illos venire jubeant. Sed cum minime venirent, expectantur ad tres indu-

cias [171] : cum autem nullomodo fieri posset ut convenirent, presbiter [172] Tangmarus, ut absolveretur, omni nisu institit [173]. Tercia itaque Ydus Januarii (an. 1002, Jan. 13), imperator dimisit a se legatum cari magistri sui Bernwardi episcopi, saepe dictum presbiterum largissime remuneratum. Episcopo quippe munera praecipua direxit; inter alia onichinum vas magni praecii, species quoque medicinales diversas, pigmenta etiam diversa.

57. Jam vero in proximo imminebat miserabilis dies, obitus videlicet mitissimi imperatoris. Confessus est namque presbitero, cum ab illo interrogaretur, leviter se febricitari. Ingravescente ergo cottidie morbo, astantibus episcopis communitus sacramento corporis et sanguinis Domini, inter verba purae confessionis, 10 Kalendas Februarii (54) (*Jan.* 23) mitissimus ac humillimus imperator cum ingenti dolore omnium bonorum spiritum efflavit. Quis valet stilo exprimere vel fando disserere inremediabilem dolorem undique ad exequias confluentium? Funerea itaque Theutonum legio, praeparatis cunctis ad iter indiguis corpus piissimi domini Aquis portabant; susceptumque est sancta die palmarum (*Mart.* 29) festivo obsequio totius regni, cunctisque principibus praecipuo affectu ad exequias famulantibus, sepultusque est in medio choro.

58. Interea vota principum in diversa rapiuntur, plerisque regni fastigium sine respectu timoris Dei usurpare nitentibus. Unde princeps quidam Bruno nomine, sciens venerabilem Bernwardum episcopum domno Heinrico duci reverentissimo esse fidissimum, timens ne cœptis ejus adversaretur si quid inciperet, quoscumque in exicium illius vel in dampnum Hildenesheimensis aecclesiae armare poterat, pro viribus institit, hinc praedis et rapinis passim bachatus in loca et homines episcopi. Sed ille more suo nusquam a fide desciverat, quamvis multis saepe lascessitus injuriis. More autem sapientissimi architecti prudentissimus praesul fundamina novi regni precum iniciis inchoavit. Omnes namque fratrum ac sororum catervas, quae divinis sceptris sub ejus vexillis militabant, intenta supplicatione in tanta rerum necessitate advigilare monebat. Ipse quoque, quod tamen

VARIAE LECTIONES.

[163] gratatur 2. [164] a. vel l. 2. [165] sunt 2. [166] congregati 2. [167] p. scire et p. 2. [168] Frith. 2. [169] caritatemque 2. [170] improbatur 2. [171] l. Nam per omnes regiones comitatus et marcas dispersi sedebant, sicuti necessaria invenire poterant. Cum 2. [172] deest 2. [173] institit: Immensa namque penuria omnium sumptuum miserabiliter laborabant; et jam in proximo imminebat miserabilis dies, obitus videlicet mitissimi imperatoris nostri, cum tamen validissime se haberet, nec signum aliquod infirmitatis ullus in eo sentiret. Tercia Idus Januarii, dimisit a se legatus cari magistri sui Bernwardi episcopi, sepe dictum presbyterum T. largissime remuneratum. Episcopo quippe munera praecipua direxit; inter alia onichinum vas maximi precii, species quoque medicinales diversas, pigmenta etiam. Confessus namque presbytero est, cum hoc ab illo interrogaret, leviter se febricitari. Sed ingravescente cotidie morbo, astantibus episcopis, communitus etiam sacramento corporis et sanguinis Domini, inter verba purae confessionis 10 Kal. Februarii mitissimus ac humillimus imperator cum ingenti dolore omnium in vespertino crepusculo spiritum efflavit. Post cujus discessum, domno Heinrico regalibus sceptris dei gratia potito, non minor fuerat predictae dissentionis deceptatio. Rege namque Patherbrunnun sancti Laurentii natale celebrante, domna Cunigunda (*etc.*, *v. infra cap.* 39).

NOTAE.

(54) Ita et Ann. Hildesh. et Einsidl. — 9 Kl. Febr. Ann. Quedl. Thietm. et Necr. Fuld.

cunctos celabat, arta abstinentia Domini clementiam exorabat. Unde fit mirabilis Dei pietate in electum adunatio, ut popularium vota primorum praevenirent studia. Nam sicubi publici conventus cogebantur, vox una vulgarium, domnum Heinricum debere imperare; ipsum, non alium quemlibet, rebus debere praeesse. Omnibus ergo pari voto in electione illius concordantibus, Willegisus archiepiscopus et Bernwardus praesul cum caeteris regni principibus domnum Heinricum Mogontiam cum summo honore ducentes, Dominica octava Pentecostes (*Mai.* 31) reginem et regiam potestatem cum dominica hasta [174] illi tradiderunt; ac deinde rite omnibus peractis, cum maximo tripudio universorum sollempniter illum Dei gratia unxerunt.

39. Novus autem rex Paderbrunnum sancti Laurentii natale (*Aug.* 10) celebravit, ibique domna Cunigunda regalem coronam et benedictionem a venerabili Willegiso archiepiscopo accepit. Sophia vero ad [175] Gandenesheimense regimen electa, more suo, velut in sacro velamine proprium repudiata est episcopum, ita nunc quoque dedignata a suo pastore et patre regiminis [176] et consecrationem percipere, tumore et fastu vanitatis a palligero benedici obtentu regis et reginae ac principum expetit. Domnus autem [177] Bernwardus, non valens resistere, annuit.

40. Anno [178] incarnationis Domini millesimo tercio rex orationis causa episcopia et abbatias, sancta videlicet loca, circumiens, ubi servi Dei vel ancillae religiosius in divino servitio excubabant, ut se regnumque [179] divinitus illi collatum illorum precibus tueretur, Hildenesheim adire magnifice desiderabat. Sed quia nullus regum ante illum religione loci id aggredi temptabat, Bernwardum episcopum convenit; qua ratione sanctum locum visitare audeat, consulit. Licentia quoque ab illo accepta, ante palmarum (55) sanctam diem praefatam aecclesiam adiit, susceptusque est sollempni honore. Ipse quoque in altaris ac fratrum ministerium praecipuam pecuniam largitus, locum ditare et honorare promisit, atque ex magna parte benignissime perfecit.

41. (*An.* 1006) Tercio [180] autem post haec anno occidentalibus Gallis rem publicam infestantibus, idem imperator Heinricus expeditionem adversus illos movit. Cujus arma venerandus pontifex Bernwardus, juxta praeceptum Domini, quae Dei erant Deo, quae Caesaris Caesari fideliter restituens, cum immensa militum manu secutus, vigilantissimo obsequio ad gratiam militabat. Expeditione vero soluta, quod prius voto decreverat, ad sanctum Martinum (56) tetendit, non absque regali tamen licentia fraternaque episcoporum munificentia. Suos itaque omnes iter, quod disposuerat, diligentissime celabat, quia illorum lacrimas ne posset sufferre timebat; regi tamen commendatis, non multis comitatus iter aggressus, Parisius apud sanctum Dionisium aliquot dies consistens, sancta loca lustrando, magna animi contritione totum se Domino mactavit. Inde Turonis tendens, magna sedulitate Rodberti regis in via usus est. Ibi etiam septimanam conversatus, coram pio patrono sua suorumque commissa cottidianis ubertim lacrimis deflet. Honoratus denique a rege et episcopis praeciosissimis beati Martini de sacro corpore reliquiis, nam maximum aestimabatur, si cui aliquanta particula de casula sive caeteris paramentis sancti confessoris posset contingere, ipse caelesti thesauro remuneratus et aliorum complurium sanctorum, cum benedictione et gratia cunctorum inde digressus, Parisius perveniens, aliquot dies consueto exercitio precum intentus, nichilominus etiam a praefato principe et episcopis praeciosissimi martiris Dionisii sociorumque ejus sacrosanctis pigneribus perceptis, cum benedictione et gratia ab illis digressus, felici cursu patriam repedabat. Et quamquam post tanti itineris difficillimum laborem, celerem reditum vota omnium praeoptarent, vicit tamen affectus, quo semper dominis obsequebatur, et benigissimum regem Aquis positum adiit. A quo affectuosissime excipitur, quia jam diu aegre illum videre cupiebat. Nam Bavenberg regali loco, qui sibi haereditario jure a majoribus suis competebat, episcopalem sedem noviter instituere disponebat. Unde synodum omnium episcoporum in Francanavord adunavit, ut scripta Romani pontificis super hoc et decreta communi judicio comprobaret. Cui taxationi insignem Dei servum et antistitem Bernwardum primo regalis majestas, tum episcopalis dignitas interesse magnis praecibus postulabant; nec abnuit, quin promptissima oboedientia domnum regem honoravit. Reversus vero Hildenesheim, delatas sanctorum reliquias veneratione condigna servandas locavit, semel ipsum in sanctimonia solita sollicitius diatim exercuit, episcopatus sui terminos antiquitus praefixos labore nimio et sollicitudine custodivit [181].

VARIÆ LECTIONES.

[174] *vox hasta deest* 1.   [175] *a. g. r. e. m. s. jam erasa* 2.   [176] *regimen* 2.   [177] *quoque* 2.   [178] *hoc caput deest* 2.   [179] *regnum* 1.   [180] *hoc caput deest* 2.   [181] *hic in* 3. 4. 5. *leguntur nonnulla Annalibus Hildesh. a.* 1013. *innixa, sed quae voces beatus et sanctae Hild. civitatis patronus posterioribus saeculis inserta esse docent : Illis diebus miserabilis cunctisque sancte matris ecclesie filiis perpetuo lacrimabilis luctus, peccatis nostris exigentibus, exortus est, ita ut* 12 *Kalendas Februarii nobile monasterium sancte Hildennensemensis ecclesie diabolice fraudis faculis nostrorumque criminum flamnis pene incendio perditum est. Nam in eadem nocte, prime quietis tempore, cunctis infra urbem commorantibus magis peccatorum pondere sopitis quam somni alterius quieti deditis, grandis ille dolor nobis miseris supervenit. Verum sancte*

NOTÆ.

(55) Quae eo anno in d. 21 Martii incidit.   (56) Turonis.

42. [181] Interea domna Rothegardis dignæ memoriæ Hildewardensis æcclesiæ abbatissa, venerabilis Bernwardi episcopi matertera, diutina corporis infirmitate castigata, resolutionis suæ diem sibi semper optabilem, divino ut creditur instinctu, instare cognovit. Unde in sacratissima nocte Dominicæ nativitatis (*Dec.* 25) ad missam « Dominus dixit » in æcclesiam se ferri præcepit: ibique Dominici corporis ac sanguinis viaticum percepit. Inde, rite peractis omnibus, denuo ad lectum reportata est, convocatis sororibus ita exorsa est : *Ex hac vita me hodie, carissimæ, quo Deus jusserit invitari, vobis denuncio; sed hoc quia infra majoris missæ sollempnia futurum esse non ignoro, ne qua divini famulatus fiat interruptio, vos, auditu meâ morte, minime turbari deposco. Dei namque tanto michi largius auxilium affuturum esse confido, si modo nulla ejus servitii mei causa fuerit intermissio. Divinis itaque sollempniis ex more completis, ad communiendum exitum meum quantocius occurrere festinate, suoque creatori animam præcibus attentius commendare curate, vestrumque semper finem suspectum habentes, in illo tremendo judicio, dum licitum est, per bona opera Deo dignæ inveniri satagite.* His dictis, eas stupentes nimium pariter ac mirantes abire permisit. Quod quia spiritu prophetico prævidit, rei patenter exitus ostendit. Nam, ut prædixerat, infra majorem missam, incipiente sequentia, sancta illius anima carnis est ergastulo soluta. Unde manifeste datur intelligi, beatam hanc feminam plus aliquid cæteris mortalibus divinæ gratiæ concepisse, cui non solum suæ carnis absolutionem tam evidenter concessum est præscire potuisse, verum etiam eo die præsentis vitæ miseriam feliciter evasisse, quod ad eam pro totius mundi salute tolerandam Redemptor humani generis ex inviolato Virginis utero ineffabiliter prodiens creditur advenisse.

43. Anno autem [182] incarnationis Domini nostri Jesu Christi millesimo septimo, rex venerandus Heinricus [183] totius Romani Imperii potentissimus Palithi natale Domini [184] cum maxima gloria celebravit. Quocumque vero [185] sapientissimus imperator [186] ora sui sacratissimi vultus circumtulit, si quos dissidentes forte reppérit, aut statim reconciliabat, vel si quicquam obstitit, ut id non posset efficere, numquam mente feriabat, donec violatam caritatem reformabat. Quod etiam tunc in ipso festo singularis nativitatis facere [187] prudenter institit [188]. Nam vetus odium, quod archiepiscopus Willegisus ad Hildenesheimensem Bernwardum episcopum [189] levibus de causis conceptum, sævis irarum stimulis inremediabiliter sub mente nutriebat, sæpius delinire cupiens, animositate illius victus destitit. Veruntamen coram multis episcopis aliisque principibus, qui [190] ad palatium in illa præcipua festivitate confluebant, illum [191] conveniens, tanta auctoritate pertinaciam animi illius [192] digna invectione confregit, ut se totamque controversiam illius judicio et fratrum submitteret [193], et in nullo vel ejus jussis vel fratrum votis obstaret [194]. Deinde sapientissimus rex sæpius interceptam [195] Gandenesheimensis ecclesiæ dedicationem in vigilia et epiphaniæ Domini indixit, quæ tunc prima feria Dominicæ resurrectionis accidit; velationem etiam ancillarum Dei in ipsa die epiphaniarum. Venerabilis igitur episcopus Bernwardus Willegisum archiepiscopum et cæteros fratres in auxilium sui ad consecrationem præscriptæ æcclesiæ invitavit (*an.* 1007, *Jan.* 5). Nec mora, adest sacra sollempnitas; consecrationis misteria ex præcepto domni Bernwardi episcopi disponuntur; fiunt omnia fraterna caritate, ita ut archiepiscopus in aspersione primum locum teneret, et cum illo episcopus Bernwardus. In æcclesia vero ipse, cujus parrochia erat, misteria [196] consecrationis fratribus dispensabat; primum namque gradum ille obtinebat. Expletis itaque Dei gratia omnibus fraterna caritate, rex cum archiepiscopo et cæteris ad populum progressus, sic prosecutus est : *Diuturnam, peccatis agentibus, controversiam, karissimi* [197]*, hodie deponere et terminare debemus. Agnosco enim et scio hanc æcclesiam et adjacentes villas ad Hildenesheimenses episcopos semper pertinere, et ab illis absque contradictione possessam esse* [198]. Ad hæc verba imperatoris Willegisus archiepiscopus tandem Dei pietate in se rediens, et quicquid proprio reatu vel aliorum instinctu in Deum et sanctam ejus Ge-

VARIÆ LECTIONES.

Dei Genitricis interventu sanctorumque nostrorum pio precatu (*a*) dominique nostri venerabilis Bernwardi episcopi acerbissimo ploratu, omnis ille vehemens ardor, divini roris infusione extinctus est, et illud venerabile templum mansit incolume, servatum Dei gracia, nisi quod nobis perpetuo est lugendum, quod cum preciosissimo missali ornamento inexplicabilis librorum copia periit, nosque spiritualium nostri armorum inermes reliquit. Ipso quoque anno beatus Bernwardus sanctæ Hildennensensis civitatis (*b*) patronus, sequenti omnium sanctorum festivitatis die, altare summum sanctæ Dei Genitricis, quod, proch dolor! peccatis nostris promerentibus, valida, ut dictum est, ignis inundacione confractum erat devotissima mentis intencione, 4 Nonas Novembris in melius restauravit et benedixit; Deoque accepcius hominibusque laudabilius auri, argenti gemmarumque claritate effecit. [182] *hoc caput deest* 2. [183] *vero* 2. [184] *deest* 2. [185] D. *celebravit cum magno honore* 2. [186] *autem* 2. [187] *rex* 2. [188] *deest* 2. [189] *ita* 2. *instituit corr.* institit 1. [190] *hildheseimenses episcopos* 2. [191] *verum dissidentes episcopos coram fratribus qui* 2. [192] *deest* 2. [193] *pertinaciam illorum* 2. [194] *summitterent* 2. [195] *obstare* 2. [196] *s. i. desunt* 2. [197] *ministeria* 2. [198] *deest* 1. [199] *ad hæc usque dicens desunt* 2.

(*a*) S. n. deprecatu 4. (*b*) Ecclesie 4.

nitricem exercuisset, videlicet in injusta invasione parrochiæ Gandenesheim ad titulum sanctæ Hildenesheimensis æcclesiæ pertinentis publice confitens, juri et repetitioni ejusdem loci abrenunciavit, et in testimonium hujus abrenunciationis ferulam episcopalem domno Bernwardo tradidit, dicens : *Frater karissime et coepiscope, abrenuncio juri istius æcclesiæ, et hanc pastoralem ferulam* [200], *quam manu gesto, tibi sub testimonio Christi et domini nostri regis et fratrum nostrorum trado in testimonium, ut post hoc neque ego neque ullus successor meus aliquam interpellationem vel repetitionem de hac re habere possit.* Sicque officium missæ a Willegiso archiepiscopo cum consensu domni Bernwardi episcopi sollempniter peractum [201] est. Sequenti autem die epiphaniæ Domini velatio virginum sollempni celebratione, præsente rege et omnibus episcopis, a domno Bernwardo facta est; sicque Dei gratia rebus in pace et caritate sapientia piissimi [202] principis compositis [203], discessum est. Archiepiscopus vero, hac lite sedata, præsulem nostrum omni honore et caritate ultro dilexit, et in nostro monasterio fraternitate honorifice acquisita, summam dilectionem et loco et fratribus providit.

44. His [204] ita se habentibus, idem archiepiscopus quinto postea anno, plenus dierum et bonorum etiam operum, ad Christum migravit 6 Kalendas Martii (*an* 1011, *Febr.* 24).

45. Post quem Erkenbaldus subrogatur Mogontino regimini, prius abbas Fuldensis coenobii; cui nichil deerat catholicæ fidei, quem domnus Bernwardus Kalendis Aprilis Mogontiæ consecravit (*Apr.* 1). Divino itaque respectu surrexit in archipræsulem, quia in tempore iracundiæ factus est reconciliatio. Qui quoadusque [205] vixit, prioris discordiæ lenocinia posthabuit, insuper [206] ordinatorem suum, consanguinitate [207] etiam sibi propinquum, debita devotione ut patrem coluit et paterna caritate tractavit.

46 [208]. Interea [209] venerabilis præsul Bernwardus, ampliare studens divinæ servitutis obsequium in parrochia sui præsulatus, ob reconpensationem futuram Christum hæredem elegit, et quod præcipuum habuit, se ipsum cum omnibus acquisitis seu acquirendis rebus Patri omnipotenti, sicut jam dudum in secreto mentis statuerat, in sacrificium obtulit. Monasterium itaque in septentrionali parte civitatis Hildenesheimensis, in loco quondam squalido, feris quoque seu brutis animalibus coaptato, tota devotione et apparatu decenti instituit, quod prædiis sufficientibus dotatum, coenobitis Deo famulantibus ibi collectis delegavit.

47 [210]. Anno vero incarnati Verbi 1018, regni autem domni Heinrici piissimi imperatoris 14, ordinationis domni Bernwardi venerabilissimi præsulis 25, indictione 13, 3 Kalend. Octobris (*Sept.* 29), cripta ejusdem monasterii magno decore Dei gratia consummata, dedicatur a præfato antistite Bernwardo et honorabili Sleswicense episcopo Eggehardo atque venerando Mimigardevordensis æcclesiæ pastore Thiderico, in honore Salvatoris Domini nostri Jesu Christi, et ejus beatissimæ et gloriosissimæ Genetricis perpetuæque Virginis Mariæ, sanctique Michahelis archangeli, totius quoque militiæ cælestis [211], et simul sexaginta sex reliquiarum, ab eisdem venerabilibus præsulibus ibidem digna veneratione reconditarum.

48 [212]. Quinto deinde anno (1020) Erkenbaldus Mogontiæ metropolitanus, plenus [213] dierum et meritorum, 15 Kalendas Septembris pacem æcclesiæ Dei dereliquit, et animam in manus angelorum efflavit [214]. Huic Aribo, regius capellanus, successit in regimine; per quem rediviva restaurantur [215] arma discordiæ, quæ sub prædecessore suo sopita quieverunt; prævalente gratia concordiæ. Quem futurum pontificem cum in sacerdotem [216] consecrare deberet [217] Deo dignissimus antistes Bernwardus, gladio verbi Dei illum obstrinxit [218] et anathematizavit,

VARIÆ LECTIONES.

[200] *in marg. codex* 2, *manu secunda* : Nota de hoc ipso in Vita S. Godardi plenius. [201] peracta 2. [202] deest 2. [203] compositis, in Thuringia aliquamdiu commoratus ad Bajoariam progressus, Raginesburhe sanctum pascha (*a*) iniciavit. *Reliqua capitis desunt* 2. [204] His ita se habentibus, ea tempore tempestate 6 Kl. Marcii Dei judicio tactus, humanæ naturæ concessit prædictus archiepiscopus Willigisus, in ipso mortis confinio sero poenitens et rerum confitens, quicquid proprio vel aliorum Deo odibilium instinctu in Deum et sanctam Dei Genitricem exercuisset, videlicet in injusta invasione parrochiæ Gandesheim, ad titulum Hildinemensis ecclesiæ pertinentis. Quantis synodalibus decretis, nunc in præsentia Romanorum cardinalium a domno apostolico directorum tritus, tum etiam duobus, imperatoribus tertio Ottone et benigno Heinrico cum eo conflictantibus, presidentibus multis archiepiscopis et episcopis seu etiam ducibus, ipse superatus, ab incepta sed numquam perpetrata injuria, per impudens. Post quem Erkembaldus subrogatur. Mogontino regimini, prius abbas Fuldensis cœnobii, cui nihil deerat catholicæ fidei. Quem Deus promoverat in archiepiscopatu Mogontiæ, unctione et consecratione Bernwardi episcopi Hildinemensis ecclesiæ. Divino, etc. 2. [205] dum 2. [206] j. B. episcopum 2. [207] c. e. s. p. d. d. *desunt* 2. [208] caput deest in 2. [209] interea domnus episcopus B. diutina infirmitate (*post.* c. 48) 2 media capita 46, 47 et 49 — 53 desunt. [210] caput deest in 2. [211] c. exercitus 3. [212] sequentia in (2) 3. 4. 5. *ante capp.* 46 et 47 *habentur.* [213] tractavit. Hic plenus 2. [214] efflavit. Quem successit officio et nomine quidam Aribo vulgo dictus Ærvo, qui consono nomine et agnomine vivere sibi instituit labore et tyrannide. Per quem 2; *in margine* Er (vo *absciso*) 2. [215] inst. 2. [216] sacerdote 2. [217] d. domnus eps B. 2. [218] obstrixit 2.

(*a*) April. 21.

præsente domno [219] Heinrico benignissimo [220] im- peratore et diversis episcopis, cum astantibus clericis et populis, ne post susceptum regimen sanctæ Hildenesheimensi æcclesiæ inferret injuriam super parrochia Gandenesheim dicta. Quod id ipsum iterum [221] repetiit et confirmavit, dum illum [222] vice sua in archiepiscopum venerabilis [223] Eggehardus [224] episcopus consecravit. Sed quod tunc subdole promisit, grassante stulticia post fefellit. In ipsa enim promotione sua [225] domnum Bernwardum episcopum ficta pace per legatum suum convenit, et per falsa salutaria querimoniam super Gandenesheim temptavit. Cui domnus Bernwardus episcopus, divina inspiratione doctus, non ejus vaniloquio attendens, obligationis suæ anathema illi retexit, dicens, sibi nil commune cum illo [226] esse, si bene vellet, nisi ea quæ Dei essent; de parrochia vero [227] sua absque dubio nichil sibi cessisse. Hac responsione obstruitur machinatio archiepiscopi; et [228] super hac re nec [229] mutire [230] quidem ausus est in vita venerabilis Bernwardi episcopi [231] (57).

49 [232]. Anno perinde secundo, hoc est, anno incarnationis Dominicæ 1022, regni autem domni Heinrici imperatoris 21, ordinationis vero Bernwardi episcopi 30, indictione 5, 3 Kalendas Octobris (Sept. 29), supradictum monasterium, ad utilitatem monasticæ vitæ constructum, multiplicique, velut hodie patet, ornatu perfectum, dedicatum est cum omni devotione æcclesiasticæ religionis a venerando ejusdem æcclesiæ provisore Bernwardo pontifice, et ab honorabili Unewano archipræsule Hammenburgensis æcclesiæ, ab Eggehardo Sleswicense episcopo, et a Bennone Aldenburgensis æcclesiæ reverentissimo antistite, in honore Salvatoris Domini nostri Jesu Christi, et ejus sanctissimæ Genitricis semperque Virginis Mariæ, ac salutiferi ligni adorandæ et vivificæ crucis, et ad speciale patrocinium sancti Michahelis archangeli, totiusque militiæ cœli, et ad laudem venerationis omnium sanctorum Dei.

50. Sed mox ejusdem monasterii habitaculum commissum est ad regendum abbatis officio Goderammo, cœnobii sancti Pantaleonis præposito.

51. Tandem vero sancti Michahelis æcclesiam vir beatus postquam prædiis opulentissime dotavit, præsente apostolici legato, uno videlicet cardinalium, cum undecim episcopis, necnon et diversarum professionum personis, banni sui auctoritate roboravit.

Hoc autem piæ devotionis opus quam mature animo intenderit, quo fervore nacta oportunitate aggressus sit, qua vigilantia et assiduitate institerit, qua caritate sufficientiam exteriorum ei providerit, qua libertate construxerit, qua auctoritate firmaverit, quantum etiam ipse interim divino tactus verbere profecerit, ipsius verbis melius proferemus. Dicit enim ipse in privilegio eidem cœnobio dato:

« Omnis creatura homo nomine ideo a suo condita
« est Creatore, ut juxta ritum naturæ potius suo
« serviat Creatori quam creaturæ. Cujus habitudinis
« status dum fit rerum discolor usus, animum tamen
« rationis compotem semper reflectit ad suæ condi-
« tionis tramitem. Sed quo amplius quemque cor-
« rexerit divinior haustus, tanto divinius se Deo
« quisque obligat in omnibus rebus. Et hoc fieri
« nequit, nisi ubi valida Dei manus quemque sibi
« attraxerit. Unde in appetitu gratiæ se cuique ima-
« ginat et conformat protectio divinæ misericordiæ.
« Cujus rei experimentum dum consulimus, e vesti-
« gio nobis occurrit divinum responsum, quod,
« peccante Adam et inde exilii longa dispendia per-
« ferente, credidisse Abraham Deo et hoc illi repu-
« tatum esse ad justiciam. Cumque, et divina præ-
« veniente clementia, tum et exigentibus meritis,
« accipimus, legis latorem Moysen ducem ac præ-
« ceptorem extitisse populi Israel, pari examine
« sanctitatis miramur, miraculorum factorem He-
« lyam humani ævi nondum cognovisse metam, sed
« curru igneo sublatum esse ultimo sæculorum judi-
« cio. Excedit mentem nec capiet finem, si de his et
« horum similibus nostra ratio ulterius se tendere
« voluerit. Satis indicio est, quantus assurrexerit in
« præliis David manu fortis, et sole lucidius est,
« structo tabernaculo Dei, quantis religionum ritibus
« et libaminum misticis cultibus se Deo approxima-
« verit sanctus Salemon, cujus pœnitentiæ meritis
« nullus umquam repertus est similis. Quibus omni-
« bus ad habitudinem factorum revelavit Deus se-
« creta meritorum, ut temporaliter merito et opere
« omnibus semper essent dispares, insuper æterna-
« liter angelicis spiritibus fierent coæquales. Hæc
« ego considerans Bernwardus, Dei præelectione
« non meis meritis dictus episcopus, et diuturna
« meditatione volvens, qua meritorum architectura,
« quove rerum precio possem mercari cœlestia, cum
« essem aulicus scriba doctus et beatæ memoriæ

VARIÆ LECTIONES.

[219] deest 2. [220] benigno 2. [221] deest 2. [222] eum 2. [223] deest 2. [224] egkih. 2. [225] sui 2. [226] c. i. desunt 2. [227] deest 2. [228] nec 2. [229] deest 2. [230] mutire audentis in vita episcopi 2. [231] episcopi. Explicit Tangmarus. Interea, etc. 3. Quod jam auctoritate codicum 1 et 2 refellitur. — Antiquus alius auctor de Translatione S. Bernwardi expressis verbis dicit, Tangmarum de conversationis S. Bernwardi sanctitate, gestorum magnificentia et transitu plenissime narrasse. Nec stylus alium prodit autorem. LEIBNIZ. [232] cap. 49-53 desunt in 2.

NOTÆ.

(57) Bernwardi constitutionem de synodis quater quotannis in diocesi Hildenesheimensi habendis a. 1020 d. 6 Idus Octobr. editam v. Legum t. II. B. 172, 175.

« tercii Ottonis imperatoris didascalus simul et pri-
« miscrinius, divina tactus gratia, reatus mei super-
« flua perhorrescens, divinamque gratiam concu-
« piscens, distraxi animum in diversa, quomodo
« æternæ satisfacerem misericordiæ sicque reme-
« dium meæ obtinerem animæ. Sed in tenuitate tunc
« meæ qualitatis, quicquid animo proponebam, aut
« vix inchoandum, aut numquam hoc perficiendum
« timebam. Animus tamen magis ac magis ardore
« sancti propositi desudabat, licet tunc temporis
« fortuna quid inchoasse vetabat; cum ecce Dei
« electio senatuumque declamatio me pontificalis
« gloriæ solio inthronizandum præeligunt; et ne grex
« Domini turbaretur sine pastore, ne æcclesia mater
« nostra esset quasi vidua, in electione novi ponti-
« ficis cor unum et animam unam omnibus fecit
« habere spiritus pacis. Inthronizatus Bennopoli-
« tanæ (58) æcclesiæ, quod diu conceperam animo,
« opere complere volebam, videlicet beatæ memoriæ
« tradere titulum nominis mei, æcclesias struxisse,
« ac officia Deo servientium inibi ordinasse, omnem-
« que facultatulam meam Domino lucrasse. Et quia
« sunt occulta Dei judicia, semper tamen justa, con-
« sensu et hortatu Christi fidelium novam Dei æccle-
« siam condere cœpi, in qua ad laudem et gloriam
« nominis Domini, et voti mei propositum adimplevi,
« et sanctæ Christianitati, adhibitis Deo dilectis fra-
« tribus, consului. Fundato enim novello opere, et
« designatis eo loci locorum qualitatibus, ne occasio
« terrenæ vagationis esset dilatio incepti operis —
« gloria tibi, Christe! — tactus febris incommodo,
« ægrotare cœpi quinquennio. Et dum nichil fit in
« terris sine causa, castigans castigavit me Domi-
« nus, et morti non tradidit me, ut credo et confido
« in Domino, ne absentia meæ præsentiæ fieret
« quædam intermissio spei meæ. Cui loco, Deo san-
« ctæque cruci perpetuæque Virgini Mariæ sanctoque
« Michaheli archangelo titulato, monastici ordinis
« indidi personas; quas ea ratione coadunavi, ut
« sicut juxta monachicam normam sunt a sæculi
« actibus alieni, ita essent ab omni impedimento
« sæcularis servitii liberi. Consilio itaque senioris
« mei imperatoris Heinrici, et magistri mei archi-
« episcopi Erkenbaldi, quem ipse ego cum confra-
« trum meorum conventu in archiepiscopum conse-
« cravi; quicquid terrenarum facultatum in curtis,
« curtilibus, terris, pascuis, aquis, silvis, pratis,
« æcclesiis, sanctorum pigneribus, libris, argento et
« auro, et quicquid id est quod hæreditario jure
« possedi aut sæculari coemptione acquirere potui,
« exceptis plurimis, quæ altari sanctæ Mariæ in prin-
« cipali æcclesia in coronis aureis, caliciibus, cande-
« labris, palliis aliisque æcclesiastici ordinis orna-
« mentis contuli, totum usibus fratrum per manus
« advocati mei tradidi, Deo et sanctis ejus, pro ani-
« mabus prædictorum seniorum meorum imperato-
« rum et mea omniumque successorum meorum et
« eorum quorum patrimonia acquisivi, quatenus
« servitores Christi ab omni terreno servitio liberi,
« sub defensione et patrociniis successorum meorum
« præmuniti, in pace et misericordia quieta tempora
« ducant et in salutem viventium beatæ contempla-
« tioni inhæreant. Si quis autem mei ordinis suc-
« cessor aut aliqua sæcularis persona hoc effringere
« voluerit et hæc tyrannicæ sibi usurpare præsum-
« pserit, gladio verbi Dei a Deo et sanctis ejus illum
« submoveo, ut incumbente super illum omni ma-
« ledictione careat benedictione, sicque exterminatus
« a cœlo et terra, partem habeat cum Juda et cum
« his qui in hæreditate possident sanctuarium Dei.
« Insuper hæredes, Dei et nostra licentia, in suos
« usus sua studeant repetere, dum vident alienum
« invasorem in suis patrimoniis debachare[133]. »

52. Hæc beati viri dicta consideranti facile patebit, quanta vel ipse in Deum devotione profecerit,
vel quanta superni respectus dignatio eum assumpserit. Qui enim tali insistens operi, cœlesti verbere
merebatur eliquari, manifestis indiciis probabatur a
Domino diligi.

53. His itaque piæ devotionis studiis Deo digne et
hominibus laudabiliter omni vitæ suæ tempore conversatus, anno ordinationis suæ 31, cum jam transitus sui diem, quem semper optaverat, imminere
prævideret, capellam inter sacellum sanctæ Crucis
et monasterium suum constructam in honore beati
Christi confessoris Martini a venerabili viro Eggehardo Sleswicense episcopo dedicari fecit, ibidemque pro augmento religionis ipso die habitum priorem mutans, monachicæ professionis jugum suscepit.

54. Tactus deinde infirmitate ultima, cum adesse
sibi exitus sui horam sensisset, in eandem capellam
se ferre præcepit, justum esse asserens ibidem vitæ
terminum sortiri, ubi sæcularis abrenunciationis habitu se contigisset insigniri. Sic[134] itaque vir beatissimus diutina corporalis molestiæ infirmitate tritus,
bonum certamen certans, cursum consummans, fidem
servans, viam[135] universæ carnis ingressus, ut credimus, divinis admixtu spiritibus, duce Michahele
archangelo, beatæ immortalitati est præsentatus.
Qui[136] quoadusque vixit, Domino se sacrificium
justiciæ sacrificavit; sicque plurimis mirificatus insigniis[137], cælesti pace quiescit. Obiit autem 12
Kalendas Decembris (*Nov.* 20). Sedit autem[138] in

VARIÆ LECTIONES.

[133] qui esset pars et hæreditas mea *addunt* 3, 4, 5. [134] *hic iterum incipit* 2: Interea dominus episcopus B. diutina infirmitate tritus. [135] vias 2. [136] *deest* 2. [137] insignis 2. [138] qui sedebat 2.

NOTÆ.

(58) I. e. Hildesheimensi: v. Annales Hildesh. SS. III, pag. 22.

cathedra triginta annis. Cujus discessus ad Deum fecit nos pupillos absque patre, matrem nostram sanctam Hildenesheimensem æcclesiam [239] quasi viduam [240]. Nam mox tanti patris excessu tota civitas permota congemuit, et tam cleri quam plebis cœtus omnis corde tenus indoluit. Ubique vociferatio lugubris exoritur, mœror inconsolabilis cujusque professionis auditur; et quem secum manentem communi affectu semper amplectebantur, hunc non immerito decedentem communi lamentatione prosequuntur. Hinc pauperum, hinc viduarum orphanorumque turba miserabili ejulatu patrem se amisisse proclamat, hinc patriæ defensorem, pacis amatorem ac totius rei publicæ sagacissimum provisorem, tam nobilium dignitas, quam plebium humilitas, concordi dolore subtractum esse deplorat. Mirum nempe in modum vir iste omnibus omnia factus, inter divites et pauperes, inter elatos et humiles, auctorabili quadam modestia medius incedebat; et utrobique juste proxidus, nec mitibus intractabilis, nec protervis despicabilis apparebat. Communi ergo, ut dictum est, querimonia defunctus plangebatur, qui communi dilectionis honore vivens colebatur. Sed ne irrationabiliter more eorum qui spem non habent contristemur, si consolantem dolemus perdidisse in terris, patrocinantem habere gaudeamus in cælis, et sic corpori compassionis officia impendamus, ut etiam spiritui feliciter cum Deo regnanti congratulationis debita persolvamus.

55. Præceperat autem adhuc vivens, ut feretrum, quo ad tumulandum corpus ejus efferebatur, non pallio, ut moris est in talis personæ funereo obsequio, sed cilicio tantum operiretur. Quod ideo hic inserendum putavimus, ut cunctis legentibus pateat, quanto vir iste a Domino etiam temporali honore sublimatus, semetipsum humilitate depresserit, cujus viventis spiritus devotio tam humile obsequium defunctæ quoque carni providerit. More itaque æcclesiastico exequiis rite celebratis, corpus Deo dilecti præsulis in cripta cœnobii quod ipse fundaverat, ante altare sanctæ Mariæ, maxima cum fidelium Christi devotione sepelitur. Sepulchrum autem suum sancta sibi devotione ipse præparaverat, et tale solitæ humilitatis epytaphyum superscripserat:

Pars hominis Bernwardus eram; nunc claudor in isto
  Sarcophago diro, vilis et ecce cinis.
Proh dolor, officii culmen quia non bene gessi!
  Sit pia pax animæ, vos et Amen canite!

56. Quid hac beati viri mansuetudine dulcius, quid abjectione laudabilius? Quo enim se vilius sub humilitatis deprimit modio, eo lucidius in æcclesiæ apparet candelabro; et quantum suo judicio sacerdotali honore indignus deputatur, tantum laudabilis vitæ testimonio dignus per omnia comprobatur. Pie denique consideranti modum conversationis ejus et sanctæ a puero institutionis, magni meriti luce clarius apparebit, quamvis longe aliter se ipse æstimaverit. Valles enim, secundum Psalmistam, frumento abundant, hoc est, humiles spiritu potioribus divinæ largitatis muneribus exuberant. Sed pius Pater Deo plane et æcclesiæ dignissimus, et inter cæteras virtutes, quibus adornatus erat, humilitatis cultor præcipuus, quid pro ipsa cordis humilitate consolationis, quid fidei ac spei conceperit, manifestat in titulo quem his verbis interioris sarcofagi insculpsit loculo: Scio [241] (59), quod Redemptor meus vivit, et in novissimo die de terra surrecturus sum, et rursum circumdabor pelle mea, et in carne mea videbo. Deum salvatorem meum, quem visurus sum ego ipse, et oculi mei conspecturi sunt et non altus [242]. Reposita est hæc [243] spes mea in sinu meo. Quæ nimirum dicta eo spiritu ab ipso creduntur repetita, quo primum ea constat fuisse prolata, acsi aliis verbis apertius diceret: « Bonum certamen certavi, cursum consummavi, fidem servavi, de reliquo reposita est michi corona justiciæ » [244].

VARIÆ LECTIONES.

[239] s. H. e. desunt 2. [240] reliqua desunt, in 2, qui eorum loco hæc subjungit in Vita Godehardi episcopi edenda: Sed ne, etc. [241] SCIO ENIM QUOD etc. Sarcophagus. [242] ALIUM Sarc. [243] HEC Sarc. [244] in 3. hæc inseruntur, quæ haud ante annum 1195, scripta esse, ultima verba demonstrant: Ista que sequuntur in plerisque libris et codicibus inveniuntur de obitu sancti presulis. Transitus viri Dei sanctissimi presulis nostri Bernwardi nonnullis divinitus ostensus est, sed ad ista prosequenda libet priora paululum attendere. Sedebat aliquando vir Dei Bernwardus adhuc vivens cum hospitibus suis in aula sua. Scholaris vero quidam pauper ante fores elemosinas petendo, pium presulem, ut sui misereretur, invocavit. Quod audiens homo propheticus et spiritu Dei plenus, jussit, ut episcopus Coloniensis foris stans mox introduceretur. Currentes ergo ministri renunciaverunt, neminem foris esse preter illum scholarem pauperem. Sanctus autem Bernwardus, affirmans ipsum esse Coloniensem episcopum, festinanter adduci precepit; adductumque benigne suscipiens, in capite mensæ pauperem renitentem collocavit. Cui, post mensam rubore perfuso et verecundo pro reverencia sibi a tanto presule exhibita, vir beatus, quod ipse Coloniensis episcopus esset futurus, predixit; humiliter exorans, ut primam missam, quam in Colonia celebraret, pro paupere Bernwardo decantaret. At ille, cum summa devocione precibus ejus annuens, benedictione petita et accepta, recessit ab eo. Factus igitur archiepiscopus (a) juxta vati-

NOTÆ.

(59) Inscriptio hæc hodieque in sarcophago exstat; v. Kratz descriptionem ecclesiæ metropolitanæ Hildesheimensis tom. III, tab. 13. Inferior sarcofagi pars hanc inscriptionem exhibet: BERNWARDUS EP̄S SERVVS SERVORVM XP̄I.

(a) Pilegrinus.

57. Cernitur nichilominus ad dextram partem se-

Hac tumuli fossa clauduntur præsulis ossa
Bernwaldi [245], miri magnificique viri.
Qui patriæ stemma radians ut gemma serena,
Acceptus Domino, complacuit populo.

A pulchri, super columpnarum conscripsio talis (61):

Nam fuit æcclesiæ condignus episcopus iste;
Quem Deus Emmanuel diligat et Michahel.
Tandem bis senis undeno mense Kalends.
Felix hanc vitam mutat in angelicam.

APPENDIX.

MIRACULA SANCTI BERNWARDI.

1. Quantis [246] post hæc miraculorum insigniis confessorem suum Dominus glorificaverit, non est nostræ parvitatis explanare. Sed ne cuncta præterisse videamur, pauca de pluribus explicamus.

2. Puella quædam de Erpesford oriunda, Hildegard nomine, cum multa languentium turba diversis egritudinibus vexata Hildeneshcim advenit, miserabilem in modum tota contracta, ita ut genibus pectori inhærentibus, manu dextera incurvata, cubitali mensura vix a terra subrecta, se rependo traheret. Quæ per sex menses et eo amplius circa loca sanctorum reptando, mendicans a Deo salutem, a populo stipem, admonita, ut ipsa referebat, per somnum, ad tumulum beati Bernwardi reptando pervenit; et superposita eidem tumbæ cerea effigie, continuo coram populo, cujus eodem tempore multitudo forte convenerat, nervorum distensione durius cruciari coepit. Quid plura? Infra biduum erecta est, ita ut non post longum tempus sana rediret. Testis est tota civitas nostra, cui, miseria notificante, dudum erat notissima.

3. Fuit in civitate nostra miles quidam ministerialis habitans. Cujus filia infantula egritudine pressa, cum despararetur, saltem baptismi gratiam opperiri posse, pater anxius ne sine regenerationis sacramento deperiret anima, cæream imaginem ad sepulchrum beati Bernwardi deferre vovit, ut ejus meritis spacium infantulæ ad baptismi tantum gratiam accipiendam optineretur a Domino. Facto voto, ilico cera effigiata, nudipes ad tumulum beatissimi præsulis adiit; qui inde rediens, infantulum ex integro convaluisse repperit.

4. Quædam etiam puella in vico Hanovere [247] (62) tanto cruciabatur oculorum dolore, ut penitus elici orbibus suis ipsi oculi putarentur vi doloris. Promissa igitur oblatione ad tumbam sancti præsulis, ilico sospitate redeunte conquievit vis doloris.

5. Simili passione quidam in Runeberge (63) vexatus, in nocte decollationis sancti Johannis Baptistæ, cum jam penitus oculorum salutem desperaret, invocato ejusdem viri auxilio, in somnum resolutus est. Facto autem diluculo, penitus omni

VARIÆ LECTIONES.

cinium viri sancti, regnante domno Heinrico de Bavenberch, anno Domini 1023 duodecimo Kalendas Decembris ad altare missam celebraturus accedens ipse Coloniensis episcopus, cantoresque prevenientes, missam pro defunctis, omnibus qui aderant stupentibus, inchoavit, nec immemor interpretis sui, beati scilicet Bernwardi, cum venisset ad canonem, devotissime, sicut promiserat, memoriam ipsius egit inter vivos. Sed inter salutaris victime consecracionem transitus viri Dei divinitus ei revelatus est; unde mox cciam in memoriam defunctorum nominis ejus mencionem fecit; et omnia quæ acciderant, finita missa, fidelibus publicavit. Qui celeste miraculum curiosius investigare cupientes, missis exploratoribus in Hildensem, certissime cognoverunt, quod eadem hora, quando archiepiscopus hostiam nostre salutis immolavit, anima sanctissima fidelis et prudentis servi Domini nostri Jesu Christi celeste gaudium introivit. — Fuit nichilominus in remotis partibus a icivitate, Lunda (a), ad 12 miliaria (b), viginti sex annis quidam inclusus in quadam silva devotus heremita, Anselmus nomine, qui solitas Deo preces fundens, statim fuit in spiritu. Et vidit ipsa die, qua anima viri Dei celestia claustra petivit, celos apertos cum ingenti lumine; et audivit inter dulcem melodiam beatorum spirituum hoc carmen ab angelis iterari : « O felix anima Bernwardi, cujus merita hominibus adhuc sunt incognita, Deo autem et nobis valde nota. » Hec tribus vicibus continuis die deposicionis vidit et audivit. Predictam revelacionem vir Dei dum sepe cum devocione revolveret, ubi tamen illius nominis vir tam beatus habitasset, ignoraret, ecce astitit ei venerabilis persona procere stature, venusta facie, respersa canis, et operimentis pontificalibus vestita, dicens ei : « Ego sum Bernwardus episcopus Hildensemmensis, quem trina visione in choro angelorum collaudari audisti. Ego templum in Hildensem angelis construxi, et Virginis Filium patrimonii mei successorem feci, cunctisque sæculi voluptatibus renunciavi ; habitum angelicum suscepi ; nunc quoque centuplum omnia recepi, ac in tali jubilo, sicut vidisti, vitam eternam possideo. » His sibi cum aliis quibusdam revelatis, cum ingenti lumine disparuit, et pro gloria sancti viri solitarius que audierat et viderat fidelius revelavit. Obiit itaque sanctus presul anno Domini 1023 ut dictum est, et sepultus in cripta ecclesie sue, quam construxerat; latuit autem sub terra annis centum et septuaginta duobus. Codex 4 ea inter miracula post cap. 7 scribit.
[245] Berwardi. [246] quæ sequuntur in codice 1 alia manu, sæculi tamen duodecimi ineuntis, adjecta sunt.
[247] honovere 4.

NOTÆ.

(61) Eam a Bennone episcopo Misnensi compositam esse, tradit conversio Theutonica.
(62) Antiquissima civitatis patriæ mentio, quam

igitur sæculo xi et xii ineunte vicum fuisse huic constat.
(63) Ronnenberg prope Hannover.

(a) Lühnde ab oriente Hannoveræ. (b) Romana

dolore fugato surrexit, eademque die cum testibus suæ sanitatis ad tumulum beati præsulis gratias acturus venit.

6. Bukenem (64) vicus est a civitate Hildeneshcim per tria distans miliaria (65), ubi faber quidam ferrarius, Dodo nomine, tactus est infirmitate gravi per tres septimanas; ita ut manus et pedes jam præmortuos occasuros a sua compagine arbitraretur. Vocatus autem presbiter, cum jam desperaretur, advenit; cujus consilio ceterorumque propinquorum vovit, ut si infra triduum meliorari cœpisset, sepulchrum beati viri Bernwardi gratias acturus visitaret. Hæc cum agerentur, quarta feria ante Dominicam rogationum sequenti die ac nocte adeo convaluit, ut proxima sexta feria nudipes per iter præscriptum Hildenesheim adveniret, sic tamen luridus ore, ut ipsa facies conspecta viri audientibus fidem faceret miraculi.

7. Mulier quædam Goslariensis Eilmod nomine a demone possessa, cum venisset ad beati memoriam, per aliquot dies ibidem horribili modo vexata, precibus ejusdem sanctissimi præsulis curata est. Septem aut plures dies postea nobiscum mansit, cotidie sepulchrum pontificale cum devotissima gratiarum actione visitavit, crebro ibidem corpori et sanguini Domini communicavit. Inde digrediens, post septimanas sex iterum rediit, et ceram duobus denariis comparatam tumbæ superponens, pro sanitatis suæ perseverantia retulit gratias. Testis est tota Goslaria, ubi pro mercimonii sui negocio probatur esse notissima.

8. Juvenis quidam in Boëmia in sacratissima nocte Dominicæ nativitatis cum duobus fratribus suis ceterisque coævis suis [243] ludis quibusdam invigilans, dirissimo demoni vexandus est traditus, fratribus utrisque subitanea morte præventis, ceterisque omnibus qui eisdem infaustis ludis intererant aut morte subtractis, aut demonum vexationi contraditis. Itaque post triennium, durante infelici passione, juvenis idem ignaris parentibus huc illucque cursitans, tandem Hildenesheim pervenit. Ibi dum completorium caneretur, monasterium sancti Michahelis ingressus, tam dure ante altare sanctæ Crucis vexatus est, ut omnes qui aderant horrore nimio stupidi et miseratione compuncti redderentur. Introducitur itaque vi pellentium, nimium renitens ipse, in criptam ad beati Bernwardi tumbam. Ubi diutius furore rotatus et verba blasphema garriens, ut quidam linguam ejus intelligentes, qui tunc forte aderant, cum stupore pavidi retulerunt, tandem concidit, apertoque ore inhians, liquorem spurcissimum cum fetore nimio eructans, incolumis surrexit. Postera die populo præsentatus est sanus, et ex eo per 15 ferme dies sepulchrum frequentans, et pavimentum per circuitum assidue lambendo exosculans, devotissime cum lacrimis liberatori suo gratias egit.

9. Quidam autem mercatores Bremenses cum in mari versus Angliam navigarent, tempestate gravissima præventi sunt, ita ut, rupto fune anchore, et navi tota concussa, jam vicinum cunctis pelagus intentaret interitum. Cumque supplicatio communis et clamor lacrimabilis concreparet ad sanctorum patrocinia, repente quidam intulit, quendam sanctum pontificem Bernwardum nomine in Hildenesheim coruscare miraculis. Ejus ergo communi voto suffragium postulantes, continuo inter medios undarum vertices sine labore in solita tranquillitate portum petierunt; et in minori navicula redeuntes, anchoram suam in mari elapsam retulerunt. Exinde domum reversi, duos ex comitibus suis, quorum unus Godescalcus, alter Elvericus vocabatur, cum navicula cerea ad tumbam beati viri in feria tertia, post dominicam Lætare Jerusalem, pro gratiarum actione transmiserunt. Idem quoque postea simili periculo per eum liberati, argenteam anchoram per semetipsos obtulerunt.

10. Negociator quidam Hildenesheim habitabat. Hujus conjux cum die parasceve loca sanctorum more sibi annuatim consueto nudipes circuiret, thuris partem comparavit, quam ad tumbam beati Bernwardi ferre destinavit. Ergo via quæ tendit ad monasterium sancti Michahelis, in aqua lutea, quæ per civitatem versus urbis murum decurrit, pedes lavit, inde ad monasterium pertendit. Cumque cimiterium ejusdem æcclesiæ conscendisset, agnovit elapsum esse thus quod emerat. Unde graviter, ut ferebat, animo consternata, excussis vestimentis, sicubi adhesisset, eadem via qua venerat, usque ad aquam qua prius pedes laverat, querendo reversa, nichil invenit; mestaque nimium ad monasterium rediit. Inde cryptam ingressa, ante tumbam beatissimi pontificis in orationem cum largo fletu procubuit, reputans apud se, ideo oblationem sibi elapsam, quod quasi indigna fuerit eam perferre ad sancti viri memoriam. Finita oratione humili et lacrimosa, surrexit, thus perditum in manu sinistra invenit. Quod tumulo superponens cum ingenti pavore abscessit, quod gestum erat sub silentio, abscondit, donec quinto aut sexto die a familiaribus ejus proditum innotuit. Quæ et postmodum cum rei gestæ veritatem a quodam fratre nostro promere peteretur, non sine lacrimis eam narrare potuit.

11. Miles quidam Thietmarus nomine, ministerialis regis, in vico Hogen (66) juxta Wiseram fluvium habitat. Hujus filius, Machelmus, annorum circiter octo, cum per quinquennium fistulæ incommodo in maxilla sinistra vexaretur, omnisque medicorum in illo opera frustraretur, tandem ad tumulum

VARIÆ LECTIONES.

[243] u:s *codex.*

NOTÆ.

(64) Bokenem.
(65) Scilicet Germanica.

(66) Hoya.

sancti episcopi oblationem suam, cereum videlicet caput, ferre vovit, si infra novem dies incolumitas illi meritis beati viri redderetur. Igitur infra triduum ante tempus præoptatum puer remedium accepit; et tertia feria infra ebdomadam pentecosten, cum patre, matre et avia, in testimonium sanitatis receptæ cum votis promissis ad memoriam beati viri sospes pervenit.

12. Abbas etiam cœnobii sancti Michahelis, Conradus (67) nomine, cum quadam die causa utilitatis monasterii iter ageret, forte accidit, ut equo labente, cui insederat, tibia collisa prorsus debilis et dolore cruciatus in sella gestatoria referretur. Jussit itaque se ad sepulchrum beati pontificis Bernwardi deferri; ubi in oratione prostratus, cum vovisset se, quoad viveret, candelam nocte et interdiu ibi provisurum, incolumis continuo surrexit; quique alienis manibus est illatus, propriis pedibus est egressus [249].

13. Mulier quedam provinciæ Marehern de civitate Olomuz, non infimis parentibus oriunda, septem annis digitis sinistræ manus in volam contractis, ejusdem brachii ulna concreta pectori pæne coherente, debilis aruerat; quæ multa sanctorum loca sanitatis gratia frequentare solebat. Venit itaque multo itineris labore fatigata mane 7 Kalendas Junii ad sepulchrum beati Bernwardi, ubi infra priorem missam posita, populo inspectante pristinam sanitatem recepit. Cujus rei testes idonei plurimi tunc temporis astiterunt, qui illam prius se debilem veraciter agnovisse asseruerunt. Mox ergo omnes qui huic miraculo præsentes affuerunt multique de civitate accurrentes, qui hoc factum scire potuerunt, Deum, qui tantis famulum suum glorificat miraculis, in ymnis et laudibus, campanis etiam concrepantibus, devotissime benedixerunt.

14. Quidam in Thuringia manum habens aridam omnique operis officio privatam, cum se ad beati Bernwardi memoriam cum oblationibus ire vovisset, si meritis illius sanitatem consequi promeruisset, inopinata celeritate quod optaverat adeptus est. Ille autem tantam gratiam parvipendens, et votum quod fecerat implere dissimulans, ejusdem manus itemque brachii simul debilitate multatus est. Qui, nimio dolore cogente, licet sero in se reversus, et cur hoc pateretur haut ignarus, cum oblationibus promissis ad beati confessoris auxilium invocandum ire cœpit, nondumque peracto itinere, perfectam sospitatem recepit. Ut ergo ad locum pervenit, ubi sancti præsulis corpus requiescit, condignas suo sanatori graciarum actiones persolvit, nobisque, qualiter hoc gestum sit, cum pluribus suæ sanitatis testibus enarravit.

15. Alter quidam Volquardus, omni civitati nostræ notissimus, simili passione vexatus, quodam tempore cum æcclesiam beati Michahelis introductus fuisset, corporalesque medicinas sibi adhiberi petisset, quidam presbiter a Deo potius sibi sanitatem esse petendam illum admonuit, et in criptam ad beati Bernwardi tumbam spe sanitatis ire persuasit. Quo facto, vix hora dimidia transacta criptam lætus exivit, seque sanatum fuisse cunctis in æcclesia consistentibus evidenter ostendit. Qui postea septem diebus peractis revocatus, et de perseverantia sanitatis interrogatus, cum se nichil doloris habere fuisset professus, populo, cujus tunc multitudo aderat, est præsentatus; Deusque, pro eo quod factum fuerat, ab omnibus magnis laudibus est glorificatus.

16. Rusticus quidam in vico qui Liuline [250] (68) nuncupatur habitans, Romam ad sanctum Petrum orationis causa tendens, in eodem itinere gravi cœpit infirmitate detineri. Qui cum omnimodis a carnium esu se abstinere vovisset, quoadusque ad beati Bernwardi tumbam gratias acturus venire potuisset, si per eum contigisset se a mortis periculo liberari, continuo pristinæ restitutus est sanitati.

17. Puella quedam parvula Machthild nomine, de Bawaria nata, set apud nos a primis fere annis in vico Tosseim (69) conversata, religiosi cujusdam viri [251] sustentata elemosinis, manum habens contractam, venit ad beati Bernwardi tumbam; quam mox ut attigit, optatæ salutis remedium invenit.

18. Fuit quoque Bremis mulier quedam non ignotæ inter suos opinionis; cujus facies morbo ingravescente adeo intumuerat, ut narium et oculorum discretionem pene funditus ademisset. Cumque noti ejus beati pontificis Bernwardi compassionem implorassent super nimiam illius afflictionem, voventes eam sepulchrum illius visitaturam, dolor statim cessavit, et inopinata celeritate sanitas pristina rediit.

19. Fuit item in Nitelogon (70), qui est vicus duobus miliaribus (71) a civitate Hildenesheim distans, puella quedam ita diversis per quinquennium passionibus et molestiis corporis affecta, ut novissime nervis et membris pene omnibus contracta, et sibi

---

VARIÆ LECTIONES.

[249] 3, 4, 5, *aadunt*: Neque hoc reticendum videtur, quia plures Deo devoti, tam viri quam femine, nocturne quietis tempore ad sepulchrum beati presulis psalmodie cantus se audisse et luminaria divinitus accensa vidisse et miri odoris fraglanciam sensisse, testati sunt. [250] liunine *corr.* liuline *eadem manu* 1. [251] Ekberti nomine *addit* 3.

NOTÆ.

(67) A. 1102—1124.
(68) Lühnde.
(69) In loco ubi jam Marienburg, inter meridiem et orientem Hildesiæ.
(70) Nettlingen.
(71) Germanicis, ab oriente.

esset inutilis, et suis efficeretur gravis. Hæc igitur
6 Nonas Maii vehiculo adducta, criptam basilicæ
nostræ difficillimo labore duobus innixa baculis irrepsit, ac se super beati viri tumbam inclinavit; ibique ab omni quo laborabat incommodo mira celeritate convaluit. Die sequenti convenit incredibilis multitudo populi nostræ civitatis, peregrinorum quoque A et aliorum, qui de diversis locis ad sollempnitatem inventionis sanctæ crucis eo die confluxerant, non modica turba ; acceptoque testimonio a parentibus et civibus puellæ de eo quod acciderat, omnipotentem Deum publicis laudibus in sancto suo devotissime glorificaverunt. Puella vero eodem die ad sua incolumis reversa est [153].

VARIÆ LECTIONES.

[152] *huc usque codex* 1, *foliis aliquot vacuis exstantibus.* — C. 3, 4, 5, *ita prosequuntur :*

20. Vir quidam de civitate Lubek, Adelwardus nomine, ita paralisis morbo longo tempore dissolutus jacebat, ut nec in lecto semetipsum erigere, nec ad os manum propriam potuisset adducere. Hujus uxori beatus pontifex Bernwardus in visione apparuit, eamque ut pro salute viri candelam juxta longitudinem ac latitudinem sepulchri sui factam Deo vovere deberet, edocuit. At illa de sompno evigilans et visionem retractans, ilico surrexit, et assumptis duabus feminis, in vestibulo domus sue solo prosternitur, postque oracionem et votum promissum ad maritum reversa est; invenitque eum pro recuperata jam sanitate Deo gracias agentem. Qui ab illa hora tam plene convaluit, ut non longe post ad votum persolvendum cum uxore sancti viri sepulchrum visitaret, ac patrati in se miraculi relator certissimus existeret.

21. Alio quoque tempore jam dicti patrisfamilias filius adhuc infantulus, cujusdam molis desuper venientis ruina oppressus atque contritus, cum jam pene videretur exanimis, ejulabunda mater ad sancti Bernwardi patrocinium confugit; nec spe sua frustrata est. Nam continuo post preces et lacrimas ejus ad Deum fusas, sub invocacione sancti presulis puer tamquam ab ipsis mortis faucibus ereptus, vite redditus est.

22. Miles quidam Herebordus de villa Horhusen (*a*) diutina infirmitate consumptus, ad extrema pervenerat. Cognatis autem et amicis illius pro amissione carissimi sui nimium dolentibus, sacerdos ejusdem loci suggessit, ut pro eo patrocinium beati Bernwardi implorarent, votum facientes, ut si vite restitui et salutem consequi potuisset, ad sepulchrum sancti laneis indutus et discalciatus, de domo sua incipiens, venire debuisset. Omnibus ergo id fideliter voventibus, eger melius habere cepit; et proficientibus melioracionis sue augmentis, in brevi ad plenum convaluit. Qui postmodum alterius cause occasione Bruneswich civitate consistens, ex eodem loco ad persolvendum votum iter arripuit, eo quod brevioris vie compendio usus, in ambulando minus esset laboraturus. Perveniens itaque ad civitatem Hildensemmensem, graviter infirmari cepit. Sed tamen ceptum adimplere desiderans, ecclesiam sancti Michaelis, in qua sanctus presul requiescit, expeciit; sed ante atrium ecclesie tamquam ab aliquo impulsus corruit. His autem qui comitabantur eum apprehendentibus atque ducentibus ut ad januam basilice ventum est, horrore nimio perculsus et pavore inter manus eorum collapsus est, nec ullo modo assurgere aut intrandi ecclesiam vires habere potuit, usque dum publica confessione omnibus qui aderant, pro quo reatu hac pena multaretur, aperiret. Receptis ergo viribus, ad sua revertens, et inde procedens, voti sui ordinem tanto jam devocior, quanto divino [divine 3] verbere erudicior, explevit.

23. Matrona quedam Bremensis, in infirmitate posita, vidit assistere sibi quendam reverendi vultus in habitu sacerdotali, interrogantem eam, utrumnam agnosceret quem aspiciebat. Que respondens, ut poterat — vix enim in solo pectore vitalis spiritus anhelabat — dixit, eum sibi prorsus incognitum esse. At ille benignissimo affatu, quod ipse esset Bernwardus Hildensemmensis episcopus, indicavit ; et, quia salutis causa advenisset, asseruit. Ammonuit eciam, ut ad sepulchrum ipsius nummatam vini (*b*) ad celebracionem missarum, recuperata sanitate, offerret, atque hoc dicto disparuit. Mulier vero, que morti vicina putabatur — nam solo prostrata more fidelium ex hac vita migrancium jacuerat — erigens se paulisper, omnibus, qui ad exitus ejus expectacionem convenerant, visionem enarravit ; atque ab eadem hora salva facta est. Postmodum visitans sepulchrum sancti, oblacionem prescriptam fideliter obtulit, aliisque fidelibus ad sequendam hujuscemodi devocionem exemplo fuit. Nam multi postea tam pium factum imitantes, suffragantibus meritis beati Bernwardi, a variis languoribus et calamitatibus sunt liberati.

Hic finis codicum 4, 5. *Adjicit scriptura paulo minori* 3 :

24. Miles quidam de ducatu Mekelenborch febre acriter correptus, ad exhortacionem aliquorum ammonitus, ut sancto Bernwardo, Hildenesemensium patrono, votum faceret, et sine dubio relevamen et sanitatem recipere non dubitaret, faciliter acquievit; et voto facto, mox ut verba de ejus ore exierunt, sanatus est ; in cujus evidens testimonium misit idem miles florenum aureum per duos sacerdotes ad sepulcrum sancti presulis; que predicta sic contigisse, fideliter testati sunt.

25. Rusticus eciam quidam de diocesi Hildenesemensi cum diu febriscitaret, aquam de tumba sancti presulis sibi afferri peciit, quam mox ut bibere cepit, febris abscessit, et post illum diem non comparuit, et ut ipse dixit, in sanitate perseveravit.

(*a*) Ita, 4, 5; 3 in loco raso, *hornsen*. — Non est Horsum prope Alfeld.   (*b*) Id est pretium vini

CIRCA ANNUM DOMINI MXXIV.

ALPERTUS
SYMPHORIANI METENSIS MONACHUS

NOTITIA DE ALPERTO ET EJUS OPERIBUS.

(Apud Pertz, *Monumenta Germaniæ historica*, Script. tom. IV, pag. 696.)

Alpertus, Sigeberto auctore (1) sancti Symphoriani Metensis monachus, sæculo XI ineunte, duos libellos composuit, alterum de episcopis Metensibus, Constantino abbati (2) inscriptum, cujus quod unum exstat fragmentum (3) de Deoderico præcipue agit; alterum, quem De diversitate temporum vocavit, ad Burchardum Wormatiensem episcopum (4). Priore quædam memoratu dignissima ad historiam annorum 978-984 facientia tradit, quæ a viro in obsequiis Deoderici I episcopi quondam assiduo comperevat (5); de Adalberone II et Theoderico II pauca tantum addit, quæ nostrum ex partibus Adalberonis III et Theoderici ducis contra Theodericum episcopum stetisse, ideoque ante annum 1017 scripsisse indigitant. Liber, catalogum episcoporum Metensium sancto Clementi ostensum secutus, Alpertum aliquando in Metensi diœcesi versatum cleroque Metensi ascriptum fuisse probat (6), nec tamen Metis conscriptus est, cum Constantino abbati directus (7) non autem oblatus esse dicatur. Certe libros De diversitate temporum Alpertus minime Metis (8), sed in diœcesi Trajectensi, cujus clero sub Ansfrido et Adalboldo episcopis ascriptus fuerat (9), in ecclesia aut monasterio e sinistra Rheni (10) sito, Trajecti fortasse (11) aut Noviomagi præsens, composuit; et cum Adalboldi episcopi librum de gestis Heinrici II imperatoris ante oculos haberet (12), res potius provinciæ quam imperii enarrandas sibi proposuit. Narravit igitur quæ aut ipse expertus fuerat (13) aut a viris qui ipsi fide digni videbantur audierat (14), res tempore Ansfridi et Adalboldi in diœcesi Trajectensi gestas, nullo partium studio (15) ductus, at in homines improbos et nefarios acriter invectus. Libro primo de rebus Ansfridi, secundo de rebus Adalboldi episcopi agit. Scripsit anno 1021 (16) aut 1022, defuncto jam Balderico (17), sed ecclesia cathedrali Trajectensi nondum consecrata (18).

Liber ad intelligendam terræ illius historiam valde utilis, una cum historia episcoporum Metensium sæculo XI in manus Sigeberti Gemblacensis, in monasterio S. Vincentii Metis morati, devenit et ab ipso exscriptus (19) est. Usus est Sigebertus fortasse eodem codice, quem jam manibus tero, unico saltem qui supersit et quem a Roberto Verboeckhorst præposito S. Ludgeri Helmstadiensis sibi traditum Eccardus in Corpore SS. medii ævi t. I, p. 91-152, paucis locis emendavit, sed compluribus male expressit. At pars operis, scilicet libri I capita 11-19, Eccardo ignorante jam anno 1680 sub titulo *Vitæ S. Aufridi episcopi Ultrajectini pars*, auctore monacho Ultrajectino S. Pauli, tomo I, Maii, pag. 431, 452, in Actis SS. Antwerpiensibus prodierat.

NOTÆ.

(1) De SS. eccl., cap. 143.
(2) De eo vide supra pag. 658 (*Patrologiæ* tom. CXXXIX, ad an. 1024).
(3) Ad deperditam operis partem pertinere videntur quæ Hugo Flaviniacensis libro II tradit: *Domnus Vingenius Scottorum progenie oriundus..... Cujus adventum peregrinationem et conversionem qui plenius nosse desiderat, in Vita Theoderici eximii Metensis episcopi sciri potest.*
(4) *Ad Theodericum II Metensem episcopum*, scribit Meurisse in Hist. epp. Metensium, p. 549, eo fortasse in errorem ductus quod ultimum codicis unici caput de Theoderico II agit.
(5) Cap. 1.
(6) Deodericum vocat *nostrum præsulem*, cap. 1.
(7) Igitur missus, haud a præsente oblatus.
(8) Vocat eam *Metim in Belgis* I, 5.
(9) Clericos Trajectenses *nostros* vocat I, 8, 12, 13; cf. et narrationem de Ansfrido I, 11-18, de mercatoribus Tielensibus et bello contra Frisiones II 20 sqq.

(10) II, 1, 9.
(11) I, 14: *Est collis sex millibus a Trajecto.*
(12) I, 5. Cf. Adalboldi laudes II, 2.
(13) Exempli gratia I, 15: *Audivi quemdam*, etc.
(14) I, 18, 12; II, 14.
(15) Cf. II, 14. Balderici res Thietmarus eodem fere modo exponit.
(16) Initium scribendi fecit Heinrico II jam imperatore (I, 7) et postquam Adalboldi liber de Heinrico II prodierat; opus suum usque an. 1021 produxit, II, 16, 17.
(17) An. 1021.
(18) Consecratio solemnis ecclesiæ cathedralis Trajectensis per Adalboldum episcopum d. VI Kal. Julii an. 1025 præsente Heinrico II imperatore et duodecim archiepiscopis et episcopis facta est; quam certe noster non silentio præteriisset, si ea peracta scripsisset. Scripsit etiam dum Heinricus II in vivis erat.
(19) Ad an. 978, 982-984, 997, 1003, 1005, 1006, 1009, 1010, 1020; an. 1018 Baldericum antehabet.

ex codice membranaceo vetusto S. Pauli Trajectensis descripta, quem ex codice Hannoverano haud fluxisse apparet, quare ejus quoque ratio habenda erat. Editioni igitur nostrae inservierunt :

1) C. regius. Constat foliis sex membranaceis infol. et binis per paginam columnis littera exigua gracilique saeculo XI exaratus est. Scribam librum non intellexisse multa loca probant, aut ipsius post-

ea manu aut ab altero ejusdem saeculi scriptore, fortasse Sigeberto, quem numero.

2) Signavi, sed nec ipso interdum verae sententiae callido, correcta.

3) Editio capitum 11-13 libri primi, in Actis SS. l. c.

Quibus adhibitis, textum, quantum fieri potuit, pristinae integritati restitutum proponimus.

DE EPISCOPIS METENSIBUS LIBELLUS.

1 [1] .... Hujus (20) itaque temporibus (an. 978) Lotharius rex Francorum in partem Belgarum regni, quod [2] sub imperio Ottonis caesaris erat, animum intendit, ut suae ditioni Hrenum usque sibi subjugaret. Nam dum forte Aquis Otto Caesar [3] ad conventus agendos tutus et omni timore sublato consisteret, et id per exploratores Lothario regi enuntiatum esset, magnis itineribus ad eum contendit, et de improviso prope castra accessit, ut imperatori vix facultas sui recipiendi relinqueretur, atque in fuga acceleranda emolumenta essent multa relicta, quae omnia praedae hostibus fuerant. Hac felicitate rex sublevatus, spem suis augere et audacius crebras incursiones agere, Mettimque usque proficiscitur; sed nulla re navefacta probrosus rediit. Et sicut ex felicitate oprepit insolentia, sic item ex eadem ali quando desidia mentis oriri solet. Praesul itaque Deodericus, quamvis inanes incursus regis forent, tamen ejus ineptiae ut reprimerentur statuit. Unde litteris cum legatis ad Ottonem Caesarem missis, de his rebus eum certiorem facit, dicitque in tanto suo imperio non debere eum hanc contumeliam diutius pati sibi populisque ejus fieri. Quibus auditis, sibi eam rem imperator curae necessario aestimavit esse. Consuesse enim Francos regno ejus impetus et rapinas facere; detrimenti et contumeliae illi esse judicavit. Convocatis itaque cunctis principibus, de illatis sibi injuriis a rege conquestus est. Hii [4] omnes, consilio dato, armis illi obviandum esse dicebant. Quorum omnium consensu suscipit negotium, et ex omni parte imperii sui, etiam ex Italia, innumerabilis multitudinis cogit exercitum, usque Parisius perrexit, et vastata regione, sine ullius congressione rediit. Erat tum temporis in Francia vir sanctitate et spiritu talis [5], cui divinitus revelatum est, omnes, consilio quorum actum est, ut exercitus in Franciam duceretur, infra septem annorum circulos esse morituros. Cujus prophetiam ita completam colligimus. Nam dum Francia reversus est, mox in secundo anno post imperator in Calabria contra Graecos duxit exercitum. Ubi dum inconsulte et nimia celeritate, neque ut res praelii exposcit, pugnam commisit, omnis nobilitas nostri exercitus gladio et aestu nimii caloris et siti periit; nec unus quidem ex eis superfuit, qui facta posteris nuntiaret (an. 982). Quo rumore ad aures reginae Theuphanu perlato, quae ab imperatore Rohsan (21) relicta fuerat, statim procaci locutione, ut fert levitas mulierum, conterrales suos — erat enim de Graecia — ad coelum extollere exituique adversi praelii cum summo probro ad derogationem imperatoris intorquere, qui tanta frequenter virtute [6] laudatus, a suis tam facile sit superatus. Praesul Deodericus, auditis reginae contumeliarum verbis, multum, ut dignum erat, contra eam movetur; et cum de amicissimi ac reverentissimi domini adversitatibus, tum suorum dilectorum [7] militum, et ceterorum amicorum qui occubuerant, maximo dolore affligitur, tamen procacitatem et contumeliam reginae oblivioni non dedit. Hoc ultione divina actum, secundum praedictum sancti illius hominis, a multis credebatur, ut qui in vastationem regni Francorum consilium dederant, ipsi in peregrinis terris sepultura et omnium amicorum solatiis carerent. Ipse vero Otto Caesar temerario cursu cum paucis ad naves Graecorum pugnaturus advolavit; a quibus circumceptus — et nullus ei locus evadendi patuit — in mare cum equo insilivit. Super quem tam diu sedit, donec indumenta omnia quibus indutus erat gladio discideret, ut se ad natandum expeditiorem aptaret. A longe vero aspiciens navim, ad quam summo conatu — erat enim peritissimus natatu — tendere cupiebat. Quem nautae natantem cernentes, captum traxerunt in navim. Erat enim quidam in navi cum eis ex natione Sclavorum notus imperatori, qui mox paludamentum quo erat indutus exuens [8], ut eo indueretur et nuda membra obtegeret, tradidit et nutu quo poterat innuit, suspicionem nautis adimeret, ne animadverterent [9], ipsum, qui esset, esse. Is etiam, adprimae persuasionis [10] eloquio idoneus, ait, si

VARIAE LECTIONES.

[1] *numeros adjeci.* [2] *regnique c.* [3] *cesar nonnunquam c. et alia ejusmodi e. g. regine, letus, edificia, eger, cepit, presul, cenobium, equavi, sed plurimum c, æ, œ scribit.* [4] *hi 2.* [5] *spiritalis c.* [6] *manu 2.* [7] *delictorum c.* [8] *exiens corr. exuens c.* [9] *animaverterent c.* [10] *ita E. persuasioris c.*

NOTAE.

(20) Scilicet Deoderici episcopi.   (21) Rossano.

monitis suis aurem præberent et consiliis obsecundarent, fortunatissimos in brevi futuros; non longe hinc abesse Rohsan [11] civitatem : *in qua omnes thesauri Ottonis Cæsaris sub istius, qui cubicularius ejus est, custodia retinentur; quorum maximam partem vobis dandam profecto noveritis, hunc si illuc duxeritis et libertatem frui permiseritis.* His auditis, et invicem se circumspicientibus et multa ad hæc inter se conferentibus, tandem, ut est mos humanæ cupiditatis, spe pecuniæ illecti : *Si, quæ pollicitaveris, aiunt, re perpetraveris, hortationem consilii tui sine dilatione aggredimur! — Huic pollicitationi,* inquit, *me ipsum et fidem interpono.* Nautæ videntes constantiam promissoris, de cujus ore pendebant, semetipsos cohortabantur, dicentes, extremæ dementiæ esse, ea quæ jure ab eis pro redemptione captivi accipienda essent e manibus amittere. Mox impulsa navi, venerunt ad prædictum locum Rohsan civitatem, et applicuerunt [12]. Ductor vero eorum cernens omnia sub animi sui voluntate esse convoluta, lætus surgit et paucis cohortatur nautas ; ut securi ejus reditum expectarent, præcepit; se iturum, et celeriter subsecuturos captivi cum pecunia, quam promiserat, adducturum [13]. Qui festinus ingressus civitatem, Deodericum pontificem repperit, qui imperatore proficiscente ad prælium ibi cum regina Theophanu relictus erat, illique omnem rei ordinem expromit, et id cum summo silentio supprimat monet, et ad eum mox veniat; nullum secum, si imperatorem salvum recipere cupit, præter duos virtute probatos milites sumat. Episcopus gavisus de incolomitate regis domini sui, Liuponi et Richizoni militibus suis, secum pergant [14], jussit; se foras muros civitatis, situs locorum et ædificia domorum visendi gratia, procedere velle. Et exiens altitudinem navis conspexerat — erat enim miro opere secundum Græcorum morem constructa, — et subtili intuitu introitum ejus exploravit, et tandem nisu quo potuit, difficilem ejus ascensum superavit. Conspicatur ergo dominum longe ab honore regio sedentem, et manibus applosis elevata voce clamavit, rexque ilico haud segniter foras exiluit. Nautæ vero primum familiares captivi pecuniam portantes arbitrati ; set cum aliter ac rati erant accidisset, arma capere hostibusque resistere temptabant. Milites vero prædicti Liupo et Richezo episcopum ut celerrime exiret, ammonebant, cunctantem ob timorem submersionis, vi etiam veste scissa de navi ejecerunt, magnoque impetu strictis gladiis in nautas facto, alios interficiunt, alios sauciant; alii sub transtra delituunt, alii certatim se de navi ejiciunt, et cum periculo vitæ pelago se crediderunt. Rex vero innectens nudis pedibus calcaria et ascenso equo, omnes traxit ad terram. Quibus necessariis liberalitate regia sufficienter attributis et copiosissima pecunia ditatos abire cum pace

permisit. ipse autem cum Deoderico præsule Romam rediit, ibique æger non post multos dies moritur (*an.* 983, *Dec.* 6); apud Sanctum Petrum in paradyso juxta oratorium sanctæ Mariæ honorifice cum maximo fletu tocius urbis sepelitur. His ita gestis, Deodericus præsul, parata profectione, iter domum proficiscendi arripuit, et memor reginæ improperii adversus Cæsarem prolati, secum volvere cœpit, qualiter illi sub occasione filii regnandi jura subtraheret. Hæc cogitanti res oportuna, ut sibi videbatur, set absque prædestinatione Dei accidit. Erat quidam Noricus nomine Heinricus, vir magnarum opum, desiderio regnandi inductus; quoscumque potuit, adit [15], persuadetque, communem cum eo causam statuant. Multis largitionibus datis, facile eos ad suam sententiam perduxit. Plurimi his persuasionibus illecti se ei dediderunt, et eum super [16] se regem [17] nominaverunt. Ubi hæc a narrantibus præsuli nuntiata sunt, divertens ab itinere ad eum profectus est, a quo et [18] magnifice suscipitur, et causa inter eos diu agitata, dolis pseudoregis — erat enim astutus eloquio — præsul circumvenitur; oblatis donis eximiis [19] et pluriora cum maxima potestate regni pollicens, electionem et deditionem fecit, et ad cœptum iter reversus est (*an.* 984). Cumque hoc factum late per populos percrebresceret, prorsus [20] erat nullus summus neque minimus, qui ejus acta non detestaretur : cum eum locum gratiæ apud imperatorem teneret, ut nemo in omni regno potentia, consilio et familiaritate regis eum præcederet, non debere eum tantum facinus [21] contra omnium opinionem adversus filium regis committere. Sicque factum est, ut dum repentinæ suæ temeritati consulere noluit, multorum ad sui derogationem ora aperuit [22]. Denique cum plurimis principibus ejus consilium displicere comperit, quia his insciis hæc omnia egerat, magno dolore affectus, domi se continuit, et nusquam digrediens, transgressionem suam occulte secum miserebatur. Post non multum temporis ægritudine superatus in lectum decidit, et circa quintum prædictorum septem annorum decessit, et in cœnobio sancti Vincentii, quod ipse construxit et innumeris atque amplissimis accumulavit ornamentis, tumulatus est [23]. Hæc in extrema nostri præsulis ætate acta, ab eo qui in ejus erat assidue obsequiis cognita, confecti, non comparantia ejus superioribus gestis ab illo gloriosissime peractis, quæ quia pleniter nota non erant, a nobis præterita sunt. Verum aliqui quadam miseratione animi mirari solent, quomodo vir talis ac tot virtutibus prædictus ab statu suæ auctoritatis tam facile deviare potuisset, ut regi prædicto tam repente sine consilio suorum se subderet. Huic ammirationi responsio nostra hac excusatione facile medebitur. Recenti enim calamitate, atque dolore vehementi quo premebatur

---

VARIÆ LECTIONES.

[11] rothsan 2. [12] apl. 1. [13] adventurum 1. [14] peragant 1. [15] adiit 2. [16] sub *c.* [17] rege *c.* [18] te 1. [19] eximis *c.* [20] prosus 1. [21] facnus 1. [22] apperuit 1. [23] *vocem E. supple* it.

ex amicissimi et conjunctissimi viri morte, destitutus et afflictus, et reginæ obprobriis stimulatus, simulque regis prædicti assertationibus[24] seductus[25], pæne obliviscitur[26] sui, et animo in diversa distracto, quid ageret incertus erat. Set tamen non deerat ei verissimi scientia et ratio consilii, quibus semper præ omnibus pollebat; quin id in brevi resarciri et ad suam pristinam perducere posset dignitatem, illi diutius si vivere licuisset. Verum dum omnium virorum nostrorum causas sublimium considero, nihil in eis repperio, quod non ejus vitæ elegantia superet; et hoc quisque etiam crimen arrogantiæ subit, si existimet, se vitæ Deoderici cujusque judicio posse comparari. Multi namque non a se ipsis, set ex aliorum beneficiis vel etiam rapinis, locupletes et clari[27] effecti; Deodericus vero longe aliter generositate parentum et excellentia majorum, ex innata quoque copia magna prædiorum clarissimus habetur. Aliter enim, vires ejus magnitudinis ab ineunte ætate secum crescere et suæ gloriam potentiæ usque in finem vitæ apud se consistere, impossibile esset. Quam frequens et sedulus circa suæ salutem animæ fuerit, testimonium est oratorium sancti Vincentii, de quo supra dictum est, in insula Mosellæ fluminis foras muros Mettis civitatis opere magnifico ab eo constructum, in quod etiam plurimorum corpora sanctorum ex[28] longinquis regionibus pio studio advecta congessit. Quicquid etiam facultatis cœnobio et congregationi divinis sibi obsequiis insistentibus contulit, papæ Romanæ sedis, præsente Cæsare Ottone secundo, auctoritate sub anathemate stabilivit. Denique de his omnibus papa privilegium conscribi jussit, et præsule rogante dalmaticam et sandalia abbati sancti Vincentii misit, ut semper abbas loci illius, absente episcopo, divinum officium vice sua in sede episcopali in domo sancti Stephani prothomartyris peregisset.

Hoc opusculum ego Alpertus, nec inter servos Dei nominandus, de præsule nostro digessi, tibique, sancte Pater Constantine, ad corrigendum direxi[29], ne æmulus, si quis est qui dormitando sacri vigilantia abhorret studii amplectiturque ægri torporem otii, aliquid in eis ad detrahendum reperiat. Sin A autem adhuc post emendationem pertinatiam[30] deponere noluerit, sumat sibi solatio tua licentia et meo affectu caninam litteram, ut vel sic inconvenienti sono deditus, ridiculum præbeat legentibus.

2. (*An.* 984, *Oct.* 16; 1005, *Dec.* 14.) « Item Adalbero annis 22. » Verba sancti angeli brevia et obscura solent esse, ut in his indagandis piæ mentes delectabiliter exerceantur. Ecce etenim dicit : « Item Adalbero : » quasi diceret, istum superiori (22) esse similem et nomine et vita, ut qui concordabit nomine, non discrepabit operatione. Dicitur autem, utrosque (23) episcopos devotissimos in curis pauperum extitisse, et in extruendis et regendis ecclesiis sine defectu perseverasse, unde et nomine et vita merito ab angelo coæquari merue-
B runt.

3. (*An.* 1006, 1047.) Hæc littera (24) illius (25) nominis, qui in sede nunc substitutus est, minime, ut perspicuum est, congruit; unde et multi opinantur, illum in numero pontificum non computandum, set propter transgressionem populi subpositum, et tamdiu quoad ille venerit qui litteram prænotatam portaverit, episcopatum cessare dicunt. Set nos etiam ad nostram opinionem mittamus manum. Nam existimamus A positam quasi Alter Deodericus, in quo nos quæstio obscura eo angustat, cur non angelus
C dixerit[31] : « Item Deodericus » ; sicut de superioribus dixerat. Denique hujus sermonis occulta dum enodare cupimus, occurrit animo, quasi ob duas significationes alterum posuisse, aut ex computatione numeri, qua dicimus[32] « unus, » « alter, » « tercius, » aut ex discretione alterius vitæ, ut[33] nomine æquivocos set vita dissimiles futuros innotesceret. Nemo tamen nostrum vitam illorum discutere poterit, quia solus Deus corda mortalium intuetur, et actus etiam sublimium, qui a nobis aliquando vel adulatione vel amore vel etiam ignorantia venerantur, coram oculis Dei districtioris judicii sententia examinantur. Illius namque nomen Redemptor noster novit, quem omni cura ovibus commissis factis laudabilis conversationis et virtutum exemplis secundum dignitatem apostolicam præsidere cognovit.

VARIÆ LECTIONES.

[24] asert. *c.* [25] set ductus *c.* [26] obliviscetur *1.* [27] dari *c.* [28] et *c.* [29] dirig. correxi *1.* [30] pertinantiam *c.* [31] dixerit. dixit *c.* [32] dms *c.* [33] uo *1.*

NOTÆ.

(22) Scil. Adalberoni I.
(23) Adalberones.

(24) A.
(25) Theoderici II.

DE DIVERSITATE TEMPORUM
LIBRI DUO.
INCIPIT PROLOGUS.

Frater Immo (26) causa amoris ad me venit: tua sancta studia, venerande praesul Burcharde, fidem, sanctitatem et honestatem morum retulit, et quanta auctoritate construeres et regeres ecclesiam tibi a Deo commissam, ostendit. Ejus relationibus, fateor, admodum non solum congaudebam, sed etiam condigna admiratione, gratias Deo toto corde rependens, exultabam. Cumque adhuc de tua bonitate pluriora scire desiderarem, quanta meditatione in sanctis Scripturis, labore jejuniorum et vigiliarum, et in caeteris Christi operibus esses occupatus, exposuit. Denique quanto amplius tui mentionem apud nos egerat[34], tanto gratiorem nobis diem et jocundiorem effecerat. Et quia in tam laudabili via agnitus es, quamquam et ante plurimis et praestantibus viris referentibus multa praeclara et illustria de te sint audita, secundum dicta Salvatoris nostri unici Filii Dei : « Non potest[35] civitas abscondi super montem posita, neque lucerna supra candelabrum missa (*Matth.* v, 14, 15); » tamen interior tua conversatio apertius manifestata, memoriam tui, sigillo caritatis Christi pectori meo arcius impressam, perpetua conglutinatione, si praesumo confiteri, mihi copulabit. Et si angustia familiaris rei in administrandis obsequiis copiam mihi negabit, tamen piae mentis affectus in Christo tibi semper aderit, fulcitus testimonio Scripturae, dicentis : « Voluntas bona sufficit omnia. » Caeterum nomini tuo istum consecravi libellum de nostrorum dierum hominibus compositum, cui nomen est De diversitate temporum, quia in eo diversa collecta videntur. Non enim pleniter omnia quae de proposita materia scribenda erant a collegi, ne verbosior quam debuerim viderer. Et ut propter tuas occupationes sanctissimas fastidium vitarem, brevitati animum in omnibus dedi. At si aemulus quis forte ex adverso emerserit, et livido oculo his inspectis ob invidiam rugam contraxerit, et in hoc me reprehendere temptaverit[36], quod superflue nova et impudenter inpolito sermone ediderim, eo quod sufficiant libri quos studiosi recipiant, nedum etiam istis imperitis scriptis, quasi inutili fasce, onerentur, et ea causa libellum repulerit : is sciat, cum tuae cognitioni solummodo esse missum, ut tuo judicio aut aboleatur, aut legendus servetur. Nam spe gratiae tuae confisus, ab hac intentione mentis meae non facile quisquam retraxerit, quin quicquid sentencia tua probaverit, absque ambiguitate id aliorum etiam examinatione sit stabiliendum. Et si demum haec objicientur et arguar, quod omnibus cognita scripserim, tuo consilio perpendant, nec hac responsione uti : nota delectabiliter saepius audiri, ut solet fieri in cantilenis, quod, veteribus ex assiduitate fastiditis, novae frequentius in dies repetitae, delectabilius audiuntur. Inter haec noverit tua dignitas, quod etiam ad evitandam ociositatem et desidiam cordis res istas scribendas susceperim; et quia ad opus Dei sive ad alicujus virtutis profectus idoneus non sum, in hoc saltim opusculo miserum animum ab inani curiositate cohiberem. Quod etiam ideo sine nomine auctoris positum est, ut, si displicet, sicut praedixi superius, reseces, sive fossa facta humo operiri jubeas ; si vero placet, adposito nomine causa exercicii feliciter legas.

INCIPIT EPISTOLA DOMNI BURCHARDI EPISCOPI.

Burchardus, sanctae Wormaciensis ecclesiae provisor humillimus, Alperto, speciali suo, gratiae integritatem et plurimam salutem.

Literas tuas, quas nomine meo tibi multum incognito misisti, hilariter accepi; quas etiam per dilectionem pariterque tuam peticionem et ipse legi, et coram me legere praecepi ; in quibus studii[37], ac voluntatis tuae devotionem satis superque cognovi.

VARIAE LECTIONES.

[34] egerit 1. egerat 2. [35] pote 1. [36] taemptaverit c. [37] studui 1.

NOTAE.

(26) Immonem, abbatem Gorziensem, Prumiensem et Augiensem, fratrem Alperti fuisse suspicatur Eccardus; sed Immo diaconus Wormatiensis fuisse videtur, ad quem monachus Tielensis epistolam de miraculis S. Walburgis scripsit; Act. SS. Febr. III, p. 548. Ibi etiam de Immonis fratre sermo est : *Si testem hujus signi habere cupis, fratrem tuum, an ita se res habeat, interrogabis, qui hanc, marito suo in illa miserabili caede Frisiorum interfecto, duxit uxorem.* Quem tamen ab Alperto, clerico ut videtur, diversum habuerim.

Set has quociens revolvi, tociens per singula pene verba commotus, nostris pueris praesentibus super hoc dolui, scilicet quod his temporibus sunt nulli, vel vix paucissimi, qui ad studendum inveniantur idonei, vel quibus voluntas sufficiat studendi, cum et hoc negotio et unusquisque reficeretur, ac labiis animus a variis tumultuantis seculi commissis interim suspenderetur, necnon cata cautione posteritati sequacium laudabile traderetur exemplum. Omnes autem delectamento mundanorum illusi et ad deteriora pronissimi, miseris hujus seculi vanitatibus inserviunt, et tam delectabiles animarum epulas exercere aut quaerere nesciunt ac penitus neglegunt, sicut scriptum est : « Omnes declinaverunt, simul inutiles facti sunt; non est qui faciat bonum, non est usque ad unum *(Rom. III, 12)*. » Igitur studii tui devotio non est inanis apud me, nec videtur vituperanda, set multum laudanda. Nam in dictaminis tui filo, haud segniter tornato, magnas et auctorales causas non titubantibus vestigiis cautissime conservasti. In omni enim expositione auctorali, et in quolibet libro, diversas sex causas quaeri convenit atque expediri oportet, sicut in proœmio editionis primae ysagogarum Porphirii Severinus [38], prudentissimus doctor, Fabio exhortante, dicendo instituit : « Primum inquit, docent, quae sit cujusque operis intentio; secundo quae utilitas, tercio qui ordo ; quarto si ejus, cujus opus esse dicitur, germanus propriusque [39] liber est ; quinto quae sit ejus inscriptio; sextum est id dicere, ad quam partem philosophiae cujuscumque libri ducatur intentio. » Haec omnia in libro tuo caute conservasti; set nominis tui inscriptionem non apposuisti. Quoniam autem meo arbitrio hoc judicandum [40] reliquisti ideo sic judico necnon et jubeo : Titulum libro apponas, nomen tuum fiducialiter inscribas, et unicuique legere volenti liber pateat, ac stabilis inconvulsusque meo judicio permaneat. Si quis vero, invidia stimulante, detractionis murmure nos nostraque vituperet, huic respondeo, et confusum his verbis obmutescere facio :

Invidus es nostris, quoniam tu talia nescis.

EXPLICIT EPISTOLA DOMNI BURCHARDI WORMACIENSIS EPISCOPI.

INCIPIT ALPERTUS DE DIVERSITATE TEMPORUM.

LIBER I [41].

1 [43]. Apud Germanos qui circa Rhenum incolunt duo ditissimi, Wicmannus (27) et Baldericus, summis opibus inter se de potentatu contendebant. Set Wicmannus gratia et amicicia regis multorumque Germanorum nitebatur; alter Coloniensis sacerdotis itemque Gerhardi Mosellensis, potentis viri, auxilia sibi conciliabat. His rebus confirmati [44], contumeliosum existimabant, nec alter alteri in ullo [45] negotio cederet. Interdum etiam pace inter se facta, dolo pocius, quam ut ullius verae amiciciae fidem servarent, studebant. Set Baldericus ditissimi et longe nobilissimi Wicmanni (28), cujus majores magnam partem Germaniae, et maxime circa littora oceani imperia tenebant, filiam duxit uxorem ; Wicmannus vero aliquos annos post praefecti Godefridi (29), avunculi Balderici, filiam in matrimonium sumpserat. His rebus et hic in Gallia, et ille in Germania, praedia et aedificia multa ex dotis jure sibi adquisierant.

2. *De castello Adelae [46] incenso, et ejusdem moribus.*

Erat antea tempus, cum Baldericus suae uxoris ullam spem pociundi ne quidem existimaret, propterea quod habebat (30) sororem nomine Liutgardam, abbatissam Eltnensis montis (31), qua polente, nullam contumeliam suo generi degeneri conubio inferre audebat. Videbatur enim ille secundum quorumdam opinionem, quamvis loco nobilitatus [47]. genere tamen... [48]; is etiam et quidam Godizo, Richizonis filius, vir magnarum opum, qui inter se in illo spacio temporis societatem et fidem firmaverant, in clientelam Liutgardae se devoverant, ejusque obsequiis et imperiis obtemperarant. Erat enim Godizo consanguineus harum sororum, et primum ad amiciciam alterius se addicavit, eique studium suum et auxilium praestiterat. Set cum animi ejus levitatem et mores faciles animadverteret ab ejus familiaritate se removit, et ad domnae Luitgardae clientelam se contulit. Qui post hinc biennium, ob plerasque injurias quas Adela sorori domnae Liutgardae inrogabat, adjuncto sibi Balderico, castellum illius subito inrumpens, praeda et incendio consumpsit. Ipsa vero, comperto eorum adventu, paulo ante me-

VARIAE LECTIONES.

[38] pudentibus *deletum c.* [39] propriisque *c.* [40] judicastum 1. [41] MORYM 1. [42] LIBER I *desunt in c.* [43] *numeros addidit Eckhart.* [44] confirmata 1. [45] illo 1. [46] Addelae 2. [47] nobilitatis 1. [48] vilis *supplet Eckh. fortasse* mediocris *v. infra* 11, 8, *pag.* 713.

NOTAE.

(27) De cujus genere cf. cl. Wedekind noten II, 60 sqq.
(28) Comitis pagi Hamalant.
(29) Comitis Hattuariorum; cf. II, 6.

(30) Scilicet uxor.
(31) Elten ad Rhenum, a Wicmanno Liutgardae patre fundatum.

diam noctem cum paucis profugit. Set praeterea res istá vehementer est admiranda, has sorores [49], parentibus clarissimis ortas, tam diversas a se esse potuisse, ut quot reprehensiones in una notarentur, tot in altera virtutes praedicarentur; nisi hoc cogitationibus nostris opponamus; mirum non fuisse, eo quod et primus parens noster itidem dissimiles filios genuerit, quorum alter, crudelissimus parricida, alterum mitissimum invidia occidit. Nostro vero silentio illa praetermittenda sunt; quae de Adela dicebantur, quod erat clamosa in voce, lasciva in verbis, veste composita, animo dissoluta, et quod instabilitatem mentis nutibus oculorum praeferebat. Nos vero scimus, eam ad opera multa esse solertem, magno ingenio, et numerosas cubicularias ad varietatem textrilium rerum instructas habere, et in preciosis vestibus conficiendis pene omnes nostrarum regionum mulieres superare (32); haec sola humanitas in ea nota est.

3. *De moribus Liutgardae.*

At vero Liutgardis longe dissimilis huic. Nam moribus honestis erat celeberrima, virtutibus omnibus ultra quam credi potest praeclarissima, hospitalitate ita adsueta, ut in adventu hospitum maxime delectaretur, itidemque si quando abessent, quod tamen raro contigit, quandam quasi moesticiam in vultu praeferebat. Prudentiam in ea laudari non est necesse, cum non solum ex palatio ad eam, set etiam ex longinquis regionibus magnus numerus hominum ad suarum rerum capiendum consilium confluxisset. Erat enim in ea cum summa scientia, tum verissima facultas suorum consiliorum expediendorum. Omnibus affabilis, omnibus extitit benigna, multa etiam dando maximam gloriam adepta est; unde et contigit, ut omnes eam maximo honore celebrarent. Pauperes eam quasi matrem etiam ex peregrinis locis sine intervallo frequentabant, quorum neminem sine solatio a se abire permisit. Mira res, ut fragilitas feminei sexus tantis vexationibus ne quidem ad horam gravaretur, set potius, quod est mirabilius, ut dixi, delectaretur. Unde frequenter inter nos collocuti [30], dum in ejus gloria aestimaremus tantam humilitatem, fateor nos jam tunc divinasse, id quod verum erat, illa [31] extincta nullam in his regionibus sui consimilem tam illustri vita esse futuram. Patrimonium quoque omne, quod sibi hereditatis parte [52] successerat, ecclesiae cui ipsa praeerat contulit. Id soror [33] ejus factum graviter ferens, traditionem illam saepius rescindere moliebatur. Set cum id efficere non posset, in vita illius necem cogitabat, et consilio cum quibusdam pestiferis inito, illam veneno, ut fertur, extinxerunt. Nos eam rem, pro magnitudine sceleris parum nobis compertam, existimationi vulgi ruminandum relinquimus: Set illi qui venenum confecerant, capti [34] atque oculis dampnati sunt. Post mortem ejus cum omnes ubique orbitatem [55] tantae mulieris cum luctu et planctu deplorarent, soror illius locum furibunda invadit, et omne patrimonium, quod soror pia intentione ecclesiae contulit, ad suam potestatem retorsit [36]. Set non multo post ex praecepto Ottonis tertii [57] imperatoris cum dedecore expulsa, his adversitatibus praevideri cogitabat; et consilio cum suis accepto, cum post virum priorem sine occultatione turpiter vixisset et cupienti sui copiam non negasset, postquam vidua lasciva [58] secundum dictum sancti apostoli (*I. Tim.* v, xi) diu luxuriata fuisset, illum de quo supra diximus Baltericum duxit maritum; cum vivente sorore neuter copulam alterius ne mente quidem concipere auderet. Nec multo post, instigante illa, cum armata manu montem Eltnae [59] subito occupat. Cum opidani repentino metu perculsi fuga salutem quaererent, in monasterio se abdiderunt: Expugnatoque monasterio, et jaculis altaribus trajectis, unum, quem sibi inimicum existimari voluit, captivum duxit. Set cum id regi compertum foret, graviterque factum hoc ferret, delictum Balterici deprecatorum auxilio pecunia expiatum est. Rex vero altiori consilio in posterum loci illius stabilitatem praevidere volens, Noviomago [60] concilio indicto (*an.* 997, *Mai.* 18), cum undique frequentissimi illuc convenirent, tractandum de praedicto loco statuit. Aderat cum sua conjuge Baltericus, eo quod sententiae senatorum processerant, ut ille convictus secundum legem in perpetuum ab illius expostulatione ecclesiae se eximeret, sicque karta et privilegio loci stabilitatem firmaverunt (33).

4. *De obitu Ottonis et dolis Baldrici.*

Post haec vero imperator tercius Otto, bonae indolis adolescens, in Italia moritur, corpusque ejus ad Aquasgrani effertur, et ibi cum regio honore sepelitur (*an.* 1002). Post cujus mortem Baltericus rupit fidem, et hostili manu adgressus ad montem Eltnae, vallum qui ecclesiam ad instar castelli ambiebat scidit, familiamque omnem sibi servire coegit.

5. *De Heinrico* [61] *rege.*

Ubi vero Heinricus summa rerum potitus est,

VARIAE LECTIONES

[48] sopores 1. [49] ita *Eckh.* — collocati *c.* [31] illu *corr.* illa *c.* [54] patre *corr.* parte *c.* [33] sororor *corr.* soror *c.* [34] capiti *corr.* capti *c.* [35] ita *correxi*; sobrietatem *c.* [36] retrorsit *corr.* retorsit *c.* [57] tercii 2. [58] ita *E.* lascua *c.* [59] etnae 1. eltnae 2. [60] novio magno 1. [61] HENRICO *c. hoc loco.*

NOTAE.

(32) Eadem fere verba de sorore Burchardi episcopi Wormat. in ejus Vita leguntur c. 12.

(33) Cf. ea de re chartam imperatoris ap. Schaten Ann. Paderb. 1, 343.

iterum locum illum in priorem statum reduxit. Multa praeclara de hoc viro nobis scribenda sufficiunt : quam facile, gratia Dei donante, [62] ad apicem [63] regni pervenerit, qualiter illustres viros et summae potentiae, bella adversum se concitantes, celeri victoria in deditionem venire coegerit, qualiter reges in [64] interioribus Germaniae partibus, qui sunt Winidi vocati, suae dicioni tributarios effecerit, et Mettim in Belgis diu contra se male cogitantem, et compluribus annis obsessam, pene ad internitionem [65] vastaverit (*an.* 1012?), et tandem multis incommodis illatis sibi subegerit; sed quia domnus Adelboldus Trajectensis episcopus haec omnia pleniter in uno volumine luculento sermone comprehendit, a nobis pars quae aliquando nostris scriptis necessario occurrit praetereunda visa est, ne historia tantis et tam venustis documentis edita a nobis tanquam ab insipientis latratu obfuscaretur.

6. *De viso cometa, et fame, et mortalitate.*

Post hinc triennium quam rex in solium regni sublimatus est, commetes horribili specie flammas hac illacque jactans, in australi parte coeli visus est. Sequenti anno fames et mortalitas gravissima per totum orbem factae sunt (*an.* 1005), ita ut in multis locis prae multitudine mortuorum et taedio sepelicantium vivi adhuc spiritum trahentes, vi qua poterant renitentes [66], cum mortuis obruerentur.

7. *De Wecelino apostata.*

Istis etiam diebus, videlicet Heinrici regis qui postea benedictione apostolica imperator effectus est, quidam Wecelinus, qui fuerat Cuonradi ducis clericus, illusione diabolica seductus, errori Judeorum consensit. Hoc audiens rex, nimia, ut justum fuit, conturbatione commotus est, atque illius jussione unus discipulorum suorum nomine Heinricus, aequivocus regis, praedictum apostatam veracissimis sacrae Scripturae testimoniis, ut ejus epistola affirmat, falsa verba in Christum ejusque sanctos dixisse devicit; et quia haec longiusculo sermone protracta sunt, in fine istius libelli ea ponere decrevimus (lib. II, cap. 22, 23).

8. *De adventu Nordmannorum* [67].

Wicmannus, sortita conjuge, ut supra diximus, praefecti filia, sibi in omnibus obtemperare fidemque illi et amicitiam [68] servare constituit, et frequenter alter ab altero adscitus [69] convivio, communem sibi causam fecerant. Cumque jam senio confectus et aegritudine ita deprehensus esset praefectus [70], ut vix pedibus incederet, pyratae ex diversis insulis [71] oceani cum magna multitudine navium emersi, per flumen Meriwido [72] (34) magna celeritate vecti, usque ad portum Tylae (35) pervenerunt (*an.* 1006). Populus vero qui circa littora Wal fluminis habitaverunt, comperto tantae multitudinis adventu, spem omnem salutis in fuga ponentes, sua pene omnia praeter pecuniam, quia mercatores erant, alienissimis reliquerunt. Praefectus vero prudens consilio, veritus ne agri hominibus destituti hostibus facilior pateret ingressus, vi qua poterat ascenso equo, fugientem vix retinuit populum. Hostes usque Tylae venientes, vela deposuerunt, et portum nullo resistente ingressi, copiam victus magnam repererunt. Qua celeriter exportata, vicum incendio vastaverunt. Monasterium quoque sanctae Walburgae irrumpentes [73], vestesque sanctas a quodam comite Waltgero, constructore ipsius loci, et sua conjuge Deo digna [74] Alberada ibidem collocatas auferentes, et altare spoliato [75], et praeterea quam plurimis rebus ecclesiasticis exportatis, ecclesiam quidem incolumem relinquentes, ad classem se recipiunt; statimque nunciis a praefecto in omnes partes dimissis, postero die summo mane maxima multitudo convenit. Et quia praefectus exercitui praeesse non poterat, Balterico, de quo supra diximus, itemque Unruocho [76] comiti, strenuo viro, qui in exercitu tercii Ottonis imperatoris Italia in re militari opinatissimus habebatur, bellum committitur. Nostris visis et celeri eorum adventu hostes perterriti, naves quam citius solventes recedebant, adeo ut similis fugae recessus videretur. Nostri insequentes, et ex utraque parte fluminis levibus praeliis factis, et utrimque [77] paucis aut [78] vulneratis aut occisis, ne cupiditate praedae a ripa longius hostes vagarentur, prohibebant. Vicis vero juxta littus [79] quos adire poterant exustis, nona hora diei omnes de navibus desilierunt, aciem confertissimam [80] instruxerunt, nostris [81] potestatem pugnandi praebuerunt. At nostri loco se continuerunt, et quia plurimi ex agris coacti convenerant, cum his ad usum belli imperitis et superioris anni propter sterilitatem inopia familiaris rei vexatis, praelium committere non audebant. Ubi barbari neminem ad pugnam procedere conspicerent, satis ad ostentationem suae audaciae factum existimantes, ad naves se recipiunt, et nullo prohibente regressi sunt.

9. *De secundo adventu Nordmannorum.*

Sequenti anno (1007) iterum quidam pyratarum cum nonaginta longis navibus per flumen Laicam (36) veniebant. Nostri, extimplo coacta magna multitudine equitum et peditum et [81] paucarum navium, per

---

VARIAE LECTIONES.

[62] donantem *c.* [63] ipicem *c.* [64] deest in *c.* sed adest apud Sigebertum a. 1003. [65] internitio *c.* [66] remittentes *c.* [67] NORMANNORUM 1. [68] amicitiam *c.* [69] adsitus *c.* [70] perfectus *c.* [71] locis corr. insulis *c.* [72] meri uuido *c.* [73] irrupentes *c.* [74] digne *c.* [75] spoliate *c.* [76] ita E. recte ex cap. 16 emendavit; in *c.* locus syllabae un vacat. [77] ita E. utrique *c.* [78] ac *c.* [79] litus 2. [80] confestiss. *c.* [81] nostram 1. [81] ac.

NOTAE.

(34) Hodie de Merwede, Rheni sive Vahalis brachium.
(35) In dextra Vahalis.
(36) Lek.

ripam instructi armis adventum hostium expectabant. At primi barbarorum visa tanta multitudine perturbantur, et in medio fluminis alveo anchoris naves statuentes, reliquos expectare disponunt. Postquam in unum conveniebant, et sententiis inter eos conlatis, invitis nostris transire diffidebant, legatos ad eos miserant, ut ipsos per fines eorum transportari paterentur; sibi esse in animo sine injuria et maleficio ire velle, et ut id eorum pace et licentia liceret precari. Et impetrato [83], eo die pace lusi sunt. Sequenti die cum classem movissent, jamque primi Hrenum essent ingressi, nostri cum paucis navibus, clamore magno novissimos adhorti, bello lacessere [84] cœperunt. Quo clamore ab aliis audito, celeriter accurrunt, et armatis circa littus dispositis, nostros ne adpropinquare auderent perterrent. Intermisso noctis spacio et omnibus nostris flumen transportat's, et [85] diluculo ad nostros qui in navibus erant falsa fama pervenisset [86], equites cum hostibus magno certamine conflixisse jamque quasdam naves direptas esse, nihil reliqui ad celeritatem sibi fecerunt. Tumultu et clamore omnia complentes, nullo duce, nullo certo ordine, ut quique sibi celeriores videbantur, hostibus appropinquabant. Quibus visis, in unum hostes conglobati occurrerunt. At nostri qui in navibus erant, ut viderunt Nordmannos integris viribus occurrisse, relictis navibus, præcipites se fugæ dederunt. Quos hostes consectati, tot in ea fuga peremerunt quot cursu consequi potuerunt.

10. De portu Trajectensi incenso.

Trajectenses [87] de adventu barbarorum cerciores facti, ne hostibus commodi aut usui ad obsidionem castelli foret, portum omnem ipsi incenderunt. Portu exusto, conquesti sunt barbari cur tantum incommodum esset admissum, se nullum malum adversus locum moliri, præsertim cum Ausfridus tantæ sanctitatis vir eidem præesset episcopus. Religionis tamen causa ut in castellum intromitterentur orabant; ecclesiis oblationibus suis venerari se velle dicebant. Quibus oppidani, assumpto vultu et constantia, respondent se aditum armatis præbere non posse. Et quamvis [88] facillima expugnatio esset, tamen cognoscentes, sanctum locum et tantum sacerdotem suis fortunis alias obsistere posse, nullam læsionem civitati inferentes abierunt. Quis hoc meritis sancti episcopi non adscribat, oppidanos contra spem metu liberatos, et periculum evasisse, et locum illum inviolatum permansisse? Quia vir iste sanctus scriptis nostris intervenit, libet pauca de vita ejus huic operi nostro inserere.

11. De beato Ansfrido comite.

Erat [89] igitur Ansfridus in Bratuspantium finibus (37) comes summæ justiciæ, ut neque muneribus neque donis [90] a rectitudinis calle reflecti posset. Frequenter in conciliis et conventibus sententiæ ab eo inprimis exquisitæ, ab ore ejus omnes erant pendentes, et quæ ipse legum decreta statuit, his nulli contradicere fas fuit. Sermo ejus ita mediocritate et discretione temperatus, ut non comici nostri dictum (Ter. Andr. I, 1, 34) : Ne quid nimis, supergrederetur. Sed et hoc adnectendum, quia ex moderatione suorum verborum facile compositio et honestas ejus occulti cordis ab audientibus intellegi potuit. Quicquid vero [91] in jugi et cotidiana confabulatione loquebatur, hoc divinarum Scripturarum exemplis blande leniterque condiebat; et si quando contigit ut a secularibus negotiis quietus esse poterat, aut justa judicia [92] tractabat, aut lectioni tanto studio insistebat, ut a quibusdam insipientibus monachicam vitam illum agere derideretur. Quod ideo minus sit mirum necesse est, quia quanto avidiori meditatione sancti divinis operibus invigilant, tanto amplius viliores mundo fiunt, et ut patientia eorum probetur, a pravis hominibus ex permissione Dei plerumque dehonestantur, teste notario Spiritus sancti, dicente : Obprobrium insipienti dedisti me (Psal. xxxvm, 9). Summi etiam et illustres viri, dum in jure dicendo gravius [93] quid discepiandum erat, et ut solet fieri diversi diversa sentirent, et variari sententiæ viderentur, ad eum gratia discendi et interrogandi recurrebant [94]. Imperialibus quoque secretis sæpissime intererat, et quociens de majoribus rebus tractandum erat, tanta auctoritate et dignitate [95] habebatur, ut sine ipsius consilio raro aliquid statueretur. Hoc sibi in omni ætate decretum, hoc sibi propositum, non sicut quosdam [96] nostri temporis, quos plerumque aut misericordia aut invidia a [97] judicio labi conspicimus, de juris et legis veritate nihil diminuerat [98]. Ob hæc [99] ab rege frequenter adscitus, et carus præ cæteris habitus, ejus oratione et pravos [100] coheïrcebat et rem publicam [101] cum pace gubernabat. Prædonibus, quibus regio Bratuspantium [102] maxime alebatur, infestissimus erat, et crebris occursionibus eorum conata [103] impediebat. Principem quoque eorum, desperatum hominem, cujus nomen ne [104] dici quidem opus est, sanguine civium [105] et præda adultum, frequenti

VARIÆ LECTIONES.

[83] impetrata E. [84] lascercere 1. lassescere 2. [85] verborum constructio nostro propria. [86] pervenissent c. [87] Trajectense c. [88] quanvis c. [89] Anno tertio Henrici imperatoris, Ottonis tertii beatæ memoriæ cæsaris augusti successoris, erat apud Brachbantium comes Aufridus, etc. incipit 3 (Vita S. Ansfridi.) [90] d. transitoriis ullo modo a 3. [91] deest 1. [92] i. i. legum 1. 3. [93] gravis c. [94] requirebant 1. veniebant 3. [95] tantæ auctoritatis habebatur 3. [96] quidam 3. [97] aut c. [98] diminuere 3. [99] hoc 3. [100] primos 3. [101] c. et regnum per eum in pace g. 3. [102] brachbant 3. [103] conatus 3. [104] nec 3. [105] civili adultum 3. media desunt.

NOTÆ.

(37) Brabant.

fuga se vix eripientem, vehementer premebat; cum ille aut [106] saltibus aut paludibus densissimis arboribus consitis, præsens periculum evadere cupiens, sese occultaret. Multi præterea triumphi, multa bella feliciter gesta non ad perniciem civium, set ad reprimendam audaciam improborum. Hæc quidem laicus gerebat.

12. *Quomodo Ansfridus comes episcopus efficitur.*

Cum (38) vero Baltuinus [107] sacerdos Trajectensis vita decederet (*an.* 995), nunciusque in castra venisset, rex Ansfridum seorsum manu ducens, sacerdotium illud ei offerre coepit. Cumque ille reniteretur, jamque se senem, in militaribus armis omni tempore vitæ suæ versatum, clericatus officia suscipere omnino absurdum videri contenderet, et rex vehementer instans, vi ad suscipiendum compelleret, perspiciens [108] quia regi resistere non posset, ut cum suis rem deliberaret, exposcit. Qua re impetrata et ab suis oratione accepta, quæ rex imperaret se facturum pollicetur. Et accepto gladio quo erat accinctus, super altare sanctæ Mariæ posuit, dicens : Hactenus hoc [109] honorem terrenum obtinui, et hostes pauperum Christi et viduarum expuli ; nunc deinceps huic dominæ meæ sanctæ Mariæ, qua [110] virtute honorem et salutem animæ [111] optineam, commendo. Hoc cum diceret, omnium obortis lacrimis, applausu [112] omnium qui aderant dignis ejus meritis tribuitur infula pontificalis. Versiculos quidam e nostris de his rebus cecinit, quos etiam huic opusculo intexere [113] libuit, ut el [114] alium in nostra narratione testem haberemus.

13. *Versus de eadem re.*

O bona Trajectum, mater præelecta locorum,
Nunc retines dominum generali laude potitum [115].
Ansfrid pro meritis decus [116] est tibi pontificalis,
Est et prælectus Domino confessor et almus,
Qui prius in bello firmabat regna popello,
Ecclesiæ custos nunc est sanctusque sacerdos.
Vertitur in melius sic sic certaminis usus :
Quondam bellator, nunc autem pacis amator ;
Tunc pars bellorum, nunc autem dux animarum ;
Quondam pugnabat, populi nunc corda gubernat ;
Militis officium precis obmutavit in usum.
Veste sacerdotis nunc prorsus liber ab armis,
Accepit calicem manibus liquique mucronem.
Deposuit parmam, coepitque [117] levare [118] patenam ;
Sprevit vexillam [119], voluit quia psallere missam ;
Nunc missam cantat precibusque fideliter instat.
Ista sub exemplo Petri facit indubitando,
Qui primus cecinit missam barbamque totondit.
Quæ vult ut veniant Deus, omnia protinus adstant [120] ;
De cane fecit orem Deus hic, ut fecerat olim,
Ad se cum Paulum rapuit de sorte luporum,
Quem post Ecclesiæ doctorem jusserat esse.
Nunc est albatus [121], cum stemate glorificatus,
Atque stolam portat, virtutis et arma ministrat,

Qui prius in multis valuit per bella periclis.
Gloria pastoris sonat in sermone suavis!

14. *De cæcitate et monachica vita et elemosina Ansfridi.*

Sumpto episcopatu, aliquamdiu canonicis vestibus utebatur, non quidem elationis causa, set ne dedignationis suspicione a cæterorum moribus sacerdotum videretur [122] dissentire. Set quia pius Dominus jam illum ad suam servitutem advocavit jamque illi curam Ecclesiæ commisit, adhuc [123] plenius sua consueta pietate sibi adjungere disposuit. Nam quamvis impossibile sit vitam ullius [124] sancti sine peccatis transire, cum [125] tamen illa, quæ fragilitate carnis incaute contracta sunt, largissima Dei [126] misericordia in hoc seculo aliqua molestia corporali soleant purgari, attestante Scriptura, quæ dicit : *Flagellat Deus omnem filium quem recipit* (*Hebr.* XII, 6), Ansfridus lumen harum tenebrarum amisit, taliter quodammodo manente integritate oculorum, ut nihil minus quam aspicienti [127] videns videretur. Defectum quidem visus [128] sustinuit, set deformitas faciem viri nulla dehonestavit. Hoc ex benignitate Salvatoris nostri credo actum esse, ut extincto oculorum desiderio et exclusa occasione peccandi, et vultus dignitatem episcopi servaret, et ulterius non haberet unde concupisceret. Neque hoc incommodo accepto umquam superatus aut animo dejectus est ; set eodem vultu, eadem hilaritate, eadem jocunditate, cum summa patientia permanserat. Igitur [129] respectu Dei in se propensius rediens, salutifera cogitatio sibi incidit, flores hujus mundi sordes apud Deum videri, et ea quæ multo sumpta ad ornatum putrescendæ carnis captarentur, non solum ad [130] detrimentum set etiam [131] ad perpetuam ruinam animæ pertinere ; vestem delicatiorem deposuit, indumenta, ne dicam [132] vilia, set potius angelica, ad institutionem sancti Benedicti sumpsit. Est collis [133] (39) sex milibus a Trajecto distans, undique circumcisus [134], una ex parte flumen limosum, reliquum spacium perpetua palus eademque latissima ambiendo omnem aditum [135] excludit. Huc adacta navicula, trans flumen illud se ferri jubet, et quia orationis causa tumultus hominum vitare cupiebat, verticem collis, succisis arboribus et fruticibus, in planitiem deduxit, inprimis oratorium, dein sibi cellam, post aliis constructis et claustro effecto, conventiculam [136] monachorum ibidem collocavit, et abbatem [137] præfecit (40). Huc se post colloquia regis, post synodum, post diversos conventus recipere solebat ; hic miseram curam secularis negocii a se

VARIÆ LECTIONES.

[106] deest 5. [107] balduinus 5. [108] prospiciens 5. [109] hunc 5. [110] ita c. et 5. [111] a meæ o. 5. [112] ac plausu 5. [113] annectere 5. [114] quo etiam 5. [115] ita 5. potivum *c. an* votivum? [116] datus 5. [117] cœpit 5. [118] lavare c. [119] vexillum 5. [120] assunt 5. [121] ablatus 5. [122] bis scriptum in c. [123] ad hæc 5. [124] ita 5. illius c. [125] deest in c. adest 5. [126] deest 5. [127] aspiciens et v. putaretur 5. [128] in se 2. [129] I. ex hoc r. 5. [130] deest 5. [131] deest 5. [132] non dixerim 5. [133] c. Heiligenberg tribus m. 5. [134] circumclusus 5. [135] additum c. [136] conventicula 5. [137] a. eis p. 5.

NOTÆ.

(38) Cf. Thietmari l. IV, c. 22 sqq. (*Patrolog.* tom. CXXXIX.)
(39) Hohorst, postea Heiligenberg, prope Amersford.
(40) Fundationis chartam v in Actis SS. Maii I 450.

removit, viribus totis laudibus Dei et obsequiis institit, orationibus, vigiliis, elemosinis ita intentus, ut nemo nostra ætate sibi possit adsimilari. Unam ex ejus innumeris liberalitatem in pauperes Christi exhibitam referemus. In ipsa cella quam diximus positus, consueto [138] opere Dei expleto, post terciam vigiliam, unum ex suis ministris ad se vocat, quid fieri velit ostendit, et ut nemo id cognoscat summo pere interdicit. Sumit situlam, immittit vectem, seque simul portando ministrum ad regendos gressus suos usque ad flumen præcedere jubet. Aqua hausta rediit [139], igne calefacit, doliam ipse infudit, leprosum, cujus corpus miserabilis sanies totum obduxerat, pannis exutum in balneum deposuit, putrescentia membra manibus perlustrans diligentissime [140] lavit, lotum in lectulum [141] ipsius collocavit, et vestibus novis vestitum antelucanum sub testatione ne quis id sciret abeunti [142-43] præcepit. Hic si quæras cur iste tantus vir, tot virtutibus præditus, Spiritus sancti gratia inroratus, leproso illi solacium curationis non inpenderit, facili has cogitationes obvius hac responsione excipiam.

15. *Cur Ansfridus infirmos non curaret.*

Legimus namque (*I Cor.* xiv, 22) quod signa infidelibus, non fidelibus, data sint [144], ut in initio nascentis Ecclesiæ corda gentilium, longissima [145] consuetudine idolorum indurata, visis tot prodigiis ad credendum [146] emollirentur. Quis enim tunc temporis, mundo in florentissimis rebus posito, prædicanti aliam vitam crederet, nisi ea exiberentur quæ antea nec [147] visa nec audita fuerant? Et quæ necessitas fuit, istis novissimis [148] temporibus Ecclesiam Dei signis illustrari, cum nullus sit locus quovis gentium, non mons, non vallis, non silva infimita, non palus immensa, non insula ab orbe terræ remota [149], quæ non sint [150] Domini nostri Jesu Christi confessione repleta [151]? Vir Dei namque inanibus favoribus hominum extolli noluit, qui semper intra conscientiam quod boni egit soli Deo cognoscendum contegere studuit [152]. Et fortasse leproso illi infirmitas utilis fuit, ut quæ humana fragilitate illicite commisit, ad hæc iteranda illum debilitas [153] corporis impediret. Neque ulli de istius viri sanctitate dubitandum est, quem demones etiam confitebantur. Audivi quendam energuminum inter diversorum criminum confessionem hæc etiam adjecisse, se frequenter sancto illi episcopo sine causa detraxisse, multa inhonesta de eo dixisse, cum illum sancta religio implicatum teneret; se autem nihil rei adversus eum habere, nisi solam invidiam ipsius maliciæ exercendæ. Qui tamen miser paucis diebus post, cæteris dormientibus, suspendio mortem sibi conscivit. Hæc breviter perstrinxi, ne quis in corde suo existimet, propter defectionem probatæ vitæ servo suo Dominum nostrum Jesum Christum virtutem signorum concedere noluisse, qui multo majora et longe his feliciora, id est vitam æternam in cœlesti regno, concessit.

16. *De obitu Ansfridi episcopi.*

Igitur cum illi virium imbecillitas adcresceret et languore corpus ad occasum vergere intelligeret, ad supradictum collem transferri jubet. Cumque illic aliquanto tempore vi ægritudinis premeretur, Redemptori nostro, cui servivit, spiritum reddidit (*an.* 1010). Aderat in exequiis ejus filia ipsius venerabilis, abbatissa Tornensis (41) monasterii, consanguineusque ejus, de quo supra diximus (*cap.* 8), Unruoch comes, corpusculumque in oratorio positum, a fratribus solitis frequentabatur officiis, futurum ut postero die in ipsa ecclesia, ut ipsi animo firmaverant, tumularetur. Interim Trajectenses quam frequentissimi convenerant, corpus examine [154] Trajectum deferendum auferre moliebantur. Ad hæc peragenda, Deum adjutorem, in ecclesia justa feretrum prostrati, totis genitibus precabantur. Tum subito ex uno latere collis officina quædam sive casu seu jussu Dei igne correpta est, omnibusque ad restinguendum ignem concurrentibus et omnino in ea re occupatis, feretrum Trajectenses in quo corpus viri Dei positum est leviter levantes, ad flumen usque progrediebantur, et positum in naviculam flumen transire cœperunt. Et quia navicula paucos capere poterat, cæteri quamdiu vadum [155] permiserat, deinde natatu, sequebantur. At hi qui ad submovendum ignem concurrerant, cum non prius consilium eorum animadverterent, quamvis brevissimum spacium interesset quam illi naviculam ad aliud litus subducerent, sumptis armis eorum conata advertere parabant. Ibi abbatissa, de qua præfati sumus, passis manibus soloque prostrata, ne recedentes insequerentur, vix precibus obtinuit. Quis etiam hoc meritis beati viri non adscribat, armatos furenti animo facillime sedatos, et rusticam multitudinem in flumine transeundo impeditam et periculum et necem evasisse? Sicque isti et illi cum summa tranquillitate invicem juncti, cum psalmis et ymnis levissimum onus Hrenum usque deportantes, in navim ad hoc ibi paratam constituerunt, et Trajectum pervenerunt. Cumque in litus exponeretur, concursu populi magnis oblationibus honorabatur, et sequenti die in ecclesia

VARIÆ LECTIONES.

[138] c. o. D. e. *desunt* 3. [139] rediit. . calefecit 3. [140] diligenter 3. [141] lectum 3. [142-43] abire 3. [144] sunt, quo in 3. [145] longa 3. [146] ita 3. crescendum *c.* [147] non 3. [148] nostris 3. [149] ita correxi; arbore terræ mota *c.* ab orbe remota terræ 3. adeo remota *Eckhart conj.* [150] sunt 3. [151] re repleta 1. [152] noluit *corr.* studuit *c.* — *In hac voce desinit* 3. [153] ita E. debitas *c.* [154] ita. *c.* 1, *e.* processione facta. — examine E . [155] ita E. vasum 1.

NOTÆ.

(41) Thorn in sinistra Mosæ, supra Ruremonde.

sancti Martini, ubi ipse sedem episcopalem habebat, religiose sepelitur. Hæc de beato viro quæ dicerem habui, non ut plenius de illo omnia quæ digne commendanda memoriæ fuerant colligerem, set ut istud opusculum materia ejus vitæ, quamvis insipienter edita, quasi sol illustraret.

17. *De obtrectatoribus Ansfridi episcopi.*

Set libet adhuc percontari ubinam nunc sunt qui vitam Ansfridi venenatis linguis carpere solebant, qui fame se ipsum afflixisse, impie calumpniabantur, et nec umquam ejus aridum corpus in tanta sui episcopatus opulentia vel modico cybo refectum esse, pestiferis invectionibus [156] dicebant? O profanos sola ventris plenitudine gloriantes! O neminem illorum in tali studio vitæ occupatum [157] inveniri posse! O steriles omnis pietatis, qui nullius in se virtutis conscii, sanctis hominibus invident quod ipsi assequi nequeunt! Vere fateor illum jejunio, non fame, sicut obtrectatores sui per officinas oblatrant, sæpius laborasse, ipsumque totis animis ad Deum conversum pestiferos syrenarum sibilos surda aure transisse. Set cum plures ex his obtrectatoribus videmus divino judicio domo expulsos, prædia, vicos, ædificia cultore destituto amisisse, jamque diu per aliena limina mendicasse, sive furto seu latrocinio sibi victum turpiter adquisisse cognovimus.

18. *Item de quodam obtrectatore.*

Audivi fidelem nostrum referentem, quendam ex his miseris, cum in tabernis vino æstuans derisisset sanctum hominem, ad hanc etiam miserabilem vocem erupisse, animam hominis nihil esse et in ultimo flatu in auras penitus evanescere. Et quia in noticia Deum habere noluit, insuper etiam servos Dei obscenis verbis impetere non timuit, tradidit eum Deus in reprobum sensum, ut faceret et loqueretur ea quæ non convenirent. Unde et contigit ut illius potestati traderetur cujus ista instinctu agebat. Nam aliquo spatio sibi ad pœnitentiam post dato, nec tamen resipisceret, die quadam sicut sem- per cum gulæ deserviret, jam sub solis occasum domum reversus quasi redivivam esuriem sedaturus, usque in multam noctem convivium protraxit [158], tandemque optato cybo onustus in lectulum se collocavit, et somnum subitæ morti sociavit. Qui ad sepeliendum ejicitur, et in magno sepulchro intruditur, set ventrem admodum porrectum cum lapis superior superpositus compressu suo stringeret, per labra sepulcri in giro adeps pinguissimus, integra tamen cute, proh pudor! diffusus est. Nimirum si adesses, fœtorem ferre non valens, nares veste obclusisses. Set quorsum ista tam multa de illo, cujus memoria prætereunda potius est quam commemoranda? Quia profecto vides, miserum illum fuisse hominem, qui nec in ultima sua ætate linguam ab obtrectatione sancti viri compescere voluit. Cujus etiam gloriam in fine mundi conspecturus, dicet: *Hic est, quem aliquando habui in derisu et in similitudine improperii. Ego insensatus vitam ejus æstimabam insaniam et finem ejus sine honore. Ecce quomodo computatus est inter filios Dei et inter sanctos sors illius est.* Audiant ista, qui soli carnali cupiditati inserviunt et consimili invidia virum Dei insequebantur, et, utrorumque fine conspecto, quem pocius imitari debeant, exemplum accipiant; et meminerint [159], alterum non ita magnis opibus locupletem, set cotidie per domos discurrentem, nunc minis, nunc misera subsannatione alvum implentem, et tandem veluti pecus saginato cadavere salutem suam seculo spemque sepulcro dedisse; item alterum, cum illi omnis boni copia suppeteret et sibi pene omnia ad usus pauperum subtraheret, fructuosum laborem gratia Dei largiente ad calcem usque perduxisse. Cui, quamdiu vixit, vivere Christus erat, et mori lucrum. Nos vero in nostræ narrationis itinere amœna prata conspicati, non inutiliter a via divertimus, et per loca pulcherrima oculos circumferentes, aliquantulum demorati sumus, et necdum odore dulcissimorum florum saciati, sæpius respectantes, cœptum iter perficere conabimur.

EXPLICIT LIBER I. INCIPIT II.

1. *De simultate Baldrici et Wicmanni* [160].

Postquam præfecti Godefridi et item Wigmanni [161] res in amicitiæ [162] fœdus convenerant, eamque rem utrisque in posterum satis sibi præsidii futuram existimarent, præfectus moritur, filioque suo propter probitatem patris, et summam consilii diligentiam qua semper viguit, præfectura traditur. Set quia [163] iners et nullius consilii nulliusque pæne valitudinis erat, amicitiæ tamen conventionem, quam patri Wicmannus [164] devoverat, consulto ipsi con- servare constituit, sperans, si eum sibi adjunctum [165] haberet, facile se suorum omnium dominari posse. Ex eo tempore inter ipsum et Baldricum simultates [166] nascebantur (an. 1014). Et cum neuter alterum sibi superiorem esse pateretur, conventu tamen sæpius inter se facto, suspecta amicitia [167] utebantur. Set res illa conatui Wicmanni obstabat, quod eandem copiam agrorum in Gallia quam Baldricus non habuerat, quamvis et ipse latos fines in Germania teneret; et nihil quam quod cum uxore accepe-

VARIÆ LECTIONES.

[156] *bis scriptum* c. [157] ocupatum c. [158] pertraxit c. [159] meminerit c. [160] winemani c. [161] wigman c. [162] amicicie c. [163] ita c. [164] wicmannus *ita sæpius* c. [165] adjunctu c. [166] simultantes c. [167] amiticia c. *sæpius.*

rat eis Hrenum (42) haberet; quod tamen alterius copiis aequari non poterat. Unde quibusdam Cisrenanis familiaritate ad se vinctis, eis quid sui sit consilii proponit (43).

2. De castello Wicmanni [168] a Baldrico expugnato, et de Munna [169] munita.

Est stagnum palustrae a Mosa flumine ducentis passibus distans, infra quod erat collis exiguus, difficilis aditu — nam nisi navi propter altitudinem stagni et impeditionem paludis nequaquam adiri poterat —, studenti novis rebus castellum efficiendum promittebat. Hunc locum per amicos cognitum, advectis navibus adiit. Quo explorato, extimplo coegit magnum [170] multitudinem armatorum, et rusticis undique evocatis, et fossa in circuitu facta, editiorem admodum fecit. Quem vallo circumdedit, et turribus excitatis, munitionem satis firmam perfecit. Dein finitimis non sine arrogantia imperare, ut commeatus ad oppidum apportarent. Custodes ipsos, qui ei consilium dederant, munitioni adponit. Quem locum in reliquum tempus ad optinendam praefecturam, et Baldricum si quid conaretur facilius reprimendum, satis idoneum existimabat. Qua re audita, Baldricus vehementer perturbatur, suisque fortunis difficillimam credidit, et nisi his adversitatibus summa cura non prospiceret, maximum suae dignitatis honorem se amissurum non dubitabat. Itaque convocatis clientibus suis, quorum magnum numerum habebat, et legatis circumquaque missis, Lantbertum [171], cujus supra mentionem fecimus, et Gerhardum, cujus singulari amicitia usus est, et caeteros amicos in unum coegit, ipsisque praesentibus, quidnam contra se pararetur, exponit. Et causa cognita [172], sese in eam partem futuros quam ille constituisset, dixerunt. Quibus cum magnifice gratias egisset, ipsis hortantibus atque cupientibus, ad munitionem accessit [173], eamque, in quantum situs paludis permisit, obsedit. Nam natura loci totum [174] circumvallare, sinu stagni longius porrecto, non sinebat. Oppidani vero certi quod telum in tanto spatio ad se adigi neque remitti posset, vallo tuto sese continebant et eventum rei expectabant. At hostes experti, quod in nullis omnino locis vado transire possent, pontem facere instituunt. Set cum diu in hoc opere insisterent, et effectum nullum labor operantium propter inmensitatem aquae dare poterat, incepto destiterunt [175]. Denique adductis onerariis navibus, adjungunt animalia et in stagnum trahere parant, ut super naves machinis exstructis ad munitionem adpropinquarent et pugnam committerent. Cumque cum plures dies in his operibus versaren-

tur, illi qui infra oppidum erant, desperantes ne obsessione a suo domino liberarentur, et timentes ne victi inclementius tenerentur, jamque illis victus deficere coepisset, legatos de deditione ad Baldricum miserunt. Cognitis eorum postulatis, ut munitionem ipsam quam fecerant suis manibus ipsi incenderent atque destruerent jussit. Quod ut factum est, illaesos cum suis omnibus abire permisit. His rebus confectis, cum vires hostium Wicmannus sustinere diffideret, Hrenum clam transiens, Munnam castellum aggere et turribus ediciis extulit, et quia supra montem erat positum, tam facile illud munivit, ut nisi obsidione expugnari non potuerit. Hostes vero vicos et vicina loca crebris incursionibus, ne castellanis usui forent, rapinis et plerumque caede vastarunt. Adjuvabat etiam res Baldrici, quod adhuc gratia imperatoris multa utebatur [176], et Coloniensis sacerdotis et domni Adelboldi episcopi, qui celebri fama omnium nostrae aetatis sapientissimus et Laciali lingua longe facundissimus et maximi vir ingenii est habitus, auxilia sibi adscivit. Gerhardus quoque Mosellensis, et Lantbertus, de quibus supra mentionem fecimus, quascumque acerbitates et pericula cum eo se laturos dixerunt. Hi enim duo semper ad omnes motus et seditiones concitandas erant parati.

3. De Aspola (44) ab Adelboldo episcopo obsessa.

Post haec causa extitit, qua domnus Adelboldus Trajectensis sacerdos castra imperatoris adiit, et his propter quae venerat peractis, navi per Hrenum reportatus est. Equi vero ejus per ripam ejusdem fluminis juxta Aspolam a suis reducuntur. Quos clientes Godizonis, propterea quod favebant partibus Wicmanni, interceperant atque inter se distribuerant. Qua de re episcopus necessario commotus, et his injuriis quam citius mederi cupiens, omnibus suis [177] copiis cum Baldrico adscitis, de improviso veniens, Aspolam ex una parte obsedit. Nam ex altera palude et stagno interjecto inaccessibilis erat. Cumque aliquot diebus acriter ab utrisque pugnaretur, et omnia studio obpugnandi experirentur, propter firmitatem loci et altitudinem turrium nihil proficere poterant. Set cum frustra laborem se sumere viderent, et spes prociundi opidi a se discederet, simul etiam quia dicebatur [178] hostes cum exercitu adventasse, obpugnatione destiterunt, et in suas sedes se receperunt. Episcopus vero his de causis, quod ante obsidionem castelli Godizo ad se in petenda pace legatos miserat, et de injuriis a suis sibi inlatis omnibus rationibus satisfacturum promiserat, quamvis illum dolo loqui suspicaretur, et ideo nullam conditionem pacis dare voluisset, et suum do-

VARIAE LECTIONES.

[168] WINCMANNI c. [169] vox deest spatio relicto. [170] magna c. [171] lantbertum c. [172] incognita 1. cognita 2. [173] accedit 1. accessit 2. [174] tantum corr. totum c. [175] destituerunt c. [176] utebantur corr. utebatur c. [177] bis scriptum 1. [178] dicebantur 1.

NOTAE.

(42) In sinistra Rheni.
(43) Scil. Wicmannus

(44) An Spel, ad confluentes Rheni et Lippiae?

lorem jam satis expiatum esse populatione agrorum et vicorum, et hostes jam ad sanitatem reverti arbitraretur, ab hac procella seditionis se subtraxit, et quem exitum res esset habitura interim quietus expectare cœpit. Baldrico tamen studium suum et auxilium semper præstitit.

4. *De pace inter Baldricum et Wicmannum facta.*

Munna exstructa et firmata, Wicmannus audacius resistere et spem suis augere, plerumque hostibus improvisus adveniens eos in fugam conjecit. Set cum diu inimicitiæ inter eos exercerentur, et homicidia fierent, et insidiæ ab utrisque ponerentur, et invicem alter ab altero fugaretur, tandem utrique a rege in castra sunt vocati. Et cum diu causæ eorum discuterentur, et rex sine offensione multorum neutrum familiariorem in reconciliando [179] habere posset, inter se regia potestate pacem habere jussit. Qua sacramento firmata, discesserunt. Wicmannus cum rem in commodiorem statum collocatam existimaret, et nihil mali dehinc suspicaretur, ut rupto fœdere aliqua seditio rursus oriretur, orationis causa limina sancti Petri adire parabat, et comparatis his quæ sibi in itinere necessaria erant, profectus est ad Urbem. In eo itinere dum esset, uxor Baldrici quietis inpaciens et semper prona ad res novas excitandas, hac oratione interpellat maritum:

5. *Oratio Adelæ uxoris Baldrici.*

« Saxonem istum in tanta propinquitate ædificiorum vicinum nostrum pati non possum ; et quem parem tibi esse ferre non valeo, si superiorem conspexero, vivere nolo. Proinde quæso, utere consiliis meis, et verba mea, cæteris curis postpositis, menti tuæ reconde ; ex hoc enim fortunatissimum te fore licebit. Ecce iste hostis noster, videns nepotem tuum esse sine scientia ullius consilii, falsis adulationibus in dies deludit, et dignitatem suam te invito jam invasit. Denique ille stolidus existimat, illum vera affinitate adductum, sincere suis rebus favere, et non potius ob hoc, ut illum in proximo principatu dejiciat et ipse locum ejus nimia sua calliditate arripiat. Et cui dubium est, illum jam pridem adversum te prava moliri? Egone, si vir essem, eum in his regionibus consistere sinerem? Et si nunc, pace facta, justa occasio nulla intercedit, qua [180] cum eo palam contendere possis, hoc saltim facito : regem adito, et præfecturam, quæ justius ex linea consanguinitatis et prosapia majorum tuorum tibi obtingit, postulato. Si propter hoc aliquis tumultus ab hoste adversum te concitabitur, ipse tibi prius peccabit, tuque sacramento adstrictus non teneberis. Quid tibi obsistit? Quid impedit? Amplissima domus, latissima prædia, milites numerosi vires tibi et favorem adtribuent [181] ; neminem quam te hoc honore esse digniorem. Muneribus quoque dandis, auri, argenti, preciosæ vestis, non deerit tibi copia ; incunctanter omnia tribuam. » Persuadet facile cupido, et more hominum qui honoribus expleri nesciunt, suscipit negotium, non solum ad suæ familiaris rei damnum, sed etiam ad perpetuam ruinam suæ salutis. Et quamvis graves causæ irarum inter eos antecessissent, tamen hæc fomes et initium utriusque extitit exitii ; et sicut Hiezabel Achab, ita et ista hunc ad flagitia semper concitavit, dans ei consilia quibus ad perniciem suam uteretur, donec abhominabilis et odiosus omnibus fieret.

6. *De præfectura Baldrico tradita.*

Parata profectione, venit ad regem, a quo et benigne suscipitur ; oblatis his quæ attulerat, causas adventus sui exponit, et regem ad voluntatem sententiæ suæ perduxit. Denique tradita est ei præfectura, et ne ob hoc civiles dissensiones, unde arma excitari possent, nascantur, summopere interdictum est. Qui mox ut rediit Ganipæ (45) municiunculam præfecti propinqui sui occupavit, et per servum fugitivum, qui se jam pridem his qui in turri erant devoverat et studium suum promiserat, dolo introductus est, et eos quos propinquus suus ad tuendam turrim reliquerat expulit, præsidiaque sua ibi ponit.

7. *De reconciliatione Adelboldi episcopi et Wicmanni.*

Ubi in vulgus populi elatum est, Baldricum regem adisse, præfecturam sibi usurpasse, Ganipæ turrim invasisse, tanta subito omnium commutatio facta est, ut mentes non solum finitimorum set etiam domesticorum ab eo in tantum averterentur [182], ut pauci reliqui essent qui ejus facta non detestarentur [183]. Inter Alpes Wicmanno redeunti res gesta nuntiatur, magnaque cura afficiebatur, quod remedium huic incommodo repperire posset. Nam publice armis rem incipere, metus imperatoris prohibebat; unde ab animi virtute consilium et rationem quærendam esse statuit. Talia sollicitanti res oportunissima ad capiendum consilium accidit. Audierat namque omnem populum contra Baldricum murmurasse et omnibus precibus ejus facta detestari ; ideo primum in his elaborandum esse decrevit, ut etiam auxilia episcopi domni Adelboldi ab eo detraheret, et spem ad illum se recipiendi ulterius non haberet, amicitiam ejus sibi adjungeret, ejus auctoritate et subsidio hostem ab incepto deterreri posse existimavit. Set quia nondum bono animo in ipsum ex his injuriis quas Godizo illi inferebat videbatur, primum per legatos hominem temptare disposuit. Cumque aditum in ejus amicitiam patere cognovisset, eo quod Baldrico ex his rebus de quibus supra demonstratum est amicus

VARIÆ LECTIONES.

[179] reciliando *c.* [180] quam *c.* [181] adtribuunt *corr.* adtribuent *c.* [182] everterentur *c.* [183] ita *Eckh.* detarentur *c.*

NOTÆ.

(45) Gennep, ad confluentem Niersæ et Mosæ, in pago Hattuariorum.

non erat [184], venit ad eum, et cum [185] de his injustitiis [186] quae episcopus questus [187] est a se et a suis amicis sibi inlatis, satisfaciendum in potestatem ejus promitteret [188], pro temporis oportunitate fidem et amicitiam inter se sanxerunt. Quamvis de conventione illorum Baldricus parum moveretur, tamen potestate episcopi in locis qui ad praefecturam pertinebant jus dicere prohibitus est. Episcopus videns adcrescere dissensiones et in dies lites augeri, metuens ne temeritate eorum plebs laberetur, et sperans controversias sua auctoritate minui posse, diem colloquio constituit eosque ad hanc venire fecit.

8. *De sententiis inter eos collatis.*

Postquam eo conventum est, episcopus hoc initium orationis habuit : se aegre ferre tot motus in dies inrationabiliter adcrescere, oportere ad cognitionem suam et omnium qui justa decernere velint referre, et has improbas seditiones, quibus plebs laeditur, agri depopulantur, debere comprimi. Si vero pertinatia desistere nollent, imperatoris potestate et suis copiis vi coacturos, ut ab incepto tumultu absistant, demonstrat. Ad haec Wicmannus respondit : intellegere sese, quae commemoraret de horto tumultu esse vera [189], nec quemquam [190] plus doloris quam ipsum exinde capere, et se in potestatem suam deditorum, et omnibus rationibus, si qua culpa criminatur, satisfacturum promittit; sese tamen permoveri quod Baldricus, post amicitiam inter eos firmatam, belli initia primus concitaverit, praefectum propinquum illius, qui fide et consilio prodesse debuit, omni honore ab eo spoliatum et a principatu dejectum, ipsi et omnibus nationibus, ad quas fama tantae inhumanitatis pervenire potuit, detestabile videri. Qui nisi ab his injuriis discedat et liberam facultatem illi in suis legibus uti permittat, ex illa saltim affinitate, quod sororem suam (46) in conjugium duxerat, ejus injurias non neglecturum, neque haec faciendo quicquam maleficii adversus gratiam imperatoris se acturum, praesertim cum omnibus, unde lites augentur, studio pacis summopere se interponere et ea submovere velle confirmat. Baldricus huic sententiae haec retulit : non a se fidem laesam, neque a se commissum, unde amicitia dissolvi debuisset ; scire se quidem propinquum suum non illa [191] scientia aut prudentia esse ut sibi commissae dignitati curam habere posset; ideo se, illius rebus intermisisse, ut ei potius prodesset quam obesset, et id sua voluntate jam pridem agere voluisse, si [192] ipse copiam cum eo colloquendi habere potuisset; sed ita illum, quasi sub quadam custodia, semper a Wicmanno devinctum et tali disciplina constrictum, ut neque ad momentum ab latere ejus discedere auderet. Si praecepta quoque imperatoris servari deberent, hoc, quod sibi propria manu dederat, injustum esse ab ullo interdici. Quod vero diceret, ex affinitate injurias ejus non neglecturum, se ipsum illi propiorem esse consanguinitate, qui avunculi ipsius existeret filius, et ideo illam dignitatem ex parte majorum ipsi justius praeter nepotem quam alteri obvenire. Quod vero se dixerit ad lites sedandas interponere velle, neminem quam se ipsum in communi salute civium consulenda studiosiorem ; testimonium esse ejus rei, quod non ex ipsius arbitrio, set imperatore largiente negotium susceperit [193]. Talia et multa alia cum jam in longum diem ab utrisque proferrentur, episcopus tandem, litibus eorum plenius cognitis, in alios conventus rem deferre placuit, et interim pacem inter eos firmari constituit (*an.* 1012). Baldricus vero, quod memoria tenebat, sororis suae domum, paucis diebus ante quosdam ex parte Wicmanni invasisse, et quibusdam interfectis, filium illius alterum intra ecclesiam vix necem aufugisse, et item alterum ab indignis captum et abductum esse, et ideo cum his, a quibus tanta contumelia sibi et suis illata fuisset, nullam pacis amicitiam sine satisfactione habere posse demonstravit. Ad haec Wicmannus : *Si conferri*, inquit, *injuriae debent*, unam harum hanc esse iniquissimam, quod a sororis suae filiis nondum adultis servili agmine congregato, praefectum cum paucis iter secure agentem et nihil mali a quoquam suspicantem, magna insolentia de inproviso adortum, et in fugam conjectum, et in sacra aede contutatum, vix morte subtractum ; neminem fore tam pacientem , qui talem actam periculosam contumeliam inultam transire pati potuisset [194]. Baldricus ubi manifestius intellexit sibi resisti, dixit nequaquam rem exitum illum, quem illi existimarent, esse habituram. Et cum ex hoc tumultus pene excitaretur, accessit ad eum quidam dicens, et id clariori voce ut magna pars suorum audiret, illum ex eo agro vivum non exiturum, nisi hoc faceret quod episcopus et Wicmannus constituissent. Qua voce perterritus, annuit ut pax fieret, quae ab utrisque ad certam diem sacramento firmata est.

9. *De dolis Wicmanni.*

Set praeter ea dum mecum reputo, tot sacramenta perfido animo perpetrata, mirandumne sit an dolendum dubito, eo quod illi qui summo honore et dignitate praediti ad tantam perfidiam sint devoluti, ut talia contra justiciam Christianae fidei agerent, qualia nec vile vulgus cogitatione quidem concipere praesumeret; unde etiam secundum notarium Spiritus sancti dicentem : *Non loquatur os meum opera*

VARIAE LECTIONES.

[184] *ita* E. noverat *c.* [185] vox excidit. *c.* [186] injustit. *c.* [187] gestus 1. [188] permitteret *c.* [189] veram *c.* [190] quemq. 1. [191] illi *c.* [192] se *c.* [193] susciperit 1. [194] potuisse *c.*

NOTAE.

(46) Praefecti.

hominum (*Psal.* xvi, 4), timeo referre perversissimos nostræ mores ætatis, et pene nulla fide stabilitos [195], set cæca cupiditate miseri honoris et falsæ potentiæ adductos, omnis humanitatis et bonitatis esse oblitos [196]. Set sunt nonnulli qui Wicmannum in his litibus iniquiorem esse contendunt, hoc in præsidium suæ opinionis assumentes, quod ea, quæ eis Hrenum minus in possessionibus habuerat, quacumque celeritate consilii, opibus Baldrici adæquare niteretur. Quod ex eventu hic sequentium facile cognosci potest. Nam postero die ad sororem suam colloquendam Baldricus cum paucis Hrenum transivit. Compertoque ejus per exploratores adventu, illi de quibus prædiximus, qui domum sororis suæ impetiverant, ex Munna egressi, cum magno equitatu per ripam Hreni, latenter descendentes, ei ad propinquarunt. Nec antea visi sunt, quam propius vicum accessissent. At isti, equis [197] in pastum per segetes dimissis, et nihil timentes, propterea quod pridie ejus diei pax esset inter eos constituta et firmata, remissius [198] sese agebant. Set cum hostes obstinacius [199] cursu impetum in eos facere cernerent, celeriter revocatis equis, et bipertito equitatu diviso, et pro angustia temporis acie instructa, eos exceperunt. Cumque acriter ab utrisque pugnaretur, et jam res in eo esset, ut superiorem manum Baldricus habere debuisset, propter opinionem omnium subito converso equo fugæ se dedit, et ad ripam naviculam nactus, ea profugit. Quod ceteri conspicientes, itidem fugam hac et illac inierunt, plures in ecclesia se concluserunt. Wicmannus, qui tunc forte ab illo loco non longe aberat, prælio per legatum, accepto, celeriter accurrit, ecclesiam inrumpit, eosque qui in ea se abdiderant cepit, graviusque retineri jussit, et Munnam adductos, in vincula conjecit. Ex eo enim iterum redivivæ inter eos quæ antea [200] seditiones ortæ sunt; et quamvis Baldrico causæ justiores in hac, ut prædiximus, lite existerent, tamen in hoc inferiorari, quod milites sui crebris expeditionibus defatigati, pro tanto labore parva præmia consecuti sunt, et uxor sua dedignanter eos appellando et ignaviam et socordiam improperando, a suo obsequio eos dissuevit et multo infideliores, quam antea essent effecit. Domesticis etiam ita gravis extitit, ut pro levi culpa quosdam in exilium mitteret; quosdam autem, naso aut auribus desectis, deformes aspicientibus redderet, et odiosam vitam illis præsentem efficeret. Nobilitas generis et omnium opulentia rerum pernimium eam extulit, in tantum ut etiam illius satyrici versu non immerito notari possit (*Juv.* vi, 460):

Intolerabilius nihil est quam femina dives.

Talibus et aliis hujuscemodi rebus corda non paucorum a mariti amicitia et familiaritate avertit [201].

10. *De exercitu in Bratuspantes misso et capto Baldrico.*

In dissensione vero quæ nunc orta est quia neuter eorum in tanta propinquitate agrorum tuto sese ab altero cavere posset, concordia iterum inter eos ad certam diem condicta est. In quo spatio temporis, extitit causa, qua ab imperatore exercitus in Bratuspancium fines mitteretur [202] — audierat enim, a quibusdam importunis et seditiosis hominibus regionem frequentibus incursionibus devastari —; cui exercitui Adelboldus episcopus et dux Godefridus et Wicmannus præerant. Baldricum, quia his adversus quos exercitus ducebatur amicus erat, secum habere nolebant. His profectis, Baldricus dabat operam Gerhardo, de quo supra diximus, qui jam multis diebus municiunculam Hengibach (47) obsedit. In altissimis namque rupibus sita, inexpugnabilis erat. Set tamen diutissima obsidione oppidani fatigati, et omnibus quæ secum habebant consumptis, se dediderunt. Itineribus Baldrici exploratis, Gevehardus, qui domum sororis suæ viduæ prædictæ invaserat, omnes vias obsedit et summa diligentia, si eum inparatum aliquatenus adire posset, cum suis omnibus invigilabat. Nec fefellit fortuna consilium hominis. Nam Baldricus, clientibus suis in sua loca hac et illac dimissis, cum paucis Coloniam versus iter incautius adgressus est. Quem mox hostis conspicit et celeri cursu insequitur, cum ille de improviso perterritus et viribus dissolutus, ut nec quidem ascensum equi accurtatoris [203] qui juxta eum ducebatur temptaret, captus est, et ab indignis, barba ex parte exvulsa et colafis infractis, omni indignitate est habitus. Ad Munnam, castellum Wicmanni, cum summo probro deductus est, ibique minis et nimia furia victorum, ut Aspolam traderet nisi capite maluisset plecti, compellebatur. Ille vero legatum, quem illuc mitteret, expostulat. Quo impetrato [204], aliqui ex [205] suis ad eum venerunt, et ex casu ejus multo dolore et gemitibus affectis, munitionem tradi jussit.

11. *De Gevehardo, et Baldrici redemptione.*

Godizo is, de quo supra diximus (*lib.* 1, *cap.* 2), propinquus venerabilis Liutgardæ et uxoris Baldrici, moriens Hengibach et Aspolam in Gerhardi [206] fidem, quia propinquus erat, ut uxorem et filias ejus parvulas nutriret, tradidit. Gerhardus vero Aspolam, quia proxima erat, Baldrico commisit, et Hengibach viduæ, suis custodiis adhibitis [207], tueri jussit. Quæ muliebribus [208] rebus agitata, accitum Gevehardum ad se admisit, et sibi in conjugium copulavit. Hic miles primum Baldrici fuerat, set quia hæc omnia eo insciente et sine ejus consilio peregerat, et Aspo-

VARIÆ LECTIONES.

[195] stabilitas *corr.* stabilitos *c*. [196] oblutos *c*. [197] *manu* 2. [198] remisius 1. [199] obtinacius *c*. [200] *ita corrigo*; que quilinea *linea subductum c*. [201] advertit *c*. [202] mitterentur *corr.* mitteretur *c*. [203] ita 1. (i. q. spadonis?) accuratioris 2. [204] mperato *c*. [205] ex 1. e. 2 [206] gehardi *c*. [207] adhibitus *c*. [208] mulieribus *c*.

NOTÆ.

(47) Heimbach in Eiflia.

lam, quæ sub sua potestate erat, ex parte uxoris appetiturum cognoverat, qua carere nolebat, amicitiam ejus repulit et militem abdicavit. Qui cum ejus potentiæ resistere non posset, Wicmanno se devovit ejusque imperiis se subdidit. Hæc erat causa quæ Gevehardum contra Baldricum accenderat et inter eos discidium fecerat. Aliquot diebus Baldricus cum in vinculis teneretur, postulavit ut, accepta pecunia, quantam voluisset dimitteretur. Cumque ut ille hoc laudare vellet, vix cogeretur, constituit, ut intra brevissimum spacium temporis duo milia librarum argenti profiteretur. Ea quidem ratione dimissus est, et ille obsidibus de pecunia cavebat. Cumque hæc conquireretur et conferretur [209], et jam pars quædam data esset, episcopus et Wicmannus cum exercitu redierunt, rem gestam a referentibus cognoverunt, et eventum, tantis infortuniis suis exigentibus, et nimia [210] obtemperantia uxoris (48) commiserati sunt. Et indicto conventu, simul [211] conveniunt, Gevehardum adhibuerunt, et ut illam pecuniam præter quadringentas libras argenti Baldrico indulgeret, perfecerunt; et ille, de his omnibus quæ in cum commissa sunt nullam umquam ultionem expeteret, sacramento firmavit.

12. *De nece Wicmanni* (49).

Non multo tempore post (*an.* 1016) hæc familiaribus amicisque Baldrici et Wicmanni complacuit, ut deinceps, omni simultate postposita, pax stabilis et fides firma inter eos sanciretur. Quod cum omnes uno animo collaudarent, ad constitutam diem iterum omnes conveniunt. Post multa colloquia transtulerunt undecim cum Baldrico et totidem cum Wicmanno, juramento, inter ipsos habituram pacem et fidem et dilectionem, summa alacritate omnium se obligaverunt. Quod ut factum est, satis fida amicitia sine ulla suspicione, ut quibusdam videbatur, postea usi sunt. Set cum procederet jam non multum spacium temporis, scilicet nondum peracto anno (*Oct.*), Wicmannus ad convivium Baldricum invitavit. Quo peracto et amplissimis donis oblatis et benigne his susceptis, dimisit eum et cum abeunte comitatus est. Quibus euntibus, Baldricus postulavit Wicmannum, ut vicem illi rependeret, ad domum suam veniret, epulasque sibi decenti apparatu exibere liceret. Atque primum renitebatur; set cum tantam amiciliam et dilectionem inter eos constitutam recoleret, ut nefas putaret si non voluntati ejus adquiesceret, suis militibus dissuadentibus et quasi jam casum ejus divinantibus, tamen annuit, et deducentem subsecutus est. Et cum jam ante introitum castelli nomine Upladii (50) venissent, Wicmannus conversus dixit ad alterum: *Ecce contra voluntatem meorum militum hoc castellum ingredior,*

in eo quid mihi sit eventurum ignorans, set Deo et vestræ fidei me medium interpono. Cumque ille, vehementer admirans super verbo hoc, dixisset nihil incommodi Deo disponente aut aversitatis, set omnia quæ suæ saluti et honori congruerent, sibi eventura, ingressus est. Uxorque Baldrici solo corpore, non animo, procedens, plurimis verbis, ut mos est adulantium, illum suscepit. Sane quidem pene in singulis sententiis contra eam bellum suscipere videor, dum invitus, quæ de illa referuntur, necessario ordine exponere cogor. Illa, statim ut ingressus est, de morte hominis tractare cœpit, et primum venenis extinguere temptavit. Set cum hoc nihil se proficere animadvertit, insciente marito, consilio cum duobus inito, uno ex militibus et altero [212] servo ipsius, perditis hominibus, promissione firmata, datis dextris, ut eum quomodocumque interficerent, obtinuit. Tercio die, finito convivio, magno comitatu cum læticia et jocunditate Baldricus deducit abeuntem. Quibus proficiscentibus [213] (*Oct.* 6), quidam ex parte uxoris Baldrici, intuens Wicmanni elegantiam et honestatem hominis, dixit ad socium: *Tam prudentem virum et tam probis moribus decoratum et tot virtutibus præclarum non facile quisquam repperiet.* Cui alter respondit: *Expecta paulisper, et videbis ipsius invidissimi hominis gloriam in brevi perituram.* Ex qua re colligitur, vere contra eum factam conspirationem fuisse. Set cum non longius miliario ab oppido progrederentur, et Wicmannus cum uno de sua re familiari secum agenti paululum præcederet, et sui ante eum per agrum sparsi, nullam opinionem timoris habentes, præcessissent, illi nefarii homines de improviso eum adgressi subito interficiunt, et rapido cursu se inde proripiunt. Cumque concursus fieret, et alius alium, quidnam tumultus significaret, clamosis vocibus percontaretur, et nemo quicquam certi, nondum re cognita, respondere potuisset, tandem cæde comperta, et cadaver sanguine conspersum juxta viam jacens cernerent; clamore et planctu magno sublato hoc scelus unanimiter in Baldricum conferebant; tale ejus et consilium et fidem esse. Et quamvis innocens hujus consilii esset, nullus tamen ex omnibus ad hoc adduci potuit, ut illum culpa non teneri arbitraretur; ita propter maliciam uxoris in odium ejus omnium fama consentiens erat. Baldricus vero ut audivit, comitem esse occisum, animo consternebatur, lacrimis et multis gemitibus deflens interitum viri; et metuens ne contra se ex recenti dolore tumultus excitaretur, celeriter se recipit in oppidum.

13. *De Ubladio destructa.*

Hac re ubique divulgata, statim ab domno Adelboldo episcopo et duce et cæteris amicis eorum le-

VARIÆ LECTIONES.

[209] conferreretur *c.* [210] eximia a *jam* exu imi a *c.* [211] simu 1. [212] alter 1. [213] proficiscentibus 1.

NOTÆ.

(48) Adelæ.
(49) Cf. Thietmari Chron. vii, 33, 34. Ann. Hild.
Lamb. Quedl. an. 1016.
(50) Haud procul Noviomago et Eltena.

gationes ad imperatorem mittuntur, qui tunc cum exercitu in Burgundia morabatur, ab his de Wicmanni cæde cognoscat. Qui de morte amicissimi et familiarissimi viri vehementer commotus, auctorem cædis ut persequantur et bona ejus diripiant jussit, seque ilico venturum denuntiat. Baldricus vero intellegens neminem aliter existimaturum quam suo consilio hominem interemptum, propterea quod ab ipso domi invitatus fuerat, et oppido receperat, et abeuntem deduxerat, et in præsentia sua necatus fuerat, gravi dolore afficiebatur et quid huic rei opponeret excogitabat. Quem dolore mœrentem uxor accedens, multis increpationibus arguebat, et ut constantiam et vires sumeret et desidiam deponeret hortabatur. Hanc mollitiem animi vili mancipio potius quam illi congruere dicebat, hocque æquiore animo ferendum docet, quod nullo remedio recuperari possit. Neque etiam dubitandum quin sua ratione et voluntate comitem occisum illos arbitrandos, et idcirco procul dubio credendum ultionem ab eis esse expetendam. Proinde opus esse ut suæ suorumque saluti prospiceret et rebus suis tuendis summa cura invigilaret. His et aliis hujuscemodi verbis conjugis permotus et in majores angustias adductus, commeatum in oppidum conportari jubet, ut si quid facto opus esset, sibi facultas resistendi non defuisset. Mittit nuntios Coloniam ad archipræsulem, in cujus clientela erat et ejus largitate beneficia multa tenebat, illi rem gestam proponit. At ille auxilia sua sibi non defutura pollicitus est. Trajectum quoque mittens, supplementa episcopi exposcit; qui ejus adjutorem et amicum fore non posse demonstrat, nisi domino suo imperatori augusto de admisso scelere inculpabilem esse fida satisfactione se expurgaret. Hac spe dejectus, omnes, a quibus fidem et familiaritatem sperabat, ad suum auxilium convocat; et priusquam id efficeret, propinqui et omnes amici Wicmanni, et maxime Adelboldus Trajectensis episcopus, qui illi ex hac re omnium infestissimus factus est, hostem judicaverunt et bona sua publicaverunt. Summa quoque diligentia clam, ne id ad cognitionem ejus perveniat, legationes inter se mittere cœperunt, et quisque prout possit copias cogat, et ad constitutam noctem et certum locum conveniant, et intra munitionem Baldricum, si fieri posset, obsideant. Quod cum a cupientibus celeriter administraretur [214], hostis consuetudine sua ante primam confectam vigiliam, timens periculum obsessionis, oppido cum paucis egressus est. Qui in tenebris, conspectu ademplo [215], hostes videre non potuit; sed exaudito tumultu adventantium perterritus, celeri fuga evasit. Castellum obsidetur [216], omnes vici et privata ædificia ad se pertinentia ubique vastantur, et magno numero pecoris et ceterarum rerum pociuntur. Dein quæ ad pugnam præparaverant, expediunt. Summa vi ab utrisque certatur. Set oppidanos in hoc superari, quia, cum multi accessissent et defatigatis alii successissent, propter paucitatem defendentium ex his nihil ab eis fieri potuit. Mulieres quoque galeis capitibus superpositis per murum disposuerunt, et per eas speciem pugnantium præbuerunt, ut visa quasi copia armatorum desperationem oppidi potiundi hostibus darent. Talibus incommodis fatigati, aliquot diebus ægre obpugnationem sustinent. Set hæc sola res remedio illis erat, quod locus ex planicie natura paululum adclivis, et aggere ægregie elevatus, et muro, quod in illis locis rarissimum est, circundatus erat. Huic firmitati pocius quam sibi ipsis confidebant. Set cum imperatorem adpropinquasse cognoscerent et ejus castra procul extrui animadverterent, desperata salute, de deditione ad hostes legatos miserunt. Quibus Adelboldus episcopus et Bernhardus dux veniam dederunt, et uxorem Baldrici cum suis rebus omnibus abire permiserunt. Castellum vero, muro diruto et subverso, incendio consumpserunt.

14. *De Ruodoldo rege Burgundionum.*

Imperator illis diebus in Burgundia, ut prædixi, cum exercitu hac de causa morabatur. Nam Ruodoldus rex Burgundiæ propter mansuetudinem et innocentiam vitæ a quibusdam principibus suis contemptus est, unde et de regno eum expellere temptaverunt. Qua necessitate conpulsus ad imperatorem venit, illique causam omnem ordine exponit, et quia laborem et negotia regni diutius ferre non poterat, quia jam ætate provectus fuerat, regnum imperatori tradidit; et, amplissimis donis acceptis, in patriam regressus est. Post hæc imperator in Burgundiam profectus, conventus quos constituit peregit, obsides accepit, et rebus necessariis imperatis, rediit. Hii [217] vero qui antea rebellionem fecerant, cum viderent regem a negotiis regni alienatum, et se a priori potestate submotos, et auctoritatem et gratiam inter civitates in quibus dominari solebant esse diminutam, venerunt ad regem, et ejus pedibus provoluti se dediderunt; et omnibus rationibus de contemptu satisfacturos promiserunt, neque se unquam ab hoc animo revocari, quin semper suis imperiis sint obedientes; unum illud specialiter deprecari, ne alterius gentis regem super populum suum dominari paterentur, legem hanc perpetuam Burgundionum esse, ut hunc regem haberent, quem ipsi eligerent atque constituerent. Horum oratione placatus et satisfactione accepta, rex legatos ad imperatorem mittit, dicens, adversarios suos ad se venisse, veniam de his quæ in eum commiserant postulasse, sibique dehinc sine ulla suspicione fore obedientes confirmasse. Petit ut hanc gratiam sibi concedat, regni sui pristina potestate, pro sua clementia [218] se uti permittat. Imperator vero, quamvis sibi hoc videretur incom-

VARIÆ LECTIONES.

[214] ita *E*. administretur *c*. [215] adepto *c*. [216] obsiditur *c*. [217] Hic *c*. [218] potentia *corr.* clementia *c*.

modum, tamen recolens, propinquum suum summa necessitate coactum ad se venisse et regnum non jam voluntate quam necessitate adductum sibi tradidisse, ne nimis inhumane contra eum egisse existimaretur, peticioni regis annuit, sibique regnum reddidit, et principibus suis ut illi in omnibus obsecundantes essent imperavit. Set si quis in his, quæ nunc diximus, propter honorem imperatoris in paucis verbis ab historiæ veritate me declinasse contenderit, quamvis ego nihil falsi mea conscientia, set quæ plurimorum relatu didici, scripsissem, is profecto sciat hoc tamen omnium testimonio verum esse, Burgundiones, imperatoris timore perterritos, regi pristinam servitutem deinceps exhibuisse. Heinricus, Burgundia rediens, Munnam et omnia quæ Wicmanni erant Bernhardo [219] duci, ut filium suum parvulum nutriret, donec adolesceret, commisit.

15. *De Munna clam tradita.*

In Munna erat servus cujusdam partium Baldrici, ad fallendum valde callidus; hic nescio quo de crimine reus, domino suo multis diebus fugitivus erat. Qui, excogitato consilio, posse domino suo in hoc reconciliari si castellum illi traderet, clam venit ad eum, certissime promittens, si eum sequi vellet, in medium Munnæ absque ullo periculo deducturum. Ille autem, ut est consuetudo adolescentium, nimium in pollicitatione ejus exultans, magna ei promittit munera, et ut quam celeriter id efficiat hortatur. Ille vero fidem dat se ita facturum, et ad constitutum tempus reseratis portis summo mane dominum suum intromisit. Oppidani in lectulis adhuc somno gravati, inopinato clamore hostium subito excitantur. Cumque per hospicia hac et illac discurrerent et quo se reciperent ignorarent, inermes capiuntur, uno tantum in prima concursione interfecto, cæteri omnes de castello expelluntur.

16. *De expulsione Baldrici, et Munna destructa.*

Baldricus domo expulsus et omnibus fortunis amissis (*an.* 1018), ad sacerdotem Coloniensem abiit. Qui ejus recentes calamitates commiserans, sedem in civitate delegavit stipendiumque constituit. Gerhardus quoque Mosellensis Hengibach illi accommodavit, ut, quo se recipiat habeat, et tutus ab hostibus existat. Munna vero, ut supra diximus, a suis capta, augebatur illi spes, sperans se [220] per hanc [221] casum suum et dolorem expiaturum et pristinam salutem recuperaturum. Set longe aliter res accidit. Nam Noviomago concilio indicto (*Mart.* 16), cum multi advenissent, imperator Munnam, ne aliquod incommodum aut præda ex ea regioni fieret, destrui jussit. Ad ejus destructionem Heribertum archiepiscopum et Gerhardum Mosellensem et alios multos misit [222], qui funditus ædificia omnia subruentes, ignem immiserunt, et spem omnibus ibi ulterius constituendæ munitionis ademerunt.

17. *De quæstione habita cum Baldrico de morte Wicmanni.*

His actis rebus, de nece Wicmanni cum Baldrico quæstionem habere instituit. Cumque ad hunc conventum multi adessent, imperator Baldricum, publica data fide, advenire jussit. In quem cum acerrimæ sententiæ proferrentur, et ille summo conatu se inculpabilem per omnes justicias, quas imperator constitueret, demonstrare cuperet, dux Godefridus et Bernhardus [223] omnem purgationem sui faciendam legibus interdixerunt, propterea quod sæpius inter illum et Wicmannum fides et pax sacramento firmata, semper ille prior discidium fecerit, et ideo ejus satisfactionem ulterius non recipiendam esse, qui convictus tam manifestis indiciis perjurus [224] existeret. Cumque loqui conantem, vocem ejus, ne causam suam diceret, interciperent et in eum frenderent, sævientes ob innocentis mortem, et vix conspectum ejus ferrent, res jam pene in eo erat, ut militum manibus discerperetur. Cumque videret se in arto positum et evadere posse diffideret, voce magna clamavit petens auxilium regis. Clamore ejus audito, surrexit rex, et extensa manu, ne publicam datam fidem læderet, ex manibus sævientium eripuit, et jam disperatum abire a facie ejus jussit. Quem archiepiscopus suscipiens, magna cura tuebatur, et ab hostibus vix ereptum, Coloniam remisit. Qui post hinc triennium æger factus in Hengibach moritur (*an.* 1021), corpusque ejus in possessionem [225] suam Seffuche (51) defertur et ibi sepelitur.

18. *Quomodo Gevehardus in mortem [226] ductus est.*

Post cujus mortem servus isdem qui Munnam tradidit, venit ad Gevehardum, de quo supra diximus (cap. 11), promittens illi, si ejus consilio adquiescere et se sequi vellet, beatum facturum, ad suum castellum Hengibach, quod ei ex parte uxoris jure successit, deducturum, et sine vulnere liberam facultatem sibi pociundi daturum. Qui ad suam infelicitatem, nimium credulus verbis servi, sine mora subsequitur euntem. Et cum per exploratores eum adpropinquasse cognitum est, Gerhardus, ut condictum erat, magnam multitudinem armatorum per officinas et conclavia oppidi abscondit, et quid sui sit consilii illis ostendit, et ipse in circuitu castelli in silva cum aliis copiis deliituit. Et cum Gevehardus in medium munitionis quasi bos ad victimam deductus esset, subito omnes de turribus et habitaculis exsilientes, portas obsistunt. Paucis primo concursu viso evasis, cæteri sunt occisi. Set ille, non segniter muro ascenso, insidias de foris

VARIÆ LECTIONES.

[219] berhardo 1. bernardo 2. [220] *manu* 2. [221] hunc 1. [222] multos *corr.* misit *c.* [223] berhardus *c.* [224] pejurus 2. [225] possionem *c.* [226] montem *corr.* mortem *c.*

NOTÆ.

(51) Fortasse Sefferen, ditionis olim Prumiensis.

nesciens, se præcipitavit et ægre membris collisus est. Gerhardus quoque accurrens, porrecta manu collum ejus graviter ferit, his verbis : *Seniorem tuum eodem modo cecidisti ; en, habes quod egisti!* Dein ab illo a quo Wicmannus cæsus est, adjuncto quodam servo Baldrici, confoditur atque interficitur. Sicque dum plus appetit, illud quod habuit cum vita amisit.

19. *De eclipsi lunæ et solis, et viso cometé.*

Anno uno antequam concilium Noviomago indictum esset (*an.* 1017), luna post mediam noctem hiberno tempore defecit, et rege sequenti anno (1018) in eodem loco consistente, in paschali ebdomada solis eclipsis facta est. Tercio quoque anno (1019) cometes in aquilonari parte cœli longissimis crinibus et pallida specie visus est. Sequuntur hoc signum multa bella, et in plurimis nationibus maximus sanguis hominum per prælia fusus est.

20. *De Meriwido a Frisiis obtenta, et de Tielensibus.*

Antequam hoc prodigium in cœlo appareret, circa litus oceani bellum coortum est (*an.* 1018). Hujus belli hæc causa fuit. Pars Frisiorum, sedibus suis relictis, in silva Meriwido, de qua supra diximus (lib. I, cap. 8), habitacula construentes consederunt, et adjunctis sibi prædonibus magna mercatoribus damnna intulerunt. Prædones vero, eis postea subjugatis, singulis ad modum uniuscujusque culturæ ad extirpanda novalia terram diviserunt, eamque colere jusserunt, et sibi vectigales fecerunt. Unde mercatores Tielenses, qui etiam specialiter præ cæteris facile ad quascumque querimonias excitandas accenduntur [227], crebro regem interpellabant, ut pro sua gratia eos ab his injuriis defendat. Si id non faciat, neque se causa negotiandi in insulam (52) venire, neque ad se Britannos commeari posse, et ideo vectigalia sibi, ut oportebat, plenius provenire non posse, dicebant. Set libet pauca, non detrahendo, set ex intimo corde condolendo [228], hic inserere, quibus moribus et institutis isti Tielenses ab aliis viris [229] differant. Homines sunt duri, et pene nulla disciplina adsuefacti, judicia (53) non secundum legem set secundum voluntatem decernentes, et hoc ab imperatore karta [230] traditum et confirmatum dicunt. Si quis quicquam ab alio mutuum sive accommodatum acceperit, et ille ad constitutas inducias rem suam repetit, constanti animo inficias it, et sine mora se nihil ab illo accepisse jurat. Et si quis deprehensus fuerit publice pejurasse, a nullo posse [231] redargui confirmant. Si rem quoque una manu tenuerit, si tantilla est ut pugno in- cludi possit, cum altera juramento denegabit. Si quis Dei fidelium apud imperatorem intercedat, ut hæc scelera interdicat ne tot animæ cotidie pereant, magnam profecto a Deo remunerationem sibi donandam sperare poterit. Adulterium in culpam non ducunt. Quamdiu uxor tacuerit, virum per nefaria scelera sordescere licitum habent, et talia agentem neminem præter uxorem in synodo interpellare debere. Summo mane potationibus student, et quisquis ibi altiori voce turpes sermones ad excitandum risum et ad vinum indocile vulgus provocandum protulerit, magnam apud eos fert laudem. Siquidem ob hoc pecuniam simul conferunt, et hanc partitam singulis ad lucra distribuunt, et ex his quoscumque potus [232] certis temporibus in anno cernunt [233], et in celebrioribus festis quasi sollempniter ebrietati [234] inserviunt.

21. *De bello contra Frisios adhibito.*

Imperator vias mercatorum patefieri volens (*an.* 1018), Adelbaldum [235] episcopum et ducem Godefridum ad se vocans (54), mandat ut Frisios adeant, eosque ab his sedibus quas injuste occupaverant propellant et prædones submoveant. His mandatis acceptis, immensam multitudinem cogunt, clarissimos quoque viros et adprime in re militari instructos, qui tamen equitatui omni vita studebant, navi nihil poterant, secum adsciscunt [236]. Cumque in unum convenissent, omnem exercitum in navibus collocant, eoque ubi Frisios cum coactis copiis audierant esse contendunt. At illi qui silvam occupabant, ut compererunt per exploratores de adventu exercitus, reliquerunt domos, et ad eos, inter quos prædones municiunculam construxerant, fuga se receperunt. At nostri cum tota classe pleno æstu accesserunt ad Flaridingum, sic enim hæc regio (55) Frisiorum vocatur. In cujus litus cum exponerentur milites, dux ceteram omnem multitudinem egredi jussit, paucis relictis qui naves in altum reducerent, ne iterum commutato æstu in arido consisterent, ut si quid opus esset eis libere uti potuissent. Frisii ubi eos campum audaciter [237] suis agminibus complere cernerent, et neque ab his qui in munitione erant ullum præsidium sperarent, eo quod et illi circumjecta tanta multitudine nullum effugium haberent, editioribus [238] locis in stationibus Frisii coadunati, quid consilii hostes caperent expectabant. Hæc tamen res in eo eos continuerat, eo quod illos sine equis advenisse cognoverant, se autem labore cotidiano et rustica exercitatione pedibus plurimum posse confidebant; et si ab hostibus premantur, stabant ad fu-

VARIÆ LECTIONES.

[227] acceduntur 1. [228] detrahendo *corr.* condolendo *c.* [229] *ita corrigo;* ist *corr.* vicis *c.* [230] *ne quis* Karolo *legi suspicetur, codicem* karta *habere moneo.* [231] pose 1. [232] pot *c, an* potos? [233] cerut *c.* [234] ita 2. ebriati 1. [235] adebbaldum *c.* [236] adciscunt *c.* [237] audacter 1. [238] editionibus 1.

NOTÆ.

(52) Britanniam.
(53) Cf. quæ ea de re duce V. cl. Birnbaum D. Jo. Heinricus Beucker Andreæ in Specimine de origine juris municipalis Frisici p. 569 sqq. nuperrime disputavit.
(54) Cf. Thietmar VIII, 15.
(55) Hodie tantum ejus nominis vicus exstat Vlaerdingen, quem ab Oceano Mosam invectus, a sinistra infra Roterdamum conspicis.

gam præparati atque expediti. Una res erat illis magno usui, quod campum omnem fossis præfoderant, sive ad defendendum majorem æstum maris, qui in plenilunio validior solet fieri, sive ad impediendum iter hostium. Quas cum duci videretur difficile cum multitudine transeundas, jussit, ut qui signa ferebant redirent, et circutatis [239] fossis in locis planis consisterent, ut si Frisii [240] dimicare vellent, eos excipiendi expeditior facultas esset. Et cum exercitus ducis [241] signa referre cœpissent, ortus est inter novissimos eorum clamor a quodam scelestissimo, propinquo prædonum, dicens, ut quisque vitæ suæ consuleret, ducem in prima acie impetu Frisiorum pressum fuga prælio cessisse. Hac falsa fama per exercitum perlata, omnes in fugam versi sunt, et tanto timore sunt perterriti, ut nemine urgente in flumen se præcipitarent (*Jul*. 29). Multi confisi viribus ad naves transnatare cupiebant. Quas cum prehendissent, et in eas summo studio ascendere conarentur, multitudine circumstipante naves dimersæ sunt. Et eo modo plures perierunt, quod quisque earum suum et propinquum in mortis natatu periclitasse conspiciens, dum subvenire illi vellet, circumfunditur innumerabile vulgus, navesque in profundum trahunt, et sic pariter omnes suffocati sunt. Pauci videntes hæc et timentes periculum submersionis, et ut solet fieri, quod plerique in tali perturbatione non recipiunt miserationem, ne simili modo perirent incitatis remis fugam accelerant. Cum plures [242] vero metu et lassitudine et pondere armorum pressi, sicuti cursu intrabant, ita sub aqua recti et exanimati stabant. At hi qui in munitione erant, cum viderent concursum fieri, et certatim se de littore in aquam præcipitari, animadverterant eos perturbatos fugam inisse, et mox nutu, et vocibus de fuga eorum Frisiis significare cœperunt. Dux vero videns fugam multitudinis cum suis stabat stupefactus; fortissimi quoque, quorum cor ut leonum erat, ita pavore solutum est, ut loco in quo constiterant se movere non possent. Acciditque — nescio quod divino judicio — quasi inauditum miraculum, adeo [243] ut Frisii ex significatione oppidanorum evocati accurrerent et eos quasi saxi immobiles stantes interficerent; et ita Dei jussu sunt in suis membris obligati, ut nemo ex tanta copia clarissimorum virorum manum stricto gladio ad resistendum erigeret, vel scutum ad se protegendum opponeret. Quibus peremptis, celeri cursu pervenerunt ad litus, et eos illorum, qui per crepidinem littoris in aqua manibus reptabant, jaculis confodiunt. Alii namque, dum ducem solum stare conspicerent, circumsistunt; set ille, consumpto spiritu, fortiter restitit, et missa pila excipit, unum tantum [244] a tergo se inpetentem aversa hasta trajicit. Quo exanimato, reliquorum impetum paululum repressit. Interim prædones ex oppido jam læti de victoria subito erumpunt, omnia cadavera mortuorum perquirunt, illuc ubi ducem a multitudine circumdatum cernebant contendunt. Quem cognitum, et jam in adversum os vulneratum et pene desperatum, sua in ex periculo eripiunt, et cum paucis captis in castellum perducunt, pedibusque ejus provolvuntur, eique se dedunt, obsecrant ut rebus suis consulat, et apud imperatorem et episcopum Adelhaidum pro eis de negotio confecto intervenia. Quibus cum dixisset omnia quæ ab eo postularent sese facturum, tantum ut ipsum et ceteros qui superessent et capti erant illæsos abire permitterent, responderunt magnas inimicitias parentum et propinquorum illorum qui occubuerant ipsos incurrisse; si impunitatem illius facti juramento sibi confirment, ut nullam umquam vindictam ab ipsis exigant, sese facturos, quæ postularet, ostenderunt. Cumque dux hæc laudaret, constituunt diem et locum, quando hæc omnia fieri debeant. Illos autem qui capti fuerant, usque ad inducias conditas in vinculis retinent; ducem abire permittunt: Quo abeunte, irruerint super occisos, et obliti omnis humanitatis, omnia corpora vestimentis exuerunt, ut nec pannum quidem relinquerent quo verenda tegerentur. De his quoque hæc feruntur, quod quædam corpora horum longe in altum ab incolis propter fœtorem expulsa, ab avibus et bestiis et marinis feris, quæ cupidissimæ humanorum cadaverum sunt, illæsa et intacta permanserint. Et dum iterum ad litus per æstum projicerentur, per duo miliaria aut amplius candor eorum visus est, quasi litus candidissimis linteis esset expansum. Hoc quoque in ejus rei testimonium dicatur, quod novem corpora illorum Kalendis Decembris, simul adhuc conligata, in quadam ripa sunt reperta, ita integra ut pene nulla putredo in eis investigari posset, quamvis cædes IV Kal. Augusti facta fuisset.

22. *De clerico Judeo facto.*

Superius (lib. I, cap. 7) me promisi relaturum de illo apostata, qui, relicta religione, clericatus in perfidorum voraginem incidit Judeorum. Set in ipsa promissione exsolvenda totus contremesco, et horrentibus pilis capitis terrore concutior, diabolum potuisse homini persuadere ut tantas sordes ausus esset contra Christum et sanctos ejus jactasse. Scripserat enim funestis litteris infelicissimus ille :

23. *Scripta ipsius apostatæ.*

« Quid contradicis justo insipiens? Lege Abacuc prophetam, in quo Deus dixit : *Ego sum Deus et non mutor* (*Malach*. III, 6). Si ille secundum vestram maledictam fidem mutaretur et mulieri commisceretur, principium verborum suorum non esset veritas. Dixit Dominus ad Moysen : *Non enim videbit me homo et vivere potest* (*Exod*. XXXIII, 20). Quem filium hominis prætermisit? Dicit enim David propheta : *Nolite confidere in principibus, in filiis hominum, in quibus non est salus* (*Psal*. CXLV, 3); et Ezechiel :

VARIÆ LECTIONES.

[239] *circuitriis c. circuitis Eckh.* — *circutare i. q. circare.* [240] *frisi c.* [241] *Juos* I. [242] *i. q.* Complures. [243] *ita E. a diio c.* [244] *inu c.*

Maledictus homo, qui confidit in homine et ponit car- nem brachium suum, erit enim quasi miricæ in deserto, et non videbit fructum, cum venerit bonum (Jer. XVII, 5, 6). Quid contra hiscis animal! Quem filium hominis prætermisit? Num Petrum et Johannem atque Martyrum et alios demones, quos sanctos vocatis? In omnibus locis legitur: Deus Israel, et non est Deus gentium. Ubi est vester sensus? Dicit David: *Memor erit Dominus in seculum testamenti sui, verbi quod mandavit in mille generationes, quod disposuit ad Abraham, et juramenti sui ad Ysaac* (Psal. CIV, 8, 9), hoc est lex sua sancta et circuncisio, quam dedit Moysi servo suo.

24. *Heinrici epistola ad Wecelinum* [345].

« Respondere calumpniæ tuæ, o Judee incredule, quam ex blasphemo ore in Christum ejusque sanctos nunc noviter evomuisti, cuique in militia Christiana insiructo facile esset, si non facilius esset saxa in mollitiem posse converti, quam corda vestra ad recipiendam veritatem discindi. Quippe cum et illa auctorem suum morientem scissa recognoverunt [346], et tamen adhuc insensibilitas cordis vestri, quamvis elisa, quamvis prostrata, in duricia inveteratæ iniquitatis perseveret, et licet per coœternam Dei sapientiam, qua mundus et mirabiliter est conditus et mirabilius reformatus, obstructum est os loquentium iniqua, et iniquitas vestra mentita sit sibi, toto seculo verbisque prophetarum et exemplis sanctorum eluceat, quam sit dampnata infidelitatis vestræ cæca impietas, et quam glorificata assumptæ in Christo mortalitatis infirmitas : tamen, quoniam adhuc non desperat de machinationibus suis Judaicæ malignitatis obstinata improbitas, et ad confutandam Christianam religionem scelerato fastu inmurmurat, et per exempla Patrum dictaque prophetarum stantem florentemque ecclesiam ipsa jam tociens devicta et omnino prostrata iterum ad certamen provocat, aggrediamur [347] eos, dante et juvante ipsa Dei sapientia, verbo Dei, Dei Filio, eoque primum lapide lapidea corda feriamus, quem Daniel propheta, ut dicitis vester, immo noster, vidit sine manibus de monte (Dan. II, 34) concidi et implere universum mundum. De quo etiam et David dicit : *Eructavit cor meum verbum bonum* (Psal. XLIV, 1). Idemque : *Dominus dixit ad me : Filius meus es tu, ego hodie genui te* [348] (Psal. II, 7). Idemque : *Omnia in sapientia fecisti* (Psal. CIII, 24). Et Salomon : *Dominus possedit me initio viarum suarum* (Prov. VIII, 22). Set quoniam non de æterna Christi nativitate, in qua semper fuit patri æqualis, set de temporali, in qua, sicut David clamat, minoratus est paulo minus ab angelis (Psal. VIII, 6), cum Judeo nobis sermo est, audiamus quid dicat, et objectioni ejus consequenter respondeamus. Dicis, Judee : *Quare contradicis justo insipiens?* Primum velim mihi respon- deas, quem dicis justum, te aut prophetam? Si prophetam, assentior, tamen in eo quod illi me non contradicere ostendam, te mentitum esse jure convincam. Si vero te dicis justum, quem constat prius esse mentitum, nescio quo pacto obtinebis justiciam, quem mendacii polluit macula. Neque legis tuæ congruenter simul poteris esse assertor et prævaricator dicentis : *Non loqueris contra proximum tuum falsum testimonium* (Exod. XX, 16). Quod si, uti præmisi, prophetæ non contradicam, cum ipse pro me dicat, et quæ tu tibi contra me comparaveris arma, his tibi lætalia infligam vulnera ; quoniam intulisti proximo tuo falsum tesmonium contra legis præceptum, legis incurres reatum ; reatus autem trahet te ad pœnam ; pœna vero perducet te usque ad mortem. Set videamus sequentia. Infelix Judee [349], quem vocas insipientem? Non nos credentes in Crucifixum, qui factus quidem est vobis *lapis offensionis* et *petra* [350] *scandali?* Quoniam quidem *lapidem quem reprobaverunt ædificantes, hic factus est in caput anguli. A Domino factum est istud, et est mirabile in oculis nostris* (Matth. XXI, 42). Ergo nos insipientes, et vos sapientes estis? Tamen per stulticiam prædicationis jam mundi superbia [351] cecidit, et in frontibus regum crucis videtis tropheum. *Quia quæ stulta mundi sunt, elegit Deus, ut confondat fortia* (I Cor. I, 27). Ac per hoc libenter amplectimur stulticiam crucis Christi, quoniam credimus nos perventuros ad gloriam Christi. Set quid surdo narro fabulam? aut quid cæco appono lumen? vel Judeo evangelium prædico? Redeamus ad sequentia. Inquis : *Lege Abacuc prophetam*, non in quo, ut tu dicis, set per quem ipse Deus dicit : *Ego sum Deus et non mutor*. Præmisi tibi, Judee, testimonio Abacuc nullatenus me contra icere, et non solum Abacuc, set et omnium prophetarum, et legis documenta me dico suscipere ; quia cum colo qui non venit legem solvere set adimplere. Dixit Deus per Abacuc : *Ego sum Deus et non mutor*, et hoc firmiter credit Christiana religio. Quod vero subsecutus es : *Si ille secundum vestram maledictam fidem mutaretur et mulieri commisceretur, principium verborum suorum non esset veritas*; quid [352] mirum est, cum cæcus sis, si non vides lucem illam, quam non vident, nisi qui mundo sunt corde ; immo cum etiam more frenetici contra medicum resilias, et sanare te volenti maledicta et convitia [353] oponas? Tam enim excelsa et profunda sunt incarnationis Christi misteria, quomodo Verborum Dei incommutabiliter apud Deum Patrem semper manens, carnem de virgine sumpsit naturamque nostram suæ univit, quod nemo hæc capit, nisi qui spiritualiter sapit ; nemo sapit, nisi Deo donante capit ; quo donante credit qui nondum capit. *Nisi enim credideritis*, inquit propheta, *non intellegetis* (Isa.

VARIÆ LECTIONES.

[345] rubricam adjeci; v. supra I. 7. [346] recognoveri c. [347] Agrediamur c. [348] Hic aliique plures versus nonnisi prima cujusque vocis littera scripti sunt. [349] judex d. [350] petri c. [351] sapientia corr. superbia c. [352] quod c. [353] cumuitia c.

vii, 9). Ergo credenti colligitur meritum, videnti reddetur præmium; quoniam si vides, non est fides; quamdiu enim peregrinamur in hujus mundi tenebris, fide mundantur corda eorum qui Deum visuri sunt. Hac itaque fide, qua Dei filius etiam hominis filius prædicatur, quosdam vestrorum mundandos longe ante Deus prædixerat per prophetam Ezechiel, dicens : *Et erit in novissimis diebus, effundam de spiritu meo super omnem carnem* (*Act.* ii, 17), *et effundam super vos aquam mundam, et mundabimini ab omnibus inquinamentis vestris, et ab universis idolis vestris mundabo vos, et dabo vobis cor novum, et spiritum novum ponam in medio vestri, et auferam cor lapideum de carne vestra, et dabo vobis cor carneum* (*Ezech.* xxxvi, 25, 26), et cætera; quibus evidenter ostenditur, in quibusdam vestrum abstulisse Deus de cordibus velamen, ut, spiritu Dei agente, fide præpararentur corda multorum ad suscipiendam aquam salutarem, in emundationem omnium peccatorum; quosdam vero obcæcari, et infidelitatis errore remansuros; sicut per alium prophetam scriptum est : *Excæcans excæcabo corda eorum, ne videant lumen* (*Isa.* vi, 10). Unde, o Judee, cum tu palpabilibus tenebris obcæcatus sis, quomodo te putas posse advertere, qualiter Deus sine ulla sui commutatione mulieri, non ut tu, perfide, garris, communisceretur, sed de carne mulieris corpus sibi fabricaret, quoniam divinitas verbi Dei in unitatem sibi personæ assumeret, ita ut nec divinitas in carnis passibilitatem, nec humanitas in divinitatem transiret, essetque tamen et filius Dei homo propter assumptum hominem, et filius hominis Deus propter assumentem Deum. Prædixerit tibi propheta : *Nisi credideritis, non intellegetis.* Crede, et intellegis; et roga Deum, ut tollat velamen, ut auferat cor lapideum. Rogamus etiam et nos pro vobis, invitis vobis. Sed quoniam Judæus nec rationem recipit nec prædicationem, nisi Deus [254] tollat velamen, — scio enim ejus cervicem durissimam, — occurramus ei oraculis prophetarum, ut vel sic credat, vel sic confusus recedat. Quod [255] carnem Christus [256] de virgine esset sumpturus, prædixit Isaias : *Ecce virgo concipiet in utero et pariet filium, et vocabitur nomen ejus Emmanuel* (*Isa.* vii, 14),) id est nobiscum Deus. Quod de tribu Juda esset nasciturus et spiritu Dei replendus, idem ipse ait : *Exiet virga de radice Jesse et flos de radice ejus ascendet, et requiescet super eam spiritus Domini, spiritus sapientiæ et intellectus, spiritus consilii et fortitudinis, spiritus scientiæ et pietatis, et replebit* [257] *eam spiritus timoris Domini* (*Isa.* xi, 1, 2). Quod inter homines conversari deberet, prædixit Jheremias : *Hic Deus noster et non æstimabitur alius præter eum*; et post pauca : *Post hæc in terris visus est, et cum hominibus conversatus est* (*Baruch.* iii, 36, 38). Quod pro nobis pati deberet, item Isaias : *Vulneratus est propter iniqui-*

A *tates nostras* (*Isa.* liii, 5). Et multa alia de illo protulerunt, quibus aperte edocetur, omnem Dominicam conversationem inter nos a tempore incarnationis usque ad ascensionis concordare testimoniis illorum. Quod contra hæc dicis, sceleste? nisi forte opponas mendacium, quod ex patre tuo diabolo est; sicut idem dominus noster Jesus Christus dixit : *Vos ex patre diabolo estis, et opera patris vestri facitis* (*Joan.* viii, 44). Ecce quoniam ratione et exemplis responsum est tibi breviter, quod Deus inmutabilis permanet, et tamen carnem sumpsit ex Virgine. Nunc ad sequentia redeamus. *Dixit Deus ad Moysen : Non enim videbit me homo et vivere potest.* Hic interrogo, Judee, qui semper sequeris occidentem litteram et non vivificantem spiritum, quomodo putas B posse hominem videre Deum, an non posse putas? Si posse, utrum corporalibus oculis, an mente? Si corporalibus [258] oculis, absurdum satis videtur; siquidem cum ille incircumscriptus spiritus nec mole distendatur, nec loco continetur, nec tempore movetur, atque omnia late patet, quam infirmus sit humanus intuitus. Si mente, non videtur impossibile, si tamen munda. Promissum nobis enim est : *Beati mundo corde, quoniam ipsi Deum videbunt* (*Matth.* v, 8). Si non posse, quomodo erit verum, quia, dictante veritate, David dixit : *Quærite Dominum et confirmamini, quærite faciem ejus semper* (*Psal.* civ, 4). Num non hominibus loquebatur David, quorum mentes ad exquirendam Domini faciem C excitabat? Num quidnam veritas et præco veritatis dissentient? Non plane quidem intellegentibus. Item quæro, si videre homo Deum possit et vivere, an non? Si videre potest et vivere, quomodo erit verum quod Deus dixit : *Non enim videbit me homo et vivere potest.* Si vero non potest, ut hoc verum esse possit, quomodo erit verum quod Jacob dixit : *Vidi Dominum facie ad faciem, et salva facta est anima mea* (*Gen.* xxxii, 30); et Esaias : *Vidi Dominum Sabaoth oculis meis* (*Isa.* vi, 5). Quomodo prædicabunt contraria et veritas et prophetæ veritatis? Sed quoniam stoliditas vestra in vetustate litteræ et non in novitate spiritus ambulabat, ex eo cæci incurritis offendiculum, unde luminis possetis habere ducatum. Ac per hoc nos, D qui æterni luminis suscepimus veritatem, Judaicæ cæcitatis discindamus errorem, ut et fidelibus mentibus propositæ quæstionis pateat veritas, et illi audientes non intellegant, et videntes [259] cæci fiant. Dixit Deus ad Moysen : *Non enim videbit me homo et vivere potest*, quod ita intellegi potest : Quamdiu homo in isto mortali corpore, quod corrumpitur et aggravat animam, vivit, Deum videre non potest sicuti est in natura divinitatis, nec corporeis oculis nec ipsa etiam mente, quamvis munda et ab omni pene vitiorum labe purgata. Quæ etsi in divina jam sit contemplatione, minus tamen habet ad summam,

VARIÆ LECTIONES.

[254] n. D. bis scripta c. [255] quid c. [256] xpo c. [257] replevit c. [258] manu 2. [259] videntibus corr. videntes c.

quod aliquam maculam contrahit ex mortalitate, et ideo homo Deum non potest videre et vivere, quousque secundum hominem vivit, et secundum Deum [260] minime, et sibi non moritur, ut vivat Deo. Set quomodo in regione mortis, ut ita dicam, mortaliter vivens, Deum, qui vera Vita est, et homo videret aut quæreret, nisi misericorditer inclinata vita ad mortuos descendisset? Mortui enim eramus, ex quo a facie Dei ex illa prima prævaricatione in Adam omnes cecidimus. Quapropter, miserata mortalitatem nostram [261] diabolica fraude deceptam, ad nos Vita velata carne descendit, quia non aliter inaccessibilem lucem infirmitas carnis ferre valeret, nisi eadem Vita carne se velaret, per oppositionem carnis monstraret nobis lucem Deitatis, quod quasi jam factum Esaias [262] ante prædixit: *Habitantibus in regione umbræ mortis, lux orta est eis* (*Isa.* IX, 2). Hanc ergo lucem uterque Jacob et Esaias non corporalibus oculis, set spiritualibus vidit. Atque ex hac visione in vocem exultationis alter [263] eorum prorumpit, dicens: *Vidi Dominum facie ad faciem, et salva facta est anima mea.* Intellexerat enim Deum dixisse ad Moysen: *Non enim videbit me homo et vivere potest*; quasi de salute animæ suæ desperasset, si non per prophetiæ mysterium [264] Deum, qui ab homine videri non poterat, per assumptionem carnis videri posse cognosceret. Unde quia vidit, clamavit: *Vidi Dominum facie ad faciem, et salva facta est anima mea*, et inde spem salutis assumpsit; unde per assumptæ mortalitatis speciem, salutem, exspectationem mundi, per carnis suæ probationem venturam mundo cognovit. Quod etiam in benedictione filiorum prædicendo expressit, dicens: *Non auferetur sceptrum de Juda et dux de femoribus ejus, donec veniat qui mittendus est, et ipse erit exspectatio gentium* (*Gen.* XLIX, 10). De quo etiam Esaias ait: *Super quem continebunt reges os suum* (*Isa.* LII, 15); *ipsum gentes deprecabuntur* (*Id.* XI, 10). Nunc quid [265] contradicis, Judæe; cur vocas nos animalia? Ecce nos animalia ejus, de quo dixit Abacuc: *In medio duum animalium cognosceris.* Non, ut tu improperas, hiscimus, set ut rationabilia animalia respondemus. Quod vero prosecutus es, dixisse David: *Nolite confidere in principibus, in filiis hominum, in quibus non est salus*, ac per hoc nullum filium hominis prætermisisse, ut ex prophetæ testimonio injuriam clam videaris facere Christo — set aperte servos ejus blasphemas, quasi non injuria servi ad contemptum respiciat Domini —, respondemus ad hæc dicentes cum propheta: *Muta fiant labia dolosa, quæ locuntur adversus justum iniquitatem in superbia et in abusione* (*Psal.* XXX, 19, 20). Et spem nostram in hominem non ponimus, set in Deum et in Christum ejus, quem Deum et hominem veraciter credimus, eumque Deum et Dei Filium esse prophetarum vestrorum [266] testimoniis comprobavimus [267]. Petrum vero et Johannem atque Martinum non dæmones, set expulsores dæmonum fideliter confitemur, et hoc verum esse certis indiciis usque hodie cernimus, non in eis spem nostram ponentes, set spem nostram apud Deum eorum intercessionibus commendantes. Quod vero dixisti: *In omnibus locis legitur Deus Israel et non Deus gentium*, refellit te Deus per David, dicens ad Filium: *Postula a me, et dabo tibi gentes hæreditatem tuam et possessionem tuam terminos terræ* (*Psal.* II, 8); idemque ad Abraham: *In semine tuo benedicentur omnes tribus terræ* (*Gen.* XXII, 18). Si vero gentes hæreditas Dei sunt, nescio, qualiter non sit Deus earum, cujus hereditas sunt. In hoc namque, quod sub requisitione nostri sensus innectis, memorem fieri Dominum testamenti sui, verbi, quod mandavit in mille generationes, quod disposuit ad Abraham, propinquius tuo noster sensus veritati concordat. Quomodo hic intelligis: *in mille generationes*? Si replices generationes ab exordio mundi, non invenies mille. Set quia in Scripturis sacris sæpe finitum pro infinito ponitur, mille generationes omnes generationes accipiendæ sunt, ut consequenter verum sit juramentum ad Abraham dispositum, quod *in semine tuo benedicentur omnes gentes*, id est in Christo.

VARIÆ LECTIONES.

[260] vox ab Eckh. inserta. [261] nra. c. [262] esaias c. [263] aliter 1. [264] testimonium 1. [265] qd c. [266] vestrarum c. [267] cum prob. c.

ANNO DOMINI MXXVI.

BURCHARDUS
WORMATIENSIS ECCLESIÆ EPISCOPUS.

PROŒMIA.

NOTITIA HISTORICA ET LITTERARIA.
(Oudin., *Script. eccles.* II, 525.)

Burchardus Wormatiensis episcopus, natione Germanus, patria Hassus, et primum Lobii in Belgio monachus, et Olberti, Lobiensis monachi et abbatis postea Gemblacensis discipulus, anno 996, Olberto magistro instante, episcopus Wormatiensis Ecclesiæ electus est, in qua resedit usque ad annum 1025 et 1026, quo mortuus est. Sigebertus in *Chronico* ad annum 1008 refert, *collaborante magistro suo Olberto abbate, viro undequaque doctissimo*, magnum Canonum volumen *edidisse*: et in libro *De scriptoribus ecclesiasticis*, cap. 141, hæc de eo refert: « Burchardus, episcopus urbis Wangionum quæ dicitur Wormatia, *magnum Canonum volumen*, quod a nomine ipsius *Burchardus* denominatur, multo studio composuit, quod testimoniis omnium authenticorum conciliorum et decretis Romanorum pontificum et sententiis omnium pene catholicorum Patrum auctorizavit, ex quo adhuc omnium conciliorum decreta auctorizantur. » Ea quæ de auxilio Olberti ad compilationem hanc faciendam in *Chronico* scripserat, confirmat in libro *De scriptoribus ecclesiasticis* in Olberto, cap. 142, verbis istis : « Burchardus episcopus Wormatiensis, ejus Olberti magisterio ad hoc provectus, ut ita ecclesiasticæ utilitati intenderet, et ejus studio, ore et manu *illud magnum Canonum volumen* ad communem omnium utilitatem ederet. » Ubi et quibus auxiliantibus Burchardus hoc perfecit opus, docet auctor anonymus, qui Vitam ejus post obitum scripsit, cum Decreto ipsius editam : « Forestus silva est, inquit, duobus milliaribus a Wormatia distans, abietibus abundans, et hanc palus limosa ex una parte ambiendo circumcingit, in cujus medietate collis pulcherrimus consistit, ad quem vir Dei se transferri præcepit ; et quia mundanos tumultus devitare voluit, arboribus fruticibusque succisis, collem explanavit. Ibi quoque primum fecit oratorium, dein aliis officinis peractis, cellam egregiam construxit. Illud se post concilia regiaque colloquia et post curam synodalem diversosque mundi strepitus receperat. Ibi quoque negotiis sæcularibus post tergum projectis, totis viribus in obsequio Dei studebat. Eodem quippe tempore, in collectorio Canonum in hac cella non modicum laborabat. Nam, domino Walterio Spirensi episcopo adjuvante, et Brunichone præposito exhortante et suggerente, *Canones* in unum corpus collegit. Non pro ulla arrogantia, sed, ut ipse dixit, quia canonum jura pœnitentiumque judicia in episcopatu suo omnino fuerant neglecta ac destructa ; hoc vero corpus seu Collectorium distinxit et in viginti libros distribuit. » Idem in præfatione operis sui testatur. « Cum in sua diœcesi canones et pœnitentium jura confusa, imo discrepantia videret, ut aut ex toto neglecta, aut omni pene auctoritate destituta, vel modice in ecclesiastica disciplina institutis apparere potuerint, rogatu Brunichonis præpositi Ecclesiæ Wormatiensis cœpit congerere et digerere jura ecclesiastica ad utilitatem suæ Ecclesiæ ; ob negligentiam et inscitiam, ut ipse loquitur, sacerdotum. » Fontes autem et partes sui operis ipse in fine præfationis memoratæ ostendit.

« Synodalia, inquit, præcepta, sanctaque instituta, tam ex sanctorum Patrum sententiis quam ex canonicis scriptis, adjutore Deo, in unum fascem ex amplissimo orbe collegi, eaque ut potui uno veluti corpore connexa, viginti libris distinxi. » Et quibusdam interjectis : « Quantis autem hoc laboribus atque vigiliis præstiterim, Deus optimus judicabit, quem quod pro nostræ Ecclesiæ necessitate fecerim, non latet. Quare etiamsi nostræ provinciæ limites non exierit, nihil omnino ægre feremus, modo nostrorum ministrorum manibus teratur. Porro legentibus etiam id persuasum esse cupimus, nihil de meo in hoc opere additum esse, sed ex divinis testimoniis Scripturarum (quænam hoc tempore hic et supra divinæ Scripturæ et canonica scripta dicta fuerint, id, proh dolor ! statim patebit) singula esse decerpta, ea sane fide, ut perpetuam auctoritatem habi-

tura non dubitem. Ex quibus autem scriptis selegerim ordo sequens indicat :
« Ex canonibus qui *Corpus canonum* vocantur.
« Ex apostolorum Canone.
« Ex transmarinis conciliis. *Intelligit Orientalia.*
« Ex conciliis in Germania, Gallia, Hispania celebratis.
« Ex Romanorum pontificum decretis.
« Ex evangelicis apostolicisque Scripturis.
« Ex Veteri Testamento.
« Ex libris sancti Gregorii. Ex Hieronymo, Augustino, Ambrosio, Benedicto, Basilio Magno, Isidoro.
« Ex Pœnitentiali Romano. Ex Pœnitentiali Theodori. Ex Pœnitentiali Bedæ. »

Distinxit Buchardus opus suum in libros viginti, quorum quilibet sua capita seu canones habet; quodlibet autem caput est tantum unius, cuique autem canoni summarium seu titulus prænotatus legitur. Summam librorum hanc Burchardus ipse præmisit.

Primus liber continet de potestate et primatu apostolicæ sedis, patriarcharum cæterorumque primatum, metropolitanorum, et de synodo celebranda et vocatione ad synodum; De accusatis et accusatoribus; et testibus ; de exspoliatis injuste ; de judicibus ac de omni honore competenti ac dignitate, et diverso negotio, et ministerio episcoporum.

Secundus liber continet de congruenti dignitate, et diversa institutione, ac nutrimento vel vitæ qualitate, et diverso negotio et ministerio presbyterorum et diaconorum, seu reliquorum ordinum ecclesiasticorum.

Tertius liber continet de divinarum domorum institutione et cultu et honore; de decimis et oblationibus et judiciis singulorum, et qui libri in sacro catalogo recipiantur, qui vero apocryphi, et quando apponendi sint.

Quartus liber continet sacramentum baptismatis, et ministerium baptizandorum et baptizatorum, et consignandorum et consignatorum.

Quintus liber continet de sacramento corporis et sanguinis Domini, et de perceptione et observatione eorum.

Sextus liber continet de homicidiis sponte et non sponte commissis, et de parricidio et de fratricidiis, et de illis qui uxores legitimas et seniores suos interficiunt, et de occisione ecclesiasticorum, et de observatione et de pœnitentia singulorum.

Septimus liber continet de incesta copulatione consanguinitatis, et in quo geniaclo fideles et conjungi et separari debeant, et de revocatione et de pœnitentia singulorum.

Octavus liber continet de viris et feminis Deo dicatis, et sacrum propositum transgredientibus, et de revocatione et pœnitentia eorum.

Nonus liber continet de virginibus et viduis non velatis, de raptoribus earum, et de separatione eorum; de conjunctione legitimorum connubiorum, de concubinis, et de transgressione et pœnitentia singulorum.

Decimus liber continet de incantatoribus, de auguribus, de divinis, de sortilegis, et de variis illusionibus diaboli, et de maledicis, et de contentiosis, et de conspiratoribus, et de pœnitentia singulorum.

Undecimus liber continet de excommunicandis et excommunicatis, de furibus et de deprædatoribus; et de præsumptione, et contemptu, et negligentia, et reconciliatione et pœnitentia eorum.

Duodecimus liber continet de perjurio et de pœnitentia ejus.

Tertius decimus liber continet de veneratione et observatione sacri jejunii.

Quartus decimus liber continet de crapula et ebrietate, et de pœnitentia eorum.

Quintus decimus liber continet de imperatoribus, de principibus et de reliquis laicis, et de ministerio eorum.

Sextus decimus liber continet de accusatoribus, de judicibus, de defensoribus, de falsis testibus, et de pœnitentia singulorum.

Septimus decimus liber continet de fornicatione et incestu diversi generis, et de pœnitentia utriusque sexus et diversæ ætatis.

Octavus decimus liber continet de visitatione, et pœnitentia, et reconciliatione infirmorum.

Nonus decimus liber qui *Corrector* vocatur, continet correctiones corporum et animarum medicinas, et docet unumquemque sacerdotem, etiam simplicem, quomodo vel qualiter unicuique succurrere valeat, ordinato vel sine ordine, pauperi, diviti, puero, juveni, seni, decrepito, sano, infirmo, in omni ætate, in utroque sexu.

Vicesimus liber *Speculationum* vocatur, speculatur enim de Providentia et de prædestinatione divina, et de adventu Antichristi; de ejus operibus, de resurrectione, de die judicii, de infernalibus pœnis, et de felicitate perpetuæ vitæ.

Hæc summa librorum viginti, quos continet *Decretum* Burchardi Wormatiensis episcopi.

Opus Decretorum Burchardi editum est primum Parisiis, anno 1499, et iterum Coloniæ Agrippinæ, anno 1548, in-8°, denique Parisiis, anno 1549. Comportavit Burchardus in *Collectionem* hanc multa ex Isidoro Mercatore seu Decretalibus ejus epistolis suppositis. Specimen exhibebunt sequentia exempla, quæ clarissimus vir David Blondellus in Prolegomenis *Pseudo-Isidori et Turriani vapulantium* cap. 18 accurate collegit.

« Assumit igitur ex *Pseudo-Clementis epist.* 1, libro I, cap. 124, 125, 126, 127, 133, 137 et 155; lib. II, cap. 94; lib. VI, cap. 28; lib. XIV, cap. 16. *Ex epistola* 2, lib. III, cap. 216; lib. V, cap. 11 et 14. *Ex epistola* 3, lib. II, cap. 93; lib. III, cap. 59; lib. IV, cap. 15. — Ex *Pseudo-Anacleti prima* lib. I, cap. 4 et 59; lib. II, cap. 154; lib. III, cap. 71, 77; lib. XI, cap. 18. *Ex epistola secunda* lib. I, cap. 4 et 15;

lib. ii, cap. 5. Ex tertia lib. i, cap. 136, 152, 178.—Ex *Pseudo-Evaristi secunda* lib. i, cap. 76, 99, 34, 40; lib. ii, cap. 9.—Ex *Pseudo-Sixti primi secunda* lib. iii, cap. 214.—Ex *Pseudo-Alexandri prima* lib. i, cap. 129, 130, 152; lib. ii, cap. 52; lib v, cap. 5.—Ex *Pseudo-Telesphori epistola* lib. iii, cap. 63. —Ex *Pseudo-Hygini priore* lib. i, cap. 65.—Ex *Pseudo-Pii secunda* lib. ii, cap. 29. —Ex *Pseudo-Aniceto* lib. ii, cap. 28, 63.—Ex *Pseudo-Soteris epist. posteriore* lib. iii, cap. 215.—Ex *Pseudo-Eleuthero* lib. xvi, cap. 30.—Ex *Pseudo-Victoris priore* lib. i, cap. 176; lib. iv, cap. 3.—Ex *Pseudo-Zephirini priore* lib. i, cap. 154; lib. xvi, cap. 13. — Ex *posteriore* lib. ii, cap. 3.—Ex *Pseudo-Callisti priore* lib. ii, cap. 58.—Ex *posteriore* lib. i, cap. 66, 80, 135, 171; lib. iii, cap. 49; lib. vii, cap. 1; lib. x, cap. 64. Vide et librum ix, cap. 7.—Ex *Pseudo-Urbano* lib. iii, cap. 3 et 143; lib. i, cap. 1.—Ex *Pseudo-Antero* lib. i, cap. 77; lib. iv, cap. 66.—Ex *Pseudo-Fabiani secunda* lib. i, cap. 147, 148. Ex *tertia* lib. i, cap. 183; lib. ii, cap. 10.—Ex *Pseudo-Cornelii secunda* lib. i, cap. 193; lib. xii, cap. 12, 19.—Ex *Pseudo-Lucio* lib. i, cap. 54; lib. xi, cap. 19.—Ex *Pseudo-Stephani priore* lib. i, cap. 173. Ex *posteriore* lib. i, cap 142, 161, 177, et lib. xvi, cap. 19.—Ex *Pseudo-Sixti secundi posteriore* lib. i, cap. 143, 192.—Ex *Pseudo-Dionysii secunda* lib. iii, cap. 43. — Ex *Pseudo-Felicis primi prima* lib. i, c. 157, 109; lib. xvi, cap. 11. Ex *secunda* lib. i, cap. 174.—Ex *Pseudo-Eutychiano* lib. v, cap. 7. — Ex *Pseudo-Cajo* lib. i, cap. 159. — Ex *Pseudo-Eusebii prima* lib. i, cap. 138, 165. Ex *secunda* lib. xi, cap. 25, 27. Ex *tertia* lib. iv, cap. 63. — Ex *Pseudo-Melchiadis priore* lib. iii, cap 2, 4, 5. Ex *posteriore* lib. i, cap. 2; lib. iv, cap. 61.—Ex *Pseudo-Marco* lib. i, cap. 98.—Ex *Pseudo-Julii secunda* lib. i, cap. 144, 170. Et ex *prima* lib. i, cap. 175.—Ex *Pseudo-Felicis secundi priore* lib. i, cap. 141, 163, 167, 180, 221, 222; lib. xvi, cap. 11. — Ex *Pseudo-Damasi quinta* lib. i, cap. 153, 156, 171, 179; lib. xvi, cap. 31.—Ex *Pseudo-Anastasii priore* lib. iii, cap. 103; et ex *posteriore* lib. xix, cap 129.—Ex *Pseudo-Felicis quarti secunda* lib. iii, cap. 57, 58. — Ex *Pseudo-Joannis secundi priore* lib. iii, cap 32.—Ex *Pseudo-Pelagii secundi nona* lib. iii, cap. 69.—Ex *Pseudo-Gregorii epist. ad Felicem*, lib. vii, cap. 19.— Ex *Pseudo-Deusdedit* lib. xvii, cap. 44. Præterea multa alia nescio unde hausta congerit, quæ tribuit *Evaristo*, lib. iii, cap. 17; lib. xviii, cap. 16. *Alexandro*, lib. i, cap. 59; lib. xix, cap. 100. *Sixto*, lib. iv, cap. 46. *Hygino*, lib. iii, cap. 11, 21, 59; lib. iv, cap. 24. *Pio*, lib. iii, cap. 72, 124; lib. v, cap. 27, 47; lib. vi, cap. 37; lib. viii, cap. 18; lib. xii, cap. 4, 15; lib. xv, cap. 10; lib. xix, cap. 63. *Aniceto*, lib. v, cap. 29. *Soteri*, lib. iii, cap. 73, 74; lib. v, cap. 20, 44; lib. xii, cap. 18. *Zephirino*, lib. viii, cap. 40. *Callisto*, lib. xviii, cap. 2. *Fabiano*, lib. iv, cap. 1; lib. v, cap. 17, 24, 25, 56; lib. vii, cap. 21; lib. ix, cap. 30; lib. x, cap. 59, 60; lib. xii, cap. 40; lib. xiii, cap. 8. *Eutychiano*, lib. i, cap. 91, 92, 93, 94; lib. v, cap. 35; lib. viii, cap. 17; lib. ix, cap. 59, 60; lib. xi, cap. 50; lib. xii, cap. 14; lib. xiv, cap. 2, 3, 10; lib. xix, cap. 105. *Marcello*, lib. iii, cap. 1, 3, 9. *Eusebio*, lib. iii, cap. 99; lib. viii, cap. 19; lib. ix, cap. 13; lib. xiii, cap. 17; lib. xiv, cap. 7; lib. xviii, cap. 11; lib. xix, cap. 110. *Lucio*, lib. xix, cap. 69. *Julio*, lib. ii, cap. 127; lib. iii, cap. 1, 204; lib. v, cap. 1; lib. vii, cap. 7; lib. ix, cap. 18; lib. xviii, cap. 21. *Liberio*; lib. xiii, cap. 13, 14, 18. *Felici*, lib. i, cap. 51; lib. xvi, cap. v; lib. xix, cap. 62. *Damaso*, lib. i, cap. 25. *Bonifacio*, lib. i, cap. 73, 131, 184, 202; lib. iii, cap. 26; lib. xi, cap. 47. *Silverio*, lib. iii, cap. 23; lib. v, cap. 19; lib. xiii, cap. 12. *Pelagio*, lib. xii, cap. 9. Citavit etiam *Præfationem Pseudo-Isidori* lib. i, cap. 42. Hæc collegit doctissimus David Blondellus in *Prolegomenis* nempe *Pseudo-Isidori et Turriani vapulantium*, cap. 48.

Agunt de *Burchardo Wormatiensi* episcopo Sigebertus in libro *De scriptoribus ecclesiasticis*, cap. 141 et 142; Henricus Pantaleo in *Prosopographia illustrium virorum totius Germaniæ*, parte ii, pag. mihi 46 editionis Basileensis, anno 1565, apud Nicolaum Brylingerum, in-fol.; Antonius Possevinus tomo I *Apparatus sacri*, verbo *Burchardus Wormatiensis episcopus*; Gerardus von Mastricht in *Historia juris ecclesiastici et pontificii*, num. 248 ad 254, pag. 280 ad 291 editionis Doesburgi 1676, et Amstelodami 1686 in-8°; Guilielmus Cavus in *Historia rei litterariæ* ad annum 996, pag. 593 Londinensis editionis 1686 in-folio.

DE COLLECTIONE BURCHARDI

EPISCOPI WORMATIENSIS.

Hujus mos inscribendi synodis, pontificibus, vel Patribus sententias quorumdam posteriorum scriptorum. Pœnitentiale Ecclesiarum Germaniæ ab ipso receptum et auctum.

(Ex Dissertatione FF. Ballerinorum *De antiquis collect.*; Opp. S. Leonis Magni tom. III, seu *Patrologiæ* tom. LVI, col. 320.)

1. Burchardus, patria Hassus, non monachus, ut plures crediderunt, sed canonicus et capellanus regius fuit, ac postea ad Wormatiensem cathedram promotus ante annum 1002, eamdem tenuit usque ad annum 1025, quo e vivis excessit XIII Kal. Septembris. Dum autem erat episcopus, collectionem canonum, hortante Brunicone Ecclesiæ Wormatiensis præposito, concinnavit. Stephanus Baluzius in præfatione ad Antonii Augustini libros de Emendatione Gratiani § 18, animadvertit verum hujus collectionis auctorem dicendum esse potius Olbertum monachum Lobiensem, et postea abbatem Gemblacensem, *quo dictante et magistrante Burchardus magnum illud canonum volumen centonizavit*, si vera hæc sunt quæ leguntur in libro *de Gestis abbatum Gemblacensium.* Verum ex mss. Gemblacensibus atque Leodiensibus rem aliter narrat Bartholomæus Fisen in *Floribus Ecclesiæ Leodiensis*, pag. 328. Cum vero Burchardus Olberto præceptore et familiari suo uteretur, eumdem operis adjutorem adhibuisse negari non potest. Hinc Sigebertus in Chronico ad annum 1008 Burchardum, *collaborante magistro suo Olberto, viro undequaque doctissimo, magnum Canonum volumen edidisse* scribit. Anonymus, qui post Burchardi obitum ejus Vitam digessit editioni Coloniensi insertam, alium ejusdem operis adjutorem commemorat. *Eodem quippe tempore*, inquit, *in Collectario canonum..... non modicum laboravit. Nam domino Walterio Spirensi episcopo adjuvante, et Brunicone præposito exhortante et suggerente, canones in unum corpus collegit.* Notatu dignus est titulus: *Collectarium canonum*; nam manuscripti codices omni titulo carent. Concinit vero cum præfatione ipsius Burchardi paulo post subjicienda, in cujus fine is suam collectionem *Collectarium* vocat.

2. Ad Ecclesiæ suæ Wormatiensis usum idem opus se confecisse in eadem præfatione testatur. Istud non inceptum ante annum 1012 colligitur ex libro secundo, c. 227, ubi suam formatam epistolam refert ad Walterium Spirensem scriptam eodem anno Idibus Martii. Idem vero opus jam fuisse perfectum antequam Burchardus anno 1023 synodo Salangustadiensi interesset, ex eo cognoscimus quia ejusdem synodi canones cum in collectionem non potuisset

inserere, in calce omnes subjecit. Joannes Molinæus in præfatione ad Ivonis Decretum auctor est multa in editis Burchardi libris desiderari quæ ipse vidit in veteribus plenoira, sed ea in duodecim libros tantum divisa, quorum sexta pars est editus liber. Hinc, ut credimus, Joannes Albertus Fabricius tom. XI Bibliothecæ Græcæ, pag. 8, *duodecim tomos decretorum* a Burchardo collectos tradit, additque: *Hoc opus ipsum integrum necdum lucem vidit, sed tantum excerpta ex illo divisa in libros 20.* At non solum codex, ex quo editio prodiit, libres 20 Burchardo inscribit, verum etiam illa quoque vetustissima exemplaria quæ Petrus Pithœus commemorat. Nos item quatuor integros codices vidimus, duos in bibliotheca Vaticana signatos num. 1350 et 1355, unum apud Patres Benedictinos in monasterio Padilironensi, et alium Patavinum in bibliotheca S. Justinæ, qui totidem libros eidem Burchardo inscriptos exhibent. Addemus et alia duo antiqua Vaticana exemplaria 1356 et 4980, quorum alterum incipit a libro septimo, alterum a nono, et utrumque prosequitur usque ad librum XIX, qui ob mutilos codices fine caret. Cum hæc librorum series ac ea quæ in eisdem continentur eadem sint in aliis exemplaribus integris, hæc quoque duo exemplaria eumdem viginti librorum numerum confirmant. Cum porro nulli hactenus noti codices ullam collectionem Burchardi nomine prænotatam, in duodecim partes distributam contineant, veremur ne Joannes Molinæus æquivocatione aliqua ductus aliam ampliorem anonymam collectionem in totidem partes divisam ob consonantiam in pluribus pro Burchardiano opere inadvertenter acceperit. Forte ob oculos habuit collectionem Sorbonico-Mutinensem in partes duodecim distinctam, quam descripsimus capite decimo; deceptusque ex eo fuit quia inter titulos librorum Burchardi I, II et sequentibus, ac titulos ejusdem collectionis præfixos partibus I, II, III, IV, V et X, summa consensio est. Certe præfatio quæ in solis mss. 20 libros præferentibus invenitur, Burchardum habet auctorem iisdemque libris fidem facit. Id autem multo clarius elucet ex tribus Burchardi codicibus Vat. 1355, Patavino S. Justinæ, et Padilironensi, in quibus ipsa præfatio ab editis discrepans, et sincerior, ut mox videbimus, quam vulgata, non solum eumdem viginti librorum numerum expresse approbat, verum etiam ipsorum titulos insertos præferens, hos et non alios a Burchardo concinnatos testatur. Concinit etiam anonymus ipsi Burchardo coævus, qui in ejus Vita tradit : *Hoc vero corpus, sive Collectarium distinxit, et in viginti libros distribuit.* Nonne hæc duo, coævi scilicet scriptoris et ipsius Burchardi, testimonia duodecim librorum opinionem expungunt?

3. In Operibus Georgii Cassandri pag. 1091 et 1098, teste Fabricio, hæc leguntur : *Nacti etiam sumus ms. opus Burchardi, quod obiter tantum cum impresso Parisiis an. 1549 contulimus, et deprehendimus epistolæ phrasim totam immutatam.* Idipsum et nos observavimus in tribus laudatis codicibus, in quibus tantum præfationem invenimus. In his præfatio non solum verbis discrepat a vulgata, verum etiam ordine : ea enim quæ in editis ad præfationis calcem ab aliis adjecta videri possunt, ipsi præfationi in iisdem mss. ita inseruntur, ut Burchardo auctore scripta fuisse manifestissime constet. Horum veterum exemplarium concordia, cum quibus alios quoque codices qui præfatione non careant, convenire non ambigimus, hanc veram esse præfationem seu epistolam Burchardi ad Bruniconem suadet ; idipsumque confirmat ipsa styli ac syntaxeos inconcinnitas, quæ illi ævo maxime congruit. Præfationem autem vulgatam, cum tam aperte a memoratis vetustis mss. dissentiat, studiosi alicujus arbitrio, cui elegantior stylus placebat, fuisse immutatam arbitramur. Illam interim qualis in codicibus legitur hic exhibemus.

4. « Burchardus solo nomine Wormaciensis episcopus Brunichoni fideli suo, ejusdem videlicet sedis præposito, in Christo Domino salutem.

« Multis jam sæpe diebus familiaritas tua, frater charissime, præsens nobis hortando suggessit quatenus libellum ex variis utilitatibus ad opus compresbyterorum nostrorum tam ex sententiis sanctorum Patrum quam ex canonibus, seu ex diversis pœnitentialibus vigilanti animo corpus in unum colligerem : ob id maxime, quia canonum jura et judicia pœnitentium in nostra diœcesi sic sunt confusa atque diversa et inculta, ac sic ex toto neglecta, et inter se valde discrepantia, et pene nullius auctoritate suffulta, ut propter dissonantiam vix a sciolis possint discerni. Unde fit plerumque ut confugientibus ad remedium pœnitentiæ, tam pro librorum confusione quam etiam presbyterorum ignorantia, nullatenus valeat subveniri. Cur hoc? Inde æstimo evenire maxime, quia mensuram temporis et modum delicti in agenda pœnitentia non satis attente, et aperte, et perfecte præfigunt canones pro unoquoque crimine, ut de singulis dicant qualiter unumquodque emendandum sit ; sed magis in arbitrio sacerdotis intelligentis relinquendum statuunt. Quapropter, quia hoc nisi a sapientibus et legis divinæ eruditis fieri nequit, rogavit me dilectio tua, ut hunc librum breviter collectum, nunc demum pueris discendum traderem : ut quod nostri cooperatores in maturiore ætate positi nostris diebus, et antecessorum nostrorum tarditate neglexerant, modo ætate teneris, et aliis discere volentibus traderetur. Siquidem ut prius fierent probi discipuli, post plebium, et doctores et magistri ; et ut perciperent in scholis quod quandoque docere deberent sibi commissos. Desiderium tuum, et petitio, frater, justa mihi videtur, et de voluntate tali gratias ago. Etiam et illi multimodas gratias refero, qui te talem mihi præstiterat, quia pro statu Ecclesiæ nostræ te assidue desudasse cognoveram. Sed quod tuam exhortationem sæpius mihi inculcatam tandiu distuleram, meæ ignaviæ nolo ut assignes, quia duabus ex causis minime mihi hoc attingere licuerat : scilicet propter varias et inevitabiles ecclesiasticas necessitates, quæ quotidie more fluctuum emergunt ; et insuper cura mundialium rerum ad imperialia mandata pertinentium, quæ studentis et ad superiora tendentis animum valde obtundunt ; quia animus cujusque, dum dividitur per plura, minor fit ad singula. Tamen tuis sanctis petitionibus obediens, synodalia præcepta et sancta statuta tam ex sententiis sanctorum Patrum quam ex canonibus, Deo largiente, collegi et, prout potui, corpore connexui in uno, et in viginti libros idem corpus distribui. Et si quis diligens lector eos subtiliter perscrutatus fuerit, multas utilitates nostri ministerii in eis inveniet.

Index (1) *singulorum librorum D. Burchardi Wormaciensis episcopi, breviter quid quoque libro continetur ostendens.*

« Primus liber continet de potestate et primatu apostolicæ sedis, patriarcharum, cæterorum primatum, metropolitanorum, et de synodo celebranda, et vocatione ad synodum ; de accusatis, et accusatoribus, et testibus ; de exspoliatis injuste ; de judicibus ac de omni honore competenti, ac dignitate, et diverso negotio, et ministerio episcoporum.

« Secundus liber continet de congruenti dignitate, et diversa institutione, ac nutrimento, vel qualitate vitæ, et diverso negotio, et ministerio presbyterorum, et diaconorum, seu reliquorum ordinum ecclesiasticorum.

« Tertius liber continet de divinarum domorum institutione, et cultu, et honore ; de decimis, et oblationibus, et justitiis singulorum ; et qui libri in sacro Catalogo recipiantur, qui vero apocryphi, et quando apponendi sint.

« Quartus liber continet sacramentum baptismatis, et ministerium baptizandorum, et baptizatorum, et consignandorum, et consignatorum.

« Quintus liber continet de sacramento corporis et sanguinis Domini, et de perceptione, et observatione eorum.

« Sextus liber continet de homicidiis sponte et

---

(1) Hic titulus, vel saltem Burchardi nomen, librariorum arbitrio insertum videtur.

non sponte commissis, et de parricidiis, et de fratricidiis, et de illis qui uxores legitimas, et seniores suos interficiunt, et de occisione ecclesiasticorum, et de observatione, et de pœnitentia singulorum.

« Septimus liber continet de incesta copulatione consanguinitatis, et in quo geniculo fideles et conjungi et separari debeant, et de revocatione, et de pœnitentia singulorum.

« Octavus liber continet de viris ac feminis Deo dicatis et sacrum propositum transgredientibus, et de revocatione, et de pœnitentia eorum.

« Nonus liber continet de virginibus et viduis non velatis, de raptoribus earum, et de separatione eorum, de conjunctione legitimorum connubiorum, de concubinis, de transgressione et pœnitentia singulorum.

« Decimus liber continet de incantatoribus, et de auguribus, de divinis, de sortilegis, et de variis illusionibus diaboli, et de maledicis, et de contentiosis, et de conspiratoribus, et de pœnitentia singulorum.

« Undecimus liber continet de excommunicandis et excommunicatis, de furibus, et de prædatoribus, et de præsumptione, et contemptu, et negligentia, et reconciliatione, et pœnitentia eorum.

« Duodecimus liber continet de perjurio et de pœnitentia ejus.

« Tertius decimus liber continet de veneratione et observatione sacri jejunii.

« Quartus decimus liber continet de crapula, et ebrietate, et de pœnitentia eorum.

« Quintus decimus liber continet de imperatoribus, principibus, et de reliquis laicis, et de ministerio eorum.

« Sextus decimus liber continet de accusatoribus, de judicibus, de defensoribus, de falsis testibus, et de pœnitentia singulorum.

« Septimus decimus liber continet de fornicatione et incestu diversi generis, et de pœnitentia utriusque sexus et diversæ ætatis.

« Octavus decimus liber continet de visitatione, et pœnitentia, et reconciliatione infirmorum.

« Nonus decimus liber, qui *Corrector* vocatur *et Medicus*, continet correctiones corporum et animarum medicinas, et docet unumquemque sacerdotem, etiam simplicem, quomodo vel qualiter unicuique succurrere valeat, ordinato vel sine ordine, pauperi, diviti, puero, juveni, seni, decrepito, sano, infirmo, in omni ætate, in utroque sexu.

« Vigesimus liber *S*, *eculationum* vocatur: speculatur enim de Providentia et de prædestinatione divina, et de adventu Antichristi, de ejus operibus, de resurrectione, de die judicii, de infernalibus pœnis, de felicitate perpetuæ vitæ.

« Unde, frater, si regentibus plebes suas ex his omnibus unum defuerit, quomodo eas instruere et docere poterunt? Etiam sacerdotis nomen vix in eis constabit, quia valde periculosæ sunt evangelicæ minæ, quibus dicitur: *Si cæcus cæco ducatum prætet, ambo in foveam cadunt*. Quod si est aliquis invidulus qui, postquam istud viderit, mihi inviderit, dicens me ex alienis aribus colligere escas, et ex aliorum labore mihi facere nomen inane, esto. Fateor quia ex aliorum labore collegeram, quia mihi soli canones facere non licet, colligere licitum est, quod et feci; Deus novit, non pro arrogantia quadam, sed pro nostræ Ecclesiæ necessitudine. Ut autem obstruatur detrahentis murmur, liber qualiscunque sit, nostrorum sit. Non rogo ut nostri episcopii limen transeat, sed nostris addiscendum remaneat. Quomodo autem, vel unde illum collegerim, volo ut audias; et si est peccatum ullum, tuo judicio relinquo dijudicandum. Nihil addidi de meo nisi laborem, sed ex divinis testimoniis ea quæ in eo inveneris, magno sudore collegi. Et ut essent quæ comportaveram auctoritativa, summo studio elaboravi. Ex ipso enim nucleo canonum, quod a quibusdam *Corpus canonum* vocatur, quæ sunt nostro tempori necessaria, excerpsi. Ex canone apostolorum quædam, ex transmarinis conciliis quædam, ex Germanicis quædam, ex Gallicis et Hispanicis quædam, ex decretis Romanorum pontificum quædam, ex doctrina ipsius veritatis quædam, ex Veteri Testamento quædam, ex apostolis quædam, ex dictis sancti Gregorii quædam, ex dictis sancti Hieronymi quædam, ex dictis sancti Augustini quædam, ex dictis sancti Ambrosii quædam, ex dictis sancti Benedicti quædam, ex dictis sancti Isidori quædam, ex dictis sancti Basilii quædam, ex Pœnitentiali Romano quædam, ex Pœnitentiali Theodori quædam, ex Pœnitentiali Bedæ quædam. Ad hæc in Collectario hoc si quid utilitatis inveneris, Dei donis ascribe. Si autem quid superfluitatis, meæ insipientiæ deputa. Bene valeas, et in sacris orationibus tuis mei peccatoris memoriam deprecor ut habeas. Explicit prologus. »

5. In hac præfatione, seu epistola ipsius Burchardi notanda sunt verba *in viginti libros idem corpus distribui*; et præterea recolendum est, quod antea attigimus, singulorum librorum ordinem et titulos eidem præfationi a Burchardo fuisse insertos, ut ne dubitari possit quin editum opus, quod cum hoc librorum numero et cum iisdem titulis atque ordine plane concordat, Burchardum habeat auctorem. In vulgata præfatione, licet rebus pluribus discrepans, idem librorum numerus indicatur. At ordo diversus; et quædam particulæ ita ab eadem præfatione dissectæ sunt et in calcem rejectæ, ut non a Burchardo, sed ab alio conscriptæ et adjectæ videri possint. Non solum enim index titulorum cujusque libri in vulgatis a præfatione distractus est, verum etiam ipsi præmittitur auctorum ex quibus Burchardus canones derivavit; catalogus, ab eadem præfatione pariter divulsus cum hac inscriptione, quæ a Burchardo proficisci nequit: *Ex quibus locis auctorum scriptis ecclesiastica hæc decreta collegerit. Nucleus canonum*; quem initio catalogi Burchardus in fine præfationis laudat, et *canonum Corpus* a quibusdam appellari affirmat, est pseudo-Isidori collectio, ex qua quidem multa apocrypha decreta transcripsit. Plura,

vero capitula ex Reginone, et nonnulla etiam ex duabus appendicibus quæ in mss. Reginonis collectioni subjiciuntur, eum excerpsisse Stephanus Baluzius in præfatione ad Reginonem late demonstrat. Verum in titulis multa mutavit, aliis titulis ex arbitrio præfixis, qui a subsequentibus canonum collectoribus ex eodem suscepti, magnam confusionem pepererunt. Cum enim non pauca apud ipsum inscribantur nominibus conciliorum, vel pontificum, in quorum decretis aliunde editis nihil tale reperitur; ea in deperditis eorumdem documentis a Burchardo vel ab exscriptoribus ejus inventa plures crediderunt; ac propterea eadem veluti fragmenta pretiosa ab ipsis conservata suo cujusque synodi, vel pontificis loco in Conciliorum editionibus addita sunt. Qui vero rem hanc accuratius expendendam suscepere, detexerunt Burchardum synodorum, Romanorum pontificum, aut sanctorum Patrum nominibus tribuisse ea capitula quæ Regino vel ex Capitularibus regum, vel ex Rhabano, vel ex Ferrando diacono, vel sine ulla auctoris mentione recitavit. Stephanus Baluzius in laudata præfatione, num. 22, hæc de Capitularium libris notavit : *Burchardus, cum Reginonem compilaret, maluit quæ hinc accipiebat capita tribuere conciliis quibusdam, aut Patribus antiquis, quam regibus nostris ; quod Francorum appellatio, qua Reginonis atque Witichindi etiamnum ævo gloriabantur reges Germanorum, usurpari desiisset ætate Burchardi, adeoque exuta a Saxonibus esset omnis Capitularium istorum reverentia. Burchardus enim semel tantum cap. 218 et 219 libri primi citat capitula Karoli Magni, sic ut addat illa ab episcopis collaudata esse apud Aquisgranum, alioqui forsitan his non usurus.* Illud vero Burchardus sibi præstitisse videtur, ut capitula sumpta ex auctoribus qui non essent vel summi pontifices, vel synodi, vel Patres satis noti et celebres, non sui cujusque auctoris, sed alio celebriori nomine allegaret. Quæ animadversio perutilis erit in legendis collectionibus Burchardo posterioribus, ex gr. Ivonis et Gratiani, qui plura ejusdem generis ex Burchardo receperunt. Illam porro laudem huic collectioni omnes tribuunt: quod methodum satis aptam sequatur, ac præterea canones aliquot conciliorum Germaniæ posterioris temporis contineat, qui vel in rarissimis codicibus inveniuntur, vel etiam lectiones præferunt optimas, ex quibus vulgati emendari queunt.

6. Duo tandem omittere nolumus. Primo in bibliotheca Vaticana sine auctoris nomine exstat vetus codex 4227 inscriptus *Corrector* et *Medicus*, cui similem in bibliotheca Parisiensi S. Victoris vidit etiam Jacobus Petit, ac ex eodem excerptum dedit in Pœnitentiali Theodori tom. I, pag. 358.

Hic autem ad Burchardi collectionem pertinet, in qua est liber decimus nonus eodem titulo prænotatus, ut vel ex titulis in Burchardi præfatione antea descriptis liquet. Secundo in ms. Vat. 3830 sæculi xi exhibetur Pœnitentiale in quo leguntur interrogationes faciendæ a confessariis cum taxatione pœnitentiæ. Hæ omnes interrogationes ad verbum exscriptæ leguntur in eodem Burchardi libro xix, cap. 5. Solum in hoc capite Burchardiano plures sunt quam in laudato codice. Interrogationum paragraphi, quos vitandæ confusionis causa numeris computavimus atque distinximus, apud Burchardum sunt centum et nonaginta quatuor. In eo autem codice interrogationes eædem sunt ac in laudato capite quinto Burchardi a num. 1 usque ad num. 59, qui incipit : *Violasti sepulcrum.* Dein apud Burchardum abundant sequentes numeri a 60 usque ad n. 103 inclusive, qui inscribuntur *de arte magica, de sacrilegio, de gula et ebrietate, de irreligiositate, item de arte magica, de superstitione, et item de arte magica.* Hi omnes numeri desunt in memorato codice, qui post illa numeri 59, *Violasti sepulcrum*, etc., subdit *Concubuisti cum sorore uxoris tuæ*, etc., uti apud Burchardum num. 104, et sequitur usque ad num. 152, *Credidisti, quod quidam credere solent, quod sint agrestes feminæ*, etc. Omittit autem quæ in fine hujus numeri apud Burchardum adjiciuntur : *In istis omnibus supradictis debent sacerdotes*, etc., ac præterea ignorat sequentem numerum 153, cujus initium est : *Fecisti ut quædam mulieres in quibusdam temporibus*, etc. Mox idem codex productis numeris apud Burchardum 154, 155 et 156, prætterit sex numeros sequentes a num. 157, *Fecisti quod quædam mulieres facere solent, ut cum filio tuo parvulo*, etc., usque ad num. 162. Profert autem numerum 163, *Interfecisti filium vel filiam*, etc., cum duobus sequentibus. Caret num. 166, *Gustasti de semine*, etc. Tum descripto numero 167, *Bibisti chrisma*, etc., omittit cæteros quatuordecim a num. 168 usque ad 181, atque concludit cum Burchardianis numeris 182, *Oppressisti infantem*, et 183, *Invenisti infantem*. Burchardus addit in fine undecim numeros, qui in codice non reperiuntur. Pœnitentiale hujus codicis Germanicis Ecclesiis usitatum indicant inter cæteros duo numeri, in quibus Theutonicæ locutionis fit mentio. Num. 30, *quod Theutonice carina vocatur ;* et quæ num. 151 apud Burchardum efferuntur, *quod vulgaris stultitia Werwolff vocat* in codice exprimuntur sic : *quod theutonice Werewul, vocatur.* Facile autem ex dictis conjicere licet Burchardum hoc Pœnitentiale apud suos receptum collectioni inseruisse, et ex aliis Pœnitentialibus addidisse quæ in eo desiderantur.

VITA BURCHARDI EPISCOPI

EDENTE G. WAITZ PH. D.

(Apud Pertz, *Monumenta Germaniae historica*. Script. tom. IV, pag. 829.)

MONITUM.

Burchardi Wormatiensis episcopi Vitam, rebus publicis et privatis claram atque celebrem (1*), clericus exposuit Wormatiensis, qui illum viderat ejusque morti adfuerat (2). Quod munus quo consilio et quo animo susceperit, ipse in praefatione latius explicat, qua librum episcopo cuidam inscribit, quem Burchardo familiarissimum et amicissimum, sibi vero fuisse magistrum et alterum quasi patrem profitetur; cujus nomen vero indagitare nequivi (3). Certe aliquot post Burchardi mortem annis exactis scripsisse videtur (4); sed « quae viderat et quae religiosis viris referentibus bona de illo didicerat, » luculenter memoriae tradidit et historiae monumentum pretiosum et magni faciendum posteris reliquit.

Haec Vita vero, per medium aevum a nemine, quod sciam, lecta, quod etiam a recentioribus valde negligitur, editionis unicae raritas in causa esse videtur. Prodiit enim semel tantum in volumine, cui titulus :

1) *D. Burchardi Wormaciensis Eccl. episc. decretorum libri XX. — Opus nunc primum excusum. Coloniae, ex officina Melchioris Novesiani,* 1548 *fol.* Hunc librum, tam in bibliotheca regia Hannoverana quam Gottingensi et Berolinensi frustra quaesitum, ex ubere illo librorum thesauro Guelferbytano, V.

cl. Schonemann precibus nostris solita humanitate annuente, accepimus, atque ex eo Vitam illam, cujus jam codicem nullum, Wormatia a. 1689 a Francogallis funestissime diruta et incensa, inveniri puto, exprimendam curavi. Editor, qui Vitam post decreti capitulorum indicem posuit, codice bono satis accurate usus esse videtur, ita ut nonnisi leviora quaedam emendare conatus sim. Quam ad rem adhibui :

2) Chronicon Wormatiense, quod saeculo xvi incipiente monachus quidam Kirsgartensis conscripsit. Hic enim : « Burchardus, inquit, sedecimus episcopus Wormatiensis fuit, cujus Historiam ante annos viginti quinque invenimus ad Sanctum Paulum. Similiter et in majori ecclesia habetur; quam hic ad laudem civitatis nostrae de verbo ad verbum annectere volo prout invenio scriptam. » Neque tamen tam fideliter illa usus est, sed sermonem saepe mutavit, alia addidit, alia omisit, et opus satis depravatum reddidit. Huic accedit quod tam Ludewigii editio (*Reliq. mss.* II, p. 43-72) quam codices, quos VV. CII. Bohmer et Petersen benevole nobiscum communicarunt, Francofurtensis (5) et Hamburgensis (6), uterque saeculo xvii scriptus, mendis foedissimis scatent, quae an Kirsgartensi monacho

NOTAE.

(1*) Ejus memoriam saec. xii exeunte etiam Heremannus clericus Wormatiensis in chartulario Wormatiensi celebrat, cujus locum jam olim cum Vita editum, hic quoque ex cod. praestantissimo bibl. regiae Hannoveranae mbr. s. xii ex fol. 23 exhibendum duximus : «INCIPIT PROLOGUS DE PRIVILEGIIS BURCHARDI WORMAT. ECCLESIE EPISCOPI. Decursis venerabilium antistitum temporibus, quibus Ecclesiam Wormatiensem sibi a Deo commissam in undis diversarum procellarum secundum debitum offitii sui pervigili cura gubernabant, et eam vel propria largitione vel regum seu imperatorum traditione facultatibus, honoribus exuberantem reliquerant, accedendum nobis est ad introitum pii pastoris et tempora Burchardi episcopi, cujus memoria propter prerogativam meritorum apud homines est celebris et in conspectu Altissimi immortalis. Qui qualiter se in episcopatu habuerit, non est necessarium verbis exponere, cum fama virtutum ejus ubique terrarum comprobata sit operum attestatione, et ut pace omnium dicam, licet plures precesserint eum viri mirae sanctitatis in sede Wormatiensi, respectu ejus plantationis et superedificationis ecclesia ista tam in spiritualibus quam in temporalibus erat quasi informis. Hoc testatur clerus et populus, paterna dilectione educa-

tus, hoc civitas adornata et adaucta, hoc universus episcopatus rebus et largis possessionibus dilatus, hoc testantur congregationes hujus ecclesie, quas ipse permodicas inveniens, largitionibus habundantier ampliavit vel ex novo instituit, corpus canonum in unam faciem castorum eloquiorum multo labore collegit, legem specialem familie sancti Petri, ut infra videtur, dedit, et ut breviter concludam, ecclesiam Wormatiensem in meridiano splendore omnibus bonis lucentem feliciter reliquit; unde 13 Kal. Septembr. in pace factus est locus ejus et apud Sanctum Laurentium sepultus. »

(2) C. 20-23.

(3) Azzecho, qui post Burchardum ecclesiam Wormatiensem rexit, vix intelligi potest, quum auctor nusquam alterum alterius successorem indicet. Neque verba c. 20 : *illo* (Burchardo) *mortuo, in hoc loco nullum sui consimilem tam clarissima vita esse futurum,* in libro Azzechoni directo scripsisset.

(4) Prol., c. 2.

(5) V. *Archiv* i, p. 323. Liber, ex bibl. Joannis Maximiliani Zum Jungen, s. xvii medii in-folio scriptus est

(6) V. *Archiv* vi, p. 244. Ex cod. Francof. descriptus esse videtur.

aut scribis imperitis sint tribuenda nescio. Nihilominus quæcunque alicujus momenti esse videbantur lectiones, in notas retuli, quas certo omisissem, A nisi liber oblivione pene sepultus et codicum auctoritate jam prorsus destitutus edendus fuisset.

G. Vaitz.

PROLOGUS[1].

Vitam actusque felices beati Patris et carissimi[2] senioris mei Burchardi episcopi cum scribere mecum deliberarem, tu, præsul piisime N., occurrebas menti meæ, ut nomini tuo scripta consignarem atque consecrarem. Tua namque sapientia cunctis est cognita, et non solum in propriis, sed etiam in imperialibus castris sollertis hominis officium exercere ab omnibus comprobaris. Ecclesiam autem a Deo tibi commissam maxima auctoritate construis et regis, et summæ vir virtutis aperte prædicaris, et pater pauperum egenorumque solatium merito nominaris. Quod in me misero apertissime ostendisti, quando per varios labores me valde confractum et ab omnibus despectum ac projectum misericorditer recepisti atque, ut decuit te, clementer consulendo tecum fovisti. Talia, mi Pater, erga et non promerentem. Non enim quæ hominum sunt quæris, sed quæ Dei sunt, ut omnibus patet, pura mente meditaris, et non ad personam alicujus respicis, sed rectam cœlestis itineris semitam gressu nec titubante sequeris. Ergo dilectioni vitæ tuæ perpetua conglutinatione, si præsumo confiteri, sigillum Christi caritatis pectori meo impressum est. Quamvis enim inopia rei familiaris in exequiis exhibendis copiam mihi negaverit, tamen mea voluntas semper devota in Christo tibi manebit. Unde nomini tuo istud consecravi opusculum, de amicissimi ac familiarissimi tui actibus compositum. Noverit autem dignitas tua, quod non pro superbia aliqua hæc sunt composita, sed, Deo teste, ad evitandam ociositatem cordisque desidiam, et maxime ob suæ beatæ vitæ memoriam, ut, cum sua legantur gesta piissima, obstruantur ora contra illum loquentium iniqua. Si quid vero inordinate vel imperite connexui, tuæ correctioni et auctoritati proferre decrevi, sperans hoc tua misericordia corrigi et defendi. Ad ultimum quoque opusculum istud tuo judicio subjaceat, ut, si tibi displiceat, aboleatur, si vero placeat, ad testamentum factorum Dei servi remaneat. — Istud autem opusculum hoc modo sumpsit exordium. Cum die quadam loco secretiori sedens mecum diversa volvendo non sine suspiriis cogitarem, meus quidam familiaris interveniens hujusmodi allocutus est verbis : « Quid tu, inquit, mi carissime, solus hic sedens animo turbato meditaris? vel cur solito tristior obstipo capite terram intueris? Si enim dictis vel factis aliquis te commoverat, tecum me jam turbaverat. Ergo, si quid tibi mentem conturbat, narrabis, et propositum animi tui a me non celabis, quia ad quæcumque me vocabis, meum consilium atque auxilium paratum habebis. » — Oportune, frater, inquam, dilecte mi, me hic invenisti, et quasi exoptatus mihi advenisti. Jam dudum enim animi propositi aliqua vel dictatis vel proditione sermonis tibi aperire cogitabam. Sed multis affectum meum impedientibus, usque modo differebam. Verum inter hæc multa maximum mihi fuit hoc impedimentum, quod quæ excogitavi in palam promere dubitavi. Ipse enim nosti, quam perniciosi sunt homines moderni, quam pleni diversarum cogitationum. Quid si aliquis, invidia stimulante, videns hæc dicta, his verbis vituperando me confundat, scilicet magnam esse audaciam, quod ego pauper et stultus prudentibus viris propono meas propositiunculas, nudo et sitibundo ingenio vix compactas? Esto, fateor, me pauperem esse ac stultum; sed si pauper sum, dives fieri non erubesco; dives vero pauper fieri erubescit; sicuti divitem villicum legimus dixisse : « Mendicare erubesco (*Luc.* xvi, 3). » Carius mihi est cum Lazaro vivere pauperem, quam cum divite mitti in æternum ignem. Pauperes et nudi omnes nati sumus. Sed qui dedit animam, largitur et escam, quique corpus creavit, vestimentum tribuit. Ipse enim habet, ipse mihi dabit, quia anima plus est quam esca, et corpus plus quam vestimentum. Ille quoque pauperes non spernit, sed eligit infirma, ut confundat fortia. Si vero nudus aridusque sum ingenio, tamen induo me temeritate loquendi, quoniam illum spero adjutorem, qui dixit : « Aperi os tuum et implebo illud (*Psal.* lxxx, 11). » Ipse quippe juxta suæ promissionem clementiæ quæ facturus dicturusque sum perficiet, confirmabit solidabitque. Ergo de iis ultra loqui differo, et quæ nostra series poscit promenda tuæ dilectioni aperio. Sanctam Deoque consecratam Vitam beati Patris nostri Burchardi episcopi, omni laude dignissimam, secundum mei ingenii modulum et conscientiæ testimonium scribere animus me assiduis suggestionibus incessanter impulsat. Ad quod opus perficiendum tuum consilium pariter et auxilium supplex imploro, quia divinis perdoctum istorumque te conscium et ad hoc negocium satis idoneum esse scio. Adhuc enim non sum oblitus, quomodo quodam confabulationis tempore multum de prædicti viri virtutibus me interrogasti; et cum illius studia sancta et morum honestatem tibi re-

VARIÆ LECTIONES.

[1] *Prologus totus deest* 2. — [2] charissimi 1. *Ejusmodi verba correxi.*

tulissem, etiam quanta stabilitate in Christi operibus, in Scripturis sanctis, in jejuniis et vigiliis et orationibus permansisset, fateor, non sine lacrimis tibi exposui, necnon quomodo seculares turbines diversasque adversitates et aëris terrores orationis constantia sæpissime compescuerit, narravi, et ita jucundissimum duximus diem. Intendis? Quidni? Nam postea sancti desiderii manu pulsando die noctuque me instigans petisti, ut de vita vel virtutibus hujus viri aliqua scripta proferrem sive ad proferendum tibi suggererem. Tuis quippe piis petitionibus obtemperans, aliquas compositiones, quamvis elingues, superna gratia mentis meæ raritatem imbuente, cum tuo auxilio de ejus vita narrare studebo. Sed quoties illius beatissimi mentio mihi occurrit, toties fletus gemitusque me affligit. Nihil mihi tunc est, dilecte, nisi lacrimas et suspiria incessanter effundere, hasque miserabiles cogitationes tacite mecum volvere : Quis fui, aut quis sum, vel quis ero ? Ego sum ille misericorditer nutritus et miserabiliter derelictus, in labore et ærumna constitutus et pene omnium vilissimus, infimi generis, parentelæ peccatricis, cunctis incognitus, sed tamen mihi conscius. Similitudo gentis et commotio capitis in populis. Nam ut deses respuor, ut fœtens expuor, ut putridus despicior, et hoc non immerito. Cotidie namque infelicissimus ego in peccatorum volutabro putresco, et onera gravia et meo collo importabilia miser gerere fervesco. Quicquid enim labilis desiderat animus, velut lutum nullo camino probatum, ad peragendum mollesco, et commissa, quæ semel vix exortis lacrimis defleo, totius animi salutis oblitus, statim centuplico. Unde et verba mea dolore sunt plena. Hæc te, frater, similiter mecum cognoscere puto, quem similibus terminis [3] non semel sudasse haud ignoro. Sed quorsum hæc? Quorsum te, dilecte, supervacua ratione demum duco ? Supervacuam rationem dico, quam verbis profitemur, sed factis non consequimur. Nam in primordio hujus rationis non ad tristitiam, sed ad jucunditatem, non ad dolorem, sed ad lætitiam, non ad vitia, sed ad virtutes proferendas te, dilecte, vocabam. Ergo ad inceptam redeo sententiam, dilectionemque tuam [4] rogito atque subnixe flagito, ut vel interrogando præcedas mequæ de hujus viri vita narrantem intelligas, seu me interrogantem corrigas et prædictas virtutes narrans pleniter edoceas. Econtra ille grates referens, inquit : « Tua petitio vel admonitio, carissime, non vituperanda, sed multum mihi videtur laudanda. Quæ enim petendo quasi scripsisti, ad hæc me salubria narrando admonuisti, sicque salutiferis verbis me commotum fecisti. Dixisti namque, te non adhuc esse oblitum meæ interrogationis et de actibus nostri senioris. Et ego quippe memor sum meæ inquisitionis ac tuæ de ejus virtutibus expositionis. Petivi ergo et peto iterum, ut de felicibus illius factis aliqua scribas sive ad scribendum mihi suggeras. Turpe est enim vela deponere, cum prosper ventus non cessat afflare. Ergo promissio tua impleatur, et quia fortuna aspirat, ultra non differatur. Sed illa de quibus dixisti gravia onera et miseras mundanarum rerum curas, usque modo vix mecum nomine notas, ita acclivis jam humeris porto, ut heu ! nec respirare nec præ magnitudine ponderis suspicere potero. Illos autem fluctuantes seculi turbines diversasque adversitatum incursiones aërisque terrores, quos vivente beato patrono nostro rarissimos sensimus, promerentibus peccatis nostris jam quasi cotidianos vel momentaneos sustinemus. Illius namque piis orationibus dum vixit apud Deum adjuti, a periculis omnibus quasi muro muniti fuimus [5]. Postquam autem ejus benedicta præsentia orbati sumus, quo secundum vocem Dominicam extincto pastore, quasi oves sine offensaculo positi, sumus dispersi et pene ad nihilum redacti. Unde quoties talia te loquente modo audiebam, toties per singula pene verba tacite flebam, nec nudis lacrimis, sed, teste conscientia mea, ex intima compunctione concretis. Ergo, quæso, perge narrando de hoc viro quæ promisisti, et si quid potero, tibi, frater, suggerere non desisto. — Fateor, inquam, quod piis ejus orationibus a telis periculosis semper protecti sumus ; et ideo me impune peccasse, stultissimus tunc putabam, quoniam illum pro nobis incessanter orare sciebam. Multum enim pro grege sibi commisso pastor pius apud Deum laboravit, multasque calumnias et calamitates pectore forti viriliter resistendo apud seculum sustinuit. » Quæ omnia in locis congruis, Deo adjuvante, planius [6] enarrabimus. Sed respondendum est ad hoc, quod sub exemplis promissa peragenda admonuisti. Turpe esse dixisti deponere vela, cum non cessant ventorum prospera flabra. Et hoc verum esse consequor, sed hoc non incautum esse puto : ut si aliquis magnitudinem maris transcurrere disponat, primum contra pelagi minas navim undique muniat, deinde aquæ profunditatem explorando latentes sub undis scopulos cautus provideat, ut cum navigare incipiat, marinas minas securus non timeat neque in latentes silices incidat, sed firmo regimine gubernaculo navim dirigendo, plenis velis ac prosperis ventis ad portum salutis perveniat. Similibus modis magnitudine hujus fides nobis est imploranda ; ingenii exiguitas ex utraque parte acuenda, ut in vituperationem invidorum non incidamus, sed cum salute ad finem perveniamus. Nam invidus adulando sæpe hominis facta præsens laudat, absens vero quasi rabidus canis inaniter latrando vituperat. Sed quoniam timeo ultra narrare iniquissimos hominum mores, veneno invidiæ toxicatos ac nulla fide sta-

VARIÆ LECTIONES.

[3] thermis *videtur legendum.* 1. *in marg.* [4] s. tuam, dilectionemque 1. [5] sumus 1. [6] plenius ?

bilitos, ponam ori digitum, ut non loquatur os A ordinatis, prædia et mancipia multa, quæ vel trameum opera hominum. Ergo adulantium sive obloquentium invidiam non timentes, de hujus justi actibus, divina adjuvante misericordia, aliqua saltem enarrare aggrediamur. Attamen si ea, quæ vidimus et quæ religiosis viris referentibus bona de illo didicimus, enarrare debemus, diem antea quam sententiam inclinatam videbimus. Idcirco a nativitate ejus summitatem rei tangendo, cum auxilio divino incipiamus, et ita breviter ejus gesta narrando ad finem usque pervenire probemus.

1. Erat igitur Burchardus [7] in provincia Hassia genitus parentibus secundum seculi dignitatem non infimis. Hic nempe [8] puer commendatione parentum apud Confluentiam canonice primum nutritus [9], deinde per loca diversa causa studii directus [10] est (7). Postea vero Willigiso [11] Moguntinensis [12] sedis venerabili archiepiscopo se adjunxit, illiusque salutari sapientia repletus, et secundum suos nobiles mores imbutus, quamquam ætas denegaret; vitiosa facta fugiendo vitabat, et ad meliora paulatim animum torquebat. Nam post primævum juventutis florem omni bonitate refulsit præclarus, in [13] justo stabilis, in commisso fidelis, in consilio providus, in prosperis non elatus, in adversis non turbatus, sublimioribus obediens, egenis compatiens, miseris affabilis, misericors subditis, multum largus, moribus honestissimus, atque in omni opere Dei [14] strenuus. Patientiam in eo laudare necesse non est; cum sibi servientibus, quamquam [15] sæpe contra illum delinquentibus, nec [16] ullum contradicendo aliquando objiceret verbulum.

2. Istis quippe [17] hisque similibus pollens virtutibus, per singulas graduum scansiones [18] ad diaconatus ordinem ab archiepiscopo [19] sublimatus [20] est, et loco cuidam pauperrimo præpositus est [21]. Hunc ergo locum, archiepiscopo adjuvante, summo nisu statim adauxit fotisque viribus decoravit [22]. Nam egregium monasterium simul et claustrum canonicorum in honore sancti Victoris ibidem [23] construxit [24]. Positisque [25] ad electionem fratrum claustri primatibus, cursum certis temporibus et signis decantari servarique præcepit. Et ita rebus ecclesiasticis secundum regulam canonicam rite

A ordinatis, prædia et mancipia multa, quæ vel traditione parentum vel donativo regio acquisierat (8), huic ecclesiæ in proprium contulerat. Sicque piis viri hujus laboribus laudes et gratiarum actiones officio cotidiano in loco prædicto Deo nostro persolvuntur. Ergo [26] religiosissimus Willigisus [27] sanctam hominis Dei intelligens meditationem, sibi familiarissimum [28] elegit et suæ cameræ magistrum ac civitatis primatem constituit. In quo officio non solum apud homines, sed etiam apud Deum præmia.[29] lucratus est sempiterna, quia neque muneribus neque donis nec [30] alicujus personæ respectione a rectitudinis calle reflecti potuit, sicut quidam, quos modo plerumque aut [31] amicitia aut invidia a judicio recto facile labi conspicimus. Ex his aliisque B plurimis pietatis studiis crescente fama beati viri, ad aures imperatoris Ottonis tertii notitia ejus pervenit; qui [32], ut erat piissimus, valde illum dilexit et sæpe ad se [33] venientem clementer suscepit; ac diversis donis onustum honorifice remisit, gratiam sibi promittens esse futuram.

3. Interea contigit, ut Hildebaldus Wormaciensis ecclesiæ [34] episcopus diem clauderet ultimum (an. 998, Aug. 4), et vice illius Franco [35], prædicti domini Burchardi frater, constitueretur episcopus. Multa de hoc viro [36] narranda sufficerent, si ingenii exiguitas non impediret. Sed [37] quia mentio ejus nostri rationi intervenit, si non possumus de factis illius majoribus, tamen aliqua dicamus de minoribus. Accepto [38] igitur episcopatu, aliquandiu in C Wormaciæ finibus morabatur; deinde [39] rebus ecclesiasticis rationabiliter ordinatis [40], in expeditionem Italicam cum imperatore [41] profectus est; ibique [42] plus quam unius anni spacio [43] in servitio imperatoris vigilanti animo studebat, ejusque secretis sæpe [44] intererat, et quando [45] de rebus majoribus tractandum aliquid erat, tanta familiaritate et auctoritate, quamvis juvenis esset, apud imperatorem habebatur, ut sine ipsius consilio raro aliquid statueretur. Cunctis affabilis erat [46], cunctis benignus extitit, et plurima donando gloriam non modicam apud cunctos acquisivit. Unde et omnes maximo honore ac dilectione illum habebant; et quasi sanctum jam divinabant [47]. Et idcirco ab imperatore

VARIÆ LECTIONES.

[7] Erat namque Borchardus *incipit* 2. [8] quippe 2. [9] eruditus 2. [10] dejectus 2. [11] Vuilligoso 1. *semper.* [12] arch. m. s. se junxit 2. [13] in i. s. *desunt* 2. [14] *deest* 1. [15] quamvis 2. [16] nec — verbulum *desunt* 2. [17] istisque p. v. et similibus 2. [18] stationes 2. [19] a. Willegiso 2. [20] sublatus 1. [21] *deest* 2. [22] decreavit 2. [23] extra muros Moguntinæ civitatis 2. [24] Est autem Victor iste socius sancti Gereonis in Colonia quiescentis, qui uno die passi sunt, sed Victor cum suis in Xantum, et Gereon cum suis in Colonia. *add.* 2. *verba Kirsgartensis monachi*. [25] Positis ergo ibi 2. [26] Rel. autem 2. [27] willegisus archiepiscopus 2. [28] f. illum 2. [29] p. s. est consecutus 2. [30] *deest* 2. [31] e. a. vel i. et i. 2. [32] quia 2. [33] illum 2. [34] *deest* 2. [35] francko 1. [36] de quo viro multa n. 2. [37] Sed — minoribus *desunt* 2. [38] Hic ergo Franco accepto ep. 2. [39] demum 2. [40] expeditis 2. [41] Ottone tertio 2. [42] ibique quoque 2. [43] spatium a. 2. [44] sæpissime 2. [45] cum 2. [46] e. a. et benignus et 2. [47] indicabant 2.

NOTÆ.

(7) Canonicus Leodiensis in cont. Gest. abb. Lohiensium, nescio an recte, nominatur, Dachery ed. 2, II, p. 744.

(8) Ottonis III diplomata duo, quibus Burchardo clerico bona quædam dedit in pago Hassiæ in comitatu Thancmari sita, quæ Hermannus comes in beneficio habuerat, edidit Schannat Hist. Worm. II, p. 32, 33.

multum honoratus et carus præ aliis habitus, illius consilio et malos coercebat et rem publicam in pace regebat [48]. Unde contigit, ut imperator abbatiam Laurissatiensem [49] Wormaciensi ecclesiæ concederet et carta ac privilegio perpetuo stabiliret et in conventu ac consilio [50] Romanorum [51] hanc traditionem recitare ac pronunciare præcepisset (9). Eodem tempore imperator et prædictus episcopus [52], induti ciliciis, pedibus [53] penitus denudatis [54], quandam speluncam juxta sancti Clementis ecclesiam clam cunctis intraverunt, ibique in orationibus et jejuniis necnon in vigiliis quatuordecim dies [55] latuerunt (10). Ferunt quidam, visionibus et allocutionibus divinis eos crebro hoc loco fuisse consolatos. Nos autem hanc rem parum nobis compertam [56] existimatione vulgi ruminandam relinquimus. Sed tamen hoc pro certo scimus, quod episcopo dies et hora obitus sui divinitus prænotata est. Et hoc ipse [57], postquam domum [58] reversi sunt, imperatori pronunciavit. Quare imperator multum contristatus, quem in [59] locum ipsius habere vel cui episcopatum ejus [60] committere debuisset, multum lacrimando ab eo exquisivit [61]. Tunc tandem quasi coactus sic respondit : *Fratrem unum habeo ; si Deo placuisset* [62], *hunc mihi successorem rogassem* [63]. *Super hæc autem omnia Deus unum provideat* [63], *in quo sibi bene complaceat*. Tunc imperator sub testamento Dei juravit antedictum episcopatum fratri illius se daturum. Et ut melius ac [64] facilius recordari potuisset, epistolam deprecatoriam pro hac re ab episcopo accepit, quam in sacculum suum ad testamentum [65] posuit. Quid plura ? Eadem [66] die et hora qua [67] ipse prædixit [68] morte succubuit, corpusque suum Romæ cum magno honore in pace sepultum est (*an.* 999, *Aug.* 27).

4. Defuncto autem episcopo, statim aderant varii [69] deprecatores, imperatorem pro episcopatu invocantes. Ex quibus quidam Erpho [70] pastorali nomine insignitus [71] est. Sed hic postea quartum diem non vidit, quia die tertia defecit. Quo extincto, adfuerunt iterum non pauci, aures imperatoris variis rogationibus pecuniæque promissionibus pro episcopatu incessanter adimplentes ; inter quos unus Razo [72] nominatus, maxime laborando et non pauca

promittendo, virgam pastoralem accepit. Qui statim cum gaudio de Italia regressus, ad locum qui dicitur Curo [73] pervenit, ibique vitam finivit. Nuncii autem revertentes, baculum imperatori retulerunt, et hujus interitum dixerunt [74]. Tunc tandem imperator suæ memor promissionis, manum [75] clausit et episcopatum hunc nemini, priusquam in patriam reverteretur, se daturum promisit. Quis hoc meritis [76] beati Patris nostri [77] non computabit, ejusque vitam in hoc non [78] laudabit, quod ita a Deo erat electus, ut istorum virorum ostenderet defectus? Mira res multumque stupenda, ut unus post electionem et episcopatus acceptionem [79] quartum decimum diem non vidisset [80], alter vero quartum diem non vixisset [81]! Hic intelligere necnon et mirabilia Dei possumus videre. Non est enim sapientia neque [82] prudentia nec ullum consilium contra Dominum. Quod enim hominibus placuit, Deo displicuit ; quod imperator elegit, Deus rejecit, et elegit infirma, ut confunderet [83] fortia. Sciebat enim [84] suum se timentem, se diligentem [85], se totis viribus colentem ; hunc prædestinatum vocavit [86], et vocatum justificavit, et justificatum non laude hominum ; sed sua misericordia magnificavit.

5. Imperator enim de [87] Italia regressus (*an.* 1000), Saxoniam ingreditur, et in locum qui dicitur Kirichberg [88] (11) pervenit. Illuc episcopus Moguntinus, et cum eo venerandus Burchardus ad imperatorem venit. Imperator archiepiscopum honorifice suscipiens, causam Wormaciensis episcopatus illi [89] exposuit, duorumque virorum mirabiles interitus omnino narravit. Et post multas confabulationes imperator [90] per fenestram prospiciens [91], Burchardum vidit, quem statim celeriter ad se vocavit. Et arripiens manum [92], seorsum duxit [93], quid frater ejus [94] pro eo rogarit [95] quidve sibi demandarit [96], diligenter exposuit. Ac deinde epistolam, quam in sacculo reservavit, illi aperuit ; sicque [97] Wormaciense sacerdotium illi offerre cœpit. Cumque ille multum reniteretur, seque indignum esse pontificale officium suscipere contenderet [98], imperator vehementer instans [99] quasi vi ad suscipiendum eum compulerat [100]. Tandem conspiciens [101], quia potenti resistere non posset, ut [102] cum seniore suo

VARIÆ LECTIONES.

[48] gubernabat 2. [49] Laurissam..... 2. [50] consilio 2. [51] Romanarum provintiarum præciperet 2. [52] e. Franco 2. [53] pedibusque 2. [54] nudatis 2. [55] dierum 2. [56] parvam n. comparatam 2. [57] j. episcopus imperatori p. d. r. s. p. 2. [58] domi 2. [59] *deest* 2. [60] *deest* 2. [61] quæsivit 2. [62] placeret rogarem 2. [63] virum prævideat 2. [64] et 2. [65] testationem tali 2. [66] eodem 2. [67] quam 2. [68] p. Franco, vir venerabilis et Deo dilectus episcopus Wormatiensis, naturæ succubuit et debitum mortis solvit et corpus ejus Romæ ab imperatore cum 2. [69] quidam ad 2. [70] epho 2. [71] assignatus 1. [72] raizo 1. raso 2. [73] chur 2. [74] nuntiaverunt 2. [75] m. suam 2. [76] meritum 2. [77] n. burchardi 2. [78] *deest* 2. [79] assignationem 2. [80] vidit. [81] vixit 2. [82] nec 2. [83] confundat 2. [84] namque 2. [85] colentem ; se t. v. diligentem 2. [86] v. et v. i. et j. *desunt* 2. [87] ab 2. [88] Kyritzberg 2. [89] ille 2. [90] ipse 1. 2. [91] aspiciens 2. [92] eum manu 2. [93] dixit 2. [94] e. franco 2. [95] rogavit. [96] demandavit 2. [97] sic quoque 2. [98] *deest* 2. [99] vehementius instabat et q. 2. [100] compulit 2. [101] T. vir venerabilis Burchardus videns 2. [102] petiit ut 2.

NOTÆ.

(9) Diploma non reperio.
(10) Hæc eodem fere tempore egit quo Garganum montem adiit et S. Nilum visitavit.
(11) Kirchberg.

archiepiscopo causam deliberaret exposcit [103]. Quo impetrato et ab [104] archiepiscopo accepto consilio, quod [105] imperator jussisset se passurum promisit. Hoc cum diceret, omnium [105*] qui aderant lacrimis obortis [106], illius dignissimis meritis committitur virga pastoralis.

6. Post aliquos [106*] autem dies, licentia ab imperatore accepta, cum archiepiscopo in [107] locum Helingunstat [107*] (12) pervenit ibique sacerdotalis officii infulam accepit [108]. Sequenti [108*] autem die pontificalis benedictionis unctione venerabiliter consecratus est. Deinde post multas salutationes diversasque [109] amplexiones ab archiepiscopo [109*] honorifice dimissus [110], sibi commissum episcopatum visitavit, Wormaciamque venit, quam destructam ac pene desolatam invenit. Nam non usui hominum, sed ferarum et maxime luporum latibulis aptissima erat. Planities enim valli et destructio muri latronibus et feris facillimum præbebat introitum. Ferunt namque, quod lupi sæpissime cunctis videntibus pecora ibidem devorassent [110*], et homines hoc prohibere volentes assiduis insultationibus audacter terruissent [111], et tandem, quamvis cunctis insequentibus, illæsi evasissent [111*]. Latrones vero hunc locum ad perficiendam suæ voluntatis nequitiam aptissimum esse jactabant [112], quia neque munitio valli neque obstaculum muri aliquam difficultatem ingrediendi illis aliquando afferebat [112*]. Si quis autem civium voluntati eorum aliquid contradixit, hunc nocturnis aggressionibus petierunt, et cuncta quæ habuit rapientes secum asportaverunt, ipsum seu mortuum [113] vel semivivum relinquentes. Tali pace, tali [113*] securitate, necnon [114] tali munitione cives Wormacienses illis diebus usi sunt. Ad ultimum vero [114*] relinquentes civitatem desolatam, extra murum omnes abierunt, ibique domos [115] et ædificia ad suos usus necessaria condiderunt, et sepibus ac trabibus aliisque lignis contra raptores et feras, in quantum potuerunt, se suosque munierunt. Igitur [116] episcopus Burchardus videns desolatam civitatem, multum doluit, acceptoque a suis consilio, vallo firmissimo circumdedit civitatem. Undique reædificavit murum, et cives intra murum ædificare necnon [117] et habitare præcepit. Ita quippe in quinque pene annis cives expulsos revocavit, pacemque [118] in his finibus firmavit, et [119] civitatem omnino desolatam rite restauravit. Sed hæc una res piis hujus viri laboribus fuit maximum impedimentum.

7. Otto [120] dux (13) suusque [121] filius Conradus intra civitatem habebant munitionem [122] turribus et variis ædificiis firmissimam. Ad quam domum [123] raptores et fures et omnes [124] contra episcopum delinquentes refugium tutissimum habebant. Si quis enim contra episcopum suosque fideles verbis vel factis aliquid deliquit, ad hanc partem statim se recepit, et ob hoc obtruncationes et homicidia multa ex utraque parte fiebant. Hoc quippe dedecus hasque duras [125] calamitates homo Dei [126] tolerabat; sed forti pectore audacibus eorum actibus quasi imperterritus semper tamen resistebat. Unde et contigit, ut idem vir [127] Dei hoc genus hominum [128] omnibus vitæ suæ diebus exosum habuisset et quasi ecclesiæ Dei invasores omnes respuisset; uno tantummodo juvene excepto, quem parentes cæterique cognati, quia pacificus erat et innocentiam vitæ diligebat, indignando respuerunt [129]. Hunc vir Dei venerabilis ad se vocatum, Dei timorem pariter et amorem [130] docuit et quasi adoptivum [131] nutrivit. Et quia stabilitatem animi in eo intellexit, præ cæteris multum illum dilexit. Quem Deus postea in solium [132] regni clementer exaltavit [133]. Cum episcopus [134] potentium viribus aliter resistere desperasset, curtim suam muro, civitatem [135] ad instar castelli circumdedit, et interius, turribus et habitaculis ad pugnandum idoneis non segniter excitatis, munitionem satis firmam construxit. Castello itaque confirmato [136] et constructo, inimicorum [137] audacibus factis [138] fortiter resistebat et spem suis [139] augebat; plerumque etiam ipsos [140] hostes dictis et factis intrepidus terrebat.

8. Postea vero [141] sedatis seditionibus et pace inter illos vix firmata [142], jussu imperatoris episcopus cum apparatu magno et milites Moguntinenses [143] necnon et abbas Fuldensis atque [144] episcopus Wirtzburgensis cum non modica multitudine in Italiam profecti sunt (an. 1001). Cumque maximo sudore

---

VARIÆ LECTIONES.

[103] deest 2. [104] j. ætas (?) 2. [105] c. tandem se facturum 2. [105*] omnes 2. [106] abortis 1. [106*] aliquot 2. [107] ad 2. [107*] Heiligenstat 1. [108] H. accessit 2. [108*] Sequente 2. [109] que deest 2. [109*] a. Moguntino Willegiso 2. [110] d. est 2. qui novum incipiens caput rubram addit : Quomodo Burchardus episcopus Wormatiensis factus Wormatiam visitavit, quam desolatam invenit, tunc vero Pergit : Burchardus itaque recedens ab archiepiscopo Wormatiam venit, quam destructam. [110*] devorabant 2. [111] terruerunt ac 2. [111*] evaserunt 2. [112] aiebant 2. [112*] i. offerret 2. [113] i. semimortuum 2. [113*] talique 2. [114] n. et 2. [114*] v. cives 2. [115] domos 1. [116] 2. add. rubram : Quomodo episcopus Burchardus civitatem munire cœpit. [117] domos 2. [118] et pacem 2. [119] atque c. Wormatiensem 2. [120] 2. add. rubram : Sequitur de Ottone duce et de Conrado filio ejus. [121] ejusque 2. [122] m. firmam et v. a. munitissimam 2. [123] deest 2. [124] o. qui c. e. ejusque fideles v. v. f. a. deliquit ad hunc statum se recepit, et sic tutissimum ibi habebant refugium. Unde et ob 2. [125] deest 2. [126] d. Burchardus diu t. 2. [127] c. eisdem ut vir 2. [128] deest 2. [129] respuebant 2. [130] a. habere d. 2. [131] ad optimum 2. [132] p. spolium 2. [133] collocavit 2. [134] Episcopus igitur Burchardus cum p. 2. [135] deest 2. [136] firmato 2. [137] in 1. 2. [138] fortis 2. [139] s. et civibus 2. [140] suos i. 2. [141] vera 1. [142] facta 2. [143] mag. 1. [144] ac 2.

NOTÆ.

(12) Heiligenstadt.

(13) Filius Conradi, quondam ducis Lotharingiæ.

Tuscaniam [145] pertransissent [146], imperator mortuus illis nuneiatur. Qui, ut necesse erat, valde contristati, viam per quam venerant [147] reversi sunt (*an. 1002*). Tunc urbani de Luca [148] et de circumjacentibus villis, congregata [149] maxima multitudine equitum et peditum, vias undique concluserunt, et quasi ad bellum instructi, nostrorum adventum armati [150] expectaverunt. At [151] nostri, visa tam magna [152] multitudine, turbabantur [153] et illis invitis per terminos eorum transire diffidebant. Inito tandem episcopi consilio, legatos mittunt; ut ipsos per fines eorum cum pace transire permitterent [154], suppliciter precabantur. Quo vix impetrato, illo die usi sunt pace. Intermisso noctis spacio, valde diluculo hostes in unum conglomerati magno clamore et levibus prœliis primos de nostris lacessere cœperunt, et utrimque paucis aut [155] vulneratis aut occisis, clamor ab aliis auditur. Itaque omnes celeriter consurgentes arma capiunt, et omnes in unum conveniunt. Inter quos erat [156] quidam Thiemarus [157], miles episcopi Wormaciensis, vir strenuus et omni bonitate prœcipuus, qui in hoc exercitu in militari re opinatissimus [158] habebatur. Hunc episcopus ad se vocatum [159] rogavit [160], ut, si fieri posset, rem istam sine humano sanguine finiri adjuvaret. Qui se ejus jussa facturum promittens discessit, convocatisque aliis, quod animo habuit [161], tacite aperuit. Deinde montem ad ascendendum periculosissimum cum suis maximo labore ac sudore non segniter ascendit, et inimicam [162] manum clam circuivit. Itaque hostes, visis nostris, et mirabili eorum adventu perterriti, animo dissoluti sunt, ac prœcipites se fugœ dederunt. Nostri insequentes, tot in ea fuga peremerunt ac truncaverunt, quot [163] consequi potuerunt. Ex hac cœde episcopus [164] conturbatus, lacrimas fudit et Thiemarum multum [165] pro hac re arguit, tandemque non paucos denarios quasi pro expiatione civibus remisit. Itaque [166], Dei gratia adjuvante, in patriam reversi sunt.

9 [167]. Interea Heinricus [168] Bavarorum dux, undique collectis viribus, Wormaciam venit (*Mai. Jun.*), et ut sceptra [169] regni acquireret, non modicum laboravit. Ibique [170] cum episcopo Moguntinensi necnon et Wormaciensi de his [171] rebus consilium iniit. Igitur causam adventus sui illis exponit. Deinde omnia quœ voluissent, si voluntati [172] consentirent, se facturum promisit. Promiserat enim se munitam domum Ottonis [173] acquisiturum et in potestatem episcopi Wormaciensis rediturum; sicque multa dando et promittendo, ad voluntatem sententiœ suœ hos viros perduxit. Deinde Moguntiam cum illis venit (*Jun. 6*), ibique collaudantibus [174] cunctis qui aderant, sceptrum [175] regni accepit. Ubi vero Heinricus [176] in solium regni est exaltatus [177], Burchardus episcopus [178] suœ non immemor promissionis, die noctuque ob [179] libertatem suœ civitatis regem incessanter admonuit. Tandem vero [180] rex Ottonem ducem ad se vocans, de his rebus sententiam cum eo habuit, ac studium suœ voluntatis aperuit [181]. Qui, ut erat vir prudens, sic [182] prudenter respondit : « Pater, etsi rem grandem mihi dixisses, certe [183] facere voluissem [184]. Hoc autem te pro certo scire cupio, quod pro his rebus in œterno Dei regno mercedem sempiternam tecum me habiturum firmiter spero. » Istis hisque similibus sententiis [185] res ista est finita [186], et quœdam villa quœ dicitur Bruchsella (14) cum omnibus utilitatibus et appenditiis pro hac domo in commutationem duci tradita est (*Octob.*). Ita quoque Wormacia iniquo servitio diu subacta piis episcopi laboribus liberata est (15). Ergo [186] eadem die qua dux de hac munitione [187] discessit, episcopus multis congregatis eandem domum [188] duce inspiciente invasit, et usque ad fundamentum avida manu omnino destruxit [189]. Deinde quoque cum eadem materia eisdemque lapidibus monasterium et claustrum in honorem sancti Pauli construxit, consignans hoc titulo : ecclesiam ob libertatem civitatis. Ergo cunctis quœ ad canonicam regulam pertinebant rationabiliter ibi compositis, viginti fratres, qui cursum certis temporibus ac signis conservarent, ibidem instituit (16). His modis vir Dei domum belligeram mutaverat in Christi ecclesiam, et quœ erat domus contentionis facta est domus reconciliationis, in qua [190] Deo nostro laudes et [191] gratiarum actiones die noctuque solvuntur.

10. Forestus silva [192] est duobus miliaribus [193] a

VARIÆ LECTIONES.

[145] tussaniam 1. justamani *vel* nstamani 2. [146] pertransierunt 2. [147] venerunt 2. [148] Qnam urbem Deluca 2. [149] deest 2. [150] deest 2. [151] Et 2. [152] v. tanta 2. [153] turbantur 2. [154] putarentur 2. [155] et v. et o. 2. [156] deest 2. [157] Tremarus 2. *et infra*. [158] ornatissimus 1. [159] vocat 1. [160] rogat 2. [161] habebat 2. [162] in i. 2. [163] quod 1. [164] venerabilis e. Burchardus turbatus 2. [165] supradictum 2. [166] Ita quoque 1. [167] 2. *add. rubram :* Quomodo Heinricus sanctus Wormatiam venit et de sublimatione ejus in imperatorem, *et sic pergit* : Mortuo itaque Ottone tertio, Henricus. [168] henricus 1. 2. *semper* 1. [169] summa r. adhœreat 2. [170] Ibi quoque 1. [171] iis 1. [172] v. suœ 2. [173] O. supradicti ducis, quam in Wormatia habebat a. 2. [174] eum laudantibus 2. [175] sedem 2. [176] H. imperator factus 2. [177] elevatus 2. [178] e. Wormatiensis 2. [179] ad 2. [180] Et sic tandem 2. [181] illi a. 2. [182] deest 2. [183] debuissem 2. [184] exemplis 2. [185] ita f. est tali modo. Quœdam namque v. cum o. u. et a. pro castro ducis Conradi in Wormatia pro h.d. in cambium d. t. est quœ dicitur Bruchsella. *Reliqua desunt; sequitur vero rubra :* Quomodo episcopus Burchardus castrum destruxit et ibidem ecclesiam sancti Pauli œdificavit. [186] Igitur 2. [187] de m. sua sive de castro d. 2. [188] d. sive castrum 2. [189] d. ne amplius civibus in laqueum. Dehinc de eadem 2. [190] q. modo d. l. 2. [191] et g. a. *desunt* 2. [192] una 2. [193] millibus 2.

NOTÆ.

(14) Bruchsal.
(15) V. Heinrici diploma d. Oct. 3 a. 1002, ap. Schannat Hist. Worm. II, p. 35; et cf. quœ de hac libertate Thietmarus canit v. fin.
(16) Cf. chartas Burchardi ap. Schannat l. l., p. 41, 42.

Wormacia distans, abietibus abundans, et hanc palus limosa ex una parte ambiendo circumcingit, in cujus medietate collis pulcherrimus consistit, ad quem vir Dei se transferri præcepit [194]; et quia mundanos tumultus devitare voluit, arboribus [195] fruticibusque succisis [196], collem explanavit; ibique [197] primum fecit [198] oratorium, deinde [199] aliis officinis peractis, cellam egregiam construxit. Illic se [200] post concilia regiaque colloquia et post curam synodalem diversosque mundi strepitus receperat [201]; ibique [202] negociis secularibus post tergum projectis [203], totis viribus in obsequio Dei studebat [204]. Eodem quippe [205] tempore in collectario [206] canonum in hac cella [207] non modicum laboravit [208]. Nam [209] domino Walterio [210] Spirensi episcopo adjuvante (17) et Brunichone [211] præposito exhortante et suggerente (18), canones in unum corpus collegit; non pro ulla arrogantia, sed, ut ipse [212] dixit, quia canonum jura pœnitentiumque judicia in episcopatu suo omnino fuerant [213] neglecta ac [214] destructa. Hoc vero corpus sive collectarium [215] distinxit et in viginti libros distribuit [216].

11. Præterea vero, vir Dei [217] a [218] piis laboribus non cessans, ecclesiam sancti Petri ad sedem [219], quia ultra modum exigua fuerat [220], deposuit, potensque fundamentum, consignavit miræ magnitudinis monasterium, quod quidem magna celeritate paucis annis pene ad perfectionem perduxit, ut non videretur ædificando constructum esse, sed quasi exoptando subito ibi constitisse.

12 [221]. Istis quippe diebus sororem suam, nomine Mahildam [222], mulierem honestissimam et omni claritate dignissimam, ad se vocavit et fraterna dilectione secum nutrivit. Erat enim hæc ipsa domina ad opera muliebria magno ingenio sollertissima, et feminas ad rerum textilium diversitatem [223] doctas habuit [224], et in conficiendis vestibus preciosis mulieres multas superavit [225] (19). Interea contigit, ut abbatissa in monasterio sanctimonialium ibidem Deo servientium diem clauderet ultimum. Post cujus obitum omnes sorores quasi uno ore episcopum deprecantes orant [226], ut eidem sorori suæ abbatiam donaret et curam eas custodiendi committeret [227]. Vir quoque venerabilis, earum [228] petitionibus consentiens, sororem suam ad se vocavit, ac diversis circumlocutionibus illam exhortans, tandem sic ait: « Dilectissima, inquit, soror mea, vides res mundanas, quam fragiles ac defectibiles sunt, quam plenæ omni iniquitate consistunt. Nam aurum et [229] argentum lapidesque [230], qui nobis videntur preciosi, quid aliud quam sordes computantur apud Deum [231]. Nihil in his aliud agimus [232], nisi cupiditate rerum temporalium [233] miseras animas decipimus. Quocumque enim gradimur, mortis umbra nos sequitur; et qui securiter [234] hodie in deliciis vivit, cras infeliciter morti [235] succumbit. Beatus autem ille est, qui rectam justi itineris sequitur semitam et gloriam hujus mundi respuit et quæ Dei sunt intra domicilium puri cordis recipit. Ergo, carissima soror mea, armillas et inaures vestesque deliciosas volo ut deponas, et velamen sanctum accipias, sicque regi sempiterno te adjungas [236]. » Hæc cum illa audisset, vehementer expavit, et ultra quam dici possit admirans, ait: « Numquid scis, senior sancte, omnibus diebus vitæ meæ in secularibus me versatam, istius officii omnino esse insciam? Nam, tantum psalterio excepto, libros penitus ignoro; in hoc officio versari nescio; et quomodo tunc in hac vita, domine [237], sine offendiculo vivere potero? » Econtra, vir Dei: « Desine, inquit, ut his verbis aliquid [238] addas, et exhortationem meam citissime adimplere [ne [239]] differas. Quid tibi obsistit? Quid impedit? Felicissima est commutatio [240], res transitorias derelinquere et æternas divitias vitamque [241] perpetuam feliciter acquirere. » His aliisque exhortationibus plurimis sororem suam ita superavit, ut tandem quicquid voluisset se facturam devovisset [242]. Hoc [243] cum Dei servus audiret, gratias Deo toto corde rependens exultavit. Statimque regulam canonicam simul et computum, necnon et vitam Patrum ac dialogum aliosque libros huic vitæ con-

VARIÆ LECTIONES.

[194] transferre fecit quando m. 2. [195] deinde a. 2. [196] fructibusque excisis c. planari fecit 2. [197] ibi quoque 1. [198] deest 2. [199] dein 1. [200] c. atque illuc sæpius 2. [201] sæpius se transtulit 2. [202] ibi quoque 1. [203] positis 2. [204] se exercebat 2. [205] deest 2. [206] collectorio 2. [207] hoc celle 2. [208] l. quia a tumultibus alienus locus erat 2. et add. rubram: Quomodo episcopus Burchardus canones elegit. [209] Jam 2. [210] walthero 2. [211] brunrechone 1. [212] sæpe 2. [213] fuerunt 2. [214] et 2. [215] seu collectorium 2. [216] Sed hoc opus adhuc in Franckendæl majori habetur in pulcherrima libraria, licet modo post opus Gratiani non utantur juristæ add. 2. verba Kirsgariensis, ibique rubra sequitur: De constructione novæ ecclesiæ sancti Petri, quæ modo summa dicitur sive major ecclesia. [217] P. vir d. Burchardus 2. [218] deest 1. [219] p. apostoli 2. [220] erat 2. [221] 2. add. rubram: De sorore ejus, quam præfecit monialibus in Nonnenmünster in suburbio civitatis. [222] mahillam 2. mahildam ? [223] diversitates 2. [224] secum h. 2. [225] superabat 2. [226] erant 1. [227] ci c. 2. [228] eorum 2. [229] deest 2. [230] lapides pretiosi 2. [231] reputantur 2. [232] agunt 2. [233] secularium 2. [234] secure hoc die et d. 2. [235] morte 1. [236] conjungas 2. [237] vita Domini sine 2. [238] aliqua 2. [239] deest 1. [240] felicissimum est concambium 2. [241] et p. salutem 2. [242] novisset 2. [243] Hæc 2.

NOTÆ.

(17) Olbertum, qui postea abbas constitutus est Gemblacensis, præcipue Burchardo opem præstitisse, Gesta referunt abb. Gembl. ap. Dacher. ed. 2, II, p. 763.

(18) Cf. Burchardi epist. ad Brunichonem decretorum collectioni præmissam.

(19) Cf. Alpertum 1, 2, supra.

venientes eam discere præcepit. Quæ continuo omnia quæ jussit obedienter discere ac perficere studuit [244]. Cum autem vir Dei tantam voluntatem et tam pium studium in hac Dei famula intellexisset, imposito velamine, ad Dei officium eam consecravit. Congregatis [245] in unum sororibus, abbatiam sororumque curam illi commendavit. Accepto vero velamine, cunctis virtutibus honestisque moribus clarissima enituit, et quasi omni vita sua secundum regulam fuisset enutrita [246], cunctis præbuit exempla divina. Non enim voluit ministrari [247] sed ministrare, neque more magisteriali [248] super [249] cæteras se exaltavit, sed quasi mater cunctas dilexit ac docuit. Mira res, ut femina secularis in hoc negocio ne quidem ad horam gravaretur, sed potius delectaretur. Omne quoque prædium quod acquisierat ecclesiæ cui præerat cum auxilio fratris in proprium contulerat. Præterea, fratre exhortante et adjuvante, claustrum simul [250] et monasterium pene desolatum non solum renovavit, sed etiam rædificavit et [251] dedicari fecit, et in servitio divino [252] cum sororibus sibi commissis die noctuque corde et animo stabilissimo [253] permansit, earumque conversationem fratris adjutorio [254] rationabiliter, sicut canonicus deposcit [255] ordo, per omnia disposuit.

13. Illius quoque [256] exemplis ac [257] documentis una ex eisdem sororibus, Caritas nominata, Deo devota, altioris majorisque vitæ districtionem ab episcopo postulabat. Cumque ille Dei voluntatem in tali vita justis factis [258] bene adimpleri [259] posse firmaret, tamen virgo Dei petitione incessabili assidue rogabat, ut, quia majora facere vellet, inclusam se a secularibus removeret [260]. Tandem vir Dei petitioni ejus consentiens, clusam [261] fieri jussit, diem certum constituit [262], et ad [263] peragendam Dei famulæ voluntatem ad monasterium sanctimonialium cum universis fratribus venit. Cumque illuc ventum fuisset, fratribus in unum convocatis, virginem in medio statuit, et dixit [264]: « Fratres mei carissimi, videtis hanc virginem, Dei amore pariter et timore accensam, lubricas hujus mundi delicias respuentem et Deo placere concupiscentem. Hæc [265] sermonem evangelicum non [266] surda aure recipiens, patrem et matrem, cognatos et amicos, domos et agros respuit, et soli [267] Deo se adjungere disposuit. Erubescite, senes, necnon et vos, juvenes, nihil huic simile facientes! Quid tacetis? Quid rubore contenditis? Ecce puella tenuissima erecto vexillo intrepida vos præcedit, et contra spiritales nequitias pugnare non metuit. Ecce lorica [268] fidei, galeaque salutis induta, animo imperterrito contra inimicum dimicare est [269] parata. Ergo si neque præcedere neque huic [270] concurrere possitis [271], saltem eam similibus pietatis exemplis consequi studeatis. » Post hæc aliaque verba divina, completis missarum officiis [272], cellulæ eam inclusit; et quæ [273] compunctione divina secularibus [274] mortua fuit [275], ordine mortuorum Deo illam commendaverat. Ibique [276] Deo serviendo tres annos vita angelica vivebat, et diversis passionibus temptata [277], ad ultimum animam pleniter expurgatam [278] suo reddidit Creatori, ut in omnibus honorificetur Deus, qui in sanctis suis semper est mirabilis [279].

14. Eodem tempore (an. 1009?) quippe [280] Heinricus imperator cum exercitu in Burgundiam ire disposuit, et eo itinere Wormatiam [281] venit. Cum autem egregium illud monasterium pene peractum vidisset, episcopum, ut se præsente consecraretur, assiduis rogationibus [282] petiit. Cumque vir Dei multum reniteretur, tandem imperatoris voluntati quasi coactus consensit. Ergo omni spurcitia foris projecta omnique fuligine detersa [283], die sequenti, imperatore præsente et jubente, cum magnis laudibus et maximo cleri plebisque tripudio, multis episcopis præsentibus, Deo dicata est hæc domus [284].

15. Post biennium autem (an. 1011?) res miserabilis in monasterio eodem acciderat [285]. Nam pars occidentalis subita ruina nocte quadam funditus cecidit. Sed hoc mirabile fuit, quod nulla campana sub tam magna mole, nisi tantum una exigua, confracta est. De hac re Dei servus, ut erat necesse, conturbatus [286], quandam quasi mœstitiam in vultu præferebat. Accedentes autem discipuli [287] ejus, quorum non pauca multitudo assidue [288] illum sequebatur, talibus eum dictis consolabantur: « Miramur, senior, juste, quod ex infortunio hujus operis in tantum turbaris, cum cotidianis postules [289] oblationibus [290], ut ita peragi liceat sicut Deo placeat. Orationes namque tuas Deus exaudit, tuam voluntatem publice adimplevit. Namque [291] quod Deo placet, sæpe probatur, sicut legitur : « Quem Deus diligit, « corripit (Prov. III, 12). » Quod enim [292] Deo displicuit, sicut petisti, rejecit. Idcirco suspiria deponas et patientiæ fortitudinem recipias. Hoc est laudabile

VARIÆ LECTIONES.

[244] curavit 2. [245] congregatisque 2. [246] nutrita 2. [247] m. sed desunt 2. [248] magistrali 1. [249] voluit s. alias exaltari 2. [250] similiter 1. [251] ac 2. [252] Domini 2. [253] stabilissime 2. [254] fratre adjuvante 2. [255] poscit 2. [256] istius ergo sanctæ fœminæ 2. ubi rubra præmittitur : De quadam sorore, quæ petiit solitariam vitam agere ab episcopo, quod et ille fecit. [257] et 2. [258] operibus 2. [259] adimplere 2. [260] et tamen virgo non cessabat assidue rogando eum, ut eam a secularibus rebus magis excluderet et eam includeret solitariam. [261] clausuram 2. [262] d. statuit c. 2. [263] deest 2. [264] ait 2. [265] hic 2. [266] cum 2. [267] respuente soli 2. [268] puella f. scuto g. 2. [269] pugnare p. est 2. [270] deest 2. [271] potestis 2. [272] solemniis. [273] quia a. 2. [274] a s. 2. [275] erat 2. [276] ibi quoque m. [277] temptam 2. [278] purgatam 2. [279] admir. 2. qui add. rubram : De dedicatione majoris ecclesiæ in præsentia Heinrici imperatoris et aliorum multorum prælatorum. [280] deest. 2. [281] in w. 2. [282] precibus 2. [283] detrusa 2. [284] altera die Philippi et Jacobi add. 2. qui etiam rubrum habet : Quomodo post biennium quædam pars ecclesiæ illius cecidit. [285] accidit in e. m. 2. [286] satis c. est et q. m. 2. [287] consiliarii 2. [288] deest. 2. [289] postulas 1. [290] orationibus 2. [291] namque — corripit desunt. 2. [292] deest. 2.

Deoque acceptabile. Deus enim, sicut tu optime nosti, inter alias dogmatis sui sententias istiusmodi dederat dicta consolationis : « In patientia vestra possidebitis animas vestras (*Luc.* xxi, 19).» Attende, Pater, hæc, attende, et molem curarum postpone, tristitiamque obliviscere, quia juxta Domini promissum tua tristitia convertetur [293] in gaudium.» At [294] vir Dei, quasi de tristitia excitatus, hilari vultu respondit [295] : « Grates magnas et gratias multimodas vobis rependo pro tanta consolatione talique admonitione. Sicut enim Domino placuit, ita fecit. In hoc [296] quippe gaudeo, ut quod sibi non placuit, sicut rogavimus, voluit in melius mutari. Sed audite nunc, rogo, et quomodo hæc perdiscebam vobis dico [297]. Quadam die cum duobus pueris solis hortum meum [298] majorem ingressus, in ipso vestibulo vidi diabolum in vestitu et habitu humano. Stabat enim contra aquilonem, herbas arboresque fructiferas extirpans, et ita facta congestione cum multo murmure viam conclusit. Quem, quia in similitudine et imagine hortulani incedebat [299], quare viam conclusisset, cum iratus interrogassem, respondit : « Utinam viam vitæ æternæ tibi possem concludere, qui possum majus [300] incommodum brevi tempore tibi congerere ! » Ego autem admirans [301] audaciam ejus, quia [302] putabam custodem horti, dixi [303] : In hoc quod [304] minitaris [305], in nomine Domini mihi non nocebis; nisi a nequitia tua cessaveris, perpetuum exitium [306] tibi congeres [307]. His dictis, usque ad sedem, quæ in horto est, perveni, et circumspiciens illum non vidi. Igitur, quod tam subito nusquam [308] comparuit, multum miratus, pueros, si illum vidissent, interrogabam. Qui ambo, neminem nisi me solum ibi vidisse, dicebant; sed quendam mecum contendentem se audisse confirmabant. Tunc ego : « Scio, inquam [309], filii ; quis est, scio. Sed minas ejus non timebo, neque in ejus verba sperabo, quia [310] veritas in eo non est, ut Dominus ait [311] (*Joan.* viii, 44). » Et statim inde recedens, hunc versum mente percepi : « Quoniam ego in flagella paratus sum, et dolor meus in conspectu meo semper est (*Psal.* xxxvii, 18). » Sequenti vero nocte in hora [312] matutina facta est hæc miserabilis templi ruina [313]. Ego quoque [314] audiens, mente consternatus sum, et illam Davidicam, fateor, non sine lacrimis repetivi [315] querelam : « Et fui flagellatus tota nocte [316], et castigatio mea in matutinis (*Psal.* lxxii, 14).» Ergo fratres mei, quoniam Dominus castigando me castigare dignatus est, gaudeo, et juxta vestram adhortationem patiens ero, atque conversus pro factis dictisque meis pœnitentiam agam [317], et te Deum meum laudabo, ut in omnibus honorificeris, qui irasceris et propitius eris et omnia peccata hominum [318] in tribulatione dimittis.» Post hæc quoque ligna et lapides extra templum exportare præcepit [319], positoque fundamento, firmiter ædificavit, et in duobus pene annis ad statum pristinum perduxit. Tunc capita columnarum necnon quadratos lapides in giro monasterii circumpositos deauravit, et omne templum variis ornamentis undique decoravit.

16. Deinde præbendam fratrum ad sedem [320] Deo servientium, quæ ex vetustissima antiquitate jam defecerat [321] ac [322] omnino pene neglecta erat [323], rationabiliter revocaverat [324] et in optimum usum mutaverat. Ergo cunctis canonice ordinatis, omnes fratres secundum regulam victu cotidiano refici ad refectorium [325] simul præcepit [326]. Similiter præbendam [327] fratrum apud Sanctum Cyriacum, ex incursorum negligentia pene destructam [328], misericorditer renovavit, et eos [329] simul refici jussit [330]. Omnia autem loca ad se pertinentia ex vetustate pene destructa ac desolata miro ingenio renovavit et muris variisque ædificiis egregie decoravit. Monasterium [331] autem simul [332] et claustrum sancti Andreæ, quod extra murum constitutum per neglectionem desolatum erat, intra [333] civitatem ædificavit, et causis canonicis ad usum fratrum venerabiliter [334] ordinatis; ad laudem et gloriam Dei nostri vitam regularem instituit [335].

17. In illis etiam diebus Brunicho [336], de quo supra diximus (20), venerabilis [337] ejusdem præpositus sedis, videns beati viri constantiam, quomodo pom-

VARIÆ LECTIONES.

[293] vertetur 2. [294] tunc 2. [295] sic r. h. v. 2. [296] quo 2. [297] hæc prædicebam vobis aliquando 2. *qui add. rubram* : Quomodo Burchardus episcopus intrans hortum suum vidit ibi diabolum in specie humana torve respondentem sibi. [298] *deest* 2. [299] i. interrogasse q. v. c. iratus v. 2. [300] in t. 2. [301] admiratus 2. [302] quoniam 2. [303] h. dixisse dixi 2. [304] *deest* 1. [305] minaris 2. [306] exitum 1. [307] congeris 2. [308] nunquam 1. [309] inquit. scio. f. scio quid est 2. [310] quoniam 2. [311] dicit 2. *ubi* Et — percepi *desunt*. [312] *deest* 2. [313] est ruina templi hujus miseranda 2. [314] hoc 2. [315] reptivi 1. [316] toto die 2. [317] ago 2. [318] horum 2. [319] exportari jussit p. firmamento 2. [320] s. episcopalem Deo ibi s. 2. [321] defecerat, et 2. [322] et 2. [323] erant 2. [324] renovaverat 2. [325] in refectorio 2. [326] 2. *add. rubram* : Quomodo fratrum præbendas in Nuhusem etiam refecit. [327] præbendas. [328] destructas 2. [329] eas 2. [330] sed qui modo unus locus in multis divisus est. 2. *verba Kirsgartensis monachi*. [331] 2, *add. rubram* : De translatione collegii sancti Andreæ, quod foris civitatem erat, quod intra civitatem constituit. [332] *deest* 1. [333] foras muros constructum erat et per negligentiam d. intra 2. [334] pertinentibus et v. 2. [335] ibi i. ubi modo est, sed prius erat in monte extra portam sancti Andreæ in suburbio ibidem. Et sunt modo moniales vel sorores pœnitentes ibidem; *verba Kirsgartensis monachi*, *qui rubram addit* : Qualiter præpositus majoris ecclesiæ et alii monachi effecti sint et de doctrina viri Dei, quomodo unusquisque in vocatione sua permanere debet. [336] brunecho 1. [337] vir v. 2.

NOTÆ.

(20) C. 10.

pas mundanas respuisset [338] et in servitio Dei fer- buisset [339] humanasque laudes vitando fugasset [340], in se reversus vitam monasticam aggressus est, et per exempla servi Dei diabolum decepit et corde contrito spirituque contribulato soli Deo placere studuit. Similiter et alii illustres viri per assidua servi Dei documenta mundum relinquentes, de civitate fugerunt et vitae monachorum se subdiderunt. Tandem vero episcopus veritus ne monasteria (21) fierent desolata, ab omnibus monasteriis fratribus convocatis [341], istis eos allocutus est verbis : « Nolo vos ignorare, fratres, quod omnis, qui [342] timet Deum et operatur justitiam, acceptus est illi, non solum monachus, sed et canonicus, etiam [343] et laicus. Non est bonum, ut omnes qui [344] in navi laborant uni operi insistant, ut vel omnes sint gubernatores et nullus navigator, aut omnes navigatores [345] et nullus gubernator. Consultius est [346] ut, apposito gubernatore, unusquisque operi [347] suo insistat, quidam navigent, alii altitudinem aquae explorent, alii, si necesse sit, malum scandant [348], alii vero sentinam hauriant, sicque navim omnes in pace dirigant. Similiter intelligere debemus, fratres, quod non omnia possumus omnes. Si enim omnes [349] monachi et canonici, ubi sunt laici ? Quis tunc ministrabit monachis, vel quis serviet [350] canonicis ? Si autem omnes laici, ubi tunc laudes et servitia Dei ? Diversa est enim familia in Ecclesia Dei, non solummodo monachi, sed etiam canonici, necnon et fideles laici. Et hi omnes egent gratia Dei. Ergo qui canonicus sit [351], pro monastica vita de monasterio suo sine licentia non exeat, sed cum fratribus in commune [352] laboret; et si districtiori vita vivere desideret [353], intra monasterium suum operibus Deo placentibus inserviat et de malis se sustineat, sicque holocausta medullata in ara occulti cordis Deo adferre [354] non desistat. » Tali quoque sententia et juvenum animos sedavit, et quod stabiliori mente in servitio Dei postea permanebant, incitavit.

18. Ad haec quippe [355], ut unusquisque illorum secundum ingenii quantitatem dicta vel scripta studiosa [356] sibi cotidie proferrent [357], firmiter praece-

A pit. Tunc vero quia Dei famulum studio deditum et sacrae Scripturae paginis eruditum ac sapientia Dei repletum videbant [358], sermones et epistolas quaestiunculasque varias illi proferre non timebant. Ergo [359] quidam illorum inter [360] alias quas saepe praetulit sententias de jejunio Moysi [361] et Heliae verba quaestionis composuit, et [362] illi, nobis praesentibus, quasi pro occasione dictandi, humili manu porrexit. Ita enim scripserat ille :

« Mentis ingeniique mei aridam si non pertinuissem intelligentiam, clementissimae tuae dominationi quasdam sacrae Scripturae sententias, quae animi mei exiguitatem constringunt necnon in dubitationis nodositatem cadere cogunt, aliqua ratione protulissem, ut tuae probitatis doctissimo eruditus documento, rei agnoscerem veritatem; quoniam quicumque ex sanctarum sententiis Scripturarum titubationis incidit periculum, nisi emendatus confessionis satisfactione mundetur ipsamque cognoscat veritatem, gravis culpam reatus incurrit. Quapropter ne vulnus conscientiae valde dolens ultraque celato metuens, tuae dignissimae sanctitati fiducialiter aperio, ut hoc quod latet intrinsecus patefiat extrinsecus. Nam hujus dictaminis compositionem, nullius sagacitatis protervitate succinctus, sed sitibundi ingenii raritate, Deo teste, valde coactus, sanctitati tuae propono, quo me corrigas certioremque istius investigationis me facias, quia te typum illorum gerere vicemque scio tenere quibus Dominico dicitur alloquio : « Vobis datum est nosse mysterium regni Dei (Marc. IV, 11). » Cum autem veram conscientiae meae confessionem faciens, ad veritati, agnitionem, tua monstrante prudentia, pervenero, ab omni reatus mei sorde mundatum ac tuae sanctitatis innocentiaeque me fore participem et spero et firmiter credo, quoniam, si verum non esset, Psalmista non dixisset : « Cum sancto sanctificaberis, et cum innocente innocens eris (Psal. XVII, 26). » Sed quia ulceris mei dolor me semper angendo tuam cogit adire clementiam, quaestiunculam, pro qua istius pitatioli congeriem composui, ambagibus cunctis projectis, tuae prudentiae, quam mihi suc-

VARIAE LECTIONES.

[338] respueret 2. [339] ferveret 2. [340] vitaret 2. [341] canonicis fr. 2. [342] etiam qui 2. [343] deest 2. [344] qui al. omnes desunt 2. [345] n. sint el. n. sit g. 2. [346] est ergo 2. [347] opere 2. [348] ascendant 2. [349] o. sunt 2. [350] servit 2. [351] est 2. [352] communi 2. [353] desiderat 2. [354] offerre 2. [355] item post haec praecepit 2. [356] studiose 2. [357] praeferrent. Tunc illi videntes 2. [358] deest 2. [359] et 2. [360] i. a. q. s. p. s. desunt. 2. [361] mosi 1. semper fere. [362] 2. sequentia ita in compendium redegit. et sibi proposuit, utrum nullum cibum Moyses in XL. diebus sumpsisset, ad haec vir anctus post multa verba sic intulit: « Quid mirum, si Moyses illo jubente jejunavit, in cujus regno nullus unquam jejunavit et esuriit. Putasne cives coelestes sicut terrenos rastro vel aratro sudantes laborando panem quaerere. Nequaquam. Sed est panis justorum indefectivus Deus Dei Filius, angelorum creator et hominum. De quo scriptum est : In principium erat Verbum ; et ibi : Ego sum panis vivus. Per quem panem mundus consistit, et populus Israel XL annis in deserto vixit. De quo tunc Moyses gustavit, quum in monte cum Domino fuit. Et ideo non mirum, si tunc tam diu absque cibi corporali fuit. » Multaque alia fuerunt ibi facta et dicta verba, quae causa brevitatis pertranseo, sed in historia ejus plenarie habentur.

NOTAE.

(21) Canonicorum, ut patet.

currendam[263] fore non dubito, prout potero ungue tenus exprimere non desisto. In sacrosanctæ Scripturæ voluminibus Moysen et Heliam quadraginta dies jejunasse legimus, sed an ab omni alimento se abstinuissent, multi dubitamus. Christum Dominum nostrum cursum quadraginta dierum jejunasse et triplicem idcirco temptationem tolerasse scio et veraciter credo, sed an ullus hominum hoc fecerit, dubito; quia si Moyses vel Helias aut prophetarum aliquis quadraginta dies uniuscujusque cibi abstinuisset, diabolicæ temptamenta probationis, ut autumo, non evasisset : nam, ut ita dicam, facilius esset, hominem passibilem probari quam dominatorem totius creaturæ temptari. Nunc autem tibi hoc tractandum relinquo, quoniam de talibus ultra loqui tremisco; scriptum namque est : « Omne « verbum otiosum quod locuti fuerint homines, red- « dent rationem de eo in die judicii (*Matth.* xii, 36). » Istius vero investigationis interrogationem quam pluribus proposueram sapientibus, cum non sum edoctus, crescit morbus prædictus centuplicatus. Quapropter tua me sancta veritatem edoceat sapientia, ut laqueum reatus non incurram, sed pœnitentiæ vel veræ confessionis fructum acquiram, quem apostolica dicendo promisit sapientia : « Con- « fessio fit ad salutem (*Rom.* x, 10). »

9. Ut autem hæc servus Dei perspexit, hujuscemodi correctionis verba eidem juveni die tertia rescripsit :

« Quod me de quadragesimali jejunio Moysi et Heliæ quasi dubitando interrogasti, ex hoc te, fili care, diutius dubitare nolo. Quia Deo adjuvante planissima expositio est, hac te instruere cupio. Nam, ut ipse confessus es, si quis de sententiis sanctarum Scripturarum dubitaverit, nisi satisfactione resipuerit, gravis culpam reatus incurrit; si autem ingenii ariditate seu ætatis temeritate sive ignorantiæ obscuritate aut negligentiæ conculcatione illusus, titubationis incidit periculum, et corrigi quis eum : « scire debet, quoniam qui converterit peccatorem ab « errore viæ suæ, salvavit animam suam a morte, » ut ait Jacobus apostolus (*Jac.* v, 19, 20). Ergo animam tuam a morte salvabimus, si dicta quæ demonstramus caute perscrutando pura mente recondis. Scripsisti namque hoc : « In sacra Scriptura « Moysen et Heliam quadraginta dies jejunasse legi- « mus, sed an se ab omni alimento abstinuerint, multi « dubitamus. » Nodum in scirpo quæris; labores quippe perdit, qui nodum in scirpo quærit. Est enim nodum in scirpo quærere, ex apertissima ac verissima ratione dubitationis nodositatem connectere et ex serenissima luce densissimæ nebulæ crassitudinem contrahere. Serenissimam dico lucem videlicet sanctam Scripturam, in qua factis et dictis unusquisque fidelium corrigitur; per quod et speculum vitæ merito nominatur. Est enim sancta Scriptura utrarumque legum et Novi et Veteris Testamenti declaratio. Si quis autem insani capitis ex illius lucidissimis judiciis non corrigitur, vanitatis ludibrio illusus decipitur. Vanitatis ludibrio unusquisque decipitur, qui stultitiæ vitio vanissimo capitur et non virtutem quærit nec vitium fugit. Igitur omne vitium fugiendum est; certe stultitia fugienda est : hoc quippe vitium hominis est. Et econtra omnis virtus requirenda est; sapientia quidem requirenda est; ipsa enim virtus Dei est. Quam summo studio maximaque diligentia requirat, qui Dei fortem virtutem cognoscere cupiat. Quid enim est fortius quam Dei virtus, quid lucidius quam quod Dei veri solis illuminat radius, quid veracius quam quod scripsit ipsius Veritatis manus? Ait enim Scriptura : Descendit Moyses de monte, duas tabulas lapideas portans in manibus suis, scriptas utrasque digito Dei. In quibus etiam tabulis subtitulatum est : Moyses Dei servus jejunavit quadraginta dies et totidem noctes, ut legem Domini mereretur accipere. Quid mirum, si Moyses illo jubente jejunavit, in cujus regno numquam ullus esurivit, sub cujus persona ad corrigendum Israeliticum populum hujusmodi verba correctionis propheta proclamavit : « Si esuriero, non dicam tibi, meus est enim orbis « terræ (*Psal.* xlix, 12); » et iterum : « Numquid « manducabo carnes taurorum, aut sanguinem hirco- « rum potabo? (*Ibid.*, 13) » Ille quippe, qui ex nihilo cuncta creavit, in regno gloriæ suæ numquam esurivit, nunquam sitivit, nec umquam dormivit, ut Scriptura ait : « Ecce non dormitat neque dormita- « bit qui custodit Israel (*Psal.* cxx, 4). » Igitur, filiole, verbi gratia mea dicta intellige. Si quis nostrum alicujus regis vel præpotentis imperatoris consilio interfuisset, cum diversas sui regni divitias inspiceret, cujus cibi vel potus interim dulcedine capi potuisset? Vidisset namque ministros diversi generis vestibus indutos, domum inclitam variis ornamentis insignitam, aurum purissimum signis ac preciosissimis lapidibus ornatum, ipsumque regem, corona ac regali diademate renitentem, divitias regni sui caute tractantem ac mysticas consilii sui rationes enucleantem. Et si lubrica et transitoria hujus mundi gloria hominem in tantum delectet, ut præcedens natura naturalia non reputet, quanto magis cœlestis æternalisque gloria Summi Moysen, Deum timentem ejusque præcepta sequentem, mundana oblivisci fecit? Interfuit enim sancto consilio regis æterni; viderat et gloriam Domini, hoc est tabernaculum non manu factum, id est non hujus creationis ; audierat vocem Domini dicentem sibi : « Præ cæteris « diligo te, et ex nomine novi te (*Exod.* xxxiii, 12). » Quadraginta enim annos pro quadraginta diebus per manum Moysi eduxit Deus populum suum per desertum, et cum eo locutus est facie ad faciem, sicut loqui solet ad amicum suum homo, ut Scriptura ait (*Exod.* xxxiii, 11); diem in annum mutavit, pabulo cœlesti populum suum pavit, panem angelicum homo

VARIÆ LECTIONES.

[263] succurrendum 1.

manducavit. Quis est cibus cœlestis, vel quis est cibus angelicus? Quid ergo, fili, dices ad hæc? Si nodum quæsisti, ecce invenisti. Jam resolve nodum, et hunc cognosce modum. Putesne, cœlestes cives sicuti terrenos rastro vel aratro sudantes laborando quærere panem? Nequaquam. Sed est justorum panis indefectivus Deus, Dei Filius, angelorum creator et dominus, de quo scriptum est : « In principio erat « Verbum et Verbum erat apud Deum et Deus erat « Verbum (*Joan.* I, 1). » Ecce panis angelicus! « Et « verbum caro factum est et habitavit in nobis (*Ibid.* « I, 14). » Ecce cibus cœlestis descendit, et panem angelorum homo manducavit, quando Verbum caro factum est in nobis habitavit. Ipse enim ait : « Ego sum « panis vivus, qui de cœlo descendi (*Joan* VI, 51) ; » per quem panem mundus consistit, et per quem populus Domini quadraginta annos vixit ; de quo Moyses jam tunc gustavit, quando rubo flagranti affatus sic respondit : « Obsecro, Domine, mitte quem mis- « surus es (*Exod.* IV, 13) » ; et alibi de eodem gustavit, quando inter plurima doctrinæ suæ verba filiis Israel ait : « Prophetam suscitabit vobis Deus de « fratribus vestris, ipsum audietis.(*Deut.* XVIII, 15). » De quo pane gustavit, cum quadraginta dies jejunavit : quia non in solo corporali cibo vivit homo, sed in omni verbo Dei (*Luc.* IV, 4). Per quod verbum cuncta creata sunt, et omnia quasi ex nihilo consistunt, quia ipse Deus Verbum est. « Verbum erat apud Deum « et Deus erat Verbum (*Joan.* I, 1). » In hoc quippe intelligimus, quia Deus Pater Filius ipse est, et Filius, hoc est Verbum, panis cœlestis est, et panis cœlestis, hoc est Verbum, caro factum est, ipso fatente et dicente : « Panis quem ego dedero, caro mea est pro « mundi vita (*Joan.* VI, 52). » Ipse quippe vita est et alimentum angelorum ac hominum, qui facit utraque unum ; ipse quoque Moysen spiritaliter satiavit, quando quadraginta dies corporaliter jejunavit. Cujus excelsam potentiam magnamque misericordiam et antiquum consilium diabolus non recognovit, cum ei triplicem et temptationem proposuit. Erat enim ab initio fratrum accusator ac nequitiæ arbiter mendaciique inventor et nugarum canopicorum sagacissimus magister. Latuit enim in corde Pharaonis, exagitans Moysen per temptamenta diversæ quæstionis. Ergo Moysen hominem recognovit, sed Christi divinitatem carne velatam non intellexit, ideoque Deum hominem perfectum dubitavit. Quamvis enim uxorem Pilati per visum pro redemptione ejus vexaret, tamen Deum hominem esse venenosus ille dubitabat. Dubitabat namque apud Deum esse misericordiam, ut humanitatem induere suosque servos divinitatis suæ admirabili commercio renovare vel redimere voluisset. Si enim non dubitaret nec justo invideret, Judæos infelices ad inobedientiam ac perfidiam contra Deum non sic excitaret neque per ora illorum, Crucifigatur, clamaret. Et quia dubitabat, nesciebat.

Igitur quia ab initio fallax ac dubiosus fuit, inter suspensionem dubitationis incidit periculum desperationis, et per ruinam desperationis passionem patitur æternæ damnationis, atque expulsus in tenebras exteriores, infernales merito pertulit passiones. Quod autem interrogasti de jejunio Heliæ, hac sententia intellige. Legisti etiam, puto, et intellexisti, quomodo post imprecationem, quam fecit super habitatores Galaath, Helias absconsus ab Achab rege in torrente Carith Deo jubente a corvis recreatus et pastus est (*III Reg.* XVII). Post tres autem annos præcepto Dei ostendit se Achab, quando zelans zelum Domini quadringentos quinquaginta sacerdotes Baal interficere jussit ; eodem die a Deo impetrans pluviam. Deinde timens minas Jesabel, furibundæ reginæ, per desertum fugit et in umbra juniperi pro tædio animæ obdormivit. Tunc quoque ab angelo bis excitatus, et de longitudine viæ instructus, ac subcineritio pane et aqua refectus, in fortitudine cibi illius ambulavit quadraginta dies et totidem noctes. Unde putas panis iste venit, vel quo de fonte hæc aqua hausta fuit? Nam, ut legimus, Helias a Deo raptus per turbinem in cœlum adhuc corporalis vivit. Sed de quo pane reficitur, aut de quo fonte putas potari? Dico tibi pro veritate, quod ipse, qui, ut dixi, panis justorum consistit, alimentum saturitatis Heliæ absque dubio tribuit. Aqua vero potationis ex illius fonte emanat, qui dixit : « Aquam quam « ego dedero qui biberit, ex ea non sitiet unquam « (*Joan.* IV, 13) » ; et iterum : « Qui biberit aquam quam « ego do, fiet in eo fons aquæ salientis in vitam æter- « nam (*Ibid.*, 14).» Helias enim est justus, et erat ideo justitiæ pabulo refectus ; vivit et vivebat, sicut scriptum est : « Justus ex fide vivit (*Gal.* III, 11). » Sufficiant, fili, tibi hæc pauca correctionis verba, ut ex his minimis imbutus discas majora perfecte intelligere et nodum similis quæstionis leviter dissolvere, quia quæcunque scripta sunt, ad nostram doctrinam scripta sunt, ut per patientiam et consolationem Scripturarum spem habeamus in Christo Jesu Domino nostro, qui vivit et regnat Deus in omnia secula seculorum, Amen. »

Convenienti vero tempore confabulationis prædictus juvenis, quibusdam familiaribus suis convocatis, ut ipse fatebatur, ne tam delectabiles animarum epulas [364] solus ruminando absconderet, larga manu illis hæc distribuit. Illi autem caput cum pedibus et intestinis, ut scriptum est, devorantes (*Exod.* XII, 9), quæ superfuerunt cum aliis fratribus partiti sunt, et ita ad nostram notitiam pervenerunt. Sed quia propter hoc longius a rectitudine viæ nostræ digressus demoror, ad cœptum iter redire quantocius conabor.

20. [365] Igitur [366] quia Deus ad suam servitutem nostrum pium [367] pastorem elegit, consueta misericordia eum [368] flagellare curavit, sicut legimus :

VARIÆ LECTIONES.

[364] epistolas 1.   [365] 2. *add. rubram* : De infirmitate sancti Burchardi episcopi.   [366] Jugiter 2. [367] suum ac n. past. 2.   [368] *deest* 1.

Quem enim diligit Deus [369], *corripit, et quasi pater* [370] *in filio complacet sibi* (*Prov.* III, 12). Tactus enim morbo paralysi, ægritudine maxima premebatur. Sed hoc incommodo nunquam superatus aut animo dissolutus, in eodem vultu et eadem hilaritate cum patientia summa permanserat. Ex hac quippe Dei castigatione in se [371] rediens, hanc salubrem cogitationem recepit, videlicet mundanas res apud Deum esse, exsecrabiles et non solum ad detrimentum sed etiam ad perpetuam [372] animæ ruinam pertinere. Unde ergo per omnem sancti Petri familiam diligenter [373] inquirere præcepit, si alicui illorum aliquid ex sua parte injuste ablatum sive incommodum factum fuisset; et si quis ullam injustitiam factam sibi fuisse retulit, huic dupliciter ablata reddere jussit. Verba ejus discretione [374] ita fuerant temperata, ut firmitas cordis ejus ab audientibus facile intelligeretur. Quicquid enim loquebatur, Scripturarum sanctarum [375] exemplis dulcissimis condiebat. Ejus autem ori justicia sive legum judicia aut sacræ lectionis [376] assiduitas nunquam deerat. Prudentiam in eo laudare non est necesse, cum non solum ex palatio, sed etiam ex diversis regionibus maximus hominum numerus ad intelligendum ejus consilium cucurrissent [377]. Frequentationi [378] jejuniorum, eleemosinarum, vigiliarum et orationum ita erat intentus, ut pauci nostræ ætatis viri huic possent adæquari. Nam nisi infirmitate compellente vel maxima necessitate cogente, pane, holeribus et pomis tantummodo vitam aluit. Assidue vero cunctis putantibus, quod vinum [379] bibisset, aqua se refecit. Sæpissime autem post tertiam vel [380] quartam vigiliam noctis cum quodam sibi familiarissimo, cui, ne aliquis hoc ab eo cognosceret, summopere interdixit, omnes civitatis plateas tacitus circuivit omnesque angulos et foveas perlustravit, et ubicunque pauperes sive infirmos invenit, elemosynarum solatia larga manu illis impendit. Cotidie quippe ante lucem intra oratorium se clausit, ibique [381] usque ad horam diei primam permansit, et quid intus ageret, non nobis sed soli Deo cognitum est. Cotidianis missarum officiis [382] animo infatigabili tam pro defunctis quam pro vivis sacrificia offerre non distulit. Pauperes eum [383] quasi patrem habebant et ex locis longinquis [384] frequenter ad eum veniebant, quorum nullum inconsolatum abire permisit. Quoties vero subitaneæ mortis incursio sive aeris terror vel sævitia inimicorum seu alicujus adversitatis periculum imminebat, statim convocatis fratribus, orationum ac jejuniorum constantia hoc superabat. Ecce coram Deo et angelis ejus veritatem scribo. Ergo [385] assidue in unum congregati, dum ejus varias virtutes collaudaremus, fateor, nos jam hoc divinasse, quod verum est, illo mortuo in hoc loco [386] nullum sui consimilem [387] tam clarissima vita esse futurum. Nam quamvis ægritudine detentus, in Dei servitio tamen mansit invictus [388]. Monasterium enim in honorem sancti Martini consignavit. Sed muro [389] ex parte peracto, regalis [390] crebrositate serviminis et maxime assidua infirmitate necnon variis adversitatibus impeditus, proh dolor! peragere non potuit; et ita illud monasterium quasi semifactum usque hodie remansit [391].

21. Post hæc [392] vero [393] imperator Heinricus moritur (1024, *Jul.* 13), ejusque [394] corpus ad Babumberg effertur [395] ibique cum maximo honore sepelitur. Quo mortuo, Conradus juvenis, quem [396] supra diximus (22) ab episcopo in Dei timore nutritum et doctum, Dei gratia favente summa rerum potitus est. Post hinc biennium, quam rex in regni solium est sublimatus (*an.* 1025, *Jul.*) imbecillitas virium servo Dei ultra [397] solitum accrescere cœpit. Cumque languore nimio ægrotaret, intra civitatem se recepit, diem et horam futuræ redemptionis exspectans [398]. Et cum aliquanto tempore ægritudine magna detineretur, legati regis ad eum veniebant, qui in proxima hebdomada regem esse [399] venturum nunciabant. De hac legatione servus Dei conturbatus, pro infirmitate sua multum doluit, quia neque [400] regem digne suscipere nec servitium se dignum pro infirmitate potuisset [401] præbere. Inter hæc verba ad consuetam conversus consolationem, oratorium intravit et januam post se clausit, ibique diem integrum in oratione permansit. Cum sero autem factum esset, more solito discipulos convocari [402] præcepit, laudibusque vespertinis peractis, cum lætitia est regressus, nobisque omnibus [403] Dei gratia repræsentatus est validus. Ita quippe omne spacium quod [404] rex nobiscum fuerat, quasi impetratis induciis, validus erat. Discedente autem rege,

VARIÆ LECTIONES.

[369] Dominus 2. [370] *deest* 2. [371] se ipse 2. [372] perpetuæ 2. [373] *deest* 2. [374] discretionis 2. [375] sanctorum 2. [376] sacra hominis 2. [377] concurreret 2. [378] Frequentatione 1. [379] vino se refecisset, aquam bibebat. Sæpe 2. [380] sive 2. [381] i. se u. ad h. d. p. 2. permansurum fecit. 2. [382] solemniis et o. 2. [383] enim q. p. h. eum 2. [384] propinquis 2. [385] et ergo 2. [386] *deest* 2. [387] similem 2. [388] 2. *add. rubram*: Quomodo monasterium sancti Martini incepit sed non perfecit. [389] multa 2. [390] regulis causæ cerebrositate et 2. [391] permansit 2. *ubi Kirsgart. add.* Imperator tamen Otto tertius aliqua bona in Bopardia monasterio illi contulit *et deinde rubram subjungit*: De morte Henrici sancti imperatoris et de substitutione Conradi quem Dominus Borchardus nutrivit. [392] hoc 1. [393] sanctus 2. [394] et ejus c. in Bamberg 2. [395] offertur 1. [396] de quo s. d. quem Dominus Borchardus enutrivit in Dei timore et docuit 2. [397] ultimum 2. [398] d. et h. f. r. e. *desunt* 2. *sed infra post* detineretur *exstant*. [399] illuc esse 2. [400] nequivit 2. [401] potuit 2. [402] convocare in unum 2. [403] *deest* 2. [404] quo 2.

NOTÆ.

(22) C. 7.

Triburiam (25) cum eo ivit, ibique tres dies mansit. Deinde accepta licentia cum abiret, regem se [ultra⁴⁰⁵] non visurum, multis audientibus quasi joculando prædixit. Cumque Wormaciam venisset, dysenteria morbo ⁴⁰⁶ ultra modum comprimebatur.

22. Quadam vero die cum corpus ad occasum vergere intellexisset, convocatis discipulis, oratorium intravit, omnibusque ⁴⁰⁷ debitoribus suis commissa adversum se piacula ⁴⁰⁸ dimisit, et bannitos seu a se ⁴⁰⁹ anathematisatos clementer absolvit, eisque omnibus scripta absolutionis singulariter direxit. Deinde aqua purissima totum se lavit, et collum ac ⁴¹⁰ barbam atque coronam radere jussit, indutisque vestibus puris, suos milites atque ⁴¹¹ clientes necnon et alios qui aderant ad se intrare præcepit. Tunc universis magno fletu singultantibus, vir Dei vix ⁴¹² qua poterat manu silentium indicens, ait: « Patres venerandi, fratres amandi, filioli dilectissimi, vestro auxilio apud Deum jam indigeo. Multum enim doleo, quod vos usque modo negligenter præcedebam meque ultra modum supra ⁴¹³ vos superbe exaltabam ⁴¹⁴, et non, ut justum erat, vos honorificabam nec diligebam. Sed superbia illa, quid mihi modo proficit ⁴¹⁵, vel arrogantia, quid me adjuvat ⁴¹⁶? Multum mihi nunc obficit ⁴¹⁷ multaque ⁴¹⁸ mihi offendicula parit. Hesterno namque ⁴¹⁹ unus fui ex ditissimis ⁴²⁰, sed jam expecto quod ⁴²¹ mox futurus sim quasi stercus et cinis. Talis enim ⁴²² est gloriatio ⁴²³ nostra, talis et dominatio mundana ⁴²⁴. Nudus quippe egressus sum de ⁴²⁵ utero matris meæ, nudus ⁴²⁶ revertar illuc, nihil præter peccata ⁴²⁷ mecum reportans, nisi Dei misericordia ⁴²⁸ exhortante aliquid boni fecerim, aliquando hoc apud Deum me inventurum esse spero. Ecce nunc sum lotus; ecce viam longissimam iturus, legationem durissimam expecto paratus. Ex his miseriis facile cognoscere potestis, liventes ⁴²⁹ mundanarum rerum gloriationes quam fragiles et instabiles sint ⁴³⁰, quam plenæ mali, quam cæcæ futuri ⁴³¹; quas per speculum nunc cognosco quasi in ænigmate, quamvis eisdem adhuc subjaceam ex parte. Ergo cui servivi ab initio ⁴³², Deo meo, regi sempiterno, me meaque omnia indubitanter committo, ut ipse me ⁴³³ defendat et secum illuc perducat, ubi anima mea terribiles occursus non timeat. » Talibus dictis nos admonebat, et verbum Dei non humane sonans docebat; tandemque corporis sui dissolutionem aperte pronuntiabat. His dictis finitis, cum maxima tristitia foras eximus, et tanti pastoris interitum omnes in commune lamentando flevimus. Tunc principes qui aderant intrantes, thesaurarium et cameram, ubi pecuniam putabant reconditam ⁴³⁴, diligenter angulos omnes perscrutati sunt, et tandem scrinia librorum voluminibus plena spe pecuniæ subvertentes, vano fortunæ labore illusi ⁴³⁵ sunt. Nam præter thesaurum ecclesiasticum nec aurum nec argentum ibi invenerunt ⁴³⁶, exceptis tribus tantum denariis, quos vir sanctus in wantone ⁴³⁷ (24) suo reliquit, quando alios pauperibus erogavit. Igitur soror ipsius, de qua supra diximus (25), abbatissa venerabilis, in orationibus ⁴³⁸ et vigiliis perduran'o, ab eo non discessit ⁴³⁹.

23. Cumque dies paucos maxima infirmitate ægrotaret, nocte ⁴⁴⁰ quadam, antequam diesceret ⁴⁴¹, Dei servus de lecto se erexit, et oculis ac manibus in cœlum intentis ⁴⁴², diutius oravit. Illi autem qui aderant labia ejus moveri videbant; sed quid oraret, quamvis caute intenderent, penitus non intelligebant. Deinde in lectum se deponens ⁴⁴³, sororis dexteram ⁴⁴⁴ tetigit ⁴⁴⁵, et dixit: *Ecce quod concupivi jam video.* Deinde dixit ⁴⁴⁶: *Dominus vobiscum*. Hoc cum tertio diceret, Redemptori nostro, cui servivit, quem amavit, quem quæsivit, quem semper optavit, spiritum immaculatum reddidit (an. 1025, Aug. 20). Habuit autem servus Dei quoddam scrinium, quod nullus nostrum aliquando apertum vidit. Hujus quidem clavem sorori commisit, ut quicquid [interius ⁴⁴⁷] invenisset, in dilectionem et memoriam vitæ suæ habuisset. Quæ ⁴⁴⁸ statim post obitum fratris, quibusdam convocatis ex nostris, dicta illius narravit et tunc scrinium aperuit. Invenimus autem in ⁴⁴⁹ eo cilicium hirsutissimum et catenam ferream ex una parte quasi ex usu contritam. Quod ut vidimus, primum, contra Dei famulum ⁴⁵⁰ sæpe nos negligenter deliquisse, tunsis ⁴⁵¹ pectoribus communiter ⁴⁵² doluimus. Deinde ejus felices actus apud Deum ita tectos ⁴⁵³ et abs consos ⁴⁵⁴ digne admirantes, gratiarum actiones

VARIÆ LECTIONES.

⁴⁰⁵ *deest* 1. ⁴⁰⁶ *deest* 2. ⁴⁰⁷ *que deest* 2. ⁴⁰⁸ paucula 2. ⁴⁰⁹ b. et. a. 2. ⁴¹⁰ et. b. ac 2. ⁴¹¹ e. et 2. ⁴¹² *deest* 2. ⁴¹³ super 2. ⁴¹⁴ extollebam 2. ⁴¹⁵ profuit 2. ⁴¹⁶ arrogat adjuvat 2. ⁴¹⁷ obfuit 1. officit 2. ⁴¹⁸ *que deest* 2. ⁴¹⁹ n. die 2. ⁴²⁰ doctissimis 2. ⁴²¹ quam 2. ⁴²² *deest* 2. ⁴²³ congloriatio 2. ⁴²⁴ humana 2. ⁴²⁵ ex 2. ⁴²⁶ et n. 2. ⁴²⁷ p. mea 2. ⁴²⁸ me m. 2. ⁴²⁹ lugentes 2. ⁴³⁰ sunt 1. ⁴³¹ futuræ 1. ⁴³² abituro 1. ⁴³³ *deest* 2. ⁴³⁴ absconditam 2. ⁴³⁵ elusi 2. ⁴³⁶ a. inveniebant 2. ⁴³⁷ vir Dei in sacculo 2. ⁴³⁸ o. suis 2. ⁴³⁹ recessit 2. ⁴⁴⁰ n. q. desunt 2. ⁴⁴¹ descederet 1. ⁴⁴² intentus 2. ⁴⁴³ reponens 2. ⁴⁴⁴ dextera 1. ⁴⁴⁵ attigit *rec. manu corr.* tetigit 2. *cod. Francof. et ita adnotatur in marg. cod. Hamb.* ⁴⁴⁶ inquit 2. ³⁴⁷ *deest* 1. ⁴⁴⁸ quod 1. ⁴⁴⁹ *deest* 2. ⁴⁵⁰ servum dei nos 2. ⁴⁵¹ sæpe t. 2. ⁴⁵² *deest* 2. ⁴⁵³ rectos 1 ⁴⁵⁴ et a. *desunt.* 2.

NOTÆ.

(23) Ibi rex fuit d. 26 Julii.
(24) Id est chirotheca, Gallice *gant*.

(25) c. 12.

Deo nostro non sine lacrimis pro ejus vita retulimus. Aderant in exequiis ejus sui milites, viri venerabiles et illustres, corpusque [455] ejus per omnia monasteria circumferentes, ad sedem principalem tandem detulerunt. Ibique ab universis fratribus venerabiliter acceptum, solitis custodiebatur officiis. Postera autem die in eadem ecclesia in choro occidentali, videlicet ante altare sancti Laurentii, honorifice sepultum est [456] (26).

24. Sed ubi nunc sunt illi pestiferi, qui vitam et actus viri Dei venenosis linguis carpentes, multa, quæ nec dici licitum est, super illum suosque fideles variis obtrectationibus mentiti sunt? O miseros et profanos, totius honestatis oblitos! O totius virtutis inscios totiusque pietatis nudos et sola ventris ingluvie saginatos! O totius bonitatis steriles, nihil huic simile facientes, sed spem suam seculo salutemque sepulchro supponentes, qui servi Dei facta mendaciis lacerabant, sed ipsi talia facere nesciebant; quorum Deus venter est et gloria eorum in confusione, qui terrena tantum sapiunt et quæ Dei sunt penitus nesciunt. Hic autem sacerdos Christi toto animo totisque viribus ad Deum conversus, quicquid boni fecit, Christo soli cognoscendum diligenter abscondit, et inanes favores similiter et hominum obtrectationes parvi pendens surda aure transivit, qui tantum Deo placere studuit. Ergo fructum æternum apud Deum pro talibus illum acquisisse et præmia sempiterna pro secularibus eum recepisse, speramus ac firmiter credimus, et ut cum Christo manens sempiternum habeat sacerdotium, præstante Domino nostro Jesu Christo, cui sit laus et gloria per infinita seculorum secula, Amen.

VARIÆ LECTIONES.

[455] que *deest* 2. [456] anno Domini mxxv. secundo anno Conradi imperatoris. Ubi nunc sunt, qui felices actus viri sancti venenosis linguis carpentes sæpe opera ejus parvi pendebant et annihilabant? Nunc ut pie credimus regnat cum Deo Abraham in excelsis illis et perpetuis gaudiis, Amen. *ita desinit* 2.

NOTÆ.

(26) Sepulcrum paulo supra pavimentum eductum claudebat lapis hemisphæricus, addita hac epigraphe:

Hic jacet Buggo quondam istius loci episcopus.

Ita Schannat Hist. Worm. 1, p. 334.

BURCHARDI

EPISTOLA AD ALPERTUM

Vide supra in ALPERTO, *hujus voluminis col.* 451.)

BURCHARDI
WORMACIENSIS ECCLESIÆ EPISCOPI
DECRETORUM
LIBRI VIGINTI

Ex conciliis et orthodoxorum Patrum decretis, tum etiam diversarum nationum synodis, ceu loci communes congesti, in quibus totum ecclesiasticum munus luculenta brevitate et veteres Ecclesiarum observationes complectitur.

Parisiis apud Joannem Foucherium, sub Scuto Florentiæ, via ad D. Jacobum. — 1549. Cum privilegio Senatus (27).

BURCHARDUS,
ECCLESIÆ WORMACIENSIS EPISCOPUS,
BRUNICHONI
FIDELISSIMO SUO ET EJUSDEM ECCLESIÆ PRÆPOSITO, IN CHRISTO DOMINO SALUTEM.

A multis sane diebus, et sæpe quidem coram familiaritas tua, charissime frater, hortando a nobis contendit, ut utile aliquod opus non minus ex sanctorum Patrum sententiis, quam canonicis scripturis, vel ab comprobatis pœnitentium exemplis, ad necessarium Ecclesiæ nostræ deservientium usum, vigilanti studio colligerem. Et id quidem, vel ea ratione maxime flagitare videbaris, quod canonum jura atque pœnitentium formæ, in nostra quidem diœcesi adeo confusa sint, atque inter se discrepantia, ut aut ex toto neglecta, aut omni pene auctoritate destituta, vel modice in ecclesiastica disciplina institutis apparere possint. Qua de causa sæpe accidit, ut ad pœnitentiæ remedium confugientibus, cum ob canonum descriptionem confusam, tum ob presbyterorum nostrorum ignorantiam, non facile subveniatur. Quod an ideo potissimum fieret, non impudenter ex me rogasti. Et quanquam idem existimem, tamen quia non certam temporis mensuram canonum censura expressit ad singula pœnitentium delicta adhibendam, sed in absolventium judicio relinquendam statuit, idcirco pœnitentiæ salutaria remedia ab imperitis quidem sacerdotibus non pro delictorum qualitate providentur, a piis quidem et canonicis scripturis institutis, eadem facile prout uniuscujuslibet infirmitas requirit, adhibentur. Et quia hoc res ita habet, eo me dilectio tua rogavit, ut opellam hanc congestam junioribus nostris legendam proponerem, quo ipsi in idonea nimirum ætate, ea discant, quæ vel serior æqualium nostrorum ætas modo assequi non possit, vel antecessorum negligentia non attigit. Utpote decentissimum fore existimans, ut quis cum omni probitate se discipulum prius exhibeat, quam doctoris auctoritatem apud vulgum temere præsumat. Et in scholis discat, quod suæ fidei commissos doceat. Equidem hanc

---

(27) *Extraict des Registres de Parlement.*
La court, veue la Requeste à elle presentée par Iehan Foucher Libraire Iuré en Lhuniuersite de paris, par la quelle il requeroict luy estre parmis Imprimer, ou faire Imprimer, ung liure intitulé D. Burchardi, Vuormaciensis episcopi, Decretorum Lib. XX, ex Conciliis et orthodoxorum patrum Decretis etc. A permis et permet audit suppliant Imprimer, ou faire Imprimer ledit liure, et exposer en vente, Et deffence à tous aultres libraires et Imprimeurs de ce ressort, Icelluy liure Imprimer, faire imprimer ou exposer en vente, aultres que ceulx que ledit suppliant aura faictz Imprimer, sans son adueu et consentement, Iusques à cinq ans, sur peine de confiscation desdis liures, et d'amende arbitraire. Faict en Parlement à Paris le dernier Iour de Decembre Mil cinq cens quarante huyt.
Collation est Faicte.
Ainsy signé Du Tillet.

tuam petitionem, dilectissime frater, justissimam judicavi, proque isto tam pio ad divinam religionem affectu, gratias maximas habeo, quem pro Ecclesiæ nostræ statu, non segni sollicitudine jugiter desudare animadverto. Verum quod tuam exhortationem mihi sæpius inculcatam tandiu distuli, ignaviæ, torporique meo minime adscribendum putabis : siquidem duæ impediverunt me causæ; quominus tibi pro tuo desiderio prompte morem gessi. Quarum alteram inevitabiles Ecclesiæ nostræ necessitates attulerunt, quæ quotidie fluctuum more in nos emergunt. Altera ex gravibus sæcularium rerum curis oboritur, ad quas inviti, imperialium mandatorum onere pertrahimur, quæ duo sane animum meum ad cœlestia enitentem altiuscule assurgere non permittunt. Nam dum pluribus rebus inquietatur animus, infirmior est, quam ut unicuilibet par esse possit. Nihilominus tamen sanctis tuis petitionibus obsecutus synodalia præcepta, sanctaque instituta, tam ex sanctorum Patrum sententiis, quam ex canonicis scriptis, adjutore Deo, in unum fascem ex amplissimo orbe collegi. Eaque ut potui, uno veluti corpore connexa, viginti libris distinxi, ita ut quisquis eos diligenter legerit, fructum non vulgarem sentiet se brevi consequi posse. Perutilem quidem in docenda plebe, firmum autem propter Scripturarum auctoritatem, honestum tanquam studio et diligentia acquisitum. Neque enim sacerdotis nomen meretur, qui, quam sollicite Evangelicam minam expendi oportet ignorat, ut cæcus cæco dux esse non potest. Quamobrem hunc meum laborem nemo, ut collecticium aspernetur. Certe coegit sacrarum in immensum Scripturarum diffusa amplitudo, necnon nostrorum negligentia, et inscitia sacerdotum, in hoc genere desudare, in quo colligere quidem licitum fuit, canones vero soli mihi sanxire illicitum. Quantis autem hoc laboribus, atque vigiliis præstiterim, Deus Opt. judicabit, quem, quod pro nostræ Ecclesiæ necessitate fecerim, non latet. Quare etiam si nostræ provinciæ limites non exierit, nihil omnino ægre feremus, modo nostrorum ministrorum manibus teratur. Porro legentibus, etiam id persuasum esse cupimus, nihil de meo in hoc opere additum esse, sed ex divinis testimoniis Scripturarum singula esse decerpta, ea sane fide, ut perpetuam auctoritatem habitura non dubitem. Ex quibus autem scriptis selegerim ordo sequens indicat. Bene vale, et orationibus me adjuva.

EX QUIBUS LOCIS AUCTORUM SCRIPTIS ECCLESIASTICA HÆC DECRETA COLLEGERIT.

Ex canonibus, qui Corpus canonum vocantur.
Ex apostolorum canone.
Ex transmarinis conciliis.
Ex conciliis in Germania, Gallia, Hispania, celebratis.
Ex Romanorum pontificum decretis.
Ex evangelicis apostolicisque Scripturis.
Ex Veteri Testamento.
Ex libris sancti Gregorii.
Ex Hieronymo, Augustino, Ambrosio, Benedicto, Basilio Magno, Isidoro.
Ex Pœnitentiali Romano.
Ex Pœnitentiali Theodori.
Ex Pœnitentiali Bedæ.

INDEX SINGULORUM LIBRORUM

BURCHARDI WORMACIENSIS EPISCOPI

Breviter quid quoquo libro continetur ostendens.

Primus liber continet de potestate et primatu apostolicæ sedis, patriarcharum, cæterorumque primatuum metropolitanorum, et de synodo celebranda, et vocatione ad synodum. De accusatis, et accusatoribus, et testibus. De exspoliatis injuste. De judicibus, ac de omni honore competenti, ac dignitate, et diverso negotio et ministerio episcoporum.

Secundus liber continet de congruenti dignitate, et diversa institutione, ac nutrimento, vel qualitate vitæ, et diverso negotio, et ministerio presbyterorum et diaconorum, seu reliquorum ordinum ecclesiasticorum.

Tertius liber continet de divinarum domorum institutione, et cultu, et honore. De decimis et oblationibus et justitiis singulorum, et qui libri in sacro catalogo recipiantur, qui vero apocryphi, et quando apponendi sint.

Quartus liber continet sacramentum baptismatis, et ministerium baptizandorum et baptizatorum, et consignandorum et consignatorum.

Quintus liber continet de sacramento corporis et sanguinis Domini, et de perceptione et observatione eorum.

Sextus liber continet de homicidiis sponte, et non sponte commissis, et de parricidiis, et de fratricidiis, et de illis qui uxores legitimas et seniores suos interficiunt, et de occisione ecclesiasticorum, et de observatione, et de pœnitentia singulorum.

Septimus liber continet de incesta copulatione consanguinitatis, et in quo geniculo fideles et conjungi et separari debeant : et de revocatione, et de pœnitentia singulorum.

Octavus liber continet de viris ac feminis Deo divatis, et sacrum propositum transgredientibus, et de revocatione, et de pœnitentia eorum.

Nonus liber continet de virginibus et viduis non velatis, de raptoribus earum, et de separatione eorum, de conjunctione legitimorum connubiorum, de concubinis, et de transgressione, et pœnitentia singulorum.

Decimus liber continet de incantatoribus, et de auguribus, de divinis, de sortilegis, et de variis illusionibus diaboli, et de maledicis, et de contentiosis, et de conspiratoribus, et de pœnitentia singulorum.

Undecimus liber continet de excommunicandis et excommunicatis, de furibus, et de prædatoribus, et de præsumptione, et contemptu, et negligentia, et reconciliatione, et pœnitentia eorum.

Duodecimus liber continet de perjurio, et de pœnitentia ejus.

Tertius decimus liber continet de veneratione, et observatione sacri jejunii.

Quartus decimus liber continet de crapula, et ebrietate, et de pœnitentia eorum.

Quintus decimus liber continet de imperatoribus, de principibus, et de reliquis laicis, et de ministerio eorum.

Sextus decimus liber continet de accusatoribus, de judicibus, de defensoribus, de falsis testibus, et de pœnitentia singulorum.

Septimus decimus liber continet de fornicatione, et incestu diversi generis, et de pœnitentia utriusque sexus, et diversæ ætatis.

Octavus decimus liber continet de visitatione, et pœnitentia, et reconciliatione infirmorum.

Nonus decimus liber, qui Corrector vocatur, continet correctiones corporum et animarum medicinas, et docet unumquemque sacerdotem, etiam simplicem, quo modo, vel qualiter unicuique succurrere valeat, ordinato, vel sine ordine; pauperi, diviti, puero, juveni, seni, decrepito, sano, infirmo, in omni ætate, in utroque sexu.

Vigesimus liber Speculationum vocatur: speculatur enim de providentia, et de prædestinatione divina, et de adventu Antichristi, de ejus operibus, de resurrectione, de die judicii, de infernalibus pœnis, de felicitate perpetuæ vitæ.

INDEX CAPITULORUM LIBRI PRIMI.

Cap. I. Quod in Novo Testamento post Christum Dominum nostrum a Petro sacerdotalis cœperit ordo.

II. De privilegio beato Petro Domini vice solummodo commisso, et de discretione potestatis, quæ inter apostolos fuit.

III. Ut summus sacerdos non vocetur Romanus pontifex, sed primæ sedis episcopus.

IV. Quod bipartitus sit ordo sacerdotum.

V. Ut non laici, nec bigami, non viduarum mariti, sed irreprehensibiles ordinentur episcopi.

VI. Ut dum episcopus eligitur, si contradictores habeat, quinque episcopi conveniant.

VII. Quod, nolentibus clericis vel populis, nemo debeat episcopus ordinari.

VIII. Qui episcopi sunt ordinandi, quod debeant prius examinari.

IX. Ut episcopi diligentissime probentur antequam ordinentur.

X. Quod populo non liceat per se sacerdotum facere lectiones.

XI. Quod non habeantur episcopi, quos nec clerus nec populus elegit, nec comprovinciales episcopi consecrarunt.

XII. Quod nullus ordinari episcopus debeat, nisi ex conventione.

XIII. De illis qui accipiunt regimina Ecclesiarum, et cunctos fastu superbiæ parvipendunt.

XIV. De illis episcopis qui superbire incipiunt.

XV. Quod ordinationes episcoporum apostolica auctoritate a cunctis comprovincialibus fieri debeant.

XVI. Ne laicus fiat episcopus ante triginta annos, et ante anni conversionem.

XVII. De laicis non temere faciendos episcopos.

XVIII. Quod per gradus ecclesiasticos, ad episcopatus debeat officium perveniri.

XIX. Ut laicam communionem non accipiat, qui per ambitionem episcopatum acceperit.

XX. Quod episcopus esse non possit, qui nesciente metropolitano consecratus fuerit.

XXI. Ne episcopi per Simoniacam hæresim regiminis locum obtineant.

XXII. De his qui pretio sacram mercati sunt dignitatem.

XXIII. De eadem re.

XXIV. Quod non oporteat ordinationes episcoporum diu differri.

XXV. De ordinationibus episcoporum diu differendis minime.

XXVI. Quando quis debeat a vicinis provinciæ episcopis ordinari.

XXVII. Ut episcopus non consecretur sine tribus episcopis.

XXVIII. Ut episcopus non minus quam a tribus ordinetur, et, si fieri possit, archiepiscopus ab omnibus comprovincialibus.

XXIX. De episcopo qui alium sine sua voluntate episcopum ordinaverat.

XXX. De abjectione ejus, quem duo præsumpserint ordinare episcopi.

XXXI. De non ordinandis episcopis per vicos et modicas civitates.

XXXII. De eadem re.

XXXIII. De Waniba rege Gallorum, qui contra Canones in quadam villula episcopatum fecerat, quomodo annullatum est.

XXXIV. Ut plebs quæ nunquam habuit episcopum, nisi ex consensu non habeat.

XXXV. Ut nequaquam in duos metropolitanos provincia dividatur.
XXXVI. De illis episcopis qui non sunt recepti ab illis, ad quos sunt ordinati, vel denominati.
XXXVII. De episcopo qui Ecclesiam, ad quam ordinatus est, adire neglexerit.
XXXVIII. De episcopo qui non susceperit officium sibi commissum.
XXXIX. De episcopo vacante, qui Ecclesiam vacantem invaserit.
XL. De episcopo qui est ordinatus ad Ecclesiam, et non est receptus.
XLI. De his qui promoventur ad episcopatum, nec recipiuntur.
XLII. Quod auctoritas congregandarum synodorum apostolicæ sedi commissa sit.
XLIII. Quod bini conventus episcopales singulis annis fieri debeant.
XLIV. De synodis, quo tempore sint habendæ.
XLV. De synodo congreganda.
XLVI. De archiepiscopo qui tempore pacis ultra biennium synodum annuntiare neglexerit.
XLVII. De episcopis ad synodum vocatis, ut venire non contemnant.
XLVIII. Quales epistolæ a metropolitano sint fratribus dirigendæ.
XLIX. De eadem re.
L. De episcopo qui synodo adesse neglexerit.
LI. De episcopo qui per ægritudinem ad synodum non venerit.
LII. De episcopis ad synodum vocatis, et venire, et missos suos mittere dedignantibus.
LIII. Concilium universale non nisi necessitate faciendum.
LIV. Ut episcopi posteriores se prioribus suis non præferant.
LV. Ut episcopi sui ordinis tempus observent, alter alteri honorem præbens.
LVI. De episcoporum ordine, ut qui posterius ordinati sunt, prioribus se non audeant anteferre.
LVII. De rebus dubiis in conciliis episcoporum emergentibus.
LVIII. Ut episcopi in synodo residentes, quæ ad emendationem vitæ pertineant primum emendent.
LIX. De metropolitano si comprovincialem episcopum in sua causa audire distulerit.
LX. Ut episcopi justa judicia semper dijudicent.
LXI. Ut canonum statuta ab omnibus rite custodiantur, et nullus ea suo sensu dijudicare præsumat.
LXII. De dissidentibus episcopis.
LXIII. De inflatione metropolitanorum et fastu, et de episcopis ac reliquis clericis qui læduntur a metropolitano.
LXIV. Ut plebes alienas alius episcopus non usurpet.
LXV. Ut nullus metropolitanus absque omnium comprovincialium episcoporum præsentia aliquorum audiat causas.
LXVI. Ut nullus primas vel metropolitanus aliquid agat de Ecclesiis, vel parochiis comprovincialium episcoporum et de ipsorum causis, sine eorum consilio omnium, et nec ipsi aliquid agant sine ejus consilio, nisi quantum ad proprias pertinet parochias.
LXVII. De contentione parochiæ.
LXVIII. Ut episcopi qui negligunt loca sua, a vicinis episcopis ut se corrigant, admoneantur.
LXIX. De duobus episcopis altercantibus de parochia cujusdam basilicæ.
LXX. De episcopis qui contendunt de parochiis suis.
LXXI. Ut in altera parochia clericos alterius diœcesis episcopus nullatenus ordinet.
LXXII. Ut nullo modo de una parochia ad aliam episcopus transeat.
LXXIII. De præsumptione alienæ diœcesis.
LXXIV. Ne episcopus, sua civitate despecta, ambitus causa ad aliam transeat.
LXXV. Ut ab episcopis aliena parochia minime pervadatur.
LXXVI. De eadem re.
LXXVII. De mutatione episcoporum.
LXXVIII. De eadem re.
LXXIX. De eadem re.
LXXX. De episcopo qui in sua fuerit persecutus Ecclesia, quod ad aliam ei sit fugiendum.
LXXXI. De episcopo qui principalem cathedram suæ Ecclesiæ negligit.
LXXXII. De episcopis qui sedes suas negligunt, et in possessionibus suis longe positis diu morantur.
LXXXIII. De episcopis, ut singulis annis parochiam suam circueant.
LXXXIV. De episcopis qui raro aut nunquam per seipsos plebes sibi commissas visitant.
LXXXV. Ut episcopi presbyteros suos de ministeriis illorum diligenter discutiant.
LXXXVI. Ut episcopus cum paucis suam parochiam circumeat.
LXXXVII. Si episcopus parochiam suam visitare nequiverit, viros probabilis vitæ pro se mittat.
LXXXVIII. Qualem ministrum episcopus juxta se habere debeat.
LXXXIX. De episcopo, ne laicum ponat sibi vicarium.
XC. Ut in circuitione episcopi, omnes qui sunt in parochia singularum Ecclesiarum matricum, exceptis infirmis, ad synodum ejus venire debeant.
XCI. Decretalis constitutio Eutychiani papæ, quid episcopi in synodo inquirere debeant.
XCII. Jusjurandum synodale.
XCIII. Juramentum cæterorum.
XCIV. Post datum sacramentum episcopi illos qui juraverint per octoginta octo interrogationes, quæ in contextu secundum ordinem inveniuntur, diligentissime interrogent.

XCV. Ut episcopi libros gentilium non legant.
XCVI. Ut episcopi, prout vulgus intelligere possit, secundum proprietatem communis linguæ illorum prædicationem temperent.
XCVII. Reprehensio episcopi in pulpito paganos libros exponentis, eo quod cum Jovis laudibus Christi laudes non conveniant.
XCVIII. Quantum discrimen immineat pastoribus, qui veritatem Christi prædicare negligunt.
XCIX. Quod episcopum oporteat sine intermissione Ecclesiam suam docere, et amare.
C. De ignorantia omnibus maxime sacerdotibus vitanda.
CI. Ut episcopus dissidentes concordare compellat.
CII. Ut in die Dominica rerum dijudicationes non fiant.
CIII. De domestica et interiori conversatione.
CIV. Ut episcopus quasi hospes se continere debeat.
CV. Ut episcopi frequenter missas celebrent.
CVI. Ne episcopus pretio corruptus alterius clericum ordinare præsumat.
CVII. Ut episcopus clericos alterius parochiæ nulla tenus ordinet.
CVIII. Ut nullus episcopus, in alterius episcopi parochia, ad promotionem ministerii accedere præsumat.
CIX. Ne episcopus alterius Ecclesiæ clericum audacter invadere attentet.
CX. De non præsumendis illicitis ordinationibus.
CXI. De episcopo cæco, qui, per presbyterum suum, presbyterum et diaconos duos ordinaverat.
CXII. Quod non oporteat episcopum per pecuniam quempiam ordinare.
CXIII. Quod munus etiam sit a lingua vitandum.
CXIV. Ut non valeat sententia episcopi, nisi clericorum suorum præsentia firmetur.
CXV. Ut episcopus secundum reditum Ecclesiarum, numerum clericorum faciat.
CXVI. De episcopis peregrinis.
CXVII. Ut levitate vagantes episcopi, ad propria redire compellantur.
CXVIII. Quandiu episcopus in aliena civitate remoretur.
CXIX. De suscipiendis episcopis qui persecutionem patiuntur.
CXX. De illis qui se dicunt episcopos esse.
CXXI. Qualiter peregrini episcopi recipiantur.
CXXII. De episcopis vel presbyteris ignotis, ut ante probationem synodalem ministrare non permittantur.
CXXIII. Ut episcopus hostilitate expulsus ad aliam vacantem transeat Ecclesiam.
CXXIV. De episcopis quod omnes homines eis jure obedire debeant.
CXXV. Quod episcopi claves sint Ecclesiæ, et habeant potestatem claudere cœlum, et aperire portas ejus.
CXXVI. Quod episcopos Dominus ad glorificandum se elegerit, et quod omnes principes terræ eis obedire oporteat, et capita sua submittere.
CXXVII. De episcopis, quod se invicem diligere debeant.
CXXVIII. Ut episcopus episcoporum alium non conculcet.
CXXIX. De episcopis qui a se fratrum adjutorio subtraxerint.
CXXX. De episcopis qui se, quasi canino dente, invicem corroserint.
CXXXI. De episcopis qui fratribus nocere desiderant.
CXXXII. Ut de episcopo suo nullus querelam faciat, nisi prius eum de eadem sæpe interpellet.
CXXXIII. Ut episcopi a solo Domino sint dijudicandi.
CXXXIV. Nimis timendum et prævidendum ne offendantur episcopi.
CXXXV. De episcopis qui ab ovibus suis criminantur, ut eorum criminatio non recipiatur.
CXXXVI. Episcopos a suis ovibus non reprehendendos, quod absit, nisi in fide erraverint.
CXXXVII. De eadem re.
CXXXVIII. De eadem re.
CXXXIX. De eadem re.
CXL. De infamatis et dilaceratis episcopis, et a civitatibus propriis pulsis.
CXLI. Ut episcopus non dijudicetur, qui suis rebus est exspoliatus.
CXLII. De eadem re.
CXLIII. De eadem re.
CXLIV. Ut episcopi criminati libere apostolicam appellent sedem, et pleraque alia circa judicium observanda.
CXLV. Episcopus si ab aliquo pulsatur, per episcopos judices causa finiatur.
CXLVI. De episcopis judicibus quos communis sensus elegerit.
CXLVII. Ut episcopi comprovinciales peregrina judicia non patiantur.
CXLVIII. De episcopo criminato, si judicem suspectum habuerit.
CXLIX. Si quis episcopus in crimine detentus fuerit, et non potest plurimos congregare, a duodecim episcopis audiatur.
CL. De episcopo criminato, si episcopi comprovinciales in ejus criminatione dissenserint.
CLI. Ut episcopis nullus laicus crimen imponere possit.
CLII. Quod inimici accusatores esse non possint.
CLIII. Ut episcopi accusatorum episcoporum judices esse debeant.
CLIV. Qualiter accusatus episcopus discutiendus sit apud patriarchas vel primates, et quot testibus convinci debeat.
CLV. De patriarchis et primatibus.
CLVI. De vocatione accusati episcopi.
CLVII. Ut primates de accusato episcopo non ante sententiam proferant damnationis, quam aut reum

seipsum confiteatur, aut canonice per innocentes testes convincatur.

CLVIII. Qualis primus esse, vel quid agere debeat.

CLIX. Ut episcopi singularum gentium sciant quis inter eos sit primus.

CLX. Ut episcopus accusatus non communione privetur, nisi die statuta venire noluerit.

CLXI. De Maximo episcopo, variis criminibus infamato, et ad synodum sæpius vocato, qui venire et se excusare neglexerat

CLXII. De episcopo inculpato qui ad synodum vocatus venire contempserat.

CLXIII. Qui primates sint, qui metropolitani.

CLXIV. Quod ueganda sit accusatis licentia criminandi, priusquam se crimine exuerint, et familiaribus atque sponte confessis, et his qui hesterno aut perendie, aut ante fuerunt inimici.

CLXV. De criminationibus adversus doctores non suscipiendis, et de peregrinis judiciis.

CLXVI. Ut adversus doctorem accusationes nemo suscipiat.

CLXVII. Ut nemo episcopum apud sæculares accuset.

CLXVIII. De episcopis in judicium sæculare non vocandis.

CLXIX. Ut non accusetur episcopus a criminosis.

CLXX. Quod nullus episcopus extra suam provinciam ad judicium invitetur.

CLXXI. De accusatoribus, et testibus episcoporum.

CLXXII. De eadem re.

CLXXIII. Quæ sint infames personæ.

CLXXIV. De episcopo accusato, et ab accusatoribus recipiendis, et vocatione.

CLXXV. De damnatione episcoporum, accusantium episcopum absque auctoritate apostolicæ sedis.

CLXXVI. Ut accusatus vel judicatus ab episcopis comprovincialibus, licenter appellet, et adeat Romanum pontificem.

CLXXVII. Ut per scripta nullius accusatio suscipiatur eo absente qui accusatur.

CLXXVIII. Ut difficiliores causæ ad apicem Romanæ sedis referantur, ut apostolico terminentur judicio, cujus sedis autoritate omnes Ecclesiæ reguntur.

CLXXIX. Quod omnes episcopi possint appellare Romanam sedem in necessitatibus positi.

CLXXX. De induciis criminatorum episcoporum, quales esse debent.

CLXXXI. De episcopo Centuriensi, qui causam suam in synodo agere renuerat.

CLXXXII. Judicium episcopi qui pro crimine ejectus ab officio, postea episcopatum more prædonis invasit.

CLXXXIII. Cur sancti apostoli eorumque successores voluerint difficilem esse accusationem sacerdotum.

CLXXXIV. Si episcopus expulsus ausus fuerit ingredi civitatem.

CLXXXV. De episcopis qui, se viventibus, successores eligere desiderant.

CLXXXVI. Ut episcopo vivente nullus superordinetur.

CLXXXVII. Quod non liceat episcopo successorem eligere.

CLXXXVIII. Quod nusquam canones præcipiant, ut pro ægritudine episcopi, alius succedat, et si ipse pro sua molestia petierit, qualiter fieri possit.

CLXXXIX. De Ariminensi episcopo, dolore capitis laborante, et in ejus loco altero subrogato.

CXC. De episcopo qui per infirmitatem in hebetudinem mentis inciderit.

CXCI. De episcopo qui propter dolorem capitis sæpe in amentiam devenerat.

CXCII. De restitutis episcopis per Romanum pontificem.

CXCIII. Ut sacerdotes Domini, sicut vulgus facere solet, jurare non præsumant, vel compellantur.

CXCIV. De episcopo sinistro rumore asperso, per sacramentum autem et purgato et absoluto.

CXCV. Correctio episcopi qui concubinam habuit.

CXCVI. De episcopo per sacramentum purgato et absoluto.

CXCVII. Qualiter senex episcopus corripiendus sit, et quomodo mali ejus consiliarii excommunicandi.

CXCVIII. De purgatione Leonis papæ.

CXCIX. Si quis ex ecclesiastico ordine damnatus fuerit a synodo, et ausus fuerit de sacro ministerio aliquid contingere.

CC. Si aliquis ex ecclesiastico ordine excommunicatus fuerit, et communicare præsumpserit, seipsum damnat.

CCI. De ordinatis si aliquis illorum percussor exstiterit.

CCII. De episcopis sua manu cædentibus.

CCIII. De illo qui seipsum et sibi commissos corrigere neglexerit.

CCIV. De eadem re.

CCV. De malo pastore quem suæ oves fugiunt.

CCVI. De illo qui nobilitatem Dei a se ejicit.

CCVII. Quod non sunt omnes filii sanctorum, qui enent loca sanctorum.

CCVIII. Quod nullus ex genere, nec ex loco gloriari debeat.

CCIX. De sacerdotibus qui ovibus suis mala exempla præbent.

CCX. Ut tantum curam rerum ecclesiasticarum episcopus habeat.

CCXI. De usu pallii, ne a metropolitanis præsumptive utatur.

CCXII. Quod episcopus res suæ Ecclesiæ, nisi cum suo prius commutet, testamentare non possit.

CCXIII. De episcopo qui res suæ Ecclesiæ parentibus suis indiscrete tribuit.

CCXIV. De eadem re.

CCXV. Ne episcopus de rebus viduatæ Ecclesiæ quidquam alienare præsumat.
CCXVI. De illis qui ad sacerdotum exsequias venire contendunt.
CCXVII. Ut quidquid episcopo relinquitur, id emissum in facultates Ecclesiæ computetur.
CCXVIII. Ut nullus episcopus, nisi cum consilio cæterorum episcoporum et principis, in hostem ire debeat.
CCXIX. De eadem re.
CCXX. De eo si quis ab apostolico falsam epistolam detulerit.
CCXXI. De accusatis episcopis.
CCXXII. Quod non ita in ecclesiasticis agendum sit negotiis, sicut in sæcularibus.
CCXXIII. Quod nulli, papa vivente, alium eligere liceat.
CCXXIV. De sessione episcopi.
CCXXV. Item de ordinatione episcopi.
CCXXVI. Quæ sacerdotes Dei declinare debeant.
CCXXVII. De hæreditate episcopi cæterorumque ecclesiasticorum.
CCXXVIII. Ne episcopi propter suam quietem, plebem sibi commissam negligere præsumant.
CCXXIX. De episcopis qui, non visitatis parochiis, pretium servitutis requirunt.
CCXXX. De purgatione episcoporum.
CCXXXI. De eo qui ex monacho factus fuerit episcopus.
CCXXXII. De illo qui de aliqua hæresi infamatur, quod in sacro conventu formulam istius professionis recitare debeat.
CCXXXIII. De damnatis episcopis, et post reconciliatis.
CCXXXIV. De episcoporum transmutatione.

Indicis capitulorum finis.

BURCHARDI

ECCLESIÆ WORMACIENSIS EPISCOPI

DECRETORUM LIBER PRIMUS

De primatu Ecclesiæ.

CAP. I. — *Quod in Novo Testamento post Christum Dominum nostrum a Petro sacerdotalis cœperit ordo.*

(*Ex epistola Anacleti papæ ad episcopos Italiæ directa.*) In Novo autem Testamento post Christum dominum nostrum, a Petro sacerdotalis cœpit ordo, quia ipsi primo pontificatus in Ecclesia Christi datus est, dicente Domino ad eum: Tu es Petrus, et super hanc petram ædificabo Ecclesiam meam, et portæ inferi non prævalebunt adversus eam, et tibi dabo claves regni cælorum. Hic ergo ligandi solvendique potestatem primus accepit a Domino, primusque ad fidem populum Dei gratia, et virtute suæ prædicationis adduxit.

CAP. II. — *De privilegio beato Petro Domini vice solummodo commisso, et discretione potestatis, quæ inter apostolos fuit.*

(*Ex epistola Melchiadis papæ, Hispanis episcopis directa.*) Atque hoc privilegium beato clavigero Petro, sua vice solummodo commisit, quod ejus juste prærogativum successit sedi, futuris hæreditandum, atque tenendum temporibus, quomodo et inter beatissimos apostolos fuit quædam discretio potestatis. Et licet cunctorum par electio foret, beato tamen Petro concessum est ut aliis præemineret, et eorum quæ ad querelam venirent causas, et interrogationes prudenter disponeret. Quod Dei ordinatione taliter ordinatum esse credimus, ne omnes posteri eorum cuncta sibi vendicarent: sed semper majores causæ, sicut sunt episcoporum, et potiorum curæ negotiorum ad unam beati principis apostolorum Petri sedem confluerent, ut inde suscipiant finem judiciorum unde acceperunt initium institutionum, ne quandoque a suo discreparent capite.

CAP. III. — *Ut summus sacerdos non vocetur Romanus pontifex, sed primæ sedis episcopus.*

(*Can. Afric. can.* 6.) Ut primæ sedis episcopus non appelletur princeps sacerdotum, aut summus sacerdos, aut aliquid hujusmodi, sed tantum primæ sedis episcopus.

CAP. IV. — *Quod bipartitus sit ordo sacerdotum.*

(*Ex epistola Anacleti papæ missa omnibus episcopis et reliquis sacerdotibus, cap.* 18.) Sacerdotum, fratres, ordo bipartitus est, et sicut Dominus illum constituit, a nullo debet perturbari. Scitis autem apostolos a Domino esse electos, et constitutos, et postea per diversas provincias ad prædicandum dispersos. Cum vero messis cœpit crescere, videns paucos esse operarios, ad eorum adjumentum septuaginta eligi præcepit discipulos. Episcopi vero apostolorum, presbyteri quoque septuaginta discipulorum locum tenent. Episcopi autem non in castellis aut in modicis civitatibus debent constitui, sed præsbyteri per castella et modicas civitates atque villas, debent ab episcopis ordinari et poni singuli tamen per singulos titulos suos. Amplius quam isti duo ordines sacerdotum, nec nobis collati sunt, nec apostoli docuerunt.

CAP. V. — *Ut non laici, nec bigami, nec viduarum mariti, sed irreprehensibiles ordinentur episcopi.*

(*Ex decr. Leonis papæ, titulo* 33.) In civitatibus quarum rectores obierint, de substituendis episcopis hæc forma servetur, ut is qui ordinandus est, etiam si bonæ vitæ testimonio fulciatur, non laicus, nec neophitus, nec secundæ conjugis sit maritus, aut qui unam quidem habeat vel habuerit, et quam sibi viduam copularit. Sacerdotum enim tam excellens est electio, ut quæ in aliis membris Ecclesiæ non vocantur ad culpam, in illis tamen habeantur illicita.

CAP. VI. — *Ut dum episcopus eligitur, si contradictores habeat, quinque episcopi conveniant.*

(*Ex concil. Africano, cap.* 17.) Sed et illud est statuendum, ut quando ad eligendum episcopum convenerimus, si qua contradictio fuerit oborta, quia talia facta sunt apud nos, non præsumant, ad purgandum eum, qui ordinandus est, tres episcopi jam, sed postulentur ad numerum supradictorum si haberi possunt duo, in eadem plebe cui ordinandus est, et discutiantur primo personæ contradicentium. Postremo etiam illa quæ objiciuntur, pertractentur. Et cum purgatus fuerit sub conspectu publico, ita demum ordinetur. Si hoc cum vestræ sanctitatis animo concordat, roboretur vestræ dignationis responsione. Ab universis episcopis dictum est : Satis placet.

CAP. VII. — *Quod, nolentibus clericis vel populis, nemo debeat episcopus ordinari.*

(*Ex decr. Cœlestini papæ, cap.* 18). Nullus invitis detur episcopus; cleri, plebis et ordinis consensus, et desiderium requiratur. Tunc alter de altera eligatur Ecclesia, si de civitatis ipsius clericis, cui est episcopus ordinandus, nullus dignus, quod evenire non credimus, potuerit inveniri. Primum enim illi reprobandi sunt, ut aliqui de alienis Ecclesiis merito præferantur. Habeat unusquisque suæ fructum militiæ in Ecclesia, in qua suam per omnia officia transegit ætatem. In aliena stipendia minime alter obrepat, nec alii debitam alter sibi audeat vendicare mercedem. Sit facultas clericis renitendi, si se viderint prægravari. Et quos sibi ingeri ex transverso cognoverint, non timeant refutare, qui si non, debitum præmium, vel liberum de eo qui eos recturus est, debent habere judicium.

CAP. VIII. — *Qui episcopi sunt ordinandi, quod debeant prius examinari.*

(*Ex concil. Carthaginensi, cap.* 1.) Qui episcopus ordinandus est, antea examinetur, si natura prudens est, si docibilis, si moribus temperatus, si vita castus, si sobrius, si semper sui negocii cavens, si humilis, si affabilis, si misericors, si litteratus, si in lege Domini instructus, si in Scripturarum sensibus cautus, si in dogmatibus ecclesiasticis exercitatus. Et ante omnia, si fidei documenta verbis simplicibus asserat, id est, Patrem, et Filium, et Spiritum sanctum, unum Dominum esse confirmans, totamque in Trinitate Deitatem, coessentialem, et consubstantialem, et coæternalem, et coomnipotentem prædicans, singulamque in Trinitate personam plenum Deum, et totas tres personas, unum Deum. Si incarnationem divinam non in Patre neque in Spiritu sancto facta, sed in Filio tantum credat, ut qui erat in divinitate Dei Patris Filius, ipse fieret in homine hominis matris filius : Deus verus ex Patre, homo verus ex matre : carnem ex matris visceribus habens, et animam humanam rationalem : simul in eo utramque naturam, id est, hominis et Dei : persona una, unus Filius, unus Christus, unus Dominus creaturarum omnium quæ sunt, et Auctorem, et Dominum, et Creatorem cum Patre et Spiritu sancto omnium creaturarum. Qui passus sit vera carnis passione, mortuus vera corporis sui morte, resurrexit vera carnis suæ resurrectione, et vera animæ resumptione, in qua veniet judicare vivos et mortuos. Quærendum etiam ab eo, si Novi et Veteris Testamenti, id est, legis et prophetarum, et apostolorum, unum eumdemque credat Auctorem et Dominum. Si diabolus non per conditionem, sed per arbitrium suum factus sit malus. Quærendum etiam ab eo, si credat hujus, quam gestamus, et non alterius carnis resurrectionem. Si credat judicium futurum, et recepturos singulos pro his quæ in hac carne gesserunt, vel pœnas, vel præmia. Si nuptias non improbet. Si secunda matrimonia non condemnet. Si carnium perceptionem non culpet. Si pœnitentibus reconciliatis communicet. Si in baptismo omnia peccata, id est tam illud originale contractum quam illa quæ voluntarie admissa sunt, dimittantur; si extra Ecclesiam catholicam ullus salvetur. Cum in his omnibus examinatus, pleniterque instructus repertus fuerit, tunc ordinetur episcopus.

CAP. IX. — *Ut episcopi diligentissime probentur, antequam ordinentur.*

(*Ex concil. Aurelian., cap.* 12.) Ut episcopi judicio metropolitanorum, et eorum episcoporum qui circumcisa sunt, provehantur ad ecclesiasticam potestatem, hi videlicet, qui plurimo tempore probantur, tam verbo fidei, quam rectæ conversationis exemplo.

CAP. X. — *Quod populo non liceat per se sacerdotum facere electiones.*

(*Ex concil. Bracar., cap.* 1.) Non liceat populo electionem facere per se, eorum qui ad sacerdotium provocantur, sed in judicio episcoporum esse debet, ut ipsi eum, qui ordinandus est, probent, si in sermone, et fide, et spirituali vita edoctus sit.

CAP. XI. — *Quod non habeantur episcopi, quos nec clerus, nec populus elegit, nec comprovinciales episcopi consecrarunt.*

(*Can. Leonis papæ* 15.) Nulla ratio sinit ut inter episcopos habeantur qui nec a clericis sunt electi, nec a plebibus expetiti, nec a comprovincialibus episcopis cum metropolitani judicio consecrati. Unde cum sæpe quæstio de male accepto honore nascatur, quis ambigat nequaquam et ab istis esse tribuendum quod non doceatur fuisse collatum? Si qui autem clerici ab istis pseudepiscopis in eis Ecclesiis ordinati sunt, quæ ad proprios episcopos pertinebant, et ordinatio eorum cum consensu et consilio præsidentium facta est, potest rata haberi, ita ut in ipsis ecclesiis perseverent. Aliter autem vana habenda est consecratio, quia nec loco fundata est, nec auctoritate munita.

CAP. XII. — *Quod nullus ordinari episcopus debeat, nisi ex conventione.*

(*Ex conc. Aurelian., cap. 2.*) Nullus est ordinandus episcopus, nisi convocatis clericis et parochianis, et in unum consentientibus.

CAP. XIII. — *De illis qui accipiunt regimina ecclesiarum, et cunctos fastu superbiæ parvipendunt.*

(*Origenes dicit:*) Quidam assumpta Ecclesia et rebus divinis elevantur, et cunctos fastu superbiæ parvipendunt: hi canes magis quam principes nominantur.

CAP. XIV. — *De illis episcopis qui superbire incipiunt.*

(*Ex dictis Gregorii papæ et apostoli Pauli.*) Humilis debet esse episcopus. Gradum enim mansuetudinis accipit, non superbiæ. Paulus dicit: Decet hujusmodi hominem mansuetum esse, non elatum, nec superbum.

CAP. XV. — *Quod ordinationes episcoporum apostolica auctoritate a cunctis provincialibus fieri debeant.*

(*Ex epistola Anaclet. papæ scripta episcopis Italiæ, can. nono.*) Ordinationes episcoporum auctoritate apostolica ab omnibus qui in eadem fuerint provincia sunt celebrandæ, qui simul convenientes, scrutinium diligenter agant, jejuniumque cum convenientibus precibus celebrent; et manus cum sanctis Evangeliis quæ prædicaturi sunt imponentes, Dominica die hora tertia orantes, sacraque unctione exemplo prophetarum et regum, capita eorum more apostolorum et Mosi ungentes: quia omnis sanctificatio constat in Spiritu sancto, cujus virtus invisibilis sancto est chrismate promulgata, hoc ritu solemnem celebrent ordinationem. Quod si omnes simul convenire minime potuerint, assensum tamen suis precibus et scriptis præbeant, ut ab ipsa ordinatione animo non desint. Porro et Hierosolymitarum primus archiepiscopus beatus Jacobus, qui Justus dicebatur, et secundum carnem Domini nuncupatus est frater, a Petro, Jacobo et Joanne apostolis est ordinatus, successoribus videlicet dantes formam eorum; ut minus quam a tribus episcopis reliquisque omnibus assensum præbentibus nullatenus ordinetur, et cum communi voto ordinatio celebretur.

CAP. XVI. — *Ne laicus fiat episcopus ante xxx annos et ante anni conversationem.*

(*Ex concil. Arelatensi, can. 7.*) Episcopatus vero vel presbyterii honorem nullus laicus ante anni conversationem, vel ante triginta annos accipiat.

CAP. XVII. — *De laicis non temere faciendum episcopos.*

(*Ex concil. Sardicensi, cap. 13.*) Osius episcopus dixit: Et hoc necessarium arbitror, ut diligentissime tractetis, si forte aut dives, aut scolasticus de foro, aut ex administratore episcopus fuerit postulatus, ut non prius ordinetur, nisi ante et lectoris munere, et officio diaconi aut presbyteri fuerit perfunctus: et ita per singulos gradus, si dignus fuerit, ascendat ad culmen episcopatus. Potest enim per has promotiones, quæ habebunt utique prolixum tempus, probari qua fide sit, qua modestia, qua gravitate et verecundia; et si dignus fuerit probatus, divino sacerdotio illustretur: quia conveniens non est, nec ratio vel disciplina patitur, ut temere et leviter ordinetur aut episcopus, aut presbyter, aut diaconus, qui neophytus est; maxime cum et magister gentium beatus apostolus Paulus, ne hoc fieret denuntiasse et prohibuisse videatur, sed hi quorum per longum tempus examinata sit vita, et merita fuerint comprobata.

CAP. XVIII. — *Quod per gradus ecclesiasticos ad episcopatus debeat officium pervenire.*

(*Ex decr. Cœlest. papæ Galliarum episcopis missis, can. 16.*) Ordinatos vero quosdam, fratres charissimi, episcopos, qui nullis ecclesiasticis ordinibus ad tantæ dignitatis fastigium fuerint instituti, contra Patrum decreta, hujus usurpationem qui se hoc recognoscit fecisse didicimus, cum ad episcopatum his gradibus quibus frequentissime cautum est debeat perveniri, ut minoribus initiati officiis, ad majora firmentur. Debet enim antea esse discipulus quisquis doctor esse desiderat, ut possit docere quod didicit. Omnis vitæ institutio hac ad id quo tendit se ratione confirmat. Qui minime litteris operam dederit, præceptor non potest esse litterarum. Qui non per singula stipendia creverit, ad meritum stipendii ordinem non potest pervenire. Solum sacerdotium inter ista, rogo, vilius est; quod facilius tribuitur, cum difficilius impleatur?

CAP. XIX. — *Ut laicam communionem non accipiat, qui per ambitionem episcopatum acceperit.*

(*Ex concil. Sardicensi, cap. 2.*) Osius episcopus dixit: Etiam si talis aliquis extiterit temerarius, ut fortassis talem excusationem afferens asseveret quod litteras populi acceperit, cum manifestum sit potuisse plures præmio et mercede corrumpi eorum qui sinceram fidem non habent, ut clamarent in ecclesia, et ipsum petere viderentur episcopum, omnino has fraudes damnandas esse arbitror, ita ut nec laicam in fine communionem talis accipiat. Si vobis omnibus placet, statuite. Synodus respondit: Placet.

CAP. XX. — *Quod episcopus esse non possit qui, nesciente metropolitano, consecratus fuerit.*

(*Ex concil. Arelatensi, cap. 6.*) Illud autem ante omnia claret, quod eum qui sine conscientia metropolitani constitutus fuerit episcopus, juxta magnam synodum esse episcopum non debere.

Cap. XXI. — *Ne episcopi per Simoniacam hæresim regiminis locum obtineant.*

(*Ex concil. Medensi, cap. 43.*) Cavendum et summopere præcavendum ac per virtutem Christi sanguinis interdicendum episcopis et regibus, et omnibus sublimioribus potestatibus, atque cunctis fautoribus et electoribus quorumcunque, atque consensoribus, seu ordinatoribus in gradu ecclesiastico, ut nemo per Simoniacam hæresim, regiminis locum obtineat quacunque factione, calliditate, promissione, seu commoditate ; aut dationem per se, aut per emissam personam, cum Spiritus sanctus inter cætera documenta per os dicat Gregorii : Cur non perpendit quia benedictio illi in maledictionem convertitur ? Et alibi : Dolens, inquit, dico, gemens denuntio, quia sacerdotium quod apud vos intus cecidit, foris diu stare non poterit.

Cap. XXII. — *De his qui pretio sacram mercati sunt dignitatem.*

(*Ex epistola Gelasii papæ, cap. 5.*) Quos constiterit indignos meritis, sacram mercatos esse pretio dignitatem, convictos oportet arceri, quia dantem pariter accipientemque damnatio Simonis, quam sacra lectio testatur, involvit.

Cap. XXIII. — *De eadem re.*

(*Ex epist. Hormisdæ papæ, cap. 10.*) Hoc itaque ad priora conjungimus, ne benedictio per impositionem manus, quæ a Deo esse creditur, pretio comparetur, quia Simon Spiritum sanctum volens pretio mercari, apostoli fuit detestatione percussus.

Cap. XXIV. — *Quod non oporteat ordinationes episcoporum diu differri.*

(*Cap. 25. Chalced.*) Quoniam quidam metropolitanorum, quantum comperimus, negligunt commissos sibi greges, et ordinationes episcoporum facere differunt, placuit sanctæ synodo intra tres menses ordinationes episcoporum celebrari, nisi forte necessitas inexcusabilis præparet tempus dilationis extendi : quod si hoc minime fecerit, correptioni Ecclesiasticæ subjacebit. Veruntamen reditus Ecclesiæ viduatæ penes œconomum ejusdem Ecclesiæ integri reserventur.

Cap. XXV. — *De ordinationibus episcoporum diu minime differendis.*

(*Ex decr. Damasi papæ, cap. 2.*) Quoniam quidam metropolitanorum fidem suam secundum priscam consuetudinem sanctæ sedi apostolicæ exponere detrectantes, usum pallii neque expetunt, neque percipiunt, ac per hoc episcoporum consecratio viduatis Ecclesiis non sine periculo protelatur, placuit ut quisquis metropolitanus ultra tres menses consecrationis suæ ad fidem suam exponendam, palliumque suscipiendum, ad apostolicam sedem non miserit, commissa sibi careat dignitate, sitque licentia metropolitanis aliis post secundam et tertiam commonitionem viduatis Ecclesiis cum consilio Romani pontificis ordinando episcopum subvenire. Si vero consecrandi episcopi negligentia provenerit, ut ultra tres menses Ecclesia viduata consistat, communione privetur, quousque aut loco cedat, aut se consecrandum præbere non differat. Quod si ultra quinque menses per suam negligentiam retinuerit viduatam Ecclesiam, neque ibi neque alibi consecrationis donum percipiat, imo metropolitani sui judicio cedat.

Cap. XXVI. — *Quando quis debeat a vicinis provinciæ episcopis ordinari.*

(*Can. Sardic., 5.*) Osius episcopus dixit : Si contigerit in una provincia, in qua plurimi fuerint episcopi, unum forte remanere episcopum, et populi convenerint, episcopi vicinæ provinciæ debent illum prius convenire episcopum qui in ea provincia moratur, et ostendere quod populi petant sibi rectorem, et hoc justum esse, ut et ipsi veniant et cum ipso ordinent episcopum. Quod si conventus litteras tacuerit, et dissimulaverit, nihilque rescripserit, satisfaciendum esse populis, ut veniant ex vicina provincia episcopi, et ordinent episcopum.

Cap. XXVII. — *Ut episcopus non consecretur sine tribus episcopis.*

(*Ex consilio Arelatensi, cap. 5.*) Nullus episcopus sine metropolitani permissu, nec episcopus metropolitanus sine tribus episcopis comprovincialibus, præsumat episcopum ordinare, ita ut alii comprovinciales epistolis admoneantur, ut se suo responso consensisse significent. Quod si inter partes aliqua fuerit dubitatio, majori metropolitanus in electione consentiat.

Cap. XXVIII. — *Ut episcopus non ordinetur minus quam a tribus, et si fieri possit archiepiscopus ab omnibus comprovincialibus.*

(*Ex epist. Anicii papæ Ecclesiis per Galliam constitutis directa.*) De ordinationibus episcoporum super quibus nos consulere voluistis, olim in spiritu præcessoris nostri Anacleti quædam jam decreta reperimus. Scimus enim beatissimum Jacobum, qui dicebatur Justus, qui secundum etiam carnem frater Domini nuncupatus est, a Petro, Jacobo et Joanne apostolis, Hierosolymis episcopum esse ordinatum. Si autem non minus quam a tribus apostolis tantus vir fuit ordinatus, patet profecto eos formam instituente Domino tradidisse, non minus quam a tribus episcopis episcopum ordinari debere ; sed crescente numero episcoporum, nisi necessitas intervenerit, debent etiam plures augeri. Si autem archiepiscopus obierit, et alter ordinandus archiepiscopus fuerit, omnes ejusdem provinciæ episcopi ad sedem metropolitanam conveniant, ut ab omnibus ipse eligatur et ordinetur. Oportet autem ut ipse qui illis omnibus præesse debet, ab omnibus illis eligatur et ordinetur. Reliqui vero comprovinciales episcopi, si necesse fuerit, cæteris consentientibus, a tribus jussu archiepiscopi consecrari possunt episcopi, sed melius est si eum omnibus eum qui dignus est elegerit, et cuncti pariter consecraverint pontificem. Et licet istud necessitate cogente concessum sit, illud autem quod de archiepiscopi consecratione præceptum atque prædictum est, id est, ut omnes suffraganei eum ordinent, nullatenus immutari licet, quia qui illis præest, ab omnibus episcopis quibus præest, debet constitui. Sin aliter præsumptum fuerit, viribus carere non dubium est, quia irrita erit ejus secus acta ordinatio.

CAP. XXIX. — *De episcopo qui alium sine sua voluntate episcopum ordinaverat.*

(*Ex epist. Simplicii papæ missa Joanni Ravennati episcop., cap.* 1.) Si quis esset intuitus ad normam ecclesiasticæ disciplinæ, vel si quid apud te sacerdotalis modestiæ teneretur, nunquam plectibiles perpetrarentur excessus. A quibus si nullo te paternarum regularum poteras continere præcepto, saltem sanctæ memoriæ prædecessoris tui fueras revocandus exemplo, qui cum faciendo presbyterum minus deliquisset invitum, senserat tamen dignum pro tali usurpatione judicium. Ubi ista didicisti, quæ in fratrem et coepiscopum nostrum Gregorium, non electione, sed invidia perpetrasti, quem inexcusabili violentia pertrahi ad te passus es, atque vexari, ut ei honorem tantum, non per animi tranquillitatem, sed per amentiam, sicut dicendum est, irrogares? Neque enim talia potuissent fieri, sanitate consilii. Nolumus exaggerare quod gestum est, ne cogamur judicare quod dignum est. Nam privilegium meretur amittere, qui permissa sibi abutitur potestate.

CAP. XXX. — *De abjectione ejus quem duo præsumpserint ordinare episcopi.*

(*Ex concil. Arausic., cap.* 20.) De abjectione ejus quem duo præsumpserint ordinare episcopi, in nostris provinciis placuit de præsumptoribus, ut sicubi contigerit duos episcopos tertium consecrare, et ipse et auctores damnabuntur, quo cautius ea quæ sunt antiquitus statuta serventur.

CAP. XXXI. — *De non ordinandis episcopis per vicos et modicas civitates.*

(*Ex concil. Sardicensi, cap.* 6.) Licentia vero danda non est ordinandi episcopum, aut in vico aliquo, aut in modica civitate, cui sufficit unus presbyter: quia non est necesse ibi episcopum fieri, ne vilescat nomen episcopi et auctoritas. Non debent illi ex alia provincia invitati facere episcopum, nisi aut in his civitatibus quæ episcopos habuerunt, aut si qua talis aut tam populosa est civitas, quæ mereatur habere episcopum. Si hoc omnibus placet, Synodus respondit : Placet.

CAP. XXXII. — *De eadem re.*

(*Ex decret. Leonis papæ, cap.* 49.) Illud sane quod ad sacerdotalem pertinet dignitatem, inter omnia volumus canonum statuta servari, ut non in quibuslibet locis neque quibuscunque castellis, et ubi antea non fuerunt episcopi, consecrentur, cum ubi minores sunt plebes minoresque conventus, presbyterorum cura sufficiat, episcopalia autem gubernacula, nonnisi majoribus populis et frequentioribus civitatibus oporteat præsidere, ne quod sanctorum Patrum divinitus inspirata decreta vetuerunt, viculis et possessionibus, vel obscuris et solitariis municipiis tribuatur sacerdotale fastigium, et honor cui debent excellentiora committi, ipse sui numerositate vilescat.

CAP. XXXIII. — *De Wamba, rege Gallorum, qui contra canones in quadam villula episcopatum fecerat, quomodo annullatum est.*

(*Ex concil. Toletano* XIII, *can.* 4.) Majoribus institutionibus contraire, et sanctorum Patrum decreta convellere, quid aliud est quam vinculum societatis Christi abrumpere, et usurpatæ præceptionis licentia, statum Ecclesiæ dissipare? Prosequente igitur venerabili et sanctissimo viro fratre nostro Stephano Emeretensis sedis episcopo, res nobis novellæ præsumptionis usurpatione sese intulit pertractanda, tanto communionis nostræ judicio convellenda, quanto et pravitatis nostræ noscitur ausu perpetrata. Dixit enim violentia principali se impulsum fuisse, ut in monasterio villulæ, in qua venerabile corpus sanctissimi Punenii confessoris debito quiescit honore, novam episcopalis honoris ordinationem efficeret, et ideo ex indiscreto et facillimo assensu, injustis Wambæ principis jussionibus parens, novam et injustam illic pontificalis sedis perlectionem induxit, ubi canonica constitutio id fieri omnimoda ratione refellit. Prædictus ille vir prostratus humo medicamine nostri præcepti, et sibi dari veniam petit, et quid potissimum fieri oporteat de persona ejus qui illic ordinatus fuerat, nostri oris sententia decerni poposcit. Sed quia veraciter, imo communiter noveramus prædictum principem consilio levitatis agentem, non solum præcepisse ut in prædicto loco aliquis episcopus fieret, sed etiam ita cum obstinationibus definisse, ut in suburbio Toletano in ecclesia Prætoriensi sanctorum Petri et Pauli episcopum ordinaret, necnon in aliis vicis vel villulis similiter faceret : ideo pro tam insolenti hujuscemodi exstirpationis licentia, quidquid de hac re haberent canonum instituta, in medium proferri præcepimus. Tunc hæc in ordinem constituta, prælecta sunt. In primis exempla Pauli ubi Tito discipulo, ut episcopos per civitates constituere deberet, præcepit. Item ex concilio Nicæno, titulo 8, ubi inter cætera præcipitur ut in civitate non videantur duo episcopi esse. Item ex concilio Laodicensi, titulo 7, ubi dicit : Non oportet in vicis et in villulis episcopos ordinari. Item ex concilio Africæ, titulo 2, ubi Felix episcopus Solemsitanus dixit : Etiam si hoc placet sanctitati vestræ, insinuo ut diœceses quæ nunquam habuerunt episcopos, non habeant. Diœcesis quæ aliquando habuit, habeat proprium. Secundum autem hanc prosecutionem sanctitatis vestræ est æstimare quid fieri debeat. Genecletus episcopus dixit : Si placet insinuatio patris et coepiscopi no tri Felicis, ab omnibus confirmetur. Ab universis episcopis dictum est, Placet. Item ex concilio Africæ III, titulo 2, ubi dicit ut non accipiat alterum episcopum plebs quæ in diœcesi semper subjacuit. Epigenius enim episcopus in cætera sic dixit : Non debere rectorem accipere eam plebem quæ in diœcesi semper subjacuit, nec unquam proprium episcopum habuit. Quapropter si universo sanctissimo cœtui placet hoc quod præfatus sum, confirmetur. Aurelius episcopus dixi: Fratris et consacerdotis nostri prosecutioni non obsisto, sed hoc me et fecisse, et facturum esse profiteor. Item ex concilio Sardicensi, ubi inter cætera præcipitur: Licentia danda passim non est. Si enim subito aut vicus aliquis, aut modica civitas, cui satis est unus presbyter, voluerit sibi episcopum ordinari, ad hoc ut vilescat nomen episcopi et auctoritas, non debent illi ex alia provincia invitati, facere episcopum, in quibus locis antea non fuit. Item de sententia eorum qui hujusmodi ordinationes faciunt, vel de his qui contra hæc instituta canonum ordinantur, ex concilio Tauritano, titulo ubi dicit : Gestorum quoque seriem conscribi placuit ad perpetem disciplinam, quod circa Octabium Ursionem, Remigium, ad Trefe episcopum, synodus sancta decrevit. Qui in usurpationem quamdam de ordine sacerdotum, ad invidiam vocabantur. Quod ita his videtur indultum, ut de cætero hac auctoritate commoniti, nihil usurpare conentur. Siquidem se ab hac causa tali excusatione defenderunt, qua dicerent prius se non esse conventos, proinde judicavit synodus sancta: ut si quis ex hoc fecerit contra instituta majorum, sciat is qui ordinatus fuerit sacerdotis se honore privandum, et ille qui ordinaverit, auctoritatem se in ordinationibus vel in conciliis minime retenturum. Non solum autem circa memoratum episcopum hæc sententia prævalebit, sed et circa omnes, simili errore deceptos, qui ordinationes hujusmodi perpetrarunt. His igitur fortissimis regulis, effectum pii operis apponentes, in communi definitione elegimus, ut in loco villulæ supradictæ Aquis, deinceps sedes episcopalis non remaneat, neque episcopus illuc ultra constituendus existat. Hic tamen Conjuldus, qui contra majorum decreta illic videtur institutus fuisse episcopus, nullis canonum erit ad condemnationem sui sententia ulciscendus, quia non ambitione, sed principis impulsione constitit ordinatus. Et ideo hoc illi remedium humanitatis concedimus, ut in sedem aliam decidentis cujuslibet episcopi traducatur, et prædictus locus sub monastica deinceps institutione mansurus, non episcopali ultra privilegio fretus, sed sub abbatis regimine, sicut huc usque fuit, erit modis omnibus mancipandus. Jam vero de cætero generale ponentes edictum, si quis contra hæc canonum interdicta venire conatus fuerit, ut in locis illis episcopum eligat fieri, ubi episcopus nunquam fuit, anathema in conspectu omnipotentis Dei incurrat, et insuper tam ordinator quam ordinatus gradum sui ordinis perdat: quia non solum antiquorum Patrum decreta, sed apostolica ausus est convellere instituta.

CAP. XXXIV. — *Ut plebs quæ nunquam habuit episcopum, nisi ex consensu, non habeat.*

(*Ex concil. Africano, cap.* 61.) Placuit et illud, ut plebes quæ nunquam habuerunt proprios episcopos, nisi ex concilio plenario uniuscujusque provinciæ et primatis, atque consensu ejus ad cujus diœcesim eadem Ecclesia pertinebat, decretum fuerit, minime accipiant.

CAP. XXXV. — *Ut nequaquam in duos metropolitanos provincia dividatur.*

(*Concil. Chalced., cap.* 12.) Pervenit ad nos quod quidam præter ecclesiastica statuta facientes, convolarunt ad potestates, et per pragmaticam formam in duo unam provinciam diviserunt, ita ut ex hoc facto duo metropolitani esse videantur in una provincia. Statuit ergo sancta synodus de reliquo nihil ab episcopis tale tentari. Alioquin, qui hoc adnisus fuerit, amissioni gradus proprii subjacebit. Quæcunque vero civitates litteris imperialibus metropolitani nominis honore subnixæ sunt, honore tantummodo perfruantur, et qui Ecclesiam ejus gubernat episcopus, salvis scilicet veris metropolis privilegiis suis.

CAP. XXXVI. — *De illis episcopis qui non sunt recepti ab illis ad quos sunt ordinati vel denominati.*

(*Ex concil. Ancyr., cap.* 17.) Si qui episcopi ordinati sunt, nec recepti ab illa parochia in qua fuerant denominati, voluerintque alias occupare parochias, et vim præsulibus earum inferre, seditiones adversus eos excitando, hos abjici placuit. Quod si voluerint in presbyterii ordine ubi prius fuerant, ut presbyteri residere, non abjiciantur propria dignitate. Si autem seditiones commovent ibidem constitutis episcopis, presbyterii quoque honor talibus auferatur, fiantque damnatione notabiles.

CAP. XXXVII. — *De episcopo qui Ecclesiam ad quam ordinatus est, adire neglexerit.*

(*Ex concil. Antioch., cap.* 17.) Si quis episcopus per manus impositionem episcopatum acceperit, et sibi commissum ministerium subire neglexerit, nec acquieverit ire ad Ecclesiam sibi commissam, hunc oportet communione privari, donec susceperit coactus officium, aut certe de eo aliquid integra decreverit ejusdem provinciæ synodus sacerdotum.

CAP. XXXVIII. — *De episcopo qui non susceperit officium sibi commissum.*

(*Ex conc. Arelat., cap.* 6.) Si quis episcopus non susceperit officium sibi commissum, hic communione privetur, quoadusque consentiat obedientiæ suæ commodans. Si vero perrexerit nec receptus fuerit, non pro sua sententia, sed pro malitia populi, ipse quidem maneat episcopus, clerici vero civitatis communione priventur, quod erudiendis inobedientes populis non fuerint.

CAP. XXXIX. — *De episcopo vacante, qui Ecclesiam vacantem invaserit.*

(*Ex conc. Antioch., cap.* 16.) Si quis episcopus vacans, in Ecclesiam non habentem episcopum surripiens populos sine concilio integri ordinis irruerit, etiam si populus quem seduxit desideret illum, alienum eum ab Ecclesia esse oportet. Integrum autem et perfectum concilium dicimus illud cui metropolitanus episcopus interfuerit.

CAP. XL. — *De episcopo qui est ordinatus ad ecclesiam, et non est receptus.*

(*Ex conc. Aurelian., cap.* 10.) Si quis ordinatus, per contentionem populi, aut pro aliqua ratione, et non pro sua culpa, in parochia quæ ei fuerit data receptus non erit, hunc oportet honorem sacerdotii tantummodo contingere, ita ut de rebus Ecclesiæ in qua convenit sibi nihil præsumat. Sustineat autem quidquid de eo sanctum concilium judicaverit.

CAP. XLI. — *De his qui promoventur ad episcopatum nec recipiuntur.*

(*Ex concil. Antioch., cap. 18.*) Si quis episcopus ordinatus, ad parochiam minime, cui est electus, accesserit, non suo vitio, sed quod eum aut populus vetet, aut propter aliam causam, non tamen ejus vitio perpetratam : hic et honoris sit et ministerii particeps, dummodo nihil molestus Ecclesiæ rebus existat, ubi ministrare cognoscitur. Quem etiam observare conveniet quidquid synodus perfecta provinciæ judicando decreverit.

CAP. XLII. — *Quod auctoritas congregandarum synodorum apostolicæ sedi commissa sit privata potestate.*

(*Cap. Isidori 8.*) Synodorum vero congregandarum auctoritas apostolicæ sedi privata commissa est potestate. Nec ullam synodum generalem ratam esse legimus, quæ ejus non fuerit auctoritate congregata vel fulta. Hæc canonica testatur auctoritas, hæc historia ecclesiastica roborat, hæc sancti Patres confirmant.

CAP. XLIII. — *Quod bini conventus episcopales singulis annis fieri debeant.*

(*Ex decret. Leonis papæ ad Rusticum episcopum Narbonen., cap. 57.*) De conciliis autem episcopalibus non aliud indicimus, quam sancti Patres salubriter ordinaverunt, ut scilicet bini conventus per annos singulos habeantur, in quibus de omnibus querelis, quæ inter diversos Ecclesiæ ordines nasci assolent, judicetur. Ac si forte inter ipsos qui præsunt de majoribus, quod absit, peccatis causa nascatur, quæ provinciali nequeat examine definiri, fraternitatem tuam de totius negotii qualitate metropolitanus curabit instruere : ut si coram positis partibus, nec tuo fuerit resopita judicio, ad nostram cognitionem quidquid illud est, transferatur.

CAP. XLIV. — *De synodis, quo tempore sint habendæ.*

(*Ex concil. Antioch., cap. 20.*) Propter utilitates ecclesiasticas et absolutiones earum rerum quæ dubitationem controversiamque recipiunt, optime placuit, ut per singulas quasque provincias bis in anno episcoporum concilia celebrentur. Semel quidem post tertiam septimanam festi Paschalis, ita ut in quarta septimana quæ consequitur, id est, medio Pentecostes conveniat synodus, metropolitano comprovinciales episcopos admonente. Secunda vero synodus fiat Idibus Octobris, id est XV die mensis Octobris, quem per Beretheon Græci nominant. In ipsis autem conciliis adsint presbyteri, diaconi, et omnes qui se læsos existimant, et synodi experiantur examen. Nullis vero liceat apud se celebrare concilia, præter eos quibus metropolitana jura videntur esse commissa.

CAP. XLV. — *De synodo congreganda.*

(*Ex concil. Arvernen., cap. 15.*) Peractis omnibus quæ ad correctionem nostri ordinis in hoc concilio promulgata sunt, placuit definire, ut omni anno ad peragendam celebritatem concilii in metropolitana sede, tempore quo principis vel metropolitani electio definierit, devotis semper animorum studiis conferamus, nec quibuslibet requisitis occasionibus dissentiamus, sed in præparato die quo indictum fuerit, adunatis in metropolitana sede omnibus provinciæ pontificibus, concilium, Deo præsule, celebretur. Quisquis autem episcopum, excepta inevitabili causa, vel necessitate, de peragendo se concilio absentaverit, per unius anni spatium erit communione plectendus. Quod si deinceps absque celebratione concilii, anni unius metas transierit, omnium in communione pontificum ejusdem provinciæ sententiam obnoxius retinebit, id est, si nulla sibi impediente principis potestate, vel infirmitate, aut inevitabili causa, sed solius propriæ voluntatis libitu sese ad celebrandum concilium non collegerit.

CAP. XLVI. — *De archiepiscopo qui tempore pacis ultra biennium synodum annuntiare neglexerit.*

(*Ex conc. Meldensi, cap. 5.*) Quod si intra biennium divinitus temporum tranquillitate concessa admonitis comprovincialibus a metropolitano synodus indicta non fuerit, et metropolitanus ipse provocationes tardaverit, anno integro missas facere non præsumat. Quod si evocati et non corporali infirmitate detenti, adesse sua abusione despexerint, simili sententiæ subjacebunt.

CAP. XLVII. — *De episcopis ad synodum vocatis, ut venire non contemnant.*

(*Ex concil. Laodicensi, cap. 40.*) Quod non oportet episcopos ad synodum vocatos omnino contemnere, sed protinus ire et docere, et discere ea, quæ ad correctionem Ecclesiæ, vel reliquarum pertinent rerum. Seipsum vero qui contempserit, accusabit, nisi forte per ægritudinem ire non possit.

CAP. LXVIII. — *Quales epistolæ a metropolitano sint fratribus dirigendæ.*

(*Ex concil. Tarraconensi, cap. 15.*) Epistolæ tales per fratres a metropolitano sunt dirigendæ, ut non solum de cathedralibus Ecclesiæ presbyteris, verum etiam de diœcesanis ad concilium trahant, et aliquos de filiis Ecclesiæ secularibus secum adducere studeant.

CAP. XLIX. — *De eadem re.*

(*Ex concil. Agath., cap. 36.*) Si metropolitanus episcopus ad comprovinciales episcopos epistolas direxerit, in quibus eos, aut ad ordinationem alicujus fratris, aut ad synodum invitet, postpositis omnibus, excepta gravi infirmitate corporis, aut præceptione regia, ad constitutam diem adesse non differant. Qui si defuerint, sicut prisca canonum præcepit auctoritas, usque ad proximam synodum charitate fratrum et Ecclesiæ communione priventur.

CAP. L. — *De episcopo qui synodo adesse neglexerit.*

(*Ex concil. Spalensi, cap. 10.*) Si quis autem episcoporum synodo adesse neglexerit, aut cœtum fratrum, antequam concilium dissolvatur, crediderit mansisse ecclesiasticam disciplinam, ut nullus fratrum deserendum : alienum se a fratrum communione cognoscat, nec eum recipi liceat, nisi in sequenti synodo fuerit absolutus.

CAP. LI. — *De episcopo qui per ægritudinem ad synodum venire non potuerit.*

(*Ex decr. Felicis papæ, cap.* 11.) Quod si ægrotans fuerit episcopus, aut aliqua eum gravis necessitas detinuerit, pro se legatum ad synodum mittat, suscepturus, salva fidei veritate, quidquid synodus statuerit.

CAP. LII. — *De episcopis ad synodum vocatis, et venire, et missos suos mittere dedignantibus.*

(*De synodo apud Altheii habita, cap.* 10.) Placuit sanctæ synodo episcopos qui vocati de Saxonia ad sanctum concilium non venerunt, nec secundum canones sacros missos suos vel vicarios direxerunt, gravi increpatione objurgare, et pro culpa inobedientiæ increpare. Unde iterum eos fraterna charitate ad condictum concilium invitamus et vocamus. Quod et si hoc, quod non optamus, pro nihilo duxerint, et venire noluerint, justamque rationem inobedientiæ suæ reddere detrectaverint, apostolica auctoritate interdicit eis Petrus sancti Petri et papæ missus, una cum sancta synodo, missas celebrare, quousque Romam veniant, et coram papa et sancta Ecclesia dignam reddiderint rationem.

CAP. LIII. — *Concilium universale non nisi necessitate faciendum.*

(*Ex concil. Africano, cap.* 42.) Placuit ut non sit ultra fatigandis fratribus universalis necessitas, sed quoties exegerint causæ communes, id est, si totius Africæ undecunque relatæ ad hanc sedem fuerint litteræ, congregandam esse synodum in ea provincia, ubi opportunitas persuaserit. Causæ autem quæ communes non sunt, in suis provinciis judicentur.

CAP. LIV. — *Ut episcopi posteriores se prioribus suis non præferant.*

(*Ex epist. Lucii papæ, Occidentalibus missa, cap.* 5.) Episcopi vero per singulas provincias observent, ne posteriores se superioribus suis præferant, nec eis inconsultis, nisi quantum ad propriam pertinet parochiam, aliquid agant. Sed omnes de communibus eorum causis, consonam sententiam proferant, et determinent, quoniam aliter actæ nullas vires habebunt, nec ecclesiasticæ reputabuntur.

CAP. LV. *Ut episcopi sui ordinis tempus observent, alter alteri honorem præbentes.*

(*Ex concil. Cabillonensi, cap.* 7.) Item placuit ut, conservato metropolitani episcopi primatu, cæteri episcoporum secundum sui ordinationis tempus, alius alii sedenti deferat locum.

CAP. LVI. — *De episcoporum ordine, ut qui posterius ordinati sunt, prioribus se non audeant anteferre.*

(*Ex concil. Africano, cap.* 53.) Valentinianus episcopus dixit : Si permittit bonum patientiæ vestræ, prosequor ea quæ præterito tempore in Ecclesia Carthaginensi gesta sunt, et subscriptionibus fratrum firmata claruerunt, etiam hoc nos servaturos esse profiteor. Sed illud scimus, inviolatam semper trum prioribus suis se aliquando auderet anteponere, sed officiis charitatis id semper exhibitum est prioribus, quod ab insequentibus gratanter semper acciperetur.

CAP. LVII. — *De rebus dubiis in conciliis episcoporum emergentibus.*

(*Ex epist. Bonifacii papæ ad episcopos Galliæ.*) Si inter episcopos ejusdem concilii dubitatio emerserit de ecclesiastico jure, vel de aliis negotiis, primum metropolitanus eorum cum aliis quibusdam in concilio considerans rem judicet. Et si non acquiescat utraque pars judicatis, tunc primas illius regionis inter ipsos audiat, et quod ecclesiasticis canonibus, et legibus nostris consentaneum sit, hoc definiat, et nulla pars valeat calculo ejus contradicere.

CAP. LVIII. — *Ut episcopi in synodo residentes, quæ ad emendationem vitæ pertineant, primum emendent.*

(*Ex concil. Arvernensi, cap.* 1.) In primis placuit, ut quoties secundum statuta Patrum sancta synodus congregatur, nullus episcoporum aliquam prius causam suggerere audeat, quam ea quæ ad emendationem vitæ, ad severitatem regulæ, ad animæ remedia pertinent, finiantur.

CAP. LIX. — *De metropolitano si comprovincialem episcopum in sua causa audire distulerit.*

(*Ex decr. Alexandri papæ.*) Si metropolitanus a quocunque comprovinciali episcopo bis fuerit in causa propria appellatus, et eum audire distulerit, in proxima synodo negotii sui habeat licentiam exercendi : et quidquid propter justitiam a comprovincialibus suis fuerit statutum debet custodiri.

CAP. LX. — *Ut episcopi justa judicia semper dijudicent.*

(*Ex concil. Remensi, cap.* 19.) Ut episcopi et judices judicia discernant, quia sunt quædam judicio mundi, quædam judicio Dei reservanda. Scriptum est enim : Nolite judicare ante tempus, quoadusque veniat Dominus, qui et illuminabit abscondita tenebrarum, et manifestabit consilia cordium, et tunc laus erit unicuique a Deo. Et illius memores sint : In quo enim judicio judicaveritis, judicabimini et vos.

CAP. LXI. — *Ut canonum statuta ab omnibus rite custodiantur, et nullus ea suo sensu dijudicare præsumat.*

(*Ex concil. Meldensi, cap.* 11.) Canonum statuta sine præjudicio ab omnibus custodiantur, et nemo in actionibus, vel in judiciis ecclesiasticis suo sensu, sed eorum auctoritate ducatur. In exponendis etiam, vel prædicandis divinis Scripturis, sanctorum catholicorum Patrum, et probatissimorum sensum quisque sequatur, in quorum scripturis, ut beatus dicit Hieronymus, fidei veritas non vacillet.

CAP. LXII. — *De dissidentibus episcopis.*

(*Ex concil. Carthag., cap.* 25.) Dissidentes episcopos, si non timor Dei, synodus reconciliet.

CAP. LXIII. — *De inflatione metropolitanorum et fastu, et de episcopis ac reliquis clericis qui læduntur a metropolitano.*

(*Ex epist. Anicii papæ episcopis per Galliam con-*

stitutis missa, cap. 4.) Si autem aliquis metropolitanorum inflatus fuerit, et sine omnium comprovincialium praesentia, vel consilio episcoporum alias causas agere, nisi eas tantum quae ad propriam suam pertinent parochiam, aut eos gravare voluerit, ab omnibus districte corrigatur, ne talia deinceps praesumere audeat. Si vero incorrigibilis, eisque inobediens apparuerit, ad hanc apostolicam sedem, cui omnia episcoporum judicia terminare praecepta sunt, ejus contumacia referatur, ut vindicta de eo fiat, et caeteri timorem habeant. Si autem propter nimiam longinquitatem, aut temporis incommoditatem, vel itineris asperitatem, grave ad hanc sedem ejus causam deferre fuerit, tunc ad ejus primatem ejus causa deferatur, et penes ipsum hujus sanctae sedis auctoritate judicetur. Similiter si aliquis episcoporum metropolitanum suspectum habuerit, apud primatem diœceseos, aut apud hanc apostolicam sedem audiatur.

CAP. LXIV. — *Ut plebes alienas alius episcopus non usurpet.*

(*Ex concil. Carthaginensi, cap. 19.*) Placuit ut a nullo episcopo usurpentur plebes alienae, nec aliquis episcoporum supergrediatur in diœcesi collegam suum.

CAP. LXV. — *Ut nullus metropolitanus absque omnium comprovincialium episcoporum praesentia aliquorum audiat causas.*

(*Ex epist. Iginii papae cunctis fidelibus missa, cap. 2.*) Caeterum, fratres, salvo in omnibus Romanae ecclesiae privilegio, nullus metropolitanus absque caeterorum omnium comprovincialium episcoporum instantia, aliquorum audiat causas : quia irritae erunt aliter actae, quam in conspectu eorum omnium ventilatae. Et ipse si fecerit, coerceatur a fratribus.

CAP. LXVI. — *Ut nullus primas vel metropolitanus aliquid agat de Ecclesiis, vel parochiis comprovincialium episcoporum, et de ipsorum causis sine eorum consilio omnium, et nec ipsi aliquid agant sine ejus consilio, nisi quantum ad proprias pertinet parochias.*

(*Ex epist. Calist. papae episcopis per Galliam constitutis missa, cap. 13.*) Nullus autem primas vel metropolitanus diœcesanam Ecclesiam vel parochianum, aut aliquid ejus parochiae, praesumit excommunicare, vel dijudicare aliquid, vel agere absque ejus consilio vel judicio : sed hoc observet, quod ab apostolis ac Patribus et praedecessoribus nostris est statutum, et a nobis confirmatum : id est, si quis metropolitanus episcopus, nisi quod ad suam solummodo propriam pertinet parochiam, sine consilio et voluntate omnium comprovincialium episcoporum extra aliquid agere tentaverit, gradus sui periculo subjacebit, et quod egerit irritum habeatur et vacuum. Sed quidquid de comprovincialium coepiscoporum causis, eorumque ecclesiarum et clericorum, atque saecularium necessitatibus agere aut disponere necesse fuerit, hoc cum omnium consensu comprovincialium agatur pontificum, non aliquo damnationis fastu, sed humillima et concordi administratione, sicut Dominus ait : Non veni ministrari, sed ministrare. Et alibi : Qui major est vestrum, erit minister vester, et reliqua. Similiter et ipsi comprovinciales episcopi cum ejus consilio, nisi quantum ad proprias pertinet parochias, agant, juxta sanctorum constituta Patrum, ut uno animo, uno ore, concorditer sancta glorificetur Trinitas in saecula. Nullus primas, nullus metropolitanus, nullusque reliquorum episcoporum alterius adeat civitatem, aut ad possessionem accedat quae ad eum non pertinet, et alterius episcopi est parochia, super cujusquam dispositione, nisi si vocatus ab eo cujus esse dinoscitur, ut quiddam ibi disponat vel ordinet, aut judicet, si sui gradus honore potiri voluerit. Sin aliter praesumpserit, damnabitur : et non solum ille sed cooperantes, eisque consentientes, quia sicut ordinatio, ita ejus et judicatio, et aliarum rerum dispositio prohibetur.

CAP. LXVII. — *De contentione parochiae.*

(*Ex concil. Arvern., cap. 3.*) Quicunque episcopus alterius episcopi diœcesim per XXX annos sine aliqua interpellatione possederit, quamvis secundum jus legis ejus videatur esse diœcesis, admittenda non est contra eum actio reposcendi; sed hoc intra unam parochiam, extra vero nullo modo : ne, dum diœcesis defenditur, provinciarum termini confundantur.

CAP. LXVIII. — *Ut episcopi qui negligunt loca sua a vicinis episcopis, ut se corrigant, admoneantur.*

(*Ex concilio Africano, cap. 76.*) Item placuit, ut quicunque negligunt loca ad suam cathedram pertinentia in catholicam unitatem lucrari, conveniantur a diligentibus vicinis episcopis, ut id agere non morentur. Quod si intra sex menses a die conventionis non effecerint, qui potuerit eas lucrari, ad ipsum pertineant : ita sane, ut si ille ad quem pertinuisse videbantur, probare potuerit, magis illius electam negligentiam ab haereticis, ut impune ibi sint, et suam diligentiam fuisse praeventam, ut eo modo ejus cura sollicitior vetaretur : cum hoc judices episcopi cognoverint, suae cathedrae loca restituant. Sane si episcopi intra quos causa versatur, diversarum sunt provinciarum, ille primas det judices, vicinus provincia est locus de quo contenditur. Si autem ex communi placito vicinos judices elegerint, aut unus eligatur, aut tres : aut si tres elegerint, aut omnium sententiam sequantur, aut duorum.

CAP. LXIX. — *De duobus episcopis altercantibus de parochia cujusdam basilicae.*

(*Ex concil. Spalensi, cap. 1.*) Inter memoratos fratres nostros, Fulgentium Astigitanum et Honorium Cordubensem episcopos, discussio agitata est, propter parochiam basilicae cujusdam quam horum alter Celtacensem, alter Reginensem asseruit. Et quia inter utrasque partes hactenus limitis actio vendicata est, cujus quamvis vetusta retentione, nullum juris praejudicium adferret : ideoque ne in dubium ultra inter eos nostra devocaretur sententia, prolatis canonibus synodalia decreta perlecta sunt, quorum auctoritas præmonet ita oportere inhiberi cupiditatem, ut ne quis terminos alienos usurpet. Ob hoc placuit inter alternas partes inspectionis viros mittendos, ita ut diœcesis possidentis, si tamen basilicam veteribus signis limes provisus monstraverit, Ecclesiæ cujus est jus retentionis, sit æternum dominium. Quod et si limes legitimus eamdem basilicam non concludit, et tamen longi temporis probatur objecta præscriptio, appellatio præsentis episcopi non valebit : quia illi tricennalis objecto silentium imponit. Hoc etiam et sæcularium principum edicta præcipiunt; et præsulum Romanorum decrevit auctoritas. Sin vero infra metas tricennalis temporis, extra alienos terminos basilicæ injusta retentio reperitur, repetentis episcopi juri sine mora restituetur.

Cap. LXX. — *De episcopis qui contendunt de parochiis suis.*

(*Ex concil. Africano, cap.* 75.) Placuit ut quicunque episcopi plebes quas ad suam cathedram æstimant pertinere non ita repetunt, ut causas suas episcopis judicantibus agant : sed alio retinente irruerint, sive nolentibus, sive volentibus plebibus causæ suæ detrimentum patiantur. Et quicunque jam hoc fecerunt, si nondum est inter episcopos finita contentio, sed adhuc inde contendunt, ille inde discedat quem constiterit prætermissis judiciis ecclesiasticis irruisse, nec sibi quisque blandiatur, si a primate ut retineat litteras impetrarit : sed sive habeat litteras, sive non habeat, conveniat eum qui tenet, et ejus litteras accipiat, ut eum appareat pacifice tenuisse Ecclesiam ad se pertinentem. Si autem ille aliquam quæstionem retulerit, per episcopos judices causa finiatur, sive quos eis primates dederint, sive quos ipsi vicinos ex consensu delegerint.

Cap. LXXI. — *Ut in altera parochia clericos alterius diœcesis episcopus nullatenus ordinet.*

(*Ex concil. Antioche., cap.* 22.) Episcopus alienam civitatem, quæ non est illi subjecta, non adeat, nec ad possessionem accedat, quæ ad eum non pertinet, nec ordinationem ibi facere præsumat : nisi forte cum consilio et voluntate episcopi regionis. Si quis autem tale aliquid facere tentaverit, irrita sit ejus ordinatio, et ipse coerceatur a synodo.

Cap. LXXII. — *Ut nullo modo de parochia ad aliam episcopus transeat.*

(*Ex eodem, cap.* 21.) Episcopus ab alia parochia nequaquam migret ad aliam : nec sponte sua prorsus insiliens, nec vi coactus a populis, nec ab episcopis necessitate compulsus. Maneat autem in Ecclesia quam primitus a Deo sortitus est, nec inde transmigret, secundum pristinum terminum de hac re constitutum.

Cap. LXXIII. — *De præsumptione alienæ diœcesis.*

(*Ex epist. Bonifacii papæ.*) Si quis episcopus non rogatus de alia provincia in aliam venerit, præsumptive irruens ad ordinationem et constitutionem clericorum, et ad ea quæ ad illum non pertinent, importunus existat, vacua sint et inania omnia quæ ab eo fuerint constituta. Ipse autem digna increpatione excommunicetur, et abominetur a sancto concilio.

Cap. LXXIV. — *Ne episcopus, sua civitate despecta, ambitus causa ad aliam transeat.*

(*Ex decret. Leonis papæ, cap.* 58.) Si quis autem episcopus, civitatis suæ mediocritate despecta, administrationem loci celebrioris ambierit, et ad majorem se plebem quacunque ratione transtulerit, a cathedra quidem pellatur aliena, sed carebit et propria : ut nec illis præsideat quos per avaritiam concupivit, nec illis quos per superbiam sprevit. Suis igitur terminis quisque contentus sit, nec supra mensuram juris sui affectet augeri.

Cap. LXXV. — *Ut ab episcopis aliena parochia minime pervadatur.*

(*De canonibus apostol. tit.* 14.) Episcopo non licere alienam parochiam propria relicta pervadere, licet cogatur a plurimis, nisi forte quævis eum rationabilis causa compellat, tanquam qui possit ibidem constitutis plus lucri conferre, et in causa religionis aliquid profecto prospicere. Et hoc non a semetipso pertentet, sed multorum episcoporum judicio et maxima supplicatione perficiat.

Cap. LXXVI. — *De eadem re.*

(*Ex epist. Evaristi papæ, fratribus per Ægyptum directa, cap.* 4.) Sacerdotes vero vice Christi legatione funguntur in Ecclesia, et sicut ei sua est conjuncta sponsa, id est Ecclesia, sic episcopis junguntur Ecclesiæ, unicuique pro portione sua : et sicut vir non debet negligere uxorem suam, sed diligere, et caste custodire, et amare, atque prudenter regere, ita et episcopus debet Ecclesiam suam. Et velut uxor quæ sub manu est viri, obedire debet viro suo, eumque amare, et diligere : potius etiam Ecclesia episcopo suo in omnibus obedire, cumque amare, et diligere ut animam suam debet : quia illud fit carnaliter, istud spiritaliter. Et sicut vir non debet adulterare uxorem suam : ita nec episcopus Ecclesiam suam, id est, ut illam dimittat, ad quam consecratus est, absque inevitabili necessitate aut apostolica vel regulari mutatione, et alteri se ambitus causa conjungat. Et sicut uxori non licet dimittere virum suum, ut alteri, vivente eo, matrimonio se sociot, ut cum adulteret, licet fornicatus sit vir ejus, sed juxta Apostolum, aut viro suo debet reconciliari, aut manere innupta : ita Ecclesiæ non licet dimittere episcopum suum, aut ab eo se segregare, ut alterum eo vivente accipiat : sed aut ipsum habeat, aut innupta maneat, id est, ne alterum episcopum suo vivente accipiat, ut fornicationis aut adulterii crimen incurrat. Nam si adulterata fuerit, id est, si se alteri episcopo junxerit, aut super se alterum episcopum adduxerit, aut esse fecerit, vel desideraverit, per acerrimam pœnitentiam, aut suo reconcilietur episcopo, aut innupta permaneat.

Cap. LXXVII. — *De mutatione episcoporum.*

(*Ex epist. Antheri papæ episcopis per Bœticam atque Toletanam provinciam constitutis missa, cap.* 14.) De mutatione ergo episcoporum unde sanctam sedem apostolicam consulere voluistis, scitote eam communi utilitate atque necessitate fieri licere, sed non libitu cujusquam aut dominatione. Petrus sanctus magister, et princeps apostolorum de Antiochia utilitatis causa translatus est Romam, ut ibidem potius proficere posset. Eusebius quoque de quadam parva civitate, apostolica auctoritate translatus est Alexandriam. Similiter Felix de civitate in qua ordinatus erat electione civium, propter doctrinam et bonam vitam quam habebat, communi episcoporum et reliquorum sacerdotum ac populorum consilio translatus est Ephesum. Non enim transit de civitate ad civitatem qui non suo libitu, aut ambitu hoc facit, sed utilitate quadam, aut necessitate, aliorum hortatu, et consilio potiorum transfertur. Nec transfertur de minori civitate ad majorem, qui hoc non ambitu nec propria voluntate facit, sed aut vi a propria sede pulsus, aut necessitate coactus, aut utilitate loci, aut populi, non superbe, sed humiliter ab aliis translatus et inthronizatus est : quia homo videt in facie, Deus autem in corde. Et Dominus per Prophetam loquitur, dicens : Dominus scit cogitationes hominum; quoniam vanæ sunt. Non ergo mutat sedem, qui non mutat mentem, nec mutat civitatem qui non sua sponte sed consilio et electione aliorum mutatur. Non igitur migrat de civitate ad civitatem, qui non avaritiæ causa sponte dimittit suam : sed, ut jam dictum est, aut pulsus a sua, aut necessitate coactus, aut electione, aut exhortatione sacerdotum et populorum translatus est ad alteram civitatem. Nam sicut episcopi habent potestatem ordinare regulariter episcopos et reliquos sacerdotes : sic quoties utilitas aut necessitas expoposcerit, supradicto modo et mutare et inthronizare potestatem habent.

Cap. LXXVIII. — *De eadem re.*

(*Ex canonibus apostol.*) Episcopus aut presbyter uxorem propriam nequaquam sub obtentu religionis abjiciat. Si vero rejecerit, excommunicetur. Sed si perseveraverit, dejiciatur.

Cap. LXXIX. — *Item ex eodem.*

(*Ex concil. Sardicensi, cap.* 1.) Osius episcopus dixit : Non minus mala consuetudo quam perniciosa corruptela funditus eradicanda est, ne cui liceat episcopo de civitate sua ad aliam transire civitatem. Manifesta est enim causa, pro qua re hoc facere tentat ; cum nullus in hac re inventus sit episcopus, qui de majore civitate ad minorem transiret. Unde apparet avaritiæ ardore eos inflammari, et ambitioni servire, et ut dominationes agant. Si omnibus placet, hujusmodi pernicies sævius et austerius vindicetur, ut nec laicam communionem habeat qui talis est. Responderunt universi : Placet.

Cap. LXXX. — *De episcopo qui in sua fuerit persecutus Ecclesia, quod ad aliam ei sit fugiendum.*

(*Ex decre. Calist. papæ episcopis per Galliam constitutis missis., cap.* 15.) Si quis episcopus fuerit persecutus in sua Ecclesia, fugiendum illi est ad alteram, eique sociandum, dicente Domino : Si persecuti vos fuerint in una civitate, fugite in aliam. Si autem utilitatis causa fuerit mutandum, non per se hoc agat, sed fratribus invitantibus, et auctoritate hujus sanctæ sedis faciat, non ambitus causa, sed utilitatis.

Cap. LXXXI. — *De episcopo qui principalem cathedram suæ Ecclesiæ negligit.*

(*Ex concil. Rothoma., cap.* 16.) Ut non liceat episcopo principalem cathedram suæ parochiæ negligere, et aliam Ecclesiam in sua diœcesi magis frequentare.

Cap. LXXXII. — *De episcopis qui sedes suas negligunt, et in possessionibus suis longe positis diu morantur.*

(*Ex concil. Sardicensi, cap.* 15.) Osius episcopus dixit : Quia nihil prætermitti oportet, sunt quidam fratres et coepiscopi nostri, qui non in ea civitate resident, in qua videntur episcopi esse constituti, vel certe parvam rem illic habeant : alibi autem idonea prædia habere noscuntur, vel affectionem proximorum quibus indulgeant. Hactenus permitti eis oportet, ut accedant ad possessiones suas, et disponant vel ordinent fructum laboris sui, ut post quatuor dies Dominicos, id est, post tres hebdomadas, si morari necesse est, in suis potius fundis morentur, aut si est proxima civitas in qua est presbyter, ne sine Ecclesia videantur facere diem Dominicum, illuc accedant, ut neque res domesticæ per absentiam eorum detrimentum sustineant; et non frequenter veniendo ad civitatem in qua episcopus moratur suspicionem jactantiæ et ambitionis evadant. Universi dixerunt placere sibi.

LXXXIII. — *Ut episcopus singulis annis parochiam suam circumeat.*

(*Ex concil. Spalensi, cap.* 4.) Ut singulis annis unusquisque episcopus parochiam suam circumeat, populumque confirmet ac doceat, et ea quæ vitanda sunt prohibeat; et ea quæ agenda sunt, utiliter agere suadeat.

Cap. LXXXIV. — *De episcopis qui raro aut nunquam per seipsos plebes sibi commissas visitant.*

(*Ex concil. Meldensi, cap.* 5.) Ut episcopi qui plebes sibi creditas, aut raro, aut nunquam per seipsos visitant juxta ordinem evangelicum et apostolicum atque ecclesiasticum, cum Dominus Moÿdicat : Speculatorem dedi te domui Israel, et audies ex ore meo verbum, et annunciabis eis ex me, etc., a comprovincialibus episcopis, acrius corripiantur.

Cap. LXXXV. — *Ut episcopi presbyteros suos de ministeriis illorum diligenter discutiant.*

(*Ex concil. Braggar., cap.* 2.) Placuit nobis atque convenit, ut episcopi per singulas Ecclesias et diœceses euntes, primum discutiant clericos, quomodo ordinem baptismi teneant vel missarum, et qualiter quæque officia in Ecclesia peragant. Et si recte quidem invenerint, Deo gratias. Sin autem minime, docere debent ignaros.

CAP. LXXXVI. — *Ut episcopus cum paucis suam parochiam circumeat.*

(*Ex concil. Toletano, cap.* 5.) Cum episcopus suam diœcesim visitat, nulli præ multitudine onerosus existat, nec unquam quinquagenarium numerum evectionis excedat, aut amplius quam una die per unamquamque basilicam remorandi licentiam habeat.

CAP. LXXXVII — *Si episcopus parochiam suam visitare nequiverit, viros probabilis vitæ pro se mittat.*

(*Ex eodem cap.* 6.) Quod si episcopus, aut languore detentus, aut aliis occupationibus implicatus, visitationem diœceseos explere nequiverit, presbyteros probabilis vitæ, aut diaconos mittat, qui redditus basilicarum et reparationes, et ministrantium vitam inquirant.

CAP. LXXXVIII. — *Qualem ministrum episcopus juxta se habere debeat.*

(*Ex concil. Meldensi, cap.* 3.) Ut quisque episcopus talem juxta se pro viribus habere decertet, qui juxta sincerissimum et purissimum sensum catholicorum Patrum, fide et observatione mandatorum Dei, seu et prædicationis doctrina, presbyteros plebium assidue instruat et informet, ne domus Dei vivi, quæ est Ecclesia, sine lucerna verbi divini remaneat. Sed et idem talis existat, quem amor pecuniæ non vexet, aut reprehensibilis contemptibilem reddat. Hinc est, quod cum Moses querelam in conspectu Dei poneret, non se posse portare tantum onus quod ei fuerat impositum, audivit a Domino : Congrega mihi LXX viros de senioribus Israel, quos tu nosti quod senes populi sint ac magistri, et auferam de spiritu tuo, tradamque eis ut sustentent tecum onus populi, et non tu solus graveris. Quid in Mose, nisi summum sacerdotium? Quid in LXX viris, nisi presbyteros accipimus? Quod autem Dominus aufert de spiritu Mosi, traditque eis, patenter ostendit, quod hi qui ab episcopo in conspectu Dei vocati sunt, ut secum onus populi sustentent, eadem velle, et in partito sibi onere totis viribus cooperari. Hoc enim significat, quod non alium, sed ejusdem Mosi spiritum accipiunt.

CAP. LXXXIX. — *De episcopo ne laicum ponat sibi vicarium.*

(*Ex concil. Bragar., cap.* 9.) Nova actione didicimus quosdam ex nostro collegio contra mores ecclesiasticos, laicos habere in rebus divinis constitutos œconomos. Proinde pariter tractantes eligimus, ut unusquisque nostrum secundum Chalcedonensium Patrum decreta, ex proprio clero œconomum sibi constituat. Indecorum est laicum vicarium esse episcopi, et sæculares in Ecclesia judicare. In uno eodemque officio non debet dispar esse professio. Quod etiam in lege divina prohibetur, dicente Mose : Non arabis in bove simul et asino, quod est, homines diversæ professionis in officio uno non sociabis. Unde oportet nos et divinis libris et sanctorum Patrum obedire præceptis, constituentes ut hi qui in administrationibus Ecclesiæ pontificibus sociantur, discrepare non debeant, nec professione, nec habitu : nec cohærere et conjungi possunt, quibus et studia et vota diversa sunt. Si quis autem episcopus post hæc ecclesiasticam rem ad laicalem procurationem administrandam elegerit, aut sine testimonio œconomi gubernanda crediderit, vere ut contemptor canonum et fraudator ecclesiasticarum rerum, non solum Christo de rebus pauperum judicabitur reus, sed etiam et concilio manebit obnoxius.

CAP. XC. — *Ut in circuitione episcopi omnes, qui sunt in parochia singularum matricum, exceptis infirmis, ad synodum ejus venire debeant.*

(*Ex concil. Rothom.* 13, *cap.* 11.) Cum episcopus suam diœcesim circuit, archidiaconus vel archipresbyter eum præire debet uno aut duobus diebus per parochias quas visitaturus est. Et plebe convocata, annuntiare debet proprii pastoris adventum. Et ut omnes, exceptis infirmis, ad ejus synodum die denominata imprætermisse occurrant, et omnimodis ex auctoritate sanctorum canonum præcipere, et minaciter denuntiare debet, quod si quis absque gravi necessitate defuerit, proculdubio a communione Christiana sit repellendus. Deinde accitis secum presbyteris, qui in illo loco servitium debent exhibere episcopo, quidquid de minoribus et levioribus causis corrigere potest, emendare satagat, ut pontifex veniens nequaquam in facilioribus negotiis fatigetur, aut sibi immorari amplius necesse sit ibi, quam expensa sufficiat. Ait enim Dominus ad Mosen, de hujuscemodi cooperatoribus : Ut tecum, inquit, sustentent onus populi, et non tu solus graveris. Et beatus Joannes Baptista adventum Domini præcucurrit prædicando, dicens : Pœnitentiam agite, etc. Et item : Parate viam Domino. Siquidem episcopus vicem Christi agere videtur, et ideo cum gaudio, timore, et summa reverentia a plebibus sibi subjectis suscipiendus est : ut illis cum laude dicatur quod Apostolus discipulis dicit : Testimonium, inquit, vobis perhibeo, quod ita suscepistis me sicut angelum Dei, sicut Dominum Jesum.

CAP. XCI. — *Decretalis constitutio Eutychiani papæ quid episcopi in synodo quærere debeant.*

(*Ex decr. Eutychian. papæ, cap.* 9.) Episcopus in synodo residens, post congruam allocutionem, septem ex plebe ipsius parochiæ, vel eo amplius, prout viderit expedire, maturiores, honestiores, atque veraciores viros, in medium debet evocare. Et, allatis sanctorum pignoribus, unumquemque illorum tali sacramento constringat.

CAP. XCII. — *Jusjurandum synodale.*

(*Ex eodem decret.*) A modo in antea, quidquid nosti, aut audisti, aut postmodum inquisiturus es, quod contra Dei voluntatem et rectam Christianitatem, in ista parochia factum sit, aut futurum erit, si in diebus tuis evenerit, tantum, ut ad tuam cognitionem quocunque modo perveniat, si scis aut tibi indicatum fuerit synodalem causam esse, et ad ministerium episcopi pertinere, quod tu nec propter amorem, nec propter timorem, nec propter præmium, nec propter parentelam ullatenus celes epi-scopum, aut ejus missum cui hoc inquirere jusserit, quandocunque te ex hoc interrogaverit : sic te Deus adjuvet et istæ sanctorum reliquiæ.

CAP. XCIII. — *Juramentum cæterorum.*

(*Ex eodem.*) Istud sacramentum quod iste juravit de synodali causa, quod tu illud ex te ita observabis, in quantum sapis, aut audisti, aut ab hac die in antea inquisiturus es, sic te Deus adjuvet, etc.

CAP. XCIV. — *Post datum sacramentum episcopus illos qui juraverunt ita alloquatur.*

(*Ex eodem.*) Videte, fratres, ut Domino reddatis juramenta vestra : non enim homini jurastis, sed Deo creatori vestro. Nos autem, qui ejus ministri sumus, non terrenam substantiam vestram concupiscimus, sed salutem animarum vestrarum requirimus. Cavete ne aliquid abscondatis, et ex alterius peccato vestra fiat damnatio.

Prima interrogatio episcopi aut ejus missi.

(*Ex eodem.*) Est in hac parochia homicida, qui hominem, aut spontanea voluntate, aut cupiditatis, aut rapacitatis causa, aut casu, aut nolens, aut coactus, aut pro vindicta parentum, aut in bello, aut jussu Domini, aut proprium servum occiderit?

Interrogatio 2.

Est aliquis parricida, aut fratricida, qui patrem, matrem, sororem, fratrem, avunculum aut aliquem parentum interfecerit?

Interrogatio 3.

Est aliquis qui presbyterum, aut diaconum, aut aliquem clericorum occiderit, vel aliquo membro detruncaverit?

Interrogatio 4.

Est aliquis vel aliqua qui infantem proprium oppresserit, vel vestimentorum pondere suffocaverit, et si hoc factum est ante baptismum, aut post baptismum, aut si infans infirmatus per negligentiam parentis absque baptismo obierit?

Interrogatio 5.

Est aliquis vel aliqua qui alterius partum excusserit, vel si ipsa femina propria voluntate suum partum vel conceptum excusserit, et abortivum fecerit?

Interrogatio 6.

Est aliqua femina quæ in fornicatione concipiens, timens ne manifestaretur, infantem proprium, aut in aquam projecerit, aut in terra occultaverit, quod *morht* dicunt?

Interrogatio 7.

Est aliquis qui uxorem suam absque lege, aut certa probatione interfecerit?

Interrogatio 8.

Est aliqua femina quæ virum suum, vel aliquem hominem per herbas venenatas, vel mortiferas potiones interfecerit, vel alium hoc facere docuerit?

Interrogatio 9.

Est aliquis vel aliqua qui hoc fecerit, vel alium facere docuerit, ut vir non possit generare, aut femina concipere?

Interrogatio 10.

Est aliquis qui proprium servum extra judicem occiderit, et aliqua femina quæ ancillam propriam necaverit, furore zeli inflammata?

Interrogatio 11.

Est aliquis qui, diabolo impellente, semetipsum occiderit?

Interrogatio 12.

Est aliquis qui in bello publico homines vulneraverit, et nescit si de illo vulnere aliquis perierit? Et si alicui imputatur quod hominem occiderit, et ipse hoc denegaverit?

Interrogatio 13.

Est aliquis qui in consilio fuerit ut homo interficeretur, et non fuit in facto, et tamen per ejus consilium et exhortationem interfectus est?

Interrogatio 14.

Est aliquis qui truncationes manuum, pedum, linguæ, et testiculorum fecerit, et oculos alterius eruerit?

Interrogatio 15.

Est aliquis conjugatus, qui cum alterius uxore adulterium perpetravit, vel uxor cum alterius viro?

Interrogatio 16.

Est aliquis uxorem habens, qui concubinam simul habuerit ancillam propriam, aut aliam feminam?

Interrogatio 17.

Est aliquis qui uxorem legitimam dimiserit, et alteri se conjunxerit, et aliam in conjugium acceperit?

Interrogatio 18.

Est aliqua mulier quæ virum proprium dimiserit, et alteri se conjunxerit?

Interrogatio 19.

Sunt aliqui, interveniente repudio, qui ab invicem sint separati, et sic maneant?

Interrogatio 20.

Est aliquis qui absque consensu uxoris, derelicto legitimo conjugio, in monasterium intraverit?

Interrogatio 21.

Est aliquis qui suam conjugem quamvis culpabilem sine episcopi judicio reliquerit?

Interrogatio 22.

Est aliqua mulier quæ, conscio viro suo, fornicata fuerit?

Interrogatio 23.

Est aliquis uxore carens, qui cum alterius conjuge fornicatus fuerit : aut si qua mulier non habens virum cum alterius marito?

Interrogatio 24.

Est aliquis non habens uxorem, qui cum femina quæ virum non habet fornicatus fuerit?

Interrogatio 25.

Est aliqua laica virgo, quæ mœchata fuerit cum adolescente?

Interrogatio 26.

Est aliquis qui desponsatam puellam non duxerit, et fidem sponsaliorum fregerit?

Interrogatio 27.
Est aliquis qui alterius sponsam rapuerit, et sibi sociaverit?

Interrogatio 28.
Est aliquis qui quamcunque feminam, virginem, aut viduam per raptum traxerit, et sociaverit sibi in matrimonium: et si aliqui sunt, qui in hoc consentientes et adjuvantes fuerint?

Interrogatio 29.
Est aliquis qui, cum Judæa, vel, si Judæus vel paganus, cum aliqua Christiana mœchatus fuerit?

Interrogatio 30.
Est aliquis qui, sanctimonialem, vel viduam Deo sacratam rapuerit, et in conjugium sumpserit, vel ipsis consentientibus cum eis fornicatus fuerit?

Interrogatio 31.
Est aliquis qui vivente marito, conjugem illius adulterasse accusatur, et eo in proximo defuncto eamdem sumpsisse dinoscitur?

Interrogatio 52.
Est aliqua mulier quæ dicat quod vir ejus non possit cum ea coire, et ob hanc causam dissidium quærit, et alium virum velit accipere?

Interrogatio 33.
Est aliquis qui cum commatre spirituali mœchatus fuerit, vel eam in matrimonium acceperit, similiterque cum filiola quam ex sacro fonte susceperit, aut ante episcopum tenuit?

Interrogatio 34.
Est aliquis qui propinquam et consanguineam suam in matrimonium accepit, aut cum ea fornicatus est?

Interrogatio 35.
Est aliquis qui irrationabiliter, id est, contra naturam cum masculis, et mutis misceatur animalibus?

Interrogatio 36.
Est aliqua mulier quæ lenocinium fecerit?

Interrogatio 37.
Est aliquis qui in sua domo consentit cum propriis ancillis, vel genitiariis suis adulteria perpetrari?

Interrogatio 38.
Interrogandum si aliquis fur, aut sacrilegus sit in eadem plebe, qui ecclesias Dei infregerit, vel aliquid de ecclesia furatus sit, aut publice rapuerit, vel latenter surripuerit: aut si aliquis rapax, et raptor, et damnator Ecclesiæ Dei est?

Interrogatio 39.
Interrogandum si aliquis perjurus sit, aut si sciens, et pro cupiditate terrena pejeraverit: et si nesciens, aut si coactus jussu senioris, aut pro membris, aut pro vita redimenda: aut si aliquis scienter non solum pejeraverit, sed etiam alios in perjurium duxerit?

Interrogatio 40.
Interrogandum si aliquis scienter contra aliquem falsum testimonium protulerit, et quale damnum aliquis per hanc testificationem habuerit?

Interrogatio 41.
Interrogandum si aliquis hominem liberum aut servum alterius, aut peregrinum, aut adventitium furatus fuerit, aut eum blandientem seduxerit et vendiderit, et extra patriam in captivitatem duxerit: aut si aliquis Judæo vel pagano Christianum mancipium vendiderit, aut si ipsi Judæi Christiana mancipia in suo servitio habeant, vel vendant?

Interrogatio 42.
Interrogandum si aliquis sit magus, ariolus, aut incantator, divinus, aut sortilegus: vel si aliquis vota ad arbores, vel ad fontes, vel ad lapides faciat, aut ibi candelam seu quodlibet munus deferat, veluti ibi quoddam numen sit, quod bonum, aut malum possit inferre?

Interrogatio 43.
Perscrutandum si aliquis subulcus, vel bubulcus, sive venator, vel cæteri hujusmodi diabolica carmina dicat super panem, aut super herbas, aut super quædam nefaria ligamenta, et hæc aut in arbore abscondat, aut in bivio, aut in trivio projiciat, ut sua animalia liberet a peste et clade, et alterius perdat?

Interrogatio 44.
Perquirendum si aliqua fœmina sit, quæ per quædam maleficia, et incantationes, mentes hominum se immutare posse dicat, id est, ut de odio in amorem, aut de amore in odium convertat, aut bona hominum, aut damnet, aut surripiat? Et si aliqua est quæ se dicat cum dæmonum turba in similitudinem mulierum transformata certis noctibus equitare super quasdam bestias, et in eorum consortio annumeratam esse?

Interrogatio 45.
Interrogandum si aliquis sanguinem morticinum, aut dilaceratum a bestia comederit?

Interrogatio 46.
Est aliquis qui juravit quod Deo contrarium est, ut fratri nunquam reconcilietur, quod est peccatum usque ad mortem?

Interrogatio 47.
Est aliquis qui bibit de liquore in quo mustela, vel mus, sive aliquod immundum animal necatum est?

Interrogatio 48.
Est aliquis qui jejunium quadragesimale, vel quatuor temporum, sive Letaniæ majoris, vel Rogationum, sive indictum ab episcopo jejunium pro quacunque plaga, non observaverit?

Interrogatio 49.
Est aliquis qui bibit, aut manducavit, aut portavit super se quo existimaverat se Dei judicium pervertere posse?

Interrogatio 50.
Est aliquis qui in Kalend. Januarii aliquid fecerat, quod a paganis inventum est, et dies observavit, et lunam, et menses, et horum effectiva potentia aliquid speraverat in melius, aut in deterius posse converti?

Interrogatio 51.

Est aliquis quodcunque opus inchoans, qui aliquid dixerat, aut quacunque magica arte aliud fecit, nisi ut Apostolus docet, omnia in nomine Domini facienda? Neque enim dæmones in nostrum adjutorium debemus invocare, sed Deum, in collectione similiter herbarum medicinalium, symbolum et orationem Dominicam dicere oportet, et nihil aliud?

Interrogatio 52.

Quærendum etiam si mulieres in lanificiis suis, vel inordiendis telis aliquid dicant, aut observent, nisi, ut supra dictum est, omnia in nomine Domini?

Interrogatio 53.

Est aliquis qui oblationes, id est, eleemosynam parentum defunctorum injuste retineat?

Interrogatio 54.

Est aliquis qui supra mortuum nocturnis horis carmina diabolica cantaret, et biberet, et manducaret ibi, quasi de ejus morte gratularetur, et si alibi mortui in vigiliis nocturnis, nisi in Ecclesia custodiantur?

Interrogatio 55.

Est aliquis qui non communicet, vel tribus temporibus in anno, id est, in Pascha, Pentecoste, et Natali Domini, nisi pro mortiferis criminibus, et episcopi vel sacerdotum judicio, a communione fuerit remotus?

Interrogatio 56.

Est aliquis qui in die Dominica, vel in præcipuis festivitatibus, quidquam operis faciat: et si ad Matutinas et ad Missam, et ad Vesperas, his diebus imprætermisse omnes occurrant?

Interrogatio 57.

Est aliquis excommunicatus, qui pro nihilo duxerit excommunicationem: et si aliquis cum excommunicato communicaverit?

Interrogatio 58.

Est aliquis qui modum pœnitentiæ sibi injunctum non custodierit?

Interrogatio 59.

Est aliquis qui patrem aut matrem inhonoraverit, aut percusserit, aut maledixerit?

Interrogatio 60.

Est aliquis qui vomitum post acceptam Eucharistiam per ebrietatem fecerit?

Interrogatio 61.

Est aliquis qui suam decimationem Deo et sanctis ejus retraxerit?

Interrogatio 62.

Est aliquis tam perversus et Deo alienus, ut saltem Dominica die ad ecclesiam non venerit?

Interrogatio 63.

Si porcarii, et alii pastores Dominica die ad ecclesiam non veniant, et Missas non audiunt, similiter in aliis festivitatibus?

Interrogatio 64.

Est aliquis qui ad confessionem non veniret, vel una vice in anno, id est, in capite Quadragesimæ, et pœnitentiam pro peccatis suis non susciperet?

Interrogatio 65.

Est aliquis qui assiduam ebrietatem sectetur, Apostolo dicente: Neque enim ebriosi regnum Dei possidebunt?

Interrogatio 66.

Est aliquis qui contempto suo presbytero, in aliam parochiam iret ad ecclesiam, et ibi communicaret, et suam decimam daret?

Interrogatio 67.

Inquirendum de mendicis qui per parochiam discurrunt: et si unusquisque pauperem de familia sua pascat?

Interrogatio 68.

Interrogandum si in unaquaque plebe decani sint per villas constituti, viri veraces et Dominum timentes, qui cæteros admoneant ut ad ecclesiam pergant, ad Matutinas, ad Missam, et ad Vesperam, et nihil operis in diebus festis faciant: et si horum quisquam transgressus fuerit, statim presbytero annuntient, similiter de luxuria, et omni opere pravo?

Interrogatio 69.

Est aliquis qui bannum episcopi, aut presbyteri sui, et excommunicationem parvipendit?

Interrogatio 70.

Perquirendum si parochiani presbytero suo debitum honorem impendant, aut si est aliquis qui cum verbo, vel facto inhonoraret, et ejus monita sperneret?

Interrogatio 71.

Est aliquis qui peregrino, aut viatori hospitium contradixerit?

Interrogatio 72.

Inquirendum est quas festivitates colant?

Interrogatio 73.

Interrogandum si patrini filiolis suis Symbolum et Orationem Dominicam insinuent, aut insinuari faciant?

Interrogatio 74.

Perquirendum si IIII aut V vel plures interfecerint hominem?

Interrogatio 75.

Est aliquis qui contradicit episcopo aut ejus ministris, ne coloni aut servi pro commissis criminibus virgis nudi cædantur?

Interrogatio 76.

Interrogandum si aliquis peregrinum, qui de sua patria propter paganorum infestationem, vel persecutionem fugit, hac de causa quia in domo ejus mansit, et diebus aut annis loco mercenarii illi servivit, pro proprio servo velit habere, et vendere, aut dare alicui præsumat?

Interrogatio 77.

Est aliquis qui injusta mensura suam annonam, aut vinum vendat, cum Dominus dicat: Æquus sit tibi modius, et æquus sextarius?

Interrogatio 78.

Denunciandum etiam quam magnum piaculum sit usuras exigere, et de alieno fenore velle ditescere, et quod sacri canones tales ab Ecclesia ejici præcipiant.

Interrogatio 79.

Est aliquis qui propter cupiditatem Judæum vel paganum interfecerit?

Interrogatio 80.

Est aliquis insaniens qui aliquem hominem occiderit?

Interrogatio 81.

Est aliquis qui arborem succideret, et dum operi necessario insisteret, aliquis subtus arborem deveniens, improvise opprimeretur?

Interrogatio 82.

Est aliquis qui conjurationes et conspirationes sectaretur?

Interrogatio 83.

Est aliquis qui ecclesiam aut clericum fatigare præsumpserit?

Interrogatio 84.

Inquirendum de refugis et perfidis clericis et laicis.

Interrogatio 85.

Percontandum de confratriis et fraternitatum societatibus qualiter in parochia agantur.

Interrogatio 86.

Interrogandum si cantica turpia et risum moventia aliquis circa ecclesiam cantare præsumat.

Interrogatio 87.

Perquirendum si aliquis ecclesiam intrans, fabulis vacare consuevit, et non diligenter auscultat divina eloquia, et si antequam Missa finiatur, de ecclesia exierit?

Interrogatio 88.

Interrogandum si oblationem, id est panem et vinum, viri et feminæ ad Missas offerant, et si non viri conjuges offerant, pro se suisque omnibus ut in canone continetur?

Cap. XCV. — *Ut episcopi libros gentilium non legant.*

(*Ex concili. Carthag., cap.* 16.) Ut episcopi libros gentilium non legant : hæreticorum autem pro necessitate et tempore.

Cap. XCVI. — *Ut episcopi, prout vulgus intelligere possit secundum proprietatem communis linguæ illorum prædicationem temperent.*

(*Ex concil. Remensi, cap.* 11.) Ut episcopi Sermones et Homelias sanctorum Patrum, prout omnes intelligere possint, secundum proprietatem communis linguæ prædicare studeant.

Cap. XCXVII. — *Reprehensio episcopi in pulpito paganos libros exponentis, eo quod cum Jovis laudibus Christi laudes non conveniant.*

(*Ex reg. ad Desiderium episc. Galliæ, cap.* 84.) Cum multa nobis bona de vestris fuissent studiis nunciata, ita cordi nostro est nata lætitia, ut negare ea quæ sibi fraternitas vestra concedenda poposcerat, minime pateremur. Sed post hoc pervenit ad nos, quod sine verecundia memorare non possumus, fraternitatem tuam Grammaticam, et illa difficiliora quibusdam exponere. Quam rem ita moleste suscepimus, ac sumus vehementer aspernati, ut ea quæ prius dicta fuerunt, in gemitum et tristitiam verteremus : quia in uno ore cum Jovis laudibus, Christi laudes esse non possunt. Et quam grave nefandumque sit episcopis canere, quod nec laico religioso conveniat. Et quamvis dilectissimus filius noster Candidus presbyter postmodum veniens, hac de re subtiliter requisitus negaverit, atque vos conatus fuerit excusare : de nostro tamen adhuc animo non recessit : quia quantum exsecrabile est hoc de sacerdote enarrari, tanto utrum ita necesse sit districta et veraci oportet satisfactione cognosci. Unde si post hoc evidenter hæc quæ ad nos perlata sunt falsa esse claruerint, neque vos nugis et sæcularibus litteris studere constiterit, et Deo nostro gratias agamus, qui cor vestrum maculari blasphemis nefandorum laudibus non permisit, et de concedendis quæ poscitis securi jam et sine aliqua dubitatione tractemus.

Cap. XCVIII. — *Quantum discrimen immineat pastoribus qui veritatem Christi prædicare negligunt.*

(*Ex decr. Marci papæ, Ægyptiorum episcopis missis, cap.* 3.) Væ enim erit nobis, qui hujus ministerii onus susceptum habemus, si veritatem Salvatoris nostri Jesu Christi, quam apostoli prædicaverunt, prædicare neglexerimus. Væ erit nobis, si silentio veritatem oppresserimus, qui erogare nummulariis jubemur, id est, Christianos populos imbuere et docere. Quid in ipsius Christi futuro dicturi sumus examine, si sermonis ejus veritatem confundimur prædicare? Quid erit de nobis, cum de commissis nobis animabus, et de officio suscepto rationem justus judex Christus Deus noster districtam exegerit?

Cap. XCIX. — *Quod episcopum oporteat sine intermissione Ecclesiam suam docere et amare.*

(*Cap. Evaristi papæ V, omnibus per Ægyptum fratribus missum.*) Episcopum vero oportet opportune et importune atque sine intermissione Ecclesiam suam docere eamque prudenter regere et amare, ut a vitiis se abstineat, ut salutem consequi possit æternam. Et illa cum tanta reverentia ejus doctrinam debet suscipere, eumque amare et diligere, ut legatum Dei et præconem veritatis, quia, testante Veritate, quodcunque ligaverit super terram, erit ligatum et in cœlo, et quodcunque solverit super terram, erit solutum et in cœlis.

Cap. C. — *De ignorantia omnibus, maxime sacerdotibus, vitanda.*

(*Ex concil. Toletano 5, cap.* 25.) Ignorantia mater cunctorum errorum, maxime in sacerdotibus Dei vitanda est, qui docendi officium in populis susceperunt. Sacerdotes enim legere sancta Scriptura admonet, Paulo apostolo dicente ad Timotheum : Intende lectioni, exhortationi. Doctores semper se permanere in his sciant. Igitur sacerdotes Scripturas sanctas et canones meditentur, ut omne opus eorum in prædicatione et doctrina consistat, atque ædificent cunctos tam fidei scientia, quam operum disciplina.

CAP. CI. — *Ut episcopus dissidentes concordare compellat.*

(*Ex concil. Carthag., cap. 26.*) Studendum episcopo ut dissidentes fratres, sive clericos, sive laicos, ad pacem magis quam ad judicium hortetur.

CAP. CII. — *Ut in die Dominica rerum dijudicationes non fiant.*

(*Ex concil. Spalensi., cap. 2.*) Ut nullus episcopus, vel infra positus, die Dominica causas judicare præsumat.

CAP. CIII. — *De domestica et interiori conversatione episcoporum.*

(*Ex concil. Aurelian., cap. 5.*) Decrevit sancta synodus domesticam et interiorem episcopi conversationem totius reprehensionis atque suspicionis impenetrabilem fieri debere, ut juxta Apostolum provideamus bona, non solum coram Deo, sed etiam coram omnibus hominibus. Oportet igitur ut cubiculo episcopi et secretioribus quibuslibet obsequiis sinceræ opinionis sacerdotes et clerici assistant, qui vigilantem, orantem, sacra eloquia scrutantem, episcopum suum jugiter attendant, ejusque sanctæ conversationis testes, imitatores, et ad Dei gloriam prædicationis existant.

CAP. CIV. — *Ut episcopus quasi hospes se continere debeat.*

(*Ex dictis Augusti.*) Episcopus quasi hospes fieri debet, et privatam domum non habeat, sed quasi hospes esse debet, ut Christus ait: Filius hominis non habet ubi caput suum reclinet.

CAP. CV. — *Ut episcopi frequenter Missas celebrent.*

(*Ex concil. Arausico, cap. 3.*) Statuimus, ut non tantum Dominicis diebus, et præcipuis festivitatibus episcopi Missas celebrent, sed cum possibile fuerit, quotidiana quoque sacrificia frequentent; nec fastidiant.

CAP. CVI. — *Ne episcopus pretio corruptus alterius clericum ordinare præsumat.*

(*Ex concil. Hannerensi, cap. 1.*) Omnibus ministris ecclesiasticæ dignitatis interdicimus, ut nullus quocumque munere aut favore corruptus, clericum alterius parochiæ latenter ac furtive ad ordinationem subintroducere præsumat. Quod si fecerit, juxta Chalcedonense decretum, is qui mediator exstitit, si clericus est, proprio gradu decidat, si laicus aut monachus, anathematizetur.

CAP. VII. — *Ut episcopus clericos alterius parochiæ nullatenus ordinet.*

(*Ex concil. Parisiensi, cap. 52.*) Episcopus non constituat presbyteros aut diaconos alteri subjectos episcopo, nisi forte cum consilio et voluntate ipsius. Si quis autem tale aliquid agere tentaverit, irrita sit ejus ordinatio, et ipse coerceatur a synodo.

CAP. CVIII. — *Ut nullus episcopus in alterius episcopi parochia ad promotionem ministerii accedere præsumat.*

(*Ex concil. Antioch., cap. 13.*) Nullus episcopus ex alia provincia audeat ad aliam transgredi, et ad promotionem ministerii aliquos in Ecclesiis ordinare, licet consensum videantur præbere nonnulli, nisi litteris tam Metropolitani, quam cæterorum, qui cum eo sunt, episcoporum rogatus adveniat, et sic ad actionem ordinationis accedat. Si vero, nullo vocante, inordinato more deproperet super aliquibus ordinationibus, et ecclesiasticis negotiis ad eum non pertinentibus componendis: irrita quidem, quæ ab eo geruntur existant. Ipse vero incompositi motus sui, et irrationabilis audaciæ subeat ultionem, ex hoc jam damnatus a sancto concilio.

CAP. CIX. — *Ne episcopus alterius Ecclesiæ clericum audacter invadere attentet.*

(*Ex concil. Nicæno, cap. 16.*) Si quis episcopus clericum ad alium pertinentem audacter invadere, et in sua Ecclesia ordinare tentaverit, non consentiente episcopo a quo discessit, is qui regulæ mancipatur, ordinatio hujusmodi irrita comprobetur.

CAP. CX. — *De non præsumendis illicitis ordinationibus.*

(*Ex epist. Simplicii pap. missa Equitio Florentio, et Seve. epist., cap. 1.*) Relatio nos vestræ dilectionis instruxit, et gestorum series plenius intimavit, Gaudentium Ollinjensis Ecclesiæ sacerdotem contra statuta canonum ac nostra præcepta ordinationes illicitas perpetrasse. Quarum illi totam penitus auferri præcipimus potestatem. Scripsimus enim ad Severum fratrem et coepiscopum nostrum, ut, si necesse fuerit, ipse in supradicta Ecclesia, consideratis Patrum regulis, hoc fungatur officio quo ille abusus esse convictus est: ita ut hi qui illicite ab eodem sunt provecti, ab Ecclesiasticis ministeriis remoti sint.

CAP. CXI. — *De episcopo cæco qui, per presbyterum suum, presbyterum et diaconos duos ordinaverat.*

(*Ex concil. Braggai, cap. 5.*) Ad cognitionem nostri examinis Gabrensis diaconi relatu pervenit de quibusdam ipsius Ecclesiæ clericis, quorum dum unus ad presbyterii, duo ad Levitarum ministerium consecrarentur, episcopus autem eorum oculorum dolore detentus, fertur manum suam super hos tantum posuisse, et presbyterum quemdam illis contra ecclesiasticum ordinem benedictionem dedisse. Qui licet propter tantam præsumptionis audaciam poterat accusatus judicio præsenti damnari, si adhuc in corpore positus, non fuisset mortis vocatione præventus: sed quia jam ille examini divino relictus est, humano judicio accusari non potest: hi qui supersunt, et ab eo non consecrationis titulum, sed ignominiæ potius eulogium perceperunt, ne sibi licentiam talis usurpatio faciat, decrevimus ut gradum sacerdotis vel Levitici ordinis, quem perverse adepti sunt, depositi æquo judicio abutantur. Tales enim merito judicati sunt removendi, quia prave inventi sunt constituti.

CAP. CXII. — *Quod non oporteat episcopum per pecuniam quempiam ordinare.*

(*Ex concil. Chalced., cap.* 2.) Si quis episcopus per pecuniam fecerit ordinationem, et sub pretio redegerit Spiritus sancti gratiam, quæ non potest vendi, ordinaveritque per pecuniam episcopum, aut presbyterum, aut diaconum, vel quemlibet ex his qui connumerantur in clero: proprii gradus periculo subjacebit: et qui ordinatus est, nihil ex hac ordinatione proficiet, sed alienus sit a dignitate. Si quis vero mediator datis vel acceptis exstiterit: si quidem clericus fuerit, proprio gradu decidat: si vero monachus, aut laicus, anathematizetur.

CAP. CXIII. — *Quod munus etiam sit a lingua vitandum.*

(*Ex dictis Gregorii papæ.*) Sunt nonnulli qui nummorum quidem præmia ex ordinatione non accipiunt, tamen sacros ordines pro humana gratia largiuntur. Hi nimirum quod gratis accipiunt, gratis non tribuunt: quia favoris nummum de impenso officio sanctitatis expetunt. Unde cum virum justum describeret Isaias, ait: Qui excutit manus suas ab omni munere: quia aliud est munus ab obsequio, aliud munus a manu, aliud munus a lingua. Munus ab obsequio, est subjectio indebite impensa. Munus a manu, pecunia est. Munus a lingua, favor. Qui ergo sacros ordines tribuit, tunc ab omni munere manus excutit, quando in divinis rebus non solum ullam pecuniam, sed etiam humanam gratiam non requirit.

CAP. CXIV. — *Ut non valeat sententia episcopi, nisi clericorum suorum præsentia firmetur.*

(*Ex concil. Carthag., cap.* 23.) Irrita erit sententia episcopi, nisi clericorum suorum præsentia confirmetur.

CAP. CXV. — *Ut episcopus secundum reditum Ecclesiarum numerum clericorum faciat.*

(*Ex concil. Spalensi, cap.* 1.) Ne passim episcopus multitudinem clericorum faciat, sed secundum meritum, vel redditum Ecclesiarum numerus moderetur.

CAP. CXVI. — *De episcopis peregrinis.*

(*Ex concil. Arelatensi, cap.* 20.) De episcopis peregrinis qui in urbem solent venire, quos veraciter episcopos scimus esse, placuit eis locum dari ut offerant.

CAP. CXVII. — *Ut levitate vagantes episcopi, ad propria redire compellantur.*

(*Ex regist. Gregor. papæ, ad Siagrium episcopum Augustodun., cap.* 122.) Cum sacerdotis dignitas aliis videatur dignitatibus eminere, ita quisquis ea ornatus est, cunctis se imitandum debet ostendere, ut exemplo sui nulli nocere, sed vitam potius valeat componere subjectorum. Nam si actus dissentiat a nomine, quanto pontificatus ipse plus erigit, tanto magis abdicit. Itaque Menatem quemdam episcopum, qui illuc de diœceseos nostræ ordinatione profectus est, in tanta se levitate didicimus exhibere; ut et nobis de eo major sit verecundia, et illi episcopatus nomen non sit in honore, sed onere. Quod quia pudori nobis est, de eo illa cognoscere, quæ in aliarum provinciarum omnino reprehendimus sacerdotibus, fraternitas vestra eum illic immorari amplius non permittat, sed ad nos quantocius reverti compellat. Ac magis inventa per omnia occasione transmittat, ut sub ea qua dignum est observantia refrenatus, sæculares mores ad sacerdotalem studeat convertere dignitatem. Nam satis noxium atque perniciosum est, ut imitatione ipsius, qui ædificari si debuerant destruantur. In qua re non solum ille culpabilis, sed etiam qui non restiterit invenitur. Nam consentire videtur erranti, qui corrigenda, ut resecari debeant, non concurrit. Quia vero quidam Theodorus episcopus de diœcesi reverendissimi fratris nostri Constantii Mediolanensis Ecclesiæ episcopi, disciplinam, ut dicitur, evitans, illuc venisse firmatur: hortamur ut et isto diligentius requisito, ad episcopum suum vestra fraternitas retransmittat. Et quia, sicut legitur, qui abjicit disciplinam infelix est, nulla cum illic excusatione patiamini retinere, quatenus et hi, qui levitatis eorum vitio possunt decipi, liberentur, et de ipsis habere mercedem, ne in hac stultitia pereant, valeatis.

CAP. CXVIII. — *Quandiu episcopus in aliena civitate remoretur.*

(*Ex concil. Sardinensi, cap.* 14.) Osius episcopus dixit: Et hoc quoque statuere debetis, ut ex aliqua civitate cum advenerit ad aliam civitatem, et ambitioni magis quam devotioni sermonem, voluerit in aliena civitate multo tempore residere: forte enim evenit episcopum loci non esse tam instructum, neque tam doctum: is vero qui advenit incipiat contemnere eum, et frequenter facere sermones; ut dehonestet et infirmet illius personam, ita ut ex hac occasione non dubitet relinquere adsignatam sibi Ecclesiam, et transeat ad alienam. Definite ergo tempora: quia et non recipi episcopum, inhumanum est, et si diutius resideat, perniciosum est. Nemini autem superiori concilio fratres nostros constituisse, ut si quis laicus in ea, in qua commoratur, civitate, quatuor Dominicos dies, id est, per tres septimanas non celebrasset conventum, communione privaretur. Si hæc circa laicos constituta sunt, multo magis episcopum nec licet, nec decet, ut nulla sit tam gravis necessitas quæ detineat, ut amplius a suprascripto tempore absens sit ab Ecclesia sua. Universi dixerunt placere sibi.

CAP. CXIX. — *De suscipiendis episcopis qui persecutionem patiuntur.*

(*Ex eodem, cap.* 22.) Osius episcopus dixit: Suggerente fratre et coepiscopo nostro Olympio, etiam hoc placuit, ut si aliquis vim perpessus est, et inique expulsus, pro disciplina et catholica confessione, vel pro defensione veritatis, effugiens pericula, innocens et devotus ad aliam venerit civitatem, non prohibeatur immorari, quandiu aut redire possit, aut injuria ejus remedium acceperit: Quia durum est eum qui persecutionem patitur non recipi; etiam et larga benevolentia et humanitas ei est exhibenda. Omnis synodus dixit : Universa quæ constituta sunt catholica Ecclesia in universo orbe diffusa custodiet. Et subscripserunt qui convenerant.

Cap. CXX. — *De illis qui se dicunt esse episcopos.*

(*Ex concil. Remensi, cap. 43.*) Sunt in quibusdam locis scotti et alii erronei qui se dicunt episcopos esse, et multos negligentes, absque licentia dominorum suorum sive magistrorum, presbyteros et diaconos ordinent. Quorum ordinationem, quia plerumque in Simoniacam incidit hæresim, et multis erroribus subjacet, modis omnibus irritam fieri debere omnes uno consensu decrevimus.

Cap. CXXI. — *Qualiter peregrini episcopi recipiantur.*

(*Ex regul. Gregorii pap. universis episcopis per Illyricum, cap. 42.*) Jovinus excellentissimus vir filius noster per Illyricum scriptis suis nobis indicasse dignoscitur, ad se sacris apicibus destinatis jussum fuisse episcopos quos e propriis locis hostilitatis furor expulerat, ad eos episcopos qui nunc quoque in locis propriis degunt, pro sustentatione ac stipendiis præsentis vitæ esse jungendos. Et licet ad hoc fraternitatem vestram jussio principalis admoneat, habemus tamen majus horum mandatum æterni principis, quo ad hæc terribilius peragenda compellimur, ut non dico fratres et coepiscopos nostros, sed ipsos etiam quos nobis contrarios patimur, cum opportunitas postulat, in conferendis subsidiis necessitatum carnalium diligamus. Oportet ergo vos ad hanc rem et cœlesti primitus principi obedientes existere, et imperialibus etiam jussionibus consentire, quatenus fratres coepiscoposque nostros, quos et captivitatis et diversarum necessitatum angustiæ comprimunt, debeatis consolandos conveniendosque vobiscum in ecclesiasticis sustentationibus libenter suscipere : non quidem ut per communionem episcopalis throni dignitatem, sed ut ab Ecclesia juxta possibilitatem sufficientia debeant alimenta percipere. Sic enim et proximum in Deo et Deum in proximo diligere comprobamur. Nullam quippe eis nos in vestris Ecclesiis auctoritatem tribuimus, sed tamen eos vestris solatiis contineri summopere hortamur.

Cap. CXXII. — *De episcopis vel presbyteris ignotis, ut ante probationem synodalem ministrare non permittantur.*

(*Ex concil. Rotoma., cap. 8.*) Statuimus, secundum canonicam cautelam, omnes undecunque supervenientes ignotos episcopos vel presbyteros, ante probationem synodalem in ecclesiasticum ministerium non admittere.

Cap. CXXIII. — *Ut episcopus, hostilitate expulsus, ad aliam vacantem transeat Ecclesiam.*

(*Ex regu. S. Grego. ad Agnellum epis., cap. 135.*) Pastoralis officii cura nos admonet destitutis Ecclesiis proprios constituere sacerdotes, qui gregem Dominicum pastorali debeant sollicitudine gubernare.

Propterea te Joannem ab hostibus captivitate Lisitanæ civitatis episcopum, in Squillicina Ecclesia cardinalem necesse duximus constituere sacerdotem, ut et susceptam semel animarum curam, intuitu futuræ retributionis impleas, et licet a tua, hoste imminente, depulsus sis, aliam quæ pastore vacat debeas Ecclesiam gubernare : ita tamen ut, si civitatem illam ab hostibus liberam effici, et Domino protegente ad priorem statum contigerit revocari, in eam in qua et prius ordinatus es Ecclesiam revertaris. Sin autem prædicta civitas continua captivitatis calamitate premitur, in hac in qua et a nobis incardinatus es debeas Ecclesia permanere.

Cap. CXXIV. — *De episcopis, quod omnes homines eis jure obedire debeant.*

(*Ex decret. Clementis papæ, cap. 15.*) Omnes principes terræ et cunctos homines episcopis obedire, et capita sua submittere, eorumque auditores existere præcipiebat, ut omnes pariter fideles et cooperatores legis Dei monstrarentur, ne de eis dicatur : Confundentur et erubescent omnes qui pugnant adversum te, et erunt quasi non sint, et peribunt viri qui contradicunt tibi. Quæres eos, et non invenies, viros rebelles tuos : erunt quasi non sint, et veluti consumptio homines bellantes adversum te. Omnes ergo qui eis contraeunt, ita damnatos et infames usque ad satisfactionem monstrabat : et nisi converterentur, a liminibus Ecclesiæ alienos esse præcipiebat.

Cap. CXXV. — *Quod episcopi claves sint Ecclesiæ, et habeant potestatem claudere cœlum et aperire portas ejus.*

(*Ex eodem cap. 37.*) Sanctam ergo Ecclesiam immaculatam omnes servare debere evangelizabat, cujus claves episcopos esse dicebat. Ipsi enim habent potestatem claudere cœlum et aperire portas ejus, quia claves cœli facti sunt. Amovere autem eos neminem debere docebat, quia oculi Domini sunt, et qui eos tangit, tangit pupillam oculi ejus. Et quanta pœna dignus sit qui eos scandalizat, ipsum Dominum docuisse dicebat, ubi ait : Qui scandalizaverit unum de pusillis istis qui in me credunt, expedit ei ut suspendatur mola asinaria in collo ejus, et demergatur in profundum maris.

Cap. CXXVI. — *Quod episcopos Dominus ad glorificandum se elegerit, et quod omnes principes terræ eis obedire oporteat, et capita sua submittere.*

(*Ex eodem cap. 29.*) Ad glorificandum se, et divina mandata seminanda et evangelizanda episcopos Dominus elegit, et ut non prohibeantur, aut perturbentur aiebat : Quoniam qui eos lædit, eum lædit cujus legatione funguntur. Prædicare eos assidue, et mandata Domini sine intermissione annuntiare rogabat. Opera eorum bona coram hominibus monstrare, et conscientiam bonam coram Deo habere insinuabat.

Cap. CXXVII. — *De episcopis, quod se invicem diligere debeant.*

(*Ex eodem cap. 30.*) Episcopos ergo vicem apostolorum gerere Dominum docuisse dicebat, et reliquorum discipulorum vicem tenere presbyteros debere insinuabat : et si quis aliquem ex his scandalizaret, gravissimam sibi pœnam inferri debere prædicabat. Cunctos se invicem diligere et adjuvare debere, et neminem ab adjutorio fratris se subtrahere instruebat.

CAP. CXXVIII. — *Ut episcopus episcopum alium non conculcet.*

(*Ex concil. Arelatensi, cap. 13.*) Ut nullus episcopus alium episcoporum conculcet, eumque calumniari vel injuriari præsumat. Quod si fecerit, gradus sui periculo subjacebit.

CAP. CXXIX. — *De episcopis qui se a fratrum adjutorio subtraxerint.*

(*Ex decr. Alexandri pap. cap. 30 omnibus episcopis missis.*) Qui autem ex vestro collegio fuerit, et ab auxilio vestro se subtraxerit, magis schismaticus quam sacerdos esse probabitur. Ecce, inquit Propheta, quam bonum et quam jucundum habitare fratres in unum. » Illi vero non in unum habitant, qui a fratrum se solatio subtrahunt, et, quod deterius est, fratribus insidias præparant, aut laqueos ponunt. Item post pauca : Nos ergo qui discipuli Domini et dici et esse cupimus, portare crucem Domini, et compati fratribus debemus, et non quascunque eis insidias aut foveas præparare : quia tadionem meretur qui fratribus foveam parat. Nolite errare, fratres, quia Deus non irridetur. Hujus rei gratia vobis Dominus commisit Ecclesiam suam, ut pro omnibus laboretis, et cunctis oppressis opem ferre non negligatis. Unde et Dominus per Prophetam loquitur, dicens : Hæc dicit Dominus : Judicate mane judicium, et eruite vi oppressos de manu calumniantis, ne forte egrediatur quasi ignis indignatio mea, et succendatur, et non sit qui exstinguat. Vos ergo qui in summa specula a Domino constituti estis, attendere eos et opprimere oportet, qui in fratres seditiones et scandala excitant, ne simul cum eis pereatis.

CAP. CXXX. — *De episcopis qui se quasi canino dente invicem corroserint.*

(*Ex eisdem ad eosdem, cap. 18.*) Si vero, quod absit! discordes fueritis, et canino dente vos derodere cœperitis, non solum eos non superabitis, sed et vobis ipsi nocebitis, atque ab eis superabimini, et nocenter forte peribitis.

CAP. CXXXI. — *De episcopis qui fratribus nocere desiderant.*

(*Ex decr. Bonifacii papæ.*) Sicut omnis qui diligit fratrem suum, ex Deo est : ita omnis qui odit proximum, ex diabolo est. Dilectione enim sola discernitur quis, ex quo genitus approbetur, dicente Joanne : In hoc manifesti sunt filii Dei, et filii diaboli. Omnis qui non facit justitiam, ex Deo non est, et non diligit fratrem suum. Quoniam hæc est annuntiatio quam ab initio audistis, ut diligatis alterutrum. Et post paululum : Omnis qui odit fratrem suum, homicida est. Et scitis quoniam omnis homicida non habet vitam æternam in se manentem. Ecce homicida probabiliter esse declaratur qui a fraterna societate dividitur. Nam et si manus non moveat ad occidendum, pro eo tamen quia immitis est ad nocendum, jam a Deo homicida tenetur. Vivit ille, et iste jam interfector convincitur. Cum igitur his præceptis beatus apostolus Paulus consona prædicatione concordet, dicens : Sol non occidat super iracundiam vestram; et : Nolite locum dare diabolo, relatæ sunt nobis quorumdam sacerdotum personæ in tantam obstinationis efferbuisse discordiam, ut non solum illos ab ira occasus solis non revocet, sed ne annosa quidem transactio temporum ad bonum charitatis reclinet. Quippe in quorum cordibus ita sol justitiæ Christus occubuit, ut ad lumen charitatis redire vix possint. Horum igitur et similium discordantium fratrum oblationes, juxta antiqui canonis definitionem, nullo modo recipiendas esse censemus. Personis tamen discordantium id speciali definitione præcipimus, ut, antequam eos reconciliatio vera innectat, nullus eorum accedere ad altare Domini audeat, vel gratiam communionis sanctæ percipiat : sed geminato tempore per pœnitentiam compensabunt, quo discordiæ servierunt. Quod si unus eorum, alio contemnente, ad satisfactionem charitatis cucurrerit, ex eo tempore jam pacificus intra Ecclesiam recipietur, ex quo ad concordiam festinasse convincitur : sententia tamen superiori servata, ut tempus quod in iram expendit, geminatum in pœnitentiæ satisfactione persolvat.

CAP. CXXXII. — *Ut nullus de episcopo suo querelam faciat, nisi prius eum de eadem sæpe interpellet.*

(*Ex decr. Alexandri papæ, omnibus orthodoxis missis, cap. 2.*) Si quis erga episcopum vel actores Ecclesiæ quamlibet querelam habere justam crediderit, non prius primates aut alios adeat judices, quam ipsos a quibus se læsum æstimat conveniat familiariter : non semel, sed sæpissime, ut ab eis aut suam justitiam accipiat, aut excusationem. Si autem secus egerit, ab ipsis et ab aliis communione privetur, tanquam apostolorum aliorumque Patrum contemptor.

CAP. CXXXIII. — *Ut episcopi a solo Domino sint dijudicandi.*

(*Ex decr. Clementis pap., cap. 38.*) Episcopos autem a solo Domino judicandos aut removendos, et non ab aliis esse dicebat : quia sui sunt, non alterius. Et quis est qui alterius judicet servum? Nam si ista non patiuntur homines, nec Deus deorum, et Dominus dominantium hæc ullatenus patitur. Unde et per prophetas sibi testes esse dicebat, per quos Dominus loquitur, dicens : Ecce excoxi te, sed non quasi argentum : elegi te in camino paupertatis. Propter me, propter me faciam ut non blasphemer; et gloriam meam alteri non dabo.

CAP. CXXXIV. — *Nimis timendum et prævidendum ne offendantur episcopi.*

(*Cap. Evaristi, pap. VI omnibus per Ægyptum fratribus missum.*) Nimis timenda est, fratres, hæc sententia, et prævidendum vobis ne offendatis eos qui tantam a Domino potestatem habent. Et ideo potius obaudiendi, diligendi, et summopere sunt venerandi, et non detrahendi, vel lacerandi aut ejiciendi, sed portandi et amandi, ipso dicente Domino : Qui vos audit, me audit : et qui vos spernit, me spernit. Ideo hæc vobis et omnibus fidelibus scribimus, fratres, ut ab his vos caveatis, et posteris vestris non malum sed bonum exemplum relinquatis, quoniam injuria episcoporum ad Christum pertinet, cujus vice funguntur.

CAP. CXXXV. — *De episcopis qui ab omnibus suis criminantur, ut eorum criminatio non recipiatur.*

(*Ex epist. Calist. papæ, cap.* 1.) Callistus episcopus Ecclesiæ catholicæ urbis Romanæ, Benedicto fratri et coepiscopo, salutem in Christo. Criminationes vero contra doctorem nemo suscipiat : quia non oportet filios patres reprehendere, nec servos dominos lacerare. Filii ergo sunt doctorum omnes quos instruunt : et sicut filii patres carnales, sic et hi patres debent diligere spiritales. Non enim bene vivunt qui non recte credunt, aut patres reprehendunt, vel detrahunt suis. Doctores ergo, qui et patres vocantur, magis portandi quam reprehendendi sunt, nisi in recta fide erraverint. Nullus ergo doctorum per scripta accusetur, nec nisi fideli et legitimo, qui etiam irreprehensibilem vitam ac conversationem ducat, accusatori respondeat. Quia indignum est ut doctor stulto et indocto atque reprehensibiliter viventi respondeat juxta stultitiam suam, dicente Scriptura : Non respondeas stulto juxta stultitiam suam. Non bene vivit qui non recte credit. Nihil mali vult qui fidelis est. Si quis fidelis est, videat ne falsa loquatur, aut cuiquam insidias ponat. Fidelis homo semper fideliter agit, et infidelis callide insidiatur, atque fideles et pie ac juste viventes perdere nititur, quia similis similem sibi quærit. Infidelis vero homo mortuus est in corpore vivente. Econtra sermones fidelis hominis vitam custodiunt auditorum. Doctorem enim catholicum, et præcipue Domini sacerdotem, sicut nullo errore implicari, ita nulla oportet machinatione aut cupiditate violari, dicente Scriptura sancta : Post concupiscentias tuas non eas, et a voluntate tua averteris.

CAP. CXXXVI. — *Episcopos a suis ovibus non reprehendendos, nisi in fide erraverint.*

(*Ex epist. Anacleti papæ, scripta omnibus Christi sacerdotibus, cap.* 1.) Doctor autem vel pastor Ecclesiæ, si a fidelibus exorbitaverit, erit a fidelibus corrigendus. Sed pro reprobis moribus magis est tolerandus, quam distringendus ; quia rectores Ecclesiæ a Domino sunt judicandi, sicut ait Propheta : Deus stetit in synagoga deorum, in medio autem deos discernit. Unde oportet unumquemque fidelem, si viderit aut cognoverit plebes suas adversus pastorem suum tumescere, aut clerum detractionibus vacare, hoc vitium pro viribus exstirpare, prudenterque corrigere satagat : nec eis in quibuscunque negotiis misceri, si incorrigibiles apparuerint, antequam suo reconcilientur doctori, præsumat : quoniam tam sacerdotes quam reliqui fideles omnes summam debent habere curam de his qui pereunt, quatenus eorum redargutione aut corrigantur a peccatis, aut, si incorrigibiles apparuerint, ab Ecclesia separentur.

CAP. CXXXVII. — *De eadem re.*

(*Ex decr. Clementis pap., cap.* 17.) Ipsi autem episcopi si exorbitaverint, ab istis non sunt reprehendendi vel arguendi, sed portandi, nisi in fide erraverint. Hi ergo super hos sunt, non illi super istos : quoniam major a minore non argui nec judicari potest. Nullus se extollat erga doctores ac magistros suos : quia discipulus super magistrum nec esse debet nec potest. Nullus velit dici sanctus antequam sit, sed prius sit, ut verius dicatur. Præcepta Domini doctorumque ac magistrorum factis quotidie adimplere, et in Christi nomine pro inimicis orare oportet.

CAP. CXXXVIII. — *De eadem re.*

(*Ex epist. Eusebii papæ, cap.* 20.) Necesse enim est ut rectores a subditis timeantur, ab ipsisque corrigantur, ut humana formidine peccare metuant, qui divina judicia non formidant. Deteriores quippe sunt qui doctorum vitam moresque corrumpunt, his qui substantias aliorum prædiaque diripiunt. Ipsi quidem ea quæ extra nos, licet nostra sint, auferunt ; nostri quoque detractores, et morum corruptores nostrorum, sive qui adversum nos armantur, proprie nos ipsi decipiunt, et ideo juste infames sunt, et merito ab Ecclesia extorres fiunt.

CAP. CXXXIX. — *De eadem re.*

(*Ex decret. Gaii papæ, cap.* 7.) Oves vero quæ pastori suo commissæ fuerint, eum nec reprehendere, nisi a recta fide exorbitaverit, debent, nec ullatenus accusare possunt : quia facta pastorum eorum gladio ferienda non sunt, quanquam recte reprehendenda videantur.

CAP. CXL. — *De infamatis et dilaceratis episcopis, et a civitatibus propriis pulsis.*

(*Ex decret. Evarist. papæ omnibus per Ægyptum fratribus missis, cap.* 18.) Audivimus enim quosdam a vobis infamatos et dilaceratos episcopos, a civitatibus propriis pulsos, qui alibi episcopi constitui non possunt, nisi in civitatibus non minimis, et alios in eis, ipsis viventibus, constitutos. Ideo hæc vobis scribimus, ut sciatis hoc non licere, sed proprios revocari et integerrime restitui debere. Illos vero qui adulterina foedatæ suas sponsas, quas et uxores eorum præfixo tenore esse intelligimus, tenent, ejici ut adulteros, atque infames fieri, eosque ab ecclesiasticis honoribus arceri jubemus. Si autem adversus eos aliquam querelam habueritis, his peractis inquirendum erit, et auctoritate hujus sanctæ sedis terminandum.

CAP. CXLI. — *Ut episcopus non dijudicetur qui suis rebus est expoliatus.*

(*Ex decret. Felicis papæ episcop. per Ægyptum missis, cap.* 10.) Nullus enim episcopus qui suis est rebus exspoliatus, aut a se de propria vi aut errore pulsus antequam omnia sibi ablata legibus restituantur, et ipse pacifice annum vel plus suis fruatur honoribus, sedique propriæ sit regulariter restitutus, juxta canonicam institutionem accusari, vocari, judicari, aut damnari potest.

Cap. CXLII. — *De eadem re.*

(*Ex decret. Stepha. papæ omnibus episcopis missis, cap. 6.*) Nullus enim episcoporum, dum suis fuerit rebus exspoliatus, aut a sede propria qualibet occasione pulsus, debet accusari : aut a quoquam ei potest crimen objici, priusquam integerrime restauretur, et omnia quæ ei ablata quocunque sunt ingenio, legibus redintegrentur, et ipse propriæ sedi et pristino statui regulariter reddatur : ita ut omnes possessiones, et cuncta sibi injuste sublata, atque fructus omnes, ante conceptam accusationem, primates et synodus episcopo de quo agitur funditus restituant. Quia hoc non solum ecclesiasticæ, sed etiam sæculi leges fieri prohibent : neque aliquis eorum, aut Ecclesiarum auctorum, vel defensorum ad aliquos prius accusari debet, quam ipse charitative, bis aut ter ab eis qui se læsos æstimant, vel eos pro aliquibus erratibus corripere cupiunt, conveniatur : ut ab eis aut familiarem emendationem, aut justam percipiat excusationem. Quod qui præsumpserit, liminibus arceatur Ecclesiæ, usque ad condignam satisfactionem.

Cap. CXLIII. — *De eadem re.*

(*Ex decret. Sixti papæ Hispaniæ episcopis missis, cap. 6.*) His taliter consideratis, atque cum reliquorum episcoporum decretis, tanquam omnium curam gerentes, propter sedis propriæ apicem decernimus ut nemo pontificum aliquem suis rebus exspoliatum episcopum, aut a sede pulsum, excommunicare aut judicare præsumat : quia non est privilegium quo exspoliari possit jam nudatus. Si quis autem aliter agere præsumpserit, sciat censuram hujus sedis cum omnibus membris suis sibi non defuturam, et sicut egerit, ita recipiet. Si bene, bene. Si grave, grave. Si pessime, pessime. Quoniam dignus est operarius mercede sua.

Cap. CXLIV. — *Ut episcopi criminati libere apostolicam appellent sedem, et pleraque alia circa judicium observanda.*

(*Ex decret. Julii papæ Orientalib. episcopis missis, cap. 18.*) Ut omnes episcopi qui in quibusdam gravioribus pulsantur vel criminantur causis, quoties necesse fuerit, libere apostolicam appellent sedem, atque ad eam quasi ad matrem confugiant, ut ab ea, sicut semper fuit, pie fulciantur, defendantur et liberentur. Cujus dispositioni omnes majores ecclesiasticas causas, et episcoporum judicia, antiqua apostolorum eorumque successorum atque canonum auctoritas reservavit. Quoniam culpantur episcopi quia aliter erga fratres egerint quam ejusdem sedis papæ fieri placuerit, placuit ut accusatus vel judicatus a comprovincialibus in aliqua a causa episcopus licenter appellet, et adeat apostolicæ sedis pontificem, qui aut per se, aut per vicarios suos, ejus retractari negotium procuret. Et dum iterato judicio pontifex causam suam agit, nullus alius in ejus loco subrogetur, ponatur, aut ordinetur episcopus. Quoniam, quanquam comprovincialibus episcopis accusati causam pontificis scrutari liceat, non tamen definiri inconsulto Romano pontifice permissum est : cum beato Petro apostolo, non ab alio quam ab ipso, dictum sit Domino : Quæcunque ligaveris super terram, erunt ligata et in cœlis ; et quæcunque solveris super terram, erunt soluta et in cœlis. Si quis putaverit se a proprio metropolitano gravari, apud primatem diœceseos, aut penes apostolicæ universalis Ecclesiæ papam judicetur. Accusatores et accusationes quas leges sæculi non asciscunt, et nos unanimiter submovemus, ne fiat indistricta probationé impietas, cum recta sit judicii in electione sententia. Si quis erga episcopum vel actores Ecclesiæ se proprium crediderit habere negotium, non prius adeat judices, quam ad eos recurrat charitatis studio : ut familiari colloquio commoniti, ea sanare debeant quæ in querimoniam deducuntur. Quod si aliter egerit, communione privetur. Nemo pontificum deinceps aliquem episcopum suis exspoliatum rebus, aut a sede pulsum excommunicare aut judicare præsumat : quia non est privilegium quo spoliari possit jam nudatus. Pari tenore decernimus non credi accusatori qui, absente adversario, causam suggesserit, ante utriusque partis discussionem : nec accusatores nec testes suscipi, qui non sunt idonei. Placuit, si accusatus vel damnatus episcopus appellaverit Romanum pontificem, id statuendum quod ipse juste censuerit. Et omnes qui adversus Patres armantur, infames esse censemus : neque eos qui cum inimicis morantur, ad accusationem vel ad testimonium recipiendos. Placuit ut semper in accusatione clericorum primo persona, fides, vita et conversatio blasphemantium perscrutetur. Nam fides omnes actus hominis præcedere debet : quia dubius in fide, infidelis est. Nec eis omnino esse credendum qui veritatis fidem ignorant, nec rectæ conversationis vitam ducunt : quoniam tales facile et indifferenter lacerant, et criminantur recte et pie viventes. Ideo suspicio eorum discutienda est primo et corrigenda. Neque accusatioribus suspectis, vel de inimicorum domibus prodeuntibus credendum.

Cap. CXLV. — *Episcopus si ab aliquo pulsatur, per episcopos judices causa finiatur.*

(*Ex concil. Spalensi, cap. 8.*) Si quis episcopus a quoquam impetitur, vel ille aliquam quæstionem retulerit, per episcopos judices causa finiatur : sive quos eis primates dederint, sive quos ipsi vicinos ex consensu elegerint.

Cap. CXLVI. — *De episcopis judicibus quos communis consensus elegerit.*

(*Ex eodem conc., cap. 9.*) Judices autem episcopos quos communis consensus elegerit, non liceat quem quam provocare : et quisquis probatus fuerit pro contumacia nolle obtemperare judicibus, cum hoc primæ sedis episcopo fuerit probatum, det litteras ut nullus ei communicet episcoporum, donec obtemperet.

CAP. CXLVII. — *Ut episcopi comprovinciales peregrina judicia non patiantur.*

(*Ex decret. Fabiani papæ Hilario episcopo missis, cap.* 26.) Peregrina vero judicia, salva in omnibus apostolica auctoritate, generali sanctione prohibemus. Quia indignum est ut ab exteris judicetur qui provinciales et a se electos debet habere judices, nisi fuerit appellatum. Unde oportet, si aliquis episcoporum super certis accusetur criminibus, ut ab omnibus audiatur qui sunt in provincia episcopis : quia non oportet accusatum alicubi quam in foro suo audiri.

CAP. CXLVIII. — *De episcopo criminato, si judicem suspectum habuerit.*

(*Ex decret. ejusdem ad eumdem episcopum missis, cap.* 27.) Si quis vero episcopus judicem suspectum habuerit, et viderit se ingravari, libere sedem apostolicam appellet. Appellantem autem non habeat afflictio ulla, aut detentionis injuriosæ custodia, sed liceat appellatori conviciantum causam appellationis remedio sublevare : licet etiam in causis criminalibus appellare, nec appellandi vox denegetur ei quem in supplicium sententia destinarat.

CAP. CXLIX. — *Si quis episcopus in crimine detentus fuerit, et non potest plurimos congregare, a XII episcopis audiatur.*

(*Ex concil. Carthag., cap.* 12.) Felix episcopus dixit : Suggero, secundum statuta veterum conciliorum, ut si quis episcopus, quod non optamus, in reatum aliquem incurrerit, et nimia necessitas ei fuerit non posse plurimos congregare : ne in crimine remaneat, a XII episcopis, et presbyter a sex episcopis, cum proprio suo episcopo audiatur, et diaconus a tribus.

CAP. CL. — *De episcopo criminato, si episcopi comprovinciales in ejus criminatione dissenserint.*

(*Ex concil. Antioche., cap.* 14.) Si quis episcopus de certis criminibus dijudicatur, et contingat de eo comprovinciales episcopos dissidere, cum judicatus ab aliis innocens creditur, reus ab aliis æstimatur, propter hujus ambiguitatis absolutionem sanctæ synodo placuit ut metropolitanus episcopus a vicina provincia judices alios convocet, qui controversiam tollant, et ut per eos simul et per comprovinciales episcopos quod justum fuerit visum approbetur.

CAP. CLI. — *Ut episcopis nullus laicus crimen imponere possit.*

(*Ex decret. Sylvest. papæ, cap.* 1.) In consensu et subscriptione omnium constitutum est ut nullus laicus episcopo, vel alicui in ordinibus posito, crimen aliquod possit inferre. Et ut presbyter non adversus episcopum, non diaconus adversus presbyterum, non subdiaconus adversus diaconum, non acolytus adversus subdiaconum, non exorcista adversus acolytum, non lector adversus exorcistam, non ostiarius adversus lectorem, det accusationem ali-

quam. Et non damnetur præsul, nisi in LXX duobus idoneis testibus.

CAP. CLII. — *Quod inimici accusatores esse non possint.*

(*Ex decret. Anacleti papæ, omnibus episcopis missis, cap.* 37.) Accusatores autem et testes esse non possunt qui in proximo facti sunt inimici, ne irati nocere cupiant, ne læsi ulcisci se velint. In offensis igitur accusatorum et testium affectus quærendus est, et non suspectus.

CAP. CLIII. — *Ut episcopi accusatorum episcoporum judices esse debeant.*

(*Ex decret. Damasi papæ, cap.* 3.) Accusatorum episcoporum judices esse decernimus episcopos sapientes, recte et juste volentes.

CAP. CLIV. — *Qualiter accusatus episcopus discutiendus sit apud patriarchas vel primates, et quot testibus convinci debeat.*

(*Ex decr. Zepherini papæ omnibus per Siciliam constitutis episcopis missis, cap.* 2.) Patriarchæ vero vel primates accusatum discutientes episcopum, non ante sententiam proferant finitivam, quam, apostolica fultus auctoritate, aut reum se ipse confiteatur, aut per innocentes et regulariter examinatos convincatur testes, qui minores non sint numero quam illi discipuli fuerunt quos Dominus ad adjumentum apostolorum eligere præcepit.

CAP. CLV. — *De patriarchis et primatibus.*

(*Ex decr. Clementis pap., cap.* 9) In illis vero civitatibus in quibus olim apud ethnicos primi flamines eorum, atque primi legis doctores erant, episcoporum primates poni, vel patriarchas, qui reliquorum episcoporum judicia, et majora, quoties necesse foret, negotia in fide agitarent, et secundum Domini voluntatem, sicut sancti constituerunt apostoli, ita ut ne quis injuste periclitaretur definirent.

CAP. CLVI. — *De vocatione accusati episcopi.*

(*Ex epist. Damasi papæ, ad Stephan. et ad concil. Africæ.*) Vocatio enim ad synodum, juxta decreta Patrum canonica, ejus qui impetitur, rationabilibus scriptis per spatium fieri debet congruum atque canonicum. Quia, nisi canonice vocatus fuerit suo tempore, et canonica ordinatione, licet venerit ad conventum, in quacunque necessitate, nisi sponte voluerit, nullatenus suis respondebit insidiatoribus : quoniam nec sæculi leges hoc permittunt fieri, quanto magis divinæ?

CAP. CLVII. — *Ut primates de accusato episcopo non ante sententiam proferant damnationis, quam aut reum seipsum confiteatur, aut canonice per innocentes testes convincatur.*

(*Ex epist. Felicis pa. Paterno epis. miss., cap.* 4.) Primates quoque accusatum discutientes episcopum, non ante sententiam proferant damnationis, quam, apostolica fretus auctoritate, aut reum seipsum confiteatur, aut per innocentes et canonice examinatos regulariter testes convincatur. Aliter censemus irritam esse et injustam episcoporum damnationem, et idcirco a synodo retractandam : ita ut oppressis ab omnibus in cunctis subveniatur causis.

CAP. CLVIII. — *Qualis primas esse vel quid agere debeat.*

(*Ex re. ad Gennadium Patricium et Exarchum Africæ.*) Concilium vero catholicorum episcoporum admoneri præcipite, ut primatem non ex ordine loci, postpositis vitæ meritis, faciat, quoniam apud Dominum non gradus elegantior, sed vitæ melioris actio comprobatur. Ipse vero primas non passim, sicut moris est, per villas, sed in una, juxta eorum electionem, civitate resideat.

CAP. CLIX. — *Ut episcopi singularum gentium sciant quis inter eos sit primas.*

(*Ex epistol. Anacleti papæ, omnibus episcopis missa.*) Beati etiam apostoli inter se statuerunt ut episcopi singularum scirent gentium quis inter eos primus esset, quatenus ad eum potior eorum sollicitudo pertineret. Nam et inter beatos apostolos quædam fuit discretio. Et, licet omnes essent apostoli, Petro tamen a Domino est concessum, et ipsi inter se idipsum voluerunt ut reliquis omnibus præesset apostolis Cephas, id est, ut Petrus principatum teneret apostolatus. Qui et eamdem formam suis successoribus et reliquis episcopis tenendam tradiderunt. Et non solum hoc in Novo Testamento est constitutum, sed etiam in Veteri fuit. Unde scriptum est : Moses et Aaron in sacerdotibus ejus, id est, primi inter eos fuerunt. Et quamvis ita sit ordinatum, nemo tamen quod suum est quærat, sed quod alterius. Unde ait beatus apostolus Paulus : Unusquisque placeat proximo suo in bonum ad ædificationem. Et sicut ipse Salvator suis ait discipulis : Qui major est vestrum, erit minister vester. Et reliqua

CAP. CLX. — *Ut episcopus accusatus non communione privetur, nisi die statuta venire noluerit.*

(*Ex concil. Carthag., cap. 19.*) Aurelius episcopus dixit : Quisquis episcoporum accusatur, ad primatem provinciæ ipsius causam deferat accusator, nec a communione suspendatur cui crimen intenditur, nisi si ad causam suam dicendam, electorum judicum die statuta litteris evocatus, minime occurrerit, hoc est, infra spatium mensis ex ea die qua eum litteras accepisse constiterit. Quod si aliquas veras necessitatis causas probaverit, quibus eum occurrere non potuisse manifestum sit, causæ suæ dicendæ intra alterum mensem integram habeat facultatem. Verum post mensem secundum non communicet donec examinetur. Si autem ad consilium universale infra anni spatium occurrere noluerit, ut vel ibi causa ejus terminetur, ipse in se damnationis sententiam dixisse judicetur. Tempore sane quo non communicat, nec in sua Ecclesia vel parochia communicet. Accusator autem ejus, si nunquam diebus causæ dicendæ defuerit, a communione non removeatur. Si vero aliquando defuerit, subtrahens se, restituto in communione episcopo, ipse removeatur a communione accusator : ita tamen ut nec ipsi adimatur facultas causæ peragendæ, si se ad diem occurrere non noluisse, sed non potuisse probaverit. Illud vero placuit, ut, cum agere cœperit in episcoporum judicio, si fuerit accusatoris persona culpabilis, ad arguendum non admittatur, nisi proprias causas, non tamen ecclesiasticas, asserere voluerit.

CAP. CLXI. — *De Maximo episcopo variis criminibus infamato, et ad synodum sæpius vocato qui venire et se excusare neglexerat.*

(*Ex epist. Bonifacii papæ ad episcopos Galliæ.*) Bonifacius episcopus Patroclo, Remigio, Maximo, Hilario, Severo, Juliano, Castorio, Leontio, Constantino, Joanni, Montano, Marino, et cæteris episcopis per Gallias et per septem provincias constitutis. Valentinæ nos clerici civitatis adierunt, proponentes libellum et crimina quæ Maximum tota provincia asserit commisisse. Delegata toties cognitione, illum constituta semper subterfugisse judicia, nec confusum conscientia festinasse, ut si esset innocens, exterminatis omnibus, purgaretur : quæ toties decreta ex nostrarum quoque chartarum instructione cognovimus. Qui econtrario probavit de se illa quæ dicta sunt, quia ad ea confutanda, cum assent innumera, a decessoribus meis provincialis est delegata cognitio. Conventus etiam dicitur vitasse, et minime adesse voluisse : et nullus dubitat quod ita judicium nocens subterfugit, quemadmodum ut absolvatur qui est innocens quærit : sed astuta cavillatio eorum qui versutis agendum credunt esse consiliis, nunquam innocentiæ nomen accipiet. Confitetur enim de omnibus quisquis se subterfugere judicium dilationibus putat. Veniet tamen aliquando ille qui talis perhibetur in medium. Nec prodest illi toties latuisse, toties subterfugisse, quem sui actus et commissa, quocunque fugerit, ea quæ objiciuntur illi, si vera sunt, crimina persequuntur. Debueram quidem jam nunc dignam pro ejus accusatis in nostro judicio actibus, qui cognitionem et decretum judicium sæpe declinando credidit illudendum, dare sententiam. At ne aliquid præcoqui forsitan judicaret, et sibi qui absens est, licet sit quæsitus a nobis, reservatum esse nihil diceret, maluimus intercapedine temporis data differri, cum hoc etiam ejus accusatores assererent. De cujus intentionibus et moribus sit secretum maximum, tanto magis damnanda committere, quanto tardius se constituto judicio præsentaret. Quem Manichæorum involutum caligine arguunt, turpique secta olim. Ita cum non posset abluere animum sordida improbatione, objectaque ei gesta synodalia proferentes, et commissis involutum undique flagitiis, nullum ei sanitatis habuisse respectum, quem furore suo et insana temeritate ad sæcularium quoque judicium tribunali subditum quæstioni, quod in vili quoque persona turpissimum est, objicerent. Pervenisse eum ad homicidii damna asserunt, gestis prolatis in medium. Et hunc talem, post tanta talique commissa, episcopatus adhuc sibi nomen in suis latibulis vindicare, in propriæ civitatis infamiam ; nimijs doloribus conqueruntur; et sanctum nomen vindicando sibi velle polluere. Ideoque, fratres charissimi, quia audiendus hic præsentare se noluit, nec convictus forsitan ab accusantibus se defendere possit : digna tandem aliquando præsentatus episcopali judicio pronuntiationis congrue feriri sententia judicamus. Quamquam illi cum edocta fuerint, sciamus hujus nominis non esse jacturam, qui pudorem nunquam habuisse sacerdotii perhibetur, et locum suum nec modico quidem tempore custodisse, dilationem dedimus, et decrevimus vestram debere intra provinciam esse judicium, et congregare synodum ante diem Kalendarum Novembrium, ut, si adesse voluerit præsens, si confidit, ad objecta respondeat : si adesse neglexerit, dilationem sententiæ de absentia non lucretur. Nam manifestum confiteri eum de crimine, qui, indulto et toties delegato judicio, purgandi se occasione non utitur. Nihil enim interest utrum in præsenti examine omnia quæ dicta sunt comprobentur : cum ipsa quoque pro confessione procurata toties constet absentia. Nos autem per omnes provincias litteras dirigemus, ne excusationem sibi ignorationis obtendat, ut ad provinciam venire cogatur, et illic se constituto præsentare judicio. Quidquid autem vestra charitas de hac causa duxerit decernendum, cum ad nos relatum fuerit, nostra, ut condecet, necesse est auctoritate firmetur

CAP. CLXII. — *De episcopo inculpato qui ad synodum vocatus venire contempserat.*

(*De synodo apud Altheim habita cap. 10.*) Richwinum episcopum qui contra sanctorum canonum sanctiones Strazburgensem Ecclesiam invasit, quem ad sanctam synodum per litteras nostras invitavimus, et venire contemnens, nec vicarium suum misit, auctoritate sancti Petri, ego Joannes vicarius apostolici, ex præcepto sanctæ præsentis synodi injungendo vocamus iterum, et præcipimus quatenus ad concilium, id est, May Moguntiæ indictum a metropolitano episcopo suo, ad præsentiam venerabilis Herigeri archiepiscopi et confratrum suorum veniat, suæ inobedientiæ et perversitatis ibidem justam rationem redditurus. Sin autem negligenter et hoc agere parvipenderit, abstineat se a proprio gradu, donec, Romam veniens, coram domino papa et sancta Ecclesia reddat rationem.

CAP. CLXIII. — *Qui primates sint, qui metropolitani.*

(*Ex cap. concil. Niceni, quæ addita sunt a Felice papa.*) Primates illi et non alii sint, quam qui in Nicæna synodo sunt constituti. Reliqui vero, qui metropoles tenent sedes, archiepiscopi vocantur et non primates : salva in omnibus apostolicæ sedis dignitate, quæ ei ab ipso Domino est concessa, et postea a sanctis Patribus roborata.

CAP. CLXIV. — *Quod neganda sit accusatis licentia criminandi priusquam se crimine exuerint, et familiaribus atque sponte confessis, et qui hesterno die, aut perendie, aut ante fuerunt inimici.*

(*Ex decr. Stephani papæ omnibus episcopis missis, cap. 11.*) Et neganda est accusatis licentia criminandi priusquam se crimine quo premuntur exuerint : quia non est credendum contra alios eorum confessioni qui criminibus implicati sunt, nisi se prius probaverint innocentes : quoniam periculosa est et admitti non debet rei adversus quemcunque professio. Familiares vero et sponte confessi, atque sceleribus irretiti, non debent admitti, nec hi qui hesterna die, aut perendie, aut ante fuerunt inimici.

CAP. CLXV. — *De criminationibus adversus doctores non suscipiendis, et de peregrinis judiciis.*

(*Eusebii pap. cap. 17.*) Et licet hæc possint generaliter dicta sufficere, ut vel declinemus errata vel custodiamus catholica : ab apostolis tamen eorumque successoribus novimus constitutum, criminationes adversus doctores non debere suscipi, nec peregrina judicia fieri, neque quemquam alterius judicis quam sui sententia debere constringi.

CAP. CLXVI. — *Ut adversus doctorem accusationes nemo suscipiat.*

(*Ex concil. Spalensis, cap. 3.*) Accusationes adversus doctorem nemo suspiciat : quia non potest humano condemnari examine, quem Deus suo judicio reservavit.

CAP. CLXVII. — *Ut nemo episcopum apud sæculares accuset.*

(*Ex epist. Felicis papæ Ægyptiorum episcopis missa, cap. 1.*) Ut nemo episcopum penes sæculares arbitros accuset, sed apud summos primates.

CAP. CLXVIII. — *De episcopis in judicium sæculare non vocandis.*

(*Ex epistol. Bonifacii papæ ad episcop. Galliæ.*) Nullus episcopus, neque pro civili, neque pro criminali causa, apud quemvis judicem sive civilem sive militarem producatur vel exhibeatur. Magistratus enim qui hoc jubere ausus fuerit, amissione cinguli condemnatione plectetur.

CAP. CLXIX. — *Ut non accusetur episcopus a criminosis.*

(*Ex epistol. Felicis papæ supradictis episcopis missa, cap. 18.*) Quoties episcopus super certis accusatur criminibus, si tales fuerint accusatores qui juste et canonice recipi debeant, synodo legitima in suo tempore congregata, ab omnibus canonice audiatur qui sunt in provincia episcopis. Quod si legitimi non fuerint accusatores, non fatigetur episcopus : quia sacerdotes ad sacrificandum vocari debent, non ad litigandum : nec illi qui throni Dei vocantur, pravorum hominum insidiis debent turbari, sed libere Christo famulari.

CAP. CLXX. — *Quod nullus episcopus extra suam provinciam ad judicium invitetur.*

(*Ex decret. Julii papæ, Orientali. episc. missis, cap. 18.*) Nullus episcopus extra suam provinciam ad judicium devocetur : sed, vocato eo canonice in loco congruo, tempore synodali, ab omnibus comprovincialibus episcopis audiatur : quia concordem super eum canonicamque debent proferre sententiam : quia, si hoc minoribus, tam clericis quam laicis, concessum est, quanto magis de episcopis servare convenit? Nam si ipse metropolitanum aut judices suspectos habuerit, aut infestos senserit, apud primatem diœceseos, aut apud Romanæ sedis pontificem judicetur.

CAP. CLXXI. — *De accusatoribus et testibus episcoporum.*

(*Ex decr. Calist. papæ episcopis per Galliam constitutis, cap.* 17.) Omnes ergo qui in recta fide suspecti sunt, in accusationem sacerdotum, et eorum super quorum fide non hæsitatur, minime recipiantur, et in testimonio dubii habeantur. Infirmari ergo oportet eorum vocem de quorum fide dubitatur, nec eis omnino est credendum qui rectam fidem ignorant. Quærendum ergo est in judicio cujus sit conversationis ac fidei is qui accusat, et is qui accusatur, quoniam hi qui non sunt rectæ conversationis ac fidei, et quorum vita est accusabilis, non permittendi sunt eos accusare: et quorum fides, vita, et libertas nescitur, et viles personæ in eorum non recipiantur accusationem. Rimandæ vero sunt accusatorum enucleatim personæ, quæ sine scripto difficile, per scripturam autem nunquam recipiantur: quia per scripturam nullus accusari potest: sed propria voce, et præsente eo quem accusare voluerit, suam quisque agat accusationem, nec, absente eo quem accusare voluerit, quisquam accusator credatur. Similiter testes per quamcunque scripturam testimonium non dicant, nec de aliis causis vel negotiis testimonium dicant, nisi de his quæ sub præsentia eorum acta esse noscuntur. Accusatoris vero consanguinei adversus eos testimonium nec dicant, nec eorum familiares, vel de domibus eorum prodeuntes: sed, si voluerint et in invicem consenserint, inter se parentes testificentur, et non in alios: nec accusatores vel testes suspecti recipiantur: quia propinquitatis et familiaritatis ac dominationis affectio veritatem impedire solet.

CAP. CLXXII. — *De eadem re.*

(*Ex decr. Damasi papæ, Stephano et universis episcopis Africæ missis, cap.* 10.) Accusatores autem episcoporum et testes, super quibus rogitastis, absque ulla infamia aut suspicione vel manifesta macula, et vera fide pleniter instructi esse debent: et tales quales ad sacerdotium eligere divina jubet auctoritas. Quoniam sacerdotes, ut antiquorum tradit auctoritas, criminari non possunt, nec in eos testificari qui ad eumdem non debent, nec possunt, provehi honorem.

CAP. CLXXIII. — *Quæ sint infames personæ.*

(*Ex epist. Stephani papæ ad Hilarium.*) Infames autem esse eas personas dicimus quæ pro aliqua culpa notantur infamia; id est, omnes qui Christianæ legis normam abjiciunt, et statuta ecclesiastica contemnunt. Similiter fures, sacrilegos, et omnes capitalibus criminibus irretitos, sepulcrorum quoque violatores, et apostolorum atque successorum eorum religiosa sanctorum Patrum statuta libenter violantes, et omnes qui adversus Patres armantur, qui in omni mundo infamia notantur. Similiter et incestuosos, homicidas, perjuros, raptores, maleficos, veneficos, adulteros, de bellis fugientes, et qui indigna sibi petunt loca tenere, aut facultates Ecclesiæ abstrahunt injuste, et qui fratres calumniantur aut accusant, et non probant: vel qui contra innocentes principum animos ad iracundiam provocant, et omnes anathematizatos, vel pro suis sceleribus ab Ecclesia expulsos, et omnes quos ecclesiasticæ vel sæculi leges infames pronuntiant: nec servos ante legitimam libertatem, nec pœnitentes, nec digamos, nec eos qui curiæ deserviunt, vel qui non sunt integri corpore, aut sanam non habent mentem vel intellectum, aut inobedientes sanctorum decretis existunt. Hi omnes nec ad sacros gradus debent provehi, nec isti, nec liberti, neque suspecti, neque rectam fidem vel dignam conversationem non habentes, summos sacerdotes possunt accusare.

CAP. CLXXIV. — *De episcopo accusato, et accusatoribus recipiendis, et vocatione.*

(*Ex decr. Felicis papæ episcopis per Galliam constitutis missis, cap.* 9.) Si quis episcopus ab illis accusatoribus qui recipiendi sunt fuerit accusatus, postquam ipse ab eis charitative conventus fuerit, ut ipsam causam emendet, et eam corrigere noluerit, non olim, sed tunc ad summos primates causa ejus canonice deferatur. Qui in congruo loco infra ipsam provinciam tempore congruo, id est autumnali vel æstivo, concilium regulariter convocare debebunt, ita ut ab omnibus ejusdem provinciæ episcopis mihi audiatur. Quo et ipse regulariter convocatus, si eum aut infirmitas aut alia gravis necessitas non detinuerit, adesse debet: quia ultra provinciæ terminos accusandi ante licentia non est quam audientia rogetur. Quod si quoquo modo præsumptum fuerit, statuerunt ut, antequam et proprius locus et sua omnia ei legibus redintegrentur, nullatenus a quoquam accusetur aut criminetur: et nisi sponte elegerit, cuiquam pro talibus respondeat. Sed postquam, ut præfixum est, restitutus fuerit, et sua omnia ei legibus redintegrata sunt, dispositis ordinatisque suis, magnum spatium tractandi causam ei concedatur. Et postea, si necesse fuerit, regulariter vocatus veniat ad causam, et, si injuste visum fuerit, accusantium propositionibus sustentatione fratrum respondeat. Nulla enim permittit ratio, dum ad tempus ejus bona, vel Ecclesiæ, atque res ab æmulis aut a quibuscunque detinentur, ut aliquid illi objici debeat; nec quidquam potest ei quomodolibet majorum vel minorum objici, dum Ecclesiis vel rebus aut potestatibus caret suis.

CAP. CLXXV. — *De damnatione episcoporum accusantium episcopum absque auctoritate apostolicæ sedis.*

(*Cap. Julii papæ VIII Orientalibus episcopis missum.*) Si quis ab hodierna die et deinceps episcopum præter hujus sanctæ sedis sententiam damnare et a propria pellere sede præsumpserit, sciat se irrecuperabiliter esse damnatum, et proprio perpetim carere honore : eosque qui absque hujus sedis sententia sunt ejecti vel damnati, hujus sanctæ sedis auctoritate scitote pristinam recipere communionem, et in propriis restitui sedibus. Quoniam et prius, a tempore scilicet apostolorum, hæc sanctæ huic sedi concessa sunt, et postea in memorata Nicæna synodo propter pravorum hominum infestationes, atque hæreticorum persecutiones, et insidiantium molimina fratrum, sunt concorditer ab omnibus roborata, ut magis singuli prævideant ne talia audeant perpetrare.

CAP. CLXXVI. — *Ut accusatus vel judicatus ab episcopis comprovincialibus licenter appellet, et adeat Romanum pontificem.*

(*Ex decr. Victoris papæ, cunctis fratribus Alexandriæ, cap. 1.*) Placuit ut accusatus vel judicatus episcopus a comprovincialibus in aliqua causa episcopis licenter appellet, et adeat apostolicæ sedis pontificem, qui, aut per se aut per vicarios suos, ejus retractari negotium procuret. Et, dum iterato judicio pontifex causam suam agit, nullus alius in ejus loco ponatur aut ordinetur episcopus; quoniam, quanquam comprovincialibus episcopis accusati causam pontificis scrutari liceat, non tamen definire inconsulto Romano pontifice permissum est, cum beato Petro apostolo non ab alio quam ab ipso dictum sit Domino : Quæcunque ligaveris super terram, erunt ligata et in cœlis, et quæcunque solveris super terram, erunt soluta et in cœlis.

CAP. CLXXVII. — *Ut perscripta nullius accusatio suscipiatur, eo absente qui accusatur.*

(*Ex epist. Stepha. papæ cunctis episcopis missa, cap. 8.*) Perscripta enim nullius accusatio, accusatore et eo qui accusatur absentibus, uscipiatur, sed propria voce, si legitima et condigna accusatoris persona fuerit, præsente videlicet eo quem accusare desiderat : quia nullus absens aut accusari potest aut accusare. Nullus tamen præfati ordinis vir accusari potest, aut respondere suis accusatoribus debet, priusquam regulariter a suo primate vocatus sit, locumque defendendi aut inquirendi accipiat, ad abluenda crimina.

CAP. CLXXVIII. — *Ut difficiliores causæ ad apicem Romanæ sedis referantur, ut apostolico terminentur judicio, cujus sedis auctoritate omnes Ecclesiæ reguntur.*

(*Ex epist. Anacleti papæ omnibus episcopis missa, cap. 14.*) Si quæ vero causæ difficiliores inter vos ortæ fuerint, ad hujus sanctæ sedis apicem eas, quasi ad caput, referte, ut apostolico terminentur judicio : quia sic Deum velle ab eoque ita constitutum esse, antedictis testimoniis declaratur. Hæc vero apostolica sedes cardo et caput facta est a Domino, et non ab alio est constituta. Et, sicut cardine ostium regitur, sic hujus sanctæ sedis auctoritate omnes Ecclesiæ, Domino disponente, reguntur.

CAP. CLXXXIX. — *Quod omnes episcopi possint appellare Romanam sedem in necessitatibus positi.*

(*Ex decr. Damasi pap. Stepha. episcop. Africæ missis, cap. 9.*) Quam omnes appellare, si necesse fuerit, et ejus fulciri auxilio oportet. Nam, ut nostis, synodum sine ejus auctoritate fieri non est canonicum : nec episcopus, nisi in legitima synodo et suo tempore apostolica vocatione congregata, definite damnari potest : neque ulla unquam concilia rata leguntur, quæ non sunt fulta apostolica auctoritate.

CAP. CLXXX. — *De induciis criminatorum episcoporum, quales esse debeant.*

(*Ex epist. Felicis papæ II fratribus Ægyptiorum missa, cap. 15.*) De induciis vero episcoporum, super quibus consuluistis, diversas a Patribus regulas invenimus institutas. Quidam enim ad repellenda imperitorum machinamenta, et suas præparandas responsiones, et testes confirmandos, et concilia episcoporum atque amicorum quærenda, annum et sex menses mandaverunt concedi : quidam autem annum, in quo plurimi concordant. Minus vero quam sex menses non reperi : quia et laicis hæc indulta sunt, quanto magis Domini sacerdotibus ? Nam et a nostris antecessoribus atque reliquis sanctis Patribus multoties inhibitum est ne quis Domini sacerdotes detractionibus non ex radice charitatis prolatis vexet : Quiescite, inquiunt, et nolite persequi eos qui Deo perfecte ministrant, quorum orationibus et terrena bella sedantur, et recedentium angelorum pelluntur incursus, quique omnes dæmones corruptores precum assiduitate confundunt. Induciæ namque non sub augusto tempore, sed sub longo spatio concedendæ sunt, ut accusati se præparare, et universos communicatores in provinciis positos convenire, et testes præparare, atque contra insidiatores se pleniter armare valeant. Judices enim et accusatores tales esse debent qui omni careant suspicione, et ex radice charitatis suam desiderent promere sententiam.

CAP. CLXXXI. — *De episcopo Centuriensi, qui causam suam in synodo agere renuerat.*

(*Ex concil. Africano, cap. 54.*) De Quodvulteo etiam Centuriensi, quoniam adversarius ipsius cum se petisset introduci ad concilium nostrum, interrogatus utrum cum eo vellet apud episcopos experiri, primo promiserat, et alia die respondit hoc sibi non placere, atque discessit : placuit omnibus episcopis, ut nullus eidem Quodvulteo communicet, donec causa ejus qualem potuerit terminum sumat. Nam adimi ei episcopatum antequam causæ ejus exitus appareret, nulli Christiano videri jure potuerit.

CAP. CLXXXII. — *Judicium episcopi qui, pro crimine ejectus ab officio, postea episcopium more prædonis invasit.*

(*Ex regist. ad Joannem episcopum primæ Justinianæ cap. 17.*) Quando mala quæ pœnitentiæ fletu purganda sunt augentur excessibus, ita major est delinquentibus adhibenda correctio, ut et ipsi facinus suum pœna saltem vindicante cognoscant, et alios ab illicitis ecclesiasticæ tuitionis timor inhibeat. Dilectissimus itaque lator præsentium Nemesion ad nos veniens, indicavit, sicut et gestorum exemplaria quæ huc detulit continebant, Paulum Doclavenæ civitatis episcopum, inter alia mala in corporali crimine lapsum, a suis fuisse clericis accusatum, atque habita cognitione, ita quod sine dolore dicere non possumus, claruisse, atque insuper, postquam convictus est, etiam libellum illum, in quo ea de quibus accusatus fuerat vera esse confessus est, obtulisse. Qua de re sententia illum episcopali depositum, et se ejus loco cum fraternitatis vestræ consensu esse episcopum ordinatum : sed nunc eumdem Paulum cum auxilio sæcularium judicum venientem, episcopium more prædonis ingressum, ablatisque violenter rebus Ecclesiæ, ab eo se projectum, et ad summam injuriam ac necem pene perductum. Et quoniam tantæ nequitiæ pravitas nec dissimulanda nec leviter agenda est, fraternitas vestra hæc omnia diligenter curet addiscere : et, si ita se, ut edocti sumus, veritas habet, prædictum Paulum districta executione compelli ut quæcunque abstulit, omni mora vel excusatione cessante, restituat. Si vero nihil Ecclesiæ sed proprium se dixerit abstulisse, quamvis grave et iniquum fuit ut non a vobis vel metropolitano ejus hoc peteret, sed ausu temerario manu præsumeret agere : verumtamen si quid proprium tulit, sub fraternitatis vestræ debet examinatione constare si verum est. Sed et illud diligenter quærendum est, si quid male de rebus dilapidavit Ecclesiæ; vel quod nunc abstulit, hoc reformare ac satisfacere modis omnibus compellatur. Si autem differre tentaverit, quousque omne quod dilapidavit vel de substantia tulit Ecclesiæ restituat in monasterium mittendus est, ut saltem coactus reddat quod male auferre non timuit. Quod si forte, quod non credimus, post depositionem suam inverecundum ac mente perversa, aliquid de episcopatu loqui atque rursus ad hoc qualibet aspirare præsumptione tentaverit, fraternitatis vestræ se contra improbitatem ipsius omnino vigor accendat, atque Dominici corporis et sanguinis communione privatum, in monasterium cum usque ad diem obitus sui ad agendam curet pœnitentiam retrudendum : quatenus perpetrati sceleris maculas dignis discat fletibus emendare, quas magis in interitu animæ suæ nequiter augere desiderat. Suprascriptus autem dilectissimus frater noster Nemesion in suo loco et episcopatus officio procul dubio reformetur : et ne denuo hac de re inquietudinem ac molestiam patiatur, sollicitos vos esse necesse est : quia hoc non solum ad hujus munitionem, verumetiam ad aliorum constat emendationem proficere, ut pravorum hominum præsumptio nihil de cætero contra sacrorum canonum statuta vel ecclesiasticam disciplinam ullo modo habeat attentare.

Cap. CLXXXIII. — *Cur sancti apostoli eorumque successores voluerint difficilem esse accusationem sacerdotum.*

(*Ex decret. Fabiani papæ, Orientalibus episcopis missis, cap. 19.*) Talia cogitantes sancti apostoli, eorumque successores, spiritu Dei repleti, malos homines prævidentes, et simplices considerantes, difficilem aut nunquam voluerunt esse accusationem sacerdotum, ne a malis potuissent everti aut submoveri : quia si hoc facile concederetur sæcularibus et malis hominibus, aut nullus, aut vix perpauci remanerent; quoniam semper fuit et est, et, quod pejus est, nimis viget, ut mali bonos insequantur, et carnales spiritales infestent. Idcirco, ut prædictum est, statuerunt ne accusarentur, aut si aliter fieri non posset, perdifficilis fieret eorum accusatio, et a quibus, ut supradictum est, non præsumeretur, neque a propriis sedibus aut Ecclesiis episcopi ejicerentur.

Cap. CLXXXIV. — *Si episcopus expulsus ausus fuerit ingredi civitatem.*

(*Ex epist. Bonifacii papæ ad episcopos Galliæ.*) Si episcopus expulsus ausus fuerit ingredi civitatem e qua repulsus est, vel exire de loco in quo degere jussus est, jubemus eum in monasterio in alia provincia constituto tradi, ut, qui sacerdotio peccavit, degens in monasterio corrigatur.

Cap. CLXXXV. — *De episcopis qui, se viventibus, successores eligere desiderant.*

(*Ex concil. Antiochen. cap. 23.*) Episcopo non licere pro se alterum successorem sibi constituere, licet ad exitum vitæ perveniat. Quod si tale aliquid factum fuerit, irritum esse hujusmodi constitutum. Servetur autem jus ecclesiasticum id continens oportere non aliter fieri, nisi cum synodo et judicio episcoporum, qui post obitum quiescentis potestatem habent eum qui dignus exstiterit promovere.

Cap. CLXXXVI. — *Ut episcopo vivente nullus super ordinetur.*

(*Ex concil. Avernen. cap. 13.*) Ut nullus vivente episcopo alius superponatur aut superordinetur episcopus, nisi forsitan in ejus locum quem capitalis culpa dejecerit.

Cap. CLXXXVII. — *Quod non liceat episcopo successorem eligere.*

(*Ex concil. Spalensi, cap. 8.*) Episcopum non liceat ante finem vitæ alium in loco suo constituere successorem. Si quis autem hoc usurpare tentaverit, talis constitutio irrita erit. Non ergo aliter fieri oportet, nisi cum consilio et judicio episcoporum, qui post exitum præcessoris potestatem habent dignum eligere.

Cap. CLXXXVIII. — *Quod nusquam canones præcipiant ut pro ægritudine episcopi alius succedat, et si ipse pro sua molestia petierit, qualiter fieri possit.*

(*Ex registr. Gregorii papæ, ad Anatolium Constantinopolita. diaconum.*) Scripsit mihi dilectio tua me reverendissimo fratri meo Joanni primæ Justinianæ episcopo, pro ægritudine capitis quam patitur episcopum præcipere succedi : ne fortasse, dum episcopi jura eadem civitas non habeat, quod absit, ab hoste depereat. Equidem nusquam canones præcipiunt ut pro ægritudine episcopi episcopus succedat : et omnino injustum est ut, si molestia corporis irruit, honore suo privetur ægrotus. Sed suggerendum est ut, si quis in regimine ægrotat, dispensator illi talis requiratur, qui possit ejus curam omnem agere, et locum illius in regimine Ecclesiæ, ipso non deposito, conservare, ut neque Deus omnipotens offendatur, neque civitas neglecta esse inveniatur.

CAP. CLXXXIX. — *De Ariminensi episcopo dolore capitis laborante, et in ejus loco altero subrogato.*

(*Ex regist. S. Greg. papæ, cap.* 238.) Qualiter ordinatia nobis sacerdotis, corporis, quia notum est, impediente molestia, Ariminensis Ecclesia pastorali hactenus ac sacerdotali sit regimine destituta, dudum fraternitas vestra cognovit. Quem dum, habitatorum loci illius precibus permoti, sæpius hortaremur ut, si de eadem capitis, qua detinebatur, molestia melioratum se esse sentiret, ad suam, auxiliante Deo, reverteretur Ecclesiam; qui, datis induciis, in hoc quadriennio exspectatur. Qui, dum cleri vel civium nosque precibus arguentium instantius hortaremur ut, si valeret, cum eis auxiliante Domino remearet, datis scriptis supplicatione nos petit ut, quia ad ejusdem Ecclesiæ regimen vel susceptorum officium, pro eadem qua detinetur molestia, assurgere nullatenus posset, Ecclesiæ ipsi ordinare episcopum deberemus. Unde, quia cunctarum Ecclesiarum injuncta nos sollicitudinis cura constringit ne diutius gregi fidelium desit custodia pastoralis, illorum precibus hujusque ex sui impossibilitate renuntiatione compulsus, visum nobis est eidem Ariminensi Ecclesiæ debere episcopum ordinari : et, datis ex more præceptis, clerum plebemque ejusdem Ecclesiæ non destitimus admonere quatenus ad eligendum sibi antistitem concordi provisione concurrant. Hortamur ergo ut fraternitas vestra eum quem uno consensu omnes elegerint, sicut et ipsi a nobis poposcisse noscuntur, ad se faciat evocari. Quem cauta ex omnibus examinatione discutite : et si ea in eo, quæ in contextu eptatici morte multata sunt, minime Domino fuerint opitulante reperta, atque fidelium personarum relatione ejus vobis quoque vita placuerit, ad nos eum cum decreti pagina vestri, addita quoque testificationis epistola, destinate, quatenus eidem a nobis Ecclesiæ, disponente Domino, consecretur antistes.

CAP. CXC. — *De episcopo qui per infirmitatem in hebetudinem mentis inciderit.*

(*Ex concil. Arausic., cap.* 2.) Ut si quis episcopus in infirmitatem aut in aliquam hebetudinem sensus inciderit, aut officium oris amiserit, ea quæ episcopis operari conveniunt, presbyterum agere non permittat, sed episcopum qui vicinus est vocet, cui quod in Ecclesia agendum fuerit imponet.

CAP. CXCI. — *De episcopo qui propter dolorem capitis sæpe in amentiam devenerat.*

(*Ex regist. cap.* 233, *ad Etherium episcopum.*) Quamvis triste nobis sit valde quod loquimur, atque fraterna nos compassione potius urgeat quam aliquid de auditis definire permittat : suscepti tamen sollicitudo regiminis cor nostrum instanti pulsat aculeo magnam nos Ecclesiis curam prospicere, et, antequam earum possit utilitas deperire, quid fieri debeat Deo auctore disponere. Pervenit igitur ad nos, quibusdam referentibus, quemdam episcopum ita passionem capitis incurrisse, ut, quod mente alienata agere soleat, gemitus et fletus audire sit. Ne ergo, languente pastore, grex, quod absit! insidiatoris laniandus dentibus exponatur, vel Ecclesiæ ipsius utilitates depereant, cauta nos necesse est provisione tractare. Et ideo, quia viventem episcopum ab officio suo necessitas infirmitatis, non crimen, abducit, alium loco ejus, nisi recusante eo, nulla sinit ratio ordinari. Sed si intervalla ægritudinis habere est solitus, ipse data petitione non se ulterius ad hoc ministerium, subvertente infirmitate, posse fateatur adsurgere, et alium loco suo expetat ordinandum. Quo facto omnium solemniter electione alter, qui dignus fuerit, episcopus ordinetur, sic tamen ut, quousque eumdem episcopum in hoc sæculo vita tenuerit, sumptus ei debiti de eadem Ecclesia ministrentur. Enimvero si nullo tempore ad sanæ mentis redit officium, persona fidelis ac vitæ est probabilis eligenda, quæ ad regimen Ecclesiæ idonea possit existere atque de animarum utilitate cogitare, inquietos sub disciplinæ vincula restringere, ecclesiasticarum rerum curam gerere, et maturum atque efficacem se in omnibus exhibere. Qui etiam, episcopo qui nunc ægrotat superstes, loco ejus debeat consecrari.

CAP. CXCII. — *De restitutis episcopis per Romanum pontificem.*

(*Ex decret. Sixti papæ II fratrib. per Hispaniam constitutis commissis, cap.* 7.) Fratres vero quos timore terreno injuste damnastis scitote a nobis juste esse restitutos. Quibus ex auctoritate sancti Petri, apostolica auctoritate, omnia quæ eis ablata sunt integerrime reddi præcipimus, si non vultis et vos et principes vestri a collegio nostro et membris Ecclesiæ separari. Justo enim judicio Dei datur plerumque peccatoribus potestas, qua sanctos ipsius persequontur, ut qui spiritu Dei juvantur et aguntur fiant per laborum exercitia clariores. Illi tamen qui hoc agunt, nullatenus evadent pœnam, quia, ut ait Dominus : Væ illi per quem scandalum venit. Et, quanquam juxta Salvatoris sententiam necesse sit venire scandala, væ tamen per quem veniunt! De occultis etiam cordis alieni temere judicare peccatum est, et eum cujus non videntur opera nisi bona iniquum est ex suspicione reprehendere : cum eorum quæ homini sunt incognita solus Deus judex sit justus inspector et verus. Unde scriptum est : Incerta non judicemus quoadusque veniat Dominus, qui et illuminabit abscondita tenebrarum, et manifestabit consilia cordium. Et, quamvis vera sint, non tamen credenda sunt, nisi quæ certis judiciis comprobantur, nisi quæ manifesto judicio convincuntur, nisi quæ judiciario ordine publicantur. Nullus ergo potest humano condemnari examine, quem Deus suo judicio reservavit. Hæc omnia summopere sunt præcavenda, ne præsumptores esse videamur.

Cap. CXCIII. — *Ut sacerdotes Domini, sicut vulgus facere solet, indicare præsumant, vel compellantur.*

(*Ex decr. Cornelii papæ.*) Sacramentum autem hactenus ab episcopis et reliquis ordinibus exigi, nisi pro fide recta, minime cognovimus, nec sponte eos jurasse reperimus. Summopere ergo sanctus Jacobus apostolus prohibens sacramentum loqüitur, dicens : Ante omnia, fratres mei, nolite jurare, neque per cœlum, neque per terram, neque per aliud quodcunque juramentum. Sit autem sermo vester, Est, est, Non, non : ut sub judicium non decidatis.

Cap. CXCIV. — *De episcopo sinistro rumore asperso, per sacramentum autem et purgato et absoluto.*

(*Ex re. ad Justinum imperat., cap.* 170). Habet hoc proprium antiqui hostis invidia, ut quos in pravorum actuum perpetrationem, Deo sibi resistente, decipere non valet, opiniones eorum falsa ad præsens simulando dilaceret. Quoniam igitur quædam contra sacerdotale propositum de Leone fratre et coepiscopo nostro sinister rumor asperserat, utrum vera essent, districta diutius fecimus inquisitione perquiri, et nullam in eo de his quæ fuerant dicta culpam invenimus. Sed ne quid videretur omissum nostro potuisse cordi dubium remanere, ad beati Petri sacratissimum corpus districta eum ex abundanti fecimus sacramenta præbere. Quibus præstitis, magna sumus exsultatione gavisi, quod hujuscemodi innocentia ejus evidenter enituit. Pro qua re gloria vestra prædictum virum cum omni charitate suscipiat, reverentiam ei qualem sacerdoti decet exhibeat, nec quædam cordibus remaneat de his quæ jam sunt purgata dubietas. Et ita suprascripto vos episcopo devotissime oportet in omnibus adhærere, ut congrue decenterque Deum in ejus persona videamini, cujus minister est, honorare.

Cap. CXCV. — *Correctio episcopi qui concubinam habuit.*

(*Ex reg. Gregorii papæ ad Andream episcop. Tarentin. cap.* 179.) Tribunal judicis æterni securus aspiciet quisquis, reatus sui conscius, digna eum modo pœnitentia placare contendit. Habuisse te siquidem concubinam manifesta veritate comperimus, de qua etiam contraria est quibusdam nata suspicio. Sed, quia in rebus ambiguis absolutum non debet esse judicium, hoc tuæ conscientiæ elegimus committendum. Qua de re si, in sacro ordine constitutus, ejus te permixtione esse recolis maculatum, sacerdotii honore deposito, ad ministrandum nullo modo præsumas accedere, sciturus in animæ tuæ periculo ministrare, et Deo nostro te sine dubio reddere rationem, si, hujusmodi sceleris conscius, in eo quo es ordine, celans veritatem, permanere volueris. Unde iterum adhortamur ut, si te deceptum hostis antiqui calliditate cognoscis, competenti eum dum licet pœnitentia superare festines : ne cum eo particeps, quod non optamus, in die judicii deputeris. Si vero hujus reatus tibi conscius non es, in eo te necesse est quo es ordine permanere. Præterea, quoniam mulierem de matriculis contra ordinem sacerdotii cædi crudeliter fustibus deputasti, quam licet post octo menses, exinde minime arbitremur fuisse defunctam, tamen quia ordinis tui habere noluisti respectum, propterea duobus te mensibus ab administratione missarum statuimus abstinere. In quibus, ab officio tuo suspensum, flere te convenit quod fecisti. Nam valde dignum est ut, postquam te ad vitæ istius tranquillam rectitudinem laudabilium sacerdotum exempla non provocant, saltem correctionis medicina compellat.

Cap. CXCVI. — *De episcopo per sacramenta purgato et absoluto.*

(*Ex reg. ad Brunihildam reginam Francorum, cap.* 132.) Menam vero reverendissimum fratrem coepiscopumque nostrum, postquam, ea quæ de eo dicta fuerant requirentes, in nullo invenimus esse culpabilem : qui insuper ad sacratissimum corpus beati Petri apostoli sub jurejurando satisfaciens, ab his quæ objecta ejus opinioni fuerant se demonstravit alienum : reverti illum purgatum absolutumque permisimus : quia, sicut dignum erat ut, si in aliquo reus existeret, culpam in eo canonice puniremus, ita dignum non fuit ut eum, adjuvante innocentia, diutius retinere, vel affligere in aliquo deberemus.

Cap. CXCVII. — *Qualiter senex episcopus corripiendus sit, quomodo mali ejus consiliarii excommunicandi.*

(*Ex reg. cap.* 37). Prædicator omnipotentis Domini Paulus apostolus dicit : Seniorem ne increpaveris. Sed hæc ejus regula in eo reservanda est, cum culpa senioris exemplo suo non trahit ad interitum corda juniorum. Ubi autem senior juvenibus exemplum ad interitum præbet, ibi districta increpatione feriendus est. Nam scriptum est : Laqueus juvenum omnes vos. Et rursum propheta dicit : Et peccator centum annorum maledictus est. Tanta autem nequitia ad aures meas de tua senectute pervenit, ut eam, nisi adhuc humanitus pensaremus, fixa jam maledictione feriremus. Dictum quippe mihi est quod Dominicorum die, priusquam missarum solemnia celebrares, ad exarandam messem latoris præsentium perrexisti, post exarationem ejus missarum solemnia celebrasti. Post missarum solemnia, etiam terminos possessionis illius eradicare minime timuisti. Quod factum quæ pœna debuit insequi, omnes qui audiunt sciunt. Dubii autem de tanta hac perversitate fueramus, sed filius noster Cyriacus abbas a nobis requisitus, dum esset choralis, ita se cognovisse perhibuit. Et quia adhuc canis tuis parcimus, hortamur, aliquando resipisce, senex, atque a tanta levitate morum et operum perversitate compescere. Quanto morti vicinior efficeris, tanto fieri sollicitior atque timidior debes. Et quidem pœna sententiæ in te fuerat jaculanda, sed, quia simplicitatem tuam cum senectute novimus, interim tacemus. Eos vero quorum consiliis hæc egisti, in duobus mensibus excommunicatos esse decernimus, ita ut si quid eis intra duorum mensium spatium humanitus evenerit, benedictione viatici non priventur.

Deinceps autem ab eorum consiliis cautus existe, te quoque sollicite custodi : ne si, eis in malo discipulus fueris quibus magister in bono esse debuisti, nec simplicitati tuæ, nec ulterius senectuti parcamus.

Cap. CXCVIII. — *De purgatione Leonis papæ.*

(*Juramentum Leonis papæ.*) Auditum, fratres charissimi, et divulgatum est per multa loca, qualiter homines mali adversum me insurrexerunt, et dilatare voluerunt, et miserunt super me gravia crimina. Propter quam causam iste clementissimus ac serenissimus dominus rex Carolus una cum sacerdotibus et optimatibus suis istam pervenit ad urbem. Quamobrem ego Leo pontifex sanctæ Romanæ Ecclesiæ, a nemine judicatus neque coactus, sed spontanea mea voluntate, purifico me in conspectu vestro coram Deo et angelis ejus, qui conscientiam meam novit, et beato Petro principe apostolorum, in cujus conspectu consistimus, quia istas criminosas et sceleratas res quas illi mihi objiciunt nec perpetravi nec perpetrari jussi. Testis mihi est Deus, in cujus judicium venturi sumus, et in cujus conspectu consistimus : et hoc propter suspiciones malas tollendas mea spontanea voluntate facio, non quasi in canonibus inventum sit, aut quasi ego hanc consuetudinem aut decretum in sancta Ecclesia successoribus meis, nec non et fratribus, et coepiscopis nostris imponam : sed ut melius a vobis abscindatis rebelles cogitationes.

Cap. CXCIX. — *Si quis ex ecclesiastico ordine damnatus fuerit a synodo, et ausus fuerit de sacro ministerio aliquid contingere.*

(*Ex concil. Antiocheno, cap. 4.*) Si quis episcopus damnatus a synodo, vel presbyter aut diaconus a suo episcopo, ausi fuerint aliquid de ministerio sacro contingere, sive episcopus juxta præcedentem consuetudinem, sive presbyter aut diaconus, nullo modo liceat ei nec in alia synodo restitutionis spem aut locum habere satisfactionis : sed et communicantes ei omnes abjici de Ecclesia, et maxime si, posteaquam didicerint adversum memoratos prolatam fuisse sententiam, eisdem communicare tentaverint.

Cap. CC. — *Si aliquis ex ecclesiastico ordine excommunicatus fuerit, et communicare præsumpserit, se ipsum damnat.*

(*Ex concil. Afric., cap. 29.*) Item placuit universo concilio ut qui excommunicatus fuerit pro suo neglectu, sive episcopus, sive quilibet clericus, et tempore excommunicationis suæ ante audientiam communionem præsumpserit, ipse in se damnationis judicetur protulisse sententiam.

Cap. CCI. — *De ordinatis, si aliquis illorum percussor exstiterit.*

(*Ex concil. Mogunt., cap. 6.*) His, a quibus Domini sacramenta tractantur, judicium sanguinis agitare non licet. Et ideo magnopere talis excessus prohibendus est; nec, indiscretæ præsumptionis motibus agitati, aut quod morte plectendum est, sententia propria judicare præsumant, aut truncationes quibuslibet personis aut per se inferant, aut inferendas præcipiant. Quod si quisquam, horum immemor præceptorum, aut in Ecclesiæ suæ familiis, aut in quibuslibet personis tale aliquid perpetraverit, et concessi ordinis honore privetur et loco, et sub perpetuæ damnationis religetur ergastulo. Cui tamen communio exeunti de hac vita non neganda est, propter Domini misericordiam.

Cap. CCII. — *De episcopis sua manu cædentibus.*

(*Ex decr. Bonifacii papæ.*) Non liceat episcopo manibus suis aliquem cædere. Hoc enim alienum a sacerdote esse debet.

Cap. CCIII. — *De episcopo qui seipsum et sibi commissos corrigere neglexerit.*

(*Greg. dic.*) Qui nec regiminis in se rationem habuit, nec sua delicta detersit, nec crimen filiorum correxit, canis impudicus magis dicendus est quam episcopus.

Cap. CCIV. — *De eadem re.*

(*Ex dictis Hieron.*) Ut lixivia per cinerem humidum fluens lavat et non lavatur ; ita bona doctrina per malum doctorem animas credentium lavat a sorde peccatorum.

Cap. CCV. — *De malo pastore quem suæ oves fugiunt.*

(*Ex dictis August.*) Sicut fugiunt oves vocem pastoris quem non cognoscunt, et deserta petunt, ita mali pastoris ovilia.

Cap. CCVI. — *De illo qui nobilitatem Dei a se ejicit.*

(*Gregor. dicit.*) Adam primus homo pro peccato de paradiso ejectus est : hoc est, qui nobilitatem Dei a se ejicit, nobilitate loci privetur.

Cap. CCVII. — *Quod non sint omnes filii sanctorum qui tenent loca sanctorum.*

(*Hieron. dicit.*) Non facile est stare in loco Petri et Pauli, et tenere cathedram regnantium cum Christo ; quia hinc dicitur : Non sanctorum filii sunt qui tenent loca sanctorum, sed qui exercent opera eorum.

Cap. CCVIII. — *Quod nullus ex genere nec ex loco gloriari debeat.*

(*Greg. dicit.*) Nos qui præsumus non ex locorum nec generis dignitate, sed morum nobilitate innotescere debemus, nec urbium claritate, sed fidei puritate.

Cap. CCIX. — *De sacerdotibus qui ovibus suis mala exempla præbent.*

(*Ex dictis August.*) Nemo quippe amplius in Ecclesia nocet, quam qui, perverse agens, nomen vel ordinem sanctitatis et sacerdotis habet. Delinquentem namque hunc redarguere nullus præsumit : et in exemplum culpa vehementer extenditur, cum pro reverentia ordinis peccator honoratur.

Cap. CCX. — *Ut tantum curam rerum ecclesiasticarum episcopus habeat.*

(*Cap. apost. 39.*) Omnium negotiorum ecclesiasticorum curam episcopus habeat, et ea velut Deo contemplante dispenset, nec ei liceat ex his aliquid omnino contingere, aut parentibus propriis quæ Dei sunt condonare. Quod si pauperes sunt, tanquam pauperibus subministret : ne eorum occasione Ecclesiæ negotia deprædentur.

Cap. CCXI. — *De usu pallii, ne a metropolitanis præsumptive utatur.*

(*Ex decr. Honor. papæ, cap. 5.*) Quicunque sane metropolitanorum per plateas vel in litaniis uti pallio præsumpserit, et non tantum in præcipuis festivitatibus, et ab apostolica sede indictis temporibus, ad missarum solummodo solemnia, careat illo honore; et, prout beatus papa Gregorius ad Joannem Panormitanum episcopum, et Marinianum scribit Ravennatem episcopum, quia grave jugum atque vinculum cervicis, non pro ecclesiastica, sed pro quadam sæculari dignitate defendit, permissa, qua abutitur, dignitate careat : quoniam jure privilegium meretur amittere qui audacter usurpat illicita.

Cap. CCXII. — *Quod episcopus res suæ ecclesiæ, nisi cum suo prius commutet, testamento legare non possit.*

(*Ex concil. Agathensi, cap. 6.*) Si quis episcopus condito testamento aliquid de ecclesiastici juris proprietate legaverit, aliter non valebit, nisi tantum de juris proprii facultatibus suppleverit.

Cap. CCXIII. — *De episcopo qui res suæ Ecclesiæ parentibus suis indiscrete tribuit.*

(*Ex concil. Spalensi, cap. 10.*) Ut episcopi in rebus Ecclesiæ circa propinquos suos exponendis reprehensionem caveant, et ut discretionis modum teneant.

Cap. CCXIV. — *De eadem re.*

(*Ex eodem, cap. 5.*) Quoniam multi episcoporum amore propinquorum suorum de rebus sibi commendatis, suo aut quolibet amicorum nomine, prædia et mancipia emunt, et ut in propinquorum suorum jus cedant statuunt, et ob hoc jura ecclesiastica convelluntur, et ministerium sacerdotale fuscatur, imo a subditis detrahitur et contemnitur : placuit omnibus, ut deinceps avaritiæ hoc genus caveatur. Fixumque ab hinc et perpetuo mansurum esse decrevimus, ut episcopus res sui juris, quas ant ante episcopatum, aut certe in episcopatu hæreditaria successione acquisivit, secundum auctoritatem canonicam, quidquid vult faciat, et cui vult conferat. Postquam autem episcopus factus est, quascunque res de facultatibus Ecclesiæ, aut suo aut alterius nomine, qualibet conditione comparaverit, decrevimus ut non propinquorum suorum, sed in Ecclesiæ cui præest jura deveniant.

Cap. CCXV. — *Ne episcopus de rebus viduatæ Ecclesiæ quidquam alienare præsumat.*

(*Ex decr. Martin. papæ, cap. 20.*) Si quis episcopus nulla ecclesiasticæ rationis necessitate compulsus, in suo clero aut ubi forte non est presbyter, de rebus ecclesiasticis aliquid præsumpserit vendere : res ipsas Ecclesiæ restaurare cogatur, et in judicio episcoporum dejiciatur auditus, et tanquam furti aut latrocinii reus suo privetur honore.

Cap. CCXVI. — *De illis qui ad sacerdotum exsequias venire contemnunt.*

(*Ex concil. Toletano* VIII, *cap. 51.*) Ea quæ competunt honestati, contingit sæpe quorumdam desidia non impleri. Proinde, quia notum est quæ dignitas in exsequiis morientis episcopi ex canonibus conservetur, traditione moris antiqui hoc tantum adjicimus ut, si quis sacerdotum, secundum statuta Valentini concilii, ad humanda defuncti episcopi membra venire commonitus, pigra voluntate distulerit, appellantibus clericis obeuntis episcopi apud synodum, sive apud metropolitanum episcopum, tempore anni unius nec faciendi missam nec communicandi habeat omnino licentiam. Presbyteri autem sive cæteri clerici, quibus major honoris locus apud eamdem Ecclesiam fuerit cujus sacerdos obierit, si omni sollicitudine pro exsequiis jam mortui, aut continuo antistitis morituri, ad commonendum vicinum episcopum tardi inveniantur, aut per quamcunque molestiam animi id negligere comprebentur, totius anni spatio ad pœnitentiam in monasteriis deputentur.

Cap. CCXVII. — *Ut quidquid episcopo relinquitur, id emissum in facultates Ecclesiæ computetur.*

(*Ex concil. Agathensi.*) Pontifices vero quibus in summo sacerdotio constitutis ab extraneis duntaxat donatur aliquid, vel cum Ecclesia aut sequestratim dimittitur aut donatur : quia hæc ille qui donat pro redemptione animæ suæ, non pro commodo sacerdotis probatur offerre, non quasi suum, sed quasi id emissum in facultates Ecclesiæ computetur : quia justum est ut, sicut sacerdos habet quod Ecclesiæ dimissum est, ita et Ecclesia habeat quod relinquitur a sacerdote.

Cap. CCXVIII. — *Ut nullus episcopus, nisi cum concilio cæterorum episcoporum et principis, in hostem ire debeat.*

(*Cap. Caroli imperatoris de episcopis Aquisgrani collaudatum.*) Carolus gratia Dei rex, regnique Francorum rector, et devotus sanctæ Ecclesiæ defensor, atque adjutor in omnibus apostolicæ sedis : Hortatu omnium fidelium nostrorum, et maxime episcoporum, ac reliquorum sacerdotum consultu, servis Dei per omnia omnibus armaturam portare vel pugnare, aut in exercitum et in hostem pergere omnino prohibemus, nisi illis tantummodo qui propter divinum ministerium, missarum scilicet solennia adimplenda et sanctorum patronicia portanda ad hoc electis, id est unum vel duos episcopos cum capellanis presbyteris. Et unusquisque princeps unum presbyterum secum habeat, qui peccata confitentibus judicare, et indicare pœnitentiam possit.

Cap. CCXIX. — *De eadem re.*

(*Cap. ejusdem.*) Secunda vice propter ampliorem observantiam, apostolica auctoritate et multorum episcoporum admonitione instructi, sanctorum quoque canonum regulis edocti, consultu videlicet omnium nobilium nostrorum nosmetipsos corrigentes, posterisque nostris exemplum dantes, volumus ut nullus sacerdos in hostem pergat, nisi duo vel tres tantum episcopi, electione cæterorum propter benedictionem, prædicationem, populique reconciliationem, et cum illis electi sacerdotes, qui bene sciant populus pœnitentiam dare, missas celebrare, de infirmis curam habere, sacratique olei cum sacris precibus unctionem impendere, et hoc maxime prævidere ne sine viatico quis de sæculo recedat.

CAP. CCXX. *De eo si quis ab apostolico falsam detulerit epistolam.*

(*Ex concil. Triburiensi, cap.* 30, *cui interfuit rex Arnolphus.*) In memoriam beati Petri apostoli honoremus sanctam Romanam et apostolicam sedem, ut quæ nobis sacerdotalis mater est dignitatis, esse debet magistra ecclesiasticæ rationis. Quare servanda est cum mansuetudine humilitas, ut, licet vix ferendum ab illa sancta sede imponatur jugum, conferamus, et pia devotione toleremus. Si vero, quod non decet, quilibet, sive sit presbyter sive diaconus, aliquam perturbationem machinando, et nostro ministerio insidiando redarguatur falsam ab apostolico detulisse epistolam, vel aliud quid quod inde non convenerit falsa fide, et non integra circa apostolicum humilitate; penes episcopum sit potestas utrum eum in carcerem aut in aliam detrudat custodiam, usquequo, per epistolam aut per idoneos suæ partis legatos, apostolicam interpellet sublimitatem, ut potissimum sua sancta legatione dignetur decernere quid de talibus justo ordine lex Romana statuat definire, ut et is corrigatur, et cæteris modus imponatur.

CAP. CCXXI. — *De accusatis episcopis.*

(*Ex decret. Felicis papæ, cap.* 4.) Si primates accusatores episcoporum cum eis pacificare familiariter minime potuerint, tunc tempore legitimo eos ad synodum canonice convocatam, non infra angusta tempora canonice convocent, et prius eis per scripta significent quod eis opponitur; ut ad responsionem præparati adveniant. Nam si, aut vi aut timore, ejecti aut suis rebus exspoliati fuerint, nec canonice vocari ad synodum possunt, nec respondere æmulis debent antequam canonice restituantur, et sua omnia eis legaliter reddantur.

CAP. CCXXII. — *Quod non ita in ecclesiasticis agendum sit negotiis sicut in sæcularibus.*

(*Ex decr. ejusdem, cap.* 16.) Non enim in ecclesiasticis agendum est negotiis sicut in sæcularibus. Priusquam legibus vocatus venerit, ut, cum in foro decertare cœperit aliquis, non licet ante peractam causam recedere. In ecclesiasticis vero causa dicta recedere licet, si necesse fuerit, aut si se prægravari viderit.

CAP. CCXXIII. — *Quod nulli, papa vivente, alium eligere liceat.*

(*Ex decr. Symmachi papæ, cap.* 3.) Si quis presbyter aut diaconus aut clericus, papa incolumi, et eo inconsulto, subscriptionem pro Romano pontificatu commendare, aut pitacio promittere, aut sacramentum præbere tentaverit, aut aliquod suffragium polliceri, vel de hac causa privatis conventiculis factis deliberare atque decernere, loci sui dignitate et communione privetur.

CAP. CCXIV. — *De sessione episcopi.*

(*Ex concil. Carthag.*) In Ecclesia in concessu presbyterorum, episcopus sublimior sedeat.

CAP. CCXXV. — *Item de ordinatione episcopi.*

(*Ex dictis Theodori archiepiscopi.*) In ordinatione episcopi, ipse qui ordinat, missam celebrare debet, et qui ordinatur similiter.

CAP. CCXXVI. — *Quæ sacerdotes Dei declinare debeant.*

(*Ex concil. Turonensi, cap.* 4.) Quæcunque ad aurium et ad oculorum pertinent illecebras, unde vigor animi emolliri posse creditur, ut de aliquibus generibus musicorum, aliisque nonnullis rebus, omnes Dei sacerdotes se abstinere debent : quia per aurium oculorumque illecebras vitiorum turba ad animum ingredi solet, histrionum quoque turpium et obscœnorum insolentias jocorum ipsi animo effugere, cæterisque sacerdotibus effugienda prædicare debent.

CAP. CCXXVII. *De hæreditate episcopi, cæterorumque ecclesiasticorum.*

(*Ex concil. apud Altheim habito, cap.* 37, *cui interfuit rex Conradus.*) Sed et hoc ibidem inventum est de episcopis, presbyteris et clericis, si hæreditatem a Domino rege, vel ab alio principe, vel amico suo, seu per hæreditariam sortem sibi devenerit, vel acquisierunt, donare eis liceat hanc cui voluerint, dum vivunt, pro remedio animæ, ad Ecclesiam quamcunque elegerint, vel consanguineis suis vel amicis. Sin autem antea obierint quam firmiter perfecerint, altari cui serviunt omnia perpetuo sanctificentur, et in jus tradantur. Similiter de presbyteris statutum est. Hildibertus Moguntinensis archiepiscopus subscripsit. Robertus Treverensis archiepiscopus subscripsit. Unni Hameburgensis archiepiscopus subscripsit. Adaluvardus Fardinensis episcopus subscripsit. Richwynus Argentinensis episcopus subscripsit. Notingus Constantiensis episcopus subscripsit. Unewanus Padarbrunnensis episcopus subscripsit. Udalricus Augustensis episcopus subscripsit. Bernhardus Halwartanensis episcopus subscripsit. Rumaldus Minugardenowardensis episcopus subscripsit. Eberis Mindunensis episcopus subscripsit. Necnon et abbates cum cæteris sacri ordinis viris subscripserunt.

CAP. CCXXVIII. — *Ne episcopi propter suam quietem plebem sibi commissam negligere præsumant.*

(*Ex concil. apud Sanctum Medardum, præsente Carolo rege, cap.* 5.) Providendum est ne episcopi propter suam quietem ad remotiora loca secedentes, et suum ministerium negligentes, proprias deserant civitates : sed aut parochias suas cum officii efficacia circumeant, aut cum religione in suis civitatibus canonice cum filiis suis degant. Presbyteros etiam sibi commissos, doctrina, castitate, et sobrietate, atque hospitalitate secundum suum ministerium ornari compellant.

CAP. CCXXIX. — *De episcopis qui non visitatis parochiis pretium servitutis requirunt.*

(*Ex concil. Triburiis habito tempore Arnolphi regis, cap. 26.*) Delata est coram sancta synodo querimonia plebium, eo quod sint quidam episcopi nolentes ad prædicandum, vel ad confirmandum, suas per annum parochias circumire : qui tamen exigant ut mansiones quibus in profectione uti debuerant, alio pretio redimant qui parare debent. Quæ duplex infamia et negligentia et avaritia sanctæ synodo horrori fuit magno, et statuerunt ne quis ultra exerceat id cupiditatis ingenium, et ut sollicitiores sint episcopi de suis gregibus visitandis.

CAP. CCXXX. — *De purgatione episcoporum.*

(*Ex concil. apud Alth. habito præsente Conrado rege, cap. 16.*) Statuimus propter Dei dilectionem, et proximi, et fidelium honorem catholicorum, et præcipue ob multitudinem, scandala eruenda et funditus exstirpanda, et perturbationes quæ noviter exorta sunt et oriuntur, necnon ut omnes sciant nos episcopos, tales Dei misericordia nequaquam esse quales dicimur, exemplum sancti Leonis papæ, qui, supra quatuor Evangelia jurans, coram populo se purgavit, sequi et imitari, salva tamen auctoritate canonica.

CAP. CCXXXI. — *De eo qui ex monacho factus fuerit episcopus.*

(*Ex eodem concil. præsente rege Conrado, cap. 36.*) Statutum et rationabiliter secundum sanctos Patres a synodo est firmatum ut monachus quem canonica electio a jugo regulæ monasticæ professionis absolvit, et sacra ordinatio de monacho episcopum facit, velut legitimus hæres paternam sibi hæreditatem postea jure vindicandi potestatem habeat. Sed quidquid acquisierat, vel habere visus fuerat, monasterio relinquat; et abbatis sui, qui fuerat secundum regulam sancti Benedicti, arbitrio. Postquam enim episcopus ordinatur, ad altare ad quod sanctificatur et titulatur, secundum sacros canones, quod acquirere poterit restituat.

CAP. CCXXXII. — *De illo qui de aliqua hæresi infamatur, quod in sacro conventu formulam istius professionis recitare debeat.*

(*Ex epist. Cyril. ad Joannem Antioch.*) Ego N. hac scriptura quam manu mea perscripsi, profiteor sequens sanctum judicium Patrum Nicænæ synodi trecentorum decem et octo, vel Chalcedonensis synodi universale concilium, cujus definitionem sedes apostolica confirmavit : quod etiam beatissimi papæ Leonis epistola ad sanctæ memoriæ Flavianum Constantinopolitanæ urbis episcopum nostrum data prædicatione lucidissimæ veritatis exposuit. Confiteor unum eumdemque Dominum nostrum Jesum Christum unigenitum Dei patris perfectum : eumdem in deitate perfectum, eumdem in humanitate Deum vere, et hominem vere. Ipsum eumdemque ex anima rationali et carne consubstantialem Patri secundum deitatem, consubstantialem nobis eumdem secundum humanitatem ; in omnibus similem nobis absque peccato : ante sæcula quidem de Patre genitum secundum deitatem : in novissimis vero diebus eumdem propter nos et propter nostram salutem de virgine Maria, quæ eumdem Deum peperit secundum humanitatem, unum eumdemque Christum Filium Dei Dominum unigenitum in duabus naturis, inconfuse, inconvertibiliter, individue, et inseparabiliter cognitum, nequaquam naturarum differentia sublata propter unitionem, sed potius salva manente proprietate utriusque naturæ, in unam, non in duas concurrisse personas. Sed unum eumdemque Filium unigenitum Deum, verum Dominum Jesum Christum, sicut olim prophetæ de eo, vel ipse nos Christus per semetipsum Dominus erudivit. Qui autem ita non sentiunt, cum Nestorio et Eutyche, vel eorum sectatoribus æterno anathemate dignos esse pronuntio.

CAP. CCXXXIII. — *De damnatis episcopis, et post reconciliatis.*

Joannes Chrysostomus a duabus synodis orthodoxorum episcoporum fuit dijudicatus, sed iterum fuit restitutus. Marcellus episcopus Ancyræ Galatiæ depositus fuit, sed postmodum proprium recepit episcopatum. Asclepius dijudicatus a synodo, Ecclesiam suam postea recepit. Lucianus episcopus Adrianopolites, damnatus a papa Julio, recepit Ecclesiam sui episcopatus. Cyrillus Hierosolymitanus episcopus depositus fuit, postea reconciliatus est Ecclesiæ suæ. Simili modo et Polychronium ejusdem Ecclesiæ Hierosolymitanæ pontificem Xistus papa damnavit, et iterum ipse eum reconciliavit. Innocentius papa Photinum damnavit episcopum, sed ipse postea eum in proprium restituit locum Ecclesiæ suæ. Misenum episcopum a Felice papa damnatum, Gelasius papa successor illius et communicavit, et Ecclesiæ suæ restituit. Leontius dum esset presbyter depositus fuit, sed postea in Antiochia patriarcha exstitit. Gregorius vero quartus papa Theodosium, quem Eugenius ejus antecessor presbyterii honore privaverat, sanctæ Ecclesiæ Signinæ consecravit episcopum. Ybas namque episcopus dijudicatus fuit, sed sancta synodus canonice suam illi restituit Ecclesiam. Rothadum vero episcopum sanctæ Suessoniensis Ecclesiæ, a synodo cui Carolus interfuit rex condemnatum, et Soffrenum Placentinum episcopum merito reprobatum, Nicolaus papa ambos reconciliavit.

De episcoporum transmutatione.

Quia vero episcoporum plurimi ex aliis civitatibus ad alias propter necessitatem seu utilitatem temporum sunt migrati et transmutati, quorum nomina hæc sunt : Peregines in Petris est ordinatus episcopus, sed quoniam cives ejus civitatis eum suscipere noluerunt, Romanæ civitatis episcopus jussit eum inthronizari in Corintho metropoli, defuncto ejus episcopo eique donec vixit Ecclesiæ præfuit. Dosideum Seleuciæ episcopum, Alexander Antiochenus episcopus in Tharsum Ciliciæ transmutavit. Reverentius ab Argis Phœniciæ in Tyrum transmigratus est. Joannes de Gordolinia mutatus est in Proconixum, et ei præsedit Ecclesiæ. Palladius ab Helinopoli mutatus est in Asponam. Alexander, ab alia Helinopoli, in Andrinopolim mutatus est. Gregorius Nazianzenus prius civitatis Cappadociæ fuit episcopus quæ Sasima dicitur, deinde a beato Basilio et aliorum episcoporum consensu in Anzianco constitutus est. Meletius prius Sebastiæ Ecclesiæ præfuit, et postea Antiochiæ præsul est constitutus. Theuseusius ab Apamia Asiæ transfertur in Eudoxiopolim, quæ dudum Salambria vocabatur. Polycarpus, de urbe ante Pristena Mysiæ, in Nicopolim Thraciæ mutatus est. Hierophilus, de Trapezopoli Frisiæ, transmigratus est in Platinopolim Thraciæ. Optimus, ab Agardamia Frigiæ, in Antiochiam Pisidiæ transmigratus est. Silvanus, a Philippopoli Thraciæ, mutatus est in Troadam.

FINIS LIBRI PRIMI.

INDEX CAPITULORUM LIBRI SECUNDI.

Cap. I. De ordinationibus presbyterorum et reliquorum ordinum.
II. Quæ presbyteri necessaria discere et scire debeant.
III. De eadem re.
IV. Quod ordinationes fieri non debeant nisi in loco certo et religioso.
V. Quod Abraham primus sit appellatus presbyter, et quare presbyteri nominentur.
VI. Quod nullus ex ecclesiastico ordine absolute debeat ordinari.
VII. Quod sub aspectu audientium ordinationes celebrari non debeant.
VIII. Quod turbis electionem promovendorum facere non liceat.
IX. Quod episcopum vel presbyterum ante triginta annos ordinare non liceat.
X. De presbyteris qui ante triginta annos ordinantur.
XI. Quod ante XXV annos diaconi non sint ordinandi.
XII. Quod in veteri lege præcipiatur ut ante XXV annos levitæ in tabernaculo non servirent.
XIII. De presbyteris qui sine examine sunt provecti.
XIV. De eo qui sibi volens aliquod membrum truncaverit.
XV. De clericis qui a medicorum incisione claudi efficiuntur.
XVI. De illis qui invident fratrum provectionibus.
XVII. Ut seditionarii non ordinentur.
XVIII. Quod illitteratus, et aliquo membro imminutus, provehi non debeat.
XIX. De filiis concubinarum.
XX. Ut dæmonibus similibusque passionibus irretiti sacra tractare non debeant.
XXI. Ut de servili conditione, nisi prius a dominis propriis libertatem habeant, nulli ordinentur.
XXII. De eadem re.
XXIII. De bonis illorum qui a dominis propriis libertate donantur.
XXIV. Ut servus, nesciente domino suo, ordinari non debeat.
XXV. De his qui libertatem a dominis suis ita percipiunt, ut nullum sibi obsequium retentent.
XXVI. De servis ordinandis secundum ecclesiastica mandata, quoniam ingenui fieri debeant.
XXVII. De eadem re.
XXVIII. De eadem re.
XXIX. De eadem re.
XXX. Exemplar libertatis de proprio servo.
XXXI. De servorum ordinatione.
XXXII. De ecclesiarum servis.
XXXIII. Ut pœnitentes et digami non promoveantur.
XXXIV. Energumeni non solum non assumendi sunt ad clerum, sed inventi ab officio removendi.
XXXV. Ut nullus ex pœnitentibus ordinetur.
XXXVI. De actoribus et procuratoribus, si ordinari debeant.
XXXVII. Ut de pœnitentibus nullus admittatur ad clerum.
XXXVIII. Laicus, si secundo uxorem duxerit, clericus non fiat.
XXXIX. Ut nullus episcopus alterius parochianum retinere præsumat.
XL. Ut ab alieno episcopo ordinatus in clero non maneat.
XLI. De quodam episcopo qui alterius episcopi clericum, eo nolente, ordinaverat.
XLII. Ut nemo clericum alienum suscipiat, sine voluntate episcopi sui.
XLIII. Ut nullus episcopus alienum clericum sine litteris sui episcopi suscipiat.
XLIV. De presbyteris et diaconibus qui sine litteris episcopi sui ambulant.
XLV. De eadem re.
XLVI. Ut quisque ordinatur litteras ab ordinatore suo accipiat.
XLVII. Ut ordinatus quisque in illis locis permaneat ad quæ ordinatus est.
XLVIII. De presbytero qui confessus fuerit quod ante ordinationem peccaverit.
XLIX. De eadem re.
L. Ut nullus presbyter absque sacerdotalibus vestimentis missam celebret.
LI. Ut clericus inter tentationes ab officio non declinet.
LII. Ut omnis presbyter in sua ecclesia singulis Dominicis diebus aquam benedicat.

LIII. Item de aqua benedicenda.
LIV. Ut missæ peculiares in diebus solemnibus non fiant.
LV. De ministerio presbyterorum, vel quid eis commissum sit.
LVI. Ut singuli presbyteri singulos habeant clericos.
LVII. Quod presbyterorum fides primum discutienda sit.
LVIII. De eadem re.
LIX. Quod in primis prædicandum sit qualiter credere debeant.
LX. De eadem re.
LXI. De eadem re.
LXII. Ut omnis presbyter parochianis suis Symbolum et Orationem Dominicam insinuet.
LXIII. De eadem re.
LXIV. De dilectione Dei et proximi.
LXV. De criminibus quibus homines cum diabolo deputantur.
LXVI. Ut de auditorio nullus egrediatur sacerdote verbum faciente.
LXVII. De eadem re.
LXVIII. De eadem re.
LXIX. De precibus post allocutionem.
LXX. Ut omnis presbyter in diebus festis populum admoneat quas preces ad Deum fundere debeat.
LXXI. Ut presbyteri plebes admoneant ut bubulcos et porcarios in principalibus festis ad missam venire permittant.
LXXII. De admonitione presbyterorum.
LXXIII. Quomodo unusquisque orare debeat.
LXXIV. De filiis, quomodo parentibus obedire debeant.
LXXV. De illis qui principales festivitates in villis celebrant.
LXXVI. De eadem re.
LXXVII. Ut presbyteri plebibus annuntient qui dies sint feriandi per annum.
LXXVIII. Ut presbyteri cum festivitates annuntient, vigiliarum non obliviscantur.
LXXIX. Ut ad salutationes sacerdotales, ad missam, omnes devote respondeant.
LXXX. Ut nullus ordinatus per sancta discurrat, ecclesiæ suæ cura derelicta.
LXXXI. De Dominica die qualiter sit veneranda.
LXXXII. Item de die Dominica.
LXXXIII. De eadem re.
LXXXIV. De eadem re.
LXXXV. De eadem re.
LXXXVI. De eadem re.
LXXXVII. De eadem re.
LXXXVIII. Ut nullus in Dominicis diebus genua flectat.
LXXXIX. Ut presbyteri privatim fidelibus desiderantibus benedicant, et ut omnis presbyter per familias, per agros, per privatas domos habeat facultatem benedictiones aperire.

XC. Ut presbyteri benedictionem episcopalem super plebem facere non debeant.
XCI. Ut nullus presbyter alterius plebesanum eo nolente recipiat.
XCII. De alterius presbyteri plebesano.
XCIII. De ordinatis et reliquis fidelibus, quod sine licentia sui episcopi nil agere debeant.
XCIV. De eadem re.
XCV. De eadem re.
XCVI. Quod non liceat clericum in duarum civitatum simul conscribi ecclesiis.
XCVII. De ordinatis, ne de civitate in civitatem contra jus canonum transferantur.
XCVIII. De eadem re.
XCIX. Ne presbyteri causa legationis per diversa mittantur loca, cura animarum relicta.
C. Quod presbyteri assidue legere debeant.
CI. Ut presbyteri sine horariis non vadant.
CII. Ut clericus artificio honesto victum quærat.
CIII. De eadem re.
CIV. De presbyteris, matutinali officio expleto quid agere debeant.
CV. De eadem re.
CVI. Quod magnum periculum sit aliquem fieri judicem vitæ alienæ, qui nescit suam temperare.
CVII. Ut presbyteri juxta ecclesiam illorum hospitentur.
CVIII. De presbytero, si uxorem acceperit, deponatur.
CIX. De eadem re.
CX. De eadem re.
CXI. De eadem re.
CXII. De eadem re.
CXIII. Ut ancillæ a cellario presbyterorum removeantur.
CXIV. Quod diaconi, sicut episcopus et presbyter, cessare debeant ab opere conjugali.
CXV. De eadem re.
CXVI. De eadem re.
CXVII. De incontinentibus.
CXVIII. De ordinatis, si capti fuerint in fornicatione, perjurio aut furto.
CXIX. De ordinatis, si usuras exercuerint.
CXX. De eadem re.
CXXI. De eadem re.
CXXII. De eadem re.
CXXIII. De eadem re.
CXXIV. De eadem re.
CXXV. Item de usurariis.
CXXVI. Quid sit usura.
CXXVII. De eadem re.
CXXVIII. De eadem re.
CXXIX. Ut nullus ex ecclesiastico ordine edendi vel bibendi causa tabernas ingrediatur.
CXXX. Ut nullus ex sacro ordine cibi vel potus causa tabernas ingrediatur.
CXXXI. De eadem re.
CXXXII. Ut illi quibus uxores ducendi licitum non est, aliorum nuptias devitent.

CXXXIII. Quod non oportet in bigami nuptiis prandere presbyterum.
CXXXIV. De eadem re.
CXXXV. De eadem re.
CXXXVI. Ut nullus clericus in alia civitate suscipiatur sine commendatitiis epistolis.
CXXXVII. De eadem re.
CXXXVIII. De clericis fugitivis, ne ab aliis recipiantur.
CXXXIX. Ut peregrini clerici sine litteris sui episcopi non recipiantur.
CXL. Ut clerici in aliena civitate non maneant, nisi episcopus loci mores eorum praevideat.
CXLI. De clericis et monachis qui sine litteris episcopi sui vagantur.
CXLII. De eadem re.
CXLIII. Ut pauperibus et indigentibus auxilio, cum proficiscuntur, pacificis litteris sit subveniendum.
CXLIV. Ut illi clerici qui in alias provincias suos sequuntur seniores, sine formata ministrare non permittantur.
CXLV. Quod clerico non liceat alienas possessiones conducere aut saecularibus se negotiis immiscere.
CXLVI. Ut nullus laicus presbyterum suum villicationi implicare praesumat.
CXLVII. De illis presbyteris qui contra statuta canonum villici fiunt, et aliis sibi non concessis implicantur negotiis, vitiisque non admittendis.
CXLVIII. Nulli clericorum, ne subdiacono quidem, connubium carnale conceditur.
CXLIX. De principibus qui solent suos sacerdotes judicandis ministeriis deputare.
CL. De illis qui Deo servire disponunt, ut ad ministrationem domorum non accedant.
CLI. Item si liceat aliquem ex clero conductorem privatorum fieri.
CLII. Ut si quilibet ordinatus infra muros civitatis manens, et ad sacrificium quotidianum non venerit, clericus non habeatur.
CLIII. De eadem re.
CLIV. Quod omnes sacerdotes Domini oporteat doceri, ut caeteros instruant et sibi proficiant.
CLV. Ut singuli presbyteri singulis annis suo episcopo de ministerio suo rationem reddant.
CLVI. Ut omnis presbyter sibi subditos fidem discere constringat.
CLVII. Qualem professionem presbyteros aut diaconos suo episcopo oporteat facere, quando per parochias constituuntur.
CLVIII. Nulli monacho non sacerdoti, vel laico quantumlibet erudito praedicare permittitur.
CLIX. Ut parochiarii clerici ab episcopis suis canones discant.
CLX. Quod nulli sacerdotum canones liceat ignorare.
CLXI. De presbyteris parochialibus, cum convenerint, ut se inebriare non audeant.
CLXII. De eadem re.
CLXIII. De eadem re.
CLXIV. De eadem re.
CLXV. Ne clerici, necnon viri religiosi, ante horam tertiam convivia ineant.
CLXVI. De presbyteris, ut hospitales sint.
CLXVII. De eadem re.
CLXVIII. Ut presbyteri plebes suas ut hospitales sint admoneant.
CLXIX. Ut cibis sacerdotum semper lectio divina misceatur.
CLXX. De clericis intemperate viventibus.
CLXXI. De clericis scurrilibus.
CLXXII. De eadem re.
CLXXIII. Ut clericus fidejussor non sit.
CLXXIV. Ut clericus barbam non nutriat.
CLXXV. De clericis per creaturam jurantibus.
CLXXVI. De clericis qui adulationibus et proditionibus vacare deprehenduntur.
CLXXVII. De ordinatis qui solent contra ecclesiastica mandata auribus principis molestiam inferre.
CLXXVIII. De illis qui episcopis suis ne eos ad ampliorem honorem in Ecclesia sua promoveant, contradicunt.
CLXXIX. De presbytero certo crimine deposito, si de ministerio sibi interdicto aliquid agere praesumpserit.
CLXXX. De presbytero vel diacono damnato, qui imperatoris auribus molestus exstiterit.
CLXXXI. De presbytero qui pravis exemplis mala de se suspicari permiserit.
CLXXXII. De eadem re.
CLXXXIII. Si clericus adversus clericum habet negotium, ut ad saecularia non recurrat judicia.
CLXXXIV. De presbyteris qui a plebibus infamabuntur, quomodo purgari debeant.
CLXXXV. Si aliquis ex ordinatis ab episcopo suo damnatus fuerit, ut non debeat ab aliquo defensari.
CLXXXVI. De presbytero a populo accusato.
CLXXXVII. De clericis convictis et confessis, si intra annum causam suam purgare contempserint, nulla vox eorum post audiatur.
CLXXXVIII. Ut nullus ex ordinatis laico jurare praesumat.
CLXXXIX. Si presbyter aut diaconus in fornicatione, aut perjurio, aut furto captus fuerit, ab officio suspendatur.
CXC. De ordinatis, si aliquis illorum percussor exstiterit.
CXCI. De presbyteris qui propter suam negligentiam degradantur.
CXCII. De ordinatis, si injuste degradati fuerint.
CXCIII. De ordinatis qui episcopum proprium contemnunt.
CXCIV. Si presbyter contra suum episcopum inflatus schisma fecerit, ut anathematizetur.
CXCV. De illis qui aliquem ex ordinatis falso crimine appetierint.

CXCVI. Ut criminator crimen criminati litteris comprehensum, ante accusationem episcopo suo repraesentet.

CXCVII. Ut nullus ex ordinatis se proclamet in synodo nisi scriptis.

CXCVIII. De clericorum accusatoribus, si unum ex objectis probare non potuerint, ad caetera non admittiantur.

CXCIX. De episcopo aut presbytero, si causa criminalis eis reputata fuerit, quomodo se expurgare debeant.

CC. Ut clerici ab alienis judicibus non constringantur.

CCI. Criminantem injuste et non probantem verberibus publice castigandum, et in exsilium deportandum.

CCII. Ut si quis clericum accusaverit, et testimoniare non potuerit, accusator poenam accusati accipiat.

CCIII. Ut sicut laici clericos in saecularibus in sua accusatione non recipiunt, ita nec ipsi in sacerdotum recipiantur.

CCIV. Ut testimonium laici contra clericum nemo suscipiat.

CCV. De ordinatis si accusati fuerint, quod testibus se excusare debuerint.

CCVI. De substantia defuncti presbyteri, cujus esse debeat.

CCVII. De presbyteris qui sine testamento discesserint.

CCVIII. De clericis qui laicalibus vestimentis utuntur.

CCIX. De eadem re.

CCX. De clericis qui otiose in nundinis deambulant.

CCXI. Ut nullus ex clero arma militaria portet.

CCXII. Ut omnes clerici magis confidant in defensione Dei quam in armis.

CCXIII. De illis qui ex ecclesiastico ordine, aut venantur, aut cum accipitribus jocantur.

CCXIV. De servis Dei, ut omnes silvaticae vagationes cum canibus et accipitribus illis interdicantur.

CCXV. Ut clericos discordantes episcopus sua potestate reconciliet.

CCXVI. De clericis qui proruperint in mutuam caedem.

CCXVII. De eadem re.

CCXVIII. De officiis et ministeriis septem diaconorum cum subdiaconibus, et sequentium ordinum ministris observandis.

CCXIX. De numero certo diaconorum.

CCXX. De eadem re.

CCXXI. Ut diaconi coram presbyteris non sedeant.

CCXXII. De diaconibus qui se presbyteris anteponunt.

CCXXIII. Ut exorcistae energumenis manus imponant.

CCXXIV. De honore universis ordinibus competente.

CCXXV. De sacerdotibus qui adimplere suum ministerium nesciunt, nec discere volunt, quod ab officio sint removendi.

CCXXVI. Ut inter clericos non computentur qui sub nullius episcopi disciplina inveniuntur.

CCXXVII. Exemplar formatae epistolae quae in Nicaena synodo a sanctis Patribus est formata et collaudata.

CCXXVIII. De illo qui fugam fratris celaverit.

CCXXIX. De illis qui presbyteros suos male tractaverint.

CCXXX. Ut nomen papae in Ecclesiis sanctis recitetur.

CCXXXI. Ut presbyter aut diaconus qui canonicus non est, sed in villis habitat, nusquam summas festivitates celebret, nisi in civitatibus.

CCXXXII. Ut presbyteris potestas praedicandi in suis plebibus concedatur.

CCXXXIII. De clericis qui in rixa interficiuntur.

CCXXXIV. De clericis qui a dominis suis liberi facti sunt.

CCXXXV. De presbyteris qui parochias fugerint, in quibus locati sunt.

CCXXXVI. De presbyteris qui crimine capitali accusantur, et collegas, quibus se excusare possint, non habent.

CCXXXVII. De praedicatione presbyterorum.

CCXXXVIII. De ecclesiasticis, si saeculares potestates habere desiderant.

CCXXXIX. Ut viri veraces et Deum timentes in civitatibus et in publicis vicis decani constituantur.

...natcis capitulorum finis.

BURCHARDI
ECCLESIÆ WORMACIENSIS EPISCOPI
DECRETORUM LIBER SECUNDUS.
DE SACRIS ORDINIBUS.

ARGUMENTUM LIBRI.

Liber hic ordinationem, congruentem dignitatem, vitæ qualitatem, officia, ministeriaque presbyterorum, diaconorum, reliquorumque ordinum ecclesiasticorum complectitur.

CAP. I. — *De ordinationibus presbyterorum, et reliquorum ordinum.*

(*Ex concil. Nannetensi, cap. 3.*) Episcopus quando ordinationes facere disponit, omnes qui ad sacrum ministerium accedere volunt feria quarta ante ipsam ordinationem evocandi sunt ad civitatem, una cum archipresbyteris qui eos repræsentare debent. Et tunc episcopus e latere suo dirigere debet sacerdotes, et alios prudentes viros, gnaros legis divinæ, et exercitatos in ecclesiasticis sanctionibus, qui ordinandorum vitam, genus, patriam, ætatem, institutionem, locum ubi educati sint, si sint bene litterati, si in lege Domini instructi, diligenter investigent : ante omnia si fidem catholicam firmiter teneant, et verbis simplicibus asserere queant. Ipsi autem quibus hoc committitur cavere debent ne aut favoris gratia, aut cujuscunque muneris cupiditate illecti, a vero deviant, ut indignum, et minus idoneum ad sacros gradus suscipiendos episcopi manibus applicent. Quod si fecerint, et ille qui indigne accesserit ad altare removebitur, et illi qui donum sancti Spiritus vendere conati sunt, coram Deo jam condemnati, ecclesiastica dignitate carebunt. Igitur per tres continuos dies diligenter examinentur, et sic Sabbato qui probati inventi sunt episcopo repræsententur.

CAP. II. — *Quæ presbyteri necessario discere et scire debeant.*

(*Ex dictis August.*) Quæ ipsis sacerdotibus necessaria sint ad discendum, id est : liber sacramentorum, lectionarius, antiphonarius, baptisterium, computus, Canon pœnitentialis, Psalterium, Homeliæ per circulum anni Dominicis diebus, et singulis festivitatibus aptæ. Ex quibus omnibus si unum defuerit, sacerdotis nomen vix in eo constabit, quia valde periculosæ sunt evangelicæ minæ quibus dicitur : Si cæcus cæco ducatum præstet, ambo in foveam cadunt.

CAP. III. — *De eadem re.*

(*Ex epist. Zephyrini papæ, fratribus per Ægyptum missa, cap. 10.*) Ordinationes vero presbyterorum et levitarum tempore congruo, et multis coram astantibus solemniter agite, et probabiles ac doctos viros ad hoc opus constituite, ut illorum societate et adjumento plurimum gaudeatis.

CAP. IV. — *Quod ordinationes fieri non debeant, nisi in loco certo et religioso.*

(*Ex concil. Meldensi, cap. 6.*) Hi qui ordinari petunt, nullatenus ordinentur, nisi in loco certo et religioso, vel etiam in civitate saltem uno anno immorentur, ut de vita et conversatione atque de doctrina illorum certitudo possit agnosci.

CAP. V. — *Quod Abraham primus sit appellatus presbyter, et quare presbyteri nominentur.*

(*Ex epist. Anacleti papæ omnibus episcopis per Italiam constitutis missa, cap. 22.*) Porro et Mosi præcipitur ut eligat presbyteros, id est seniores. Unde et in Proverbiis dicitur : Gloria senum canities. Hæc vero canities sapientiam designat, de qua scriptum est : Canities hominum prudentia est. Cumque nongentos et amplius annos ab Adam usque ad Abraham vixisse homines legimus, nullus alius primus appellatus est presbyter, id est senior, nisi Abraham, qui multo paucioribus vixisse annis convincitur. Non ergo propter decrepitam senectutem, sed propter sapientiam, presbyteri nominantur. Initium enim sacerdotii Aaron fuit : licet Melchisedech prior obtulerit sacrificium Deo, et post hunc Abraham, Isaac et Jacob. Sed hi spontanea voluntate, non sacerdotali auctoritate, ista fecerunt.

CAP. VI. — *Quod nullus ex ecclesiastico ordine absolute debeat ordinari.*

(*Ex concil. Chalcedon. cap. 6.*) Nullum absolute ordinari debere presbyterum aut diaconum, nec quemlibet in ecclesiastico gradu, nisi specialiter Ecclesiæ civitatis, aut possessionis aut martyris, aut monasterii nomen, cui ordinandus est, pronuntietur. Qui vero absolute ordinantur, decrevit sancta synodus irritam haberi hujuscemodi manus impositionem, et nusquam posse ministrare, ad ordinantis injuriam.

CAP. VII. — *Quod sub aspectu audientium ordinationes celebrari non debeant.*

(*Ex concil. Laodicensi, cap. 4.*) Quod non oporteat ordinationes sub aspectu audientium celebrari.

CAP. VIII. — *Quod turbis electionem promovendorum facere non liceat.*

(*Ex eodem, cap. 13.*) Quod non sit permittendum

turbis electiones eorum facere qui sunt ad sacerdotium provehendi.

CAP. IX. — *Quod episcopum vel presbyterum ante triginta annos ordinare non liceat.*

(*Ex concil. Agathens., cap. 7.*) Episcopum vero, vel presbyterum ante triginta annos, id est antequam ad viri perfecti ætatem perveniat, nullus metropolitanorum ordinare præsumat: ne per ætatem, quod aliquoties evenit, aliquo errore detineantur.

CAP. X. — *De presbyteris qui ante XXX annos ordinantur.*

(*Ex decr. Fabian. papæ Orientalib. missis.*) Si quis triginta ætatis suæ non impleverit annos, nullo modo presbyter ordinetur, etiam si valde sit dignus: quia et ipse Dominus tricesimo anno baptizatus est, et sic cœpit docere. Oportet ergo eum qui ordinandus est, usque ad hanc ætatem legitimam consecrari.

CAP. XI. — *Quod ante XXV annos diaconi non sint ordinandi.*

(*Ex concil. Carthag., cap. 16.*) Placuit u ante viginti quinque annos ætatis, nec diaconi ordinentur, nec virgines consecrentur, et ut lector populum non salutet.

CAP. XII. — *Quod in veteri lege præcipiatur ut ante vigesimum quintum annum Levitæ in tabernaculo non servirent.*

(*Ex concil. Toletano, cap. 20.*) In veteri lege ab anno vigesimo et quinto Levitæ in tabernaculo servire præcipiuntur, cujus auctoritatem in canonibus sancti Patres secuti sunt. Nos et d vinæ legis, et conciliorum præcepti immemores, infantes et pueros Levitas facimus ante legitimam ætatem, ante experientiam vitæ. Ideoque ne ulterius fiat a nobis, et divinæ legis et canonum admonemur sententiis: sed viginti quinque annorum ætatis Levitæ consecrentur, et triginta annorum presbyteri ordinentur: ita ut secundum apostolicum præceptum probentur primum, et sic ministrent, nullum crimen habentes.

CAP. XIII. — *De presbyteris qui sine examine sunt provecti.*

(*Ex concil. Nicæn., cap. 9.*) Si qui presbyteri sine examine sunt provecti, vel cum discuterentur peccata sua confessi sunt, et homines contra canones commoti, manus confessis imponere tentaverunt, tales regula non admittit: quia quod irreprehensibile est catholica defendit Ecclesia.

CAP. XIV. — *De eo qui sibi volens aliquod membrum truncaverit.*

(*Ex decr. Innocentii papæ, cap. 28.*) Qui igitur partem digiti sibi abscidit volens, hunc ad clerum canones non admittunt. Cui vero casu hoc accidit, etsi in clero fuerit repertus, non abjici.

CAP. XV. — *De clericis qui a medicorum incisione claudi efficiuntur.*

(*Ex concil. Hilerdensi, cap. 20.*) Si quis in infirmitate positus clericus, et medicorum incisione claudus efficitur, promoveri ad sacros ordines eum non denegamus.

CAP. XVI. — *De illis qui invident fratrum provectionibus.*

(*Ex concil. Africano, cap. 54.*) Clericus invidens fratrum provectionibus, donec in vitio est, non promoveatur.

CAP. XVII. — *Ut seditionarii non ordinentur.*

(*Ex eodem, cap. 67.*) Seditionarios nunquam ordinandos clericos, sicut nec usurarios vel injuriarum suarum ultores.

CAP. XVIII. — *Quod illiteratus et aliquo membro imminutus provehi ad sacros ordines non debeat.*

(*Ex epist. Gelasii papæ, cap. 16.*) Illitteratos quoque, aut aliqua parte corporis imminutos, nullus præsumat ad clerum provehere. Quia nec litteris carens, sacris esse potest aptus officiis, et vitiosum nihil Deo prorsus offerri legalia præcepta sanxerunt. Similiter qui seipsos abscindunt.

CAP. XIX. — *De filiis concubinarum.*

(*Ex concil. Aurelian., cap. 10.*) De his qui ex concubinis filios habent, et uxores legitimas posthabuerunt, et, defunctis uxoribus, sibi concubinas publice sociant, id observandum censuimus, ut sicut eos qui jam clerici per ignorantiam ordinati sunt non removemus, ita statuimus ne ulterius ordinentur.

CAP. XX. — *Ut dæmonibus similibusque passionibus irretiti sacra tractare non debeant.*

(*Ex epist. Gelasii papæ, cap. 19.*) Usque adeo sane comperimus illicita quæque prorumpere, ut dæmonibus similibusque passionibus irretitis mysteria sacrosancta tractare tribuatur. Et post pauca: Si corpore sauciatum aut debilem nequaquam sancta contingere lex divina permisit, quanto magis doni cœlestis dispensatores esse non convenit, quod est deterius, mente percussos.

CAP. XXI. — *Ut de servili conditione, nisi prius a dominis propriis libertatem habeant, nulli ordinentur.*

(*Ex concil. Triburien., cap. 25.*) Ut nulli de servili conditione ad sacros ordines promoveantur, nisi prius a dominis propriis legitimam libertatem consequantur. Cujus libertatis charta ante ordinationem in ambone publice legatur, et si nullus contradixerit, rite consecrabuntur. Porro servus non canonice consecratus, postquam de gradu deciderit, ejus sit conditionis, cujus fuerat ante gradum.

CAP. XXII. — *De eadem re.*

(*Ex decret. Leonis papæ, cap. 1.*) Admittuntur passim ad ordinem sacrum quibus nulla natalium, nulla morum dignitas suffragatur: et qui a dominis suis libertatem consequi minime potuerunt, ad fastigium sacerdotii, tanquam servilis vilitas hunc honorem jure capiat, provehuntur: et probari Deo posse creditur, qui domino suo, necdum probare se potuit. Et post pauca: Debet enim esse immunis ab aliis, qui divinæ militiæ fuerit aggregandus, ut a castris Dominicis, quibus nomen ejus ascribitur, nullis necessitatum vinculis abstrahatur.

Cap. XXIII. — *De bonis illorum qui a dominis propriis libertate donantur.*

(*Ex concil. Toletano, cap. 2.*) De rebus vero illorum, vel peculiari, quia dominis propriis libertate donantur, ut ad gradus ecclesiasticos promoveri debeant, statutum est, ut in potestate dominorum consistat quidquid ante libertatem habuerunt, utrum illis concedere voluerint, an sibi retinere.

Cap. XXIV. — *Ut servus, nesciente domino suo, ordinari non debeat.*

(*Ex concil. Aurelian., cap. 5.*) Servus si absente aut nesciente domino, episcopo sciente quod servus sit, diaconus aut presbyter fuerit ordinatus, ipso in clericatus officio permanente, episcopus cum suo domino duplici satisfactione compenset. Si vero episcopus eum servum nescierit, qui testimonium perhibent, aut eum supplicaverint ordinari, simili redhibitione teneantur obnoxii.

Cap. XXV. — *De his qui libertatem a dominis suis ita percipiunt, ut nullum sibi obsequium retentent.*

(*Ex concil. Tolet., cap. 73.*) Quicunque libertatem a dominis suis ita percipiunt, ut nullum sibimet in eis obsequium patronus retentet, isti, si sine crimine capitali sunt, ad clericatus ordinem liberi suscipiantur : quia directa manumissione absoluti esse noscuntur. Qui vero retento obsequio manumissi sunt, pro eo quod adhuc patroni servituti tenentur obnoxii, nullatenus sunt ad ecclesiasticum ordinem promovendi, ne, quando voluerint eorum domini, fiant ex clericis servi.

Cap. XXVI. — *De servis ordinandis secundum ecclesiastica mandata, quomodo ingenui fieri debeant.*

(*Ex concil. Remensi, cap. 1.*) Auctoritas ecclesiastica patenter admonet, insuper et majestas regia canonicæ religioni assensum præbet, ut quemcunque ad sacros ordines ex familia propria promovere Ecclesia quæque delegerit, in præsentia sacerdotum canonicorum simul et nobilium laicorum, ejus cui subjectus est subscriptione et manumissione sub libertatis testamento solemniter roboretur. Idcirco ego Burchardus, Deo annuente Wormaciensis Ecclesiæ episcopus, quemdam Ecclesiæ nostræ famulum, nomine Eberhardum, sacris ordinibus oblatum, ad altaris cornu, nobilium virorum in præsentia, per hoc auctoritatis testamentum statuo, ita ut ab hodierno die et tempore bene ingenuus, atque ab omni servitutis vinculo securus permaneat, tanquam si ab ingenuis fuisset parentibus procreatus vel natus : eamdemque pergat partem quamcunque volens canonice elegerit, ita ut deinceps nec nobis neque successoribus nostris ullum debeat noxiæ conditionis servitium ; sed omnibus diebus vitæ suæ sub certa plenissimaque ingenuitate, sicut alii qui ejusdem sunt ingenuitatis, per hunc manumissionis atque ingenuitatis titulum, bene semper ingenuus atque securus existat. Suum vero peculiare quod habet, aut quod abhinc assequi poterit, faciat inde secundum canonicam auctoritatem libere quidquid voluerit. Et ut hæc ingenuitatis pagina inviolabilem obtineat firmitatem, manu propria illam roboravimus.

Cap. XXVII. — *De eodem.*

(*Ex concil. Toletano.*) Debent autem suprascriptæ ingenuitatis chartæ non solum nomen illius qui has fieri rogat, sed etiam nomina sacerdotum et nobilium laicorum qui ibi fuerint, in ordine digesta, cum signis propria manu impressis continere. Nam sine horum astipulatione, pagina auctoritate testium nudata pro nihilo deputatur. Oportet etiam ut locum, diem, annum, et principem, et indictiones in fine vel in margine adnotatas habeant in hunc modum : Actum in illa civitate in domo sancti Petri, Kalendis illis, anno Dominicæ incarnationis, illo regnante, illo rege, et præsidente in cathedra supradictæ civitatis episcopo illo, vel in monasterio illo, indictione illa, in Dei nomine feliciter, Amen. Ait enim Romana auctoritas : Quæcunque leges sine die et consule fuerint prolatæ, non valeant.

Cap. XXVIII. — *De eodem.*

(*Ex eodem concilio.*) Instruendi sunt præterea laici, ut sciant quod nullatenus alio loco manumittere proprios possunt servos, quos Dominicis castris aggregari decreverunt, nisi in sacrosancta Ecclesia ordine supra notato. Quomodo enim clerici extra Ecclesiam libertatem consequi possunt, qui a lege mundana extranei sunt? Et quibus interdicitur ne ad sæculare judicium procedant, quomodo sæculari judicio a jugo servitutis absolvuntur? Sed fortasse dicit aliquis : Clericus fieri non permittitur, nisi ante susceptum clericatus officium, ingenuitatis dignitate potiatur. Re vera verum dicit. Et ideo quod infirmari vel vituperari potest, præcaveri debet.

Cap. XXIX. — *De eodem.*

(*Ex eodem concilio.*) Non solum autem qui ad clericatus ordinem promovendi sunt, in Ecclesia manumittendi sunt, verumetiam hi quos quisque pro remedio animæ suæ emancipari vult ; quia sic scriptum quippe est in pacto Francorum.

Cap. XXX. — *Exemplar libertatis de proprio servo.*

(*Ex eodem concilio.*) Qui debitum sibi nexum, atque competens relaxat servitium, præmium in futuro apud Dominum sibi provenire non dubitet. Quapropter ego in Dei nomine ill., pro remedio animæ meæ, vel æterna retributione, in ecclesia sancti Petri, vel illius sancti, sub præsentia episcopi, vel sacerdotum ibi consistentium, ac nobilium laicorum, ante cornu altaris istius ecclesiæ absolvo servum meum ill. per hanc chartam absolutionis et ingenuitatis ab omni vinculo servitutis, ita ut ab hac die et deinceps ingenuus sit, et ingenuus permaneat, tanquam si ab ingenuis parentibus fuisset natus vel procreatus. Eam pergat partem quam maluerit, vel quam ei auctoritas canonica permittit, et sicut alii ingenui vitam ducat ingenuam. Nulli autem hæredum meorum ac prohæredum, nec cuicunque personæ alii quidquam obeat servitutis, vel libertatis obsequium, nisi soli Deo, cui omnia subjecta sunt, vel pro cujus amore ipsum devotus ad ejus servitium obtuli. Peculiare vero suum quod ei dominus dederit, vel deinceps Deo auxiliante laborare potuerit, concessum in perpetuum habeat, ut inde faciat quidquid illi placuerit, secundum ecclesiasticas sanctiones. Si quis vero, quod futurum esse non credo, si ego ipse, aut aliquis de hæredibus meis, vel qualibet opposita persona contra hanc ingenuitatis chartam venire tentaverit, aut eam quolibet modo infringere voluerit, in primis iram Dei incurrat, et a liminibus sanctæ Dei Ecclesiæ extraneus efficiatur, et insuper cui litem intulit sexaginta solidos persolvat, et quod repetit evindicare non valeat, sed præsens ingenuitas, mea vel aliorum bonorum hominum manibus roborata, cum astipulatione subnixa, omni tempore maneat inconvulsa.

CAP. XXXI. — *De servorum ordinatione.*

(*Ex eodem cap.* 82.) De servorum ordinatione, qui passim ad gradus ecclesiasticos indiscrete promoventur, placuit omnibus cum sacris canonibus concordare debere, et statutum est ut nullus episcoporum deinceps eos ad sacros ordines promovere præsumat, nisi prius a dominis propriis libertatem consecuti fuerint : et si quilibet servus dominum suum fugiens, aut latitans, aut adhibitis testibus munere conductis, vel corruptis, aut qualibet calliditate vel fraude ad gradus ecclesiasticos pervenerit, decretum est ut deponatur, et dominus ejus eum recipiat. Si vero avus, aut pater, ab alia patria in aliam migrans, in eadem provincia filium genuerit, et ipse filius ibidem educatus, et ad gradus ecclesiasticos promotus fuerit, et utrum servus sit ignotum sit, et postea veniens dominus illius legibus eum acquisierit, sancitum est, ut si dominus ejus illi libertatem dare voluerit, in gradu suo permaneat. Si vero eum catena servitutis a castris Dominicis abstrahere voluerit, gradum amittat : quia juxta sacros canones vilis persona manens sacerdotii dignitate fungi non potest.

CAP. XXXII. — *De ecclesiarum servis.*

(*Ex eodem concilio, cap.* 33.) De ecclesiarum vero servis communi sententia est decretum, ut archiepiscopi per singulas provincias constituti nostram auctoritatem sequantur : suffraganei autem illorum exemplar illius penes se habeant, et quandocunque, de familia Ecclesiæ, utilis inventus aliquis ordinandus est, in ambone ipsa auctoritas coram populo legatur, et coram sacerdotibus et omni clero ante cornu altaris, sicut in nostra auctoritate continetur, remota qualibet calliditate, libertatem consequatur : et tunc demum ad gradus ecclesiasticos promoveatur.

CAP. XXXIII. — *Ut pœnitentes vel digami non promoveantur.*

(*Ex concil. Aurelaten., cap.* 3.) Ut digami vel pœnitentes, vel repudiatarum mariti, ad sacerdotium non promoveantur.

CAP. XXXIV. — *Energumeni non solum non assumendi sunt ad clerum, sed inventi ab officio removendi.*

(*Ex concil. Araus., cap.* 6.) Energumeni non solum non assumendi sunt ad ullum ordinem clericatus, sed etiam illi qui ordinati sunt ab imposito officio repellendi sunt.

CAP. XXXV. — *Ut nullus ex pœnitentibus ordinetur.*

(*Ex concil. Carthag., cap.* 68.) Ex pœnitentibus quamvis bonus, clericus non ordinetur. Si per ignorantiam episcopi factum fuerit, deponatur a clero : quia se ordinationis tempore non prodidit fuisse pœnitentem.

CAP. XXXVI. — *De actoribus et procuratoribus, si ordinari debeant.*

(*Ex eodem, cap.* 9.) Magnus episcopus Astuagensis dixit : Quid dilectioni videtur vestræ, procuratores et actores etiam seu curatores pupillorum si debeant ordinari ? Gratus episcopus dixit : Si, post deposita universa et reddita ratiocinia, actus vitæ ipsorum fuerint comprobati in omnibus, debent et cum laude cleri, si postulatus fuerit, honore munerari. Si enim ante libertatem negotiorum vel officiorum, ab aliquo sine consideratione fuerint ordinati, Ecclesiæ infamatur. Universi dixerunt : Recte omnia statuit sanctitas tua, ideoque ita nostra est quoque sententia.

CAP. XXXVII. — *Ut de pœnitentibus nullus admittatur ad clerum.*

(*Ex concil. Toletan.* 1, *cap.* 1.) Item placuit ut pœnitentes non admittantur ad clerum, nisi tantum, si necessitas aut usus exegerit, inter ostiarios deputentur, vel inter lectores, ita ut Evangelia et Apostolum non legant. Si qui autem ante ordinati sunt subdiacones, inter subdiacones habeantur, ita ut manum non imponant, aut sacra contingant. Ex eo vero pœnitente dicimus, qui post baptismum, aut pro homicidio, aut pro diversis criminibus gravissimisque peccatis publicam pœnitentiam gerens subcilicio, divino fuerit reconciliatus altario.

CAP. XXXVIII. — *Laicus, si secundo uxorem duxerit, clericus non fiat.*

(*Ex concil. Aurelian., cap.* 8.) Si quis de laicis, post uxorem, aliam cujuscunque conditionis cognoverit mulierem, in clerum nullatenus admittatur.

CAP. XXXIX. — *Ut nullus episcopus alterius parochianum retinere præsumat.*

(*Ex decr. Adrian. pap., cap.* 15.) Nullus episcopus alterius parochianum præsumat retinere aut ordinare absque ejus voluntate, vel judicare : quia sicut irrita erit ejus ordinatio, ita et dijudicatio; quoniam censemus nullum alterius judicis, nisi sui sententia teneri. Nam qui eum ordinare non potuit, nec judicare ullatenus potest.

CAP. XL. — *Ut ab alieno episcopo ordinatus in clero non maneat.*

(*Ex concil. Mogunt., cap.* 4.) Ordinatus clericus ab alio episcopo, non deprecante vel consentiente suo, in clero non maneat.

Cap. XLI. — *De quodam episcopo qui alterius episcopi clericum, eo nolente, ordinaverat.*

(*Ex concil. Afric., cap.* 42.) Epigonius episcopus dixit : In multis conciliis hoc statutum est, etiam nunc hoc confirmandum est a vestra prudentia, fratres beatissimi, ut clericum alienum nullus sibi præripiat episcopus, præter ejus arbitrium cujus fuerit clericus. Dico autem Julianum, qui ingratus est Dei beneficiis per meam parvitatem in se collatis, ita temerarium et audacem exstitisse, ut eum qui a me baptizatus est, cum esset puer egentissimus, mihi ab eodem commendatus, cumque multis annis a me aleretur, atque incresceret, hunc, ut dixi, baptizatum esse in ecclesia mea per manum parvitatis meæ constat : idem in diœcesi Mepaliensi lector esse cœperat, imo annis ferme duobus legerat, nam nescio quo contemptu immanissimo idem Julianus eum arripuit, quem dicitur quasi proprium civem sui loci Vazaritani me inconsulto usurpare. Nam et diaconem illum ordinavit. Hoc si liceat, pateat hæc licentia a vobis, beatissimi fratres. Sin minus, tam impudens cohibeatur, ne se misceat communioni cujusquam. Numidius episcopus dixit : Si, non postulata neque consulta tua dignatione, id videtur fecisse Julianus, judicamus omnes inique factum, atque indigne. Quapropter nisi idem Julianus correxerit errorem suum, et cum satisfactione eumdem clericum, quem fuerat ausus ordinare, revocaverit tuæ plebi, contra statuta concilii faciens, contumaciæ suæ separatus a nobis excipiet judicium. Epigonius episcopus dixit : Ætate pater, et ipsa promotione antiquissimus, vir laudabilis, frater et collega noster Victor, vult hanc petitionem generalem omnibus effici.

Cap. XLII. — *Ut nemo clericum alienum suscipiat sine voluntate sui episcopi.*

(*Ex conc. Carthag., cap.* 20.) Ut clericum alienum, nisi concedente proprio episcopo, nemo audeat vel retinere, vel promovere in ecclesia sibi credita, clericorum autem nomen etiam lectores, et psalmistæ, et ostiarii retinent.

Cap. XLIII. — *Ut nullus episcopus alienum clericum sine litteris episcopi sui suscipiat.*

(*Ex eodem conc., cap.* 6.) Privatus episcopus Begesilitanus dixit : Suggero sanctitati vestræ ut statuatis non licere clericum alienum ab aliquo suscipi sine litteris episcopi sui, neque apud se retinere nec laicum usurpare sibi de plebe aliena, ut eum ordinet sine conscientia ejus de cujus plebe est. Gratus episcopus dixit : Hoc observare pacem custodit. Nam in mensa concilii sanctissimi Sardinensis similiter statutum est, ut nemo alterius plebis hominem usurpet. Sed si forte erit necessarium, petat a collega suo, et consensum habeat.

Cap. XLIV. — *De presbyteris et diaconibus qui sine litteris episcopi sui ambulant.*

(*Ex conc. Agathensi, cap.* 5.) Presbyter et diaconus, aut clericus, si sine antistitis sui epistolis ambulat, communionem ei nullus impendat.

Cap. XLV. — *De iisdem re.*

(*Ex conc. Laodic., cap.* 41.) Quod non oportet sacerdotem, vel clericum, sine litteris proficisci canonicis.

Cap. XLVI. — *Ut quisque ordinatus litteras ab ordinatore suo accipiat.*

(*Ex conc. Milivitano, cap.* 14.) Deinde placuit, ut quicunque deinceps ab episcopis ordinantur, litteras accipiant ab ordinatoribus suis, manu eorum subscriptas, continentes annum Domini et diem, u nulla altercatio de posterioribus vel anterioribus oriatur.

Cap. XLVII. — *Ut ordinatus quisque in illis locis permaneat ad quæ ordinatus est.*

(*Ex conc. Aurel., cap.* 2.) De his qui in quibuscunque locis ordinati fuerint ministri, in ipsis locis perseverent.

Cap. XLVIII. — *De presbytero qui confessus fuerit quod ante ordinationem peccaverit.*

(*Ex concil. Cabillon., cap.* 5.) Si quis presbyter ante ordinationem peccaverit, et post ordinationem peccatum confessus fuerit, quod ante erraverit, non offerat, sed tantum pro religione nomen presbyteri portet. Si autem non ipse confessus, sed ab alio publice fuerit convictus, nec hoc ipsum habeat ut nomen presbyteri portet. Similiter et de diaconibus observandum est, ut si ipse confessus fuerit, ordinem subdiaconi retineat.

Cap. XLIX. — *De eodem.*

(*Ex concil. Neocæsariensi, cap.* 8.) Presbyter si præoccupatus corporali peccato promoveatur, et confessus fuerit de se quod ante ordinationem deliquerit, oblata non consecret, manens in reliquis officiis propter studium bonum. Quod si de se ipse non fuerit confessus, et argui manifeste nequiverit, potestatis suæ judicio relinquatur.

Cap. L. — *Ut nullus presbyter absque sacerdotalibus vestimentis missam celebret.*

(*Ex concil. Remensi, cap.* 4.) Ut nullus presbyter absque amictu, alba, et stola, et fanone, et casula ullatenus præsumat missam celebrare; et hæc sacra vestimenta mundissima sint, et in nitido loco infra ecclesiam collocentur : nec unquam presbyter his indutus extra ecclesiam exeat : quia hoc divina lex prohibet.

Cap. LI. — *Ut clericus inter tentationes ab officio non declinet.*

(*Ex concil. Carthag., cap.* 50.) Clericum inter tentationes ab officio declinantem, vel negligentius agentem, ab ipso officio dicunt removendum.

Cap. LII. — *Ut omnis presbyter in sua ecclesia singulis Dominicis diebus aquam benedicat.*

(*Ex concil. Namnetensi, cap.* 5.) Omnibus diebus Dominicis quisque presbyter in sua ecclesia ante missarum solemnia aquam benedictam faciat in vase nitido, et tanto mysterio convenienti, de qua populus intrans ecclesiam aspergatur, et atrium ejusdem ecclesiæ cum crucibus circumeundo similiter aspergat, et pro animabus ibidem quiescentibus oret. Et qui voluerit in vasculis suis accipiat ex ipsa aqua, et per mansiones, et agros, et vineas, super pecora quoque sua, atque super pabula eorum, nec non super cibos et potum suum conspergat.

CAP. LIII. — *Item de aqua benedicenda.*

(*Ex epist. Alexand. papæ, fratrib. per Ægypt. missa.*) Aquam enim sale conspersam populis benedicimus, ut ea cuncti aspersi sanctificentur. Quod et omnibus sacerdotibus faciendum esse mandamus. Nam si cinis vitulæ aspersus populum sanctificabat, atque mundabat, quanto magis aqua quæ sale aspersa divinisque precibus sacrata est, populum sanctificat atque mundat? Et si sale asperso per Eliseum prophetam sterilitas aquæ sanata est, quanto magis divinis precibus sacrata aqua sterilitatem rerum aufert humanarum, et coinquinatos sanctificat et purgat, et cætera bona multiplicat, et insidias diaboli avertit, et a phantasmatum versutiis hominem defendit?

CAP. LIV. — *Ut missæ peculiares in diebus solemnibus non fiant.*

(*Ex dictis August.*) Et hoc attendendum est, ut missæ peculiares, quæ per dies solemnes a sacerdotibus fiunt, non ita in publico fiant, ut per eas populus a publicis missarum solemnibus quæ hora tertia canonice fiunt abstrahatur : quia pessimus usus est apud quosdam, in Dominicis diebus, sive in quibuslibet festivitatibus mox missam celebrare, quam quis, et si pro defunctis sit, cum audierit abscedat, et per totum diem a primo mane ebrietati et comessationi potius quam Deo deserviat. Admonendus est populus ut ante publicum peractumque officium ad cibum non accedat : sed omnes ad publicam sanctam matrem ecclesiam missarum solemnia, et prædicationem audituri conveniant : et ut sacerdotes missas hora tertia celebrent, ut populus a publicis solemnibus non abstrahatur. Sed sacerdotes qui in circuitu urbis aut in eadem urbe sunt, et populus, ut prædiximus, in unum ad publicam missarum celebrationem conveniant, exceptis Deo sacratis feminis, quibus mos est ad publicum non egredi, sed claustris monasterii contineri.

CAP. LV. — *De ministerio presbyterorum, vel quid eis commissum sit.*

(*Ex dictis ejusdem.*) Vos presbyteri veraciter nosse debetis, et semper meminisse, quia nos, quibus regendarum animarum cura commissa est, pro his qui nostra negligentia pereunt rationem reddituri sumus : pro his vero quos verbis et exemplis lucrati fuerimus præmium æternæ vitæ percipiemus. Nobis enim a Domino dictum est : Vos estis sal terræ. Quod si populus fidelis cibus est Dei, ejusdem cibi condimentum nos sumus. Scitote vestrum gradum nostro gradui secundum et pene conjunctum esse. Sicut enim episcopi apostolorum in Ecclesia, ita nimirum presbyteri cæterorum discipulorum Domini vicem tenent. Et illi tenent gradum summi pontificis Aaron, isti vero filiorum ejus. Unde oportet vos semper memores esse tantæ dignitatis, memores vestræ consecrationis, memores sacræ, quam in manibus suscepistis, unctionis : ut nec ab eadem dignitate degeneretis, nec vestram consecrationem irritam faciatis, nec manus sacro unguine delibutas peccando polluatis : sed cordis et corporis munditiam conservantes, plebibus exemplum bene vivendi præbentes, his quibus præestis, ducatum ad coelestia regna præbeatis.

CAP. LVI. — *Ut singuli presbyteri singulos habeant clericos.*

(*Ex concil. Nannetensi, cap. 9.*) Ut quisque presbyter qui plebem regit, clericum habeat qui secum cantet, et epistolam et lectionem legat, et qui scholam possit tenere, et admoneat suos parochianos, ut filios suos ad fidem discendam mittant ad ecclesiam, quos ipse cum omni castitate erudiat.

CAP. LVII. — *Quod presbyterorum fides primum discutienda sit.*

(*Ex concil. Matiscen., cap. 5.*) Primo omnium discutienda est fides sacerdotum qualiter credant, et alios credere doceant. Ibi et exempla proponenda sunt, quatenus a creatura Creator quantulumcunque possit intelligi.

CAP. LVIII. — *De eadem re.*

(*Ex dictis August.*) Hortamur vos paratos esse ad docendas plebes nostras. Qui Scripturas scit, prædicet Scripturas. Qui vero nescit, saltem hoc quod notissimum habet plebibus dicat, ut declinent a malo, et faciant bonum, inquirant pacem, sequantur eam : quia oculi Domini super justos et aures ejus in preces eorum. Vultus autem Domini super facientes mala, ut perdat de terra memoriam eorum. Nullus ergo se excusare poterit, quod non habeat linguam unde possit aliquem ædificare. Mox enim ut quemlibet errantem viderit, prout potest et valet, aut arguendo, aut obsecrando, aut increpando, ab errore retrahat, et ad peragendum bonum opus hortetur.

CAP. LIX. — *Quod in primis prædicandum sit qualiter credere debeant.*

(*Ex concil. Rothomag., cap. 1.*) In primis prædicandum est omnibus generaliter, ut credant Patrem, et Filium, et Spiritum sanctum unum Deum esse omnipotentem, qui omnia fecit, et unam esse deitatem, et substantiam, et majestatem in tribus personis, Patris, et Filii, et Spiritus sancti.

CAP. LX. — *De eadem re.*

(*Ex eodem, cap. 2.*) Item prædicandum est, quomodo Filius Dei incarnatus est de Spiritu sancto, et Maria Virgine, pro salute generis humani passus, sepultus, tertia die resurrexit, et coelum ascendit, in fine mundi veniens judicare omnes homines secundum opera propria : quomodo impii cum diabolo in ignem æternum mittentur, justi cum Christo in vita æterna erunt.

CAP. LXI. — *De eadem re.*

(*Ex eodem, cap. 3.*) Item prædicandum est quod omnes homines in propria carne resurgent.

CAP. LXII. — *Ut omnis presbyter parochianis suis Symbolum et Orationem Dominicam insinuet.*

(*Ex concil. Remensi, cap.* 8.) Ut omnis presbyter omnibus parochianis suis Symbolum et Orationem Dominicam aut ipse insinuet, aut aliis insinuandum injungat, et cum ad confessionem tempore Quadragesimali veniunt, hæc ab unoquoque memoriter sibi decantari faciat, nec ante sanctam communionem alicui tradat, nisi hæc ex corde pronuntiare noverit. Siquidem sine horum scientia nullus salvus esse poterit. In uno enim fides et credulitas Christiana continetur : in alio quid orare et petere a Deo debeamus exprimitur. Quod sine fide nemo possit esse salvus, Dominus ostendit, cum dicit : Qui crediderit, et baptizatus fuerit, salvus erit. Nullus autem credere potest quod nescit, nec audivit; ait enim Paulus : Quomodo credent ei quem non audierunt ? Nec sola sufficit fides in corde, nisi etiam verbis enuntietur, ut idem Apostolus testis est : Corde enim, inquit, creditur ad justitiam, ore autem confessio fit ad salutem. Nullus autem de stoliditate sensus, vel tenuitate ingenii causetur : quia hæc tam parva sunt, ut nemo tam hebes et barbarus sit, qui hoc discere et verbis communibus pronuntiare non possit : tam magna, ut qui horum scientiam pleniter capere potuerit, sufficere sibi credatur ad salutem perpetuam. Illud etiam observandum, ut nullus suscipiat infantem in baptismo a sacro fonte, antequam idem Symbolum et Orationem Dominicam coram presbytero decantet. Et tunc presbyter omnibus patrinis annuntiet quod debitores sint suis filiolis, cum ad intelligibilem ætatem venerint, hæc eadem insinuare.

CAP. LXIII. — *De eadem re.*

(*Ex concil. Cabillon., cap.* 4.) Jubendum est ut Oratio Dominica, in qua omnia necessaria humanæ vitæ comprehenduntur, et Symbolum apostolorum, in quo fides catholica ex integro comprehenditur, ab omnibus discatur, tam Latine, quam Barbarice, ut quod ore profitentur, corde credatur, et intelligatur.

CAP. LXIV. — *De dilectione Dei et proximi.*

(*Ex eodem, cap.* 5.) Item prædicandum est de dilectione Dei et proximi, de fide, et spe in Deo, de humilitate, patientia, castitate, benignitate, misericordia, de eleemosynis, de confessione, ut fratribus ex corde remittatur. Qui hæc et similia agunt, regnum Dei consequentur.

CAP. LXV. — *De criminibus, quibus homines cum diabolo deputantur.*

(*Ex eodem, cap.* 4.) Item prædicandum est, pro quibus criminibus homines cum diabolo deputantur, quæ Apostolus sic enumerat : Fornicatio, immunditia, luxuria, idolorum servitus, veneficia, inimicitiæ, contentiones, æmulationes, iræ, rixæ, dissensiones, sectæ, invidiæ, homicidia, ebrietates, comessationes, et his similia. Qui talia agunt, regnum Dei non consequentur : et ideo hæc cum omni studio prohibeantur.

CAP. LXVI. — *Ut de auditorio nullus egrediatur, sacerdote verbum faciente.*

(*Ex concil. Carthag., cap.* 24.) Sacerdote in ecclesia verbum faciente, qui egressus de auditorio fuerit sine gravi necessitate, excommunicetur.

CAP. LXVII. — *De eadem re.*

(*Ex canone apostolorum.*) Omnes fideles qui conveniunt in solemnibus sacris ad ecclesiam, et scripturas apostolorum et Evangelium audiunt, non autem perseverant in oratione usque dum missa peragatur, nec sanctam communionem percipiunt, velut inquietudines Ecclesiæ commoventes, convenit communione privari.

CAP. LXVIII. — *De eadem re.*

(*Unde supra.*) Omnes Christiani qui ingrediuntur ecclesiam Dei, et Scripturas sacras audiunt, neque communicant in oratione cum populo, sed pro quadam intemperantia se a perceptione sanctæ communionis avertunt, hi de Ecclesia removeantur, donec per confessionem pœnitentiæ fructus ostendant.

CAP. LXIX. — *De precibus post allocutionem.*

(*Ex concil. Laodicensi, cap.* 19.) Quod oporteat seorsum primum post allocutiones episcoporum, vel presbyterorum, orationem super catechumenos celebrari, et postquam catechumeni egressi fuerint, super eos qui sunt in pœnitentia preces fieri. Illis etiam accedentibus ad manum sacerdotis et discedentibus, tres orationes consummari fidelium, ita ut prima quidem sub silentio, secunda vero et tertia per exclamationes solitas explent.

CAP. LXX. — *Ut omnis presbyter in diebus festis populum admoneat quas preces ad Deum fundere debeat.*

(*Ex concil. Aurel., cap.* 5.) Oportet ut in diebus Dominicis vel festis, post sermonem intra missarum solemnia habitum ad plebem, sacerdos admoneat, ut, juxta apostolicam institutionem, orationem omnes in commune pro diversis necessitatibus fundant ad Dominum, pro rege et episcopo eorum, et rectoribus Ecclesiarum, pro pace, pro peste, pro infirmis qui in ipsa parochia lecto decumbunt, pro nuper defunctis, in quibus sigillatim precibus plebs Orationem Dominicam sub silentio dicat. Sacerdos vero orationes ad hoc pertinentes per singulas admonitiones solemniter expleat. Post hæc sacra celebretur oblatio. Ait enim Apostolus : Obsecro, primum omnium fieri orationes, obsecrationes, gratiarum actiones, et cætera.

CAP. LXXI. — *Ut presbyteri plebes admoneant ut bubulcos atque porcarios in principalibus festis ad missam venire permittant.*

(*Ex concil. Rothomag., cap.* 5.) Admonere debent sacerdotes plebes subditas sibi, ut bubulcos, atque porcarios, vel alios pastores, vel aratores qui in agris assidue commorantur, vel in silvis, et ideo velut more pecudum vivunt, in Dominicis et in aliis festis diebus saltem vel ad missam faciant vel permittant venire : nam et hos Christus pretioso sanguine suo redemit. Quod si neglexerint, pro animabus eorum absque dubio rationem se reddituros sciant. Siquidem Dominus veniens in hunc mundum non elegit oratores atque nobiliores quosque, sed piscatores atque idiotas sibi discipulos ascivit, ut ostenderet in facto quod ipse verbis in Evangelio affirmat, dicens : Quod hominibus est altum, abominabile est apud Deum. Et salva altiore intelligentia, nativitas nostri Redemptoris primo omnium pastoribus ab angelo nuntiatur.

Cap. LXXII. — *De admonitione presbyterorum.*

(*Ex concil. Aurelian., cap.* 4.) Ut sacerdotes admoneant populum ut eleemosynam dent, et orationes faciant pro diversis plagis, quas assidue pro peccatis patimur.

Cap. LXXIII. — *Quomodo unusquisque orare debeat.*

(*Ex eodem, cap.* 6.) Item instruendus est populus, ut singulis diebus, qui amplius non potest, saltem duabus vicibus oret : mane scilicet et vespere, dicens Symbolum et Orationem Dominicam : sive, Qui plasmasti me, miserere mei ; vel etiam, Deus, propitius esto mihi peccatori : et Deo gratias agens pro quotidianae vitae commeatibus, et quia se ad imaginem suam creare dignatus sit, et a pecudibus segregare. His peractis, et solo Deo creatore suo adorato, sanctos invocet, ut pro se intercedere apud majestatem divinam dignentur. Haec faciant, quibus basilicae locus prope est, in basilica : qui vero in itinere, aut pro qualibet occasione in silvis, in agris, ubicunque eos ipsa hora matutina vel vespertina invenerit sic faciant, scientes Deum ubique praesentem esse, dicente Psalmista : In omni loco dominationes ejus.

Cap. LXXIV. — *De filiis, quomodo parentibus obedire debeant.*

(*Ex concil. Arvern., cap.* 3.) Admonendi sunt fideles sanctae Dei Ecclesiae filii, vel filiae, ut parentibus suis obedientiam exhibeant, dicente Domino : Fili, honorifica patrem tuum. Nam et ut ipsi parentes erga filios suos ac filias modeste agant admonendi sunt, dicente Apostolo : Et vos, parentes, nolite ad iracundiam provocare filios vestros. Nam et hoc dicendum est eis, ut si illi genitali affectu parcere velint injuriis filiorum, non hos impunitos Dominus sinit, nisi forte poenitentiae subjiciantur. Sed tamen levius est filiis parentum quaelibet flagella suscipere quam Dei iram incurrere.

Cap. LXXV. — *De illis qui principales festivitates in villis celebrant.*

(*Ex concil. Aurelian., cap.* 8.) Item denuntiandum est, ut nulli civium Paschae, Natalis Domini vel Pentecostes solemnitates liceat in villa celebrare, nisi quem infirmitas probabitur tenuisse.

Cap. LXXVI. — *De eadem re.*

(*Ex concil. Agathen., cap.* 5.) Item docendi sunt cives. ut Pascha, Natalem Domini, et Pentecosten in civitatibus cum episcopis suis, nisi infirmitas impedierit, celebrent, accipiendae communionis vel benedictionis gratia : et qui hoc neglexerint, communione priventur.

Cap. LXXVII. — *Ut presbyteri plebibus annuntient qui dies sint feriandi per annum.*

(*Ex concil. Lugdunen., cap.* 4.) Item pronuntiandum est, ut sciant tempora feriandi per annum, id est, omnem Dominicam a vespera usque ad vesperam, ne in Judaismo capiantur. Feriandi sunt vero per annum isti dies : Natalis Domini, sancti Stephani, sancti Joannis evangelistae, Innocentum, octava Natalis Domini, Theophania, Purificatio sanctae Mariae, sanctum Pascha cum tota hebdomada, Rogationes tribus diebus, Ascensio Domini, sancti dies Pentecostes, sancti Joannis Baptistae, duodecim apostolorum, maxime tamen sanctorum Petri et Pauli, qui mundum sua praedicatione illuminaverunt, sancti Laurentii, Assumptio sanctae Mariae, Nativitas sanctae Mariae Virginis, Dedicatio basilicae sancti archangeli Michaelis, Dedicatio cujuscunque oratorii et omnium sanctorum, et sancti Martini, et illae festivitates quas singuli episcopi in suis episcopiis cum populo collaudaverint, quae vicinis tantum circum morantibus indicendae sunt, non generaliter omnibus. Reliquae vero festivitates per annum non sunt cogendae ad feriandum, nec prohibendae. Indictum vero jejunium quando fuerit denuntiatum, ab omnibus observetur.

Cap. LXXVIII. — *Ut presbyteri, cum festivitates annuntiant, vigiliarum non obliviscantur.*

(*Ex concil. apud Compendium, cap.* 1.) Item cum presbyteri sacras festivitates populo annuntiant, etiam jejunium vigiliarum, ubi esse debet, eos omnimodis servare moneant.

Cap. LXXIX. — *Ut ad salutationes sacerdotales ad missam omnes devote respondeant.*

(*Ex concil. Aurelian., cap.* 2.) Item intimandum est ut ad salutationes sacerdotales congruae responsiones discantur, ubi non solum clerici et Deo dicatae sacerdoti responsionem offerant, sed omnis plebs devota consona voce respondere debet.

Cap. LXXX. — *Ut nullus ordinatus per sancta discurrat, Ecclesiae suae cura derelicta.*

(*Ex dictis August.*) Interdicendum est ut nullus ordinatus, sive ordinandus migret de sua parochia ad aliam, nec ad limina apostolorum orationis causa, Ecclesiae suae cura derelicta, nec ad palatium causa interpellandi. Quod si fecerit, nihil valet hujusmodi aut ordinatio aut demigratio. Et hoc omnibus fidelibus denuntiandum, ut qui causa orationis ad limina beatorum apostolorum pergere cupiunt, domi confiteantur peccata sua, et sic proficiscantur : quia a proprio episcopo suo aut sacerdote ligandi, aut solvendi sunt, non ab extraneo.

Cap. LXXXI. — *De Dominica die qualiter sit veneranda.*

(*Ex concil. apud Compendium, cap.* 2.) Omnes dies Dominicos a vespera in vesperam cum omni veneratione observare decrevimus, et ab illicito opere abstinere, et ut mercatus in eis minime sit, nec placitum ubi aliquis ad mortem vel ad poenam judicetur, nec sacramenta jurentur, nisi pro pace facienda,

Cap. LXXXII. — *Item de Dominica die.*

(*Ex concil. apud S. Medardum, præsente Carolo imperatore, cap. 5.*) Statuimus quoque, secundum quod in lege Dominus mandavit, ut opera servilia diebus Dominicis non agantur, sicut genitor meus in suis synodalibus edictis mandavit, quod nec viri ruralia exerceant, nec in vinea colenda, nec in campis arando, vel metendo, vel fenum secando, vel sepem ponendo : nec in silvis stirpando, vel arbores cædere, vel in petris laborare, nec domos struere, nec in horto laborare, nec ad placita conveniant, nec mercatus fiat, nec venationes exerceantur.

Cap. LXXXIII. — *De eadem re.*

(*Ex eodem concil., cap. 6.*) Tria carraria opera licet fieri in Dominica die, id est, hostilitia carra, victualia vel angaria : et, si forte necesse sit, corpus cujuslibet duci ad sepulcrum.

Cap. LXXXIV. — *Item de eadem re.*

(*Ex eodem, cap. 7.*) Feminæ opera textilia non faciant in die Dominica, non capulent vestitus, non consuant, vel lanam carpant, non licet linum battere, aut vestimenta lavare, nec verveces tondere, ut omnimodis honor et requies die Dominica persolvatur : sed ad missarum solemnia undique conveniant, et laudent Deum pro omnibus bonis quæ nobis in illa die conferre dignatus est.

Cap. LXXXV. — *Item de eadem re.*

(*Ex eodem, cap. 8.*) Omnes dies Dominicas cum omni veneratione observare decrevimus, et ab illicito opere abstinere, et ut mercatus in eis minime sit, nec placitum ubi aliquis ad mortem vel ad pœnam judicetur, nec sacramenta jurentur, nisi ad pacem.

Cap. LXXXVI. — *De eadem re.*

(*Ex eodem, cap. 9.*) Ut mercatus die Dominico in nullo loco habeatur.

Cap. LXXXVII. — *De eadem re.*

(*Ex eodem, cap. 10.*) Ut nullus episcoporum vel presbyterorum, vel clericorum, die Dominico propositum cujusque causæ negotium audeat vindicare, nisi hoc tantum, ut Deo statuta solemnia peragantur.

Cap. LXXXVIII. — *Ut nullus in Dominicis diebus genua flectat.*

(*Ex concil. Nicæno, cap. 20.*) Quoniam sunt quidam in die Dominico genua flectentes, et in diebus Pentecostes, ut omnia in diversis locis consonanter observentur, placuit sancto concilio a Pascha usque in octavas Pentecostes stantes Domino vota persolvere.

Cap. LXXXIX. — *Ut presbyteri privatim fidelibus desiderantibus benedicant, et ut omnis presbyter per familias, per agros, per privatas domos habeat facultatem benedictiones aperire.*

(*Ex concil. habito apud Regiam, cap. 4.*) Ut presbyteri privatim fidelibus desiderantibus benedicant. Et inter minutas has discussiones, jussum est omni presbytero, per familias, per agros, per privatas domos pro desiderio fidelium habere facultatem benedictiones aperire.

Cap. XC. — *Ut presbyteri benedictionem episcopalem super plebem facere non debeant.*

(*Ex eodem, cap. 47.*) Benedictionem episcopa.em super plebem in Ecclesia fundere, aut pœnitentem in Ecclesia reconciliare, presbytero penitus non licebit.

Cap. XCI. — *Ut nullus presbyter alterius plebesanum eo nolente recipiat.*

(*Ex concil. Nannetensi, cap. 5.*) Ut nullus presbyter alterius plebesanum eo nolente, nisi in itinere fuerit, vel placitum ibi habuerit, ad missam recipiat.

Cap. XCII. — *De alterius presbyteri plebesano, deque illis qui litem implacabilem inter se alunt.*

(*Ex eodem, cap. 449.*) Ut Dominicis vel festis diebus presbyteri antequam missas celebrent, plebem interrogent, si alterius parochianus in ecclesia sit, qui, proprio contempto presbytero, ibi missam velit audire. Quem si invenerint, statim ab ecclesia ejiciant, et ad suam parochiam redire compellant. Similiter interrogent, si aliqui discordantes sint, qui inter se litem implacabilem habeant, et si inventi fuerint, statim reconcilientur. Quod si noluerint pacem suscipere, ab ecclesia ejiciantur usquequo ad charitatem redeant. Non enim possumus munus vel oblationem ad altare offerre, nisi prius fratri reconciliemur. His itaque peractis, sacerdotes missarum solemnia rite peragant.

Cap. XCIII. — *De ordinatis et reliquis fidelibus, quod sine licentia sui episcopi nil agere debeant.*

(*Ex epist. Clementis omnibus fidelibus missa, cap. 22.*) Quapropter cunctis fidelibus, et summopere omnibus presbyteris et diaconibus, ac reliquis clericis attendendum est, ut nihil absque episcopi proprii licentia agant. Non utique missas sine ejus jussu quisquam presbyterorum in sua parochia agat, non baptizet, nec quidquam quod ad episcopum pertineat, absque ejus permissu faciat. Similiter et reliqui populi, majores scilicet et minores, per ejus licentiam quidquid agendum est agant, nec sine ejus permissu a sua parochia abscedant, vel in ea adventantes morari præsumant. Animæ vero eorum ei creditæ sunt, ideo omnia ejus consilio debent [facere], et eo inconsulto nihil. Quicunque enim obediunt episcopis suis, videntur quidem obedire et Deo. Qui autem eis non obediunt, indubitanter rei et reprobi existunt.

Cap. XCIV. — *De eadem re.*

(*Ex epist. ejusdem, cap. 36.*) Nullum enim presbyterum in alicujus episcopi parochia aliquid agere debere absque ejus permissu docebat. Cunctos presbyteros propriis episcopis in omnibus absque mora obedientes instituente Domino esse debere docebat. Nullum aliena concupiscere aut præsumere eorum, sed unumquemque suis sibique commissis contentum esse docebat. Neminem etiam aliqui aliquid facere, nisi quod sibi vult fieri instruebat.

Cap. XCV. — *De eadem re.*

(*Ex concil. Arelatensi, cap. 2.*) De presbyteris aut diaconibus qui solent dimittere loca sua in quibus ordinati sunt, et ad alia loca se transferunt, placuit ut iisdem locis ministrent. Quod si de relictis locis suis ad alium se locum transferre voluerint, deponantur.

CAP. XCVI. — *Quod non liceat clericum in duarum civitatum simul conscribi Ecclesiis.*

(*Ex concil. Chalced., cap.* 10.) Non licere clericum in duarum civitatum conscribi simul Ecclesiis, et in qua ab initio ordinatus est, et ad quam confugit, quasi ad potiorem, ob inanis gloriæ cupiditatem. Hoc autem facientes revocari debere ad suam Ecclesiam in qua primitus ordinati sunt, et ibi tantummodo ministrare.

CAP. XCVII. — *De ordinatis, ne de civitate in civitatem contra jus canonum transferantur.*

(*Ex concil. Nicæno, cap.* 15.) Propter multam perturbationem et seditiones quæ fiunt, placuit consuetudinem omnimodis amputari, quæ præter regulam in quibusdam partibus videtur admissa, ita ut de civivitate in civitatem, non episcopus, non presbyter, non diaconus transferatur. Si quis autem post definitionem sancti et magni concilii tale aliquid agere tentaverit, et se hujusmodi negotio manciparit, hoc factum prorsus in irritum ducatur, et restituatur Ecclesiæ cui fuerit episcopus, aut presbyter, aut diaconus ordinatus.

CAP. XCVIII. — *De eadem re.*

(*Ex eodem, cap.* 16.) Quicunque temere ac periculose, neque timorem Domini præ oculis habentes, nec agnoscentes ecclesiasticam regulam, discedunt ab Ecclesia, presbyteri aut diaconi, vel quicunque sub regula prorsus existunt, hi nequaquam debent in aliam Ecclesiam recipi, sed omnem necessitatem convenit illis imponi, ut ad suas parochias revertantur. Quod si non fecerint, oportet eos communione privari.

CAP. XCIX. — *Ne presbyteri causa legationis per diversa mittantur loca, cura animarum relicta.*

(*Ex concil. Arelatensi, cap.* 3.) Statutum est ut presbyteri, sicut hactenus factum est, indiscrete per diversa non mittantur loca, nec ab episcopis, nec ab aliis prælatis, nec etiam a laicis, ne forte propter eorum absentiam, et animarum pericula et Ecclesiarum in quibus constituti sunt, negligantur officia.

CAP. C. — *Quod presbyteri assidue legere debeant.*

(*Ex dictis August.*) Presbyteri, oportet vos assiduitatem habere legendi, et instantiam orandi : quia vita viri justi lectione instruitur, oratione ornatur, et assiduitate lectionis munitur homo a peccato, juxta illum qui dicebat : In corde meo abscondi eloquia tua, ut non peccem tibi. Hæc sunt enim arma, videlicet lectio et oratio, quibus diabolus expugnatur. Hæc sunt instrumenta quibus æterna beatitudo acquiritur. His armis vitia comprimuntur, his alimentis virtutes nutriuntur. Sed et si quando a lectione cessatur, debet manuum operatio subsequi : quia otiositas inimica est animæ. Et antiquus hostis, quem a lectione sive ab oratione vacantem invenerit, facile ad vitia rapit. Per usum namque lectionis discetis qualiter et vos vivatis, et alios do-

ceatis. Per usum orationis, et vobis et his, quibus in charitate conjuncti estis, prodesse valebitis. Per manuum operationem et corporis macerationem, et vitiis alimenta negabitis, et vestris necessitatibus subvenietis, et habebitis unde necessitatem patientibus porrigatis.

CAP. CI. — *Ut presbyteri sine orariis non vadant.*

(*Ex concil. Mogunt.*) Presbyteri sine intermissione utantur orariis, propter differentiam sacerdotalis dignitatis.

CAP. CII. — *Ut clericus artificio honesto victum quærat.*

(*Ex concil. Afric., cap.* 51.) Clericus quilibet verbo Dei eruditus artificio honesto victum quærat.

CAP. CIII. — *De eadem re.*

(*Ex eodem concil., cap.* 3.) Clericus victum et vestitum sibi artificio vel agricultura absque officii sui duntaxat detrimento præparet.

CAP. CIV. — *De presbyteris, matutinali officio expleto, quid agere debeant.*

(*Ex concil. Nannet., cap.* 60.) Presbyter mane matutinali officio expleto, pensum servitutis suæ canendo Primam, Tertiam, Sextam, Nonamque persolvat : ita tamen, ut postea horis competentibus et signis designantibus juxta possibilitatem, aut a se, aut a scolaribus publice compleantur. Deinde peractis horis, infirmis visitatis, si voluerit ad opus rurale exeat jejunus, ut iterum necessitatibus peregrinorum et hospitum, sive diversorum commeantium, infirmorum quoque atque defunctorum succurrere possit usque ad statutam horam, pro qualitate temporis et opportunitatis.

CAP. CV. — *De eadem re.*

(*Ex dictis Benedicti.*) Propheta dicente, Septies in die laudem dixi tibi : qui septenarius numerus a nobis sic implebitur, si Matutino, Primæ, Tertiæ, Sextæ, Nonæ, Vesperæ, Completoriique tempore, nostræ servitutis officia persolvamus : quia de his dixit Propheta. Nam de nocturnis vigiliis idem ipse ait : Media nocte surgebam ad confitendum tibi, etc. Ergo his temporibus referamus laudes Creatori nostro, super judicia justitiæ suæ.

CAP. CVI. — *Quod magnum periculum sit aliquem fieri judicem vitæ alienæ, qui nescit suam temperare.*

(*Ex dictis August.*) Admonendi sunt presbyteri ut perpendant quia quidquid a fidelibus datur, redemptio peccatorum est : et ideo non glorientur talibus sumptibus uti, sed magis timeant quod in Veteri Testamento de sacerdotibus dictum est, iniquitatem populi eos debere portare. Et ideo cum magno timore super eos solliciti sint, quorum donis participantur : quia magnum periculum est judicem fieri vitæ alienæ, qui nescit tenere moderamina vitæ suæ.

CAP. CVII. — *Ut presbyteri juxta ecclesiam hospitentur.*

(*Ex concil. Meldensi, cap.* 5.) Ut presbyteri nullatenus ubicunque hospitari sinantur, aut aliquo modo ipsi præsumant, sed assidue apud suas ecclesias esse studeant propter sacra mysteria, vel ministeria, fidelibus exhibenda, nec etiam alibi habitare permittantur. Neque mulieres quamcunque habitationem habeant in locis in quibus presbyteri aliquem recursum habuerint. Quod si observare parvipenderint, ita ut transgressores, et qui contra interdicta fecerint, judicentur.

Cap. CVIII. — *De presbytero, si uxorem acceperit, deponatur.*

(*Ex concil. Niocæsariensi, cap.* 1.) Presbyter si uxorem acceperit, ab ordine deponatur. Si vero fornicatus fuerit, aut adulterium perpetraverit, amplius pelli debet, et ad pœnitentiam redigi. Simili modo etiam diaconus, si eodem peccato succubuerit, ab ordine ministerii subtrahatur.

Cap. CIX. — *De eadem re.*

(*Ex concil. Nicæno, cap.* 3.) Interdixit per omnia magna synodus non episcopo, non presbytero, non diacono, vel alicui omnino qui in clero est, licere subintroductam habere mulierem, nisi forte matrem, aut sororem, aut amitam, vel eas tantum personas quæ suspiciones effugiunt.

Cap. CX. — *De eadem re.*

(*Ex decr. Syricii p., cap.* 12.) Feminas vero non alias esse patimur in domibus clericorum, nisi eas tantum quas propter solas necessitudinis causas habitare cum iisdem synodus Nicæna permisit.

Cap. CXI. — *De eadem re.*

(*Ex eodem, cap.* 4.) Statutum est ab episcopis, de presbyteris qui feminas secum indiscrete habitare permittunt, et propter hoc malæ opinionis suspicione denotantur, et si deinceps admoniti non se correxerint, velut contemptores sacrorum canonum canonica invectione feriantur.

Cap. CXII. — *De eadem re.*

(*Ex concil. Agathensi, cap.* 3.) Id etiam ad custodiendam vitam et famam speciali ordinatione præcipimus, ut nullus clericorum extraneæ sit mulieri qualibet consolatione aut familiaritate conjunctus, et non solum in domum illius extranea mulier non accedat, sed nec ipse frequentandi extraneam mulierem habeat potestatem, sed cum matre tantum et sorore et nepte, si habuerit aut voluerit, vivendi liberam habeat potestatem, de quibus nominibus nefas est aliud quam natura constituit suspicari.

Cap. CXIII. — *Ut ancillæ a cellario presbyterorum removeantur.*

(*Ex concil. Remensi, cap.* 3.) Ancillas vel libertas a cellario vel a secreto ministerio, et ab eadem mansione in qua clericus manet, placuit removeri.

Cap. CXIV. — *Quod diaconi, sicut episcopus et presbyter, cessare debeant ab opere conjugali.*

(*Ex epist. Leon. pap., cap.* 17.) Lex continentiæ eadem est altaris ministris, quæ episcopis atque presbyteris. Qui cum essent laici, sive lectores, licite et uxores ducere, et filios procreare potuerunt, sed cum ad prædictos pervenerint gradus, cœpit eis non licere quod licuit. Unde, ut de carnali fiat spiritale conjugium, oportet eos nec dimittere uxores, et quasi non habeant sic habere,

quo et salva sit charitas connubiorum, et cessent opera nuptiarum.

Cap. CXV. — *De eadem re.*

(*Ex concil. Turonic., cap.* 6.) Et quia diabolo nullum locum dare oportet, hoc præcipue custodiendum decrevimus, ut nulli clerici cum extraneis feminis habeant familiaritatem, nec ullum male loquendi vel sentiendi hominibus aditum tribuant, quia frequenter per hanc indecentem occasionem contingit, ut diabolus qui insidiatur sicut leo in cubili suo, de ruinis servorum Dei insultet. Si quis vero clericus post interdictum episcopi sui his inhærere præsumpserit, a communione habeatur alienus.

Cap. CXVI. — *De eadem re.*

(*Ex concil. Nannetensi, cap.* 10.) Inhibendum et modis omnibus interminandum est, ut nullus sacerdos eas personas feminarum, sicut et in canone insertum continetur, de quibus suspicio esse potest, in domo sua habeat, sed neque illas quas canones concedunt, matrem, amitam, sororem : quia, instigante diabolo, etiam in illis scelus frequenter perpetratum reperitur, aut etiam impedisse quas illarum. Sed si quis de his habuerit talem necessitatem patientem, cui sit necessitas sustentatio presbyteri, habeat in vico aut in villa domum longe a presbyteri conversatione, et ibi eis subministret quæ necessaria sunt. Sed hoc secundum auctoritatem canonum modis omnibus prohibendum, ut nulla femina ad altare præsumat accedere, aut presbytero ministrare, aut infra cancellos stare aut sedere.

Cap. CXVII. — *De incontinentibus.*

(*Ex canon. apostolor., cap.* 22.) De presbyteris et diaconibus divinarum legum est disciplina, ut inter incontinentes in officiis talibus positi, omni honore ecclesiastico priventur, nec admittantur ad tale ministerium, quod sola continentia oportet impleri.

Cap. CXVIII. — *De ordinatis, quod cum mulieribus coire non debeant.*

(*Ex eodem.*) Præterea quod dignum et pudicum et honestum est, tenere Ecclesia omnino debet, ut sacerdotes et Levitæ cum mulieribus non coeant : quia ministerii quotidianis necessitatibus occupantur. Scriptum est : Sancti estote, quoniam ego sanctus sum Dominus Deus vester.

Cap. CXIX. — *De ordinatis, si usuras exercuerint.*

(*Ex eodem.*) Episcopus, presbyter, aut diaconus usuras a debitoribus exigens, aut desinat, aut certe damnetur.

Cap. CXX. — *De eadem re.*

(*Ex concil. Nicæno, cap.* 17.) Quoniam multi sub regula constituti avaritiam et turpia lucra sectantur, obliti que divinæ Scripturæ dicentis : « Qui pecuniam suam non dedit ad usuram, » mutuum dantes centesimas exigunt, juste censuit sancta et magna synodus, ut si quis inventus fuerit post hanc definitionem usuras accipiens, aut ex adinventione aliqua vel quolibet modo negotium transiens, aut hemiolia, id est, sescupla exigens, vel aliquid tale prorsus ex cogitans turpis lucri gratia, dejiciatur a clero, et vel bibendi causa tabernas non ingrediantur, nisi alienus existat a regula. peregrinationis necessitate compulsi.

CAP. CXXI.— *De eadem re.*

(*Ex epist. Leon. pap., cap. 4.*) Illud etiam duximus præmonendum, ut sicut non suo, ita nec alieno nomine aliquis clericorum exercere fœnus attentet.

CAP. CXXII. — *De eadem re.*

(*Ex concil. Tarraconensi, cap. 5.*) Quicunque in clero esse voluerit, emendi vilius, vel vendendi charius studio non utatur.

CAP. CXXIII.—*De eadem re.*

(*Ex epist. Leon. pap., cap. 5.*) Ne hoc quoque prætereundum esse duximus, quos jam turpis lucri cupiditate captos, usurariam exercere pecuniam, et fœnore velle ditescere. Quod non dicam in eos in clericali officio constitutos sed et in laicos cadere, qui Christianos se dici cupiunt, condolemus.

CAP. CXXIV.—*De eadem re.*

(*Ex conc. Carthag., cap. 16.*) Item placuit ut clericus si commodaverit pecuniam, pecuniam accipiat, si speciem, eamdem speciem quantum dederit accipiat.

CAP. CXXV.—*Item de usurariis.*

(*Ex concil. Aurel., cap. 5.*) Ut presbyteri a turpibus lucris et usuris non solum ipsi abstineant, verum etiam plebes sibi subditas abstinere instruant.

CAP. CXXVI. — *Quid sit usura.*

(*Ex concil. Agathen., cap. 1.*) Usura est ubi amplius requiritur quam datur. Verbi gratia : Si dederis solidos decem, et amplius requisieris : vel si dederis frumenti modium unum, et super aliquid exegeris.

CAP. CXXVII. — *De eadem re.*

(*Ex decr. Julii papæ, usurariis missis, cap. 125.*) Quicunque enim tempore messis vel vindemiæ, non necessitate, sed propter cupiditatem, comparant annonam vel vinum ; verbi gratia : si cum duobus denariis comparat modium unum, et servat usque dum venundetur denariis quatuor, aut sex, aut amplius, hoc turpe lucrum dicimus.

CAP. CXXVIII. — *De eadem re.*

(*Ex epist. Leonis papæ.*) Qualiter negotiantem aut excusat, aut arguit, quia est honestus quæstus, et turpis. Verumtamen pœnitenti utilius est dispendia pati quam periculis negotiationis astringi, quia difficile est inter ementis vendentisque commercium non intervenire peccatum.

CAP. CXXIX. — *Ut nullus ex ecclesiastico ordine edendi vel bibendi causa tabernas ingrediatur.*

(*Ex dictis August.*) Canonum statuta prohibent ut nullus ex ecclesiastico ordine sumendi cibi aut potus causa, nisi peregrinationis necessitate compulsus, tabernas ingredi audeat. Sed si aliquis hæc interdicta violaverit, ut sanctorum canonum contemptor acerrimis corripiatur disciplinis.

CAP. CXXX. — *Ut nullus ex sacro ordine cibi vel potus causa tabernas ingrediatur.*

(*Ex concil. Carthag., cap. 25.*) Ut clerici edendi vel bibendi causa tabernas non ingrediantur, nisi peregrinationis necessitate compulsi.

CAP. CXXXI. — *De eadem re.*

(*Ex concil. Laodicensi, cap. 24.*) Quod non oportet sacro mysterio deditos a presbyteris usque ad diaconos, et reliquum ecclesiasticum ordinem, id est usque ad subdiaconos, lectores, cantores, exorcistas et ostiarios, et ex numero continentium et monachorum ingredi tabernas.

CAP. CXXXII. — *Ut illi quibus uxores ducere licitum non est, aliorum nuptias devitent.*

(*Ex epist. Leonis papæ, cap. 19.*) Quibus licentia uxores ducendi non est, alienarum nuptiarum evitent convivia.

CAP. CXXXIII. — *Quod non oporteat in bigami nuptiis prandere presbyterum.*

(*Ex concil. Neocæs., cap. 7.*) Presbyterorum in nuptiis bigami prandere non convenit, quia cum pœnitentia bigamus egeat, quis erit presbyter qui, propter convivium, talibus nuptiis possit præbere consensum?

CAP. CXXXIV. — *De eadem re.*

(*Ex dictis August.*) Presbyteri, diaconi, subdiaconi, vel deinceps quibus ducendi uxores non est licitum, etiam alienarum nuptiarum evitent convivia, neque his cœtibus admisceantur, ubi amatoria cantantur et turpia, aut obscœni motus corporum choris et saltationibus efferuntur, ne auditus et obtutus sacris mysteriis deputatus, turpium spectaculorum atque verborum contagione polluatur.

CAP. CXXXV. — *De eadem re.*

(*Ex decret. Martini papæ, cap. 1.*) Non liceat sacerdotibus vel clericis aliqua spectacula in nuptiis vel conviviis spectare, sed oportet antequam ingrediantur ipsa spectacula surgere et redire inde.

CAP. CXXXVI. — *Ut nullus clericus in aliena civitate suscipiatur sine commendatitiis epistolis.*

(*Ex canone apostolor.*) Ut si quis clericus aut laicus ad alteram properat civitatem, et suscipitur præter commendatitias epistolas, et qui susceperit, et qui susceptus est, communione privetur.

CAP. CXXXVII. — *De eadem re.*

(*Ex concil. Antioch., cap. 27.*) Nulli peregrinorum sine pacificis, id est commendatitiis suscipiantur epistolis.

CAP. CXXXVIII. — *De clericis fugitivis, ne ab aliis recipiantur.*

(*Ex concil. Aurelian., cap. 2.*) In concilio Antiocheno simul et in Chalcedonensi præcipitur ut fugitivi clerici et peregrini a nullo recipiantur, nec ordinentur, nisi cum commendatitiis litteris, et sui episcopi vel abbatis licentia.

CAP. CXXXIX. — *Ut peregrini clerici sine litteris sui episcopi non recipiantur.*

(*Ex concil. Chalced., cap. 13.*) Peregrinos clericos et lectores, in alia civitate, præter commendatitias litteras sui episcopi, nusquam penitus ministrare debere.

CAP. CXL. — *Ut clerici in aliena civitate non maneant, nisi episcopus loci mores eorum prævideat.*

(*Ex concil. Carthag., cap. 55.*) Ut clerici in aliena

civitate non immorentur, nisi causas eorum justas episcopus loci vel presbyteri locorum perviderint.

CAP. CXLI. — *De clericis et monachis, qui sine litteris episcopi sui vagantur.*

(*Ex eodem concil., cap.* 36.) Clericis vel monachis sine commendatitiis epistolis episcopi sui licentia non pateat evagandi.

CAP. CXLII. — *De eadem re.*

(*Ex eodem concil. cap.* 37.) Clericis sine commendatitiis epistolis episcopi sui licentia non pateat evagandi, in monachis quoque præsentis sententiæ forma servetur.

CAP. CXLIII. — *Ut pauperibus et indigentibus auxilio, quum proficiscuntur, pacificis litteris sit subveniendum.*

(*Ex concil. Chalced., cap.* 11.) Omnes pauperes et indigentes auxilio, cum proficiscuntur, sub probatione, epistolis vel ecclesiasticis pacificis tantummodo commendari decrevimus, et non commendatitiis litteris, propterea quod commendatitias literas honoratioribus tantummodo præstari personis conveniat.

CAP. CXLIV. — *Ut illi clerici qui in alias provincias suos sequuntur seniores, sine formata ministrare non permittitur.*

(*Ex concil., Meldensi, cap.* 2.) Qui cum senioribus suis de aliis provinciis in aliam provinciam veniunt, sine formata ministrare non permittantur; quam etsi attulerint et ministrare idonei inventi fuerint, instruantur quam religiose atque studiose sacrum ministerium peragant, et in quibus locis agere debeant.

CAP. CXLV. — *Quod clerico non liceat alienas possessiones conducere, aut sæcularibus se negotiis immiscere.*

(*Ex concil. Chalced., cap.* 3.) Pervenit ad sanctam synodum quod quidam, qui in clero videntur electi, propter lucra turpia conductores alienarum possessionum fiant, et sæcularia negotia sub cura sua suscipiant: Dei quidem ministerium parvipendentes; secularium vero discurrentes per domos, et propter avaritiam patrimoniorum sollicitudinem sumentes. Decrevit itaque sanctum concilium, nullum deinceps, non episcopum, non clericum, non monachum, aut possessiones conducere, aut negotiis sæcularibus se miscere, præter ecclesiasticarum rerum sollicitudinem.

CAP. CXLVI. *Ut nullus laicus presbyterum suum villicationi implicare præsumat.*

(*Ex concil. Meldensi, cap.* 6.) Item jubendum est ut nemo laicorum presbyteros Ecclesiarum suarum turpi villicationi, et secundum apostolum sæculari et inhonestæ negotiationi implicare, nec secum aliorum contra auctoritatem præsumat ducere, quo ministerium sibi commissum cogantur negligere. Quod si hæc interdicta præsumpserit, excommunicetur.

CAP. CXLVII. *De illis presbyteris qui contra statuta canonum villici fiunt, et aliis sibi non concessis implicantur negociis, vicissque non admittendis.*

(*Ex eodem, cap.* 5.) Similiter de illis presbyteris qui contra statuta canonum villici fiunt, tabernas ingrediuntur, turpia lucra sectantur, et diversissimis modis usuris inserviunt, et aliorum domos inhoneste et impudice frequentant, et comessationibus et ebrietatibus deservire non erubescunt, et per diversos mercatus indiscrete discurrunt, obser vandum judicavimus ut ab hinc districte severiterque corceantur, ne per eorum illicitam et indecentem actionem, et ministerium sacerdotale vituperetur, et quibus debuerant esse in exemplum deveniant in scandalum.

CAP. CXLVIII. *Nulli clericorum, ne subdiacono quidem connubium carnale conceditur.*

(*Ex epist. Leonis papæ, cap.* 4.) Nam quum extra clericorum ordinem constitutis, nuptiarum societati, et procreationi filiorum studere sit liberum arbitrium, ad exhibendam tamen perfectæ continentiæ puritatem, nec subdiaconis quidem connubium carnale conceditur, ut et qui habent, sint tanquam non habentes, et qui non habent, permaneant singulares. Quod si in hoc ordine, qui quartus est a capite, dignum est custodiri, quanto magis in primo aut secundo tertiove servandum est, ne aut levitico aut presbyterali honore, aut episcopali excellentia quisquam idoneus æstimetur qui se a voluptate uxoria necdum frenasse detegitur?

CAP. CXLIX. — *De principibus qui solent suos sacerdotes ministeriis judicandi deputare.*

(*Ex concil. Toletano, cap.* 31.) Sæpe principes, contra quoslibet majestatis obnoxios, sacerdotibus negotia sua committunt. Et quia sacerdotes a Christo ad ministerium salutis electi sunt, ibi consentiant regibus fieri judices ubi jurejurando supplicii indulgentia promittitur, non ubi discriminis sententia præparatur. Si quis etiam sacerdotum contra hoc commune consultum discussor in alienis periculis exstiterit, sit reus effusi sanguinis apud Christum, et apud Ecclesiam perdat proprium gradum.

CAP. CL. — *De illis qui Deo servire disponunt, ut administrationem domorum non accedant.*

(*Ex concil. Carthagi., cap.* 7.) Nicasius Evastitanus Episcopus dixit: Credo placere suggestionem meam sanctitati vestræ, et displicere vobis ut qui serviunt Deo, et annexi sunt clero, accedant ad actus, et ad ministrationem vel procurationem domorum.

CAP. CLI. — *Item si liceat aliquem ex clero conductorem privatorum fieri.*

(*Ex eodem, cap.* 14.) Item placuit ut episcopi, presbyteri et diaconi vel clerici non sint conductores aut procuratores privatorum, neque ullo turpi vel inhonesto negotio victum quærant, quia respicere debent scriptum esse: Nemo militans Deo, implicat se negotiis sæcularibus.

CAP. CLII. — *Ut si quilibet ordinatus infra muros civitatis manens, ad sacrificium quotidianum non venerit, clericus non habeatur.*

(*Ex concil. Toletano, cap.* 5.) Presbyter, vel diaconus, vel subdiaconus, vel quilibet Ecclesiæ deputatus clericus, si intra civitatem fuerit, vel in loco in quo ecclesia est, aut in castello, aut in vico, aut in villa, si ad ecclesiam ad sacrificium quotidianum non venerit, clericus non habeatur, si castigatus non [sc] emendaverit.

CAP. CLIII. — *De eadem re.*

(*Ex concil. Venetico, cap.* 1.) Clericus qui intra muros civitatis manet, et ea die matutinis hymnis sine ægritudine defuerit, septem dies a communione habeatur extraneus.

CAP. CLIV. — *Quod omnes sacerdotes Domini oportet doceri, ut cæteros instruant, et sibi proficiant.*

(*Ex epist. Anacleti papæ omnibus fideli. missa, cap.* 10.) Doceri ergo omnes oportet qui Domini sacerdotio funguntur, ut et cæteros instruant et sibi proficiant. Scriptum est enim : Qui docti fuerint, fulgebunt quasi splendor firmamenti : et qui ad justitiam erudiunt multos, quasi stellæ in perpetuas æternitates. Et alibi : Populus autem sciens Deum suum obtinebit et faciet, et docti in populo docebunt multos. Ipsa enim veritas per se infert, et dicit : Beatus est qui non fuerit scandalizatus in me. Ille procul dubio est scandalizatus in Deum, qui recte non docet, et qui ejus scandalizat episcopum vel sacerdotem.

CAP. CLV. — *Ut singuli presbyteri singulis annis suo episcopo de ministerio suo rationem reddant.*

(*Ex concil. Mogun. a Ricolfo ejusdem sedis archiepisco habito, cap.* 3.) Ut unusquisque presbyter per singulos annos episcopo suo rationem ministerii sui reddat, tam de fide catholica, quam de baptismo, atque de omni ordine ministerii sui.

CAP. CLVI. — *Ut omnis presbyter sibi subditos fidem discere constringat.*

(*Ex concil. Gangren., cap.* 5.) Symbolum, quod est signaculum fidei, et orationem Dominicam discere semper admoneant sacerdotes populum Christianum. Volumusque ut disciplinam condignam habeant qui hæc discere negligunt, sive in jejunio, sive in alia castigatione. Propterea dignum est ut filios suos donent ad scholam, sive ad monasteria, sive foras presbyteris, ut fidem catholicam recte discant, et Orationem dominicam, ut domi alios edocere valeant. Qui vero aliter non potuerit, vel in sua lingua hoc discat.

CAP. CLVII. — *Qualem professionem presbyteros aut diaconos suo episcopo oporteat facere, quando per parochias constituuntur.*

(*Ex concil. Toleta.* 5, *cap.* 27.) Quando presbyteri aut diaconi per parochias constituuntur, oportet eos professionem episcopo suo facere, ut caste et pure vivant sub Dei timore, ut, dum eos talis professio alligat, vitæ sanctæ disciplinam retineant.

CAP. CLVIII. — *Nulli monacho non sacerdoti, vel laico, quantumlibet sint eruditi, licet prædicare.*

(*Ex epist. Leonis papæ.*) De his vero quæ in sæpe dicto concilio illicita contra venerandos Nicænos canones præsumptione tentata sunt, ad fratrem et coepiscopum nostrum Antiochenæ sedis præsulem scripsimus : adjicientes et illud quod nobis propter improbitatem monachorum quorumdam religiosi vestræ verbo mandastis per vicarios nostros, et hoc specialiter statuentes ut, præter Dei sacerdotes, nullus audeat prædicare seu monachus, sive ille laicus, qui cujuslibet scientiæ nomine glorietur.

CAP. CLIX. — *Ut parochiarii clerici ab episcopis suis canones discant.*

(*Ex concil. Aurelia. cap.*, 6.) Ut parochiarii clerici a pontificibus suis necessaria sibi statuta canonum legenda percipiant, ne rei ipsi vel populi quæ per salutem eorum decreta sunt, excusent se postmodum ignorasse.

CAP. CLX. — *Quod nulli sacerdotum canones liceat ignorare.*

(*Ex epist. Celest. papæ, cap.* 20.) Celestinus universis episcopis per Apuliam et Calabriam constitutis. Nulli sacerdoti suos liceat canones ignorare, nec quidquam facere quod Patrum possit regulis obviare. Quæ enim a nobis res digna servabitur, si decretalium norma constitutorum pro aliquorum libitu, licentia populis permissa, frangatur?

CAP. CLXI. — *De presbyteris parochialibus cum convenerint ut se inebriare non audeant.*

(*Ex concil. Namnet. cap.* 10.) Ut nullus presbyterorum, quando ad anniversarium diem, XXX aut VII vel III, alicujus defuncti, aut quacumque vocatione ad collectam presbyteri convenerint, se inebriare nullatenus præsumat, nec præsumat precari in amore sanctorum vel ipsius animæ libere, aut alios ad bibendum cogere, vel se aliena precatione ingurgitare, nec plausus et risus inconditos, et fabulas inanes ibi referre, aut cantare præsumat, vel turpia joca, vel urso, vel tornatricibus ante se facere permittat, nec larvas dæmonum, quas vulgo Talamascas dicunt, ibi ante se ferri consentiat : quia hoc diabolicum est, et a sacris canonibus prohibitum.

CAP. CLXII. — *De eadem re.*

(*Ex eodem, cap.* 11.) Quando autem convenerint presbyteri ad aliquod convivium, decanus aut aliquis prior illorum, versum ante mensam incipiat, et cibum benedicat, et tunc secundum ordinem sedeant, alter alteri honorem præbentes, et per vices cibum et potum benedicant, et aliquis de illorum clericis aliquid de sancta Scriptura legat. Et post refectionem similiter sanctum hymnum dicant ad exemplum Domini, sicut in coena fecisse legitur, et sic se contineant omnes presbyteri, maxime in talibus locis, ut non vituperetur ministerium illorum.

CAP. CLXIII. — *De eadem re.*

(*Ex eodem, cap.* 12.) Summopere etiam quisque presbyter caveat, sicut de statu suo vult gaudere, ut non quacunque occasione patrem suum aut alium quemlibet ad iram et ad rixam, quanto minus ad pugnam vel ad cædem aliquo verbo irritet seu provocet, nec provocatus ad hoc quisque prosiliat : quia in talibus comessationibus et potationibus, semper se immiscet diabolus.

CAP. CLXIV. — *De eadem re.*

(*Ex eodem, cap.* 4.) Quando presbyteri per Kalendas simul conveniunt, post peractum divinum mysterilem et necessariam collationem, non quasi ad plenam refectionem, sed quasi ad prandium ibi ad tabulas resideant, ne per talia inhonesta convivia se invicem gravent: quia indecens est et onerosum. Saepe etiam tarde ad ecclesiam redeuntes, majus damnum de reprehensione conquirunt, et de gravedine mutua contrahunt, quam lucrum ibi faciunt. Nam de hujusmodi conventu Paulus Corinthios reprehendit, qui inconvenienter coenam dominicam manducare conveniebant. Sic et qui ad coenam dominicam, id est, ad collationem verbi sub occasione conveniunt, et ex veritate ventris causa conjunguntur, reprehensibiles coram Deo et hominibus habentur: et ideo, peractis omnibus, qui voluerit, panem cum charitate in domo fratris sui simul cum fratribus frangat, et singuli singulos bibere faciant, maxime ut ultra tertiam vicem poculum non contingant, et sic ad ecclesias redeant.

CAP. CLXV. — *Ne clerici, nec non viri religiosi, ante horam tertiam ineant convivia.*

(*Ex concil. Carthag., cap. 12.*) Non oportet clericos vel laicos religiosos ante sacram horam diei tertiam inire convivia, neque aliquando clericos nisi hymno dicto edere panem, et post cibum gratias auctori Deo referre.

CAP. CLXVI. — *De presbyteris, ut hospitales sint.*

(*Ex concil. Nannet., cap. 3.*) Ut curam hospitum, maxime pauperum atque debilium, orphanorum quoque atque peregrinorum habeat presbyter, hosque ad prandium suum quotidie, juxta possibilitatem convocet, eisque hospitium tribuat.

CAP. CLXVII. — *De eadem re.*

(*Ex eodem, cap. 5.*) Ut autem omnis occasio rapinae tollatur, volumus ut presbyteri, qui bonum exemplum charitatis omnibus extendere debent, hospitales existant, juxta dominicum et apostolicum praeceptum, et humanitatem praebeant iter facientibus; quia per hospitalitatem placuerunt quidam Deo, angelis hospitio receptis. Et Dominus in die judicii dicturus est electis: Hospes fui, et suscepistis me. Et Job dicit: Ostium meum semper viatori patuit.

CAP. CLXVIII. — *Ut presbyteri plebes suas ut hospitales sint admoneant.*

(*Ex concil. apud Arvernas.*) Placuit ut presbyteri plebes suas admoneant ut ipsi hospitales sint, et nulli iter facienti mansionem denegent, et ut omnis occasio rapinae tollatur, nihil carius vendant transeuntibus, nisi quanto in mercato vendere possint. Quod si carius vendere voluerint, ad presbyterum transeuntes hoc referant, et illius jussu cum humanitate eis vendant.

CAP. CLXIX. — *Ut cibis sacerdotum semper lectio divina misceatur.*

(*Ex concil. Africano. cap. 6.*) Pro reverentia Dei et sacerdotum id universa sancta synodus statuit, ut, quia solent crebro mensis otiosae fabulae interponi, in omni sacerdotali convivio lectio Scripturarum divinarum misceatur. Per hoc enim et animae aedificantur ad bonum, et fabulae non necessariae prohibentur.

CAP. CLXX. — *De clericis intemperate viventibus.*

(*Ex concil. Carthag., cap. 62.*) Clerici inter epulas cantantes, ab officio detrahendi sunt.

CAP. CLXXI. — *De clericis scurrilibus.*

(*Ex eodem, cap. 80.*) Si quis clericus aut monachus verba scurrilia, jocularia, risumque moventia loquitur, acerrime corripiatur.

CAP. CLXXII. — *De eadem re.*

(*Ex eodem, cap. 60.*) Clericos scurriles et verbis turpibus joculatores ab officio detrahendos.

CAP. CLXXIII. — *Ut clericus fideijussor non sit.*

(*Ex eodem, cap. 70.*) Clericus fideijussionibus inserviens, abjiciatur.

CAP. CLXXIV. — *Ut clericus barbam non nutriat.*

(*Ex eodem, cap. 44.*) Clericus nec comam nutriat nec barbam.

CAP. CLXXV. — *De clericis per creaturam jurantibus.*

(*Ex eodem, cap. 61.*) Clericum per creaturas jurantem, acerrime objurgandum. Si perstiterit in vitio, excommunicandum.

CAP. CLXXVI. — *De clericis qui adulationibus et proditionibus vacare deprehenduntur.*

(*Ex eodem concil., cap. 56.*) Clerici qui adulationibus et proditionibus vacare deprehenditur degradetur ab officio.

CAP. CLXXVII. — *De ordinatis qui solent contra ecclesiastica mandata auribus principis molestiam inferre.*

(*Ex concil. Antioch., cap. 11.*) Si quis episcopus aut presbyter, aut quilibet regulae subjectus Ecclesiae, praeter consilium et litteras episcoporum provinciae, et praecipue metropolitani, adierit imperatorem: hunc reprobari et abjici oportere non solum a communione, verum et ab honore cujus particeps videtur existere: quia venerandi principis auribus molestiam tentavit inferre, contra leges Ecclesiae. Si igitur adire principem necessaria causa deposcit, hoc agatur cum tractatu et consilio metropolitani et caeterorum episcoporum qui in eadem provincia commorantur: qui etiam proficiscentem suis prosequantur epistolis.

CAP. CLXXVIII. — *De illis qui episcopis suis ne eos ad ampliorem honorem in ecclesia sua promoveant contradicunt.*

(*Ex concil. Africano., cap. 31.*) Item placuit ut quicunque clerici vel diaconi pro necessitatibus ecclesiarum non obtemperaverint episcopis suis, volentibus eos ad honorem ampliorem in sua ecclesia promovere, nec illic ministrent in gradu suo, unde recedere noluerunt.

CAP. CLXXIX. — *De presbytero certo crimine deposito, si de ministerio sibi interdicto aliquid agere praesumpserit.*

(*Ex concil. Toletano, cap. 6.*) Si quis presbyter ab episcopo suo fuerit degradatus, aut officio pro certis criminibus suspensus, et ipse per contemptum et superbiam aliquid de ministerio sibi interdicto agere præsumpserit, et postea, ab episcopo suo correptus, in certa præsumptione perduraverit, hic omnimodis excommunicetur, et ab ecclesia expellatur. Et quicunque cum eo communicaverit, similiter se sciat esse excommunicatum. Similiter de clericis, laicis, vel feminis excommunicatis observandum est. Quod si aliquis ista omnia contempserit, et episcopus emendare potuerit minime, regis judicio exsilio damnetur.

CAP. CLXXX. — *De presbytero vel diacono damnato qui imperatoris auribus molestus exstiterit.*

(*Ex concil. Antioch., cap. 12.*) Si quis a proprio episcopo presbyter aut diaconus, aut a synodo fuerit episcopus forte damnatus, et imperatoris auribus molestus exstiterit, oportet ad manus episcoporum converti concilium, et quæ putaverint habere justa, plurimis episcopis suggerant, eorumque discussiones ac judicia præstolentur. Si vero hæc parvipendentes molesti fuerint imperatori, hos nulla venia dignos esse, nec locum satisfactionis habere, nec spem futuræ restitutionis penitus operiri.

CAP. CLXXXI. — *De presbytero qui pravis exemplis mala de se suspicari permiserit.*

(*Ex concil. Agathen., cap. 4.*) Si quis presbyter vitæ suæ negligens pravis exemplis mala de se suspicari permiserit, et populus, ab episcopo juramento suo banno Christianitatis constrictus, infamiam ejus patefecerit, et certi accusatores criminis ejus defuerint, admoneatur primo seorsum ab episcopo, deinde sub duobus vel tribus testibus. Si non [se] emendaverit, in conventu presbyterorum episcopus eum publica increpatione admoneat. Si vero neque sic se correxerit, ab officio suspendatur usque ad dignam satisfactionem, ne populus fidelium in eo scandalum patiatur. Si autem accusatores legitimi non fuerint qui ejus crimina manifestis indiciis probare contenderint, et ipse negaverit, tum ipse cum septem sociis suis ejusdem ordinis, si valet, a crimine semetipsum expurget. Diaconus vero, si eodem crimine accusatus fuerit, semetipsum cum tribus excuset.

CAP. CLXXII. — *De eadem re.*

(*Ex concil. Triburiensi, cap. 21.*) Si quis presbyter contra laicum, vel laicus contra presbyterum aliquam habet querimoniæ controversiam, episcopo præcipiente, sine personarum acceptione finiatur. Laicus per juramentum, si necesse sit, se expurget : presbyter vero vice juramenti per sanctam consecrationem interrogetur : quia sacerdotes ex levi causa jurare non debent. Manus per quam corpus et sanguis Christi consecrantur, juramento polluatur! Absit! cum Dominus in Evangelio discipulis suis, quorum vicem non indigni in sancta gerimus Ecclesia dicat : Nolite omnino jurare. Sit autem sermo vester, est, est, non, non. Quod autem his abundantius est, ex malo est.

CAP. CLXXXIII. — *Si clericus adversus clericum habet negotium, ad secularia non recurrat judicia.*

(*Ex concil. Chalced., cap. 9.*) Si quis clericus adversus clericum habet negotium, non deserat episcopum proprium et ad sæcularia percurrat judicia : sed prius actio ventiletur apud episcopum proprium, vel certe consilio ejusdem episcopi, apud quos utræque partes [cum] voluerint judicium continebunt. Si quis autem præter hæc fecerit, canonicis correptionibus subjacebit.

CAP. CLXXXIV. — *De presbyteris qui a plebibus infamabuntur, quomodo purgari debeant.*

(*Ex concil. Hilerdensi, cap. 10.*) Si quis presbyter a plebe sibi commissa mala opinione infamatus fuerit, et episcopus legitimis testibus approbare non potuerit, suspendatur ab officio presbyter usque ad dignam satisfactionem, ne populus fidelium in eo scandalum patiatur. Digna enim satisfactio est, si eis a quibus reus creditur, post rectam securitatem de imposito crimine, innocens esse manifestatur. Quod ita nobis a majoribus constitutum esse docetur. Sed sive secundum canones, sive ad arbitrium episcopi sibi collegas VII conjungat, et juret id sacro coram posito Evangelio : quod eum sancta Trinitas et Christus filius Dei, qui illud fecit et docuit quod Evangelium continet, et sancti quatuor Evangelistæ qui illud scripserunt sic adjuvent, quod ille prænominatam actionem ita non perpetrarit, sicut ei de illis oblatum est. Et, in hac satisfactione purgatus, secure deinceps suum exerceat ministerium. Quam satisfactionem nonnulli præcedentium patrum sanctum Leonem papam, in basilica sancti Petri apostoli, coram reverendissimo cæsare Carolo, ac clero et plebe ita fecisse commemorant : atque ita mox venerandum principem contra ejusdem sancti papæ adversarios, dignæ ultionis vindictam exercere.

CAP. CLXXXV. — *Si aliquis ex ordinatis ab episcopo suo damnatus fuerit, ut non debeat ab aliquo defensari.*

(*Ex concil. Afric., cap. 29.*) Et illud petendum ut statuere dignentur ut, si quis cujuslibet honoris clericus, judicio episcoporum, quocumque crimine fuerit damnatus, non liceat eum sive ab Ecclesiis quibus præfuit, sive a quolibet homine defensari, interposita poena damni pecuniæ atque honoris, quo nec ætatem nec sexum excusandum esse præcipiant.

CAP. CLXXXVI. — *De presbytero a populo accusato.*

(*Ex epist. Gregorii.*) De presbytero vero vel quolibet sacerdote a populo accusato, si certi non fuerint testes qui crimini illato veritatem dicant, jusjurandum erit in medio, et illum testem proferat de innocentiæ suæ puritate, cui nuda et aperta sunt omnia, sicque maneat in proprio gradu.

CAP. CLXXXVII. — *De clericis convictis et confessis, si intra annum causam suam purgare contempserint, nulla vox eorum post audiatur.*

(*Ex concil. Afric. cap. 46.*) Rursum constitutum est ut aliquoties clericis convictis et confessis in aliquo crimine, vel propter eorum quorum verecundiæ parcitur, vel propter Ecclesiæ opprobrium, aut insolentem insultationem hæreticorum atque gentilium, si forte causæ suæ adesse voluerint, et insocentiam suam asserere, intra annum excommunicationis hoc faciant. Si vero intra annum causam suam purgare contempserint, nulla vox eorum postea penitus audiatur.

CAP. CLXXXVIII. — *Ut nullus ex ordinatis laico jurare præsumat.*

(*Ex concil. Remensi, cap. 5.*), Ut nullus ex ecclesiastico ordine cuiquam laico quidquam supra sacra, vel super sancta Evangelia juret, sed simpliciter cum puritate et veritate dicat : Est, est, Non, non; sed si est aliquid quod eis a laicis objiciatur, ad episcopum, in cujus territorio est, deferatur : et juxta id quod illi qui ejusdem sunt ordinis dijudicaverint, aut corrigatur aut expurgetur.

CAP. CLXXXIX. — *Si presbyter aut diaconus in fornicatione, aut perjurio, aut furto, homicidio, captus fuerit, ab officio suspendatur.*

(*Ex can. apostolo.*) Presbyter aut diaconus qui in fornicatione, aut perjurio, aut furto, aut homicidio captus est, deponatur : non tamen communione privetur. Dicit enim Scriptura : Non judicat Dominus bis in idipsum.

CAP. CXC. — *De ordinatis, si aliquis illorum percussor extiterit.*

(*Ex conc. Agathensi, cap. 3.*) Si quis in aliquo ecclesiastico gradu sacratus percussor extiterit, corripiatur accerime. Si non emendaverit, deponatur.

CAP. CXCI. — *De presbyteris qui propter suam negligentiam degradantur.*

(*Ex concil. Mogunt., cap. 40.*) Dictum est nobis presbyteros propter suam negligentiam canonice degradatos, et sæculariter gradu amisso vivere, et poenitentiæ agendæ bonum negligere. Unde statuimus ut, gradu amisso, agendæ poenitentiæ gratia in monasterio aut canonico aut regulari mittantur. Si vero hoc fieri causa quælibet prohibuerit, ubicumque sint, poenitentiam agere non desistant. Si autem amisso gradu sæculariter vivere voluerint, et poenitentiam agere neglexerint, ab Ecclesiæ communione separentur.

CAP. CXCII. — *De ordinatis, si injuste degradati fuerint.*

(*Ex eodem, cap. 28.*) Episcopus, presbyter aut diaconus, si, a gradu suo injuste dejectus, in secunda synodo innocens reperiatur, non potest esse quod fuerat, nisi gradus amissos recipiat coram altari de manu episcoporum. Si episcopus est, orarium, annulum et baculum. Si presbyter, orarium et planetam. Si diaconus, orarium et albam. Si subdiaconus, patenam et calicem. Sic et reliqui gradus in reparationem sui recipiant quæ, cum ordinarentur, perceperant.

CAP. CXCIII. — *De ordinatis qui episcopum proprium contemnunt.*

(*Ex concil. Antioch., cap. 5.*) Si quis presbyter aut diaconus, episcopum proprium contemnens, se ab Ecclesia sequestraverit, et seorsum colligens altare constituerit, et commonenti episcopo non acquieverit, nec consentire vel obedire voluerit semel et iterum convocanti, hic damnetur omnimodo, nec ultra remedium consequatur.

CAP. CXCIV. — *Si presbyter contra suum episcopum inflatus schisma fecerit, ut anathematizetur.*

Ex conc. Carthag., cap. 11.) Ab universis episcopis dictum est : Si quis presbyter ab episcopo suo correptus fuerit, debet utique apud vicinos episcopos conqueri, ut ab ipsis ejus causa possit audiri, ac per ipsos suo episcopo reconciliari. Quod nisi fecerit, sed superbia, quod absit! inflatus secernendum se ab episcopi sui communione duxerit, ac separatim cum aliquibus schisma faciens sacrificium Deo obtulerit, anathema habeatur, et locum amittat. Si querimoniam justam adversus episcopum non habuerit, inquirendum erit.

CAP. CXCV. — *De illis qui aliquem ex ordinatis falso crimine appetierint.*

(*Ex eodem, cap. 5.*) Si quis episcopum aut presbyterum vel diaconum falsis criminibus appetierit, et probare non potuerit, nisi in fine dandam ei non esse communionem.

CAP. CXCVI. — *Ut criminator crimen criminati, litteris comprehensum, ante accusationem episcopo suo representet.*

(*Ex concil. Aureli., cap. 10.*) Illud præterea omni ecclesiastico ordini omnimodis observandum est, ut nullatenus aliquis præsumat in concilio vel synodali conventu aliquem confratrum accusatione pulsare, nisi prius ipsum accusationis crimen et litigationis causas, litteris per ordinem comprehensum, manu propria subscripserit, et episcopo vel sacræ synodo porrexerit, ut juste et canonice litigantium controversiæ finiantur. Non enim licet, ut auctoritas Romana testatur, nisi inscriptione celebrata reum quemquam fieri, nec ad judicium exhiberi, quia sicut convictum de crimine poena constringit, ita accusatorem, si non probaverit quod objecit.

CAP. CXCVII. — *Ut nullus ex ordinatis se proclamet in synodo, nisi scriptis.*

(*Ex concil. ad sanct. Medard., cap. 9.*) Hincmarus, archiepiscopus Remorum, suis accusatoribus dixit : Quæ est petitio vestra, fratres ? — Misericordiam, inquiunt, petimus nobis a vestra paternitate impendi, de ministratione ordinum ecclesiasticorum, ad quos a domino Ebone quondam provecti, a vestra auctoritate suspensi sumus. Hincmarus episcopus dixit : Habetis libellum reclamationis aut postulationis, sicut ecclesiastica se habet traditio? Illi autem responderunt se præ manibus nullum habere libellum. Hincmarus episcopus dixit : Legum ecclesiasticarum auctoritas talis est ut in causis gestorum semper scripturam requirat : adeo ut qui ad sacrum fontem accedit, suum dare nomen præcipiatur ; qui ad summum sacerdotium provehitur, decreto manibus omnium roborato eligitur ; ordinatus autem a suis ordinatoribus litteras accipere jubetur; qui etiam ab ecclesiastica societate quolibet excessu discinditur, libellari scriptione aut recipitur aut dejicitur; sed qui accusatur, vel excommunicatur seu reconciliatur, per scripturam accusari vel reconciliari jubetur. Et sic in cæteris hujusmodi tantum scriptura deposcitur, ut, sicut beatus Gregorius in Commonitorio ad Joannem defensorem ex Romanis legibus sumens scribit : Sententia quæ sine scriptura profertur, nec nomen sententiæ habere mereatur. Quapropter, fratres et filii, oportet vos, secundum ecclesiasticam auctoritatem, reclamationem vestram libelli serie allegare, eamque manibus vestris roboratam synodo sacræ porrigere, ut convenienter et canonice vobis valeat responderi. Et tunc ipsi fratres libellum conscribentes, eique sua nomina subscribentes, porrexerunt Hincmaro episcopo, qui tunc una cum Wevilone, Senonensi archiepiscopo, et cum Amalrico, Turonensi æque archiepiscopo, sub præsentia gloriosi regis Caroli, synodo præsidebat.

CAP. CXCVIII. — *De clericorum accusatoribus : si unum ex objectis probare non potuerint, ad cætera non admittantur.*

(*Ex concil. Africano, cap.* 75.) Item placuit, quotiescunque clericis ab accusatoribus multa crimina objiciuntur, et unum ex ipsis de quo prius egerint, probare non valuerint, ad cætera jam non admittantur.

CAP. CXCIX. — *De episcopo aut presbytero, si causa criminalis eis reputata fuerit, quomodo se expurgare debeant.*

(*Ex concil. Wormacien., cap.* 8.) Si episcopo aut presbytero causa criminalis, homicidium, adulterium et maleficium reputatum fuerit, in singulis Missam tractare debet, et Secretam publice dicere, et communicare, et de singulis sibi reputatis innocentem se ostendere. Quod si non fecerit, quinquennio a liminibus ecclesiæ extraneus habeatur.

CAP. CC. — *Ut clerici ab alienis judicibus non constringantur.*

(*Ex decr. Adriani papæ, cap.* 58.) In clericorum causa hujusmodi forma servetur, ut nequaquam eos sententia non a suo judice dicta constringat.

CAP. CCI. — *Criminantem injuste, et non probantem, verberibus publice castigandum, et in exilium deportandum.*

(*Ex regu. ad Antemium subdiaconum Campan., cap.* 201.) Cum fortius punienda sint crimina quæ insontibus et maxime sacratis ordinibus ingeruntur, quam sitis culpabiles, omnes qui in causa Joannis diaconi resedistis, attendite, ut Hilarum criminatorem ipsius, nulla ex definitione vestra pœna veniens castigaret. Nec illud ad excusationem vestram esse credatis idoneum, quod vobis quasi judicare volentibus solus frater et coepiscopus noster Paschasius dicitur detulisse. Nam si zelus in vobis rectitudinis viguisset, facilius uni a multis rationabiliter suaderi, quam multi ab uno poterant sine causa differri. Quia ergo tantæ nequitiæ malum sine digna non debet ultione transire, suprascriptum fratrem nostrum Paschasium volumus admoneri ut eumdem Hilarum prius subdiaconatus, quo indignus fungitur, privet officio, atque verberibus publice castigatum faciat in exsilium deportari, ut unius pœna multorum possit esse correctio.

CAP. CCII. — *Ut si quis clericum accusaverit, et testimoniis probare non potuerit, accusator pœnam accusati accipiat.*

(*Ex concil. Braggarden., cap.* 8.) Placuit ut, si quis aliquem clericorum in accusatione fornicationis impetit, secundum præceptum Pauli apostoli, duo vel tria testimonia requirantur ab illo. Quod si non potuerit datis testimoniis approbare quod dixit, excommunicationem accusati accusator accipiat.

CAP. CCIII. — *Ut sicut laici clericos in secularibus in sua accusatione non recipiunt, ita nec ipsi in sacerdotum recipiantur.*

(*Ex concil. Aurelianensi, cap.* 5.) Omnes episcopi in tertia sessione acclamaverunt : Sane dignum est ut, sicut sacerdotes vel clericos in sua accusatione vel secularibus judiciis laici non recipiunt, ita ipsi in sacerdotum vel clericorum accusationibus, seu ecclesiasticis negotiis, nisi sponte collaudentur, non recipiantur : quoniam inconveniens est ut hi qui hos respuunt, ab his recipiantur.

CAP. CCIV. — *Ut testimonium laici contra clericum nemo suscipiat.*

(*Ex concil. Triburiensi, cap.* 4.) Testimonium laici adversus clericum nemo suscipiat.

CAP. CCV. — *De ordinatis, si accusati fuerint, quot testibus se excusare debuerint.*

(*Ex concil. Carthaginen., cap.* 20.) Si autem presbyteri vel diaconi fuerint accusati, adjuncto sibi ex vicinis locis proprius episcopus legitimo numero collegarum, quos ab eodem accusati petierint, id est, una secum in presbyterii nomine VI, in diaconii tribus, ipsorum causas discutiat, eadem dierum et dilationum, et a communione remotionum, et discussione personarum inter accusatores, et eos qui accusantur forma servata. Reliquorum autem clericorum causas, etiam solus episcopus loci agnoscat et finiat.

CAP. CCVI. — *De substantia defuncti presbyteri, cujus esse debeat.*

(*Ex conc. Triburiensi, qui interfuit Arnolphus rex, cap.* 23.) Sancto concilio allatum est quod quidam laici improbe agant contra presbyteros suos, ita ut de morientium presbyterorum substantia partes sibi vindicent sicuti de propriis servis. Interdicimus itaque canonica auctoritate ne hoc ulterius fiat : sed sicuti liberi facti sunt ad suscipiendum gradum et agendum divinum officium, ita nihil ab eis exigatur præter divinum officium. De peculiari vero sacerdotum nihil sibi usurpent, sed totum in quatuor dividatur partes, una episcopo, alia altari, tertia pauperibus, quarta parentibus : et si non sunt idonei parentes, episcopus eam recipiat, et in usum Ecclesiæ diligenter distribuat. Et si quis contra hæc facere præsumpserit, anathematizetur.

CAP. CCVII. — *De presbyteris qui sine testamento discesserint.*

(*Ex eodem, cap.* 14.) Si quiscunque ex gradu ecclesiastico sine testamento et sine cognatione discesserit, hæreditas ejus ad ecclesiam, ubi servivit, devolvatur. Similiter de sanctimonialibus.

CAP. CCVIII. — *De clericis qui laicalibus vestimentis utuntur.*

(*Ex eodem, cap. 27.*) Ut laicalibus vestimentis clerici non utantur, id est, mantello vel cotto, sive cappa, nec pretiosis et ineptis calceamentis, et alis novitatum vanitatibus, red religioso et decenti habitu induti incedant.

CAP. CCIX. — *De eadem re.*

(*Ex concil. Carthaginen., cap. 45.*) Clericus professionem suam etiam habitu et incessu probet, et idoneo nec vestibus nec calceamentis decorem quærat.

CAP. CCX. — *De clericis qui ociose in nundinis ambulant.*

(*Ex eodem concil., cap. 48.*) Clericus qui, non pro emendo aliquid, in nundinis vel in foro deambulat, ab officio suo degradetur.

CAP. CCXI. — *Ut nullus ex clero arma militaria portet.*

(*Ex eodem concil. cap. 48.*) Quicunque ex clero esse videntur, arma militaria non sumant, nec armati incedant, sed professionis suæ vocabulum religiosis moribus et religioso habitu præbeant. Quod si contempserint, tanquam sacrorum canonum contemptores et ecclesiasticæ sanctitatis profanatores, proprii gradus amissione mulctentur : quia non possunt simul Deo et sæculo militare.

CAP. CCXII. — *Ut omnes clerici magis confidant in defensione Dei quam in armis.*

(*Ex concil. Aurelianen., cap. 9.*) Omnimodis dicendum est presbyteris et diaconibus ut arma non portent, sed magis confidant in defensione Dei quam in armis.

CAP. CCXIII. — *De illis qui, ex ecclesiastico ordine, aut venantur, aut cum accipitribus jocantur.*

(*Ex concil. Meldensi, cap. 8.*) Episcopum, presbyterum aut diaconem canes ad venandum, aut accipitres, aut hujusmodi res habere non licet. Quod si quis talium personarum in hac voluntate sæpius detectus fuerit, si episcopus est, tribus mensibus se a communione suspendat, presbyter duobus, diaconus uno ab omni officio et communione suspendantur.

CAP. CCXIV. — *De servis Dei, ut omnes sylvaticæ vagationes cum canibus et accipitribus interdicantur.*

(*Ex concil. Aurelianen., cap. 3.*) Omnibus servis Dei venationes et sylvaticas vagationes cum canibus, et ut accipitres et falcones non habeant, interdicimus.

CAP. CCXV. — *Ut clericos discordantes episcopus sua potestate reconciliet.*

(*Ex concil. Africano, cap. 59.*) Discordantes clericos episcopus vel ratione vel potestate ad concordiam trahat, inobedientes synodus per audientiam damnet.

CAP. CCXVI. — *De clericis qui proruperint in mutuam cædem.*

(*Ex concil. Hilerden., cap. 6.*) Si qui clerici in mutuam cædem proruperint, prout dignitas officiorum in tali excessu contumeliam pertulerit, a pontifice districtius vindicetur.

CAP. CCXVII. — *De eadem re.*

(*Ex eodem, cap. 7.*) Frater in fratrem si ausus fuerit manum mittere, legitimam disciplinam accipiat.

CAP. CCXVIII. — *De officiis et ministeriis septem diaconorum cum subdiaconibus et sequentium ordinum ministris observandis.*

(*Ex ep. Fabiani papæ, cap. 2.*) Septem ergo diaconi sint in urbe Roma per septem regiones civitatis, sicut a patribus accepimus, qui per singulas hebdomadas et dominicos dies, atque festivitatum solemnia, cum subdiaconibus et acolythis, ac sequentium ordinum ministris, injuncta sibi observent ministeria, et parati omni hora sint ad divinum officium, et quidquid eis injungitur peragendum. Similiter et vobis prout opportunum fuerit, per singulas civitates est faciendum ut divinum, absque ulla mora aut negligentia, studiose ac solemniter agatur officium.

CAP. CCXIX. — *De numero certo diaconorum.*

(*Ex concil. Neocæsar., cap. 14.*) Diaconi septem debent esse juxta regulam, licet et valde magna sit civitas. Idipsum autem et Actuum apostolorum liber insinuat.

CAP. CCXX. — *De eadem re.*

(*Ex concil. episcoporum, qui in Ancira et Cæsaria convenerunt, cap. 9.*) Diaconi septem esse debent secundum regulam, quamvis magna sit civitas. Cui regulæ auctoritas erit liber Actuum apostolorum.

CAP. CCXXI. — *Ut diaconi coram presbyteris non sedeant.*

(*Ex concil. Laodicensi, cap. 20.*) Quod non oporteat diaconum coram presbytero sedere, sed jussione presbyteri sedeat. Similiter autem et diaconis honor habeatur ab obsequentibus, id est, a subdiaconis et omnibus clericis.

CAP. CCXXII. — *De diaconibus qui se presbyteris anteponunt.*

(*Ex concil. Toletan., cap. 59.*) Nonnulli diacones in tantam erumpunt superbiam ut sese presbyteris anteponant, atque in primo choro ipsi priores stare præsumant presbyteris in secundo choro constitutis. Ergo ut sublimiores sibi presbyteros agnoscant, tam hi quam illi in utroque choro consistant.

CAP. CCXXIII. — *Ut exorcistæ energumenis manus imponant.*

(*Ex concil. Carthag., cap. 90.*) Omni die exorcistæ energumenis manus imponant.

CAP. CCXXIV. — *De honore universis ordinibus competente.*

(*Ex decr. Silvestr. papæ, cap. 4.*) Ita fratres jubet auctoritas divina, et affirmat, ut, a subdiacono usque ad lectorem, omnes subditi sint diacono cardinali urbis Romæ, in Ecclesia honorem repræsentantes tantum. Pontifici vero, presbyter, diaconus, subdiaconus, acolythus, exorcista, lector, abbas, monachus, in omni loco repræsentet obsequium, sive in publico, sive in gremio ecclesiæ.

CAP. CCXXV. — *De sacerdotibus qui adimplere suum ministerium nesciunt, nec discere volunt: quod ab officio sint submovendi.*

(*Ex concil. Aurelianensi; cap. 6.*) Sacerdotes qui rite non sapiunt adimplere ministerium suum, nec discere juxta praeceptum suorum episcoporum pro viribus satagunt, vel contemptores canonum existunt, ab officio proprio sunt submovendi, quousque haec pleniter emendata habeant.

CAP. CCXXVI. — *Ut inter clericos non computentur qui sub nullius episcopi disciplina inveniuntur.*

(*Ex concil. Parisiensi, cap. 10.*) Nulla ratione clerici aut sacerdotes habendi sunt qui sub nullius episcopi disciplina et providentia gubernantur. Tales enim acephalos, id est, sine capite, priscae Ecclesiae consuetudo nuncupavit.

CAP. CCXXVII. — *Exemplar formatae epistolae, quae in Nicaena synodo a sanctis patribus est formata et collaudata.*

(*Ex decr. Nicaeni concilii.*) In nomine patris π, et filii γ, et spiritus sancti α. Walterio Spirensi episcopo, ego Burchardus sanctae Wormaciensis Ecclesiae devotus gregis Christi famulus, in Deo vero summae felicitatis beatitudinem. Cum sancta catholica Ecclesia prompta sit sequi documenta Evangelica, quae dicunt: Qui recipit prophetam in nomine prophetae, accipiet mercedem, prophetae; et qui recipit justum in nomine justi, et caetera; et Apostolus jubeat hospitalitatem sectari, et necessitatibus sanctorum virorum communicare; tamen propter eos qui cauteriatam habent suam conscientiam, dicentes se esse simplices, cum sint astutia diabolica repleti, et pro opere pietatis dicunt se de loco ad locum transire, cum sint sua malitia faciente fugitivi, et dicunt se esse ministerio sacro insertos, cum non sint: statutum est a sanctis Patribus neminem clericum alienum et ignotum recipi ab aliquo episcopo et inthronizari in sua ecclesia, nisi habeat a proprio episcopo epistolam quae in canonibus nominatur formata. Ideo notum facimus paternitati vestrae quod praesens frater noster harum literarum portitor nomine Ecmannus, non pro sua nequitia expulsus est a nobis: sed, postulantibus fratribus nostris, eo quod ex familia nostra fuit et noster baptizatus, fecimus ei libertatem receptam a cornu altaris canonice, et ordinavimus eum ad gradum presbyterii. Cui etiam has dimissorias sive commendatitias literas fecimus, et eum ad vestram dilectam fraternitatem dirigimus, ut in vestra parochia sub vestro sacro regimine et defensione consistere valeat. Ego, inquam, Burchardus humilis episcopus, in nomine Patris, et Filii, et Spiritus sancti, et in unitate sanctae Ecclesiae, in qua Petro datum est jus ligandi atque solvendi, absolvo Ecmannum presbyterum de civitate Wormaciensi, indictione X; et licentiam do vobis inthronizandi eum in quacunque ecclesia vultis vestrae parochiae. Hanc ergo epistolam Graecis litteris hinc inde munire decrevimus, et annulo Ecclesiae nostrae firmare censuimus. Fraternitatem vestram Christus nobis incolumen conservet. π. γ. α. π. β. ε. ζ. ξ. α. κ. ν. θ. Data Wormaciae, Idibus Martii, anno Dominicae incarnationis millesimo duodecimo, indictione X.

CAP. CCXXVIII. — *De illo qui fugam fratris celaverit.*

(*Ex dictis Basilii.*) Si quis eum quem, districtionem ecclesiasticam non ferentem, fugam meditari agnoverit, non statim prodiderit, perditionis illius particem se esse non dubitet: et tam diu est a conventu fratrum sequestrandus, quam diu ille valeat revocari.

CAP. CCXXIX. — *De illis qui presbyteros suos male tractaverint.*

(*Ex concil. Arvernen., cap. 7.*) Si quis presbyterum proprium inhonorat, aut verbo aut facto contumeliam facit, tam diu a liminibus Ecclesiae arceatur, quousque per condignam poenitentiam satisfaciat. Ait enim Apostolus: Presbyteri qui bene praesunt, duplici honore digni habeantur. Item alibi dicit: Obedite praepositis vestris, subjecti eis estote, etc.

CAP. CCXXX. — *Ut nomen papae in Ecclesiis sanctis recitetur.*

(*Ex concil. Vasensi, cap. 3.*) Et hoc justum visum est nobis ut nomen domini papae, quicunque sedi apostolicae praefuerit, in nostris Ecclesiis recitetur.

CAP. CCXXXI. — *Ut presbyter aut diaconus qui canonicus non est, sed in villis habitat, nusquam summas festivitates celebret nisi in civitatibus.*

(*Ex concil. Arvernen., cap. 6.*) Si quis presbyter aut diaconus, qui non in civitate canonicus esse dinoscitur, sed in villulis habitans, in oratoriis officio sancto deserviens celebrat divina mysteria, festivitates praecipuas, Domini Natalem, Pascha, Pentecosten, et si quae principales sunt festivitates reliquae, dehinc ne faciat commonemus: et nusquam alibi nisi cum episcopo suo in civitate festivitates supradictas celebret. Quicunque sunt cives laici, natu majores, pari modo in urbibus ad pontifices suos in praedictis festivitatibus veniant, et ibi divina mysteria celebriter audiant. Quod si qui improba temeritate haec contempserint, a communione pellantur.

CAP. CCXXXII. — *Ut presbyteris potestas praedicandi in suis plebibus concedatur.*

(*Ex concil. Vasensi, cap. 6.*) Hoc etiam pro aedificatione omnium ecclesiarum, et pro utilitate totius populi nobis placuit, ut non solum in civitatibus, sed etiam in omnibus parochiis, verbum faciendi daremus presbyteris potestatem, ita ut si presbyter aliqua infirmitate prohibente per seipsum non potuerit praedicare, sanctorum patrum Homeliae a diaconibus probatis recitentur.

CAP. CCXXXIII. — *De clericis qui in rixa interficiuntur.*

(*Ex concil. Tribur., cui Arnolfus rex interfuit, cap. 50.*) Quicunque clericus aut in bello, aut in rixa, aut gentilium ludis mortuus fuerit, neque oblatione neque oratione pro eo postuletur, sed in manus incidat judicis: sepultura tantum non privetur.

Cap. CCXXXIV. — *De clericis qui a dominis suis liberi facti sunt.*

(*Ex concil. apud Alth. habito, cui interfuit Conradus rex, cap.* 38.) Nullus clericus ad gradum presbyterii promoveatur, nisi ut scriptum in canonibus habetur. Si enim propter Dei dilectionem quis de servis suis quemquam elegerit, et docuerit literas, et libertati condonaverit, et per intercessionem erga episcopum presbyterum effecerit, et secundum apostolos victum et vestitum ei donaverit : ille autem postea in superbiam elatus missam dominis suis et canonicas horas observare, et psallere renuerit, et eis juste obedire, dicens se liberum esse, noluerit, et quasi libere cujus vult homo fiat, hoc sancta synodus anathematizat, et illum a sancta communione arceri judicat, donec resipiscat et domino suo obediat secundum canonica praecepta. Sin autem obstinato animo et hoc contempserit, accusetur apud episcopum qui eum ordinavit, et degradetur : et fiat servus illius idem domini sui, sicut natus fuerat. Quisquis vero talem secum habuerit, postea quam rem illius praedictam audierit, et domino suo non reddiderit, vel a se projecerit, sive episcopus, sive comes, sive clericus, sive laicus, anathematis illius societate nodatus, poenam excommunicationis luet.

Cap. CCXXXV. — *De presbyteris qui parochias fugerint in quibus locati sunt.*

(*Ex concil. Cabillon., cap.* 41.) Presbyter proprio loco dimisso ad alium nigrans nequaquam recipiatur, nisi suae migrationis causam dixerit, et se innocenter vixisse in parochia in qua ordinatus est sub testibus probaverit : litteras etiam habebit in quibus sint nomina episcopi et civitatis plumbo impressa, quibus cognitis, et talibus inventis quibus fides adhiberi possit, recipiatur.

Cap. CCXXXVI. — *De presbyteris qui crimine capitali accusantur, et collegas quibus se excusare possint non habent.*

(*Ex concil. Tribur., cui interfuit Arnolphus rex, cap.* 6.) De presbyteris qui crimine fornicationis, sive aliquo capitali flagitio accusantur, et non habent collegas cum quibus se excusare possint, aut si forte lapsi fuerint, quomodo satisfaciant. In quorum judicio neque ad dexteram, neque ad sinistram declinandum est, sed recta via gradiendum. In concilio namque Neocaesariensi cap. scriptum est : Presbyter si uxorem acceperit, ab ordine deponatur. Si vero fornicatus fuerit, aut adulterium perpetraverit, amplius pelli debet et ad poenitentiam redigi.

Cap. CCXXXVII. — *De predicatione presbyterorum.*
(*Ex concil. Triburiensi, cui interfuit rex Arnolph.*)

Praecipimus vobis ut unusquisque vestrum super duas seu tres hebdomadas, diebus dominicis seu festivitatibus sanctorum, populum sibi commissum doctrinis salutiferis ex sacra Scriptura sumptis in Ecclesia sibi commissa post Evangelium perlectum instruere studeat, et jubeat illis ut nullus de ecclesia exeat, antequam a presbytero sive diacono ultima laus, id est Benedicamus Domino, aut Ite missa est, pronuntietur.

Cap. CCXXXVIII. — *De ecclesiasticis, si saeculares potestates habere desiderant.*

(*Ex epist. Gre. papae Secundino servo Dei recluso directa.*) Certum namque est non vos ante exercitui ducem praeponere, nisi vobis labor ejus fidesque complaceret, et nisi eum anteactae vitae virtus et sollicitudo aptum esse monstraverit. Si vero non aliis nisi hujusmodi viris committitur gubernandus exercitus, qualis dux esse debeat animarum ex istius bonae rei comparatione colligitur. Sed verecundum nobis est, et dicere pudet, quia sacerdotes sibi ducatum arripiunt, qui exordium religiosae militiae non viderunt.

Cap. CCXXXIX. — *Ut viri veraces et Deum timentes, in civitatibus et in publicis vicis decani constituantur.*

(*Ex concil. Rothoma., cap.* 9.) Ut populus admoneatur ut in dominicis et festis diebus omnes ad vesperas, et nocturnas vigilias, et ad missam omnimodis occurrant, et ut decani in civitatibus et in vicis publicis viri veraces et Deum timentes constituantur, qui desides et negligentes commoneant ut ad Dei servitium absque occasione properent, et ut ipsi decani sacramento adstringantur ut, nulla interveniente causa, scilicet, aut amoris, aut timoris, aut propinquitatis, muneris, negligentes et transgressores reticeant, quin sacerdotibus proprias eorum culpas manifestent. Sacerdotum autem erit ita eorum vitia, zelo et amore divino, cum debita disciplina corrigere, sicut ipsi nolunt pro aliorum erratibus sententiam justae damnationis suscipere. Et ut dies festi a vespera usque ad vesperam absque opere servili cum debito honore celebrentur.

FINIS LIBRI SECUNDI.

INDEX CAPITULORUM LIBRI TERTII.

Cap. I. Quid sit Ecclesia.
II. De primitiva Ecclesia.
III. Quod sacerdotes agros quos vendere solebant, ad communem utilitatem ecclesiis tradebant.
IV. Quo tempore viri religiosi seipsos domino consecrarunt, aedificantes basilicas in suis fundis.
V. Quod Constantinus primus imperatorum fabricandi ecclesias licentiam tribuit.
VI. Ut nullus ecclesiam aedificet, nisi ille cui episcopus loci locum designaverit.
VII. De illo qui in suo praedio ecclesiam aedificare desiderat.
VIII. Ut omnes ecclesiae in illius episcopi potestate sint in cujus territorio positae sunt.
IX. Ut antiquae ecclesiae possessionibus propter novas non spolientur.

X. De ecclesiis et altaribus, ubi aliqua dubitatio est de consecratione, ut consecrentur.

XI. Si altare motum fuerit, denuo ecclesia consecretur.

XII. Si ecclesia violata fuerit, iterum consecretur.

XIII. Ut ecclesiam ubi paganus sepultus est, non liceat dedicari.

XIV. Ut in ecclesia in qua cadavera sepulta sunt, altare consecrare non liceat.

XV. Ut loca semel dicata, perpetuo sic permaneant.

XVI. De locis dudum sacratis, et nunc neglectis, ut iterum reformentur.

XVII. Ut nullus aliud altare erigere præsumat, nisi quod ab episcopo consecratum est.

XVIII. Ut energumeni ecclesiarum pavimenta verrant.

XIX. De monasteriis semel consecratis.

XX. De illis qui dotem ecclesiæ sibi vindicare præsumpserint.

XXI. De ecclesiis destructis, quomodo restaurari debeant.

XXII. Quod in una terminatione plures baptismales ecclesiæ esse non possint.

XXIII. Ut regularia monasteria nec vendi nec commutari possint nisi cum alio monasterio.

XXIV. Ut non liceat alicui unius Ecclesiæ terram, nisi cambiatur, vertere ad aliam.

XXV. Ut altaria, nisi sint lapidea, chrismate non consecrentur.

XXVI. Ut monasterium ad meliorandum in alium liceat ponere locum.

XXVII. Ut sine missa ecclesia non debeat dedicari.

XXVIII. Ut episcopus neminem prohibeat ecclesiam ingredi, et audire verbum Dei.

XXIX. Ut populus qui convenerit ad Missam, antequam finiatur non discedat.

XXX. De illis qui ecclesiastica habent beneficia.

XXXI. De ecclesiis apud barbaros constitutis.

XXXII. De ecclesiis Arianorum.

XXXIII. De diœcesanis ecclesiis destitutis.

XXXIV. Qualiter destitutam ecclesiam alteri ecclesiæ recte conjungere valeat episcopus.

XXXV. Ut picturæ in ecclesia fieri non debeant.

XXXVI. Item de pictura.

XXXVII. Ut non pro debito episcopus de consecranda ecclesia munus aliquod requirat.

XXXVIII. Ut ecclesiam in qua cadavera infidelium sepulta sunt sanctificare non liceat.

XXXIX. De lignis dedicatæ ecclesiæ, ad quos usus verti debeant.

XL. Quid episcopo agendum sit, si plures hæredes de una contenderint ecclesia.

XLI. De eadem re.

XLII. De ecclesiis inter hæredes divisis.

XLIII. Ut singuli presbyteri singulas habeant ecclesias.

XLIV. De eadem re.

XLV. De eadem re.

XLVI. Ut unusquisque presbyter una ecclesia contentus sit.

XLVII. De eadem re.

XLVIII. De eadem re.

XLIX. De eadem re.

L. De ordinibus sacris.

LI. De ecclesiis seu sanctis noviter inventis.

LII. Ut unaquæque ecclesia mansum integrum habeat sine servitio.

LIII. Ut nullus de dote ecclesiæ, vel de manso presbyterorum censum persolvere cogat.

LIV. De altaribus quæ passim fiunt per agros.

LV. Ut martyrum dignitatem nullus profanus infamet.

LVI. Ut missarum solemnia non ubique, sed in locis ab episcopo consecratis fiant.

LVII. De missa non celebranda, nisi in sacrato loco.

LVIII. De eadem re.

LIX. Quod non liceat missas celebrare, nisi in locis ab episcopo civitatis consecratis.

LX. De eadem re.

LXI. De eadem re.

LXII. De reparatione Ecclesiæ.

LXIII. Ut ante horam diei tertiam non sint celebrandæ missæ.

LXIV. Ut pro fidelibus defunctis singulis diebus missas celebrare liceat.

LXV. Ut missa mortuorum pro omnibus Christianis sit cantanda.

LXVI. Ut institutiones missarum sicut in metropoli fiunt, sic et reliquis comprovincialibus Ecclesiis.

LXVII. Ut preces et præfationes, quæ in concilio probatæ non fuerint, non celebrentur.

LXVIII. Ut nullus presbyter solus missam cantare præsumat.

LXIX. De Præfationibus quas sancta Romana tenet Ecclesia.

LXX. De sacerdotibus, missarum tempore si ægritudinis aliquis eventus eis accesserit.

LXXI. De eadem re.

LXXII. De presbyteris qui dæmonibus variisque passionibus vexantur, quod illis sacra tractare non liceat.

LXXIII. De eadem re.

LXXIV. De presbyteris qui soli missas solent celebrare.

LXXV. De illis qui conjugati presbyteri oblationes spreverint.

LXXVI. Ut presbyteri communicent quotiescunque missas celebraverint.

LXXVII. De eadem re.

LXXVIII. De eadem re.

LXXIX. De eadem re.

LXXX. Ut in ecclesia nihil aliud agatur, nisi id ad quod facta est.

LXXXI. De eadem re.

LXXXII. De eadem re.

LXXXIII. Ut nullus in ecclesia convivetur.

LXXXIV. Ut nullus in ecclesia tabernas constituat.
LXXXV. De eadem re.
LXXXVI. Ut unicuique in domo sua orare liceat.
LXXXVII. Ut canticum turpe circa ecclesias non fiat.
LXXXVIII. Ut sanctorum reliquiæ in oratoriis villaribus non ponantur.
LXXXIX. Ut sedes episcopalis, si necesse fuerit, in alium locum transferatur.
XC. De mutandis sanctis locis.
XCI. Quod, translatis martyribus, honor interdum cum illis migret, interdum in loco permaneat.
CXII. Quod sanguis martyrum consecret locum, non locus sanguinem.
CXIII. Quid sit basilica.
XCIV. De illis qui domum Dei contemptibilem faciunt.
XCV. De eadem re.
XCVI. Ut calix et patena ex auro aut ex argento fiat.
XCVII. De observanda mensa Christi.
XCVIII. Ut corporale ex purissimo linteo sit, et unius materiei.
XCIX. Ut sacrificium altaris non in serico panno, aut tincto celebretur.
C. Ut mulieres ad altare non accedant, et officiis virorum se non intromittant.
CI. De eadem re.
CII. Ut laici juxta altare non sedeant.
CIII. De illis sacerdotibus qui in Ecclesia, dum Evangelia leguntur, sedere præsumunt.
CIV. Ut nullus calicem, patenam, vel vestimentum sacerdotale in vadium tabernario præstare præsumat.
CV. Ut nullus calicem, patenam, aut aliqua vasa sacra ad alios usus facere præsumat.
CVI. Quod licitum sit episcopis cum consilio cleri de thesauro ecclesiæ suæ familiæ in necessitate succurrere.
CVII. Ne cadavera pallio altaris cooperiantur.
CVIII. Ne ad nuptiarum ornatum divina ministeria præstentur.
CIX. Ut ecclesia sæculari potentia minime pervadatur.
CX. De presbyteris qui ecclesias suas per pretium acquisierint.
CXI. Ut nullus laicus ab ecclesia sua presbyterum ejicere audeat.
CXII. Item de illis qui presbyteris ecclesias auferunt.
CXIII. Ut nullus aliquod munus propter ecclesiam a presbytero requirat.
CXIV. De eadem re.
CXV. Ut presbyteri plebes admoneant ut linteamina altaris præparent.
CXVI. Ut episcopi prævideant quid presbyteri dominis suis pro ecclesiis facere debeant.
CXVII. De eadem re.
CXVIII. De presbyteris nihil habentibus quando ordinantur.

CXIX. De eadem re.
CXX. De eadem re.
CXXI. De eadem re.
CXXII. De eadem re.
CXXIII. De presbyteris qui ex reditibus ecclesiæ sibi res comparaverint, et structuras ibi fecerint, et mulieres ibi posuerint.
CXXIV. De consuetudine servanda quæ non est contra fidem.
CXXV. Ut ecclesiastica statuta, ab apostolis et reliquis magistris Ecclesiæ tradita, integra serventur.
CXXVI. Ut consuetudines ecclesiasticæ pro lege sint tenendæ.
CXXVII. Item de consuetudinibus ecclesiasticis observandis.
CXXVIII. Quid agendum sit in causis de quibus certa in canonibus non inveniuntur judicia.
CXXIX. Ut cuncta quæ Deo offeruntur consecrata habeantur.
CXXX. De eadem re.
CXXXI. Ut decima nullo modo negligatur.
CXXXII. De illis qui decimas dare nolunt.
CXXXIII. Quod decimæ ab omnibus Christianis ex debito reposci debeant.
CXXXIV. De illis qui decimas dare noluerint, nisi pretio conducantur.
CXXXV. Ut decima Dei census nuncupetur.
CXXXVI. De oblationibus parochitarum: cujus esse debeant.
CXXXVII. Quod in unaquaque ecclesia tam de reditibus quam oblationibus quatuor debeant fieri portiones.
CXXXVIII. Item quod de decimis quatuor debeant fieri portiones.
CXXXIX. Ubi terminari debeant contentiones ortæ inter Christianos.
CXL. De his qui oblationes parentum, aut testamenta, vel quod ipsi donaverint ecclesiis, retinere aut auferre conantur.
CXLI. De illis qui Deum hæredem faciunt.
CXLII. De his qui oblationes defunctorum aut negant aut difficulter reddunt.
CXLIII. De eadem re.
CXLIV. De eadem re.
CXLV. De eadem re.
CXLVI. Ut omnes ecclesiæ vel decimæ in episcoporum potestate consistant.
CXLVII. Quod tricennalis possessio firma sit.
CXLVIII. Ut singularum Ecclesiarum rusticanæ parochiæ semper maneant inconcussæ.
CXLIX. Quod tricennalis possessio, si intacta permansit, mutari non debeat.
CL. Item de rebus XXX annis possessis.
CLI. De illis qui de ecclesiis cœmeteria faciunt.
CLII. De illis qui in sacris locis se sepeliri petierint.
CLIII. De eadem re.
CLIV. De eadem re.
CLV. De eadem re.
CLVI. De eadem re.

CLVII. Ut corpora defunctorum in ecclesia non sepeliantur.
CLVIII. De eadem re.
CLIX. Ut nemo pro sepeliendis mortuorum corporibus aliquid muneris exigat.
CLX. De sepultura conjugatorum in primis connubiis.
CLXI. De eadem re.
CLXII. De eadem re.
CLXIII. Quorum mens una fuerat, sepultura non separet.
CLXIV. De rebus immobilibus ecclesiæ.
CLXV. De eadem re.
CLXVI. De præstariis viduatarum ecclesiarum ut non valeant.
CLXVII. De eadem re.
CLXVIII. De eadem re.
CLXIX. De eadem re.
CLXX. De donatione, vel venditione, vel commutatione rei ecclesiasticæ.
CLXXI. De commutationibus ecclesiasticarum rerum.
CLXXII. De eadem re.
CLXXIII. De ecclesiaticis mancipiis.
CLXXIV. De eadem re.
CLXXV. De regalibus præceptis super præstaria.
CLXXVI. De episcopo qui mancipium Ecclesiæ manumitti desiderat.
CLXXVII. De sacerdotibus qui res suas ecclesiæ relinquunt.
CLXXVIII. Ut presbyteri rem ecclesiæ vendere non præsumant.
CLXXIX. Ut nullus ordinatus de ministeriis ecclesiæ aliquid vendere præsumat.
CLXXX. De presbyteris qui de jure sui tituli aliquid distrahunt.
CLXXXI. De eadem re.
CLXXXII. Quod quantum remedium veniæ oblatio ecclesiastica tribuit conferenti, tantum damnum præparat fraudatori.
CLXXXIII. De clericis qui documenta quibus ecclesiæ possessio firmatur distrahunt.
CLXXXIV. De libertis qui a patrocinio ecclesiæ discesserunt.
CLXXXV. De libertis ecclesiæ.
CLXXXVI. De libertis qui a quibuscumque manumissi sunt.
CLXXXVII. De manumissis in ecclesia.
CLXXXVIII. De fugitivis ecclesiast. servis.
CLXXXIX. De episcopis qui nihil suis ecclesiis conferunt, et tamen ex familia liberos facere præsumunt.
CXC. De illis qui pro aliquo reatu fugiunt ad ecclesiam.
CXCI. De raptore, si cum rapta ad ecclesiam confugerit.
CXCII. De servo, si pro qualibet culpa dominum suum ad ecclesiam fugerit.
CXCIII. De eadem re.
CXCIV. De eadem re.

CXCV. De eadem re.
CXCVI. De immunitate ecclesiæ.
CXCVII. De fugientibus ad ecclesiam.
CXCVIII. Quid in ecclesia legi debeat.
CXCIX. Ut excommunicandi sint qui libros famosos legerint.
CC. De illis qui clam concipiunt
CCI. De infantibus in adulterio natis, et ad ecclesiam expositis.
CCII. De eadem re.
CCIII. De avaritia sacerdotum.
CCIV. De illis qui ecclesias incenderint.
CCV. De quodam clerico a diabolo vexato.
CCVI. De rebus ecclesiæ quæ mortuo episcopo a presbyteris venditæ fuerint.
CCVII. De eo qui spernit oblationem presbyteri qui uxorem habuit.
CCVIII. Quod non permittantur ecclesiastici ad cœmiteria hæreticorum accedere.
CCIX. Quod non oporteat ab hæreticis eulogias accipere.
CCX. Quod nullus Christianus ad pseudomartyres ire debeat.
CCXI. Quod non oporteat plebeios psalmos in ecclesia cantari.
CCXII. De illis qui conventus qui ad confessiones martyrum fiunt abominantur.
CCXIII. Ut victus ab exorcistis energumenis in domo Dei sedentibus administretur.
CCXIV. Ut sacra vasa non ab aliis quam a sacris viris tractari debeant.
CCXV. De sacratis feminis quæ sacra vasa et pallas altaris tractare præsumpserint.
CCXVI. De vasis sacris, de palliis altaris, et velis ecclesiæ; si vetustate consumpta fuerint, quid inde faciendum sit.
CCXVII. De ordine librorum Veteris Testamenti.
CCXVIII. De ordine prophetarum.
CCXIX. De ordine librorum Novi Testamenti, quos sancta Romana Ecclesia tenet, et omnis universalis Ecclesia observat.
CCXX. Ordo septem epistolarum canonicarum.
CCXXI. De notitia librorum apocryphorum qui a sanctis patribus æterna damnatione damnati sunt.
CCXXII. Quando et quo tempore libri Veteris et Novi Testamenti legendi sint.
CCXXIII. De vasculis quibus mysteria sacra conficiuntur.
CCXXIV. De ecclesia a compluribus cohæredibus obsessa.
CCXXV. De altaribus in quibus sacræ reliquiæ non inveniuntur.
CCXXVI. In altari in quo episcopus missam celebrat, ne eo die presbyter aliam iterare præsumat.
CCXXVII. Ut in oblatione corporis et sanguinis Domini incensum imponi debeat.
CCXXVIII. Ut quoties basilicam ad quam itur præsentia novæ plebis impleverit, toties sacrificium subsequens offeratur.

CCXXIX. Ut nullus presbyter titulum super titulum usurpare præsumat.

CCXXX. Ut episcopus aut presbyter postquam missam incœperit et orationem dixerit, nisi passio aliqua intervenerit, antequam incœptum ministerium adimpleat, ab altario Dei nullo modo discedere audeat.

CCXXXI. Ut nullus episcopus vel presbyter ad celebranda missarum solemnia cum baculo ire, aut velato capite altario Dei assistere audeat.

CCXXXII. Ne corpora sanctorum transferantur de loco ad locum.

CCXXXIII. Qui mortui in ecclesia sepeliantur.

CCXXXIV. Quod omnes fideles in ecclesia nihil agere debeant, nisi orare.

CCXXXV. Quod divina clementia fixis in terram genibus exoranda sit, nisi in majoribus solemnitatibus.

CCXXXVI. Quod non liceat mortuis osculum dare.

CCXXXVII. Ut fideles sepeliri debeant.

CCXXXVIII. Ut sacerdotes ad tempus orationibus vacent antequam sacrificent.

CCXXXIX. De laicis qui ecclesias proprias habent.

CCXL. De ecclesiis monachorum.

CCXLI. De illis qui, dum suæ proprietatis loca alicubi dare voluerint, decimam nusquam tradere se posse cognoscant.

Indicis Capitulorum finis.

BURCHARDI

ECCLESIÆ WORMACIENSIS EPISCOPI

DECRETORUM LIBER TERTIUS.

DE ECCLESIIS.

ARGUMENTUM LIBRI.

Liber hic de divinarum domorum institutione, cultu et honore, de decimis et oblationibus, deque justitiis singulorum tractat : quique libri in sacro catalogo recepti, qui rejecti et apocryphi sint, ostendit.

CAP. I. — *Quid sit Ecclesia.*

(*Ex decr. Julii papæ, cap.* 5.) Ecclesia Græcum est, quod in Latinum vertitur *convocatio*, propterea quod omnes ad se vocet. Catholica, id est universalis, ideo dicitur quia per universum mundum est constituta, vel quoniam catholica, hoc est generalis in eadem doctrina est ad instructionem.

CAP. II. — *De primitiva Ecclesia.*

(*Ex decr. Melchiad. papæ, cap.* 8). Nemo, qui Scripturas divinas legit, ignorat quod, in principio nascentis Ecclesiæ, discipuli in unum congregati sunt cum multitudine credentium, in quibus erat cor unum et anima una, quique, vendentes prædia et possessiones suas, adferebant pretia, et dividebatur singulis prout cuique opus erat. Futuram namque Ecclesiam in gentibus apostoli prævidebant, maximeque quia Dominus illis prædixerat : « Euntes in mundum universum prædicate Evangelium, » vel quia expellendos esse a Judæa noverant se et in gentibus dispergendos, Ecclesiamque congregandam ex rudi populo, idcirco prædia in Judæa minime sunt adepti, sed pretia tantummodo ad fovendos egentes. At vero, cum inter turbines et adversa mundi succresceret Ecclesia, adeo usque pervenit ut non solum gentes, sed etiam Romani principes, qui bene totius orbis monarchiam tenebant, ad fidem Christi et ad baptismi sacramenta concurrerent.

CAP. III. — *Quod sacerdotes agros quos vendere solebant, ad communem utilitatem Ecclesiis tradebant.*

(*Ex decret. Urban. papæ, cap.* 2.) Videntes autem sacerdotes et levitæ et reliqui fideles, plus utilitatis posse adferre si hæreditates et agros, quos vendebant, Ecclesiis, quibus præsidebant episcopi, traderent, eo quod ex sumptibus eorum, tam præsentibus quam futuris temporibus, plura et eleganticus possent ministrare fidelibus, communem vitam deducentibus, quam ex pretio ipsorum, cœperunt prædia et agros quos vendere solebant matricibus Ecclesiis tradere, et ex sumptibus eorum vivere.

CAP. IV. — *Quo tempore viri religiosi seipsos Domino consecrarunt, ædificantes basilicas in suis fundis.*

(*Ex decret. Melchia. papæ, cap.* 12.) Ab illo enim tempore et deinceps viri religiosi non solum possessiones et prædia quæ possederant, sed etiam semetipsos Domino consecrarunt, ædificantes basilicas in suis fundis in honore sanctorum martyrum per civitates, ac monasteria innumera in quibus cœtus Domino servientium conveniret. Denique reges et præsides ac magistratus non solum hanc licentiam tribuere, sed etiam ipsi propria largiti sunt per universa regna terrarum, unde alerentur egentes qui nihil in mundo possidebant, Ecclesiæque fabricarentur atque restaurarentur, Deoque et Ecclesiæ ejus rite famulantium, servorumque illius supplementa absque necessitate tribuerentur.

CAP. V. — *Quod Constantinus primus imperatorum fabricandi Ecclesias licentiam tribuit.*

(*Ex eodem, cap.* 10.) E quibus vir religiosissimus Constantinus primus, fidem veritatis patenter adeptus, licentiam dedit per universum orbem in suo degentes Imperio non solum fieri Christianos, sed etiam fabricandas Ecclesias, et prædia tribuenda constituit. Denique idem præfatus princeps donaria immensa, et fabricam templi primæ sedis beati Petri principis apostolorum instituit, adeo ut sedem imperialem qua Romani principes præsidebant, relinqueret, et B. Petro suisque successoribus profuturam concederet.

CAP. VI. — *Ut nullus Ecclesiam ædificet, nisi ille cui episcopus loci locum designaverit.*

(*Ex concil. Aurelianen., cap.* 5.) Nemo Ecclesiam ædificet antequam civitatis episcopus veniat, et ibidem crucem figat publice, et atrium designet, et ante præfiniat qui ædificare vult, quæ ad luminaria, et ad custodiam et stipendia custodum sufficiant, et ostensa donatione sic domum ædificet. Et postquam consecrata fuerit, atrium ejusdem Ecclesiæ sancta aqua conspergat.

CAP. VII. — *De illo qui in suo prædio Ecclesiam ædificare desiderat.*

(*Ex concil. Wormaciensi, cap.* 6.) Quicunque voluerit in sua proprietate Ecclesiam ædificare, et consensum et voluntatem episcopi habebit in cujus parochia fuerit, licitum sit. Veruntamen omnino prævidendum est episcopo, ut aliæ Ecclesiæ antiquiores, propter novas suam justitiam aut decimam non perdant, sed semper ad antiquiores Ecclesias persolvatur.

CAP. VIII. — *Ut omnes Ecclesiæ in illius episcopi potestate sint, in cujus territorio positæ sunt.*

(*Ex concil. Aurelianen., cap.* 1.) Omnes basilicæ quæ per diversa loca constructæ sunt vel quotidie constituuntur, placuit, secundum priorum canonum regulam, ut in ejus episcopi in cujus territorio positæ sunt, potestate consistant.

CAP. IX — *Ut antiquæ Ecclesiæ possessionibus suis propter novas non spolientur.*

(*Ex concil. Meldensi, cap.* 8.) Ut Ecclesiæ antiquitus constitutæ, nec decimis, nec ulla possessione priventur, ita ut novis oratoriis tribuatur.

CAP. X. — *De Ecclesiis et altaribus, ubi aliqua dubitatio est de consecratione, ut consecrentur.*

(*Ex eodem concil., cap.* 45.) Ut Ecclesiæ vel altaria quæ ambigua sunt de consecratione, consecrentur, et ut superflua altaria destruantur.

CAP. XI. — *Si altare motum fuerit, denuo Ecclesia consecretur.*

(*Ex decr. Ygini papæ, cap.* 4.) Si motum fuerit altare, denuo consecretur Ecclesia; si parietes mutantur, et non altare, salibus tantum exorcizetur.

CAP. XII. — *Si Ecclesia violata fuerit, iterum consecretur.*

(*Ex eodem, cap.* 6.) Si homicidio vel adulterio Ecclesia fuerit violata, diligentissime expurgetur, et denuo consecretur.

CAP. XIII. — *Ut Ecclesiam ubi paganus sepultus est, non liceat dedicari.*

(*Ex concil. Aureliano, cap.* 7.) Ecclesiam ubi paganus sepultus est, non liceat consecrare, neque Missas in ea celebrare, sed jactari foras et mundari oportet.

CAP. XIV. — *Ut in Ecclesia in qua cadavera sepulta sunt altare consecrare non liceat.*

(*Ex eodem, cap.* 6.) In Ecclesia in qua cadavera mortuorum sepeliuntur, sanctificare altare non liceat. Si autem consecratum prius fuit, Missas licet celebrare in ea.

CAP. XV. — *Ut loca semel dedicata, perpetuo sic permaneant.*

(*Ex concil. apud Aquisgran., cap.* 4.) Ut loca quæ semel Deo dedicata sunt, aut monasteria fuerunt, maneant perpetuo sic, nec possunt ultra fieri secularia habitacula.

CAP. XVI. — *De locis dudum sacratis, et nunc neglectis, ut iterum reformentur.*

(*Ex eodem, cap.* 6.) Placuit ut loca jamdudum consecrata, et nunc spurcitiis fœdata, juxta possibilitatem in antiquum statum reformentur.

CAP. XVII. — *Ut nullus aliud altare erigere præsumat, nisi quod ab episcopo consecratum est.*

(*Ex decr. Hormisdæ pap., cap.* 10.) Ut nullus presbyter in Ecclesia consecrata aliud altare erigat, nisi quod ab episcopo loci vel ejus permissu sanctificatum est: ut sit discretio inter sacratum et non sacratum, nec dedicationem fingat, nisi sit. Quod si fecerit, si clericus est, degradetur, si laicus, anathematizetur.

CAP. XVIII. — *Ut energumeni Ecclesiarum pavimenta verrant.*

(*Ex concil. Carthag., cap.* 91.) Pavimenta domorum Dei energumeni verrant.

CAP. XIX — *De monasteriis semel consecratis.*

(*Ex concil. Chalced., cap.* 24.) Quæ semel dedicata sunt sunt monasteria consilio episcoporum qui civitates tenent, manere perpetuo monasteria, et res quæ ad ea pertinent monasteriis reservari debere, nec posse ea ultra fieri sæcularia habitacula. Qui vero hoc fieri permiserint, canonum sententiis subjacebunt.

CAP. XX. — *De illis qui dotem Ecclesiæ sibi vendicare præsumpserint.*

(*Ex concil. Toletan., cap.* 19.) Multi, contra canonum constituta, sic Ecclesias quas ædificaverint postulant consecrari, ut dotem, quam Ecclesiæ contulerint, censeant ad episcopi ordinationem non pertinere. Quod factum et in præteritum displicet, et in futuro prohibetur; sed omnia, secundum consuetudinem antiquam, ad episcopi ordinationem et potestatem pertineant.

CAP. XXI. — *De Ecclesiis destructis, quomodo restaurari debeant.*

(*Ex decr. Ygini papæ, cap.* 5.) Ut Ecclesiæ destructæ, ubi aut plures sunt quam necesse sit, aut majoris magnitudinis, quam ut ex rebus ad eas pertinentibus restaurari possint, episcopi providentia modus inveniatur qualiter consistere possint.

CAP. XXII. — *Quod in una terminatione plures baptismales Ecclesiæ esse non possint.*

(*Ex concil. apud Aquisgran., cap.* 5.) Plures baptismales Ecclesiæ in una terminatione esse non possunt, sed una tantummodo cum subditis capellis. Et si contentio fuerit de terminatione duarum matricum, plebes utrarumque discernant, et si non conveniunt, lis Dei judicio discernatur.

CAP. XXIII. — *Ut regularia monasteria nec vendi nec commutari possint.*

(*Ex decr. Silverii papæ., cap.* 1.) Nemini regum aut cuiquam hominum in proprium liceat monasterium tradere, nisi ad aliud monasterium : vel commutare, nisi cum alio monasterio : vel quocunque commento vendere. Hoc etiam divina et apostolica atque canonica sub anathematis pœna sanxit auctoritas. Quod si factum fuerit, non valebit, sed ipsum monasterium in pristinum reformetur statum.

CAP. XXIV. — *Ut non liceat alicui unius Ecclesiæ terram, nisi cambiat, vertere ad aliam.*

(*Ex concil. Lugdun., cop.* 5.) Non licet episcopo nec abbati terram Ecclesiæ vertere ad aliam, quamvis ambæ sint in ejus potestate. Tamen si commutare voluerint terras earum, cum consensu amborum faciant.

CAP. XXV. — *Ut altaria, nisi sint lapidea, chrismate non consecrentur.*

(*Ex concil. Epaonensi, cap.* 10.) Altaria si non sunt lapidea, chrismatis unguine non consecrentur. Ad celebranda autem divina officia ordinem quem metropolitani tenent, comprovinciales eorum et observare debebunt.

CAP. XXVI. — *Ut monasterium ad meliorandum in alium liceat ponere locum.*

(*Ex decr. Bonifacii papa, cap.* 6.) Si quis vult monasterium suum ad meliorandum in alium locum ponere, fiat cum consilio episcopi et fratrum suorum, et dimittat presbyterum in priori loco, ad ministeria Ecclesiæ.

CAP. XXVII. — *Ut sine Missa Ecclesia non debeat dedicari.*

(*Ex decr. Evarist. papæ, cap.* 4.) Omnes basilicæ cum Missa semper debent consecrari.

CAP. XXVIII. — *Ut episcopus neminem prohibeat Ecclesiam ingredi, et audire verbum Dei.*

(*Ex concil. apud Valentias habito, cap.* 16.) Ut episcopus nullum prohibeat ingredi Ecclesiam et audire verbum Dei, sive gentilem, sive hæreticum, sive Judæum, usque ad Missam catechumenorum.

CAP. XXIX. — *Ut populus qui convenit ad Missam, antequam finiatur non discedat.*

(*Ex concil. Arelatensi, cap.* 1.) Item, cum ad celebrandam Missam in Dei nomine convenit populus, non ante discedat quam Missæ solemnitas compleatur, et, ubi episcopus defuerit, benedictionem accipiat sacerdotis.

CAP. XXX. — *De illis qui Ecclesiastica habent beneficia.*

(*Ex concil. Mogunt., cap.* 42.) Quicunque beneficium Ecclesiasticum habent, ad tecta Ecclesiæ restauranda vel ipsas Ecclesias emendandas omnino adjuvent, et nonam et decimam reddant.

CAP. XXXI. — *De Ecclesiis apud barbaros constitutis.*

(*Ex concil. Constanti., cap.* 6.) Ecclesias autem Dei in barbaris gentibus constitutas gubernari et administrari oportet secundum consuetudinem quæ est a patribus observata.

CAP. XXXII. — *De Ecclesiis Arianorum.*

(*Ex decr. Joan.* 1 *papæ, episcopis per Italiam directis.*) Ecclesias vero Arrianorum ubicunque inveneritis, catholicas eas divinis precibus et operibus absque ulla mora consecrate : quia et nos, quando fuimus Constantinopoli, tam pro religione catholica quam et pro regis Theodorici causa negotii suadente atque hortante, Arianosque exstirpante piissimo atque Christianissimo Justino orthodoxo imperatore, quascunque illis in partibus eorum Ecclesias reperire potuimus, catholicas eas Domino opem ferente consecravimus.

CAP. XXXIII. — *De diœcesanis Ecclesiis destitutis.*

(*Ex concil. Terraconensi, cap.* 9.) Multorum casuum experientia magistrante, reperimus nonnullas diœcesanas Ecclesias destitutas. Pro qua re id constitutione decrevimus ut antiquæ consuetudinis ordo servetur, et annis singulis ab episcopo diœceses visitentur, et, si qua forte basilica reperta fuerit destituta, ordinatione ipsius reparetur : quia tertia pars ex omnibus per antiquam traditionem ut accipiatur ab episcopis, ex principibus novimus statutum.

CAP. XXXIV. — *Qualiter destitutam Ecclesiam alteri Ecclesiæ recte conjungere valeat episcopus.*

(*Ex regist Greg. ad Bacaudam Formiensem episc.mis.*) Et temporalis necessitas nos perurget, et imminutio exigit personarum, ut destitutis Ecclesiis salubri ac provida debeamus dispositione succurrere. Et ideo, quoniam Ecclesiam Minturnensem funditus tam cleri quam plebis destitutam desolatione cognovimus, tuamque pro ea petitionem quatenus Formianæ Ecclesiæ, in qua corpus beati Erasmi martyris requiescit, cuique fraternitas tua præsidet, adjungi debeat, et piam esse ac justissimam prævidentes, necessarium duximus, consulentes tam desolationi loci illius quam tuæ Ecclesiæ paupertati, reditus supradictæ Ecclesiæ Minturnensis, vel quidquid ei antiquo modernoque jure, vel privilegio potuit potestve qualibet ratione competere, ad tuæ Ecclesiæ jus potestatemque hac præcepti nostri auctoritate concedimus, ut a præsenti tempore, sicuti e propria quippe Ecclesia debeas cogitare, eique competentiæ tuæ provisione disponere, quatenus deinceps, quod perire nunc usque potuit, pauperum Ecclesiæ tuæ utilitatibus, clerique proficiat.

CAP. XXXV. — *Ut picturæ in Ecclesia fieri non debeant.*

(*Ex conc. Eliberian., cap.* 2.) Placuit picturas in

Ecclesia fieri non debere, ne quod colitur et adoratur, in parietibus depingatur.

Cap. XXXVI. — *Item de pictura.*

(*Ex epist. Gregorii Secundino servo Dei recluso directa.*) Aliud est enim picturam adorare, aliud per picturæ historiam quid sit adorandum addiscere. Nam quod legentibus Scriptura, hoc idiotis præstat pictura cernentibus : quia in ipsa ignorantes vident quod sequi debeant, in ipsa legunt qui litteras nesciunt. Unde et præcipue gentibus pro lectione pictura est. Quod magnopere, tu qui inter gentes habitas, attendere debueras; ne, dum recto zelo incaute succendereris, ferocibus animis scandalum generares. Frangi ergo non debuit quod non ad adorandum in Ecclesiis, sed ad instruendas solummodo mentes fuit nescientium collocatum. Et quia in locis venerabilibus sanctorum depingi historias non sine ratione vetustas admisit, si zelum discretione condidisses, sine dubio et ea quæ intendebas salubriter obtinere, et collectum gregem non dispergere, sed potius poteras congregare, ut pastoris intemeratum nomen excelleret, non culpa dispersoris incumberet.

Cap. XXXVII. — *Ut non pro debito episcopus de consecranda Ecclesia munus aliquod requirat.*

(*Ex concil. Wormacien., cap. 4.*) Placuit ut quoties ab aliquo fidelium ad consecrandas Ecclesias episcopus invitatur, non quasi ex debito munus aliquod a fundatore requirat, sed si ipse quidem aliquid ex suo voto obtulerit, non respuatur. At tamen unusquisque episcopus meminerit ut non prius dedicet Ecclesiam, nisi antea dotem basilicæ et obsequium ipsius per donationem chartulæ confirmatum accipiat. Nam non levior est ista temeritas si sine luminaribus vel sine substantiali sustentatione est eorum qui ibidem servituri sunt, quam si domus privata consecretur Ecclesia.

Cap. XXXVIII. — *Ut Ecclesiam in qua cadavera infidelium sepulta sunt, sanctificare non liceat.*

(*Ex concil. Agrippin., cap. 23.*) Ecclesiam in qua mortuorum cadavera infidelium sepeliuntur sanctificare non licet, sed apta videtur ad consecrandum; [modo] inde evulsis corporibus, et rasis parietibus, vel lotis lignis ejus reædificetur. Si hæc consecrata prius fuit, Missas in ea celebrare licet, si tamen fideles fuerint qui in ea sepulti sunt.

Cap. XXXIX. — *De lignis dedicatæ Ecclesiæ, ad quos usus verti debeant.*

(*Ex decr. Ygini papæ, cap. 5.*) Ligna Ecclesiæ dedicatæ non debent ad aliud opus jungi nisi ad aliam Ecclesiam, vel igni comburenda, vel ad profectum in monasterio fratribus; in laicorum opera non debent admitti.

Cap. XL. — *Quid episcopo agendum sit, si plures hæredes de una contenderint Ecclesia.*

(*Ex concil. Tribur., cap. 20.*) Si plures hæredes contenderint de communi Ecclesia, auferri jubeat episcopus reliquias sacras et Ecclesiam claudi, donec communi consensu et consilio episcopi statuant ibi presbyterum, et unde vivat.

Cap. XLI. — *De eadem re.*

(*Ex decr. Greg. papæ, cap. 5.*) De Ecclesiis quæ inter cohæredes sunt divisæ considerandum est quatenus si secundum providentiam et admonitionem episcopi ipsi cohæredes eas voluerint tenere, et honorare faciant. Sin autem hoc contradixerint, in episcopi potestate maneat, utrum eas ita consistere permittat, aut reliquias inde auferre velit.

Cap. XLII. — *De Ecclesiis inter hæredes divisis.*

(*Ex concil. Mediomatricis, cap. 1.*) Perlatum est ad sanctam synodum quod inter hæredes Ecclesiæ in rebus propriis constitutæ dividantur, et tanta per eamdem divisionem simultas oriatur, ut de uno altari quatuor partes fiant, et singulæ partes singulos habeant presbyteros, quod sine discordia et simultate nullo modo fieri potest. Unde nobis visum est quod hujuscemodi Ecclesiæ inter hæredes dividi non debeant, et si in contentionem venerint, et simultates inter eos surrexerint, per quas sacerdos suo ibi officio canonice fungi non possit, præcipiatur ab episcopo civitatis ut nullo modo ibi Missarum solemnia celebrentur, donec illi ad concordiam redeant, et pari voto atque concilio Ecclesia illa sacerdotem canonice habeat, qui libere suum ministerium ibi peragere possit.

Cap. XLIII. — *Ut singuli presbyteri singulas habeant Ecclesias.*

(*Ex decr. Dionysii papæ, cap. 4.*) De Ecclesiis ergo parochianis, unde apostolicam sedem consulere voluisti, qualiter sint custodiendæ ac dividendæ sacerdotibus, nihil tuæ charitati melius nobis videtur intimare, quam ut sequaris quod nos in Romana Ecclesia nuper egisse cognoscitur : Ecclesias vero singulas singulis presbyteris dedimus, et unicuique jus proprium habere statuimus, ita videlicet ut nullus alterius parochiæ terminos aut jus invadat, sed unusquisque suis terminis sit contentus, et taliter Ecclesiam et plebem sibi commissam custodiat, ut ante tribunal æterni judicis ex omnibus sibi commissis rationem reddat, et non judicium, sed gloriam pro suis actibus accipiat. Hanc quoque normam, charissime, te et omnes episcopos sequi convenit, et quod tibi scribitur, omnibus quibuscunque potueris notum facias, ut non specialis, sed generalis fiat ista præceptio.

Cap. XLIV. — *De eadem re.*

(*Ex concil. Remensi, cap. 2.*) Unusquisque presbyter Ecclesia una ad quam ordinatus est contentus sit, et nullus in duabus Ecclesiis ministrare præsumat.

Cap. XLV. — *De eadem re.*

(*Ex eodem concil., cap. 8.*) Sicut in unaquaque Ecclesia presbyter debet esse, ita ipsa Ecclesia, quæ sponsa vel uxor ejus dicitur, non potest dividi inter plures presbyteros, sed unum tantummodo habebit sacerdotem, qui eam caste et sinceriter regat. Unde interdicimus ut nullus præsumat Ecclesiam inter duos vel plures dividere, quia Ecclesia Christi uxor et sponsa debet esse non scortum, sicut Calistus papa testatur.

CAP. XLVI. — *Ut unusquisque presbyter una Ecclesia contentus sit.*

(*Ex eodem, cap. 11.*) Statutum est ut unaquæque Ecclesia suum presbyterum habeat, ubi id fieri facultas providente episcopo permiserit.

CAP. XLVII. — *De eadem re.*

(*Ex concil. Nannetensi, cap. 8.*) Sicut enim episcopus non plus potest habere quam unam civitatem, et vir unam uxorem, ita presbyter unam tantum Ecclesiam. Itaque nullus presbyter plures præsumat habere Ecclesias, si de statu suo gaudere desiderat.

CAP. XLVIII. — *De eadem re.*

(*Ex concil. Meldensi, cap. 10.*) Si quis de ordine sacerdotali contemptu minoris Ecclesiæ ambitiose et improbe ad potiorem aspiraverit, canonica erga eum definitio conservetur, hoc est ut, utrisque careat.

CAP. XLIX. — *De eadem re.*

(*Ex decr. Calist. papæ, cap. 4.*) Quoniam sicut alterius uxor, nec adulterari ab aliquo, vel judicari aut disponi, nisi a proprio viro eo vivente permittitur, sic nec uxor episcopi, vel presbyteri, quæ ejus Ecclesia vel parochia indubitanter intelligitur, eo vivente, ab altero dijudicari vel disponi, aut ejus concubitu frui permittitur. Unde ait Apostolus : « Alligata est uxor legi, quandiu vir ejus vivit : eo vero defuncto, soluta est a lege viri. » Similiter et Ecclesia, quæ uxor sacerdotis dicitur, eo vivente ei alligata est. Eo vero defuncto nubat in Domino, id est regulariter. Si enim eo vivente alteri nupserit, adultera judicabitur.

CAP. L. — *De ordinibus sacris.*

(*Ex epistola Isidori.*) Domino sancto, meritisque beato fratri Lantfredo episcopo, Isidorus episcopus. Perlectis sanctitatis tuæ litteris, gavisus sum quod optatam salutem tuam earum relatu cognovi. De his autem quæ in sequentibus insinuare eloquii tui sermo studuit, gratias ago Deo, quod sollicitudinem officii pastoralis tibi impendis, qualiterque ecclesiastica officia ordinentur perquiris. Et licet omnia prudentiæ tuæ sint cognita : tamen quia affectu fraterno me consulis, ex parte qua valeo, expediam : et de omnibus Ecclesiæ gradibus, quid ad quemlibet pertineat, eloquar. Ad Psalmistam pertinet officium canendi, dicere laudes, responsoria, et quidquid pertinet ad cantandi peritiam. Ad ostiarium namque pertinent claves Ecclesiæ, ut claudat et aperiat templum Dei, et omnia quæ sunt intus, extraque custodiat, fideles recipiat, excommunicatos et infideles excipiat.

Ad lectorem pertinet lectiones pronuntiare, et ea quæ prophetæ vaticinarint populis prædicare. Ad exorcistam pertinet exorcismos memoriter retinere, manusque super energumenos et catechumenos in exorcizando imponere. Ad acolythum pertinet præparatio luminariorum in sacrario. Ipse cereum portat, ipse suggesta pro eucharistia calicis præparat. Ad subdiaconum pertinet calicem et patenam ad altare Christi deferre, et levitis tradere, eisque ministrare; urceolum quoque et aquamanile, et manutergium tenere, episcopo, presbytero et levitis pro lavandis ante altare manibus coram præbere. Ad diaconum pertinet assistere sacerdotibus, et ministrare in omnibus quæ aguntur in sacramentis Christi, in baptismo scilicet, in chrismate, et patena, et calice, oblationes quoque inferre et disponere in altari ; componere etiam mensam Domini atque vestire, crucem ferre, et prædicare Evangelium et Apostolum. Nam sicut lectoribus Vetus Testamentum, ita diaconibus Novum prædicare præceptum est. Ad ipsum quoque pertinet officium precum et recitatio nominum. Ipse præmonet aures ad Dominum, ipse hortatur orare, ipse clamat, et ipse pacem annuntiat. Ad presbyterum pertinet sacramentum corporis et sanguinis Domini in altari Dei conficere, et orationem dicere, et benedicere dona Dei. Ad episcopum pertinet basilicarum consecratio, unctio altaris et confectio chrismatis. Ipse prædicta officia et ordines ecclesiasticos distribuit, ipse sacras virgines benedicet ; et dum præcessit unusquisque in singulis, hic tamen est præordinator in cunctis. Ili sunt ordines ac ministeria clericorum, quæ tamen auctoritate pontificali in archidiaconi cura et primicerii, ac thesaurii sollicitudine dividuntur. Archidiaconus enim imperat subdiaconis et levitis, ad quem ista ministeria pertinent. Ordinatio vestiendi altare ad levitas, cura incensi, et sacrificii necessaria sollicitudo, quis levitarum Apostolum et Evangelium legat, quis preces dicat, seu responsorium in Dominicis diebus aut solemnitatum decantet, sollicitudo quoque parochianorum et ordinatio. et jurgia, ad ejus pertinent curam. Præparandas diœcesanas basilicas ipse suggerit sacerdoti. Ipse inquirit parochias cum jussione episcopi, et ornamenta, vel res basilicarum parochianarum, gesta libertatum ecclesiasticarum episcopo idem refert, collectam pecuniam de communione ipse accipit, et episcopo defert, et clericis partes proprias idem distribuit.

CAP. LI. — *De Ecclesiis, seu sanctis noviter inventis.*

(*Ex concil. Agrippinensi, cap. 5.*) De Ecclesiis, seu sanctis noviter sine auctoritate inventis, nisi episcopo probante, in cujus territorio est, minime venerentur, salva etiam de hoc et de omnibus Ecclesiis canonica auctoritate.

CAP. LII. — *Ut unaquæque Ecclesia mansum integrum habeat sine servitio.*

(*Ex concil. Womarcien., cap. 18.*) Sancitum est ut unicuique Ecclesiæ unus mansus integer absque ullo servitio attribuatur, et presbyteri in eis constitui, non de decimis, neque de oblationibus fidelium, non de domibus, neque de atriis vel hortis juxta Ecclesiam positis, neque de præscripto manso aliquod servitium faciant præter ecclesiasticum ; et si aliquid amplius habuerint, inde senioribus suis debitum servitium impendant.

Cap. LIII. — *Ut nullus de dote Ecclesiæ, vel de manso presbyterum censum persolvere cogat.*

(*Ex concil. Meldensi, cap.* 8.) Juxta synodalica præcepta decrevimus ut nullus mortalium de agro ecclesiastico, et manso ac mancipiis, vel si quilibet pro loco sepulturæ aliquid largitus fuerit Ecclesiæ, neque de decimis et oblationibus fidelium quemquam presbyterorum aliquem censum persolvere cogat, nec quisquam cujuslibet ordinis aut dignitatis exinde quidquam subtrahat, et redhibitionem quamcunque exigat temporalem. Quod si fecerit, communione usque ad satisfactionem privetur.

Cap. LIV. — *De altaribus, quæ passim fiunt per agros.*

(*Ex concil. Africano, cap.* 50.) Item placuit ut altaria quæ passim per agros et per vias tanquam memoriæ martyrum constituuntur, in quibus nullum corpus aut reliquiæ martyrum conditæ probantur, ab episcopis, qui locis eisdem præsunt, si fieri potest, evertantur. Si autem hoc per tumultus populares non sinitur, plebes tamen admoneantur, ne illa loca frequentent, ut qui recte sapiunt, nulla ibi superstitione devincti teneantur; et omnino nulla memoria martyrum probabiliter accipiatur, nisi aut ubi corpus, aut aliquæ reliquiæ certæ sunt, aut origo alicujus habitationis, vel possessionis, vel passionis, fidelissima origine traditur. Nam quæ per somnia, et per inanes quasi revelationes quorumlibet hominum ubicunque constituuntur altaria, omni modo reprobentur.

Cap. LV. — *Ut martyrum dignitatem nullus profanus infamet.*

(*Ex concil. Carthagin., cap.* 3.) Martyrum dignitatem nemo profanus infamet, neque passiva corpora, quæ sepulturæ tantum propter misericordiam ecclesiasticam commendari mandatum est redigant, ut aut insania præcipitans, aut tali peccato discretos, non ratione vel tempore competenti quo martyria celebrantur, martyrum nomen appellent. At si qui in injuriam martyrum, claritati eorum adjungant insaniam, placet eos si laici sunt ad pœnitentiam redigi, si autem sunt clerici, post commonitionem honore privari. Universi dixerunt: Recte stabit sanctitas vestra. Hoc et singulis conciliis statutum est.

Cap. LVI. — *Ut missarum solemnia non ubique, sed in locis ab episcopo consecratis fiant.*

(*Ex concil. Triburiensi, cap.* 4.) Missarum solemnia, non ubique, sed in locis ab episcopo consecratis, vel ubi ipse permiserit, celebranda esse censemus. Concedimus etiam ut sicubi, quod nostris peccatis exigentibus perplurimum est factum, a Nordmannis, et a Slavis, et ab Ungaris, et a malis Christianis, seu alio qualicunque modo Ecclesiæ fuerint incensæ et combustæ, in cappellis cum tabula consecrata missas interim celebrare permittimus, donec ipsæ Ecclesiæ restaurari queant. In itinere vero positis, si Ecclesia defuerit, ut sub dio seu in tentoriis item si tabula altaris consecrata, cæteraque sacra mysteria ad id officium pertinentia adfuerint, missarum solemnia celebrare concedimus, aliter omnino interdicimus.

Cap. LVII. — *De missa non celebranda, nisi in sacrato loco.*

(*Ex decr. Felicis IV, papæ, omnibus episcopis missis.*) Scripta sanctitatis vestræ, quæ ad sedem apostolicam misistis super quibusdam consultis, quasi ad caput, ut inde acciperetis responsa, unde omnis Ecclesia totius religionis sumpsit exordium, gratanter suscepi, et breviter vobis respondere curavi. De Ecclesiarum enim consecratione, et de missarum celebrationibus non aliubi, quam in sacratis Domino locis absque magna necessitate fieri debet, liquet omnibus quibus sunt nota Novi et Veteris Testamenti præcepta. Tabernaculum vero Mosen, Domino præcipiente, fecisse, et sacrasse cum mensa et altari ejus, et æreis vasis et utensilibus, ad divinum cultum explendum legimus, et non solum divinis precibus ea sacrasse, sed etiam sancti olei unctione, Domino jubente, perlinisse novimus. Qualiter autem hæc facta sunt, et non alii ipsa sacra quam sacerdotes sacra unctione delibuti, Dominoque cum vestibus sanctis sacrati et levitæ tractabant, ferebant, erigebant, et deponebant, in ipsis institutionibus quæ, jubente Domino, per Mosen conscriptæ sunt in lege Domini reperitur. Qualiter ergo David regum piissimus ampliaverat cultum Dei, et templum Domini ædificare voluit, sed propter multum sanguinem quem effuderat, prohibitus est, et ipse collegerat expensas. Salomon quoque filius ejus idipsum quod ipse facere optaverat, jubente et auxiliante Domino, perfecit, et templum cum altari, et reliqua ad divinum cultum peragendum consecravit.

Cap. LVIII. — *De eadem re.*

(*Ex epist. Felicis IV, papæ, omnibus Episcopis missa.*) Judæi ergo loca in quibus Domino sacrificabant divinis habebant supplicationibus consecrata, nec in aliis, quam Deo dicatis locis munera Domino offerebant. Si enim Judæi, qui umbræ legis deserviebant, hæc faciebant, multo magis quibus veritas patefacta est, et gratia et veritas per Jesum data est, templa Domino ædificare, et prout melius possumus ornare, eaque divinis precibus et sanctis unctionibus suis cum altaribus et vasis, vestibus quoque et reliquis ad divinum cultum explendum utensilibus devote et solemniter sacrare, et non in aliis locis, quam in Domino sacratis ab episcopis, et non a chorepiscopis, qui sæpe prohibiti sunt, nisi, ut prædictum est, summa exigente necessitate, missas celebrare, nec sacrificia Domino offerre debemus Et hoc, nisi summa necessitas agere compulerit, non in domibus, quia in sacris canonibus sacrificia in domibus offerri prohibita sunt, sed in tabernaculis divinis precibus a pontificibus dicatis, et in mensis Domino sacratis, et sacra unctione a pontificibus delibutis, pro summa, ut præfixum est, necessitate, et non pro libitu cujusquam et pigritia agatur. Satius est missam non cantare, aut non audire, quam in his locis, ubi fieri non oportet fore, nisi, ut sæpe dictum est, pro summa contingat necessitate, quoniam necessitas legem non habet. Unde scriptum est : Vide ne offeras holocausta tua in omni loco quem videris, sed in loco quem elegerit Dominus Deus tuus. Et in Exodo legitur : Vos vidistis quia de cœlo locutus sum vobis : Non facietis deos argenteos, nec deos aureos facietis vobis. Altare de terra facietis mihi, et offeretis super eo holocausta et pacifica vestra. Oves vestras in omni loco, in quo memoria fuerit nominis mei. Et sicut non alii, quam sacrati Domino sacerdotes debent missas cantare, nec sacrificia super altare offerre, sic nec in aliis, quam in præfatis Domino sacratis locis Missas cantare, aut sacrificia offerre licet. Si autem legitur in concilio Laodicensi capite XXVI, quod hi qui non sunt ab episcopis ordinati, tam in Ecclesiis quam in domibus exorcizare non possunt, multo magis majoris gradus ministeria, nisi ab eis, qui ad eos gradus sunt sacrati, quibus fungi debent, vel officia agi, vel sacrificia offerri non licet. Quod autem, ut paulo superius prælibatum est, oblationes in domibus offerri non debent in eodem concilio, cap. LIX prohibitum habetur ita : Non oportet in domibus oblationes celebrari ab episcopis vel presbyteris. Solemnitates vero dedicationum Ecclesiarum et sacerdotum, per singulos annos solemniter sunt celebrandæ, ipso Domino exempla dante, qui ad festum dedicationis Templi, omnibus id faciendum dans formam, cum reliquis populis eamdem festivitatem celebraturus venit, sicut scriptum est : Facta sunt encœnia Hierosolymis, et hiems erat, et ambulabat Jesus in templo in porticu Salomonis. Quod autem octo dierum sint encœnia celebranda, in libro Regum peracta dedicatione templi reperietis. De ecclesiarum vero consecratione quoties dubitatur, et nec certa scriptura, nec certi testes existunt, a quibus consecratio sciatur, absque ulla dubitatione scitote eas esse sacrandas, ne talis trepidatio faciat deteriorationem, quoniam non monstratur esse iteratum, quod nescitur factum. His fratres testimoniis scripturarum, ab apostolica auctoritate consultis vestris breviter respondisse sufficiat : vobis tamen prævidendum est, et omnibus prædicandum, ut illicita non agantur.

Cap. LIX. — *Quod non liceat Missas celebrare, nisi in locis ab episcopo civitatis consecratis.*

(*Ex decr. Clementis papæ, cap. 22.*) Hic ergo, hoc est, in præsenti vita positos oportet vos agnoscere voluntatem et præceptum Dei, ubi et agendi et sacrificandi sit locus, quoniam in aliis locis sacrificare et missas celebrare non licet, nisi in his in quibus episcopus proprius jusserit, aut ab episcopo regulariter ordinato, tenente videlicet civitatem, consecrati fuerint. Aliter enim non sunt hæc agenda, nec rite celebranda, docente nos Novo et Veteri Testamento. Hæc a Domino Apostoli acceperunt, et nobis tradiderunt : hæc nos docemus, vobisque et omnibus absque reprehensione tenere, et docere quibus agendum est, mandamus.

Cap. LX. — *De eadem re.*

(*Ex concil. Laodicensi, cap. 58.*) Quod non oporteat in domibus oblationes celebrari, ab episcopis vel presbyteris.

Cap. LXI. — *De eadem re.*

(*Ex concil. Aurelian., cap. 4.*) Audivimus quod quidam laici in domibus propriis præcipiant presbyteris suis Missas celebrare, et inter canum discursus, et scortorum greges, sanctitatis mysteria polluantur magis quam consecrentur. Quapropter præcipimus ut nullus presbyter extra ecclesiam præsumat Missam cantare, nisi forte itineris necessitas exposcat, in tentorio aut sub dio, in loco nitido, et longe ab omni immunditia remoto, Missas celebrare permittimus, et hoc nullatenus sine tabula consecrata.

Cap. LXII. — *De reparatione Ecclesiæ.*

(*Ex epist. Vigilii papæ.*) De fabrica vero cujuslibet Ecclesiæ, si dirupta fuerit instauranda, et si in eo loco consecrationis solemnitas debeat iterari, in quo sanctuaria non fuerint, nihil judicamus officere, si per eam minima aqua exorcizata jactetur, quia consecrationem cujuslibet Ecclesiæ, in qua Spiritus sancti ara non ponitur, celebritatem tantum scimus esse Missarum. Et ideo si qua sanctorum basilica a fundamentis etiam fuerit innovata, sine aliqua dubitatione, cum in ea Missarum fuerit celebrata solemnitas, totius sanctificatio consecrationis implebitur. Si vero sanctuaria quæ habebat, ablata sunt, rursus eorum repositione, et Missarum solemnitate reverentiam sanctificationis accipiet.

Cap. LXIII. — *Ut ante horam diei tertiam non sint Missæ celebrandæ.*

(*Ex epist. Telesphori papæ, cap. 6.*) Missarum celebrationes ante horam diei tertiam minime sunt celebrandæ, quia eadem hora et Dominus crucifixus, et super apostolos Spiritus sanctus descendisse legitur, excepta nocte sanctæ nativitatis.

Cap. LXIV. — *Ut pro fidelibus defunctis singulis diebus Missas celebrare liceat.*

(*Ex concil. Cabillon., cap. 39.*) Visum præterea nobis est ut in omnium Missarum solemnibus pro defunctorum spiritibus loco competenti Dominus deprecetur. Sicut enim nulla dies excipitur, qua non pro viventibus et pro quibuslibet necessitatibus dominus deprecetur, ita nimirum nulla dies excipi debet, quin pro animabus fidelium preces Domino in Missarum solemnibus fundantur. Antiquitus igitur hunc morem sancta tenet Ecclesia ; ut et in Missarum solemnibus et aliis precibus Domino spiritus quiescentium commendentur, dicente beato Augustino : Non sunt prætermittendæ supplicationes pro spiritibus mortuorum, quas faciendas pro omnibus in Christiana et catholica societate laudamus. Defunctos etiam tacitis nominibus eorum sub generali commemoratione suscepit Ecclesia, ut quibus ad ista desunt parentes, aut filii, aut quicunque cognati vel amici, ab una eis exhibeatur pia matre communi.

Cap. LXV. — *Ut Missa mortuorum pro omnibus Christianis sit cantanda.*

(*Ex dictis Dionysii Areop. et Augustini.*) Dionysius Areopagita dicit blasphemias Deo facere, qui Missas offert pro malo homine. Augustinus dicit pro omnibus Christianis esse faciendum, quia vel eis proficit, aut offerentibus, aut petentibus proderit.

Cap. LXVI. — *Ut institutiones Missarum sicut in metropoli fiunt, sic et in reliquis comprovincialibus Ecclesiis.*

(*Ex concil. Gerunden., cap. 6.*) Ut institutiones Missarum sicut in metropolitana Ecclesia fiunt, ita in Dei nomine in omnibus comprovincialibus Ecclesiis, tam ipsius Missæ ordo, quam psallendi, vel ministrandi consuetudo servetur.

Cap. LXVII. — *Ut preces et præfationes quæ in concilio probatæ non fuerint, non celebrentur.*

(*Ex concil. Africano, cap. 64.*) Placuit etiam hoc, ut preces quæ probatæ fuerint in concilio, sive præfationes, sive commendationes, seu impositiones manus ab omnibus celebrentur. Nec aliæ omnino contra fidem proferantur, sed quæcunque cum prudentioribus fuerint collatæ dicantur.

Cap. LXVIII. — *Ut nullus presbyter solus Missam cantare præsumat.*

(*Ex concil. Nannetensi, cap. 30.*) Definivit sanctum concilium ut nullus presbyter solus præsumat Missam cantare. Cui enim dicit, «Dominus vobiscum,» aut «sursum corda», aut «gratias agamus Domino Deo nostro,» cum nullus sit qui respondeat? Aut in canone, et omnium circumadstantium, cum nemo sit? Aut quem invitat ad orationem, cum dicit: «Oremus,» cum nullus sit qui secum oret? Aut ergo ista penitus reticenda sunt, et non solum non erit perfectum sacrificium, verum etiam incurret quisquis ille est illam terribilem sententiam : Si quis tulerit de hoc, tollat Deus partem ejus de libro vitæ; aut si hæc muris et parietibus insusurraverit, ridiculosum erit. Quapropter illa periculosa superstitio maxime a monasteriis monachorum exterminanda est. Prævideant autem prælati ut presbyteri in cœnobiis et in aliis Ecclesiis cooperatores habeant in celebratione Missarum. Si quis hæc transgressus fuerit, ab officio suspendatur.

INCIPIUNT DECRETA SECUNDI PELAGII PAPÆ, SUCCESSORIS BENEDICTI, ET ANTECESSORIS GREGORII PAPÆ.

Cap. LXIX. — *De præfationibus quas sancta Romana Ecclesia et collaudavit, et firmiter tenet.*

(*Ex decret. Pelagii papæ.*) Pelagius Romanæ Ecclesiæ et apostolicæ sedis episcopus, universis Germaniarum atque Galliarum regionum episcopis. Cum in Dei nomine in Romana Ecclesia synodum episcoporum sive cæterorum consacerdotum Dei fidelium congregatam habuissemus, et de Ecclesiasticis statutis, ut sunt ab apostolis et a sanctis Patribus tradita, diligentius tractaremus, supervenere litteræ vestræ, et ut magis essent auctoritativæ, etiam vivæ voces processerunt, rogantes ut ordinem præfationum quem sancta Romana Ecclesia hactenus haberet, nostris litteris vobis remandaremus. Tunc de vestra voluntate et studio tam bono multum gavisi sumus, sacrum ordinem Romanum, sacraque constituta nostrorum antecessorum solerter relegentes, invenimus has novem præfationes in sacro catalogo tantummodo recipiendas, quas longe retro vetustas, in Romana Ecclesia hactenus servavit. Id est, unam in albis Paschalibus. Aliam de Ascensione Domini. Tertiam de Pentecoste. Quartam de Natali Domini. Quintam de Apparitione Domini. Sextam de Apostolis. Septimam de sancta Trinitate. Octavam de Cruce. Nonam de jejunio in Quadragesima tantummodo dicendam. Has præfationes tenet et custodit sancta Romana Ecclesia. Has tenendas esse vobis mandamus.

Cap. LXX. — *De sacerdotibus Missarum tempore si ægritudinis aliquis eventus accesserit.*

(*Ex concil. Toletan. 8, cap. 2.*) Nihil contra ordines statutum temeritatis ausu præsumatur, neque illa quæ summa veneratione censentur, vel minimo præsumptionis tactu solvantur, cum adhuc tantum fieri jussa sunt, nec interrupta noscuntur, ne languoris proventu, robore salutis natura privetur. Non ergo solum fragilitati consulitur humanæ, sed etiam sacris mysteriorum Dei, providentur habere sollicitudinem. Censuimus igitur convenire ut, cum a sacerdotibus Missarum tempore sancta mysteria consecrantur, si ægritudinis accidat quilibet eventus, quo cœptum nequeat consecrationis expleri mysterium, sit liberum episcopo vel presbytero, ut alter consecrationem expleat officii cœpti. Non enim aliud ad supplementum initiatis mysteriis competit, quam aut incipientis aut subsequentis complenda benedictione sacerdotis, quia nec perfecta videri possunt, nisi perfectionis ordine compleantur. Cum enim simus omnes unum in Christo, nihil contrarium diversitas format, ubi efficaciam prosperitatis unitas fide repræsentat. Quod etiam consultum cuncti ordinis clerici inditum vel indultum esse sibi non ambigant, sed, ut præmissum est, præcedentibus statim alii pro complemento succedant. Ne tamen quod naturæ languoris causa consulitur, in præsumptionis perniciem convertatur, nullus post cibum potumque sive quodlibet minimum sumptum Missas facere, nullusque absque patentis proventu molestiæ minister vel sacerdos cum cœperit, imperfecta officia præsumat omnino relinquere. Si quis hæc temerare præsumpserit, excommunicationis sententiam sustinebit.

Cap. LXXI. — *De eadem re.*

(*Ex decret. Anacleti papæ.*) Sacerdotes quando sacrificant, non soli hoc agere debent, sed testes secum habeant, ut Deo perfecte in sacratis Domino locis sacrificare probentur. Ait namque auctoritas legis divinæ : Vide ne offeras holocausta tua in omni loco quem videris, sed in loco quem elegerit Dominus Deus tuus.

Cap. LXXII. — *De presbyteris qui dæmonibus variisque passionibus vexantur, quod illis sacra tractare non liceat.*

(*Ex decret. Pii papæ, cap.* 6.) Bene siquidem majorum regulis definitum est ut, dæmoniis aliisque passionibus irretitis, mysteria sacra tractare non liceat. Cui præcepto, consensu rationis adhibito, id communiter definivimus, ut nullus de his qui aut in terram arrepti a dæmonibus eliduntur, aut quolibet modo vexationis incursibus efferuntur, vel sacris audeant ministrare altaribus, vel indiscussi se divinis ingerant sacramentis, exceptis illis qui corporum incommoditatibus dediti, sine hujusmodi passionibus in terram approbantur elisi. Qui tamen et ipsi tandiu erunt ab officii sui et ordine et loco suspensi, quousque unius anni spatio, per discretionem episcopi inveniantur ab incursu dæmonum alieni.

Cap. LXXIII. — *De eadem re.*

(*Ex decret. Sotheris papæ, cap.* 8.) Ut illud divini oraculi monentis singuli præcaveant quo scribitur : Væ soli, quia, cum ceciderit, non habet sublevantem : summopere verendum est nobis et cavendum, ne horis illis atque temporibus quibus Domino psallitur, vel sacrificatur, unicuique divinis singulariter officiis insistenti, perniciosa passio vel corporis quælibet valetudo occurrat, quæ aut corpus subito subrui faciat, aut mentem alienatione vel terrore confundat. Pro hujusmodi ergo ausibus præcaventes, necessarium duximus instituere ut, ubi temporis vel loci, sive cleri copia suffragatur, habeat quisquis ille canens Deo atque sacrificans post se vicini solaminis adjutorem ; ut si aliquo casu ille qui officia impleturus accedit turbatus fuerit, vel ad terram elisus, a tergo semper habeat qui ejus vicem exsequatur intrepidus, et officium inceptum adimpleat.

Cap. LXXIV. — *De presbyteris qui soli Missas solent celebrare.*

(*Ex eodem, cap.* 10.) Hoc quoque statutum est ut nullus presbyterorum Missarum solemnia celebrare præsumat, nisi duobus præsentibus sibique respondentibus ipse tertius habeatur, quia cum pluraliter ab eo dicitur : « Dominus vobiscum, » et illud in Secretis : « Orate pro me, » aptissime convenit, ut et ipsius respondeatur salutationi.

Cap. LXXV. — *De illis qui conjugati presbyteri oblationes spreverint.*

(*Ex concil. Agathen., cap.* 8.) Si quis decernit presbyterum conjugatum tanquam occasione nuptiarum quod offerre non debeat, et ab ejus oblatione ideo se abstinet, anathema sit.

Cap. LXXVI. — *Ut presbyteri communicent quotiescunque Missas celebraverint.*

(*Ex concil. Rothomag., cap.* 2.) Dictum est nobis quod quidam presbyteri celebrata Missa detrectantes ipsi sumere divina mysteria quæ consecrarunt, calicem Domini muliersculis quæ ad Missas offerunt tradant, vel quibusdam laicis qui dijudicare corpus Domini nesciunt, id est, discernere inter cibum spiritalem atque carnalem. Quod quantum sit omni Ecclesiasticæ religioni contrarium, pietas fidelium novit. Unde omnibus presbyteris interdicimus ut nullus in posterum hoc facere præsumat, sed ipse, cum reverentia sumat, et diacono aut subdiacono qui ministri sunt altaris colligenda tradat. Illud etiam attendat ut eos propria manu communicet. Nulli autem laico aut feminæ Eucharistiam in manibus ponat, sed tantum in os ejus cum his verbis ponat : Corpus Domini et sanguis prosit tibi ad remissionem peccatorum et ad vitam æternam. Si quis hæc transgressus fuerit, quia Deum omnipotentem contemnit, et quantum in ipso est inhonorat, ab altari removeatur.

Cap. LXXVII. — *De eadem re.*

(*Ex epist. Anacleti papæ, cap.* 12.) Peracta autem consecratione omnes communicent qui noluerint ecclesiasticis carere liminibus. Sic enim et Apostoli statuerunt, et sancta Romana tenet Ecclesia. Et si hoc neglexerint, degradentur.

Cap. LXXVIII. — *De eadem re.*

(*Ex concil. Aurelian., cap.* 10.) Auditum est aliquos presbyteros Missam celebrare et non communicare, quod omnino in canonibus apostolorum interdictum esse legitur. Vel quomodo dicere recte potest si non communicaverit : « Sumpsimus, Domine, sacramenta? » etc.

Cap. LXXIX. — *De eadem re.*

(*Ex eodem, cap.* 11.) Si quis episcopus, aut presbyter, aut diaconus, vel quilibet ex sacerdotali catalogo facta oblatione non communicaverit, aut causam dicat : et si rationabilis fuerit, veniam consequatur, aut si non dixerit, communione privetur, tanquam qui populo causa læsionis exstiterit.

Cap. LXXX. — *Ut in Ecclesia nihil aliud agatur nisi id ad quod facta est.*

(*Ex dictis August.*) In oratorio præter orandi et psallendi Deo cultum penitus nihil agatur, ut nomini huic et opera jugiter impensa concordent.

Cap. LXXXI. — *De eadem re.*

(*Ex dictis Benedicti.*) Oratorium hoc sit quod dicitur, nec ibi quidquam aliud geratur aut condatur, quam divinis mysteriis conveniat.

Cap. LXXXII. — *De eadem re.*

(*Ex concil. Laodicen., cap.* 28.) Quod non oporteat in domiciliis divinis, id est, in Ecclesiis agapen fieri, nec intra domum Dei comedere, vel accubitus sternere.

Cap. LXXXIII. — *Ut nullus in Ecclesia convivetur.*

(*Ex concil. Carthag., cap.* 28.) Ut nulli episcopi vel clerici in Ecclesia conviventur, nisi forte transeuntes hospitii necessitate illic reficiantur. Populi etiam ab hujusmodi conviviis, quantum fieri potest, prohibeantur.

Cap. LXXXIV. — *Ut nullus in Ecclesia tabernas constituat.*

(*Ex concil. Turonen., cap.* 2.) Perlatum est ad sanctam synodum quod quidam presbyteri in Ecclesiis sibi commissis tabernas, quod nefas est, constituant, ibique per cauponcs vinum vendant, aut vendere permittant, et ubi tantummodo orationes et verbum divinum, Deique laus debuerit resonare, ibi comessationes et ebrietates fiant, ibi risus et plausus et verba turpia, ibi rixæ et contentiones resultent. Quod quam sit Deo contrarium, Dominus Jesus demonstrat. Qui cum invenisset in templo vendentes et ementes, et nummularios sedentes, facto funiculo de resticulis, omnes ejecit de templo. Si enim ea quæ licite vendi videbantur in templo, et ad hoc emebantur, ut in eodem templo offerrentur Domino, ipse foras ejecit, quid putas de tam pestifera præsumptione et Dei contemptu fiet? Et si non solum sacerdotibus sed etiam omnibus clericis præcipitur, ne tabernas ingrediantur: quis audire potest ut Ecclesiæ Dei tabernæ fiant? Itaque interdicit per omnia synodus ne hoc in posterum ullatenus fiat. Quod si factum fuerit, presbyter deponatur, laici communione privati ab Ecclesia, quam dehonestaverunt, expellantur.

CAP. LXXXV. — *De eadem re.*

(*Ex eodem, cap. 5.*) Si enim domus Dei orationis domus vocatur, hoc debet esse quod dicitur: nec ibi aliud debet geri aut recondi. Ubi enim corpus Domini consecratur, ibi angelorum præsentia non dubitatur adesse. Ubi sanctorum reliquiæ reconditæ venerantur, ne quid inhonestum appareat, quod oculos ad orationem venientium offendat, ne quid ibi videatur quod ad lucrum temporale pertineat: sed omnia sancta, omnia munda, et tantummodo ad Ecclesiasticum ministerium pertinentia.

CAP. LXXXVI. — *Ut unicuique in domo sua orare liceat.*

(*Ex concil. Aureliano, cap. 3.*) Unicuique fidelium in domo sua oratorium licet habere, et ibi orare, Missas autem ibi celebrare non licet.

CAP. LXXXVII. — *Ut canticum turpe circa Ecclesias non fiat.*

(*Ex concil. Carthag.*) Canticum turpe atque luxuriosum circa Ecclesias atque in atriis Ecclesiæ agere omnino contradicimus, quod ubique vitandum est.

CAP. LXXXVIII. — *Ut sanctorum reliquiæ in oratoriis villaribus non ponantur.*

(*Ex concil. Epaonensi, cap. 25.*) Sanctorum reliquiæ in oratoriis villaribus non ponantur, nisi forsitan clericus cujuscunque parochiæ vicinus esse contingat, qui sacris pignoribus psallendi frequentis famuletur.

CAP. LXXXIX. — *Ut sedes episcopalis, si necesse fuerit, in alium locum transferatur.*

(*Ex reg. Greg., ad Joannem Billitran. episcopum.*) Temporis qualitas admonet episcoporum sedes antiquitus certis civitatibus constitutas, ad alia quæ securiora putamus, ejusdem diœceseos loca transponere, quo et habitatores nunc degere, et Barbaricum possit periculum facilius declinari. Propterea te Joannem fratrem coepiscopumque nostrum Billitranensis civitatis, sedemque tuam in loco qui appellatur Renati ad sanctum Andream apostolum præcipimus exinde transmigrare, quatenus et ab hostilitatis incursu liberior existere valeas, et illic consuetudinem solemnium festorum disponas.

CAP. XC. — *De mutandis sanctis locis.*

(*August. dicit.*) Tribus causis loca sanctorum transmutanda sunt. Primo, quum necessitas persecutorum loca eorum gravavit. Secundo, quum difficultas locorum fuerit. Tertio, quum malorum societate gravantur.

CAP. XCI. — *Quod translatis martyribus, honor interdum cum illis migret, interdum in loco permaneat.*

(*Ex dictis Hieron.*) Notandum cum transmutantur alii qui de martyribus, cum his honor commigrat: aliis vero transmutatis honor in locis eorum esse non cessat.

CAP. XCII. — *Quod sanguis martyrum consecret locum, non locus sanguinem.*

(*Ex dictis August.*) Sanguis martyrum consecrat locum, non locus sanguinem. Si aliquis dixerit: Mea est Ecclesia, dices illi, quod in Cantico legitur: Una est columba mea, et unus est dilectus meus. Et dices illi: Aptum est filium occidi in sinu matris et nutricis suæ? Tamen scias nutricem tantum pollutam, et pro hac pollutione consecratam, filium autem mortuum esse.

CAP. XCIII. — *Quid sit basilica.*

(*Ex dictis S. Isidor.*) Basilion Græcorum rex erat. Hinc et basilica regalis, quia in primis temporibus reges tantum sepeliebantur in ea, ideo nomen sortita est. Nam nunc temporis cæteri homines, sive igni combusti, sive acervo lapidum sepulti sunt.

CAP. XCIV. — *De illis qui domum Dei contemptibilem faciunt.*

(*Ex concil. Gangren., cap. 5.*) Si quis docet domum Dei contemptibilem esse, et conventus qui in ea celebrantur, anathema sit.

CAP. XCV. — *De eadem re.*

(*Ex eodem, cap. 6.*) Si quis extra Ecclesiam seorsum conventus celebrat, et despiciens Ecclesiam, ea quæ sunt Ecclesiæ voluerit usurpare, non conveniente presbytero juxta decretum episcopi, anathema sit.

CAP. XCVI. — *Ut calix et patena ex auro aut ex argento fiant.*

(*Ex concil. Remensi, cap. 5.*) Ut calix Domini cum patena, si non ex auro omnimodis, ex argento fiat. Nec censentur presbyteri avaritia suadente de paupertate vel impossibilitate, cum quarta pars ex omnibus quæ ad Ecclesiam pertinent, in fabricis ipsius Ecclesiæ sit impendenda. Admonendus est etiam populus ut aliquid in donariis Domini offerat, sicut ille antiquus populus sub Mose in tabernaculo Domini fecisse legitur. Si quis autem tam pauper est, saltem vel stanneum calicem habeat. De ære autem ex aurichalco non fiat calix, quia ob vini virtutem erugines parit, quæ vomitum provocat. Nullus autem in ligneo calice, aut vitreo præsumat cantare.

Cap. XCVII. — *De observanda mensa Christi.*

(*Ex eodem concil., cap.* 5.) Observandum est ut mensa Christi, id est, altare ubi corpus Dominicum consecratur, ubi sanguis ejus hauritur, ubi sanctorum reliquiæ recondantur, ubi preces et vota populi in conspectu Dei a sacerdote offeruntur, cum omni veneratione honoretur, et mundissimis linteis et palliis diligentissime cooperiatur, nihilque super eo ponatur, nisi capsæ cum sanctorum reliquiis et quatuor Evangelia. Expleta Missa calix cum patena, et sacramentorum liber, cum vestibus sacerdotalibus in mundo loco sub sera recondantur.

Cap. XCVIII. *Ut corporale ex purissimo linteo sit, et unius materiei.*

(*Ex eodem, cap.* 3.) Corporale super quod sacra oblatio immolatur, ex mundissimo et purissimo linteo sit, nec in eo alterius generis materia pretiosior aut vilior misceatur, et nunquam super altare relaxaneat, nisi in tempore missæ, sed aut in sacramentorum libro ponatur, aut cum calice et patena in mundissimo loco recondatur : vel quando abluitur a sacerdote, diacono vel subdiacono, primo in ecclesia in loco et vase ad hoc præparato abluatur, eo quod ex Dominico corpore et sanguine infectum sit. Post hæc a lavandario in nitido loco paretur.

Cap. XCIX. — *Ut sacrificium altaris non in serico panno aut tincto celebretur.*

(*Ex epist. Eusebii papæ, cap.* 54.) Hic inter cætera prædicta consultu omnium constituimus ut sacrificium altaris non in serico panno, aut tincto quisquam celebrare præsumeret, sed in puro lineo ab episcopo consecrato, terreno scilicet lino procreato atque contexto, sicut corpus Domini nostri Jesu Christi in syndone linea munda sepultum fuit.

Cap. C. — *Ut mulieres ad altare non accedant, et officiis virorum se non intromittant.*

(*Ex concil. Laodicensi, cap.* 43.) Quod non oporteat mulieres ingredi ad altare, et ea contingere quæ virorum officiis deputata sunt.

Cap. CI. — *De eadem re.*

(*Ex decr. Gelasii papæ, cap.* 16.) Nihilominus impatienter audivimus, tantum divinarum rerum subiisse despectum, ut feminæ sacris altaribus ministrare firmentur, cunctaque non nisi virorum famulatui deputata sexui cui non competit exhibere.

Cap. CII. — *Ut laici juxta altare non sedeant.*

(*Ex concil. Mogunt., cap.* 43.) Ut laici secus altare quo sancta mysteria celebrantur, inter clericos, tam ad vigilias quam ad Missas stare vel sedere penitus non præsumant, sed pars illa quæ cancellis ab altari dividitur, tantum psallentibus pateat clericis. Ad orandum vero et communicandum laicis et feminis, sicut mos est, pateant sancta sanctorum.

Cap. CIII. — *De illis sacerdotibus qui in Ecclesia dum Evangelia leguntur, sedere præsumunt.*

(*Anastas. I papæ epistola episcopis Germaniæ ac Burgund. directa.*) Anastasius episcopus cunctis Germanicis et Burgundiæ regionis episcopis in Domino salutem. Exegit dilectio vestra, charissimi, ut ex auctoritate sedis apostolicæ, vestris deberemus consultis respondere. Et quamvis non prolixe, sed succincte hoc agere propter quasdam alias occupationes festinaremus : denuo tamen si necesse fuerit ob has vel alias necessitates quasi ad caput mittere charitative non dubitetis, quia vestras preces et nunc et tunc acceptabiles habemus. Significastis enim quosdam sacerdotes in Ecclesia, quando Evangelia leguntur sedere, et Domini salvatoris verba non stantes sed sedentes audire, et hoc ex majorum traditione se accepisse narrantur. Quod nullatenus deinceps fieri sinatis apostolica auctoritate mandamus : sed dum sancta Evangelia in Ecclesia recitantur, sacerdotes et cæteri omnes non sedentes, sed venerabiliter in conspectu Evangelii stantes, Dominica verba intente audiant et fideliter adorent.

Cap. CIV. — *Ut nullus calicem, patenam, vel vestimentum sacerdotale in vadium tabernario præstare præsumat.*

(*Ex concil. Remensi, cap.* 11.) Ut nullus presbyter præsumat calicem, vel patenam, vel pallium altaris, vel vestimentum sacerdotale, aut librum ecclesiasticum tabernario, vel negociatori, aut cuilibet laico vel feminæ in vadium dare, nisi justissima necessitate urgente, quia tanta est sanctitas sacri ministerii, ut salva altioris mysterii intelligentia, etiam per prophetam Dominus prohibuerit, ne cum sanctis vestimentis sacerdos procedat ad populum, sed illa intra sancta dimittat, a colloquio divino rediens. Et cui in tabernas ad bibendum a sacris canonibus ingredi prohibetur, sanctificata sacro ministerio nec ad contingendum immundis : quanto minus in vadium exhibere debet? Sicut Stephanus sanctus papa et martyr sanctum Hilarium in suis decretalibus docuit.

Cap. CV. — *Ut nullus calicem, patenam, aut aliqua vasa sacra ad alios usus facere præsumat.*

Ex concil. Aurelianensi, cap. 9.) Nullus sacerdos seu laicus calicem, aut patenam, aut quælibet vasa sacra et divino cultui mancipata, ad alios usus suos retorquere præsumat. Nam quicunque de calice sacro aliud bibit præter Christi sanguinem qui in sacramento accipitur, et patenam ad aliud officium habet quam altaris ministerium, deterrendus est exemplo Balthazar, qui dum vasa Domini in usus communes adsumpsit, vitam pariter cum regno amisit.

Cap. CVI. — *Quod licitum sit episcopis cum consilio cleri de thesauro Ecclesiæ suæ familiæ in necessitate succurrere.*

(*Ex concil. Arvernen., cap.* 5.) Licitum sit episcopis præsentibus presbyteris et diaconibus de thesauro Ecclesiæ familiæ et pauperibus ejusdem Ecclesiæ, secundum canonicam institutionem, juxta quod indiguerint erogare.

Cap. CVII. — *Ne cadavera pallio altaris cooperiantur.*

(*Ex eodem, cap.* 30.) Ne opertorio Dominici corporis, vel altaris non unquam corpus dum ad tumulum evehitur obtegatur, ne sacro velamine dum honorantur corpora, altaria polluantur.

CAP. CVIII. — *Ne ad nuptiarum ornatum divina ministeria præstentur.*

(*Ex eodem, cap.* 8.) Ne ad nuptiarum ornatum ministeria divina præstentur, et dum improborum tactu vel pompa sæcularis luxuriæ polluantur, ad officia sacri mysterii videantur indigna.

CAP. CIX. — *Ut Ecclesia sæculari potentia minime pervadatur.*

(*Ex concil. apostol., cap.* 31.) Si quis episcopus sæcularibus potestatibus usus, Ecclesiam per ipsas obtineat, deponatur, et segregetur, omnesque qui illi communicant.

CAP. CX. — *De presbyteris qui Ecclesias suas per pretium acquisierint.*

(*Ex concil. Mogunti., cap.* 5.) Quicunque presbyter per pretium ecclesiam fuerit adeptus, quoniam contra Ecclesiasticæ regulæ disciplinam agere dignoscitur, et qui alium presbyterum legitime ad Ecclesiam ordinatum per pecuniam expulerit, eamque sibi taliter vindicaverit, omnimodis deponatur.

CAP. CXI. — *Ut nullus laicus ab Ecclesia sua presbyterum ejicere præsumat.*

(*Ex eodem, cap.* 29.) Ut laici presbyteros non ejiciant de Ecclesiis, neque constituant sine consensu episcoporum suorum.

CAP. CXII. — *Item de illis qui presbyteris Ecclesias auferunt.*

(*Ex concil. Cabillon., cap.* 42.) Inventum est quod multi arbitrii sui temeritate, et quod est gravius, ducti cupiditate, presbyteris quibuslibet absque consensu episcoporum Ecclesias dant vel auferunt. Unde oportet ut canonica regula servata, nullus absque consensu episcopi cuilibet presbytero Ecclesiam det. Quam si juste adeptus fuerit, hanc non nisi culpa gravi, et coram episcopo canonica severitate amittat.

CAP. CXIII. — *Ut nullus aliquod munus propter Ecclesiam a presbytero requirat.*

(*Ex concil. Mogunt., cap.* 30.) Ut nullus omnino munera exigat a presbyteris, propter commendationem Ecclesiæ.

CAP. CXIV. — *De eadem re.*

(*Ex concil. Rothomag., cap.* 5.) Sancitum est atque omnimodis prohibitum ut, si quis presbyter inventus fuerit alicui clerico aut laico munera dare aut dedisse, aut aliquam pecuniam tribuere, ut alterius presbyteri Ecclesiam surripiat, aut Ecclesiam vacantem pretio redimat, pro hac cupiditate seu rapina, seu præsumptione turpis lucri gratia dejiciatur a clero, et alienus existat a regula.

CAP. CXV. — *Ut presbyteri plebes admoneant ut linteamina altaris præparent.*

(*Ex concil. Remensi, cap.* 4.) Ut presbyteri per plebes suas feminis prædicent, ut linteamina in altaria præparent.

CAP. CXVI. — *Ut episcopi prævideant quid presbyteri dominis suis pro Ecclesiis facere debeant.*

(*Ex concil. Arelatensi, cap.* 5.) Ut episcopi prævideant quem honorem presbyteri pro Ecclesiis suis facere debeant.

CAP. CXVII. — *De eadem re.*

(*Ex concil. Aurel., cap.* 10.) Ut nullus presbyter ad introitum Ecclesiæ xenia donet.

CAP. CXVIII. — *De presbyteris nihil habentibus quando ordinantur.*

(*Ex concil. Remensi, cap.* 6.) Investigandum si nihil patrimonii habens presbyter quando provectus est ad ordinem ecclesiasticum, postea emerit prædia, cujus juris sint, quoniam Ecclesiæ ad quam de nihil habente promotus est esse debent, juxta canonicam auctoritatem.

CAP. CXIX. — *De eadem re.*

(*Ex concil. Arausico, cap.* 54.) Presbyter cum diœcesim tenet, de his quæ emerit, ad Ecclesiæ nomen scripturam faciat, aut ab ejus quam tenet Ecclesiæ ordinatione discedat.

CAP. CXX. — *De eadem re.*

(*Ex concil. Carthag., cap.* 47.) Placuit ut episcopi, presbyteri, diaconi, vel quicunque clerici, qui nihil habentes ordinantur, et tempore episcopatus, vel clericatus sui, agros vel quæcunque prædia suo nomini comparant, tanquam rerum dominicarum invasionis crimine teneantur obnoxii, nisi ad Ecclesiam ad quam titulati sunt, eadem ipsa contulerint. Si autem ipsis propria liberalitate alicujus, vel successione cognationis aliquid venerit, faciant inde quod velint.

CAP. CXXI. — *De eadem re.*

(*Ex eodem, cap.* 48.) Ut unusquisque presbyter res quas post diem consecrationis acquisierit, propriæ Ecclesiæ relinquat.

CAP. CXXII. — *De eadem re.*

(*Ex concil. Toletano.*) Cæterum, presbyter si post ordinationem aliquid acquisierit, illud observandum est, quod in canonibus de consecratis nihil habentibus constitutum est.

CAP. CXXIII. — *De presbyteris qui ex reditibus Ecclesiæ sibi res comparaverint, et structuras ibi fecerint, et mulieres ibi posuerint.*

(*Ex concil. Remensi, cap.* 10.) Inquirendum si aliquis presbyterorum de reditibus Ecclesiæ, vel oblationibus ac votis fidelium alio nomine res comparaverit, et ibi structuras fecerit, vel quæ ad Ecclesiam pertinent, ibidem collocaverit, et mulierum frequentationem inibi fieri permiserit, vel quod turpius est, tales mulieres ibidem habuerit, quæ lanificium suum exerceant, et curam domus agant, et in eadem presbyter frequenter veniens manserit, et contra decreta canonum hoc malum agat; quia sicut nec suo, ita nec alieno nomine presbyter fenus exercere debet, multo minus fraudem facere de facultatibus ecclesiasticis, quoniam hoc sacrilegium est, et par crimen Judæ furis qui sacras oblationes asportabat et furabatur.

CAP. CXXIV. — *De consuetudine servanda, quæ non est contra fidem.*

Ex epist. Pii papæ.) Petistis enim per Hylarium chartularium nostrum, a beatæ memoriæ decessore nostro, ut omnes vobis retro temporum consuetudines servarentur, quæ a beati Petri apostolorum principis ordinationum initiis haetenus vetustas longa servavit. Et nos quidem juxta seriem relationis nostræ consuetudinem laudamus, quæ tamen contra fidem catholicam nihil usurpare dinoscitur.

Cap. CXXV. — *Ut ecclesiastica statuta ab apostolis et reliquis magistris Ecclesiæ tradita integra serventur.*

(*Ex decr. Innocentii papæ, cap.* 1.) Innocentius Decentio, episcopo Egobino, salutem. Si instituta ecclesiastica, ut sunt a beatis apostolis tradita, integra vellent servare Domini sacerdotes, nulla diversitas, nulla varietas in ipsis ordinibus et consecrationibus haberetur. Sed dum unusquisque non quod traditum est, sed quod sibi visum fuerit, hoc existimat esse tenendum, inde diversa in diversis locis vel ecclesiis, aut teneri, aut celebrari videntur : ac fit scandalum populis qui, dum nesciunt traditiones antiquas humana præsumptione corruptas, putant sibi aut Ecclesias non convenire, aut ab apostolis vel apostolicis viris contrarietatem inductam. Quis enim nesciat aut non advertat id quod a principe apostolorum Petro Romanæ Ecclesiæ traditum est, ac nunc usque custoditur, ab omnibus debere servari, nec superduci aut introduci aliquid, quod aut auctoritatem non habeat, aut aliunde accipere videatur exemplum, præsertim cum sit manifestum in omnem Italiam, Gallias, Hispanias, Africam atque Siciliam insulasque interjacentes, nullum instituisse Ecclesias, nisi eos quos venerabilis apostolus Petrus, aut ejus successores constituerunt sacerdotes? Aut legant, si in his provinciis alius apostolorum invenitur aut legitur docuisse. Qui si non legunt, quia nusquam inveniunt, oportet eos hoc sequi quod Ecclesia Romana custodit a qua eos principium accepisse non dubium est, ne, dum peregrinis assertionibus studeant caput institutionum videantur omittere. Sæpe dilectionem tuam ad urbem venisse, ac nobiscum in ecclesia convenisse non dubium est et quem morem, vel in consecrandis mysteriis, vel in cæteris agendis arcanis teneat cognovisse. Quod sufficere arbitrarer ad informationem Ecclesiæ tuæ, vel reformationem, si præcessores tui, quod minus aliquid, aut aliter tenuerint satis certum haberem nisi de aliquibus consulendos nos esse dixisses. Quibus idcirco respondemus non quod te aliqua ignorare credamus, sed ut majore auctoritate, vel tuos instituas, vel si qui a Romanæ Ecclesiæ institutionibus errant, aut commoneas, aut indicare non differas, ut scire valeamus qui sint, qui aut novitates inducunt, aut alterius Ecclesiæ quam Romanæ existimant consuetudinem esse servandam.

Cap. CXXVI. — *Ut consuetudines ecclesiasticæ pro lege sint tenendæ.*

(*Augustinus dicit ad Casulanum presbyterum.*) In his enim rebus de quibus nihil certi statuit Scriptura divina, mos populi Dei, vel instituta majorum pro lege tenenda sunt, et sicut prævaricatores legum divinarum, ita contemptores consuetudinum ecclesiasticarum coercendi sunt.

Cap. CXXVII. — *Item de consuetudinibus ecclesiasticis observandis.*

(*Ex dictis Basilii, cap.* 27.) Ecclesiasticarum institutionum consuetudines quasdam Scripturis, quasdam vero apostolica traditione per successiones in mysterio confirmatas accepimus, quibus par virtus, et idem utrisque pietatis effectus quin sit, quotus quisque vel aliquantulum sacrarum expertus Scripturarum hæsitaverit? Si enim attentaverimus consuetudines Ecclesiæ, non per Scripturas a Patribus traditas nihili æstimare, quantum religio detrimenti latura sit despicientibus liquido constabit. Quæ enim, ut inde ordiamur, Scriptura salutiferæ crucis signaculo fideles docuit insigniri? Quæ multifariam digesta super panem et calicem prolixæ orationis et consecrationis verba commendavit? Nam non modo quod in Evangelio continetur, vel apostolo in secretis dicimus, sed et alia per plura adjicimus, magnam quasi vim consummandis accommodantia mysteriis. Quæ Orientem versus nos orare litterarum forma præstituit? Benedicimus fontem baptismatis, oleum unctionis. Huc accedit quod ter immergimus quos baptizamus, oleo ungimus, verbis abrenuntiare Satanæ et angelis ejus informamus. Unde hæc et alia in hunc modum non pauca, nisi quia tacita ac mystica traditione a Patribus ecclesiastico more reverentiori diligentia sunt in mysteriis observata silentio, quam publicata scripto.

Cap. CXXVIII. — *Quid agendum sit in causis, de quibus certa in canonibus inveniuntur judicia.*

(*Ex decr. Innocentii papæ, cap.* 18.) De causis de quibus nulla solvendi, ligandique auctoritas in libris Veteris Testamenti, quatuor Evangeliorum, cum scriptis totis apostolorum non appareat, ad divina recurrito scripta Græce. Si nec in illis, ad catholicæ Ecclesiæ historias catholicas, a doctoribus catholicis scriptas manum mitte. Si nec in illis, canones apostolicæ sedis intuere. Si nec in his, sanctorum exempla perspicaciter recordare. Quod si in his omnibus inspectis hujus quæstionis qualitas non lucide investigatur, seniores provinciæ congrega, et eos interroga. Facilius namque invenitur, quod a pluribus sentientibus quæritur. Verus enim repromissor Dominus ait: Si duo ex vobis, vel tres conveniant super terram in nomine meo, de omni re quamcunque petierint, fiet illis a Patre meo.

Cap. CXXIX. — *Ut cuncta quæ Deo offeruntur, consecrata habeantur.*

(*Ex concil. Aurelian., cap.* 7.) Omnia quæ Deo offeruntur, consecrata habentur, in vineis, terris, sylvis, utensilibus, vestimentis, pecoribus, et reliquis possessionibus, et quæ Ecclesiis sine dubio Christo, qui sponsus earum est, offeruntur.

Cap. CXXX. — *De eadem re.*

(*Ex concil. Rothomag., cap.* 3.) Omnes decimæ terræ, sive de frugibus, sive de pomis arborum Domini sunt, et illi sanctificantur. Boves, et oves, et capræ, quæ sub pastoris virga transeunt, quidquid decimum venerit, sanctificabitur Domino. Non eligetur nec bonum nec ma.um, nec altero commutabitur. Si quis mutaverit, et quod mutat, et quod mutatum est, sanctificabitur Domino, et non redimetur. Sed quia modo multi inveniuntur decimas dare nolentes, statuimus ut secundum Domini nostri præceptum admoneantur semel, et secundo et tertio. Si non emendaverint, anathematis vinculo constringantur usque ad satisfactionem, et ad emendationem congruam.

CAP. CXXXI. — *Ut decima nullo modo negligatur.*

(*Ex concil. Mogunt., cap.* 35.) Admonemus atque præcipimus ut decimas Deo omnino dare non negligatur, quas Deus ipse sibi dari constituit, quia timendum est ut quisquis Deo suum debitum abstrahit, ne forte Deus per peccatum suum auferat ei necessaria sua.

CAP. CXXXII. — *De illis qui decimas dare nolunt.*

(*Ex concil. Cavallon., cap.* 18.) Questi sunt præterea quidam fratres, quod essent aliqui episcopi et abbates, qui decimas non sinerent dare ad Ecclesias, ubi illi coloni Missam audiunt. Proinde decrevit sacer iste conventus, ut episcopi et abbates de agris et vineis, quæ ad suum vel fratrum stipendium habent, decimas ad Ecclesias deferri faciant. Familiæ vero ibi dent decimas suas, ubi infantes eorum baptizantur, et ubi per totum anni circulum missas audiunt.

CAP. CXXXIII. — *Quod decimæ ab omnibus Christianis ex debito reposci debeant.*

(*Ex concil. Mogunti., cap.* 8.) Decimas Deo et sacerdotibus Dei dandas, Abraham factis, Jacob promissis insinuat. Deinde lex statuit, et omnes doctores sancti commemorant. Et profecto dignum erat ut Israelitæ decimas pecorum, et frugum, et omnium pecuniarum Domino darent, qui eos liberaverat a decem plagis, quibus percussit Ægyptios, et in novissima plaga primogenita cunctorum disperdidit, gratiamque suis præstitit, ut impetratis pecuniis spoliarent Ægyptum. De quibus decimis Augustinus doctor venerabilis dicit : Decimæ ex debito requiruntur. Quid si diceret Deus, nempe meus es, o homo, mea est terra quam colis, mea sunt semina quæ spargis, mea animalia quæ fatigas, meus est solis calor; et cum omnia mea sint, tu qui minus accommodas, solam decimam merebaris, sed reservo tibi novem, da mihi decimam. Si non dederis mihi decimam, auferam novem. Si dederis mihi decimam, multiplicabo novem. Cum itaque Judaicu populus præceptum decimarum tanta diligenti observaret, ut de minimis quibusque holusculis, ruta videlicet, menta et cimino, ut ipse Dominus testatur, decimas daret, cur non majori studio plebs Evangelica eamdem impleat jussionem ? Cui et major numerus est sacerdotum, et sincerior cultus sacramentorum ? Ideo ergo dandæ sunt, ut hac Deus devotione placatus, largius præstet quæ necessaria sunt, sicut superius ostendimus. Et ut sacerdotes ac ministri Ecclesiæ cura et sollicitudine necessitatum corporalium, sine quibus hæc vita transigi non po-

test, relevati, liberiores fiant ad meditationem divinæ legis et doctrinæ administrationem, atque spiritalis servitii voluntariam expletionem. Et ut munus populi in quotidiana oblatione Domino immoletur, nec non secundum statuta canonica in sustentationem pauperum, et restaurationem ecclesiarum proficiat. Quatuor enim partes juxta canones fieri de fidelium oblationibus debent, ut una sit episcopi, altera clericorum, tertia pauperum, quarta restaurationi ecclesiarum servetur.

CAP. CXXXIV. — *De illis qui decimam dare noluerint nisi pretio redimantur.*

(*Ex concil. Mediomatricis, cap.* 3.) De decimis quas populus dare non vult, nisi quolibet munere ab eo redimantur, ab episcopis prohibendum est ne fiat.

CAP. CXXXV. — *Ut decima Dei census nuncupetur.*

(*Ex concil. Agrippin., cap.* 6.) Item, quod decima, quæ a fidelibus datur, Dei census nuncupanda est, et ideo ex integro reddenda. Cujus tertia pars secundum canonem Toletanum, episcoporum esse debet. Nos vero hac potestate uti nolumus, sed tantum singulis annis quartam partem usu Romanorum pontificum, et observantia sanctæ Ecclesiæ Romanæ de eadem habere volumus. Quod si quis contentiosus inde repertus fuerit, sive clericus, sive ille laicus sit, communione privabitur, et synodali censura judicabitur.

CAP. CXXXVI. — *De oblationibus parochitarum cujus esse debeant.*

(*Ex concil. Toletano.*) De his quæ ad parochitanas ecclesias offeruntur, in terris, vineis, mancipiis, peculiis, antiquorum canonum instituta serventur, ut omnia in episcopi potestate consistant. De his autem quæ altaribus offeruntur, tertia pars fideliter episcopis deferatur, duæ clericis, decimæ autem secundum quosdam singulis annis tertia pars, aut in tertio tota. Sed tamen nos sequentes Romanos, singulis annis quartam partem, aut in quarto totam episcopi recipiant.

CAP. CXXXVII. — *Quod in unaquaque Ecclesia tam de redditibus quam oblationibus quatuor debeant fieri portiones.*

(*Ex epist. Gelasii papæ, cap.* 27.) Quatuor autem tam de redditibus quam de oblationibus fidelium, prout cujuslibet Ecclesiæ facultas admittit, sicut dudum rationabiliter est decretum, convenit fieri portiones. Quarum sit una pontificis, altera clericorum, tertia pauperum, quarta fabricis applicanda. De quibus sicut sacerdotis intererit integram ministris Ecclesiæ memoratam dependere quantitatem, sic clerus ultra delegatam sibi summam nihil insolenter noverit expetendum. Ea vero quæ ecclesiasticis ædificiis attributa sunt, huic operi veraciter prærogata, locorum doceat instauratio manifesta sanctorum, quia nefas est si sacris ædibus destitutis, in lucrum suum præsul impendia his designata convertat. Ipsam nihilominus ascriptam pauperibus portionem, quamvis divinis rationibus se dispensasse monstraturus esse videatur, tamen juxta quod scriptum est: ut videant opera vestra bona, et glorificent Patrem vestrum qui in cœlis est, oportet etiam præsenti testificatione prædicari, et bonæ famæ præconiis non taceri.

Cap. CXXXVIII. — *Item quod de decimis quatuor debeant fieri portiones.*

(*Ex concil. Nannetensi, cap.* 6.) Instruendi sunt presbyteri, pariterque admonendi, quatenus noverint decimas et oblationes quas a fidelibus accipiunt, pauperum et hospitum et peregrinorum esse stipendia, et non quasi suis, sed quasi commendatis uti. De quibus omnibus sciant se rationem posituros in conspectu Dei, et nisi eas fideliter pauperibus et his qui præmissi sunt administraverint, damna passuros. Qualiter vero dispensari debeant, canones sancte instituunt. Scilicet, ut quatuor partes inde fiant, una ad fabricam ecclesiæ relevandam, altera pauperibus distribuenda, tertia presbytero cum suis clericis habenda, quarta episcopo reservanda, ut quidquid exinde jusserit, prudenti consilio fiat.

Cap. CXXXIX. — *Ubi terminari debeant contentiones ortæ inter Christianos.*

(*Ex decr. Marcelli papæ, cap.* 3.) Quæcunque ergo contentiones inter Christianos ortæ fuerint, ad Ecclesiam deferant, et ab ecclesiasticis viris terminentur. Et si obedire noluerint, quousque obediant a liminibus sanctæ Ecclesiæ excludantur.

Cap. CXL. — *De his qui oblationes parentum aut testamenta, vel quod ipsi donaverint Ecclesiis, retinere aut auferre conantur.*

(*Ex concil. habito apud Valentias, cap.* 4.) Clerici etiam vel sæculares, qui oblationes parentum aut donatas, aut testamentis relictas retinere perstiterint, aut id quod ipsi donaverint Ecclesiis vel monasteriis crediderint auferendum, sicut synodus sancta constituit, velut peccatores pauperum, quousque reddant ab Ecclesiis excludantur.

Cap. CXLI. — *De illis qui Deum hæredem faciunt.*

(*S. Isidor. dicit.*) Augustinus ait in libro de Hæredibus: Noli sub imagine pietatis augere pecuniam, dicens: Filiis meis servo has res. Quare non potius servas illi qui te ex nihilo fecit, qui te pascit, et filios servat? Nonne melius creatori tuo thesaurizabis quam filiis? Item idem: Qua fronte hæreditatem a Christo quæris, quum Christum tua hæreditate fraudaveris? Qui dixit: Thesaurizate vobis thesauros in cœlo?

Cap. CXLII. — *De his qui oblationes defunctorum aut negant aut difficulter reddunt.*

(*Ex concil. apud Valentias, cap.* 4.) Qui oblationes defunctorum aut negant Ecclesiis, aut cum difficultate reddunt, tanquam egentium necatores excommunicentur.

Cap. CXLIII. — *De eadem re.*

(*Ex decr. Urbani papæ, cap.* 4.) Ipse enim res fidelium, oblationes appellantur, quia Domino offeruntur. Non ergo debent in alios usus quam ecclesiasticos, et prædictorum Christianorum fratrum vel indigentium converti, quia vota sunt fidelium, et pretia peccatorum, atque ad prædictum opus explendum

A Domino traditæ. Si quis autem, quod absit, secus egerit, videat ne damnationem Ananiæ et Saphyræ percipiat, et reus sacrilegii efficiatur sicut illi fecerunt qui pretia prædictarum rerum fraudabant, de quibus in prædictis legitur apostolorum Actibus.

Cap. CXLIV. — *De eadem re.*

(*Ex concil. Gangren., cap.* 7.) Si quis oblationes Ecclesiæ extra Ecclesiam accipere vel dare voluerit præter conscientiam episcopi vel ejus cui hujuscemodi officia commissa sunt, nec cum ejus voluerit agere consilio, anathema sit.

Cap. CXLV. — *De eadem re.*

(*Ex eodem, cap.* 8.) Si quis dederit vel acceperit oblata præter episcopum vel eum qui constitutus est ab eo ad dispensandam misericordiam pauperibus, et qui dat et qui accipit, anathema sit.

Cap. CXLVI. — *Ut omnes Ecclesiæ vel decimæ in episcoporum potestate consistant.*

(*Ex concil. Cabillon., cap.* 1.) In sancto Cabillonensi concilio decretum est ut omnes Ecclesiæ cum dotibus suis et decimis, et omnibus rebus suis, in episcopi proprii potestate consistant, atque ad ordinationem vel dispositionem suam semper pertineant.

Cap. CXLVII. — *Quod tricennalis possessio firma sit.*

(*Ex concil. Toletan. v, cap.* 35.) Sicut diœcesim alienam tricennalis possessio tollit, ita territorii conventum non admittit. Ideoque basilicæ quæ novæ conditæ fuerint, ad eum procul dubio episcopum pertinebunt, cujus conventus esse constiterit.

Cap. CXLVIII. — *Ut singularum Ecclesiarum rusticanæ parochiæ semper maneant inconcussæ.*

(*Ex concil. Chalced., cap.* 17). Singularum Ecclesiarum rusticas parochias vel possessiones manere inconcussas illis episcopis qui eas retinere noscuntur, et maxime si per tricennium eas absque vi obtinentes, sub dispensatione rexerunt. Quod si intra tricennium facta fuerit de his altercatio, licere eis qui se læsos asserunt, apud sanctam synodum provinciæ de his movere certamen decrevimus.

Cap. CXLIX. — *Quod tricennalis possessio, si intacta permansit, mutari non debeat.*

(*Ex epist. Gelasii papæ, cap.* 41.) Illud etiam adnecti placuit ut si, quod absit, facultates Ecclesiæ, nec non et diœceses ab aliis quibusque possidentur episcopis, jure sibi vindicent quod tricennalis lex conclusit, quia et ultra triginta annos nulli liceat pro eo appellare, quod legum tempus excludit.

Cap. CL. — *Idem de rebus per triginta annos possessis.*

(*Ex concil. Matiscen., cap.* 7.) Ut de rebus Ecclesiarum quæ ab eis per triginta annorum spatium sine ulla interpellatione possessæ sunt, testimonia non recipiantur, sed eo modo contineantur, sicut res ad fiscum dominicum pertinentes contineri solent.

Cap. CLI. — *De illis, qui de ecclesiis cœmiteria faciunt.*

(*Ex concil. Meldensi, cap.* 9.) Antiquus in his regionibus in Ecclesia sepeliendorum mortuorum usus fuit, et plerumque loca divino cultui mancipata, et ad offerendas Deo hostias præparata cœmeteria sive polyandria facta sunt. Unde volumus ut ab hac re deinceps abstineatur, ut nemo in Ecclesia sepeliatur, nisi forte talis sit persona sacerdotis, aut cujuslibet justi hominis, qui per vitæ meritum talem vivendo suo corpori defuncto locum acquisivit. Corpora vero quæ antiquitus in Ecclesiis sepulta sunt, nequaquam projiciantur, nisi sint paganorum, sed tumuli qui apparent profundius in terram mittantur, et pavimento desuper facto nullo tumulorum vestigio apparente, Ecclesiæ reverentia conservetur. Ubi vero tanta est multitudo cadaverum, ut hoc facere difficile sit, locus ille pro cœmeterio habeatur, ablato inde altari, et in alio loco constituto, ubi religiose et pure Deo sacrificium offerri valeat.

Cap. CLII. — *De illis qui in sacris locis se sepelire petierint.*

(*August. dicit.*) Quibus peccata dimissa non sunt, a sacris locis post mortem adjuvari non possunt, quia quos peccata gravia deprimunt, si in sacris locis sepelire se faciunt; restat ut de sua præsumptione judicentur, quatenus eos sacra loca non liberant, sed culpa temeritatis accuset.

Cap. CLIII. — *De eadem re.*

(*Gregor. dicit in dialogo suo.*) Cum gravia peccata non deprimunt, hoc prodest mortuis si in Ecclesiis sepeliantur, quod eorum proximi quoties ad eadem loca sacra veniunt, suorum, quorum sepulturam aspiciunt, recordantur, et pro eis Domino preces fundunt. Nam quos peccata gravia deprimunt, non ad absolutionem potius quam ad damnationis cumulum majorem, eorum corpora in Ecclesiis ponuntur. Quod melius ostendimus, si ea quæ diebus nostris gesta sunt breviter enarremus. Vir namque vitæ venerabilis Felix Portuensis episcopus, in Sabinensi provincia ortus atque enutritus est, qui quamdam sanctimonialem feminam in loco eodem fuisse testatur, quæ carnis quidem continentiam habuit, sed linguæ procacitatem atque stultiloquium non declinavit. Hæc igitur defuncta, atque in Ecclesia sepulta est. Nocte autem eadem ejusdem Ecclesiæ custos per revelationem vidit, quia ducta ante sacrum altare per medium secabatur, et pars una illius igni cremabatur, pars autem altera intacta remansit. Cumque hoc surgens mane fratribus narraret, et locum vellet ostendere in quo fuerat igne consumpta, ipsa flammæ combustio ita ante altare apparuit in marmoribus, ac si illic eadem femina corporeo fuisset igne concremata. Ex qua re aperte datur intelligi, quia hi quibus peccata dimissa non fuerint, ad evitandum judicium sacris locis post mortem non valent adjuvari.

Cap. CLIV. — *De eadem re.*

(*Item Greg.*) Joannes quoque magnificus in hac urbe locum præfectorum servans, cujus veritatis atque gravitatis sit novimus, qui mihi testatus est, Valerianum patricium in civitate quæ Brixia dicitur fuisse defunctum. Cui ejusdem civitatis episcopus accepto pretio locum in Ecclesia præbuit, in quo sepeliri debuisset. Qui videlicet Valerianus usque ad ætatem decrepitam levis ac lubricus exstitit, modumque suis pravitatibus ponere contempsit. Eadem vero nocte qua sepultus est, beatus Faustinus martyr, in cujus Ecclesia corpus ejus fuit humatum custodi suo apparuit dicens: Vade et dic episcopo, projiciat hinc fetentes carnes quas hic posuit, quia, si non fecerit, ipse die trigesimo morietur. Quam visionem custos episcopo timuit confiteri, et rursus admonitus declinavit. Die autem trigesimo, ejusdem civitatis episcopus, cum vespertina hora sanus atque incolumis ad lectum redisset, subita et inopinata morte defunctus est.

Cap. CLV. — *De eadem re.*

(*Item Greg.*) Adest quoque in præsenti senex venerabilis pater Venentius Lunensis episcopus, et magnificus Liberius vir nobilissimus atque veracissimus, qui se scire suosque homines interfuisse testantur ei rei, quam narrant nuper in Genuensi urbe contigisse. Ibi namque, ut dicunt, Valentinus nomine Mediolanensis Ecclesiæ defensor defunctus est, vir valde lubricus, et cunctis levitatibus occupatus, cujus corpus in ecclesia beati martyris Syri sepultum est. Nocte autem media in eadem ecclesia factæ sunt voces, ac si quis violenter ex ea repelleretur ac traheretur foras. Ad quas nimirum voces currebant custodes, et viderunt duos quosdam teterrimos spiritus, qui ejusdem Valentini pedes quadam ligatura strinxerant, et eum ab ecclesia clamantem ac nimium vociferantem foras trahebant. Qui videlicet territi, ad sua strata reversi sunt. Mane autem facto, aperuerunt sepulcrum in quo idem Valentinus positus erat, ejusque corpus non invenerunt. Cumque extra ecclesiam quærerent ubi projectum esset, invenerunt hoc in sepulcro alio positum, ligatis adhuc pedibus sicut ab ecclesia fuit abstractum. Ex qua re, Petre, collige, quia hi quos peccata gravia deprimunt, si in sacro loco sepelire se faciant, restat ut etiam de sua præsumptione judicentur, quatenus eos sacra loca non liberent, sed etiam culpa temeritatis accuset.

Cap. CLVI. — *De eadem re.*

(*Item Greg.*) Nam quid quoque in hac urbe contigerit, cunctorum qui hic habitant multitudo testatur: quod quidam artis eorum primus cum defunctus fuisset, juxta ecclesiam beati Januarii martyris, juxta portam sancti Laurentii a conjuge sua sepultus est. Sequenti autem nocte ex sepultura eadem, audiente custode, ejus spiritus cœpit clamare: Ardeo, ardeo. Cum vero has diu voces emitteret, custos hoc ejus nuntiavit uxori. Uxor vero illius eos qui diligenter inspicerent ejusdem artis viros transmisit ad ecclesiam, volens cognoscere qualiter corpus ejus esset in sepulcro de quo talia clamaret. Qui aperientes sepulcrum, vestimenta quoque intacta repererunt, quæ nunc usque in eadem ecclesia, pro ejusdem causæ testimonio servantur; corpus vero illius omnino non invenerunt, ac si in eodem sepulcro positum non fuisset. Ex qua re colligendum est qua ulti · · ejus damnata sit, cujus et caro est ab ecclesia rojecta. Quid igitur sacra loca sepultis prosunt, quando hi qui indigni sunt ab eisdem sacris locis divinitus projiciuntur.

CAP. CLVII. — *Ut corpora defunctorum in ecclesia non sepeliantur.*

(*Ex concil. Bragga., cap. 4.*) Item placuit ut corpora defunctorum nullo modo intra basilicam sepeliantur, sed si necesse est de foris circa murum basilicæ. Nam si firmissimum hoc privilegium usque nunc retinent Galliæ civitates, ut nullo modo intra ambitum murorum civitatum, cujuslibet defuncti corpus sit humatum, quanto magis venerabilium martyrum debet reverentia obtineri?

CAP. CLVIII. — *De eadem re.*

(*Ex concil. Meldensi, cap. 10.*) Ut nemo quemlibet mortuum in ecclesia quasi hæreditario jure, nisi quem episcopus aut presbyter pro qualitate conversationis et vitæ dignum duxerit, sepelire præsumat, nec quisquam ossa cujuslibet mortui de sepulcro suo ejicere, aut sepulturam cujusquam temerario ausu quoquo modo violare, sed ununiquemque in loculo sibi a Deo parato atque concesso, adventum sui judicis præstolari concedat.

CAP. CLIX. — *Ut nemo pro sepeliendis mortuorum corporibus aliquid muneris exigat.*

(*Ex concil. Nanneten., cap. 11.*) Præcipiendum secundum canonum auctoritatem, ut de sepulcris et hominibus sepeliendis nihil muneris exigant, nisi forte qui sepelitur, vivens jusserit ecclesiæ, in cujus atrio sepelitur, de suis rebus aliquid tribuere, aut etiam post mortem illius quibus commissum est ejus eleemosynam facere, de rebus illius aliquid dare sponte voluerint : tamen nullatenus a presbyteris illis aliquid exigatur, sive ab illis qui locis et vicis præsunt. Prohibendum etiam secundum majorum instituta, ut in ecclesia nullatenus sepeliantur, sed in atrio, aut in porticu, aut in exedris ecclesiæ. Infra ecclesiam vero, aut prope altare ubi corpus Domini et sanguis conficitur, nullatenus habeant licentiam sepeliendi.

CAP. CLX. — *De sepultura conjugatorum in primis connubiis.*

(*Hieron dicit.*) Ebron dicitur esse civitas trium virorum, quia in ea sepulti sunt tres patriarchæ in spelunca duplici cum tribus uxoribus suis, id est, Abraham et Sara, Isaac et Rebecca, Jacob et Lia, præter ipsum Adam et Evam uxorem suam. Tobias dicit ad filium suum : Cum acceperit Deus animam meam, corpus meum sepelies, et honorem habebis matri tuæ omnibus diebus, et cum ipsa compleverit tempus, sepelies eam juxta me in uno sepulcro.

CAP. CLXI. — *De eadem re.*

(*Item ejusd.*) Quos conjunxit unum conjugium, conjungat unum sepulcrum : quia una caro est, et quod Deus conjunxit, homo non separet.

CAP. CLXII. — *De eadem re.*

August. dicit.) Unaquæque mulier sequatur virum suum, sive in vita, sive in morte.

CAP. CLXIII. — *Quorum mens una fuerat, sepultura non separet.*

(*Item August.*) Soror sancti Benedicti sepulta est in sepulcro quod ipse sibi præparaverat ut quorum mens una semper fuit in Domino, eorum quoque corpora sepultura non separaret. Ita in primo connubio conjuncti, quia una et eadem caro est, in uno sepulcro sepeliantur.

CAP. CLXIV. — *De rebus immobilibus Ecclesiæ.*

(*Ex concil. apud Sylvanectim præsente Ludovico rege, cap. 5.*) Nulli liceat alienare rem immobilem Ecclesiæ, sive domum, sive agrum, sive hortum, sive rusticum mancipium, neque creditoribus specialis hypothecæ titulo obligare. Alienationis autem verbum contineat conditionem, donationem, permutationem et emphyteoseos perpetuum contractum. Sed omnes omnino sacerdotes ab hujusmodi alienatione abstineant, pœnas timentes, quas Leoniana constitutio minatur.

CAP. CLXV. — *De eadem re.*

(*Ex eodem, cap. 6.*) — Si princeps voluerit rem immobilem sanctis locis præstare et accipere ab eo aliam immobilem rem, et eo modo permutationem contrahere, liceat hoc facere ei divina pragmatica sanctione ab eo promulgata.

CAP. CLXVI. — *De præstariis viduatarum Ecclesiarum ut non valeant.*

(*Ex conc. apud Belvacum, cui Ludovicus imperator intereat, cap. 10.*) Ut precariæ et commutationes, tempore viduatarum Ecclesiarum factæ, ab his qui loca episcoporum occupaverant, rescindantur, et cum autoritate Ecclesiastica, vel civili, si faciendæ sunt fiant.

CAP. CLXVII. — *De eadem re.*

(*Ex eodem, cap. 11.*) Precariæ a nemine de rebus Ecclesiasticis fieri præsumantur, nisi quantum de qualitate convenienti datur ex proprio, duplum accipiatur ex rebus Ecclesiæ, in suo tantum qui dederit nomine, si res proprias et Ecclesiasticas usu fructuario tenere voluerit. Si autem res proprias ad præsens dimiserit, ex rebus ecclesiasticis triplum fructuario usu, in suo tantum quis nomine sumat, quia sic eas quemque tractare, ut alienarum rerum dispensatorem convenit, non propriarum rerum largiorem.

CAP. CLXVIII. — *De eadem re.*

(*Ex eodem concil., cap. 12.*) A nulla potestate quis cogatur facere precariam de rebus Deo et sanctis ejus dicatis, cum ratio et usus obtineat, neminem cui non vult, contra utilitatem et rationem, præstitum de proprio facere beneficium.

CAP. CLXIX. — *De eadem re.*

(*Ex eodem, cap. 13.*) Ut precariæ, de quinquennio in quinquennium secundum antiquam consuetudinem et auctoritatem renoventur.

CAP. CLXX. — *De donatione, vel venditione, vel commutatione ecclesiasticæ rei.*

(*Ex concil. habito apud Valentias, cap. 50.*) Irrita erit episcoporum donatio, vel venditio, vel commutatio rei ecclesiasticæ, absque collaudatione et subscriptione clericorum.

CAP. CLXXI. — *De commutationibus rerum ecclesiasticarum.*

(*Ex concil. apud Belvacum, cap.* 5.) Ut commutationes rerum ecclesiasticarum valde caveantur, et subtilissime si aliquo modo fieri debent, inspiciantur. Quæ autem inconsultæ factæ sunt, juxta decretum canonicum Hilarii papæ, quas illicite decessor episcopus admiserit, vel ab aliis illicite commissæ sunt, ab eo qui successor est emendentur.

CAP. CLXXII. — *De eadem re.*

(*Ex concil. Matiscen., cap.* 4.) A sancta synodo decretum est, et imperialis auctoritas denuntiat, ne commutationes rerum, vel mancipiorum ecclesiasticorum quælibet persona sine licentia et consensu regio præsumat facere.

CAP. CLXXIII. — *De ecclesiasticis mancipiis.*

(*Ex concil. apud Carisiacum, cap.* 2.) Neque mancipia ecclesiastica quisquam, nisi ad libertatem commutet, videlicet ut mancipia quæ pro ecclesiastico homine dabuntur, in ecclesiæ servitute permaneant, et ecclesiasticus homo qui commutatur, perpetua libertate fruatur. Quod enim semel Domino consecratum est, ad humanos usus jam transferri non potest. Ait enim lex : Si quis mutaverit, et quod mutat, et quod mutatum est, sanctificabitur Domino.

CAP. CLXXIV. — *De eadem re.*

(*Ex eodem, cap.* 3.) Injustum videtur et impium, ut mancipia quæ fideles viri seu feminæ pro remedio animæ suæ Deo et sanctis ejus consecrarunt, cujuscunque muneris pretio vel commutationis commercio, iterum in secularem servitutem redigantur, cum canonica auctoritas servos fugitivos tantummodo distrahi permittat, et ideo omnes rectores Ecclesiarum summopere caveant, ne unius eleemosyna alterius peccatum fiat. Et est absurdum ut Ecclesiastica dignitate servus decedens, humanæ obnoxius sit servituti.

CAP. CLXXV. — *De regalibus præceptis super prestaria.*

(*Ex concu. ad S. Medardum, cap.* 11.) Præcepta regalia super precariis Ecclesiasticis fieri nec ratio sinit, nec auctoritas quolibet modo permittit. Quoniam præcepta in jure ecclesiastico firmare indignum judicatur, necesse est ut majestas regia non nisi ab ecclesiastico rectore petatur. Idem autem custos Ecclesiæ solertissime caveat, ne sui ordinis et Ecclesiasticæ communionis forte immemor, contra auctoritatem præceptum regium pro quacunque assentatione fieri petat. Qui etsi fecerit, non audiatur. Si autem et obtinuerit, regia discretione, et episcopali judicio idem rescindatur, et petitor injustus, pro principis injusta suggestione digne corripiatur.

CAP. CLXXVI. — *De episcopo qui mancipium Ecclesiæ manumitti desiderat.*

(*Ex concil. Toletan. v, cap.* 68.) Episcopus qui mancipium juris Ecclesiæ, non retento ecclesiastico patrocinio, manumitti desiderat, duos meriti ejusdem et peculii coram concilio Ecclesiæ cui præeminet, per commutationem subscribentibus sacerdotibus offerat, ut rata et justa inveniatur definitio commutationis. Tunc enim liberam manumissionem sine patrocinio Ecclesiæ concedere poterit, quia eum quem libertati tradere disponit, jam juri proprio acquisivit. Hujusmodi autem liberto adversus Ecclesiam, cujus juris exstitit, accusandi vel testificandi denegetur licentia. Quod si præsumpserit, placet ut, stante commutatione, in servitutem propriam Ecclesiæ revocetur.

CAP. CLXXVII. — *De sacerdotibus, qui res suas Ecclesiæ relinquunt.*

(*Ex eodem concil.* v, *cap.* 69.) Consensus totius concilii definivit ut sacerdotes, qui aut res suas Ecclesiæ relinquunt, aut nihil habentes, aliqua tamen prædia, aut familias Ecclesiis suis conquirunt. Liceat illis aliquos de familiis ejusdem Ecclesiæ manumittere, juxta rei collatæ modum, quem antiqui canones decreverunt, ita ut cum peculio et posteritate sua, si ingenui sunt, sub patrocinio Ecclesiæ maneant, utilitates injunctas sibi juxta quod potuerint prosequentes.

CAP. CLXXVIII. — *Ut presbyteri rem Ecclesiæ vendere non præsumant.*

(*Ex concil. Carthag., cap.* 33.) Item placuit ut presbyteri non vendant rem Ecclesiæ, ubi sunt constituti, nescientibus episcopis suis : quomodo et episcopis non liceat vendere prædia Ecclesiæ, ignorante concilio vel presbyteris suis. Non habenti ergo necessitatem, nec episcopo liceat matricis Ecclesiæ, nec presbytero rem tituli sui usurpare.

CAP. CLXXIX. — *Ut nullus ordinatus de ministeriis Ecclesiæ aliquid vendere præsumat.*

(*Ex concil. Braggar., cap.* 30.) Si quis presbyter aut diaconus inventus fuerit de eleemosynis Ecclesiæ aliquid venundasse, quia sacrilegium commisit, placuit eum in ordinatione Ecclesiæ non haberi. In judicio tamen episcopi dimittendum, sive dignus sit, sive indignus in suo recipi gradu.

CAP. CLXXX. — *De presbyteris qui de jure tituli sui aliquid distrahunt.*

(*Ex eodem, cap.* 31.) Quicunque presbyter de jure tituli sui quolibet modo aurum, argentum, vel gemmas, vestes quoque, si sunt, vel si accesserint aliqua mobilia ad ornamenta divina, aliquid in perpetuum alienare tentaverit, donator, alienator ac venditor, honoris sui amissione mulctetur.

CAP. CLXXXI. — *De eadem re.*

(*Ex eodem, cap.* 32.) Si quis episcopus nulla ecclesiasticæ rationis necessitate compulsus, in suo clero, aut ubi forte non est presbyter, de rebus ecclesiasticis aliquid præsumpserit vendere, res ipsas, Ecclesiæ propriæ restaurare cogatur, et in judicio episcoporum dejiciatur auditus, et tanquam furti aut latrocinii reus suo privetur honore.

Cap. CLXXXII. *Quod quantum remedium veniæ oblatio ecclesiastica tribuit conferenti, tantum damnum præparat fundatori.*

(*Ex concil. Toletan.*, *cap. 33.*) Omnis itaque rei ecclesiasticæ quantitas, sicut remedium veniæ tribuit conferendi, ita damnum rite præparat fraudatori. Et ideo nullus sacerdotum, vel ministrorum ex rebus Ecclesiæ, quæ in quibuscunque locis a fidelibus largiuntur, aliquid auferat, et juri suo, aut cathedræ propriæ unitati connectat. Verum, ut hujus rei soliditas potior habeatur, propinquis ejus, qui construxerunt vel ditaverunt Ecclesiam, licitum sit hanc bonæ intentionis habere solertiam, ut, si sacerdotem seu ministrum aliquid ex collatis rebus præviderint defraudare, aut commonitionis honesta conventione compescant, aut talia episcopo, aut judici corrigenda denuntient. Quod si talia episcopus agere tentat, metropolitano ejus hæc insinuare procurent. Si autem metropolitanus talia gerit, regis hæc auribus insinuare non differant. Ipsis tamen hæredibus in eisdem rebus non liceat, quasi juris proprii potestatem præferre, non rapinam, non fraudem ingerere, non violentiam quamcunque præsumere. Si quis hæc monita temerare præsumpserit, et male rapta cum confusione restituet, et excommunicationis annuæ sententiam sustinebit.

Cap. CLXXXIII. *De clericis qui documenta, quibus ecclesiæ possessio firmatur, distrahunt.*

(*Ex concil. Agathen.*, *cap. 5.*) Si quis vero de clericis documenta, quibus Ecclesiæ possessio firmatur aut supprimere, aut negare, aut adversariis fortasse tradere, damnabili et punienda obstinatione præsumpserit, quidquid per absentiam documentorum damni Ecclesiæ illatum est, et de propriis facultatibus reddat, et communione privetur. Hi autem qui in damnum Ecclesiæ præcepta et testimonia sanctæ Ecclesiæ impie sollicitati a traditoribus susceperunt, pari sententia ferian'ur.

Cap. CLXXXIV. *De libertis, qui a patrocinio Ecclesiæ discesserunt.*

(*Ex concil. Tolet.*, v, *cap. 71.*) Liberti Ecclesiæ, qui a patrocinio ejus discedentes, quibuslibet personis adhæserunt; si admoniti redire contempserint, manumissio eorum irrita sit, quia per obedientiæ contemptum ingrati actione tenentur.

Cap. CLXXXV. *De libertis Ecclesiæ.*

(*Ex eodem concil.* v, *cap. 70.*) Liberti Ecclesiæ, quia nunquam moritur eorum patrona a patrocinio ejusdem nunquam discedant, nec posteritas quidem eorum, sicut priores canones decreverunt. Et ne forte libertas eorum in futura prole non pateat, ipsaque posteritas naturali ingenuitate obtingus, sese ab Ecclesiæ patrocinio non subtrahat, necesse est tam iidem liberti, quam ab eis progeniti professionem episcopo suo faciant, per quam se ex familia Ecclesiæ liberos effectos esse fateantur, ejusque patrocinium non relinquant, sed juxta virtutem suam obsequium ei, vel obedientiam præbeant.

Cap. CLXXXVI. *De libertis, qui a quibuscunque manumissi Ecclesiæ patrocinio commendati sunt.*

(*Ex eodem* v, *cap. 72.*) Liberti, qui a quibuscunque manumissi sunt, atque Ecclesiæ patrocinio commendati existunt, sicut regulæ antiquorum Patrum constituerunt, sacerdotali defensione a cujuslibet insolentia protegantur, sive in statu libertatis eorum, seu in peculio quod habere noscuntur.

Cap. CLXXXVII. *De manumissis in Ecclesia.*

(*Ex concil. Arausic.*, *cap. 6.*) In Ecclesia manumissos, vel per testamentum Ecclesiæ commendatos, si quis in servitutem, vel in obsequium, vel ad colonariam conditionem imprimere tentaverit, animadversione ecclesiastica coercebitur.

Cap. CLXXXVIII. *De fugitivis ecclesiasticis servis.*

(*Ex eodem Toletan.*) Fugitivos etiam servos ecclesiasticos domos suas, aut familias deserentes, qui etiam si revocati fuerint, teneri non possunt, simili ratione ab episcopo, si voluerit, aut si ita illi meruerint, distrahantur.

Cap. CLXXXIX. *De episcopis, qui nihil suis Ecclesiis conferunt, et tamen ex familia liberos facere præsumunt.*

(*Ex eodem.*) Episcopi, qui nihil ex proprio suo Ecclesiæ Christi conferunt, liberos ex familiis Ecclesiæ ad condemnationem suam facere non præsumant. Impium est enim ut qui res suas Ecclesiæ Christi non contulerit, damnum Ecclesiæ inferat. Tales igitur libertos successor episcopus, absque aliqua oppositione ad jus Ecclesiæ revocabit.

Cap. CXC. *De illis, qui pro aliquo reatu fugiunt ad Ecclesiam.*

(*Ex concil. Aurelian.*, *cap. 10.*) In synodo Aurelianensi prima sub Clodoveo rege, in qua sederunt episcopi viginti quatuor, de his qui ad Ecclesiam pro reatibus suis fugiunt, id constitutum est observandum, quod antiqui canones decreverunt, et lex Romana constituit, ut ab Ecclesia, vel ab Ecclesiæ atriis, vel a domo episcopi vel a claustro, quia hæc pro emunitate habentur, eos abstrahi omnino non liceat, sed nec alteri consignari, nisi ad Evangelia datis sacramentis, de morte, et debilitate, et omni pœnarum genere sint securi, ita, ut ei cui reus fuerit criminosus, de satisfactione conveniat. Quod si sacramenta sua convictus fuerit violasse, reus perjurii non solum a communione Ecclesiæ, vel omnium clericorum, verum etiam, et a catholicorum convivio separetur. Quod si cui reus est, noluerit sibi intentione faciente componi, et ipse reus de Ecclesia actus timore discesserit, ab Ecclesiæ clericis non requiratur.

Cap. CXCI. — *De raptore, si cum rapta ad Ecclesiam confugerit.*

(*Ex eodem*, *cap. 2.*) De raptoribus autem feminarum id constituendum esse censuimus, ut si ad ecclesiam raptor cum rapta confugerit, et feminam ipsam violentiam pertulisse constiterit, statim liberetur de potestate raptoris, et parentibus reddatur, et raptor mortis, vel pœnarum impunitate concessa, liberam habeat eundi facultatem. Si vero parentes mulieris ecclesiasticis viris obedire noluerint, excommunicentur.

Cap. CXCII. — *De servo, si pro qualibet culpa dominum suum ad Ecclesiam fugerit.*

(*Ex eodem, cap. 3.*) Servus qui ad Ecclesiam confugerit pro qualibet culpa, si a domino pro commissa culpa ecclesiastici sacramentum susceperint, statim ad servitium domini sui redire cogatur. Et postquam dato sacramento domino suo fuerit consignatus, si aliquid pœnæ pro eadem culpa qua accusatur probatus fuerit pertulisse, pro contemptu Ecclesiæ, et prævaricatione fidei a communione et convivio catholicorum, sicut superius comprehensum est, extraneus habeatur. Si vero servus pro culpa sua ab Ecclesia defensatus, sacramenta domini clericis exigentibus de impunitate perceperit, exire nolentem a domino liceat occupari.

Cap. CXCIII. — *De eadem re.*

(*Ex eodem, cap. 5.*) Similiter in Matiscensi synodo decretum est ut hi qui fugiunt suos inimicos, aut in Ecclesiam, aut in atrium Ecclesiæ, aut in domum episcopi, aut in claustrum regularium non inde abstrahantur, nisi prius super sacra accepta securitate a persecutoribus de morte, de debilitate, et omni pœnarum genere, sint securi : etiam si servi sint illorum, qui eos insequuntur, ita ut ei cui rei criminosi fuerint de satisfactione conveniant. Quod si is qui super sacra prius juraverat, post convictus fuerit juramentum violasse, reus perjurii communione privetur, quousque satisfaciat.

Cap. CXCIV. — *De eadem re.*

(*Ex concil. apud Theodonis villam, cap. 11.*) Reum confugientem ad Ecclesiam, seu in atrium Ecclesiæ, aut in officinas regularium fratrum, vel in curiam aut in domum episcopi, quia hæc in antiquis canonibus pro emunitate tenentur, nemo abstrahere audeat, neque inde donare ad pœnam, vel ad mortem, ut honor Dei et sanctorum ejus præ omnibus conservetur, sed rectores ecclesiarum pacem et vitam, ac membra ei cum juramento obtinere studeant : sed tamen legitime componat, quidquid inique fecerat : et si insequutor magistris ecclesiæ obedire noluerit, canonice constringatur.

Cap. CXCV. — *De eadem re.*

(*Ex concil. Arausico, cap. 5.*) Eos qui ad Ecclesiam confugerint, tradi non debere, sed loci reverentia et intercessione defendi. Si quis autem mancipia clericorum pro suis mancipiis ad Ecclesiam confugientibus crediderit occupanda, per omnes Ecclesias districtissima damnatione feriatur.

Cap. CXCVI. — *De emunitate Ecclesiæ.*

(*Ex concil. Triburi., cap. 30.*) Si quis in atrio Ecclesiæ pugnam committit, aut homicidium facit, quidquid pro emunitate violata emendandum est, altario solvatur, cujuscunque fuerit Ecclesia illa.

Cap. CXCVII. — *De fugientibus ad Ecclesiam.*

(*Ex concil. Mediomatricis, cap. 2.*) Si quis contumax vel superbus timorem Dei, vel reverentiam Ecclesiarum sanctarum non habuerit, et fugientem servum suum, vel quem ipse persecutus fuerit, de atrio Ecclesiæ, vel de porticibus quomodolibet Ecclesiæ adhærentibus per vim abstraxerit, et Deum omnipotentem in hoc contempserit, pro emunitate D. CCCC. solidos episcopo componat, et ipse publica pœnitentia juxta judicium episcopi multetur, ut sit honor Dei et reverentia sanctorum, et ut Ecclesia Dei semper invicta permaneat.

Cap. CXCVIII. — *Quid in Ecclesia Dei legi debeat.*

(*Ex concil. Aureliano, cap. 3.*) Nihil aliud in Ecclesia legatur aut cantetur, nisi ea quæ auctoritatis divinæ sunt, et Patrum orthodoxorum sanxit auctoritas, nec falsa angelorum nomina colant, sed ea tantum quæ prophetica et Evangelica docet Scriptura, id est Michael, Gabriel, Raphael.

Cap. CXCIX. — *Ut excommunicandi sint qui libros famosos legerint.*

(*Ex decr. Adriani papæ, cap. 2.*) Hi qui inventi fuerint libros famosos et ignotos in Ecclesia legere, vel cantare, excommunicentur.

Cap. CC. — *De illis quæ clam concipiunt.*

(*Ex concil. Matiscen., cap. 6.*) In hoc sancto concilio decretum est ut unusquisque presbyter in sua plebe publice annuntiet, ut si aliqua femina clanculo corrupta conceperit, et perpererit, nequaquam diabolo coactante filium, aut filiam suam interficiat, sed quocunque prævalet ingenio, ante januas Ecclesiæ partum deportari, ibique poni faciat, ut coram sacerdote in crastinum delatus, ab aliquo fideli suscipiatur et nutriatur, et tali ex causa homicidii reatum et, quod majus est, parricidium evadat. Nam qui filium, aut filiam interficit, parricida omnimodis tenetur.

Cap. CCI. — *De infantibus in adulterio natis, et ad Ecclesiam expositis.*

(*Ex concil. Arelaten., cap. 5.*) Si expositus ante Ecclesiam cujuscumque fuerit miseratione collectus, contestationis ponat epistolam, ut si is qui collectus est intra X dies quæsitus, agnitusque non fuerit, securus habeat qui collegit. Sane, qui post prædictum tempus calumniator exstiterit, ut homicida ecclesiastica districtione damnabitur, sicut Patrum sanxit auctoritas.

Cap. CCII. — *De eadem re.*

(*Ex concil. Vasensi, cap. 9.*) De expositis, quia collata ab omnibus querela processit, eos non ad misericordiam jam, sed canibus exponi, quos colligere calumniarum metu, quamvis infelix a præceptis misericordiæ mens humana detractet, id observandum est ut secundum statuta fidelissimorum Augustorum, piissimorumque principum, quisquis expositum colliget, Ecclesiam contestetur, contestationem collegat. Nihilominus de altari Dominico die minister annuntiet ab ecclesiastico expositum esse collectum, ut intra dies decem ab expositionis die expositum recipiat, si quis se probaverit agnovisse, collectiori pro ipsorum X dierum misericordia, prout valuerit, ad præsens retribuat, aut in perpetuum cum Dei gratia, si voluerit, possideat. Si quis expositorum hoc ordine collectorum repetitor, vel calumniator exstiterit, ut homicida habendus est.

CAP. CCIII. — *De avaritia sacerdotum.*

(*Ex concil. Toletan., cap. 55.*) Avaritia radix cunctorum malorum, cujus sitis etiam sacerdotum mentes obtinet. Multi enim fidelium in amore Christi et martyrum, in parochiis episcoporum basilicas construunt, oblationes conscribunt, sacerdotes hæc auferunt, atque in usus suos convertunt. Inde est quod cultores sacrorum deficiunt, dum stipendia sua perdunt. Inde labentium basilicarum ruinæ non reparantur, quia avaritia sacerdotali omnia auferuntur. Pro qua re constitutum est a præsenti concilio, episcopos ita diœceses suas regere, ut nihil ex earum jure præsumant auferre: sed juxta priorum auctoritatem conciliorum, tam de oblationibus, quam de decimis, et de tributis ac frugibus tertiam consequantur. Quod si amplius quippiam ab eis præsumptum exstiterit, per concilium restauretur, appellantibus ipsis conditoribus, aut certe propinquis eorum, si jam illi a sæculo discesserunt. Noverint autem conditores basilicarum in rebus quas eisdem ecclesiis conferunt, nullam potestatem habere, sed juxta canonum instituta, sicut ecclesiam, ita et dotem ejus ad ordinationem episcopi pertinere.

CAP. CCIV. — *De illis qui ecclesias incenderint.*

(*Ex decr. Julii papæ.*) Si quis ecclesiam igne comburit, XV annos pœniteat, et eam sedule restituat, et pretium suum distribuat pauperibus.

CAP. CCV. — *De quodam clerico a diabolo vexato.*

(*Ex dialogo Greg. papæ.*) Ex eodem quoque tempore quidam Aquinensis Ecclesiæ clericus dæmonio vexabatur, qui a venerabili viro Constantio Ecclesiæ ejus antistite per multa fuit martyrum loca transmissus, ut sanari posset. Sed sancti Dei martyres noluerunt ei sanitatis donum tribuere, ut quanta esset in Benedicto gratia demonstrarent. Ductus itaque est ad omnipotentis Dei famulum Benedictum, qui Jesu Christo Domino preces fundens, antiquum hostem de obsesso homine protinus expulit. Cui sanato præcepit dicens: Vade, et post hæc carnem non comedas, et ad sacrum ordinem nunquam accedere præsumas. Quacunque autem die sacrum ordinem temerare præsumpseris, statim juri diaboli iterum manciparis. Discessit itaque clericus sanus ac sicut terrere solet animum pœna recens, ea quæ vir Dei præcepit interim custodivit. Cum ergo post annos multos omnes priores illius de hac luce migrassent, et minores suos sibimet superponi in sacris ordinibus cerneret, verba viri Dei quasi ex longo tempore oblitus postposuit, atque ad sacrum ordinem accessit. Quem mox is qui reliquit diabolus tenuit, eumque vexare quousque animam ejus excuteret, non cessavit.

CAP. CCVI. — *De rebus Ecclesiæ quæ, mortuo episcopo, a presbyteris venditæ fuerint.*

Ex concil. Ancirano, cap. 14.) De his quæ pertinent ad Ecclesiam, quæcunque, cum non esset episcopus, presbyteri vendiderunt, placuit rescisso contractu ad jura ecclesiastica revocari. In judicio autem erit episcopi, si pretium debeat recipi necne: quia plerumque rerum districtarum reditus ampliorem summam pro pretio dato reddiderit.

CAP. CCVII. — *De eo qui spernit ablationem presbyteri, qui uxorem habuit.*

(*Ex concil. Gangren., cap. 4.*) Quicunque discernit a presbytero qui uxorem habuit, quod non oporteat, eo ministrante, de oblatione percipere, anathema sit.

CAP. CCVIII. — *Quod non permittantur ecclesiastici ad cœmeteria hæreticorum accedere.*

(*Ex concil. Laodicen., cap. 8.*) Quod non permittantur ecclesiastici ad hæreticorum cœmeteria, vel ad ea quæ ab eis appellantur martyria, orationis causa vel sanitatis accedere. Sed hujusmodi si fideles fuerint, certo tempore communione privari: pœnitentes autem et confitentes se deliquisse, convenit suscipi.

CAP. CCIX. — *Quod non oporteat ab hæreticis eulogias accipere.*

(*Ex eodem, cap. 32.*) Quod non oporteat ab hæreticis eulogias accipere, quæ sunt maledictiones potius quam benedictiones.

CAP. CCX. — *Quod nullus Christianus ad pseudomartyres ire debeat.*

(*Ex eodem, cap. 34.*) Quod omnem Christianum non oporteat deserere martyres Christi, et ire ad pseudomartyres, id est, hæreticorum, et quos ipsos constat hæreticos exstitisse. Illi namque alienati sunt a Deo. Sint igitur anathema qui ad tales accesserint.

CAP. CCXI. — *Quod non oporteat plebeios psalmos in Ecclesia recitari.*

(*Ex eodem concilio, cap. 59.*) Quod non oporteat plebeios psalmos in Ecclesia cantari, nec libros præter canonem legi, sed sola sacra volumina Novi Testamenti vel Veteris.

CAP. CCXII. — *De illis qui conventus, qui ad confessiones martyrum fiunt, abominantur.*

(*Ex concil. Antioch., cap. 20.*) Si quis superbiæ usus affectu, conventus abominatur qui ad confessiones martyrum celebrantur, et ministeria quæ in eis fiunt simul cum eorum memoriis exsecratur, anathema sit.

CAP. CCXIII. — *Ut victus ab exorcistis energumenis in domo Dei sedentibus administretur.*

(*Ex concil. Carthag., cap. 91.*) Energumenis in domo Dei sedentibus victus quotidianus per exorcistas opportuno tempore ministretur.

CAP. CCXIV. — *Ut sacra vasa non ab aliis quam a sacris viris tractari debeant.*

(*Ex decr. Syxti papæ, cap. 49.*) Cognoscat sapientia vestra, fratres charissimi, quia in hac sancta apostolica sede a nobis et reliquis episcopis, cæterisque Domini sacerdotibus, statutum est ut sacra vasa non ab aliis quam a sacratis Dominoque dicatis contrectentur hominibus. Indignum enim valde est ut sacra Domini vasa, quæcunque sunt, humanis usibus serviant, aut ab aliis quam a Domino famulantibus eique dicatis tractentur viris, ne pro talibus praesumptionibus iratus Dominus plagam imponat populo suo, et hi qui etiam non peccaverunt, mala patiantur, aut pereant : quia perit justus saepissime pro impio. Attendite, fratres, ne talia vestris in Ecclesiis permittatis deinceps fieri, ne grex pretioso sanguine Christi redemptus, in praecipitium, quod absit ! ruat.

CAP. CCXV. — *De sacratis foeminis quae sacra vasa et pallas altaris tractare praesumpserint.*

(*Ex decr. Sotheris papae, cap.* 46.) Sacratas Deo foeminas vel monachas sacra vasa, vel sacras pallas penes vos contingere, et incensum circum altaria deferre perlatum est ad apostolicam sedem. Quae omnia reprehensione et vituperatione plena esse nulli recte sapientium dubium est. Quapropter hujus sanctae sedis auctoritate haec omnia vobis resecare funditus, quantocius poteritis, censemus : et ne pestis haec latius divulgetur, per omnes provincias abstergi diutissime mandamus.

CAP. CCXVI. — *De vasis sacris, de pallis altaris et velis ecclesiae, si vetustate consumpta fuerint, quid inde faciendum sit.*

(*Ex epist. Clementis papae, cap.* 56.) De vasis sane sacris ita gerendum est : Altaris palla, cathedra, candelabrum, et velum, si fuerint vetustate consumpta, incendio dentur : quoniam non licet ea quae in sacrario fuerunt, male tractari, sed incendio universa tradentur. Cineres quoque eorum in baptisterium inferantur, ubi nullus transitus habeatur, in pariete, aut in fossis pavimentorum jactentur, ne introeuntium pedibus inquinentur. Pallas vero et vela quae in sanctuarii sordidata fuerint ministerio, diaconi cum humilibus ministris intra sacrarium lavent, non ejicientes foras a sacrario velamina Dominicae mensae, ne forte pulvis Dominici corporis male decidat, syndone foris delata, et erit hoc operanti peccatum. Idcirco in sacrario ministris praecipimus cum diligentia custodire. Pallae in alia pelvi laventur, in alia vela.

INCIPIUNT DECRETA DE RECIPIENDIS, VEL NON RECIPIENDIS LIBRIS, SCRIPTA A GELASIO PAPA, CUM SEPTUAGINTA ERUDITISSIMIS EPISCOPIS IN SEDE APOSTOLICA URBIS ROMAE. (*Ex decr. Gelasii papae de reciviendis libris.*)

CAP. CCXVII. — *De ordine librorum Veteris Testamenti*

Genesis liber unus.
Exodi liber unus.
Levitici liber unus.
Numeri liber unus.
Deuteronomii liber unus
Jesu Nave liber unus.
Judicum liber unus.
Regum libri quatuor.
Ruth liber unus.
Paralipomenon libri duo.
Psalmorum liber unus.
Salomonis libri quinque.
Job liber unus.
Tobiae liber unus.
Hesdrae liber unus.
Hester liber unus.
Judith liber unus.
Machabaeorum libri duo.

CAP. CCXVIII. — *De ordine prophetarum.*
Esaiae liber unus.
Hieremiae, cum Cinoth, id est Lamentationibus suis, liber unus.
Ezechielis liber unus.
Danielis liber unus.
Oseae liber unus.
Amos liber unus.
Micheae liber unus.
Joel liber unus.
Abdiae liber unus.
Ionae liber unus.
Naum liber unus.
Abacuc liber unus.
Sophoniae liber unus.
Aggaei liber unus.
Zachariae liber unus.
Malachiae liber unus.

CAP. CCXIX. *De ordine librorum Novi Testamenti, quos sancta Romana Ecclesia tenet, et quos universalis Ecclesia observat.*

Evangeliorum libri quatuor.
Secundum Matthaeum liber unus.
Secundum Marcum liber unus.
Secundum Lucam liber unus.
Secundum Joannem liber unus.
Actus apostolorum liber unus.

Epistolae Pauli numero XIV.

Ad Romanos epistola una.
Ad Corinthios epistolae duae.
Ad Galatas epistola una.
Ad Ephesios epistola una.
Ad Philippenses epistola una.
Ad Colossenses epistola una.
Ad Thessalonicenses epistola una.
Ad Timotheum epistolae duae.
Ad Titum epistolae duae.
Ad Philemonem epistola una.
Ad Hebraeos epistola una.
Apocalypsis Joannis liber unus.

CAP. CCXX. *Ordo VII epistolarum canonic.*
Petri apostoli epistolae duae.
Jacobi apostoli epistola una.
Joannis apostoli epistolae tres.
Judae Zelotis apost. epistola una.

(*Ex decr. ejusdem.*) Post propheticas et evangelicas atque apostolicas Scripturas, quibus Ecclesia catholica per gratiam Dei fundata est, etiam illud intimandum putavimus, quod quamvis universae per orbem diffusae catholicae Ecclesiae unus thalamus Christi sit, sancta tamen Romana catholica et apostolica Ecclesia nullis synodicis constitutis caeteris Ecclesiis praelata est, sed Evangelica voce Domini Salvatoris nostri primatum obtinuit : **Tu es Petrus, inquiens,** et super hanc petram aedificabo Ecclesiam meam, et portae inferi non praevalebunt adversus eam, et tibi dabo claves regni coelorum. Et quaecunque ligaveris super terram, erunt ligata et in coelo. Et quaecunque solveris super terram, erunt soluta et in coelo. Cui data est etiam societas beatissimi Pauli apostoli vasis electionis, qui non diverso, sicut haeretici garriunt, sed uno tempore, uno eodemque die gloriosa morte cum Petro in urbe Roma sub Caesare Nerone agonizans coronatus est, et pariter supradictam sanctam Romanam Ecclesiam Christo Domino consecrarunt, hancque omnibus urbibus in universo mundo sua praesentia, atque venerando triumpho praetulerunt. Est ergo prima Petri apostoli sedes Romana Ecclesia non habens maculam, nec rugam, nec aliquid hujusmodi. Secunda autem sedes apud Alexandriam, beati Petri nomine a Marco ejus discipulo et evangelista consecrata est, ipseque a Petro apostolo in Aegyptum directus, verbum veritatis praedicavit, et gloriosum consummavit martyrium. Tertia vero sedes apud Antiochiam ejusdem beatissimi Petri nomine habetur honorabilis, eo quod illic, priusquam Romam venisset, habitavit, et illic primum nomen Christianorum novellae gentis exortum est. Et quamvis aliud fundamentum nemo possit ponere, praeter id quod positum est, quod est Christus Jesus, tamen ad aedificationem nostram eadem sancta Romana Ecclesia, post illas Veteris vel Novi Testamenti, quas regulariter suscepimus, etiam has suscipi non prohibet Scripturas : Sanctam synodum Nicaenam trecentorum decem et octo Patrum, mediante Maximo Constantino Augusto, in qua Arius haereticus condemnatus est. Sanctam synodum Constantinopolitanam, mediante Theodosio seniore Augusto, in qua Macedonius haereticus debitam damnationem excepit. Sanctam synodum Ephesinam', in qua Nestorius damnatus est, cum consensu beatissimi Coelestini papae, mediante Cyrillo Alexandrinae sedis antistite, et Archadio episcopo ab Italia destinato. Sanctam synodum Chalcedonensem, mediante Martiano Augusto, et Anatholio Constantinopolitano episcopo, in qua Nestoriana et Eutychiana haeresis simul cum Dioscoro ejusque complicibus damnatae sunt. Sed et si qua sunt concilia a sanctis Patribus hactenus instituta, praeter istorum quatuor auctoritatem, et custodienda et recipienda decrevimus. Jam nunc subjiciendum de opusculis sanctorum Patrum, quae in Ecclesia catholica recipiantur : Opuscula B. Cypriani martyris et Carthaginensis episcopi. Item opuscula B. Gregorii Nazianzeni episcopi. Item opuscula Basilii Cappadoceni episcopi. Item opuscula B. Athanasii Alexandrini episcopi. Item opuscula B. Joannis Constantinopolitani episcopi. Item opuscula B. Theophili Alexandrini episcopi. Item opuscula B. Cyrilli Alexandrini episcopi. Item opuscula B. Hylarii Pictaviensis episcopi. Item opuscula B. Ambrosii Mediolanensis episcopi. Item opuscula B. Augustini Hypponeregiensis episcopi. Item opuscula B. Hieronymi presbyteri. Item opuscula Prosperi viri reli-

giosissimi. Item epistola B. Leonis papae ad Flavianum Constantinopolitanum episcopum destinata. Cujus textum quispiam si usque ad unum iota disputaverit, et non eam in omnibus venerabiliter receperit, anathema sit. Item opuscula atque tractatus omnium Patrum orthodoxorum qui in nullo a sanctae Ecclesiae Romanae consortio deviarunt, nec ab ejus fide, vel praedicatione sejuncti sunt, sed ipsius communionis per gratiam Dei usque in ultimum diem vitae suae fuere participes, legenda decernimus. Item decretales epistolas, quas beatissimi papae diversis temporibus ab urbe Roma pro diversorum patrum consolatione dederunt, venerabiliter suscipiendas. Item gesta sanctorum martyrum, quae multiplicibus tormentorum cruciatibus et mirabilibus confessionum triumphis irradiant, quis ista catholicorum dubitet, et majora eos in agonibus fuisse perpessos, nec suis viribus, sed Dei gratia et adjutorio universa tolerasse ? Sed ideo secundum antiquam consuetudinem singulari cautela in sancta Romana Ecclesia non leguntur, quia et eorum qui scripsere nomina penitus ignorantur, et ab infidelibus aut dictis superflua, aut minus apta, quam rei ordo fuerit, scripta esse putantur : sicut cujusdam Cyrici, et Julittae, sicut Georgii, aliorumque hujusmodi passiones, quae ab haereticis perhibentur conscriptae. Propter quod, ut dictum est, ne vel levis subsannandi oriretur occasio, in sancta Romana Ecclesia non leguntur. Nos tamen cum praedicta Ecclesia, omnes martyres et eorum gloriosos agones, qui Deo magis quam hominibus noti sunt, omni devotione veneramur. Item Vitas patrum Pauli, Antonii, Hylarionis, et omnium eremitarum, quas tantum vir beatissimus scripsit Hieronymus, cum omni veneratione suscipimus. Item actus beati Sylvestri apostolicae sedis praesulis, licet ejus qui conscripsit nomen ignoretur, a multis tamen in urbe Roma catholicis legi cognovimus, et pro antiquo usu multae haec imitantur Ecclesiae. Item scriptura de inventione Dominicae crucis, et alia scriptura de inventione capitis beati Joannis Baptistae, novellae quidem relationes sunt, et nonnulli eas catholici legunt. Sed cum haec ad catholicorum manus advenerint, beati Pauli apostoli praecedat sententia : Omnia probate, quod bonum est tenete. Item, Rufinus vir religiosus plurimos ecclesiastici operis edidit libros, nonnullas etiam scripturas interpretatus est. Sed quoniam beatissimus Hieronymus in aliquibus eum de arbitrii libertate notavit, illa sentimus, quae praedictum beatum Hieronymum sentire cognoscimus. Et non solum de Rufino, sed etiam de universis, quos vir saepius memoratus zelo Dei et fidei religione reprehendit, ita sentimus. Item Origenis nonnulla opuscula, quae vir beatissimus Hieronymus non repudiat, legenda suscipimus. Reliqua autem omnia cum suo auctore dicimus esse renuenda. Item Chronica Eusebii Caesariensis, atque ejusdem Historiae ecclesiasticae libros, quamvis in primo narrationis suae libro tepuerit, et post in laudibus atque excusatione Origenis schismatici unum conscripserit librum : propter rerum tamen singularem notitiam, quæ ad instructionem pertinet, usquequaque non dicimus renuendos. Item Orosium virum eruditissimum collaudamus, quia valde nobis necessariam adversus paganorum calumnias ordinavit historiam, miraque brevitate contexuit. Item venerabilis viri Sedulii Paschale opus, quod Heroicis descripsit versibus insigni laude præferimus. Item Juvenci nihilominus laboriosum opus non spernimus, sed miramur. Cætera quæ ab hæreticis et schismaticis conscripta vel prædicta sunt, nullatenus recipit catholica et apostolica Romana Ecclesia. E quibus pauca quæ ad memoriam venerint, et a catholicis vitanda sunt, credimus esse subdenda.

CAP. CCXXI. — *De notitia librorum apocryphorum, qui a sanctis Patribus æterna damnatione damnati sunt.*

(*Item ejusdem.*) In primis Ariminensem synodum a Constantino Cæsare Constantini filio congregatam, mediante Tauro præfecto, ex tunc et in æternum confitemur esse damnatam. Item Itinerarii nomine Petri apostoli, quod appellatur sancti Clementis, libri VIII, apocryphi. Actus nomine Andreæ apostoli, apocryphus. Actus nomine Thomæ apostoli, apocryphus. Actus nomine Petri apostoli, apocryphus. Actus nomine Philippi apostoli, apocryphus. Evangelia Thaddæi nomine, apocrypha. Evangelia nomine Barnabæ, apocrypha. Evangelia nomine Petri apostoli, apocrypha. Evangelia nomine Thomæ, quibus Manichæi utuntur, apocrypha. Evangelia nomine Bartholomæi, apocrypha. Evangelia nomine Andreæ apostoli, apocrypha. Evangelia quæ falsavit Lucianus, apocrypha. Evangelia quæ falsavit Ysicius, apocrypha. Liber de infantia Salvatoris, apocryphus. Liber de Nativitate Salvatoris, et de Maria, vel obstetrice, apocryphus. Liber qui appellatur Pastoris, apocryphus. Libri omnes quos fecit Leutius discipulus diaboli, apocryphi. Liber qui appellatur Fundamentum, apocryphus. Liber qui appellatur Thesaurus, apocryphus. Liber de filiabus Adelgenesis, apocryphus. Centimetrum de Christo Virgilianis compaginatum versibus, apocryphum. Liber qui appellatur Actus Teclæ et Pauli, apocryphus. Liber qui appellatur Nepotis, apocryphus. Liber Proverbiorum ab hæreticis conscriptus, et sancti Sixti nomine signatus, apocryphus. Revelatio quæ appellatur Pauli, apocrypha. Revelatio quæ appellatur Thomæ, apocrypha. Revelatio quæ appellatur Stephani, apocrypha. Liber qui appellatur Transitus sanctæ Mariæ, apocryphus. Liber qui appellatur Pœnitentia Adam, apocryphus. Liber de Ogia nomine Gigantis, qui post diluvium cum dracone ab hæreticis pugnasse perhibetur, apocryphus. Liber qui appellatur Testamentum Job, apocryphus. Liber qui appellatur Pœnitentia Origenis, apocryphus. Liber qui appellatur Pœnitentia sancti Cypriani, apocryphus. Liber qui appellatur Jamnæ et Mambræ, apocryphus. Liber qui appellatur Sors apostolorum, apocryphus. Liber Lusa apostoli, apocryphus. Libri canones apostolorum, apocryphi. Liber Physiologus ab hæreticis conscriptus, et beati Ambrosii nomine præsignatus, apocryphus. Historia Eusebii Pamphili, apocrypha. Opuscula Tertulliani, sive Africani, apocrypha. Opuscula Postumiani et Galli, apocrypha. Opuscula Montani, et Priscillæ, et Maximillæ, apocrypha. Opuscula omnia Fausti Manichæi, apocrypha. Opuscula alterius Clementis Alexandrini, apocrypha. Opuscula Cassiani presbyteri Galliarum, apocrypha. Opuscula Victorini Pictaviensis, apocrypha. Opuscula Fausti Regiensis Galliarum, apocrypha. Opuscula Frumentii, apocrypha. Epistola Jesu ad Abagarum, apocrypha. Epistola Abagari ad Jesum, apocrypha. Passio Quiricæ et Julitæ, apocrypha. Passio Georgii, apocrypha. Scripta quæ appellantur Salomonis contradictio, apocrypha. Phylacteria omnia, quæ non angelorum, ut illi confingunt, sed dæmonum magis nominibus conscripta sunt, apocrypha. Hæc et his similia, quæ Simon Magus, Nicolaus, Cerinthus, Marcion, Basilides, Ebion, Paulus etiam Samosatenus, Fotinus et Bonosus, qui simili errore defecerunt, Montanus quoque cum suis obscœnissimis sequacibus, Apollinaris, Valentinus sive Manichæus, Faustus, Sabellius, Arius, Macedonius, Eunomius, Novatus, Sabbacius, Galistus, Donatus et Eustatius, Nibinianus, Pelagius, Julianus Edanensis, Cœlestinus, Maximianus, Priscillianus ab Hispania, Lampedius, Dioscorus, Eutychius, Petrus et alius Petrus, e quibus unus Alexandriam, alius Antiochiam maculavit, Achatius Constantinopolitanus cum consortibus suis, necnon et omnes hæreses quas ipsi eorumque discipuli, sive schismatici docuerunt vel conscripserunt, quorum nomina minime retinemus, non solum repudiata, verumetiam ab omni catholica Romana Ecclesia eliminata, atque cum suis auctoribus, auctorumque sequacibus sub anathematis indissolubili vinculo, in æternum confitemur esse damnata.

CAP. CCXXII. — *Quando, et quo tempore libri Veteris et Novi Testamenti legendi sint.*

In Septuagesima ponunt Heptaticum, usque in XV diem ante Pascha. XV die ante Pascha ponunt Hieremiam, usque in cœnam Domini. In cœna Domini legunt tres lectiones de Lamentatione Hieremiæ : Quomodo sedet sola civitas, etc. Et tres de tractatu sancti Augustini in Psalmo LXIII : Exaudi, Deus, orationem meam cum deprecor. Et tres de Apostolo, ubi ait ad Corinthios : Convenientibus vobis in unum. Secunda lectio sic incipit : Similiter postquam cœnavit. Tertia : De spiritalibus autem, nolumus vos ignorare, fratres. In Paraseeve tres lectiones de Lamentatione Hieremiæ. Et tres de tractatu sancti Augustini in Psalmo LXIII. Et tres de Apostolo, ubi ait in epistola ad Hebræos : Festinemus ingredi in illam requiem. Secunda lectio : Omnis namque pontifex. Tertia : De quo grandis nobis sermo est. In Sabbato sancto tres lectiones de Lamentatione Hieremiæ. Et tres de tractatu sancti Augustini in Psalmo LXIII : Exaudi, Deus, orationem meam cum deprecor. Et tres de Apostolo, ubi ait in epistola ad Hebræos : Christus assistens pontifex. Secunda lectio : Ubi enim Testamentum. Tertia : Umbram enim habens, lex bonorum futurorum. In Pascha Domini, Homilias de ipsa die pertinentes. Infra hebdomadam, Homilias. In octavas paschæ ponunt Actus apostolorum. Et epistolas canonicas, et Apocalypsin, usque in octavas Pentecostes. In octavis Pentecostes ponunt Regum et Paralipomenon usque in Calend. Augusti. In Dominica prima mensis Augusti ponunt Salomonem, usque in Calend. Septembris. In Dominica prima Septembris ponunt Job, Tobiam, Hester, et Ezra, usque in Calend. Octobris. In Dominica prima mensis Octobris ponunt Machabæorum, usque in Calendas Novembris. In Dominica prima mensis Novembris ponunt Ezechielem, et Danielem, et minores Prophetas, usque in Calend. Decemb. In Dominica prima mensis Decembris, ponunt Esaiam prophetam usque in Natalem Domini. In vigilia Natalis Domini legunt primum de Esaia tres lectiones. Prima lectio : Primo tempore alleviata est terra Zabulon. Secunda : Consolamini. Tertia : Consurge, consurge. Deinde leguntur Sermones vel Homiliæ ad ipsum diem pertinentes. In Natali sancti Stephani Homiliæ de ipso die. In natali sancti Joannis similiter. In natali Innocentum similiter. In octavas Domini Homiliæ de ipso die. In Dominica prima post natalem Domini ponuntur epistolæ Pauli usque Septuagesimam. In Epiphania lectiones tres de Esaia. Prima lectio sic incipit : Omnes sitientes. Secunda, Surge, illuminare. Tertia, Gaudens gaudebo. Deinde leguntur Sermones vel Homiliæ ad ipsum diem pertinentes.

Cap. CCXXIII. — *De vasculis, quibus mysteria sacra conficiuntur.*

(*Ex concil. Tribur. cui interfuit rex Arnolphus, cap.* 9.) Vasa quibus sacrosancta conficiuntur mysteria, calices sunt et patenæ. De quibus Bonifacius martyr et episcopus interrogatus, si liceret in vasculis ligneis sacramenta conficere, respondit : Quondam sacerdotes aurei ligneis calicibus utebantur : nunc econtra lignei sacerdotes aureis utuntur calicibus, Zepherinus XVI, Romanus episcopus, patenis vitreis m'ssas celebrare constituit. Tunc deinde Urbanus decimus octavus papa omnia ministeria sacra fecit argentea. In hoc eni m, sicut et in reliquis cultibus magis et magis per incrementum temporum decus succrevit Ecclesiarum. Nostris enim diebus, qui servi patrisfamilias sumus, ne decus matris Ecclesiæ imminuatur, sed magis cumuletur et amplificetur, statuimus ut deinceps nullus sacerdos sacrum mysterium corporis et sanguinis Jesu Christi Domini nostri in ligneis vasculis ullo modo conficere præsumat, ne unde placari debet, inde irascatur Deus.

Cap. CCXXIV. — *De ecclesia a compluribus cohæredibus obsessa.*

(*Ex eodem concil. cui interfuit rex Arnolphus, cap.* 32.) Quæcunque ecclesia a compluribus cohæredibus sit obsessa, concordia, unanimitate undique procuretur, ne propter aliquas disceptationes servitium Dei minuatur, et cura populi irreligiosa agatur. Si vero contingat pro ea comparticipes diffidere, et sub uno presbytero nolle eam procurare, et propterea jurgia et contentiones tam inter ipsos quam inter clericos incipiant frequentare : quia, juxta Apostolum, servos Dei non oportet litigare, episcopus tollat inde reliquias, et sub magna cura honorifice collocet eas, atque ejusdem ecclesiæ claudat ostia, et sub sigillo signet ea. Et ut sacrum mysterium nullus celebret in ea antequam concordi unanimitate unum omnes eligant presbyterum, qui idoneus sit sacrosanctum locum procurare, et populo Dei utiliter præesse.

Cap. CCXXV. — *De altaribus, in quibus sacræ reliquiæ non inveniuntur.*

(*Ex concil. Africano, cap.* 50.) Altaria in quibus corpora, vel reliquiæ martyrum non esse probantur, ab episcopis ejusdem loci destruantur.

Cap. CCXXVI. — *In altari in quo episcopus missam celebrat, eo die presbyter aliam iterare non præsumat.*

(*Ex concil. Urbico.*) Nec in altari, in quo missam episcopus cantavit, presbyter eo die missam celebrare præsumat.

Cap. CCXXVII. — *Ut in oblatione corporis et sanguinis Domini incensum imponi debeat.*

(*Ex conc. Rothomag., cap.* 1.) Ut tempore quo Evangelium legitur, finitoque offertorio, super oblationem incensum, in mortem videlicet Redemptoris nostri, ponatur, decrevimus.

Cap. CCXXVIII. — *Ut quoties basilicam ad quam itur præsentia novæ plebis impleverit toties sacrificium subsequens offeratur.*

Ex epist. Leonis, papæ ad Dioscorum Alexandrin. episcopum missa, cap. 2.) Ut autem in omnibus observantia nostra concordet, illud quoque volumus custodiri, ut cum solemnior festivitas conventum populi numerosioris indixerit, et ad eamdem tanta fidelium multitudo convenerit, quam recipere basilica una non possit, sacrificii oblatio indubitanter iteretur, ne his tantum admissis ad hanc devotionem, qui prius advenerint, videantur hi qui postmodum confluxerint non recepti, cum plenum pietatis atque rationis sit, ut quoties basilicam ad quam itur præsentia novæ plebis impleverit, toties sacrificium subsequens offeratur. Necesse est enim, ut quædam populi pars sua devotione privetur, si unius tantum missæ more servato, sacrificium offerre non possint, nisi prima diei parte convenerint.

Cap. CCXXIX. — *Ut nullus presbyter titulum super titulum usurpare præsumat.*

(*Ex concil. Nanneten.*) Ut si quilibet presbyterorum defunctus fuerit, vicinus presbyter apud seniorem sæcularem nulla precatione, vel aliquo xenio ecclesiam illam obtineat, quia titulus per se constans antea exstitit, sed neque capellam sine consultu episcopi. Quod si fecerit, definitam sententiam sibi prolatam suscipiat, sicuti de episcopo canonica decrevit auctoritas, ut si per ambitionem majorem civitatem appetierit, et illam perdat quam tenuit, et illam nequaquam obtineat, quam usurpare tentavit.

Cap. CCXXX. — *Ut episcopus aut presbyter, postquam missam inceperit, et orationem dixerit, nisi passio aliqua intervenerit, antequam inceptum ministerium adimpleat, ab altario Dei nullo modo discedere audeat.*

(*Ex decr. Zachariæ papæ, cap. 14.*) Ut episcopus aut presbyter, dum ingressus fuerit ad missarum solemnia celebranda, nisi passio aliqua intervenerit, nullo modo audeat data oratione recedere, ut ab alio episcopo, aut presbytero suppleantur missarum solemnia, sed qui initium ponit, suppleat usque ad finem. Quia scriptum est : Qui perseveraverit usque in finem, hic salvus erit. Si quis vero præsumpserit præter quod posuimus agere, a sacro corpore et sanguine Domini nostri Jesu Christi sit suspensus.

Cap. CCXXXI. — *Ut nullus episcopus vel presbyter ad celebrandum missarum solemnia cum baculo ire, aut velato capite altario Dei assistere præsumat.*

(*Ex decr. ejusdem, cap. 15.*) Ut nullus episcopus, presbyter, aut diaconus ad celebrandum missarum solemnia præsumat cum baculo introire, aut velato capite altario Dei assistere, quoniam et apostolus Paulus prohibet viros velato capite orare in Ecclesia, et si temere præsumpserit, communione privetur.

Cap. CCXXXII. — *Ne corpora sanctorum transferantur de loco ad locum.*

(*Ex concil. Mogunt., cap. 51.*) Deinceps vero corpora sanctorum de loco ad locum nullus transferre præsumat, sine consilio principis, vel episcoporum sanctæque synodi licentia.

Cap. CCXXXIII. — *Qui mortui in ecclesia sepeliantur.*

(*Ex eodem, cap. 52.*) Nullus mortuus infra ecclesiam sepeliatur, nisi episcopi, aut abbates, aut digni presbyteri, vel fideles laici.

Cap. CCXXXIV. — *Quod omnes fideles in ecclesia nihil agere debeant, nisi orare.*

(*Ex concil. Turonen., cap. 58.*) Sacerdotes debent fideles admonere, ut quando ad ecclesiam conveniunt, sine strepitu ac tumultu eam ingrediantur, in qua etiam quandiu in orationis causa morantur, nequaquam inanes inter se proferant confabulationes, sed tempore quo missarum solemnia celebrantur, non solum ab otiosis et inutilibus verbis, verumetiam et a perniciosis cogitationibus funditus abstinendum sit.

Cap. CCXXXV. — *Quod divina clementia fixis in terram genibus exoranda sit, nisi in majoribus solemnitatibus.*

(*Ex eodem, cap. 57.*) Sciendum est quod exceptis diebus Dominicis, et illis solemnitatibus quibus sancta et universalis Ecclesia ob recordationem Dominicæ resurrectionis solet stando orare, fixis in terram genibus suppliciter clementiam nobis profuturam nostrorumque criminum indulgentiam deposcendum est : cujus rei in Evangelio ipse Dominus nobis dedit exemplum. Sed et Stephanus martyr, et apostolus Paulus eadem fecisse, liber Actus apostolorum testis est, ex quibus intelligi datur, oportere Christianum humiliter in terram prosterni, ne forte illi dicatur : Cur superbiat terra et cinis?

Cap. CCXXXVI. — *Quod non liceat mortuis osculum dare.*

(*Ex concil. Agathen., cap. 3.*) Non licet mortuis osculum dare, nec palliis quæ in sacrificio super altare ponuntur, corpora eorum involvere, vel super feretrum ponere.

Cap. CCXXXVII. — *Ubi fideles sepeliri debeant.*

(*Ex concil. Triburien., cui interfuit rex Arnolphiis, cap. 15.*) Restat propter instantem, quæ tunc maxima occurrit, necessitatem ubicunque facultas rerum et opportunitas temporum suppetat sepulturam morientium apud ecclesiam, ubi sedes est episcopi, celebrari. Si autem hoc propter itineris longinquitatem aut adjacentem alicujus inopportunitatis difficultatem impossibile videatur, exspectet cum terra sepulturæ suæ quo canonicorum aut monachorum sive sanctimonialium congregatio sancta communiter degat, ut eorum orationibus judici suo commendatus occurrat, et remissionem delictorum quam meritis non obtinet, illorum intercessionibus percipiat. Quod si et hoc ineptum et difficile æstimetur, ubi decimam persolvebat vivus, sepeliatur mortuus.

Cap. CCXXXVIII. — *Ut sacerdotes ad tempus orationibus vacent, antequam sacrificent.*

(*Ex decret. Innocentii papæ, cap. 26.*) Nam Paulus ad Corinthios scribit dicens : Abstinete vos ad tempus ut vacetis orationi, et hoc utique laicis præcepit, multo magis sacerdotibus, quibus et orandi et sacrificandi juge officium est : semper debebunt ab hujusmodi consortio abstinere. Qui si contaminatus fuerit carnali concupiscentia, quo pudore vel sacrificare forsitan usurpabit, aut qua conscientia, quove merito exaudiri se credit, cum dictum sit : Omnia munda mundis coinquinatis autem et infidelibus nihil mundum?

Cap. CCXXXIX. — *De laicis qui proprias ecclesias habent.*

(*Ex concil. Remensi, præsente Ludovico imperatore, cap. 3.*) Si laici capellas proprias habuerint, a ratione et auctoritate alienum habetur ut ipsi decimas accipiant, et inde canes aut genitiarias suas pascant, sed potius presbyteri ecclesiarum eas accipiant, et inde restaurationem ecclesiarum, et luminaria, et hospitum ac pauperum receptionem exhibeant, et pro sancta Ecclesia, ac pro statu regni Dei misericordiam studiose implorent.

Cap. CCXL. — *De ecclesiis monachorum.*

(*Ex concil. apud Confluentiam cui interfuit Henricus, et Carolus, reges, cap. 6.*) Hoc quoque statutum est quatenus ecclesiæ quorumcunque monachorum in singulis parochiis sitæ episcoporum, ut decet, divinitus subdantur regimini, eisque debita obsequia in exercendis ecclesiasticæ curæ negotiis sollicite exhibeant, ipsi proculdubio monachi episcopis suis in omnibus obediant.

CAP. CCXLI. — *De illis qui dum suæ proprietatis loca alicubi dare voluerint, decimam nusquam tradere se posse cognoscant.*

(*Ex eodem concilio, cui interfuit Henricus, et Carolus, reges, cap. 8.*) Si quis vero laicus vel clericus seu utriusque sexus persona proprietatis suæ loca, vel res alicubi donare delegaverit, decimationum proventum priori Ecclesiæ legitime signatum inde abstrahere nullam habeat potestatem. Quod si facere tentaverit, talis traditio irrita prorsus ducatur, et ipse ad emendationem ecclesiastica coerceatur censura.

FINIS LIBRI TERTII.

INDEX CAPITULORUM LIBRI QUARTI.

I. Quid sit baptismus.
II. Ut præter Pascha et Pentecosten nisi morte periclitantibus, baptismus non fiat.
III. Quo tempore baptisma celebrandum sit, ut qui baptizantur non infideles, sed fideles inveniantur.
IV. De duobus temporibus baptismatis.
V. Item quo tempore baptismus fieri debeat.
VI. De eadem re.
VII. De eadem re.
VIII. Ut viginti dies ante baptismum ad purgationem exorcismi catechumeni veniant.
IX. Quod omnes ad baptismum venientes quinta feria majoris hebdomadæ fidem episcopo vel presbytero reddere debeant
X. Ut omnes baptizandi prius sint exorcizandi.
XI. Ut baptizandi nomine dato a carne et vino se abstineant.
XII. Quod neophyti a lautioribus cibis aliquod tempus et a conjugibus se abstinere debeant.
XIII. Ut omnis presbyter vas baptismale habeat.
XIV. Ut nullus presbyter nisi in civitatibus baptizare præsumat, excepta causa infirmitatis.
XV. Qualiter ei qui fidelis existere voluerit, baptismum sit tribuendum.
XVI. De martyribus qui sine baptismo martyrium susceperunt.
XVII. Quod catechumenis sacramentum in Pascha dari non debeat
XVIII. De catechumenis a baptisterio removendis.
XIX. De catechumenis segregandis et informandis.
XX. De catechumenis peccantibus.
XXI. De illis qui nuper sunt baptizati, quod promoveri non debeant.
XXII. De presbyteris si in Trinitate juxta præceptum Domini non baptizaverint.
XXIII. De eadem re.
XXIV. Quod in baptismo et in confirmatione, si necesse fuerit, unus patrinus possit esse.
XXV. Ut unus patrinus, vel patrina ad suscipiendum infantem accedant.
XXVI. Ut ille qui non est confirmatus a baptismo nullum recipiat
XXVII. Ut nullus fiat patrinus nisi recte credat.
XXVIII. Ut presbyteri a patrinis requirant si symbolum teneant.
XXIX. De symbolo octo dies ante Pascha publice in omnibus Ecclesiis recitando.
XXX. De gentilibus infirmis, si baptismum desiderant.
XXXI. De gravida baptizanda.
XXXII. De parvulis infirmis baptizandis.
XXXIII. De illis qui in ægritudine baptizantur.
XXXIV. De illis qui parvulos recentes negant esse baptizandos.
XXXV. De infirmis baptizandis.
XXXVI. De ægrotantibus si baptismum desiderant, et post obtumescunt.
XXXVII. De mortuis non baptizandis.
XXXVIII. De subito obtumescente, si testes habuerit baptizando.
XXXIX. De his qui apud hæreticos baptizantur in nomine sanctæ Trinitatis.
XL. De eadem re.
XLI. Ut baptismus in Trinitate susceptus non iteretur
XLII. De illis qui nesciunt qua fide baptizati sint.
XLIII. De presbytero qui grammaticam ignorabat, et tamen in Trinitate baptizabat.
XLIV. De illis qui aliquam habent dubitationem baptismatis ut rebaptizentur.
XLV. De infantibus si certos testes habere non possunt, eos non esse baptizatos.
XLVI. De presbyteris per quorum negligentiam sine baptismate aliquis mortuus fuerit
XLVII. Ut nullus presbyter in propria provincia alicui infirmo baptismum denegare præsumat.
XLVIII. De illis qui denuo baptizati sunt.
XLIX. De hoc, si parvulus ægrotans ad quemlibet presbyterum baptismi gratia defertur.
L. De illis qui bis vel ter baptizati sunt.
LI. De illis qui bis ignorantes baptizati sunt.
LII. De parvulorum animabus qui sine baptismate moriuntur.
LIII. De energumenis baptizatis.
LIV. De energumenis et catechumenis baptizandis.
LV. De rebaptizatis.
LVI. De presbytero qui recte baptizatum denuo baptizaverit, et non recte baptizatum ab hæreticis non baptizaverit.
LVII. Ut diaconi suam mensuram custodiant.

LVIII. De inordinato, si quasi ordinatus baptizare praesumpserit.
LIX. Ut presbyteri populum admoneant, suos infantulos ad confirmationem episcopo praesentent.
LX. Ut omnes perfectae aetatis jejuni ad confirmationem veniant.
LXI. De duobus sacramentis, id est, baptismo et manus impositione.
LXII. Ut omnes Christiani ad confirmationem festinent.
LXIII. Item de manus impositione.
LXIV. Item de confirmatione.
LXV. Quod omnes fideles accepto baptismate chrisma coeleste percipere debeant.
LXVI. Ut omnes renati fonte baptismatis, donum sancti Spiritus per manus impositionem accipere debeant.
LXVII. Ut episcopi non nisi jejuni confirmationes faciant, excepta causa infirmitatis.
LXVIII. Ut episcopis in campo, si necesse sit, liceat confirmare: melius est autem in ecclesia aut in atrio ecclesiae.
LXIX. Ut a solis episcopis baptizati sint, consignandi.
LXX. Ut presbyteri baptizatos in frontibus chrismate signare non audeant.
LXXI. De presbyteris qui pro baptismate pretia requirunt.
LXXII. De presbyteris qui veteri chrismate baptizare praesumunt.
LXXIII. Ut presbyter in sua plebe sine chrismate ire non debeat.
LXXIV. De presbytero qui se deprehenderit non esse baptizatum.
LXXV. De presbyteris, quomodo in coena Domini de chrismate, de oleo sanctificato, de oleo infirmorum facere debeant.
LXXVI. De eadem re.
LXXVII. De eadem re.
LXXVIII. De eadem re.
LXXIX. De presbyteris qui pro accipiendo chrismate ad civitates venire solent.

A LXXX. De chrismate quod semper sub sera esse debeat.
LXXXI. De Judaeis, quomodo ante baptismum examinari debeant.
LXXXII. De Judaeis, ut nullus eis vim ad credendum debeat inferre.
LXXXIII. Ut Judaeorum filii baptizati ab eorum consortio separari debeant.
LXXXIV. Ut nulla communio sit Hebraeis ad fidem Christianam translatis cum aliis nondum baptizatis.
LXXXV. De Judaeis qui apostataverunt.
LXXXVI. De Judaeorum servis.
LXXXVII. De mancipiis Judaeorum quae ad baptismum confugiunt.
B LXXXVIII. Item de mancipiis Judaeorum, aut Christianis, aut ad fidem Christianam venire desiderantibus.
LXXXIX. De illis qui de haeresi ad fidem venire desiderant.
XC. De Judaeis, si Christianum mancipium circumciderint.
XCI. Quid sanctus Gregorius de Judaeis praeceperit.
XCII. De illis baptizatis qui pro periculo mortis a diaconibus baptizati fuerint.
XCIII. De illis qui presbyteros cogunt denarios pro balsamo dare.
XCIV. De chrismatis panno.
XCV. Quod catechumeni cum baptizatis manducare
C non debeant.
XCVI. De scrutinio faciendo.
XCVII. De ministerio baptismatis.
XCVIII. Quod bigamus vocetur, qui ante baptismum uxorem, et aliam post baptismum habuit.
XCIX. De episcopis et presbyteris et diaconibus rebaptizatis.
C. De eo qui per ignorantiam ordinatur antequam baptizetur.
CI. De illis qui gratiam sancti Spiritus vendere conantur.

Indicis capitulorum finis.

BURCHARDI

WORMACIENSIS ECCLESIAE EPISCOPI

DECRETORUM LIBER QUARTUS.

DE SACRAMENTO BAPTISMATIS ET CONFIRMATIONIS.

ARGUMENTUM LIBRI.

Libro hoc de baptismo et confirmatione, deque iis quae circa haec observanda sunt, tractatur.

CAP. I. — *Quid sit baptismus.*

(*Ex decr. Fabian. papae, cap. 5.*) Baptismus Graece, Latine *tinctio* interpretatur. Quod idcirco tinctio dicitur, quia ibi homo spiritu gratiae in melius mutatur; et longe aliud quam erat efficitur, baptizatus in nomine Patris, et Filii, et Spiritus sancti. Sicut in tribus testibus stat omne verbum, ita hoc sacramentum confirmat ternarius numerus nominum divinorum, id est, Patris, et Filii, et Spiritus sancti.

Cap. II. — *Ut præter Pascha et Pentecosten nisi morte periclitantibus baptismus non fiat.*

(*Ex epist. Leon. papæ, cap.* 11.) Unde quia manifestissime patet, baptizandis in Ecclesia electis hæc duo tempora, id est Pasca et Pentecosten, esse legitima, dilectionem vestram monemus, ut nullos alios dies huic observantiæ misceatis. Quia si sunt alia quoque festa quibus multa in honorem Dei reverentia debeatur, principalis tamen et maximi sacramenti custodienda nobis est mystica et rationabilis exemplatio, non interdicta licentia qua in baptismo tribuendo quolibet tempore periclitantibus subvenitur. Ita enim ad has duas festivitates connexas sibimet atque cognatas, incolumium et pacis securitate degentium libera vota deferimus, ut in mortis periculo, in obsidionis discrimine, in persecutionis angustiis, in timore naufragii, nullo tempore hoc veræ salutis singulare præsidium cuiquam denegemus.

Cap. III. — *Quo tempore baptisma celebrandum sit, et ut qui baptizantur non infideles sed fideles inveniantur.*

(*Ex decr. Victoris papæ, fratribus per Alexandriam constitutis, cap.* 2.) In paschali vero tempore et Pentecoste baptisma celebrandum est catholicum, sed tamen si necesse fuerit, aut mortis periculum ingruerit, gentiles ad fidem venientes quoquo loco, vel momento, ubicunque evenerit, sive in flumine, sive in mari, sive in fontibus tantum Christianæ confessione credulitatis clarificata baptizantur. Ipsi quoque, quod in baptismo polliciti sunt, summopere est attendendum, ne infideles sed fideles inveniantur. Ipsi vero qui infidelitatis nota asperguntur, infames efficiuntur, atque inter fideles minime reputantur.

Cap. IV. — *De duobus temporibus baptismatis.*

(*Ex decr. Gelasii papæ, cap.* 10.) Baptizandi sibi quispiam passim quocunque tempore nullam credat inesse fiduciam, præter Paschale festum et Pentecostes venerabile sacramentum, excepto duntaxat gravissimi languoris incursu, in quo verendum est ne, morbi crescente periculo, sine remedio salutari fortassis ægrotans exitio præventus abscedat.

Cap. V. — *Item quo tempore baptismus fieri debeat.*

(*Ex decr. Syrici papæ, cap.* 2.) Sequitur de diversis baptizandorum, prout unicuique libitum fuerit, improbabilis et emendanda confusio, quæ a nostris consacerdotibus, quod commoti dicimus, non ratione auctoritatis alicujus, sed sola temeritate præsumitur, ut passim ac libere natalitiis Christi, seu apparitionis, necnon et apostolorum, seu martyrum festivitatibus innumeræ, ut asseris, plebes baptismi mysterium consequantur, cum hoc sibi privilegium et apud nos, et apud omnes Ecclesias, Dominicum specialiter cum Pentecoste suo Pascha defendat.

Cap. VI. — *De eadem re.*

(*Ex concil. apud Compendium, cap.* 3.) Ut extra statuta tempora canonum, id est in Pascha et Pentecoste, baptisma non celebretur : quia sacri canones hoc modis omnibus, nisi aliquod periculum institerit, fieri prohibent, in tantum ut etiam eos qui alio tempore baptizantur, a gradibus ecclesiasticis abstineant, nec ad clerum admittantur.

Cap. VII. — *De eadem re.*

(*Ex concil. Wormac., cap.* 10.) Sacrosancti baptismi sacramentum, non nisi in Paschali festivitate, et Pentecoste unusquisque fidelium noverit esse præbendum : exceptis his quibus mortis periculo urgente, ne in æternum pereant, talibus oportet remediis subvenire.

Cap. VIII. — *Ut viginti dies ante baptismum ad purgationem exorcismi catechumeni veniant.*

(*Ex concil. Braggar., cap.* 3.) Hoc omnimodis præcipimus et antiqui canones præcipiunt, ut ante baptismum viginti dies ad purgationem exorcismi catechumeni veniant, et in illis viginti diebus juxta canonicum præceptum, et erudiantur et consecrentur.

Cap. IX. — *Quoa omnes ad baptismum venientes quinta feria majoris hebdomadæ, fidem episcopo vel presbytero reddere debeant.*

(*Ex concil. Laodicensi, cap.* 46.) Quod oporteat eos qui ad baptisma veniunt fidem discere, et quinta feria septimanæ majoris episcopo aut presbyteris reddere.

Cap. X. — *Ut omnes baptizandi prius sint exorcizandi.*

(*Ex decr. Cælest. pap. Galliarum episc. missis, cap.* 12.) Illud etiam quod circa baptizandos in universo mundo sancta Ecclesia uniformiter agit, non otioso contemplamur intuitu, cum sive parvuli, sive [adulti] ad regenerationis veniunt sacramentum, non prius fontem vitæ adeant, quam et exufflationibus clericorum spiritus ab eis immundus abigatur, ut tunc vere appareat quomodo princeps hujus mundi mittatur foras.

Cap. XI. — *Ut baptizandi nomine dato a carne et vino se abstineant.*

(*Ex concil. Carthag., cap.* 85.) Baptizandi nomen suum dent sub abstinentia vini et carnium, ac manus impositione crebro examinent baptismum.

Cap. XII. — *Quod neophyti a lautioribus cibis aliquod tempus, et a conjugiis se abstinere debeant.*

(*Ex eodem, cap.* 87.) Neophyti aliquandiu a lautioribus epulis, et spectaculis, vel conjugibus abstineant.

Cap. XIII. — *Ut omnis presbyter vas baptismale habeat.*

(*Ex concil. Meldens., cap.* 7.) Omnis presbyter qui fontem lapideum habere nequiverit, vas conveniens ad hoc solummodo baptizandi officium habeat, quod extra ecclesiam non deportetur. Similiter ad corporale lavandum, et ad pallas altaris propria vasa habeantur, in quibus nihil aliud fiat.

CAP. XIV. — *Ut nullus presbyter nisi in civitatibus baptizare præsumat, excepta causa infirmitatis.*

(*Ex eodem, cap.* 48.) Nemo presbyterorum baptizare præsumat, nisi in civitatibus atque temporibus constitutis, nisi causa ægritudinis, vel certæ necessitatis, et loca illa auctoritatem et privilegia debita retineant.

CAP. XV. — *Qualiter ei qui fidelis existere voluerit, baptismum sit tribuendum.*

(*Ex decr. Clementis papæ, cunctis fidelibus missis, cap.* 62.) Si quis ergo fidelis voluerit existere, et desiderat baptizari, exutus prioribus malis de reliquo pro bonis actibus hæres bonorum cœlestium ex gestis propriis fiat. Accedat ad sacerdotem suum, et ipsi det nomen suum, atque ab eo audiat mysteria regni cœlorum. Jejuniis frequentibus operam impendat, ac semetipsum in omnibus probet, ut tres menses jam consummando, in die festo possit baptizari. Baptizetur unusquisque in aquis perennibus, nomine trinæ beatitudinis invocato super se, perunctus primo oleo per orationem sanctificato, ut ita demum per hæc consecratus, possit percipere locum cum sanctis.

CAP. XVI. — *De martyribus qui sine baptismo martyrium susceperunt.*

(*Ex dictis August.*) Catechumenum quamvis in bonis operibus defunctum, vitam habere non credimus, excepto duntaxat nisi martyrii sacramenta compleantur. Baptizatus confitetur fidem suam coram sacerdote, et interrogatus respondebit. Hoc idem martyr coram persecutore facit, qui et confitetur fidem, et interrogatus respondet. Ille post confessionem aspergitur martyrio, vel vero aspergitur sanguine, vel tingitur igne. Ille manus impositione pontificis accipit Spiritum sanctum. Hic habitaculum efficitur Spiritus sancti dum non est ipse qui loquitur, sed spiritus qui in illo loquitur. Ille communicat Eucharistiæ in commemoratione mortis Domini : hic ipsi Christo commoritur. Ille confitetur se mundi actibus renuntiaturum, hic ipse renuntiavit vitæ. Illi omnia peccata remittuntur, isti exstinguuntur.

CAP. XVII. — *Quod catechumenis sacramentum in Pascha dari non debeat.*

(*Ex concil. Carthag., cap.* 5.) Item placuit ut per solemnissimos Paschales dies sacramentum catechumenis non detur, ni solum salis, quia si fideles per illos dies sacramentum non mutant, nec catechumenos oportet mutare.

CAP. XVIII. — *De catechumenis a baptisterio removendis.*

(*Ex concil. Arausic., cap.* 17.) Ab baptisterium catechumeni nunquam admittendi sunt, nisi ipsi baptizentur.

CAP. XIX. — *De catechumenis segregandis, et informandis.*

(*Ex eodem, cap.* 18.) A fidelium benedictione catechumeni, etiam inter domesticos ordines, in quantum caveri potest, segregandi informandique sunt, ut se et signandos vel benedicendos semotim offerant.

CAP. XX. — *De catechumenis peccantibus.*

(*Ex concil. Neocæsar., cap.* 6.) Catechumenus, si ingrediatur ecclesiam, et in ordine eorum, qui instruuntur, assistat, hic autem deprehensus fuerit peccans, siquidem genu flectit, audiat, ut non delinquat ulterius. Si vero et audiens peccaverit, expellatur.

CAP. XXI. — *De illis qui nuper sunt baptizati, quod promoveri non debeant.*

(*Ex concil. Laodiensi, cap.* 3.) De his qui nuper sunt illuminati baptismate, quod eos in sacerdotali non conveniat ordine promoveri.

CAP. XXII. — *De presbyteris, si in Trinitate juxta præceptum Domini non baptizaverint.*

(*Ex canone apostolor.*) Si quis episcopus aut presbyter juxta præceptum Domini non baptizaverit in nomine Patris, et Filii, et Spiritus sancti, sed in tribus sine initio principiis, aut in tribus filiis, aut in tribus paracletis, abjiciatur.

CAP. XXIII. — *De eadem re.*

(*Ex eodem.*) Si quis episcopus aut presbyter, non trinam mersionem unius mysterii celebraverit, sed semel mergit in baptismate, quod dari videtur in morte Domini, deponatur. Non enim dixit Dominus : In morte mea baptizate, sed : Euntes docete omnes gentes, baptizantes eos in nomine Patris, et Filii, et spiritus sancti.

CAP. XXIV. — *Quod in baptismo, et in confirmatione, si necesse fuerit, unus patrinus possit esse.*

(*Ex decr. Ygini papæ, cap.* 10.) In catechumeno, et in baptismo, et in confirmatione unus pater potest fieri, si necessitas cogit : non est tamen consuetudo Romana, sed per singula singuli suscipiunt.

CAP. XXV. — *Ut unus patrinus, vel patrina ad suscipiendum infantem accedat.*

(*Ex decr. Leonis papæ apud S. Medardum.*) Ut non plures ad suscipiendum de baptismo infantem accedant, quam unus, sive vir, sive mulier. In confirmationibus quoque idipsum fiat.

CAP. XXVI. — *Ut ille qui non est baptizatus, vel confirmatus, a baptismo nullum recipiat.*

(*Ex concil. Mogunt., cap.* 2.) In baptismo vel in chrismate non potest alium suscipere in filium ipse qui non est baptizatus, vel confirmatus.

CAP. XXVII. — *Ut nullus patrinus fiat, nisi recte credat.*

(*Ex concil. Parisiensi, cap.* 2.) Ut nemo a sacro fonte aliquem suscipiat, nisi Orationem dominicam et Symbolum juxta suam linguam et intellectum teneat, et coram presbytero decantet, et ut intelligant omnes pactum, quod cum Deo pepegerunt.

CAP. XXVIII. — *Ut presbyteri a patrinis requirant si Symbolum teneant.*

(*Ex concils. Womarciens.* IV, *cap.* 1.) Annuntient presbyteri, ut neque viri, neque fœminæ de sacro fonte filiolos, vel filiolas suscipiat, nisi memoriter Symbolum et Orationem dominicam tenuerint.

CAP. XXIX. — *De symbolo octo dies ante Pascha publice in omnibus ecclesiis recitando.*

(*Ex concil. Agathen. cap.* 1.) Symbolum etiam placuit ab omnibus ecclesiis una die, id est, octo dies ante Dominicam resurrectionem, publice in ecclesia competentibus tradi.

CAP. XXX. — *De gentilibus infirmis, si baptismum desiderant.*

(*Ex eodem concilio, cap. 3.*) Gentiles, si in infirmitate desideraverint sibi manum imponi, si fuerint ex aliqua parte honesta vita, placuit eis manum imponi, et fieri Christianos.

CAP. XXXI. — *De gravida baptizanda.*

(*Ex concil. Neocæsar., cap. 6.*) Gravidam oportet baptizari, quando voluerit. Nihil enim in hoc quæ parit nascenti communicat, propterea quod uniuscujusque propositum in confessione declaratur.

CAP. XXXII. — *De parvulis infirmis baptizandis.*

(*Ex concil. Habergerunda, cap. 5.*) De parvulis vero, qui nuper materno utero æditi sunt, placuit constitui, ut si infirmi, ut assolet, fuerint, et lac maternum non appetunt, etiam eadem die qua nati sunt, si oblati fuerint, baptizentur.

CAP. XXXIII. — *De illis qui in ægritudine baptizentur.*

(*Ex concil. Neocæsar., cap. 12.*) Si quis ergo in ægritudine fuerit baptizatus, presbyter ordinari non debet: non enim fides illius est voluntaria, sed ex necessitate descendit, nisi forte postea ipsius studium, et fides hujus probabilis videtur, aut hominum raritas cogit.

CAP. XXXIV. — *De illis qui parvulos recentes negant esse baptizandos.*

Ex concil. Africano, cap. 66.) Item placuit, ut quicunque parvulos recentes ab uteris matrum baptizandos negat, aut dicit in remissionem quidem peccatorum eos non baptizari sed nihil ex Adam trahere originalis peccati quod lavacro regenerationis expietur, unde sit consequens, ut in eis forma baptismatis in remissionem peccatorum non vera sed falsa intelligatur, anathema sit, quoniam non aliter intelligendum est quod ait Apostolus: Per unum hominem peccatum intravit in mundum, et per peccatum mors, et ita in omnes homines pertransiit, in quo omnes peccaverunt, nisi quemadmodum Ecclesia catholica ubique diffusa semper intellexit. Propter hanc enim regulam fidei, etiam parvuli, qui nihil peccatorum in seipsis adhuc committere potuerunt, ideo in peccatorum remissionem veraciter baptizantur, ut in eis regeneratione mundetur quod generatione traxerunt.

CAP. XXXV. — *De infirmis baptizatis.*

(*Ex concil. Laodien., cap. 47.*) Quod oporteat eos qui in ægritudine percipiunt baptisma, postquam convaluerint, fidem perdiscere, et scire cujus muneris participes facti sint.

CAP. XXXVI. — *De ægrotantibus, si baptismum desiderant, et post obmutescunt.*

(*Ex concil. Africano, cap. 12*). Ut ægrotantes, si pro se respondere non possunt, cum voluntatis eorum testimonium sui qui periculo proprio adfuere dixerint, baptizentur, et ut scœnicis atque histrionibus, cæterisque hujusmodi personis reconciliatio non negetur.

CAP. XXXVII. — *De mortuis non baptizandis.*

Ex concil. Carthag., cap. 6.) Cavendum est ne mortuos etiam baptizari posse fratrum infirmitas credat, quibus nec Eucharistiam dare animadvertat.

CAP. XXXVIII. — *De subito obmutescente, si testes habuerit, baptizando.*

(*Ex concil. Arausic., cap. 11.*) Subito obmutescens, prout statutum est, baptizari et pœnitentiam accipere potest, si voluntatis præteritæ testimonium aliorum verbis habet, aut præsentes in suo nutu.

CAP. XXXIX. — *De his qui apud hæreticos baptizantur in nomine sanctæ Trinitatis.*

(*Ex concil. Rothomag., cap. 3.*) Baptisma unum est, sed in Ecclesia catholica, cujus nos membra effecti sumus, ubi una fides est, ubi in nomine Patris, et Filii, et Spiritus sancti datur. Et ideo qui apud illos hæreticos baptizati sunt, qui in sanctæ Trinitatis confessione baptizant, et veniunt ad nos, recipiantur quidem quasi baptizati, ne sanctæ Trinitatis invocatio vel confessio annulletur, sed doceantur integre, et instruantur, sensu sanctæ Trinitatis, et mysterio quod in sancta Ecclesia tenetur; et si consentiunt credere, vel acquiescunt confiteri, purgatæ fidei integritate, firmentur manus impositione. Si vero parvuli sunt hebetes, qui doctrinam non capiant, respondeant pro illis qui eos offerunt juxta morem baptizandi, et ita interrogentur, ut sciant quid respondere debeant, et sic manus impositionem accipiant.

CAP. XL. — *De eadem re.*

(*Ex concil. Wormaciens., cap. 5.*) Quicunque baptizatus fuerit ab hæreticis in nomine Patris, et Filii, et Spiritus sancti, nullo modo rebaptizari debet, sed per solam manus impositionem purgandus est.

CAP. XLI. — *Ut baptismus in Trinitate susceptus non iteretur.*

(*Ex concil. Carthagin., cap. 1.*) Ut baptismus in Trinitate susceptus non iteretur. Ergo si vobis placet, consideremus primum titulum de rebaptizatis, et sanctitatem vestram postulo, ut mentis vestræ placita producatis ad descendentem in aquam, et interrogatum in Trinitate secundum Evangelii fidem, et apostolorum doctrinam, et confessum bonam conscientiam in Deum de resurrectione Jesu Christi, liceat iterum interrogari in eadem fide, et in aqua iterum tingi? Universi episcopi dixerunt: Absit, absit! illicitam esse sancimus rebaptizationem, et satis esse alienum a sincera fide et a catholica disciplina.

CAP. XLII. — *De illis qui nesciunt qua fide baptizati sunt.*

(*Ex decr. Leonis papæ episcopis per Siciliam constitutis missis, cap. 29.*) Hi autem de quibus scripsisti, qui se baptizatos sciunt, sed cujus fidei fuerint qui eos baptizaverunt se nescire profitentur, quoniam quolibet modo formam baptismatis acceperunt, baptizandi non sunt, sed per manus imposi-

Cap. XLIII. — *De presbytero, qui grammaticam ignorabat, et tamen in Trinitate baptizabat.*

(*Ex epist. Zachariæ papæ ad Bonifacium Mogunt. archiepiscopum.*) Virgilius et Sedonius religiosi viri apud Bavariorum provinciam degentes, suis nos litteris visunt, per quas intimaverunt, quod tua reverenda fraternitas injungeret eis Christianos denuo baptizare. Quod audientes, nimis sumus conturbati, et in admirationem quamdam incidimus, si haberetur, ut dictum est. Retulerunt quippe, quod fuerit in eadem provincia sacerdos, qui Latinam linguam penitus ignorabat, et dum baptizaret, nesciens Latini eloquii infringere linguam, diceret : Baptizo te in nomine Patria, et Filia, et Spiritus sancti, ac per hoc tua reverenda fraternitas consideravit rebaptizare. Sed, sanctissime frater, si ille qui baptizavit, non errorem introducens aut hæresim, sed pro sola ignorantia Romanæ locutionis infringendo linguam, ut præfati sumus, baptizans dixisset, non possumus consentire, ut denuo baptizentur : quia quod tua bene compertum habet sancta fraternitas, quicunque baptizatus fuerit ab hæreticis in nomine Patris, et Filii, et Spiritus sancti, nullo modo rebaptizari debet, sed per solam manus impositionem purgari debet. Nam, sanctissime frater, si ita est, ut nobis relatum est, non amplius a te illis prædicetur aliquid hujusmodi, sed ut sancti Patres docent et prædicant, tua sanctitas studeat conservare.

Cap. XLIV. — *De illis qui aliquam habent dubitationem baptismatis, ut rebaptizentur.*

(*Ex decr. Leonis papæ ad Rusticum Narbonens. episcopum missi, cap. 27.*) Si nulla exstant indicia inter propinquos aut familiares, nulla inter clericos aut vicinos, quibus hi de quibus quæritur baptizati fuisse doceantur, agendum est ut renascantur, ne manifeste pereant. In quibus quod non ostenditur gestum, ratio non sinit ut videatur iteratum. Qui autem possunt meminisse quod ad ecclesiam veniebant cum parentibus suis, possunt recordari an quod eorum parentibus dabatur acceperint. Sed si hoc etiam ab ipsa memoria alienum est, conferendum eis videtur quod collatum esse nescitur, quia non temeritas intervenit præsumptionis, ubi est diligentia pietatis.

Cap. XLV. — *De infantibus, si certos testes habere non possunt, eos non esse baptizatos.*

(*Ex concil. Africano, cap. 39.*) Item placuit de infantibus quoties non inveniuntur certissimi testes qui eos baptizatos esse sine dubitatione testentur, neque ipsi sunt per ætatem de traditis sibi sacramentis idonei respondere, absque ullo scrupulo eos esse baptizandos, ne ista trepidatio eos faciat sacramentorum purgatione privari. Hinc enim legati Maurorum fratres nostros consuluerunt, quia multos tales a barbaris redimunt.

Cap. XLVI. — *De presbyteris per quorum negligentiam sine baptismate aliquis mortuus fuerit.*

(*Ex decr. Sixti papæ, cap. 5.*) Perpendant presbyteri quanti discriminis sit animas innocentium per eorum negligentiam a regno Dei excludi. Si enim gaudium est in cœlo super uno peccatore pœnitentiam agente, quid putas, quanta ira et indignatio super illum erit, qui per suam negligentiam janua paradisi innocentibus claudit? Et ideo presbyteri summa diligentia caveant, ne animas pro quibus sanguis Christi effusus est, per suam incuriam a cœlesti beatitudine separent; sed si, quod absit! evenerit, gravi pœnitentiæ luctu diebus vitæ suæ se submittat, per cujus evenerit neglectum.

Cap. XLVII. — *Ut nullus presbyter in propria provincia, vel in alia cuiquam infirmo baptismum denegare præsumat.*

(*Ex decr. Martini papæ, cap. 3.*) Quicunque presbyter in propria provincia aut in alia, vel ubicunque inventus fuerit, commendatum sibi infirmum baptizare noluerit, vel pro intentione itineris, vel de aliqua excusatione, et sic sine baptismo moritur, deponatur.

Cap. XLVIII. — *De illis qui denuo baptizati sunt.*

(*Ex decr. Leonis papæ, ad Nicetam episcopum Aquiliensem, cap. 47.*) His vero, de quibus similiter dilectio tua nos credidit consulendos, qui ad iterandum baptismum vel metu coacti, vel errore traducti sunt, et nunc se contra catholicæ fidei sacramentum egisse cognoscunt, ea est custodienda moderatio, qua in societatem nostram non nisi per pœnitentiæ remedium, et per impositionem episcopalis manus, communionis recipiant unitatem. Tempora autem pœnitudinis habita moderatione tuo constituenda judicio, prout conversorum animos inspexeris esse devotos, pariterque etiam habentes ætatis senilis intuitum, et periculorum quorumque aut ægritudinum respicientes necessitates. In quibus si quis ita graviter urgeatur, ut dum adhuc pœnitet, de salute ipsius desperetur oportet ei per sacerdotalem sollicitudinem communionis gratia subveniri.

Cap. XLIX. — *De hoc, si parvulus ægrotans ad quemlibet presbyterum baptismi gratia defertur.*

(*Ex decr. Eugenii papæ, cap. 6.*) Si parvulus ægrotans ad quemlibet presbyterorum baptismi gratia de cujuslibet parochia allatus fuerit, ei baptismi sacramentum non denegetur. Si quis hoc munus petenti concedere detrectaverit, et ille parvulus absque baptismatis gratia mortuus fuerit, noverit ille se, qui eum non baptizavit, pro ejus anima rationem redditurum, et apud synodum acerrime corrigendum.

Cap. L. — *De illis qui bis vel ter confirmati vel baptizati sunt.*

(*Ex concil. Terraconensi, cap. 6.*) Dictum nobis est quod quidam de plebe bis, aut ter, ab episcopis ignorantibus tamen eisdem episcopis confirmentur. Unde nobis visum est eamdem confirmationem, sicut nec baptismum, iterari minime debere : quia bis vel amplius baptizatos aut confirmatos non saculo sed soli Domino sub habitu regulari vel clericali religiosissime famulari decretum est.

Cap. LI. — *De illis qui bis ignorantes baptizati sunt.*

(*Ex pœnitentiali Theod.!, cap. 14.*) Qui bis ignorantes baptizati sunt non indigent pro eo pœnitere, nisi quod secundum canones non possunt ordinari, nisi magna aliqua necessitas cogat. Qui autem non ignari iterum baptizati sunt, quasi iterum Christum crucifixerint, septem annos pœniteant, quartam, et sextam feriam, et tres Quadragesimas pœniteant. Si pro vitio aliquo fuerit, similiter. Si pro munditia putaverint, tribus annis similiter pœniteant.

Cap. LII. *De parvulorum animabus, qui sine baptismate moriuntur.*

Ex epist. Gregor. papæ scripta Secundino servo Dei recluso.) In extremo vero epistolæ requisisti quid eis respondendum sit, qui dilectionem tuam de parvulorum animabus requirunt, qui sine gratia baptismatis moriuntur, dicentes : Si corpus originali tenetur culpa, unde anima quæ a Deo datur rea erit, quæ adhuc in actuali delicto non consensit corpori? Sed hac de re dulcissima mihi tua charitas sciat, quia de origine animæ inter sanctos Patres requisitio non parva versata est, sed utrum ipsa ab Adam descenderit, an certe singulis detur, incertum remansit, eamque in hac vita insolubilem fassi sunt esse quæstionem. Gravis est enim quæstio, nec valet ab homine comprehendi : quia si de Adæ substantia anima cum carne nascitur, cur non etiam cum carne moritur? Si vero cum carne quæ ab Adam prolata est, obligata peccatis tenetur. Sed cum hoc sit, incertum non est, quia nisi sacra baptismatis gratia fuerit renatus homo, omnis anima originalis peccati vinculis est obstricta. Hinc enim scriptum est : Non est mundus in conspectu ejus, nec unius diei infans super terram. Hinc David ait : In iniquitatibus conceptus sum, et in delictis peperit me mater mea. Hinc ipsa Veritas dicit : Nisi quis renatus fuerit ex aqua et Spiritu sancto, non intrabit in regnum cœlorum. Hinc Paulus apostolus ait : Sicut in Adam omnis moriuntur, ita et in Christo omnes vivificabuntur. Cum ergo infans qui nihil peccavit in conspectu omnipotentis Dei esse non valet mundus, cur Psalmista ex legitimo conjugio prolatus, in iniquitate conceptus est? Cur? nisi quia qui mundatus aqua baptismatis non fuerit mundus non est? Cur in Adam omnis homo moritur, si originalis peccati vinculis non tenetur? Sed quia genus humanum in parente primo velut in radice putruit, ariditatem erexit in ramis, et inde omnis homo cum peccato nascitur, unde primus homo permanere voluit in peccato. De his autem subtilius ac latius loqui debueram, sed dum me et curarum tumultus premunt, et harum portitor ut laxaretur importunus exstitit. unde multa debui; pauca locutus sum.

Cap. LIII. — *De energumenis baptizatis.*

(*Ex concil. Arausic., cap. 15.*) Energumeni baptizati de purgatione sua curantes, si se sollicitudini clericorum tradunt, monitisque obtemperant, omnimodis communicent, sacramenti ipsius virtute vel muniendi ab incursu dæmonis quo infestantur, vel purgandi, quorum jam ostenditur vitæ purgatio.

Cap. LIV. — *De energumenis et catechumenis baptizandis.*

(*Ex eodem, cap. 14.*) Energumenis et catechumenis in quantum vel necessitas exegerit, vel opportunitas permiserit, de baptismate consulendum.

Cap. LV. — *De rebaptizatis.*

(*Ex concil. Everdensi, cap. 14.*) Cum rebaptizatis fideles religiosi nec in cibo participent.

Cap. LVI. — *De presbytero qui recte baptizatum denuo baptizaverit, et non recte baptizatum ab hæreticis non baptizaverit.*

(*Ex concil. Lugdunensi, cap. 47.*) Episcopus aut presbyter si eum qui secundum veritatem habuerit baptisma denuo baptizaverit, aut si pollutum ab impiis, et non recte baptizatum non baptizaverit, deponatur, tanquam deridens crucem et mortem Domini, nec sacerdotes veros a falsis sacerdotibus jure discernens.

Cap. LVII. — *Ut diaconi suam mensuram custodiant.*

(*Ex decr. Gelasii papæ, cap. 7.*) Diacones quoque propriam constituimus servare mensuram, nec ultra tenorem paternis canonibus deputatum quippiam tentare permittimus : nihil eorum suo ministerio penitus applicare, quæ primis ordinibus propriæ decrevit antiquitas. Absque episcopo et presbytero baptizare non audeant, nisi prædictis fortassis officiis longius constitutis necessitas extrema compellat, quod et laicis Christianis facere plerumque conceditur.

Cap. LVIII. — *De inordinato, si quasi ordinatus baptizare præsumpserit.*

(*Ex decr. Hormisdæ papæ, cap. 4.*) Si quis baptizat, aut aliquid divinum officium exercuerit per temeritatem non ordinatus, abjiciatur ab Ecclesia, et nunquam ordinetur.

Cap. LIX. — *Ut presbyteri populum admoneant ut suos infantulos ad confirmationem episcopo præsentent.*

(*Ex conc. Wormaciens., cap. 2.*) Annuntient presbyteri populis, ut quam citius potuerint, suos infantulos ad confirmandum episcopo præsentari faciant. Quod si neglexerint, et presbyter et populus canonicis disciplinis subjaceant.

Cap. LX. — *Ut omnes perfectæ ætatis, jejuni ad confirmationem veniant.*

(*Ex concil. Aurelian., cap. 5.*) Ut jejuni ad confirmationem veniant perfectæ ætatis, et moneantur confessiones facere prius, ut mundi donum sancti Spiritus valeant accipere, et quia nunquam erit Christianus, nisi confirmatione episcopali fuerit chrismatus.

Cap. LXI. — *De duobus sacramentis, id est, baptismo et manus impositione.*

(*Melchia. papa Hispaniarum episcopis hæc scribit, cap. 6.*) De his vero super quibus rogitastis vos informari, id est, utrum majus esset sacramentum manus impositionis episcoporum, aut baptismus, scitote utrumque magnum esse sacramentum. Et sicut unum a majoribus fit, id est, a summis pontificibus quod a minoribus perfici non potest, ita et majori veneratione venerandum et tenendum est. Sed ita conjuncta sunt hæc duo sacramenta, ut ab invicem nisi morte præveniente nullatenus possint segregari, et unum sine altero rite perfici non potest.

CAP. LXII. — *Ut omnes Christiani ad confirmationem festinent.*

(*Ex concil. Wormac., cap. 6.*) Ut ad prædicationem et confirmationem episcopi omnes devote conveniant, eique fideliter ministrent et obediant.

CAP. LXIII. — *Item de manus impositione.*

(*Eusebius papa fratribus per Campaniam et Tusciam constitutis scribit.*) Manus quoque impositionis sacramentum magna veneratione tenendum est, quod ab aliis perfici non potest, nisi a summis sacerdotibus. Nec tempore apostolorum ab aliis quam ab ipsis apostolis legitur aut scitur peractum esse: neque ab aliis, sicut jam dictum est, quam ab illis qui eorum locum tenent unquam perfici potest aut fieri debet. Nam si aliter præsumptum fuerit, irritum habeatur et vacuum, nec inter ecclesiastica unquam reputabitur sacramenta.

CAP. LXIV. — *Item de confirmatione.*

(*Ex concil. Moguntin., cap. 5.*) Præcipimus ut ad accipiendum per manus impositionem pontificis Spiritus sancti donum, sollicite et devote omnes concurrant, et episcopo suo ea quæ necessaria sunt fideliter ministrent, eique ab omnibus et per omnia obediatur.

CAP. LXV. — *Quod omnes fideles, accepto baptismate, chrisma percipere debeant.*

(*Ex concil. Laodicensi, cap. 48.*) Quod oporteat eos qui baptizantur post lavacrum chrisma cœleste percipere, et regni Christi participes inveniri.

CAP. LXVI. — *Ut omnes renati fonte baptismatis, donum sancti Spiritus per manus impositionem accipere debeant.*

(*Ex epist. Anteri papæ, cap. 15.*) Omnes enim fideles per manus impositionem episcoporum, post baptismum accipere debent Spiritum sanctum, ut pleni Christiani inveniantur. De Spiritu sancto accipimus, ut spiritales efficiamur : quia animalis homo non percipit ea quæ sunt Spiritus Dei, quia cum Spiritus sanctus infunditur, cor fidele ad prudentiam, ad constantiam dilatatur. De Spiritu sancto accipimus, ut sapiamus inter bonum et malum discernere, justa diligere, injusta respuere, ut invidiæ ac superbiæ repugnemus, ut luxuriæ ac diversis illecebris, et fœdis indignisque cupiditatibus resistamus. De Spiritu sancto accipimus ; ut amore et gloriæ ardore succensi erigere a terrenis mentem ad superna et ad divina valeamus.

CAP. LXVII. — *Ut episcopi non nisi jejuni confirmationes faciant, excepta causa infirmitatis.*

(*Ex concil. Meldensi, cap. 6.*) Ut episcopi non nisi jejuni per impositionem manuum Spiritum sanctum tradant exceptis infirmis, et morte periclitantibus. Sicut autem duobus temporibus, Pascha videlicet et Pentecoste, a jejunis celebrari debet baptismus : ita etiam traditionem sancti Spiritus a jejunis pontificibus convenit celebrari.

CAP. LXVIII. — *Ut episcopis in campo, si necesse sit, liceat confirmare : melius est autem in ecclesia, aut in atrio ecclesiæ.*

(*Ex concil. Remensi, cap. 10.*) Episcopo liceat in campo, si necesse sit, confirmare.

CAP. LXIX. — *Ut a solis episcopis baptizati sint consignandi.*

(*Ex decr. Innocentii pap. Decentio episc. missis, cap. 3.*) De consignandis vero infantibus manifestum est non ab alio quam ab episcopo fieri licere, nam presbyteri, licet sint secundi sacerdotes, pontificatus tamen apicem non habent. Hoc autem pontificibus solis deberi; ut vel consignent, vel paracletum Spiritum tradant, non solum consuetudo ecclesiastica demonstrat, verum illa lectio Actuum apostolorum, quæ asserit Petrum et Joannem esse directos, quo jam baptizatis tradant Spiritum sanctum. Nam presbyteris seu extra episcopum seu præsente episcopo cum baptizant, chrismate baptizatos ungere licet, sed quod ab episcopo fuerit consecratum, non tamen frontem ex eodem oleo signare, quod solis debetur episcopis, cum tradunt Spiritum paracletum.

CAP. LXX. — *Ut presbyteri baptizatos in frontibus chrismate signare non audeant.*

(*Ex regum Greg. ad Januarium episcopum Caralitanum, cap. 200.*) Presbyteri baptizatos infantes signare in frontibus suis chrismate non præsumant, sed presbyteri baptizatos tangant in pectore, ut episcopi postmodum confirment in fronte.

CAP. LXXI. — *De presbyteris qui pro baptismate pretia requirunt.*

(*Ex epist. Gelasii papæ, cap. 5.*) Baptizandis consignandisque fidelibus pretia nulla præfigant, nec illationibus quibuslibet impositis exagitare cupiant renascentes : quoniam quod gratis accepimus, gratis dare mandamus. Et ideo nihil a prædictis prorsus exigere moliantur, quo vel paupertate cogente deterriti, vel indignatione revocati, redemptionis suæ causas adire despiciant, certum habentes, quod qui prohibita deprehensi fuerint admisisse, vel commissa non potius sua sponte correxerint, periculum subituri proprii sint honoris.

CAP. LXXII. — *De presbyteris qui veteri chrismate baptizare præsumunt.*

(*Ex concil. Lugdun., cap. 3.*) Si quis de alio chrismate, quam de illo novo quod proprii episcopi largitione vel concessione accepit, baptizare nisi præoccupante morte tentaverit, pro temeritatis ausu ipse in se suæ damnationis protulisse sententiam manifestatur.

CAP. LXXIII. — *Ut presbyter in sua plebe sine chrismate ire non debeat.*

(*Ex concil. Vasensi, cap. 5.*) Nullum presbyterorum in plebe sibi commissa sine chrismate unquam debere progredi, quia inter nos placuit semel in baptismate chrismari. De eo autem qui in baptismate quacunque necessitate faciente non chrismatus fuerit, in confirmatione sacerdotis perficietur.

CAP. LXXIV. — *De presbytero qui se deprehenderit non esse baptizatum*

(*Ex concil. apud Compendium, cap. 5.*) Si quis presbyter ordinatus deprehenderit se non esse baptizatum, baptizetur et ordinetur iterum et omnes quos prius baptizavit.

CAP. LXXV. — *De presbyteris, quomodo in cœna Domini de chrismate, de oleo sanctificato, de oleo infirmorum facere debeant.*

(*Ex concil. Meldensi, cap. 4.*) Ut presbyter in cœna Domini ampullas tres secum deferat, unam ad chrisma, alteram ad oleum ad catechumenos inungendos, tertiam ad infirmos, juxta sententiam apostolicam, ut quando quis infirmatur inducat presbyteros Ecclesiæ, etc.

CAP. LXXVI. — *De eadem re.*

(*Ex concil. apud Valentias, cap. 2.*) Presbyteri qui diœcesanas Ecclesias regunt, non a quibuslibet episcopis, sed a suo, nec per juniorem clericum, sed per seipsos, aut per illum qui ejusdem ordinis sit, ante Paschæ solemnitatem chrisma petant.

CAP. LXXVII. — *De eadem re.*

Ex concil. Meldensi, cap. 5.) Ut nemo episcoporum, vel quilibet minister ecclesiasticus propter sacrum chrisma aliquid muneris accipiat, neque denarios, vel quælibet munuscula, quæ per ministros episcoporum a presbyteris inordinabiliter exiguntur.

CAP. LXXVIII. — *De eadem re.*

(*Ex concil. Vasensi, cap. 10.*) Per singula territoria presbyteri vel ministri ab episcopis non prout libitum fuerit a vicinioribus, sed a suis propriis per annos singulos petant chrisma, appropinquante solemnitate Paschali, nec per quemcunque alium quam per seipsos aut per vicarios ejusdem ordinis, quia inhonorum est inferioribus summa committi. Optimum autem est ut ipse suscipiat, qui in tradendo usurus est.

CAP. LXXIX. — *De presbyteris qui pro accipiendo chrismate ad civitates venire solent.*

Ex concil. Meldensi, cap. 6.) De presbyteris qui accipiendi chrismatis gratia ad civitates in cœna Domini venire solliciti erant, sancitum est ut de his qui longe positi sunt, de octo vel decem unus ab archidiacono eligatur, qui acceptum chrisma sibi et sociis diligenter perferat. Hi vero qui non longius a civitate quam quatuor aut quinque millibus habitant, more solito ad accipiendum chrisma per se veniant. Discendi vero gratia, alio non Quadragesimali tempore ad civitatem convocentur, propter plebes sibi commissas.

CAP. LXXX. — *De chrismate, quod semper sub sera esse debeat.*

(*Ex concil. Turonen., cap. 3.*) Præterea et illud omnimodis observandum est, ut sacrum chrisma et oleum consecratum semper sub sera sit, ne illud unde Christo incorporamur, et unde omnes fideles sanctificantur, unde reges et sacerdotes inunguntur, aliquis infidelis aut immundus tangat, aut aliquis perfidus ad Dei judicium subvertendum subripiat, quod experimento didicimus.

CAP. LXXXI. — *De Judæis, quomodo ante baptismum examinari debeant*

(*Ex concil. Agathensi, cap. 55.*) Judæi quorum perfidia frequenter ad fomitem redit, si ad legem catholicam venire voluerint, octo menses inter catechumenos ecclesiæ limen introcant, et si pura fide venire noscuntur, tunc demum baptismatis gratiam mereantur. Quod si casu aliquo periculum infirmitatis intra præscriptum tempus incurrerint, et desperati fuerint, baptizentur.

CAP. LXXXII. — *De Judæis, ut nullus eis vim ad credendum debeat inferre.*

(*Ex concil. Toletan. v. cap. 57.*) De Judæis autem hoc præcepit sancta synodus, nemini deinceps ad credendum vim inferre. Cui enim vult Deus misereatur, et quem vult indurat. Non enim tales inviti salvandi sunt, sed volentes, ut integra sit forma justitiæ. Sicut homo propria arbitrii voluntate serpenti obediens periit, sic vocante se gratia Dei propriæ mentis conversione homo quisque credendo salvatur. Ergo non vi, sed libera arbitrii facultate, ut convertantur salvandi sunt, non potius impellendi. Qui autem jampridem ad Christianitatem coacti sunt, sicut factum est temporibus religiosissimi principis Sisenandi, quia jam constat eos sacramentis divinis associatos, et baptismi gratiam suscepisse, et chrismate unctos esse, et corporis Domini et sanguinis exstitisse participes, oportet ut fidem etiam quam vi vel necessitate susceperant, tenere cogantur, ne nomen Domini blasphemetur, fidesque quam susceperunt vilis ac contemptibilis habeatur.

CAP. LXXXIII. — *Ut Judæorum filii baptizati ab eorum consortio separari debeant.*

(*Ex eod. v, cap. 60.*) Judæorum filios vel filias baptizatos, ne parentum ultra involvantur erroribus, ab eorum consortio separari decernimus, deputatos aut monasteriis, aut Christianis viris, aut mulieribus Deum timentibus, ut sub eorum conversatione cultum fidei discant, atque in melius constituti, tam in moribus quam in fide proficiant.

CAP. LXXXIV. — *Ut nulla communio sit Hebræis ad fidem Christianam translatis cum aliis nondum baptizatis.*

(*Ex eod. v, cap. 62.*) Sæpe malorum consortia etiam bonos corrumpunt, quanto magis eos qui ad vitia proni sunt? Nulla igitur ultra communio sit Hebræis ad fidem Christianam translatis cum his qui adhuc in veteri ritu consistant, ne forte eorum participatione subvertantur. Quicunque igitur amodo ex his qui baptizati sunt infidelium consortia non vitaverint, et hi Christianis donentur, et illi publicis cædibus deputentur.

CAP. LXXXV. — *De Judæis qui apostataverint.*

(*Ex eodem concilio v, cap. 59.*) Plerique qui ex Judæis dudum ad Christianam fidem promoti sunt, nunc blasphemantes Christum, non solum Judaicos ritus perpetrasse noscuntur, sed etiam et abominandas circumcisiones exercere noscuntur. De quibus, consultu piissimi ac religiosissimi domini nostri Sisenandi regis, hoc sanctum decrevit concilium, ut hujusmodi transgressores pontificali auctoritate correcti ad cultum Christiani dogmatis revocentur, ut quos voluntas propria non emendat, animadversio sacerdotalis coerceat. Eos autem quos circumciderunt, si filii eorum sunt, a parentum consortio separentur, si servi pro injuria corporis sui libertati tradantur.

CAP. LXXXVI. — *De servis Judæorum.*

(*Ex eodem* XIII, *cap.* 9.) Item si Judæorum servi necdum conversi ad Christi gratiam convolaverint, libertati donentur.

CAP. LXXXVII. — *De mancipiis Judæorum quæ ad baptismum confugiunt.*

(*Ex concil. apud Arvernen., cap.* 50.) Licet prioribus canonibus jam fuerit definitum ut de mancipiis paganis quæ apud Judæos sunt si ad ecclesiam confugerint, et baptismum petierint, etiam ad quoscunque Christianos refugerint, taxato et oblato a fidelibus justo pretio, ab eorum dominio liberentur, ideo statuimus hoc, ut tam justa constitutio ab omnibus catholicis observetur.

CAP. LXXXVIII. — *Item de mancipiis Judæorum, aut Christianis aut ad fidem Christianam venire desiderantibus.*

(*Ex concil. Matiscen., cap.* 16.) Præsenti concilio, Deo auctore, sancimus ut nullum Christianum mancipium Judæo deinceps serviat, sed datis pro quolibet bono mancipio duodecim solidis, ipsum mancipium quicunque Christianorum, seu ad ingenuitatem, seu ad servitium licentiam habeat redimendi, et si Christianum fieri desiderat et non permittitur, similiter faciat : quia nefas est ut quod Christus Dominus sanguinis sui effusione redemit, blasphemum Christianæ religionis in vinculis tenere. Quod si acquiescere his quæ statuimus quicunque Judæus noluerit, quandiu ad pecuniam constitutam venire distulerit, liceat mancipium ipsum cum Christianis ubicunque voluerit habitare.

CAP. LXXXIX. — *De illis qui de hæresi ad fidem venire desiderant.*

(*Ex concil. Arelatens., cap.* 9.) Si ad ecclesiam aliquis de hæresi venerit, interrogent eum de Symbolo, et si viderint eum in Patre, et Filio, et Spiritu sancto esse baptizatum, manus ei tantum imponatur, ut accipiat Spiritum sanctum.

CAP. XC. — *De Judæis, si Christianum mancipium circumciderint.*

(*Ex concil. apud Theogonis villam habito, cap.* 4.) Si quis Judæorum Christianum mancipium, vel cujuslibet sectæ alterius, emerit et circumciderit, a Judæi ipsius potestate sublatus in libertate permaneat.

CAP. XCI. — *Quid sanctus Gregorius de Judæis præceperit.*

(*Ex reg. Greg. ad Joannem Terracinensem episcopum.*) Joseph præsentium lator Judæus insinuavit nobis de loco quodam, in quo ad celebrandas festivitates suas Judæi in Terracinensi castro consistentes convenire consueverant, quod tua eos fraternitas expulisset, et in alium locum pro colendis similiter festivitatibus suis. te quoque noscente, et consentiente migraverint, et nunc de eodem loco etiam expelli se denuo conqueruntur. Quod si ita est, volumus tua fraternitas ab hujusmodi se querela suspendat, et loco quem, sicut prædiximus, cum tua conscientia quo congregentur, adepti sunt, eos, sicut mos fuit, ibidem liceat convenire. Hos enim, qui a' Christiana religione discordant, mansuetudine, benignitate admonendo, suadendo, ad unitatem fidei necesse est congregare, ne quos dulcedo prædicationis, et præventus futuri judicis terror ad credendum invitare poterat, minis et terroribus repellantur. Oportet ergo ut ad audiendum de te verbum Dei benigne conveniant, quam austeritate quæ supra modum extenditur, expavescant.

CAP. XCII. — *De illis baptizatis, qui pro periculo mortis a diaconibus baptizati fuerint.*

(*Ex concil. Turonico, cap.* 3.) Si quis diaconus regens plebem, sine episcopo vel presbytero, aliquos pro periculo mortis baptizaverit, episcopus eos per benedictionem et confirmationem perficere debebit. Quod si ante de sæculo recesserit, sub fide qua quisque credit, poterit esse justus.

CAP. XCIII. — *De illis qui presbyteros cogunt denarios pro balsamo dare*

(*Ex concil. Cavallon., cap.* 5.) Quidam fratres dixerunt consuetudinis antiquæ fuisse in eorum Ecclesiis, ut pro balsamo emendo ad chrisma faciendum, sive pro luminaribus Ecclesiæ concinnandis, binos vel quaternos denarios presbyteri darent. Unde omnes uno consensu statuimus, ut sicut pro dedicandis basilicis, et dandis ordinibus nihil accipiendum est, ita etiam pro balsamo sive luminaribus emendis nihil presbyteri chrisma accepturi dent. Episcopi itaque de Ecclesiæ facultatibus balsamum emant, et luminaria singuli in Ecclesiis suis.

CAP. XCIV. — *De chrismatis panno.*

(*Ex concil. apud Belvacum, cap.* 8.) Si quis voluerit chrismatis pannum iterum linire et super alium baptizatum mittere, non est absurdum.

CAP. XCV. — *Quod catechumeni cum baptizatis manducare non debeant*

(*Ex concil. Mogunt., cap.* 5.) Catechumeni manducare non debent cum baptizatis, neque osculum eis dare, quanto minus gentilis?

CAP. XCVI. — *De scrutinio faciendo.*

(*Ex concil. Romano, cap.* 15.) De scrutinio faciendo decrevimus, ut in episcopiis, et ubi conventus est populi, et cleri, et possibilitas permittit, ibi celebretur.

CAP. XCVII. — *De ministerio baptismatis.*

(*Ex concil. Mogunt., cap.* 9.) Baptisterii et catechumenorum ventilata est ratio, ut sacerdotes plenius intelligant qualiter condignis ordinibus efficiant Christianum.

Cap. XCVIII. — *Quod bigamus vocetur, qui ante baptismum uxorem, et aliam post baptismum habuit.*

(*Ex decr. Innocentii papæ, cap. 52.*) Deinde ponitur non dici oportere bigamum, eum qui catechumenus habuerit, atque amiserit uxorem, si post baptismum fuerit aliam sortitus, eamque primam videri, quæ novo homini copulata sit: quia illud conjugium per baptismi sacramentum cum cæteris criminibus sit ablutum, quod cum de una utique dicitur, certi, si tres habuerit in veteri positus homine uxores, erit ei quæ post baptismum quarta est; sic interpretantibus prima. Virginis æque nomen accipiet, quæ quarto ducta est loco. Quis, oro, istud non videat contra Apostoli esse præceptum, qui ait: Unius uxoris virum oportere fieri sacerdotem? Sed objicitur, quod in baptismo totum, quicquid in veteri homine gestum est, sit solutum. Dicite mihi, cum pace vestra loquor, crimina tantum dimittuntur in baptismo? An et illa quæ secundum Domini præcepta, ac Dei instituta complentur? Uxorem ducere crimen est, aut non est crimen? Si crimen est, ergo præfata venia dixerim, erit auctor in culpa, qui ut crimina committerentur, in paradiso cum ipse eos jungeret, benedixit. Si vero non est crimen quia quod Deus junxit, nefas sit crimen appellari, et Salomon addidit: etenim a Deo præparatur viro uxor, quomodo creditur inter crimina esse dimissum, quod Deo auctore legitur consummatum? Quid de talium filiis percensetur? Nunquid non erunt admittendi in hæreditatis consortio, qui ex ea suscepti sunt, quæ ante baptismum fuit uxor? Eruntque appellandi, vel naturales, vel spurii, quia non est legitimum matrimonium, nisi illud, ut vobis videtur, quod post baptismum assumitur? Ipse Dominus cum interrogaretur a Judæis, si liceret dimittere uxorem, atque exponeret fieri non debere, addidit: Quod vero Deus conjunxit, homo non separet. Ac ne de his locutus esse credatur, quæ post baptismum sortiuntur, meminerint hoc, et a Judæis esse interrogatum, et Judæis esse responsum. Quæ vero et sollicitus quæro, si una eademque sit uxor ejus, qui ante catechumenus, postea sit fidelis, filiosque ex ea, quum esset catechumenus, susceperit, ac postea alios cum fidelis, utrum sint fratres appellandi an non? Habeant postea defuncto patre cum cæteris herciscundæ hæreditatis consortium, quibus filiorum nomen regeneratio spiritalis creditur abstulisse? Quod quum ita sentire, atque judicare absurdum est, quæ malum ratio est hoc defendi, et vacua magis opinione jactari, quam aliqua auctoritate roborari, quum non possit inter peccata deputari, quod lex præcepit, et Deus conjunxit? Nunquid si quis catechumenus virtutibus studuerit, humilitatem secutus fuerit, patientiam tenuerit, eleemosynas fecerit, morti destinatos qualibet ratione eripuerit, adulteria exhorruerit, castitatem tenuerit, quæro, si hæc quum factus fuerit, fidelis amittit, quia per baptismum totum, quod vetus homo gesserit putatur auferri? Aspiciamus gentilem hominem Cornelium orationibus atque eleemosynis revelationem, Petrumque ipsum vidisse. Nunquid per baptismum hæc illi ablata sunt propter quæ ei baptisma esse concessum videtur? Si ita creditur, nihi credite, non modicum erratur : quia quicquid bene gestum fuerit, et secundum præcepta legalia custoditum non potest facientibus deperire. Nuptiarum ergo copula, quia Dei mandato perficitur, non potest dici peccatum, et quod peccatum non est, solvi inter peccata omnino credi non debet, eritque integrum æstimare, aboleri non posse prioris nomen uxoris, quum non dimissum sit pro peccato, quod ex Dei sit voluntate completum.

Cap. XCIX. — *De episcopis et presbyteris, et diaconibus rebaptizatis.*

(*Ex decr. Felicis papæ, cap. 1.*) Communis dolor et generalis est gemitus, quod intra Africam rebaptizatos etiam episcopos, presbyteros, diaconosque cognovimus. Quæ res sine dubio ad vestræ quoque pervenit notitiam sanctitatis, qualiter in Africanis regionibus astutia diaboli sævierit in populum Christianum, atque in id multiplici deceptione proruperit, ut non modo vulgus incautum, sed ipsos quoque in mortis profunda demerserit sacerdotes, nullus non orbis ingemuit, nulla terra nescivit. Unde in grandi mœrore positi, dissimulare non possumus pereuntium atque a nobis exigendarum discrimen animarum. Quapropter competens adhibenda est talibus medela vulneribus, ne immatura curandi facilitas, mortifera captis peste nihil prosit, sed segnius tractata pernicies reatu non legitimæ curationis involvat pariter saucios et medentes. In primis itaque venientis ad vos, et remedium postulantis sollicite discutienda est professio, et persona decepti, ut medela possit congruens exhiberi : et qui satisfacturus Deo per pœnitentiam rebaptizatum se legitime doluerit, utrum ad hoc facinus concurrerit, an impulsus accesserit, requiratur, sciens quod se decipiat ipse qui fallit, nihilque per nostram facilitatem tribunalis excelso judicio derogari, cui illa sunt rata, quæ pia, quæ vera, quæ justa sunt. Et aliter necessitatis, aliter tractanda est ratio voluntatis. Deterior est autem causa illius, qui forte pretio sollicitatus est, ut periret. Nihil enim intentatum relinquit inimicus. Cui ne de sua liceat gaudere captura, succurrendum est irretitis, et conterendus venantis est laqueus, ut infucatim lanientantibus lapsum, tam justitiæ moderatione quam compunctione pietatis, ad aulam quam reliquerant, sit ingressus. Nec pudeat forsan, aut pigeat, in dictis jejuniorum, gemituumque temporibus obedire, aut aliis observantiæ salubrioris obtemperare præceptis: quia humilibus datur gratia, non superbia. Sit ergo ruinæ suæ dolore prostratus, quisquis in Christo fieri quærit erectus. Et per dispensationis nostræ ministerium, quod vestram sequi convenit charitatem, nec alicui fas est, vel velle, vel posse transcendere, causas ejus, qui contra apostolicam doctrinam, ad iterationem se nimis infaustam baptismatis dedit, vel ejus qui aliquibus argumentis excusandum callide proprium putaverit esse consensum, sacerdotali vigore et humanitate tractemus, ut in eis fides, quæ nisi est una, jam nulla est, adjutorio Domini judicis ad salutem, sine nostræ properationis offensione, reparetur : quia cum peccatoris a nobis satisfactio protrahitur, non præter nostram laudem atque lætitiam, mens ejus ad veniam purgatior invenitur. Et ideo memineritis hanc super his nos habere sententiam, ut servata discretione peccantium non eadem cuncti qui lapsi sunt, lance pensentur : quoniam majoris castigationis est exigendus usuram, cui domus Domini commissa fuerit disciplina. Ut ergo ab Ecclesiæ summatibus inchoemus, eos quos episcopos, presbyteros, vel diaconos fuisse constiterit, et seu optantes forsitan, seu coactos lavacri illius unici, salutarisque claruit fecisse jacturam, et Christum, quem non solum dono regenerationis, verum etiam gratia præcepti honoris induerant, exuisse, cum constet neminem ad secundam tinctionem venire potuisse, nisi se palam Christianum negaverit, et professus fuerit esse paganum, quod cum generaliter sit in omnibus exsecrandum, multo magis in episcopis, presbyteris, et diaconibus auditu saltem dictuque probatur horrendum : sed quia idem Dominus, atque Salvator clementissimus est, et neminem vult perire, usque ad exitus sui diem in pœnitentia, si resipiscunt, jacere conveniet, nec orationi non modo fidelium, sed ne catechumenorum quidem omnimodis interesse. Quibus communio laica in morte redhibenda est. Quam rem diligentius explorare vel facere pro baptismo sacerdotis cura debebit. De clericis autem, et monachis, aut puellis Dei, aut secularibus servari præcipimus hunc tenorem, quem Nicæna synodus circa eos qui lapsi sunt, vel fuerunt, servandum esse constituit, ut scilicet, qui nulla necessitate, nullius rei timore atque periculo, se ut rebaptizaretur hæreticis impie dediderunt : si tamen eos ex corde pœniteat, tribus annis inter audientes sint. Septem vero annis subjaceant inter pœnitentes manibus sacerdotum : duobus etiam ad oblationes modis omnibus non sinantur, sed tantummodo popularibus in oratione socientur, nec confundatur Deo colla submittere, quia eum non timuit, abnegare. Quod si, utpote mortales, intra metas præscripti temporis cœperit vitæ finis urgere, subveniendum est imploranti, et seu ab episcopo, qui pœnitentiam dederit, seu ab alio, qui tamen datam esse probaverit, aut similiter a presbytero viaticum abeunti de sæculo non negetur. Pueris autem quibus quod adhuc investes sunt, a puritate vocabulum est, seu clericis, seu laicis, aut etiam similibus puellis, quibus ignorantia suffragatur ætatis, aliquandiu sub manus impositione detentis, reddenda communio est, nec eorum expectanda pœnitentia quos excipit a coercitione censura. Quod est a nobis proinde constitutum, ne hi quibus in terreni labe contagii, plus minusve restat ad vitam, dum adhuc in pœnitentia sunt, pœnitenda forte committant. Quod si ante præfinitum pœnitentiæ tempus, despectus a medicis, aut evidentibus mortis pressus indiciis, recepta quisquam communionis gratia convalescit, servemus in eo quod Nicæni canones ordinaverunt, ut habeatur inter illos, qui in oratione sola communicant, donec impleatur spatium temporis eidem præstitutum. Nec catechumenos nostros, qui sub tali professione baptizati sunt, præterimus : quia non est causa dissimilis, sicut iidem sancti canones ordinarunt, ejus qui quolibet modo Christum, quem semel confessus est, abjuraret. Tribus annis inter audientes sint, et postea catechumenis permittantur orare, per manus impositionem communionis catholicæ gratiam recepturi, exceptis sane tantummodo episcopis, presbyteris, diaconibus, quibus solo mortis suæ tempore reconciliandum esse jam diximus : cæteros, id est, sive clericos, sive monachos, seu laicos, sexus utriusque personas, quos violentia et periculis coactos, iterationem baptismatis subiisse constiterit, vel qui aliquo commento, hujus se facinoris piaculis dixerint non teneri, in pœnitentia per triennium durare decernimus, et per manus impositionem ad societatem recipi sacramenti, illo per omnia custodito, ne ex his unquam, qui in qualibet ætate alibi quam in Ecclesia catholica, aut baptizati, aut rebaptizati sunt, ad ecclesiasticam militiam prorsus permittantur accedere. Quibus satis esse debet, quod in catholicorum numerum sunt recepti, quoniam de suo ordine et communione videbitur ferre judicium, quisquis hoc violarit antistitum : vel qui non removerit eum quem ex his ad ministerium clericale obrepsisse cognoverit. Curandum vero maxime, et omni cautela est providendum ne quis fratrum coepiscoporumque nostrorum, aut etiam presbyterorum in alterius civitate, vel diœcesi pœnitentem, vel sub manu positum sacerdotis aut eum qui conciliatum se esse dixerit, sine episcopi vel presbyteri testimonio et litteris, aut in parochia presbyter, aut episcopus in civitate, suscipiat. Quod aliqua dissimulatione neglectum, culpam tangit etiam clericorum, qui in locis in quibus hoc minus curatum fuerit commorantur. His itaque rite dispositis, et ad Ecclesiarum vestrarum notitiam, nostra deliberatione perlatis, parere vos convenit. Quibus licet ad animarum reparationem nihil deesse videatur, tamen si cui novi aliquid, et quod præterire nos potuit fuerit revelatum, secundum beatum Paulum apostolum tacente priore fidenter insinuet : quia Spiritus sanctus ubi vult spirat, maxime cum sua causa tractatur. Nec nos pigebit audire, et si qua sunt omissa non arroganter abnuere, sed rationabiliter ordinare. Datum Iduum Martiarum die, Dynamio, et Sibidio quartum consulibus.

Cap. C. — *De eo qui per ignorantiam ordinatur antequam baptizetur.*

(*Ex dictis S. Isidori episcopi.*) Si quis per ignorantiam ordinatur antequam baptizetur, debent ab eo baptizati baptizari, et ipse non ordinetur, sed Romanus pontifex judicat non hominem qui baptizat, sed Spiritum Dei subministrare gratiam baptismi, licet paganus sit qui baptizat.

CAP. CI. — *De illis qui gratiam sancti Spiritus vendere conantur.*

(*Ex concil. Tribur., cui interfuit rex Arnolphus, cap. 22.*) Dictum est solere in quibusdam locis pro perceptione chrismatis nummos dari : solere quoque pro baptismo et communione. Hoc symoniacæ hæresis semen detestata est sancta Sinodus, et anathematizavit, et ut de cætero nec pro ordinatione, nec pro chrismate, vel baptismo, vel pro balsamo, nec pro sepultura, vel communione, quicquam exigatur : sed gratis dona Christi, gratuita dispensatione donentur.

FINIS LIBRI QUARTI.

INDEX CAPITULORUM LIBRI QUINTI.

CAP. I. Quod omne crimen sacrificiis Deo oblatis deleatur, quæque in sacrificiis debent adhiberi quæ rejici.

II. Quod in Eucharistia nec pura aqua nec purum vinum offerri debeat.

III. Ut in sacrificio panis et vinum cum aqua mixtum offeratur.

IV. Ut nihil aliud in sacrificio offeratur nisi panis et vinum aqua mixtum.

V. De passione Domini in consecratione corporis miscenda.

VI. Quæ species ad altare non ad sacrificium sed ad benedictionem simplicem offerantur.

VII. De eadem re.

VIII. Nihil in sacrificio præter quod Dominus statuit offerendum.

IX. Ut presbyteri vas mundum habeant ubi corpus Domini cum diligentia recondatur.

X. Ut presbyter Eucharistiam in promptu habeat.

XI. Tot oblationes quot populo sufficiant offerendas, relictas in crastinum non reservandas.

XII. Oblationes de sabbato in sabbatum innovandas.

XIII. Ut præsente et præcipiente presbytero, diaconus populum communicet.

XIV. Quod discretio magna esse debeat de perceptione corporis et sanguinis Dominici.

XV. De quotidiana perceptione Eucharistiæ.

XVI. De eadem re.

XVII. Laici ter minimum in anno communicent.

XVIII. An Eucharistiam qui semper peccat, semper accipere debeat.

XIX. Quod singulis diebus Dominicis in Quadragesima fideles communicandi sint.

XX. Ut in cœna Domini Eucharistiæ perceptio non negligatur.

XXI. De histrionibus et magis, an communionem cum cæteris fidelibus accipere debeant.

XXII. Quam diu unusquisque ante sacram communionem ab uxore se abstinere debeat.

XXIII. Quod inter catholicos non connumeretur, qui in istis temporibus, Pascha, Pentecoste, Natali Domini non communicaverit.

XXIV. Ut oblatio altaris singulis Dominicis diebus fiat.

XXV. De eadem re.

XXVI. De diaconibus quod presbyteris communionem dare non debeant.

XXVII. De eulogiis populis a presbytero dandis.

XXVIII. Oratio simplex eulogiæ.

XXIX. De pane qui offerendus est.

XXX. De presbyteris qui corpus Dominicum ad deferendum infirmis mulierculis tradunt.

XXXI. Ut defunctis Eucharistia non detur.

XXXII. Ut oblationes in majoribus festis ab omnibus, etc.

XXXIII. Quod ministris altaris supra altare solis communicare liceat.

XXXIV. Ut nullus infra presbyterum ordinatus rem a presbytero consecratam alteri porrigat.

XXXV. De illis qui post aliquam degustationem sacrificium acceperint.

XXXVI. Ut presbyter illiteratus Missam celebrare non debeat.

XXXVII. Pro unius oblatione alterius non spernendam.

XXXVIII. Ut dissidentium fratrum oblationes non recipiantur.

XXXIX. Ut refutanda sint eorum dona qui pauperes opprimunt.

XL. De presbyteris immolantibus.

XLI. De eadem re.

XLII. De presbyteris quibus solet dormiendo sæpe semen effluere.

XLIII. De eadem re.

XLIV. De presbyteris villanis si in civitate offerre audeant.

XLV. De eadem re.

XLVI. De illis qui per ebrietatem Eucharistiam evomuerint.

XLVII. De hoc si aliquid de calice sacri sanguinis stillaverit.

XLVIII. De illo qui evomit sacrificium et a canibus consumitur.

XLIX. De eadem re.

L. De Eucharistia inveterata.

LI. De illis qui non bene custodierint corpus et sanguinem Domini.

LII. De eadem re.

LIII. De muliere quæ peperit, ut communicet si voluerit.

Indicis capitulorum pnis.

BURCHARDI
WORMACIENSIS ECCLESIÆ EPISCOPI
DECRETORUM LIBER QUINTUS
DE SACRAMENTO CORPORIS ET SANGUINIS DOMINI.

ARGUMENTUM LIBRI.

Liber hic quæ ad sacramentum Eucharistiæ spectant plenissime tractat, adeo ut nihil quod ad hanc rem attinet requiras.

CAP. I. —*Quod omne crimen sacrificiis Deo oblatis deleatur, quæque in sacrificiis debeant adhiberi, quæ rejici.*

(*Ex decretis Julii papæ episcopis per Ægyptum missis.*) Cum omne crimen atque peccatum oblatis Deo sacrificiis deleatur, quid de cætero pro delictorum expiatione Domino dabitur, quando in ipsa sacrificii oblatione erratur? Audivimus enim quosdam schismatica ambitione detentos, contra divinos ordines et apostolicas institutiones, lac pro vino in divinis sacrificiis dedicare. Alios quoque intinctam Eucharistiam populis, pro complemento communionis porrigere. Quosdam etiam non expressum vinum in sacramento Dominici calicis offerre, sed oblatis uvis populos communicare. Alios vero pannum lineum musto intinctum, per totum annum reservare, et in tempore sacrificii cum aqua partem ejus lavare, et sic offerre. Quod quam sit Evangelicæ atque apostolicæ doctrinæ contrarium, et consuetudini ecclesiasticæ adversum, non difficile ab ipso fonte veritatis probabitur, a quo ordinata ipsa sacramentorum mysteria processerunt. Cum enim magister Veritatis verum salutis nostræ sacrificium suis commendaret discipulis, non illis lac, sed panem tantum, et calicem sub hoc sacramento cognoscimus, dedisse. Legitur enim in evangelica veritate : Accepit Jesus panem et calicem, et benedicens dedit discipulis suis. Cesset ergo lac sacrificando offerri, quia manifestum et evidens exemplum Evangelicæ veritatis illuxit, quod præter panem et vinum aliud offerri non liceat. Illud vero quod pro complemento communionis intinctam tradunt Eucharistiam populis, nec hoc prolatum ex evangelio testimonium receperunt, ubi apostolis corpus suum et sanguinem commendavit, seorsum enim panis, et seorsum calicis commendatio memoratur. Nam intinctum panem aliis Christum præbuisse non legimus, excepto illi tantum discipulo, quem intincta bucella magistri proditorem ostenderet, non quæ sacramenti hujus institutionem signaret. Nam quod de expresso botro, id est, de uvarum granis populus communicatur, valde est omnino confusum; sed si necesse fuerit, botrus in calice comprimatur, et aqua misceatur : quia calix Dominicus juxta canonicum præceptum vino et aqua permixtus debet offerri : quia videmus in aqua populum intelligi, in vino vero ostendi sanguinem Christi. Ergo cum in calice vinum aqua misceatur, Christo populus adunatur, et credentium plebs ei in quem credidit copulatur, et jungitur. Quæ copulatio et conjunctio aquæ et vini sic miscetur in calice Domini, ut commixtio illa non possit separari. Nam si vinum tantum quis offerat, sanguis Christi incipit esse sine nobis : si vero aqua sit sola, plebs incipit esse sine Christo. Ergo quando botrus solus offertur, in quo vini tantum efficentia demonstratur, salutis nostræ sacramentum negligitur, quod per aquam significatur. Non enim potest calix Domini esse aqua sola, aut vinum solum, nisi utrumque misceatur. Et ideo, quia jam ex hoc plurima et multiplex majorum emanavit sententia, deinceps omnis talis error atque præsumptio cessare debet, ne perversorum inordinata compago statum veritatis enervet. Et ideo nullum deinceps licitum erit aliud in divinis sacris offerre, nisi juxta antiquorum sententiam conciliorum, panem tantum, et calicem vino et aqua permixtum. De cætero aliter quam præceptum est faciens, tandiu sacrificando cessabit, quandiu legitima pœnitentiæ satisfactione correptus ad gradus sui officium redeat quod amisit.

CAP. II. — *Quod in Eucharistia nec pura aqua, nec purum vinum offerri debeat.*

(*Ex concil. Wormaciensi, cap. 2.*) In Eucharistia non debet pura aqua offerri, ut quidam sobrietatis causa falluntur, sed vinum cum aqua mixtum : quia et vinum fuit in redemptionis nostræ mysterio, cum dicit : Non bibam de hoc genimine vitis, et aqua mixtum, quod post cœnam dabat. Sed de latere ejus aqua cum sanguine egressa, vinum de vera carnis ejus vite cum aqua expressum ostendit. Cum igitur magister veritatis verum salutis nostræ sacrificium suis commendaret discipulis, panem tantum et calicem sub hoc sacramento præbuisse cognoscimus : ideoque præter panem et vinum cum aqua mixtum, aliud offerri non debet. Calix enim Dominicus vino et aqua commixtus debet offerri : quia videmus in aqua populum intelligi, in vino vero ostendi sanguinem Christi. Ergo quando in calice vino aqua miscetur, Christo populus adunatur, et credentium plebs ei in quem credidit copulatur et jungitur. Quæ copulatio et conjunctio aquæ et vini sic miscetur in calice Domini, ut commixtio illa non possit separari. Nam si vinum tantum quis offerat, sanguis Christi incipit esse sine nobis. Si vero aqua sit sola, plebs incipit esse sine Christo. Non potest enim calix Domini esse aqua sola aut vinum solum, nisi utrumque sibi misceatur.

CAP. III. — *Ut in sacrificio panis et vinum cum aqua mixtum offeratur.*

(*Ex concil. Carthag.*, cap. 23.) Ut in sacramentis corporis et sanguinis Domini nihil amplius offeratur quam quod ipse Dominus dicit, hoc est, panis et vinum aqua mixtum : nec amplius in primitiis offeratur Deo vino et frumento.

CAP. IV. — *Ut nihil aliud in sacrificio offeratur, nisi panis et vinum aqua mixtum.*

(*Ex concil. African.*, cap. 4.) Ut in sacramentis corporis et sanguinis Domini nihil amplius offeratur quam quod ipse Dominus tradidit, hoc est, panis et vinum aqua mixtum. Primitiæ vero, ceu mel et lac quod uno die solemnissimo in infantum mysterio solet offerri, quamvis in altari offerantur, suam tamen habeant propriam benedictionem, ut a sacramento corporis Dominici et sanguinis distinguantur, nec amplius in primitiis offeratur, quam de uvis et frumentis.

CAP. V. — *De passione Domini in consecratione corporis miscenda.*

(*Ex decr. Alexan. pap.*, cap. 5.) In sacramentorum quoque oblationibus, quæ inter Missarum solemnia Domino offeruntur, passio Domini miscenda est, ut ejus, cujus corpus et sanguis conficitur, passio celebretur, ita ut repulsis opinionibus superstitionum, panis tantum et vinum aqua permixtum in sacrificio offerantur. Non debet enim, ut a patribus accepimus, et ipsa ratio docet, in calice Domini aut vinum solum, aut aqua sola offerri, sed utrumque permixtum, quia utrumque ex latere ejus in sua passione profluxisse legitur. Ipsa vero Veritas nos instruxit, calicem et panem in sacramento offerre, quando ait : Accepit Jesus panem et benedixit, deditque discipulis suis, dicens : Accipite et manducate, hoc est corpus meum quod pro vobis tradetur. Similiter, postquam cœnavit, accepit calicem, deditque discipulis suis dicens : Accipite et bibite ex eo omnes, quia hic est calix sanguinis mei, qui pro vobis effundetur in remissionem peccatorum. Crimina enim atque peccata oblatis his Domino sacrificiis delentur. Idcirco et passio ejus in his commemoranda est, qua redempti sumus, et sæpius recitanda, atque hæc Domino offerenda. Talibus hostiis delectabitur et placabitur Dominus, et peccata dimittet ingentia. Nihil enim in sacrificiis majus esse potest, quam corpus et sanguis Christi, nec ulla oblatio hac potior est, sed hæc omnes præcellit : quæ pura conscientia Domino offerenda est, et pura mente consummanda, atque ab omnibus veneranda. Et sicut potior est cæteris : ita potius excoli, et venerari debet.

CAP. VI. — *Quæ species ad altare non ad sacrificandum, sed ad benedictionem simplicem offerantur.*

(*Ex canon. apostol.*, capite 4.) Offerri non liceat aliquid ad altare præter novas spicas, et uvas, et oleum ad luminaria, et fabas, et thymiama ad incensum, tempore quo sancta celebratur oblatio.

CAP. VII. — *De eadem re.*

(*Ex decr. Melch. pap.*, capite 1.) Hæc species quas non licet offerre super altare juxta constitutionem apostolorum eorumque successorum, ad domum sacerdotum deferantur, et a sacerdotibus benedicantur, et simplici benedictione benedicta demum a populis sumantur. Fabæ tantum et uvæ, novæ spicæ, et oleum, et odoramenta ad incensum, et cætera quæ apostoli constituerunt super altare offerantur.

CAP. VIII. — *Nihil in sacrificio præter quod Dominus statuit offerendum.*

(*Ex canon. apostol.*, capite 3.) Si quis episcopus, aut presbyter, præter ordinationem Domini alia quædam in sacrificio offerat, super altare, id est, aut mel, aut lac, aut pro vino siceram, aut confecta quædam, aut volatilia, aut animalia aliqua, aut legumina, contra constitutionem Domini faciens, deponatur.

CAP. IX. — *Ut presbyteri vas mundum habeant, ubi corpus Domini cum diligentia recondatur.*

(*Ex concil. Turonen.*, capite 4.) Ut omnis presbyter habeat pixidem, aut vas tanto sacramento dignum, ubi corpus Dominicum diligenter recondatur, ad viaticum recedentibus a sæculo. Quæ tantum sacra oblatio intincta debet esse in sanguine Christi, ut veraciter presbyter possit dicere infirmo, corpus et sanguis Domini proficiat tibi, etc. Semperque sit super altare obserata propter mures et nefarios homines, et de septimo in septimum diem semper mutetur, id est, illa a presbytero sumatur, et alia, quæ eodem die consecrata est, in locum ejus subrogetur, ne forte diutius reservata, mucida, quod absit, fiat.

CAP. X. — *Ut presbyter Eucharistiam in promptu habeat.*

(*Ex concil. Wormac.*, cap. 5.) Ut presbyter semper Eucharistiam habeat paratam, ut quando quis infirmatus fuerit, aut parvulus infirmus fuerit statim eum communicet, ne sine communione moriatur.

CAP. XI. — *Tot oblationes quot populo sufficiant offerendas, relictas in crastinum non reservandas.*

(*Ex epist. Clementis pa.*, c. 28.) Certe tanta in altari holocausta offerentur quanta populo sufficere debeant : quod si remanserit in crastinum non reservantur, sed cum timore et tremore clericorum diligentia consumantur. Qui autem residua corporis Domini, quæ in sacrario relicta sunt consumunt, non statim ad communes sumendos cibos conveniant, nec putent sanctæ portioni commiscere cibum qui per aqualiculos digestus in secessum emittitur. Si igitur mane Dominica porrigitur, usque ad sextam jejunent ministri qui eam consumpserint. Et si tertia vel quarta hora acceperint, jejunent usque ad vesperam. Sic secreta sanctificatione, æterna custodienda sunt sacramenta.

CAP. XII. — *Oblationes de sabbato in sabbatum innovandas.*

(*Ex concilio Aurel.*, *capite 4.*) Illud etiam annectendum videtur, ut oblationes quæ in altari offeruntur, de sabbato in sabbatum semper innoventur : quia panes propositionis qui super mensam Domini ponebantur, a sabbato in sabbatum semper mutabantur, ne diu servati mucidi fiant, et, ut quidam sæviunt, igne concrement. Quod si aliquis diabolo instigante hoc facere præsumpserit, anathema sit.

CAP. XIII. — *Ut præsente et præcipiente presbytero, diaconus populum communicet.*

(*Ex concilio Carthag.*, *capite 58.*) Ut diaconus præsente presbytero Eucharistiam corporis Christi populo, si necessitas cogit, jussus eroget.

CAP. XIV. — *Quod magna discretio esse debeat de perceptione corporis et sanguinis Dominici.*

(*Ex epist. Clementis pa.*, *capite 52.*) In perceptione corporis et sanguinis Dominici magna discretio adhibenda est. Cavendum est enim ne si nimium in longum differatur ad perniciem animæ pertineat, dicente Domino : Nisi manducaveritis carnem Filii hominis, et biberitis ejus sanguinem, non habebitis vitam in vobis. Si vero indiscrete accipiatur, timendum est illud quod ait Apostolus : Qui manducat et bibit corpus et sanguinem Domini indigne, judicium sibi manducat et bibit. Juxta ejusdem apostoli vocem, probare se debet homo., et sic de pane illo edat, et de calice bibat, ut videlicet abstinens aliquot diebus ab operibus carnis, et purificans corpus animamque suam præparet se ad percipiendum tantum sacramentum exemplo David, qui, nisi confessus fuerit se abstinuisse ab opere conjugali, ab heri et nudius tertius, nequaquam panes propositionis a sacerdote accepisset.

CAP. XV. — *De quotidiana perceptione Eucharistiæ.*

(*Ex dictis August.*) Quotidie Eucharistiæ communionem percipere, nec laudo, nec vitupero : Omnibus tamen Dominicis diebus communicandum hortor. Si tamen metus in affectu peccandi est, gravari magis dico Eucharistiæ perceptione quam purificari. Et ideo quamvis quis peccato mordeatur peccandi non habeat de cætero voluntatem, et communicaturus satis faciat lacrymis et orationibus, et confidens de Domini miseratione, accedat ad Eucharistiam intrepidus et securus. Sed hoc de illo dico quem mortalia peccata non gravant.

CAP. XVI. — *De eadem re.*

(*Ex dictis ejusdem ad Januarium.*) Dixerit quispiam, non quotidie accipiendam Eucharistiam, alius affirmet quotidie. Faciat unusquisque quod secundum fidem suam pie credit esse faciendum. Neque enim litigaverunt inter se, aut quisquam eorum se alteri præposuit, Zachæus et ille centurio; quum alter eorum gaudens in domo sua susceperit Dominum, alter dixerit : Domine, non sum dignus ut intres sub tectum meum : ambo Salvatorem honorificantes, quamvis non uno modo ; ambo peccatis miseri, ambo misericordiam consequuti. Ad hoc valet, quod magna secundum propriam voluntatem in ore cujusque sapiebat.

CAP. XVII. — *Laici ter minimum in anno communicent.*

(*Ex epist. Fabii pa.*, *capite 4.*) Ut si non frequentius, vel ter laici homines communicent in anno, nisi forte quis majoribus quibuslibet criminibus impediatur, id est, in Pascha et Pentecoste, et Natali Domini.

CAP. XVIII. — *An Eucharistiam qui semper peccat, semper accipere debeat.*

(*Ex dictis Cyprian. et aliorum sanctorum Patrum.*) Sanctus Cyprianus dixit : Eucharistia quotidie ad cibum salutis accipitur. Sanctus Ambrosius dixit : Si quotiescumque effunditur sanguis Christi in remissionem peccatorum effunditur, debeo semper accipere, qui semper pecco, debeo semper habere medicinam. S. Hilarius episcopus dixit : Si tanta non sunt peccata ut excommunicetur quis, non se debet a medicina corporis Domini separare. Unde timendum est, ne diu abstractus a Christi corpore, alienus remaneat a salute. Nam manifestum est eos vivere, qui corpus ejus attingunt, ipso Domino dicente : Nisi manducaveritis carnem Filii hominis, et biberitis ejus sanguinem, non habebitis vitam in vobis. Qui enim jam peccare quievit communicare non desinat.

CAP. XIX. — *Quod singulis diebus Dominicis in Quadragesima fideles communicandi sint.*

(*Ex dictis Silverii pap.*, *capite 3.*) Singulis diebus Dominicis in Quadragesima, præter hos qui excommunicati sunt, et præter illos qui in publica pœnitentia sunt, sacramenta corporis et sanguinis Christi sumenda sunt : et in cœna Domini, in vigilia Paschæ, et in die Resurrectionis Domini, et Pentecostes, et in Natali Domini, penitus ab omnibus communicandum est.

CAP. XX. — *Ut in cœna Domini Eucharistiæ perceptio non negligatur.*

(*Ex decr. Sotheris pap.*, *cap. 5.*) In cœna Domini a quibusdam perceptio Eucharistiæ negligitur. Quæ quoniam in eadem die ab omnibus fidelibus, exceptis his quibus pro gravibus criminibus inhibitum est, percipienda sit, ecclesiasticus usus demonstrat, cum etiam pœnitentes eadem die ad percipienda corporis et sanguinis Dominici sacramenta, reconcilientur.

CAP. XXI. — *De histrionibus et magis, si communionem cum cæteris fidelibus accipere debeant.*

(*Ex epist. sancti Cyprian. episc. ad. Eucratium.*) Cyprianus Eucratio confratri salutem. Pro dilectione tua et reverentia, ut ad consulendum me existimasti frater charissime, quid mihi videatur de histrione et mago illo, qui apud vos constitutus, adhuc in artis suæ dedecore perseverat, et magister et doctor erudiendorum, imo perdendorum puerorum id quod male didicit, cæteris quoque insinuat, an tali sacra communione cum cæteris Christianis debeat dari, aut nobiscum communicare : puto nec majestati divinæ, nec Evangelicæ disciplinæ congruere, ut pudor et honor Ecclesiæ, tam turpi et infami contagione fœdetur.

CAP. XXII. — *Quandiu unusquisque ante sacram communionem ab uxore se abstinere debeat.*

(*Ex concil. Elibertan., cap. 3.*) Omnis homo ante sacram communionem a propria uxore abstinere debet tres, aut quinque, aut septem dies.

CAP. XXIII. — *Quod inter catholicos non connumeretur, qui in istis tribus temporibus, Pascha, Pentecoste, Natali Domini, non communicat.*

(*Ex canone Agathen.*) Sæculares vero, qui in Natali Domini Pascha, et in Pentecoste non communicaverint, catholici non credantur, nec inter catholicos habeantur.

CAP. XXIV. — *Ut oblatio altaris singulis Dominicis diebus fiat.*

(*Ex decr. Fabii papæ, cap. 5.*) Decernimus ut in Dominicis omnibus diebus altaris oblatio, ab omnibus viris, vel mulieribus fiat, tam panis quam vini, ut per has immolationes a peccatorum suorum fascibus liberentur.

CAP. XXV. — *De eadem re.*

(*Ex decr. ejusdem, cap. 10.*) Oblationem quoque et pacem in Ecclesia facere jugiter admoneatur populus Christianus : quia ipsa oblatio sibi et suis magnum remedium est animarum, et in ipsa pace vera unanimitas et concordia demonstratur.

CAP. XXVI. — *De diaconibus quod presbyteris communionem dare non debeant.*

(*Ex Nicæno concilio, cap. 18.*) Pervenit ad magnum, sanctumque concilium, quod in quibusdam locis et civitatibus presbyteris gratiam sacræ communionis diaconi porrigant, quod nec regula, nec consuetudo tradidit, ut ab his qui potestatem non habent offerendi, illi qui offerunt Christi corpus accipiant. Necnon et illud innotuit, quod quidam diaconi ante episcopos sacra oblata contingant. Hæc igitur omnia resecentur, et in sua diaconi mensura permaneant, scientes quod episcoporum quidem ministri sint, inferiores autem presbyteris habeantur. Per orbem ergo post presbyteros gratiam sacræ communionis accipiant, aut episcopo eis, aut presbytero porrigente. Sed nec sedere in medio presbyterorum diaconis liceat : quia si hoc fiat, præter regulam et ordinem probatur existere. Si quis autem etiam post has definitiones obedire noluerit, a ministerio cessare debebit.

CAP. XXVII. — *De eulogiis populo a presbyteris dandis.*

(*Ex decr. Pii papæ, cap. 4.*) Ut de oblationibus quæ offeruntur a populo, et consecrationi supersunt, vel de panibus quos offerunt fideles ad Ecclesiam, vel certe de suis presbyter convenienter partes incisas habeat in vase nitido, ut post Missarum solemnia, qui communicare non fuerunt parati, eulogias omni die Dominico, et in diebus festis inde accipiant, et illa, unde eulogias presbyter daturus est, ante in hæc verba benedicat.

CAP. XXVIII. — *Oratio simplex eulogiæ.*

Domine sancte, Pater omnipotens, æterne Deus, benedicere digneris hunc panem tua sancta et spiritali benedictione, ut sit omnibus salus mentis et corporis, atque contra omnes morbos et universas inimicorum insidias tutamen. Per Dominum nostrum Jesum Christum Filium tuum panem vitæ, qui de cœlo descendit, et dat vitam et salutem mundo, et tecum vivit et regnat. Per, etc.

CAP. XXIX. — *De pane qui offerendus est.*

(*Ex decr. Anitii papæ, cap. 3.*) Panes quos Deo in sacrificium offertis, aut a vobismetipsis, aut a vestris pueris coram vobis nitide ac studiose fiant, et diligenter observetur, ut panis, et vinum, et aqua, sine quibus Missæ nequeunt celebrari, mundissime atque studiose tractentur, et nihil in eis vile, nihil non probatum inveniatur, juxta illud quod ait Scriptura : Sit timor Domini vobiscum, et cum diligentia cuncta facite.

CAP. XXX. — *De presbyteris qui corpus Dominicum ad deferendum infirmis mulierculis tradunt.*

(*Ex concil. Remensi, cap. 2.*) Pervenit ad notitiam nostram, quod quidam presbyteri in tantum parvipendant divina mysteria, ut laico, aut feminæ sacrum corpus Domini tradant ad deferendum infirmis, et quibus prohibetur, ne sacrarium ingrediantur, nec ad altare appropinquent, illis sancta sanctorum committuntur. Quodquam sit horribile, quam detestabile omnium religiosorum animadvertit prudentia. Igitur interdicit per omnia synodus, ne talis temeraria præsumptio ulterius fiat, sed omnimodis presbyter per semetipsum infirmum communicet. Quod si aliter fecerit, gradus sui periculo subjacebit.

CAP. XXXI. — *Ut defunctis Eucharistia non detur.*

(*Ex concil. Carthag., cap. 6.*) Item placuit, ut corporibus defunctorum Eucharistia non detur. Scriptum est enim : Accipite, et edite. Cadavera autem, nec accipere possunt, nec edere : et nec jam mortuos homines baptizari faciat presbyterorum ignavia.

CAP. XXXII. — *Ut oblationes in majoribus festis ab omnibus æquanimiter fiant.*

(*Ex concil. Matiscen. cap. 50.*) In synodo Matiscensi decretum est, ut in omnibus diebus Dominicis, aliisque festivitatibus oblatio ab omnibus, qui ad Missam convenerint, utriusque sexus offeratur in Ecclesia, singuli singulas oblationes offerentes. Finita Missa a presbytero oblationes accipiant. Omnis autem qui hanc diffinitionem per inobedientiam evacuare præsumpserit, anathemate percellatur.

CAP. XXXIII. — *Quod ministris altaris supra altare solis communicare liceat.*

(*Ex concil. Laodicen. cap. 19.*) Solis autem ministris sacro ordini deditis ad altare accedere, et communicare liceat.

Cap. XXXIV. — *Ut nullus infra presbyterum ordinatus, rem a presbytero consecratam alteri porrigat.*

(*Ex decr. Silvestr. papæ. cap. 7.*) Nullus acolythorum, vel subdiaconorum rem consecratam a presbytero jam aliis porrigat : quia aliud est minister, aliud adsistens, nisi tantum supportet, quod ei sacerdos imposuerit, ore suo benedictum.

Cap. XXXV. — *De illis qui post aliquam degustationem sacrificium acceperint.*

(*Ex decr. Eutychii papæ, capite 2.*) Qui acceperit sacrificium post cibum, aut post aliquam parvissimam refectionem, nisi pro viatico, pueri tres dies, majores septem, clerici viginti dies pœniteant.

Cap. XXXVI. — *Ut presbyter illiteratus Missam celebrare non debeat.*

(*Ex decr. Fabiani papæ, capite 10.*) Sacrificium non est accipiendum de manu sacerdotis, qui orationes, vel lectiones, et reliquas observationes in Missa, secundum ritum implere non possit.

Cap. XXXVII. — *Pro unius oblatione alterius non spernendam.*

(*Eugenii papæ, capite 17.*) Presbyter pro unius oblatione, alterius non spernat.

Cap. XXXVIII. — *Ut dissidentium fratrum oblationes non recipiantur.*

(*Ex concilio Africano, capite 93.*) Oblationes dissidentium fratrum, neque in sacrario, neque in gazophylacio recipiantur.

Cap. XXXIX. — *Ut refutanda sint eorum dona, qui pauperes opprimunt.*

(*Ex eodem, capite 94.*) Eorum, qui pauperes opprimunt, dona a sacerdotibus refutanda.

Cap. XL. — *De presbyteris immolantibus.*

(*Ex concilio Ancyrano, capite 1.*) Presbyteros immolantes, et iterum luctamen adeuntes, si hoc non per illusionem aliquam sed ex veritate fecerunt, nec ante parentes et affectantes, atque suadentes, ut æstimarent quidem tormentis aptari, sed his visu tantum et habitu subjici, hos placuit honorem quidem propriæ sedis retinere : offerre autem, aut alloqui populum, aut omnino sacerdotalibus fungi officiis non licere.

Cap. XLI. — *De eadem re.*

(*Ex eodem, cap. 12.*) Diaconi similiter, qui immolaverunt, honorem quidem habeant, cessent vero ab omni sacro mysterio, sive a pane, sive a calice offerendo, vel prædicando. Quod si quidam episcoporum conscii sunt laboris eorum, et humilitatis, et mansuetudinis, et voluerint eis aliquid amplius tribuere, vel adimere, penes ipsos erit potestas.

Cap. XLII. — *De presbyteris, quibus solet dormiendo sæpe semen effluere.*

(*Interrogatio August. Anglorum apostoli.*) Si post illusionem, quæ per somnium solet accidere, vel corpus Domini quilibet accipere valeat, vel si sacerdos sit, sacra mysteria celebrare.

Cap. XLIII. — *De eadem re.*

(*Responsio Gregor.*) Etquidem hunc Testamentum veteris legis, sicut in superiori capitulo jam diximus, pollutum dicit, nisi lotum aqua ei usque ad vesperum intrare Ecclesiam non conceditur. Quod tamen aliter populus spiritalis intelligens, sub eodem intellectu accipiet, quo præfati sumus quia quasi per somnium illuditur, qui tentatus immundicia veris imaginibus in cogitatione inquinatur. Sed lavandus est aqua, ut culpas cogitationis lacrymis abluat, et nisi prius ignis tentationis recesserit, reum se quasi usque ad vesperum cognoscat. Sed est in eadem illusione necessaria valde discretio, quæ subtiliter pensari debeat, ex qua re accidat menti dormientis. Nam aliquando ex crapula, aliquando ex naturæ superfluitate, vel infirmitate, aliquando ex cogitatione contingit. Et quidem quum ex naturæ superfluitate, vel infirmitate evenerit, omnimodo hæc illusio non est timenda : quia hanc animus nesciens pertulisse magis dolendus est quam fecisse. Quum vero ultra modum appetitus gulæ in sumendis alimentis rapitur, atque idcirco humorum receptacula gravantur, habet exinde animus aliquem reatum, non tamen usque ad prohibitionem percipiendi corporis Christi vel missarum solemnia celebrandi, quum fortasse, aut festus dies exigit, aut exhiberi mysterium pro eo quod sacerdos alius in loco deest, ipsa necessitas compellit, mutatis vestibus cantet. Nam si adsunt alii, qui implere mysterium valeant, illusio per crapulam facta a perceptione sacri mysterii prohibere non debet, sed ab immolatione sacri mysterii abstinere, ut arbitror, humiliter debet ; si tamen dormientis mentem turpi imaginatione non concusserit. Nam sunt quibus ita plerumque illusio nascitur, ut eorum animus, etiam in somno corporis positus, turpibus imaginationibus non fœdetur. Qua in re unum ibi ostenditur, ipsa mens rea non tamen sit, vel suo judicio libera : quum se et dormienti corpore nihil meminit vidisse, tamen in vigiliis corporeis meminit in ingluviem cecidisse. Sin vero ex turpi cogitatione vigilantis oritur illusio dormientis, patet animo reatus suus. Videt enim a qua radice inquinatio illa processerit : quia quod cogitavit sciens, hoc pertulit nesciens. Propter talem pollutionem, a sacro mysterio eo die abstinere oportet. Sed pensandum est, ipsa cogitatio utrum in suggestione, hac in delectatione, vel, quod majus est, in peccati consensu ceciderit. Tribus enim modis impletur omne peccatum, videlicet, suggestione, delectatione, consensu. Suggestio quippe fit per diabolum, delectatio per carnem, consensus per spiritum : quia et primam culpam serpens suggessit, Eva, velut caro, delectata est, Adam, vero velut spiritus consensit. Et necessaria est magna discretio inter suggestionem atque delectationem, inter delectationem atque consensum, judicem sui præsidere animum. Quum enim malignus spiritus peccatum suggerit in mente, si nulla peccati delectatio sequatur, peccatum omnino perpetratum non est. Quum vero delectari caro cœperit, tunc peccatum incipit nasci ; si autem etiam ad consensum ex deliberatione consentit, tunc peccatum cognoscitur perfici. In suggestione igitur peccati, si mens est in delectatione, fit nutrimentum, in consensu perfectio. Et sæpe contingit, ut hoc quod malignus spiritus seminat in cogitatione, caro in delectationem trahat, nec tamen animus eidem delectationi consentiat : et cum caro delectari sine animo nequeat, ipse tamen animus carnis voluptatibus reluctans, in delectatione carnali aliquo modo ligatur invitus, ut ei ex ratione contradicat ; ne consentiat, et tamen delectatione ligatus sit, sed ligatum se vehementer ingemiscat. Unde et ille cœlitus exercitatus præcipuus miles gemebat, dicens : Video aliam legem in membris meis repugnantem legi mentis meæ, et captivum me ducentem in lege peccati, quæ est in membris meis. Si autem captivus erat minime pugnabat. Quapropter et captivus erat, et pugnabat : igitur legi mentis ejus lex, quæ in membris est, repugnabat. Si autem pugnabat, captivus non erat. Itaque est homo, ut ita dixerim, captivus et liber. Liber ex justitia, captivus ex delectatione quam portat invitus.

Cap. XLIV. — *De presbyteris villanis si in civitate offerre audeant.*

(*Ex concil. Neocæs.*, *cap.* 13.) Presbyteri ruris in ecclesia civitatis episcopo præsente, vel presbyteris urbis ipsius, offerre non possunt, nec panem sanctificatum dare, calicemque porrigere. Si vero absentes hi fuerint, et ad dandam orationem vocentur, soli dare debebunt

Cap. XLV. — *De eadem re.*

(*Ex decr. Sotheris papæ, cap.* 13.) Presbyteri qui conreligionales non sunt, in ecclesiis, præsentibus episcopis vel presbyteris civitatis, offerre non poterunt, nec panem dare, in oratione autem calicem dabunt. Quod si absentes sunt civitatis sacerdotes, et fuerint invitati in orationem, soli possunt dare.

Cap. XLVI. — *De illis qui per ebrietatem eucharistiam evomuerint.*

(*Ex Pœnitentiali Bedæ.*) Si quis per ebrietatem vel voracitatem eucharistiam evomuerit, XL dies pœniteat : clerici, vel monachi, seu diaconi, XL dies pœniteant, presbyteri, LXX dies, episcopi XC. Si pro infirmitatis causa evomuerit, VII dies pœniteat.

Cap. XLVII. — *De hoc, si aliquid de calice sacri sanguinis stillaverit.*

(*Ex decr. Pii papæ, cap.* 3.) Si vero per negligentiam de calice aliquid stillaverit in terram, lingua bitur, tabula radetur. Si non fuerit tabula, ut non conculcetur, locus corradetur, et in igne consumetur, et cinis intra altare recondetur, et sacerdos quadraginta dies pœniteat. Si super altare stillaverit calix, sorbeat minister stillam, et tres dies pœniteat. Si per linteum altaris ad aliud stilla pervenerit, quatuor dies pœniteat. Si usque tertium, novem dies. Si usque quartum, quindecim dies : et linteamina quæ tetigerunt stillam tribus minister abluat vicibus, calice subterposito, et aqua ablutionis sumatur, et juxta altare recondatur.

Cap. XLVIII. — *De illo qui evomit sacrificium, et a canibus consumitur.*

(*Ex Pœnitentiali Theod.*) Qui evomuerit sacrificium et a canibus consumitur, annum unum pœniteat : sin autem, quadraginta dies. pœniteat. Si in die quando communicaverit sacrificium evomuerit, si ante mediam noctem, tres superpositiones faciat. Si post mediam noctem, duas. Si post matutinas, unam.

Cap. XLIX. — *De eadem re.*

(*Ex Pœnitentiali Romano.*) Si vero sacrificium evomuerit, quadraginta dies pœniteat. Si infirmitatis causa, septem dies : si in ignem projicit, centum psalmos cantet : si vero canes lambuerint talem vomitum, centum dies qui evomit, pœniteat.

Cap. L. — *De eucharistia inveterata.*

(*Ex concil. Aurelian.*, *cap.* 5.) Omne sacrificium sordida vetustate perditum, igne comburendum est, et cinis juxta altare sepeliendus.

Cap. LI. — *De illis qui non bene custodierint corpus et sanguinem Domini.*

(*Ex eodem, cap.* 6.) Qui non bene custodierit sacrificium, et mus, vel aliquod aliud animal comederit illud, quadraginta dies pœniteat. Qui autem perdiderit illud in ecclesia, aut pars ejus ceciderit, et non inventa fuerit, XX dies pœniteat. Perfundens aliquid super altare de calice quando offertur, VI dies pœniteat, aut si abundantius, VII dies pœniteat. Qui autem perfundit calicem dum solemnitas missæ celebratur, XL dies pœniteat. Si vero celebrata missa presbyter neglexerit accipere sacrificium, similiter XL dies pœniteat, et qui acceperit sacrificium pollutus nocturno tempore, VII dies. Diaconus obliviscens oblationem offerre donec offeratur linteamen, quando recitantur nomina pausantium, similiter pœniteat. Qui negligentiam erga sacrificium fecerit, ut vermibus consumptum ad nihilum devenerit, III quadragesimas cum pane et aqua pœniteat. Si integrum inventum fuerit, in eo vermis comburatur, et cinis sub altari condatur, et qui neglexerit, quaternis diebus suam negligentiam solvat. Si cum amissione saporis decoloratur sacrificium, XX dies expleantur jejunio, conglutinatum vero, VII dies qui mersit, pœniteat.

Cap. LII. — *De eadem re.*

(*Ex Pœnitentiali Romano.*) Si ceciderit sacrificium de manibus offerentis terratenus ut non inveniatur, omne quodcunque inventum fuerit in loco in quo ceciderit comburetur, et cinis ut supra, abscondatur, et cui acciderit medium annum pœniteat. Si vero sacrificium inventum fuerit, locus scopis mundetur, et stramen ut supra, ignetur, et cinis ut supra, recondatur et sacerdos XX dies pœniteat.

Cap. LIII. — *De muliere quæ pepererit, ut communicet si voluerit*

(*Ex concil. Carthag.*) Mulier enixa, si vult, communionem percipiat.

FINIS LIBRI QUINTI.

INDEX CAPITULORUM LIBRI SEXTI.

Cap. 1. Si quis spontanea voluntate homicidium perpetraverit, juxta decreta Melchiadis papæ, et Triburiensis concilii statuta, talem pœnitentiam accipere debet.
2. Quid in primo anno observare debeat.
3. Quid in secundo et tertio anno observare debeat.
4. Quid in reliquis quatuor annis observare debeat.
5. De homicidiis et calumniis episcoporum, et reliquorum ordinum.
6. De eadem re.
7. De eadem re.
8. De interfectoribus sacerdotum.
9. De presbyteris depositis, et sic occisis.
10. De presbyteris qui sine orario occidentur.
11. De presbytero interfecto ad quem ejus compositio pertineat.
12. De illis qui per insidias homicidium perpetraverint.
13. Item de homicidio sponte commisso.
14. De eadem re.
15. De homicidio non sponte commisso.
16. De eadem re.
17. De illo qui domino suo præcipiente homicidium fecerit.
18. De illo qui servum suum interfecerit.
19. De femina quæ furore zeli accensa ancillam suam verberaverit, et sic perierit.
20. De eadem re.
21. De illis qui in opere necessario casu homicidium perpetraverint.
22. De eadem re.
23. De illis qui in publico bello homicidia committunt.
24. De illis qui de homicidio sunt infamati, si negaverint.
25. De insano si homicidium perpetraverit.
26. De illis qui veneficio homicidia committunt.
27. De illo per cujus delationem aliquis interfectus fuerit.
28. Quod tria genera sint homicidarum.
29. Quod homicidæ ab ecclesiastica communione sint submovendi.
30. De eadem re.
31. De illis quorum consilio homicidia fiunt.
32. De illis qui pro vindicta parentum homicidia committunt.
33. De illo qui propter cupiditatem Judæum interfecerit.
34. De parricidis et fratricidis.
35. De eadem re.
36. De illis qui infantes suos non sponte interficiunt.
37. De illo qui uxorem legitimam sine judicio interfecerit.
38. De eadem re.
39. De eadem re.
40. De eadem re.
41. De uxore mariti mortem conciliante.
42. De hoc, si plures unum impugnaverint.
43. De vindicta non prohibenda.
44. De illis qui post baptismum capitalem protulerint sententiam.
45. De illis qui in confractione idolorum occisi fuerint.
46. De eo qui matrem suam occiderit, qualiter pœnitere debeat.
47. Si quis clericus homicidium fecerit, ab ordine cessare debebit.
48. De eo, si quis in hostem contra paganos dimicans, interficit captivos Christianos.
49. De eo qui Christianum mancipium seduxerit, et sic vendiderit.

Indicis capitulorum finis.

BURCHARDI
WORMACIENSIS ECCLESIÆ EPISCOPI
DECRETORUM LIBER SEXTUS
DE HOMICIDIIS.

ARGUMENTUM LIBRI.

Liber hic de Homicidiis sponte et non sponte commissis, de parricidiis, de fratricidiis, de illis qui uxores legitimas, et seniores suos interficiunt, et de cæde ecclesiasticorum tractat, quæque singulis hisce homicidii generibus sit pœnitentia injungenda, ostendit.

Cap. 1. *Si quis spontanea voluntate homicidium perpetraverit juxta decreta Melchiadis papæ, et Triburiensis concilii statuta, talem pœnitentiam accipere debet.*

(*Ex concilio Triburi., capite* 4.) In primis, ut licentiam non habeat Ecclesiam intrandi, illos proximos XL dies nudis pedibus incedat, et nullo vehiculo utatur. In laneis vestibus sit absque femoralibus, arma non ferat, et nihil sumat in his quadraginta diebus nisi tantum panem, et salem, et puram bibat aquam. Et nullam communionem cum cæteris Christianis, neque cum alio pœnitente habeat in cibo et potu, antequam quadraginta dies adimpleantur. Et ex cibo quem sumit, nullus alius manducet. Considerata vero personæ qualitate, vel infirmitate, de pomis, vel oleribus seu leguminibus, prout visum fuerit, aliquid pro misericordia indulgeatur, maxime si quis coactus et non sponte homicidium fecerit, et ei omnimodis ex canonica auctoritate interdicatur, ut in his diebus cum nulla femina misceatur, nec ad propriam uxorem accedat, nec cum aliquo homine dormiat. Juxta Ecclesiam sit, ante cujus januas peccata sua defleat diebus et noctibus, et non de loco ad locum pergat, sed in uno loco his quadraginta diebus sit. Et si forte habuerit insidiatores vitæ suæ, interim differatur ei pœnitentia, donec ab episcopo pax ei ab inimicis concedatur, et si in infirmitate detentus fuerit, ita ut non possit digne pœnitere, differatur pœnitentia donec sanitati restituatur. Si autem longa ægritudine detentus fuerit ad sententiam episcopi pertinebit quomodo reum et infirmum sanare disponat. Completis XL, diebus aqua lotus vestimenta et calciamenta, accipiat, et capillum incidat.

CAP. 2. — *Quid in primo anno observare debeat.*

(*Ex eodem, capite* 5.) In primo anno post quadraginta dies, totum illum annum a vino, medone et mellita cervisia, a carne, et caseo, et pinguibus piscibus abstineat, nisi festis diebus qui in illo episcopio a cuncto populo celebrantur. Et nisi forte in magno itinere, vel in hoste, vel diu ad Dominicam curtem, vel infirmitate detentus sit, tunc liceat uno denario, vel precio unius denarii, aut tres pauperes pascendo, tertiam feriam, quintam feriam, et sabbatum redimere, ita duntaxat, ut una re de tribus utatur. Postquam domum venerit, aut sanitati fuerit restitutus, nullam licentiam habeat redimendi. Completo anni circulo in Ecclesiam introducatur, et pacis osculum ei concedatur.

CAP. 3. — *Quid in secundo et tertio anno observare debeat.*

(*Ex eodem, capite* 6.) In secundo et tertio anno similiter jejunet nisi quod tertiam feriam, quintam et sabbatum, potestatem habeat redimendi prætaxato pretio ubicunque est. Cætera diligenter omnia observet ut in primo anno.

CAP. 4. — *Quid in reliquis quatuor annis observare debeat.*

(*Ex eodem, capite* 7.) Quatuor anni deinde restant per quos singulos jejunet tres Quadragesimas. Unam ante Pascha cum cæteris Christianis, abstinendo de vino, medone, mellita cervisia, carne, et sagimine, et ovis, et pinguibus piscibus. Alteram, ante nativitatem sancti Joannis. Si aliquid remanet de quadraginta diebus, post Missam sancti Joannis impleat. Tertiam, ante Natalem Domini jejunet, ut supradictum est. Et in quatuor supradictis annis, tertia, quinta feria, et sabbato, utatur quicquid vult, et secundam, et quartam feriam redimere potest pretio jam supradicto, sextam feriam omnimodis observet in pane et aqua, et nequaquam redimat. His expletis, sacram communionem accipiat.

CAP. 5. — *De homicidiis, et calumniis episcoporum, et reliquorum ordinum.*

(*Ex concil. apud Theodonis villam habito. capite* 3.)

In concilio apud Theodonis villam, ubi interfuerunt XXXII episcopi, Histolphus Moguntiensis archiepiscopus cum suis suffraganeis, Hetti Treverensis archiepiscopus cum suis suffraganeis, Ebo Remensis archiepiscopus cum suis suffraganeis, cum nuntiis reliquorum episcoporum Galliæ et Germaniæ, ob nimiam præsumptionem quorumdam tyrannorum in sacerdotes Domini debacchantium, et propter factum quod in Wasconia noviter acciderat de episcopo Joanne, inhoneste et inaudite mordridato decretum est, ut communi consensu et humili devotione supplicarentur auribus principis, si suæ pietati complaceret, ut calumnia in Christi sacerdotes peracta, juxta synodalica determinaretur pleniter statuta, hoc idem episcoporum judicio placeret, si ex toto secundum potestatem eorum posset definiri, id est, ut canonica ferirentur sententia, hi videlicet, qui timorem Domini postponentes, in ministros suos grassare præsumerent. Quod si vero pietati ejus complaceret, juxta capitula regum præcedentium, ubi eorum provisio misericorditer in offensis pecuniæ quantitatem interposuit, pro consolatione sanctæ Ecclesiæ, ut præfatæ res per pecuniam ab imperatoribus sacerdotibus ad defensionem concessam, et per pœnitentiam determinarentur episcoporum judicio, si pietas illius collaudare voluerit, sic definiri eis complaceret. Si quis subdiaconum calumniatus fuerit, vulneraverit, vel debilitaverit, et convaluerit, quinque quadragesimas sine subditis annis pœniteat, et trecentos solidos cum sua compositione, et episcopalibus bannis episcopo componat. Si autem mortuus fuerit, singulas supradictas Quadragesimas cum sequentibus annis pœniteat, et CCCC solidos, cum tripla sui compositione, et episcopalibus bannis triplicibus episcopo componat. Si diaconum calumniatus fuerit, et convaluerit, sex Quadragesimas sine subditis annis pœniteat, et CCCC solidos cum compositione sua et episcopalibus bannis episcopo componat. Si autem mortuus fuerit, singulas supra dictas sex Quadragesimas cum sequentibus annis pœniteat, et DC solidos cum triplici sua compositione, et episcopalibus bannis triplicibus episcopo componat. Si quis presbyterum calumniatus fuerit, et spassaverit, sex Quadragesimas sine subditis annis pœniteat, et DC solidos cum triplici sua compositione, et episcopalibus bannis triplicibus episcopo componat. Si autem mortuus fuerit, duodecim annorum pœnitentia secundum canones ei imponatur, et DCCCC solidos cum triplici compositione sua, et episcopalibus bannis triplicibus componat. Si quis episcopo insidias posuerit, comprehenderit, vel in aliquo dehonestaverit, decem Quadragesimas cum subditis annis pœniteat, et presbyteri occisi triplicem compositionem componat. Si autem casu et non sponte occiditur, cum comprovincialium episcoporum consilio homicida pœniteat. Si quis autem sponte eum occiderit, carnem non comedat, vinum non bibat cunctis diebus vitæ suæ, cingulum militare deponat, absque spe conjugii in perpetuum maneat. Aistolphus Moguntiensis archiepiscopus dixit : Si principibus placuerit, aliisque suis fidelibus, rogemus ut collaudetur et subscribatur. Et collaudatum est, et subscriptum est, tam a principe, quam a cæteris omnibus.

CAP. 6. — *De eadem re.*

(*Ex concilio Triburiensi, capite* 1. *Capitulum ecclesiast. apud Triburiam a Carolo et primis Galliæ et Germaniæ collaudatum et subscriptum.*) Placuit nobis et fidelibus nostris, ut sicut ab episcopis et reliquis sacerdotibus ac Dei servis, alio anno apud Theodonis villam admoniti fuimus et rogati, ut episcopi et eorum ministri quos Deus suo non humano judicio reservavit, juxta sanctorum canonum, sanctorumque patrum, ac capitularium præcedentium regum coram positorum statuta, et Dei sacerdotes, eorumque cooperatores, quorum intercessionibus supplicationibus sancta Dei Ecclesia constare videtur, intacti permaneant. Constituimus, ut si quis subdiaconum calumniatus fuerit, et convaluerit, pœnitentia canonica pœniteat, et CCC solidos episcopo componat. Et si mortuus fuerit, juxta id quod canones præcipiunt pœniteat, et CCCC solidos episcopo componat. Si diaconum quis calumniatus fuerit, et convaluerit, pœniteat secundum canones, et CCCC solidos episcopo componat. Si non convaluerit, juxta præcepta synodalica pœniteat, et DC solidos episcopo componat. Si presbyterum quis male tractaverit, et spassaverit, secundum ejus episcopi sententiam pœniteat, et DCCCC solidos episcopo componat. Si autem mortuus fuerit, ut synodus dijudicaverit, pœniteat, et mille CC solidos episcopo componat. Et si quis episcopo insidias posuerit, comprehenderit, vel in aliquo dehonestaverit, pœniteat secundum canonum statuta, et presbyteri non occisi triplicem compositionem, cum instilis quæ in superiori capitulo scriptæ, et confirmatæ esse videntur, componat. Si quis per industriam episcopum occiderit, juxta id quod apud Theodonis villam a XXXII episcopis decretum est, et quod ibi a nobis et a primatibus totius Germaniæ, et Galliæ, benigna collaudatione collaudatum est, et subscriptum est, pœniteat, et pecuniam a nobis concessam Ecclesiæ viduatæ persolvat. Et hoc de nostro adjecimus, ut si quis in his supradictis sanctorum canonum nostrique decreti sanctionibus episcopis, inobediens et contumax extiterit, primum canonica sententia feriatur. Deinde in nostro regno beneficium non habeat, et alodis ejus in bannum mittatur, et si annum unum et diem in nostro banno permanserit ad fiscum nostrum redigatur, et captus in exilium religetur, et ibi tam diu custodiatur et constringatur, donec coactus Deo, et sanctæ Ecclesiæ satisfaciat, quod prius gratis facere noluerat. Et si omnibus vobis complacuerint dicite. Et tertio ab omnibus conclamatum est, placet. Et imperatores, et pene omnes Galliæ et Germaniæ principes subscripserunt, singuli singulas facientes cruces, et Ecclesiasticus ordo Deo et principibus laudes referentes hymnum, Te Deum laudamus, decantabant, et sic soluta est synodus.

CAP. 7. — *De eadem re.*

(*Ex concilio Mogunt., capite* 24.) Qui presbyterum occiderit XII annorum ei pœnitentia secundum canones imponatur aut si negaverit, si liber est, cum LXXII juret. Si autem servus, super duodecim vomeres ferventes se expurget. Convictus noxæ usque ad ultimum vitæ tempus militiæ cingulo careat, et absque spe conjugii maneat.

CAP. 8. — *De interfectoribus sacerdotum.*

(*Ex concilio Wormacien., capite* 3.) Qui sacerdotem voluntarie occiderit, carnem non comedat, et vinum non bibat cunctis diebus vitæ suæ. Jejunet usque ad vesperam, exceptis diebus festis atque dominicis ; arma non sumat, equum non ascendat, Ecclesiam per quinque annos non ingrediatur, sed ante fores Ecclesiæ stet. Post quinque annos Ecclesiam ingrediatur, nondum vero communicet, sed inter audientes stet. Cum autem fuerit duodecimi anni cursus finitus, communicandi ei licentia concedatur, et equitandi tribuatur remissio. Maneat autem in reliquis observationibus tres dies per hebdomadam, ut perfectius purificari mereatur.

CAP. 9. — *De presbyteris depositis, et sic occisis.*

(*Ex concil. Turonico., cap.* 3.) Nuntiatum est nobis, quod aliqui olim dixerunt se fuisse sacerdotes, et postea degradati pro suis peccatis pœnitentiam agendo, suffragia sanctorum per diversa loca transeuntes quæsierunt, trucidati sint. Hujuscemodi interfectoribus omnem ecclesiasticam dignitatem denegamus, donec dignam pœnitentiam pro reatu suo secundum judicium episcoporum exsolvant : quia gravius aliis homicidis pœnitere debent.

CAP. 10. — *De presbyteris qui sine orario occiduntur.*

(*Ex concilio Tribur., cui interfuit rex Arnolphus, cap.* 26.) Ut presbyteri non vadant, nisi stola vel orario induti. Et si in itinere spoliantur, vel vulnerantur, aut occiduntur, non stola vestiti, simplici emendatione sua solvantur. Si autem cum stola, triplici.

CAP. 11. — *De presbytero interfecto, ad quem ejus compositio pertineat.*

(*Ex eodem, cap.* 5.) Presbyteri interfecti composito episcopo ad cujus parochiam pertinebat, solvatur, ita videlicet, ut medietatem Wirigeldi ejus episcopus utilitatibus Ecclesiæ cui præfuit, tribuat, et alteram medietatem in eleemosynam ejus juste dispertiat, quia nullus nobis ejus hæres proximior videtur, quam ille qui ipsum Domino sociavit.

CAP. 12. — *De illis qui per insidias homicidium perpetraverit.*

(*Ex concil. Nanneten., cap.* 2.) Si quis voluntarie, et per insidias hominem interfecerit, jugi pœnitentiæ se submittat. Et si hoc publice actum constat, si laicus est, a communione orationum quinquennio removeatur. Post quinquennium tantum in orationum communionem recipiatur, non autem offerat, non corpus Domini contingat. In quo perdurans quatuordecim annis, tunc ad plenam communionem cum oblationibus recipiatur.

CAP. 13. — *Item de homicidio sponte commisso.*

(*Ex concil. Ancirano, cap. 21.*) Qui voluntarie homicidium fecerint, pœnitentiæ quidem jugiter submittant se, perfectionem vero circa vitæ exitum consequantur.

CAP. 14. — *De eadem re.*

(*Ex concil. Pariensi., cap. 6.*) Si quis homicidium sponte commiserit, et non violento resistens, sed vim faciens, innocentem et simpliciter gradientem interfecerit, usque ad finem vitæ suæ graviter pœniteat, sic tamen, ut si pœnitentiam bene peregerit, in exitu ei communionis viaticum non negetur.

CAP. 15. — *De homicidio non sponte commisso.*

(*Ex concil. Ancirano, cap. 22.*) De homicidiis non sponte commissis prior quidem definitio, post septennem pœnitentiam, perfectionem consequi præcipit. Secunda vero quinquennii tempus explere.

CAP. 16. — *De eadem re.*

(*Ex concil. Nanneten., cap. 2.*) Si quis casu non volens, homicidium perpetraverit, quadraginta dies in pane et aqua pœniteat. Quibus peractis, biennio ab oratione fidelium segregetur, non communicet nec offerat; post biennium in communionem orationis suscipiatur : offerat autem, non tamen communicet. Post quinquennium ad plenam communionem recipiatur, abstinentia ciborum in arbitrio sacerdotis maneat.

CAP. 17. — *De illo qui domino suo præcipiente homicidium fecerit.*

(*Ex eodem, cap. 25.*) Si quis liber jubente Domino suo servum ejus occiderit, ut homicidium sponte commissum pœniteat.

CAP. 18. — *De illo qui servum suum interfecerit.*

(*Ex concil. Agathen., cap. 62.*) Si quis servum proprium, sine conscientia vel judicio judicis occiderit, ut homicidium sponte commissum lugeat.

CAP. 19. — *De femina quæ furore zeli accensa ancillam suam verberaverit et sic perierit.*

(*Ex concilio Eliberitan., capite 5.*) Si qua domina furore zeli accensa , flagellis verberaverit ancillam suam, ita ut infra diem tertium animam cruciatu effundat, eo quod incertum sit voluntate, an casu occiderit : si voluntate, post septem annos, si casu, per quinquennii tempora, acta legitima pœnitentia, ad communionem placuit admitti. Quod si infra tempora constituta fuerit infirmata, accipiat communionem.

CAP. 20. — *De eadem re.*

(*Ex decr. Silvestr. papæ.*) Si quis hominem publice pœnitentem interfecerit, ut homicidium sponte commissum dupliciter pœniteat, et nisi in fine non communicet.

CAP. 21. — *De illis qui in opere necessario casu homicidium perpetraverint.*

(*Ex concilio Wormacien., capite 5.*) Sæpe contingit ut, dum quis operi necessario insistens arborem incidat, aliquis subtus ipsam veniens deprimatur. Et idcirco, si voluntate vel negligentia incidentis arborem factum est, ut homicida pœnitentiæ debet omnino submitti. Quod non voto, sed incuria illius, non denique sententia contingit, sed dum ille operi necessario fortassis incumberet iste insperatus occurrit sub arbore, et sub ipsa oppressus est, incisor arboris non tenetur pro homicida.

CAP. 22. — *De eadem re.*

(*Ex concilio Tribur., capite 17.*) Si duo fratres in sylva arbores succiderint, et appropinquante casura unius arboris, frater fratri dixerit cave, et ille fugiens in pressuram arboris inciderit, et mortuus fuerit, vivens frater innocens de sanguine germani dijudicetur.

CAP. 23. — *De illis qui in publico bello homicidia committunt.*

(*Ex concilio Mogunt., capite 2.*) Oportet autem diligentius eos admonere, qui homicidia in bello perpetrata pro nihilo ducunt, excusantes non ideo necesse habere de singulis facere pœnitentiam, eo quod jussu principum peractum sit, et Dei judicio ita finitum. Scimus enim, quod Dei judicium semper justum est, et nulla reprehensione dignum. Sed tamen oportet eos considerare, qui hanc necem nefariam cupiunt, utrum se coram oculis Dei, quasi innoxios excusare possint, qui propter avaritiam, quæ omnium malorum radix est, et idolorum servituti comparatur, atque propter favorem dominorum suorum temporalium, æternum Dominum contempserunt, et mandata illius spernentes, non casu, sed per industriam homicidium fecerunt. Nam de his legimus, qui homines non sponte interfecerunt, Deum per legislatorem urbes refugii deputasse, ad quas confugientes salvarentur ab ultore sanguinis proximi sui, et non morerentur. Unde in Deuteronomio scriptum est : Hæc erit lex homicidæ, cui vita servanda est : Qui percusserit proximum nesciens, et heri, et nudius tertius nullum contra eum habuisse odium comprobatur, sed abiisse simpliciter cum eo in sylvam ad ligna cædenda, et in succisione lignorum securis fugerit de manu, aut ferrum lapsum de manubrio amicum ejus percusserit et occiderit, hic ad unam urbium supradictarum confugiat et vivat, nec proximus ejus, cujus sanguis effusus est, stimulo doloris percutiat animam ejus. De eo vero qui per industriam aliquem occiderit, in Exodo scriptum est : Si quis de industria, et per insidias occiderit proximum, ab altari meo evelles eum, ut moriatur. Et in Deuteronomio : Si quis odio habens proximum suum insidiatus fuerit vitæ ejus, et surgens, percusserit eum, et mortuus fuerit, et fugerit ad unam de supradictis urbibus, mittent seniores civitatis illius, et rapient eum de loco refugii, et tradent eum in manus proximi ejus, cujus sanguis effusus est, et moriatur, nec misereberis ejus. Si ergo illum quem Dominus dignum morte esse judicavit reum non esse quis dicit, quomodo contrarius legi Dei non existit, qui hoc quod Deus præcepit, cassum esse contendit? Sed inter hæc sciendum est, quod magna distantia est inter legitimum principem, et seditiosum tyrannum : inter eum qui subvertere nititur Christianæ pacis tranquillitatem, et illum qui armis contra iniquitatem certat defendere æquitatem.

CAP. 24. — *De illis qui de homicidio sunt infamati, si negaverint.*

(*Ex concilio Turonen., capite* 2.) Ubi manifestari potest quemlibet hominem perpetrasse homicidium secundum canonicam auctoritatem, condignum pœnitentiæ judicium illi ingeratur. Si autem manifestis indiciis non potest probari eum homicidam esse, nec ipse vult confiteri, omnipotentis Dei judicio cui omnia occulta manifesta sunt, reservetur : ei tamen indicetur publice a presbytero, quod communione ecclesiastica indignus sit, et ea carere debeat, donec perpetratum crimen confiteatur, et per confessionem, et per pœnitentiam condignam, ab hoc crimine se absolvere certet.

CAP. 25. — *De insano, si homicidium perpetraverit.*

(*Ex eodem, capite* 7.) Si quis insaniens aliquem occiderit, si ad sanam mentem pervenerit, levior ei pœnitentia imponenda est, quam ei qui sana mente tale quid commiserit. Cui quamvis pœnitentia sit imponenda, quia infirmitas causa peccati fuisse creditur : tantum tamen lenior, quam ei qui sanus aliquem occiderit, quantum inter sanum et insanum et irrationabile a rationabili constat esse discriminis.

CAP. 26. — *De illis qui veneficio homicidia committunt.*

(*Ex concilio Eliberit., capite* 5.) Si quis vero veneficio interfecerit alterum, eo quod sine idololatria perficere scelus non potuit, nisi in fine impertiendam non esse illi communionem.

CAP. 27. — *De illo per cujus delationem aliquis interfectus fuerit.*

(*Ex eodem, capite* 1) Delator si quis exstiterit fidelis, et per delationem ejus aliquis fidelium fuerit præscriptus vel interfectus, placuit eum non nisi in fine accipere communionem. Si levior causa fuerit, intra quinquennium accipere communionem poterit. Si catechumenus fuerit, post quinquennii tempora admittatur ad baptismum.

CAP. 28. — *Quod tria genera sint homicidarum.*

(*Ex epistola Clementis papæ, capite* 16.) Homicidarum vero tria genera esse dicebat, et pœnam eorum parilem fore docebat. Sicut enim homicidas interfectores fratrum, ita et detractores eorum, eosque odientes, homicidas esse manifestabat. Quia occidit, qui odit fratrem suum : et qui detrahit, pariter homicida esse monstratur. Omnes enim a carnalibus desideriis quæ militant adversus animam abstinere, et bonam eorum conversationem ac innocentem omnibus monstrare rogabat. Ex corde enim cunctos attentius invicem diligere insinuabat. Seniores venerari, et juniores diligere, episcopos sacerdotes suos, ac cunctos reliquos Ecclesiæ ministros, atque omnem plebem sibi commissam, verbis et mandatis divinis instruere et armare. Hosque omnes eorum episcopos tota animi virtute diligere, ut oculos suos, qui oculi sunt illorum, eorum præceptis in omnibus obedire, etiam si ipsi aliter, quod absit, agant quam deceat : memores scilicet illius dominici præcepti : quæ dicunt, facite : quæ autem faciunt, facere nolite.

CAP. 29. — *Quod homicidæ ab ecclesiastica communione sint submovendi.*

(*Ex concilio Agathen., capite* 10.) Itaque censuimus homicidas a communione ecclesiastica submovendos, nisi pœnitentiæ satisfactione, admissa crimina diluerint.

CAP. 30. — *De eadem re.*

(*Ex concilio Turonico, capite* 7.) Homicidis penitus non communicandum, donec per confessionem pœnitentiæ ipsorum crimina diluantur.

CAP. 31. — *De illis quorum consilio homicidia fiunt.*

(*Ex dictis August.*) Periculose se decipiunt, qui existimant eos tantum homicidas esse, qui manibus hominem occidunt, et non potius eos, per quorum consilium, et fraudem, et exhortationem homines extinguuntur. Nam Judæi Dominum nequaquam propriis manibus interfecerunt, sicut scriptum est : Nobis non licet interficere quemquam, sed tamen illis Domini mors imputatur, quia ipsi eum lingua crucifixerunt, dicentes : Crucifige eum. Unde unus Evangelista dicit, Dominum crucifixum esse hora tertia, alius sexta : quia Judæi crucifixerunt eum hora tertia lingua, manibus hora sexta milites. Qui ergo hominem tradit, ille eum interficit, Domino dicente : Majus peccatum habet, qui me tradidit tibi. Unde Psalmista : Filii hominum, dentes eorum arma et sagittæ, linguæ eorum gladius acutus. Subjiciant ergo se pœnitentiæ, quorum consilio sanguis funditur, si veniam promereri voluerint.

CAP. 32. — *De iis qui pro vindicta parentum homicidia committunt.*

(*Ex Pœnitentiali Theodor.*) Qui pro vindicta fratris, aut aliorum parentum occiderit hominem, ita pœniteat, ut homicidia sponte commissa, cum ipsa Veritas dicat : Mihi vindictam, et ego retribuam.

CAP. 33. — *De illo qui propter cupiditatem Judæum interfecerit.*

(*Ex concilio Mogunt., capite* 6.) Qui odii meditatione vel propter cupiditatem Judæum, vel paganum occiderit, quia imaginem Dei, et spem futuræ conversionis extinxerat, XL dies in pane et aqua pœniteat.

CAP. 34. — *De parricidis et fratricidis.*

(*Ex concilio Tribur., capite* 5.) Statuimus, ut parricidæ et fratricidæ per unius anni circulum ante fores ecclesiæ orantes Domini clementiam perseverent. Completo anni circulo introducantur in ecclesiam, tamen inter audientes, usque dum unius anni spatium finiatur, stent. His itaque peractis, si pœnitentiæ fructus in eis conspicitur, corporis et sanguinis Domini participes fiant, ut non obdurentur desperatione. Carnem non manducent omnibus diebus vitæ illorum, jejunent autem usque ad nonam quotidie, exceptis festis diebus atque dominicis. Abstineant autem se a vino, medone, atque mellita cervisia, tres dies per hebdomadam. Arma portare non audeant, nisi contra paganos. Et ubicunque ire maluerint, nullo vehiculo deducantur, sed pedibus propriis pergant. Ab uxoribus si habuerint non separentur. Tempus autem hujus pœnitentiæ in episcoporum ponimus arbitrio, ut secundum conversationem illorum, aut extendere, vel minuere valeant.

CAP. 55. — *De eadem re.*

(*Ex concilio Mogunt., capite* 11.) Parricidium autem quam sit detestabile crimen, judicio facto inter Cain et Abel fratrem suum Dominus ipse ostendit, cum ad Cain parricidam ait : Maledictus eris super terram, quæ aperuit os suum, et suscepit sanguinem fratris tui de manu tua. Cum operatus fueris eam, non dabit tibi fructus ejus, et vagus et profugus eris super terram. In quo etiam posuit signum, ut tremens et gemens et profugus semper viveret, nec auderet uspiam sedes habere quietis. Sed quia modernis temporibus parricidæ profugi discurrunt per diversa loca, et variis vitiis atque gulæ illecebris deserviunt, melius nobis videtur, ut in uno loco manentes pœnitentia districta semetipsos castigent, si forte a Domini pietate indulgentiam facinoris sui percipere mereantur. Non enim eis licebit ultra militiæ cingulum sumere, et nuptiis atque conjugii copula uti, quia sacri canones hoc eis non consentiunt.

CAP. 56. — *De illis qui infantes suos non sponte interficiunt.*

(*Ex concilio Triburi., capite* 21.) Si quis filium suum non sponte occiderit, juxta homicidia non sponte commissa pœniteat.

CAP. 57. — *De illo qui uxorem legitimam sine judicio interfecerit.*

(*Ex decr. Pii papæ, capite* 26.) Quicunque propriam uxorem absque lege, vel sine causa et certa probatione interfecerit, aliamque duxerit uxorem, armis depositis publicam agat pœnitentiam. Et si contumax fuerit, et episcopo suo inobediens exstiterit, anathematizetur, quousque consentiat. Eadem lex erit illi qui seniorem suum interfecerit.

CAP. 58. — *De eadem re.*

(*Ex concilio Mogunt., capite* 1.) Si maritus uxorem, aut uxor maritum interfecerit, æquum judicium sit super eos, dicente Domino : Non consideres personam pauperis, nec honores vultum potentis. Et post pauca : Ita, inquit, parvum audietis ut magnum, nec accipietis cujusquam personam, quia Dei judicium est. Idcirco uterque eorum in hujuscemodi criminis actione si negaverit, pari judicio examinetur. Si negaverit et non potest vinci manifestis indiciis, si liber est, juret cum duodecim : si servus, ferventi ferro se purget. Sin autem uxor moriens maritum uno vel duobus audientibus de morte ejus inculpaverit, non ideo erit victus, sed si liber est cum LXXII juret; si servus, super XII vomeres ferventes se purget. Eadem lex erit marito uxorem accusanti.

CAP. 59. — *De eadem re.*

(*Ex concilio Elibertan., capite* 85.) Si mulier maritum suum causa fornicationis veneno interfecerit, aut quacunque arte perimere facit, quia dominum et seniorem suum occidit, seculum relinquat, et in monasterio pœniteat.

CAP. 40. — *De eadem re.*

(*Epistola Paulini Forojuliensis episcopi ad Heistulfum.*) Admonere te cum lacrymis et multo gemitu curo, fili Heistulfe, si tamen filius dici debeas, qui tam crudeliter infelix homicidium perpetrasti. Nam occidisti uxorem tuam partem corporis tui, legitimo tibi matrimonio sociatam sine causa mortis, non tibi resistentem, non insidiantem quoquo modo vitæ tuæ. Non invenisti eam cum alio viro nefariam rem facientem, sed incitatus a diabolo, impio inflammatus furore, latrocinii more, atrocior et crudelior omni bestia, eam gladio tuo interemisti. Et nunc post mortem ejus addis iniquitatem super iniquitatem, filiorum tuorum improbe prædo, qui matri non pepercisti, et filios tuos ideo orphanos fecisti, ut superinduceres mortis causam post mortem : et per unum homicidam, et reprobum testem incusare vis mortuam : hoc nec Evangelium, nec ulla divina humanaque lex concedit, ut unius testimonio etiam idoneo, aliquis condemnetur, vel justificetur : quanto magis per istum tam flagitiosum et scelestum, nec illa viva debuit condemnari, nec tu poteris post ejus mortem excusari ? Prius causa criminis subtiliter erat investiganda, et tunc si rea fuisset inventa, secundum legis tramitem debuit excipere ultionis vindictam. Nam etsi verum, quod absit, fuisset, sicut ille adulter mentitus est, post VII annos pœnitentia peracta, dimittere eam per approbatam causam poteras si voluisses, occidere eam nullatenus debuisti. Duo consilia proponimus tibi : Accepta tecum deliberatione duorum, elige magis quod placeat, et miserere animæ tuæ. Et tu hic in isto angusto tempore positus, ne sis tu ipse tuimet homicida, et in æternum pereas, relinque hoc malignum sæculum quod te traxit ad tam immanissimum peccati facinus. Ingredere monasterium, humiliare sub manu abbatis, et multorum fratrum precibus adjutus, observa cuncta simplici animo quæ tibi ab abbate fuerint imperata, si forte ignoscat infinita Dei bonitas peccatis tuis. Istud consilium ut certissime scias levius et salubrius est, ut sub alterius custodia lugeas deflenda peccata. Secundum autem consilium tale est. Arma depone, et cuncta sæcularia negocia dimitte. Carnem et sagimen omnibus diebus vitæ tuæ non comedas, excepto uno die Resurrectionis Domini, et uno die Pentecostes, et uno die Natalis Domini cæteris temporibus in pane et aqua, et interdum leguminibus et oleribus pœniteas : in jejuniis, in vigiliis, et in orationibus, et in eleemosynis persevera omni tempore. Vinum, medonem, et mellitam cervisiam nunquam bibas, nisi in aliis prædictis tribus diebus. Uxorem ne ducas, concubinam non habeas, adulterium non facias, absque spe conjugii perpetuo permaneas. Nunquam te laves in balneo, equum non ascendas, causam tuam et alterius in conventu fidelium non agas, in conviviis lætantium nunquam sedeas, in ecclesia segregatus ab aliis Christianis post ostium humiliter stes, ingredientium et egredientium orationibus suppliciter te commendes, communione sacri corporis et sanguinis Domini cunctis diebus vitæ tuæ indignum te existimes. In ultimo termino vitæ tuæ pro viatico, si observaveris consilium, ut accipias, tibi concedimus. Sunt et alia multa duriora quæ tibi juxta pondus tanti facinoris essent adjicienda : sed si hæc omnia quæ supra misericorditer dicta sunt, perfecto corde Deo auxiliante perfeceris, et custodieris, confidimus de immensa Dei clementia, remissionem tuorum peccatorum habiturum, et secundum boni justique pastoris imperium, resolvat te sancta ecclesia ab hoc vinculo peccati in terris, ut per ipsius gratiam qui eam suo sanguine redemerat, sis solutus in cœlis. Sin autem aliter feceris, et sanctæ matris Ecclesiæ salubre consilium despexeris, ipse tibi sis judex, et in laqueo diaboli quo irretitus teneris maneas, sanguisque tuus sit super caput tuum : nos alieni a consortio tuo, et sub indissolubili anathemate permaneas, donec Deo et sanctæ Ecclesiæ satisfacias.

CAP. 41. — *De uxore mariti mortem conciliante.*

(*Ex concilio apud Vermeriam, capite* 3.) Si qua mulier mortem viri sui cum aliis conciliata est, et ipse vir aliquem illorum se defendendo occiderit, et si hoc probare potest ille vir eam ream esse consilii, potest ut nobis videtur, ipsam uxorem dimittere, et si voluerit aliam uxorem accipere, ipsa autem insidiatrix, pœnitentiæ subjecta, absque spe conjugii maneat.

CAP. 42. — *De hoc, si plures unum impugnaverint.*

(*Ex eodem concilio, capite* 98.) Si quatuor aut quinque homines seu etiam plures, contra unum hominem rixati fuerint, et ab his vulneratus mortuus fuerit, quicunque eorum ei plagam imposuit, secundum statuta canonum ut homicida judicetur, reliqui autem qui eum impugnabant volentes eum interficere, similiter pœniteant. Qui nec eum impugnabant, nec vulnerabant, nec consilio, nec auxilio cooperatores fuerunt, sed tantum adfuerunt, extra noxam sint.

CAP. 43. *De vindicta non prohibenda.*

(*Ex dictis Apostoli Hierony. August. Greg.*) De vindicta non prohibenda in Novo Testamento, Hieronymus de personis dignis ad vindictam ait : Qui percutit malos in eo quod mali sunt, et habet causam interfectionis ut percutiat pessimos, minister Dei est. Item, lex et ministri ejus coerceant inimicos et constringant. Apostolus inquit : Regi quasi præcedenti, et ducibus tanquam ab eo missis ad vindictam malefactorum, laudem vero bonorum. Item Hieronymus : Homicidas et sacrilegos punire, non est effusio sanguinis. Augustinus ait : Quæ ista est vanitas? Uni parcere et omnes in discrimen adducere? Polluuntur enim omnes uno peccante. Unde et in lege jubetur : Maleficos non patiaris vivere. Unde Propheta : Mortificabant animas quæ non moriuntur. Unde Gregorius : non morientem quippe mortificat, qui justum damnat, et non victurum vivificare nititur, qui reum a supplicio solvere conatur. Helias namque multos affecit morte, propria manu, nece et igne divinitus inspirato. In Novo etiam Testamento Petrus Ananiam et Saphyram terrifice mulctavit.

CAP. 44. — *De illis qui post baptismum capitalem protulerunt sententiam.*

(*Ex dictis Innocentii papæ, capite* 23.) Quæsitum est etiam super his, qui post baptismum administraverunt, et aut tormenta sola exercuerunt, aut etiam capitalem protulerunt sententiam. De his nihil legimus a majoribus definitum, meminerant enim a Deo potestates has fuisse concessas, et propter vindictam noxiorum gladium fuisse permissum, et Dei ministrum esse datum in hujusmodi vindicem. Quomodo igitur reprehenderent factum, quod ab auctore Deo viderent esse concessum? De his ergo ita ut hactenus servatum est sic habemus, ne aut disciplinam evertere, aut contra auctoritatem Domini venire videamur. Ipsis autem in ratione reddenda, gesta sua omnia servabuntur.

CAP. 45. — *De illis qui in confractione idolorum occisi fuerint.*

(*Ex concilio Elibertan., capite* 70) Si quis idola fregerit, et ibidem occisus fuerit, quia in Evangeliis scriptum non est, neque invenitur sub apostolis unquam factum, placuit in numerum eum non recipi martyrum.

CAP. 46. — *De eo qui matrem suam occiderit qualiter pœnitere debeat.*

(*Ex epistola Nicolai papæ ad Radoldum S. Argenteæ Retensis Ecclesiæ episcopum.*) Nicolaus episcopus servus servorum Dei, reverendissimo et sanctissimo Radoldo episcopo sanctæ Argenteæ Retensis Ecclesiæ. Dum universis mundi partibus credentium agmina principis apostolorum liminibus properant, quidam vir nomine Thiothart venit vestræ beatitudinis epistolam gerens, quam nostro contulit præsulatui, cujus paginam perlegentes, matricidam illum esse cognovimus, quo facto multis fletibus lacrymisque profusis, valde doluimus. Idcirco præcipimus et patrum almorum censuris statuimus, ut sub pœnitentiæ jugo permaneat, ita ut unum per annum Ecclesiam non ingrediatur, sed ante fores basilicæ orans ac deprecans Deum perseveret, qualiter tanto eripiatur piaculo. Completo vero anni circulo introeundi in Ecclesiam licentiam habeat, tamen inter audientes stet, et nondum communicet. Completis autem trium annorum circulis, sacræ communionis illi gratia concedatur. Oblationes vero non offerat, nisi postquam aliorum septem annorum curricula expleantur. In his autem omnibus annis atque temporibus carnem non manducet, nec vinum bibere præsumat, exceptis festis diebus atque Dominicis, et a Pascha usque Pentecostes, et quocunque ire voluerit, nullo vehiculo deducatur, sed pedibus proficiscatur, arma non sumat nisi contra paganos. Jejunet autem tres dies per hebdomadam usque ad vesperum. A propria quidem ac legitima sua conjuge non separetur, ne fornicationis voragine corruat, quod ne fiat optamus. Si autem ante trium annorum cursum finis vitæ illius appropinquaverit, corporis et sanguinis Domini nostri Jesu Christi particeps fiat : sin autem, ut supra statuimus efficiatur, tamen si illius conversationem et lacrymarum fontem in omnibus videritis floridis actionibus et optimis operibus pullulare, humanius circa eum vestra sollicitudo pervigil appareat, mitisque omnibus demonstretur. Optamus vos in Christo bene valere.

CAP. 47. — *Si quis clericus homicidium fecerit, ab ordine cessare debebit.*

(*Ex concilio Triburiensi, cui interfuit rex Arnolphus, capite* 11.) Si quis clericus, quamvis nimium coactus, homicidium fecerit, sive sit presbyter, sive diaconus, deponatur. Legimus in canonibus apostolorum, quod episcopus, presbyter aut diaconus, qui in fornicatione, aut perjurio, aut furto captus est, deponatur : quanto magis is qui hoc immane scelus fecerit, ab ordine cessare debebit? Qui enim Christum sequi desiderat, debet sicut ipse ambulavit et ipse ambulare. Qui cum malediceretur, non maledicebat : cum percuteretur, non repercutiebat : cum pro nobis pateretur, non comminabatur. Et ipse in Evangelio suo præcepit : Si quis te percusserit in unam maxillam, præbe illi et alteram. Non enim debemus occidere, cum Dominus dicat : Audistis quia dictum est antiquis : Non occides; qui autem occiderit, reus erit judicio : ego autem dico vobis, quia omnis qui irascitur fratri suo, reus erit judicio; nec malum pro malo reddere, sed sicut Apostolus Romanis scribens, ait : Noli vinci a malo, sed vince in bono malum. Si quis clericorum præsens erit ubi homicidium factum fuerit, et neque consensu, neque consultu, nec in aliquo homicidii reatu pollutus esse convincitur, nihil ei obsit quin consecratus in gradu permaneat. Non consecratus, si alias dignus sit, promotus accedat.

CAP. 48. — *De eo si quis in hostem contra paganos dimicans interficit Christianos captivos.*

(*Ex eodem concilio cui interfuit rex Arnolphus, cap.* 34.) Sæpe fit victoria Christianorum, victa est pars paganorum. Quare una cum interfectis paganis perempti fuerint Christiani captivi a barbaris, quia in impetu belli nequeunt distingui, idcirco justum decernentes, statuimus, cum interfectoribus misericordius agendum, ita ut, XL diebus pœnitentiæ indulgentius transactis, penes episcopum sit auctoritas et potestas ut perpendat culpam, agat indulgentiam.

CAP. 49. — *De eo qui Christianum mancipium seduxerit et sic vendiderit.*

(*Ex concilio apud Confluentiam cui interfuit Henricus et Carolus, reges, capite* 7.) Item interrogatum est quid de eo faciendum sit, qui Christianum hominem seduxerit et sic vendiderit. Responsumque est ab omnibus, homicidii reatum ipsum hominem sibi contrahere.

FINIS LIBRI SEXTI.

INDEX CAPITULORUM LIBRI SEPTIMI.

CAP. 1. Quod infames vocentur qui ex consanguineis nascuntur.
2. Quod nulli liceat de propria cognatione uxorem ducere.
3. De incestuosis.
4. De eadem re.
5. De eadem re.
6. Ne aliquis fidelium ad propinquam sanguinis sui accedat.
7. Quod æqualiter non conjungendus sit in matrimonio vir suis consanguineis et uxoris.
8. Quod uno modo parentela viri et mulieris in conjunctione consideranda sit.
9. In quo geniculo abstinendum sit.
10. In quo ramusculo consanguinitatis legitima connubia fieri possint.
11. Quod consanguinitas usque ad septimum geniculum conservari debeat.
12. De eadem re.
13. De eadem re.
14. De eadem re.
15. De eadem re.
16. De eadem re.
17. Ut duobus vel tribus testibus testimonia dicentibus consanguinei separentur.
18. De eadem re.
19. Quid sanctus Gregorius Augustino Anglorum prædicatori propter teneritatem novæ fidei permiserit.
20. Quod sanctus Gregorius hoc Anglorum genti specialiter non generaliter permiserit.
21. Quod extranei, nisi ex necessario, discidium inter consanguineos facere non debeant.
22. De eadem re.
23. De eadem re.
24. De eadem re.
25. Sacramentum de parentela, quomodo inquirendum sit.
26. Juramentum testium.
27. Sacramentum de incestuoso discidio.
28. Hæc capitula de septem gradibus consanguinitatis sanctus Isidorus diligenti inquisitione descri-

pserat, et in figura inferius depicta apertius ordinaverat.

Capitulum L de septem gradibus.
Capitulum 2.
Capitulum 3.
Capitulum 4.
Capitulum 5.
Capitulum 6.
Capitulum 7.
29. De incestuosis qui admonitiones sacerdotum contemnunt.
30. Quod infra sextam generationem conjugia non fiant.

Indicis capitulorum finis.

BURCHARDI

WORMACIENSIS ECCLESIÆ EPISCOPI

DECRETORUM LIBER SEPTIMUS

DE INCESTU.

ARGUMENTUM LIBRI.

Libro hoc de incesta consanguinitatis copulatione agitur, et in quo gradu coire dirimique conjugia debeant, quæque pro ratione delicti incesto pollutis pœnitentia injungi debeat, ostenditur.

Cap. 1. — *Quod infames vocentur qui ex consanguineis nascuntur.*

(*Ex epist. Calist. papæ fratribus per Galliam constitutis missa, capite* 1.) Conjunctiones autem consanguineorum fieri prohibete, quia eas et divinæ leges et sæculi prohibent. Leges ergo divinæ, hæc agentes, et eos qui ex eis prodeunt non solum ejiciunt, sed et maledictos appellant. Leges vero sæculi infames tales vocant, et ab hæreditate repellunt. Nos vero sequentes patres nostros infamia eos notamus, et infames esse censemus : quia infamiæ maculis aspersi sunt, nec eos quos leges sæculi rejiciunt, nos in testimonium suscipere debemus. Eos autem consanguineos dicimus, quos divinæ et sæculi leges consanguineos appellant, et in hæreditatem suscipiunt, nec repellere possunt. Talium enim conjunctiones, nec legitimæ sunt nec permanere possunt, sed sunt repellendæ. Quisquis ergo non est legitime conjunctus, vel absque dotali titulo et sine benedictione sacerdotis constat esse copulatus, sacerdotes vel legitime conjunctos criminari, vel in eos testificari minime potest : quoniam omnis incesti macula pollutus infamis est, et accusare supradictos non permittitur. Non solum ergo hi rejiciendi sunt, et infames efficiuntur, sed etiam omnes eis consentientes.

Cap. 2. — *Quod nulli liceat de propria cognatione uxorem ducere.*

(*Ex concilio Wormac. capite* 2.) In copulatione fidelium generationum numerum non definimus, sed id statuimus, ut nulli liceat Christiano de propria consanguinitate seu cognatione uxorem accipere, usque dum generatio recordatur, cognoscitur, aut memoria retinetur.

Cap. 3. — *De incestuosis.*

(*Ex concilio Hilerdensi, capite* 10.) De his qui se incesta pollutione commaculant, placuit ut quousque in ipso detestando et illicito carnis contubernio perseverant, usque ad missam tantum catechumenorum in ecclesia admittantur. Cum quibus etiam nec cibum sumere ulli Christianorum, sicut Apostolus jussit, oportet.

Cap. 4. — *De eadem re.*

(*Ex concilio Agathens., capite* 8.) De incestis conjunctionibus nihil prorsus veniæ reservamus nisi cum adulterium separatione sanaverint. Et si sanare noluerint, anathematizentur.

Cap. 5. — *De eadem re.*

(*Ex concilio Aurelian., capite* 1.) Incestuosi, dum in ipso detestando atque nefando scelere manent, non inter fideles Christianos, sed inter gentiles aut catechumenos habeantur; id est, cum Christianis non sumant potum, non cibum, sed soli hoc faciant; non osculentur aut salutentur ab eis. Sed si suis sacerdotibus inobedientes exstiterint, et a tam nefando scelere se segregare atque ad publicam pœnitentiam redire noluerint, inter eos habeantur qui spiritu periclitantur immundo, vel etiam inter eos de quibus per se Veritas ait : Si te non audierit, sit tibi sicut ethnicus et publicanus. Et si alter eorum morte præventus fuerit, alter quandiu vivat graviter pœniteat, et sine spe conjugii maneat.

Cap. 6.— *Ne aliquis fidelium ad propinquam sanguinis sui accedat.*

(*Ex concilio Toletan.* II, *capite* 5.) Nam et hæc salubriter præcavenda sancimus, ne quis fidelium propinquam sanguinis sui, usquequo affinitatis liniamenta successione generis cognoscit, in matrimonio sibi desideret copulari, quoniam scriptum est: Omnis homo ad proximam sanguinis sui non accedat, ut revelet turpitudinem ejus. Et iterum : Anima quæ fecerit quidpiam ex istis, peribit de medio populi sui. Sane quibus conjunctio illicita interdicitur, habebunt ineundi melioris conjugii libertatem.

CAP. 7. — *Quod æqualiter non conjungendus sit in matrimonio vir suis consanguineis, et uxoris.*

(*Ex decretis Julii papæ.*) Equaliter vir non conjungatur in matrimonio consanguineis suis, et consanguineis uxoris suæ.

CAP. 8. — *Quod uno modo parentela viri et mulieris in conjunctione consideranda sit.*

(*Ex concilio Matiscen., capite 3.*) Sane consanguinitas quæ in proprio viro observanda est, hæc nimirum in uxoris parentela de lege nuptiarum custodienda est : quia constat eos duos fuisse in carne una, communis illis utraque parentela esse credenda est, sicut scriptum est : Erunt duo in carne una.

CAP. 9. — *In quo geniculo abstinendum sit.*

(*Ex dictis sancti Isidori.*) Isidorus in Etymologiis suis usque ad septimam generationem consanguinitatis abstinendum, et sic legitimo connubio conjungendum asseruit. Inde reor eum fecisse, quod genealogiæ seriem retexens, quousque ordinem numerandi perducere posset, eo cognitionem sanguinis servandam æstimavit. Sicque ad invocationem generis et amicitiæ jus confirmandum, redire ad connubium sancivit, quando jam cognationis ordo numerari desinit.

CAP. 10. — *In quo ramusculo consanguinitatis legitima connubia fieri possint.*

(*Ex dictis ejusdem.*) Beatus Isidorus de consanguinitate sic loquitur : Cujus series septem gradibus dirimitur, hoc modo : Filius et filia, quod est frater et soror, sit ipse truncus. Illis seorsum sejunctis, ex radice illius trunci egrediuntur isti ramusculi, nepos et neptis, primus : pronepos et proneptis, secundus : abnepos et abneptis, tertius : adnepos et adneptis, quartus : trinepos et trineptis, quintus : et trinepotis nepos et trinepotis neptis, sextus. Hæc consanguinitas, dum se paulatim in propaginum ordinibus dirimens, usque ad ultimum gradum sese subtraxerit, et propinquitas esse desierit, tunc primum lex in matrimonii vinculum recipietur, et quodammodo revocabit fugientem. Ideo autem usque ad sextum generis gradum consanguinitas constituta est, ut sicut in sex ætatibus mundi generatio et hominis status finitur, ita propinquitas generis tot gradibus terminetur.

CAP. 11. — *Quod consanguinitas usque ad septimum geniculum conservari debeat.*

(*Ex epist. Gregorii papæ episcopis Galliæ missa.*) Progeniem suam unumquemque ad septimam observare decernimus generationem, et quandiu se agnoscunt affinitate propinquos, ad conjugalem copulam accedere denegamus. Quod si fecerint, separentur.

CAP. 12. — *De eadem re.*

(*Ex concil. apud Theodonis villam habito, cap. 8.*) Nullus fidelium usque ad affinitatis lineam, id est usque in septimam progeniem, consanguineam suam ducat uxorem, vel eam quoquo modo incesti macula polluat. Si quis vero hoc temere præsumpserit, ut incestum luat, ac publice, juxta canonicos gradus pœniteat.

CAP. 13. — *De eadem re.*

(*Ex concilio Lugdun., cap. 10.*) Nulli ex propinquitate sui sanguinis usque ad septimum gradum uxores ducant, neque sine benedictione sacerdotis. Qui ante innupti erant, a sacerdote benedicti nubere audeant.

CAP. 14. — *De eadem re.*

(*Ex concilio Aurelian., cap. 10.*) Nullum in utroque sexu permittimus ex propinquitate sui sanguinis, vel uxoris, usque in septimi generis gradum uxorem ducere, vel incesti macula commaculari.

CAP. 15. — *De eadem re.*

(*Ex concil. Agrippin., cap. 6.*) In septem gradibus omnia propinquitatum nomina continentur, ultra quos nec affinitas invenitur, nec successio potest amplius prærogari.

CAP. 16. — *De eadem re.*

(*Ex concil. Meldensi, cap. 7.*) De affinitate namque sanguinis per gradus cognationis, placuit usque ad septimam generationem observare : nam et hæreditas rerum per legales definitiones sancit usque ad septimum gradum prætendere hæredum successionem : non enim succederent, nisi eis de propagine cognationis deberetur.

CAP. 17. — *Ut duobus vel tribus testibus testimonium dicentibus consanguinei separentur.*

(*Ex concil. Hilerdensi, cap. 20.*) Ut omnis controversia, quæ de ecclesiasticis rebus fit, secundum divinam legem sub duobus vel tribus testibus terminetur. Testis est Dominus, cum dixit : Non unus stet contra alium, sed in ore duorum vel trium testium stet omne verbum.

CAP. 18. — *De eadem re.*

(*Ex concil. Cabillon., cap. 5.*) Contradicimus quoque ut in quarta, vel quinta, sextaque generatione, nullus amplius conjugio copuletur. Ubi autem post interdictum factum fuerit inventum, separetur.

CAP. 19. — *Quid sanctus Gregorius Augustino Anglorum prædicatori propter teneritatem novæ fidei permiserit.*

(*Ex epist. Joannis Constantinop. episcopi ad Felicem episcopum Siciliæ.*) Gregorius papa requisitus ab Augustino Anglorum gentis episcopo quota generatione fideles debeant copulari, dispensatorie sic rescribit : Quædam lex in Romana republica permittit ut sive frater et soror, seu duorum fratrum germanorum vel duarum sororum filius et filia misceantur : sicut experimento didicimus, ex tali conjugio sobolem non posse succrescere. Unde necesse est ut jam quarta vel quinta generatio fidelium licenter sibi jungantur.

CAP. 20. — *Quod sanctus Gregorius hoc Anglorum genti specialiter, non generaliter permiserit.*

(*Item idem Joan. dicit.*) Verum post multum temporis a Felice Mesenæ Siciliæ præsule requisitus, utrum Augustino Gregorius scripsit ut Anglorum quarta generatione contracta matrimonia minime solverentur, humillimus Pater Gregorius inter cætera talem dedit rationem : Quod scripsi Augustino Anglorum gentis episcopo, alumno videlicet ut recorderis tuo, de consanguinitatis conjunctione, ipsi et Anglorum genti, quæ nuper ad fidem venerat, ne a bono quod cœperat metuendo austeriora recederet, specialiter, et non generaliter certissime scripsisse me cognoscas. Unde et mihi omnis Romana civitas testis existit, nec ea intentione hæc illis scripsi mandata, ut postquam firma radice in fide fuerint solidati, si infra propriam consanguinitatem inventi fuerint, non separentur, aut infra affinitatis lineam, id est usque ad septimam generationem jungantur : sed quod adhuc illis neophytis existentibus eis primum illicita consentire, et eos verbis ac exemplis instruere, et quæ post de talibus egerint, rationabiliter et fideliter excludere oporteret. Nam juxta Apostolum qui ait : Lac dedi vobis potum non escam, ista illis modo, non posteris, ut præfixum est, temporibus tenenda indulsimus, ne bonum quod infirma adhuc radice plantatum erat, exureretur, sed aliquantum firmaretur, et usque ad perfectionem custodiretur. Hæc ergo ego Joannes idcirco perstringenda curavi, ut hi qui occasione novæ dispensationis illicita matrimonia contra hunc eruditissimum virum causantur, non generaliter quartæ generationis copulam censuisse, imo venialiter.

CAP. 21. *Quod extranei, nisi ex necessario, discidium inter consanguineos facere non debeant.*

(*Ex decr. Fabiani papæ, cap.* 8.) Consanguineos extraneorum nullus accuset, vel consanguinitatem in synodo computet, sed propinqui ad quorum notam pertinet, id est, pater, mater, frater, soror, patruus, avunculus, amita, matertera, et eorum procreatio. Si autem progenies tota defecerit, ab antiquioribus et veracioribus, quibus eadem propinquitas nota sit, episcopus canonice perquirat : et si inventa propinquitas fuerit, separentur.

CAP. 22. — *De eadem re.*

(*Ex concilio Romano. Gregor.*) Si quis neptem suam in conjugium duxerit, anathema sit.

CAP. 23. — *De eadem re.*

(*Ejusdem Gregor.*) Si quis consobrinam in conjugium duxerit, anathema sit.

CAP. 24. — *De eadem re.*

(*Item ejusdem Gregor.*) Si quis de propria cognatione, vel quam cognatus habuit, in conjugium duxerit, anathema sit.

CAP. 25. — *Sacramentum de parentela, quomodo inquirendum sit.*

De ista parentela quam dicunt esse inter illum N. et istam ejus conjugem N. quidquid inde scis, aut audisti a tuis vicinis, aut a tuis antiquioribus propinquis, quod tu per nullum ingenium, nec propter amorem, nec propter timorem, aut per præmium, aut per consanguinitatem celabis episcopum tuum, aut ejus missum, cui hoc inquirere jusserit, quandocunque te ex hoc interrogaverit, sic te Deus adjuvet, et istæ sanctorum reliquiæ.

CAP. 26. — *Juramentum testium.*

Istud sacramentum quod iste juravit de illa parentela, quæ inter illum N. et ejus conjugem N. computatur, quod tu illud observabis in quantum sapis, aut audisti, sic te Deus adjuvet.

CAP. 27. — *Sacramentum de incestuoso discidio.*

Ab isto die in antea quod tu per nullum ingenium te sociabis huic tuæ consanguineæ N. cum qua contra legem et rectam Christianitatem tuam adulterium et incestum perpetrasti, nec in conjugio nec in adulterio illam tibi sociabis, nec cum illa ad unam mensam manducabis et bibes, aut sub uno tecto manebis, nisi forte in ecclesia aut in aliquo publico loco, ubi nulla mala suspicio possit esse, ut ibi coram testibus idoneis pro certa necessitate pariter colloquamini. Nec aliam conjugem accipies, nisi forte post peractam pœnitentiam tibi licentia data fuerit ab episcopo tuo, aut ejus misso, sic te Deus adjuvet et istæ sanctorum reliquiæ.

CAP. 28. — *Hæc capitula de septem gradibus consanguinitatis sanctus Isidorus diligenti inquisitione descripserat, et in figura inferius depicta apertius ordinaverat.*

CAPITULUM 1 DE 7 GRADIBUS.

(*Isidor. de 7 gradibus consanguinitatis.*) Primo gradu superiori linea continentur pater, mater; inferiori, filius, filia, quibusque nullæ aliæ personæ junguntur.

CAPITULUM 2.

Secundo gradu continentur superiori linea, avus, avia : inferiori, nepos, neptis. In transversa frater, soror, quæ personæ duplicantur. Avus enim et avia, tam ex patre, quam ex matre accipiuntur. Quæ personæ sequentibus quoque gradibus similiter pro substantia earum, quæ in quo gradu subsistunt, ipso ordine duplicantur. Istæ personæ in secundo gradu ideo duplices appellantur, quia duo avi, et paternus est, et maternus. Item duo genera nepotum sunt, sive ex filio, sive ex filia procreati. Frater et soror ex transverso veniunt, id est, aut frater patris, aut frater matris; quia aut patruus, aut avunculus nominatur. Qui et ipsi hoc ordine duplicantur.

CAPITULUM 3.

Tertio gradu veniunt supra, proavus proavia : infra pronepos, proneptis : ex obliquo, fratris, sororisque filius, vel filia. Patruus, amita, id est, patris frater, et soror. Avunculus, matertera, matris frater, et soror.

CAPITULUM 4.

Quarto gradu veniunt supra, abavus, abavia: infra abnepos, abneptis: ex obliquo fratris et sororis, nepos, neptis, patruelis, soror patruelis, id est, patrui filius, vel filia. Consobrinus, consobrina, id est, avunculi et materteræ filius, vel filia. Amitinus, amitina, id est, amitæ filius, vel filia. Itemque consobrini: quia ex duabus sororibus nascuntur. Quibus accrescit patruus magnus, amita magna, id est, avi paterni frater et soror. Avunculus magnus, matertera magna, id est, aviæ tam paternæ, quam maternæ, frater et soror.

CAPITULUM 5.

Quinto gradu veniunt supra quidem atavus, atavia: infra adnepos, adneptis: ex obliquo fratris et sororis, pronepos, proneptis: fratres patrueles, sorores patrueles: amitini, amitinæ: consobrini, consobrinæ filius, vel filia, proprius consobrinus, consobrina, id est, patrui magni, amitæ magnæ, avunculi magni, materteræ magnæ filius, vel filia. Quibus accrescunt propatruus, proamita. Hi sunt proavi materni frater et soror, proavunculus, promatertera. Hi sunt proaviæ paternæ, maternæque frater et soror, proavique materni. Hæc species, nec aliis gradibus quam scripta est, nec aliis vocabulis declarari potest.

CAPITULUM 6.

Sexto gradu veniunt supra tritavus, tritavia: infra trinepos, trineptis: ex obliquo fratris et sororis, abnepos abneptis, fratres patrueles, sorores patrueles. Amitini amitinæ, consobrini consobrinæ. Patrui magni, amitæ magnæ, avunculi magni, materteræ magnæ. Nepos neptis proprioris consobrini filius vel filia, qui consobrini appellantur. Quibus ex latere accrescunt propatrui, proamitæ: proavunculi, promaterteræ filius, vel filia, adpatruus, adamita. Hi sunt abavi paterni frater et soror, abavunculus, abmatertera. Hi sunt abaviæ paternæ maternæque frater et soror, abavique materni. Hæc quoque explanari amplius non possunt, quam auctor ipse disseruit.

CAPITULUM 7.

Septimo gradu, qui sunt cognati recta linea, supra infraque pro propriis nominibus non appellantur, sex ex transversa linea continentur fratris sororis adnepos adneptis, consobrini filii, filiæque successionis. Idcirco gradus septem constituti sunt: qui ulterius per rerum naturam, nec nomina inveniri, nec vita succedentibus prorogari potest. In his septem gradibus omnia propinquitatum nomina continentur, ultra quos affinitas inveniri, nec successio potest amplius propagari.

CAP. 29. — *De incestuosis qui admonitiones sacerdotum contemnunt.*

(*Ex concilio Turon., capite 41.*) Incestuosi, parricidæ, homicidæ, multi apud nos, proh dolor! reperiuntur: sed aliqui ex illis sacerdotum nolunt admonitionibus aurem accommodare, volentes in pristinis perdurare criminibus: quos oportet per sæcularis potentiæ disciplinam a tam prava consuetudine coerceri, qui per salutifera sacerdotum monita noluerunt revocari.

CAP. 30. — *Quod infra sextam generationem conjugia non fiant.*

(*Ex concilio apud Confluentiam cui interfuit Henricus, et Carolus, reges, capite 1.*) Anno Dominicæ incarnationis DCCCCXXII, apud Confluentiam jussu venerabilium principum Caroli videlicet, et Henrici regum reverendissimorum, congregati sunt episcopi numero VIII: Hermannus Agrippinensis archiepiscopus, Herigerus Moguntiensis archiepiscopus, Thiedo Wirceburgensis episcopus, Luitthariüs Mindanensis episcopus, Doto Osneburgensis episcopus, Richgouwo Wormaciensis episcopus, Richwinus Strazburgensis episcopus, Unwano Padebrunensis episcopus, cum abbatibus aliisque sacri ordinis viris quamplurimis. Cap. 1. Qui, ipso cooperante et sententias eorum confirmante Domino nostro Jesu Christo, in synodali residentes conventu multa utilia ac sanctæ Dei Ecclesiæ profutura saluberrimo tractantes consilio inter cætera quæ statuerunt, hoc maxime necessarium, et instanti, proh dolor! tempore per abusionem frequentissimum cognationis incestum, summa cautela vitandum firmaverunt: hoc est, ne ullus Christianus infra sextam generationem nuptias copulare præsumat.

FINIS LIBRI SEPTIMI.

BURCHARDI WORMACIENSIS EPISCOPI

Sequitur figura sancti Isidori episcopi de septem gradibus consanguinitatis.

						Tritavi pr.	Trita- mr.					
						Trita- vus.	Trita- via.					
				Adpa- trui adamitæ filii.	Adpa- truus Adami- ta.	Atavus.	Atavia.	Adavun- culus Adma- tertera.	Adavun- cul. Adma- ter. fi.			
			Abpa- trui Abamitæ nep.	Abpa- trui Abamitæ filii	Abpa- truus Abami- ta.	Abavus.	Abavia.	Abavun- culus Abma- tertera.	Abavun- culi Abma- ter. fi.	Abavun- cul. Abma- ter. ne.		
		Propatr. proamit. Prone- potes	Prop. Proami- tæ nepo.	Propa- trui Proami. fi.	Propa- truus Pro- amita	Proavus	Propavia	Proa- vuncul. Proma- tertera.	Proa- vuncul. Proma- ter fil.	Proa- vuncul. Proma- te. ne.	Proa- vuncul. Proma. prone.	
	Pa. m. Amitæ ma. ab- nepot.	Pa. m. Amit. ma pro- nepo.	Pa. m. Amit. mag. nepot.	Pa. m. Ami. magnæ filii	Patru. mag. Amit. mag.	Avus	Avia	Avunc. ma. Mater. magn.	Avunc. cu ma. Mater. ma. fi.	Avunc. cul. ma- gn. m. ma. n.	Avunc. m. m. M. pro- nep.	Avunc. mag. Mat. m. ab.
Patru. Amit. Abnepo- tes	Patr. Amitt. pro- nepot.	Patrue- lini Ami. nepo.	Patrue- lini Amitini fil.	Patru. Amit. Amitini fil.	Patr. Amita	Pater.	Mater	Avuncu- lus Mater	Conso- brinus Conso- brina	Conso- brini Conso- br. fil.	Conso- brini Conso- br. ne.	Conso- brini Conso. prone.	Conso- brini Conso. abne.

						Filius	Filia					
						Nepos	Neptis					
						Pronep.	Pronept.					
						Abnepos	Abneptis					
						Adnepos	Adneptis					
						Tri.	Trit.					

INDEX CAPITULORUM LIBRI OCTAVI.

Cap. 1. De illis quos unus aut ambo parentes sanctæ religioni tradiderint.

2. De virginibus quæ sponte, non coactæ parentum imperio, habitum religionis susceperunt.

3. De illis qui se ante legitimos annos totonderunt et velaverunt.

4. De illis qui semel in clero deputati sunt, aut monachorum vitam expetiverunt.

5. Ut canonici qui in monasterio monachorum conversantur, aut monachice vivant, aut sub canonica regula constringantur.

6. Quod monachum paterna devotio, vel propria professio faciat.

7. De clericis qui se fingunt monachos esse.

8. Quod spontaneum propositum monachi mutare non liceat.

9. Ut monacho sine conscientia sui abbatis votum vovere non liceat.

10. De virginibus quæ ante 12 annos, insciis mundiburdis suis, velamen sibi imposuerint.

11. Ut clerici, ex ea Ecclesia in qua semel legerint, ab alia non recipiantur.

12. De virginibus necdum velatis, quæ tamen in proposito virginali se simulaverant permanere.
13. De sanctimonialibus si a proposito sacro deviaverint.
14. De eadem re.
15. Quo tempore sacrum velamen sacris virginibus imponi debeat.
16. De eadem re.
17. De sanctimonialibus, quæ alias velare præsumunt.
18. De virginibus, qua ætate velari debeant.
19. Quod desponsatam puellam alii viro non sit licitum dare, monasterium autem licet eligere, si vult.
20. Ut aliquis incognitus non cito in monasterio monachorum recipiatur.
21. De clericis qui monachorum propositum appetunt.
22. De virginibus sacris, quæ propter districtiorem vitam ad aliud monasterium ire disposuerint.
23. Quo vestitu virgines ad consecrationem venire debeant.
24. Ut præter scientiam domini sui servus non efficiatur monachus.
25. De illo qui servum alienum causa religionis docet contemnere dominum suum.
26. De fugitivis clericis.
27. De sæcularibus, si se semel per religionem totonderint, et post laici efficiuntur.
28. Ut servus in monasterium non recipiatur nesciente domino suo.
29. De monachis ac monachabus qui se sacrilega contagione miscuerunt.
30. Ut non liceat Deo sacratis nuptialia jura contrahere.
31. De his qui sanctimoniales in matrimonium acceperint, ut separati sine spe conjugii maneant.
32. De virginibus quæ prævaricatæ sunt.
33. Ut viduæ velum sibi imponere non debeant, inconsulto episcopo suo, et ne presbyteri eis imponere præsumant, quod et episcopis non licet.
34. Quod viduæ sub nulla benedictione sint velandæ.
35. De viduis, quæ semel sacræ conversationis velamen susceperunt.
36. De viduis, ut nullus eas velare attentet.
37. De nobilibus feminis, quæ, postquam velatæ fuerint, domi in deliciis residere delectantur.
38. De his qui velatas et Deo consecratas in conjugium duxerint.
39. De viduis quæ professam continentiam prævaricatæ sunt.
40. De eadem re.
41. De eadem re.
42. De feminis quarum mariti obierint, ut non cito se velent.
43. Ut viduitatis professio coram episcopo fiat.
44. Ut nullus vetet, vel jubeat, viduas vel virgines nubere.
45. De viduis propositum relinquentibus.
46. Ut viduæ velatæ ad nuptias ire non debeant.
47. De vidua quæ sub obtentu religionis velum ad tempus sibi imposuerit.
48. De viduis et puellis quæ in domibus propriis habitum religionis susceperunt.
49. Quod sanctus Gregorius quamdam feminam velatam quæ sacrum propositum transgressa est comprehendi jusserit.
50. De viduis velatis, si voluptatibus carnis inservire accusantur.
51. Ut sacrilegi dijudicentur qui se sacratis feminis miscuerunt.
52. De his qui sanctimoniales virgines vel viduas velatas rapiunt.
53. Ut clerici seu laici cum bono testimonio cum sacris puellis loqui debeant.
54. Quod mulieres velatæ, aut in monasteriis, aut in domibus suis habitum observent.
55. Ut adolescentiores viduæ, vel sanctimoniales, ab episcopo non negligantur.
56. Ut unusquisque episcopus clericos in suo episcopio vagantes ad suum episcopum redire faciat.
57. De clericis vagis.
58. Ut monachæ monastice vivant, et canonice secundum canonicam vitam vivant.
59. Ut sanctimoniales abbatissæ suæ sint obedientes.
60. De feminis, quæ propter continentiam muliebrem mutant habitum.
61. De illo qui virginitatem custodierit, nuptias autem exsecraverit.
62. De feminis quæ propter religionem crines totonderint.
63. De illis qui propter continentiam palliis vestiuntur.
64. De illis qui virginitatem observant, et sic extolluntur.
65. Quod non sit permittendum monachos et monachas in uno monasterio simul habitare.
66. Ut episcopus monasteria monachorum et sanctimonialium frequenter visitet.
67. Ut abbates in potestate episcoporum consistant.
68. De monachis qui filios procreaverint.
69. De sanctimonialibus quæ vim barbaricam pertulerunt.
70. De quadam abbatissa quæ se proclamaverat super militibus in claustro suo hospitantibus.
71. Quod res ecclesiasticæ ad laicos disponendæ non respiciant.
72. De eadem re.
73. Ut abbates ad synodum ire non cogantur, nisi pro rationabili re.
74. Ut congregationes monachorum sine collaudatione episcopi fieri non liceat.
75. De virginibus sacris quæ parentibus privantur.
76. Qui religiosis feminis præponendus sit.
77. De sanctimonialibus, quid in claustro facere debeant.
78. Nullus laicus claustra sanctimonialium ingrediatur, nisi ad opera exercenda.

79. Janitrix claustri non eligatur, nisi testimonium habeat bonum.
80. Ut abbatissa, nisi per licentiam sui episcopi, a monasterio non egrediatur.
81. Ut unus abbas duobus monasteriis præesse non debeat.
82. Ut monachi compatres non habeant.
83. Quod feminæ in conventu docere non debeant.
84. Ut femina pœnitentiam dare non debeat, nec sedere inter sacerdotes in convivio.
85. De mulieribus virorum causas discutientibus.
86. Quod abbas pro humiliatione locum suum relinquere possit.
87. Quod laicus in ecclesia lectionem recitare non debeat.
88. Quod non liceat episcopo abstrahere rem monasterii, quamvis erga se peccaverit abbas.
89. Ne monachi placita sæcularia adeant.
90. De negotio sæculari.
91. De clericis injuste tonsuratis.
92. Ut episcopi sive abbates ante se joca turpia fieri non permittant.
93. De illis qui ab episcopo seu ab aliis avaritiæ causa seducti se totonderunt.
94. Ut abbatissa magnam curam habeat de congregatione sua.
95. Ut sanctimoniales in domibus suis cum aliquibus masculis manducare vel bibere non præsumant.
96. Qualiter indignus abbas a suo separetur officio.
97. De clericis qui tonsuras dimiserint, et uxores acceperint.
98. De puellis quæ se ante legitimos annos sua sponte sacræ religioni tradiderint.
99. De illo qui filiam, aut neptem, vel parentem suam Deo omnipotenti offerre voluerit.
100. De eadem re.
101. De abbate qui feminas in monasterio suo festivitates celebrare permiserit.

Indicis capitulorum finis.

BURCHARDI
WORMACIENSIS ECCLESIÆ EPISCOPI
DECRETORUM LIBER OCTAVUS
DE VIRIS AC FEMINIS DEO DICATIS.

ARGUMENTUM LIBRI.

Libro hoc de viris et feminis, qui, Deo dicati, sacrum propositum reliquerunt, deque eorumdem pœnitentia tractatio instituitur.

CAP. 1. — *De illis quos unus aut ambo parentes sanctæ religioni tradiderint.*

(*Ex concil. Tolet.* XI, *capite* 6.) Quoniam hucusque dissolutæ operationis effectus interdum nutare fecit honestum constitutionis edictum, dum incognite resolvi putatur quod indissolubili sanctionis auctoritate tenetur : ideo quidquid obvium ex incerto occurrerit evidenter abjici decet, ut de cætero nihil supersit, quod indubium nutet. Ideoque si in qualibet minori ætate, vel religionis tonsuram, vel religioni debitam vestem in utroque sexu filiis aut unus aut ambo parentes dederint, certe vel nolentibus aut nescientibus se susceptam et non mox visam in filiis abdicaverint, sed vel coram se vel coram Ecclesia palamque in conventu eosdem filios talia habere permiserint, ad sæcularem reverti habitum ipsis filiis quandoque penitus non licebit, sed convicti quod tonsuram aut religiosam vestem aliquando habuerint, mox ad religionis et cultum habitumque revocentur, et sub strenua districtione hujusce observantiæ inservire cogantur. Parentibus sanis filios religioni contradere non amplius quam usque ad duodecimum ætatis eorum annum licentia poterit esse. Postea vero an voluntate parentum, an suæ devotionis sit solitarium votum, erit filiis licitum religionis adsumere cultum. Quisquis autem, vel abolitione tonsuræ, vel sæcularis vestis assumptione detectus fuerit attigisse transgressionem, excommunicationis censuram accipiat et religioni semper inhæreat.

CAP. 2. — *De virginibus quæ sponte, non coactæ parentum imperio, habitum religionis susceperunt.*

(*Ex decr. Leonis papæ, capite* 17.) Puellæ quæ non parentum coactæ imperio, sed spontaneo judicio virginitatis propositum atque habitum susceperunt, si postea nuptias eligunt, prævaricantur, etiam si nondum eis gratia consecrationis accessit. Cujus utique non fraudarentur munere, si in proposito permanerent.

CAP. 3. — *De illis qui se ante legitimos annos totonderunt et velaverunt.*

(*Ex concilio Mogunt. cui interfuit Carolus imperator, et Ricolphus archiepiscopus, in claustro S. Albani, capite* 20.) Si quis ante annos legitimos tonsuratus est sine consensu parentum suorum, et si ipsi parentes infra annum non se reclamaverunt ad principem, aut ad proprium episcopum, aut ad missum dominicum, in ipso clericatu permaneat. Si vero post legitimos annos per vim clericus factus est, et infra annum ad super memoratas personas minime se reclamavit, ita in clericatu permaneat sicut is de quo superius dictum est. Si vero præfatæ personæ infra annum reclamationem fecerunt, hi qui eos clericos fecerunt, ipsis sive parentibus eorum hoc per legem exsolvant quod contra eos contraxerunt. Ille vero qui ante legitimos annos tonsuratus est, utrum in eadem tonsura permanere debeat necne, in potestate sit parentum. Si vero is qui tonsuratus est alicujus servus fuit, domino per legem emendetur quidquid de ejus servo contra eum contractum est. Ille vero qui tonsuratus est, utrum in eadem tonsura permaneat, in potestate sit domini sui. Si vero hi qui liberi sunt, ante legitimos aut post legitimos annos, hoc modo, sicut superius taxatum est, tonsurati sunt et ad gradus ecclesiasticos pervenerint, in eisdem gradibus perseverare cogantur. Si vero servus, qui superius taxato modo tonsuratus est, et ad gradus ecclesiasticos pervenerit, domino suo per legem emendetur, et ei redditus in suo gradu permaneat. Hoc et de velandis puellis observandum est.

Cap. 4. — *De illis qui semel in clero deputati sunt, aut monachorum vitam expetiverunt.*

(*Ex concilio Chalced. capite 7.*) Qui semel in clero deputati sunt, aut monachorum vitam expetiverunt, statuimus neque ad militiam, neque ad dignitatem aliquam venire mundanam : sed hoc tentantes et non agentes pœnitentiam, quo minus redeant ad hoc quod propter Deum primitus elegerunt, anathematizari.

Cap. 5. - *Ut canonici qui in monasterio monachorum conversantur, aut monachice vivant, aut sub canonica regula constringantur.*

(*Ex concilio Mogunt., capite 17.*) Præcipimus ut unusquisque episcopus sciat per singula monasteria quanto quisque abbas canonicos in monasterio suo habeat, et hoc omnino ambo pariter provideant, si monachi fieri voluerint, regulariter vivant, sin autem, canonice vivant omnino.

Cap. 6. — *Quod monachum paterna devotio, vel propria professio faciat.*

(*Ex concilio Toletan. capite 49.*) Monachum autem paterna devotio, aut propria professio facit. Quidquid horum fuerit, alligatum tenebit. Proinde his ad mundum reverti recludimus aditum, et omnes ad sæculum interdicimus regressus.

Cap. 7. — *De clericis qui se fingunt monachos esse.*

(*Ex eodem concilio.*) Ut clerici, qui se fingunt habitu et nomine monachos esse, et non sunt, omnimodis corrigantur atque emendentur, ut vel veri monachi sint vel veri canonici.

Cap. 8. — *Quod spontaneum propositum monachi mutari non liceat.*

(*Ex decr. Leonis papæ, capite 26.*) Propositum monachi, proprio arbitrio aut voluntate susceptum, deseri non potest absque peccato. Quod enim quis vovit Deo, debet et reddere. Unde qui relicta singularitatis professione ad militiam, vel ad nuptias devolutus est, publicæ pœnitentiæ satisfactione purgandus est : quia et si innocens militia, et honestum potest esse conjugium, electionem meliorem deseruisse transgressio est.

Cap. 9. — *Ut monacho sine conscientia sui abbatis votum vovere non liceat.*

(*Ex dictis Basilii.*) Monacho non liceat votum vovere sine consensu abbatis sui. Si autem voverit, frangendum erit.

Cap. 10. — *De virginibus quæ ante XII annos, insciis mundiburdis suis, velamen sibi imposuerint.*

(*Ex concilio Tribur., capite 10.*) Virgines quæ ante XII annos, insciis mundiburdis suis, sacrum velamen capiti suo imposuerint, et illi mundiburdi annum et diem hoc tacendo consenserint, in sancto proposito permaneant. Et si in prædicto anno et die pro illis se proclamaverint, petitioni eorum assensus præbeatur, nisi, forte Dei timore tactis, cum eorum licentia in religionis habitu perseverent.

Cap. 11. — *Ut clerici ex ea Ecclesia, in qua semel legerint, ab alia non recipiantur.*

(*Ex concilio Africano, capite 57.*) Item placuit ut quicunque in Ecclesia vel semel legerit, ab alia Ecclesia ad clericatum non teneatur.

Cap. 12. — *De virginibus necdum velatis, quæ tamen in proposito virginali se simulaverant permanere.*

(*Ex decr. Innocentii papæ, capite 20.*) Hæ vero quæ, necdum sacro velamine tectæ, tamen in proposito virginali semper se simulaverant permanere, licet velatæ non fuerint, si forte nupserint, revocandæ sunt, et agenda pœnitentia illis est : quia sponsio earum a Domino tenebatur. Nam si Apostolus illas quæ a proposito viduitatis discesserunt dixerat habere damnationem, quia primam fidem irritam fecerunt, quanto magis virgines quæ prioris promissionis fidem frangere conatæ sunt?

Cap. 13. — *De sanctimonialibus, si a proposito sacro deviaverint.*

(*Ex decr. ejusdem, capite 19.*) Quæ Christo spiritaliter nubunt, si postea publice nupserint, vel se clanculo corruperint, non eas admittendas esse ad agendam pœnitentiam, nisi is cui se junxerant de mundo recesserit. Si enim de hominibus hæc ratio custoditur, ut quæcunque vivente viro alteri nupserit adultera habeatur, nec ei agendæ pœnitentiæ licentia concedatur, nisi unus ex his fuerit defunctus : quanto magis de illa tenenda est, quæ ante immortali se sponso conjunxerat et postea ad humanas nuptias transmigravit?

Cap. 14. — *De eadem re.*

(*Ex concilio Toletan.*) De viris ac feminis sacris propositum transgredientibus sacrum proclivis cursus est a voluntate, et imitatrix natura vitiorum. Quamobrem quisquis virorum vel mulierum habitum semel induerint, vel induerunt spontanee religiosum, aut si vir deditus Ecclesiæ thoro, vel femina fuerit, aut fuit delegata puellarum monasterio, in utroque sexu prævaricator ad propositum invitus reverti cogatur, ut vir detondeatur, et puella monasterium ingrediatur. Si autem quolibet patrocinio desertores permanere voluerint, sacerdotali sententia a Christianorum cœtu habeantur extorres, ut nec locus eis ullus sit communis. Viduas quoque universalis jam dudum statuit synodus, professionis vel habitus sui desertrices, ut superiori sententia condemnentur.

Cap. 15. — *Quo tempore sacrum velamen sacris virginibus imponi debeat.*

(*Ex decr. Gelasii papæ, capite* 12.) Devotis quoque virginibus, nisi aut in Epiphania, aut in albis Paschalibus, aut in apostolorum natalitiis, sacrum minime velamen imponatur, et non ante XXV annos; nisi forte, sicut de baptismate dictum est, gravi languore correptis, ne si hoc munere de sæculo exeant, implorantibus non negetur.

Cap. 16. — *De eadem re.*

(*Ex concilio Milevit., capite* 26.) Item placuit ut quicunque episcoporum necessitate periclitantis pudicitiæ virginalis, cum vel petitor potens vel raptor aliquis formidatur, vel si etiam aliquando mortis periculoso scrupulo compuncta fuerit, ne non velata moriatur, aut exigentibus parentibus, aut his ad quorum curam pertinet, velaverit virginem, seu velavit intra vigesimum quintum annum ætatis, non ei obsit consilium, quod de isto numero annorum constitutum est.

Cap. 17. — *De sanctimonialibus quæ alias velare præsumunt.*

(*Ex decr. Eutychiæ papæ, capite* 13.) Nihilominus etiam in quibusdam locis inolitum invenimus usum stultitiæ plenum, et ecclesiasticæ auctoritati contrarium, eo quod videlicet nonnullæ abbatissæ et aliquæ ex sanctimonialibus viduis et puellis virginibus contra fas velum imponere præsumant. Et ideo nonnullæ injuste velatæ putant se liberius suis carnalibus desideriis posse inservire, et suas voluntates explere. Quapropter statuimus ut si abbatissa aut quælibet sanctimonialis post hanc definitionem in tantam audaciam proruperit ut aut viduam aut puellam virginem velare præsumpserit, judicio canonico usque ad satisfactionem subdatur.

Cap. 18. — *De virginibus, qua ætate velari debeant.*

(*Ex decr. Pii papæ.*) Ut virgines non velentur ante XXV annos ætatis, nisi forte necessitate periclitantis pudicitiæ virginalis. Et non sunt consecrandæ alio tempore nisi in Epiphania, et albis Paschalibus, et in apostolorum natalitiis, nisi causa mortis urgente.

Cap. 19. — *Quod desponsatam puellam alii viro non sit licitum dare, monasterium autem licet eligere si vult.*

(*Ex decr. Eusebii papæ, capite* 10.) Desponsatam puellam non licet parentibus dare alii viro, tamen monasterium licet eligere, si voluerit.

Cap. 20. — *Ut aliquis incognitus, non cito in monasterio monachorum recipiatur.*

(*Ex concilio Toletan., cap.* 5.) Si aliquis incognitus monasterium ingredi voluerit, ante triennium monachi habitus ei non præstetur. Et si intra tres an-

nos, aut servus, aut libertus, vel colonus quæratur a domino suo, reddatur ei cum omnibus quæ attulit, fide tamen accepta de impunitate. Si autem infra triennium requisitus non fuerit, postea quæri non potest, nisi sit tam longe quod inveniri non possit, sed tantum ea quæ in monasterium adduxit, dominus servi recipiat.

Cap. 21. — *De clericis qui monachorum propositum appetunt.*

(*Ex eodem, cap.* 50.) Clerici qui monachorum propositum appetunt, et meliorem vitam sequi cupiunt, liberos eis ab episcopis in monasteriis largiri oportet ingressus, nec interdici propositum eorum, qui ad contemplationis desiderium transire nituntur.

Cap. 22. — *De virginibus sacris, quæ propter districtiorem vitam ad aliud monasterium ire disposuerint.*

(*Ex concilio Tribur., cap.* 11.) Virgines sacræ, si pro lucro animæ suæ, propter districtiorem vitam ad aliud monasterium pergere disposuerint, ibidemque commanere decreverint, synodus concedit. Si vero fuga disciplinæ alium locum quæsierint, redire cogantur.

Cap. 23. — *Quo vestitu virgines ad consecrationem venire debeant.*

(*Ex concilio Carthag., cap.* 11.) Sanctimonialis virgo, cum ad consecrationem suo episcopo offeratur, in talibus vestibus applicetur, qualibus semper usura est, professioni et sanctimoniæ aptis.

Cap. 24. — *Ut præter scientiam domini sui, servus non efficiatur monachus.*

(*Ex concilio Arelaten., capite* 4.) Placuit in monasteriis non esse suscipiendum servum ad monachum faciendum, præter proprii Domini voluntatem. Qui vero hoc constitutum nostrum excesserit, eum a communione suspendi decrevimus, ne nomen Domini blasphemetur.

Cap. 25. — *De illo qui servum alienum, causa religionis, docet contemnere dominum suum.*

(*Ex concilio Braggar., capite* 47.) Si quis servum alienum, causa religionis, docet contemnere dominum suum, et recedere ab ejus servitio, durissime in omnibus arguatur, et ad pœnitentiam compellatur.

Cap. 26. — *De fugitivis clericis.*

(*Ex decr. Leonis papæ.*) Fugitivum vero clericum, aut monachum deserentem disciplinam, velut contemptorem placuit revocare.

Cap. 27. — *De sæcularibus, si se semel per religionem totonderint, et post laici efficiuntur.*

(*Ex concilio Toletan.* v, *capite* 5.) Quicunque ex sæcularibus accipientes pœnitentiam se totonderunt, et rursus prævaricantes laici effecti sunt, comprehensi ab episcopo suo, ad pœnitentiam ex qua recesserunt revocentur. Quod si aliqui qui per potentiam irrevocabiles sunt, nec admoniti revertentur, vere ut apostatæ coram Ecclesia anathematis sententia condemnentur. Non aliter et hi qui tonsi collaudantibus parentibus fuerint, seipsos religioni devoverunt, et postea habitum sæcularem sumpserunt, et iidem a sacerdote comprehensi, ad cultum religionis acta prius pœnitentia revocentur. Quod si reverti nolunt, vere ut apostatæ anathematis sententiæ subjiciantur. Quæ forma servabitur, etiam in viduis virginibusque sacris, ac pœnitentibus feminis, quæ sanctimonialem habitum induerunt, et postea aut vestem mutaverunt, aut ad nuptias transierunt.

CAP. 28. — *Ut servus in monasterium non recipiatur, nesciente domino suo.*

(*Ex concilio Chalced., capite 4.*) Nullum vero recipere in monasteriis servum obtentu monachi præter domini sui conscientiam licet.

CAP. 29. — *De monachis et monachabus, qui se sacrilega contagione miscuerint.*

(*Ex epist. Syricii papæ, capite 6.*) Impudicas detestabilesque personas, monachorum scilicet atque monacharum, quæ, abjecto proposito sanctitatis, illicita ac sacrilega contagione se miscuerunt, et in abruptum conscientiæ desperationem perductæ, de illicitis complexibus libere filios procreaverunt, a monasteriorum cœtu ecclesiarumque conventibus eliminandas esse mandamus, quatenus retrusæ in suis ergastulis, tantum facinus continua lamentatione deflentes, purificatorio possint plenitudinis igne decoqui, ut eis vel ad mortem saltem solius misericordiæ intuitu per communionis gratiam possit subveniri.

CAP. 30. — *Ut non liceat Deo sacratis nuptialia jura contrahere.*

(*Ex concilio Chalced. capite 16.*) Virginem quæ se Deo Domino consecravit, similiter et monachum non licere nuptialia jura contrahere. Quod si hoc inventi fuerint perpetrantes, excommunicentur. Confitentibus autem, decrevimus ut habeat auctoritatem ejusdem loci episcopus, misericordiam humanitatemque largiri.

CAP. 31. — *De his qui sanctimoniales in matrimonium acceperint, ut separati sine spe conjugii maneant.*

(*Ex epist. Pascualis papæ, capite 11.*) Hi igitur qui scientes sanctimonialibus feminis in matrimonio sunt ad injuriam Christi copulati juxta censuram Christiani zeli separentur, et nunquam eis concedatur jugali vinculo religari, sed in pœnitentiæ se lamentis vehementer, dum vivunt, afficiant.

CAP. 32. — *De virginibus quæ prævaricatæ sunt.*

(*Ex decr. Gelasii papæ, capite 10.*) Virginibus sacris temere se quosdam sociare cognovimus, et post dicatum Deo propositum, incesta fœdera sacrilegaque miscere. Quos protinus æquum est a sacra communione detrudi : et nisi per publicam probatamque pœnitentiam omnino non recipi, sed tamen his viaticum de sæculo transeuntibus, si digne pœnituerint, non negetur.

CAP. 33. — *Ut viduæ velum sibi imponere non debeant inconsulto episcopo suo, et ne presbyteri eis imponere præsumant, quod et episcopis non licet.*

(*Ex conc. Rothomag., capite 9.*) Statutum est viduas non debere velare se, inconsulto suo episcopo. Simul et hoc statutum est, ut si quispiam presbyterorum deinceps hujus constitutionis normæ contumaciter transgressor exstiterit; scilicet ut aliquas viduas velare præsumat, quia hoc et episcopis non licet, gradus sui periculum incurrat. Similiter et de puellis virginibus a presbyteris non velandis statutum est, ut si quis hoc facere tentaverit, tanquam transgressor canonum damnetur.

CAP. 34. — *Quod viduæ sub nulla benedictione sint velandæ.*

(*Ex decr. Gelasii papæ, capite 21.*) Nam de viduis sub nulla benedictione velandis, superius latius duximus disserendum. Quæ si propria voluntate professam pristini conjugii castitatem mutabili mente calcaverunt, periculi earum intererit, quali Deum debeant satisfactione placare. Sicut enim si se forsitan continere non poterant secundum Apostolum, nullatenus nubere vetabantur, sic habita secum deliberatione, promissam Deo pudicitiæ fidem debuerunt custodire. Nos autem nullum talibus laqueum debemus injicere, sed solas adhortationes præmii sempiterni, pœnasque proponere divini judicii; ut nostra sit absoluta conscientia, et illarum pro se rationem Deo reddat intentio. Cavendum quippe est quod de earum moribus actibusque beatus Paulus testatur apostolus, quod planius exponere præterimus, ne sexus instabilis non tam deterreri quam admoneri videatur.

CAP. 35. — *De viduis quæ semel sacræ conversationis velamen suscipiunt.*

(*Ex concilio Aurelian., capite 3.*) Viduæ quæ spontanea voluntate ab altari sacræ conversationis velamen suscipiunt, decrevit sancta synodus in eodem proposito eas permanere. Non enim fas esse decernimus, ut postquam se Domino semel sub velo consecraverint, et inter velatas oblationes fecerint, iterum eis concedi Spiritui sancto mentiri.

CAP. 36. — *De viduis, ut nullus eas velare attentet.*

(*Ex concil. Mogunt., cap. 6.*) Viduas autem velare pontificum nullus attentet, prout constitutum est in decretis Gelasii, capitulo XIII, quod nec auctoritas divina, nec canonum forma præstitit. Quæ si propria fuerit voluntate continentiam professa, ut in ejusdem Gelasii capitulo XXI legitur, ejus intentio pro se reddat rationem Deo : quia sicut secundum Apostolum, si se continere non poterat, nullatenus nubere vetabatur, sic secum habita deliberatione, promissam fidem pudicitiæ Deo debet custodire. Nos autem, auctoritate Patrum suffulti, in hoc sacro conventu sancimus, et libere judicamus, si sponte velamen, quamvis non consecratum, sibi imposuerit, et in ecclesia inter velatas oblationem Deo obtulerit, velit, nolit, sanctimoniæ habitum ulterius habere debet, licet sacramento confirmare velit eo tenore et ratione velamen sibi imposuisse ut iterum posset deponere.

CAP. 37. — *De nobilibus feminis quæ, postquam velatæ fuerint, domi in deliciis residere delectantur.*

(*Ex concilio apud Aquisgran., Ludovico Pio præsente, capite 6.*) De nobilibus feminis quæ amissis viris repente velantur, et in propriis domibus diversas necessitates opponentes residere delectantur, de quibus in aliis conventibus coram serenitate vestra jam dudum ventilatum et definitum est, majori solertique studio admonendas et instruendas ab episcopis statuimus, quatenus suæ saluti consulant, ne sic indiscrete vivendo, et propria noxiaque libertate utendo, et per diversa vagando, periculum animarum suarum incurrant, semper illud apostolicum ante oculos habentes, quo dicitur : Vidua quæ in deliciis est, vivens mortua est.

CAP. 38. — *De his qui velatas et Deo consecratas in conjugium duxerint.*

(*Ex concilio Aurelian., capite* 23.) Si quis sacro velamine consecratam in conjugium duxerit, et post dicatum Deo propositum incesta fœdera sacrilegaque miscuerit, ut in constitutis Gelasii papæ, cap. XX, legitur, protinus æquum est sacra communione detrudi, et nisi per publicam probatamque pœnitentiam omnino non recipi. Si tamen pœnituerint, transeuntibus de sæculo viaticum non negetur. In Chalcedonensi concilio, cap. XVI, hoc perpetrantes excommunicantur. Confitentibus auctoritate episcopi misericordia largitur. In epistola Syricii papæ, cap. VI, velatæ et Deo consecratæ, si abjecto proposito sanctitatis clanculum sacrilega contagione se miscuerint, et illicitis complexibus publice et libere filios procreaverint, has nuptias detestabiles a monasteriorum cœtu, et ecclesiarum conventibus eliminandas esse judicatum est : quatenus detrusæ ergastulis, tantum facinus continua lamentatione defleant. Unde verbo Domini et canonica auctoritate in hac sancta synodo præcipimus, ut omnino separentur, et juramento colligentur, ulterius sub uno non cohabitare tecto, nec familiari frui colloquio, excepto in ecclesia, aut in publico, aut rem habere ullam communem, unde suspicio illecebrosi desiderii, aut scandalum libidinosi facti juste possit oriri. Si qua etiam inter se dividenda sint, dividant, et uterque sua provideat, et incestuosus sine spe conjugii maneat.

CAP. 39. — *De viduis quæ professam continentiam prævaricatæ sunt.*

(*Ex concilio Carthag., capite* 104.) De viduis quæ professam continentiam prævaricatæ sunt : sicut bonum est castitatis præmium, ita et majori observantia et præceptione custodiendum est, ut si quæ viduæ, quamlibet adhuc in minoribus annis positæ et matura ætate a viro relictæ, se devoverint Deo, et veste laicali abjecta, sub testimonio episcopi et Ecclesiæ religioso habitu apparuerunt, postea vero ad nuptias sæculares transierunt, secundum Apostolum damnationem habeant : quia fidem castitatis quam Deo voverunt, irritam facere visi sunt. Tales ergo personæ a Christianorum communione sequestrentur, neque etiam in convivio cum Christianis communicent. Nam si adulteræ conjuges reæ sunt, si suis viris obnoxiæ fuerint, quanto magis viduæ quæ Dei religiositatem mutaverunt, crimine adulterii notabuntur, si devotionem quam sponte nec coacte Deo obtulerunt libidinosa voluntate corrupe-

rint, atque ad secundas nuptias transitum fecerint? Quæ et si violentia irruente ab aliquo oppressæ fuerint, ac postea delectatione libidinis permanente in conjugio raptori vel violento viro consenserint, damnatione superius dicta teneantur obnoxiæ. De talibus ait Apostolus : Cum enim luxuriatæ fuerint, nubere in Christo volunt, habentes damnationem, quia primam fidem irritam fecerunt.

CAP. 40. — *De eadem re.*

(*Ex decr. Zepherini papæ, capite* 4.) Ut viduæ non sint in deliciis, sed secundum Apostolum, sub potestate episcopi vivant.

CAP. 41. — *De eadem re.*

(*Apostol. dicit.*) Præcipe, inquit, ut viduæ irreprehensibiles sint. Vidua eligatur non minus XL annorum, in operibus bonis testimonium habens, si filios educavit, etc. Adolescentiores viduas devita. Cum enim luxuriatæ fuerint, in Christo nubere volunt, habentes damnationem, quia primam fidem irritam fecerunt : simul et otiosæ loquentes quod non oportet. Volo ergo juniores nubere, procreare filios, matresfamilias esse, nullam occasionem dare adversario, maledicti gratia. Jam enim quædam conversæ sunt retro Satanam.

CAP. 42. — *De feminis quarum mariti obierint, ut non cito se velent.*

(*Ex concilio Aurelian., capite* 5.) De feminis quæ viros amittunt, placet ne se sicut hactenus indiscrete velent, sed triginta dies post decessum viri sui exspectent. Et post tricesimum diem per consilium episcopi sui, vel, si episcopus absens fuerit, consilio aliorum religiosorum sacerdotum suorumque amicorum id quod eligere debent eligant : et ut rogetur princeps a sacro conventu, ut hi qui publicam egerunt pœnitentiam, et feminæ quæ viros amittunt, sua auctoritate donec deliberent quid agant tueantur, et specialiter pro his capitula fieri, et legis mundanæ capitulis inserenda decrevimus.

CAP. 43. — *Ut viduitatis professio coram episcopo fiat.*

(*Ex concil. Arausic., capite* 6.) Viduitatis servandæ professionem coram episcopo in secretario habitam, imposita coram episcopo veste viduali, non esse violandam, ipsam talis professionis desertricem merito esse damnandam decernimus.

CAP. 44. — *Ut nullus vetet vel jubeat viduas vel virgines nubere.*

(*Ex concilio Toletan., capite* 10.) Pro consulto castitatis, quod maxime hortandi concilii proficere debeat, annuente glorioso domino nostro Recaredo rege, hoc sanctum affirmat concilium, ut viduæ quibus placuerit tenere castitatem, nulla vi ad nuptias iterandas venire cogantur. Quod si priusquam profiteantur continentiam, nubere elegerint, illis nubant quos propria voluntate voluerint habere maritos. Similis conditio et de virginibus habeatur, nec contra voluntatem parentum vel suam cogantur maritos accipere. Si quis vero propositum castitatis viduæ vel virginis impedierit, a sancta communione et a liminibus ecclesiæ habeatur extraneus.

Cap. 45. — *De viduis propositum relinquentibus.*
(*Ex epist. Greg. papæ missa ad Bonifacium.*) Viduas a proposito discedentes viduitatis, super quibus nos consulere voluit dilectio tua, frater charissime, credo te nosse a sancto Paulo, et a multis sanctis Patribus, nisi convertantur, olim esse damnatas. Quas et nos apostolica auctoritate damnandas, et a communione fidelium atque a liminibus ecclesiæ arcendas fore censemus, usquequo obediant episcopis suis et ad bonum quod cœperunt invitæ aut voluntariæ revertantur. De virginibus autem non velatis, si deviaverint, a sanctæ memoriæ prædecessore nostro papa Innocentio taliter decretum habemus : Hæ vero quæ necdum sacro velamine tectæ, tamen in proposito virginali semper se simulaverunt permanere, licet velatæ non fuerint, si nupserint, aliquanto tempore his agenda pœnitentia est : quia sponsio earum a Domino tenebatur. Si enim inter homines solet bonæ fidei contractus nulla ratione dissolvi, quanto magis ista pollicitatio, quam cum Deo pepigit, solvi sine vindicta non poterit? etc. Nam si virgines nondum velatæ taliter pœnitentia publica puniuntur et a cœtu fidelium usque ad satisfactionem excluduntur, quanto potius viduæ quæ perfectioris ætatis, et maturioris sapientiæ, atque consilii existunt, virorumque consortio multoties usæ sunt, et habitum religionis assumpserunt, et demum apostataverunt, atque ad priorem vomitum sunt reversæ, a nobis et ab omnibus fidelibus a liminibus ecclesiæ et a cœtu fidelium, usque ad satisfactionem, sunt eliminandæ et carceribus tradendæ, qualiter juxta beatum apostolum Paulum, tradentes hujusmodi hominem Satanæ, ut spiritus salvus sit in die Domini? De talibus enim et Dominus per Moysen loquitur dicens : Auferte malum de medio vestri. De quibus et per Prophetam ait : Lætabitur justus cum viderit vindictam, manus suas lavabit in sanguine peccatoris. De talibus namque et eorum similibus atque eisdem consentientibus dicitur : quia non solum qui faciunt, sed etiam qui consentiunt facientibus, rei sunt.

Cap. 46. — *Ut viduæ velatæ ad nuptias ire non debeant.*
(*Ex decr. Gelasii papæ ad Sicilienses episcopos missis, capite 9.*) Neque viduas ad nuptias transire patimur, quæ religioso proposito diuturna observatione permanserunt. Similiter virgines nubere prohibemus, quas annis plurimis in monasteriis ætatem peregisse contigerit.

Cap. 47. — *De vidua quæ sub obtentu religionis velum ad tempus sibi imposuerit.*
(*Ex epist. Nicolai papæ, capite 5.*) Nicolaus episcopus servus servorum Dei, reverendissimo et sanctissimo confratri nostro Adalwino sanctæ Vivenensis Ecclesiæ archiepiscopo. Quod autem interrogasti de femina quæ post obitum mariti sui velamen sacrum super caput suum imposuit, et finxit se sub eodem velamine sanctimonialem esse, postea vero ad nuptias rediit, bonum mihi videtur quia per hypocrisim ecclesiasticam regulam conturbare voluit, et non legitime in voto suo permansit, ut pœnitentiam agat de illusione nefanda, et revertatur ad id quod spopondit, et in sacro ministerio inchoavit. Nam si consenserimus quod omnia sacramenta ecclesiastica quisque, prout vult, fingat ei non vere faciat, omnis ordo ecclesiasticus conturbatur, nec catholicæ fidei jura consistunt, nec canones sacri rite observantur. Quid enim profuit Simoni Mago baptismum sacrum ficte suscipere, et in Christianitate permansurum se finxisse, cum per apostolum fraude ejus detecta, quod sibi futurum esset prænuntiatum est. Ait enim : Pecunia tua tecum sit in perditione ; cor enim tuum non est rectum coram Deo : pœnitentiam itaque age ab hac nequitia tua, et roga Deum ut forte remittatur tibi hæc cogitatio cordis tui. In felle enim amaritudinis, et obligatione iniquitatis video te esse. Ideo tales, nisi resipiscant, spirituali gladio percutere censemus. Non enim fas est Spiritui sancto mentiri, sicuti Ananias et Sapphira mentiti sunt, et statim perierunt.

Cap. 48. — *De viduis et puellis quæ in domibus propriis habitum religionis susceperunt.*
(*Ex concilio Toletan. iv, capite 57.*) De viduis et puellis quæ habitum religionis in domibus propriis tam a parentibus quam per se mutaverunt, si postea contra instituta Patrum, vel præcepta canonum, conjugia crediderint copulanda, tandiu utrique habeantur a communione suspensi, quousque quod illicite perpetraverunt emendare neglexerint, a communione vel omnium Christianorum convivio in perpetuum sint sequestrati.

Cap. 49. — *Quod sanctus Gregorius quamdam feminam velatam quæ sacrum propositum transgressa est, comprehendi jusserit.*
(*Ex reg. Greg. ad Sepontium episcop.*) Si custos religiosi habitus fuisses, aut esse nosses episcopus, filiam gloriosæ memoriæ Tulliani magistri militiæ, te illic posito, nec projectis religiosis vestibus ad sæcularem reverti habitum, nec ad nos licuisset perversam epistolam destinare. Sed quia nimia desidia ac torpore deprimeris, in tuo dedecore res ad præsens illicita impune commissa est. Nam sicut præfati sumus, si sollicitus esses, prius ad nos ultio mulieris pravissimæ, quam culpa debuit pervenire. Quia ergo tantum hebes, tantumque es negligens, ut nisi canonicam vitæ fueris coercitionem expertus, in aliis districtionem et disciplinam nescias custodire, qualiter debeas esse sollicitus, congruo tibi, si Domino placuerit, tempore demonstramus. Præsentia igitur scripta suscipiens evigila, et excitatus saltem exsequere quod pressus nunc usque ignavia distulisti. Instantiæ ergo tuæ sit, prædictam mulierem una cum Sergio defensore comprehendere, et statim non solum ad male contemptum habitum sine excusatione aliqua revocare, sed etiam in monasterio ubi omnino districte valeat custodiri detrudere, et ita omnem circa illam sollicitudinem exhibere, ut quam sit nefarium quod commisit, ex tua possit districtione cognoscere. Qua in re si quis, quod non

credimus, laicorum aliquo tibi ingenio tentaverit obsistendum, a sanctissimæ eum communionis participatione suspende, nobisque renuntians festina, ut quantum sit exsecrabile quod præsumit, postquam consideratione propria non advertit, emendationis qualitate cognoscat. In his autem omnibus ita cautum ac stude vigilantem te ostendere, ut culpam tuam non geminare neglectus, sed aliquantisper valeat et sollicitudo minuere.

CAP. 50. — *De viduis velatis, si voluptatibus carnis inservire accusantur.*

(*Ex concilio Meldensi, capite 2.*) Ut illæ quæ quasi sanctimoniales sub velamine religionis degere videntur, sed potius in deliciis viventes, mortuæ in divinis oculis computantur, per provincias discurrentes, curiosæ et verbosæ, si libidinibus cæterisque carnis voluptatibus inservire accusantur, si manifeste detegi potuerint, episcopali auctoritate et regia potestate in talibus locis residere sub testimonio religioso cogantur, ubi pœnitentiam si fecerint dignam, assequantur etiam fructuosam. Si enim manifeste detegi non valuerint, erga Ecclesiam suæ opinionis malam famam canonice purgare cogantur : et ut religiosius de cætero vivant, et in monasteriis conversentur, episcopali decreto et regia potestate coerceantur. De his etiam Apostolus dicit : Quæ cum fornicatæ fuerint, in Christo nubere volunt.

CAP. 51. — *Ut sacrilegi dijudicentur, qui se sacratis feminis miscuerint.*

(*Ex concilio Arelatensi, capite 7.*) Sciendum est omnibus quod Deo sacratarum feminarum corpora per votum propriæ sponsionis et verba sacerdotis Deo consecrata templa esse Scripturarum testimoniis comprobantur, et ideo violatores earum sacrilegi ac juxta Apostolum filii perditionis esse noscuntur.

CAP. 52. — *De his qui sanctimoniales virgines, viduas velatas rapiunt.*

(*Ex concilio Meldensi, capite 8.*) Qui sanctimoniales virgines vel viduas rapiunt, et progressu etiam criminis in conjugium sumunt, publicæ pœnitentiæ subigantur. Ipsæ vero feminæ locis congruis pœnitentiæ retrudantur, et ad habitum religionis redire cogantur. Ipse autem incestuosus sine spe uxoriæ copulationis perenniter maneat, nisi nescisse se velatam expurgare potuerit. Si vero, quod absit ! conjugia iterare præsumpserint, acriori subdantur vindictæ, et amplius propellantur. Qui si forte obedire monitis salutaribus noluerint, anathematizentur.

CAP. 53. — *Ut clerici seu laici cum bono testimonio cum sacris puellis loqui debeant.*

(*Ex concilio Spalensi, capite 10*). Hæc cautela circa omnes servetur, ut laici remoti a peculiaritate virginum, nec usque ad vestibulum habeant accedendi familiare permissum, nec ipse qui præest cum sola colloqui debet, sed sub testimonio duarum aut trium sororum, ita ut rara sit accessio, brevisque locutio.

CAP. 54. — *Quod mulieres velatæ, in monasteriis, aut in domibus suis habitum observent.*

(*Ex decr. Eugenii papæ capite 28.*) Mulieres obtentu religionis velatæ, aut in monasterio regulariter vivant, aut in domibus suis susceptum habitum caste observent.

CAP. 55. — *Ut adolescentiores viduæ, vel sanctimoniales, ab episcopo non negligantur.*

(*Ex concilio Carthag., capite 102.*) Ad reatum episcopi pertinet, vel presbyteri qui parochiæ præest, si sustentandæ ab Ecclesia vitæ præsentis causa adolescentiores viduæ vel sanctimoniales eorum familiaritatibus subjiciantur.

CAP. 56. — *Ut unusquisque episcopus clericos in suo episcopio vagantes, ad suum episcopum redire faciat.*

(*Ex concilio Mogunt., capite 19.*) Ut unusquisque episcopus in sua parochia diligenter presbyteros vel clericos inquirat, unde sint : et si aliquem fugitivum invenerit, ad suum episcopum redire faciat.

CAP. 57. — *De clericis vagis.*

(*Ex eodem capite 18.*) De clericis vagis, seu de acephalis, id est, de his qui sunt sine capite, neque in servitio Domini nostri, neque sub episcopo, neque sub abbate, sed sine canonica vel regulari vita degentes, ut in libro officiorum secundo, cap. tertio, de his dicitur : Hos neque inter laicos, et inter sæcularium officiorum studia, neque inter clericos religio tentat divina, sed solutos atque oberrantes, sola turpis vita complectitur et vaga : quique dum nullum metuunt, explendæ voluptatis suæ licentiam sectantur, et quasi animalia bruta libertate ac desiderio feruntur, habentes signum religionis, non religionis officium, hypocentauris similes, neque equi nec homines. Tales omnino præcipimus, ut ubicunque inventi fuerint, episcopi sine ulla mora eos sub custodia constringant canonica, et nullatenus eos amplius ita errabundos et vagos secundum desideria voluptatum suarum vivere permittant. Sin autem episcopis suis canonice obedire noluerint, excommunicentur usque ad judicium episcopi regionis illius. Sin autem nec illi eos corrigere valuerint, omnino sub vinculis constringantur usque ad synodum, ut ibi eis indicetur utrum ad judicium principis aut ad universalem synodum deferantur, sub custodia publica.

CAP. 58. — *Ut monachæ monastice vivant, et canonice secundum canonicam vitam vivant.*

(*Ex eodem concilio cui interfuit Carolus imper., et Ricolphus archiep., in claustr. S. Alb., capite 13.*) Abbatissas autem cum sanctimonialibus omnino recte et juste vivere censemus. Quæ vero professionem secundum regulam sancti Benedicti fecerunt, regulariter vivant. Sin autem, canonice vivant pleniter, et sub diligenti cura custodiam habeant, et in claustris suis permaneant, nec foras exitum habeant. Sed et ipsæ abbatissæ in monasteriis sedeant, nec foras vadant, sine licentia et consilio episcopi sui.

CAP. 59. — *Ut sanctimoniales abbatissæ suæ sint obedientes.*

(*Ex eodem, capite* 14.) Sanctimoniales, nisi forte abbatissa sua pro aliqua necessitate incumbente mittente, nequaquam de monasterio egrediantur. Hæ vero quæ famulos aut famulas non habent, ad exercenda negotia ad mediam monasterii portam perveniant, et ibi coram testibus negotium suum exerceant.

CAP. 60. — *De feminis quæ propter continentiam muliebrem mutant habitum.*

(*Ex concilio Grangen. capite* 13.) Si qua mulier propter continentiam quæ putatur, habitum mutat, et pro solito muliebri amictu virilem sumit, anathema sit.

CAP. 61. — *De illo qui virginitatem custodierit, nuptias autem exsecraverit.*

(*Ex eodem, capite* 9.) Quicunque virginitatem custodiens, aut continentiæ studens, velut horrescens nuptias temerat, nec propter hoc quod bonum et sanctum est nomen virginitatis assumit, anathema sit.

CAP. 62. — *De feminis quæ propter religionem crines totonderint.*

(*Ex eodem, capite* 17.) Si qua mulier propter divinum cultum, ut æstimat, crines attondit, quos ei Deus ad subjectionis memoriam tribuit, tanquam præceptum dissolvens obedientiæ, anathema sit.

CAP. 63. — *De illis qui propter continentiam palliis vestiuntur.*

(*Ex concil. Cabillon., capite* 12.) Si quis virorum propter continentiam, quæ putatur, amictu pallii utitur, quasi per hoc habere se justitiam credens, et despicit eos qui cum reverentia byrris et aliis communibus et solitis vestibus utuntur, anathema sit.

CAP. 64. — *De illis qui virginitatem observant, et sic extolluntur.*

(*Ex eodem, capite* 10.) Si quis ex his qui virginitatem propter Deum servant extollitur adversum conjugatos, anathema sit.

CAP. 65. — *Quod non sit permittendum monachos et monachas in uno monasterio simul habitare.*

(*Ex reg. Greg. papæ.*) In nullo loco monachos et monachas permittimus unum monasterium habere, sed nec ea quæ duplicia vocant, et si quid tale est. Religiosus episcopus mulieres quidem in suo loco studeat manere, monachos autem aliud monasterium ædificare cogat. Sin autem plurima sint talia monasteria, separentur in aliis monasteriis monachæ, et in aliis monachi. Res autem quas habent communes, secundum jura eis competentia distribuantur.

CAP. 66. — *Ut episcopus monasteria monacnorum et sanctimonialium frequenter visitet.*

(*Ex concil. Rothomag., capite* 3.) Ut episcopus monasteria monachorum et sanctimonialium frequenter introeat, et cum gravibus et religiosis personis, et in eorum, vel in earum conventu residens, eorum vitam et conversationem diligenter discutiat, et, si quid reprehensibile invenerit, corrigere satagat. Sanctimonialium etiam, pudicitiam subtiliter investiget. Et si aliqua invenitur quæ, neglecto proposito castitatis, clerico aut laico impudenter misceatur, et in privata custodia retrudatur, ubi quod male commisit digne pœniteat. Interdicat etiam ex auctoritate sanctorum canonum, ut nullus laicus aut clericus in earum claustris et secretis habitationibus accessum habeat, neque presbyteri, nisi tantum ad missam, expleta missa ad ecclesias suas redeant. Omnibus præterea publice et privatim denuntiet, quantum piaculum sit, qui sponsam Christi vitiare præsumit. Si enim ille reus tenetur qui sponsam hominis violat, quanto magis reus majestatis efficitur qui sponsam omnipotentis Dei corrumpit?

CAP. 67. — *Ut abbates in potestate episcoporum consistant.*

(*Ex concilio Aureliano, capite* 4.) Abbates pro humilitate religionis in episcoporum potestate consistant, et si quid extra regulam fecerint, ab episcopis corrigantur. Non semel, sed sæpius in anno, episcopi visitent monasteria monachorum, et si quid corrigendum fuerit, corrigant. Monachi autem abbatibus omni obedientia et devotione subjaceant. Quod si quis per contumaciam exstiterit indevotus, ac per loca aliqua vagari, aut peculiare aliquod habere præsumpserit, omnia quæ acquisierit ab abbatibus auferantur secundum regulam monasterio profutura. Ipsi autem qui fuerint pervagati, ubi inventi fuerint, cum auxilio episcopi tanquam fugaces sub custodia revocentur et constringantur.

CAP. 68. — *De monachis qui filios procreaverint.*

(*Ex dictis S. Isidor.*) Monachi filios procreantes in carcere recludantur, tantum facinus continua lamentatione deflentes, ut eis vel ad mortem sola misericordia in communionis gratia possit indulgeri.

CAP. 69. — *De sanctimonialibus quæ vim barbaricam pertulerunt.*

(*Ex decr. Leonis papæ, capite* 49.) De his autem quæ, in sacro virginitatis proposito constitutæ, barbaricam pertulere violentiam, et integritatem pudoris non in animo sed corpore perdiderunt, ea nobis videtur servanda moderatio, ut neque in viduarum dejiciantur gradum, neque in sacrarum et perseverantium virginum numero censeantur. Quibus si in omnibus virginalibus observationibus perseverant, et castimoniæ soliditatem mente custodiunt, sacramentorum non est neganda communio : quia injustum est illas in eo vel argui, vel notari, quod non voluntas admisit, sed vis hostilis eripuit.

CAP. 70. — *De quadam abbatissa quæ se proclamaverat super militibus in claustro suo hospitantibus.*

(*Ex regis. Greg. ad Fortunatum episcopum Neapolit., capite* 112.) Insinuavit nobis latrix præsentium Agnella abbatissa, quod intra monasterium ipsius milites hospitentur. Et omnino de fraternitatis vestræ sollicitudine mirati sumus, cur hoc patienter tulerit, et non illud cum omni celeritate fecerit emendari. Unde hortamur, ut vel nunc studii vestri sit instanter eis quorum interest imminere, quatenus sine aliqua exinde excusatione tollantur, et nullus illic ulterius meatum accipiat, nec callidus hostis occasionem inveniens, de deceptione religiosi habitus, quod absit! valeat exsultare.

CAP. 71. — *Quod res ecclesiasticæ ad laicos disponendæ non respiciant.*

(*Ex concilio apud Compendium, capite* 10.) Synodali decreto sancitum est, ne laici vel sæculares de viris Deo dicatis Ecclesiæque facultatibus aliquid ad se putent vel præsumant præter reverentiam pertinere, quorum quarumque sacerdotibus disponendi indiscusse a Deo cura commissa docetur. Si quis contra hæc venire præsumpserit, anathemate feriatur.

CAP. 72. — *De eadem re.*

(*Ex eodem, capite* 5.) De viris Deo dicatis vel ecclesiasticis facultatibus aliquid disponendi, nulla legitur laicis, quamvis religiosis, unquam attributa facultas.

CAP. 73. — *Ut abbates ad synodum ire non cogantur, nisi pro rationabili re.*

(*Ex concilio Turonensi, capite* 11.) Episcopus non debet abbatem cogere ad synodum ire, nisi aliqua rationabilis causa consistat.

CAP. 74. — *Ut congregationes monachorum sine collaudatione episcopi fieri non liceat.*

(*Ex concilio Epaonensi, capite* 10.) Cellulas novas aut congregatiunculas monachorum absque notitia episcopi prohibemus institui.

CAP. 75. — *De virginibus sacris, quæ parentibus privantur.*

(*Ex concilio Africano, capite* 11.) Ut virgines sacræ, si parentibus a quibus custodiebantur privatæ fuerint, ab episcopo custodiantur. Ubi autem episcopus absens est, providentia gravioribus feminis commendetur, ut simul habitantes invicem se custodiant, ne, passim vagando, Ecclesiæ lædant existimationem.

CAP. 76. — *Qui religiosis feminis præponendus sit.*

(*Ex concilio Carthaginensi, capite* 97.) Qui religiosis feminis præponendus sit, ab episcopo probetur.

CAP. 77. — *De sanctimonialibus, quid in claustro facere debeant.*

(*Ex concilio Moguntino, capite* 6.) Sanctimoniales in monasterio constitutæ habeant studium in legendo et in cantando, et horas canonicas solemniter pariter celebrent, et omnes, exceptis quas infirmitas tenet, in dormitorio dormiant, et omnibus diebus ad capitulum et ad collationes veniant, et regulam a sanctis Patribus illis constitutam diligenter observent.

CAP. 78. — *Nullus laicus claustra sanctimonialium ingrediatur, nisi ad opera exercenda.*

(*Ex eodem, capite* 16.) Nullus vassus abbatissæ, nec minister aliquis, nec clericus, nec laicus claustra ancillarum Dei ingrediatur, nisi forte quando necessitas operandi incumbit.

CAP. 79. — *Janitrix claustri non eligatur, nisi testimonium habeat bonum.*

(*Ex eodem, cap.* 15.) Portaria non eligatur, nisi quæ ætate matura sit, et testimonium habeat bonum, et vitæ probabilis sit.

CAP. 80. — *Ut abbatissa, nisi per licentiam sui episcopi a monasterio non egrediatur.*

(*Ex concilio Gangren., capite* 9.) Abbatissa nequaquam de monasterio egrediatur, nisi per licentiam episcopi sui. Et si quando foras pergit, de sanctimonialibus quas secum ducit curam maximam habeat, ut nulla eis detur occasio peccandi.

CAP. 81. — *Ut unus abbas duobus monasteriis præesse non debeat.*

(*Ex concilio Arausic., capite* 54.) Unum abbatem duobus monasteriis interdicimus præsidere.

CAP. 82. — *Ut monachi compatres non habeant.*

(*Ex concilio Augustodunensi, capite* 5.) Ut monachi vel monachæ compatres habere non præsumant.

CAP. 83. — *Quod feminæ in conventu docere non debeant.*

(*Ex concilio Carthaginensi.*) Mulier quamvis docta in conventu docere non audeat.

CAP. 84. — *Ut femina pœnitentiam dare non debeat, nec sedere inter sacerdotes in convivio.*

(*Ex concilio Remensi, præsente Ludovico imperatore, capite* 5.) Femina non det pœnitentiam, nec corporale cum oblatione, nec calicem super altare ponat, nec inter ordinatos stet in ecclesia, nec sedeat inter sacerdotes in convivio.

CAP. 85. — *De mulieribus virorum causas discutientibus.*

(*Ex concil. Nanneten., cap.* 8.) Cum Apostolus dicat: Mulieres in ecclesia taceant: non enim permittitur eis loqui, turpe est enim mulieri in ecclesia loqui: mirum videtur, quod quædam mulierculæ contra divinas humanasque leges, attrita fronte impudenter agentes, placita generalia et publicos conventus indesinenter adeunt, et negotia regni utilitatesque reipublicæ magis perturbant quam disponant, cum indecens sit, et etiam inter barbaras gentes reprehensibile, mulieres virorum causas discutere, et quæ de lanificiis suis, et operibus textrilibus, et mulieribus inter genitiarias suas residentes debuerant disputare, in conventu publico ac si in curia residentes, senatoriam sibi usurpant auctoritatem. Quæ ignominiosa præsumptio fautoribus magis imputanda videtur, quam feminis. Unde quia divinæ leges, ut supra monstratum est, hoc contradicunt, et humanæ nihilominus idipsum prohibent, ut feminæ nihil aliud prosequantur in publico, quam suam causam. Ait enim lex Theodosiana: Nulla ratione feminæ amplius quam suas causas agendi habeant potestatem, nec alicujus causam a se noverint prosequendam: idcirco ex auctoritate canonica interdicimus, ut nulla sanctimonialis virgo, vel vidua, conventus generales adeat, nisi a principe fuerit evocata aut ab episcopo suo: nisi forte propriæ necessitatis ratio impulerit, et hoc ipsum cum licentia et nuntio episcopi sui.

CAP. 86. — *Quod abbas pro humiliatione locum suum relinquere possit.*

(*Ex concil. Mongunt. cap.* 18.) Abbas potest pro humiliatione, et cum permissione episcopi, locum suum relinquere : tamen fratres eligant sibi abbatem de ipsis si habeant, sin autem de extraneis. Nec episcopus debet abbatem violenter retinere in loco suo. Congregatio debet eligere sibi abbatem post mortem abbatis sui, vel eo vivente, si ipse discesserit, vel peccaverit. Ipse enim non potest aliquem ordinare de suis propinquis vel amicis, sine voluntate fratrum.

CAP. 87. — *Quod laicus in ecclesia lectionem recitare non debeat.*

Ex eodem, cap. 19.) Laicus non debet in ecclesia lectionem recitare, nec alleluia dicere, nisi psalmos tantum et responsoria sine alleluia.

CAP. 88. — *Quod non liceat episcopo abstrahere rem monasterii, quamvis erga se peccaverit abbas.*

(*Ex eodem, cap.* 20.) Episcopo non licet tollere possessionem monasterii, quamvis peccaverit abbas, sed mittat eum in aliud monasterium, in potestatem alterius abbatis.

CAP. 89. — *Ne monachi placita sæcularia adeant.*

(*Ex eodem, cap.* 21.) Ac deinde decrevimus, sicut sancta regula dicit, ut monasterium ubi fieri possit, per decanos ordinetur : quia illi præpositi sæpe in elationem incidunt, et in laqueum diaboli. Hoc tamen omnino volumus, ut non monachi ad sæcularia placita ullatenus veniant, neque ipse abbas sine licentia episcopi sui, et cum necessitas exigit, tunc per jussionem et consilium episcopi sui illuc vadat. Nequaquam tamen contentiones aut lites aliquas ibi movere præsumat, sed quidquid quærendum, vel etiam respondendum sit, per advocatos suos hoc faciat. Abbates et monachi usque ad interrogationem silentium habeant, et cum interrogantur, cum humilitate et reverentia respondeant. Alias querelas omnino devitent. In eorum claustro permaneant, nullusque ex eis foras vadat; nisi per necessitatem ab abbate mittatur in obedientiam : nec foris manducet neque bibat sine permissione abbatis, nec ad convivia sæcularia vadat.

CAP. 90. — *De negotio sæculari.*

(*Ex codem, cap.* 22.) Ministri autem altaris Domini, vel monachi, nobis placuit, ut a negotiis sæcularibus omnino abstineant. Multa sunt ergo negotia sæcularia, de his tamen pauca perstringamus, ad quæ pertinet omnis libido, non solum immunditia carnis, sed etiam omnis carnalis concupiscentia. Quidquid plus justo appetit homo, turpe lucrum est: munera injusta accipere vel etiam dare pro aliquo sæculari conquæstu, pretio aliquem conducere, contentiones, et lites, et rixas amare, in placitis sæcularibus disputare, excepta defensione orphanorum et viduarum, conductores aut procuratores esse sæcularium rerum, turpis verbi vel facti jocularem esse, vel jocum sæcularem diligere, aleas amare ornamentum inconveniens proposito suo quærere, in deliciis vivere velle, gulam et ebrietatem sequi, pondera injusta vel mensuras habere, negotium injustum exercere. Nec tamen justum negotium est est contradicendum propter necessitates diversas : quia legimus sanctos apostolos negotiasse, et in regula S. Benedicti præcipitur prævidere, per quorum manus negotium monasterii transeat. Canes et aves sequi ad venandum, et in omnibus quibuslibet causis superfluum esse. Ecce talia et his similia ministris altaris Domini necnon et monachis omnino contradicimus. De quibus dicit Apostolus : Nemo militans Deo implicat se negotiis sæcularibus.

CAP. 91. — *De clericis injuste tonsuratis.*

(*Ex eodem, cap.* 23.) De clericis vero hoc statuimus, ut hi qui hactenus inventi sunt sive canonico sive in monachico ordine tonsurati sine eorum voluntate, si liberi sunt, ut ita permaneant, et deinceps cavendum ut nullus tondeatur, nisi legitima ætate, et spontanea voluntate, vel cum licentia domini sui, vel consensu parentum.

CAP. 92. — *Ut episcopi sive abbates, ante se joca turpia fieri non permittant.*

(*Ex eodem, cap.* 24.) Ut episcopi et abbates ante se joca turpia facere non permittant, sed pauperes et indigentes secum ad mensam habeant, et lectio divina ibi personet, et sumant cibum cum benedictione, et laude Domini secundum Apostolum : Sive manducatis sive bibitis, omnia in laude Dei faciatis.

CAP. 93. — *De illis qui ab episcopo seu ab aliis avaritiæ causa seducti se totonderunt.*

(*Ex eodem, cap.* 25.) Constituit sane sacer iste conventus, ut episcopi sive abbates, qui non in fructum animarum, sed in avaritiam et turpe lucrum inhiantes, quoslibet homines illectos circumvenien[do] totonderunt, et res eorum tali persuasione non solum acceperunt, sed potius surripuerunt, pœnitentiæ canonicæ sive regulari, utpote turpis lucri sectatores, subjaceant : hi vero qui vanis promissionibus illecti, vel quibuslibet machinationibus persuasi, mentis inopes effecti, rerum suarum domini esse nescientes, comam deposuerunt, in eo quod cœperunt perseverare cogantur. Res namque quæ ab illectis et negligentibus datæ, ab avaris et negligentibus non solum acceptæ sed raptæ noscuntur, hæredibus reddantur, qui dementia parentum, avaritia incentorum exhæredati esse noscuntur. Si vero nescientibus episcopis aut abbatibus, ministri eorum, quilibet videlicet in clero, hoc fecisse convincuntur, episcopi et abbates, desidia : illi vero rapacitate et avaritia, judicentur. Hoc vero quod quis Deo juste et rationabiliter de rebus suis offert, firmiter Ecclesia tenere debet.

CAP. 94. — *Ut abbatissa magnam curam habeat de congregatione sua.*

(*Ex eodem, cap.* 26.) Abbatissa diligentem habeat curam de congregatione sibi commissa, et provideat ut in lectione et in officio, et in modulatione psalmorum ipsæ sanctimoniales strenuæ sint, et in omnibus operibus bonis illa eis ducatum præbeat, utpote pro animabus earum rationem redditura in conspectu Domini : et stipendia sanctimonialibus præbeat necessaria, ne forte per indigentiam cibi aut potus peccare compellantur.

CAP. 95. — *Ut sanctimoniales in domibus suis cum aliquibus masculis manducare vel bibere non præsumant.*

(*Ex eodem, cap.* 27.) Non debere sanctimoniales in propriis mansionibus cum aliquibus masculis, clericis sive laicis consanguineis sive extraneis bibere sive comedere : sed si quando id agendum est, in auditorio agatur, et cum nullo masculo eis colloquium habere liceat, nisi in auditorio, et ibi coram testibus idoneis.

CAP. 96. — *Qualiter indignus abbas a suo separetur officio.*

(*Ex concil. Tribur. cui interfuit rex Arnolphus, cap.* 15.) Si quis autem abbas cautus in regimine et humilis, castus sobriusque, misericors, discretus non fuerit, ac divina præcepta verbis et exemplis non ostenderit, ab episcopo in cujus territorio consistit, et a vicinis abbatibus et cæteris Deum timentibus a suo arceatur honore, etiam si omnis congregatio vitiis suis consentiens abbatem eum habere voluerit.

CAP. 97. — *De clericis qui tonsuras dimiserint, et uxores acceperint.*

(*Ex eodem concil., præsente Arnolpho rege, cap.* 16.) Clericus si tonsura dimissa uxorem acceperit, qui quidem sit sine gradu nec ad monasterium aliquod a parentibus traditus, si uxorem habere permittitur, iterum tonderi cogatur, nec in vita sua tonsuram negligere audeat. Quem autem progenitores ad monasterium tradiderunt, et in Ecclesia cœpit cantare, et legere, nec uxorem ducere, nec monasterium deserere poterit, sed si discesserit, reducatur. Si tonsuram dimiserit, rursum tondeatur, uxorem si usurpaverit, dimittere compellatur.

CAP. 98. — *De puellis quæ se ante legitimos annos sua sponte sacræ religioni tradiderint.*

(*Ex eodem, cap.* 17.) Puella si ante duodecim annos ætatis sponte sua sacrum sibi velamen assumit, possunt statim parentes vel tutores ejus id factum irritum facere, si volunt. At si annum et diem id dissimulando consenserint, ulterius nec ipsa, nec illi mutare hoc poterunt. Porro si in fortiori ætate adolescentula, vel adolescens servire Deo elegerint, non est potestas parentibus hoc prohibendi.

CAP. 99. — *De illo qui filiam, aut neptem, vel parentem suam Deo omnipotenti offerri voluerit.*

(*Ex eodem, cap.* 6.) Quicunque filiam suam, aut neptem, vel parentem Deo omnipotenti offerre voluerit, licentiam habeat : sin autem, virum accipiat, domi infantes suos nutriat, et non aliam infra monasterium mittere nutriendi gratia præsumat, nisi eam quam firmiter in ipso loco, in Dei servitio perseverare voluerit, secundum instituta sanctorum Patrum, seu secundum canonicam auctoritatem.

CAP. 100. — *De eadem re.*

(*Ex eodem, cap.* 7.) Omnino prohibemus, ut nullus filium aut nepotem, vel parentem suum in monasterio puellarum ad nutriendum commendare præsumat, nec quisquam illum ibi suscipere audeat.

CAP. 101. — *De abbate qui feminas in monasterio suo festivitates celebrare permiserit.*

(*Ex concilio Urbico.*) Si abbas mulierem in monasterium suum ingredi permiserit, aut festivitates aliquas ibidem spectare, tribus mensibus in alio monasterio retrudatur, pane et aqua tantum contentus.

FINIS LIBRI OCTAVI.

INDEX CAPITULORUM LIBRI NONI.

CAP. 1. Quod aliud sit uxor, aliud concubina, nec erret quisquis filiam suam in matrimonium concubinam habenti tradiderit.
2. Qualis uxor legitima esse debeat.
3. Ut nullus occulte nuptias celebret.
4. Quo tempore nuptiæ celebrandæ sint.
5. Qualiter benedicantur a sacerdote sponsus et sponsa.
6. Ut nullum conjugium sine dote fiat.
7. Ut sponsus et sponsa ante nuptias a sacerdote benedicantur.
8. De primo conjugio.
9. Quod vir fidelis a muliere infideli separari non debeat.
10. Ut in Christianorum nuptiis non saltetur.
11. Ut viduam nemo furetur in uxorem.
12. Ut virginem nemo furetur in uxorem.
13. De virgine vel vidua furata.
14. De virginibus quæ virginitatem ante nuptias non custodierint.
15. Quod nulli liceat concubinam habere.
16. De illis qui ante nuptias concubinas habuerint.
17. Item de concubinis.
18. De ancilla, si proprio domino suo legitima fieri possit.
19. De illo qui servum suum et ancillam in matrimonium conjunxerit.
20. De multinubis.
21. Quod secunda conjugia sæcularibus non negentur, quibus tamen ad clerum minime venire conceditur.
22. De illis qui in plurimas nuptias inciderunt.
23. De illis qui tertio nuptias celebraverint.
24. De bigamis.
25. De numero maritorum.
26. De ingenuo homine, si alterius ancillam pro ingenua acceperit, et post ancillam eam esse intellexerit.
27. De femina ingenua, si servum maritum acceperit.

28. De legitime conjunctis, si alter illorum in amentiam devenerit.
29. De legitimis matrimoniis servorum.
30. Si furiosi matrimonia contraxerint.
31. De desponsata puella, si alter eam in matrimonium possit accipere.
32. De his qui sponsas alienas rapiunt.
33. De his qui feminas rapiunt.
34. De eadem re.
35. De his qui rapiunt puellas sub nomine simul habitandi.
36. De puellis raptis nondum desponsatis.
37. De raptis desponsatis.
38. De eadem re.
39. De eadem re.
40. De illis qui in matrimonio sunt et concumbere non possunt.
41. De eadem re.
42. De eadem re.
43. De eadem re.
44. De eadem re.
45. De conjugatis, qui saecularia relinquere desiderant.
46. De viro qui uxorem suam velare permiserit.
47. De muliere, si sine licentia viri sui velum sibi imposuerit.
48. De viro qui sine uxoris permissu monasticam vitam susceperit.
49. De regina Thietbirga, quae causa religionis a regia dignitate discedere voluerat.
50. De Lothario rege qui uxorem suam in custodia detinebat.
51. De singulari certamine quod Lotharius molitus est contra Thietbirgam uxorem suam.
52. De femina de adulterio inculpata, si cum marito debet inire certamen legale, suae potestati prius debet, etc.
53. De eadem re.
54. De illis qui in alias provincias fugerint aut suos seniores secuti fuerint, et uxores suas domi reliquerint.
55. De feminis quae captis viris, vel in captivitatem, etc.
56. Quod non probetur esse culpabilis qui uxorem capti in matrimonio videtur esse sortitus.
57. Ut si mulieres ad priores maritos redire noluerint, velut impiae, ecclesiastica communione privandae sunt.
58. Ut si viri de captivitate regressi, intemperantia uxorum offensi non fuerint, et voluerint eas in conjugio recipere liberam habeant facultatem.
59. De illo qui in paganismo uxorem suam dimiserit.
60. De baptizato, si uxor ejus infidelis converti noluerit.
61. De illo qui ante baptismum mulierem virginem acceperat.
62. De illis feminis quae nulla causa interveniente reliquerunt viros suos.
63. De femina quae adulterum reliquerit, et adulterum acceperit.
64. Quod neque dimissus ab uxore, neque dimissa a marito conjungantur.
65. De illo qui vivente marito conjugem illius adulterasse accusatur, et eam post ejus mortem sumpsisse dignoscitur.
66. De eadem re.
67. De illo qui uxorem habet, et saepius moechatus fuerit.
68. Si laicus absolutus cum laica absoluta peccaverit.
69. De uxore quae conscio marito moechata fuerit.
70. De viro uxorem non habente, si cum uxore alterius adulterium perpetraverit.
71. De conjugatis qui aliqua certa re discidium fecerint, ut innupti maneant.
72. De illis qui interveniente repudio aliis se in matrimonio copulaverint.
73. Si cujus uxor constuprata fuerit, et propterea maritus perdere illam machinaverit.
74. De eo, si quis cum uxore alterius, vivente eo, fornicatus fuerit.
75. De ingenuo qui ingenuam acceperit uxorem, et postea se servum fecerit.
76. De illis conjugatis, quorum leges diversae sunt.
77. Cur communicantes viri cum adulteris uxoribus non conveniant.
78. Quod non conveniat Christianos cum haereticis nuptialia jura contrahere.
79. Judicii examinatio.
80. Separatio incestae copulationis.
81. Reconciliatio conjugatorum.
82. De eadem re.

Indicis capitulorum finis

BURCHARDI
WORMACIENSIS ECCLESIÆ EPISCOPI
DECRETORUM LIBER NONUS
DE FEMINIS NON CONSECRATIS.

ARGUMENTUM LIBRI.

Libro hoc de virginibus et viduis Deo non sacratis, de earum raptoribus, pœnaque iis imponenda, de legitimo matrimonio, de illegitimo concubitu ejusque pœnitentia tractatur.

CAP. 1. — *Quod aliud sit uxor, aliud concubina, nec erret quisquis filiam suam in matrimonium concubinam habenti tradiderit.*

(*Ex decr. Leonis papæ, capite* 18.) Non omnis mulier viro juncta uxor est viri, quia nec omnis filius hæres est patris. Nuptiarum autem fœdera inter ingenuos sunt legitima, et inter æquales multo prius hoc ipsum Domino constituente, quam initium Romani juris existeret. Itaque aliud est uxor, aliud concubina, sicut aliud est ancilla, aliud libera. Propter quod etiam Apostolus ad manifestandam harum personarum discretionem testimonium ponit ex Genesi, ubi dicitur Abrahæ : Ejice ancillam et filium ejus : non enim hæres erit filius ancillæ cum filio meo Isaac. Unde cum societas nuptiarum ita ab initio constituta sit, ut præter sexuum conjunctionem haberet in se Christi et Ecclesiæ sacramentum, dubium non est eam mulierem non pertinere ad matrimonium, in qua docetur nuptiale non fuisse mysterium. Igitur cujuslibet loci laicus, si filiam suam viro habenti concubinam in matrimonium dederit, non ita accipiendum est quasi eam conjugato dederit, nisi forte illa mulier et ingenua facta, et dotata legitime, et publicis nuptiis honestata videatur ; quia paterno arbitrio viris conjunctæ carent culpa, si mulieres quæ a viris habebantur in matrimonio non fuerunt, quia aliud est nupta, aliud concubina.

CAP. 2. — *Qualis uxor legitima esse debeat.*

(*Ex epistola Leonis papæ.*) Qualis esse debeat uxor quæ habenda est secundum legem : virgo casta et desponsata in virginitate, et dotata legitime, et a parentibus tradita, et a sponso et a paranymphis accipienda, et ita secundum legem et Evangelium publicis nuptiis honeste in conjugium liquide sumenda : et omnibus diebus vitæ nisi ex consensu et causa vacandi Deo nunquam propter hominem separanda, et si fornicata fuerit dimittenda ; sed illa vivente altera non deducenda, quia adulteri regnum Dei non possidebunt, et pœnitentia illius per scripturas recipienda.

CAP. 3. — *Ut nullus occulte nuptias celebret.*

(*Ex decr. Hormisdæ papæ, capite* 6.) Ut nullus fidelis cujuscunque conditionis sit occulte nuptias faciat, sed, benedictione a sacerdote accepta, publice nubat in Domino.

CAP. 4. — *Quo tempore nuptiæ celebrandæ sint.*

(*Ex concilio Hilerdensi, cap.* 3.) Quod non oporteat a Septuagesima usque in octavas Paschæ, et tribus hebdomadibus ante festivitatem sancti Joannis Baptistæ, et ab Adventu Domini usque post Epiphaniam nuptias celebrare. Quod si factum fuerit, separentur.

CAP. 5. — *Qualiter benedicantur a sacerdote sponsus et sponsa.*

(*Ex concilio apud Valentias, capite* 101.) Sponsus et sponsa cum benedicendi sunt, a sacerdote, a parentibus, vel a paranymphis in ecclesia sacerdoti offerantur, et cum benedictionem acceperint, eadem nocte pro reverentia ipsius benedictionis in virginitate permaneant.

CAP. 6. — *Ut nullum conjugium sine dote fiat.*

(*Ex concilio Arelatensi, capite* 6.) Nullum sine dote fiat conjugium, juxta possibilitatem fiat dos, nec sine publicis nuptiis quisquam nubere vel uxorem ducere præsumat.

CAP. 7. — *Ut sponsus et sponsa ante nuptias a sacerdote benedicantur.*

(*Ex decr. Sotheris papæ, capite* 5.) Ut sponsus ac sponsa cum precibus et oblationibus a sacerdote benedicantur, et legibus sponsetur ac donetur, et a paranymphis custodiatur, et publice solemniterque accipiatur. Biduo etiam ac triduo abstineant se, et doceantur ut castitatem inter se custodiant, certisque temporibus nubant, ut filios non spurios sed hæreditarios Deo et sæculo generent.

CAP. 8. — *De primo conjugio.*

(*Ex concil. Mediolan., cap.* 2.) In primo conjugio debet presbyter missam agere et benedicere ambos, et postea se abstineant ab ecclesia xxx diebus.

CAP. 9. — *Quod vir fidelis a muliere infideli separari non debeat.*

(*Apostolus dicit.*) Si quis frater uxorem habet infidelem, et hæc consentit habitare cum illo, non dimittat illam. Et si qua mulier habet virum infidelem, et hic consentit habitare cum illa, non dimittat virum. Sanctificatus enim erit vir infidelis in muliere fideli, et sanctificata erit mulier infidelis per virum fidelem.

CAP. 10. — *Ut in Christianorum nuptiis non saltetur.*

(*Ex concil. Laodicen., cap.* 53.) Quod non oporteat Christianos euntes ad nuptias plaudere vel saltare, sed venerabiliter cœnare, vel prandere, sicut Christianos decet.

CAP. 11. — *Ut viduam nemo furetur in uxorem.*

(*Gregor. dicit.*) Si quis viduam furatus fuerit in uxorem, vel consentiens ei, anathema sit. Et responderunt omnes tertio : Anathema sit.

CAP. 12. — *Ut virginem nemo furetur in uxorem.*

(*Item ejusdem.*) Si quis virginem, nisi desponsaverit, furatus fuerit in uxorem, vel consentiens ei, anathema sit. Et responderunt omnes tertio : Anathema sit!

CAP. 13. — *De virgine vel vidua furata.*

(*Ex decr. Eusebii pap., cap.* 10.) Si quis virginem aut viduam furatus in uxorem, nisi fuerit a se desponsatam, anathema sit.

CAP. 14. — *De virginibus quæ virginitatem ante nuptias non custodierint.*

(*Ex concil. Elibertan., cap.* 5.) Virgines quæ virginitatem suam non custodierint, si eosdem qui eas violaverint maritos acceperint, eo quod solas nuptias violaverint, post pœnitentiam unius anni reconcilientur. Si alios cognoverint viros, eo quod mœchatæ sunt, quinquennio pœniteant, et sic ad communionem accedant.

CAP. 15. — *Quod nulli liceat concubinam habere.*

(*Ex dictis August.*) Audite, charissimi, membra Christi, et matris catholicæ Ecclesiæ filii. Quod dico competentibus, audiant fideles ; quod dico fidelibus, audiant competentes ; quod dico fidelibus et competentibus, audiant pœnitentes ; quod dico fidelibus et competentibus, et pœnitentibus, audiant et catechumeni, audiant omnes : omnes timeant, et nemo contemnat. Sit mihi in consolationem vester auditus, ne vobis sit in testimonium dolor meus : Competentibus dico, Fornicari vobis non liceat, sufficiant vobis uxores, concubinas vobis non licet habere. Audiat Deus, si vos surdi estis ; audiant angeli ejus, si vos contemnitis : Concubinas non licet vobis habere. Et si non habetis uxores, tamen non licet vobis habere concubinas, quas postea dimittatis, ut ducatis uxores. Tanto major damnatio vobis erit, si volueritis habere et concubinas et uxores. Non licet habere uxores, quarum priores mariti vivunt. Nec vobis, feminæ, habere viros licet, quorum priores uxores vivunt. Adulterina sunt ista conjugia, non jure cœli, sed jure sæculi : nec illam feminam licet habere, quæ per repudium discessit a marito, eo vivente. Solius fornicationis causa licet uxorem adulteram dimittere, sed illa vivente non licet alteram ducere.

CAP. 16. — *De illis qui ante nuptias concubinas habuerint.*

(*Item Aug.*) Quale est et illud quod multi virorum ante nuptias concubinas sibi adhærere non erubescunt, quas post aliquot annos dimittunt, et sic postea legitimas uxores accipiunt. Unde coram Deo et coram angelis ejus contestor, atque denuntio, Deum et ista semper prohibuisse, et nunquam ei placuisse. Et præcipue temporibus Christianis concubinas habere nunquam licet, et nunquam licebit.

CAP. 17. — *Item de concubinis.*

(*Ex concilio Arelaten., capite* 4.) Nulli liceat uno tempore duas uxores habere : sed neque unquam concubinam.

CAP. 18. — *De ancilla, si proprio domino suo legitima fieri possit.*

(*Ex decr. Julii papæ, capite* 4.) Si quis ancillam suam libertate donaverit, et in matrimonio sibi sociaverit, dubitabatur apud quosdam utrum hujusmodi nuptiæ legitimæ esse videantur, an non. Nos itaque vetustam ambiguitatem decidentes talia connubia legitima esse censuimus. Si enim ex affectu fiunt omnes nuptiæ, et nihil impium, et legibus contrarium in tali copulatione fieri potest, quare prædictas nuptias inhibendas existimaverimus. Omnibus vobis unus est pater in cœlis, et unusquisque dives et pauper, liber et servus, æqualiter pro se, et pro animabus eorum rationem daturi sunt. Quapropter omnibus cujuscunque conditionis sint, unam legem, quantum ad Deum, habere non dubitamus.

CAP. 19. — *De illo qui servum suum, et ancillam in matrimonium conjunxerit.*

(*Ex concilio Matiscen., capite* 10.) Si servum et ancillam dominus amborum in matrimonium conjunxerit, et postea liberato servo vel ancilla, non potest redimi qui in servitio est, ideo matrimonia non solvantur.

CAP. 20. — *De multinubis.*

(*Ex concilio Braggarensi, capite* 81.) Si quis multis nuptiis fuerit copulatus, pœnitentiam agat : conversatio autem et fides pœnitentis compendit tempus.

CAP. 21. — *Quod secunda conjugia sæcularibus non negentur, quibus tamen ad clerum minime venire conceditur.*

(*Ex decr. Gelasii papæ, capite* 22.) Secundas nuptias, sicut sæcularibus inire conceditur, ita post eas nullus ad clericale sinitur venire collegium. Alia est enim humanæ fragilitati generaliter concessa licentia, alia debet esse vita divinarum rerum servitio dedicata.

CAP. 22. — *De illis qui in plurimas nuptias inciderunt.*

(*Ex concilio Neocæsar., capite* 1.) De his qui in plurimas nuptias inciderunt, et tempus quidem præfinitum manifestum est, sed conversatio eorum, et fides, tempus abbreviat.

CAP. 23. — *De illis qui tertio nuptias celebraverint.*

(*Ex decr. Hormisdæ papæ, capite* 2.) Ne quisquam amplius, quam duas accipiat uxores : quia jam tertia superflua est.

Cap. 24. — *De bigamis.*

(*Ex concilio Laodicensi, capite 1.*) De iis qui secundum ecclesiasticam regulam libere ac legitime secundis nuptiis juncti sunt, nec occulte nuptiarum copulam fecerunt, oportet ut parvo tempore transacto vacent orationibus et jejuniis. Quibus etiam juxta indulgentiam communionem reddi decrevimus.

Cap. 25. — *De numero maritorum.*

(*Ex dictis Hieronymi.*) Ubi fuerit numerus maritorum, ibi vir proprius unus esse desistit.

Cap. 26. — *De ingenuo homine, si alterius ancillam pro ingenua acceperit, et post ancillam eam esse intellexerit.*

(*Ex concil. apud Vermeriam, cui interfuit Pipinus rex, capite 7.*) Si quis ingenuus homo ancillam alterius uxorem acceperit, et existimat quod ingenua sit, si ipsa femina postea fuerit inservita, si eam a servitute redimere potest, faciat : si non potest, si voluerit, aliam accipiat. Si autem servam eam scierat, et collaudaverat : post, ut legitimam habeat. Similiter et mulier ingenua de servo alterius facere debet.

Cap. 27. — *De femina ingenua, si servum maritum acceperit.*

(*Ex eodem concilio, capite 8.*) Si femina ingenua accipit servum, sciens quia servus esset, habeat cum : quia omnes unum patrem habemus in cœlis. Una lex erit, et viro et feminæ.

Cap. 28. — *De legitime conjunctis, si alter eorum in amentiam devenerit.*

(*Ex epistola Nicolai ad Carolum Mogunt. episcopum missa.*) Si qui matrimonium sani contraxerint, et uni ex duobus amentia, aut furor, aut aliqua infirmitas accesserit, ob hanc infirmitatem conjugia talium solvi non possunt. Similiter sentiendum de his qui ab adversariis excæcantur, aut membris detruncantur.

Cap. 29. — *De legitimis matrimoniis servorum.*

(*Ex concilio Cabillon., capite 30.*) Dictum est nobis, quod quidam legitima servorum matrimonia potestativa quadam præsumptione dirimant, non attendentes illud evangelicum : Quod Deus conjunxit, homo non separet. Unde nobis visum est ut conjugia servorum non dirimantur, etiamsi diversos dominos habeant : sed in uno conjugio permanentes, dominis serviant suis. Et hoc in illis observandum est, ubi legalis conjunctio fuit, et per voluntatem dominorum.

Cap. 30. — *Si furiosi matrimonia contraxerint.*

(*Ex decreto Fabiani papæ, capite 5.*) Neque furiosus, neque furiosa matrimonium contrahere possunt; sed si contractum fuerit, non separetur.

Cap. 31. — *De desponsata puella, si alter eam in matrimonium possit accipere.*

(*Ex epist. Syricii papæ, capite 4.*) De conjugali autem violatione requisisti, si desponsatam alii puellam, alter in matrimonium possit accipere. Hoc ne fiat modis omnibus inhibemus : quia illa benedictio quam nupturæ sacerdos imponit, apud fideles cujus-

A dam sacrilegii instar est, si ulla transgressione violetur.

Cap. 32. — *De his qui sponsas alienas rapiunt.*

(*Ex concilio Meldensi, capite 5.*) De his qui sponsas alienas rapiunt, antiqua et synodali sententia observetur. Quod et si forte in Ecclesia eventus talis reperiri dignoscitur, ut pro salutis et religionis competentia humanius quiddam debeant tractare pontifices, sicut canonica, ut eisdem verbis utamur, docet auctoritas, quia prior, inquiens, definitio durius : posterior autem quiddam tractavit humanius, nullo modo ut ad maximam indulgentiam descendamus, alterius sponsæ acceptor, sine publica transeat pœnitentia. Quod si hæc obedire renuerit, sine ulla refragatione anathematizetur. Fautores vero illius, juxta modum culpæ, episcopi decreto pœniteant. Si vero, quod non optamus, de gradu ecclesiastico talibus nuptiis se consensorem, vel interventorem manifeste prodiderit, a gradu proprio repellantur. Et si verisimilibus exinde suspicionibus fuerit propulsatus, canonice se purget.

Cap. 33. — *De his qui feminas rapiunt.*

(*Ex concilio apud Aquisgran. capite 3.*) Placuit ut hi qui rapiunt feminas, vel furantur, aut seducunt, eas nullatenus habeant uxores, quamvis eis postmodum conveniat, aut eas dotaverint, vel nuptialiter cum consensu parentum suorum acceperint. Si quis autem uxorem habere voluerit, canonice et legaliter eam accipiat, et non rapiat. Qui vero eam rapuerit, vel furatus fuerit, aut seduxerit, nunquam eam uxorem habeat.

Cap. 34. — *De eadem re.*

(*Ex concilio Meldensi, capite 10.*) Qui vero deinceps rapere virgines præsumpserint, vel viduas, secundum synodalem beati Gregorii definitionem, ipsi, et complices eorum anathematizentur, et raptores sine spe conjugii perpetuo maneant.

Cap. 35. — *De his qui rapiunt puellas sub nomine simul habitandi.*

(*Ex concilio Chalced. capite 27.*) Eos qui rapiunt mulieres sub nomine simul habitandi, cooperantes autem et conniventes raptoribus, decrevit sancta synodus ut si quidem clerici sunt, decidant de gradu proprio ; si vero laici, anathematizentur.

Cap. 36. — *De puellis raptis nondum desponsatis.*

Ex concilio Cabillon., capite 27.) De puellis raptis necdum desponsatis in Chalcedonensi concilio scriptum est : Eos qui rapiunt puellas sub nomine simul habitandi, cooperantes et conniventes raptoribus decrevit sancta synodus ut siquidem clerici sunt, decidant de gradu proprio : si vero laici, anathematizentur. Quibus verbis datur intelligi, qualiter hujus mali auctores damnandi sunt : quando participes consilium conniventes tanto anathemate feriuntur, et juxta canonicam auctoritatem ad conjugia legitima raptas sibi jure vindicare nullatenus possunt.

Cap. 37. — *De raptis desponsatis.*

(*Ex concilio Toletano.*) Proinde placuit, atque statutum est à sacro conventu, ut si aliquis sponsam alterius rapuerit, publica pœnitentia mulctetur, et sine spe conjugii maneat. Et si ipsa eidem crimini consentiens non fuit, licentia nubendi alii non negetur. Quod si et ipsi post hæc se conjungere præsumpserint, utrique usque ad satisfactionem anathematizentur.

Cap. 38. — *De eadem re.*

(*Ex concilio Ancirano, capite* 10.) Desponsatas puellas, et post ab aliis raptas, placuit erui, et eis reddi, quibus ante fuerant desponsatæ, etiamsi eis a raptoribus vis illata constiterit.

Cap. 39. — *De eadem re.*

(*Ex concilio Meldensi, capite* 65.) Si autem necdum eas quas rapuerant cum voluntate parentum sub præfato desponsionis, vel dotalitii nomine in conjugium sumptas habent, quando in omnium aures hæc fuerit constitutio promulgata, ab earum conjunctione separentur, et publicæ pœnitentiæ subigantur. Raptæ autem parentibus legaliter restituantur. Post actam vero publicam pœnitentiam, si ætas et incontinentia exegerit, legitimo et ex utrisque partibus placito conjugio socientur. Nam in his non regulam constituimus, sed, ut verbis Magni Leonis utamur, quid sit tolerabilius æstimamus. Quod si unus ex conjugatis obierit, is qui publicam pœnitentiam egerit, et superstes exstiterit, iterare conjugium non præsumat; nisi forte episcopus præviderit aliquam concedere indulgentiam, ut graviorem possit amovere offensam.

Cap. 40. — *De his qui in matrimonio juncti sunt, et concumbere non possunt.*

(*Ex epist. Greg. ad Joannem Ravennatem episcopum.*) Quod autem interrogasti de his qui matrimonio juncti sunt, et nubere non possunt, si ille aliam, vel illa alium ducere possit, quibus scriptum est : Vir et mulier si se conjunxerint, et postea dixerit mulier de viro, quod non possit coire cum eo, si potest probare per justum judicium quod verum sit, accipiat alium : si autem ille aliam acceperit, separentur.

Cap. 41. — *De eadem re.*

(*Ex concilio apud Vermeriam temporibus Pipini regis, capite* 17.) Si qua mulier proclamaverit, quod vir suus nunquam cum ea coisset, exeant inde ad crucem : et si verum fuerit, separentur, et illa faciat quod vult.

Cap. 42. — *De eadem re.*

(*Ex concilio apud Compendium, capite* 20.) Si quis accepit uxorem, et habuit ipsam aliquo tempore, et ipsa femina dicit quod non coisset cum ea, et ille vir dicit quod sic fecit, in veritate viri consistat : quia vir caput est mulieris.

Cap. 43. — *De eadem re.*

(*Ex concilio Tribur., capite* 3.) Vir si duxerit uxorem concumbere cum ea non valens, et frater ejus clanculo eam vitiaverit, et gravidam reddiderit, separentur. Considerata autem imbecillitate, misericordia eis impartiatur ad conjugium, tantum in Domino.

Cap. 44. — *De eadem re.*

(*Ex epist. Gregor.*) De his requisitis, qui ob causam frigidæ naturæ se dicunt non posse in invicem operam carnis dantes commisceri : Iste vero si non potest ea uti pro uxore, habeat quasi sororem. Quod i retinaculum jugale volunt rescindere, maneant utrique inunupti : nam si huic non potuit naturaliter concordare, quomodo alteri conveniet? Igitur si vir al am vult accipere uxorem, manifesta ratio patet, quia succendente diabolo odii fomitem, exosam eam habuit, et idcirco illam dimittere mendacii falsitate molitur. Quod si mulier causatur, et dicit, Volo mater esse et filios procreare, uterque eorum septima manu propinquorum tactis sacrosanctis reliquiis, jurejurando dicat ut nunquam per commistionem carnis conjuncti una caro effecti fuissent, tunc videtur mulierem secundas posse contrahere nuptias. Humanum dico propter infirmitatem carnis eorum. Vir autem qui frigidæ naturæ est, maneat sine conjuge. Quod si et ille aliam copulam acceperit, tunc hi qui juraverint perjurii crimine rei teneantur, et pœnitentia peracta, priora cogantur recipere connubia.

Cap. 45. — *De conjugatis qui sæcularia relinquere desiderant.*

(*Ex dictis Basilii episcopi.*) Si quis vult conjugatus converti ad monasterium, non est recipiendus, nisi prius a conjuge castimoniam profitente fuerit absolutus. Nam si illa, vivente illo, per incontinentiam alteri nupserit, procul dubio adultera erit, nec recipitur apud Deum ejusmodi viri conversio, cujus sequitur conjugalis fœderis prostitutio. Tales ergo tunc sine culpa sequantur Christum relicto sæculo, si habeant ex pari voluntate castitatis consensum.

Cap. 46. — *De viro qui uxorem suam velare permiserit.*

(*Ex concilio Remensi, capite* 5.) Qui uxorem suam permiserit velare, aliam non accipiat, se similiter convertatur.

Cap. 47. — *De muliere, si sine licentia viri sui velum sibi imposuerit.*

(*Ex decr. apud Compendium, capite* 6.) Mulier, si sine licentia mariti sui velum in caput miserit, si viro placuerit, recipiet eam iterum ad conjugium.

Cap. 48. — *De viro qui sine uxoris permissu monasticam vitam susceperit.*

(*Ex reg. Greg. ad Adrium notarium, capite* 80.). Agathosa, latrix præsentium, questa est maritum suum contra voluntatem suam in monasterio urbici abbatis esse conversum. Quod quia ad ejusdem abbatis culpam et invidiam non est dubium pertinere, experientiæ tuæ præcipimus ut diligenti inquisitione discretiat, ne forte cum ejus voluntate conversus sit, vel ipsa se mutare promiserit. Et si hoc repererit, et illum in monasterio permanere provideat, et hanc sicut promisit mutare compellat. Si vero nihil horum est, nec quoddam fornicationis crimen propter quod viro licet uxorem relinquere, prædictam mulierem commisisse cognoveris, ne ilnius conversio uxori relictæ in sæculo fieri possit perditionis occasio, volumus ut maritum suum illi, vel si jam tonsuratus est, reddas, omni excusatione cessante. Nam si excepta fornicationis causa virum uxorem relinquere nulla ratione conceditur, quia postquam copulatione conjugii viri atque mulieris unum corpus efficitur, non potest ex parte converti, et ex parte in sæculo manere.

CAP. 49. — *De regina Thietbirga, quæ causa religionis a regia dignitate discedere voluerat.*

(*Ex epist. Nicolai papæ ad Carolum regem.*) Scripsit nobis Thietbirga regina, regia se velle dignitate seu copula exui, et solam privata vita fore contentam desiderare. Cui nos scripsimus non hoc aliter fieri posse, nisi eamdem vitam conjux ejus Lotharius elegerit. Et post pauca : De retroacta controversia Thietbirga non debet ulterius ad iteratam responsionem promoveri. Quod bene semel definitum est, et interpositis juramentis deliberatum, nulla debet iteratione, nisi fortassis ubi fuerit major auctoritas, retractari.

CAP. 50. — *De Lothario rege qui uxorem suam in custodia detinebat.*

(*Item ejusdem.*) Verum, sicut multorum relatu didicimus, Lotharius rex conventum celebrare disponit, et Thietbirgam reginam examini proprio et judicio subjicere meditatur. Et si quidem eam præstigiis falsitatis suæ potuerit exhibere, quasi non fuerit legitima sua uxor, vult eam penitus a se sequestrare : sin autem, vult eam tanquam propriam uxorem admittere, sed deinde, quasi mœchata fuerit, insimulare, atque pro hoc hominem suum et hominem Thietbirgæ ad monomachiam impellere, et, si homo ipsius reginæ ceciderit, disponit hanc sine dilatione perimere. Quæ quantum sint omni divinæ vel sanctorum Patrum, legi contraria, magnitudo prudentiæ vestræ, credimus, jam advertit.

CAP. 51. — *De singulari certamine, quod Lotharius molitus est contra Thietbirgam uxorem suam.*

(*Item ejusdem.*) Monomachiam vero in lege non assumimus, quam præceptam fuisse non reperimus. Quam licet iniisse quosdam legamus, sicut sanctum David et Goliam sacra prodit historia, nusquam tamen ut pro lege teneatur alicubi divina sanxit auctoritas : cum hoc et hujuscemodi sectantes Deum solummodo tentare videantur.

CAP. 52. — *De femina de adulterio inculpata, si cum marito debet inire certamen legale, suæ potestati prius debet ad tempus restitui.*

(*Item ejusdem.*) Præterea sive de conjugii fœdere, sive de adulterii crimine judicium sit agitandum, nulla ratio patitur Thietbirgam cum Lothario posse inire conflictum, vel legitimum controversiæ inire certamen, nisi prius ad tempus fuerit suæ potestati et consanguineis propriis libere sociata. Inter quos etiam locus providendus est, in quo nulla sit vis multitudinis formidanda, et non sit difficile testes producere, vel cæteras personas, quæ tam a sanctis canonibus, quam a venerandis Romanis legibus in hujusmodi controversiis requiruntur. Hæc idcirco diximus, ut ostendamus quem legum conflictum Lotharius congredi posse autumat, cum personam, quam in suis penetralibus quotidie fatigat, et conterit, quando vult ad judicium educit, quando vult ad claustra reducit : et quando educta fuerit, nisi ea profiteatur quæ ipse præceperit, punit. Propriæ igitur libertati committi, et ab omni oppressione ac potestate illius, cum quo initur conflictus, oportet liberari, atque suis liberaliter uti, et suspectas personas convenit declinare, quæ se ab objectis ostendere cupit immunem.

CAP. 53. — *De eadem re.*

(*Item idem.*) Itaque summo studio Thietbirgam conjugem tuam tanquam propriam carnem fovere ac diligere procurato, et ne illam a te ullo pacto consentias discedere, vigilanter attende. Unde si vult a te discedere, corripe, imo corrige eam, et a tali intentione per omnia revocare satage. Jam vero si amore pudicitiæ separationem quærit, et conjugalis connubii solutionem efflagitat, certum est, Apostolo dicente, quia mulier sui corporis potestatem non habet, sed vir. Verum si et ipse pudicitiam sectatus religionis obtentu copulam dissolvere vis, tantum ne simulate fiat concedimus. Nam licet sit scriptum : Quod Deus conjunxit, homo non separet, Deus tamen et non homo separat, quando divini amoris intuitu, ex consensu utriusque conjugis matrimonia dissolvuntur. Si ergo hoc modo vis, gratuito permittimus animo, celeremque præbemus assensum : aliter autem fieri mutuam separationem vestram prohibemus.

CAP. 54. — *De illis qui in alias provincias fugerint, aut suos seniores secuti fuerint, et uxores suas domi reliquerint.*

(*Ex concilio apud Vermeriam, capite 6.*) Si quis necessitate inevitabili cogente in alium ducatum seu provinciam fugerit, et uxor ejus, cum valet et potest, amore parentum aut rerum suarum cum sequi noluerit, ipsa omni tempore quandiu vir ejus quem secuta non fuit, vivit, semper innupta permaneat. Ille vero qui necessitate cogente in alia patria manet, si nunquam in suam patriam se reversurum sperat, si se continere non potest, aliam uxorem accipiat, tamen cum pœnitentia.

CAP. 55. — *De feminis quæ, captis viris vel in captivitatem missis, aliis nupserunt.*

(*Ex epist. Leonis papæ, capite 42.*) Quod deceant feminæ, quæ, captis viris et in captivitatem ductis, aliis viris nupserant, putantes interemptos maritos, remeatis de captivitate prioribus viris copulari, ut cuique id quod legitime habuit reformetur, et recipiat unusquisque quod suum est, et redintegrentur fœdera nuptiarum.

CAP. 56. — *Quod non probetur esse culpabilis, qui uxorem capti in matrimonio videtur esse sortitus.*

(*Item ejusdem, capite 43.*) Nec tamen culpabilis judicetur, et tanquam alieni juris perversor habeatur, qui personam ejus mariti qui jam non esse existimabatur, assumpsit. Si enim multa quæ ad eos qui in captivitatem ducti sunt pertinebant, in jus alienum transire potuerunt, tamen plenum justitiæ est ut iisdem reversis propria reformentur. Quod si in mancipiis, vel in agris, aut etiam in domibus ac possessionibus rite servatur, quanto magis in conjugiorum redintegratione faciendum sit, ut quod bellica necessitate turbatum est, pacis remedio reformetur?

CAP. 57. — *Ut si mulieres ad priores maritos redire noluerint, velut impiæ ecclesiastica communione privandæ sint.*

(*Item ejusdem, cap. 45.*) Si autem aliquæ mulieres ita posteriorum virorum amore sunt captæ, ut malint his cohærere quam ad legitimum redire consortium, merito sunt notandæ, ita ut ecclesiastica communione priventur: quæ de re excusabili contaminationem criminis elegerunt, ostendentes sibimet pro sua incontinentia placuisse, quod justa remissio poterat expiare. Redeant ergo in suum statum voluntaria redintegratione conjugia, neque ullo modo ad opprobrium malæ voluntatis trahatur quod conditio necessitatis extorsit: quia sicut hæ mulieres quæ reverti ad viros suos noluerint, impiæ sunt habendæ, ita illæ quæ in affectum ex Deo initum redeunt merito sunt laudandæ.

CAP. 58. — *Ut si viri de captivitate regressi intemperantia uxorum offensi non fuerint, et voluerint eas in conjugio recipere, liberam habeant facultatem.*

(*Item ejusdem, capite 44.*) Et ideo si viri post longam captivitatem reversi, ita in dilectione suarum conjugum perseverent ut eas cupiant in suum redire consortium, omittendum est et inculpabile judicandum quod necessitas intulit, et restituendum est quod fides poscit.

CAP. 59. — *De illo qui in paganismo uxorem suam dimiserit.*

(*Ex decr. Eutych. papæ.*) Si quis gentilis gentilem dimiserit uxorem ante baptisma, post baptismum in potestate ejus erit eam habere, vel non habere.

CAP. 60. — *De baptizato, si uxor ejus infidelis converti noluerit.*

(*Ex decr. ejusdem.*) Simili modo si unus ex conjugatis baptizatus est, et alter gentilis, et sequi non vult, sit sicut dicit Apostolus: Infidelis si discedit, discedat.

CAP. 61. — *De illo qui ante baptismum mulierem virginem acceperat.*

(*Ex concilio Meldensi, capite 2.*) Si quis habuerit uxorem virginem ante baptisma, vivente illa post baptisma alteram habere non potest. Crimina in baptismo solvuntur, non conjugia.

CAP. 62. — *De illis feminis quæ, nulla causa interveniente, reliquerunt viros suos.*

(*Ex concilio Elibertan., capite 7.*) Item feminæ quæ nulla præcedente causa reliquerunt viros suos, et alteri se copulaverunt, et in hoc permanere voluerint, nec in fine accipiant communionem.

CAP. 63. — *De femina quæ adulterum reliquerit, et adulterum acceperit.*

(*Ex eodem, capite 9.*) Item femina fidelis quæ adulterum maritum reliquerit fidelem, et adulterum ducit, prohibeatur ne ducat. Si autem duxerit, non prius accipiat communionem quam is quem reliquit de sæculo exierit, nisi forte necessitas infirmitatis dare compulerit.

CAP. 64. — *Quod neque dimissus ab uxore, neque dimissa a marito, alteri conjungantur.*

(*Ex concilio Africano, capite 65.*) Placuit ut secundum evangelicam et apostolicam disciplinam, neque dimissus ab uxore, neque dimissa a marito, alteri conjungantur, sed ita maneant, aut sibimet reconcilientur. Quod si contempserint, ad pœnitentiam redigantur.

CAP. 65. — *De illo qui vivente marito conjugem illius adulterasse accusatur, et eam post ejus obitum sumpsisse dignoscitur.*

(*Ex concilio Meldensi, capite 69.*) Is qui vivente marito conjugem illius adulterasse accusatur, et eo in proximo defuncto eamdem sumpsisse dignoscitur, omnimodis publicæ pœnitentiæ subigatur. De quo etiam post pœnitentiam præfata, si expedierit, servabitur regula, nisi forte, id est, aut mulier virum qui mortuus fuerat occidisse notetur, aut propinquitas vel alia quælibet actio criminalis impediat. Quod si probatum fuerit, sine ulla spe conjugii cum pœnitentia perpetuo maneant. Si autem negaverit se eamdem feminam vivente viro nequaquam adulterasse, et præfati homicidii neuter eorum reus exstiterit, et probatis testibus neuter eorum convinci potuerit, purgent legaliter famam suæ opinionis, et sumpto utantur conjugio, si alia, ut diximus, non impedierit ratio.

CAP. 66. — *De eadem re.*

(*Ex concilio Tribur., capite 5.*) Relatum est auribus sanctorum sacerdotum, quemdam alterius uxorem stupro violasse, insuper et mœchæ, vivente viro suo, juramentum dedisse, ut post legitimi mariti mortem, si supervixisset, duceret uxorem. Quod et factum est. Tale igitur connubium prohibemus et anathematizamus.

CAP. 67. — *De illo qui uxorem habet, et sæpius mœchatus est.*

(*Ex concilio Elibertan., capite 4.*) Si quis fidelis habens uxorem non semel sed sæpius fuerit mœchatus, in fine mortis est conveniendus. Quod si se promiserit cessaturum, detur ei communio. Si resuscitatus rursus fuerit mœchatus, placuit ulterius non illudere alios de communione pacis.

CAP. 68. — *Si laicus absolutus cum laica absolut peccaverit.*

(*Ex concilio Meldensi, capite 7.*) Si laicus cum laica femina, id est, uterque absolutus a lege conjugii concubuerit, tres annos pœniteant. Et quanto sæpius et negligentius ea peccata commiserunt, tanto magis et tempus addatur, et modus pœnitentiæ.

CAP. 69. — *De uxore quæ conscio marito mœchata fuerit.*

(*Ex concilio Mogunt., capite 9.*) Si conscio marito et ipso consentiente uxor mœchata fuerit, placuit nec in fine dandam eis communionem. Si vero eam reliquerit, et separati fuerint, et digne pœnituerint, post decem annos accipiant communionem.

Cap. 70. — *De viro uxorem non habente, si cum alterius uxore adulterium perpetraverit.*

(*Ex concilio Nanneten., capite 6.*) Quod si vir non habens uxorem cum alterius uxore adulterium perpetravit, aut si qua mulier non habens virum cum alterius viro, ille qui fœdus violavit conjugii, vii annos, ut supra dictum est, pœniteat. Ille qui lege conjugii non tenetur, quinque annos pœniteat. Neque enim æqualis pœnitentia danda est his quibus sufficere poterat ad explendam libidinem suam conjugum amplexus : et illis qui, conjuge carentes, ardore libidinis impellente, in fornicationem ceciderunt.

Cap. 71. — *De conjugatis qui aliqua certa re discidium fecerint, ut innupti maneant.*

(*Ex dictis August.*) Apostolus Paulus dicit : His qui sunt in conjugio præcipio, non ego, sed Dominus, uxorem a viro non discedere : quod si discesserit, manere innuptam, aut viro suo reconciliari. Potest enim fieri ut discedat ea causa qua Dominus permisit. Aut si feminæ licet virum dimittere etiam propter causam fornicationis, et non licet viro, quid respondebimus de hoc quod dicit posterius : Et vir uxorem non dimittat? Quare non addidit, excepta causa fornicationis, quod Dominus permittit : nisi quia similem formam vult intelligi, ut si dimiserit quod causa fornicationis permittitur, maneat sine uxore, aut reconcilietur uxori ? Et post pauca : Dominus autem permisit causa fornicationis uxorem dimitti, sed quia permisit, non jussit.

Cap. 72. — *De illis qui, interveniente repudio, aliis se in matrimonium copulaverint.*

(*Ex decreto Innocentii papæ, capite 26.*) De his etiam requisivit dilectio tua, qui interveniente repudio aliis se matrimonio copulaverunt, quos in utraque parte adulteros esse manifestum est. Qui vero vel uxore vivente, quamvis dissociatum esse videatur conjugium, ad aliam copulam festinarunt, neque possunt adulteri non videri, in tantum ut hæ etiam personæ quibus tales conjuncti sunt, etiam ipsæ adulterium commisisse videantur, secundum illud quod legimus in Evangelio : Qui dimiserit uxorem suam, et duxerit aliam, mœchatur. Et ideo omnes a communione fidelium abstinendos. De parentibus autem aut propinquis eorum nihil tale statui potest, nisi si incentores illiciti consortii fuisse videantur.

Cap. 73. — *Si cujus uxor constuprata fuerit, et propterea maritus perdere illam machinaverit.*

(*Ex concil. Triburiensi, capite 46.*) Si cujus uxor constuprata fuerit, et propterea maritus capitali sententia delere illam machinaverit, ipsa vero, urgente mortis periculo, ad episcopum confugerit, et auxilium quæsierit, operosiori tamen si potest episcopus labore desudet ne occidatur ; si vero non potest, nullo modo liceat ei requirenti eam reddere ad occidendum, quæ se ei obtulit ad defendendum : sed solerti cura transmittat eam ad locum quem ipsa delegerit, ut secura possit vivere. Si vero interdum ma-

ritus eam invenerit, et repetierit, secundum sæculum potestatem habuerit quid ei agere velit ; sed audiat S. Augustinum dicentem : Cum enim vir a virtute nomen accepit, et mulier a mollitie, id est fragilitate, quare contra crudelissimam libidinis bestiam vult unusquisque uxorem suam esse victricem, cum ipse ad primum libidinis ictum victus cadat ? Nam quidquid contra fidem catholicam non licet mulieribus, nec viris licebit. Si autem eadem mulier timore perterrita, a loco ubi eam episcopus destinavit aufugerit, et vir ejus ab episcopo semel, aut bis, vel sæpius repetierit, si vitam ei obtinere possit, perquirat et reddat : sin autem, omnino non reddat. Maritus vero, quandiu ipsa vivat, nullo modo alteram ducat.

Cap. 74. — *De eo, si quis cum uxore alterius, vivente eo, fornicatus fuerit.*

(*Ex concilio apud Alth. habito, præsente Conrado rege, capite 5.*) Illud vero communi decreto secundum canonum instituta definimus et præjudicamus, ut si quis cum uxore alterius, vivente eo, fornicatus fuerit, moriente marito synodali judicio aditus ei claudatur illicitus, ne ulterius ei conjungatur matrimonio, quam prius polluit adulterio. Nolumus enim nec Christianæ religioni convenit ut ullus ducat in conjugium, quam prius polluit per adulterium.

Cap. 75. — *De ingenuo qui ingenuam acceperit uxorem, et postea servum se fecerit.*

(*Ex concil. Tribur. cui interfuit rex Arnolphus, capite 8.*) Perlatum est ad sanctam synodum quod quidam ingenuus ingenuam acceperit uxorem, et post filiorum procreationem occasione divortii cujusdam servum se fecerit, utrum necessario mulierem tenere debeat, et, si tenuerit, utrum illa quoque secundum sæcularem legem servituti subjici debeat. Judicatum est uxorem minime debere dimitti, non tamen ob Christi legem mulierem in servitutem redigi, dum ille non ex consensu conjugis se servum fecit, quem liberum ipsa maritum accepit.

Cap. 76. — *De illis conjugatis quorum leges diversæ sunt.*

(*Ex eodem, capite 15.*) De Francia nobilis quidam homo nobilem de Saxonia Saxonum lege duxit uxorem. Tenuit multis annis, et ex ea filios procreavit. Verum quia non iisdem utuntur legibus Saxones et Franci, causatus est quod eam non sua, id est Francorum lege desponsaverit, vel acceperit, aut dotaverit : dimissaque illa, duxit alteram. Definivit super hoc sancta synodus, ut ille transgressor evangelicæ legis subjugatur pœnitentiæ ; a secunda conjuge separetur, priorem resumere cogatur.

Cap. 77. — *Cur communicantes viri cum adulteris uxoribus non conveniant.*

(*Ex decr. Innocentii papæ, capite 24.*) Cur viri cum adulteris non conveniant, et illud desideratum est sciri, cur communicantes viri cum adulteris uxoribus non conveniant, cum contra uxores in consortio adulterorum virorum manere videantur, dum super hoc Christiana religio adulterium in utroque sexu pari ratione contemnat, sed viros suos mulieres non facile de adulterio accusant, et non habent latentia peccata vindictam. Viri autem liberius uxores adulteras apud sacerdotes deferre consueverunt, et ideo mulieribus prodito earum crimine communio denegatur, virorum autem, latente commisso, non facile quisquam ex suspicionibus abstinetur, qui utique submovebitur si ejus flagitium detegatur. Cum ergo par causa sit interdum probatione cessante, vindictæ ratio conquiescit.

Cap. 78. — *Quod non conveniat Christianos cum hæreticis nuptialia jura contrahere.*

(*Ex concilio Laodicensi, capite* 31.) Quod non oportet cum hæreticis universis nuptiarum fœdera celebrare, nec eis filios dare vel filias, sed magis accipere, si tamen Christianos se fieri permittant.

Cap. 79. — *Judicii examinatio.*

De hoc quod mihi reputatum est in hac synodo, quod simul cum ista femina adulterium vel fornicationem fecissem, quod non ego ita feci, nec inde me culpabilem recognosco, sic me Deus adjuvet ad istud judicium.

Cap. 80. — *Separatio incestæ copulationis.*

Ab isto die in antea cum ista femina cum qua adulterium vel fornicationem fecisti, unde disciplinam vel pœnitentiam suscepisti, amplius non adulterabis, nec fornicaberis cum ea, nec aliam uxorem accipies, nisi post peractam pœnitentiam tibi licentia data fuerit ab episcopo, aut ab ejus misso: sic te Deus adjuvet.

Cap. 81. — *Reconciliatio conjugatorum.*

Ab isto die in antea istam tuam conjugem nomine N. quam injuste dimiseras ita tenebis, sicut per rectum maritus suam debet habere conjugem, in dilectione et debita disciplina: nec eam per ullum malum ingenium a te separabis, nec ea vivente aliam accipies: sic te Deus adjuvet.

Cap. 82. — *De eadem re.*

A modo in antea istum tuum maritum quem injuste dimiseras ita tenebis et amplexaberis, et ei in servitio, in amore et in timore ita eris subjecta et obediens, sicut per rectum uxor suo debet subjecta esse marito, nec unquam ab eo te separabis, nec illo vivente alteri viro te sociabis, nec conjugio aut adulterio: sic te Deus adjuvet.

FINIS LIBRI NONI.

INDEX CAPITULORUM LIBRI DECIMI.

Cap. 1. Ut episcopi de parochiis suis sortilegos et maleficos expellant.
2. De cultoribus arborum.
3. De cultoribus idolorum.
4. De eadem re.
5. De illis qui divinationes requirunt.
6. De illis qui ritum paganorum observant.
7. De illis qui auguriis et incantationibus subserviunt.
8. De eadem re.
9. De illis qui sortes observant.
10. De arboribus quas vulgus colit.
11. De illis qui dies et menses observant.
12. De illis qui dæmonibus immolant.
13. De illis qui traditiones gentilium observant.
14. De mulierculis quæ infantes suos pro sanitate in fornacem aut supra tectum ponunt.
15. Quod non liceat iniquas observationes Kalendar. agere.
16. De illis qui Kalendas Januarias ritu paganorum colere præsumunt.
17. De eadem re.
18. De bubulcis vel venatoribus, qui suas incantationes exercuerint.
19. Quod non liceat mulierculas Christianas vanitates in suis lanificiis observare.
20. Quod non liceat cum incantationibus herbarum collectionem fieri.
21. De illis qui ad arbores, vel ad fontes jaculas incenderint.
22. Ut vaticinatores cæsi de civitatibus ejiciantur.
23. De illis qui phylacteriis utuntur.
24. Item de mulierculis incantatricibus.
25. De illis qui manducant, aut bibunt, aut portant super se aliquid ad Dei judicium subvertendum.
26. De illis qui in tabulis, aut in codicibus futura requirunt.
27. De illis qui sortes sanctorum requirunt.
28. De illis maleficis, qui sperant se mentes hominum pervertere posse.
29. De eadem re.
30. De illis qui ad suas vanitates perficiendas dæmones invocant.
31. De illis qui nocturna sacrificia dæmonum celebraverint.
32. De illis qui ad arbores vel ad fontes aliqua vota voverunt.
33. De illis, qui, quando luna obscuratur, clamores suos et maleficia sua exercuerint.
34. De illis qui vanitates suas in excubiis exercuerint.
35. De eadem re.
36. De conviviis quæ fiunt ritu paganorum.
37. De eadem re.
38. Ne fideles in cœmeteriis prandere præsumant.
39. De illis qui balationes fecerint, et se in alienas formas transmutaverint.
40. Quod incantationes et magicæ artes laquei diaboli sint.

41. De illis qui salutem non a Salvatore, sed ab ejus creatura requirunt.
42. De eadem re.
43. De eadem re.
44. De exsecrabilibus remediis, quas medici suis in præcantationibus faciunt.
45. De natura dæmonum.
46. De divinatione dæmonum.
47. De eadem re.
48. De sacerdotibus et reliquis ecclesiasticis ordinibus qui magos, hariolos, aut divinos consulunt.
49. De illis qui ad fascinum incantationes fecerint.
50. Quod dæmoniacum petras, vel herbas sine incantatione liceat portare.
51. Ut malefici, nisi se corrigant, regnum Dei non possideant.
52. De illis qui murmurant.
53. De eadem re.
54. De eadem re.
55. De contentiosis.
56. De illis qui in lingua lascivi fuerint.
57. De illis qui per odium dissidentes exstiterint.
58. De illo qui odio habet aliquem, et ad pacem reverti noluerit.
59. De eadem re.
60. De eadem re.
61. De eadem re.
62. De illis qui contentiones et rixas amaverint.
63. De illis qui faciles sunt ad detrahendum.
64. De illis qui contra episcopos suos conspiraverint.
65. De eadem re.
66. De clericis maledicis.
67. De illis qui detrahunt suis prioribus.
68. De clericis vel monachis conjurantibus, vel conspirantibus contra episcopum suum.
69. De eadem re.

Indicis capitulorum finis.

BURCHARDI

WORMACIENSIS ECCLESIÆ EPISCOPI

DECRETORUM LIBER DECIMUS

DE INCANTATORIBUS ET AUGURIBUS.

ARGUMENTUM LIBRI.

Libro hoc de incantatoribus, de auguribus, divinis, sortilegis et variis illusionibus diaboli, de maleficis, contentiosis, conspiratoribus, deque singulorum pœnitentia tractatur.

CAP. 1. — *Ut episcopi de parochiis suis sortilegos et maleficos expellant.*

(*Ex concilio Anquiren., capite* 1.) Ut episcopi eorumque ministri omnibus viribus elaborare studeant, ut perniciosam et a diabolo inventam sortilegam et maleficam artem penitus ex parochiis suis eradicent : et si aliquem virum aut feminam hujuscemodi sceleris sectatorem invenerint, turpiter dehonestatum de parochiis suis ejiciant. Ait enim Apostolus : Hæreticum post unam et secundam admonitionem devita, sciens quia subversus est, qui ejusmodi est. Subversi sunt, et a diabolo capti tenentur, qui, derelicto creatore suo, a diabolo suffragia quærunt, et ideo a tali peste mundari debet sancta Ecclesia. Illud etiam non omittendum, quod quædam sceleratæ mulieres retro post Satanam conversæ, dæmonum illusionibus, et phantasmatibus seductæ, credunt se et profitentur nocturnis horis, cum Diana paganorum dea, vel cum Herodiade et innumera multitudine mulierum equitare super quasdam bestias, et multa terrarum spatia intempestæ noctis silentio pertransire ejusque jussionibus velut dominæ obedire et certis noctibus ad ejus servitium evocari. Sed utinam hæ solæ in perfidia sua perissent, et non multos secum in infidelitatis interitum pertraxissent. Nam innumera multitudo hac falsa opinione decepta hæc vera esse credit, et credendo a recta fide deviat, et in errore paganorum revolvitur, cum aliquid divinitatis, aut numinis extra unum Deum esse arbitratur. Quapropter sacerdotes per Ecclesias sibi commissas populo omni instantia prædicare debent, ut noverint hæc omnimodis falsa esse, et non a divino, sed a maligno spiritu talia phantasmata mentibus infidelium irrogari. Siquidem ipse Satanas, qui transfigurat se in angelum lucis, cum mentem cujuscunque muliercule ceperit, et hanc sibi per infidelitatem et incredulitatem subjugaverit, illico transformat se in diversarum personarum species atque similitudines, et mentem quam captivam tenet in somnis deludens, modo læta, modo tristia, modo cognitas, modo incognitas personas, ostendens, per devia quæque deducit. Et cum solus spiritus hoc patitur, infidelis mens hæc non in animo, sed in corpore evenire opinatur. Quis enim non in somnis et nocturnis visionibus extra seipsum educitur, et multa videt dormiendo, quæ nunquam viderat vigilando? Quis vero tam stultus et hebes sit, qui hæc omnia quæ in solo spiritu fiunt, etiam in corpore accidere arbitretur? Cum Ezechiel propheta visiones Domini in spiritu non in corpore vidit. Et Joannes apostolus Apocalypsis sacramenta in spiritu non in corpore vidit, et audivit sicut ipse dicit : Statim, inquit, fui in spiritu. Et Paulus non audet se dicere raptum in corpore. Omnibus itaque publice annuntiandum est, quod qui talia et his similia credit, fidem perdit, et qui fidem rectam in Deo non habet, hic non est ejus, sed illius in quem credit, id est diaboli. Nam de Domino nostro scriptum est : Omnia per ipsum facta sunt. Quisquis ergo aliquid credit posse fieri, aut aliquam creaturam in melius aut in deterius immutari, aut transformari in aliam speciem, vel similitudinem, nisi ab ipso Creatore qui omnia fecit et per quem omnia facta sunt, procul dubio infidelis est et pagano deterior.

CAP. 2. — *De cultoribus arborum.*

(*Ex reg. Gregorii.*) Pervenit ad nos quosdam, quod dici nefas est, arbores colere, et multa alia contra Christianam fidem illicita perpetrare : et miramur cur hoc fraternitas vestra districta emendare ultione distulerit. Propterea scriptis præsentibus adhortamur hos diligenti investigatione perquiri, et veritate cognita, talem in eis faciatis exercere vindictam, quatenus et Deus placari possit, et aliis eorum ultio correctionis exemplum sit.

CAP. 3. — *De cultoribus idolorum.*

(*Ex eodem, capite 5.*) Contra idolorum namque cultores, vel aruspicum atque sortilegorum, fraternitatem tuam vehementius pastorali hortamur invigilare custodia, atque publice in populo contra hujus rei viros sermonem facere, eosque a tali labe sacrilegii, et divini intentione judicii, et præsentis vitæ periculo adhortatione suasoria revocare. Quos tamen si emendare se a talibus atque corrigere nolle repereris, ferventi comprehendere zelo te volumus : et quidem, si servi sunt, verberibus, cruciatibusque quibus ad emendationem pervenire valeant, castigare. Si vero sunt liberi inclusione digni, districtaque sunt in pœnitentia dirigendi, ut qui salubria et a mortis periculo revocantia audire verba contemnunt, cruciatus saltem eos corporis ad desideratam mentis valeat reducere sanitatem.

CAP. 4. — *De eadem re.*

(*Ex eodem, capite 18.*) Pervenit ad nos quod quosdam incantatores atque sortilegos fueris insecutus, et omnino nobis sollicitudinem, zelumque tuum gratum fuisse cognoscas. Sed moleste tulimus quod te dubitare, ne ab eis nobis contra experientiam tuam surripi potuisset, didicimus, dum quando certus esse ac scire debueris, hoc tibi apud nos ad commendationem magis proficere, non ad culpam adscribi. Et ideo studii tui sit sollicite quærere, et quoscunque inveneris hujusmodi Christi inimicos ita districta ultione corrige, ut et nos de experientia tua melius possimus habere judicium, et Deo te nostro, quod maxime studendum est, valeas commendare.

CAP. 5. — *De illis qui divinationes requirunt.*

(*Ex concilio Ancirano, capite 23.*) Qui divinationes expetunt, et more gentilium subsequuntur, aut in domos suas hujuscemodi homines introducunt, exquirendi aliquid, arte malefica, aut expiandi causa, sub regula quinquennii jaceant, secundum gradus pœnitentiæ definitos.

CAP. 6. — *De illis qui ritum paganorum observant.*

(*Ex concilio Braggar., capite 6.*) Si quis paganorum consuetudinem sequens, divinos et sortilegos in domum suam introduxerit, quasi ut malum foras mittat, aut maleficia inveniat, quinque annos pœniteat.

CAP. 7. — *De illis qui auguriis et incantationibus subserviunt.*

(*Ex concilio Carthag., capite 89.*) Auguriis vel incantationibus servientem, a conventu Ecclesiæ separandum. Similiter et Judaicis superstitionibus, vel feriis inhærentem.

CAP. 8. — *De eadem re.*

(*Ex pœnitentiali Romano.*) Qui auguriis vel divinationibus inserviunt, vel qui credit ut aliqui hominum sint immissores tempestatum : vel si qua mulier divinationes, vel incantationes diabolicas fecerit, vii annos pœniteat.

CAP. 9. — *De illis qui sortes observant.*

(*Ex eodem.*) Auguria vel sortes quæ dicuntur falsæ sanctorum, vel divinationes, qui eas observaverint, vel quarumcunque scripturarum, vel votum voverint, vel persolverint ad arborem, vel ad lapidem, vel ad quamlibet rem, excepto ad Ecclesiam, omnes excommunicentur. Si ad pœnitentiam venerint, clerici annos tres, laici annum unum et dimidium, pœniteant.

CAP. 10. — *De arboribus quas vulgus colit.*

(*Ex concilio Nannetensi, capite 8.*) Summo studio decertare debent episcopi, et eorum ministri, ut arbores dæmonibus consecratæ quas vulgus colit, et in tanta veneratione habet, ut nec ramum vel surculum inde audeat amputare, radicitus excidantur, atque comburantur. Lapides quoque quos in ruinosis locis et silvestribus dæmonum ludificationibus decepti venerantur, ubi et vota vovent et deferunt, funditus effodiantur, atque in tali lo o projiciantur, ubi nunquam a cultoribus suis venerari possint. Et omnibus annuntietur quantum scelus sit idolatria, et qui hæc veneratur et colit quasi Deum suum negat, et Christianitati abrenuntiat, et talem pœnitentiam inde suscipiat quasi idola adorasset : omnibusque interdicantur ut nullus votum faciat, aut candelam vel aliquod munus pro salute sua rogaturus alibi deferat, nisi ad ecclesiam Domino Deo suo. Scriptum est enim : Vovete et reddite Domino Deo vestro. Novimus siquidem quanta Dominus antiquo populo per prophetas suos comminatus est qui in lucis sacrificabant, et in excelsis immolabant. Si quis hæc transgressus fuerit, fidem perdidit, et est infideli deterior. Et idcirco omni modo a sanctæ Ecclesiæ consortio abscindatur, et nisi digne pœnituerit, non recipiatur.

CAP. 11. — *De illis qui dies et menses observant.*

(*Ex dictis Ambros.*) Apostolus dicit : Dies observatis, et menses, et tempora, et annos, timeo ne sine causa laboraverim in vobis. Dies observant, qui dicunt : Puto crastino proficiscendum non est. Post crastinum enim non debet aliquid inchoari, et sic solent magis decipi. Hi autem colunt menses, qui cursum lunæ perscrutantur, dicentes : Septima luna strumenta confici non debent : nona autem luna emptum servum domum duci non oportet. Et per hæc facilius solent adversa provenire. Tempora vero observant, cum dicunt : Hodie veris initium est, et ideo festivitas est. Et rursum : Posterum est, domum egredi non licet. Annos sic colunt, cum dicunt : Kalendis Januarii novus est annus, quasi non quotidie annus impleatur. Hæc superstitio longe debet esse a servis Dei. Si quis in hac perfidia detegitur, clerici, annum unum ; laici dimidium pœniteant.

CAP. 12 — *De his qui dæmonibus immolant.*

(*Ex pœnitentiali Theodor.*) Nam de his qui dæmonibus immolant Theodori episcopi constitutiones habemus, in quibus scriptum est : Qui immolant dæmoniis in minimis, annum unum pœniteant ; qui vero in magnis, x annos pœniteant.

CAP. 13. — *De illis qui traditiones gentilium observant.*

(*Ex concil. Braggar., capite 20.*) Non licet Christianis traditiones gentilium observare, vel colere elementa, aut lunam, aut stellarum cursum, et inanem signorum fallaciam considerare pro domo facienda, et ad conjugia socienda. Scriptum est enim : Omnia quæcunque facitis in verbo aut in opere, in nomine Domini nostri Jesu Christi facite, gratias agentes Deo. Si quis autem fecerit, severissime corripiatur, et canonice pœniteat.

CAP. 14. — *De mulierculis, quæ infantes suos pro sanitate in fornacem aut supra tectum ponunt.*

(*Ex pœnitentiali Bedæ presbyteri.*) Mulier si qua filium suum ponit supra tectum, aut in fornacem pro sanitate febrium, unum annum pœniteat.

CAP. 15. — *Quod non liceat iniquas observationes Kalendarum agere.*

(*Ex decret. Martial. papæ.*) Non licet iniquas observationes agere Kalendarum, et otiis vacare, neque lauro, aut viriditate arborum cingere domos. Omnis hæc observatio paganorum est.

CAP. 16. *De illis qui Kalendas Januarias ritu paganorum colere præsumunt.*

(*Ex decret. Zachar. papæ, capite 11.*) Si quis Kalendas Januarias ritu paganorum colere, vel aliquid plus novi facere propter novum annum, aut mensas cum lapidibus vel epulis in domibus suis præparare, et per vicos et plateas cantatores et choros ducere præsumpserit, anathema sit.

CAP. 17. — *De eadem re.*

(*Ex concil. Rothomag.*) Si quis in Kalendis Januariis aliquid fecerit quod a paganis inventum est, et dies observat et lunam, et menses, et horarum effectiva potentia aliquid sperat in melius aut in deterius verti, anathema sit.

CAP. 18. — *De bubulcis, vel venatoribus qui suas incantationes exercuerint.*

(*Ex eodem, capite 4.*) Perscrutandum si aliquis subulcus, vel bubulcus, sive venator, vel cæteri hujusmodi, dicat diabolica carmina super panem, aut super herbas, aut super quædam nefaria ligamenta, et hæc aut in arbore abscondat, aut in bivio, aut in trivio projiciat, ut sua animalia liberet a peste et clade, et alterius perdat. Quæ omnia idololatriam esse nulli fideli dubium est : et ideo summopere sunt exterminanda.

CAP. 19. — *Quod non liceat mulierculas Christianas vanitates in suis lanificiis observare.*

(*Ex concilio Braggar., capite 10.*) Non licet mulieres Christianas, vanitatem in suis lanificiis observare, sed Deum invocent adjutorem, qui eis sapientiam texendi donavit.

CAP. 20. — *Quod non liceat cum incantationibus herbarum collectionem fieri.*

(*Ex eodem, capite 21.*) Non licet in collectione herbarum medicinalium aliquas observationes vel incantationes attendere, nisi tantum cum symbolo divino, et Oratione Dominica, ut Deus et Dominus noster honoretur.

CAP. 21. — *De illis qui ad arbores vel ad fontes faculas incenderint.*

(*Ex eodem, capite 22.*) Si in alicujus presbyteri parochia infideles, aut faculas incenderint, aut arbores, aut fontes, aut saxa venerantur, si hoc eruere neglexerit, sacrilegium se fecisse cognoscat ; præsumptor aut hortator rei ipsius. Si admonitus hoc emendare neglexerit, communione privetur.

CAP. 22. — *Ut vaticinatores cæsi de civitatibus ejiciantur.*

(*Ex concilio Arelaten., capite 11.*) Vaticinatores, qui se futura scire dicunt, cæsi de civitate ejiciantur.

CAP. 23. — *De illis qui phylacteriis utuntur.*

(*Ex decr. Gregor.*) Si quis hariolos, aruspices, vel incantatores observaverit, aut phylacteriis usus fuerit, anathema sit.

CAP. 24. — *Item de mulierculis incantatricibus.*

(*Ex pœnitentiali Romano.*) Mulier si divinationes vel incantationes diabolicas fecerit, annum unum pœniteat, vel tres quadragesimas, vel quadraginta dies secundum qualitatem delicti.

CAP. 25. — *De illis qui manducant aut bibunt, aut portant super se aliquid ad Dei judicium subvertendum.*

(*Ex concilio Tribur., capite 4.*) Si aliquis manducat, aut bibit, aut portat super se unde existimat Dei judicium pervertere posse, et exinde comprobatus fuerit, eadem sententia feriatur qua magi, et harioli, et incantatores feriuntur.

CAP. 26. — *De illis qui in tabulis aut in codicibus futura requirunt.*

(*Ex pœnitentiali Theod.*) In tabulis vel codicibus

sorte futura, non sunt requirenda, et ut nullus in Psalterio, vel in Evangelio, vel in aliis rebus sortiri praesumat, nec divinationes aliquas in aliquibus rebus observare. Quod si fecerit, quadraginta dies poeniteat.

CAP. 27. — *De illis qui sortes sanctorum requirunt.*

(*Ex concil. Agathens., capite* 3.) Nec illud est praetereundum quod maxime fidem religionis infestat, quod aliqui clerici vel laici student auguriis, et sub nomine fictae religionis, quam sortes sanctorum vocant, divinationis scientiam profitentur, aut quarumcunque scripturarum inspectione futura promittunt. Quicunque clericus, vel laicus in eo detectus fuerit talia consulere, vel docere, ab Ecclesia ejiciatur.

CAP. 28. — *De illis maleficis qui sperant se mentes hominum pervertere posse.*

(*Ex poenitentiali Romano.*) Malefici vel incantatores, vel immissores tempestatum, vel qui per invocationem daemonum mentes hominum perturbant, anathematizati abjiciantur : et si emendare voluerint, clerici tres annos, laici unum annum poeniteant.

CAP. 29. — *De eadem re.*

(*Ex concilio Agath., capite* 4.) Perquirendum si aliqua femina sit, quae per quaedam maleficia et incantationes mentes hominum se immutare posse dicat, id est, ut de odio in amorem, aut de amore in odium convertat, aut bona hominum aut damnet, aut subripiat. Et si aliqua est quae se dicat cum daemonum turba, in similitudinem mulierum transformata, certis noctibus equitare super quasdam bestias, et in eorum consortio adnumeratam esse, haec talis omnimodis scopis correpta, ex parochia ejiciatur.

CAP. 30. — *De illis qui ad suas vanitates verficiendas daemones invocant.*

(*Ex poenitentiali Bedae presbyteri.*) Quicunque pro curiositate futurorum, vel invocatorem daemonum, vel divinos quos hariolos appellant, vel aruspices qui auguria colligunt, consuluerint, clerici ab omni officio removeri, tres annos, laici duos annos poeniteant.

CAP. 31. *De illis qui nocturna sacrificia daemonum celebraverint.*

(*Ex poenitentiali Romano.*) Quicunque nocturna sacrificia daemonum celebraverint, vel incantationibus daemones quacunque arte ad sua vota invitaverint, tres annos poeniteant.

CAP. 32. — *De illis qui ad arbores vel ad fontes aliqua vota voverint.*

(*Ex concilio Agathensi, capite* 5.) Perscrutandum si aliquis vota ad arbores, vel ad fontes, vel ad lapides quosdam quasi ad altaria faciat, aut ibi candelam seu quodlibet munus deferat, veluti ibi quoddam numen sit, quod bonum aut malum possit inferre.

CAP. 33. — *De illis qui, quando luna obscuratur, clamores suos et maleficia sua exercuerint.*

(*Ex concilio Arelaten., capite* 5.) Quicunque exercuerint hoc, quando luna obscuratur, ut cum clamoribus suis ac maleficiis et sacrilego usu se posse defendere credant, et quicunque divinos praecantatores phylacteria etiam diabolica, vel characteres diabolicos, vel herbas, vel sucos, suis vel sibi impendere

tentaverint, vel quintam feriam in honorem Jovis, vel Kalen. Janua. secundum paganam consuetudinem honorare praesumpserit, monachus v, clericus IV, laicus II, annos poeniteat.

CAP. 34. — *De illis qui vanitates suas in excubiis exercuerint.*

(*Ex eodem, capite* 5.) Laici qui excubias funeris observant, cum timore et tremore et reverentia hoc faciant. Nullus ibi praesumat diabolica carmina cantare, non joca et saltationes facere, quae pagani diabolo docente adinvenerunt. Quis enim nesciat diabolicum esse, et non solum a religione Christiana alienum sed etiam humanae naturae esse contrarium, ibi laetari, cantari, inebriari, et cachinnis ora dissolvi, et omni pietate, et affectu charitatis posposito, quasi de fraterna morte exsultare, ubi luctus et planctus flebilibus vocibus debuerat resonare pro amissione chari fratris? Patres siquidem Veteris ac Novi Testamenti mortes sanctorum virorum legimus multis in locis cum fletu deplorasse : in nullo autem loco qui a saeculo recesserant exsultasse. Nam et Jacob patriarcham flevit tota Aegyptus LXX diebus. Et Joseph, et fratres ejus cum patrem deferrent in terram Chanaam ad sepeliendum, celebrantes exsequias ad aream Athael, quaesita est trans Jordanem, planctu magno atque vehementi impleverunt VII dies. Tantus autem fuit planctus, ut locus inde nomen acciperet. Et de beato Stephano legimus, quod sepelierunt eum, sive curaverunt viri timorati, et fecerunt planctum magnum super eum. Et ideo talis inepta laetitia et pestifera cantica, ex auctoritate Dei interdicenda sunt. Si quis autem cantare desiderat, Kyrie eleison cantet : sin aliter, omnino taceat. Sin autem tacere non vult, in crastino a presbytero taliter coerceatur, ut caeteri timeant.

CAP. 35. — *De eadem re.*

(*Ex concilio Meldensi, capite* 10.) Placuit prohiberi ne feminae in coemeterio pervigilent, eo quod saepe sub obtentu orationis et religionis, latenter scelera committant.

CAP. 36. — *De conviviis quae fiunt ritu paganorum.*

(*Ex concilio Afric., capite* 27.) Illud etiam petendum, ut quoniam contra praecepta divina convivia multis in locis exercentur, quae ab errore gentili attracta sunt, ita ut nunc a paganis Christiani ad haec celebranda cogantur, ex qua re temporibus Christianorum imperatorum persecutio altera fieri occulta videatur, vetari talia jubeant, et de civitatibus et possessionibus imposita poena prohiberi, maxime cum etiam in natalibus beatissimorum martyrum per nonnullas civitates, et in ipsis locis sacris talia committere non reformident, quibus diebus etiam, quod pudoris est dicere, saltationes sceleratissimas per vicos atque plateas exerceant, ut matronalis honor, et innumerabilium feminarum pudor, devote venientium ad sacratissimum diem, injuriis lascivientium appetatur, ut etiam ipsius sanctae religionis pene fugiatur accessus.

Cap. 37. — *De eadem re.*

Ex decr. Leonis papæ.) Si convivio solo gentilium, et escis immolaticiis usi sunt, possunt jejuniis et manus impositione purgari, ut deinceps ab idolothitis abstinentes, sacramentorum Christi possint esse participes. Si autem aut idola adoraverunt, aut homicidiis vel fornicationibus contaminati sunt, ad communionem eos nisi per pœnitentiam publicam non oportet admitti.

Cap. 38. — *Ne fideles in cœmeteriis pran!ete præsumant.*

(*Ex concilio Braggar., capite* 70.) Non liceat Christianis prandia ad defunctorum sepulcra deferre, et sacrificare mortuis.

Cap. 39. — *De illis qui balationes fecerint, et se in alienas formas transformaverint.*

(*Ex eodem, capite* 80.) Si quis balationes ante ecclesias sanctorum fecerit, seu qui faciem suam transformaverit in habitu muliebri, et mulier in habitu viri, emendatione pollicita iu annos pœniteat.

Cap. 40. — *Quod incantationes et magicæ artes laquei diaboli sint.*

(*Ex dictis Augusti.*) Admoneant sacerdotes fideles populos, ut noverint magicas artes, incantationesque quibuslibet infirmitatibus hominum nihil posse remedii conferre, non animalibus languentibus claudicantibusve, vel etiam moribundis quidquam mederi, sed hæc esse laqueos et insidias antiqui hostis, quibus ille perfidus genus humanum decipere nititur. Et si quis hæc exercuerit, clericus degradetur, laicus anathematizetur.

Cap. 41. — *De illis qui salutem non a Salvatore, sed ab ejus creatura requirunt.*

(*August. in libro de Civitate Dei.*) Omnis sapientia a Domino Deo est, et apud illum fuit semper, et est ante ævum. Arenam maris et pluviæ guttas, et dies sæculi quis dinumerabit? Altitudinem cœli, et latitudinem terræ, et profundum abyssi quis mensus est? Sapientiam Dei præcedentem omnia, quis investigabit? Prior omnium creata est sapientia, et intellectus prudentiæ ab ævo. Fons sapientiæ Verbum Dei in excelsis, et ingressus illius mandata æterna. Qui enim sine Salvatore salutem vult habere, et sine vera sapientia æstimat prudentem se fieri posse, non sanus sed æger, non prudens sed stultus, in ægritudine assidua laborabit, et in cæcitate noxia stultus et demens permanebit. Ac proinde omnis inquisitio, et omnis curatio quæ a divinis et magis, vel ab ipsis dæmoniis in idolorum cultura expetitur, mors potius dicenda est, quam vita. Et qui ea sectantur, si se non correxerint, ad æternam perditionem tendunt, Psalmista dicente : Omnes dii gentium sunt dæmonia. Qui per deceptos homines alios decipere quotidie gestiunt, ut perditionis suæ faciant eos esse participes. Itaque hæc vanitas magicarum artium, ex traditione angelorum malorum, in toto terrarum orbe plurimis sæculis valuit per quamdam scientiam futurorum et infernorum, et per inventiones eorum inventa sunt aruspicia, augurationes et ipsa quæ dicuntur oracula et necromantia.

Cap. 42. — *De eadem re.*

(*Ex dictis ejusdem.*) Nec mirum de magorum præstigiis, quorum in tantum prodiere maleficiorum artes, ut etiam Mosi simillimis signis resisterent, vertentes virgas in dracones, aquas in sanguinem, cum fertur etiam in gentilium libris quod quædam maga famosissima Circe socios Ulixis mutaverit in bestias. Legitur et de sacrificio, quod Arcades deo suo Liceo immolabant, ex quo quicunque sumerent, in bestiarum formas converterentur. Sed hæc omnia magicis præstigiis potius fingebantur, quam rerum veritate complerentur. Ut ergo ipsi errores ignorantibus manifesti fiant, de eorum proprietate atque inventoribus juxta traditionem majorum primum dicere congruum arbitramur. Magi sunt, qui vulgo malefici ob facinorum magnitudinem nuncupantur. Hi permissu Dei elementa concutiunt, turbant mentes hominum minus confidentium in Deo, ac sine ullo veneni haustu, violentia tantum carminis interimunt. Unde et Lucanus : Mens hausti nulla sanie polluta veneni, incantata perit. Dæmonibus enim accitis audent ventilare, ut quisquis suos perimat malis artibus inimicos. Hi etiam sanguine utuntur, et victimis sæpe contingunt corpora mortuorum. Necromantii sunt quorum præcationibus videntur resuscitati mortui divinare et ad interrogata respondere. Necros enim, Græce mortuus, mantia divinatio nuncupatur. Ad quos suscitandos cadaveri sanguis adjicitur. Nam amare dæmones sanguinem dicuntur : ideoque quoties Necromantia fit, cruor aquæ miscetur, et colore sanguinis facilius provocantur. Hydromantii ab aqua dicti : est enim hydromantia in aquæ inspectione umbras dæmonum evocare, et imagines ludificationis eorum videre, ibique ab eis aliqua audire. Ubi adhibito sanguine, inferos perhibentur sciscitari.

Cap. 43. — *De eadem re.*

(*Ex dictis ejusdem.*) Igitur genus divinationis a Persis fertur allatum. Varro autem dicit divinationis quatuor esse genera : terram, aquam, aerem, et ignem. Hinc geomantiam, hydromantiam, aeromantiam, pyromantiam, dictam aujumant. Divini dicti sunt, quasi Deo pleni. Divinitati enim plenos se esse assimulant, et astutia quadam fraudulenta hominibus futura conjectant. Duo autem sunt genera divinationis : ars et furor. Incantatores vero dicti sunt, qui artem verbis peragunt. Arioli vocati sunt propterea quod circa aras idolorum nefarias preces emittunt et funesta sacrificia offerunt, hisque celebritatibus dæmonum responsa accipiunt. Aruspices nuncupati sunt, quasi horarum inspectores. Dies enim et horas in agendis negotiis operibusque custodiunt : quo per singula tempora observare debeat homo intendunt. Hi etiam exta pecudum inspiciunt, et ex eis futura prædicunt. Augures sunt, qui volatus avium et voces intendunt, aliaque signa rerum vel observationes improvisas hominibus occurrentes ferunt. Idem et auspices. Nam et auspicia sunt, quae iter facientes observant. Dicta autem sunt auspicia quasi avium aspicia, et auguria quasi avium garria, hoc est, avium voces et linguae. Jam augurium quasi avigerium, quod aves gerunt. Duo autem sunt genera auspiciorum : unum ad oculos, alterum ad aures pertinens. Ad oculos scilicet volatus : ad aures vox avium. Pithonissae a Pithio Appollinae dictae, quod is auctor fuerit divinandi. Astrologi dicti sunt eo quod in astris augurantur. Genethliaci appellati sunt propter nataliciorum considerationes dierum. Geneses enim hominum per XII signa coeli describuntur, siderumque cursus, nascentium mores, actus et eventus praedicare conantur, id est, quis, quali signo fuerit natus, aut quem effectum habeat vitae qui nascitur interpretantur. Hi sunt qui vulgo mathematici vocantur. Cujus superstitionis genus constellationes Latini vocant, id est, notationes siderum, quomodo se habeant cum quisque nascitur. Primum autem idem stellarum interpretes magi nuncupabantur, sicut de his legitur qui in Evangelio natum Christum annunciaverunt. Postea hoc nomine soli mathematici dicti sunt, cujus artis scientia usque ad Evangelium fuit concessa, ut, Christo edito, nemo exinde nativitatem alicujus de coelo interpretetur. Horoscopi dicti sunt, quod horas nativitatis hominum specularentur, dissimili et diverso fato. Sortilegi sunt, qui sub nomine fictae religionis, per quasdam quas sanctorum sortes vocant, divinationis scientiam profitentur, aut quarumcunque scripturarum scientiae inspectione futura promittunt. Salisatores vocati sunt : quia dum eis membrorum quaecunque partes salierint, aliquid sibi exinde prosperum seu triste significari praedicunt.

CAP. 44. — *De execrabilibus remediis quae medici suis in praecantationibus faciunt.*

(*Ex dictis ejusdem.*) Ad haec omnia supradicta pertinent et ligaturae exsecrabilium remediorum quae ars medicorum commendat, seu in praecantationibus, seu in caracteribus vel in quibuscunque rebus suspendendis atque ligandis. In quibus omnibus ars daemonum est, ex quadam pestifera societate hominum et angelorum malorum exorta. Unde cuncta vitanda sunt Christiano, et omni penitus exsecratione repudianda, atque damnanda. Auguria autem sunt avium. Haec autem Phryges primi invenerunt. Praestigium vero Mercurius primus dicitur invenisse. Dictum autem praestigium, quod praestringat aciem oculorum. Aruspicinam artem primus Hetruscis tradidisse dicitur quidam Strages. Hic ex horis aruspicinam dictavit, et postea non apparuit. Nam dicitur fabulose, arante quodam rustico subito hunc ex glebis exiluisse, et aruspicinam dictasse, qua die et mortuus est. Quos libros Romani ex Hetrusca lingua in propriam mutaverunt. His ergo portentis, per daemonium fallaciam illuditur curiositas humana, quando id impudenter appetunt scire, quod nulla ratione eis competit investigare. Ac ideo datur potestas immundis spiritibus, ut pervasa sibi apta, hoc est pravos homines, seducant illos qui spernunt veritatem et credunt mendacio, et juxta Pauli sententiam : Sanam doctrinam non sustinebunt, sed ad sua desideria coacervabunt sibi magistros prurientes auribus, et a veritate quidem auditum avertant, ad fabulas autem convertentur. Onerati peccatis, ducuntur variis desideriis, semper discentes, et nunquam ad scientiam veritatis pervenientes. Quemadmodum autem Jamnes et Mambres restiterunt Mosi, ita et isti resistunt veritati, homines corrupti mente, reprobi circa fidem, sed ultra non proficient. Insipientia enim eorum manifesta erit omnibus, sicut et illorum fuit. Nec ideo quisquam credere debet, quolibet magicis artibus aliquid facere posse, sine permissu Dei, qui omnia quae fiunt, aut justo judicio facit, aut permissu suo ita fieri sinit. Quod praedicti magi leguntur similia fecisse Mosi, qui virgam suam projecit, et conversa est in draconem, projeceruntque ipsi singuli virgas suas, quae versae sunt in dracones, sed devoravit virga Aaron virgas eorum. Non ergo fuerunt creatores draconum, nec magi, nec angeli mali, quibus ministris illa operabantur. Insunt enim rebus corporeis per omnia elementa mundi quaedam occultae seminariae rationes, quibus cum data fuerit opportunitas temporalis atque causalis, prorumpunt in species debitas suis modis et finibus. Et sic non dicuntur angeli, qui ista faciunt animalium creatores, sicut nec agricolae segetum, vel arborum, vel quorumcunque in terra gignentium creatores dicendi sunt, quamvis noverint praebere quasdam visibiles opportunitates et causas, ut illa nascantur. Quod autem isti faciunt visibiliter, hoc illi invisibiliter. Deus vero solus unus creator est qui causas ipsas et rationes seminarias rebus inseruit. Praeterea quidam quaerendum putant, quomodo Scriptura narret Pithonissam Samuelem prophetam suscitasse ad colloquium Saul impiissimi regis, si Pithonica divinatio, errori magicae artis deputanda sit. Quibus ita responderi potest, indignum omnino facinus esse, si secundum verba historiae commodetur assensus. Quomodo enim poterat fieri, ut arte magica attraheretur vir, et nativitate sanctus, et vitae operibus justus ? Aut si non attractus est, consensit. Quod utrumque de viro justo credere adversum est. Nullum suffragium habet justitia, si aut voluntarius amisit meritum spiritalis, quem positus in carne quaesiverat. Quod valde absurdum est : quia hinc qui justus recedit, permanet justus. Porro autem hoc est praestigium Satanae, quo ut plurimos fallat, etiam bonos in potestate se habere confingat; quod Apostolus inter caetera ostendit, dicens : Ipse Satanas transfigurat se in angelum lucis. Ut enim errorem faceret in quo gloriaretur, in habitu viri justi et nomine se subornavit, ut nihil proficere spem quam praedicabant Dei cultoribus mentiretur, quando hinc exeuntes justos finxit in sua potestate esse. Sed hoc quosdam fallit, quod de morte Saul et filii ejus non sit mentitus, quasi magnum sit diabolo ante occasum mortem corporis prævidere, cum signa quædam soleant apparere morituris, quippe a quibus Dei protectio amota videtur : quanto magis diabolo quem angelica majestate sublimem prophetica oracula fuisse testantur, de cujus magnitudine Apostolus ait : An ignoratis altitudinem Satanæ ? Quid mirum ergo, si imminentem prope mortem potuit prævidere, cum hoc sit unde fallit, et se in Dei potestate vult adorari ? Nam tanta hebetudine demens effectus est Saul, ut ad Pythonissam confugeret. Depravatus enim causa peccat, ad hæc se contulit quæ damnaverat. Sed si quis propter historiam, et ea quæ verbis expressa sunt, putet non prætermittenda, ne ratio historiæ inanis sit, recte faciat quidem, si tamen, minime istud ad veri rapiat rationem, sed ad visum et intellectum Saul : neque enim reprobus factus, poterat bonum intellectum habere. Historicus enim mentem Saul et habitum Samuelis descripsit, ea quæ dicta et visa sunt exprimens, prætermittens, si vera an falsa sint. Quid enim ait, audiens, in quo habitu esset excitatus ? Intellexit, inquit, hunc esse Samuelem. Quid intellexerit, retulit : quia bene non intellexit, contra Scripturam aerium adoravit, quam dominum et putans Samuelem, adoravit diabolum, ut fructum fallaciæ suæ haberet Satanas. Hoc enim nititur, ut adoretur quasi Deus. Si enim vere Samuel illi apparuisset, non utique vir justus permisisset se adorari, qui prædicaverat Dominum solum esse adorandum : et quomodo homo Dei, qui cum Abraham in refrigerio erat, dicebat ad virum pestilentiæ, dignum adorare gehennæ : cras mecum eris ? His duobus titulis subtilitatem fallaciæ suæ providit improvidus Satanas : quia et adorari se permisit sub habitu et nomine Samuelis contra legem, et virum peccatis pressum, cum magna distantia peccatorum et justorum sit, cum Samuele justissimo futurum mentitus est. Verum potest videri, sed de Samuelis nomine taceatur, quia Saul cum diabolo futurus erat. Ad eum enim transmigravit, quem adoravit. Semper ergo diabolus sub velamine latens prodit se, dum ea confingit, quæ horreant personis, per quas fallere nititur. Si autem quislibet nobis opponit ac dicit : quomodo eveniunt illa, quæ illi divini prædicunt futura aut quomodo possunt ægris præbere medelam, aut sanis immittere ægritudinem, si aliquid propriæ virtutis ac potestatis non habent ? Hoc a nobis recipiat responsum quod ideo quisquam non debet eis credere : quia aliquando eveniunt quæ prædicunt, aut sanare videntur languidos, vel lædere sanos : quia hoc permissu Dei fit, ut ipsi qui hæc audiunt, vel vident, prohibentur, et appareat quali fide sint, vel devotione erga Deum. Sicut in Deuteronomio legitur Moyses verbo Domini populo Dei præcipisse ita dicens : Si surrexit in medio tui prophetans, aut qui somnium vidisse se dicat, et prædixerit in signum ac portentum, et venerit quod locutus est, et dixerit tibi : Eamus, et sequamur deos alienos quos ignoras, et serviamus eis, non audies verba prophetæ, aut somniatoris : quia tentat vos Dominus Deus vester, ut palam fiat utrum diligatis eum, an non. In toto corde, et in tota anima vestra Deum vestrum sequimini; et ipsum timete, mandata illius custodite, et audite vocem ejus, ipsi servietis, et ipsi adhærebitis, etc. Ubi sane intelligi voluit, etiam illa quæ a divinantibus non secundum Deum dicuntur, si acciderint quæ dicuntur, non accipienda, vel etiam si fiant quæ præcipiuntur ab eis, aut colantur quæ coluntur ab eis. Nec præter suam potestatem Deus ostendit esse quod ista contingunt, sed quasi quæreretur cur ea permittat, causam tentationis exposuit. Ad cognoscendam utique eorum dilectionem utrum eam habeant erga Deum suum. Cognoscendam vero ab ipsis potius, quam ab illo, qui scit omnia, antequam fiant.

CAP. 45. — *De natura dæmonum.*

(*Ex dictis ejusdem.*) Sciendum vero est hanc dæmonum esse naturam, ut aerei corporis sensu terrenorum corporum sensum facile præcedant, celeritate etiam, propter aerei corporis superiorem mobilitatem, non solum cursus quorumlibet hominum, vel ferarum, verum etiam volatus avium incomparabiliter vincant. Quibus duabus rebus quantum ad aereum corpus attinet præditi, hoc est, acrimonia sensus et celeritate motus; multo ante cogitata prænunciant, vel nunciant, quæ homines pro sensus terreni tarditate mirentur. Accessit etiam dæmonibus per tam longum tempus, quo eorum vita protenditur, rerum longe major experientia, quam potest hominibus propter brevitatem vitæ provenire. Per has efficacias quas aerei corporis natura sortita est, non solum futura prædicunt dæmones, verum etiam mira multa faciunt. Quæ quoniam homines dicere ac facere non possunt, eos dignos quidam quibus serviant, et quibus honores divinos deferant, arbitrantur, instigante maxime vitio curiositatis propter amorem felicitatis falsæ, atque terrenæ, et excellentiæ temporalis. Qui autem se ab eis cupiditatibus mundant, nec eis se feriendos rapiendosque permittunt, sed inquirunt, et amant aliquid quod eodem modo semper est, cujus participatione beati sint, primum considerant non ideo sibi præponendos esse dæmones, quod acriore sensu corporis prævalent, aeris scilicet, hoc est, subtilioris clementi : quia nec ipsis terrenis corporibus bestias sibi præponendas putant, quæ acrius multa persentiunt : veluti sagacem canem, quia latentem feram olfactus acerrimo sic invenit ut ad eam capiendam ducatum quemdam homini præbeat, non utique prudentiore intellectu animi, sed acutiore corporis sensu : vel vulturem, quia, projecto cadavere, ex provisa longinquitate advolat : nec aquilam, quia sublimiter volans, de tanto intervallo natantem sub fluctibus piscem dicitur prævidere, et graviter illisa exertis pedibus atque unguibus rapere : nec alia multa animantium genera, quæ inter herbas saluti suæ noxias pascendo circumerrant, nec aliquid earum quo lædantur, attingunt, cum eas homo vix experiendo cavere didicerit, et multa innoxia, quod sint inexperta, formidet. Unde conjicere facile est quantum possit in aeriis corporibus sensus esse acrior, nec ideo tamen dæmones, qui eo præditi sunt, bonis hominibus præponendos prudens quisque censuerit. Hoc et de corporum celeritate dicimus. Et hac enim præstantia non solum a volucribus homines, verum a multis etiam quadrupedibus ita superantur, ut in eorum comparatione plumbei deputandi sint, nec tamen ideo sibi hæc animantium genera existimant præponenda, quibus capiendis et mansuefaciendis, atque in suæ voluntatis usum, commodumque redigendis, non vi corporis, sed rationis imperitant. Illam vero tertiam dæmonum potentiam, quod diuturna rerum experientia, quemadmodum prænoscant, atque prænuncient, multa didicerunt, ita contemnunt, qui hæc vigilanter curant a verissimæ lucis veritate discernere, ut nec malos senes plura expertos et ob hoc quasi doctiores ideo probi adolescentes sibi antecellere existiment, ut nec medicos, nec nautas, nec agricolas quos pravæ voluntatis et iniquis moribus viderint, ideo putent sibi esse præferendos, quod illi de valetudinibus, illi de tempestatibus, illi de arbustorum fructuumque generibus multa ita prænunciant, ut harum rerum inexperto divinare videantur. Quod vero non solum quædam dæmones futura prædicunt, verum etiam quædam faciunt, pro ipsa utique sui corporis excellentia, cur non contemnatur a prudentibus, cum plerique iniqui ac perditi homines ita exerceant corpora sua, tantamque diversis artibus possint, ut ea qui hæc nesciunt, nec aliquando viderunt, etiam narrata vix credant. Quam multa funambuli, cæterique theatri artifices : quam multa opifices, maximeque mechanici miranda fecerunt ? Num ideo meliores sunt bonis, et sancta pietate præditis hominibus ? Quæ ideo commemoravimus, ut qui hæc sine pervicacia, et sine vana resistendi animositate considerat, simul cogitet, si de subjacenti crassiore materia, vel sui quisque corporis, vel terræ, et aquæ, lapidum, atque lignorum, metallorumque variorum tanta quidem homines possunt, ut eos illi qui hæc non possunt, plerumque stupendo in sui comparatione divinos vocent, cum quidam illorum sint artibus potentiores, quidam istorum moribus meliores : quanto meliora et majora pro subtilissimi corporis, hoc est, aerii facultate, ac facilitate dæmones possint, cum tamen sint pravæ voluntatis, maximeque superbiæ fastu, et evidenti malitia spiritus immundi, atque perversi. Quantum autem valeat aeris elementum, quo eorum corpora prævalent ad multa visibilia visibiliter molienda, movenda, mutanda, atque versanda, longum est nunc demonstrare, et putamus quod vel mediocriter consideranti facile occurrat.

Cap. 46. — *De divinatione dæmonum.*

(*Ex dictis ejusdem.*) Igitur nunc primum sciendum est, quoniam de divinatione dæmonum quæstio est, illos ea plerumque prænunciare quæ ipsi facturi sunt. Accipiunt enim sæpe potestatem et morbos immittere, et ipsum aerem vitiando morbidum reddere, et perversis atque amatoribus terrenorum commodo- rum malefacta suadere : de quorum moribus certi sunt, quod sint eis talia suadentibus consensuri. Suadent autem miris et invisibilibus modis per illam subtilitatem corporum suorum, corpora hominum non sentientium penetrando, et se cogitationibus eorum per quædam imaginaria visa miscendo, sive vigilantium, sive dormientium. Aliquando autem non quæ ipsi faciunt, sed quæ naturalibus signis futura prænoscunt, quæ signa in hominum sensus venire non possunt, ante prædicunt. Neque enim quia prævidet medicus quod prævidere nescit hujus artis ignarus, ideo jam divinus habendus est. Quid autem mirum, si quemadmodum ille in corporis humani, vel perturbata, vel modificata temperie, seu bonas, seu malas futuras prævidet valetudines, sic dæmon in aeris affectione, atque ordinatione sibi nota, nobis ignota, futuras prævidet tempestates? Aliquando et hominum dispositiones, non solum voce prolatas, verum etiam cogitatione conceptas, cum signa quædam ex animo exprimuntur in corpore, tota facilitate perdiscunt, atque hinc etiam multa futura prænunciant, aliis videlicet mira, qui ista disposita non noverunt. Sicut enim apparet concitatior animi motus in vultu, ut ab hominibus quoque aliquid forinsecus agnoscatur quod intrinsecus agitur, ita non debet esse incredibile si etiam leniores cogitationes dant aliqua signa per corpus, quæ obtuso sensu hominum cognosci non possunt, acuto autem dæmonum possunt. Hac atque hujusmodi facultate, multa dæmones futura prænunciant, cum tamen ab eis longe sit altitudo illius prophetiæ quam Deus per sanctos angelos et prophetas operatur. Nam si quid de illa Dei dispositione prænunciant, audiunt ut prænuncient, et cum ea prædicunt quæ inde audiunt, non fallunt : veracissima enim sunt angelica, et prophetica oracula. Sic autem indignanter accipitur, quod aliqua etiam talia dæmones audiant et prædicant, quasi aliquid indignum sit, ut quod ideo dicitur, ut hominibus innotescat, hoc non solum boni, verum etiam mali non taceant, cum in ipsis hominibus etiam vitæ bonæ præcepta videamus pariter a justis perversisque cantari, nec obesse aliquid, imo etiam prodesse ad majorem noticiam, famamque veritatis, cum de illa etiam hi quidquid noverunt, dicunt, qui ei perversis moribus contradicunt. In cæteris autem suis prædictionibus dæmones plerumque et fallunt et falluntur quidem : quia cum suas dispositiones prænunciant, ex improviso desuper aliquid jubetur, quod eorum consilia cuncta perturbat : velut si aliquid disponant quilibet homines quibusque potestatibus subditi, quod non prohibituros suos præpositos arbitrentur, idque facturos se esse promittat, at illi penes quos major potestas est, ex alio superiore consilio hoc totum dispositum atque præparatum repente prohibeant. Falluntur etiam cum causis naturalibus, sicut medici, et naturæ, et agricolæ, sed longe acutius, longeque præstantius pro aeri corporis sensu solertiore et excitatione prænoscunt : quia et hæc ab angelis Deo summo pie servientibus ex alia dispositione ignota, dæmonibus ex improviso ac repente mutantur, tanquam si aliquid ægro extrinsecus accedat quo moriatur, quem medicus veris salutis præcedentibus signis, victurum esse promiserat. Aut si aeris qualitate provisa diu statutum illum ventum nautarum aliqui prædixissent, cum Dominus Christus cum discipulis navigans ut requiesceret imperavit, et facta est tranquillitas magna. Vel si agricola illo anno fructificaturam vitem aliquam pollicetur, naturam utique terræ et numeros seminum callens, quo tamen anno eam vel improvisa cœli intemperies arefaciat, ita multa etiam ad præsentiam prædictionemque dæmonum pertinentia, quæ minoribus et usitatioribus causis futura prævidentur, eadem majoribus et occultioribus causis impedita mutantur. Fallunt autem etiam studio fallendi et invida voluntate, quia hominum errore lætantur. Sed no apud cultores suos pondus auctoritatis amittant, id agunt, ut interpretibus suis signorumque suorum conjectoribus culpa tribuatur, quando vel decepti fuerint, vel mentiti. Nonnunquam vero ipsi maligni spiritus et illusores hominum atque invisores salutis eorum, solent prædicere defectum culturæ suæ et idolorum ruinam, quatenus prescii videantur quid in singulis regnis aut locis venturum sit, et quid adversi suæ factioni contingere possit. Quod etiam illi qui gentilium historias legunt non ignorant. Quid ergo mirum, si jam imminente templorum et simulacrorum eversione, quam prophetæ Dei summi tanto ante prædixerant, Serapis dæmon alicui cultorum suorum hoc de proximo prodidit, ut suam quasi divinitatem recedens vel fugiens commendaret. Fugantur enim ipsi, vel etiam jussis superioribus colligati abstrahuntur et alienantur a locis suis, ut de rebus in quibus colebantur fiat voluntas Dei, qui hoc tanto ante per omnes gentes futurum esse prædixit; et ut per suos fideles fieret imperavit. Cur autem hoc non sineretur dæmon prædicere, cum sibi jam prænosceret imminere? Cum hæc prædictio et in prophetis attestaretur a quibus sunt ista conscripta, et prudentibus daret intelligi quam vigilanter esset dæmonum cavenda fallacia, cultusque fugiendus, qui cum ante per tam longum tempus in templis suis hæc futura tacuissent, quæ per prophetas prædicta ignorare non possent, posteaquam appropinquare cœperunt, voluerunt ea quasi prædicere, ne ignari victique putarentur.

CAP. 47. — *De eadem re.*

(*Ex dictis ejusdem.*) Cum igitur tam longe ante prædictum esset atque conscriptum, ut alia iterim taceamus, dicamus illud quod Sophonias propheta dicit: Prævalebit Dominus adversus eos, exterminabit omnes deos gentium terræ, et adorabunt eum, unusquisque de loco suo, omnes insulæ gentium. Aut non credebant ista sibi eventura, quia in templis gentium colebantur, et hæc ideo per suos vates ac phanaticos frequentare noluerunt: aut cum ea ventura certissime scirent, ideo per sua templa tacuerunt, ne jam tunc inciperent ab hominibus intelligentibus deseri atque contemni: quod de templorum et simulacrorum suorum futura eversione eis a prophetis attestaretur, qui eos coli prohibebant. Nunc vero posteaquam tempus advenit quo complerentur vaticinia prophetarum Dei unius, quis istos deos dicit, et ut colantur vehementissime præcipit? Quum non hoc etiam ipsi compertum prædicere sinerentur, ut inde clarius appareret eos hæc antea vel minime credidisse, vel suis cultoribus enunciare timuisse, in fine autem tanquam nihil amplius habentes quid agerent, etiam ibi voluisse suam ostentare divinitatem, ubi jam produntur diu simulasse divinationem? Tamen nec ista ipsa quæ ab eis vix raro et clanculo proferuntur, movere nos debent. Si cuiquam dæmonum extortum est, id prodere cultoribus suis quod didicerat ex eloquiis prophetarum, vel ex oraculis angelorum. Quod cur non fieret, cum et ista non sint oppugnatio, sed testatio veritatis? Illud enim quod solum ab ipsis phanaticis flagitandum est, nec unquam antea protulerunt, nec unquam postea, nisi forte conflictum proferre conabuntur, aliquid deos suos per vates suos, contra Deum Israel ausos fuisse prædicere aut dicere. De quo Deo doctissimi eorum autores, qui omnia illa legere ac nosse potuerunt, magis quæsiverunt quis Deus esset, quam Deum negare potuerunt. Porro autem Deus iste quem nullus eorum negare ausus est verum Deum, quia et si negaret non solum subjaceret debitis pœnis, verum etiam certis convinceretur effectibus. Iste ergo Deus quem nemo, ut diximus, illorum negare ausus est verum Deum, illos falsos esse deos, et omnino deserendos, eorumque templa et simulacra et sacra evertenda per suos vates, hoc est prophetas, aperta denunciatio prædixit, aperta potestate præcepit, aperta veritate complevit. Unde quis est qui usque adeo desipiat, ut non eum potius colendum eligat, quem coli non prohibent quos colebat? Quem procul dubio cum colere cœperit, illos utique non est culturus, quos prohibet coli quem colit. Quod autem ipsum essent culturæ gentes, exterminatis diis falsis quos antea colebant, a prophetis ejus esse prædictum paulo ante commemoravimus, et nunc repetamus. Prævalebit, inquit, Dominus adversus eos, et exterminabit omnes deos gentium terræ, et adorabunt eum, unusquisque de loco suo, omnes insulæ gentium. Neque enim solæ insulæ hic intelligendæ sunt, sed potius omnes gentes in his positæ adorant Deum. Nec mirum quandoquidem alibi non insulas nominat, sed universum orbem terrarum, dicens: Commemorabuntur et convertentur ad Dominum universi fines terræ, et adorabunt in conspectu ejus universæ patriæ gentium, quoniam Domini est regnum, et ipse dominabitur gentium. Hæc autem per Christum fuisse complenda, et aliis pluribus testimoniis, et in eodem ipso psalmo unde commemoravimus satis apparet. Cum enim paulo superius futuram passionem suam per Prophetam ipse loqueretur, dicens : Foderunt manus meas et pedes meos, dinumeraverunt omnia ossa mea, ipsi vero consideraverunt et conspexerunt me, diviserunt sibi vestimenta mea et super vestem meam miserunt sortem; paulo post infert illud quod posuimus : Commemorabuntur et convertentur ad Dominum universi fines terrae, etc., quanquam et illud testimonium quod prius adhibui, ubi dictum est; praevalebit Dominus adversus eos, et exterminabit omnes deos gentium terrae, in eo quod positum est, praevalebit, satis ostendit etiam hoc praenunciatum, quod pagani prius oppugnaturi essent Ecclesiam, nomenque Christianum quantum valerent persecuturi, ut si fieri posset, de terra omnino deleretur. Et quia eos patientia martyrum, et magnitudine miraculorum, et consequente fide populorum erat superaturus, ideo sic dictum est, praevalebit Dominus adversus eos. Non enim diceretur, praevalebit adversus eos, nisi oppugnando illi resisterent. Unde et in Psalmo ita prophetatum est : Ut quid fremuerunt gentes, et populi meditati sunt inania? Astiterunt reges terrae, et principes convenerunt in unum, adversus Dominum et adversus Christum ejus. Et paulo post dicit : Dominus dixit ad me : Filius meus es tu, ego hodie genui te. Postula a me, et dabo tibi gentes haereditatem tuam, et possessionem tuam fines terrae. His atque hujusmodi propheticis documentis praedictum ostenditur, quod videmus impleri per Christum, fuisse futurum ut Deus Israel, quem unum verum Deum intelligimus, non in una ipsa gente quae appellata est Israel, sed in omnibus gentibus coleretur, et omnes falsos deos gentium et templis eorum, et a cordibus cultorum suorum amoliretur. Erant nunc isti et adhuc contra Christianam religionem, contra verum Dei cultum, vanitates pristinas defensitare audeant, ut cum strepitu pereant. Nam et hoc de illis praedictum est in psalmis, dicente Propheta : Sedisti super thronum, qui judicas aequitatem. Increpasti gentes, et periit impius, nomen eorum delesti in aeternum, et in seculum seculi. Inimici defecerunt frameae, et civitates eorum destruxisti. Periit memoria eorum cum strepitu, et Dominus in aeternum permanet. Necesse est ergo ut impleantur omnia haec. Nec etiam illud quod adhuc audent ipsi pauci qui remanserunt vaniloquas suas ostentare doctrinas, et Christianos tanquam imperitissimos irridere, nos commovere debet, dum in eis impleri ea quae praedicta sunt videamus. Ex quo enim fremuerunt gentes, et populi meditati sunt inania adversus Dominum et adversus Christum ejus, quando ab eis fundebatur sanguis sanctorum, et vastabatur Ecclesia, usque ad hoc tempus, et deinceps quotidie minuuntur. Nos autem, quos adversus eorum opprobria et superbas irrisiones, fortissimos reddunt oracula Dei, de hac quoque re audemus et gaudemus impleri. Sic enim nos alloquitur per Prophetam : Audite me qui scitis judicium, populus meus, in quorum corde lex mea, opprobria hominum nolite metuere, et detractione eorum ne superemini, nec quod vos spernant magni duxeritis. Sicut enim vestimentum, ita per tempus assumentur, et sicut lana a tinea comedentur : justitia autem mea in aeternum manet. Attendendum est ergo, atque omni studio cavendum, ne nostris temporibus in quibus videmus Christianam religionem in toto orbe dilatatam, propter desidiam magistrorum et inertiam doctorum, pauci illi qui adhuc supersunt confundant ritum culturae veri Dei, et, daemoniacis illusionibus depravati, divinationes falsas in populo Dei agant, rusticos et imperitos seducentes, ita ut deserta ipsa veritate, quae lux est mundi, et illuminat omnem hominem venientem in hunc mundum tenebrarum harum, quaerant scientiam futurorum, et a deceptoribus hominum quaerant salutem animarum, sive etiam corporum suorum. His enim praevaricationibus maxime irritatur Deus, et ad vindictam provocatur. Unde per Ezechielem comminatur dicens : Vae prophetis insipientibus qui sequuntur spiritum suum, et nihil vident. Quasi vulpes in desertis, prophetae tui Israel erant. Nunquid non visionem cassam vidistis, et divinationem mendacem locuti estis, et dicitis : Ait Dominus, cum ego non sim locutus ? Propterea haec dicit Dominus Deus : Quia locuti estis vana, et vidistis mendacium, ideo ecce ego ad vos, ait Dominus Deus : Et erit manus mea super prophetas qui vident vana, et divinant mendacium : in concilio populi mei non erunt, et in scriptura domus Israel non scribentur, nec in terram Israel ingredientur. Ad doctores autem per eundem prophetam increpans eorum inertiam, ita loquitur dicens : Non ascendistis ex adverso, neque opposuistis murum pro domo Israel ut staretis in praelio in die Domini. Et rursum : Vae, inquit, pastoribus Israel, qui pascebant semetipsos. Nonne greges pascuntur a pastoribus ? Lac comedebatis, et lanis operiebamini, et quod crassum erat occidebatis, gregem autem meum non pascebatis. Quod infirmum fuit non consolidastis, et quod aegrotum non sanastis, et quod fractum est non alligastis, et quod abjectum non reduxistis, quod perierat non quaesistis : sed cum austeritate imperabatis eis et cum potentia, et dispersae sunt oves meae, eo quod non esset pastor, et factae sunt in devorationem omnium bestiarum agri, et dispersae sunt. Hinc per Hieremiam dicitur : A minimo usque ad maximum omnes avaritiam sequuntur : a propheta usque ad sacerdotem, cuncti faciunt mendacium. Et sanabant contritionem filiae populi mei ad ignominiam, dicentes, Pax pax, cum non esset pax ; confusi sunt : quia abominationem fecerunt. Idcirco haec dicit Dominus exercituum Deus Israel : Ecce ego cibabo populum istum absynthio, et potum dabo eis aquam fellis, et dispergam eos in gentibus quas non noverunt, ipsi et patres eorum, et mittam post eos gladium donec consumantur. Qualiter ergo displiceat Deo omnipotenti pastorum negligentia, et subditorum error, non solum prophetica testimonia ostendunt, sed etiam facta antiquorum declarant, cum in libro Regum legitur quomodo malignus spiritus deceperit. Achab regem Israel per falsos prophetas, ita ut credens eis interierit, et quomodo Ochozias filius ejus ægrotans miserit nuncios ad consulendum Beelzebud Deum Accaron, utrum vivere atque convalescere posset de infirmitate sua. Ob quod Helias propheta, a Deo missus, increpat eum, ita dicens : Quia misisti nuncios ad consulendum Beelzebud Deum Accaron, quasi non esset Deus in Israel a quo possit interrogare sermonem, ideo de lectulo super quem ascendisti non descendes, sed morte morieris. Mortuus est autem ipse juxta sermonem Domini quem locutus est Helias, et salutem quam quærebat non invenit. Quapropter curandum summopere est omnibus modis, hoc est, prælatis et subditis, majoribus et minoribus, sacerdotibus et plebi, ne aliquem seducat per hujuscemodi illusionem fraus, dolus, et nequicia hostis antiqui, ita ut a mendacibus velimus discere veritatem, et a pestiferis morbis mortisque autoribus quæramus infirmitatis nostræ remedium : sed magis ad Deum vivum et vivificatorem omnium confugiendo devoto corde properemus, per orationes sacras, jejunia et eleemosynas illum deprecantes, ut ipse propter benignitatem suam consulat servis suis, eripiens nos de omnibus inimicis nostris, doceatque nos facere voluntatem suam : quia ipse est Dominus Deus noster, spiritumque suum bonum nobis tribuat, qui nos ducat in viam rectam, vivificetque nos in æquitate sua ; quatenus ejus magisterio omni tempore vitæ nostræ gratum servitium ei exhibentes, post hanc vitam per ejus gratiam mereamur beatitudinem possidere sempiternam.

CAP. 48. — *De sacerdotibus et reliquis ecclesiasticis ordinibus qui magos, ariolos, aut divinos consulunt.*

(*Ex concilio Toletan., capite* 29.) Si quis episcopus, aut presbyter, sive diaconus, vel quilibet ex ordine clericorum, magos, aut aruspices, aut ariolos, vel sortilegos, aut eos qui profitentur artem aliquam, aut aliquos eorum similia exercentes consulens fuerit deprehensus, ab honore dignitatis suæ depositus, monasterium ingressus, ibique perpetuæ pœnitentiæ deditus, scelus admissum sacrilegii luat.

CAP. 49. — *De illis qui ad fascinum incantationes fecerint.*

(*Ex concilio Cabillon., capite* 5.) Si quis præcantaverit ad fascinum, vel qualescunque præcantiones, exceptis Symbolo et oratione Dominica, qui cantat, et qui cantatur, tres Quadragesimas in pane et aqua pœniteat.

CAP. 50. — *Quod dæmoniacum petras vel herbas sine incantatione liceat portare.*

(*Ex dictis Hierony.*) Dæmonium sustinenti licet petras vel herbas habere sine incantatione.

CAP. 51. — *Ut maledici nisi se corrigant regnum Dei non possideant.*

(*Apostolus dicit.*) Apostolus dicit : Neque maledici regnum Dei possidebunt. Si quis hoc peccatum admiserit, tam grande pœniteat, quam grande perpetravit scelus, quod a regno Dei non separetur.

CAP. 52. — *De illis qui murmurant.*

(*Ex concilio Mogunti, capite* 8.) Si quis murmurans extiterit, videat ne pœnam murmurantium incurrat, de qua Apostolus dicit : Neque murmuraveritis sicut quidam eorum murmuraverunt, et perierunt ab exterminatore. Juxta mensuram opusque peccati : quia in hoc sententia Apostoli pleniter declaratur, sacerdotis judicio pœniteat.

CAP. 53. — *De eadem re.*

(*Ex eodem.*) Qui contentiosus aut murmurans extiterit, secundum arbitrium prioris ita pœniteat, qualiter culpæ qualitas extat.

CAP. 54. — *De eadem re.*

(*Apostolus dicit.*) Apostolus dicit : Omnia facite sine murmurationibus. Alienus sit a fratrum unitate qui murmurat, et opus ejus abjiciatur.

CAP. 55. — *De contentiosis.*

(*Ex decr. Hylarii papæ, capite* 15.) Si quis videtur contentiosus esse, dicente Apostolo : Nos talem consuetudinem non habemus, neque Ecclesia Dei, si quis hoc facit noletur usquequo corrigatur.

CAP. 56. — *De illis qui in lingua lascivi fuerint.*

(*Ex pœnitentiali Theodo.*) Si quis lascivus in lingua fuerit, triduana pœnitentia expietur.

CAP. 57. — *De illis qui per odium dissidentes extiterint.*

(*Ex dictis S. Isidori.*) Si quis discors et litigans, et per odium dissidens extiterit, quousque ad concordiam redeat, a conventu et societate Ecclesiæ, ut canones jubent, alienus existat.

CAP. 58. — *De illo qui odio habet aliquem, et ad pacem reverti noluerit.*

(*Ex eodem.*) Si quis odio habet aliquem, ita ut ad pacem reverti non velit, sicut sancti Patres statuerunt, excommunicetur, et ab Ecclesia separetur, donec reconcilietur.

CAP. 59. — *De eadem re.*

(*Ex decr. Fabiani papæ, capite* 3.) Si quis contristatus noluerit reconciliari satisfaciente eo qui tristavit, acerrimis maceretur inediis, usque dum gratanti animo satisfactionem recipiat.

CAP. 60. — *De eadem re.*

(*Ex eodem.*) Si quis non vult reconciliari fratri suo quem odio habet, tamdiu in pane et aqua pœniteat, usque dum reconcilietur ei.

CAP. 61. — *De eadem re.*

(*Ex concilio Agatensi, capite* 7.) Placuit etiam, ut sicut plerumque fit, ut quicunque aut longinqua inter se lite discesserunt, et ad pacem revocari diuturna intentione nequiverint, de Ecclesiæ cœtu justissima excommunicatione pellantur.

CAP. 62. — *De illis qui contentiones et rixas amaverint.*

(*Ex eodem capite* 5.) Si quis contentiones vel rixas amaverit, vel manifestum convitium fratri intulerit, juxta arbitrium rectoris modumque peccati, diuturna expietur pœnitentia.

CAP. 63. — *De illis qui faciles sunt ad detrahendum.*

(*Ex eodem, capite* 10.) Si quis promptus facilisque

est ad detrahendum, dicensque quod verum non est, VI dies in pane et aqua, sequestratus a fraterno consortio, pœniteat.

CAP. 64. — *De illis qui contra episcopos suos conspiraverint.*

(*Ex epist. Calist. papæ ad omnes Galliæ episcopos.*) Conspirationum vero crimina vestris in partibus vigere audivimus, et plebes contra episcopos suos conspirare nobis mandatum est. Cuivis criminis astutia non solum inter Christianos abominabilis est, sed etiam inter ethnicos, et ab exteris lege prohibita. Et idcirco hujus criminis reos, non solum Ecclesiasticæ, sed etiam sæculi damnant leges : et non solum conspirantes, sed et consentientes eis. Antecessores vero nostri quam plurima turba episcoporum, quicunque eorum in sacerdotali ordine sunt constituti aut existunt clerici, honore quo utuntur carere præceperunt : cæteros vero communione privari, et ab ecclesia extorres fieri jusserunt, et non solum facientes, sed eis consentientes.

CAP. 65. — *De eadem re.*

(*Ex concilio Tungren. capite 5.*) Quisquis per dolum mittit manum suam in Christum Domini, episcopum videlicet, patrem et pastorem suum : quia sacrilegium committit, et qui ecclesiam Dei devastat, et incendit : quia et hoc sacrilegium est, placuit sanctæ synodo ut in uno loco, id est in monasterio, pœniteat omnibus diebus vitæ suæ.

CAP. 66. — *De clericis maledicis.*

(*Ex concilio Carthag., capite 57.*) Clericus maledicus, maxime a sacerdotibus cogatur ad postulandam veniam. Si noluerit, degradetur, nec unquam ad officium, absque satisfactione revocetur.

CAP. 67. — *De illis qui detrahunt suis prioribus.*

(*Ex dictis Basilii episcopi.*) Si quis detraxerit qui ei præest, VII dies a conventu ecclesiæ separatus, ut Maria soror Aaron quæ detraxit Mosi, pœniteat.

CAP. 68. — *De clericis vel monachis conjurantibus vel conspirantibus contra episcopum suum.*

(*Ex concilio Chalced., capite 19.*) Si qui ergo cleric vel monachi reperti fuerint conjurantes aut conspirantes, aut insidias ponentes episcopis, aut clericis, gradu proprio pœnitus abjiciantur.

CAP. 69. — *De eadem re.*

Igitur si clerici aut monachi inventi fuerint conjurati, aut per conjurationem calumniam machinantes episcopis vel clericis, proprium amittant gradum.

FINIS LIBRI DECIMI.

INDEX CAPITULORUM LIBRI UNDECIMI.

CAP. 1. De sede episcoporum, cur in Ecclesia altius cæteris sedere debeant.
2. Episcopus cum excommunicare, vel anathematizare aliquem pro certis et manifestis sceleribus dispositum habet, post lectionem Evangelii clerum et plebem ita debet alloqui.
3. Prima excommunicatio.
4. Item excommunicationis allocutio.
5. Excommunicatio secunda.
6. Item tertia excommunicatio.
7. Excommunicatio quarta.
8. Reconciliatio excommunicati.
9. Ne episcopi præcipites sint aliquem excommunicare.
10. De eadem re.
11. De eadem re.
12. Ut nullus graviter ferat, cujus parochianus ab alio episcopo pro certa culpa excommunicatus fuerit.
13. De illis qui in parochia consistentes aliquid contra Deum fecerint, quoties ab episcopo ad emendationem vocari debeant.
14. De eadem re.
15. Quod aliud sit peccare in Deum, aliud in hominem.
16. De eadem re.
17. Quod sanctum sanctorum sit quidquid Domino offeratur.
18. De illis qui Christi pecunias auferunt vel rapiunt.
19. De eadem re.
20. De eadem re.
21. De eadem re.
22. De eadem re.
23. De his qui domum Dei contemptibilem ducunt.
24. De eadem re.
25. Ut res ablatæ cum multiplicatione restituantur.
26. Quod ecclesiasticarum rerum incendia, et deprædationes pro emunitate sint emendandæ.
27. De rebus ecclesiasticis, quomodo restitui debeant.
28. Quod sacrilegi sint ecclesiarum prædones.
29. De eadem re.
30. De his qui truncationes membrorum, deprædationes, et domorum incendia fecerint.
31. Quod cum excommunicato orare non liceat.
32. De eadem re.
33. De eadem re.
34. De eadem re.
35. De eadem re.
36. De eadem re.
37. De eadem re.
38. De eadem re.
39. De eadem re.
40. De eadem re.
41. De eadem re.
42. De eadem re.
43. De eadem re.

44. De eadem re.
45. De illis qui ex alia parochia sunt, et deprædationes faciunt.
46. De illis qui defendunt delinquentes.
47. De illis qui intra annum causam suam tractare neglexerint.
48. De eadem re.
49. Ut notentur excommunicatorum nomina, et in foribus Ecclesiæ præfigantur.
50. De episcopo qui ante damnati absolutionem obierit.
51. De illis qui excommunicati moriuntur.
52. De eadem re.
53. De furibus et furtis.
54. De eadem re.
55. De eadem re.
56. De eadem re.
57. De eadem re.
58. De eadem re.
59. De eadem re.
60. De eadem re.
61. De eadem re.
62. De servo qui fugerit dominum suum.
63. De clericis, si in demoliendis sepulcris comprehensi fuerint.
64. De clericis aut monachis, si furtum fecerint.

65. De illis qui de ministerio Ecclesiæ aliquid furati fuerint.
66. De monachis, si de furto infamati fuerint, quomodo se expurgare debeant.
67. De illis qui colonorum flagella defendunt.
68. De episcopis qui apud Romanam sedem accusati fuerint quod cum excommunicatis communicarent.
69. De episcopis qui sibi subjectos seducunt, communicantes cum excommunicatis.
70. De eadem re.
71. De episcopis, ut non sint malum exemplum populo.
72. De correctione episcoporum qui cum excommunicatis communicaverunt.
73. De his qui contemnunt bannum ab episcopis impositum.
74. De eo pro quibus causis quemlibet hominem anathematis vinculo ligari oporteat.
75. De illis qui furtum et rapinam exercuerint.
76. De illis qui in patibulis suspenduntur.
77. De episcopis qui cum excommunicatis communicaverint.
78. De clericis qui fugerint Ecclesias suas, et de servis qui dominos proprios fugerint.

Indicis Capitulorum finis.

BURCHARDI

ECCLESIÆ WORMATIENSIS EPISCOPI

DECRETORUM LIBER UNDECIMUS.

DE EXCOMMUNICATIONE.

ARGUMENTUM LIBRI.

Libro hoc de excommunicatione, ejusque neglectu et contemptu, de furibus et prædonibus, deque sacrarum ædium insensoribus, ac deprædatoribus, agitur.

CAP. 1. — *De sede episcoporum, cur in ecclesia altius cœteris sedere debeant.*

(*Ex epist. Urbani papæ.*) Quod autem sedes episcoporum in ecclesia excelsæ constitutæ, et præparatæ inveniuntur in throno, speculationem, et potestatem judicandi, et solvendi, atque ligandi a Domino sibi datam materiæ docent. Unde ipse Salvator in Evangelio ait : Quæcunque ligaveritis super terram, erunt ligata et in cœlo. Et alibi : Accipite Spiritum sanctum, quorum remiseritis peccata, remittuntur eis : et quorum retinueritis, retenta erunt. Ideo ista prætulimus, charissimi, ut intelligatis potestatem episcoporum vestrorum, in eisque Dominum veneremini, et eos ut animas vestras diligatis, et quibus illi non communicant non communicetis, et quos ejecerint non recipiatis. Valde enim timenda est sententia episcopi, licet injuste liget, quod tamen summopere prævidere debet.

CAP. 2. — *Episcopus cum excommunicare vel anathematizare aliquem pro certis et manifestis sceleribus dispositum habet, post lectionem Evangelii, clerum et plebem ita debet alloqui.*

(*Ex concilio Rhotomag., capite 3.*) Noverit charitas vestra, fratres mei, quod quidam vir nomine N. diabolo suadente postponens Christianam promissionem quam in baptismo professus est, per apostasiam conversus post Satanam, cui abrenunciavit, et omnibus operibus ejus, vineam Christi, id est Ecclesiam ejus, devastare et deprædari non pertimescit : pauperes Christi, quos pretioso sanguine suo redemit, violenter opprimens et interficiens, et bona eorum diripiens. Unde, quia filius hujus nostræ Ecclesiæ (cui Deo auctore præsidemus) debuerat esse : quia in ea per aquam et Spiritum sanctum renatus est, et inter adoptivos filios Dei adnumeratus, quamvis modo, filius diaboli sit imitando diabolum, solliciti ne per negligentiam pastoralem aliqua de ovibus nobis creditis deperiret, pro qua in tremendo judicio ante principem pastorum Dominum nostrum Jesum Christum rationem reddere compelleremur, juxta quod ipse terribiliter nobis comminatur, dicens : Si non annunciaveris iniquo iniquitatem suam, sanguinem ejus de manu tua requiram. Misimus ad eum presbyterum nostrum, et litteras commonitorias semel, et iterum, atque tertio, invitantes eum canonice ad emendationem, et satisfactionem, et pœnitentiam, corripientes eum paterno affectu. Sed ipse, proh dolor! diabolo cor ejus indurante, monita salutaria sprevit, et in incœpta malitia perseverans Ecclesiæ Dei quam læsit, superbiæ spiritu inflatus, satisfacere dedignatur. De talibus itaque transgressoribus, et sanctæ religionis pacisque, quam Christus suis discipulis dedit, atque reliquit, violatoribus, præcepta dominica et apostolica habemus, quibus informamur, quid de hujuscemodi prævaricatoribus agere nos oporteat. Ait enim Dominus in Evangelio : Si peccaverit in te frater tuus, corripe eum. Fratres, in unumquemque nostrum peccat, qui in sanctam Ecclesiam peccat. Si enim sancta Ecclesia unum corpus est, cujus corporis caput Christus est, singuli autem sumus alter alterius membra : et si cum patitur unum membrum, compatiuntur omnia membra, procul dubio in nos peccat, qui membra nostra lædit. Jubet ergo Dominus, ut frater, id est, Christianus in nos peccans, primo secrete corripiatur, deinde cum testibus redarguatur : novissime in conventu ecclesiæ publice conveniatur. Quod si has tres commonitiones, et pias correptiones contemnit, et satisfacere despicit, posthæc sit tibi, inquit, sicut ethnicus et publicanus, id est, gentilis atque paganus, ut non jam pro Christiano, sed pro pagano habeatur. Et in alio loco, membrum quod a sua compage resolvitur, et a junctura charitatis dissociatur, et omne corpus scandalizat, Dominus, et abscindi, et projici jubet, dicens : Si oculus, manus, vel pes tuus scandalizat te, erue eum, et projice abs te. Et Apostolus : Auferte, inquit, malum a vobis. Et iterum : Si quis frater nominatur, et est fornicator, aut adulter, aut homicida, aut rapax, cum hujusmodi, nec cibum sumere licet. Et Joannes dilectus præ cæteris Christi discipulus, talem nefarium hominem salutare prohibebat, dicens : Nec ei Ave dixeris, neque eum in domum receperis. Qui enim ei Ave dicit, communicat operibus ejus malignis. Dominica itaque atque apostolica præcepta adimplentes membrum putridum et insanabile, quod medicinam non recipit, ferro excommunicationis a corpore Ecclesiæ abscindamus, ne tam pestifero morbo reliqua membra corporis veluti veneno inficiantur.

Cap. 3. — *Prima excommunicatio.*

(*Ex eodem, capite* 4.) Igitur quia monita nostra, et crebras exhortationes contemnit, quia tertio secundum Dominicum præceptum vocatus ad emendationem et pœnitentiam venire despexit : quia culpam suam necdum cognovit, nec confessus est, nec missa nobis legatione, qui causam ipsius exquirimus : quia noster parochianus est, veniam postulavit : quia in cœpta malitia, diabolo cor ejus indurante, perseverat, et juxta quod Apostolus dicit : Secundum duritiam suam, et cor impœnitens thesaurizat sibi iram in die iræ : idcirco nos eum cum universis complicibus et communicatoribus, fautoribusque suis, judicio Dei omnipotentis, Patris, et Filii, et Spiritus sancti, et beati Petri principis apostolorum, et omnium sanctorum, necnon et nostræ mediocritatis auctoritate, et potestate nobis divinitus collata ligandi et solvendi in cœlo et in terra, a preciosi corporis et sanguinis Domini perceptione, et a societate omnium Christianorum separamus, et a liminibus sanctæ matris Ecclesiæ in cœlo et in terra excludimus, et excommunicatum, et anathematizatum esse decernimus, et damnatum cum diabolo et angelis ejus, et omnibus reprobis, in igne æterno judicamus, nisi forte a diaboli laqueis resipiscat, et ad emendationem et pœnitentiam redeat, et Ecclesiæ Dei, quam læsit, satisfaciat. Et respondeant omnes tertio, Amen : aut, Fiat, fiat; aut, Anathema sit. Debent enim sacerdotes episcopum circumstare, et lucernas ardentes in manibus tenere, quas in conclusionne anathematis, vel excommunicationis projicere debent in terram, et conculcare pedibus. Post hæc episcopus plebi ipsam excommunicationem communibus verbis debet explanare, ut omnes intelligant quam terribiliter damnatus sit, et ut noverint quod ab illa hora in reliquum non pro Christiano, sed pro pagano habendus sit : et qui illi quasi Christiano communicaverit aut cum manducaverit, aut biberit, aut cum osculatus fuerit, vel cum eo colloquium familiare habuerit, nisi forte ad satisfactionem et pœnitentiam eum provocare studuerit, aut in domo sua eum receperit, aut simul cum eo oraverit, procul dubio similiter sit excommunicatus. Deinde epistolæ presbyteris per parochias mittantur, continentes modum excommunicationis. In quibus jubeatur, ut Dominicis diebus post lectionem Evangelii plebibus sibi commissis publice annuncient ipsam excommunicationem, ut ne quis per ignorantiam communicet excommunicato. Oportet etiam ut aliis episcopis ipsa excommunicatio manifestetur. Præcipit enim Toletanum concilium, ut invicem mox scripta percurrant per omnes provinciæ episcopos quoscunque adire potuerint, ut excommunicatus audiatur. Seniori etiam ejus ipsa excommunicatio debet nota fieri.

Cap. 4. — *Item excommunicationis allocutio.*

(*Ex concil. Aurelia., cap.* 1.) Audistis, dilectissimi, quanta et quam horrida pravitatis ac iniquitatis opera. N. a diabolo instigatus perpetrare non timuerit, et quomodo per apostasiam a totius Christianæ religionis cultu profana mente recesserit. Audistis quemadmodum canonice ad satisfaciendum evocatus sit, sed venire distulerit, quomodo frequenter admonitus ut resipisceret a diaboli laqueis, quibus tenetur adstrictus, saluberrimas admonitiones obduratis auribus cordis audire contempserit. Dominus dicit in Evangelio, de tali contumaci fratre, qui ecclesiasticam renuit suscipere correptionem : Si Ecclesiam non audierit, sit tibi, inquit, sicut ethnicus et publicanus, id est, jam non est computandus inter Christianos, sed inter paganos. Hinc Paulus Domini et magistri doctrinam sequens, Corinthios redarguit, quare cum criminosis ac sceleratis communionem haberent dicens : Vos inflati estis, et non magis luctum habuistis, ut tollatur vir de medio vestrum, id est, separetur a vestro consortio, qui tale scelus operatus est. Et adjungit : Ego quidem absens corpore, præsens autem spiritu, jam judicavi ut præsens cum qui sic operatus est, in nomine Domini nostri Jesu Christi congregatis vobis in unum, et meo spiritu cum virtute Domini mei Jesu, tradere hujusmodi Satanæ in interitum carnis. Et post pauca : Scripsi vobis, ne commisceamini fornicariis. Et statim infert : Si is qui frater appellatur, id est Christianus, fornicator est, aut rapax, cum hujusmodi nec cibum sumere. Et alibi : Auferte malum ex vobis. Et, infidelis si discedit, discedat. Una enim ovis morbida omnem gregem contaminat; et modicum fermentum totam massam corrumpit, et plerumque unum membrum putridum totum corpus inficit. Et ideo tam perniciosa pestis a corpore Ecclesiæ radicitus evellatur.

Cap. 5. — *Excommunicatio secunda.*

(*Ex eodem concilio.*) Dominicis igitur atque apostolicis informati præceptis, judicio Patris, et Filii ejus Domini nostri Jesu Christi, et Spiritus sancti, et auctoritate et potestate apostolis apostolorumque successoribus a Deo concessa, una vobiscum prædictum pessimum virum a liminibus sanctæ matris Ecclesiæ excludimus, et ab omni societate et communione Christiana separamus, separatumque esse in æternum decernimus, id est, et præsenti sæculo, et in futuro. Nullus ei Christianus Ave dicat aut eum osculari præsumat, Nullus presbyter Missam cum eo celebrare audeat, vel sacrosanctum corpus et sanguinem Domini tradere. Nemo ei jungatur in consortio, neque in aliquo negocio. Et si quis ei se sociaverit et communicaverit ejus operibus malignis, noverit se simili percussum anathemate, his exceptis qui ob hanc causam ei junguntur, ut eum revocent ab errore et provocent ad satisfactionem, nisi forte resipuerit, et Dei gratia inspirante ad pœnitentiæ remedium conversus fuerit, et digna emendatione Ecclesiæ Dei quam læsit humiliter satisfecerit.

Cap. 6. — *Item tertia excommunicatio.*

(*Ex concilio Turonen., capite* 2.) Canonica instituta, et sanctorum Patrum exempla sequentes, ecclesiarum Dei violatores, videlicet, raptores, deprædatores, et homicidas. N. in nomine Patris, et Filii et virtute Spiritus sancti, necnon auctoritate A episcopis per Petrum principem apostolorum divinitus collata, a sanctæ matris Ecclesiæ gremio segregamus, ac perpetuæ maledictionis anathemate condemnamus. Sintque maledicti in civitate, maledicti in agro, maledictum horreum eorum, et maledictæ reliquiæ illorum, maledictus fructus ventris eorum, et fructus terræ illorum, maledicti sint ingredientes, et maledicti sint egredientes. Sintque in domo maledicti, in agro profugi, veniantque super eos omnes illæ maledictiones quas Dominus per Mosen in populum divinæ legis prævaricatorem se esse missurum intentavit, sintque anathema maranatha, id est, pereant in secundo adventu Domini. Nullus eis Christianus Ave dicat. Nullus presbyter Missam cum eis celebrare præsumat, vel sanctam communionem B dare. Sepultura asini sepeliantur, et in sterquilinium sint super faciem terræ. Et sicut hæ lucernæ de manibus nostris projectæ hodie extinguuntur, sic eorum lucerna in æternum extinguatur ; nisi forte resipuerint, et Ecclesiæ Dei quam læserunt per emendationem et condignam pœnitentiam satisfecerint.

Cap. 7. — *Excommunicatio quarta.*

(*Ex concilio Arausic., capite* 5.) Canonica instituta, et sanctorum Patrum exempla sequentes, ecclesiarum Dei violatores. N. auctoritate Dei, et judicio sancti Spiritus a gremio sanctæ matris Ecclesiæ, et a consortio totius Christianitatis eliminamus, quousque resipiscant, et Ecclesiæ Dei satisfaciant.

Cap. 8. — *Reconciliatio excommunicati.*

(*Ex eodem.*) Cum aliquis excommunicatus, vel anathematizatus, pœnitentia ductus veniam postulat, et emendationem promittit, episcopus qui eum excommunicavit, ante januas Ecclesiæ venire debet, et duodecim presbyteri cum eo, qui eum hinc inde circumstare debent. Ubi etiam adesse debent illi quibus injuria, vel damnum illatum est. Et ibi secundum leges divinas opportet damnum commissum emendari, aut si jam emendatum est, eorum testimonio comprobari. Deinde interroget episcopus, si pœnitentiam juxta quod canones præcipiunt pro perpetratis sceleribus suscipere velit. Et si ille terræ prostratus veniam postulat, culpam confitetur, pœnitentiam implorat, de futuris cautelam spondet, tunc episcopus septem Psalmos decantet, cum istis precibus. Kirie eleison. Pater noster.

Salvum fac servum tuum,

Deus meus, sperantem in te.

Mitte ei, Domine, auxilium de sancto,

Et de Sion tuere eum.

Nihil proficiet inimicus in eo,

Et Filius iniquitatis non ap. etc.

Esto ei, Domine, turris fortitudinis,

A facie inimici.

Domine, exaudi orationem meam,

Et clamor meus ad te veniat.

Dominus vobiscum,

Et cum spiritu tuo.

Oratio.

Oremus. Præsta quæsumus, Domine, huic famulo tuo dignum pœnitentiæ fructum, ut Ecclesiæ tuæ sanctæ a cujus integritate deviarat peccando, admissorum veniam consequendo reddatur innoxius. Per Dominum.

Item alia.

Majestatem tuam quæsumus, Domine, sancte Pater omnipotens æterne Deus, qui non mortem sed peccatorum vitam semper inquiris, respice flentem famulum tuum, attende prostratum, ejus planctum in gaudium tuæ miserationis converte, scinde delictorum saccum, et indue eum lætitiam salutarem, ut post longam peregrinationis famem de sanctis altaribus satietur, ingressusque cubiculum regis, in ipsius aula benedicat nomen gloriæ tuæ semper. Per Dominum.

Tunc episcopus, apprehensa manu ejus dextera, in ecclesiam eum introducat, et ei communionem et societatem Christianam reddat, et hanc orationem dicat:

Deus misericors, Deus clemens, qui secundum multitudinem miserationum tuarum peccata pœnitentium deles, et præteritorum criminum culpas, veniam remissionis evacuas, respice super hunc famulum N. et remissionem sibi omnium peccatorum toto cordis confessione poscentem deprecatus exaudi, innova in eo, piissime Pater, quidquid diabolica fraude violatum est, in unitate corporis Ecclesiæ tuæ, miserere, Domine, gemituum ejus, miserere lacrymarum ejus, et non habentem fiduciam nisi in tua misericordia, ad sacramentum reconciliationis admitte. Per Dominum nostrum.

Post hæc secundum modum culpæ pœnitentiam ei injungat, et litteras per parochiam dirigat, ut omnes noverint eum in societate Christiana receptum. Aliis etiam episcopis hoc notum faciat. Nullus autem episcopus alterius parochianum excommunicare vel reconciliare præsumat sine conscientia vel consensu proprii episcopi.

Cap. 9. — *Ne episcopi præcipites sint aliquem excommunicare.*

(*Ex epist. Evarist. papæ, capite 5.*) Deus omnipotens, ut nos a præcipitantis prolatione sententiæ compesceret, cum omnia nuda et aperta sint oculis ejus, mala tamen Sodomæ noluit audita judicare, priusquam manifesta agnosceret, quæ dicebantur. Unde ait: Descendam et videbo utrum clamorem qui venit ad me opere compleverint, an non est ita, ut sciam. Cujus exemplo monemur, ne ad proferendam sententiam unquam præcipites simus, aut temere indiligenterque indiscussa quæque quoquo modo judicemus.

Cap. 10. — *De eadem re.*

(*Ex synodo Meldensi, capite 5.*) Ut nemo episcoporum quemlibet sine certa et manifesta peccati causa, communione privet ecclesiastica. Sub anathema autem sine conscientia archiepiscopi, aut coepiscoporum, episcopus nullum ponat, nisi unde canonica docet auctoritas: quia anathema æterna est mortis damnatio, et non nisi pro mortali debet imponi crimine, et illi qui aliter non potuerit corrigi.

Cap. 11. *De eadem re.*

(*Ex concilio Agathen., capite 4.*) Episcopi vero si, sacerdotali moderatione posthabita, innocentes aut in minimis causis culpabiles excommunicare præsumpserint, et ad gratiam festinantes recipere fortasse noluerint, a vicinis episcopis cujuslibet provinciæ litteris moneantur, et si parcere noluerint, a communione confratrum usque ad proximam synodum suspendantur, et ibi rationem profecto dent, ne fortasse in excommunicatores, peccatum excommunicati longo tempore morte præveniatur.

Cap. 12. — *Ut nullus graviter ferat cujus parochianus ab alio episcopo pro certa culpa excommunicatus fuerit.*

(*Ex concilio apud Compendium, capite 5.*) Placuit etiam pro communi utilitate, et instanti necessitate, ut nullus episcoporum graviter ferat, si ejus parochianum, pro deprædationis causa, alter episcopus excommunicaverit.

Cap. 13. — *De illis qui in parochia consistentes aliquid contra Deum fecerint, quoties ab episcopo ad emendationem vocari debeant.*

(*Ex concilio Meldensi, capite 5.*) Episcopus in cujus parochia aliquis consistens, aliquid injuste fecerit, semel et bis, atque tertio, si necesse fuerit, vocabit illum sua admonitione per suum nuncium canonice ad emendationem sive compositionem, et ad pœnitentiam, ut Deo et Ecclesiæ satisfaciat quam læsit. Si autem despexerit atque contempserit ejus admonitionem et saluberrimam invitationem, feriat illum pastorali virga, hoc est, sententia excommunicationis, ut a communione sanctæ Ecclesiæ omniumque Christianorum sit separatus, usque ad congruam satisfactionem et dignam emendationem. Quam excommunicationem debet idem episcopus seniori illius notam facere, et omnibus suis coepiscopis, et omnibus suis parochianis ne cum recipiant usque ad dignam satisfactionem.

Cap. 14. — *De eadem re.*

(*Ex eodem, capite 6.*) Episcopos qui eos quolibet munere vel favore aut negligentia monere aut excommunicare distulerit, qui contra Deum et Ecclesiæ pacem faciunt, ut aut revertentes suscipiat, aut contemnentes de Ecclesia ejiciat, excommunicatus habeatur a collegio cæterorum, quousque vel emendationis, vel damnationis eorum ab eo sententia promulgetur.

Cap. 15. — *Quod aliud sit peccare in Deum, aliud in hominem.*

(*Ex dictis Augusti.*) Attendendum est quod Dominus dicit: Si peccaverit in te frater tuus. Aliud est peccare in nos, aliud peccare in Deum. Si in nos aliquis peccaverit, non est nostri arbitrii. Scriptum quippe est: Si peccaverit vir in virum, placari potest ei Deus. Si autem in Deum peccaverit, quis orabit pro eo? Nos econtrario in Dei injuria benigni et misericordes sumus, et Dei offensam, quasi in nostra potestate sit ejus velle et ejus nolle, impune absque congruenti pœnitentiæ vindicta donamus : cum tamen quod in nobis commissum est, nec saltem verbum contumeliosum leviterque prolatum sine vindicta pertransire patimur. Dimittamus ergo propter Deum quod in nobis perpetratum est, et quod in Deo commissum est, quia dimittere non possumus, juxta constitutionem sanctorum Patrum, secundum canonicam auctoritatem vindicemus.

CAP. 16. — *De eadem re.*

(*Ex concilio Meldensi, capite 5.*) Ut pervasores rerum ecclesiasticarum, qui easdem res contra auctoritatem non solum retinere, verum et crudeliter depopulari noscuntur, quidam enim facultates etiam Ecclesiæ in diversa collaboratione et redditibus eas expoliant, sed et pauperes et vicinos et circummanentes immisericorditer affligunt, devastant et opprimunt, ut rapaces qui secundum Apostolum a regno Dei excluduntur, ex criminali et publico peccato publica pœnitentia multentur. Quod si hoc agere noluerint, proferatur contra eos apostolica terribilisque sententia qua dicitur : Si quis frater nominatur, et est rapax, eum hujusmodi nec cibum quisquam sumere præsumat : quia iniquum et sacrilegum est, ut Symmachus papa, et post eum beatus Gregorius, Sabino subdiacono scribit : Si quis quod venerabilibus locis relinquitur, pravæ voluntatis studiis, suis compendiis tentaverit retinere, secundum statuta canonum ab omni ecclesiastica communione ut sacrilegus debet arceri, donec studeat digna satisfactione quod admisit corrigere.

CAP. 17. — *Quod sanctum sanctorum sit, quidquid Domino offeratur.*

(*Ex decr. Bonifacii papæ, capite 5.*) Nulli liceat ignorare, omne quod Domino consecratur, sive fuerit homo, sive animal, sive ager, vel quidquid semel fuerit consecratum, sanctum sanctorum erit Domino, et ad jus pertinet sacerdotum. Propter quod : quia inexcusabilis erit omnis qui a Domino et Ecclesia, cui competunt, aufert, vastat, invadit, vel eripit, usque ad emendationem Ecclesiæque satisfactionem, ut sacrilegus dijudicetur, et si emendare noluerit, excommunicetur.

CAP. 18. — *De illis qui Christi pecunias auferunt vel rapiunt.*

(*Ex epist. Anacleti papæ, cunctis fidelibus missa.*) Qui abstulit, inquit, aliquid patri, homicidæ particeps est. Pater noster, sine dubio, Deus est, qui nos creavit. Mater vero Ecclesia, quæ nos in baptismo spiritaliter regeneravit. Ergo qui Christi pecunias et Ecclesiæ auffert, rapit, aut fraudat, homicida est, atque ante Deum homicida deputatur. Qui enim res Ecclesiæ abstulerit, sacrilegium facit, et ut sacrilegus judicandus est.

CAP. 19. — *De eadem re.*

(*Ex decr. Lucii papæ, capite 10.*) Rerum ecclesiasticarum et facultatum raptores a liminibus sanctæ Ecclesiæ anathematizantes apostolica auctoritate pellimus et damnamus, atque sacrilegos esse judicamus, et non solum eos, sed etiam omnes consentientes eis : quia non solum qui faciunt, sed etiam qui consentiunt rei judicantur. Augustinus dicit : Qui aliquid de Ecclesia furatur et rapit, Judæ proditori comparatur.

CAP. 20. — *De eadem re.*

(*Ex concilio Gangren. capite 8.*) Hic qui dederit vel acceperit oblationes altaris, præter episcopum vel ejus missum, et qui dat et qui accepit, anathema sit.

CAP. 21. — *De eadem re.*

(*Ex concilio apud S. Medardum, capite 1.*) Si quis oblationes Ecclesiæ extra Ecclesiam rapere vel dare voluerit, præter conscientiam episcopi, vel ejus cui hujusmodi officia commissa sunt, anathema sit.

CAP. 22. — *De eadem re.*

(*Ex decr. Joannis papæ, capite 10.*) Ut hi qui monasteria et loca Deo sacrata et ecclesias infringunt, et deposita vel alia quemlibet exinde abstrahunt, damnum novies componant, et emunitatem tripliciter, vel velut sacrilegi canonicæ sententiæ subigantur.

CAP. 23. — *De his qui domum Dei contemptibilem ducunt.*

(*Ex concilio Mogunti., capite 7.*) Quisquis fastu superbiæ elatus domum Dei ducit contemptibilem, et possessiones Deo sacratas, atque ad honorem Dei sub regiæ emunitatis defensione constitutas, inhoneste tractaverit, vel infringere præsumpserit, aut incendia vel vastationes ausu temerario perpetraverit, quasi invasor et violator Ecclesiæ Dei, quæ est domus Dei vivi, a communione omnium fidelium abscindatur.

CAP. 24. — *De eadem re.*

(*Ex eodem, cap. 6.*) Si quis cujuscunque munuscula Ecclesiæ sanctis scripturarum titulis collecta, nefaria calliditate abstulerit, fraudaverit, invaserit, retentaverit, atque subripuerit, et non statim a sacerdote commonitus Deo collata reddiderit, ab Ecclesiæ catholicæ communione pellatur.

CAP. 25. — *Ut res ablatæ cum multiplicatione restituantur.*

(*Ex decr. Eusebii papæ, capite 4.*) Est etiam in antiquis Ecclesiæ statutis decretum, ut qui aliena invadit, non exeat impunitus, sed cum multiplicatione omnia restituat. Unde et in Evangelio scriptum est, quod si aliquid alicui defraudavi, reddo quadruplum.

CAP. 26. — *Quod ecclesiasticarum rerum incendia et deprædationes pro emunitate sint emendandæ.*

(*Ex epist. Gregor. papæ ad Constantinam reg. Galliæ.*) Cum devotissimam dominam sciam de cœlesti vita atque remedio animæ suæ sedulo cogitare, culpam me committere vehementer existimo, si ea quæ pro timore omnipotentis Dei sunt suggerenda siluero, et te sanctissimam de Ecclesiastica pace sedule non commonuero. Nimis me Juliani fratris et coepiscopi nostri proclamatio nuper contristavit, maxime cum villæ suæ videlicet Ecclesiæ a nequissimis prædonibus sint deprædatæ, atque nocturnis incendiis more furum combustæ : et dum idem maligni, juxta nostri prædecessoris Bonifacii decreta, pro emunitate illud emendare noluerint, dum et sæculi leges hæc eadem ita habere voluerint, lege vulgari teste, in qua sic scribitur : Si quis manu armata usque ad quatuor homines in vicum alterius ad malefaciendum venerit, ille qui prior est illicita præsumptione componat solidos DCCCC, sequaces vero ejus unusquisque solidos LXXX ; si vero ibi incendium fecerint, sibi nonam componant, prædam vero in quadruplum restituant. Si sæculi leges talem justitiam habere voluerint, lex divina cur inferior esse debebit, cum in ipsius veritatis præsentia a Zachæo collaudatum sit, si aliquem defraudaret, ut in quadruplum restitueret ? Et quia summum in regibus bonum est justitiam colere, ac sua quique jura servare, et in subjectos non sinere quod potestatis est fieri, sed quod æquum est custodiri, quod vos et diligere, et omnino confidimus studere : quapropter excellentiæ tuæ mense novembri præsentis anni, secunda indictione, Petrum et coepiscopum a gremio sanctæ Romanæ Ecclesiæ transmittimus, ut fratribus ejusdem provinciæ in unum congregatis, emunitas et præsumptio et sacrilegium canonica autoritate, et vestra regia dignitate talem terminum accipiant, ne posthac membra diaboli, filii nequam, in sancta Ecclesia te etiam ibi regnante talia præsumant.

CAP. 27. — *De rebus ecclesiasticis quomodo restitui debeant.*

(*Ex decr. Eusebii, capite 8.*) Et in legibus sæculi cautum habetur. Qui rem surripit alienam, illi cujus res dirempta est, in undecuplum quæ sublata sunt restituat. Et in lege divina legitur. Maledictus omnis qui transfert terminos proximi sui : et dicit omnis populus, Amen. Talia ergo non præsumantur absque ultione, nec exerceantur absque damnatione. Pacem, et non damnum aut injustitiam alicujus sectamini in invicem, et in omnes. Proinde si quis ecclesiasticas oblationes, et quod Deo consecratum fuerit, rapuerit, vel consenserit facientibus, ut sacrilegus dijudicetur, et damnum in quadruplum restituat, et canonice pœniteat.

CAP. 28. — *Quod sacrilegi sint Ecclesiarum prædones.*

(*Ex concilio Mogunti, capite 3.*) Sacrilegi sunt Ecclesiarum prædones. Unde et in concilio Agathensi sub quarto capitulo decretum habetur ita : Amico quippiam rapere furtum est : Ecclesiæ vero fraudari vel abstrahi surripique sacrilegium. Omnes enim contra legem facientes, resque Ecclesiæ diripientes, vel Ecclesias sacerdotesque contra divinas sanctiones vexantes sacrilegi vocantur, atque indubitanter infames, sacrilegique habendi sunt.

CAP. 29. — *De eadem re.*

(*Ex epist. Pii papæ Italicis fratribus missa.*) Ad sedem autem apostolicam perlatum est, quod sint inter vos contentiones et emulationes, et prædia divinis usibus tradita, quidam humanis applicent usibus, et Domino Deo cui tradita sunt ea subtrahant, et suis usibus inserviant. Quapropter ab omnibus illa usurpationis contumelia depellenda est, ne prædia sub secretis cœlestibus judicata a quibusdam irruentibus vexentur. Quod si quis præsumpserit, sacrilegus habeatur, et sicut sacrilegus judicetur. Ipsos autem qui hoc agunt : clericos ac Domini sacerdotes persequi eosque infamare audivimus, ut malum super malum addentes deteriores fiant, non intelligentes quod Ecclesia Dei in sacerdotibus consistat, et crescat in templum Dei : et sicut cui Ecclesiam Dei vastat ejusque prædia et donaria expoliat et invadit, fit sacrilegus, sic et ille qui ejus sacerdotes insequitur, sacrilegii reus existit et sacrilegus judicatur.

CAP. 30. — *De his qui truncationes membrorum, deprædationes et domorum incendia fecerint.*

(*Ex decr. Evtychian. papæ.*) Si quis membrorum truncationes, domorum incendia fecerit, sive facere jusserit, aut facienti consenserit, quousque de his unicuique legaliter vel amicabiliter coram episcopo civitatis aliisque civibus non emendaverit, ab Ecclesia se privatum cognoscat. Si vero post secundam et tertiam conventionem, cuncta in quibus arguitur non emendaverit, tanquam ethnicus et publicanus ab omni Christianorum collegio separetur.

CAP. 31. — *Quod cum excommunicato orare non liceat.*

(*Ex dictis S. Isidori.*) Cum excommunicato, neque orare, neque loqui, nisi ea quæ ad eamdem excommunicationem pertinent, neque vesci cuique liceat.

CAP. 32. — *De eadem re.*

(*Ex dictis ejusdem.*) Si quis frater, aut palam aut absconse cum excommunicato fuerit locutus, communem statim cum eo excommunicationis contrahet pœnam.

CAP. 33. — *De eadem re.*

(*Ex dictis Fructuosi episcopi.*) Cum excommunicato nullus loquatur, neque qualibet eum compassione vel miseratione refoveat, neque ad contradictionem, vel superbiam confortare præsumat.

CAP. 34. — *De eadem re.*

(*Ex concilio Antioch., capite 2.*) Cum excommunicatis non licet communicare, nec cum his qui per domos conveniunt, devitantes orationes ecclesiæ, ubi simul orandum est. Si quilibet autem ex clero deprehensus fuerit cum excommunicatis communicare, etiam iste privetur communione.

CAP. 35. — *De eadem re.*

(*Ex canone apostolorum.*) Si quis cum excommunicato, saltem in domo, simul oraverit, iste communione privetur.

CAP. 36. — *De eadem re.*

(*Ex concilio Nicæno, capite 5.*) De his qui communione privantur, seu ex clero, seu ex laicali ordine, ab episcopis per unamquamque provinciam sententia regularis obtineatur, ut hi qui abjiciuntur, ab aliis non recipiantur. Requiratur autem ne pusillanimitate aut contentione, vel alio quolibet vitio episcopi videatur a communione seclusus.

CAP. 57. — *De eadem re.*

(*Ex concilio Antioche capite* 6.) Si quis a proprio episcopo communione privatus est, non ante suscipiatur ab aliis episcopis, quam suo reconcilietur episcopo.

CAP. 58. — *De eadem re.*

(*Ex decr. Calist. papæ, capite* 5.) Excommunicatos quoque a sacerdotibus nullus recipiat ante utriusque partis examinationem justam, nec cum eis in oratione, aut cibo, vel potu, aut osculo communicet, nec Ave eis dicat: quia quicunque in his, vel aliis prohibitis scienter excommunicatis communicaverit, juxta apostolorum institutionem, et ipse simili excommunicationi subjaceat.

CAP. 39. — *De eadem re.*

(*Ex concilio Antioche.*) Non autem liceat communicare incommunicatis, neque per domos ingredi, et cum eis orare, qui Ecclesiæ in oratione non participant, nec in alteram Ecclesiam recipi, qui ab alia excommunicantur. Quod si visus fuerit quilibet episcoporum, vel presbyterorum, aut diaconorum, vel etiam qui in canone detinentur, incommunicatis communicare, et hunc oportet communione privari, tanquam Ecclesiæ regulas confundentem.

CAP. 40. — *De eadem re.*

(*Ex decr. Fabiani papæ episcopis. Galliæ missis.*) Si quis sponte communicaverit excommunicato, verbo, oratione, in cibo, vel potu, XL dies pœniteat in pane, sale, et aqua. Qui vero eis communicaverit in homicidiis, vel flagitiis, reus erit iræ, et vindictæ Dei omnipotentis quem spernit: quia hæc omnia divina ei voce interdicta sunt, et, secundum Apostolum, obedire Deo oportet magis quam hominibus; et secundum quod deliquit, digne juxta decreta canonum pœniteat : et si pœnitere noluerit, excommunicetur.

CAP. 41. — *De eadem re.*

(*Ex concilio Meldensi, capite* 10.) De his qui pro delicto suo a communione separantur, ita placuit, ut in quibuscunque locis fuerint exclusi, eodem loco consequantur communionem.

CAP. 42. — *De eadem re.*

(*Ex concilio Rotoma., capite* 5.) Sunt aliqui qui culpis exigentibus ab episcopo proprio excommunicantur, et ab aliis ecclesiasticis, vel laicis præsumptione, in communionem accipiuntur, quod omnino sanctum Nicænum concilium, simul et Chalcedonense, necnon et Antiochenum atque Sardicense fieri prohibent.

CAP. 43. — *De eadem re.*

(*Ex concilio Carthag., capite* 9.) Augustinus episcopus legatus Numidiæ provinciæ dixit : Hoc statuere dignemini, ut si qui forte merito facinorum suorum ab Ecclesia pulsi sunt, et sive ab episcopo aliquo vel presbytero fuerint in communionem suscepti, etiam ipse pari cum eis crimine teneatur obnoxius, refugientibus sui episcopi regulare judicium. Ab universis episcopis dictum est : Omnibus placet.

CAP. 44. — *De eadem re.*

(*Ex eodem, capite* 75.) Qui communicaverit, vel oraverit cum excommunicato : si laicus est, excommunicetur, si clericus, deponatur.

CAP. 45. — *De illis qui ex alia parochia sunt, et deprædationes faciunt.*

(*Ex concilio Meldensi, capite* 2.) De illis autem, qui infra parochiam beneficium aut hæreditatem habent, et alterius episcopi parochiani sunt, et de loco ad locum iter faciunt, rapinas et deprædationes peragunt, placuit ut excommunicentur, nec ante ex parochia exeant, quam quæ perpetrarunt digne emendent. Quorum excommunicatio seniori eorum, et proprio episcopo significanda est, ne eos recipiant antequam illuc redeant, ubi rapinam fecerunt, et omnia pleniter emendent.

CAP. 46. — *De illis qui defendunt delinquentes.*

(*Ex dictis Basilii episcopi.*) Qui consentit peccantibus, et defendit alium delinquentem, maledictus erit apud Deum et homines, et corripietur increpatione severissima. Hinc et quidam sanctissimus Pater ait : Si quis errori alterius consenserit, sciat se cum illo simili modo culpabilem judicandum, et excommunicandum.

CAP. 47. — *De illis qui intra annum causam suam tractare neglexerint.*

(*Ex decr. Gelasii, pap. capite* 2.) Quicunque igitur intra anni spacium civiliter, sive publice causam suam coram suis excommunicatoribus non peregerint, ipsi sibi audientiæ clausisse aditum videantur. Quod si obstinato animo sine communione defuncti fuerint, nos illius causam, juxta beati Leonis prædecessoris nostri sententiam, divino judicio reservantes, quibus vivis non communicavimus, mortuis non communicare possumus.

CAP. 48. — *De eadem re.*

(*Ex decr. ejusdem, capite* 15.) Hi sane, qui ante audientiam communicare tentaverint, donec per pœnitentiam reatum suum desinant, ad communionem nullo modo reducantur, excepto mortis interitu urgente. Qui vero excommunicato scienter communicaverit, et amodo saltem in domo simul oraverit, atque latebras defensionis, ne cominus ad satisfactionem perducatur, præbuerit, donec ab excommunicatore pœnitentiam suscipiat, corporis et sanguinis Domini communione privatum se esse cognoscat, et delictum secundum canones pœniteat.

CAP. 49. — *Ut notentur excommunicatorum nomina, et in foribus ecclesiæ præfigantur.*

(*Ex decr. Honorii papæ, capite* 11.) Curæ sit omnibus episcopis, excommunicatorum nomina omnino tam vicinis episcopis quam suis parochianis pariter indicare, eaque in celebri loco posita præ foribus ecclesiæ, cunctis convenientibus, inculcare, quatenus in utraque diligentia, et excommunicatis ubique ecclesiasticus auditus excludatur, et excusationis causa omnibus auferatur.

Cap. 50. — *De episcopo, qui ante damnati absolutionem obierit.*

(*Ex concilio Epaonensi, capite* 10.) Si episcopus ante damnati absolutionem, obitu rapiatur : correptum, aut pœnitentem successorem licebit absolvere.

Cap. 51. — *De illis qui excommunicati moriuntur.*

(*Ex eodem, capite* 11.) Si aliquis excommunicatus fuerit mortuus, qui jam sit confessus, et testimonium habet bonum, et non poterat venire ad sacerdotem, sed præoccupavit eum mors in domo, aut in via, faciant pro eo parentes ejus oblationem ad altare, et dent redemptionem pro captivis.

Cap. 52. — *De eadem re.*

(*Ex epist. Leonis papæ, capite* 21.) Horum causa Dei judicio reservanda est, in cujus manu fuit, ut talium obitus usque ad communionis remedium non differretur. Nos autem quibus viventibus non communicavimus, mortuis communicare non possumus.

Cap. 53. — *De furibus et furtis.*

Ex dictis August.) Dixit Dominus ad Moysen : Accipiat unusquisque a proximo, et proxima vasa argentea, et aurea, et vestes, etc. Non hinc quisque exemplum sumendum putare debet ad expoliandum proximum, hoc enim Deus jussit, qui noverat quid quemque pati oporteret. Nec Israelitæ fecerunt, sed Deo jubenti ministerium præbuerunt, quemadmodum cum minister occidit eum quem judex jussit occidi.

Cap. 54. — *De eadem re.*

(*Ex dictis ejusdem.*) Pœnale est occulte auferre, multo majoris pœnæ est visibiliter eripere. Auferre ergo nolenti, sive occulte, seu palam, habet præceptum suum. Furti enim nomine pene intelligitur omnis illicita usurpatio rei alienæ. Non enim rapinam permisit, qui furtum prohibuit, sed sub furti nomine rapinam intelligi voluit. A parte enim totum significavit quidquid aufertur.

Cap. 55. — *De eadem re.*

(*Ex dictis Hierony.*) Fur autem non solum in majoribus, sed in minoribus etiam judicatur. Non enim quod furto ablatum est, sed mens furantis attenditur : quomodo in fornicatione, non idcirco diversa sit fornicatio, si mulier pulchra aut deformis, ancilla aut ingenua, pauper aut opulenta : sed qualiscunque illa fuerit, una est fornicatio. Ita in furto, quantumcunque quis abstulerit, furti crimen incurrit.

Cap. 56. — *De eadem re.*

(*Ex pœnitentiali Theodori.*) Si quis per necessitatem furatus fuerit cibaria, vel vestem, vel pecus propter famem, aut per nuditatem, pœniteat hebdomadas tres : si reddiderit, non cogatur jejunare.

Cap. 57. — *De eadem re.*

(*Ex concilio Aureliæ, capite* 8.) Nam si quis publicam rapinam seu furtum fecerit, publicam inde agat pœnitentiam, juxta sanctorum canonum sanctiones. Si vero occulte, sacerdotum concilio pœniteat : quoniam raptores, ut Apostolus ait, nisi inde veram egerint pœnitentiam, regnum Dei non possidebunt. Qui vero de rebus ecclesiarum aliquid abstulerit, gravius judicetur : quia quamvis ultio furum et raptorum ad comites respiciat, pœnitentia tamen ad episcopos pertinet.

Cap. 58. — *De eadem re.*

(*Ex pœnitentiali Theodori.*) Si quis furtum capitale commiserit, id est, quadrupedia tulerit, vel casas effregerit, septem annos pœniteat : et quod furatum est, reddat. Si quis vero de minoribus semel aut bis furtum fecerit, reddat quod tulit, et annum unum pœniteat, vel si quis sepulchrum violaverit, VII annos pœniteat, tres ex his in pane et aqua.

Cap. 59. — *De eadem re.*

(*Ex concilio Triburi., capite* 5.) Fures et latrones, si in furando et prædando occiduntur, visum est pro eis non orandum. Si comprehensi, aut vulnerati, presbytero, vel diacono confessi fuerint, communionem eis non negamus.

Cap. 60. — *De eadem re.*

(*Ex concilio Aurelian., capite* 1.) Si fur aut latro captus in prælio, absque occasione potest comprehendi, et tamen interficitur : quia ad imaginem Dei creati, et in nomine ejus baptizati sunt, interfectores eorum XL diebus non intrent Ecclesiam : lanea veste induti, ab escis et potibus, qui interdicti sunt, a thero, a gladio, et equitatu se abstineant. In III. V. feria, et sabbato, aliquo genere leguminum, vel holerum, et pomis, parvisque pisciculis cum mediocri cervisia vicissim utantur et temperate. Sin autem a veridicis comprobatur testibus, quod sine odii meditatione se, suaque liberando diaboli membra interficiunt, et capi non poterant, pœnitentiam pro homicidio eis injungimus, nisi ipsi voluerint aliquid quod humanitatis est facere : et si presbyter est, non deponatur, cunctis tamen vitæ suæ diebus pœnitentiam agat.

Cap. 61. — *De eadem re.*

(*In Exodo dicitur.*) Si infringens fur domum, sive effodiens fuerit inventus et accepto vulnere mortuus fuerit, percussor non erit reus sanguinis. Quod si orto sole fecerit, homicidium perpetravit, et ipse morietur. Si non habuerit quod pro furto reddat, venundabitur. Si inventum fuerit apud eum quod furatus est, vivens, sive bos, sive asinus, sive ovis, duplum restituet.

Cap. 62. — *De servo qui fugerit Dominum suum.*

(*Ex epist. Hierony.*) Ex epistola Hieronymi, ad Pacasium Alexandrinum. De servo qui fugerit dominum suum interrogabas, si ille in illa fuga mortuus fuerit, utrum liceret pro eo orare, an non. Hoc in divinis libris non invenimus prohibitum, sed tamen scimus ab apostolis firmiter præceptum, ut servi subditi sint in omni timore dominis : non tantum bonis et modestis, sed etiam discolis. Et in Gangrensi concilio ita scriptum est : Si quis servum sub prætextu divini cultus doceat dominum proprium contemnere, ut discedat ab ejus obsequio, anathema sit. Unde datur intelligi quod si ille sua thema meruit, qui docet servum proprium dominum contemnere et ab ejus obsequio recedere, quanto magis ille qui Dominum spernit et ejus servitio subdi noluerit? Sed tamen distantia est inter illum qui per superbiam fecerit, et illum qui per necessitatem coactus crudelitate domini sui.

CAP. 63. — *De clericis, si in demoliendis sepulcris comprehensi fuerint.*

(*Ex concilio Toletan.* 5, *capite* 45.) Si quis clericus in demoliendis sepulchris fuerit deprehensus : quia facinus hoc pro sacrilegio legibus publicis sanguine vindicatur, oportet in tali scelere proditum a clericatus ordine submoveri, et pœnitentiæ triennio deputari.

CAP. 64. — *De clericis, aut monachis, si furtum fecerint.*

(*Ex concilio Agathen., capite* 2.) Si quis clericus aut monachus furtum fecerit, quod potius sacrilegium dici potest, id censuimus ordinandum, ut junior virgis cæsus, tanti criminis reus, nunquam officium ecclesiasticum excipiat. Si vero jam ordinatus in hoc facinore fuerit deprehensus, nominis ipsius dignitate privetur : cui sufficere potest pro actus sui levitate, impleta pœnitentiæ satisfactione, sola communio.

CAP. 65. — *De illis qui de ministerio Ecclesiæ aliquid furati fuerint.*

(*Ex pœnitentiali Romano.*) Si aliquis de ministerio Ecclesiæ quolibet modo aliquid furatus fuerit, VII annos pœniteat.

CAP. 66. — *De monachis si de furto infamati fuerint, quomodo se expurgare debeant.*

(*Ex concilio Wormatiensi, capite* 10.) Sæpe contingit, ut in monasteriis monachorum furta perpetrentur. Idcirco statuimus, ut quando ipsi fratres de talibus se expurgare debuerint, missa ab abbate celebretur, vel ab aliquo præsentibus fratribus, et sic expleta missa, omnes communicent in hæc verba : Corpus Domini sit mihi ad probationem hodie.

CAP. 67. — *De illis qui colonorum flagella defendunt.*

(*Ex concilio Elibertan., capite* 9.) Decrevit sancta synodus ut episcopus ac ministri episcoporum pro criminibus colonos flagellare cum virgis potestatem habeant, propter metum aliorum, ut ipsi criminosi corrigantur, ut vel inviti pœnitentiam agant, ne æternaliter pereant. Si vero seniores ipsorum colonorum indigne tulerint, et aliquam vindictam exinde exercere voluerint, aut eosdem colonos ne distringantur defendere præsumpserint, sciant se excommunicationis ecclesiasticæ sententia feriendos.

CAP. 68. — *De episcopis qui apud Romanam sedem accusati fuerant, quod cum excommunicatis communicatis communicarent.*

(*Ex concilio apud Altheim habito, cui interfuit Conradus rex.*) Regno Conradi piissimi et Christianissimi regis quinto, congregata est sancta generalis synodus apud Altheim in pago Rethia, præsente videlicet domini Joannis papæ apocrisiario sanctæ Ortensis Ecclesiæ Petro venerabili episcopo. Hoc quatenus aliquo modo diabolica semina in nostris partibus exorta exstirpare, et nefandissimas machinationes quorumdam perversorum hominum sedare, et eliminando purgare deberet. Transacto igitur triduano jejunio, et sacris lithaniis more debito celebratis, convenimus in Ecclesia sancti Joannis Baptistæ, et mœsti consedimus. Tum demum præfatus S. Petri, et domini Joannis papæ missus, proferens chartam apostolicis litteris inscriptam qua monebamur, arguebamur, et instruebamur, de omnibus ad veram religionem Christianæ fidei pertinentibus. Quæ omnia, ut justum et dignum erat, humiliter accepimus, diligenter tractavimus, et devoto affectu omnimodo amplectebamur. Ergo evangelicam præceptionem et institutionem saluberrimam lacrymabili voce protulimus., qua arguebantur Pharisæi et Scribæ : Mundate, inquit, prius quæ intus sunt. Et item : Ejice primum trabem de oculo tuo. Ac propheticum illud : Ruina populi, sacerdotes mali. Perpendentes, et discutiendo nosmetipsos inspicientes, et in medium pœnitentiæ sanctæ digno fructu ad terram nos projicientes, deflevimus negligentias innumerabiles et peccata nostra gravissima. Deinde hortatu domini Petri contra nosmetipsos, et vitia irati, adjuvante primo sancto Spiritu, et miserante, capitula infra notata ad correctionem tam nostram quam Christiani populi statuendo collegimus.

CAP. 69. — *De episcopis qui subjectos seducunt communicantes cum excommunicatis.*

(*Ex eadem concilio, capite* 6.) Scimus sacra autoritate scriptum, qui excommunicato communicaverit, excommunicetur. In hoc nos fatemur episcopi, et presbyteri, et clerici pœnaliter peccasse, quod in posterum Deo, auxiliante, et emendare et evitare cupimus, et præcipimus.

CAP. 70. — *De eadem re.*

(*Ex eodem, capite* 7.) Placuit sanctæ synodo hunc errorem quasi impium ab Ecclesia amovere : quia animarum curam a Domino accepimus, non pecuniarum. Inde et reddituri sumus Deo rationem, et accepturi propter suam misericordiam æternam retributionem, vel justam damnationem.

CAP. 71. — *De episcopis ut non sint malum exemplum populo.*

(*Ex eodem, capite* 8.) Bonum exemplum populis, seipsos episcopi vel sacerdotes debent præbere, et ostendere non solum dictis, verum et factis. Propter hoc enim statuimus, minime unquam in posterum contra sacra statuta aliquo modo communicemus excommunicatis, et dijudicimus nosmetipsos, quatenus in futuro non judicemur a Domino. Sequicupimus dicta et statuta sancti Gregorii papæ, et pœnitentiam dignam agere volumus secrete in monasterio : quia publice nequimus : in futuroque prædicta omnibus modis Deo propitio vitare volumus. Eamdemque legem statuentes presbyteris, diaconibus, et omni clero, si de gradu deponi noluerint, ut fideliter observent, et aliis servare prædicent.

CAP. 72. — *De correctione episcoporum qui cum excommunicatis communicaverunt.*

(*Ex eodem, capite* 9.) Auctoritate apostolica firmamus dicta et præcepta sanctorum canonum, et interdicimus, quam diu quis excommunicatus sit, ut nullus nostrorum episcoporum ei audeat communicare, vel cum eo in ecclesia orare. Et laici qui secuti sunt nos, ut dicunt, errando et sequendo nos modo, nos aut nosmetipsos per pœnitentiam macerantes corrigendo, et viam eis vitæ prædicantes, et aperientes : ut resipiscant a diaboli laqueis, a quibus per nostra mala exempla capti tenentur, et ad veram matrem Ecclesiam per pœnitentiam revertantur.

CAP. 73. — *De his qui contemnunt bannum ab episcopis impositum.*

(*Ex concilio Tribur., cui interfuit rex Arnolfus, capite,* 8.) Nemo contemnat neque transgrediatur bannum ab episcopis superimpositum. Sciat et abhorreat in epistola B. Clementis dictum, contra se scriptum : Si vobis episcopis non obedierint omnes, tam majoris quam et inferioris ordinis, atque reliqui populi tribus, et linguæ, non solum infames, sed et extorres a regno Dei, et consortio fidelium, a liminibus sanctæ Dei Ecclesiæ alieni erunt, et audiant ipsum Dominum in Evangelio dicentem : Qui vos audit, me audit, et qui vos spernit, me spernit. Quapropter nos evangelicam et apostolicam considerantes auctoritatem, non quæstum pecuniarum, sed lucrum quærentes animarum, statuimus et confirmamus, ut si quis post hanc hujus sancti concilii definitionem inventus fuerit corrupisse bannum ab episcopis impositum, XL dierum castigatione corripiatur tantum in pane, et sale, et aqua.

CAP. 74. — *De eo pro quibus causis quemlibet hominem anathematis vinculo ligari oporteat.*

(*Ex eodem, capite* 30.) Quæsitum est in eadem synodo, pro quibus causis quemlibet hominem episcopali auctoritate, vinculo anathematis ligari oporteat, atque unanimi cunctorum sententia decretum est, pro his tribus criminibus fieri debere : cum ad synodum canonice jussus venire contemnit. Aut postquam illuc venerit, sacerdotalibus respuit obedire præceptis. Aut ante finitam causæ suæ examinationem a synodo profugus abire præsumit.

CAP. 75. — *De illis qui furtum et rapinam exercuerint.*

(*Ex eodem, capite* 31.) Tranquillitatem sanctæ Dei Ecclesiæ inquietari, et pacem fraternam infestari testantur, fures et latrones, qui ambulant inter nos ovina pelle obumbrati, sed lupina mente recedunt alienati, sæva mente res Ecclesiarum adducti rapientes, et gregem Dominicum spoliando lacerantes, de quibus Salvator in Evangelio commemorat : Qui non intrat per ostium in ovile ovium, ille fur est et latro. Atque subjunxit : Fur non venit nisi ut furetur, et mactet, et perdat. Ubi quamvis hæreticos qui fidem furantur Ecclesiæ designet, tamen insecutione furum et latronum, turbatam monstrat pacem Ecclesiarum. De talibus Apostolus ad Philippenses : Videte canes, videte malos operarios. Canes vocavit, qui non habent verecundiam. Malos operarios : quia nulla faciunt quæ pietati conveniant. Et Dominus per prophetam Isaiam : Ego Dominus diligens judicium, et odio habens rapinam. Unde nos quæ Dominus diligit diligentes, et quæ odio, habentes, statuimus et judicamus, ut si quis post hæc evangelica et apostolica atque prophetica verba, et definitionem pacatissimæ synodi, inventus fuerit furtum aut rapinam exercere, et in ipso diabolico actu mortem mereatur incurrere, nullus pro eo præsumat orare, aut eleemosynam dare. Et eleemosyna pro eo data in memoriam clericorum nec pauperum veniat, sed execrabilis sordescat. Beatus Augustinus de talibus horribilem profert sententiam, dicens : Nemo te post mortem tuam fideliter redimit : quia tu te redimere noluisti. Si autem ille fur, vel latro, vulneratus elabitur, et exspectatione mortis desperatus putatur, atque reconciliari se mysteriis sacrosanctis habitu corporis, et voluntate piæ mentis deprecatur, Deoque et sacerdoti vita comite emendationem, et actum confitetur, communionis gratiam non negamus tribuendam.

CAP. 76. — *De illis qui in patibulis suspenduntur.*

(*Ex concilio Mogunti., capite* 5) Quæsitum est ab aliquibus fratribus de his qui in patibulis suspenduntur pro suis sceleribus, post confessionem Deo peractam, utrum cadavera illorum ad Ecclesias deferenda sint, et oblationes pro eis offerendæ, et Missæ celebrandæ, an non. Quibus respondemus : Si omnibus de peccatis suis parum confessionem agentibus, et digne pœnitentibus communio in fine secundum canonicum jussum danda est, cur canones eis qui pro peccatis suis pœnam extremam persolvunt, et confitentur, vel confiteri desiderant ? Scriptum est enim : Non judicat Deus bis in id ipsum.

CAP. 77. — *De episcopis qui cum excommunicatis communicaverint.*

(*Ex concilio apud Erphesfurt., cui interfuit Henricus rex, capite* 9.) Decrevit sancta synodus cum consilio serenissimi principis, si deinceps aliquis episcopus sui ministerii oblitus, sciens cum excommunicato communicaverit sive in salutatione, sive in oratione, sive in juxta confortatione, sive in cibo, sive in potu, excommunicatus habeatur, tam a principe, quam a cæteris omnibus, quousque in proxima synodo audiatur, et Deo et Ecclesiæ satisfacere cogatur.

CAP. 78. — *De clericis qui fugerint Ecclesias suas, et de servis qui dominos proprios fugerint.*

(*Ex concilio apud Altheim habito, cui interfuit Conradus rex, capite* 27.) Sanctus Gregorius dicit : Clericum fugientem ab Ecclesia sua, vel servum fugientem dominum proprium, et nolentem reverti, judicamus communione privari, quoadusque ad propriam Ecclesiam, vel ad dominum suum redeat.

Et item: Clericum fugitivum suo episcopo vel domino suo decernimus apostolica sententia restitui, vel excommunicari, una cum illis qui ei communicaverint.

FINIS LIBRI UNDECIMI.

INDEX CAPITULORUM LIBRI DUODECIMI.

Cap. 1. Ut multiplicia genera juramentorum exstirpentur.

2. De illis qui nomen Dei in vanum sumunt.
3. De illis qui per cupiditatem perjurium fecerint.
4. De illis qui jubentibus dominis suis perjurium fecerint.
5. De illis qui pejerant se in manu episcopi, aut in cruce consecrata, aut non consecrata.
6. De illis qui pro vita redimenda perjurium fecerint.
7. De illis qui injusta vota juramento firmaverunt.
8. De eadem re.
9. Quod Deus sic juramenta perceperit, ut ille cui jurata fuerint.
10. De illis qui se scienter pejeraverint.
11. Quod unusquisque jejunus jurare debeat.
12. De eadem re.
13. Qualem pœnitentiam perjuri accipere debeant.
14. De illis qui per capillum Dei, aut caput jurant, vel alio modo blasphemia contra Deum immortalem utuntur.
15. De juramento Herodis.
16. De illis qui odium sempiternum inter se juramento firmaverint.
17. De illis qui incaute juraverint.
18. Qualiter sacerdotes jurare debeant.
19. Quo tempore jurare liceat.
20. De illis qui sacramentum regis violant.
21. De eadem re.
22. De illo qui audierit vocem pejerantis, et assensum præbet.
23. De hoc quod Apostolus Spiritum sanctum testificatus est.
24. De eadem re.
25. Quod definitio injusta solvenda sit.
26. De eadem re.
27. De eadem re.
28. Ut omnibus modis cavendum sit mendacium.
29. Item de juramento.

Indicis capitulorum finis.

BURCHARDI

ECCLESIÆ WORMACIENSIS EPISCOPI

DECRETORUM LIBER DUODECIMUS.

DE PERJURIO.

ARGUMENTUM LIBRI.

Libro hoc de juramento et perjurio, de jurandi facilitate ejusque periculo, deque improbis juramentis infringendis agitur.

Cap. 1. — *Ut multiplicia genera juramentorum extirventur.*

(*Ex concilio Meldensi, capite 10.*) Ut multiplex juramentorum, et perjuriorum confusio, per quam multæ fidelium animæ in toto hoc regno perditæ esse noscuntur, quam sit detestanda et Deo odibilis, attentus omnibus annuntietur. Tantum namque hoc malum est, ut ad sanctuaria martyrum ubi diversorum ægritudines sanantur, ibi perjuri, licet manifeste interdum vexari non videantur, justo Dei judicio a dæmonibus arripiantur. Et sicut sanctus dicit Gregorius, ad horum corpora ægri veniunt et curantur, et perjuri a dæmonio vexantur.

Cap. 2. — *De illis qui nomen Dei in vanum sumunt.*

(*Ex dictis Hieronym.*) Habemus in lege Domini scriptum: Non pejerabis in nomine meo, nec polluens nomen Domini Dei tui, et ne assumes nomen Dei tui in vanum. Ideo admonendi sunt omnes, ut diligenter caveant perjurium, non solum in altari, seu sanctorum reliquiis, sed et in communi loquela. Item cavendum est, ne aliquis plus aurum honoret quam altare, ne ei Dominus dicat: Stulte, quid est majus, aurum an altare quod sanctificat aurum.

Cap. 3. — *De illis qui per cupiditatem perjurium fecerint.*

(*Ex pœnitentiali Romano.*) Si quis per cupiditatem pejeraverit, omnes res suas vendat, pauperibus et distribuat, et monasterium ingressus, jugi pœnitentiæ se subdat.

Cap. 4. — *De illis qui jubentibus dominis suis perjurium fecerint.*

(*Ex decr. Pii papæ, capite 2.*) Qui compulsus a domino pejerat se sciens, utrique sint perjuri, et dominus et miles : dominus, quia præcepit miles, quia plus dominum quam animam dilexit. Si liber est, quadraginta dies in pane et aqua pœniteat, et vii sequentes annos. Si servus ejus est, tres quadragesimas et legitimas ferias pœniteat.

Cap. 5. — *De illis qui pejerant se in manu episcopi, aut in cruce consecrata, aut non consecrata.*

(*Ex pœnitentiali Theodo.*) Qui pejerat se in manu episcopi, aut in cruce consecrata, iii annos pœniteat. Si vero in cruce non consecrata, annum unum pœniteat. Qui autem seductus fuerit, et ignorans se pejeraverit, et postea cognoscit, tres quadragesimas pœniteat.

Cap. 6. — *De illis qui pro vita redimenda perjurium fecerint.*

(*Ex pœnitentiali Romano.*) Si quis coactus pro vita redimenda, vel pro qualibet causa, vel necessitate se pejerat : quia plus corpus quam animam dilexerat, tres quadragesimas. Alii judicant tres annos, unum ex his in pane et aqua, pœniteat.

Cap. 7. — *De illis qui injusta vota juramento firmaverint.*

(*Ex concilio Toletan., capite 9.*) Necesse enim est, ut male jurans, dignam pœnitentiam agat, eo quod nomen Domini contra præceptum illius sumpsit in vanum : quia in Exodo scriptum est : Nec enim insontem habebit Dominus eum qui assumpserit nomen Domini Dei sui frustra. Et in Levitico : Non pejerabis in nomine meo, nec polluas nomen Domini Dei tui, ego Dominus. Malum tamen quod facturum se sacramento devoverat, omnino non faciat : quia stulta vota frangenda sunt.

Cap. 8. — *De eadem re.*

(*Ex decr. Fabiani papæ, capite 11.*) Quicunque sciens se pejeraverit, quadraginta dies in pane et aqua, et septem annos sequentes pœniteat, et nunquam sit sine pœnitentia, et nunquam in testimonium recipiatur, et post hæc communionem percipiat.

Cap. 9. — *De eadem re.*

(*Ex decr. Pelagii papæ, capite 11.*) Si quis se pejeraverit, et alios sciens in perjurium duxerit, xl dies in pane et aqua, et vii sequentes annos pœniteat, et nunquam sit sine pœnitentia. Et alii si conscii fuerant, similiter pœniteant : sin autem, singuli ut perjurium non sponte commissum, pœniteant.

Cap. 10. — *Quod sic Deus juramenta perceperit, ut ille cui jurata fuerint.*

(*Ex dictis S. Isidori.*) Sicut mentiri non potest qui non loquitur, sic pejerare non potuerit qui jurare non appetit. Cavendum igitur est juramentum, nec eo utendum, nisi sola necessitate. Non est contra Dei præceptum jurare, sed dum usum jurandi facimus, perjurii crimen incurrimus. Nunquam ergo jurat, qui pejerare timet. Multi dum loquuntur, jurare semper delectantur, dum oporteat hoc tantum esse in ore, Est, est, Non, non. Amplius enim quam est, et non est, a malo est. Multi ut fallant pejerant, ut per fidem sacramenti fidem faciant verborum, sicque fallendo dum pejerant, et mentiuntur, hominem incautum decipiunt. Interdum et falsis lacrymis seducti decipimur, et creditur dum plorant, quibus credendum non erat. Plerumque sine juramento loqui disponimus, sed incredulitate eorum qui non credunt quod dicimus, jurare compellimur, talique necessitate jurandi consuetudinem facimus. Sunt multi ad credendum pigri, qui non moventur ad fidem verbis. Graviter autem delinquunt, qui sibi loquentes jurare cogunt. Quacunque arte verborum quisque juret, Deus tamen, qui conscientiæ testis est, ita hoc accipit, sicut ille cui juratur intelligit. Dupliciter autem reus erit, qui et Dei nomen in vanum adsumit, et proximum dolo capit. Non est conservandum sacramentum quod malum incaute promittitur, veluti si quispiam adulteræ perpetuam cum ea permanendi fidem polliceatur. Tolerabilius est enim non implere sacramentum, quam permanere in stupri flagitio. Jurare, est Dei illa providentia, quæ statuit non evellere statuta. Pœnitentia autem Dei, rerum mutatio est. Non pœnitere autem, statuta non revocare, ut est illud : Juravit Dominus et non pœnitebit eum, id est, quæ juravit non mutabit.

Cap. 11. — *De illis qui scienter se pejeraverint.*

(*Ex pœnitentiali Theodo.*) Si quis suspicatur quod ad perjurium inducatur, et tamen ex consensu jurat, xl dies pœniteat, et vii sequentes annos, et nunquam sit sine gravi pœnitentia.

Cap. 12. — *Quod unusquisque jejunus jurare debeat.*

(*Ex decr. Cornelii papæ, capite 5.*) Sed et nobis honestum etiam et justum videtur, ut qui in sanctis audet jurare hoc jejunus faciat, cum omni honestate et timore Dei, et ut pueri ante quatuordecim annos non cogantur jurare.

Cap. 13. — *De eadem re.*

(*Ex concilio Aureli., capite 10.*) Et hoc sancta synodus decrevit, nisi pro pace facienda, ut omnes fideles jejuni ad sacramenta accedant.

Cap. 14. — *Qualem pœnitentiam perjuri accipere debeant.*

(*Ex decr. Eutychian. papæ, capite 26.*) Prædicandum est etiam, ut perjurium fideles caveant, et ab hoc summopere abstineant, scientes hoc grande scelus esse, et in lege, et prophetis, et in Evangelio prohibitum. Audivimus autem quosdam parvipendere hoc scelus, et levem quodammodo perjuris pœnitentiæ modum imponere. Qui etiam nosse debent, talem de perjurio pœnitentiam imponere debere, qualem et de adulterio, de fornicatione, de homicidio sponte commisso, et de cæteris criminalibus vitiis. Si quis vero perpetrato perjurio, aut quolibet criminali peccato, timens pœnitentiam longam, ad confessionem venire noluerit, ab Ecclesia repellendus est, sive a communione et consortio fidelium, ut nullus cum eo comedat, atque bibat, neque oret, neque in sua domo eum recipiat.

CAP. 15. — *De illis qui per capillum Dei, aut caput jurant, vel alio modo blasphemia contra Deum immortalem utuntur.*

(*Ex decr. Pii papæ, capite* 5.) Si quis per capillum Dei, vel caput juraverit, vel alio modo blasphemia contra Deum usus fuerit, si est ex ecclesiastico ordine, deponatur : si laicus, anathematizetur : et si quis per creaturas juraverit, acerrime castigetur, et juxta id quod synodus dijudicaverit pœniteat. Si quis autem talem hominem non manifestaverit, non est dubium quod divina condemnatione similiter coerceatur. Et si episcopus ista emendare neglexerit, a synodo corripiatur.

CAP. 16. — *De juramento Herodis.*

(*Ex dictis Hieronym.*) Cum juramento pollicitus est Herodes saltatrici dare quodcunque postulasset ab eo. Si ob jusjurandum fecisse se dicit : si patris, matrisque interitum postulasset, facturus esset, an non ? Quod in suis ergo repudiaturus fuit, contemnere debuit, et in propheta.

CAP. 17. — *De illis qui odium sempiternum inter se juramento firmaverint.*

(*Ex concilio Hilerd., capite* 6). Qui sacramento se obligaverit, ut litiget cum quolibet, ne ad pacem ullo modo redeat, pro perjurio, uno anno a corpore et sanguine Domini segregetur, et reatum suum jejuniis et eleemosynis absolvat : ad charitatem vero, quæ operit multitudinem peccatorum, celeriter redeat.

CAP. 18. — *De illis qui incaute juraverint.*

(*Ex decret. Sotheris pap., capite* 3.) Si aliquid forte nos incautius jurasse contigerit, quod observatum pejorem vergat in exitum, illud consilio salubriori mutandum noverimus, ac magis instante necessitate pejerandum nobis, quam profecto juramento in aliud crimen majus esse divertendum.

CAP. 19. — *Qualiter sacerdotes jurare debeant.*

(*Ex epist. Cornelii pap., capite* 3.) Cornelius episcopus, Rufo coepiscopo in Domino salutem. Exigit dilectio tua, frater charissime, ut ex auctoritate sedis apostolicæ, tuis deberemus consultis respondere. Quod licet non prolixe, sed succincte agere festinaremus, propter quasdam importunitates quæ nostris præpedientibus peccatis in nos supervenere, tuis tamen per reliqua sanctorum Patrum instituta studiis perquirere latius, et investigare committimus. Non enim potest mens attrita et oneribus atque importunitatibus gravata, tantum boni peragere, quantum delectata et oppressionibus soluta. Non ergo ista ob id prætulimus, ut hæc et alia quæ necessaria fore cognoverimus, tuæ sanctitati velimus denegare : sed quod hic minus invenitur, latius perquiratur. Sacramentum autem hactenus a summis sacerdotibus, vel reliquis Dei ministris exigi, nisi pro fide recta, minime cognovimus, nec sponte eos jurasse reperimus. Summopere ergo sanctus Jacobus apostolus, prohibens sacramentum, loquitur dicens : Ante omnia, fratres mei, nolite jurare,

neque per cœlum, neque per terram, neque aliud quodcunque juramentum. Sit autem sermo vester, Est, est, Non, non, ut non sub judicio decidatis. Et Dominus in Evangelio ait : Audistis quia dictum est antiquis, Non pejerabis : reddes autem Domino juramenta tua. Ego autem dico vobis, non jurare omnino, neque per cœlum : quia thronus Dei est, neque per terram : quia scabellum pedum ejus est, neque per Hierosolymam : quia civitas est magni regis, neque per caput tuum : quia non potes unum capillum album facere, aut nigrum. Sit autem sermo vester, Est, est, Non, non. Quod his autem abundantius est, a malo est, id est, et ab exigente et a jurante. Hæc, frater charissime, ipse Dominus prohibet, id est, non debere jurare. Hæc apostoli maxime omnes, hæc sancti viri prædecessores nostri, qui huic sanctæ universali Ecclesiæ apostolicæ præfuerunt hæc prophetæ, et reliqui sancti doctores per universum mundum dispersi ad prædicandum, juramenta fieri vetant. Quorum nos exempla, si cœperimus numerare, aut in schedula hac inserere, ante deficeret diei hora, quam eorum exempla, de hac causa prohibita. Quæ nos sequentes sanctorum apostolorum, eorumque successorum jura firmamus, et sacramenta incauta fieri prohibemus. Unde et ipse Dominus in tabulis lapideis quas Moysi dedit, propria manu scripsit, dicens : Vide, ne assumas nomen Domini Dei tui in vanum, et reliqua. Unusquisque enim propriam conscientiam mundam debet servare Deo, et in memoria retinere : Os quod mentitur, occidit animam. Et Apostolus ait : Loquimini veritatem unusquisque cum proximo suo, quoniam sumus invicem membra. Et alibi : Nolite mentiri invicem membra. Hæc præcepta sunt Salvatoris, hæc prophetarum, hæc sanctorum Patrum instituta. Quæ si quis in vanum duxerit, hostis est animæ suæ : quia nemo contra prophetas, nemo contra apostolum, nemo contra Evangelium facit aliquid absque periculo.

CAP. 20. — *Quo tempore jurare liceat*

(*Ex concilio apud sanctum Medardum, capite* 4.) Decrevit sancta synodus, ut a septuagesima usque in octavas paschæ, et ab Adventu Domini usque post consecratos dies, nec non et in jejuniis quatuor temporum, et in Letania majore, et in diebus Rogationum, et in diebus Dominicis, nisi de concordia et pacificatione, nullus super sacra jurare præsumat.

CAP. 21. — *De illis qui sacramentum regis violant.*

(*Ex dictis August.*) Si quis laicus juramentum violando prophanat, quod regi et domino suo jurat, et postmodum perverse ejus regnum, et dolose tractaverit, et in mortem ipsius aliquo machinamento insidiatur : quia sacrilegium peragit, manum suam in Christum Domini mittens, anathema sit, nisi per dignam pœnitentiæ satisfactionem emendaverit, sicuti constitutum a sancta synodo est, id est, sæculum relinquat, arma deponat, in monasterium eat, et pœniteat omnibus diebus vitæ suæ. Verumtamen communionem in exitu vitæ cum Eucharistia accipiat. Episcopus vero, presbyter, vel diaconus, si hoc crimen perpetraverit, degradetur.

CAP. 22. — *De illo qui audierit vocem pejerantis, et assensum præbet.*

(*In Levitico legitur:*) Anima quæ peccaverit, et audierit vocem pejerantis, et testis fuerit, aut ipse viderit, aut conscius erit, nisi indicaverit portabit iniquitatem.

CAP. 23. — *De hoc quod Apostolus Spiritum sanctum testificatus est.*

(*Apostolus dicit :*) Veritatem dico in Christo, non mentior, testimonium mihi reddente conscientia mea in Spiritu sancto.

CAP. 24. — *De eadem re.*

(*Ex dictis Hieronym.*) Hieronymus dicit : Jesum testor et sanctos angelos ejus.

CAP. 25. — *Quod definitio incauta solvenda sit.*

(*Ex concilio Hibern., capite 1.*) Definitio incauta laudabiliter solvenda, nec prævaricatio est, sed temeritatis emendatio.

CAP. 26. — *De eadem re.*

(*Ex eodem, capite 3.*) Si puella sita in puerili ætate in domo patris, illo nesciente se juramento constrinxerit : et si pater statim, ut audierit, contradixerit, vota ejus et juramenta irrita erunt, et facilius emendabitur.

CAP. 27. — *De eadem re.*

(*Ex concilio Aurelia., capite 2.*) Juramentum filii, aut filiæ, nesciente patre, et vota monachi, nesciente abbate, et juramenta pueri, irrita sunt.

CAP. 28. — *Quod omnibus modis cavendum sit mendacium.*

(*Gregor. dicit :*) Noli, fili, negare gratiam Dei, ne incurras pro bono in malum, pro humilitate in mendacium. Cavendum namque est omnibus modis mendacium, sive pro malo, sive etiam pro bono proferri videatur : quia omne mendacium non est ex Deo, sed, sicut Salvator dicit, a malo est.

CAP. 29. — *Item de juramento.*

(*Ex concilio Toletan.*) Etenim dum pejerare compellimur, creatorem quidem offendimus, sed nos tantummodo maculamus, cum vero noxia promissa complemus, et Dei jussa superbe contemnimus, ut proximis impia crudelitate noceamus, et nosipsos crudeliore mortis gladio trucidamus. Illic enim duplici culparum telo percutimur, hic tripliciter jugulamur. Restat ergo, ut eo nostra pergat sententia, quo misericordiæ patuerit via. Quæ ita Domino probatur accepta, ut plus eam cupiat quam sacrificia veneranda, dicente ipso : Misericordiam volo, et non sacrificium. Hac indulgentiæ concessa licentia, miserationis ipsius opus in gloriosi principis potestatem redigimus : ut, quia Deus illi miserandi aditum patefecit, remedia pietatis ipse quoque non deneget. Quæ ita principali discretione moderata persistant, ut et illis ita sit misericordia contributa, ut nusquam gens, aut patria, per eosdem, aut periculum quodcunque perferat, aut jacturam. Hæc miserationis obtentu temperasse sufficiat, cæterumque

juramenta pro regiæ potestatis salute, vel constitutione gentis et patriæ, quæ hactenus sunt exacta, vel deinceps exstiterint exigenda, omni custodia, omnique vigilantia indissolubiliter decernimus observanda, membrorum truncatione, mortisque sententia, religione penitus absoluta, sed ne pravarum mentium versuta nequitia nosmet ad perjurii aliquando provocet culpam, nec a sanctæ fidei regula hanc asserat venire sententiam, tam divinæ auctoritatis oracula, quam præcedentium Patrum huic narrationi curavimus innectenda. Sic enim per Hieremiam dixit : Repente loquar adversus gentem, et adversus regnum, ut eradicem, et disperdam illud. Si pœnitentiam egerit gens illa a malo suo, quod locutus sum adversus eam, agam et ego pœnitentiam super malo quod cogitavi, ut facerem ei. Et per Ezechielem : Si dixero, inquit, justo quod vita vivat, et confisus in justitia sua, fecerit iniquitatem, omnes justitiæ ejus oblivioni tradentur : et in iniquitate sua quam operatus est, in ipsa morietur. Si autem dixero impio, Morte morieris, et egerit pœnitentiam : vita vivet, et non morietur. Si ergo nostra conversatio sic divinam mutat sententiam, cur miserorum tantæ lacrymæ, vel pressura, tam crudam non temperent ex miseratione vindictam? Hinc etiam populo Israelitico sæpe ultio promissa suspenditur, et Ninivitarum perditio divinæ sententiæ permutatione sedatur. Nam sanctus Ambrosius in libro tertio de Officiis, ita ait : Purum igitur ac syncerum oportet esse affectum, et unusquisque simplicem sermonem proferat. Vas suum in sanctitate possideat, ne fratrem circumscriptione verborum inducat. Nihil promittat inhonestum, ac sibi promittere quærat. Tolerabilius est promissum non facere, quam facere quod turpe sit. Sæpe plerique constringunt se jurisjurandi sacramento, et cum ipsi cognoverint promittendum non fuisse jus sacramenti, tamen contemplatione faciunt quod sponderunt, sicut de Herode supra scripsimus, qui saltatrici præmium turpiter promisit, crudeliter solvit. Turpe, quod regnum pro saltatione promittitur : crudele, quod mors prophetæ pro jurisjurandi religione donatur : quanto tolerabilius tale fuisset perjurium sacramento? Et post pauca, de Jepte discernens. Miserabilis necessitas, quæ solvitur parricidio. Melius est non vovere id, quod sibi cui promittitur, nolit exolvi. Et post paululum : Non semper igitur promissa solvenda omnia sunt. Denique ipse Dominus, sicut Scriptura indicat, frequenter suam mutat sententiam. Vir quoque sanctissimus Augustinus investigationis acumine acutus, inveniendi arte præcipuus, asserendi copia profluus, eloquentiæ flore venustus, sapientiæ fructu fœcundus, hæc in suis narrat affectibus. Duo sunt enim omnino genera mendaciorum, in quibus non magna culpa est, sed tamen non est sine culpa, cum aut jocamur, aut cum promittimus, mentimur. Illud primum in jocando, ideo non est perniciosissimum, quia non fallit. Novit enim ille, cui dicitur, joci causa esse dictum. Secundum autem ideo mentitus est, qui retinet nonnullam benevolentiam. Idem ipse alibi, non auferat, inquit, veritas misericordiam, non ambulabit in via Domini, in qua misericordia et veritas obviaverunt sibi. Hinc beatus Papa Gregorius, in libris Moralium, sic ait : Cum mens inter minora, et maxima peccata constringitur, si omnino nullus sine peccato evadendi aditus patet, minora semper eligantur : quia et qui murorum ambitu, ne fugiat, clauditur, ibi se in fugam præcipitat, ubi brevior murus invenitur. Hinc et Isidorus ait : Tolerabilius est enim non implere sacramentum, quam permanere in stupri flagitio. Similiter in Synonimis : In malis promissis, rescinde fidem. In turpi voto ut a decreto quod incaute novisti non facias. Impia est promissio, quæ scelere adimpletur. Unde necesse est, ut male jurans, dignam pœnitentiam agat, eo quod nomen Domini contra præceptum illius sumpsit in vanum, quia in Exodo scriptum est : Nec enim insontem habebit Dominus eum qui assumpserit nomen Domini Dei sui frustra. Et in Levitico : Non pejerabis in nomine meo, nec pollues nomen Domini Dei tui ; ego Dominus. Tamen malum quod facturum se sacramento devoverat omnino non faciat ; quia stulta vota frangenda sunt.

FINIS LIBRI DUODECIMI.

INDEX CAPITULORUM LIBRI DECIMI TERTII.

Cap. 1. De observatione Quadragesimæ.
2. De jejunio Quatuor Temporum.
3. Quo tempore ad missam *flectamus genua* dici debeat.
4. De illis qui indictum jejunium contempserint.
5. De eadem re.
6. De Letania majore quomodo observanda sit.
7. De jejunio Rogationum.
8. Ut in cœna Domini, ut in reliquis Quadragesimæ diebus jejunium non solvatur.
9. Ut in Sabbato sancto jejunium ante noctis initium non solvatur.
10. Quod non oporteat in Quadragesima natalicia sanctorum celebrari.
11. Quod in diebus jejunii eleemosyna sit facienda.
12. Ut in Quadragesima tempus prandii conservetur.
13. Quod in diebus jejuniorum nulla jurgia esse debeant.
14. Ut in illis sacratis diebus jejuniorum conjugati a conjugibus se abstinere debeant.
15. De his qui in clero sunt, et carnium esum habuerint exosum.
16. De vigiliis sanctorum.
17. De eadem re.
18. De hoc si evenerit pestilentia, vel inæqualitas aeris.
19. Ut nullus in Dominica die pro abstinentia jejunet.
20. De eadem re.
21. Ut placita sæcularia in diebus Dominicis, et in præcipuis festis, et in diebus jejuniorum non fiant.
22. Ut jejunium absque cibo luxuriæ observari debeat.
23. Ut quotidianum jejunium non sit sine refectione aliqua.
24. De eadem re.
25. Quod jejunium curet vulnera delinquentis.
26. De quodam Alcibiade qui sibi grave jugum jejunii imposuerat.
27. De eo qui sub obtentu religionis sine jussu episcopi sui vel presbyteri jejunium sibi imponit.
28. Ut nullus Christianus dum sancta loca pro reverentia petierit, alicujus publicæ potestatis banno ibidem constringatur.

Indicis capitulorum finis.

BURCHARDI
ECCLESIÆ WORMACIENSIS EPISCOPI
DECRETORUM LIBER DECIMUS TERTIUS.

DE JEJUNIO.

ARGUMENTUM LIBRI.

Libro hoc de observatione utilitateque jejunii, maxime autem de jejunio Quadragesimali, Quatuor Temporum, aliorumque ab Ecclesia institutorum, et eorumdem violatoribus, agitur.

Cap. 1. — *De observatione Quadragesimæ.*

(Ex epist. Gregor. papæ.) Quadragesima summa observatione est observanda, ut jejunium in ea præter Dominicos qui de abstinentia subtracti sunt, nisi quem infirmitas impedierit, nullatenus solvatur :

quia ipsi dies decimæ sunt anni. A prima igitur Dominica Quadragesimæ usque in Pascha Domini sex hebdomadæ computantur, quarum videlicet dierum XL et II fiunt. Ex quibus dum sex dies Dominici abstinentiæ subtrahuntur, non plus in abstinentia quam triginta et sex dies remanent. Verbi gratia : si per CCCXLV dies annus ducitur, nos autem per XXX et VI dies affligimur, quasi anni decimas Deo damus. Et ut sacer numerus quadraginta dierum adimpleatur, quem Salvator noster suo sacro jejunio consecraverat, quatuor dies prioris hebdomadæ ad supplementum quadraginta dierum tollantur, id est quarta feria, quæ caput jejunii subnotatur, et quinta feria sequens, sexta et sabbatum. Nisi istos quatuor dies superioribus triginta et sex adjunxerimus, quadraginta dies in abstinentia non habemus. Jubemur etiam ab omnipotenti Deo, omnium bonorum nostrorum decimas dare. Quapropter ut omnis decima a nobis Deo rite persolvatur, tollamus decimam anni, et in ea peccata nostra confitendo, corrigendo nos, jejunando, vigilando, orando, eleemosynas largiendo, abstergamus, et carnem nostram decimemus, ut ad sanctum Pascha securi pervenire possumus.

CAP. 2. — *De jejunio Quatuor Temporum.*

(*Ex concilio Mogunt., capite* 2.) Constituimus, ut quatuor tempora anni, ab omnibus cum jejunio observentur, id est, in Martio, hebdomada prima. In Junio, secunda. In Septembris, tertia. In Decembri, quarta : quæ fuerit plena ante vigiliam Natalis Domini, id est, feria quarta, et sexta, et Sabbato. Veniant omnes ad Ecclesiam hora nona, cum letaniis ad missarum solemnia.

CAP. 3. — *Quo tempore ad missam flectamus genua dici debeat.*

Ex concilio Aurelian., capite 14.) Ut presbyteri plebibus annuntient, quod in Quadragesima et in jejunio Quatuor Temporum tantummodo ad missarum solemnia genua flectere debeant. In Dominicis econtra diebus vel cæteris festis, a vespera usque in vesperam non flectant genua, sed stantes incurvati orent, nec quisquam uno genu solotenus impresso orare præsumat, sicut Judæi irridentes Dominum in passione ejus fecisse leguntur, sed utraque genua terræ figat. Ait enim Apostolus : Flecto genua mea ad Patrem Domini nostri Jesu Christi

CAP. 4. — *De illis qui indictum jejunium contempserint.*

(*Ex concilio Mogunt., capite* 5.) Si quis indictum jejunium superbiendo contempserit, et observare cum cæteris Christianis noluerit, in Gangrensi concilio præcipitur, ut anathematizetur.

CAP. 5. — *De eadem re.*

(*Ex concilio Gangren., capite* 19.) Si quis eorum qui continentiæ student, absque necessitate corporea, tradita in commune jejunia, et ab Ecclesia custodita superbiendo dissolvit, stimulo suæ cogitationis impulsus, anathema sit.

CAP. 6. — *De letania majore quomodo observanda sit.*

(*Ex concilio Mogunt., capite* 6.) Placuit nobis ut letania major observanda sit a cunctis Christianis uno die VII Kalen. Mai, sicut in Romana Ecclesia constitutum reperimus, et sicut sancti Patres nostri constituerunt : non equitando, non preciosis vestibus induti, cinere respersi, et cilicio induti, nisi infirmitas impedierit

CAP. 7. — *De jejunio Rogationum.*

(*Ex concilio Aurelian., capite* 6.) Cum, exigentibus peccatis, Galliarum populi luporum rabie acriter interimerentur, nec hujus flagelli aliquod remedium inveniri posset, congregati traduntur Galliarum episcopi apud Viennam urbem, atque in commune statuerunt, ut triduanum jejunium facerent. Cumque Dominus pestem misericorditer abstulisset, hi dies in consuetudinem annuæ celebritatis venerunt, ut per Galliarum provincias, ante Ascensionis Domini diem celebrarentur. Agamus et nos hos dies cum summa reverentia et devotione, cum abstinentia carnis, et humilitate cordis, non ut visibilium luporum rabiem evadamus, sed ut invisibilium, id est, spirituum immundorum tentamenta vincere valeamus. Nullus autem his diebus vestimentis preciosis induatur : quia in sacro et cinere lugere debemus. Prohibeantur ebrietates, et commessationes, quæ fiunt in vulgari plebe. Nemo ibi equitare præsumat, sed discalceatis pedibus omnes incedant. Nequaquam mulierculæ choros ducant : sed omnes in commune Kyrie eleison decantent, et cum contritione cordis Dei misericordiam exorent, pro peccatis, pro pace, pro peste, pro conservatione frugum, et pro cæteris necessitatibus. Dies enim sunt abstinentiæ, non lætitiæ.

CAP. 8. — *Ut in cœna Domini, ut in reliquis Quadragesimæ diebus, jejunium non solvatur.*

(*Ex concilio Laodicen., capite* 50.) Quod non oporteat in Quadragesima in ultima septimana feria jejunium solvere, totamque Quadragesimam cum veneratione transire, magisque conveniat omnem Quadragesimam districto venerari jejunio.

CAP. 9. — *Ut in Sabbato sancto jejunium ante noctis initium non solvatur.*

(*Ex concilio Arausico., capite* 2.) Ut in Sabbato sancto, hoc est, in vigilia Paschæ, jejunium ante noctis initium, nisi a parvulis aut infirmis, non solvatur, nec ipsa in parasceve : quia cœna Domini et parasceve, et sabbatum ad illos XL dies respiciunt ; vel divina mysteria his duobus diebus non celebrentur : canonibus quippe jubentibus biduo isto, id est, parasceve et sabbato ; sacramenta pœnitus non celebrari.

CAP. 10. — *Quod non oporteat in Quadragesima natalitia sanctorum celebrari.*

(*Ex concilio Laodicen., capite* 51.) Quod non oporteat in Quadragesima martyrum natalitia celebrari : sed eorum sancta commemoratio in diebus sabbatorum et Dominicorum fieri conveniat.

CAP. 11. — *Quod in diebus jejunii eleemosyna sit facienda.*

(*Ex concilio Cabillo., capite* 5.) Diebus vero jejunii eleemosyna facienda est, et cibum sive potum, quo quisque uti debuit, si jejunaverit, pauperibus eroget : quia jejunare et cibos prandii ad cœnam reservare, non mercedis, sed ciborum est incrementum.

CAP. 12. — *Ut in Quadragesima tempus prandii servetur.*

(*Ex decr. Silverii papæ, capite* 1.) Solent plures, qui se jejunare putant in Quadragesima, mox ut signum audierint ad horam nonam manducare. Qui nullatenus jejunare credendi sunt, si ante manducaverint, quam vespertinum celebretur officium. Concurrendum est enim ad missas, et auditis missarum solemnibus et vespertinis officiis, largitis eleemosynis ad cibum accedendum est. Si vero aliquis necessitate constrictus fuerit ut ad missam venire non valeat, æstimata vespertina hora, completa oratione sua, jejunium absolvat.

CAP. 13. — *Quod in diebus jejuniorum nulla jurgia esse debeant.*

(*Ex dictis Liber. papæ.*) In his jejuniorum diebus nullæ lites, nullæ contentiones esse debent : sed in Dei laudibus et opere necessario persistendum. Arguit enim eos qui contentiones et lites Quadragesimæ tempore faciunt, et qui debita a debitoribus exigunt, Dominus per prophetam dicens : Ecce in die jejunii vestri inveniuntur voluntates vestræ, et omnes debitores vestros repetitis. Ecce ad lites et ad contentiones jejunatis, et percutitis pugno impie.

CAP. 14. — *Ut in illis sacratis diebus jejuniorum conjugati a conjugibus se abstinere debeant.*

(*Item ejusdem, capite* 5.) Abstinendum est enim in his sacratissimis Quadragesimæ diebus a conjugibus et caste et pie vivendum, ut sanctificato corde et corpore isti dies transigantur, et sic perveniatur ad diem sanctum Paschæ, quia pene nihil valet jejunium, quod conjugali opere polluitur, et quod orationes, vigiliæ et eleemosynæ non commendant.

CAP. 15. — *De his qui in clero sunt, et carnium esum habuerint exosum.*

(*Ex concilio Ancirano, capite* 13.) Hi qui in clero sunt presbyteri aut diaconi, et a carnibus abstinent, placuit, eas quidem contingere, et ita si voluerint contemnere. Quod si in tantum eas abominantur, ut nec holera quæ cum eis coquuntur existiment comedenda, tanquam non consentientes regulæ, ab ordine cessare debent.

CAP. 16. — *De vigiliis sanctorum.*

(*Ex concilio Aureltan., capite* 1.) Presbyteri cum sacras festivitates populo annuntiant, etiam jejunium vigiliarum eos omnimodis servare moneant.

CAP. 17. — *De eadem re.*

(*Ex dictis Eusebii papæ, capite* 10.) Ut in Ecclesia a sacerdotibus jejunia constituta, sine necessitate rationabili, non solvantur.

CAP. 18. — *De hoc si evenerit fames, pestilentia, vel inæqualitas aeris.*

Ex decr. Liberii papæ, capite 2.) Si evenerit fames, pestilentia, inæqualitas aeris, vel alia qualiscunque tribulatio, statim jejuniis, eleemosynis et obsecrationibus Domini misericordia deprecetur

CAP. 19. — *Ut nullus in die Dominica pro abstinentia jejunet.*

(*Ex concilio Gangren., capite* 18.) Si quis propter continentiam, quæ putatur, aut propter contumaciam in die Dominico jejunat, anathema sit

CAP. 20. — *De eadem re.*

(*Ex concilio Turonen., capite* 57.) Si quis propter publicam pœnitentiam a sacerdote acceptam, aut pro aliqua necessitate, die Dominica velut pro quadam religione, jejunaverit, sicut Manichæi, anathema sit.

CAP. 21. — *Ut placita sæcularia in diebus Dominicis, et in præcipuis festis, et in diebus jejuniorum non fiant.*

(*Ex concilio apud Erphesfurt habito, cui interfuit Henricus rex, capite* 2.) Placita secularia Dominicis diebus vel aliis præcipuis festis, seu etiam in his diebus in quibus legitima jejunia celebrantur, secundum canonicam constitutionem minime fieri decrevimus. Insuper etiam sancta synodus decrevit, ut nulla judiciaria potestas licentiam habeat, sua auctoritate Christianos ad placitum bannire, in supradictis diebus, id est, septem dies ante Natalem Domini usque in octavas Epiphaniæ, et a Quinquagesima usque in octavas Paschæ, et VII dies ante nativitatem sancti Joannis Baptistæ, quatenus adeundi Ecclesiam, orationibusque vacandi liberius habeatur facultas.

CAP. 22. — *Ut jejunium absque cibo luxuriæ observari debeat.*

(*Ex dictis Hieronyn.*) Non dico hebdomadas, non dico duplicata jejunia, sed saltem singulos dies absque ciborum luxuria transigamus.

CAP. 23. — *Ut quotidianum jejunium non sit sine refectione aliqua.*

(*Ex dictis Pimenii æremitæ.*) Sint tibi quotidiana jejunia, et refectio societatem fugiens. Nihil enim prodest tibi biduo triduoque transmisso vacuum portare ventrem si pariter obruatur. Si compensantur saturitate jejunia, ilico mens repleta torpescit : et irrigata terra corporis hujus spinas et carduum germinat.

CAP. 24. — *De eodem.*

(*Item idem.*) Sint tibi jejunia pura, continua, moderataque, id est, quotidie esurire, et quotidie prandere.

CAP. 25. — *Quod jejunium curat vulnera delinquentis.*

(*Apostolus dicit :*) Noli adhuc aquam bibere, sed modico utere vino propter infirmitates tuas : curat enim vulnera delinquentis, curatosque sanctificat jejunium.

CAP. 26. — *De quodam Alcibiade qui sibi grave jugum jejunii imposuerat.*

(*Eusebi in ecclesiast. historia.*) Alcibiades quidam erat ex numero eorum qui pro Christo vincti tenebantur. Hic vitam satis arduam et austeram gerebat, nihil cibi volens accipere, sed tantum pane, et sale cum aqua utebatur. Cum vitæ hunc rigorem vellet etiam in carcere positus obtinere, Attalo cuidam servo Dei revelatum est : quia non recte faceret Alcibiades creaturis Dei, et vellet aliis formam scandali derelinquere. Quibus cognitis, Alcibiades cœpit omnia cum gratiarum actione percipere : quia quæ illi revelabat Spiritus ut doceret, huic ut sequeretur idem spiritus persuadebat.

CAP. 27. — *De eo qui sub obtentu religionis sine jussu episcopi sui, vel presbyteri jejunium sibi imponit.*

(*Ex concilio apud Erphesfurt habito, præsente Henrico reg., capite* 5.) Ut nemo nisi consentiente proprio episcopo, aut ejus misso, jejunium sub obtentu religionis sibi imponat, unum diem præ aliis excipiendo, omnimodo interdicimus, quod et factum displicet, et in futurum fieri prohibemus : quia plus causa ariolandi esse dinoscitur, quam supplementum catholicæ legis.

CAP. 28. — *Ut nullus Christianus dum sancta loca pro reverentia petierit, alicujus publicæ potestatis banno ibidem constringatur.*

(*Ex eodem concilio.*) Præcipimus namque ut nullus Christianus pro reverentia ecclesiam petendo, ibique manendo, indeque revertendo alicujus publicæ potestatis banno, ibidem constringatur : ne forte dum ad ecclesiam causa orationis properat, per bannum impediatur pro salute animæ devote insistere.

FINIS LIBRI DECIMI TERTII.

INDEX CAPITULORUM LIBRI DECIMI QUARTI.

CAP. 1. Quod crapula multum sit Christianis contraria.
2. Ut malum ebrietatis omnino vitetur.
3. Quod episcopi et eorum ministri crapula et ebrietate non debeant gravari.
4. De eadem re.
5. De eadem re.
6. De eadem re.
7. Quales conviva sacerdotum epulis interesse debeant.
8. De eadem re.
9. De eadem re.
10. De eadem re.
11. Qui ebrius fuerit ut ordo patitur pœniteat.
12. Quod vino inebriari non liceat, sed fugiendum sit.
13. De illis qui per ebrietatem vomitum fecerint.
14. De eadem re.
15. De illis qui per superbiam alios inebriant.
16. Quod fugienda sit ebrietas.
17. Item de ebrietate.

Indicis capitulorum finis.

BURCHARDI
ECCLESIÆ WORMACIENSIS EPISCOPI
DECRETORUM LIBER DECIMUS QUARTUS.
DE CRAPULA ET EBRIETATE.

ARGUMENTUM LIBRI.

Libro hoc de detestandis vitiis, crapula et ebrietate, tractatio instituitur, quæque iis qui hisce vitiis implicantur pœna injungenda sit, docetur.

CAP. 1. — *Quod crapula multum sit Christianis contraria.*

(*Ex dictis Benedicti.*) Nihil sic contrarium est homini Christiano quomodo crapula et ebrietas; sicut ait Dominus in Evangelio : Videte ne graventur corda vestra in crapula et ebrietate.

CAP. 2. — *Ut malum ebrietatis omnino vitetur.*

(*Ex decret. Eutychia. pa., capite* 9.) Magnum malum ebrietatis, unde omnia vitia pullulant, Christianis modis omnibus cavere præcipimus. Qui autem hoc vitare noluerit, excommunicandum esse decrevimus, usque ad congruam emendationem.

CAP. 3. — *Quod episcopi et eorum ministri crapula et ebrietate non debeant gravari.*

(*Ex decret. ejusdem, capite* 9.) Episcopi et Dei ministri non debent commessationibus et vinolentiis nimis incumbere, sed considerent sententiam Domini dicentis : Attendite ne graventur corda vestra in crapula et ebrietate. Moderate enim cibum et necessarium sumptum sumant, ut juxta Apostolum sobrii sint, et parati ad servitium Domini.

CAP. 4. — *De eadem re.*

(*Ex concilio Cabillon., capite* 10.) Ut sobrietatem sacerdotes teneant, et hanc habendam fidelibus prædicent : quia non potest libere sobrietatem prædicare, qui se mero usque ad alienationem mentis ingurgitat. Hoc et de commessationibus, et cæteris pestibus ad gastrimargiam pertinentibus, observandum est.

CAP. 5. — *De eadem re.*

(*Ex canon. apostolorum, titul.* 42.) Episcopus, presbyter, aut diaconus aleæ atque ebrietati deserviens, aut desinat, aut certe damnetur. Subdiaconus, aut lector, aut cantor similia faciens, aut desinat, aut communione privetur. Similiter etiam laicus.

CAP. 6. — *De eadem re.*

(*Ex eodem, capite* 43.) Si quis episcopus, aut aliquis ordinatus, in consuetudine ebriosus fuerit, aut desinat, aut deponatur.

CAP. 7. — *Quales convivæ sacerdotum epulis interesse debeant.*

(*Ex decret. Eusebii pa., capite* 10.) Oportet episcopum moderatis epulis contentum esse, suosque convivas ad comedendum et potandum non urgere, quin potius semper sobrietatis præbeat exemplum. Removeantur ab ejus convivio cuncta turpidinis argumenta, non ludicra spectacula, non acromatum vaniloquia, non fatuorum stultiloquia, non scurrilium admittantur præstigia. Adsint peregrini, et pauperes, et debiles, qui de sacerdotali mensa Christum benedicentes benedictionem percipiant. Recitetur sacra lectio, subsequatur vivæ vocis exhortatio, ut non tantum corporali cibo, imo verbis spiritalis alimento convivantes se refectos gratulentur, ut in omnibus honorificetur Deus, per Jesum Christum Dominum nostrum.

CAP. 8. — *De eadem re.*

(*Ex pœnitentiali Theodo.*) Sacerdos quilibet si inebrietur per ignorantiam, septem dies pœniteat, in pane et aqua; si per negligentiam, xv dies; si per contemptum xl dies. Diaconus vel monachus, secundum ordinem, ut scriptum est, seu et reliqui clerici, et ministri juxta ordinem, judicio sacerdotis pœniteant. Laici velut vota non habentes si inebriantur, arguantur a sacerdote, quod ebriosi regnum Dei non possidebunt, et interius sit ebrietas, et compellat eos pœnitere. Qui cogit hominem ut inebrietur humanitatis gratia, accerrime corripiatur, et vii dies pœniteat; si per contemptum, xxx dies. Nullus Christianus alium Christianum plus bibere cogat quam naturæ sufficiat. Quod si fecerit, juxta id quod in pœnitentiali habetur, pœniteat.

CAP. 9. — *De eadem re.*

(*Ex dictis Fructuosi episcopi.*) Si quis ecclesiastica præditus ordinatione, aut monachus repertus fuerit ebriosus, in pane et aqua tribus pœniteat mensibus.

CAP. 10. — *De eadem re.*

(*Ex dec. Eutychia papæ, capite* 13.) Observandum est vobis, ut et vos ab ebrietate abstineatis, et ut plebes subditæ abstineant, prædicetis. Et neque per tabernas eatis bibendo, aut comedendo, neque domos, aut vicos curiositate qualibet peragretis, neque cum fœminis, aut cum quibuslibet personis impuris convivia exerceatis, nisi forte paterfamilias quilibet vos ad domum suam invitaverit, et cum conjuge sua, et prole velit vobiscum spiritali gaudio lætari, et verborum vestrorum refectionem accipere, et vobis refectionem carnalem charitatis officio exhibere. Oportet enim, ut si quando quilibet fidelium, carnalibus vos reficit epulis, a vobis reficiatur epulis spiritalibus.

CAP. 11. *Qui ebrius fuerit, ut ordo patitur, pœniteat.*

(*Ex concilio Agathen., capite* 10.) Itaque eum quem ebrium fuisse constiterit, ut ordo patitur, aut triginta dierum spacio a communione statuimus submovendum, aut corporali dandum supplicio.

CAP. 12. — *Quod vino inebriari non liceat, sed fugiendum sit.*

(*Ex dictis August.*) Fuge vinum velut venenum, ne ebrietas superet te, expoliatumque virtutibus te nudum efficiat. Vinum enim, ut sancta Scriptura dicit, apostatare facit etiam sapientes. Attende Noe virum sapientem et sanctum, quomodo per ebrietatem nudatus est, dormiens. Attende et Loth patriarcham, qui per ebrietatem impudenter se commiscuit filiabus. Hinc beatus Basilius dicit : Multi per vinum a dæmonibus capti sunt : nec est aliud ebrietas quam manifestissimus dæmon. Hinc propheta ait : Fornicatio et ebrietas aufert cor. Ebrietas enim perturbationem parit, gignit mentis furorem, et flammam suscitat libidinis. Apostolo teste : Nolite inebriari vino, in quo est luxuria. Si quis autem contra hæc fecerit sanctorum statuta, dignam ac longam agat pœnitentiam : quia unum est ex his peccatis quæ hominem a regno Dei separant, dicente apostolo Paulo : Neque ebriosi regnum Dei possidebunt.

CAP. 13. *De illis qui per ebrietatem vomitum faciunt.*

(*Ex pœnitentiali Romano.*) Qui per ebrietatem vomitum facit, si presbyter aut diaconus est, xl dies pœniteat. Si monachus xxx dies pœniteat; si clericus, xx dies; si laicus, xv dies.

CAP. 14. — *De eadem re.*

(*Ex pœnitentiali Bedæ presbyteri.*) Laicus, si per ebrietatem vomitum facit, tres dies a carne, et vino, et cervisia abstineat.

CAP. 15. — *De illis qui per superbiam alios inebriant.*

(*Ex eodem.*) Si quis per nequitiam alium inebriat, quadraginta dies pœniteat. Quod si in consuetudine habuerit, communione privetur, donec digne pœniteat, et emendationem promittat.

CAP. 16. — *Quod fugienda sit ebrietas.*

(*Ex decr. Clementis pap., capite* 55.) Ebrietatem oppido prohibebat propheta, et ebriosos corpore, et animo mortuos esse prædicabat. De quibus per exemplum aiebat : Væ qui consurgitis mane ad ebrietatem sectandam, et potandum usque ad vesperam, ut vino æstuetis. Cithara, et lyra, et tympanum, et tibia, et vinum in conviviis vestris, et opus Domini non respicitis, nec opera manuum ejus consideratis. Et iterum : Væ qui potentes estis ad bibendum vinum, et viri fortes ad miscendam ebrietatem, qui justificatis impium pro muneribus, et justitiam justi aufertis ab eo. Propter hoc, sicut devorat stipulam lingua ignis, et calor flammæ exurit, sic radix eorum quasi favilla erit, et germen eorum, ut pulvis ascendet. Abjecerunt enim legem Domini exercituum, et eloquium sancti Israel blasphemaverunt. Ideo iratus est furor Domini in populo suo, et extendit manum suam super eum, et percussit eum, conturbati sunt montes, et facta sunt morticina eorum, quasi stercus in medio platearum. In omnibus his non est adversus furor ejus, sed adhuc manus ejus extensa.

Cap. 17. — *Item de ebrietate.*

(*Sanctus Isidorus dicit :*) Escæ crapulam, potus ebrietatem, generant. Ebrietas autem perturbationem gignit mentis, furorem cordis, flammam libidinis. Ebrietas ita mentem alienat, ut ubi sit nesciat. Unde etiam malum non sentitur, quod per ebrietatem committitur. Verum est, quod juxta prophetam dicitur : Fornicatio et ebrietas auferret cor. Fornicatio enim, sicut ait Salomon, infatuat sapientem. Ebrietas, sicut in Loth sensus rationem captivat. Unde et in Proverbiis : Potentes, inquit, qui iracundi sunt, vinum non bibant, ne, cum biberint, obliviscantur sapientiam. Plerisque laus est multum bibere, et non inebriari. Audiant hi adversum se dicentem prophetam : Væ qui potentes estis ad bibendum vinum, et viri fortes ad miscendam ebrietatem. Vino multo deditos, et luxuriose viventes,

Esaias sic arguit, dicens : Væ qui consurgitis mane ad ebrietatem sectandam, et potandum usque ad vesperam, ut vino æstuetis. De talibus, et alio loco dicitur : Væ tibi, civitas, cujus rex juvenis est, et cujus principes mane comedent. Multi enim a mane usque ad solis occubitum, ebrietati et gulæ voluptatibus serviunt, nec intelligunt cur nati sunt : sed consuetudine beluina detenti, luxuriæ tantum tota die, epulisque inserviunt. Clamat Joel propheta, his qui ebrietati deserviunt, dicens : Expergiscimini, ebrii, et flete, et ululate, omnes qui bibitis vinum in dulcedinem. Quo testimonio, non ait tantum, flete omnes qui bibitis vinum, ut bibere omnino non liceat, sed adjecit in dulcedinem, quod ad voluptuosam pertinet, et prodigam effusionem. Nam quantum satis est necessitati edocet Timotheum bibere Apostolus dicens : Vino modico utere. Non solum ex vino inebriantur homines, sed etiam ex cæteris potandi generibus, quæ vario modo conficiuntur. Unde et Nazaræis, qui se sanctificabant Domino præceptum est vinum et siceram non bibere ? utraque enim statum mentis evertunt, et ebriosos faciunt. Luxuriam quippe carnis utraque æqualiter gignunt. Quidam continentes, sicut panem cum pondere ædunt, ita et aquam cum mensura sumunt, asserentes ad castimoniam carnis, etiam abstinentiam convenire.

FINIS LIBRI DECIMI QUARTI.

INDEX CAPITULORUM LIBRI DECIMI QUINTI.

Cap. 1. Episcopi impositam a Deo sibi curam in populis habeant, pauperum oppressores non ferant.
2. De illis qui in episcopiis prædam fecerint.
3. Ut episcopi potestates admoneant ut pauperes non opprimant.
4. De eadem re.
5. De secularibus Ecclesiam vel clericum injuste calumniantibus.
6. Ut contemptores canonum excommunicentur.
7. De prævaricatoribus divinarum legum.
8. Quod non liceat imperatori, vel cuiquam potentum aliquid agere contra divinum mandatum, et quod judicium injustum regio metu ordinatum, non valeat.
9. Ut nemo contra canones esse præsumat.
10. De imperatoria lege.
11. Quando canonica ventilantur, nisi sint religiosi laici non intersint.
12. Ut laici in synodo, nisi clericis jubentibus, docere non audeant.
13. Ut populus docendus sit, non sequendus.
14. De illo qui contra decretum episcopi venerit.
15. Admoneatur imperator, ut constitutis apostolicæ sedis obtemperet.
16. Generalis admonitio regum.
17. Alia admonitio principum.
18. Item adhortatio principum.

19. Qualiter studendum sit regibus sacerdotum, vel populi peccata ulcisci.
20. De eadem re.
21. Quod multorum solamen sit, si prudentes viri regibus adhæreant.
22. Ut regum adversarii excommunicentur.
23. De illis qui principi non obedierint.
24. De illis qui in adversitate propriæ gentis, aut patriæ culpabiles inveniuntur.
25. Ut nullus præsumat principe vivente alium eligere regem.
26. Ut nemo intendat in interitum regis.
27. De fidelibus regum.
28. De regum sobole.
29. Quod quidquid commotus animus fecerit, hoc justum putat.
30. Quod laici presbyteros, qui Ecclesias illorum tenent, non aliud quam divinum officium agere cogant.
31. Ut Judæi super Christianos non ponantur.
32. Quod sancta Ecclesia unum patrem habeat in cœlis.
33. De illo qui pro catholica fide tribulationes patitur.
34. De hæredibus, si jussa testatoris non impleverint, ut episcopus adimpleat.
35. Ut laici quamvis religiosi ecclesiastica non disponant.

56. De illis qui res Ecclesiæ a regibus petunt.
57. De eo, si episcopus ecclesiasticum, et comes seculare placitum una die condixerint.
58. De regibus bene regentibus.
59. De eadem re.
40. De patientia regum.
41. De delictis regum, seu exemptis.
42. Quod reges legibus teneantur.
43. De disciplina regum in Ecclesia.
44. Cur Deus alios ad libertatem, alios autem ad servitutem discrevisset.

Indicis capitulorum finis.

BURCHARDI
ECCLESIÆ WORMACIENSIS EPISCOPI
DECRETORUM LIBER DECIMUS QUINTUS
DE LAICIS.

ARGUMENTUM LIBRI.

Libro hoc de laicis omnis conditionis tractatio instituitur, tam de iis qui præsunt, ut imperatoribus, regibus, principibus, quam his qui horum imperio subjecti sunt.

CAP. 1. — *Episcopi cum impositam a Deo sibi curam in populis habeant, pauperum oppressores non ferant.*

(*Ex concilio Toletan. 5, capite 32.*) Episcopi in protegendis populis ac defendendis, impositam a Deo sibi curam non ambigant. Ideoque dum conspiciunt judices, ac potentes pauperum oppressores existere, prius eos sacerdotali admonitione redarguant : et si contempserint emendare, anathematizentur.

CAP. 2. — *De illis qui in episcopiis prædam fecerint.*

(*Ex concilio Carthag., capite 8.*) Ut si quis quemlibet expoliaverit, et admonente episcopo non reddiderit, excommunicetur.

CAP. 3. — *Ut episcopi potestates admoneant ut pauperes non opprimant.*

(*Ex concilio Aurelian., capite 4.*) Ut judices aut potestates qui pauperes opprimunt, si commoniti a pontifice suo non emendaverint, excommunicentur.

CAP. 4. — *De eadem re.*

(*Ex concilio Mogunt., capite 8.*) Ut episcopi potestatem habeant res ecclesiasticas prævidere regere et gubernare, atque dispensare, secundum canonum auctoritatem. Volumus ut laici in eorum ministerio obediant episcopis ad regendas Ecclesias Dei, viduas et orphanos defendendos, et ut obedientes sint eis ad eorum Christianitatem servandam, et episcopi consentientes comitibus, et judicibus ad justitias faciendas, et ut nullatenus per aliquorum mendacium, vel falsum testimonium, neque perjurium, aut per præmium lex justa in aliquo depravetur.

CAP. 5. — *De secularibus Ecclesiam vel clericum injuste calumniantibus.*

(*Ex concilio Agathen., capite 32.*) Si qui secularium pro calumnia Ecclesiam aut clericum fatigare tentaverit, et evictus fuerit, ab Ecclesiæ liminibus, et catholicorum communione, nisi digne pœnituerit, arceatur.

CAP. 6. — *Ut contemptores canonum excommunicentur.*

(*Ex concil. Carthag., capite 15.*) Ut laici contemptores canonum excommunicentur : clerici honore priventur.

CAP. 7. — *De prævaricatoribus divinarum legum.*

(*Ex concil. apud Lauriacum, capite 10.*) Si quis publicus divinæ legis prævaricator, vel pro manifestis criminibus sanctorum canonum contemptor repertus fuerit, ac sanctorum Patrum constitutionibus contradictor, et si monitionibus episcopalibus obtemperare distulerit, anathematizetur.

CAP. 8. — *Quod non liceat imperatori, vel cuiquam potentum, aliquid agere contra divinum mandatum.*

(*Ex decr. Adriani papæ, capite 16.*) Non licet ergo imperatori, vel cuiquam pietatem custodienti, aliquid contra mandata divinitatis præsumere, nec quidquam quo Evangelicis propheticisque seu apostolicis regulis obvietur, agere. Injustum enim judicium, et diffinitio injusta, regio metu, vel jussu a judicibus ordinata non valeat : nec quidquam quod contra evangelicam et propheticam, aut apostolicam doctrinam, constitutionemque eorum sive sanctorum Patrum actum fuerit stabit : et quod ab infidelibus aut hæreticis factum fuerit, omnino cassabitur.

CAP. 9. — *Ut nemo contra canones esse præsumat.*

(*Ex concil. Tibur., capite 10.*) Ut constitutiones contra canones et decreta præsulum Romanorum, vel bonos mores nullius sint momenti.

CAP. 10. — *De imperatoria lege.*

(*Ex decr. Pii papæ, capite 3.*) Lex imperatorum non est supra legem Dei, sed subtus.

CAP. 11. — *Quando canonica ventilantur, nisi sint religiosi, laici non intersint.*

(*Ex concil. Cabillon., capite 6.*) Quando ea quæ canonica sunt ventilantur, vel quando regularia examinantur, neque aliquos laicos interesse nisi religiosos oportet, et nisi hos tantummodo, qui in propria appellantur persona.

CAP. 12. — *Ut laici in synodo, nisi clericis jubentibus, docere non audeant.*

(*Ex concil. Carthag., capite* 118.) Laici in synodo præsentibus clericis, nisi ipsis jubentibus, docere non audeant.

CAP. 13. — *Ut populus sit docendus, non sequendus.*

(*Ex decret. Celest. papæ, capite* 22.) Docendus est populus, non sequendus : nosque si nesciunt quod liceat, quidve non liceat commonere, non his consensum præbere debemus. Quisquis vero conatus fuerit tentare prohibita, sentiet censuram canonicam.

CAP. 14. — *De illo qui contra decretum episcopi venerit.*

(*Gregor. dicit:*) Si quis venerit contra decretum episcopi, ab Ecclesia abjiciatur.

CAP. 15. — *Admoneatur imperator, ut constitutis apostolicæ sedis obtemperet.*

(*Ex decret. Anastas. papæ.*) Illud vero peculiarius pro amore imperii vestri, et beatitudine quam consequi poterit regnum, pro apostolico officio prædicamus, ut sicut decet, et Spiritus sanctus dictat, monitis nostris obedientia præbeatur, ut bona omnia vestra respublica consequatur, sicut in Exodo promittitur. Si audieris vocem Domini Dei tui, et quæ placent feceris coram eo, et obedieris præceptis ejus, et custodieris omnem justitiam ejus, omnem infirmitatem quam importavi Ægyptiis, non importabo in te. Ego enim sum Dominus, qui salvum facio te. Et illic iterum tuba potentissima canitur : Et nunc, Israel, quid Dominus Deus tuus postulat a te aliud, quam ut timeas Dominum Deum tuum, et ambules in omnibus viis ejus, et diligas eum, et servias Domino Deo tuo ex toto corde et ex tota mente tua? Custodi præcepta Domini Dei tui et justitias, quas ego mandabo tibi. Hæc me suggerentem frequentius, non spernat pietas tua, ante oculos habens Domini in Evangelio verba : Qui vos audit, me audit, et qui vos spernit, me spernit : et qui me spernit, spernit eum qui me misit. Nam et Apostolus concinens Salvatori nostro, ita loquitur : Quapropter qui hæc spernit, non hominem spernit sed Deum, qui dedit spiritum suum sanctum in nobis. Pectus clementiæ vestræ, sacrarium es' publicæ fœlicitatis ; ut per instantiam vestram, quam velut vicarium præsidere jussit in terris, evangelicis, apostolicisque præceptis non dura superbia resistatur, sed per obedientiam, quæ sunt salutifera, compleantur.

CAP. 16. — *Generalis admonitio regum.*

(*Ex regist. ad Adilbercum regem Francorum, capite* 264.) Propter hoc omnipotens Deus bonos quosque ad populorum regimina perducit, ut per eos omnibus, quibus prælati fuerint, dona suæ potestatis impendat : quod in Anglorum gente factum cognovimus, cui vestra gloria idcirco est præposita, ut bona quæ vobis concessa sunt, etiam subjectæ vobis genti superno beneficio restaurentur. Et ideo, gloriose fili, eam quam accepisti divinitus, gratiam sollicita mente custodi, Christianam fidem in populis tibi subditis extendere festina : zelum rectitudinis tuæ in eorum conversione multiplica, idolorum cultus insequens, fanorum ædificia everte. Subditorum mores in magna vitæ mundicia exhortando, terrendo, corrigendo, et boni operis exempla monstrando, ædifica, ut illum retributorem invenias in cœlo, cujus nomen atque cognitionem dilataveris in terra. Ipse enim vestræ quoque gloriæ nomen, etiam posteris gloriosius reddet, cujus vos honorem quæritis, et reservatis in gentibus. Sic enim Constantinus quondam piissimus imperator, Romanam rempub. a perversis idolorum cultibus revocans, omnipotenti Deo nostro Jesu Christo secum subdidit, seque cum subjectis populis tota ad eum mente convertit. Unde factum est, ut antiquorum principum nomen suis vir ille laudibus vinceret, et tanto in opinione præcessores suos, quanto et in bono opere superaret. Et nunc itaque vestra gloria cognitionem unius Dei, Patris, et Filii, et Spiritus sancti, regibus ac populis sibimet subjectis festinet infundere, ut antiquos gentis suæ reges laudibus ac meritis transeat : et quando in subjectis suis etiam aliena peccata deterserit, tanto etiam de peccatis propriis ante omnipotentis Dei terribil e examen securior fiat. Præterea scire vestram gloriam volumus, quia sicut in Scriptura sacra ex verbis Domini omnipotentis agnoscimus, præsentis mundi jam terminus juxta est, et sanctorum regnum venturum est, quod nullo unquam poterit fine finiri. Appropinquante autem eodem mundi termino, multa imminent quæ antea non fuerunt, videlicet immutationes aeris, terroresque de cœlo, et contra ordinationem temporum tempestates, bella, fames, pestilentiæ, terræmotus per loca, quæ tamen non omnia nostris diebus ventura sunt, sed post nostros dies subsequentur. Vos itaque si qua ex his evenire in terra vestra cognoscitis, nullo modo vestrum animum perturbetis : quia idcirco hæc signa de fine seculi præmittuntur, ut de animabus nostris debeamus esse solliciti, de mortis hora suspecti, et venturo judicii in bonis actibus inveniamur esse præpositi.

CAP. 17. — *Alia admonitio principum.*

Ex regist. ad Justinum imperator. Siciliæ, capite 2.) Quod lingua loquitur, attestatur conscientia : quia dudum vos et nullius dignitatis occupationibus implicatos multum dilexi, multumque veneratus sum. Ipsa namque incessus vestri modestia quibusdam conatibus exigebat, ut diligi etiam a nolente debuisset. Et cum vos venisse ad administrandam præturam Siciliæ audirem, valde gavisus sum : et quia quandam inter vos atque ecclesiasticos simultationem subrepere comperi, vehementissime contristatus sum. Nunc vero quia, et vos administrationis cura, et me studium hujus regiminis occupat, in tantum nos recte diligere specialiter possumus, in quantum generalitati minime nocemus. Unde per omnipotentem Dominum rogo, in cujus tremendo judicio nostrorum actuum posituri rationem debeat emendare. Nec enim dissimulanda sunt quæ sumus, ut ejus respectum semper gloria vestra ante oculos habeat, et nunquam quodlibet, ex quo inter nos vel parva dissensio proveniat, admittat. Nulla vos lucra ad injustitiam pertrahant. Quam sit vita brevis aspicite, ad quem quandoque ituri estis judicem, qui judiciariam potestatem geritis, cogitate. Solerter ergo intuendum est quod cuncta lucra hic relinquimus, et solas dispensativorum lucrorum causas, nobiscum ad judicium deportamus. Illa ergo nobis sunt commoda quærenda, quæ nequaquam mors adimat, sed mansura in perpetuum præsentis vitæ finis ostendat.

Cap. 18. — *Item adhortatio principum.*

(*Ex reg. Greg. ad Gennadium Patricium et Exarchum, capite* 73.) Si non ex fidei merito, et Christianæ religionis gratia tantæ excellentiæ vestræ bellicorum actuum prosperitas eveniret, non summopere miranda fuerant, cum sciamus hæc etiam antiquis bellorum ducibus fuisse concessa. Sed cum futuras Deo largiente victorias non carnali providentia, sed magis orationibus prævenitis, fit ut hoc in stuporem veniat, quod gloria vestra non terreno consilio, sed Deo desuper largiente discedat. Ibi enim meritorum vestrorum loquax non discurrit opinio, quæ et bella vos frequenter appetere, non desiderio fundendi sanguinis, sed dilatandæ causa reipublicæ, in qua Deum coli conspicimus, loqueretur, quatenus Christi nomen per subditas gentes, fidei prædicatione circumquaque discurreret. Sicut enim exteriora vos virtutum opera eminentes in hac vita constituunt: ita et internorum ornamenta, ex corde mundo procedentia, in futura vita cœlestium gaudiorum participatione glorificant.

Cap. 19. — *Qualiter studendum sit regibus sacerdotum vel populi peccata ulcisci.*

(*Ex reg. Greg. ad Brunihildam reginam Francorum, capite* 272.) Cum scriptum sit, Justitia elevat gentem, miseros autem populos facit peccatum, tunc regnum stabiliri creditur, cum culpa quæ cognoscitur, citius emendatur. Multorum igitur ad nos relatione pervenit, quod dicere sine afflictione cordis nimia non valemus, ita quosdam sacerdotes in illis partibus impudice ac nequiter conversari, ut et audire nobis opprobrium, et lamentabile sit referre. Ne ergo postquam hujus nequitiæ hucusque se tetendit opinio, aliena pravitas aut nostram animam, aut vestrum regnum peccati sui jaculo feriat, ardenter ad hæc debemus ulciscenda consurgere, ne paucorum fames, multorum esse possit perditio. Nam causa sunt ruinæ populi sacerdotes mali. Quis enim pro populi peccatis se intercessor objiciat, si sacerdos qui exorare debuerat graviora committat? Sed quoniam eos quorum hæc locutio est, insequi, nec sollicitudo ad requisitionem, nec zelus excitat ad vindictam: scripta ad nos vestra discurrant, ut personam si præcipitis cum vestræ auctoritatis assensu transmittamus, quæ una cum aliis sacerdotibus hæc et subtiliter quærere, et secundum Deum debeat emendare. Nec enim dissimulanda sunt quæ dicimus: quia qui emendare potest et negligit, participem se procul dubio delicti constituit. Providete ergo animæ vestræ, providete nepotibus quos cupitis regnare feliciter, providete provinciis, et priusquam creator noster manum suam ad feriendum excutiat, de correctione hujus sceleris studiosissime cogitate, ne tanto postmodum acrius feriat, quanto modo diutius et clementer exspectat. Scitote autem quia magnum Deo nostro sacrificium placationis offeretis, si tanti labem facineris, de vestris citius finibus amputatis. Datum die x, Kalend. Julii, indict. quarta.

Cap. 20. — *De eadem re.*

(*Ex reg. Greg. ad Tendericum regem Francorum, capite* 275.) Excellentiæ vestræ index cordis epistola quanta in vobis fulgeat cum regia potestate, prudentia, ita luculenti copia sermonis edocuit, ut dubium esse non valeat, quidquid laudabile de vobis fama narraverit. Et quoniam adhortationem nostram regiis animis, per laudis prædicamenta placuisse signastis, ut quidquid ad Dei nostri cultum, quidquid Ecclesiarum reverentiam, quidquid ad honorem pertinere cognoscitis sacerdotum, studiose statui, et velitis in omnibus custodire, iterata vos per vestram mercedem adhortatione pulsamus, ut congregari synodum jubeatis, et sicut dudum scripsimus, corporalia sacerdotibus vitia, et Symoniacæ hæresis pravitatem, omnium episcoporum definitione damnari, atque a regni vestri amputari finibus, faciatis, nec plus illis per pecuniam obtinere, quam præcepta Dominica præcipiunt permittatis. Nam dum omnis avaritia idolorum sit servitus, quisquis hanc in dandis honoribus et maxime ecclesiasticis vigilanter non præcavet, infidelitatis perditioni subjicitur, etiam si tenere fidem quam negligit videatur. Sicut ergo contra exteriores hostes, ita quoque contra interiores animarum adversarios studete esse solliciti, ut per hoc quod Dei nostri inimicis fideliter repugnatur, et hic feliciter ipsius protectione regnetis, et ad æterna postmodum gaudia ejus duce gratia veniatis.

Cap. 21. — *Quod multorum solamen sit, si prudentes viri regibus adhæreant.*

(*Ex rege Greg. ad Asclepiodotum Patricium Anglor., capite* 271.) Prudentes viros, sicut estis, regibus adhærere, multorum solamen est. Nam dum præstari sibi locum ad animæ datum utilitatem intelligunt, certum est, quia mercedis causas alias ubi inveniunt non præponunt.

Cap. 22. — *Ut regum adversarii excommunicentur.*

(*Ex concilio apud Lauriacum, capite* 13.) Si quis potestati regiæ, quæ non est juxta Apostolum nisi a Deo, contumaci et inflato spiritu contradicere, vel resistere, præsumpserit, et ejus justis et rationalibus imperiis secundum Deum et auctoritatem Ecclesiasticam obtemperare noluerit, anathematizetur.

Cap. 23. — *De illis qui principi non obedierunt.*

(*Ex concilio Toletan.*) In libro regum legitur: Qui

non obedierit principi, morte moriatur. In concilio autem Agathensi præcipitur ut anathematizetur.

CAP. 24. — *De illis qui in adversitate propriæ gentis aut patriæ culpabiles inveniuntur.*

(*Ex eodem.*) Nobis igitur ratio persuasit synodalis decernere, ut quicunque laicorum adversitate propriæ gentis, aut patriæ, vel regiæ potestatis, ad exteras partes se conferendo noxius fuerit ultra repertus, perpetua sit excommunicatione damnatus; et nunquam illi præter in ultimo mortis suæ communio tribuatur.

CAP. 25. — *Ut nullus præsumat principe vivente alium eligere regem.*

(*Ex eodem concilio 7, capite* 17.) Quanquam in concilio anteriori quod anno primo gloriosissimi principis nostri habitum est, de hujusmodi re fuerit promulgata sententia : tamen placet iterata juxta quod convenit custodire. Itaque regis vita constante, nullus sibi aliquo opere, vel deliberatione, seu cujuscunque dignitatis laicus, seu gradu episcopatus, presbyterii, aut diaconii consecratus, cæterique clericatus officiis deditus, futurum regem provideat, contra viventis regis utilitatem, et procul dubio voluntatem, blandimento, vel suasione per eamdem spem, aut alios in se trahat, aut ipse in alium acquiescat. Iniquum enim et valde execrabile a Christianis debet haberi, futuri temporis illicitis prospicere, et vitæ suæ ignaros ventura disponere. Quod si quisquam jam talia iniqua deliberatione cum quocunque est meditatus, hoc sibi noverit esse sacerdotali moderatione concessum, ut si venialiter poscit, hoc sine mora præsentis principis auribus studeat publicare. Si autem obtineat et deliberationis suæ machinamenta, noluit dicere, pessimo plectatur anathemate.

CAP. 26. — *Ut nemo intendat in interitum regis.*

(*Ex eodem, capite* 18.) Jam quidem in antecedenti universali synodo, saluti nostrorum principum constat esse consultum, sed libet iterare bene sancita, et digna auctoritate munire salubriter ordinata. Ideoque contestamur coram Deo, et omni ordine angelorum, coram prophetarum atque apostolorum, vel omnium martyrum choro, coram omni catholica Ecclesia, et Christi annorum cœtu, ut nemo intendat in interitum regis, nemo vitam principis nece attrectet, nemo regni eum gubernaculis privet, nemo tyrannica præsumptione apicem regni sibi usurpet, nemo quolibet machinamento in ejus adversitatem sibi conjuratorum manum associet. Quod si in quopiam horum quisquam nostrorum temerario ausu præsumptor exstiterit, anathemate divino percussus, absque ullo remedii loco, habeatur condemnatus æterno judicio.

CAP. 27. — *De fidelibus regum.*

(*Ex eodem.*) Proinde decrevit concilium sanctum, omnes qui pro fideli obsequio, et sincero servitio, voluntatibus, vel jussis paruerint principis, totaque intentione salutis ejus custodiam, vel vigilantiam habuerint regni, a successoribus nec a dignitate, nec a rebus pristinis causa repellantur injusta : sed et nunc ita pro unius cujusque utilitate principis moderentur discretione, sicut eos prospexerit necessarios esse patriæ, et sic illis impartiatur benignitas, ut in cæteris maneat gratia, et potestas, quatenus ita omnia in rebus juste conquisita lucrentur, ut posteris relinquendi, vel quibus voluntas eorum decrevit, conferendi, spontaneo fruantur arbitrio. Cæterum, si infidelis quisquam in capite regio, aut inutilis in rebus commissis exstiterit, in clementiæ vestræ manu postestatis nutu constet hujusmodi moderatio. Fas est enim indubium deducere jus potestatis, cui omnium gubernatio superno constat delegata judicio. Quod si post ejus discessum quispiam repertus fuerit vitæ fuisse infidelis, quidquid largitate ipsius in rebus habuit, conquisitis careat, confiscandum, et fidelibus largiendum.

CAP. 28. — *De regum sobole*

(*Ex eodem, capite* 16.) Sicut insolentia malorum regum odiosa semper et execrabilis existit subjectis : ita bonorum provida utilitas amabilis efficitur populis. Quocirca quis ferat, aut quis talem errantem Christianum videat, qui regiam sobolem, aut posteritatem conetur expoliare rebus, aut privare dignitatibus? Quod deinde ne fiat, generalis promatur principis filiis sententia nostra, id est, de præsentis excellentissimi Cintilani regis posteritate dentur apta a nobis decreta, ut ea quæ synodus præterito anno in hac Ecclesia habita constituit, circa omnem posteritatem ejus universitas regni sui conservet, hoc est, ut præbeatur filiis ejus dilectio benigna et firma, et tribuantur, ubi loci opportunitas exhibuerit, defensiones ad adminicula justa, ne de rebus juste profligatis, aut parentum dignitate procuratis, vel largitate principum aut alicujus impensis, aut etiam pro pietate debitis, fraudentur qualibet insidia calliditatis, neve a quoquam lædendi eos præbeantur argumenta machinationis : quia dignum est, ut cujus regimine habemus securitatem, ejus posteritati decreto concilii impertiamus quietem.

CAP. 29. — *Quod quidquid commotus animus fecerit, hoc justum putet.*

(*Ex rege. Greg. ad Mauricium Augustum, capite* 215.) Omnipotenti Deo reus est, qui serenissimo domino in omne quod agit et loquitur purus non est. Ego autem indignus pietatis vestræ famulus, in hac suggestione mea, neque ut episcopus neque ut servus jure reipublicæ sed jure privatæ loquor, quia serenissime domine, et illo jam tempore dominus meus fuisti, quando adhuc dominus omnium non eras. Illa præpositorum sollicitudo utilis, illa est cautela laudabilis, in qua totum ratio agit, et furor sibi nil vindicat. Restringenda ergo sub ratione potestas est, nec quidquam agendum prius quam concitata ad tranquillitatem mens redeat. Nam commotionis tempore, justum putat ira quod fecerit.

Cap. 30. — *Quod laici presbyteros, qui ecclesias illorum tenent, non aliud quam divinum officium facere cogant.*

(*Ex dictis Aug*.) Admoneo vos, dilectissimi, Deum timere, sacerdotes honorare, reddentes eis debitum sanctitatis, ut vobis adjuvantibus ipsi inconturbati valeant atque securi, salutaria prædicare, et regulam atque vigorem ecclesiasticum conservare, ita clerici omnes suis subjaceant episcopis, et ab illis doceantur. Præceptum quippe est a Domino : Reddite quæ sunt Cæsaris, Cæsari, et quæ sunt Dei, Deo. Apostolicum præceptum vobis mando, ut nullus secularis clericum in suum habeat obsequium, sed illi cujus signaculum in capite habet, mente deserviat et corde, educatus in his quæ a suo præcipiuntur episcopo. Detestabile est enim et iniquum opus, clericum in Judis inveniri, aut cum accipitribus, vel venationibus degere vitam, tantisque scenicis causis sauciatum, ad episcopatum aut presbyterium, vel quibuslibet sacerdotalibus officiis accedere, non bonis, sed malis vitiis plenum. Scriptum namque est : Qui diligitis Dominum, odite malum. Nam et hoc hortamur Christianitatem vestram, ut juxta sanctorum canonum instituta, nec Ecclesiis a vobis fundatis aliunde veniens presbyter suscipiatur, nisi a vestræ Ecclesiæ fuerit episcopo consecratus, aut ab eo per commendatitias litteras suscipiatur. Multi enim sibimetipsis mendaces, multoties servi cujusquam fugam arripientes, dominis suis semetipsos quasi consecratos presbyteros annuntiant, dum non sint. Sunt autem ministri diaboli et non Dei, et qui eos suscipiunt similiter : quia scriptum est : Videbas furem, et cum eo currebas, etc.

Cap. 31. — *Ut Judæi super Christianos non ponantur.*

(*Ex concilio Meldensi, capite* 3.) Ne Judæi administratorio usu sub ordine villicorum atque actorum Christianam familiam regere audeant, nec eis hoc a quoquam fieri præcipiatur. Si quis vero contra hæc agere præsumpserit, si episcopus, presbyter, aut diaconus fuerit, proprio summoveatur gradu : si vero monachus fuerit, communione privetur. Similiter et laicus. Et si perseveraverint inobedientes, anathematizentur.

Cap. 32. — *Quod sancta Ecclesia unum Patrem habeat in cœlis.*

(*Ex concilio Cabillon., capite* 51.) Quia ergo constat in Ecclesia diversarum conditionum homines esse, ut sunt nobiles, et ignobiles, servi, coloni, inquilini, et cætera hujusmodi nomina, oportet, ut quicunque eis prælati sunt, clerici, sive laici, clementer erga eos agant, et misericorditer eos tractent, sive in exigendis ab eis operibus, sive in accipiendis tributis, et quibusdam debitis, sciantque eos fratres suos esse, et unum patrem habere Deum, cui sic clamant : Pater noster qui es in cœlis, unam matrem sanctam Ecclesiam, quæ eos intemerato sacri fontis utero gignit. Disciplina igitur eis misericordissima, et gubernatio opportuna adhibenda est. Disciplinæ in disciplina te vivendo, auctorem suum offendunt. Gubernationes in quotidianis vitæ commeatibus prælatorum adminiculo destitutæ fatiscunt.

Cap. 33. — *De illo qui pro catholica fide tribulationes patitur.*

(*Ex concilio Carthagi., capite* 43.) Christianum catholicum, qui pro catholica fide, et pro ecclesiasticis rebus, et Christiana religione tribulationes patitur, omni honore a sacerdotibus honorandum, etiam et per diaconum victus ei ministretur.

Cap. 34. — *De hæredibus, si jussa testatoris non impleverint, ut episcopus adimpleat.*

(*Ex concilio Moguni., capite* 1.) Si hæredes jussa testatoris non adimpleverint, ab episcopo loci illius omnis res, quæ his relicta est, canonice interdicatur, cum fructibus, et cæteris emolumentis, ut vota defuncti impleantur.

Cap. 35. — *Ut laici quamvis religiosi ecclesiastica non disponant.*

(*Ex eodem, capite* 5.) Laicis, quamvis religiosis, nullo modo de ecclesiasticis facultatibus aliquid disponendi unquam attribuatur facultas.

Cap. 36. — *De illis qui res Ecclesiæ a regibus petunt.*

(*Ex concilio Lugdunensi, capite* 11.) Qui res Ecclesiæ petunt a regibus, et horrendæ cupiditatis impulsu egentium substantiam rapiunt, irrita habeantur quæ obtinent; et a communione Ecclesiæ, cujus facultatem auferre cupiunt, excludantur.

Cap. 37. — *De eo, si episcopus ecclesiasticum, et comes, seculare placitum una die condixerint.*

(*Ex concilio Triburi., cui interfuit rex Arnolphus, capite* 9.) Cum autem episcopus Ecclesiam a Domino Deo sibi commissam regens, episcopatum circumeundo perrexerit, et placitum canonice constitutum decreverit, populumque sibi commissum illo invitaverit, atque comes eadem die sciens placitum ab episcopo condictum, vel nesciens placitum cum populo suo condixerit, et banno illuc venire præceperit, placitum comitis omnes postponant, et comes ipse, idemque populus post episcopum festine pergant, scientes se non illic seditiosa contentione decertare, sed pro fide catholica invigilare, non cumulum pecuniarum sed lucrum congregare animarum. Unde in eadem beati Clementis epistola : Vestrum, qui legatione Domini fungimini, est docere populos : eorum vero est, vobis obedire in Deo. Et in epistola Alexandri papæ successoris Evaristi : Si quis autem legationem vestram impedit, non unius, sed multorum profectum avertit. Et sicut multis nocet, ita a multis est arguendus : et quia Dei causam impedit, et statum Ecclesiæ conturbat, ideo a liminibus ejus arceatur. Quapropter nullus comes, nullusque judex, nullus omnino in clericatu, vel seculari habitu constitutus, legatione episcoporum impediat, vel conturbare præsumat. Ut autem unanimitas et concordia sit inter episcopos et comites, placuit, ut si quis episcopus domi residens conventum populi esse voluerit, et comes, nihilominus in ipsa eademque die placitum condixerit, effectum obtineat qui prior judicaverat. Salva tamen dignitate, et potestate episcopi.

Cap. 58. — *De regibus bene regentibus.*

(*Ex dictis S. Isidor.*) Qui intra seculum bene temporaliter imperat, sine fine in perpetuum regnat, et de gloria seculi hujus, ad æternam transmeat gloriam. Qui vero prave regnum exercent, post vestem fulgentem, et lumina lapillorum, nudi et miseri ad inferna torquendi descendunt reges a recte agendo vocati sunt, ideoque recte faciendo regis nomen tenetur, peccando amittitur. Nam et viros sanctos proinde reges vocari in sacris eloquiis, eo quod recte agant, sensusque proprios bene regant, et motus his resistentes sibi rationabili discretione componant. Recte igitur illi reges vocantur, qui tam semetipsos, quam subjectos bene regendo modificare noverunt. Quidam ipsum nomen regiminis, ad immanitatem transvertunt crudelitatis : dumque ad culmen potestatis venerint, in apostasiam statim labuntur, tantoque se tumore mentis extollunt, ut cunctos subditos in sui comparatione despiciant, eosque quibus præesse contigit, non agnoscant. Quibus congrue per Ecclesiasten dicitur : Ducem te constitui, noli extolli. Dum mundi reges se cæteris sublimiores sentiunt, mortales tamen se esse cognoscant : nec regni gloriam, qui in seculo sublimantur, aspiciant, sed opus quod secum ad inferos deportant, intendant. Si ergo carebunt hujus temporis gloria, illa agant, quæ post finem sine fine possideant. Dum Apostolus dicat : Non est potestas, nisi a Deo. Quomodo per prophetam de quibusdam potestatibus dicitur : Ipsi regnaverunt, sed non ex me? Quasi diceret : Non me propitio, etiam, sed me irato. Unde inferius per eumdem Prophetam dicit : Dabo, inquit, tibi regem in furore meo. Quo manifestius elucet, bonam, malamque potestatem a Deo ordinari : sed bonam propitius, malam iratus. Reges quando boni sunt, muneris esse Dei : quando vero mali, sceleris esse populi. Secundum meritum enim plebium, disponitur vita rectorum, testante Job : Qui regnare facit hypocritam, propter peccata populi, irascente enim Deo talem rectorem populi suscipiunt, qualem pro peccato merentur. Nonnunquam pro malitia plebis, etiam reges mutantur, et qui ante videbantur esse boni, accepto regno fiunt iniqui.

Cap. 59. — *De eadem re.*

(*Ex dictis ejusdem.*) Qui recte utitur regni potestate, ita se præstare omnibus debet, ut quanto magis honoris celsitudine claret, tanto semetipso mentem humiliet proponens sibi exemplum humilitatis David, qui de suis meritis non tumuit, sed humilius sese dejiciens, dixit : Vilis incedam, et vilis apparebo ante Deum, qui elegit me. Qui recte utitur regni potestate, formam justitiæ, factis magis, quam verbis instituet. Iste nulla prosperitate erigitur, nulla adversitate turbatur. Non innititur propriis viribus, nec a Domino recedet cor ejus. Regni fastigium, humili præsidet animo. Non eum delectat iniquitas, non inflammat cupiditas : sine defraudatione alicujus ex paupere divites facit, et quod juxta potestatem a populis extorquere poterat, sæpe misericordiæ clementia donat. Dedit Deus principibus præsulatum pro regimine populorum : et illis eos præesse voluit, cum quibus una est eis nascendi, moriendique conditio. Prodesse ergo debet populis principatus, non nocere, nec dominando premere, sed condescendendo consulere; ut vere sit utile hoc potestatis insigne, et donum Dei pro tuitione utantur membrorum Christi. Membra enim Christi, fideles sunt populi : quos dum ea potestate quam accipiunt, optime regunt, bonam utique vicissitudinem Deo largitori restituunt. Bonus rex facilius ad justitiam a delicto regreditur, quam de justitia ad delictum transfertur : Ut noveris hoc esse casum, illud propositum. In proposito ejus esse debet, nunquam egredi a veritate : quod si casu titubare contigerit, mox resurgere.

Cap. 40. — *De patientia regum.*

(*Ex dictis ejusdem.*) Plerumque princeps justus, etiam malorum errores dissimulare novit. Non quod iniquitati eorum consentiat, sed quod aptum tempus correctionis expectet, quando eorum vitia, vel emendare valeat, vel punire. Multi adversus principes conjurationis crimine deteguntur, sed probare volens Deus clementiam principum, illos male cogitare permittit, istos non deserit. De illorum malo, bene istis facit : dum culpas quas illi agunt, isti mira patientia indulgent. Reddere malum pro malo, vicissitudo est justitiæ. Sed qui clementiam addit justitiæ, non malum pro malo culpatis reddit, sed bonum pro malo offensis impertit.

Cap. 41. — *De delictis regum seu exemplis.*

(*Ex dictis ejusdem.*) Difficile est principem regredi ad melius, si vitiis fuerit implicatus. Populi enim peccantes, judicem metuunt. Reges autem, nisi solo Dei timore, metuque gehennæ coerceantur, liberi in præceps proruunt, et per abruptum licentiæ, in omne facinus vitiorum labuntur. Quanto quisque in superiori constitutus est loco, tanto in majori conversatur periculo, et quanto splendoris honore quisque celsior est, tanto, si delinquat, peccato major est. Potentes enim, potenter tormenta patiuntur. Cui enim plus committitur, plus ab eo exigitur, etiam cum mensura pœnarum. Reges vitam subditorum facile exemplis suis, vel ædificant, vel subvertunt. Ideo principem non oportet delinquere, ne formam peccandi faciat peccati ejus impunita licentia. Nam rex qui ruit in vitiis, cito viam ostendit erroris. Sicut legitur de Hieroboam, qui peccavit, et peccare fecit Israel. Illius autem ascribitur, quicquid exemplo ejus a subditis perpetratur. Sicut nonnulli bonorum principum Deo placita facta sequuntur, ita facile multi prava eorum exempla sectantur : plerique autem apud iniquos principes necessitate magis quam voto mali existunt, dum imperiis eorum obediunt. Nonnulli autem, sicut prompti sunt sequi reges in malum, sic pigri sunt imitari illos in bonum. Sæpe unde mali reges peccant, inde boni justificantur : dum præcedentium cupiditatem et malitiam corrigunt. Nam re vera peccatis eorum communicant, si quod illi diripuerunt, isti retentant. Cujus peccatum quisque sequitur, necesse est ut ejus pœnam sequatur. Neque enim erit impar supplicio, cujus errore quisque par est, ac vitio.

CAP. 42. — *Quod reges legibus teneantur.*

(*Ex dictis ejusdem.*) Justum est, principem legibus obtemperare suis. Tunc enim jura sua ab omnibus custodienda existimet, quando et ipse illis reverentiam præbet. Principes legibus teneri suis, ne in se posse damnare jura, quæ in subditis constituunt. Justa enim vocis eorum auctoritas, si quod populis prohibent, sibi licere non patiantur. Sub religionis disciplina seculi potestates subjectæ sunt. Et quamvis culmine regni sint præditi, vinculo tamen fidei tenentur astricti, ut fidem Christi suis legibus prædicent, et ipsam fidei prædicationem moribus bonis conservent.

CAP 43. — *De disciplina regum in Ecclesia.*

(*Ex dictis ejusdem*) Principes sæculi nonnunquam intra Ecclesiam potestatis adeptæ culmina tenent, ut per eandem potestatem, disciplinam ecclesiasticam muniant. Cæterum intra Ecclesiam potestates necessariæ non essent, nisi ut quod non prævalet sacerdos efficere, per doctrinæ sermonem, potestas hoc imperet, per disciplinæ terrorem. Sæpe per regnum terrenum, cœleste regnum proficit, ut qui intra Ecclesiam positi contra fidem et disciplinam Ecclesiæ agunt, rigore principum conterantur, ipsamque disciplinam quam Ecclesiæ utilitas exercere non prævalet, cervicibus superborum potestas principalis imponat, et ut bene rationem mercantur virtute potestatis impertiat. Cognoscant principes seculi, Deo debere reddere se rationem, propter Ecclesiam quam a Christo tuendam suscipiunt. Nam sive augeatur pax et disciplina Ecclesiæ per fideles principes, sive solvatur, ille ab eis rationem exigit, qui eorum potestati suam Ecclesiam credidit.

CAP. 44. — *Cur Deus alios ad libertatem, alios autem ad servitutem discrevisset.*

(*Item ejusdem.*) Propter peccatum primi hominis humano generi pœna divinitus illata est servis, ita ut quibus aspicit non congrue libertatem, his misericordius irroget servitutem : et licet per peccatum humanæ originis, tamen æquus Deus ideo discrevit hominibus vitam, alios servos constituens, alios dominos : ut licentia male agendi servorum, potestate dominantium restringatur. Nam si omnes sine metu fuissent, quis esset, qui a malis quempiam cohiberet? Inde et in gentibus principes, regesque electi sunt, ut terrore suo populos a malo coercerent, atque ad recte vivendum legibus subderent. Quantum ad pœnæ rationem, non est personarum acceptio apud Deum, qui mundi elegit ignobilia et contemptibilia, et quæ non sunt, ut ea quæ sunt, destrueret, ne glorietur omnis caro, hoc est, carnalis potentia coram illo. Unus enim Dominus, æqualiter et dominis fert consultum et servis. Melior est subjecta servitus, quam elata libertas. Multi enim inveniuntur Deo libere servientes sub dominis constituti flagitiosis, qui et subjecti sunt illis corpore, prælati tamen sunt mente.

FINIS LIBRI DECIMI QUINTI.

INDEX CAPITULORUM LIBRI DECIMI SEXTI.

CAP. 1. De rectoribus Ecclesiarum, ne præcipites sint in dictandis sententiis.

2. Ut comites et judices pro judicio munera non accipiant.

3. De illis qui crimen objecerint, et verum non probaverint.

4. Quales ad testimonium accedere debeant.

5. Ne innocens pernicie accusantium maculetur.

6. Ut nullus describatur reus, priusquam convincatur.

7. Ut presbyteri suos parochianos in synodo accusare debeant.

8. De illis qui victi fuerint aliquos ad falsum testimonium attraxisse.

9. Ut res finita, refricari non debeat.

10. De illis qui a suis judicibus pulsati non fuerint.

11. Ut nullus infamis religiosum Christianum accusare possit.

12. De falso teste quod non debeat impunitus abire.

13. Ut nemo absens dijudicetur.

14. De eadem re.

15. Ut nemo simul sit accusator, judex et testis.

16. De falso testimonio quod capitale sit crimen.

17. Ut falsi testes a communione nisi pœnituerint, sint submovendi.

18. Ut falsus testis prout crimen est quod opposuit puniatur.

19. De ingenuis, si in synodo accusantur.

20. Ut testes ad testimonium non recipiantur, quos accusator a domo sua produxerit.

21. Ut nullus clericus ad judicem secularem, alium clericum accusare præsumat.

22. Ut nullus judex secularis aliquem ecclesiasticorum distringere præsumat.

23. Ut omnes causæ per auctoritatem veritatis ventilandæ sint.

24. De clericis in falso testimonio convictis.

25. De judicibus.

26. De pravis judicibus.

27. De verbosis judicibus et elatis.

28. De præmio remunerationis.

29. De oppressoribus pauperum.

30. Ut judex non prius obviet sua sententia litigantibus, quandiu ipsi habent aliquid quod proponant in quæstione.

31. Ut non iidem sint accusatores et judices, et testes accusati.
32. Ut ejus accusationem nullus facile accipiat, qui facile litigat, et accusat.
33. Ut episcopus accusatores fratrum excommunicet.
34. De illis qui convicti fuerint, fratribus falsa crimina objecisse.
35. De illis testibus qui aliquem ex sacro ordine accusare pertentant, et ut quique optimi, et fideliores in testimonium assumantur.
36. Ut nullus secularis alicui ex clero vim inferre praesumat.
37. Quod mariti uxores suas ex suspicione accusare possint.

Indicis capitulorum finis.

BURCHARDI
ECCLESIÆ WORMACIENSIS EPISCOPI
DECRETORUM LIBER DECIMUS SEXTUS
DE ACCUSATORIBUS ET TESTIBUS.

ARGUMENTUM LIBRI.

Libro hoc qualis judex, accusatores, et testes esse debeant, docetur, quæque pœnitentia sit judicibus qui ad gratiam judicant, calumniatoribus, et falsis testibus injungenda.

CAP. 1. — *De rectoribus Ecclesiarum, ne præcipites sint in dictandis sententiis.*

(*Ex dictis Greg. papæ.*) Summopere præcavere debent rectores Ecclesiarum, et qui publica judicia exercent, ut in dictandis sententiis nullatenus, levitate, aut furore ducti, sint præcipites, sed causis prius diligenter ventilatis, cum res quæ ignorabatur pleniter ad notitiam venerit, tunc divina et humana lex resolvatur, et secundum quod ibi constitutum est, remota personarum acceptione, definitiva proferatur sententia. Hinc est quod Moses querelas populi semper ad Dominum, tabernaculum ingressus, referebat, et juxta quod Dominus imperabat, judicia preponebat: nimirum nos instituens, ut non ex corde nostro, sed ex præcepto divino, condemnationis vel justificationis sententiam proferamus.

CAP. 2. — *Ut comites et judices pro judicio munera non accipiant.*

(*Ex concilio Cabillon., capite* 21.) Comitibus vero et judicibus hoc summopere cavendum est, ut juste judicent, et nequaquam in judicio munera seu personas accipiant, dicente Domino: Non accipias personam nec munera: quia munera excæcant oculos sapientium, et mutant verba justorum: sed ministros, quos vicarios, et centenarios vocant, justos habere debent, ne forte eorum avaritia aut rapacitate populus gravetur, et amissis facultatibus in paupertatem redigatur. Testes vero probatissimi et pauci, de pluribus esse debent tales, de quorum fide non dubitetur. Multum autem pravorum testium, cupiditate et falsitate respublica læditur.

CAP. 3. — *De illis qui crimen objecerint, et rerum non probaverint.*

(*Ex concilio Arausico, capite* 4.) Qui crimen obji-

cit, sciat se probaturum re vera, ut ibi causa terminetur, ubi crimen admittitur, ut qui non probaverit quod objecit, pœnam quam intulerit, ipse patiatur.

CAP. 4. — *Quales ad testimonium accedere debeant.*

(*Ex concilio apud Theodonis villam habito, capite* 5.) Homicidæ, malefici, fures, sacrilegi, raptores, venefici, adulteri, et qui raptum fecerint, vel falsum testimonium dixerint, seu qui ad sortilegos magosque cucurrerint, nullatenus ad accusationem, vel ad testimonium erunt admittendi.

CAP. 5. — *Ne innocens pernicie accusantium maculetur.*

(*Ex decr. Felicis papæ, capite* 15.) Dignum est ut vita innocentis non maculetur pernicie accusantium, adeo, ut quisquis a quolibet criminatur, non ante accusatus supplicio deputetur, quam accusator præsentetur, atque ut et canonum sententia erit exquiratur: ut si indigna ad accusandum persona invenitur, ad ejus accusationem non judicetur.

CAP. 6. — *Ut nullus describatur reus, priusquam convincatur.*

(*Ex decr. Adriani papæ, capite* 2.) Judex criminosum discutiens, non ante sententiam proferat finitivam quam aut reus ipse confiteatur, aut per testes idoneos convincatur.

CAP. 7. — *Ut presbyteri suos parochianos in synodo accusare debeant.*

(*Ex concilio Mogunt., capite* 6.) In sancto concilio decretum est, ut presbyteri suos plebesanos, et accusare, et testimoniare possint. Si autem neglexerint, sui gradus periculo subjacebunt.

CAP. 8. *De illis qui convicti fuerint aliquos ad falsum testimonium attraxisse.*

(*Ex concilio Aquisgran. cap.* 9.) Si quis convictus fuerit aliquos ad falsum testimonium, vel perjurium attraxisse, aut per quamcunque corruptionem solicitasse, ipse quidem usque ad exitum non communicet.

CAP. 9.—*Ut res finita refricari non debeat.*

(*Ex concilio Mogunti., capite* 7.) De his criminibus de quibus absolutus est accusatus, refricari accusatio non potest.

CAP. 10.—*De illis qui a suis judicibus pulsati non fuerint.*

(*Ex decr. Eusebii papæ, capite* 20.) Pulsatus ante suum judicem causam dicat, et non ante suum judicem pulsatus, si voluerit taceat : et ut pulsato, quoties appellaverit, induciæ dentur.

CAP. 11.—*Ut nullus infamis religiosum Christianum accusare possit.*

(*Ex decre. Felicis papæ, capite* 7.) Nulli infami et sacrilego de quocunque negotio liceat quandoque adversus religiosum Christianum, quamvis humilis, servilisque persona sit, testimonium dicere : nec de qualibet re, actione, inscriptione Christianum impetere.

CAP. 12.—*De falso teste, quod non debeat impunitus abire.*

(*Ex dictis Augusti.*) Falsus testis, dicit Salomon, non erit impunitus. Qui falsum testimonium profert contra proximum suum, extinguetur lucerna ejus in die ultimo. Qui metu cujuslibet potestatis veritatem occultat, iram Dei super se provocat : quia magis timet hominem quam Deum. Falsidicus testis tribus personis est obnoxius. Primum Deo, cujus præsentiam contemnit. Deinde judici, quem mentiendo fallit; postremo innocenti, quem falso testimonio lædit. Si falsi testes separantur, mox mendaces inveniuntur. Uterque reus est, et qui veritatem occultat, et qui mendacium dicit : quia et ille prodesse non vult, et iste nocere desiderat. Beatus cujus testimonium in conspectu Dei probabile invenietur.

CAP. 13.—*Ut nemo absens dijudicetur.*

(*Ex epist. Zepheri papæ Siciliensibus episcopis missa.*) Nemo absens judicetur : quia humanæ et divinæ hoc prohibent leges. Nullum namque eorum, id est, accusatorum sententia non a suo judice dicta constringat : quia et seculi leges id ipsum fieri præcipiunt.

CAP. 14.—*De eadem re.*

(*Ex decr. Adriani papæ, capite* 4.) Caveant judices Ecclesiæ, ne absente eo cujus causa ventilatur sententiam proferant : quia irrita erit, imo et causam in synodo pro facto dabunt.

CAP. 15.—*Ut nemo simul sit accusator, judex et testis.*

(*Ex epist. Alexana. papæ, capite* 7.) Nemo simul sit accusator, testis ac judex, nullus unquam præsumat accusator simul esse, et judex, et testis : quoniam in omni loco judicii quatuor personas necesse est semper adesse, id est, judices electos, et accusatores, atque defensores et testes.

CAP. 16.—*De falso testimonio quod capitale sit crimen.*

(*Ex concilio Agathen., capite* 8.) Noverint falsi testes, quod si falsum testimonium capitale crimen non esset, nequaquam Dominus in Evangelio inter principalia crimina hoc annumerasset. Ait enim : De corde exeunt homicidia, adulteria, furta, falsa testimonia. Et ideo similiter debet pœnitere, et excommunicari falsus testis, sicut adulter, et fur, et homicida.

CAP. 17.—*Ut falsi testes a communione nisi pœnituerint sint submovendi.*

(*Ex concilio Aurelian., capite* 5.) Falsos testes a communione ecclesiastica submovendos, nisi pœnitentiæ satisfactione crimina admissa diluerint.

CAP. 18.—*Ut falsus testis prout crimen est quod ovposuit puniatur.*

(*Ex concilio Elibertan., capite* 10.) Falsus testis prout crimen est abstinebitur. Si tamen non fuerit mortis quod objecit, et probaverit quod diu tacuit, biennii tempore abstinebitur. Si autem non probaverit in conventu clericorum, placuit per quinquennium abstineri.

CAP. 19.—*De ingenuis, si in synodo accusantur.*

(*Ex concilio Triburi., capite* 10.) Nobilis homo vel ingenuus, si in synodo accusatur, et negaverit : si eum fidelem esse sciunt, cum duodecim ingenuis se expurget. Si antea deprehensus fuerit in furto, aut perjurio, aut falso testimonio, ad juramentum non admittatur, sed sicut qui ingenuus non est, ferventi aqua, aut candenti ferro se expurget.

CAP. 20.—*Ut testes ad testimonium non recipiantur, quos accusator a domo sua produxerit.*

(*Ex eodem capite* 5.) Testes ad testimonium non admittendos qui nec ad accusationem admitti præcepti sunt, vel quos ipse accusator de domo sua produxerit. Ad testimonium autem infra quatuordecim ætatis annos, nullus admittatur.

CAP. 21.—*Ut nullus clericus ad judicem secularem alium clericum accusare præsumat.*

(*Ex concilio Mariscen., capite* 8.) Ut nullus clericus ad judicem secularem alium clericum accusare, aut ad causam dicendum trahere quocunque modo præsumat : sed omne negotium clericorum, aut in episcopi sui, aut presbyterorum cum archidiaconi præsentia finiatur. Quod si quiscunque clericus hoc implere distulerit, si junior fuerit, una minus de XL ictus accipiat. Si vero honoratior, triginta dierum conclusione multetur.

CAP. 22.—*Ut nullus judex secularis aliquem ecclesiasticorum distringere præsumat.*

(*Ex concilio Parisiensi, capite* 10.) Ut nullus judicum, neque presbyterum, neque diaconum, aut clericum ullum, aut juniores Ecclesiæ, sine scientia pontificis, per se distringat, aut condemnare præsumat. Quod si fecerit, ab Ecclesia cui injuriam irrogare dignoscitur, tam diu sit sequestratus, quousque reatum suum agnoscat et emendet.

CAP. 23.—*Ut omnes causæ per auctoritatem veritatis ventilandæ sint.*

(*Ex dictis August. in libr. De civitate Dei.*) Omnes causæ primitus per auctoritatem veritatis ventilandæ sunt. Quibus sint, cujus sint, quomodo sint, quales sint, doctæ aut indoctæ, parvæ, an magnæ, notæ sint, aut ignotæ. Longi temporis an parvi, aut antiqui hostis consuetudine repertæ sint. Hæc omnia judex cum æqualitate discernere debet.

CAP. 24. — *De clericis in falso testimonio convictis.*

(*Ex concilio Epaonensi, capite* 76.) Statutum est, ut si quis clericus in falso testimonio convictus fuerit, reus capitali crimine censeatur, et officii ordine degradetur.

CAP. 25. — *De judicibus.*

(*Ex dictis S. Isidor.*) Ad delictum pertinet principum, qui pravos judices contra voluntatem Dei populis fidelibus præferunt : Nam sicut populi peccatum delictum est, quando principes mali sunt, sic principis est peccatum, quando judices iniqui existunt. Bonus judex sicut nocere civibus nescit, ita prodesse omnibus novit. Aliis enim præstat censura justitiæ, aliis bonitate. Qui judicia sine personarum acceptione suscipit, non infirmat justitiam, avaritiæ flamma, nec studet auferre alteri, quod cupiat sibi. Boni judices, justitiam ad solam obtinendam salutem æternam suscipiunt, nec eam muneribus acceptis distribuunt, ut dum de justo judicio temporalia jura non appetunt, præmio æterno ditentur. Omnis qui juste judicat, stateram in manu gestat, in utroque penso justitiam et misericordiam portat : sed per justitiam reddit peccati sententiam, per misericordiam peccati temperat pœnam : ut isto libramine quædam per æquitatem corrigat, quædam vero per miserationem indulgeat. Quod Dei judicia oculis suis præponit, semper timens tremensque in omni negocio reformidat, ne de justitiæ tramite devians cadat, et unde non justificatur, inde potius condemnetur.

CAP. 26. — *De pravis judicibus*

(*Ex dictis ejusdem.*) Neminem stultorum vel improborum oportere judicem esse. Nam stultus per ignaviam ignorat justitiam, improbus per cupiditatem corrumpit ipsam quam dicit veritatem. Gravius lacerantur pauperes a pravis judicibus, quam a cruentissimis hostibus. Nullus enim prædo tam cupidus in alienis, quam judex iniquus in suis. Latrones in accessis faucibus ac latebrosis jacentes insidias ponunt : isti palam rapacitatis avaritia sæviunt. Hostes in aliorum sanguinem tantum intendunt : judices quasi crudelissimi carnifices civium, oppressione sua subjectorum vitam extinguunt. Qui enim destruant multi sunt : rari sunt qui populos legum moderamine regant. Plerumque et boni judices sunt, sed ministros rapaces habent, horum figura, ut ait quidam, tanquam scilla pingitur, atque describitur. Ipsa quidem humana specie, sed capitibus caninis accincta et circundata. Non aliter quibusdam potestatibus accidit, ut ipsorum humanitatem immanitas iniquorum sociorum perturbet. Sæpe judices pravi, cupiditatis causa, aut differunt, aut pervertunt judicia, nec finiunt cœpta partium negocia, quousque marsupia eorum qui causantur exhauriant. Quando enim judicant, non causas sed dona desiderant, et sicut negligentes sunt in discussione causantium, sic in eorum damno soliciti sunt. Judices pravi, juxta Prophetæ vocem, quasi lupi vespere non relinquunt in mane, hoc est, de præsentis vitæ tantum commodis cogitant, non de futuris. Vita enim ista vesperum futura vero mane accipitur. Et bene ait quasi lupi, quia luporum more cuncta diripiunt, et vix pauca pauperibus derelinquunt.

CAP. 27. — *De verbosis judicibus, et elatis.*

(*Ex libro Officior. S. Isidor.*) Verbosi judices et elati, ut sapientes videantur, non discutiunt causas, sed asserunt, sicque conturbant judicii ordinem, dum suo non contenti officio, aliena præsumunt, quidam dum judicare incipiunt irascuntur, ipsamque judicii sententiam in insaniam vertunt, de quibus recte per prophetam dicitur, qui convertunt in furorem judicium. Qui iratus judicat, in furorem judicium mutat, et ante profert sententiam quam agnoscat. Furor in judice, investigationem veri non valet attingere : quia mens ejus turbata furore, ab inscrutatione alienatur justitiæ. Iracundus judex judicii examen plene contueri non valet : quia caligine furoris non videt. Qui autem repulso furore discutit, facilius ad contuendam veritatem mentis serenitate consurgit : et sine ulla perturbatione, ad æquitatis intelligentiam pervenit.

CAP. 28. — *De præmio remunerationis.*

(*Ex eodem.*) Qui recte judicat et præmium remunerationis expectat, fraudem in Deo perpetrat : quia justitiam quam gratis impartiri debet, acceptione pecuniæ vendit. Bona male utuntur, quia juste pro temporali lucro judicant. Tales quippe ad veritatem non justitiæ defensio, sed amor præmii provocat. Quibus si spes nummi subtrahitur, confestim a justitiæ confessione recedunt. Acceptio nummorum prævaricatio veritatis est. Unde et pro justo dicitur : Qui excutit manus ab omni munere, iste in excelsis habitat. Dives muneribus cito corrumpit judicem, pauper autem dum non habet quod offerat, non solum audiri contemnitur, sed etiam et contra veritatem opprimitur. Cito violatur auro justitia, nullamque reus pertimescit culpam, quam redimere nummis existimat. Plus enim obtinet mentem censoris amor lucri, quam æquitas judicii. Tres enim sunt munerum acceptiones, quibus contra justitiam humana vanitas militat, id est, favor amicitiarum, adulatio laudis, et corporalis acceptio muneris. Facilius autem pervertitur animus, rei corporeo munere, quam gratiæ laudisque favore. Quatuor modis judicium humanum convertitur : timore, cupiditate, odio, amore. Timore, dum metu potestatis alicujus, veritatem loqui pavescimus. Cupiditate, dum præmio muneris alicujus corrumpimur. Odio, dum contra quemlibet adversarium molimur, cujus odio corrumpimur. Amore, dum amico vel propinquo præstare contendimus. His enim quatuor causis sæpe æquitas violatur.

CAP. 29. — *De oppressoribus pauperum.*

(*Ex eodem.*) Pauperum oppressores tunc sentiantur graviori digni esse sententia, quando prævaluerint his quibus atrocius nocere voluerint. Nam tanto in futuro supplicio condemnandi sunt, quanto hic fortius contra miserorum vitam invaluerint. Audiant judices et qui præsunt populis, quia pro temporalibus molestiis quas plebibus ingerunt, æterno incendio cremabuntur, testante Domino per Esaiam prophetam : Iratus sum, inquit, super populum meum, et dedi eos in manu tua : non posuisti ei misericordiam, aggravasti jugum tuum valde. Descende, in pulvere sede, tace, et intra in tenebras. Veniet super te malum et peries, et irruet super te repente miseria quam nescis. Magis mala facientibus quam mala patientibus, dolere debemus. Illi enim prava faciendo in malum proficiunt : isti patiendo a malo corriguntur. Deus autem per malas voluntates aliorum, in aliis multa operatur bona. Malignantium hominum voluntas, nequaquam potest impleri, nisi Deus dederit potestatem. Nam dum homines, Deo permittente, malum quod concupiscunt perficiunt, ipse dicitur facere qui permittit. Inde est quod scriptum est per prophetam : Si erit malum, quod Dominus non fecit. Veruntamen quod iniqui mala expetunt voluntate, idcirco Deus perficiendi dat potestatem per suam bonam voluntatem quia de nostro malo ipse multa operatur bona. Quidam cum Dei voluntati resistunt, nescientes consilium Dei faciunt, quod noverint sic Deo subjecta esse omnia, ut et ipsi qui ejus dispositioni resistere arbitrantur, ejus impleant voluntatem. Propterea in hac vita boni judicantur a malis, ut iterum in illa vita mali judicentur a bonis : sive ut etiam sit hic bonis temporalis afflictio, et illic æterna remuneratio. Idcirco sunt necessarii mali, ut quoties boni offendunt, flagellentur ab illis. Hinc est quod Assur virgam furoris sui testatur Dominus. Sed quoties ita fit, de Dei indignatione procedit, ut Deus per illos in eos sæviat, quos flagellando emendare desiderat. Sed ille justissima voluntate, illi vero sæpe crudeli intentione : sicut per prophetam dicitur de eodem Assur. Ipse autem non sic, sed ad conterendum paratum est cor ejus, atrocem super eos divinum furorem venturum, qui existunt persecutores, et violenti fidelibus. Consolando enim Deus suos ita judicare promittit. Adversus eos, inquit, qui judicaverunt te, ego judicabo, et cibabo hostes tuos carnibus suis, et quasi mixto sanguine suo inebriabuntur. Habet aliquem usum, et malorum iniquitas, quod dilectos Dei, suis moribus laniat, ac per hoc vita impiorum sibi deperit : justorum autem deperit, sed proficit, dum eos mali per tribulationis exercitium ad præsentem odiendam vitam, et futuram desiderandam erudiunt. Interdum enim prodest perversorum pravitas utilitati justorum, dum eos malitia sua erudit, et ad regna cœlorum requirenda molestia temporalis impellit. Probatur hoc exemplis Israeliticæ plebis, quæ tunc durius agebatur in Ægypto, quando oportebat eam per Mosen ad terram repromissionis vocari, et ex malis, quæ in Ægypto patiebatur descendere, et ad promissam patriam festinare. Iniqui dum constantiam justi in persecutionibus suis aspiciunt, mentis confusione tabescunt, et dum adversa ostentant, nec vincunt, tandem de se perversitatis insania confunduntur. Stulti contra bonos studium semper assumunt, quibus dum prosperitas elucet, jactanter de suis meritis gloriantur, et bonorum atque justorum afflictionibus detrahunt, dumque eis adversa contigerit, mox ad blasphemiam pusillanimitate animi convertuntur. Quidam simplicium nescientes dispensationem Dei, in malorum provectibus scandalizantur, dicentes juxta Prophetam : Quare via impiorum prosperatur ? Bene est omnibus qui prævaricantur, et inique agunt. Qui ergo hoc dicunt, non mirentur, quod pravorum hominum temporalem, et caducam felicitatem aspiciunt, sed magis novissima eorum intendant, quanta illis post hoc æterna supplicia præparentur, dicente propheta : Ducent in bonis dies suos, et subito ad inferna descendunt.

Cap. 30. — *Ut judex non prius obviet sua sententia litigantibus, quandiu ipsi habent aliquid quod proponant in quæstione.*

(*Ex decr. Eleuterii papæ ecclesiis per Galliam constitutis, capite 3.*) Nec litigantibus judex prius velit sua sententia obviare, nisi quando ipsi jam peractis omnibus nihil habeant in quæstione quod proponant. Et tandiu actio ventiletur, quousque rei veritas reperiatur. Frequenter interrogare oportet, ne aliquid prætermissum forte remaneat, quod adnecti conveniat. Induciæ enim non modice ad quærendum dandæ sunt, ne aliquid propere agi a quacunque parte videatur : quia per subreptionem multa proveniunt. Nihil tamen absque legitimo, et idoneo accusatore fiat. Nam et Dominus noster Jesus Christus Judam furem esse sciebat : sed quia non est accusatus, ideo non est ejectus, et quidquid inter apostolos egit, pro dignitate ministerii ratum mansit. Nam si leges seculi accusatores requirunt, quanto magis ecclesiasticæ regulæ ? Docent enim terrestria, et humana quæ sint ecclesiastica atque cœlestia.

Cap. 31. — *Ut non iidem sint accusatores, et judices, et testes et accusati.*

(*Ex dictis Damasci papæ, capite 19.*) Accusatores vero et judices non iidem sint : sed per se accusatores, per se judices, per se testes, per se accusati, unusquisque in suo ordinabiliter ordine. Nam inscriptio prima semper fiat, ut talionem calumniator accipiat. Quia ante inscriptionem nemo debet judicari, vel damnari, cum et sæculi leges hæc eadem retineant. De quibus omnibus vera semper fiat æqualitas, quatenus accusationis et judicii, ac testimonii mercedem per veritatem gestorum consequi valeant.

Cap. 32. — *Ut ejus accusationem nullus facile accipiat, qui facile litigat, et accusat.*

(*Ex concilio Wormacien., capite 2.*) Ejus qui frequenter litigat, et ad accusandum est facilis, accusationem nemo absque grandi examine accipiat.

Cap. 33. — *Ut episcopus accusatores fratrum excommunicet.*

(*Ex concilio Aurelian., capite 1.*) Ut episcopus accusatores fratrum excommunicet : et si emendaverint vitium, recipiat eos ad communionem, non ad clerum.

CAP. 34. — *De illis qui convicti fuerint fratribus falsa crimina objecisse.*

(*Ex concilio Agathen., capite* 6.) Eos, qui fratribus suis capitalia crimina objecisse convicti fuerint, placuit usque ad exitum non communicare, nisi digna satisfactione pœnituerint.

CAP. 35. — *De illis testibus, qui aliquem ex sacro ordine accusare pertentant, et ut quique optimi, et fideliores in testimonium assumantur.*

(*Ex concilio Matiscen., capite* 5.) Placuit sancto conventui, ut testes ad testimonium dicendum pretio non conducantur, et ut quique optimi, et fideliores in testimonium assumantur, ut is contra quem testimoniare debent, nullam eis infamiam possit inferre, et ut nullus testimonium dicat, nisi jejunus.

CAP. 36. — *Ut nullus sæcularis alicui ex clero vim inferre præsumat.*

(*Ex concilio apud Theodonis villam habito, capite* 10.) Quicunque judex aut sæcularis presbytero, aut diacono, aut cuilibet ex clero, aut de junioribus absque audientia episcopi, vel archidiaconi, vel archipresbyteri, injuriam inferre præsumpserit, anathema habeatur.

CAP. 37. — *Quod mariti uxores suas ex suspicione accusare possint.*

(*Ex concilio Parisiensi, capite* 3.) Maritis sane etiam ex suspicione uxores accusare permissum est, et ipsi plus cæteris de adulterio, et accusare possunt, et defendere.

FINIS LIBRI DECIMI SEXTI.

INDEX CAPITULORUM LIBRI DECIMI SEPTIMI.

CAP. 1. De muliere, quæ cum duobus fratribus fornicata est.

2. De eadem re.

3. De illo qui cum duabus sororibus fornicatus est, quarum una uxor fuerat.

4. De illo qui se ignorante cum sorore uxoris suæ fornicatus est.

5. De eadem re.

6. De eadem re.

7. Item de illo, qui cum duabus sororibus neutra uxore fornicatus est.

8. De illo qui cum duabus sororibus, cum noverca, vel cum sorore sua, vel cum amita, vel matertera sua, vel cum filia patrui, vel avunculi sui, vel cum filia amitæ, vel materteræ suæ, vel cum nepte sua, vel cum commatre, vel cum filiola quam de fonte suscepit, vel ante episcopum tenuit, fornicatus est.

9. De illo qui cum matrem habuit uxorem, cum filiastra fornicatus fuerit.

10. De eadem re.

11. De illo qui cum noverca fornicatus est.

12. De illo qui cum filiastra ignorante matre fornicatus est.

13. De illo qui stupraverat quandam, quam frater ejus postea duxerat uxorem.

14. De eadem re.

15. De eadem re.

16. De muliere cum qua et pater, et filius fornicati sunt.

17. De illo qui cum uxore fratris sui fornicatus est.

18. De illo qui sponsam filii sui oppresserit.

19. De illo qui cum uxore, matre, et filiastra fornicatus est.

20. De illo conjugato, qui cum filia materteræ suæ, vel avunculi, vel amitæ, vel patrui sui fornicatus fuerit.

21. De patre et filio, de avunculo, et de nepote, si cum una muliere fornicati fuerint.

22. De eadem re.

23. De illis qui infantes suos ideo a baptismo suscipiunt, ut separentur a conjugibus.

24. De eadem re.

25. De eadem re.

26. De eadem re.

27. De mulieribus, quæ aliquo molimine inter se fornicantur.

28. De sanctimonialibus, si inter se fornicantur.

29. De muliere, si cum altera fornicata fuerit.

30. De illis qui irrationabiliter versati sunt.

31. De eadem re.

32. De illis qui cum pecudibus fornicantur.

33. Item de quadrupedum fornicatoribus.

34. De illis qui fornicantur, sicut Sodomitæ.

35. De clericis vel monachis si fuerint masculorum insectatores.

36. De eadem re.

37. De eadem re.

38. Item de commixtione animalium.

39. De episcopo, qui secundum naturam fornicatus fuerit.

40. De sacerdote, qui per turpiloquium, aut per conspectum libidinosum pollutus fuerit.

41. De eadem re.

42. De illis qui per illecebrosos amplexus feminas polluunt.

43. De clericis qui per malas cogitationes semen effuderin

44. Si mulier debeat separari a viro suo, quæ filium suum casu per negligentiam a fonte susceperit.

45. De eo, qui spiritalem habet compatrem, cujus uxor commater non est, et eo defuncto, si ejus viduam possit ducere uxorem.

46. De eo, si aliquis suæ spiritalis commatris filiam uxorem ducere possit.

47. De quodam, qui suam filiolam spiritalem constupravit.

48. De quodam fratre, qui impugnabatur a spiritu fornicationis.
49. De sponsa fratris sui, si frater eam violaverit.
50. Si quis de uno in alium transmigrat episcopatum, et consanguineam suam polluerit, vel aliquod crimen capitale commiserit.
51. De mulieribus, quæ absente marito conceperint, et fœtum sustulerint.
52. De illis mulieribus quæ male conceptos necare studuerint.
53. De mulieribus, quæ partus suos occulte interficiunt.
54. De eadem re.
55. De eadem re.
56. De Sodomitico peccato.
57. De illis qui conceptum excutiunt.
58. De illis qui infantes suos oppresserint.
59. De patre et matre, qui filios suos apud se mortuos invenerint.
60. De illis feminis quæ abortum fecerint.

Indicis capitulorum finis.

BURCHARDI
ECCLESIÆ WORMACIENSIS EPISCOPI
DECRETORUM LIBER DECIMUS SEPTIMUS
DE FORNICATIONE.

ARGUMENTUM LIBRI.

Liber hic fornicationem, et incestum diversi generis complectitur, et quæ correctio, pœnitentiaque iis, qui his vitiis sunt involuti, debeatur, docet.

CAP. 1. — *De muliere, quæ cum duobus fratribus fornicata est.*

(*Ex concilio Neocæsar., capite* 2.) Mulier si duobus fratribus nupserit, abjiciatur usque ad mortem: verumtamen in exitu propter misericordiam, si promiserit quod facta incolumis, hujus conjunctionis vincula dissolvat, fructum pœnitentiæ consequatur, et communio ei concedatur. Quod si defecerit vir, aut mulier in talibus nuptiis, difficilis erit pœnitentia in vita permanenti.

CAP. 2. — *De eadem re.*

(*Ex decret. Martini papæ, capite* 9.) Si qua mulier duos fratres, aut si quis vir duas uxores duxerit, a communione separentur usque ad mortem. In morte, pro misericordia viaticum accipiant.

CAP. 3. — *De illo qui cum duabus sororibus fornicatus est, quarum una uxor fuerat.*

(*Ex concilio Aurelian., capite* 6.) Qui dormierit cum duabus sororibus, et una ex illis antea uxor fuit, neutram ex ipsis habeat: nec ipsi adulteri unquam conjugio copulentur.

CAP. 4. — *De illo qui se ignorante cum sorore uxoris suæ fornicatus est.*

(*Ex concilio Tribur., cap.* 8.) In lectum mariti absente uxore soror ivit uxoris: quam ille uxorem suam putans, dormivit cum ea. Super hoc visum est, si ipse per securitatem veram hoc probaverit, quod inscius fecerit hoc seclus, pœnitentiam quidem quæ sibi indicata fuerit agat, legitimum suum conjugium habere permittatur: illam digna vindicta affligit, et in æternum conjugio privari.

CAP. 5. — *De eadem re.*

(*Ex eodem, capite* 9.) Si quis cum duabus sororibus fornicatus fuerit, et soror sororem ab eodem antea stupratam nescierit vel si ipse sororem ejus quam antea stupravit non intellexerit, si digne pœnituerint, et si se continere non valuerint, post annos septem conjugia illis non negentur. Si autem non ignoraverunt, usque ad mortem a conjugio abstineant.

CAP. 6. — *De eadem re.*

(*Ex eodem, capite* 10.) Si quis cum duabus sororibus fornicatus fuerit, vir diebus vitæ suæ pœniteat. Soror autem quæ de alia sorore nescivit, licentiam habeat nubendi.

CAP. 7. — *Item de illo qui cum duabus sororibus neutra uxore fornicatus est.*

(*Ex eodem, capite* 11.) Similiter et de duabus sororibus qui cum una in adulterio mansit, et aliam publice accepit, non habeat mulierem usque in diem mortis suæ, et illa quæ nescivit, accipiat maritum.

CAP. 8. — *De illo qui cum duabus sororibus, cum noverca, vel cum sorore sua, vel cum amita, vel matertera sua, vel cum filia patrui, vel avunculi sui, vel cum filia amitæ, vel materteræ suæ, vel cum nepte sua, vel cum commatre, vel cum filiola quam de fonte suscevit, vel ante episcopum tenuit fornicatus fuerit.*

(*Ex concilio Mogunt., capite* 3.) Si quis fornicatus fuerit cum duabus sororibus, vel cum noverca sua, vel cum sorore sua, vel cum amita sua, vel cum matertera sua, vel cum filia patrui sui, et avunculi sui, vel cum filia amitæ suæ, sive materteræ suæ, cum nepte sua, vel cum commatre sua aut filiola sua, sive quam de fonte susceperit, vel ante episcopum tenuit, et si qua mulier simili modo fornicata fuerit, abstineat se ab ingressu domus Dei annum, et eodem anno nisi dominicis et festis diebus solummodo pane et aqua et sale utatur : arma non ferat, osculum nulli præbeat, sacrificium nisi pro viatico minime sumat. Sex deinde annis ingrediatur quidem domum Dei : sed carnibus, et vino, ac sicera minime utatur, nisi festis diebus. De armis vero et osculis, sive sacrificio, sicut supra scriptum est. Postea vero duobus annis quando carne vescitur, a potu omni quo inebriari potest se contineat. Et si biberit potum, minime carne vescatur, absque præcipuis festis diebus. De armis vero vel osculo, et sacrificio, modum teneat jam dictum. Inde usque ad obitum suum, nisi prædictis festis diebus a carne abstineat : tres ferias legitimas in omni hebdomada, et tres quadragesimas in anno legitime custodiat. De armis vero ut supradictum est, et nunquam aliquando conjugio copuletur. Hæc eadem pœnitentia imponenda est patricidis, vel fratricidis, vel consanguineis, nec non et qui sponte per fraudem et avaritiam, hominem innoxium occidunt, quod morchidum vocant.

CAP. 9. — *De illo qui cum matrem habuerit uxorem, cum filiastra fornicatus fuerit.*

(*Ex eodem, capite 2.*) Si quis viduam uxorem duxerit, et postea cum filiastra sua fornicatus fuerit, seu cum duabus sororibus concubuerit, aut si qua duobus fratribus nupserit, seu cum patre et filio fornicata fuerit, tales copulationes anathematizari et disjungi præcipimus, nec unquam amplius conjugio copulari, sed sub magna districtione fieri.

CAP. 10. — *De eadem re.*

(*Ex concilio apud Vermeriam, capite 10.*) Si quis cum filiastra sua fornicatus fuerit, nec matrem nec filiam potest habere : nec illa, nec ille aliis se poterunt conjungere ullo unquam tempore. Attamen uxor ejus, si ita voluerit, et si se continere non potest, si posteaquam cognovit quod cum filia sua vir ejus fuit in adulterio, carnale commercium cum eo non habuit, si vult alii nubere potest.

CAP. 11. — *De illo qui cum noverca fornicatus est.*

(*Ex eodem, capite 21.*) Si quis cum noverca sua dormierit, neuter possunt ad conjugium pervenire : sed vir ejus potest si vult aliam accipere, si se continere non potest, similiter qui cum filiastra sua, vel cum sorore uxoris suæ dormierit stare potest.

CAP. 12. — *De illo qui cum filiastra, ignorante matre, fornicatus est.*

(*Ex eodem, capite 4.*) Si quis cum matre et filia fornicatus est, ignorante matre de filia, et filia de matre, ille nunquam accipiat uxorem : illæ vero si voluerint accipiant maritos. Si autem hoc scierint ipsæ fœminæ, absque maritis in perpetuum maneant.

CAP. 13. — *De illo qui stupraverat quamdam quam frater ejus postea duxerat uxorem.*

(*Ex eodem, capite 5.*) Si homo fornicatus fuerit cum muliere, et frater ejus nesciens eamdem duxerit uxorem : frater eo quod fratri crimen celaverit, pœniteat, et post pœnitentiam nubat. Mulier autem usque ad mortem pœniteat, et sine spe conjugii maneat.

CAP. 14. — *De eadem re.*

(*Ex eodem, capite 6.*) Si frater cum muliere fornicatus fuerit, et frater nesciens cum eadem concubuerit, mulier diebus vitæ suæ pœniteat, post pœnitentiam autem, frater ignarus sceleris conjugium accipiat si vult.

CAP. 15. — *De eadem re.*

(*Ex concilio Matiscensi, capite 5.*) Item indicatum est quemdam stuprasse quamdam feminam quam postea frater ejus accepit uxorem. Statuerunt eum qui stupravit, et a se stupratam fratri celavit : quia geminavit peccatum, pœnitentia districtiori castigandum. Conjugium tale dissolvi oportere, et mulieri quidem nunquam dari potestatem nubendi. Illis autem pro misericordia conjugium indulgere, sed cum pœnitentia.

CAP. 16. — *De muliere cum qua, et pater, et filius fornicati sunt.*

(*Ex concilio Tribur., capite 6.*) Quidam fornicatus est cum quadam muliere, postea filius nesciens patris factum stupravit eamdem. Quod cum pater resciseret, de se filioque confessus est. Statuerunt melius esse, ut taliter lapsis cum digna pœnitentia legitima permittantur conjugia, quam forte deterius delinquant. Fornicaria autem sine spe conjugii maneat.

CAP. 17. — *De illo qui cum uxore fratris sui fornicatus est.*

(*Ex eodem, capite 12.*) Si quis cum uxore fratris sui dormierit, adulter et mœcha diebus vitæ suæ absque conjugio maneat. Ille vero cujus uxor fuit, si vult, aliam conjugem accipiat.

CAP. 18. — *De illo qui sponsam filii sui oppresserit.*

(*Ex eodem, capite 13.*) Si quis sponsam filii sui oppresserit, et postea filius ejus eam duxerit : pater postmodum non habeat uxorem, nec ipsa mulier virum ; filius, qui facinus patris ignoravit, aliam accipiat.

CAP. 19. — *De illo qui cum uxore, matre, et filiastra fornicatus est.*

(*Ex concilio Mogunt., capite 6.*) Si quis viduam uxorem duxerit, et postea cum filiastra fuerit fornicatus, seu cum duabus sororibus : aut si qua cum duobus fratribus, seu cum patre et filio : si quis relictam fratris, si quis neptem, aut novercam, aut nurum, aut consobrinam, aut filiam avunculi, aut ejus relictam, aut privignam polluerit, eos disjungi, et ulterius nunquam conjugio copulari, præcipimus.

Cap. 20. — *De illo conjugato qui cum filia materterœ suœ, vel avunculi, vel amitœ, vel patrui sui fornicatus est.*

(*Ex concilio Tribur., capite* 1.) Interrogatum est si quis cum filia materterœ suœ, vel amitœ, vel avunculi, vel patrui concubuerit, si conjugatus fuerit, liceat ne illi ulterius uti conjugio, aut non conjugato uxorem accipere? Justum esset, sicut aliqua statuta priorum habentur, ut in perpetuum a conjugio tales abstineant. Visum est humanœ fragilitatis intuitu, ut post pœnitentiam non quidem penitus priventur conjugio, durissime tamen tam immanis fornicatio vindicetur, sicut sanctus papa Nicolaus, et alii Romani pontifices statuerunt, ne forte desperati, multiplicius peccent.

Cap. 21. — *De patre, et filio, de avunculo, et de nepote, si cum una muliere fornicati fuerint.*

(*Ex concilio Mogunt., capite* 5.) Interrogatum est si pater et filius, vel si duo fratres, vel si avunculus, et nepos cum una muliere fornicati sunt, quid inde faciendum sit. Manifestum est quod gravi vindicta plectendum est, quod grave facinus esse reperitur. Omnis enim mœcha interdicitur, ubi scriptum est, non mœchaberis, quanto magis cum cognata, vel cum conjuge seu concubina cognati? Hinc in Levitico scriptum est : Si mœchatus fuerit quis cum uxore alterius, morte moriantur, et mœchus, et adultera. Qui dormierit cum noverca sua, et cum nuru sua, et qui filiam et matrem duxerit, et qui acceperit sororem suam, morte moriantur. Si enim in lege turpitudinem incestus mortis sententia vindicare jussit, quomodo in Evangelio, ubi summa justitia est, incestuosus peccati pœnitentiam evadet? Unde apostolus : Irritam qui fecerit legem Mosi, sine ulla miseratione sub duobus vel tribus testibus moritur : quanto magis putatis deteriora mereri supplicia, qui Filium Dei conculcaverit, et sanguinem testamenti pollutum duxerit, in quo sanctificatus est, et spiritui gratiœ contumeliam fecerit ? Igitur Theodorus judicavit eum qui incestum fecerit XII annos pœnitere debere : alii XV, alii X, alii septem. Sed nos priscorum patrum vestigia sequentes, his solis spatium pœnitentiœ temperemus, qui devote, et cum lacrymis pœnitentiam egerint : cœteri definitum tempus observent.

Cap. 22. — *De eadem re.*

(*Ex concilio apud Vermeriam, capite* 4.) Si quis filiastram aut filiastrum suam ante episcopum ad confirmationem tenuerit, separetur ab uxore sua, et aliam nunquam accipiat. Similiter et mulier.

Cap. 23. — *De illis qui infantes suos ideo a baptismo suscipiunt ut separentur a conjugibus.*

(*Ex concilio Cabillon., capite* 4.) Dictum etiam nobis est, quasdam fœminas desidiose, quasdam vero fraudulenter, ut a viris suis separentur, proprios filios coram episcopis ad confirmandum tenuisse. Unde nos dignum duximus, ut si qua mulier filium suum desidia, aut fraude aliqua coram episcopo tenuerit ad confirmandum propter fallaciam suam, aut propter fraudem, quandiu vivat pœnitentiam agat, a viro tamen suo non separetur.

Cap. 24. — *De eadem re.*

(*Ex concilio Mogunt., in claustro S. Albani habito, prœsente Ludovico imperatore, capite* 10.) De eo quod interrogastis, si ille qui filiolam suam ducit uxorem, et de eo qui concubuit cum commatre sua spirituali, et de illo qui filium suum baptizavit, et cujus uxor eum de fonte suscepit, ea ratione, ut discidium conjugii fieret, si postea in tali copulatione permanere possent, de talibus sic respondendum est: Si filiolam, aut commatrem suam spiritualem aliquis in conjugium duxerit, separandos eos esse judicavimus, et gravi pœnitentia plectendos. Si autem conjuges legitimi unus aut ambo ex industria fecerint, ut filium suum de fonte suscipiant, ut discidium fiat, tale consilium damus. Si innupti manere voluerint, bonum est. Sin autem, gravis pœnitentia insidiatori injungatur, et simul maneant, et si supervixerit prœvaricator conjugi, acerrima pœnitentia multetur, et sine spe conjugii maneat.

Cap. 25. — *De eadem re.*

(*Ex concilio Tribur., capite* 8.) Nullus proprium filium, aut filiam a fonte baptismatis suscipiat, nec filiolam, nec commatrem ducat uxorem, nec illam cujus filiam ad confirmationem ante episcopum tenuerit. Ubi autem factum fuerit separentur.

Cap. 26. — *De eadem re.*

(*Ex concilio Mogunt., capite* 5.) Quam detestabile et execrabile scelus sit, unicuique Christiano, filiolam suam constuprare, testatur S. Gregorius papa in dialogis suis, ubi refert quemdam hominem polluisse filiolam suam, et quia neglexit pœnitentiam agere, subito miserabili morbo correptus expiravit : et sepulto, non solum corpus sed etiam omne sepulcrum ignis invisibilis consumpsit.

Cap. 27. — *De mulieribus quœ aliquo molimine inter se fornicantur.*

(*Ex pœnitentiali Theodo.*) Mulier quocunque molimine, aut in se ipsa, aut cum altera fornicans, tres annos pœniteat.

Cap. 28. — *De sanctimonialibus, si inter se fornicantur.*

(*Ex eodem.*) Si sanctimonialis cum alia sanctimoniali per aliquod machinamentum fornicatœ fuerint, septem annos pœniteant.

Cap. 29. — *De muliere si cum altera fornicata fuerit.*

(*Ex concilio Anquiren., capite* 8.) Mulier si cum alia muliere fornicata fuerit, tres annos pœniteat. Sic et illa quœ semen viri sui cibo miscet, ut inde plus ejus accipiat amorem, pœniteat.

Cap. 30. — *De illis qui irrationabiliter versati sunt.*

(*Ex concilio Anciran., capite* 15.) De his qui irrationabiliter versati sunt, sive versantur, id est, qui cum pecoribus et masculis se coinquinaverint, quotquot ante viginti annos œtatis tale crimen commiserint, XV annis exactis in pœnitentia, communionem mereantur orationum : deinde quinquennio in hac communione durantes, tunc demum oblationis sacramenta contingant. Discutiatur autem et vita eorum qualis tempore pœnitudinis extiterit, et ita misericordiam consequantur. Quod si inexplebiliter his hæsere criminibus, ad agendam pœnitentiam prolixius tempus insumant. Quotquot autem post XX annos ætatis, uxores habentes, in hoc peccato prolapsi sunt, XXV annos pœnitentiam agentes, ad orationis communionem recipiantur. In qua quinquennio perdurantes, tunc oblationis sacramenta percipiant. Quod si et uxores habentes, et transcendentes quinquagesimum annum ætatis ita deliquerent, ad exitum vitæ communionis gratiam consequantur.

CAP. 31. — *De eadem re.*

(*Ex eodem, capite 16.*) Eos qui irrationabiliter vixerunt, et lepra injusti criminis alios polluerunt, præcepit sancta synodus inter eos orare, qui spiritu periclitantur immundo.

CAP. 32. — *De illis qui cum pecudibus peccant.*

(*Ex Pœnitentiali Theod.*) Qui cum pecude peccat, quidam judicant annos X, quidam septem, quidam tres tres, quidam centum dies, juxta qualitatem personæ pœnitere.

CAP. 33. — *Item de quadrupedum fornicatoribus.*

(*Ex Pœnitentiali Romano.*) Si inventi fuerint qui cum quadrupedibus, vel masculis contra naturam peccant, dura et districta pœnitentia coercendi sunt. Quapropter episcopi vel presbyteri a quibus judicium pœnitentiæ injungitur, conentur omnimodis hoc malum radicitus abscindere.

CAP. 34. — *De illis qui fornicantur sicut Sodomitæ.*

(*Ex Pœnitentiali Theod.*) Qui fornicatus fuerit sicut Sodomitæ, si servus est, et si scopis castigabitur, duos annos, si liber est et conjugatus, X annos, si privatus, septem annos pœniteat : pueri centum dies, si in consuetudine est. Laicus conjugatus, si in consuetudine habet, XV annos pœniteat. Si ex ordinibus est, et in consuetudine habet, degradatus, ut laicus pœniteat. Qui autem cum fratre naturali fornicatus fuerit, per tam sordidam commixtionem, ab omni carne se abstineat, vel XV annos pœniteat, si clericus est, amplius pelli debet.

CAP. 35. — *De clericis vel monachis, si fuerint masculorum insectatores.*

(*Ex dictis Basilii.*) Clericus vel monachus adolescentium vel parvulorum insectator, vel qui osculo, vel aliqua occasione turpi deprehensus fuerit, publice verberetur, et coronam amittat, decalvatusque turpiter, sputamentis obliniatur in facie, vinculisque artatus ferreis, carcerali sex mensibus angustia maceretur, et triduo per hebdomadas singulas ex pane hordeaceo ad vesperam reficiatur. Post hæc aliis sex mensibus sub senioris spiritalis custodia segregata in curticula degens, operi manuum et orationi sit intentus, vigiliis et fletibus subjectus, et sub custodia semper duorum fratrum spiritalium ambulet, nulla privata locutione, vel consilio, deinceps juvenibus conjungendus.

CAP. 36. — *De eadem re.*

(*Ex dictis S. Isidor.*) Si quis ex juvenibus vel aliqua suspiciosa persona cum parvulis jocatus fuerit, diuturna pœnitentia maceretur.

CAP. 37. — *De eadem re.*

(*Ex dictis ejusdem.*) Si deprehensus fuerit aliquis frater ludere cum pueris, et habere amicitias ætatis infirmæ, tertio commoneatur, ut memor sit honestatis atque timoris Dei. Si non cessaverit, severissime corripiatur.

CAP. 38. — *Item de commixtione animalium.*

(*Ex Pœnitentiali Romano.*) Si quis cujuslibet animalis commixtione peccaverit, XV annis in humilitate subjaceat ad Ecclesiæ januam. Et post hoc aliis quinque annis in orationis communione receptus pœnitentiam agat, et sic gratiam sacramenti percipiat. Interrogentur autem alii de eo qualem vitam in pœnitentia egerit, et sic communionis misericordiam consequatur. Si quis autem post viginti annos habens uxorem huic peccato succubuerit, XXV annos humilitati subjaceat, et quinque annis in orationibus, et sic communicet.

CAP. 39. — *De episcopo qui secundum naturam fornicatus fuerit.*

(*Ex Pœnitentiali Theodo.*) Item, n canone apostolorum judicatur ut episcopus, presbyter, diaconus qui in fornicatione, aut perjurio, aut furto captus est, deponatur, non tamen communione privetur : quia non judicat Deus bis in idipsum. Si quis pontifex fornicationem fecerit naturalem, synodus indicavit ut x annos pœniteat, et multis lacrymis et eleemosynis veniam a Domino petat. Presbyter non prælato monachi voto cum puella vel meretrice peccans, annos tres, et in tribus quadragesimis secundam, et quartam, et sextam feriam, et Sabbato semper de sicco cibo pœniteat. Si cum ancilla Dei, aut masculo, plus addatur jejunium id est, septem annos, si in consuetudine est. Similiter diaconi, si monachi non sunt, duos annos, sicut et monachi qui sine gradu sunt. Si diaconi monachi sunt, septem annos. Monachi cum gradu septem annos pœniteant. Item episcopus si sine voto monachi cum puella vel meretrice peccaverit, X annos pœniteat. Clericus cum tali puella sine voto monachi si fornicatus fuerit, unum annum pœniteat, si frequenter, duos annos; cum canonica duos annos, si frequenter, tres annos. Si genuerit ex ea filium, quatuor annos, alii dicunt septem. Theodorus dixit : Monachus fornicationem faciens, septem annos pœniteat. Item Beda dixit : Monachus fornicationem quærens et non inveniens, annum dimidium pœniteat. Item Romanus pœnitentialis dicit : Monachus fornicationem faciens cum meretrice vel puella, tres, si cum sanctimoniali, septem annos pœniteat. Item laicus privatus maculans uxorem proximi sui, ut adulterium pœniteat. Si cum virgine peccaverit; uterque pœniteat annum unum. Si cum ancilla Dei, quatuor annos, si genuerit ex ea, septem annos pœniteat. Item si quis peccaverit sicut Sodomitæ; quidam X annos dicunt pœniteat : qui in consuetudine habet, amplius pelli debet. Si autem in gradu sunt degradentur, et sicut laici pœniteant. Vir qui inter femora fornicatus fuerit, unum : si iteraverit, duos annos pœniteat. Si autem in terga fornicatus fuerit tres annos; si pueri duos annos. Qui cum pecude fornicatus fuerit vel jumento, X annos pœniteat. Oportet enim discretionem esse inter qualitatem pecudum vel hominum, sicut supradiximus. Item episcopus cum quadrupedibus peccans, X annos pœniteat, et gradum amittat, presbyter V, diaconus tres, clericus duos.

CAP. 40. — *De sacerdote qui per turpiloquium, aut per conspectum libidinosum pollutus fuerit.*

(*Ex Pœnitentiali Romano.*) Sacerdos qui per turpiloquium, seu conspectu libidinoso coinquinatus fuerit, non tamen voluerit fornicare, X dies pœniteat. Presbyter si osculatus est fœminam per desiderium, et semen fuderit, XX dies pœniteat. Diaconus, X dies, similiter monachus. Clericus septem. Laicus quatuor. Item si presbyter semen fuderit per cogitationem septem dies pœniteat, si tangit cum manu tres hebdomadas. Episcopus si per cogitationem fuderit, quatuor hebdomadas pœniteat. Si tangit cum manu diaconus et semen fuderit, XIII dies, monachus similiter. Aliter, si clericus, viginti dies, quanto magis alii gradus ? Si impugnatione mentis coinquinabitur, septem dies pœniteat, vel quousque cogitatio vincatur. Si in somnis voluntate pollutus sit, surgat, cantetque septem Psalmos pœnitentiales, id est, Domine, ne in furore. I. Beati quorum. Domine, ne in furore. II. Miserere mei, Deus. Domine, exaudi. De profundis. Domine, exaudi vel unusquisque secundum suam virtutem, et in mane XXX Psalmos cantet. Volens autem in somnis peccare, sive qui pollutus sit sine voluntate, XV Psalmos cantet. Peccans non pollutus, viginti quatuor Psalmos.

CAP. 41. — *De eadem re.*

(*Ex Pœnitentiali Theodo.*) Item in somno peccans, si ex cogitatione pollutus fuerit, XXV Psalmos cantet. In somno peccans sine cogitatione, XII Psalmos. Si semen fuderit in Ecclesia per dormitionem, cantet Psalterium, vel tres dies pœniteat : si voluntarie semen fuderit in Ecclesia mala cogitatione, si clericus, XIV dies, diaconus, XXV, presbyter XL, episcopus, L, monachus, XXX.

CAP. 42. — *De illis qui per illecebrosos amplexus fœminarum polluuntur.*

(*Ex Pœnitentiali Bedæ pr.*) Qui per illecebrosos amplexus fœminæ, vel osculo polluitur, XX dies pœniteat. Qui tetigit inverecunde carnem ejusdem fœminæ, tres menses pœniteat. Qui per turpiloquium polluitur, septem dies pœniteat. Presbyter si osculatus fuerit fœminam per immundum desiderium, XX dies pœniteat. Si inquinatus fuerit, XL dies pœniteat. Qui in Ecclesia per somnum polluitur, tres dies pœniteat. Qui in somnis voluntate pollutus est, surgat et cantet septem Psalmos pœnitentiales, et in die, XXX. Qui peccare voluerit in somnis, et non fuerit pollutus, XXXIV Psalmos cantet.

CAP. 43. — *De clericis qui per malas cogitationes semen effuderint.*

(*Ex Pœnitentiali Romano.*) Clericus si semen fuderit non tangendo per malas delectationes, septem dies pœniteat. Si tangit cum manu xx dies pœniteat. Si diaconus, XXX dies; si presbyter, hebdomadas, IIII. Presbyter si semen fuderit per cogitationem septem dies pœniteat, monachus similiter. Qui voluntarie semen fundit in Ecclesia, si clericus est, XIII dies. Si monachus, aut diaconus, XXX dies. Si presbyter, XL si episcopus, L dies pœniteat.

CAP. 44. — *Si mulier debeat separari a viro suo, quæ filium suum casu per negligentiam a fonte susceperit.*

(*Ex decr. Deusdedit, papæ Gordiano episcopo missis.*) Deusdedit sanctæ Romanæ, et apostolicæ Ecclesiæ Episcopus, Gordiano Hispanensis Ecclesiæ coepiscopo, et fratri dilectissimo. Pervenit ad nos diaconus vester, vestræ sanctitatis epistolam inferens, quod quidam viri, etiam et mulieres præterito sabbato Paschali die, pro magno populorum incursu, nescientes suos filios suscepissent ex lavacro sancto. Cupis etenim scire, si pro tali accidenti ratione debeant viri et mulieres ad suum proprium usum redire, an non. Nos enim ex hac tristitia mœsti, inquisivimus priorum nostrorum dicta. Invenimus autem in archivo hujus apostolicæ sedis jam talia contigisse in Ecclesia Hisauriæ, et Ethesiorum, simulque Hierosolymæ, etiam aliarum Ecclesiarum episcopis, et earum civitatum ab hac apostolica sede, volentibus scire, si viri et mulieres redirent ad proprium thorum. Beatæ memoriæ sanctissimi patres, Julius, Innocentius, et Celestinus cum episcoporum plurimorum et sacerdotum conventu, in Ecclesia beati apostolorum principis prohibentes talia, perscripserunt et confirmaverunt, ut nullo modo se in conjugio reciperent mulieres, aut viri, qui per quamcunque rationem susciperent natos, sed separarent se : ne suadente diabolo tale vitium peccati inolescat per mundum, et universorum error accrescat. Scitis quia quomodo sunt septem dona sancti Spiritus, ita sunt septem dona baptismi. A primo pabulo sacrati salis, et ingressu sanctæ Ecclesiæ usque ad confirmationem Spiritus sancti per Chrisma. Ab hoc primo Spiritus sancti dono usque ad septimum, nullus Christianus suam commatrem in conjugium recipere debet, et qui præsumpserit, anathematis vinculo religetur in perpetuo, nisi pœnitentiam egerit digne. Mulieres vero cum separatæ fuerint, ac pro illicita actione a propriis viris, totam præcipimus recipere dotem, quam in die nuptiali receperint, et post expletum annum recipiant alium virum, si voluerint. Similiter et vir uxorem.

CAP. 45. — *De eo qui spiritalem habet compatrem, cujus uxor commater non est, et eo defuncto, si ejus viduam possit ducere uxorem.*

(*Ex concilio Triburi, cui interfuit rex Arnolphus, capite 47.*) Qui spiritalem compatrem habet, cujus filium de lavacro sacræ fontis accepit, et ejus uxor commater non est, liceat ei defuncto compatre suo ejus viduam ducere in uxorem, si nullam habent consanguinitatis propinquitatem. Quid enim? Nunquid non possunt conjungi, quos nulla proximitas carnalis, vel in id generatio secernit spiritalis.

CAP. 46. — *De eo, si aliquis suæ spiritalis commatris filiam uxorem ducere possit.*

(*Ex eodem, capite* 48.) Illud etiam, nec canonica institutione definimus, nec introductione aliqua refutamus, sed propter eos qui diverse de eo sentiunt, hoc loco aliquid commemoramus. Si quis suæ spiritalis commatris filiam fortuitu, et ita contingente rerum casu in conjugium duxerit, concilio maturiori servato, habeat, atque honeste legitimo conjugio operam det.

CAP. 47. — *De quodam, qui suam filiolam spiritalem constupravit.*

(*Ex Dialog. Gregor.*) Terribile etiam quiddam in Valeriæ provincia contigisse vir vitæ venerabilis Maximianus Syracusanus episcopus, qui diu in hac urbe meo monasterio præfuit, narrare consuevit, dicens. Quidam e rialis, illic sacratissimo Paschali Sabbato, juvenculam cujusdam filiam in baptismate suscepit. Qui post jejunium domum reversus, multo vino inebriatus, eandem filiolam suam secum manere petiit; eamque nocte illa, quod dicto nefas est, perdidit. Cumque mane facto surrexisset reus, cogitare cœpit, ut ad balneum pergeret, ac si aqua balnei lavaret maculam peccati. Perrexit igitur, lavit, cœpit trepidare, Ecclesiam ingredi : sed si tanto die non ignoret, ad Ecclesiam erubescebat homines : sin vero iret, pertimescebat judicium Dei. Vicit itaque humana verecundia, perrexit ad Ecclesiam, sed tremebundus ac pavens stare cœpit atque per singula momenta suspectus, qua hora immundo spiritu traderetur, et coram omni populo vexaretur. Cumque vehementer timeret, ei in illa missarum celebritate, quasi adverse nil contingit, qui lætus exiit, et die altero Ecclesiam jam securus intravit. Factumque est, ut per sex continuos dies lætus, ac securus procederet, æstimans quod ejus scelus Dominus, aut non vidisset, aut visum misericorditer dimisisset. Die autem septima subita morte defunctus est. Cumque sepulturæ traditus fuisset, per longum tempus cunctis videntibus de sepulchro ipsius flamma exiit, et tam diu ossa ejus concremavit, quousque omne sepulchrum consumpsit : et terra quæ in tumulo collecta fuit, defossa videretur. Quod videlicet omnipotens Deus faciens, ostendit quid ejus anima pertulit in occulto, cujus etiam corpus ante humanos oculos flamma consumpsit. Qua in re quoque nobis hæc audientibus exemplum formidinis dare dignatus est, quatenus ex hac consideratione colligamus, quid anima vivens ac sentiens, pro reatu suo patitur, si tanto ignis supplicio etiam insensibilia ossa concremantur.

CAP. 48. — *De quodam fratre, qui impugnabatur a spiritu fornicationis.*

(*Ex dictis Paphnutii eremitæ.*) Quidam pater mo- lestiam sustinebat a spiritu fornicationis. Abiit autem ad quendam probatissimum seniorem, et precabatur eum, dicens : Pone tibi sollicitudinem, beatissime pater; et ora pro me : quia graviter me impugnat passio fornicationis. Hæc cum audisset senior, orabat intente diebus ac noctibus, pro eo deprecans Domini misericordiam. Iterum autem veniebat idem frater, et rogabat seniorem, ut magis intentius pro eo oraret. Similiter autem cum omni sollicitudine beatus senior orabat intentius pro eo. Frequenter autem venientem ad se monachum videns senior, et deprecantem se ut oraret, valde contristatus admirabatur quia non exaudiret Dominus orationes suas. Eadem autem nocte, revelavit ei Dominus, quæ circa illum monachum erant, negligentiæ, et ignaviæ resolutionem, et delectationes fore corporeas cordis ejus. Ita autem ostensum est sancto seniori. Vidit sedentem illum monachum, et spiritum fornicationis in diversis mulierum formis ante illum ludentem, et ipsum condelectari. Videbat et angelum Domini astantem, et indignantem graviter contra eumdem fratrem : quia non surgebat, neque prosternebat se in orationibus ad Dominum, sed magis delectabatur in cogitationibus suis. Hæc ergo ostensa sunt per revelationem sancto seniori. Cognovit autem, quia culpa et negligentia illius monachi erat, ut non exaudirentur orationes ejus. Et tunc dixit ei senior : Quia tua culpa erat, frater, quia condelectaris cogitationibus malis, impossibile est enim discedere a te spiritum fornicationis immundum, aliis orantibus, et Deum pro te deprecantibus, nisi et tu te ipse laborem assumas in jejuniis, et orationibus, et vigiliis multis, cum gemitu deprecans, ut misericordiam suam et adjutorium det gratiæ suæ, præbeatque tibi Dominus Christus, ut possis resistere malis cogitationibus. Nam et medici, qui corporibus hominum medicamenta conficiunt, et adhibent, quamvis omnia cum summa diligentia faciant, verumtamen si ille qui infirmatur, non se abstineat a noxiis cibis, vel de aliis quæ solent lædere infirmitates, nihil ei proficit cura, et diligentia, et sollicitudo medicorum. Similiter etiam, et in animæ languoribus eveniet : licet cum omni intentione, et ex toto corde sancti patres, qui sunt medici spiritales, exorent misericordiam Christi Domini Salvatoris nostri pro eis, qui orationibus eorum se postulant adjuvari, nisi et ipsi cum omni intentione mentis tam in orationibus, quam in omni opere spirituali, quæ Deo placita sunt, faciant, non eis proficient orationes eorum.

CAP. 49. — *De sponsa fratris, si frater eam violaverit.*

(*Ex concilio Tribur., cui interfuit rex Arnolphus, capite* 10.) Quidam desponsavit uxorem, et dotavit, cum ea coire non potuit. Quam frater ejus clanculo corrupit, et gravidam reddidit. Decretum est, ut quamvis nupta esse non potuerit legitimo viro, desponsatam tamen fratri, frater habere non possit. Sed mœchus et mœcha, fornicationis quidam vindictam sustineant, licita vero eis conjugia non negentur.

CAP. 50. — *Si quis de uno in alium transmigrat episcopatum, et consanguineam suam polluerit, vel aliquod crimen capitale commiserit.*

(*Ex eodem, capite 42.*) Si quis de uno in alium omnino transmigrat episcopatum, et si, quod absit, contingat eum filiam sororis suæ, amitæ, aut materteræ avunculi, vel patrui polluere, aut aliquod crimen capitale committere, episcopus in cujus tunc diœcesi commoratur, et tali scelere criminatur, habeat jus et potestatem secundum canonicam auctoritatem, et nostram synodalem institutionem flagitiosum coercere, et ad pœnitendum emollire. Per quem enim melius rei veritas ventilatur, quam per illum sub quo habitat, et habitare desiderat.

CAP. 51. — *De mulieribus, quæ absente marito conceperint, et fœtum sustulerint.*

(*Ex concilio Eliberta., capite 3.*) Si qua mulier per adulterium absente marito conceperit, idque post facinus occiderit, placuit vix in fine dandam esse communionem, eo quod geminaverit scelus.

CAP. 52. — *De illis mulieribus, quæ male conceptos necare studuerint.*

(*Ex concilio Hilerden., capite 5.*) Hi vero qui male conceptos ex adulterio, factos, vel editos necare studuerint, vel in ventre matrum potionibus aliquibus colliserint, in utroque sexu adulteris post septem annorum curricula communio tribuatur, ita tamen, ut omni tempore vitæ suæ fletibus, et humiliati insistant.

CAP. 53. — *De mulieribus, quæ partus suos occulte interficiunt.*

(*Ex concilio Arelatens., capite 6.*) Mulieres quædam, ut audivimus, quæ ex fornicatione concipientes, metuentes ne scelus quod occulte perpetraverunt, manifestum fieret, infantes quos pepererunt, occiderunt, et terræ congerie cooperuerunt, aut in aquas projecerunt. Quod quantum nefas sit, canones Ancirani, Illiberitani, atque Hilardensis concilii, testes sunt. His itaque vix in fine dandam esse communionem decernunt, sed humanius tractantes, post decennem pœnitentiam tales placuit ad communionem recipi.

CAP. 54. — *De eadem re.*

De mulieribus quæ fornicantur, et partus suos necant, vel quæ agunt, secum, ut utero conceptos excutiant, antiqua quidem definitio usque ad exitum vitæ eas ab Ecclesia removet. Humanius autem nunc definimus, ut eis X annorum tempus, secundum præfixos gradus pœnitentia largiatur.

CAP. 55. — *De eadem re.*

(*Ex concilio Aurelia., capite 10.*) Si qui infantem oppresserint, tres annos pœniteant: unum ex his in pane, et aqua. Si clericus fecerit, quatuor annos, unum ex his in pane et aqua.

CAP. 56. — *De Sodomitico peccato.*

(*Ex Pœnitentiali Romano.*) Episcopus fornicationem faciens naturalem XII annos pœniteat, presbyter X, diaconus IX, subdiaconus octo, clericus septem, laicus sex annis pœniteat. Frater carnalis cum fratre carnali fornicationem faciens XV annis ab omni carne se abstineat. Si semen in os miserit, septem annos pœniteat, alii dicunt usque in finem vitæ pœnitere debere. Viri inter femora fornicantes, unum annum pœniteant, si iterantes II. Si inter crura fornicantes, si pueri sunt, annum unum pœniteant. Si viri, duos annos. Si autem in consuetudine est, modus pœnitentiæ addatur judicio sacerdotis. Vir semetipsum coinquinans, primo X dies pœniteat, et iterans XX dies. Si cum gradu est, addatur pœnitentia. Puer XV annorum XL dies pœniteat. Qui concupiscit mente fornicari, sed non potuit, X dies pœniteat. Qui per turpiloquium, vel aspectu coinquinatus est; tamen non voluit peccare corporaliter, XX dies pœniteat. Si autem impugnatione cogitationis violenter coinquinatus est, XX dies pœniteat. Qui diu illuditur a cogitatione, molliter ei repugnans, sex dies, vel quantum exegerit diuturnitas cogitationis pœniteat. Pueri qui fornicantur intra semetipsos, judicatum est, ut vapulent. Pueri soli de hoc inter se sermocinantes, et transgredientes statuta seniorum, tres superpositiones accipiant. Osculum non simpliciter facientes, quinque superpositiones accipiant. Illecebrosum osculum facientes, sine coinquinamento, quinque dies pœniteant. Cum coinquinamento, sine amplexu, X superpositiones accipiant. Post annos XX idem committentes, XL dies separati a mensa, extorresque ab Ecclesia, cum pane et aqua vivant. Minimi vero fornicationem imitantes, et irritantes se invicem, sed coinquinati non sunt, propter ætatis maturitatem, flagellentur. Si vero frequenter, addatur pœna. Pueri ante XX annos se invicem manibus coinquinantes, et confessi: antequam communicent xx dies pœniteant. Si iteraverint post pœnitentiam, C dies. Si vero frequentius, separentur, et annum pœniteant. Puer oppressus a majore infra X annos, hebdomadam jejunet: si consentit XX dies: mollis autem annum pœniteat. Qui in somnis voluntarie pollutus est, surgat, et cantet genibus flexis VII Psal. Volens in somno peccare, XX Psal. cantet, Si pollutus est sine voluntate XV Psal. cantet, et in fine uniuscujusque Psalmi dicat ter: Deus, in adjutorium meum intende, et reliqua. Qui semen in Ecclesia dormiens fuderit, tres dies jejunet. Episcopus fornicationem faciens contra naturam, degradetur, et duodecim annos pœniteat. Presbyter aut diaconus, fornicationem contra naturam faciens, prælato ante monachi voto, degradentur, et V annos pœniteant, et veniam omni hora rogent, et superpositionem patiantur, in unaquaque hebdomada, exceptis quinquagesimis diebus. Post superpositionem, pane si. e mensura utantur, et ferculum aliquatenus butyro impinguato, et die Dominico sic vivant. Cæteris vero diebus paximati panis mensura, et parvo impinguata butyro olera, et ovis paucis, et formatico reficiantur, et aquæ tantum quantum sufficiat si operarius est. Lectus enim non multum fœnum habeat, et per tres quadragesimas anni addat aliquid, prout virtus ejus admiserit, semper ex intimo corde ut defleat culpam suam. Obedientiam quæ omnia præeminet, libentissime accipiat. Post annum et dimidium Eucharistiam sumat, et ad pacem veniat: Psalmos cum fratribus cantet, ne penitus anima tanto tempore cœlestis medicinæ jejuna intereat. Si inferiori gradu prius quis monachus fuerat, tres quidem annos pœniteat, sed mensura non gravetur panis. Si operarius est, sextario de lacte Romano, et alio de tenucla, et aqua quantum sufficit pro sitis ardore sumat. Si vero sine voto monachi presbyter aut diaconus sic peccaverit, sicut monachus sine gradu pœniteat, et postea recipiat gradus suos. Si autem presbyter aut diaconus post tale peccatum voluerit monachus fieri, indiscreto proposito exilii annum et dimidium pœniteat, habeat tamen abbas cum consilio episcopi sui hujus rei moderandi facultatem, si obedientia pœnitentis placita sit Deo et fratribus quibus commissum est.

CAP. 57. — *De illis qui conceptum excutiunt.*

(*Ex concilio Worma., capite* 30.) Si aliquis causa explendæ libidinis, vel odii meditatione, ut non ex eo soboles nascatur, homini, aut mulieri aliquid fecerit, vel ad potandum dederit, ut non possit generare, aut concipere, ut homicida teneatur.

CAP. 58. — *De illis qui infantes suos oppresserint.*

(*Ex concilio Mogunti., capite* 6.) Si quis infantem suum oppresserit, aut vestimentorum pondere suffocaverit, et hoc post baptismum factum fuerit, XL dies pœniteat in pane et aqua, et a conjuge se interim abstineat. Postea tres annos pœniteat per legitimas ferias, et tres in anno quadragesimas observet. Quod si ante baptismum infans oppressus fuerit, proximos quadraginta dies ut supra pœniteat. Postea vero quinquennium expleat.

CAP. 59. — *De patre et matre qui filios suos apud se mortuos invenerint.*

(*Ex concilio Parisiensi, capite* 5.) De infantibus autem qui mortui inveniuntur cum patre et matre, et non apparet utrum a patre aut matre occisus sit ipse infans vel suffocatus, an propria morte defunctus: non debent inde securi esse, nec sine pœnitentia ipsi parentes, sed tamen in eis consideratio debet esse pietatis, ubi non voluntas, sed eventus mortis causa fuit. Si autem eos non latet ipsos ejus esse interfectores, scire debent graviter se deliquisse, quod in Ancirano concilio comprobatur. Quidam autem trium annorum pœnitentiam horum judicant esse debere: quorum unum ex his exigat in pane et aqua atque se ab omni luxuria tempore pœnitentiæ suæ custodiat.

CAP. 60. — *De illis feminis quæ abortum fecerint.*

(*Ex Pœnitentiali Romano.*) Si qua mulier abortum fecerit voluntarie, tribus annis pœniteat.

FINIS LIBRI DECIMI SEPTIMI.

BURHARDI
ECCLESIÆ WORMACIENSIS EPISCOPI
DECRETORUM LIBER DECIMUS OCTAVUS
DE VISITATIONE INFIRMORUM.

ARGUMENTUM LIBRI.

Liber hic infirmos a presbyteris visitandos esse, et quæ ad hanc visitationem requirantur, edocet.

Cum sacerdos audierit aliquem infirmari in sua plebe, cito ad eum pergat, et ingressus cubiculum aquam benedictam super eum, et per omne cubiculum aspergat, cum antiphona: Asperges me, Domine; et versu: Exurgat, Deus, et dissipentur inimici, etc. Deinde dicat orationem: Deus qui sacerdotibus tuis tantam gratiam. Deinde cantet septem Psalmos cum precibus pro infirmis. Deinde Litaniam cantet. Post hæc omnes jubeat extra cubiculum secedere. Et appropinquans lecto quo infirmus decumbit, eum blande leniterque alloquatur, ut omnem spem suam in Deo ponat, ut flagellum Dei patienter toleret, et ut hæc ad purgationem et castigationem suam provenire credat, ut peccata sua confiteatur, ut emendationem promittat, si Dominus vitam concesserit, pœnitentiam pro culpis commissis spondeat, ut substantiam suam dum adhuc sensus et ratio viget, disponat, ut peccata sua eleemosynis redimat, ut his qui in se peccaverunt indulgeat, ut rectam fidem, et credulitatem teneat, et fidem ex integro non sapuerit, presbyter eum docere debet; et ut de Dei misericordia nunquam desperet, doceat. Cum his et hujuscemodi allocutionibus fuerit mens infirmi relevata, data benedictione, interroget eum de singulis per ordinem.

Quando presbyter domum intrat in qua infirmus jacet, primum dicat:

Pax huic domui.

Et omnibus habitantibus in ea.

Postea benedicetur sal et aqua, et aspergatur in domo cum antiphona.

Benedic, Domine, domum istam, et omnes habitantes in ea, quia tu, Domine, dixisti: Pax huic domui, benedic, Domine, timentes te pusillos cum majoribus, benedicti vos Domino qui fecit cœlum et terram.

Post hæc canendi sunt septem psalmi pœnitentiæ, Deinde Litania. Qua expleta cantetur: Pater noster. Et ne nos inducas in tentationem, sed libera nos a malo, Amen.

  Salvum fac servum tuum,
   Deus meus, sperantem in te.
  Mitte ei, Domine, auxilium de sancto,
   Et de Sion tuere eum.
  Nihil proficiat inimicus in eo,
   Et filius iniquitatis non apponat nocere ei.
  Esto illi, Domine, turris fortitudinis,
   A facie inimici.
  Dominus conservet eum, et vivificet eum, et beatum faciat eum in terra, et non tradat in animam inimicorum ejus. Dominus opem ferat illi super lectum infirmitate ejus. Universum stratum ejus versasti in doloris ejus. Domine, exaudi orationem meam. Psalmus : Miserere mei, Deus.

   Sequitur oratio. Oremus.

  Omnipotens et misericors Deus, quæsumus immensam pietatem tuam, ut ad introitum in tuo nomine humilitatis nostræ, hunc famulum tuum N. in hoc habitaculo jacentem fessum, salutifere visitare digneris, sicut visitare dignatus es, Domine, Tobiam et Saram, socrum Petri, puerumque centurionis, ita et iste pristina sanitate animæ corporisque recepta, gratiarum tibi in Ecclesia tua referat actionem. Per Dominum.

Tunc detur ei locus secretior confitendi, et quod maximum est, interroget eum de fide catholica. Et sic dicat:

  Credis in Deum Patrem, et Filium, et Spiritum sanctum? Respon. Credo. Credis quod iste tres personæ unus Deus sit? Respon. Credo. Credis quod in ipsa ista carne qua nunc es, resurgere habes in die judicii, et recipere sive bonum sive malum quod gessisti? Respon. Credo. Vis dimittere illis peccata sua qui in te peccaverunt? Respon. Volo. Vis peccata quæ fecisti emendare si revivisces? Respon. Volo.

Postea ungatur. Post confessionem, et fidem redditam et unctionem, dicatur Antiphona.

In veritate tua exaudi me, Domine. Psalmus.
Domine, exaudi orationem meam, auribus percipe.
 Deinde Kyrie eleison, et Pater noster cum his precibus.

  Exurge, Domine Deus, exaltetur manus tua, ne obliviscaris pauperum.
  Tibi enim derelictus est pauper,
   Orphano tu eris adjutor.
  Desiderium pauperum exaudivit Dominus,
   Præparationem cordis eorum audivit auris tua.
  Mirifica misericordias tuas,
   Qui salvos facis sperantes in te.
  Tu autem in sancto habitas,
   Laus Israel.
  Ad te clamaverunt, et salvi facti sunt,
In te speraverunt, et non sunt confusi.
Ne tradas, Domine, bestiis animam confitentem tibi,
Animam pauperis tui ne obliviscaris in finem.

 Postea sequantur istæ orationes. Oremus.

  Deus qui famulo tuo Ezechiæ er qui nos annos ad vitam donasti, ita et famulum tuum N. a lecto ægritudinis tua potentia erigat ad salutem. Per Christum.

  Alia. Respice, Domine, famulum tuum N. in infirmitate sui corporis laborantem, et animam refove quam creasti, ut castigationibus emendatus, continuo se sentiat tua medicina esse salvatum. Per Christum.

  Alia. Deus qui facturæ tuæ pio semper dominaris affectu, inclina aurem tuam supplicationibus nostris, et famulum tuum N. ex adversa valetudine corporis laborantem placatus respice, et visita in salutari tuo, ac cœlestis gratiæ ei præsta medicinam. Per Christum.

  Alia. Deus, qui humano generi salutis remedia, et vitæ æternæ munera contulisti, conserva famulo tuo N. tuarum dona virtutum, et concede ut medelam tuam non solum in corpore, sed etiam in anima sentiat. Per.

  Alia. Virtutum cœlestium Deus, qui ab humanis corporibus omnem languorem, et omnem infirmitatem præcepti tui potestate depellis, adesto propitius huic famulo tuo N. ut fugatis infirmitatibus, et viribus receptis, nomen sanctum tuum instaurata protinus sanitate benedicat. Per Dominum.

  Alia. Domine sancte, Pater omnipotens, æterne Deus, qui fragilitatem conditionis nostræ infusa virtutis tuæ dignatione confirmas, ut salutaribus remediis pietatis tuæ corpora nostra et membra vegetentur, super hunc famulum tuum N. propitiatus intende, ut omni necessitate corporeæ infirmitatis exclusa, gratia in eo pristinæ sanitatis perfecta reparetur. Per Dominum.

  Alia. Oremus, fratres, Dominum nostrum pro fratre nostro quem dure ad præsens malum languoris affligit, ut eum Domini pietas cœlestibus dignetur curare medicinis: ut qui dedit vitam, det et salutem. Per

  Alia. Domine sancte Pater omnipotens æterne Deus qui es via, et veritas, et vita, exaudi et conserva famulum tuum N. quem vivificasti et redemisti pretio magno sancti sanguinis Filii tui. Per eumdem.

  Si infirmus in desperatione fuerit, reconcilia eum ea ratione his sequentibus orationibus, ut quando convaluerit, secundum canonum et sanctorum Patrum statuta, et qualitatem delicti pœniteat.

  Reconciliatio infirmi. Præsta, quæsumus, Domine, huic famulo tuo N. dignum pœnitentiæ fructum, ut Ecclesiæ tuæ sanctæ, a cujus integritate deviarat peccando, admissorum veniam consequendo, reddatur innoxius. Per.

  Alia. Omnipotens sempiterne Deus, confitenti huic famulo tuo N. pro tua pietate peccata dimitte ut non plus ei noceat conscientiæ reatus ad pœnam quam indulgentiæ tuæ pietas prosit ad veniam. A tium tibi parce peccatis, ut quem conscientiæ reatus accusat, indulgentia tuæ miserationis absolvat. Per Dominum nostrum Jesum Christum.

Per.

Alia. Exaudi, Domine, preces nostras, et confiten-

INDEX CAPITULORUM LIBRI DECIMI OCTAVI.

Cap. 1. Quod ultima conversio mente potius æstimanda sit quam tempore.

2. Quod omnis fidelis in ultimis positus oleo sanctificato inungi debeat.

3. De illis qui propter timorem mortis, in ipsa infirmitate confitentur peccata sua.

4. De illis qui in necessitatis tempore et pœnitentiam et reconciliationem desiderant.

5. De eadem re.

6. De illis qui ad exitum veniunt, ut ultimo et necessario viatico minime priventur.

7. Quod pœnitentia possit abolere peccata, etiam si in ultimo vitæ spiritu pœniteat.

8. De lapsis in ultimis positis, ut viatico munere, si rogaverint, eis debeat subveniri.

9. De illis infirmis qui dum pœnitentiam petierint, et antequam sacerdos veniat, officium oris amittunt.

10. De eadem re.

11. De eadem re.

12. De illis qui in ultima ægritudine pœnituerint, et mox reconciliati fuerint.

13. De illis qui in periculo sunt constituti, ut episcopo, etc.

14. De infirmis in periculo mortis constitutis.

15. De quodam qui Christum negaverat, quomodo in extremis, etc.

16. Ut presbyteri de occultis peccatis jussu episcopi pœnitentes reconcilient.

17. De pœnitente, si in ipsa pœnitentia de corpore exierit, et reconciliari desiderat.

18. Ut quinta feria ante Pascha pœnitentibus sit remittendum : ante autem, si ad desperationem infirmitatis devenerint.

19. De illis qui in Ecclesia remitti peccata non crediderint.

20. Quod infirmis omni hora cibum sumere liceat.

21. De illis sacerdotibus qui morientibus pœnitentiam denegaverint.

22. Quod nulli ultima pœnitentia sit deneganda.

23. De pœnitentibus qui in infirmitate Eucharistiam acceperint.

24. De pœnitentibus subito mortuis.

Indicis capitulorum finis.

Cap. primum. — *Quod ultima conversio mente potius æstimanda sit quam tempore.*

(*Ex decr. Cœlest. papæ, capite 20.*) Vera ergo ad Deum conversio in ultimis positorum, mente potius est æstimanda quam tempore, Propheta hoc taliter asserente : « Cum conversus ingemueris, tunc salvus eris. » Cum ergo Dominus sit cordis inspector, quovis tempore non est deneganda pœnitentia postulanti,

cum illi se obliget judici, cui occulta omnia noverit revelari.

Cap. 2. — *Quod omnis fidelis in ultimis positus sanctificato oleo inungi debeat.*

(*Ex decr. Calisti papæ.*) Beatus enim Jacobus apostolus in Epistola sua scripsit : « Infirmatur quis in vobis, inducat presbyteros Ecclesiæ, et orent super eum, unguentes eum oleo in nomine Domini, et oratio fidei salvabit infirmum. » Hoc et apostoli in Evangelio fecisse leguntur, et nunc Ecclesia consuetudo tenet ut infirmi oleo consecrato ungantur a presbyteris, et oratione comitante sanentur. Non solum presbyteris uti licet hoc sacro oleo in suis infirmitatibus : sed, ut Innocentius papa describit, etiam omnibus Christianis uti licet eodem oleo, in sua aut suorum necessitate ungendo. Quod tamen oleum non nisi ab episcopis licet confici. Nam quod ait, oleo in nomine Domini, significat oleo in nomine Domini consecrato : vel certe quia etiam, cum ungant infirmum, nomen Domini super eum invocare debent. Et si in peccatis sit, dimittentur ei. Multi propter peccata in animam facta, infirmitate aut etiam morte plectuntur corporis. Unde Apostolus Corinthiis, quia corpus Domini indigne percipere erant soliti, ait : « Ideo inter vos multi infirmi et imbecilles, et dormiunt multi. » Si ergo infirmi in peccatis sint, et hæc presbyteris Ecclesiæ confessi fuerint, ac perfecto corde ea derelinquere atque emendare sategerint, dimittentur eis. Neque enim sine confessione emendationis queunt dimitti. Unde recte subjungitur : « Confitemini alterutrum peccata vestra, et orate pro invicem ut salvemini. »

Cap. 3. — *De illis qui propter timorem mortis in ipsa infirmitate confitentur peccata sua.*

(*Ex concilio Namneten., capite 2.*) Infirmus qui necessitate mortis urgente confitetur peccata sua, sub ea conditione a sacerdote reconcilietur ut, si ei Dominus vitam donaverit, sanitatemque reddiderit, secundum qualitatem delicti, et secundum canonum statuta et pœnitentialium probatorum pœniteat.

Cap. 4. — *De illis qui in necessitatis tempore et pœnitentiam, et reconciliationem desiderant.*

(*Ex decr. Leonis papæ, capite 9.*) His autem qui in tempore necessitatis et in periculis, urgente instantia, præsidium pœnitentiæ et mox reconciliationis implorant, nec satisfactio interdicenda est, nec reconciliatio deneganda : quia misericordiæ Domini nec mensuras possumus ponere, nec tempora definire : apud quem nullas patitur venire moras conversio, dicente Domino per prophetam : « Cum conversus ingemueris, tunc salvus eris. » Et alibi : « Dic iniquitates tuas prior, ut justificeris. » Item : « Quia apud Dominum misericordia est, et copiosa apud eum redemptio. In dispensandis itaque Dei donis non debemus esse difficiles, nec se accusantium gemitus lacrymasque negligere, cum ipsam pœnitendi afflictionem ex Dei credamus inspiratione concessam, dicente Apostolo : « Ne forte det illis Deus pœnitentiam ut resipiscant a diaboli laqueis, a quo captivi tenentur ad ipsius voluntatem. »

CAP. 5. — *De eadem re.*

(*Ex decr. Innocentii papæ, capite* 22.) Et hoc quæsitum est, quod de his observare oporteat, qui, post baptismum omni tempore incontinentiæ voluptatibus dediti, in extremo fine vitæ suæ pœnitentiam simul et reconciliationem communionis exposcunt. De his observatio prior durior, posterior interveniente misericordia inclinatior est. Nam consuetudo prior tenuit ut concederetur eis pœnitentia, sed communio negaretur. Nam cum illis temporibus crebræ persecutiones essent, ne communionis concessa facilitas homines de reconciliatione securos non revocaret a lapsu, merito negata communio est, concessa pœnitentia ; ne totum penitus negaretur : et duriorem remissiorem fecit temporis ratio. Sed postquam Dominus noster pacem Ecclesiis suis reddidit, jam terrore depulso, communionem dari abeuntibus placuit, et propter misericordiam, quasi viaticum profecturis, et ne Novatiani hæretici, negantis veniam, asperitatem et duritiam subsequi videamur. Tribuetur ergo cum pœnitentia extrema communio : ut homines hujusmodi vel in supremis suis, permittente Salvatore nostro, a perpetuo exitio vindicentur.

CAP. 6. — *De illis qui ad exitum veniunt, ut ultimo et necessario viatico minime priventur.*

(*Ex concilio Nicæno, capite* 13.) De his qui ad exitum veniunt etiam nunc lex antiqua regularisque servabitur, ita ut si quis egreditur e corpore, ultimo et necessario viatico minime privetur. Quod si desperatus et consecutus communionem, oblationisque particeps factus, iterum convaluerit : sit inter eos qui communionem orationis tantummodo consequuntur. Generaliter autem omni cuilibet in exitu posito, et poscenti sibi communionis gratiam tribui, episcopus probabiliter ex oblatione dare debebit.

CAP. 7. — *Quod pœnitentia possit abolere peccata, etiamsi in ultimo vitæ spiritu pœniteat.*

(*Ex concilio Mogunt., capite* 2.) Pœnitentiam posse abolere peccata indubitanter credimus, etiamsi in ultimo vitæ spiritu admissor pœniteat, et vel publica lamentatione peccata prodantur : quia propositum Dei, quod decrevit salvare quod perierat, stat immobile. Et ideo, quia voluntas ejus non mutatur, sive emendatione vitæ, si tempus conceditur, sive supplici confessione, si continuo vita exceditur, venia peccatorum fideliter præsumatur ab illo qui non vult mortem peccatoris, sed ut convertatur a perditione pœnitendo, et salvetur miseratione Domini, ut vivat. Si quis aliter de justissima pietate Dei sentit, non Christianus, sed Novatianus est.

CAP. 8. — *De lapsis in ultimis positis, ut viatico munere, si rogaverint, eis debeat subveniri.*

(*Ex epist. Siricii papæ.*) Quicunque carnali fragilitate ceciderunt, viatico munere, cum ad Deum cœperint proficisci, si rogaverint, per communionis gratiam volumus subveniri.

CAP. 9. — *De illis infirmis qui, dum pœnitentiam petierint, et antequam sacerdos veniat, officium oris amittunt.*

(*Ex epist. Leonis papæ.*) Ita ergo talium necessitati auxiliandum est, ut nec actio illis pœnitentiæ, nec communionis gratia denegetur, si eam, etiam amisso vocis officio, per indicia integri sensus quærere comprobentur. Quod si ita aliqua ægritudine fuerint aggravati, ut, quod paulo ante poscebant, sub præsentia significare non valeant, testimonia fidelium circumstantium illis prodesse debent : simul tamen et pœnitentiæ, et reconciliationis beneficium consequantur.

CAP. 10. — *De eadem re.*

(*Ex concilio Carthag., capite* 81.) Is qui pœnitentiam in infirmitate petit, si casu, dum ad eum sacerdos invitatus venit, oppressus in infirmitate obmutuerit, dent testimonium qui eum audierunt, et accipiat pœnitentiam, et, si continuo creditur moriturus, reconcilietur per manus impositionem, et infundatur ori ejus Eucharistia. Si supervixerit, admoneatur a supradictis testibus petitioni suæ satisfactum, et se subditum statutis pœnitentiæ legibus, quandiu sacerdos qui pœnitentiam dedit, probaverit.

CAP. 11. — *De eadem re.*

(*Ex decr. Eusebii papæ, capite* 10.) Si quis pœnitentiam petens, dum sacerdos venerit, fuerit officio linguæ privatus, constitutum est ut, si idonea testimonia habuerit quod ipse pœnitentiam petiisset, et ipse per motus aliquos suæ voluntatis aliquod signum facere potest, sacerdos impleat omnia, sicut supra circa ægrotantem pœnitentem scriptum est, id est, orationes dicat, et ungat eum sancto oleo, et Eucharistiam ei donet, et, postquam obierit, ut cæteris fidelibus ei subministret.

CAP. 12. — *De illis qui in ultima ægritudine pœnituerint, et mox reconciliati fuerint.*

(*Ex dictis August.*) Sane quisquis positus in ultima necessitate ægritudinis suæ acceperit pœnitentiam, et mox reconciliatus fuerit, et transierit de corpore, fateor vobis, non illi negamus quod petit, sed nec præsumo dicere quia bene hinc exierit. Si securus hinc exierit, ego nescio : pœnitentiam dare possumus, securitatem autem dare non possumus. Nunquid dico damnabitur? Sed nec dico quia liberabitur. Vis te a dubio liberari? Vis quod incertum est evadere? Age pœnitentiam dum sanus es. Si enim agis veram pœnitentiam dum sanus es, et invenerit te novissimus dies, curris ut reconcilieris. Si sic agis, securus es. Ideo dico tibi quia securus es, quia egisti pœnitentiam eo tempore quo peccare potuisti. Si autem vis agere pœnitentiam quando jam peccare non potes, peccata te dimiserunt, non reconcilient, et, sicut supra præmisimus, infirmantes tu peccata. absolvant et communicent.

Cap. 13. — *De illis qui in periculo sunt constituti, ut, episcopo consulto, presbyter eos reconciliet.*

(*Ex concilio Carthag., capite 4.*) Aurelius episcopus dixit : « Si quisquam in periculo fuerit constitutus, et reconciliari divinis altaribus petierit, si episcopus absens fuerit, debet utique presbyter consulere episcopum, et sic periclitantem ejus præcepto reconcilare. » Quam rem debemus salubri consilio roborare.

Cap. 14. — *De infirmis in periculo mortis constitutis.*

(*Ex Pœnitentiali Theodori.*) Ab infirmis in periculo mortis positis, per presbyteros pura inquirenda est confessio peccatorum, non tamen illis imponenda quantitas pœnitentiæ, sed innotescenda, et cum amicorum orationibus et eleemosynarum studiis pondus pœnitentiæ sublevandum : et si forte migraverint, ne obligati ex communione alieni, vel ex consortio veniæ fiant. A quo periculo si divinitus ereptus convaluerit, pœnitentiæ modum a suo confessore impositum diligenter observet. Et ideo, secundum canonicam auctoritatem, ne illis janua pietatis clausa videatur, orationibus et consolationibus ecclesiasticis sacra cum unctione olei animati, secundum statuta sanctorum Patrum, communione viatici reficiantur.

Cap. 15. — *De quodam qui Christum negaverat, quomodo in extremis viatico liberatus est:*

(*Dionysius in ecclesiast. Historia dicit.*) In Historia ecclesiastica Dionysius, rescribens ad Fabianum, inducit quamdam historiam, dicens quemdam fuisse apud Alexandriam, unum ex his qui lapsi sunt; eumdem sæpe deprecatum esse ut susciperetur, nec tamen impetrasse. Oppressum deinde hunc ægritudine, ita ut tres dies sine voce prorsus jaceret : paululum vero quarta die respirantem, vocasse ad se filiolam suam, et dixisse fertur : « Quousque me detinetis? Quæso vos cito aliquis presbyterorum veniat, ut possim dimitti. » Et cum hoc dixisset, rursum sine voce permansit. Abiit cito cursu ad presbyterum puer, noctis tempore. Infirmabatur presbyter, venire non potuit : tamen, quia præceptum fuerat ut lapsis in exitu nemo reconciliationis solatia denegaret, et maxime his quos prius id rogasse constat, parum Eucharistiæ puero dedit. Regrediente adhuc puero, antequam ingrederetur domum, rursum Serapion : « Redisti, inquit, fili? Licet presbyter venire non potuit, tamen imple quod tibi imperatum est, ut possim recedere. » Cumque accepisset Eucharistiam, velut catenis quibusdam vinculisque disruptis, lætiorem jam spiritum reddidit. Ex quo constat hujus boni auxilio nullum debere fraudari.

Cap. 16. — *Ut presbyteri de occultis peccatis jussu episcopi pœnitentes reconcilient.*

(*Ex decr. Evarist. papæ, capite 4.*) Ut presbyteri de occultis peccatis jussione episcopi pœnitentes

Cap. 17. — *De pœnitente, si in ipsa pœnitentia de corpore exierit, et reconciliari desiderat.*

(*Ex concilio Arausico, capite 3.*) Qui recedunt de corpore pœnitentes, placuit sine reconciliatoria manus impositione eis communicare, quod in moriente suffecit consolatione, secundum definitiones Patrum, qui hujusmodi communionem congruentem viaticum nominarunt : ut, si supervixerint, stent in ordine pœnitentium, ut, ostensis necessariis pœnitentiæ fructibus, legitimam communionem cum reconciliatoria manus impositione percipiant.

Cap. 18. — *Ut quinta feria ante Pascha pœnitentibus sit remittendum, ante autem, si ad desperationem infirmitatis devenerint.*

(*Ex epist. Innocentii papæ, capite 7.*) De pœnitentibus autem qui, sive ex gravioribus commissis, sive ex levioribus pœnitentiam gerunt, si nulla intervenit ægritudo, V feria ante Pascha eis remittendum, Romanæ Ecclesiæ consuetudo demonstrat. Cæterum, de pondere æstimando delictorum sacerdotis est judicare, ut attendat ad confessionem pœnitentis, et ad fletus atque lacrymas corrigentis, ac tum jubere dimitti, cum viderit congruam satisfactionem. Sane si quis in ægritudinem inciderit, atque usque ad desperationem devenerit, ei est ante tempus Paschæ relaxandum, ne de hoc sæculo absque communione discedat.

Cap. 19. — *De illis qui in Ecclesia remitti peccata non crediderint.*

(*Ex dictis August.*) Qui vero, in Ecclesia remitti peccata non credens, contemnit divini muneris largitatem, et in hac obstinatione mentis diem claudit extremum, reus est illo irremissibili peccato in Spiritum sanctum, in quo Christus peccata dimittit.

Cap. 20. — *Quod infirmis omni hora cibum sumere liceat.*

(*Ex concilio Mogunt., capite 23.*) Infirmis licet omni hora cibum potumque sumere, quotiescunque desiderant.

Cap. 21. — *De illis sacerdotibus qui morientibus pœnitentiam denegaverint.*

(*Ex decr. Julii papæ.*) Si quis presbyter pœnitentiam abnegaverit morientibus, reus erit animarum, quia Dominus dicit : « Quacunque die conversus fuerit peccator, vita vivet, et non morietur. » Vera enim conversio in ultimo tempore potest esse : quia Dominus non solum temporis, sed cordis inspector est : sicut latro unius momenti meruit esse in paradiso in hora ultima, confessione.

Cap. 22. — *Quod nulli ultima pœnitentia sit deneganda.*

(*Ex decr. Cœlest. papæ, capite 15.*) Agnovimus enim pœnitentiam morientibus denegari, nec illorum desideriis annui, qui obitus sui tempore, animæ suæ cupiunt remedio subveniri. Horremus, fateor, tantæ impietatis aliquem reperiri, ut de Dei pietate desperet, quasi non possit ad se quovis tempore concurrenti succurrere, et periclitantem sub onere peccatorum hominem pondere, quo se ille expedire desiderat, liberare. Quid, hoc rogo, aliud est quam morienti mortem addere, ejusque animam sua crudelitate, ne absoluta esse possit, occidere ? Cum Deus, ad subveniendum paratissimus, invitans ad pœnitentiam, sic proclamat peccatori : « In quacunque die conversus fuerit, peccata ejus non reputabuntur ei. » Et iterum : « Nolo mortem peccatoris, sed tantum ut convertatur, et vivat. » Salutem ergo homini adimit quisquis mortis tempore pœnitentiam denegarit, et desperarit de clementia Dei; qui eum ad subveniendum morienti, sufficere, vel momento, posse non credidit. Perdidisset latro in cruce præmium ad Christi dexteram pendens, si illum unius horæ pœnitentia non juvisset. Cum esset in pœna, pœnituit, et per unius sermonis professionem, habitaculum paridisi Deo promittente promeruit.

Cap. 23. — *De pœnitentibus qui in infirmitate Eucharistiam acceperint.*

(*Ex concilio Carthag., capite* 78.) Pœnitentes qui in infirmitate viaticum Eucharistiæ acceperint, non se credant absolutos sine manus impositione, si supervixerint.

Cap. 24. — *De pœnitentibus subito mortuis.*

(*Ex eodem.*) Eorum qui pœnitentia accepta in bono vitæ cursu sine communione moriuntur, oblationem recipiendam, et eorum funera, ac deinceps memoriam ecclesiastico effectu prosequendam.

FINIS LIBRI DECIMI OCTAVI.

INDEX CAPITULORUM LIBRI DECIMI NONI.

Cap. 1. Quo tempore presbyteri plebium, canonica auctoritate, discordantes ad pacem, et delinquentes ad pœnitentiam compellere debeant.

2. Quomodo sacerdotes plebem sibi commissam tempore pœnitudinis admonere et instruere debeant.

3. Oratio sacerdotis dicenda ad pœnitentiam venientibus.

4. De confessione, et pœnitentia, et reconciliatione, et interrogatione illorum qui peccata sua confiteri desiderant, et ordo ad pœnitentiam eis dandam.

5. Interrogationes quibus confessor confitentem debet interrogare.

6. De admonitione octo principalium vitiorum, et eorum speciebus.

7. Item de virtutibus quibus eadem vitia superari possint, et de conclusione pœnitentiæ.

8. Salubre antidotum animabus.

9. De pœnitentia illius anni qui in pane et aqua jejunandus est, quali ordine observari debeat.

10. De secundo anno qui post illum jejunandus est, et quibus pœnitentibus dandus sit.

11. De illis qui jejunare non possunt, et adimplere quod in Pœnitentiali scriptum est.

12. De redemptione illius anni quem in pane et aqua jejunare debent.

13. Alio modo.

14. Item alio modo.

15. Item alio modo.

16. Item alio modo.

17. Item alio modo.

18. De redemptione unius hebdomadæ quam in pane et aqua jejunare debent.

19. De redemptione unius mensis quem in pane et aqua jejunare debent.

20. De illis qui jejunare non possunt, et psalmos nesciunt; quomodo pœnitentiam unius anni, quem in pane et aqua jejunare debent, redimere possint.

21. Item redemptio illius anni quem in pane et aqua pœnitere debent.

22. De illis qui jejunare non possunt, et habent unde redimere possint.

23. De illis qui non possunt adimplere quod in Pœnitentiali scriptum est.

24. De illis qui jejunare non possunt, et non habent unde redimere possint.

25. De redemptione septem annorum.

26. Ut in capite Quadragesimæ omnes publice pœnitentes in civitatem veniant, et ante fores ecclesiæ nudis pedibus, et cilicio induti, episcopo suo se repræsentent.

27. Ut pœnitentes, quando pœnitentiam petunt, impositionem manuum consequantur.

28. Qua auctoritate modus pœnitentiæ peccata confitentibus imponi debeat.

29. Quod diversitas culparum diversitatem faciat pœnitentiarum.

30. Quod multi sunt fructus pœnitentiæ.

31. Cur canones non perfecte præfigant pro unoquoque crimine tempus et mensuram pœnitentiæ.

32. De illis qui pœnitentiam sibi injunctam adimplere festinant.

33. Ut quotiescunque aliquis ad pœnitentiam accesserit, sacerdotes jejuniis et orationibus cum eis communicare debeant.

34. Quod contingat hominem interdum animi motu, interdum carnis fragilitate peccare.

35. Ut pœnitentia absque personæ acceptione injungatur.

36. De incestis occulte commissis.

37. Ut inter pœnitentes publice et absconse discretio servanda sit.

38. De illis qui negligunt pœnitentiam.

39. Ut pœnitentem ex corde magna exhilaratione sacerdotes suscipere debeant.

40. Ut secundum differentiam peccatorum, episcopi arbitrio, pœnitentiæ tempora decernantur.

41. De his qui jam peccare cessaverunt, et perfecte pœnituerunt, ut communio eis in ipsa pœnitentia concedatur.
42. De lapsis, quomodo eos fraterno affectu corripere et consolari debeant, ut non incidant in insidias diaboli, et desperent.
43. De lapsis in ordinibus sacris, si restaurari possint.
44. Quod anima multis gentibus nobilior sit deflenda, et multis urbibus preciosior, quodque non sit desperandum de venia.
45. Quod nullus a consolatione vulnerati fratris se subtrahere debeat.
46. De eadem re.
47. De eadem re.
48. De eadem re.
49. Post pœnitentiam neminem ad clericatum admittendum.
50. Gravibus criminibus implicitos ad clerum admissos, magnis vitiis involutos clericos officio non motos, comperit Gelasius.
51. De illis qui loca sanctorum sub prætextu religionis inconsulte peragrant.
52. De omni peccatore, quoties ceciderit, quod toties resurgere debeat.
53. Ut justum sit omni homini quod se reprehendat.
54. Ut nullus fratrem condemnet, antequam Deus illum dijudicet.
55. Quod justa obedientia justis muneribus remuneretur.
56. De illis qui ex industria peccant, et promittunt sibi quamdam impunitatem peccandi, propter largitionem eleemosynarum.
57. De his qui peracta pœnitentia ad pristina redeunt voluntabra.
58. De pœnitente femina, si, defuncto viro, aliis nubere præsumpserit.
59. Quod in danda pœnitentia, nulla sit personarum acceptio.
60. De illis qui peccata sua sine condigna pœnitentia sibi relaxari falluntur.
61. Quod tandiu laborare quisque debeat, donec possideat Christum.
62. Ut nullus episcopus seu presbyter alterius pœnitentem sine litteris sui episcopi suscipiat.
63. Ut pœnitentes, secundum canones, nisi peracta pœnitentia communicare non debeant.
64. Quod pro ethnico et publicano habendus sit qui pro peccato commisso pœnitere noluerit.
65. Quod a licitis se abstinere debeat qui illicita se commisisse meminerit.
66. Ut nullus post pœnitentiæ actionem ad militiam sæcularem redire debeat.
67. De illis qui relicto religionis proposito ad sæculum re eunt.
68. Quod nullus religiosus et sanctus careat peccato.
69. Ut pœnitentes a conviviis et ornamentis abstinere se debeant.

70. Ut presbyter pœnitentem non reconciliet, nisi episcopus suus jubeat.
71. Ut nullus ex ecclesiastico ordine per manus impositionem remedium accipiat pœnitendi.
72. Ut ordinati, in gravioribus peccatis deprehensi, non manus impositionem ut laici accipere debeant.
73. De clericis qui corporali delicto delinquunt, si restaurari possint.
74. De his qui altario Dei deserviunt, si subito flenda carnis fragilitate corruerint.
75. Quod conjugati in quadragesima abstinere debeant ab uxoribus.
76. De illis qui in quadragesimæ diebus carnem manducare præsumunt.
77. De fratre non peccante ad mortem, et ad mortem.
78. Quod difficile sit graviter peccanti sub gradu, manere in gradu.
79. De eadem re.
80. De eadem re.
81. De eadem re.
82. Quod post septem annos pœnitentem sacerdotem censura canonum in pristinum statum remeare præcipiat.
83. De populi necessario quod inultum soleat præterire.
84. De illis qui scabiem aut vermiculos comedunt, vel urinam bibunt.
85. De illis qui animalia a bestiis dilacerata vel laqueis strangulata comedunt.
86. De apibus, si hominem occiderint.
87. De porcis et gallinis, si sanguinem hominis comederint.
88. De illis qui carnem immundam vel morticinam comedunt.
89. De illis qui cibum immunda manu tactum comederunt, vel si canis aut aliquod animal immundum cibum tetigerit.
90. De illis qui sanguine vel aliquo immundo polluuntur.
91. De illis qui sanguinem aut semen biberint.
92. De piscibus mortuis in flumine inventis.
93. De clericis, si a dæmonio vexantur.
94. De illis qui parentum honorem non servant.
95. Quod pœnitenti nulla negotia exercere conveniat.
96. Ut sacerdotes nulli pœnitentiam injungant ex corde, sed ex auctoritate.
97. Ut unusquisque presbyter octo principalia vitia per ordinem sciat.
98. Ut sacerdotes diligenter examinent confitentium peccata.
99. Ut singuli presbyteri capitula auctoritativa habeant ad succurrendum pœnitentibus.
100. De presbyteris qui culpas peccantium reticent, vel minus digne pœnitentes ad reconciliationem adducunt.
101. De illis qui truncationes membrorum fecerint.

102. De eadem re.
103. De illis qui ducatum præstant, et deprædatores super Christianos ducunt.
104. De illis qui per amorem venefici fiunt.
105. De illis qui hæreticis, nescientes vel scientes, se in aliquibus commiscuerint.
106. De illis qui comedunt vel bibunt ab immundis animalibus tactum vel intinctum.
107. Quod diabolus internas cogitationes animæ non videat, sed ex motu corporis intelligat.
108. De eadem re.
109. De illis qui alios in culpa sua defendere nitun'ur.
110. De eadem re.
111. Ut pœnitentia conjugatis ex consensu detur.
112. Quot modis animæ defunctorum solvi debeant.
113. De nutriendis infirmis.
114. Quod non noceant præterita, si non placeant præsentia.
115. De illis qui hospites recipere neglexerint.
116. Ut clerici superflua pauperibus erogent.
117. De illo qui alicui fratri suum imputat peccatum, nisi prius seorsum eum arguerit.
118. De illis qui diu reticent peccata sua.
119. De illis qui aliquem in ira percusserint.
120. De illis qui ad feriendum hominem surrexerint, volentes eum occidere, sed non potuerunt.
121. De illis qui reticuerint peccatum fratris, quod est ad mortem.
122. Quod non liceat diacono alicui dare pœnitentiam.
123. Ut pœnitentia quæ dilata est, cum petita fuerit non negetur.
124. De illis qui despiciunt eos qui fideliter agapas faciunt.
125. De illis qui dicunt se non habere peccata.
126. De illis qui dicunt sanctos in oratione dominica, dimitte nobis debita nostra, non pro se sed pro aliis dicere.
127. De illis qui episcopis suis clam sua confitentur peccata, et postea negare voluerint.
128. De illis pœnitentibus qui attente leges pœnitentiæ exsequuntur.
129. De illis qui se affligunt de obitu charorum.
130. De illis qui sibi ipsis voluntarie mortem inferunt.
131. De eadem re.
132. De illis qui cum infidelibus cibum sumere præsumunt.
133. De illis qui apostatant, et ad idololatriam se

134. De eadem re.
135. De illis qui Christiana mancipia captivaverint.
136. De illis qui aream proximi sui incenderint.
137. De illis qui libidinose attrectaverint puellam aut mulierem.
138. De illis qui in balneo cum mulieribus se laverint.
139. De administratione xenodochii et decimæ.
140. Ut feminæ menstruatæ non offerant.
141. De illis feminis quæ ante mundum sanguinem ecclesiam intrant, et quæ nupserint his diebus.
142. Quod monachi sæcularibus pœnitentiam dare non debeant.
143. Ut pœnitentes ante peractam pœnitentiam non reconcilientur.
144. De illis qui ad confessionem veniunt, necesse est ut primum de livore invidiæ et avaritia interrogentur.
145. De illis qui soli Deo peccata sua confitenda esse affirmant.
146. De illis qui accipiunt pœnitentiam, et plus desiderant temporis constituti expletionem, quam peccati remissionem.
147. Quod secundum canonum et pœnitentialium statuta, pœnitentiæ dandæ sint.
148. Ut nullus injustas mensuras, et pondera injusta, et a civibus non collaudata, lucri causa dare præsumat.
149. De matre quæ infantem suum juxta ignem posuerat, et sua negligentia mortuus est.
150. De ordinatis, si ante vel post ordinationem in criminalibus peccatis deprehensi fuerint.
151. De viris ordinatis quorum occulta peccata sunt.
152. De illis feminis quæ menstruosum suum sanguinem, et semen sui viri, et testam hominis combusserint, et hæc omnia viro suo ad potandum dederint.
153. Ut nullus alius præsumat pœnitentiam dare vel confessionem audire, nisi episcopus aut presbyter.
154. De eadem re.
155. De temporibus quibus se continere debeant conjugati ab uxoribus.
156. De femina quæ sponte filium suum occiderit.
157. De illis qui in Dominico die nupserint.
158. De illis qui confessa iterant.
159. De pœnitentia fidelium, ut confessio illorum non publice fiat, sed privatim.

Indicis capitulorum finis.

BURCHARDI
WORMACIENSIS ECCLESIÆ EPISCOPI
DECRETORUM LIBER DECIMUS NONUS
DE POENITENTIA.

ARGUMENTUM LIBRI.

Liber hic Corrector vocatur et Medicus, quia correctiones corporum et animarum medicinas plene continet, et docet unumquemque sacerdotem, etiam simplicem, quomodo unicuique succurrere valeat, ordinato vel sine ordine, pauperi, diviti, puero, juveni, seni, decrepito, sano, infirmo, in omni ætate et in utroque sexu.

CAP. PRIMUM. — *Quo tempore presbyteri plebium, canonica auctoritate, discordantes ad pacem, et delinquentes ad pœnitentiam compellere debeant.*

(*Ex Pœnitentiali Romano.*) Hebdomada priori ante initium Quadragesimæ, presbyteri plebium convocent ad se populum, et discordantes canonica auctoritate reconcilient, et omnia jurgia sedent, et tunc primum confitentibus pœnitentiam dent; ita ut, antequam caput jejunii veniat, omnes confessi pœnitentiam acceptam habeant, ut liberius dicere possint : Dimitte nobis debita nostra, sicut et nos dimittimus debitoribus nostris.

CAP. 2. — *Quomodo sacerdotes plebem sibi commissam tempore pœnitudinis admonere et instruere debeant.*

(*Ex dictis Augusti.*) Presbyteri admonere debent plebem sibi subjectam, ut omnis qui se sentit mortifero peccati vulnere sauciatum, feria quarta ante Quadragesimam cum omni festinatione recurrat ad vivificatricem matrem Ecclesiam, ubi, quod male commisit, cum omni humilitate et contritione cordis simpliciter confessus, suscipiat remedia pœnitentiæ secundum modum canonicis auctoritatibus præfixum. Non solum autem ille qui mortale aliquid commisit, sed etiam omnis homo quicunque se recognoscit immaculatam Christi tunicam, quam in baptismo accepit, peccati macula polluisse, ad proprium sacerdotem festinet venire, et cum puritate mentis omnes transgressiones, omnia peccata, quibus Dei offensam se incurrisse meminit, humiliter confiteatur : et quidquid ei a sacerdote fuerit injunctum, ac si ab ipso omnipotentis Dei ore esset prolatum, ita diligenter intendat, et cautissime observet.

Episcopi vel presbyteri, quando fidelium recipiunt confessiones, humiliare se debent, et cum tristitiæ gemitu lacrymisque orare, non solum pro suis delictis, sed etiam pro fratris casu. Ait enim Apostolus : « Quis infirmatur, et ego non infirmor? » Cum ergo venerit aliquis ad sacerdotem confiteri peccata sua, mandet ei sacerdos ut exspectet modicum donec intret Ecclesiam, aut in cubiculum suum ad orationem. Si autem locus non est aptus ad hoc, in corde suo dicat hanc orationem.

CAP. 3. — *Oratio sacerdotis dicenda ad pœnitentiam venientibus.*

Domine, Deus omnipotens, propitius esto mihi peccatori, ut condigne tibi possim gratias agere, qui me indignum propter tuam misericordiam ministrum fecisti officii sacerdotalis, et me exiguum humilemque mediatorem constituisti ad orandum, et ad intercedendum ad Dominum nostrum Jesum Christum Filium tuum pro peccatis, et ad pœnitentiam revertentibus. Ideoque, dominator Domine, qui omnes homines vis salvos fieri, et ad agnitionem veritatis venire, qui non vis mortem peccatorum, sed ut convertantur et vivant, suscipe orationem meam, quam fundo ante conspectu clementiæ tuæ, pro famulis et famulabus tuis qui ad pœnitentiam venerunt, ut des illis spiritum compunctionis, ut resipiscant a diaboli laqueis, a quibus astricti tenentur, et ad te per condignam satisfactionem revertantur. Per eumdem Dominum nostrum Jesum Christum filium tuum, etc.

CAP. 4. — *De confessione, et pœnitentia, et reconciliatione, et interrogatione illorum qui peccata sua confiteri desiderant, et ordo ad pœnitentiam eis dandam.*

Tunc sacerdos blande leniterque interroget eum primum de fide qualiter credat, et dicat :

(*Ex Pœnitentiali Romano.*) Credis in Deum Patrem, et Filium, et Spiritum sanctum ? Respon. Credo. Credis quod istæ tres personæ unus Deus sit ? Respon. Credo. Credis quod in ipsa ista carne in qua nunc es, resurgere habes in die judicii, et recipere sive bonum sive malum quod gessisti ? Respon. Credo. Vis dimittere illis peccata qui in te peccaverunt, Domino dicente : « Si non remiseritis hominibus peccata eorum, nec Pater vester vobis dimittet peccata vestra ? » Respon. Volo. Et require ab eo diligenter si est incestuosus, aut suo seniori infidelis ; et si non vult incestum dimittere, non potes ei dare pœnitentiam : si autem vult, potes. His præmissis, pœnitentem alloqui affectuose debet sacerdos his verbis : Frater, noli erubescere peccata tua confiteri, nam et ego peccator sum, et fortassis pejora quam tu feceris habeo facta. Hæc idcirco admoneo, quia usitatum humani generis vitium est, ut beatus Gregorius dicit, et labendo peccatum committere, et commissum non confitendo prodere, sed negando defendere, atque convictum defendendo multiplicare. Et qui diabolo instigante nefanda crimina perpetrare non metuimus, hæc eadem, quæ opere absque ulla verecundia perfecimus, eodem suadente saltem verbis erubescimus confiteri, et coram homine qui similis nostri est, eisdemque fortasse passionibus subjacet, confundimur dicere quod coram Deo, qui omnia inspicit, absque ullo mentis rubore committere non formidavimus, detrectatione detestanda. Sponte ergo fateamur, quod nullo cogente commisimus. Si vero nos nostra scelera celaverimus, ab illo manifestabuntur qui et accusator est peccati et incentor. Ipse enim hic nos ut peccemus instigat, ipse cum peccaverimus accusat ; si ergo in hac vita preveniamus eum, et ipsi nostri sceleris accusatores simus, nequitias diaboli inimici nostri, et accusatoris effugiemus, Paulo teste, qui ait : « Si nosmetipsos judicaremus, non utique dijudicaremur. »

CAP. 5. — *Videns autem eum sacerdos verecundantem, rursum prosequatur : Fortas is, charissime, non omnia quæ gessisti ad memoriam modo veniunt. Ego te interrogabo, tu cave ne, diabolo suadente, aliquid celare præsumas. Et tunc eum ita per ordinem interroget.*

Fecisti homicidium voluntarie sine necessitate non in hoste, sed per tuam cupiditatem ut sua sibi tolleres, et sic eum interfecisti ? Si fecisti, XL dies continuos, quod vulgus carinam vocat, ita ut consuetudo est, in pane et aqua debes jejunare; et septem annos sequentes sic observes.

Primum annum post illos XL dies, totum a vino, medone, sagimine, et a caseo, et ab omni pingui pisce abstinere debes : nisi in illis festis diebus qui in illo episcopio a cuncto populo celebrantur. Et si sis in magno itinere, in regio hoste, vel in regali curte, vel in aliqua infirmitate detentus sis, tunc liceat tibi uno denario, vel pretio unius denarii, aut tres pauperes pascendo, tertiam feriam, quintam feriam, sabbatum redimere : ita tamen ut una re de illis tribus supradictis utaris, id est, aut vinum bibas, aut medonem, aut mellitam cervisiam. Postquam domum veneris, aut sanitati fueris restitutus, nullam licentiam habeas redimendi. Completo anni circulo ecclesiam introducaris, et pacis osculum tibi concedatur.

In secundo anno, et tertio, similiter jejunes, nisi quod tertiam feriam, quintam feriam, et sabbatum, potestatem habeas redimendi prænominato pretio, ubicunque es. Cætera omnia diligenter observes, ut in primo.

Per singulos quatuor annos qui remanent, tres A quadragesimas, per legitimas ferias debes jejunare. Primam ante Pascha cum cæteris Christianis, alteram ante festivitatem sancti Joannis Baptistæ, et si quid remanet, post adimpleas. Tertiam ante Nativitatem Domini, a vino, a medone, mellita cervisia, a carne, sagimine, et a caseo, et a pinguibus piscibus [abstineas].

Et in quatuor supradictis annis, tertia feria, quinta feria, et sabbato accipias quidquid velis. Secundam autem feriam, quartam, redimere poteris pretio jam supradicto. Sextam feriam semper observes in pane et aqua. Et his expletis, sacram communionem accipias, ea ratione ut non sis sine pœnitentia quandiu vivas, sed in omni vita tua omnes sextas ferias in pane et aqua pœniteas, et, si redimere volueris, potestatem habeas redimendi uno denario, vel pretio unius denarii, vel pascas tres pauperes.

Ista secundum misericordiam concedimus tibi, non secundum canonum censuram : quia canones sic præcipiunt : Si quis per industriam et per cupiditatem homicidium fecerit, sæculum relinquat, et ingrediatur monasterium monachorum, et ibi jugiter Deo serviat.

Fecisti homicidium pro vindicta parentum ? XL dies, quod carinam vocant, pœniteas, cum septem sequentibus annis, quia Dominus dicit : « Mihi vindicta, et ego retribuam. »

Si fecisti homicidium nolens, ita ut in ira tua aliquem percutere velles, et non occidere, tamen occidisti, XL dies, id est, carinam in pane et aqua pœniteas, et septem sequentes annos. Sed in primo anno, tertiam feriam, quintam feriam, sabbatum redimere poteris, singulas singulis denariis, vel pretio unius denarii, vel tres pauperes pascendo, Reliquos autem sex annos ita observa, sicut de homicidiis sponte commissis constitutum est.

Fecisti homicidium in bello, jussu legitimi principis, qui pro pace hoc fieri jusserat, et interfecisti tyrannum qui pacem pervertere studuit ? tres quadragesimas per legitimas ferias pœniteas. Si autem aliter fuerit, id est, sine jussu legitimi principis, ut homicidium sponte commissum pœniteas, id est carinam unam cum septem sequentibus annis.

Occidisti tu liber servum senioris tui, qui nihil in te peccavit, sed jussu senioris tui ? XL dies, id est carinam in pane et aqua cum septem sequentibus annis pœniteas, et senior tuus similiter, nisi servus sit fur aut latro, et [senior] pro pace aliorum fieri præcipiat.

Si autem tu servus conservum tuum jussu domini tui occidisti, dominus tuus quadraginta dies, id est carinam, in pane et aqua cum septem sequentibus annis pœnitere debet, et tu tres quadragesimas, per legitimas ferias, excepto nisi pro pace communi fieret.

Consiliatus es homicidium et non fecisti, et occisus est homo propter illud consilium ? XL dies, id est carinam, in pane et aqua, cum septem sequentibus annis pœniteas.

Explorasti vel speculatus es aliquem hominem, et sic tradidisti illum in manus inimicorum suorum, et occisus est? XL dies, id est carinam in pane et aqua pœniteas, et septem sequentes annos ita observes ut consuetudo est.

Fuisti cum aliis qui pugnaverunt contra aliquem, aut in domo propria, aut in alterius domo, aut aliquo loco ubi se defendere speraverat, et lapidem in eum projecisti, aut sagittam, aut spiculum aliquod adversus eum misisti, et occidere voluisti, et non est a te percussus, nec vulneratus, tamen ab aliis cum quibus eum impugnabas, occisus est? XL dies, id est, carinam in pane et aqua pœniteas, et septem sequentes annos ita observes ut consuetudo est.

Fecisti parricidium, id est interfecisti patrem, matrem, fratrem, sororem, patruum, avunculum, materteram, amitam, vel aliquod tale fecisti? si casu, non sponte, neque in ira tua percutere voluisti, sed casu evenit, ut homicidium sponte commissum pœnitere debes. Si autem ex industria, et in ira tua fecisti, istud observare debes, ut per unius anni circulum ante fores basilicæ orans Domini clementiam perseveres. Completo anni circulo, introducaris in Ecclesiam. Tamen in angulo Ecclesiæ, usque dum unius anni spatium finiatur, stes. His ita peractis, si pœnitentiæ fructus in te conspicitur, corporis et sanguinis Domini particeps fias, ut non obdureris desperatione. Carnem non manduces omnibus diebus vitæ tuæ. Jejunes autem usque ad nonam quotidie, exceptis festis diebus atque dominicis. Abstineas autem te a vino, medone, mellita cervisia tres dies per hebdomadam. Arma portare non audeas, nisi contra paganos. Et ubicunque ire volueris, nullo vehiculo deducaris, sed pedibus propriis pergas. Ab uxore, si habeas, non separeris: si autem non habueris, aliam non ducas. Tempus autem hujus pœnitentiæ, in episcopi tui sit arbitrio, ut, secundum conversationem tuam, aut extendere vel minuere, valeat.

Fecisti homicidium casu, ita ut nullum occidere velles, vel ferire voluisses in ira tua, sive virga seu ferro, sive aliquo genere flagelli, sed tu simpliciter ibas, aut in silvam venatum, et feram sagittare voluisti, et sic improvise, te nolente et nesciente, pro fera occidisti?

Aut si jocatus fuisti cum aliquibus aliquem ludum, et aliquam rem, sive aviculam, sive quoddam aliud animal, vel in ludo aliquid sagitta, vel baculo, vel lapide percutere voluisti, et sic aut fratrem, aut filium tuum, aut aliquem hominem interfecisti;

Aut si stabas in loco publico, sive in curticula tua, sive in loco alio, et petram propter jocum projiciebas in illum locum ubi nullum vidisti, et nulli insidiatus es, et tamen occidisti aliquem;

Aut si aliquis te coegerat ut secum luderes, et tu fortior fuisti, eum subtus te stravisti, aut ipse te, et si, a tuo vel a suo cultello, vulneratus, mortuus est;

Aut si, tu operi necessario dum instabas, securis fugerat de manu tua, aut ferrum lapsum est de manubrio, et socium et amicum tuum percusserat, et occisus est? si ista fecisti, aut alia horum similia, et nullam malam voluntatem adversus supradictas personas, vel istorum similes habuisti, quadraginta dies, quod vulgus carinam vocat, ita ut consuetudo est, jejunes: et quinque sequentes annos pœniteas. Abstinentia autem ciborum in istis quinque annis misericorditer tribuatur, ita ut in primo anno illas tres ferias, tertiam, quintam, sabbatum redimere possis uno denario, vel pretio unius denarii: vel tres pauperes pascendo. Et in alio anno omnes ferias, excepta sexta feria, quam semper in pane et aqua jejunare debes, potestatem habeas redimendi prætaxato pretio. Et sic reliquos annos observare debes.

Si autem cum fratre tuo, vel cum socio ibas in silvam ad succidenda ligna, et, appropinquante casura unius arboris, tu dicebas fratri vel socio ut fugeret, et ille fugiens sub arbore oppressus est, innocens eris a morte ipsius.

Si autem ex incuria tua vel negligentia, dum ille juxta te aliam arborem incideret, tu non præmonuisti eum in tempore, ut prævideret casuram arboris, et sic ex tua incuria oppressus est et mortuus: tunc debes pœnitere ut homicida, sed tamen multo levius quam illud quod ex industria factum est.

Occidisti seniorem tuum, vel in concilio fuisti, ut occideretur, vel uxorem tuam, partem corporis tui? duo consilia proponimus tibi; elige horum duorum quod tibi charius sit. Istud unum est: Relinque istud fragile sæculum, et ingredere monasterium, et humiliare sub manu abbatis: et cuncta quæ tibi ab eo fuerint imperata, simplici animo observa.

Secundum autem consilium tale est: Arma depone, et cuncta sæcularia negotia dimitte, carnem et sagimen omnibus diebus vitæ tuæ non comedas, excepto uno die Resurrectionis Domini, et uno die Pentecostes, et uno die Natalis Domini. Cæteris temporibus in pane et aqua, et interdum leguminibus et oleribus pœniteas. In jejuniis, in vigiliis, et orationibus, et eleemosynis persevera omni tempore. Vinum, et medonem, et mellitam cervisiam nunquam bibas, nisi in illis prædictis tribus diebus. Uxorem ne ducas, concubinam non habeas, adulterium non facias, absque spe conjugii in perpetuo maneas. Nunquam te laves in balneo, equum non ascendas, causam tuam et alterius in conventu fidelium non agas. In conviviis lætantium nunquam sedeas. In ecclesia segregatus ab aliis Christianis, post ostium humiliter stes. Ingredientium et egredientium orationibus suppliciter te commendes. Communione sacri corporis et sanguinis Domini cunctis diebus vitæ tuæ indignum te existimes. In ultimo autem termino vitæ tuæ, pro viatico, si observaveris consilium, ut accipias, tibi concedimus.

Occidisti, aut in consilio fuisti ut occideretur

pœnitens qui publice pœniteret, et in ipso vestitu vel habitu esset quo solent illi esse qui carinam jejunant? si fecisti idipsum, debes jejunare quod ipse inceperat, et hoc totum observare quod retro præceptum est de his qui homicidia sponte et per cupiditatem commiserunt.

Fecisti truncationem manuum, aut pedum, aut oculos fratris tui eruisti, aut vulnerasti aliquem? pro truncatione, quia proximum et fratrem tuum debilem et sibi inutilem fecisti, nisi pro furto, aut pro latrocinio, sive pro pace communi fecisses, unum annum graviter pœnitere debes. Pro vulnere autem, si grave est, et cicatrices deformes habuerit, eo quod proximum tuum et fratrem deformem reddideris, quadraginta dies in pane et aqua pœnitere debes.

Interfecisti furem aut latronem, ubi comprehendi poterat absque occisione, et tamen interfecisti? quia ad imaginem Dei creatus, et in nomine ejus baptizatus, et sanguine ejus redemptus est, XL dies non intres in Ecclesiam, lanea veste indutus, ab escis et potibus qui interdicti sunt, et a toro, a gladio et ab equitatu illos supradictos dies te abstineas. In tertia autem feria, et in quinta et in sabbato aliquo genere leguminum, vel oleribus et pomis, vel parvis pisciculis cum mediocri cervisia utere, et temperate. Si autem sine odii meditatione, te tuaque liberando, diaboli membrum interfecisti, secundum indulgentiam dico, propter imaginem Dei, si aliquid jejunare volueris, bonum est tibi, et eleemosynas largiter fac. Si presbyter eadem fecerit, non deponatur : tamen, quandiu vivat, pœnitentiam agat.

Accusasti aliquem, et per tuam accusationem occisus est, nisi pro pace? quadraginta dies in pane et aqua, quod carinam vocant, cum septem sequentibus annis pœnitere debes. Si autem per tuam delaturam debilitatus est, tres quadragesimas per legitimas ferias pœnitere debes.

Cepisti aliquem, et tradidisti eum in talem locum ubi aut occisus est, aut membra ejus truncata? similiter jejunare debes, quamvis dicas quod non ea ratione eum illuc traderes ut vel debilitaretur vel occideretur.

Occidisti tu ipse, aut aliquis per tuum consilium aliquem ex ecclesiasticis viris Deo dicatis, aut psalmistam, aut ostiarium, aut lectorem, aut exorcistam aut acolythum, aut subdiaconum, aut diaconum, aut presbyterum? Si fecisti, singulos ordines, singulos gradus singulariter pœnitere debes. Ita faciendum est tibi, ut pro Psalmista, XL dies in pane et aqua, quod Teutonice carina vocatur, cum septem sequentibus annis pœniteas. Pro ostiario similiter, pro lectore similiter, pro exorcista similiter, pro acolytho similiter, pro subdiacono similiter, pro diacono similiter, pro presbytero similiter : quia omnis presbyter octo ordines habet. Quapropter, omnis qui interfecerit voluntarie presbyterum, ita debet pœnitere, ut octo homicidia sponte commissa, et nunquam debet esse sine pœnitentia. Tamen, secundum Wormaciense consilium, ita debes pœnitere : Si sacerdotem voluntarie occideris, carnem non manduces, et vinum non bibas cunctis diebus vitæ tuæ. Jejunes quotidie usque ad vesperam, exceptis diebus festis, atque Dominicis, arma non feras, equum non ascendas, ecclesiam per quinquennium non ingrediaris, sed ante fores ecclesiæ stes. Post quinquennium ecclesiam ingredere, nondum vero communices, sed in angulo ecclesiæ stes vel sedeas. Cum autem fuerit duodecimi anni circulus finitus, communicandi tibi licentia concedatur, et equitandi tribuatur remissio. Maneas autem in reliquis observationibus tres dies per hebdomadam, ut perfectius purificari mereáris.

De perjurio.

Fecisti perjurium pro cupiditate? XL dies in pane et aqua, quod vulgus carinam vocat, et septem sequentes annos ita observes ut consuetudo est. Et quandiu vivas, omnes sextas ferias in pane et aqua jejunes. Et si redimere volueris, uno denario, vel pretio unius denarii, vel tres pauperes pascendo, potestatem habeas redimendi. Tamen Pœnitentialis Romanus præcipit : Si quis per cupiditatem se pejeraverit, omnes res suas vendat, et pauperibus distribuat, et monasterium ingressus, jugi pœnitentia se subdat.

Fecisti perjurium sciens, et alios in perjurium adduxisti? XL dies in pane et aqua, quod vulgus carinam vocat, pœnitere debes, et septem sequentes annos, ita ut consuetudo est, observare debes. Et tot perjuria debes jejunare, quot homines sciens ad perjurium adduxisti, et ipsi sua perjuria emendent, ut supra notatum est, si scientes fecerunt. Sin autem, levius.

Fecisti perjurium coactus, et pro necessitate, aut pro vita tua? quia dilexisti corpus plus quam animam, quadraginta dies, id est carinam, in pane et aqua pœnitere debes, et omnes sextas ferias quæ sunt in unius anni circulo, in pane et aqua pœniteas, et non redimas.

De otioso juramento.

Promisisti meretrici vel adulteræ juramento fidem, aut aliquid tale cum juramento promisisti, quod contra jus canonum esset? pœniteas juramentum, et frange jusjurandum, et illud melius et justius est quam permanere in stupri flagitio aut in alio aliquo malo, quia scriptum est : « Injusta vota frangenda sunt. »

Si jurasti per capillum Dei, aut per caput ejus, vel alio modo blasphemia contra Deum usus fueris, si semel nesciens fecisti, septem dies in pane et aqua pœniteas. Si secundo vel tertio, increpatus, fecisti, XV dies in pane et aqua pœniteas. Si per cœlum aut per terram, sive per solem vel per lunam, aut per aliam aliquam creaturam, XV dies in pane et aqua pœniteas.

Si sacramento te obligasti ut ad pacem alicujus inimici tui nullo modo redires, pro perjurio annum unum a corpore et sanguine Domini sis segregatus, et XL dies in pane et aqua pœniteas : ad charitatem vero, quæ operit multitudinem peccatorum, celeriter redi.

Si definisti, vel juramento te obfirmasti aliquid agere quod Deo non placeret, juxta modum peccati pœnitentiam age, et hoc quod temere et injuste definisti, in irritum revocetur. Si aliquid te incaute jurasse contigerat, quod observatum pejorem verteretur in exitum, juxta synodalia decreta mutandum decernimus, [potius] quam te permanente in juramento, in aliud crimen majus devertaris.

De furto.

Furatus es aliquid de ecclesiastico thesauro infra ecclesiam, sive aurum, sive argentum, sive gemmas, sive libros, sive pallia altaris, sive sacerdotalia vestimenta; sive vela, sive tapetia, sive aliquid quod ad ecclesiæ usum vel datum est, vel factum est? si fecisti, redde quod tulisti, et tres carinas cum septem sequentibus annis pœniteas. Si ipsas sacras reliquias furatus es, reportatis sacris, septem carinas jejunare debes.

Si infregisti alicujus Christiani domum per noctem, et ibi tulisti ejus quadrupedia, id est aut equum aut bovem, aut alia ejus animalia, aut fortiorem causam valentem quadraginta solidos, pretium redde, et annum unum per legitimas ferias pœnitere debes. Si autem non reddis, duos annos per legitimas ferias pœnitere debes. Si majus furtum fecisti, magis debes pœnitere. Et si sæpe fecisti, tanto magis debes augere pœnitentiam. Si parvum furtum fecisti, decem dies in pane et aqua debes pœnitere : pueri quinque dies in pane et aqua pœniteant.

De rapina.

Si rapinam fecisti, gravius debes pœnitere : quia miserabilius est quod per vim se vidente rapuisti, quam quod sibi, dormiente vel absente, furatus es. Si fecisti furtum necessitatis causa, sic dico, ut non haberes unde viveres, et propter famis penuriam, et tantum furatus es victualia extra ecclesiam, et non propter consuetudinem fecisti, redde quod tulisti, et tres sextas ferias in pane et aqua pœniteas. Si autem reddere non poteris, decem dies in pane et aqua pœniteas.

De adulterio.

Mœchatus es cum uxore alterius, tu non habens uxorem? XL dies in pane et aqua, quod in communi sermone carina vocatur, cum septem sequentibus annis pœniteas.

Si mœchatus es tu uxoratus cum alterius uxore, quia habuisti quomodo impleres tuam libidinem, duas carinas, cum quatuordecim sequentibus annis pœnitere debes, unam quia super uxorem tuam alteram habuisti, ecce unum adulterium : habuisti etiam alterius uxorem, ecce aliud adulterium, et nunquam debes esse sine pœnitentia.

De fornicatione.

Si tu solutus ab uxore cum femina vacante stuprum perpetrasti, decem dies in pane et aqua pœniteas, si cum propria ancilla, similiter pœniteas.

Si dimisisti uxorem tuam, et aliam duxisti, accipe priorem uxorem, et carinam unam in pane et aqua cum septem sequentibus annis pœniteas, quia scriptum est : « Quod Deus conjunxit, homo non separet. » Nulli licet uxorem suam dimittere, nisi causa fornicationis, id est, si ipsa adulterium cum alio perpetraverit ; tunc licet illam dimittere propter fornicationem, sed illa vivente aliam non ducere. Sed si sic privati voluerint permanere, ut neuter illorum se super alterum de discidio proclamaverit, maneant sic. Si autem se de discidio proclamaverint, tunc primum episcopus peracta inter eos pœnitentia id est post septennem pœnitentiam, si petierint, debet eos reconciliare. Eadem lex erit marito adversus uxorem, si ipse adulterium perpetraverit, et si ipsa voluerit, propter fornicationem potest maritum dimittere, eadem ratione qua supra, de uxore adulterium perpetrante dictum est.

Accepisti uxorem, et non fecisti nuptias publice, et non venisti ad ecclesiam tu et uxor tua, et non accepistis benedictionem a sacerdote, sicut in canonibus scriptum est, et non dotasti eam dote qualicunque potuisti, sive terra, sive mobilibus rebus, auro, argento, vel mancipiis, vel animalibus, vel juxta possibilitatem tuam : postremo, vel denario, vel pretio unius denarii, vel pretio unius oboli, tantum ut dotata fieret? Si non fecisti, tres Quadragesimas per legitimas ferias pœnitere debes.

Fecisti fornicationem cum sanctimoniali, id est cum sponsa Christi? Si fecisti, XL dies in pane et aqua, quod carinam vocant, cum septem sequentibus annis pœniteas, et quandiu vivas, omnes sextas ferias in pane et aqua observes.

Si corrupisti virginem, et postea eamdem suscepisti uxorem, eo quod solas nuptias, quod maximum est, violasti, annum unum per legitimas ferias pœniteas. Si autem non duxisti eam post corruptionem uxorem, duos annos per legitimas ferias pœniteas.

Accepisti illam tibi uxorem, quam alter sibi desponsatam habuerat? dimitte illam, quia nunquam potest tibi fieri legitima, et XL dies in pane et aqua, quod carinam vocant, cum VII sequentibus annis pœniteas.

Rapuisti uxorem tuam, et vi sine voluntate mulieris, vel parentum in quorum mundiburdio tenebatur, illam adduxisti? Si fecisti ; nec illam habere debes, secundum canonum auctoritatem, nec aliam unquam canones te habere concedunt. Si autem illa consentiens non fuerat, in Domino licentiam habeat nubendi. Tu autem XL dies, id est, carinam, in pane et aqua pœniteas, et VII sequentes annos : et, quia legitima conjugia Dei præcepto sunt ordinata, et quia ex duobus corporibus unum ex Dei jussu conficitur, et quia non debet fieri legitimum conjugium nisi ex consensu amborum et parentum, tu, qui sanctum illud constitutum turbasti et violasti, sine spe conjugii permaneas.

Contigit tibi ut uxor tua te conscio et hortante cum alio viro, illa autem nolente adulterium perpetraret? Si fecisti, XL dies, id est, carinam, in pane et aqua pœniteas et septem annos, unum ex his in pane et aqua pœniteas, et nunquam sis sine pœnitentia. Si autem uxor tua hoc probare potuerit, quod tua culpa et tuo jussu, se renuente et reluctante, adulterata sit, si se continere non potest, nubat cui voluerit, tantum in Domino. Tu autem sine uxoria spe in perpetuo permaneas. Illa autem si consentiens fuerat, eadem jejunet quæ tibi proposita sunt, et sine spe conjugii permaneat.

Accepisti uxorem cognatam tuam, vel quam cognatus habuit? separari debes ab ea, et pœnitere juxta modum cognationis : quia sancti Patres et sancta illorum statuta incestis conjunctionibus nil prorsus veniæ reservant, neque numerum generationum definiunt. Sed id statuerunt, ut nulli Christiano liceat de propria consanguinitate seu cognatione uxorem accipere, usque dum generatio recordaretur, cognosceretur, aut memoria retineretur. Quia sanctus Gregorius dicit : « Si quis de propria cognatione, vel quam cognatus habuit in conjugium duxerit, anathema sit. » Quapropter scire debes quia non est ita ut multi sacerdotes multos seducunt, dicentes quod in ipso peccato pœnitentia esse possit. Verbi gratia, si tu modo haberes cognatam tuam, vel uxorem alterius, vel aliquid tale quod licitum non esset, et velles in eo peccato permanere, et tamen in pœnitentia esse : verbi gratia, si hodie quadraginta dies in pane et aqua pro uno quolibet peccato peractos haberes in pœnitentia, et iterares prius peccatum, nihil valeret pœnitentia quam fecisti, juxta id quod dicitur : « Sicut canis qui redit ad vomitum suum, et sues ad volutabra sua, » ita erit et peccatori qui redit ad peccatum prius confessum. Quapropter scias vere, dum in ipso peccato fueris, pœnitentia ejusdem peccati nihil valet.

De abusione conjugii.

Concubuisti cum uxore tua vel cum alia aliqua retro, canino more? Si fecisti, decem dies in pane et aqua pœniteas.

Junxisti te uxori tuæ menstruo tempore? si fecisti, decem dies in pane et aqua pœniteas. Mulier tua si intraverit ecclesiam ante mundum sanguinem post partum, tot dies pœniteat, quot ecclesia carere debuerat. Si autem concubuisti cum ea his diebus, viginti dies in pane et aqua pœniteas.

Concubuisti cum uxore tua postquam infans motum in utero fecerat? vel saltem XL dies ante partum? Si fecisti, XX dies in pane et aqua pœniteas.

Concubuisti cum uxore tua post manifestatam conceptionem? decem dies in pane et aqua pœniteas.

Concubuisti cum uxore tua die dominica? quatuor dies in pane et aqua pœnitere debes?

Coinquinatus es cum uxore tua in Quadragesima? XL dies in pane et aqua pœnitere debes, aut XXVI solidos in eleemosynam dare. Si per ebrietatem evenit, XX dies in pane et aqua pœniteas. Viginti dies ante Natalem Domini, et omnes dies Dominicos, et in omnibus legitimis jejuniis, et in natalitiis apostolorum, et in præcipuis festis et in publicis, castitatem debes custodire. Si autem non custodisti, XL dies in pane et aqua pœniteas.

De falso testimonio.

Fuisti in falso testimonio, ita dico ut testimoniares et affirmares hoc verum esse quod falsum erat, et hoc fecisti propter amorem alicujus, sive per præmium, sive propter timorem? Si fecisti, ita debes pœnitere sicut adulterium, et homicidia sponte commissa, Domino dicente : « De corde enim exeunt homicidia, adulteria, furta, falsa testimonia. » Et ideo debet similiter pœnitere et excommunicari falsus testis, sicut adulter, et fur, et homicida. Si propter timorem fecisti illius a quo timere potuisti, et membra perdere, aut vitam, et ad ultimum bona tua, tunc divide pœnitentiam, et postea prævide ne tibi ulterius contingat.

De arte magica.

Violasti sepulcrum, ita dico, dum aliquem videres sepelire, et in nocte infringeres sepulcrum et tolleres vestimenta ejus? Si fecisti, II annos per legitimas ferias pœniteas.

Consuluisti magos, et in domum tuam induxisti exquirendi aliquid arte malefica, aut expiandi causa, vel, paganorum consuetudinem sequens, divinos qui tibi divinarent, ut futura ab eis requireres quasi a propheta, et illos qui sortes exercent, vel qui per sortes sperant se futura præscire, vel illos qui vel auguriis vel incantationibus inserviunt, ad te invitasti? Si fecisti, duos annos per legitimas ferias pœniteas.

Si observasti traditiones paganorum, quas, quasi hæreditario jure diabolo subministrante, usque in hos dies semper patres filiis reliquerunt, id est ut elementa coleres, id est lunam aut solem, aut stellarum cursum, novam lunam, aut defectum lunæ, ut tuis clamoribus aut auxilio splendorem ejus restaurare valeres, aut illa elementa tibi succurrere aut tu illis posses, aut novam lunam observasti pro domo facienda aut conjugiis sociandis? Si fecisti, duos annos per legitimas ferias pœniteas, quia scriptum est : « Omne quodcunque facitis in verbo et in opere, omnia in nomine Domini nostri Jesu Christi facite. »

Observasti Kalendas Januarias ritu paganorum, ut vel aliquid plus faceres propter novum annum quam antea, vel post soleres facere, ita dico ut aut mensam tuam cum lapidibus vel epulis in domo tua præparares eo tempore, aut per vicos et per plateas cantores et choros duceres, aut supra tectum domus tuæ sederes, ense tuo circumsignatus, ut ibi videres et intelligeres quid tibi in sequenti anno futurum esset? vel in bivio sedisti supra taurinam cutem, ut et ibi futura tibi intelligeres? vel si panes prædicta nocte coquere fecisti tuo nomine, ut, si bene elevarentur, et spissi et alti fierent, inde prosperitatem tuæ vitæ eo anno prævideres? Ideo, quia Deum creatorem tuum dereliquisti, et ad idola et ad illa vana te convertisti, et apostata effectus es, duos annos per legitimas ferias pœniteas.

Fecisti ligaturas, et incantationes, et illas varias fascinationes quas nefarii homines, subulci, vel bubulci, et interdum venatores faciunt, dum dicunt diabolica carmina super panem aut super herbas, et super quædam nefaria ligamenta, et hæc aut in arbore abscondunt, aut in bivio aut in trivio projiciunt, ut aut sua animalia vel canes liberent a peste et a clade, et alterius perdant? Si fecisti, duos annos per legitimas ferias pœniteas.

Interfuisti, aut consensisti vanitatibus quas mulieres exercent in suis lanificiis, in suis telis, quæ, cum ordiuntur telas suas, sperant se utrumque posse facere, cum incantationibus et cum aggressu illarum, ut et fila staminis, et subtegminis in invicem ita commisceantur [ut], nisi his iterum aliis diaboli incantationibus econtra subveniant, totum pereat? Si interfuisti, aut consensisti, triginta dies pœniteas in pane et aqua.

Collegisti herbas medicinales, cum aliis incantationibus cum symbolo et Dominica oratione, id est cum Credo in Deum et Pater noster cantando. Si aliter fecisti, decem dies in pane et aqua pœniteas.

Venisti ad aliquem locum ad orandum nisi ad ecclesiam vel ad alium locum religiosum quam episcopus tuus vel tuus sacerdos tibi ostenderet, id est vel ad fontes, vel ad lapides, vel ad arbores, vel ad bivia, et ibi aut candelam aut faculam pro veneratione loci incendisti, aut panem aut aliquam oblationem illuc detulisti, aut ibi commedisti, aut aliquam salutem corporis aut animæ ibi requisisti? Si fecisti, aut consensisti, tres annos per legitimas ferias pœniteas.

Requisisti sortes in codicibus vel in tabulis, ut plures solent, qui in Psalteriis et in Evangeliis, vel in aliis hujuscemodi rebus sortiri præsumant? Si fecisti, decem dies pœniteas in pane et aqua.

Credidisti unquam vel particeps fuisti illius perfidiæ, ut incantatores et qui se dicunt tempestatum immissores esse, possent per incantationem dæmonum aut tempestates commovere aut mentes hominum mutare? Si credidisti, aut particeps fuisti, annum unum per legitimas ferias pœniteas.

Credidisti aut particeps fuisti illius incredulitatis, ut aliqua femina sit quæ per quædam maleficia et incantationes mentes hominum permutare possit, id est aut de odio in amorem, aut de amore in odium, aut bona hominum fascinationibus suis, aut damnare aut surripere possit? Si credidisti, aut particeps fuisti, unum annum per legitimas ferias pœniteas.

Credidisti ut aliqua femina sit quæ hoc facere possit quod quædam, a diabolo deceptæ, se affirmant necessario et ex præcepto facere debere, id est cum dæmonum turba in similitudinem mulierum transformatam, quam vulgaris stultitia holdam vocat, certis noctibus equitare debere super quasdam bestias, et in eorum se consortio annumeratam esse? Si particeps fuisti illius incredulitatis, annum unum per legitimas ferias pœnitere debes.

De sacrilegio.

Maledixisti patri vel matri tuæ, vel flagellasti eos, vel in aliquo dehonestasti? Si fecisti, quadraginta dies, unam carinam, in pane et aqua, cum septem sequentibus annis pœniteas, quia Dominus dixit : « Qui maledixerit patri suo, vel matri, morte moriatur. »

Tulisti aliquid de ecclesiastico thesauro? Si fecisti, in quadruplum restitue, aut tres annos per legitimas ferias pœniteas.

Duxisti aut transmisisti vel vendidisti aliquem hominem in captivitatem, nisi pro pace communi? Si fecisti, reduc eum si poteris : sin autem, duos annos per legitimas ferias pœniteas.

Concremasti domum vel aream alterius, odii meditatione? Si fecisti, redde damnum, et unum annum per legitimas ferias pœniteas.

De contemptu jejunii.

Solvisti jejunium in Quadragesima, antequam vespertinum celebraretur officium, nisi propter infirmitatem? Si fecisti, pro unoquoque die tres dies in pane et aqua pœnitere debes : quia canones præcipiunt quod in Quadragesima currendum sit ad missam, et auditis missarum solemnitatibus et vespertinis officiis, largitis eleemosynis, ad cibum accedendum esse. Si autem aliquis necessitate constrictus fuerit ut ad ecclesiam venire non possit, et missam audire non possit, æstimata vespertina hora, completa oratione, jejunium solvat.

Contempsisti indictam jejunium a sancta Ecclesia, et noluisti illud observare cum cæteris Christianis? XX dies in pane et aqua pœniteas.

Solvisti jejunium Quatuor temporum, et non custodisti illud cum cæteris Christianis? XL dies in pane et aqua pœniteas.

Jejunasti diem Dominicum propter abstinentiam et religionem? XX dies in pane et aqua pœniteas.

Si non observasti jejunium Litaniæ majoris, et dierum Rogationum, et vigiliarum sanctorum, XX dies in pane et aqua pœniteas.

Coegisti publice pœnitentem manducare et bibere ultra id quod sibi imperatum fuerat, nisi ad præsens pro eo eleemosynam dedisses? Si fecisti, decem dies in pane et aqua pœniteas.

Contempsisti aliquem cum tu jejunares, qui jejunare non poterat et manducabat? Si fecisti, quinque dies in pane et aqua pœniteas.

Solvisti jejunium in Cœna Domini, et in Sabbato

sancto, ut in illis duobus diebus frequentius comederes quam in reliquis Quadragesimæ diebus, excepto in cœna, vel infirmitatis causa? Si fecisti, decem dies in pane et aqua pœniteas.

De gula et ebrietate.

Habuisti in consuetudine ut plus comederes et biberes quam tibi necesse esset? Si fecisti, decem dies in pane et aqua pœniteas, quia Dominus dicit in Evangelio : « Videte ne graventur corda vestra in crapula et ebrietate. »

Bibisti unquam tantum, ut per ebrietatem vomitum faceres? Si fecisti, quindecim dies pœniteas in pane et aqua.

Inebriasti te unquam per jactantiam, ita dico ut gloriareris in hoc quod alios in potu vincere posses, et sic, per tuam vanitatem et per tuam exhortationem, te et alios ad ebrietatem perduxisti? Si fecisti, triginta dies pœniteas in pane et aqua.

Fecisti vomitum corporis et sanguinis Domini propter ebrietatem? Si fecisti, quadraginta dies in pane et aqua pœniteas.

Si per nequitiam alium inebriasti, XX dies in pane et aqua pœniteas. Si per bonam voluntatem, X dies in pane et aqua pœniteas.

De irreligiositate.

Neglexisti ut non acciperes corpus et sanguinem Domini, istis quatuor temporibus, id est in cœna Domini, et in Pascha, et in Pentecoste, et in Natali Domini, et totam Quadragesimam non te sustinuisti a coitu, et postea in aliis prædictis temporibus aut septem dies, aut quinque dies ante acceptionem sacri corporis Domini? Si ista neglexisti, XX dies in pane et aqua debes pœnitere.

Sprevisti missam vel orationem, vel oblationem conjugati presbyteri, ita dico ut nolles tua peccata sibi confiteri, vel ab eo accipere corpus et sanguinem Domini, ob hoc quia peccator tibi esse videretur? Si fecisti, unum annum per legitimas ferias pœniteas.

Item de arte magica.

Credidisti aut particeps fuisti illius incredulitatis, quod quædam sceleratæ mulieres retro post Satanam conversæ, dæmonum illusionibus et phantasmatibus seductæ, credunt et profitentur se nocturnis horis cum Diana paganorum dea, et cum innumera multitudine mulierum equitare super quasdam bestias, et multa terrarum spatia intempestæ noctis silentio pertransire, ejusque jussionibus velut dominæ obedire, et certis noctibus ad ejus servitium evocari? Sed utinam hæ solæ in perfidia sua perissent, et non multos secum in infirmitatis interitum pertraxissent! Nam innumera multitudo, hac falsa opinione decepta, hæc vera esse credit, et credendo a recta fide deviat, et in errore paganorum volvitur, cum aliquid divinitatis aut numinis extra unum Deum esse arbitratur. Sed diabolus transformat se in diversarum personarum species atque similitudines, et mentem, quam captivam tenet, in somnis deludens, modo læta, modo tristia, modo incognitas personas ostendens, per devia quæque deducit, et cum solus

spiritus hoc patitur, infidelis mens hæc non in animo, sed in corpore evenire opinatur. Quis enim non in somnis et nocturnis visionibus extra seipsum educitur, et multa videt dormiendo quæ nunquam viderat vigilando? Quis vero tam stultus et hebes sit qui hæc omnia, quæ in solo spiritu fiunt, etiam in corpore accidere arbitretur? Cum Ezechiel propheta visiones Domini in spiritu, non in corpore, vidit et audivit, sicut ipse dicit : « Statim, inquit, fui in spiritu. » Et Paulus non audet se dicere raptum in corpore. Omnibus itaque publice annuntiandum est quod qui talia et his similia credit, fidem perdit : et qui fidem rectam in Deo non habet, hic non est ejus, sed illius in quem credit, id est diaboli. Nam de Domino nostro scriptum est : « Omnia per ipsum facta sunt, et sine ipso factum est nihil. » Si credidisti has vanitates, duos annos per legitimas ferias pœniteas.

Observasti excubias funeris, id est interfuisti vigiliis cadaverum mortuorum ubi Christianorum corpora ritu paganorum custodiebantur, et cantasti ibi diabolica carmina, et fecisti ibi saltationes quas pagani diabolo docente adinvenerunt; et ibi bibisti, et cachinnis ora dissolvisti, et, omni pietate et affectu charitatis postposito, quasi de fraterna morte exsultare visus es? Si fecisti, XXX dies in pane et aqua pœniteas.

De superstitione.

Fecisti phylacteria diabolica, vel caracteres diabolicos quos quidam diabolo suadente facere solent, vel herbas, vel succinos; vel quintam feriam in honorem Jovis honorasti? Si fecisti vel consensisti, quadraginta dies in pane et aqua pœniteas.

Conspirasti cum aliis insidiatoribus contra episcopum tuum, aut adversus cooperatores suos, ita dico [ut] vel doctrinam vel præcepta tui episcopi vel presbyteri irrideres vel subsannares? Si fecisti, quadraginta dies in pane et aqua pœniteas.

Comedisti aliquid de idolothyto, id est de oblationibus quæ in quibusdam locis ad sepulcra mortuorum fiunt, vel ad fontes, aut ad arbores, aut ad lapides, aut ad bivia, aut portasti in aggerem lapides, aut capitis ligaturas ad cruces quæ in biviis ponuntur? Si fecisti, aut consentiens in aliquibus fuisti, triginta dies in pane et aqua pœniteas.

Item de arte magica.

Misisti filium tuum vel filiam super tectum aut super fornacem pro aliqua sanitate, vel incendisti grana ubi mortuus homo erat, vel cingulum mortui pro damno alicujus in nodos colligasti, vel pectines quibus mulierculæ lanam discerpere solent supra funus composuisti, vel, quando efferebatur funus e domo, plaustrum in duo divididisti, et funus per mediam divisionem plaustri asportare fecisti? Si fecisti, aut consentiens fuisti, XX dies in pane et aqua pœniteas.

Fecisti illas vanitates aut consensisti quas stultæ mulieres facere solent, [quæ,] dum cadaver mortui hominis adhuc in domo jacet, currunt ad aquam, et adducunt tacite vas cum aqua, et, cum sublevatur corpus mortui, eamdem aquam fundunt subtus feretrum, et hoc observant, dum extra domum asportatur funus; [ut] non altius quam ad genua elevetur, et hoc faciunt pro quadam sanitate? Si fecisti, aut consensisti, X dies in pane et aqua debes pœnitere.

Fecisti aut consensisti quod quidam faciunt homini occiso, cum sepelitur? Dant ei in manum unguentum quoddam, quasi illo unguento post mortem vulnus sanari possit, et sic cum unguento sepeliunt. Si fecisti, XX dies in pane et aqua pœniteas.

Fecisti aliquid vel dixisti in quocunque opere quod inchoasti, per sortilegam vel magicam artem, nisi Dei nomen invocasti? Si fecisti, X dies in pane et aqua debes pœnitere.

Fecisti aliquid tale quale pagani fecerunt et adhuc faciunt in Kalend. Januarii, in cervulo, vel in vegula? Si fecisti, triginta dies in pane et aqua pœniteas.

Detraxisti vel maledixisti alicui causa invidiæ? Si fecisti, septem dies in pane et aqua debes pœnitere.

Fecisti quod plures faciunt? Scopant locum ubi facere solent ignem in domo sua, et mittunt grana hordei adhuc loco calido : et, si salierint grana, periculosum erit ; si autem ibi permanserint, bonum erit. Si fecisti, decem dies in pane et aqua pœniteas.

Fecisti quod quidam faciunt; dum visitant aliquem infirmum : cum appropinquaverint domui ubi infirmus decumbit, si invenerint aliquem lapidem juxta jacentem, revolvunt lapidem, et requirunt in loco ubi jacebat lapis, si ibi sit aliquid subtus quod vivat, et si invenerint ibi lumbricum, aut muscam, aut formicam, aut aliquid quod se moveat, tunc affirmant ægrotum convalescere. Si autem nihil ibi invenerint quod se moveat, dicunt esse moriturum. Si fecisti, aut credidisti, viginti dies in pane et aqua pœniteas.

Fecisti pueriles arcus parvulos, et puerorum suturalia, et projecisti sive in cellarium sive in horreum tuum, ut satyri vel pilosi cum eis ibi jocarentur, ut tibi aliorum bona comportarent, et inde ditior fieres? Si fecisti, X dies in pane et aqua pœniteas.

Fecisti quod quidam faciunt in Kalendis Januari, id est in octava Natalis Domini ? Qui ea sancta nocte filant, nent, consuunt, omnes opus quodcunque incipere possunt, diabolo instigante, propter novum annum incipiunt? Si fecisti, quadraginta dies in pane et aqua pœniteas.

Item de adulterio.

Concubuisti cum sorore uxoris tuæ? Si fecisti, neutram habeas. Et si illa quæ uxor tua fuit, conscia sceleris non fuit, si se continere non vult, nubat in Domino cui velit. Tu autem et adultera sine spe conjugii permaneatis, et, quandiu vivatis, juxta præcepta sacerdotis, pœnitentiam agite.

Si absente uxore tua in lectum tuum, te nesciente et uxore tua ignorante, intravit soror uxoris tuæ, et tu putasti eam uxorem tuam esse, et concubuisti cum ea, si fecisti, pœnitentia peracta, legitimum tuum conjugium habere poteris. Illa autem adultera, digna vindicta debet affligi, et in æternum conjugio privari.

Item de fornicatione.

Fecisti fornicationem cum duabus sororibus, et soror sororem a te stupratam non intellexerat, et tu posteriorem, sororem prioris esse ignorasti? Si fecisti, septem annos per legitimas ferias debes pœnitere, et post potes uti legitimo conjugio. Et illæ sorores, si digne pœnituerint, et si se continere non valuerint, nubant in Domino. Si autem non ignoraverunt, usque ad mortem pœniteant, et se a conjugio abstineant.

Fecisti fornicationem cum aliqua femina, et frater tuus te sciente eamdem duxit uxorem? Si fecisti, eo quod fratrem tuum crimen celasti, septem annos per legitimas ferias pœniteas, et post pœnitentiam, tu et frater uxores accipere potestis tantum in Domino. Mulier autem usque ad mortem pœniteat, et sine spe conjugii permaneat.

Fecisti fornicationem cum filiastra tua? Si fecisti, nec matrem nec filiam poteris habere, nec tu poteris uxorem accipere, nec illa maritum, sed usque ad mortem pœnitere debetis. Uxor autem tua, si postquam cognovit quod cum filia sua adulterium perpetratum habuisti, tecum non concubuit, nubat in Domino, si voluerit.

Fecisti fornicationem cum noverca tua? Si fecisti, neque tu neque ipsa ulterius ad conjugium pervenire potestis. Pater autem tuus, si voluerit, aliam accipere potest.

Fecisti fornicationem cum uxore fratris tui? Si fecisti, pœnitere debetis; tu et ipsa usque ad mortem, et sine spe conjugii permanere. Frater autem tuus, si vult, aliam accipiat.

Fecisti fornicationem cum sponsa filii tui, et postea filius tuus duxit eam uxorem? Si fecisti, eo quod crimen celasti filium tuum, usque ad mortem pœniteas, et sine spe conjugii permaneas. Filius autem tuus, eo quod ignorabat peccatum tuum, si vult, aliam accipiat. Illa autem, pœnitentia peracta, sine spe conjugii permaneat.

Fecisti fornicationem cum matre tua? Si fecisti, XV annos per legitimas ferias pœniteas : unum ex his in pane et aqua, et absque spe conjugii permaneas, et nunquam sis sine pœnitentia. Mater autem tua, si consentiens non fuit, juxta arbitrium sacerdotis pœniteat : et si se continere non vult, nubat in Domino.

Fecisti fornicationem cum comatre tua? Si fecisti, separari debes ab ea, et quadraginta dies, id est carinam, in pane et aqua, cum septem sequentibus annis pœnitere.

Fecisti fornicationem cum filiola tua spirituali quam de fonte suscepisti, aut ad manus episcopi tenuisti? Si fecisti, separari debes ab ea, et XL dies, quod carinam vocant, cum septem sequentibus annis pœnitere.

De discidio conjugii.

Tenuisti filium tuum, vel filiam, vel filiastrum tuum, vel filiastram tuam, ad confirmationem, vel a fonte suscepisti, et ideo hoc fecisti ut discidium faceres inter te et uxorem tuam? Si episcopus aliud consilium inde facere noluerit, tunc separari debes ab uxore tua, et XL dies, quod carinam vocant, in pane et aqua cum septem sequentibus annis pœnitere debes, et nunquam debes esse sine pœnitentia, et sine spe conjugii debes permanere. Uxor autem tua, si se continere non potest, nubat in Domino.

Accepisti mulierem, et habuisti eam aliquod tempus, mensem, aut tres, aut postremo annum, et tunc primum dixisti te esse frigidæ naturæ, ita ut non potuisses coire cum ea nec cum alia aliqua: et si illa quæ uxor tua esse debuit, eadem affirmat quæ tu dicis: et si probari potest per rectum judicium, ita esse ut dicitis, separari potestis, tamen ea ratione ut, si tu post aliam acceperis, reus perjurii dijudiceris, et iterum, post peractam pœnitentiam, priora connubia renovare debetis. Illa autem si prior, post annum aut dimidium, ad episcopum aut ad ejus missum se proclamaverit, et dicit quod non cognovisses eam, et negat aliquam commixtionem inter vos esse: tu autem affirmas quod uxor tua sit, tibi credendum est, eo quod caput mulieris es: quia si se proclamare voluerat, cur tandiu tacuit? Cito et in parvo tempore scire mulier potuit si secum coire potuisses, si autem se statim in ipsa novitate, post mensem aut postremum post duos, se ad episcopum vel ad ejus missum proclamaverit, dicens: Volo mater esse, volo filios procreare, et ideo maritum accepi; sed quia vir quem accepi frigidæ naturæ est, non potest ea facere propter quæ eum accepi: si probari potest per rectum judicium, separari potestis, et illa nubat in Domino, si vult.

Item de fornicatione.

Fecisti fornicationem cum sorore tua? Si fecisti, X annos per legitimas ferias, unum ex his in pane et aqua pœniteas, et quandiu vivas, pœnitentiam agas, et sis sine spe conjugii. Soror autem tua, si consentiens non fuit, pœnitentia peracta, si se continere non potest, nubat in Domino.

Fecisti fornicationem cum amita vel matertera tua, vel cum uxore patrui vel avunculi tui? Si fecisti, decem annos per legitimas ferias pœnitere debes, unum ex his in pane et aqua, et quandiu vivas, sine pœnitentia non sis, et sine spe uxoria permanere debes, nisi episcopus aliquam misericordiam tibi concedere voluerit.

Fecisti fornicationem sicut Sodomitæ fecerunt, ita ut in masculi terga et in posteriora virgam tuam immitteres, et sic secum coires more Sodomitico? Si uxorem habuisti, et semel vel bis fecisti, X annos per legitimas ferias pœnitere debes, unum ex his in pane et aqua. Si in consuetudine habuisti, XII annos per legitimas ferias pœnitere debes. Si cum fratre tuo carnali idem scelus perpetrasti, XV annos per legitimas ferias pœnitere debes.

Si cum masculo intra coxas, ut quidam solent, fornicationem fecisti, ita dico, ut tuum virile membrum intra coxas alterius mitteres, et sic agitando semen effunderes? Si fecisti, XL dies in pane et aqua pœniteas.

Fecisti fornicationem, ut quidam facere solent, ita dico ut tu in manum tuam veretrum alterius acciperes, et alter tuum in suam, et sic alternatim veretra manibus vestris commoveretis, ut sic per illam delectationem semen a te projiceres? Si fecisti, triginta dies in pane et aqua pœniteas.

Fecisti solus tecum fornicationem, ut quidam facere solent, ita dico ut ipse tuum virile membrum in manum tuam acciperes, et sic duceres præputium tuum, et manu propria commoveres ut sic per delectationem semen a te projiceres? Si fecisti, X dies in pane et aqua pœniteas.

Fecisti fornicationem, ut quidam facere solent, ut tu tuum virile membrum in lignum perforatum, aut in aliquod hujusmodi mitteres, ut sic per illam commotionem et delectationem a te semen projiceres? Si fecisti, XX dies in pane et aqua pœniteas.

Dedisti osculum alicui feminæ per immundum desiderium, et sic te polluisti? Si fecisti, tres dies in pane et aqua pœnitere debes. Si intra ecclesiam hoc contigerat, XX dies in pane et aqua pœniteas.

Fecisti fornicationem contra naturam, id est ut cum masculis vel cum animalibus coires, id est cum equa, cum vacca, vel cum asina, vel cum alio aliquo animali? Si semel vel bis fecisti: et si uxorem non habuisti, quod adimplere tuam libidinem potuisses, quadraginta dies, in pane et aqua, quod carinam vocant, cum septem sequentibus annis pœnitere debes, et nunquam sis sine pœnitentia. Si autem uxorem habuisti, decem annos per legitimas ferias pœnitere debes. Si autem in consuetudine habuisti illud scelus, XV annos per legitimas ferias pœnitere debes. Si in pueritia tibi contigerat, C dies in pane et aqua debes pœnitere.

Si autem servus est qui hæc fecerit, et uxoratus, et cum animalibus peccat, si cum scopis bene castigatur, tres annos per legitimas ferias pœniteat. Si autem servus sine uxore hæc fecerit, item verberibus castigatus, duos annos per legitimas ferias pœniteat. Si autem talis est servus ut gratis verbera pati non velit, et est tam digna persona, ita pœniteat ut ille qui ingenus est.

De illicitis cibis.

Comedisti scabiem corporalem pro aliqua sanitate, aut bibisti propter solutionem vermiculos qui pediculi vocantur, vel bibisti urinam humanam, sive stercora aliqua comedisti pro sanitate aliqua? Si fecisti, XX dies in pane et aqua pœniteas.

Comedisti morticina, id est animalia quæ a lupis seu a canibus dilacerabantur, et sic mortua inventa sunt? Si fecisti, X dies in pane et aqua pœnitere debes.

Comedisti aves quas oppresserat accipiter, et non prius occidisti eas ferro aliquo? Si fecisti, V dies in pane et aqua pœniteas.

Comedisti aves et animalia quæ in retibus strangulantur, et sic mortua inveniuntur? Nisi in necessitate famis feceris, X dies in pane et aqua debes pœnitere.

Comedisti piscem qui mortuus est in flumine inventus? Nisi eo die a piscatoribus tactus est, et sic mortuus, et eodem die inventus? Si fecisti, tres dies in pane et aqua pœniteas.

De fraude.

Fecisti falsitatem, vel fraudem aliquam in mensuris, aut in ponderibus, ita dico, ut falso modio, aut cum ponderibus injustis tua bona venderes aliis Christianis? Si fecisti, aut consensisti, viginti dies in pane et aqua pœnitere debes.

De incestu.

Si obtrectasti turpitudinem, tu conjugatus alicujus feminæ, ita dico, si mamillas et ejus verenda obtrectasti. Si fecisti, quinque dies in pane et aqua pœniteas. Si autem non fuisti conjugatus, duos dies in pane et aqua pœniteas.

Lavisti te in balneo cum uxore tua, et aliis mulierculis, et vidisti eas nudas, et ipsæ te? Si fecisti, tres dies in pane et aqua debes pœnitere.

De hospitalitate.

Venerunt ad te hospites tempore necessitatis, et non recepisti eos in domum tuam, et non fecisti cum eis misericordiam, sicut Dominus præcepit? Si non fecisti, quinque dies in pane et aqua pœniteas.

Item de sacrilegio.

Incendisti Ecclesiam, aut consensisti? Si fecisti, Ecclesiam restitue, et precium tuum, id est wiregeldum tuum pauperibus distribue, et XV annos per legitimas ferias pœniteas.

Retinuisti oblationes mortuorum, ita ut Ecclesiis tradere noluisses? Si fecisti, unum annum per legitimas ferias pœniteas.

Celebrasti Pascha, Pentecosten, Natalem Domini in alio loco, nisi in illa civitate cui tu subjectus es, nisi infirmitate te impediente? Si fecisti, X dies in pane et aqua pœniteas.

De excommunicatis.

Habuisti aliquam communionem cum excommunicato, te sciente ita dico, ut simul cum eo orares in Ecclesia, aut in aliquo loco, aut salutasti eum, ita ut ei ave diceres, aut eum in domum reciperes, aut ei aliquam humanitatem præbuisti, clam, vel aperte, nisi eodem tempore, vel eodem itinere tecum ad satisfactionem ire vellet, et tunc unam noctem, vel duas, vel quantum iter possit perfici, seorsum ab aliis posito ei dedisti victui necessaria? Si aliter fecisti, tunc et tu similiter excommunicatus es, sicut et ille, et debes quadraginta dies in pane et aqua, quod carinam vocant, cum septem sequentibus annis pœnitere.

De oblatione.

Detraxisti, vel retinuisti aliquid de oblationibus, quæ Deo oblatæ sunt in mancipiis, in terris, sylvis, vineis, utensilibus, vestimentis, et in reliquis possessionibus, et quæ Ecclesiis sine dubio Christo qui earum sponsus est oblata sunt, vel testamento Ecclesiis ab aliquo fideli relicta? Si fecisti, vel consensisti, quadraginta dies in pane et aqua debes pœnitere.

De decimis.

Neglexisti decimam tuam Deo dare, quam Deus ipse sibi dari constituit, id est non dedisti ei decimam de cunctis fructibus tuis, quos tu ad tuos usus colligere desiderasti, vel collegisti, et de cunctis tuis animalibus, et decimum animal quod Deo debueras dare, et quod suum erat, illud pejori commutasti? Si fecisti vel consensisti, Deo quod suum erat in quadruplum prius restitue, et viginti dies in pane et aqua debes pœnitere.

Item de rapina.

Oppressisti pauperes qui tibi vicini erant, qui se defendere non poterant, vel eorum bona, illis nolentibus, tulisti? Si fecisti, redde illis sua, et triginta dies in pane et aqua pœniteas.

Item de irreligiositate.

Fecisti quod quidam facere solent? Post prandium vadunt ad missam, et ipsi saturi et vinolenti, a sacerdote pro populo offerente signum pacis accipere præsumunt. Si fecisti, tres dies in pane et aqua pœniteas.

Accepisti corpus et sanguinem Domini post aliquam parvissimam degustationem? Si fecisti, et semel et illud in pueritia, nisi pro viatico fecisti, decem dies in pane et aqua pœnitere debes.

Fecisti quod quidam facere solent, dum ad Ecclesiam venerint, in primis parum labia commovent quasi orent propter alios circumstantes, vel sedentes, et statim ad fabulas et ad vaniloquia festinant; et cum presbyter eos salutat, et hortatur ad orationem, illi autem ad fabulas suas revertuntur, non ad responsionem, nec ad orationem. Si fecisti, decem dies in pane et aqua pœnitere debes.

De consensu in malo.

Reticuisti peccatum fratris quod erat usque ad mortem, neque corripuisti eum, nec exhortatus es eum, ut resipisceret, nec succurristi fratri sub onere jacenti? Si fecisti, tam diu pœniteas quam diu reticuisti.

Defendisti reos propter misericordiam vel propter amicitiam, et in hoc immisericors fuisti innocentibus? Si fecisti, triginta dies in pane et aqua pœniteas.

Fecisti tibi missam cantare, et illa sancta offerre dum domi fueras, sive in domo tua, sive in alio aliquo loco, nisi in Ecclesia? Si fecisti, decem dies in pane et aqua pœnitere debes.

De incredulis.

Credidisti quod quidam credere solent? Dum iter aliquod faciunt, si cornicula ex sinistra eorum in dexteram illis cantaverit, inde se sperant habere prosperum iter. Et dum anxii fuerint hospitii, si tunc avis illa, quæ muriceps vocatur, eo quod mures capiat, et inde pascatur nominata, viam per quam vadunt ante se transvolaverit, se illi augurio et omini magis committunt quam Deo. Si fecisti, aut ista credidisti, quinque dies in pane et aqua debes pœnitere.

Credidisti quod quidam credere solent? Dum necesse habent ante lucem aliorsum exire, non audent, dicentes quod posterum sit, et ante galli cantum egredi non liceat, et periculosum sit eo quod immundi spiritus ante gallicinium plus ad nocendum potestatis habeant, quam post, et gallus suo cantu plus valeat eos repellere et sedare, quam illa divina mens quæ est in homine sua fide et crucis signaculo? Si fecisti aut credidisti, decem dies in pane et aqua debes pœnitere.

Credidisti quod quidam credere solent, ut illæ quæ a vulgo parcæ vocantur, ipsæ, vel sint, vel possint hoc facere quod creduntur; id est, dum aliquis homo nascitur, et tunc valeant illum designare ad hoc quod velint ut quandocunque ille homo voluerit, in lupum transformari possit, quod vulgaris stultitia weruvolff vocat, aut in aliam aliquam figuram? Si credidisti, quod unquam fieret aut esse possit, ut divina imago in aliam formam aut in speciem transmutari possit ab aliquo, nisi ab omnipotente Deo, decem dies in pane et aqua debes pœnitere.

Credidisti quod quidam credere solent, quod sint agrestes feminæ, quas sylvaticas vocant, quas dicunt esse corporeas, et quando voluerint ostendant se suis amatoribus, et cum eis dicunt se oblectasse, et item quando voluerint, abscondant se et evanescant? Si credidisti, decem dies in pane et aqua pœniteas.

In istis omnibus supradictis debent sacerdotes magnam discretionem habere, ut discernant inter illum qui publice peccavit et publice pœnituit, et inter illum qui absconse peccavit et sua sponte confessus est.

Quamvis hæ prædictæ interrogationes feminis et viris sint communes, tamen hæ sequentes specialiter ad feminas pertinent.

Fecisti quod quædam mulieres in quibusdam temporibus anni facere solent: ut in domo tua mensam præparares, et tuos cibos, et potum cum tribus cultellis supra mensam poneres, ut si venissent tres illæ sorores, quas antiqua posteritas et antiqua stultitia parcas nominavit, ibi reficerentur, et tulisti divinæ pietati potestatem suam, et nomen suum, et diabolo tradidisti, ita, dico, ut crederes illas quas tu dicis esse sorores, tibi posse, aut hic aut in futuro prodesse? Si fecisti, aut consensisti, unum annum per legitimas ferias pœniteas.

Fecisti quod quædam mulieres facere solent, ut faceres quoddam molimen aut machinamentum in modum virilis membri, ad mensuram tuæ voluntatis, et illud loco verendorum tuorum, aut alterius, cum aliquibus ligaturis colligares, et fornicationem faceres cum aliis muliereculis, vel aliæ eodem instrumento, sive alio, tecum? Si fecisti, quinque annos per legitimas ferias pœniteas.

Fecisti quod quædam mulieres facere solent, ut jam supradicto molimine, vel alio aliquo machinamento, tu ipsa in te solam faceres fornicationem? Si fecisti, unum annum per legitimas ferias pœniteas.

Fecisti quod quædam mulieres facere solent, quando libidinem se vexantem extinguere volunt, quæ se conjungunt quasi coire debeant et possint, et conjungunt in invicem puerperia sua, et sic confricando pruritum illarum extinguere desiderant? Si fecisti, tres quadragenas per legitimas ferias debes pœnitere.

Fecisti quod quædam mulieres facere solent, ut cum filio tuo parvulo fornicationem faceres, ita dico, ut filium tuum supra turpitudinem tuam poneres, ut sic imitareris fornicationem? Si fecisti, duos annos per legitimas ferias debes pœnitere.

Fecisti quod quædam mulieres facere solent, ut succumberes aliquo jumento, et illud jumentum provocares ad coitum, qualicunque posses ingenio, ut sic coiret tecum? Si fecisti, carinam unam in pane et aqua, cum septem sequentibus annis pœniteas, et nunquam sis sine pœnitentia.

Fecisti quod quædam mulieres facere solent, quæ, dum fornicantur et partus suos necare volunt, agunt ut utero conceptum excutiant suis maleficiis et suis herbis, ita ut aut conceptum interficiant aut excutiant, vel si nondum conceperunt, faciunt ut non concipiant? Si fecisti, aut consensisti, aut docuisti, decem annos per legitimas ferias pœnitere debes. Sed antiqua definitio usque ad exitum vitæ tales ab Ecclesia removet. Nam quoties conceptum impedierat, tot homicidiorum rea erit. Sed distat multum, utrum paupercula sit, et pro difficultate nutriendi, vel fornicaria causa, et pro sui sceleris cælandi faciat.

In concilio autem Hilerdensi de supradictis qui infantes suos ex adulterio susceptos excutiant ita præcipitur.

Hi vero qui male conceptos ex adulterio factos, vel editos necare studuerint, vel in ventribus matrum potionibus aliquibus colliserint, in utroque sexu adulteris, id est patri vel matri, post septem annorum curricula communio tribuatur : ita tamen ut omni tempore vitæ suæ fletibus et humilitati insistant.

Donasti vel ostendisti alicui, ut conceptum suum vel excuteret, aut occideret? Si fecisti, septem annos per legitimas ferias pœnitere debes.

Excussisti conceptum tuum antequam vivificaretur? Si fecisti, unum annum per legitimas ferias pœnitere debes : fecisti post conceptum spiritum, tres annos per legitimas ferias pœnitere debes.

Interfecisti filium vel filiam voluntarie post partum? Si fecisti, XII annos per legitimas ferias pœnitere debes, et nunquam debes esse sine pœnitentia.

Neglexisti infantem tuum, ut per culpam tuam sine baptismo moreretur? Si fecisti, unum annum per legitimas ferias pœnitere debes, et nunquam sis sine pœnitentia.

Confecisti aliquam mortiferam potionem, et cum ea aliquem occidisti? Si fecisti, carinam unam cum septem sequentibus annis jejunare debes, et nunquam sis sine pœnitentia. Si voluisti autem et non perfecisti homicidium, annum unum per legitimas ferias pœnitere debes.

Gustasti de semine viri tui, ut propter tua diabolica facta plus in amorem tuum exardesceret? Si fecisti, septem annos per legitimas ferias pœnitere debes.

Bibisti chrisma ad subvertendum Dei judicium, vel aliquid in herbis vel in verbis, vel in ligno, vel in lapide, aut in aliqua stulta fide, vel ipsa fecisti, vel aliis consiliata es, aut in ore tuo tenuisti, aut in vestimentis tuis insutum, vel circa te ligatum habuisti, vel qualicunque ingenio faceres, ut crederes divinum judicium subvertere posse? Si fecisti, septem annos per legitimas ferias pœnitere debes.

Fecisti quod quædam mulieres facere solent et firmiter credunt, ita dico, ut si vicinus ejus lacte vel apibus abundaret, omnem abundantiam lactis et mellis quam suus vicinus ante se habere visus est ad se et ad sua animalia, vel ad quos voluerint a diabolo adjutæ, suis fascinationibus et incantationibus se posse convertere credant? Si fecisti, tres annos per legitimas ferias pœniteas.

Credidisti quod quædam credere solent, ut quamcunque domum intraverint, pullos aucarum, pavonum, pullos gallinarum, etiam porcellos, et aliorum animalium fœtus, verbo, vel visu, vel auditu, obfascinare et perdere posse affirment? Si fecisti vel credidisti, unum annum per legitimas ferias debes pœnitere.

Credidisti quod multæ mulieres retro Satanam conversæ credunt et affirmant verum esse, ut credas inquietæ noctis silentio cum te collocaveris in lecto tuo, et marito tuo in sinu tuo jacente, te dum corporea sis januis clausis exire posse, et terrarum spacia cum aliis simili errore deceptis pertransire valere, et homines baptizatos, et Christi sanguine redemptos, sine armis visibilibus et interficere, et decoctis carnibus eorum vos comedere, et in loco cordis eorum stramen aut lignum, aut aliquod hujusmodi ponere, et commestis, iterum vivos facere, et inducias vivendi dare? Si credidisti, quadraginta dies, id est carinam in pane et aqua cum septem sequentibus annis pœniteas.

Credidisti quod quædam mulieres credere solent, ut tu cum aliis diaboli membris item inquietæ noctis silentio clausis januis in aerem usque ad nubes subleveris, et ibi cum aliis pugnes, et ut vulneres alias, et tu vulnera ab eis accipias? Si credidisti, duos annos per legitimas ferias pœniteas.

Fecisti quod quædam mulieres facere solent? Tollunt piscem vivum, et mittunt eum in puerperium suum, et tam diu eum ibi tenent, donec mortuus fuerit, et, decocto pisce vel assato, maritis suis ad comedendum tradunt, ideo faciunt hoc, ut plus in amorem earum exardescant? Si fecisti, duos annos per legitimas ferias pœniteas.

Fecisti quod quædam mulieres facere solent? Prosternunt se in faciem, et discoopertis natibus, jubent ut supra nudas nates conficiatur panis, et eo decocto tradunt maritis suis ad comedendum. Hoc ideo faciunt, ut plus exardescant in amorem illarum? Si fecisti, duos annos per legitimas ferias pœniteas.

Posuisti infantem tuum juxta ignem, et alius caldariam supra ignem cum aqua misit, et ebullita aqua superfusus est infans, et mortuus est. Tu autem qui infantem septem annos in tua custodia debuisti habere, tres annos per legitimas ferias pœnitere debes. Ille autem qui aquam in caldarium misit, innocens erit.

Fecisti quod quædam mulieres facere solent, diabolicis adimpletæ disciplinis? Quæ observant vestigia et indagines Christianorum, et tollunt de eorum vestigio cespitem, et illum observant, et inde sperant sanitatem aut vitam eorum auferre? Si fecisti aut consensisti, quinque annos per legitimas ferias pœnitere debes.

Fecisti quod quædam mulieres facere solent? Tollunt menstruum suum sanguinem, et immiscent cibo vel potui, et dant viris suis ad manducandum, vel ad bibendum, ut plus diligantur ab eis? Si fecisti, quinque annos per legitimas ferias pœniteas.

Fecisti quod quædam mulieres facere solent? Tollunt testam hominis, et igni comburunt, et cinerem dant viris suis ad bibendum pro sanitate? Si fecisti, unum annum per legitimas ferias pœniteas.

Comedisti vel bibisti alicujus animalis sanguinem? Si fecisti, quinque dies in pane et aqua pœniteas.

Fecisti quod quædam mulieres facere solent? Illæ dico quæ habent vagientes infantes, effodiunt terram, et ex parte pertusant eam, et per illud foramen pertrahunt infantem, et sic dicunt vagientis infantis cessare vagitum. Si fecisti aut consensisti, quinque dies in pane et aqua pœniteas.

Fecisti quod quædam mulieres instinctu diaboli facere solent? Cum aliquis infans sine baptismo mortuus fuerit, tollunt cadaver parvuli, et ponunt in aliquo secreto loco, et palo corpusculum ejus transfigunt, dicentes, si sic non fecissent, quod infantulus surgeret, et multos lædere posset? Si fecisti, aut consensisti, aut credidisti, duos annos per legitimas ferias debes pœnitere.

Fecisti quod quædam facere solent, diaboli audacia repletæ? Cum aliqua femina parere debet, et non potest, dum parere non potest, in ipso dolore si morte obierit, in ipso sepulcro matrem cum infante palo in terram transfigunt. Si fecisti vel consensisti, duos annos per legitimas ferias debes pœnitere.

Oppressisti infantem tuum sine voluntate tua, aut pondere vestimentorum tuorum suffocasti, et hoc post baptismum factum fuerat? Si fecisti, XL dies, id est, carinam in pane et aqua, et oleribus, atque leguminibus pœniteas, et a conjuge te abstineas donec illi XL dies pertranseant; post, tres annos per legitimas ferias, et tres quadragesimas in anno observes. Quod si ante baptismum infans oppressus fuerit, proximos XL dies, ut supra præceptum est, pœniteas. Postea vero quinquennium expleas.

Invenisti infantem tuum juxta te oppressum, ubi tu et vir tuus simul in lecto jacuistis, et non apparuit utrum a patre, seu a te suffocatus esset, an propria morte defunctus esset. Non debetis inde securi esse, nec esse sine pœnitentia. Sed tamen in his magna consideratio debet esse pietatis, ubi nulla mala voluntas fuit, sed propria mors. Tamen propter negligentiam, XL dies in pane et aqua debetis pœnitere. Si autem vos non latet interfectores esse infantis, non voluntate, sed negligentia, tres annos per legitimas ferias pœnitere debetis, unum ex his in pane et aqua, et tempore pœnitudinis ab omni luxuria vos custodire debetis.

Exercuisti lenocinium aut in te ipsa, aut in aliis, ita dico, ut tu meretricio more tuis amatoribus corpus tuum ad tractandum et ad sordidandum, pro precio tradidisses, seu quod crudelius est et periculosius est, alienum corpus, filiæ dico, vel neptis, et alicujus Christianæ, amatoribus vendidisti, vel concessisti, vel internuncia fuisti, vel consiliata es ut stuprum aliquod tali modo perpetraretur? Si fecisti, sex annos per legitimas ferias pœniteas. Tamen in concilio Eliberlano præcipitur, ut ille qui hæc perpetraverit, nisi in fine non accipiat communionem.

Fecisti quod quædam mulieres facere solent? Cum infans noviter natus est, et statim baptizatus, et sic mortuus fuerit, dum sepeliunt eum, in dexteram manum ponunt ei patenam ceream cum oblata, et in sinistram manum calicem cum vino similiter cereum ponunt ei, et sic eum sepeliunt. Si fecisti, decem dies in pane et aqua pœnitere debes.

Fecisti quod quædam mulieres adulteræ facere solent? Cum primum intellexerint quod amatores earum legitimas uxores voluerint accipere, tunc quadam arte malefica libidinem virorum extinguunt, ut legitimis prodesse non possint, neque cum eis coire. Si fecisti aut alios docuisti, XL dies in pane et aqua pœnitere debes.

Obtulisti infantem tuum ad baptizandum, nisi legitimo tempore, id est in sabbato Paschæ, et in sabbato Pentecostes, nisi infirmitatis necessitate? Si fecisti, decem dies in pane et aqua debes pœnitere.

Neglexisti visitare infirmos, et non venisti ad eos qui in carcere erant, et non subministrasti eis? Si non fecisti, decem dies in pane et aqua pœniteas.

Comedisti carnem in quadragesima? Si fecisti, in ipsius anni circulo ab omni esu carnium te abstineas.

Comedisti de cibo Judæorum, vel aliorum paganorum, quem ipsi sibi præparaverunt? Si fecisti, decem dies in pane et aqua pœniteas.

Fecisti quod quidam facere solent? Dum ad Ecclesiam vadunt, in ipsa via proferunt suas vanitates, et loquuntur otiosa, nec in eadem via cogitant aliquid quod ad animæ utilitatem pertineat; et cum venerint in atrium Ecclesiæ ubi sepulta sunt corpora fidelium, et dum calcaverint sepulcra proximorum non recordantur quid eis futurum sit, nec ullam mentionem, nec ullas preces pro eis ad Dominum fundunt, quod facere debuerunt. Si neglexisti, decem dies in pane et aqua pœniteas, et vide ulterius ne tibi contingat. Sed quandocunque in atrium Ecclesiæ intraveris, ora pro eis, et roga illas sanctas animas quarum corpora ibi requiescunt, ut possint pro tuis peccatis ad Dominum in

Operatus es aliquid in Dominica die? Si fecisti, tres dies in pane et aqua pœnitere debes.

Fecisti quod quædam mulieres facere solent? Deponunt vestimenta sua, et totum corpus nudum melle inungunt, et sic mellito suo corpore supra triticum in quodam linteo in terra deposito, sese hac atque illac sæpius revolvunt, et cuncta tritici grana, quæ humido corpori adhærent, cautissime colligunt, et in molam mittunt, et retrorsum contra solem molam circuire faciunt et sic in farinam redigunt, et de illa farina panem conficiunt, et sic maritis suis ad comedendum tradunt, ut comesto pane marcescant et deficiant? Si fecisti, quadraginta dies in pane et aqua pœniteas.

Fecisti quod quædam mulieres facere solent? Dum pluviam non habent, et ea indigent, tunc plures puellas congregant, et unam parvulam virginem quasi ducem sibi præponunt, et eamdem denudant, et extra villam ubi herbam jusquiamum inveniunt, quæ Teutonice belisa vocatur, sic nudatam deducunt, et eamdem herbam, eamdem virginem sic nudam minimo digito dextræ manus eruere faciunt, et radicitus erutam cum ligamine aliquo, ad minimum digitum dextri pedis ligare faciunt. Et singulæ puellæ singulas virgas in manibus habentes, supradictam virginem herbam post se trahentem in flumen proximum introducunt, et cum eisdem virgis virginem flumine aspergunt, et sic suis incantationibus pluviam se habere sperant. Et post eamdem virginem sic nudam transpositis et mutatis in modum cancri vestigiis, a flumine ad villam, inter manus reducunt? Si fecisti aut consentiens fuisti, viginti dies in pane et aqua debes pœnitere.

CAP. 6. — *De admonitione octo principalium vitiorum, et eorum speciebus.*

(*Ex Pœnitentiali Theod.*) Nunc tibi octo principalia vitia explicabo. Si in illis te percussum, tactum et vulneratum sentis, vide ne me cales, id est, superbiam, vanam gloriam, invidiam, iram, tristitiam, avaritiam, ventris ingluviem, luxuriam. Ex quibus si te culpabilem recognoscis, pœnitentiam suscipe, nam ex his omnia vitia oriuntur.

De superbia, quæ initium omnis peccati est, et regina omnium malorum, nascitur omnis inobedientia, omnis præsumptio, et omnis pertinacia, contentiones, hæreses, arrogantia.

De vana gloria, jactantia, arrogantia, indignatio, discordia, inanis gloriæ cupido, et hypocrisis.

De invidia, nascitur odium, susurratio, detractio, exultatio in adversis proximi, afflictio in prosperis.

De ira oriuntur rixæ, tumor mentis, contumeliæ, clamor, indignatio, præsumptio, blasphemiæ, sanguinis effusio, homicidia, ulciscendi cupiditas, injuriarum memoria.

De tristitia nascitur malitia, rancor animi, pusillanimitas, amaritudo, desperatio, torpor, vagatio mentis, sæpe etiam et præsentis vitæ nulla delectatio.

De avaritia oriuntur invidiæ, furta, latrocinia, homicidia, mendacia, perjuria, rapinæ, violentiæ, inquietudo, injusta judicia, contemptus veritatis futuræ, beatitudinis oblivio, obduratio cordis.

De ventris ingluvie propagatur inepta lætitia, scurrilitas, levitas, vaniloquium, immundicia corporis, instabilitas mentis, ebrietas, libido, hebetudo sensus.

De luxuria generatur cæcitas mentis, inconsideratio, inconstantia oculorum, vel totius corporis præcipitatio, amor immoderatus sui, odium mandatorum Dei, affectus præsentis sæculi, horror et desperatio futuri.

CAP. 7. — *Item de virtutibus quibus eadem vitia superari possint, et de conclusione pœnitentiæ.*

Ergo si superbus usque modo fuisti, humilia teipsum in conspectu Dei. Si vanam gloriam dilexisti, cogita ne propter transitoriam laudem, æternam perdas mercedem. Si invidiæ rubigo te hucusque consumpsit, quod est peccatum maximum, et super omnia detestabile: quia diabolo comparatur invidus, qui primo homini invidit datum, quod ipse per suam culpam perdiderat, age pœnitentiam, et profectum aliorum tuum deputa. Si tristitia te superat, patientiam et longanimitatem meditare. Si avaritiæ morbus te gravat, cogita quia radix est omnium malorum, et idololatriæ comparatur, et ideo largum te esse oportet. Si ira te vexat, quæ in stultorum sinu requiescit, dominari debes animo tuo, et hanc a te mentis tranquillitate fuga. Si ventris ingluvies te ad devorandum pertrahit, sobrietatem sectare. Si luxuriæ, castitatem vove.

Tunc prosternat se pœnitens in terram, et cum lacrymis dicat: Et in his, et in aliis vitiis, quibuscunque humana fragilitas contra Deum et creatorem suum, aut cogitando, aut loquendo, aut operando, aut delectando, aut concupiscendo peccare potest, in omnibus me peccasse, et reum in conspectu Dei super omnes homines esse cognosco, et confiteor.

Humiliter etiam te sacerdos Dei exposco, ut intercedas pro me, et pro peccatis meis ad Dominum et creatorem nostrum, quatenus de his et omnibus sceleribus meis veniam et indulgentiam consequi merear.

Deinde sacerdos cum pœnitente prosternat se in terram, et decantet hos sequentes Psalmos.

In primis dicat Psalmum trigesimum septimum totum, Domine ne in furore tuo: et postea dicat, Oremus, et cantet Psalmum CII: Benedic, anima mea, Domino; et iterum dicat, Oremus, et cantet Psalmum L: Miserere mei, Deus. Post hæc cantet Psalmum LIII: Deus, in nomine tuo; et dicat, Oremus, et cantet Psalmum LI: Quid gloriaris in malitia.

Tunc dicat has subsequentes orationes.

Deus cujus indulgentia nemo non indiget, memento famuli tui N. qui lubrica terreni corporis fragilitate nudatus est, quæsumus, da veniam confitenti, parce supplici, ut qui suis meritis accusatur, tua miseratione salvetur. Per Dominum.

Domine sancte, Pater, omnipotens æterne Deus, qui per Jesum Christum F*m tuum Dominum nostrum vulnera nostra curare dignatus es, te supplices rogamus, et petimus, ut precibus nostris aurem tuæ pietatis inclinare digneris, qui etiam remittis omnia crimina, et peccata universa condonas, desque huic famulo tuo, Domine, pro suppliciis veniam, pro mœrore lætitiam, pro morte vitam, ut de tua misericordia confidens, pervenire mereamur ad vitam æternam. Per eundem Dominum.

Omnipotens et misericors Deus, qui peccatorum indulgentiam, in confessione celeri posuisti, succurre lapsis, miserere confessis, ut quos dilectorum catena constringit, magnitudo tuæ pietatis absolvat. Per.

Precor, Domine, clementiæ et misericordiæ tuæ majestatem, ut famulo tuo N. peccata et facinora sua confitenti, debito relaxare, et veniam præstare digneris, et præteritorum criminum culpas indulgeas, qui humeris tuis ovem perditam reduxisti, qui publicani precibus et confessione placatus es: tu etiam Domine huic famulo tuo placatus esse digneris, tu hujus precibus benignus aspira, ut in confessione placabilis permaneat, fletus ejus et petitio, perpetuam clementiam tuam celeriter exoret, sanctisque altaribus restitutus, spei rursum æternæ ac cœlesti gloriæ mancipetur. Qui vivis et regnas.

Deinde adjunge.

Deus omnipotens sit adjutor et protector tuus, et præstet indulgentiam de peccatis tuis, præteritis, præsentibus, et futuris, Amen.

CAP. 8. — *Salubre antidotum animabus.*

(*Ex scriptis Prophetæ et Gregor. Hierony. August. et de tribus Pœnitentialibus collectum.*) Institutio illa quæ fiebat in diebus patrum nostrorum rectas vias nunquam deseruit, qui instituerunt pœnitentibus atque lugentibus suas passiones ac vitia medicamento salutis æternæ superare. Quia diversitas culparum, diversitatem facit pœnitentibus medicamentorum; velut medici corporum diversa medicamenta, vel potiones solent facere, contra diversitatem infirmitatum. Vel judices sæcularium causarum diversa agunt judicia, qui boni sunt, et recta pensant, atque tractant quomodo judicent, recte inter miseros et divites, inter causam, et causam : Quanto magis igitur sacerdotes Dei diversa medicamenta animarum invisibilium hominibus pensare et tractare oportet, ne per stultum medicum vulnera animarum putrescant, et pejora fiant, Propheta dicente : Computruerunt cicatrices meæ, a facie insipientiæ meæ. O stulte medice, noli decipere animam tuam et illius, ne duplicem pœnam accipias, vel septuplam, vel millenam. Audi Christum dicentem : Si cæcus cæcum duxerit, ambo in foveam cadunt. Et si tu cogitas judicium meum, alter homo non audit, neque videt qui me judicet : o non intelligis quod Deus judex justus, et fortis, videt et audit, et in palam abscondita deducet, et reddet unicuique secundum opera sua ? Et item : Vere sunt nonnulli, cæcorum canum similitudinem habentium, currentium ad cadavera mortuorum, vel similitudinem corvorum volantium, qui ad sacerdotium evehuntur, non propter Deum, sed plus propter honorem terrenum inhiantes, cæci divina sapientia. De talibus dixit Gregorius Nazianzenus : Timeo hoc, quod canes assectantur officium pastorale : maxime cum semetipsis nihil præparaverint disciplinæ. Ezechiel namque ait : Væ pastoribus Israel, qui pascebant semetipsos, et non gregem. Lac bibebant, et lanis eorum operiebantur, et quod crassum fuit, manducabant, quod fractum fuit, non alligabant, et reliqua. Item Ezechiel ait : Væ sacerdotibus, qui comedunt peccata populi mei, hoc est sibi eorum sumentes victimas, et non orantes pro eis : comedentes hostias, et non corripientes ; qui ubi morituros homines audiunt, inde gaudent, et præparant se ad prædam quasi corvi ad cadavera mortuorum. Nunc ergo, o fratres, qui voluerit sacerdotis nomen habere, in primis propter Deum cogitet, ut discat ea quæ ei necessaria sint, antequam manus episcopi caput ejus tangat : Id est, Psalterium, Lectionarium, cum Evangeliis, Sacramentorum librum, Baptisterium : et computum, cum cyclo eum commendationibus animarum, martyrologium, homelias per circulum anni plebibus prædicandas. Istud est simpliciorum : quia si unum supradictorum defuerit, sacerdotis nomen in eo non constabit. Ad hæc autem suum, Pœnitentialem, qui et secundum canonum auctoritatem, et justa sententias trium Pœnitentialium, Theodori episcopi, et Romanorum pontificum, et Bedæ ordinetur. Sed in Pœnitentiali Bedæ plura inveniuntur utilia : plura autem inveniuntur ab aliis inserta, quæ nec canonibus, nec aliis Pœnitentialibus conveniunt. Sapiens autem medicus excipiat quæque meliora, ut discretiones omnium causarum investigare possit, sine quibus rectum judicium non potest stare. Quia scriptum est : In nulla re appareas indiscretus, sed distingue quid, ubi, quandiu, quando, qualiter debeas facere. Non omnibus ergo in una eademque libra pensandum est, licet in uno constringantur vitio, sed discretio sit inter unumquodque eorum, hoc est inter divitem et pauperem, inter liberum et servum, infantem, puerum, juvenem, adolescentem, ætate senem, hebetem, ignarum, laicum, clericum, monachum, episcopum, presbyterum, diaconum, subdiaconum, lectorem, in gradu, vel sine gradu, conjugatum, vel sine conjugio, peregrinum, indigenam, virginem, viduam, canonicam, monacham, debilem, infirmum, sanum, fornicantem cum animalibus, vel cum hominibus contra naturam, continentem, vel incontinentem, voluntate, necessitate, vel casu, seu in publico peccantem, vel in abscondito, et quali compunctione hæc omnia emendet, ut et loca, et tempora pœnitendi discernat.

Hæc omnia de canonibus, et de sanctorum Patrum sententiis, et de Hieronymo, de Augustino, Gregorio, Theodoro, Beda, et ex Pœnitentiali Romano vera collegimus : et ut nulli necesse sit perire, scientibus et intelligentibus animarum medicis, hæc temperanda committimus. In Jesu filio Sirach dicitur : In judicando esto misericors, pupillis ut pater. Item sanctus Jacobus ait : Judicium sine misericordia erit illi qui non facit misericordiam : superexaltet autem misericordia judicium. Et sanctus Augustinus dicit, de illis qui veram pœnitentiam faciunt, in jejunio, et fletu, in eleemosynis, in orationibus, et ut perpetrata iterum non faciant : et si fecerint, tamen non perseverant in eis. Quia Deus dixit : Malum cogitasti : ignovi. Malum dixisti : ignovi. Malum fecisti : ignovi. Perseverare in malo non ignosco. Ergo qui perseverant in malo, non ignosce, sed judica districtum judicium secundum canones, et justa instituta majorum, ut cæteri timorem habeant.

CAP. 9. — *Pœnitentia illius anni, qui in pane et aqua jejunandus est, isto ordine observari debet.*

(*Ex Pœnitentiali Romano.*) Pœnitentia unius anni, qui in pane et aqua jejunandus est, talis esse debet: In unaquaque hebdomada tres dies, id est secundam feriam, quartam feriam, sextam feriam in pane et aqua jejunet. Et tres dies, id est tertiam feriam, quintam, et sabbatum, a vino, medone, mellita cervisia, a carne, et sagimine, et a caseo, et ovis, et ab omni pingui pisce se abstineat. Manducet autem minutos pisciculos si habere potest. Si habere non potest, tantum unius generis piscem, et legumina, et olera, et poma, si vult comedat, et cervisiam bibat. Et in diebus Dominicis, et in Natali Domini, illos quatuor dies. Et in Epiphania Domini, unum diem. Et in Pascha usque in octavum diem. Et in Ascensione domini, et in Pentecoste quatuor dies ; et in Missa sancti Joannis Baptistæ, et sanctæ Mariæ, et XII apostolorum, et sancti Michaelis, et sancti Remigii, et omnium sanctorum, et sancti Martini, et in illius sancti festivitate, qui in illo episcopatu celebris habetur. In his supradictis diebus faciat charitatem cum cæteris Christianis, id est, utatur eodem cibo et potu quo illi. Sed tamen ebrietatem et ventris distensionem, semper in omnibus caveat.

CAP. 10 — *Iste annus secundus est ab illo anno, qui in pane et aqua observandus est, et post illum jejunandus. Qui etiam dandus est illis, qui viros ecclesiasticos sponte occidunt, et in consuetudine habent Sodomiticum scelus, et qui in consuetudine habent contra naturam peccare, et in Ecclesiis homicidia sponte committunt, et Ecclesias incendunt, et in Ecclesiis adulteria committunt, et qui alia hujusmodi perpetraverint.*

(*Ex eodem.*) Pœnitentia illius anni talis esse debet ut duos dies, id est, secundam et quartam feriam, in unaquaque hebdomada jejunet ad vesperam, et tunc reficiatur de sicco cibo, id est, pane et leguminibus siccis, sed coctis, aut pomis, aut oleribus crudis, unum eligat ex his tribus, et utatur, et cervisiam bibat, sed sobrie. Et tertium diem, id est, sextam feriam in pane et aqua observet, et tres quadragesimas jejunet : unam ante Natale Domini, secundam ante Pascha, tertiam ante missam sancti Joannis ; et si totam quadragesimam, ante missam sancti Joannis implere non possit, post missam impleat. Et in his tribus quadragesimis jejunet duos dies in hebdomada ad nonam, et de sicco cibo comedat, ut supra notatum est, et VI feriam jejunet in pane et aqua. Et in diebus Dominicis, et in Natali Domini, illos quatuor dies. Et in Epiphania Domini, unum diem. Et in Pascha usque in octavum diem. Et in Ascensione Domini, et Pentecoste quatuor dies, et in missa sancti Joannis Baptistæ, et sanctæ Mariæ, et XII apostolorum, et sancti Michaelis, et sancti Remigii, et Omnium Sanctorum, et sancti Martini, et in illius sancti festivitate, qui in illo episcopatu celebris habetur. In his supra dictis diebus faciat charitatem cum cæteris Christianis. Sed tamen ebrietatem, et ventris distensionem, semper in omnibus caveat.

CAP. 11. — *De illis qui jejunare et adimplere non possunt quod in Pœnitentiali scriptum est.*

(*Ex eodem.*) Qui jejunare potest, et implere quod in Pœnitentiali scriptum est, bonum est, et Deo gratias referat. Qui autem non potest, per misericordiam Dei consilium damus tale, ut nec sibi, nec alicui necesse sit, nec desperare, nec perire.

CAP. 12. — *De redemptione illius anni, quem in pane et aqua jejunare debet.*

(*Ex eodem.*) Pro uno die quem in pane et aqua jejunare debet, L psalmos genibus flexis in Ecclesia, si fieri potest, decantet : sin autem, in loco convenienti eadem faciat, et unum pauperem pascat, et eo die excepto vino, carne et sagimine, sumat quidquid velit.

CAP. 13. — *Alio modo.*

(*Ex eodem.*) Si autem talis est, quod tandiu in genibus jacere non possit, faciat autem sic : infra Ecclesiam, si fieri potest : sin autem, in uno loco stando intente, LXX psalmos per ordinem decantet, et pauperem pascat, et eo die excepto vino, carne et sagimine, sumat quidquid velit.

CAP. 14. — *Item alio modo.*

(*Ex eodem.*) Qui in Ecclesia genua centies flexerit, id est, si centies veniam petierit, si fieri potest, ut in Ecclesia fiat, hoc justissimum est. Si autem hoc fieri non potest, secrete in loco convenienti eadem faciat ; si sic fecerit, eo die excepto vino, carne et sagimine, sumat quod placeat.

CAP. 15. — *Item alio modo.*

(*Ex eodem.*) Qui psalmos non novit unum diem quem in pane et aqua pœnitere debet : dives tribus denariis, et pauper uno denario redimat, et eo die excepto vino, carne et sagimine, sumat quidquid velit.

CAP. 16. — *Item alio modo.*

(*Ex eodem.*) Pro uno die, quem in pane et aqua pœnitere debet, tres pauperes pascat. Et eo die excepto vino, carne et sagimine, sumat quod placeat.

CAP. 17. — *Item alio modo.*

(*Ex eodem.*) Quidam dicunt XX palmatas valere pro uno die.

CAP. 18. — *De redemptione unius hebdomadæ quam in pane et aqua jejunare debet.*

(*Ex eodem.*) Pro una hebdomada quam in pane et aqua jejunare debet, CCC psalmos genibus flexis in ecclesia decantet. Si autem hoc facere non potest, tria Psalteria in ecclesia, vel in loco convenienti intente decantet. Et postquam psallerit, excepto vino, carne et sagimine, sumat quidquid velit.

CAP. 19. — *De redemptione unius mensis, quem in pane et aqua jejunare debet.*

(*Ex eodem.*) Pro uno mense quem in pane et aqua jejunare debet, psalmos mille ducentos genibus flexis decantet.

(*Ex eodem.*) Si autem hoc acere non potest, sine genuflexione, sedendo aut stando in Ecclesia si fieri potest : sin autem, in uno loco, mille DC octoginta psalmos decantet. Et omni die si velit, et si abstinere non vult, reficiat se ad sextam : nisi quartam feriam, et sextam, jejunet ad nonam. Et a carne et a sagimine, et a vino, totum mensem se abstineat. Alium autem cibum postquam psalmos supradictos decantaverit, sumat. Isto ordine, totus ille annus redimendus est.

CAP. 20. — *De illis qui jejunare non possunt, et Psalmos nesciunt, quomodo pœnitentiam unius anni quem in pane et aqua jejunare debent redimere possint.*

(*Ex eodem.*) Qui vero Psalmos non novit, et jejunare non potest, pro uno anno quem in pane et aqua pœnitere debet, det pauperibus in eleemosynam viginti duos solidos, et omnes sextas ferias jejunet, in pane et aqua. Et tres quadragesimas, id est, quadraginta dies ante Pascha, et quadraginta dies ante festivitatem sancti Joannis Baptistæ : et si ante festivitatem aliquid remanserit, post adimpleat, et quadraginta dies ante Natalem Domini in istis tribus quadragesimis, quidquid suo ori præparatur in cibo, vel in potu, vel cujuscunque generis sit, istud æstimet quanti pretii sit, vel esse possit, et medietatem illius pretii distribuat in eleemosynam pauperibus et assidue oret, et roget Deum ut oratio ejus et ejus eleemosynæ apud Deum acceptabiles sint.

CAP. 21. — *Item redemptio illius anni quem in pane et aqua pœnitere debet.*

(*Ex Pœnitentiali Theod.*) Item qui jejunare non potest, et observare quod in Pœnitentiali scriptum est, hoc faciat quod sanctus Bonifacius papa constituit. Pro uno die quem in pane et aqua jejunare debet, roget presbyterum ut Missam cantet pro eo, nisi sint crimina capitalia quæ confessa prius lavari cum lacrymis debent, et tunc ipse adsit et audiat Missam, et devote ipse offerat propriis manibus panem et vinum manibus sacerdotis, et intente respondeat quantum sapit ad salutationes, et ad exhortationes sacerdotis, et humiliter Deum deprecetur, ut oblatio quam ipse et presbyter pro se et pro peccatis suis Deo obtulerunt, Deus omnipotens misericorditer per angelum suum suscipere dignetur. Et eo die excepto vino, et carne, et sagimine, comedat quidquid vult. Et sic redimat reliquos anni dies.

CAP. 22. — *De illis qui jejunare non possunt, et habent unde redimere possint.*

(*Ex eodem.*) Si quis forte non potuerit jejunare, et habuerit unde possit redimere, si dives fuerit pro septem hebdomadibus det solidos XX. Si non habuerit unde tantum dare possit, det solidos X. Si autem multum pauper fuerit, det solidos tres. Neminem vero conturbet quia jussimus dare solidos XX aut minus : quia si dives fuerit, facilius est illi dare solidos XX quam pauperi tres. Sed attendat unusquisque cui dare debeat, sive pro redemptione captivorum, sive super sanctum altare, sive Dei servis, seu pauperibus, in eleemosynam.

CAP. 23. — *De illis qui non possunt adimplere, quod in Pœnitentiali scriptum est.*

(*Ex eodem.*) Qui non potest sic agere pœnitentiam ut superius diximus, faciat sic : Si tres annos continuos jejunare debet, et jejunare non potest, redimere potest : in primo anno eroget in eleemosynam solidos viginti sex. In secundo anno eroget in eleemosynam solidos XX. In tertio anno solidos, XVIII. Hoc sunt solidi LXIV. Potentes autem homines plus dare debent : quia cui plus committitur, plus ab eo exigetur. Et qui illicita committunt, etiam a licitis se abstinere debent, et corpus debent affligere jejuniis, vigiliis, et crebris orationibus. Caro enim læta trahit ad culpam : afflicta autem reducit ad veniam.

CAP. 24. — *De illis qui jejunare non possunt, et non habent unde redimere possint.*

(*Ex Pœnitentiali Bedæ presbyteri.*) Qui jejunare non potest et non habet unde redimat et Psalmos novit, pro uno die quem in pane et aqua jejunare debet tribus vicibus : Beati immaculati, usque, Ad Dominum cum tribularer decantet. Et sexies : Miserere mei Deus. Et septuagies prosternat se in terram, et per singulas genuflexiones, Pater noster decantet. Qui autem Psalmos nescit, pro uno die quem in pane et aqua jejunare debet, centies prosternat se in terram, et per singulas genuflexiones, Pater noster dicat.

CAP. 25. — *De redemptione septem annorum.*

(*Ex Pœnitentiali Romano.*) Item alio modo, XII triduanæ singulæ cum psalteriis III impletis, et cum palmatis CCC per singula psalteria excusant unius anni pœnitentiam. Et viginti quatuor biduanæ similiter, cum tres psalteriis impletis, et CCC palmatis per singula psalteria, excusant duos annos XXV psalmi cum totidem veniis per noctem, et cum palmatis CCC excusant biduanam. Centum psalmi cum veniis per noctem, et cum palmatis CCC excusant triduanam CXX missæ speciales, singulæ cum III psalteriis, et CCC psalmatis excusant annum, centum solidi data in eleemosynam annum excusant.

CAP. 26. — *Ut in capite quadragesimæ omnes publicæ pœnitentes in civitatem veniant, et ante fores Ecclesiæ nudis pedibus, et cilicio induti, episcopo suo se repræsentent.*

(*Ex concilio Agathen., capite 9.*) In capite Quadragesimæ omnes pœnitentes qui publicam suscipiunt aut susceperunt pœnitentiam, ante fores Ecclesiæ se repræsentent episcopo civitatis, sacco induti, nudis pedibus, vultibus in terram prostratis, reos se esse ipso habitu et vultu proclamantes. Ibi adesse debent decani, id est, archipresbyteri parochiarum, id est, presbyteri pœnitentum, qui eorum conversationem diligenter inspicere debent, et secundum modum culpæ, pœnitentiam per præfixos gradus injungant. Post hæc in Ecclesiam eos introducat; et cum omni clero septem pœnitentiæ Psalmos in terram prostratus cum lacrymis pro eorum absolutione decantet. Tunc resurgens ab oratione, juxta quod canones jubent, manus eis imponat, aquam benedictam super eos spargat, cinerem prius mittat, deinde cilicio capita eorum cooperiat, et cum gemitu et crebris suspiriis eis denunciet, quod sicut Adam projectus est de paradiso, ita et ipsi ab Ecclesia pro peccatis abjiciuntur. Post hæc jubeat ministris ut eos extra januas Ecclesiæ expellant, Clerus vero prosequatur eos cum Responsorio : In sudore vultus tui vesceris pane, etc., ut videntes sanctam Ecclesiam pro facinoribus suis tremefactam atque commotam, non parvipendant pœnitentiam. In sacra autem Domini cœna, rursus ab eorum decanis et eorum presbyteris, Ecclesiæ liminibus repræsententur.

CAP. 27. — *Ut pœnitentes quando pœnitentiam petunt impositionem manuum consequantur.*

(*Ex eodem, capite 7.*) Pœnitentes tempore quo pœnitentiam petunt, impositionem manuum, et cilicium super capita a sacerdote, sicut ubique constitutum est, consequantur. Si autem comas non deposuerint, aut vestimenta non mutaverint, abjiciantur.

CAP. 28. — *Qua auctoritate modus pœnitentiæ peccata confitentibus imponi debet.*

(*Ex concilio Mogunlin., capite 10.*) Modus tempusque pœnitentiæ peccata sua confitentibus, aut per antiquorum canonum institutionem, aut per sanctarum Scripturam auctoritatem, aut per ecclesiasticam consuetudinem probatam imponi debet a sacerdotibus. Nam qui peccatis gravibus leves quosdam et inusitatos imponunt pœnitentiæ modos, consuunt pulvillos secundum propheticum sermonem, sub omni cubito manus, et faciunt cervicalia sub capite universæ ætatis ad capiendas animas : sed discretio servanda est inter pœnitentes publice, et absconse. Nam qui publice peccat, oportet ut publice multetur pœnitentia, et, secundum ordinem canonum, pro merito suo excommunicetur, et reconcilietur.

CAP. 29. — *Quod diversitas culparum, diversitatem faciat pœnitentiarum.*

(*Ex dictis August.*) Diversitas culparum, diversitatem facit pœnitentiarum. Nam et corporum medici, diversa medicamenta componunt, ut aliter vulnera, aliter morbum, aliter tumores, aliter putredines, aliter caligines, aliter confractiones, aliter combustiones curent. Ita et spiritales medici, diversis curationum generibus animarum vulnera sanare debent : sed quia hæc paucorum est ad purum scilicet cuncta cognoscere, et curare, et mederi, atque ut in integrum salutis statum valeant revocare, ideo solerter admonemus doctum quemque sacerdotem Christi ut non ex suo sensu, sed secundum canonum statuta, et traditiones Patrum universa disponat, et conditionem utriusque sexus, ætatem, paupertatem, causam, statum, personam cujusque pœnitentiam agere volentis, ipsum quoque cor pœnitentis inspiciat : et secundum hæc, ut sibi visum fuerit, ut sapiens medicus, singula quæque dijudicet.

CAP. 30. — *Quod multi sint fructus pœnitentiæ.*

(*Ex dictis ejusdem.*) Multi sunt pœnitentiæ fructus per quos ad expiationem criminum pervenitur. Non enim tantum simplici illo pœnitentiæ nomine salus æterna repromittitur, ut illud apostolicum : Pœnitemini, inquit, et convertimini ut deleantur peccata vestra. Et illud propheticum : Cum conversus ingemueris tunc salvus eris, propter illum nudum gemitum, et propter illud nudum nomen pœnitentiæ, nullus salvabitur, sed per veram confessionem, et sacerdotis intelligentis consilium, et per charitatis affectum, et per eleemosynarum fructum, peccatorum moles subruitur.

CAP. 51. — *Cur canones præfigant non perfecte pro unoquoque crimine tempus et mensuram pœnitentiæ.*

(*Ex dictis Hieronym.*) Mensuram autem temporis in agenda pœnitentia, idcirco non satis aperte præfigunt canones pro unoquoque crimine, ut de singulis dicant, qualiter unumquodque emendandum sit, sed magis in arbitrio antistitis intelligentis relinquendum statuunt : quia apud Deum non tam valet mensura temporis quam doloris, nec abstinentia tantum ciborum quam mortificatio vitiorum. Propter quod tempora pœnitentiæ, fide et conversatione pœnitentum, abbrevianda præcipiunt, et negligentia protelanda existimant : tamen pro quibusdam culpis, modi pœnitentiæ sunt impositi, juxta quos cæteræ perpendendæ sunt culpæ, cum sit facile per eosdem modos vindictam et censuram canonum æstimare.

CAP. 32. — *De illis qui pœnitentiam sibi injunctam adimplere festinant.*

(*Ex Pœnitentiali Romano.*) Unumquemque hominem accedentem ad pœnitentiam si videris acriter et assidue stare in pœnitentia, statim remissius age adversus eum. Qui vero potest jejunare quod impositum est ei, noli prohibere, sed permitte : magis enim laudandi sunt hi qui celeriter debitum pondus persolvere festinant : quia jejunium debitum est pondus, et sic amandum his qui pœnitentiam agunt; quia si jejunaverit, et compleverit quod illi mandatum est a sacerdote, purificabitur a peccatis. Quod si iterum ad pristinam consuetudinem peccati reversus fuerit, sic est quomodo canis qui revertitur ad vomitum proprium. Omnis itaque pœnitens non hoc solum debet jejunare quod illi mandatum est a sacerdote, verum etiam postquam compleverit ea quæ illi jussa sunt, debet quantum ipsi visum fuerit jejunare. Si enim egerit ea quæ illi sacerdos præceperit, illa peccata tantum quæ confessus est remittentur. Si vero postea ex sua voluntate jejunaverit, mercedem sibi acquiret, et regnum cœlorum. Qui ergo totam septimanam jejunat pro peccatis, sabbato et dominica die manducet et bibat quidquid ei aptum fuerit : custodiat tamen se a crapula et ebrietate : quia omnis luxuria de ebrietate nascitur. Ideo beatus Paulus prohibuit dicens : Nolite inebriari vino, in quo est luxuria : non quia in vino est luxuria, sed in ebrietate.

CAP. 33. — *Ut quotiescunque aliqui ad pœnitentiam accesserint, sacerdotes jejuniis et orationibus cum eis communicare debeant.*

(*Ex Pœnitentiali Theod.*) Quotiescunque Christiani ad pœnitentiam accedunt, jejunia injungimus, et nos communicare cum eis debemus in jejunio, unam aut duas septimanas, aut quantum possumus, ut non dicatur nobis quod sacerdotibus Judæorum dictum est a Domino : Væ vobis legisperitis, qui aggravatis homines, et imponitis super humeros eorum onera gravia, et importabilia, ipsi autem uno digito vestro non tangitis sarcinas ipsas. Nemo enim potest sublevare cadentem sub pondere, nisi inclinaverit se ut porrigat ei manum. Neque ullus medicorum vulnera infirmantium potest curare nisi fetoribus particeps fuerit. Ita quoque nullus sacerdotum, vel pontifex peccatorum vulnera curare potest, animabus peccata auferre, nisi præstante sollicitudine et oratione lacrymarum. Necesse est ergo, fratres charissimi, vos sollicitos esse pro peccantibus : quia sumus alterutrum membra. Ideoque et nos si viderimus aliquem in peccatis jacentem, festinemus eum ad pœnitentiam per nostram doctrinam vocare. Et quotiescunque dederis consilium peccanti, simul quoque da illi pœnitentiam statim, quantum debeat jejunare, aut eleemosynis redimere peccata sua : ne forte obliviscaris quæ tibi jam dixit, et iterum necesse sit tibi interrogare, et forsitan erubescet iterum peccata sua confiteri, et invenietur jam amplius judicari.

CAP. 34. — *Quod contingat hominem interdum animi motu, interdum carnis fragilitate peccare.*

(*Ex concilio Cabillon., capite* 32.) Sed et hoc emendatione indigere perspeximus, quod quidam dum confitentur peccata sua sacerdotibus non plene id faciunt. Quia ergo constat hominem ex duabus esse substantiis, anima videlicet et corpore, et interdum animi motu, interdum carnis fragilitate peccatur, solerti indagatione debent inquiri ipsa peccata, ut utrisque plena sit confessio, scilicet ut et ea confiteantur quæ per corpus gesta sunt, et ea quibus in sola cogitatione delinquitur. Instruendus est itaque peccatorum suorum confessor, ut de octo principalibus vitiis, sine quibus in hac vita difficile vivitur, confessionem faciat : quia aut cogitatione, aut, quod gravius est, opere, eorum instinctu peccavit : odium etenim, invidia, superbia, vel cæteræ hujuscemodi animæ pestes tanto periculosius lædunt, quanto subtilius serpunt.

CAP. 35. — *Ut pœnitentia absque personæ acceptione imponatur.*

(*Ex concilio Carthag., capite* 74.) Ut sacerdos pœnitentiam imploranti, absque personæ acceptione, pœnitentiæ leges injungat.

CAP. 36. — *De incestis occulte commissis.*

(*Ex dictis Aug.*) Si quis incestum occulte commiserit, et sacerdoti occulte confessionem egerit, indicetur ei remedium canonicum quod subire debuisset si ejus facinus publicatum fuisset. Verum quia latet commissum, detur ei a sacerdote consilium, ut saluti animæ suæ pro occulta pœnitentia proficiat, hoc est ut veraciter ex corde se graviter deliquisse confiteatur, et per jejunia et eleemosynas, vigiliasque ac sacras orationes cum lacrymis se purgare contendat, et sic se ad spem veniæ pro misericordia Dei pervenire confidat.

CAP. 37. — *Ut inter pœnitentes publice et absconse, discretio servanda sit.*

(*Ex concilio Moguntin., capite* 21.) Ut discretio servanda sit inter pœnitentes, qui publice, et qui absconse pœnitere debeant.

CAP. 38. — *De illis qui negligunt pœnitentiam.*

(*Ex concilio Carthag., capite* 75.) Ut negligentiores pœnitentes, tardius recipiantur.

CAP. 39. — *Ut pœnitentem ex corde magna exhilaratione sacerdotes suscipere debeant.*

(*Ex dictis Basilii episcop.*) Pœnitentem ex corde ita oportet suscipi, sicut Dominus ostendit, cum dicit : Quia convocavit amicos suos, et vicinos, dicens : Congratulamini mihi, quia inveni ovem meam quam perdideram.

CAP. 40. — *Ut secundum differentiam peccatorum, episcopi arbitrio pœnitentiæ tempora decernantur.*

(*Ex concilio African., capite* 10.) Ut pœnitentibus secundum differentiam peccatorum, episcopi arbitrio pœnitentiæ tempora decernantur, et ut presbyter inconsulto episcopo non reconciliet pœnitentem, nisi absentia episcopi necessitate cogente. Cujuscunque autem pœnitentis publicum et vulgatissimum crimen est, quod universam ecclesiam commoverit, ante absidam manus ei imponatur.

CAP. 41. — *De his qui jam peccare cessaverunt, et perfecte pœnituerunt, ut communio eis in ipsa pœnitentia concedatur.*

(*Ex concilio Laodicen., capite* 2.) De his qui diversis facinoribus peccaverunt, et perseverantes in oratione conversionem a malis habuere perfectam, pro qualitate delicti, talibus post pœnitentiæ tempus impensum, propter clementiam et bonitatem Dei communio concedatur.

CAP. 42. — *De lapsis, quomodo eos fraterno affectu corripere, et consolari debeant, ut non incidant in insidias diaboli, et desperent.*

(*Ex epist. Calis. papæ.*) Sed si aliquis lapsus quo quo modo fuerit, portemus eum, et fraterno corripiamus affectu, sicut ait beatus Apostolus : Si præoccupatus fuerit homo in aliquo delicto, vos, qui spiritales estis hujusmodi instruite in spiritu lenitatis, considerans te ipsum, ne et tu tenteris : Alter alterius onera portate, et sic adimplebitis legem Christi. Porro sanctus David de criminibus mortiferis egit pœnitentiam, et tamen in honore permansit. Beatus quoque Petrus amarissimas lacrymas fudit, quando Dominum negasse pœnituit, sed tamen apostolus permansit; et Dominus per prophetam peccantibus pollicetur, dicens : Peccator in quacunque die conversus ingemuerit, omnium iniquitatum illius amplius non recordabor. Errant enim qui putant sacerdotes post lapsum, si condignam egerint pœnitentiam, Domino ministrare non posse, et suis honoribus frui, si bonam deinceps vitam duxerint, et suum sacerdotium condigne custodierint. Et ipsi qui hoc putant, non solum errant, sed etiam traditas Ecclesiæ claves dissipare, et abigere videntur. De quibus dictum est : Quæcunque solveris in terra, erunt soluta et in cœlo. Alioqui, hæc sententia aut Domini non est, aut non vera. Nos vero indubitanter tam Domini sacerdotes, quam reliquos fideles, post dignam satisfactionem posse revocari ad honores credimus, testante Domino per prophetam. Nunquid qui dormit, non adjiciet ut resurgat ? et qui aversus est, non revertetur ? Et alibi : Nolo, inquit Dominus, mortem peccatoris, sed ut convertatur, et vivat. Et propheta David pœnitentiam agens, dixit : Redde mihi lætitiam salutaris tui, et spiritu principali confirma me. Ipse namque post pœnitentiam et alios docuit, et sacrificium Deo obtulit, dans exemplum doctoribus sanctæ Ecclesiæ, si lapsi fuerint, et si condignam pœnitentiam gesserint, utrumque facere posse et offerre, et alios docere.

CAP. 43. — *De lapsis in ordinibus sacris si restaurari possint.*

(*Ex Regest. Gregor. pap. Secundino servo Dei recluso.*) Nam tua sanctitas inde a nobis requisivit, ut tibi rescriberem de sacerdotali officio post lapsum resurgendi, dum dicis de hoc canones diversos te legisse, diversasque sententias, alias resurgendi, alias nequaquam posse. Nam nos generaliter a Nicæna synodo incipientes, hanc cum reliquis quatuor veneramur : quia ipsam sequentes, cæteræ in cunctis sententiis unanimes concordant. Nos ergo præcedentes Patres sequimur : quia auctore Deo a sacra doctrina illorum non discordamus. A capite itaque incipientes, usque in quartum altaris ministrum hanc formam servandam cognoscimus : ut quia minorem major præcedit, sicut honore est major, ita sit in crimine, et quem major sequitur culpa, major ei implicetur vindicta : et sic postea pœnitentia credatur esse fructuosa. Quid enim prodest triticum seminare et fructum illius non colligere ? Aut domum construere, et non illic habitare. Post dignam enim satisfactionem, credimus posse redire ad honorem : Propheta dicente : Nunquid qui cadit non adjiciet ut resurgat? et qui aversus est, non revertetur? Idem et peccatori ait : In quacunque die conversus ingemueris, tunc salvus eris. Unde et Psalmista ait : Cor mundum crea in me Deus, et spiritum rectum innova in visceribus meis. Ne projicias me a facie tua, et spiritum sanctum tuum ne auferas a me. Dum enim petiit ne a Deo projiceretur pro lapsi culpa, alienam quippe rex simul et propheta rapuisse se uxorem tremefactus expavit, propheta indicante flagitium suum, pœnitentiam agens addidit : Redde mihi lætitiam salutaris tui, et spiritu principali confirma me. Si enim ipse dignam Deo pœnitentiam non fecisset, nequaquam aliis prædicaret. Ait enim : Docebo iniquos vias tuas, et impii ad te convertentur. Dum enim peccata sua prospexit propheta mundata per pœnitentiam, non dubitavit prædicando castigare aliena : et sic sacrificium de seipso offerre Deo studuit cum dicebat : Sacrificium Deo spiritus contribulatus. Ad hæc ista sufficerent : sed omnis sententia quo plus sacræ Scripturæ testimoniis confirmatur, facilius creditur. De hoc enim propheta dicit : Nolo mortem peccatoris, sed ut convertatur et vivat. De hoc peccantibus dicitur : Peccator in quacunque die conversus ingemuerit, omnes iniquitates ejus in oblivionem traduntur. Si enim Redemptor noster, qui peccatores non perdere sed justificare venit, in oblivione peccantium delicta relinquit, quis hominum condemnanda reservet, cum Apostolus dicat : Si Deus justificat, quis est qui condemnet? Ad fontem misericordiæ recurrentes, Evangelicam proferamus sententiam. Gaudebo plus, inquit, super uno peccatore pœnitentiam agente, quam super nonaginta novem justis qui non indigent pœnitentia. Et ovem perditam, nonaginta novem non errantibus relictis, humero ad ovile reportavit. Si ovis errans post inventionem, ad ovile humero reportatur, cur iste post pœnitentiam ad Ecclesiæ ministerium non revocetur? Quid est ergo gravius carnale delictum admittere sine quo non multi, sed pauci inveniuntur, aut Dei Filium timendo negare ? In quo peccato ipsum beatum principem apostolorum Petrum, ad cujus nunc corpus indigni sedemus, lapsum esse cognoscimus. Sed post negationem pœnitentia secuta est, et post pœnitentiam misericordia data : quia illum ab apostolatu non dejecit, quem ante seipsum negare prædixit. Tibi hæc, fili charissime, dicta, sufficiant, ut illum quem conspicis delicta fletu delere, in conspectu Divinitatis non dubites misericordiam consequi : quia nullum peccantem reversum despicit, qui peccatores sanguine suo redimere venit. Hinc etiam et beatus Augustinus ad Petrum diaconum de fide scribens, ait : Omni homini in hac vita esse potest utilis pœnitentia, quam quocunque tempore homo egerit, quamlibet iniquus, quamlibet annosus, si toto corde renunciaverit peccatis præteritis, et pro eis in conspectu Dei, non solum corporis, sed etiam cordis lacrymas fuderit, et malorum operum maculas bonis operibus diluere curaverit, omnium peccatorum indulgentiam mox habebit. Hoc enim nobis Dominus prophetico promittit eloquio, dicens : Si conversus fueris, et ingemueris, salvus eris. Et alio loco dicitur : Fili, peccasti ; ne adjicias iterum, sed et de præteritis deprecare, ut tibi dimittantur. Nunquam peccanti esset indicta pro peccatis deprecatio, si deprecanti non esset remissio concedenda. Sed etiam pœnitentia peccatori tunc prodest, si eam in Ecclesia catholica gerat, cui Deus in persona beati Petri ligandi, solvendique tribuit potestatem, dicens : Quæ alligaveris super terram, erunt ligata et in cœlis. Et quæcunque solveris super terram, erunt soluta et in cœlis. In quacunque igitur homo ætate veram peccatorum suorum pœnitentiam egerit, et vitam suam, Deo illuminante, correxerit, non privabitur indulgentiæ munere : quia Deus, sicut per prophetam dicit, non vult mortem morientis, quantum ut revertatur a via sua mala, et vivat anima ejus. Verumtamen nullus hominum debet sub spe misericordiæ Dei, in suis diutius remanere peccatis, cum etiam in ipso corpore nemo velit sub spe futuræ salutis diutius ægrotare. Tales enim qui ab iniquitatibus suis recedere negligunt, et sibi de Deo indulgentiam repromittunt, nonnunquam ita præveniuntur repentino Dei furore, ut nec conversionis tempus, nec beneficium remissionis inveniant. Ideo unumquemque nostrum sancta Scriptura benigne præmonet, dicens : Ne tardaveris converti ad Dominum, et ne differas de die in diem : subito enim veniet ira ejus, et in tempore vindictæ disperdet te. Dicit etiam beatus David : Hodie si vocem ejus audieritis, nolite obdurare corda vestra. Cui beatus quoque Paulus concordat his verbis : Videte, fratres, ne forte sit in aliquo vestrum cor malum incredulitatis discedendi a Deo vivo, sed adhortamini vosmetipsos per singulos dies, donec hodie cognominatur, ut non obduretur quis ex vobis fallacia peccati. Obdurato igitur vivit corde, qui se non convertit, desperans de indulgentia peccatorum, sive qui sic misericordiam Dei sperat, ut usque in finem vitæ præsentis, in suorum criminum perversitate remaneat. Proinde diligentes misericordiam

Dei, metuentesque justitiam, nec de remissione peccatorum desperemus, nec remaneamus in peccatis : scientes, quia illa omnium hominum debita sit exactura æquitas justissimi Judicis, quæ non dimiserit misericordia clementissimi Redemptoris. Sicut enim misericordia suscipit, absolvitque conversos, ita justitia repellet et puniet obduratos. Hi sunt qui peccantes in Spiritum sanctum, neque in hoc sæculo, neque in futuro, remissionem accipient peccatorum. Nam et de hoc Isidorus Ispalensis episcopus ad inquisitionem Massonis episcopi, ita rescripsit dicens : Verum quod sequenter in epistolis venerabilis fraternitas tua innotuit, nulla est in hujusmodi sententiis decretorum diversitas intelligenda, quod alibi legitur in lapsu corporali restaurandum honoris gradum post pœnitentiam, alibi post hujusmodi delictum nequaquam reparandum antiqui ordinis gradum post pœnitentiam : alibi post hujusmodi delictum nequaquam reparandum antiqui ordinis meritum. Hæc enim diversitas hoc modo distinguitur. Illos enim ad pristinos officii gradus redire canon præcepit, quos pœnitentiæ præcessit satisfactio, vel digna peccatorum confessio. At contra hi qui neque a vitio corruptionis emendantur, atque hoc ipsum carnale delictum quod admittunt, etiam vindicare quadam superstitiosa temeritate nituntur, nec gradum utique honoris, nec gratiam communionis recipiunt. Ergo ita est utraque dirimenda sententia, ut necesse sit illos restaurari in loco honoris, qui per pœnitentiam reconciliationem meruerunt divinæ pietatis. Hi nec immerito consequuntur adeptæ dignitatis statum, qui per emendationem pœnitentiæ, recepisse noscuntur vitæ remedium. Id enim ne forte magis ambiguum sit, divinæ auctoritatis sententia confirmetur. Ezechiel enim propheta, sub typo prævaricatricis Hierusalem ostendit, post pœnitentiæ satisfactionem, pristinum restaurari posse honorem. Confundere, inquit, o Juda, et porta ignominiam tuam. Et post paululum : Et tu, inquit, et filiæ tuæ, revertimini ab iniquitate vestra. Quod dixit, confundere, ostendit post confusionis, id est peccati opus, debere quemquam erubescere, et pro admissis sceleribus verecundam frontem humi prostratam demergere, pro eo quod dignum confusionis perpetraverat opus. Deinde præcepit ut portet ignominiam depositionis suæ, lugens cum humilitate quod peccaverat. Sicque revocari, secundum prophetam, ad priorem statum poterit

Cap. 44. — *Quod anima, multis gentibus nobilior, sit deflenda et multis urbibus pretiosior, quodque non sit desperandum de venia.*

(*Excerptum de libro Joannis Constantinopol. ad Theodorum, cap.* 59.) Quis dabit capiti meo aquam, et oculis meis fontem lacrymarum? Opportunius multo nunc a me, quam tunc a propheta Dei dicitur. Licet enim non urbes multæ, nec gens integra lamentanda sit, anima tamen flenda est multis gentibus nobilior, multisque urbibus pretiosior. Nam si unus qui fecerit voluntatem Dei, melior est quam multitudo iniquorum, melior ergo et tu eras quondam quam multitudines Judæorum. Propter quod nemo miretur, si forte prolixioribus ego nunc utar lamentationibus, et amariores profundam fletus, quam tunc propheta profudit. Non enim urbis, ut dixi, captæ excidia defleo, nec vilis vulgi captivitatem lamentor, sed insignis animæ lapsum, et templi in quo Christus habitat excidium. Hæc enim lamentatio insignis animæ quam ego defleo, tanto illa est durior et amarior, quanto et verior. Inde utique est quod ego irremediabiliter plango, quia novi, et incessabiliter lugeo dum recordor. Usquequo iterum te tripudiare videam ad prioris gloriæ statum? Quod etsi apud homines impossibile videtur, apud Deum tamen omnia possibilia sunt. Ipse est enim qui allevat de terra inopem, et de stercore erigit pauperem, ut collocet eum cum principibus populi sui. Ipse est qui sterilem facit matrem super filios lætantem. Non ergo dubites, neque desperes mutari te posse in melius. Si enim tantum potuit diabolus, ut a celsis virtutum fastigiis, in profundum te duceret malorum, quanto magis poterit Deus ad bonorum verticem revocare, et non solum in id te restituere quod fuisti, sed beatiorem multo quam prius videbaris, efficere? Tantum est ne concidas animo, neque spem abscindas bonorum. Ne, quæso, ne accidat tibi quod impiis solet. Non enim peccatorum multitudo in desperationem adducit animam, sed impietas. Impiorum ergo est desperare salutem, non peccatorum. Unde divina misericordia pollicetur, dicens : Gaudium erit in cœlo coram angelis Dei super uno peccatore. Et post pauca : Stantibus, si ceciderint, minatur pœnam : lapsis, ut surgere appetant, promittit misericordiam. Illos terret, ne præsumant in bonis : illos refovet, ne desperent in malis. Justus es, iram pertimesce ne corruas; peccator es, præsume de misericordia ut surgas. Et sicut lapsus gravissimus cervicibus animæ incumbens, semper eam deorsum in terram cogit aspicere, ad Deum vero sursum non sinit oculos levare : sic virilis animæ suum pondus, ut ait Propheta : Sicut oculi ancillæ in manibus dominæ suæ, ita oculi nostri ad Dominum Deum nostrum, donec misereatur nostri. Etenim mulier illa, quæ in Evangeliis drachmam quam perdiderat invenit, convocat amicas et vicinas, ut congratulentur ei. Et ego convocabo amicos tuos, meosque, et vicinos nostros deprecabor eos convenire, ut non gaudeant, sed ut lugeant mecum, nec ut gratulentur, sed ut lamententur, et ingentem planctum, sublevatis ad cœlum una mecum vocibus reddant, dicendo ad eos : Ululate mecum, amici, plangite et profundite fontes fletuum, non quia auri pondus immensum, nec talenta auri perdiderim, sed quia horum omnium charior, et omni auro gemmarum, omnique nobilitate pretiosior amicus, nescio quomodo lapsus usque in ipsum fertur perditionis profundum. Noli desperare de lapsu, ne cadas. Qui enim alium desperat, habet veniam. Qui vero desperaverit semetipsum, nullam, quia ille non est dominus mentis alterius. Sicut ergo et anima, si semel salutem suam cœperit desperare, jam nec intelligit quomodo, vel in quæ mala præcipitetur : ita et qui desperatione capti sunt, intolerabiles fiunt, et per omnes malitiæ vias discurrunt. Exsurge, exsurge, quæso, expergiscere aliquando : et diabolicam hanc depone temulentiam. Parce cunctis qui pro tua desperatione desperant, ne putent se viam virtutis incedere, si te ad eam redisse non videant. Respice, quæso, te, quantus nunc mœror omnium sanctorum fratrum habeat chorum, et quanta lætitia atque exsultatio incredulis fiat, quantaque eis ad præcipitia luxuriæ decrescat auctoritas. Nec erit post hæc aliquis, qui quolibet lapsu dejectus, non statim resurgere cupiat, et statim se reparare festinet.

CAP. 45. — *Quod nullus a consolatione vulnerati fratris se subtrahere debeat.*

(*Item Joannes Constantinop. ad eumdem Theodorum de lapsu Bacharii, capite* 60.) Ubi est misericordia Christianæ religionis, quam magister noster sacrificio docuit esse meliorem? Ecce jacet frater ab hoste percussus, adhuc forsitan palpitans, et vos quasi sine vulnere revertimini, nec consolationem plagæ illius deferre tentatis? Nolite esse sine formidine, fratres, fortiorem percussit inimicus, ut facilior ei aditus esset ad reliquos. Ut quid ergo spernitis vulneratum, aut sicut putatis et mortuum? Melior concubina Saul filia Resfa, quæ corpora defunctorum quos David pro Gabaonitarum ultione percusserat, eo usque accincta sacco, hoc est cilicio, custodivit, donec eis roraret aqua de cœlo, id est, donec pro venia eorum misericordiæ cœlestis scintilla defluxerat. Melior fuit ille Judas Machabæus, qui etiam pro mortuis fratribus orationem credidit esse faciendam : quos damnata de Lamnia civitate idolorum dona prostraverant. Utquid, rogo, medicus noster inter librorum suorum loculos tot constituet genera pigmentorum? Si nihil est ex emplastris ejus, quo sanari possit vulnus quod percussit inimicus : et si placet, aperiamus scholam medicinæ nostræ, et a principio canonis vulnerum, ac medicaminum species perquiramus. Ecce in ipsius introitu scholæ occurrunt illi seminis carnalis auctores, qui venenato serpentis dente percussi, non statim pœnæ mortis addicti sunt, sed ejecti de paradisi deliciis, id est de Ecclesiæ libertate et sacri communionis ministerii

CAP. 46. — *De eadem re.*

(*Item ejusdem.*) Unde vides quia sic peccati contagione maculamur. In quo, quæso, beatissime mihi, fratrem nostrum in profundum putei sub iniqui principis potestate demersum, desperationis lapidibus obruamus. Imitemur illum Æthiopem, qui sanctum Hieremiam in lacu ab iniquo rege demersum, assumptis XXX hominum auxiliis, et missis ad eum pannis et funibus veteribus liberavit. Facilis ne esto ad lapsum, ruinamque miserorum. Porrige manum jacenti fratri, qui confusus pudore peccati, nec erigere se, aut oculos audet attollere. Comple legem Mosi. Cecidit asinus fratris sub pondere, hoc est, caro evicta peccato, acclina te, et humilia, et subleva de ruina. Quid erubescis conjungi homini peccatori? Respice illum qui dicit : Noli nimium esse justus. Magister noster a latronibus vulneratum non solum cura dignum judicat, verum etiam ad stabulum suum et ovile perduxit. Et tu ergo collige fratrem quem diabolus latro percussit. Consigna stabulario, id est, beato episcopo, qui si quid in eo impenderit, amplius a Domino consequetur.

CAP. 47. — *De eadem re.*

(*Item idem.*) Evangelicus sermo dixit : Si peccaverit in te frater tuus, corripe eum solus. Si te audierit, lucratus es eum, et cætera quæ continet sermo præcepti. Vide quid dicit. Ne exhilarentur filii incircumcisorum. Filii enim incircumcisorum, sunt homines sæculi, in præputii sui errore, et gentilitate viventes. Hi ergo exhilarantur, cum audiunt ruinam militis Christi. Peccatum igitur celetur, et adhibeatur emendatio. Nos enim consolationis linteamina, et cœlestis spei pigmenta tribuamus. Ipse autem infra sepulcrum secreti sui confessus peccati pudore contineatur, ubi conscientiæ verme laceretur : qui totus in eo obligat putredines peccatorum, donec nullum ex se fetorem famæ turpis emittat.

CAP. 48. — *De eadem re.*

(*Ex epist. Joannis Constantinopol. ad Theodorum.*) Qualiter, rogo, de misericordia Domini possumus desperare, qui etiam Pharaonem arguit, quare nequaquam pœnitere dignatus sit, dicens : Brachia Pharaonis regis Ægypti contrivi, et non est deprecatus ut daretur in eo sanitas, et redderetur ei virtus ad comprehendendum gladium. Salomon ille mirabilis, qui meruit astitrici Dei, hoc est sapientiæ Dei copulari, in alienigenarum incurrit amplexus, et vinculis libidinis laqueatus, etiam sacrilegii horrore se polluit : quia simulacrum Cathmos Moabitico idolo fabricavit. Sed quia per propheticam vocem culpam erroris agnovit, numquam misericordiæ cœlestis extorris est. At forsitan dicas : In neutro Testamento lego neque eum pœnituisse, neque misericordiam consecutum.

CAP. 49. — *Post pœnitentiam neminem ad clericatum admittendum.*

(*Ex decr. Syricii papæ, capite* 14.) Illud quoque nos par fuit prævidere, ut sicut pœnitentiam agere cuiquam non conceditur clericorum : ita et post pœnitudinem, ac reconciliationem, nulli unquam laico liceat honorem clericatus adipisci : quia quamvis sint omnium peccatorum contagione mundati, nulla tamen debent gerendorum sacramentorum instrumenta suscipere, qui dudum fuerint vasa vitiorum.

CAP. 50. — *Gravibus criminibus implicitos ad clerum admissos, magnis quoque vitiis involutos clericos officio non motos, comperit Gelasius.*

(*Ex decr. Gelasii papæ, capite* 18.) Comperimus etiam, horrendis quibusdam criminibus implicatos, tota discretione summota, non solum de factis atrocibus necessariam pœnitudinem non habere, sed nec aliqua correptione penitus succedente, ad divinum ministerium honoremque contendere. Nonnullos autem in ipsis ordinibus constitutos, gravibus delinquentes facinoribus non repelli, cum et Apostolus clamet : Nemini cito manus imponendas, neque communicandum peccatis alienis : et majorum veneranda constituta pronuncient; hujusmodi etiam si forte subrepserint, tam qui ante peccaverunt, dejectos oportere depelli, quam sacræ professionis oblitos prævaricatoresque sancti præpositi procul dubio submovendos.

CAP. 51. — *De illis qui loca sanctorum sub prætextu religionis inconsulte peragrant.*

(*Ex concilio Cabillon., cui interfuit Carolus imper., capite 45.*) Nam et quibusdam qui Romam, Turonumve, et alia quædam loca sub prætextu orationis inconsulte peragrant plurimum erratur : sunt presbyteri et diaconos, et cæteri in clero constituti, qui negligenter viventes in eo purgari se a peccatis putant, et ministerio suo fungi debere si præfata loca attingant. Sunt nihilominus laici qui putant impune se, aut peccare, aut peccasse : quia hæc loca oratori, frequentant. Sunt quidam potentum qui acquirendi census gratia sub prætextu Romani, sive Turonici itineris multa acquirunt, multos pauperum opprimunt, et quod sola cupiditate faciunt, orationum sive sanctorum locorum visitationis causa se facere videri affectant. Sunt pauperes qui vel ideo id faciunt, ut majorem habeant materiam mendicandi, de quorum numero sunt illi qui circumquaque vagantes illo se pergere mentiuntur : vel quia tantum sunt vecordes, ut putent se sanctorum locorum sola visione a peccatis purgari, non attendentes quod ait beatus Hieronymus : Non Hierosolymam vidisse, sed Hierosolymis bene vixisse, laudandum est. De quibus omnibus imperatoris, qualiter sint emendanda, sententia exspectetur : qui vero peccata sua sacerdotibus in quorum sunt parochiis confessi sunt, et ab his agendæ pœnitentiæ consilium acceperunt, si orationibus insistendo, eleemosynas largiendo, mores componendo, vitam emendando, apostolorum limina, vel quorumlibet sanctorum invisere desiderant, horum est devotio modis omnibus collaudanda.

CAP. 52. — *De omni peccatore, quoties ceciderit, quod toties resurgere debeat.*

(*Ex dictis Sosii cujusdam eremitæ.*) Dum quidam frater abbatem Sosium tali sermone frequenter requireret, dicens : Quid faciam, Pater, quoniam cecidi? illi respondit : Surge inquit. Illo vero se exsurrexisse, et iterum cecidisse professo, respondit : Iterum adhuc surge. Cum autem frater frequenter surrexisse et frequenter cecidisse narraret, eodem vero senex utebatur sermone, exclamans, Ne desistas surgendo. Cui frater ait : Usquequo possum surgere, Pater, explana? Senex dixit : Usquequo, aut in bono opere, aut in malo depressus occumbas. In quo enim opere fuerit homo depressus, in eo judicabitur.

CAP. 53. — *Ut justum sit omni homini quod se reprehendat.*

(*Ex dictis Pimeni cujusdam eremitæ.*) Quidam frater requisivit abbatem Pimenem, dicens : Quid est, pater, quod dicit Apostolus : Omnia munda mundis? At ille dixit ei : Si quis ad hunc sermonem pervenire potuerit, ut eum intelligat, videbit se minorem esse totius creaturæ. Cui frater : Et quomodo possum minorem me videre ab eo qui homicida est? Respondit senex : Si potuerit homo ad hunc sermonem Apostoli pervenire, et viderit hominem qui forte occidit alium, dicit in semetipso : Iste quidem hoc solum peccatum fecit : ego autem omni hora homicidium committo, meipsum interficiens. Et cum frater requireret quomodo hoc possit fieri, respondit : Hæc sola est hominis justitia, ut semetipsum reprehendat. Tunc enim justus est, cum sua peccata condemnat.

CAP. 54. — *Ut nullus fratrem condemnet antequam Deus illum dijudicet.*

(*Ex dictis cujusdam eremitæ.*) Venit aliquando abbas Isaac in cœnobio, et vidit illic fratrem negligentem : et iratus jussit eum expelli de cœnobio. Cum ergo regrederetur ad habitaculum suum, venit angelus Domini et stetit ante ostium cellulæ ejus, dicens : Non te permitto ingredi. At ille rogabat ut ejus culpa manifestaretur. Et respondens angelus, dixit : Deus transmisit me, dicens : Vade, dic Isaac : Ubi jubes ut mittamus illum fratrem qui peccavit? At ille mox egit pœnitentiam, dicens : Peccavi, Domine, indulge mihi. Et dicit ei angelus : Exsurge, indulgeat tibi Dominus : sed ne iterum hoc facias ut quemquam condemnes, antequam Deus illum dijudicet. Tulerunt homines sibi judicium, et non mihi illud dimittunt, dicit Dominus. Hoc autem dictum est, quia si contigerit de illis perfectis aliquem, vel in parvo peccare, non mox prodatur.

CAP. 55. — *Quod justa obedientia justis muneribus remuneretur.*

(*Ex dictis cujusdam eremitæ.*) Quidam ex patribus in extasi positus, vidit quatuor ordines ante Deum : et primus quidem ordo erat hominum infirmantium, et gratias agentium Deo. Secundus vero erat eorum qui hospitalitatem sectantur, et in hoc ministrant. Tertius vero illorum qui solitudinem sectantur. Quartus vero illorum qui propter Deum in obedientia subjecti sunt patribus. Erat ergo illis tribus ordinibus hic ordo superior qui obedientiam exhibebat, et habebat torquem auream, et majorem gloriam præ cæteris possidebat. Dicit autem senex ei qui sibi hoc in extasi demonstrabat, quia isti alii omnes habent aliquam requiem ad implendas proprias voluntates. Hic ergo qui obedientiam exercet, omnes voluntates relinquit, totus pendet in voluntate Patris jubentis, et ideo majorem gloriam præ cæteris est sortitus.

CAP. 56. — *De illis qui ex industria peccant, et promittunt sibi quamdam impunitatem peccandi propter largitionem eleemosynarum.*

(*Ex concilio Cabillon., capite* 36.) Sed nec hoc prætereundum putavimus quod quidam ex industria peccantes, propter eleemosynarum largitionem quamdam sibi promittunt impunitatem. Eleemosyna enim extinguit peccatum, juxta illud : Ignem ardentem extinguit aqua, et eleemosyna extinguit peccatum. Sed ea quæ aut necessitate, aut casu, aut qualibet fiunt fragilitate. Ea vero quæ ex industria ad cujuslibet libidinem explendam idcirco fiunt ut eleemosynis redimantur, nequaquam eis redimi possunt : quia qui hoc perpetrant videntur Deum mercede conducere, ut eis impune peccare liceat. Non ergo idcirco quis peccare debet ut eleemosynam faciat : sed ideo eleemosynam facere debet, quia peccavit. Mentem enim et corpus quæ libido traxit ad culpam, afflictio et contritio debet reducere ad veniam.

CAP. 57. — *De his qui peracta pœnitentia ad pristina redeunt volutabra.*

(*Ex decr. Syricii papæ, capite* 10.) De his vero non incongrue dilectio tua apostolicam sedem credidit consulendam, qui peracta pœnitentia, tanquam canes ac sues, ad vomitum pristinos et ad volutabra redeuntes, et militiæ cingulum, et ludicras voluptates, et nova conjugia, et inhibitos denuo appetiere concubitus, quorum professam incontinentiam generati post absolutionem filii prodiderunt ; de quibus : quia jam suffugium non habent pœnitendi, id duximus decernendum, ut sola intra Ecclesiam fidelibus oratione jungantur, sacræ mysteriorum celebritati, quamvis non mereantur, intersint. A Dominicæ autem mensæ convivio segregentur, ut hac saltem districtione correcti, et ipsi sua errata castigent et aliis exemplum tribuant, quatenus ab obscœnis cupiditatibus retrahantur : quibus tamen quoniam carnali fragilitate ceciderunt, viatico munere, cum ad Dominum cœperint proficisci, per communionis gratiam volumus subvenire. Quam formam et circa mulieres, quæ se post pœnitentiam talibus pollutionibus devinxerunt, servandam esse censemus.

CAP. 58. — *De pœnitente femina quæ defuncto viro aliis nubere præsumpserit.*

(*Ex concilio Arelatensi, capite* 2.) Pœnitentes feminæ quæ defunctis viris aliis nubere præsumpserint, vel suspecta, vel interdicta familiaritate cum extraneo vixerint, cum eodem ab Ecclesiæ liminibus arceantur. Hæc etiam de viris in pœnitentia positis placuit observari.

CAP. 59. — *Quod in danda pœnitentia nulla sit personarum acceptio.*

(*Ex concilio Cabillon., cui interfuit Carolus imperator, capite* 34.) Quia igitur Apostolo teste non est personarum acceptio apud Deum, et in omnibus judiciis servanda non est, multo magis in hoc pœnitentiæ judicio præcaveri debet, ut nullus sacerdotum unquam, aut gratia, aut odio alicujus personæ secus iudicet, quam quod in canonibus sacris invenerit : aut quod illi secundum sanctarum Scripturarum auctoritatem, et ecclesiasticam consuetudinem rectius visum fuerit. Si ergo medici qui corporibus medicinam inferre conantur, nequaquam propter personæ cujuslibet acceptionem his quos sanare cupiunt, cauterio, aut ferro, aut duris aliis quibuslibet rebus parcunt : multo magis his observandum est, qui non corporum sed animarum medici existunt, neque enim pensanda est pœnitentia quantitate temporis, sed ardore mentis, et mortificatione corporis. Cor autem contritum et humiliatum Deus non despicit.

CAP. 60. — *De illis qui peccata sua sine condigna pœnitentia sibi relaxari falluntur.*

(*Ex dictis August.*) Quisquis ergo malorum operum sine condigna pœnitentia quemquam veniam a Deo percipere posse dixerit, penitus errat, et, cum deceptus alios decipere festinat, duplici noxa constringitur : hoc est, proprii erroris et alienæ deceptionis.

CAP. 61. — *Quod tam diu laborare quisque debeat donec possideat Christum.*

(*Ex dictis Gregor.*) Usque tunc laborare debet homo, usquequo possideat Christum. Qui autem illum semel adeptus fuerit, jam non laborat. Permittit tamen Dominus laborare electos suos, ut rememorentur tribulationum laboris, unde semetipsos custodiant, timentes ne tantos labores amittant. Nam et filios Israel ideo Deus per desertum quadraginta annis circumduxit, ut rememoratis tribulationibus, non redirent retrorsum.

CAP. 62. — *Ut nullus episcopus seu presbyter alterius pœnitentem sine litteris sui episcopi suscipiat.*

(*Ex epist. Felicis papæ, capite* 2.) Curandum vero maxime et omni cautela prævidendum, ne quis fratrum coepiscoporumque nostrorum, aut etiam presbyterorum in alterius civitate vel diœcesi pœnitentem, vel sub manu positum sacerdotis, aut eum qui reconciliatum se esse dixerit, sine episcopi vel presbyteri testimonio, et litteris, ad cujus pertinet parochiam, suscipiat.

CAP. 63. — *Ut pœnitentes secundum canones nisi peracta pœnitentia communicare non debeant.*

(*Ex decr. Pii papæ, capite* 2.) Pœnitentes non debent communicare ante consummationem pœnitentiæ.

CAP. 64. — *Quod pro ethnico et publicano sit habendus, qui pro peccato commisso pœnitere noluerit.*

(*Ex dictis August.*) Erga eum qui pro peccato commisso non pœnitet, tales esse debemus, sicut Dominus præcepit dicens : Sit tibi sicut ethnicus et publicanus, et sicut Apostolus jubet : Subtrahite, inquit, vos ab omni fratre inordinate ambulante, secundum traditionem quam tradidi vobis.

CAP. 65. — *Quod a licitis se abstinere debeat, qui illicita se commisisse meminerit.*

(*Ex dictis Gregor. papæ.*) Qui se illicita meminit commisisse, a licitis etiam studeat abstinere : quatenus per hoc Conditori suo satisfaciat, ut qui commisit prohibita, sibimetipsi abscindere debeat etiam concessa.

Cap. 66. — *Ut nullus post pœnitentiæ actionem ad militiam sæcularem redire debeat.*

(*Ex epist. Leonis papæ, capite 25.*) Contrarium est omnino ecclesiasticis regulis, post pœnitentiæ actionem redire ad militiam sæcularem. Cum Apostolus dicat : Nemo militans Deo, implicat se sæcularibus negotiis. Unde non est liber a laqueis diaboli, qui se militiæ mundanæ voluerit implicare.

Cap. 67. — *De illis qui, relicto religionis proposito, ad sæculum redeunt.*

(*Ex concilio Arelatensi, capite 5.*) Hi qui post sanctæ religionis propositum apostatant, et ad sæculum redeunt, et postmodum pœnitentiæ remedia non requirunt, communionem non accipiant sine pœnitentia : quos etiam jubemus ad clericatus officium non admitti, et quicunque ille est post pœnitentiam habitum sæcularem non præsumat. Quod si præsumpserit, ab Ecclesia alienus habeatur.

Cap. 68. — *Quod nullus religiosus et sanctus careat peccato.*

(*Ex dictis August.*) Nullus sanctus et verus caret peccato : nec tamen ex hoc desinit esse justus vel sanctus, cum affectu teneat sanctitatem. Non enim naturæ viribus, sed propositi adjumento per Dei gratiam acquirimus sanctitatem : et ideo veraciter se omnes sancti pronuntiant peccatores, quia in veritate habent quod plangant, et si non reprehensione conscientiæ, certe mobilitate et mutabilitate prævaricatricis naturæ.

Cap. 69. — *Ut pœnitentes a conviviis et ornamentis abstinere debeant.*

(*Ex decr. Lucii papæ, capite 5.*) Quod pœnitentes a conviviis et ornamentis atque alba veste abstinere debeant, et discordes pellantur ab ecclesia, donec ad pacem redeant.

Cap. 70. — *Ut presbyter pœnitentem non reconciliet, nisi episcopus suus jubeat.*

(*Ex concilio Africano, capite 30.*) Ut presbyter non interrogato episcopo non reconciliet pœnitentem, nisi absentia episcopi, necessitate compellente.

Cap. 71. — *Ut nullus in ecclesiastico ordine per manus impositionem remedium accipiat pœnitendi.*

(*Ex decreto Leonis papæ ad Rusticum, capite 16.*) Alienum est autem a consuetudine ecclesiastica, ut qui in presbyterali honore, aut in diaconii gradu fuerint consecrati, hi per crimine aliquo suo per manus impositionem remedium accipiant pœnitendi. Quod sine dubio ex apostolica traditione descendit, secundum quod scriptum est : Sacerdos si peccaverit, quis orabit pro illo? Unde hujusmodi lapsis ad promerendam misericordiam Dei privata est expetenda secessio. Ubi illis satisfactio si fuerit digna, sit etiam fructuosa.

Cap. 72. — *Ut ordinati in gravioribus peccatis deprehensi, non manus impositionem ut laici accipere debeant.*

(*Ex concilio Carthaginensi, capite 27.*) Item confirmatum est, ut si quando presbyteri vel diaconi in aliqua graviore culpa convicti fuerint, qua eos a ministerio necesse sit removeri, non eis manus unquam pœnitentibus vel tanquam fidelibus laicis imponatur, neque permittendum ut rebaptizati ad clericatus gradum promoveantur.

Cap. 73. — *De clericis qui corporali delicto delinquunt si restaurari possint.*

(*Ex epistola sancti Isidori ad Massonem.*) Nulla est in hujuscemodi sententiis decretorum diversitas intelligenda, quod alibi legitur in lapsu corporali restaurandum honoris gradum post pœnitentiam. Alibi post hujusmodi delictum, nequaquam reparandum prioris ordinis meritum, hæc enim diversitas hoc modo distinguitur. Illos enim ad pristinos officii gradus redire præcepit canon, quos pœnitentiæ præcesserit satisfactio, vel digna peccatorum confessio. At contra hi qui neque a vitio corporis emendantur: ad hoc ipsum carnale delictum quod admittunt, etiam vindicare quadam superstitiosa temeritate nituntur, nec gradum utique honoris, nec gratiam communionis recipiant.

Cap. 74. — *De his qui altario Dei deserviunt, si subito flenda carnis fragilitate corruerint.*

(*Ex concilio Everdensi, capite 5.*) Hi qui altario Dei deserviunt, si subito flenda carnis fragilitate corruerint, et Domino respiciente digne pœnituerint, ita ut mortificato corpore, cordis contriti sacrificium Deo offerrant, maneat in potestate pontificis, vel veraciter afflictos non diu suspendere, vel desidiosos prolixiore tempore, ab Ecclesiæ corpore segregare : ita tamen ut sic officiorum suorum loca recipiant, ne possint ad altiora officia ulterius promoveri : quod si iterato velut canes ad vomitum reversi fuerint, et velut sues in volutabris immersi jacuerint, non solum dignitate officii careant, sed etiam sanctam communionem nonnisi in exitu percipiant.

Cap. 75. — *Quod conjugati in Quadragesima abstinere debeant ab uxoribus.*

(*Ex concilio Eliberitan., capite 5.*) Qui in Quadragesima ante Pascha cognoverit uxorem suam, et noluerit abstinere ab ea, unum annum pœniteat, aut pretium videlicet viginti quinque solidorum ad Ecclesiam tribuat, aut pauperibus dividat. Si per ebrietatem et sine consuetudine acciderit, quadraginta dies pœniteat.

Cap. 76. — *De illis qui in Quadragesimæ diebus carnem manducare præsumunt.*

(*Ex concilio Toletan.*) Quicunque in Quadragesimæ diebus esum carnium præsumpserit attentare, non solum reus erit resurrectionis Dominicæ, verum etiam alienus ab ejusdem diei sancta communione. Et hoc illi cumuletur ad pœnam, ut in ipsius anni circulo ab omni esu carnium abstineat : quia sacris diebus abstinentiæ oblitus est disciplinam.

Cap. 77. — *De fratre non peccante ad mortem, et ad mortem.*

(*Ex epist. Joannis Evangel.*) Qui scit fratrem suum peccare non ad mortem, postulet pro eo, et dabit ei vitam Deus. Si quis usque ad mortem peccat, quia est peccatum usque ad mortem, non pro illo dico, ut roget quis.

CAP. 78. — *Quod difficile sit graviter peccanti sub gradu manere in gradu.*

(*Ex dictis Hierony.*) Quicunque dignitatem gradus divini non custodiunt, contenti fiant animam salvare : reverti enim in eum gradum in quo antea fuerant, difficile est.

CAP. 79. — *De eadem re.*

(*Ex dictis Basilii episcop.*) Qui sub gradu peccat, debet excommunicari, quia magna est dignitas hujus nominis : tamen potest redimere animam suam post pœnitentiam, ad priorem enim gradum venire difficile est.

CAP. 80. — *De eadem re.*

Qui sub gradu cecidit, post pœnitentiam contentus fiat baptizare, communionem infirmis dare, et altario tantummodo ministrare.

CAP. 81. — *De eadem re.*

(*Ex dictis S. Isidor.*) Isidorus in evangelio Ephesi præpositum, id est, sacerdotem ostendit juxta Malachiam qui dicit : Labia sacerdotis custodiunt scientiam, et legem exquirent ex ore ejus : quia angelus Domini exercituum est. Candelabrum enim angeli doctrina sacerdotis, vel honor potestatis, quam gestat intelligitur. Candelabrum enim sacerdotis : quia charismata intelliguntur honoris, tunc penitus juxta Joannem movetur, quando post delicta, neglecta pœnitentia, admissa scelera non deflentur. Non enim dicit, quia cecidisti movebo candelabrum tuum, sed nisi pœnitentiam egeris, movebo candelabrum tuum.

CAP. 82. — *Quod post septem annos pœnitentem sacerdotem censura canonum in pristinum statum remeare præcipiat.*

(*Item idem.*) Canonum censura post septem annos remeare pœnitentem sacerdotem in statum pristinum præcepit, non expletione proprii arbitrii, sed potius ex sententia divini judicii. Nam legitur, quia Maria soror Aaron prophetissa, dum obtrectationis adversus Mosen incurrisset delictum, illico stigmate lepræ percussa est. Quumque petisset Mosen ut emundaretur, præcepit eam extra castra egredi septem diebus, et post emundationem rursus eam castris reverti. Maria ergo soror Aaron caro intelligitur sacerdotis. Quæ dum superbiæ dedita sordidissimis corruptionum maculatur erroribus moretur extra castra septem diebus, id est, a collegio Ecclesiæ sanctæ septem annis projiciatur, quibus post emendationem vitiorum, loci sive pristinæ dignitatis recipiat meritum.

CAP. 83. — *De populi necessario quod inultum soleat præterire.*

(*Ex decr. Innocentii papæ episcopis de Macedonia missis.*) Prævideat ergo dilectio vestra hactenus talia transisse, et advertite quod utique ut dicitis necessitas imperavit, in pace etiam Ecclesias constitutas non posse præsumere, sed ut sæpe accidit, quoties a populis, aut a turba peccatur, quia in omnes propter multitudinem non potest vindicari inultum solere transire. Priora ergo dimittenda dico Dei judicio, de reliquo maxima sollicitudine præcavendum, non enim hic, ut mihi videtur, iste doctor apostolicus dicit non necessariam esse populo pro male commissis agere pœnitentiam, sed quia in omnes propter multitudinem non potest vindicari, priora dimittenda Dei judicio, de reliquo maxima solicitudine præcavendum, ne fiant.

CAP. 84. — *De illis qui scabiem, aut vermiculos comedunt, vel urinam bibunt.*

(*Ex Pœnitentiali Bedæ.*) Qui comedit scabiem, aut vermiculos, qui pediculi dicuntur, vel urinam bibit, sive stercora comedit : si infantes sint vel pueri, vapulent ; si in virili ætate, viginti dies pœniteant : et utrique cum impositione manus episcopi sanentur.

CAP. 85. — *De illis qui animalia a bestiis dilacerata, vel laqueis strangulata comedunt.*

(*Ex Pœnitentiali Theodori.*) Animalia quæ a lupis, seu canibus lacerantur, non sunt comedenda, nec cervus, nec capreus, si mortui inventi fuerint, nisi forte ab homine adhuc viva occidantur prius, sed porcis et canibus dentur. Aves vero et cætera animalia, si in retibus strangulantur, non sunt comedenda : nec si accipiter oppresserit, et si sic mortua inveniuntur : quia in Actibus apostolorum præcipitur abstinere a fornicatione, a sanguine, et suffocato, et idololatria.

CAP. 86. — *De apibus, si occiderint hominem.*

(*Ex eodem.*) Apes si occidunt hominem, ipsæ quoque occidi festinentur, mel tamen manducetur.

CAP. 87. — *De porcis et gallinis, si sanguinem hominis comederint.*

(*Ex eodem.*) Si porci vel gallinæ sanguinem hominis comedunt, mox occidantur, et intralia projiciantur, et cætera caro manducetur. Si autem tardatur occisio, non manducetur. Si autem cadavera laceraverint mortuorum, macerentur, et post anni circulum comedantur. Si autem porci occiderint hominem, statim interficiantur, et sepeliantur.

CAP. 88. — *De illis qui carnem immundam, vel morticinam comedunt.*

(*Ex eodem.*) Qui manducat carnem immundam, aut morticinam, aut dilaceratam a bestiis, XL dies pœniteat : si enim necessitate famis contingit, multo levius est.

CAP. 89. — *De illis qui cibum immunda manu tactum comederint, vel si canis, aut aliquod animal immundum cibum tetigerit.*

(*Ex eodem.*) Quod si casu quis immunda manu cibum tangit, vel si canis, vel pilax, aut cattus, musve, aut animal immundum, sanguinem hominis edit, non nocet, et qui pro necessitate famis manducat animal quod immundum videtur, vel avem, vel bestiam, misericorditer pœniteat.

CAP. 90. — *De illis qui sanguine, vel aliquo immundo polluuntur.*

(*Ex eodem.*) Qui sanguine, vel quocunque immundo polluitur, si nescit qui manducat, leve est : si autem scit, pœniteat juxta modum pollutionis.

Cap. 91. — *De illis qui sanguinem, aut semen biberint.*

(*Ex eodem.*) Qui sanguinem, aut semen biberit, sciens pro aliqua re, tres annos pœniteat.

Cap. 92. — *De piscibus mortuis in flumine inventis.*

(*Ex eodem.*) Piscis mortuus in flumine inventus non est edendus : quia non est venatio hominis : si vero piscando tactus fuerit, et ipso die inventus fuerit, qui non hæsitat, manducet, qui autem dubitat, non manducet.

Cap. 93. — *De clericis qui a dæmonio vexantur.*

(*Ex concilio Aurelian., cap. 6.*) Si quis clericus vexatus fuerit a dæmonio, decem annos pœniteat, et inter audientes stet, et ad sacros ordines non adducatur. Si bene egerit, et per Dei gratiam liberatus fuerit, sit in reliquis officiis ecclesiasticis.

Cap. 94. — *De illis qui parentum honorem non servant.*

(*Ex Pœnitentiali Romano.*) Si quis inhonoraverit patrem aut matrem, tres annos pœniteat. Quod si manum levaverit, aut ei percussionem intulerit, septem annos pœniteat.

Cap. 95. — *Quod pœnitenti nulla negocia exercere conveniat.*

(*Ex decr. Leonis papæ, capite 23.*) Qualitas lucri negociantem, aut excusat, aut arguit : quia est honestus questus, et turpis. Verumtamen pœnitenti utilius est dispendia pati, quam periculis negotiationis obstringi : quia difficile est inter ementes, vendentesque commertium, non intervenire peccatum.

Cap. 96. — *Ut sacerdotes nulli pœnitentiam injungant ex corde, sed ex auctoritate.*

(*Ex concil. Mogunt., cap. 24.*) Omnibus his actis ventilata est ratio pœnitentiæ, ut sacerdotes certius intelligerent, quomodo confessiones recipere et pœnitentiam secundum canonicam institutionem pœnitentibus deberent indicare.

Cap. 97. — *Ut unusquisque presbyter octo principalia vitia per ordinem sciat.*

(*Ex eodem, cap. 5.*) Ventilata est ratio octo principalium vitiorum, ut unusquisque diversitatem illorum sciat, et ab illis domino auxiliante se intelligat custodire, et aliis prædicare.

Cap. 98. — *Ut sacerdotes diligenter examinent confitentium peccata.*

(*Ex eodem, cap. 6.*) Ut episcopi et presbyteri examinent qualiter confitentibus peccata dijudicent, et tempus pœnitentiæ constituant.

Cap. 99. — *Ut singuli presbyteri capitula auctoritativa habeant ad succurrendum pœnitentibus.*

(*Ex eodem, cap. 26.*) Ut unusquisque presbyter capitula habeat de majoribus, vel minoribus vitiis, per quæ cognoscere valeat, vel prædicare subditis, ut caveant ab insidiis diaboli.

Cap. 100. — *De presbyteris qui culpas peccantium reticent, vel minus digne pœnitentes ad reconciliationem adducunt.*

(*Ex decr. Alexandri papæ.*) Ut nemo presbyterorum xenium vel quodcunque emolumentum temporale, imo detrimentum spiritale a quocunque publice peccante, vel incestuoso accipiat, ut episcopo, vel ministris ejus peccatum illius reticeat : nec pro respectu cujusque personæ, aut consanguinitatis, vel familiaritatis, aliens communicans peccatis, hoc episcopo innotescere detrectet, nec a quoquam pœnitente, aut gratia, aut favore, aut munus suscipere præsumat, aut minus digne pœnitentem ad reconciliationem adducat, et ei testimonium reconciliationis ferat, vel quocunque livore alium quenlibet dignius pœnitentem a reconciliatione removeat : quia hoc symoniacum, et Deo et hominibus contrarium est.

Cap. 101. — *De illis qui truncationes membrorum fecerint.*

(*Ex Pœnitentiali Romano.*) Qui per rixam ictu debilem, vel deformem hominem fecerit, reddat impensas medici, et medium annum pœniteat. Si non habuerit unde reddat, annum unum pœniteat. Si laicus per dolum sanguinem effuderit, reddat illi tantum quantum nocuit : et si non habet unde reddat, solvat in opera proximi sui, quam diu ille infirmus est, et postea XL dies in pane et aqua pœniteat.

Cap. 102. — *De eadem re.*

(*Ex Pœnitentiali Bedæ presbyteri.*) Qui ictum proximo dederit, et non nocuerit, tres dies pœniteat in pane et aqua. Si clericus, annum vel dimidium. Si quis alicui quodlibet membrum voluntate sua truncaverit, tres annos pœniteat, unum ex his in pane et aqua. Parvuli invicem se percutientes, tres dies : Si vero adolescentes, XX dies pœniteant.

Cap. 103. — *De illis qui ducatum præstant, et deprædatores super Christianos ducunt.*

(*Ex Pœnitentiali Romano.*) Si quis præbet ducatum super Christianos ut deprædentur, et non acciderit strages Christianorum, tres annos pœniteat. Sin vero, ejectis armis, usque ad mortem mundo mortuus vivat.

Cap. 104. — *De illis qui per amorem venefici fiunt.*

(*Ex Pœnitentiali Theodori.*) Si quis per amorem veneficus fit, et neminem perdiderit. Si clericus est, annum pœniteat, in pane et aqua. Si subdiaconus, duo. Si diaconus, tres, unum ex his in pane et aqua, et laicus dimidium annum pœniteat, maxime si per hoc mulieris partum quisque deceperit, tres annos unusquisque superauget in pane et aqua, ne homicidiis reus sit.

Cap. 105. — *De illis qui hæreticis, nescientes, vel scientes se in aliquibus commiscuerint.*

(*Ex decr. Eutychian. papæ.*) Si quis dederit, aut exceperit communionem de manu hæretici, et nescit quod catholica Ecclesia contradicit, postea intelligens : annum integrum pœniteat. Si autem scit, et neglexerit, et postea pœnitentiam egerit, decem annos pœniteat, alii judicant septem : et humanius V annos pœniteat. Si quis permiserit hæreticum Missam suam celebrare in Ecclesia catholica, et nescit, XL dies poeniteat. Si pro reverentia ejus, annum integrum poeniteat. Si pro damnatione Ecclesiæ catholicæ, et consuetudine Romanorum projiciatur ab Ecclesia sicut hæreticus, nisi habeat poenitentiam, si habuerit, X annos poeniteat. Si recesserit ab Ecclesia catholica in congregationem hæreticorum, et alios persuaserit, postea poenitentiam egerit, XII annos poeniteat: quatuor annos extra Ecclesiam, et sex inter auditores, et duo adhuc extra communionem. De his in canone dicitur, ut X anno communionem sine oblatione recipiant. Si episcopus aut abbas jubet monacho suo pro hæreticis mortuis Missas cantare, non licet, et non expedit obedire eis. Si presbytero contigerit, ubi Missam cantaverit, et alius recitaverit nomina mortuorum, et simul nominaverit hæreticos cum catholicis, si post Missam intellexerit, hebdomadam poeniteat. Si frequenter fecerit, annum integrum poeniteat. Si quis autem pro morte hæretici Missam ordinaverit, et pro religione sua ejus reliquias ibi tenuerit, et nescit differentiam catholicæ fidei, et postea intellexerit, poenitentiamque egerit, reliquias ibi debet igne concremare, et annum poeniteat. Si autem scit et neglexerit, poenitentia commotus, decem annos poeniteat. Si quis a fide catholica discesserit sine ulla necessitate, et postea ex toto animo poenitentiam acceperit, tres annos extra Ecclesiam, id est, inter audientes juxta Nicænum concilium, septem annos in Ecclesiis inter poenitentes, et duos annos adhuc extra communionem poeniteat.

CAP. 106. — *De illis qui comedunt, aut bibunt ab immundis animalibus tactum, vel intinctum.*

(*Ex Poenitentiali Romano.*) Qui comedit, vel bibit intinctum a familiari bestia, id est, cane, vel catto, et scit, C psalmos cantet, si nescit, duos dies jejunet, vel si redimere voluerit, L psalmos cantet. Qui dederit alicui liquorem in quo mus, vel mustela mortua inventa sunt, si laicus est, septem dies poeniteat. Si in coenobiis contigerit, CCC Psalmos cantet. Qui postea noverit quod talem potum biberit, CL psalmos cantet. Si quis semicoctum comederit inscius, tres dies poeniteat, vel Psalterium cantet. Sciens autem, septem dies poeniteat. Pro modico furto, XX dies poeniteat, qui est XX annorum, puer qui est X annorum aliquid furti faciens, septem dies poeniteat. Si quis tinxerit manum in aliquo cibo liquido, et non idonea manu, C palmatis emendetur. Si in farina, aut in aliquo cibo sicco, aut in pulte, aut in lacte coagulato mus, vel mustela mortua inveniuntur, quod in circuitu ejus est totum, projicietur foras, quod reliquum est, manducetur.

CAP. 107. — *Quod diabolus internas cogitationes animæ non videat, sed ex motu corporis intelligat.*

(*Ex dictis August.*) Internas animæ cogitationes diabolum non videre certissimum est, motivas corporis ab illo et affectationum indiciis colligi experimento didicimus: secreta autem cordis solus ille novit ad quem dicitur: Tu solus nosti corda filiorum hominum.

CAP. 108. — *De eadem re.*

(*Ex dictis ejusdem.*) Non omnes malæ cogitationes nostræ semper diaboli instinctu excitantur: sed aliquoties ex nostri arbitrii motu emergunt. Bonæ autem cogitationes semper a Deo sunt.

CAP. 109. — *De illis qui alios in culpa sua defendere nituntur.*

(*Ex dictis ejusdem.*) Reos sanguinis non defendat Ecclesia: ne effusione sanguinis particeps fiat.

CAP. 110. — *De eadem re.*

(*Ex decr. Eusebii papæ, capite 15.*) Ut qui alium in culpa sua defendere, vel excusare nititur, excommunicetur.

CAP. 111. — *Ut poenitentia conjugatis ex consensu detur.*

(*Ex concilio Arelaten., capite 6.*) Ut poenitentia conjugatis ex consensu amborum detur. Poenitentiam conjugatis, non nisi ex consensu dandam.

CAP. 112. — *Quot modis animæ defunctorum solvi debeant.*

(*Ex dictis Origenis.*) Animæ defunctorum quatuor modis solvuntur, aut oblationibus sacerdotum, aut precibus sanctorum, aut charorum eleemosynis, aut jejunio cognatorum.

CAP. 113. *De nutriendis infirmis.*

(*Ex dictis Hieron.*) Nutrire infirmos, et fovere Christum nihil interest, nutriendus enim est infirmus: quia Christus infirmum se esse profitebitur.

CAP. 114. — *Quod non noceant præterita, si non placeant præsentia.*

(*Ex dictis August.*) Non nocent mala præterita, si non placeant præsentia, præcipue si multis eleemosynis sint expiata.

CAP. 115. — *De illis qui hospites recipere neglexerint.*

(*Ex Poenitentiali Romano.*) Quicunque hospites non recipit in domo sua, sicut Dominus præcepit, et propter hoc regna cælorum promisit, quanto tempore hospitibus humanitatem denegaverat, et mandata evangelica juxta possibilitatem suam non adimpleverat, nec pedes lavabat, nec eleemosynam fecerat, tanto tempore plenior in pane et aqua, si non emendet, poeniteat.

CAP. 116. — *Ut clerici superflua pauperibus erogent.*

(*Ex eodem.*) Clericus habens superflua, donet ea pauperibus. Sin autem, post poeniteat tempore quo vivat, in contritione, in poenitentia remotus vivat.

CAP. 117. — *De illo qui alicui fratri suum imputat peccatum, nisi prius seorsum eum arguerit.*

(*Ex eodem.*) Qui peccatum imputando fratri imponit, priusquam seorsum arguat eum, satisfaciens ei, tres dies poeniteat.

CAP. 118. — *De illis qui diu reticent peccata sua.*

(*Ex Poenitentiali Bedæ presbyteri.*) Sciendum vero est, quanto quis tempore moratur in peccatis, tanto ei augenda est poenitentia.

Cap. 119. — *De illis qui aliquem in ira percusserint.*

(*Ex concilio Rothomag., capite* 9.) Si quis alium per iram percusserit, et sanguinem effuderit, si laicus est, XX dies pœniteat : clericus, XXX. Illi autem qui gradum habent, amplius pelli debent, diaconus sex menses, presbyter unum annum, episcopus duos annos et sex menses.

Cap. 120. — *De illis qui ad feriendum hominem surrexerint, volentes eum occidere, sed non potuerunt.*

(*Ex Pœnitentiali Romano.*) Qui ad feriendum hominem surrexerit, volens eum occidere, tres hebdomadas pœniteat. Si clericus fuerit, sex menses : quod etsi vulneraverit, XL dies. Si clericus clericum, annum totum, sed et pecuniam pro modo vulneris cui inflixit, tribuat.

Cap. 121. — *De illis qui reticuerint peccatum fratris quod est ad mortem.*

(*Ex Pœnitentiali Theod.*) Qui reticuerit delictum fratris quod est usque ad mortem, neque eum corripuerit, juxta regulam evangelicam, primo inter se, et ipsum solum, deinde inter alios, deinde ad Ecclesiam culpam referens, si necesse fuerit, et quanto tempore fuit, tanto pœniteat.

Cap. 122. — *Quod non liceat diacono, alicui dare pœnitentiam.*

(*Ex Pœnitentiali Romano.*) Non licet diacono alicui dare pœnitentiam : sed episcopus, aut presbyter dare debet.

Cap. 123. — *Ut pœnitentia quæ dilata est, cum petita fuerit non negetur.*

(*Ex decr. Leonis papæ, capite* 22.) Dissimulatio hæc potest non de contemptu esse remedii, sed de metu gravius delinquendi, unde pœnitentia quæ dilata est, cum studiosius petita fuerit non negetur, ut quoquomodo ad indulgentiæ medicinam anima vulnerata perveniat.

Cap. 124. — *De illis qui despiciunt eos qui fideliter agapas fecerint.*

(*Ex concilio Gangren., capite* 11.) Si quis despicit eos qui fideliter agapas, id est, convivia pauperibus exhibent, et propter honorem Dei convocant fratres, et noluerit communicare hujuscemodi vocationibus, parvipendens quod geritur, anathema sit.

Cap. 125. — *De illis qui dicunt se non habere peccata.*

(*Ex concilio Africano, capite* 70.) Item placuit, ut quod ait sanctus apostolus Joannes : Si dixerimus quia peccatum non habemus, nosipsos decipimus, et veritas in nobis non est. Quisquis sic accipiendum putaverit, ut dicat propter humilitatem non oportere dici nos non habere peccatum, non quia vere ita est, anathema sit. Sequitur enim, et adjungit apostolus : Si autem confessi fuerimus peccata nostra, fidelis est et justus, qui remittat nobis peccata, et mundet nos ab omni iniquitate. Ubi satis apparet, hoc non tantum humiliter, sed etiam veraciter dici : poterat enim apost. dicere : Si dixerimus, non habemus peccatum, nosipsos extollimus, et humilitas in nobis non est. Sed cum ait : Nos ipsos decipimus, et veritas in nobis non est : satis ostendit eum qui dixerit se non habere peccatum, non verum loqui, sed falsum.

Cap. 126. — *De illis qui dicunt sanctos in oratione Dominica, Dimitte nobis debita nostra, non pro se sed pro aliis dicere.*

(*Ex eodem, capite* 71.) Item placuit ut quicunque dixerit in oratione Dominica, ideo dicere sanctos : Dimitte nobis debita nostra, ut pro seipsis hoc non dicant : quia non est eis necessaria ista petitio, sed pro aliis qui sunt in suo populo peccatores, et ideo non dicere unumquemque sanctorum, Dimitte peccata mea, sed Dimitte nobis debita nostra, ut hoc pro aliis potius, quam pro se justus petere intelligatur, anathema sit. Sanctus enim et justus erat apostolus Jacobus, cum dicebat : In multis enim offendimus omnes. Nam quare additum est omnes : nisi ut ista sententia conveniret? Et in Psalmo ubi legitur : Ne intres in judicium cum servo tuo, quia non justificabitur in conspectu tuo omnis vivens. Et in oratione sapientissimi Salomonis : Non est homo qui non peccavit. Et in libro sancti Job : In manu omnis hominis signum, ut sciat omnis homo infirmitatem suam. Unde etiam Daniel sanctus et justus, cum in oratione pluraliter diceret : Peccavimus, iniquitatem fecimus, etc., quæ ibi veraciter et humiliter confitetur, ne putaretur, quemadmodum quidam sentiunt, hoc non de suis, sed de populi sui potius dixisse peccatis, postea dixit : Cum orarem, et confiterer peccata mea, et peccata populi mei Domino Deo meo. Noluit dicere peccata nostra, sed populi sui dixit et sua : quoniam futuros istos qui tam male intelligerent, tanquam propheta prævidit.

Cap. 127. — *De illis qui episcopis suis clam sua confitentur peccata, et postea negare voluerint.*

(*Ex eodem, capite* 77.) Item placuit, ut si quando episcopus dicit alicui aliquem sibi soli proprium crimen fuisse confessum, atque ille postea negat, et pœnitere noluerit, non putet ad injuriam suam episcopus pertinere, quod illi soli non creditur, et si scrupulo propriæ conscientiæ se dicit neganti nolle communicare, secrete tamen interdicat ei communionem, donec obtemperet.

Cap. 128. — *De illis pœnitentibus qui attente leges pœnitentiæ exsequuntur.*

(*Ex concilio Carthag., capite* 79.) Pœnitentes qui attente leges pœnitentiæ exsequuntur, si casu in itinere, vel in mari mortui fuerint, ubi eis subveniri non potuit, memoria eorum, et orationibus, et oblationibus commendetur.

Cap. 129. — *De illis qui se affligunt de obitu charorum.*

(*Ex epist. Anastas. I papæ, Nejano nobiliss. viro directa, capite* 11.) Nos autem qui novimus, qui hoc credimus et docemus, contristari nimium de obeuntibus non debemus, ne, quod apud alios pietatis tenet speciem, hoc magis nobis in culpa sit. Nam diffidentiæ quodammodo genus est contra hoc, quod quisque prædicator quærit justitiam amans, dicente

Apostolo : Nolumus autem vos ignorare, fratres, de dormientibus ut non contristemini, sicut et cæteri qui spem non habent. Hac itaque, frater charissime, ratione prospecta studendum nobis est, ut sicut diximus, non de mortuis alligamur, sed affectum viventibus impendamus, quibus et pietas ad utilitatem, et sit ad fructum dilectio. Desine igitur, charissime, mœrorem, et assume spiritalem fructum lætitiæ, ad utilitatem sanctæ Dei Ecclesiæ, servorumque ejus profectum, et vitæ hujus quæcunque sunt spatia, æternis divinisque officiis illustrare contende, ut qui insignem te præstitit, reddat sibi per sæcula clariorem.

CAP. 130. — *De illis qui sibiipsis voluntarie mortem inferunt.*

(*Ex concilio Braggar., capite* 10.) Placuit ut hi qui sibiipsis voluntarie, aut per ferrum, aut per venenum, aut per præcipitium, aut per suspendium, vel quolibet modo inferunt mortem, nulla pro illis in oblatione commemoratio fiat, neque cum Psalmis ad sepulturam eorum cadavera deducantur. Multi enim sibi hoc per ignorantiam usurparunt. Similiter et de his placuit fieri, qui pro suis sceleribus puniuntur.

CAP. 131. — *De eadem re.*

(*Ex concilio Cabillon., capite* 5.) Quicunque se propria voluntate, aut in aquam jactaverit, aut collum ligaverit, aut de arbore præcipitaverit, aut ferro percusserit aut cuilibet voluntarie se morti tradiderit, istius oblatio non recipiatur.

CAP. 132. — *De illis qui cum infidelibus cibum sumere præsumpserint.*

(*Ex concilio Elibertan.*) Si vero quis clericus vel fidelis cum Judæis cibum sumpserit, placuit cum a communione abstineri, ut debeat emendari.

CAP. 133. — *De illis qui apostatant, et ad idololatriam se convertunt.*

(*Ex eodem.*) Adjectum est etiam quosdam Christianos ad apostasiam, quod dici nefas est, transeuntes, et idolorum cultu, ac sacrificiorum contaminatione profanatos, quos a Christi corpore et sanguine, quo dudum redempti fuerant renascendo, jubemus abscindi : et si resipiscentes forte aliquando fuerint ad lamenta conversi, his quandiu vivunt agenda pœnitentia est : et in ultimo fine suo reconciliationis gratia tribuenda, dicente Domino : Nolo mortem peccatoris, sed ut convertatur et vivat.

CAP. 134. — *De eadem re.*

(*Ex eodem.*) De his qui apostatant, et raro se ad Ecclesiam repræsentant, nec quidem pœnitentiam agere quærunt, et postea in infirmitate arrepti petunt communionem, placuit non dandam eis communionem, nisi revelaverint eorum rectam fidem, et egerint fructus dignos pœnitentiæ.

CAP. 135. — *De illis qui Christiana mancipia captivaverint.*

(*Ex Pœnitentiali Theod.*) Si quiscunque hominem quolibet ingenio captivaverit aut transmiserit, tres annos pœniteat.

CAP. 136. — *De illis qui aream proximi sui incenderint.*

(*Ex Pœnitentiali Romano.*) Si quis domum vel aream cujuscunque voluntarie igne cremaverit, sublata vel incensa omnia restituat, et tribus annis pœnitentiam agat.

CAP. 137. — *De illis qui libidinose obtrectaverint puellam aut mulierem.*

(*Ex eodem.*) Si quis obtrectaverit puellæ aut mulieris pectus, vel turpitudinem earum : si clericus est, quinque dies : si laicus, tres dies pœniteat. Monachus vel sacerdos, a ministerio divino suspensi; si aliquid tale fecerint, viginti dies pœniteant. Scriptum est enim : Neque tetigeritis neque obtrectaveritis turpitudinem feminarum.

CAP. 138. — *De illis qui in balneo cum mulieribus se laverint.*

(*Ex Pœnitentiali Theod.*) Si quis in balneo cum mulieribus se lavare præsumpserit, tres dies pœniteat, et ulterius non præsumat.

CAP. 139. — *De administratione xenodochiæ, et decimæ.*

(*Ex eodem.*) Si quis xenodochias pauperum administrat, vel decimas populi susceperit, et si quis exinde vel suis sæcularibus lucris sectandum aliquid subtraxerit, quasi rerum alienarum invasor : reus damnum restituat, et sub canonico judicio reformetur, et agat pœnitentiam tribus annis. Scriptum est enim : Talem dispensatorem Dominus quærit, qui sibi de suis nihil usurpet.

CAP. 140. — *Ut feminæ menstruatæ non offerant.*

(*Ex concilio Mogunt., capite* 6.) Mulieres menstruo tempore non offerant, nec sanctimoniales, neu laicæ. Si præsumpserint, tres hebdomadas pœniteant.

CAP. 141. — *De illis feminis quæ ante mundum sanguinem Ecclesiam intrant, et quæ nupserint his diebus.*

(*Ex Pœnitentiali Theod.*) Mulier quæ intrat Ecclesiam ante mundum sanguinem post partum, si masculum generat, XXXIII dies, si fœminam LVI. Si qua autem præsumpserit ante tempus præfini un Ecclesiam intrare, tot dies in pane et aqua pœniteat, quot Ecclesia carere debuerat. Qui autem concubuerit cum ea his diebus, decem dies pœniteat in pane et aqua.

CAP. 142. — *Quod monachi secularibus pœnitentiam dare non debeant.*

(*Ex concilio Mogunt., capite* 22.) Liberi sint monachi ad dandam pœnitentiam sæcularibus.

CAP. 143. — *Ut pœnitentes ante peractam pœnitentiam non reconcilientur.*

(*Ex eodem, capite* 23.) Non reconcilientur pœnitentes si necessitas non coegerit, nisi post peractam pœnitentiam.

CAP. 144. — *De illis qui ad confessionem veniunt, necesse est ut primum de livore invidiæ, et avaritia, interrogentur.*

(*Ex Pœnitentiali Theod.*) Sane quia de livore invidiæ, et de ira, necnon et de avaritia, ut superius digestum est, oriuntur homicidia, recte, ut arbitror, censuimus de ipso vitio primum qualiter sacerdotali judicio canonice penitus sit corrigendum ostendere : ac deinde secundum ordinem vitiorum ita remedium subsequatur, quo facilius undecunque pœnitens purgari voluerit, sine dilatione in singulis capitulis inveniatur.

CAP. 145. — *De illis qui soli Deo peccata sua confitenda esse affirmant.*

(*Ex eodem.*) Quidam Deo solummodo confiteri debere dicunt peccata, ut Græci : quidam vero sacerdotibus confitenda esse percensent, ut tota sancta Ecclesia. Quod utrumque non sine magno fructu intra sanctam fit Ecclesiam, ita duntaxat, ut et Deo qui remissor est peccatorum confiteamur peccata nostra, et hoc perfectorum est, et cum David dicamus : Delictum meum cognitum tibi feci, et injustitiam meam non abscondi. Dixi, confitebor adversum me injustitias meas domino, et tu remisisti impietatem peccati mei. Sed tamen apostoli institutio nobis sequenda est, ut confiteamur alterutrum peccata nostra, et oremus pro invicem ut salvemur. Confessio itaque quæ Deo soli fit, quod justorum est, peccata purgat : ea vero quæ sacerdoti fit, docet qualiter ipsa purgentur peccata. Deus namque salutis et sanitatis auctor, et largitor, plerumque hanc præbet suæ potentiæ invisibili administratione, plerumque medicorum operatione,

CAP. 146. — *De illis qui accipiunt pœnitentiam, et plus desiderant temporis constituti expletionem, quam peccati remissionem.*

(*Ex Pœnitentiali Bedæ presbyteri.*) Multi, quod non sine dolore dicendum est, in pœnitentia, non tam peccati remissionem, quam temporis constituti expectant expletionem, et si carnium et vini usus eis interdictus est, mutata non voluntate, sed ejusdem cibi aut potus perceptione, in tantum deliciis suis indulgent, ut deliciosius his interdictis, aliorum ciborum vel potionum appetitu vivere cognoscantur. Spiritalis autem abstinentia, quæ in pœnitentibus potissimum vigere debet, quorumdam ciborum ac potionum perceptiones et desiderium fugere debet. Ille inquam, ille magis parcimoniæ servire censendus est, qui sibi non solum quarumdam rerum perceptiones, sed delectationes corporis penitus interdicit.

CAP. 147. — *Quod secundum canonum et pœnitentialium statuta pœnitentiæ dandæ sint.*

(*Ex concil. Mogunt., cap. 20.*) Cum igitur omnia consilia canonum quæ recipiuntur, sint a sacerdotibus legenda et intelligenda, et per ea sit eis vivendum et prædicandum, necessarium duximus, ut ea quæ ad fidem pertinent, et ubi de extirpandis vitiis, et plantandis virtutibus scribitur, hoc ab eis crebro legatur, et bene intelligatur, et in populo prædicetur.

CAP. 148. — *Ut nullus injustas mensuras, et pondera injusta, et a civibus non collaudata, lucri causa dare præsumat.*

(*Ex eodem, cap. 21.*) Ut mensuræ et pondera justa fiant, sicut in divinis legibus censitum est, et in capitulari dominico continetur, et iste sacer conventus statuit. Sic omnibus nobis observare placet. Ut si quis justas mensuras, et justa pondera lucri causa mutare præsumpserit, in pane et aqua viginti dies pœniteat.

CAP. 149. — *De matre quæ infantem suum juxta ignem posuerat, et sua negligentia mortuus est.*

(*Ex concil. Triburi., cui interfuit rex Arnolphus, cap. 14.*) Mater si juxta focum infantem posuerit, et alius homo aquam in caldariam miserit, et ebullita aqua infans superfusus mortuus fuerit, pro negligentia mater pœniteat, et ille homo securus sit.

CAP. 150. — *De ordinatis si ante vel post ordinationem in criminalibus peccatis deprehensi fuerint.*

(*Ex concilio Hilerdensi, cap. 10.*) De his ergo visum est nobis conscribi qui sacros ordines habent, et ante vel post ordinationem contaminatos in capitalibus criminibus se esse profitentur, in quibus ut mihi videtur hæc distantia esse debet, ut hi qui deprehensi vel capti fuerint publice in perjurio, furto, atque fornicatione, et cæteris hujusmodi criminibus, secundum sacrorum canonum instituta a gradu proprio deponantur : quia scandalum est populo Dei, tales personas super se positas habere, quas ultra modum vitiosas constat esse. Nempe inde detrahuntur homines a sacrificio Dei, sicut quondam filiis Heli peccantibus fecisse leguntur, et rebelles hinc atque contrarii existentes, eorum pravis exempli quotidie pejores fiunt : qui autem de prædictis viris per occultam confessionem mala a se absconse commissa coram oculis Dei, præsente etiam sacerdote, qui eis indicturus est pœnitentiam, confitentur, et semetipsos graviter deliquisse accusant, si veraciter pœnituerint, et se per jejunia, et eleemosinas, vigiliasque atque sacr. s orationes cum lacrymis purgare certaverint, his etiam gradu servato spes veniæ de misericordia Dei promittenda est, qui omnes homines vult salvos fieri, et ad agnitionem veritatis pervenire : neque vult mortem peccatoris, sed ut convertatur, et vivat.

CAP. 151. — *De viris ordinatis, quorum occulta peccata sunt.*

(*Ex concil. Toletan.*) De viris ordinatis quorum occulta peccata sunt, nec manifeste ab aliquo argui possunt, si salubriter compuncti pro peccatis suis confessionem episcopo sive presbytero occulte faciunt, bonum mihi videtur, ut secundum id quod sibi decretum fuerit ab episcopo, sive presbytero, pœnitentiam agant, non trepide, nec tarde, sed ferventer et solicite, ac sic se veniam peccatorum a domino percepturos, et gradum se retenturos confidant.

CAP. 152. — *De illa femina quæ menstruosum suum sanguinem, et semen viri sui, et testam hominis combusserit, et hæc omnia viro suo ad potandum dederit.*

(*Ex eodem, capite 17.*) De his etiam super quibus interrogasti, hoc est, de illa femina, quæ menstruum suum sanguinem immiscuit cibo vel potui, et dedit viro suo ut comederet, et de illa quæ semen viri sui in potu bibit, et de ea quæ testam hominis combussit igni, et viro suo dedit pro infirmitate vitanda, quali pœnitentia sint plectendæ, ut nobis videtur, tali sententia sunt feriendæ; sicut magi et arioli : quia magicam artem exercuisse noscuntur. Nam de his qui magicam artem exercuisse noscuntur, et qui auguria attendunt, et divinationes observant, Theodori archiepiscopi gentis Anglorum constitutiones habemus, in quibus scriptum est : Qui immolat dæmoniis in minimis, uno anno pœniteat, qui vero in magnis, decem annos pœniteat.

CAP. 153. — *Ut nullus alius præsumat pœnitentiam dare, vel confessionem audire, nisi episcopus aut presbyter.*

(*Ex Pœnitentiali Romano.*) Sicut enim sacrificium offerre non debent nisi episcopi et presbyteri, quibus claves regni cœlestis traditæ sunt : sic nec pœnitentium judicia alii usurpare debent.

CAP. 154. — *De eadem re.*

(*Ex eodem.*) Si autem necessitas evenerit, et presbyter non fuerit præsens, diaconus suscipiat pœnitentem ad sanctam communionem.

CAP. 155. — *De temporibus quibus se continere debeant conjugati ab uxoribus.*

(*Ex concilio Eliberta.*) In tribus quadragesimis anni, et in die dominico, et in quarta feria, et in sexta feria, conjugales continere se debent, nec illis diebus copulari, quandiu gravata fuerit uxor, id est, a quo die filius in utero motum fecerit, usque ad partum, a partu post, XXXIII dies si filius est, si autem filia, post LVI.

CAP. 156. — *De femina quæ sponte filium suum occiderit.*

Si mater filium suum sponte occiderit, quindecim annos pœniteat, et nunquam mutet, nisi die dominica. Mulier autem paupercula si fecerit pro difficultate nutriendi, septem annos pœniteat.

CAP. 157. — *De illis qui in dominico die nupserint.*

(*Ex concilio Triburiensi, capite 51.*) Si quis nupserit die dominico, petat a Deo indulgentiam, et quatuor dies pœniteat.

CAP. 158. — *De illis qui confessa iterant.*

(*Ex concilio Tolet.*) Ea quæ frequenti prævaricatione iterantur, frequenti et sententia condemnantur.

CAP. 159. — *De pœnitentia fidelium, ut confessio eorum non publice fiat, sed privatim.*

(*Ex epist. Leonis papæ, capite 2.*) Illam etiam contra apostolicam regulam præsumptionem quam nuper agnovi a quibusdam illicita usurpatione comitti, modis omnibus constituo submoveri; de pœnitentia scilicet, quæ a fidelibus postulatur : ne de singulorum peccatorum genere, libellis scripta professio publice recitetur. Conscientiarum sufficiat solis sacerdotibus indicari confessione secreta. Quamvis enim plenitudo fidei videatur esse laudabilis, quæ propter Dei timorem apud homines erubescere non vereatur : tamen quia non omnium hujusmodi sunt peccata, ut ea qui pœnitentiam poscunt, non timeant publicare, amoveatur improbabilis consuetudo, ne multi a pœnitentiæ remediis arceantur, dum aut erubescunt, aut metuunt inimicis suis facta reservari, quibus possint legum constitutione percelli. Sufficit enim illa confessio quæ primum Domino fertur, tunc etiam sacerdoti qui pro delictis pœnitentium precator accedit : tunc enim plures ad pœnitentiam poterunt provocari, si populi auribus non publicetur conscientia confitentis.

FINIS LIBRI NONI DECIMI.

INDEX CAPITULORUM LIBRI VICESIMI.

CAP. 1. Quod animæ humanæ inter cæteras creaturas ab initio non sint creatæ.
2. Quod duæ animæ non sint in uno homine, ut quidam dicunt, sed una tantum.
3. Quod solus homo habeat animam substantivam.
4. Ut pecudum animæ cum carnis morte finiantur.
5. Quod anima humana non cum carne moriatur.
6. Quod homo constet duabus substantiis.
7. Quod spiritus non tertius sit in substantia hominis, ut quidam affirmant.
8. Quod Deus sicut ex nihilo bona facere potuit, ita cum voluit per incarnationis suæ mysterium, etiam **perdita bona** reparavit.
9. Quod Deus tres vitales spiritus crearet, unum qui carne non tegeretur, alium qui carne tegeretur, sed non cum carne moreretur : tertium qui carne tegeretur, et cum carne moreretur.
10. Quod homo in prima conditione sua libero arbitrio donatus sit.
11. Quod omnes homines in prævaricatione Adæ naturalem possibilitatem perdidissent.
12. De eadem re.
13. Quod homo sic positus sit in paradiso, si obediens permaneret, quandoque ad cœlestem patriam, sine carnis morte transiret.
14. Quod nos carnales in hujus exilii cæcitate nati, puero in carcere nato, et nutrito comparemur.
15. Quod nullus per semetipsum bonus fieri possit.
16. De eadem re.
17. De eadem re.
18. Quod gratia divina non solum peccata dimittat, sed etiam adjuvet ne committantur.
19. Quod prædestinatio Dei ita sit ordinata, ut ea nociva quæ prædestinata sunt electorum precibus solvi queant.
20. Item de prædestinatione.
21. De Dei prævidentia, simul et providentia.

22. Quod divina æternitas, nec fuisse, nec futurum esse habeat.
23. Quod cuncta quæ hominibus fiunt, absque omnipotentis occulto consilio, non veniant.
24. De eadem re.
25. Quod Deus singulis dies suos præfigat, ut minui, nec augeri possint.
26. Quod Deus nostra peccata dissimulet.
27. Quod Deus cuncta disponat, et consideret universorum finem.
28, 29, 30, 31, 32, 33, 34, 35, 36, 37, 38, 39. Item de prædestinatione.
40. De creatione angelorum.
41. Quod nihil sit incorporeum et invisibile, præter solum Deum.
42. Quod omnis creatura sit corporea.
43. Quod omnes intellectuales naturæ immortales sint.
44. Quod apostatæ angeli ante ruinam liberum arbitrium habeant.
45. Cur angelorum spiritus irremissibiliter peccarent, eum carnis commixtione non tenerentur.
46. Quod angeli custodes hominibus præponantur.
47. Quod singulis hominibus singuli angeli dentur custodes.
48. Quod dextera Dei sit angelorum pars electa, sinistra autem ejus, pars angelorum reproba.
49. Quod immundi spiritus in hoc cœli, terræque medio vagentur.
50. De hoc si pax in sublimibus retineatur.
51. Quod diaboli voluntas semper sit iniqua, potestas autem ejus nunquam injusta.
52. Quod quatuor modis loquatur Deus ad diabolum, et tribus modis diabolus ad Deum.
53. Quod non sit palma victoriæ, sine labore certaminis.
54. De creatura, et natura, et ministerio angelorum, et de casu apostatarum angelorum.
55. Quod supernorum civium numerus, et finitus sit, et infinitus.
56. Quod omnis culpa ante discessum oblationis munere solvatur.
57. Quod sacra oblatio post mortem animabus prodesse possint, si non sunt culpæ indissolubiles.
58. Quod beatius sit quemquam liberum hinc exire, quam post mortem libertatem quærere.
59. Quod nullus debeat rogare pro peccato, quod est ad mortem.
60. Ut omnes animæ electorum credendæ sint esse in cœlo, et iniquorum animæ in inferno.
61. Quod sicut finis non est gaudio bonorum, sic finis non est tormentis malorum.
62. Quod ita non sit, ut quidam affirmant, quod Deus ob hoc minatus sit æternam pœnam peccantibus, ut corrigeret a malis.
63. Cur peccata quæ cum fine perpetrata sunt, sine fine puniantur.
64. Quod Deus pius sit, et non pascatur cruciatu

miserorum : justus autem, et ideo non sedetur in perpetuum ab iniquorum ultione.
65. De hoc si ante restitutionem corporum animæ justorum in cœlum rapiantur.
66. Quod justi in die judicii animarum simul, et corporum gloria lætabuntur.
67. De hoc si boni bonos in regno, vel si mali malos in supplicio agnoscant.
68. De hoc si ignis purgatorius credendus sit, qui post mortem animas a peccatis expurget.
69. Quod unus sit gehennæ ignis, sed non uno modo omnes cruciet.
70. Quot genera sint oblationis pro defunctis facienda?
71. Cur sanctorum animæ pro peccatoribus non orent, quando eos in igne æterno ardere prospexerint.
72. Quod duobus modis vita dicatur, duobus etiam mors intelligatur.
73. Quod electi, seu reprobi ad loca communia deducantur in tormentis.
74. De hoc quod in domo Dei multæ mansiones sint.
75. Quod illum quem semel culpa ad pœnam pertrahit, misericordia ulterius ad veniam non reducat.
76. Quod Deus dicatur zelans, dicatur iratus, dicatur pœnitens, dicatur misericors, dicatur præscius.
77. Cur Deus suos electos sic permittat mori, ut non in vita illorum ostendat, cujus sanctitatis sint.
78. Quod miseris mors fiat sine morte.
79. Quod in inferno peccatoribus ad consolationem ignis non luceat, sed ut magis torqueat.
80. De eadem re.
81. Quod humana anima ita immortalis sit, ut et mori possit, et non possit.
82. Quod corporeus sit ignis gehennæ, et non indigeat alia materia, nisi reproborum cruciatu.
83. Cur anima in corpore manens, et egrediens videri non possit.
84. Ut nullus dubitare debeat ea esse invisibilia, quæ Deo invisibili subministrant.
85. Quod nulla visibilia videri, vel cognosci possint, nisi per invisibilia.
86. Quod incorporeus spiritus in inferno a corporeo igne affligatur.
87. Quod incorporeus spiritus vivificare possit, et ibi teneri, ubi a corporeo igne cruciatur.
88. De apostatis spiritibus quod incorporei credendi sint.
89. Quod gehennæ ignis corporeus esse credendus sit.
90. De hoc quod scribitur, Deum nemo vidit unquam, et qualiter illud intelligendum sit.
91. De duplici pœna damnatorum.
92. De pœnis impiorum.
93. De Antichristo.
94. Quod ante diem judicii, etiam electi casuri sint in adventu Antichristi.
95. De Antichristo.

96. Item de Antichristo.
97. Quod in novissimis omnes Israelitæ per prædicationem Heliæ converti debeant.
98. De hoc cur in hac vita sæpius bonis male sit, et malis bene.
99. Quod etiam omnes infideles resurgere debeant ad tormenta, non ad judicium.
100. Quod omnes homines resurgere debeant.
101. De eadem re.
102. Quod angeli apostatæ, et impii homines post tormenta quasi suppliciis expurgati, non justorum societati donetur.
103. Quod resurrectio fieri debeat in ætate perfectæ juventutis, quæ profectu non indigeat.
104. Quod districtus judex ad judicium veniens peccatorem videat, ut feriat, non ut salvet.
105. Quod Deus ad judicium veniat ad feriendum videns, et ad salvandum non videns.
106. Quod in die judicii duo ordines in quatuor dividantur.
107. Quod liber vitæ sit ipsa visio advenientis judicis : quia quidquid quis fecerat, ipso viso statim intelliget.
108. De gloria sanctorum post judicium.
109. Quod finito judicio incipiat esse sæculum novum, etc.
110. Contra eos qui dicunt, si post factum judicium erit conflagratio mundi, ubi tunc esse potuerint sancti, qui non contingantur flamma incendii.

Indicis capitulorum finis.

BURCHARDI
ECCLESIÆ WORMACIENSIS EPISCOPI
DECRETORUM LIBER VICESIMUS
DE CONTEMPLATIONE.

ARGUMENTUM LIBRI.

Liber hic Speculator vocatur. Speculatur enim de providentia et prædestinatione divina, et de adventu Antichristi, de ejus operibus, de resurrectione, de die judicii, de infernalibus pœnis, de felicitate perpetuæ vitæ.

CAP. 1. — *Quod animæ humanæ inter cæteras creaturas ab initio non sint creatæ.*

(*August. dicit.*) Animas hominum non esse dicimus ab initio inter cæteras intellectuales naturas, nec semel creatas, ut Origenes fingit : neque cum corporibus per coitum seminari, sicut Luciferiani et Cyrillus, et aliqui Latinorum præsumentes affirmant, quasi naturæ consequentia serviente : sed dicimus corpus tantum per conjugii copulam seminari, Dei vero judicio coagulari in vulva, et fingi, atque formari. Formato jam corpore, animam creari, et infundi, ut vivat in utero homo ex anima constans, et corpore, egrediaturque vivus ex utero, plenus substantia. Creationem vero animæ, solum creatorem omnium nosse.

CAP. 2. — *Quod duæ animæ non sint in uno homine, ut quidam dicunt sed una tantum.*

(*August.*) Non duas animas esse dicimus in uno homine, sicut quidam Jacob, et alii Syrorum disputatores scribunt, ut una anima sit de qua animetur corpus, et immixta sit sanguini, et altera spiritalis, quæ rationem ministret : sed dicimus unam esse eamdemque animam in homine, quæ et corpus sua societate vivificet, et semetipsam sua ratione disponat, habens in se libertatem arbitrii, ut in sua substantia eligat cogitationem quam vult.

CAP. 3. — *Quod solus homo habeat animam substantivam.*

(*Idem.*) Solum hominem credimus habere animam substantivam, ex qua corpus vivit, et rationem suam, et ingenia vivaciter tenet. Neque cum corpore moritur, sicut Arabs asserit, neque post modicum intervallum, sicut Zenon : quia substantialiter vivit.

CAP. 4. — *Ut pecudum animæ cum carnis morte finiantur.*

(*Idem.*) Pecudum animæ non sunt substantivæ, sed cum ipsa carnis vivacitate nascuntur, et cum carnis morte finiuntur. Et ideo nec ratione reguntur, sicut Plato et Alexander putant : sed ad omnia naturæ incitamenta ducuntur.

CAP. 5. — *Quod anima humana non cum carne moriatur.*

(*Idem.*) Anima humana non cum carne moritur : quia non carnis, ut superius diximus, semen est, sed formato inventoris Dei judicio corpore, dicimus eam creari, et infundi, ut vivat homo intus in utero, et sic nativitate procedat in mundo.

CAP. 6. — *Quod homo constet duabus substantiis.*

(*Idem.*) Duabus substantiis constat homo, anima tantum et carne. Anima cum ratione sua, et carne cum sensibus suis, id est, visu, auditu, gustu, odoratu et tactu. Quos tamen sensus absque animæ societate non movet caro : anima vero et sine carne rationem suam integram tenet.

ut non esset otiosa Dei bonitas, sed haberet in quibus per multa ante spacia bonitatem suam ostenderet : et ita hic visibilis mundus ex his quæ creata fuerant, factus est, et ornatus.

CAP. 41. — *Quod nihil sit incorporeum, et invisibile præter solum Deum.*

(*Idem.*) Nihil incorporeum, et invisibile in natura credendum, nisi solum Deum. Qui ideo incorporeus creditur : quia ubique est, et omnia implet, atque constringit. Ideo invisibilis omnibus creaturis est, quia incorporeus est.

CAP. 42. — *Quod omnis creatura sit corporea.*

(*Idem.*) Creatura omnis corporea, angeli, et omnes cœlestes virtutes corporeæ, licet non carne subsistant. Ideo autem corporeas esse credimus intellectuales naturas, quoniam localiter circumscribuntur, sicut et anima humana, quæ carne clauditur, et dæmones qui substantia angelicæ naturæ sunt.

CAP. 43. — *Quod omnes intellectuales naturæ immortales sint.*

(*Idem.*) Immortales esse credimus intellectuales naturas, quæ carne carent, nec habent quod cadat, ut resurrectione egeat post ruinam.

CAP. 44. — *Quod apostatæ angeli ante ruinam liberum arbitrium haberent.*

(*Greg. in suis Moralibus.*) Unaquæque enim res quasi tot passibus ad aliud tendit, quot mutabilitatis suæ motibus subjacet. Sola autem natura incomprehensibilis ab statu suo nescit moveri quæ ab eo quod semper idem est, nescit immutari. Nam si angelorum substantia immutabilitatis motu fuisset ab auctore condita, nequaquam a beatitudinis suæ arce cecidisset. Mire autem omnipotens Deus naturam summorum spirituum bonam, sed mutabilem condidit : ut et qui permanere nollent, ruerent, et qui in conditione persisterent, tanto in ea jam dignus, quanto et ex arbitrio starent : et eo majoris apud Deum meriti fierent, quo mutabilitatis suæ motum, voluntatis statione fixissent.

CAP. 45. — *Cur angelorum spiritus irremissibiliter peccaverunt.*

(*Ex eisdem.*) Angelorum spiritus idcirco irremissibiliter peccaverunt : quia tanto robustius stare poterant, quanto eos carnis amixtio non tenebat. Homo vero idcirco post culpam veniam meruit, quia per carnale corpus aliquid quo semetipso minor esset, accepit. Unde apud respectum judicem argumentum pietatis est hæc eadem infirmitas carnis.

CAP. 46. — *Quod angeli custodes hominibus præponantur.*

(*Greg. in suis Moralibus dicit :*) Quia vero angeli hominibus præsint, per prophetam testatur angelus, dicens : Princeps regni Persarum restitit mihi. Quod vero angeli a superiorum angelorum potestatibus dispensentur, Zacharias perhibet propheta, qui ait : Ecce angelus qui loquebatur in me, egrediebatur, et angelus alius egrediebatur in occursum ejus, et dixit ad eum : Curre, loquere ad puerum istum, dicens : Absque muro habitabitur Hierusalem.

CAP. 47. — *Quod singulis hominibus, singuli angeli dentur custodes.*

(*Ex dictis cujusdam in Vita Patrum.*) Abbas Paulus simplex habebat gratiam ut ingredientes in Ecclesiam senes aspiceret : et ex ipsa facie eorum uniuscujusque cogitationes, sive malæ essent, seu bonæ sentiret. Cum ergo venisset ad Ecclesiam, et ingrederentur senes, vidit eos clara facie, et læto animo ingredi, et angelos eorum cum gaudio pariter cum ipsis. Unum autem nigrum et nebulosum habentem corpus, et dæmones hinc, atque inde trahentes eum, cum admisso freno in naribus, et angelum sanctum ejus de longe sequentem tristem. Beatus ergo Paulus cœpit flere amarissime, et pectus suum tundere, sedens ante Ecclesiam propter eum quem talem viderat. Omnes autem alii senes videntes eum sic flentem, cœperunt eum rogare, ut si quid in illis vidisset, cum eis ingrederetur in congregationem. Ille autem noluit ingredi, sed semper flebat propter eum quem sic viderat. Post paululum autem, cum absoluta congregatio discederet, iterum omnium vultus circumspiciebat, si tales egrederentur, quales ingressi sunt. Et vidit illum quem antea viderat nigrum et nebulosum egressum de Ecclesia clara facie, et candido corpore, et dæmones de longe sequentes eum, sanctum autem angelum ejus prope eum hilarem, et gaudentem super eum nimis..

CAP. 48. — *Quod dextera Dei, sit pars angelorum electa, sinistra autem ejus, pars angelorum reproba.*

(*Greg. in suis Moralibus dicit :*) Quid est ergo quod exercitus cœli a dextris, et sinistris ejus stare perhibetur ? Deus enim qui ita est intra omnia, ut etiam sit extra omnia, nec dextera, nec sinistra concluditur, sed dextera Dei angelorum pars electa : sinistra autem Dei, pars angelorum reproba designatur. Non enim ministrant, solummodo boni qui adjuvent, sed etiam alii qui reprobent, id est, non solum qui a culpa redeuntes sublevent, sed etiam qui redire nolentes gravent. Nec quod cœli exercitus, dicitur angelorum pars reproba in eo intelligi posse perhibetur. Quas enim suspendi in aere novimus, aves cœli nominamus. Et de iisdem spiritibus Paulus dicit : Contra spiritalia nequitiæ in cœlestibus. Quorum caput enuncians, ait : Secundum principem aeris hujus. A dextra ergo Dei et sinistra angelorum exercitus stat : quia et voluntas electorum spirituum, divinæ pietati concordat, et reproborum sensus suæ malitiæ serviens, judicio districtionis ejus optemperat. Unde et mox fallax spiritibus in medium prosiluisse describitur, per quem Ahab rex exigentibus suis meritis decipiatur. Neque enim fas est credere, bonum spiritum fallaciæ deservire voluisse, ut diceret : Egrediar, et ero mendax spiritus in ore omnium prophetarum ejus. Sed quia Achab rex peccatis præcedentibus dignus erat, ut tali debuisset deceptione damnari, quatenus qui sæpe volens ceciderat culpa, quandoque nolens caperetur ad pœnam . occulta justitia, licentia malignis spiritus datur, ut quos regenerationis, statim pristinæ libertatis Christi Domini reformasset adventum.

Cap. 13. — *Quod homo sit sic positus in paradiso, si obediens permaneret, quandoque ad cœlestem patriam sine carnis morte transiret.*

(*Greg. in suis Moral. dicit :*) Ad hoc in paradiso homo positus fuerat, ut si se conditoris sui obedientiam vinculis charitatis astringeret, ad cœlestem angelorum patriam, quandoque sine carnis morte transiret. Sic namque immortalis est conditus, ut tamen si peccaret, et mori posset : et sic mortalis est conditus, ut si non peccaret, etiam non mori posset : atque ex merito liberi arbitrii beatitudinem illius regionis attingeret, in qua vel peccare, vel mori non posset. Ubi igitur post redemptionis tempus, carnis morte interposita electi transeunt, illuc procul dubio parentes primi si in conditionis suæ statu perstitissent, etiam sine morte corporum transferri potuissent.

Cap. 14. — *Quod nos carnales in hujus exilii cœcitate nati, puero in carcere nato, et nutrito comparemur.*

(*Ex dialogo Greg.*) Postquam de paradisi gaudiis culpa exigente pulsus est primus humani generis parens, in hujus exilii atque cæcitatis, quam patimur ærumnam venit : quia peccato extra semetipsum fusus, jam illa cœlestis patriæ gaudia, quæ prius contemplabatur, videre non potuit. Homo quippe in paradiso assueverat verbis Dei perfrui, et beatorum angelorum spiritibus cordis munditia, et celsitudine visionis interesse, sed postquam huc cecidit, ab illo, quo implebatur, mentis lumine recessit. Ex cujus videlicet carne nos in hujus exilii cœcitate nati, audimus quidem esse cœlestem patriam, audimus ejus cives angelos Dei, audimus eorumdem angelorum socios spiritus justorum perfectorum, sed carnales quique : quia illa invisibilia scire non valent per experimentum, dubitant utrum ne sit quod corporalibus oculis non vident. Quæ nimirum dubietas primo parenti nostro esse non potuit : quia exclusus a paradisi gaudiis, hoc quod amisit, quoniam vidit, recolebat. Hi autem sentire vel recolere audita non possunt : quia eorum nullum sicut ille saltem de præterito experimentum tenent. Ac si enim prægnans mulier mittatur in carcerem, ibique puerum pariat, qui natus puer in carcere nutriatur et crescat, cui si fortasse mater quæ eum genuit, solem, lunam, stellas, montes et campos, volantes aves, currentes equos nominet, ille vero qui est in carcere natus et nutritus, nihil aliud quam tenebras carceris sciat, et hæc quidem esse audiat, sed quia ea per experimentum non novit, veraciter esse diffidat, ita in hac exilii sui cæcitate nati homines, dum esse summa et invisibilia audiunt, diffidunt an vera sint : quia sola hæc in quibus nati sunt, infima et visibilia noverunt. Unde factum est ut ipse invisibilium et visibilium creator, ad humani generis redemptionem unigenitus patris veniret, et Spiritum sanctum ad corda nostra mitteret, quatenus per eum vivificati crederemus, quæ hic scire per experimentum non possumus. Quotquot ergo hunc Spiritum sanctum hæreditatis nostræ pignus accepimus : de vita invisibilium non dubitemus. Quisquis autem in hac credulitate adhuc solidus non est, debet procul dubio majorum dictis præbere fidem, eisque jam per Spiritum sanctum invisibilium experimentum habentibus credere : quia stultus puer est si matrem ideo æstimet de luce mentiri, quia ipse nihil aliud quam tenebras carceris agnovit.

Cap. 15. — *Quod nullus per semetipsum bonus fieri possit.*

(*Ex decre. Cœlesti. papæ.*) Neminem esse per semetipsum bonum, nisi participationem sui ille donet, qui solus est bonus. Nunquid nos de eorum post hæc rectum mentibus æstimemus, qui sibi se putant deberi quod boni sunt, nec illum considerant, cujus quotidie gratiam consequantur, qui sine illo tantum se assequi posse confidant?

Cap. 16. — *De eadem re.*

(*Ex decret. ejusdem.*) Neminem etiam baptismatis gratia renovatum, idoneum esse ad superandas diaboli insidias, et ad evincendas carnis concupiscentias, nisi per quotidianum adjutorium Dei, perseverantiam bonæ conversationis acceperit. Nam quamvis hominem redimeret a præteritis ille peccatis, tamen sciens iterum posse peccare, ad reparationem sibi quemadmodum posset illum et post ista corrigere, multa servavit. Quotidiana præstat ille remedia. Quibus nisi freti confisique nitamur, nullatenus humanos vincere poterimus errores. Necesse est enim ut quo auxiliante vincimus, eo iterum non adjuvante vincamur.

Cap. 17. — *De eadem re.*

(*Ex decret. ejusdem.*) Quod ita Deus in cordibus hominum atque in ipso libero operetur arbitrio, ut sancta cogitatio, pium consilium, omnisque motus bonæ voluntatis ex Deo sit : quia per illum aliquid boni possumus, sine quo nihil possumus. Ad hanc nos professionem idem doctor instituit. Qui cum ad totius orbis episcopos de divinæ gratiæ opitulatione loqueretur. Quod ergo, ait, tempus intervenit, quo non ejus egeamus auxilio? In omnibus igitur actibus causisque, cogitationibus, motibus, adjutor et protector orandus est. Superbum est enim, ut quicquam sibi humana natura præsumat, clamante Apostolo : Non est nobis colluctatio adversus carnem et sanguinem, sed contra principes et potestates aeris hujus, contra spiritalia nequitiæ in cœlestibus. Et sicut ipse iterum dicit : Infelix ego homo, quis me liberabit de corpore mortis hujus? Gratia Dei per Jesum Christum Dominum nostrum. Et iterum : Gratia Dei sum id quod sum et gratia ejus in me vacua non fuit, sed plus illis omnibus laboravi : Non ego autem, sed gratia Dei mecum.

Cap. 18. — *Quod gratia divina non solum peccata dimittat, sed etiam adjuvet ne committantur.*

(*Gregor. in suis Moral. dicit :*) Quod gratia Dei non solum peccata dimittat, sed etiam adjuvet ne committantur, et lex impleatur, non sicut ait Pelagius facile, quasi sine gratia Dei difficilius possit impleri. Illud etiam quod intra Carthaginensis synodi decreta constitutum est, quasi proprium apostolicæ sedis amplectimur, quod scilicet tertio capitulo definitum est : ut quicunque dixerit gratiam Dei, qua justificamur per Jesum Christum Dominum nostrum, ad remissionem solam peccatorum valere quæ jam commissa sunt, non etiam ad adjutorium ut non admittantur, anathema sit. Et iterum quarto capitulo : Quisquis dixerit, gratiam Dei per Jesum Christum propter hoc tantum nos adjuvare non ad peccandum : quia per ipsum nobis revelatur et aperitur intelligentia mandatorum Dei, ut sciamus quid appetere, et quid vitare debeamus, non autem per illam nobis præstari, ut quod faciendum cognovimus, etiam facere diligamus atque valeamus, anathema sit. Cum enim dicat Apostolus : Scientia inflat, charitas vero ædificat : valde impium est ut credamus, ad eam quæ inflat nos habere gratiam Christi, et ad eam quæ ædificat non habere, cum sit utrumque donum Dei, et scire quid facere debeamus, et diligere ut faciamus, ut ædificante charitate, scientia non possit inflare. Sicut autem de Deo scriptum est: Qui docet hominem scientiam : ita etiam scriptum est : Charitas ex Deo est. Item quinto capite, ut quisquis dixerit, ideo nobis gratiam justificationis dari, ut quod facere per liberum jubemur arbitrium, facilius possimus implere per gratiam, licet et si gratia non daretur, non quidem facile, sed tamen possemus etiam sine illa implere divina mandata, anathema sit. De fructibus enim mandatorum Dominus loquebatur, ubi non ait : Sine me difficilius potestis facere, sed ait : Sine me nihil potestis facere.

CAP. 19. — *Quod prædestinatio Dei ita sit ordinata, ut ea nociva quæ prædestinata sunt, electorum precibus solvi queant.*

(*Gregor. in suo Dialogo dicit:*) Obtineri nequaquam possunt quæ prædestinata non fuerint : sed ea quæ sancti viri orando efficiunt, ita prædestinata sunt, ut precibus obtineantur. Nam ipsa quoque perennis regni prædestinatio, ita est ab omnipotenti Deo disposita, ut ad hoc electi ex labore perveniant : quatenus postulando mereatur accipere, quod eis omnipotens Deus ante secula disposuit donare. Petrus : Probari mihi apertius velim, si potest prædestinatio precibus adjuvari.

CAP. 20. — *Item de prædestinatione.*

(*Ex eodem.*) Hoc quod ego Petre intuli, concite valet probari. Certe etenim nosti, quia ad Abraham Dominus dixit : In Isaac vocabitur tibi semen. Cui etiam dixerat Patrem multarum gentium constitui te. Cui rursum promisit, dicens : Benedicam tibi et multiplicabo semen tuum sicut stellas cœli, et velut arenam quæ est in littore maris. Ex qua re aperte constat intelligi, quia omnipotens Deus semen Abrahæ prædestinaverat per Isaac multiplicare : et tamen scriptum est, deprecatus est Isaac Dominum pro uxore sua, eo quod esset sterilis, qui exaudivit eum, et dedit conceptum Rebeccæ. Si ergo multiplicatio A generis Abrahæ per Isaac prædestinata fuit, cur conjugem sterilem accepit? Sed nimirum constat : quia prædestinatio precibus impletur, quando is in quo Deus multiplicare semen Abrahæ prædestinaverat, oratione obtinuit, ut filium habere potuisset.

CAP. 21. — *De Dei prævidentia, simul et providentia.*

(*August. dicit in lib. de Prædestinatione:*) Omne judicium sui secundum naturam, quæ sibi subjecta sunt comprehendit. Est autem Deo semper æternus ac præsentarius status. Scientia quoque ejus omnem temporis supergressa notionem, in suæ manet simplicitate præsentiæ : infinitaque præteriti ac futuri spacia complectens, omnia quasi jam gerantur in sua simplici cognitione considerat. Itaque si præsentiam pensare quis velit, qua cuncta dignoscit : non esse præsentiam quasi futuri, sed scientiam nunquam deficientis instantiæ rectius æstimabit. Unde non prævidentia, sed providentia potius dicitur : quod porro a rebus infimis constituta, quasi ab excelso rerum cacumine cuncta prospiciat. Quid igitur dicendum est? Ut necessaria fiant quæ divino lumine lustrentur, cum ne homines quidem necessaria faciant esse quæ videant? Num enim quæ præsentia cernuntur, aliquam eis necessitatem videntis addit intuitus? Minime. Atqui, si est divini humanique præsentis digna collatio, uti homines hoc temporario præsenti quædam vident: ita ille omnia suo cernit æterno. Quare hæc divina prænotio, naturam rerum proprietatemque non mutat, taliaque apud se præsentia spectat, qualia in tempore olim futura provenient, nec rerum judicia confundit : unoque suo mentis intuitu tam necessarie quam non necessarie, ventura dignoscit. Sicuti aliquis cum pariter ambulare in terra hominem, et oriri in cœlo solem videt, quanquam simul utrumque sit conspectum, tamen discernit, et hoc voluntarium, illud esse necessarium judicat. Ita igitur cuncta despiciens divinus intuitus, qualitatem rerum minime perturbat: apud se quidem præsentium, ad conditionem vero temporis futurarum. Quo fit ut hoc non sit opinio, sed veritate potius nixa cognitio : cum exiturum quid esse cognoscit, quid idem existendi necessitate carere non nesciat. Illic si quis dicat quod eventurum Deus videt, id non evenire non posse, quod autem non potest non evenire, id ex necessitate contingere. Respondebit illi res quidem solidissimæ veritatis, sed cui vix aliquis nisi divini speculator accesserit. Firmatur namque idem venturum, cum ad divinam notionem refertur necessarium : cum vero in sua natura perpenditur, liberum prorsus atque absolutum videri. Duæ sunt etenim necessitates, simplex una, veluti qua necesse est omnes homines esse mortales : altera conditionis, ut si aliquem ambulare quis scit, eum ambulare necesse est. Quod enim quisque novit, id esse aliter ac notum est, nequit. Sed hæc minime secum illam simplicem trahit. Hanc enim necessitatem non propria facit natura, sed conditionis adjectio. Nulla enim necessitas cogit incedere voluntate gradientem : quamvis cum tum cum graditur, incedere necessarium sit. Eodem igitur modo si quid providentia præsens videt, id esse necesse est, tametsi nullam naturæ habeat necessitatem. Atqui Deus ea futura, quæ ex arbitrii libertate proveniunt, præsentia contuetur. Hæc igitur ad intuitum relata divinum necessaria fiunt per dispositionem divinæ notionis : per se vero considerata, ab absoluta naturæ suæ libertate non desinunt. Fient igitur procul dubio cuncta quæ futura Deus esse prænoscit, sed eorum quædam de libero proficiscuntur arbitrio : quæ quamvis eveniant existendo, tamen naturam propriam non amittunt qua prius quam fierent, etiam non evenire potuissent.

CAP. 22. — *Quod divina æternitas, nec fuisse nec futurum esse habeat.*

(*Greg. in suis Moralibus.*) Sed quia beatus Job sancto æternitatis spiritu impletur, et fuisse vel futurum esse æternitas non habet, cui nimirum nec præterita transeunt, nec quæ futura sunt veniunt : quia cuncta per præsens videt.

CAP. 23. — *Quod cuncta quæ hominibus fiunt, absque omnipotentis occulto consilio non veniant.*

(*Ex eodem.*) Nulla quæ in hoc mundo hominibus fiunt, absque omnipotentis Dei occulto consilio veniunt. Nam cuncta Deus secutura præsciens, ante sæcula decrevit, qualiter per sæcula disponantur.

CAP. 24. — *De eadem re.*

(*Ex eodem.*) Nec propheta igitur fallax quia tempus mortis innotuit, quo vir ille mori merebatur : nec dominica statuta convulsa sunt : quia ut ex largitate Dei anni vitæ crescerent, hoc quoque quod ante secula præfixum fuit, atque spacium vitæ quod inopinate foris est aditum, sine augmento præscientiæ fuit intus statutum.

CAP. 25. — *Quod Deus singulis dies suos præfigat, ut nec minui, nec augeri possint.*

(*Ex eodem.*) Præfixi dies singulis ab interna Dei præscientia, nec augeri possunt nec minui, nisi contingat ut ita præsciantur, ut aut cum optimis operibus longiores sint, aut cum pessimis breviores, sicut Ezechias augmentum dierum meruit impensione lacrymarum, et sicut de perversis scriptum est, indisciplinatis obviat mors. Sed sæpe iniquus quamvis in occulta Dei præscientia longa vitæ ejus tempora non sint prædestinata, ipse tamen quia carnaliter vivere appetit, longos animo dies proponit, et quia ad illud tempus pervenire non valet quod exspectat, quasi antequam dies illius impleantur perit. Quod tamen intelligere et aliter possumus. Plerumque enim quosdam cernimus, et perverse agere, et usque ad senectutem ultimam pervenire. Quomodo enim dicitur, antequam dies ejus impleantur, peribit, cum in quibusdam sæpe videamus, quia ætate longa jam membra deficiunt, et tamen pravitatem suam eorum desideria exsequi non desistunt ?

CAP. 26. — *Quod Deus nostra peccata dissimulat.*

(*Ex eodem.*) Omnipotens Deus, quid nobis profuturum esse valeat sciens, dissimulat et audire dolentium vocem, ut augeat utilitatem, ut purgetur vita per pœnam, et quietis tranquillitas, quæ hic inveniri non valet, alibi quæratur.

CAP. 27. — *Quod Deus cuncta disponat, et consideret universorum finem.*

(*Ex eodem.*) Tempus ergo posuit tenebris, et universorum finem ipse considerat. Universorum nomine, et electos voluit et reprobos comprehendi. Nam bona faciens et ordinans Deus, mala non faciens, sed ab iniquis facta, ne inordinate veniant ipse disponens, considerat universorum finem, et patienter tolerat omnia, atque intuetur malorum terminum, quo ex malo mutentur ad bonum. Intuetur etiam reproborum finem, quo de malo opere, digni trahantur ad supplicium. Vidit finem persequentis Sauli ; vidit finem quasi obsequentis discipuli, quod pro commisso scelere guttur laqueo stringeret, seque et peccantem puniret, et deterius puniendo deciperet. Vidit Ninivitas delinquentes : sed consideravit finem delinquentium, pœnitentiam correctorum. Vidit quoque Sodomam delinquentem : sed consideravit finem ardoris luxuriæ, ignem gehennæ. Vidit Gentilitatis finem, quod possessa iniquitatum tenebris, quandoque fidei luce claresceret. Vidit etiam Judææ terminum, quod ab ea luce fidei quam tenebras, obduratæ perfidiæ tenebris cæcaretur.

CAP. 28. — *Item de prædestinatione.*

(*Ex dictis Fulgentii.*) Fulgentius in libro de prædestinatione ita ait : Neque enim est alia Dei prædestinatio, nisi futurorum operum ejus æterna præparatio. Et hic præparationem prædestinationem nominavit. Proinde sive præparationem, seu prædestinationem, in sanctorum dictis positum invenerimus, unum idemque significari docemur.

CAP. 29. — *Item de prædestinatione.*

(*Ex dictis Ambro.*) His omnibus testimoniis prædestinati ostenduntur, mali ad pœnam, sed non prædestinati ad peccatum. Quoniam eorum quæ facturus est Deus, prædestinator est. Quæ vero nec fecit, nec facturus est, ea non prædestinavit. Quia autem judicaturus est mundum, et impios justo supplicio pro iniquitatibus suis damnaturus, propterea et eos prædestinavit ad pœnam, et pœnam prædestinavit illis. Ad peccatum autem non eos prædestinavit, quoniam non est Deus auctor iniquitatis. Quoniam sicut justitia ex Deo est, et omne opus bonum ita iniquitas et omne opus pravum ex diabolo.

CAP. 30. — *Item de prædestinatione.*

(*Ex dictis August.*) Prædestinationis enim nomine non aliqua voluntatis humanæ coactitia necessitas exprimitur. Sed misericors et justa divini operis sempiterna dispositio prædicatur.

CAP. 31. — *Item de prædestinatione.*

(*Ex dictis Isidori.*) Quia ergo Deus nulla necessitate compellitur, ut aliquid nolens promittat. Nullius utique adversitatis impeditur obstaculo, quo id quod promisit, aut minus quam vult, aut tardius faciat. Proinde potuit, sicut voluit, prædestinare quosdam ad gloriam, quosdam ad pœnam. Sed quos prædestinavit ad gloriam, prædestinavit ad justitiam. Quos autem prædestinavit ad pœnam, non prædestinavit ad culpam. Item paulo inferius. In sanctis igitur coronat Deus justitiam, quam eis gratis ipse tribuit, gratis servavit, gratisque perfecit. Iniquos autem condemnavit pro impietate, vel justitia, quam in eis ipse non fecit. In illis enim opera sua glorificat, in istis autem opera non sua condemnat.

CAP. 32. — *Item de prædestinatione.*
(*Ex dictis August.*) Fidelibus congruit credere, et fateri Deum bonum, et justum, præscisse quidem peccatores homines : quia nihil eum latere potuit futurorum. Neque enim vel futura essent, si in ejus præsentia non fuissent, non tamen prædestinasse quemlibet ad peccatum. Quod si ad peccatum aliquod Deus hominem prædestinaret, pro peccatis hominem non puniret. Dei enim prædestinatione, aut peccatorum præparata est pia remissio, aut peccatorum justa punitio.

CAP. 33. — *Item de prædestinatione.*
(*Ex dictis Ambros.*) Iniquos itaque, quos præscivit Deus hanc vitam in peccato terminaturos, prædestinavit supplicio interminabili puniendos. In quo sicut culpanda non est præscientia humanæ iniquitatis, ita prædestinatio justissimæ laudanda est ultionis, ut agnosceretur, non ab eo prædestinatum hominem ad qualecunque peccatum, quem prædestinavit peccati merito puniendum. Deus itaque omnia hominum opera, sive bona, seu mala præscivit : quia eum latere nihil potuit, sed sola bona prædestinavit, quæ se in filiis gratiæ facturum esse præscivit. Mala vero futura opera illorum, quos non prædestinavit ad regnum, sed ad interitum, præscivit potentissima deitate, et ordinavit provida bonitate.

CAP. 34. — *Item de prædestinatione.*
(*Ex dictis August.*) Dominus ipse suo sermone nos perdocuit, in eo quod a se ostendit paratum non solum regnum, ubi lætentur boni, sed et ignem æternum, ubi crucientur mali. Bonis etenim dicturus est : Venite, benedicti patris mei, percipite regnum, quod vobis paratum est a constitutione mundi. Malis autem dicturus est : Ite, maledicti, in ignem æternum, qui paratus est diabolo, et angelis ejus. Ecce ad quos Dominus iniquos, et impios prædestinavit, id est, ad supplicium justum non ad aliquod opus injustum. Ad pœnam, non ad culpam, ad punitionem, non ad transgressionem : ad interitum quem ira justi judicis peccantibus reddidit, non ad interitum, quo in se iram Dei peccantium iniquitas provocavit. Quod beati Apostoli prædicatio manifestat, qui malos quos in æternum damnaturus est Deus, vasa vocat iræ, non culpæ. Ait enim : Quod si volens Deus ostendere iram et notam facere potentiam suam, sustinuit in multa patientia vasa iræ, aptata in interitum, ut ostenderet divitias gloriæ suæ in vasa misericordiæ, quæ paravit in gloriam. In hac extrema sententia notandum, quod de evangelio sumens testimonium, ait, prædestinatos malos in ignem æternum, eo quod dicturus est Dominus in judicio non solum bonis, ut percipiant regnum sibi paratum a constitutione mundi, verum quod malis dicturus est : Ite, maledicti, in ignem æternum, qui paratus est diabolo, et angelis ejus. Ex hoc enim approbat, quod iniquos et impios Dominus prædestinaverit ad supplicium, ex eo quod illis dicturus est : Ite in ignem æternum. Unde qui volunt dicere, quod pœna prædestinata sit injustis, non injusti prædestinati sunt ad pœnam, viderint qualiter hujus auctoris dicta intelligant. Cui enim paratur pœna, is nimirum præparatur ad pœnam.

CAP. 35. — *Item de prædestinatione.*
(*Item Augustinus.*) Vasis vero iræ nunquam Deus redderet interitum, si non spontaneum inveniretur homo habere peccatum. Quia nec Deus peccanti homini juste inferret iram, si homo ex prædestinatione Dei cecidisset in culpam.

CAP. 36. — *Item de prædestinatione.*
(*Ex dictis Fulgentii.*) Sicut enim præscientia neminem compellit ad peccatum, cum utique præscierit singulorum ante sæcula externa peccata, ita quoque et prædestinatio ejus neminem compellit ad pœnam. Licet et antequam nascatur, aliquis prædestinatus sit, si permansurus est in iniquitate ad pœnam.

CAP. 37. — *Item de prædestinatione.*
(*Ex dictis Ambros.*) Sicut enim nemo potest imputare Deo quod peccat, ita quoque quod peccatis puniendus sit. Peccat enim propria voluntate delinquens, puniendus est autem justo judicio judicantis, et sicut peccati causa non ex Dei præscientia descendit, quia nullus idcirco peccat : quia Deus enim peccaturum præscierit, sed idcirco quia magis proprie concupiscentiæ obedierit, quam præcepto prohibentis Dei a peccato ita quoque nullus idcirco ad pœnam vadit : quia hoc in prædestinatione Dei ante fuerat. Ex eo enim quod præscitus est in peccatis permansurus, et sine pœnitentiæ fructu, vitam præsentem terminaturus, ex eo deputatus est ad pœnam. Et sicut causa peccati concupiscentia est, qua magis obeditur voluntati carnis, quam præcepto divino, ita pene deputatio, causa est peccati perpetratio, et postea pro peccato nulla digna satisfactio.

CAP. 38. — *Item de prædestinatione.*
(*Ex dictis Ambros.*) Et scriptura dicit : Considera opera Domini : quia nemo potest corrigere quem ille despexerit.

CAP. 39. — *Item de prædestinatione.*
(*Ex dictis August.*) Nemo qui bene credit in Deum, dubitat præscientia illius cœlum, terramque contineri, mundumque providentia divina regi. Et sicut nihil latet sapientiam ejus, ita dispositio illius universa moderatur et regit. Sic enim nulla est creatura occulta, in conspectu illius.

CAP. 40. — *De creatione angelorum.*
(*Idem.*) In principio creavit Deus cœlum et terram, et aquam ex nihilo, et cum aquam ipsam adhuc tenebræ occultarent, et aquam terra absconderet, facti sunt angeli, et omnes cœlestes virtutes,

Cap. 7. — *Quod spiritus non tertius sit in substantia hominis, ut quidam affirmant.*

(*Idem.*) Non est tertius in substantia hominis spirites ut Dydimus contendit, sed spiritus ipse est anima. Anima vero pro spiritali natura, vel pro eo quod spiret in corpore, spiritus est appellata. Animam vero ex eo vocari quod ad vivificandum animatur et corpus. Tertium vero, qui ab Apostolo cum corpore et anima inducitur spiritus, gratiam sancti Spiritus intelligendum, quam orat Apostolus ut integra perseveret in nobis, nec nostro vitio, aut minuatur, aut fugetur a nobis : quia Spiritus sanctus disciplinæ effugiet fictum.

Cap. 8. — *Quod Deus sicut ex nihilo bona facere potuit, ita cum voluit per incarnationis suæ mysterium, etiam perdita bona reparavit.*

(*Greg. in suis Moralibus.*) Omnipotens Deus sicut ex nihilo bona facere potuit, ita, cum voluit, per incarnationis suæ mysterium etiam perdita bona reparavit. Duas vero ad intelligendum se creaturas fecerat, angelicam videlicet, et humanam. Utramque vero superbia perculit, atque ab statu ingenitæ rectitudinis fregit : sed una tegmen carnis habuit, alia vero nil infirmum de carne gestavit. Angelus namque solummodo spiritus : homo vero, et spiritus, et caro. Misertus ergo creator ut redimeret, illam ad se debuit reducere, quam in perpetratione culpæ ex infirmitate aliquid constat habuisse : et eo altius debuit apostatam angelum repellere, quo cum a persistendi fortitudine corruit, nil infirmum ex carne gestavit. Unde et recte Psalmista cum misertum redemptorem hominibus diceret, ipsam quoque causam misericordiæ expressit, dicens : Et memoratus est quia caro sunt. Ac si diceret : Quo eorum infirma vidit, eo districte culpas punire noluit.

Cap. 9. — *Quod Deus tres vitales spiritus crearet, unum qui carne non tegeretur, alium qui carne tegeretur, sed non cum carne moreretur. Tertium, qui carne tegeretur, et cum carne moreretur.*

(*Ex dialogo Greg.*) Habent etiam infideles fidem, sed utinam in Deum. Quam si utique haberent, infideles non essent. Sed hinc in sua perfidia redarguendi sunt, hinc ad fidei gratiam provocandi : quia si de ipso suo visibili corpore credunt quod minime viderunt, cur invisibilia non credunt, quæ corporaliter videri non possunt? Nam quia post mortem carnis vivat anima, patet ratio, sed fidei admixta. Tres quippe vitales spiritus creavit omnipotens Deus. Unum qui carne non tegitur, alium qui carne tegitur, sed non cum carne moritur. Tertium qui carne tegitur, et cum carne moritur. Spiritus namque est qui carne non tegitur, angelorum : spiritus qui carne tegitur, sed cum carne non moritur, hominum : spiritus qui carne tegitur, et cum carne moritur, jumentorum brutorum omnium animalium. Homo itaque si in medio creatus est, ut esset inferior angelo, superior jumento. Itaque aliquid habet commune cum summo, aliquid commune cum infimo. Immortalitatem scilicet spiritus cum angelo, mortalitatem vero carnis cum jumento : quousque et ipsam mortalitatem carnis, gloria resurrectionis absorbeat, et inhærendo spiritui, caro servetur in perpetuum : quia ipse spiritus inhærendo carni servatur in Deum. Quæ tamen caro non in reprobis inter supplicia perfecte deficit : quia semper deficiendo subsistit, ut qui spiritu et carne peccaverunt, semper essentialiter viventes, et carne et spiritu, sine fine moriantur.

Cap. 10. — *Quod homo in prima conditione sua libero arbitrio donatus sit.*

(*August. dicit in libro de Civitate Dei :*) Libertati arbitrii sui commissus est homo statim prima conditione, ut sola vigilantia mentis admitente, etiam percepta custodia, perseveraret, si vellet, in id quod creatus fuerat. Postquam vero seductione serpentis per Evam cecidit a naturæ bono, perdidit pariter vigorem arbitrii, non tamen electionem : ne non esset suum quod emendaret peccatum, nec merito indulgeretur quod arbitrio diluisset. Manet ergo ad salutem arbitrii libertas, id est, rationalis voluntas, sed admonente prius Deo, et invitante ad salutem, ut vel eligat, vel sequatur, vel agat occasionem salutis, hoc est, inspirationem Dei. Ut autem consequatur quod eligit, vel quod sequitur, vel quod occasione agit, Dei esse libere confitemur. Initium ergo salutis nostræ Deo miserante habemus : ut acquiescamus salutiferæ inspirationi, nostræ potestatis est : ut adipiscamur quod acquiescendo admonitioni cupimus, divini est muneris. Ut non labamur indempto salutis munere solicitudinis nostræ est, et cœlestis pariter adjutorii. Ut labamur, potestatis nostræ est, et ignaviæ.

Cap. 11. — *Quod omnes homines, in prævaricatione Adæ naturalem possibilitatem perdidissent.*

(*Ex decr. Cœlestini papæ, capite 5.*) In prævaricatione Adæ, omnes homines naturalem possibilitatem et innocentiam perdidisse, et neminem de profundo illius ruinæ per liberum arbitrium posse consurgere, nisi eum gratia Dei miserantis erexerit, pronunciante beatæ memoriæ papa Innocentio, atque dicente in epistola sua ad Carthaginense concilium. Liberum enim arbitrium ille perpessus, dum suis inconsultus utitur bonis, cadens in prævaricationis profunda demersus est, et nihil quemadmodum exinde surgere posset invenit, suaque in æternum libertate deceptus, hujus ruinæ latuisset oppressu, nisi eum post Christi, per sua gratia, relevasset adventus, qui per novæ regenerationis purificationem, omne præteriti vitium, sui baptismatis lavacro purgavit.

Cap. 12. — *De eadem re.*

(*Ex decr. ejusdem.*) Quod nemo, nisi per Christum, libero bene utatur arbitrio idem magister in epistola ad Milevitanum concilium data, prædicat, dicens : Adverte tandem, o pravissimarum mentium perversa doctrina, quod primum hominem ita libertas ipsa decepit, ut dum indulgentius frenis ejus utitur, in prævaricationem præsumptionis concideret, nec ex hac potuit erui, nisi ei providentia volentes in peccati laqueo strangulant, in peccati pœnam etiam nolentes trahant. Quod ergo illic a dextris atque sinistris Dei, exercitus cœli astitisse describitur, hoc hic inter filios Dei Satan adfuisse perhibetur. Ecce a dextris Dei steterunt angeli, qui nominantur filii Dei, ecce a sinistris stant angeli; quia adfuit inter eos etiam Satan.

CAP. 49. — *Quod immundi spiritus in hoc cœli terræque medio vagentur.*

(*Greg. in suis Moral. dicit:*) Paulo ante jam diximus, unde et aves cœli nominamus. Et scimus, quod immundi spiritus, qui e cœlo æthereo lapsi sunt, in hoc cœli terræque medio vagantur. Qui tanto magis corda hominum ascendere ad cœlestia invident, quanto se a cœlestibus per elationis suæ immundiciam projectos vident.

CAP. 50. — *De hoc si pax in sublimibus retineatur.*

(*Ex iisdem.*) Sed inter hæc libet inquirere, si pax in sublimibus summa retinetur, quid est quod per angelum Danieli dicitur? Ego veni propter sermones tuos, princeps autem regni Persarum restitit mihi, XX et uno diebus, et ecce Michael unus de principibus, primus venit in adjutorium mihi. Et paulo post: Nunc revertar ut prælier adversus principem Persarum. Cum enim egrederer, apparuit princeps Græcorum adveniens. Quos itaque alios principes gentium nisi angelos appellat, qui sibi resistere exeunti potuissent? Quæ ergo esse pax in sublimibus potest, si inter ipsos quoque angelicos spiritus præliandi certamen agitur, qui semper conspectui veritatis assistunt? Sed quia certa angelorum ministeria dispensandis singulis, quibusque gentibus sint prælata, cum subjectorum mores adversum se vicissim præpositorum spirituum opem merentur, ipsi qui præsunt spiritus contra se venire referuntur. Is namque angelus qui Danieli loquebatur, captivis Israelitici populi in Perside constitutis prælatus agnoscitur Michael autem eorum, qui ex eadem plebe in Judæa terra remanserant, præpositus invenitur. Unde ab eodem angelo paulo post Danieli dicitur: Nemo est adjutor meus in omnibus his, nisi Michael princeps vester. De quo et hoc quod præmisimus, dicit: Et ecce Michael unus de principibus, primus venit in adjutorium mihi. Qui dum nequaquam simul esse, sed venire in adjutorium mihi. Qui dum nequaquam simul esse, sed venire in adjutorium dicitur, aperte ei populo prælatus agnoscitur, qui captus in alia parte tenebatur.

CAP. 51. — *Quod diaboli voluntas semper sit iniqua, potestas autem ejus nunquam injusta.*

(*Ex eisdem.*) Sciendum vero est quia Satanæ voluntas semper iniqua est, sed nunquam potestas injusta: quia a semetipso voluntatem habet, sed a Domino potestatem. Quod enim ipse facere inique appetit, hoc Deus fieri non nisi juste permittit. Unde bene in libris Regum dicitur: Spiritus Domini malus irruebat in Saul. Ecce unus idemque spiritus, et Domini appellatur, et malus Domini videlicet per licentiam potestatis justæ, malus autem per desiderium voluntatis injustæ. Formidari igitur non debet, qui nihil nisi permissus valet. Sola ergo vis illa timenda est, quæ cum hostem sævire permiserit, ei usum justi judicii, et injusta illius voluntas, servit. Paululum vero manum postulat extendi: quia exteriora sunt quæ expetit conteri. Neque enim satan facere se aliquid multum putat, nisi cum in anima sauciat, ut ab illa patria feriens revocet.

CAP. 52. — *Quod quatuor modis loquatur Deus ad diabolum, et tribus modis diabolus ad Deum.*

(*Gregor. in suis Moralibus.*) Sciendum vero est, quia sicut hoc loco discimus, IV modis loquitur Deus ad diabolum: tribus modis diabolus ad Deum. Quatuor modis loquitur Deus ad diabolum, et injustas vias ejus arguit, et electorum suorum contra illum justitiam proponit, et tentandam eorum innocentiam ei concedendo permittit, et aliquando cum ne tentare audeat prohibet. Injustas enim vias ejus redarguit, sicut jam dictum est: Unde venis? Electorum suorum contra illum justitiam proponit, sicut ait: Considerasti servum meum Job, quod non sit ei similis super terram? Tentandam eorum innocentiam ei concedendo permittit, sicut dicit: Ecce universa quæ habet, in manu tua sunt. Rursumque eum a tentatione prohibet, cum dicit: Tantum in eum ne extendas manum tuam. Tribus autem modis loquitur diabolus ad Deum, cum vel vias suas insinuat, vel electorum innocentiam fictis criminibus accusat, vel tentandam eamdem innocentiam postulat. Vias quippe suas insinuat, qui ait: Circuivi terram, et perambulavi eam. Electorum innocentiam accusat: quia dicit: Nunquid frustra Job timet Deum? Nonne tu vallasti eum, ac domum ejus, universamque substantiam per circuitum? Tentandam eamdem innocentiam postulat, cum dicit: Extende manum tuam, et tange cuncta quæ possidet, nisi in faciem benedixerit tibi.

CAP. 53. — *Quod non sit palma victoriæ sine labore certaminis.*

(*Ex dialogo Greg.*) Sine labore certaminis, non est palma victoriæ. Unde ergo victores, nisi quia contra antiqui hostis insidias decertaverunt? Malignus quippe spiritus cogitationi, locutioni, atque operi nostro semper assistit: si fortasse quid inveniat, unde apud examen æterni judicis accusator existat. Vis etenim nosse quomodo ad decipiendum semper assistat? Quidam qui nunc nobiscum sunt, rem quam narro testantur. Quod vir vitæ venerabilis Stephanus nomine, Valeriæ provinciæ presbyter fuit, hujus nostri Bonifacii diaconi, atque dispensatoris ecclesiæ, cognatione proximus. Qui quadam die de itinere domum regressus, mancipio suo negligenter loquens præcepit dicens: Veni, diabole, discalcia me. Ad cujus vocem mox cœperunt se caligarum corrigiæ in summa velocitate dissolvere, ut aperte constaret, quod ei ipse qui nominatus fuit, ad extrahendas caligas, diabolus obedisset. Quod mox ut presbyter vidit, vehementer expavit, magnisque vocibus clamare cœpit dicens: Recede miser, recede : non enim tibi, sed mancipio meo locutus sum. Ad cujus vocem protinus recessit, ita ut inventæ sint magna jam ex parte dissolutæ corrigiæ, ex parte remanserint. Qua in re colligi potest antiquus hostis, qui jam præsto est corporalibus factis, quam nimiis insidiis, nostris cogitationibus insistit.

CAP. 54. — *De creatura, et natura, et ministerio angelorum, et de casu apostatarum.*

(S. Isidor. in libro officiorum sic loquitur.) Angelorum nomen officii est, non naturæ. Nam secundum naturam, spiritus nuncupantur. Quando enim de cœlis ad annunciandum hominibus mittuntur : ex ipsa annunciatione angeli nominantur. Natura enim spiritus sunt. Tunc autem angeli vocantur, quando mittuntur. Natura angelorum mutabilis est, sed facit eos incorruptos charitas sempiterna. Gratia dicimus non natura esse incommutabiles angelos. Nam si natura incommutabiles essent, diabolus utique non cecidisset. Mutabilitatem itaque naturæ suffragat in illis contemplatio Creatoris. Inde et privatus est apostata angelus, dum fortitudinem suam non a Deo, sed a se voluit custodire. Ante omnem creaturam angeli facti sunt, dum dictum est : Fiat lux. De ipsis enim dicit Scriptura : Prior omnium creata est sapientia. Lux enim dicuntur, participando lucis æternæ : sapientiæ vero dicuntur, ignitæ inhærendo sapientiæ. Et cum sint mutabiles natura, non tamen sinit eos contemplatio mutari divina. Ante omnem creationem mundi, creati sunt angeli, et ante omnem creationem angelorum, diabolus conditus est, sicut scriptum est : Ipse est principium viarum Dei. Unde et ad comparationem angelorum, archangelus appellatus est. Prius enim creatus exstitit ordinis prælatione, non temporis quantitate. Primatum habuisse angelorum diabolum scimus, ex qua fiducia cecidit, ita ut sine reparatione laberetur, cujus prælationis excellentiam propheta his verbis annunciat : Cedri non fuerunt altiores illo in paradiso Dei, abietes non adæquaverunt summitatem illius. Omne lignum paradisi non est assimilatum illi : quoniam speciosiorem fecit eum Deus. Distat conditio angeli a conditione hominis. Homo enim ad Dei similitudinem conditus est. Archangelus vero qui lapsus est, signaculum Dei similitudinis appellatus est, testante Domino per Ezechiel : Tu signaculum similitudinis Dei, plenus sapientia, perfectus decore, in deliciis paradisi Dei fuisti. Quanto enim subtilior est ejus natura, tanto plenius exstitit ad similitudinem divinæ veritatis expressam. Prius de cœlo cecidisse diabolum constat, quam homo conderetur. Nam mox ut factus est, in superbiam erupit, et præcipitatus de cœlo est. Nam juxta Veritatis testimonium, ab initio mendax fuit, et in veritate non stetit, quia statim ut factus est, cecidit. Fuit quidem in veritate conditus, sed non stando confestim a veritate est lapsus. Uno superbiæ lapsu, dum Deo per tumorem se conferunt, et homo cecidit, et diabolus. Sed homo reversus est ad pœnitentiam, dum se inferiorem esse cognoscit. Diabolus vero non solum in hoc contentus, quod se Deo æqualem existimans cecidit, insuper etiam superiorem Deo se dicit, secundum apostoli dicta, qui ait de Antichristo : Qui adversatur, et extollitur supra omne quod dicitur Deus, aut quod colitur. Diabolus ideo jam non petet veniam : quia non compungitur ad pœnitentiam. Membra vero ejus sæpe per hypocrisin deprecantur, quod tamen pro mala conscientia adipisci non merentur. Discat humana miseria, quod ea causa citius provocetur Deus præstare veniam, dum infirmo compatitur homini : quia ipse homo traxit ex parte inferiori infirmitatem peccandi, hoc est, ex carne, qua inclusa anima detinetur. Apostatæ angeli ideo veniam non habent : quia carnalis fragilitatis nulla infirmitate gravati sunt ut peccarent. Homines autem post peccatum idcirco revertuntur ad veniam, propter quod ex lutea materia pondus traxerunt infirmitatis, ideoque pro infirma carnis conditione, reditus patet homini ad salutem. Sicut et Psalmus dicit : Ipse scit figmentum nostrum. Memento, Domine, quod terra sumus; et iterum : Memorare, inquit, quæ sit mea substantia. Postquam apostatæ angeli ceciderunt, reliqui perseverantiam æternæ beatitudinis solidati sunt. Unde et post cœli creationem in principio repetitur : Fiat firmamentum, et vocatum est firmamentum cœlum ; nimirum ostendens, quod post angelorum ruinam, hi qui permanserunt, firmitatem meruerunt æternæ perseverantiæ et beatitudinis, quam antea minus acceperant : post diaboli dejectionem, angelorum sanctorum collatam sanctitatis perseverantiam, et beatitudinem quam minus acceperant ; unde oportet cognosci quod malorum iniquitas, sanctorum serviat humilitati : quia unde mali corruunt, inde boni proficiunt. Bonorum angelorum numerus, qui post ruinam angelorum malorum est diminutus, ex numero electorum omnium supplebitur, qui numerus soli Deo est cognitus. Inter angelos distantia potestatum est, et pro graduum dignitate, ministeria eisdem sunt distributa. Aliisque alii præferuntur tam culmine potestatis, quam scientia virtutis. Subministrant igitur alii aliorum præceptis, atque obediunt jussis : Unde ad prophetam Zachariam angelus angelum mittit, et quæcunque annuntiare debeat præcipit. Novem esse distinctiones vel ordines angelorum sacræ Scripturæ testantur, id est, angeli, archangeli, throni, dominationes, virtutes, principatus, potestates, cherubin, et seraphin. Horum ordinum numerum etiam Ezechiel propheta describit sub totidem nominibus lapidum, cum de primatu apostatæ angeli loqueretur : Omnis, inquit, lapis operimentum tuum, sardius, et topazius, et jaspis, chrysolythus, et onyx, et berillus, saphyrus, carbunculus, et smaragdus. Quo numero lapidum, ipsi ordines designati sunt angelorum. Quos apostata angelus ante lapsum quasi in vestimento ornamenti sui affixos habuit : ad quorum comparationem dum se clariorem cunctis aspexit, confestim injumuit, et cor suum ad superbiam elevavit. Angeli semper in Deo gaudent, non in se. Malus vero inde est diabolus, quia non quæ Dei, sed quæ sua sunt requisivit. Nulla autem major iniquitas quam non in Deo, sed in se velle quempiam gloriari. Angeli vero Dei cognoscunt omnia antequam in re fiant : et quæ apud homines adhuc futura sunt, angeli jam revelante Deo noverunt. Prævaricatores angeli, etiam sanctitate amissa, non tamen amiserunt vivacem creaturæ angelicæ sensum. Triplici enim modo præscientiæ acumine vigent, id est, subtilitate naturæ, experientia temporum, revelatione superiorum potestatum. Quoties Deus quocunque flagello huic mundo irascitur, ad ministerium vindicæ apostatæ angeli mittuntur : qui tamen divina potestate coercentur, ne tantum noceant, quantum cupiunt. Boni autem angeli ad ministerium salutis humanæ deputati sunt : ut curas administrent mundi, et regant omnia jussu Dei, testante Apostolo : Nonne omnes, inquit, sunt administratorii spiritus, in ministerium missi, propter eos qui hæreditatem capiunt salutis? Angeli corpora in quibus hominibus apparent in superno aere sumunt, solidamque speciem ex cœlesti elemento inducunt, per quam humanis obtutibus manifestius demonstrentur. Singulæ gentes præpositos angelos habere creduntur, quod ostenditur testimonio angeli Danieli loquentis : Ego, inquit, veni, ut nunciarem tibi, sed princeps regni Persarum restitit mihi. Et post alia : Non est qui me adjuvet, nisi Michael princeps vester. Item omnes homines angelos habere probantur, loquente Domino in Evangelio : Amen dico vobis : quia angeli eorum semper vident faciem Patris mei, qui in cœlis est. Unde et Petrus in Actibus apostolorum, cum pulsarent januam, dixerunt intus apostoli : Non est Petrus, sed Angelus ejus est. Si Deum angeli contuentur, et vident, cur Petrus apostolus dicit : In quem desiderant angeli Dei conspicere? Item si eum non contuentur nec vident, quomodo juxta sententiam Domini : Angeli eorum semper vident faciem Patris mei qui in cœlis est? Sed bene utrumque est. Nam veraciter credimus quod Deum angeli, et vident, et videre desiderant : et habent, et habere festinant : et amant, et amare nituntur. Si enim sic videre desiderant ut effectu desiderii non perfruantur, desiderium hoc necessitatem habet, et necessitas ista pœnalis est. Sed beatis angelis omnis pœna longe est : quia nunquam simul pœna et beatitudo conveniunt. Rursum, si eos dicimus Dei visione satiari, satietas fastidium habere solet, et scimus illos Dei visionem quam et desiderant, fastidire non posse. Quid ergo est, nisi ut miro modo simul utrumque credamus, quia et desiderant et satiantur? Sed desiderant sine labore, et satiantur sine fastidio. Ne enim sit in desiderio necessitas, desiderantes satiantur. Et iterum : Ne sit satietate fastidium, satiari desiderant. Vident enim angeli faciem Patris per satietatem, sed quia satietas ista fastidium nescit, angeli desiderant in eo prospicere semper. Ubicunque in Scripturis sanctis pro Deo angelus ponitur : non Pater, non Spiritus sanctus, sed pro incarnationis dispensatione solus Filius intelligitur. Ante Dominicæ incarnationis adventum, discordia inter angelos et homines fuit. Veniens autem Christus, pacem in se angelis et hominibus fecit. Eo quippe nato, clamaverunt angeli in terra : Pax hominibus bonæ voluntatis. Per incarnationem igitur Christi, non solum Deo reconciliatus est homo : verum etiam pax inter angelos et homines reformata est. Discordia igitur ante adventum Christi angelorum et hominum fuisse pro id maxime agnoscitur, quod salutati in Veteri Testamento ab hominibus angeli, despiciunt resalutari ab eis. Quod in Novo Testamento a Joanne factum, non solum reverenter angelus suscipit, verum etiam ne faciat interdicit. Ab hoc homo in Veteri Testamento despicitur, nec resalutatur ab angelo, eo quod homo adhuc nondum transisset in Deo. Suscipitur autem homo a Deo, et reverenter salutatur ab angelo. Nam et Mariam angelus legitur salutasse, et Joanni angelum salutanti, ab eodem angelo dicitur : Vide ne feceris, conservus enim tuus sum, et fratrum tuorum. Per quod agnoscitur, per incarnationem Dominicam, pacem hominibus fuisse, et angelis, redditam.

CAP. 55. — *Quod supernorum civium numerus, et finitus sit, et infinitus.*

(*Gregor. in suis Moral.*) Supernorum civium numerus et infinitus, et definitus exprimitur, ut qui Deo est numerabilis, esse nobis innumerabilis demonstretur, quamvis aliud est assistere, aliud ministrare. Assistunt enim illæ procul dubio potestates, quæ ad quædam hominibus nuncianda non exeunt. Ministrant vero hi qui ad explenda officia nunciorum veniunt, sed tamen ipsi quoque a contemplatione ab intimis non recedunt. Et quia plures sunt qui ministrant quam hi qui principaliter assistunt, assistentium numerus quasi definitus, ministrantium vero infinitus ostenditur. Angelicos vero spiritus recte Dei milites dicimus : quia decertare eos contra potestates aerias non ignoramus. Quæ tamen certamina non labore, sed imperio peragunt : quia quidquid agendo contra immundos spiritus appetunt, ex adjutorio cuncta regentis possunt.

CAP. 56. — *Quod omnis culpa ante discessum oblationis munere solvatur.*

(*Ex dialog. Greg.*) Sed neque hoc silendum existimo, quod actum in meo monasterio ante hoc triennium reminiscor. Quidam namque monachus, Justus nomine, medicinæ arte imbutus fuit, qui mihi in eodem monasterio constituto, sedulo obsequio, atque in assiduis ægritudinibus meis excubare consuevit. Hic itaque languore corporis præventus, ad extrema deductus est. Cui in ipsa molestia sua frater germanus, nomine Copiosus, serviebat. Qui ipse quoque nunc in hac urbe per eamdem medicinæ artem, temporalis vitæ stipendia sectatur. Sed prædictus Justus, cum jam se ad extrema pervenisse cognovisset, eidem fratri suo Copioso, quia occultos tres aureos haberet, innotuit. Quod nimirum fratribus non potuit celari, sed subtiliter indagantes, atque illius omnia medicamenta perscrutantes, eosdem tres aureos in medicamine absconsos invenerunt. Quod mox ut mihi nunciatum est, tantum malum de fratre qui nobiscum communiter vixit, æquanimiter ferre non valui : quippe quia ejusdem monasterii semper regula fuit ut cuncti fratres ita communiter viverent, quatenus eis singulis nulla habere propria liceret. Tunc nimio mœrore percussus, cogitare cœpi, vel quod ad purgationem morientis facerem, vel quod in exemplo viventibus fratribus providerem. Precioso igitur ejusdem monasterii præposito ad me accito, dixit : Vade, et nullus ex fratribus se ad eum morientem jungat, nec sermonem consolationis ex cujuslibet eorum ore percipiat, sed cum in morte constitutus fratres quæsierit, ei suus frater carnalis dicat : quia pro solidis quos occulte habuit, a cunctis fratribus abominatus sit, ut saltem in morte de culpa mentem amaritudo transverberet, atque a peccato quod perpetravit purget. Cum vero mortuus fuerit, corpus illius cum fratrum corporibus non ponatur, sed quolibet fossam in sterquilinio facite, in eo corpus ejus projicite, ibique super eum tres aureos quos reliquit jactate, simul omnes clamantes, Pecunia tua tecum sit in perditione, et sic eum terra operite. In quibus utrisque rebus unam morienti, alteram vero volui viventibus fratribus prodesse, ut et illum amaritudo mortis a culpa solubilem faceret, et istos avaritiæ tanta damnatio misceri in culpa prohiberet. Quod ita factum est. Nam cum idem pervenisset ad mortem, et anxie quæreret se fratribus commendare, nullusque ei ex fratribus applicare et loqui dignaretur, ei carnalis frater, cur ab omnibus esset abominatus, innotuit. Qui protinus de reatu vehementer gemuit, atque in ipsa tristitia e corpore exivit. Qui ita sepultus est, ut dixi. Sed fratres omnes eadem sententia perturbati, cœperunt singuli extrema quæque, et vilia, et quæ eis semper habere regulariter licuerat, ad medium proferre, vehementerque formidabant, ne quid apud se esset, unde reprehendi potuissent. Cum vero post mortem ejus triginta jam essent dies ejus evoluti, cœpit animus meus defuncto fratri compati, ejusque cum dolore gravi supplicia pensare, et si quid esset ereptionis ejus in remedium quærere. Tunc evocato ad me Precioso eodem monasterii nostri præposito, dixit tristis : Diu est, quod frater ille qui defunctus est in igne cruciatur, debemus ei aliquid charitatis impendere, et eum in quantum possumus, ut eripiatur adjuvare. Vade itaque et ab hodierna die diebus triginta continuis offerre pro eo sacrificium stude, et nullus omnino prætermittatur dies, quo pro absolutione illius salutaris hostia non immoletur. Qui protinus abscessit, et paruit. Nobis autem alia curantibus, atque evolutos dies non numerantibus, idem frater qui defunctus fuit, nocte quadam fratri suo germano Copioso per visionem apparuit. Quem ille cum vidisset, inquisivit dicens : Quid est, frater ? Quomodo es ? Cui ille respondit : Nunc usque male fui, modo jam bene sum : quia hodie communionem recepi. Quod idem Copiosus pergens, protinus fratribus in monasterio indicavit. Fratres vero sollicite computabant dies, et repererant quod ipse dies exstitit, quo pro eo trigesima oblatio fuit impleta. Cumque et Copiosus nesciret, quid pro eo fratres agerent, et fratres ignorassent quod de illo Copiosus vidisset, uno eodemque tempore dum cognovit ille quod isti ignorant, atque isti cognoscebant quod ille vidit, concordantes simul visionem et sacrificium, res aperte claruit, quia frater qui defunctus fuit per salutarem hostiam supplicium evasit.

CAP. 57. — *Quod sacra oblatio post mortem animabus prodesse possit, si non sunt culpæ indissolubiles.*

(*Ex dialog. Gregor.*) Si culpæ post mortem insolubiles non sunt, multorum solet animas etiam post mortem sacra oblatio hostiæ salutaris adjuvare, ita ut hoc nonnunquam ipsæ defunctorum animæ expetere videantur. Nam prædictus Felix episcopus, a quodam venerabilis vitæ presbytero qui usque ante biennium vixit, et in diœcesi Centumcellensis urbis habitavit, atque Ecclesiæ beati Joannis, quæ in loco, qui Tauriana dicitur, sita est, præerat, cognovisse se asserit : quod idem presbyter in eo loco in quo aquæ calidæ vapores nimios faciunt, quoties necessitas corporis exigit, lavari consuevit. Ubi dum die quadam fuisset ingressus, invenit quemdam incognitum virum, ad suum obsequium paratum, qui sibi de pedibus calceamenta abstraheret, vestimenta susciperet, et exeunti a calore sabana præberet, atque omne ministerium cum magno famulatu peragerét. Cumque hoc sæpius fecisset, idem presbyter die quadam ad balnea iturus, intra semetipsum cogitans, dixit : Viro illi qui mihi solet tam devotissime ad lavandum obsequi, ingratus apparere non debeo, sed aliquid me necesse est ei pro munere portare. Tunc duas secum oblationum coronas detulit. Qui mox, ut pervenit ad locum, hominem invenit : atque ex more ejus obsequio in omnibus usus est. Lavit itaque, et cum jam vestitus voluisset egredi, hoc quod secum detulit obsequenti sibi viro pro benedictione obtulit, petens ut benigne susciperet quod ei charitatis gratia offerret. Cui ille mœrens, afflictusque respondit : Mihi ista quare das, Pater? Iste panis sanctus est, et ego hunc manducare non possum. Me etenim quem vides, aliquando loci hujus dominus fui, sed pro culpis meis hic post mortem deputatus sum. Si autem mihi præstare vis, omnipotenti Deo pro me offer hunc panem, ut pro peccatis meis intervenias : et tunc exauditum te esse cognosce, cum huc ad luendum veneris, et me minime invenerís. In quibus verbis disparuit, et is qui esse homo videbatur, evanescendo innotuit, quia spiritus fuit. Idem vero presbyter, hebdomada continua sese pro eo in lacrymis afflixit, salutarem quotidie hostiam obtulit, et reversus postea ad balneum, eum minime invenit. Qua ex re, quantum prosit animabus immolatio sacræ oblationis ostenditur quando hanc et ipsi mortuorum spiritus a viventibus petunt, et signa indicant quibus per eam absoluti videantur.

CAP. 58. — *Quod beatius sit quemque liberum hinc exire, quam post mortem libertatem quærere.*

(*Gregorius in suo dialogo dicit :*) Cunctis ostenditur quia si insolubiles culpæ fuerint, ad absolutionem prodesse minime etiam mortuis victima sacræ oblationis possit. Sed sciendum est, quia illis sacra victima mortuis prosit, qui hic vivendo obtinuerint ut eos etiam post mortem bona adjuvent quæ hic pro ipsis ab aliis fiunt. Inter hæc autem pensandum est, ut tutior via sit, ut bonum quod quisque post mortem sperat agi per alios, agat dum vivit ipse per se. Beatius quippe est liberum exire, quam post vincula libertatem quærere.

CAP. 59. — *Quod nullus debeat rogare pro peccato, quod est ad mortem.*

(*Gregorius in suis Moralibus.*) Peccatum quippe usque ad inferos ducitur quod ante finem vitæ præsentis per correctionem ac pœnitentiam non emendatur. De quo videlicet peccato per Joannem dicitur : Est peccatum ad mortem, non pro illo dico, ut roget quis. Peccatum namque ad mortem est : quia scilicet peccatum quod hic non corrigitur, ejus venia frustra postulatur. De hoc adhuc subditur : Obliviscatur ejus misericordia. Omnipotentis Dei misericordia oblivisci ejus dicitur, qui omnipotentis Dei justitiam fuerit oblitus. Quisquis eum nunc justum non timet, post invenire non valet misericordem.

CAP. 60. — *Ut omnes animæ electorum credendæ sint esse in cœlo, et iniquorum animæ in inferno.*

(*Ex dialogo Gregorii. Petrus interrogat. Responsio Gregorii.*) Inquisitioni meæ jam video sufficienter satisfactum, sed hoc est adhuc quod quæstione animum pulsat. Quia cum superius dictum sit esse jam sanctorum animas in cœlo, restat procul dubio, ut iniquorum quoque animæ esse non nisi in inferno credantur, et quid de hac re habeat veritas ignoro. Nam humana æstimatio non habet, peccatorum animas posse ante judicium cruciari. — Si esse sanctorum animas in cœlo sacri eloquii satisfactione credidisti, oportet ut per omnia esse credas iniquorum animas in inferno : quia ex retributione æternæ justitiæ, ex qua jam justi gloriantur, necesse est per omnia, ut injusti crucientur. Nam sicut electos beatitudo lætificat, ita credi necesse est quod a die exitus sui ignis reprobos exurat.

CAP. 61. — *Quod sicut finis non est gaudio bonorum, sic finis non est tormentis malorum.*

(*Ex dialog. Gregorii. Inter. Petr. Gregorii responsio.*) Nunquid nam, quæso te, dicimus eos, qui semel illic mersi fuerint, semper arsuros? — Constat nimis, et incunctanter verum esse : quia sicut finis non est gaudio bonorum, ita finis non est tormentis malorum. Nam cum Veritas dicat : Ibunt hi in supplicium æternum, justi autem in vitam æternam : quia verum est quod promisit, falsum proculdubio non erit quod minatus est Deus.

CAP. 62. — *Quod ita non sit, ut quidam affirmant, quod Deus ob hoc minatus sit æternam pœnam peccantibus, ut corrigeret a malis.*

(*Ex dialog. Gregorii. Petrus interrogat. Gregorii responsio.*) Quid si quis dicat, idcirco Deus peccantibus æternam pœnam minatus est, ut eos a peccatorum perpetratione compesceret? — Si falsum est quod minatus est, ut ab injustitia corrigeret, etiam falsa est pollicitus, ut ad justitiam provocaret. Sed quis hoc dicere, vel insanus præsumat? Et si minatus est quod non erat impleturus, dum asserere eum misericordem volumus, fallacem, quod nefas est dicere, prædicare compellimur.

CAP. 63. — *Cur peccata quæ cum fine perpetrata sunt, sine fine puniantur.*

(*Ex eodem. Petr. int. Greg. resp.*) Scire velim quomodo justum sit, ut culpa quæ cum fine perpetrata est, sine fine puniatur. — Hoc recte diceretur, si districtus judex non corda hominum, sed facta pensaret. Iniqui enim ideo cum fine deliquerunt, quia cum fine vixerunt. Nam voluissent utique, si potuissent, sine fine vivere, ut potuissent sine fine peccare. Ostendunt enim, quia in peccato vivere semper cupiunt, qui nunquam desinunt peccare, dum vivunt. Ad magnam ergo justitiam judicantis pertinet, ut nunquam careant supplicio qui in hac vita nunquam voluerunt carere peccato.

CAP. 64. — *Quod Deus pius sit, et non pascatur cruciatu miserorum, justus autem, et ideo non sedetur in perpetuum ab iniquorum ultione.*

(*Ex eodem. Petr. int. Greg. resp.*) Sed nullus justus crudelitate pascitur, et delinquens servus a justo domino idcirco cædi præcipitur, ut a nequitia corrigatur. Ad hoc enim vapulat, ut emendare debeat. Iniqui autem gehennæ igni traditi, si ad correctionem nunquam veniant, quo fine semper ardebunt? — Omnipotens Deus, quia pius est, miserorum cruciatu non pascitur : quia autem justus est, ab iniquorum ultione in perpetuum non sedatur. Sed iniqui omnes æterno supplicio deputati, sua quidem iniquitate puniuntur, et tamen ad aliquid ardebunt, scilicet, ut justi omnes, et in Deo videant gaudia quæ percipiunt, et in illis respiciant supplicia quæ evaserunt, quatenus in æternum tanto magis divinæ gratiæ debitores se esse cognoscant, quanto in æternum mala puniri conspiciunt quæ ejus adjutorio vicerunt.

CAP. 65. — *De hoc, si ante restitutionem corporum animæ justorum in cœlum recipiantur.*

(*Ex eodem. Petr. int. Greg. resp.*) Placet quod dicis : sed velim nosse, si nunc ante restitutionem corporum in cœlum recipi valeant animæ justorum. — Hoc namque de omnibus justis fateri non possumus, neque de omnibus negare. Nam sunt quorumdam justorum animæ, quæ a cœlesti regno quibusdam adhuc mansionibus differuntur. In quo dilationis damno, quid aliud innuitur, nisi quod perfectæ justitiæ aliquid minus habuerunt? Et tamen luce clarius constat quia perfectorum justorum animæ, mox ut hujus carnis claustra exeunt, in cœlestibus sedibus recipiuntur. Quod et ipsa per se Veritas testatur, dicens : Ubicunque fuerit corpus, illuc congregabuntur aquilæ : quia ubi ipse Redemptor noster est corpore, illuc procul dubio colliguntur et animæ justorum. Et Paulus dissolvi desiderat, et cum Christo esse. Qui ergo Christum esse in cœlis non dubitat, nec Pauli animam esse in cœlo negat. Qui etiam de dissolutione sui corporis, atque habitatione patriæ cœlestis dicit : Scimus quia si terrestris domus nostra hujus habitationis dissolvatur, quod ædificationem habemus ex Deo, domum non manufactam, sed æternam in cœlis.

CAP. 66. — *Quod justi, in die judicii, animarum simul et corporum gloria lætabuntur.*

(*Ex eodem. Petr. int. Greg. resp.*) Si igitur nunc in cœlo sunt animæ justorum, quid est hoc quod in die judicii pro justitiæ suæ retributione recipiunt ? — Hoc in eis nimirum crescit in judicio, quod nunc animarum sola, postmodum vero corporum beatitudine perfruantur, ut in ipsa quoque carne gaudeant, in qua dolores pro Domino cruciatusque pertulerunt. Pro hac quippe geminata eorum gloria scriptum est : In terra sua duplicia possidebunt. Hinc etiam ante resurrectionis diem de sanctorum animabus scriptum est : Datæ sunt illis singulæ stolæ albæ, et dictum est illis ut requiescerent tempus adhuc modicum, donec impleatur numerus conservorum, et fratrum eorum. Qui itaque nunc singulas acceperunt, in judicio binas stolas habituri sunt : quia modo animarum res tantummodo agitur, tunc autem animarum simul et corporum gloria lætabuntur.

CAP. 67. — *De hoc, si boni bonos in regno, vel si mali malos in supplicio agnoscant.*

(*Ex eodem. Petr. int. Greg. resp.*) Nosse vellem, si boni bonos in regno, vel mali malos in suppliciis agnoscant. — Hujus rei sententia in verbis est dominicis, quam jam superius protulimus, luce clarius demonstrata. In quibus cum dictum esset : Homo quidam erat dives, et induebatur purpura et bysso, et epulabatur quotidie splendide : et erat quidam mendicus nomine Lazarus, qui jacebat ad januam ejus ulceribus plenus, cupiens saturari de micis quæ cadebant de mensa divitis, et nemo illi dabat; sed et canes veniebant, et lingebant ulcera ejus; subjunctum est, quod Lazarus mortuus portaretur ab angelis in sinum Abrahæ, et mortuus dives sepultus est in inferno: Qui elevans oculos suos, cum esset in tormentis, vidit Abraham a longe, et Lazarum in sinu ejus, et ipse clamans, dixit : Pater Abraham, miserere mei, et mitte Lazarum, ut intingat extremum digiti sui in aquam, ut refrigeret linguam meam. Cui Abraham dicit : Fili, recordare, quia recepisti bona in vita tua, et Lazarus similiter mala. Dives autem de seipso jam spem salutis non habens, ad promerendam suorum salutem convertitur, dicens : Rogo te, pater, ut mittas eum in domum patris mei : habeo enim quinque fratres, ut testetur illis, ne et ipsi veniant in locum hunc tormentorum. Quibus verbis aperte declaratur quia et boni bonos, et mali agnoscant malos. Si igitur Abraham Lazarum minime recognosceret, nequaquam ad divitem positum in tormentis de transacta ejus contritione loqueretur, dicens : Quod mala receperit in vita sua. Et si mali malos non recognoscerent, nequaquam dives in tormentis positus fratrum suorum etiam absentiam meminisset. Quomodo enim præsentes non posset agnoscere, qui etiam pro absentium memoria curavit exorare? Qua in re illud quoque ostenditur, quod nequaquam ipse requisisti : quia et boni malos, et mali cognoscunt bonos. Nam et dives ab Abraham cognoscitur, cum dictum est : Recordare, quia recepisti bona in vita tua : et electus Lazarus a reprobo est divite cognitus, quem mitti precatur ex nomine, dicens : Mitte Lazarum, ut intingat extremum digiti sui in aquam, ut refrigeret linguam meam. In qua videlicet cognitione utriusque partis cumulus retributionis excrescit, et ut boni amplius gaudeant : quia secum eos lætari conspiciunt, quos amaverunt : et mali dum cum eis torquentur, quos in hoc mundo despecto Deo dilexerunt, eos non solum sua, sed etiam eorum pœna consumat. Fit autem in electis quiddam mirabilius : quia non solum eos cognoscunt quos in hoc mundo noverunt, sed velut visos ac cognitos recognoscunt bonos, quos nunquam viderunt. Nam cum antiquos patres in illa æterna hæreditate viderint, eis incogniti per visionem non erunt, quos in opere semper noverunt. Quia enim illic omnes communi claritate Deum conspiciunt, quid est quod ibi nesciant, ubi scientem omnia sciunt? Nam quidam noster et vitæ venerabilis vir, religiosusque valde et laudabilis, cum ante triennium moreretur, sicut religiosi alii, qui præsentes fuerunt, testati sunt, in hora sui exitus Jonam prophetam, Ezechielem quoque et Danielem cœpit aspicere. Quos dum venisse ad se diceret, et depressis luminibus eis reverentiæ obsequium præberet, ex carne eductus est. Qua in re aperte datur intelligi, quæ erit in illa incorruptibili vita notitia, si vir iste adhuc in carne corruptibili positus, prophetas sanctos, quos nimirum nunquam vidit, agnovit. Solet autem plerumque contingere, ut egressura anima eos etiam recognoscat cum quibus pro æqualitate culparum, vel etiam præmiorum, in una est mansione deputanda : quod multi in eo exitu vident, qui aut in regno aut in supplicio pares habebuntur.

CAP. 68. — *De hoc, si ignis purgatorius credendus sit, qui post mortem animas a peccatis expurget.*

(*Ex eodem. Petr. int. Greg. resp.*) Discere vellem si post mortem ignis purgatorius esse credendus est. — In Evangelio Dominus dicit : Ambulate, dum lucem habetis. Per prophetam quoque ait : Tempore accepto exaudivi te, et in die salutis adjuvi te. Quod Paulus apostolus exponens, dixit : Ecce nunc tempus acceptabile, etc. Salomon quoque ait : Quodcunque potest manus tua facere, instanter operare : quia nec opus, nec ratio, nec scientia, nec sapientia erit apud inferos, quo tu properas. David quoque ait : Quoniam in sæculum misericordia ejus. Ex quibus nimirum sententiis constat quia qualis hinc quisque egreditur, talis in judicio præsentatur. Sed tamen de quibusdam levibus culpis esse ante judicium purgatorius ignis credendus est, eo quod Veritas dicit : quia si quis in Spiritum sanctum blasphemiam dixerit, nec in hoc sæculo remittetur ei, neque in futuro. In qua sententia datur intelligi, quasdam culpas in hoc sæculo, quasdam vero in futuro posse relaxari. Quod enim de uno negatur, consequenter intellectus patet quia de quibusdam conceditur. Sed tamen, ut prædixi, hoc de parvis minimisque peccatis fieri posse credendum est : sicut est assiduus otiosus sermo, immoderatus risus, vel peccatum curæ rei familiaris ; quæ vix sine culpa ab ipsis agitur, qui culpas qualiter declinari debeant sciunt, aut non in gravibus rebus error ignorantiæ, quæ cuncta etiam post mortem gravant, si adhuc in hac vita positis minime fuerint relaxata. Nam et cum Paulus dicat Christum esse fundamentum, atque subjungat : Si quis superædificaverit super hoc fundamentum, aurum et argentum, lapides pretiosos, ligna, fœnum, stipulam, uniuscujusque opus quale sit ignis probabit; si cujus opus arserit detrimentum patietur, ipse autem salvus erit, sic tamen quasi per ignem ; quamvis hoc de igne tribulationis in hac nobis vita adhibito possit intelligi, attamen si quis hæc de igne futuræ purgationis accipiat, pensandum sollicite est : quia illum dixit posse per ignem salvari, non qui super hoc fundamentum ferrum, æs, vel plumbum ædificat, id est peccata majora, et idcirco duriora, atque jam tunc insolubilia ; sed ligna, fœnum, stipulam, id est peccata minima atque levissima, quæ ignis facile consumit. Hoc tamen sciendum est : quia illic saltem de minimis nil quisque purgationis obtinebit, nisi bonis hoc actibus in hac adhuc vita positus, ut illic obtineat, promereatur.

CAP. 69. — *Quod unus sit gehennæ ignis, sed non uno modo omnes cruciet.*

(*Ex eodem Petr. int. Greg. resp.*) Quæso te, unus esse gehennæ ignis credendus est, an quanta peccatorum diversitas fuerit, tanta quoque et ipsa æstimanda sunt incendia esse præparata ? — Unus quidem est gehennæ ignis, sed non uno modo omnes cruciat peccatores. Uniuscujusque etenim quantum exigit culpa, tantum illic sentietur pœna. Nam sicut in hoc mundo sub uno sole multi consistunt, nec tamen ejusdem solis ardorem æqualiter sentiunt : quia alius plus æstuat, atque alius minus, ita illic in uno igne non, unus est modus incendii : quia quod hic diversitas corporum, hoc illic agit diversitas peccatorum ; ut et ignem non dissimilem habeant, et tamen eosdem singulos dissimiliter exuret.

CAP. 70. — *Quot genera sint oblationis pro defunctis facienda.*

(*Ex dictis August.*) Quatuor genera sunt oblationis. Pro valde bonis, gratiarum actiones sunt, hoc est, Deo gratias agunt : quia bene vixerunt. Pro non valde bonis, ut plena remissio fiat. Pro non valde malis propitiationes sunt, ut tolerabilior fiat damnatio. Pro valde malis, non adjumenta mortuorum, sed tantum consolationes vivorum sunt.

CAP. 71. — *Cur sanctorum animæ pro inimicis suis non orent, quando eos in igne æterno ardere prospexerint.*

(*Ex eodem. Petr. int. Greg. resp.*) Et ubi est quod sancti sunt, si pro inimicis suis quos tunc ardere viderint, non orabunt? — Quibus utique dictum est : Pro inimicis vestris orate. Orant pro inimicis suis eo tempore quo possunt ad fructuosam pœnitentiam eorum corda convertere, atque ipsa conversione salvare. Quid enim aliud pro inimicis suis orandum est, nisi hoc quod ait Apostolus : Ut det illis Deus pœnitentiam ad cognoscendam veritatem, et resipiscant a diaboli laqueis, a quo captivi tenentur ad ipsius voluntatem? Et quomodo pro illis tunc orabitur, qui jam nullatenus possunt ad justitiæ opera ab iniquitate commutari ? Eadem itaque causa est cur non oretur tunc pro hominibus æterno igne damnatis, quæ nunc etiam causa est, ut non oretur pro diabolo, angelisque ejus æterno supplicio deputatis. Quæ nunc etiam causa est, ut non orent sancti homines, pro hominibus in fidelibus impiisque defunctis : nisi quia de eis quos utique deputatos æterno supplicio jam noverint, ante illum judicis justi conspectu orationis suæ meritum cassari refugiunt ? Quod si nunc quoque viventes justi, mortuis et damnatis injustis minime compatiuntur, quando adhuc aliquid judicabile de sua carne sese perpeti etiam ipsi noverint : quanto districtius tunc iniquorum tormenta respiciunt, quando ab omni vitæ corruptione exuti, ipsi jam justitiæ vicinius atque arctius inhærebunt? Sic quippe eorum mentes, per hoc quod justissimo Judici inhærent, jus districtionis absorbet, ut omnino eis non libeat, quidquid ab illius æternæ regulæ subtilitate discordat.

CAP. 72. — *Quod duobus modis vita dicatur, duobus etiam mors intelligatur.*

(*Ex eodem. Petr. int. Greg. resp.*) Non est jam quod responderi debeat apertæ rationi, sed hæc nunc quæstio mentem movet, quomodo anima immortalis dicitur, dum constat quod in perpetuo igne moriatur. — Quia duobus modis vita dicitur, duobus etiam modis mors debet intelligi. Aliud est namque quod in Deo vivimus, aliud vero quod in hoc quod conditi vel creati sumus, id est, aliud beate vivere, et aliud essentialiter. Anima itaque, et mortalis esse intelligitur, et immortalis. Mortalis quippe, quia beate vivere amittit; immortalis autem, quia essentialiter vivere nunquam desinit ; et naturæ suæ vitam perdere non valet, nec cum in perpetua fuerit morte damnata. Illic enim posita beate esse perdet : et esse non perdet. Ex qua re semper cogitur ut et mortem sine morte, et defunctum sine defuncto et finem sine fine patiatur.

CAP. 73. — *Quod electi seu reprobi ad loca communia deducantur in tormentis.*

(*Ex eodem. Petr. int.*) Quod vero sive electi s

reprobi, quorum communis causa in opere fuerit, ad loca etiam communia deducantur, Veritatis nobis verba satisfacerent, etiam si exempla deessent. Ipsa quippe Veritas propter electos in Evangelio dicit : In domo Patris mei multæ mansiones sunt. Si enim dispar in illa beatitudine æterna retributio non esset, una potius mansio quam multæ essent. Multæ ergo mansiones sunt, in quibus et distincti bonorum ordines propter meritorum consortium communiter lætentur; et tamen unum denarium omnes laborantes accipiunt, qui multis mansionibus distinguitur : quia et una est beatitudo quam illic percipiunt, et dispar retributionis qualitas quam per opera diversa consequuntur. Quæ nimirum Veritas judicii sui diem denuntians ait, Tunc dicam messoribus : Colligite zizania, et ligate ea fasciculis ad comburendum. Messores quippe angeli sunt; zizania in fasciculis ad comburendum ligant, cum pares comparibus in tormentis similibus sociant, ut superbi cum superbis, luxuriosi cum luxuriosis, avari cum avaris, fallaces cum fallacibus, invidi cum invidis, infideles cum infidelibus, ardeant. Cum ergo similes in culpa, ad tormenta similia adducantur, qui eos locis pœnalibus angeli deputant, quasi zizaniorum fasciculos ad comburendum ligant.

CAP. 74. — *De hoc quod in domo Dei multæ mansiones sint.*

(*Greg. in suis Moral. dicit:*) In Evangelio Veritas dicit : In domo Patris mansiones multæ sunt. Sed in eisdem multis mansionibus erit aliquo modo ipsa retributionum diversitas concors : quia tanta vis in illa pace nos sociat, ut quod in se quisque non acceperit, hoc se accepisse in alio exsultet. Unde et non æque laborantes in vinea, æque cuncti denarium sortiuntur. Et quidem apud Patrem mansiones multæ sunt, et tamen eumdem denarium dispares laboratores accipiunt : quia una cunctis erit beatitudo lætitiæ, quamvis non una sit omnibus sublimitas vitæ.

CAP. 75. — *Quod illum quem semel culpa ad pœnam pertrahit, misericordia ulterius ad veniam non reducat.*

(*Greg. in suis Moral. dicit:*) Sicut consumitur nubes, et pertransit, sic qui descendit ad inferos non ascendit. Nubes quippe ad altiora suspenditur, sed densata vento impellitur ut currat, calore solis dissipatur ut evanescat. Sic nimirum corda sunt hominum, quæ per acceptæ rationis ingenium ad alta emigrant : impulsa autem maligni spiritus flatu, pravis desideriorum suorum motibus huc illucque pertrahuntur. Sed districta respectu superni judicis quasi solis calore liquefiunt, et semel locis pœnalibus tradita, ad operationis usum ultra non redeunt. Vir igitur sanctus elationis cursum defectumque humani generis exprimens dicit : Sicut consumitur nubes, et pertransit, sic qui descendit ad inferos non ascendit. Ac si aperte loqueretur dicens : In altum currendo deficit, qui superbiendo ad interitum tendit. Quem si semel culpa ad pœnam pertrahit, misericordia ulterius ad veniam non reducit.

CAP. 76. — *Quod Deus dicatur zelans, dicatur iratus, dicatur pœnitens, dicatur misericors, dicatur præscius.*

(*Greg. in suis Moral. dicit :*) Deus ergo quomodo zelans est, qui in custodienda castitate nostra nullo mentis cruciatu tangitur? Quomodo irascitur, qui in ulciscendis vitiis nostris nulla perturbatione animi commovetur? Quomodo est pœnitens, qui id quod semel fecerit, se fecisse nequaquam dolet? Quomodo habet misericordiam, qui cor miserum non habet? Quomodo est præscius, dum nulla nisi quæ futura sint præsciantur? Et scimus quia Deo nihil futurum est, ante cujus oculos præterita nulla sunt, præsentia non transeunt, futura non veniunt. Quippe quia quod nobis fuit, et erit, in ejus prospectu præsto est : et omne quod præsens est sciri potest, potius quam præsciri. Et tamen dicitur zelans, dicitur iratus, dicitur pœnitens, dicitur misericors, dicitur præscius : ut quia castitatem animæ uniuscujusque custodit, humano modo zelans vocetur, quamvis mentis cruciatu non tangitur; et quia culpas percutit, dicitur irasci, quamvis nulla animi turbatione moveatur; et quia ipse immutabilis, id quod voluerit mutat, pœnitere dicitur, quamvis rem mutet, consilium non mutet. Et cum miseriæ nostræ subvenit, misericors vocatur, quamvis miseris subvenit, et cor miserum nunquam facit. Et quia ea quæ nobis futura sunt videt, quæ tantum ipsi semper præsto sunt, præscius dicitur : quamvis nequaquam futurum prævideat, quod præsens videt.

CAP. 77. — *Cur Deus suos electos sic permittat mori, ut non in vita illorum ostendat cujus sanctitatis sint.*

(*Ex eodem. Petr. int. Greg. resp.*) Quid est hoc, quæso te, quod omnipotens Deus sic permittit mori, quos tamen post mortem cujus sanctitatis fuerint non compatitur celari. Cum scriptum sit : Justus quacunque morte præventus fuerit, justitia ejus non auferetur ab eo? — Electi qui procul dubio ad perpetuam vitam tendunt, quid eis obest si ad modicum dure moriantur ? Et est fortasse nonnunquam eorum culpa, licet minima, quæ in eadem debeat morte resecari. Unde fit ut reprobi quidem potestatem contra viventes accipiant, sed illis morientibus hoc in eis gravius vindicetur, quod contra bonos potestatem suæ crudelitatis acceperunt : sicut idem carnifex qui eumdem venerabilem diaconem viventem ferire permissus est, gaudere super mortuum permissus non est. Quod sacra quoque testantur eloquia. Nam vir Dei contra Samariam missus, quia per inobedientiam in itinere comedit, hunc in eodem itinere leo occidit. Sed statim illic scriptum est : Quia stetit leo juxta asinum, et non comedit de cadavere. Ex qua re ostenditur, quod peccatum inobedientiæ in ipsa morte fuit laxatum, quia idem leo qui viventem præsumpsit occidere, contingere non præsumpsit occisum. Qui enim occidendi ausum habuit, de occisi cadavere comedendi licentiam non accepit : quia is qui culpabilis in vita fuit, punita inobedientia, erat jam justus ex morte. Leo ergo qui prius peccatoris vitam necavit, custodivit postmodum cadaver justi.

Cap. 78. — *Quod miseris mors fiat sine morte.*

(*Gregor. in suis Moral. dicit:*) Fit ergo miseris mors sine morte, finis sine defunctu : quia et mors vivit, et finis semper incipit, et deficere defunctus nescit. Quia igitur, et mors perimit et non extinguit, dolor cruciat, sed nullatenus pavorem fugat, flamma comburit, sed nequaquam tenebras decutit.

Cap. 79. — *Quod in inferno peccatoribus ad consolationem ignis non luceat, sed ut magis torqueat.*

(*Gregor. in suis Moral. dicit:*) Quamvis illic ignis et ad consolationem non lucet, attamen ut magis torqueat, ad aliquid lucet. Nam sequaces quosque suos secum in tormento reprobi flamma illustrante visuri sunt, quorum amore deliquerunt : quatenus qui eorum vitam carnaliter contra præcepta Conditoris amaverunt, ipsorum quoque eos interitus in augmento suæ damnationis affligat.

Cap. 80. — *De eadem re.*

(*Gregor. in suis Moral. dicit:*) Sicut ergo electis ignis ardere novit ad solatium, et tamen ardere ad supplicium nescit : ita e diverso gehennæ flamma reprobis, et nequaquam lucet ad consolationis gratiam, et tamen lucet ad pœnam : ut damnatorum oculis supplicium, et nulla charitate candeat, et ad doloris cumulum qualiter cruciantur ostendat. Quid hic mirum, si gehennæ ignem credimus habere supplicium, simul obscuritatis et luminis ? quod experimento novimus : quia et nunc dura flamma, lucet obscura. Tunc edax flamma comburit, quos nunc carnalis delectatio polluit. Tunc infinite patens inferni baratrum devorat, quos nunc inanis elatio exaltat. Atque qui quolibet ex vitio hic voluntatem callidi persuasoris expleverunt, tunc cum suo duce reprobi ad tormenta perveniunt : et quamvis angelorum atque hominum longe sit natura dissimilis, una tamen pœna implicat, quos unus in crimine reatus ligat.

Cap. 81. — *Quod humana anima ita immortalis sit, ut et mori possit et non possit.*

(*Gregor. in suis Moral. dicit:*) Quia ergo nostræ immortalitatis hoc tempus non ita ut male sit, sed ita perit ut non sit, quærendum est quid sit, quod non ut ita non sit, sed ita perire optatur ut male sit. Humana enim anima seu angelicus spiritus ita immortalis est, ut mori possit : ita mortalis, ut mori non possit. Nam beate vivere, sive per vitium, seu per supplicium perdit : essentialiter autem vivere, neque per vitium, neque per supplicium amittit. A qualitate enim vivendi deficit, sed omnimodum subsistendi interitum nec moriens sentit. Ut ergo breviter dixerim, et immortaliter mortalis est, et mortaliter immortalis.

Cap. 82. — *Quod corporeus sit ignis gehennæ, et non indigeat alia materia, nisi reproborum cruciatu.*

(*Greg. in suis Moralibus dicit:*) Miro valde modo, paucis verbis expressus est ignis gehennæ. Ignis namque corporeus, ut esse valeat ignis, corporeis indiget fomentis. Qui cum necesse est ut servetur, per congesta ligna procul dubio nutritur, nec valet nisi succensus esse, et nisi refotus subsistere. At contra gehennæ ignis cum sit corporeus, et in se missos reprobos corporaliter exurat, nec studio humano succenditur, nec lignis nutritur : sed creatus semel durat inextinguibilis, et succensione non indiget, et ardore non caret. Bene ergo de hoc iniquo dicitur : Devorabit eum ignis qui non succenditur : quia Omnipotentis justitia, futurorum præscia, ab ipsa mundi origine gehennæ ignem creavit : qui in pœna reproborum esse semel incipiet, sed ardorem suum etiam sine lignis nunquam finiet. Sciendum vero est, quod omnes reprobi, quia et in anima simul et carne peccaverunt, illic in anima et carne pariter cruciantur.

Cap. 83. — *Cur anima in corpore manens, et egrediens videri non possit.*

Quid mirum, Petre, si egredientem animam non vidisti, quam et manentem in corpore non vides ? Nunquidnam modo cum mecum loqueris, quia videre in me non vales animam meam, idcirco me esse exanimem credis ? Natura quippe animæ invisibilis est, atque ita ex corpore invisibiliter egreditur sicut in corpore invisibiliter manet. Petrus : Sed vitam animæ in corpore manentis pensare possum ex ipsis motibus corporis : quia nisi corpori anima adesset, ejusdem membra corporis moveri non possent. Vita vero animæ post carnem in quibus motibus quibusve operibus sit, non video : ut ex rebus visibilibus esse colligam, quod videre non possum.

Cap. 84. — *Ut nullus dubitare debeat, ea esse invisibilia, quæ Deo invisibili subministrant.*

(*Ex dialog. Greg.*) Sicut vis animæ vivificat et movet corpus, sic vis divina implet quæ creavit omnia. Et alia inspirando vivificat, aliis vero tribuit ut vivant, aliis hoc solummodo præstat ut sint. Quia verum esse non dubitas, creantem, et regentem, implentem, et circumplectentem, transcendentem, et sustinentem, incircumscriptum, atque invisibilem Deum : ita dubitare non debes, hunc invisibilia obsequia habere. Debent quippe ea quæ ministrant ad ejus similitudinem tendere cui ministrant, ut quæ invisibili serviunt, esse invisibilia non dubitentur. Hæc autem quæ esse credimus, nisi sanctos angelos, et spiritus justorum ? Sicut ergo motum considerans corporis, vitam animæ in corpore manentis perpendis animo : ita vitam animæ exeuntis a corpore perpendere debes a summo : quia potest invisibiliter vivere, quam oportet in obsequio invisibilis manere. Petrus : Recte totum dicitur : sed mens refugit credere, quod corporeis oculis non valet videre.

Cap. 85. — *Quod nulla visibilia videri vel cognosci possunt nisi per invisibilia.*

(*Ex dialog. Greg.*) Cum Paulus dicat : Est enim fides sperandarum substantia rerum argumentum non apparentium ; hoc veraciter dicitur credi, quod non valet videri. Nam credi jam non potest quod videri potest. Ut tamen te breviter reducam ad te : nulla visibilia nisi per invisibilia videntur. Ecce enim cuncta corporea oculus tui corporis aspicit, nec tamen ipse corporeus oculus aliquid videret corporeum, nisi hunc res incorporea ad videndum acueret. Nam tolle mentem quæ non videtur, et incassum patet oculus qui videbat. Subtrahe animam corpori, remanent procul dubio oculi in corpore aperti. Si igitur per se videbant, cur discedente anima nil vident ? Hinc ergo intellige : quia ipsa quoque visibilia, non nisi per invisibilia videntur. Ponamus quoque ante oculos mentis, domum ædificare, immensas moles levare, pendere magnas in machinis columnas : quis, quæso te, hoc opus operatur ? Corpus visibile quod illas moles manibus trahit : an invisibilis anima quæ vivificat corpus ? Tolle enim quod non videtur in corpore : et mox immobilia remanent cuncta quæ moveri videbantur visibilia corpora metallorum. Qua in re pensandum est, quia in hoc quoque mundo visibili, nihil nisi per creaturam invisibilem disponi potest. Nam sicut omnipotens Deus aspirando vel implendo ea quæ ratione subsistunt, ut vivificat et movet invisibilia : ita ipsa quoque invisibilia, implendo movent atque sensim vivificant carnalia corpora quæ videntur. Petrus : Istis, fateor, allegationibus libenter victus, prope nulla jam esse hæc visibilia compellor existimare, qui prius in me infirmantium personas suscipiens, de invisibilibus dubitabam. Itaque placent cuncta quæ dicis : sed tamen sicut vitam animæ in corpore manentis ex motu corporis agnosco : ita vitam animæ post corpus, apertis quibusdam rebus attestantibus, agnoscere cupio.

CAP. 86. — *Quod incorporeus spiritus, in inferno a corporeo igne affligatur.*

(*Ex dialog. Gregorii.*) Si viventis hominis incorporeus spiritus tenetur in corpore, cur non post mortem cum incorporeus sit spiritus, etiam corporeo igne teneatur ? Petrus : In vivente quolibet idcirco incorporeus spiritus tenetur in corpore, quia vivificat corpus.

CAP. 87. — *Quod incorporeus spiritus vivificare possit, et tibi teneri ubi a corporeo cruciatur igne.*

(*Ex dialog. Gregorii.*) Si incorporeus spiritus, Petre, in hoc teneri potest quod vivificat, quare non pœnaliter ibi teneatur ubi mortificatur ? Teneri autem per ignem spiritum hominis dicimus : ut in tormento ignis sit videndo atque sentiendo. Ignem namque eo ipso patitur quo videt : et quia concremari se aspicit, crematur. Sicque fit ut res incorporea incorpoream exurat, dum ex igne visibili ardor ac dolor invisibilis trahitur : ut per ignem corporeum mens incorporea, etiam incorporea flamma crucietur. Quamvis colligere dictis evangelicis possumus : quia incendium animarum non solum videndo, sed etiam experiendo patitur. Veritatis etenim voce, dives mortuus in inferno dicitur sepultus. Cujus anima quia in igne teneatur,

insinuat vox divitis, qui Abraham deprecatur dicens : Mitte Lazarum, ut intingat extremum digiti sui in aquam, ut refrigeret linguam meam : quia crucior in hac flamma. Dum ergo divitem peccatorem damnatum Veritas in ignibus perhibet, quis jam sapiens reproborum animas teneri ignibus negat ? Petrus : Ecce ratione et testimonio ad credulitatem flectitur animus : sed dimissus iterum ad rigorem redit. Quomodo enim res incorporea a re corporea teneri atque affligi possit, ignoro.

CAP. 88. — *De apostatis spiritibus, quod incorporei credendi sint.*

(*Ex dialog. Gregorii.*) Dic, quæso te, apostatas spiritus a cœlesti gloria dejectos, corporeos an incorporeos esse suspicaris ? Petrus : Quis sane sapiens esse spiritus corporeos dixerit ?

CAP. 89. — *Quod gehennæ ignis corporeus esse credendus sit.*

(*Ex dialogo Gregorii.*) Gehennæ ignem esse corporeum an incorporeum fateris ? Petrus : Ignem gehennæ corporeum esse non ambigo, in quo corpora certum est cruciari.

CAP. 90. — *De hoc quod scribitur : Deum nemo vidit unquam, et qualiter illud intelligendum sit.*

(*Gregorius in suis Moral. dicit :*) Deum nemo vidit unquam. Rursumque cum Testamenti Veteris patres intueor, multos horum teste ipsa sacræ lectionis historia Deum vidisse cognosco. Vidit quippe Jacob Dominum, et ait : Vidi Dominum facie ad faciem, et salva facta est anima mea. Vidit Moses Dominum, de quo scriptum est : Loquebatur Dominus ad Mosen facie ad faciem, sicut loqui solet homo ad amicum suum. Vidit Job Dominum qui dicit : Auditu auris audivi te, nunc autem oculus meus videt te. Vidit Esaias Dominum qui ait : Anno quo mortuus est rex Ozias, vidi Dominum sedentem super solium excelsum, et elevatum. Vidit Micheas Dominum qui dicit : Vidi Dominum sedentem super solium suum : et omnem exercitum cœli astantem ei a dextris, et a sinistris. Quid est ergo quod tot Testamenti Veteris patres Deum se vidisse testati sunt, et tamen de hac sapientia quæ Deus est dicitur : Abscondita est ab oculis omnium viventium, et Joannes ait : Deum nemo vidit unquam ; nisi hoc quod patenter datur intelligi, quia quamdiu hic mortaliter vivitur, videri per quasdam imagines Deus potest, sed per ipsam naturæ suæ speciem non potest : ut anima gratia spiritus afflata, per figuras quasdam Deum videat, sed ad ipsam vim ejus essentiæ non pertingat ? Hinc est enim quod Jacob qui Deum se vidisse testatur, hic non nisi angelum vidit. Hinc est quod Moses qui cum Deo facie ad faciem loquitur, sicut loqui solet homo ad amicum suum, inter ipsa verba suæ locutionis dicit : Si inveni gratiam in conspectu tuo, ostende mihi temetipsum manifeste, ut videam te. Certe enim si Deus non erat, cum quo loquebatur : Ostende mihi Deum diceret, et non, Ostende teipsum. Si autem Deus erat, cum quo loquebatur facie ad faciem, cur repetebat videre quem videbat? Sed ex hac ejus petitione colligitur, quia eum sitiebat per incircumscriptæ naturæ suæ claritatem cernere, quem jam co-perat per quasdam imagines videre, et sic superna essentia mentis ejus oculis adesset, quatenus ei ad æternitatis visionem nulla imago creata temporaliter interesset. Et viderunt ergo Patres Testamenti Veteris Dominum, et tamen, juxta Joannis vocem : Deum nemo vidit unquam; et juxta beati Job sententiam, sapientia quæ Deus est, abscondita est ab oculis omnium viventium, quia in hac mortali carne consistentibus et videri potuit per quasdam circumscriptas imagines, et videri non potest per incircumscriptum lumen æternitatis. Sin vero a quibusdam non potest in hac adhuc mortali carne consistentibus, sed tamen inæstimabili virtute crescentibus quodam contemplationis acumine æterna Dei claritas videri potest.

CAP. 91. — *De duplici pœna damnatorum.*

(*Ex dictis Isidori.*) Duplex damnatorum pœna est in gehenna. Quorum et mentem urit tristitia, et corpus flamma : juxta vicissitudinem, ut quod mente tractaverunt, quod perficerent corpore, simul et animo puniantur et corpore. Ignem gehennæ ad aliquid lumen habere, ad aliquid non habere. Hoc est habere lumen ad damnationem, ut videant impii unde doleant, et non habere ad consolationem, ne videant unde gaudeant. Apta sit comparatio camino trium puerorum ad exemplum ignis gehennæ. Nam sicut ille ignis non arsit ad trium puerorum supplicium, et arsit ad comburenda ligamina vinculorum : ita ignis gehennæ, et lucebit miseris ad augmentum pœnarum, ut videant unde doleant, et non lucebit ad consolationem, ne videant unde gaudeant. Inter hujus vitæ et futuræ infelicitatis miseriam, multa discretio est. Illic enim et miseria est propter cruciationem dolorum, et tenebræ propter lucis aversionem. Quorum unum in hac vita, id est, miseria est, aliud non est. In inferno autem utrumque.

CAP. 92. — *De pœnis impiorum.*

(*Ex dictis ejusdem.*) Sicut fasciculi lignorum ad combustionem similibus colligantur, ita in judicii die similis culpæ rei suis similibus jungentur, ut ex æquo pœna constringat quasi in fasciculum, quos actio similes fecit in malum. Sicut unusquisque sanctus in futuro judicio pro quantitate virtutum glorificabitur, ita et unusquisque impius pro quantitate facinorum condemnabitur. Nec deerit in supplicio futurus damnationis ordo. Sed juxta qualitatem criminum discretio erit pœnarum, propheta firmante : De charorum quoque suorum suppliciis, additur etiam pœna defunctis. Sicut apud inferos diviti sermo prædicat evangelicus : sic pro augendo Judæ supplicio, dicit etiam Psalmus : Commoti moveantur filii ejus, et mendicent. Impii ex hoc durius in judicio puniendi sunt mentis dolore, ex quo visuri sunt justos gloriæ beatitudinem meruisse. Cunctis videntibus est præcipitandus diabolus, quando sub aspectu omnium bonorum angelorum hominum, cum eis qui de patre ejus erant, igne æterno mittendus est, dum sublatus fuerit diabolus ut damnetur : multi electi qui in corpore sunt inveniendi, Domino ad judicium veniente, metu concutiendi sunt, videntes tali sententia impium esse punitum; quo terrore purgandi sunt, quia si quid eis ex corpore adhuc peccati remanserit, metu ipso quod diabolum damnari conspiciunt, purgabuntur. Hinc est quod ait Job : Cum sublatus fuerit, timebunt angeli, et exterriti purgabuntur. Multos posse perire ex eis in die judicii, qui nunc electi esse videntur et sancti, docet Propheta : Vocavit Dominus judicium ad ignem, et devorabit abyssum multam, et comedet partem domus. Pars quippe domus devorabitur, quia illos etiam infernus absorbebit, qui nunc se in præceptis cœlestibus gloriantur. De quibus et Dominus dicit : Multi dicent mihi in illa die : Domine, Domine, nonne in nomine tuo prophetavimus? in nomine tuo dæmonia ejecimus? virtutes multas fecimus? Tunc confitebor illis, quia nunquam novi vos : discedite a me, qui operamini iniquitatem, nescio qui estis.

CAP. 93. — *De Antichristo.*

(*Ex dictis ejusdem.*) Omnis qui secundum professionis suæ normam, aut non vivit, aut aliter docet, Antichristus est. Plerique autem sunt qui Antichristi tempora non visuri sunt, et tamen in membris Antichristi inveniendi sunt. Antequam veniat Antichristus, multa membra ejus præcesserunt, et pravæ actionis merito caput proprium prævenerunt, secundum Apostoli sententiam, qui jam iniquitatis mysterium operari illum affirmat, etiam antequam reveletur. Magnitudo signorum faciet sub Antichristo, ut electi, si fieri potest, in errorem mittantur. Sed si electi, quomodo sunt in errorem mittendi ? Ergo ibunt in errorem titubationis ad modicum pro multitudine prodigiorum : non tamen dejiciendi sunt ab stabilitate sua, terrorum impulsu, atque signorum. Unde et ideo ponitur, si fieri potest: quia electi perire non possunt, sed cito resipiscentes cordis errorem religione coercebunt : scientes prædictum a Domino esse, ut dum hoc fecerint adversarii, non conturbentur sancti. Jam mira facturus est prodigia et signa, dum venerit Antichristus : ut etiam electis quoddam cordis gignatur scrupulum, quod tam cito exsuperet in illis ratio, pro qua scient in deceptione reproborum, et electorum probatione eadem fieri signa, in quo tempore per patientiam gloriosi erunt sancti, non per miracula, sicut sancti martyres fuerunt priores : illi enim et persecutores sustinuerunt, et facientes prodigia. Proinde et durius bellum sustinebunt ; quia non solum contra persequentes, sed etiam contra miraculis coruscantes dimicaturi sunt. Gravius sub Antichristi temporibus contra Ecclesiam deserviet Synagoga, quam in ipso adventu Salvatoris Christianos esset persecuta. Dum in martyres diabolus jam exercuerit magnam crudelitatem etiam ligatus, crudelior tamen erit sub Antichristi temporibus, quando etiam erit solvendus.

Nam si tanta ligatus facere potuit, quanta solutus faciet? Quanto propinquius finem mundi diabolus videt, tanto crudelius persecutiones exercet. Ut quia se continuo damnandum conspicit, socios sibi multiplicet, cum quibus gehennæ ignis addicatur. Quanto breve tempus videt diabolus sibi restare, ut damnetur, tanto in magna persecutionis ira movetur, divina justitia permittente, ut glorificentur justi, sordidentur iniqui : et ut diabolo durior crescat damnationis sententia.

CAP. 94. — *Quod ante diem judicii, etiam electi casuri sint in adventu Antichristi.*

(Greg. in suis Moralibus dicit :) In diebus ejus stupebunt novissimi, et primos invadet horror. Tanta enim tunc contra justos iniquitate effrenabitur, ut etiam electorum corda non parvo pavore ferientur. Unde scriptum est : Ita ut in errorem inducantur, si fieri potest, etiam electi. Quod videlicet dicitur, non quia electi casuri sint, sed magnis terroribus trepidaturi. Tunc vero contra eum certamen justitiæ, et novissimi electi habere narrantur, et primi : quia scilicet et hi qui in fine mundi electi reperiuntur, in morte prosternendi sunt, ut illi etiam qui a prioribus mundi partibus processerunt, Enoch scilicet et Helias, ad medium revocantur et crudelitatis ejus sævitiam in sua adhuc mortali carne passuri sunt. Hujus vires in tanta potestate laxatas novissimi obstupescunt, et primi metuunt : quia licet juxta hoc quod spiritu superbiæ sublevatur, omnem temporalem ejus potestatem despiciunt, juxta hoc tamen quod ipsi adhuc in carne mortali sunt, in qua cruciari temporaliter possunt, ipsa quæ fortiter tolerant, supplicia perhorrescunt, ita ut in eis uno eodemque tempore, et constantia ex virtute sit, et pavor ex carne. Quia et si electi sunt, ut tormentis vinci nequeant, per hoc tamen quod homines sunt, et ipsa metuunt tormenta qui vincunt.

CAP. 95. — *De Antichristo.*

(Greg. in suis Moralibus dicit :) Videt enim quod in fine mundi Satan hominem ingrediens, quem sacra Scriptura Antichristum appellat, tanta elatione extollitur, tanta virtute principatus, tantis signis et prodigiis in sanctitatis ostensione se elevat, ut argui ab hominibus ejus facta non valeant ; quia cum potestate terroris adjunguntur etiam signa ostensæ sanctitatis. Et ait : Quis arguit coram eo viam ejus? Quis videlicet hominum illum increpare audeat, cujus visum ferre pertimescit ? Sed tamen ejus viam non solum Helias et Enoch, qui in ejus exprobratione ad medium perducuntur, sed etiam omnes electi arguunt, dum contemnunt, dum virtute mentis ejus malitiæ resistunt.

CAP. 96. *Item de Antichristo.*

(Gregor. in suis Moralibus dicit :) Hoc loco homo humana sapiens dicitur, sed cum plus sint omnes, quam innumerabiles, quærendum nobis est, cur ante se innumerabiles, et post se omnes trahere dicatur, nisi quod antiquus hostis reprobum tunc hominem ingressus, cunctos quos carnales invenerit, sub suæ jugum ditionis rapit, qui et nunc priusquam appareat, innumerabiles quidem, non tamen omnes carnales trahit. Quia quotidie carnali opere ad vitam multi revocantur, atque ad statum justitiæ, alii per brevem, alii vero per longam pœnitentiam redeunt : et nunc innumerabiles rapit, cum falsitatis suæ stupenda hominibus signa non exhibet : cum vero coram carnalium oculis miranda eis prodigia fecerit, post se tunc non innumerabiles, sed omnes trahit : quia qui bonis præsentibus delectantur, potestati illius se absque retractione subjiciunt. Sed, sicut præfati sumus, quia plus est omnem hominem quam innumerabiles trahere, cur prius dicitur, quia omnem trahit, et post in augmento innumerabiles subjiciuntur? Ratio namque expetit ut prius quod minus est, et post in augmento quod majus est, diceretur. Sed sciendum quia in hoc loco plus fuit innumerabiles dixisse, quam omnes. Post se enim omnem hominem trahit : quia in tribus annis et dimidio, omnes quos in studiis vitæ carnalis invenerit, jugo suæ damnationis astringit. Ante se vero innumerabiles traxit : quia per quinque millia, et adhuc amplius annorum curricula, quamvis carnales omnes trahere minime potuit, multo tamen plures sunt in tam longo tempore hi, quos ante se innumerabiles rapit, quam omnes, quos in tam brevi tempore rapiendos invenerit. Bene ergo dicitur, post se omnem hominem trahit, et ante se innumerabiles : quia et tunc minus tollet, cum omnes tulerit : et nunc amplius diripit, cum corda omnium non invadit.

CAP. 97. — *Quod in novissimis omnes Israelitæ per prædicationem Heliæ converti debeant.*

(Greg. in suis Moralibus dicit :) Sed extremo Israelitæ omnes ad fidem, cognita Heliæ prædicatione, concurrunt : atque ad ejus protectionem quem fugerant, redeunt : et tunc illud eximium multiplici aggregatione populorum convivium celebratur.

CAP. 98. — *De hoc cur in hac vita sæpius bonis male sit, et malis bene.*

(Greg. in suis Moralibus dicit :) Cum valde occulta sint divina judicia, cur in hac vita nonnunquam bonis male sit, malis bene : tunc occultiora sunt, cum et bonis hic bene est, et malis male. Nam cum bonis male est, malis bene, hoc fortasse deprehenditur : quia et boni, si qua deliquerunt, hic recipiunt, ut ab æterna plenius damnatione liberentur : et mali bona, quæ pro hac vita faciunt, hic inveniunt, ut ad sola in posterum tormenta pertrahantur. Unde et ardenti in inferno diviti dicitur : Memento, fili, quia recepisti bona in vita tua, et Lazarus similiter mala. At cum bonis hic bene est, et malis male, incertum valde fit, utrum boni idcirco bona accipiant ut provocati ad aliquid melius crescant, an justo latentique judicio hic suorum operum remunerationem percipiant, ut a præmiis vitæ sequentis inanescant. Et utrum malos idcirco adversa feriant, ut ab æternis suppliciis corrigendo defendant ; an hic eorum pœna incipiat, ut quandoque complenda eos ad ultima gehennæ tormenta perducat.

Cap. 99. — *Quod etiam omnes infideles resurgere debeant ad tormenta, non ad judicium.*

(*Gregor. in suis Moralibus dicit:*) Resurgunt vero etiam omnes infideles, sed ad tormentum, non ad judicium. Non enim eorum tunc causa discutitur, qui ad conspectum districti judicis, jam cum damnatione suæ infidelitatis accedunt. Professionem vero fidei retinentes, sed professionis opera non habentes, redarguuntur ut pereant. Qui vero nec fidei sacramenta tenuerunt, increpationem judicis in extrema examinatione non audiunt : quia præjudicantur infidelitatis suæ tenebris, ejus quem despexerant invectione redargui non merentur. Illi saltem verba judicis audiunt, qui ejus fidei verba tenuerunt : isti in damnatione sua æterni judicis nec verba percipiunt, quia ejus reverentiam nec verbotenus servare maluerunt. Illi legaliter pereunt, quia sub lege positi peccaverunt : istis in perditione sua de lege nihil dicitur, quia nihil legis habere conati sunt.

Cap. 100. — *Quod omnes homines resurgere debeant.*

(*August. dicit:*) Omnium hominum erit resurrectio. Si omnium erit, ergo omnes moriuntur, ut mors in Adam data, omnibus ejus filiis dominetur : et maneat illud privilegium in Domino, quod de eo specialiter dicitur : Non dabis sanctum tuum videre corruptionem. Hanc rationem maxima Patrum turba tradente suscepimus. Verum, quia sunt et alii æque catholici, et eruditi viri, qui credunt, anima in corpore manente, immutandos ad corruptionem et immortalitatem eos qui in adventu Domini vivi inveniendi sunt, et hoc eis reputari pro resurrectione ex mortuis, quod mortalitatem immutatione deponant non mortem, quolibet quis acquiescat modo non hæreticus, nisi in conventione hæreticus fiat. Sufficit enim in Ecclesiæ lege, carnis resurrectionem credere fieri de morte.

Cap. 101. *De eadem re.*

(*Item Aug.*) Quod autem dicimus in Symbolo, in adventu Domini vivos et mortuos judicandos, non justos tantum ac peccatores judicari, sicut Diodorus significari putat, sed vivos eos qui in carne inveniendi sunt dicit. Quia ad hoc morituri creduntur, vel immutandi, sicut alii volunt : ut suscitati continuo vel reformati a mortuis, judicentur.

Cap. 102. — *Quod angeli apostatæ, et impii homines post tormenta quasi suppliciis expurgati, non justorum societate donentur.*

(*Item Aug.*) Post resurrectionem et judicium, non credamus resurrectionem futuram, quam Origenes delirat, ut dæmones vel impii homines, post tormenta quasi suppliciis expurgati, vel illi in angelicam qua creati sunt redeant dignitatem, vel injusti justorum societate donentur, eo quod hoc divinæ conveniat pietati, ne quid ex rationabilibus pereat creaturis, sed quolibet modo salventur. Sed nos credamus ipsi judici omnium et retributori justo, qui dixit : Ibunt impii in supplicium æternum, justi autem in vitam æternam : ut percipiant fructum operum suorum. Et iterum : Ite in ignem æternum, qui paratus est diabolo et angelis ejus.

Cap. 103. — *Quod resurrectio fieri debeat in ætatis perfectæ juventutis, quæ profectu non indigeat.*

(*Ex dictis Isidori.*) Inchoatio pacis sanctorum est in hac vita non perfectio. Tunc autem erit plenitudo pacis, dum ad Dei contemplationem, absorpta carnis infirmitate, convaluerint. Resurrectio mortuorum, ut Apostolus ait, in virum perfectum in mensuram ætatis plenitudinis Christi futura est : in ætate scilicet juventutis quæ profectu non indiget, et absque inclinatione defectus in perfectione ex utraque parte et plena est et robusta. Quamvis nunc filiorum Dei nomine homines fideles vocentur, tamen ex eo quod hanc servitutem corruptionis patiuntur, adhuc jugo servitutis addicti sunt : accepturi plenam filiorum Dei libertatem, dum corruptibile hoc induerit incorruptionem. Nunc Deus per speculum agnoscitur : in futuro autem quisque electus facie ad faciem præsentabitur, ut ipsam speciem contempletur, quam nunc per speculum videre conatur. In hac vita electorum numerum ad dexteram pertinentium, et reproborum qui ad sinistram ituri sunt, Ecclesiam Dei compleri : in fine autem sæculi zizaniam a frumento disjungi.

Cap. 104. — *Quod districtus Judex ad judicium veniens peccatorem videat, ut feriat, non ut salvet.*

(*Gregor. in suis Moral. dicit:*) In judicium quidem Dominus veniens peccatorem videt ut feriat, sed non videt ut ad largiendam salutis gratiam recognoscat. Culpas examinat : et vitam pereuntium ignorat.

Cap. 105. — *Quod Deus ad judicium veniat ad feriendum videns, et ad salvandum non videns.*

(*Gregor. in suis Moral. dicit:*) Districtus Judex ad judicium veniet, et ad salvandum non videns, ad feriendum videns : quia quem in præsenti vita dispensationis suæ miseratione non respicit, respiciendo postmodum per justitiam extinguit. Nunc enim peccator quisque dum non metuit, et vivit, et blasphemat et proficit : quia scilicet misericors Creator quem expectando vult corrigere, aspiciendo non vult punire; sicut scriptum est : Dissimulans peccata hominum propter pœnitentiam. Sed tunc peccator cum respicitur non subsistit : quia cum districtus Judex merita subtiliter inquirit, res ad tormenta non sufficit. Quamvis hoc etiam justorum voci congruit : quorum mens semper sollicita venturo examini intendit. Omne enim quod agunt metuunt; dum caute considerant, ante quantum judicem stabunt. Intuentur potentiam illius magnitudinis, et pensant quanto reatu constricti sunt propriæ infirmitatis. Enumerant mala proprii operis, et contra hæc exaggerant bona gratiæ Conditoris. Considerant prava quam districte judicet, bona opera quam subtiliter penset : et perituros se absque ambiguitate præsciunt, si remota pietate judicentur. Quia hoc ipsum quoque quod juste videmur vivere, culpa est, si vitam nostram cum judicat, hanc apud se divina misericordia non excusat.

Cap. 106. — *Quod in die judicii duo ordines in quatuor dividantur.*

(*Ex dictis Isidori.*) Duæ sunt differentiæ vel ordines hominum in judicio, hoc est, electorum et reproborum. Qui tamen dividuntur in quatuor. Perfectorum ordo unus est, qui cum Deo judicat, et alius qui judicatur. Utrique tamen cum Christo regnabunt. Similiter ordo reproborum pariter in duo : dum hi qui intra Ecclesiam sunt mali, judicandi sunt, et damnandi. Qui vero extra Ecclesiam inveniendi sunt, non sunt judicandi, sed tantum damnandi. Primus igitur eorum ordo qui judicantur, et pereunt, opponitur illi ordini bonorum de quo sunt qui judicantur et regnant. Secundus ordo eorum qui non judicantur, et pereunt, opponitur illi ordini perfectorum qui sunt hi qui non judicantur, et regnant. Tertius ordo eorum qui judicantur et regnant : illi ordini contrarius est de quo sunt qui judicantur et pereunt. Quartus ordo eorum qui non judicantur et regnant, opponitur illi contrario ordini qui illi sunt qui non judicantur et pereunt. Gemina punitur sententia impius : dum aut hic pro suis meritis mentis cæcitate percutitur ne veritatem videat, aut dum in fine damnabitur ut debitas pœnas exsolvat.

Cap. 107. — *Quod liber vitæ sit ipsa visio advenientis Judicis : quia quidquid quis fecerit, ipso viso statim intelliget.*

(*Gregor. in suis Moral. dicit :*) Libri aperti sunt, et alius liber apertus est qui est vitæ : et judicati sunt mortui ex his quæ scripta erant in libris. Liber namque vitæ est ipsa visio advenientis judicis. In quo quasi scriptum est omne mandatum : quia quisquis eum viderit, mox teste conscientia quidquid non fecit intelligit. Libri etiam aperti referuntur : quia justorum tunc vita conspicitur, in quibus mandata cœlestia opere impressa cernuntur. Et judicati sunt mortui ex his quæ scripta erant in libris : quia in ostensa vita justorum, quasi in expansione librorum, legunt bonum quod agere ipsi noluerunt : atque eorum qui fecerunt comparatione damnantur. Ne ergo unusquisque tunc videns eos, quod non fecit defleat, nunc in eis quod imitetur, attendat : quod quidam facere non cessant.

Cap. 108. — *De gloria sanctorum post judicium.*

(*Ex dictis Isidori.*) Non faciet in futurum cor miserum justorum compassione damnatorum, condolendi affectio, ubi tantum erit sanctorum de Dei contemplatione gaudium, ut tristitiæ nullus tribuatur introitus. Sicut comparatus color candidus nigro colori sit pulchrior, ita et sanctorum requies comparata damnationi malorum gloriosior erit. Sicut justitia injustitiæ, sic virtus vitio. Crescit ergo sanctorum gloria : dum debita damnantur impii pœna. Post resurrectionem sanctis in carne promissa est cœlorum ascensio, dicente ad Patrem Christo : Volo ut ubi sum ego, et ipsi sint mecum. Si enim membra capitis sumus, et unus in se et in nobis est Christus, utique ubi ipse ascendit, et nos ascensuri sumus.

Cap. 109. — *Quod finito judicio incipiat esse sæculum novum, et terra nova.*

(*Ex dictis ejusdem.*) Ut ait B. Augustinus, peracto finitoque judicio, tunc esse desinet hoc cœlum, et terra : quando incipiet esse cœlum novum, et terra nova. Mutatione namque rerum, non omni modo interitu transibit hic mundus. Unde et Apostolus dicit : Præterit enim figura hujus mundi. Figura ergo præterit, non natura.

Cap. 110. — *Contra eos qui dicunt si post factum judicium erit conflagratio mundi, ubi tunc esse potuerint sancti, qui non contingantur flammæ incendii.*

(*Ex dictis ejusdem.*) Hanc quæstionem beatus Augustinus dissolvit. Quæret, ait, forsitan aliquis, si post factum judicium iste mundus ardebit, antequam pro illo cœlum novum et terra nova reponatur, eo ipso tempore conflagrationis ejus, ubi erunt sancti, cum eos habentes corpora in aliquo corporali loco esse necesse sit. Possumus respondere futuros esse eos in superioribus partibus, quo ita non ascendat flamma illius incendii, quemadmodum nec unda diluvii. Talia quippe illis erunt corpora, ut illic sint ubi esse voluerint. Sed nec ignem conflagrationis illius pertimescent immortales atque incorruptibiles facti, sicut vivorum trium corruptibilia corpora atque mortalia in camino ardenti illæsa vivere potuerunt.

FINIS LIBRI XX.

CONCILIUM IN SALEGUNSTAT HABITUM.

In Dei nomine, ego Aribo Moguntinæ sedis archiepiscopus, quamvis indignus, cum cæteris confratribus nostris, et coepiscopis, Burchardo Wormaciensi, Werenhario Argentino, Brunone Augustensi, Ebethardo Babenbergensi, Meginhardo Wircenburgensi, synodum in Salegunstat condiximus. Anno Dominicæ incarnat. MXXIII, indict. V, II Idus August. anno autem domini Henrici secundi regnantis XXI, imperii vero VI; quatenus cum communi confratrum prædictorum concilio atque consultu, multimoda divinorum officiorum atque synodalium legum componeretur dissensio, et disparilitas nostrarum singularitim consuetudinum, honesta consensione redigeretur in unum. Ideoque propter illas lamentabiles dissensiones, communi decreto concilii, hæc capitula sancita sunt.

CAP. 1. — *De abstinentia carnis, et sanguinis in subscriptis temporibus.*

(*In concilio in Salegunstat habito.*) Ut xiv dies omnes Christiani ante festivitatem S. Joannis Baptistæ in abstinentia sint carnis et sanguinis, nisi infirmitate impediente, aut alicujus festi solemnitate quæ in illo episcopio celebris habetur intercedente. Et ante Nat. Domini similiter. Et in vigilia Epiphaniæ. Et in omnium vigiliis apostolorum. Et in vigilia assumptionis sanctæ Mariæ, et in vigilia sancti Laurentii, necnon etiam in vigilia omnium sanctorum adjicientes prædictis vigiliis unam horam refectionis, excepta infirmitate, et nisi aliquis sit, qui proprio voto majori abstinentia uti velit.

CAP. 2. — *De custodiendo jejunio IV temporum.*

(*Ex eodem concilio.*) De incerto autem jejunio IV temporum hanc certitudinem statuimus, ut si Kalen. Mar. in iv feria, sive antea evenerint, eadem hebdomada jejunium celebretur. Si autem Kalen. Mar. in v feriam aut vi aut Sabbatum distenduntur, in sequentem hebdomadam jejunium differatur. Simili quoque modo si Kal. Junii in iv feriam, aut antea evenerint, in subsequente hebdomada jejunium celebretur. Et si in v feriam aut vi aut Sabbatum contigerit, jejunium in iii hebdomadam reservetur; et hoc sciendum est, quod si quando jejunium mensis Junii in vigilia Pentecostes secundum prædictam regulam evenerit, non ibi celebrandum erit, sed in ipsa hebdomada solemni Pentecostes, et tunc propter solemnitatem Spiritus sancti, diacones dalmaticis induantur, et *Alleluia* cantetur, et *Flectamus genua* non dicatur. Eodem modo de Septembris jejunio constitutum est, ut si Kal. Sept. in iv feria evenerit, aut antea, jejunium in iii hebdomada celebretur : et si in v aut vi aut Sabbato contigerit, in iv hebdomada jejunandum erit. In Decembr. illud observandum erit, ut proximo Sabbato ante vigiliam natalis Domini celebretur jejunium : quia si vigilia in Sabbato evenerit, simul vigilia et jejunium celebrare non convenit.

CAP. 3. — *Quibus temporibus legitima connubia prohibenda sint.*

(*Ex eodem concilio.*) De legitimis autem conjugiis ita visum est, quod nullus Christianus uxorem ducere debeat ab adventu Domini, usque in octavas Epiphaniæ, et a lxx usque in octavas Paschæ, nec in supra notatis quatuordecim diebus ante festivitatem sancti Joannis Baptistæ, neque in prædictis jejuniorum diebus, sive in omnium solemnium dierum præcedentibus noctibus.

CAP. 4. — *Ut presbyter qui post galli cantum bibat, nisi necessitas cogat, sequenti die missam celebrare non audeat.*

(*Ex eodem.*) Decretum est etiam in eodem concilio, ut presbyter aliquis qui post galli cantum æstivis noctibus bibens, proximo die missam non celebret, hyemantibus similiter, nisi necessitas cogat.

CAP. 5. — *Ut presbyter non amplius quam tres Missas in die celebret.*

(*Item ex eodem*) Item decretum est, ut unusquisque presbyter in die non amplius quam tres Missas celebrare præsumat.

CAP. 6. — *Ut nemo corporale ad extinguendum incendium in ignem projiciat.*

(*Ex eodem.*) Conquestum est etiam in sancto concilio de quibusdam stultissimis presbyteris, ut quando incendium videant, corporale Dominico corpore consecratum, ad extinguendum incendium temeraria præsumptione in ignem projiciant. Ideoque decretum est sub anathematis interdictione, ne ulterius fiat.

CAP. 7. — *De hoc, si duo inculpati fuerint in adulterio, et unus negat, alter profitetur, quid inde faciendum sit.*

(*Ex eodem.*) Interrogatum est, si duo in adulterio inculpati fierent, et unus profiteretur, et alter negaret, quid inde agendum esset. Decretum est etiam a sancto concilio, ut ille qui negaverit, probabili judicio se expurget, et qui professus fuerit, digne pœnitentiam agat.

CAP. 8. — *Ut nemo gladium in Ecclesiam portet.*

(*Ex eodem.*) Decretum est etiam in eodem concilio, ut nemo gladium in Ecclesiam portet, regali tantum excepto.

CAP. 9. — *Ne mala colloquia in ecclesia, aut in atrio ecclesiæ fiant.*

(*Ex eodem.*) Statuit etiam sancta synodus, ut mala consuetudo quæ apud omnes pene jam inolevit, omnino prohibeatur, hoc est, quod colloquia sua in atrio alicujus ecclesiæ constituunt habenda, et tunc ea in ipsa maxima exercent ecclesia, ubi orationes et divina tantum fieri æquum est officia.

CAP. 10. — *De Evangelio, In principio erat verbum, et missis peculiaribus, ne fiant non suis temporibus.*

(*Ex eodem.*) Quidam etiam laicorum, et maxime matronæ, habent in consuetudine, ut per singulos dies Evangelium : In principio erat Verbum, et missas peculiares, hoc est, de sancta Trinitate, aut de sancto Michaele [dicant], et ideo sancitum est in eodem concilio, ut hoc ulterius non fiat, nisi suo tempore, et nisi aliquis fidelium audire velit pro reverentia sanctæ Trinitatis, non pro aliqua divinatione : et si voluerint ut sibi missæ cantentur, de eodem die audiant missas, vel pro salute vivorum, aut pro defunctis.

CAP. 11. — *De computatione consanguinitatis.*

(*Ex eodem concilio.*) Quidam etiam generationem consanguinitatis ita volunt numerare, ut frater e soror sint primi. Hoc autem statuit sancta synodus sicut etiam ab antiquis Patribus decretum est, ut ita non essent, sed ut nepos, et neptis, id est, filius fratris, ac filia sororis primi habeantur.

CAP. 12. — *Ædificia laicorum in atrio Ecclesiæ non ponatur.*

(*Ex eodem.*) Statutum est etiam ut ædificia laicorum, quæ ecclesiis adjuncta sunt, auferantur, et nulla in atrio ecclesiæ ponantur nisi tantum presbyterorum.

CAP. 13. — *Ut nullus laicus presbytero Ecclesiam suam commendet sine licentia episcopi sui.*

(*Ex eodem.*) Item decretum est, ut nullus laicorum alicui presbytero suam commendet Ecclesiam, præter consensum episcopi, sed eum prius mittat suo episcopo, vel ejus vicario, ut probetur si scientia, ætate, et moribus talis sit, ut sibi populus Dei commendetur.

CAP. 14. — *Si duo de adulterio accusati fuerint, quid inde faciendum sit.*

(*Ex eodem.*) Statuit quoque sancta synodus, si duo de adulterio accusati fuerint, et ambo negaverint, et orant sibi concedi, ut alterum illorum utrosque divino purget judicio, si unum in hoc deciderit, ut ambo rei habeantur.

CAP. 15. — *Ut bannitum jejunium ab omnibus diligentissime observetur.*

(*Ex eodem.*) Decretum est etiam, ut omnes bannitum jejunium, in quocunque episcopio celebratur, diligentissime observent, et si quis illarum vim interdictarum rerum aliquam redimere voluerit, unum pauperem prout sua facultas erit, eadem die reficiat.

CAP. 16. — *De illis qui Romam ituri sunt.*

Decrevit quoque sancta synodus, ut nullus Romam eat, nisi cum licentia sui episcopi, vel ejus vicarii.

CAP. 17. — *Ut carina non dividatur pœnitenti.*

Et illud sub anathemate præceptum est, ut nullus presbyterorum cuiquam pœnitenti carinam dividere præsumat, si infirmitas non intervenerit.

CAP. 18. — *De illis qui pœnitentiam a sacerdotibus accipere nolunt.*

Quia multi tanta mentis suæ falluntur stultitia, ut in aliquo capitali crimine inculpati, pœnitentiam sacerdotibus suis accipere nolunt, in hoc maxime confisi ut Romam euntibus apostolicus omnia sibi dimittat peccata : sancto visum est concilio, ut talis indulgentia illis non prosit, sed prius juxta modum delicti pœnitentiam sibi datam a suis sacerdotibus adimpleant, et tunc Romam ire si velint, ab episcopo proprio licentiam, et litteras ad apostolicum ex iisdem rebus deferendas accipiant.

CAP. 19. — *Ut omnis pœnitens dum carinam suam jejunat, de loco ad locum non migret.*

Decretum est etiam in eodem concilio, ut omnis pœnitens dum carinam suam jejunat, de loco in locum non migret, sed ibi permaneat ubi suam acceperit pœnitentiam, ut proprius sacerdos sibi præbeat testimonium : si autem sibi propter hostiles insidias jejunare non poterit, suus sacerdos cum confratrum suorum alicui, ubi pacifice possit jejunare, diligentissime commendet.

CAP. 20. — *Ut nullus presbyter quemquam pœnitentem in ecclesiam introducat.*

In eodem quoque concilio decretum est ut nullus presbyterorum quemquam nisi jussu episcopi ecclesiam introducere præsumat, cui pro aliquo delicto illam ingredi non liceat.

QUOMODO INITIANDA SIT SYNODUS.

Hora convenienti, quando episcopo vel ejus vicario visum fuerit, omnes expellantur de ecclesia, obseratis foribus cunctis, ad unam januam per quam sacerdotes ingredi oportet ostiarii stent, et sella ponatur in medio, et super eam sacræ reliquiæ, et plenarium cum stola, ponantur. Deinde convenientes presbyteri omnes intrent, et secundum ordinationis suæ tempus resideant. Post hos ingrediantur diaconi probabiles, quos ordo poposcerit interesse. Exinde introducantur laici bonæ conversationis. Tunc ingrediatur episcopus, si voluerit, vel si necessitas exegerit, et si non aderit episcopus, ejus vicarius eadem faciat.

Synodum ingrediens ipse vel ejus vicarius, primum salutet clerum et populum, et versus in orientem mediocri voce dicat:

Deus humilium visitator, qui nos fraterna dilectione consolaris, prætende societati nostræ gratiam tuam, ut per eos in quibus habitas, tuum in nobis sentiamus adventum. Per Dominum nostrum Jesum Christum.

Tunc procedens diaconus cum subdiacono et cum thuribulo, et cum ceroferariis duobus, legat Evangelium:

Cum esset sero die illo una Sabbatorum et fores essent clausæ.

Deinde dicat pontifex vel ejus vicarius:

Sancta Maria, et omnes sancti, et electi Dei, intercedite pro nobis peccatoribus ad Dominum Deum nostrum, ut mereamur ab eo adjuvari, et protegi, et sanari. Qui vivit et regnat in sæcula.

Postmodum duabus vicibus dicat:

Deus, in adjutorium meum intende.

Domine, ad adjuvandum me festina.

Tunc tertio iterum dicat:

Deus, in adjutorium meum intende.

Clero respondente:

Domine, ad adjuvandum me festina, *cum* Gloria Patri, *et* Kyrie eleison, *et* Pater noster, *cum precibus istis:*

Domine, ne memineris iniquitatum nostrarum antiquarum.

Adjuva nos, Deus, salutaris noster.

Esto nobis, Domine, turris fortitudinis.

Domine, exaudi orationem meam.
Dominus vobiscum.

Oremus. Exaudi nos, Deus, salutaris noster, et dies nostros in tua pace dispone, ut a cunctis perturbationibus liberati, tranquilla tibi servitute famulemur. Per Dominum nostrum Jesum Christum.

Deinde pro universis ordinibus, necnon pro statu papæ, et antistitis ejusdem sedis, dicant istos psalmos:

Miserere mei, Deus, secundum magnam misericordiam tuam.

Deus, in nomine tuo salvum me fac.

Miserere mei, Deus, miserere mei.

Deus misereatur nostri.

Et Pater noster, cum precibus.

Sacerdotes tui induantur justitia.

Memento congregationis tuæ.

Salvos fac nos, Domine Deus noster.

Ut confiteamur nomini sancto tuo.

Adjutorium nostrum in nomine Domini.

Domine, exaudi orationem meam.

Dominus vobiscum.

Oremus. Omnipotens sempiterne Deus, cujus spiritu totum corpus Ecclesiæ sanctificatur et regitur, exaudi nos pro universis ordinibus supplicantes, ut gratiæ tuæ munere, ab omnibus tibi gradibus fideliter serviatur. Per Dominum.

Deinde dicat:

Deus, omnium fidelium pastor et rector, famulum tuum quem pastorem Ecclesiæ tuæ præesse voluisti, propitius respice, da ei, quæsumus, verbo et exemplo quibus præsit proficere, ut ad vitam una cum grege sibi credito perveniat sempiternam. Per Dominum nostrum Jesum Christum Filium tuum.

His expletis septem Psalmos pœnitentiæ decantent. Cum Kyrie eleison, et Pater noster, cum precibus istis:

Ego dixi, Domine, miserere mei.

Convertere, Domine, usquequo.

Fiat misericordia tua, Domine, super nos.

Domine, exaudi orationem meam.

Dominus vobiscum.

Oremus. Dies nostros, quæsumus, Domine, placatus intende, pariterque nos, et a peccatis absolve propitius, et a cunctis eripe benignus adversis. Per Dominum.

Post hæc vero egrediantur omnes, exceptis presbyteris, et cæteris idoneis clericis, factoque silentio, pontifex, vel ejus vicarius, dicat hanc orationem:

Dominus vobiscum.

Oremus. Adesto nobis, quæsumus, Domine sancte Spiritus, peccati quidem immanitate detentis, sed in nomine tuo specialiter aggregatis, veni ad nos, et dignare illabi cordibus nostris, doce nos quid agamus, quo gradiamur ostende, quid efficiamus operare, esto salus, et suggestor, et effector judiciorum nostrorum, qui solus cum Deo Patre, et ejus Filio nomen possides gloriosum: non nos patiaris perturbatores justitiæ esse, qui summæ veritatis diligis æquitatem, ut in sinistrum nos non ignorantia trahat, non favor inflectat, non acceptio muneris vel personæ corrumpat, sed junge nos tibi efficaciter solius tuæ gratiæ dono, ut simus in te unum, et in nullo deviemus a vero: quatenus in nomine tuo collecti, sic in cunctis teneamus cum moderamine pietatis justitiam, ut et hic a te in nullo dissentiat sententia nostra, et in futuro pro bene gestis, consequamur præmia sempiterna. Per.

Tunc diaconus codicem canonum in medium proferens capitula de Conciliis agendis pronuntiet, id est, ex concilio Toletano. Finitisque titulis, et cunctis in ordine sedentibus hæc admonitio ab episcopo, vel, si voluerit, a diacono legatur:

Ecce, sanctissimi fratres, præmissis Deo precibus fraternitatem vestram cum pia exhortatione convenio, et per divinum nomen obtestor, ut ea quæ a nobis de Deo, et sacris ordinibus, vel nostris moribus vobis fuerint dicta, cum summa reverentia perficere intendatis. Quod si forsitan aliquis nostrum aliter quam dicta fuerint, senserit sine aliquo scrupulo contentionis, in nostrum omnium copulatione ea ipse de quibus dubitaverit conferenda reducat: qualiter, Deo mediante, aut doceri possit, aut doceat. Deinde vos simili obtestatione conjuro, ut nullus vestrum in judicando, aut personam accipiat, aut quolibet favore, aut munere pulsatus a veritate discedat. Sed cum tanta pietate quidquid cœtui se judicandum intulerit retractate, ut nec discordans contentio ad subversionem justitiæ inter nos locum inveniat, nec iterum in perquirenda æquitate vigor nostri ordinis, vel sollicitando tepescat.

Post hanc exhortationem quisquis clericorum velit conferat querelam. Et admonendi sunt ut nullus ad synodum veniat non jejunus, vel a cœtu communi secedat antequam generalis secessio adveniat. Et sic quoque synodus primi diei solvatur.

Secunda die, quando episcopus, vel ejus vicarius synodum ingreditur, in loco suo stans dicat:

Dominus vobiscum.

Oremus. Deus, qui nobis in famulis tuis præsentiæ tuæ signa manifestas, mitte super nos spiritum charitatis, ut in adventu fratrum conservorumque nostrorum gratia nobis tuæ largitatis augeatur. Per.

Postea legatur Evangelium ita ut in priori die.

Designavit Dominus et alios septuaginta duos.

Deinde dicat episcopus, vel ejus vicarius, preces sicut in priori die.

Sancta Maria, et omnes sancti, et sic cætera.

Tunc omnes prostrati decantent psalmos istos pro regis nostri, et aliorum sui regni primatum sospitate.

Domine, quid multiplicati sunt qui tribulantur.

Exaudiat te Dominus in die tribulationis.

Deus, auribus nostris audivimus.

Cum Kyrie eleison, et Pater noster, cum precibus istis:

Domine, salvum fac regem.

Esto ei, Domine, turris fortitudinis.

Salvum fac populum tuum, Domine.

Fiat pax in virtute tua.

Exsurge, Domine, adjuva nos.

Domine, exaudi orationem meam.
Domine Deus virtutum, converte nos.
Dominus vobiscum.

Oremus. Deus regnorum omnium, et Christiani maxime protector imperii, da servo tuo regi nostro triumphum virtutis tuæ scienter excolere, ut qui tua constitutione est princeps, tuo semper munere sit potens. Per.

Oremus. Prætende, Domine, famulis tuis dexteram cœlestis auxilii, ut toto corde perquirant, et quæ digne postulant, consequi mereantur. Per.

Deinde pro infirmis, et pro salute totius Ecclesiæ istos psalmos decantent :

Beatus qui intelligit.
Dominus refugium.
Domine Deus salutis meæ.

Cum Kyrie eleison et Pater noster, cum precibus istis :

Castigans castigavit eos Dominus.
Nihil proficiat inimicus in eis.
Exsurge, Domine, adjuva nos.
Domine, exaudi orationem meam.
Dominus vobiscum.

Oremus. Deus infirmitatis humanæ singulare præsidium, auxilii tui super infirmos famulos et famulas tuas ostende virtutem, ut ope misericordiæ tuæ adjuti, Ecclesiæ tuæ sanctæ repræsentari mereantur. Per.

Postea legatur a diacono homilia Gregorii, incipiente versu isto :

Messis quidem multa, usque patres esse minime recognoscunt.

Tunc si clerici querelam non habent conferendam, laici intromittantur : illis etiam audientibus, lectio Nicæni Concilii recitetur.

Judices, non nisi jejuni leges et judicia discernant.

Quisquis ex laicis habeat querelam proferat. Et synodus secundæ diei sic solvatur.

Tertia die cum episcopus, aut ejus vicarius ut in cæteris diebus synodum ingreditur, dicat :

Dominus vobiscum.

Oremus. Protege, Domine, quæsumus, nos famulos tuos subsidiis mentis et corporis, et spiritalibus enutriens alimentis, propitius redde securos ab hostibus universis. Per Dominum nostrum Jesum Christum.

Et post hoc legatur Evangelium :

Circuibat Jesus civitates, et castella.

Deinde pro fidelibus defunctis istos psalmos decantent :

Verba mea auribus percipe, Domine.
Domine, ne in furore tuo. minorem.
Ad te, Domine, levavi animam meam.

Cum Kyrie eleison, et Pater noster, cum precibus istis :

Requiem æternam dona eis, Domine.
In memoria æterna erunt justi.
A porta inferi.
Dominus vobiscum.

Oremus. Inveniant, quæsumus, Domine, animæ famulorum famularumque tuarum, omnium in Christo quiescentium lucis æternæ consortium : qui in hac luce positi tuum consecuti sunt sacramentum. Per Dominum nostrum.

Post hæc pro irreligiosis istos psalmos decantent :

Ad te, Domine, clamabo.
Benedicam Dominum.
Deus, venerunt gentes.

Cum Kyrie eleison, et Pater noster, cum precibus istis :

Fiat pax in virtute tua.
Ostende nobis, Domine, misericordiam tuam.
Deus, tu conversus vivificabis nos.
Domine, exaudi orationem meam.
Dominus vobiscum.

Oremus. Deus, qui infideles deseris, et juste indevotis irasceris, populum tuum, quæsumus, ad te converte propitius, ut qui te per duritiam irreligiosæ mentis semper offendunt : ad sancta officia promerenda, tuæ miserationis gratia inspirante convertas. Per Dominum nostrum.

Si quæ sint quæstiones vel querelæ conferantur, et sic synodus tertia die solvatur.

Quarta vero die, episcopus synodum ingrediens sic procedat ut primum portentur ante eum candelabra cum cereis incensis, quæ sequatur subdiaconus portans Evangelium, duæ cruces hinc et inde. Deinde diaconus. Postremum episcopus episcopalibus indutus vestimentis, et cappa, ingrediatur, et ingressus in sede sua stans dicat :

Dominus vobiscum.

Oremus. Nostrorum tibi, Domine, curvantes genua cordium, quæsumus ut bonum quod in nobis a te requiretur exæquamur, scilicet, ut prompta tecum sollicitudine gradientes, discretionis arduæ subtile judicium faciamus, ac misericordiam diligentes clareamus, studiis tibi placitæ actionis. Per Dominum nostrum Jesum Christum.

Postea solito more legatur Evangelium :

Respiciens Jesus discipulos suos, dixit Simoni Petro : Si peccaverit.

APPENDIX AD BURCHARDUM.

STATUTA CANONUM
DE OFFICIO SACERDOTUM.

INCERTO COLLECTORE.

(Apud Canisium, *Lectiones antiquæ*, editionis Basnagii, tom. III, pag. 396.)

JACOBI BASNAGI
IN HANC CANONUM COLLECTIONEM OBSERVATIO.

Canonum amplissimam Collectionem confecerat Burchardus, quamque plurimis libris complexus erat. Hanc anonymus in compendium redegit, vel potius ex ea quæ ad officium sacerdotum pertinebant, ex Burchardi libris excerpsit. Quo tempore vixerit ille anonymus incertum, sed cum constet Burchardum non obiisse nisi an. 1026, ante sæculi undecimi finem ipsius abbreviatorem reponere non licuit, quanquam fortasse multo serius vixerit : nihil enim habet quod ejus ætatem possit indicare.

INCIPIUNT
STATUTA CANONUM DE OFFICIO SACERDOTUM.

EX LIBRO II BURCHARDI.

(*Ex concilio Remensi, capite 4.*) Ut nullus presbyter absque amictu, alba, stola, fanone et casula ullatenus præsumat missam celebrare. Et hæc sacra vestimenta mundissima sint, et in nitido loco, infra ecclesiam collocentur. Nec unquam presbyter his indutus ecclesiam exeat, quia hæc divina lex prohibet.

Ex concilio Nannetensi cap. 5 : Omnibus Dominicis diebus unusquisque presbyter in ecclesia sua, ante missarum solemnia, aquam benedicat in vase nitido, mysterio conveniente. De aqua populus intra ecclesiam aspergatur; et atrium ejusdem ecclesiæ cum crucibus circumeundo similiter aspergat. Et pro animabus ibi quiescentibus oret. Et qui voluerit de ipsa aqua, in vase suo accipiat domui suæ, vel in agris, vel super pecora, vel ubicunque volet, eam sparsurus.

Alexander papa constituit aquam sale mistam populis benedici : quod et omnibus sacerdotibus faciendum esse mandavit.

Ex dictis Augustini : Missæ peculiares in publico non sunt celebrandæ per festos dies, ut per eas populus a publicis missarum solemnitatibus abstrahatur; quia pessimus usus est apud quosdam in Dominicis diebus et aliis festivitatibus mox missam celebrare, quam quis, etsi pro defunctis sit, cum audierit, discedat. Admonendus est populus ut ante publicum peractumque officium canonice hora tertia celebrandum ad cibum non accedat; sed ad publicam missam, prædicationem auditurus, conveniat.

Ex concilio Nannetensi cap. 8 : Ut unusquisque presbyter, qui plebem regit, clericum habeat qui secum cantet.

Ut omnis presbyter omni suo parochio symbolum et orationem Dominicam insinuet, cumque in Quadragesima ad confessionem veniunt, in primis faciat unumquemque illa sibi memoriter decantare. Nec presbyter alicui sanctam communionem tradat, nisi qui hanc ex corde pronuntiaverit.

Ex concilio Carthagin. cap. 4 : Sacerdote in ecclesia verbum faciente, qui egressus de auditorio fuerit sine gravi necessitate excommunicetur.

(*Ex concilio Aurelian. capite 2.*) Item in canonibus apostolorum præcipitur : Tres dies rogationum ante Ascensionem Domini [observentur], ut ad salutationes sacerdotis non solum clerici, et Deo dicatæ, sed et omnis plebs consona voce respondeat.

(*Ex dictis Aug.*) Ut nullus ordinatus migret de sua parochia in aliam, nec ad limina apostolorum, causa orationis, cura Ecclesiæ suæ derelicta; nec ad palatium, causa interpellandi. Quod si fecerit, nil valet hujusmodi ordinatio aut demigratio.

(*Ex concilio habito apud Regium*). Et hoc omnibus fidelibus denuntiandum : Ut, qui causa orationis ad limina beatorum apostolorum pergere cupiunt, domi confiteantur peccata sua, et sic proficiscantur; quia a proprio episcopo vel sacerdote ligandi aut solvendi sunt, non ab extraneo.

(*Ex eod., c. 4.*) Ut presbyteri privatim fidelibus desiderantibus benedicant.

Ex concilio Ven. cap. 20 : Ut nullus in Dominicis diebus genua flectat, nec a Pascha usque in octavas Pentecostes. Benedictionem super plebem facere presbyteris non licet in Dominicis diebus vel in aliis festis, populo in ecclesia conveniente.

(*Ex concilio Nannetensi, capite* 300, 18.) Si aliqui discordantes sint, statim a presbytero aut reconcilientur, aut ab Ecclesia abjiciantur; quo peracto, missa celebretur.

(*Ex concilio Moguntinensi.*) Presbyteri sine intermissione orariis utantur, propter differentiam sacerdotalis dignitatis.

(*Ex concilio Afric.*) Clericus victum, et vestitum sibi honesto artificio vel agricultura, absque officii sui duntaxat detrimento præparet.

(*Ex concilio Nannetensi, capite* 69.) Presbyter mane matutinali officio expleto, pensum servitutis suæ canendo primam, tertiam sextam nonamque persolvat. Ita tamen, ut postea horis competentibus et signis designantibus, juxta possibilitatem, aut a se aut scholaribus compleantur publice.

Ex concilio Toletano, cap. 6 : Si quilibet ordinatus in civitate manens et loco, ubi est ecclesia, ad sacrificium quotidianum non venerit, clericus non habeatur.

(*Ex concilio Venetico, capite* 1.) Clericus in civitate manens, si ea die matutinis hymnis defuerit sine ægritudine, 7 (dies) a communicatione habeatur extraneus.

(*Ex concilio Nannetensi, capite* 11.) In convivio presbyterorum ante mensam dicatur versus, et benedicatur cibus ab aliquo priore. Deinde comedant, et per vices cibum potumque benedicant, aliquo clerico interim legente; similiter post cibum dicturi hymnum.

(*Ex concilio Afric. capite* 6.) In omni sacerdotali convivio divinarum Scripturarum lectio intermisceatur.

(*Ex concilio Carthag.*) Clericus nec comam nutriat, nec barbam. Et, si per creaturam juret, acerrime corrigatur; si perstiterit in vitio, excommunicetur.

(*Ex concilio Triburiensi.*) Præcipimus ut unusquisque presbyter super duas, vel tres septimanas Dominicis diebus, vel sanctorum festivitatibus populum sibi commissum in ecclesia sua, post lectum Evangelium, doctrinis a sancta Scriptura sumptis, instruere studeat.

Ex concilio Laodicensi. cap. 20 : Ut diaconi coram presbyteris non sedeant, nisi horum jussu. Idem de cæteris gradibus.

(*Ex concilio Valensi, capite* 6.) Si presbyter præ infirmitate nequeat prædicare, a diacono probato sanctorum Patrum homiliæ recitentur.

EX LIBRO III BURCHARDI.

(*Ex concilio Arelatensi, capite* 1.) Ut populus ad celebrandam missam congregatus ante benedictionem sacerdotis non discedat.

(*Ex decretis Higini papæ, capite* 3.) Ligna dedicatæ ecclesiæ non debent ad aliud opus jungi, nisi ad aliam ecclesiam; vel igni comburenda, vel ad profectum fratribus in monasterium.

Exempla Isidori ad Lamfridum [Ludifredum] episcopum : Ad psalmistam pertinet officium canendi; dicere benedictiones, laudes ad sacrificium, responsoria et quidquid pertinet ad canendi officium.

Ad ostiarium pertinent claves ecclesiæ, ut claudat et aperiat templum Dei; et omnia quæ sunt intus, et extra custodiat; fideles recipiat; excommunicatos et infideles excipiat.

Ad lectorem autem lectiones pronuntiare, et ea, quæ prophetæ vaticinaverunt, populis prædicare.

Ad exorcistam exorcismos memoriter retinere, manusque super energumenos et enechumenos in exorcisando imponere. Ad acolythum præparatio luminarium in sacrario. Ipse cereum portat; ipse surgesta [sic ms.] pro eucharistia calicis præparat.

Ad subdiaconum calicem et patenam ad altare Christi deferre et levitis tradere : eisque ministrare urceolum quoque et aquam, mantile et manutergium tenere episcopo, presbytero et levitis pro lavandis ante altare manibus aquam præbere.

Ad diaconum autem assistere sacerdotibus, et ministrare in omnibus quæ agunt in sacramentis episcopi, et in baptismo, chrismate, patena et calice; oblationes quoque inferre, et prædicare Evangelium et Apostolum. Nam sicut lectoribus Vetus Testamentum, ita diaconibus Novum prædicare præceptum est. Ad ipsum quoque pertinet officium precum et recitatio nominum. Ipse præmonet aures ad Dominum habere; ipse hortatur clamare; ipse donat pacem et ipse pacem annuntiat.

Ad presbyterum pertinet sacramenta corporis et sanguinis Domini in altari conficere, et orationem dicere, et dona Dei benedicere.

Ad episcopum basilicarum consecratio; altaris unctio; chrismatis confectio. Ipse prædicta officia et ordines ecclesiasticos distribuit, et ipse sacras virgines benedicit.

Hi sunt ordines ac mysteria clericorum : quæ tamen auctoritate pontificali, in archidiaconi cura, et primicerii ac thesaurarii sollicitudine dividuntur. Archidiaconus imperat subdiaconis et levitis : ad quem pertinet cura vestiendi altaris a levitis; cura incensi et sacrificii. Quivis levitarum Epistolam et Evangelium legat; quivis preces dicat, seu responsorium in Dominicis diebus vel aliis festivitatibus decantet, et reliqua. Hucusque Isidorus episcopus de ecclesiasticis ordinibus.

Ex Decretis Felicis papæ : Missa non debet celebrari, nisi in locis ab episcopo consecratis, nisi summa necessitas cogat. Ex iisdem : Dedicationes ecclesiarum per singulos annos fiant celebres.

Ex concilio Aurelianensi, cap. 3 : Necessitate igitur cogente itineris, permittimus celebrari missam in tentorio, sive sub divo, in nitido loco. Sed hæc nullatenus sine consecrata tabula.

Ex epistola Thelesphori papæ, cap. 6 : Missa celebranda est minime ante horam diei tertiam, quia eadem hora et Dominus crucifixus est, et Spiritus sanctus descendit super apostolos. Excipitur in nocte Natalis Domini.

Ex concilio Cabillonensi, cap. 39 : Visum est nobis ut omnibus missarum solemnitatibus, pro defunctorum spiritibus, loco competenti Dominus deprecetur.

Dionysius Areopagita dicit blasphemias Deo facere, qui missas offert pro malo homine.

Augustinus dicit pro omnibus Christianis esse faciendum; quia vel eis proficit, aut offerentibus, aut pœnitentibus proderit.

Ex concilio Afric. cap. 64 : Ut preces et præfationes non celebrentur, nisi quæ in concilio probatæ fuerint.

Ex concilio Nannetensi cap. 50 : Definivit sacrum concilium ut nullus presbyter solus missam celebrare præsumat; quia oportet eum habere sibi astantem et respondentem. Si quis hæc transgressus fuerit, ab officio suspendatur.

Ex Decretis Pelagii papæ, cap. 8 : Præfationes tantum sunt recipiendæ. Una in Paschalibus albis, alia de Ascensione Domini, tertia in Pentecoste, quarta in Natali Domini, quinta de apparitione Domini, sexta de apostolis, septima de sancta Trinitate, octava de cruce, nona de jejunio quadragesimali tantum dicenda. Has præfationes tenet et custodit sancta Romana Ecclesia. Has tenendas vobis esse mandamus.

Ex concilio Toletano IX, cap. 2 : Sacerdos in tempore missarum, postquam sacra mysteria consecrare cœperit, si eum subita infirmitas cœptum peragere impedierit, sit liberum episcopo vel presbytero ut alter consecrationem cœpti officii expleat. Nam iterata mysteria nec perfecta videri possunt; nisi perfectionis ordine compleantur. Quod etiam consultum cuncti ordines clericorum inditum vel indultum esse sibi non ambigant, sed præcedentibus statim alii pro complemento succedant. Nec tamen quod naturæ, languoris causa, consulitur, in præsumptionis perniciem convertatur. Nullus post cibum potumque, sive quodlibet minimum sumptum, missas facere, nullusque, absque patentis proventu molestiæ, minister vel sacerdos, cum cœperit, imperfecta officia præsumat omnino relinquere. Si quis hoc temerarie præsumpserit, excommunicationis sententiam sustinebit.

Ex Decretis Anacleti papæ, cap. 11 : Peracta autem consecratione, omnes communicent, qui voluerint ecclesiasticis carere liminibus. Sic enim et apostoli statuerunt, et sancta Romana tenet Ecclesia; et, si hoc neglexerint, degradentur.

(*Ex concilio Rothomagensi, capite* 1.) Omnis presbyter missam celebrans communicet, divinaque mysteria diacono vel subdiacono, qui ministri sunt altaris, tradat colligenda. Illud etiam attendat, ut eos propria manu communicet. Nulli autem laico vel feminæ eucharistiam in manus ponat, sed tantum in os ejus; si quis hoc transgrediatur, ab altari removeatur.

Ex concilio Laodicensi, cap. 29 : Quod non oporteat in ecclesiis agapea fieri, nec comedere, nec accubitus sternere.

Ex concilio Remensi, cap. 6 : Ut calix, et patena, si non ex auro, omnimodis fiat ex argento. Nimium tamen pauper stanneum habeat calicem. De ære autem, vel orichalco, vel ligno, vel vitro, nullatenus calix in usu habeatur.

Ex eodem concilio : Nihil in altari ponatur, nisi capsæ cum sanctorum reliquiis, et quatuor Evangelia.

Ex concilio Moguntiensi : Ut laici inter clericos nec ad vigilias, nec ad missas, intra cancellos stare vel sedere præsumant.

Exempla Anastasii papæ : Ex apostolica auctoritate mandamus ut, dum sancta Evangelia recitantur, nullus sedendo Domini verba audiat.

Ex concilio Avernensi : De opertorio Dominici corporis vel altaris nunquam corpus, dum ad tumulum fertur, obtegatur; nec sacro velamine, dum honorantur corpora, polluantur altaria; nec ad divinum ministerium pertinentia ad pompam nuptiarum præstentur.

Augustinus ad Casulanum presbyterum : In his rebus, de quibus nihil certi statuit divina Scriptura, mos populi Dei vel instituta majorum pro lege tenenda sunt. Et, sicut prævaricationes divinarum legum, ita contemptores ecclesiasticarum consuetudinum coercendi sunt.

(*Ex concilio Aurelianensi*, *capite* 3.) Nihil in ecclesia legatur aut cantetur, nisi ea quæ auctoritatis divinæ sunt et Patrum orthodoxorum sanxit auctoritas.

Ex concilio Laodicensi, cap. 59 : In ecclesia non licet libros legi, nisi Veteris et Novi Testamenti.

(*Ex decret. Sixti papæ*.) Sacra vasa non ab aliis nisi a sacris viris tractentur.

Exempla Soteris papæ : Sacratæ feminæ, vel monachæ, sacra vasa, vel sacras pallas nullatenus præsumant contingere, vel incensum circa altaria deferre.

Exempla Clementis papæ : Altaris palla, cathedra, candelabrum, et udum (*sic*) vetustate consumpta comburantur, et cinis in mundo loco juxta ecclesiam recondatur.

Ex Decretis Gelasii papæ : Gesta sanctorum martyrum sancta Ecclesia recipit, quæ tamen in Ecclesia Romana non leguntur, quia auctores eorum ignorantur.

Ex concilio Rothomagensi, cap. 2 : Ut post evangelium, finito offertorio, super oblationem incensum ponatur decrevimus.

(*Ex concilio Urbico.*) Exempla Leonis papæ, cap. 2 : Quoties ecclesiam ad quam convenitur præsentia novæ plebis impleverit, toties sacrificii oblatio indubitanter iteretur, ne aliqui convenientes ibi sua devotione priventur. Nec in altari quo episcopus missam cantavit presbyter eo die missam celebrare præsumat.

Ex Decretis Zachariæ papæ XIX : Episcopus, vel presbyter, postquam ad missam introierit, et orationem dixerit, nisi aliqua passio interveniat, antequam inceptum ministerium impleat, ab altario Dei nullatenus discedere audeat.

(*Ex concilio Turonensi, capite 37.*) Sciendum quod exceptis Dominicis diebus, et illis solemnitatibus quibus sancta Ecclesia ob recordationem Dominicæ resurrectionis solet stando orare, fixis in terram genibus suppliciter debemus orare, ad exemplum Jesu, et S. Stephani, et S. Pauli apostoli.

De sacramento baptismi ex IV lib. ejusdem, juxta decretum Leonis papæ, Victoris papæ, Gelasii papæ, Syricii papæ : Nullo tempore baptizandum est, nisi in sancto sabbato, Paschæ et Pentecoste, nisi pro periculo mortis anticipetur.

Ex decretis Celestini papæ, cap. 12 : Cum parvuli sive juvenes ad regenerationis veniunt sacramentum, non prius fontem vitæ adeant, quam exorcismis et exsufflationibus clericorum spiritus ab eis immundus abigatur.

Ex concilio Meldensi, cap. 7 : Omnis presbyter qui fontem lapideum habere nequiverit, vas conveniens ad hoc solummodo baptizandi officium habeat, quod extra ecclesiam non deportetur.

(*Ex Decret. Hygini papæ, capite 10.*) Similiter ad corporale lavandum et ad pallas altaris propria habeantur vasa, in quibus nihil aliud fiat.

In catechumeno et in baptismo et in confirmatione unus patrinus potest fieri, si necessitas cogat. Non est tamen consuetudo Romana : per singula singuli recipiunt.

Ex Decretis Leonis papæ : Ut non plures ad suscipiendum de baptismo infantem accedant quam unus, sive vir, sive femina. In confirmationibus quoque id ipsum fiat.

Ex concilio Mogunt., cap. 2 : In baptismo vel in chrismate non potest suscipere alius alium in filium ipse qui non est baptizatus vel confirmatus.

Ex concilio Parisiensi, cap. 2 : Ut nemo a sacro fonte aliquem suscipiat, nisi orationem Dominicam et Symbolum juxta linguam suam, et intellectum teneat, et coram presbytero decantet.

Exempla Zachariæ papæ ad Bonifacium archiepiscopum : Quod non deberent rebaptizari baptizati a presbytero grammaticam ignorante, Latinam linguam ita infringente : In nomine Patria, et Filia, et Spiritus sancti.

Ex Decretis Martini papæ et Eugenii papæ : Ubicunque cuilibet presbytero, sive in sua, sive in alterius parochia infirmus afferatur ad baptizandum, baptizet eum; quod si non fecerit, deponatur.

Ex Decretis Hormisdæ papæ, cap. 3 : Si quis baptizat, aut aliquot divinum officium exercuerit per temeritatem [non ordinatur (*redundare videtur.* CAN. leg. non ordinatus.)] abjiciatur ab Ecclesia, et nunquam ordinetur.

Ex Decretis Gelasii papæ, cap. 7 : Diacones absque episcopo et presbytero baptizare non audeant, nisi prædictis officiis fortasse longe constitutis, necessitas extrema compellat. Quod et laicis Christianis facere plerumque conceditur.

Ex concilio Tarraconensi, cap. 6 : Sæpe contra secundum confirmatos decretum est : Sæculum relinquere, et soli Deo vivere vel servire, sicut et bis baptizatos.

Ex Decretis Aurelianens. cap. 5 : Ut omnes perfectæ ætatis jejuni ad confirmationem veniant, et moneantur confessiones facere prius, ut mundi donum sancti Spiritus valeant accipere. Et, quia nunquam erit Christianus, nisi episcopali confirmatione chrismatus.

Melchiades papa Hispanis episcopis, cap. 6 : Baptismus et impositio manus, utrumque magnum, id est, sacramentum; sed manus impositio majori veneratione est digna, quippe a solis pontificibus accipienda. Sunt tamen hæc duo adeo conjuncta ut ab invicem, nisi morte præveniente, nullatenus possint segregari, et unum sine altero rite perfici non potest.

Ex concilio Lugdunensi, cap. 3 : Ut nullus de alio chrismate, nisi de novo, quod proprii episcopi largitione vel concessione accepit, baptizare nisi morte præoccupante præsumat.

Ex concilio Romano, cap. 20 : De scrutinio faciendo decernimus ut [ubi] episcopus, et ubi conventus est populi, et cleri, et possibilitas permittit, ibi celebretur.

Ex concilio Triburensi, cap. 22 : Decretum est ut deinceps nec pro ordinatione, nec pro chrismate, vel baptismo, vel balsamo, vel sepultura, vel communione quidquam exigatur.

EX LIBRO V BURCHARDI DECRET. DE EUCHARISTIA.

Ex Decret. Julii papæ ad episcopos Ægypti : Illud vero, quod quidam pro complemento communionis intinctam tradunt eucharistiam populis; nec hoc prolatum ex Evangelio testimonium receperunt : Ubi apostolis corpus suum, et sanguinem Dominus commendavit. Seorsim enim panis, et seorsum calicis commendatio memoratur. Nam intinctum panem aliis Christum non legimus præbuisse, nisi illi tantum discipulo, quem intincta buccella Magistri proditorem ostenderet, non quæ hujus sacramenti institutionem designaret.

Ex concilio Turonensi, cap. 4 : Ut omnis presbyter habeat vas mundum, in quo corpus Domini diligenter recondatur, aut ad viaticum recedentibus a sæculo : quæ tamen sacra oblatio intincta debet esse in sanguine Christi, ut veraciter presbyter possit dicere infirmo : Corpus et sanguis Domini, et reliqua. Semperque sit super altare obserata propter mures et nefarios homines. Et de septimo in septimum diem semper mutetur, et a presbytero illa sumatur. Et illi eodem die consecrata in locum ejusdem subrogetur, ne forte diutius servata mucida fiat : quod absit.

Ex concilio Aurelianensi, cap. 4 : Illud etiam adnectendum videtur ut oblationes quæ in altare offeruntur, de Sabbato in Sabbatum semper innoventur sicut panes propositionis, ne diu servati mucidi fiant, ut quidam sentiunt, igne concrementur. Quod si quis, diabolo instigante, facere præsumpserit, anathema sit.

Ex concilio Carthag. cap. 38 : Ut diaconus, præsente presbytero et præcipiente, eucharistiam populo distribuat, si necessitas cogat.

S. Ambros. ad quotidianam eucharistiæ perceptionem hortatur.

Sanctus Hilarius episcopus dicit : Non debere separari a medicina corporis Domini nisi quem talia prægravant peccata, pro quibus debeat excommunicari.

Ex Decretis Silvestri papæ, cap. 4 : Singuli in Dominicis diebus in Quadrages. præter excommunicatos et publice pœnitentes eucharistiam sumant. Et in Cœna Domini, in vigiliis Paschæ, et in Pentecoste, et Natali Domini penitus ab omnibus est communicandum.

Ex concilio Eliberitano, cap. 5 : Omnis homo ante sacram communionem a propria uxore abstinere debet 3, aut 5, aut 7 dies.

Ex canone Agatensi. Sæculares vero qui in Natali Domini, et Pascha, et Pentecoste non communicaverint, catholici non habeantur.

Presbyter qui laico, vel feminæ, qui nec sacrarium ingredi vel sanctis sanctorum appropinquare permittuntur, eucharistiam ad deferendum infirmo commiserit, gradus sui periculo subjacebit. Nam ipse presbyter per semetipsum debet communicare infirmum.

(*Ex concilio Laodicensi, capite* 19.) Solis ministris sacro ordini deditis ad altare accedere et communicare liceat.

(*Ex decret. Silvestri papæ, capite* 7.) Nullus acolythorum vel subdiaconorum rem jam consecratam a presbytero aliis porrigat, nisi tantum subportet quod ei sacerdos imposuerit.

(*Fabianus papa, capite* 10.) Sacrificium non est accipiendum de manu sacerdotis qui orationes vel lectiones et reliquas observationes in missa secundum ritum implere non potest.

(*Ex concilio Carthag., capite* 23.) Oblationes dissidentium fratrum neque in sacrificio neque in gazophylacio recipiantur.

(*Ex eodem.*) Eorum qui pauperes opprimunt dona a sacerdotibus refutanda.

(*Ex responsis S. Gregorii ad Augustin. archiepisc.*) Illusio per somnium aliquando fit per crapulam, aliquando ex naturæ superfluitate, vel infirmitate, aliquando ex cogitatione. Si ergo illusio ex natura evenerit, non est timenda, quia hanc animus nesciens pertulisse magis dolendum est quam fecisse. Illusione autem per crapulam animus quidem habet aliquem reatum, non tamen usque ad prohibitionem percipiendæ eucharistiæ, vel celebrandæ missæ, si dies festus exigit, nec ipse presbyter vicarium habere potuerit. Tunc quidem mutatis vestibus cantet. Si autem presbyter vicarium habet, illusio per crapulam non a perceptione, sed ab immolatione sacri mysterii prohibere debet, si tamen dormientis mentem turpi imaginatione non concusserit. Nam sunt quibus plerumque illusio nascitur, nec tamen in somno animus eorum turpibus imaginibus fœdatur, qui tamen se in ingluviem cecidisse vigilando meminit. Si vero ex turpi cogitatione vigilantis oritur illusio dormientis, quia animus quod cogitavit nesciens pertulit, eadem die a sacro mysterio est abstinendum. Sed pensanda est ipsa cogitatio, an esset in suggestione, an in delectatione, an in consensu. Fit autem suggestio per diabolum, delectatio per carnem, consensus per spiritum. Cum igitur immundus spiritus suggerit peccatum, si caro non delectatur, peccatum nullatenus perpetratur. Si autem caro cœperit delectari, incipit peccatum nasci. Si autem mens consenserit delectationi tunc peccatum constat perfici.

Sæpe tamen contingit ut mens repugnet carni ex suggestione diabolica delectanti.

(*Ex Pœnitentiali.*) Qui sacrificium evomuerit, 40 dies pœniteat. Si infirmitatis causa, 7 diebus; si in ignem projecerit, 100 psalmos cantet. Si vero canes talem vomitum lamberint, 100 dies qui evomuit pœniteat. Qui vero non bene custodierit sacrificium, et aliquod animal comederit illud, 40 dies pœniteat. Qui autem perdiderit illud in ecclesia, aut pars ejus ceciderit, et non inventa fuerit, 20 dies pœniteat. Perfundens aliquid de calice super altare, 6 dies pœniteat, vel 8. Et qui acceperit sacrificium pollutus nocturno [tempore] 7 dies.

(*Ex Pœnitentiali Romano, De sacrificio; Ex Pœnitentiali quodam.*) Si ceciderit sacrificium in terram, nec inventum fuerit, omne quodcunque inveniatur in loco in quo cecidit comburatur, et juxta altare cinis recondatur. Et cui acciderit, medium annum pœniteat. Si vero inventum fuerit sacrificium, locus scopis mundetur, et stramen igni detur, et cinis ut supra recondatur, et sacerdos 20 dies pœniteat. Si in linteamen altaris calix destillaverit, ipsa stilla sorbeatur, et linteamen inde madefactum super calicem lavetur, et aqua ablutionis juxta altare bibatur.

vel recondatur. Si autem calix alibi destillaverit, ipse locus lingatur, et corrasus igne consumetur, cinis autem juxta altare recondatur.

EX LIBRO VIII BURCHARDI.

(*Ex concilio Ap. secundum Medardum.*) Laicus in ecclesia non debet recitare lectionem, nec alleluia dicere, nisi psalmos tantum, et responsoria, sine alleluia.

Ex lib. xii ejusdem de juramento: Decrevit sancta synodus ut a Septuagesima usque in octavas Paschæ, et ab Adventu Domini usque post consecratos dies, nec non jejuniis Quatuor Temporum, et in Litania majore, et in diebus Dominicis et Rogationum, nisi de concordia et pacificatione, nullus super sacra jurare præsumat. Anima quæ peccaverit, et audierit vocem perjurantis, aut ipse viderit, aut conscius fuerit, nisi vindicaverit, portabit iniquitatem.

(*Ex concilio Aureliano, capite 15.*) De jejunio ex lib. xiv ejusdem: Presbyteri plebibus annuntient, ut in Quadragesima et jejunio Quatuor Temporum, ad missam tantum genua flectant. In Dominicis contra diebus, et aliis festis a vespera in vesperam genua non flectant, sed stantes incurvati orent. Nec quisquam uno genu terræ impresso orare præsumat, ut Judæi fecerunt Dominum irridentes.

(*Ex concilio Laodicensi, capite 51.*) Quod non oporteat in Quadragesima martyrum natalitia celebrare; sed eorum sancta commemoratio fiat in diebus Sabbatorum et Dominicorum. Nec jejunium in Quadragesima ante finem vespertini officii solvatur. Quicunque in die Dominico quasi pro continentia jejunaverit, anathema sit.

(*Ex decret. Calisti papæ, capite 15.*) Excommunicatos a sacerdotibus, nullus recipiat ante utriusque partis justam examinationem. Nec cum eis in oratione, aut cibo, aut potu, vel osculo communicet, nec ave eis dicat; quia quicunque in his vel in aliis prohibitis scienter excommunicatis communicaverit, juxta apostolorum institutionem, et ipse simili excommunicationi subjacet.

(*Ex lib. xvii ejusdem; ex Romano Pœnitentiali.*) Si sacerdos per turpiloquium seu conspectu libidinoso coinquinatur, non tamen fornicari volens, 5 dies pœniteat. Qui impugnatione animi polluitur, 7 dies pœniteat. Qui in somnis voluntarie polluitur, consurgat, et cantet genibus flexis 7 psalmos pœnitentiæ.

Volens autem tantum in somnis peccare, 20 psalmos cantet. Si pollutus est sine voluntate, 15 psalmos cantet, et in fine uniuscujusque psalmi dicat ter: Deus, in adjutorium meum intende, etc. Qui semen in ecclesia dormiens fuderit, 3 dies jejunet.

(*Ex concilio Carthag. et Decretis Eusebii papæ.*) De pœnitente ante adventum presbyteri obmutescente, ex lib. xix ejusdem: Si quis pœnitentiam petens, dum sacerdos venerit, officio linguæ privatus fuerit, reconcilietur; et eucharistia sibi infundatur, si idonea testimonia habuerit quod ipse pœnitentiam petierit.

Ex lib. xix ejusdem: Viginti dies ante Natalem Domini, et omnes dies Dominicos, et in omnibus legitimis jejuniis, et in natalitiis apostolorum, et præcipuis festis et publicis, castitatem observare debent conjugati. Quod si non fecerint, 20 dies in pane et aqua jejunent.

(*Augustinus.*) Quidam post prandium et saturati, a sacerdote populo offerente signum pacis accipere præsumunt: hoc qui præsumpserit, 3 dies in pane et aqua pœniteat.

Incestum occultum confitenti remedium canonicum indicetur, quod subire debuisset, si ejus facinus publicum esset. Verum quia latet commissum admoneatur ipse, ut occulte, quantum possit pœniteat.

(*Ex Pœnitentiali Theodori.*) Quidam Deo soli confiteri peccata debere dicunt, ut Græci: quod et justorum est; quidam vero sacerdotibus, ut pene tota sancta Ecclesia. Nam institutio Apostoli nobis sequenda est: ut, confiteamur alterutrum peccata nostra.

(*Ex concilio Ilerdensi, capite 10.*) Ordinati post ordinationem vel ante, capitalibus criminibus lapsi, id est furto vel fornicatione, perjurio et aliis hujusmodi, si publica sunt eorum crimina, degradentur. Si vero fuerint occulta, gradum suum retinere possunt; si, secrete confitentes sacerdoti, juxta ejus consilium digne contendant pœnitere.

(*Ex concilio Toletano.*) Ordinati quorum occulta sunt peccata, si sacerdoti occulte confessionem fecerunt, digneque juxta judicium ejus pœnituerint, proprium gradum retinere possunt.

(*Ex Pœnitent. Romano.*) Sicut sacrificium offerre non debent, nisi episcopi [et] presbyteri, quibus claves regni cœlorum traditæ sunt; sic, nec pœnitentium judicia alii usurpare debent. Si autem necessitas fuerit, et presbyter præsens non fuerit, diaconus pœnitentiam suscipiat ad communionem.

(*Ex concilio Eliberitano.*) In tribus Quadragesimis anni, et die Dominico, et in quarta et sexta feria, conjugati se debent continere; nec illis diebus copulari, quandiu fuerit gravida uxor, et a quo die infans in utero motum fecerit usque ad partum, a partu, post 33 dies, si filius est; si autem filia, 56.

(*Ex epist. Leonis papæ, capite 11, ad omnes episcopos.*) Ne confessio pœnitentium publicetur. Sufficit enim illa pœnitentia: quæ primum Domino offertur, tunc etiam sacerdoti, qui pro delictis pœnitentium precator accedit. Tunc enim plures ad pœnitentiam poterunt provocari, si populi auribus non publicetur conscientia confitentis.

(*Callistus papa omnibus episcopis.*) Criminosos, quos sæculi leges interficiunt, nos, misericordia præeunte, sub infamiæ nota, ad pœnitentiam recipimus. Ipsam quoque infamiam, qua aspersi sunt, delere non possumus; sed eorum animas per pœnitentiam publicam et Ecclesiæ satisfactionem sanare cupimus, quia manifesta peccata non sunt occulta correctione purganda.

(*Item S. Gregor. Felici episc. Siciliæ.*) Manifesta quoque peccata non sunt occulta correctione purganda; sed palam sunt arguendi qui palam nocent, ut dum aperta objurgatione sanantur, hi qui eos imitando deliquerant corrigantur. Dum unus corripitur, plurimi emendantur. Et melius est ut pro multorum salvatione unus condemnetur quam per unius licentiam multi periclitentur. Melius est enim ut mali manifeste corrigantur, quam pro illis boni pereant.

(*Ex Decret. Melchiadis papæ et Triburiensi conc., capite 4.*) De pœnitentia illorum qui sponte homicidium committunt ; in primis ut licentiam non habeant ecclesiam intrandi. Illos proximos 40 dies nudis pedibus incedat, et nullo vehiculo utatur. In laneis vestibus sit absque femoralibus, arma non ferat, et nihil sumat in his 40 diebus nisi tantum panem, salem et puram bibat aquam. Et nullam communionem cum cæteris Christianis neque cum alio pœnitente habeat in cibis, vel potu, antequam 40 dies adimpleantur. Ex cibo quem sumit nullus alius manducet. Considerata vero personæ qualitate, vel infirmitate, de pomis, vel oleribus, vel leguminibus, prout visum fuerit, aliquid pro misericordia indulgeatur. Maxime si coactus et non sponte homicidium fecerit. Et ei omnimodis ex canonica auctoritate interdicatur ut in his diebus cum nulla femina misceatur, nec ad propriam uxorem accedat, neque cum aliquo homine dormiat. Juxta Ecclesiam sit, ante cujus januas peccata sua defleat diebus ac noctibus; et non de loco in locum pergat, sed in uno loco his 40 diebus sit. Et, si forte habuerit insidiatores vitæ suæ, interim differatur ei pœnitentia, donec ab episcopo pax ei ab inimicis concedatur. Et, si in infirmitate detentus fuerit, ita ut non possit digne pœnitere, differatur pœnitentia, donec sanitati restituatur. Si autem longa ægritudine detentus fuerit, ad sententiam episcopi pœnitebit, quomodo reatum et infirmum sanare disponat. (*Ex ejusdem decretis*) Completis 40 diebus, aqua lotus, vestimenta et calceamenta accipiat, et capillos incidat.

Quid in primo anno observare debeat. In primo anno post 40 dies per totum illum annum a vino, medone et mellita cervisia, a carne, et caseo, et pinguibus piscibus abstineat, nisi in festis diebus, qui in illo episcopio a cuncto populo celebrantur. Et, si forte in magno itinere, vel in hoste, vel diu ad Dominicam curtem, vel in infirmitate detentus sit, tunc habeat uno denario, vel pretio unius denarii, aut tres pauperes pascendo, tertiam feriam et sabbatum redimere, ita tamen ut una re de tribus utatur. Vel, aut vinum bibat, aut medonem, aut mellitam cervisiam. Postquam domum venerit, aut sanitati restitutus, nullam licentiam habeat redimendi. Completo anni circulo, [in] ecclesiam introducatur, et pacis ei osculum concedatur.

(*Ex iisdem, capite 6.*) In secundo et tertio anno similiter jejunet, nisi quod tertiam feriam, et quintam et sabbatum, potestatem habeat redimendi prætacto pretio, ubicunque est. Cætera omnia observet diligenter, uti in primo anno.

(*Ex eisdem, capite 7.*) Quatuor anni deinde restant, per quos singulos jejunet tres quadragesimas : unam ante Pascha cum cæteris Christianis, abstinendo a vino, et medone, et mellita cervisia, a carne et sanguine, et ovis, et pinguibus piscibus; alteram tertiam post Pentecosten; ante Natalem Domini jejunet, ut supra dictum est. Et in quatuor supra dictis annis tertia, quinta feria et Sabbato quidquid vult : et secundam et quartam feriam redimere potest pretio jam supra dicto. Sextam feriam omnimodis observet, in pane, et aqua, et nequaquam redimat. His expletis sacram communionem accipiat. Semper tamen, quandiu vivat, pœnitere non desistat.

(*Item Pius papa, capite 10.*) Pœnitentes non debent communicare ante consummationem pœnitentiæ.

De parricidis, sive incestuosis, fratricidis, Nicolaus papa Carolo Maguntiensi archiepiscopo, ejusque suffraganeis : De parricidis fratri eidem præcipimus ut per unius anni circulum ante fores basilicæ orantes Domini clementiam perseverent. Completo vero anni circulo introducantur ecclesiam, tamen inter audientes, usque dum unius anni finiatur spatium, stent. Cum ad missarum solemnia, vel ad alia sacra audire officia venerint, His ita peractis, si pœnitentiæ fructus in eis conspicitis, corporis et sanguinis Domini participes fiant, ut desperantiæ non indurentur caligine. Carnem non manducent omnibus diebus vitæ suæ. Jejunent autem usque ad nonam diei horam quotidie, exceptis festis diebus atque Dominicis. Vinum atque pulmentum sumere non præsumant, nisi contra paganos. Et quocunque ire voluerint, nullo vehiculo deducantur, sed pedestri more proficisci studeant. Tempus autem huic pœnitentiæ in episcoporum arbitrio ponimus, ut secundum conversationem illorum, aut extendere, vel minuere valeatis. Ab uxoribus, si habuerint, non separentur; si autem non habuerint et se continere non valuerint, legitimas accipiant uxores, ne fornicationis voraginem incidant. Si autem antequam duorum prædictorum annorum curricula finiantur, finis vitæ illorum advenerit, viaticum illis non negetur.

Si quis cum duabus sororibus fuerit fornicatus, aut cum his personis, de quibus sacra Scriptura prohibet, si dignam egerit pœnitentiam, et castitatis non valuerit continentiam habere, liceat ei legitimam uxorem accipere. Similiter et mulier, quæ tali scelere fuerit lapsa, ut non ad fornicationis chaos perducatur. Sed hoc de laicis viris et de mulieribus solummodo statuunt.

Si quis cum commatre spiritali fuerit fornicatus, anathematis, ut scitis, ictibus percutitur. Similiter autem et illum percuti promulgamus, qui cum illa, quam de sacro fonte baptismatis susceperit, aut cum illa, quam ante episcopum tenuerit, cum sacro chrismate ungeretur, fornicationis perpetraverit scelus. Legitimam tamen, si habuerit, non dimittat uxorem. Inter hæc sanctitas vestra addere studuis, si cujus uxor adulterium perpetraverit, utrum marito ipsius liceat, secundum mundanam legem, eam interficere. Sancta Dei Ecclesia mundanis nunquam astringitur legibus. Gladium non habet, nisi spiritalem atque divinum; non occidit, sed vivificat.

(*De diversis homicidiorum modis.*) Nicolaus papa Luitperto Moguntiensi archiepiscopo : Si quis non in bello, vel odii meditatione, vel propter avaritiam, paganum occiderit, quia non levi vitio connititur, homicidam convenit pœnitere, quandoquidem nec exteris gentibus, nisi oblatam pacem respuerint, bellum erat populo antiquo penitus inferre præceptum. Si quis arcum tendens causa probandæ chordæ, sagitta casu, non voto, prosiliente, filium suum interemerit, ita debet pœnitere, ut Anciranum concilium statuit, ut de homicidio sponte commisso. Esset autem severior indicenda pœnitentia, quia filius ejus exstitit; sed quanto carne proximior visus erat, tanto de morte illius in corde suo acrior dolor est exortus. Non enim hoc sponte patratum est. Si quis insanus hominem occiderit, licet ei pœnitentia sit injungenda, quia ipsa infirmitas causa peccati fuisse creditur : tamen tantum levior quam ei qui tale quid sanus committit, quantum inter sanum et insanum, rationabile et irrationabile constat esse discriminis.

Si aliquo incidente arborem, qui licet sub ejus casu opprimitur, incisor arboris, ut homicida pœniteat, si ejus voluntate vel negligentia factum est. Quod si non voto, non injuria illius, non denique scientia contingit, sed, dum ille operi necessario fortassis incumberet, iste insperatus occurrit sub arborem et ex improviso est oppressus, incisor arboris homicidæ non est comparandus.

(*Ex epistola Paulini Foroliviensis episcopi ad Aistolphum.*) De illo qui uxorem suam occidit : Duo consilia tibi proponimus : Aut ingredere monasterium, et humiliare sub manum abbatis, et multorum fratrum precibus adjutus, observa cuncta simplici animo quæ tibi ab abbate fuerint imperata, si ignoscat infinita Dei bonitas peccatis tuis. Istud consilium, ut certissime scias, levius et salubrius est ut sub alterius custodia lugeas peccata. Secundum autem consilium tale est : Arma deponere, et cuncta sæcularia negotia dimittere. Carnem et sanguinem nunquam comedas, excepto in die sancto Pentecostes et in uno die Resurrectionis Domini et Natali Domini. Cæteris temporibus in pane et aqua, et interdum cum leguminibus et oleribus pœniteas.

In jejuniis, in vigiliis et in orationibus, et eleemosynis persevera omni tempore. Vinum, medonem et mellitam cervisiam nunquam bibas, nisi in illis prædictis diebus; uxorem ne ducas; concubinam non habeas; adulterium ne facias, absque spe conjugii perpetuo maneas. Nunquam te laves in balneo; equum non ascendas; causam tuam, et alterius, in conventu fidelium non agas. In conviviis lætantium nunquam sedeas; in ecclesia segregatus ab aliis Christianis post ostium humiliter stes; ingredientium et egredientium orationibus suppliciter te commendes; communione sacri corporis et sanguinis Domini cunctis vitæ tuæ diebus indignum te existimes. In ultimo termino vitæ tuæ pro viatico, si observaveris consilium, tibi concedimus.

(*Ex cap. Nicolai papæ, sive Wormaciensis episcopi.*) Qualiter pœniteat qui sacerdotem occidit : Qui sacerdotem voluntarie occiderit, carnem non comedat et vinum non bibat; cunctis diebus jejunet usque ad vesperam, exceptis diebus festis atque Dominicis; arma non sumat; equum non ascendat; ecclesiam per 10 annos non ingrediatur; post 5 annos ecclesiam ingrediatur, non tamen communicet, sed inter audientes stet. Cum autem fuerit 19 anni finitus cursus, communicandi ei licentia tribuatur, et equitandi remissio. Maneat autem in reliquis observationibus 3 dies per hebdomadam, ut perfectius purificari mereatur.

(*Ex cap. Nicolai papæ sive Wormaciensis concilii.*) Qui infantem suum oppresserit : Si quis infantem suum oppresserit incaute, aut vestimentorum pondere suffocaverit post baptismum, 40 dies pœniteat in pane et aqua, et oleribus, et leguminibus, et a merito se abstineat. Postea tres annos per legitimas ferias pœniteat. In 4 anno tres quadragesimas observet. Quod si ante baptismum, 40 dies pœniteat, post quinquennium observet.

(*Ex Decretis Eutychiani papæ.*) De his qui truncant homines, vel comburunt domus : Si quis membrorum truncationes, vel domorum incendia fecerit, sive facere jusserit aut facienti consenserit, quousque de his unicuique legaliter vel amicabiliter coram episcopo civitatis aliisque civibus non commendaverit, ab ecclesia se privatum cognoscat. Si vero secundam et tertiam conventionem, in quibus arguitur, non emendaverit, tanquam ethnicus et publicanus ab omni Christianorum collegio separetur.

(*Ex Decret. ejusdem papæ, cap. 26.*) Quod perjurium reliquis criminibus æquetur : Prædicandum est ut fideles perjurium caveant : et ab hoc summopere abstineant, scientes hoc grande scelus esse, in lege, et prophetis, et in Evangelio prohibitum. Audivimus autem quosdam parvipendere hoc scelus, et levem quodammodo perjuriis modum pœnitentiæ imponere. Qui etiam talem de perjurio pœnitentiam imponere deberent, qualem et de adulterio, de fornicatione, homicidio sponte commisso et de cæteris criminalibus vitiis. Si quis perpetrato perjurio aut quolibet criminali peccato, timens pœnitentiam longam, ad confessionem venire noluerit, ab ecclesia repellendus est, sive a communione et consortio fidelium : ut nullus cum eo comedat, neque bibat, neque oret, neque in sua domo cum recipiat.

(*Ex Decretis Pelagii papæ XI.*) De eadem re :

Si quis semel perjuraverit, et alios sciens in perjurium duxerit, 40 dies in pane et aqua, et septem sequentes annos pœniteat, et nunquam sine pœnitentia sit. Et alii, si conscii fuerant, similiter pœniteant. Sin autem singuli, ut perjurium non sponte commissum, pœniteant

(*Ex Decretis Pii papæ, cap.* 2.) Si quis a domino suo coactus se perjurat, utrique sunt perjuri. Qui compulsus a domino perjurat se sciens, utrique sunt perjuri, et dominus, et miles : dominus, quia præcepit; miles, quia dominum plus quam animam dilexit. Si liber est, 40 dies in pane et aqua pœniteat, et 7 sequentes annos. Si servus est, tres quadragesimas et legitimas ferias pœniteat.

(*Ex Decretis Soteris papæ.*) De incautis juramentis non observandis : Si aliquid forte nos incautius jurasse contigerit, quod observatum, pejorem vergat in exitum : illud, consilio salubriore mutandum noverimus, ac magis instante necessitate perjurandum nobis quam servato juramento, in aliud crimen majus divertendum.

(S. *Ambros. in lib.* III *De offic.*) De eodem : Sæpe plerique constringunt se jurisjurandi religione; et, cum ipsi cognoverint, promittendum non fuisse sacramenti tamen contemplatione faciant quod sponderunt; sicut de Herode supra scripsimus, qui saltatrici præmium turpiter promisit, crudeliter solvit : turpe, quod regnum pro saltatione promittitur; crudele, quod mors prophetæ pro jurisjurandi religione donatur. Quanto tolerabilius esset tale perjurium sacramento. Et post pauca : Non igitur omnia promissa solvenda sunt.

(*Ex concilio Nivernensi.*) De non servandis incautis juramentis : Diffinitio incauta, laudabiliter solvenda; nec est prævaricatio, sed temeritatis emendatio.

(*Ex Gregor. papa in suis Moralibus.*) Quod satius sit perjurare quam juratum nefas implere, cum mens inter minora et maxima peccata constringitur : si omnino nullus sine peccato evadendi aditus patet, minora semper eligantur; quia et qui murorum ambitu, ne fugiat, clauditur, ibi se in fugam præcipitat, ubi brevior murus invenitur.

(S. *Isidorus.*) De eadem re : Non est conservandum sacramentum, quo malum incaute promittitur. Veluti, si quisquam adulteræ perpetuam cum ea permanendi fidem polliceatur. Tolerabilius est enim non implere sacramentum, quam permanere in stupri flagitio.

(*Item Isidorus in Sentent. suis.*) Item : In malis promissis rescinde fidem. In turpi voto cave, ut decretum, quod incaute vovisti, non facias. Impia est promissio quæ scelere adimpletur.

(*Ex concilio Toletano.*) Necesse est ut male jurans dignam pœnitentiam agat, eo quod nomen Dei contra præceptum ejus in vanum sumpsit; quia in Exodo scriptum est : Neque enim insontem habebit Dominus eum qui assumpserit nomen Dei sui in vanum; et in Levitico : Non perjurabis in nomine meo; nec perjurabis nomen Domini Dei tui : ego Dominus. Malum tamen, quod facturum se sacramento devoverat, omnino non faciat; quia stulta vota sunt frangenda.

(S. *Isidorus.*) Quod Deus ita habeat juramentum, ut ille, cui juratur : Quacunque arte verborum quis juret, Deus tamen, qui conscientiæ testis est, ita hoc accipit, sicut ille cui juratur; dupliciter autem reus erit, quia et Dei nomen in vanum assumit, et proximum dolo capit.

(*Ex concil. Aurelian., cap.* 10.) Nisi pro pace : Et hoc sancta synodus decrevit, nisi pro pace facienda, ut omnes fideles jejuni ad sacramenta accedant.

(*Ex concil. Aurelian., cap.* 2.) Juramenta filii aut filiæ nesciente patre, et vota monachi nesciente abbate, et juramenta pueri, irrita sunt.

De irritis juramentis : Ut pueri ante quatuordecim annos non cogantur jurare. Qui acceperit sacrificium post cibum aut post aliquam parvissimam degustationem, nisi pro viatico : pueri tres dies majores 7, clerici 20, dies pœniteant.

(*Ex Decret. Cornelii papæ, capite* 5.) Si quis dederit vel acceperit communionem de manu hæretici, et nescit quod catholica Ecclesia contradicit, postea intelligens, annum integrum pœniteat. Si autem scit et neglexerit, et postea pœnitentiam egerit, 10 annos pœniteat. Alii judicant 7, et humanius 5 annos. (*Ex Decret. Eutychiani papæ, capite* 2.) Si quis permiserit hæreticum missam suam celebrare in ecclesia catholica, et nescit, 40 dies pœniteat; si, pro reverentia ejus, annum integrum pœniteat; si pro damnatione Ecclesiæ catholicæ et consuetudine Romanorum, projiciatur ab Ecclesia sicut hæreticus, nisi habeat pœnitentiam. Si recesserit ab Ecclesia catholica in congregationem hæreticorum, et alios persuaserit, postea pœnitentiam egerit, 12 annos pœniteat, 3 annos extra ecclesiam, et 6 inter audientes, et duos adhuc extra communionem. De his, in canone dicitur, ut decimo anno communionem sine oblatione recipiant. Si episcopus, aut abbas monacho suo jubet et pro hæreticis mortuis missas facere, non licet et non expedit obedire eis. Si presbytero contigerit ubi missam cantaverit, et alius recitaverit nomina mortuorum, et si simul nominaverit hæreticos cum catholicis, si post missam intellexerit, hebdomadam pœniteat. Si exsequenter fecerit, annum integrum pœniteat. Si quis pro morte hæretici missam ordinaverit, et pro religione sua ejus reliquias ibi tenuerit, et nescit differentiam catholicæ fidei, et postea intellexerit penitus quæ egerit, reliquias ibi debet igne cremare, et annum pœniteat. Si autem scit et neglexerit, penitus commotus, 10 annos pœniteat. Si quis a fide catholica discesserit sine ulla necessitate, postea ex toto animo pœnitentiam acceperit, 3 annos extra ecclesiam inter audientes, juxta Nicænum concilium, 7 annos in ecclesiis inter pœnitentes, et 2 annos adhuc extra communionem pœniteat.

ANNO DOMINI MXXVII.

ADELBOLDUS

TRAJECTENSIS EPISCOPUS.

NOTITIA HISTORICA IN ADELBOLDUM.

(Apud R. P. Bernard. Pezium, *Dissertatio isagogica in tom. III Thesauri Anecd. noviss.*, pag. III.)

Adelboldus, nobili genere ortus, Henrico II imp., cognomento Sancto, a consiliis primum fuit. Deinde ludibria fortunæ ac mundi vanitatem apud animum serio reputans, abdicatis dignitatibus in Benedictino monasterio Lobiensi monachum professus est. Ibi cum aliquandiu studia pietatis et optimarum litterarum coluisset, tandem anno 1008 Ausfrido in episcopatu Ultrajectensi suffectus, eam provinciam magna cum laude gessit usque ad annum 1027, quo die 27 Novembris ad plures abiit. Hæc ex Chron. Ultraject. Joannis de Beka cap. 17, Trithemio, Possevino, Oudino aliisque in pauca contraximus, non nescii quantis difficultatibus narratio hæc omnis obnoxia sit. Certe Sigebertus De scriptoribus eccles., cap. 138, hæc tantum de Adelboldo habet : *Adelboldus, ex clerico Lobiensi episcopus Ultrajectensis, scripsit Vitam secundi Henrici imperatoris, et in utraque litteratura plura sui monumenta reliquit posteris*. Ubi ad illa verba : *ex clerico Lobiensi*, hoc exstat scholion eruditi Auberti Miræi : *Adelboldus itaque ante episcopatum non monachus sed clericus Lobiensis fuit*. Notent autem antiquitatis ecclesiasticæ studiosi, olim Lobii, ut et apud Vedastinos et Amandinos, non solum monachos, sed et clericos resedisse. Clericorum certe seu canonicorum Lobiensium collegium in *S. Usmari templo*, quod nunc est *Parochiale*, sedem suam habuit usque ad annum Christi millesimum quadringentesimum nonum, quo inde migravit *Binchium*, quod est Hannoniæ oppidum secundo milliari a Lobio distans. Verum quidquid sit de canonicis seu clericis Lobiensibus, de Adelboldo tamen multo vero est similius, eum *monachum Lobiensem* quam solum *clericum* fuisse. Sane in prologo opusculi *De crassitudine sphæræ scholasticum*, utique Lobii, se fuisse ipse fatetur. At quis ignorat studia litterarum apud monachos Lobienses sub finem sæculi undecimi præcipue floruisse, nihilque frequentius evenisse quam ut clerici scholas monachorum, præsertim adeo celebres et propinquas, imo prope conjunctas, communes haberent? Igitur Adelboldus monachus et Lobiensis monasterii scholasticus, tam monachorum quam, si qui fuerunt, clericorum, communis magister, ut in aliis cœnobiis nostris persæpe usu venit, fuit.

NOTITIA HISTORICA ET LITTERARIA.

(Apud Pertz, *Monumenta Germaniæ historica*, Script. tom, IV, pag. 679, in proœmiis ad Vitam S. Henrici II imperatoris, edente G. Waitz Ph. D.)

Adelboldus, Ultrajectensis episcopus, Alperto teste (1), res ab Heinrico II, imperatore gestas uno volumine luculento sermone comprehendit. Hæc vero historia per medium ævum plerosque latuisse videtur (2); et qui postea Vitam Heinrici a Bambergensi quodam conscriptam Adelboldo tribuerunt, a vero longe aberrarunt (3). Aliud vitæ fragmentum Gretser edidit (4) ex codice Vindobonensi, cujus nota marginalis hæc continebat : *Vita Henrici primi imperatoris ab Adelboldo episcopo Trajectensi, ut creditur, conscripta*. Qua auctoritate fretus Gretser non sine hæsitatione quadam, qui vero postea hac de re disputati sunt, tanquam re extra dubium posita, hunc Adalboldo ascripserunt (5) librum, quem omnes summis laudibus extulerunt et quam pretiosissimum antiquitatis monumentum habuerunt.

Verum enimvero, re accuratius perspecta, intelmulti.

(1) De div. temporum I, 5.
(2) Quæ Sigebertus de SS. eccl. c. 158, et Chron. a. 1024, refert, ex Alperto hausit; Sigebertum vero tam Albericus aliique chronographi quam Trithemius secuti sunt. De Annalista Saxone v. infra.
(3) Vossius De hist. l. II, 42, p. 359, aliique

(4) V. in S. Henrico II.
(5) Leibnitz SS. R. Br. I, Præf. n. 20; Sollerius Acta SS. Julii III, p. 723; Rivet Hist. litter. VII, p. 252, alii.

grum fere opus ex Thietmaro descriptum reperimus; id quod primus, nisi fallor, Stenzel monuit (6). Thietmari narrationem dico descriptam, non ita quidem, ut verbum verbum exprimat, sed ut res tantum non omnes ex illo sint haustæ, eodem modo, ordine et sensu relatæ. Quædam Vitæ auctor omisit, sed ne unam quidem rem graviorem de suo adjecit (7); multis locis vero Thietmari narrationem ampliavit, ornavit, et ut sibi videbatur illustravit; sed hoc studio illectus errores non leves et interdum satis ridiculos commisit, multa, nisi valde fallor, ut historiam redderet elegantiorem et arte quadam componeret, ex ingenio finxit. Nam dicendi genere usus est culto atque ornato, antithetis, dictis moralibus et philosophicis narrationem variavit, et cum res negligeret, orationem quam maxime curavit. In præfatione quidem utilitatem et veritatem a rerum scriptore esse poscendas noster dixit: utilitatem, ut lectores rebus erudiantur; veritatem, ne auctor adulando vera taceat, falsa proferat. Sed ipsum magis illam sectatum esse facile est intellectu. Heinricum ubique laudibus nimis extollit, ejus electionem non sine partium studio narrat, postea quoque multa in ejus exornat favorem (8). Ideo etiam quæ hic illic tanquam de suo, quamvis non magni momenti, adjecit (9), sublestioris esse fidei mihi videntur.

Quæ cum ita sint, an hic liber Adelboldo, viro sui temporis summo, qui ab Heinrico in rebus publicis non raro est adhibitus (10), tribui possit, non sine causa dubitari posse videtur. Accedit quod quomodo Adelboldus, cujus opus jam Alperto c. a. 1021 notum erat, Thietmari historiam a. 1018 absolutam et ne tunc quidem ut videtur ad exteros translatam, acceperit, non facile est intellectu. Nota ex codice supra allata recentiori manu scripta non magnam habebit auctoritatem, nisi dicas, cum Adelboldus Heinrici Vitam scripserit, hanc, quæ sola præter Bambergensem illam exstat, ipsi potissimum esse tribuendam. Cui, si cætera repugnant, saltem dicendi genus optime convenire videtur.

Adelboldus enim in monasterio Lobiensi, quod tunc præcipuo litterarum studio excellebat, sub Notgero episcopo Leodiensi (11) atque abbate celeberrimo Herigero, qui « sub sua et Adelbodi persona dialogum de dissonantia ecclesiæ de adventu Domini scripsit (12), » educatus, scientia, doctrina litterisque, quæ tunc in Lotharingia florebant, grammaticis, philosophicis, mathematicis, valde excelluit. Scholasticus Romam profectus est, ibique, ut videtur, Gerberto jam papæ electo epistolam de crassitudine sphæræ direxit (13), et scriptis Bernonis Augiensis excitatus, quo tempore festum adventus Domini celebrandum sit, inquisivit (14). Anno 1010 episcopus Ultrajectensis electus (15), rebus publicis incubuit, bella plurima et gravissima gessit (16), ecclesias et monasteria restauravit, et magnam sibi famam per totum regnum conciliavit (17). Ultimis vitæ annis monachicum habitum induit, et per aliquod tempus etiam diœceseos administratione se abdicavit, quam tamen postea recepit (18). Obiit a. 1027, die 27 novembris (19).

Adelbolde, menti meæ occurreens, dignus eo munere ut tuo nomini scripta sacrarem, quia nunquam quidquam tam commode facere aut dici vel scribi potest, quin [ed. quando] id omnium opinione propria virtute superes. Nota est enim cunctis tua excellens sapientia, summæque vir virtutis et consilii ubique prædicaris. Omnium quoque judicio non solum domi, sed etiam in castris imperialibus præstantissimi et solertissimi hominis officia exercere comprobaris. Si cui tamen hæc quæ de te dicimus dubia fortasse videntur, respiciat Trajectum diversis operibus a te auctam et ornatam, ibidemque novum monasterium Sancti Martini miro ingenio a te fundatum et ordinatum et mira celeritate paucis annis pene ad perfectionem perductum, ut hæc non videantur ædificando constructa esse, sed quasi optando subito ibi constitisse; sciatque de te nihil omnino assentationis proferri posse. Unde, si quid imperite dilataveri, sub tuam correctionem et defensionem conferre decrevi, credens illud tua auctoritate defendi et nobilitari. Sed si adhuc quisquam est qui tuæ amplissimæ prudentiæ derogare conetur, videat etiam locum nostrum in Tiele, jam divinis rebus florentem, et de quo me locuturum promisi, a superioribus episcopis omnibus solatiis destitutum, a te uno pia consideratione pene ad pristinum statum restitutum. Prædia quoque ab invasoribus diu retenta, quæ religiosi viri ad cultum Dei illic tradiderant, restituisti. Ex quibus rebus facile colligitur, quia terrena commoda non quæris, sed soli Deo placere studeas. »

---

(6) Quæ in contrariam sententiam Gontzen (Geschichtschreiber, p. 145), attulit nullius esse momenti jam alibi dixi.

(7) Ea tantum quæ de Ottonis III corpore in Germaniam reportato narrantur et quædam minoris momenti apud Thietmarum frustra quæsieris.

(8) E. gr., c. 7, verba quæ regi tribuit; c. 13, de Hermanni subjectione; c. 38, de regis animo.

(9) E. gr., c. 17, numerus utriusque exercitus, c. 34, quæ de Helmigero capellano inseruntur.

(10) Thietmarus VI, 50. Alpertus II, 3, 10, 15, 21. Balderici Chron. Cam. III, 14, 17. Sigebertus a. 1004. Adelboldum Heinrici cancellarium fuisse, quod Trithemius dicit (Chron. Hirs. I, p. 150), aperte falsum est. Beka Chron. Ultraj. (ed. Ultr. 1643, p. 57) ipsum Heinrici dicit proconsulem, Chron. magnum Belg. (Pistor. III, p. 105) eximium imperatoris consiliarium.

(11) Gesta epp. Leod. II, 26, app. Martene Col. IV, p. 865. — Sigebertus de SS. eccl., c. 138, Adelboldum clericum Laubiensem dicit.

(12) Sigeb. l. l., c. 137.

(13) Pez Thes. III, II, p. 87.

(14) Bernonis epist. ad Aribonem (Martene Coll. I, p. 587).

(15) Ann. Hild.

(16) Hæc Alpertus fusius narravit; cf. Thietmar. VIII, 13, 15; Balderici Chron. Cam. III, 7, 14, 15.

(17) Luculentum ejus rei testimonium exstat in epistola monachi Tielensis ad Adelboldum scripta (Acta SS. Febr. III, p. 546): « Cum scribere cogitarem quædam miracula quibus Dominus noster Jesus Christus per merita sanctæ Walburgæ Ecclesiam suam misericorditer nostris temporibus illustrare dignatus est, tu, præsulum spectatissime

(18) Vita Popponis Stabul. c. 35, ap. Mabill. Acta VI, 1, p. 585.

(19) Chron. Egmundanum ap. Kluit Hist. com. Holl. I, 1, p. 45.

Præter Vitam Heinrici eum « in utraque litteratura plura monumenta reliquisse » tradit Sigebertus (20); ex quibus cantum nocturnalem in laudem S. Martini, cui principalis ecclesia Ultrajectina fuit dedicata, et librum de triumpho ab eodem sancto de Danis reportato Guibertus Gemblacensis refert (21), libros de laudibus S. crucis et de laudibus S. Mariæ Trithemius recenset (22). Opusculum quod scripsit mathematicum jam attuli (23), aliud philosophicum in bibliotheca Parisiensi ineditum exstat (24). Vitam vero sanctæ Walburgis breviorem sine causa (25) ipsi tribuit Heda (26), qui etiam chartam, qua Adelboldus episcopii vasallos recensere dicitur, sed aperte falsam, ex chartulario Trajectensi edidit (27).

Si vero genuina opera cum Vita quam manu terimus Heinrici comparamus, idem sane dicendi genus, eamdem sententiarum artificiose connectendarum rationem, idem prorsus auctoris ingenium, imo non semel eadem fere verba deprehendamus (28), necesse est (29). Quod pene me movet ut rationibus supra prolatis ipse derogem et Adelboldum Vitæ esse auctorem quamvis non certo contenderim, nec tamen negaverim. Episcopus Trajectensis his annis Saxoniam sæpius adiit (30), ubi Thietmari Historiam sibi comparasse credi potest. Quod vero hunc librum, sive ab ipso Thietmaro (31) sive ab alio secum communicatum, tanquam « certum relatorem » (32) secutus sit, et primis Heinrici temporibus de suo nihil fere addiderit, inde debet explicari quod illis annis in monasterio vixit studio deditus et a rebus publicis procul amotus. Neque mirandum est hominem philosophicis et poeticis disciplinis instructum in historia scribenda magis verborum ornatui et lectorum studuisse oblectationi quam nudæ et simplici veritati, cum idem etiam nostris temporibus quotidie factum videamus. Certe de rebus postea in provinciis Rhenanis gestis, quibus ipse magnam partem interfuit, accuratius et ex propria cognitione scripsisse putandus est; id quod etiam Alpertus innuere videtur, cum Metis urbis obsidionem, a Thietmaro prætermissam, ab Adelboldo fusius descriptam dicat (33). Quæ deperdita esse (34) non possumus quin doleamus.

Annalista Saxo, qui solus, quod sciam, medio ævo hac Vita usus est, utrum integriorem habuerit textum an nonnisi simile fragmentum, non tam facile est perspectu, cum inter Thietmari verba ab illo exscripta vix aliam narrationem ex eodem fonte haustam agnoscere liceat. Attamen nihil ejusmodi inveniri, Annalistæ libro diligenter perlecto, affirmaverim; certe neque de Metensi illa obsidione, neque de rebus postea in Lotharingia vel a Theoderico episcopo vel ab ipso Adelboldo gestis quidquam apud illum legitur quod ex Adelboldo repeti posset. Cujus librum has res tractantem si habuisset, diligens et copiosus ille rerum scriptor sane non neglexisset. Hanc igitur Heinrici Vitam jam tunc temporis fine destitutam habuisse videtur; quam an Adelboldi, cujus ne mortem quidem indicat, nomine inscriptam legerit, licet dubitare.

(20) De SS. eccl. c. 138.
(21) Ejus verba affert Heda Hist. Ultraj. p. 109.
(22) SS. eccl., c. 312; De viris. ill. ord. S. Ben. II, 164; Chron. Hirsaug. I, p. 150.
(23) Ex eodem quo Pez usus est codice Tegernseensi Gerbertus opus quoddam de musica sub Adelboldi nomine edidit (SS. de musica, p. 304-312), quod an ipsi tribui possit dubitarim. In codice ejus nomen recentiori manu ascriptum est.
(24) N. 7361. Incipit opusculum Adelboldi episcopi Trajectensis super illud Boetii : « O qui perpetua mundum ratione gubernas; » quod nec Hermes nec Plato dissolvere quivit, qui nimium philoso, hi erant. Hoc opus, quod a Bethmanno nostro exscriptum penes me est, præfatione caret. — Idem vel similis argumenti liber in aliis bibliothecis invenitur; cf. Rivet Hist. litter. VII, p. 257, 258.
(25) Hoc neque stylus, neque res suadent, neque codices dicunt.
(26) P. 110. Epistola ad Adelboldum de S. Walburge scripta (n. 18) in errorem ductus esse videtur. Qua male intellecta, episcopi fratrem prope Tielam habitasse dicit. Utrumque errorem Rivet Hist. litter. VII, p. 255, 256, recepit.
(27) Neque episcopi qui subscripsisse dicuntur, Anno Coloniensis, Eberhardus Trevirensis, Adelbertus Hamburgensis, Adelboldi tempore sederunt, neque qui scribuntur vasalli dux Brabantiæ, comes Gelriæ, comes Clivensis, comes de Benthem, etc., sæculo XI incipiente fuerunt.

(28) Cf. c. 2 : Nec mihi fastidiosum est dicere, nec cœteris superfluum audire; ad Gerbertum § 4 : Si vobis non sit fastidiosum audire, mihi non erit onerosum dicere.
(29) Etiam in brevi fragmento a Guiberto Gemblacensi allato hoc agnoveris : « Gemma (de S. Martino loquitur) ista fulget in cœlo, in terra coruscat, ubique honoratur, ubique diligitur. En qui eam mercatus fuerit, perenni gaudebit thesauro. Si quis possederit, non deficiet omni bono. O filii hominum, hanc vobis lucramini et lucem perennem hanc possidete, et nihil vobis deerit. »
(30) Tunc temporis vero Albaldus episcopus apud imperatorem Heinricum in Saxonia morabatur, Balderic. III, 17. — Anno 1013 Gruonæ fuit (Vita Meinwerci, c. 21); a. 1016, Dortmanniæ (ibid., c. 134, dipl. ap. Schaten Ann. Paderb. I, p. 417, 418; a. 1018, Paderbornæ (V. Meinw., c. 164, Schaten I, p. 429); a. 1019, Goslariæ (V. Meinw., c. 165, Schaten p. 432), postea Ermeneswerethe (Vita Meinw. c. 175).
(31) Qui secum Adelboldo convenisse nusquam indicavit.
(32) Adelboldi præf.
(33) I, 5. Econtra quæ de expeditione Burgundica a. 1016 Alpertus, II, 14, narrat, ab Adelboldo prætermissa fuisse videri possunt.
(34) Cf. Leibnitz SS. R. Br. II, præf. p. 19.

ADELBOLDI
VITA S. HENRICI IMPERATORIS

(*Vide in S. Henrico imp. ad annum 1024, supra, hujus voluminis col. 87.*)

ADELBOLDI
VITA SANCTÆ WALBURGIS [35]

(Apud Bolland. *Acta sanctorum*, Febrnarii tom. III, die 25, ex mss. Ultraject. et tribus aliis, collata cum Capgravio, Historia Sanctorum, ante annos 175 excusa Surio et Breviariis.)

CAPUT PRIMUM.
Gesta S. Walburgis, obitus, corporis translatio.

1. Postquam Deo chara Angiorum natio per memorandi Gregorii papæ apostolatum a gentilitatis errore ad Christianitatis veritatem conversa est, multi ob cœlestis spei remunerationem ex eorum numero ultra maritimam patriam usque ad (36) Francorum pervenerunt imperium. Ex quibus Bonifacius sanctus, dum (37) huc in peregrinam pervenisset provinciam, quasi nativam adeptus est sibi patriam, dum (38) Moguntiacensis præsulatus ob sua merita adeptus est cathedram. Ex ejusdem quoque (39) Angliensis insulæ silva proruperunt huc ad nos tres fecundissimæ arbores, duo videlicet uterini fratres Williboldus et Winniboldus, cum Deo et hominibus sorore charissima Walburga : quorum prior, Williboldus scilicet, ordinante illum præscripto Bonifacio, ad Heystatensis Ecclesiæ promotus est pontificium : ibique angelicam vitam perducens, tandem beatissime abiit, non obiit. Alter vero totum se Christi servitio mancipans, mundanaque omnia funditus respuens, locum, qui dicitur Heydanhem, sibi ad incolendum elegit. Ibique continuis orationibus munitus, spe roboratus, fide armatus, eamdem, quam eum fratre, monachicam susceperat conversationem, strenuissime usque ad exitum animæ finiens multos post se (40) ad bene vivendi regulam prævius exhortatus est.

2. Post (41) horum vero discessum soror eorumdem, totius feminei sexus decus post S. Mariam, Waldburga, quibuscunque potuit se imitabile præbens exemplum, eidem puellaris catervæ monasterio in præfato loco Heydanhem præstituta est materfamilias, ad omnia quæ a Christo posceret semper efficacissima. Contigit ibidem quondam vespertina hora peracta, revertente hac ipsa de ecclesia ad suum habitaculum, ut quidam ecclesiæ ejusdem custos (42), Guomerandus nomine, ingruentibus noctis tenebris petenti Walburgæ lumen sibi prævium stultus denegaret. Ad quam injuriam insuperabilem retinens patientiam, cœnata sanctimonialium catervula, peractisque divinis laudibus, dormitorium adiit. Tunc mox mirum in modum ibidem tanta luminis flagrantia enituit, ut ejusdem domicilii pavimentum penetrare videretur, et sic usque ad matutina permansit præconia. Stupentibus hinc omnibus Deo sacratis virginibus, et exsultantibus ad religiosissimæ matrisfamilias lectulum concurrentibus, illique cœlestis fulgoris immensitatem insinuantibus, illa prorumpens in lacrymas, sublevatis ad Deum oculis et manibus dixit : Tibi, Domine Jesu Christe, cui humilis ancilla a cunabulis servire decrevi, de hoc collato munere gratias ago, qui ad exercendas ancillarum tuarum mihi cohærentium mentes me indignam luminis tui adjuvamine consolari dignatus es, tetrique

---

(35) Titulus in ms. nostro præfigitur : *Vitæ beatissimæ ac Deo dilectissimæ ac paradoxæ Walburgæ.*

(36) *Francorum imperium* late sumitur pro omnibus ditionibus quæ dominio Caroli Magni ejusque posterorum subditæ fuerant per Gallias, Belgium, Germaniam.

(37) *S. Bonifacius* primo in Frisiam appulit, tum Francis subjectam, atque tres annos (Beka tredecim scribit), cooperator S. Willibrordi in diœcesi Ultrajectina et Frisiorum conversione laboravit : colitur 5 Junii.

(38) Fuerat plurimis annis episcopus ad conversionem gentium constitutus, tandem data ei sedes Moguntina : eaque urbs tum *metropolis Francorum* appellabatur. Consule notat. 23 Serarii ad Vitam S. Bonifacii l. III Rerum Moguntiacarum.

(39) Mss. aliqua, *Anglensis.*

(40) In ms. Ultr. et 2. Trev., *ad bene vivendum præmiis exhortatus*, at *prævius* in Legenda Lovan. Surius mutato stylo ita scribit : *multosque suis exemplis ad bene vivendi studium perduxit.*

(41) Ita omnia mss. cum Capgravio et Lectionib. Brev. Morin. At Surius ita correxit : *Ubi vero Winiboldus excessit e vivis*, feminei sexus, etc. Consentit in priore Vita Wolfhardus.

(42) Aliis, *Gaumeradus* et *Goumeradus*, Surio, *Conmeradus.*

horroris caliginem clementiæ tuæ radiis evacuasti : et id nequaquam meis, sed (43) fratrum meorum, tuorum videlicet famulorum, ascribo meritis.

3. Post obitum beatissimi (44) episcopi Williboldi fratris S. Walburgæ, contigit illam, sicut feminei sexus natura esse cognoscitur (45), intolerabilis exinde fuisse impatientiæ. Tunc quodam vespertino tempore, nullo ex illa cognoscente familia, de monasterio egressa, venit ad cujusdam domum divitis : et ante fores ejusdem quasi quædam peregrina et ignota, sola constitit. Quam videns dominus domus, ignarus quæ esset, cum universis domesticis suis æstuabat, ne rapida suorum canum audacia eam laniando decerperet : jussit ut, quæ esset, ocius indicaret. Tum illa : « Nequaquam, inquit, metuo, quod tu vereris canes me posse crudeli dente contingere, nec Walburgam (sic enim nuncupor) mordere valebunt. Ipse enim qui me huc ad tuam domum perducit incolumem, ad locum unde veni illæsam poterit me perducere; et ipse domui tuæ conferet medicinæ solamen, si tota fide eumdem credideris esse medicum medicorum. » Quo audito, vir illustris a loco quo sederat illico prosiluit, animoque consternatus, quare tam nobilis puella et omnipotentis Dei famula ad ostium constiterit, requisivit. Tunc illam cum omni veneratione suscipiens, omnem illi debitæ servitutis famularum exhibuit. Hora vero nocturnæ requietionis interrogata ubi vellet requiescere, respondit se nusquam alibi velle pausare nisi in cubiculo, in quo filia ejus usque ad mortem valida ægritudine perducta jaceret, cujus funebria jam a patre et matre præbarabantur. Quibus præ nimio dolore ejulantibus, intravit cubiculum, et totam noctem educens insomnem, orationibus ad Dominum per transactam noctem profusis, in crastino puella incolumitate integerrima convaluit. Quo viso parentes miraculo, Deo omnipotenti qui occidit et vivere facit, percutit et sanat, multimodas persolventes gratias, amantissimæ Deo et hominibus virgini plurima protulerunt xenia, seseque ejus sacratissimis precibus commendaverunt. Illa autem donorum pretiositatem refutans, Christumque solum ante omnia diligens, ad monasterium regressa est ; et quanto magis in se divinam comperta est vigere clementiam, tanto ad arctioris vitæ (46) excellentiam semetipsam de die in diem coaptavit.

4. His duobus miraculis inter alia nobis cognitis in sua vita peractis, beatissima virgo cum in Deo corroborata, mundum cum suis concupiscentiis penitus superasset, omnibus se sequentibus et omnem religionem imitabilis facta, tandem ex hoc mundo triumphans obiit, et ad paradisum sui triumphi bravium susceptura beatissime abiit (47) et in eodem, quo semper Christo ancillabatur monasterio, cum maxima sepulta est honorificentia.

5. Parvo ex hinc tempore decedentibus ejusdem Ecclesiæ pastoribus, in qua S. Walburga condebatur, contigit Otgarium venerabilem virum Heystatensis Ecclesiæ cathedram obtinuisse, qui cum minori, quam ratio deposceret, honestate idem monasterium, in quo beatæ virginis corpusculum humabatur, excoluisset, quadam nocte per visionem fertur sacra virgo hujusmodi verbis illum compellasse : « Cur, inquit, Otgari præsul Deo digne, monasterium quo corpore sum recondita sic negligenter hactenus habere voluisti ? Nam servorum illuc convenientium temulentis quotidie calcor pedibus, vulgaribusque vestigiis comprimor. Cito enim cognosces quoniam tale aliquod tibi indicium pandam, quo non recte te erga me et domum Dei egisse comperias, ut, si te reum exinde cognoveris, veniam merearis. » Quod non falsum esse visum post non multum temporis, rei comprobavit eventus. Nam statim in proximo dum erecti essent parietes ejusdem fabricæ, et prominens trabium compago sequenti die super muros deberet apponi, noctu aquilonaris paries subito usque ad terram corruit terroremque haud minimum tam domesticis quam cunctis circumquaque conversantibus incussit. Facto autem mane, cum ad hujusmodi spectaculum omnes pavidi convenissent, custos ejusdem ecclesiæ, nomine Reginfridus, præscripto præsuli Otgario per velocissimum hoc intimavit (48) nuntium. Qui hoc audito mox visionem quam (49) viderat esse completam intelligens, illuc acceleravit, atque cum omni festinantia ecclesiam cum devotissimis restauravit comprovincialibus atque dedicavit. Transacto igitur anno, memoratus episcopus suos archipresbyteros (50) Walconem atque Adhalungum cum quadam sanctimoniali, Liubila nuncupata, illuc iransire præcepit, quatenus corpusculum S. Walburgæ cum summa diligentia effodientes et cum nolarum clangoribus hymnorumque concentibus, omnique reverentia ad Heystatense deportarent cœnobium : quod cum omni populari exsultatione (51) undecimo Kalendas Octobris perfecerunt. Sed et ejusdem antistitis jussu fratris S. Walburgæ Winniboldi membra post tres dies octavo (52) Kalendas Octobris ex eadem ecclesia tollentes, ad eumdem locum transtulerunt.

---

(43) Wolfhardus, *precibus mei et tui devoti famuli fratris.*
(44) Ita omnia mss. cum Legenda Lovan. et Capgravio. At Surius, deleto episcopi nomine, *Winniboldum* expressit, quem an. 761 obiisse diximus; et S. Willibaldum post obitum S. Walburgæ videri superfuisse.
(45) Sur., *immodico correpta dolore.*
(46) Mss. Trev. et S. Max., *clementiam excellentem.*
(47) In Historia Sanctorum, seu Legendæ tomo II Coloniæ 1483 et Lovanii 1485 excuso, hæc interponuntur : *Legitur autem, quod ipsa pro conservanda castitatis munditia, adeo virorum tactus in vita sua semper exhorruit, ut etiam post mortem, cum vir quidam corpus ejus sepeliendum contingeret, in testimonium pristinæ custodiæ puritatis statim concuti et tremere cœpit.*
(48) Ms. Ant., *internuntium.*
(49) Ms. Ultr., *audierat.*
(50) Sur., *Valtonem et Alungum cum Hubila.*
(51) Ms. Ultr., *octavo.*
(52) Idem, *quinto.*

CAPUT II.

Pars reliquiarum S. Walburgis donata Liubila abbatissæ. Ingluvies aliique morbi sublati.

6. Sed postquam beatissima Walburga Heystatenses fines per semetipsam visitare dignata est, contigit postea ut memorata sanctimonialis Liubula a suis propinquis multum sibi invidentibus ita coarctaretur, ut tam violenter quam ingeniose a sua eadem materna prope expelleretur hæreditate. Sed saluberrime anxia, inito consilio petiit ab Heystatensis Ecclesiæ Ercenbaldo antistite, ut sibi concederentur S. Walburgæ reliquiæ, quatenus si illa in obtinenda sua materna prævaleret hæreditate, hanc Christo suæque virgini Walburgæ jure perpetuo condonaret. Quod quia a Deo sumpsit initium, ab ipso etiam terminum habere felicissimum meruit. Anno igitur ab Incarnatione Domini octingentesimo nonagesimo tertio, regnante Arnulpho, apertum est sepulcrum Walburgæ beatissimæ virginis, in quo tempore Otgarii episcopi fuerat collocata, atque ob sepulturam ab eodem episcopo minus procuratam in visione, ut jam præscriptum est, multum austeriter increpabatur.

7. (53) Contigit miraculum a sæculo inauditum, multiplicibus atque manifestissimis compertum testimoniis. Quædam cujusdam familiæ ancilla, nomine (54) Fritherada, dum familiarius cæteris in obsequio sui domini suæque uxoris assidue ancillaretur, subitaneæ ægritudinis molestia carpebatur: in qua dum miserabiliter biduo vexaretur, paulisper convaluit; sed tanta deinde succrevit sibi ingluvies, ut non saturari ullatenus, sed vix refocillari potuisset. Cui dum plurimam ejus propinqui victus copiam imprimis administrassent, illaque de die in diem majera semper subsidia concupisceret, quid de ea facerent sollicite tractare cœperunt. Nondum enim incessu fruebatur, sed scabellulis flebiliter reptabat. Tunc suo suorumque consilio parentum, dominam petiit, ut præfatæ virginis oratorium adire mereretur. Quo permisso, dum veniens instanter supplicaret, die tertio debilium pedum adepta est sanitatem. Quod audiens prædictæ familiæ dominus videlicet, ejusque domina, nimis gaudentes acceleraverunt illuc pervenire, eamdemque ancillam S. Walburgæ in proprietatem ibidem jugiter ad serviendum dederunt. Sed abbatissa præfata Liubila hoc tenuit, ibique illam aliquandiu manere permittens, post paucos dies dominis suis incolumem remisit.

8. Sed mox ut regressa est, pristino languore correpta est. Videns autem prædicta domina non bonum consilium fuisse, quod ullo modo a monasterio post sanitatem abduceretur, cum festinatione eam reducens ecclesiæ in proprium tradidit famulatum, statimque convaluit; sed (55) intolerabili gulæ appetitu fatigabatur. Sed dum nimis inde labo-

A rans verecundaretur, inito consilio prudenter confessa est hoc cuidam Thiedildi ejusdem monasterii procuratrici, quatenus ejus orationibus ab hac insatiabili ingluvie sublevaretur. Quæ ejus afflictioni compassa, salubre excogitans consilium, fecit eam accipere benedicti panis portionem a quodam venerabili presbytero, nomine (56) Reimundo. Ut ergo ex eo gustavit, ita paulatim miro modo decrescere cœpit et annihilari, ut antea consuevit augmentari, ut tandem nihil aliud edere nisi caseum et bibere nisi lactis valde modicum circa fere dimidium annum potuisset. Postea vero ita illi penitus corporalis nutrimenti defecit desiderium, ut si aliquando tentaret de aliquo gustare statim evomuisset. Cum vero sibi omnino sine celeri vomitu nihil posse gustare credula exstitisset, rogavit prædictam Dei famulam Thiedildem ut nihil vitalis stipendii illi impenderet, cum omne quod impenderet perdidisset. Tunc rem a sæculo inauditam stupefacta, ullum quippe corpus posse absque alimento tandiu vivere, quod de ea ageret, nimis æstuabat. Tandem ad alteram illius monasterii ecclesiam ibi prope positam eam direxit, commendans eam cuidam ex consoribus ejus, quæ ibidem procuratrix constituta erat. Quam suscipiens cum omni diligentia observavit, sexque hebdomadis fere secum detinuit; in quibus eam nihil manducasse vel bibisse certissimum fuit.

9. Quibus expletis, venit præfata Thiedildis hanc visitare, quod factum fuisset comperit. Tunc Dei ancilla Thiedildis diversis modis et blanditiis cœpit eam exhortari, dicens: « Noli, charissima filia, noli hujusmodi obstinatione te seducere, sed potius ad mentem accelera redire, et alimoniæ aliquid, tibimetipsi consulens, percipe; si vero quolibet falleris phantasmate, fatere filia, et noli erubescere; credo pro certo si feceris, quod mox dominæ nostræ precibus adjuveris. His auditis ob nimiam objurgationem erubescens, (57) coacta tentabat aliquid gustare, nec poterat. Sed ne exhortantis Dei ancillæ suasoria verba contemnere videretur, petiit sibi de deteriori sicera porrigere. Ex qua dum permodicum invita degustasset, mox per nares et per oculos id parum, quod degustavit, erupit, ita ut mox cæca efficeretur. Tunc ad monasterium reducta non post multum temporis visum recuperavit; sed in eadem, qua prius cunctis obstupenda detinebatur abstinentia, perduravit. Cumque prædicta materfamilias totaque illa puellaris congregatio de hujusmodi inaudita unquam causa nimis obstupescerent, inito consilio, præsulem venerandum, ad cujus diœcesim id monasterium subjiciebatur, adierunt; remque per ordinem ab initio gestam narraverunt, quod ejus prudentiæ super hoc incredibili signo videretur esse discernendum et statuendum. Ille vero hoc audito obstupescens, nullo modo credulus, verebatur ne aliqua milleformis

---

(53) Sequentia miracula ex Wolfhardo selecta. Quod primum, narratur ab eo l. III, c. 3, contigit an. 895, biennio post corporis translationem.
(54) Ms. Ant., *Fricherada*. Sur., *Friderada*.
(55) Additur in ms. Antuer. *singulis diebus*.
(56) Aliis *Remundo, Himundo, Immundo, Mundo*.
(57) In mss. Ant. et S. Max. addebatur, *tacebat*.

diaboli astutia delusa visus hominum falleret, eique alimoniæ refocillatio in secretioribus positæ qualicunque arte administraretur. Tunc cum suis inito consilio, vocatoque de monasterio S. Walburgæ valde religioso presbytero, auctoritate pontificali iterum iterumque mandavit ut eamdem ancillam, de qua loquimur, in suam susceptam custodiam, ne aliqua astutia humanos falleret obtutus, cautissime observaret. Quod et fecit, et, ut prius narratum fuerat, a se diligentissime compertum episcopo nuntiavit. Tunc præsul omni dubitatione detersa quasi jam compulsus credidit. Sic denique adhuc triennio a S. Martini missa usque ad illum consistebat diem. Operabatur tamen juxta facultatis modulum quidquid illi fuerat injunctum. Eucharistiam vero quoties sumere nitebatur, nisi cum omni festinatione dormitum iret, mox vomitabunda constitit. Quidquid ergo nunc humanæ videtur impossibile imbecillitati, omnimodis divinæ facillimum esse credatur majestati.

10. (58) Postea igitur prudentissimus in omnibus Ercamboldus missus illuc cum suis aliis boni meriti viris archipresbyteris corpusculum beatæ virginis jussit effodi, inventumque diligenter contrectari. Quod nimia trepidatione cum divinis laudibus adimplentes effodiendo invenerunt reliquias sanctissimæ virginis, nimium adamandas, quasi tenui humore madefactas. Quæ quamvis tantum essent roscidæ, nullo tamen pacto saltem unus pulvisculus valuit manibus attrectantibus adhærere. Sublata tunc ex Heystatensi monasterio corpusculi sacræ virginis portione, prout episcopus dictatum habuit, turbulentissimus mœror et ejulatus Heystatensibus, quasi totam matronam sibi ablatam deflentibus, exortus est. Interea dum tanta optati muneris patrocinia cum magna exsultantium gloria ad locum qui dicitur Movenhem ducerentur, quidam forte epilepticus puer sacri ponderis feretro obvians, sub eodem se incurvans, ipsam quam quæsivit sanitatem recepit. Tunc subito, ut omnes commeantes testati sunt, tanta in eodem loco odoris redolentia conflagravit, ut nares prætereuntium vel subsequentium feretrum ferre vix potuissent.

CAPUT III.
Varia miracula opę S. Walburgis patrata.

11. Postquam ergo sanctissimæ virginis pignora supra sanctum prædicti monasterii altare locata sunt, sequenti nocte contigit abbatissam Liubulam ibidem adfuisse; dumque illic tribus detenta noctibus, gravi podagræ morbo laborans se sopori dedisset, astitit ei quidam veneranda canitie clericus, Williboldus, ut creditur episcopus, S. Walburgæ frater (qui in eodem loco suam proprietatem hæreditario jure longe ante donatam habuit) eamque compellans ita ait : « Liubula, cur dormis ? quare non surgens ad ecclesiam pergis ? » Ad quem illa : « Ut quid nunc ad ecclesiam eundum est, cum needum pulsata matutinalia signa sonuerunt? Ego quippe nec illuc incessu pedum ullo modo pergere valeo, nisi aliorum manibus deducta fuero. » Qui ait : « Vade celerius, ne moreris, quoniam Williboldus eamdem cum magno agmine intravit ecclesiam, qualiter sanctam sororem suam reconditam habeas, a te curiose perquirere volens. » Quæ statim, ac si nihil incommodi perferens, surrexit, et de loco ad locum exsiliens, basilicam, ad quam tetendit, ingressa est, divinæ clementiæ atque beatæ virgini gratiarum actiones pro adepta sospitate rependit.

12. Quidam autem pauper a nativitate contractus, quasi quoddam cerneretur monstrum, dum inter plures ad S. Walburgæ patrocinia confugientes, victus pariter et remedii solatium quæreret, nocte quadam sibi dormienti apparuit beatissima virgo, et ut ad ecclesiam pergeret, imperavit. Quo respondente se algoris asperitatem perhorrescere, ideoque nec a loco quietis audere se saltem erigere. Ad quem illa blandis respondit verbis : « Vade, miselle, celeriter, quoniam ego te ab hujus frigoris asperitate qua nunc affligeris protegens, calida membra administrabo; mihique (59) pro reddita sanitatis mercedula scabellula, quibus adhuc uteris incurvatis artubus, ad ecclesiam suspendere debebis. » Qui quamvis pigerrime ad ecclesiam pergens, ibique paululum commoratus, ad suum anxius rediit hospitium. Mane autem facto iterum regressus illuc et ante beatæ virginis feretrum se projiciens, circa tertiam horam subito palpitando se cœpit volutare in pavimento et protendere, et scabellula, sine quibus numquam se de loco transferre potuit, ac si divinitus e manibus evulsa, ante altare projecta sunt. Sicque membris omnibus consolidatis erectus ambulavit, et convalescens in eadem ecclesia ad dies vitæ suæ validus et incolumis postmodum administravit.

13. Allata est ad idem monasterium quædam mulier, nomine Reginsundis, ita membris omnibus debilitata, ut nisi aut vehiculo aut duobus eam inflexis inter se brachiis portantibus nullo modo transferri uspiam potuisset. Quæ ante altare, super quo virginis feretrum continebatur, a suis exposita, celerrimam adepta est sanitatem, ita ut sine alterius ductu per se efficacissime, quocumque vellet, pergeret, Jesum Christum et sacræ virginis glorificans merita.

14. Quædam etiam mulier de villa nuncupata Stofohem, vocabulo Geyla, cum advenisset festus dedicationis illius ecclesiæ annuus dies, omnibus in illa regione solemnizantibus, illa sola procaci animo parvipendens, suam ingressa est hiemalem zetam et curciboldum, quem ad texendum prius erectum habuit, flexis cœpit texere digitulis dexteræ; sed cum duabus vicibus ex (60) glomite sive tramea tula.

(58) Sequentia ex 1. 1 Wolfhardi sumpta sunt, et cohærent cum iis quæ n. 6 hujus Vitæ leguntur.
(59) Mss. Trevir., *post redditam sanitatem scabel-*
(60) Wolfhardus, *glomice seu trama.*

quam manu teneret in telam transponeret, inhæsit
illi miserrime insertus manui glomex, intumescente
toto lacerto; sed quæ adfuerant mulierculæ tentaverunt
inclusum (61) glomitem singillatim dissuere
(62) filis (63).

15. Quidam vir nomine Ercamboldus expletis jam
(64) triginta septem hebdomadibus, dum nullius generis
cibo vel potu aliquatenus vesci potuisset, nec
tamen pedum incessu fraudaretur, nisi languidus
pergeret quo vellet. Tantum ovorum raris medituliis,
modicissimoque leguminis suffragio vix pendulam
refocillabat anxius vitam, gerens macilentissimum
et imbecillimum cum vita sibi ingrata corpusculum,
nec vini vel siceræ gustum ore ullatenus
contingere delectabatur. Tunc sibi ægre dormienti
vox blanda eum ita affatur : « Cur, inquit, desidia
languescens, neglecto tuæ valetudinis remedio, de
tua vita sic omnino desperas? Age ergo, quod moneo
jam, de tui status recuperatione securus, et ad monasterium
Mouvenhem vade festinus, ibique beatæ
virginis meritis adjuvaberis. Cumque illuc celerius
veneris, inventurus es ibidem tres sanctimoniales
secus altare stantes quæ (65) tibi consecratum sanguinem
Domini de calice propinabunt; quem dum
ab illis acceperis, mox edendi bibendique absque
ulla dubitatione delectatio tibi associabitur et prosperabitur. »
Hoc igitur saluberrimæ vocis impulsu
expergefactus, summa cum celeritate ad jam dictum
monasterium adductus est, qui illic ab oratione se
erigens compertis juxta altare tribus matronis astantibus,
visionem quem viderat exsolvit; moxque, ut
de sancto calice degustavit, adfuit ei magnum edendi
et bibendi desiderium, sicque comestionis et bibitionis
totiusque corporeæ valetudinis remedio acquisito,
cum nimia exsultatione domum incolumis rediit,
et in eadem incolumitate usque ad finem vitæ
perseveravit.

16. Contigit nimium mirabile, et, nisi plurimorum
approbaretur cognitione, valde incredibile (sed divinæ
Majestati nihil constat impossibile), inauditum
nuper a sæculo signum. Dum igitur maxima undique
confluentium populorum ad S. Walburgæ basilicam
turba conveniret, adfuit inter illos quidam incognitus
exsul, peregrini habitu stans vel jacens, qui
inter cæteros attentius et instantius oravit, quem
abbatissa Liubula intuens inter cæteros flebilius
perseverantiusque orasse admirata, eumdem ad se
vocari præcepit ; et quis vel unde esset nimium curiose
interrogavit. Ad quam ille : « Gratias, inquit,
Deo omnipotenti ago, qui me sanctissimæ virginis
Walburgæ meritis de maximæ confusionis scandalo,
indignissimum peccatorem liberare dignatus est.
Quod tam vos hic modo præsentes, quam omnes a

me potius quam ab aliis, quam mirificum sit, audire
oportet : et, ne me aliquis divinam fallere conscientiam
velle suspicetur, testor Deum, quem nihil latere
potest, ante cujus assisto, licet indignus, altare, et
S. Walburgam, cujus nimium compulsus suffragia
requisivi, me nihil ficta sed veridica, in hoc miraculo,
narratione relaturum, prout possibile est humanæ
fragilitati. »

17. Anno quoque (66) priori, quo famis atrocitas
multos afflixerat, contigit duos pauperes eamdem
famis acerbitatem de loco ad locum, de regione ad
regionem confugere ; tunc contigit quemdam tertium
de longinqua regione pauperem illis associari : quem
ubi vel unde pergeret vellet interrogantibus respondit
se, sicut plures velle cognitum est, S. Walburgæ
patrocinia quæsiturum. Tunc illi : « Si illuc
inquiunt, eundi desiderium est, habeto nos ejusdem
itineris et consolationis consocios, ut simul multæ
longinquitatis pericula transeuntes, mutuis confortemur
auxiliis. Nam et nos ad eumdem locum ire
disponentes, victus inopia nimium constricti, et
adhuc jejuni gradientes, vix vacillando gressu ambulare
valemus. » Quibus simplex conviator : « Eia,
confratres, inquit, prolixi itineris longinquitatem
Domino Jesu Christo commendantes, angustias deponamus.
Et quoniam meridianæ requietionis imminet
tempus, quæramus ubi disjejunandi modicumque
pausandi aptus inveniri possit locellus. » Quo invento,
cum discumberent, et cum priores consocii
nihil commeatus secum habere conquererentur, ait
qui supervenit (67) conviator tertius : « Jam nunc
lassi conquiescentes de meis pransuri cibusculis;
postmodum ea ratione dormiamus, ut nimirum tertius
securam vigiliam exhibeat duobus, ut sic gemina
refocillationis et pausationis recreatione relevati
cœptam in Domino profectionem perficiamus. »
Quibus hoc bonum consilium insidiose approbantibus,
sumpsit alter de duobus consociis somnum imaginarium;
sed tertius qui supervenit, mortiferum
atque novissimum. Nam protinus contra innocentem
consurgentes nefandissime interemerunt.

18. Quo perpetrato, quid de mortificati cadavere
impiissimi agerent, coangustati, tandem eorum alter
horribilem sarcinam propriis coaptavit humeris,
cœpitque perscrutari, ubi in quolibet devio vel abdito
mortificatum exposuisset loco. Tandem hoc
invento, dum amplexum a se corpus conaretur deponere,
cœpit a mortuo vivus arctius constringi, ut
nullo conamine funeris pondus a se potuisset disjungere.
Quid faceret infelicissimus? Anxius quocunque
pergere studuisset, indeclinabilem sui facinoris proditricem
ad se tenacissime conglutinatam, horrorem
cunctis incutiens, comportavit. Cui interea fatiga-

---

(61) Ms. S. Max., *glomicem*.
(62) Idem et Ant., *membris*.
(63) Quomodo eadem femina, invocata S. Walburge
sæpius, sanata sit, refertur a Wolfhardo l. I.
(64) Ms. Ultr., *triginta*. Wolfhardus, *septem et
viginti*.

(65) Wolfh. *de altaris calice consecrato tibi poculum
porrigent*.
(66) Anno 894, ut probatum ad cap. 2, l. II Wolfhardi,
ubi hæc narrantur.
(67) Ms. Ultr. et Trevir., *commeator*.

biliter de loco ad locum vaganti quidam sibi cognitus obviavit; sed conspecto tantæ horribilitatis onere pene exanimis expallescens, tandem animo recuperato, cur tam horrificæ molis bajulus exstitisset percunctatus est. At ille, ut sibi familiari amico credulus cunctum hujus commachinationis ordinem referebat, et ut suæ calamitatis commisertus gravedinem qua miserrime comprimebatur, a se excludere quodam modo comprobaret. Tunc ille facile suo amico posse succurrere arbitrans, arrepto gladio quem secum ferebat, mortificati corporis brachia, gestantis amici cervicem vivaciter complexantia, articulatim, nisi aliter nequisset, abscindere volens, quatenus suum ab hujus inauditi ludibrii violentia erueret amicum. Sed, res mira et stupenda, et in Domino Jesu Christo laudanda! mox ut manus illius mortui cohærentes lacertos attigerant abscindendos, abscissoris corpus quasi tenacissimo bitumine conglutinabatur illis duobus. Sed statim divina miseratione compunctus suorum scelerum collacrymando reminiscens, precabatur quatenus immensa Dei clementia per B. Walburgæ suffragia sibi miserrimo nimiumque facinoroso misereri dignaretur. Cui hujusmodi supplicanti, suaque ad S. Walburgam vota multifarie pollicitanti, multumque ejulanti disnexum est corpus, et nimium libero consolatus utebatur incessu, erectis oculis ac manibus Deum semper et ubique, sanctamque glorificans virginem.

19. Tunc pariter terrifico sarcinarum pondere usque ad littus Rheni comitabatur, ibique dum aliquantulum constitisset, præscriptus miser tanti oneris gravitate et dedecoris confusione afflictus, malens mortis subire interitum, quam detestabilis et ingratæ vitæ fastidium diutius sustinere, Rheni alveum conscendens, quatenus sic sibi suoque cadaveris coagu-

(68) Sequentia aliter narrat Wolfhardus.

lati ponderi ignotam acquireret sepulturam, cum omni impetu se præcipitavit in illius abyssi voraginem (68). Sed Rhenus tanti criminis immunditiam, suam prædam non esse præsumens, absque ulla morula parricidam cum suo morticinio vivum ad littus revomuit. Stupefactus autem nimiumque exterritus ejusdem conviator, et de ejus direptione nimis congratulans, sicut de alterius calamitate collacrymans, tandem miserabilem cum miserabili onere derelinquens, ad S. Walburgæ monasterium concito cursu advenit, reique gestæ seriem per ordinem veridico ore ibidem cunctis narravit, summique juramenti approbatione affirmare, si permitteretur, libentissime voluit. Fertur namque præfatus funeris captivitate detentus, B. Walburgæ virginis præsidia sæpe voluisse adire, sed nunquam illius ecclesiæ confinia posse contingere, ut liquido monstraretur quanti reatus existeret vinculo colligatus, qui sic procul, ne ad S. Walburgæ monasterium ullo modo pertingere posset, coerceretur. Hunc multi cum jam sæpe dicti oneris mole, qui tunc temporis exstiterunt, viderunt : unde constat nequaquam esse falsum, quod tam plurimorum attestatione esse verum corroborabatur.

20. Hæc itaque signa et prodigia hic nunc scripto comprehensa, quæ divina majestas in illa novitate sublevationis ex monumento corpusculi, Deo et hominibus adamandæ virginis peregit, multum laudanda et admiranda sunt. Sed adhuc in diversis per totum Francorum regnum provinciis, quæ ejusdem virginis reliquiarum pignoribus illustratæ consistunt, quotidie plura excellentioraque præconio digna efficiuntur per Jesum Christum Dominum nostrum, cui est cum Patre et Spiritu sancto perennis gloria in sæcula sæculorum. Amen.

IN OPUSCULUM SUBSEQUENS R. P. BERNARDI PEZII

MONITUM.

(*Dissertatio isagogica* in tom. III *Thesauri Anecdot. noviss.*, pag. III.

Opusculum *de Crassitudine Sphæræ*, ad Sylvestrum II, antea Gerbertum, scribendo ansam præbuit Adelboldo difficilior quidam locus Macrobii super somnium Scipionis, ubi ait *compertum esse apud geometras peritissimos, ut in duobus circulis, si diametrum unius duplum sit diametro alterius, ejus circuli crassitudo, cujus diametrum duplum sit, octupla sit crassitudini illius circuli, cujus subduplum est diametrum*, etc. Quam doctrinam dum accurate explicat Adelboldus, rem tamen omnem ad Silvestrum defert : *In his omnibus*, inquit, *si erro, oro ut ad viam veritatis reducar. Si viam teneo, nihilominus peto ut via quæ me dubitantem tenet in tenebris, vestri assensus auctoritate illustrata reluceat*. Ex quibus discimus quanti Silvestri eruditionem fecerit Adelboldus, qui hoc scriptum ante annum 1003 qui ultimus Silvestro fuit, debuit concinnare. Id ex cod. ms. membraneo annorum sexcentorum bibliothecæ Tegernseensis nobis suppeditavit admr. R. et cl. P. Alphonsus Hueber, alias a nobis laudatus. Alius est codex Petrensis ejusdem ætatis in-12, ad quem idem opusculum exegimus. Postremo cl. Edmundus Martene in Itinere suo litterario Gallicano, part. II, 92, testatur se in abbatia Cheminonensi diœcesis Catalaunensis vidisse *opus Adalboldi ad Silvestrum papam De circulo*, etc., quod sine dubio hoc ipsum nostrum est.

ADELBOLDI

PISCOPI TRAJECTENSIS, ORDINIS S. BENEDICTI

LIBELLUS
DE RATIONE INVENIENDI CRASSITUDINEM SPHÆRÆ,
AD SILVESTRUM II P. M.

Prodit nunc primum in lucem ex codd. mss. inclytorum monasteriorum Tegernseensis et Sanct-Petrensis Salisb., opera adm. R. D. P. Alphonsi Hueber, ascetæ Tegernseensis.

(Apud R. P. Bernardum Pezium, Thesaur. Anecdot. noviss., tom. III, parte II, col. 85.)

Domino Silvestro summo et pontifici et philosopho Adelboldus scholasticus vitæ et felicitatis perpetuitatem.

Valde peccare est publicis intentum utilitatibus privatis inquietare conventionibus. Sed hoc ingenio vestro confido, ut simul et reipublicæ possit sufficere, et mihi, ex hoc quod quæro, satisfacere. Et tamen temere ago, et non ignoranter pecco, quod tantum virum quasi conscholasticum juvenis convenio. Sed confessio peccati veniam non tantum, dico, quærit, sed exigit. Fortasse cogitatis ut sic peccem ut me peccasse pœnitere nolim, ac ideo sine fructu pœnitentiæ confessio nec veniam debeat quærere, nec remissionem aliquam exigere. Ad hæc respondebo quia, si benignitatem vestram in hac conventione offendero, ultra quam credere possitis, me vos convenisse dolebo : ac ideo dolenti et pœnitenti, simulque se peccasse fatenti, et deinceps ab ejusmodi peccato se abstinere volenti veniam concedendam esse censebo, ab eo maxime qui vicem illius tenet, cui dictum est : « Non dico tibi usque septies, sed usque septuagies septies (*Matth*. xviii, 22). »

Si autem non offendero, sed id quæsiero quod cum benevolentia vestra adeptus fuero, utpote quia in adeptione mea et mihi et multis prodesse gaudebo, quæstiones, quas jam auctoritati vestræ transmisi, quia non resolvuntur, me in eis aut vos offendisse timeo, aut pro dilatione solutionis aliquid grande futurum spero. Sed non aliud quoddam proponam, ut aut ex hoc, quod timeo, magis doleam, et doloris magnitudo vos flectat ad veniam : aut ex hoc, quod spero, magis gaudeam, et gaudii mei plenitudo remunerationem vobis imploret futuram. Et hoc quidem quod nunc proponere volo, quibus rationibus discuti et ad intellectum usque deduci possit, videor videre ; sed ad determinandum diligentiam vestram exspecto, ut tanti viri auctoritas præceptionis meæ fiat aut correctio aut integritas.

Quid ergo sit, quibusque imaginationibus circa illud et delusus habear et certus tenear, jam nunc aperiam, ut, vulnere aperto hæsitationis, a vobis præsto sit medicamentum certitudinis.

§ I.

Macrobius super Somnium Scipionis, ubi loquitur de magnitudine cœli, terræ, solis et lunæ, eorumque rotunda globositate, compertum esse ait apud geometras peritissimos, ut in duobus circulis, si diametrum unius duplum sit diametro alterius, ejus circuli crassitudo, cujus diametrum duplum sit, octupla sit crassitudini illius circuli cujus subduplum est diametrum.

De diametro circulum, de circulo diametrum, de diametro et circulo aream invenire, ac ideo diametrum ad diametrum, et circulum ad circulum, et aream ad aream comparare illis facile est qui de talibus consueverunt curare. Crassitudinem autem ad crassitudinem quomodo potest comparare, qui necdum quid sit crassitudo perceperit? Duarum enim rerum notitiam earumdem comparatio non præcedit, sed subsequitur. Unde fit ut crassitudinem aliquam crassitudini alterius octuplam esse comprehendere nequeat, qui nescit unde cujusque circuli crassitudo concrescat. Quid autem jam inde mihi percepissem, aperiam, non, ut aiunt, *Minervam litteras*, sed ut monstrem quid sentiam ; quatenus, si erro, ad viam a sagacitate vestra reducar : si viam titubans teneo, auctoritati vestri assensus innitar. Sed ut ad id quod volo perveniam, ab his quæ pluribus nota sunt incipiam.

§ II.

Diametrum 7 pedum mihi facio. Ex hoc circulum sic quæro. Triplico illud, et ejus septimam triplicationi illi superaddo, et sic circulum in viginti duos pedes habeo. Medietate autem diametri, quod est 3 et semis, et medietate circuli, quæ est 11, invicem multiplicatis, venit mihi area ejusdem circuli 38 pedes et semis. Ecce diametrum, ecce circulum, ecce aream habeo! Sed ut crassitudinem inveniam, diametrum idem cubico, et cubum mihi ejusmodi facio, qui globositatem sphæræ lateribus contingat, angulis autem et lineis ab angulo in angulum procedentibus excedat. Ab hujusmodi cubo crassitudinem illam, quæ a globositate usque ad angulos et lineas procedit, necesse est recidere, ut hac recisa solius sphæræ soliditas remaneat.

Hanc recisionem hoc modo facio. Summam totius cubi per vicesimas primas divido. Hinc tollo vicesimam primam partem de cubo, quæ est 16 : multiplico decies, et habeo recisiones cubi. Postea undecies, et habeo globositatem sphæræ, id est, ex his vigesimis primis excisionibus cubi deputo 10 ; reliquas crassitudini [*cod. Petr.* crassitudines] sphæræ relinquo. Quod idem esset, si totius cubi summam undecies ducerem, et ex illa concretione unam vicesimam primam subducerem [*Petr.* ducerem]. Hæc enim vicesima prima tanta est [*Tegern.* esset], quantæ illæ 11 quæ vicesimæ primæ ex simplici cubo tollebantur.

§ III.

Ut lucidius fiat quod dicimus, certis numeris crassitudines duas assignabimus, ut assignatas invicem comparare possimus : non ut hæc aut veriora sint, aut vos ignorare credamus, sed ut, viis nostris vestræ diligentiæ monstratis a vobis deinceps ducti errare nesciamus.

Circuli, cujus diametrum est 7 pedum, crassitudinem sic quæro. Cubico diametrum, et dico : septies septem fiunt 49. Rursus septies 49 fiunt 343. Ecce cubus ejus quadrati, cujus unumquodque latus 7 sit pedum, et hic cubus globositatem sphæræ ex toto concludit.

Ut autem supercedentia recidantur, sic facio. Tollo vigesimam primam ex 343 quæ est 16 et SS. Hanc si decies duco, habeo 163 et SS, excessiones scilicet cubi. Si undecies, habeo 179 et SS, sphæræ scilicet crassitudinem.

Ut manifestius fiat quod dicimus, cum quadrato circulum subpingamus [*Tegern:* subpingimus], ut visa in planitie facilius intelligantur [*Petr.* intelligatur] in crassitudine.

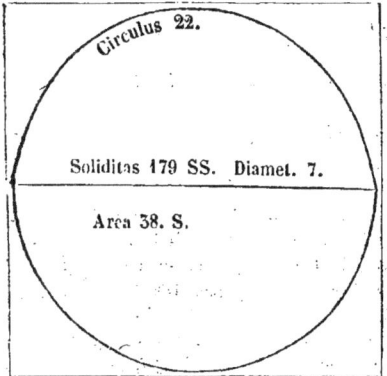

Ecce in hac sphæra diametrum est 7 pedum; circulus 22, area 38 et semis, soliditas 179 et SS. Non est autem mirandum si cubus in excessionibus suis fere medietatem crassitudinis obtineat, cum hic quadratus in planitie in supergressionibus suis vix [*Petr.* nec tert.] tertiam partem retineat. Hic quippe in quadratura cum unumquodque latus 7 sit pedum, secundum laterum dimensionem [*Tegern.* divisionem], aream 49 habebit. Cumque circulus ex his sibi 38 et acceperit, quadratura suis excisuris non nisi 10 et S retinebit.

§ IV.

Quare autem mihi ita esse videatur, si vobis non sit fastidiosum audire, mihi non erit onerosum dicere. Hic namque id est : quadratus, si septies in altum tollatur, 343 pedes reddit, excessiones scilicet suas et aream circuli secum in altum deducens [*Petr.* ducens]. Septies enim 10 et semis, id est excessiones, fiunt 73 et semis ; et septies 38 et semis, id est area circuli, fiunt 269 et semis. Sed 73 et semis, et 269 et semis, reddunt 343. Quare quadratum in altum tollere nihil est aliud nisi excessiones suas et circuli aream secum deducere. Ab illo igitur cubo, qui ex area 49 pedum consurrexerat, si quis septies 10 et S., id est 73 et S. reciderit, nondum sphæricam globositatem expolivit, sed secundum formam modii ab æquali area in æqualem aream deductam constituit, in pedes scilicet 269 et S.

Ex hac autem forma non medietatem, ne in modum trochi ex utraque parte acueretur, sed tertiam partem, quæ est 89 et SSS, tollere debemus, ut sphæram expoliamus. Sed hæc tertia non tamen omnino rotundæ formæ, id est [*cod. Petr.* Sed hæc t. rotundæ formæ non tamen de numero id est, *etc.*] 89 et SSS et 7 excessiones, id est 73 et S., idem reddunt quod 10 vicesimæ primæ, quæ ob hoc integro cubo tollebantur, ut sphæra undique rotundaretur ; et hæ decem vigesimæ primæ ad medietatem cubi fere pervenirent, nisi quadragesima secunda ejusdem cubi impediret [*Tegern.* impedirentur].

§ V.

Jam facile est videre, cum quadratus nec tertia [*Petr.* nec in tertia] sui circulum devincat, quare cubus fere sui medietate sphæræ globositatem supervadat. Ut hæc forma modii, quæ recisis undique lateribus cubi rotundatur, quamvis ad plenum non possit, aliquatenus tamen subscribatur, ut quod inertia linguæ occultat, veritas picturæ aperiat

Ecce videri potest quantum post recisionem acuminum de cubo recidendum sit de medio [Tegern. modio] ut pura globositas sphæræ remaneat.

Ecce satis dictum esse videtur quomodo ex diametro 7 pedum crassitudo sphæræ concrescat. Jam nunc aliam statuamus, quæ ex [Petr. a] duplo diametro proveniat. Sit 14 diametrum. Hoc cubico : quaterdecies 14 quaterdecies fiunt 2744. Hic est cubus sphæram concludens. Hujus si vigesimam primam partem accepero, quæ est 130 et SS, et eam decies duxero, venient mihi 1306 et SS; et hic cubus [Petr. et in his cubus] sphæram excedit. Si autem undecies, fiunt 1437 et SS; et hæc est crassitudo sphæræ. Quam si quis eisdem rationibus velit informare quibus superiorem informavimus, scilicet ut eam de cubo in formam modii, de modii forma in suam globositatem velit deducere, non tantum istam, sed et omnes, de quocunque diametro processerint, simili modo rotundare poterit. Sed uterque circulus depingatur, et is qui 7, et is qui 14 habet pedes in diametro, ut numerus cuique suæ soliditatis ascriptus demonstret quantum minor a majore vincatur.

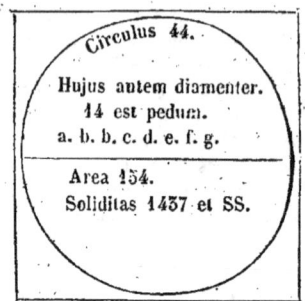

Circulus 44.

Hujus autem diameter
14 est pedum.
a. b. b. c. d. e. f. g.

Area 154.
Soliditas 1437 et SS.

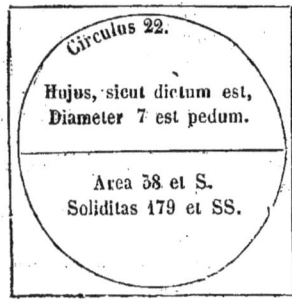

Circulus 22.

Hujus, sicut dictum est,
Diameter 7 est pedum.

Area 38 et S.
Soliditas 179 et SS.

Diameter et circulus sphæræ majoris diametro et circulo minoris dupla proportione junguntur; area vero areæ quadrupla; crassitudo autem crassitudini octupla : bis enim 7 et bis 22, quod est diameter et circulus minoris, fiunt 14. Et 14, qui est diameter et circulus majoris, et quater 38 et S. quod est area minoris, fiunt 154, quod est area majoris; et octies 189 et SS quod est soliditas minoris, reddunt 1347 et SS, quod est soliditas majoris.

§ VI.

Jam nunc quidem nihil dubitarem quin hæc esset ratio sphæricam crassitudinem inveniendi, si proprium esset sphæricæ tantum crassitudinis, ut, si duplicitas in diametro constaret, octuplicitas in soliditate reperiretur. Sed hanc eamdem causam et rationem in omnibus cubis invenio. Si enim ex binario unum fecero cubum, et quaternario alterum, quia quaternarius duplus est binarius, cubus quaternario octuplus erit cubo binarii, etiam areæ binarii quadrupla erit area quaternarii : et non tantum in cubis, sed etiam invenitur idem in puteorum profunditatibus. In his omnibus, si erro, oro ut ad viam veritatis reducar. Si viam teneo, nihilominus peto ut via quæ me dubitantem tenet in tenebris, vestri assensus auctoritate illustrata reluceat.

ADELBOLDI

CHARTA

DE VASSIS SIVE FIDE ADDICTIS ECCLESIÆ ET EPISCOPO TRAJECTENSI.

(Heda, *Chronicon Ultraject.*, p. 282.)

In nomine Dei amen. Operæ pretium duxi ea quæ sequuntur scriptis inserere, ne posteris lateret quod præsens ætas faceret. Quapropter desidero notum esse cunctis sanctæ Dei Ecclesiæ fidelibus, tam præsentibus quam futuris, quod ego Adelboldus, Dei solummodo gratia, sanctæ Trajectensis Ecclesiæ præsul indignus, cum feudales liberi sanctæ Trajectensis Ecclesiæ a me feudum suum requirerent, prædecessorum meorum ep.scoporum Trajectensium mihi litteras ostenderunt, continentes quæ et qualia bona ipsi et eorum progenitores ab Ecclesia Trajectensi tenuerunt; quibus visis, in scriptis feci redigi quæ sequuntur.

Dux Brabantiæ est liber feudalis Ecclesiæ Trajectensis, et tenet in feudum civitatem lapideam in Tiele, cum prædiis, familiis, mancipiis, silvis, aquis, piscationibus, pascuis, pratis, et salictum juxta prædictam civitatem Tiele situm, et omnibus ad civitatem pertinentibus eamdem.

Item totam Campiniam usque Tournouterværde, cum mancipiis, silvis, campis, officioque ejus est quod vocatur et est dapifer episcopi Trajectensis.

Item comes Gelriæ est etiam liber feudalis Ecclesiæ Trajectensis, et tenet in feudum comitatum Zutphaniæ, cum multis prædiis, mancipiis, pratis, silvis, aquis aquarumve decursibus et justitiis. Item Embricum cum suis attinentiis pro parte media, et alia pars est episcopi Trajectensis. Item in pago Batua magnam partem, cum mancipiis utriusque sexus et justitiis. Item Tielrewert et Bombrewert, cum multis mancipiis, mansis, terris, casis, domibus, campis, pratis, aquis, aquarum decursibus, et justitia; et dicti comitis officium est quod vocatur et est venator episcopi Trajectensis.

Item comes Hollandiæ est liber feudalis episcopi Trajectensis, et tenet in feudum comitatum Hollandiæ, et terram Kenemariæ, cum terris, mansis, silvis, campis, pratis, pascuis, mancipiis, aquis, aquarum decursibus, et justitia, exceptis dictarum terrarum decimis, et terra Waterlandiæ et West-Frisiæ, quæ totaliter pertinet ad episcopum et Ecclesiam Trajectensem, et dictus comes Hollandiæ vocatur et est mareschalcus episcopi Trajectensis.

Item comes Clivensis est liber feudalis Ecclesiæ [Trajectensis] et tenet in feudum in pago Batua in superiori parte supra Rhenum magnam partem terrarum et mansorum, cum casis, domibus, mancipiis, campis, pratis, pascuis; et ex alio latere Rheni, et in aliis quibusdam locis, terras, mansos, casas, domos, silvas, campos. Item Woudrichem cum agris et campis, cum aquis, aquarumve decursibus, et justitiis, est et vocatur camerarius episcopi Trajectensis.

Item comes de Benthem est liber feudalis Ecclesiæ, et tenet in feudum Burchgraviatum sive præfecturam Trajectensem cum plurimis mansis, terris, insulis, campis, mancipiis, silvis, pratis, pascuis, aquis aquarumve decursibus, et justitia, in pluribus locis civitatis et diœcesis Trajectensis, qui vocatur et est janitor episcopi Trajectensis.

Item dominus de Cuke est liber feudalis Ecclesiæ, et tenet in feudum multas terras, insulas, et decimas, cum casis, domibus, et silvis, campis, pratis et pascuis, aquis aquarumve decursibus, et justitia in diversis locis diœcesis Trajectensis, qui vocatur et est pincerna episcopi Trajectensis.

Item dominus de Ghoer est liber feudalis Ecclesiæ Trajectensis, et tenet in feudum castrum Goher, et terram dictam Ameide, cum multis terris, mansis, casis, domibus, silvis, campis, mancipiis, pratis, pascuis, aquis, aquarum decursibus, mobilibus et immobilibus, et omnibus ad dictos districtus de Goher et Meyde pertinentibus, qui vocatur et est signifer episcopi Trajectensis.

Prænominati omnes feudales Ecclesiæ in generali synodo episcopi Trajectensis tenentur, et debent personaliter interesse, qui feudum suum a me receperunt in homagium, ac fidelitatem præstiterunt coram domino Henrico II Rom. imperatoris invictiss. Augusto, præsentibus Aribone archiepiscopo et archicapellano, Annone Coloniensi, Everhardo Treverensi, Adelberto Hammelburgensi archiepiscopis, Udalrico vice cancellario et pluribus aliis episcopis, comitibus et regni fidelibus.

Actum in Tulpiaco castro, anno Domini 1021, IV Non. Januarii feliciter. Amen.

ADELBOLDI MUSICA.

(D. Martinus Gerbertus, *Scriptores ecclesiastici de musica*, I, 303, ex cod. Tegernseensi sæc. XI vel XII.)

MONITUM.

Codicem Tegernseensem sæc. XI vel XII, ex quo Bern. Pezius edidit Adelboldi libellum De crassitudine seu circulo sphæræ, inscriptum reperi recentiori quidem manu *Musica Adelboldi ad Silvestrum papam*, qui Romæ sedit ab an. 999 usque 1003. Nempe *Domino Silvestro summo et pontifici et philosopho Adelboldus scholasticus* dedicat ipsum laudatum libellum, cui non interrupto stylo mox ea subduntur, quæ nunc nos sub ejus nomine edimus ad nostrum spectantia argumentum.

QUEMADMODUM INDUBITANTER MUSICÆ CONSONANTIÆ JUDICARI POSSINT.

Ut vero indubitanter consonantiarum ratio colligatur, tali brevissimo ac simplici effici poterit instrumento. Sit regula diligenter extensa

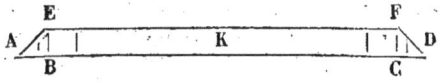

Cui duo semisphæria, quas magadas Græci vocant, insuper apponantur, ita ut ab ea quæ E est, curvatura ad id quod est B diducta linea rectos circum se angulos efficiat. Item ab ea quæ est F curvatura ad id quod est C punctum diducta linea rectos circum se angulos reddat. Sint vero hæ æqualiter undique perpolitæ, et ad eosdem usus sint eisdem aliæ æquales paratæ. Super has intendatur nervus æqualis undique is qui est E. A. F. D. Si igitur diatessaron consonantiam, qualis sit, reperire voluero, hoc modo faciam. Ab E puncto, quo nervus semisphærium tangit, usque ad F punctum, quo rursus ab alia parte altero rursus nervus semisphærio jungitur, divido spatium F E. partibus VII. Et ad partem IIII. septimarum appono punctum quod est k. Est igitur k. ab ea quæ est K. F. sesquitertia. Si igitur ad k. æquum superioribus semisphæriis apposuero, atque alterutra vicissim E. K. et K. F. plectro adhibito pellantur, diatessaron distantia consonabit, sin vero simul utrasque percussero, diatessaron consonantiam nosco. Quod si diapente efficere volumus, quinque partibus totam divido, ac tres uni portioni, duas vero reliquæ dabo, atque posito ita semisphærio secundum superius dictum modum consonantias dissonantiasque perpendo. Item si diapason consonantiam tentare voluero, totam tribus partibus seco, atque in unam duasque distribuens, easdem simul vel alterutram pulsans, quid consonet vel quid dissonet utraque cognosco. Tripla vero quæ ex mistis consonantiis nascitur, ita reddi tur ut, si totam IIII partium divisionibus partiamur, atque in tres et unam tota nervi prolixitas dividatur; itaque semisphærium tribus appositum, triplæ proportionis dissonantiam et consonantiam reddet.

MONOCHORDI NETARUM PER TRIA GENERA PARTITIO.

Ut vero per tria genera currat mista descriptio, et omnibus propria nervorum pluralitas apponatur, ad conservandas scilicet proportiones vel tonorum atque dieseon, excogitatus est numerus qui hæc omnia posset explere: et proslambanomenon quidem describatur qui sit VIIII. CC. XVI. minimus vero II. CCC. IIII. reliquorum vero sonorum proportiones in horum mediotate texentur. Sane ab inferiore procedimus omniumque nomina chordarum non solum nominibus, verum etiam appositis litteris, demonstramus. Sed ita ut, quoniam trium generum est facienda partitio, nervorumque modus litterarum numerum excedit, ubi defecerint litteræ, easdem rursus geminamus hoc modo, ut quando ad Z. fuerit usque perventum, ita describimus reliquos nervos. bis a. aa. bis b. bb. et bis c. cc. Sit igitur primus quidem numerus maximusque, qui proslambanomenon obtineat locum (68*) VIIII. CC. XVI. Sitque totius chordæ modus ab eo, quod est A. usque ad id, quod est LL. Hanc id est A. proslambanomenon. VIIII. CC. XVI. divido dimidiam ad O. ut sit tota. A. dupla ab ea quæ est. O. item O. sit dupla ab ea quæ est bis II. nete hyperboleon. Habe igitur quidem. A. VIIII. cc. XVI. O. vero horum dimidium. IIII. D. C. VIII. ad mese ut proslambanomenon diapason consonantia conveniat. Ea vero quæ est bis II. dimidium meses, ut sit proslambanomenos ab ea quæ est nete hyperboleon quadrupla, et bis diapason ad cam consonet symphoniam. Sitque II. II. CCCIII.

pros	lamb.		me	se	nete	hyperb.
VIIII.	CC. XVI.	IIII.	DC.	VIII.	II.	CCC. IIII.
A.			O.		II.	LL.

Si igitur ex II. CCC. IIII. octavam abstulero partem, id est, CC. LXXX. VIII. eisdemque adjecero, fient mihi II. D. XC. II. eritque HH. II. D. XC. II. quæ sit paranete hyperboleon ad nete hyperboleon obtinens distantiam toni. Rursus ejus quæ est HH. id est II. D. XC. II. aufero octavam, quæ est CCC. XX. IIII. eamdemque eis, quorum est octava, subjungo, eruntque II. DCCCC. XVI. fietque mihi FF. trite hyperboleon diato-

nos, in diatonico scilicet genere II, DCCCC. XVI. tono quidem distans ab ea, quæ est paranete hyperboleon diatonos, ditono vero ab ea quæ est nete hyperboleon. Eadem vero FF. erit in chromatico genere trite hyperboleon chromatica; in enarmonio vero paranete hyperboleon enarmonios. Quod facilius agnoscitur cur veniat, cum trium generum tria prima tetrachorda a nete hyperboleon inchoantia descripserimus. Quoniam vero si a sesquitertia proportione duas sesquioctavas abstulero, relinquetur mihi semitonium minus, sumo tertiam ejus quæ est II. partem, id est nete hyperboleon : sunt D CC. LXVIII. hos eisdem adjicio, fient mihi, III. LXXII. quod est nete diezeugmenon, DD. ad triten hyperboleon semitonium minus. Quoniam nete diezeugmenon ad nete hyperboleon diatessaron continet consonantiam; trite autem hyperboleon diatonos a nete hyperboleon ditonum distat, relinquitur spatium, quod est inter neten diezeugmenon et triten hyperboleon, semitonii minoris.

Quoniam igitur tetrachordum hyperboleon diatonici generis explevimus, nunc chromatici et enarmonii tetrachorda supplenda sunt hoc modo. Quoniam enim paranete hyperboleon a nete hyperboleon tono distat in diatonico genere, in chromatico tribus vero semitoniis, in enarmonio quidem duobus tonis: si distantiam paranetes hyperboleon, et netes hyperboleon diatonici generis sumpserimus, ejusque dimidium paranete hyperboleon, quæ est diatonici generis, apponamus, habebimus numerum tribus semitoniis ab nete hyperboleon distantem, et erit hæc in chromatico genere paranete hyperboleon. Aufero igitur de II. D. XC. II. id est paranete hyperboleon diatonici generis II. CCCIII. id est nete hyperboleon, relinquuntur CC. LXXX. VIII. hos divido, erunt C. XX. IIII. eosdem II. CCC. X. adjungo, fient II. CCCC. XXX. VIII. hæc erit hyperboleon paranete chromatica. (69) Rursus quoniam trite hyperboleon vel diatonica vel chromatica duos tonos distat a nete hyperboleon, et in enarmonio genere paranete hyperbo-

---

(68*) Generatim in hac musica notasse sufficiat, numeros centenariis præpositos semper esse millenarios.

(69) Errorem hic esse commissum, ex eo patet, quod dimidium CC. LXXXVIII. sit C. XXXX. IIII. non vero, ut hic ponitur, C. XX. VIII. hinc juxta explicationem mox factam ita legendum. *Aufero igitur de II. D. XC. II. id est, paranete hyperboleon diatonici generis* II. CCC. IIII. *id est nete hyperboleon, relinquuntur* CC. LXXXVIII. *hos divido, erunt* C. XXXX. IIII. *eosdem* II. D. XC. II. *adjungo, fient* II. DCC. XXX. VI. *hæc erit hyperboleon paranete chromatica.*

leon duobus tonis distat ab ea quæ est nete hyperboleon, eadem erit et in enarmonio genere paranete hyperboleon, quæ est in diatonico vel chromatico trite hyperboleon. Sed quoniam trite hyperboleon diatonici generis et chromatici ad nete diezeugmenon minus semitonium servant, constat autem tetrachordum enarmonii generis ex duobus integris tonis et diesi ac diesi, quæ sunt dimidia spatia semitonii minoris : distantiam eam, quæ est inter neten diezeugmenon et paraneten hyperboleon enarmonium sumo. Sed quoniam nete diezeugmenon est $\overline{\text{II}}$. DCC. XXX. VIII. paranete autem hyperboleon $\overline{\text{II}}$. CCC. X. horum distantia erit CCCC. XX. VIII. horum sumo dimidiam partem qui sunt CC. X. IIII. hos adjicio $\overline{\text{II}}$ CCC. X. fient $\overline{\text{II}}$. D. XX. IIII. hæc erit EE. (70) trite hyperboleon enarmonios. Descriptum est igitur secundum tria genera tetrachordum, quod est hyperboleon, cujus formam subter adjecimus.

SCHEMA N. I.
Ratio superius digestæ descriptionis.

Tria igitur tetrachorda tali nobis ratione descripta sunt. Tetrachordum enim omne diatessaron resonat consonantiam. Igitur nete hyperboleon et nete diezeugmenon in tribus generibus, id est, vel in diatono, vel in chromate, vel in enarmonio diatessaron continet symphoniam: Diatessaron autem consonantia constat duobus tonis et semitonio minore. Idem hoc modo per tria genera in suprascriptis tetrachordis divisum est. In diatono enim genere quod primum paranete hyperboleon, id est $\overline{\text{II}}$. D. XC. II. ad nete hyperboleon, id est $\overline{\text{II}}$. CCC. IIII. distantiam obtinet toni, quod tali notula inscripsimus. $\overset{\circ}{\text{T}}$. Rursus trite hyperboleon diatonici generis, quæ es· $\overline{\text{II}}$. DCCCC. XVI. ad paranete hyperboleon diatonici generis, quæ est $\overline{\text{II}}$. D. XC. II. obtinet differentiam toni, quam simili notula $\overset{\circ}{\text{T}}$. insigniyimus. Nete autem diezeugmenon ad triten hyperboleon, id est, $\overline{\text{III}}$. LXX. II. ad $\overline{\text{II}}$. DCCCC. XVI. semitonium refert, quod tali notula signavimus. $\overset{s}{\text{T}}$. Et est hoc totum spatium netes diezeugmenon et netes hyperboleon, duorum tonorum ac semitonii. Sed iidem duo toni ac semitonium in chromatico genere hac ratione divisi sunt. Secundum enim genus, quod est chromaticum, hoc modo descriptum est. Paranete enim chromatice hyperboleon, quæ est $\overline{\text{II}}$. DCC. XXX. VI. ad neten hyperboleon, quæ est $\overline{\text{II}}$. CCC. IIII. comparata, continet spatium paranetes hyperboleon diatonici generis ad neten hyperboleon, qui est unus tonus, id est duo semitonia majus ac minus : et divisum rursus spa-

A tium paranetes hyperboleon diatonici generis ad neten hyperboleon. Ita enim factum est (71) qui est tonus, sed non integre, dimidius; quia, ut supra uberrime monstratum est, (non) potest tonus in duo æqua partiri. Consignavimus igitur hoc spatium trium semitoniorum, id est toni ac semitonii, hoc modo. $\overset{s}{\text{T}}$. $\overset{\circ}{\text{T}}$. $\overset{\circ}{\text{T}}$. Rursus paranete hyperboleon chromatice ad triten hyperboleon retinet partem toni, id est semitonium, quod reliquum fuit ex duobus tonis, qui continentur inter triten hyperboleon diatonicam et neten hyperboleon. Subtractis vero III. semitoniis, reliquum ex toto tetrachordo spatium semitonii est, quod continetur inter neten diezeugmenon, et triten hyperboleon. Constat igitur
B hoc tetrachordum ex duobus tonis ac semitonio, divisum semel [quidem in uno spatio tribus semitoniis, in duobus autem spatiis duobus semitoniis: tria vero spatia nervis IIII. continentur. In enarmonio vero genere summa est id pernoscendi (72) tonos integros distat, quos hoc modo notavimus.

$\overset{\circ}{\text{T}}$. $\overset{\circ}{\text{T}}$. Relinquitur igitur ex totius tetrachordi duobus tonis ac semitonio unum semitonium, quod continetur inter neten diezeugmenon, et paraneten hyperboleon enarmonion, quod scilicet divisimus in duas dieses trite hyperboleos media interjecta, spatiumque dieseos hoc modo notavimus. Q. Igitur nobis hyperboleon tetrachordum descriptum est, quo peracto ad diezeugmenon veniamus. Nec in-
C morandum est hisdem commemorationibus in cæteris, cum ab hac descriptione etiam in aliis sumi possit exemplum.

Monochordi netarum per tria genera partitio diezeugmenon.

Netes igitur diezeugmenon, quæ est $\overline{\text{III}}$. LXX. II. si dimidiam sumam, erunt $\overline{\text{I}}$. D. XXX. VI. eisdem additi, fiunt $\overline{\text{IIII}}$. DC. VIII. (73) quam. O. interea designavimus. Quod si ejusdem netes diezeugmenon, id est, DD. scilicet $\overline{\text{III}}$. LXX. II. auferam tertiam partem, erunt $\overline{\text{I}}$. XX. IIII. qui eisdem conjuncti facient $\overline{\text{IIII}}$. XC. VI. quæ vocabitur paramese. X. littera subnotata. Nete igitur diezeugmenon, id est, $\overline{\text{III}}$. LXX. II. ad mesen, id est, $\overline{\text{III}}$. DC. VIII. quoniam in sesquialtera comparatione consistit, ideo diapente
D consonabit symphoniam. Eadem vero nete diezeugmenon, id est, $\overline{\text{III}}$. LXXII. ad paramesen, id est, $\overline{\text{IIII}}$. XC. VI. quæ ad eam etiam in sesquitertia proportione composita est, diatessaron retinet consonantiam. Si igitur ab ea quæ est nete diezeugmenon, $\overline{\text{III}}$. LXX. II. octavam aufero partem, id est, CCC. LXXX. IIII. eisque adjiciam, fient $\overline{\text{III}}$. CCCC. L. VI. eritque hæc paranete diezeugmenon diatonos duobus

---

(70) Ut ex superioribus patet, hic denuo error in calculum irrepsit. Legendum igitur: *Sed quoniam nete diezeugmenon est* $\overline{\text{III}}$. LXX. II, *paranete autem hyperboleon* $\overline{\text{II}}$. DCCCC. XVI. *horum distantia erit* C. LVI. *horum sumo dimidiam partem, qui sunt* LXXVIII, *hos adjicio* $\overline{\text{II}}$. DCCCC. XVI. *fient* $\overline{\text{II}}$. DCCCC. XC. IIII. *hæc erit*, etc.

(71) Supplendum : *ita enim factum est, ut duobus*

semitoniis adjungeretur semitonium minus, qui est etc.

(72) Ut sensus sit integer, hic denuo supplendum : summa est id pernoscendi *facilitas, nam paranete hyperboleon ab nete hyperboleon duos tonos, etc.*

(73) Quæ est Mese, ad nete diezeugmenon obtinens rationem 3.

CC. litteris pernotata, ad neten diezeugmenon obtinens tonum. Ab hac vero octavam auferam si partem, id est, de $\overline{\text{m}}$. CCCC. L. VI. quæ est CCCC. XXX. II. eosdem eidem adjungam, erunt $\overline{\text{m}}$. DCCC. LXXX. VIII. eritque ea. Y. trite diezeugmenon diatonos. Sed quoniam nete diezeugmenon ad paramesen sesquitertiam obtinebat proportionem, trite autem diezeugmenon diatonos a nete diezeugmenon duos tonos abest, continebitur inter triten diezeugmenon et paramesen semitonium minus. Diatonicum igitur genus in hoc quoque tetrachordo ac pentachordo ita expletum est, ut tetrachordi quidem ejus, quod est netes diezeugmenon ad paramesen, diatessaron consonantia sit; pentachordi vero ejus, quod est netes diezeugmenon ad mesen, diapente sit consonantia.

Enarmonium vero atque chromaticum genus hac ratione texemus. Sumo differentiam netes et paranetes diezeugmenon diatoni, id est, $\overline{\text{m}}$. LXX. II. et $\overline{\text{m}}$. CCCC. L. VI. est eorum differentia CCC. LXXX. IIII. hanc divido, erunt C. XC. II. hanc si sumam, eique quæ est paranete diezeugmenon diatonos, adjungam, id est, $\overline{\text{m}}$. CCCC. L. VI. fient $\overline{\text{m}}$. DC. XL. VIII. hæc erit paranete diezeugmenon chromatica, B. B. geminatis litteris adnotata, distans a nete diezeugmenon tono et semitonio, id est tribus semitoniis, continens ad triten diezeugmenon dudum quidem diatonicam, nunc vero chromaticam, id est, $\overline{\text{m}}$. DCCC. LXXX. VIII. semitonium reliquum ab eo tono, quod divisum est inter paraneten diatonon diezeugmenon, et trite diatonon diezeugmenon. Et aliud fit reliquum ex tetrachordo semitonium inter triten diezeugmenon chromaticam et paramesen, quod scilicet ex diatessaron consonantia relinquitur ea quæ est inter neten diezeugmenon et paramesen, subtractis duobus tonis quos nete diezeugmenon chromatica et trite diezeugmenon chromatica continebat. Quæ autem in diatonico genere trite diezeugmenon diatonica est, in chromatico autem trite diezeugmenon chromatica, ea in enarmonio genere paranete diezeugmenon enarmonios dicitur: integros enim duos tonos distat ab ea quæ est nete diezeugmenon, et notatur. AA. Et inter neten diezeugmenon, et paraneten enarmonion diezeugmenon nulla interest chorda, atque ideo paranetes vocabulo nuncupatur. Semitonium vero, quod est inter paraneten enarmonion diezeugmenon et paramesen, id est inter AA. et X. hac ratione partimur, ut fiant duæ dieses. Sumo differentiam paranetes diezeugmenon enarmonii, et parameses, id est $\overline{\text{m}}$. DCCC. LXXX. VIII. et $\overline{\text{m}}$. XC. VI. ea est CC. VIII. hanc divido, fient C. IIII. hos appono ad paraneten, quæ est $\overline{\text{m}}$. DCCC. LXXX. VIII. fient. $\overline{\text{m}}$. DCCCC. XC. II. ea erit trite diezeugmenon enarmonios Z. pernotata. Hujus igitur tetrachordi per tria genera descriptionem subter adjeci, superiusque dispositum hyperboleon tetrachordum aggregavi; uti esset utrorumque una descriptio, ut paulatim juncta dispositionis totius forma consurgat.

SCHEMA N. 2.
Monochordi netarum per tria genera partitio.

Duo quidem tetrachorda, quæ sibimet conjuncta sunt, a mese vero disjuncta, trium generum superior descriptio quemadmodum locarentur ostendit: nunc ad illud tetrachordum veniendum, quod synemmenon vocatur, quod junctum est ei, quæ est mese. Quoniam enim inter neten diezeugmenon et mesen, diapente consonantiam esse prædiximus (est autem diapente consonantia trium tonorum ac semitonii), tres vero toni sunt in hoc pentachordo, quorum unus quidem netes diezeugmenon ad paraneten diezeugmenon diatonon, alter vero parenetes diezeugmenon diatoni ad triten diezeugmenon diatonon, tertius autem parames ad mesen, reliquumque semitonium trites diezeugmenon diatoni ad paramesen; quoniamque netes diezeugmenon et parameses tetrachordum ab ea quæ est mese, eo tono disjunctum est, qui est inter paramesen ac mesen, si ex eo pentachordo quod est a nete diezeugmenon ad triten synemmenon (74), unum abstulerimus tonum, eum scilicet qui continetur inter neten diezeugmenon et paraneten diezeugmenon diatonon, poterimus aliud tetrachordon ad mesen adjungere, ut fiat synemmenon, quod est conjunctum, hoc modo. Quoniam paranetes diezeugmenon diatoni, quæ est CC. numerus est $\overline{\text{m}}$. CCCC. L. VI. horum tertia pars addita facient mesen. Hic ergo numerus in diezeugmenon tetrachordo CC. litteris adnotatus tono distabat a nete diezeugmenon in genere diatonico, et paranete diezeugmenon diatonos vocabatur. In synemmenon autem tetrachordo, id est conjunctarum, sit nete synemmenon in tribus generibus constituta, V. littera pernotata: et ab ea octava pars auferatur, quæ est. CCCC. XXX. II iisque apponatur, fient $\overline{\text{m}}$. DCCC. LXXX. VIII. Ea est paranete synemmenon diatonos quæ. T. littera insignitur. Rursus a paranete synemmenon diatonon, id est, $\overline{\text{m}}$. DCCC. LXXX. VIII. octava pars quæ est CCCC. LXXX. VI. si auferatur, eisque apponatur, quorum octava est, fient $\overline{\text{m}}$. CCC. LXX. IIII. quæ est trite synemmenon diatonos, id est, Q. Sed quoniam nete synemmenon ad mesen, id est, $\overline{\text{m}}$. CCCC. L. VI. ad $\overline{\text{m}}$. DC. VIII. sesquitertiam obtinet proportionem, quæ est diatessaron; trite autem synemmenon ad neten synemmenon. $\overline{\text{m}}$. CC. LXX. IIII. ad $\overline{\text{m}}$. CCCCC. L. VI. duorum tonorum obtinet proportionem: relinquitur trites synemmenon diatonii ad mesen proportio semitonii, et conjunctum est hoc tetrachordum cum mese: atque ideo synemmenon quasi continuum et conjunctum vocatur.

Et diatonici quidem generis hoc modo facta est proportio; chromatici vero talis est divisio. Nete sumo synemmenon, et paranete synemmenon diatoni, id est, $\overline{\text{m}}$. CCCC. L. VI. et $\overline{\text{m}}$. DCCC. LXXX. VIII.

(74) Lege: *ad mesen.*

differentiam, ea est, cccc. xxxii. hanc divido, ut semitonium fiat, fiunt cc. xvi. hanc adjicio ad $\overline{\text{m}}$. dccc. lxxx. viii. ut tria semitonia fiant, erunt $\overline{\text{iiii}}$. c. iiii. quæ est paranete synemmenon chromatica, cui littera S. superapposita est. Ab hac igitur, id est, paranete synemmenon chromatica ad triten synemmenon prius quidem diatonicam nunc vero chromaticam semitonium est : a qua trite synemmenon chromatica usque ad mesen semitonium reperitur. Sed quoniam a nete synemmenon usque ad triten synemmenon *duo integri toni continentur*, *ea quæ est trite synemmenon* diatonos vel chromatica, eadem in genere enarmonio paranete synemmenon enarmonios est, habens summam. $\overline{\text{iii}}$. ccc. lxx. iiii. et sit R. a qua usque ad mesen semitonium. Hoc partior in duas dieses hoc modo : sumo differentiam paranete synemmenon enarmonii et meses, id est, $\overline{\text{iii}}$. ccc. lxx. iiii. et iiii. dc. viii. ea est cc. xxx. iiii. hanc divido, fient c. xvii. hanc adjicio paranete synemmenon enarmonio, id est, $\overline{\text{iii}}$. ccc. lxx. iiii. fient iiii. cccc. xc. i. quæ P. littera pernotetur : et sit ea trite synemmenon enarmonios, eritque semitonium, quod continetur inter paraneten synemmenon enarmonios et mesen, id est, $\overline{\text{iii}}$. ccc. lxx. iiii. et $\overline{\text{iii}}$. dc. viii. divisum per triten synemmenon enarmonion, eam scilicet, quæ est iii. ccccxci. Quocirca hujus quoque tetrachordi expedita ratio. Nunc autem facienda descriptio est ; juncta est tamen cum cæteris, id est hyperboleon, ac diezeugmenon, ut paulatim fiat dispositionis rata progressio.

SCHEMA N. 3.

Ex his igitur quæ prædicta sunt, in cæteris non arbitror diutius esse laborandum : ad horum enim exemplar etiam reliqua tetrachorda meson atque hypaton extendenda sunt. Ac primum quidem diatonici generis meson tetrachordon hoc ordine describemus. Meses enim, quæ est. Θ. $\overline{\text{iiii}}$. dc. viii. sumo tertiam partem, ea est $\overline{\text{i}}$. d. xxx. vi. hanc eidem copulo, fient $\overline{\text{vi}}$. c. xl. iiii. ea sit H. hypate meson diatessaron ad mesen continens consonantiam ; hæc duobus tonis ac semitonio ita dividetur : sumo enim meses, id est $\overline{\text{iiii}}$. dc. viii. octavam partem, quæ est d. lxx. vi. hanc eidem jungo, fient $\overline{\text{v}}$. c. lxxx. iiii. ea est lychanos meson diatonos, id est. M. cujus iterum pars sumatur octava, ea est, dc. xl. xiii. hanc eisdem adjungo, fient $\overline{\text{v}}$. dccc. xxxii. ea est. L. parhypate meson diatonos tonum obtinens ad lychanos meson diatonon, duobus autem tonis distans a mese. Relinquitur igitur semitonium inter hypatemeson diatonum, et parhypatemeson diatono constitutum, id est, inter $\overline{\text{vi}}$. c. xl. iiii. et $\overline{\text{v}}$. dccc. xxx. ii.

Idem vero tetrachordum meses, atque hypatemeson in chromatico genere tali ratione partimur. Sumo meses differentiam ad lychanon meson diatonon, id est, $\overline{\text{iii}}$. dc. viii. ad $\overline{\text{v}}$. c. lxxx. iiii. ea est d. lxx. vi. hanc dimidiam partior, fiunt cc. lxxx. viii. eamdem adjicio numero majori, id est $\overline{\text{v}}$. c. lxxx. iiii. fiunt $\overline{\text{v}}$. cccc. lxx. ii quæ est. N. lychanos

A meson chromatice. Relinquuntur igitur duo semitonia, unum inter lychanon meson chromaticen, et parhypatemeson chromaticen, id est, inter $\overline{\text{v}}$. cccc. lxx. ii. et v. dccc. xxx. ii. et aliud inter parhypatemeson chromaticen, et hypatemeson, id est inter v. dccc. xxx. ii. et $\overline{\text{vi}}$. c. xl. iiii.

Enarmonium vero genus hoc modo dividimus. Quoniam ea, quæ erat parhypate meson diatonos et parypate meson chromatice duos tonos distabat a mese obtinens numerum $\overline{\text{v}}$. dccc. xxx. ii. ea in enarmonio genere erit lychanos meson enarmonios, L. littera pernotata, duos nihilominus ad mesen obtinens tonos. Reliquum igitur semitonium, quod est inter lychanon meson enarmonion et hypaten meson, id est, inter $\overline{\text{v}}$. dccc. xxx. ii. et $\overline{\text{vi}}$. c. xl.

B iiii. in duas dieses hoc modo dividimus. Aufero differentiam v. dccc. xxx. ii. et vi. c. xl. iiii. ea est ccc. xii. hanc dimidiam partior, fient c. l. vi. hos ad $\overline{\text{v}}$. dccc. xxv. ii. jungo, fient $\overline{\text{v}}$. dccc. lxxx. viii. et hæc sit K. parhypate meson enarmonios : duæ vero sunt dieses inter lychanon meson enarmonion, et parhypate meson enarmonion, id est, inter $\overline{\text{v}}$. dccc. xxx. ii. et $\overline{\text{v}}$. dccc. lxxx. viii. et inter parhypate meson enarmonion, et hypate meson, id est inter $\overline{\text{v}}$. dcccc. lxxx. viii. ei $\overline{\text{vi}}$. c. xl. iiii. Divisum est igitur meson tetrachordum : quod ita in descriptione ponatur, ut superius descriptis tetrachordis aggregetur.

SCHEMA N. 4.

C Nunc ergo hypaton tetrachordon per tria genera dividendum est. Sumo hypaten meson, id est $\overline{\text{vi}}$. c. xl. iiii. dimidiam partem, quæ fit $\overline{\text{iii}}$. lxx. ii. hanc eidem si adjecero, fient $\overline{\text{viii}}$. cc. xvi. quæ est proslambanomenos, ad hypaten meson diapente consonantiam servans. Ejusdem autem hypates meson, id est $\overline{\text{vi}}$. c. xl. iiii. si auferam partem, quæ est $\overline{\text{ii}}$. xl. viii. eidemque adjecero, fient $\overline{\text{viii}}$. c. xc. ii. et hæc est B. hypate hypaton. Igitur hypates meson ad proslambanomenon diapente est consonantia, ad hypaten hypaton vero diatessaron. Ab hac igitur hypate meson, id est, $\overline{\text{vi}}$. c. xl. iiii. pars auferatur octava, erunt dcc. lx. viii. hanc eisdem si quis adjungat, fient $\overline{\text{vi}}$. dcccc. xii. quæ est E. lychanos hypaton diatonos ad hypaten meson toni proportio-

D nem obtinens. Rursus de vi. dcccc. xii. pars auferatur octava, ea est dccc. lx. iiii. hæc si eisdem copuletur (fient) $\overline{\text{vii}}$. dcc. lxx. vi. quæ est. C. parhypate hypaton diatonos ad lychanon hypaton toni, ad hypate meson diatonos duorum tonorum distantiam servans. Relinquitur igitur semitonium inter parhypaten hypaton diatonon, et hypaten hypaton, id est inter $\overline{\text{vii}}$. dcc. lxx. vi. et viii. c. xc. ii. Et diatonici quidem generis hypaton tale tetrachordum est.

Chromaticum vero tali ratione dividimus. Sumo differentiam hypates meson, et ejus quæ est lychanos hypaton diatonos, id est $\overline{\text{vi}}$. c. xl. iiii. et $\overline{\text{vi}}$. dcccc. xii. ea est dcc. lx. viii. hanc dimidiam partior, ut duo efficiam semitonia, fient ccc. lxxx. iiii.

hanc adjicio ad v̄ı. dcccc. xii. ut tria semitonia fiant, erunt v̄ii. cc. xc, vi. hæc erit F. lychanos hypaton chromatica, ab ea quæ est hypate meson tribus semitoniis distans. Relinquuntur ergo duo semitonia, unum quidem inter lychanos hypaton chromaticen, id est inter v̄ii. cc. xc. vi. et v̄ii. dcc. lxx. vi. id est parhypaten hypaton (75).

Restat enarmonion genus, cujus ad superius exemplar talis divisio est. Quoniam enim parhypate hypaton diatonos vel parhypate hypaton chromatice, quæ v̄iii. dcc. lxx. vi. unitatibus insignita est, duobus tonis distat ab ea quæ est hypate meson, eadem erit in genere enarmonion lychanos hypaton enarmonios, quæ ab hypate meson duobus tonis integris differt. Restat igitur ex diatessaron consonantia semitonium, quod est inter lychanos hypaton enarmonios, et hypaten hypaton, id est inter v̄ii. dcc. lxx. vi. et v̄iii. c. xc. ii. hoc in duas dieses ita dividimus. Sumo differentiam ejus, quæ est lychanos hypaton enarmonios, et hypates hypaton, id est v̄ii. dcc. lxx. vi. et v̄iii. c. xc. ii. ea est cccc. xvi. hujus dimidiam sumo, sunt. cc. viii. hanc adjicio v̄ii. dcc. lxx. vi. fient v̄ii. dcccc. lxxx. iiii. quæ sit D. parhypate hypaton enarmonios. Sunt igitur duæ dieses, una quidem, quæ est inter lychanos hypaton enarmonion, et parhypate hypaton enarmonion, id est inter v̄ii. dcc. lxx. vi. et v̄ii. dcccc. lxxx. iiii. Altera vero, quæ est inter parhypaten hypaton enarmonios, et hypaten hypaton, id est inter v̄ii. dcccc. lxxx. iiii. et v̄iii. c. xc. ii. tonus vero ultimus inter proslambanomenon et hypaten hypaton, id est inter v̄iii. cc. xvi. et v̄ii. c. xc. ii. continetur. Divisum est igitur hypaton tetrachordum secundum tria genera diatonicum, chromaticum, enarmonium.

(75) Hic addendum videtur *et alterum inter parhypate hypaton id est inter* vii. dcc. lxx. vi. *et* viii. c. xc. ii. *id est, hypate hypaton.*

ANNO DOMINI MXXVII.

SANCTUS ROMUALDUS

ABBAS, ORDINIS CAMALDULENSIS INSTITUTOR.

NOTITIA HISTORICA IN SANCTUM ROMUALDUM

(Apud Fabric. *Biblioth. med. et inf. Lat.*)

Romualdus, auctor ordinis Camaldulensium, Ravennæ e nobili ducum familia ortus et studiis liberalibus imbutus, eremum petiit, et ordinis S. Benedicti laxiorem disciplinam corrigere studuit. Obiit a. 1027, ætatis 120.

Ejus Commentarius in psalmos ms. est in monasterio Camaldulensi, in cujus operculo hæc leguntur : *Istud psalterium scripsit et glossavit manu sua propria sanctissimus ac beatissimus Romualdus, sicut præceperat sibi Deus, quando fuit raptus in paradisum, celebrans missans in eremo Sytriæ, ut scribit beatus* Petrus Damianus, *presbyter cardinalis, in Legenda sua.* Hæc Joan. Mabillonius Itin. Italici pag. 179. Expositionem etiam in nonnulla prophetarum cantica elaboravit. Adde Possevinum tom. II Apparatus, pag. 256.

PROŒMIA MABILLONII

Ad Vitam S. Romualdi a sancto Petro Damiani scriptam.

(*Acta Sanctorum S. ord. Bened.*, tom. VIII, pag. 277.)

1. Romualdus seu *Romaldus*, uti constanter scribitur in primariis Eremi Camaldulensis monumentis, primum Vitæ suæ scriptorem sortitus est Petrum Damiani, qui post *tria fere lustra* ab ejus obitu *transacta* (quod ipse in prologo asserit) id operis aggressus est. Hoc opus non adeo accurate ac diligenter præstitit, quin multa prudenter omiserit, non modo miracula, quemadmodum idem in prologo profitetur, sed etiam dicta et facta : ex quibus nonnulla Petrus in aliis suis scriptis commemorat. Mirum est quam leviter ab eodem, aut ne leviter quidem, perstricta sit institutio tum congregationis ordinisve Camaldulensis, tum primarii ordinis Eremitorii, a quo ipse ordo vocabulum traxit. Plura hac de re leguntur in sermone prolixo de ejusdem Romualdi Vita, quem Hieronymus a Praga, eremita Camaldulensis, alius ab æquivoco hæretico, edidit anno 1433. Utrumque auctorem eruditis commentariis illustravit Joannes

Bollandus in Februarii tomo II. Ejusdem Vitæ compendium exstat apud sanctum Antoninum, Petrum Equilinum, Gononum, et alios; Item in Historia Camaldulensi, quam Augustinus Florentinus composuit. Eadem Vita Hispanice scripta est a Joanne Castagnizza, monacho Vallisoletano, postea Italice, imo etiam Gallice reddita. Unum hic Petrum Damiani exhibere satis fuerit, cujus scriptionem in codice Salemensis in Suevia monasterii vidimus. De Romualdo agit etiam Leo Ostiensis in Chronici Casinensis lib. II, capp. 18, 19 et 24.

2. Præter librum de Romualdi Vita, quem librum Petrus Damiani conscripsit, quædam de eodem in aliis suis scriptis refert. Et primo quidem in opusculi 15 cap. 16, ubi agens de discretione : « Nam et nos approbamus, ait, quod suis sæpe discipulis beatus Romualdus dixisse perhibetur : *Dummodo*, inquit, *frater quilibet cellam non deserat, etiam carnes permittatur ex discretione comedere, si tam inevitabilis videatur necessitas imminere*, » etc. Et in opusculi 49 cap. 9 : « Nec ineptus applices quod sæpe suis discipulis vir Domini Romualdus aiebat : *Fratres*, inquit, *cum in quorumlibet conventu reficitis, intentis ad cibum cæteris, in ipso refectionis initio parcite; et cum illis jam ex parte satisfactum fuerit, vos inchoate, quatenus et hypocrisis notam possitis evadere, et sobrietatis regulam sine offensione servare.* » Denique in opusculi 49 cap. 3 : « Beatus aliquando Romualdus, rediens a Sibyllæ comitissæ colloquio, comitanti fertur callide dixisse discipulo : *Quam elegantis*, ait, *et venusti vultus femina, nisi, proh dolor! unius oculi dispendio laboraret.* Cui discipulus : *Absit! magister*, inquit. *Sicut decora certe facies, ita quoque oculi, prout sagaciter deprehendi, nihilominus incolumes vigent.* Quem magister acerrima protinus animadversione corripiens : *Et quis te*, inquit, *in faciem feminarum respicere docuit?* Tunc ille se circumventum esse perspiciens, pœnitentia ductus erubuit, et de cætero cantiorem se fore obstinatissima pollicitatione devovit. »

3. De primordiis ordinis Camaldulensis, cujus auctor Romualdus, obscura est omnino Petri Damiani sententia. Locum adiit vir sanctus sub pontificatu Theodaldi episcopi Aretini, in cujus diœcesi sita est Camaldulensis Eremus. Theodaldus sedere cœpit anno Christi 1023, ut ex subjectis instrumentis manifestum est. Primo instrumento idem Theodaldus *Campum-Malduli* (ita enim scribit) tribuit Petro priori sacræ Eremi anno 1027, et quidem mortuo Romualdo, ut nos docet authenticum ejus instrumentum, quo nullum antiquius invenimus in archivo Fontis Boni, ubi chartæ et diplomata Camalduli asservantur. Quædam ex hoc instrumento juvat delibare : « Theodaldus, sancti Donati vicarius (ita passim Aretini episcopi sese vocant). Omnium fidelium hoc dilectio noverit quod nos, ob amorem piæ recordationis Patris nostri domni Romaldi clarissimi eremitæ, communi consilio fratrum clericorum nostrorum donamus... domno Petro venerabili eremitæ ad usum et sumptum con.ratrum, eremiticam vitam sub eo degentium, suisque successoribus eremitis, quamdam ecclesiam in mediis Alpibus, juris episcopii sancti Donati, quam nos rogatu domni præfati Romaldi eremitæ consecravimus sub honore et nomine D. N. J. C. sancti Salvatoris, consistentem in territorio (*nempe unius diei itinere ab Aretio*) ad radices Alpium dividentium Tusciam et Romaniam, in loco qui dicitur Campo-Malduli, per sua loca designata. Primo igitur latere præcurrit rivus qui vocatur Niger, cui e contra obviat quidam alius rivus qui dicitur de Tellito, ambo pariter emergentes in sinum cujusdam fluminis. De secundo latere est via descendens a summis jugis Alpium. De tertio latere sunt feri montes atque intonsa juga Alpium. De quarto latere sunt sicheta, præruimpentia in præfatum rivum Nigrum. Intra præfixos igitur terminos enitet ille locus qui dicitur Campo-Malduli, campus speciosus et amabilis, ubi sunt septem purissimi fontes et amœna vireta. Hunc scilicet locum domnus Romaldus, pius eremitarum pater, delegit, et prævidit aptissimum congruentissimumque fore ad cellulas fratrum eremitarum sigillatim in contemplativa vita Deo servientium : construelaque inibi basilica Sancti Salvatoris, quinque cellulas cum suis tabernaculis ibidem distinxit atque ab invicem separavit, sed et singulis cellulis singulos deputavit fratres eremitas qui, sæcularibus curis et sollicitudine remota, soli divinæ contemplationi insistant. Quibus etiam domnum Petrum venerabilem eremitam, tanquam fidelem ministrum et præceptorem dedit. Cui cum quoque cum nostris posteris successoribus, ut cum denominato sancto viro, Romaldo scilicet, partem in æterna vita habeamus, donamus, largimur præfatum locum, etc. Datum anno Dominicæ incarnationis 1027, anno vero pontificatus domni Theodaldi episcopi v, mense Augusto, indictione x. Actum in claustris canonicorum. » Petrum priorem, quem *Dagninum* cognominatum fuisse aiunt, cum beati titulo in Menologio Benedictino commemorat Bucelinus die 2 Novembris, quo cum decessisse anno 1051 ex vulgatis auctoribus scribit. Alterum instrumentum est, quo idem Theodaldus « decimas omnes earum rerum quæ vendendo et emendo acquiruntur, omnium Aretinorum civium, urbanorum et suburbanorum, » largitur « charissimis, » inquit, « fratribus nostris eremitis, qui sunt et futuri sunt in eremo nostra quæ dicitur Campus-Malduli, ad ecclesiam Sancti Salvatoris, quos nobis sanctæ memoriæ pater Romaldus procurandos gubernandosque commendavit. Data XIII Kal. Junii, anno ab incarnatione Domini 1033, anno vero pontificatus domni Theodaldi episcopi x, indictione I. » Porro primam istius eremi concessionem a Theodaldo episcopo factam fuisse probat tum *Immo, qui et Herenfredus*, ejus successor, litteris datis anno 1037, in quibus Camaldulensium præclarum elogium habetur : tum Henricus secundus imperator, qui donationem omnium bonorum, quæ *venerabilis*

Theudaldus eremitis in loco Campo-Amabili dicto commanentibus tradiderat, ratam habet anno 1047; tum denique *Guido monachus et peccator, quamvis indignus, Dei gratia Aretinæ sedis episcopus,* uti habet chartæ inscriptio; qui Guido oblata privilegia *Eremi Camaldulensis per domnum Johannem virum venerabilem, ejusque loci priorem,* confirmat; *et quidquid prædecessores sui Theodaldus, Immo, et Constantinus,* atque Gregorius concesserant eidem loco. *Datum anno ab inc. Domini 1116, sub Henrico rege, mense Octobri, indictione* x. Butanus episcopus Aretinus in litteris, domno Azoni Camaldulensis ecclesiæ archimandritæ inscriptis, quidquid eidem loco collatum fuerat per Theodaldum, Constantinum, Gualterium ac Guidonem episcopos, approbat anno 1132. Ex quibus intelligitur Theobaldum fuisse primum qui Eremi Camaldulensis donationem fecit Romualdo: qui proinde isthuc non ante annum 1023 admissus fuit. Recentiores tradunt locum a Maldulo traditum fuisse Romualdo. At vereor ut id certum sit. Nam locus tunc pendebat ab Ecclesia Aretina, eumque tunc occupabat Bernardinus Sidoniæ filius, comprobante Gregorio episcopo, qui venerabili patri Martino confirmat bona *eremi Camaldulensis, quæ Bernardinus Sidoniæ filius, aut pater ejus ab ecclesia Sancti Donati tenuerunt. Datum in eremo Camaldulense* III. *Id. Octob., anno Dominicæ inc.* 1016, *indict.* xv, *pontificatus ejusdem Gregorii anno secundo;* quibus litteris sigillum affixum erat.

4. Sæculo tertio decimo cellarum in illa eremo numerus creverat fere ad triginta, testante Guillelmo Aretino antistite, qui subditos sibi diœcesanos hortatur ut subsidia ferant ad reparanda ædificia sacræ eremi, *in qua sunt,* inquit, *viginti et octo cellæ.* Quæ litteræ datæ sunt anno 1246. Imminutus erat hic numerus tempore Hieronymi de Praga, id est anno 1433, quo tempore sermonem composuit de beato Romualdo in quo hæc habet : « Est autem hæc sacra eremus Camalduli in Italia, in partibus Romandiolæ, distans itinere unius diei a civitate Aretina, in qua sunt cellæ viginti quatuor eremitarum separatæ. Et quidam sunt eremitæ aperti, alii vero sunt reclusi. Omnes tamen eremitæ per totum annum jejunant tribus diebus in pane et aqua qualibet septimana, nudis pedibus sedentes in terra, exceptis duabus Quadragesimis, in quibus Dominica tantum et feria quinta eremitis datur tantum unum pulmentum. Reclusi autem quotidie dicunt totum psalterium, aperti vero dicunt medium semper, » etc. Hunc locum adiimus anno 1686, hebdomada sacra, ibique eremitas cum magna ædificatione spectavimus. De aliis quæ ad ordinem Camaldulensem pertinent, consule Historiam Augustini Florentini. Primarium hujus instituti fervorem laudat Anselmus Havelbergensis in lib. I *Dialogorum,* tomo XII. *Spicilegii,* pag. 112.

5. Quo anno Romualdus in terra vivere desierit, non exprimit Petrus Damiani, nec quivis alius (quem quidem sciamus) ejus temporis scriptor. Baronius aliique recentiores nonnulli supremum ejus assignant annum 1027, qui videtur retinendus. Saltem Romualdum non excessisse hunc annum constat ex litteris Theodaldi episcopi Aretini, datis post ejus obitum anno 1027, et quidem mense Augusto, ac proinde uno circiter mense post mortem Romualdi, qui obiit XIII *Kal. Julias.* Et vero ante annum 1027, viri sancti obitus vix reponi potest. Siquidem ad eremum Camaldulensem non accessit ante annum 1023, qui primus fuit pontificatus Theodaldi, a quo is exceptus est. Annos ætatis centum et viginti tribuit Romualdo Petrus Damiani num. 101, quod item confirmatur ex num. 77, ut numerum annorum corruptum esse non sit veri simile. Non probat Baronius adeo longævam ætatem : propterea quod Romualdus anno ætatis vicesimo, ut in fine Vitæ legitur, admissus sit in Classense monasterium sub Honesto archiepiscopo Ravennate, qui hanc sedem iniit anno 971, Rubeo contestante. Et quidem Petrus Damiani in opusculi 19 cap. 2 affirmat Honestum Petro archiepiscopali dignitate sponte cedenti successisse, *primo Ottone habenas imperii* gubernante. Aut igitur corrigenda Romualdi ætas, aut eum annis maturiorem in Classense monasterium accessisse, aut certe, quod forsan probabilius, ante Honesti pontificatum, si tamen non duo, sed unicus hoc nomine Ravennas archiepiscopus sæculo decimo admittendus est. Verum cum Romualdi pater adhuc in vivis fuerit anno 982, Romualdi ætas potius corrigenda nobis videtur.

6. « Post quinquennium a sancti viri obitu, » ut scribit Petrus Damiani in fine Vitæ, « data monachis ab apostolica sede licentia, supra venerabile corpus ejus altare constructum est. » Id proinde factum sedente pontifice Joanne XX. Nullam tamen Joannis papæ mentionem facit idem Petrus in opusculi 51 cap. 1, ubi Romualdi sanctitatem ab apostolica sede approbatam fuisse contendit contra Teuzonem monachum, qui non satis modeste de ea loquebatur. Petri verba ex hoc loco huc referenda sunt : « Cumque super quodam disceptationis articulo sanctus Romualdus in testimonium duceretur, præsto quæsitum est utrum ipse Romualdus aut tunc exstiterit sanctus, vel nunc sit in paradiso receptus. Et, licet contra fidem totius Ecclesiæ nostrarum provinciarum hæc de sancto viro quæstio moveretur, ad astruendam tamen partis nostræ sententiam illos in testimonium sanctos ascivimus, quorum celeberrima et vetus opinio etiam apud quoslibet et ignaros mutare non possit, Leonem videlicet atque Gregorium, clarissimos olim Romanæ sedis antistites : quorum quidem alter authentica canonum decreta promulgat, alter Ecclesiam perspicuis ac profundis cœlestis eloquentiæ fontibus irrigat. » Verum his nominibus non Leonem IX ac Gregorium VI, sed Leonem primum ac Gregorium itidem primum designari existimo, quorum testimoniis Petrus auctoritatem Romanæ sedis in asserenda sanctorum canonizatione usus sit contra Teuzonem.

7. Romualdi festum celebratur Februarii die 7, qui dies est ejus translationis ex Æsino oppido in urbem Fabrianum, quæ sita est in marcha Anchonitana. Hæc translatio contigit anno 1481 tempore Petri Delphini generalis, qui de ea agit in quadam inedita epistola ad Benedictum abbatem Sancti Michaelis apud Muranum : « De corpore sanctissimi Romualdi, quod initio generalatus mei a tribus monachis nostris ex antiquissimo Vallis Castri sarcophago furto sublatum, atque ad Esinum oppidum translatum fuerat, postmodumque jussu pontificis Fabrianensibus restitutum, ex memorato cive multa te didicisse non dubito : idque in primis, ubi scilicet residere habeat ac servari, Fabrianine in monasterio Sancti Blasii, ubi nunc est, an in Vallis Castri cœnobio, ubi prius jacuerat. Ego quidem certis rationibus expedire judicavi ut Fabriani remaneret. Nam et tutius in urbe servari posse certum est, ne iterum subriperetur, et Fabrianenses multa se in honore sacrarum reliquiarum, si ibidem relinquerentur, facturos spoponderant. Itaque cognito ex revelatione Fabrianensium, negotium istud cardinali Sancti Georgii, legato agri Piceni, a summo pontifice fuisse injunctum, necessarium duxi Maceratæ illum convenire, etc. Ex Ancona die 16 Maii 1481. » Hæc in antecessum satis.

VITA SANCTI ROMUALDI ABBATIS

AUCTORE S. PETRO DAMIANI.

(Vide inter Opera S. Petri Damiani, infra, Patrologiæ tom. CXLIV, sub finem.)

FRAGMENTUM
EXPOSITIONIS PSALMI LXVIII
QUÆ TRIBUITUR DIVO ROMUALDO.

(Annal. Camaldul. I, 237, ex membrana sæculi xi monasterii Sancti Michaelis de Muriano.)

Extraneus factus sum fratribus meis, et peregrinus filiis matris meæ.

Vox Christi. Judæos hic appellat fratres qui erant ei sanguinis vicinitate conjuncti; quibus extraneus factus est, quando ei credere noluerunt; nam cum ipse esset de semine Abraham, secundum carnem, illi, malis operibus addicti, a patriarchæ sunt origine segregati, sicut ait in Evangelio : *Si filii Abrahæ essetis, opera Abrahæ fecistis.* Adjecit : « *Et hospes filiis matris meæ.* » Hospitem dicamus quemlibet, domum nostram adeptus [ad tempus] habitantem, qui non nomine consanguinitatis, sed tanquam peregrinus, excipitur. Matrem vero suam Synagogam dicit de qua ortus est, dum Judæa gente nasci dignatus est.

Quoniam zelus domus tuæ comedit me, et opprobria exprobrantium tibi ceciderunt super me.

Vox Christi. Quia fecerunt eam speluncam latronum. Exprobrantium enim injuriam super eum projecerunt, cum eum et Samaritanum et dæmonium habentem vocarent, et illud : *Si Filius Dei es, descende de cruce,* etc. Comedebat eum zelus domus Dei, quando, funiculo facto, cathedras vendentium columbas et nummulariorum mensas evertit, docens aliud esse templum sanctum, aliud negociationis officium. Sed istud zelum quid fuerit consecutum potenter adjungitur : *Et opprobria exprobrantium tibi ceciderunt super me.* Nam postquam, indigni, salutaribus monitis increpabantur, opprobria supra eum, quasi conferta tela, miserunt, ut pro admonitionibus sanctis vicissitudinem redderent jurgiorum.

Et operui in jejunio animam meam, et factum est in opprobria mihi.

Opprobrium ei inferre conabatur, cum tentans eum Satana dicebat : *Dic ut lapides isti panes fiant.* Jejunium dicimus quoties a cibis carnalibus abstinemus, nec esuriem nostram aliqua comestione satiamus. Ad quam similitudinem jejunasse dicit Dominus Christus, quia hominum fidem, quam valde esuriebat, minime poterat invenire. *Operui,* dixit, *animam,* quasi aliquo pallio tristitiæ circumdedit. Sequitur : *Et factum est mihi in opprobrium.* Semper boni malis opprobrio sunt, quia minime eorum sceleribus acquiescunt, dum illis studio sui detrahunt, quibus nulla societate junguntur. Testantur enim ista opprobria alapas, flagella, consputa quæ Dominus Salvator ab insana plebe perpessus est.

Et posui vestimentum meum cilicium, et factus sum illis in parabolam.

Vox Christi. In sacco luctus ostenditur vel fletus, quo in morte Lazari usus est; in parabola factus est Judæis, cum eo flente dicerent : *Ecce quomodo amabat eum; alii vero : Non poterat hic qui aperuit oculos cæci nati facere ut hic non moreretur.* Per cilicium tristitia significatur, et lacrymæ quas Dominus, humani generis imbecillitate permotus, suscitaturus Lazarum flevit; nusquam enim legitur Dominum usum fuisse cilicio. Factus est quoque Judæis in parabola quando per similitudines quasdam carnalem populum docere videbatur, sicut in

Evangelio legitur : *Dixit Dominus parabolam ad turbam*; et in alio psalmo : *Aperiam in parabolis os meum*. Parabola est enim natura discrepantium rerum, sub aliqua similitudine, facta comparatio, more providentiæ suæ, ut qui cœlestia capere non poterant, per terrenas similitudines audita percipere potuissent.

Adversum me loquebantur qui sedebant in porta, et in me psallebant qui bibebant vinum.

In illis scilicet, quia, habentes clavem scientiæ, neque introibant neque alios introire pertinebant, Scribæ et Pharisæi, qui discernebant causas cum sedebant in publico judicio ; *et in me psallebant qui bibebant vinum*, repleti enim vino iniquitatis. Qualiter eum interficerent concinnabant; stulte enim psallentium, audi qualiter doceat vos : *Psallite*, inquit, *sapienter*. Vel ebrii erant de vino, quando operiebant caput ejus, et dicebant : *Prophetiza nobis, Christe, quis est qui te percussit.* In portis sedent qui conventibus hominum, sedula curiositate, miscentur. Dicit enim passionem suam genti Judaicæ fuisse fabulam, ut nullus exciperetur qui a tali collocutione redderetur alienus. De opprobriis ac conviciis Judæorum hactenus locutus. Nunc, quantum mihi videtur, de fidelibus dicit : *Et in me psallebant qui bibebant vinum.* In Dominum psallunt qui actione probabili diriguntur, et operibus reddunt quæ monitis cœlestia mandata suscipiunt.

Ego vero orationem meam ad te, Domine; tempus beneplaciti, Deus.

Vox Christi ad Patrem. Non enim vincor his passionibus, quia tecum sum in oratione; *ego vero orationem meam ad te, Domine*. Judæis mihi male dicentibus : *crucifige, crucifige eum*; ego pro eis orans loquebar : *Pater, ignosce eis. Non enim sciunt quid faciunt*. Tempus placendi, Dominus. *Hic est Filius, Filius meus in quo mihi complacui*. Venit ad tertium caput, ubi, contra maledicta Judæorum orationis suæ posuit sanctitatem cœlestis Doctor, insinuans jurgiis hominum non inflammatis rixis, sed piis orationibus obviendum. Videamusque nunc, quod sit *tempus beneplaciti*. Illud tempus est *beneplaciti*, quando, incarnationis suæ beneficio, periclitantem mundum imminenti liberavit exitio. Hoc tempus est *beneplaciti*, de quo et Apostolus ait : *Ecce nunc tempus acceptabile, ecce nunc dies salutis*.

In multitudine misericordiæ tuæ exaudi me, in veritate salutis tuæ.

Ut post veram mortem resurrectionis veritas approbetur. Non enim parva misericordia fuit, quæ tam ingenti ad peccatum superavit (*sic*). Multitudo quidem fuit delicti, sed multo numerosior misericordia illa quæ vicit, cum, memorato tempore misericordiæ quæ passionis salutem mundo præstitit, consequens fuit ut et resurrectionem sibi venire precaretur, quam in veritate pollicitus fuerat per prophetas. Precatur ergo Patrem non natura deitatis, quæ ejusdem peræqualis est, sed infirmitas assumpta hominis, in qua minor est Patri.

Eripe me de luto, ut non infigar; libera me ab his qui oderunt me, et de profundis aquarum.

Aperte hæc de Judæis, qui cum nunc quam dilexerunt (*sic*) dicit: *Et de profundis aquarum.* Demus operam ut hisdem verbis et nos Dominum rogemus, quibus Caput nostrum exorasse cognoscimus. Hoc plane subtiliter perscrutandum est quare superius infixo limo dixerit et hic ne in ipso hærere possit exorat. Infixus utique limo fuit, quum suscepta carnis infirmitate tenebatur; unde etiam mortem crucis accepit. Hic autem competenter exposuit ut anima ejus a desideriis luteis, id est hujus mundi cupiditatibus, reddatur aliena, quod bene suscipitur a parte membrorum, quia ille luto inhærere non poterat qui peccati maculam non habebat. *Libera me ex odientibus me*, istud ad Judaicum populum manifestum est pertinere. Quare, surgente Christo, eorum odia frustrata vanuerunt; nam quod dixit : *De profundis aquarum*, ad populum ipsum non est dubium pertinere, quia profundus erat malignitate consilii, et seditionibus turbulentus.

Non me demergat tempestas aquæ, neque absorbeat me profundum, neque urgeat super me puteus os suum.

Vox Christi in id quod homo est. Hæc passionibus tempestas non eum in profunditate abyssi retineat infernalis. *Neque absorbeat me profundum*, in quo, dum per mortem descendit, non devoretur ab eis; *neque urgeat super me puteus os suum*, aditus inferni, sive diabolus. Rogat enim ne mergatur a fluctibus, id est a sæculi istius tempestate sævissima, quæ in modum maris animas sorbuit, quando eas vitio pravitatis involverat ; ait enim : *Neque absorbeat me profundum*. Profundum utique peccatum est, quod voracitate quadam deglutit animas impiorum, ut ad pœnitudinem redire nequeant qui de actuum suorum iniquitate desperant. *Neque urgeat super me puteus os suum.* Puteus enim est terræ altius excavata profunditas; in quo, per allegoriam, vere incidunt peccatores, quando se a vitiosa voluntate non abstrahunt; urgetque super eos os suum concludere, cum usque ad mortis suæ tempus in pessima voluntate persistunt.

Exaudi me, Domine, quoniam benigna est misericord a tua, secundum multitudinem miserationum tuarum respice in me.

Vox Christi ad Patrem pro parte carnis. Hæc, secundum infirmitatem humanam postulat, dicens : Qui alios mea passione redemisti, me præcurrente misericordia contemplare. Dicit enim : *Exaudi me, Domine*; causamque quare exaudiatur adjungit, non quia meretur humanitas, sed *quia misericordia Domini est benigna* semperque ad benefaciendum parata, cum tamen pie petitur, et ei purissime supplicatur. Et, ut ipsam benignitatem pius doctor exponeret, adjecit : *Secundum multitudinem miserationum suarum respice in me*. Ad ipsam semper reddit (*sic*) quam debilibus sit patrona, cui omnia peccata cedunt, quamvis numerosissima comprobentur.

ORDO RERUM
QUÆ IN HOC TOMO CONTINENTUR.

SANCTUS HEINRICUS IMPERATOR AUGUSTUS.

ACTA S. HENRICI. 9
§ I. — Sancti genus, nomen et agnomina.
§ II. — Sancti ætas, annus et dies obitus, cultus, elogia. 14
§ III. — Canonizatio, elevatio sacri corporis, et translationes. 19
§ IV. — Reliquiæ Bambergenses, sacra cimelia, mausoleum Henricianum. Officia ecclesiastica, et antiqua Missa. 24
§ V. — Reliquiæ alio translatæ, præsertim Romam, ad templum domus Professæ Societatis Jesu. 33
§ VI. — Scriptores Vitæ, aliique de S. Henrico agentes. 39
§ VII. — Vita S. Henrici *Dilingæ vulgata* MDCXLVIII. 44
§ VIII. — S. Henrici cum sancta virgine Cunegunde servata in conjugio castimonia 49
§ IX. — Ex Litaniis Bambergensibus incassum suggillata. 55
§ X. — Præcipua S. Henrici gesta ad temporum ordinem revocata, a regni principio ad fundatam Ecclesiam Bambergensem. 60
§ XI. — Episcopatus Bambergensis a sanctis Henrico et Cunegunde fundatus. 65
§ XII. — Prosecutio a constabilita Ecclesia Bambergensi ad susceptam Romæ imperii coronam a Benedicto PP. VIII. 69
§ XIII. — S. Henrici Romæ coronatio, et quæ eum secuta sunt, usque ad adventum Benedicti PP. VIII in Germaniam. 76
§ XIV. — Reliquum vitæ S. Henrici usque ad felicem exitum MXXIV. 82
VITA S. HENRICI auctore Adelboldo. 87
Auctoris procœmium. 89
Annus Christi 1002, S. Henrici imperantis I. 90
Annus Christi 1003, Henrici imperantis II. 98
Annus Christi 1004, Henrici imperantis III. 102
Ad sequentem Vitam præmonitio. 109
S. HENRICI VITA ALTERA auctore anonymo. 109
CAPUT PRIMUM. — S. Henrici in imperium successio, Wolfgandi apparitio, munificentia in ecclesias, victoria de Sclavis, et restauratio episcopatus Merseburgensis. 109
CAP. II. — Fundatio Ecclesiæ Bambergensis, synodi ad eam spectantes, ejusque a summo Pontifice approbatio. 114
CAP. III. — Brunonis in sanctum fratrem odium, S. Cunegundis innocentia; sanatio calculi in Monte Cassino et causa claudicationis S. Henrici. 120
CAP. IV. — Adventus Benedicti PP. VIII in Germaniam; sancti peregrinatio Cluniacum, ejus pro ecclesia et imperio gesta, felicissimus obitus et de eodem mira visio. 124
Ad librum Miraculorum observatio prævia. 127
Miracula S. Henrici. 130
Appendix ad Acta S. Henrici. 139
CAPUT PRIMUM. — De diplomatibus ex data Vita huc rejectis. 139
CAP. II. — De recentiori per S. Henricum Ecclesiæ Bambergensis patrocinio. 144
CAP. III. — De S. Henrici Manto, ut vocant, Bambergæ in Ecclesia Imperiali asservato. 158
CAP. IV. — De celeberrima Cruce, aliisque S. Henrici apud Bambergenses sacris cimeliis. 165
CAP. V. — De S. Henrici hodierna gloria in annua Bambergensi solemnitate per totum occiduum, catholico more, festive produci solita in officio pietatis, templisque et sacellis Sancto electis. 173
§ I. Prævius ad festivitatem apparatus. 175
§ II. — Ejusdem institutio et connatio. 177
§ III. — Incrementum anni hujus MDCCXXIII. 179
§ IV. — Innovatum de S. Henrico pietatis officium. 181
§ V. — Templa et sacella in honorem S. Henrici et S. Cunegundis erecta, præter illud de quo superius num. 18, inter miracula. 187
Ad Acta sancti Henrici additamentum. 188
VITA SANCTÆ CUNEGUNDIS IMPERATRICIS ET VIRGINIS. 197
Observationes præviæ ubi de sancto Henrico imperatore ejus conjuge. 197
Incipit Vita sanctæ Cunegundis. 205
Bulla Innocentii III de canonizatione sanctæ Cunegundis. 219
Ad Vitam sanctæ Cunegundis additamentum. 223
SANCTI HENRICI LEGES ET CONSTITUTIONES. 223
Leges Papienses. 225
Responsio Imperatoris. 228
Capitula. 229
Constitutio Ariminensis. 229
Sententia de conjugio clericorum. 231
Pactum cum Benedicto VIII. 235
DIPLOMATA ECCLESIASTICA. 237
I. — Præceptum Henrici Germaniæ regis cœnobitis Remigianis concessum. 237
II. — Rex Henricus II donat Godehardo abbati Niederaltaicensi aream Ratisbonæ sitam. 239
III. — Rex Henricus II donat monasterio Tegernsensi ar'am Ratisbonæ sitam. 240
IV. — Rex Henricus donat regiæ capellæ Veteri a se restauratæ villam sui juris Duveninga cum ejusdem pertinentiis. 240
V. — Rex Henricus II donat episcopo Brixinensi aream Ratisbonæ sitam. 241
VI. — Mundiburdium regis Henrici II monasterio infe iori concessum. 242
VII. — Rex Henricus donat collegiatæ ad Veterem capellam Ratisbonæ villam Walching in pago Nordgow sitam. 243
VIII. — Rex Henricus II donat episcopo Brixinensi villam Teign prope Ratisbonam. 244
IX. — Henrici II regis præceptum per quod Burchardo Wormatiensi episcopo attribuit omne prædium quod Otto dux in ipsa civitate obtinebat. 245
X. — Henrici II regis præceptum per quod regium bannum concedit Wormatiensi Ecclesiæ in silva Forchahi. 245
XI. — S. Henrici privilegium domnæ Godesdhivi Herifurdensis monasterii abbatissæ concessum. 246
XII. — S. Henrici privilegium pro Nova Corbeia. 247
XIII. — S. Henrici privilegium pro Ecclesia Paderbornensi. 248
XIV. — S. Henrici privilegium pro eadem ecclesia. 249
XV. — S. Henricus Sigifredo episcopo Parmensi abbatiam Nonantulanam largitur. 250
XVI. — S. Henrici privilegium pro Ecclesia Hamburgensi. 250
XVII. — Diploma S Henrici regis Romanorum pro parthenone Mulenbechiano, quo privilegia eidem ab Arnulfo et Ottone II imperatoribus concessa confirmat, liberam eligendæ abbatissæ potestatem tribuit. 251
XVIII — S. Henricus imperator confirmat possessiones monasterii S. Bavonis Gandensis, ordinis S. Benedicti. 252
XIX. — Diploma regis Henrici II, concedentis Adalberoni comiti bannum super agrestes feras. 254
XX. — S. Henrici privilegium Frederunæ abbatissæ coucessum. 255
XXI. — Diploma S. Henrici Keminiensi virginum monasterio concessum. 256
XXII. — S. Henricus Ecclesiæ Comensis privilegia confirmat et possessiones auget. 257
XXIII. — S Henrici diploma per quod prædium Pipinestdorff Ecclesiæ Wormatiensi liberaliter confert. 258
XXIV. — Super emunita'e. 259
XXV. — Rex Henricus donat veteri capellæ quoddam suo juris prædium in Nortgowe, quidquid in duabus villis Durmin et Mantalahi possidebat. 259
XXVI. — Rex Henricus II donat monasterio inferiori prætium in curtibus Ratisbonæ, id est in Regensburger Burgfrieden. 260
XXVII. — Monasterium Steinense, ex Duello translatum, ab Henrico II RR. dotatur et Eccesiæ Bamborgensi subjicitur. 261
XXVIII. — S. Henricus imperator confirmat fundationem collegii canonicorum in ecclesia S. Crucis Leodii, facta per Notgerum episcopum Leodiensem. 264

XXIX. — S. Henricus prædia quædam donat monasterio Altahensi, petente Godehardo abbate. 265
XXX. — S. Henricus II imperator innovat prærogativorum immunitates et privilegia, monasterio S. Maximini concessa. 266
XXXI. — S. Henricus Ecclesiæ Comensis privilegia confirmat et possessiones auget. 267
XXXII. — S. Henrici II præceptum, per quod universas Ecclesiæ Wormatiensis possessiones eidem confirmat aliasque superaddit. 268
XXXIII. — S. Henricus III imperator B. Notgero Leodiensi episcopo ejusque successoribus confirmat abbatias et ecclesias collegiatas, Lobiensem, S. Huberti, Broniensem, Gemblacensem, Fosseusem, Malouiensem, Namurcensem, Dionantensem, Eichensem, Mechliniensem, Tungrensem, Huiensem et Trajectensem. 269
XXXIV. — Henricus II Germaniæ et Italiæ rex, sub suo mundiburdio suscipit Landulphum Cremonensem episcopum. 271
XXXV. — S. Henricus II imperator monasterio Steinensi donat locum Kircheim. 271
XXXVI. — Diploma S. Henrici II imperatoris quo Ecclesiæ metropolitanæ Cameracensi ac Herluino episcopo ejusque successoribus donat comitatum Cameracensem. 273
XXXVII. — Litteræ S. Henrici de erecto ab se episcopatu Bambergensi. 275
XXXVIII. — S. Henricus II imperator benefacit Thorensi virginum nobilium canonicarum collegio ad Mosam, petente Notgero Leodicensi episcopo. 275
XXXIX. — Henricus II imperator donat abbatiam Kitzengensem archiepiscopatui Bambergensi. 275
XL. — Fundatio Henrici sancti imperatoris super Forth, Francofurti in comitiis. 276
XLI. — Rex Henricus II quæmdam suæ proprietatis locum Pferingum dictum, in pago Chelesgouve, et in communitate Berengeri comitis situm ad stipendium canonicorum in episcopali sede Babenbergensi a se erecta Deo servientium una cum omnibus ejus pertinentiis sive adhærentibus, videlicet vicis, villis, ecclesiis, servis et ancillis, areis, ædificiis, terris cultis et incultis, viis, inviis, exitibus et reditibus, quæsitis vel inquirendis, silvis, forestibus, saginis, venationibus, aquis, piscationibus, molis, molendinis, rebus mobilibus et immobilibus, ac cæteris omnibus, quæ rite scribi aut appellari possunt quovis modo, utilitatibus donat atque proprietat omnium contradictione remota, ea ratione, ut prædicti canonici liberam dehinc habeant potestatem, eumdem locum Pferingum cum omnibus appenditiis suis tenendi, possidendi, vel etiam sibi commodum advocatum super loco dicto eligendi, seu quidquid illis libeat, inde faciendi. 277
XLII. — Rex Henricus abbatiam sui juris seu veterem capellam in proprium dat Ecclesiæ Babergensi a se erectæ. 278
XLIII. — S. Henrici præceptum, per quod Ecclesiæ Wormatiensi attribuit quidquid Bacelinus comes in beneficium possedit. 278
XLIV. — Diploma Henrici II imperatoris quo Ecclesiæ Wirceburgensi tradit Meinungen et Walldorf pro aliis bonis in pago Rateuzgau novo Bamburgensi episcopatui permissis. 279
XLV. — S. Henrici privilegium pro Ecclesia Vicentina. 280
XLVI. — S. Henricus imperator Baldrico episcopo Leodicensi, et Baldrico comiti dat bannum bestiarum in silvis quas possidebant. 281
XLVII. — Rex Henricus II donat monasterio Niederaltacensi ecclesiam parochialem in Mundraching cum decimis, et mansum ibidem, tres mansos in Siftenkofen, et molendinum in Mangolting. 282
XLVIII. — Rex Henricus II donat monasterio Prul prope Ratisbonam mansum regalem in villa Genstall. 283
XLIX. — Rex Henricus II donat Ecclesiæ Bambergensi locum Lichtowa in pago Nordgowi situm. 284
L. — S. Henrici præceptum pro Ecclesia Cremonensi. 285
LI. — Præceptum Henrici II regis pro abbatia Classensi sancti Apollinaris. 286
LII. — S. Henrici privilegium Godehardo abbati concessum. 287
LIII. — S. Henrici privilegium pro eodem. 288
LIV. Ecclesiæ Nordhwald sitæ in eremo multa prædia confert. 288
LV. — Rex Henricus II donat Parthenoni Obermunster per ipsum a fundamento perfecto et in præsentia sua 17 Apr. consecrato quamdam sui juris curtem Salach. 289
LVI. — Henricus II rex prædium Tharissa Ecclesiæ Bambergensi donat. 290
LVII. — S. Henrici privilegium pro Ecclesia Altahensi. 291
LVIII. — S. Henrici imp. diploma datum pro monasterio Tegernseensi. 292
LIX. — S. Henrici diploma per quod integrum comitatum in pago Lobedengouve reliquis Ecclesiæ Wormatiensis ditionibus adjicit. 293
LX. — S. Henrici privilegium pro ecclesia Paderbornensi. 293
LXI. — Traditio Henrici regis. 294
LXII. — Traditio Henrici regis de foresti Zunderenhart. 295
LXIII. — Traditio Henrici II regis de Lupence Marca. 296
•LXIV. — Henrici regis præceptum, per quod Wormatiensem Ecclesiam inter et cœnobium Laurisheimense controversiam, ratione forestis Odenwalt dirimit. 297
LXV. — Abbatia Florinensis, quæ est benedictinorum in diœcesi Leodiensi, a Gerardo Cameracensi et Atrebatensi episcopo fundata, confirmatur diplomate S. Henrici. 298
LXVI. — Imperator Henricus donat Ecclesiæ Bambergensi locum Irosing in pago Kelesgowe et in comitatu Ottonis de Wittelspach situm. 299
LXVII. — S. Henrici privilegium pro monasterio S. Benedicti Montis Casini. 300
LXVIII. — S. Henricus Ecclesiæ Bergomensis, a Reginfredo episcopo male habitæ, possessiones et privilegia confirmat. 302
LXIX. — S. Henricus Ecclesiæ Paderbornensi curtem Berneshuson concedit. 303
LXX. — S. Henricus Ecclesiæ Paderbornensis privilegia et possessiones confirmat. 304
LXXI. — S. Henricus, Petro episcopo et abbati S. Michaelis in Porcariana, bona sua et jura confirmat, anno 1013, post profligatum Arduinum Italiæ regni invasorem; vel certe anno 1014, ante Pascha, quo die acceptis a Romano pontifice imperii insignibus, cœpit esse imperator. 305
LXXII. — Henrici II imperatoris diploma pro monasterio S. Salvatoris Fontanæ Taonis. 306
LXXIII. — Henricus II Germaniæ rex Arimannis Mantuanis privilegia confirmat. 307
LXXIV. — S. Henricus Ecclesiæ Hamburgensis privilegia confirmat et auget. 309
LXXV. — S. Henricus Tarvisinæ Ecclesiæ privilegia confirmat. 310
LXXVI. — S. Henricus Petro episcopo Novariensi jura Ecclesiæ suæ restituit, ab Arduino marchione ablata. 311
LXXVII. — S. Henricus Ecclesiæ Savonensis possessiones confirmat et auget. 313
LXXVIII. — Henricus, intuitu Ardemani episcopi, Savonensium possessiones confirmat. 314
LXXIX. — S. Henrici privilegium pro monasterio SS. Petri, Laurentii et Columbani quod vocatur Bromiades. 314
LXXX. — S. Henrici præceptum per quod Wormatiensem Ecclesiam adversus iniquas comitum provincialium impetitiones tuetur. 316
LXXXI. — Litteræ S. Henrici quibus abbatiam de Schwarzach tradit possidendam Wereuhario episcopo Argentinensi et successoribus ejus. 317
LXXXII. — S. Henrici sententia contra comites et marchiones Estenses, ipsius imperio obtemperare recusantes. 318
LXXXIII. — S. Henricus imperator donat abbatiæ S. Michaelis prædia quædam extra urbem Bambergensem sita. 320
LXXXIV. — S. Henricus abbatiæ S. Vitoni possessiones confirmat. 321
LXXXV. — Confirmatio jurium ac privilegiorum asceterii sacrarum virginum Lucensium S. Salvatoris, facta Alpergæ abbatissæ ab S. Henrico inter Augustos primo. 322
LXXXVI. — S. Henrici præceptum, quo Ecclesiæ S. Alexandri Bergamensi restituit comitatum Alamanni, cujus Atto comes ecclesiam illam hæredem instituerat. 323
LXXXVII. — S. Henricus Bernardo comiti Parmensi curtis Neronianæ possessionem asserit. 323
LXXXVIII. — S. Henricus Ecclesiæ Paderbornensi curtem Houstide donat. 325
LXXXIX. — Comcambium Henrici II imperatoris cum Bobbone abbate. 325
XC. — Imperator Henricus donat Ecclesiæ Bamberg duo loca Schwarzenfeld et Weilendorf in pago Nordgow. 326
XCI. — S. Henricus Alberico episcopo Comensi curtem seu villam Barzanorum olim Berengarii et Ugonis, Sigifredi comitis filiorum, et Cæsareæ majestati rebellium largitur. 326
XCII. — S. Henricus Ecclesiæ Paderbornensi prædia quædam donat. 328
XCIII. — S. Henricus Ecclesiæ Paderbornensi curtem Moronga largitur. 329

XCIV. — .tem curtem Bemeshusen. 330
XCV.— Item possessiones Haholdi comitis defuncti. 331
XCVI. — Item prædia nonnulla. 332
XCVII. — S. Henricus II imp. Popponi de immunitate Ecclesiæ Trevirensis cavet. 333
XCVIII. — Præceptum S. Henrici II imperatoris Werenherio episcopo Argentino concessum. 334
XCVIII bis. — S. Henricus Ecclesiæ Paderbornensi ablatiam Helmwardeshusen concedit. 335
XCIX. — Diploma S. Henrici pro abbatia S. Petri de Piro. 335
XCIX bis. — Fundatio collegiatæ ecclesiæ Prumiensis firmata auctoritate Henrici II imp. 337
C. — S. Henricus II imp. Popponi et Ecclesiæ Trevirensi confert curtem confluentiam cum omnibus pertinentiis. 338
CI. — S. Henricus ecclesiæ Paderbornensi prædium quoddam donat. 339
CII. — S. Henricus imperator, Aquisgranense canonicorum S. Adelberti collegium fundat ac dotat. 340
CIII. — S. Henricus imperator possessiones abbatiæ sancti Gisleni in Hannonia confirmat, Gerardo I, Cameracensi episcopo, et Reginero IV Hannoniæ comite, postulantibus.
CIV. — Imp. Henricus donat locum Berga.
CV. — S. Henrici diploma, quo monasterio Tegernseensi duos regales mansos, in Liupana seu Luben sitos, condonat. 343
CVI. — Privilegium imperatoris Henrici pro duobus mansis sitis juxta Liupana. 344
CVII. — S. Henrici privilegium pro Ecclesia Mimigardefordensi. 345
CVIII. — S. Henricus Ecclesiæ Paderbornensi abbatiam Sceldice donat. 346
CIX. — Item quamdam nostræ proprietatis forestim. 346
CX. — S. Henricus imperator monasterio Farfensi S. Mariæ res noviter ab ipsis monachis acquisitas, quarum nomina recensentur suo diplomate confirmat. 347
CXI. — S. Henricus Godehardo abbati Altahensi prædia quædam confert. 349
CXII. — Concessio Henrici II imp. de moneta et mercatu. 350
CXIII. — S. Henricus Ecclesiæ Paderbornensi curtem Hammonstedi donat. 350
CXIV. — Item quamdam nostræ proprietatis forestim. 351
CXV. — Præceptum Henrici imperatoris pro abbatia Pratalæ. 352
CXVI. — Præceptum domni Henrici imperatoris Augusti, quo prædium Butenhart Hilderado abbati Prumiensis monasterii concedit. 353
CXVII. — Immunitas Henrici II imperatoris. 354
CXVIII. — S. Henricus Ecclesiæ Paderbornensi prædia quædam confert. 356
XIX. — S. Henricus confirmat monasterio Sancti Emmerammi omnia bona generatim, ablata episcopo aliisque alienandi facultate. 357
CXX. — S. Henricus confirmat monasterio Sancti Emerammi traditionem curtis Ruitæ (Vogtarent) factam a comite Warmundo. 357
CXXI. — S. Henricus confirmat monasterio Sancti Emmerammi curtem Eiterhoven. 358
CXXII. — S. Henricus donat monasterio superiori duas terras (Plaetze) intra et extra mœnia civitatis Ratisbonensis versus meridiem. 359
CXXIII. — S. Henrici diploma concessum Amato II archiepiscopo Salernitano, per quod ei confirmat omnia jura. 362
CXXIV. — S Henricus D. Romualdo, Eremitarum Camaldulensium conditori, abbatiam S. Benedicti in Alpibus ad Bifurcum sitam confirmat. 362
CXXV. — S. Henrici privilegium pro monasterio S. Sophiæ Beneventano. 363
CXXVI. — Scrittura di Arrigo santo indiritta a papa Benedetto a favore della badia di Monte-Casino. 366
CXXVII. — S. Henricus II imp. Ecclesiæ Lambergensi donat prædium Hormunze in archidiœcesi Trevirensi, quod a Poppone archiepiscopo acceperat. 366
CXXVIII. — S. Henricus II imp. monasterio Epternacensi confirmat jus monetæ. 367
CXXIX. — S. Henricus II imp. 6630 mansos ab abbate S. Maximini in beneficium accipit, quos Ezzoni comiti Palatino et Henrico duci, nec non Otthoni comiti beneficiavit. 369
CXXX. — S. Henrici II imperatoris diploma pro abbatia Mosomagensi. 371
CXXXI. — S. Henricus Ecclesiæ Pergamensis, petente

Amproso episcopo, privilegia confirmat. 573
CXXXII. — Præceptum S. Henrici imperatoris Degenhario abbati Morbacensi concessum. — Monasterii privilegia et jus eligendi abbatis confirmat. 375
CXXXIII — S. Henrici imp. præceptum, per quod gravi dissidio inter Wormatiensem Ecclesiam et Lauritheimense cœnobium suborto finem imponit. 376
CXXXIV. — S. Henricus Ecclesiæ Paderbornensi prædium Steini donat. 377
CXXXV. — S. Henrici privilegium pro eadem Ecclesia. 378
CXXXVI. — S. Henricus Paderbornensi Ecclesiæ prædia quædam confert. 379
CXXXVII. — Decretum S. Henrici II imperatoris. 380
CXXXVIII. — Traditio Henrici II imperatoris. 381
CXXXIX. — S. Henricus Ecclesiæ Novariensis privilegia et possessiones confirmat et auget. 382
S. Henrici concio habita in concilio Francfordiensi, pro constitutione episcopatus Bambergensis, anno 1006 celebrato. 383

THANGMARUS PRESBYTER HILDESHEIMENSIS.
VITA S. BERNWARDI EPISCOPI HILDESHEIMENSIS. 385
Monitum. Prologus Thangmari presbyteri in Vitam sancti Bernwardi episcopi et confessoris. 394
Incipit vita Bernwardi episcopi et confessoris. 395
APPENDIX. — MIRACULA SANCTI BERNWARDI. 433

ALPERTUS SYMPHORIANI METENSIS MONACHUS.
Notitia. 445
DE EPISCOPIS METENSIBUS LIBELLUS. 445
DE DIVERSITATE TEMPORUM LIBRI DUO. 451
Prologus. 451
Epistola domni burchardi episcopi. 451
LIBER PRIMUS. 453
§ I. — Wicmannus et Baldericus summis opibus inter se de potentatu contendunt. 453
II. — De Castello Adelæ incenso, et ejusdem moribus. 455
III. — De moribus Liutgardæ. 455
IV. — De obitu Ottonis et dolis Baldrici. 456
V. — De Henrico rege. 456
VI. — De viso comete, et fame et mortalitate. 457
VII. — De Wecelino apostata. 457
VIII. — De adventu Nordmannorum. 457
IX. — De secundo adventu Nordmannorum. 458
X. — De portu Trajectensi incenso. 459
XI. — De beato Ansfrido comite. 460
XII. — Quomodo Ansfridus comes episcopus efficitur. 461
XIII. — Versus de eadem re. 461
XIV. — De Cæcitate et monachica vita et eleemosina Ansfridi. 462
XV. — Cur Ansfridus infirmos non curaret. 463
XVI. — De obitu Ansfridi episcopi. 464
XVII. — De obtrectatoribus Ansfridi episcopi. 465
XVIII. — Item de quodam obtrectatore. 465
LIBER SECUNDUS. 465
I. — De simultate Buldrici et Wicmanni. 465
II. — De castello Wicmanni a Baldrico expugnato, et de Munna monita. 467
III. — De Apola ab Adelboldo episcopo obsessa. 468
IV. — De pace inter Baldricum et Wicmannum facta. 469
V. — Oratio Adelæ uxoris Baldrici. 469
VI. — De præfectura Baldrico tradita. 470
VII. — De reconciliatione Adelboldi episcopi et Wicmanni. 470
VIII. — De sententiis inter eos collatis. 471
IX. — De dolis Wicmanni. 472
X. — De exercitu in Bratuspantes misso et capto Baldrico. 474
XI — De Gevehardo, et Baldrici redemptione. 475
XII. — De nece Wicmanni. 475
XIII. — De Ubladio destructa. 476
XIV. — De Ruodoldo rege Burgundionum. 478
XV. — De Munna clam tradita. 479
XVI. — De expulsione Baldrici et Munna destructa. 479
XVII. — De quæstione habita cum Baldrico de morte Wicmanni. 480
XVIII. — Quomodo Gevehardus in mortem ductus est. 480
XIX. — De eclipsi lunæ et solis, et viso comete. 481
XX. — De Meriwido a Frisiis obtenta, et de Tielensibus. 481
XXI. — De bello contra Frisios adhibito. 482

ORDO RERUMQUÆ IN HOC TOMO CONTINENTUR.

XXII. — De clerico Judæo facto. 484
XXIII. — Scripta ipsius apostatæ. 484
XXIV. — Henrici epistola ad Wecelinum. 485

BURCHARDUS WORMATIENSIS ECCLESIÆ EPISCOPUS.

Proœmia. — Notitia historica et litteraria. 491
De collectione Burchardi. 497
Vita Burchardi episcopi. 503
Monitum. 505
Prologus. 507
BURCHARDI EPISTOLA AD ALPERTUM. 535
BURCHARDI DECRETORUM LIBRI VIGINTI. 537
Præfatio. 539
Index singulorum librorum. 539
Index capitulorum libri primi. 541
DECRETORUM LIBER PRIMUS. — DE PRIMATU ECCLESIÆ. 549
Index capitulorum libri secundi. 617
DECRETORUM LIBER SECUNDUS. — DE SACRIS ORDINIBUS. 623
Argumentum libri. — Liber hic ordinationem, congruentem dignitatem, vitæ qualitatem, officia, ministeriaque presbyterorum diaconorum, reliquorumque ordinum ecclesiasticorum complectitur. 625
Index capitulorum libri tertii. 665
DECRETORUM LIBER TERTIUS — DE ECCLESIIS. 673
Argumentum libri. — Liber hic de divinarum domorum institutione, cultu et honore, de decimis et oblationibus, deque justitiis singulorum tractat: quique libri in sacro catalogo recepti, qui rejecti et apocryph sint, ostendit. 673
Index capitulorum libri quarti. 725
DECRETORUM LIBER QUARTUS. — DE SACRAMENTO BAPTISMATIS ET CONFIRMATIONIS. 727
Index capitulorum libri quinti. 749
DECRETORUM LIBER QUINTUS. — DE SACRAMENTO CORPORIS ET SANGUINIS DOMINI. 750
Argumentum libri. — Liber hic quæ ad sacramentum Eucharistiæ spectant plenissime tractat, adeo ut nihil quod ad hanc rem attinet requiras. 751
Index capitulorum libri sexti. 763
DECRETORUM LIBER SEXTUS. — DE HOMIC. 763
Argumentum libri. — Liber hic de homicidiis sponte et non sponte commissis, de parricidiis, de fratrici his, de illis qui uxores legitimas et seniores suos interficiunt, et de cæde ecclesiasticorum tractat, quæque singulis hisce homicidii generibus sit pœnitentia injungenda, ostendit. 763
Index capitulorum libri septimi. 777
DECRETORUM LIBER SEPTIMUS. — DE INCESTU. 779
Argumentum libri. — Libro hoc de incesta consanguinitatis copulatione agitur, et in quo gradu coire dirimi que conjugia debeant, quæque pro ratione delicti incesto pollutis pœnitentia injungi debeat, ostenditur. 779
Sequitur figura sancti Isidori episcopi de septem gradibus consanguinitatis. 788
Index capitulorum libri octavi. 788
DECRETORUM LIBER OCTAVUS. — DE VIRIS AC FEMINIS DEO DICATIS. 791
Argumentum libri. — Libro hoc de viris et feminis, qui, Deo dicati, sacrum propositum reliquerunt deque eorumdem pœnitentia tractatio instituitur. 791
Index capitulorum libri noni. 811
DECRETORUM LIBER NONUS. — DE FEMINIS NON CONSECRATIS. 813
Argumentum libri. — Libro hoc de virginibus et viduis Deo non sacratis, de earum raptoribus, pœnaque iis imponenda, de legitimo matrimonio, de illegitimo concubitu ejusque pœnitentia tractatur. 813
Index capitulorum libri decimi. 831
DECRETORUM LIBER DECIMUS. — DE INCANTATORIBUS ET AUGURIBUS. 831
Argumentum libri. — Libro hoc de incantatoribus, de auguribus divinis, sortilegis et variis illusionibus dæmonis de maledicis, contentiosis, conspiratoribus deque singulorum pœnitentia tractatur. 843
Index capitulorum libri undecimi. 853
DECRETORUM LIBER UNDECIMUS. — DE EXCOMMUNICATIONE. 853
Argumentum libri. — Libro hoc de excommunicatione, ejusque neglectu et contemptu, de furibus et prædonibus, deque sacrarum ædium insensoribus, ac deprædatoribus agitur. 865
Index capitulorum libri duodecimi. 875
DECRETORUM LIBER DUODECIMUS. — DE PERJURIO. 875
Index capitulorum libri decimi tertii. 885
DECRETORUM LIBER DECIMUS TERTIUS. — DE JEJUNIO. 885
Argumentum libri. — Libro hoc de observatione utilitateque jejunii maxime, autem de jejunio quadragesimali, quatuor temporum, aliorumque ab Ecclesia institutorum, et eorumdem violatoribus, agitur. 885
Index capitulorum libri decimi quarti. 889
DECRETORUM LIBER DECIMUS QUARTUS. — DE CRAPULA ET EBRIETATE. 889
Argumentum libri. — Libro hoc de detestandis vitiis, crapula et ebrietate, tractatio instituitur, quæque iis qui his ce vitiis implicantur pœna injungenda sit, docetur. 889
Index capitulorum libri decimi quinti. 895
DECRETORUM LIBER DECIMUS QUINTUS. — DE LAICIS. 895
Argumentum libri. — Libro hoc de laicis omnis conditionis tractatio instituitur, tam de iis qui præsunt, ut imperatoribus, regibus, principibus, quam his qui horum imperio subjecti sunt. 895
Index capitulorum libri decimi sexti. 907
DECRETORUM LIBER DECIMUS SEXTUS. — DE ACCUSATORIBUS ET TESTIBUS. 909
Argumentum libri. — Libro hoc qualis judex, accusatores et testes esse debeant, docetur, quæque pœnitentia sit judicibus qui ad gratiam judicant, calumniatoribus et falsis testibus injungenda. 909
Index capitulorum libri decimi septimi. 917
DECRETORUM LIBER DECIMUS SEPTIMUS — DE FORNICATIONE. 919
Argumentum libri. — Liber hic fornicationem et incestum diversi generis complectitur, et quæ correctio, pœnitentiaque iis, qui his vitiis sunt involuti, debeatur, docet. 919
DECRETORUM LIBER DECIMUS OCTAVUS. — DE VISITATIONE INFIRMORUM. 933
Argumentum libri. — Liber hic infirmos a presbyteris visitandos esse, et quæ ad hanc visitationem requirantur e loco. 933
Index capitulorum libri decimi octavi. 937
Incipit liber decimus octavus. 937
Index capitulorum libri dedecimi noni. 943
DECRETORUM LIBER DECIMUS NONUS. — DE POENITENTIA. 949
Argumentum libri. — Liber hic Corrector vocatur et Medicus, quia correctiones corporum et animarum medicinas plene continet, et docet unumquemque sacerdotem, etiam simplicem, quomodo unicuique succurrere valeat, ordinato vel sine ordine, pauperi, diviti, puero, juveni, seni, decrepito sano, infirmo, in omni ætate et in utroque sexu. 949
Index capitulorum libri vicesimi. 1015
DECRETORUM LIBER VICESIMUS. — DE CONTEMPLATIONE. 1017
Argumentum libri. — Liber hic Speculator vocatur. Speculatur enim de providentia et prædestinatione divina, et de adventu Antichristi, de ejus operibus, de resurrectione, de die judicii, de infernalibus pœnis, de felicitate perpetuæ vitæ. 1017
CONCILIUM IN SALEGUNSTAT HABITUM. 1057
QUOMODO INITIANDA SIT SYNODUS. 1062
APPENDIX AD BURCHARDUM. 1067
STATUTA CANONUM DE OFFICIO SACERDOTUM. 1067
Jacobi Basnagii observatio. 1067
STATUTA CANONUM DE OFFICIO SACERD. 1087

ADELBOLDUS TRAJECTENSIS EPISCOPUS.

Notitia historica. 1086
Notitia historica et litteraria. 1086
VITA S. HENRICI IMPERATORIS. 1091
VITA SANCTÆ WALBURGIS. 1091
In opusculum subsequens B. P. Bernardi Pezii monitum. 1102
LIBELLUS DE RATIONE INVENIENDI CRASSITUDINEM SPHERÆ. 1103
CHARTA de vassis sive fide addictis ecclesiæ et epis-opo Trajectensi. 1107
MUSICA. 1107

SANCTUS ROMUALDUS ABBAS.

Notitia historica. Observationes Mabillonii. 1119
VITA S. ROMUALDI ABBATIS auctore S. Petro Damiani. 1123
FRAGMENTUM EXPOSITIONIS PSALMI LXVIII. 1125

FINIS TOMI CENTESIMI QUADRAGESIMI.

Ex typis MIGNE, au Petit-Montrouge.

www.ingramcontent.com/pod-product-compliance
Lightning Source LLC
Chambersburg PA
CBHW060755230426
43667CB00010B/1573